MÉMOIRES DES INTENDANTS

SUR

L'ÉTAT DES GÉNÉRALITÉS

DRESSÉS POUR L'INSTRUCTION

DU DUC DE BOURGOGNE.

TOME I.

MÉMOIRE DE LA GÉNÉRALITÉ DE PARIS,

PUBLIÉ

PAR A. M. DE BOISLISLE,

MEMBRE DU COMITÉ DES TRAVAUX HISTORIQUES.

PARIS.

IMPRIMERIE NATIONALE.

M DCCC LXXXI.

COLLECTION
DE
DOCUMENTS INÉDITS
SUR L'HISTOIRE DE FRANCE

PUBLIÉS PAR LES SOINS

DU MINISTRE DE L'INSTRUCTION PUBLIQUE.

Par arrêté du 15 juillet 1876, le Ministre de l'Instruction publique, sur la proposition de la Section d'Histoire du Comité des travaux historiques, a ordonné la publication des *Mémoires des Intendants sur l'état des généralités dressés pour l'instruction du duc de Bourgogne*, par M. A. M. DE BOISLISLE, membre du Comité.

M. MARTY-LAVEAUX, membre du Comité, a suivi l'impression de cette publication en qualité de commissaire responsable.

MÉMOIRES DES INTENDANTS

SUR

L'ÉTAT DES GÉNÉRALITÉS

DRESSÉS POUR L'INSTRUCTION

DU DUC DE BOURGOGNE.

TOME I.

MÉMOIRE DE LA GÉNÉRALITÉ DE PARIS,

PUBLIÉ

PAR A. M. DE BOISLISLE,

MEMBRE DU COMITÉ DES TRAVAUX HISTORIQUES.

PARIS.
IMPRIMERIE NATIONALE.

M DCCC LXXXI.

INTRODUCTION.

En commençant son analyse de l'œuvre des intendants, Boulainvilliers s'exprime ainsi : « Le premier mémoire qui me tomba entre les mains fut celui de la généralité de Paris; mais son ennuyeuse prolixité, ses digressions inutiles et continuelles, son affectation de traiter avec étendue des choses hors de son sujet et de supprimer celles qui sont essentielles, m'auraient apparemment dégoûté pour toujours de pareilles lectures, si je n'avais fait réflexion que, de ce chaos et de ses semblables, il n'était pas impossible de tirer quelques connaissances, qui, digérées d'autre façon, pourraient être d'une utilité incomparable, tant à moi-même et aux miens qu'au public[1]. » Nous croyons qu'un simple exposé des conditions dans lesquelles le Mémoire fut rédigé et une brève analyse des principaux sujets qu'il traite suffiront pour empêcher que le lecteur ne soit induit à s'en tenir au verdict si péremptoire de Boulainvilliers, et à dédaigner un travail qui, malgré ses imperfections, tiendra très convenablement sa place en tête de la collection des *Mémoires des Intendants sur l'état des Généralités*.

I

Il faut dire d'abord quelques mots de l'auteur de ce Mémoire. Probablement l'intendant de la généralité de Paris, M. Phélypeaux[2], fut pour peu de chose dans le travail préparatoire; cela se passa ainsi dans beaucoup de provinces, dont les administrateurs ne se préoccupèrent point de produire par eux-mêmes une œuvre plus ou moins remarquable[3], et, ici particulièrement, nous en avons pour preuve que le Mémoire fut mis en circulation sous le nom d'un magistrat secondaire qui

---

[1] *État de la France*, éd. in-fol., t. I, préface, p. III.
[2] Voyez plus loin, p. LXXX, la liste des intendants de la généralité de Paris.
[3] C'est le reproche que Boulainvilliers (Préface de l'*État de la France*, p. x) fait à l'intendant de Paris.

GÉNÉRALITÉ DE PARIS.

dut en être le principal rédacteur, Pierre Rolland, trésorier de France au bureau des finances de Paris et subdélégué de l'intendance [1].

Pierre Rolland, sieur de Panthenay, avocat au parlement, avait acquis, le 1er février 1680, une charge de trésorier de France, général des finances et grand voyer en la généralité de Paris [2]. Il resta en fonctions jusqu'à sa mort (1712); mais on n'a guère de renseignements sur son compte: le *Mercure* même ne semble pas avoir mentionné son décès suivant l'usage [3]. Quoiqu'il fût pourvu d'un titre de subdélégué, c'est-à-dire de collaborateur de confiance, à peine son nom se présente-t-il une fois ou deux dans la correspondance de l'intendant de Paris avec le Contrôle général [4].

Les fonctions multiples, et parfois délicates, des trésoriers de France [5] rendaient ces officiers plus aptes que tous autres à faire un travail d'ensemble comme celui que M. de Beauvillier demandait pour le duc de Bourgogne. On sait qu'ils parcouraient fréquemment leur généralité d'un bout à l'autre et devaient, dans des chevauchées annuelles, se rendre un compte exact de la situation de chaque élection, de sa consistance, de ses ressources, de ses besoins, etc. Il était donc naturel que l'intendant, pour dresser son Mémoire, choisît un membre du bureau des finances, alors surtout que ce magistrat remplissait des fonctions de subdélégué dans la capitale même. Quelques années plus tôt, cette mission eût été peut-être dévolue à un autre trésorier plus connu que Rolland pour ses travaux géographiques, Albert Jouvin de Rochefort, auteur du plan de Paris le plus précieux que nous ayons après celui de Gomboust et des six volumes du *Voyageur en Europe* publiés en 1672 [6].

---

[1] Divers manuscrits à Paris (notamment le ms. Clairambault 892 et le ms. fr. 16757, anc. Saint-Germain 951), d'autres à Aix, Saint-Brieuc, etc., portent, inscrit sur le titre, ce nom, que donne aussi la *Bibliothèque historique* du P. Lelong, t. I, p. 108.

[2] Archives Nationales, Z 6012, fol. 25.

[3] Il laissa pour veuve Antoinette Pussort, qui, ne trouvant pas d'acquéreur pour la charge, obtint le payement d'une indemnité tenant lieu de gages en 1712 et demanda encore la même grâce au contrôleur général le 6 février 1713 (Papiers du Contrôle général des finances, G⁷ 587). La charge ne fut achetée qu'en 1714, par Charles-Daniel Deschamps. (Archives Nationales, V¹ 220.)

[4] En 1684, il fut chargé de faire la visite des villes et bourgs fermés de l'élection de Tonnerre, à propos de l'établissement du droit de gros-manquant, et l'on a son rapport (archives Nationales, G⁷ 495, 20 août 1684). Nous ne croyons pas que ce soit lui dont Germain Brice (*Description de Paris*, éd. de 1684) parle deux fois comme d'un homme des «plus curieux en bâtiments».

[5] Voyez ci-après une pièce de l'Appendice, p. 676-678.

[6] Voyez un article de M. Mareuse dans le *Bulletin de la Société de l'Histoire de Paris*, 1879, p. 44-50. Jouvin mourut le 25 octobre 1701, et son successeur fut pourvu le 28 avril 1702.

INTRODUCTION.

Il est bon d'ailleurs de faire observer qu'en fait le travail demandé à Rolland n'était qu'une compilation, un assemblage des rapports envoyés par chacun des subdélégués, ses collègues, en réponse au questionnaire de M. de Beauvillier; et si tous ces rapports valaient celui dont nous avons la bonne fortune de reproduire le texte dans notre Appendice[1], sa besogne se trouva singulièrement simplifiée : il ne restait qu'à les relier entre eux, à exiger un supplément d'informations quand il en était besoin, ou bien à remédier par quelque autre voie aux lacunes de tel ou tel rapport[2], à retrancher tout ce qui aurait dépassé le cadre général, et, réciproquement, à ajouter quelques articles qui pussent donner à l'ensemble une apparence homogène. En cela seulement, le rédacteur titulaire du Mémoire a fait œuvre personnelle, et il faut avouer que ses connaissances propres n'ont pas toujours été à la hauteur du sujet, surtout lorsqu'il a voulu prendre les choses d'un peu loin et faire de l'érudition[3].

Le lecteur doit être prévenu dès à présent qu'il rencontrera dans les articles historiques, sinon une «quantité», comme le dit l'auteur de l'*État de la France*[4], du moins un certain nombre «de méprises et de fautes absurdes», qui prouvent que la science de Rolland n'avait rien de commun avec celle des vrais érudits du xviie siècle. Dates, noms, événements sont assez souvent faussés et confondus[5]; faute de bien choisir ses autorités, et, par exemple, de s'adresser à André du Chesne ou à Hadrien de Valois[6] plutôt qu'à Papire Masson, à Sébastien Rouilliard

---

[1] Pages 750-759, rapport du subdélégué de Provins. Comparez le questionnaire, d'après le texte conservé dans le ms. de la bibliothèque Nationale fr. 8951, fol. 210, et dans le ms. de l'Arsenal 3868.

[2] Ainsi, dans celui de Provins, certains articles sur les forêts ou sur les ponts et chaussées étaient tout à fait insignifiants : on les a complétés pour prendre place dans le Mémoire. Il semble probable que les rapports dressés par les prédécesseurs de l'intendant, comme ceux de M. de Ménars qu'on trouvera à l'Appendice, p. 700 et suivantes, ou par M. Phélypeaux lui-même, dans ses tournées annuelles, durent être consultés et utilisés.

[3] Boulainvilliers, aussi sévère pour Rolland qu'il semble sûr de sa propre science et de sa méthode, dit en forme de préambule à son analyse (2e partie du tome Ier de l'*État de la France*, p. 1) : «La matière de ce Mémoire est si étendue par elle-même, qu'il est étonnant que l'auteur s'en soit écarté autant qu'il a fait et aussi souvent, par des digressions hors du sujet; il semble que, s'étant proposé l'instruction du prince par l'ordre duquel il l'a dressé, il devait le considérer, non comme un écolier vulgaire auquel on peut remplir la tête de ce qui sert purement à l'ornement et à la satisfaction de l'esprit, mais comme le maître futur de cette monarchie, auquel il appartient d'en pénétrer et d'en connaître tous les ressorts, avec l'état véritable des peuples.»

[4] Boulainvilliers, t. I, p. 30.

[5] Voyez particulièrement les notices historiques sur les principales villes de chaque gouvernement militaire, p. 125-146 du Mémoire.

[6] Certaines citations cependant (p. 130) permettent de supposer qu'il se servit parfois de la *Notitia Galliarum*.

ou à Étienne Pasquier, il reproduit les légendes les plus controuvées[1], adopte des étymologies ridicules[2] et donne sans hésitation des radicaux celtiques[3]. En citant les auteurs anciens, non pas d'après l'original, mais de seconde main[4], il fait des deux Brennus un même personnage, il confond *Briva-Isaræ* avec *Briva-Curretia*, Poissy avec Pitres et *Latiniacum* avec *Attiniacum*, il lit *Latium Meldarum* au lieu de *Jatinum Meldarum*, etc. Mais des défauts de ce genre ne sauraient surprendre ni gêner le lecteur qui, croyons-nous, viendra chercher dans le Mémoire ce que l'œuvre des intendants doit lui fournir, c'est-à-dire des renseignements aussi précis, des notions aussi exactes et authentiques que possible sur l'état et la statistique de la généralité de Paris en 1700, plutôt que des aperçus historiques qu'il rencontrera sans peine ailleurs.

Nous venons de dire que le principal rédacteur du Mémoire reçut des subdélégués de l'intendance leurs réponses au questionnaire transmis dans chaque élection. Ces vingt et un fonctionnaires[5] ne durent pas être ses seuls collaborateurs; à diverses reprises, dans le cours du Mémoire, on trouvera des indices remarquables de l'intervention d'un illustre économiste, Vauban, dont les investigations sur l'état intérieur du royaume furent, à n'en pas douter, un des points de départ de l'enquête de 1697, et sont aujourd'hui encore l'élément principal de toute étude de statistique sur l'ancienne France[6]. En qualité de familier des bureaux du Contrôle général et de l'intendance de Paris, Vauban fut-il admis à insérer dans les préambules de divers chapitres quelques-unes de ses observations personnelles; ou bien Rolland s'est-il servi de mémoires adressés par le grand ingénieur au contrôleur général? On ne trouvera une réponse positive à cette question que dans la correspondance particulière de Vauban, lorsqu'elle

---

[1] La fondation de l'Université de Paris par Charlemagne (p. 18), la filiation d'Amaury de Montfort (p. 132), l'institution du Parlement par Pépin en 755 (p. 173 et 174), l'origine de Dreux et du Crotoy (p. 132), Melun servant de modèle pour Paris (p. 134), etc.

[2] Étymologies des noms de la Brie (p. 125 et 126), du Valois et de Senlis (p. 127), de Lagny (p. 137), de Dreux (p. 132), de Vincennes (p. 381), de Montmorency (p. 395), de Brienne (p. 143), etc.

[3] Pages 78-80 et 83.

[4] Il cite ainsi Strabon, Jules-César, Pline, Cicéron, Sulpice-Sévère, Usuard, Grégoire de Tours, Hincmar, J.-C. Scaliger, P. de Natalibus, la *Chronique d'Auxerre*, etc.

[5] Un par élection, sans compter celle de Paris.

[6] Nous nous bornerons ici à rappeler, d'après son plus récent historien, qu'il ne quittait jamais une province sans laisser un questionnaire aux mains de l'intendant. Sa correspondance avec M. de Caligny le montre fixant et complétant le plan du mémoire des Flandres. (G. Michel, *Histoire de Vauban*, Appendice, p. 448-451.)

sera enfin mise au jour; mais, dès maintenant, nous croyons volontiers que l'intendant et son subdélégué durent le consulter, sachant qu'il était mieux instruit que personne de ces matières, et, s'il s'intéressa, comme on en a la preuve, au mémoire des Flandres[1], à plus forte raison dut-il suivre de près le travail dans cette généralité de Paris où il possédait des terres, dont il avait étudié à fond certaines parties, et sur laquelle même il avait préparé des mémoires. C'est donc avec beaucoup de vraisemblance qu'on peut reconnaître l'influence de sa pensée et de ses principes, sinon l'intervention de sa plume, dans divers endroits de l'œuvre de Rolland : le passage, par exemple, où il est parlé de la situation avantageuse de Paris[2]; la conclusion de l'article sur la dépopulation générale[3]; l'article qui suit immédiatement, sur l'émigration des huguenots[4]; le chapitre préliminaire sur la navigation des rivières[5]; les titres entiers des Produits des terres et des Forêts. Des phrases de notre texte se retrouvent littéralement dans son *Traité sur la culture des forêts* (1701) ou dans sa *Description de l'élection de Vézelay* (janvier 1696), que nous reproduisons à l'Appendice[6], et dont le manuscrit doit avoir été utilisé par Rolland.

En un autre endroit, certains paragraphes sur la ruine des vignobles du Mantois[7] peuvent avoir été fournis, soit par un autre économiste, le normand Boisguilbert, lequel, ayant, dès 1691, envoyé un mémoire sur ce point au contrôleur général[8], avait inséré un peu plus tard ses critiques dans le *Détail de la France*, — soit encore par Vauban, à qui Boisguilbert avait sans doute communiqué ses informations[9]. En tout cas, le *Détail* n'était pas inconnu au rédacteur du Mémoire[10].

Faut-il supposer la même inspiration dans le préambule du titre des Aides[11], dans quelques phrases sur les inconvénients des nouveaux impôts et des subven-

---

[1] Voyez la note qui précède.
[2] Voyez p. 1 et note 5.
[3] Page 150.
[4] Pages 151-154.
[5] Pages 3-15. Comparez, dans l'Appendice, p. 399-414, le mémoire de Vauban sur le même sujet, qui date de 1698 ou 1699. En outre, il présenta le 7 juin 1700 un mémoire sur le canal de Provins; voyez p. 13, note 1.
[6] Pages 594-600 et 738-749. Voyez notamment le passage sur l'agriculture dans l'élection de Vézelay, p. 298 et 299, et le début du titre des Forêts, p. 300.
[7] Après avoir signalé fortement (p. 288 et 289) les causes de cette ruine, le rédacteur y revient encore (p. 331) pour ajouter l'émigration des religionnaires à ses premiers griefs.
[8] Voyez les fragments de la correspondance de Boisguilbert que nous reproduisons à l'Appendice, p. 562-576.
[9] Toutefois, on retrouvera les mêmes faits signalés dans un rapport de l'intendant de Ménars, en 1684 (Appendice, p. 706), et dans une lettre de son successeur Phélypeaux, du 13 décembre 1699 (*ibidem*, p. 560 et 561).
[10] La 1re édition avait paru à la fin de l'année 1695; cinq autres avaient suivi immédiatement.
[11] Pages 275 et 276.

tions extraordinaires[1], sur l'excès du prix du sel[2], enfin sur l'énorme dépopulation de certaines contrées, que le Mémoire attribue hardiment à ces quatre causes générales : la guerre, la disette de 1693, la cherté des vivres, la surcharge des impositions, et à ces trois causes particulières : les logements et passages fréquents de troupes, l'émigration des religionnaires, l'affluence des contribuables dans les villes franches[3]? Le dernier paragraphe de cet article sur la diminution du nombre des habitants rappelle exactement le ton du *Projet de dîme royale* et celui de tant d'autres écrits dont la mâle franchise sera à jamais un honneur pour le nom de Vauban. Ce n'est point ainsi que Rolland, un simple subdélégué, ou l'intendant Phélypeaux lui-même eussent pu dénoncer les misères et les fautes à l'héritier de la couronne, encore que leur Mémoire, comme Boulainvilliers l'a fait observer pour quelques-uns, présente seulement les faits de ce genre au point de vue des intérêts du roi[4], et que, d'autre part, la correspondance de Phélypeaux avec les contrôleurs généraux dénote chez lui une certaine indépendance[5].

---

[1] Page 257 : «La régie de ces droits (contrôle des actes des notaires et petit scel) fera connaître si l'utilité de son produit pourra être compensée avec l'embarras qu'ils causent aux peuples.» Page 274 : «Les engagements du domaine sont cause que les fonds des finances ne se trouvent plus que par les tailles, les aides, les gabelles et autres subventions ordinaires, outre lesquelles la nécessité de l'État en produit souvent d'extraordinaires.»

[2] Page 254.

[3] Pages 150-151.

[4] Préface de l'*État de la France*, t. 1, p. XIII : «Il faut avouer que, malgré la dureté de leurs préjugés, ils ont vu et senti la calamité présente; quelques-uns ont même témoigné en être les instruments à regret. Toutefois, quand il a été nécessaire d'en parler dans leurs mémoires, ils ont observé de ne la jamais montrer que du côté qu'elle est nuisible aux intérêts du souverain en interrompant la recette des impositions. Il a été question d'une utilité générale, telle que de rendre une rivière navigable, de dessécher un marais, de favoriser une manufacture : ils ne l'ont fait envisager que par rapport au roi; tantôt c'est le débit de ses forêts, tantôt l'augmentation des douanes, tantôt la facilité de rendre de nouveaux fonds; ils ne présentent jamais aucune ressource de commodité pour les peuples. Tel est le génie de ces intendants, qu'on peut, en un sens, cependant regarder comme les meilleurs.»

[5] Plusieurs lettres assez caractéristiques de Phélypeaux seront publiées dans le tome II de la *Correspondance des contrôleurs généraux*, et l'on trouvera certaines autres pièces ci-après, dans l'Appendice, p. 524, 525 et 560, 561. Par exemple, sur un point qui ne laissait pas d'avoir son importance pour l'agriculture, sur les ravages du gibier (voyez le Mémoire, p. 286), il prend constamment la défense de ses administrés. Les forêts de son département sont, dit-il, «si horriblement remplies de bêtes, que tous les riverains s'en plaignent, et qu'il est très embarrassé à donner à ces paroisses les diminutions qu'elles seraient en droit de pouvoir espérer.» Et ailleurs : «On ne permet pas même aux habitants, en quelques endroits, de veiller la nuit sur leurs terres pour chasser les bêtes fauves, et souvent la garde de leurs terres leur coûte plus que la taille qu'ils payent au roi. Je ne sais qu'un expédient, ajoute-t-il, mais peut-être ne conviendrait-il pas : ce serait d'en détruire une grande partie.» (Lettres du 29 juillet 1704, des 1er et 22 mai 1706 et du 13 juin 1707.) En effet, l'expédient ne fut pas adopté.

INTRODUCTION.

II

Le manuscrit original du *Mémoire de la généralité de Paris* n'existe plus; mais les copies sont si nombreuses, qu'il serait superflu et peu utile d'en faire un relevé complet. On se bornera donc à indiquer ici, en note, quelques-unes de celles qui se trouvent à Paris ou ailleurs[1]. Pour l'établissement du texte, nous en avons comparé trois ou quatre qui présentent cet avantage sur les autres d'être plus correctement transcrites, sinon d'avoir été prises directement sur un des exemplaires faits, à partir de l'année 1700, pour le service des ministres et de leurs bureaux[2].

Ce Mémoire est un de ceux dont la rédaction fut terminée le plus tardivement. La circulaire de l'intendant aux subdélégués et le questionnaire du duc de Beauvillier avaient été envoyés vers la fin de l'année 1697, et la seule réponse dont le texte soit parvenu jusqu'à nous, celle du subdélégué de Provins[3], est datée du 2 mai 1698; mais la coordination des matériaux et l'arrangement définitif du Mémoire ne furent pas achevés avant le mois de mars 1700[4]. Par

---

[1] A la bibliothèque Nationale : mss. fr. 4282 (provenant de l'archevêque de Reims Le Tellier), 8156 (anc. suppl. fr. 2307), 11407 (anc. suppl. fr. 2648), 13618-19 (anc. suppl. fr. 4952, provenant du conseiller Cadeau), 16755 (anc. Saint-Germain 950), 16757 (anc. Saint-Germain 951), 22196 (anc. Minimes 2), 22205 (provenant du duc de Nivernois et du fonds Mortemart, n° 88); fonds Moreau, n°° 990-991; fonds Clairambault, n° 892; Cabinet des titres, n° 769, etc. — A la bibliothèque de l'Arsenal, mss. 3925 et 3926; à la bibliothèque Mazarine, n°° 1663 et 1663²; aux archives Nationales, U 958. — Dans les bibliothèques d'Aix, Laon, Melun, Montauban, Nancy, Caen, Angers, Poitiers, Saint-Brieuc, etc. — A Genève, à Londres, à Saint-Pétersbourg, etc. — Beaucoup de bibliothèques particulières, surtout de celles qui avaient été formées par nos anciennes familles de magistrats et d'administrateurs, possèdent aussi des copies.

[2] J'ai suivi presque constamment le texte du volume de la collection de Nivernois qui porte, à la bibliothèque Nationale, la cote fr. 22205, en m'aidant des mss. fr. 16755 et 16757, et en recourant aussi à la copie de Clairambault. Bien que celle-ci n'ait pas été collationnée sur l'original du Mémoire (une note mise en tête annonce qu'il ne se trouvait plus dans le dépôt où Clairambault faisait faire ses copies), je crois qu'à part un très petit nombre de passages, la comparaison de ces trois ou quatre textes a suffi pour faire disparaître les incorrections qui faussaient le sens du Mémoire ou le rendaient inintelligible. — Suivant la règle adoptée dans cette publication, l'orthographe, même pour les noms de personnes et de lieux, a été partout ramenée aux formes modernes; par exception, il nous est arrivé quelquefois de conserver ou d'indiquer en note la forme ancienne des noms de lieux, lorsqu'elle pouvait présenter de l'intérêt au point de vue de l'onomastique.

[3] Reproduit à l'Appendice, p. 750-759.

[4] Voyez les états des tailles et des aides (p. 27

GÉNÉRALITÉ DE PARIS.

suite de ces lenteurs, dont nous ne connaissons pas la cause, le rédacteur n'a pas toujours été informé des modifications survenues depuis 1698 dans l'état des personnes et dans celui des choses; d'autres fois aussi on voit qu'il en a tenu bon compte.

Quelque publication antérieure ne put-elle pas le guider dans la mise en œuvre des matériaux qu'on lui envoyait de toutes parts? Tout récemment, en mai et en juin 1694, le libraire Ducastin avait imprimé les premiers fascicules de son *Tableau des provinces de la France*[1]; mais ils étaient consacrés uniquement à des portions de la Touraine[2]. Le *Dictionnaire de Moréri*, qui parvint à sa neuvième édition en 1699, contenait un assez bon article sur Paris, mais dans les proportions très restreintes que peut comporter une encyclopédie historique en quatre volumes. Sans doute les *Antiquités* d'André du Chesne[3], les histoires locales, comme celles du *Beauvaisis*, par Louvet et par Loisel, de *Melun*, par Sébastien Rouilliard, de *Corbeil*, par La Barre, du *Valois royal*, par Muldrac, du *Vicariat de Pontoise*, par le chanoine Guy Bretonneau et par le curé Ferret, de l'*Abbaye de Saint-Denis*, par dom Doublet, de l'*Université de Paris*, par du Boullay, de l'*Église de Paris*, par Gérard du Bois; ou bien les pouillés de 1647 et 1648 et la compilation de 1671[4], la *Gallia christiana* des Sainte-Marthe (1656) et le *Recueil des bénéfices* de Jacques Le Pelletier (1690); ou encore les descriptions géographiques et historiques de Papire Masson et de Davity, de Michel de la Rochemaillet, d'Hadrien de Valois, de Jouvin de Rochefort, purent fournir aux divers subdélégués de l'intendant ou à celui qui remania leurs rapports des renseignements qu'ils s'empressèrent de mettre à profit, et il serait même facile de signaler des emprunts à peu près textuels[5];

et 279), où il est parlé de «l'année dernière 1699» et de «l'année présente 1700». Ailleurs (p. 207) il est question des héritiers de Mlle de Blanc-Mesnil, morte le 16 janvier 1700. D'autre part, M. de Châteauneuf, secrétaire d'État, qui mourut le 27 avril suivant, est indiqué comme vivant encore (p. 211, 244, etc.), et la vente du château de Sceaux au duc du Maine (octobre 1700) n'est point mentionnée. Or, ce sont là deux faits qui n'eussent pu échapper à l'attention de notre rédacteur.

[1] *Tableau......, où l'on voit la description et l'histoire de chaque province du royaume, tout ce qui regarde l'Église, la justice, les gouvernements, les terres titrées, etc., avec l'histoire et les armoiries des principales maisons, les plans des villes et plusieurs cartes géographiques.* Paris, in-8°.

[2] Ce choix de la Touraine porterait à croire que la publication était faite ou dirigée par l'abbé de Dangeau, qui avait dressé une statistique fort complète de sa province de prédilection.

[3] *Antiquités et recherches des villes, châteaux et places plus remarquables de France, selon l'ordre et ressort des parlements*, publiées en 1668, par le fils de l'auteur.

[4] *La Clef du grand pouillé de France*, par J. Doujat.

[5] On peut notamment rapprocher du texte de Davity plusieurs passages du Mémoire (p. 284, 1re colonne, 4e et 5e paragraphes).

INTRODUCTION. IX

mais on ne possédait point d'ouvrage descriptif, soit sur le royaume de France, soit sur la généralité de Paris prise séparément, dont le plan et les divisions, la forme et la destination offrissent quelque analogie avec le travail demandé, et nous ne croyons pas non plus qu'aucun rapport sur cette généralité eût été fait précédemment[1].

III

Le rédacteur du Mémoire de Paris ne paraît pas s'être préoccupé davantage que la majeure partie de ses collègues de suivre l'ordre des matières établi dans l'instruction de M. de Beauvillier. Seules, les deux premières divisions[2] se retrouvent à leur place, quoique le questionnaire, essentiellement rationnel et méthodique, eût invité les intendants à épuiser tous les détails de la description physique et naturelle avant de passer à la statistique, puis à l'état moral des populations ou des individus, et enfin aux questions administratives, commerciales et financières. A cette disposition, que, bien entendu, les subdélégués avaient conservée dans leurs réponses partielles[3], Rolland a substitué un ordre qu'il pouvait croire préférable, mais qui ne répondait plus aux intentions des promoteurs de l'enquête.

C'est à peine si son Mémoire, en débutant, donne quelques indications approximatives sur la topographie de la généralité de Paris. On remarquera[4] qu'il détermine la longitude d'après Ptolémée et son méridien des îles Fortunées. L'erreur de l'auteur grec avait été dénoncée officiellement dès le temps du cardinal de Richelieu; mais beaucoup de géographes, sous Louis XIV, se bornaient encore à la corriger légèrement : ce ne fut qu'au milieu du XVIIIe siècle que d'Anville et Cassini firent adopter le chiffre vrai de 20 degrés pour la longitude de Paris, en plaçant le premier méridien à l'île de Fer, et, dans ces conditions, Expilly indique pour limites extrêmes de la généralité, au lieu de celles que donne notre Mémoire, 18° 57′ et 22° 17′ longitude, 47° 9′ et 49° 39′ latitude[5]. A partir seule-

---

[1] Je parle de rapports d'intendants analogues à ceux que l'on possède des premiers temps de Colbert, sur la Bourgogne, le Berry, la Touraine, le Poitou, etc.

[2] «Étendue du pays, longueur et largeur; confins à l'Orient et à l'Occident, au Midi et Septentrion. — Mers, ports et rivières navigables ou propres à rendre telles; autres rivières; canaux à creuser pour la communication des rivières ou en joindre quelques-unes.»

[3] Voir le rapport du subdélégué de Provins, qui est reproduit à l'Appendice, p. 750.

[4] Pages 1 et 284.

[5] *Dictionnaire géographique*, 1768, tome V, p. 568, et tome VII, p. 400. Cf. le *Dictionnaire de la Martinière* (1735), art. MÉRIDIEN.

ment de la publication de la grande carte de Cassini, le méridien de Paris fut définitivement substitué à celui de l'île de Fer.

Au temps où se rédigea le Mémoire, on ne croyait pas possible de mesurer exactement l'étendue superficielle des grands territoires : le rédacteur se borne à dire que la généralité de Paris « peut » avoir une longueur d'environ soixante-dix lieues, sur différentes largeurs de trente à quarante-cinq lieues. Cette imperfection des calculs subsista longtemps, puisque nous voyons encore, en 1754, l'abbé Lebeuf dire : « L'étendue du diocèse de Paris est d'environ dix-huit à vingt lieues du levant d'été au couchant d'été, où sont comprises environ quatre cent cinquante paroisses; » et qu'en 1762 l'abbé Expilly évalue approximativement à quinze cents lieues carrées la superficie totale de la généralité, chiffre que plus tard l'*Encyclopédie méthodique* réduira, d'après Necker, à onze cent cinquante-sept. Ajoutons que les lieues usitées dans le Mémoire de 1700 paraissent être les grandes lieues de France, de deux mille cinq cents toises ou trois mille pas géométriques, représentant un peu moins de cinq kilomètres du système moderne[1].

La généralité de Paris était limitée au nord par celle d'Amiens, au nord-est par celle de Soissons, à l'est par celles de Châlons, au sud-est par celles de Dijon et de Moulins, au sud-ouest par celle d'Alençon, à l'ouest par celle de Rouen. Son territoire, beaucoup plus étendu en longueur qu'en largeur, comme l'expriment les chiffres donnés plus haut, présentait une singulière irrégularité de forme, surtout au sud, où venait s'enclaver entre les élections de Joigny, de Saint-Florentin et de Tonnerre un petit canton, l'Auxerrois, qui, appartenant à la généralité de Bourgogne, ne se rattachait à celle-ci que par un col étroit.

Au point de vue des divisions modernes[2], la généralité de Paris comprenait en entier nos départements actuels de Seine, de Seine-et-Oise et de Seine-et-Marne, trois quarts du département de l'Yonne, la moitié ou les deux tiers de celui de l'Oise, une petite portion du département d'Eure-et-Loir, une partie du département de la Nièvre (arrondissement de Clamecy), une petite partie de l'Aube et de l'Aisne, quelques paroisses du Loiret, de la Côte-d'Or, et même de la Seine-Inférieure (arrondissement de Neufchâtel-en-Bray, canton de Gournay). Vers la fin du XVIIe siècle, le territoire primitif s'était augmenté de plusieurs paroisses de la géné-

---

[1] Ce sont ces lieues-là qu'emploient Vauban et Necker. (Voyez l'Appendice, p. 400.) Les lieues communes de France étaient de 2,282 toises, et l'on en comptait vingt-cinq au degré; la lieue des environs de Paris (trente au degré) était seulement de 2,000 toises, et la petite lieue de 1,666 toises 4 pieds.

[2] Voyez ci après, p. LXXXIX.

INTRODUCTION.

ralité d'Orléans et de vingt paroisses de la province de Normandie, ces dernières ayant été enlevées, en 1691, à l'élection de Chaumont et Magny (généralité de Rouen) pour compléter l'élection nouvelle de Pontoise.

Si nous nous reportons, au contraire, à l'ancien système de division en provinces, gouvernements et pays, nous voyons que la généralité de Paris comprenait la plus grande partie de l'Île-de-France, du Beauvaisis (appartenant à la province de Picardie) et de la Brie, avec des portions de la Beauce, de la Champagne, de la Picardie, du Gâtinais, du Vexin et du Nivernais [1].

Le Mémoire eût dû indiquer les subdivisions secondaires; mais il ne fait qu'en mentionner incidemment quelques-unes [2], et il ne déterminera pas davantage l'étendue ou la délimitation de chaque circonscription administrative et judiciaire. Ce travail si utile, dans lequel l'abbé de Dangeau s'était complu tout particulièrement [3], et que les cartographes du xviiie siècle ne manquèrent pas d'exécuter [4], demandait plus de précision et de science que n'en avait le principal rédacteur du Mémoire.

A cette époque, en 1700, la carte de la généralité de Paris faite par Sanson d'Abbeville, et déjà vieille d'un demi-siècle (1648), devait être généralement délaissée pour une grande carte en deux feuilles que le géographe Hubert Jaillot avait dédiée à l'intendant de Ménars [5], prédécesseur immédiat de M. Phélypeaux, ou pour celle que Jean-Baptiste Nolin venait de faire paraître en quatre feuilles

---

[1] *Dictionnaire géographique* d'Expilly, t. V, p. 568. — Le reste de l'Île-de-France avait servi à former la majeure partie de la généralité de Soissons, en 1596. — L'élection de Vézelay comprenait un petit district du gouvernement de Bourgogne.

[2] Voyez, sur ce sujet, le *Dictionnaire universel de la France*, publié en 1726, par Saugrain et l'abbé des Thuileries, préface, p. xiv à xvii.

[3] Voyez les cartes que contiennent ses manuscrits.

[4] Rizzi-Zannoni a fait des cartes de ce genre pour toute la France. On a vu aussi figurer en 1875, dans la galerie Mazarine, un grand atlas manuscrit qui donnait, pour l'Île-de-France, entre autres provinces, des cartes détaillées et statistiques du service des gabelles. Voir la *Note sur les cartes et plans exposés dans la galerie Mazarine à la Bibliothèque nationale*, par Léopold Pannier, dans le *Bulletin de la Société de l'Histoire de Paris et de l'Île-de-France* pour l'année 1875, p. 123.

[5] En 1681, cet intendant se plaint des défauts d'une carte dressée par un certain du Saussoy ou du Sausset, et surtout des erreurs de distances, qui ne permettent pas de s'en servir utilement pour préparer l'«arrondissement des élections» demandé par Colbert (Papiers du Contrôle général, G⁷ 425, 23 octobre 1681; cf. *Lettres de Colbert*, t. II, p. 159). Ce cartographe serait-il Jean Auger du Saussoy, trésorier de France depuis 1677? — Les états de gratifications aux savants nous apprennent aussi que, de 1669 à 1675, Colbert fit travailler l'ingénieur Duvivier à une carte géographique de la généralité de Paris. — La carte de Jaillot occupe le n° 17 dans son *Atlas français* (1695). Un exemplaire en est joint à la copie du Mémoire venant de Saint-Germain-des-Prés (ms. fr. 16755) dont nous nous sommes servi en premier lieu.

GÉNÉRALITÉ DE PARIS.

(1698)[1]. On possédait aussi, de Guillaume Sanson, une carte de l'Île-de-France en deux feuilles (1679), et une autre de Paris et ses environs; de Jaillot, une carte de la prévôté et élection de Paris (1690)[2]; de Sanson, de Guillaume de l'Isle, de Nicolas de Fer et de Jaillot, des cartes particulières de la Beauce, du Beauvaisis, du gouvernement de Champagne, de la forêt de Fontainebleau, de la Picardie, de Versailles et ses environs, des diocèses de Paris, Beauvais, Senlis, Meaux et Sens[3].

Après quelques lignes sur les avantages exceptionnels que la capitale du royaume tirait de sa situation topographique[4], douze pages sont consacrées aux cours d'eau navigables ou autres qui traversent la généralité de Paris, c'est-à-dire la Seine et ses grands affluents, les canaux d'Orléans et de Briare, les petites rivières et les ruisseaux. Pour se conformer aux prescriptions du questionnaire, le rédacteur indique sommairement les parcours, nomme les principales localités riveraines et énumère les ports et les moulins. Il insiste particulièrement sur la navigabilité des cours d'eau importants et sur les tentatives faites pour l'améliorer au profit du commerce et des transports. Sans s'expliquer davantage, il constate avec une apparence de regret « la fatalité singulière », comme Boulainvilliers l'a

---

[1] Voyez la *Méthode pour étudier la géographie*, de Lenglet-Dufresnoy, éd. de 1768, t. I, p. 97.

[2] Guillaume de l'Isle en fit paraître une autre en 1711.

[3] Voyez le catalogue cartographique donné par Lenglet-Dufresnoy dans sa *Méthode*, celui qui précède le *Royaume de France*, par Doisy (1753), et la *Bibliothèque historique*, t. I, p. 71 et 97. — Le Mémoire n'entrant pas dans la description topographique de Paris, il est inutile que nous donnions la liste des plans de la capitale faits par Gomboust, Bullet, Blondel, Jouvin de Rochefort et ses imitateurs, Nolin, de Fer, etc.; voir la publication récente de M. Alfred Franklin.

[4] De tout temps les étrangers avaient reconnu et proclamé hautement ces avantages; nous ne voulons citer ici que les expressions du savant diplomate André Navagero, qui disait au Sénat vénitien, en 1528 : « A voir ce qui entre à Paris tous les matins, on dirait que cela suffirait pour trois villes; mais, lorsqu'on pense au nombre des habitants, on s'étonne comment ils peuvent trouver suffisamment de quoi manger. D'abord les alentours sont fertiles et riches; puis la Seine et ses affluents y apportent de tous côtés des vins, des vivres et toutes sortes de choses; la Seine enfin, mettant Paris en communication avec la mer, lui fournit tous les avantages du commerce maritime.... Mais on n'en saurait jamais raconter assez sur Paris, et je m'arrête en disant que c'est la plus grande et la plus belle ville de l'Europe. » (*Relazioni degli Ambasciatori veneziani*, FRANCE, t. I, p. 31.) Vers 1689, Vauban, au début d'un mémoire bien connu *sur l'Importance dont Paris est à la France et le soin qu'on doit prendre de sa conservation*, s'exprimait ainsi : « C'est le vrai cœur du royaume, la mère commune des Français et l'abrégé de la France.... Elle est très bien située, tant à l'égard de la santé, du commerce et des commodités de la vie, que des affaires générales et particulières.... Elle est d'ailleurs très marchande, etc. » (*Oisivetés de M. de Vauban*, t. I, p. 45 et suiv.)

INTRODUCTION.

dit à ce propos, «qui anéantissait de manière ou d'autre tout ce qu'on entreprenait sur de semblables sujets.» Cette particularité et les détails donnés sur le flottage des bois dans le pays de Morvan nous portent à reconnaître dès ce chapitre préliminaire les traces de l'influence ou de la collaboration de Vauban, qui a traité le même sujet, précisément à la même époque[1]. Il est probable en outre que le rédacteur du Mémoire eut sous les yeux la *Descriptio fluminum Galliæ* de Papire Masson, dont une édition avait été faite, en 1685, par le géographe Baudrand[2].

Le chapitre Ier est consacré à l'ÉTAT DE L'ÉGLISE (relégué beaucoup plus loin dans le questionnaire[3]), et il occupe une étendue fort considérable, presque un quart, du Mémoire. Il est d'ailleurs conçu avec méthode. La généralité de Paris, outre l'archevêché de ce nom, comprenait des portions plus ou moins importantes de l'archevêché de Sens et des trois évêchés de Beauvais, Meaux et Senlis, plus cinq élections appartenant par parties aux diocèses de Rouen, Chartres, Évreux, Auxerre, Langres et Autun[4]. Le Mémoire décrit successivement chaque diocèse ou portion de diocèse, avec une notice historique sur les origines de chacun des cinq premiers sièges, sur le nombre des prélats qui l'avaient occupé, et sur l'illustration de quelques-uns d'entre eux. Il donne le nombre des chapitres, des dignités et des canonicats; les noms des abbayes et des prieurés que renfermait chacune des vingt-deux élections, leur ordre et les noms des titulaires; les noms des chapelles fondées dans les châteaux royaux ou particuliers; les congrégations et monastères d'hommes ou de femmes, avec le nombre des religieux ou religieuses habitant chaque maison; les hôpitaux et autres établissements charitables; les maladeries récemment unies aux Hôtels-Dieu. Chaque article est accompagné d'une indication approximative du revenu[5]. A l'occasion, le rédacteur donne des aperçus historiques très brefs, avec noms, dates, souvenirs intéressants, etc.

---

[1] Voyez ci-dessus, p. IV, et ci-après, p. LV, LVII et LXII.

[2] On possédait en outre deux volumes de Louis Coulon (1644) sur *les Rivières de France*. Dans le siècle précédent, un des éditeurs de *la Guide des chemins de France* avait ajouté à ce livre un chapitre sur les *Fleuves du royaume de France*.

[3] C'est après la statistique judiciaire et seigneuriale que figurent ces articles, les 20°, 21°, 22° et 23° du rapport de Provins: «Bénéfices; revenus de l'évêché, des abbayes, des prieurés, des doyennés; commendataires, chapitres, dignités, chanoines et bas chœur; fondations de châteaux; revenu des cures, celui des monastères.»

[4] Une seule élection, celle de Pontoise, relevait, au spirituel, des trois diocèses de Paris, de Beauvais et de Rouen.

[5] Parfois l'indication est restée en blanc, et, dans quelques manuscrits, le blanc a été rempli par cette formule: «Peu de revenu.»

GÉNÉRALITÉ DE PARIS.

Cette partie du Mémoire, sans être complète ni parfaite, présente, à plusieurs points de vue, des améliorations considérables sur la première *Gallia christiana* commencée en 1654 par les Sainte-Marthe, et nous trouvons rarement le rédacteur en contradiction avec l'édition définitive donnée cent ans plus tard par les Bénédictins. Ainsi, quoiqu'en 1700 la tradition de l'apostolicité des Gaules prévalût encore assez généralement, il ne fixe l'établissement de l'église de Paris qu'au milieu du IIIe siècle, et il rejette à plusieurs reprises la légende de saint Denis l'Aréopagite, voulant, en cela, concilier les anciens actes avec les écrits de Sulpice-Sévère et de Grégoire de Tours[1]. Mais, tout à côté, on rencontre ceci[2] : « L'Université avait été autrefois à Athènes; ensuite elle avait été transférée à Rome, et depuis, s'étant donnée à Charlemagne, il la fit venir à Paris. » D'autres erreurs moins graves, sur les noms, sur les dates, sont assez nombreuses. Il y a aussi des lacunes : des abbayes d'importance secondaire ont été oubliées, ainsi que beaucoup de prieurés; il n'est question qu'accidentellement de quelques pèlerinages; certaines circonscriptions, particulièrement dans les portions du diocèse de Sens qui appartiennent aujourd'hui au département de Seine-et-Marne, sont moins bien traitées que les autres; parfois le rédacteur n'a pas connu les changements survenus parmi les titulaires et bénéficiers entre le temps où les rapports partiels lui furent envoyés et celui où il écrivit son Mémoire; il ne paraît pas avoir suivi exactement les chiffres des rapports[3], et surtout il a évité de répondre à cet article du questionnaire : « Gens d'église; leur réputation de science et de vertu; leur crédit. »

Nous avons cherché, dans les notes, à remédier à une partie de ces défauts, mais sans y réussir toujours, notamment en ce qui concerne l'identification des titulaires de petits bénéfices. Dans ces mêmes notes, on trouvera l'indication des principaux ouvrages imprimés avant 1700 dont il a dû être fait usage par le rédacteur.

Le Mémoire donne-t-il exactement les chiffres de revenu? Nous n'avons point trouvé d'éléments suffisants pour faire ce contrôle[4], et personne d'ailleurs n'ignore que les auteurs du siècle passé, ceux-là mêmes qui eussent pu profiter des grandes opérations de dénombrement des bénéfices ordonnées en 1726 et en

---

[1] Pages 18, 42, 63, etc.
[2] Page 18.
[3] Comparez par exemple les chiffres des abbayes de filles de Provins, p. 55 et p. 752.
[4] Boulainvilliers trouvait les estimations du Mémoire beaucoup trop faibles, notamment celle du revenu général des cures (p. 104), qu'il croyait pouvoir quadrupler au moins.

INTRODUCTION.

1749, avouaient leur ignorance ou l'insuffisance de leurs informations sur ce point, comme en matière de population. En 1759, Philippe Hernandez dit, dans l'Avertissement de sa *Description de la généralité de Paris* : « Sur tous les objets de la partie ecclésiastique, il en est un qui trouvera des contradicteurs; c'est le revenu des bénéfices. Il varie souvent. Entre les titulaires, quelques-uns ont intérêt de le diminuer, d'autres de l'enfler. On avouera donc qu'en mettant le revenu, on n'a entendu donner qu'une évaluation dont on ne garantit pas la précision, mais où l'on prendra toujours à peu près une idée de sa valeur. » Notre lecteur doit ne pas perdre de vue cet aveu. Si une seule approximation ne lui suffit pas, qu'il se reporte, comme nous l'avons fait souvent nous-même, aux chiffres de l'*Almanach royal* ou à ceux des grands dictionnaires géographiques[1]; mais là encore, comme dans les pouillés du clergé ou dans les recueils de Jacques Le Pelletier et de Jean Doujat, il ne trouvera pas de chiffres exacts et authentiques[2].

La récapitulation du personnel ecclésiastique de la généralité donne : 3,967 prêtres, 1,851 religieux et 4,148 religieuses, Paris étant toujours laissé en dehors des calculs[3].

Parmi les ouvrages postérieurs à 1700, qu'il peut être utile de comparer à ce chapitre du Mémoire, citons le *Voyage littéraire de deux Bénédictins* daté de 1708 et publié en 1717; le *Dictionnaire universel de la France*, imprimé en 1726, par Saugrain (col. 944 et suiv., 962 et suiv.); le *Recueil historique, chronologique et topographique des archevêchés, évêchés, abbayes et prieurés de France*, publié aussi en 1726, par dom Beaunier; le *Pouillé historique et topographique du diocèse de Paris*, publié en 1767 par L. Denis, géographe du Dauphin[4]; l'annuaire imprimé en 1768, par Duchesne, sous le titre de : *la France ecclésiastique*; et surtout, mais dans un ordre d'idées moins purement descriptif, l'*Histoire du diocèse de Paris*, par l'abbé Lebeuf, dont un savant commentaire a été entrepris par notre confrère, M. Cocheris. Le Ier volume du *Dictionnaire historique, critique, politique et moral des bénéfices* (par

---

[1] Voyez aussi les chiffres de 1755 que nous donnons aux Additions et corrections, p. 789 et 790, d'après un manuscrit du Musée britannique, et qui sembleraient être plus précis.

[2] Le livre de Doujat, la *Clef du grand pouillé de France*, donne le nombre des ecclésiastiques de chaque maison, les revenus, le détail des prieurés, chapelles, etc.

[3] Voyez p. 105. Boulainvilliers a altéré un peu ces totaux.

[4] Ce pouillé, gravé et non imprimé, avec des cartes excellentes et une liste des abbayes et prieurés, donne, pour chaque cure, le patron de l'église, la date d'érection et celle de dédicace, le nombre des communiants, le nom du collateur, et même l'indication des hameaux, écarts et châteaux.

Hennique de Cheuilly, avocat en parlement), le seul qui ait jamais paru (1778)[1], est entièrement consacré au diocèse de Paris; il donne, par ordre alphabétique, dans Paris d'abord, dans le diocèse ensuite, l'indication de tous les établissements ecclésiastiques, tant séculiers que réguliers, hospitaliers et militaires, jusqu'aux simples chapelles, avec les noms des patrons et des collateurs, ainsi que des notes historiques sur les personnages intéressants, mais point de renseignements sur les revenus[2]. Dulaure, dans son *Histoire de Paris* (1789)[3], compte cinquante paroisses, dix églises, vingt chapitres ou collèges, quatre-vingts églises ou chapelles non paroisses, trois abbayes d'hommes, huit de filles, cinquante-trois couvents d'hommes, cent quarante-six de femmes, et il donne le revenu des communautés, des abbayes, de l'archevêché et des chapitres; mais ce ne sont, est-il besoin de le dire? que des chiffres pris de seconde ou de troisième main, qui ne présentent point de garantie.

C'est dans ce chapitre de l'ÉTAT DE L'ÉGLISE qu'on devrait trouver des renseignements sur l'instruction publique et sur les maisons consacrées à cet objet; mais le rédacteur n'y parle qu'incidemment des établissements de Jésuites ou d'Oratoriens, ne dit qu'un mot de l'Université et des petites écoles de Paris, cite quelques maisons d'éducation appartenant à des religieuses, quelques écoles dépendant des chapitres, et, en général, passe sous silence tout ce qui touche l'enseignement supérieur ou l'enseignement primaire, facultés, collèges ou écoles. Il faut dire que, d'une part, les détails relatifs à l'Université et à l'enseignement parisien pouvaient être réservés pour un mémoire particulier sur la ville de Paris, et que, d'autre part, le questionnaire de M. de Beauvillier ne faisait aucune mention des établissements scolaires. Cependant les éléments de cette statistique devaient exister, puisqu'en 1685 les intendants avaient reçu ordre de faire un relevé des villes et bourgs possédant des collèges séculiers ou réguliers, du nombre de classes et d'écoliers, et des matières enseignées en chaque endroit[4].

---

[1] Les exemplaires en sont presque introuvables.

[2] «En nous bornant, dit-il, à connaître tous les bénéfices, leurs patrons et les titulaires, et en nous imposant un silence profond sur leurs revenus, le seul article qui pût alarmer, il nous a semblé qu'un plan ainsi réduit ne trouverait plus de difficultés à surmonter que dans le seul embarras d'une collection immense....» (Préface du *Dictionnaire historique*, p. viij.)

[3] Tome VIII, p. 542 et 543.

[4] Dépôt de la Guerre, vol. 755, circulaire de Louvois en date du 1ᵉʳ avril 1685. Voyez l'*Histoire de Louvois*, par M. Camille Rousset, t. III, p. 416, note 1.

INTRODUCTION. xvii

Dans un supplément de quelques pages, au chapitre Ier, se trouve un bref historique de l'Ordre de Malte, un aperçu de son organisation, et enfin une description des commanderies situées dans l'intendance de Paris, avec les noms des titulaires et la valeur des domaines de chaque maison. Les notions générales qui forment la première partie de cet article doivent avoir été empruntées à quelque histoire des ordres de chevalerie comme celle d'Hermant (1698), ou à l'*Histoire de l'ordre de Malte* de P. de Boissat et Anne de Naberat (1629 et 1643), ou encore à la première édition du recueil de privilèges formé, en 1649, par le chevalier d'Esclozeaulx, agent général de l'ordre en France [1]. La nomenclature des grandes dignités de l'ordre est copiée de l'*État de la France* [2].

Quant au détail des biens et des revenus de l'ordre donné dans la dernière partie de l'article, le contrôle en serait tout aussi difficile que celui des revenus attribués au clergé; nous nous sommes borné à renvoyer le lecteur, une fois pour toutes, à l'ouvrage de M. Mannier : *les Commanderies du grand prieuré de France* (1872)[3], et nous avons en outre indiqué, pour chaque commanderie, les cotes de quelques-uns des documents originaux conservés aux archives Nationales. On trouvera des dossiers du même genre dans les archives des départements [4].

Le chapitre ii, du Gouvernement militaire, après avoir débuté par un préambule historique sur l'origine des grandes divisions territoriales de la France depuis le temps des Romains, d'après Hadrien de Valois, Étienne Pasquier, Moréri, etc., se divise en six titres. Le premier renferme la description des trois gouvernements de Paris, de l'Île-de-France et de la Champagne et Brie; le deuxième, la description de chacune des principales villes de ces gouvernements, avec le nombre des villes secondaires, paroisses et hameaux; le troisième, un aperçu sommaire sur la population, sur le caractère des peuples de chaque contrée et sur la situation des protestants; le quatrième, quelques renseignements sur les milices qui avaient été levées en 1688 comme contingent de la généralité de Paris, et licenciées en 1697, à la fin de la guerre; le cinquième, une notice sur la fabrication des poudres et des salpêtres dans toute la France; le sixième enfin, un état de la répartition

---

[1] Le P. Bouhours, en 1676, et le P. Maimbourg, en 1677, avaient donné l'histoire du grand maître d'Aubusson.

[2] Voyez l'édition de 1698, t. III, p. 156 et suivantes.

[3] Cet ouvrage est fait exclusivement d'après les documents conservés aux archives Nationales.

[4] Voyez, entre autres, l'*Inventaire sommaire des archives du département de Seine-et-Marne*, tome II, lettre H, n{os} 687-749, p. 189-205.

des troupes de la maison du roi et de l'armée dans les localités de la généralité de Paris qui leur étaient assignées comme logements, comme lieux d'étapes ou comme quartiers d'hiver.

Par ce simple aperçu, on voit que le rédacteur a intercalé les questions les plus importantes de la statistique entre des matières purement techniques et militaires. Son travail, en outre, est souvent défectueux. Il n'indique avec une précision suffisante ni les limites de chaque circonscription[1], ni les subdivisions territoriales; le lecteur lui eût su gré, par exemple, de dire que l'Île-de-France comprenait tout ou partie des pays de Laonnais, Noyonnais, Soissonnais, Valois, Beauvaisis, Vexin français, Mantois, Hurepoix, Gâtinais français et Brie française[2]. Son historique succinct des gouverneurs de Paris et de l'Île-de-France n'est pas très exact[3]. Quant aux noms des gouverneurs, lieutenants généraux, lieutenants de roi et officiers des autres circonscriptions, il les a empruntés simplement à l'*État de la France*. Il ne se hasarde presque jamais à apprécier les caractères et les mérites de ces personnages, comme le demandait le questionnaire[4], et il néglige de faire connaître le produit de leurs charges, leurs attributions, etc.[5]

C'est ici également qu'il eût dû parler soit de l'intendant, dont le Mémoire semble avoir oublié l'existence, soit de la division de la généralité en vingt-deux élections[6], qu'il a placée hors cadre, au début du chapitre 1er.

---

[1] Les limites des gouvernements militaires étaient mal définies. Ainsi, le Mémoire dit (p. 133) que le bailliage d'Étampes «est en contestation entre le gouverneur de l'Île-de-France et celui de l'Orléanais, et que de part et d'autre on y envoie les ordres pour le *Te Deum*, les feux de joie, publications de paix, etc.» Un litige semblable, entre les deux gouvernements de l'Île-de-France et de la Champagne et Brie, avait été tranché en 1693 par l'attribution au second des villes de Brie-Comte-Robert, Rozoy, Pont-sur-Yonne, Lagny, Montereau, Coulommiers, Crécy, la Ferté-sous-Jouarre et Château-Thierry. (Règlement du 24 septembre 1693, au Dépôt des Affaires étrangères, *France*, vol. 283.)

[2] Voyez l'étude de M. Auguste Longnon sur les limites de l'Île-de-France, avec une carte de cette province, dans le tome Ier des *Mémoires de la Société de l'Histoire de Paris et de l'Île-de-France*.

[3] Comparez le même chapitre des gouverneurs dans le *Théâtre géographique du royaume de France*, par Michel de la Rochemaillet (1632).

[4] Nous avons essayé de remédier à ce défaut au moyen du *Journal de Dangeau* et des *Mémoires de Saint-Simon*, où figurent presque tous les mêmes personnages.

[5] Cf. le *Dictionnaire universel* de 1726, préface, p. xxxi.

[6] Sur ce nombre, qui ne subit plus de changements jusqu'à la fin de l'ancien régime, deux élections venaient d'être tout récemment transformées d'élections particulières en élections en chef : c'étaient celles de Pontoise et de Montereau. Trois autres élections particulières avaient disparu en 1685, celles de Chambly, de Bray et de Crécy : voyez page 239, note 1, et comparez deux lettres de l'intendant Ménars, dans les Papiers du Contrôle général, G⁷ 425, 8 juillet et 5 août 1684. — Expilly a indiqué (tome III, p. 587) combien

Quand il aborde la description des principales villes, « soit par rapport à elles-mêmes, ou à l'histoire, ou à la situation où elles se trouvent, » et quand il veut, par la même occasion, rappeler quelques noms ou quelques événements célèbres, son érudition tombe souvent en défaut[1]. Ce titre est d'ailleurs déplacé en pareil endroit, aussi bien que tout ce qui touche à la statistique, et nous en dirons autant du titre des Poudres et Salpêtres, car le rédacteur ne parle pas de ces matières à cause de leur relation avec le gouvernement militaire, mais au point de vue des procédés industriels et des intérêts fiscaux[2]. Néanmoins on y pourra relever quelques renseignements sur les prix, sur la consommation faite par l'État ou par les particuliers, sur la production de chaque fabrique[3]. Tout entier à cette face unique de son sujet, le rédacteur n'a pas songé à protester contre les privilèges exorbitants et fort gênants des salpêtriers[4].

M. de Beauvillier, Fénelon et tous les conseillers du duc de Bourgogne se préoccupaient vivement de la grande dépopulation que chacun constatait et signalait d'un bout de la France à l'autre. Leur questionnaire porte d'abord ce premier article : « Nombre des villes; nombre des hommes à peu près en chacune; nombre des villages et des hameaux; total des paroisses et des âmes de chacune; » puis cet autre : « Consulter les anciens registres pour voir si le peuple a été autrefois plus nombreux qu'il ne l'est; causes de sa diminution; s'il y a eu des huguenots, et combien en est-il sorti? »

Le rédacteur du Mémoire de la généralité de Paris cite, comme curiosité, ces deux faits que l'on comptait en France, au temps de Henri II, vingt-sept mille lieux peuplés à clocher, et, au temps de Charles IX, vingt millions d'habitants; mais il n'a même pas tenté de répondre convenablement au questionnaire en ce qui concernait sa généralité, et c'est sans doute une des omissions que nos sta-

---

chaque intendance formait d'élections. Aucune autre généralité n'en comptait un aussi grand nombre que celle de Paris; ensuite venaient : Tours, avec seize élections; Orléans, Auch (créée en 1716) et Châlons, avec douze. On remarquera que le Mémoire énumère toujours les vingt-deux élections dans le même ordre, en allant de Paris au nord, puis à l'ouest, au sud-est et au sud.

[1] Voyez notamment l'article de la ville de Sens, p. 142-144.

[2] Le questionnaire de M. de Beauvillier plaçait les salpêtres après les mines et richesses souterraines.

[3] Il a pu se servir des *Mémoires d'artillerie* publiés en 1697; ne serait-ce même pas l'apparition récente de ce livre qui l'aurait entraîné à faire un chapitre aussi long?

[4] Voyez notre note 2 de la page 158. Ce fut seulement en 1776 que Lavoisier, mis à la tête de la régie des salpêtres, fit cesser les fouilles forcées.

tisticiens ne lui pardonneront point. La population n'est indiquée qu'en grandes masses, par élections : d'un côté, le « nombre d'hommes depuis l'âge de quinze ans, » et de l'autre, le « total des peuples, » conformément aux articles 15 à 17 du questionnaire de M. de Beauvillier; le premier nombre ne s'appliquant qu'à cinquante-deux villes de la généralité, non compris Paris, tandis que le second (856,938 âmes) représente la population totale des paroisses et hameaux aussi bien que des villes. C'est ainsi que l'a entendu Vauban, qui reproduit ce nombre dans le chapitre VII du *Projet de dîme royale*, sous la date de 1704.

Le Mémoire ne dit rien de la population de Paris; même pour l'année 1700, il faut s'en tenir aux chiffres approximatifs que citent les auteurs du temps, comme s'il s'agissait encore du XIVe ou du XVe siècle[1]. En 1637, les commissaires du cardinal de Richelieu comptaient 20,300 à 20,400 maisons et 412,000 à 415,000 habitants[2]. En 1657, les deux jeunes Hollandais dont M. Faugère a publié le *Journal de voyage à Paris*, s'expriment ainsi[3] : « Nous visitâmes notre ambassadeur, et, dans l'entretien, il nous dit que Paris n'était point si grand qu'on le dit communément; ajoutant qu'il avait eu la curiosité de faire mesurer sa longueur de la porte Saint-Martin jusqu'à celle de Saint-Jacques, et qu'elle n'est que de 4,554 communs pas; qu'il avait fait compter les jeux de paume, et qu'il n'y en avait que 114; et quant aux habitants, il croyait qu'il y en avait environ 600,000, et 30,000 maisons : ce qui est fort peu pour une si grande ville. » Précédemment[4], les mêmes voyageurs avaient cru à une population de plus d'un million d'âmes; leur second nombre, quoique beaucoup moindre, est encore supérieur aux supputations de 1637. En 1685, C. Le Maire ne table que sur 92,132 chefs de famille, en comptant quatre chefs par maison[5]; à la même époque, un statisticien anglais attribuait à Paris 488,000 habitants, tandis que, selon lui, Londres en possédait 696,000[6]. En 1694, malgré les pertes des années précédentes, Vauban supposait une population de 720,000 âmes.

---

[1] Sur ces époques, voir un appendice du livre de *Paris et ses historiens aux XIVe et XVe siècles*, par MM. Le Roux de Lincy et Tisserand, p. 486 et suiv., et l'édition du *Ménagier de Paris* donnée par M. le baron J. Pichon, tome I, p. XLIII-XLVI, et tome II, p. 80-85. H. Géraud s'est servi d'un dénombrement des paroisses de 1328, en comptant le feu urbain pour quatre personnes. (*Paris sous Philippe le Bel*, p. 465-478.)

[2] Voyez ce mémoire dans notre appendice XI, p. 656. Vers 1700, Germain Brice comptait 26,000 maisons.

[3] Pages 248 et 249.

[4] Page 3 du même ouvrage.

[5] *Paris ancien et nouveau*, Appendice, p. 422 et 423.

[6] Quatrième essai de sir W. Petty sur l'*Arithmétique politique* (1687).

INTRODUCTION.

Voici maintenant, par ordre de gradation descendante, les chiffres principaux que donnent les auteurs du xviiie siècle[1] :

900,000 âmes (*Vues politiques sur l'administration des finances*, par MM. de Lubersac, 1787).
850,000 âmes environ (*Dictionnaire universel* de 1726).
700,000 à 800,000 âmes (Dom Vaissète, Vosgien, le commissaire Delamare [voyez le mémoire de 1721 reproduit dans notre Appendice, p. 668] et Piganiol de la Force[2]).
700,000 ou 750,000 âmes (Voltaire).
720,720 (sic), 750,000 et 800,000 âmes (*Étrennes nationales* de diverses années).
720,000 âmes (Vauban, *Dîme royale*, 1704).
700,000 âmes (*Étrennes universelles*).
700,000 âmes (Jonas Hanway).
671,000 âmes (*Tableau poléométrique* de Dupain-Triel).
670,000 âmes (Moheau).
660,000 âmes (Buffon et Bailly).
640,000 à 680,000 âmes (Necker et l'*Encyclopédie*).
650,000 âmes (Dutens).
600,000 âmes (Expilly, Mirabeau, Lavoisier et Robert de Hesseln).
595,770 âmes (*Journal général de France* du 7 février 1786).
589,000 âmes (Almanachs allemands).
560,000 âmes (Templeman).
500,000 âmes (Busching).

---

[1] Voyez des relevés de ce genre dans Messance, *Recherches sur la population* (1766), p. 175-187, et dans Dulaure, *Histoire de Paris*, t. VII, p. 232-234.

[2] Voici ce que disait encore en 1765 une réédition de la *Description historique de la ville de Paris*, par Piganiol de la Force (t. I, p. 31) : «Prise par le milieu, entre les portes de Saint-Martin et de Saint-Jacques, cette ville a deux lieues communes de diamètre et six de circonférence, on y comprenant ses onze faubourgs, dont il y en a quelques-uns qui sont aussi étendus que de grandes villes. De quelque façon qu'on regarde la ville de Paris, il est impossible de n'être point frappé de sa vaste étendue, du grand nombre de ses habitants, de la magnificence de ses édifices et des meubles et des équipages de ceux qui l'habitent. On y compte jusqu'à vingt-trois mille et dix-neuf maisons, dont plusieurs sont exhaussées jusqu'à sept étages, sans y comprendre les échoppes ou petites boutiques, où les marchands ne logent point, lesquelles vont à huit ou neuf cents. Dans ce nombre de maisons, on y comprend quatre abbayes et quarante-deux couvents d'hommes, douze séminaires, huit abbayes et quarante-quatre couvents de filles, quinze communautés, vingt-six hôpitaux. On croit qu'il y a environ vingt mille carrosses, sept ou huit cent mille personnes, entre lesquelles on doit compter près de deux cent mille domestiques, et huit cent dix rues, sans compter quatre-vingt-huit culs-de-sac. C'est pour faciliter la connaissance de ce labyrinthe de rues que M. Hérault, lieutenant général de police de la ville de Paris, y a introduit un usage pratiqué depuis longtemps dans les grandes villes d'Italie, où les noms des rues sont marqués en gros caractères sur les maisons qui en font les coins, à l'entrée et à la sortie. Ce fut le 16 de janvier de l'an 1728 qu'on commença à mettre dans chaque rue de Paris deux feuilles de fer-blanc, sur lesquelles est le nom de la rue en gros caractères noirs. Ce travail fut fini dans le mois de mars suivant. On

GÉNÉRALITÉ DE PARIS.

En 1793, l'*Encyclopédie méthodique d'agriculture* dit[1] : « Les meilleurs calculateurs ne s'accordent pas sur le nombre des habitants de Paris; » et elle suppose une population de 600,000 âmes seulement, plutôt que de 800,000.

Si quelqu'un de ces nombres avait eu le moindre caractère d'authenticité, tous les auteurs n'eussent pas manqué de le reproduire; mais les uns comme les autres sont établis d'après des moyennes qui n'offrent point de certitude suffisante[2]. Certaines pièces qu'on trouvera à l'Appendice[3] prouvent qu'on n'arriva jamais, malgré les propositions et les ordonnances, à un dénombrement exact de la capitale. Tout ce que l'on savait faire, au xviiie siècle, c'était « de tenir, mois par mois, paroisse par paroisse, un état exact de tous les baptêmes, mariages et morts » inscrits sur les registres des églises[4], et de publier, au mois de janvier de chaque année, un « tableau général des baptêmes, mariages, mortuaires, enfants trouvés, et des professions religieuses » de l'année précédente[5]. Nous donnons dans notre Appendice la récapitulation du tableau de l'année 1781[6].

Les statisticiens devront, sauf nouvelles découvertes, se contenter de ces documents et établir leurs calculs sur ces données hypothétiques, comme l'ont fait Necker, Buffon, Messance, Lavoisier, l'*Encyclopédie*, etc.[7]

---

peut juger de la quantité de monde qu'il y a dans Paris par la consommation qui s'y fait : il y faut par an cent cinquante mille muids de blé, trois cent cinquante mille muids de vin, sans compter les vins de liqueur et les autres boissons, comme eaux-de-vie, bières, cidres, etc., plus de cent mille bœufs ou vaches, plus de quatre cent quatre-vingt mille moutons, plus de vingt-cinq mille veaux, et plus de quatorze mille porcs. On imagine bien que cette supputation ne peut pas être exactement juste; mais elle sert à donner une idée du prodigieux nombre d'habitants qu'il y a dans cette ville. »

[1] Tome III, p. 472 et 475.

[2] Citons aussi, pour mémoire, les calculs qui se trouvent dans une statistique des impositions faite pour le roi Louis XV, vers 1770, et dans un dossier du Contrôle général antérieur de quelques années. Celui-ci dit que la moyenne des naissances, depuis cinq ans, a été de 19,096, et celle des morts, de 18,726 : chiffres qui, multipliés par 30, le plus fort facteur admis, donnent 572,880 ou 561,780 habitants. Selon le premier document, Paris devait contenir 631,950 personnes, payant 87ᴸ 4ˢ 5ᵈ 3/24 d'impôt par tête. (Archives Nationales, H 1444 et 4801ᴬ.) Bailly, en 1789, comptait 641,741 habitants.

[3] Pages 421-423.

[4] Voyez une note de l'Appendice, p. 449.

[5] Selon un *bon* du contrôleur général, en date du 7 avril 1777 (archives Nationales, registre O¹ 267, p. 198), cette impression se faisait à trois cents et tant d'exemplaires, par l'imprimerie de la police, et les frais, qui s'élevaient à 210ᴸ, étaient payés par le Trésor royal.

[6] Appendice, p. 449. Voir quatre pièces de ce genre, de 1720 à 1783, aux archives Nationales, dans le carton Rondonneau AD¹ˣ XVI 10, et un état de 1752 dans la liasse H 1459. Les publications périodiques analysaient souvent ces tableaux; je trouve, par exemple, le relevé de l'année 1742 dans le *Mercure galant* du mois d'octobre 1743, p. 2320.

[7] L'*Encyclopédie méthodique des finances* disait, en 1785 (vᵉ Généralités, p. 363) : « La population de la capitale est difficile à déterminer par les

INTRODUCTION.   xxiii

Si l'on passe à la généralité, non seulement l'incertitude subsiste pour le chiffre de population, mais, d'un document à l'autre, le nombre des paroisses varie, soit que les auteurs aient fait de faux calculs, soit que les chiffres partiels par élection ou le nombre total se soient trouvés modifiés d'une époque à l'autre par des érections ou des suppressions de paroisses, par des subdivisions ou par des translations d'une élection à une autre. Le Mémoire[1] dit qu'il y a 1,428 paroisses dans le gouvernement de Paris et de l'Île-de-France, et 663 dans celui de Champagne, soit : un total de 2,091[2]. Un état des tailles pour 1700, inséré un peu plus loin[3], n'en suppose que 2,084, et une des pièces de notre Appendice (1698-1699)[4] en compte encore deux de moins[5]. Un peu plus tard, en 1709, Saugrain, dont nous reproduisons les tableaux des feux de la généralité[6], arrive à un total de 2,103 paroisses; mais, en refaisant ses additions partielles, élection par élection, nous n'avons obtenu qu'un chiffre moindre : 2,088, très voisin de celui que donne un dénombrement des feux fait en 1713[7]. Les chiffres de Saugrain ont été longtemps reproduits tels quels, et ils se retrouvent jusque dans les publications de Doisy (1753), de Dumoulin (1762), de l'abbé Expilly (1768)[8]; cependant

calculs ordinaires, vu que, sur un nombre annuel de vingt mille cinq ou six cents naissances, le quart environ est composé d'enfants trouvés nés à Paris, et une semblable génération, moissonnée dès les premières années dans une proportion effrayante, n'offre pas une base exacte aux recherches sur la population; mais aussi un nombre considérable d'étrangers et de gens de province viennent continuellement à Paris, ou pour leurs plaisirs ou pour leurs affaires. Il faut donc rassembler diverses notions afin de se former une idée du nombre ordinaire des habitants de Paris, et je crois, d'après plusieurs indices, qu'on ne s'écarterait guère de la vérité en évaluant ce nombre de six cent quarante à six cent quatre-vingt mille, selon les saisons de l'année où la ville est plus ou moins peuplée. » — Lorsque feu M. Husson a voulu faire l'historique des consommations de l'ancien Paris et mettre en regard des chiffres de population, il a indiqué les calculs de nos Mémoires de 1700, mais en les contestant et en préférant un calcul hypothétique d'après le nombre annuel des naissances, qui, dit-il, donnerait 543,270 âmes pour 1684 et 506,370 pour 1718. (*Les Consommations de Paris*, 2ᵉ édition, 1875, p. 16-27.) Selon l'administration elle-même, on n'a pu arriver à un recensement exact de la ville de Paris qu'en 1817.

[1] Pages 138 et 146.

[2] Il compte aussi 2,754 hameaux d'une part et 892 de l'autre; total : 3,646, et non 3,586, comme le dit Boulainvilliers.

[3] Pages 278 et 279.

[4] Page 528.

[5] En 1689, l'élection de Pontoise n'étant pas encore formée, nous avons 2,030 paroisses (Appendice, p. 523; cf. les Papiers du Contrôle général, G⁷ 694). Quelques états plus anciens présentent encore plus de différence; l'un dit, en 1639 : 2,260 paroisses; l'autre, en 1643 : 1,900 paroisses, etc.

[6] Appendice, p. 424-443.

[7] Bibl. Nat., ms. fr. 11384; voyez ci-après, p. xxvii.

[8] De là ils ont passé dans les publications modernes, telles que la *Statistique de la France*, imprimée sous les auspices du ministère du Commerce;

le *Dictionnaire universel* de 1726[1] ne compte que 1,950 paroisses. Le chiffre officiel fourni à l'Assemblée provinciale de 1787 se rapproche beaucoup plus de celui de Saugrain : il est de 2,113 paroisses. — Sur le nombre total, l'élection de Paris renfermait à elle seule de 436 à 442 paroisses[2].

Quant à la population de la généralité, nous ne saurions mettre en regard du chiffre donné par le Mémoire[3] aucun dénombrement par têtes exact et authentique. Sans doute, en 1695, on avait demandé aux curés de chaque généralité de faire un recensement précis pour servir à l'établissement de la première capitation[4]; mais, si ce travail s'exécuta dans quelques paroisses, ce ne fut certainement que par exception. Des instructions ne suffisaient pas : il eût fallu donner aux pasteurs paroissiaux du temps et des moyens d'action. Si bien vus qu'ils pussent être de leurs ouailles, ils devaient se heurter partout contre le sentiment d'épouvante qu'inspirait, dans les villes comme dans les campagnes, l'annonce nouvelle de toute opération pouvant aboutir, selon la croyance vulgaire, à un surcroît d'impôt pour les contribuables, sans parler de la répulsion qu'éprouvaient aussi quelques esprits, éclairés cependant, pour « ces dénombrements impies qui ont toujours indigné le Créateur et appesanti sa main sur ceux qui les ont fait faire, et presque toujours attiré d'éclatants châtiments[5]. » Dans tout le cours du XVIIIe siècle et d'un bout à l'autre de la France, soit que l'on mît en réquisition le bon vouloir des curés ou les ressources spéciales de la maréchaussée[6], les tentatives de ce genre eurent le même insuccès, et pour la même cause. C'est cette considération qui, en 1752, retint le contrôleur général de Machault, lorsqu'il voulut généraliser l'usage des relevés mensuels qu'on faisait sur les registres paroissiaux

---

en 1837, et où sont reproduits aussi les chiffres de 1697-1700.

[1] Préface, p. XLIX.

[2] Le chiffre est de 436 en 1689, de 438 dans le Mémoire, de 442 dans Saugrain et ceux qui l'ont suivi, de 440 dans l'état de 1713. Ce chiffre, quoique considérable, était dépassé par certaines élections de province : celle de Bordeaux comptait 461 paroisses, celle d'Agen 546, celle de Mortain 583.

[3] Voyez ci-dessus, p. XX.

[4] Voyez la lettre reproduite dans notre Appendice, p. 552 et 553. À l'occasion de la disette de 1693, on avait demandé aussi le recensement des bouches à nourrir, en même temps que celui des grains.

[5] C'est Saint-Simon qui s'exprime ainsi à propos du dixième (*Mémoires*, t. VIII, p. 137).

[6] En 1720, par un arrêt du 18 février, qui créait quatre inspections générales de la maréchaussée, il fut ordonné que chaque lieutenant et chaque brigadier tiendraient registre du nombre des habitants de chaque paroisse, du nom des chefs de famille, de ce que chaque habitant possédait en terres, en maisons et en rentes, et de son occupation; combien il y avait de journaliers en chaque lieu, et à quel travail ils s'adonnaient; combien de mendiants valides ou invalides. Ce recensement

de Paris, et dont nous avons parlé plus haut[1]. Vingt ans plus tard, le procureur général Joly de Fleury, si bien armé qu'il fût de par ses fonctions, reconnaissait que « toute déclaration forcée était fausse[2]. » Et, arrivant jusqu'en 1789, ne lisons-nous pas encore ceci dans le *Tableau de la population* du chevalier des Pommelles[3] : « Il n'existe et n'a jamais existé aucun dénombrement général du royaume. Une énumération par têtes, qui, en premier aperçu, semble une chose si facile, non seulement serait très dispendieuse, mais, lorsqu'on y réfléchit, elle présente tant de difficultés dans l'exécution, qu'il est difficile de ne pas douter au moins de la possibilité, et surtout de l'exécution d'une telle opération. » Messance dit de même, dans ses *Nouvelles recherches sur la population*, publiées en 1788, que le ministère, à sa connaissance, n'a jamais fait faire un dénombrement en forme[4].

Comme rien, jusqu'ici, n'est venu infirmer l'exactitude de ces assertions[5], on voit qu'il faut ne prendre que sous toutes réserves les calculs de population par têtes antérieurs à 1791, ou du moins qu'il convient de les considérer comme conventionnels. Tel est le cas du nombre donné par notre Mémoire pour la généralité de Paris (856,938 âmes en dehors de Paris). Vauban l'a adopté cependant, et, dans un passage de la *Dîme royale* qui a déjà été cité, en ajoutant à ce nombre celui qui, selon lui, représentait la population de Paris (720,000 habitants), il est arrivé au total de 1,576,938 habitants. Ce total, nous le retrouvons encore dans un tableau dressé quelques années plus tard, vers 1710, par Laurent Tuffereau, secrétaire ou commis du contrôleur général[6]; mais il est porté

---

[1] Voyez sa lettre reproduite en note, p. 449 de l'Appendice.

[2] Appendice, p. 544.

[3] Page 45.

[4] De même aussi, Malet, en 1725, dans les *Comptes rendus de l'administration des finances*, p. 424-427, disait n'avoir d'autres chiffres que ceux des Mémoires de 1697-1700. — On sait quelle fut l'origine des intéressants calculs de Messance. Il était secrétaire d'un intendant bien connu, M. de la Michodière. Celui-ci, résidant en Auvergne lorsque l'*Ami des hommes* fit croire à une dépopulation effrayante, se procura les relevés de naissances, de mariages et de morts depuis 1690 jusqu'à 1699, et depuis 1747 jusqu'à 1756; puis il fit exécuter le même travail dans les intendances de Lyon et de Rouen par Messance, et, dans la suite, il engagea ce dernier à faire, des relevés ainsi obtenus, un livre qui parut pour la première fois en 1766, sous le titre de *Recherches sur la population*, et qui eut pour résultat de faire demander à tous les curés, par l'intermédiaire des intendants, l'état annuel des naissances, mariages et morts. Messance refit son livre en 1788.

[5] Remarquons toutefois que le subdélégué de Provins, en répondant au questionnaire de 1697, a donné la population par âmes dans chaque localité de son élection (Appendice, p. 751); mais quelle valeur ces chiffres peuvent-ils avoir?

[6] Ms. fr. 21751, fol. 15 v°. Cet état donne

GÉNÉRALITÉ DE PARIS.

à 1,629,708 habitants[1] dans un tableau voisin, de même date et de même origine, contenant le détail par élection du nombre des paroisses, des feux et des personnes[2].

On peut rencontrer d'autres chiffres en plus d'un endroit : dans le *Dictionnaire universel* de 1726, où les auteurs de la préface indiquent seulement un total de 387,335 feux pour la généralité de Paris[3], tandis que l'ouvrage même donne, à côté de chaque nom de localité, le nombre des habitants; dans Expilly, qui, tout au contraire, « d'après ses propres recherches, » évalue le total de la population hors Paris à 943,515 habitants[4], et ne donne que le nombre des feux pour chaque localité; dans le tableau dressé en 1780, par le même Expilly, qui arrive cette fois à un total de 1,681,975 habitants[5]; dans les *Étrennes universelles* de 1776, qui réduisent ce nombre à 1,643,513 habitants; dans l'*Encyclopédie méthodique des finances*, qui donne, d'après Necker, 1,781,700 habitants; ou dans le tableau de 1745, qu'on trouvera à l'Appendice[6], et qui contient le chiffre le plus élevé, 1,892,000. Ce ne doivent être là, croyons-nous, que des calculs établis sur des moyennes de naissances annuelles ou sur une évaluation non moins incertaine de la valeur du feu[7].

Le premier de ces procédés fut le plus fréquemment mis en usage. Necker en parle en ces termes : « Il n'était pas possible de faire le dénombrement général d'un si vaste pays; il était encore moins praticable de le renouveler chaque année; mais, après en avoir ordonné de partiels en différents lieux, on en a composé le résultat avec le nombre des naissances, des morts et des mariages; et ces rapports, confirmés jusqu'à un certain point par les expériences faites dans d'autres pays, ont établi une mesure de comparaison à laquelle il est raisonnable d'avoir confiance[8]. » C'est ainsi qu'un mémoire du temps de Louis XV, que nous avons déjà cité dans

---

les chiffres suivants : lieues carrées, 931 ; arpents, 4,365,196 et 8 perches 1/2 ; élections, 22 ; villes, 87 ; bourgs, 144 ; paroisses, 2,072 ; feux, 224,927 ; personnes, 1,576,938.

[1] Ou plutôt : 1,619,708. Toujours la même inexactitude dans ces tableaux.

[2] Ce tableau (même ms. fr. 21751, fol. 7) est reproduit dans l'Appendice, p. 444. Germain Brice, en répétant les chiffres de la *Dîme*, les a altérés.

[3] Ils comptent l'élection de Paris pour 489 paroisses et 214,350 feux.

[4] En 1755. Voyez son *Dictionnaire*, t. V, p. 566.

[5] Ce sont des tableaux de « probabilités » qu'il présenta au roi en 1780.

[6] Page 444.

[7] Il y avait encore une autre méthode, attribuant à chaque lieue carrée une population de 874 habitants; voyez la liste des bailliages du ressort du parlement de Paris (vers 1768) publiée par M. Gorré, dans l'*Annuaire de la Société de l'Histoire de France*, année 1850.

[8] Necker, *De l'administration des finances*, t. I, p. 142. Cf. Expilly, t. III, p. 901 et 902.

INTRODUCTION.

une précédente note[1], multipliant par 25 les moyennes annuelles, trouve pour les villes suivantes de la généralité de Paris :

	NAISSANCES.	POPULATION.
Versailles	1,390	37,530
Beauvais	443	11,961
Meaux	212	5,724
Compiègne	229	5,954
Pontoise	246	6,396
Melun	196	5,148
Saint-Germain	444	11,100
Sens	318	7,950
Senlis	165	4,125
Fontainebleau	205	5,125
Étampes	278	6,950
Saint-Denis	166	4,150

et pour la généralité entière, non compris Paris :

	NAISSANCES.	POPULATION.
Généralité	43,716	1,092,900[2]

Mais, outre que les statisticiens du temps n'étaient pas d'accord sur le facteur à adopter, on doit se demander si les relevés annuels d'après lesquels ils opéraient étaient faits exactement partout et présentaient les garanties requises.

Conviendrait-il donc de préférer l'ancien système de dénombrement par feux, qui avait l'avantage de se faire sans enquête, d'après des registres municipaux et des rôles de taille[3] ? — Je répondrai que nous possédons deux dénombrements des feux de la France datés de la fin du règne de Louis XIV : l'un est celui qui parut en 1709 chez Saugrain, sous le titre de : *Nouveau dénombrement du royaume par généralités, élections, paroisses et feux*, et que l'usage, en quelque sorte, a consacré[4] ; le second, inédit, fut fourni quatre ans plus tard, sur la demande du contrôleur général Desmaretz, par tous les intendants de France[5]. En rapprochant

---

[1] Page XXII, note 2.
[2] Archives Nationales, H 1444. Suivant une statistique analogue que nous avons citée en même temps que la précédente, et qui est de 1770 environ, la généralité, y compris Paris, devait avoir 1,739,238 habitants.
[3] En 1671, Colbert, voulant renseigner le roi sur la population, demanda aux intendants de comparer le nombre des cotes pendant les cinq ou six dernières années. (*Lettres*, etc., tome IV, p. 58.)
[4] Nous avons déjà dit que la partie de ce dénombrement relative à la généralité de Paris était reproduite dans notre Appendice.
[5] Bibl. Nat., mss. fr. 11384-11387.

ces deux statistiques presque contemporaines, on constate de l'une à l'autre des différences qu'il serait impossible d'expliquer par les changements qui pouvaient s'être produits dans la population à quatre, cinq ou six années de distance; et si ensuite l'on compare les mêmes chiffres de feux avec quelques fragments de dénombrements partiels par têtes que nous possédons aussi, par exemple avec les chiffres que présenta, en 1697, le subdélégué de l'élection de Provins[1], la proportion généralement admise de 4, 5 ou 5 1/2 personnes pour chaque feu s'y retrouve encore moins; il s'en faut même de beaucoup, comme le prouvera le tableau ci-dessous, et des écarts de cette importance nous semblent bien faits pour inspirer de la défiance[2].

ÉLECTION DE PROVINS.

PAROISSES.	ÂMES en 1697.	FEUX en 1709.	FEUX en 1713.	PAROISSES.	ÂMES en 1697.	FEUX en 1709.	FEUX en 1713.
Augers	165	60	65	Gimbrois	32	11	10
Bazoches	293	82	108	Gouaix	362	125	117
Beauchery	124	56	51	Hermé	198	71	70
Bezalles	72	26	29	L'Échelle	240	74	80
Coutevroult et Vieil-Champagne (deux paroisses)	190	63	58	Lécherolles	85	45	43
				Les Marets	123	44	46
Cucharmoy	218	56	73	Lizines et Sognolles	414	144	150
Boisdon	64	21	22	Lourps	100	33	31
Cerneux	193	68	75	Maisoncelles	73	20	27
Chalautre	287	104	110	Melz	265	94	100
Chalmaison	182	75	85	Mériot	251	81	79
Champcenetz	104	28	37	Montceaux	195	64	67
Champcouelle	66	17	14	Montils et Pierrelez	52	21	23
Chenoise	535	179	173				
Courchamps	106	29	27	Mortery	84	26	25
Courtacon	99	32	34	Poigny	56	25	24
Éverly	212	79	76	Rouilly	145	44	49
Flaix	33	6	5	Rupéreux	72	24	28
Fretoy	46	26	26	Sancy	177	65	69

[1] Voy. ci-après, Appendice, p. 751.
[2] Cependant la comparaison des deux systèmes peut parfois produire des résultats assez satisfaisants; signalons, à ce propos, une étude très récente de M. Jules Lair sur la population de la seigneurie de Burcs, dans les *Mémoires de la Société de l'Histoire de Paris et de l'Île-de-France*, t. II, p. 259-266. M. Lair a fort habilement combiné et mis en regard les deux procédés, pour une période de plus de quatre siècles.

INTRODUCTION.

PAROISSES.	ÂMES en 1697.	FEUX en 1709.	FEUX en 1713.	PAROISSES.	ÂMES en 1697.	FEUX en 1709.	FEUX en 1713.
Savins	427	161	153	Saint-Martin-du-Boschet	58	31	29
Soisy	85	22	26	Saint-Sulpice	78	34	33
Sourdun	479	150	140	Sainte-Colombe	237	88	84
Saint-Brice	171	60	74	Vauvillé	79	27	28
Saint-Genest	29	7	11	Veronge	216	55	63
Saint-Hilliers	248	94	82	Vieux-Maisons	36	14	11
Saint-Loup	333	120	117	Villiers	233	82	73
Saint-Mars	125	42	44	Voulton	79	22	23
Saint-Martin-des-Champs	96	30	24	Vulaines	77	20	22

	PAROISSES.	ÂMES.	FEUX.	FEUX.
Provins, ville.	Saint-Ayoul	1,236	373	360
	Sainte-Croix	942	159	253
	Saint-Pierre	346	248	120
	Saint-Quiriace	469	111	147[1]

	1697.	1709.	1713.
TOTAUX	11,992 âmes.	4,158 feux[2].	4,023 feux.

Le dénombrement de 1713 donne, pour la généralité entière : 2,086 paroisses et 212,277 feux, tandis que celui de Saugrain, supérieur comme nombre des paroisses (2,103), est inférieur comme nombre des feux (209,670).

Un des passages les plus remarquables du Mémoire est celui qui répond à cette question : « Si le peuple a été autrefois plus nombreux? Les causes de sa diminution[3]? »

Le rédacteur s'exprime en termes très brefs, mais catégoriques, sur l'énorme diminution constatée dans toutes les parties de la généralité, ici un quart, là un tiers, ailleurs même une moitié. Il en indique avec franchise les causes principales : la guerre, la mortalité résultant des disettes, la cherté des vivres, les impositions extraordinaires, la surcharge des logements militaires, l'émigration des

---

[1] La discordance des chiffres de feux des trois dernières paroisses de Provins, Sainte-Croix, Saint-Pierre et Saint-Quiriace, fait croire à quelque erreur pour l'état de 1709 ou pour celui de 1713. Expilly, comme toujours, a reproduit les chiffres de Saugrain dans le même ordre. L'erreur serait-elle donc dans l'état de 1713?

[2] Nous trouvons à l'addition : 11,992 âmes et 3,968 feux.

[3] Pages 150 et 151.

huguenots. Puis il recommande quelques mesures propres à remédier à cet état de choses : mettre les peuples plus à leur aise, supprimer les impositions extraordinaires, pousser les jeunes gens au mariage, frapper même d'une taxe « ceux qui auraient atteint l'âge de vingt et un ou vingt-deux ans sans s'être mariés, et qui feraient commerce ou auraient des droits acquis de père et de mère, » et enfin reculer l'âge de la profession religieuse. On remarquera que presque toutes ces mesures avaient été mises en pratique pendant la belle période du règne de Louis XIV, pour faire des hommes propres à la guerre et au commerce[1], et que leur abandon était vivement critiqué par les amis du duc de Bourgogne[2].

En rapprochant ces deux pages du Mémoire de divers passages[3] des œuvres de Vauban, on constatera ici encore de grandes analogies dans la pensée, et même dans les expressions. La dépopulation préoccupait tous les esprits généreux : ainsi que Vauban, Boisguilbert[4] en signalait les effets désastreux dans cette portion de la généralité de Paris où précisément notre Mémoire dit que le nombre des habitants a presque diminué de moitié, et le même cri d'alarme, que nous retrouverions dans nombre de documents officiels du xviiie siècle[5], retentit avec plus de force que partout ailleurs dans le rapport émouvant des commissaires royaux de 1687 qui termine notre Appendice[6].

[1] Citons notamment l'édit de novembre 1666 en faveur des mariages, que Forbonnais déclarait « un des plus beaux monuments de l'administration de Colbert, quoique susceptible de recevoir quelque perfection dans son exécution, » mais qui fut révoqué le 13 janvier 1683, sous prétexte d'abus, et l'édit du mois de décembre 1666 contre l'accroissement des communautés religieuses. (*Recherches et considérations sur les finances de France*, t. I, p. 391 et 394-395. Cf. le *Journal d'Olivier d'Ormesson*, t. II, p. 480 et 485.)

[2] Fénelon, Fleury, et, plus tard, à leur exemple, le duc de Saint-Simon, demandèrent la réduction ou même la suppression de ceux des ordres religieux qui étaient inutiles, peu édifiants et à charge au public. Saint-Simon réclamait plus encore que notre Mémoire : il voulait que l'entrée en noviciat ne pût se faire avant la vingt-cinquième année accomplie (au lieu de la quinzième), et il s'élevait très vivement contre la multiplication de ce « qui se peut appeler le déserteur du peuple de ce royaume. » —

« Le célibat superflu et inutile, disait-il, joint à celui des prêtres, qui est indispensable, tarit le royaume. On le voit par les milices et par le peu d'hommes qui restent dans les campagnes, et même de jeunes gens dans les petites villes, tandis que l'Allemagne et le Nord fourmillent d'hommes. » (*Projets de gouvernement du duc de Bourgogne*, publiés par M. Paul Mesnard, p. 15, 20 et 183.)

[3] Voyez notamment la *Description de l'élection de Vézelay*, dans notre Appendice, p. 741.

[4] Voyez le *Détail de la France*, 2e partie, ch. xiii, de l'édition de 1695, et le *Mémoire sur l'état de l'élection de Mantes* reproduit dans notre Appendice, p. 562 et suivantes.

[5] Le tableau de la statistique de l'élection de Compiègne en 1771, que nous donnons dans l'Appendice (p. 538 et 539), ne porte que cette observation dans la dernière colonne : « La dépopulation est sensible depuis trente ans. Il y a moins de feux et d'habitants. ».

[6] Page 789 : « Nous avons vérifié que presque

INTRODUCTION.

Parmi les causes particulières de la dépopulation, le rédacteur du Mémoire avait signalé « la sortie des religionnaires hors le royaume[1]. » Il donne maintenant le détail de cette émigration. Avant que l'édit de Nantes eût été révoqué, dit-il, la généralité de Paris contenait 1,933 familles : 1,202 sont passées à l'étranger, et il en reste 731, dont la plupart des membres sont mauvais catholiques, ou même ont gardé toute leur ancienne ferveur pour la religion protestante. — Suit le détail de la répartition de ces familles dans chaque élection[2].

On nous aurait su gré sans doute de mettre en regard de cet article du Mémoire l'un des dénombrements spéciaux qui furent demandés aux intendants peu de temps avant la révocation[3]; mais ceux que M. de Ménars dut dresser pour la généralité de Paris ont échappé jusqu'ici à nos recherches[4], et nous ne pouvons renvoyer le lecteur qu'aux rapports fournis par les soins de M. de la Reynie, de 1683 à 1687, sur l'émigration des religionnaires parisiens[5].

Du reste, Paris se trouvait être une sorte de lieu d'asile, et les opérations de la conversion y avaient été menées avec tous les ménagements imaginables, pour ne pas priver la capitale et le royaume du crédit ou de l'industrie des religionnaires; Seignelay, M. de Ménars, M. de la Reynie, en s'entendant entre eux pour user avec une très grande modération des procédés qui n'étaient que trop familiers à beaucoup d'autres intendants[6], avaient obtenu nombre d'abjurations importantes[7]. Dans les élections environnantes, quelques courses des soldats aux

partout le nombre des familles a diminué considérablement, sans compter celles qui sont sorties à cause de la religion. Que sont-elles devenues? La misère les a dissipées, etc... »

[1] Page 150. Cf. page 341.
[2] Pages 151-154.
[3] En mars 1682 et en juillet 1685.
[4] Plusieurs des rapports de 1682 ont été publiés en 1858, par la Société de l'Histoire du Protestantisme français; celui que l'intendant Daguesseau envoya, en 1685, sur les protestants du Languedoc, est conservé au Dépôt de la guerre, où nous retrouvons aussi une lettre de Louvois reprochant à M. de Ménars d'avoir omis beaucoup de noms dans l'état du bailliage de Beauvais et dans celui des villages des environs de Paris. En effet, Colbert (Lettres, tome VI, p. 162) avait demandé à cet intendant de préparer le recensement pour le roi sans que le public y pût voir autre chose qu'une simple curiosité.

[5] Bibl. Nat., mss. fr. 7051 et 7052. — Un État général des calvinistes et religionnaires de Champagne et Brie en 1685, publié récemment par M. O'Gilvy, paraît être très incomplet.

[6] Voir les lettres de Seignelay dans la Correspondance administrative sous le règne de Louis XIV, t. IV, p. 84-90, 343 et suivantes. Il recommande de ne pas trop insister sur les professions de foi, d'éviter surtout l'emploi des troupes, de ne pas s'introduire chez les gens de qualité, de permettre un séjour limité à Paris, etc.

[7] Il y eut, entre autres, l'abjuration d'une soixantaine de négociants et chefs de métiers notables, réunis solennellement, en décembre 1685, chez Seignelay. (Gazette de 1685, p. 720; la France protestante, t. II, p. 210; Correspondance adminis-

GÉNÉRALITÉ DE PARIS.

gardes ou des cavaliers du régiment de la Reine avaient suffi pour décider les réformés les plus opiniâtres à quitter le pays, les plus dociles à faire leur soumission[1], et cet état de choses s'était maintenu, tel quel, pendant toute la durée de la guerre de 1688[2]; mais, depuis la paix de Ryswyk, quelques-uns des conseillers de Louis XIV l'engageaient à reprendre des procédés plus rigoureux, soit contre les nouveaux convertis qui ne remplissaient pas leurs devoirs de catholiques, soit contre les fugitifs qui cherchaient à rentrer en France sans faire une abjuration immédiate[3]. M. de Pontchartrain, M. Daguesseau le père et M. de Noailles, archevêque de Paris, adoucirent autant qu'il était en leur pouvoir les mesures prescrites pour Paris, et, notamment, ils réprimèrent le zèle trop ardent du nouveau lieutenant général de police, d'Argenson[4]. Néanmoins un certain nombre de familles émigrèrent encore à la suite de la déclaration royale du 13 septembre 1699; leurs biens furent séquestrés comme ceux des fugitifs qui les avaient précédées à l'étranger[5], et l'ordre fut donné dans les autres intendances de ne plus laisser venir à Paris les anciens religionnaires de la province.

Le Mémoire ne parle pas des juifs. Nous voyons, dans la correspondance de la police, qu'en 1701 on ne comptait pas plus de quatre familles de cette religion résidant à Paris et de cent cinquante individus allant et venant. En 1715, il n'y avait en tout que dix-huit individus, la plupart employés au service des étapes de Metz et autorisés par la Chancellerie à faire un séjour dans la capitale. « On ne peut douter, disait le lieutenant général de police, que l'agiotage et l'usure ne soient leur principale occupation, puisque c'est (si l'on ose s'exprimer ainsi) toute

---

trative, t. IV, p. 383; *Bulletin de la Société du Protestantisme français*, 1857, p. 49-53; *Dictionnaire critique de Jal*, p. 1006 et 1007, etc.). Samuel Bernard était du nombre de ces nouveaux convertis.

[1] Il y avait un certain nombre de huguenots à Villiers-le-Bel; M. d'Artagnan, envoyé dans ce bourg avec deux cents soldats aux gardes, trouva le pays presque entièrement abandonné au seul bruit de son approche. Pendant l'hiver de 1685-1686, six compagnies du régiment de la Reine durent rouler d'élection en élection, et elles commencèrent par opérer dans le pays de Meaux, sous la direction de Bossuet. (Dépôt de la guerre, vol. 757; *Journal du marquis de Sourches*, t. I, p. 346.)

[2] Voir un rapport de M. de Ménars au secrétaire d'État, en date du 5 septembre 1688, dans le registre des Archives Nationales O¹ 32, fol. 242 v°.

[3] Circulaires adressées aux intendants le 8 novembre 1697 et les 25 et 28 avril 1698.

[4] Pontchartrain lui écrit, le 21 mai 1698 : « L'expédient que vous proposez, d'ôter les enfants aux nouveaux catholiques soupçonnés de vouloir sortir du royaume, est très bon; mais aussi il faut en user avec prudence, car, de les ôter ainsi sans un pressant besoin, c'est révolter l'enfant contre le père, le mettre hors d'état d'embrasser aucune profession, et souvent détourner sans aucun fruit l'affection du père envers l'enfant.... » (Registre O¹ 42, fol. 122; *Correspondance administrative*, t. IV, p. 461.)

[5] Papiers du Contrôle général, G⁷ 430 et 431, rapports de l'intendant de Paris, en date du 1ᵉʳ juillet 1699 et du 9 mai 1701.

INTRODUCTION.

leur étude, et qu'ils se font une espèce de religion de tromper autant qu'ils le peuvent tous les chrétiens avec lesquels ils traitent [1]. »

Le questionnaire contenait cet article : « Hommes; leur naturel vif ou pesant, laborieux ou paresseux; leurs inclinations, leurs coutumes. » Notre Mémoire néglige complètement les coutumes; mais il répond en termes assez précis, quoique brefs, sur « le naturel et l'inclination des peuples au travail [2]. » Chaque délégué avait dû fournir des renseignements; cependant, ici comme dans le titre de la POPULATION, il est à croire que quelque rédacteur plus autorisé a dû retoucher et accentuer les textes primitifs; ce fut peut-être Vauban, qui se plaisait tout particulièrement à relever les traits distinctifs des peuples au milieu desquels il allait faire des travaux de statistique ou des tournées d'inspection [3]. Souvent d'ailleurs les anciens auteurs avaient traité le même sujet, et nous retrouverions chez eux plus d'une esquisse piquante des habitants de Paris ou de ceux de la généralité, depuis Jean de Jandun [4] jusqu'à Davity [5], Jean de Laet [6] et Jean de la Barre [7], en passant par Machiavel [8] et par Belleforest [9].

Le titre IV, DES MILICES, est très court. Il rappelle seulement dans quelles circonstances la généralité de Paris eut à fournir deux régiments de milice, dont l'un fut réformé dès 1695 [10] et l'autre à la fin de la guerre, et il ne dit mot ni des inconvénients de cette levée, ni des énormes dépenses qu'elle causa en pure perte dans presque toutes les paroisses [11], ni des désordres, des concussions, des violences de toute espèce que les miliciens commettaient durant l'hiver, faute d'être réunis dans des quartiers et surveillés par leurs chefs [12].

Nous n'avons pas à indiquer quelles modifications la levée des milices subit

---

[1] Dépôt des Affaires étrangères, vol. France 353, et Papiers du Contrôle général, G⁷ 1738, 31 août et 4 septembre 1715.
[2] Pages 148-150.
[3] Voyez la note 1 de la page 150.
[4] Éloge de Paris (1323), publié par Le Roux de Lincy, dans le livre de Paris et ses historiens, p. 54-57.
[5] Voyez l'Appendice, p. 450, note 1.
[6] Gallia (1629), p. 126-128.
[7] Antiquités de Corbeil, article de l'état et du caractère des peuples.

[8] A la suite de sa Légation en France et dans son Tableau de la France.
[9] Histoire universelle du monde, fol. 187.
[10] Sur cette réforme, voyez le Journal de Dangeau, t. V, p. 144.
[11] Voyez quelques pièces de la Correspondance des contrôleurs généraux, t. I, n°ˢ 1407, 1428, 1432, etc. M. Albert Babeau a traité ce sujet, soit dans ses deux livres sur le Village et sur la Ville, soit dans un travail spécial sur la Milice dans la Champagne méridionale.
[12] « Tant que l'hiver dure, les soldats de milice

GÉNÉRALITÉ DE PARIS.

au cours du xviiie siècle; on en peut trouver le détail dans le *Dictionnaire géographique* d'Expilly, à l'article Forces de la France[1], ou dans le rapport du vicomte de Noailles à l'Assemblée provinciale de l'Île-de-France[2].

La section suivante du Mémoire[3] est une simple énumération des lieux où les troupes de passage faisaient étape, et de ceux que le ministre assignait pour le logement et le quartier d'hiver de ces mêmes troupes[4]. La plupart des Mémoires, comme celui-ci[5], indiqueront les conséquences désastreuses de cette charge au double point de vue des intérêts du roi et de ceux des populations; il n'est donc pas hors de propos que nous en disions quelques mots ici.

Les troupes, en allant à l'armée et en revenant prendre leurs quartiers d'hiver ou leur garnison, devaient trouver de distance en distance le logement, l'ustensile et l'étape, dans des localités désignées à l'avance, et dont Louvois avait fait dresser une carte générale[6].

Quand il existait des bâtiments vides pour abriter les hommes et les chevaux, la communauté des habitants chargeait un entrepreneur d'y fournir des lits, du bois,

qu'on renvoie chez eux s'attroupent par cinq, six, sept, huit, etc., courent et pillotent les villages, tuent les poules, les oies, et prennent des moutons, se font donner à boire, de l'argent, et mille autres friponneries de cette nature, qu'ils commettent avec impunité, parce qu'il n'y a point d'officier présent pour les contenir.» (Mémoire de 1693 sur les dépenses de la guerre, dans les *Oisivetés de M. de Vauban*, publiées par Augoyat, t. I, p. 234 et 235.) Pour éviter ces désordres, on proposa, en 1692 et en 1693, de cantonner les milices sur les frontières; mais il eût fallu que les provinces, au lieu de 2 sols par jour, portassent à 5 sols la paye dont elles étaient chargées, et cette augmentation de dépenses arrêta tout. (Correspondance de M. Lebret, intendant en Provence, Bibl. Nationale, mss. fr. 8844, fol. 43, et 8848, fol. 68.)

[1] L'avocat Barbier donne des renseignements intéressants sur la levée qui fut faite en 1743; Paris arma alors dix-huit cents hommes, de seize à quarante ans. (*Journal*, t. III, p. 424.) En 1719, la généralité avait dû fournir seize cent quatre-vingts hommes, divisés en vingt-huit compagnies. En 1762, on leva six bataillons, selon Expilly, et, dans les derniers temps de l'ancien régime, sept bataillons, de sept cent dix hommes chacun, soit un homme sur deux cent vingt-trois (la population étant supposée alors de 1,101,700 habitants); mais cette proportion était toute fictive, et la charge retombait presque entière sur les basses classes.

[2] Rapport présenté par le vicomte de Noailles (aidé de M. des Pommelles) à l'Assemblée provinciale de l'Île-de-France, en 1787, et imprimé dans le *Procès-verbal de l'Assemblée*, p. 187 et suivantes, avec un «tableau de l'effet de la milice sur les contribuables de la généralité de Paris dans le régime actuel, comparé au régime qu'il serait possible d'y substituer.»

[3] Pages 164-167.

[4] Les étapes, logements ordinaires et quartiers d'hiver font le dernier article du questionnaire de M. de Beauvillier, après les douanes, péages et gabelles.

[5] Voyez page 150.

[6] Cette carte servait encore en 1789; voyez l'*Encyclopédie méthodique des finances*, t. II, p. 84.

de la chandelle, et cette dépense était couverte par une imposition spéciale; s'il n'y avait ni locaux propres à cet usage, ni entrepreneurs pour se charger de la fourniture, les troupes étaient réparties chez les habitants non exempts du logement, à raison de trente places par compagnie. Chaque hôte fournissait, outre le lit pour deux hommes, garni «suivant son pouvoir», place au feu et à la chandelle, et il recevait en dédommagement un sou d'indemnité par jour[1]. Bien que Louvois eût organisé avec soin ce service, en combinant l'ancien système en vigueur depuis le règne de Henri II avec les règlements plus nouveaux de Louis XIII sur l'appropriation des maisons vides au logement des troupes[2], dans la pratique les abus étaient innombrables[3]. En voici quelques-uns, indiqués dans une lettre que M. de Bérulle, intendant en Auvergne, écrivait, le 12 avril 1686, au contrôleur général Claude Le Peletier[4] : «Quand il arrive des troupes dans un lieu de passage, les officiers envoient devant leur maréchal des logis ou l'aide-major, qui demandent aux consuls tant de billets qu'il leur plaît : ce que ces misérables n'oseraient refuser; et ensuite, les troupes étant arrivées, les officiers distribuent les billets à leurs soldats, qui s'en vont, aussi bien qu'eux, chez leurs hôtes, qui non seulement les logent et les nourrissent, mais encore sont obligés de leur donner de l'argent pour avoir la paix. Les officiers traitent avec leurs hôtes de leurs places et des billets qu'ils ont de surplus de ceux qu'ils ont donnés à leurs soldats; et, quand l'hôte ne veut point traiter, ils envoient chercher les chevaux de leurs camarades, avec des soldats qu'ils font passer pour valets, pour remplir les places qui leur appartiennent, quoique les règlements veuillent que l'étape ne soit fournie qu'aux effectifs : si bien que l'on est toujours forcé de traiter avec eux[5]. J'ai un peu empêché ces désordres depuis que je suis dans la province, ayant fait

---

[1] Règlement du 4 octobre 1692, dans l'Appendice, p. 475.

[2] Voyez les règlements de 1665, 1675 et 1687, que nous reproduisons à l'Appendice. On trouvera d'autres documents à la bibliothèque Nationale, dans le recueil Cangé, Ordonnances militaires, vol. XXXI, et d'anciennes dépêches du secrétaire d'État dans le registre des archives Nationales O¹ 12, fol. 323 v° et suiv. Le principal règlement du temps de Louis XIII est daté d'Amiens, 24 juillet 1638.

[3] A l'occasion d'une sédition des carabiniers qui étaient logés autour de Provins, dans l'hiver de 1694, la gazette hollandaise d'Amsterdam (p. 376) dit : «La cause vient de ce que, depuis la guerre, on a créé un si grand nombre de charges avec exemption de logement, que l'on est obligé, pour y suppléer, de prendre quantité de maisons désertes et abandonnées, que les échevins font garnir de meubles pour y loger plusieurs soldats ou cavaliers ensemble; dont les carabiniers n'ayant pas voulu s'accommoder, ils s'étaient rebellés contre leur capitaine.»

[4] *Correspondance des contrôleurs généraux*, t. I, n° 262.

[5] Cf. le n° 218 du même volume.

arrêter plusieurs commandants des régiments qui ont passé, jusqu'à ce qu'ils eussent fait rendre tout ce que les officiers et soldats avaient exigé. Le lieutenant-colonel de Clérembault a été six mois en prison, et n'en est sorti qu'après avoir payé 3,000 ₶; j'ai fait rendre au major du régiment de Castries 2,000 ₶, au commandant de Vivonne 500 ₶, au commandant du régiment de cavalerie d'Heudicourt 600 ₶; j'ai fait retenir 6,000 ₶ au régiment de dragons du Roi, et 1,500 ₶ à sept compagnies de la Lande; et l'on n'empêchera jamais un soldat ni un officier de prendre ce qu'on lui présente, qu'en leur ôtant l'occasion de demander......»

Dans les temps de guerre surtout, où l'effectif de l'armée dépassait parfois un demi-million d'hommes [1], on conçoit que le logement, ainsi pratiqué, était une obligation des plus odieuses pour les contribuables. Les gens aisés ne cherchaient qu'à s'en affranchir par l'acquisition de quelque titre ou privilège comportant exemption des charges publiques [2], et elle retombait ainsi tout entière sur les maisons des petits bourgeois et des artisans, où l'on voyait parfois un seul hôte recevoir jusqu'à trente et quarante hommes [3].

Dans un rapport des trésoriers de France de la généralité de Paris, en 1685 [4], nous voyons que Beauvais avait eu pendant une semaine près de trois mille hommes. A Mantes, où l'on avait compté, en six mois, deux cent cinquante logements de passage et soixante-quatorze séjours de gens de guerre, nombre d'habitants désertaient à l'approche d'un bataillon du régiment de Picardie qui devait encore arriver en garnison. Senlis, Étampes n'avaient pas été moins maltraités.

On croira aisément que les pertes pécuniaires n'étaient rien en regard des

---

[1] L'année du siège de Namur (1692), il y avait eu sur pied 446,612 hommes, et, selon Racine (*OEuvres*, t. V, p. 115 et 116), ce chiffre fut porté à 100,000 hommes de cavalerie et 450,000 d'infanterie en 1693. Bussy-Rabutin parle même de 800,000 hommes mis sur pied en huit jours, dans la campagne de 1691 (*Correspondance*, tome VI, page 461). Après la paix de Ryswyk, l'effectif fut réduit, par une réforme arrêtée le 1ᵉʳ février 1699, à : 121,645 hommes d'infanterie française; 31,850 hommes d'infanterie étrangère; 5,040 dragons; 3,770 hommes de troupes de la maison du roi et de gendarmerie, et 21,410 hommes de cavalerie légère.

[2] Voyez la note 3 de la page précédente. Pour une modique somme d'argent, on pouvait se mettre à couvert, soit en achetant un office de nouvelle création, soit en prenant une commission des fermes, et il arrivait par suite que, pour loger huit bataillons d'infanterie et quatre régiments de cavalerie, la ville de Metz n'avait plus que des boutiques ou des chambres basses d'artisans, le reste des maisons étant ou exemptes ou désertes. (*Correspondance des contrôleurs généraux*, t. I, n° 1431.) Les mêmes faits se représentaient presque partout. Quant à la multiplicité des exempts de toute catégorie, on en peut juger par une longue liste que donne l'ordonnance du 1ᵉʳ mars 1768, art. LVII. (*Encyclopédie méthodique des finances*, t. II, p. 723.)

[3] En Auvergne, année 1696; voyez la *Correspondance des contrôleurs généraux*, t. I, p. 576 et 577.

[4] Appendice, p. 517 et 518.

désordres et des vexations que causaient le passage ou le séjour, même momentané, des troupes[1]. Colbert s'en plaignait en ces termes au roi lui-même, dans un de ses plus hardis mémoires de l'année 1666[2] : « Il suffit de dire que telle ville ou lieu d'étape a souffert, depuis six mois, cent logements différents de troupes, et que ceux qui en ont eu le moins en ont souffert plus de cinquante. Toutes les troupes vivent à discrétion en entrant et sortant des lieux où elles logent. Les quatre généralités de Paris, Amiens, Soissons et Châlons ont souffert plus de logements depuis six mois que pendant les six dernières années de la guerre; c'est assez dire pour connaître clairement que ces généralités seront plus ruinées avant que la guerre commence, qu'elles ne l'ont été pendant vingt-cinq années de la guerre passée. Les grands rois ont toujours pris plaisir d'être loués de n'avoir fait marcher leurs armées que dans le pays de leurs ennemis, et jamais dans celui de leurs sujets..... » Et ailleurs[3] : « J'avais vu, dans la guerre dernière, que, toutes les fois qu'il était question de faire marcher des corps de troupes et des recrues, celui qui avait l'autorité de Votre Majesté en main et le secrétaire d'État de la guerre, avec celui qui avait soin des finances, cherchaient tous les moyens possibles pour ne le pas faire; et, quand cela ne se pouvait éviter, on cherchait tous les expédients pour en faire le moins et pour éviter la trop grande charge des peuples. On croyait faire quelque chose de considérable de sauver de logements et de passages une province, et aussi l'on écoutait favorablement les habitants des villes quand ils venaient se plaindre, et on rendait justice sévère sur les officiers et sur les troupes; au lieu qu'à présent aucun habitant des villes n'ose plus se plaindre, parce que tous ceux qui sont venus ont été traités de coquins et de séditieux, et les peuples ont appris ces mauvais traitements qui ont été prononcés par celui qui parle au nom de Votre Majesté. »

Pour l'étape proprement dite, c'est-à-dire pour la fourniture du pain, de la viande, de la boisson et du fourrage aux troupes de passage, Colbert s'était occupé d'assurer le service d'une façon constante, en même temps que d'éviter des frais et des embarras aux communautés ou aux habitants, au moyen d'étapiers généraux auxquels l'intendant adjugeait chaque année la fourniture au rabais, et qui traitaient eux-mêmes avec des sous-étapiers[4]. Cette organisation avait été obtenue

---

[1] En 1698, à Bar-sur-Seine, on évaluait la perte pour l'hôte à 4^{ll} au moins par homme. (*Correspondance des contrôleurs généraux*, t. I, n° 1737.)

[2] *Lettres de Colbert*, t. II, 1re partie, p. ccxx.

[3] *Ibidem*, p. ccxxii.

[4] Sur l'organisation de ce service, la fixation du prix des vivres, l'adjudication des fournitures, le recouvrement des frais, la liquidation et le rem-

dans un certain nombre de provinces, presque toujours avec le concours des receveurs généraux des finances, qui d'ailleurs, à défaut d'autres soumissionnaires, étaient obligés de faire les fonctions d'entrepreneurs[1]; mais, dans beaucoup de pays aussi, l'établissement des étapiers et de leurs magasins rencontrait une vive opposition, surtout de la part des consuls et échevins, habitués de longue date à servir d'intermédiaires pour le remboursement des fournitures faites par leurs communautés, et à en tirer profit pour eux-mêmes[2]. On se trouvait donc dans cette alternative : ou bien que la communauté restât chargée des fournitures, et, outre que le service se faisait fort mal ainsi, on était presque assuré que le remboursement par le roi[3] tournerait au profit des officiers municipaux et des receveurs; ou bien que la fourniture passât aux mains des étapiers et sous-étapiers, et ceux-ci encore, outre mille friponneries, s'entendaient avec les consuls et échevins pour faire retomber les frais sur l'habitant. L'intendant d'Auvergne, dont nous citions une lettre tout à l'heure, dit dans la même pièce : « Je voulus, l'année dernière, établir un étapier; mais, comme elle se trouva très fâcheuse, par la cherté des vivres et fourrages, qui avaient triplé, personne ne voulut s'en charger. J'espère que cette année sera meilleure, et qu'il s'en pourra présenter. Il faudra veiller de près à leur conduite, car autrement ils feraient fournir l'étape aux paysans, et recevraient le remboursement. Ce qui a ruiné les habitants des lieux de passage, c'est que l'étape ne leur a jamais été remboursée, et les consuls profitaient seuls du remboursement. » Ainsi, d'une façon comme de l'autre, l'habitant supportait tout, ou à peu près; et l'on peut ajouter que les étapiers, également exécrés des populations et des troupes, manquaient rarement à se dégager par la faillite ou par quelque procédé analogue, lorsqu'ils n'étaient pas parvenus à s'assurer un gain suffisant aux dépens du roi ou de ses sujets[4].

Dans un mémoire fourni en 1686 par Nicolas Desmaretz, qui avait été chargé

boursement par le roi, etc., voyez la *Correspondance des contrôleurs généraux*, t. I, passim.

[1] *Correspondance des contrôleurs généraux*, t. I, n° 262, note.

[2] Les receveurs particuliers, chargés de faire le remboursement au nom du roi, s'assuraient quelquefois aussi une remise indue sur chaque ration, et cet abus fut l'objet de poursuites assez sévères en 1686.

[3] L'imposition du taillon était censée représenter le rachat de cette charge.

[4] Sous Colbert même, les abus étaient devenus si criants, qu'on ordonna une poursuite contre les étapiers, et qu'ils furent condamnés à une restitution de 1,800,000 ll; mais ces entrepreneurs faisaient si facilement des avances d'argent, et leur crédit semblait si nécessaire en temps de guerre, que l'on consentit à une sorte de compensation amiable entre la taxe à recouvrer sur eux et les sommes qu'ils pouvaient eux-mêmes réclamer du roi. (Lettre de Desmaretz, 4 mai 1684, dans les Papiers du Contrôle général, G⁷ 1802.)

INTRODUCTION. xxxix

du service des étapes sous le ministère de son oncle J.-B. Colbert, nous lisons ceci : « Les passages et séjours des troupes sont si fréquents et si onéreux au dedans du royaume, qu'il paraît bien nécessaire d'y apporter quelque changement. La taille est beaucoup moins à charge. On établit l'étape ; le roi rembourse sur le pied réglé par les intendants des provinces; mais il en coûte toujours en pure perte à ceux qui logent au moins autant que ce que le roi rembourse[1]. On sait que, dans les lieux où des troupes de la maison du roi ont passé, il en a coûté en pure perte, pour un séjour de deux jours, jusqu'à 600 ⁕. Il n'en faut pas beaucoup de pareils pour doubler bientôt la taille. Ce n'est pas que les troupes fassent aucun désordre ni violence; mais elles veulent être bien traitées, et la crainte qu'ont les habitants d'attirer quelque mauvais traitement les oblige de donner du vin et de la viande en plus grande quantité et d'une qualité beaucoup meilleure qu'ils ne sont obligés. Cela est tout ordinaire, et toute l'exacte discipline qu'on fait observer aux troupes ne peut jamais aller jusqu'à empêcher ce mal[2]. »

Si le passage des troupes constituait une charge ruineuse pour les localités situées sur les routes d'étapes, on peut juger de ce que devait être le quartier d'hiver[3], c'est-à-dire le séjour prolongé pendant quatre ou cinq mois de troupes qui n'étaient que trop habituées à vivre en plein cœur du royaume comme si elles eussent été encore au delà du Rhin[4]. Desmaretz estimait qu'un seul quartier d'hiver, celui de 1676, avait coûté 8,000,000 ⁕ aux contribuables[5], et l'on voyait parfois des paroisses abandonnées par leurs habitants sur la simple annonce de l'envoi de quelques brigades de gardes du corps[6].

Que dire aussi des inconvénients que présentait, dans certains quartiers de Paris, dans les faubourgs, dans la banlieue et dans les localités voisines des diverses

---

[1] Les commissaires de 1687 disent de même : « Les grands et fréquents passages des gens de guerre nécessaires pour l'exécution des desseins de Sa Majesté et pour la conservation de la discipline parmi les troupes n'ont pu se faire, quelque ordre qu'on y ait apporté, sans qu'il en ait coûté beaucoup aux habitants. » (Appendice, p. 785.)

[2] *Correspondance des contrôleurs généraux*, t. 1, Appendice, p. 547; cf. un passage de l'*Administration des finances*, par Necker, t. 1, p. 21. Sous Louis XIV, pour punir une ville récalcitrante, on ne connaissait pas de meilleur moyen que d'y envoyer des garnisons *en pure perte* pendant quelque temps; les habitants n'avaient plus qu'à déserter.

[3] Sur la distribution des quartiers d'hiver, voyez des dépêches du secrétaire d'État, de l'année 1650 ou environ, dans le registre déjà cité O¹ 12, fol. 315 et suiv.

[4] Lettre de M™⁰ de Sévigné à Bussy, écrite des Rochers, le 20 décembre 1675.

[5] *Correspondance des contrôleurs généraux*, Appendice, p. 545.

[6] Lettre de M. de Creil, intendant à Moulins, 17 décembre 1684. Cf. *la Ville sous l'ancien régime*, par M. Albert Babeau, p. 303.

résidences du roi, la dispersion des troupes de sa maison[1]? Le Mémoire nous apprend[2] que dix-sept brigades des gardes du corps, sur vingt-quatre, étaient logées à l'ordinaire dans quinze villes ou bourgs de la généralité de Paris, chaque brigade comptant pour soixante et une ou soixante-deux places; que les gardes suisses étaient répartis dans la ville de Saint-Denis et aux environs de Paris, et que, durant les voyages du roi à Fontainebleau, les bourgeois de Melun, de Montereau et de Nemours hébergeaient les mousquetaires et les gardes françaises[3].

On comptait cinquante-cinq lieux d'étapes dans la généralité de Paris, et ordinairement elle avait à loger en quartier d'hiver deux régiments de cavalerie. L'élection de Paris était exempte de cette charge en vertu d'un privilège ancien[4]. La part de la généralité dans le chiffre total de la contribution des étapes et du quartier d'hiver était au moins d'un dixième[5]. Les communautés qui n'acquittaient

---

[1] Voyez les pièces données dans notre Appendice, p. 465 et suiv. En 1692, on annonça que la ville de Paris allait faire construire des casernes pour les gardes françaises et suisses, et que «ce serait un grand soulagement pour les habitants de la ville et des faubourgs.» (Arrêt du 14 janvier et *Journal de Dangeau*.) Mais ce projet ne se réalisa point. En 1700, il n'y avait encore qu'une caserne dans le faubourg Saint-Germain; elle avait été construite en 1657, pour le logement de la première compagnie des mousquetaires. En 1743, l'avocat Barbier raconte (*Journal*, t. VIII, p. 336) que le public demande des loteries pour bâtir partout des casernes et se débarrasser du logement des troupes, notamment à Paris, pour les gardes françaises et suisses et pour la maison du roi. Vers le même temps, le marquis d'Argenson fait figurer cet article dans son programme de gouvernement : «Gardes casernées, envoyées en garnison, ne servant que par détachements.» (*Mémoires*, t. IV, p. 108.) On dit que le comte d'Argenson, frère du marquis et ministre de la guerre, fit construire une caserne en 1745, pour les gardes françaises; mais ce fut seulement à la suite d'un règlement du 29 janvier 1764, qui prescrivait le casernement de cette troupe, et longtemps après sa promulgation, que des particuliers bâtirent onze corps de caserne et les louèrent à la ville. Les maisons des faubourgs (Ville-Neuve et Montmartre entre autres) qui n'étaient pas occupées par leurs propriétaires et ne possédaient aucun titre d'exemption, avaient subi le logement jusque-là; elles furent frappées désormais d'une contribution équivalente (3 p. 0/0 de la valeur locative), qui s'élevait à 300,000 ⁈ environ, et sur laquelle les officiers aux gardes, surtout leur colonel, faisaient de gros profits. (*Mémoires du duc de Luynes*, t. III, p. 400 et 401; arrêt du 19 avril 1777, dans l'*Encyclopédie méthodique des finances*, t. II, p. 724; ordonnances des 21 avril 1775 et 17 juillet 1777; arrêts des 21 décembre 1684 et 8 novembre 1783.)

[2] Pages 164 et 165.

[3] Voyez une pièce de l'Appendice, p. 467 et 468, et un article de la *Revue des Sociétés savantes*, tome VII de la 6ᵉ série, p. 70-76.

[4] Par les pièces données dans l'Appendice, p. 471-474, on pourra juger de quelle façon se faisaient les fournitures et l'adjudication du service des étapes.

[5] Le budget ordinaire des étapes était joint au brevet des tailles et se recouvrait en même temps qu'elles; il ne s'élevait qu'à 1,300,000 ⁈ environ (Appendice, p. 510 et 516); mais il était insuffisant, et fut porté plus tard à 2,346,667 ⁈. (*Ency-*

INTRODUCTION.

pas exactement leur contingent, y étaient contraintes par un logement de cavaliers, payés 20 sous par jour.

Cet état de choses attira la sollicitude des Conseils institués sous la Régence : ils remplacèrent l'étape par un supplément de solde aux troupes, et invitèrent chaque communauté à trouver pour le logement des maisons vides et des écuries, dont le loyer serait supporté par la généralité, et l'entretien par les habitants du lieu même, avec une indemnité d'un sol par jour pour chaque soldat, comme compensation de ce qui était précédemment attribué à l'hôte[1]. Enfin, en 1719, MM. de Broglie et de Puységur firent adopter un projet de construction de casernes s'espaçant de cinq à six lieues sur les routes de couchée et dans les localités affectées au séjour des troupes. Ce n'était que faire droit aux réclamations qu'avait suscitées, depuis bien des années, l'exemple des villes de Flandre[2], et cependant

---

clopédie méthodique des finances, t. II, p. 84.) — En 1675, au milieu de la guerre de Hollande, la part de la généralité, dans la contribution de l'ustensile, fut de 878,538 ll, sur un total de plus de 7,100,000 ll; mais, en 1690, sur 8,529,550 ll, elle ne paya que 223,500 ll pour l'infanterie et 500,445 ll pour la cavalerie. (État donné dans l'Appendice, p. 470, et Papiers du Contrôle général, G⁷ 1774.) Cette imposition de l'ustensile était spéciale aux temps de guerre et fut par conséquent supprimée en 1697 (voyez deux articles de la *Gazette d'Amsterdam*, 1695, nᵒˢ LXXXVII et LXXXVIII, et un passage du *Journal de Dangeau*, t. VI, p. 200, en date du 30 octobre 1697), après avoir varié, de 1688 à 1697, entre 8 et 12 millions. Moreau de Beaumont donne des détails sur l'ustensile, dans ses *Mémoires sur les impositions*, t. II, p. 116 et 117. Il ne dispensait pas les villes et communautés de supporter la charge du quartier d'hiver, et de plus la répartition, faite très arbitrairement, quoiqu'elle dût être au marc la livre de la taille, retombait tout entière sur les non-exempts, c'est-à-dire les bourgeois, artisans, paysans et laboureurs; parfois un simple particulier se trouvait imposé de ce fait à 300 ll. Avec les autres contributions de la milice, des étapes, du quartier d'hiver, on évaluait l'ensemble de ces surcharges additionnelles à près de deux tiers de la taille. (*Correspondance des contrôleurs généraux*, t. I, nᵒˢ 810, 874, 991, 1537, etc.)

[1] Voir l'ordonnance du 25 octobre 1716, et celle du 25 septembre 1719 que nous avons reproduite en partie dans l'Appendice, p. 478 et 479; cf. p. 488 et 490-491.

[2] Le Mémoire de la Flandre gallicane dit : «C'est une règle générale, dans les villes des conquêtes du roi en Flandre, que les troupes y soient logées, savoir : les officiers, dans des pavillons bâtis aux dépens desdites villes, et les soldats dans les casernes. Les Magistrats fournissent l'ustensile, c'est-à-dire l'ameublement aux officiers et les lits de ces soldats. Les troupes des citadelles sont logées aux dépens du roi, qui fournit les lits pour les soldats seulement. Les soldats ont aussi le chauffage pendant l'hiver : il est fourni dans les villes aux dépens desdites villes, et dans les citadelles aux dépens du roi. Il n'y a point d'étapes dans les nouvelles conquêtes : les troupes vivent au moyen de leur solde, et, dans les lieux où elles doivent loger, on leur fournit le couvert et de la paille pour coucher.» C'est à cette organisation que fait allusion un passage du rapport des conseillers d'État reproduit dans notre Appendice, p. 786 : «On craint de passer pour visionnaire en proposant de faire bâtir des casernes pour le logement des troupes... On dit néanmoins qu'il y a des casernes construites

ce système, répudié par beaucoup de personnes comme une folie absurde, ruineuse[1], et mal vu d'ailleurs des soldats, qui préféraient vivre en liberté aux dépens de l'hôte, ne réussit que peu à peu et dans un petit nombre de localités[2].

Quant à la fourniture des vivres, l'essai d'un supplément de paye fut abandonné en 1727, et l'on revint au système des étapiers, mais sous une forme que le marquis d'Argenson critique très vivement[3] : aux adjudicataires par généralité on substitua un adjudicataire général et une société capable de pourvoir à toutes les occurrences sans que le ministre eût à se préoccuper d'aucun autre détail que de faire recouvrer les sommes nécessaires sur le contribuable.

Le chapitre III, DE LA JUSTICE, débute par un préambule considérable[4] sur l'origine des fiefs et des justices seigneuriales, que suivent immédiatement une nomenclature des « fiefs les plus qualifiés », une digression sur les anciennes pairies et sur les duchés-pairies, quelques lignes sur la consistance de chaque terre érigée en fief titré, etc. Nous n'avons pas à discuter ici les théories historiques ou juridiques du rédacteur; il suffit d'avoir indiqué, dans les notes, de quels auteurs il pouvait s'être servi, et de renvoyer à la critique que Boulainvilliers a faite de cette partie du Mémoire[5].

Suivant la méthode adoptée dans les chapitres précédents, et toujours dans le même ordre, chaque élection tour à tour est examinée et décrite en ce qui con-

pour le même usage dans les villes de Flandres ; et, si cela est, pourquoi ne pourrait-on pas faire la même chose en France?... » Voyez, dans nos *Additions*, p. 795 et 796, une lettre relative à un projet de construction de casernes en 1692, le même projet sans doute dont il a été parlé un peu plus haut, p. XL, note 1.

[1] C'est Saint-Simon qui le juge ainsi. L'*Encyclopédie méthodique* dit (tome II, p. 84) : « L'intérêt particulier, la jalousie des ordonnateurs en second contre un projet qui retranche de leur autorité, ont fait échouer ce plan si avantageux. »

[2] En 1753, le *Royaume de France*, de Doisy, donne (p. 201-209) une table alphabétique des casernes établies dans trois cent vingt villes environ. En 1787, selon le rapport du vicomte de Noailles à l'Assemblée provinciale de l'Île-de-France, cette province possédait des casernes à Rueil, à Courbe-

voie et à Saint-Denis pour les troupes en quartier (trois bataillons et six escadrons), ainsi qu'à Melun, à Provins et à Joigny. A Beauvais, une caserne avait été construite également à l'intention des gardes du corps. Pour ces constructions, la généralité avait payé, en dix ans, plus de 1,500,000 ⁂. Mais, dans d'autres lieux, à Troyes par exemple, la Révolution arriva avant qu'on eût commencé la caserne qui était projetée pour recevoir la compagnie des gardes du corps, et il n'y en avait même pas pour la maréchaussée, quoique cette troupe possédât des casernes presque partout ailleurs.

[3] *Mémoires*, t. VI, p. 365.

[4] Pages 169-172.

[5] Cette critique est reproduite dans notre note de la page 170. On peut comparer un long passage des *Mémoires de Saint-Simon*, t. X, p. 363 et suivantes.

cerne l'administration de la justice. « On commencera, dit le Mémoire, par les cours et justices de la ville de Paris; on rapportera ensuite les bailliages et sièges présidiaux, les prévôtés et autres justices royales; on parlera des coutumes qui les régissent et gouvernent, de leur ressort et des magistrats qui ont de la réputation et du talent; ensuite, des élections, greniers à sel, maréchaussées, des maîtrises des eaux et forêts, des capitaineries royales des chasses[1]. On observera les terres titrées, les duchés, comtés, marquisats et autres terres de grande mouvance, le nombre des fiefs à peu près qui en relèvent, les familles distinguées, enfin les justices des seigneurs, et le nombre des gentilshommes qui se trouvent dans chacune. »

Le rédacteur s'étend assez longuement sur les cours et tribunaux de Paris, au nombre de dix-sept, en se servant tantôt de la plus récente édition de l'*État de la France*, et tantôt de livres connus, comme les *Recherches* d'Étienne Pasquier[2]. Ses théories sur le parlement — pour lui le parlement de Paris est presque aussi ancien que la monarchie et représente la nation même — ont excité l'indignation de Boulainvilliers[3].

Plus loin, dans le détail des tribunaux secondaires, il indique au passage les principaux textes de coutumes, sans doute d'après les recueils publiés en 1698 et 1699 par Laurière[4].

M. de Beauvillier avait demandé quelques notes sur les « magistrats des villes, leur réputation, leurs talents, leur crédit et leurs biens. » Le Mémoire néglige trop souvent ces détails, si bien traités jadis par les enquêteurs de Colbert[5].

Les renseignements sur la consistance et la valeur des principales terres de

---

[1] Cette statistique de l'ordre judiciaire frappa sans doute le duc de Bourgogne ou ses amis, car, dans les *Projets de gouvernement* rédigés après la mort de ce prince par Saint-Simon, il est dit (p. 11 de l'édition Mesnard) que les commissaires de chaque Cour supérieure devaient être chargés de « rendre compte du nombre des tribunaux inférieurs, du nombre des juges royaux de ces tribunaux subalternes..., pour mettre le roi en état de supprimer, en connaissance de cause, le plus qu'il serait possible de ces justices royales subalternes, dont les gradations de l'une à l'autre ruinent les parties en bien des manières avant qu'elles puissent parvenir jusqu'à la Cour supérieure, où il leur faut recommencer tout de nouveau pour y obtenir un arrêt. »

[2] On peut comparer aussi l'ouvrage qui fut publié en 1700, par Gauret, secrétaire du lieutenant civil Jean Le Camus, sous le titre de *Style du Conseil du roi*.

[3] Voyez notre note 2 de la page 173.

[4] *Textes des coutumes de la prévôté et vicomté de Paris*, 1698, in-8°; *Bibliothèque des coutumes*, 1699, in-4°, avec un préambule sur l'*Origine du droit français*. Le *Nouveau coutumier général*, de Bourdot de Richebourg, ne parut qu'en 1724.

[5] Cette lacune nous a forcé de recourir souvent aux mémoires contemporains.

chaque élection constituent une des meilleures parties du Mémoire[1]. Peut-être ont-ils été empruntés au travail d'estimation qui avait été fait en 1695, pour la taxe du ban et arrière-ban, et dont certains rôles ont été publiés récemment[2].

Sur la noblesse, le questionnaire s'exprimait ainsi : « Nombre des seigneurs et des gentilshommes; familles distinguées; leurs noms, terres de leur nom, terres qu'ils possèdent depuis plusieurs siècles; honneurs qu'ils ont eus à la cour ou en leur pays; capacité et mérite de chacun des chefs; leurs biens. » La réponse, comme on peut le penser, est faite avec beaucoup de discrétion, surtout en ce qui concerne « la capacité et le mérite de chacun des chefs ». D'autre part, le rédacteur a laissé passer, sur l'antiquité de quelques familles, des articles qui témoignent d'une complaisance évidente.

La statistique des nobles qui résidaient dans chaque élection donne des chiffres intéressants, qu'on pourrait contrôler en partie à l'aide de l'*Armorial général de la généralité de Paris* dressé conformément à l'édit de 1696.

Dans ce chapitre III, comme dans le reste du Mémoire, on sent, d'une article à l'autre, une inégalité, un défaut d'équilibre, qui vient probablement du fait des subdélégués autant que de celui du rédacteur. De plus, quelques juridictions secondaires ont été oubliées, quelques terres aussi.

Le chapitre des FINANCES est partagé en sept titres : 1° domaines dont le roi jouit ou qui sont engagés; 2° finances procédant des aides, tailles et gabelles; 3° qualité des terres, configuration de chaque pays, climat, agriculture, pâturages, marais, fruits; 4° forêts et bois; 5° manufactures et commerce, foires et marchés; 6° ponts et chaussées, péages et travers; 7° richesses souterraines. On peut croire qu'en adoptant cette division, ou plutôt cette juxtaposition de tant de matières différentes, le rédacteur a considéré que la culture des terres et des bois, le commerce et l'industrie, la circulation sur les rivières ou sur les routes, l'exploitation des carrières et des mines, produisaient de l'argent, de la finance, pour le pays, de même que les domaines et les impositions en rapportaient aux caisses du roi; mais n'eût-il pas été plus simple de s'en tenir d'abord aux « quatre sources des finances de l'État, » domaines, aides, tailles et gabelles, qui ont chacune leur

---

[1] Je dirai plus loin, p. LXV et LXVI, comment, au même point de vue, un commis nommé Florimond entreprit plus tard de compléter le travail du rédacteur de 1700. Celui-ci n'a point donné de détails pour l'élection de Paris (p. 205-211), sauf un court paragraphe sur la terre ducale de Villeroy.

[2] M. Th. Lhuillier a publié les rôles des élections de Meaux et de Provins dans la *Revue historique, nobiliaire et biographique*, novembre et décembre 1871, mars et avril 1872, juillet et août 1875.

définition et quelques lignes d'historique dans le préambule¹, pour faire ensuite un chapitre spécial de l'agriculture et des forêts, un autre du commerce, de l'industrie et des mines, un quatrième des ponts et chaussées? Il est vrai qu'en 1700 toutes ces diverses branches de l'organisme administratif étaient réunies, comme elles le sont ici dans le Mémoire, entre les mains du seul contrôleur général des finances.

Le Mémoire donne la définition générale du domaine, énonce les différents droits « qui appartiennent ou peuvent être dus au roi à cause de son domaine²,» indique quels sont les produits de la ferme du domaine dans la généralité de Paris, et consacre ensuite un long titre³ à l'énumération minutieuse des domaines et des droits domaniaux dans chaque élection : détail utile, où l'on voit l'origine d'une grande partie des aliénations et des engagements consentis à diverses époques par la couronne, avec les prix, la consistance des droits, les noms des engagistes successifs, etc.⁴ La plupart de ces renseignements doivent provenir des rapports des subdélégués, du papier terrier récemment refait, ou des dépôts d'archives domaniales.

Une des premières mesures de Colbert avait été de racheter une grande partie des domaines engagés ou vendus sous les règnes précédents⁵; mais, la guerre commençant bientôt, le gouvernement royal avait dû recourir plusieurs fois à de nouvelles aliénations, dans des conditions très défavorables⁶, et, quoique ce débit fût lent, difficile, le domaine se trouvait chaque jour plus réduit : à tel point que, depuis 1688, dans un bail qui rapportait 6,000,000ᵗᵗ, la généralité de Paris ne comptait plus que pour 108,000ᵗᵗ. En 1699, le montant du bail n'était plus que de 4,500,000ᵗᵗ; en 1703, il descendit à 3,800,000ᵗᵗ, sur quoi il fallait déduire 1,650,000ᵗᵗ de charges⁷.

---

¹ Pages 250-254.
² Page 251.
³ Pages 255-274.
⁴ Boulainvilliers a cru devoir supprimer le titre entier dans son analyse : «Ce détail, dit-il, est assez curieux; mais il est si long, que ce qui en a été dit dans les histoires des élections doit suffire.» Le questionnaire de M. de Beauvillier portait, comme dernier article : «Domaines dont le roi jouit ou qui sont engagés; le temps de l'engagement, le prix et les mutations y survenues.»
⁵ Édit d'avril 1667. Voyez les *Lettres de Colbert*, t. II, p. 182, note sur le résultat des opérations de remboursement.
⁶ Édit d'avril 1672, arrêt du 23 juillet 1686, édit de mars 1695; voyez les *Mémoires concernant les impositions et droits en France*, par Moreau de Beaumont, t. IV, p. 313-399. L'aliénation avait été suspendue à la paix de Ryswyk; mais elle reprit avec la guerre de Succession.
⁷ Sur le domaine, voir les traités faits par les soins de la Chambre des comptes et conservés aujourd'hui aux archives Nationales, P 2652-2658, et à la bibliothèque de l'Arsenal, mss. 4050-4055.

Cependant des droits nouveaux avaient été créés, dont plusieurs, qui ont acquis aujourd'hui une importance énorme, pesaient lourdement sur les transactions, par exemple ceux du petit scel et du contrôle des actes des notaires, dont le Mémoire dit : «La régie de ces droits fera connaître si l'utilité de son produit pourra être compensée avec l'embarras qu'ils causent aux peuples[1].»

Dans le titre II, ÉTAT DES FINANCES, et surtout dans le préambule du chapitre, le rédacteur a voulu traiter son sujet de haut et d'une manière générale. Les définitions historiques et théoriques qu'il donne des quatre sources des finances de l'État, et même quelques-uns des chiffres qu'il reproduit ne s'appliquent plus à une seule généralité, mais au royaume entier; nous avons déjà fait cette remarque dans le chapitre précédent. Il doit s'être aidé ici des traités de Choppin, de Pasquier, de P. Dupuy, de du Crot, ou bien de l'histoire de Mézeray. En un endroit, il cite Monstrelet, mais à tort; une allusion à Commynes et aux finances de Louis XI est peut-être empruntée du *Détail de la France*, que Boisguilbert avait fait paraître en 1695.

Quoiqu'il parle assez longuement des aides, des gabelles, des tailles et de la capitation, cette partie de son travail, surtout en ce qui concerne l'organisation administrative du service des finances[2], était tout à fait insuffisante pour instruire l'héritier de la couronne, et chacun s'étonnera de n'y point trouver des détails intéressants qui eussent été cependant du ressort d'un trésorier de France ou d'un intendant[3]. De plus, il n'y est rien dit de la capitation de la cour et des compagnies judiciaires, et c'est à peine si l'on rencontre au passage une simple mention d'autres «sources de finances moins considérables», mais bien importantes pourtant, les traites foraines, par exemple, les douanes et les parties casuelles[4]. Enfin le rédacteur s'est bien gardé de faire allusion aux expédients bursaux qui étaient d'une pratique constante depuis 1688, et qui, sous le nom d'*affaires extraordinaires*, tiennent une si large place dans l'histoire financière du règne de Louis XIV[5].

Quelques tableaux de produits annuels feront regretter qu'il n'ait pas recouru plus souvent à cette forme d'exposition.

---

[1] Page 257.

[2] Voyez notre appendice VII.

[3] Voir ceux que donnent les rapports de M. de Ménars, Appendice, p. 700 et suiv. On trouvera aussi des renseignements authentiques sur l'organisation et le personnel des recettes des tailles de la généralité dans le ms. fr. 7750 (Noailles), fol. 113-142, et dans l'*Encyclopédie méthodique des finances*, t. III, p. 457 et 673-674.

[4] Un des derniers articles du questionnaire était ainsi conçu : «Douanes, péages et gabelles de chaque lieu; étapes, logements ordinaires, quartiers d'hiver.»

[5] Tous ces procédés sont radicalement condamnés dans les *Projets de gouvernement du duc de Bour-*

INTRODUCTION. XLVII

Remarquons à son honneur qu'il insiste à plusieurs reprises sur la diminution du rapport des droits d'aides et sur les causes qu'on en pouvait donner : mauvaises récoltes, diminution des peuples, cherté des vivres, surcharge des droits de gros, de jauge et de courtage, destruction des vignes, consommation des grains dans les brasseries, etc.[1] Il appuie de quelques chiffres ses conclusions, qu'on retrouve d'ailleurs dans le mémoire du commis Tuffereau comme dans ceux de Boisguilbert[2]. Il répète la même observation sur la vente du sel, que les nouveaux droits ont fait diminuer, et qui comporte en outre une infinité d'abus[3].

Comme il n'a pas songé à indiquer pour quelle proportion Paris et la généralité figuraient dans l'ensemble des impositions directes ou indirectes perçues par le roi[4], nous avons essayé de remédier à cette lacune dans l'Appendice[5], de même qu'à l'absence de toute donnée sur les octrois et les revenus patrimoniaux des villes[6].

Enfin, ni Rolland, ni les autres personnages que nous avons signalés comme ayant pu prendre part à la rédaction de certains articles, n'ont jugé à propos d'indiquer les effets désastreux de la taille arbitraire dans la généralité de Paris[7].

Les titres III et IV, consacrés au climat et à l'agriculture, répondent assez exacte-

---

gogue (p. 7) : «Plus de fermes générales, ni de trésoriers généraux; plus de fermes particulières, excepté celles des postes; plus d'entrées de villes, ni de provinces; plus de gabelles, plus de droits, ni d'affaires extraordinaires.»

[1] Voyez pages 275 et 276.

[2] Appendice, p. 494, 563 et 568. En août 1699, dans des notes aujourd'hui conservées aux archives Nationales (M 757, p. 201 et 202), le P. Léonard de Sainte-Catherine de Sienne, bibliothécaire du couvent des Petits-Pères, écrivait : «La seule ville de Paris paye aujourd'hui de maltôte au roi près de 16 millions. Elle n'en payait que 12 environ vers l'an 1680. Il s'y consommait pour lors 270,000 muids de vin environ. Il s'en faut à dire aujourd'hui, le vin ayant manqué il y a plusieurs années, excepté en 1694. Aussi la plupart des bourgeois ne boivent que de la bière, les autres de l'eau, la misère étant grande quoiqu'il y ait plus de luxe que jamais. Cette misère est si grande, que plusieurs, et en grand nombre, désertent faute de pouvoir gagner leur vie, et pour les impôts qu'il faut payer. Il est sorti de Lyon plus de trente mille personnes, de Tours aussi, etc., dont, à la vérité, il y a plusieurs huguenots qu'on veut obliger d'embrasser la religion catholique.»

[3] Pages 281 et 282.

[4] Cependant il fait observer (p. 283) que la généralité de Paris a moins payé de capitation proportionnellement que les autres, parce que la plupart des terres nobles et des seigneuries y appartiennent à des possesseurs déjà taxés à la cour (et sans doute soulagés par faveur).

[5] Pages 528 et 530, et note de la page 531.

[6] Voyez un état de l'année 1690, que nous reproduisons à l'Appendice, p. 498, et un tableau du revenu de la ville de Paris en 1783, qui se trouve dans le ms. Joly de Fleury 1412, fol. 185. Jèze a donné le produit des droits d'entrée dans son État de Paris, de 1757, p. 198-238 et 449-460. Selon l'Administration des finances, de Necker, t. I, p. 194-196, les droits d'entrée à Paris dépassaient 36,000,000 ", et les contributions de toute la généralité s'élevaient à 114,500,000 ".

[7] Voyez certaines pièces de la Correspondance des contrôleurs généraux et un traité manuscrit sur

ment à ces cinq paragraphes du questionnaire : « Montagnes, pays unis. — Forêts, quelle sorte de bois. — Fruits principaux de la terre. — Climat, froid, chaud ou tempéré. — Pâturages, nourriture des bestiaux. »

Sur l'agriculture et sur les différents commerces qui s'y rattachent, le titre III, quoique trop concis à notre gré, fournit des détails intéressants. Deux passages du préambule[1] paraissent empruntés à la *Description de l'Europe*, par Davity (1625)[2]. Pris dans son ensemble, on trouvera l'article bien plus favorable aux travaux et aux produits agricoles que ne l'étaient généralement la cour ou la ville, la bourgeoisie ou la petite magistrature, s'il faut en croire du moins le témoignage de trois contemporains illustres, Vauban, la Bruyère et Boisguilbert. Ce dernier, qui s'en prenait surtout au défaut de consommation et à la surcharge des douanes et des aides, dit, dans le résumé du *Détail de la France*, article 4 : « C'est un fait qui ne peut être contesté, que plus de la moitié de la France est ou en friche ou mal cultivée, c'est-à-dire beaucoup moins qu'elle ne le pourrait être, et même qu'elle n'était autrefois : ce qui est encore plus ruineux que si le terroir était entièrement abandonné, parce que le produit ne peut répondre aux frais de la culture[3]. » Le Mémoire n'est guère moins affirmatif que Boisguilbert, puisqu'il estime que, dans le pays de Mantes, un quart des terres sont en friche, une moitié mal cultivées, un quart seulement en plein rapport[4].

Parmi les causes de cette déchéance, il indique le défaut d'engrais, de chevaux et de bestiaux (ces derniers souvent saisis au mépris des ordonnances protectrices de l'agriculture), et surtout les ravages du gibier gros et menu que le roi faisait entretenir dans les forêts avoisinantes, sous la surveillance des capitaineries de ses chasses. Une partie de ces capitaineries furent supprimées le 12 octobre 1699[5], surtout dans les domaines que la cour ne visitait plus; mais, par sa situation particulière et par le nombre des forêts domaniales qui avoisinaient Paris et Versailles, la généralité se trouvait plus exposée que les autres provinces et livrée

---

la taille dont M. Chéruel a donné des fragments dans le tome XVII, p. 485 et suivantes, de son édition des *Mémoires de Saint-Simon*. Toute l'économie du système de répartition et de recouvrement de la taille arbitraire se trouve supérieurement exposée dans la seconde partie du *Détail de la France*, chap. III et IV.

[1] Voyez page 284, note 5.

[2] On peut comparer aussi d'autres livres, comme la compilation de Jean de Laet, *Gallia* (1629), p. 251 à 275.

[3] On trouve un article sur la nécessité urgente de faire des défrichements dans un mémoire du duc de Bourgogne (1705) qui a été reproduit par l'abbé Proyart, *Vie du Dauphin*, t. II, p. 31 et suiv.

[4] Page 288. Cf. le *Détail de la France*, 2ᵉ partie, chap. XIII.

[5] *Journal de Dangeau*, t. VII, p. 167.

sans défense aux animaux qui pullulaient en quantités effrayantes. On en trouve la preuve dans les plaintes que les intendants présentaient fréquemment au nom de leurs administrés[1], et qui se répètent jusque dans les cahiers de 1789. A cette dernière époque, la perte annuelle de la généralité de Paris, par le fait des capitaineries et du droit de chasse[2], était évaluée à 10 millions[3].

Le Mémoire mentionne aussi les desséchements de marais exécutés, entrepris ou projetés, et certaines autres opérations propres à améliorer le sol; mais il se plaint qu'elles soient souvent abandonnées.

Le préambule du titre IV[4], sur la disette de bois et sur le mauvais aménagement des ressources forestières, doit avoir été inspiré par Vauban, car des passages sont tirés presque littéralement de sa *Description de l'élection de Vézelay*, qui datait déjà de plusieurs années[5]. Traitée de nouveau par le grand ingénieur, en 1701, dans un mémoire sur *la Culture des forêts*[6], cette question fut soumise aux députés des villes dès l'ouverture du Conseil de commerce, puis aux intendants[7]: tous s'accordèrent pour reconnaître la gravité du mal, et même pour en préciser les causes[8], mais non pour indiquer des remèdes; si, par la suite, des mesures furent prises[9], il est à croire que l'exécution en resta imparfaite ou inefficace.

---

[1] Voyez ci-après, p. 286, note 1, et les lettres de M. Phélypeaux que nous avons citées ci-dessus, p. VI, note 5. Cf. un passage des *Mémoires du duc de Luynes*, t. XIII, p. 190 et 247, où l'on voit les curés des environs de Saint-Germain-en-Laye convoquer leurs paroissiens à faire des battues malgré les capitaines, qui ne purent s'y opposer, et qui durent même organiser la destruction des lièvres.

[2] Il était défendu, non seulement de se délivrer du gibier qui venait ravager les terres, mais même d'enclore les champs qui avoisinaient des forêts, de les sarcler, d'y mener paître, etc.

[3] Assemblée nationale, séance du 19 février 1791. En 1787, le bailliage de Meaux estimait ses pertes à une moitié des fruits de la terre: voyez le *Procès-verbal de l'Assemblée provinciale de l'Île-de-France tenue en 1787*, p. 367, 368 et 385. Peu avant la Révolution, il fut fait des battues en masse, qui aboutirent à la destruction des propriétés mêmes. (Arch. Nationales, H 1453.)

[4] Pages 300-302.

[5] Voir le Mémoire, p. 329, et l'Appendice, p. 740.

[6] Nous reproduisons aussi ce traité dans l'Appendice, p. 594-600.

[7] Le Conseil ordonna une enquête dans sa séance du 15 juillet 1701, et le mémoire, rédigé immédiatement, fut transmis le 29 aux intendants.

[8] Voyez, dans l'Appendice, p. 600-604, le résumé des réponses et des propositions. On trouvera la plupart des réponses dans le tome II de la *Correspondance des contrôleurs généraux*.

[9] Voyez, entre autres, les arrêts rendus en 1723 sur les coupes, sur les réserves de quarante ans, l'établissement des fourneaux, forges et verreries, etc. En 1782, comme une immense population ouvrière s'était accumulée à Paris, dans les deux faubourgs privilégiés du Temple et de Saint-Antoine, le gouvernement, appréhendant que l'industrie n'absorbât tous les combustibles, prohiba la création de nouveaux établissements à moins de douze lieues de la capitale. (Tocqueville, *l'Ancien régime et la Révolution*, p. 139.) Il y eut alors une nouvelle en-

GÉNÉRALITÉ DE PARIS.

Le Mémoire donne des renseignements utiles sur la division des forêts de la généralité de Paris en grandes maîtrises, maîtrises, grueries, etc., et décrit soigneusement chacune de ces circonscriptions, avec les noms des propriétaires particuliers et la contenance de chaque bois ou parcelle de bois. Il y a très souvent défaut de concordance, comme nombre d'arpents, avec les documents officiels que nous mettons en regard du texte; on fera donc bien de comparer les chiffres entre eux, et c'est pour ce motif que nous avons réuni un assez grand nombre de pièces dans la partie de l'Appendice qui correspond au titre IV.

La plupart des informations sur la consistance des forêts ont été probablement empruntées aux dossiers que possédait le Contrôle général, surtout à ceux de la grande réformation faite par Colbert[1], dont le Mémoire affecte pourtant de ne tenir aucun compte, non plus que de l'ordonnance d'août 1669. Quelques ouvrages aussi avaient été imprimés, sur les forêts, antérieurement à l'année 1700[2].

L'arpent employé comme mesure, dans notre Mémoire, doit être celui de Paris, dont la perche valait généralement 18 pieds (3 toises), et, dans certains lieux, 20 ou même 22 pieds[3].

M. de Beauvillier demandait : « MANUFACTURES. Nombre d'ouvriers; leur subsistance. Où se forment-ils; sortent-ils du royaume; où sont-ils ? Nombre d'ouvriers qui sortent, comparé à celui qui demeure; causes de leur sortie, causes du défaut d'ouvrage. »

Le rédacteur ne répond que par quelques mots brefs sur certaines fabrications propres à Paris et à la généralité, parmi lesquelles on ne voit même point figurer plusieurs manufactures des plus célèbres, celle des Glaces, par exemple[4].

---

quête : voir un mémoire de M. de Lubersac, à la suite des *Vues politiques sur l'administration des finances* (1787).

[1] Sur cette réformation, voir les *Lettres de Colbert*, t. IV, p. LXVII, 184-189, 193, 208, etc. Les magnifiques volumes où le résultat du travail avait été consigné, et qui, depuis la Révolution, étaient revenus prendre asile au ministère des finances, ont été détruits dans l'incendie de 1871; mais il reste encore d'autres épaves dispersées çà et là, telles que le recueil des cartes de la grande maîtrise des eaux et forêts de l'Île-de-France, Brie, Perche, Picardie et Pays reconquis, que M. le baron Edmond de Rothschild avait envoyé, en 1878, à l'exposition rétrospective du Trocadéro.

[2] Je n'ai pu trouver à la bibliothèque Nationale un *État des forêts du roi* imprimé à Paris, in-12, 1693, que Pecquet indique dans le chapitre bibliographique de ses *Lois forestières*, t. II, p. 415. Expilly donne un dénombrement général des forêts du royaume dans son tome III, p. 898 et 899.

[3] Voir l'Appendice, p. 533.

[4] Le rédacteur paraît n'appliquer le terme de *manufactures* qu'aux fabriques de draps, de toiles et d'étoffes, et, par extension, à celles de tapisseries, de dentelles, de bas et de chapeaux de castor (voyez

INTRODUCTION.

Le nom de Colbert, inséparable de certaines créations industrielles, apparaît une fois dans ce titre; mais on remarquera, ici comme dans les articles consacrés à l'exploitation des mines et à l'administration des forêts, que le Mémoire ne fait pas d'allusions directes aux progrès obtenus, trente ou quarante ans auparavant, par le grand ministre. Nous ne pouvons cependant supposer que le rédacteur ait craint de rappeler au duc de Bourgogne une ère de prospérité dont le souvenir eût contrasté avec la décadence industrielle de 1700; car, à propos des dentelles qui se fabriquaient du côté de Montmorency et de Villiers-le-Bel, il dit que « ce commerce, qui répandait de l'argent dans le pays, est fort diminué. » Plus loin, il constate que la manufacture de buffles de Corbeil a perdu une bonne partie de ses ouvriers; que Senlis n'a plus sa fabrication de draps; que les moulins à papier situés entre Sens et Mâlay ont succombé par suite de la négligence ou de la pauvreté des propriétaires; que l'industrie des points de France, introduite à Sens par Colbert, a disparu parce qu'on a fait un autre emploi des fonds de secours qui lui avaient été attribués, et de même la manufacture de serges créée à Seignelay. Mais, en général, il passe rapidement, trop rapidement, sur les symptômes inquiétants, qui pourtant étaient bien connus de l'administration centrale, et qui allaient être exposés et mis en lumière par les députés des grandes villes, dès les premières séances du Conseil de commerce[1].

Le Mémoire ne parle pas non plus de la nécessité de soutenir l'industrie par des encouragements et des subsides, plutôt que de la troubler par une réglementation vexatoire : ce dernier procédé était le seul en vigueur depuis Louvois, et M. de Pontchartrain n'avait fait que suivre les mêmes errements[2]. Nous reprocherons encore au rédacteur de confondre constamment la production ou le commerce des fruits de la terre avec l'industrie, et d'entremêler avec la fabrication des étoffes, des bas ou des chapeaux, le débit du bois, des grains et des denrées de tout genre, dont il avait déjà parlé dans un précédent titre.

---

le préambule, p. 335); cependant il parle un peu plus loin de la verrerie éphémère de Lizines et des papeteries anciennement établies sur la rivière de Vannes.

[1] Ce Conseil tint sa première séance le 24 novembre 1700, et tout de suite on demanda aux députés des mémoires sur le « fait général du commerce », qu'ils déposèrent à partir du mois de décembre 1701, et qui sont presque tous parvenus jusqu'à nous. Celui de M. Pelletier, député de Paris, est daté du 8 avril 1701 : voir le ms. de la bibliothèque Nationale fr. 8038, fol. 87-104.

[2] Voyez l'instruction pour les inspecteurs des manufactures publiée dans l'Appendice du tome Ier de la *Correspondance des contrôleurs généraux*, p. 558-561; et, dans le même volume, n° 206, une lettre de l'intendant de Marillac sur la liberté nécessaire au commerce.

En somme, il eût été facile de faire beaucoup mieux, car les documents abondaient, comme nous le montrerons bientôt en parlant de la partie de l'Appendice consacrée aux manufactures.

Dans l'article des Foires et Marchés[1], après un préambule qui remonte aux institutions de la Grèce ou à celles des Romains, et un historique des principales foires de France en général, et de celles de Paris en particulier, on trouve l'énumération des foires et marchés qui se tenaient à époques fixes dans les villes ou bourgs de la généralité[2] : énumération incomplète, si on la compare à celles que donnèrent un peu plus tard le *Dictionnaire du commerce* de Savary et l'*Almanach royal*, et surtout imparfaite, puisqu'elle ne fournit aucun des renseignements de statistique demandés en ces termes par M. de Beauvillier : « Entrées et détail, abord d'étrangers, commodité ou incommodité de leur commerce. Qu'est-ce qui les gêne? Qu'est-ce qui pourrait faciliter ou augmenter le négoce? Tâcher de supputer pour comparer le total de l'ancien pied, où les droits étaient moindres, où les trafiquants venaient davantage, avec le total du nouveau pied, où les trafiquants viennent moins. — Nombre des marchands; nombre des étrangers qui y sont habitués. » Et plus loin : « Argent qui entre; par où et comment? Argent qui sort; par où et comment? » C'étaient là des questions plus intéressantes à Paris que dans tout autre centre commercial; mais les rédacteurs du Mémoire y avaient déjà répondu incidemment, en quelques mots que nous avons signalés dans d'autres titres : ici le Mémoire est muet. Il n'eût pu sans doute que reproduire les doléances du *Détail de la France*[3].

Dans le titre vi, des Ponts et Chaussées, Rolland se trouvait sur son propre terrain, puisque la surveillance des travaux publics était une des principales attributions de la charge de trésorier de France; aussi donne-t-il, sur l'organisation administrative et financière, quelques détails qui manquent dans la plupart des autres titres.

Ce service présentait une particularité unique dans la généralité de Paris. La police et la juridiction des travaux y étaient partagées, comme dans les autres

---

[1] Seconde partie du titre V, p. 345-353.

[2] Les inspecteurs des manufactures étaient chargés de fournir un état des foires de leurs départements respectifs. (*Correspondance des contrôleurs généraux avec les intendants*, tome Ier, n° 560.)

[3] Seconde partie, chap. ii : « Pour trouver les causes de la ruine de la France, il ne faut que découvrir celles de la ruine de la consommation, etc. »

provinces, entre l'intendant et le bureau des finances, qui déléguait à cet effet plusieurs commissaires spéciaux; mais la direction supérieure appartenait à un intendant des finances, qui avait sous ses ordres un bureau détaché, distinct du reste du Contrôle général et mené par un trésorier de France[1]. De même aussi, et par une autre exception, le Trésor royal fournissait à l'entretien des grands chemins partant de Paris[2].

Selon le désir de M. de Beauvillier, le rédacteur du Mémoire énumère les ponts de la généralité, y compris ceux de Paris; il indique s'ils sont de pierre ou de bois, combien ils ont d'arches, quel est leur état actuel, par qui ils sont entretenus ou doivent l'être[3]. Il avoue assez franchement que cet entretien laisse fort à désirer, surtout dans les endroits où la dépense est à la charge du roi[4].

De même pour les chemins publics, dont l'état déplorable à la fin du XVIIe siècle n'était que trop notoire[5]. Colbert avait fait rendre plusieurs arrêts pour y remédier[6]; mais l'incurie, le manque de fonds et les préoccupations d'une lourde guerre avaient aggravé la situation pendant quinze ans. On ne connaissait plus de voies bien entretenues que celles qui conduisaient aux « palais élevés par les financiers », tandis que « les grandes routes, comme celles de Paris à Rouen, à Beauvais et à Amiens, étaient impraticables la plus grande partie de l'année[7]. » Au commencement de 1699, les intendants eurent ordre d'indiquer les ouvrages les moins considérables auxquels pourraient être employés les ateliers publics qu'on organisait dans les temps de disette et de misère : par leurs réponses et par les devis qui y sont joints, on voit l'état des grands chemins d'autant plus mauvais que le passage est plus fréquenté et plus indispensable à la circulation publique, ou qu'on approche davantage des villes. Cette situation se prolongea fort longtemps : il faut arriver

---

[1] Par suite, les papiers des ponts et chaussées ne se sont pas conservés avec les autres fonds du Contrôle général. La correspondance relative à ce service, les minutes des lettres signées par le contrôleur général ou des arrêts et les registres de recettes et de dépenses formaient un dépôt spécial, dont certaines parties ont passé dans la bibliothèque de l'École des ponts et chaussées, où nous avons pris le budget du service de la généralité de Paris pour l'année 1700. (Appendice, p. 684.) Les archives Nationales possèdent d'autres séries de dossiers.

[2] Necker, *Administration des finances*, t. Ier, p. 194; *Procès-verbal de l'Assemblée provinciale de l'Île-de-France en 1787*, p. 220-225 et 296; Vignon, *Études sur l'administration des voies publiques*, tome Ier, p. 67 et 68.

[3] Papire Masson avait mentionné les ponts dans sa *Descriptio fluminum Galliæ*, à laquelle Rolland a déjà fait des emprunts.

[4] Voir les tomes I et II des *Études* de M. Vignon.

[5] Voyez l'Appendice, p. 561.

[6] Arrêts des 26 octobre 1662, 18 juillet 1670 et 27 août 1678, dans le *Traité de la Police*, t. IV, p. 497-500.

[7] Note de Boulainvilliers, p. 61 du Mémoire de Paris, dans l'édition in-folio de Londres.

GÉNÉRALITÉ DE PARIS.

jusqu'au milieu du xviiie siècle pour constater une reprise sérieuse des travaux, qui donna enfin à la France des routes aussi magnifiques que solides [1].

Le Mémoire présente un détail assez satisfaisant des chemins de la généralité, qu'on pourra comparer, pour le xvie siècle, avec *la Guide des chemins de France* publiée par Ch. Estienne [2].

Des ponts et chaussées, le rédacteur passe tout naturellement aux PÉAGES ET TRAVERS. Aucun autre mémoire ne fournit autant de notions que celui-ci sur les droits qui frappaient les voyageurs et les marchandises transportées par eau ou par terre. Il n'énumère pas moins de cent quarante bureaux de perception, dont les recettes annuelles, pour le roi ou pour les particuliers, étaient évaluées à plus de 80,000#[3]. La levée du droit n'eût été rien par elle-même, si elle n'avait entraîné pour le commerce et pour les contribuables des vexations comparables à celles de la ferme des aides. Aussi le rédacteur de cet article n'a-t-il pas jugé suffisant d'indiquer les choses; et, voulant que les conséquences d'un pareil régime d'entraves intérieures frappent mieux l'esprit du prince auquel le Mémoire est destiné, il déclare en propres termes que « les péages sont à charge aux peuples et embarrassants pour le commerce. » — On peut croire que son but fut atteint, car, entre autres réformes qui parurent nécessaires au duc de Bourgogne, nous voyons figurer la revision des péages, telle que Colbert et son premier successeur l'avaient tentée à plusieurs reprises, telle aussi que devait l'entreprendre, en 1724, une célèbre commission [4]. « Il est à propos, dit le jeune prince, de livrer à un sérieux

---

[1] Cet éloge est de l'anglais Arthur Young : voir la préface du tome IV des *Lettres de Colbert*, p. cxi et cxii. Mais il y avait encore bien des pays arriérés, le Morvan, par exemple, que Dupin aîné dépeignait en 1789 comme « une impasse, une sorte d'épouvantail pour le froid, la neige, les aspérités du terrain, la sauvagerie des habitants, un vrai pays de loups. » On n'avait donc pas gagné grand'chose depuis le temps où Vauban écrivait sa *Description de l'élection de Vézelay*. En tout cas, c'est bien à tort que Voltaire a voulu faire remonter à Louis XIV l'honneur de cette viabilité qui, dit-il, « sous Louis XV, était l'admiration des étrangers. »

[2] La partie de ce livre relative à la prévôté de Paris, au Valois, au Hurepoix, à la Brie, au Gâtinais, à la haute Beauce, a été reproduite par M. Vignon, dans ses *Études sur l'administration des voies publiques*, t. Ier, p. 39-58. On trouvera dans l'Appendice du même volume des baux et autres pièces concernant l'entretien des chemins de la généralité. — Un état des grandes routes et des chemins de traverse les plus considérables du royaume est conservé au Dépôt de la guerre, avec un autre état des rivières navigables, vol. 1179, nos 100 et 101; mais ils ne donnent l'un et l'autre que l'indication des localités situées sur le parcours des routes ou des cours d'eau.

[3] Boulainvilliers a trouvé un total de 75,308#, « non compris les bacs sur les grosses rivières; » mais son addition est inexacte, et il y a une trentaine de droits dont le produit n'est pas indiqué.

[4] Voyez p. 369, note 1.

INTRODUCTION.

examen tous ces titres de péages, pour annuler les uns et confirmer les autres......
Le commerce réciproque des différentes provinces est, dans l'État, ce qu'est la circulation du sang dans le corps de l'homme. Nos pays les plus pauvres sont ceux qui ont le moins de communications avec les autres parties du royaume : ce sont des membres paralysés[1]. »

Le titre des Mines, Métaux et autres richesses souterraines est insignifiant. Le rédacteur y dit quelques mots des carrières de pierre à bâtir et des exploitations de plâtre qui se faisaient aux environs de Paris; il parle des prétendues découvertes de mines d'or qui se renouvelaient assez souvent, grâce à la crédulité publique[2], puis fait allusion aux exploitations de minerai de fer, beaucoup plus nombreuses quand le bois à brûler était encore abondant[3], entame une digression sur la législation des mines depuis le règne de Louis XI, et conclut en ces termes : « Les mines les plus abondantes et les plus sûres sont les blés, les vins, les sels, les chanvres, le pastel et le safran : ce sont ces productions de la terre qui, sortant du royaume, y attirent des étrangers les richesses qui y sont. » Quoique, en réalité, cette boutade fût assez exactement applicable à la généralité de Paris, ne pouvait-on écrire sur les « richesses souterraines » un chapitre plus substantiel[4] ?

Le dernier chapitre du Mémoire est une sorte de supplément qui ne répond à aucun article du questionnaire, et qu'on ne retrouvera pas dans les autres intendances. Il se compose uniquement de notices sur les principales maisons royales que renfermait la généralité de Paris. Le rédacteur, qui s'était excusé ailleurs de ne point parler de Paris en tant que ville et capitale du royaume, renonce ici à décrire les merveilles de Versailles[5]. Elles étaient déjà énumérées dans les livres de Félibien et de Combes[6], de même que celles de Fontainebleau dans le volume du

---

[1] *Vie du duc de Bourgogne*, par l'abbé Proyart, t. II, p. 27. — La revision des péages fut le sujet de réclamations présentées au Conseil de commerce, dès ses premières séances (1700), par les députés des grandes villes marchandes.

[2] La mine d'or d'Auteuil dont il parle fut l'objet d'un privilège d'exploitation, et le Conseil de commerce s'en occupait encore en 1717.

[3] M. Quantin, dans l'*Annuaire du département de l'Yonne*, année 1846, 3ᵉ partie, p. 1, 2 et 217-220, a consacré un article aux exploitations de ce genre qui existèrent anciennement dans le département de l'Yonne.

[4] Comparez le *Dictionnaire géographique* d'Expilly, t. V, p. 571-573, la *Géographie ou Description générale du royaume de France*, de 1762 (Dumoulin), p. 146-156, et le passage de la *Description* de Desnos placé à l'Appendice, n° XIII.

[5] « Ce récit, dit-il (p. 381), serait au-dessus de cet ouvrage, qui n'est qu'un simple mémoire. »

[6] La *Description* de Piganiol de la Force ne parut qu'en 1701.

P. Dan (1642), ou celles de Saint-Cloud dans le livre de Laurent Morelet (1681-1686), sans parler des chapitres que chaque édition nouvelle de l'*État de la France* consacrait aux maisons royales. D'ailleurs il cherche moins à faire des descriptions qu'à donner des renseignements historiques sur les anciennes résidences de la cour. A propos de Saint-Léger-en-Yveline, il dit quelques mots du seul haras royal qui fût aux environs de Paris. Le rétablissement de la race chevaline avait pris une grande place dans le programme de Colbert; mais ses successeurs ne s'étaient plus préoccupés que très rarement, sans aucune suite, de cette partie de son œuvre[1].

IV

Quelques proportions qu'on donnât à l'Appendice du présent volume, il était impossible de remédier à toutes les défectuosités, et surtout aux lacunes qui viennent d'être relevées sommairement dans l'œuvre de Rolland; toutefois il y avait moyen, sinon de compléter certains chapitres, du moins de fournir des éléments de comparaison avec quelques époques plus récentes, d'appeler l'attention sur telle ou telle série de documents, et de faciliter l'intelligence de quelques-uns des détails de l'organisation générale de la France que le Mémoire a si souvent indiqués au passage, sans jamais rien approfondir.

Nous avons donc réuni à la suite de notre texte une assez grande variété de pièces du XVIIe et du XVIIIe siècle, en les disposant dans un ordre analogue aux principales divisions du Mémoire. La plupart de ces documents sont inédits; il en est cependant qui avaient déjà vu le jour, et que nous avons cru devoir reproduire de nouveau, soit qu'ils fussent difficiles à rencontrer, soit qu'ils présentassent une relation intime avec notre sujet. Ce dernier cas est celui du mémoire de Vauban sur les rivières navigables, qu'on trouvera en tête de l'Appendice, et qui avait déjà été publié au moins deux fois; nous avons justifié d'avance ce nouvel emploi[2]. La place a manqué pour insérer à côté de ce mémoire quelques-unes des pièces intéressantes réunies par l'académicien Lancelot sur les travaux de la Seine et de l'Aube, ainsi que sur le flottage et sur le commerce des bois, et, entre autres, un

---

[1] En 1787, la généralité de Paris payait annuellement 36,000 ⁛ pour sa contribution à l'entretien des haras, et 65,000 ⁛ pour deux haras particuliers. (*Procès-verbal de l'Assemblée provinciale de l'Île-de-France*, p. 274.)

[2] Voyez ci-dessus, page XIII. Vauban avait rédigé aussi, en 1686 et dans le cours des années suivantes, plusieurs mémoires sur un système de canaux et de voies d'eau reliant toutes les villes de France.

INTRODUCTION.

procès-verbal de visite d'experts dans les bois du Morvan, le long des rivières d'Yonne, d'Armançon, de Beuvronne, etc.[1]

Quant à l'état ecclésiastique, qui n'est représenté dans l'Appendice que par deux rapports sur l'organisation et la statistique de l'hôpital général de Paris, par un mémoire sur les charités que le roi Louis XIV faisait tous les ans dans sa capitale, et par l'analyse sommaire d'un dossier des archives Nationales relatif aux établissements de bienfaisance des villes de la généralité, nous avons déjà dit qu'il serait difficile, sinon impossible, de fournir des éléments sérieux de contrôle et de comparaison; tout au plus peut-on indiquer quelques tableaux que contiennent, entre autres fonds de la Bibliothèque, les papiers de la Reynie, de Noailles, Joly de Fleury[2], et un volume de l'ancien fonds Saint-Germain français[3]. Sur les hôpitaux et sur l'union des maladeries, léproseries, etc. à ces établissements charitables, on a les pièces énumérées dans l'*Inventaire méthodique des Archives nationales*, col. 600-604, les papiers du commissaire Delamare[4], le recueil publié en 1705[5], etc.

Quelque quinze ans avant la rédaction du Mémoire, l'abbé de Dangeau, ce précurseur de la statistique, qui «savait le présent, le passé et l'avenir[6],» avait fait faire pour son compte personnel une enquête sur les abbayes et sur une partie des prieurés des diocèses de Paris, Beauvais et Senlis, enquête comprenant la situation de chaque maison ou bénéfice, son historique, les noms et la biographie des titulaires, les dépendances, le revenu, etc. L'état informe de ce travail, et surtout ses dimensions n'ont pas permis de le faire entrer dans notre Appendice; mais la reproduction en fac-similé d'un simple fragment, placé ci-contre, suffira pour faire juger de l'intérêt qu'il présente, de sa remarquable analogie avec la partie du Mémoire consacrée à l'état ecclésiastique, et des procédés de l'enquêteur[7].

---

[1] Bibl. Nationale, portefeuille Lancelot 169, fol. 66-145. Ce procès-verbal est de 1732.

[2] Voir, dans le fonds Joly de Fleury, vol. 2525, les rapports faits à M. de la Reynie, en 1677, sur les couvents de Paris, et, vol. 1428, l'état des maisons religieuses situées à portée des rivières de Seine, d'Oise, d'Aisne, de Marne, etc., donnant la situation de chaque maison en 1732, son revenu en blé, sa consommation, le nombre des religieux, etc.

[3] Actuellement ms. fr. 15382. C'est un état du revenu des archevêchés, évêchés et bénéfices, très différent, comme chiffres, de notre Mémoire. Il est antérieur à la création de l'évêché de Blois (1697).

[4] Ms. fr. 21805, fol. 168 et suiv.

[5] *État général des unions faites des biens et revenus des maladeries, léproseries, aumôneries et autres lieux pieux aux hôpitaux des pauvres malades, en exécution des édit et déclaration de 1693.*

[6] *Mémoires de l'abbé de Choisy*, p. 560.

[7] L'abbé de Dangeau avait fait aussi établir une statistique des juridictions et justices diverses de la généralité de Paris, dont l'analogie avec le chapitre de la Justice de notre Mémoire n'est pas moins frappante. Voir le questionnaire du bailliage de Sens qui se trouve, avec les réponses, dans le ms. fr. 22618, fol. 210-211.

GÉNÉRALITÉ DE PARIS.

FRAGMENT DE L'ENQUÊ...

Du lundi 26 au ma...

ABBAYES.

A. — GER...

Un moulin sur la rivière d'Yerres, et la ferme, pour laquelle il y a six chevaux de labour, leur donnant 9,000 ou 10,000 ll de revenu.

Il y a dix-neuf ou vingt religieuses.

C'est Jarcy, à droite sur la rivière d'Yerres, entre Varennes et Boussy-Sai... Antoine, à six lieues de Paris et à une lieue ouest de Brie-Comte-Robert.

L'aumônier se trouvant à Paris, j'ai demandé celui qui fait les affaires d... maison. Il se nomme M. Villette. Il m'a refusé de répondre à mes questions q... n'eût parlé à Madame; laquelle, après m'avoir fait attendre une heure et dem... m'a renvoyé aux *Antiquités de Melun* et *de Corbeil* pour l'histoire, et n'a rien vo... me faire dire sur les autres questions, et n'a pas même voulu que j'aie l'honne... de la saluer. Ce que j'ai su a été de la fermière et du meunier, avec lesquels j... causé pendant que Madame m'a fait attendre.

J'ai couché à Orsay, sur la rivière d'Yvette, à une lieue de Palaiseau. Il ... droite de la rivière et du Val-le-Mée. A gauche, il y a un champ qui appartie... au frère de Mme de Montchevreuil.

La cure dépend du prieur de Longpont, aussi bien qu'un prieuré qui y est au...

B. ...

Anciennement se nommoit de Cinn[2]. Fondation royale fort ancienne, réédifiée, 1170 ou 1180, par Maurice, évêque de Paris. La maison est assez belle. A 10,000 ll de rente ou environ.

Il y a un moulin sur l'Yvette.

Dans le pays, elles font de grandes charités; c'est pourquoi elles y sont en grande vénération. En 1619, il se fit une réforme par Madeleine de Monceaux, qui en était abbesse. En 1677, il s'en fit une autre par l'abbesse d'à présent.

Il y a actuellement trente-sept religieuses, y compris les deux abbesses.

À quatre cents pas à droite de la rivière d'Yvette, un peu au-dessus du villa... de Gif, qui est sur la gauche de ladite rivière et la joignant; à une lieue est ... Chevreuse, à cinq de Paris, et à deux de Palaiseau.

Je me suis d'abord adressé à M. Baubus, clerc, qui m'a conduit à M. ... homme d'affaires de l'abbaye, qui m'a présenté à Mme de Chiverny, ancien... abbesse, laquelle m'a dit tout ce que j'ai marqué; puis elle m'a présenté... Madame l'abbesse, et toutes les deux m'ont fait mille honnêtetés.

---

[1] Ce fragment est extrait de la rédaction primitive, qui se trouve dans le ms. du fonds français 22606, f° 6, v°, et une rédaction un peu différen... se trouve dans le ms. fr. 22604.

[2] *Sic*, pour Jarcy. Voyez le Mémoire. p. 33.

FAITE POUR L'ABBÉ DE DANGEAU[1].

27 février 1685.

ABBESSES.

EN-BRIE[2].

De Vaian.

Françoise de Saint-Gelais de Lusignan.
(Fut bénite en mars 67[a].)

Péréfixe... Était sœur de l'archevêque de Paris, après la mort
Elle est encore vivante et dans la [maison]. duquel le cœur fut porté à ladite abbaye, où il est
(L'eut le 6 mars 71; s'en démit à la réserve de 1,500ᵗ de pension.) encore.

Claude Foucault.
(L'eut le 16 mars 73.)

Anne Foucault.. Sœur de l'intendant de Béarn et de la précédente
(L'eut le 19 décembre 75.) abbesse.
Elle a vingt ans seulement.

GIF.

Madeleine Mornay de Villarceaux, morte 1651.
Catherine Morant, 1651, après la mort de Villarceaux. Se démit 1654, en   Était religieuse de l'abbaye du Trésor, ordre de Cîteaux;
faveur de Talmontier, et se retira dans le prieuré des Bénédictines de Moret,   tante de l'intendant de Provence.
près Fontainebleau, où elle vit encore.
Françoise de Courvils de Talmontier, 1654, par la démission de Catherine   Était religieuse et prieure de ladite abbaye; d'une
Morant. Morte 1669.   illustre maison de Normandie.
Elle ne se nomme point Augustine, comme M. l'abbé le marque; il est vrai
qu'elle se nommait dans l'abbaye, avant d'être abbesse, sœur de Saint-Augustin.
Madeleine Hurault de Chiverny, abbesse 1669, par la mort de la précédente,   Était religieuse et prieure de ladite abbaye.
se démit 1675. Vit encore et demeure dans ladite abbaye.
Anne-Victoire de Clermont-Montglas, 1675, par la démission de Madeleine   Était religieuse de ladite abbaye; sœur du comte de
Hurault de Chiverny, sa tante.   Chiverny, ambassadeur en Danemark.

[1] Sic.
[2] Les additions portées entre parenthèses, sous les noms des quatre abbesses, sont tirées du ms. fr. 22604, fol. 129.

GÉNÉRALITÉ DE PARIS.

Dans l'appendice III, DE LA POPULATION, outre quelques pièces qui prouvent qu'il y eut des tentatives infructueuses au xviie siècle pour parvenir à un recensement général, on trouvera la reproduction du « dénombrement par feux des paroisses de la généralité de Paris, » qui fut donné pour la première fois en 1709, dans le recueil édité chez Ch. Saugrain[1]. Cette statistique ne laisse pas parfois d'être défectueuse; mais les chiffres paraissent avoir été empruntés à des états officiels, et nous avons déjà eu l'occasion de dire qu'ils firent loi fort longtemps. D'ailleurs ils s'éloignent peu de ceux qui furent fournis par les intendants, en 1713, au contrôleur général Desmaretz[2]. Nous n'y avons modifié que l'orthographe des noms de lieux, en la conformant à celle que donne aujourd'hui le seul de nos répertoires qui ait un caractère officiel, le *Dictionnaire des Postes*[3].

L'appendice IV est formé de quelques documents inédits sur la levée des troupes, sur les dépenses de la milice convoquée de 1688 à 1697, et sur les inconvénients de cette institution.

L'appendice V ne contient que le texte du bail de la première ferme des poudres mise en régie en 1664.

L'appendice VI est consacré à la réglementation du logement des troupes et de la fourniture des étapes ou de la subsistance : on a vu plus haut quelle importance ces matières avaient pour les populations; de plus, les statisticiens rencontreront ici un certain nombre de données précises sur la valeur des principales denrées alimentaires.

L'appendice VII se trouvant assez considérable, nous l'avons subdivisé sur le même plan à peu près que le chapitre correspondant du Mémoire : 1° impositions et fermes en général; 2° aides et droits d'octroi et d'entrée; 3° tailles; 4° capitation; 5° gabelles. Comme dans le Mémoire aussi, on y trouvera quelques notions essentielles sur l'ensemble de l'organisation financière du royaume et sur les produits

---

[1] Le titre de l'ouvrage est : *Dénombrement du royaume par généralités, élections, paroisses et feux*, par M.***, employé des finances. Il parut en 1709, en deux volumes in-12, puis en un volume in-4°, fut réimprimé de même en 1720, et eut encore une édition en 1735.

[2] Voyez ci-dessus, p. xxiii et xxvii. Il nous reste, avouons-le, quelque regret de n'avoir connu ce dénombrement de 1713 qu'après l'impression de celui de 1709.

[3] Nous avons, à cette occasion, et non sans étonnement, constaté que les *Dictionnaires topographiques* publiés dans la collection ministérielle n'avaient guère, jusqu'ici, tenu compte des formes onomastiques les plus voisines de notre temps, et que, pour la plupart, sinon tous, ils se sont dispensés de donner les indications de circonscriptions administratives (élection et généralité) qui permettraient souvent de distinguer entre plusieurs paroisses de même nom et d'assurer l'identification.

que l'État en tirait. Les tableaux et les chiffres sont nombreux, et, quoique tirés généralement des papiers mêmes de l'administration des finances, ils ne présentent pas toujours une absolue concordance entre eux[1] : c'est un défaut inévitable, que connaissent tous les travailleurs familiarisés avec nos archives financières; d'ailleurs, des différences de chiffres aussi peu importantes ne peuvent guère modifier la signification des totaux. Parmi les pièces diverses dont ce chapitre de l'Appendice se compose, nous devons signaler les documents sur la première et la seconde capitation[2], et les statistiques dressées en 1717 et en 1771 pour la réforme de la taille arbitraire. On verra ci-après comment cette réforme fit beaucoup plus de progrès dans la généralité de Paris que dans le reste du royaume, grâce aux efforts du dernier intendant, Bertier[3].

Dans la section suivante, AGRICULTURE, quelques fragments de la correspondance inédite de Boisguilbert ont trait à l'état misérable du pays Mantois, état déjà signalé par le Mémoire[4]. La partie de l'enquête faite en 1745, pour le contrôleur général Orry, qui est relative aux produits agricoles, prendra place ailleurs[5].

En regard des chiffres, parfois insuffisants, inexacts ou contradictoires, du chapitre des FORÊTS ET BOIS, la section IX de l'Appendice offre d'autres états de provenance officielle, concernant les charges de chauffage et d'usage que les forêts royales supportaient, l'étendue des cantons et la qualité respective des fonds, l'organisation des coupes et leur produit, le personnel des maîtrises, etc. Ces documents sont empruntés à un registre des archives Nationales qui date des derniers temps de Colbert, à la magnifique description des forêts de la France que possède aujourd'hui le Musée britannique, au « Carnet du roi pour les forêts », ou aux papiers du Contrôle général des finances. L'incendie du ministère des finances, en 1871, a fait disparaître la série entière des procès-verbaux de la réformation de 1662, c'est-à-dire le plus complet ensemble de documents que

---

[1] Ainsi, pour ne citer qu'un ou deux exemples, deux tableaux relatifs au recouvrement des impositions de l'année 1686 (p. 521 et 522) présentent ces variantes :

Élection { de Paris.... 1,266,831^{ll} 1,266,000^{ll}
         { de Meaux... 334,075   331,700

L'imposition pour l'année 1698 est portée en un endroit (p. 530) à 3,126,052^{ll}, tandis qu'en un autre (p. 528) elle ne monte qu'à 3,124,781^{ll}.

[2] Les résultats de cette seconde capitation sont très mal connus, et probablement on n'aura jamais de notions beaucoup plus précises que celles que nous avons réunies ici, puisque le duc de Noailles, dans le rapport qu'il présenta au Conseil de régence le 17 juin 1717, dit qu'il n'y avait pas une seule année, depuis 1701, dont tous les comptes eussent été rendus.

[3] Voyez pages LXXXVI à LXXXVIII.
[4] Pages 288, 289 et 341.
[5] Pages 650-653.

GÉNÉRALITÉ DE PARIS.

l'on pût désirer sur l'état des forêts au temps de Louis XIV[1]; mais, en revanche, nous possédons à peu près tous les rapports fournis en 1701-1702, dans une enquête de genre différent, sur l'appauvrissement des bois et forêts, et les principaux éléments de cette enquête ont pris place ici, à côté du traité de Vauban sur *la Culture des forêts*, qui fut fait vers la même époque, pour appuyer les doléances des membres du Conseil du commerce.

Sans sortir du cadre du Mémoire, c'est-à-dire des limites de la généralité de Paris, ni des époques antérieures à la rédaction de Rolland, nous avons cherché à compléter le titre des MANUFACTURES, en dressant d'après les documents officiels un tableau des principales industries qui avaient pris naissance ou qui s'étaient développées depuis l'entrée de Colbert aux finances jusqu'en 1700[2]. Là, comme dans les rapports des inspecteurs des manufactures qui viennent ensuite, on trouvera des renseignements assez précis sur diverses fabrications importantes, sur le nombre d'ouvriers qu'elles employaient, sur la composition des étoffes, les chiffres de production annuelle et d'exportation, les prix de vente en gros, les inventions nouvelles, la décadence ou les progrès de l'industrie, etc. On pourra suivre aussi jusque sous le règne de Louis XV l'histoire statistique des grandes fabriques de tissus du Beauvaisis, de la Brie et de la Champagne, du pays de Dreux, d'Abbeville[3], etc. Ce ne sont d'ailleurs que des portions bien minimes de dossiers à peine connus, que quelque jour les archives Nationales mettront en lumière, et d'où sortira sans doute une histoire définitive de l'industrie et du commerce sous les trois derniers règnes de l'ancienne monarchie.

Le Mémoire, dans son titre des FOIRES ET MARCHÉS, a négligé de parler de l'approvisionnement ordinaire, journalier, de la ville de Paris. Il est probable que le lecteur accueillera volontiers, dans l'Appendice, quelques pièces relatives à cette intéressante statistique, particulièrement aux commerces du blé, du pain, du bois, de la viande de boucherie, et en général aux marchés publics établis dans la capitale[4].

---

[1] Ces soixante-seize volumes avaient été versés à la Chancellerie, en 1788, par le Contrôle général, puis repris par les Finances.

[2] Sur ce chapitre, la *Correspondance administrative sous le règne de Louis XIV* publiée par Depping ne dépasse pas la mort de Colbert.

[3] Abbeville appartenait à la même inspection que Beauvais, quoique ne faisant pas partie de la même généralité. Aussi en sera-t-il parlé de nouveau dans le Mémoire d'Amiens.

[4] Est-il nécessaire de rappeler que Lavoisier, dans son *Traité de la richesse territoriale de la France*, imprimé par ordre de l'Assemblée nationale, a donné un calcul minutieux de la consommation de Paris en l'année 1788? Mais certaines de ses évaluations sont contestées. On s'est servi,

INTRODUCTION. LXIII

Dans la section XII, PONTS ET CHAUSSÉES, nous donnons un résumé des fonctions des trésoriers de France, qui faisaient, comme on le sait, l'office de grands voyers[1]; puis quelques documents sur le service des ouvrages publics, un rapport pour l'adjudication des travaux d'un pont sur la Seine, et enfin le budget de dépenses des ponts et chaussées dans la généralité de Paris, pour l'année 1700. Cette dernière pièce fera connaître dans quelles proportions minimes le Trésor royal pourvoyait aux besoins urgents indiqués par le Mémoire[2].

Les dernières sections de l'Appendice correspondent plutôt à l'ensemble du Mémoire qu'à tel ou tel titre, à tel ou tel chapitre considéré isolément. Ce sont tout d'abord (section XV) des rapports de tournée annuelle adressés au contrôleur général par un intendant de la généralité de Paris. Cet intendant, M. Charron de Ménars, était un magistrat consciencieux, humain, franc surtout et indépendant[3]; ses rapports, dont on cherche en vain l'équivalent sous les administrations suivantes, font connaître à fond chacune des élections qu'il visita dans l'été de 1684 et révèlent bien des détails omis par le Mémoire.

Puis vient une des œuvres les plus intéressantes de Vauban, sa *Description de l'élection de Vézelay*, que, sans invraisemblance, on peut regarder, avec les travaux de statistique de l'abbé de Dangeau, comme le point de départ, le prototype de toute l'enquête de 1697. Aussi, quoique ce texte ait été déjà publié trois fois pour le moins, n'avons-nous pas hésité à le reproduire, en le revisant d'ailleurs sur le manuscrit même et en y ajoutant un tableau que les précédents éditeurs n'avaient pu imprimer.

Le n° XVII n'est également que la reproduction d'un document déjà édité[4]; mais celui-là n'est guère connu, et il se rattache aussi directement que possible au Mémoire. C'est le rapport envoyé par le subdélégué de l'élection de Provins en réponse au questionnaire de 1697. On ne possède jusqu'à présent qu'une ou

pour le même usage, des tarifs du *maximum* de 1794.

[1] Comparez Expilly, t. III, p. 587 et 588.

[2] Comparez le budget de 1787, dans le *Procès-verbal de l'Assemblée provinciale de l'Île-de-France*, p. 297.

[3] En répondant à un envoi de rapports de ce genre, Colbert disait à M. de Ménars : «Comme vous entrez fort dans le détail, ils font un fort bon effet dans l'esprit de Sa Majesté. Surtout tenez-vous en garde contre la tentation de l'approbation publique, à laquelle vous êtes un peu sujet, et soyez bien persuadé que la véritable et solide approbation vient de la justice que l'on doit rendre au roi et aux peuples.» (*Lettres de Colbert*, t. II, p. 158.) Ailleurs (*ibidem*, p. 200) il le réprimande de n'avoir mis que quinze jours pour visiter cinq élections, au lieu d'examiner tout en détail par lui-même.

[4] L'éditeur Michelin n'a point dit d'où venait cette pièce; mais son authenticité est incontestable.

GÉNÉRALITÉ DE PARIS.

deux pièces analogues pour le reste du royaume. Celle-ci montre clairement quelle fut la procédure suivie par l'intendance de Paris, et permet de constater des différences notables entre le travail de première main et la rédaction définitive.

Enfin, dans les dernières pages de l'Appendice, on trouvera plusieurs pièces qui ne confirment que trop complètement les symptômes de souffrance et de misère générale indiqués par le Mémoire. Le plus important de ces documents, un rapport de MM. Daguesseau et d'Ormesson sur la tournée qu'ils firent en 1687 dans l'Orléanais et le pays du Maine, nous a paru devoir être placé ici, à la suite du Mémoire de la généralité de Paris, plutôt que réservé pour le futur appendice du Mémoire de la généralité d'Orléans. Après les révélations que notre texte contient sur l'état du royaume, et venant à la suite des écrits divers de Vauban, des lettres de Boisguilbert, des observations des trésoriers de France sur leur tournée de 1685, du mémoire que les négociants de Paris présentèrent dans la même année, le rapport des deux commissaires royaux complétera un ensemble des plus instructifs et formera, en quelque sorte, le fond du tableau sur lequel devront ressortir successivement les détails fournis par chaque mémoire d'intendant.

On s'étonnera peut-être qu'à part un très bref rapport de l'intendant Bignon (1724)[1] et l'enquête sommaire de 1745-1750, dont quelques fragments ont leur place aussi dans l'Appendice[2], mais qui ne concerne que des points spéciaux, étroitement circonscrits, il ne se soit retrouvé jusqu'ici, sur l'état de la généralité de Paris considérée dans son ensemble, aucun mémoire officiel du xviiie siècle équivalant au travail de l'année 1700. Nous n'en connaissons point. Sans doute, dans cette intendance comme dans le reste du royaume, les progrès incessants de l'organisation administrative durent faciliter, en même temps que nécessiter la multiplication des enquêtes locales, de plus en plus approfondies et intéressantes[3]; mais, si ces dossiers furent réunis par les soins des bureaux ministériels, comme il semble probable, leur sort aura été celui de la plus notable partie

---

[1] Appendice, p. 760-764.
[2] Pages 444 et 650-657. — Nous aurons lieu de parler plus longuement de cette enquête dans l'Introduction générale.
[3] Un volume, qui ne s'est pas retrouvé dans les Papiers du Contrôle général, mais dont nous avons encore le sommaire dressé par un archiviste de ce dépôt, contenait toute une série de statistiques de l'année 1718 concernant la généralité de Paris : états des élections, du nombre des paroisses et de celui des feux; états et départements des impositions ordinaires; rôles des collecteurs et des cotes d'office; mémoires sur l'usage observé pour la répartition de la taille, de la capitation et des impositions extraordinaires; état des villes où les gouverneurs et autres officiers perçoivent des droits sur les revenus municipaux; état du personnel des recettes des tailles, etc.

des archives administratives (Maison du roi et Contrôle général), vendues au poids ou envoyées au pilon.

Quant aux rapports partiels, états et statistiques, qui subsistent encore dans les archives départementales, au chef-lieu des anciennes subdélégations, et que nous avons indiqués et employés en différentes occasions[1], presque tous furent faits exclusivement au point de vue de l'impôt, de sa péréquation, de son «régalement». Il en est cependant qui présentent un intérêt plus général et qui portent sur l'histoire, la topographie, la climatologie; tel paraît être un *Essai sur les antiquités et l'histoire ecclésiastique, civile et naturelle du diocèse de Senlis*, dont une double copie existe à la bibliothèque de Senlis, et qui fut rédigé en 1765, par le chanoine Rouyer, sur la réquisition du contrôleur général de l'Averdy[2].

A la veille de la Révolution, lorsque l'Assemblée provinciale de l'Île-de-France se réunit à Melun le 17 novembre 1787, les subdélégués fournirent des mémoires fort complets sur chaque élection, sur la topographie, les productions de la terre, la population, les eaux minérales, d'une part, et, d'autre part, sur l'administration, l'organisation judiciaire, les finances et les impositions, la statistique féodale et domaniale, même la biographie des hommes célèbres. Un de ces mémoires, qui a été publié, il y a cinq ans, dans l'*Annuaire de Seine-et-Oise*[3], fait vivement souhaiter que les autres reparaissent au jour : on aurait là une excellente description de la généralité telle qu'elle se trouvait être aux derniers jours de l'ancien régime.

En dehors de toute attache officielle, un simple archiviste, Étienne Florimond-

---

[1] Voyez pages 533, 537, 538-545.

[2] Bibliothèque de la ville de Senlis, n° 6546. Afforty dit de ce travail, dans ses *Collectanea Silvanectensia* : «C'est une singularité que M. le Contrôleur général n'ait donné que deux ou trois mois pour dresser un mémoire qui devrait coûter plus de trente ans à un homme consommé dans toutes les sciences, et plus de dix à une société de gens de lettres. Mais qu'il se soit trouvé un homme infirme (M. Rouyer, chantre et chanoine de l'église de Senlis, mars 1765), dénué de tout secours, qui ait eu la témérité d'en courir seul tous les risques et d'entreprendre de débrouiller, dans l'espace de deux mois, le chaos de notre histoire, c'est la plus étonnante des singularités. Aussi son mémoire est-il fort éloigné de la perfection. Il ne le donne que comme une faible esquisse, qui pourra engager quelqu'un aussi zélé, mais plus capable que lui, à donner un bon tableau.» Il paraît néanmoins que quelques chapitres sur l'état ecclésiastique, sur les anciens comtes, la coutume locale, l'industrie et le commerce, les eaux, les mines, les productions naturelles, ne laissent pas de présenter de l'intérêt. — Je dois ces renseignements à l'obligeance de M. Jules Flammermont, archiviste et bibliothécaire adjoint à Senlis.

[3] Année 1876, pages 427-464 : «*Mémoire sur l'élection de Pontoise* (1787), par P.-F. Pihan de la Forest, subdélégué et avocat du roi au bailliage.» M. J. Depoin, l'éditeur de cet important document, a été obligé d'en supprimer une partie.

Gerbe, garde du Dépôt des papiers de la Maison du roi, de la Bastille et de Vincennes, entreprit, au milieu du xviii° siècle, de reprendre l'œuvre des intendants de 1700, d'en élargir le cadre, en adjoignant aux textes des pièces justificatives, des répertoires, des documents, des preuves, et de préparer, en un mot, une description historique du royaume de proportions presque monumentales. A sa mort, les matériaux qu'il avait réunis pendant cinquante années d'un constant labeur revinrent à la secrétairerie d'État où il travaillait[1]; ils étaient particulièrement abondants pour la généralité de Paris, la plus importante de celles qui relevaient de la Maison du roi, et nous les avons mis amplement à profit pour l'annotation du Mémoire. Ces papiers sont aujourd'hui conservés aux archives Nationales; la portion relative à Paris et à la généralité n'occupe pas moins de neuf cartons[2], où les dossiers sont répartis comme il suit : 1° Châtelet, bailliage, élections, parlement, tribunaux secondaires; 2° notions générales sur les villes et villages, justices des élections et des terres seigneuriales; 3° état ecclésiastique, terres des environs de Paris et maisons nobles, paroisses dans et hors Paris, tribunaux d'élection; 4° collèges, facultés, académies, boucheries, théâtres, assistance publique, arts et métiers; 5° église Notre-Dame, chapitres et autres établissements religieux; 6° abbayes, couvents, prieurés, etc. des diocèses de Paris et de Meaux; 7° personnel du Châtelet; 8° collèges, paroisses, évêchés, séminaires, chapitres, maisons religieuses; 9° notaires, abbayes de Montmartre, de Saint-Denis et de Saint-Cyr, ducs et pairs. — On voit que, si Florimond avait rangé méthodiquement ces papiers, son classement n'existe plus guère et serait difficile à rétablir; néanmoins un travailleur patient est à peu près sûr de retrouver dans ce petit fonds des indications précises et variées, que très probablement il chercherait en vain ailleurs.

V

Après avoir indiqué les documents manuscrits qui ont été employés dans les notes et dans l'Appendice, il est nécessaire de dire sommairement quelles sont les publications relatives à la généralité de Paris qui peuvent être dérivées du

---

[1] Il avait déjà près d'un demi-siècle de services lorsque, en 1750, il reçut une pension de 1,000 ⁱⁱ, et il dut mourir au commencement de 1753, époque où sa veuve et sa fille reçurent un brevet de pension de 2,000 ⁱⁱ, pour les dédommager de la remise qu'elles avaient faite au Dépôt des «différents recueils utiles et curieux que le sieur Florimond avait faits avec beaucoup d'attention, d'exactitude et de dépenses.» (Registres du Secrétariat.)

[2] Cartons K 1241 à 1249.

INTRODUCTION.

Mémoire de 1700; toutefois le lecteur ne devra pas considérer l'énumération qui va suivre comme une bibliographie régulière et complète.

La plus considérable partie du Mémoire, à partir du chapitre de la JUSTICE[1], fut imprimée dès 1710, mais sans indication d'origine et dans des conditions telles que personne ne songea alors, et n'a songé depuis à y reconnaître le texte officiel de 1700. Ce fut un nommé Chalibert-Dancosse qui prépara l'impression et qui obtint le privilège royal[2]. Le livre parut sous ce titre : « *La généralité de Paris divisée en ses XXII élections, ou Description exacte et générale de tout ce qui est contenu dans ladite généralité*, par le sieur D***. » Plus d'une moitié du texte de notre Mémoire y est reproduite presque intégralement, sauf les listes de personnel des cours et tribunaux, et en laissant de côté les réflexions politiques, économiques ou statistiques qui eussent pu éveiller la susceptibilité des examinateurs et compromettre le sort de cette publication[3]. L'éditeur a tenu compte de quelques mutations ou morts qui s'étaient produites entre 1700 et 1708, mais le plus souvent il y a manqué. On ne saurait d'ailleurs imaginer jusqu'où va l'incorrection grossière, et souvent plaisante, de ce petit volume[4] : non seulement les noms de lieux et de personnes y sont défigurés comme à plaisir; mais des phrases entières ont été déchiffrées, puis transcrites, et enfin imprimées de telle façon que ni l'œil ni la pensée n'y peuvent plus trouver aucun sens. On s'explique qu'en cet état la Chancellerie ait laissé passer un des mémoires les plus confidentiels entre ceux qui composaient l'enquête de 1697, et que le public, de son côté, ait refusé toute attention au livre ainsi travesti, alors qu'il recherchait avec tant d'empressement les copies manuscrites des textes réunis pour l'instruction du duc de Bourgogne. Ni Boulainvilliers, quand il résuma le Mémoire, entre 1710 et 1712; ni Piganiol de la Force, lorsque, quelques années plus tard, il dépeça l'œuvre des intendants pour en insérer les fragments pièce par pièce dans sa *Description de la France*[5]; ni les éditeurs de Sauval, qui, à leur tour, en 1724, reproduisirent textuel-

---

[1] Pages 169-397 de notre impression. C'est donc presque cinq huitièmes du texte entier. On y trouve les chapitres suivants : Justice, Finances, Terres, Forêts, Manufactures et commerce, Ponts et chaussées, Mines, Maisons royales.

[2] Le premier visa est du 4 septembre 1708, et le privilège du 9. Le 13, Dancosse céda son manuscrit et ses droits aux libraires Charpentier et David. Le livre est imprimé dans le format in-12.

[3] Voyez notamment nos notes des pages 277 et 281.

[4] Voyez notre note 1 de la page 220.

[5] Voyez les volumes I et III de cette publication, qui parut pour la première fois en 1718, devançant de beaucoup la *Description de Paris*, et qui eut sept ou huit éditions en moins de quarante ans. Certains articles du Mémoire sur le gouvernement et sur les villes principales y sont reproduits mot pour mot.

lement le chapitre de la Justice[1], ne semblent avoir soupçonné l'existence du livre de Chalibert-Dancosse. L'abbé Lebeuf, qui l'a cité à côté des Mémoires faits pour le duc de Bourgogne, dans un appel aux lecteurs du *Mercure galant*[2], ne signale qu'en termes vagues l'identité des deux textes, et elle paraît avoir échappé absolument aux auteurs plus modernes.

La première partie du Mémoire de 1700 a-t-elle été également reproduite dans un des pouillés ou des almanachs ecclésiastiques qui se multiplièrent pendant le xviiie siècle? Nous serions presque tenté de l'affirmer *à priori*. Tout au moins la substance du chapitre de l'État de l'Église, sinon le texte même, a passé en grande partie dans plusieurs publications bien connues, comme la *Méthode géographique* de Lenglet-Dufresnoy[3], la *Description de la France* de Piganiol de la Force, le *Dictionnaire géographique* d'Expilly, l'*État de Paris* donné par Jèze[4] en 1757, etc.

Nous avons déjà parlé de l'analyse du Mémoire insérée par Boulainvilliers en tête de l'*État de la France considérée dans ses généralités*[5], et l'on a vu que cet écrivain faisait peu de cas de l'œuvre des collaborateurs de M. Phélypeaux : il l'a considérablement réduite, sans l'améliorer, en a même changé parfois l'ordonnance, par exemple en plaçant l'article du domaine de chaque ville principale à côté de la description de cette ville qui se trouve au chapitre du Gouvernement militaire, et les incorrections, qu'elles soient imputables au comte lui-même ou à ses éditeurs, sont des plus nombreuses.

Parmi les auteurs du xviiie siècle qui s'occupèrent, soit de la France en général, soit de la généralité de Paris en particulier[6], il en est peu auxquels le Mémoire de 1700 n'ait, dans une certaine mesure, tenu lieu de modèle ou de canevas. Citons tout d'abord l'œuvre monumentale de l'abbé Lebeuf. Quoique le plan et les dimensions de son *Histoire de la ville et de tout le diocèse de Paris* (1754) ne soient plus ni les dimensions ni le plan adoptés par Rolland, il est certain que le

---

[1] *Recherches des antiquités de la ville de Paris*, t. II, p. 388-410.

[2] Décembre 1739, p. 3106-3110, et février 1740, p. 250.

[3] T. IV, p. 329-340, diocèse de Paris.

[4] Voyez, p. 83-87 de ce dernier ouvrage, l'état ecclésiastique de la capitale, auquel sont ajoutés : les paroisses, p. 98; les abbayes, p. 99; les prieurés, p. 100; les couvents (nombre des religieux, prix d'entrée et de pension), p. 128; les hôpitaux, etc.

[5] Éd. in-folio de Londres, 1728, 2e partie du tome Ier, p. 1-63; éd. in-12, de 1752, t. II, p. 281-507.

[6] Nous laissons toujours de côté la ville de Paris même et sa longue bibliographie, où les Saugrain, les Piganiol, les d'Argenville, les Jèze, les Jaillot, les Dulaure enfin, continuent la série des premières descriptions historiques dues à Corrozet, à Bonfons, à du Breul, à Malingre, à Colletet, à Germain Brice et à C. Le Maire.

laborieux érudit avait sous les yeux notre Mémoire, qu'il y prit nombre de détails, surtout en matière de statistique, et que même il fait un grave reproche aux auteurs du *Dictionnaire universel* de 1726 d'avoir négligé cette source d'informations[1].

Trente ans auparavant, les frères Savary avaient utilisé largement l'œuvre de Rolland et reproduit en tête de leur *Dictionnaire universel du commerce* (1724)[2] les chapitres relatifs aux manufactures, au commerce, aux produits de la terre, aux mines, aux forêts, aux foires et marchés, aux péages et travers.

Le titre de la *Description de la généralité de Paris*[3] que Philippe Hernandez[4] imprima en 1759 promet plus que ne tient ce livre lui-même. C'est une sorte d'almanach, une espèce d'*État de la France*[5], où toutefois quelques articles sont curieux et bons à connaître, parce que les seigneurs particuliers en ont fourni la substance.

Le géographe Desnos fit paraître pour la première fois en 1762 un *Nouvel Atlas de la généralité de Paris divisée en ses vingt-deux élections*, dont les cartes étaient réduites de celles de Cassini, et le texte rédigé par l'abbé Regley, «d'après les nouvelles observations faites sur les lieux par une société de gens de lettres.» Cette publication fut réimprimée en 1763, puis en 1788, avec un titre général : *Atlas chorographique, historique et portatif des élections du royaume*[6]. — *Généralité de Paris*. Les cartes sont assez finement gravées; le texte de l'abbé Regley, qui occupe quatre ou six pages par élection, donne «l'histoire particulière de chaque ville,

---

[1] Voyez les Avis au public qu'il inséra dans le *Mercure*, en 1737, 1739 et 1740, et que M. Cocheris a reproduits dans la nouvelle édition, t. I*er*, p. 105-116.

[2] Article du COMMERCE DE PARIS ET DE SA GÉNÉRALITÉ, dans le tome I, p. 1-13.

[3] «*Description de la généralité de Paris*, contenant l'état ecclésiastique et civil; le pouillé des diocèses de Paris, Sens, Meaux, Beauvais et Senlis; le nom de ceux qui occupent les charges civiles et les emplois dans les vingt-deux villes chefs-lieux d'élections qui composent la généralité de Paris; la composition des six bataillons de milice, et les noms des officiers de ces bataillons; les noms des seigneurs des terres de la généralité, avec la position et les détails qu'on a pu rassembler sur ces terres.» Paris, 1759, un vol. in-8°.

[4] Hernandez était parisien, mais d'origine espagnole. Il avait une charge d'interprète du roi et un emploi de rédacteur au *Journal étranger*. Né en 1724, il mourut en 1782.

[5] Cette publication avait cessé de paraître depuis une douzaine d'années.

[6] Le tirage de 1788 ne présente de modifications que sur la planche gravée d'en-tête, où Desnos a remplacé la partie inférieure du titre de 1763 par un tableau des «douze départements de l'Assemblée provinciale de l'Île-de-France, tenue à Melun en novembre et décembre 1787, formés chacun d'une ou plusieurs élections contenues dans cet atlas.» D'ailleurs rien n'est changé dans le reste du volume. Les trois éditions sont de format in-4°, et toutes trois sont dédiées au roi.

GÉNÉRALITÉ DE PARIS.

sa situation, ses embellissements, ses principaux édifices, ses événements remarquables, ses foires, son commerce, ses manufactures, ses curiosités naturelles, enfin toutes les productions de la nature et de l'art qui s'y trouvent [1]." En tête figure une *Description de la généralité de Paris*, de trente-quatre pages. Malgré ses petites dimensions, cet ouvrage est bon à consulter, et nous en avons cité quelques passages dans nos notes.

Le *Grand dictionnaire géographique* d'Expilly (1768) [2] ne consacre que des articles assez sommaires à la généralité de Paris et à ses différentes élections; cependant on y trouve résumées, ou même reproduites, comme dans Savary, certaines parties essentielles du Mémoire sur la topographie, la population, les bois, l'histoire naturelle, les rivières, le commerce, les foires, les chemins, les gouvernements, les fiefs et dignités. L'article de la ville de Paris y est traité avec l'étendue et la méthode désirables; là aussi on constate facilement que le Mémoire de 1700 a été mis à profit [3].

Il faut encore mentionner les articles qui concernent Paris et les vingt-deux élections de cette intendance dans *la Géographie ou description générale du royaume de France divisé en ses généralités*, que Dumoulin publia en 1762 [4], et dans le *Dictionnaire universel de la France* rédigé par Robert de Hesseln (1771).

---

[1] "Ouvrage utile aux citoyens et à toutes les personnes employées à la perception des deniers nationaux, aux négociants, aux voyageurs, au particulier à qui il importe d'être instruit de l'étendue de son domaine, et à qui le terrain doit être connu de la contrée qu'il habite et de celles qui l'environnent."

[2] Tome V, p. 568-574.

[3] Il ne sera peut-être pas inutile de donner ici le relevé des subdivisions de cet article (tome V, p. 400 et suiv.), ne fût-ce que pour aider à la comparaison que le lecteur voudrait faire entre le *Dictionnaire* et notre Mémoire : topographie et population, p. 400 et 401; idée générale et statistique, p. 402; divisions, p. 403; rivières, p. 405; quais, ports et ponts, p. 406; portes, p. 408; places, p. 409; marchés, p. 411; fontaines, p. 412; foires, p. 412; commerce et manufactures, p. 413; corps de métiers, p. 417; banquiers et banques, p. 420; agents de change, p. 423; Bourse, p. 424; caisses et compagnies, p. 426; postes, promenades, édifices et hôtels, p. 429; collections, p. 447; collèges, p. 448; académies, p. 465; bibliothèques, p. 466; clergé, p. 467; hôpitaux, p. 484; refuges, abbayes, p. 489; prieurés, p. 491; couvents, p. 495; abbayes de filles, p. 506; prieurés et couvents de filles, p. 508; ordre de Malte, p. 519; chapelles, p. 523; conciles, p. 524; cours et tribunaux, p. 529; compagnies judiciaires, p. 554; juridictions ecclésiastiques, p. 560; Conseils, p. 561; maîtres des requêtes, p. 563; garde de Paris, p. 564; histoire, p. 565.

[4] "*La Géographie*, etc., contenant toutes les provinces, villes, bourgs et villages de ce royaume; la distance de Paris aux villes principales et celle des villages aux villes dont ils dépendent; ce que chaque généralité a payé au Roi en 1749; le rapport annuel de chaque archevêché, évêché et abbaye, et leur taxe en cour de Rome; le nombre des feux que contiennent les villes, bourgs et villages, avec des anecdotes curieuses tirées des annales de chaque endroit; le cours des rivières, les routes et grands

INTRODUCTION.

La généralité de Paris ne figure pas dans les six volumes de la *Description des principaux lieux de la France* que Dulaure commença à faire paraître en 1789; mais le plan de cette publication est analogue à celui du livre de Piganiol de la Force, et se rapproche encore plus du questionnaire de M. de Beauvillier[1], tandis que la *Description des curiosités de Paris*, antérieure de quelques années (1785), n'a rien qui rappelle ce point de départ.

Si enfin nous arrivons à l'extrême limite du XVIIIe siècle, nous trouvons dans les célèbres statistiques des préfets quelques traces de l'emploi du Mémoire de la généralité de Paris. Les principales de ces statistiques sont celles du département de l'Oise, par Cambry; de Seine-et-Oise, par Garnier; de l'Eure, par Masson Saint-Amand; de l'Aisne, par Dauchy; de l'Aube, par Bruslé[2].

En somme, il résulte de cet examen que le Mémoire de Rolland, n'ayant été publié intégralement ni dans le XVIIIe siècle, ni de notre temps, peut être considéré comme inédit. Ajoutons que les écrivains modernes s'en sont beaucoup moins servis que des Mémoires des autres provinces.

VI

Une liste chronologique des administrateurs de la généralité de Paris pourrait et devrait, rigoureusement, remonter jusqu'à l'origine des généralités, ou, plus haut encore, jusqu'à la création du département d'Outre-Seine-et-Yonne dans le milieu du XIVe siècle[3], si ce n'est jusqu'à Fardulphus et Stephanus, que l'*Encyclopédie méthodique des finances*[4] dit avoir été intendants de Paris, sous Charlemagne, en 802;

---

chemins; les carrosses, coches d'eau et autres voitures publiques; les curiosités d'histoire naturelle qui se trouvent dans chaque généralité; enfin, les foires des villes, bourgs et villages.»

[1] Il disait, dans l'Avis inséré au *Journal de Paris*, 1789, p. 968 : «Afin de ne pas trop multiplier les volumes et de conserver le format portatif, on s'est borné à ne parler que de ce qui était véritablement instructif, curieux, neuf ou singulier. Avant de décrire les lieux contenus dans une province, l'auteur en trace le tableau général : ce tableau comprend des détails sur la position, le sol, les productions, le climat et le commerce de la province; l'évaluation de sa surface en lieues carrées, sa population, ses impositions, les masses principales de son histoire, son ancien régime féodal, sa réunion à la couronne, enfin le tableau des mœurs et du caractère des habitants.....» — La publication ne comprit que les provinces du Midi et du Centre.

[2] Ces statistiques furent publiées de l'an IX à l'an XI. La plus renommée est celle de Cambry, qui parle (p. viij) des Mémoires des intendants et de l'appréciation méprisante que Boulainvilliers en a faite, mais sans dire positivement nulle part qu'il se soit servi de ces textes.

[3] Lors de la création des généraux surintendants des finances.

[4] Au mot *Intendants*, tome II, p. 621.

mais, même en ne dépassant pas cette seconde période du xvie siècle où commencèrent à paraître les premiers intendants de justice et de police, dont les commissions, essentiellement temporaires et transitoires, dérivaient de celles des anciens *missi* ambulants, nous aurons bien des lacunes. Peut-être, dans les premiers temps, la généralité de Paris fut-elle traitée autrement que le reste du royaume : ce qui le ferait croire, c'est que l'édit d'août 1553 relatif aux chevauchées des six maîtres des requêtes désignés pour ce service ambulatoire annonce que, « au regard des pays et provinces du ressort du parlement de Paris, lesdits six maîtres des requêtes, allant ou retournant de faire leursdites chevauchées, passeront chacun par divers endroits dudit ressort de Paris, pour y faire tel et semblable devoir qu'ès autres lieux de leursdites chevauchées, et partiront dès le premier jour du mois de leur quartier pour aller droit chemin au lieu du parlement au ressort duquel ils iront faire leursdites chevauchées[1]... » Cependant, deux ans plus tard, lorsque le roi Henri II, par ses lettres du 23 mai 1555, régla les départements des maîtres des requêtes qui devaient « aller entendre à la justice et aux finances dans les provinces, » M. de Mesmes, seigneur de Roissy, fut spécialement désigné pour remplir ce rôle à Paris[2]. Ce n'étaient là, il faut le répéter, que des missions judiciaires et passagères, quelque chose d'analogue aux chevauchées que les maîtres des requêtes, comme jadis les *missi dominici*, devaient faire tous les ans à travers le royaume.

Dans la même année 1555, un édit royal créa des offices de « généraux superintendants sur les deniers communs, dons et octrois des villes du royaume[3], » et cette charge, pour la circonscription de « la trésorerie et généralité établie à Paris, » fut acquise par Guillaume de Marillac, valet de chambre du roi, ancien général des Monnaies, pourvu récemment d'un office de maître des comptes[4]. Dans toutes les villes, mais surtout à Paris, un pareil empiétement du pouvoir

---

[1] Bibl. Nationale, ms. fr. 18158, fol. 337.

[2] Chassebras de Bréau, préface de la continuation manuscrite de l'*Histoire des Maîtres des requêtes*. — Jean-Jacques de Mesmes, quatrième aïeul du premier président de ce nom, était originaire des Landes et avait été surintendant des affaires de la reine Catherine de Navarre et son ambassadeur aux conférences de Noyon (1516). Nommé lieutenant civil de Paris par François Ier, il fut reçu maître des requêtes le 5 juin 1544, alla deux fois comme ambassadeur en Allemagne, et fut désigné ensuite pour la première présidence du parlement de Rouen; mais il préféra passer conseiller d'État ordinaire (1559). Il mourut à soixante-dix-neuf ans, en 1569, et fut enterré aux Grands-Augustins. Son éloge est dans les *Généalogies des Maîtres des requêtes*, par Blanchard, p. 278, et dans le *Dictionnaire de Moréri*, t. VII, p. 495. C'est lui qui négocia le mariage de Jeanne d'Albret, héritière de la Navarre, avec Antoine de Bourbon.

[3] Cet édit se trouve imprimé dans le tome XIII du *Recueil des anciennes lois françaises* d'Isambert.

[4] Il mourut en 1573. C'est le père du garde des sceaux disgracié en 1630.

royal sur l'administration des finances municipales ne pouvait être que très mal accueilli, et des remontrances, des recours au Conseil se produisirent immédiatement : tout en faisant acte de soumission, c'est-à-dire en ordonnant de communiquer à Marillac les rôles des deniers communs, sinon ceux des deniers patrimoniaux, ou en lui permettant d'entrer dans la salle des délibérations, l'assemblée de ville décida qu'on demanderait la suppression de son office de surintendant. Comme la question d'argent, dans cette affaire ainsi que dans la plupart des créations analogues, passait avant toute autre considération, l'office fut supprimé le 3 novembre moyennant payement de 12,000" au titulaire et de 6,000" au roi[1]. La suppression devint générale pour toute la France en 1560.

Entre cette époque et le milieu du règne de Louis XIII, il reste une vaste lacune, explicable peut-être en ce sens que Paris et l'Île-de-France furent administrés alors par des commissaires du bureau des finances, et non par des intendants[2].

La première commission que nous possédions d'intendant de justice et police dans le pays d'Île-de-France est datée de 1633. Elle fait connaître qu'à cette époque les trois provinces d'Île-de-France, de Champagne et de Picardie étaient réunies sous la main d'un même administrateur, mais que d'ailleurs celui-ci était exclusivement chargé de la direction et de la surveillance des troupes mises sur pied par Louis XIII, ou de la répartition des contributions destinées à leur entretien et à leur subsistance. Peut-être, toutefois, d'autres lettres lui donnaient-elles des pouvoirs analogues en matière de justice et de finance[3]; peut-être aussi n'avait-on pas encore jugé nécessaire de soumettre Paris et le pays environnant au même régime que les provinces plus éloignées de la cour et du gouvernement central. Voici le texte de cette commission[4] :

Louis, etc., à notre amé et féal conseiller en notre Conseil d'État, maître des requêtes ordinaire de notre hôtel, le sieur d'Orgeval, Salut. Voulant pourvoir à ce que les troupes de cavalerie de notre armée de Picardie que nous envoyons en garnison en nos frontières, tant de ladite province qu'en celle de Champagne et de l'Île-de-France, soient logées et établies en lieux

---

[1] Ces renseignements, tirés du registre de l'Hôtel de ville H 1783, m'ont été fournis par le service des Travaux historiques de la ville de Paris.

[2] Les « intendants et gouverneurs de la ville de Paris » que, dans le *Journal de P. de l'Estoile* (t. I de l'édition de 1875, p. 33), on voit faisant ôter les bacs de la rivière, en 1574, ne doivent être que des trésoriers et grands voyers de France.

[3] Ce qui permet de faire cette supposition, c'est que notre texte est tiré des registres du Dépôt de la guerre, et que l'on trouve souvent des provisions séparées pour la guerre et pour la justice, quoique concernant le même intendant.

[4] Dépôt de la guerre, vol. 1179, n° 109. — La date de 1633, qui manque à la fin du texte, est seulement indiquée en marge du titre.

commodes, et avec tel ordre qu'en subsistant sans apporter beaucoup de foule au peuple, elles puissent faire la guerre dans le pays des ennemis et garantir le nôtre de leurs courses; et pour cet effet, étant nécessaire d'envoyer sur les lieux une personne capable et autorisée, laquelle nous connaissions avoir une particulière affection au bien de notre service et soulagement de notre peuple; à ces causes, sachant ne pouvoir faire un meilleur choix que de vous, nous vous avons commis, ordonné et établi, commettons, ordonnons et établissons par ces présentes, signées de notre main, intendant de la justice et police en nosdites provinces de Picardie, Champagne et Île-de-France, pour, en icelles, pourvoir à ce que la justice soit bien et sincèrement administrée, et les crimes et délits punis et châtiés selon la rigueur de nos ordonnances; ouïr pour cet effet les plaintes et doléances de tous nos sujets, tant gens de guerre qu'autres; leur rendre bonne et briève justice; procéder contre les coupables de tous crimes, leur faire et parfaire le procès jusques à jugement définitif et exécution d'icelui inclusivement, appelé avec vous le nombre de juges requis par nos ordonnances; validant, dès à présent comme pour lors, les jugements qui seront ainsi par vous rendus, comme s'ils étaient émanés de nos Cours souveraines, nonobstant oppositions ou appellations quelconques, prise à partie, et autres choses à ce contraires. Et quant au logement et subsistance desdites troupes de cavalerie de notre armée que nous enverrions en garnison en nosdites provinces, nous voulons et entendons que vous ayez à vous transporter en tous les lieux où vous verrez, par le contrôle que nous en avons fait mettre en vos mains, qu'elles ont eu ordre d'aller, pour, incontinent, en votre présence, comme aussi en celle des gouverneurs, s'il y en a, et des officiers de justice, maire et échevins, en faire d'exactes revues, sur l'extrait desquelles vous [prendrez soin] ensuite de procéder, avec les trésoriers de France en chaque généralité, les élus appelés, au département de la contribution qui devra être faite en espèces des vivres et fourrages nécessaires aux chefs, officiers et chevau-légers de chaque compagnie, régalant ladite contribution en espèces tant sur les lieux du logement desdites troupes, que sur tous les contribuables de l'élection entière dont ils sont dépendants, avec toute l'égalité et équité requise, et faisant fournir ponctuellement à chacun des effectifs la quantité de vivres et fourrages portée par notre règlement du 18 octobre dernier, lequel vous sera donné pour cette fin, sans qu'aucun chef ou officier absent puisse prétendre [au delà de] la subsistance ordonnée par ledit règlement; voulant que, pour empêcher qu'il ne s'y commette aucun abus, vous fassiez savoir auxdits gouverneurs, officiers, maires et échevins des lieux où il y aura desdites troupes logées, que notre intention est qu'ils fassent continuer en leur présence, de dix jours en dix jours, les revues exactes, et en un même temps, de toutes les compagnies qu'ils logeront, et que la contribution pour leur subsistance soit fournie suivant les extraits desdites revues, et en espèces seulement, sur peine de punition, tant à ceux qui l'auraient fournie qu'à ceux qui l'auraient reçue autrement : sur quoi vous aurez à faire telles ordonnances que vous verrez être à propos pour l'exécution ponctuelle de ce qui est de notre volonté. Et en cas que vous voyiez qu'il y eût quelque inconvénient au logement des troupes de cavalerie ainsi qu'il a été ordonné, soit en ce qui regarde leur commodité et celle du peuple, soit en ce qui concerne la sûreté de leur logement et celle de nos frontières, comme avantages qu'il [se] pourra prendre sur les ennemis, nous entendons que vous ayez à voir et aviser avec les gouverneurs [en] quels lieux elle pourra être pour le mieux, enjoignant à tous chefs de la cavalerie de se conformer ponctuellement à ce que vous leur ferez entendre avoir été résolu sur ce sujet, sans aucun délai ni difficulté, à peine de désobéissance. De ce faire vous donnons pouvoir, commission, autorité et mandement spécial par cesdites présentes. Mandons à tous nos officiers, justiciers et sujets, chefs, officiers d'infanterie et cavalerie, et tous gens de guerre, qu'à vous, en ce faisant, soit obéi......

De son nom, M. d'Orgeval s'appelait Geoffroy Luillier; il était seigneur de la Malmaison et d'Orgeval, près Poissy. Avant de prendre la robe, il s'était fait recevoir chevalier de Malte (1612); puis, son frère aîné étant mort, il avait acheté une charge de conseiller au parlement de Paris, en 1627, et enfin était devenu maître des requêtes le 16 décembre 1632. Par la suite, il fut intendant en Provence, et l'une de ses filles, qui y épousa le marquis de Sénas, figure avec ce dernier dans les *Historiettes de Tallemant des Réaux*. M. d'Orgeval mourut au mois d'avril 1671[1].

M. de Montescot est qualifié intendant de la justice, police et finances dans une pièce sans date où cinq trésoriers de France lui sont adjoints pour pourvoir aux étapes des troupes dans la généralité de Paris[2]. Il figure avec les mêmes titres dans le récit d'une émeute qui eut lieu à Chéroy en 1641, à propos de l'établissement du droit de subvention[3], et, vers les derniers jours de l'année 1643, on le voit encore chargé de l'assiette et du règlement des tailles[4]. Ce magistrat était maître des requêtes depuis le 4 février 1622; il résigna sa charge en 1650[5].

Un autre maître des requêtes bien connu, Olivier d'Ormesson, paraît aussi, d'après plusieurs passages de son *Journal*[6], avoir exercé une espèce de surintendance de la voirie à Paris, en 1645.

Antoine Le Camus, seigneur d'Hémery, maître des requêtes depuis 1631, ancien intendant en Languedoc, président de la première chambre des enquêtes, puis président à la Chambre des comptes (1638) et conseiller d'État, eut l'intendance

---

[1] Continuation inédite de l'*Histoire des maîtres des requêtes* de Blanchard.

[2] Archives Nationales, Protocoles de la Maison du roi, O¹ 12, fol. 401.

[3] Extrait d'un registre du prieur de Chéroy, cité dans l'*Inventaire sommaire des archives du département de l'Yonne*.

[4] Cabinet des titres, dossier MONTESCOT.

[5] François de Montescot, sieur de Courtaut et du Plessis, fils d'un trésorier des parties casuelles, avait été reçu conseiller au parlement le 14 juin 1617, avant de devenir maître des requêtes. Olivier d'Ormesson parle de ce magistrat en diverses occasions, et notamment il raconte, au mois de novembre 1643, qu'on «l'avoit envoyé querir chez lui pour lui faire interroger quelques prisonniers sur le fait de M. de Beaufort: dont il était très fâché, ne pouvant quasi éviter de se faire des ennemis.» (*Journal*, édité par M. Chéruel, t. I, p. 121.)

[6] Tome I, p. 337, 344, etc.

de Paris en 1647[1], et passa contrôleur général des finances le 21 avril 1648[2]. Nicolas Foucquet fut alors nommé à sa place[3].

Maître des requêtes depuis l'année 1636, Foucquet avait déjà fait les fonctions d'intendant, soit d'armée, soit de justice, en Lorraine, en Catalogne, dans les Flandres et en Dauphiné; mais on l'avait rappelé de cette dernière province pour n'avoir pas su prévenir ou réprimer un mouvement séditieux. En prenant possession de son nouveau poste, il obtint que, s'il mourait en exercice, même sans avoir acquitté le droit dû aux parties casuelles, la propriété de sa charge de maître des requêtes serait néanmoins conservée à ses héritiers[4]. Deux mois plus tard, au début de la Fronde, les Cours réunies dans la salle Saint-Louis demandèrent la révocation de tous les pouvoirs d'intendants et de toutes les commissions extraordinaires. Foucquet s'abstint de paraître à ces assemblées, «à cause que l'on délibérait contre les intendances, dont il en avait une,» et fit observer que sa nomination était trop récente pour qu'on le comprît dans une proscription générale. Néanmoins les Cours arrêtèrent que la régente serait suppliée d'étendre cette mesure non seulement au ressort entier du parlement de Paris, mais même à tout le royaume, et de n'excepter que les provinces frontières de Picardie, de Champagne et de Lyonnais, à charge que leurs trois intendants ne connaîtraient ni de la justice, ni des finances, et s'occuperaient uniquement des troupes[5]. L'intendance de Paris fut donc supprimée momentanément; mais, lorsque la régente abandonna Paris en janvier 1649, Foucquet la suivit en qualité d'intendant, et, au grand scandale du parlement, il préleva sur les villages environnants des contributions de blé et d'avoine[6]. Ce fut lui également qui régla les taxes à payer par les châteaux et maisons de campagne des parlementaires[7], et l'on voit, par une mazarinade du même temps, qu'il fut accusé, comme intendant de justice, de s'être fait donner des

---

[1] Acte du 21 décembre 1647, cité dans le dossier Le Camus, au Cabinet des titres.

[2] Il mourut le 26 janvier 1687, à quatre-vingt-quatre ans. C'est par sa sœur que la terre et le nom d'Hémery passèrent à Michel Particelli. Leur père, Camus le Riche, a une place dans les *Historiettes de Tallemant*.

[3] *Journal d'Ol. d'Ormesson*, t. I, p. 474 et 475, avril 1648.

[4] Brevet du 18 mai 1648, cité dans le dossier Foucquet, au Cabinet des titres.

[5] *Journal d'Ol. d'Ormesson*, t. I, p. 531-533 et 542. L'édit de révocation (17 juillet 1648) ne fut pas applicable non plus au Languedoc, ni à la Bourgogne et à la Provence.

[6] Le parlement le somma de rapporter sa commission sous trois jours. (*Journal d'Ormesson*, t. I, p. 680 et 681.)

[7] La Cour défendit de payer ces taxes et somma Foucquet de produire ses pouvoirs : sans quoi il serait interdit de ses fonctions. (*Registres de l'hôtel de ville de Paris pendant la Fronde*, t. I, p. 255.)

INTRODUCTION.

pots-de-vin par un entrepreneur d'étapes[1]. Pendant le siège, la régente et ses ministres partagèrent l'administration du pays environnant entre trois intendants de justice et d'armée : Foucquet, établi à Lagny, eut tout le territoire de la Brie situé au nord de la Seine; M. de Villemontée[2], le pays compris entre Saint-Germain et Saint-Denis; Pierre Lenet, le pays de Saint-Germain à Brie-Comte-Robert, Corbeil et Melun, à l'ouest et au sud de la Seine. Leurs principales fonctions étaient de surveiller les mouvements des troupes et de laisser passer ou d'intercepter, selon les circonstances, le blé et la farine destinés aux Parisiens[3].

Le continuateur de Blanchard[4] cite aussi un autre magistrat, Antoine Le Fèvre de la Barre, qui aurait été intendant de Paris pendant la guerre civile[5].

Après la paix de Rueil, Foucquet dut reprendre ses fonctions d'intendant, car d'Ormesson fut désigné pour le suivre en tournée dans la généralité de Paris, au mois de janvier 1650[6]. A peu de temps de là, Foucquet accompagna la cour en voyage, et il acheta, au retour, la charge de procureur général près le parlement. Il ne put donc conserver l'intendance; cependant le premier successeur que nous lui connaissions, Louis Le Tonnelier de Breteuil, qui était maître des requêtes et intendant en Languedoc, n'aurait été nommé, selon les généalogistes, que le 12 août 1653[7].

M. de Breteuil devint contrôleur général des finances le 20 octobre 1657[8].

---

[1] *Choix de mazarinades*, t. I, p. 126.

[2] François de Villemontée, maître des requêtes honoraire et conseiller d'État, avait été intendant en Poitou et à la Rochelle. Il resta au Conseil jusqu'en 1659, et, étant alors devenu veuf, il se fit d'église, fut nommé évêque de Saint-Malo, et mourut à Paris, en octobre 1670.

[3] Voyez les *Mémoires de P. Lenet*, éd. Michaud et Poujoulat, p. 517 et 518. Au début (p. 194), Lenet raconte que la protection de Condé lui avait fait obtenir une place de conseiller d'État ordinaire, «où il servit assez au gré de S. M. pour l'obliger à le choisir pour l'un des intendants de la justice, police et finances au siège de Paris.» On lui destinait alors l'ambassade de Venise. C'est lui qui est désigné sous les nom et titre de «M. Laisné, intendant de l'armée du roi à Melun,» dans la publication des *Registres de l'hôtel de ville*.

[4] Chassebras de Bréau, continuateur de l'*Histoire des maîtres des requêtes*, dont le manuscrit a déjà été cité plusieurs fois.

[5] M. de la Barre était conseiller au parlement de Paris depuis 1645, et il ne devint maître des requêtes que le 2 mars 1653. Il eut alors les intendances de Grenoble, de Moulins et de Riom. Ayant pris l'épée en 1663, il alla commander aux Îles, fut nommé gouverneur du Canada en juin 1682, et mourut à Paris, le 4 mai 1688.

[6] *Journal d'Ormesson*, t. I, p. 801 et 802. D'Ormesson voulut faire son quartier aux requêtes avant de partir (octobre 1650).

[7] M. de Breteuil, fils d'un procureur général en la Cour des aides, avait été conseiller aux parlements de Rennes et de Paris avant d'acheter une charge de maître des requêtes (16 janvier 1644).

[8] Sa charge fut supprimée en 1666, pour laisser la place libre à Colbert; mais il eut une place de semestre au Conseil d'État et devint conseiller ordi-

Son remplaçant à l'intendance fut, toujours selon les généalogistes, Louis Boucherat, maître des requêtes depuis 1643, conseiller d'État ordinaire depuis 1651, le même qui devint beaucoup plus tard, en 1685, chancelier de France. Boucherat avait déjà été envoyé comme intendant dans la haute Guyenne, en 1651, et dans le Languedoc en 1652; il eut une commission d'intendant de justice, police, finances et vivres en Brie et en Champagne le 28 mai 1655[1].

On trouve ensuite, en 1658, comme intendant à Paris, Thomas Le Lièvre, marquis de Fourilles et de la Grange, qui était conseiller d'État depuis 1638[2]. Selon une liste de commissaires départis qui est conservée dans les manuscrits de Clairambault[3], M. Le Lièvre était encore intendant en 1662[4]; mais, l'année suivante, ses fonctions furent faites par cinq trésoriers de France, puis, en 1664, par trois seulement, et, de 1665 à 1667, ce triumvirat fut adjoint au maître des requêtes Barrillon d'Amoncourt, l'ami de La Fontaine et de Mme de Sévigné, celui qui, plus tard, devenu diplomate, se laissa si bien tromper en Angleterre par les partisans du prince d'Orange[5]. Barrillon échangea, en janvier 1668, l'intendance de Paris contre celle d'Amiens et Soissons, occupée par le maître des requêtes Charles Colbert de Croissy, frère aîné du contrôleur général[6].

Celui-ci désirait depuis longtemps rapprocher de la cour un collaborateur en qui il avait toute confiance et qui s'était déjà distingué, par son ardeur au travail et par sa discrétion, comme intendant en Lorraine, en Alsace, en Touraine et en Poitou[7], comme commissaire royal aux États de Bretagne, et, tout récemment, en 1667, comme intendant à la suite de l'armée du roi[8]. Mais la diplomatie ne

naire en 1680. Il mourut le 18 janvier 1685, âgé de soixante-seize ans.

[1] Dossier Boucherat, au Cabinet des titres. Le continuateur de l'*Histoire des maîtres des requêtes* dit que Boucherat fut «intendant à Paris, en Champagne, en Picardie, en Languedoc, en Guyenne et en Bretagne.» Moréri dit : «intendant en Languedoc, en Île-de-France et Champagne, et dans les armées du roi.» Né en 1616, il mourut en 1699.

[2] Il avait été successivement conseiller au Châtelet (1625) et au parlement (1626), maître des requêtes (1634) et président au Grand Conseil (1637). Il mourut le 13 août 1669.

[3] Ms. Clairambault 647, fol. 201.

[4] Des généalogies ne le désignent comme intendant que de 1658 à 1659; c'est une erreur.

[5] Paul Barrillon, fils d'un président aux enquêtes, avait débuté par une charge de conseiller au parlement, en 1650; puis, comme maître des requêtes, il avait été chargé de la réformation des eaux et forêts dans l'Île-de-France.

[6] *Journal d'Ormesson*, t. II, p. 537. Barrillon fut chargé peu après de différentes commissions sur les frontières. Il devint conseiller d'État semestre le 27 avril 1672, alla l'année suivante à Cologne comme plénipotentiaire, et fit les fonctions d'ambassadeur à Londres de 1677 à 1689. Il mourut à Paris au mois de juillet 1691.

[7] Voyez sa notice ci-après, p. 378, note 4.

[8] En 1667, il passait parmi les maîtres des re-

permit guère au nouvel intendant de résider à Paris : nommé dès le mois de mars suivant plénipotentiaire aux conférences d'Aix-la-Chapelle, puis, en août, ambassadeur à Londres, plus tard encore plénipotentiaire à Nimègue, il dut presque constamment se faire remplacer par des trésoriers de France[1] ou des maîtres des requêtes, sans que néanmoins il cessât de porter le titre d'intendant et d'en toucher les appointements. De 1675 à 1679, son suppléant fut l'intendant des finances Vincent Hotman, un des familiers les plus estimés de Jean-Baptiste Colbert[2]. Au retour de ses négociations, en 1679, M. de Croissy eut une charge de président à mortier, et il devint enfin, le 20 novembre de la même année[3], secrétaire d'État des affaires étrangères.

L'intendance resta sans titulaire pendant plus d'un an; Colbert, qui cherchait à maintenir sa proche parenté dans ce poste, y fit enfin nommer, le 1er janvier 1681[4], le frère de sa femme, Jean-Jacques Charron, marquis de Ménars et baron de Conflans-Sainte-Honorine[5], à qui le tout-puissant ministre avait fait avoir un avancement très rapide depuis quinze ans[6], et qui venait d'occuper longuement le poste d'intendant à Orléans. M. de Ménars conserva l'intendance de Paris pendant dix années. Sa correspondance avec le contrôleur général[7], ses rapports de tournée annuelle[8], les lettres de Colbert lui-même[9] et le témoignage de Saint-Simon nous font voir, dans cet intendant, « une très belle figure d'homme, et un fort bon homme aussi, » peu éclairé, il est vrai, mais très modeste, très attentif

---

quêtes pour « avoir l'esprit fort pesant, mais d'un grand travail; fort défiant, peu ouvert et ne parlant point à ses plus familiers; aimant la grande dépense et à danser, et dansant fort bien; altier et colère. » (*Journal d'Ol. d'Ormesson*, t. II, p. 487 et 488.)

[1] Ainsi, en 1674, il est suppléé, pour les tailles, par MM. Hachette et de Beauchamp. (Ms. Clairambault 647, fol. 383.)

[2] *Mémoires de Saint-Simon*, t. II, p. 224 et 225, et commission du 14 décembre 1675, dans le registre des archives Nationales O¹ 19, fol. 301 v° à 303. Vincent Hotman, ancien conseiller au Grand Conseil, maître des requêtes depuis le 23 août 1656, avait été intendant de justice en Guyenne, en Touraine et dans la Marche, et procureur général près la Chambre de justice de novembre 1654, avant de devenir intendant des finances (1666). Il mourut à Paris, le 14 mars 1683, et fut inhumé à l'Avé-Maria.

[3] Il avait cru devenir premier président; voyez la *Correspondance de Bussy-Rabutin*, éd. L. Lalanne, t. IV, p. 55.

[4] Cette commission est la première dont le texte nous ait été conservé dans les registres du secrétaire d'État de la Maison du roi.

[5] Voyez p. 177, note 7. Ces Charron étaient d'origine très modeste : le grand-père exerçait, dit-on, le métier de tonnelier à Blois.

[6] *Journal d'Olivier d'Ormesson*, t. II, p. 417 et 423.

[7] Archives Nationales, G⁷ 425-426.

[8] Appendice, p. 510, 526 et 700-737.

[9] *Lettres de Colbert*, t. II, p. 120, 158, etc.; *Correspondance administrative sous le règne de Louis XIV*, t. IV, p. 754.

à ses fonctions, toujours soucieux de rendre la justice aux petites gens, de rétablir l'égalité autant que possible entre les contribuables, et de gagner l'estime de ses administrés, fût-ce même aux dépens des intérêts de l'État[1]. C'était aussi un amateur de beaux livres et de documents historiques[2]; il acheta en 1680, pour 30,000ᵗᵗ, la bibliothèque de MM. de Thou, et la revendit en 1706 au cardinal de Rohan-Soubise, après l'avoir augmentée de quelques manuscrits[3].

M. de Ménars ayant eu l'agrément d'une charge de président à mortier dans les derniers jours de l'année 1690, l'intendance fut vivement convoitée par l'ancien contrôleur général Claude Le Peletier, qui désirait en faire pourvoir son gendre d'Argouges; mais le contrôleur général en fonctions, M. de Pontchartrain, l'obtint pour son frère cadet, Jean Phélypeaux, qui en reçut la commission le 13 décembre 1690[4].

Ce personnage, âgé alors de quarante-cinq ans[5] et pourvu d'une charge de maître des requêtes depuis 1686[6], était, au dire de Saint-Simon, un « bon homme et fort homme d'honneur »; mais il ne fût jamais arrivé à rien sans un frère tout-puissant, qui, à l'exemple de Colbert, protégea généreusement tous ceux qui portaient son nom[7]. Il quitta dès 1693 la charge de maître des requêtes pour prendre rang au Conseil d'État[8], et n'eut toutefois une place de conseiller ordinaire qu'à l'ancienneté, le 10 mai 1705[9]. Comme M. de Ménars, Jean Phélypeaux, dans sa correspondance, soit avec son frère, soit avec le contrôleur général qui succéda à celui-ci[10], laisse voir des sentiments d'humanité sincère, un

---

[1] *Mémoires de Saint-Simon*, t. VI, p. 388, et t. XIV, p. 371.

[2] Chaque fois qu'une publication importante commençait à l'étranger, il envoyait aux éditeurs du papier de choix pour en faire un exemplaire spécial.

[3] Entre autres, les mémoires de Claude Haton, curé de Mériot, qu'il reçut d'un apothicaire de Provins, et qui ont été publiés en 1857, dans la collection des Documents inédits, par F. Bourquelot.

[4] Chansonnier de Gaignières, bib. Nat., ms. fr. 12690, p. 44, et registres de la Maison du roi. C'est seulement à Phélypeaux que commence la liste très imparfaite des intendants de Paris donnée, en 1755, dans les *Tablettes de Thémis*, t. I, p. 124.

[5] Voyez ci-après, p. 208, note 7.

[6] Il avait eu, en décembre 1689, une mission pour étudier le commerce des villes de Flandre. (*Journal de Dangeau*, t. III, p. 41 et 44.)

[7] « Pontchartrain l'aimait beaucoup, et ils vivaient parfaitement en frères. » (*Mémoires de Saint-Simon*, t. I, p. 394; cf. son éloge dans le tome IX, p. 89 et 90.)

[8] *Journal de Dangeau*, t. IV, p. 400 et 405, novembre et décembre 1693.

[9] On crut, en 1698, que le contrôleur général aurait pour lui une charge de président à mortier; mais Pontchartrain fit aussitôt démentir cette nouvelle. (*Journal de Dangeau*, t. VI, p. 303 et 307.) L'année précédente, il lui avait donné tort dans un conflit de préséance au Conseil d'État. (*Mémoires de Saint-Simon*, t. I, p. 394.)

[10] Cette dernière correspondance est conservée aux archives Nationales.

INTRODUCTION.

vrai désir de faire le bien, une grande franchise de langage[1]. En 1708, une première attaque d'apoplexie le força de se rendre aux eaux de Bourbon; il en revint très impotent, incapable de quitter son hôtel, même pour se rendre à Versailles, où son frère le Chancelier lui donnait un logement, et, en août 1709, il demanda la permission de résigner ses fonctions. Il vécut encore deux années, «accablé d'apoplexies» et privé de la vue; une dernière attaque très violente l'emporta le 19 août 1711, à soixante-cinq ans[2]. Saint-Simon dit à l'occasion de cette mort: «Le Chancelier l'aimait fort, quoique ce ne fût pas un grand clerc, mais un fort honnête homme. Il était extrêmement riche par sa femme[3].....
Il laissa des enfants que leur richesse ni leur parenté n'ont pu sauver de leur peu de mérite et de la dernière obscurité[4].»

Le Chancelier lui fit donner pour successeur un de leurs neveux, Roland-Armand Bignon de Blanzy, qui était maître des requêtes depuis 1693 et qui avait remplacé M. Chamillart comme intendant des finances en 1699[5]. M. Bignon fut nommé par commission du 17 août 1709[6]. En attendant qu'une place vaquât dans le Conseil, et pour y avoir entrée, il garda sa charge d'intendant des finances, quoiqu'elle fût déjà achetée par M. de Bercy[7]. Fils d'un grand maître de la Bibliothèque du roi, frère du prévôt des marchands de Paris[8] et de l'abbé Bignon, de l'Académie française, il était fort bien vu en cour et passait pour être un des confidents les plus intimes de Mlle de Choin, c'est-à-dire du grand Dauphin[9].

M. Bignon de Blanzy mourut dans l'exercice de ses fonctions d'intendant, le 21 février 1724, étant âgé de cinquante-sept ans; son corps fut inhumé dans l'église Saint-Nicolas-du-Chardonnet.

Une partie assez considérable de sa correspondance existe aux archives Nationales, dans les papiers du Contrôle général; une autre partie, s'étendant de 1715 à 1718, et le dénombrement de la généralité de Paris fourni en 1713 se

---

[1] Voyez ci-dessus, p. vi et note 5.
[2] *Mémoires de Saint-Simon*, t. VI, p. 35, et t. VII, p. 63; *Journal de Dangeau*, t. XIII, p. 12 et 463-464; *Mercure galant*, août 1709, p. 280-282.
[3] Marie de Beauharnais, fille d'un lieutenant général au bailliage d'Orléans.
[4] *Mémoires*, t. IX, p. 89 et 90.
[5] M. Bignon, né le 23 septembre 1666, avait débuté en 1689 par la charge d'avocat général à la Cour des aides.
[6] Registres de la Maison du roi.
[7] Il fut nommé conseiller d'État ordinaire le 5 janvier 1720.
[8] Celui-ci avait été intendant à Amiens de 1694 à 1708.
[9] *Mémoires de Saint-Simon*, t. VI-VIII, passim.

GÉNÉRALITÉ DE PARIS.

trouvent à la bibliothèque Nationale[1]. Nous donnons, de lui, un mémoire de quelques pages sur l'état de la généralité de Paris en 1724[2].

Son successeur, nommé le 1ᵉʳ mars 1724[3], fut Nicolas-Prosper Bauyn d'Angervilliers[4], successivement intendant à Alençon (1702), à Grenoble (1705), à Strasbourg (novembre 1715), et pourvu depuis le 5 décembre 1720 d'une place de conseiller d'État. M. d'Angervilliers avait contre lui la mémoire de son père, fameux traitant du temps de Colbert[5], «un gros brutal», dit Saint-Simon, qu'on accusait de s'être «grandement et étrangement enrichi»; mais son alliance avec une Maupeou, parente de la chancelière de Pontchartrain, l'avait aidé à réussir dans les intendances. D'ailleurs on lui reconnaissait autant de probité que de capacité[6], et ce fut l'opinion publique qui le désigna, en 1728, pour remplacer M. Le Blanc comme secrétaire d'État de la guerre[7]. Nommé à ce poste le 23 mai 1728 et fait ministre d'État le 30 décembre 1729, il mourut à Marly, le 15 février 1740, âgé de soixante-cinq ans[8].

Son successeur à Paris, nommé par commission du 1ᵉʳ juin 1728[9], fut Louis-Achille-Auguste de Harlay, comte de Cély, ancien conseiller au parlement (1696), maître des requêtes (1707), intendant à Pau (1712), à Metz (1715), à Strasbourg (1724), et conseiller d'État depuis 1723. Fils du premier plénipotentiaire au congrès de Ryswyk, M. de Harlay avait laissé partout une très mauvaise réputation. «C'était, dit Saint-Simon[10], un fou plein d'esprit, plaisant, dangereux, et peut-être la plus indécente créature qu'on pût rencontrer; de plus, ivrogne, crapuleux et d'une débauche débordée. Il avait été intendant de Metz, puis d'Alsace.

---

[1] Mss. fr. 11370 et 11384.

[2] Voyez ci-dessus, p. LXIV et note 1.

[3] Registres de la Maison du roi.

[4] Né le 15 janvier 1675, pourvu dès le 27 août 1692 d'une charge de conseiller aux enquêtes, et d'une charge de maître des requêtes le 1ᵉʳ avril 1697.

[5] Il avait été maître de la Chambre aux deniers, et avait dû donner sa démission en 1685, à la suite d'une condamnation pécuniaire. On croit cependant que cette famille appartenait au parlement.

[6] *Mémoires de Saint-Simon*, t. XVI, p. 435 et 436, et Addition au *Journal de Dangeau*, du 10 avril 1685. La différence de ton entre les deux articles s'explique par ce fait que, dans l'intervalle d'une rédaction à l'autre, Saint-Simon maria un de ses fils à la fille de M. d'Angervilliers.

[7] *Journal de Barbier*, t. II, p. 43.

[8] La *Gazette* le loua en ces termes : «Les qualités du cœur et de l'esprit par lesquelles ce ministre a toujours justifié la confiance dont le Roi l'a honoré, lui avaient acquis une grande considération.» Cependant l'avocat Barbier lui reproche de la dureté, un abord difficile, etc. Voir aussi ce que disent, sur sa fin, le marquis d'Argenson (*Mémoires*, t. II, p. 285, 286, 291, etc.) et le duc de Luynes (*Mémoires*, t. III, p. 141 et 142).

[9] Registres de la Maison du roi.

[10] *Mémoires*, t. XVII, p. 213. Il faut tenir compte de ce que M. de Harlay avait obtenu, le 8 février 1721, par le crédit du maréchal de Villeroy, l'expectative d'une place de conseiller d'État que convoitait précisément un client de Saint-Simon.

INTRODUCTION.   LXXXIII

La capacité ne lui manquait pas; mais il ne prenait pas la peine de rien faire : ses secrétaires lui faisaient tout. Il lui était arrivé partout mille scandales publics, et il était si accoutumé et si heureux à s'en tirer, et à monter toujours de place en place jusqu'à l'intendance de Paris, qu'il disait: « Encore une sottise, et je serai « secrétaire d'État [1]. » Il voulait être tout au moins premier président du parlement, comme l'avaient été plusieurs de ses ancêtres; mais, nous dit le duc de Luynes, la sagesse et la gravité lui manquaient. Il mourut intendant, le 28 décembre 1739, dans sa soixante et unième année, dernier du nom de Harlay. Étant chargé de divers bureaux du Conseil, il touchait environ 80,000ʰ par an [2]. Une partie de sa correspondance relative à la généralité de Paris se trouve à la bibliothèque Nationale [3].

On crut d'abord que la commission d'intendant de Paris serait donnée à M. de Fontanieu, intendant du Dauphiné et garde des meubles de la couronne [4]; mais le premier ministre la réserva pour un de ses serviteurs les plus éprouvés, René Hérault, qui était lieutenant général de police depuis 1725, et qui auparavant avait rempli les fonctions d'intendant à Tours. Lorsque ce magistrat fut nommé, le 30 décembre 1739 [5], il était déjà atteint d'une hydropisie très grave, et il y succomba au bout de sept mois, le 2 août 1740, âgé de quarante-neuf ans, et laissant très peu de fortune, malgré le long temps qu'il avait passé dans une charge ordinairement très fructueuse [6].

Sa succession était convoitée par plusieurs prétendants : l'ancien prévôt des marchands Turgot, que patronnait Mᵐᵉ de Mailly; l'intendant de Soissons, Jérôme

---

[1] Barbier (*Journal*, t. II, p. 43 et 44) dit qu'on l'accusait d'avoir fait empoisonner le roi Stanislas, et qu'il s'était rendu impossible à Strasbourg par ses hauteurs et ses sottises.

[2] *Mémoires du duc de Luynes*, t. I, p. 349 et 350, et t. III, p. 89 et 98; *Mémoires du marquis d'Argenson*, t. II, p. 368. Étant tout jeune, Harlay avait été enfermé à la Bastille pendant six mois, pour libertinage et différends avec sa famille.

[3] Dans le recueil Cangé. Une autre partie, en trois ou quatre volumes, qu'avait achetée la bibliothèque de la ville de Paris, a dû périr dans l'incendie de 1871. La bibliothèque Nationale a racheté récemment la correspondance de l'intendance d'Alsace.

[4] *Mémoires de d'Argenson*, t. II, p. 358 et 359.

[5] Registres de la Maison du roi. — M. Hérault avait débuté comme avocat du roi et procureur général au Grand Conseil; il était devenu maître des requêtes en 1719, puis conseiller d'État en 1730. Son gendre, M. de Marville, lui succéda à la police de Paris. Les *Mémoires d'Argenson*, t. II, p. 368-374, donnent des détails curieux sur ces mutations et sur la célérité mise à nommer M. Hérault, sans qu'il y eût eu le travail d'usage entre Louis XV et le cardinal. Cf. le *Journal de Barbier*, t. III, p. 192 et 211-212.

[6] *Mémoires du duc de Luynes*, t. III, p. 225. Selon un journal de police de 1742, M. Hérault sut prévenir les malheurs d'une disette imminente. Voyez la 2ᵉ édition du *Journal de Barbier*, t. VIII, p. 154.

GÉNÉRALITÉ DE PARIS.

Bignon, fils aîné de M. de Blanzy; M. de Fontanieu, qui avait déjà été le concurrent de M. Hérault; M. de Fulvy, intendant des finances et frère du contrôleur général Orry; enfin, les deux frères d'Argenson, fils du fameux lieutenant général de police. Fort bien vu du cardinal de Fleury et désigné par la voix publique pour devenir l'adjoint du premier ministre, comme contrôleur général ou comme secrétaire d'État, le comte d'Argenson l'emporta sur son frère aîné comme sur les autres candidats, et il fut commis à l'intendance le 5 août 1740[1].

Marc-Pierre de Voyer de Paulmy d'Argenson, né le 16 août 1696, avait débuté au Châtelet et au parlement; puis, s'étant fait pourvoir d'une charge de maître des requêtes, il avait exercé à deux reprises différentes les fonctions de lieutenant général de police, en 1720 et 1722, et, pourvu ensuite, pendant quinze mois, de l'intendance de Tours, il s'y était fait particulièrement apprécier de la noblesse. Depuis 1723, il était chancelier de la maison d'Orléans, et depuis 1724 conseiller d'État. Après avoir eu l'inspection de la librairie en 1737, il avait fait les fonctions de premier président du Grand Conseil, qui n'étaient alors qu'une commission annuelle. Ce furent une mésintelligence avec le marquis de Balleroy, gouverneur du duc d'Orléans, et aussi le désir de parvenir rapidement par le crédit du cardinal de Fleury, qui le poussèrent à quitter la charge de chancelier du prince, dont hérita son frère le marquis, auteur des *Mémoires*, et à prendre une intendance plus propre à faire valoir ses mérites. « C'est un beau présent, écrivait à ce propos l'avocat Barbier, car cela vaut 40,000[#] de rente sans beaucoup de peine. M. d'Argenson a beaucoup d'esprit et remplit avec distinction tout ce dont il est chargé. Il est d'une figure et d'un abord aimables. Il est fort aimé du Cardinal et du Chancelier, avec lequel il est souvent en relation par rapport à la direction de la librairie, qui lui a été donnée. Cet homme, qui est jeune et d'un beau nom par la naissance, pourra bien aller plus loin[2]. »

M. de Luynes pensait également que le nouvel intendant, « homme de beaucoup d'esprit, mais froid, sage, fort instruit, » était « capable des plus grandes places[3]. » En effet, au bout de deux années, M. d'Argenson devint ministre et secrétaire d'État de la guerre (août 1742)[4]. Cette promotion donna lieu à quelques difficultés que M. de Luynes rapporte dans les termes suivants : « Il était question

---

[1] Registres de la Maison du roi.

[2] *Journal de Barbier*, t. II, p. 265; *Mémoires du marquis d'Argenson*, t. III, p. 140, 153, 240, 275, etc. Voyez aussi son portrait dans ces *Mémoires*, t. I, p. 352 et suiv., et t. II, p. 125, 314, etc.

[3] *Mémoires du duc de Luynes*, t. IV, p. 212.

[4] Son frère (*Mémoires*, t. IV, p. 20 et suiv.) raconte comment il devint ministre.

de faire les tournées jusqu'à ce qu'on eût nommé à ladite intendance, ou tout au moins d'arrêter les départements. M. d'Argenson a déclaré que, pour la tournée, il ne la ferait sûrement pas; qu'à l'égard des départements, il voulait bien les arrêter, pourvu que ce fût lui qui choisît quelqu'un pour aller faire lesdits départements, ne voulant point, avec raison, arrêter l'ouvrage de ceux qu'il n'aurait pas choisis, et dont il ne serait pas à portée de répondre comme de lui-même. M. le Contrôleur général a prétendu que M. d'Argenson devait faire sa tournée, ou que le roi nommât quelqu'un pour la faire, et que M. d'Argenson fît toujours ces arrêtés. Cela n'est point encore décidé. On croit que ce sera M. de Brou, intendant d'Alsace, qui aura l'intendance de Paris, et que M. de Séchelles, après la campagne, passera à l'intendance d'Alsace. On croyait que M. Turgot pourrait être nommé pour l'intendance de Paris : il est fort ami de Mme de Mailly; mais il y a de la prévention contre lui dans l'esprit de M. le Cardinal. Cette prévention est venue en partie par M. le Contrôleur général, à cause des instances réitérées que M. Turgot fit, dans le temps de la cherté des blés, pour qu'il fût permis à la ville d'en acheter à ses frais et dépens : ce qui ne fut accordé qu'après beaucoup de temps et de difficultés. M. Turgot était alors prévôt des marchands. L'on peut savoir qu'il avait trouvé les affaires de la ville dans un fort mauvais état, et qu'il les a remises sur un pied fort différent. Il paraît que l'on jette les yeux sur M. Bignon, frère de l'intendant de l'armée de Flandre, pour faire par commission l'intendance de la généralité de Paris [1]. »

Après quelque retard, l'intendance fut donnée, comme on l'avait prévu tout d'abord, à celui des candidats qui offrait l'avantage d'être de la même famille que le lieutenant général de police en fonctions depuis 1740, c'est-à-dire à M. de Brou (Paul-Esprit Feydeau), qui était conseiller d'État depuis 1723 [2], et qui, après avoir passé par les intendances d'Alençon (1713), de Bretagne (1715) et d'Alsace (1728), avait suivi au même titre les armées du maréchal de Berwick et de M. de Coigny, de 1733 à 1735. Grâce à ses anciens services et à sa parenté, M. de Brou ne resta pas longtemps en place : nommé le 3 octobre 1742 [3], il devint conseiller au Conseil royal des finances le 20 novembre 1744, et quitta aussitôt l'intendance. Parvenu ensuite au rang de doyen du Conseil, il fut appelé, en octobre 1761, au Conseil des dépêches, eut la charge de garde des sceaux le

---

[1] *Mémoires du duc de Luynes*, t. IV, p. 222 et 223.

[2] M. de Brou, né le 17 mai 1682 et reçu avocat en 1703, avait passé cinq ans au parlement avant de devenir maître des requêtes (1710).

[3] Registres de la Maison du roi.

27 septembre 1762, la remit aux mains du roi le 9 octobre 1763, et mourut à Paris, le 3 août 1767.

Par commission du 1ᵉʳ décembre 1744[1], l'intendance fut confiée à Louis-Jean Bertier, marquis de Sauvigny, maître des requêtes[2], ancien intendant en Bourbonnais (1734), en Dauphiné (1740) et à l'armée d'Italie, qui avait été proposé en 1739 pour une charge d'intendant des finances, et, en 1743, pour l'intendance de Languedoc. M. de Sauvigny était fils d'un président aux enquêtes[3] et de Jeanne Orry, sœur du contrôleur général des finances. Quoiqu'il eût fort bien réussi à l'armée du prince de Conti et que sa réputation fût aussi bonne que celle de son frère, président au parlement, était détestable, sa promotion à l'intendance de Paris, laquelle se donnait d'ordinaire à des magistrats plus âgés et plus expérimentés, fit accuser le contrôleur général de népotisme[4].

Il fut promu conseiller d'État au mois de février 1757, et, douze ans plus tard, le 24 août 1768[5], se fit adjoindre pour le service de l'intendance[6] son fils Louis-Bénigne-François Bertier, né vers 1742 et pourvu d'une charge de maître des requêtes en 1763[7]. Celui-ci remplaça définitivement, en 1776, M. de Sauvigny, qui mourut le 23 août 1788, à soixante-dix-neuf ans.

Favorisé par la promotion de Turgot au ministère, et préparé d'ailleurs par la grande expérience d'un père qui avait administré la première province du royaume pendant trente-deux ans, l'intendant Bertier put accomplir des améliorations remarquables, surtout dans l'assiette des impôts. Ce fut lui qui, de sa propre initiative, osa entreprendre l'arpentage général des terres de la généralité de Paris, leur encadastrement et leur division en vingt-quatre classes, selon le chiffre du revenu annuel : travail vainement ordonné et commencé pendant la Régence, sous l'inspiration de l'abbé de Saint-Pierre[8]. Par les soins de M. Bertier, la taille personnelle perdit en partie son caractère arbitraire : les contribuables furent appelés

---

[1] Registres de la Maison du roi.
[2] Reçu conseiller au parlement le 12 août 1729, maître des requêtes le 22 mai 1733.
[3] Les Bertier étaient d'origine bourguignonne; une branche de la famille subsiste en Lorraine.
[4] *Journal de Barbier*, t. VIII, p. 326 et 327; *Mémoires du duc de Luynes*, t. VI, p. 160, et t. VII, p. 119.
[5] Registres de la Maison du roi.
[6] De même, en Champagne, l'intendant Rouillé d'Orfeuil, nommé à ce poste en 1764, se fit adjoindre son fils de 1786 à 1790. A Amiens, M. Dagay eut aussi pour adjoint, à partir de 1786, son fils, qui, comme M. Bertier, épousa une fille de Foullon.
[7] Il avait acheté pour ce fils, tout jeune, en 1754, une charge de conseiller au Grand Conseil. (*Mémoires de Luynes*, t. XIII, p. 280.)
[8] C'est à cette occasion que fut faite l'enquête dont nous donnons un fragment dans l'Appendice, p. 533 et suiv. Selon le rapport du duc de Noailles au Conseil de régence, à la date du 17 juin 1717

INTRODUCTION.

à prendre part à la répartition, les rôles furent diminués d'un quart environ, et ces utiles réformes furent sanctionnées par les lettres patentes du 1ᵉʳ janvier 1775 et par la déclaration du 11 août 1776[1]. La sollicitude de cet intendant ne se porta pas moins vivement du côté de l'agriculture : il rétablit la Société royale, institua des comices[2], encouragea les cultivateurs, distribua des semences nouvelles, fournit des bestiaux aux pauvres, surveilla activement les marchés, supprima la corvée de bras en y suppléant au moyen des fonds de charité du roi ou des contributions volontaires, et la corvée de voiture en la remplaçant par une prestation en ar-

---

des commissaires étaient déjà partis pour encadastrer onze cents paroisses, leurs opérations semblaient bien accueillies partout, et l'on avait la preuve que les tailles ne montaient tout au plus qu'au sixième du revenu effectif, plus souvent au dixième, et que le mal venait seulement de l'inégalité de la répartition. On verra dans notre note de la page 533 comment ces heureux débuts furent bientôt suivis d'un insuccès complet.

[1] Le détail de ses opérations se trouve dans le mémoire de M. de Crillon publié avec le *Procès-verbal de l'Assemblée provinciale de l'Île-de-France de 1787*, p. 122-134. Louis XV et les contrôleurs généraux Bertin et de l'Averdy avaient essayé «d'écarter l'arbitraire de la répartition des impositions que supportent les habitants des campagnes;» mais les édits d'avril 1763 et de juillet 1766 et les déclarations du 21 novembre 1763 et du 7 février 1768 étaient restés sans effet, grâce à l'opposition ou à l'impuissance de la plupart des intendants et aux répugnances de la magistrature supérieure. M. de Sauvigny père persévéra cependant dans la voie des réformes; c'est ce que reconnurent, avec de grands éloges, les lettres patentes du 1ᵉʳ janvier 1775, en validant les opérations faites par l'intendance de Paris, entre 1771 et 1774, pour la confection des rôles des tailles. L'instruction mise par lui aux mains des commissaires des tailles, et qui est jointe au texte des lettres patentes, fait connaître toutes les heureuses innovations de MM. Bertier : classification des terres, enquête et déclaration faites par les contribuables eux-mêmes, répartition de l'impôt, division des cotes en taille réelle et en taille personnelle, etc. Les résultats obtenus engagèrent le gouvernement royal à donner une sanction encore plus solennelle à cette expérience, en en fixant la durée à six années par une déclaration du 11 août 1776 (durée prorogée pour dix ans encore par la déclaration du 4 juillet 1781), et en réglant minutieusement le détail des opérations telles que l'intendant les avait organisées lui-même, et suivant lesquelles «on ne pouvait s'écarter de la justice, tout se réduisant à des calculs relatifs aux déclarations signées par chaque contribuable, et avouées ou discutées par les collecteurs et habitants.» Ces textes ont été reproduits d'abord dans le *Répertoire de jurisprudence*, t. XVII, p. 13-16, puis dans l'*Encyclopédie méthodique des finances*, t. III, p. 652 à 658 et p. 661, qui a emprunté, sur ce sujet, plusieurs pages du *Compte rendu* de Necker (1781), p. 83 et 84, et qui exprime le souhait que le système de M. Bertier soit appliqué aux autres provinces, selon leurs facultés respectives. M. Clamageran a dit quelques mots dans le tome III, p. 441, de son *Histoire de l'impôt en France*, d'après l'*Encyclopédie*. Cf. Tocqueville, *l'Ancien régime et la Révolution*, p. 290; L. de Lavergne, *les Assemblées provinciales*, p. 151; le comte de Luçay, *les Assemblées provinciales*, éd. 1871, p. 65-67.

[2] Voyez le détail des comices dans le même procès-verbal de 1787, p. 377. Le 30 mai 1788, la Société d'agriculture, qui avait été fondée en 1761, et qui n'avait que quatre bureaux à Meaux, Beauvais, Sens et Paris, se transforma en Société royale d'agriculture et centralisa toutes les sociétés locales.

gent, etc.[1] Ainsi, grâce au zèle de ses deux derniers intendants[2], la généralité de Paris bénéficia de nombreuses réformes que le reste du royaume, à part une ou deux provinces[3], ne devait connaître qu'après la chute de l'ancien régime[4]. Mais, si les gens éclairés rendaient justice sur ce point à Bertier, il n'en était pas de même de la populace, que les misères de l'année 1789 entraînèrent aux derniers excès. Bertier et son beau-père, l'intendant des finances Foullon[5], qui venait de dépenser 60,000ᴴ pour faire travailler les pauvres de ses terres pendant l'hiver, furent dénoncés au Palais-Royal, comme ennemis de la patrie, accapareurs et monopoleurs de grains, et leurs têtes furent mises à prix. On sait ce qui s'ensuivit : Foullon fut massacré le premier, dans la journée du 22 juillet 1789; son gendre, ramené de Compiègne à Paris, périt de même, quelques heures plus tard[6], sans que la perspective d'une mort horrible eût troublé un seul instant la conscience de l'homme qui s'était dévoué au bien public pendant trente-cinq années d'une laborieuse carrière[7].

On a pu dire fort exactement[8] que la fureur populaire, en s'attaquant à l'un

---

[1] Discours d'ouverture de l'Assemblée préliminaire, p. xii à xiv, et Procès-verbal, p. 297.

[2] Les premières tentatives de réforme furent faites en 1771, sous le ministère de l'abbé Terray, M. de Sauvigny étant encore intendant et son fils adjoint. Au 1ᵉʳ septembre 1790, il ne restait plus à encadastrer que vingt-six paroisses.

[3] Le régime de la taille tarifée avait été essayé dès 1738, en Champagne et dans la généralité de Limoges; diverses déclarations avaient autorisé ces essais sous le ministère de Bertin, et l'on sait quelle impulsion Turgot leur donna comme intendant de Limoges. Je viens de rappeler qu'en 1716 la généralité de Paris avait été choisie pour y expérimenter la taille proportionnelle.

[4] Tocqueville et L. de Lavergne ne s'accordent point sur la portée économique et l'équité des réformes faites dans l'Île-de-France; d'ailleurs le rapport de M. de Crillon, cité plus haut, en critiquait aussi certaines parties.

[5] Foullon, chargé du contentieux de la guerre depuis la chute de Necker, comptait cinquante années de services supérieurs.

[6] Un récit du peintre J. Guérin, témoin oculaire du massacre, a été récemment publié par M. Charavay, dans la Revue des Documents historiques, année 1879, p. 120 et 121. Cf. les Mémoires de Bailly, t. II, p. 89-92, 99-125, 210, 420 et 421; le procès-verbal de l'Assemblée des électeurs de Paris, t. II, p. 286 et suiv.; les Mémoires de Marmontel, éd. de 1850, p. 439 et 440, et l'acte d'accusation rétrospectif que dressa le Comité des recherches, et qui est imprimé dans le Moniteur, année 1789, p. 515-518, 522, 527 et 530.

[7] On ne possède que des fragments de sa correspondance, parmi lesquels des lettres, datées de mars et d'avril 1789, témoignent d'une préoccupation constante à l'endroit de l'approvisionnement et des désordres que la disette provoquait partout. (Archives Nationales, liasse H 1453.) Ayant quitté Paris au commencement des troubles, il était allé régler des affaires de service à Mantes, à Meulan et à Meaux, puis s'était rendu à Compiègne pour assurer le transport des grains.

[8] D'Arbois de Jubainville, l'Administration des intendants, éd. 1880, p. xiv; cf. Tocqueville, l'Ancien régime et la Révolution, p. 137.

des plus éminents représentants de l'intendance, s'acharnait sur un cadavre, sur l'ombre d'un corps déjà dépouillé de la plupart de ses attributs, car l'établissement des Assemblées provinciales, départementales et municipales n'avait laissé aux anciens commissaires départis que des apparences de pouvoir, la police, le contentieux, et certaines prérogatives honorifiques[1]; ils n'existaient plus que de nom en quelque sorte, et encore plusieurs d'entre eux avaient-ils été déjà obligés de quitter leur poste, lorsque l'article ix de la troisième section du décret du 22 décembre 1789 leur enjoignit de cesser toutes fonctions dès que les administrations départementales seraient entrées en activité[2].

Aux termes d'un rapport du Comité de constitution en date du 8 janvier 1790 et de la loi du 4 mars suivant (décrets des 16 et 26 février), l'Île-de-France, Paris, le Soissonnais, le Beauvaisis, l'Amiénois et le Vexin français durent former six départements de dimensions respectivement proportionnées[3] (sauf ceux qui avaient pour chefs-lieux la capitale elle-même et Versailles[4]); mais les opérations du groupement laissèrent sur tous les points de la frontière de l'ancienne généralité de Paris de nombreuses parcelles, qu'on dut adjoindre aux départements formés du démembrement des généralités limitrophes. Quant aux nouvelles administrations, elles furent fort longues à s'organiser : l'Assemblée administrative de Paris ne se trouva complètement et régulièrement constituée que le 15 février 1791; son Directoire ne le fut que huit jours plus tard, et les Directoires

---

[1] La plupart des questions d'impôt, les travaux publics, l'instruction, les établissements de charité, les encouragements à l'agriculture et aux arts formaient les attributions des corps élus. (Voyez l'Assemblée d'élection de Troyes, par M. Albert Babeau, p. 12.)

[2] Ce décret, rendu sur la proposition de Deschamps, député de Lyon, et suivi de lettres patentes du mois de janvier 1790, que contresignèrent M. de Saint-Priest et l'archevêque de Bordeaux, divisait le royaume en départements, pourvus chacun d'une administration particulière, avec toutes les attributions de finance et de police.

[3] Voyez les tableaux donnés par M. le comte de Luçay dans l'Appendice de son livre, les Assemblées provinciales sous Louis XVI, éd. 1871, p. 510-512.

[4] Pour Paris, considéré comme «un établissement public appartenant à tout le royaume», comme «le point de réunion de tous les intérêts, le centre de correspondance de tous les départements, la plus belle cité du monde, la patrie des sciences et des arts;» voyez les motifs longuement exposés dans le rapport du Comité, p. 12 et 13. Pour le département de Versailles, il fut dit que «ce qui lui manquait du côté de la base territoriale était plus que compensé par la multiplicité des villes, la grande richesse et l'excessive population de cette partie.» — En 1787, lors de la formation des Assemblées secondaires, on avait subdivisé la généralité en douze départements : élection de Paris, deux départements; Beauvais, un; Senlis, Compiègne et Pontoise, un; Montfort, Dreux et Mantes, un; Meaux, un; Rozoy, Provins et Coulommiers, un; Melun et Étampes, un; Nemours et Montereau, un; Sens et Nogent, un; Joigny et Saint-Florentin, un; Tonnerre et Vézelay, un.

des départements n'entrèrent en fonctions que le mois suivant. A partir de la mort de Bertier, et durant toute la période de transition, les affaires furent gérées soit par la Commission intermédiaire, qui, depuis 1788, exerçait la partie la plus importante des pouvoirs de l'intendant, et qui en rendit compte le 1er septembre 1790 aux départements [1], soit par l'Assemblée générale des électeurs de Paris ou par la Municipalité de cette ville [2].

De tout temps la généralité de Paris avait fait partie du département du secrétaire d'État chargé de la Maison du roi, que, pour cette raison, on surnommait le *ministre de Paris*, et dont la charge était considérée comme un poste d'honneur [3]. Les attributions de l'intendant de la généralité de Paris étaient beaucoup moins étendues et moins importantes que celles de ses collègues de province, soit à cause du voisinage immédiat du gouvernement, des ministres et de la cour, soit parce que la ville de Paris même, «en ce qui regarde la police du gouvernement, c'est-à-dire le commerce général, la finance et les autres parties relatives au ministère,» avait été soustraite à l'action de l'intendant, lors de la création du

---

[1] Compte rendu imprimé et circulaire du mois de mars 1791, adressée aux municipalités.

[2] Le 15 août 1790, l'Assemblée nationale, considérant que l'administration du département de Paris n'était pas encore formée, et qu'il était urgent de procéder à l'exécution de l'article X de la troisième section du décret constitutif des Assemblées administratives, décréta que la municipalité de Paris nommerait deux commissaires pour se joindre à ceux des départements de Seine-et-Oise, Seine-et-Marne, Yonne, Aube, Côte-d'Or, Eure, Loiret, Oise et Nièvre, et recevoir le compte rendu des anciens administrateurs de la province d'Île-de-France. Une fois constituée, l'Assemblée administrative de Paris nomma deux commissaires pour le même objet (24 février 1791). L'Assemblée générale des électeurs conserva les pouvoirs qu'elle s'était attribués jusqu'à la fin de juillet 1789.

[3] Une seule exception est à signaler : au mois d'avril 1749, la ville de Paris, en tant que police, et le parlement de Paris furent mis dans les attributions du secrétaire d'État de la guerre, comte d'Argenson, sans doute parce que celui-ci avait administré l'intendance, et parce que son père avait occupé longtemps le poste de lieutenant général de police (*Journal de Barbier*, tome V, p. 410). Cet état de choses ne fut que passager et prit fin lorsque le marquis de Paulmy succéda à son père (1757). — En 1700, lors de la rédaction de notre Mémoire, le secrétaire d'État de la Maison du roi, chargé par conséquent de la généralité de Paris, avait en outre dans ses attributions le Clergé, la Marine, le Commerce, les Galères, les Compagnies des Indes orientales et occidentales et du Sénégal, les Colonies, les Haras, les Pensions, les Manufactures, et enfin un département composé, outre Paris et la généralité, du Soissonnais jusqu'à Noyon, de l'Orléanais, du Blaisois, du Poitou et des haute et basse Marches. Le titulaire de cette secrétairerie d'État était alors Jérôme Phélypeaux, comte de Pontchartrain, mis en possession lorsque son père avait été appelé à la dignité de chancelier (5 septembre 1699). — Pendant la courte période de la Régence où les secrétaires d'État furent remplacés par des Conseils, la généralité de Paris figura dans les attributions de l'abbé Menguy, du Conseil du dedans.

lieutenant général de police (1667), «pour former un département particulier au magistrat dans les mêmes parties, en sorte qu'il est, par sa place, intendant ou commissaire du roi pour la ville de Paris et ses dépendances[1].» Néanmoins, comme l'intendance de la généralité de Paris rapportait, nous l'avons vu plus haut, 40,000ᵗᵗ de rente[2] et offrait de grands avantages en raison même de cette proximité de la cour, qui diminuait d'autant les difficultés administratives et la responsabilité du titulaire, on la réputait, sinon la plus grande de tout le royaume au point de vue territorial[3], comme semble le dire notre Mémoire en commençant, du moins «la plus considérable et pour le revenu et pour l'agrément[4]». Aussi le ministre la réservait-il généralement pour quelqu'un de ses parents ou de ses familiers, et l'on a vu, dans la liste des magistrats qui occupèrent ce poste pendant près d'un siècle et demi, que tous passaient rapidement au grade de conseiller d'État[5], et que plusieurs même s'élevèrent jusqu'aux plus hautes fonctions de l'État; mais aussi, à en juger par les renseignements très brefs que nous avons pu placer sous chaque nom, le gouvernement royal eut presque toujours la main heureuse en plaçant à Paris des intendants qui, lorsqu'ils n'étaient pas doués de facultés supérieures et transcendantes, savaient du moins se faire estimer et aimer pour leurs tendances libérales, pour leur caractère humain, pour leur désir sincère de réaliser des réformes et des progrès utiles.

Jusque dans les dernières années du règne de Louis XVI, l'intendant de Paris n'eut point de demeure officielle; il touchait, sur les fonds de la capitation, une indemnité de logement de 9,000ᵗᵗ par an, et, en outre, le Roi lui attribuait un appartement dans le château de Versailles[6].

A Paris, M. de Ménars habita successivement une maison de la rue Vivienne voisine de l'hôtel Colbert, puis un hôtel bâti sur les terrains de la porte Richelieu qui portent aujourd'hui son nom. La maison de M. Phélypeaux était située dans la rue Coq-Héron, au coin de la rue Pagevin, en face de l'hôtel du financier

---

[1] *La Police de Paris en 1770*, p. 35; mémoire rédigé par ordre de Sartines, et publié, en 1879, par M. Gazier, dans le tome V de la collection de la Société de l'Histoire de Paris et de l'Île-de-France.

[2] *Journal de Barbier*, t. III, p. 221. Le Languedoc passait pour donner 10,000ᵗᵗ de plus.

[3] Les intendances de Bretagne et de Languedoc étaient plus étendues que celle de Paris.

[4] *Journal de Dangeau*, t. XIII, p. 12; cf. le début du Mémoire, p. 1.

[5] «Cette intendance, qui élève peu après à la place de conseiller d'État, est une place de favori.» (*Mémoires du marquis d'Argenson*, t. II, p. 358 et 359.)

[6] *Mémoires du duc de Luynes*, t. IV, p. 254-257.

GÉNÉRALITÉ DE PARIS.

Hervart, aujourd'hui hôtel des Postes. L'hôtel de M. Bignon de Blanzy subsiste encore à l'angle de la place de la Bourse et de la rue Vivienne. M. de Harlay habitait rue Portefoin; M. Hérault, rue Neuve-des-Petits-Champs, à l'hôtel Mazarin (1739); M. d'Argenson, rue des Bons-Enfants; M. de Brou, rue de l'Université, près la rue de Beaune. MM. Bertier père et fils se transportèrent successivement de la rue Michel-le-Comte à la rue Royale, puis à la rue Neuve-des-Petits-Champs, et enfin à la rue de Vendôme, à partir de 1764. L'hôtel qu'ils occupèrent en dernier lieu dans cette rue, et qui venait des Durey d'Arnoncourt, parents maternels de Jacques-Bénigne Bertier, fut acquis par le gouvernement royal, peu d'années avant la Révolution, pour y établir à poste fixe les bureaux de l'intendance. Ce fut là aussi que siégea la Commission intermédiaire de 1787 [1].

En 1786, les bureaux de l'intendance de Paris étaient composés comme il suit [2]:

M. Pinon, premier secrétaire, pour la partie de justice;

M. Charpentier: les ponts et chaussées, les corvées, les travaux de charité, les presbytères et autres bâtiments publics, les pépinières [3];

M. Desrues: le greffe de l'intendance, le contrôle des actes, les amortissements, etc., la régie générale, celle des cartes, messageries, etc., et les autres attributions, les exécutoires et frais de justice, les avis sur lettres de grâce, surséance et autres;

M. Le Monnier, premier secrétaire, pour la partie de la police;

M. Goudeville: la police militaire, les régiments provinciaux, le corps des pionniers, les écoles vétérinaires;

M. Buthiau [4]: la police ordinaire, la police des routes, les désarmements, le gibier, les étapes, les hôpitaux et les comptes de la guerre [5];

M. d'Imbert: la police extraordinaire, les ordres du roi, la mendicité générale et particulière, les maladies épidémiques et épizootiques;

---

[1] Plus tard, il fut occupé par divers services de la Municipalité, puis passa aux mains du général comte Friant et devint la mairie du III⁰ arrondissement. L'intendant Foullon, beau-père de Bertier, habitait, de l'autre côté du boulevard du Temple, les terrains où s'éleva de nos jours le Théâtre-Historique.

[2] *Almanach royal*, 1786, p. 356. C'est le premier almanach qui fournisse ce détail.

[3] En 1789, il a: le secrétariat, l'ouverture des paquets, l'examen des lettres, requêtes, placets et mémoires, l'enregistrement et le renvoi fait aux différents départements, l'expédition des affaires instantes du cabinet et de celles qui n'ont point de département.

[4] *Alias* Bultiau.

[5] En 1789, il a: les Invalides, les fourrages, les vivres, le casernement, les maréchaussées, la police des chevaux morveux, celle des grains, les états de population.

INTRODUCTION.

M. Lefebvre, premier secrétaire, pour la partie de finance;
M. Bérard : l'administration des impositions, les départements et les commissaires;
M. Le Cœur : le dépôt des rôles des tailles, de la capitation, des vingtièmes et des impositions extraordinaires, le contentieux de toutes les impositions;
M. Neyret : la comptabilité, les décharges et modérations de grâce, les secours;

M. Duteil, secrétaire particulier pour les renvois [1];
M. Vigereau, pour la partie de justice;
M. Tardiveau, pour la partie de police;
M. Glatigny, pour la partie de finance.

L'*Almanach* de 1787 et celui de 1788 indiquent de plus : un chef du dépôt des archives de l'intendance; un ingénieur-géographe, chargé du dépôt des cartes et arpentages; un premier architecte de l'intendance; un médecin consultant, avec un survivancier adjoint, et un chirurgien.

En 1789 [2], le personnel fut considérablement réduit, par suite de la diminution des attributions.

L'intendant, pour payer ses bureaux, recevait : sur les fonds libres de la capitation, 46,880^{tt}; sur les vingtièmes, 74,000^{tt}. Il touchait en outre : pour les subdélégués, 10,070^{tt}; pour la confection des rôles, 7,245^{tt}; pour les commissaires des tailles, à raison de 15^{tt} par paroisse, 21,045^{tt}; et pour son loyer, comme nous l'avons dit, 9,000^{tt}. Somme totale : 168,240^{tt} [3].

L'intendant avait des subdélégués, non seulement dans chaque chef-lieu d'élection, mais aussi dans plusieurs villes importantes de l'élection de Paris, telles que Versailles, Saint-Germain-en-Laye, Saint-Denis, Lagny, Montlhéry, Arpajon, Brie-Comte-Robert et Corbeil [4].

Il reste enfin à dire quelques mots des archives de l'intendance de Paris. Le fonds central, celui qui devait se trouver en dernier lieu dans les bureaux de la

---

[1] Il est premier secrétaire, chargé du secrétariat, en 1787 et 1788, avec ces attributions : le secrétariat, l'ouverture des paquets, l'examen des lettres, requêtes, placets et mémoires, l'enregistrement et le renvoi fait aux différents départements, l'expédition des affaires instantes du cabinet et de celles qui n'ont point de département fixe. En 1789, il est qualifié de commissaire des guerres adjoint.

[2] *Almanach royal*, p. 347.

[3] *Procès-verbal de l'Assemblée de l'Île-de-France* de 1787, p. 255 et 256.

[4] Voyez une liste de l'année 1715 dans les Papiers du Contrôle général, G⁷ 442. Cette liste indique aussi deux subdélégués à Auxerre, sans doute à cause des paroisses de ce bailliage qui appartenaient à l'élection de Tonnerre, comme Chitry, Merry-Sec, Perrigny, etc.

rue de Vendôme, remontait sans doute jusqu'au temps des Colbert. Il a disparu, sans que nous en connaissions le sort[1]. Seuls, les papiers d'un certain nombre de subdélégations existent encore et sont répartis entre les archives des départements de l'Yonne, de Seine-et-Marne, de Seine-et-Oise, etc. Quant à la correspondance de l'intendant, de ses subdélégués et de leurs administrés de tout rang avec le «ministre de Paris», ce fonds-là, qui devait être des plus considérables, a été détruit, en l'an II ou en l'an III, avec la majeure partie des archives ministérielles que la Maison du roi avait déposées aux Petits-Pères, et qui furent traitées comme «matières hétérogènes, superfluités, amas monstrueux et rebutants[2].» De la correspondance avec les contrôleurs généraux, deux portions seules ont été conservées : la première doit se retrouver dans la série du Cabinet des manuscrits autrefois connue sous le titre de *Volumes verts*, et qui contient les lettres de toute origine adressées à Colbert de 1656 à 1677; la seconde est classée à son rang dans les Papiers du Contrôle général, que conservent aujourd'hui les archives Nationales. Celle-ci s'étend de 1681 à 1732[3]. A part ces deux fonds, il n'y a plus, croyons-nous, que quelques fragments de correspondances provenant des papiers particuliers des intendants, et qui sont indiqués plus haut. Les papiers de l'administration municipale de Paris qui ont trouvé asile aux archives Nationales, en dehors de ceux qui furent brûlés à l'Hôtel de ville en 1871, ne concernent que la capitale même[4]. Aucune autre province n'est donc aussi pauvre, aucune n'a été aussi complètement dépouillée des documents d'histoire administrative qui la rattachaient au passé.

---

[1] Peut-être ces papiers furent-ils transportés à l'Hôtel de ville, où ils auront été brûlés en 1871.

[2] L. de Laborde, *les Archives de la France*, p. 274-277 et 359; Edg. Boutaric, *le Vandalisme révolutionnaire*, dans la *Revue des Questions historiques*, octobre 1872, p. 372; Avant-propos du tome I*er* de la *Correspondance des contrôleurs généraux*, p. xxxviii et xxxix.

[3] Papiers du Contrôle général, G⁷ 425-447. A partir de 1715, la correspondance est beaucoup moins complète et suivie; ce ne sont guère que des dossiers relatifs aux travaux publics de la ville de Paris, et, comme lettres de l'intendant, il n'y en a que quelques-unes de M. Bignon de Blanzy.

[4] Voyez le *Tableau méthodique des fonds des archives Nationales*, col. 275-288.

MÉMOIRE
DE
LA GÉNÉRALITÉ DE PARIS.

MÉMOIRE
DE
LA GÉNÉRALITÉ DE PARIS.

La généralité[1] de Paris est la plus considérable du royaume, tant parce qu'elle a l'avantage de contenir la ville de Paris, qui en est la capitale, que par son étendue et par les revenus qu'elle produit au roi. Elle a toujours tenu le premier rang entre toutes les généralités, depuis leur établissement, qui fut fait sous le roi François Ier, en l'année 1542[2]; même avant ce temps-là, lorsque le royaume n'était divisé qu'en quatre départements[3], celui de Paris, qui était nommé d'Outre-Seine-et-Yonne, était le plus grand et le plus considérable. Elle est située au nord de la France, entre les 47e et 49e 1/2 degrés de latitude, et les 22e et 25e degrés de longitude, entre les provinces de Picardie et Normandie au nord, du Perche et de l'Orléanais au couchant, du Nivernais et de la Bourgogne au midi, et de la Champagne au levant.

Elle est plus étendue en longueur qu'en largeur. Sa longueur, à prendre du nord au midi, depuis les confins de l'élection de Beauvais jusqu'aux extrémités de celle de Vézelay, peut être d'environ soixante-dix lieues, sur différentes largeurs de trente à quarante-cinq lieues[4].

L'heureuse situation où se trouve la ville de Paris la rend la première ville du monde[5].

---

[1] On désignait par ce nom l'étendue de territoire soumise à la juridiction d'un bureau des finances, et, primitivement, à la direction d'un des quatre généraux des finances.

[2] Édits donnés à Cognac le 7 décembre 1542, portant création de seize recettes générales et autant de receveurs généraux, pour la centralisation des revenus du roi. Les chefs-lieux de ces seize généralités étaient : Paris, Châlons, Amiens, Rouen, Caen, Bourges, Tours, Poitiers, Issoire, Agen, Toulouse, Montpellier, Lyon, Aix, Grenoble et Dijon. On trouvera des détails sur la création des autres généralités dans notre Introduction générale.

[3] Les départements de Langue-d'Oc, de Langue-d'Oïl, d'Outre-Seine-et-Yonne et de Normandie.

[4] Son étendue totale est évaluée par Expilly, en 1762, à 1,500 lieues carrées environ; mais l'*Encyclopédie* réduit ce chiffre à 1,157. Voir ce qui est dit de la valeur de ces lieues dans notre Introduction.

[5] Certains édits royaux commencent en ces termes : «Comme nos prédécesseurs rois, de bonne mémoire, avaient choisi et élu pour la ville capitale et chef de toutes les autres notre bonne ville et cité de Paris, tant pour le lieu favorable où elle est assise que pour la fertilité des pays circonvoisins et utilité des rivières qui y descendent, par le moyen desquelles elle est abondamment fournie de toutes commodités et nécessités...» (Édit de mars 1554, pour la Chambre des comptes.) Voir aussi les citations d'auteurs anciens données par Papire Masson, dans la première édition de sa *Descriptio fluminum Galliæ* (1618), pages 227 et suivantes; le début d'un mémoire de 1689, sur la «Nécessité de fortifier Paris,» dans les *Oisivetés de M. de Vauban*, publiées par Augoyat, page 44; Delamare, *Traité de la Police*, livre I, titre VII, chapitre 1; la *Gallia christiana* de 1774, tome VII, pages 1 et suivantes, etc.

Quatre grandes rivières, la Seine, l'Yonne, la Marne et l'Oise, qui roulent leurs eaux dans sa généralité, lui apportent l'abondance de toutes les choses nécessaires à la vie, et la rivière de Loire, qui s'y communique par les deux canaux d'Orléans et de Briare, lui amène des pays les plus éloignés tout ce que la terre produit de plus excellent, ou que l'industrie des hommes peut inventer.

Mais, avant que d'entrer en matière, ni parler d'aucune des choses qui sont contenues au Mémoire, il est bon de les réduire sous des titres généraux et particuliers, afin qu'étant traitées avec ordre, on en puisse prendre une idée plus juste.

C'est pourquoi on divisera toutes les questions proposées en quatre chapitres.

Le premier comprendra tout ce qui regarde l'Église ou l'État ecclésiastique dans la généralité de Paris; le deuxième, le Gouvernement militaire; le troisième, la Justice; et le quatrième, les Finances.

Sous le premier chapitre, on rapportera les archevêchés et évêchés, le temps de leur institution, le nombre des archevêques et évêques; on observera ceux qui se sont rendus plus recommandables dans l'Église ou dans l'État.

On fera mention du nombre des chapitres qui se trouvent sous chacun, des dignités et canonicats dont ils sont composés.

On parlera des abbayes et des prieurés, de leurs ordres, des possesseurs de ces bénéfices, et des fondations de chapelles.

On rapportera les congrégations, les monastères, le nombre des religieux et religieuses qu'il y a dans chacun, les hôpitaux, lieux de charité, et le revenu de chacun de ces ordres et bénéfices.

On comprendra aussi sous ce chapitre ce que possède l'ordre de Malte dans la généralité, et les noms des commandeurs.

Le deuxième chapitre traitera du Gouvernement militaire, qui sera divisé en six titres.

Dans le premier, il sera parlé des gouverneurs, des lieutenants généraux, des lieutenants de roi, et de l'étendue de ces gouvernements.

Dans le deuxième, du nombre des villes, paroisses et hameaux de la généralité qui sont sous ces gouvernements.

Dans le troisième, du nombre d'hommes dans ces villes; le total des peuples, leur naturel et inclination au travail; on examinera si le peuple a été autrefois plus nombreux, et les causes de la diminution; le nombre des huguenots sortis et restés.

Dans le quatrième, on parlera des milices.

Dans le cinquième, des poudres et salpêtres.

Et dans le sixième, des logements des gardes du roi, des étapes et quartiers d'hiver.

Le troisième chapitre expliquera ce qui regarde l'administration de la justice, dans lequel on ne pourra se dispenser de parler du parlement de Paris et des autres cours, contre le dessein qu'on s'est proposé de ne point mêler la ville de Paris dans ce Mémoire, parce qu'elle seule peut fournir la matière d'un grand ouvrage, séparé de celui de la généralité.

On observera dans chacune élection les bailliages et siéges présidiaux, les prévôtés et autres justices royales, les coutumes qui les régissent et gouvernent leurs ressorts, et les magistrats qui ont quelque réputation.

Les justices des seigneurs, les duchés, comtés, pairies, marquisats, baronnies, avec

RIVIÈRES.

le nombre des fiefs à peu près qui en relèvent, ce qui donnera occasion de parler des familles nobles distinguées par leur ancienneté et par leurs services.

Le quatrième chapitre traitera des Finances; on le divisera en sept titres.

On donnera dans le premier un état des domaines dont Sa Majesté jouit, ou qui sont engagés.

Dans le deuxième, un état des finances de la généralité, procédant des aides, tailles et gabelles.

Dans le troisième, on observera la qualité des terres de chacune élection, montagnes ou pays unis, le climat froid, chaud et tempéré, l'état du labourage, des pâturages, des marais et des fruits principaux que la terre produit.

Dans le quatrième, on observera les forêts et les bois qui sont dans la généralité, avec la quantité et qualité.

Dans le cinquième, on parlera des manufactures et du commerce, des foires et marchés.

Dans le sixième, on donnera un état des ponts et chaussées, un autre des péages et travers qui se payent sur les passages et rivières.

Dans le septième, on rapportera quelques découvertes qu'on prétend avoir été faites de mines, métaux et autres richesses souterraines.

On finira cet ouvrage par un état des Maisons royales qui sont présentement ou qui ont été autrefois dans l'étendue de la généralité.

Et avant que d'entrer dans ce Mémoire suivant les divisions ci-dessus expliquées, on estime à propos de commencer ce discours par une description des rivières, lesquelles, parcourant toute la généralité, ne peuvent être renfermées dans aucun de ces chapitres[1].

RIVIÈRES.

La rivière de Seine prend sa source à Saint-Seine, en Bourgogne, dans les bois, au pied d'une montagne, à cinq lieues en deçà de Dijon. Elle entre dans la généralité à Romilly, élection de Nogent, qui est à trente-six lieues de distance de sa source. A quatre lieues au-dessus de Nogent, au village nommé Marcilly, la rivière d'Aube se joint à la Seine, après avoir traversé une partie de la haute Champagne, venant d'Arques, qui est le lieu de sa source, à trois lieues de Chaumont-en-Bassigny[2].

La rivière de Seine commence à être navigable pour les grands bateaux au port de Nogent[3]. Elle traverse la généralité de Paris par le milieu, et, après avoir passé à Nogent, à

---

[1] Voyez à l'Appendice, n° 1, un fragment du mémoire écrit par Vauban, en 1699, sur la «Navigation des rivières.» On y trouvera quelques détails complémentaires sur les rivières ou ruisseaux dont il va être parlé dans ce chapitre préliminaire.

[2] Sur les travaux commencés au temps de Colbert pour rendre la rivière d'Aube navigable depuis Magnicourt jusqu'à la Seine, voir les *Canaux de navigation*, par La Lande (1778), p. 278 et 279; les *Études historiques sur l'administration des voies publiques en France aux XVIIe et XVIIIe siècles*, par E.-J.-M. Vignon (1862), t. I, p. 106, et t. II, p. 89; et les *Lettres, instructions et mémoires de Colbert*, publiés par P. Clément (1868), t. IV, p. 412 et 421. Un dossier des années 1664-1791 est conservé aux Archives nationales, F¹⁴ 1188.

[3] En 1655, l'ingénieur Hector Boutheroue de Bourgneuf avait obtenu la concession des travaux de canalisation à faire sur la Seine et sur ses affluents immédiats ou

Bray, à Montereau, à Melun, à Corbeil, et s'être enrichie dans son cours de deux grosses rivières, la Marne et l'Yonne, elle entre à Paris, sépare la ville en deux, en sort, passe au pied de Meudon, à Saint-Cloud, Argenteuil, Saint-Germain, Maisons, et trouve, à cinq lieues au-dessous, la rivière d'Oise, qui se joint à elle. Elle suit son cours par Poissy, Triel, Meulan et Mantes, sort de la généralité au petit pont de Blaru, à quatre lieues au-dessous de Mantes, entre en Normandie, passe à Rouen, et va se jeter, à dix-huit lieues de là, dans la mer, au lieu nommé Honfleur, proche du Havre-de-Grâce, après avoir fait depuis Rouen un circuit d'environ quarante lieues.

L'Yonne a sa source dans la généralité, à deux lieues au-dessus de Château-Chinon, ville capitale du Morvand, qui est un siège d'élection de la généralité de Moulins qui fait enclave dans l'élection de Vézelay. Elle commence à être navigable à Cravant, qui est un port considérable situé à quatre lieues au-dessus de la ville d'Auxerre[1]. Cette rivière traverse l'élection de Vézelay, passe à Corbigny, Clamecy, Cravant, Auxerre, Joigny, Villeneuve-le-Roy, Sens et Pont-sur-Yonne. Elle se jette dans la Seine au-dessous des ponts de Montereau, qu'on nomme à cause de cette jonction Montereau-faut-Yonne. L'étendue de son cours, depuis sa source jusqu'à Montereau, est de quarante-deux lieues par terre[2].

La rivière de Marne, qui faisait la séparation des anciens Celtes d'avec les Belges[3], a

médiats, avec la propriété perpétuelle des fonds et tréfonds, et le monopole de la navigation et du flottage pendant une période déterminée. Cet ingénieur et les personnages intéressés à son privilége, M. et Mme de Pomponne, les ducs de la Rochefoucauld, de la Feuillade, de Rouannez, etc., firent de grandes dépenses pour établir l'éclusage entre Nogent-sur-Seine et Troyes; ils purent même, pendant la guerre de 1688, faire passer aux magasins de Nantes et du Havre les chanvres et les fers ou boulets des forges de Châteauvillain (Haute-Marne), et en 1694 on estimait les travaux achevés aux deux tiers; mais les riverains créaient très-souvent des obstacles, et l'établissement de droits sur les transports par eau nuisit beaucoup au développement de ce commerce. Voir les *Lettres de Colbert*, t. IV, p. 417; la *Correspondance des contrôleurs généraux avec les intendants des provinces*, publiée par A. M. de Boislisle (1874), t. I, n°s 428 et 1442, et Vignon, *loc. cit.*, t. I, p. 108. En 1703, les ayants droit du premier concessionnaire obtinrent une nouvelle prolongation de vingt ans. (La Lande, *loc. cit.*, p. 273 et suiv.) D'autre part, en 1699, le comte de Roucy présenta un plan pour unir la Seine à la Saône par un nouveau canal allant de Montereau à Gray-sur-Saône, par Nogent, Troyes et Bar-sur-Seine, et le Conseil ordonna de faire une enquête. (Vignon, *loc. cit.*, t. I, pièces, p. 147.) Enfin, il avait été déjà produit un projet, qui se renouvela plus tard, pour la jonction directe de Paris à Saint-Ouen et à l'Oise, et d'autres plans pour établir un canal de Troyes à Paris et de Paris à la mer, et pour amener les navires jusqu'au Louvre. Voyez les détails dans le *Dictionnaire géographique, historique et politique* de l'abbé Expilly (1762), t. VI, p. 746, et surtout dans La Lande, p. 284, 290, 295 et suiv. Un grand nombre de dossiers relatifs à la navigation de la haute Seine sont conservés aux Archives nationales; nous nous bornerons à en indiquer quelques-uns : F¹⁴ 1210, recueil d'ordonnances, arrêts ou enquêtes faites par ordre du prévôt des marchands, de 1601 à 1758; F¹⁴ 148, 530, 544 et 1211, pièces et plans de 1676-1763, 1752, 1782 et 1783; F¹⁴ 183, travaux pour la navigation de la Seine et de la Marne, 1770-1780; H 2908-2910, comptes du sieur des Essarts, directeur de l'entreprise de la navigation sur la Seine, la Marne et l'Aube au-dessus de Nogent, 1702-1707; F¹⁴ 1211, coches et messageries sur la Seine, 1736-1791; F¹⁴ 691, projet de canal de Paris à Dieppe, 1776-1791; F¹⁴ 690, projet de canal de Paris à Saint-Denis, 1784-1786, etc.

[1] Sur la navigation de l'Yonne, voir La Lande, p. 373 et 374, et le Mémoire de la généralité de Bourgogne.

[2] Aujourd'hui ce cours est évalué à 273 kilomètres.

[3] *Matrona... Gallos Belgasque intersita fines.* (Ausone.)

sa source au Mont-des-Faucilles, au-dessus de Langres. Elle commence à être navigable à Vitry-le-François, distant de quinze lieues de sa source. Elle passe à Châlons, traverse la généralité de Champagne, entre dans celle de Paris à Saacy, passe à la Ferté-sous-Jouarre, Meaux, Lagny, Gournay, Saint-Maur, et vient se joindre à la Seine à Conflans[1], au-dessous de Charenton, deux lieues au-dessus de Paris[2].

La rivière d'Oise prend sa source à huit lieues au-dessus de Guise, près d'Origny. Elle commence à être navigable au port de Chauny, vingt lieues au-dessous de sa source[3]. Elle traverse la Picardie, passe par Guise, la Fère, Chauny et Ourscamps. Elle entre dans la généralité à une lieue au-dessus de Compiègne, près le village nommé Clairoix, passe à Compiègne, Verberie, Pont-Sainte-Maxence, Creil, Beaumont, Pontoise, et se joint à la Seine à Conflans-Sainte-Honorine, à cinq lieues au-dessous de Paris.

La rivière d'Aisne, qui est considérable, vient perdre son nom et se jeter dans l'Oise vis-à-vis de Clairoix, à une lieue au-dessus de Compiègne[4].

La rivière de Loire communique à la rivière de Seine par le canal de Briare et le canal d'Orléans.

Le canal d'Orléans[5] commence à deux lieues environ au-dessus d'Orléans, à l'endroit nommé Port-Morand[6], et, après avoir traversé par le milieu la forêt d'Orléans et la plaine qui la suit, étant soutenu dans son cours, qui est d'environ dix-huit lieues, par trente écluses, vient joindre ses eaux à la rivière de Loing à un village nommé Spuis[7], à une lieue au-dessous de Montargis. Ensuite la rivière de Loing, traversant l'élection de Nemours, généralité de

---

[1] Conflans-l'Archevêque (Seine).

[2] Sur les travaux dont cette rivière fut l'objet, de 1746 à 1791, voir le dossier F[14] 1305, aux Archives nationales.

[3] En 1698, le marquis de Dangeau proposa au roi «la construction et l'établissement d'un canal commençant proche Charleville, pour joindre la rivière de Meuse à celle de la Seine, par le moyen de la rivière d'Oise, rendue commode et navigable dans les endroits nécessaires.» Cette nouvelle communication devait assurer l'approvisionnement de Paris en marchandises et denrées de tout genre, non-seulement de la France, mais aussi des Flandres, de la Hollande, du pays de Liége, etc. (Arch. nat., G⁷ 512.) Le privilège fut accordé le 19 avril 1698, et tout aussitôt une compagnie entreprit les travaux, que, quelques mois plus tard, Vauban visita et approuva. Il ne s'agissait que d'établir un canal de 12 lieues entre Mézières et Donchery, pour joindre l'Aisne à la Meuse. Des tentatives analogues avaient été faites, soit par le duc de Guise, en 1662, soit par l'intendant de Hainaut, en 1692, mais on n'avait même pas réussi jusque-là à assurer la navigation de l'Oise entre Sempigny et la Fère. (Vignon, *Voies publiques*, t. I, p. 105; P. Clément, *Lettres de Colbert*, t. IV, p. 561; La Lande, *Canaux de navigation*, p. 301 et suiv.) On trouvera des détails sur la navigation et le flottage de l'Oise dans le Mémoire de la généralité de Soissons; et sur les travaux de jonction avec la Sambre et l'Escaut, dans le Mémoire de la généralité d'Amiens, dans les *Canaux de navigation*, p. 302 et suiv., ou dans les *Voies publiques*, t. II, p. 91-94, 315-323.

[4] Sur la navigation de l'Aisne, on aura des détails dans le Mémoire de la généralité de Soissons. Voir aussi les dossiers conservés aux Archives nationales, F[14] 148, 1186, 1187, 1207, et H 1460.

[5] Sur la construction de ce canal et les services qu'il rendit à partir de 1692, voir les documents analysés dans le tome Ier de la *Correspondance des contrôleurs généraux*, n°s 100, 1303, 1309, 1318 note; Vignon, loc. cit., t. I, p. 112, et surtout La Lande, *Canaux de navigation*, p. 351-361. Voir aussi un dossier aux Archives nationales, F[14] 660, années 1741-1791.

[6] Port-Morand, c[ne] Chécy (Loiret).

[7] Ou Buges, c[ne] Corquilleroy (Loiret).

Paris, et une partie de celles de Melun et de Montereau, vient se rendre dans la Seine à Saint-Mammès, un peu au-dessous de Moret. Ce canal a été commencé en l'année 1682, achevé et mis dans sa perfection par les soins de S. A. R. Monsieur[1], en l'année 1692. Les entrepreneurs, par leur traité, doivent en percevoir les droits jusqu'en l'année 1702, à la charge d'en payer pour chaque an à S. A. R. 80,000 ͭͭ; après lequel temps S. A. R. entrera en possession des droits et en fera auxdits entrepreneurs 15,000 ͭͭ de rente foncière assignée sur le canal, rachetable de 300,000 ͭͭ.

Le canal de Briare tire son nom de la ville de Briare, où il commence, qui est à dix-huit lieues au-dessus d'Orléans. Il fut commencé en l'année 1606[2]. L'entrepreneur se nommait Crosnier, qui mourut avant que ce grand ouvrage fût achevé. Il ne fut mis à sa perfection qu'en l'année 1642. Ce canal prend son cours par un chemin plus droit et plus court que celui d'Orléans; il a douze lieues de longueur de cavation, et quarante et une écluses jusqu'à Montargis, où il se joint à la rivière de Loing. Depuis Montargis jusqu'à la Seine, la navigation ne se fait que par des pertuis, qui causent souvent des naufrages; elle pourrait être rendue beaucoup plus commode, si, au lieu de pertuis, on y faisait des écluses : ce serait une continuation du canal d'Orléans et de celui de Briare jusqu'à la Seine, ce qui a été proposé, et pas encore exécuté[3].

On n'estime pas devoir parler ici de l'utilité de ces deux canaux, ni du dommage que les intéressés au canal de Briare prétendent avoir souffert par l'établissement de celui d'Orléans; ce discours regarde plutôt la généralité d'Orléans que celle de Paris. On croit qu'il suffit d'observer que, par ces deux canaux, la rivière de Loire communique à la rivière de Seine, et que, par cette communication, la rivière de Seine amène à Paris tout le commerce des mers de l'Océan et de la Méditerranée : celui de l'Océan, qui se fait dans les provinces de Bretagne, Anjou, Poitou, Touraine et Orléanais, en remontant la rivière de Loire, et celui de la Méditerranée, qui se fait dans les provinces de Languedoc, Provence, Dauphiné et Lyonnais, en la descendant depuis le port de Roanne, qui est à douze lieues de distance de la ville de Lyon[4].

PETITES RIVIÈRES.

Outre ces quatre fleuves qui arrosent la généralité de Paris, il y a plusieurs autres pe-

---

[1] Philippe de France, dit *Monsieur*, duc d'Orléans (1640-1701), fils de Louis XIII, frère cadet de Louis XIV et père du Régent. — Le canal fut construit par l'ingénieur J.-B. de Regemorte, sous la direction du célèbre hydraulicien le P. Sébastien Truchet.

[2] Au lieu de 1606, lisez : 1604 ou 1605. Le premier entrepreneur, Hugues Crosnier, était appuyé par Sully; mais le travail ne tarda pas à être abandonné, «comme impossible ou très-difficile à achever et à fournir de la quantité d'eau nécessaire pour la navigation, à cause de la situation inégale et montueuse du pays.» Jacques Guyon et Guillaume Boutheroue le reprirent en 1638, et le terminèrent en 1642. Voir la description du canal et les pièces officielles dans les *Canaux de navigation*, de La Lande, p. 329-351; cf. Pap. Masson, *Descriptio fluminum Galliæ*, p. 191-193; Dutens, *Histoire de la navigation intérieure de la France*, t. I, p. 85, et Vignon, *Voies publiques*, t. I, p. 62 et 105. Ce sujet sera aussi traité dans le Mémoire de la généralité d'Orléans. On conserve aux Archives nationales, F¹⁴ 168 et 660, deux séries de dossiers, des années 1737-1740 et 1741-1791.

[3] Le canal latéral du Loing ne fut fait qu'en 1716-1724, par Regemorte, qui avait construit celui d'Orléans (La Lande, p. 361-370). Sur le même canal, de 1741 à 1791, voir un dossier aux Arch. nat., F¹⁴ 660.

[4] Voyez plus loin, p. 11, ce qui est dit d'une tentative de canalisation entre la Loire et la Seine, par Pithiviers et la rivière d'Étampes.

tites rivières navigables et non navigables qui y affluent[1].

L'utilité et la commodité qu'en reçoivent les villes et les pays où elles naissent et par où elles passent, et le dessein qu'on se propose de donner une juste connaissance de l'état des lieux, ne permettent pas de les passer sous silence; c'est pourquoi, pour les mieux faire comprendre, on les mettra par élection dans les lieux où elles se trouvent[2].

ÉLECTION DE PARIS.

Outre les rivières de Seine et de Marne, qui traversent l'élection de Paris, il y a encore plusieurs autres petites rivières qui l'arrosent.

La rivière de Bièvre, autrement dite des Gobelins, est formée de deux sources proches l'une de l'autre qui sont au bord du bois de Satory, près Versailles; elles se joignent, puis se séparent, et, après avoir fait une petite île, elles se rejoignent un peu au-dessous de ce bois, et leur jonction forme cette rivière. Elle passe à Vauboyen, les Roches, Bièvre, d'où elle prend son nom, à Igny, Amblainvilliers, Antony, Berny, Arcueil, Gentilly, et, à l'entrée de Paris, elle se divise en deux bras, qui se rendent tous deux dans la Seine[3]. L'un de ces bras passe aux Gobelins; ses eaux servent à y faire les belles teintures d'écarlate qui sont en réputation par toute l'Europe; on en porte en Asie, même jusque dans la Chine, et ces belles étoffes sont en admiration partout[4].

La rivière d'Orge prend sa source à Sainte-Mesme, dans la forêt de Dourdan. Elle passe à Roinville, Sermaise, Jouy et Châtres, où la rivière nommée Remarde, qui a sa source à Clairefontaine, dans la forêt de la Haye, se joint à elle, après avoir passé à Morsang, le Val-Saint-Germain et Folleville. Depuis cette jonction, la rivière d'Orge suit son cours par Saint-Eutrope, Saint-Michel-sur-Orge, Guipéreux et Villemoisson, où la rivière d'Yvette, qui a sa source à Yvette, au-dessus de Chevreuse, se joint à elle, après avoir passé près de Chevreuse et de l'abbaye de Gif, à Villebon et à Saint-Éloi. Un peu au-dessous de Villemoisson, la rivière d'Orge se sépare en deux bras, dont l'un se jette dans la Seine à Châtillon, et l'autre un peu au-dessous, près Ablon.

La petite rivière qui passe à Saint-Denis se nomme la rivière de Crould. Elle a sa source

---

[1] «Au reste, ajoute ici Boulainvilliers dans son analyse du Mémoire, quoiqu'il paraisse en général qu'il n'y ait rien de plus utile au commerce que de rendre les rivières navigables, et que nous ayons pour règle à ce sujet l'exemple de nos plus proches voisins, en Flandre, Hollande et Angleterre, on peut dire qu'il y a une fatalité singulière à l'égard de la France, qui anéantit de manière ou d'autre tout ce qu'on entreprend sur de semblables sujets, soit par le refus des secours qu'il faudrait donner aux entrepreneurs, soit par l'excès des impôts dont on charge la navigation, quand les ouvrages sont achevés, comme il est arrivé à l'égard des canaux d'Orléans et de Briare, et même à celui de la jonction des deux mers, en Languedoc.»

[2] Nous devons faire observer que le cours des petites rivières semble généralement avoir été réduit, d'un sixième au moins, par le rédacteur de cette partie du Mémoire.

[3] Sur la rivière des Gobelins, voir un dossier conservé aux Archives nationales, F[14] 183.

[4] C'était une des industries qui se pratiquaient dans la célèbre manufacture fondée en 1667 pour la fabrication des tapisseries à sujets et l'exécution de tous les meubles nécessaires aux maisons royales. La tradition était que l'emploi de la cochenille y avait été introduit, sous François Ier, par le teinturier Gilles ou Jean Gobelin, dont le nom était resté à la fabrique, au quartier et à la rivière. Voy. l'article de la Bièvre, dans Papire Masson, qui avait épousé une descendante du premier Gobelin, p. 212-217.

près Louvres-en-Parisis. Elle passe à Goussainville, Vaud'herland, Gonesse, où elle sert à faire le pain si renommé pour sa bonté qui fait la provision de Paris; ensuite elle passe à Bonneuil. Dans son cours, plusieurs autres petites rivières ou ruisseaux se joignent à elle, dont l'une, nommée Hazaray[1], a sa source près le Tremblay, passe à Villepinte, Aulnay et Pontiblond, et se joint à la rivière de Crould un peu au-dessous d'une autre petite rivière nommée Rosne, qui a sa source près Moisselles, passe à Ézanville, Sarcelles, Arnouville, et se joint à la rivière de Crould près de Dugny. La rivière de Crould se jette ensuite dans la Seine un peu au-dessous de Saint-Denis. Dans son cours, elle fait valoir vingt-trois moulins, qui sont de grand revenu, savoir : un à Goussainville, trois au Thillay, cinq à Gonesse, deux à Bonneuil, deux à Arnouville, trois à Dugny, deux à Stains, et cinq à Saint-Denis.

ÉLECTION DE SENLIS.

Outre la rivière d'Oise, qui passe dans l'élection de Senlis, il y a la petite rivière de Nonette[2], qui prend sa source à Nanteuil-le-Haudouin, en Valois. Elle passe à Senlis, à Chantilly, et se jette dans l'Oise au-dessous de Gouvieux, à trois lieues au-dessous de Senlis.

Et la Bresche, autre petite rivière, qui a sa source à Bulles, passe au-dessus de Clermont, à Liancourt, et se rend dans l'Oise entre les paroisses de Nogent et Villers-Saint-Paul, un peu au-dessus de Creil.

ÉLECTION DE COMPIÈGNE.

Outre la rivière d'Oise, dont il a été parlé ci-dessus, qui passe à Compiègne, il y a dans l'élection deux petites rivières : l'Aronde et l'Automne.

La rivière d'Aronde[3] prend sa source à Montiers, élection de Clermont, généralité de Soissons. Elle entre dans l'élection de Compiègne à Montmartin, passe à Monchy, Braisne, Coudun et Clairoix. Elle se jette dans l'Oise un peu au-dessous de Clairoix.

La rivière d'Automne[4] prend sa source à Pisseleux, entre Villers-Cotterets et la forêt, du côté du midi. Elle forme les étangs de Berval et de Poudron, passe ensuite à Béthancourt, Orrouy, Béthisy, Saint-Vaast, et se jette dans l'Oise proche de Verberie.

Il y a plusieurs moulins sur ces deux rivières, qui servent à la mouture des blés pour la fourniture du pays et lieux circonvoisins.

ÉLECTION DE BEAUVAIS.

La rivière du Thérain est composée de deux ruisseaux qui prennent leur source, l'un au village de Grumesnil, vers Neufchâtel, élection d'Amiens, l'autre entre les paroisses d'Omécourt et Saint-Deniscourt, élection de Beauvais, distantes l'une de l'autre de deux lieues. Ces deux ruisseaux se joignent à Milly, au-dessus de Beauvais, et forment la rivière du Thérain, qui passe à Beauvais. Elle traverse toute l'élection, continue son cours sur quinze lieues environ, arrose quarante paroisses, et va

---

[1] Les manuscrits donnent le nom d'Hazaray ou Hazoray à cette petite rivière, qui, sur les cartes du temps, s'appelle les Rideaux (aujourd'hui la Reide-Eau) dans sa première partie, puis le Sausset et la Morée, ou la rivière de Pontiblond.

[2] Ou Nonette.
[3] Le *Dictionnaire des Postes* donne l'orthographe *Aronde*.
[4] Ou Authone, anciennement *Autonne*.

se rendre dans la rivière d'Oise à Montataire, un peu au-dessous de Creil[1].

ÉLECTION DE PONTOISE.

Outre la rivière d'Oise, qui passe dans l'élection, il y a encore deux petites rivières ou ruisseaux, nommés Viosne et Sausseron.

La Viosne prend sa source près d'une maison nommée Viosne, au-dessus des étangs de Bachaumont, qui sont dans la paroisse de la Villetertre, élection de Chaumont-en-Vexin, à cinq lieues de Pontoise.

La rivière de Sausseron prend sa source à Theuville, hameau de la paroisse d'Haravilliers, élection de Pontoise.

Ces deux petites rivières font valoir plusieurs moulins à blé dans plus de vingt paroisses de l'élection.

ÉLECTION DE MANTES.

Outre la rivière de Seine, qui traverse l'élection de Mantes, il y a encore la petite rivière de Vaucouleurs, qui a sa source près la paroisse de Millemont. Elle passe à Orgerus, Septeuil, Rosay, Vert, où, après un cours de trois lieues, elle se partage en deux; l'un des bras passe dans Mantes-la-Ville, et l'autre passe un peu au-dessous. Ils se jettent tous deux dans la Seine aux portes de Mantes, à cinq cents pas de distance. Cette rivière fait valoir trois moulins à blé et à tan, et une tannerie à Mantes.

ÉLECTION DE MONTFORT.

Il y a dans l'élection de Montfort la rivière de Vègre, qui prend sa source vers le milieu de la forêt de Montfort. Elle passe à Houdan, Berchères, Rouvres, Boncourt, et se jette dans la rivière d'Eure au-dessous d'Ivry, proche d'Anet, après un cours de sept à huit lieues[2]. Cette petite rivière fait tourner plusieurs moulins.

Il y a encore une petite rivière de Mauldre, qui a diverses sources à Garancières, aux Mesnuls, près Montfort, à Haute-Bruyère, à Maurepas et à Élancourt. Elle passe près de Pontchartrain. Ensuite ces ruisseaux se joignent ensemble à Neauphle-le-Vieux et forment la rivière de Mauldre. Elle passe à Beynes, Montainville, Mareil-sur-Mauldre, à Maule, à Aulnay, à Nézel, et se jette dans la Seine vis-à-vis de la paroisse d'Aubergenville, après un cours d'environ six lieues. On a proposé de la rendre navigable depuis Neauphle jusqu'à la Seine, pour le débit des bois de la forêt de Montfort et la conduite des sels jusqu'à Neauphle. On est après à examiner la dépense et l'utilité de ce travail[3].

---

[1] On trouvera des plans pour la navigation du Thérain dans le Mémoire de la généralité de Soissons; il en est parlé dans les *Canaux de navigation*, de La Lande, p. 302.

[2] On compte aujourd'hui 45 kilomètres.

[3] Ce fut en août 1698 que le duc de Chevreuse proposa de rendre cette petite rivière navigable et flottable sur un cours de 5 lieues environ. Il fallait en augmenter la largeur de 4 toises, la profondeur de 4 pieds, faire des chaussées sur les bords, et construire douze écluses et quatorze ponts; la dépense était évaluée à près de 300,000ʰ. En retour de cette avance, M. de Chevreuse demandait que le roi lui cédât à perpétuité les fonds et tréfonds, avec pouvoir de traiter ou d'exproprier sur estimation d'experts; qu'on lui assurât le monopole de la navigation, et que la rivière, avec une bordure d'une toise de chaque côté, fût érigée en fief mouvant du duché de Chevreuse. (Arch. nat. Papiers du Contrôle général, G⁷ 429.) Un arrêt fut rendu en conséquence, mais Saint-Simon nous dit à quoi aboutit cette entreprise : «M. de Chevreuse creusa un canal depuis ses forêts de Montfort et de Saint-Léger jusqu'à Mantes, avec des frais infinis et des dédommagements immenses aux riverains, pour porter ses bois jusqu'à la Seine, à bois perdu, dans lequel canal il n'a jamais coulé un muid d'eau.» (*Mémoires de Saint-Simon*, éd. de 1873, t. VII, p. 277; cf. t. IX, p. 382.)

ÉLECTION DE DREUX.

La rivière d'Eure traverse l'élection de Dreux. Elle prend sa source dans les étangs de Longni, de la province du Perche; passe à Pontgouin, où on a divisé son cours pour en faire passer une partie sur l'aqueduc de Maintenon. Elle passe ensuite à Courville, Chartres, Maintenon, Nogent-le-Roi, Chérisy, Anet, Ivry, Pacy et Louviers, et va se jeter dans la Seine près le Pont-de-l'Arche, en Normandie, après avoir arrosé environ quarante-cinq lieues de pays. Elle commence à être navigable à Maintenon, et ne l'est que par écluses dans tout son cours[1].

Il passe à Dreux une autre petite rivière qui se nomme la rivière de Blaise. Elle va se jeter dans la rivière d'Eure, à Fermincourt, à une lieue de Dreux. Elle pourrait être aisément rendue navigable depuis Dreux jusqu'à Fermincourt, parce que, dans cette distance d'une lieue, il y a six moulins dont les concessions n'ont été faites, en l'année 1510, par un comte de Dreux, qu'à la charge de faire des portes à bateaux propres pour la navigation et de les entretenir pour le passage des bateaux. Les portes même ont été faites, et il n'y aurait que la dépense du rétablissement, qui ne monterait qu'à 25 ou 30,000[lt]. Cette rivière étant ainsi rendue navigable, les sels pour la fourniture des greniers de Dreux, de Chartres, Brezolles, Verneuil et l'Aigle, qui ne remontent par la rivière d'Eure que jusqu'à Fermincourt, viendraient jusqu'à Dreux, et tous les vins, blés et autres denrées et marchandises qu'on charge à Fermincourt pour Rouen, se chargeraient à Dreux, ce qui pourrait augmenter le commerce de la ville; mais le profit n'en serait pas bien considérable, n'y ayant qu'une lieue de distance[2].

On ne parle point ici de la rivière d'Avre ou Epte[3], qui fait la séparation de la Normandie d'avec la France, suivant ce vers ancien :

Arva, licet parva, Francorum dividit arva[4],

parce qu'elle regarde la Normandie, y ayant sa source et son cours.

---

[1] Sur l'état de cette navigation en 1698, voyez les deux pièces reproduites ou indiquées dans le tome Ier de la *Correspondance des contrôleurs généraux*, n° 1696. — Des travaux avaient été faits également pour établir un port à Ivry-la-Bataille; M. de Marillac, intendant à Rouen, en écrivait, le 29 mai 1685, au contrôleur général Le Peletier : «Ce travail s'avance autant qu'il est possible. C'est un ouvrage qui m'effraie, tant il est grand et difficile; j'espère qu'en y veillant, nous le mènerons à bonne fin. Il faudra l'année prochaine encore tout entière pour l'achever. Il sera fort utile. Les habitants fourniront 100,000[lt], mais avec peine... En vérité, le peuple est peu accommodé. Quand on entre dans ces détails-là, on est surpris de voir leur faiblesse dans les meilleures maisons. Pour les travailleurs, il faut les payer tous les jours; sans cela ils ne pourraient pas vivre.» (Arch. nat., G⁷ 492.) — En octobre 1704, Mme de Maintenon se fit donner un privilège pour rendre la rivière navigable de Chartres à Pont-de-l'Arche, ainsi que ses affluents. Il existe aux Archives nationales, F¹⁴ 708 et 1195, plusieurs dossiers relatifs à l'Eure et au canal de Maintenon. Voir aussi les *Canaux de navigation*, p. 294 et suiv.

[2] On trouve aux Archives nationales, F¹⁴ 1188, un dossier sur les travaux de la Blaise exécutés en 1787, près de Dreux.

[3] Le rédacteur du Mémoire fait ici une étrange confusion entre deux rivières absolument distinctes, qui l'une et l'autre servaient de limite entre les généralités de Rouen et de Paris, mais sur des points différents. — Sur la navigation de l'Avre (ou Aure), voir un dossier aux Archives nationales, F¹⁴ 1187.

[4] Ce vers est cité comme un dicton vulgaire, par la pire Masson, qui appelle l'Avre *Hadra*, dans la *Descriptio fluminum*, p. 284. Cf. Hadrien de Valois, *Notitia Galliarum*, p. 45. — Les manuscrits du Mémoire faussent le vers par cette transposition : *Arva, parva licet*, etc.

ÉLECTION D'ÉTAMPES.

La rivière d'Essonnes, qui sépare l'élection d'Étampes des élections de Nemours et Melun, prend sa source dans la forêt d'Orléans, au lieu dit Courcelles, un peu au-dessus de Pluviers[1], à la distance de huit lieues au-dessus de la ville d'Étampes. Elle passe à Choisy, Malesherbes, la Ferté-Alais, Essonnes, et va se jeter dans la Seine à Corbeil, à sept lieues au-dessous d'Étampes[2].

Il passe une autre petite rivière à Étampes, qui se nomme la Juisnes, qui prend sa source à quatre lieues au-dessus de ladite ville, à un village nommé Juisnes, paroisse d'Autruy, qui passe par Étampes et se joint à la rivière d'Essonnes, au lieu dit le Bouchet, à quatre lieues au-dessous d'Étampes. La rivière de Juisnes autrefois portait bateaux, qui voituraient à Paris les vins, blés et autres marchandises venant d'Orléans, de la Beauce et d'autres lieux au-dessus. Cette navigation a cessé en 1660 environ, quinze années après l'établissement du canal de Briare[3].

Il y a encore deux petites rivières dans l'élection, nommées Louette et Chalouette. La Louette prend sa source à une lieue au-dessous de Mérinville, à quatre lieues d'Étampes; et la Chalouette a sa source à Moulineux[4], distante de trois lieues d'Étampes. Ces deux rivières se joignent à la Juisnes au-dessous de la ville d'Étampes, et, depuis leur jonction, continuent leur cours jusqu'audit lieu du Bouchet, où elles se joignent à la rivière d'Essonnes.

ÉLECTION DE MELUN.

Outre la Seine, qui passe à Melun, il y a dans l'élection la petite rivière d'École, qui prend sa source à Noisy, passe à Milly, Courances, Saint-Germain-sur-École, et se jette dans la Seine à Ponthierry, après un cours de cinq à six lieues;

Et une autre petite rivière, nommée de Saint-Liesne[5], qui a sa source près Nangis, qui passe à la Chapelle-Gauthier, Blandy, Maincy, où se joint à elle un ruisseau[6] venant de Saint-Germain-Laxis et de Vaux-le-Vicomte. Ensuite cette rivière de Saint-Liesne se jette dans la Seine à Melun.

Ces deux rivières font tourner plusieurs moulins à blé.

ÉLECTION DE NEMOURS.

On a observé ci-dessus[7] que c'est par la rivière de Loing, qui reçoit les eaux des canaux de Briare et d'Orléans, que la rivière de Loire communique à la Seine, et qu'elle traverse l'élection de Nemours. Il reste à marquer que la rivière de Loing prend sa source dans les étangs de Mouliers, à quinze lieues au-dessus de Montargis, et qu'elle se grossit dans son

---

[1] Aujourd'hui Pithiviers, chef-lieu d'arrondissement du département du Loiret.

[2] Sur les travaux de canalisation de l'Essonnes, de 1548 à 1791, voir, aux Archives nationales, les dossiers F¹⁴ 692 et 693.

[3] Sur la navigation de ces diverses rivières, et sur les tentatives ou les études faites par Colbert et le chevalier de Clerville, ou même plus anciennement, en 1634, dans un temps où le projet du canal de Briare était abandonné, voir les *Canaux de navigation*, p. 281-283 et 292-293,
et les *Lettres de Colbert*, t. IV, p. 413. Il avait été question d'amener les eaux de la Juisnes à Versailles, mais on leur avait substitué celles de Trappes.

[4] Chalou-Moulineux, c⁰ⁿ Méréville (Seine-et-Oise).

[5] Cette rivière, qui prenait évidemment son nom du faubourg de Saint-Liesne, à Melun, s'appelle aujourd'hui le ru d'Ancœur.

[6] L'Ancœuil, célèbre par l'élégie de Lafontaine aux *Nymphes de Vaux*.

[7] Voyez p. 5 et 6.

cours des ruisseaux du Lunain, de Cléry, de Bez, de Vésine et de Fusain, qui passent dans l'élection de Nemours, sur lesquels il y a plusieurs moulins à blé.

ÉLECTION DE MEAUX.

Outre la Marne, qui passe à Meaux, il passe encore dans l'élection la rivière d'Ourcq, et celles du Gros et du Petit Morin.

La rivière d'Ourcq prend sa source dans le Valois, au-dessus de la Ferté-Milon, et commence à porter bateaux à Mareuil-la-Ferté[1], généralité de Soissons. Elle entre dans l'élection de Meaux à Neufchelles, passe à Crouy, à Gesvres-Duché[2], et vient se rendre dans la Marne à Villiers-sous-Lizy. On propose de la conduire par un canal jusqu'à Paris, qui commencera au-dessus de Lizy[3].

Les rivières des Gros et Petit Morin seront décrites ci-après, dans l'élection de Coulommiers.

ÉLECTION DE ROZOY.

La rivière d'Yerres traverse l'élection de Rozoy. Elle a sa source à la Fontaine-Pepin, près de Jouy-le-Châtel. Elle passe à Vaudoy, Rozoy, Courtomer, Argentières, Chaumes, Mardilly, Épinay, et à Yerres, d'où elle prend son nom. En ce lieu, un ruisseau[4], venant d'Ozouer-la-Ferrière, se joint à elle. Ensuite elle se jette dans la Seine à Villeneuve-Saint-Georges, après un cours d'environ quinze lieues[5].

Il y a un autre ruisseau nommé l'Yvron, qui sort de l'étang de Rampillon, passe à Tournan, et va se jeter dans la rivière d'Yerres à Chaumes, après un cours d'environ quatre lieues.

ÉLECTION DE COULOMMIERS.

Il passe dans l'élection de Coulommiers deux rivières, le Grand et le Petit Morin.

La rivière du Grand Morin prend sa source près Sézanne-en-Brie, passe à la Ferté-Gaucher, à Jouy-sur-Morin, à Coulommiers, traverse l'élection et une partie de celle de Meaux. Elle commence à porter bateaux à Tigeaux, trois lieues au-dessous de Coulommiers, près la ville de Crécy; passe par l'abbaye du Pont-aux-Dames; ensuite, se divisant en deux bras, l'un va se jeter dans la Marne à Condé[6], et l'autre au-dessous d'Esbly, après un cours de trois lieues depuis Tigeaux.

Le Petit Morin a sa source près Montmirail, et se jette dans la Marne près la Ferté-sous-Jouarre, élection de Meaux.

---

[1] Mareuil-sur-Ourcq (Oise).

[2] Gesvres-le-Duc, c^{ne} Crouy-sur-Ourcq (Seine-et-Marne).

[3] «Cette rivière a été rendue navigable par le moyen des écluses faites depuis peu. S. A. R. Monsieur a fait la dépense, pour le débit des bois de la forêt de Villers-Cotterêts... Sa navigation commence à trois quarts de lieue au-dessus de la Ferté-Milon. On pourrait remonter plus haut, en faisant des écluses au-dessus de Tresmes, comme l'on en a fait au-dessous; mais la dépense serait grande, d'un gros entretien et de peu d'utilité, n'y ayant aucun lieu de commerce.» (*Mémoire de la généralité de Soissons.*) Bien plus anciennement, en 1632, un bourgeois de Paris, Denis de Foltigny, avait obtenu privilége pour «faire porter bateau aux rivières d'Ourcq, Vesle, Chartres, Dreux et Étampes,» moyennant le monopole du transport pendant vingt ans (Vignon, t. I, p. 62 et 101). C'est en 1676 que Riquet, le créateur du canal de Languedoc, et l'ingénieur Mause avaient commencé l'ouverture du canal; ils l'avaient conduit jusqu'à Meaux, mais le travail fut arrêté par la mort de Colbert et par celle de Riquet. (La Lande, *Canaux de navigation*, p. 266 et suiv.)

[4] Le Réveillon.

[5] On évalue aujourd'hui le cours de cette rivière à 88 kilomètres.

[6] Condé-Saint-Libiaire (Seine-et-Marne).

ÉLECTION DE PROVINS.

Il passe dans la ville de Provins les deux petites rivières de Voulzie et Duretin, qui prennent leur source à une lieue au-dessus de Provins; elles se joignent au sortir de la ville, et vont se rendre dans la Seine un peu au-dessous de Bray, à quatre lieues de Provins. Un particulier avait entrepris, il y a environ vingt-cinq ans, de faire un canal pour la rendre navigable, y ayant de l'eau suffisamment; cette entreprise n'a pas réussi, faute de moyens pour fournir à la dépense[1]. Elle serait très-utile pour conduire par eau à Paris les blés de cette élection, qui y croissent en abondance.

ÉLECTION DE NOGENT.

Outre la rivière de Seine, qui traverse l'élection de Nogent, il y a deux petites rivières, qui se nomment l'Ardusson et l'Orvin.

L'Ardusson prend sa source auprès du château de Marigny, passe à l'abbaye du Paraclet, à Saint-Aubin et à Bernières, où elle se jette dans la Seine, après avoir parcouru cinq lieues de pays.

L'Orvin[2] a sa source à Saint-Lupien[3], passe à Souligny, Traînel, et se jette dans la Seine à Villiers-sur-Seine, à six lieues[4] de sa source.

Ces deux rivières font valoir plusieurs moulins à blé.

ÉLECTION DE MONTEREAU.

Outre la Seine et l'Yonne, qui se joignent à Montereau, il y a deux petites rivières dans l'élection, qui se nomment les rivières d'Orvanne et d'Auxence.

La rivière d'Orvanne[5] prend sa source à Saint-Valérien, élection de Nemours, entre dans celle de Montereau à Blennes, vient se rendre dans l'étang de Moret, et, au sortir de cet étang, se joint à la rivière de Loing, au-dessous du château de Ravanne, près le pont de Moret, après un cours de six lieues depuis sa source[6]. Elle fait tourner vingt-quatre moulins à blé et un à foulons, qui sert à la manufacture de Dormelles[7].

La rivière d'Auxence[8] a sa source à Bécherelles, et va se rendre dans la Seine, après un cours de deux lieues, au lieu nommé la Muette[9]. Elle fait tourner dix moulins; elle est remarquable en ce qu'elle va du couchant au levant.

ÉLECTION DE SENS.

Outre la rivière d'Yonne, qui passe à Sens, il y a encore la rivière de Vannes. Elle prend sa source à Fontvannes, élection de Troyes, à neuf lieues de Sens, et se rend dans la rivière d'Yonne, à Sens. En l'année 1639, on a essayé de la rendre navigable; ce travail a été trouvé de difficile exécution, à cause que son lit est d'un terrain mouvant. Depuis un

---

[1] Ce particulier s'appelait Dubuisson de la Moussière, et était un ancien officier d'infanterie; il commença les travaux en 1668, mais 300,000ᴸ furent dépensées en pure perte, et dès 1680 la Voulzie n'était plus navigable. Vauban donna un mémoire sur le canal de Provins, le 7 juin 1700. (La Lande, *Canaux de navigation*, p. 279-281.) Une autre tentative fut faite en 1780, sous les auspices du prince de Salm-Kirbourg, et n'eut pas de suites. (Michelin, *Essais historiques et statistiques sur le département de Seine-et-Marne*, 1838, p. 219.)

[2] *Lorvinus*, dans Papire Masson.
[3] Ou Somme-Fontaine (Aube).
[4] 38 kilomètres de cours.
[5] Ou Ravanne.
[6] 40 kilomètres de cours.
[7] Il sera parlé de cette manufacture au titre de l'Industrie.
[8] Les manuscrits portent : *Eaussence*.
[9] Hameau de la commune de Marolles-sur-Seine (Seine-et-Marne).

an on a repris ce dessein; on est après à examiner s'il pourra réussir[1].

Il y a encore dans cette élection la petite rivière d'Ièpe[2], qui prend sa source à Pouy, passe à Vaulaisant[3], et va se jeter dans la Vannes à Molinons, à deux lieues de sa source, ayant, dans son cours, fait tourner quatre moulins.

ÉLECTION DE JOIGNY.

La rivière d'Yonne traverse l'élection de Joigny, comme il a été observé ci-dessus[4], et passe au bas de la ville.

La rivière d'Armançon en traverse une partie seulement, du côté du levant.

Il y a de plus la petite rivière d'Ouanne, qui a sa source au village d'Ouanne, à dix lieues de la ville de Joigny, au midi. Elle passe à Dracy, la Villotte, Grandchamps, Saint-Martin, et se jette dans la rivière de Loing, près la paroisse de Douchy, élection de Montargis.

Il y a encore deux ruisseaux dans l'élection, nommés le Tholon et l'Ocre[5], qui fournissent des pâturages et font valoir quelques moulins.

ÉLECTION DE SAINT-FLORENTIN.

Les rivières qui passent dans l'élection de Saint-Florentin sont l'Armançon, l'Armance et le Serain.

La rivière d'Armançon sera décrite ci-après[6] dans l'élection de Tonnerre, qu'elle traverse.

La rivière d'Armance a sa source près la ville de Chaource, élection de Bar-sur-Aube, distante de sept lieues environ de Saint-Florentin. Elle passe à Ervy, à Saint-Florentin, et se jette dans l'Armançon, à cinq cents pas au-dessous de Saint-Florentin.

Ces deux rivières, jointes ensemble, pourraient être rendues navigables avec des écluses, en affermissant le terrain en quelques endroits où il n'est pas solide. On prétend que cette dépense ne serait pas bien considérable[7].

La rivière de Serain sera décrite ci-après, dans l'élection de Tonnerre.

Ces rivières et quelques ruisseaux font valoir dans l'élection trente-six moulins à blé et à tan.

ÉLECTION DE TONNERRE.

La rivière d'Armançon passe dans l'élection de Tonnerre. Elle prend sa source un peu au-dessus de la ville de Semur, province de Bourgogne. Elle ne porte point bateau : on a essayé autrefois de la rendre navigable[8]; cette entreprise n'a pas réussi, parce que cette rivière, dans les crues d'eau, charrie beaucoup de sables qui proviennent des montagnes et comblent son lit, et elle s'en forme un nouveau, ce qui arrive fréquemment. Elle traverse une partie du Tonnerrois, passe à Ancy-le-Franc, à Tonnerre, entre dans l'élection de Saint-Florentin à Dannemoine, passe à Saint-Florentin, où l'Armance, autre petite rivière, se joint à elle, suit son cours par Brienon-l'Archevêque, où on commence à flotter des bois pour Paris, et tombe dans l'Yonne au lieu dit les Roches, à cinq lieues au-dessous de Saint-Florentin et deux au-dessus de Joigny. Feu M. de Louvois[9],

---

[1] C'est cette rivière dont une partie des sources ont été achetées par la ville de Paris, et servent aujourd'hui la rive gauche. La Vannes, qui avait flotté jadis jusqu'à 20,000 stères de bois par an, n'en flottait plus 2,000 en 1863.

[2] Cette rivière porte aujourd'hui le nom d'Alain.

[3] Ancienne abbaye d'hommes, c[ne] Courgenay (Yonne).

[4] Voyez p. 4.

[5] Peut-être le cours d'eau qui s'appelle aujourd'hui le Vrin, le Saint-Vrin, ou le ruisseau de Saint-Vrain.

[6] Voyez ci-contre, 2e colonne.

[7] Voir les plans et mémoires sur la navigation de l'Armance conservés aux Archives nationales, F[14] 1187.

[8] Ces tentatives seront racontées dans le Mémoire de la généralité de Bourgogne.

[9] François-Michel Le Tellier, marquis de Louvois, mi-

qui avait plusieurs terres dans cette élection, la fit sonder pour savoir si elle pourrait être rendue navigable; sa mort a prévenu les desseins qu'il avait sur cette entreprise.

La rivière de Serain traverse pareillement cette élection. Elle a sa source un peu au-dessus d'Avallon, ville de la province de Bourgogne, passe à Chablis, Pontigny, et va se perdre dans l'Yonne à Bonnard, à trois lieues au-dessus de Joigny.

Il y a encore la petite rivière de Laignes, qui prend sa source dans le milieu de Laignes. Elle passe aux Riceys et va se joindre à la Seine au lieu nommé Polizy, une lieue au-dessus de Bar-sur-Seine, pays de Bourgogne. Elle fait tourner plusieurs moulins à blé [1].

ÉLECTION DE VÉZELAY.

Outre la rivière d'Yonne, qui traverse cette élection, comme on l'a observé ci-dessus, il y a encore la petite rivière de Cure, qui prend sa source à l'abbaye de Cure, deux lieues au-dessus de Vézelay, paroisse de Domecy. Elle passe à Pierre-Pertuis, à Saint-Père, à Asquins, au bas de la ville de Vézelay. Au-dessous de cette ville, la petite rivière de Cousin se joint à elle, vis-à-vis de Blannay [2]. Elle suit son cours par Vermenton et se jette dans l'Yonne à Cravant. On a proposé de rendre la rivière de Cure navigable sur un cours de sept lieues, depuis Asquins jusqu'à Cravant; cette proposition a été faite autrefois, et même la permission accordée par le Roi à M. le maréchal d'Albret [3] et à une compagnie qui s'était formée pour cette entreprise, par lettres patentes du mois de juillet 1663. Après un examen et procès-verbal dressé de l'état des lieux, on prétend que l'exécution n'en a pas été bien suivie. M. le marquis de Briquemault [4] et autres parties intéressées ont repris ce dessein; on examine s'il y a lieu d'y entrer et s'il peut réussir [5]. Il serait très-utile pour le flottage des bois qui se conduisent en quantité sur ces petites rivières, jusqu'à la rivière d'Yonne, pour la fourniture de Paris [6].

Il y a encore trois autres petites rivières dans l'élection, nommées Queuson [7], Angaison et Brajanne : ce ne sont que des ruisseaux, servant de même au flottage des bois jusqu'aux rivières d'Yonne et de Cure; et plusieurs petits ruisseaux, qui abondent en ce pays, qui font tourner des moulins et servent aussi au flottage des bois, quand les eaux sont grosses par le secours des étangs qu'on a faits dessus.

---

nistre et secrétaire d'État de la guerre, mort le 16 juillet 1691. Il sera parlé de ses terres de Tonnerre, Ancy-le-Franc, Cruzy, etc., dans le chapitre III, article des Principales terres de l'élection de Tonnerre.

[1] Sur la navigation de ces deux cours d'eau, voir le Mémoire de la généralité de Bourgogne.

[2] Il sera parlé de la navigation de cette rivière dans le Mémoire de la généralité de Bourgogne.

[3] César-Phébus d'Albret, comte de Miossens, maréchal de France en 1653, mort en 1676.

[4] Marc-Auguste, marquis de Briquemault, marié en 1694 à Radegonde d'Orléans-Rothelin.

[5] Le Mémoire de la généralité de Bourgogne donnera des détails sur ces tentatives de navigation.

[6] Voir, sur le flottage de l'Yonne et de ses affluents, un chapitre de Nicolas Delamare, livre V, titre XLVIII, p. 838 et 839, du tome III du Traité de la Police, et les Canaux de navigation, par La Lande, p. 373 et 374. Le Mémoire de la généralité de Moulins dit que l'invention du flottage sur l'Yonne fut trouvée par le père du marquis de la Tournelle, qui en profita pour quintupler les revenus de son marquisat. Mais, selon l'Histoire du flottage en trains, par M. F. Moreau (1843), ce flottage était pratiqué dès le XVe siècle, et fut même perfectionné avant Jean Rouvet (1549), à qui le Recueil des eaux et forêts de Saint-Yon (1610) en a fait longtemps attribuer l'honneur.

[7] Alias. Cuzon.

CHAPITRE PREMIER.

DE L'ÉTAT DE L'ÉGLISE DANS LA GÉNÉRALITÉ DE PARIS.

Il y a dans la généralité de Paris deux archevêchés : Paris et Sens, et trois évêchés : Beauvais, Meaux et Senlis.

Le diocèse de Paris s'étend sur les paroisses des élections de Paris pour la plus grande partie, Rozoy en partie, Pontoise en partie, et de Melun sur une paroisse seulement.

Le diocèse de Sens comprend les élections de Sens, Étampes, Melun, Nemours, Provins, Rozoy en partie, Coulommiers en partie, Nogent-sur-Seine en partie, Montereau, Joigny et Saint-Florentin en partie; et, hors la généralité, il s'étend dans celle d'Orléans.

Le diocèse de Beauvais s'étend sur les élections de Beauvais, Compiègne en partie et Pontoise en partie; et, hors la généralité de Paris, dans celles d'Amiens, Soissons et Rouen.

Le diocèse de Meaux a son étendue sur les élections de Meaux, Coulommiers en partie, Rozoy en partie; et, hors la généralité, dans celle de Soissons.

Le diocèse de Senlis n'a dans la généralité que l'élection de Senlis; et, hors la généralité, il s'étend dans celle de Soissons.

On s'est servi de cette division de la généralité par élections[1] pour donner à entendre plus clairement et l'étendue des diocèses et la situation des bénéfices.

La généralité de Paris est composée de vingt-deux élections, dont dix-sept sont distinguées ci-dessus par diocèses. Les cinq autres sont : Mantes, Montfort, Dreux, Tonnerre et Vézelay, qui sont de différents diocèses hors la généralité, savoir : Mantes est partagée entre les diocèses de Rouen, Chartres et Évreux; Montfort est du diocèse de Chartres; Dreux est du même diocèse; Tonnerre est partagée entre les diocèses d'Auxerre et de Langres, et Vézelay est partagée entre les diocèses de Langres et d'Autun. L'élection de Pontoise est partagée non-seulement entre les diocèses de Paris et de Beauvais, mais il y a aussi plusieurs paroisses et la ville qui sont du diocèse de Rouen[2].

---

[1] On appelait *élection* le territoire soumis à la juridiction d'un siége d'élus; l'étendue en avait été bornée à 5 ou 6 lieues, par les ordonnances des 10 juin 1445 et 26 août 1452 (*Ordonnances des rois de France*, t. XIV, p. 238), mais elle était très-variable. Sur l'institution des élus, voir ci-après, chap. III, l'article de la Cour des aides.

[2] La généralité de Paris s'étendait ainsi sur tout ou partie des départements actuels de Seine, Seine-et-Oise, Seine-et-Marne, Oise, Aisne, Eure, Aube, Yonne, Nièvre et Loiret. Entre les anciennes cartes, voir celle de l'Île-de-France et lieux circonvoisins, exécutée vers 1591; celles de Damiens de Templeux et de François de la Hoeye, ainsi que la carte des Postes de 1632; la carte de la généralité de Paris, par Jaillot, dédiée à l'intendant Charron de Ménars, et publiée en 1708. En mai 1715, l'académicien Guillaume de l'Isle fut autorisé par M. Bignon à requérir tous les agents de l'intendance pour l'aider à l'établissement d'une carte particulière des villes, villages et hameaux de la généralité; il avait déjà publié, en 1711, une carte de la prévôté et élection de Paris. Voir d'ailleurs l'énumération des cartes du XVIIe et du XVIIIe siècle donnée par Lenglet-Dufresnoy, dans sa *Méthode pour étudier la géographie*, édition de 1768, t. I, p. 194 et suivantes.

DIOCÈSE DE PARIS[1].

Le diocèse de Paris s'étend, comme il vient d'être observé, sur l'élection de Paris pour la plus grande partie, sur celles de Rozoy et Pontoise en partie, et sur la seule paroisse de Champeaux de l'élection de Melun.

ARCHEVÊCHÉ DE PARIS[2].

L'archevêché de Paris a été érigé en archevêché par le pape Grégoire XV, sur la réquisition du roi Louis XIII, par bulles du 13 novembre 1622. Lors de la vérification qui en fut faite au parlement, la cour mit : «Sans approbation du terme *de motu proprio* y contenu;» et il fut arrêté qu'en pareille rencontre, il serait dit : «Obtenues à la réquisition du roi.» On lui donna pour suffragants Chartres, Meaux et Orléans. C'était, avant ce temps, un évêché suffragant de l'archevêché de Sens. Les évêques de Paris étaient conseillers-nés du parlement et ne cédaient le pas dans les assemblées qu'aux archevêques. Le premier archevêque a été Mre Jean-François de Gondi, grand maître de la chapelle du roi et commandeur de l'ordre du Saint-Esprit.

Le roi a illustré ce siége d'une nouvelle dignité, l'ayant érigé en duché-pairie par lettres patentes données à Versailles, au mois d'avril de l'année 1674, sous le titre de duc de Saint-Cloud, Mre François de Harlay de Champvallon étant archevêque. Lors de sa réception au parlement[3], il ne fut installé que dans le rang de l'érection de sa pairie.

L'apôtre saint Denis a été le premier évêque de Paris[4]. C'est un fait constant et convenu par tous les auteurs; mais le temps de sa mission dans les Gaules pour y établir la foi, et l'opinion que saint Denis, évêque de Paris, soit le même saint Denis d'Athènes et l'Aréopagite, a fait la matière, entre les savants, de longues dissertations et de grandes controverses. Ceux qui ont tenu pour l'affirmative se sont fondés sur le rapport d'Hilduin, abbé de Saint-Denis-en-France, qui vivait au commencement du IXe siècle, lequel a composé, par ordre de l'empereur Louis le Débonnaire, la vie de l'apôtre saint Denis, évêque de Paris. Il rapporte, dans son histoire, sur le témoignage de Visbius[5], auteur supposé, que saint Denis l'Aréopagite, évêque d'Athènes, ayant appris que saint Paul, dont il était disciple, était prisonnier à Rome, quitta la Grèce et son église pour le venir visiter; qu'ensuite, étant

---

[1] Voir le tome VII de la *Gallia christiana* des Bénédictins, l'*Historia ecclesiæ Parisiensis*, par Gérard du Bois, dont le premier volume avait paru en 1690, les deux *Pouillés* de 1647 et de 1767, la *Méthode géographique* de Lenglet-Dufresnoy (1768), t. IV, p. 329-346, et surtout l'*Histoire de la ville et de tout le diocèse de Paris*, par l'abbé Lebeuf (1754). Les documents originaux composant les archives des églises collégiales ou paroissiales, séminaires, abbayes, prieurés, corporations religieuses ou hôpitaux du ressort de l'archevêché de Paris sont déposés en partie, depuis la Révolution, aux Archives nationales, et y forment des fonds décrits dans l'*Inventaire sommaire et tableau méthodique des fonds des Archives*, publié en 1871, col. 439-536.

[2] Voir la carte du diocèse de l'archevêché de Paris, dressée sur les mémoires de Jouvin de Rochefort, trésorier de France, et publiée par N. de Fer, en 1714.

[3] 19 août 1690.

[4] *Gallia christiana*, t. VII, col. 4-13.

[5] Visbius, selon Hilduin, avait écrit une vie de l'Aréopagite au Ier siècle de l'ère chrétienne; mais Launoy, dans son étude *De Areopagiticis Hilduini* (1641), prouva que Visbius n'avait pas existé. Voyez aussi Félibien, *Histoire de l'abbaye de Saint-Denys-en-France* (1706), p. 74 et suivantes.

demeuré à Rome, il fut envoyé par le pape Clément Ier dans les Gaules pour y annoncer la foi; qu'il vint à Paris avec Rustique et Éleuthère; qu'il fonda l'église de Paris dans le Ier siècle, et que, travaillant à répandre les lumières de l'Évangile, le préfet Fescenninus l'aurait fait arrêter avec ses compagnons; qu'ils auraient signé de leur sang la doctrine qu'ils avaient prêchée, et auraient souffert le martyre. Ce récit, mêlé de faits incertains et éloignés de la vérité, a été rejeté par les plus savants critiques de notre temps.

L'opinion contraire est fondée sur le sentiment de Sulpice-Sévère, auteur du IVe siècle, et sur le rapport de Grégoire de Tours, écrivain du VIe. Sulpice-Sévère, dans le second livre de son histoire, nous apprend qu'il n'y a point eu de martyre dans les Gaules avant la cinquième persécution, qui fut excitée sous l'empereur Marc-Aurèle, vers l'an de Jésus-Christ 177, la religion ayant été longtemps à s'établir en deçà des Alpes : *Sub Aurelio, Antonini filio, persecutio quinta agitata, ac tum primum intra Gallias martyria visa, serius trans Alpes Dei religione suscepta*[1]. L'histoire de Grégoire de Tours (liv. Ier, ch. XXVIII[2]) rapporte, sur les anciens actes de la passion de saint Saturnin, que saint Denis a fondé l'église de Paris avec Rustique et Éleuthère, sous l'empire de Décius, vers l'an 250, et que ces saints ont soutenu leur prédication par l'effusion de leur sang. Les autres monuments de l'antiquité sont conformes aux sentiments de ces deux célèbres auteurs, qui ont été suivis par tous les modernes; c'est pourquoi on peut fixer l'établissement de l'église de Paris vers le milieu du IIIe siècle.

Il y a eu autrefois une célèbre contestation entre le chapitre de Notre-Dame de Paris et les religieux de Saint-Denis, pour savoir si le chef de saint Denis qui est à Notre-Dame est du Corinthien ou de l'Aréopagite; il a été jugé par arrêt qu'il est du Corinthien, et non de l'Aréopagite[3].

Les archives de l'église de Paris comptent cent douze[4] évêques, depuis saint Denis jusqu'à Mgr Louis-Antoine de Noailles[5], qui remplit aujourd'hui ce siége et gouverne ce diocèse avec tant d'édification, de lumières et de sagesse. De ces prélats, plusieurs se sont rendus recommandables, les uns par leur piété, d'autres par leur doctrine, et d'autres par les services qu'ils ont rendus à l'Église; il y en a six que l'Église honore comme saints[6], dix qui ont eu place dans le sacré collége des cardinaux, et quelques-uns qui ont été chanceliers.

Difrois était évêque de Paris, lorsque l'empereur Charlemagne fonda l'Université, qui fut si fameuse dès sa naissance, et qui a conservé et augmenté sa réputation dans la suite des siècles, par les services qu'elle a rendus à la religion et à l'État[7]. Dans une contestation

---

[1] *Historiæ sacræ*, lib. II, cap. 46. Voyez Dom Bouquet, *Recueil des historiens des Gaules*, t. I, p. 573.

[2] Les manuscrits portent l'indication du chap. XXIX; mais ce n'est que le chapitre XXVIII de l'édition de l'*Histoire ecclésiastique des Francs* donnée en 1836, par MM. J. Guadet et Taranne, pour la Société de l'Histoire de France, t. I, p. 60.

[3] Arrêt du 19 avril 1410; Félibien, *Hist. de l'abbaye de Saint-Denys-en-France*, p. 209 et 322-323. Le procès original est conservé aux Archives nationales, LL 1325.

[4] Cent seize, selon la liste donnée par la *Gallia christiana* des Bénédictins.

[5] Évêque de Cahors en 1679 et de Châlons en 1680, archevêque de Paris en 1695, cardinal en 1700, etc.; mort en 1729.

[6] Sept, selon la *Gallia* : saint Denis, saint Marcel, saint Germain, saint Céraune, saint Landry, saint Agilbert et saint Hugues.

[7] La *Gallia* (col. 30) place cette fondation sous l'épiscopat d'Erchenrad Ier, successeur de Difrois; mais l'éru-

qui fut portée au parlement en 1469, entre l'université de Paris et celle de Bourges[1], au sujet de l'établissement de cette dernière, il fut allégué par l'université de Paris qu'elle avait été autrefois à Athènes, qu'ensuite elle avait été transférée à Rome, et que depuis, s'étant donnée à Charlemagne, il la fit venir à Paris.

Pierre Lombard, évêque de Paris en 1159, avait été précepteur de Philippe de France, fils de Louis VI : il se rendit fort célèbre par sa profonde érudition.

Guillaume d'Auvergne lui succéda[2], qui fut fort savant dans les lettres sacrées et profanes : ce fut lui qui, dans une assemblée de docteurs tenue chez les Jacobins, en l'année 1238, fit condamner la pluralité des bénéfices.

Dans ce temps-là fut fondée la Sorbonne, en l'année 1252[3], par Robert de Sorbon, aumônier du roi saint Louis, chanoine de l'église de Paris.

Sous l'épiscopat de Guillaume Baufeti[4], en 1304, le roi Philippe le Bel fonda le collége de la maison de Navarre.

Aimery de Maignac, cardinal et évêque de Paris, assista, avec les grands du royaume, au parlement de 1375, où le roi Charles le Sage tint son lit de justice et fixa à quatorze ans la majorité des rois de France.

Le cardinal du Bellay[5], évêque de Paris, ne borna pas ses soins au gouvernement de son église; il n'oublia rien, sous les ordres de François Ier, roi de France, pour contenir Henri VIII, roi d'Angleterre, dans l'unité de la foi. L'histoire remarque que si à Rome on avait suivi les sages conseils de ce cardinal, l'Angleterre serait encore aujourd'hui soumise au Saint-Siége.

Il y a eu, depuis l'érection, six archevêques de Paris, savoir : en 1623, Mre Jean-François de Gondi, qui a été le premier archevêque; en 1654, Mre Jean-François-Paul de Gondi, cardinal de Retz; en 1664, Mre Pierre de Marca, qui a été nommé seulement, et n'a jamais pris possession; en 1664[6], Mre Hardouin de Péréfixe; en 1671, Mre François de Harlay de Champvallon, premier duc et pair; en 1695, Mre Louis-Antoine de Noailles, duc et pair.

Anciennement[7] l'archevêque de Paris n'avait aucune juridiction dans le faubourg Saint-Germain; il était entièrement soumis à celle de l'abbé de Saint-Germain. M. de Péréfixe, archevêque de Paris, en l'année 1668, prétendit que ce faubourg devait être sujet à la juridiction ordinaire, comme le reste de la ville de Paris : cette prétention fit la matière d'un procès entre lui et l'abbé de Saint-Germain, qui fut terminé par transaction, par laquelle la juridiction de tout le faubourg Saint-Germain fut assujettie à la juridiction de l'archevêque, et celle de l'abbé de Saint-

---

dition a fait justice de ces origines fabuleuses et prouvé que le rôle de Charlemagne fut seulement de rétablir ou de soutenir les écoles monastiques et épiscopales, seuls lieux d'étude qu'on connaisse antérieurement au XIe siècle.

[1] Voyez du Boulay, *Historia Universitatis Parisiensis*, t. V, p. 689 et 690.

[2] Guillaume, dit d'Auvergne, né à Aurillac, ne monta sur le trône épiscopal qu'en 1228, et ne fut que le sixième successeur de Pierre Lombard.

[3] Vers 1250, sous l'épiscopat de Renaud de Corbeil.

[4] Guillaume de Baufet, dit d'Aurillac. La fondation du collége de Navarre se place sous cet épiscopat ou sous celui de Simon Matifas de Bucy, qui l'avait précédé.

[5] Jean du Bellay, évêque de Bayonne, nommé au siége de Paris le 20 septembre 1532, mort à Rome en 1560.

[6] L'un et l'autre furent nommés en 1662, et non en 1664, comme le disent les manuscrits; il est vrai que Mgr de Péréfixe ne prit possession qu'en avril 1664.

[7] Sur la juridiction temporelle, voyez la préface du *Cartulaire de l'église Notre-Dame de Paris*, publié par Guérard, en 1850, dans la collection des *Documents inédits sur l'histoire de France*, t. I, p. LXXVII et suiv.

Germain fut restreinte *inter claustra*, à charge et condition que le prieur de l'abbaye de Saint-Germain serait et demeurerait vicaire général né de l'archevêché de Paris. Cette transaction fut homologuée par arrêt du parlement, et depuis confirmée par lettres patentes du 8 avril 1669.

La juridiction de l'archevêque est l'Officialité, qui est composée d'un official, un promoteur et un greffier, laquelle a son étendue sur tout le diocèse de Paris.

L'archevêque a une autre justice, appelée la Temporalité, qui est exercée par un juge qui connaît des appellations des jugements et sentences rendus en matière civile par les officiers des justices dépendant du temporel de l'archevêché [1].

L'archevêché de Paris a à présent quatre évêchés suffragants, qui sont : Meaux, Chartres, Orléans et Blois.

Blois a été nouvellement démembré de l'évêché de Chartres et érigé en évêché en l'année 1698 [2], par le pape Innocent XII, à la réquisition du roi, et a été donné pour suffragant à l'archevêché de Paris. Pour indemnité de ce démembrement et d'autres distractions qui ont été faites, il a été uni à l'évêché de Chartres l'abbaye de Joyenval, proche Saint-Germain-en-Laye, qui vaut 10,000ᵗᵗ de rente. Ce bénéfice est du diocèse de Chartres [3].

De ces quatre évêchés, il n'y a que celui de Meaux qui soit de la généralité de Paris.

Cet archevêché est divisé en sept doyennés, non compris la ville, faubourgs et banlieue de Paris, savoir : les doyennés de Montmorency, de Chelles, du Vieux-Corbeil, de Lagny, de Champeaux, de Montlhéry et de Châteaufort. Il est composé de vingt-trois chapitres, dont il y en a treize dans la ville de Paris [4]; trente et une abbayes, dont il y en a quatre d'hommes, compris celle de Saint-Magloire, unie à l'archevêché, et six de filles, dans Paris; soixante-six prieurés, dont onze dans la ville, faubourgs et banlieue de Paris; cent quatre-vingt-quatre monastères et communautés séculiers et réguliers, dont il y en a cent vingt-quatre dans la ville, faubourgs et banlieue de Paris; quatre cent soixante-quatorze cures, dont cinquante-neuf dans la ville, faubourgs et banlieue; deux cent cinquante-six chapelles, dont quatre-vingt-dix dans la ville, faubourgs et banlieue de Paris, non compris celles de l'église Notre-Dame ; trente-quatre maladeries [5], dont cinq dans la ville, faubourgs et banlieue de Paris.

---

[1] Ici, Piganiol de la Force, après avoir reproduit textuellement presque tout ce qui précède (*Description historique de la ville de Paris*, édition de 1765, t. I, p. 62 et 63), énumère les neuf fiefs qui dépendaient de l'archevêque, dans Paris : de la Trémoille (rue des Bourdonnais), du Roule, de la Grange-Batelière, des Rosiers, d'Outre-Petit-Pont, de Tirechappe, de Thibaud-aux-Dés, des Tombes et de Poissy.

[2] Cette érection, décidée en septembre 1692, se fit, non pas en 1698, mais en juillet 1697, et Mᵍʳ David-Nicolas de Bertier, nommé par le roi depuis le 22 mars 1693, mais préconisé seulement le 4 juin 1697, fut sacré le 15 septembre suivant. Il ne fit son entrée solennelle que le 26 juin 1698, et occupa le siége jusqu'à sa mort, 20 août 1719. Son évêché fut composé des archidiaconés de Blaisois, Vendômois et Dunois, le tout comprenant 20 lieues de circuit, cent quatre-vingt-douze paroisses et quatre-vingt mille habitants, sans compter la ville même de Blois. Voyez le Mémoire de la généralité d'Orléans, dont cet évêché faisait partie, la *Gallia christiana*, t. VIII, col. 1343 et suiv., et le *Journal de Dangeau*, t. IV, p. 176.

[3] Cette union se fit en 1697. (*Gallia christiana*, t. VIII, col. 1333 et 1339.)

[4] Il n'y en avait plus que douze au xviiiᵉ siècle.

[5] Établissements charitables de tout genre : «*Orphanotrophia, xenodochia, nosoconia et ptosedochia* 34, *quæ excipiunt omnis sexus, ætatis, conditionis, morbo, paupertate, orbitate afflictos.*» (*Gallia christiana*, t. VII, col. h.)

DIOCÈSE DE PARIS.

Cet archevêché a de revenu 100,000ᴸᵗ[1].

CHAPITRES DE LA VILLE DE PARIS.

ÉGLISE DE PARIS[2].

Le chapitre de l'église de Notre-Dame de Paris[3] est le plus considérable du royaume, moins par le grand nombre de ses bénéfices et de leur revenu que par le mérite et la distinction de la plupart des ecclésiastiques qui le composent. Il y a huit dignités, qui sont :

1. Le doyenné, qui a une prébende jointe, qui est possédé par M. de Bonguéret[4] ; il a le double de revenu d'un chanoine.

2. La chantrerie, qui a de même un canonicat joint et le double d'une prébende ; c'est M. Joly[5] qui en est revêtu.

3. Le grand archidiaconé de Paris : M. Ameline[6].

4. L'archidiaconé de Josas : M. de la Barde[7], président aux enquêtes.

5. L'archidiaconé de Brie : M. l'abbé de la Roche[8].

6. La sous-chantrerie : M. Petitpied[9], ancien conseiller au Châtelet, docteur de Sorbonne.

7. La chancellerie : M. Pirot[10], docteur de Sorbonne.

8. Et la dignité de pénitencier, qui est possédée par M. Le Chapellier, grand maître du collége Mazarin[11].

Et cinquante et un canonicats, qui valent depuis 1,500ᴸᵗ jusqu'à 2,500ᴸᵗ de revenu.

Outre ces dignités et canonicats, il y a six vicaires perpétuels, sous les titres de Saint-Maur-des-Fossés, Saint-Denis-de-la-Chartre[12].

---

[1] L'*Almanach royal* de 1741 porte le revenu à 130,000ᴸᵗ. — Ces deux derniers paragraphes sont presque exactement reproduits, en abrégé, dans la légende de la carte de 1714 indiquée plus haut. Ils se retrouvent également dans Piganiol de la Force (t. I, p. 64), qui porte le revenu à 140,000ᴸᵗ.

[2] Voyez la seconde partie de la préface du *Cartulaire de l'église Notre-Dame de Paris*, et deux dossiers des Papiers Florimond, aux Archives nationales, K 1245, n°ˢ 1 et 3.

[3] *Ibidem*, p. xcix et suiv.

[4] Jean-Baptiste de Bonguéret le Blanc, abbé de Notre-Dame de Miseray, prieur de Sainte-Honorine de Conflans, doyen de Notre-Dame en 1679, mort en 1702.

[5] Claude Joly, qui fut soixante-dix-neuf ans chanoine, vingt-neuf ans chantre et cinq ans official, s'occupa d'histoire ecclésiastique et d'histoire profane ; on trouve la liste de ses ouvrages dans Moréri et dans le P. Nicéron. Il mourut à quatre-vingt-treize ans, le 15 janvier 1700, léguant au chapitre sa bibliothèque, où l'on admirait un manuscrit de Grégoire de Tours en caractères d'une haute antiquité ; mais le chapitre n'ouvrit pas cette bibliothèque au public, comme l'exigeait le testament du chantre. Voyez A. Franklin, *les Anciennes bibliothèques de Paris*, t. I, p. 32-35.

[6] Claude Ameline, prieur de Saint-Jouin, mort le 23 septembre 1708, à soixante-quinze ans, auteur de traités sur la Volonté et sur l'Amour de Dieu.

[7] Denis de la Barde, docteur en théologie et visiteur général de l'ordre des Carmélites, président de la première chambre des enquêtes, mort en février 1709, à l'âge de soixante et onze ans.

[8] Michel de la Roche, docteur de la maison de Navarre, abbé de Clairefontaine, nommé chanoine en 1684 et archidiacre en 1692. Il était aussi prieur de Locmariaquer.

[9] Nicolas Petitpied, auteur d'un livre sur le *Droit et prérogatives des ecclésiastiques dans l'administration de la justice séculière* ; sous-chantre depuis 1698 ; mort en 1705.

[10] Edmond Pirot, chancelier de l'Université, grand vicaire du cardinal de Noailles, professeur royal, abbé d'Hermières, etc., mort le 3 août 1713. On le considérait comme un des plus habiles théologiens de son temps ; ce fut lui qui examina les doctrines de Mᵐᵉ Guyon et les *Maximes des Saints*.

[11] Pierre-Jean Le Chapellier, docteur de Sorbonne. — Le collége Mazarin ou des Quatre-Nations avait été fondé en 1661, par le cardinal Mazarin, pour y élever soixante jeunes gentilshommes des pays nouvellement reconquis.

[12] Les manuscrits portent par erreur : «Saint-Denis-en-France.»

Saint-Victor, Saint-Martin-des-Champs, Saint-Marcel et Saint-Germain-de-l'Auxerrois; et deux vicaires de Saint-Aignan, et une chapelle sous-diaconale de ce nom, qui vaut 800ᴸ.

ANNEXES DE L'ÉGLISE DE PARIS.

Le chapitre de Saint-Jean-le-Rond est composé de huit canonicats, sans dignités, qui valent, de rente, chacun 800ᴸ [1].

Le chapitre de Saint-Denis-du-Pas est composé de douze canonicats, qui valent chacun, de rente, 800ᴸ.

Les annexes de l'église de Paris ne sont qu'un même corps avec le chapitre; ainsi, ce ne sont, à proprement parler, que des communautés ecclésiastiques qui sont soumises au chapitre de Paris.

Il y a dans l'église Notre-Dame cent cinquante chapelles fondées, qui sont de différents revenus, depuis 100ᴸ jusqu'à 1,500ᴸ. Il y en a une qui a 2,000ᴸ de revenu, sous le titre de chapelle de la Vierge; elle est possédée par le doyen d'Autun, qui est de la maison de Rostaing [2]. Les chapelains ont le droit de dire la messe dans l'église Notre-Dame, pour laquelle ils ont une rétribution. Ils sont divisés en deux communautés, l'ancienne et la nouvelle; l'ancienne jouit du droit de *committimus* [3].

Les matines se disent à minuit dans l'église de Paris, parce qu'elle est consacrée sous l'invocation de la Sainte-Vierge enfantant le Messie, qui est l'heure de la naissance de Jésus-Christ.

Le chapitre de Notre-Dame a 180,000ᴸ de revenu, non compris les maisons canoniales, qui sont vendues par le chapitre aux chanoines. Ils ont quatre-vingt-seize minots de sel annuellement, par fondation faite en leur église par le roi Louis XII et Charles, duc d'Orléans.

PRIVILÉGES DE L'ÉGLISE DE PARIS.

Il se trouve dans les archives du parlement une charte du roi Philippe-Auguste, de l'an 1190, par laquelle ce prince confirme tous les droits, priviléges et possessions accordés par le roi Louis le Jeune, son père, et par les rois ses prédécesseurs, à l'église, doyen et chapitre de Notre-Dame de Paris, voulant qu'elle y soit maintenue, sans qu'il y soit donné aucune atteinte. Ces lettres font défense à tous chanoines réguliers ou religieux d'y tenir ou posséder aucune prébende, honneur ou dignité, ni de s'y immiscer en aucune forme ou manière que ce soit [4]. Elles sont scellées du grand sceau de cire verte, sur lacs de soie rouge et verte, suivant l'usage et la coutume de France de sceller de cette façon les édits et les lettres qu'on appelle *chartes*, dont la durée doit être perpétuelle.

Après ces lettres, il s'en trouve d'autres, du roi Jean, du 13 octobre 1350, adressées au sieur de Tancarville, grand maître de son hôtel, par lesquelles il lui est ordonné de faire déloger, si besoin était, du cloître de Notre-Dame plusieurs nobles et autres qui s'y seraient logés malgré le doyen et le chapitre,

---

[1] « L'église de Saint-Jean-le-Rond a été détruite en 1749, et le titre paroissial a été transféré à Saint-Denis-du-Pas, que l'on appelle aujourd'hui l'église de Saint-Denis et de Saint-Jean-Baptiste. » (Piganiol de la Force, t. I, p. 65 et 66.)

[2] Gilbert de Rostaing, prieur de Pommier, élu doyen d'Autun en 1682, mort en 1703.

[3] Privilége en vertu duquel, demandeurs ou défendeurs, ils avaient le droit de faire commettre leurs causes, en première instance, aux requêtes du Palais ou à celles de l'Hôtel.

[4] Voyez le *Cart. de l'église Notre-Dame*, t. I, p. 285; *Ordonn. des rois de France*, t. XI, p. 268. La charte originale est conservée aux Archives nationales, K 26, n° 16 *bis*.

à cause de l'affluence du peuple qui serait venu à Paris pour l'entrée du roi, Sa Majesté leur ayant octroyé qu'aucun n'y logeât qu'eux et leurs serviteurs.

On n'entreprend pas de décrire ici les prérogatives, les priviléges, droits et exemptions de cette église : il suffit de dire qu'elle est la première du royaume et que la piété singulière de nos rois pour cette basilique les a tous portés à l'enrichir de leurs dons et concessions et à lui laisser quelques monuments célèbres de leur zèle pour la religion.

Le chapitre de l'église de Paris est appelé régent de l'archevêché *sede vacante*. Il est indépendant de la juridiction de l'archevêque, et a sa juridiction séparée, qui est exercée, de même que celle de l'archevêque, par un official, un promoteur et un greffier, laquelle s'étend sur les chanoines, bénéficiers, chapelains et officiers de l'église de Paris, sur les quatre filles de cette église, sur l'hôtel-dieu de Paris, sur l'église Saint-Christophe; tous lesquels bénéficiers sont justiciables de l'official du chapitre, et sont tenus de comparaître, le 19 mars, au synode qui se tient au chapitre, et d'y répondre en personne. Et comme M. l'archevêque fait ses visites dans ce qui dépend de sa juridiction, le chapitre fait les siennes de même, par ses députés, dans les lieux qui sont de sa dépendance, et poursuit les délinquants jusqu'à sentence définitive.

Le chapitre a aussi une autre juridiction pour sa temporalité, qui s'exerce par un bailli, un procureur fiscal et un greffier. Cette juridiction s'appelle la *Barre du chapitre*. Elle a été accordée par les rois de France à l'église de Paris, de temps immémorial, notamment par lettres patentes du roi Louis XI, du mois de septembre 1465, par lesquelles il est fait défense à tous juges ordinaires royaux d'y exercer aucune justice, par prévention ou autrement, lesquelles sont confirmées par autres lettres du roi[1], du 14 août 1676, registrées au parlement le 2 septembre ensuivant, par lesquelles Sa Majesté, en interprétant l'édit du mois de février 1674 portant réunion des justices de Paris au Châtelet, déclare n'avoir entendu y réunir la haute, moyenne et basse justice de l'église de Paris, appelée la *Barre du chapitre*, pour l'étendue de l'église, parvis et cloître seulement, ensemble du Terrain étant proche le cloître, dans lesquelles Sa Majesté les a maintenus et gardés, et au droit de voirie dans ces lieux.

Les appellations de ces juridictions de l'archevêque et du chapitre sont portées immédiatement au parlement.

L'église de Paris a toujours été la mère des sciences qu'on a enseignées à Paris. Anciennement cet exercice des belles-lettres et des sciences se faisait dans le parvis de l'église de Paris; mais cette ville étant devenue la capitale du royaume et s'étant fort augmentée, on l'a transféré en un lieu qu'on appelle Université, et les dignités de l'église de Paris qui étaient chargées de ce soin l'ont continué depuis ce temps-là. C'est pourquoi le chancelier de l'église de Paris est chancelier de l'Université, et le chantre a le gouvernement des petites écoles et de la grammaire[2], et il n'appartient qu'à lui seul d'en accorder les permissions. Ils ont l'un et l'autre droit de visite dans ces lieux.

Le pénitencier de Paris a encore une juri-

---

[1] Le roi Louis XIV (1643-1715), régnant au temps de la rédaction du Mémoire.

[2] Sur les petites écoles, voir les pièces publiées dans les preuves de l'*Histoire de la ville de Paris*, de dom Félibien, t. III, p. 447-470, et Malingre, *Antiquités de Paris*, p. 352.

diction pour les cas réservés et tout ce qui regarde le for intérieur, qu'il exerce par lui-même en vertu de sa dignité; et les trois archidiacres ont chacun droit de visite dans l'étendue de leur archidiaconé.

L'archevêque de Paris a la présentation et collation des dignités de son église et de vingt-deux canonicats, à la réserve des deux dignités de doyen et de sous-chantre, qui sont conférées par le chapitre. Les autres vingt-neuf canonicats sont à la présentation et collation des doyen, chanoines et chapitre; ils sont appelés *bénéfices servitoriaux*, parce qu'ils ne peuvent être conférés qu'à des clercs ecclésiastiques et enfants de chœur qui ont servi dans l'église de Paris le temps marqué par les statuts, afin que le service uniforme s'y perpétue. Outre ces bénéfices, qui sont à la collation du chapitre, il y en a plusieurs autres qu'il a droit de conférer, dont il a été fait une distribution entre les chanoines, en sorte que chacune prébende a un nombre de bénéfices annexés à sa collation particulière.

LES QUATRE FILLES DE L'ARCHEVÊCHÉ [1].

Il y a quatre chapitres qui sont nommés les *Filles de l'archevêché*, qui sont tenus d'aller quand l'archevêque les mande, savoir : le chapitre de Saint-Marcel, le chapitre de Saint-Germain-de-l'Auxerrois [2], le chapitre de Saint-Honoré et le chapitre de Sainte-Opportune.

Le chapitre de Saint-Marcel est composé d'une dignité de doyen et de quatorze canonicats, qui valent chacun 400^{tt} de rente; le doyen a 1,200^{tt}. Les bénéficiers sont logés. Il y a aussi dix-sept chapelles. Ces bénéfices sont à la collation de M. l'archevêque de Paris.

Le chapitre de Saint-Germain-de-l'Auxerrois est composé d'une dignité de doyen, d'une commission de chantre et de treize canonicats. Le doyenné est possédé par M. d'Argenson [3], docteur de Sorbonne; il vaut 8,000^{tt} de rente. La chantrerie et les canonicats valent 1,500^{tt} chacun. Il y a onze chapelles, de différents revenus, depuis 100^{tt} jusqu'à 800^{tt}. Le doyenné est conféré par le chapitre; c'est un bénéfice électif. La chantrerie n'est qu'une simple commission, qui est donnée par le chapitre à un chanoine. Tous les canonicats sont à la collation de M. l'archevêque de Paris, et les onze chapelles sont conférées par le chapitre aux plus anciens vicaires choristes prêtres, suivant un arrêt du Conseil du 14 novembre 1676. Tous les chanoines ont leurs maisons canoniales dans le cloître.

Le chapitre de Saint-Honoré est composé d'une dignité de chantre et de onze canonicats; cette dignité et les canonicats valent chacun 2,000^{tt} de rente [4]. Ces bénéficiers sont logés. Le chantre peut être aussi chanoine; en ce cas il a le double de revenu. Ce chapitre a 72,000^{tt} de rente. Ces bénéfices sont à la collation, savoir : la dignité de chantre, du chapitre de Saint-Honoré; et, à l'égard des canonicats, cinq sont à la collation de M. l'archevêque de Paris, cinq à celle du chapitre de Saint-Germain-de-l'Auxerrois, et le onzième canonical est alternativement à la collation

---

[1] Voyez Guérard, préface du *Cartulaire de Notre-Dame*, p. xcii, et, aux Archives nationales, les Papiers Florimond, K 1245, dossier n° 2.

[2] Ce chapitre fut réuni à Notre-Dame en 1744, ce qui réduisit à douze, comme nous l'avons dit plus haut, le nombre des chapitres de Paris.

[3] François-Élie Le Voyer d'Argenson, fils de l'ambassadeur et frère du lieutenant général de police, né en 1656, nommé doyen en 1694, et mort en 1728, étant alors archevêque de Bordeaux.

[4] Pigagniol de la Force (t. I, p. 69) dit : 5,000^{tt}, année commune.

de M. l'archevêque et du chapitre de Saint-Germain.

Le chapitre de Sainte-Opportune est composé d'une dignité de chevecier[1] et de neuf canonicats, à l'un desquels la cure et la dignité sont jointes. Ces bénéfices valent chacun 300 ll de revenu; le curé a 800 ll. Ces bénéfices sont à la collation des chanoines de Saint-Germain-de-l'Auxerrois, qui les ont dans leurs partitions.

LES QUATRE FILLES DE NOTRE-DAME[2].

Il y a quatre autres chapitres ou communautés, qui sont nommés les *Filles de Notre-Dame*, sur lesquels le chapitre de Paris a sa juridiction, savoir : le chapitre de Saint-Médéric[3], le chapitre du Saint-Sépulcre, le chapitre de Saint-Benoît et le chapitre de Saint-Étienne-des-Grés.

Le chapitre de Saint-Médéric est composé d'une dignité de chevecier et de six canonicats, qui ont 600 ll de revenu chacun (le chevecier est chanoine et curé), et de six chapelains en titre. Anciennement il y avait deux dignités de chevecier. Tous ces bénéfices sont conférés par deux chanoines de Notre-Dame qui ont ce droit de collation annexé à leur prébende.

Le chapitre du Saint-Sépulcre est composé de seize canonicats, sans dignités, qui valent chacun 400 ll de rente[4]. Ils sont à la collation alternativement de deux chanoines de l'église de Paris qui ont ce droit dans leur partition, et des administrateurs de l'hôpital du Saint-Sépulcre.

Le chapitre de Saint-Benoît[5] est composé de six canonicats, sans dignités, qui valent 600 ll chacun. Ils sont à la nomination de six chanoines de Notre-Dame, qui en confèrent chacun un. Il y a douze chapelains, qui ont 300 ll de rente chacun : ils sont à la nomination et collation des chanoines de Saint-Benoît. La cure ou vicairie perpétuelle de Saint-Benoît est à la nomination du chapitre ou communauté de Saint-Benoît.

Le chapitre de Saint-Étienne-des-Grés est composé d'une dignité de chevecier et de douze canonicats, qui valent chacun 300 ll; le chevecier a le double. Ces bénéfices sont à la collation de deux chanoines de Notre-Dame qui ont ce droit annexé à leur prébende : ils en donnent six chacun.

Les autres chapitres de Paris sont : le chapitre de la Sainte-Chapelle du Palais, le chapitre de Saint-Jacques-de-l'Hôpital, le chapitre de Saint-Thomas-du-Louvre, le chapitre de Saint-Nicolas-du-Louvre[6].

La Sainte-Chapelle est située dans l'enclos du Palais. Le Palais était anciennement la demeure des rois, et cette chapelle leur chapelle ordinaire. Elle fut rebâtie par ordre du roi saint Louis, en l'année 1245, pour y mettre en dépôt les précieuses reliques de la couronne d'épines et de la vraie croix de Notre-Seigneur, et plusieurs autres que ce saint roi avait obtenues de l'empereur Baudouin; et pour leur faire rendre l'honneur et le culte qui leur sont dus, il y fonda un cha-

---

[1] Le chevecier, premier dignitaire du chapitre, avait généralement le soin du trésor, des reliques, des ornements, etc.
[2] Guérard, *Cartulaire de Notre-Dame*, t. I, p. cxxxiii.
[3] Aujourd'hui, Saint-Merry.
[4] Quatre prébendes furent supprimées par extinction.

[5] Saint-Benoît-le-Bientourné, anciennement Saint-Baque.
[6] Ces deux derniers chapitres furent réunis en un seul, sous le titre de Saint-Louis-du-Louvre, en l'année 1744, à la suite de l'écroulement de la vieille église Saint-Thomas.

pitre, composé d'une dignité de trésorier et de huit canonicats, lesquels furent augmentés de cinq par le roi Philippe le Long, en l'année 1318, en sorte qu'ils font le nombre de treize. On ne montre les reliques de la Sainte-Chapelle que par ordre du roi, en vertu d'une lettre de cachet. Le trésorier de la Sainte-Chapelle a droit d'officier pontificalement, avec la mitre, sans crosse, *sine baculo*, quand il n'est point évêque, comme il est porté par les bulles de concession des papes obtenues par nos rois. Cette dignité est possédée par M. l'abbé de Champigny[1]. Elle vaut 7,000 ll de revenu. Celui des canonicats est inégal, depuis 2,000 ll jusqu'à 4,000 ll. Les bénéficiers sont logés. Il y a un office de chantre attaché à une prébende, qui vaut de plus environ 200 ll de revenu. Il y a six chapelles perpétuelles, de différents revenus, dont la moindre vaut 1,500 ll; ceux qui les possèdent sont aussi logés. Tous ces bénéfices sont à la collation du roi, qui les confère de plein droit. Ces bénéficiers sont commensaux de la maison du roi, et, en cette qualité, jouissent de tous les privilèges des commensaux.

Le chapitre de Saint-Jacques-de-l'Hôpital est composé d'une dignité de trésorier, qui a 1,500 ll de revenu, de sept canonicats, qui ont chacun 600 ll, et de douze chapelles, qui ont chacune 400 ll. Ces bénéfices sont à la collation des pèlerins, qui élisent tous les ans trois administrateurs, lesquels confèrent ces bénéfices dans leur année d'administration, lorsqu'ils viennent à vaquer[2].

Le chapitre de Saint-Thomas-du-Louvre est composé d'une dignité de doyen et de onze canonicats, dont l'un est joint au doyenné, qui valent de revenu, savoir : le doyenné 2,000 ll, et les canonicats 300 ll chacun. Le doyenné est à la collation du chapitre, et les canonicats sont conférés, quatre par le roi, les sept autres alternativement par Sa Majesté et par M. l'archevêque de Paris.

Le chapitre de Saint-Nicolas-du-Louvre est composé d'une dignité de prévôt et de dix canonicats. La prévôté vaut 1,800 ll, et les canonicats 800 ll chacun. Ces bénéfices sont à la collation de M. l'archevêque de Paris, à la réserve d'un canonicat, qui est en patronage laïque, dépendant du sieur Galicher[3], gentilhomme de la province de Limoges.

ABBAYES D'HOMMES DE LA VILLE ET BANLIEUE DE PARIS[4].

L'abbaye de Sainte-Geneviève, ordre de Saint-Augustin, chanoines réguliers, est possédée par un religieux du même ordre. L'abbé est électif par les religieux et triennal. Cette maison a de revenu 70,000 ll.

L'abbaye de Saint-Germain-des-Prés est possédée par M. le cardinal de Fürstenberg[5]; elle vaut de rente 72,000 ll.

---

[1] Antoine Bochart de Champigny, ancien chancelier de l'église de Chartres, nommé chanoine et doyen de la Sainte-Chapelle en 1695, et trésorier le 19 avril 1699; mort le 8 avril 1739.

[2] Voyez Félibien, *Histoire de la ville de Paris*, preuves, t. III, p. 328-372, et Lebeuf, *Histoire de la ville et de tout le diocèse de Paris*, t. I, p. 102-104. Avant d'avoir ce lieu de réunion, la confrérie des pèlerins de Saint-Jacques s'assemblait à Saint-Eustache ou aux Quinze-Vingts; ils s'adjoignirent plus tard les pèlerins de Saint-Claude en Franche-Comté et de Saint-Nicolas en Lorraine.

[3] Ou Gallicher. Ce canonicat avait été fondé par Martial Gallicher, archidiacre de Brie en l'église de Meaux. (Lebeuf, t. I, p. 91; Piganiol, t. II. p. 36.) En 1696, Pierre Gallicher était conseiller au siège royal de Bellac.

[4] Sur les paroisses, abbayes, couvents et prieurés du diocèse, voir les Papiers Florimond, Arch. nationales, K 1243, 1245, 1246 et 1248.

[5] Guillaume-Égon de Fürstenberg, évêque de Strasbourg, nommé abbé en 1690, mort le 10 avril 1704.

L'abbaye de Saint-Victor, ordre de Saint-Augustin, est possédée par M. le cardinal de Coislin [1]; elle vaut de rente 35,000 ₶.

L'abbaye de Saint-Magloire, ordre de Saint-Benoît, est unie à l'archevêché.

ABBAYES DE FILLES.

L'abbaye de Saint-Antoine-des-Champs, ordre de Saint-Bernard, est possédée par Mme de Montchevreuil [2]. Il y a cinquante religieuses; elles ont de rente 25,000 ₶.

L'abbaye du Val-de-Grâce, de fondation royale [3], ordre de Saint-Benoît, est possédée par une abbesse triennale, élective. Il y a cinquante religieuses et quinze converses; elles ont de rente 30,000 ₶.

L'abbaye du Port-Royal, ordre de Saint-Bernard, est un démembrement du Port-Royal-des-Champs; elle est possédée par Mme de Champvallon [4]. Il y a cinquante-cinq religieuses et douze converses. Cette maison a de rente 8,000 ₶.

L'abbaye des Cordelières du faubourg Saint-Marcel, ordre de Sainte-Claire, élective, triennale, est possédée par Mme Lefèvre de la Malmaison [5]. Elles sont soixante religieuses; elles ont 10,000 ₶ de rente.

L'abbaye de Pentemont, ordre de Saint-Bernard, est un démembrement qui vient du diocèse de Beauvais; elle est possédée par Mme de Tourville [6]. Il y a vingt-cinq religieuses, qui ont de rente 4,200 ₶.

L'Abbaye-aux-Bois, ordre de Saint-Bernard, est possédée par Mme de Mailly [7]. Il y a quarante et une religieuses; elles ont de rente 15,000 ₶.

Le prieuré de Chasse-Midi [8], ordre de Saint-Benoît, est possédé par Mme de Longaunay [9]. Il y a trente religieuses; elles ont de rente 4,500 ₶.

Le prieuré de Bellechasse, chanoinesses du Saint-Sépulcre de Jérusalem, a été transféré de Philippeville [10] à Paris, en conséquence des lettres patentes de l'année 1636; il est possédé par Mme Renée de Verdaille [11], prieure perpétuelle élective. Il y a cinquante-cinq religieuses et dix converses; elles ont de rente 12,000 ₶.

---

[1] Pierre du Cambout de Coislin, cardinal, grand aumônier de France, évêque d'Orléans, prieur de Notre-Dame-des-Champs, d'Argenteuil et de Longpont, abbé de Saint-Jean d'Amiens et de Saint-Gildas-des-Bois; il était entré en possession de l'abbaye de Saint-Victor le 2 janvier 1644, et mourut le 5 février 1706, à soixante-dix ans.

[2] Marie-Madeleine de Mornay-Montchevreuil, morte en 1722.

[3] On sait que les principales bienfaitrices de cette maison furent les reines Anne de Bretagne et Anne d'Autriche.

[4] Marie-Anne de Harlay-Champvallon, nièce de l'archevêque de Paris, avait été nommée en 1695; elle se retira en juin 1706, eut l'Abbaye-aux-Bois en 1715, et mourut en 1722.

[5] Geneviève Le Fèvre, élue pour la seconde fois le 23 février 1699, se retira le 16 août 1701.

[6] Hélène de Costentin de Tourville, sœur du maréchal, entrée en possession le 3 septembre 1667, alors que l'abbaye n'était pas encore transférée à Paris, rue de Grenelle-Saint-Germain, mourut le 12 décembre 1715.

[7] Lisez : « Mme de Monchy-Montcavrel (Marguerite). » Cette abbesse, dont la sœur porta l'héritage de Montcavrel et de Nesle dans la maison de Mailly, fut nommée en 1687 et mourut en 1715. Voyez son épitaphe dans la *Gallia christiana*, t. VII, col. 909.

[8] Ou Notre-Dame-de-la-Consolation. On dit aujourd'hui : Cherche-Midi.

[9] Charlotte de Longaunay de Franqueville, nommée à la place de sa sœur, en 1695, et morte en 1712.

[10] Lisez : « Charleville, » dans les Ardennes; ville construite en 1609 par Charles de Gonzague, duc de Nevers et de Rethelois.

[11] Principale bienfaitrice de la maison; voyez Piganiol, t. VIII, p. 165.

4.

PRIEURÉS DANS LA VILLE DE PARIS.

Le prieuré de Saint-Martin-des-Champs, l'une des quatre filles de Cluny, ordre de Saint-Benoît, est possédé par M. l'abbé de Lionne[1]; il vaut de rente 44,000 ₶. Il y a cent huit bénéfices qui dépendent de ce prieuré.

Le prieuré de Saint-Denis-de-la-Chartre, ordre de Saint-Benoît, est d'une très-ancienne fondation. Les religieux de cette maison ont une charte de Gilbert, soixante-septième[2] évêque de Paris, de l'année 1122, qui porte que l'église de Saint-Denis-de-la-Chartre a été, d'ancienneté et de temps immémorial, fondée par un chevalier nommé Ansold, et Retrude, sa femme, pour le repos de leurs âmes et de leurs parents, et qu'ils y établirent des prêtres pour y faire le service divin[3]. Ce prieuré est possédé par M. l'abbé Testu[4]. Il vaut de rente 12,000 ₶; il y a six religieux[5].

Le prieuré de Saint-Julien-le-Pauvre est uni à l'hôtel-dieu de Paris.

Le prieuré de Notre-Dame-des-Champs est possédé par M. le cardinal de Coislin[6]; il vaut de rente 4,000 ₶.

Le prieuré de Saint-Barthélemy est uni à l'archevêché, à cause de l'abbaye de Saint-Magloire, dont il est dépendant.

Le prieuré de Saint-Bond est possédé par M. l'abbé Chapelier[7], chanoine de Notre-Dame; il vaut de rente 1,500 ₶.

Le prieuré des Billettes, le prieuré des Célestins, le prieuré de Sainte-Croix-de-la-Bretonnerie, le prieuré et couvent dit de Sainte-Catherine-du-Val-des-Écoliers. Ces quatre prieurés sont possédés par des religieux de ces maisons.

BÉNÉFICES DU DIOCÈSE.

CHAPITRES.

Les autres chapitres du diocèse sont : le chapitre du Bois-de-Vincennes, le chapitre de Saint-Maur-des-Fossés, le chapitre de Saint-Martin de Champeaux, le chapitre de Saint-Médéric de Linas, le chapitre de Saint-Spire de Corbeil, le chapitre de Saint-Cloud, le chapitre de Palaiseau, le chapitre de Saint-Martin de Montmorency, le chapitre de Saint-Côme et Saint-Damien de Luzarches, le chapitre de Saint-Paul à Saint-Denis.

---

[1] Jules-Paul de Lionne, fils du célèbre ministre, était entré en possession de son prieuré en 1665. Il eut en outre les abbayes de Cercamp, Chaalis, Marmoutier, et mourut en 1721.

[2] Soixante-neuvième évêque, selon la liste de la *Gallia christiana*, t. VII, col. 59.

[3] Voir l'abbé Lebeuf, *Histoire du diocèse de Paris*, t. I, p. 335 et suiv.; Piganiol de la Force, t. I, p. 426 et suiv.

[4] Jacques Testu, abbé de Notre-Dame de Belval, aumônier et prédicateur du roi, membre de l'Académie française, mort en juin 1706. Voir son portrait, par Saint-Simon, dans deux additions au *Journal de Dangeau*, t. I, p. 40, et t. XI, p. 142, et dans les *Mémoires*, t. IV, p. 444. Ce fut lui qui remit le prieuré, en 1704, entre les mains de l'archevêque de Paris, pour l'unir au séminaire de Saint-François-de-Sales et le consacrer au service des prêtres infirmes (*Gallia christiana*, t. VII, col. 553). Une partie des maisons dépendant de ce prieuré avaient été comprises dans le plan du Louvre, en 1673, moyennant une indemnité de 2,213 ₶ de rente; la plupart des autres maisons avaient été brûlées dans un grand incendie, le 26 décembre 1693. (Papiers du Contrôle général des finances, Arch. nat., G⁷ 432, 31 mai 1704.)

[5] On réserva un quart du revenu pour ces religieux.

[6] Voyez ci-dessus, p. 27, note 1.

[7] Claude Chapelier, docteur en théologie, official et vicaire général du cardinal de Noailles, ancien chanoine de Saint-Germain-l'Auxerrois, pourvu d'une prébende à Notre-Dame en 1692, prieur de Saint-Bond, de Saint-Pierre de Guyoncourt et de Saint-Pierre de Cannes. Il devint doyen de Saint-Germain-l'Auxerrois en 1703, et mourut en 1710. Voy. les *Mémoires de l'abbé Le Gendre*, p. 252.

DIOCÈSE DE PARIS.

La Sainte-Chapelle du Bois-de-Vincennes a été fondée au mois de novembre de l'année 1379, par le roi Charles V, par lettres patentes données à Montargis. Elle est composée d'une dignité de trésorier, qui a 2,500 ## de revenu, d'un office de chantre, qui a un canonicat annexé, avec 1,500 ## de revenu, et de onze canonicats, qui valent chacun 1,200 ## ; six chapelains ou vicaires perpétuels, qui ont chacun 600 ## ; ils ont entrée au chapitre. Tous ces bénéficiers sont logés dans un endroit du château qu'on appelle le Cloître. Leurs maisons ont été bâties et sont entretenues par le roi. Ils ont droit de *committimus* au grand sceau [1], et jouissent d'autres beaux priviléges. Cette fondation a été confirmée par le roi Charles VI, par lettres patentes données à Paris au mois de février 1387, registrées en la Chambre des comptes le 26 février 1388; par le roi Henri II, par autres lettres patentes du mois de septembre 1550; par le roi Charles IX, par lettres patentes du 26 juin 1568; par le roi Henri III, par autres lettres du mois de mars 1575; par le roi Henri IV, par autres lettres du mois d'avril 1595; par le roi Louis XIII, par autres lettres du mois d'août 1611; et par le roi glorieusement régnant, par autres lettres du mois de décembre 1645. Tous ces bénéfices sont à la collation du roi.

Le chapitre de la Sainte-Chapelle du Vivier [2], diocèse de Meaux, qui était composé de six chanoines, dont l'un était trésorier et l'autre chantre, de quatre vicaires perpétuels et de quatre clercs, aussi perpétuels, a été supprimé et uni à la Sainte-Chapelle de Vincennes par lettres patentes données à Compiègne, au mois de mars 1694, et il n'est resté dans l'église du Vivier qu'un chapelain perpétuel, à la nomination du roi, avec 600 ## de revenu, qui lui sont payées par le chapitre de Vincennes, et une maison pour son logement, qui lui est assignée par le chapitre. Par cette translation, quatre des six canonicats et deux des quatre vicairies perpétuelles du Vivier et les quatre clergeries [3] ont été unis et incorporés au chapitre de Vincennes, avec tout le revenu du chapitre du Vivier, et les droits honorifiques et tous les autres bénéfices ont été supprimés. Il y avait encore dans le chapitre du Vivier douze chapelains honoraires, c'est-à-dire sans revenu, qui ont été conservés et transférés à Vincennes, lesquels jouissent, de même que les chanoines, du droit de *committimus* au grand sceau. Ces chapelains sont à la nomination du chapitre de Vincennes [3].

Le chapitre de Saint-Maur-des-Fossés, de fondation royale, est composé d'une dignité de chantre, qui vaut 2,000 ## de revenu, et de huit canonicats, qui valent chacun 1,000 ##, et de quatre vicairies perpétuelles, qui valent chacune 500 ##. Le chapitre est curé primitif [b] de l'église de Saint-Nicolas, paroisse du lieu.

---

[1] Le *committimus* permettait au privilégié de faire porter toutes ses causes devant les requêtes de l'Hôtel ou du Palais; le *committimus* du grand sceau, longtemps réservé aux seuls commensaux de la maison du roi, était exécutable dans tout le royaume, sans distinction de parlements, pourvu qu'il s'agît d'une somme de 1,000 ## au moins.

[2] Hameau de la commune de Fontenay-en-Brie, ou Fontenay-Trésigny (Seine-et-Marne). Voy. ci-après, p. 80.

[a] Ce terme, qui signifie évidemment un office de clerc, ne se trouve point dans les dictionnaires de la fin du XVIIe siècle.

[3] *Gallia christiana*, t. VIII, col. 1669.

[b] Le *curé primitif*, que ce fût un particulier ou une communauté, avait la jouissance de tous les gros fruits et droits honorifiques du bénéfice, en laissant le soin des âmes et du service à un vicaire perpétuel, moyennant une *portion congrue*.

Le chapitre de Saint-Martin de Champeaux est composé d'un doyenné et de dix canonicats, qui valent chacun 1,000^{tt} de revenu.

Le chapitre de Saint-Médéric de Linas est composé de deux dignités, doyen et chantre, et de huit canonicats, non compris les deux annexés aux dignités. Ils ont de revenu 3,000^{tt}, à partager entre eux tous[1].

Le chapitre de Saint-Spire de Corbeil est de fondation royale; il est composé d'une dignité d'abbé, d'une autre de chantre, de neuf canonicats et six chapelles, non compris les deux annexes aux dignités; ils ont de revenu 6,300^{tt}. C'est M. de Launay[2] qui en est abbé.

Le chapitre de Saint-Cloud est composé d'une dignité de doyen, d'un office de chantre, et de neuf chanoines et huit chapelains. La dignité a un canonicat joint, et pareillement l'office de chantre. Ils ont de revenu 4,200^{tt}. L'église de Saint-Cloud est une des plus anciennes du royaume : elle a été fondée par saint Cloud, sur la fin du VIe siècle. Auparavant cette paroisse s'appelait Nogent-sur-Seine : elle fut depuis nommée Saint-Cloud, à cause que ce saint s'y était retiré, qu'il y a vécu et y est décédé, et que, depuis sa mort, son tombeau a été en grande vénération au peuple de Paris. Ce saint donna ce lieu à l'église de Paris, en reconnaissance de ce qu'il en était prêtre.

Les chanoines ou chapelains de Palaiseau sont au nombre de quatre; ils ont de revenu 600^{tt}.

Le chapitre de Saint-Martin de Montmorency est uni à la congrégation des Pères de l'Oratoire[3]. Ils sont au nombre de huit; ils ont 3,000^{tt} de rente. Ils desservent aussi la cure de cette paroisse.

Le chapitre de Saint-Côme et de Saint-Damien de Luzarches est composé d'une dignité de prévôt et chanoine, et six autres chanoines. M. Le Jay[4] est prévôt. Ils ont ensemble de revenu 4,100^{tt}.

Le chapitre de Saint-Paul, à Saint-Denis, est de fondation royale. Il est composé d'une dignité de chantre, de seize canonicats et de treize chapelains, qui ont ensemble 5,000^{tt} de rente.

ABBAYES D'HOMMES.

L'abbaye de Saint-Denis-en-France, ordre de Saint-Benoît, a été unie, depuis quelques années, à la maison royale de Saint-Cyr[5]. Cette abbaye a été bâtie et fondée par le roi Dagobert, l'an 639, et depuis augmentée et embellie par les rois ses successeurs[6]. Elle a toujours été tenue par des princes et des prélats du premier rang : le dernier qui l'a possédée a été M. le cardinal de Retz[7], qui jouissait, pour sa mense, de 100,000^{tt} de rente. Son église sert de mausolée royal, comme il sera ci-après observé en parlant de la ville de Saint-Denis[8]. Il y a dans ce monastère soixante-dix religieux.

L'abbaye d'Hérivaux[9], ordre de Saint-Bernard, est possédée par M. Molé[10], abbé de

---

[1] Voyez Malingre, *Antiquités de la ville de Paris* (1640), liv. IV, p. 67.
[2] Nicolas de Launay, nommé en 1681, mort vers 1718.
[3] Voyez ci-après, p. 37.
[4] Charles Le Jay, doyen ou prévôt de Luzarches.
[5] Bulle du pape Innocent XII, 23 février 1691.
[6] *Gallia christiana*, t. VII, col. 332 et suiv.
[7] Jean-François-Paul de Gondi, archevêque de Paris,
mort le 24 août 1679; voyez ci-dessus, p. 19. Il était le soixante-treizième abbé de Saint-Denis (*Gallia christiana*, t. VII, col. 414-416).
[8] Voyez ci-après, chap. II, titre II.
[9] C^{ne} Luzarches (Seine-et-Oise).
[10] François Molé, fils du garde des sceaux, maître des requêtes, abbé d'Hérivaux, de Sainte-Croix de Bordeaux, de Chambre-Fontaine, etc.; mort le 5 mai 1712.

Sainte-Croix, maître des requêtes; elle vaut 8,000 ᴸ de rente[1]. Il y a cinq religieux, qui ont 3,750 ᴸ.

L'abbaye de Livry[2], ordre de Saint-Augustin, est possédée par M. l'évêque de Senlis[3]; elle vaut 3,000 ᴸ de rente pour l'abbé[4], et 2,000 ᴸ pour les religieux, qui sont au nombre de cinq.

L'abbaye de Notre-Dame d'Hyvernaux[5], ordre de Saint-Augustin, chanoines réguliers, est possédée par un religieux du même ordre. Elle vaut 3,000 ᴸ de rente; il y a dix religieux.

L'abbaye de Saint-Pierre de Lagny[6], ordre de Saint-Benoît, a été fondée par Fursy, gentilhomme écossais, dans le viie siècle; les Normands la ruinèrent et la brûlèrent dans le ixe siècle; elle fut réparée dans le xe par Herbert de Vermandois, comte de Troyes et de Meaux, qui la fit rebâtir et y fut enterré l'an 993. Plusieurs seigneurs ont fait de grands biens à cette abbaye. Thibaud le Jeune, comte de Champagne, lui donna le comté de Lagny. Nous avons des lettres patentes du roi Louis XI, du 21 juin 1468, registrées au parlement le 14 juillet ensuivant, par lesquelles il est fait remise à l'abbaye de Saint-Pierre de Lagny-sur-Marne de 200 ᴸ de rente annuelle que les religieux de cette abbaye étaient tenus de payer annuellement à la recette ordinaire du domaine de Meaux, en considération des pertes que cette abbaye avait souffertes durant les guerres, et de la dévotion singulière de Sa Majesté pour cette abbaye. Il est fait mention dans ces lettres qu'en l'année 1223, Thibaud, comte palatin de Champagne et Brie, avait octroyé à ces religieux, abbé et couvent, toutes exemptions d'hôtes et d'exactions pour leurs officiers et domestiques, jusqu'au nombre de vingt-sept[7], et qu'anciennement on avait accoutumé d'y tenir les foires de Champagne et Brie pendant trois mois de l'année, desquelles cette église tirait chacun an 10 à 12,000 ᴸ de profit. Cette abbaye est possédée par M. l'abbé de Noirmoutier[8]. Elle vaut 9,000 ᴸ de rente à l'abbé, et 7,000 ᴸ aux religieux, qui sont au nombre de quinze.

L'abbaye des Vaux-de-Cernay, ordre de Cî-

---

[1] L'*Almanach royal* de 1741 réduit ce revenu de moitié.

[2] Livry-en-Launois, dans le doyenné de Chelles, aujourd'hui canton de Gonesse (Seine-et-Oise).

[3] Denis Sanguin de Livry eut cette abbaye en novembre 1689, et mourut le 13 mars 1702, étant le doyen de l'épiscopat français (voyez ci-après, p. 92). Son avant-dernier prédécesseur à l'abbaye de Livry avait été Christophe de Coulanges, oncle de Mme de Sévigné, mort le 23 août 1687.

[4] Ce revenu est porté à 3,500 ᴸ par Piganiol de la Force (t. I, p. 82); mais l'*Almanach royal* de 1741 dit 3,000 ᴸ, comme le Mémoire.

[5] Aujourd'hui ferme des Hiverneaux, c^ne Lésigny (Seine-et-Marne). Cette maison avait été réformée et rétablie en 1684, par les soins d'Alexandre Bontemps, premier valet de chambre du roi, ancien abbé commendataire, et du chanoine Jean Moullin, prieur claustral de la maison-mère de Friardel, en Normandie, le commandeur de Béthomas étant alors abbé commendataire (1678-1702). Voyez Lebeuf, t. XIV, p. 280-298, et Michelin, *Essais historiques, statistiques, ... sur le département de Seine-et-Marne*, p. 378 et 379.

[6] Chef-lieu de canton du département de Seine-et-Marne.

[7] Voir les *Ordonnances des rois de France*, t. XVII, p. 93, et Bourquelot, *Études sur les foires de Champagne*, 2e partie, p. 22 et suiv., dans le tome V des *Mémoires présentés par divers savants à l'Académie des inscriptions et belles-lettres*.

[8] Joseph-Emmanuel de la Trémoille, fils du duc de Noirmoutier, auditeur de rote, abbé de Lagny en 1695, cardinal en 1706, ambassadeur à Rome et commandeur des ordres en 1708, évêque de Bayeux, puis archevêque de Cambray en 1716, abbé d'Hautecombe, de Saint-Amand de Tournay, de Saint-Étienne de Caen, etc.; mort à Rome, le 10 janvier 1720.

teaux, est possédée par M. de Chalucet[1], évêque de Toulon. Elle vaut 8,000ᵗᵗ de rente[2]. Il y a treize religieux, qui ont 10,500ᵗᵗ de rente.

L'abbaye de la Roche[3] est de petite considération; elle n'a que 600ᵗᵗ de revenu[4], et point de communauté.

ABBAYES DE FILLES.

L'abbaye royale de Montmartre, ordre de Saint-Benoît, fut fondée en l'année 1133 par le roi Louis VI, surnommé le Gros, et la reine Adélaïs, son épouse. Il y avait auparavant un monastère de religieux de l'ordre de Cluny, qui étaient les gardiens du sommet de cette montagne, où l'apôtre de la France, saint Denis, et ses compagnons ont enduré le martyre. Cette abbaye est possédée par Mme de Bellefonds[5]. Il y a soixante religieuses et douze converses. Cette maison a 28,000ᵗᵗ de rente, et 6,000ᵗᵗ par une pension du roi. Cette abbaye a un fief situé à Clignancourt, lequel doit, à chaque mutation d'abbesse, à la mense abbatiale de Saint-Denis, une somme de 1,000ᵗᵗ.

L'abbaye de Sainte-Geneviève de Chaillot, ordre de Saint-Bernard, est possédée par Mme Lelierre[6]. Il y a quarante-deux religieuses: elles ont 6,000ᵗᵗ de rente.

L'abbaye d'Issy, ordre de Saint-Bernard, de fondation royale, est possédée par Mme de Bouthillier[7]. Il y a vingt-cinq religieuses; elles ont 7,000ᵗᵗ de rente[8].

L'abbaye de Longchamps, ordre de Sainte-Claire, possédée par une religieuse élective triennale, a été fondée par Isabelle de France, sœur du roi saint Louis, qui y a sa sépulture[9]. Il y a cinquante-cinq religieuses de chœur et quinze converses. Cette maison a 20,000ᵗᵗ de rente.

L'abbaye de Chelles, ordre de Saint-Benoît, possédée par Mme de Cossé-Brissac[10], vaut 34,000ᵗᵗ de rente; il y a soixante religieuses.

L'abbaye de Gif, ordre de Saint-Benoît, est possédée par Mme d'Orval[11]. Elle a 8,000ᵗᵗ de revenu; elles sont quarante-quatre religieuses.

L'abbaye d'Yerres, ordre de Saint-Benoît, de fondation royale, est possédée par Mme d'Uzès[12]. Elle vaut 10,000ᵗᵗ de rente; il y a cinquante-deux religieuses.

L'abbaye de Sainte-Périne de la Villette, ordre de Saint-Augustin, est de fondation

---

[1] Armand-Louis Bonnin de Chalucet, nommé abbé des Vaux le 27 avril 1673, en échange d'une autre abbaye qu'il avait eu Poitou, et mort évêque de Toulon (1684-1712.)

[2] Piganiol de la Force dit que cette abbaye vaut de 12,000 à 13,000ᵗᵗ de rente; cependant, dans l'*Almanach royal* de 1741, elle n'est portée que pour 7,500ᵗᵗ.

[3] Située près de Villepreux et de Port-Royal-des-Champs (*Gallia christiana*, t. VII, col. 847 et suiv.).

[4] L'*Almanach royal* dit 1,200ᵗᵗ, et Piganiol 4,000ᵗᵗ.

[5] Marie-Éléonore Gigault de Bellefonds, fille du maréchal, nommée abbesse le 24 décembre 1699, installée le 13 juillet 1700. Elle mourut le 28 août 1717, à cinquante-huit ans.

[6] Marie-Anne Lelierre, nommée abbesse en 1686, morte le 17 avril 1713.

[7] Élisabeth Bouthillier, sœur de l'évêque de Troyes, première abbesse; nommée en 1694, morte en 1714.

[8] Cette communauté, qui ne datait que de 1657, fut dispersée en 1751, et remplacée par des prêtres de Saint-François-de-Sales.

[9] Cette princesse mourut le 22 février 1269; sa vie, écrite en français par l'abbesse Agnès d'Harcourt, a été publiée par Du Cange, à la suite de la *Vie de saint Louis* de Joinville.

[10] Guyonne-Marguerite de Cossé-Brissac, nommée pour la première fois en 1671, démissionnaire en 1680, rentrée en possession en 1688, et morte le 13 juillet 1707.

[11] Anne-Éléonore-Marie de Béthune, fille du duc d'Orval, nommée abbesse de Gif en 1686, morte en 1733.

[12] Suzanne de Crussol, fille du duc d'Uzès, nommée abbesse en 1691, démissionnaire en 1709, morte en 1730.

DIOCÈSE DE PARIS.

royale; elle est possédée par Mme de Longueil-Maisons[1]. Il y a dans ce couvent trente religieuses de chœur et six converses; elles ont de revenu 8,000^{tt}. Mme de Maisons a deux sœurs religieuses avec elle[2].

L'abbaye de Jarcy[3], ordre de Saint-Benoît, de fondation royale, est possédée par Mme Foucault[4]. Cette maison a de revenu 6,000^{tt}. Elles sont vingt-quatre religieuses[5].

L'abbaye de Malnoue[6], ordre de Saint-Benoît, possédée par Mme de Bretagne d'Avaugour[7], vaut 15,000^{tt} de rente; il y a quarante religieuses[8].

L'abbaye de la Saussaye, ordre de ..... [9] est possédée par Mme de Navailles[10]. Il y a douze religieuses. Cette maison a environ 4,000^{tt} de revenu.

L'abbaye du Port-Royal-des-Champs, ordre de Saint-Bernard, est possédée par une religieuse élective, triennale. Elle a 18,000^{tt} de rente; elles sont cinquante-quatre religieuses.

C'est Mme Racine[11] qui en est présentement supérieure[12].

PRIEURÉS D'HOMMES.

Le prieuré de Saulx[13] est uni aux Chartreux de Paris; il vaut 900^{tt} de rente[14].

Le prieuré de Saint-Martin de Palaiseau est possédé par M. l'abbé Lambert[15], docteur de Sorbonne; il vaut 1,300^{tt} de rente.

Le prieuré de Marcoussis est uni à la communauté des Célestins du lieu; ils ont 15,500^{tt} de rente; ils sont vingt-deux religieux.

Le prieuré de Forges vaut 400^{tt} de rente.
Le prieuré de Limours vaut 600^{tt} de rente.
Le prieuré d'Yvette, possédé par M. l'abbé de la Grange[16], vaut 600^{tt} de rente.
Le prieuré de Beaulieu vaut 300^{tt}.
Le prieuré d'Orsay vaut 370^{tt}.
Le prieuré de Saint-Clair de Gometz-le-Châtel, 570^{tt}.

---

[1] Renée-Suzanne de Longueil de Maisons, coadjutrice de Mme du Harlay en 1678, abbesse en 1688, morte le 28 mars 1733.

[2] Ce monastère, fondé primitivement dans la forêt de Compiègne, par Philippe le Bel, fut réuni à Sainte-Geneviève de Chaillot après la mort de Mme de Maisons.

[3] Autrefois Gercy; Saulx l'Yerres, commune de Varennes, près Brie-Comte-Robert.

[4] Anne Foucault, nommée abbesse en 1675 et morte le 27 janvier 1729. Elle était sœur de l'intendant dont M. Baudry a publié les Mémoires dans la collection des Documents inédits.

[5] L'abbaye d'Issy fut réunie à celle de Jarcy en 1751.

[6] Commune d'Émerainville (Seine-et-Marne); l'abbaye s'appelait anciennement Notre-Dame-de-Footel ou du Bois.

[7] Marie-Claire de Bretagne, de la branche bâtarde de Vertus-Avaugour, abbesse en 1681, morte en 1711.

[8] Cette abbaye fut réunie plus tard au prieuré de Bon-Secours, faubourg Saint-Antoine.

[9] Le nom est resté en blanc dans les manuscrits. — La Saussaye, près Villejuif, n'était qu'un prieuré de Bénédictines, improprement qualifié abbaye.

[10] Suzanne de Navailles, fille du duc, entrée en possession le 29 mars 1697.

[11] Agnès Racine, tante du poète, élue abbesse le 2 février 1690, morte le 19 mai 1700, à soixante-quatorze ans.

[12] On sait que la maison de Port-Royal et le titre abbatial furent supprimés en 1708, à la demande du roi.

[13] Saulx-les-Chartreux, c^{ne} Longjumeau (Seine-et-Oise). Les Chartreux n'avaient pris possession du prieuré qu'en 1675, sur la démission du chanoine de Rezay, prieur commendataire.

[14] *Alias*, 9,000^{tt}.

[15] Les manuscrits écrivent à tort: *Lambou*. — Joseph Lambert, prédicateur, conférencier et écrivain distingué, s'occupa surtout de l'instruction des gens de la campagne et fonda des écoles à Palaiseau. Il mourut le 31 janvier 1722; son cœur fut déposé sous le portique de l'église Saint-Martin.

[16] Charles de la Grange-Trianon, chanoine jubilé de Notre-Dame, abbé commendataire de Saint-Sever, au diocèse de Coutances, prieur de Saint-Martin du Vieil-Bellême, etc.; mort le 10 juillet 1733, doyen des conseillers clercs au parlement.

Le prieuré de Chevreuse est uni à la maison des dames de Saint-Cyr[1]; il vaut 900 ℔.

Le prieuré de Villepreux, 2,800 ℔.

Le prieuré de Marly-le-Bourg[2] est uni à la cure; il vaut, avec la cure, 1,400 ℔ de revenu; il est possédé par M. l'abbé Cottin[3].

Le prieuré de Suresnes est uni à la mense conventuelle de Saint-Germain-des-Prés, et le revenu est confus avec ceux de la maison.

Le prieuré de Versailles est uni à l'archevêché.

Le prieuré de Bruyères-le-Châtel vaut 1,400 ℔.

Le prieuré en Chef-de-Briis[4], 700 ℔.

Le prieuré de Jardy, 700 ℔.

Le prieuré de Saint-Germain-en-Laye est uni à la cure; il vaut de revenu 3,500 ℔.

Le prieuré de Saint-Médard de Jouy est possédé par le sieur abbé Aignan. Il travaille à en rechercher les biens, qui ont été usurpés; il en a déjà découvert et réuni quelques-uns[5]. Il vaut 2,000 ℔.

Le prieuré d'Argenteuil, ordre de Saint-Benoît, est possédé par M. le cardinal de Coislin. Il vaut 6,600 ℔, et la mense conventuelle 4,000 ℔; ils sont six religieux.

Le prieuré de Moussy-le-Neuf est possédé par M. l'abbé des Hayettes[6]; il vaut 4,000 ℔.

Le prieuré de Domont est possédé par M. l'abbé de Harlay[7]; il vaut 5,000 ℔.

Le prieuré de Deuil, sous le titre de Saint-Eugin, est possédé par le sieur abbé d'Agoult[8]; il vaut 5,300 ℔.

Le prieuré de Saint-Denis-de-l'Estrée[9] est possédé par M. l'abbé de Mesmes[10]; il vaut 3,700 ℔.

Le prieuré de Saint-Prix nommé le Bois-Saint-Père est possédé par le sieur abbé de Lesseville[11]; il vaut 1,500 ℔.

Un autre dans le même lieu, possédé par M. Pajot[12], vaut 550 ℔[13].

Le prieuré de Notre-Dame de Taverny vaut 160 ℔.

Le prieuré de Conflans-Sainte-Honorine, possédé par M. de Bonguéret[14], doyen de l'église de Paris, vaut 4,000 ℔.

---

[1] Voyez ci-après, p. 97.

[2] Aujourd'hui Marly-le-Roi. — Sur ce prieuré, dont Expilly (t. IV, p. 556) évalue le revenu à 1,500 ℔, voir Lebeuf, *Hist. du diocèse de Paris*, t. VII, p. 189 et 190.

[3] François Cottin, curé de Marly.

[4] En latin, *ad Summum Bragium*; voyez Lebeuf, t. IX, p. 201. Aujourd'hui, Briis-sous-Forges, c^on de Limours (Seine-et-Oise).

[5] Sur ce prieuré et sur les arrêts rendus au profit de dom Nicolas Aignan, voyez Lebeuf, t. VIII, p. 428.

[6] Jean des Hayettes, prêtre, docteur de Sorbonne.

[7] Louis-François-Achille de Harlay-Cély, abbé de Sainte-Colombe de Sens en 1708, mort le 14 février 1714.

[8] Louis ou Jean-Antoine d'Agoult; ce dernier fut chanoine de Paris.

[9] Ou Saint-Denis-du-Grand-Chemin, ainsi nommé parce qu'il était situé sur l'ancienne voie de Paris à Pontoise.

[10] Henri de Mesmes, fils cadet du comte d'Avaux, licencié de Sorbonne, abbé de la Valroy et de Hambye, prieur de Saint-Pierre d'Abbeville, etc. Après sa mort, son successeur, le bailli de Mesmes, obtint que le revenu du prieuré fût uni au chapitre de Saint-Paul de Saint-Denis.

[11] Nicolas Le Clerc de Lesseville, seigneur de Rubelles, conseiller au Grand Conseil, s'était démis de cette charge pour devenir curé de Taverny et abbé de Notre-Dame de Bourras, et mourut le 5 juin 1710. Il était fils d'un sous-doyen du Grand Conseil, seigneur de Saint-Prix et de Saint-Leu.

[12] Séraphin Pajot de Plouy, docteur de Sorbonne, nommé évêque de Die le 10 avril 1694, mort le 6 novembre 1704. Il était fils d'un premier président de la Cour des monnaies.

[13] Sur ces deux prieurés, voir les *Antiquités* de Malingre, liv. IV, p. 81; le *Dictionnaire universel de la France*, v° Saint-Prix, et Lebeuf, t. III, p. 425 et 426, et t. IV, p. 240-243, article de la paroisse de Bouffémont.

[14] Jean-Baptiste de Bonguéret le Blanc. Voyez ci-dessus, p. 21, note 4.

Le prieuré des Bonshommes du Bois-de-Vincennes est uni aux Minimes de Vincennes. Il vaut 9,000ᴸᴸ; ils sont quinze religieux.

Le prieuré de Gagny vaut 1,700ᴸᴸ.

Le prieuré de Saint-Mandé est uni à l'archevêché.

Le prieuré de Saint-Blaise du Raincy[1], transféré à Saint-Gervais, vaut 260ᴸᴸ.

Le prieuré d'Aulnay vaut 4,100ᴸᴸ.

Le prieuré de Notre-Dame de Montfermeil, possédé par M. Méliand, ancien évêque d'Alet[2], vaut 1,500ᴸᴸ.

Le prieuré de Grosbois-Villeparisis vaut 300ᴸᴸ.

Le prieuré de Pomponne, uni aux Jésuites d'Amiens, vaut 1,000ᴸᴸ.

Le prieuré de Montjay[3], possédé par M. l'évêque de Gap[4], vaut 850ᴸᴸ.

Le prieuré de Marolles[5] vaut 1,850ᴸᴸ.

Le prieuré de Mons vaut 700ᴸᴸ.

Le prieuré de Vernelle[6] vaut 700ᴸᴸ.

Le prieuré de Saint-Ouen, près Tournan, vaut 1,500ᴸᴸ.

Le prieuré ou chapelle de Sénart vaut 150ᴸᴸ.

Le prieuré de Saint-Thibaud-des-Vignes, possédé par M. l'abbé de Grieu[7], vaut 2,700ᴸᴸ. Il y avait des religieux anciennement, il n'y en a plus à présent.

Le prieuré de Notre-Dame de Gournay est possédé par M. l'abbé Dangeau[8]; il vaut 8,600ᴸᴸ. Il y a deux religieux, qui ont 300ᴸᴸ.

Le prieuré de la Madeleine[9], dans la paroisse de Chessy, possédé par M. l'abbé de Fourcy[10], vaut 400ᴸᴸ.

Le prieuré de Saint-Jean, de la paroisse de Conches, possédé par M. l'abbé Darbon[11], vaut 570ᴸᴸ.

Le prieuré du Cormier, paroisse de Roissy, vaut 100ᴸᴸ.

Le prieuré de Saint-Éloi de Longjumeau, ordre de Saint-Bernard, possédé par M. l'abbé Boileau[12], vaut 1,800ᴸᴸ. Il y a cinq religieux, qui ont 1,400ᴸᴸ.

---

[1] Sur ce prieuré, voir un acte de 1255, dans le *Cartulaire de Notre-Dame de Paris*, t. III, p. 181. Nous n'avons pas d'autres renseignements, et certains manuscrits portent «Saint-Germain,» au lieu de «Saint-Gervais.»

[2] Victor-Augustin Méliand, aumônier de la reine mère, abbé de Saint-Étienne de Bassac, évêque de Gap en 1680, d'Alet en 1684, démissionnaire en 1698, mort le 23 septembre 1713.

[3] Cᵛᵉ Villevaudé (Seine-et-Marne). Sur ce prieuré, qui avait été une paroisse, voir Lebeuf, t. VI, p. 102-113.

[4] Charles-Bénigne Hervé, nommé évêque de Gap en 1684, démissionnaire en 1706.

[5] Marolles-en-Brie (Seine-et-Oise).

[6] Sur la paroisse d'Évry-les-Châteaux.

[7] François-Gaston de Grieu, né en 1665, fils d'un conseiller aux requêtes.

[8] Louis de Courcillon, abbé de Dangeau, frère du marquis, ancien envoyé extraordinaire en Pologne et lecteur du roi, abbé de Fontaine-Daniel et de Clermont, prieur de Saint-Arnoul, etc.; mort le 1ᵉʳ janvier 1723. C'était un curieux, même un savant, et il faisait partie de l'Académie française. Ses recueils manuscrits forment aujourd'hui un fonds très-intéressant à la Bibliothèque Nationale, et sont particulièrement riches en documents de statistique.

[9] Voyez Lebeuf, *Hist. du diocèse de Paris*, t. XV, p. 29.

[10] Sans doute Olivier-François de Fourcy, conseiller clerc au parlement de Paris, chanoine de Notre-Dame et abbé de Saint-Ambroise de Bourges; mort le 24 février 1727. Voyez Lebeuf, t. XV, p. 29.

[11] L'abbé Darbon devait être le frère d'un des principaux commis du ministère de la guerre; il eut ce prieuré de 1664 à 1704. (Lebeuf, t. XV, p. 87.)

[12] Il y avait en 1700 trois abbés du nom de Boileau : 1° Jacques Boileau, frère du poëte, docteur de Sorbonne, doyen et grand vicaire du diocèse de Sens en 1671, chanoine de la Sainte-Chapelle de Paris en 1693, mort doyen de la faculté de théologie, le 1ᵉʳ août 1716, à quatre-vingt-deux ans, auteur d'un grand nombre de livres latins ou français sur les matières ecclésiastiques, et

Le prieuré de Longpont, ordre de Saint-Benoît, possédé par M. le cardinal de Coislin, vaut 10,000ᵗᵗ. Il y a six religieux, qui ont 3,650ᵗᵗ, avec la chambrerie[1] et autres offices claustraux.

Le prieuré de Saint-Pierre de Montlhéry est possédé..... Il vaut 650ᵗᵗ.

Le prieuré de Saint-Yon, possédé par M. l'abbé Lambert[2], docteur de Sorbonne, vaut 1,000ᵗᵗ.

Le prieuré de Saint-Vrain d'Escorchy vaut 200ᵗᵗ.

Le prieuré d'Essonnes, possédé par M. l'abbé du Mas[3], docteur de Sorbonne, qui a été conseiller au parlement, vaut 1,900ᵗᵗ.

Le prieuré de Saint-Guénault[4], ordre de Saint-Augustin, vaut 1,600ᵗᵗ.

Le prieuré de Châteaufort vaut 320ᵗᵗ.

PRIEURÉS DE FILLES.

Le prieuré de Torcy, ordre de Saint-Benoît, est possédé par Mᵐᵉ de Luynes[5]. Il y a trente religieuses; elles ont 3,000ᵗᵗ de rente, outre les pensions.

Le prieuré de Laval, ordre de Saint-Benoît, est possédé par Mᵐᵉ d'Oradour[6]. Elles sont trente religieuses, et n'ont que 800ᵗᵗ outre les pensions.

Le prieuré de Poissy, diocèse de Chartres, ordre de Saint-Dominique, fut fondé par le roi Philippe le Bel, en l'année 1304, qui dota ce couvent de 6,000ᵗᵗ de rente en argent; depuis, les rois ses successeurs lui ont donné des biens en fonds. Mᵐᵉ de Chaulnes[7] en est prieure. Il y a soixante religieuses; elles ont 20,000ᵗᵗ de rente[8].

FONDATIONS DE CHAPELLES DANS LES CHÂTEAUX.

A Bussy-Saint-Georges, une chapelle fondée.

A Émerainville, une chapelle fondée.

A Pomponne, une chapelle fondée.

A Guermantes, une fondation de 250ᵗᵗ.

A Conches, une chapelle fondée.

A Ferrières, une chapelle fondée.

A Mennecy, une chapelle fondée dans le château de Villeroy, qui vaut 200ᵗᵗ; elle est unie à la cure.

A Courcouronnes, une chapelle fondée par un seigneur, qui a de revenu 300ᵗᵗ.

---

notamment de l'*Historia flagellantium* (1700); 2° Charles Boileau, de l'Académie française, aumônier du roi, prédicateur estimé, auteur de deux volumes d'homélies et de sermons et d'un volume de panégyriques, nommé abbé de Beaulieu (diocèse de Tours) le 1ᵉʳ novembre 1693, et mort en novembre 1704 (*Mémoires de Saint-Simon*, t. IV, p. 98); 3° Jean-Jacques Boileau, né à Agen, appelé à Paris par le cardinal de Noailles, pour diriger plusieurs maisons religieuses, puis fait chanoine à Saint-Honoré, et mort en 1735, à l'âge de quatre-vingt-six ans, après avoir publié plusieurs biographies ou livres de piété, du nombre desquels était le *Problème*, qui fit tant d'éclat en 1699, et amena la disgrâce de l'auteur (*Mémoires de Saint-Simon*, t. II, p. 171 et 172; *Mémoires de l'abbé Le Gendre*, p. 242 et suiv.)

[1] Le chambrier était un économe chargé de veiller à la perception des revenus, à l'approvisionnement, etc.

[2] Voyez ci-dessus, p. 33, à l'article du prieuré de Palaiseau.

[3] Hilaire du Mas. Sur sa qualité de docteur de Sorbonne, voir un bon mot du premier président de Harlay, rapporté par Piganiol, t. VI, p. 364.

[4] Une des églises de Corbeil (Lebeuf, t. XI, p. 179-181).

[5] Marie-Louise d'Albert, fille du duc de Luynes, nommée prieure de Saint-Louis de Torcy en 1697, morte en 1728. Elle était fort savante et entretenait correspondance avec les Rancé, les Bossuet, etc.

[6] Marie de Bermondet d'Oradour, morte le 11 août 1711.

[7] Charlotte d'Albert de Chaulnes, fille du duc, nommée prieure perpétuelle en 1669, morte en 1707.

[8] Voir un mémoire de cette prieure sur l'origine vénérable de l'église de Poissy, dans les papiers du Contrôle général, Arch. nationales, G⁷ 428, 29 juillet 1695.

DIOCÈSE DE PARIS.

À Évry-sur-Seine, une de même, 200 ##.
À Moissy, une de même, 300 ##.
À Attilly, une ancienne fondation de 10 ## de rente sur le château du lieu, pour y faire dire une messe les fêtes et dimanches, qui ne se paye et ne s'exécute plus depuis longtemps.

PÈRES JÉSUITES[1].

Les Révérends Pères Jésuites ont, dans la ville de Paris, trois maisons : la maison de Saint-Louis ou la maison Professe, le collége de Clermont et le Noviciat; deux colléges dans la généralité, à Sens et à Compiègne, et une maison à Pontoise[2].

PÈRES DE L'ORATOIRE DE JÉSUS.

Les Pères de l'Oratoire ont trois maisons dans Paris, savoir : celle de la rue Saint-Honoré, celle du faubourg Saint-Jacques, dite *Saint-Magloire*, et celle du faubourg Saint-Germain, appelée l'*Institut*.

Ils ont un collége à Provins et quelques établissements dans des lieux où ils sont curés[3].

À Aubervilliers, ils ont une maison dans laquelle ils sont seize pères et quatre frères, avec 3,800 ## de rente; ils ont la cure de la paroisse.

MONASTÈRES. — RELIGIEUX DANS PARIS.

Les Chartreux.
Les Célestins.
Les Mathurins.
Les Pères de la Mission de Saint-Lazare.
Les religieux Bénédictins.
Les Pères de Sainte-Croix-de-la-Bretonnerie.
Les Prémontrés ont deux maisons : rue Hautefeuille et rue de la Croix-Rouge.

Les Feuillants, trois : rue Saint-Honoré, au faubourg Saint-Germain et rue d'Enfer.

Les Jacobins ont trois maisons ou monastères : rue Saint-Honoré, rue Saint-Jacques et rue Saint-Dominique.

Les Augustins, trois monastères : sur le quai dit des Augustins, au faubourg Saint-Germain, et les Augustins-Déchaussés.

Les Capucins, trois maisons : rue Saint-Honoré, rue Saint-Jacques et au Marais.

Les Cordeliers, deux monastères.

Les Carmes, trois monastères : celui de la place Maubert, les Billettes et les Carmes-Déchaussés.

Les Minimes, deux monastères : à la place Royale et à Chaillot.

Les Récollets.
Les Pénitents de Picpus.
Les Théatins.
Les Barnabites.
Les Pères de la Doctrine chrétienne.
Les religieux de Saint-Antoine.
Les religieux de la Merci.

RELIGIEUSES DANS PARIS.

Les religieuses de Bellechasse.
Les religieuses de l'Assomption.
Les religieuses de la Conception, Cordelières.
Les Cordelières du faubourg Saint-Germain.
Les religieuses Capucines.
Les Nouvelles-Catholiques, rue Sainte-Anne.
Les religieuses de Saint-Thomas, ordre de Saint-Dominique, rue Vivien.
Les Filles-Dieu, ordre de Fontevrault, rue Saint-Denis.
Les Augustines de Saint-Magloire.

---

[1] Sur les Jésuites et les Oratoriens, voir le dossier formé par Florimond; Arch. nationales, K 1248, n° 4.
[2] Ci-après, p. 48, 70 et 83.
[3] Voyez p. 30, 57, 73, 81, 84, 85 et 98.

Les religieuses de Saint-Antoine-de-la-Miséricorde.

Les religieuses de la Visitation-de-Sainte-Marie ont trois monastères : au faubourg Saint-Jacques, rue du Bac et rue Saint-Antoine.

Les religieuses Ursulines, deux monastères : rue Sainte-Avoye et au faubourg Saint-Jacques.

Les Carmélites, trois monastères : celui de Notre-Dame-des-Champs, de la rue Chapon et de la rue du Bouloi.

Les religieuses Feuillantines.

Les religieuses de Sainte-Catherine-de-l'Hôpital.

Les religieuses du Saint-Sacrement, deux monastères : rue Cassette et au Marais.

Les religieuses de Saint-Gervais, Vieille rue du Temple.

Les religieuses de l'Ave-Maria.

Les religieuses de la Madeleine de la Ville-l'Évêque.

Les religieuses de l'Annonciade de Pincourt[1].

Les religieuses chanoinesses de Picpus.

Les religieuses anglaises de la rue de Charenton.

Les religieuses du Calvaire.

Les religieuses du Sang-Précieux, rue de Vaugirard.

Les religieuses de Notre-Dame-de-Liesse.

Les religieuses Récollettes, rue du Bac.

Les religieuses Petites-Cordelières, rue de Grenelle.

Les religieuses de Sainte-Élisabeth.

Les religieuses Madelonnettes.

Les religieuses Hospitalières de la place Royale.

Les religieuses Hospitalières de Sainte-Basilysse, rue Mouffetard[2].

Les religieuses Filles-Bleues.

RELIGIEUX DU DIOCÈSE.

Les Mathurins de Montmorency ont été fondés en l'année 1601, par Henri de Montmorency[3]. Ils ont 3,000 ₶ de rente; ils sont neuf.

Les Mathurins de la Villeneuve, dans la paroisse de Brou, ont la cure; ils sont quatre religieux.

Les Pénitents de Luzarches ont 300 ₶ de rente; ils sont sept.

Les Pénitents de Limours ont 250 ₶ de rente; ils sont dix.

Les Pénitents de Courbevoie ont 1,300 ₶ de rente; ils sont huit.

Les Augustins déchaussés d'Argenteuil n'ont aucun revenu; ils vivent d'aumônes; ils sont seize.

Les Augustins de Lagny ont 1,000 ₶ de rente; ils sont neuf.

Les Augustins de Pomponne ont 2,000 ₶ de rente; ils sont neuf.

Les Minimes de Vincennes sont dans le parc.

Les Minimes de Brie-Comte-Robert ont été fondés par M. de Vitry, maréchal de France, et Mme sa femme[4]; ils ont 1,800 ₶ de rente: ils sont sept.

Les religieux de Torcy ont 3,500 ₶ de rente; ils sont vingt-cinq.

Les religieux de Sainte-Geneviève de Nanterre ont 2,400 ₶ de rente; ils sont dix-huit; ils ont la cure.

---

[1] Aujourd'hui, Popincourt.

[2] Cette maison était connue sous le nom d'hôpital de la Miséricorde de Jésus.

[3] Henri Ier, duc de Montmorency-Damville, maréchal et connétable de France sous Henri IV, mort le 2 avril 1614.

[4] Nicolas de l'Hospital, duc de Vitry, maréchal de France, en 1617, mort en 1644, et Lucrèce-Marie Bouhier de Beaumarchais, morte en 1666.

DIOCÈSE DE PARIS.

La communauté des prêtres du Mont-Valérien, 550 ₶.

La communauté de la Mission de Versailles, composée de trente-huit pères, a 6,500 ₶ de rente; ils ont la cure.

La communauté de la Mission, à Saint-Cloud, est composée de sept prêtres.

Les Feuillants du Plessis-Piquet ont 2,800 ₶; ils sont six religieux.

Les Jacobins de Gonesse ont l'administration de l'hôtel-dieu, qui a 2,000 ₶; ils sont dix religieux.

Les Carmes de Conflans[1] sont trente-cinq[2] religieux.

Les Picpus de Belleville sont quinze.

Les Récollets de Saint-Denis sont dix-huit; ils vivent d'aumônes et sont très-pauvres.

Les Récollets de Versailles sont . . . . .

Les religieux Camaldules, dans la paroisse d'Yerres, sont treize; ils ont 1,200 ₶ de rente.

Les Capucins de Meudon sont trente-huit; ils ont pour supérieur le R. P. Séraphin de Paris[3], qui en est le gardien; ils possèdent une maison, avec un enclos d'environ trente arpents, qu'ils tiennent de la libéralité de Monseigneur[4].

Les Feuillants du Plessis-Raoul[5] sont six religieux; ils ont environ 1,000 ₶ de rente.

Les Cordeliers de Noisy[6], pendant le séjour de la cour à Marly, vont dire des messes à la chapelle du château; il y en a dix les dimanches et les fêtes, et six les jours ouvrables.

RELIGIEUSES DU DIOCÈSE.

Les Annonciades de Saint-Denis ou Filles-Bleues, au nombre de cinquante-cinq religieuses et deux converses, ont 12,000 ₶.

Les Ursulines de Saint-Denis, au nombre de soixante-quatorze converses, ont 20,000 ₶.

Les filles de la Visitation, à Saint-Denis, au nombre de soixante-six, ont 18,000 ₶.

Les Carmélites du même lieu sont quarante-huit et quatre converses; elles ont 14,000 ₶.

Les Ursulines d'Argenteuil, au nombre de trente, ont 9,000 ₶.

Les Ursulines de Saint-Germain-en-Laye, au nombre de quarante[7], ont 4,000 ₶.

Les Ursulines de Saint-Cloud sont cinquante-deux; elles ont 11,400 ₶.

Les religieuses de la congrégation de Notre-Dame de Corbeil sont quarante-deux; elles ont 4,200 ₶.

Les filles de la Croix de Brie-Comte-Robert sont quatre; elles ont 1,200 ₶.

Les filles de la Croix de Rueil sont dix-neuf; elles ont 2,400 ₶.

Les religieuses de Sainte-Marie de Chaillot sont au nombre de quarante-cinq; elles ont 25,000 ₶.

Les Bernardines d'Argenteuil, au nombre de cinquante-neuf, ont 6,000 ₶.

HÔPITAUX DANS PARIS[8].

L'hôpital général de Paris a été établi par

---

[1] Conflans-l'Archevêque.
[2] *Alias*, vingt-cinq.
[3] Prédicateur ordinaire du roi, vanté par La Bruyère (éd. Servois, t. II, p. 221 et 416-419); mort le 10 septembre 1713, à l'âge de soixante-dix-sept ans.
[4] Louis, dauphin de France, fils de Louis XIV et de Marie-Thérèse (1661-1711).
[5] Ou Plessis-Piquet, ce qui semble faire double emploi avec un des articles précédents. L'abbé Lebeuf (t. VIII, p. 408) ne parle pas de deux maisons différentes; six religieux avaient été d'abord établis en 1614, et le Noviciat de Paris y avait été transféré en 1625.
[6] Noisy-le-Roi (Seine-et-Oise).
[7] *Alias*, trente-quatre. Ces Ursulines, venues de Saint-Denis, avaient été établies en 1681 dans l'hôtel des Fermes, et dotées de 300,000 ₶ par le roi. Voir un mémoire du 26 janvier 1696, Arch. nationales, Papiers du Contrôle général, G⁷ 429.
[8] Sur les hôpitaux de la généralité, voir Archives nationales, Papiers Florimond, K 1244, n° 4.

édit du mois d'avril 1656, par les soins de M. le premier président de Bellièvre[1]; il n'a commencé à avoir son exécution que le 14 mai 1657, peu de temps après la mort de ce grand magistrat.

Le dessein de renfermer les pauvres mendiants avait été formé dès le commencement de ce siècle, et n'avait pu être exécuté. Le nombre de ce peuple libertin et indépendant, qui ne connaissait ni loi, ni religion, ni supérieur, ni police, se trouvant monter, vers l'année 1649, à quarante mille personnes, obligea les magistrats de police et quelques particuliers de grande vertu d'implorer l'autorité du roi pour arrêter le cours de leurs désordres, en proposant de les enfermer. Sa Majesté, entrant avec charité dans un si vertueux dessein, ordonna des assemblées à cet effet; il s'en tint plusieurs chez les principaux magistrats, tant pour dresser un projet de cet établissement que pour en régler la forme. On y travailla, on en fit un, il fut vu et examiné par quantité de personnes intelligentes et notables personnages, ensemble les anciennes ordonnances et règlements sur le fait des pauvres; enfin il fut agréé et arrêté. Le roi nomma vingt-six personnes de différentes conditions pour directeurs perpétuels de cet hôpital, et, pour chefs-nés de la direction, M. le premier président et M. le procureur général du parlement; et cette grande entreprise réussit, contre le sentiment de plusieurs personnes qui la traitaient d'imagination et de chimère, et ceux qui s'en mêlaient, de gens de bonne volonté et de peu de prévoyance. On publia au prône de toutes les paroisses de Paris que l'hôpital général serait ouvert le 7 mai 1657, pour tous les pauvres qui voudraient y entrer de bonne volonté, et, de la part des magistrats, on fit défense à cri public aux mendiants de demander l'aumône dans Paris. Le 14 du même mois, l'enfermement fut accompli. Une grande partie des mendiants se retira dans les provinces, d'autres prirent le parti de travailler pour gagner leur vie, et les plus infirmes se renfermèrent de leur propre mouvement, et furent très-contents de trouver une retraite assurée. Leur nombre se trouva monter de quatre à cinq mille personnes. Il s'est depuis augmenté. Il est à présent de près de dix mille, compris deux mille enfants trouvés[2], ce qui a obligé d'augmenter les bâtiments en différents temps.

Le roi est le fondateur de cet hôpital, et l'a favorisé de grands bienfaits et de libéralités dignes de Sa Majesté. M. le cardinal Mazarin lui donna 100,000 ♯, et depuis, par son testament, 60,000 ♯, pour faire le beau bâtiment de la Salpêtrière; et plusieurs personnes vertueuses et charitables l'ont assisté de grands secours, dans des temps difficiles que la providence du Seigneur leur a envoyés, pour le maintien et la conservation d'un établissement si nécessaire[3].

L'administration de cette maison, pour le spirituel, est sous la direction d'un recteur et de vingt-deux prêtres, et, pour le temporel, sous celle de trois chefs, qui sont : M. l'archevêque, M. le premier président et M. le procureur général du parlement, laquelle est attachée à leur dignité; de vingt-six directeurs de différentes conditions, qui sont reçus au parlement, avec serment de bien, fidèlement et charitablement administrer le bien des pau-

---

[1] Pompone II de Bellièvre, petit-fils du chancelier du même nom, fait premier président du parlement de Paris en 1651, mort le 13 mars 1657.

[2] Voyez ci-après l'article de cet hôpital spécial.
[3] Ces deux paragraphes et le suivant sont transcrits presque textuellement dans Piganiol, t. V, p. 237 et 248.

vres; d'un receveur, qui prête pareil serment au parlement, et d'un secrétaire, qui le prête au bureau de la Direction. Voilà de quelle manière ce grand ouvrage a été conçu et exécuté[1].

L'hôpital général est un corps composé de trois maisons principales, qui sont : la Pitié, Saint-Denis-de-la-Salpêtrière et Saint-Jean de Bicêtre. Il y a encore la maison de Sainte-Marthe, dite *Scipion*[2], dans laquelle sont établies la boulangerie et la boucherie pour la subsistance des pauvres. Outre ces maisons, il y a encore celles du refuge des Enfants-Trouvés[3], qui sont unies à l'hôpital général, sous la direction particulière de quatre commissaires choisis entre les directeurs de l'hôpital général pour chacune de ces maisons, lesquels changent de trois en trois ans et peuvent être continués.

Dans ces maisons de la Salpêtrière et de la Pitié, plusieurs personnes de condition et des bourgeois vont souvent demander des filles pour les servir; on ne les donne qu'après une exacte connaissance des personnes qui les demandent, et être demeuré d'accord de leurs gages. D'autres sont mariées à des maîtres et compagnons de métier, après s'être informé de leurs biens et de leurs mœurs. Pendant quelques années, les directeurs, par ordre du roi, ont fait embarquer un nombre considérable de filles de cet hôpital pour le Canada, où elles ont été mariées, dont l'évêque de ce pays-là, les religieux et les religieuses qui y sont établis ont rendu de fort bons témoignages de leur conduite[4]. Les garçons qui en sortent savent un métier et sont en état de gagner leur vie.

Outre l'hôpital général, il y a encore à Paris plusieurs hôpitaux, savoir : l'hôpital de la Trinité, l'hôpital du Saint-Esprit, l'hôpital des Enfants-Rouges, l'hôpital des Quinze-Vingts, l'hôpital des Petites-Maisons, l'hôpital des Incurables, l'Hôtel-Dieu et la maison des Convalescents.

HÔPITAUX DANS LE DIOCÈSE.

L'hôtel-dieu de Saint-Denis a 7,000 ₶ de rente, au moyen de l'union qui lui a été faite de la maladerie de l'ordre de Saint-Lazare, qui valait 2,000 ₶ de rente; il est administré par le prieur de l'abbaye, un curé de la ville et trois bourgeois, et les pauvres sont servis par trois sœurs grises et des ecclésiastiques.

Les religieuses Hospitalières de Saint-Eutrope de Chanteloup sont vingt-trois; elles ont 7,500 ₶.

Les religieuses Hospitalières de Gentilly, au nombre de trente-neuf, conventuelles, ont...[5]

L'hôpital de Chelles a 500 ₶ de rente.

L'hôpital de Lagny, 3,000 ₶.

---

[1] On trouve dans l'*État de la France* de 1663, t. II, p. 452-460, un article très-intéressant sur l'organisation de l'hôpital général de Paris et sur les dépenses de premier établissement. Voir aussi, dans les Papiers du Contrôle général des finances (Arch. nat., G⁷ 426, 15 août 1688), un mémoire sur les moyens de soutenir l'hôpital et de le soulager.

[2] Ancien hôtel construit au XVIᵉ siècle par le financier Scipion Sardini, dans la rue de la Barre.

[3] Sur l'hôpital des Enfants-Trouvés, fondé au parvis Notre-Dame en 1670, voir Piganiol de la Force, tome I, pages 408-410, et sur la maison du faubourg Saint-Antoine, tome V, pages 63 et 64. En 1742, une autre annexe, appelée la Crèche, fut établie sur l'emplacement des églises Saint-Christophe et Sainte-Geneviève-des-Ardents, pour recueillir les nouveau-nés laissés sans secours.

[4] Sur cette déportation, voir les *Lettres de Colbert*, t. III, 2ᵉ partie, Colonies, lettres 15, 27, 29 et 42.

[5] Dans certains manuscrits, les lacunes représentées ici et ailleurs, en des cas semblables, par des points, sont remplacées par la mention : « Peu de revenu. »

L'hôpital de Saint-Cloud, servi par des sœurs grises, a peu de revenu.

L'hôtel-dieu de Brie est administré par sept religieuses et deux servantes; il y a 800# de rente.

Les autres bénéfices du diocèse de Paris qui sont situés dans les élections de Rozoy et de Pontoise seront rapportés ci-après, savoir : ceux qui sont dans l'élection de Rozoy, avec ceux du diocèse de Meaux, et ceux qui sont dans l'élection de Pontoise, avec ceux du diocèse de Beauvais, avec lesquels diocèses et celui de Paris les paroisses de ces élections se trouvent partagées.

DIOCÈSE DE SENS.

Le diocèse de Sens s'étend, dans la généralité, sur les élections de Sens, Étampes, Melun, Nemours, Provins, Montereau, Joigny, Rozoy en partie, Coulommiers en partie, Nogent en partie et Saint-Florentin en partie, et, hors la généralité, dans celle d'Orléans[1].

ARCHEVÊCHÉ DE SENS[2].

L'église de Sens remonte jusqu'au siècle des apôtres pour trouver l'époque de son établissement. Quelques-uns ont cru que saint Savinien, son premier évêque, fut envoyé dans les Gaules avec les saints Potentien et Altin, par saint Pierre, pour y porter la lumière de l'Évangile. Cette tradition est fondée sur les actes de ces martyrs rapportés par Pierre de Natalibus[3], auteur du xv° siècle, dans son *Histoire des Saints*, dont toutes les pièces ne sont pas authentiques : il y a bien de l'apparence que ces actes ont été altérés, et qu'au lieu d'y lire que ces saints hommes ont reçu leur mission de saint Pierre, on a voulu dire qu'ils ont été envoyés par le Saint-Père, comme le rapportent Isuard[4], qui fleurissait en 876, et l'auteur de la *Chronique d'Auxerre*[5], et plusieurs anciens martyrologes. Ces actes se concilieraient ainsi avec Sulpice-Sévère et Grégoire de Tours sur la naissance de l'Église dans les Gaules, qui a été sur la fin du ii° siècle et vers le milieu du iii°[6].

---

[1] Voyez la carte du diocèse, en deux feuilles, publiée par Nicolas Sanson, Paris, 1660.

[2] Sur les historiens de ce siège antérieurs au xviii° siècle, voyez la *Gallia christiana*, t. XII, p. 3. En 1648, il avait été publié un *Pouillé général contenant les bénéfices de l'archevêché de Sens et des diocèses de Troyes, Auxerre et Nevers*. En 1688, H. Mathoud avait fait un livre *De vera Senonum origine christiana*. Au xviii° siècle, l'abbé Lebeuf donna un nouveau pouillé dans le tome IV de ses *Mémoires sur l'histoire d'Auxerre*. Enfin nous devons signaler, parmi les ouvrages modernes, quatre publications importantes de M. Quantin, archiviste du département de l'Yonne : 1° *Cartulaire général de l'Yonne*, en trois volumes; 2° *Répertoire archéologique*; 3° *Dictionnaire topographique du département de l'Yonne*; 4° Inventaire-sommaire des archives communales de la ville de Sens.

[3] Pietro dei Natali, hagiographe vénitien, dont le *Catalogus sanctorum et gestorum eorum ex diversis voluminibus collectus*, ouvrage absolument dépourvu de science critique, fut imprimé à Venise en 1493, et traduit à Paris en 1524.

[4] Usuard, ou Isuard, comme l'appelait l'allemand Trithème, était un religieux français de l'ordre de Saint-Benoît, auteur d'un martyrologe dédié à Charles le Chauve.

[5] Sur le recueil des *Actes des évêques d'Auxerre*, que le Mémoire désigne sans doute ici sous le titre de *Chronique d'Auxerre*, voyez la *France littéraire*, t. V, p. 436 et 561.

[6] Voyez ci-dessus, p. 17 et 18.

DIOCÈSE DE SENS.

Depuis saint Savinien jusqu'à Mgr Hardouin Fortin de la Hoguette[1], qui remplit aujourd'hui ce siége, et qui gouverne ce diocèse avec un zèle et une application exemplaires, l'église de Sens compte cent six[2] archevêques, dont les uns ont été distingués par leur sainteté, les autres par leur doctrine, plusieurs par l'éclat de leur naissance, d'autres par les dignités qu'ils ont eues dans l'Église ou dans l'État. De ces prélats, il y en a douze au nombre des saints, huit cardinaux, des chanceliers, des grands aumôniers de France, et plusieurs du sang royal. Saint Héraclius II assista au baptême et au sacre de Clovis, lorsque saint Remy, archevêque de Reims, initia ce prince aux mystères divins et consacra en sa personne le royaume de France à Jésus-Christ[3]. Il y a des archevêques de Sens qui ont même eu l'honneur de sacrer quelques-uns de nos rois dans des circonstances particulières: Guy sacra Philippe-Auguste, et Gilbert[4] Louis le Gros, ces princes n'ayant pu se rendre à Reims pour recevoir l'onction sacrée des successeurs de saint Remy[5]. Vers la fin du ɪxᵉ siècle, Anségiste[6], archevêque de Sens, a beaucoup relevé l'état de son siége : ayant persuadé au pape Jean VIII de couronner Charles le Chauve empereur d'Occident, ce prince, en reconnaissance de ce service, obtint de Sa Sainteté, en faveur d'Anségiste, la primatie des Gaules et de Germanie, en l'année 876. Les évêques de France, assemblés à Ponthion, n'approuvèrent pas cette élévation de l'église de Sens, et Hincmar, archevêque de Reims, y représenta fortement que cette nouveauté était contraire aux canons des conciles; néanmoins les archevêques de Sens sont demeurés en possession et ont joui pendant deux cents ans des droits de cette primatie, jusqu'au temps du pape Grégoire VII, qui conféra, en l'année 1079, la primatie des Gaules à Géboin, archevêque de Lyon, sans remonter plus haut l'époque de sa primatie; mais, depuis cette concession de Grégoire VII, les archevêques de Sens ont essayé plusieurs fois de revenir contre; mais Charles, cardinal de Bourbon, archevêque de Lyon, ayant porté la décision de ce procès au parlement de Paris, l'archevêque de Sens, qui était de la maison de Melun, dont il y a eu trois archevêques[7], s'y laissa condamner par défaut, en 1421. Depuis ce jugement, la primatie des Gaules est demeurée à

---

[1] Hardouin Fortin de la Hoguette, ancien évêque de Saint-Brieuc et de Poitiers, nommé archevêque de Sens le 13 novembre 1685, mais préconisé seulement à Rome le 11 janvier 1692; mort le 28 novembre 1715, à soixante-douze ans. « C'était, dit Saint-Simon, un homme sage, grave, pieux, tout appliqué à ses devoirs et à son diocèse, dont tout était réglé, rien d'outré; que tout son mérite avait, sans loi, fait passer de Poitiers à Sens; aimé et respecté dans le clergé et dans le monde, et fort considéré à la cour.... Quoique savant, appliqué, à la tête des affaires temporelles et ecclésiastiques du clergé, il était aussi homme de doctrine, voyait chez lui, à Fontainebleau, qui est du diocèse de Sens, la meilleure compagnie de la cour.... Mais il ne voulait point dérober les grâces, ni se donner pour autre qu'il n'était.... » (Mémoires de Saint-Simon, éd. de 1873, t. III, p. 16-16, et t. XII, p. 393.) Il refusa le cordon de commandeur du Saint-Esprit, mais fut fait conseiller d'État d'Église.

[2] Mgr de la Hoguette n'est que le cent-deuxième évêque sur la liste de la Gallia christiana.

[3] En 496.

[4] Lisez : Daimbert. Cette erreur vient de du J. Tillet.

[5] Le sacre de Louis VI à Orléans et celui de Philippe-Auguste à Saint-Denis eurent lieu en 1106 et 1180. Voyez le Cérémonial français des Godefroy (1649), t. I, p. 125 et 138.

[6] Ou plutôt Anségise. Il mourut vers 883.

[7] Lisez : quatre, à savoir : 1° Guillaume de Melun, soixante-seizième archevêque; 2° Philippe, frère du précédent, soixante-dix-neuvième; 3° Guillaume, leur neveu, quatre-vingtième; et 4° Louis, quatre-vingt-huitième archevêque, de la branche de la Borde-le-Vicomte.

l'église de Lyon, et les archevêques de Sens ont conservé seulement le titre de primat des Gaules et de Germanie [1].

Les cardinaux du Prat et du Perron sont si célèbres dans l'histoire de cette église, qu'on ne peut se dispenser d'en parler. Antoine du Prat [2] a possédé les premières charges de la robe et de l'Église. Louis XII le nomma, en 1507, premier président du parlement de Paris. Huit années après, François Ier le fit chancelier de France et lui donna les sceaux. Dans la fameuse conférence que ce prince eut avec Léon X, à Bologne, en 1515, il conseilla à François Ier de passer le concordat qui donne au roi la nomination des évêchés et des abbayes de France et de Dauphiné, et au pape le droit d'annates de tous ces bénéfices [3]. Il jouit lui-même des fruits de ce traité, car, après la mort de Françoise Vény d'Arbouze, sa femme, ayant embrassé l'état ecclésiastique, François Ier, en exécution du Concordat, le nomma évêque de Meaux, puis d'Albi, enfin archevêque de Sens, en 1526. L'année suivante, le pape Clément VII l'éleva au cardinalat, et puis le nomma légat en France, en 1530. Après la mort de ce pape, en 1534, il crut pouvoir penser à la papauté, et, pour parvenir à cette dignité suprême de l'Église, il employa tous les moyens possibles; mais, n'ayant pas réussi dans cette entreprise, il se retira en son château de Nantouillet [4], où il mourut en 1535, âgé de soixante-douze ans. Son cœur fut porté dans l'église de Meaux, et son corps dans celle de Sens, où il n'était jamais entré en vie. L'histoire charge sa mémoire d'avoir eu un plus grand attachement à sa fortune qu'aux véritables intérêts de l'Église ou de l'État.

Jacques Davy du Perron [5], un de ses successeurs à l'église de Sens, a été un des plus grands ornements de ce siége, et même de l'église gallicane. Ce grand homme a été moins honoré de ses dignités que de son propre mérite. Il avait une mémoire merveilleuse, un jugement solide, une grande pénétration d'esprit, avec beaucoup de douceur et d'agrément; il possédait en perfection les langues, les belles-lettres, l'histoire, la philosophie, la théologie, et surtout la controverse. Il avait sucé avec le lait les erreurs de Calvin; mais la lecture des saints Pères, et principalement de saint Augustin, lui fit connaître et abjurer ses erreurs. Après avoir connu la vérité, il la fit connaître aux personnes du premier rang, et même à son souverain : il aida Henri IV de ses lumières et de ses conseils dans le grand ouvrage de sa conversion, et réconcilia, en 1595, le Saint-Siége avec ce prince, sous le pontificat de Clément VIII. Dans la fameuse

---

[1] Cet article paraît avoir été dressé à l'aide de celui de la *Gallia christiana* des Sainte-Marthe (t. I, p. 613 et 614), qui se retrouve, avec quelques nouveaux développements, dans la seconde *Gallia christiana*, t. XII, p. 2 ; mais la date de 1421 (ou de 1426, dans la première édition) est une erreur, pour 1457, 11 mars. Louis de Melun n'occupa le trône archiépiscopal que de 1432 à 1476. Sur la querelle de la primatie, voyez l'ouvrage publié, en 1657, sous le titre de *Senonensis ecclesiæ querela de primatu Galliarum adversus Lugdunensem*.

[2] Cet article est l'abrégé de celui que la *Gallia christiana* a consacré au cardinal du Prat; voyez l'édition de 1656, t. I, p. 649, et celle de 1770, t. XII, col. 89-91.

[3] Concordat du 16 août 1516, remplaçant la pragmatique sanction.

[4] Nantouillet, près Juilly et Dammartin (Seine-et-Marne).

[5] Né en 1556, sacré évêque d'Évreux en 1595, cardinal et archevêque de Sens en 1604, grand aumônier de France, commandeur du Saint-Esprit, etc.; mort le 5 septembre 1618. Voyez la *Gallia christiana*, t. XII, p. 96-100.

DIOCÈSE DE SENS.

conférence de Fontainebleau, en 1600, il confondit du Plessis-Mornay[1], le héros des protestants, et démontra que les passages des Pères dont il avait chargé son livre contre l'Eucharistie, étaient altérés et falsifiés. Cette victoire lui mérita, quelques années après, de Clément VIII, le chapeau de cardinal. En 1606, Henri IV le nomma archevêque de Sens, et ensuite l'éleva à la charge de grand aumônier de France. Sa doctrine en matière de controverse est exacte; mais, sur la puissance ecclésiastique, on l'accuse d'avoir trop suivi les sentiments de la cour de Rome. Il est mort à Paris en 1618, âgé de soixante-trois ans.

Les archevêques de Sens avaient autrefois pour suffragants les évêques de Paris, Chartres, Meaux, Orléans, Troyes, Auxerre et Nevers; mais, depuis que Paris a été érigé en métropole, en l'année 1622, il n'est resté à Sens pour suffragants que Troyes, Auxerre et Nevers. Pour indemnité de ce démembrement, on y a joint l'abbaye du Mont-Saint-Martin, ordre de Prémontré, en Picardie, qui vaut 12,000ᵗᵗ de rente[2].

Il s'est tenu plusieurs conciles provinciaux à Sens : celui de 1140 est le plus célèbre. Il était composé des provinces de Sens et de Reims; le roi Louis le Jeune s'y trouva; saint Bernard y convainquit Pierre Abélard, qui y fut condamné; il en appela au pape.

Dans le diocèse de Sens, il y a seize chapitres, vingt-six abbayes, dont six de filles, soixante couvents, communautés ou colléges, et sept cent soixante-cinq paroisses[3].

L'archevêché de Sens a 50,000ᵗᵗ de revenu.

ÉLECTION DE SENS.

Toutes les paroisses de l'élection de Sens sont dépendantes de l'archevêché.

CHAPITRES.

L'église métropolitaine de Saint-Étienne de Sens est composée de cinq dignités, quatre personnats[4], trente et une prébendes entières ou canonicats, quatorze semi-prébendes, deux hautes vicairies, qui ne sont que commissions *ad vitam*, et vingt-deux chapelles en titre.

Les dignités sont : l'archidiacre de Sens, qui a 700ᵗᵗ de revenu; le trésorier, 600ᵗᵗ; le doyen, 600ᵗᵗ; le préchantre[5], 600ᵗᵗ; et le cellerier[6], 300ᵗᵗ.

Les archidiaconés de Gâtinais, Melun, Provins et Étampes sont seulement personnats. Celui de Gâtinais vaut 400ᵗᵗ de revenu; celui de Melun, 300ᵗᵗ; celui de Provins et celui d'Étampes, chacun 140ᵗᵗ.

---

[1] Philippe de Mornay, seigneur du Plessis-Mornay, gouverneur de Saumur, conseiller d'État sous Henri IV, etc. Après la conversion du roi, en 1592, il s'était retiré de la cour pour travailler à son livre contre l'Eucharistie, qui fut l'objet de la conférence de 1600, où l'avantage resta à l'évêque d'Évreux. Du Plessis-Mornay mourut le 11 novembre 1623, à soixante-quatorze ans. On l'avait surnommé le *Pape des huguenots*.

[2] *Gallia christiana*, t. XII, p. 2.

[3] *Ibidem.*

[4] Le personnat est un «bénéfice qui donne quelque prérogative ou prééminence, mais sans juridiction, qui a seulement une place distinguée.» (*Dictionnaire de Trévoux.*) Les personnats n'avaient pas voix au chapitre, à moins que ce ne fût comme chanoines, mais ils précédaient les chanoines dans les réunions et assemblées publiques.

[5] Le préchantre ou précenteur avait la direction du chœur.

[6] Le cellerier était, dans les couvents, un économe chargé de l'approvisionnement, de l'alimentation et des autres détails temporels.

GÉNÉRALITÉ DE PARIS.

Les dignités d'archidiacre de Sens et de trésorier, les personnats et tous les canonicats sont à la collation de M. l'archevêque de Sens.

Le doyen, le préchantre et le cellerier sont électifs par le chapitre et confirmatifs par le pape; les deux hautes vicairies dépendent du chapitre. Il a aussi la présentation des quatorze semi-prébendes, à la réserve d'une, qui dépend du trésorier. Des vingt-deux chapelles, il y en a dix qui sont à la collation de M. l'archevêque, huit à sa collation et à celle du chapitre alternativement, et quatre à celle du chapitre.

Il y a dans ce chapitre beaucoup de gens de mérite, de capacité et de vertu : le roi en a tiré depuis quelques années M. Taffoureau [1], qui en était doyen, pour le faire évêque d'Alet.

PRIVILÉGES DE L'ÉGLISE DE SENS.

L'église de Sens a des lettres de concession du 14 octobre 1515, qui lui ont été accordées par Louise, duchesse d'Angoulême et d'Anjou, régente en France pendant l'absence du roi François Ier, son fils, portant pouvoir de faire faire par ses officiers les inventaires de ceux du chapitre et habitués de cette église qui décéderaient dans le cloître, sans que les officiers du roi s'en puissent entremettre; lesquelles ont été confirmées par autres lettres patentes du roi François Ier, du 17 février 1516, registrées au parlement le dernier juillet ensuivant. Elle a aussi des lettres de protection et de sauvegarde, telles et semblables que celles accordées au chapitre de Paris, avec droit de *committimus* aux requêtes du Palais; elles sont du mois de novembre 1548, registrées en parlement le 12 août 1555.

Il y a dans l'église de Sens plusieurs beaux tombeaux d'anciens archevêques.

Il y a sept chapelles de Saint-Laurent dans le palais archiépiscopal, qui valent chacune environ 300^{tt}. Les chapelains s'assemblent chaque année, le jour du patron, pour faire leur office et délibérer sur le service qu'ils doivent et sur l'administration de leur revenu temporel, qui est commun entre eux.

Le chapitre de l'église collégiale de Traînel [2] est composé de six canonicats, au patronage du seigneur, qui valent chacun 200^{tt} de revenu.

ABBAYES.

L'abbaye de Saint-Remy-lès-Sens, ordre de Saint-Benoît, fut fondée avant l'an 527; elle est unie à perpétuité à la cure de Versailles [3]. Elle vaut 3,500^{tt} de rente.

L'abbaye de Saint-Pierre-le-Vif-lès-Sens, même ordre, qui fut fondée l'an 507, est possédée par le sieur abbé Rouget, chanoine de Troyes [4]. Elle vaut 3,000^{tt} de rente. Il y a dix religieux, qui ont aussi 3,000^{tt}.

L'abbaye de Saint-Jean-lès-Sens, ordre de Saint-Augustin, congrégation de Sainte-Geneviève, fut fondée vers l'an 500, pour des filles, par Héraclius, archevêque de Sens qui vivait dans le VIe siècle. Les chanoines réguliers de Saint-Augustin y furent mis en l'an 1111. Elle

---

[1] Charles-Nicolas Taffoureau de Fontaine, docteur de Sorbonne, chanoine en 1673, doyen en 1694 et vicaire général de l'archevêque, nommé évêque d'Alet le 1er novembre 1698. Voyez son éloge dans le *Mercure*, novembre 1708, p. 247-250.

[2] C^{on} Nogent-sur-Seine (Aube).

[3] Cette union aux prêtres de la Mission de Versailles avait été faite en 1674; depuis longtemps l'abbaye était ruinée et abandonnée des moines. Boulainvilliers indique 25,000^{tt} de revenu, ce qui doit être une faute d'impression.

[4] Jérémie Rouget, nommé abbé en 1668, étant mort en 1714, le revenu fut joint à la cure de Versailles, comme celui de Saint-Remy.

DIOCÈSE DE SENS.

est possédée par les archevêques de Sens, qui en sont abbés depuis l'an 1607, que la mense abbatiale fut unie à perpétuité à l'archevêché de Sens. Il y a dix religieux, qui ont 4,000 ₶ de revenu.

L'abbaye de Saint-Paul-lès-Sens, ordre de Prémontré, fut fondée vers l'an 1220. Elle est possédée par le sieur abbé Denise [1], chanoine de Troyes. Elle vaut 1,200 ₶. Il y a trois religieux, qui n'ont que 700 ₶ de revenu.

L'abbaye de Sainte-Colombe, ordre de Saint-Benoît, fut fondée l'an 620, par Clotaire II, roi de France. Elle est tenue en commende, et possédée par M. l'abbé de la Rochefoucauld [2]. Elle vaut 6,000 ₶ de rente. Il y a quinze religieux, qui ont presque autant de revenu.

L'abbaye de Dilo, ordre de Prémontré, fut fondée l'an 1135. Elle est possédée en commende par le sieur de Vignolles [3]. Elle vaut 1,600 ₶ de rente [4]. Il y a six religieux, qui ont 2,000 ₶.

ABBAYES DE FILLES.

L'abbaye de Notre-Dame de la Pommeraie, ordre de Saint-Benoît, a été transférée aux faubourgs de Sens en 1659 [5]. Elle est possédée par Mme de Crenan [6], sur la démission de Mme de Harlay [7]. Cette maison a 6,000 ₶ de rente. Il y a soixante religieuses [8].

L'abbaye de Villechasson, même ordre, dans la paroisse de Chevry, est possédée par Mme de Beaujeu [9]. Elle a 4,000 ₶ de rente. Il y a vingt-cinq religieuses [10].

PRIEURÉS.

Le prieuré conventuel des filles dites de la Madeleine de Traînel est possédé par les religieuses de la Madeleine du faubourg Saint-Antoine de Paris, où elles furent transférées vers l'an 1634. Il vaut 2,000 ₶ de rente.

Le prieuré de Notre-Dame-du-Charnier-lès-Sens [11], ordre de Cluny, est possédé par le sieur abbé de Monts. Il vaut 1,200 ₶ de rente.

Celui de Sixte, même ordre, est possédé par M. l'évêque de Toulon [12]. Il vaut 1,200 ₶.

Le prieuré de la Cour-de-Notre-Dame est dépendant de l'abbaye de Cîteaux. Il vaut 500 ₶.

Le prieuré de l'Enfourchure, ordre de

---

[1] Nicolas Denise, chapelain du roi, nommé abbé commendataire en 1695, mort en 1707.

[2] Henri de la Rochefoucauld, fils du premier duc, abbé commendataire de Notre-Dame-de-la-Celle, de la Chaise-Dieu, etc., nommé abbé de Sainte-Colombe en 1670, mort en 1708.

[3] Il y a ici une erreur : Henri de Vignolles, nommé en 1620, mort en 1663, avait eu pour successeur Louis Durand de Turry, qui garda cette abbaye jusqu'en 1705.

[4] L'Almanach de 1741 ne porte ce revenu qu'à 1,300 ₶, tandis que Boulainvilliers, par une faute d'impression, ou par suite d'une confusion avec le revenu des religieux, l'élève à 3,000 ₶.

[5] En 1633, selon le Dict. topogr. de M. Quantin, p. 101.

[6] Charlotte de Perrien de Crenan, nommée en 1696, sur la démission de Mme de Harlay, refusa de prendre le bâton abbatial tant que celle-ci vécut. Mme de Crenan mourut en 1726.

[7] Louise de Harlay-Champvallon, abbesse de 1668 à 1696, morte le 1er janvier 1706.

[8] Sur les différentes translations de ce monastère, et sur le droit de salage de Provins, qui lui avait été donné en 1161, par un comte palatin de Troyes, voir un arrêt du Conseil du 28 octobre 1702, et les Papiers du Contrôle général des finances, G⁷ 432, année 1704, ou ceux de Florimond, K 1248, n° 6.

[9] Marie-Gasparde du Mesnil-Simon de Beaujeu.

[10] Cette abbaye fut réunie par la suite à celle de Moret, même ordre et même diocèse. Voyez Michelin, Essais historiques et statistiques sur le département de Seine-et-Marne, p. 1816.

[11] Sur cette maison, qui fut ruinée à diverses fois, mais toujours fréquentée pour les reliques qu'elle possédait, voyez la Gallia christiana, t. XII, col. 126 et 127.

[12] Voyez ci-dessus, p. 32, note 1.

Grammont, dans la paroisse de Dinon, tenu en commende par le sieur abbé de la Chaise[1], vaut 3,000 ## de rente.

Le prieuré de Montbéon, dans la paroisse de Saint-Agnan, vaut 1,400 ##. Il est possédé par un religieux de Saint-Victor.

Il y a plusieurs autres petits prieurés dans cette élection, savoir :

Le prieuré de Saint-Gervais-des-Tables de Traînel, qui vaut 500 ## ;

Le prieuré de Saint-Paterne de Sergines, qui vaut 460 ## ;

Le prieuré de Saint-Loup de la Chapelle, qui vaut 200 ## ;

Le prieuré de Saint-Bond de Paron[2], qui vaut 250 ## ;

Le prieuré de Flacy, qui vaut 250 ## ;

Le prieuré de Saint-Léger, à Vareilles, qui vaut 200 ## ;

Le prieuré de Saint-Philibert, qui vaut 400 ## ;

Le prieuré de Villechavan, à Villebougis, qui vaut 100 ## ;

Le prieuré de Gron, qui vaut 150 ##.

FONDATIONS DE CHAPELLES DANS LES CHÂTEAUX.

La chapelle de Fleurigny, fondée par les seigneurs dans leur château, en patronage laïque, vaut 300 ## de rente ; elle est bien bâtie ; elle est du temps de François Ier.

La chapelle sacerdotale de la Motte-Tilly, fondée par les seigneurs, vaut 350 ## ; on y doit dire la messe chaque jour de l'année.

Il y a trois chapelles fondées dans l'église de Vallery, par Henri de Bourbon[3], aïeul de Mgr le Prince[4], en 1646, qui valent 300 ## de revenu chacune. C'est le lieu de la sépulture des princes de la maison de Condé. Cette terre fut donnée, en 1567, à Louis de Bourbon[5], par Mme la maréchale de Saint-André[6], dans l'espérance qu'elle avait de l'épouser ; depuis la donation, ce prince, qui était de la religion prétendue réformée, fit abattre l'église de la paroisse, qui était devant la porte du château ; elle fut rebâtie par Henri de Bourbon, son petit-fils, en l'année 1635.

Il y a encore quelques autres petites chapelles, de petit revenu, à peine suffisant pour les charges.

PÈRES JÉSUITES.

Il y a à Sens un collége, qui fut fondé par un chanoine de Sens, en 1537 ; il fut donné en 1623 aux révérends pères Jésuites. Ils ont environ 2,000 ## de rente ; ils sont douze[7].

MONASTÈRES. — RELIGIEUX.

Les religieux Célestins de Sens ont 6,000 ## de rente ; ils sont douze.

Les religieux Jacobins sont huit.

---

[1] Jacques-Gabriel de la Chaise du But, dernier frère du P. de la Chaise, confesseur de Louis XIV. Il eut le gros prieuré de Souvigny et la petite abbaye de Manlieu, en Auvergne, et mourut en 1708, âgé de soixante-quatre ans.

[2] Ce prieuré, qui dépendait de l'abbaye de Saint-Remy, fut uni au séminaire diocésain en juin 1735.

[3] Henri II de Bourbon, prince de Condé (1588-1646), premier prince du sang, père du grand Condé.

[4] Henri-Jules de Bourbon, prince de Condé, premier prince du sang, grand maître de France (1643-1709).

[5] Louis Ier de Bourbon-Vendôme, premier auteur de la branche des princes de Condé (1530-1569). Il eut pour femmes : 1° en 1551, Éléonore de Roye ; 2° en 1565, Éléonore d'Orléans-Longueville, qui ne mourut qu'en 1601.

[6] Marguerite de Lustrac, veuve de Jacques d'Albon, maréchal de Saint-André (tué en 1562, à la bataille de Dreux), fut accusée d'avoir fait périr, par le poison la fille unique issue de ce mariage, pour épouser le prince de Condé. Elle se remaria à Geoffroy, baron de Caumont, et mourut en octobre 1568.

[7] Ce collége eut, en 1650, une longue et difficile contestation avec l'archevêque de Sens, dont il est resté des factums et pièces diverses.

DIOCÈSE DE SENS.

Les Cordeliers sont dix.
Les religieux Pénitents, douze.
Les Capucins, dix.
Ces religieux sont très-pauvres.

Il y a à Sens un séminaire, qui a 3,500ᴸ de rente, que le roi a permis qu'on imposât annuellement sur le clergé du diocèse de Sens, pour sa subsistance[1].

RELIGIEUSES.

Les religieuses Carmélites ont 1,500ᴸ de rente; elles sont trente.

Les Ursulines ont 2,000ᴸ; elles sont quarante.

Les Annonciades ont 2,000ᴸ; elles sont vingt-cinq.

Les Bénédictines de Villeneuve-le-Roy[2] ont 800ᴸ; elles sont vingt.

HÔPITAUX.

L'hôpital de Sens a 6,000ᴸ de rente. Il est gouverné par trois ecclésiastiques élus par le chapitre de Sens, et par trois administrateurs laïques nommés par la ville; il y a de plus un économe mis par le chapitre, qui fait la recette et la dépense et en rend compte aux gouverneurs et administrateurs.

La maladerie du Popelin, celle de Béon et celle de Véron ont été unies à l'hôpital de Sens en l'année 1695.

Il y a à Villeneuve-le-Roy un hôpital, qui a 12,000ᴸ de rente, lequel est régi par un administrateur, qui rend compte au curé et aux habitants de la ville.

Il serait inutile de marquer les réunions des maladeries en particulier, ayant toutes été réunies aux hôtels-dieu prochains, en l'année 1695[3].

ÉLECTION D'ÉTAMPES.

La ville et les paroisses de l'élection d'Étampes sont du diocèse et archevêché de Sens. Les bénéfices qui s'y trouvent sont:

CHAPITRES.

Le chapitre de Notre-Dame d'Étampes fut fondé vers le commencement du xi⁰ siècle, par le roi Robert; il est composé d'une seule dignité de chantre, qui est élective, et de dix canonicats, qui valent chacun 150ᴸ de rente, la dignité 300ᴸ. Il y a dix-sept chapelles, de peu de revenu, toutes à la collation du chapitre.

Le chapitre de Sainte-Croix d'Étampes fut fondé en 1183. Il est composé de deux dignités de doyen et de chantre, qui sont électifs par le chapitre et confirmatifs par M. l'archevêque de Sens; de dix-neuf canonicats, qui valent chacun 100ᴸ (les dignités ont le double), et de onze chapelains, qui ont ensemble environ 1,400ᴸ de revenu. Ces canonicats sont à la collation de M. l'archevêque de Sens, et les chapelles à celle du chapitre.

ABBAYES.

L'abbaye de Morigny, ordre de Saint-Benoît, près Étampes, fut fondée en 1106. Elle est possédée par le sieur abbé Le Sage[4]. Elle lui vaut 4,000ᴸ de rente[5], et aux religieux, qui sont au nombre de six, 2,500ᴸ de revenu.

---

[1] Ce séminaire était dirigé par les prêtres de la Mission, et la permission d'imposer leur avait été accordée en mars 1667, jusqu'à ce qu'on pût leur réunir quelques bénéfices. En 1734 ils eurent le prieuré de Saint-Bond de Paron, et en 1742 la mense de l'abbaye de Morigny et le prieuré de Notre-Dame de Sixte, même diocèse.
[2] Aujourd'hui, Villeneuve-sur-Yonne.
[3] En vertu de l'édit de mars 1693.
[4] Nommé en 1696, mort en 1707.
[5] L'*Almanach* de 1741 porte ce revenu à 4,500ᴸ.

ABBAYES DE FILLES.

L'abbaye de Villiers[1], ordre de Saint-Bernard, de fondation royale, est possédée par Mme .....[2] Il y a vingt-neuf religieuses; cette maison a .....[3] de rente.

PRIEURÉS.

Le prieuré de Saint-Pierre de Merville[4], ordre de Saint-Benoît, vaut 1,200 lt de rente. Il est possédé par le sieur abbé de Bartac.

Celui de Saint-Martin d'Étampes, même ordre, 600 lt; il est possédé par le sieur abbé Maleau.

Celui d'Étréchy, même ordre, 400 lt; il est possédé par le sieur Noüet, docteur de Sorbonne.

Celui de Saint-Médard de Maisse, même ordre, 260 lt; il est possédé par dom Alexandre Noblet, religieux de l'abbaye d'Hambye, diocèse de Coutances.

Celui de Notre-Dame-du-Pré, ordre de Saint-Augustin, paroisse de Champigny[5], proche Étampes, 300 lt.

Celui de Saint-Pierre d'Étampes vaut 1,200 lt; il est possédé par les Chartreux d'Orléans.

La prévôté d'Auvers[6], dignité dépendant du chapitre de Notre-Dame de Chartres, vaut 800 lt de rente.

Le prieuré de Bois-Galon, paroisse de Saint-Pierre d'Étampes, ordre de Saint-Augustin, ne vaut plus qu'environ 30 lt de revenu.

FONDATIONS DE CHAPELLES DANS LES CHÂTEAUX.

Il y a dans le château d'Étampes la chapelle de Saint-Laurent, de fondation royale, qui vaut 120 lt de revenu; elle est remplie et desservie.

Une autre chapelle dans le château de Farcheville, paroisse de Villiers-en-Beauce, qui vaut 200 lt de revenu.

La chapelle des Corps-Saints, à Étréchy, de fondation royale, vaut 200 lt, charges faites.

Il y a encore plusieurs autres petites chapelles en titre de bénéfices, en cette élection, comme celles de Sainte-Marguerite à Abbeville, de Saint-Fiacre à Auvers, et autres: mais elles n'ont plus, ou presque plus de revenu.

MONASTÈRES. — RELIGIEUX.

Les Pères Barnabites, au nombre de six, ont 900 lt; c'était autrefois l'hôpital Saint-Antoine.

Les pères Mathurins sont trois; ils ont 1,000 lt.

Les Cordeliers, au nombre de dix, n'ont aucun revenu.

Les Capucins, au nombre de onze, n'ont aucun revenu.

Tous ces religieux sont dans la ville et faubourgs d'Étampes.

RELIGIEUSES.

Les religieuses de la Congrégation de Notre-Dame sont soixante et une; elles ont 8,000 lt de rente[7].

HÔPITAUX.

L'hôtel-dieu d'Étampes était fondé dès l'an

---

[1] Villiers-aux-Nonnains, c^ne Cerny, c^on la Ferté-Alais (Seine-et-Oise).

[2] Le nom est resté en blanc. Marie Lambert de Thorigny, de la famille des présidents des comptes, était abbesse depuis 1690 et mourut en 1709.

[3] Même observation que ci-dessus, p. 41, note 5.

[4] Sic, pour Saint-Père de Méréville, arr. Étampes (Seine-et-Oise).

[5] C^ne Morigny-Champigny (Seine-et-Oise).

[6] Auvers-Saint-Georges, c^on la Ferté-Alais (Seine-et-Oise).

[7] Alias, 3,000 lt.

DIOCÈSE DE SENS.

1193. Il a 5,000 ₶ de rente. Il y a quatre religieuses et deux servantes pour servir les pauvres et les malades. Il est administré par les maire et échevins de la ville pour le temporel, et, pour le spirituel, par un ecclésiastique ou chapelain, qui est à la nomination de M. l'archevêque de Sens.

Il y a une maladrerie de Saint-Lazare à un quart de lieue de la ville d'Étampes, sur le grand chemin de Paris, qui a été réunie à l'hôtel-dieu d'Étampes par arrêt du Conseil du 15 avril 1695, que les maire et échevins, en qualité de directeurs, ont affermée 1,300 ₶, outre les charges, qui montent par chacun an à 350 ₶.

ÉLECTION DE MELUN.

La ville et les paroisses de l'élection de Melun sont de l'archevêché de Sens, à la réserve de la seule paroisse de Champeaux, qui est de l'archevêché de Paris.

CHAPITRES.

Le chapitre collégial de Notre-Dame de Melun est composé d'une dignité de chantre et de sept canonicats, qui valent chacun 500 ₶ de revenu; ces bénéfices sont à la collation du roi. Il y a dix-sept chapelles en cette église, qui sont conférées par le chanoine qui se trouve en tour, à la réserve de celle de Saint-Laurent, qui est à la collation du roi.

Le chapitre de Notre-Dame de Milly est composé d'un doyen, qui est curé, que le seigneur présente à M. l'archevêque, qui confère, et de quatre chanoines, que le seigneur confère, qui ont chacun 300 ₶. Il n'y a plus de chantre, mais un maître et six enfants de chœur, qui ont été fondés en 1496.

ABBAYES.

L'abbaye commendataire de Saint-Père[1] de Melun, ordre de Saint-Benoît, fut fondée en 546; elle est possédée par M. l'abbé de Drubec[2]. Elle vaut 4,000 ₶ de rente, et aux religieux, qui sont huit, 3,000 ₶.

L'abbaye du Jard, ordre de Saint-Augustin, chanoines réguliers, fut fondée en 1194. Elle est possédée par un religieux de l'ordre[3]; elle vaut 8,000 ₶[4]. Ils sont douze religieux.

L'abbaye de Barbeaux[5], ordre de Saint-Bernard, fut fondée en 1145. Elle est possédée par M. le cardinal de Fürstenberg[6]. Elle vaut 10,000 ₶ de rente, et aux religieux, qui sont quinze, 8,000 ₶ de revenu.

ABBAYES DE FILLES.

L'abbaye du Lys[7], ordre de Saint-Bernard, fut fondée en 1248. Elle est possédée par Mme de la Meilleraye[8]. Elle vaut 15,000 ₶ de rente. Il y a quarante-cinq religieuses.

---

[1] Alias, Saint-Pierre.
[2] François Malet de Graville de Drubec, docteur de Sorbonne, abbé de Saint-Martin de Troyes, de Basse-Fontaine et de Boulencourt, avait été nommé abbé de Saint-Pierre en 1683, et mourut en 1701. Il est désigné plusieurs fois par les clefs des *Caractères* de La Bruyère.
[3] Louis du Four de Longuerue, abbé de Sept-Fontaines, entré en possession de l'abbaye du Jard en 1685, mort en 1733.

[1] Portée pour 4,000 ₶ dans l'*Almanach* de 1741.
[5] C^{ne} Fontaine-le-Port (Seine-et-Marne). Voyez Michelin, *Essais sur le département de Seine-et-Marne*, p. 428-432.
[6] Voyez ci-dessus, p. 26, note 5.
[7] Aujourd'hui les Lys, château sur la commune de Dammarie-les-Lys. Voyez Michelin, p. 464-466.
[8] Marie-Anne de la Porte de la Meilleraye de Mazarin, fille du duc de ce nom et d'Hortense Mancini, nommée en 1698, morte en 1729.

PRIEURÉS [1].

Il n'y a de prieurés simples dans l'élection que :

Pringy, ordre de Cluny, qui vaut environ 300 ͭͭ;

Roiblay, paroisse de Blandy, 200 ͭͭ.

Il y a plusieurs prieurés-cures [2].

FONDATIONS DE CHAPELLES DANS LES CHÂTEAUX.

Il y a deux chapelles fondées dans le château de Blandy, qui valent 250 ͭͭ chacune.

La chapelle d'Ailly, à Milly-les-Granges, vaut 150 ͭͭ; elle dépend de M. l'archevêque.

La chapelle de Saint-Jean-Baptiste de Livry [3] est à la présentation du seigneur et collation de M. l'archevêque; elle vaut 150 ͭͭ de revenu.

La chapelle de Sainte-Anne de Vitry [4], paroisse d'Yèbles, est à la collation de M. l'archevêque.

Celle de Saint-Jean-de-Juda, à Moisenay, de même; elle vaut 80 ͭͭ.

MONASTÈRES. — RELIGIEUX.

Les Carmes sont dix.

Les Capucins, douze.

Les Récollets, douze.

Ces religieux vivent d'aumônes.

Les Mathurins de Fontainebleau ont été fondés en 1259, par le roi saint Louis; ils sont douze, et ont 6,000 ͭͭ de rente.

Les Missionnaires de Fontainebleau sont seize, mendiants.

Les Picpus de Bréau sont quinze, mendiants;

Les Carmes des Billettes des Basses-Loges [5] sont dix, mendiants.

RELIGIEUSES.

Les religieuses de la Visitation-de-Sainte-Marie de Melun sont au nombre de cinquante; elles ont 8,000 ͭͭ de rente.

Les Ursulines, au nombre de quarante-sept; elles ont 6,000 ͭͭ de rente.

HÔPITAUX.

Les religieuses de l'hôpital Saint-Nicolas de Melun, au nombre de quarante-neuf, ont 7,000 ͭͭ de rente.

L'hôtel-dieu de Melun a 2,500 ͭͭ. Il y a deux administrateurs électifs qui en prennent soin, qui sont des bourgeois de la ville.

L'hôpital de Fontainebleau, qui est à Avon, au bout du parc, fut fondé en 1666 par le roi. Il est administré par six pères de la Charité. Il y a ordinairement six lits. Il a 3,000 ͭͭ de rente.

Il y a encore à Fontainebleau un nouvel établissement de quatre filles grises de la Charité, fait par une dame de piété pour servir les pauvres malades [6].

ÉLECTION DE NEMOURS.

La ville et les paroisses de l'élection de Nemours sont du diocèse de Sens.

Il n'y a aucun chapitre dans l'élection.

---

[1] Un certain nombre de prieurés ont été omis ici; on les retrouvera dans le *Pouillé* de 1648 ou dans le chapitre des *Essais historiques* de Michelin consacré à l'arrondissement de Melun.

[2] Le prieuré simple n'obligeait que le bénéficier qu'à dire son bréviaire; le prieuré-cure exigeait la qualité de prêtre pour faire les fonctions de desservant.

[3] Livry, arrondissement et canton de Melun (Seine-et-Marne). Michelin (*Essais*, p. 446) porte le revenu à 400 ou 500 ͭͭ.

[4] C ͫᵉ Guignes-Rabutin (Seine-et-Marne).

[5] C ͫᵉ Avon (Seine-et-Marne). Voyez Michelin, *Essais historiques sur le département de Seine-et-Marne*, p. 1772.

[6] Le roi donna, le 10 janvier 1695, dix arpents sur la lisière de la forêt, pour y bâtir une maison de charité sous le titre de Sainte-Famille.

ABBAYES.

L'abbaye de Saint-Séverin, à Château-Landon, ordre de Saint-Augustin, chanoines réguliers, a été fondée dans le vi{e} siècle, par Childebert, fils de Clovis Ier, roi de France. Elle est possédée par M. de la Grange[1], religieux du même ordre. Il y en a huit avec lui; ils ont de revenu 5,000{tt}.

L'abbaye en commende de Cercanceaux, ordre de Cîteaux, a été fondée en 1181. Elle est possédée par M. l'abbé de Croissy[2]. Elle vaut de revenu, tant à l'abbé qu'aux religieux[3], qui sont au nombre de trois, 4,500{tt}.

ABBAYES DE FILLES.

L'abbaye de la Joye, ordre de Cîteaux, près les murs de Nemours, a été fondée en l'an 1181[4]; elle est possédée par Mme de Saint-Hérem[5]. Il y a trente religieuses, qui ont la plupart des pensions. Cette abbaye a 6,000{tt} de revenu[6].

PRIEURÉS.

Le prieuré de Néronville, en commende, vaut 1,500{tt}[7] de rente; il est possédé par M. Blanchard[8].

Le prieuré de Saint-André de Château-Landon vaut 300{tt} de revenu; il est possédé par M. Péger.

Le prieuré, en commende, de Saint-Pierre de Courtenay vaut 1,200{tt}; il y a une sacristie en titre, qui vaut 500{tt}.

Le prieuré de Saint-Hilaire-lès-Andresis vaut 900{tt} de rente.

Le prieuré de Souppes, 300{tt}.

Le prieuré de la Chapelle-la-Reine, 900{tt}.

Le prieuré de Villiers-sous-Grès, 300{tt}.

Le prieuré de Lorrez, 300{tt}.

Les autres prieurés qui sont dans l'élection sont prieurés-cures.

Le prieuré de la ville de Nemours est uni à la cure; il vaut 5,000{tt}. Il est possédé par M. Chastelier. Le prieur est obligé de nourrir et entretenir cinq prêtres pour desservir la paroisse et l'hôtel-dieu, qui est uni au prieuré; il est de plus chargé d'assister les pauvres passants qui y tombent malades, et de les faire traiter.

Celui de Villemoutiers vaut 1,300{tt}; il est possédé par M. de Méré.

FONDATIONS DE CHAPELLES DANS LES CHÂTEAUX.

Dans le château de Nemours, il y a la chapelle du Duc, qui vaut de revenu quatre muids six setiers de blé; elle est à la collation du roi.

---

[1] Henri de la Grange-Trianon, chanoine régulier de Saint-Victor, nommé en 1689, sur la présentation du duc d'Orléans, mort en 1731.

[2] Sic, pour Coeffy (Marc-Antoine-Godefroy), dont la Gallia christiana (t. XII, col. 242) ne fait que mentionner les noms. Il dut mourir vers 1737.

[3] L'Almanach de 1741 attribue 2,000{tt} de revenu à l'abbé.

[4] Plutôt 1231. (Gallia christiana, t. XII, col. 245.)

[5] Anne-Louise de Montmorin de Saint-Hérem, nommée en 1688, morte en 1710.

[6] L'abbaye de Notre-Dame-de-la-Joye fut réunie, en 1764, à celle de Villiers, paroisse de Cerny. En 1685, on ne comptait que vingt-six religieuses, vivant avec économie d'un revenu de 4,000{tt}, sur lequel l'abbesse prélevait 500{tt} de pension; en raison de leur pauvreté et à la suite d'un incendie, elles reçurent du roi un secours de 500{tt}. (Papiers du Contrôle général des finances, Arch. nationales, G⁷ 426.)

[7] Alias, 300{tt}. Ce prieuré était une des anciennes paroisses de Château-Landon.

[8] On trouve en 1696 un prêtre du nom de Jacques Blanchard, qui se qualifie chapelain de la chapelle des Porchers.

La chapelle du château de Chamberjot, à Noisy[1], vaut 300^{tt}; il y a bien des charges. Elle est à la présentation du seigneur et à la collation de M. l'archevêque.

MONASTÈRES. — RELIGIEUX.

Il n'y a dans la ville de Nemours que les religieux Récollets, au nombre de douze, qui vivent d'aumônes.

Les religieux Picpus de Courtenay ont 400^{tt} de revenu, et au surplus vivent d'aumônes; ils sont huit.

RELIGIEUSES.

Les religieuses de la Congrégation, ordre de Saint-Augustin, de Nemours, ont 8,000^{tt} de rente; elles sont soixante-dix.

ÉLECTION DE PROVINS[2].

La ville et les paroisses de l'élection de Provins sont du diocèse de Sens.

CHAPITRES[3].

Il y a dans la ville de Provins trois églises collégiales : Saint-Quiriace, Notre-Dame-du-Val et Saint-Nicolas.

Le chapitre de Saint-Quiriace fut fondé dans le Xe siècle; il est composé de quatre dignités, de doyen, de prévôt, chantre, et trésorier, qui valent 800^{tt} de rente chacune, et vingt canonicats, qui valent 400^{tt}. Le doyen est électif par le chapitre et confirmatif par M. l'archevêque de Sens; les autres dignités et canonicats sont à la collation du roi. Il y a de plus six vicaires, à la collation du roi, qui ont 100^{tt} de rente chacun, et vingt-deux chapelles de différents revenus, les plus fortes de 100^{tt}, toutes à la collation du chapitre[4].

Le chapitre de Notre-Dame-du-Val fut fondé vers l'an 1171, hors la ville; il a été transféré dans la ville de Provins en 1358. Il est composé de trois dignités, qui sont : un doyen, électif par le chapitre et confirmatif par M. l'archevêque de Sens; un chantre, à la collation de M. l'archevêque; un prévôt, à la collation du roi (ces dignités ont chacune 800^{tt} de revenu); de seize canonicats, qui valent 400^{tt}, qui sont alternativement à la collation du roi et de M. l'archevêque; trois vicaires amovibles, qui ont 100^{tt} chacun, et vingt-sept chapelles de différents revenus, les plus fortes de 100^{tt}, qui sont toutes à la collation du chapitre.

Le chapitre de Saint-Nicolas fut fondé en 1218. Il est composé d'un doyen, qui a 110^{tt} de revenu, et de neuf canonicats, qui valent 100^{tt} chacun. Le doyen est électif par le chapitre et confirmatif par M. l'archevêque de Sens, et les canonicats sont à la collation de M. l'archevêque de Sens et à la nomination du chapitre de Saint-Quiriace alternativement. Il y a sept chapelles, de petit revenu.

ABBAYES.

L'abbaye de Saint-Jacques de Provins, ordre de Saint-Augustin, chanoines réguliers,

---

[1] Noisy-sur-École, c^{ne} Chapelle-la-Reine (Seine-et-Marne). Michelin (p. 1795) porte le revenu de cette chapelle à 400^{tt}.

[2] Sur cette élection, tant au point de vue des rivières (ci-dessus, p. 13) qu'à ceux de l'état ecclésiastique, civil et militaire, du gouvernement, des impositions, de la statistique, etc., voir, à l'Appendice, le rapport envoyé par le subdélégué en réponse au questionnaire transmis par l'intendant. Cette pièce présente certaines différences avec le corps du Mémoire, notamment pour les chiffres de revenu des bénéfices.

[3] Voir F. Bourquelot, *Histoire de Provins* (1839), t. I, ch. XIV, p. 333-378.

[4] Michelin, *Essais historiques*, p. 192-196.

fut fondée en 1124. Elle est possédée par M. l'abbé d'Aligre [1], qui est très-recommandable par son genre de vie austère, sa piété exemplaire et sa charité, qui s'étend sur tous les pauvres de la province. Cette abbaye vaut 7,500ᵗᵗ de revenu [2], et aux religieux, qui sont au nombre de quinze, 4,500ᵗᵗ.

L'abbaye de Notre-Dame-de-Jouy [3], ordre de Cîteaux, est possédée par M. Le Peletier [4], évêque d'Angers. Elle vaut 14,000ᵗᵗ de rente. Il y a quatorze réguliers, qui ont 7,500ᵗᵗ.

ABBAYES DE FILLES.

L'abbaye du Mont-Sainte-Catherine de Provins, religieuses Cordelières, fut fondée en 1253 [5]. Elle est possédée par une religieuse [6]. Elles sont au nombre de trente, et ont 6,000ᵗᵗ de rente.

L'abbaye du Mont-Notre-Dame de Provins, religieuses Bernardines, fut fondée en 1225. Elles sont au nombre de vingt-huit, et ont 4,000ᵗᵗ de revenu [7].

PRIEURÉS.

Le prieuré de Saint-Ayoul de Provins, ordre de Saint-Benoît, vaut 1,400ᵗᵗ de rente. Il y a sept religieux, qui ont 2,000ᵗᵗ [8].

Le prieuré de Sainte-Croix de Provins, même ordre, 500ᵗᵗ. Il est possédé par le sieur Jourdain, qui y demeure.

Le prieuré de Voulton, ordre de Saint-Augustin, vaut 4,000ᵗᵗ. Il est possédé par un religieux [9].

Le prieuré de la Fontaine-aux-Bois [10], même ordre, vaut 3,500ᵗᵗ.

---

[1] François d'Aligre, fils du chancelier, fut le quatrième de son nom qui occupa le siége abbatial. Nommé par Louis XIII en avril 1643, il mourut le 21 janvier 1712, à l'âge de quatre-vingt-douze ans. Voir son éloge dans la *Gallia christiana*, t. XII, col. 209 et 210, ou dans les *Mémoires de Saint-Simon*, t. IX, p. 185-187. « C'était, disent ces *Mémoires*, un homme d'esprit et de savoir, plus éminent encore en vertu.... Il entretint à Saint-Jacques toute la régularité de la règle, sans rien exiger de plus que cette exactitude; mais pour lui, sans se séparer de ses religieux pour les exercices communs, il ne s'épargna aucune sorte d'austérité, et il parvint enfin à celle des anachorètes.... Cette longueur d'une vie si prodigieuse en austérités de toute espèce, de douceur de gouvernement, d'agrément de conversation lorsqu'il était forcé de parler, de sagesse de conduite et d'instruction, fut un autre miracle, qui ne s'était point vu depuis les anciens Pères des déserts, quoique au milieu d'une communauté simplement régulière. » Voyez aussi un article biographique dans les *Essais historiques* de Michelin, p. 275-279.

[2] L'*Almanach* de 1741 ne porte ce revenu qu'à 5,000ᵗᵗ.

[3] Cette abbaye, située sur le finage de Chenoise, possédait une collection de manuscrits précieux. Voyez Michelin, *Essais historiques*, p. 1606.

[4] Michel Le Peletier, fils du contrôleur général des finances, nommé abbé de Jouy en février 1676, puis élevé à l'évêché d'Angers en 1692, et mort le 9 août 1706, au moment de passer sur le siége épiscopal d'Orléans. Il eut aussi l'abbaye de Saint-Jean d'Amiens.

[5] En 1248, selon la *Gallia christiana*, t. XII, col. 255; voyez Bourquelot, *Histoire de Provins*, t. I, p. 369 et suiv.; Michelin, *Essais historiques*, p. 204 et 205.

[6] Françoise Pajot, nommée par le roi en octobre 1671, démissionnaire en 1704. — Selon le rapport du subdélégué, cette abbaye valait 3,000ᵗᵗ.

[7] Cette maison disparut en 1751, et est actuellement remplacée par la ferme dite des Filles-Dieu. Voyez Bourquelot, t. I, p. 376. — Selon le rapport du subdélégué, le revenu n'était que de 3,000ᵗᵗ.

[8] Sur Saint-Ayoul et l'état de ses ruines, voyez Bourquelot, t. I, p. 341-349.

[9] Ce religieux appartenait à l'abbaye d'Essommes en Champagne (Aisne), à laquelle le prieuré fut réuni plus tard. Michelin (p. 1683) porte le revenu à 6,000ᵗᵗ; selon le rapport du subdélégué, il ne dépasse pas 4,400ᵗᵗ.

[10] Sainte-Madeleine de la Fontaine-aux-Bois, paroisse de Melz-sur-Seine (Seine-et-Marne). — Selon le rapport du subdélégué, le revenu n'était que de 3,000ᵗᵗ.

Le prieuré de Saint-Loup-de-Naud, ordre de Saint-Benoît, vaut 2,000ᴸ ¹.

Le prieuré de Chalautre-la-Petite, même ordre, 2,000ᴸ ².

Le prieuré du Melz-la-Magdelaine ³, ordre de Cluny, vaut 1,800ᴸ; il est possédé par M. l'archevêque de Rouen ⁴.

Le prieuré de Montceaux ⁵, ordre de Saint-Benoît, 1,200ᴸ.

Le prieuré de Champcouelle ⁶, même ordre, 1,100ᴸ.

Le prieuré des Chaises d'Hermé, même ordre, vaut 1,000ᴸ ⁷.

Le prieuré de Saint-Barthélemy ⁸, même ordre, autrement dit de Dam ou du Buisson, vaut 1,000ᴸ.

Le prieuré de Soisy ⁹, ordre de Saint-Augustin, 500ᴸ.

Le prieuré du Jarriel ¹⁰, même ordre, 400ᴸ.

Le prieuré de Beaulieu, ordre de Saint-Benoît, 1,200ᴸ.

Le prieuré du Bois-Artault ¹¹, ordre de Saint-Augustin, 600ᴸ.

Le prieuré de Saint-Hubert des Marets, même ordre, 120ᴸ ¹².

Le prieuré des Bonshommes de Courchamps, ordre de Grammont, possédé à présent par des religieux Minimes, 600ᴸ.

Le prieuré de Limoret, autrement les Hermites, à Chenoise, possédé à présent par des pères de l'ordre de la Merci, 800ᴸ.

FONDATIONS DE CHAPELLES DANS LES CHÂTEAUX.

Dans le château de Provins, il y a une chapelle royale de Saint-Blaise ¹³, qui est desservie par cinq chapelains, avec 50ᴸ de revenu chacun, qui sont à la collation du roi.

Dans le château de Gouaix, il y a une chapelle fondée, qui vaut 150ᴸ de revenu ¹⁴.

La cure d'Éverly a été fondée par M. des Fossés, ci-devant marquis d'Éverly; le seigneur y nomme ¹⁵.

Dans l'église de Villiers-Saint-Georges, il y a une chapelle dédiée à Saint-Jacques, à la collation de M. l'archevêque; elle vaut 75ᴸ ¹⁶.

Dans le hameau de la Maison-Rouge, paroisse de Coutevroult, il y a une chapelle, fondée en 1691, qui vaut 100ᴸ; elle est en patronage des héritiers d'Antoine Hérard, fondateur ¹⁷.

---

¹ Michelin (p. 1634) porte le revenu à 2,700ᴸ.

² 2,420ᴸ, selon Michelin (p. 1604); 1,600ᴸ, selon le rapport du subdélégué.

³ Cne Sainte-Colombe. Michelin (p. 1636) réduit le revenu à 1,000ᴸ.

⁴ Jacques-Nicolas Colbert, fils du grand ministre, docteur de Sorbonne, abbé du Bec, prieur de la Charité-sur-Loire, membre de l'Académie française, nommé coadjuteur de l'archevêque de Rouen en 1680, mort le 10 décembre 1707, à l'âge de cinquante-trois ans. — Selon le rapport du subdélégué, le produit de ce prieuré n'était que de 1,500ᴸ.

⁵ Saint-Germain de Montceaux-lès-Provins. Michelin (p. 1671) porte le revenu à 1,540ᴸ.

⁶ Cne Villiers-Saint-Georges. Michelin (p. 1652) porte le revenu à 1,400ᴸ.

⁷ Alias, 2,000ᴸ.

⁸ Cne Melz-sur-Seine.

⁹ Près Gouaix. Michelin (p. 1477 et 2083) élève le revenu à 1,540ᴸ; le subdélégué ne le porte qu'à 1,000ᴸ.

¹⁰ Cne Vaudoy. Michelin (p. 1604) porte le revenu à 660ᴸ.

¹¹ Sur la paroisse de Chalautre-la-Petite.

¹² Michelin (p. 1662) porte le revenu à 220ᴸ.

¹³ Voy. Bourquelot, *Hist. de Provins*, t. I, p. 381 et 384.

¹⁴ Le rapport du subdélégué dit : 250ᴸ.

¹⁵ Le marquisat d'Éverly était passé des mains de Gabriel de la Vallée des Fossés, maréchal de camp, gouverneur de Lorraine, mort en 1636, à celles de sa fille unique, Mme de Mesnes, et de celle-ci aux ducs de Montemart. (Michelin, p. 1445 et 1446.)

¹⁶ Michelin (p. 1637) porte le revenu à 120ᴸ.

¹⁷ Voyez Michelin, p. 1549. Le subdélégué évalue le revenu de cette chapelle à 150ᴸ.

DIOCÈSE DE SENS.

PÈRES DE L'ORATOIRE.

Les révérends pères de l'Oratoire ont un collége à Provins, où l'on enseigne les humanités. Ils sont au nombre de sept; ils ont 2,300 ₶ de rente. Leur maison est dans la ville haute; c'était anciennement le palais des comtes souverains de Brie et de Champagne.

MONASTÈRES. — RELIGIEUX.

Les Bénédictins de Saint-Ayoul de Provins sont sept; ils ont 2,000 ₶ de rente.

Les Jacobins sont quatorze; ils ont 850 ₶ de rente.

Les Cordeliers sont huit; ils ont 600 ₶ de rente.

Les Minimes d'Aulnoy[1] sont quatre; ils ont 1,000 ₶ de rente.

Les Capucins sont dix.

RELIGIEUSES.

Les religieuses Bénédictines de Provins ont 4,000 ₶; elles sont quarante-sept.

Les religieuses de la Congrégation ont 8,500 ₶; elles sont cinquante-sept.

HÔPITAUX.

L'hôtel-dieu de Provins a 8,000 ₶ de rente; il y a cinq religieux et sept religieuses pour le gouverner.

Il y a un hôpital de filles orphelines de père et de mère, nouvellement fondé à Provins par M. l'abbé de Saint-Jacques[2], pour l'établissement duquel il a obtenu des lettres patentes du mois de mars 1695, registrées au parlement. Il l'a doté de 5,000 ₶ de rente. Cette institution est pour instruire les pauvres filles et les rendre capables de servir.

ÉLECTION DE MONTEREAU.

La ville de Montereau et les paroisses de l'élection sont de l'archevêché de Sens.

CHAPITRES.

Le chapitre de Notre-Dame de Montereau est composé de deux dignités de doyen et de chantre, qui valent 200 ₶ de rente chacune, et de neuf canonicats, qui valent chacun 100 ₶. Ils sont à la collation de M. l'archevêque de Sens, à la réserve du doyen, qui est électif.

Il y a quelques chapelles fondées, qui sont de petit revenu.

ABBAYES.

L'abbaye de Preuilly[3], ordre de Cîteaux, fut fondée en l'année 1118. Elle est possédée par M. le cardinal de Janson, évêque et comte de Beauvais[4]. Elle vaut 12,000 ₶ de rente. Il y a vingt religieux, qui ont 8,000 ₶.

PRIEURÉS.

Le prieuré de Saint-Germain-du-Tertre-lès-Montereau, ordre de Saint-Benoît, est uni à l'évêché de Blois, nouvellement établi[5]; il vaut 3,500 ₶ de rente.

---

[1] Aulnoy-les-Minimes, c^ne Courchamps. (Michelin, p. 1652.)

[2] Voyez ci-dessus, p. 55. Cet établissement fut fondé en 1691, selon Michelin, p. 208.

[3] Ou Pruily, c^ne Égligny (Seine-et-Marne). Cette abbaye donna naissance à celles de Vauluisant, de Barbeaux et de la Colombe (diocèse de Limoges). Voyez Michelin, p. 1500-1503 et 1988.

[4] Toussaint de Forbin-Janson, grand aumônier de France, etc. Voyez ci-après, p. 65. Nommé abbé de Preuilly en 1684, il mourut en 1713.

[5] Voyez ci-dessus, p. 20.

Le prieuré de Pontloup, même ordre, est possédé par M. l'abbé Petit [1]; il vaut 1,500^{tt}.

Le prieuré de Saint-Mammès [2] est possédé par M. l'abbé de Monts [3]; il vaut 1,500^{tt}.

Le prieuré de Cannes, ordre de Cluny, est possédé par M. Chapelier, chanoine de l'église de Paris; il vaut 1,500^{tt} [4].

Le prieuré de Saint-Donin, ordre de Saint-Augustin, est possédé par M. Le Normand [5], chanoine de Saint-Victor; il vaut 500^{tt}.

PRIEURÉS DE FILLES.

Le prieuré de Moret, ordre de Saint-Benoît, est possédé par Mme de Beuvron [6]; il vaut de revenu 2,000^{tt}, outre 4 à 5,000^{tt} qu'une dame de vertu et de piété leur donne tous les ans, sans laquelle gratification cette maison aurait eu de la peine à subsister depuis plusieurs années [7]. Il y a vingt religieuses de chœur et trois converses.

MONASTÈRES. — RELIGIEUX.

Il y a à Montereau un couvent de Récollets. Ils sont quatorze religieux; ils vivent de charités. C'est le seul couvent qui soit dans l'élection.

HÔPITAUX.

L'hôpital de Montereau a été fondé par les charités des habitants; il a 4,000^{tt} de rente. On y reçoit les pauvres de la ville et les étrangers. On y a uni la maladerie de Courbeton [8], en 1695.

Il y a une autre maison de charité établie pour les pauvres malades de la ville, qui a peu de revenu.

Il y a un hôpital à Moret, qui a 400^{tt} de rente.

Il y a à Donnemarie un couvent de religieuses Hospitalières, qui ont 450^{tt}; elles sont quatorze [9].

ÉLECTION DE JOIGNY.

La ville de Joigny et les paroisses de l'élection sont de l'archevêché de Sens.

CHAPITRES.

Il y a un chapitre à Brienon, dans l'église de Saint-Loup, composé d'une dignité de trésorier, qui vaut 400^{tt}, et de sept canonicats, qui valent chacun 200^{tt} de revenu;

---

[1] Ce prieuré, dont le siège était dans un faubourg de Moret, fut uni plus tard au séminaire de Sens. Le bénéficier était sans doute Gabriel Petit, chanoine de Notre-Dame (1660), conseiller au parlement (1667), abbé de Saint-Vincent de Besançon (1694), et prieur de Sainte-Radegonde et de Saint-Philbert de Chevreuse; mort le 12 juillet 1701, d'une chute dont le *Journal de Dangeau* (t. VIII, p. 148) raconte les circonstances.

[2] Pèlerinage réputé pour la guérison de l'hydrophobie.

[3] Voyez ci-dessus, p. 47.

[4] Michelin (p. 1853) porte ce revenu à plus de 2,000^{tt}. — Sur le titulaire, voyez ci-dessus, p. 28.

[5] Peut-être Jacques Le Normand, docteur de Sorbonne, chanoine de Saint-Honoré, qui fut plus tard official de Paris, et enfin évêque d'Évreux en 1710; mort le 6 mars 1733, à soixante-dix-huit ans. — Sur le prieuré de Saint-Donin, voir Malingre, *Antiquités de Paris*, liv. IV, p. 86-87.

[6] Angélique-Edmée d'Harcourt-Beuvron (1698-1700).

[7] Cette maison avait été fondée en 1640, par Jacqueline de Bueil, comtesse de Moret, maîtresse de Henri IV. C'est le «petit couvent borgne» où avait été placée la maîtresse Louise-Marie-Thérèse, qui excita si longtemps la curiosité de la cour de Louis XIV, et dont la présence à Moret attira sur le monastère les largesses de la reine d'abord, puis de Mme de Maintenon, à qui le Mémoire fait allusion. (*Mémoires de Saint-Simon*, t. I, p. 500; comparez le *Journal de Dangeau*, addition de Saint-Simon, t. VI, p. 193, et les *Mémoires du duc de Luynes*, t. XV, p. 304 et 305.) Le prieuré fut réuni, en 1754, à l'abbaye de Villechasson, et finalement supprimé en 1781.

[8] C^{ne} Saint-Germain-Laval.

[9] Ce couvent, établi en 1677, fut supprimé sous l'épiscopat de Jean-Joseph Languet de Gergy (1731-1753).

Un autre chapitre à Saint-Julien-du-Sault, composé d'une dignité de chantre et de dix canonicats, qui valent chacun 200 ##;

Un autre chapitre à Ville-Folle, composé d'un chantre, un trésorier et huit chanoines, qui ont chacun 40 ## de revenu quand ils résident [1].

Ces bénéfices sont à la collation de M. l'archevêque de Sens.

ABBAYES.

L'abbaye des Eschallis [2], ordre de Saint-Bernard, de la filiation de Clairvaux, dans la paroisse de Villefranche, à cinq lieues de Joigny, fut fondée en l'année 1131. Elle est possédée par M. l'abbé de Courtenay [3]. Elle vaut 10,000 ## de rente en tout [4]. Il y a sept religieux.

PRIEURÉS.

Le prieuré de Notre-Dame de Joigny, ordre de Cluny, est possédé par M. Dreux [5], conseiller au Grand Conseil. Il vaut 2,000 ## de rente, toutes charges acquittées.

Le prieuré de Saint-Cydroine, ordre de Cluny, est possédé par M. Roslin [6], curé de Saint-Médéric; il vaut 700 ##.

Le prieuré de la Madeleine-lès-Joigny est possédé par M. le Grand Prieur de France [7]; il vaut 1,300 ## de rente.

Le prieuré de Sommecaise, ordre de Saint-Benoît, est possédé par l'abbé de Saint-Germain d'Auxerre; il vaut [8]...

Le prieuré de Vénizy, ordre de Saint-Benoît, vaut 250 ##.

MONASTÈRES. — RELIGIEUX.

Les Capucins de Joigny sont douze religieux.

Les Chartreux de Val-Profonde, dans la paroisse de Béon, sont douze religieux; ils ont 4,000 ## de rente.

Dans le couvent de Vieupou, en la paroisse de Poilly [9], il y a six religieux de l'ordre de Grammont, qui ont environ 1,000 ## de revenu.

RELIGIEUSES.

Les religieuses de la Congrégation, au nombre de trente-cinq [10], ont de revenu 3,000 ##.

ÉLECTION DE NOGENT.

La ville de Nogent et les paroisses de l'élection qui sont au-dessus de la ville, du côté de la Champagne, sont du diocèse de Troyes, et les paroisses qui sont au-dessous de la ville, en descendant la rivière de Seine, sont du diocèse de Sens.

CHAPITRES.

Il y a un chapitre en la ville de Bray, qui

---

[1] La paroisse de Ville-Folle, qui formait un faubourg de Villeneuve-le-Roy, fut réunie à cette ville en 1777.
[2] Ou Eschalis, c⁹⁹ Villefranche (Yonne).
[3] Roger, prince de Courtenay, chanoine-comte de Lyon, prieur de Choisy-en-Brie, abbé commendataire de Saint-Pierre d'Auxerre, né en 1647, mort en 1733.
[4] Alias, 5,000 ##. (Almanach royal de 1741.)
[5] Joachim Dreux, chanoine de Notre-Dame, docteur de Sorbonne.
[6] Adrien Roslin, docteur en théologie, curé de l'église Saint-Merry de Paris.
[7] Philippe de Vendôme, arrière-petit-fils de Henri IV, lieutenant général des armées, grand prieur de France, abbé de la Trinité de Vendôme, de Saint-Victor de Marseille, de Toul, Ivry, Lérins, etc.; mort le 24 janvier 1727, à soixante et onze ans. Voyez ci-après, à l'article de l'Ordre de Malte.
[8] Alias, «peu de revenu.» — L'abbaye de Saint-Germain était alors gouvernée par l'abbé de Loménie, évêque de Coutances (1661-1720).
[9] Poilly-sur-Tholon.
[10] Alias, vingt-cinq.

est composé de trois dignités de doyen, trésorier et chantre, qui ont 600# de revenu chacune, et dix canonicats, qui ont 400#. Le doyen est élu par le chapitre de Bray, et confirmé par celui de Sens; le trésorier et le chantre sont à la collation du seigneur de Bray, et les canonicats sont à la collation de M. l'archevêque de Sens.

ABBAYES.

L'abbaye de Vauluisant, ordre de Cîteaux, dans la paroisse de Courgenay, est possédée par M. l'abbé de Louvois[1]; elle lui vaut 16,000# de rente[2]. Les religieux, au nombre de vingt, ont 10,000#; ils exercent l'hospitalité et entretiennent bien leur maison.

L'abbaye de Sellières, ordre de Cîteaux, diocèse de Troyes, de la filiation de Pontigny, située dans la paroisse de Romilly-sur-Seine, est possédée par M. l'évêque de Troyes[3]; elle vaut 4,000# de rente[4]. Il n'y a que trois religieux, qui ont 2,000#.

ABBAYES DE FILLES.

L'abbaye du Paraclet, ordre de Saint-Benoît, diocèse de Troyes, dans la paroisse de Quincey, sur la petite rivière d'Ardusson, proche de Nogent-sur-Seine, fut originairement un oratoire sous l'invocation de la Sainte-Trinité, qui fut bâti par Pierre Abélard. On sait que ce savant homme se retira dans l'abbaye de Saint-Denis, après l'injure atroce qui lui fut faite en sa personne par les parents d'Héloïse, sa femme, et qu'elle se fit religieuse à Argenteuil, où elle fut prieure. Abélard, s'étant brouillé avec ses confrères les religieux de Saint-Denis, eut permission de l'abbé de se retirer dans quelque ermitage qui lui plairait; il se choisit, au diocèse de Troyes, une retraite fort solitaire, où il fit bâtir cet oratoire, avec permission de l'évêque. Ses écoliers y accoururent de toutes parts, pour profiter de ses leçons; ils agrandirent l'oratoire et le bâtirent de pierre et de bois. Alors Abélard lui donna le nom du *Paraclet*, pour conserver le souvenir des consolations qu'il avait reçues dans ce désert. Ses ennemis lui firent une affaire de ce nom du *Paraclet*, pour le chagriner, et lui suscitèrent saint Bernard et saint Norbert, qui étaient animés du zèle et de l'esprit de réformation. Abélard leur quitta la partie, et s'en alla en Basse-Bretagne, où les moines de l'abbaye de Saint-Gildas-de-Ruis l'avaient élu pour leur chef. Par sa sortie, le Paraclet demeura vide; il le céda à Héloïse, qui le vint occuper avec ses religieuses. Le pape Innocent II confirma cette donation, en l'année 1131. Voilà l'origine de l'abbaye du Paraclet[5]. Héloïse en fut la première abbesse. Pour mémoire de ce qu'elle était savante dans la langue grecque, les religieuses ont accoutumé de faire l'office en cette langue le jour de la Pentecôte. Cette abbaye est possédée par Mme de la Rochefoucauld[6].

---

[1] Camille Le Tellier de Louvois, fils du ministre, avait remplacé son frère Barbezieux, en 1684, comme abbé de Vauluisant, et eut aussi l'abbaye de Bourgueil. Il mourut le 5 novembre 1718.

[2] 12,000#, selon l'*Almanach* de 1741.

[3] Denis-François Bouthillier de Chavigny, docteur de Sorbonne, nommé évêque de Troyes, en remplacement de son oncle, le 22 avril 1697, abbé de Saint-Loup de Troyes, de Mortemer, etc.; nommé archevêque de Sens en 1716; mort en 1730.

[4] *Alias*, 2,500#. (*Almanach* de 1741.)

[5] Cet article représente, en abrégé, celui de la *Gallia christiana*, t. XII, col. 569 et 570.

[6] Catherine de la Rochefoucauld, fille du premier duc et sœur de l'auteur des *Maximes*, avait succédé à une autre sœur en 1675, et se retira en 1705. Elle était la qua-

Il y a trente religieuses, qui vivent dans une grande régularité; elles ont 15,000ᵗᵗ de rente.

PRIEURÉS.

Le prieuré de Saint-Sauveur-lès-Bray, ordre de Saint-Benoît non réformé, est possédé par M. l'abbé de Thou[1]. Il vaut 12,000ᵗᵗ de rente. Il y a deux religieux, qui ont 1,200ᵗᵗ.

Le prieuré de Romilly, diocèse de Troyes, est possédé par M. l'abbé de Gessé[2]; il vaut 800ᵗᵗ.

Le prieuré de Marnay, du même diocèse, est possédé par M. l'évêque de Troyes[3]; il vaut 3,000ᵗᵗ.

Celui de la Bassecour de Pont, même diocèse, est possédé par le même; il vaut 4,000ᵗᵗ.

Celui de Saint-Jacques-de-l'Ermitage de Pont, du même diocèse, possédé par M. de Choiseul[4], vaut 1,800ᵗᵗ.

Celui de Saint-Pierre de Pont, même diocèse, est possédé par M. l'abbé Hennequin[5]; il vaut 800ᵗᵗ.

Le prieuré de Saint-Hilaire, du diocèse de Troyes, est possédé par le sieur abbé Hennequin; il vaut 1,200ᵗᵗ.

Celui de Saint-Quentin de Feuillage, diocèse de Sens, est possédé par le sieur abbé Lecat; il vaut 300ᵗᵗ.

Le prieuré de l'Isle de Pont-sur-Seine est une dépendance de l'abbaye de Jouy, diocèse de Troyes; il est possédé par M. l'évêque d'Angers[6]. Cette portion vaut 1,800ᵗᵗ de rente.

FONDATIONS DE CHAPELLES DANS LES CHÂTEAUX.

Dans la paroisse d'Avant[7] il y a une chapelle sous le titre de Sainte-Anne, qui vaut 300ᵗᵗ de revenu.

Une à Romilly, qui vaut 400ᵗᵗ.

Une à Pont, qui vaut 300ᵗᵗ.

Ces chapelles ont été fondées par les seigneurs, qui les confèrent. Toutes ces chapelles sont du diocèse de Troyes.

MONASTÈRES. — RELIGIEUX.

Il y a dans la ville de Nogent un couvent de Capucins; ils sont douze religieux.

RELIGIEUSES.

Il y a dans la ville de Nogent une communauté de six filles du nom de la Croix[8], dont la profession est d'enseigner les enfants; elles ont fort peu de revenu.

Les religieuses de l'École de Jésus, ordre de Cîteaux, établies à Bray, diocèse de Sens, sont au nombre de seize; elles ont 2,300ᵗᵗ de revenu.

---

trième du nom qui gouvernât l'abbaye du Paraclet, et elle fut encore remplacée par une La Rochefoucauld-Roye.

[1] Sans doute Jacques-Auguste de Thou de Meslay, abbé de Samer-aux-Bois et de Souillac, mort le 17 avril 1746, à quatre-vingt-onze ans. Il était fils de l'ambassadeur, petit-fils de l'historien, et fut le dernier de son nom.

[2] Peut-être faudrait-il lire : de Gesté. Guillaume de la Brunetière du Plessis de Gesté était évêque de Saintes depuis 1677, après avoir eu les dignités d'archidiacre de Brie et de grand vicaire de l'archevêché de Paris. Il mourut le 2 mai 1702.

[3] Voyez ci-dessus, p. 60, note 3.

[4] Sans doute Gabriel-Florent de Choiseul-Beaupré, l'un des fils cadets du lieutenant général de Champagne, né en 1685, aumônier du roi, etc. Il fut pourvu des abbayes de Notre-Dame de Tironneau en 1706, de Sainte-Colombe en 1714, et le duc de Saint-Simon le fit nommer évêque de Saint-Papoul en 1716. Il passa sur le siège de Mende en 1723 et mourut en 1767.

[5] François Hennequin de Charmont, conseiller au parlement et chanoine de Paris, prédicateur et écrivain, qui mourut le 8 janvier 1728, à quatre-vingt-quatre ans; — ou son neveu, Louis-Léonor Hennequin, abbé commendataire de Valsecret (diocèse de Soissons) depuis 1681, qui mourut le 23 février 1735, à soixante-cinq ans.

[6] Voyez ci-dessus, p. 55, note 4.

[7] Avant-lès-Marcilly, cᵗᵉ Marcilly-le-Hayer (Aube).

[8] Congrégation de la Croix, créée à Brie-Comte-Robert en 1636.

HÔPITAUX.

Il y a à Nogent un hôpital, qui est administré par deux habitants élus par la ville, et servi par deux religieuses, qui sont présentées par M. l'évêque de Troyes et reçues par les officiers du bailliage. Il a 2,500 ᴸ de revenu.

Il y en a un autre à Pont, qui a été fondé par Mme de Bouthillier [1]. Il est gouverné par deux administrateurs; il a 2,500 ᴸ de revenu.

Il y a une charité à Bray, qui est gouvernée par des femmes et des filles dévotes, à laquelle on a joint, en 1695, la maladerie de Bray, qui a 600 ᴸ de rente. Cette maison a d'ailleurs 400 ᴸ de rente.

ÉLECTION DE SAINT-FLORENTIN.

La ville de Saint-Florentin est du diocèse de Sens, et vingt paroisses de l'élection; il y en a dix-sept du diocèse de Langres, et une seule, nommée Venouse, du diocèse d'Auxerre.

Il n'y a aucun chapitre dans l'élection. Il y a seulement un doyen rural à Saint-Florentin, qui n'a aucun revenu fixe; ses profits consistent aux prises de possession des bénéfices qui sont dans son doyenné, et en autres menus droits.

Il n'y a aucune abbaye.

PRIEURÉS.

Le prieuré de Saint-Florentin, ordre de Saint-Benoît, est possédé par les Bénédictins d'Auxerre; il vaut 500 ᴸ de revenu.

Le prieuré de Saint-Denis de Montierleu [2], ordre de Saint-Benoît, est possédé par le sieur abbé Petit [3]; il vaut 360 ᴸ de rente.

Le prieuré de Franchevault [4], même ordre, est possédé par M. l'abbé Dupré [5], il vaut 900 ᴸ; il dépend de l'abbaye de Molesme.

Celui de Beaupré [6], ordre de Saint-Benoît, dépend du Val-des-Choux [7]; il est possédé par M. Desmaretz [8], chanoine de Notre-Dame de Paris; il vaut 500 ᴸ.

Celui de Montivault [9], même ordre, vaut 700 ᴸ.

Celui de Prudon, sis à Auxon [10], est possédé par M. l'abbé Boileau [11], chanoine de la Sainte-Chapelle; il vaut 600 ᴸ.

Celui de Saint-Pierre-le-Vif [12], situé dans la même paroisse d'Auxon, est possédé par le sieur Roger; il vaut 700 ᴸ.

Celui de Vosnon, ordre de Saint-Benoît, est possédé par le sieur abbé de Tressan [13], comte de Lyon; il vaut 600 ᴸ.

---

[1] Sans doute Marie de Bragelonne, veuve de Claude Bouthillier, surintendant des finances sous Louis XIII, et grand'mère de l'abbesse d'Issy (ci-dessus, p. 3a); morte à Pont-sur-Seine, en juin 1673, à l'âge de quatre-vingt-trois ans. Elle avait été fort regrettée des pauvres, dit la *Gazette*.

[2] Ou Montleu, aujourd'hui Montlheu (en latin *Monasterium Luperci*), c^ne Saint-Florentin; prieuré dépendant de l'abbaye de Moûtier-la-Celle.

[3] Voyez ci-dessus, p. 58, note 1.

[4] C^ne Beugnon (Yonne).

[5] Voyez ci-après, page 100, n° 5.

[6] C^ne Soumaintrain.

[7] Prieuré chef d'ordre, situé près Châtillon-sur-Seine, diocèse de Langres.

[8] Jacques Desmaretz, frère du contrôleur général qui eut les finances de 1708 à 1715, et neveu de Colbert; chanoine de Paris (1679), docteur de Sorbonne (1681), et évêque de Riez depuis 1685. Il devint archevêque d'Auch en 1713, et mourut en 1725.

[9] *Alias*, Montirault; situation non déterminée.

[10] Aujourd'hui, Prud'homme, c^ne Auxon, c^ne Ervy (Aube). Sur l'église d'Auxon, voyez un devis pour réparations, du 30 septembre 1686, dans les Papiers du Contrôle général, Arch. nationales, G⁷ 426.

[11] Voyez ci-dessus, p. 35, note 12.

[12] C'était le vocable d'une abbaye de Bénédictins située dans le faubourg de Sens. Voyez ci-dessus, p. 46.

[13] Louis de la Vergne de Tressan, chanoine-comte du chapitre de Lyon, premier aumônier du duc d'Orléans, devint évêque de Vannes en 1716, de Nantes en 1717, archevêque de Rouen en 1723, et mourut le 18 avril 1733, âgé de soixante-trois ans.

DIOCÈSE DE BEAUVAIS.

FONDATIONS DE CHAPELLES DANS LES CHÂTEAUX.

Il y a des chapelles fondées dans les châteaux de Sautour, Vénizy, Montfey, Jaulges, Neuvy et Poligny[1], qui peuvent valoir 200 à 300ll de revenu. Elles sont à la présentation des seigneurs.

La chapelle de Sainte-Marguerite de Soumaintrain vaut, charges faites, 160ll; elle dépend de M. l'archevêque.

MONASTÈRES.

Il n'y a dans toute l'élection qu'un seul couvent de religieux, qui sont des Capucins, établis à Saint-Florentin; ils sont au nombre de douze.

HÔPITAUX.

Il y a un hôpital à Saint-Florentin, qui a peu de revenu.

Les bénéfices dépendant du diocèse de Sens qui sont situés dans les élections de Rozoy et de Coulommiers seront mis ci-après[2] dans le diocèse de Meaux, avec lequel et celui de Sens les paroisses de ces deux élections sont partagées de manière qu'il y en a la plus grande partie du diocèse de Meaux.

DIOCÈSE DE BEAUVAIS[3].

Le diocèse de Beauvais s'étend, dans la généralité, sur les élections de Beauvais, Compiègne en partie, Pontoise en partie, Senlis en partie, et sur six paroisses seulement de l'élection de Paris, et, hors la généralité, dans celles d'Amiens, Soissons et Rouen[4].

ÉVÊCHÉ.

L'évêché de Beauvais est un des plus anciens et des plus considérables du royaume. L'opinion commune est que saint Lucien, qui en a été le premier évêque, vint en France avec saint Denis, vers le milieu du IIIe siècle. La vie de ce saint homme, la suite et les actions de ses successeurs jusqu'au IXe siècle, ne sont pas assez connues pour en pouvoir parler[5].

Cet évêché a titre de comté et pairie. Le comté de Beauvais fut uni à l'évêché en l'année 996[6], par Roger, évêque de Beauvais, qui était fils du comte de Blois. Roger eut pour sa part, dans la succession de son père, le comté de Sancerre en Berry, et son frère Eudes, celui de Beauvais; ils firent ensemble un échange de comtés, et Roger fit présent à son église de celui de Beauvais, avec la permission du roi Robert. Cette donation a rendu les

---

[1] Sur certains manuscrits, ce dernier nom est écrit *Flosgrey*; c'est peut-être Flogny (Yonne).
[2] Voyez ci-après, p. 87-91.
[3] *Gallia christiana*, t. IX, col. 691-856.
[4] Voir la carte dressée par G. de l'Isle, d'après les mémoires de M. Le Scellier, secrétaire de la cour, et publiée à Paris et Beauvais, en 1710.
[5] *Gallia christiana*, t. IX, col. 694. Cf. Louvet, *Histoire et antiquités du pays de Beauvaisis* (1614 et 1631), avec le *Supplément* publié en 1704, par Simon Loisel. *Mémoires des pays, villes, comté et comtes, évêché et évêques, pairie, communes et personnes de renom de Beauvais et du Beauvaisis* (1617); le *Pouillé général* de 1647; le manuscrit du chanoine Hermant, *Histoire ecclésiastique et civile du diocèse de Beauvais*, Bibl. Nat., ms. Fr. 8579; et l'*Histoire du diocèse de Beauvais du IIIe siècle à 1792*, par M. l'abbé Delettre, publiée en 1842-1843.
[6] Cette date est fausse. Voyez la *Gallia christiana*, t. IX, col. 705 et 706.

évêques de cette église comtes et seigneurs temporels de la ville et du domaine du comté de Beauvais.

À l'égard de la pairie, sans entrer dans l'examen de l'origine des pairies laïques et ecclésiastiques, dont le temps est fort incertain, l'histoire nous apprend qu'en l'année 1179, les pairs du royaume assistèrent au sacre de Philippe-Auguste, et que l'évêque de Beauvais, en qualité de pair[1] et suivant l'attribution de sa pairie, y porta le manteau royal. Dans la cérémonie du sacre du roi[2], le défunt évêque de Beauvais, M. Choart de Buzenval[3], a eu l'honneur d'y faire encore la même fonction[4].

Nous trouvons au nombre des évêques de Beauvais Henri de France, fils du roi Louis le Gros et frère du roi Louis VII, en l'année 1148[5], lequel fut depuis archevêque de Reims. Ce prélat honora autant son église par l'éclat de ses vertus que par la grandeur de sa naissance; il appuya par son crédit l'élection légitime d'Alexandre III contre Victor IV, antipape[6]. Philippe de Dreux, petit-fils du même roi et neveu de Henri de France, fut aussi évêque de Beauvais, en l'année 1175. Simon de Clermont fut un de ses successeurs, en l'année 1300, lequel fut régent sous trois rois de France, comme il paraît par son tombeau,

qui est en l'abbaye de Beaupré, près de Beauvais[7].

Sur la fin du XIVᵉ siècle, l'an 1360, Jean de Dormans, second du nom, a gouverné ce diocèse. Ce grand homme fut revêtu des premières dignités de l'Église et de l'État; il fut cardinal et légat du Saint-Siège, ministre, garde des sceaux et chancelier de France. Ses grandes occupations ne l'empêchèrent pas de penser à l'Université de Paris, en laquelle il fonda, en l'année 1370, le collège de Beauvais[8].

Sous l'épiscopat d'Odet de Coligny, cardinal de Châtillon, frère de l'Amiral, l'église de Beauvais eut le malheur d'être troublée par les guerres de religion. Cet évêque se laissa emporter aux nouveautés de ce temps-là : en l'année 1561, il célébra la cène des fêtes de Pâques en particulier, dans la chapelle de son palais, ayant refusé d'assister aux saints mystères dans son église; depuis, il abandonna ses bénéfices, et se retira en Angleterre.

Charles de Bourbon, second cardinal, qui lui succéda en 1572, et les prélats qui l'ont suivi, ont travaillé avec tant d'application et de zèle à dissiper ces erreurs, qu'il ne reste dans toute l'élection de Beauvais que vingt-six familles de la religion prétendue réformée[9].

---

[1] Premier comte-pair ecclésiastique.
[2] Louis XIV, sacré le 7 juin 1654.
[3] Nicolas Choart de Buzenval, qui avait été conseiller au parlement de Bretagne et au Grand Conseil, maître des requêtes et ambassadeur en Suisse, se fit d'église en 1643, et fut nommé évêque de Beauvais en 1650, comme successeur de ses deux oncles, René et Augustin Potier. Il mourut en 1679.
[4] L'évêque de Beauvais ayant dû, en cette occasion, remplacer l'évêque-duc de Laon, ses fonctions furent faites par M. de Noyon.
[5] En 1148, selon les Sainte-Marthe, t. II, p. 386; en 1149, selon la seconde Gallia christiana, t. IX,

col. 723. Il devint archevêque de Reims en 1162.
[6] Octavien, élu en 1159 et maintenu quatre ans.
[7] Le rédacteur du Mémoire fait ici confusion entre l'évêque Simon de Clermont-Nesle, qui ne mourut qu'en 1313, et son père, nommé aussi Simon, qui joua un effet un grand rôle sous les rois Louis VIII, Louis IX et Philippe le Hardi, et qui eut la régence, avec l'abbé de Saint-Denis, pendant l'expédition de saint Louis. Ce Simon de Clermont était mort le 1ᵉʳ février 1281.
[8] Le collège de Dormans-Beauvais fut fondé pour vingt-quatre boursiers, à la nomination de l'aîné de Saint-Jean de Soissons.
[9] Voyez ci-après, article 3 du titre III ou chapitre II.

DIOCÈSE DE BEAUVAIS.

Cette église compte quatre-vingt-neuf[1] évêques, compris M. Toussaint de Forbin de Janson[2], cardinal, qui remplit aujourd'hui ce siége si utilement pour le service de l'Église et de l'État.

Les évêques de Beauvais sont comtes et châtelains de Beauvais, pairs de France, vidames de Gerberoy et suffragants de l'archevêché de Reims.

Cet évêché vaut 50,000 ₶ de rente[3].

Le diocèse est d'une grande étendue; il va jusqu'au pont de Compiègne, d'un côté; il s'étend, du côté de Senlis, jusqu'à une lieue près de la ville, et de celui de Noyon, à deux lieues et demie.

Il est composé de douze chapitres, quatorze abbayes, quarante-huit prieurés, quatre cent quarante-deux cures et trois cents chapelles[4].

ÉLECTION DE BEAUVAIS.

CHAPITRES.

Le chapitre de la cathédrale de Saint-Pierre de Beauvais est composé de six dignités, qui sont : le doyen, l'archidiacre de Beauvais, le chantre, le trésorier, l'archidiacre de Beauvaisis et le sous-chantre; et de cinquante-deux canonicats, qui peuvent valoir, année commune, 1,000 ₶ chacun[5].

La trésorerie a été unie en partie au séminaire, depuis vingt ans, et l'autre partie au chapitre, qui partage les charges dont le bénéfice est tenu; elle vaut 6,000 ₶ de rente.

M. l'abbé d'Ormesson[6] est doyen de l'église cathédrale; il est encore plus recommandable par sa piété, sa charité, et le soin qu'il prend des pauvres du diocèse, que par son nom et les services de sa maison.

---

[1] Quatre-vingt-six, selon la *Gallia christiana*; quatre-vingt-neuf, selon les Sainte-Marthe.

[2] Toussaint de Forbin de Janson, ancien évêque de Digne et de Marseille, nommé évêque de Beauvais en 1679, commandeur des ordres en 1689, cardinal en 1690, et ambassadeur à Rome de 1690 à 1697 et de 1700 à 1706. Il devint grand aumônier de France en 1706, et mourut en 1713, étant le doyen de l'épiscopat français. Saint-Simon a fait de lui un portrait très-élogieux : «Il était plein d'honneur et de vertu, il avait un grand amour de ses devoirs et de la piété..... Il avait l'âme et toutes les manières d'un grand seigneur, doux et modeste, l'esprit d'un grand ministre né pour les affaires, le cœur d'un excellent évêque, point cardinal, au-dessus de sa dignité, tout Français sur nos libertés et nos maximes du royaume sur les entreprises de Rome..... Quelque accoutumé qu'il fût aux affaires..... il ne se plaisait nulle part tant que dans son diocèse, où il était singulièrement respecté, et il se peut dire adoré, surtout des pauvres de tous les états, à qui il faisait de grandes aumônes. Il aidait et soutenait fort la noblesse, et, tant qu'il a été en France, il a toujours passé plus de sept ou huit mois tous les ans à Beauvais, à y visiter son diocèse et à y remplir toutes ses fonctions avec beaucoup d'application et de vigilance.» (*Mémoires*, t. X, p. 10-12.)

[3] *Alias*, 55,000 ₶. (*Almanach* de 1741.)

[4] et [5] Cf. *Gallia christiana*, t. IX, p. 692. — Au lieu de cinquante-deux canonicats, Louvet indique quarante-cinq prébendes entières et huit demi-prébendes, trente-huit chapellenies, dont cinq conférées par l'évêque, vingt-neuf par le chapitre ou les chanoines, trois par le doyen, une par le trésorier, et enfin trois clergeries matriculaires, à la collation du même trésorier. «Il y a de plus, dit Boulainvilliers, des fonds considérables pour l'entretien des églises (?), celui de la musique et d'un grand nombre de chapelains, de sorte qu'on peut estimer le revenu total de cette église, année commune, 150,000 ₶ de rente, dont l'évêque en tire 50,000 ₶ pour sa part.»

[6] Claude-François-de-Paule Le Fèvre d'Ormesson, docteur de Sorbonne, nommé doyen en 1672, et vicaire général en 1686, mort en 1717. Le successeur du cardinal de Janson fit son éloge dans une *Lettre aux doyens ruraux*. C'était le fils du maître des requêtes, dont M. Chéruel a publié le *Journal*.

GÉNÉRALITÉ DE PARIS.

M. l'abbé de Mornay[1] est grand vicaire de M. le cardinal de Janson, évêque de Beauvais; il a la conduite de ce diocèse en son absence, et l'a eue ci-devant pendant le temps de son ambassade à Rome, dont il s'est acquitté avec toute l'application et la capacité qu'on peut désirer.

Il y a encore dans la ville six églises collégiales, outre ce chapitre, qui sont :

Le chapitre de Saint-Michel, composé de treize canonicats, qui valent 300 ₶ de revenu chacun ;

Le chapitre de Saint-Nicolas, de six canonicats, qui valent chacun 400 ₶ ;

Le chapitre de Notre-Dame, de dix canonicats, qui valent chacun 100 ₶ ;

Le chapitre de Saint-Barthélemy, de sept, qui valent 100 ₶ ;

Le chapitre de Saint-Vaast, composé de dix canonicats, qui ne valent que 100 ₶ chacun ;

Le chapitre de Saint-Laurent, de six canonicats, qui valent 150 ₶.

Hors la ville, dans l'élection, il y a encore deux chapitres, qui sont :

Le chapitre de Gerberoy, composé d'une dignité de doyen et douze de canonicats, qui valent 600 ₶ chacun. Le doyenné a le double[2].

Tous ces bénéfices sont à la collation de M. l'évêque de Beauvais, à la réserve du doyen de la cathédrale, qui est élu par le chapitre, et des canonicats de Saint-Nicolas, qui sont à la nomination du chapitre.

Le chapitre de Mouchy-le-Châtel[3] est composé de six canonicats, qui ont été fondés par les seigneurs et sont à leur nomination. C'est M. le maréchal duc de Noailles[4] qui en est seigneur. L'église est dans le château. Ces canonicats valent 400 ₶ de rente. Il y a aussi un trésorier, qui n'est pas dignité.

ABBAYES.

L'abbaye de Saint-Lucien, ordre de Saint-Benoît, est possédée par M. l'évêque de Meaux[5]. Elle vaut 20,000 ₶ de rente[6]. Il y a vingt-deux religieux, qui ont 12,000 ₶ de rente.

L'abbaye de Saint-Germer, ordre de Saint-Benoît, est possédée par M. l'abbé de Brosse[7].

---

[1] René de Mornay-Montchevreuil, qui fut abbé de Moûtier-la-Celle, puis d'Ourscamps, plus tard ambassadeur en Portugal (1714), et enfin archevêque de Besançon en 1717; mort aveugle en 1721, sans avoir été sacré. Selon Saint-Simon (*Mémoires*, t. X, p. 18, et t. XVII, p. 239), l'abbé de Mornay était un homme du monde plein d'esprit, de savoir et de mérite; mais «sa figure le perdit, et le commerce ordinaire et tout simple des dames de la cour comme des hommes.» Tant que Louis XIV vécut, il fut persuadé qu'il y avait là un défaut irrémissible, quoique le public rendît justice à la pureté des mœurs de l'abbé. — C'est de l'abbé d'Ormesson que le *Dictionnaire de Moréri* (éd. de 1759, t. V, p. 129) dit qu'il remplaça le cardinal de Janson pendant son premier voyage à Rome; il ajoute que ce doyen refusa constamment d'accepter un évêché.

[2] *Gallia christiana*, t. IX, col. 774-777. — Était doyen Jean Joly, docteur en chacun droit (1676-1705).

[3] La seigneurie de Mouchy-le-Châtel (Moucy ou Moussy), une des plus anciennes baronnies du Beauvaisis, dont le château fort avait été détruit sous Louis VI, après un combat acharné que Suger raconte, avait appartenu aux Trie et aux Maricourt avant de passer aux Noailles.

[4] Anne-Jules, duc de Noailles, maréchal de France, chevalier des ordres, gouverneur de Roussillon, vice-roi de Catalogne, premier capitaine des gardes du corps; mort le 2 octobre 1708, à cinquante-neuf ans. Il était célèbre pour ses campagnes de 1693 et 1694 en Catalogne.

[5] Jacques-Bénigne Bossuet (voyez ci-dessous, p. 77). Il occupa le siége abbatial de 1672 à 1704, et fut remplacé par son neveu, fils de l'intendant de la généralité de Soissons.

[6] *Alias*, 16,000 ₶. (*Almanach* de 1741.)

[7] François Tiercelin de Brosse, nommé une première fois en 1630, démissionnaire en 1693, et replacé sur le siége abbatial, la même année, par suite de la retraite

Elle vaut 15,000ᵗᵗ de rente[1]. Il y a quinze religieux, qui ont 10,000ᵗᵗ[2].

L'abbaye de Saint-Symphorien, même ordre, est possédée par M. Favier[3]. Elle vaut 4,000ᵗᵗ de rente[4]. La mense conventuelle de cette abbaye est présentement unie au séminaire de Beauvais.

L'abbaye de Froidmont[5], ordre de Cîteaux, est possédée par M. l'évêque de Montpellier[6]. Elle vaut 15,000ᵗᵗ de rente[7]. Il y a quinze religieux, qui ont 9,000ᵗᵗ.

L'abbaye de Beaupré[8], même ordre de Cîteaux, est possédée par M. l'évêque de Verdun[9]. Elle vaut 15,000ᵗᵗ de rente[10]. Il y a dix religieux, qui ont 9,000ᵗᵗ.

L'abbaye de Lannoy[11], même ordre, est possédée par M. de Montmorel[12]. Elle vaut 4,000ᵗᵗ de rente. Il y a sept religieux, qui ont 2,500ᵗᵗ.

L'abbaye de Saint-Quentin, ordre de Saint-Augustin, chanoines réguliers, est possédée par M. de Montchevreuil[13]. Elle vaut 8,000ᵗᵗ de rente[14]. Il y a douze religieux, qui ont 7,000ᵗᵗ.

ABBAYES DE FILLES.

L'abbaye de Saint-Paul, ordre de Saint-Benoît, est possédée par Mᵐᵉ de Tonnerre[15]. Il y a quatre-vingts religieuses. Cette maison a 28,000ᵗᵗ de rente.

PRIEURÉS.

Le prieuré de Saint-Maxian[16] est possédé par M. d'Ormesson, doyen de la cathédrale de Beauvais[17]; il vaut 1,500ᵗᵗ.

Celui de Milly, par M. l'évêque de Castres[18]; il vaut 2,500ᵗᵗ.

Celui de Villers-Saint-Sépulcre, par M. l'évêque de Condom[19]; il vaut 2,000ᵗᵗ.

Celui d'Auneuil, par M. l'abbé d'Escorailles[20]; il vaut 2,000ᵗᵗ.

---

de Henri-Pierre-Thibaud de Montmorency-Luxembourg. Il mourut le 1ᵉʳ mai 1701, à quatre-vingt-six ans.

[1] Alias, 12,000ᵗᵗ. (Almanach de 1741.)

[2] Cette abbaye fut transformée plus tard en collège par les Bénédictins de Saint-Maur.

[3] Jean Favier, ancien précepteur de M. de Baucé et nommé abbé de Saint-Symphorien à sa place, en 1661, était mort dès 1692, et la commende avait été donnée à Nicolas-Alexandre Le Cordier du Troncq, qui mourut en 1703.

[4] Alias, 2,500ᵗᵗ. (Almanach de 1741.)

[5] Cⁿᵉ Hermes, cᵒⁿ Noailles (Oise).

[6] Charles-Joachim Colbert de Croissy, nommé à cette abbaye le 10 mars 1684, mort le 8 avril 1738; il était fils du secrétaire d'État des affaires étrangères, avait été agent général du clergé, et possédait l'évêché de Montpellier depuis 1696.

[7] Alias, 18,000ᵗᵗ. (Almanach de 1741.)

[8] Cⁿᵉ Achy, cᵒⁿ Marseille (Oise).

[9] Hippolyte de Béthune, nommé après ses deux frères, en 1666, et mort le 24 août 1720. Il avait été aumônier de la reine Marie-Thérèse.

[10] Alias, 9,000ᵗᵗ. (Almanach de 1741.)

[11] Lannoy ou Briostel, cⁿᵉ Roy-Boissy, cᵒⁿ Marseille.

[12] Charles Le Bourg de Montmorel, aumônier de la duchesse de Bourgogne, nommé abbé le 19 avril 1699, mort le 30 octobre 1719.

[13] François de Mornay, fils du marquis et de la marquise de Montchevreuil, amis intimes de Mᵐᵉ de Maintenon; nommé en 1691, mort le 2 décembre 1730. Selon Dangeau (t. III, p. 425), l'abbaye valait 10,000ᵗᵗ.

[14] Alias, 7,000ᵗᵗ. (Almanach de 1741.)

[15] Marie-Madeleine de Clermont-Tonnerre, nièce du fameux évêque de Noyon, nommée abbesse en 1691, après deux de ses tantes, et morte en 1712.

[16] Localité située entre Troissereux et Saint-Germain-la-Poterie, cⁿᵉ Fouquenies (Oise).

[17] Voyez ci-dessus, p. 65, note 6.

[18] Augustin de Maupeou, docteur de Sorbonne, évêque de Castres en 1682, archevêque d'Auch en 1705, mort en 1712.

[19] Louis Milon, aumônier du roi, chanoine de Saint-Martin de Tours, nommé évêque de Condom en 1693, mort en 1734, à soixante-dix-neuf ans.

[20] Louis-Léger d'Escorailles de Roussille, neveu de la duchesse de Fontanges et chanoine-comte de Brioude.

Celui de Saint-Jean-du-Vivier[1], par M. l'abbé de la Grange[2]; il vaut 1,800[tt].

Celui de Bray[3], par les Chartreux de Gaillon; il vaut 800[tt] de rente.

Celui du Coudray, appelé les Bonshommes, ordre de Grammont, sis à Mafflé[4], par M. l'abbé de Fourcy[5]; il vaut 1,800[tt]. Il y a quatre religieux, qui ont 2,000[tt] de rente.

PRIEURÉS DE FILLES.

Le prieuré de Variville[6], ordre de Fontevrault, a 18,000[tt] de rente. Il y a quarante religieuses.

FONDATIONS DE CHAPELLES DANS LES CHÂTEAUX.

Il y a plusieurs châteaux et maisons de seigneurs dans lesquels il y a des chapelles fondées, dont les plus considérables n'ont pas plus de 2 à 300[tt] de revenu.

MONASTÈRES. — RELIGIEUX.

Les Jacobins de Beauvais sont douze;
Les Cordeliers, douze;
Les Minimes, dix;
Et les Capucins sont vingt-quatre.
Ces religieux ont peu de revenu.

RELIGIEUSES.

Les religieuses Ursulines ont 10,000[tt] de rente; elles sont quatre-vingts.

Les religieuses de Saint-François, au nombre de quarante-cinq, ont 6,000[tt] de rente.

HÔPITAUX[7].

L'hôtel-dieu de Beauvais est d'ancienne fondation. Il est gouverné, pour le spirituel, sous les ordres de M. l'évêque de Beauvais, par un recteur, religieux de Sainte-Geneviève, qui lui est présenté par les religieuses. Elles sont au nombre de vingt-cinq. Il y a quarante-huit lits, destinés par moitié pour les hommes et pour les femmes. Il y a environ 12,000[tt] de rente, dont la meilleure partie est en blé et en vin, pour la provision de la maison. Le temporel était administré ci-devant par le même recteur, qui se nommait le maître de l'hôtel-dieu; mais, depuis dix ans, M. le cardinal de Janson, évêque de Beauvais, a fait régler par des lettres patentes du roi, du mois de septembre 1684, qu'il en aurait l'administration conjointement avec le chapitre de la cathédrale et le corps de ville; en sorte que M. l'évêque de Beauvais nomme un administrateur ecclésiastique, le chapitre en nomme un autre, et le corps de ville deux administrateurs séculiers, dont l'un est le trésorier. Ces administrateurs changent de temps en temps.

L'hôpital général a la même forme de gouvernement, à la différence que les administrateurs sont au nombre de huit, dont deux sont nommés par M. l'évêque, qui sont ecclésiastiques, et deux autres par le chapitre, et quatre séculiers, dont l'un est trésorier, par le corps de ville. Cet hôpital a commencé en

---

[1] C[ne] Mouy (Oise).

[2] Voyez ci-dessus, p. 17, note 33.

[3] C[ne] la Chapelle-aux-Pots (Oise), anciennement *Capella in Brayo*.

[4] *Sic*, pour Mafflier Seine-et-Oise), sur la limite méridionale du diocèse de Beauvais.

[5] Henri-Balthazar de Fourcy, ancien chevalier de Malte, nommé abbé de Saint-Wandrille en 1690, mort le 24 avril 1754, à quatre-vingts ans; — ou son frère,

Olivier-François, chanoine de l'église de Paris en 1686, nommé abbé de Saint-Ambroise de Bourges en 1684, conseiller clerc au parlement de Paris en 1689, mort en février 1717. Voyez ci-dessus, p. 35.

[6] Ou Wariville, ancienne abbaye, c[ne] Litz (Oise).

[7] Voyez le rapport du 8 juillet 1684 sur l'élection de Beauvais, imprimé à l'Appendice; cf. les autres pièces indiquées dans le tome 1er de la *Correspondance des contrôleurs généraux*, n°s 547 et 1870.

DIOCÈSE DE BEAUVAIS.

l'année 1652, que le pain était cher; mais il n'a été bien établi qu'en 1658, par lettres patentes du roi, qui ont été obtenues par les soins de M. Choart de Buzenval, évêque de Beauvais, qui a beaucoup contribué à son établissement par de grosses sommes d'argent qu'il lui a données. A son imitation, plusieurs ecclésiastiques et bourgeois y ont fait des legs considérables, et son revenu a été encore augmenté par l'union de quelques biens destinés pour les pauvres et d'un hôpital appelé du Saint-Esprit; en sorte que cet hôpital jouit d'environ 12,000 ^{tt} de rente[1], sur quoi il est dû quelques pensions viagères et autres charges, qui peuvent monter à 3,000^{tt}, qui cesseront avec le temps. Il y a ordinairement trois cents personnes dans cette maison, la plupart vieillards, invalides ou enfants; on les fait travailler en laine, pour gagner une partie de leur dépense. On nourrit aussi au dehors, ou on aide à vivre à cent vingt personnes[2], auxquelles on donne du pain ou de l'argent.

ÉLECTION DE COMPIÈGNE.

La ville et les paroisses de l'élection de Compiègne qui sont en deçà de la rivière d'Oise, du côté de la forêt, sont de l'évêché de Soissons, et celles qui sont au delà de cette rivière, au nombre de trente-quatre, sont de l'évêché de Beauvais.

CHAPITRES.

Le chapitre de Saint-Clément de Compiègne est composé d'un doyenné et de six canonicats, qui valent 200^{tt} chacun; le doyenné peut valoir 100^{tt} davantage.

Il s'est tenu à Compiègne plusieurs conciles et assemblées ecclésiastiques, dans les années 757, 833, 1185, 1201, 1277 et 1329.

ABBAYES.

L'abbaye de Saint-Corneille de Compiègne, ordre de Saint-Benoît, vaut 15,000^{tt} de rente. Elle a été unie au Val-de-Grâce de Paris en l'année 1656. Les rois Louis II et Louis V y ont leur sépulture. Il y a quinze religieux, qui ont 9,000^{tt} de rente.

ABBAYES DE FILLES.

L'abbaye de Royaulieu[3], ordre de Saint-Benoît réformé, est possédée par Mme d'Arrest[4]. Il y a trente religieuses; elles ont 7,000^{tt} de rente.

L'abbaye de Morienval, même ordre mitigé[5], est possédée par Mme de Pluvault[6]. Il y a vingt-cinq religieuses, qui ont 10,000^{tt} de rente.

L'abbaye de Mouchy[7], ordre de Cîteaux, est possédée par Mme d'Humières[8]. Il y a vingt-cinq religieuses, qui ont 3,000^{tt} de rente.

---

[1] Ahas, en 1684, 14,000^{tt}, d'après le rapport qui vient d'être indiqué.
[2] Le rapport de 1684 parle de huit cents familles assistées.
[3] Aujourd'hui Royalieu, c^{ne} Compiègne.
[4] Louise-Élisabeth d'Arrest de la Chaussée-d'Eu, nommée en 1691, morte en 1726. Elle était sœur de la marquise de la Vieuville.
[5] Monastère où la règle n'est pas observée dans sa première rigueur.

[6] Anne-Angélique de Chaulezy de Pluvault, d'abord coadjutrice de sa tante Mme de Kerfili de Séreat, puis abbesse en septembre 1700, et morte en 1750.
[7] Monchy-Humières, c^{ne} Ressons, arrondissement de Compiègne (Oise).
[8] Anne-Louise de Crevant d'Humières, fille du maréchal, nommée abbesse en mars 1684, en remplacement de sa sœur, et morte le 20 janvier 1710, après une vie de sainteté dont l'éloge fut écrit par le bénédictin Michel Félibien.

PRIEURÉS.

Le prieuré de Saint-Nicolas dit le Petit est possédé par M. l'abbé Rouget [1], chanoine de la cathédrale de Troyes; il vaut 1,200[l].

Le prieuré d'Élincourt [2], ordre de Saint-Benoît non réformé, est possédé par M. l'abbé de Villacerf [3]; il vaut 10,000[l] de rente, tant pour le prieur que pour les religieux, qui sont quatre seulement.

Le prieuré de la Croix-sur-Ouen [4], dépendant de l'abbaye de Saint-Médard de Soissons, est possédé par M. l'abbé de Pomponne [5]; il vaut 1,200[l].

Le prieuré de Saint-Nicolas de Courson [6], ordre de Saint-Benoît, et celui de Rivecourt, commendataire, valent chacun 1,000[l] de rente.

Le prieuré de Boucquy [7] est possédé par un religieux de Prémontré; il vaut 1,000[l].

Le prieuré de Francières est en litige; il vaut 600[l].

Le prieuré de Vignemont vaut 500[l].

Il y a dans le château de Béthisy [8] le prieuré de Saint-Adrien, qui est possédé par le sieur de Silvic; il vaut 900[l] de rente. Ce prieuré est à la collation de l'abbé de Saint-Quentin de Beauvais.

Il y a dans le même château la chapelle de Sainte-Geneviève, qui vaut cinq muids de blé de revenu, mesure de Compiègne; elle est à la collation de Mlles de Raray [9], en qualité d'engagistes des domaines de Béthisy et de Verberie [10].

PÈRES JÉSUITES.

Les pères Jésuites sont établis à Compiègne depuis l'année 1653 [11]. Ils y ont un collège où ils enseignent les humanités jusqu'à la philosophie. Ils sont quinze religieux. Ils ont une pension du roi de 3,000[l], à prendre sur les ventes ordinaires de la forêt, et un bénéfice appelé la chapelle Notre-Dame-de-Bonne-Nouvelle, qui est bâtie sur une des portes de Compiègne, nommée de Pierrefonds, qui vaut 1,800[l] de rente.

MONASTÈRES. — RELIGIEUX.

Les Cordeliers, au nombre de douze, n'ont que 200[l] de rente.

Les Jacobins sont dix; n'ont que 400[l].

Les Minimes sont quinze; ils ont 1,500[l].

Les religieux Célestins de Saint-Pierre-au-Mont-de-Chastres [12], dans la forêt de Compiègne, ont 5,000[l] de rente; ils sont douze.

Les religieux Mathurins de la ministrerie [13]

---

[1] Jacques Rouget, abbé de Saint-Pierre-le-Vif; voyez ci-dessus, p. 46. Ce prieuré, fondation hospitalière d'un abbé de Saint-Corneille, était situé à Compiègne, dans la rue de Pierrefonds.

[2] Élincourt-Sainte-Marguerite, c^{on} Lassigny (Oise).

[3] Sans doute Charles-Maurice Colbert de Villacerf, fils du surintendant des bâtiments, abbé de Saint-Pierre de Neauphle-le-Vieux et de Saint-André-en-Gouferm, agent général du clergé, etc. Il mourut le 26 octobre 1781.

[4] Alias, la Croix-Saint-Ouen. L'emplacement de l'abbaye, qu'on appelle aujourd'hui la Croix-aux-Œufs ou la Croix-Rouge, est encore fréquenté par les pèlerins, le 2e août et les jours suivants.

[5] Henri-Charles Arnauld de Pomponne, fils du ministre, aumônier du roi, puis ambassadeur à Venise, con-seiller d'État d'église et chancelier des ordres. Il avait l'abbaye de Saint-Médard de Soissons, et mourut le 27 juin 1756, âgé de près de quatre-vingt-sept ans.

[6] C^{ne} Morienval (Oise). — [7] Cst Jaux, c^{ne} Compiègne.

[8] Béthisy-Saint-Pierre, c^{on} Crépy.

[9] Filles de Jean-François Le Conte de Nonant et de Marie-Lucie de Lancy, marquise de Raray.

[10] Voyez ci-après, titre I du chapitre IV.

[11] Alias, 1656; voyez Expilly, v° COMPIÈGNE, et un mémoire du 25 janvier 1693, dans les Papiers du Contrôle général, G⁷ 448.

[12] C^{ne} Vieux-Moulin. On y voit encore un pavillon, près duquel coule la source dite des Miracles.

[13] «Bénéfice ou charge de supérieur dans les couvents de Mathurins.» (Dictionnaire de Trévoux.)

de Verberie sont trois; ils ont 1,600 ₶ de rente.

RELIGIEUSES.

Les religieuses Carmélites, au nombre de trente, n'ont aucun revenu; elles vivent d'aumônes.

Les religieuses de la Congrégation ont 4,000 ₶; elles sont quarante.

Les religieuses de Sainte-Marie ont 4,000 ₶; elles sont trente-cinq.

Les religieuses de l'abbaye de Monchy, ordre de Saint-Bernard, ont 3,000 ₶; elles sont vingt-cinq.

HÔPITAUX.

Les religieuses de l'hôtel-dieu de Saint-Nicolas de Compiègne et le prieuré des religieuses de Saint-Augustin, qui y est joint, ont ordinairement vingt-cinq ou trente malades. Elles ont 10,000 ₶ de rente; elles sont quarante.

ÉLECTION DE PONTOISE.

La ville de Pontoise et la plus grande partie de l'élection sont du diocèse de Rouen[1]; les autres paroisses sont partagées entre le diocèse de Paris et celui de Beauvais; il y en a quatre seulement de celui de Paris, et neuf du diocèse de Beauvais.

CHAPITRES.

Il n'y a dans l'élection que le chapitre de Saint-Mellon de Pontoise, qui est composé d'un doyenné, qui vaut 1,000 ₶, et de huit canonicats, qui valent chacun 300 ₶ de revenu.

Cette église a été fondée par le roi Philippe Ier; elle est dans l'avant-cour du château de Pontoise[2].

Le grand vicariat de Pontoise a été anciennement un bénéfice considérable, tant par le revenu que par l'autorité, reconnu à Rome pour un bénéfice en titre, ainsi qu'il se justifie par un grand nombre de rescrits de Rome et de bulles qui ont été adressées aux grands vicaires de Pontoise et qui ont été par eux fulminées en vertu de leur puissance et autorité ordinaire. Il conférait de plein droit tous les bénéfices de ce ressort, qui s'étendait sur les doyennés de Meulan, Magny et Chaumont, et sur l'ancien archidiaconé de Pontoise, ce qui composait environ cent quatre-vingt-dix paroisses. Quelques auteurs ont estimé que, originairement, ce bénéfice était du diocèse de Paris, et qu'il fut prétendu par un évêque de Beauvais devoir être du diocèse de Beauvais, ce qui fit naître une contestation, dans le xe siècle, entre l'évêque de Paris et celui de Beauvais; que, pendant le cours de ce procès, il fut mis en séquestre entre les mains de l'archevêque de Rouen; que, successivement, les prélats qui ont rempli ce siège depuis ce temps-là s'y sont maintenus, et que, depuis environ quarante ans, ce bénéfice est réduit à une simple commission de grand vicaire de l'archevêché de Rouen, avec 400 ₶ de revenu, destituable à volonté[3].

ABBAYES.

L'abbaye de Saint-Martin, ordre de Saint-Benoît réformé, a été aussi fondée par le roi Philippe Ier[4]. Elle est possédée par M. le car-

---

[1] Quand on composa cette élection en 1691, pour l'unir à la généralité de Paris, on enleva à celle de Chaumont et Magny vingt paroisses qui étaient de la généralité de Rouen.

[2] Voyez l'article Pontoise dans Expilly, t. V, p. 776 et 777, et la *Gallia christiana*, t. XI, col. 133.

[3] Expilly, p. 775.

[4] La fondation fut confirmée par ce roi en 1069.

dinal de Bouillon[1]. Elle vaut 7,000 ᴸ de rente. Il y a douze religieux, qui ont 6,000 ᴸ.

L'abbaye du Val[2] appartient aux religieux Feuillants de Paris. Elle vaut 3,000 ᴸ de rente[3]. Cette abbaye fait subsister le couvent de Paris. Ils sont quinze religieux dans la maison de l'abbaye. Elle a été fondée, dans le XIe siècle, par Ansel de l'Isle, seigneur de l'Isle-Adam et de Villiers-Adam; de cette maison était le grand maître de Rhodes qui défendit cette forteresse contre l'empereur Soliman. MM. d'Andrésy et de Marivault sont de cette maison[4].

ABBAYES DE FILLES.

L'abbaye de Maubuisson[5], ordre de Saint-Bernard, a été fondée et dotée, avec de beaux privilèges, par la reine Blanche, mère du roi saint Louis. On y voit encore un ancien bâtiment, appelé le palais de saint Louis, qu'on estime avoir été habité par ce saint roi, dans le temps que la reine, sa mère, s'y retirait. Cette abbaye est possédée par Mme la princesse Louise-Palatine[6], tante de Son Altesse Royale Madame et de Madame la Princesse. Elle a 30,000 ᴸ de rente ; il y a quatre-vingts religieuses. Le roi Philippe le Bel a confirmé les privilèges de cette maison par lettres patentes du mois de juin 1293, et le roi Louis XI par autres du mois de décembre 1474 [7].

L'abbaye des Bénédictines anglaises est très-pauvre. Elles ne jouissent que d'une petite partie des revenus et des pensions qu'elles ont en Angleterre. Elles sont soixante-dix religieuses[8].

PRIEURÉS.

Le prieuré de Saint-Pierre de Pontoise est possédé par le sieur Clément[9], grand vicaire de Rouen ; il vaut 2,200 ᴸ de rente.

Le prieuré de l'Isle-Adam est possédé par M. Chamillart[10], évêque de Dol; il vaut 2,000 ᴸ.

---

[1] Emmanuel-Théodose de la Tour-d'Auvergne, cardinal de Bouillon, grand aumônier de France depuis 1671, abbé de Cluny, etc., mort à Rome, était doyen du sacré collège, en 1715. On connaît sa disgrâce éclatante, en 1710. Il avait remplacé, en 1677, l'abbé de Montaigu. Il possédait par engagement le domaine de Pontoise et en habitait le château.
[2] Notre-Dame-du-Val, C[ne] Mériel (Seine-et-Oise). Voir la Gallia christiana, t. VII, col. 875-884.
[3] Alias, 30,000 ᴸ; ce qui doit être une erreur de copie.
[4] La maison de l'Isle-Adam remontait authentiquement sa filiation jusqu'à Adam, seigneur de l'Isle, qui vivait au XIe siècle et fonda le bourg appelé de son nom, sur la rivière d'Oise. En 1700, sa descendance n'était plus représentée que par Hardouin de l'Isle, marquis de Marivault, qui fut lieutenant général en 1709, et par les sœurs du dernier marquis d'Andrésy, mort sans alliance en 1686. Mais le Mémoire se trompe quand il rattache à la même maison l'illustre grand maître qui défendit Rhodes en 1522; il appartenait à la maison de Villiers, qui ne posséda la seigneurie de l'Isle-Adam que par suite d'une acquisition faite en 1364.

[5] Primitivement, Sainte-Marie-la-Royale.
[6] Louise-Marie-Hollandine, fille de l'électeur palatin de Bavière, née le 18 avril 1622, convertie en 1658 et entrée alors au couvent de Maubuisson, dont elle devint abbesse en 1664. Elle y mourut le 11 février 1709. Elle était la tante d'Élisabeth-Charlotte de Bavière (1652-1722), seconde femme de Monsieur, et d'Anne de Bavière (1648-1723), femme de Henri-Jules de Bourbon, prince de Condé, cousines germaines l'une de l'autre. Voir son oraison funèbre dans le Mercure, janvier 1710, p. 27-73.
[7] Ordonnances des rois de France, t. XVIII, p. 66 et 67.
[8] Gallia christiana, t. XI, col. 290-292. L'abbesse était Élisabeth d'Abridcourt, élue en 1689, démissionnaire en 1710.
[9] Pierre Clément, qui devint évêque de Périgueux en 1702, et mourut en 1719.
[10] Jean-François Chamillart, frère du contrôleur général, abbé de Fontgombault et de la Baume, nommé évêque de Dol en 1692. Il devint évêque de Senlis et membre de l'Académie française en 1702, premier aumônier de Mme la duchesse de Bourgogne en 1704, et mourut le

DIOCÈSE DE BEAUVAIS.

Le prieuré d'Amblainville est possédé par le sieur de Frémont, aumônier de M. le cardinal de Bouillon; il vaut 500^{tt}.

Celui de Valmondois vaut 400^{tt}.

Le Rosnel est en règle; il est possédé par les Bénédictins de Pontoise.

Le prieuré du Lay est possédé par M. l'abbé Barrin[1]; il vaut 3,000^{tt} de rente.

Le prieuré de Cornouilliers est aussi en règle; il appartient aux religieux de Josaphat[2], ordre de Saint-Benoît. Leur maison et abbaye est dans le diocèse de Chartres.

Le prieuré de Marines, réuni à la cure, vaut 2,500^{tt}; il est possédé par les pères de l'Oratoire.

PRIEURÉS DE FILLES DANS L'ÉLECTION DE PONTOISE.

Le prieuré de l'hôtel-dieu de Pontoise, ordre de Saint-Augustin, a été fondé et doté par le roi saint Louis; il est possédé par Mme Isabelle de Sève[3]. Il y a cinquante religieuses, qui ont 30,000^{tt} de rente.

PÈRES JÉSUITES.

Les révérends pères Jésuites ont une maison dans la ville de Pontoise : ils sont huit; ils ont 1,500^{tt} de rente. Ils ont été établis par M. le cardinal de Joyeuse[4], il y a environ quatre-vingts ans. Ils font bâtir actuellement sur un fonds qui leur a été donné par M. le cardinal de Bouillon.

MONASTÈRES. — RELIGIEUX.

Les religieux Mathurins, au nombre de dix, ont 1,500^{tt}.

Les Capucins sont au nombre de vingt-cinq.

Les Cordeliers au nombre de quarante.

Ils n'ont aucun revenu.

A l'Isle-Adam, il y a quatre prêtres de la communauté de Saint-Joseph, qui ont été établis par feu Mme la princesse de Conti[5]. Ils ont 2,000^{tt} de rente.

RELIGIEUSES.

Les religieuses Ursulines de Pontoise, au nombre de soixante-dix, ont 12,000^{tt} de rente.

Les religieuses Carmélites, au nombre de quarante, ont 10,000^{tt} de rente.

HÔPITAUX.

L'hôtel-dieu de Pontoise est uni au prieuré.

Il y a un hôpital des pauvres renfermés, qui est établi depuis environ quarante-cinq ans, qui a 4,000^{tt} de rente[6]. Il y a quatre-

---

16 avril 1714. Saint-Simon a fait de lui un étrange portrait (*Mémoires*, t. X, p. 162 et 163).

[1] Louis Barrin de la Gallissonnière, nommé, en 1683, chanoine de la Sainte-Chapelle, à la place de son oncle, le belliqueux chantre du *Lutrin*, qui lui céda en même temps le prieuré du Lay, lequel était dans la famille depuis deux générations. Ce fut au Lay, c^{ne} Rouquerolles (Oise), que le chantre se retira et fut enterré.

[2] C^{ne} Lèves (Eure-et-Loir).

[3] Sœur de Mme de Villotancuse, et nommée prieure en mars 1690, à la place de Mme de Guénegaud, sa tante.

[4] François de Joyeuse, fils du maréchal de ce nom, né le 24 juin 1562, archevêque de Narbonne en 1582, cardinal en 1583 et ambassadeur à Rome, puis archevêque de Toulouse et de Rouen, légat du pape, etc.; mort le 27 août 1615. Il fonda, outre le collège de Pontoise, un séminaire à Rouen et une maison d'Oratoriens à Dieppe.

[5] Anne-Marie Martinozzi, nièce du cardinal Mazarin, veuve d'Armand de Bourbon, prince de Conti, qu'elle avait épousé en 1654, et morte le 4 février 1672, dans les sentiments de la plus fervente piété. Le château de l'Isle-Adam était devenu la résidence favorite des princes de Conti, après avoir appartenu aux Montmorency, puis aux Condé.

[6] *Alias*, 40,000^{tt}.

vingts pauvres de tout âge et de tout sexe, qui y sont nourris et entretenus.

Il y a l'hôpital de Saint-Jacques, qui est uni à celui des pauvres renfermés; celui-ci ne sert qu'à donner le couvert aux passants.

Il y a dans la paroisse de Chars un hôtel-dieu qui fut fondé dans le XIII° siècle, par Pierre d'Aumont [1], chambellan du roi, qui portait l'oriflamme de France dans ses armes [2]; il a 800 ll de rente.

Les autres bénéfices du diocèse de Beauvais qui sont situés dans les élections de Senlis et Paris sont rapportés dans ces deux diocèses, dans lesquels le plus grand nombre des paroisses de ces élections se trouvent comprises.

DIOCÈSE DE MEAUX [3].

Le diocèse de Meaux a son étendue, dans la généralité, sur les élections de Meaux, Coulommiers en partie, Rozoy en partie, et, hors la généralité, dans celle de Soissons, sur quinze paroisses seulement de l'élection de Crépy.

ÉVÊCHÉ DE MEAUX.

Le temps de l'établissement de l'église de Meaux n'est pas bien marqué dans l'histoire. Le premier fait qui soit connu de ses anciens évêques est que Médovée assista et souscrivit au cinquième concile d'Orléans, en 549. Jusqu'à cette époque, nous n'avons que les noms de ces prélats, dont saint Sanctin [4] fut établi le premier évêque par saint Denis, évêque de Paris, dont il était disciple. Saint Sanctin était célèbre dans le diocèse; la fête s'en fait tous les ans, le 11 octobre. Il y a une église collégiale, dans la ville de Meaux, sous son invocation, dont parle Hincmar [5], et dont il est fait mention dans de très-anciens titres, sous le nom d'*Abbatiola Sancti Sanctini*.

L'église de Meaux a eu jusqu'à ce jour cent cinq évêques [6], dont il y en a sept que l'Église met au nombre des saints, et trois que les papes ont honorés du chapeau de cardinal. Entre ces anciens évêques de Meaux, le plus illustre est saint Faron, de la race des anciens Bourguignons, pour quoi les historiens de son temps le nomment *Faro* et *Burgundo-Faro*, de même que sainte Fare, sa sœur, *Fara* et *Burgundo-Fara*. Ce saint évêque ayant été élevé à la cour de Théodebert, fils de Childebert, roi d'Austrasie, quitta le siècle et entra dans l'Église, à l'exemple de sainte Fare, qui fut consacrée la première à Dieu par Gondebaud [7], évêque de Meaux, dans un monastère qu'Augérie.

---

[1] Pierre III, sire d'Aumont, dit *le Hutin*, porte-oriflamme de France, mort le 13 mars 1413, après quarante ans de services militaires.

[2] *Sic*, pour «dans ses armées.»

[3] *Gallia christiana*, t. VIII, p. 1596-1753. Comparez un travail récent de Mgr Allou : *Chronique des évêques de Meaux, suivie d'un état de l'ancien diocèse et du diocèse actuel* (1875), dont la dernière partie comprend un répertoire alphabétique de toutes les paroisses, chapelles, prieurés, etc.

[4] *Alias*, saint Sanutin; en latin, *sanctus Sanctinus*.

[5] Hincmar, religieux de Saint-Denis, élu par les évêques à l'archevêché de Reims, en 845, et mort en 882, est auteur de lettres et d'œuvres diverses qui furent publiées en 1645, par Sirmond, et en 1688, par Cellot. Voyez, sur la lettre à Charles le Chauve, dans laquelle il est question de saint Sanctin, la *France littéraire*, t. V, p. 576 et 577.

[6] Bossuet est le cent-sixième sur la liste de la *Gallia*.

[7] *Gondoaldus* ou *Gondobaldus*.

père de la sainte, lui avait fait bâtir sur ses terres, en un lieu nommé *Eboriacum, inter Mucram*[1] *et Albam*, « entre le Morin[2] et l'Aubetin, » qui sont deux petites rivières entre lesquelles l'abbaye de Faremoutiers a été depuis fondée[3]. Saint Faron fut fait ensuite évêque de Meaux, après la mort de Gondebaud, vers l'an 627. Son amour et sa piété pour l'Église éclatèrent bientôt; il enrichit celle de Meaux de belles terres et seigneuries qu'il possédait, dont il lui fit don; il fonda de ses biens la célèbre abbaye de Sainte-Croix[4], qui fut depuis appelée de son nom. On remarque dans sa vie que tous les saints évêques de ce temps-là étaient de ses amis, et que les plus belles et les plus grandes abbayes et prieurés du diocèse de Meaux ont été fondés de son temps, Jouarre, Rebais, Reuil, Saint-Fiacre et autres. Il gouverna l'église de Meaux pendant quarante-six ans. Sa fête est célébrée dans son abbaye, le 28 octobre, jour de sa mort, qui est arrivée en 672, et, dans le diocèse, le lendemain 29.

Plusieurs de ses successeurs ont imité ses vertus; d'autres se sont rendus recommandables par leur science et par leurs grands emplois. C'est aux évêques à qui on est redevable des fondations des abbayes et des prieurés qui ont été faites depuis le X° siècle.

Saint Gilbert, célèbre par ses miracles, est le premier prélat de ce siége qui ait divisé les biens de l'église de Meaux entre l'évêque et les chanoines; les prières de son clergé et l'amour de la paix lui en firent passer un concordat en 1004.

C'est à Guillaume de Nemours, évêque de ce diocèse, que le pape Honorius III adressa sa décrétale, en 1214[5], qui donne le droit aux évêques de choisir dans leur chapitre deux chanoines *de comitatu*, qui jouissent du revenu de leurs prébendes étant absents de leur église.

Jean Lemoine a été un des plus illustres prélats de ce siége. Il savait parfaitement le droit ecclésiastique; il nous a donné des commentaires sur les Décrétales. Il fut auditeur de rote; ensuite il devint cardinal, à la nomination du pape Célestin V, en l'année 1294; puis il fut fait évêque de Meaux et conseiller d'État sous le règne de Philippe le Bel, en 1302. Son inclination pour les lettres et sa charité envers les pauvres lui inspirèrent le dessein de fonder dans l'Université de Paris le collège du Cardinal Lemoine. Il mourut à Avignon, en 1313, plein d'honneurs et de mérite[6].

On ne peut s'empêcher de rappeler ici le souvenir de la plaie que l'église de Meaux a soufferte par le malheur de l'hérésie, au com-

---

[1] Les manuscrits portent *Eboriacus* et *Mulcram*.
[2] Le Grand Morin. Voyez ci-dessus, p. 12.
[3] Voyez ci-après, p. 89.
[4] Voyez ci-après, p. 80.
[5] Cette décrétale est datée du 16 des kalendes de janvier de l'année 1216, première du pontificat du pape Honorius III, et non de l'année 1214, comme le portent les manuscrits. La *Gallia christiana* des Sainte-Marthe (t. III, p. 701) en parle ainsi : « Ad hunc [episcopum] « creditur Honorium III papam direxisse cap. xv ad au- « dientiam de clericis non residentibus, quo cavetur eos

« qui non militant in comitatu sui episcopi, donari sti- « pendiis seu fructibus beneficiorum suae ecclesiae, licet « absentes; quod confirmatum fuit decreto Johannis de « Veteriponte, hujus ecclesiae episcopi. »

[6] La *Gallia christiana* (t. VIII, col. 1631) n'admet plus le cardinal Jean Lemoine au nombre des évêques de Meaux, et croit à une confusion faite par les Duchesne et la *Gallia* primitive des Sainte-Marthe avec un autre Jean qui occupa effectivement le siége de Meaux de 1275 ou 1276 à 1286 ou 1289. Voyez l'étude de M. Ch. Jourdain sur *le Collége du cardinal Lemoine*, 1876, br. in-8°.

mencement du siècle passé, ni taire les grands travaux que l'illustre Guillaume Briçonnet[1], évêque de Meaux, neveu du cardinal de ce nom archevêque de Reims, entreprit avec autant de zèle que de capacité pour étouffer ce venin dès sa naissance. Ce qui donna lieu aux progrès qu'elle fit dans Meaux fut le grand commerce qui se faisait alors dans cette ville de draps et de laines, qui y attirait beaucoup d'étrangers; des marchands forains y apportèrent les livres de Luther et y semèrent sa doctrine secrètement. Jean Leclerc, cardeur de laine, se mêla d'y dogmatiser et afficha des placards aux portes de la cathédrale contre l'honneur des saints. La justice séculière réprima ce séducteur; il fut fustigé et banni, mais non corrigé; car, étant allé à Metz, il y prêcha, et fut puni du dernier supplice un an après[2].

M⁰ʳ Briçonnet était lié par l'amour des lettres et des sciences avec tous les habiles gens de l'Université de Paris : on voit par son registre qu'il en mit plusieurs dans sa cathédrale et dans des cures de son diocèse. Il attira à Meaux Farel, qui cachait encore l'erreur qu'il avait dans le cœur, et il était en liaison avec Fabry, ce célèbre docteur de Sorbonne connu sous le nom de *Faber Stapulensis*[3], et par ses savants commentaires sur saint Paul. Bèze raconte ces faits pour rendre suspecte la foi de ce grand évêque, et encore après lui un auteur moderne, sur son témoignage, contre le respect dû aux évêques, sans avoir pris garde qu'à la fin de son ouvrage, cet hérésiarque est forcé lui-même de lui faire justice, en rapportant que

ces deux docteurs furent obligés de se retirer, l'un à Genève et l'autre en Suisse, n'ayant pas eu la liberté de dogmatiser dans le diocèse de Meaux[4]. M⁰ʳ Briçonnet, touché du péril des âmes, et pour s'opposer aux progrès de l'hérésie, en l'an 1518, fit un mandement général par lequel il régla toutes les stations de son diocèse pour l'Avent et le Carême, lequel s'observe encore aujourd'hui ; et, les années suivantes, il envoya des prédicateurs orthodoxes dans toutes les paroisses. Il fit un décret synodal contre les livres de Luther, dont il défendit la lecture sous peine d'excommunication. Il joignit à ses doctes écrits l'instruction de la parole ; il instruisit les peuples par ses prédications, *pro data a Deo gratia*, dit son procès-verbal. Ses œuvres furent conformes à sa doctrine; elles sont des preuves de sa foi sur l'invocation des saints et sur la présence réelle. Il institua des prières publiques, des processions, et envoya ses grands vicaires informer dans tout son diocèse du fait de l'hérésie. Les preuves de sa foi et de son zèle sont marquées dans son registre, qui est gardé encore aujourd'hui au Trésor de l'évêché de Meaux. Il fit bâtir avec magnificence le palais épiscopal, tel qu'il est aujourd'hui. Ses aumônes lui méritèrent le titre de *Père des pauvres*, et son humilité paraît sur son tombeau, n'ayant voulu qu'une simple pierre, sur laquelle sont gravés ces mots : *Guillelmus Brissonnetus, ecclesiæ Meldensis humilis minister*. Il mourut le 24 janvier 1534.

Les lieux où l'hérésie fit plus de progrès dans ce diocèse furent Lizy, Claye et la Ferté-sous-

---

[1] Voyez son article dans la *Gallia*, t. VIII, col. 1645-1647, et dans l'édition des Sainte-Marthe, t. III, p. 705.
[2] Voyez le *Journal d'un bourgeois de Paris sous le règne de François I⁰ʳ*, publié par M. Ludovic Lalanne, p. 277 et 288.

[3] Lefèvre d'Étaples, qui enseignait la théologie et les belles-lettres à Paris dès 1493, se retira à Meaux en 1521, ayant été dénoncé par la faculté de théologie.
[4] *Historia ecclesiæ Meldensis*, de dom T. du Plessis, t. I, p. 308 et 334, d'après Théodore de Bèze, Mézeray, etc.

Jouarre. Les religionnaires, quelques mois après l'édit de pacification, qui fut donné au mois de janvier 1562[1], se rendirent les maîtres de la ville de Meaux: ce fut sur la fin de juin de la même année. Ils exercèrent toutes sortes de violences sur les prêtres, sur les religieux et sur les églises; la cathédrale et l'abbaye de Saint-Faron furent pillées. Le clergé de Meaux, pour éviter leur fureur, se retira à Dammartin. Cette sédition dura trois jours[2]. Après qu'elle fut cessée, le parlement en fit arrêter les auteurs: seize personnes, hommes et femmes, furent condamnées au feu et exécutées dans le marché de Meaux.

On ne se sent presque plus de ces malheurs: d'illustres évêques, les Séguier et de Ligny[3], oncle et neveu, encore plus que leurs prédécesseurs, ont réparé ces pertes et ont enrichi la cathédrale et les autres églises de toute sorte d'ornements et d'argenterie. Le zèle, joint à la science, en la personne de M. l'évêque de Meaux d'aujourd'hui[4], a achevé d'arracher la zizanie; il n'y a plus un seul seigneur de paroisse de la Religion dans toute l'étendue du diocèse, et le nombre des particuliers, de compte fait depuis six mois, se réduit à deux mille quatre cents personnes de tout âge, répandues en quarante ou cinquante paroisses, tous vignerons et artisans, entre lesquels il y a quelques fermiers ou laboureurs, et en très-petit nombre[5].

L'évêché de Meaux est suffragant de l'archevêché de Paris depuis l'érection de cette église en archevêché, qui fut faite en l'année 1622. Auparavant il était de l'église de Sens.

Cet évêché vaut 20,000ᴸ de rente[6]; son revenu est diminué de 12 ou 15,000ᴸ depuis que les bois de futaie en dépendant ont été épuisés et mis en taillis ordinaires.

Il y a dans ce diocèse: sept chapitres, neuf abbayes, quarante-cinq prieurés simples dépendant de plusieurs abbayes et prieurés, même de dehors le diocèse; cent trente-quatre chapelles à simple tonsure, sans obligation de résidence, et deux cent trente paroisses[7].

Il y a eu des conciles tenus à Meaux en 845 et 1080, et plusieurs assemblées ecclésiastiques.

L'évêché de Meaux est partagé en deux archidiaconés: celui de France et celui de Brie.

On appelle *France* la partie septentrionale de la Marne qui confine au pays de Senlis et Soissons: c'est cette riche plaine que ses abondantes moissons rendent la plus belle de l'Île-de-France, dont elle mérite de porter particulièrement le nom;

Et on appelle *Brie* la partie qui est au midi

---

[1] Édit de Poissy, promulgué le 17 janvier 1562.

[2] *Ibas*, trente jours; lisez: «trois mois.» L'exécution du complot eut lieu le 25 juin, et l'ordre ne fut rétabli qu'au mois de septembre.

[3] Dominique Séguier, évêque de 1637 à 1659, et Jean de Ligny, son neveu et successeur, mort en 1681.

[4] Jacques-Bénigne Bossuet, abbé de Saint-Lucien de Beauvais, précepteur et premier aumônier du Dauphin, pourvu de l'évêché de Meaux le 2 mai 1681; mort à Paris, le 12 avril 1704, à l'âge de soixante-dix-sept ans. C'est à lui que le géographe Hubert Jaillot dédia, vers 1696, sa carte de l'évêché de Meaux, qui avait été levée, sur l'ordre de l'évêque, par Chevallier, maître de mathématiques du roi. Voyez plus loin, p. 91.

[5] Voyez ci-après, sur les religionnaires, l'article 4 du titre III du chapitre II.

[6] Ce produit est évalué à 22,000ᴸ dans l'*Almanach royal* de 1741.

[7] Deux cent vingt-sept paroisses, comme on le verra par l'énumération qui suit, conforme à la légende de la carte faite par ordre de Bossuet, et deux cent trente-neuf en y comprenant les huit paroisses de Meaux et quatre filles de l'évêché. La *Gallia christiana*, p. 1596, donne le compte rond de deux cent quarante.

de la Marne, qui est limitrophe de Soissons [1], Sens et Paris.

Les deux archidiaconés sont divisés par cette rivière, qui passe par le milieu du diocèse, du levant au couchant, le sépare en deux parties presque égales, et leur sert de bornes.

Chacun archidiaconé a trois doyennés ruraux, savoir :

Celui de France, Dammartin, Acy et Gandelu.

Le doyenné de Dammartin s'étend sur quarante-deux paroisses de France.

Celui d'Acy [2], sur cinquante paroisses, la plupart dans le petit pays Mulcien, qu'on nomme aujourd'hui *Ager Meldicus*, qui est appelé *Pagus Melcianus* dans les annalistes de la seconde race [3]. Quelques paroisses de ce doyenné sont dans le Valois et la généralité de Soissons.

Gandelu donne le nom au troisième doyenné, qui s'étend sur vingt-trois paroisses, enfermées des rivières de Marne et d'Ourcq ; c'est le pays de Galvesse, dont les habitants sont nommés *Galvessans*, *Vadicasses* et *Vadicassum pagus*, chez nos anciens historiens [4].

Les trois doyennés de Brie sont : Crécy, Coulommiers et les Fertés.

Le doyenné de Crécy s'étend sur trente-neuf paroisses ;

Celui de Coulommiers, sur vingt-huit paroisses ;

Et les Fertés, qui sont ainsi appelées à cause des villes de ce nom [5], sur quarante-cinq.

Ces doyennés [6] ne sont pas des bénéfices, mais seulement une juridiction ecclésiastique donnée par l'évêque à un curé sur un nombre de paroisses.

Les huit paroisses de la ville de Meaux et les quatre paroisses des environs, filles de l'Évêché, ne reconnaissent que l'autorité épiscopale et ne sont pas sujettes à la juridiction des archidiacres ; elles sont nommées *filles de l'Évêché* parce que l'évêque en a la seigneurie temporelle et la justice, avec toute la juridiction spirituelle et le patronage [7].

Germigny-l'Évêque en est une. C'est la maison de plaisance des évêques [8] ; elle est située sur le bord de la Marne, proche les bois de Meaux, qui appartiennent à l'évêché, à une lieue de Montceaux [9].

CHAPITRES.

Les sept chapitres de ce diocèse sont : l'église de Meaux, Saint-Sanctin dans Meaux, Notre-Dame de Dammartin, Saint-Georges de Crécy, Saint-Germain d'Oissery, Jouarre et Faremoutiers.

Le chapitre de Saint-Étienne de Meaux est composé de six dignités, qui sont : le doyenné, qui a de revenu 1,000 ₶ ; l'archidiaconé de France, 200 ₶ ; l'archidiaconé de Brie, 500 ₶ ; la chantrerie, 900 ₶ ; la trésorerie, 500 ₶, et la chancellerie, 200 [10] ; et de quarante-quatre prébendes, dont il y en a six qui sont affectées à M. l'évêque de Meaux, au doyen, au chantre,

---

[1] Le Mémoire oublie l'évêché de Troyes, qui forme aussi confin à l'est, entre celui de Soissons et le diocèse de Sens.

[2] Acy-en-Mulcien (Oise).

[3] *Gallia christiana*, t. VIII, p. 1596. Voir aussi Hadrien de Valois, *Notitia Galliarum*, p. 330-333.

[4] *Notitia Galliarum*, p. 137.

[5] La Ferté-Gaucher et la Ferté-sous-Jouarre.

[6] Le cardinal de Bissy en fit porter le nombre à dix en 1730.

[7] Ce sont les paroisses de Germigny-l'Évêque, Étrépilly, Vareddes et Villenoy.

[8] Un plan de cette résidence est joint à la seconde feuille de la carte indiquée plus haut. Voyez les *Essais sur le dép[t] de Seine-et-Marne*, de Michelin, p. 1066 et 1067.

[9] Château royal, bâti par Catherine de Médicis, et dont il sera parlé dans le dernier titre du Mémoire.

[10] La *Gallia christiana*, p. 1596, compte en outre le sous-chantre et le théologal.

au trésorier, aux enfants de chœur et au collége. Des autres trente-huit, il y en a huit qui ne sont que demi-prébendes, lesquelles ne diffèrent des autres seulement qu'au revenu de 100ᶠᵗ qu'elles ont de moins; elles sont d'ailleurs égales pour les honneurs et la séance. Ces canonicats valent chacun 900ᶠᵗ de revenu.

Il y a aussi dix grandes chapelles, qui ont chacune 6 à 700ᶠᵗ de revenu, et vingt-huit petites, la plupart d'un fort petit revenu; mais les titulaires ont droit d'assister aux offices avec l'habit de chœur et d'y recevoir les distributions manuelles en argent.

M. l'évêque de Meaux a la collation de cinq de ces petites chapelles; les autres sont à la collation du chapitre.

Pour le service de la sacristie, il y a trois offices de sacristains ou marguilliers, qui sont possédés par des prêtres, ou au moins par des clercs, qui valent chacun 400ᶠᵗ. Ils sont à la collation du trésorier.

Dans la chapelle de l'évêché, il y a deux chapelains en titre, qui ont chacun 140ᶠᵗ de revenu; ils sont à la collation de M. l'évêque¹.

Le chapitre est rempli, pour la plus grande partie, de gens de vertu et de science, dont il y en a plusieurs docteurs de Sorbonne et d'autres facultés².

PRIVILÉGES DE L'ÉGLISE DE MEAUX³.

Charles V, dauphin de Viennois, duc de Normandie, régent du royaume, donna permission aux doyen, chanoines et chapitre de l'église de Meaux, par lettres patentes datées de son armée près Paris, en juillet 1358, de bâtir un cloître, dans lequel il leur accorda toute justice, avec le ressort au Châtelet de Paris, à cause que les maisons où ils avaient accoutumé de faire leur demeure furent brûlées par les gens de guerre qu'il y avait envoyés. Ces lettres furent confirmées par le roi Louis XI, par autres lettres du mois de septembre 1464, qui furent registrées au parlement le 3 décembre ensuivant⁴. Ce chapitre jouit aussi, de toute ancienneté, de la garde gardienne⁵ et du droit de *committimus*.

Les dignités et tous les canonicats de cette église sont à la collation de M. l'évêque de Meaux, à la réserve du doyen, qui est électif, des dix grands chapelains, dont cinq sont à la collation de M. l'évêque et cinq à celle du chapitre, et d'une prébende, qui dépend de l'église de Chaage.

Le chapitre collégial de Saint-Saintin de Meaux est composé de douze canonicats, dont un chanoine est curé; ils valent chacun 500ᶠᵗ. Le chapitre de la cathédrale est collateur des canonicats de cette église.

Le chapitre collégial de Notre-Dame de Dammartin est composé d'un doyen, d'un religieux de l'abbaye de Saint-Martin-aux-Bois de Beauvais, premier chanoine prébendé, et de quatre autres chanoines séculiers. Ils ont chacun 500ᶠᵗ de revenu; le doyen a le double. Ce chapitre a été fondé par MM. les comtes de Chabannes, aux droits desquels est Mgʳ le Prince, à cause de la succession qu'il a eue des biens de la

---

¹ Comparez Michelin, *Essais historiques*, p. 987 et 988.
² Le doyen était, depuis 1693, Charles-François Richer, docteur en théologie.
³ Voyez l'*Historia ecclesiæ Meldensis*, écrite par dom Toussaint du Plessis, sous les auspices du cardinal de Bissy, et publiée en 1731.

⁴ Recueil des *Ordonnances des rois de France*, t. XVI, p. 264-266.
⁵ Privilége analogue à celui de *committimus*, et qui permettait à une communauté d'attirer ses adversaires hors de la juridiction naturelle, devant des juges spéciaux. Voyez ci-dessus, p. 29, note 1.

maison de Montmorency, qui avait eu les droits de celle de Boulainvilliers, héritière de celle de Chabannes[1]. Tous ces bénéfices sont à la nomination de l'évêque de Meaux, au défaut d'hoirs de la maison de Chabannes, aux termes de la fondation.

Le chapitre de Saint-Georges de Crécy est composé de six chanoines, dont l'un est curé; ils ont chacun 400 ll de revenu. Ils sont à la collation du doyen de Meaux, à l'exception du curé, qui dépend de M. l'évêque de Meaux.

Le chapitre de Saint-Germain d'Oissery est composé de six chanoines, dont l'un est curé; ils ont chacun 150 ll de revenu. Ces bénéfices sont à la collation de M. l'évêque de Meaux.

On ne parle point ici du chapitre de la Sainte-Chapelle du Vivier[2], qui avait été fondée en 1352 par Charles, dauphin, depuis Charles V, roi de France, pour un trésorier, un chantre et quatre chanoines[3], parce qu'il a été éteint et uni au chapitre de Vincennes, en l'année 1694, comme il a été observé ci-devant, et il n'est resté au Vivier qu'un chapelain titulaire perpétuel, à la collation du roi, chargé de dire la messe tous les jours, avec 600 ll de revenu.

ABBAYES

L'abbaye de Saint-Faron, au faubourg de Meaux, ordre de Saint-Benoît, congrégation de Saint-Maur, fut fondée en 627 et dotée par saint Faron, évêque de Meaux, sous l'invocation de la Sainte-Croix; il la fit bâtir dans son propre fonds, au faubourg de Meaux, pour s'y faire pendant sa vie un lieu de retraite, et celui de sa sépulture après sa mort. C'est où reposent les reliques de ce grand évêque, qui ont donné son nom à cette abbaye. Elle est aujourd'hui possédée par M. l'abbé de Lorraine[4]. Elle vaut 20,000 ll de rente[5] à l'abbé. Il y a trente religieux, à cause du Noviciat, qui en ont 12,000 ll.

L'abbaye de Rebais, ordre de Saint-Benoît, fut fondée dans le VIIe siècle, par Dadon, référendaire ou chancelier du roi Dagobert. Il était fils de saint Authaire, homme puissant du royaume de Soissons, ami de saint Faron, évêque de Meaux. Dadon quitta le siècle et les grandes charges qu'il possédait à la cour, pour se donner à Dieu; il fit bâtir cette célèbre abbaye dans ses terres, *intra Brigensem saltum*, sur un torrent nommé *Resbac*, d'où

---

[1] Antoine de Chabannes, comte de Dammartin, grand maître d'hôtel de France, fonda ce chapitre en 1480, et mourut le 25 décembre 1488. Son corps fut enterré sous le chœur de l'église. Le comté de Dammartin passa à Françoise d'Anjou-Mézières, fille d'Antoinette de Chabannes, et mariée, en premières noces, à Philippe de Boulainvilliers, en secondes noces, à Jean III, sire de Rambures. Les enfants du premier lit vendirent le comté au connétable Anne de Montmorency, et ceux du second lit le vendirent également au duc de Guise; mais, à la suite d'un grand procès, il resta au connétable, et passa plus tard dans la maison de Bourbon-Condé, par l'alliance de Marguerite-Charlotte de Montmorency, mariée le 3 mars 1609 à Henri II, prince de Condé.

[2] Voyez ci-dessus, p. 29; comparez Michelin, p. 1399, 1405.

[3] «Quatorze ecclésiastiques et un trésorier, curé et principal dignitaire. Six de ces ecclésiastiques portaient le nom de chanoines et avaient 15 ll de rente; quatre étaient vicaires, à 10 ll, et quatre servants à 3 ll. (*Historia ecclesiæ Meldensis*, t. I, p. 260, et t. II, p. 227; *Gallia christiana*, t. VIII, col. 1669 et 1670.)

[4] François-Armand de Lorraine, fils du comte d'Armagnac, nommé à cette abbaye en 1686, plus tard évêque de Bayeux, mort en 1728.

[5] *Alias*, 15,000 ll (*Almanach de 1751*).

DIOCÈSE DE MEAUX.

est venu le nom de *Monasterium Resbacense*[1]. *Resbac* est un ancien mot celtique qui signifie torrent : il y a encore aujourd'hui un torrent qui fait le fossé de l'abbaye de Rebais. Cette abbaye est possédée par M. de la Salle, évêque de Tournay[2]. Elle vaut 22,000# de rente à l'abbé[3]. Il y a huit religieux, qui ont 5,000#.

L'abbaye de Chaage[4], à Meaux, ordre de Saint-Augustin, congrégation de Sainte-Geneviève, fut fondée en 1135. Elle est possédée par M. l'abbé de Rouvroy[5]. Elle vaut 5,000# de rente à l'abbé, et 2,500 aux religieux. Ils sont huit, dont le prieur est curé dans la même église, qui est la première paroisse de la ville.

L'abbaye de Juilly, ci-devant ordre de Saint-Augustin, filiation de l'abbaye de Chaage, à une lieue de Dammartin, dont le titre d'abbé est éteint et les revenus unis à la maison de l'Oratoire de Paris[6], rue Saint-Honoré, est un collège où l'on enseigne les humanités et la philosophie. Il y a quatre-vingts pensionnaires[7], et douze pères de l'Oratoire pour le gouverner et faire les classes, dont l'un est curé de la paroisse. Ils ont 6,000# de rente.

L'abbaye de Chambre-Fontaine, ordre de Prémontré, entre Dammartin et Meaux, est possédée par M. Molé de Sainte-Croix, maître des requêtes[8]. Elle vaut 4,000# de rente[9]. Il y a huit religieux, qui en ont 3,000#.

ABBAYES DE FILLES.

L'abbaye de Notre-Dame de Meaux[10], ordre de Saint-Augustin, chanoinesses régulières, avait été fondée dans le diocèse de Reims, sous le nom d'Ormont, proche Fismes. Elle a été transférée en la ville de Meaux en l'année 1637[11], à la recommandation de M. le duc de la Vieuville, surintendant des finances, dont la sœur était abbesse de cette maison, à laquelle ont succédé la fille et la petite-fille dudit sieur duc de la Vieuville[12], lesquelles ont continué cet établissement et ont fait construire les beaux bâtiments qui y sont. Mme de Montchevreuil[13] en est abbesse présentement. Cette abbaye a environ 30,000# de rente, dont les biens sont situés pour la plus grande partie en Champagne. Elles sont quarante-cinq religieuses et quinze sœurs converses.

L'abbaye de Jouarre, ordre de Saint-Benoît mitigé, fut fondée dans le VIIe siècle, par Adon, frère aîné de Dadon, fondateur de l'abbaye de

---

[1] Papire Masson (*Descriptio fluminum Galliæ*, p. 211) cite ce passage du livre IV, chapitre 41, de la *Chronique d'Aimoin* : « *Audoenus fabricavit monasterium intra Brigiensem saltum, quod Hierusalem ab eo quidam nominatum, verum a fluviolo super quem est situm Resbacense nunc dicitur.* » Voyez aussi les citations tirées de Vincent de Beauvais par le même auteur.

[2] François Caillebot de la Salle, nommé abbé de Rebais en 1672, y mourut en décembre 1736.

[3] Le revenu n'est porté qu'à 15,000# dans l'*Almanach royal* de 1741; Michelin (p. 344) dit : 20,000#.

[4] *Alias*, Chage, sous l'invocation de Notre-Dame de la Cage (*de Cavea*).

[5] Louis-Philippe de Rouvroy, nommé abbé en remplacement de son frère, en 1684, et mort en mai 1740.

[6] Cette réunion se fit en 1637-1639. Sur l'Oratoire de Paris, voyez ci-dessus, p. 37.

[7] En 1787, on comptait près de trois cent cinquante pensionnaires, et plus de trente pères.

[8] Voyez ci-dessus, p. 30, note 10.

[9] Ou plutôt 15,000#.

[10] *Sancta Maria in Foro Meldensi*, autrefois *Sancta Maria de Monte Aureo*.

[11] Lisez : 1626-1629.

[12] Louise de la Vieuville fut remplacée d'abord, en 1655, par Renée Bazin, puis par Marie et Barbe-Françoise de la Vieuville.

[13] Marie-Madeleine de Mornay de Montchevreuil, nommée abbesse en 1684, démissionnaire en 1700, morte en 1716.

GÉNÉRALITÉS. — I.

Rebais. Adon fit bâtir ce monastère au milieu de ses terres, proche de la Marne, dans la forêt de Jorau, d'où il lui donna le nom de *Jotrum*[1], Jouarre. Il s'y retira dans un petit monastère d'hommes qu'il fit construire joignant l'autre, où il vécut en religieux jusqu'à sa mort[2]. Cette abbaye est possédée par Mme de Soubise[3]. C'est une grande et magnifique maison. Elle a 40,000 ₶ de rente. Il y a quarante-cinq religieuses filles de chœur et trente-cinq converses. Il y a dans leur église un chapitre, composé de treize canonicats et deux offices de diacre et sous-diacre. Les canonicats valent chacun 300 ₶ de rente, et les offices, outre ce revenu, ont chacun un muid de blé froment. Ces bénéfices sont à la collation de Mme l'abbesse.

L'abbaye du Pont-aux-Dames, à deux lieues de Meaux, ordre de Cîteaux, est possédée par Mme de la Trémoille, de la branche de Royan[4]. Elle a 12,000 ₶ de rente. Il y a quarante religieuses de chœur et quinze sœurs converses.

PRIEURÉS[5].

Le prieuré conventuel de Reuil[6], sur la Marne, à une lieue de Jouarre, ordre de Saint-Benoît, congrégation de Cluny, fut fondé dans le VIIe siècle, suivant la tradition du pays[7], sur le témoignage d'un ancien écrivain, par Radon, qu'on prétend avoir été frère d'Adon et de Dadon ; mais les historiens contemporains n'en font aucune mention : ils disent au contraire que saint Authaire n'avait que deux fils, Adon et Dadon, et ne parlent en aucune manière de Radon. Le nom de ce monastère *Radolium*, pourrait venir d'un ancien mot celtique, *rade*, qui signifie rade et rivage, puisqu'il est situé sur le bord de la Marne[8]. On prétend qu'il fut fondé avec titre d'abbaye, et qu'il n'a aujourd'hui que le titre de prieuré parce qu'il est de la congrégation de Cluny, où il n'y a que Cluny, chef de tout l'ordre, qui ait titre d'abbaye. Ce prieuré est possédé par M. l'abbé de Maulévrier Colbert[9]. Il vaut 15,000 ₶ de rente. Il est à la nomination du prieur de la Charité[10]. Il y a douze religieux, qui ont 8,000 ₶ de rente.

Le prieuré de Sainte-Céline[11], ordre de Saint-Benoît, est possédé par M. l'abbé Lefèvre de Laubrière, de Bretagne. Il vaut 4,000 ₶ de rente. Ce prieuré est à la nomination de l'abbaye de Marmoutier.

Le prieuré de Saint-Père ou Saint-Pierre, au faubourg de Meaux, même ordre, est possédé par M. Lévêque[12], conseiller au Châtelet. Il vaut 500 ₶ de rente. Il dépend de l'abbaye de Saint-Faron.

---

[1] Voyez Papire Masson, *loc. cit.*, p. 211.

[2] Les religieux quittèrent cette résidence dès le siècle suivant, et laissèrent la place à la communauté de femmes.

[3] Anne-Marguerite, fille du prince de Rohan-Soubise, nommée en 1692, morte en 1721.

[4] Calliope de la Trémoille, fille de Philippe, marquis de Royan, nommée en remplacement de sa sœur Madeleine, en 1679, se retira en 1700, et mourut en 1705.

[5] Sur les prieurés et chapelles de ce diocèse, voir un dossier dans les Papiers Florimond, Arch. nat., K 1242, n° 4.

[6] Michelin, *Essais historiques*, p. 752-754.

[7] *Historia ecclesiæ Meldensis*, t. I, p. 51 et 52.

[8] *Gallia christiana*, t. VIII, col. 1671. Selon les dictionnaires modernes, *rade* viendrait du scandinave *reidre*, équipement de vaisseaux.

[9] Charles-Louis Colbert de Maulévrier, fils du lieutenant général et neveu du grand ministre, posséda ce prieuré de 1691 à 1722, et renonça à l'état ecclésiastique, en 1724, pour se marier.

[10] La Charité-sur-Loire, dont le prieuré dépendait aussi de Cluny.

[11] Ancien monastère de Bénédictins, dans le faubourg de Meaux ; voyez la *Gallia christiana*, t. VIII, col. 1675 et 1676, et Michelin, p. 990 et 991.

[12] Denis Lévêque, conseiller clerc depuis 1671.

DIOCÈSE DE MEAUX.

Le prieuré de Saint-Rigomer[1], au même faubourg, ordre de Saint-Augustin, est possédé par un religieux du même ordre. Il vaut 300 ₶ de revenu. Il dépend de l'abbaye de Chaage.

Le prieuré de Grandchamp[2], ordre de Cluny, est possédé par un religieux. Il vaut 3,000 ₶ de rente. Il dépend de l'abbaye de Cluny. Il y a aussi un office de sacristain, possédé par un religieux, qui a 600 ₶ de rente.

Le prieuré de Cerfroid[3], chef de l'ordre de la Sainte-Trinité et Rédemption des captifs, est conventuel, électif et triennal; il est possédé par les réformés de cet ordre. C'est le siége des chapitres généraux et le lieu où se fait l'élection du général de l'ordre. Ils sont quinze religieux, et ont 6,000 ₶ de rente. Ce prieuré fut fondé dans le XII° siècle, par le bienheureux Jean de Matha[4], docteur de la faculté de Paris, qui se retira dans ce désert, au milieu des bois, et s'y arrêta auprès d'une fontaine : il y trouva le bienheureux Félix de Valois[5], solitaire. Étant depuis allés ensemble à Rome, ils obtinrent du pape Innocent III l'établissement de cet ordre, par une bulle de l'an 1198. Gaguin[6], dans la vie de Philippe-Auguste,

rapporte la fondation de ce nouvel ordre, *auctoribus*, dit-il. *Johanne de Matha et Felice, anachoreta.*

Le prieuré de Saint-Fiacre[7], fameux pèlerinage, ordre de Saint-Benoît, congrégation de Saint-Maur, était la demeure et la solitude de ce saint, venu du fond de l'Écosse, issu d'une famille noble, où il se retira par ordre de saint Faron, évêque de Meaux, qui lui marqua le lieu de sa retraite dans ses propres héritages, en un lieu nommé le Breuil, *Broilium* ou *Brodolium*, ancien mot celtique[8] qui signifie *bois*, où il lui bâtit un monastère et une église, environ à deux lieues de Meaux. Saint Fiacre s'y rendit bientôt célèbre par sa piété et par la guérison merveilleuse de toute sorte de maladies, ce qui lui attira une foule incroyable de peuples et de malades. Il fit bâtir un hôpital pour les recevoir. Après sa mort, le nom de Breuil fut changé au sien. Son corps fut transféré de ce saint lieu en l'église cathédrale de Meaux, en l'année 1562[9], pour le sauver de la fureur des hérétiques. Cette église a continué d'être visitée par les fidèles, et les vertus du saint de s'y faire admirer : les rois et les princes y viennent comme leurs peuples; la reine[10], mère du roi,

---

[1] Sur la position de ces deux prieurés, voir le plan de la ville de Meaux joint à la carte de l'évêché de A.-H. Jaillot. Le revenu de Saint-Rigomer est porté, dans certains manuscrits, pour 3,000 ₶.

[2] Grandchamp, c^ne Jaignes, c^on Lizy-sur-Ourcq (Seine-et-Oise). Le prieur était Pierre Chapellier, mort en 1702, et enterré dans l'église, où sa tombe se voit encore.

[3] Voyez la *Gallia christiana*, t. VIII, col. 1731-1754. Cerfroid, c^ne Brumetz, sur la limite N. E. du diocèse, est aujourd'hui du département de l'Aisne.

[4] D'où est venu le nom de Mathurins. Saint Jean de Matha était originaire de Provence et vécut de 1160 à 1213.

[5] Hugues de Vermandois (1127-1211), petit-fils de Hugues de France et de l'héritière des premiers comtes

de Vermandois, ayant été élevé par saint Bernard, se fit moine et fut béatifié sous le nom de Félix de Valois.

[6] Robert Gaguin, qui était général des Mathurins à la fin du XV° siècle (1501 ou 1502), est auteur de plusieurs ouvrages historiques, et, entre autres, d'un *Compendium super Francorum gestis a Pharamondo usque ad annum 1491*.

[7] *Gallia christiana*, col. 1699 et 1700; Michelin, *Essais historiques*, p. 668 et suiv.

[8] Le radical celtique semble être *brog*, gonflement, et, par suite, bourgeonnement. (*Dictionnaire* de M. Littré.)

[9] En l'année 1568, selon la *Gallia christiana*.

[10] Anne d'Autriche, femme du roi Louis XIII et mère de Louis XIV, ne fit qu'augmenter les ornements de la châsse de saint Fiacre, que Louis XI avait déjà magnifiquement décorée en 1478.

demanda et obtint des reliques de ce saint dans la dernière maladie du roi Louis XIII, et, après la mort de ce prince, elle accomplit son vœu par le présent qu'elle y fit d'une châsse ornée avec une magnificence vraiment royale, pour enfermer les précieuses reliques du saint. La feue reine [1], peu de temps avant sa mort, au retour d'un voyage de Strasbourg, eut la dévotion de visiter ce saint lieu, où elle fut reçue par M. l'évêque de Meaux. Saint Fiacre est le patron de la Brie, et sa fête est célébrée par tout le diocèse de Meaux le 30 août. Le prieuré est conventuel, électif, triennal; il y a sept religieux, qui ont 300# de rente [2].

Le prieuré de Dammartin, ordre de Saint-Augustin, dépendant de Saint-Martin-aux-Bois, diocèse de Beauvais, est possédé par M. l'abbé Testu de Mauroy [3]. Il a 4,000# de rente.

Le prieuré de Nanteuil-le-Haudouin, conventuel, ordre de Cluny, est possédé par M. l'abbé d'Auvergne [4], prévôt de Strasbourg. Il vaut 5,000# de rente pour le prieur commendataire. Il y a un prieur claustral [5] et six religieux, qui ont 2,500#. Le prieur dépend de l'abbaye de Cluny.

Le prieuré d'Annet-sur-Marne, ordre de Cluny, dépendant et uni au prieur commendataire de Saint-Martin-des-Champs, est possédé par M. l'abbé de Lionne [6]. Il vaut 6,000# de rente. Il n'y a point de religieux présentement.

Le prieuré simple de Rouvres-en-Multien [7], ordre de Saint-Benoît, dépendant de l'abbaye de Saint-Faron de Meaux, est possédé par M. l'abbé de la Loubère; il vaut 3,000# de rente.

Le prieuré de Saint-Martin, près Crécy, autrefois conventuel, dépendant du prieuré de Saint-Martin-des-Champs, est possédé par M. l'évêque de Rosalie [8]; il vaut 200# de rente [9].

Outre ces prieurés, il y en a encore trente dans l'élection qui ne sont point conventuels, mais simples titres, dont le revenu est depuis 200# jusqu'à 1,200#, entre lesquels les principaux sont : le prieuré de Monthyon, qui vaut 800#; le prieuré de Mauregard, 1,200#; le prieuré de Trilbardou, 1,000#; le prieuré de Varennes, 300#; le prieuré de Montigny, dans le château, 400#; le prieuré de Coutevroult, 600#; il dépend de l'abbaye de Marmoutier, de Tours.

Raroy, au milieu des bois de même nom, ci-devant prieuré, ordre de Grammont, près de Gesvres-Duché, a été uni à la congrégation de l'Oratoire. Il y a quatre religieux, qui ont 1,500# de rente. C'est une affreuse solitude [10].

---

[1] Marie-Thérèse, femme de Louis XIV, morte le 30 juillet 1683. Le voyage de Strasbourg eut lieu en octobre 1681.

[2] Ou 3,000#, selon d'autres textes.

[3] Jean Testu de Mauroy, conseiller et aumônier de Madame, précepteur de Mademoiselle, abbé de Saint-Chéron et de Fontainejean, membre de l'Académie française, décédé dans son prieuré de Dammartin le 1er avril 1706. On croit qu'il a fourni quelques traits de distraction pour le *Ménalque* de La Bruyère.

[4] Henri-Oswald de la Tour-d'Auvergne, chanoine et grand prévôt de la cathédrale de Strasbourg, abbé de Redon, Conches et Cluny, plus tard archevêque de Tours et de Vienne (1722), cardinal en 1737, mort en 1747.

[5] Prieur chargé de veiller sur l'intérieur du cloître et le bon ordre de la communauté.

[6] Voyez ci-dessus, p. 28, note 1.

[7] Michelin, *Essais historiques*, p. 717 et 718.

[8] Artus de Lionne, prêtre des Missions étrangères, évêque de Rosalie et vicaire apostolique en Chine, mort le 2 août 1713, à l'âge de cinquante-huit ans; frère puîné du prieur de Saint-Martin-des-Champs et d'Annet.

[9] Ou 2,000#, selon d'autres textes.

[10] C'est dans cette maison que furent inaugurées, en 1649, les conférences ecclésiastiques étendues bientôt à tout le diocèse. (Michelin, p. 952 et 995.)

Marnoue[1], prieuré, ordre de Saint-Benoît, dans le voisinage de Baroy, uni à la même congrégation de l'Oratoire, vaut 800ᶠᶠ. Il dépend de Saint-Martin-des-Champs.

Les Missionnaires de Crécy, au nombre de trois, ont été fondés par le sieur de Lorthon[2], secrétaire du roi, en 1650. Ils ont de revenu 1,500ᶠᶠ. Leur fonction est d'aller en mission dans le diocèse, par ordre de M. l'évêque de Meaux.

PRIEURÉS DE FILLES.

Fontaines[3], ordre de Fontevrault, à deux lieues de Meaux, est un prieuré conventuel, électif, triennal. Cette maison a 35,000ᶠᶠ de rente. Il y a trente-trois religieuses de chœur et quinze converses; elles ont trois religieux de Fontevrault pour le service du spirituel.

Le prieuré de Colinance[4], ordre de Fontevrault, est à quatre lieues de Meaux, dans le Valois. La prieure est conventuelle, triennale, élective. Elles sont trente-deux religieuses de chœur et six converses; elles ont 12,000ᶠᶠ de rente.

Le prieuré de Saint-Nicolas-de-Noëfort[5], ordre de Saint-Benoît, grande règle, au faubourg de Meaux, fut fondé en l'année 1120. La prieure est perpétuelle, dépendante et à la nomination de Mᵐᵉ du Paraclet[6]. Cette maison a 4,000ᶠᶠ de revenu. Il y a vingt religieuses et huit converses. Elle a été transférée, pendant les guerres de 1635, de Noëfort, paroisse d'Oissery, élection de Meaux, aux faubourgs de la ville.

Le prieuré de Mont-Denis, ordre de Saint-Benoît, établi à Crécy, est possédé par Mᵐᵉ de Richelieu[7]. Il y a dix-huit religieuses et sept converses; elles n'ont que 1,500ᶠᶠ de revenu. Ce prieuré est à la nomination de la prieure de Noëfort[8].

FONDATIONS DE CHAPELLES DANS LES CHÂTEAUX.

Dans le château de la ville de Meaux il y a une chapelle à la collation du roi, qui a 150ᶠᶠ de revenu.

Une de même valeur dans le château royal de Montceaux, qui est aussi à la collation du roi.

Une autre de même à Becoiseau, ancien château royal, aujourd'hui en masure, de la paroisse de Moressart[9], à l'entrée de la forêt de Crécy, à quatre lieues de Meaux; elle vaut 66ᶠᶠ de revenu.

Il y a plusieurs autres chapelles particulières dans les châteaux de cette élection, de différents revenus, depuis 100ᶠᶠ jusqu'à 300ᶠᶠ, qui ne sont pas assez considérables pour être ici rapportées singulièrement.

MONASTÈRES. — RELIGIEUX.

Les religieux de la Trinité, autrement de la Rédemption des captifs, de Meaux, sont au nombre de huit. Ils ont 1,500ᶠᶠ de rente. Ils ont été fondés en 1225 par Nicolas Meunier.

---

[1] Aujourd'hui Malnoue-les-Moines, cⁿᵉ Ocquerre.

[2] Pierre Lorthon, secrétaire de la reine, donna 4,000ᶠᶠ de rente, et le roi Louis XIII en ajouta autant en 1641, pour établir ces missionnaires dans le château royal de Crécy. (Michelin, *Essais historiques*, p. 636.)

[3] Fontaine-les-Nonnains, cⁿᵉ Douy-la-Ramée.

[4] Ou Colinans, cⁿᵉ Thury-en-Valois.

[5] Cⁿᵉ Saint-Pathus.

[6] Voyez ci-dessus, p. 60; Michelin, *Essais historiques*, p. 719-721.

[7] Marie-Françoise de Vignerot du Plessis, fille du marquis de Richelieu, née le 27 décembre 1635, religieuse à Chelles, puis prieure de Crécy.

[8] Cf. Michelin, *Essais historiques*, p. 636 et 674.

[9] Ou Montcerf, cⁿᵉ Rozoy-en-Brie. Voyez Michelin, p. 1418.

général de l'ordre, qui fut premier ministre de cette maison [1]. Ces religieux étaient autrefois administrateurs de l'hôtel-dieu, ce qui a duré jusqu'en l'an 1612, que la forme du gouvernement a changé par arrêt du parlement.

La ministrerie de la Villette-aux-Aulnes [2] a 2,000 ₶ de revenu; il y a six religieux.

Les Capucins de Meaux sont douze; ils ont été établis en l'année 1613 [3], par M. de Vieuxpont, évêque de Meaux.

Les Cordeliers, au faubourg de la ville, sont dix-huit; ils ont été établis par Blanche, sœur du roi saint Louis [4].

Ces religieux vivent d'aumônes.

Les Carmes déchaussés de Crégy, proche la ville de Meaux, sont douze; ils ont 1,500 ₶ de rente, et ils ont été fondés par le sieur de Bonnaire [5], homme d'affaires, en 1622 [6], qui s'y fit religieux. Il y a dans ce couvent une source d'eau qui sort d'un rocher, qui pétrifie en six mois les matières qu'on y jette.

Les Minimes du couvent de Fublaines, proche Meaux, sont quatre. Ils ont 1,000 ₶ de rente. Ils ont été fondés en 1590 par le sieur Poussemie [7], qui était chantre, official et grand vicaire de l'église de Meaux.

RELIGIEUSES.

Les religieuses de la Visitation de Sainte-Marie sont au nombre de cinquante, et huit converses; elles ont 6,000 ₶ de rente. Elles ont été établies en 1630, par M⁽ᵐᵉ⁾ Amaury [8], veuve d'un trésorier de France de Paris, et on leur a uni une pareille maison qui était à Dammartin [9].

Les religieuses Ursulines sont trente-huit, et douze converses. Leur revenu est de 2,000 ₶. Elles ont été établies à Meaux en l'année 1648, par M⁽ᵐᵉ⁾ de Champlain, veuve du sieur de Champlain, lieutenant pour le roi en l'Amérique [10].

HÔPITAUX.

L'hôtel-dieu de Meaux a 9,000 ₶ de rente. Il y a douze religieuses pour servir les pauvres et les malades, un supérieur ecclésiastique, et un prêtre pour le service des pauvres. Cette maison est administrée par un bureau où président M. l'évêque de Meaux, en son absence son grand vicaire, le lieutenant général, assisté des avocat et procureur du roi, et de quatre administrateurs, dont l'un est greffier et l'autre receveur. Il y a aussi des députés du chapitre qui se trouvent au bureau général, pour assister à l'audition des comptes et à l'élection du receveur.

L'hôpital général de Meaux est établi pour les pauvres valides, qui y sont renfermés, et notamment pour les orphelins et les vieillards. Ils sont à présent au nombre de cent cinquante.

---

[1] La date de 1425 est une erreur, car Nicolas Meunier ne fut ministre général des Trinitaires que de 1510 à 1544. Voir la notice du *Dictionnaire de Moréri*, v° TRINITÉ; l'*Historia ecclesiæ Meldensis* de dom T. du Plessis, t. I, p. 228, et les *Essais historiques* de Michelin, p. 993.

[2] *Alias*, la Villette-aux-Ânes, c⁽ⁿᵉ⁾ Mitry-Mory (Seine-et-Oise).

[3] En 1611, selon la *Gallia christiana*, t. VIII, col. 1661.

[4] Voyez des observations sur cet établissement et son origine, dans les *Essais historiques* de Michelin, p. 993.

[5] Sur cette famille, qui possédait la baronnie de Forges, voyez Michelin, *Essais historiques*, p. 1858 et 1859.

[6] *Alias*, 1662; voyez Michelin, p. 1063.

[7] Pierre Poussemie.

[8] Françoise Simon, veuve de Jacques Amaury, receveur des tailles à Tonnerre et du taillon à Meaux.

[9] Voyez Michelin, p. 682.

[10] Samuel de Champlain, gentilhomme de Saintonge, à qui la France devait la découverte de l'Acadie et la fondation de Québec; mort en 1635.

DIOCÈSE DE MEAUX.

Il fut fondé en 1667, par divers particuliers habitants de la ville. Cet hôpital a de revenu 1,500ᴴ, et ne subsiste que des aumônes qu'on lui fait. On occupe les pauvres à tricoter, et on met les jeunes en métier en sortant. Il est gouverné par M. l'évêque de Meaux, ou son grand vicaire en son absence, deux chanoines et les officiers de la ville, de même que l'hôtel-dieu.

L'hôpital Jean Rose fut fondé par un marchand de la ville de ce nom, en l'année 1356. Il a de revenu 5,000ᴴ, qui sont employées à l'entretien de vingt-quatre pauvres aveugles et dix enfants orphelins. Il est administré par un maître et trois religieux de l'ordre de Saint-Augustin. Le séminaire fut uni à cette maison en l'année 1650, par M. Séguier, évêque de Meaux. On y a aussi uni dans le même temps le collège, et, pour la subsistance, on y a joint une prébende préceptoriale.

Il y a trois filles grises de Saint-Lazare à Meaux, pour assister les malades; elles ont été fondées depuis quatre ans.

Il y a trois filles charitables de la ville établies pour enseigner les jeunes filles; elles ont 400ᴴ de rente.

Il y en a de même à Claye et à Crécy.

L'hôtel-dieu de Dammartin, auquel on a uni la maladerie du même lieu, a 3,000ᴴ de revenu. Il y a un religieux prémontré qui en est chapelain; il est gouverné par M. l'évêque de Meaux et des administrateurs [1].

Un hôtel-dieu à Mitry, qui a de revenu 1,600ᴴ, auquel est réunie la maladerie du même lieu [2].

Le Mont-de-Piété, à Coupvray, est un couvent de l'ordre de la Trinité fondé par M. le prince de Guémené [3], pour six pauvres enfants. Il y a quatre religieux, qui ont 800ᴴ de revenu.

Il y a plusieurs autres petits hôpitaux dans le diocèse, où les malades sont actuellement traités, auxquels on a uni, en l'année 1695, les maladeries les plus proches.

ÉLECTION DE COULOMMIERS.

La ville et les paroisses de l'élection de Coulommiers sont de l'évêché de Meaux, à la réserve de Loudon, Chevru, Meilleray et le Vézier, qui sont de l'archevêché de Sens, et Sablonnières et Villeneuve-le-Roy [4], qui sont de l'évêché de Soissons.

Dans l'église paroissiale de Coulommiers, il y a six places de chapelain, dont le curé jouit de deux; les quatre autres sont à sa collation, de la valeur de 100ᴴ chacune. Elles sont remplies par des prêtres qui sont chargés du chant et de l'office de la paroisse [5].

Il n'y a dans l'élection que deux bénéfices un peu considérables, qui sont :

Le prieuré de Sainte-Foy [6], qui vaut 5,000ᴴ de rente, toutes charges payées; il est possédé par M. l'abbé de Paris [7]. Ce bénéfice est à la no-

---

[1] Michelin, p. 682.
[2] Cet hôpital avait été établi par Bossuet, en 1695, et mis sous la direction de son grand vicaire, l'abbé François Ledieu, qui y fit une fondation de deux sœurs grises, en 1698. (Michelin, p. 607 et 608.)
[3] Louis VII de Rohan, prince de Guémené, duc de Montbazon, grand veneur, chevalier des ordres, mort à Paris, le 19 février 1667, étant âgé de soixante-huit ans, et enterré à Coupvray, dont il était seigneur.

[4] Aujourd'hui Villeneuve-sur-Bellot, c^ne Rebais.
[5] Michelin, p. 1095-1100.
[6] Michelin, p. 1116-1120.
[7] Thomas de Paris, fils d'un président des comptes, était chanoine de la Sainte-Chapelle, docteur de Sorbonne, prieur de Marmande. Il fut nommé abbé commendataire de Saint-Père de Melun en mars 1701, et mourut en 1717.

mination de M. l'abbé de Conches [1]. Il était autrefois entre les mains des religieux de Saint-Benoît; il a été sécularisé en même temps que l'abbaye de Conches. Il est à présent desservi par quatre prêtres, qui sont aux gages du prieur. Il y a un sacristain titulaire, qui a 300 lt de rente.

L'autre bénéfice est le prieuré du Boschet, dans la paroisse d'Amillis. Il est possédé par M. de Fortia [2]; il vaut 2,500 lt de rente.

La cure de la Ferté-Gaucher a titre de prieuré. Elle vaut 4,000 lt de revenu. Elle est annexée aux religieux de Saint-Jean-des-Vignes de Soissons, chanoines réguliers de Saint-Augustin.

Il y a encore quelques autres petits bénéfices qui ont titre de chapelle, dont la plus forte n'a pas 200 lt de revenu.

FONDATIONS DE CHAPELLES DANS LES CHÂTEAUX.

Dans le château de Coulommiers il y a deux chapelles fondées, qui valent 100 lt de revenu chacune. Elles sont à la collation du seigneur. Elles sont desservies dans la chapelle de l'ancien château, qui est aujourd'hui l'église des religieuses de la Congrégation de cette ville, qui sont établies dans ce vieux château qui a été anciennement un château royal [3].

Dans le château de Boissy [4] il y a une chapelle fondée, qui vaut 120 lt.

Une dans celui de Tiercelieux [5], qui vaut 40 lt.

MONASTÈRES. — RELIGIEUX.

Les Capucins de Coulommiers sont au nombre de quatorze.

RELIGIEUSES.

Les religieuses de la Congrégation, au nombre de quarante-cinq, ont 4,000 lt de rente.

Les chanoinesses régulières de Saint-Augustin, à la Ferté-Gaucher, au nombre de vingt-cinq, ont 3,000 lt de rente [6].

HÔPITAUX.

L'hôtel-dieu de Coulommiers a 2,000 lt de rente, qui proviennent des aumônes des habitants. Il est administré par un échevin, qui change de deux en deux ans, lequel rend compte de son administration tous les mois, par état, par-devant les maire, échevins et habitants qui veulent s'y trouver, et, en fin des deux années, par un compte général [7].

ÉLECTION DE ROZOY.

Les paroisses de l'élection de Rozoy se partagent entre les diocèses de Paris, de Sens et de Meaux. Il y en a onze du diocèse de Paris, vingt et une de celui de Sens, et trente et une de celui de Meaux, la ville de Rozoy y comprise.

CHAPITRES.

Dans la ville de Rozoy, il n'y a aucun cha-

---

[1] Conches-en-Ouches (Eure), abbaye de Bénédictins.
[2] Ce prieuré fut successivement possédé par François de Fortia, et par son neveu Aimé-Bernard de Fortia, fils d'un intendant d'Auvergne, chanoine-comte de Brioude en 1676.
[3] Voyez l'article de ce château dans la dernière partie du Mémoire, consacrée aux Maisons royales; comparez les *Essais historiques* de Michelin, p. 1091 et 1092.
[4] Boissy-le-Châtel, c^ne Coulommiers.
[5] C^ne Montolivet (Seine-et-Marne).
[6] Michelin, p. 1314 et 1315.
[7] Michelin, p. 1193-1200.

pitre. Il y a un seul curé, qui est à la nomination d'un chanoine de Notre-Dame de Paris, dont la prébende a ce droit.

Il y a un chapitre dans la paroisse de Courpalay, diocèse de Sens, qui fut fondé en 1213, par Pierre de Corbeil, archevêque de Sens. Il est composé d'un doyenné, électif, et de douze canonicats, avec quatre chapelles. Le doyenné vaut 700^{tt} de revenu; il est possédé par le sieur du Quesnoy, docteur de Sorbonne. Les canonicats valent 350^{tt} chacun, et les chapelles 100^{tt}. Ces bénéfices sont à la nomination de M. l'archevêque de Sens[1].

Un autre chapitre à Faremoutiers, composé de quatre canonicats, dont l'un a la cure unie à sa prébende, qui valent chacun 400^{tt} de revenu, et une chapelle, qui vaut 80^{tt}. Ces bénéfices sont à la collation de Mme l'abbesse de Faremoutiers[2].

ABBAYES.

L'abbaye d'Hermière[3], diocèse de Paris, ordre de Prémontré, dans la paroisse de Favières, est possédée par M. Pirot, chancelier de l'église de Paris[4]; elle vaut de revenu 4,000^{tt}. Il y a sept religieux, qui ont 3,600^{tt}.

L'abbaye de Saint-Pierre, ordre de Saint-Benoît, dans la paroisse de Chaumes, est possédée par M. l'abbé de Courtebonne[5]; elle vaut 6,500^{tt} de revenu. Il y a neuf religieux, qui ont 3,300^{tt} de rente pour leur partage[6].

ABBAYES DE FILLES.

L'abbaye de Faremoutiers, diocèse de Meaux, ordre de Saint-Benoît réformé de la grande règle, est possédée par Mme de Beringhen, sœur de Monsieur le Premier[7]. Cette abbaye a de revenu 15,000^{tt}. Il y a trente-cinq religieuses et douze converses[8].

PRIEURÉS.

Le prieuré de la Celle[9], ordre de Saint-Benoît, est possédé par M. de Lionne, évêque de Rosalie et missionnaire apostolique dans la Chine[10]. Il vaut 4,000^{tt} de rente. Il y a quatre religieux, qui sont envoyés par la maison des Bénédictins anglais de Paris, à laquelle le prieur de la Celle a donné cette retraite, avec une pension alimentaire pour ces quatre religieux.

Le prieuré de Mortcerf, possédé par le sieur Deserte, clerc italien, vaut 400^{tt}.

Le prieuré de Saint-Laurent, dans la paroisse de Nesles, possédé par M. l'abbé de la Grandcour[11], 1,200^{tt} de revenu.

Le prieuré-cure de Fontenay[12], possédé par le sieur de Carcé, vaut 2,000^{tt}.

Le prieuré de Saint-Ouen, paroisse de Fa-

---

[1] Selon l'article consacré par Michelin (*Essais historiques*, p. 1367 et 1368) à ce chapitre, le doyen avait 1,000^{tt} de revenu, et les chanoines 500^{tt} environ. Mgr de la Hoguette supprima trois prébendes en 1701.

[2] Voyez ci-contre, 2e colonne.

[3] Michelin, *Essais historiques*, p. 546.

[4] Voyez ci-dessus, p. 21, note 10.

[5] Charles de Calonne de Courtebonne, abbé de Chaumes et de la Couronne, mort le 8 octobre 1723.

[6] Voyez Michelin, p. 532-535.

[7] Marie-Anne-Généreuse-Constance-Thérèse de Beringhen, sœur du premier écuyer du roi, nommée en 1685, morte en 1721.

[8] Voyez Michelin, p. 1382-1387.

[9] La Celle-sur-Morin, près Faremoutiers; voyez la *Gallia christiana*, t. VIII, col. 1673-1676. MM. de Lionne firent unir ce prieuré, en 1703, aux Missions.

[10] Voyez ci-dessus, p. 84, note 8.

[11] Le fief de la Grandcour, sur la paroisse d'Isles-lès-Villenoy, appartenait à la famille parlementaire des Charlet.

[12] Fontenay-Trésigny ou Fontenay-en-Brie.

vières, diocèse de Paris, possédé par M. l'abbé Le Gendre[1], vaut 1,500^{lt} de revenu.

Le prieuré de Tournan, diocèse de Paris, possédé par M. l'archevêque[2], vaut 1,300^{lt}.

Le prieuré de la Magdelaine-de-l'Ortie[3], paroisse de Dammartin-en-Brie, diocèse de Meaux, possédé par M. Dron, chanoine de Saint-Thomas-du-Louvre, vaut 120^{lt} de revenu.

Le prieuré de la Buhottière, paroisse de Vaudoy, diocèse de Meaux, possédé par les religieux de Saint-Martin de Pontoise[4], vaut 350^{lt}.

Le prieuré de Segrès, paroisse de Bernay, diocèse de Sens, possédé par le sieur Prioux, directeur des Missions étrangères, vaut 500^{lt}.

Le prieuré de Saint-Blaise, paroisse de Grandpuits[5], diocèse de Sens, possédé par le sieur abbé de Catineaux[6], chanoine de Tours, vaut 250^{lt}.

Le prieuré de Lady[7], diocèse de Sens, possédé par M. l'archevêque de Rouen[8], vaut 2,000^{lt}.

Le prieuré ou chambrerie dans la paroisse de Saint-Just, diocèse de Sens, possédé par le père Coquet, religieux bénédictin de Chaumes, vaut 1,200^{lt}. Ce bénéfice est à la collation de M. l'abbé de Chaumes[9].

PRIEURÉS DE FILLES.

Le prieuré de la Madeleine, dans la paroisse de ce nom, diocèse de Paris, possédé par Mme de Ravenel, vaut 300^{lt} de rente; elle a deux filles dévotes dans son prieuré, qui vivent avec elle.

FONDATIONS DE CHAPELLES DANS LES CHÂTEAUX.

Il y a une chapelle fondée dans le château de Vigneau, paroisse de Jouy[10], diocèse de Meaux, qui vaut 100^{lt} de revenu; elle est possédée par le curé de Coulommiers.

Une autre chapelle dans la même paroisse, au hameau du Petit-Paris, qui vaut 70^{lt}.

Une autre dans la paroisse de Pécy, possédée par le sieur abbé de la Grandcour[11], qui vaut 400^{lt}; elle est à la collation du sieur de Boisgarnier[12], qui en est patron.

Une autre dans la paroisse de Gastins, dite de Saint-Éloi, possédée par le sieur abbé Barbier, qui vaut 400^{lt} de revenu[13].

---

[1] On trouve deux chanoines de ce nom à Paris, Jacques et Louis Le Gendre. Jacques Le Gendre, qui était chanoine depuis 1653, mourut en 1705, à quatre-vingts ans, laissant un neveu, Claude Le Gendre, docteur en théologie, abbé d'Auberive en 1695, qui mourut le 13 mars 1709. Louis Le Gendre, chanoine de Paris en 1690 et souschantre en 1723, abbé de Claire-Fontaine en 1724, était maître ès arts et composa beaucoup d'ouvrages historiques, plusieurs panégyriques de Mgr de Harlay, son premier protecteur, et des mémoires intéressants qui ont été publiés en 1863, par M. Roux. Il mourut le 1er février 1733, à l'âge de soixante-dix-huit ans. — Sur ce prieuré de Saint-Ouen, voyez Michelin, p. 550 et 551.

[2] L'archevêque de Paris. Voyez Michelin, pages 513 et suivantes.

[3] *Alnas*, Orthies. Ce prieuré fut uni, en 1726, à l'église paroissiale de Claye (Michelin, p. 693.)

[4] Voyez ci-dessus, p. 71.

[5] Michelin, p. 498.

[6] Peut-être François Caternault, qui était, en 1696, curé du Lion-d'Angers, généralité de Tours.

[7] C^{ne} Mormant.

[8] Voyez ci-dessus, p. 56, note 4.

[9] Voyez ci-dessus, p. 89.

[10] Jouy-le-Châtel, c^{on} Nangis.

[11] Voyez ci-dessus, p. 89.

[12] Le château de Boisgarnier, au sud de Pécy, est voisin du hameau de Mirevaux, où existait une chapelle ancienne, à la présentation du seigneur de Pécy. (Michelin, *Essais historiques*, p. 1561.) En 1696, on trouve un sieur François Le Petit, seigneur de Boisgarnier, habitant à Rozoy.

[13] Selon Michelin (p. 1552), le revenu n'était que de 300^{lt}, et tomba à 130^{lt}.

DIOCÈSE DE SENLIS.

MONASTÈRES.

Il n'y a de couvents d'hommes dans l'élection que ceux d'Hermière, Chaumes et la Celle, rapportés ci-dessus.

Dans la ville de Rozoy, il y a un monastère de religieuses du tiers-ordre de Saint-Dominique, qui est régi par une prieure, élective, triennale. Elles ont 3,000 ᵗᵗ de rente; elles sont trente-sept religieuses de chœur et six converses.

HÔPITAUX.

Il n'y a dans l'élection que deux hôpitaux : Un à Rozoy, qui est administré par le curé et les officiers de la ville. Il n'a que 300 ᴸ de revenu.

Et l'autre à Naugis, administré par le curé et les habitants, qui a 500 ᵗᵗ de rente.

Il a été fait, depuis environ deux ans, de l'ordre de M. l'évêque de Meaux, une carte de ce diocèse, qui est très-correcte et exacte, dans laquelle on a marqué distinctement l'étendue des archidiaconés et des doyennés, la situation des abbayes, des prieurés, des chapelles simples et des paroisses; on y a observé les noms des petits pays particuliers, les châteaux, les terres et les moulins, et tout ce qui peut servir à faire connaître l'état et la qualité du pays[1].

DIOCÈSE DE SENLIS[2].

Le diocèse de Senlis s'étend, dans la généralité, sur l'élection de Senlis, et, hors de la généralité, dans celle de Soissons.

ÉVÊCHÉ DE SENLIS.

Comme il est certain que les évêques des Gaules, de même que ceux de toutes les nations chrétiennes, ont pris leur origine de la prédication de l'Évangile et de la mission des apôtres ou de leurs disciples et successeurs, qui sont venus y planter la foi et y établir l'Église, on peut dire constamment que l'érection de celui de Senlis ne peut être rapportée qu'à son premier évêque, *Regulus*, Rieul, qui était Romain.

Ce saint vint dans les Gaules avec saint Denis, évêque de Paris, saint Lucien, évêque de Beauvais, saint Piat de Tournay, saint Quentin de Vermandois, saint Crépin et saint Crépinien de Soissons, et autres saints personnages, au nombre de douze, lesquels ont établi la foi dans ces provinces vers le milieu du iiiᵉ siècle. Le corps de saint Rieul repose dans l'église de Senlis qui porte son nom.

Le nombre des évêques qui ont succédé à saint Rieul n'est pas certain, ni par les catalogues qui se trouvent dans le pays, ni par les auteurs qui en ont écrit. M. des Lyons[3], doyen de cette église depuis soixante ans, homme

---

[1] C'est la carte de Chevalier et Jaillot, indiquée ci-dessus, p. 77, note 3.

[2] *Gallia christiana*, t. X, p. 1378-1527. Guillaume de l'Isle fit paraître en 1709 une *Carte topographique du diocèse de Senlis*, levée par M. Parent, curé d'Aumont, et assujettie aux observations de l'Académie des sciences.

[3] Jean des Lyons, natif de Pontoise, docteur de Sorbonne, nommé doyen en 1638, démissionnaire en 1692, mort le 26 mars 1700, à quatre-vingt-cinq ans. Il faisait les fonctions de théologal. Son rôle fut assez considérable dans les affaires religieuses du xviiᵉ siècle, et il publia un grand nombre d'écrits, non-seulement sur les matières ecclésiastiques, mais aussi sur différents points d'histoire. En outre, il laissa beaucoup de manuscrits.

d'une profonde érudition, en a fait une liste par ordre et par décades, qu'il fait monter à quatre-vingt-seize [1], y compris M⁰ⁿ Denis Sanguin [2], qui remplit ce siége aujourd'hui et gouverne ce diocèse avec beaucoup de douceur et de sagesse.

Outre l'apôtre saint Rieul, évêque de Senlis, qui est au nombre des saints dans les anciens martyrologes, il s'y trouve encore un saint Lévain, un saint Dagoman [3], et, par la tradition de cette église, il y a huit saints évêques dont on y célèbre la fête un jour de l'année.

Entre les évêques de Senlis qui se sont rendus les plus recommandables par leur science et par leurs dignités, il s'en trouve deux qui ont été élevés à la dignité de chancelier : Ursion [4], qui a possédé cette charge en 1090, sous le règne de Philippe I⁰ʳ, et Garin, natif de Pont-Sainte-Maxence, sous le roi Philippe-Auguste, qui avait été chevalier du Temple de Jérusalem. Les historiens de son siècle et de sa vie lui ont donné la principale gloire de la fameuse victoire remportée par l'armée du roi à la bataille de Bouvines, en 1214, laquelle il rangea en bataille en qualité de lieutenant général; mais, étant lors nommé à l'évêché de Senlis, il se retira dans l'oratoire du Roi, où il pria pendant le combat [5]. Le roi Philippe-Auguste, après cette victoire, fonda aux portes de la ville de Senlis une belle abbaye, qui fut surnommée de la Victoire [6], dont il donna le gouvernement à l'évêque Garin. Il devint ensuite chancelier jusqu'au règne du roi saint Louis [7].

Le deuxième successeur, après Garin, fut Robert de la Houssaye, qui fut nommé commissaire par le roi pour la réformation de la police de Paris.

Le cardinal de la Rochefoucauld [8] a été un des plus grands ornements de l'église de Senlis : sa religion et sa sagesse l'ont élevé aux premières dignités de l'Église et de l'État. Paul V lui donna le chapeau de cardinal en 1607, à la nomination du roi Henri IV; ce prince le fit aussi commandeur de ses ordres. Sous la régence de la reine Marie de Médicis et la minorité du roi Louis XIII, il fut chef des conseils du roi. Pour remplir plus aisément les devoirs de cette grande charge, il permuta en 1613 [9] l'évêché de Clermont avec

---

[1] La *Gallia christiana* des Bénédictins compte deux prélats de plus; le catalogue des Sainte-Marthe, en 1656, n'en avait donné que quatre-vingt-neuf.

[2] Denis Sanguin de Livry succéda à son oncle Nicolas Sanguin, d'abord comme chanoine de la Sainte-Chapelle, puis comme évêque de Senlis (1651); il fut nommé abbé de Livry en 1686, et mourut à Paris, le 3 mars 1702, âgé de quatre-vingt-deux ans et comptant un demi-siècle d'épiscopat.

[3] *Sanctus Levangius* ou *Levanius*, vi⁰ siècle; *sanctus Igomarus*, vii⁰ siècle.

[4] Évêque de 1080 ou 1082 à 1093.

[5] Voyez la *Gallia christiana*, t. X, col. 1410, et le poème de la *Philippide*, de Guillaume Le Breton, où est exposé le rôle du prélat, soit à la bataille de Bouvines, soit dans les conseils.

[6] Voyez ci-après, p. 93.

[7] Il mourut en 1227. C'est l'un des premiers créateurs du dépôt de documents et d'actes royaux connu sous le nom de Trésor des chartes.

[8] François, cardinal de la Rochefoucauld, sous-doyen du sacré collège, maître de l'Oratoire et grand aumônier de France, abbé de Tournus et de Sainte-Geneviève de Paris, nommé d'abord à l'évêché de Clermont, puis à celui de Senlis, en 1610. Il se démit de ses fonctions épiscopales en 1622, et mourut le 14 février 1645. Voyez son article dans la *Gallia christiana*, t. X, col. 1446-1450.

[9] Il n'entra par lui-même en possession de l'évêché que le 11 novembre 1613; mais il avait été nommé en 1610, avant de partir pour Rome, en ambassade d'obédience.

DIOCÈSE DE SENLIS.

celui de Senlis. Ses services furent récompensés, en 1618, de la charge de grand aumônier de France. Ce cardinal, supérieur à tous ses honneurs, quitta les dignités de chef des conseils du roi et de grand aumônier de France pour se consacrer uniquement au bien de son diocèse et à la réforme des ordres religieux, dont le Saint-Siége et la cour l'avaient chargé. Il travailla avec succès à la réformation des ordres de Saint-Augustin, de Cluny, de Clairvaux, de Cîteaux et de Prémontré. La réforme des chanoines réguliers de Saint-Augustin commença par Saint-Vincent de Senlis et passa dès 1624 dans la maison de Sainte-Geneviève de Paris; la régularité y étant établie, ce cardinal ménagea, par son crédit, que l'abbaye de Sainte-Geneviève fût élective et possédée par les chanoines réguliers. Il mourut dans cette abbaye, en l'année 1645, âgé de quatre-vingt-huit ans. Il est inhumé à Sainte-Geneviève, où les chanoines réguliers lui ont fait élever un magnifique tombeau.

Il s'est tenu plusieurs conciles à Senlis, en 863, 873, 990, 1310 et 1317, et, depuis, plusieurs assemblées de prélats.

Cet évêché est suffragant de l'archevêché de Reims; il est composé de cent soixante-dix-sept cures, quarante-quatre chapelles, quatre abbayes, neuf prieurés, dix-neuf maladeries.

Il vaut 20,000ᴸ de rente[1].

CHAPITRES.

Le chapitre de la cathédrale de Notre-Dame de Senlis[2] est composé de trois dignités de doyen, chantre et archidiacre, un sous-chantre, vingt-quatre canonicats, six demis, et deux grands chapelains. Les canonicats peuvent valoir, année commune, 700ᴸ de revenu. M. des Lyons[3] est doyen de l'église de Senlis; il est très-habile homme. Ce chapitre a le privilége de garde gardienne et de *committimus*, qui lui a été accordé par lettres patentes du mois de janvier 1559, registrées au parlement le 20 mai 1560.

Il y a deux autres chapitres dans la ville de Senlis:

L'un, nommé de Saint-Rieul, qui est composé de deux dignités de doyen et chantre, et de quinze canonicats, qui valent chacun 300ᴸ par an.

L'autre chapitre porte le nom de Saint-Framboust[4]; il est composé de deux dignités de doyen et de chantre, et de dix canonicats, qui valent de même environ 300ᴸ chacun.

Il y en a un autre dans le château de Creil, composé de six canonicats, qui valent 200ᴸ chacun.

ABBAYES.

L'abbaye de Saint-Vincent de Senlis, ordre de Saint-Augustin réformé, congrégation de Sainte-Geneviève, est possédée par M. l'abbé de Saillant, comte de Lyon[5]. Elle vaut 8,000ᴸ de rente[6]. Il y a vingt religieux, qui ont un collége où ils enseignent la jeunesse jusques et compris la rhétorique; ils ont 4.000ᴸ de rente.

L'abbaye de la Victoire, ordre de Saint-Augustin, chanoines réguliers, fut fondée, l'an 1214, par le roi Philippe-Auguste, comme il vient d'être observé, en reconnaissance de la

---

[1] *Alias*, 18,000ᴸ (*Almanach* de 1741).
[2] *Gallia christiana*, t. X, p. 1378.
[3] Voyez ci-dessus, p. 91, note 3.
[4] *Alias*, Saint-Frambourg.
[5] Charles-Alexandre d'Estaing de Saillant, chanoine-comte de Lyon, prieur de Chat, Chassagne, Ussel, Prunel et Pominiac, nommé par le roi abbé de Saint-Vincent en 1693, mort en 1717. Voyez les *Mémoires de Saint-Simon*, t. XIII, p. 251.
[6] *Alias*, 4,000ᴸ (*Almanach* de 1741).

GÉNÉRALITÉ DE PARIS.

grande victoire qu'il remporta sur l'empereur Othon, à la journée de Bouvines. Cette abbaye est possédée par M. l'abbé d'Aubigny [1]. Elle vaut 12,000ᴸ de rente [2]. Il y a quinze religieux, qui en ont 5,000 pour leur part.

L'abbaye de Chaalis, ordre de Saint-Bernard, fut fondée par le roi Louis le Gros, l'an 1136. Elle est possédée par M. l'abbé de Lionne [3]. Elle vaut 35,000ᴸ de rente [4], et aux religieux, qui sont dix-huit, 18,000ᴸ.

L'abbaye de Royaumont [5], diocèse de Beauvais, même ordre réformé, est possédée par M. l'abbé de Lorraine [6]. Elle vaut 18,000ᴸ de rente [7], et aux religieux, qui sont douze, 4,000ᴸ.

PRIEURÉS.

Le prieuré de Saint-Maurice, ordre de Saint-Augustin, chanoines réguliers, dans la ville de Senlis, est possédé par M. l'archevêque d'Albi [8]. Il vaut 1,500ᴸ de rente. Il y a six religieux, qui ont 1,800ᴸ.

Le prieuré de Saint-Nicolas [9], ordre de Cluny, est possédé par M. Molé, abbé de Sainte-Croix [10]. Il vaut 6,000ᴸ de rente. Il y a cinq religieux, qui ont 2,500ᴸ.

Le prieuré de Saint-Christophe [11], diocèse de Beauvais, ordre de Saint-Benoît non réformé, est possédé par M. l'abbé Legras. Il vaut 5,000ᴸ de rente. Il y a deux religieux.

Le prieuré de Saint-Leu [12], diocèse de Beauvais, ordre de Cluny, est possédé par M. l'abbé du Four [13]. Il vaut 9,000ᴸ de rente. Il y a huit religieux, qui ont 4,000ᴸ.

Le prieuré de Saint-Léonard de Beaumont, diocèse de Beauvais, de fondation royale, dans le château de Beaumont, est possédé par M. l'abbé d'Auneuil [14]; il vaut 3,000ᴸ.

Le prieuré de Chambly est possédé par M. l'abbé Vaillant; il vaut 2,000ᴸ.

Il y a plusieurs autres prieurés dans l'élection, à Montataire, Nogent, Verneuil, Saint-Paterne [15], Pont [16], Morangles, Ronquerolles, Ercuis, Bouqueval [17] et Bornel, qui sont des diocèses de Senlis et Beauvais, qui valent depuis 400 jusqu'à 900ᴸ de revenu.

MONASTÈRES. — RELIGIEUX.

Les religieux Cordeliers de Senlis, au nombre de huit, ont peu de revenu.

Les religieux Carmes, au nombre de dix, ont 1,000ᴸ de revenu.

---

[1] Claude-Maur d'Aubigny ou d'Aubigné, nommé en 1692, promu en 1701 à l'évêché de Noyon, en 1707 à l'archevêché de Rouen, et mort en 1719. Saint-Simon lui a consacré un article très-défavorable (*Mémoires*, t. II, p. 439 et 440).

[2] *Alias*, 15,000ᴸ (*Almanach* de 1741).

[3] Voyez ci-dessus, p. 28 et 84.

[4] *Alias*, 36,000ᴸ (*Almanach* de 1741).

[5] Voir un procès-verbal de visite du 6 avril 1711, dans les Papiers du Contrôle général, G⁷ 438.

[6] Voyez ci-dessus, p. 86.

[7] *Alias*, 11,000ᴸ (*Almanach* de 1741).

[8] Charles le Goux de la Berchère fut successivement archevêque d'Albi, d'Aix et de Narbonne, et mourut en 1719.

[9] Saint-Nicolas-d'Acy, cᵉ Courteuil.

[10] Voyez ci-dessus, p. 30, note 10.

[11] Dans la forêt d'Halatte, cᵉˢ Fleurines.

[12] Saint-Leu-d'Esserent, cᵉ Creil.

[13] Louis du Four de Longuerue, abbé de Sept-Fontaines et du Jard, mort en décembre 1733; — ou Bernard du Four, abbé de Villers-Cotterets en 1677, vicaire général des Prémontrés en 1717, mort en 1724; — ou enfin Étienne du Four, chanoine de Paris et prieur de Molliens-Vidame (Somme).

[14] Archambaud-François Barjot d'Anneuil, mort le 9 juin 1714, chanoine de la Sainte-Chapelle. Il était fils d'un grand maître des eaux et forêts de Lorraine et d'une nièce du P. Joseph.

[15] Cᵉ Pont-Point (Oise).

[16] Pont-Sainte-Maxence (Oise).

[17] Cᵉ Blaincourt (Oise).

ÉLECTION DE MANTES.

Les pères Capucins sont quatorze; ils vivent d'aumônes.

Les religieux ermites de Sainte-Brigitte sont trois; ils ont quelques rentes sur l'hôtel de ville de Paris.

RELIGIEUSES.

Les religieuses de la Présentation de Senlis ont 25,000# de rente; elles sont quatre-vingts.

Les religieuses Cordelières du Montcel[1], diocèse de Beauvais, ordre de Saint-François, proche la ville de Pont-Sainte-Maxence, ont 6,000# de rente; elles sont vingt.

Les religieuses de Saint-Martin de Boran, ordre de Saint-Benoît, diocèse de Beauvais, ont 6,000# de rente; elles sont douze.

HÔPITAUX.

L'hôpital de la Charité de Senlis est desservi par quatre frères de la Charité. Il y a douze lits. Il a 2,000# de rente.

L'hôtel-dieu est desservi par trois sœurs de la Charité. Il y a six lits. Il a 2,000# de rente.

ÉLECTIONS QUI NE SONT POINT COMPRISES DANS LES DIOCÈSES CI-DESSUS.

Mantes, Montfort, Dreux, Tonnerre et Vézelay.

Mantes est partagée entre les diocèses de Rouen, Chartres et Évreux.

Montfort est du diocèse de Chartres.

Dreux est du même diocèse.

Tonnerre est partagée entre les diocèses d'Auxerre et de Langres.

Vézelay est partagée entre les diocèses de Langres et d'Autun.

ÉTAT DE L'ÉGLISE DANS CES ÉLECTIONS.

ÉLECTION DE MANTES.

La ville de Mantes et une partie des paroisses de l'élection sont du diocèse de Chartres; toutes les paroisses qui sont au nord de la Seine sont du diocèse de Rouen; il y en a quelques-unes de l'autre côté qui sont du diocèse d'Évreux.

CHAPITRES.

Le chapitre collégial de Notre-Dame de Mantes est composé d'un doyenné, de sept canonicats, qui valent chacun 500# de revenu, et de huit vicariats, qui valent chacun 300#. Cette église a été bâtie et fondée par Jeanne de France[2], qui a son tombeau à côté du grand autel.

Le doyenné de Gassicourt, ordre de Saint-Benoît, est possédé par M. l'évêque de Meaux[3]. Il vaut 6,000# de rente. Il y a quatre religieux, qui ont 2,000# pour leur part des 6,000#.

ABBAYES.

Il n'y a aucune abbaye d'hommes dans l'élection.

---

[1] C^{ⁿᵉ} Pont-Point.
[2] Jeanne, fille du roi Jean, née en 1343, morte en 1373, femme du roi de Navarre Charles le Mauvais, dont la magnifique sépulture occupait la chapelle du Rosaire.
[3] Voyez ci-dessus, p. 77, note 3.

Il n'y a qu'une seule abbaye de filles, nommée l'abbaye de Saint-Corentin, ordre de Saint-Benoît, dans la paroisse de Rosay, laquelle est possédée par Mme de Bullion de Montlouet[1]. Elle a 6,000^tt de revenu. Il y a douze religieuses.

PRIEURÉS.

Le prieuré de Saint-Côme vaut 1,500^tt.
Le prieuré de Saint-Georges de Mantes, 1,500^tt.
Le prieuré de la Madeleine, 1,200^tt.
Le prieuré de Steuil[2], 1,200^tt.
Le prieuré de Saint-Nicaise de Meulan, ordre de Saint-Benoît, vaut, compris la mense des moines, 4,000^tt; ils sont six religieux.

Il y a quatorze autres petits prieurés dans l'élection, de la valeur depuis 700^tt et au-dessus, savoir: les prieurés de Notre-Dame de Rosny, de Saint-Martin, de Saint-Julien, de Saint-Germain de Secqueval, de Chauffour, du Hamel-de-Bréval, du Petit-Tiron, le prieuré de Valguyon, de Saint-Blaise, d'Évecquemont, de Montalet, d'Hanneucourt, de Saint-Laurent[3] et de Gaillonnet.

MONASTÈRES. — RELIGIEUX.

Les Célestins de Mantes, au nombre de dix-huit, ont 1,000^tt de rente; ils ont été fondés en l'année 1376, par Charles V, roi de France. L'enclos de ce monastère et le coteau sur lequel il est assis sont renommés par leurs bons vins.

Les religieux Bénédictins de Gassicourt, au nombre de quatre, ont 4,000^tt [4].

Les Cordeliers de Mantes, au nombre de dix, ont 400^tt de rente, en vignes et prés.

Les Capucins de Mantes, au nombre de douze, et les Récollets de Meulan, au nombre de quinze, vivent d'aumônes.

RELIGIEUSES.

Les religieuses Ursulines de Mantes, au nombre de quarante-trois, ont 3,000^tt de rente.

Les religieuses Bénédictines, au nombre de vingt-six, ont 3,000^tt.

Les religieuses Annonciades de Meulan, fondées par la reine mère du roi[5], reçoivent une pension de Sa Majesté, outre laquelle elles ont 2,000^tt de rente; elles sont trente-sept.

HÔPITAUX.

Les religieuses de l'hôtel-dieu de Mantes, compris le revenu des pauvres, ont 4,000^tt de rente; elles sont trente-cinq[6].

ÉLECTION DE MONTFORT.

La ville et les paroisses de l'élection de Montfort sont du diocèse de Chartres.

CHAPITRES.

Il n'y a aucun chapitre dans l'élection; il y a seulement, dans l'église paroissiale de Saint-Pierre de Montfort, sept prébendes, dont quatre ont été fondées par un ancien comte de Montfort, et trois par des particuliers. Elles valent chacune 100^tt de revenu.

ABBAYES.

L'abbaye de Neauphle-le-Vieux, ordre de Saint-Benoît, non réformé est possédée par

---

[1] Marie-Angélique, fille du marquis de Montlouet, abbesse de 1678 à 1712.
[2] *Sic*, sans doute pour Septeuil.
[3] C^ne Brueil, c^on Limay.
[4] *Alias*, 2,000^tt.
[5] Anne d'Autriche se déclara fondatrice de cette maison par lettres patentes du 13 juillet 1643.
[6] *Alias*, vingt-cinq.

M. l'abbé de Villacerf[1]; elle vaut 6,000^{lt} de rente[2].

L'abbaye de Méré-Saint-Magloire est unie à l'archevêché de Paris; elle vaut 4,000^{lt} de rente.

L'abbaye de Grand-Champ, ordre de Prémontré, est possédée par M. Antoine[3], chanoine de Chartres; elle vaut 2,000^{lt} de rente[4].

ABBAYES DE FILLES.

La maison royale de Saint-Louis, à Saint-Cyr[5], ordre de Saint-Augustin, a été fondée par le roi, en l'année 1686. Elle est composée de cinquante dames, deux cent cinquante demoiselles, et trente-six sœurs converses. Les dames et les sœurs converses font les trois vœux ordinaires de religion, et les dames en font un quatrième, qui est de consacrer leur vie à l'instruction des demoiselles de leur communauté.

Cette maison est régie et gouvernée suivant les règles et constitutions ordonnées par l'évêque diocésain, qui est M. de Chartres. Les demoiselles sont à la nomination du roi; elles doivent avoir sept ans accomplis en y entrant, et faire preuve de quatre degrés de noblesse du côté paternel, dont le père fait le premier degré[6]. Celles qui sont au-dessus de l'âge de douze ans n'y peuvent être admises, et aucune n'y doit rester au-dessus de vingt ans accomplis. Lorsqu'elles ont atteint cet âge, ou elles sont renvoyées à leurs parents, ou elles sont pourvues par le mariage à des partis qui sont agréables à Sa Majesté, ou mises en religion, si elles y sont appelées. Celles qui veulent être religieuses sont choisies à la pluralité des suffrages, pour remplir le nombre des cinquante dames professes, lorsqu'il y a des places vacantes; il faut qu'elles aient au moins dix-huit ans accomplis. Ou elles sont mises dans des abbayes royales où le roi a des places de religieuses à sa disposition; elles sont reçues gratuitement dans ces maisons.

Pour fondation et dotation de cette maison et communauté, le roi y a uni la mense abbatiale de Saint-Denis-en-France, le 2 mai 1686, et a supprimé le titre abbatial; et le 2 juin suivant, Sa Majesté lui a fait don de la terre et seigneurie de Saint-Cyr, de tous les bâtiments en dépendant, des meubles y étant, et de 50,000^{lt} de rente à prendre sur le domaine de la généralité de Paris, jusqu'à l'acquisition d'une ou plusieurs terres de pareil revenu, lesquelles seront déclarées quittes et déchargées des droits d'amortissement envers le roi et d'indemnité envers les seigneurs des fiefs[7].

Cette fondation est faite à la charge de faire dire deux messes par jour pour le repos des âmes des rois et reines de France, et autres clauses et stipulations portées par les lettres de fondation.

Le roi a augmenté la dotation de cette maison d'une somme de 30,000^{lt} par chacun an, à prendre sur la recette générale des finances de Paris, par lettres patentes du mois de mars 1698, registrées au parlement et à la

---

[1] Voyez ci-dessus, p. 70; nommé abbé en 1679.
[2] *Alias*, 4,500^{lt} (*Almanach* de 1741).
[3] N. Antoine, fils du porte-arquebuse du roi, devint abbé de la Noue, au diocèse d'Évreux, en 1702, et mourut en 1719.
[4] *Alias*, 2,600^{lt} (*Almanach* de 1741).
[5] Voyez l'article consacré à cette maison dans les diverses éditions de l'*État de la France* ou de Piganiol de la Force, et un dossier des Papiers Florimond, Arch. nat., K 1249, n° 3, 2e liasse.
[6] Les procès-verbaux de ces preuves sont conservés au Cabinet des titres de la Bibliothèque Nationale.
[7] Par son testament du 2 août 1714, Louis XIV recommanda la stricte observation de cette clause et des autres réunions ou dons ordonnés au profit de Saint-Cyr.

Chambre des comptes, les 8 et 10 avril ensuivant[1].

PRIEURÉS.

Le prieuré de Bazainville est possédé par M. l'abbé Lecocq; il vaut 4,000ᴸ de rente.

Celui de Saint-Thomas d'Épernon vaut 800ᴸ.

Celui de Saint-Jean de Houdan a été uni à l'abbaye de Coulombs[2], près Nogent; il vaut 900ᴸ.

Celui de Saint-Mathieu de Houdan a été uni à l'hôpital du lieu.

Celui de Saint-Laurent de Montfort vaut 1,300ᴸ; il a été uni à l'archevêché de Paris.

Celui de Saint-André de Neauphle-le-Vieux est possédé par M. Percheron[3], chanoine à Noyon; il vaut 500ᴸ.

Celui de Thoiry est possédé par les Pères de l'Oratoire de Paris; il vaut 1,500ᴸ.

Il y a dans l'abbaye de Neauphle-le-Vieux un prieuré qui en dépend; il vaut environ 800ᴸ. Le prieur est curé de la paroisse. Il y avait autrefois quatre religieux et deux prêtres pour desservir ce bénéfice; il n'y a présentement que le prieur, un chantre et deux prêtres.

PRIEURÉS DE FILLES.

Le prieuré de Haute-Bruyère, ordre de Fontevrault, est possédé par une religieuse élective, triennale. Il y a quarante religieuses; elles ont 20,000ᴸ de rente. Le cœur du roi François Iᵉʳ fut porté dans l'abbaye de Haute-Bruyère et mis sous un pilier de marbre[4]; son corps repose à Saint-Denis.

MONASTÈRES. — RELIGIEUX.

Il y a à Montfort un couvent de Capucins, qui sont au nombre de treize religieux.

Les Cordeliers de Noisy[5], au nombre de douze, sont à l'aumône du roi.

RELIGIEUSES.

Les religieuses de Montfort, ordre de Saint-Augustin, au nombre de trente et une, et neuf converses, ont 10,000ᴸ de rente.

Les religieuses de Saint-Cyr, ordre de Saint-Benoît, sont vingt-deux, et six converses; elles ont 7,000ᴸ de rente.

Les religieuses de Houdan, ordre de Saint-Augustin, au nombre de trente-quatre, et dix converses, ont 6,000ᴸ.

HÔPITAUX.

L'hôpital de Montfort est gouverné par une religieuse; il a environ 300ᴸ de revenu[6].

Celui de Houdan est administré par le prévôt et desservi par des filles de charité; il a 600 à 700ᴸ de revenu.

ÉLECTION DE DREUX.

La ville et les paroisses de l'élection de Dreux sont du diocèse de Chartres.

CHAPITRES.

Le chapitre de Saint-Étienne de Dreux est composé d'une dignité de chantre et de treize

---

[1] Par autres lettres du mois de juillet de cette même année 1698, le roi ajouta encore aux premières dotations une somme annuelle de 60,000ᴸ à prendre sur les domaines de la généralité, pour pourvoir soit au mariage ou à la dot religieuse des jeunes filles, soit au soutien de leurs parents.

[2] Cⁿᵉ Nogent-le-Roi (Eure-et-Loir).

[3] Joseph Percheron.

[4] Voir la description du vase qui renfermait le cœur, dans le *Musée des monuments français*, d'Alexandre Le Noir, t. III, p. 79, et pl. CIV.

[5] Noisy-le-Roi, cⁿᵉ Marly-le-Roi (Seine-et-Oise).

[6] *Alias*, 3,000ᴸ.

canonicats, valant chacun 250ᵗᵗ de revenu, et de trois chapelains royaux, qui ont chacun 450ᵗᵗ. Il fut fondé par le roi Louis le Gros, en l'année 1119.

Il n'y a aucun autre chapitre dans l'élection.

ABBAYES.

Il n'y a aucune abbaye d'hommes ni de filles.

PRIEURÉS.

Le prieuré de Chérisy est possédé par M. l'abbé Lavocat[1]; il vaut 1,200ᵗᵗ de rente.

Celui de Rouvres est possédé par M. l'abbé Baudrand[2]; il vaut 2,000ᵗᵗ.

Celui de Villemeux est possédé par M. l'abbé de Villiers; il vaut 1,500ᵗᵗ.

Celui de Saint-James[3] est possédé par M. Le Bègue[4]; il vaut 1,100ᵗᵗ.

Il y a plusieurs autres petits bénéfices avec titre de prieuré, dans l'élection, qui ne sont pas assez considérables pour être ici rapportés en particulier.

FONDATIONS DE CHAPELLES DANS LES CHÂTEAUX.

Dans le château d'Anet[5], il y a une chapelle fondée, qui vaut 150ᵗᵗ de revenu.

MONASTÈRES. — RELIGIEUX.

Il y a dans la ville de Dreux un couvent de Capucins; ils sont treize religieux.

Les Cordeliers d'Anet, au nombre de huit, ont 1,500ᵗᵗ de revenu.

RELIGIEUSES.

Il y a un couvent de religieuses du Saint-Sacrement, qui est établi nouvellement à Dreux, lesquelles n'ont pas encore obtenu des lettres d'établissement; elles sont cinq.

HÔPITAUX.

Il y a à Dreux un hôtel-dieu, desservi par une religieuse et trois sœurs grises, qui a 3,000ᵗᵗ de rente; il est administré par les officiers de la ville et des bourgeois électifs.

Il n'y en a point d'autre dans l'élection.

ÉLECTION DE TONNERRE.

La ville de Tonnerre est du diocèse de Langres, et une partie des paroisses de l'élection; l'autre partie est du diocèse d'Auxerre.

CHAPITRES.

Le chapitre de Saint-Pierre de Tonnerre est composé de trois dignités et de quinze canonicats, qui valent chacun 100ᵗᵗ de rente; les dignités sont jointes aux canonicats et n'ont pas plus de revenu. Ces bénéfices sont à la nomination de M. l'évêque de Langres et des comtes de Tonnerre, alternativement. Les seigneurs de Tonnerre nomment à la première et à la troisième dignité.

Le chapitre de Saint-Martin de Chablis est composé d'une dignité de chantre et de douze canonicats, qui valent 100ᵗᵗ de rente chacun;

---

[1] L'abbé Lavocat, frère de Mᵐᵉˢ de Pomponne et de Vins, était aumônier du roi, et mourut le 26 février 1700. Il avait, dit Dangeau (*Journal*, t. VIII, p. 264), 8,000ᵗᵗ de rente en prieurés.

[2] Michel-Antoine Baudrand, né à Paris, le 28 juillet 1633, et mort le 29 avril 1700. Il avait aussi le prieuré de Neuf-Marché. On a de lui divers ouvrages de géographie, la seconde édition du traité latin de Papire Masson: *Descriptio fluminum Galliæ*, un dictionnaire géographique publié en 1705, etc.

[3] Entre Dreux et Houdan.

[4] Louis Le Bègue de Majainville (1664-1737), qui était docteur en théologie, abbé de Valchrétien et chantre de Saint-Honoré; — ou son frère Claude, qui mourut le 11 mai 1749, à soixante-dix-huit ans, ancien chanoine de Chartres, abbé de Morigny depuis 1721, prévôt de l'église Saint-Martin de Tours et conseiller clerc en la grand'chambre.

[5] Voyez la description de ce château et de la principauté à la fin du Mémoire, article des Maisons royales.

ils sont à la nomination du grand prévôt du chapitre de Saint-Martin de Tours, qui est seigneur de Chablis avec Mgr le Prince [1].

Le chapitre d'Appoigny est composé de quatre canonicats, dont le premier a le titre de trésorier-curé, qui valent chacun environ 100^lt.

ABBAYES.

L'abbaye de Saint-Michel, au-dessus de la ville de Tonnerre, ordre de Saint-Benoît, fut fondée l'an 980, par Milon, comte de Tonnerre. Elle est possédée par M. l'abbé Dupré [2]. Elle vaut 4,000^lt de rente. Il y a huit religieux, qui ont de revenu 3,000^lt.

L'abbaye de Saint-Martin, ordre de Saint-Benoît, est possédée par M. l'évêque de Noyon [3]. Elle vaut 4,000^lt. Il y a neuf religieux, qui ont 3,000^lt.

L'abbaye de Molesmes, même ordre, est possédée par M. l'abbé de la Rochefoucauld [4]. Elle vaut 16,000^lt [5]. Il y a neuf religieux, qui ont 8,000^lt.

L'abbaye de Pothières, même ordre, est possédée par M. l'abbé de la Feuillée [6]. Elle vaut 6,000^lt [7]. Il y a six religieux, qui ont 4,000^lt.

L'abbaye de Pontigny, ordre de Saint-Benoît, est la seconde fille de Cîteaux.

Cîteaux [8] est chef d'un ordre considérable par ses revenus et le grand nombre de ses religieux. L'abbaye de Cîteaux est située dans le diocèse de Chalon. Sa fondation est de l'année 1098, par Odon, duc de Bourgogne, ainsi qu'il paraît par les quatre vers suivants, qui sont tirés des chroniques de cet ordre :

> Anno milleno centeno bis minus uno,
> Pontifice Urbano, Gallorum rege Philippo,
> Burgundiæ Odone duce et fundamina dante,
> Sub patre Roberto cœpit Cistercius ordo.

Cette maison a eu cinquante-quatre abbés depuis sa fondation [9], et cinq depuis le cardinal de Richelieu, qui sont : M. Vaussin, M. Loppin, M. Petit, M. Larcher et M. Nivelle, qui en est abbé présentement [10]. Cette abbaye a 70,000^lt de rente et quatre-vingt-dix-huit bénéfices à sa nomination, tant en France que dans les pays étrangers.

Cîteaux a quatre filles, qui sont : la première, la Ferté; la deuxième, Pontigny; la troisième, Clairvaux; la quatrième, Morimont.

La Ferté [11] est dans le diocèse de Chalon-sur-Saône. Cette abbaye fut fondée par les comtes de Vergy, en l'année 1113. M. Petit [12], de Dijon, en est abbé. Elle vaut 20,000^lt de rente et a quinze bénéfices à sa nomination, dont un

---

[1] Le prince de Condé, duc de Bourbon.

[2] François Dupré, docteur de Sorbonne et conseiller en la Chambre souveraine des décimes, nommé en 1689, mort en 1717.

[3] François de Clermont-Tonnerre, évêque-comte de Noyon et pair de France, commandeur du Saint-Esprit, membre de l'Académie française (1630-1701); bien connu pour ses prétentions aristocratiques.

[4] Alexandre de la Rochefoucauld-Verteuil, docteur en théologie; il fut nommé abbé en 1689, et mourut en 1722.

[5] Alias, 5,000^lt (Almanach de 1741).

[6] François du Ban de la Feuillée, abbé de 1697 à 1699. Il avait, selon Dangeau (Journal, t. VII, p. 148), deux abbayes de 15 à 20,000^lt de rente. Son successeur, M. d'Orval, fut nommé le 1er novembre 1699.

[7] Alias, 2,700^lt (Almanach de 1741).

[8] C^ne Saint-Nicolas-lès-Cîteaux (Côte-d'Or).

[9] Jusqu'au cardinal de Richelieu, nommé en 1635.

[10] Claude Vaussin (1643-1670); Louis Loppin, mort six semaines après son élection; Jean Petit (1670-1692); Nicolas Larcher (1692-1712). Ce dernier eut pour successeur Edmond Perrot, élu le 20 mai 1712. Quant à Pierre Nivelle, dont le nom est placé ici à tort, il avait été le prédécesseur immédiat du cardinal de Richelieu et avait occupé le siége abbatial de 1625 à 1635.

[11] La Ferté-sur-Grosne, c^ne Saint-Ambreuil (Saône-et-Loire).

[12] Claude Petit, ancien prieur de Mézières, Pontigny et Chaalis, élu abbé en 1677, mort en 1710, à quatre-vingt-trois ans. Il rétablit les bâtiments de l'abbaye, la dota d'une bibliothèque, embellit l'église, etc.

seul, Mézières[1], en Bourgogne, proche Beaune, possédé par M. l'évêque de Chalon-sur-Saône[2], vaut 7,000 de rente.

Pontigny[3] est dans le diocèse d'Auxerre, à quatre lieues de cette ville. Elle fut fondée par Thibaud, comte de Champagne, en l'année 1114. M. Finé de Brianville[4] en est abbé. Elle vaut 25,000# de rente et a quarante-trois bénéfices à sa nomination. Il y a vingt-six religieux.

Clairvaux, sur la rivière de l'Aube, est dans le diocèse de Langres. Cette abbaye fut fondée en 1115, par le même Thibaud, comte de Champagne, du temps de saint Bernard, qui en fut le premier abbé. Cette abbaye est possédée par M. Bouchu[5], frère de M. le premier président de Dijon[6]. Elle vaut 60,000# de rente et a trois cent soixante-six bénéfices à sa nomination. Ces bénéfices ont été fondés du temps de saint Bernard.

Morimont-en-Bassigny[7] est dans le même diocèse de Langres, dans le comté de Champagne. Cette abbaye fut fondée en la même année que celle de Clairvaux, l'an 1115, par Odolric d'Aigremont et Adeline, sa femme, seigneur et dame de Choiseul. Cette abbaye est possédée par M. Duchesne[8]. Elle vaut 16,000# de rente et a deux cent quinze bénéfices à sa nomination, situés, de même que les autres, tant en France que dans les autres royaumes d'Europe.

Tous les bénéfices de cet ordre qui sont en France sont à la nomination du roi, soit qu'ils soient en règle ou en commende[9].

Il y a plusieurs monastères en France de l'ordre de Cîteaux, dans chacune filiation, qui ont pris volontairement la réforme du temps de M. le cardinal de la Rochefoucauld, qui fut député commissaire par le pape pour mettre la réforme dans les monastères de France[10]. Cette réforme consiste à manger toujours maigre et à pratiquer les autres austérités de la grande règle de saint Benoît. Dans ces maisons, on ne reçoit que des religieux réformés.

L'abbaye de Quincy[11], ordre de Saint-Bernard, possédée par M. l'abbé de Marmiesse[12], vaut 3,000# de rente[13]. Il y a trois religieux, qui en ont autant.

L'abbaye de la Charité[14], dans la paroisse de Lézinnes, même ordre, vaut 2,000# de rente, dont l'abbé a 1,200#; le surplus est à un religieux Bernardin, qui a le titre de prieur[15].

---

[1] C[ne] Saint-Loup-de-la-Salle (Saône-et-Loire).

[2] Henri-Félix de Tassy, ancien évêque de Digne, nommé à Chalon en 1677, mort en 1711; il eut l'abbaye de Mézières en 1688, et dirigea sa restauration intérieure.

[3] Voir quelques pièces relatives à la réparation de cette abbaye, 7 juin 1712, dans les Papiers du Contrôle général, Arch. nat., G 7 439.

[4] Oronce Finé de Brianville, élu en 1688, mort en 1708. Il appartenait à la famille du fameux mathématicien du XVIe siècle.

[5] Pierre Bouchu, docteur de la faculté de Paris, passé de l'abbaye de la Ferté à celle de Clairvaux, en 1676, et mort en 1718.

[6] Jean Bouchu, ancien premier président de la Chambre des comptes de Dijon et premier président du parlement de Bourgogne, était le frère aîné de l'intendant du Dauphiné et de l'abbé de Clairvaux.

[7] C[ne] Fresnoy (Haute-Marne).

[8] Bénigne-Henri Duchesne (1684-1703).

[9] Le bénéfice en règle était possédé par un religieux ou un régulier profès; le bénéfice en commende, par un ecclésiastique séculier, avec permission de disposer des fruits pendant sa vie.

[10] Voyez ci-dessus, p. 92, note 8.

[11] Près de Tanlay, à quelques kilomètres de Tonnerre.

[12] Laurent Coignet de Marmiesse, chapelain du roi et chanoine de la Sainte-Chapelle du Vivier, nommé abbé de Quincy en 1694, mort en 1708.

[13] Alias, 2,500# (Almanach de 1741).

[14] C[ne] Yrouerre (Yonne).

[15] Cette abbaye fut possédée de 1678 à 1715 par Louis Meschet, procureur général de l'ordre de Cîteaux.

ABBAYES DE FILLES.

L'abbaye de Crisenon[1], ordre de Saint-Benoît, dans la paroisse de Trucy, est possédée par Mme de .....[2]. Il y a trente religieuses. Cette maison a 6,000 ℔ de revenu.

PRIEURÉS.

Le prieuré d'Ancy-le-Serveux vaut 400 ℔ de rente.

Celui de Bessy, 800 ℔.

Celui de Chichée[3], possédé par M. l'abbé Le Camus, 1,200 ℔.

Celui de Coulan, 500 ℔.

Celui de Dyé, possédé par M. l'archevêque de Bordeaux[4], 3,000 ℔.

Le prieuré de Saint-Vinnemer, 500 ℔.

Celui de Sainte-Vertu, 800 ℔.

Celui de Saint-Agnan, 800 ℔.

Le prieuré-cure d'Aisy[5], 600 ℔.

Celui de Chevannes, 600 ℔.

Celui de Roffey, 600 ℔.

MONASTÈRES. — RELIGIEUX.

Les Minimes de Tonnerre sont dix; ils ont peu de revenu.

RELIGIEUSES.

Il y a dans la ville de Tonnerre un couvent de religieuses Ursulines. Elles sont trente-deux religieuses et six converses; elles ont 3,000 ℔ de rente.

HÔPITAUX.

L'hôpital de Tonnerre est desservi par six chanoines réguliers de Saint-Augustin et six religieuses. Il a de revenu 10,000 ℔ de rente. Il y a ordinairement trente-quatre lits.

ÉLECTION DE VÉZELAY[6].

La ville de Vézelay et une petite partie des paroisses de l'élection sont du diocèse d'Autun, et l'autre partie est du diocèse de Langres.

CHAPITRES ET ABBAYES.

Le chapitre de Sainte-Marie-Madeleine de Vézelay et l'abbaye sont unis. L'abbaye fut fondée dans le IXe siècle, sous le règne de Charles le Chauve, par le comte Gérard de Roussillon et Berthe, sa femme, avec soumission expresse et immédiate au Saint-Siège[7]. Elle fut sécularisée par le pape Paul III, en l'année 1537, à la réquisition du roi François Ier, qui lui conserva tous ses privilèges en leur entier. Elle est possédée par M. Foucquet, évêque d'Agde[8]. Elle vaut 10,000 ℔ de rente.

---

[1] Cte Prégilbert (Yonne).

[2] Catherine-Marie-Placide Apoil de Romainval fut abbesse de 1694 à 1711.

[3] Aujourd'hui Chichy, cne Seignelay (Yonne). — Pierre Le Camus (1655-1725), fils du premier président des aides, était docteur de Sorbonne, membre du conseil du duc d'Orléans, et possédait un autre prieuré à Bercé.

[4] Armand Bazin de Bezons, frère du maréchal, ancien évêque d'Aire, nommé à Bordeaux le 29 mars 1698, abbé de Ressons et d'Ivron, membre du conseil de régence, nommé archevêque de Rouen en 1719, et mort le 8 octobre 1721.

[5] Aissy-sur-Armançon, ou sous-Rougemont.

[6] Voir le mémoire de Vauban sur cette élection, à l'Appendice; beaucoup de chiffres diffèrent de ceux qui sont donnés ici.

[7] Belleforest, dans sa *Chronique de France* (fol. 52), raconte que, les Sarrasins ayant détruit la ville d'Aix, Gérard de Roussillon, comte de Bourgogne et de Provence, fit transférer d'Aix à Vézelay le corps de la Madeleine. Cette relique fut l'objet d'une longue contestation entre l'abbaye, qui prétendait l'avoir reçue ainsi en dépôt, et la Sainte-Baume où la tradition plaçait la mort de la Madeleine. Mais ce point est resté dans l'obscurité, aussi bien que le personnage même de Gérard de Roussillon, célébré par tant d'anciens romans. Voyez l'*Art de vérifier les dates*, t. II, p. 433 et 434.

[8] Louis Foucquet, frère du surintendant, évêque d'Agde en 1658, mort en 1702.

dont l'évêque jouit pour les deux tiers; l'autre tiers appartient au chapitre, lequel est composé de trois dignités, de douze canonicats et six demi-prébendes. Les dignités sont: le doyenné, qui vaut 1,500ᵗᵗ; l'archidiaconé, 1,000ᵗᵗ, et la chantrerie¹, 150ᵗᵗ. Les canonicats valent 400ᵗᵗ. Les dignités ont chacune un canonicat annexé. Le roi est collateur des bénéfices de cette église, avec l'abbé.

L'abbaye de Cervon² est encore un chapitre, dans la paroisse de Cervon, dont l'abbé est le chef. Il est composé de six³ canonicats, qui valent chacun 300ᵗᵗ. L'abbaye est possédée par M. du Verdier⁴; il a le double, et il est collateur des autres canonicats.

Le chapitre de l'Isle-sous-Montréal⁵ est composé de trois canonicats, qui valent chacun 300ᵗᵗ.

En l'année 1145, le pape Eugène III célébra en la ville de Vézelay un concile pour le recouvrement de la Terre-Sainte; le roi Louis le Jeune y reçut la croix pour le voyage d'outremer.

L'abbaye de Corbigny, ordre de Saint-Benoît réformé, est possédée par M. l'abbé Pucelle⁶, conseiller au parlement. Elle vaut 8,000ᵗᵗ de rente⁷. Il y a huit religieux, qui ont 6,000ᵗᵗ.

L'abbaye de Cure⁸, ordre de Saint-Benoît, dans la paroisse de Domecy, est possédée par M. l'abbé Barault⁹. Il n'y a aucun religieux. Elle vaut 2,500ᵗᵗ de rente.

ABBAYES DE FILLES.

L'abbaye du Réconfort¹⁰, ordre de Saint-Benoît, proche Monceaux, à trois lieues de Vézelay, est possédée par Mᵐᵉ de Belesbat¹¹. Elle a 6,000ᵗᵗ de revenu. Il y a vingt-deux religieuses.

PRIEURÉS ET CHAPELLES.

Il n'y a aucun prieuré dans l'élection.

Il y a quelques chapelles, qui sont:

La chapelle de Saint-Nicolas, dans l'église de la Madeleine de Vézelay, qui vaut 100ᵗᵗ de revenu;

Et la chapelle de Saint-Jacques, qui vaut de même 100ᵗᵗ.

MONASTÈRES. — RELIGIEUX.

Les Chartreux du Val-Saint-Georges sont au nombre de neuf; ils ont 10,000ᵗᵗ de rente.

Les Cordeliers de Vézelay sont au nombre de sept.

Les Cordeliers de l'Isle sont six.

Les Capucins de Corbigny, douze.

Ils n'ont aucun revenu.

---

¹ Ou trésorerie.
² Cⁿᵉ Corbigny (Nièvre), à la limite sud de la généralité.
³ Dix, selon la *Gallia christiana*, t. IV, col. 445.
⁴ Roch du Verdier (1678-1707).
⁵ Aujourd'hui l'Isle-sur-Serain (Yonne).
⁶ René Pucelle, neveu du maréchal Catinat et frère du premier président du parlement de Grenoble. Né à Paris le 1ᵉʳ février 1655, il était entré dans les ordres après avoir fait quelques campagnes en volontaire sous les yeux de son oncle, avait acquis une charge de conseiller clerc au parlement de Paris, y devint doyen en 1694, fut nommé à l'abbaye de Corbigny la même année, devint membre du conseil de conscience pendant la minorité de Louis XV, et mourut le 8 janvier 1745. Il se fit remarquer dans la lutte contre les chefs du parti de la Constitution, à côté de Daguesseau et de Joly de Fleury. C'était, dit Saint-Simon (*Mémoires*, t. XII, p. 230 et 231), «un magistrat de la première réputation pour la capacité et l'intégrité, et qui l'a bien montré depuis, avec un sage, mais insigne courage.»
⁷ *Alias*, 5,000ᵗᵗ (*Almanach* de 1741).
⁸ Ou Chores, Cores.
⁹ Jean Barault (1696-1708).
¹⁰ Cⁿᵉ Saisy, près Monceaux-le-Comte (Nièvre).
¹¹ Madeleine Hurault de l'Hospital de Belesbat (1685-1724).

GÉNÉRALITÉ DE PARIS.

RELIGIEUSES.

Les Ursulines de Vézelay, au nombre de quatorze et deux converses, ont 3,000ᵗᵗ de rente.

Les Ursulines de Lormes, au nombre de seize, ont 1,000ᵗᵗ seulement.

Les religieuses Ursulines de Corbigny, au nombre de dix, ont 3,000ᵗᵗ de rente.

HÔPITAUX.

Il y a un hôtel-dieu, qui s'établit à Vézelay en conséquence des lettres patentes de l'année 1693, portant réunion des maladeries de Vauprevoir, Armes et Saint-Père à l'hôtel-dieu de Vézelay, qui valent ensemble 250ᵗᵗ de rente.

Il y en a un autre à Corbigny, nouvellement établi dans le bâtiment qui servait de temple, desservi par deux sœurs grises. On y a uni la maladerie. Cet hôpital a 300ᵗᵗ de rente.

Les gens d'Église sont de bonnes mœurs dans cette élection; ils vivent régulièrement. Les peuples sont peu instruits, parce qu'il y a peu de prédicateurs; les nouveaux convertis auraient besoin d'être fortifiés dans la profession de la foi qu'ils ont embrassée [1].

REVENU DES CURES DE LA GÉNÉRALITÉ.

Le revenu le plus ordinaire des cures de paroisse de la généralité est depuis la portion congrue [2] de 300ᵗᵗ jusqu'à 1,000ᵗᵗ. Il y en a de cette qualité neuf parts de dix, et, de la dixième partie, il y en a les trois quarts de 1,000ᵗᵗ à 1,500, et l'autre quart est au-dessus, jusqu'à 2,000 ou 2,500ᵗᵗ.

Les cures qui sont d'un plus grand revenu sont la plus grande partie des environs de Paris : Gonesse, Écouen, Brie-Comte-Robert et Roissy valent 2,000ᵗᵗ de revenu ; Louvres et Marly valent quelque chose de plus ; le Mesnil-Aubry vaut 2,500ᵗᵗ [3].

Les cures du côté de Tonnerre et de Vézelay sont celles qui sont du moindre revenu [4].

---

[1] Sur l'insuffisance des curés et vicaires pour l'instruction des nouveaux convertis, voir les documents indiqués dans le tome 1ᵉʳ de la *Correspondance des contrôleurs généraux*, nᵒˢ 207, 561, 1175, 1227, 1684, etc.

[2] On appelait ainsi la pension due par le curé primitif ou le gros décimateur au desservant, curé ou vicaire perpétuel. Le chiffre, élevé de 120ᵗᵗ à 300ᵗᵗ, puis ramené à 200ᵗᵗ en 1629, avait été reporté à 300ᵗᵗ par deux déclarations du 29 janvier 1686 et du 30 juin 1690, pour que les desservants passent suffire aux besoins nouveaux créés par la révocation de l'édit de Nantes.

[3] A propos de l'élection de Melun, la description de la *Généralité de Paris* publiée chez Desnos, en 1777, dit, p. 77 : « Il n'est pas rare de trouver dans cette élection des cures de 1,000 à 1,200ᵗᵗ; telles sont celles d'Aubigny, de Balincourt, de Beaune, de Boutigny, de Saint-Germain-sur-École, de Saint-Jean-du-Gard, de Mainey, de Milly-en-Granges, de Moigny, de Mondeville, de Montigny-sous-Gretz, de Nandy, de Noisy, d'Oncy, de Perthes, de Saint-Port, de Samois, de Tousson, de Soisy-sur-École, de Sucy-sur-Yèbles, de Vernou, de Vaux-le-Pénil, de Vert-Saint-Denis, de Villiers-Port-l'Oiseau, d'Yèbles, etc. » On trouve d'ailleurs l'indication du revenu de chaque cure dans le *Pouillé général de l'archevêché de Paris* et dans le *Pouillé de l'archevêché de Sens*, publiés l'un et l'autre en 1648; mais les chiffres ne paraissent pas très-authentiques.

[4] Boulainvilliers fait ici cette observation : « Pour former l'état du revenu des cures, l'auteur compte 2,091 paroisses et 3,586 hameaux dans l'étendue de la généralité, sous les gouvernements de l'Île-de-France, de Champagne et Brie; ce qui compose en tout le nombre

REVENU DES CURES DE LA GÉNÉRALITÉ.

NOMBRE DES ECCLÉSIASTIQUES, RELIGIEUX ET RELIGIEUSES DE LA GÉNÉRALITÉ.

ÉLECTIONS.	ECCLÉSIASTIQUES.	RELIGIEUX.	RELIGIEUSES.
DIOCÈSE DE PARIS.			
Paris, non compris la ville	840	448	1,214
DIOCÈSE DE SENS.			
Sens	185	100	200
Étampes	112	36	96
Melun	171	109	193
Nemours	121	34	110
Provins	185	76	164
Montereau	70	30	30
Joigny	127	37	35
Nogent	70	87	52
Saint-Florentin	50	12	»
	1,091	491	890
DIOCÈSE DE BEAUVAIS.			
Beauvais	340	139	270
Compiègne	90	87	225
Pontoise	152	114	310
	582	340	805
DIOCÈSE DE MEAUX.			
Meaux	371	175	466
Coulommiers	49	14	70
Rozoy	87	20	106
	507	209	642

ÉLECTIONS.	ECCLÉSIASTIQUES.	RELIGIEUX.	RELIGIEUSES.
DIOCÈSE DE SENLIS.			
Senlis	166	142	100
DIOCÈSES DONT LE SIÉGE ÉPISCOPAL N'EST POINT DANS LA GÉNÉRALITÉ.			
Mantes est des diocèses de Rouen, Chartres et Évreux	200	68	143
Montfort, diocèse de Chartres	120	28	160
Dreux, diocèse de Chartres	150	21	5
Tonnerre, diocèses d'Auxerre et de Langres	232	62	75
Vézelay, diocèses de Langres et d'Autun	79	42	75
	781	221	458
RÉCAPITULATION.			
Paris	840	448	1,214
Sens	1,091	491	890
Beauvais	582	340	805
Meaux	507	209	642
Senlis	166	142	100
Des autres diocèses dont le siège épiscopal n'est point dans la généralité	781	221	458
	3,967	1,851	4,109
Total des ecclésiastiques, religieux et religieuses dans la généralité, non compris la ville de Paris		9,927	

de 2,091 cures, non compris la ville et banlieue de Paris; sur quoi il observe que si l'on divise ce nombre de cures en dix parties, on ne peut estimer les neuf parts à un moindre revenu que depuis 300^{lt} jusqu'à 1,000^{lt}, ce qui fait monter chaque cure, évaluée proportionnellement, à 670^{lt}. Toutefois, ne les prenant qu'à 500^{lt} l'une portant l'autre, il se trouve que les 1,882 cures qui composent les neuf parties du total produisent 941,000^{lt}; et quant au dixième réservé, il en estime les trois quarts, qui font le nombre de 157, jusqu'à 1,500^{lt}, ce qui compose 235,500^{lt} de revenu. Enfin il porte les cinquante-deux restantes jusqu'à 2,000^{lt}, ce qui en compose 104,000^{lt}. Ainsi, les cures de la généralité jouissent, suivant son estimation, de 1,283,500^{lt} de revenu; mais il est aisé de juger que cette estimation est beaucoup trop faible, si l'on considère que les cures des environs de Paris, du Vexin et Brie sont extrêmement considérables, et que les prêtres qui les desservent en tirent un fort gros casuel, outre la subsistance que les vicaires ou habitués prennent des fondations et de la charité des fidèles. Il est donc certain qu'en portant les revenus ecclésiastiques en fonds de terre de la généralité de Paris jusqu'à 5,000,000^{lt}, non compris ceux de la plupart des couvents de Paris, on les mettra beaucoup plus bas qu'ils ne sont en effet. Le nombre des ecclésiastiques, sans y comprendre ceux de la ville et faubourgs de Paris, se trouve monter à 9,975, savoir : 3,968 prêtres séculiers, 1,859 religieux et 4,148 religieuses. Il est peu nécessaire de suivre l'auteur à cet égard dans le détail des diocèses et des élections. »

DE L'ORDRE DE MALTE.

L'ordre de Malte ou des Hospitaliers de Saint-Jean-de-Jérusalem est célèbre par tout le monde. Il a été institué sur la fin du xie siècle [1]. Son établissement, dans les premiers temps, était peu considérable; il se fit en cette manière. Quelque temps avant le voyage de Godefroy de Bouillon en la Terre-Sainte, certains marchands de la ville de Melphe [2], dans le royaume de Naples, qui négociaient dans le Levant, obtinrent permission du calife d'Égypte de bâtir à Jérusalem une maison pour eux et pour ceux de leur nation qui viendraient en pèlerinage dans la Palestine, moyennant un tribut annuel [3]; quelques années après, ils eurent la dévotion d'y faire bâtir deux églises, l'une sous l'invocation de la Sainte-Vierge, et l'autre sous celle de sainte Madeleine. Suivant cette institution, ils recevaient charitablement dans leur maison les pèlerins qui venaient visiter les saints lieux. Leur bon accueil leur attira grand nombre de fidèles et donna lieu à un plus grand établissement; ils fondèrent ensuite une troisième église en l'honneur de saint Jean, avec un hôpital pour les malades. Le bienheureux Gérard, en 1099, eut la première administration de cet hôpital; il était natif de Martigues, en Provence. Ses frères ou compagnons furent nommés Hospitaliers. Le roi de Jérusalem, informé de leur charité et de leur zèle, approuva et agréa leur établissement. Ainsi, cette fondation commença en l'année 1104, que Gérard leur fit des statuts et donna aux frères une forme d'habillement, qui était un habit noir avec une croix à huit pointes. Il leur fit faire les trois vœux ordinaires de religion, auxquels il ajouta un quatrième, par lequel ils s'engageaient de recevoir, traiter et défendre les pèlerins contre les entreprises des Infidèles. Ce serment pour la défense des voyageurs et la liberté des chemins leur donna occasion de prendre les armes pour s'opposer aux courses et aux insultes de leurs ennemis : l'usage qu'ils en firent leur attira quantité de noblesse, ce qui leur fit changer le nom d'Hospitaliers en celui de Chevaliers. Depuis ce temps-là, ils ont toujours fait la guerre aux ennemis de la foi et du nom chrétien. La ruine des affaires des chrétiens dans le Levant obligea les Chevaliers et Hospitaliers de sortir de Jérusalem : après la prise de cette ville, ils se retirèrent à Marguab, puis à Acre, qu'ils défendirent vaillamment en 1290. Ils suivirent Jean de Lusignan, qui leur donna, dans son royaume de Chypre, la ville de Limisso, où ils demeurèrent jusqu'en l'année 1310, qu'ils conquirent l'île de Rhodes, le 15 août 1311 [4]. Quelques années après, ils la défendirent contre une puissante armée de Sarrasins, avec le secours d'Amé IV, comte de Savoie : on tient que c'est de cette valeureuse

---

[1] Le Mémoire, qui suit, dans cette première partie de l'article, l'*Histoire des ordres de chevalerie* d'Hermant (1698), se trompe ici sur la date de fondation de l'ordre, car il a été prouvé par des actes de 1083 et 1085 qu'à cette époque les Hospitaliers étaient déjà organisés et recevaient, en France même, des donations qu'ils faisaient administrer et gérer par des officiers de l'ordre.

[2] Amalfi.

[3] Voir la *Chronique de Guillaume de Tyr*, liv. XVIII, ch. v, et les *Annales ordinis S. Benedicti* de Mabillon, liv. LXIX, ch. cii, t. V, p. 402, de l'éd. de Lucques.

[4] Lisez : 1310.

défense que ses successeurs ont porté pour devise ces quatre lettres : F. E. R. T. (*Fortitudo ejus Rhodum tenuit*)[1].

En 1480, Mahomet assiégea Rhodes avec une puissante armée; le grand maître d'Aubusson[2] la défendit, et l'obligea de se retirer après un siège de trois mois.

Depuis, Soliman s'en rendit le maître en 1522, après une généreuse défense. Le grand maître Philippe de Villiers de l'Isle-Adam, ayant fait voile avec ses chevaliers et quatre mille habitants, se retira en Candie, de là en Sicile, depuis à Rome, vers le pape Adrien VI, qui leur donna la ville de Viterbe pour retraite[3].

En 1530, l'empereur Charles-Quint leur donna l'île de Malte, dans la Méditerranée, entre la Sicile, vers le septentrion, et le royaume de Tunis, vers le midi, pour mettre son royaume de Sicile à couvert; ils s'y retirèrent. Cette île a près de dix lieues de longueur et cinq de largeur; il y a deux villes considérables, la Cité-Vieille et Malte, avec environ cinquante bourgs ou villages.

En 1566[4], Soliman II assiégea Malte avec une armée formidable, et, après quatre mois de siège, il fut obligé de se retirer, après avoir perdu quinze mille soldats et huit mille matelots.

Le chef de l'ordre[5] est le grand maître, lequel envoie ses ambassadeurs à tous les rois. Son ambassadeur à la cour de France présentement est M. le bailli d'Hautefeuille[6], grand prieur d'Aquitaine.

Cet ordre est composé de sept langues ou nations; avant le schisme d'Angleterre, il y en avait huit. Ces langues sont :

La première langue est nommée de Provence, dont le chef est grand commandeur;

La deuxième, d'Auvergne, dont le chef est grand maréchal de l'ordre;

La troisième, de France, dont le chef est grand hospitalier;

La quatrième, d'Italie, dont le chef est amiral;

La cinquième, d'Aragon, dont le chef est grand conservateur;

La sixième, d'Allemagne, dont le chef est grand bailli;

La septième, de Castille, dont le chef est grand chancelier.

L'Angleterre était autrefois la huitième, et

---

[1] Guichenon, *Histoire de la maison de Savoie*, t. I, p. 140-142.

[2] Pierre d'Aubusson, élu grand maître en 1476 et devenu plus tard légat du pape et généralissime des armées chrétiennes en Asie. Voyez les histoires du P. Bouhours (1676) et du P. Maimbourg (1677).

[3] Adrien VI mourut (24 septembre 1523) pendant que le grand maître négociait cette concession, et ce fut son successeur Clément VII qui donna Viterbe aux Hospitaliers.

[4] Lisez : 1565.

[5] Cette partie de l'article, jusques et y compris la liste des grands prieurs, est empruntée à l'*État de la France* publié lors de la rédaction du Mémoire, année 1698, t. III, p. 156 à 159.

[6] Étienne Texier, bailli d'Hautefeuille, entré dans l'ordre en 1636 et devenu bailli et grand-croix, avait pris possession de l'ambassade le 6 janvier 1672, et avait eu le grand prieuré d'Aquitaine le 23 septembre suivant. Louis XIV lui avait donné les abbayes de Tironneau et du Mont-Saint-Michel, et l'avait fait lieutenant général de ses armées. Il mourut à Paris en 1703, et fut enterré au Temple. Le P. Daniel le signale comme le premier gentilhomme français qui ait commandé la compagnie écossaise des gendarmes de la garde du roi. «C'était, dit Saint-Simon, un vieil homme qui avait fort servi avec valeur, et qui ne ressemblait pas mal à un spectre, et qui avait usurpé et conservé quelque familiarité avec le roi, qui lui marqua toujours de la bonté. Il était farci d'abbayes et de commanderies (Dangeau dit que le revenu montait à 40,000 écus), de vaisselles et de beaux meubles, surtout beaucoup de beaux tableaux; fort riche et fort avare, etc.» (*Mémoires*, t. III, p. 409.)

son chef était le colonel de la cavalerie de la religion, autrement dit le *Turcopolier*.

Le grand maître de l'ordre qui règne présentement est de la langue d'Aragon; il se nomme *Frater dom Raymundus de Perellos de Roccaful*[1].

Dans chaque langue, il y a plusieurs dignités, savoir : dans la langue de Provence, le grand prieuré de Saint-Gilles, celui de Toulouse et le bailliage de Manosque; dans la langue d'Auvergne, le grand prieuré d'Auvergne et le bailliage de Lyon; et dans celle de France, le grand prieuré de France, le bailliage de la Morée, qui est Saint-Jean-de-Latran et ses dépendances, la grande trésorerie de Saint-Jean-de-l'Isle, le grand prieuré d'Aquitaine et le grand prieuré de Champagne. Ce sont là toutes les dignités qui sont en France dépendantes de l'ordre.

Chaque grand prieuré a un certain nombre de commanderies, dont les unes sont destinées aux chevaliers, et les autres aux servants-d'armes et aux prêtres de l'ordre. Celui de France a trente-six commanderies pour les chevaliers, et dix pour les servants-d'armes et prêtres, outre la commanderie magistrale, que le grand maître de l'ordre tient par ses mains ou donne à tel chevalier qu'il lui plaît, sous la redevance d'une pension.

Les autres grands prieurés ont pareillement un certain nombre de commanderies, dont la plus grande partie est affectée aux chevaliers, et l'autre aux servants-d'armes et prêtres ; et le grand maître a une commanderie magistrale dans chacune, dont il dispose ainsi que de celle du grand prieuré de France.

Dans chacun de ces grands prieurés, le grand maître commet des receveurs de l'ordre et des agents particuliers, et un agent général dans le royaume.

NOMS DE MM. LES GRANDS PRIEURS ET RECEVEURS DE L'ORDRE EN FRANCE.

M. le commandeur de Javon[2] est grand prieur de Saint-Gilles, et M. le commandeur de Bausset[3] est receveur de ce grand prieuré.

M. le commandeur de Collongue de Berre[4] est grand prieur de Toulouse, et M. le commandeur de Fabrezan[5] est receveur dans ce grand prieuré.

M. le commandeur de la Renaudie[6] est grand prieur d'Auvergne, et M. le commandeur du Tré est receveur dans ce grand prieuré.

M. de Vendôme[7] est grand prieur de France, et M. le commandeur de Cullant[8] receveur de ce grand prieuré.

M. le bailli d'Hautefeuille est grand prieur

---

[1] Raymond de Perellos de Roccaful, bailli de Négrepont, natif du royaume de Valence, était le soixante-troisième grand maître. Élu en 1697, il mourut en 1720.

[2] Christophe de Baroncelli de Javon, reçu chevalier en 1634, commandeur de Sainte-Eulalie. C'est à lui que le grand maître Perellos devait son élection.

[3] Antoine-Marseille de Bausset, entré dans l'ordre en 1672, commandeur de Saint-Blaise-au-Mont, mort bailli de Manosque et grand-croix.

[4] Frédéric de Berre de Collongue.

[5] Sans doute Claude de Seignoret de Fabrezan.

[6] Paul de l'Elines de la Renaudie, reçu chevalier en 1637, commandeur de Montchamp.

[7] Voyez ci-dessus, p. 59, note 7. — Saint-Simon a fait plusieurs fois le portrait de ce descendant de Henri IV et de Gabrielle d'Estrées (*Mémoires*, t. IV, p. 392, et t. XVI, p. 185 et 314; *Journal de Dangeau*, addition du 20 juin 1712). Le grand prieuré tomba dans le dernier désordre sous son administration; en 1719 il le vendit au bâtard du Régent et de Mme d'Argenton, obtint remise de ses vœux et chercha à se marier, mais ne put y réussir.

[8] Hubert de Cullant, neveu d'Alphonse de Cullant de la Brosse, qui avait été grand prieur de Champagne, et de Guillaume de Cullant, aussi receveur du grand prieuré.

d'Aquitaine, et M. le commandeur de Mareuil est receveur de l'ordre dans ce grand prieuré.

M. le commandeur de Fresnoy[1] est grand prieur de Champagne, et M. le commandeur de Vaudremont[2] est receveur de l'ordre dans ce grand prieuré.

M. le commandeur d'Escluseaulx[3] est agent général de l'ordre dans le royaume; il fait cette fonction depuis quarante ans, et il exerce aussi sa charge de chancelier au grand prieuré de France depuis dix ans.

Pour être reçu chevalier il faut faire preuves de noblesse de quatre races[4], tant du côté paternel que maternel, avoir seize ans ou obtenir lettres de dispense d'âge, être né de légitime mariage, à la réserve des fils naturels des princes et des rois.

Entre les chevaliers, il y a les grands-croix, qui seuls peuvent aspirer à la dignité de grand maître, qui est le supérieur et le souverain de l'ordre.

Il y a aussi les chevaliers servants-d'armes, qu'on prend dans les bonnes familles, ou nobles qui n'ont pas quatre races de noblesse, ou non nobles; et des prêtres conventuels, reçus avec preuves, ainsi que les chevaliers servants-d'armes, qui sont attachés à l'ordre par des vœux et servent d'aumôniers dans les armées de l'ordre, lesquels jouissent des mêmes commanderies que les servants-d'armes.

Les chevaliers portent devant eux une croix d'or émaillée à huit pointes, et une croix blanche sur leur manteau.

Il faut que ceux qui prétendent aux commanderies aient fait profession et aient cinq années de résidence à Malte, et quatre caravanes ou voyages sur mer.

Les dignités et commanderies de l'ordre tombent à chacun selon son ancienneté, et les provisions s'expédient au nom du grand maître et du convent, en ces termes : *Magister et nos, Conventus*.....

La forme de ce gouvernement est aristocratique: le grand maître gouverne avec le Conseil de Malte. Il est le supérieur du convent; mais, pour les affaires de finances et celles de l'ordre, elles se règlent au Conseil, où il assiste avec distinction, dans une chaire, sous un dais. Ceux qui composent ce Conseil sont tous grands-croix; ils ont leur séance des deux côtés, à droite et à gauche du grand maître. Tous ceux qui sont pourvus de dignités ont entrée dans ce Conseil, et encore tous les grands-croix qui sont *de grâce*, c'est-à-dire ceux qui n'ont point de dignité.

L'ordre des Templiers fut aboli en France, à la réquisition du roi, en l'année 1311, par décret et constitution du concile général de Vienne, à cause du dérèglement des mœurs de ces religieux et de leurs erreurs. Tous leurs biens furent concédés à perpétuité aux frères Hospitaliers de Saint-Jean-de-Jérusalem et unis à leur ordre, avec tous les privilèges, honneurs, droits et charges qui leur avaient appartenu, desquels ils reçurent l'investiture,

---

[1] Jean de Fresnoy, né en 1613, reçu chevalier en 1626, commandeur de Chelippes près Bruges, puis de Villedieu et de Sommereux, et grand prieur de Champagne en 1688; mort en 1707.

[2] Commandeur de Chalon-sur-Saône.

[3] Alexandre-François de Houdessens d'Escluseaulx, commandeur de Baugy depuis 1690, mort en 1701.

[4] Une grande partie de ces preuves ont été conservées dans les archives des grands prieurés, et l'on possède au cabinet des Titres de la Bibliothèque Nationale et dans diverses autres bibliothèques les tableaux de huit quartiers dressés d'après ces preuves.

et en furent mis en possession en conséquence d'un arrêt du parlement de Paris, donné le mercredi après l'Annonciation de l'année 1312.

L'ordre de Malte n'a rien de commun avec le clergé de France; il en est entièrement séparé. Cette séparation est établie sur une possession perpétuelle et sur des lettres patentes du roi Charles IX, du 26 avril 1568, qui homologuent et approuvent un arrêt du parlement rendu par appointement, passé et accordé entre les députés du clergé de France, d'une part, et ceux de l'ordre de Saint-Jean-de-Jérusalem, d'autre part, par lequel il est dit que ceux de l'ordre de Saint-Jean-de-Jérusalem, tant en général qu'en particulier, et membres qui en dépendent, seront et demeureront séparés du clergé, ensemble de leur juridiction, suivant et conformément aux édits du roi et arrêts donnés en conséquence; lesquelles lettres ont été enregistrées à Paris, en parlement, le 14 juin 1568. Ce qui avait donné lieu à la contestation était une taxe faite sur ceux de l'ordre de Malte par les syndics-députés du clergé de France, pour leur part d'une subvention accordée au roi par ceux du clergé.

Les rois de France ont toujours donné à l'ordre de Saint-Jean-de-Jérusalem une protection particulière et lui ont accordé plusieurs beaux et grands priviléges, par diverses chartes et lettres patentes de concession qui sont registrées au parlement de Paris, dans lesquelles on trouve plusieurs sortes d'exemptions et attributions, qui sont : première exemption, de payer tous les droits de péage, passage et de coutume; seconde exemption, de toutes contributions et droits d'aide, tailles et autres impositions, tant pour eux que pour leurs hommes et fermiers; la troisième, de tous droits de chancellerie pour le sceau des lettres et expéditions qui leur seront nécessaires; la quatrième, des décimes, dîmes et novales[1] des curés; la cinquième, de la visite de leurs églises par les évêques diocésains; la sixième, de la justice séculière, ordonnant le renvoi des chevaliers et frères par-devant les supérieurs de l'ordre; la septième contient une attribution de garde gardienne par-devant le prévôt de Paris et du droit de *committimus* aux Requêtes du Palais; la huitième, un amortissement général de leurs biens, terres, revenus et possessions, avec une exemption de donner aveu et plusieurs autres prérogatives, franchises et immunités qui y sont énoncées[2].

La plus ancienne charte que nous ayons de ces concessions est celle du roi Louis le Jeune, de l'année 1158; elle est fort ample. Elle se trouve inscrite dans le registre du parlement de Paris du règne de ce prince, *folio* 27[3]. Elle porte que les priviléges qui y sont énoncés avaient été octroyés à ces religieux et à leur ordre par les rois ses prédécesseurs. Ils

---

[1] Dîmes perçues sur les fruits des héritages nouvellement défrichés.

[2] L'ordre avait fait imprimer plusieurs fois le recueil de ses priviléges ou de ses statuts; mais la principale collection des priviléges est celle qu'avait fait paraître, en 1649, le chevalier d'Escluseaulx, agent général, et que rééditu en 1700, en un volume in-folio, son neveu et successeur, cité plus haut. C'est au début de ce recueil, p. 1-74, que se trouvent toutes les lettres royales dont l'énumération va suivre.

[3] L'indication est erronée, car aucun registre du parlement n'a jamais remonté au règne de Louis le Jeune. Le rédacteur de l'article s'est sans doute trompé de place : il aurait dû inscrire cette mention trente-sept lignes plus bas, en l'appliquant aux lettres accordées par le roi Henri II en juillet 1549. Celles-ci, en effet, qui contiennent tous les textes énumérés par le Mémoire, ont été enregistrées par le parlement aux fol. 23 verso à 50 du second volume des Ordonnances de Henri II, aujourd'hui conservé aux Archives Nationales sous la cote X¹ᵃ 8617.

leur ont été confirmés par le roi Philippe-Auguste, en l'année 1219, et par le roi saint Louis, en mars 1226. Il se trouve une charte du roi Philippe le Bel, de l'an 1294, qui ordonne à tous officiers de laisser passer leurs navires portant bois et autres choses propres pour le Temple de Jérusalem, sans payer aucun droit, *sine quæstu*. Il y a d'autres lettres patentes de ce prince et de la reine Jeanne de Navarre, comtesse palatine de Champagne et Brie, son épouse, confirmatives de leurs priviléges; et dans une autre du même roi, du mois d'août 1304, on lit ces mots : «Eu égard aux services que lui avait rendus Hugues Cougues ou de Péraud, visiteur général de l'ordre.»

Tous ces priviléges ont encore été confirmés par lettres patentes du roi Charles VI, du 22 mars 1401; du roi Charles VII, par autres lettres du 20 juillet 1441; du roi Louis XI, par autres du 23 mars 1480; du roi François Ier, par lettres du mois de mars 1523, par lesquelles il amortit toutes les terres, possessions, cens et rentes qu'ils tenaient en France, moyennant une somme de 100,000^{tt} une fois payée, vérifiées en la Chambre des comptes le pénultième novembre 1526.

Ils ont été maintenus dans leurs exemptions de tous droits de péage, passage et travers, par arrêt du Grand Conseil du 23 décembre 1529.

Le roi Henri II les a confirmés dans leurs priviléges par lettres du mois de juillet 1549, vérifiées au parlement le 23 juillet 1550; le roi Charles IX, par lettres du mois de septembre 1566, registrées le 23 décembre ensuivant; le roi Henri III, par autres lettres de confirmation du mois de mars 1575, vérifiées au parlement le 17 novembre ensuivant; le roi Henri IV, par lettres patentes du mois de décembre 1596, registrées au parlement le 21 février 1597; le roi Louis XIII, par autres lettres patentes du mois de janvier 1619, vérifiées au parlement le 5 mars ensuivant; le roi glorieusement régnant, par lettres patentes données à Paris au mois de septembre 1651, registrées au parlement le 24 janvier 1652.

ÉTAT DE L'ORDRE DE MALTE
DANS LA GÉNÉRALITÉ DE PARIS [1].

ÉLECTION DE PARIS.

Le grand prieuré de France est possédé par M. le chevalier de Vendôme.

Il consiste en un grand enclos dans la ville de Paris, appelé la Commanderie du Temple [2], dans lequel est un hôtel prieural; une église conventuelle, desservie par six religieux de l'ordre, avec tout droit de justice, haute, moyenne et basse; dans l'enclos, plusieurs maisons; dans la ville de Paris, des cens et rentes, tant dans cette ville qu'ès lieux circonvoisins, avec plusieurs petits domaines qui en dépendent, qui sont, savoir:

Le membre de Clichy [3], près Bondy, qui peut valoir de ferme 1,600^{tt};

Une petite maison à Montmorency et quelques dépendances, d'environ 500^{tt};

---

[1] Pour le contrôle de tout ce chapitre, particulièrement en ce qui concerne la situation des biens et leur revenu, nous ne pouvons que faire un renvoi général au livre publié en 1872 par M. E. Mannier, sous le titre de : *Les Commanderies du grand prieuré de France, d'après les documents inédits conservés aux Archives Nationales*.

[2] Voir l'*Inventaire sommaire et tableau méthodique des fonds conservés aux Archives Nationales*, col. 574 et 575.

[3] Clichy-sous-Bois ou Clichy-en-Launoy, c^{on} Gonesse (Seine-et-Oise).

Le château du Mail[1], près de Montmorency;

L'hôpital de Mesly, près Villeneuve-Saint-Georges, où il y a chapelle et domaine, de valeur d'environ 1,500ᵗᵗ;

La maison de Santeny-en-Brie, proche et par delà Grosbois, qui a haute, moyenne et basse justice, droits honorifiques dans l'église; les terres, prés, jardins, dîmes, cens, rentes et bois en dépendants peuvent valoir ensemble 1,000ᵗᵗ.

La ferme de Balisis, près Longjumeau, qui consiste en maison, jardin et vignes dans l'enclos, domaines, tant terres labourables que prés, moyenne et basse justice, cens et rentes; le tout peut valoir de ferme 1,300ᵗᵗ.

La ferme d'Orangis, au-dessus de Ris, sur le chemin d'Essonnes; elle consiste en maison et domaine, qui sont affermés 500ᵗᵗ.

Tous les domaines, dans Paris et à la campagne, peuvent valoir de revenu 20,000ᵗᵗ; sur quoi il faut payer les charges.

COMMANDERIE DE CHOISY.

La commanderie de Choisy[2] est de la dépendance du grand prieuré de France. Elle est située au-dessus de Claye, en allant à Meaux. Il y a chapelle, logement et plusieurs domaines, avec haute, moyenne et basse justice. Cette commanderie est d'environ 6,000ᵗᵗ de revenu. Il y a des terres labourables sur les terroirs de Vincueil[3], Vinantes, Thieux et Mitry, qui sont des marchés et fermages particuliers, qui peuvent monter ensemble à 3,500ᵗᵗ.

La ferme de la Trace, dans le voisinage de Choisy.

La ferme de Charny; les domaines et bois en dépendants valent de ferme environ 3,500ᵗᵗ.

La ferme de Monthyon, au même voisinage, consiste en chapelle, un petit corps de logis, plusieurs domaines, terres, prés, vignes, bois, droits seigneuriaux et chapons, qui peuvent valoir de fermage 3,000ᵗᵗ.

Deux maisons dans la ville de Meaux : l'une dite l'hôtel Saint-Jean, l'autre située dans la rue Saint-Remy, louée 48ᵗᵗ; un moulin situé sur le pont, affermé 500ᵗᵗ; une autre maison sise au grand marché, dite l'Horloge, devant la grande place de Meaux.

La ferme de Dieu-l'Amant[4], sise proche Saint-Fiacre, où il y a chapelle, maison et domaines, affermés 1,300ᵗᵗ.

COMMANDERIE DE LAUNAY.

La commanderie de Launay[5] est aussi dépendante du grand prieuré de France; elle est située à trois lieues de Sens. Elle consiste en plusieurs logements et fossés : il y a chapelle, pressoir, moulin, domaines et plusieurs fermes et bois, haute, moyenne et basse justice, maison dans la ville de Sens; le tout peut valoir de ferme 12,000ᵗᵗ.

Le membre de Montessart[6], distant d'une demi-lieue de Courtenay, peut valoir de ferme 800ᵗᵗ.

Le grand prieuré de France, avec toutes ses dépendances, peut valoir 55 à 60,000ᵗᵗ de rente; sur quoi il y a environ 20,000ᵗᵗ de charges.

---

[1] Situé entre Argenteuil et Franconville.
[2] Choisy-le-Temple, c^ne Charny (Seine-et-Marne). Voir l'Inventaire des Archives Nationales, col. 578.
[3] C^ne Saint-Mesmes.

[4] Les titres de ce domaine sont conservés aux archives du département de Seine-et-Marne, H 749.
[5] C^ne Saint-Martin-sur-Orcuse (Yonne).
[6] Alias, Montéjart, c^ne Savigny (Yonne).

COMMANDERIE DE SAINT-JEAN-DE-LATRAN.

La commanderie de Saint-Jean-de-Latran[1], dont jouit M. le commandeur de Bayers[2], bailli de la Morée, peut valoir de ferme 9,000ᵗᵗ, toutes charges payées, compris les dépendances de la campagne et les domaines de Paris.

Il y a dans Paris l'enclos de la Commanderie et l'église conventuelle, desservie par trois religieux de l'ordre; haute, moyenne et basse justice; plusieurs maisons dedans et dehors l'enclos, situées dans la place de Cambray; plusieurs rentes et censives dans Paris et dans le faubourg Saint-Marcel, dans la rue de Lourcine, à l'hôtel Jaune.

A la campagne autour de Paris, il y a plusieurs fermes et domaines, qui sont, entre autres:

La ferme de Chaufour[3], dont la cure est à la nomination du commandeur; elle est située sur le chemin d'Étampes;

Les terres et vignes de Bagneux; les terres et vignes de Châtillon; celles d'Athis et les prés de Nogent, près de Longjumeau; les prés de Gentilly; les terres de Saclay, celles de Montrouge et de la Tombe-Isorée[4], qui font face sur le chemin qui va au Bourg-la-Reine;

La ferme du Déluge, proche Marcoussis, où il y a chapelle, logement et domaines, bois et terres, avec toute justice, est affermée 1,500ᵗᵗ;

La ferme de l'Hôpital des Loges[5], distante de trois lieues de celle du Déluge, consiste en logement, quelques terres, prés et censives, qui peuvent valoir 500ᵗᵗ;

La cure de Villeconin, par delà Châtres, est encore à la nomination et collation du commandeur.

COMMANDERIE DE SAINT-JEAN-DE L'ISLE.

La commanderie de Saint-Jean-de-l'Isle[6], près Corbeil, autrement dite la Grande-Trésorerie, est possédée par M. le commandeur de Cintray[7]. Elle vaut 12,000ᵗᵗ; il y a de grosses charges, qui peuvent monter à environ 3,000ᵗᵗ.

Dans l'enclos de cette commanderie il y a plusieurs logements, une grande église, six ecclésiastiques, dont trois religieux et trois séculiers, et un clerc entretenu par le commandeur. Le prieur est crossé et mitré; le service s'y fait régulièrement.

Cette commanderie à cinquante muids de blé à prendre sur le minage de Corbeil, en vertu d'une fondation faite par la reine Ildeburge[8].

Il y a plusieurs terres labourables au terroir d'Essonnes qui en dépendent, des prés et vignes, et plusieurs cens et rentes;

Un droit d'annate ou d'une année de revenu de tous les canonicats vacants de Noyon, Saint-Quentin Péronne et Roye;

---

[1] Voir l'*Inventaire sommaire et tableau méthodique des Archives Nationales*, col. 575-577.

[2] François de la Rochefoucauld de Bayers fut aussi commandeur de l'Isle-Bouchard, du Fouilloux et de Mauléon, et mourut vers 1717.

[3] Cⁿᵉ Étampes (Seine-et-Oise).

[4] *Tumba Isaure*; aujourd'hui la Tombe-Issoire.

[5] Cⁿᵉ les Loges-en-Josas, cⁿᵉ Versailles.

[6] Voir l'*Inventaire des Arch. Nat.*, col. 581 et 582.

[7] Nicolas de Chevestre de Cintray eut cette commanderie de 1690 à 1700.

[8] *Sic*, pour Ingeburge ou Isemburge de Danemark. Cette princesse, mariée en 1193 à Philippe-Auguste et répudiée par lui au bout de vingt-huit jours, fut persécutée et emprisonnée plusieurs fois depuis cette époque jusqu'en 1213 ou 1214, fonda le prieuré de Saint-Jean en 1223, et s'y fit enterrer en 1236. Voyez ci-après, p. 138.

114 GÉNÉRALITÉ DE PARIS.

Plusieurs maisons dans Corbeil, la ferme du Pressoir-Saint-Jacques dans le faubourg Saint-Jacques;

Des dîmes à Villebert[1], à Mormant, à Mennecy;

L'hôpital de Tigery;

La ferme d'Ozouer-le-Voulgis, près Guignes;

Dans la forêt de Rougeaux, cinq cents arpents de bois, et deux cents dans la forêt de Sénart, qui se coupe de neuf en neuf ans;

Plusieurs cens et rentes dans Melun, et des prés proche la ville;

La ferme de Savigny-le-Temple, près Melun, où il y a chapelle, plusieurs logements et domaines, avec tous droits de haute, moyenne et basse justice, et plusieurs fermes dans le voisinage qui en dépendent[2].

COMMANDERIE DU SAUSSAY.

La commanderie du Saussay[3] est située dans la paroisse de Ballancourt, près Villeroy. Elle est possédée depuis peu par M. Le Beau[4], et peut valoir 2,200 ʰ, savoir: 1,700 ʰ pour ce qui est dans Ballancourt, et 500 ʰ pour quelques autres domaines qui sont situés en Nivernais.

Ce qui dépend du Saussay consiste en un moulin à eau et quelques petits fermages au village d'Auvernaux, une ferme à la Curée, sise à deux petites lieues de Puiseaux, et une rente de 200 ʰ à prendre sur la terre de Baudelu[5].

COMMANDERIE DE BELLAY.

La commanderie de Bellay, dans la paroisse de Neuilly-en-Thelle, est un membre de la commanderie de Louviers[6], qui est située au-dessus de Magny, sur la route de Rouen. Elle est possédée par M. le bailli de Noailles[7]. Elle peut valoir au total 7,000 ʰ de rente, dont la portion de Bellay vaut environ 600 ʰ.

Les dépendances de cette commanderie sont: le moulin du Haut-du-Roi[8], sis en la paroisse de Sarcelles, au-dessus de Saint-Denis, avec droits, cens et rentes dans cette paroisse et dans Villiers-le-Bel; la ferme de Rubelles, sise en la paroisse de Saint-Prix; la ferme de Jouy-le-Comte, au delà de l'Isle-Adam; la ferme de Cernay, dans la paroisse d'Ermont; la ferme de Saint-Aubin, à deux lieues de Linas; la ferme de Boulay-les-Troux; la ferme de la Brosse, près la paroisse de Saint-Lambert, éloignée d'une lieue de celle des Troux; la ferme de l'Isle-Dieu[9], sous Trappes; la ferme de Vaumion, et la ferme de Bellay-en-Thelle[10].

COMMANDERIE DE LAIGNEVILLE.

La commanderie de Laigneville[11] est située près Montataire. Elle est possédée par M. le

---

[1] Aujourd'hui Vilbert, c^ⁿᵉ Rozoy-en-Brie.

[2] Les titres de cette ferme et de ses dépendances sont conservés aux archives du département de Seine-et-Marne, H 741-748.

[3] Voir l'Inventaire sommaire des Archives Nationales, col. 581.

[4] Alexandre Le Beau.

[5] C^ⁿᵉ Arbonne, c^ⁿ Melun (Seine-et-Marne).

[6] Louviers et Vaumion, ou plutôt Louvières, c^ⁿᵉ Omerville, c^ⁿ Magny (Seine-et-Oise). Voir l'Inventaire sommaire des Archives Nationales, col. 580 et 581.

[7] Jacques de Noailles (1653-1712), frère du maréchal Anne-Jules, fut bailli de l'ordre, commandeur de Louvières et Vaumion, Tringuetaille, la Croix-en-Brie, etc., et lieutenant général des galères et des armées navales de Louis XIV. Il succéda à M. d'Hautefeuille, comme ambassadeur de l'ordre, en 1703.

[8] Ou Haut-le-Roi, sur le Rosne.

[9] Aujourd'hui la Petite-Villedieu, c^ⁿᵉ Élancourt.

[10] Ce paragraphe manque dans certains manuscrits, notamment dans la copie du duc de Nivernois, que nous suivons ordinairement.

[11] C^ⁿᵉ Liancourt (Oise). Voir l'Inventaire sommaire des Archives Nationales, col. 570.

ORDRE DE MALTE.

commandeur de Gorillon[1]. Elle est à trois lieues de Senlis.

Il y a peu de domaines; elle vaut 2,500 ᴸ de revenu, compris la ferme de l'Hôpital de Saint-Samson, qui est dans la ville de Douai, qui vaut environ 500 ᴸ.

COMMANDERIE D'IVRY-LE-TEMPLE.

La commanderie de Compiègne est un membre de la commanderie d'Ivry-le-Temple[2], située proche la ville de Chaumont-en-Vexin et possédée par M. le commandeur de Martinvast[3], qui vaut au total environ 9,000 ᴸ de rente, et la branche de Compiègne peut valoir 1,500 ᴸ.

Ses dépendances sont, outre la portion de Compiègne, deux moulins sis au village de Clairoix[4]; la ferme d'Alleré[5], distante d'un quart de lieue de celle de Compiègne; celle de Messelant[6]; celle de Gandicourt; celles de Bernes, de la Landelle, de la Villeneuve[7], distante d'Ivry de trois quarts de lieue; celle de Chepoix[8].

ÉLECTION DE BEAUVAIS.

COMMANDERIE DE SOMMEREUX.

La commanderie de Saint-Pantaléon, dans la ville de Beauvais, et l'hôpital de Morlaine[9], dans l'élection, sont membres dépendants de la commanderie de Sommereux, située à Sommereux, élection d'Amiens, à sept lieues de Beauvais.

Elle est possédée par M. le commandeur de Fresnoy, grand prieur de Champagne.

La commanderie de Sommereux, avec ses dépendances, vaut environ 14,000 ᴸ de rente, et le membre de Saint-Pantaléon et l'hôpital de Morlaine valent 2,300 ᴸ.

ÉLECTION DE MANTES.

COMMANDERIE DE CHANU.

La commanderie de Prunay[10] est un membre de la commanderie de Chanu, située à deux lieues d'Évreux, laquelle est possédée par M. le commandeur Olier de Nointel[11]. Cette portion de Prunay peut valoir 1,500 ᴸ.

ÉLECTION DE DREUX.

COMMANDERIE DE LA VILLEDIEU.

La commanderie de la Villedieu-en-Drouais[12], près Dreux, est possédée par M. le commandeur de Beaumont[13]; elle vaut 5,000 ᴸ de rente.

---

[1] Jean-Baptiste Gorillon eut cette commanderie de 1684 à 1709. On trouve le compte rendu d'une procédure criminelle dirigée contre lui en 1694, dans le *Journal des principales audiences du Parlement*, tome IV, p. 528.
[2] C⁰ⁿ Méru (Oise). Les titres de cette commanderie sont conservés en partie aux Archives Nationales; voir l'*Inventaire sommaire*, col. 569.
[3] François du Moncel de Martinvast avait possédé la commanderie de Sours (Eure-et-Loir) jusqu'en 1699, et eut celle d'Ivry-le-Temple et Compiègne jusqu'en 1713.
[4] Le manuscrit porte à tort : *Cléry*.
[5] C⁰ⁿ Neuville-Bosc et Monts (Oise).
[6] C⁰ⁿ Frouville (Seine-et-Oise).
[7] La Villeneuve-le-Roy, c⁰ⁿ Méru (Oise).
[8] Ce paragraphe manque dans la copie du duc de Nivernois, comme celui des dépendances de Bellay, p. 114.
[9] C⁰ⁿ Tillé (Oise). Voir l'*Inventaire sommaire des Archives Nationales*, col. 570 et 571.
[10] Prunay-le-Temple, c⁰ⁿ Houdan (Seine-et-Oise). Voir l'*Inventaire sommaire des Arch. Nat.*, col. 564 et 565.
[11] Pierre-Paul Olier de Nointel, reçu dans l'ordre en 1663, eut cette commanderie de 1697 à 1701.
[12] Ou la Villedieu-en-Dreugesin, c⁰ⁿ Laons (Eure-et-Loir). Voir l'*Inventaire des Archives Nationales*, col. 566.
[13] Adrien Jallot de Beaumont, reçu chevalier en 1657, eut cette commanderie de 1699 à 1713.

Ses dépendances sont : la ferme de Launay, distante de Verneuil d'une lieue; la ferme de Champagne, près Houdan ; la ferme de la Moufle, sise au village de Vert, à une lieue et demie de Dreux; la ferme de la Villedieu, près Dreux; le Temple de la Saucelle, dit d'Olivet; la ferme du Buisson-Goyer [1]; la ferme de la Renardière, sise en la paroisse de Mannehoult [2]; la ferme de la Cressonnière [3], la ferme de Villedieu-le-Feuillet [4], et quelques moulins.

ÉLECTION D'ÉTAMPES.

COMMANDERIE D'ÉTAMPES.

La commanderie d'Étampes [5] est possédée par M. le commandeur Gossart [6].

Les domaines et fermes sont partie sur la généralité de Paris, et partie sur celle d'Orléans. Ce qui est de la généralité de Paris est la ferme de l'Hôpital, sise en la paroisse d'Abbeville, qui est affermée en blé; deux petites maisons qui sont dans la ville d'Étampes, de 60 ℔ de loyer les deux; la ferme du Temple, éloignée d'Étampes d'une demi-lieue ; le Temple du Chenay, distant d'une demi-lieue de la paroisse de Saint-Martin, affermé en blé; le Temple de Chalou-la-Reine [7], avec un grand étang.

Cette commanderie, compris le domaine de la généralité d'Orléans, ne vaut que 1,500 ℔ de net, à cause des grandes charges dont elle est tenue.

ÉLECTION DE NEMOURS.

COMMANDERIE DE BEAUVAIS.

La commanderie de Beauvais-en-Gâtinais [8], possédée par M. le commandeur de Fleurigny [9], est située à une demi-lieue en deçà de Nemours. Elle vaut environ 10,000 ℔ de rente.

Ses dépendances sont : la cense de Genouilly, sise en la paroisse de Bransles ; un moulin sis sur la rivière de Bé [10]; le bois des Piquelliers, paroisse de Gerville [11], et des terres labourables ; plus, trois cent quarante arpents de bois taillis en la paroisse d'Armonville [12],

---

[1] Le Buisson-Gohier, c^{ne} Morvilliers (Eure-et-Loir).

[2] Aujourd'hui Manou, c^{ne} la Loupe (Eure-et-Loir).

[3] Ou plutôt la Cruchonnière, c^{ne} Fontaine-Simon, c^{ne} la Loupe.

[4] Le *Dictionnaire des Postes* écrit : Feillet, c^{ne} le Mage (Orne).

[5] Voir l'*Inventaire sommaire des Archives Nationales*, col. 580.

[6] Sic, pour Gobert (Henri), commandeur d'Étampes de 1692 à 1707.

[7] Aujourd'hui Chalou-Moulineux, c^{ne} Méréville (Seine-et-Oise). Ce domaine avait appartenu, au XIIe siècle, à la reine Alix, mère de Philippe-Auguste, et, ayant été donné par elle aux Templiers, changea son ancien vocable de Chalou-Saint-Aignan contre celui de Chalou-la-Reine.

[8] C^{ne} Grés, c^{on} Nemours (Seine-et-Marne). Les titres de cette commanderie sont conservés aux archives du département de Seine-et-Marne, H 687-693. Voir aussi l'*Inventaire sommaire des Archives Nationales*, col. 577.

[9] Louis-Henri Le Clerc, bailli de Fleurigny (1641-1716), commandeur de Beauvais et de Pontaubert, se distingua contre les Turcs dans de nombreux combats, où il commandait les escadres de la Religion. Il eut plus tard les fonctions de procureur et receveur général de l'ordre au grand prieuré de France.

[10] *Alias*, Bais. Ce moulin doit être le moulin Gratereau, c^{ne} la Génevraye (Seine-et-Marne).

[11] Lagerville, c^{ne} Chaintreaux (Seine-et-Marne).

[12] Aucune localité du nom d'Armonville ne figure dans l'inventaire des titres de la commanderie de Beauvais conservés aux archives du département de Seine-et-Marne (H 687-698) ou aux Archives Nationales; peut-être faudrait-il lire : Fromonville, plutôt qu'Armonville-le-Guérard, c^{ne} Boisseaux, c^{on} Outarville (Loiret).

quatre-vingt-dix arpents de bruyères, le bois des Rozières[1], une maison dans la ville de Nemours, un moulin sis en la paroisse de Grés, sur la rivière du Loing, les cens de Fargeville[2], d'Aufferville, et domaines en dépendants.

ÉLECTION DE MEAUX.

COMMANDERIE DE MOISY-LE-TEMPLE.

La commanderie de Moisy-le-Temple, dans la paroisse de Montigny[3], est située par delà Meaux, proche de Gesvres et de Crouy. Elle est possédée par M. le commandeur d'O[4]. Elle vaut environ 7,000 ₶ de rente.

Ses dépendances sont : la ferme de la Sablonnière[5] et celle de Montigny; une maison dans la ville de Meaux; la ferme de Magny-Saint-Loup, près le village de Boutigny; l'hôpital de Boutigny et l'hôpital de Montaigu[6]; plusieurs terres, domaines et droits aux environs.

COMMANDERIE DE LAGNY-LE-SEC.

La commanderie de Lagny-le-Sec[7] est possédée par M. le commandeur d'Orvilliers[8], petit-neveu du grand maître de Wignacourt[9]. Elle vaut environ 16,000 ₶ de rente.

ÉLECTION DE ROZOY.

COMMANDERIE DE LA CROIX-EN-BRIE.

La commanderie de la Croix-en-Brie[10] est possédée par M. le bailli d'Hautefeuille[11], grand prieur d'Aquitaine et ambassadeur extraordinaire de l'ordre de Malte. Elle vaut 14,000 ₶ de revenu.

Ses dépendances sont : la ferme de Courméry, sise en la paroisse de la Croix; la ferme de Rampillon, un moulin; la ferme de la Boulaye, située en la paroisse de Nangis; l'hôpital de Champfleury, sis en la paroisse de Monceau; la ferme de Mosny, sise en la paroisse de Nesles[12], près Provins; un moulin à eau, dit le moulin du Temple, près la porte de la ville de Provins, sis sur la rivière de Duretin; une maison dans la ville, dite la commanderie du Val-de-Provins; la ferme de Cottençon[13], à trois lieues de Provins.

---

[1] Aujourd'hui Rosiers, c^{ne} Poligny (Seine-et-Marne).
[2] Fief situé sur la paroisse de Garentreville.
[3] Montigny-l'Allier (Aisne).
[4] Alexandre-César d'O fut commandeur de Moisy de 1694 à 1708, et eut aussi les commanderies de Louvières et Vaumion et de Villedieu-la-Montagne.
[5] Ancienne commanderie, c^{ne} Montreuil-aux-Lions (Aisne).
[6] C^{ne} Villiers-sur-Morin (Seine-et-Marne).
[7] Voir l'*Inventaire sommaire des Archives Nationales*, col. 570.
[8] Jean-Évangéliste de la Vieuville d'Orvilliers eut les commanderies d'Estrépigny et la Rochelle, fut bailli de l'ordre, ambassadeur en France (1711), et mourut en 1714.
[9] Il y avait eu deux grands maîtres de ce nom : Aloph de Wignacourt, 1601-1622, et Adrien de Wignacourt, 1690-1697, dont la nièce avait épousé le marquis de la Vieuville d'Orvilliers.
[10] Les titres de cette commanderie sont conservés aux archives du département de Seine-et-Marne, H 701-724; voir aussi l'*Inventaire sommaire des Archives Nationales*, col. 578.
[11] Voyez ci-dessus, p. 107.
[12] Lisez : Maulny, c^{ne} Melz-sur-Seine.
[13] Aujourd'hui Coutençon.

ÉLECTION DE COULOMMIERS.

COMMANDERIE DE MAISON-NEUVE.

La commanderie de Maison-Neuve[1] est située au-dessus de la ville de Coulommiers. Elle est possédée par M. le commandeur de Fresnières[2], grand hospitalier de l'ordre. Elle vaut environ 8,000 ℔ de rente.

Ses dépendances sont : les fermes de la Malmaison[3], de Bertaucourt[4], de Noisemant[5], de l'Hôpital[6], une maison dans Coulommiers, plusieurs droits et redevances en grains à prendre sur le moulin de la ville et sur le minage, plusieurs bois taillis et étangs.

COMMANDERIE DE CHEVRU.

La commanderie[7] est possédée par M. le commandeur d'Escluseaulx[8], agent général de l'ordre de Malte en France depuis quarante années, lequel en est pourvu nouvellement. Elle vaut environ 5,000 ℔ de rente. Elle est située à trois petites lieues de Coulommiers.

Elle consiste en étangs, bois, fermages, dîmes, plusieurs cens et rentes, la ferme de Ranchien[9], de Tréfoux[10], qui est de l'élection de Sézanne-en-Brie[11], de Rigny[12], de la Maison-Rouge[13], et des terres à Champguyon[14].

COMMANDERIE DE LA FERTÉ-GAUCHER.

La commanderie de la Ferté-Gaucher[15] est possédée par M. le commandeur du Bois[16]. Elle vaut environ 3,000 ℔ de rente. Elle est située proche de Coulommiers. Ses dépendances sont : la ferme de Vifflort, distante de deux lieues; le Temple de Jouy, sis en la paroisse de Jouy[17]; la ferme de Fresnoy[18], à une lieue de Villenauxe, et plusieurs autres petits marchés.

ÉLECTION DE SENS.

COMMANDERIE DE COULOURS.

La commanderie de Coulours[19] est possédée par M. le chevalier de Genlis[20]. Elle vaut en-

---

[1] C⁽ⁿᵉ⁾ Mouroux (Seine-et-Marne). Les titres de cette commanderie sont conservés aux archives du département, H 729-730; voir aussi l'*Inventaire sommaire des Archives Nationales*, col. 579.

[2] Gabriel du Chastellet de Fresnières, reçu chevalier de Malte en 1643. Il fut commandeur de Saint-Étienne, grand prieur d'Aquitaine à la place de M. d'Hautefeuille (1703), et mourut à Malte en 1708.

[3] Située entre Giremoutiers et Maisoncelles.

[4] On ne trouve pas ce nom dans les titres de la commanderie, mais celui de Bilhartaut ou Bibartaux, c⁽ⁿᵉ⁾ Jouarre.

[5] C⁽ⁿᵉ⁾ Saint-Cyr-sur-Morin.

[6] Cette ferme était située à Coulommiers.

[7] Les titres de cette commanderie sont conservés aux archives du département de Seine-et-Marne, H 694-699; voir aussi l'*Inventaire sommaire des Archives Nationales*, col. 578.

[8] Voyez ci-dessus, p. 109.

[9] C⁽ⁿᵉ⁾ Marolles, c⁽ᵒⁿ⁾ la Ferté-Gaucher.

[10] Tréfols, c⁽ᵒⁿ⁾ Montmirail, arr. Épernay (Marne): ancien chef-lieu de commanderie.

[11] Généralité de Champagne.

[12] C⁽ⁿᵉ⁾ Ormeaux (Seine-et-Marne).

[13] Sur la paroisse de Chevru.

[14] Domaine réuni à Tréfols. Les manuscrits portent: *Champiguyon* ou *Champignons*.

[15] Les titres de cette commanderie sont conservés aux archives du département de Seine-et-Marne, H 725-728; voir aussi l'*Inventaire sommaire des Archives Nationales*, col. 579.

[16] Antoine du Bois, baptisé en 1667 et entré dans la marine en 1690, avait été vice-roi de l'île Sainte-Croix.

[17] Jouy-sur-Morin (Seine-et-Marne).

[18] Ou la Frénoye, c⁽ⁿᵉ⁾ Montpothier (Aube).

[19] C⁽ⁿᵉ⁾ Cerixiers (Yonne). Voir l'*Inventaire sommaire des Archives Nationales*, col. 585 et 586.

[20] Michel Brûlart de Genlis de Sillery, enseigne de la colonelle au régiment de la Marine, puis capitaine de vaisseau; mort en mars 1703, à Embrun.

viron 7,000ʜ. Elle est située près la ville de Sens.

Le chef-lieu est Coulours. Ses dépendances sont : un moulin, dit le moulin Cuchot, sis en la paroisse de Venizy; trois autres moulins, tant à blé qu'à huile; la ferme de Butteaux, en la paroisse de Butteaux; la ferme de la Vallée, en la paroisse de Bercenay-en-Othe; la ferme du Mesnil-Saint-Loup, l'hôpital de Belleville [1], la ferme de Turny, la ferme de Barbonne, le membre de Saint-Laurent [2], et trois maisons dans la ville de Sens.

---

[1] Cᵑᵉ Prunay (Aube).

[2] Cᵑᵉ Turny.

CHAPITRE II.

DU GOUVERNEMENT MILITAIRE.

Avant que Jules-César passât dans les Gaules, les Romains avaient assujetti à leur domination les pays de Marseille, qui comprenaient le Languedoc, la Savoie et le Dauphiné, et en avaient fait une province, qu'ils nommaient Narbonnaise; du nom de *province*, dont ils appelaient cette contrée et étendue de pays, la Provence a pris et conservé son nom[1].

Après que César eut subjugué les Gaules, il les divisa en trois parties ou gouvernements, savoir : la Gaule Belgique, la Celtique et l'Aquitanique, omettant la Narbonnaise, parce qu'étant déjà conquise et unie à l'État de Rome, elle n'était point censée un pays étranger. Suivant cette division, la Gaule Belgique commençait au Rhin, partie vers le nord, partie vers le levant, et s'étendait jusqu'aux rivières de Seine et de Marne; la Celtique comprenait le pays depuis la Seine jusqu'à la rivière de Loire, la Garonne et le Rhône; l'Aquitanique, depuis ces rivières de Loire, Garonne et Rhône jusqu'aux monts Pyrénées et à la mer Océane.

L'empereur Auguste fit depuis une nouvelle division des Gaules, ajoutant aux trois premières parties de Jules-César la Narbonnaise pour quatrième, qu'il avait omise, dont il fit quatre gouvernements principaux, lesquels étaient bornés par les mers de l'Océan et de la Méditerranée, par les Alpes et les Pyrénées, par le Rhône et le Rhin.

Les successeurs d'Auguste, de ces quatre parties, en firent dix-sept provinces et gouvernements principaux, et nos rois, depuis la conquête qu'ils ont faite des Gaules et l'établissement de la monarchie, ont divisé la France, dans ses nouveaux confins, en douze principales provinces ou pays de gouvernement, dont les députés avaient séance aux États généraux du royaume, qui sont :

Paris et l'Île-de-France,
la Bourgogne,
la Normandie,
la Guyenne,
la Bretagne,
la Champagne et Brie,
le Languedoc,
la Picardie,
le Dauphiné et la Provence,
le Lyonnais,
le Forez et Beaujolais,
et l'Orléanais.

Cette division du royaume en douze gouvernements est très-ancienne[2]. Le roi François Ier la renouvela par lettres patentes données à

---

[1] Pour ce paragraphe et les suivants, le rédacteur du Mémoire a dû s'aider de la *Notitia Galliarum* de Hadrien de Valois (1675), ou du *Grand dictionnaire historique* de Moréri, dont la huitième édition avait paru à Amsterdam en 1698, la neuvième à Paris en 1699.

[2] Voir Et. Pasquier, *Recherches de la France*, liv. II, chap. IX. Boulainvilliers fait observer qu'il n'y a point de preuves d'une telle ancienneté de cette division.

GOUVERNEMENT MILITAIRE.

Blois le 6 mai 1545, qui furent registrées en parlement le 12 du même mois, par lesquelles Sa Majesté déclara que, pour tenir un bon ordre et une forme certaine aux états et offices de son royaume, elle voulait qu'aucuns ne puissent porter le titre et s'attribuer la qualité de ses lieutenants généraux que les gouverneurs de ces douze provinces, permettant toutefois aux autres gouverneurs de jouir de leurs gouvernements comme leurs prédécesseurs quant à l'autorité seulement[1].

Jusqu'au règne du roi Louis XII, les gouverneurs des provinces ont eu une autorité très-absolue : le pouvoir était donné à plusieurs, par leurs provisions, d'accorder des lettres de grâce, de rémission, de naturalité, et autres qui sont droits de souveraineté. Nous en trouvons dans les registres du parlement, qui sont du 12 août 1465, données par le roi Louis XI à Charles d'Artois, comte d'Eu, de lieutenant général en la ville de Paris et l'Île-de-France, qui portent un pouvoir de pardonner et de remettre tous crimes, offenses et délits commis envers le roi, rétablir les accusés dans leurs biens, et leur donner pour ce toutes lettres nécessaires[2]. Il s'en trouve plusieurs de cette qualité. Sur les remontrances que fit le parlement au roi Louis XII sur ce pouvoir trop étendu, Sa Majesté y pourvut.

Aujourd'hui, l'autorité des gouverneurs des provinces consiste à conserver en l'obéissance du roi les provinces et les places qui sont de leurs gouvernements, les maintenir en paix, les défendre contre les ennemis de l'État, veiller à ce qu'elles soient bien fortifiées et munies de ce qui leur est nécessaire, et faire prêter main-forte à la justice, quand ils en sont requis.

TITRE PREMIER.

DES GOUVERNEURS, LIEUTENANTS GÉNÉRAUX ET LIEUTENANTS DE ROI DE CES GOUVERNEMENTS, ET LEUR ÉTENDUE[3].

Suivant l'ancienne division des Gaules, les villes et lieux qui composent la généralité de Paris étaient compris en partie sous la Gaule Belgique, et l'autre partie sous la Celtique ; et suivant la division de nos rois, elle se trouve partagée entre les gouvernements de Paris, de l'Île-de-France, et celui de Champagne et Brie.

Le gouvernement de Paris comprend la ville, prévôté et vicomté de Paris. Le gouverneur est M. le duc de Gesvres, pair de France, chevalier

---

[1] La meilleure carte de la France par gouvernements avait été publiée par Nolin, en 1693.

[2] Archives Nationales, registre du Parlement X1A 8606, fol. 93; Félibien, *Histoire de Paris*, preuves, t. III, p. 275.

[3] Comparez ce titre Ier avec l'étude de M. Auguste Longnon sur *l'Île-de-France, son origine, ses limites, ses gouverneurs*, publiée en 1875, dans le premier volume des *Mémoires de la Société de l'Histoire de Paris et de l'Île-de-France*. On trouvera aussi une liste des gouverneurs et lieutenants généraux de Paris dans la *Description de la ville de Paris* de Piganiol de la Force, édition de 1765, t. VIII, p. 420-430, et des notes manuscrites sur le même sujet dans un des recueils de l'abbé de Dangeau conservés à la Bibliothèque Nationale, ms. fr. 22625, fol. 47-62.

des ordres du roi, premier gentilhomme de la chambre de Sa Majesté[1].

Le lieutenant général dans l'étendue du gouvernement de Paris est M. Le Ragois de Bretonvilliers, qui a été capitaine aux gardes[2].

Cette charge a été créée par édit du mois de février 1692.

En 1641, il fut réglé par le roi que le gouverneur de Paris marcherait au *Te Deum* après le premier président du parlement.

Anciennement, le gouvernement de la ville de Paris et celui de l'Île-de-France étaient joints[3]. En l'année 1514[4], le roi François Ier donna le gouvernement de Paris et de l'Île-de-France au duc de Vendôme[5], par lettres patentes du 18 février, avec pouvoir et autorité sur tout ce qui pouvait regarder la sûreté du royaume et la discipline des gens de guerre. En 1520[6], le comte de Saint-Pol[7] en fut pourvu avec pareil pouvoir. En 1522, Pierre Philiotti[8], archevêque d'Aix, lui succéda par lettres patentes du 18 décembre[9]. Ensuite le marquis de Saluces en fut pourvu[10].

En 1528, ils furent désunis : le comte d'Étampes[11] eut le gouvernement seulement de Paris, et François de la Tour, vicomte d'Auvergne[12], eut celui de l'Île-de-France. En 1532, Antoine de la Rochefoucauld, seigneur de Barbezieux, fut pourvu du gouvernement de l'Île-de-France, et, en 1533[13], celui de Paris y fut réuni en sa personne, après le décès du comte d'Étampes, par lettres patentes du 12 mars.

---

[1] Léon Potier, duc de Gesvres, mort en 1704, à quatre-vingt-quatre ans. Il avait été capitaine d'une des quatre compagnies de gardes du corps, et possédait les charges de gouverneur et grand bailli du Valois (ci-après, p. 129) et de gouverneur et capitaine des chasses de Montceaux. Sur ce personnage, voir les *Mémoires de Saint-Simon* (t. II, p. 272, et t. IV, p. 200), qui le dépeignent comme «une espèce de monstre.» Le gouvernement de Paris resta entre les mains de ses descendants jusqu'en 1757. Le duc de Chevreuse l'acheta alors au prix de 1,500,000[ll].

[2] Jean-Baptiste Le Ragois de Bretonvilliers, d'une famille de magistrature parisienne, fut pourvu de cette charge le 25 avril 1693. Elle valait 8,000[ll] d'appointements, et lui coûta 50,000 écus. Il eut pour successeur, en 1712, Bénigne Le Ragois de Bretonvilliers, âgé seulement de dix-neuf ans.

[3] M. Longnon (*loc. cit.*, p. 30) donne la liste des gouverneurs depuis 1419; Piganiol de la Force remonte jusqu'au milieu du XIVe siècle.

[4] Ancien style.

[5] Charles de Bourbon, duc de Vendôme, grand-père de Henri IV, né en 1489, mort en 1537.

[6] Provisions du 16 décembre 1519 (Longnon, p. 35).

[7] François de Bourbon, comte de Saint-Pol et de Chaumont, frère du duc de Vendôme. Il devint plus tard duc d'Estouteville, et mourut le 1er septembre 1545.

[8] Ou plutôt *Filloli*. Ce prélat avait été nommé à l'évêché de Sisteron en 1504 et à l'archevêché d'Aix en 1508. Il mourut en 1541, et fut enterré dans l'église des Cordeliers de Paris.

[9] C'est par lettres du 18 septembre, et non du 18 décembre 1522, que l'archevêque d'Aix fut appelé à suppléer le comte de Saint-Pol, occupé «au fait des guerres.» Celui-ci resta titulaire de la charge, avec un autre lieutenant pour les affaires militaires. Voir leurs articles dans l'étude de M. Longnon, p. 35 et 36.

[10] M. Longnon pense que Michel-Antoine, marquis de Saluces, fut nommé en mars 1526, par suite de la promotion du comte de Saint-Pol au gouvernement de Dauphiné. Le marquis de Saluces n'exerça point par lui-même les fonctions de sa charge, étant retenu en Italie, où il mourut en 1528.

[11] Jean de la Barre, comte d'Étampes et seigneur de Véretz, prévôt de Paris, était, depuis le 27 juin 1526, lieutenant du marquis de Saluces «en la ville, prévôté et vicomté de Paris, Île-de-France, bailliages de Senlis, Melun, Vermandois, pays de Valois et Soissonnais.» Il mourut en mars 1534.

[12] François de la Tour, vicomte de Turenne, pourvu le 10 mars 1529, mort le 12 juillet 1532, à trente-cinq ans.

[13] Nouveau style, 12 mars 1534. Ce seigneur de Barbezieux vécut jusqu'en 1583, mais ne jouit que fort peu de temps de ses deux gouvernements.

En 1536, le cardinal du Bellay[1], évêque de Paris, lui succéda à l'un et à l'autre, dont il fut pourvu par lettres du 21 juillet. Ensuite il fut donné au cardinal de Meudon[2] par lettres du 16 avril 1544; puis au sieur de la Rochepot[3], et après, en 1551, à son neveu Gaspard de Coligny, seigneur de Châtillon-sur-Loing, lequel fut fait amiral. En 1552, on a observé qu'allant au parlement pour y prêter le serment de sa charge d'amiral, il fut dispensé par lettres du roi Henri II de quitter son épée, attendu qu'il était gouverneur de l'Île-de-France, en laquelle la ville de Paris est située[4].

En 1556, à l'amiral de Châtillon succéda François de Montmorency[5] au gouvernement de Paris et de l'Île-de-France. Ses lettres portent: «Attendu que l'amiral avait été pourvu du gouvernement de Picardie, et qu'il ne pouvait tenir les deux[6].» En 1561, Charles de Bourbon, prince de la Roche-sur-Yon, fut lieutenant général de la ville de Paris[7]. En 1562, le maréchal de Brissac lui succéda en la même qualité[8]. En 1594, Antoine d'Estrées[9] fut gouver-

---

[1] Voyez ci-dessus, p. 19. — Le cardinal ne fut chargé que d'une lieutenance générale temporaire, à l'occasion de la guerre contre l'Empire. (Longnon, p. 29.)

[2] Antoine Sanguin, seigneur de Meudon, oncle de la duchesse d'Étampes, archevêque de Toulouse, cardinal en 1539, grand aumônier de France de 1543 à 1547, mort le 22 décembre 1559. — Même observation que pour le cardinal du Bellay.

[3] François de Montmorency, seigneur de la Rochepot, frère du connétable Anne, aurait été gouverneur de Paris depuis 1534, selon le Journal d'un bourgeois de Paris, publié par M. Lalanne, p. 437; mais cette date serait difficile à concilier avec celles qui précèdent. Piganiol de la Force donne celle de 1538 et cite des lettres du 12 avril 1547, par lesquelles Henri II le confirma dans la charge de gouverneur et lieutenant général en la ville de Paris et l'Île-de-France.

[4] Voir les pièces dans l'Histoire des amiraux, surintendants de la navigation, etc. de Denis Godefroy (1658), p. 83. — Selon Piganiol de la Force, Gaspard de Coligny fut fait seulement lieutenant général, par lettres du 9 septembre 1551, à cause du bas âge de François de Montmorency, à qui le gouvernement avait été promis, et qui l'occupa en 1556.

[5] Ce fils du connétable devint maréchal de France en 1566, duc en 1567, et mourut en 1579.

[6] Arch. Nationales, X¹ᵃ 8620, fol. 364.

[7] Le prince de la Roche-sur-Yon fut nommé à trois reprises différentes, en 1557 et 1561, lieutenant du roi dans la ville et les faubourgs de Paris. Le cardinal de Bourbon reçut de même, le 13 mars 1561, une commission de lieutenant général. En outre, François de Montmorency, fréquemment éloigné de Paris pour le besoin des guerres, eut plusieurs lieutenants particuliers.

[8] Charles Ier de Cossé, comte de Brissac et maréchal de France, fut fait lieutenant général le 31 mai 1562, et remplacé successivement par Artus de Cossé, comte de Secondigny, par M. de Méru, etc. Quand le maréchal de Montmorency décéda, il eut pour successeur René de Villequier, nommé en novembre 1579, et remplacé en 1586 par son gendre François d'O, qui fut aussi surintendant des finances, et que la Ligue dépouilla de son gouvernement. De 1588 à 1594, le gouvernement de Paris rebelle fut confié au duc d'Aumale, aux seigneurs de Maineville et de Balagny, au duc de Nemours, au seigneur de Rosne, au comte de Belin, et enfin à Charles II de Cossé, comte de Brissac, qui, nommé en janvier 1594 par le duc de Mayenne, rendit la capitale, deux mois plus tard, à Henri IV, et fut fait en récompense maréchal de France. Il mourut en 1621.

[9] Antoine d'Estrées, marquis de Cœuvres, père de la belle Gabrielle, fut nommé par lettres du 12 novembre 1594, et céda la charge en 1600 à M. de Montigny, que le Mémoire passe sous silence, ainsi que ses successeurs, M. de Liancourt et le duc de Montbazon. Celui-ci vendit le gouvernement de l'Île-de-France à François-Annibal, premier duc d'Estrées, maréchal de France, fils d'Antoine. François-Annibal mourut en 1670, presque centenaire, et son gouvernement passa à un autre François-Annibal, deuxième du nom, qui fut ambassadeur à Rome et mourut le 30 janvier 1687; François-Annibal, troisième du nom, mourut le 11 septembre 1698, âgé de cinquante ans, et eut enfin pour successeur le quatrième duc d'Estrées, dont parle le Mémoire.

16.

neur de Paris et de l'Île-de-France, lequel était trisaïeul de M. le duc d'Estrées, auquel le roi donna l'année dernière le gouvernement de l'Île-de-France, aussitôt après le décès de M. le duc d'Estrées, son père, qui l'avait possédé pendant douze années, ledit sieur duc d'Estrées n'étant alors âgé que de dix-sept ans[1].

Il paraît, par l'histoire de ce gouvernement, qu'il a été uni longtemps à celui de la ville de Paris[2].

Il y a dans Paris les châteaux du Louvre et de la Bastille, et l'hôtel royal de Mars, dit *des Invalides*, qui ont leurs gouverneurs particuliers[3].

Le capitaine du château du Louvre est M. Séguin[4], et M. de Nyert[5], gentilhomme ordinaire de la maison du roi, reçu en survivance.

Le capitaine du château et jardin royal des Tuileries est M. le marquis de Congis[6], maréchal de camp, capitaine aux gardes, gouverneur de Bapaume.

Le gouverneur de la Bastille est M. de Saint-Mars[7]. Il y a un lieutenant de roi, qui est M. du Junca[8].

Et le gouverneur de l'hôtel royal des Invalides est M. des Roches-Dorange[9], commandeur de l'ordre de Saint-Louis. Un lieutenant au gouvernement des Invalides, M. de Boisveau[10], aussi commandeur de l'ordre de

---

[1] Louis-Armand, duc d'Estrées, était né le 3 septembre 1682, et mourut sans postérité le 16 juillet 1723. Il n'avait que seize ans moins quelques jours lorsque Louis XIV lui accorda la succession de son père. (*Journal de Dangeau*, t. VI, p. 421.)

[2] Selon Piganiol, le gouvernement de Paris avait été séparé de celui de l'Île-de-France depuis 1594, à la mort de M. d'O, et l'on n'y devrait pas compter moins de vingt et un titulaires, gouverneurs ou lieutenants généraux, avant d'arriver au duc de Gesvres, dont il a été question en commençant.

[3] Le rédacteur du Mémoire a tiré ces notes sur les gouverneurs et les autres semblables de l'*État de la France*.

[4] René Séguin, mort le 4 octobre 1711.

[5] Louis de Nyert, fils et petit-fils de deux premiers valets de chambre du roi, avait été appelé, après la mort d'un frère cadet, le 18 juin 1699, à recevoir la survivance de la charge de son père et de celle de René Séguin. Cette dernière comportait les titres de «capitaine, lieutenant et concierge du château du Louvre, tour de Bois, haute et basse galerie en dépendantes, et portier des première et seconde portes, haute et basse cours, et maisons tenant audit château.» Elle valait 6,000ʰ, outre un beau logement dans le château. Louis de Nyert était, selon Saint-Simon (*Mémoires*, t. XVI, p. 271 et 272), aussi honnête, modeste et «saint que l'avait été peu son père (mort en 1719), «un des plus méchants singes, auquel il ressemblait fort.»

[6] Henri Le Boulanger de Montigny, marquis de Congis, devint lieutenant général en 1704 et mourut en 1706. C'était, dit Saint-Simon, «une espèce d'officier général hébété, et en qui il n'y avait jamais eu grand'chose.» (*Mémoires*, t. IV, p. 446.)

[7] Bénigne Dauvergne de Saint-Mars, le fameux geôlier, était né en 1626, et mourut à la Bastille, le 26 septembre 1708. Après avoir passé par tous les grades secondaires dans une des deux compagnies de mousquetaires, il avait été chargé successivement du commandement des forteresses de Pérouse, de l'Écluse, de Piguerol, d'Exiles, des îles Sainte-Marguerite, et enfin avait été nommé gouverneur de la Bastille, en remplacement de M. de Besmaus, au mois de juillet 1698. Ce gouvernement, de même que la lieutenance, n'était qu'une commission renouvelable tous les trois ans.

[8] Étienne du Junca, officier de fortune, exempt aux gardes, avait été appelé à la lieutenance de la Bastille le 4 octobre 1690. On possède un journal de cette prison écrit en entier de sa main.

[9] Nicolas Dorange, sieur des Roches, ancien maréchal des logis de la cavalerie, retiré du service, pour cause d'incommodités, avec le grade de brigadier de cavalerie, avait été nommé gouverneur en février 1696, et mourut en janvier 1705.

[10] Alexandre de Boisveau ou Boyveau, fait commandeur de Saint-Louis en février 1696, remplaça le précédent, comme gouverneur des Invalides, en 1705, et fut

Saint-Louis, auparavant capitaine au régiment de Bourgogne-infanterie.

Le gouvernement de l'Île-de-France comprend les élections de Senlis, Compiègne, Beauvais, Pontoise, Mantes, Montfort, Dreux, Étampes, Melun et Nemours.

Le gouverneur de l'Île-de-France est M. le duc d'Estrées, pair de France, comme il vient d'être observé.

Le lieutenant général de ce gouvernement est M. le marquis de Pomponne[1], brigadier des armées du roi, auparavant colonel du régiment d'Artois.

Il y a quatre lieutenants de roi au gouvernement de l'Île-de-France, savoir : M. le duc de Sully[2], pair de France, au Vexin français, dont Mantes est la capitale; le comte des Marests[3], grand fauconnier de France, au gouvernement de Beauvaisis; M. le marquis de Vins[4], à celui de Senlis, du Soissonnais, et à la partie de ce gouvernement qui est depuis la Marne et la Seine jusqu'à la Champagne et la Picardie; et M. de Tilly, marquis de Blaru[5], au reste de l'Île-de-France qui est à la gauche de la Seine.

Le gouvernement de Champagne et Brie est d'une grande étendue : la partie de Champagne qui est de la généralité de Paris en fait une très-petite par rapport au reste ; la plus considérable dans cette généralité est ce qui est de la Brie.

La Brie, si célèbre de tout temps par ses bois qui font l'ornement de ses coteaux, et plus encore aujourd'hui par son abondance et par la variété du pays, arrosée de ruisseaux bordés de belles prairies, dans des vallons et des gorges à perte de vue, est connue dans les historiens de la première race sous le nom de *Saltus Briegius* et *Briegensis*.

Il y a plusieurs opinions touchant l'appellation de ce pays du nom de Brie. Quelques-uns ont estimé qu'il lui a été donné du nom d'*abri*, parce qu'étant autrefois couvert de quantité de forêts et de bois, il servait aux passants d'abri contre les ardeurs du soleil et le mau-

---

fait grand-croix le 19 juin 1718, à la suite d'une visite du roi Louis XV.

[1] Nicolas-Simon Arnauld de Pomponne, fils aîné du ministre, mourut le 9 avril 1737, à soixante-quinze ans. Il était, selon Saint-Simon, «épais, extraordinaire, avare obscur, quitta le service, devint apoplectique, et fut toute sa vie compté pour rien jusque dans sa famille.» (*Mémoires*, t. II, p. 250.) Cependant il s'était distingué à Staffarde, Steinkerque et Nerwinde, en commandant les régiments d'Artois et de Hainaut. Il avait été pourvu de sa lieutenance générale le 10 mars 1697, à la place du comte du Charmel.

[2] Maximilien-Pierre-François-Nicolas de Béthune, duc de Sully, avait, outre cette lieutenance, les gouvernements de Mantes et de Gien. Saint-Simon en parle encore plus mal que de M. de Pomponne. «C'eût été, dit-il, un honnête homme et de mise, s'il n'eût point été si étrangement et si obscurément débauché. Il se ruina avec des gueuses..... Il avait peu servi et paraissait peu à la cour.

Le chevalier de Sully, son frère, hérita de sa dignité et eut les bagatelles qu'il avait du roi : c'étaient les gouvernements de Gien et de Mantes, et une petite lieutenance de roi de Normandie; tout cela ensemble de 8,000 # de rente, mais cela convenait à leurs terres.» (*Mémoires*, t. IX, p. 394.) Né en 1664, il mourut en 1712, sans postérité.

[3] François Dauvet des Marests avait succédé à son père en 1688, n'étant âgé que de huit ans, et mourut le 23 février 1718, «jeune et obscur. » (*Mémoires de Saint-Simon*, t. XIV, p. 328.)

[4] Jean-François de Vins, baron de Bruys, capitaine au régiment Royal-Étranger, fut pourvu de cette lieutenance le 19 avril 1693. Le Vexin et le Beauvaisis furent exceptés de son département.

[5] Charles de Tilly, marquis de Blaru, fut pourvu le 5 mai 1692 ; son département s'étendait de la Seine aux frontières de la Champagne, de l'Orléanais et de la Normandie. Il avait aussi le gouvernement de Vernon.

vais temps; c'est le sentiment de Nithard, dans son histoire des dissensions et querelles des fils de l'empereur Louis le Débonnaire[1].

La Brie commence au village de Créteil, un peu au-dessus de Charenton, où la rivière de Marne se joint à la Seine, divisant la Brie d'avec la Champagne, de sorte que toute l'étendue qui se trouve entre la Seine et la Marne se nomme Brie; dans laquelle il y a plusieurs bonnes villes : Meaux, Provins, Coulommiers, la Ferté, Bray, Nangis, Rozoy, Fontenay et autres. Brie-Comte-Robert était anciennement la capitale de la Brie, qui fut bâtie par Robert[2], comte du pays, qui lui donna son nom. C'est aujourd'hui la ville de Meaux qui est la capitale.

Ce gouvernement a son étendue, dans la généralité, sur les élections de Meaux, Coulommiers, Rozoy, Provins, Nogent-sur-Seine, Montereau, Sens, Joigny, Saint-Florentin, Tonnerre et Vézelay, en sorte que la partie de la généralité qui est au nord de la France, depuis Meaux, Coulommiers, Rozoy et Provins, est du gouvernement de l'Île-de-France, et celle qui est au midi, tirant vers la Bourgogne, depuis ces quatre villes, est du gouvernement de Champagne et Brie.

Le gouverneur de Champagne et Brie est M. le prince de Soubise, capitaine-lieutenant des gendarmes de la garde du roi, lieutenant général des armées de Sa Majesté[3].

Il y a quatre lieutenants généraux au gouvernement, qui sont : M. le comte de Grandpré[4], au département de Reims; M. le marquis de Choiseul de Beaupré[5], au département de Vitry et Chaumont; M. le marquis de Praslin[6], au département de Sens, Langres et Troyes; et M. le marquis de Ségur[7], au département de la Brie.

Il y a aussi quatre lieutenants de roi dans l'étendue de ce gouvernement, dont un seulement dans la généralité, au département de la Brie : M. Alphonse-Louis de Castille, marquis de Chenoise[8].

Les gouverneurs des provinces, les lieu-

---

[1] Nous n'avons rien trouvé de semblable dans les quatre livres de Nithard *De Dissensionibus filiorum Ludovici Pii ad annum usque DCCC XLIII*. Hadrien de Valois (*Notitia Galliarum*, p. 96) dit : « *Pagus Briegius, vel Brigensis aut Brigeius, a saltu ejusdem nominis appellationem traxit la Brie.* » Boulainvilliers, en analysant cette partie du Mémoire, dit que le nom de Brie doit venir du terme gaulois *bray*, signifiant de la *fange*, « pour ce que c'est un pays fort gras. »

[2] Robert, comte de Dreux, sire de Brie, frère de Louis le Gros.

[3] Hercule-Mériadec de Rohan, prince de Rohan, plus tard duc de Rohan-Rohan (1714), avait succédé, depuis le 7 novembre 1693, à son père François de Rohan, prince de Soubise, lequel avait eu ce gouvernement le 9 novembre 1691, et qui se démit également en sa faveur de la charge des gendarmes de la garde.

[4] Jules de Joyeuse, comte de Grandpré, nommé en 1698. Cette charge avait été achetée successivement par le duc d'Atri et par M. de Roquelaure, mais ni l'un ni l'autre de ces titulaires n'était entré en exercice.

[5] Antoine-Cleriadus de Choiseul, marquis de Beaupré, seigneur de Daillecourt (1664-1726), avait été fait lieutenant général et bailli de Chaumont et Vitry, en remplacement de son père (1686). Il était colonel du régiment d'Agénois, et devint lieutenant général des armées en 1718.

[6] Jean-Baptiste-Gaston de Choiseul, marquis de Praslin, comte d'Hostel, avait été pourvu de cette charge en 1690. Il devint lieutenant général des armées en 1702, et mourut en 1705, des suites de blessures reçues au combat de Cassano, où il « fit des merveilles de soldat et de capitaine, » selon l'expression de Saint-Simon, son ami (*Mémoires*, t. IV, p. 295).

[7] Henri-Joseph, marquis de Ségur, capitaine-lieutenant des chevau-légers d'Anjou, eut le département de la Brie en 1699, et mourut le 10 juin 1737. Il épousa une fille naturelle du Régent.

[8] Nommé à cette lieutenance par provisions du 1ᵉʳ juin 1693; mort le 18 février 1713.

tenants généraux et les lieutenants de roi prêtent serment entre les mains du roi, et les gouverneurs des places entre les mains de M. le chancelier. Les commissions des gouverneurs des provinces sont enregistrées au parlement de leur province, où ils ont séance, pour l'ordinaire, immédiatement après les premiers présidents.

Les gouverneurs des maisons royales ne reconnaissent que l'autorité du roi, dont ils reçoivent les ordres, et non ceux des gouverneurs des provinces [1].

TITRE II.

DU NOMBRE DES VILLES, PAROISSES ET HAMEAUX DE LA GÉNÉRALITÉ QUI SONT SOUS CES GOUVERNEMENTS.

GOUVERNEMENT DE L'ÎLE-DE-FRANCE.

VILLES PRINCIPALES.

Senlis, Beaumont-sur-Oise, Compiègne, Beauvais, Pontoise, Mantes et Meulan, Montfort, Dreux, Étampes, Melun, Nemours, et les dépendances de ces villes, outre les villes des environs de Paris, qui sont : Versailles, Saint-Denis, Saint-Germain, Poissy, Lagny et Corbeil.

On rapportera en particulier ce que chacune de ces villes a de remarquable, soit par rapport à elles-mêmes ou à l'histoire, ou à la situation où elles se trouvent.

SENLIS.

La ville de Senlis a titre de comté. Elle est la capitale du Valois.

Le Valois est ainsi appelé à cause de ses vallées, qui y sont fréquentes et agréables [2], et Senlis, en latin *Silvanectum*, à cause des forêts qui l'environnent, comme si l'on disait « ceinte de forêts [3]. »

Le pays de Valois a eu titre de comté jusqu'en l'année 1402 [4], qu'il fut érigé en duché par le roi Charles V.

La ville de Senlis a eu ses comtes particuliers [5] jusqu'à Herbert, comte de Senlis, dont la fille, nommée Sporte, ayant épousé Guillaume IV, duc de Normandie, transporta ce comté à son mari, lequel en jouit jusqu'en

---

[1] Ces deux derniers paragraphes sont tirés de l'*État de la France*, comme ceux qui contiennent l'énumération des gouverneurs et lieutenants.

[2] Hadrien de Valois s'exprime ainsi sur cette étymologie : « Quidam ignari antiquitatis ac veteris nominis ejus pagi (*Vadensis*), pagum *Vallensem* dictum putant a vallibus, ob idque *le Vallois* cum duobus *l* scribunt; asper enim est montibus, et plenus vallibus atque convallibus gratissimis.... » (*Notitia Galliarum*, p. 580.) L'étymologie de *vallis* ne se retrouve plus parmi celles que cite le prieur Carlier, au début de son *Histoire du duché de Valois* (1764), t. I, p. 1-3.

[3] Hadrien de Valois rejetait aussi cette seconde étymologie : « Quamvis *Silvanectes* silvis undique fere cinguntur ac velut adnectuntur, et caput *Silvanectum*, Augustomagus, inter silvas duas eminet, totusque pagus Silvanectensis silvas et montes seu saltus habet, tamen gentis nomen gallicum mihi potius videtur esse quam latinum aut a silvis nexuque deductum. » (*Notitia Galliarum*, p. 525.)

[4] Le comté de Valois ne fut érigé en duché, au profit de Louis d'Orléans, que dans le mois de juillet 1406; voir Carlier, *Histoire du duché de Valois*, t. II, p. 369, et preuves, n° LXIX. La date erronée de 1402 avait été donnée par Dupuy, dans le *Traité des droits du roi*, p. 961.

[5] « Senlis, dit le comte de Boulainvilliers, a eu ses comtes particuliers, descendus de la maison de Charle-

l'année 1204, que le roi Philippe-Auguste le conquit par le droit des armes[1]; et depuis, les rois ses successeurs l'ont toujours possédé comme vrai et propre patrimoine de la couronne.

Cette ville est recommandable, entre autres choses, par une assemblée célèbre de prélats qui y fut tenue l'an 1312[2], où l'archevêque de Reims présidait, en laquelle fut condamnée la secte des Templiers; par le traité de Senlis, du mois de mai 1493, registré au parlement le 4 juin suivant, entre le roi Charles VIII, d'une part, le roi des Romains, l'archiduc d'Autriche, son fils, et la reine Marguerite, sa fille, femme dudit Charles VIII, laquelle il répudia[3], d'autre part; et par la fidélité que cette ville a toujours gardée au roi: en l'année 1588, elle reçut le roi Henri le Grand contre le parti de la Ligue, et ce fut à Senlis que ce prince reçut la nouvelle de la mort du duc d'Aumale[4], qui fut tué à Saint-Denis, le 3 janvier 1589[5], par le sieur de Vic[6], qui y commandait pour le roi.

Le gouverneur et bailli de Senlis est M. le duc de Saint-Simon[7].

Le duché de Valois fut donné à feu M. le duc d'Orléans, jusqu'à 100,000 ll de rente, avec pouvoir de nommer aux bénéfices et offices, excepté aux évêchés[8].

M. le duc de Gesvres, gouverneur de Paris[9], est aussi gouverneur du Valois.

Après Senlis, la ville principale de ce duché

---

magne, jusqu'à Bernard, père de la comtesse Adèle, femme de Gautier II, comte de Vexin et d'Amiens en 998 et 1017. Elle lui porta en dot toute la comté de Senlis, dont l'étendue devait être très-grande, si tous les pays qui en suivent la coutume y étaient compris. Philippe-Auguste s'en empara l'an 1204, ainsi que du reste du Valois, et depuis la comté et la ville sont demeurées unies à la couronne.»

[1] Ce paragraphe n'est qu'une suite d'erreurs : Sporte, ou plutôt Sprote, qui épousa, au commencement du Xe siècle, Guillaume Longue-Épée ou Guillaume Ier, n'était, selon les chroniqueurs Frodoard et Richer, qu'une concubine d'origine bretonne. Quant à Herbert IV, comte de Vermandois, et non de Senlis (mort en 943), il eut en effet une fille qui épousa Guillaume de Normandie, puis, en secondes noces, Thibaud Ier, comte de Tours; mais elle se nommait Leutgarde. A cette époque enfin, le comté de Senlis appartenait à Bernard II, de la race des comtes particuliers, et ce fut peut-être à sa mort (vers 960) qu'il fit retour au domaine royal des Capétiens, pour n'en plus sortir.

[2] Lisez : 1310.

[3] Marguerite d'Autriche avait été seulement fiancée avec Charles VIII, qui la renvoya à son père dès 1491, pour épouser Anne de Bretagne.

[4] Le rédacteur du Mémoire confond le duc d'Aumale (Charles de Lorraine, mort à Bruxelles en 1631), qui assiégea Senlis en mai et juin 1589, avec son frère cadet le chevalier d'Aumale, Claude de Lorraine, chevalier de Malte, général des galères, abbé du Bec, etc., tué le 3 janvier 1591, en voulant enlever Saint-Denis à l'armée royaliste.

[5] Lisez : 1591.

[6] Dominique de Vic, dit le capitaine Sarred, seigneur d'Ermenonville, capitaine aux gardes, puis gouverneur de Saint-Denis, Calais et Amiens, et vice-amiral de France. Sergent de bataille à Ivry, il avait mérité par sa belle conduite dans cette journée que le roi lui permit d'ajouter une fleur de lis à ses armes. Il mourut le 14 août 1610. C'était un frère du garde des sceaux Méry de Vic.

[7] Louis de Rouvroy, duc de Saint-Simon (1675-1755), auteur des *Mémoires*, avait succédé à son père, le 10 mai 1693, comme gouverneur et grand bailli de Senlis, capitaine de la ville de Pont-Sainte-Maxence et du Montcel-lès-Pont, capitaine et concierge du château du même lieu, capitaine du château de Fécamp et gouverneur de Blaye. Il était mestre de camp de cavalerie depuis 1693. La charge de bailli de Senlis avait été donnée, pour la première fois, à un de ses ancêtres, en 1438; mais elle était sortie à trois reprises de la famille. Le duc de Saint-Simon ne s'y fit recevoir et installer qu'en 1702, après avoir pris séance au parlement comme pair de France.

[8] C'est en 1661 que Louis XIV avait donné le duché de Valois à son frère Philippe, duc d'Orléans.

[9] Voyez ci-dessus, p. 122.

GOUVERNEMENT DE L'ÎLE-DE-FRANCE.

est Crépy, qui était la demeure ordinaire des anciens comtes de Valois de la maison royale qui commença en 1271 à Philippe de Valois, fils du roi saint Louis en ligne directe[1], et finit à Henri de Valois, troisième du nom, roi de France et de Pologne, en 1589, ayant duré trois cent dix-huit années.

Beaumont-sur-Oise fut érigé en comté par le roi Philippe Ier, l'an 1100, en faveur de Mathieu de Beaumont[2]. Depuis, il a été réuni à la couronne et aliéné, comme il se verra ci-après[3].

Outre les villes de Senlis et de Beaumont, il y a dans cette élection celles de Chambly, Creil et Pont-Sainte-Maxence[4].

COMPIÈGNE.

La ville de Compiègne est très-ancienne; elle fut bâtie plus de six cents ans avant l'établissement de la monarchie. L'histoire nous apprend qu'ayant été ruinée l'an 877, le roi et empereur Charles le Chauve la fit rebâtir sur le modèle de la ville de Constantinople et voulut qu'elle portât son nom, Charleville, *Carlopolis*, comme Byzance celui de Constantinople, que lui avait donné l'empereur Constantin le Grand, son fondateur[5]. C'est une belle ville, qui est célèbre pour avoir été le séjour des rois. Ils s'y sont tous plu à cause de la chasse, à laquelle ce pays de bois et de forêts est très-propre. L'an 1017, le roi Robert y fit couronner Hugues, son fils aîné, âgé seulement de dix ans[6]. L'an 1406, Charles, fils aîné du duc d'Orléans, épousa à Compiègne Isabelle de France, fille du roi Charles V[7], sa cousine germaine.

---

[1] Le rédacteur fait ici plusieurs erreurs ou s'exprime mal. C'est Charles, fils puîné de Philippe III le Hardi, et par conséquent petit-fils de saint Louis, qui reçut le Valois en apanage en 1285 et porta le premier le titre de comte de Valois. Il fut le père du roi Philippe VI, dit de Valois, auteur de la race éteinte en 1589. Voyez Carlier, *Histoire du duché de Valois*, t. II, p. 154.

[2] Le plus ancien titulaire qu'ait connu d'une façon certaine M. Douet-d'Arcq, historien des *Comtes de Beaumont*, est Yves Ier, qui paraît en 1022. Son petit-fils, Mathieu ou Mathieu Ier, fut le premier de cette race qui joua un rôle important dans l'histoire. Suger l'appelle, en 1097, le « noble et vaillant comte de Beaumont. » — « Beaumont-sur-Oise, dit Boulainvilliers, avait déjà le titre de comté dès l'an 1100, sous le roi Philippe Ier. Il a été longtemps possédé par une famille qui en avait pris son surnom, et depuis il a passé à différentes autres maisons. Charles et Philippe de Boulainvilliers en ont été seigneurs en 1515 et 1535....»

[3] et [4] Chap. IV, titre I, *Domaines du roi*, article de l'élection de Senlis.

[5] On n'admet plus que la ville de Compiègne ait été détruite en 877 (*alias*, 870) et rebâtie par Charles le Chauve; ce prince ne fit qu'y élever divers monuments, comme le disait Hadrien de Valois dès le XVIIe siècle : « Compendium idem princeps variis operibus exornavit, adeo ut *Carlopolim*, id est Caroli urbem, nomine suo nuncupari voluerit..... » (*Notitia Galliarum*, p. 152.) Parmi les monuments dus à Charles le Chauve, était le château mentionné dans le capitulaire de 877, que Louvet, historien de Beauvais, publia dès 1614 : « Ut castellum de Compendio, a nobis captum, pro nostro amore et pro vestro amore perficiatur in testimonium dilectionis vestræ erga nos. » Hélinand, Vincent de Beauvais et Rigord paraissent être les seuls qui aient parlé de cette appellation de *Carlopolis*; les autres historiens, aussi bien que les documents et les monuments du temps, ne donnent que celle de *Compendium*. Quoi qu'il en soit, les habitants de Compiègne conservèrent toujours un souvenir reconnaissant des bienfaits de Charles le Chauve; ils faisaient célébrer, le 6 octobre de chaque année, un service anniversaire en son honneur.

[6] Ce prince mourut sans postérité, en l'an 1026.

[7] Isabelle de France était fille de Charles VI, et non de Charles V. Elle avait épousé en premières noces Richard II, roi d'Angleterre.

M. le duc d'Humières[1] est gouverneur de la ville de Compiègne.

Il sera ci-après parlé du château de Compiègne.

BEAUVAIS.

La ville de Beauvais, sur le Thérain, est la ville capitale du Beauvaisis; elle donne le nom au pays. Elle est située en plain, ayant d'un côté des collines et de l'autre de belles campagnes très-fertiles.

Cette ville est très-ancienne. Elle était en grande considération dès le temps de César : il a remarqué dans ses *Commentaires* que les Beauvaisins surmontaient tous les autres Gaulois et Belges en nombre et en valeur à faire la guerre; qu'ils mettaient ordinairement soixante mille hommes sur pied, et qu'ils en pouvaient mettre jusqu'à cent mille[2]. Strabon, parlant d'eux, dit qu'ils étaient les meilleurs et les plus forts des Belges, et après eux les Soissonnais[3].

Elle fut soumise aux Français sous le règne du roi Clovis, et elle a toujours été si fidèle qu'elle n'a jamais été prise : c'est pourquoi on lui a donné le nom de *la Pucelle*. On trouve qu'elle a été attaquée deux fois, la première en l'année 1433, par le comte d'Arundel, qui tenait le château de Gerberoy pour les Anglais ; il surprit, le jour de la Trinité, la porte de l'Hôtel-Dieu de Beauvais, après avoir tué le commandant et quelques bourgeois ; mais, les habitants ayant coupé la corde qui soutenait la herse au-dessus de cette porte, tous les Anglais qui y étaient entrés y périrent, et ceux qui étaient au dehors furent repoussés[4]. L'autre fois, sous le règne du roi Louis XI, elle fut attaquée par le duc de Bourgogne, qui l'assiégea le 27 juin 1472, du côté des portes de Limaçon, de l'Hôtel-Dieu et de Bresle. Il la fit battre et lui fit donner plusieurs assauts, qu'elle soutint vaillamment ; enfin, après y avoir perdu beaucoup de troupes et plusieurs seigneurs de remarque, il leva le siège le 22 juillet suivant. Philippe de Commynes en fait mention[5]. Les femmes et les filles de la ville se comportèrent si généreusement pendant ce siège, qu'en mémoire de cette action, il se faisait tous les ans une procession, le jour de Sainte-Angadrême, patronne de Beauvais, où les femmes et les filles allaient les premières à la procession et à l'offrande, dont il y a eu des lettres patentes. Cette distinction a été abolie depuis environ quarante ans seulement[6].

M. le maréchal duc de Boufflers[7] est gou-

---

[1] Louis-François d'Aumont, devenu duc d'Humières par son mariage avec l'héritière du maréchal de ce nom (mort en 1694), avait hérité aussi du gouvernement de Compiègne, qui était depuis quatre générations dans la maison de Crevant d'Humières. Il mourut en 1751.

[2] *De bello Gallico*, liv. VIII, vi et suiv.

[3] *De Gallis*, liv. IV. — César et Strabon sont cités par Hadrien de Valois, *Notitia Galliarum*, p. 79.

[4] En 1435, le comte d'Arundel, fait prisonnier, fut amené à Beauvais.

[5] *Mémoires*, liv. III, ch. x, t. I, p. 283-289, de l'édition de la Société de l'Histoire de France.

[6] Le Mémoire oublie de dire que la première place à cette cérémonie était réservée aux femmes, en souvenir de Jeanne Hachette, dont cependant les historiens du xvi° et du xvii° siècle avaient déjà célébré l'intrépidité.

[7] Louis-François, duc de Boufflers (1644-1711), était devenu lieutenant général de l'Île-de-France et grand bailli de Beauvais à la mort de son frère aîné, le 21 juin 1672. Il avait été fait chevalier des ordres en 1688, maréchal de France en 1693, gouverneur de Lille et de la Flandre française en 1694, duc et pair en 1695. Il est célèbre pour sa belle défense de Namur, en 1695, et de Lille, en 1708, et pour sa retraite de Malplaquet (1709). On estimait moins cependant ses talents militaires que son amour du soldat, son désintéressement et son patriotisme.

verneur de la ville de Beauvais, depuis l'édit de création de ces charges, du mois d'août 1696.

PONTOISE.

Pontoise, ville du Vexin français, est ainsi nommée à cause de la rivière d'Oise, qui passe sous ses ponts. Elle est située sur le penchant d'une colline, jusqu'au bord de la rivière. Elle porte titre de vicomté.

Saint Grégoire de Tours l'appelle *Brive*[1]; dans son *Histoire des Français*, il dit que l'église de Saint-Martin, au bourg de Brive, fut brûlée par les ennemis[2].

Cette ville a eu autrefois ses comtes particuliers. Elle est d'ancienneté du domaine royal. Le roi saint Louis, en l'année 1240, en donna le revenu à la reine Blanche, sa mère.

Le pays Vexin n'a point de gouverneur particulier; il est du gouvernement de l'Île-de-France.

M. le cardinal de Bouillon[3] est gouverneur de la ville de Pontoise. Ce gouvernement a toujours fait partie de l'engagement du domaine.

MANTES ET MEULAN.

La ville de Mantes est située sur la rivière de Seine, à douze lieues[4] au-dessous de Paris. Elle est très-ancienne, et fut autrefois donnée en échange, avec le comté de Longueville, au roi Charles V, par Charles, roi de Navarre et comte d'Évreux, pour la ville de Montpellier et ses dépendances. Ces lettres d'échange sont du mois de juin 1371[5].

Cette ville a été longtemps sous la domination des Anglais. L'an 1449, sous le règne du roi Charles VII, ses habitants se soulevèrent contre les Anglais, les chassèrent et reçurent les Français dans leurs murailles; après quoi le roi y fit son entrée. C'est proche de Mantes où s'est donnée la fameuse bataille d'Ivry, le 12 mars[6] 1590, entre l'armée du roi Henri le Grand, commandée par Sa Majesté, et celle de la Ligue, commandée par M. le duc de Mayenne et le comte d'Egmont, où l'armée du roi fut victorieuse et celle de la Ligue défaite, et le comte d'Egmont tué. Il y avait une citadelle, que le roi Henri IV fit détruire.

La rivière de Seine passe à Mantes et y forme plusieurs îles, dans lesquelles on va par un pont fort bien bâti. Il y a dans la ville une belle fontaine qui y est conduite par des aqueducs.

La ville de Meulan est un ancien comté du domaine de France. Il y a un fort, avec quatre tours, dont la principale est nommée la Bastille. Le fort a un gouverneur particulier, qui est M. de la Chesnaye[7].

---

[1] Selon les anciens philologues, *briva* ou *briga*, en basse latinité, signifiait *passage*, ou plutôt *pont*.

[2] Ce n'est pas de Pontoise (*Briva-Isaræ*), mais de Brive-la-Gaillarde (*Briva-Curretia*), que parle Grégoire de Tours dans le passage (liv. VIII, x) auquel il est fait allusion ici. L'erreur vient peut-être de ce que le rédacteur du Mémoire a confondu les deux articles, qui sont voisins l'un de l'autre dans la *Notitia Galliarum*, de Valois, p. 100 et 101. Elle est d'ailleurs explicable en ce sens que Pontoise, comme Brive, possédait une église de Saint-Martin, centre primitif de la ville, et que les Normands détruisirent en 883 le premier château bâti à côté de cet édifice.

[3] Engagiste du domaine de Pontoise et abbé de Saint-Martin. Voyez plus haut, p. 72.

[4] On compte aujourd'hui 58 kilomètres.

[5] Secousse, *Hist. de Charles le Mauvais* (1755), p. 321.

[6] Lisez : 14 mars.

[7] Jean-Baptiste de la Chesnaye, grand écuyer tranchant et porte-cornette blanche de France, gentilhomme de la chambre du Dauphin et son favori. Il avait en ce gouvernement du fort de Meulan en 1659.

M. le duc de Sully[1] est bailli et gouverneur de Mantes. Cette charge est dans sa maison depuis M. le duc de Sully, surintendant des finances[2].

MONTFORT.

La ville de Montfort est à neuf lieues de Paris[3].

Elle est signalée dans l'histoire par la valeur et les hauts faits de ses comtes, entre autres de Simon, comte de Montfort-l'Amaury, qui porta les armes en la Terre-Sainte, contre les Sarrasins, et qui défit les hérétiques albigeois en Languedoc. Il avait épousé Alice de Montmorency. Montfort-l'Amaury, son fils, qui prit le titre de duc de Narbonne, fut fait connétable de France par le roi saint Louis, en 1231. Ayant été envoyé en Orient pour le secours de la Terre-Sainte, il fut pris dans un combat donné devant la ville de Gaza et emmené prisonnier à Babylone. En 1241, il fut délivré, et, revenant en France, il mourut à Otrante, et fut enterré dans l'église de Saint-Pierre de Rome[4].

Le nom d'Amaury a été joint à celui de Montfort[5] par Amaury, qui était fils naturel du roi Robert[6], auquel ce prince avait donné la ville et comté de Montfort, dont les descendants ont longtemps possédé ce comté.

Dans l'élection de Montfort, il y a encore la petite ville de Houdan, sur la rivière de Vègre; elle est frontière de la Beauce.

M. le duc de Montfort[7] est bailli et gouverneur des villes du duché, par la nomination de M. le duc de Chevreuse[8], son père.

DREUX.

La ville de Dreux est située sur la petite rivière de Blaise.

Elle est d'une très-ancienne fondation; on tient qu'elle a été bâtie par Druis, quatrième roi des Gaules, l'an 443 après le déluge, et l'an du monde 1984[9], lequel en fit appeler les habitants *Druides*, d'où ces anciens prêtres et sacrificateurs du paganisme dans les Gaules, dont parle Jules-César dans ses *Commentaires*, ont pris leur nom[10]. C'était à eux seulement

---

[1] Voyez ci-dessus, p. 125, note 2.

[2] Le célèbre ministre de Henri IV, qui gouverna les finances de 1599 à 1610, et mourut en 1641.

[3] On compte aujourd'hui 45 kilomètres.

[4] Cet article est conforme à celui que le P. Anselme a consacré à ce connétable dans l'*Histoire des grands officiers*, 1re édition (1674), t. II, p. 21.

[5] Voir H. de Valois, *Notitia Galliarum*, p. 348.

[6] A. du Chesne avait déjà démenti cette tradition, venue d'une lacune du manuscrit du continuateur d'Aimoin. D'après Orderic Vital, Amaury était fils de Guillaume de Hainaut et d'une dame d'Épernon et de Montfort.

[7] Honoré-Charles d'Albert, duc de Chevreuse-Montfort (1669-1704), avait succédé à son père comme capitaine-lieutenant des chevau-légers de la garde, et mourut prématurément, dans les guerres d'Italie. Saint-Simon, son intime ami, a fait de lui un éloge très-touchant (*Mémoires*, t. IV, p. 142 et 143).

[8] Charles-Honoré d'Albert, duc de Chevreuse et de Luynes, chevalier des ordres, gouverneur de Guyenne, etc.; mort le 5 novembre 1712. Il est bien connu pour sa liaison intime avec Fénelon et le duc de Bourgogne.

[9] On lisait de même, dans les *Antiquités de la ville de Pontoise*, qu'elle avait été bâtie mille ans après le déluge, par Moïse Belgius, quatorzième roi ou général des Gaules et premier gouverneur du Vexin français. D'autres croyances faisaient remonter «le premier plan et les premiers desseins de la ville de Sens à Samothez, ce premier roi des Gaules qui régnait cent quarante ans avant le déluge, cinq cent vingt-neuf ans avant la fondation de Troie.» (Du Chesne, *Antiquités des villes de France*, t. I, p. 313.)

[10] Le rédacteur du Mémoire peut avoir pris cette fable, assez en vogue d'ailleurs, dans les annotations publiées, en 1645, par Jean du Lorens, sur la *Coutume de Dreux*, et ce commentateur s'était sans doute aidé du faux Bérose, Annius de Viterbe. Mais il est étonnant que le rédacteur ait persisté dans une pareille étymologie, alors que Valois y avait déjà substitué celle de *Durocassæ*, *Drocæ*.

qu'il appartenait de faire les sacrifices publics et particuliers, d'expliquer aux peuples les points et articles de la religion; et lorsqu'il survenait quelque procès ou différend entre les citoyens, ils étaient constitués juges, et ceux qui refusaient de s'en tenir à leurs décisions étaient réputés infâmes, et ils étaient interdits de l'usage des sacrifices, qui était la plus grande peine dont ils pouvaient être punis. Chaque année ils s'assemblaient en quelque ville pour tenir les états généraux et régler les affaires les plus importantes du royaume. Ils choisissaient les lieux les plus environnés de bois, et ils adoraient les vieux chênes, à cause qu'ils estimaient que vivre longtemps est signe d'immortalité. Leurs sacrifices étaient de différentes sortes, selon la diversité des dieux auxquels ils sacrifiaient. Ils en faisaient un tous les ans d'un homme qu'ils engraissaient; ensuite, ayant fait et jeté sur lui toutes sortes d'imprécations, ils le sacrifiaient à Mercure, croyant que, par cette victime, tout le peuple était purifié et nettoyé de tous péchés. Ces philosophes se rendirent si recommandables, que leur réputation s'étendit jusque dans la Grèce: les Athéniens députèrent vers eux pour les prier d'envoyer à Athènes un d'entre eux pour enseigner la philosophie et leur établir des lois. Ils y envoyèrent un druide célèbre, nommé Croto, qui a donné son nom à une grande forêt qui est entre la ville de Dreux et le bourg d'Anet, et que l'on appelle encore aujourd'hui la forêt du Crotois. L'empereur Claudius, connaissant le crédit et l'autorité qu'ils avaient sur la noblesse et sur le peuple, appréhendant qu'ils ne portassent les Gaules à secouer le joug des Romains, leur ôta, suivant le rapport de Suétone[1], l'usage des sacrifices, l'administration de la justice, et leur défendit d'enseigner la philosophie et d'assister à aucune assemblée de noblesse ou de peuple: ces défenses leur ôtèrent tout exercice de la religion et des lois, en sorte que depuis ce temps leur crédit est tombé, et qu'il n'a plus été fait mention d'eux.

La ville de Dreux n'est pas seulement recommandable par l'antiquité de sa fondation, par la réputation de ses anciens philosophes, et parce qu'elle a été autrefois l'apanage des fils de France, comme il sera observé ci-après[2], mais encore parce que Robert, fils du roi Louis le Gros, eut le comté de Dreux en 1137, qu'il fut la tige des comtes de ce nom, et que la branche des ducs de Bretagne en est sortie; et par la fameuse bataille de Dreux, qui fut donnée à ses portes, le 18 décembre 1562, sous le règne de Charles IX, entre l'armée des catholiques, commandée par le connétable de Montmorency, le maréchal de Saint-André et le duc de Guise, appelés les Triumvirs, et celle des protestants, commandée par le prince de Condé et l'amiral de Coligny et d'Andelot, son frère, dans laquelle la victoire demeura aux catholiques, et où le prince de Condé fut fait prisonnier. En 1593, le roi Henri le Grand la prit après un siège de dix-huit jours. Cette ville était alors très-forte, ayant un château sur la montagne, lequel depuis a été ruiné.

ÉTAMPES.

Le bailliage d'Étampes est en contestation, pour le gouvernement, entre le gouverneur de l'Île-de-France et celui d'Orléans. Celui de l'Île-de-France est en possession d'envoyer les ordres pour les troupes, et celui d'Orléans pour l'arrière-ban; à l'égard des ordres pour les *Te Deum*, feux de joie, publications de paix et autres semblables, on les reçoit des deux côtés.

---

[1] *In Tib. Cl. Cæsare*, cap. xxv. — [2] Ch. IV, tit. I, *Domaines*.

La ville d'Étampes, en Beauce, sur la rivière de Juisnes, est à quatorze lieues de Paris et à égale distance d'Orléans; elle est enfermée de montagnes presque de tous côtés.

La Beauce est abondante en blé froment, c'est pourquoi on l'appelle le grenier de Paris; mais elle est stérile en vignes, prés, forêts, bois, rivières, montagnes et fontaines; c'est ce qui a fait dire à un poëte ancien:

Belsia triste solum, cui desunt bis tria solum,
Fontes, prata, nemus, lapides, arbusta, racemus[1].

Cette sorte de stérilité est causée par une sorte de pierre qui y croît, et qu'on appelle *tuf*. Les puits y sont fort profonds, parce que le pays est haut et élevé, ce qui oblige les habitants de conserver l'eau de pluie dans des mares profondes et des citernes.

Cette ville fut érigée en comté par le roi Charles IV, l'an 1327, en faveur de Charles d'Évreux, son cousin; elle revint ensuite à la couronne. Le roi Charles VII, en l'année 1421, étant alors régent du royaume, en fit don à Richard, duc de Bretagne, lequel il ratifia, étant parvenu à la couronne, en l'année 1425. Ce don fut confirmé par le roi Louis XI en faveur de François II, fils de Richard, par lettres patentes du mois d'octobre 1465, qui furent registrées au parlement le 23 novembre ensuivant.

En 1513, le comté d'Étampes ayant été réuni à la couronne, après le décès de Gaston de Foix sans hoirs mâles, qui fut tué à la bataille de Ravennes, le 11 avril 1512, le roi Louis XII en fit don à la reine Anne, sa femme, et aux enfants qui naîtraient d'eux.

En 1536, le roi François Ier l'érigea en duché, par lettres patentes du mois de janvier, qui furent registrées au parlement le 18 du même mois, en faveur de Jean de la Brosse[2], qu'il avait marié à Anne de Pisseleu, de la maison d'Heilly en Picardie. Cette dame avait beaucoup de part aux bonnes grâces du roi: ce prince en était devenu passionné dans un voyage que fit Mme la Régente, dont elle était fille d'honneur, sur les frontières d'Espagne, allant au-devant du roi son fils, peu après qu'il fut sorti de prison. Elle s'appelait alors Mlle d'Heilly. Son nom est connu dans l'histoire. Elle mourut sans postérité.

MELUN.

La ville de Melun, sur la rivière de Seine, à deux lieues[3] de Fontainebleau, est fort ancienne.

On prétend qu'elle a servi de modèle pour bâtir celle de Paris, à cause que la Seine, qui y passe, y sépare la ville en trois parties: l'une, du côté de la Brie, appelée *la Ville*, où est l'église collégiale de Saint-Aspaïs; celle de l'île, appelée *la Cité*; et celle au delà des ponts, vers le Gâtinais.

C'était anciennement un proverbe dans le pays: «Après Melun, Paris.»

On y voit les anciens vestiges d'un temple qui fut dédié à la déesse Isis[4]. César en parle souvent et l'appelle *Melodunum*[5].

Elle a ses comtes et vicomtes particuliers.

---

[1] Ces vers sont cités par Papire Masson, dans sa *Descriptio fluminum*, p. 51; il ajoute: «Nescio cujus poetæ.»

[2] Jean de Brosse, dit de Bretagne, à qui ce mariage valut, outre son duché, le gouvernement de Bretagne.

[3] On compte aujourd'hui 16 kilomètres.

[4] Piganiol, dans sa *Nouvelle description de la France*, t. III, p. 112, dit qu'il reste encore les quatre murailles de ce temple, en carré long.

[5] C'est César, *De bello Gallico*, liv. VI, LVIII, qui a comparé la situation de Melun à celle de Paris: «Melodunum est oppidum Senonum in insula Sequanæ positum, ut paulo ante Lutetiam diximus.»

GOUVERNEMENT DE L'ÎLE-DE-FRANCE.   135

Elle a été assiégée et prise plusieurs fois par les Anglais et le duc de Bourgogne : les Anglais la prirent par famine en 1419[1]. Ils la possédèrent pendant dix années, et, vers Pâques de l'année 1429[2], les habitants s'en rendirent maîtres, les en chassèrent et y reçurent les troupes du roi Charles VII, lequel, en reconnaissance, leur accorda plusieurs beaux priviléges, par lettres patentes du dernier février 1432[3]. Il s'y est passé plusieurs choses mémorables qui sont rapportées dans l'histoire de Melun faite par M. Sébastien Rouilliard, avocat[4].

M. de la Riotterie[5] est gouverneur et bailli de Melun.

Dans l'élection, avec la ville de Melun, il y a encore celles de Fontainebleau, Milly et la Ferté-Aleps[6]. On parlera ci-après de la maison royale de Fontainebleau[7].

NEMOURS.

La ville de Nemours est située sur la rivière de Loing, à dix-huit lieues de Paris.

Elle a eu premièrement ses seigneurs, ensuite ses comtes, jusqu'en l'année 1404, que le roi Charles VI l'érigea en duché-pairie, dont l'histoire sera rapportée ci-après[8].

Le gouverneur de la ville et duché de Nemours est M. de Montliart, marquis de Rumont[9].

Outre la ville de Nemours, il y a encore dans l'élection les villes de Pont-sur-Yonne et Courtenay.

VILLES DES ENVIRONS DE PARIS.

Saint-Denis, Versailles, Saint-Germain, Poissy, Lagny, Corbeil.

SAINT-DENIS.

La ville de Saint-Denis-en-France, à deux lieues de Paris, n'était anciennement qu'une masure appelée la *Voie de Catulle*, où furent mis les corps de saint Denis, de saint Rustique et saint Éleuthère, ses compagnons. Le roi Dagobert, premier du nom, leur fit bâtir cette belle église qui s'y voit, où il fit transporter le corps de ces saints et les fit mettre dans des châsses d'argent, où ils reposent[10]. Ensuite il fit bâtir la ville, qui a été fort augmentée par Suger, abbé de Saint-Denis, l'an 1141[11].

Cette église est le mausolée royal où sont inhumés la plupart des rois, reines, princes et princesses de France, qui y ont des tombeaux magnifiques de marbre, porphyre et bronze. Ils ont doté cette abbaye de grands

---

[1] Le 17 novembre 1420.
[2] 1430, nouveau style.
[3] *Ordonnances des rois de France*, t. XIII, p. 183.
[4] Mort en 1639. Son livre avait paru en 1628.
[5] François Riotte de la Riotterie, pourvu le 12 juin 1694, portait les titres de gouverneur et grand bailli d'épée de Melun.
[6] Aujourd'hui on écrit plus communément : *la Ferté-Alais*; c'est du moins l'orthographe officielle du *Dictionnaire des Postes*.
[7] A la fin du Mémoire, article des Maisons royales.
[8] Au même article.
[9] Pierre de Montliart.
[10] Comparez l'article CATOLACUM de la *Notitia Galliarum* (p. 140) : «*Catolacum vel vicum Catolacensem* liber de Vita B. Genovefæ vocat; *Catulliacum* Gesta Dagoberti, vicum suburbanum agri Parisiaci in vi° ab urbe lapide positum; *vicum Catubacum* Aimoinus, in lib. IV, in quo Dionysius, Parisiorum episcopus et martyr, sepultus est cum Rustico presbytero et Eleutherio diacono : ubi Dagobertus, Francorum rex, monasterium clarissimum extruxit ditavitque, et basilicam tumulo martyrum magnificentissimam circumdedit.....»
[11] Le manuscrit porte : 641.

revenus et lui ont accordé de beaux priviléges, qui sont rapportés dans les *Antiquités et recherches de Saint-Denis*, recueillies par le père Doublet, religieux de cette abbaye, imprimées à Paris en l'année 1625.

VERSAILLES.

Versailles est un château royal dont il sera parlé ci-après, aux Maisons royales.

La ville a été bâtie pour loger les princes et les seigneurs de la cour qui y ont leurs hôtels, les officiers domestiques de la maison du roi, et une multitude de peuple qui est à la cour pour son service. Il y a une belle église, qui est la Paroisse, et un couvent de Récollets. Il y a quantité d'hôtelleries pour y recevoir les étrangers que la curiosité y attire, et pour ceux qui ont des affaires au Conseil.

SAINT-GERMAIN-EN-LAYE.

Saint-Germain-en-Laye est une petite ville à quatre lieues de Paris, située sur la Seine, et qu'on prétend avoir tiré son nom du célèbre évêque d'Auxerre, saint Germain, qui vivait dans le ve siècle[1]. Les prélats de France l'envoyèrent en Angleterre, l'an 429, avec Loup de Troyes, pour y maintenir la religion contre les hérésies de Pélage et de Célestius, ce qu'ils exécutèrent glorieusement.

Cette ville est célèbre par le séjour des rois et par son magnifique château, dont il sera parlé ci-après[2].

POISSY.

La ville de Poissy, à six lieues de Paris, est des plus anciennes du royaume. Elle est située sur le bord de la Seine, au bout de la forêt de Saint-Germain-en-Laye. Les auteurs latins la nomment *Pissiacum*[3].

C'était anciennement le séjour de nos rois, qui y avaient un beau château; mais depuis que celui de Saint-Germain-en-Laye fut bâti, ils n'y firent plus leur demeure. L'histoire remarque que le roi Charles le Chauve y tint son parlement l'an 868[4]. Cette ville est célèbre par la naissance du roi saint Louis, qui fut le 24 avril 1215, pour quoi il se nommait quelquefois Louis de Poissy[5].

Le roi Philippe le Bel, son petit-fils, pour honorer la mémoire de ce saint roi et en transmettre la vénération à la postérité, après avoir pris soin de sa canonisation, qui fut faite par le pape Boniface VIII, l'an 1297, fit ériger et bâtir sous son invocation une magnifique église et un monastère de religieuses de l'ordre de Saint-Dominique, qu'il fonda et dota de grands revenus, en l'année 1304[6]. On a remarqué qu'il fit bâtir l'église au même lieu où était le château, et que le grand autel fut posé au même endroit où était le lit de la reine Blanche lorsqu'elle accoucha du roi saint Louis; ce qui est cause que cette église n'est pas orientée comme elle devrait être. Ce prince n'ayant pu achever ce grand édifice, il le re-

---

[1] Hadrien de Valois (*Notitia*, p. 266, v° LEDIA SILVA) avait prouvé au contraire, d'après l'auteur de la *Vie du roi Robert*, que le patron de cette ville était saint Germain de Paris.

[2] A l'article des Maisons royales.

[3] H. de Valois (*Notitia*, p. 450) préférait l'appellation de *Pinciacum*, venant de *Pincius*, mais citait cependant un passage de la *Vie du roi Robert* disant : « *Pisciacum, sedem regalem supra Sequanam positam*, etc. »

[4] Confusion avec *Pictæ* (Pitres, dép. de l'Eure), où Charles le Chauve avait un palais et tint une diète en 868.

[5] Ce fait fut contesté à partir de 1735, et a été depuis lors l'objet de nombreuses dissertations.

[6] Sur les donations testamentaires de Philippe le Bel, voir un article de M. Douët d'Arcq, dans la *Revue des Sociétés savantes*, juillet 1876, p. 278 et 279.

commanda par son testament à ses successeurs, en sorte qu'il ne fut achevé que l'an 1330, par le roi Philippe de Valois.

Depuis, ce saint lieu a toujours été en grande vénération, et ce monastère a souvent été gouverné par des princesses du sang royal. Plusieurs de nos rois, princes et princesses y ont leur sépulture. En l'année 1687, Mme de Chaulnes[1], prieure de cette maison, faisant réparer le chœur où chantent les religieuses, on trouva dans un petit caveau une manière d'urne d'étain, posée sur des barres de fer, dans laquelle étaient enveloppés d'une étoffe or et rouge, non consommée, deux petits plats d'argent, avec cette inscription sur une lame de plomb : « Cy gist le cœur du roy Philippes le Bel, fondateur de ceste abbaye, qui trépassa à Fontainebleau, le vingt-neuf novembre 1314[2]. » Il s'y trouva aussi plusieurs autres tombeaux de princes et princesses du sang royal de France.

Le tonnerre tomba sur cette belle église le 21 juillet 1695, et consuma en moins de douze heures le comble avec le beau clocher de plomb, qui avait quarante-cinq toises de hauteur. C'est une perte qui ne peut être réparée que par les bontés et les libéralités du roi[3].

Ce lieu est encore recommandable par le fameux colloque de Poissy, tenu l'an 1561, où se trouvèrent le roi Charles IX, la reine Catherine de Médicis, sa mère, six cardinaux et trente-six archevêques et évêques, et les fameux ministres Théodore de Bèze, Pierre Martyr et Augustin Marlorat[4].

LAGNY.

La petite ville de Lagny, en Brie, est ainsi appelée à cause du commerce de laines qui s'y faisait anciennement[5]. Les auteurs latins la nomment *Latiniacum*. Elle est située sur la Marne, à sept lieues au-dessus de Paris.

L'empereur Louis le Débonnaire y tint son parlement l'an 835, où il ordonna la réparation des églises qui avaient été ruinées durant les troubles[6]. L'an 1432, sous le règne de Charles VII, les Anglais l'assiégèrent, étant

---

[1] Voyez ci-dessus, p. 36, l'article du prieuré de Poissy.

[2] Cette inscription est très-inexactement rapportée. Comparez l'article Poissy du dictionnaire de la Martinière, ou celui de Piganiol de la Force, t. IX, p. 235. Dans l'article publié, au moment même de la découverte, par le *Mercure galant*, septembre 1687, p. 309-311, le texte est ainsi rapporté : «Ci-dedans est le cœur du roi Philippe, qui fonda cette église, qui trépassa à Fontainebleau, la veille de Saint-André, l'an 1314.»

[3] Mme de Chaulnes écrivit au contrôleur général, le 29 juillet 1695 : «M. de Laistre, à qui nous avons fait voir le reste de notre triste accident, vous en rendra compte, Monsieur. Nous avons vu ce grand monument de la piété de Philippe le Bel détruit en moins de trois quarts d'heure par le feu du ciel. Il vous fera voir, par le mémoire que je lui ai mis dans les mains, la grandeur de notre fondation et vous entretiendra de l'impuissance où nous sommes de mettre des corps saints, sacrés et illustres à l'abri de ce qui en pourrait arriver par les méchantes saisons. Ma communauté et moi, nous demandons, Monsieur, l'honneur de votre protection dans cette occasion, et de me faire celui de me croire avec respect, etc.» (Arch. Nat., G⁷ 428.) A cette lettre est joint le mémoire que nous avons déjà indiqué, p. 36, note 8.

[4] Sur Poissy, voir quelques notes réunies dans les Papiers Florimond, carton K 1242, 2ᵉ liasse. Sébastien Rouillard avait publié, dès 1609, une notice sur les antiquités de cette ville, dans sa *Parthénie ou Histoire de l'église de Chartres*; mais le rédacteur du Mémoire semble plutôt s'être servi d'un recueil de pièces sur le monastère de Poissy qui parut à la suite de l'incendie de 1695, ou de l'article publié alors par le *Mercure*, août 1695, p. 167-172.

[5] H. de Valois (*Notitia Galliarum*, p. 420 et 421) ne parle point de cette étymologie, qui est inadmissible.

[6] Confusion avec *Attiniacum*, Attigny, dans les Ardennes, où était un palais royal, et où se tinrent plusieurs diètes, une entre autres au mois de novembre 834.

commandés par le duc de Bedfort; le roi y envoya du secours qui fit lever le siége. Le 7 septembre de l'an 1590, elle fut assiégée et prise par le duc de Parme; les troupes du roi, commandées par le maréchal d'Aumont, n'ayant pu arriver assez à temps pour la secourir, elle fut ruinée [1].

Pierre d'Orgemont, premier président au parlement de Paris et chancelier de France, était de Lagny [2].

CORBEIL.

Corbeil, petite ville dans le pays de Hurepoix, est située à six lieues au-dessus de Paris et à quatre au-dessous de Melun, sur la rivière de Seine, qui y reçoit la Juisnes, dite la rivière d'Étampes.

C'est un ancien comté, qui a eu ses comtes particuliers dans les xe et xie siècles; il fut réuni à la couronne par le roi Louis le Gros, et depuis il a toujours été du domaine [3].

Ingeburge, reine de France, femme du roi Philippe-Auguste, mourut à Corbeil, l'an 1236; elle a son tombeau dans le prieuré de Saint-Jean, de l'ordre de Malte [4].

L'an 1418, le duc de Bourgogne l'avait assiégée, lors du mariage du roi Charles VI avec Isabelle de Bavière; le secours que le roi y envoya lui fit quitter cette entreprise [5].

En 1562, les huguenots l'attaquèrent, durant les guerres de la religion; elle fut courageusement défendue par les catholiques [6].

La ville de Limours a un gouverneur, capitaine et concierge du château et capitaine des chasses; c'est M. de Lamoignon, comte de Courson [7].

Il y a dans l'étendue de ce gouvernement quatorze cent vingt-huit paroisses et deux mille sept cent cinquante-quatre hameaux dépendants de la généralité de Paris.

---

[1] Sur l'état de ses anciennes fortifications et de ses fossés, en 1712, voir un rapport du frère Romain, en date du 21 décembre 1712, dans les Papiers du Contrôle général, G⁷ 439.

[2] Il fut chancelier de 1373 à 1380.

[3] Voyez les *Antiquités de la ville, comté et châtellenie de Corbeil*, de la recherche de Jean de la Barre, 1647.

[4] Voyez ci-dessus, p. 113.

[5] Ce fut en octobre 1417 que le duc de Bourgogne assiégea Corbeil. Il dut quitter le siége pour aller à Tours délivrer la reine Isabeau de Bavière; mais Corbeil se rendit après la prise de Paris par les Bourguignons, en mai 1418.

[6] Comparez ces trois derniers paragraphes à l'article de Corbeil dans les *Antiquités et recherches des villes... de France*, par André du Chesne (1668), t. I, p. 219.

[7] Guillaume-Urbain de Lamoignon-Bâville, comte de Courson, fils du célèbre Bâville, né le 29 octobre 1674, mort le 12 mars 1742. Il était conseiller au parlement de Paris depuis 1692, devint maître des requêtes en 1698, passa en 1704 à l'intendance de Rouen, puis, en 1709, à celle de Bordeaux, s'y acquit une très-fâcheuse réputation, et néanmoins obtint une place de conseiller d'État en 1716 et fut nommé conseiller au Conseil royal des finances en 1730. Son père, bailli d'épée du comté de Limours depuis 1668, gouverneur, capitaine des chasses et gruyer depuis 1669, lui avait fait donner la survivance de ces charges en 1689.

GOUVERNEMENT DE CHAMPAGNE ET BRIE.

VILLES PRINCIPALES.

Meaux, Provins, Rozoy, Coulommiers, Nogent-sur-Seine, Montereau-faut-Yonne, Moret, Sens, Villeneuve-le-Roy, Joigny, Saint-Florentin, Tonnerre et Vézelay.

MEAUX.

La ville de Meaux, capitale de Brie, a titre de comté. Elle a eu autrefois ses comtes particuliers; *comte de Troyes et de Meaux* était le titre des puînés de Champagne. Ces pays ont été réunis à la couronne avec le comté de Champagne, comme il sera observé ci-après[1].

Cette ville est située sur la rivière de Marne, à dix lieues de Paris. Ce pays est si agréable et si fertile, que Ptolémée l'appelle *Latium Meldarum*[2], par allusion au *Latium*, qui est le territoire sur lequel Rome est assise, et aux environs de cette ville.

Hildegaire, évêque de Meaux, qui vivait sous Charles le Chauve, a écrit la vie de saint Faron, dans laquelle il fait la peinture de la situation de cette ville en ces termes : *Urbs clarissima, situ loci aptissima, et opibus felicissima, in cujus insulæ spatiosissimo et amœnissimo ambitu circumvircetat flumen Matrona*[3].

Cette situation est aujourd'hui la même, à la réserve de la rivière de Marne, dont le cours a été détourné, en sorte qu'il ne reste plus qu'un ruisseau dans son ancien lit, qui conserve cette île dont il est ici parlé.

Les historiens ont observé deux choses remarquables qui se sont passées à Meaux[4] : la première, que, sous le règne de François Ier, deux artisans, émissaires de Calvin, y semèrent son hérésie[5]; l'autre, que le roi Charles IX étant à Meaux, les huguenots, commandés par l'amiral Gaspard de Coligny, s'avancèrent vers cette ville, dans le mois de septembre 1567, pour y surprendre la personne sacrée de Sa Majesté, ce qu'ils auraient exécuté, sans l'arrivée de six mille Suisses, avec lesquels le roi sortit de Meaux et vint à Paris. Dans cette marche, les Suisses prirent leur route par Mitry, où il n'y a point de bois, laissant celle de Claye, et marchèrent en bataillon carré, faisant face de toutes parts, le roi au milieu d'eux, avec tant de fermeté et si bonne contenance, que les ennemis n'osèrent les attaquer.

La ville de Meaux, qui avait suivi le parti de

---

[1] Voyez ci-après, p. 140 et 141.

[2] Le rédacteur du Mémoire a la *Latium* au lieu de *Jatium Meldarum*. Voyez Ptolémée, liv. II, ch. VIII; H. de Valois, p. 330, et dom T. du Plessis, *Histoire du diocèse de Meaux*, t. I, p. 611.

[3] Voyez le texte dans les *Acta ordinis Sancti Benedicti*, éd. de 1679, IIe siècle, p. 611.

[4] Boulainvilliers rappelle ici deux autres faits. « Le siège du marché de Meaux par les paysans révoltés qu'on nommait *Jacquiers*, est, dit-il, un des principaux événements de l'histoire de cette ville. Il arriva pendant la prison du roi Jean : les communes de France s'étant mis dans la tête que la noblesse n'avait pas fait son devoir dans les batailles qu'elle avait perdues contre les Anglais, le péril des trois reines qui y étaient renfermées attira en foule la noblesse pour combattre les révoltés; ils y furent entièrement défaits, et les princesses délivrées. Les Anglais s'emparèrent de cette ville en 1419, et comme c'était un poste considérable, ils en devinrent beaucoup plus forts. »

[5] Voyez ci-dessus, p. 76 et 77, l'article de Guillaume Briçonnet, évêque de Meaux.

la Ligue, a été la première qui soit rentrée dans l'obéissance du roi Henri IV[1], par les sages conseils de Louis de Vitry de l'Hospital, son gouverneur.

Le roi Henri II érigea la ville de Meaux en comté, et en fit don à la reine pendant sa vie, par brevet du 1ᵉʳ juillet 1558, qui fut registré au parlement le 7 septembre[2] ensuivant, à cause de la terre de Monteeaux, qui en est proche, laquelle lui appartenait en propriété[3].

M. le chevalier de Rhodes[4] est gouverneur de la ville de Meaux.

Dans cette élection, outre la ville de Meaux, il y a encore celles de Crécy et de la Ferté-sous-Jouarre.

PROVINS.

Provins, à vingt-deux lieues de Paris, sur la petite rivière de Voulzie, est une des plus anciennes villes de France. Il en est fait mention dans les plus vieilles chroniques, dans les anciens cartulaires et dans les archives de plusieurs églises métropoles. Son nom, en latin, est *Provinum*[5]. Quelques-uns l'ont pris pour l'*Agendicum*[6] des anciens[7]; mais d'autres veulent que ce soit Sens. César y tenait une légion qui était commandée par un tribun, dans le château qui est bâti sur la montagne qui fait aujourd'hui partie de la ville haute[8].

Cette ville a été gouvernée par les rois de France depuis l'établissement de la monarchie jusqu'au règne de Hugues-Capet, lequel, pour s'affermir sur le trône et pour se maintenir dans la possession du royaume, érigea plusieurs provinces en duchés et comtés[9] et y établit des lieutenants de roi pour y commander sous son autorité, lesquels, après lui, en jouirent à titre d'hérédité et en pleine propriété. La ville de Provins, de même que plusieurs autres villes des comtés de Brie et Champagne, eut les siens, dont il y eut deux races : la première, de l'ancienne maison de Vermandois, et l'autre, de la maison de Blois et de Chartres, lesquels l'ont gouvernée pendant trois cent vingt années[10].

Les comtés de Champagne et Brie ont été réunis à la couronne par le mariage de Philippe le Bel[11], en 1284, avec Jeanne, reine de

---

[1] Ce fut en effet la première ville qui se soumit après la conversion du roi; elle ouvrit ses portes le 24 décembre 1593.

[2] Lisez : 6 septembre.

[3] Voyez ci-après, à l'article des Maisons royales.

[4] Sans doute Henri Pot de Rhodes, chevalier de Malte et capitaine de vaisseau, frère cadet du marquis de Rhodes, qui s'était démis en 1684 des fonctions de grand maître des cérémonies, exercées successivement par plusieurs membres de cette famille.

[5] Ou plutôt *Pruvinum*.

[6] Ou plutôt *Agedincum*.

[7] Cette opinion, soutenue par Raymond de Marliano, était rejetée par Scaliger, en ces termes : « *Agendicum*, la ville de Sens; *non autem* Provins, *ut stulti putant*. » Voyez la *Notitia Galliarum*, p. 7 et 459; les *Antiquités des villes de France*, de du Chesne, t. I, p. 347-349; l'*Histoire de Provins*, de Bourquelot, t. I, p. 44-64, et le *Cartulaire général de l'Yonne*, de M. Max. Quantin, t. II, préface, p. XLI. On a récemment découvert à Sens une inscription où figure le nom d'AGEDI.

[8] *De bello Gallico*, liv. VI, XLIV. — Le château dont il est parlé ici ne date que du moyen âge.

[9] Voyez plus loin, p. 170, ce que le Mémoire dit de l'origine de la hiérarchie féodale.

[10] Ce chiffre n'est établi sur aucun calcul sérieux. Voyez l'*Histoire de Provins*, de Bourquelot.

[11] Boulainvilliers ajoute ici : « On voyait autrefois dans le château de ce lieu d'anciens vers écrits contre la muraille d'une galerie, qu'on croit avoir été l'ouvrage d'un comte de Champagne, amoureux de la reine Blanche, mère de saint Louis. La plupart de ses comtes y ont fait leur séjour, ce qui a donné lieu à son accroissement...... Enfin, pour dernière singularité, les voyageurs nous assurent que sa situation a beaucoup de rapport avec celle de Jérusalem. »

Navarre, comtesse de Champagne et Brie, fille et unique héritière de Henri III, dernier comte de Brie et Champagne et aussi dernier roi de Navarre de sa maison. Son cœur repose dans l'église des religieuses Cordelières de Provins[1].

Pendant que ces comtes ont été souverains de la ville de Provins, ils lui ont accordé plusieurs beaux priviléges. Ils y ont fondé plusieurs églises et monastères; presque tous ceux de la ville sont de ce temps-là. Ils faisaient battre monnaie, qui avait cours dans toute l'Europe; il y en a quelques espèces dans le Cabinet du Roi[2].

Provins n'était d'abord composé que de la ville haute, qui était une place forte; elle fut augmentée de la ville basse, depuis l'érection des comtés en hérédité et le séjour ordinaire des comtes de Brie et Champagne, qui y avaient leur palais. Cette augmentation la rendit si considérable, qu'elle allait de pair avec les meilleures villes du royaume. Ses habitants s'appliquèrent à une manufacture de draps, qui avait tant de succès qu'il y avait jusqu'à deux mille métiers battants; et on tient par tradition que, quand les Anglais se retirèrent du royaume, ils emmenèrent de cette ville plusieurs ouvriers en laine, qui leur ont donné le secret des draps d'Angleterre[3].

Dans le dernier siècle, elle fut assiégée par les huguenots, qui furent obligés de lever le siége.

ROZOY.

Rozoy est une petite ville dans la Brie, distante de Paris de douze lieues, et qui n'est considérable que par le grand passage des troupes.

Il n'y a aucun lieutenant de roi, ni de gouverneur particulier dans cette élection, dans laquelle il n'y a de villes que Rozoy et Nangis.

COULOMMIERS.

La ville de Coulommiers est à seize lieues de Paris. Elle est située dans un fond environné de montagnes de toutes parts, qui la rendent d'un accès difficile. Feu M. le duc d'Estrées[4], en qualité de gouverneur de l'Île-de-France, avait prétendu que cette ville et le bailliage de Coulommiers étaient de son gouvernement; M. le prince de Soubise[5], en qualité de gouverneur de Champagne, soutint le contraire. Cette contestation fut décidée au Conseil du roi en faveur du gouvernement de Champagne[6].

L'histoire du château de Coulommiers sera rapportée ci-après[7].

Il y a, outre la ville de Coulommiers, celle de la Ferté-Gaucher qui est de cette élection.

---

[1] Voyez ci-dessus, p. 55, l'article de l'abbaye du Mont-Sainte-Catherine de Provins. Jeanne de Navarre mourut le 2 avril 1304.

[2] *Notitia Galliarum*, p. 459. — Le Cabinet du Roi était une dépendance du Cabinet des livres ou Bibliothèque du Roi; on y avait réuni les médailles et autres raretés antiques qui ont formé le premier fonds du Cabinet des Antiques, aujourd'hui annexé à la Bibliothèque Nationale. La collection, d'abord installée au Louvre, avait été transportée au château même de Versailles après la mort de Louvois, et disposée dans un cabinet voisin de l'appartement du roi; Louis XIV y faisait lui-même de fréquentes visites et ne cessait d'ordonner de nouvelles acquisitions.

[3] Voyez l'article de Provins dans le titre V du chapitre IV, *Commerce*.

[4] Voyez ci-dessus, p. 123, note 9.

[5] Voyez ci-dessus, p. 126, note 3.

[6] Ordonnance royale du 27 septembre 1693.

[7] A l'article des Maisons royales.

NOGENT-SUR-SEINE.

La ville de Nogent est située sur la Seine, et est distante de dix-huit lieues de Paris. M. le marquis de Chavigny[1] en est gouverneur.

Il y a dans cette élection deux autres petites villes qui sont de même sur la Seine : Bray et Pont. M. de Vivonne est gouverneur de Bray.

MONTEREAU-FAUT-YONNE.

La ville de Montereau est surnommée *Faut-Yonne* à cause du confluent qui s'y fait de la Seine et de l'Yonne, où cette dernière perd son nom[2]. Elle est distante de dix-sept lieues de Paris, et située entre trois provinces : la Brie, la Champagne et le Gâtinais.

Cette ville est remarquable dans l'histoire par la mort de Jean, duc de Bourgogne, qui y fut tué le 10 septembre 1419, en présence de Charles, dauphin de France.

M. de la Salle[3] en est gouverneur, de la création de 1696[4].

MORET.

La ville de Moret est située en Gâtinais, à seize lieues de Paris. Elle appartient par engagement à M. de Caumartin[5], conseiller d'État, intendant des finances, depuis trois ans seulement. Auparavant ce domaine avait été tenu par M. de Vardes, auquel M. le duc de Rohan avait succédé à cause de Mme sa femme, fille de M. de Vardes[6].

La petite ville de Donnemarie est aussi de cette élection.

SENS.

M. de Saint-Mars[7] est bailli et gouverneur de la ville de Sens.

---

[1] Claude-François Bouthillier, chevalier, puis marquis de Chavigny, brigadier et inspecteur général d'infanterie, colonel du régiment d'Auvergne, qui périt le 14 mars 1703, à Guastalla; — ou Gaston-Jean-Baptiste Bouthillier, fils cadet du ministre de Louis XIII, qu'on appelait aussi le marquis de Chavigny, qui était brigadier d'infanterie, et qui mourut le 24 octobre 1718. Celui-ci était engagiste du domaine de Nogent-sur-Seine.

[2] Voyez ci-dessus, p. 4.

[3] Louis de Palutte, écuyer, sieur de la Salle. — L'*État de la France* de 1698, 1699 et 1702 indique comme gouverneur de Montereau M. de Cresnay (Armand-Jean-Baptiste Fortin), qui était maréchal des logis de la première compagnie des mousquetaires, et qui mourut en 1714.

[4] Édit du mois d'août 1696, portant création d'un gouverneur dans chaque ville close du royaume.

[5] Louis-Urbain Le Fèvre de Caumartin, marquis de Saint-Ange et comte de Moret, conseiller au parlement en 1674, maître des requêtes en 1682, avait été pourvu, le 6 avril 1690, d'une des quatre nouvelles charges d'intendant des finances, par le crédit de son cousin germain M. de Pontchartrain, alors contrôleur général, et il était entré au Conseil d'État, comme conseiller semestre, le 15 janvier 1697. Il passa conseiller d'État ordinaire le 10 décembre 1702, conserva ses fonctions d'intendant et la direction d'un des services les plus considérables du Contrôle jusqu'en 1715, et mourut sous-doyen du Conseil le 2 décembre 1720, à soixante-huit ans. Très-érudit, beau parleur, il passait pour un « répertoire fort curieux, » et l'on sait qu'en effet il aida de ses souvenirs le jeune Voltaire, retiré au château de Saint-Ange, en 1716, pour préparer la *Henriade* et le *Siècle de Louis XIV*. Sur le château de Saint-Ange, voir l'article des Maisons royales.

[6] René-François du Bec-Crespin Grimaldi, marquis de Vardes, lieutenant général, capitaine-colonel des Cent-Suisses, chevalier des ordres et gouverneur d'Aigues-Mortes, courtisan célèbre pour ses aventures et ses disgrâces, était mort à Paris, le 3 septembre 1688, à l'âge de soixante-sept ans. Sa fille unique, Marie-Élisabeth du Bec-Crespin Grimaldi de Vardes (1661-1743), avait épousé, le 28 juillet 1678, Louis de Rohan-Chabot, duc de Rohan, pair de France (1652-1727). — Sur l'engagement du domaine de Moret, cédé par ces deux époux à M. de Caumartin, le 14 septembre 1695, voir plus loin le titre 1 du chapitre IV, *Domaines*.

[7] Le gouverneur de la Bastille; voyez ci-dessus, p. 124.

GOUVERNEMENT DE CHAMPAGNE ET BRIE.

La ville de Sens est située sur le confluent de la Vannes et de l'Yonne, à la distance de vingt-quatre lieues de Paris.

Cette ville est très-ancienne : c'était la capitale de la Gaule Celtique, qui comprenait dans son étendue Paris, Melun, Nevers, Auxerre, Provins et plusieurs autres villes. Elle avait ses rois particuliers, qui étaient puissants en honneur et en force, entre lesquels le plus vaillant et le plus renommé a été Brennus, dont on estime qu'est descendue la maison de Brenne[1], en Champagne; lequel, avec une armée de cent cinquante mille hommes de pied et quinze mille chevaux, passa en Italie, entreprit le siége de Rome, qu'il prit et saccagea le 17 juillet, l'an du monde 3450. Après cette expédition, il mena son armée victorieuse, qui était, pour la plus grande partie, composée de Gaulois de Sens, dans la Grèce, où il fit de grandes conquêtes[2]. Pendant le séjour que firent les Gaulois de Sens en Italie, ils y fondèrent deux villes : Senogaglia[3], au duché d'Urbin, et Sienne, en Toscane[4]. Voici les louanges que leur donne Scaliger[5] :

> Quæ Senonum vires, et quanta potentia ferri,
> Trajectæque Alpes captaque Roma docent.

Florus, dans son *Epitome*[6], parlant du siége de Rome fait par les Sénonais, s'explique en ces termes : *Galli Senones, gens natura ferox, ingenti armorum et corporum mole, ad hominum stragem nati videntur*[7].

L'Orateur romain[8] dit que Dieu, par sa souveraine providence, avait séparé l'Italie d'avec la Gaule, par les Alpes, pour empêcher qu'elle ne fût détruite par cette nation farouche et invincible; que les Romains combattaient contre les autres nations pour l'honneur et le butin, mais avec les Gaulois pour la mort ou la vie. C'est dans ce même esprit que Pline, livre III, chapitre IV[9], appelle les Alpes : *Saluberrima a romano imperio juga*[10]. Il en est parlé en plusieurs endroits dans les *Commentaires* de César : dans le livre II, il est dit que César, ayant passé les Alpes avec son armée, apprenant que les Belges ou Flamands conspiraient contre l'empire romain, écrivit à ceux de Sens pour être informé de ce qui se passait chez leurs voisins[11]; et au livre VI, il est dit que César transféra la tenue des États de Sens à Paris[12]. Il observe deux choses des Gaulois, qui ont été remarquées depuis par plusieurs auteurs, en parlant des Français : la

---

[1] *Sic*, pour *Brienne*. — Cette fable, prise sans doute dans l'*Histoire de la ville de Melun*, de Rouilliard (p. 60 et 61), n'avait déjà plus cours à la fin du XVIIe siècle; H. de Valois n'en fait même pas mention en parlant de l'origine du nom de *Brena*. La maison des comtes de Brienne est d'ailleurs bien connue pour avoir donné un empereur à Constantinople, des ducs à Athènes, etc.

[2] Voyez Ét. Pasquier, *Recherches de la France*, liv. I, ch. III; cf. Ammien Marcellin, liv. XV, ch. II, et liv. XVI, ch. III.

[3] *Sic*, pour *Sinigaglia*; en latin, *Senogallia* ou *Sena Gallica*.

[4] Voyez la *Notitia Galliarum*, p. 512, et les *Antiquités des villes de France*, t. I, p. 312-315.

[5] Dans le poëme des *Urbes claræ*, de Jules-César Scaliger.

[6] Liv. I, ch. XIII.

[7] Le texte avait été reproduit beaucoup plus exactement par H. de Valois, p. 512.

[8] Cicéron, dans son discours sur les Provinces consulaires; voyez le texte dans le *Recueil des historiens des Gaules*, de dom Bouquet, t. I, p. 658.

[9] Chapitre V de l'édition Didot.

[10] «Narbonensis provincia appellatur pars Galliarum quæ interno mari alluitur, Braccata ante dicta, nunc Varo ab Italia discreta, Alpiumque vel saluberrimis romano imperio jugis.»

[11] Liv. II, 1 et 2.

[12] Ce n'est pas le sens de ce passage du liv. VI, III : «Concilio Galliæ primo vere, ut instituerat, indicto, quum reliqui præter Senones, Carnutes Trevirosque venissent, initium belli ac defectionis hoc esse arbitratus, ut omnia postponere videretur, concilium Lutetiam Pari-

première, qu'ils sont plus propres à attaquer qu'à défendre[1]; la seconde, que leur franchise et fidélité pour leur chef a toujours été estimée de toutes les nations. Nous en avons des monuments anciens, des médailles battues à Lyon, pour l'empereur Sévère, avec ces mots: *Fides exercitus gallicani*; d'autres, pour l'empereur Posthume: *Fides Aquitanorum*[2].

La reine Cléopâtre et l'empereur Néron ne se servaient que de Gaulois pour leurs gardes du corps.

Ce pays a eu ses comtes particuliers jusqu'au roi Robert, qui prit la ville de Sens en 1005[3].

On fait passer, sur des aqueducs, une partie de la rivière de Vannes dans les rues de la ville de Sens, qui la nettoie et rend toujours nette.

VILLENEUVE-LE-ROY.

La ville de Villeneuve-le-Roy est située sur la rivière de l'Yonne, à quatre lieues environ au-dessus de Sens.

JOIGNY.

La ville de Joigny est située sur le penchant d'une montagne au pied de laquelle passe la rivière d'Yonne, qu'on traverse sur un pont; et au delà il y a un faubourg de la ville.

Cette ville a titre de comté: nous avons des lettres ou chartes du roi Charles VI, du 4 mars 1403[4], par lesquelles le comte de Joigny est appelé le doyen des sept comtes de Champagne, qui sont qualifiés pairs du comté de Champagne, où il est dit que le comte de Joigny assiste auprès du comte de Champagne, quand il tient ses États ou Grands Jours.

SAINT-FLORENTIN.

Avant la réunion de la Champagne à la couronne, la ville de Saint-Florentin était du comté de Champagne; anciennement c'était une forteresse frontière du duché de Bourgogne. Le lieu où est bâtie l'église était un château fort bâti sur une éminence, entouré de fossés revêtus.

L'histoire remarque que, cette ville étant assiégée par les Anglais, qui avaient mis aussi le siège devant la ville de Rouen, le roi délibéra laquelle de ces deux places il irait secourir; et, ayant été depuis brûlée par les Bourguignons, le roi donna le château aux habitants, qui le démolirent, et des démolitions ils en firent bâtir une église.

TONNERRE.

Tonnerre est la ville capitale du pays. Elle

---

siorum transfert. Confines erant hi Senonibus, civitatemque patrum memoria conjunxerant; sed ab hoc consilio abfuisse existimabantur. Hac re pro suggestu pronuncieta, eodem die, cum legionibus in Senones proficiscitur.» (*Recueil des historiens de la Gaule*, t. I, p. 252.)

[1] Voyez, entre autres passages, le paragraphe XIX du liv. III des *Commentaires*.

[2] On possède une médaille portant la légende FIDES ÆQUIT...., mais aucune sur laquelle figure le nom des Aquitains; voyez la *Description des médailles impériales*, par M. Cohen, t. V, p. 18. De même, les médailles portant la légende FIDES ou FIDEI EXERCITUS sont assez

communes; mais l'ouvrage de M. Cohen n'en décrit point du règne de Sévère où figure le mot GALLICANI. On n'en trouve pas davantage dans les deux volumes que Vaillant avait publiés en 1674, sous le titre de: *Numismata imperatorum romanorum præstantiora*. Cependant Occo (1601) et Savot (1627) avaient parlé d'une médaille de Sévère portant cette légende: FIDEI EXERCITUS GALL. Luc.

[3] En l'an 1015, selon l'*Histoire des ducs et comtes de Champagne*, de M. d'Arbois de Jubainville, t. I, p. 185.

[4] 1404, nouveau style. Voyez le recueil des *Ordonnances*, t. VIII, p. 636.

est située sur l'Armançon. C'est un ancien comté, composé de cinq châtellenies ou siéges de ressort. Il a passé en différentes maisons, savoir : en celles de Nevers, de Courtenay, de Gien, de Châtillon, de Bourbon, de Bourgogne, de Châlons, de Husson et de Clermont, par le mariage de Bernardin de Clermont, vicomte de Tallard, avec Anne de Tonnerre, en l'année 1496; et finalement, en celle de Le Tellier, par l'acquisition qu'en fit Mre François-Michel Le Tellier, marquis de Louvois [1], ministre et secrétaire d'État, de Mre François-Joseph, comte de Clermont et de Tonnerre, en l'année 1690.

CHABLIS.

La ville de Chablis est de cette élection. Elle est fort connue par ses bons vins, et plus par la sanglante bataille qui se donna proche ses murs, en l'an 841, entre les quatre fils [2] du roi Louis le Débonnaire. Ces princes étaient partagés : Charles le Chauve et Louis le Germanique, d'un côté; l'empereur Lothaire et Pépin, fils de son frère du même nom, d'un autre. Toutes les forces de la France, tous les grands du royaume et les plus braves chefs combattirent les uns contre les autres; aussi cette action fut très-sanglante. Il y périt plus de cent mille hommes. Depuis l'établissement de la monarchie, on n'a point vu tant de carnage et de sang français répandu en une même journée. Les jeunes frères, Charles et Louis, remportèrent la victoire. Cette bataille est plus connue sous le nom de Fontenay, qui est proche de cette ville, que sous le nom de Chablis.

VÉZELAY.

Vézelay est une petite ville située sur une montagne limitrophe entre les provinces de Bourgogne, Nivernais et Champagne. Elle est célèbre par un concile qui y fut tenu en l'année 1146 [3], où se trouvèrent plusieurs archevêques, évêques et autres grands personnages, dans lequel il fut pris des mesures pour le recouvrement de la Terre-Sainte; et encore par deux croisades qui y furent convoquées, la première par le roi Louis VII, à la sollicitation du pape Eugène III, pour trouver des moyens de secourir les chrétiens de l'oppression des Sarrasins. Ce bon pape ne pouvant venir en France, comme il le désirait, pour donner lui-même au roi la croix, l'envoya, après l'avoir bénite, à saint Bernard, abbé de Clairvaux [4], sous lequel il avait été autrefois religieux, pour lui donner de sa part. Saint Bernard se rendit à Vézelay, monta sur une tribune élevée sur une colline qui est au-dessus du couvent des Cordeliers, et, ayant fait la lecture du bref du pape et une exhortation sur le sujet, donna la croix à ce prince, qui la reçut de ses mains. La reine Éléonore [5] et tous les seigneurs de la cour se croisèrent pareillement.

La deuxième croisade fut convoquée par le roi Philippe-Auguste, en l'année 1190, où Richard, surnommé Cœur-de-Lion, roi d'Angleterre, se trouva pour concerter entre eux des affaires de la Terre-Sainte.

C'est à Vézelay que Théodore de Bèze, l'un

---

[1] Voyez ci-dessus, p. 14.
[2] Trois fils et un petit-fils.
[3] Le jour de Pâques, 31 mars.
[4] Voyez ci-dessus, p. 101. Saint Bernard fut le premier abbé, en 1115, et mourut le 20 août 1153.

[5] Éléonore ou Aliénor, fille du dernier duc de Guyenne, mariée en 1137 à Louis le Jeune, séparée par sentence des prélats du royaume, le 18 mars 1152, et remariée l'année suivante à Henri, duc de Normandie, puis roi d'Angleterre, à qui elle porta ses droits sur la Guyenne.

des principaux piliers de la Religion Prétendue Réformée, est né[1]. Il était fils du bailli de cette ville, de noble extraction, homme de bien et de vertu.

Outre la ville de Vézelay, il y a trois autres petites villes dans l'élection, qui sont : l'Isle, Lormes et Corbigny. Vézelay et l'Isle sont du gouvernement de Champagne, et Lormes et Corbigny sont du Nivernais.

Il y a dans la généralité de Paris six cent soixante-trois paroisses, et huit cent quatre-vingt-douze[2] hameaux qui sont de l'étendue du gouvernement de Champagne et Brie.

Bodin rapporte que, du temps de Henri II, il fut fait un dénombrement des paroisses du royaume, dans lequel la Bourgogne ne fut pas comprise, lequel se trouva monter à vingt-sept mille lieux peuplés qui avaient clocher[3].

---

[1] Né le 24 juin 1519, mort le 13 octobre 1605.
[2] *Alias*, huit cent quatre-vingt-treize.
[3] J. Bodin, *Les six livres de la République*, liv. VI, ch. II, p. 653 et 654 de l'édition in-folio de 1578 : «Il trouva bien une autre invention, forgée en la boutique d'un banqueroutier, qui fut montrée à Blois, aux états, où j'étais lors député. Il faisait que le roi, outre les charges ordinaires, pouvait, sans grever ni le riche ni le pauvre, lever trente millions. Il supposait que la France a deux cents lieues depuis Boulogne jusqu'à Marseille, et autant depuis le mont Saint-Bernard jusqu'à Saint-Jean-de-Luz; et par ce moyen il concluait que la France a quarante mille lieues en carré, et chacune lieue cinq mille arpents de terre, qui revenaient à deux cents millions d'arpents; duquel nombre il ôtait la moitié, pour les eaux, chemins et terres vagues, et, pour l'autre moitié, il voulait que le roi prît un sol par arpent, qui font cinq millions. Puis il faisait état de six cent mille tant villes que villages, sur lesquels il voulait que le roi prît vingt millions de feux; sur lesquels il voulait que le roi prît cinq sols pour feu, qui revient à 6,250,000ᴸᴸ. Et faisait aussi état qu'il y avait quinze millions de toutes sortes de marchandises, sur lesquelles il prenait des marchands un sol pour 1,000ᴸᴸ, faisant avec ce qui est dit ci-dessus 12,000,000ᴸᴸ. Et sur lesdits six cent mille tant villes que villages, sur chacun, l'un portant l'autre, onze sous tournois, qui font 12,000,000ᴸᴸ, et 6,000,100ᴸᴸ que montaient lors les quatre décimes; qui font 30,000,000ᴸᴸ, sans les aides, tailles, gabelles, octrois, impôts, subsides et droits domaniaux, qui montaient lors 15,000,000ᴸᴸ. En quoi il appert d'une évidente imposture de ce qu'il donnait à entendre : premièrement, en ce qu'il faisait la France carrée, qui est en forme de losange, beaucoup moindre que le carré; en second lieu, il met autant de bon pays que de pays infertile, combien qu'il n'y a pays si fertile où les deux tiers, pour le moins, ne soient vagues; et taillait le noble et l'Église aussi bien que les autres. Et quant aux six cent mille que villes que villages, c'est une menterie trop impudente, attendu que, par les extraits de la Chambre des comptes qui furent apportés à Blois, aux états, il ne se trouva que vingt-sept mille quatre cents paroisses, prenant la plus grande ville pour une paroisse et le moindre village ayant paroisse pour un autre. Et de fait, le nombre des paroisses que leva le roi Henri II, 1554, ne revenait qu'à vingt-quatre mille huit cent vingt-sept paroisses, hormis la Bourgogne et le Poitou, et l'impôt de 3ᴸᴸ pour chacune paroisse ne montait que 87,859ᴸᴸ.» — Si l'on s'en rapporte à deux dénombrements que nous possédons du règne de Philippe de Valois, antérieurs à la guerre de Cent ans, la population était alors plus considérable qu'elle ne le fut jamais en France, car ces dénombrements donnent les chiffres de vingt-trois mille six cent soixante et onze paroisses, comptant deux millions quatre cent soixante-neuf mille neuf cent quatre-vingt-sept feux, et de vingt-trois mille trente et une paroisses, comptant deux millions quatre cent soixante-dix mille vingt-neuf feux, pour la France de ce temps-là, c'est-à-dire sans y comprendre la Bourgogne, la Provence, la Flandre, la Bretagne, etc., non encore réunies au territoire royal. Voyez le *Mémoire sur le budget et la population de la France sous Philippe de Valois*, par A. M. de Boislisle (1875).

DE LA POPULATION.

TITRE III.

DU NOMBRE D'HOMMES DANS LES VILLES, ET LE TOTAL DES PEUPLES. — LEUR NATUREL ET INCLINATION AU TRAVAIL. — SI LE PEUPLE A ÉTÉ AUTREFOIS PLUS NOMBREUX. — LES CAUSES DE LA DIMINUTION. — DU NOMBRE DES HUGUENOTS SORTIS ET RESTÉS.

ARTICLE PREMIER.
DU NOMBRE D'HOMMES DANS LES VILLES ET LE TOTAL DES PEUPLES.

ÉLECTIONS.	VILLES.	NOMBRE D'HOMMES depuis l'âge de 15 ans.	TOTAL des PEUPLES.
GOUVERNEMENT DE L'ÎLE-DE-FRANCE.			
Paris, non compris la ville.	Saint-Denis	710	211,035
	Versailles*	"	
	Saint-Germain	"	
	Poissy	740	
	Lagny	672	
	Corbeil	358	
Senlis	Senlis	900	24,377
	Beaumont	400	
	Chambly	220	
	Creil	140	
	Pont-Sainte-Maxence	460	
Compiègne.	Compiègne	1,200	21,247
Beauvais	Beauvais	3,000	70,350
Pontoise	Pontoise	1,050	22,000
Mantes	Mantes	1,000	31,014
	Meulan	350	
Montfort	Montfort	350	19,980
	Houdan	300	
Dreux	Dreux	1,400	22,773
Meaux	Meaux	2,990	68,565
	Crécy	360	
	La Ferté-sous-Jouarre	410	
Étampes	Étampes	900	18,155
Melun	Melun	2,967	"
	Fontainebleau	3,500	
	Milly	893	36,382
	La Ferté-Alais	637	
Nemours	Nemours	1,200	47,112
	Pont-sur-Yonne	350	
	Courtenay	380	

* Les deux articles de Versailles et de Saint-Germain sont en blanc dans certains manuscrits; dans d'autres, Versailles est suivi du chiffre 1,200, et Saint-Germain, du chiffre 800.

ÉLECTIONS.	VILLES.	NOMBRE D'HOMMES depuis l'âge de 15 ans.	TOTAL des PEUPLES.
GOUVERNEMENT DE CHAMPAGNE ET BRIE.			
Coulommiers.	Coulommiers	453	15,820
	La Ferté-Gaucher	264	
Rozoy	Rozoy	258	11,888
	Nangis	350	
Provins	Provins	771	11,992
Nogent	Nogent	592	17,927
	Bray	308	
	Pont	148	
Montereau	Montereau	500	13,000
	Moret	400	
	Donnemarie	250	
Sens	Sens	1,140	58,300
	Villeneuve-le-Roy	360	
Joigny	Joigny	425	24,200
St-Florentin	Saint-Florentin	595	16,952
	Ervy	370	
Tonnerre	Tonnerre	2,000	76,489
	Chablis	1,500	
Vézelay	Vézelay	332	22,500
	L'Isle	181	
	Lormes	145	
	Corbigny	310	

En sorte que, dans les trente villes de la généralité qui sont du gouvernement de l'Île-de-France, il se trouve le nombre de vingt-sept mille huit cent trente-neuf hommes, à les compter depuis l'âge de quinze ans et au-dessus; et pour le total des peuples des deux sexes, depuis la naissance des enfants jusqu'à l'âge le plus avancé, tant dans lesdites villes que dans les paroisses et hameaux, il se trouve le nombre de cinq cent quatre-vingt-sept mille huit cent soixante-dix âmes[1].

Dans les vingt-deux villes du gouvernement de Champagne et de Brie, il y a le nombre de onze mille six cent deux hommes; et le total des peuples, tant dans lesdites villes que dans les paroisses et hameaux, s'élève à deux cent soixante-neuf mille soixante-huit âmes; ce qui fait en tout, dans les cinquante-deux villes de la généralité, non compris la ville de Paris, le nombre de trente-neuf mille quatre cent quarante et un hommes, et, pour le total des peuples, tant dans lesdites villes que dans les paroisses et hameaux, huit cent cinquante-six mille neuf cent trente-huit âmes[2].

Du temps du roi Charles IX, il fut fait un dénombrement des peuples et habitants du royaume de France, qui se trouva monter à vingt millions de personnes.

ART. 2.
DU NATUREL ET INCLINATION DES PEUPLES AU TRAVAIL[3].

On peut observer en général que les peuples de la généralité de Paris sont laborieux, doux et traitables; après quoi on donnera le caractère des habitants de chaque élection en particulier.

PARIS.

Les habitants des environs de Paris sont, pour la plupart, occupés au service de Paris, ou à cultiver les terres, ou à lui fournir les herbages, laitages et fruits légers qui ne peuvent pas être amenés de loin; ce qui les rend vigilants et laborieux, d'autant que, suivant les différentes occupations, le service de la ville est nécessaire, et la consommation des denrées qu'on y apporte s'y trouve toujours.

SENLIS.

Dans la ville de Senlis, le peuple est peu laborieux; il est doux, paisible et sobre.

PONT-SAINTE-MAXENCE.

Dans l'élection, le peuple est plus agissant, et, à Pont-Sainte-Maxence et dans les paroisses voisines de la rivière, ils sont adonnés au commerce.

COMPIÈGNE.

Le tempérament des peuples est plus faible que robuste; ils sont mêlés de paresseux et de laborieux. Ils travaillent à la terre, aux vignes et aux bois.

BEAUVAIS.

A Beauvais, les peuples sont naturellement bons, plus paresseux que laborieux. Il y a des paroisses dont les habitants sont tous laborieux; d'autres, tous paresseux; ceux qui s'attachent au commerce sont fort intéressés.

PONTOISE.

A Pontoise, ils sont fort laborieux[4].

MANTES.

A Mantes, ils ont l'esprit vif et sont laborieux, attachés à la culture de la terre.

---

[1] L'addition donne 587,880 âmes pour le gouvernement de l'Île-de-France.
[2] Voyez l'appendice *Population*, à la fin du présent volume.
[3] Comparez à cet article celui de Davity (*Les États du monde*, 1625), que nous reproduisons à l'Appendice.
[4] Un autre manuscrit ajoute ce membre de phrase : «et n'ont pas de mauvaises inclinations.»

MONTFORT.

A Montfort, ils sont paisibles et doux, plus laborieux que paresseux.

DREUX.

Ni vifs ni pesants, assez laborieux; la plupart sont adonnés au vin.

MEAUX.

Ils sont fort laborieux dans cette élection, tant pour la culture des terres que pour les façons des vignes. Ils sont intelligents à faire porter à la terre tout ce qu'elle peut produire.

ÉTAMPES.

Ils sont modérés et laborieux; le territoire est assez mauvais; il semble que le peuple supplée par son travail à l'ingratitude de la terre.

MELUN.

Plus paresseux que laborieux. Bon terrain.

NEMOURS.

Tempérés, ni trop vifs ni trop pesants, ni laborieux ni paresseux.

COULOMMIERS.

Le naturel des habitants de cette élection est pesant et paresseux; ils tiennent du climat: terres froides et pesantes.

ROZOY.

Les hommes qui naissent dans l'élection sont paresseux; la plupart sont d'un esprit pesant, peu industrieux.

PROVINS.

Ils sont doux, paisibles, modérés, appliqués à leur travail [1].

NOGENT.

Ils sont vifs et laborieux: le commerce de la rivière les porte au travail. Ils sont un peu débauchés, dépensant facilement ce qu'ils gagnent.

MONTEREAU.

Les habitants de Montereau sont pesants et paresseux, ce qui fait qu'il y a beaucoup de terres incultes, particulièrement du côté de la Brie. L'indigence où ils sont augmente et fortifie leur naturel.

SENS.

Le peuple en général y est assez laborieux et adroit, peu entreprenant.

JOIGNY.

Le peuple y est mauvais, envieux et intéressé, particulièrement ceux qui fréquentent la rivière; d'ailleurs il est assez laborieux.

SAINT-FLORENTIN.

En général ils sont laborieux. Les habitants des villes n'ont aucun commerce. Ils s'occupent à des procès qu'ils se font sur les moindres choses; ils ne manquent point d'esprit.

TONNERRE.

A Tonnerre, les hommes sont doux, traitables et laborieux, étant continuellement au

---

[1] Cet article est conforme au renseignement donné par le subdélégué de Provins, dans le rapport que nous reproduisons à l'Appendice.

VÉZELAY.

L'élection est divisée en deux parties : le bon pays, et le Morvan. Les peuples du bon pays sont laborieux et traitables; ceux du Morvan sont paresseux et chicaneurs. Ils sont assez propres les uns et les autres à la guerre [1].

ART. 3.

SI LE PEUPLE A ÉTÉ AUTREFOIS PLUS NOMBREUX; LES CAUSES DE LA DIMINUTION.

Le peuple a été autrefois plus nombreux dans la généralité qu'il n'est présentement. C'est un fait constant; la preuve s'en tire des registres anciens des villes et des rôles des tailles des paroisses, qui contiennent le nombre des feux, lesquels comparés à ceux d'aujourd'hui, la diminution s'y trouve assez considérable [2].

Il y a deux élections, Mantes et Étampes, dans lesquelles on trouve, par cette comparaison, que le peuple est diminué presque de la moitié. Les causes de la diminution, outre celles qui sont communes à toutes les autres élections, sont, à l'égard de Mantes, la mauvaise récolte des vins depuis quatre ou cinq ans, qui fait le principal revenu du pays [3]; et à l'égard d'Étampes, la cessation du commerce par la rivière d'Étampes et par charrois venant d'Orléans, causée depuis l'établissement du canal de Briare [4].

Dans les autres élections de la généralité, le peuple est diminué ou d'un tiers ou d'un quart. Les causes générales de cette diminution sont : la guerre, la mortalité de l'année 1693 [5], la cherté des vivres et les impositions extraordinaires. Les causes particulières sont : les logements et les passages fréquents des gens de guerre pour les villes et lieux qui sont sur leur route, la sortie des religionnaires hors du royaume, la retraite des habitants ès villes franches de Paris, Chartres et autres [6].

Comme la principale force du royaume consiste autant au nombre d'hommes que dans l'abondance des richesses, on ne peut trop donner d'attention à réparer la diminution qui est survenue depuis vingt ans; les revenus du roi augmenteront ou diminueront à proportion que le nombre de ses sujets sera plus ou moins

---

[1] Comparez le passage correspondant dans la *Description géographique de l'élection de Vézelay*, par Vauban : « Les hommes viennent grands et assez bien faits, et assez bons hommes de guerre, quand ils sont une fois dépaysés; mais les terres sont très-mal cultivées, les habitants lâches et paresseux, jusqu'à ne pas se donner la peine d'ôter une pierre de leurs héritages, dans lesquels la plupart laissent gagner les ronces et méchants arbustes. Ils sont d'ailleurs sans industrie, arts ni manufacture aucune qui puissent remplir les vides de leur vie et gagner quelque chose pour les aider à subsister, ce qui provient apparemment de la mauvaise nourriture qu'ils prennent, etc. »

[2] Voyez ci-dessus, p. 146, note 3.

[3] Nous reproduisons à l'Appendice un rapport inédit sur les causes de cette misère de l'élection de Mantes, que Boisguilbert avait signalée particulièrement dans son *Détail de la France* (1695), chap. XIII de la 2ᵉ partie.

[4] Voyez ci-dessus, p. 6.

[5] Depuis la mort de Colbert, la France avait subi deux disettes, en 1687-1688 et 1693-1694; celle-ci avait été plus dure que la première et avait augmenté considérablement la mortalité; mais elle devait être dépassée de beaucoup par la famine de 1709.

[6] Nous reproduirons à l'Appendice, dans l'article relatif à la population, un mémoire inédit qui met en relief ces différentes causes de l'excès de misère où la France était parvenue dès 1687. Sur les inconvénients des translations de domicile dans les villes franches, voir les pièces 369 et 1157 du tome Iᵉʳ de la *Correspondance des contrôleurs généraux*.

grand. Les moyens les plus efficaces qu'on pourrait proposer pour le rétablir ou l'augmenter seraient de se servir des voies opposées aux causes de la diminution, dont le principal serait de faire vivre les peuples un peu à leur aise : les commodités de la vie font que les enfants sont mieux nourris et s'élèvent avec plus de force. La paix[1] qu'il a plu au roi de donner à ses peuples commence à leur faire sentir ses douceurs par la cessation de plusieurs impositions extraordinaires[2]. On pourrait encore, par quelques priviléges, exciter les jeunes gens à se marier, en les faisant jouir, à l'imitation des Romains et suivant la disposition des ordonnances, de l'exemption des tailles jusqu'à l'âge de vingt-cinq ans; et pour les y porter davantage, on pourrait y ajouter que ceux qui auraient atteint l'âge de vingt et un ou vingt-deux ans sans s'être mariés, et qui feraient commerce ou auraient des droits acquis de père et mère, y seraient imposés. On pourrait aussi ordonner aux supérieurs des monastères de ne recevoir de religieux ou religieuses à profession qu'à l'âge de vingt-cinq ans pour les hommes, et de vingt ans pour les filles[3].

ART. 4.

DU NOMBRE DES HUGUENOTS SORTIS ET RESTÉS.

Avant la révocation de l'édit de Nantes[4], il y avait dans la généralité de Paris le nombre de dix-neuf cent trente-trois familles huguenotes. Il en est sorti depuis douze cent deux familles; il en est resté sept cent trente et une.

On rapporte ici l'état en détail par élection de ceux qui sont restés et qui se sont convertis. Il y en a quelques-uns qui le sont de bonne foi et qui vivent en bons chrétiens; les autres, qui sont en plus grand nombre, continuent leur manière ordinaire de vivre et ne font aucun exercice apparent de la religion[5].

ÉLECTION DE PARIS.

Dans cette élection, il y avait un temple à Charenton, où ceux de la Religion Prétendue Réformée de Paris et des environs allaient tous les dimanches. Il fut interdit par ordre du roi en l'an 1686[6]. Il y avait un autre temple à Villiers-le-Bel, où ceux de cette religion qui

---

[1] La paix de Ryswyk, conclue après dix ans de guerre.
[2] La capitation entre autres, et la plupart des *affaires extraordinaires* auxquelles le contrôleur général Pontchartrain avait été obligé de recourir chaque année.
[3] Nous reproduirons dans notre appendice sur la Population les idées et les vues que Colbert avait exposées au roi, dès 1663, sur la nécessité de remédier à la dépopulation; le Mémoire ne fait que reprendre ici les expédients proposés par le grand ministre.
[4] 18 octobre 1685.
[5] En 1682, à la fin du mois de mars, M. de Ménars, alors intendant de Paris, chargé de fournir secrètement au roi un dénombrement exact des réformés de sa généralité, dut faire un travail d'ensemble qui n'est parvenu jusqu'à nous; mais, dans les rapports sur chaque élection, qu'il envoya deux mois plus tard au contrôleur général, il signala, à quatre reprises différentes, des faits ou des individus qui se retrouvent ici, dans le Mémoire. «Dans l'élection de Nemours, dit-il (20 juin 1682), il n'y a que M. de Cloizy et M. de Franclieu à Lissy, Mme de Champmoreau à Chaplon, deux laboureurs à Palaise. Dans l'élection de Joigny (27 juin), il n'y a ni gentilshommes ni prêche, mais trente familles à Saint-Martin et Saint-Loup-d'Ordon et à Saint-Julien, qui vont au prêche à Gien et à Châtillon-sur-Loing. Dans l'élection de Saint-Florentin (30 juin), un seul homme, nommé Chevalier. Dans celle de Tonnerre (8 juillet), douze personnes, huit à Cusy, quatre à Argenteuil.» (Pap. du Contrôle général, G⁷ 425.)
[6] Ce temple fut fermé et démoli dès le lendemain

demeuraient dans les paroisses voisines se rendaient; il fut interdit deux années auparavant[1].

ÉLECTION DE SENLIS.

Il y avait trente-deux familles de huguenots dans l'élection de Senlis; ceux qui avaient du bien se sont retirés en Hollande. Il en est sorti dix-huit familles; il en reste quatorze, savoir: dans la ville de Senlis, trois familles; à Verneuil, trois; à Brenouille, sept, et à Belle-Église, une famille[2].

ÉLECTION DE COMPIÈGNE.

Il y avait soixante-deux familles dans l'élection. Il en est sorti trente-huit familles, et resté vingt-quatre, qui font le nombre de quatre-vingt-dix-huit personnes, tant hommes que femmes et enfants.

ÉLECTION DE BEAUVAIS.

Il y a dix ans qu'il y avait quarante-huit familles, qui faisaient cent soixante-huit personnes. Il en est sorti vingt-deux familles; il n'en reste que vingt-six, qui font le nombre de quatre-vingt-cinq personnes. Les uns et les autres se sont retirés en Angleterre et en Hollande.

ÉLECTION DE PONTOISE.

Il n'y avait que deux familles de huguenots, qui sont deux familles nobles, qui ont fait abjuration et y sont restées : M. d'Éguillon de Réal, et la dame de Brécourt, avec les demoiselles ses filles.

ÉLECTION DE MANTES.

Lors de la révocation de l'édit de Nantes, il y avait dans l'élection quatre-vingts familles de huguenots, dont aucune noble ni de considération. Dans la ville de Mantes, il n'y en avait point. Il en est sorti soixante-quatorze familles; il n'en est resté que six, qui font le nombre de vingt personnes, qui vivent comme auparavant, sans faire aucun exercice de notre religion.

Il y avait un temple dans l'élection.

ÉLECTION DE MONTFORT.

Il y a eu de tout temps très-peu de huguenots dans l'élection; il n'y en avait que douze familles. Il en est sorti six, et il en est demeuré autant.

Il y avait un temple à Houdan, où ceux de cette religion venaient de quatre ou cinq lieues.

ÉLECTION DE DREUX.

Il n'y avait point de huguenots dans la ville de Dreux; dans les paroisses de l'élection, il y en avait cent quatre familles, qui faisaient quatre cent quarante personnes. Il en est sorti dix-huit familles; il en est resté quatre-vingt-six, qui font le nombre de trois cent soixante personnes.

ÉLECTION D'ÉTAMPES.

Aucun dans la ville ni dans l'élection.

ÉLECTION DE MELUN.

Il y avait un temple à Bois-le-Roi, dans cette

---

même de l'enregistrement de la révocation de l'édit de Nantes, 22 octobre 1685. Voyez la *Correspondance administrative sous le règne de Louis XIV*, publiée par Depping, t. IV, p. 344-346.

[1] Sur les procédés employés pour convertir les habitants de Villiers-le-Bel, voir les *Mémoires du marquis de Sourches*, t. I, p. 346.

[2] Il y avait eu un prêche à Senlis jusqu'en 1685; voyez Depping, *Correspondance administrative sous le règne de Louis XIV*, t. IV, p. 375.

élection, où allaient les huguenots des environs. Il n'y en avait dans l'élection que six familles, qui se sont retirées, en sorte qu'il n'en reste plus.

ÉLECTION DE NEMOURS.

Il n'y avait que cinq familles de huguenots dans l'élection, lesquelles se sont converties et font bien leur devoir de chrétiens, à la réserve du sieur de Franclieu, sa femme et sa famille, et la dame de Chamoreau[1], qui n'en font aucun exercice.

ÉLECTION DE MEAUX.

Il y avait dans l'élection environ quinze cents familles de huguenots; il en est sorti mille familles, il en est resté cinq cents, qui font deux mille trois cents personnes, dont la plupart vivent comme ils faisaient auparavant leur conversion.

ÉLECTION DE ROZOY.

Il y avait un temple à Mortcerf où allaient ceux de la Religion Prétendue Réformée de cette élection et des élections voisines. Il n'y avait que quatre familles de huguenots dans la paroisse de Lumigny, et autant dans celle de Mortcerf, où était le temple; ils se sont tous retirés, il n'en reste aucun[2].

ÉLECTION DE COULOMMIERS.

L'exercice de la Religion Prétendue Réformée se faisait dans le château de Chalandos[3], appartenant au sieur Luillier[4]. Chalandos est un hameau dépendant de la paroisse de Saint-Siméon; c'était le lieu où s'assemblaient les huguenots des environs. Le sieur Luillier est un gentilhomme de la famille des Luilliers aux Coquilles[5], dont il y a eu un président en la Chambre des comptes du temps du roi Henri IV[6]. Il paraît parfaitement converti[7] : il fait ses devoirs de bon catholique, il a épousé une catholique. Sa mère et ses deux sœurs demeurent dans le même château, qui ont réputation d'être bonnes huguenotes[8]. Il avait un cousin germain, nommé Luillier du Breuil, et la sœur dudit du Breuil, qui sont passés en Hollande[9]. Il y a eu aussi deux familles de Coulommiers qui se sont retirées; il en reste encore, savoir : dans la paroisse de Chauffry, deux familles; dans Saint-Siméon et dans Maupertuis, cinq.

ÉLECTION DE PROVINS.

Il n'y a point eu de huguenots dans la ville de Provins; dans l'élection, il n'y a que la dame et deux demoiselles de Flaix. La demoiselle de Champguyon, leur cousine, avec deux

---

[1] *Alias*, Champmoreau, comme on l'a vu plus haut, p. 151, note 5.
[2] Sur la démolition des temples de Nanteuil et de Mortcerf, en 1685, voir la *Correspondance administrative*, t. I, p. 378.
[3] Le *Dictionnaire des Postes* écrit à tort : Chalandes, c^ne Saint-Siméon (Seine-et-Marne).
[4] Alexandre Luillier de Chalandos; voyez la *France protestante* des frères Haag, t. VII, p. 87.
[5] On appelait ainsi une famille parlementaire fort connue de Paris, qui portait pour armes : d'azur à trois coquilles d'or; mais les généalogistes ne rattachent point à cette tige les personnages dont le Mémoire parle ici.
[6] Jean Luillier d'Orville, maître des comptes, qui, se trouvant prévôt des marchands de la ville de Paris en 1594, facilita, au péril de sa vie, l'entrée de Henri IV dans sa capitale, et reçut en récompense une charge de président des comptes. Il mourut en 1601.
[7] Il avait abjuré en 1685.
[8] Ces trois personnes furent enfermées, en 1699, dans un couvent de Nouvelles-Catholiques, puis transférées au château de Saumur.
[9] Philippe-Alexandre Luillier du Breuil et sa sœur étaient déjà installés à la Haye en 1686.

domestiques, le sieur de Flaix et son fils, sont sortis du royaume depuis cinq ans.

ÉLECTION DE NOGENT.

Aucun dans la ville ni dans l'élection.

ÉLECTION DE MONTEREAU.

Aucun dans la ville ni dans l'élection.

ÉLECTION DE SENS.

Il n'y avait que la seule famille de Brannay, dont il n'est resté que trois filles, fort âgées, qui ont fait abjuration il y a environ douze ans.

ÉLECTION DE JOIGNY.

Il n'y a point de huguenots dans cette ville. Dans l'élection, il n'y en a qu'une seule famille, dans la paroisse de Saint-Martin-d'Ordon, qui consiste en six personnes ; la mère et deux filles ont fait abjuration.

ÉLECTION DE SAINT-FLORENTIN.

Il n'y avait que deux familles de huguenots dans l'élection, qui demeuraient à Beurs ; elles se sont converties, les chefs sont morts, les enfants sont restés, qui sont bons catholiques.

ÉLECTION DE TONNERRE.

Il n'y avait dans l'élection qu'une seule famille huguenote, nommée Lamas, qui est séparée dans deux paroisses, à Cusy et à Argenteuil. Ils ont tous fait abjuration, mais ils ne font aucun exercice de notre religion.

ÉLECTION DE VÉZELAY.

Il y avait dans l'élection de Vézelay cinquante-trois familles de huguenots ; il en est sorti huit, il en est resté quarante-cinq, qui font le nombre de deux cent cinquante personnes des deux sexes. Ceux qui sont restés ont fait abjuration. Ils ne font la plupart aucun exercice de la religion catholique.

ÉLECTIONS.	NOMBRE des ANCIENNES FAMILLES de la Religion Prétendue Réformée	FAMILLES SORTIES.	FAMILLES RESTÉES.
Paris............	"	"	"
Senlis...........	32	18	14
Compiègne......	60	38	24
Beauvais........	48	22	26
Pontoise........	2 converties.	"	2
Mantes..........	80	74	6
Montfort........	12	6	6
Dreux...........	104	18	86
Étampes........	"	"	"
Melun...........	6	6	"
Nemours........	5 converties.	"	5
Meaux..........	1,500	1,000	500
Rozoy...........	8	8	"
Coulommiers....	14	3	11
Provins.........	2	1	1
Nogent..........	"	"	"
Montereau......	"	"	"
Sens............	1 convertie.	"	1
Joigny..........	1 convertie en partie.	"	"
Saint-Florentin..	2 converties.	"	1
Tonnerre........	1 convertie.	"	1
Vézelay.........	53	8	45
TOTAUX......	1,933	1,202	731

TITRE IV.

DES MILICES.

En l'année 1688, le roi ordonna, par un règlement et un état arrêté par Sa Majesté le 29 novembre, qu'il serait levé et mis sur pied, dans plusieurs provinces du royaume, trente

DES MILICES.

régiments de milice de dix, quinze, dix-huit ou vingt compagnies, chacun suivant la force et l'étendue de ces provinces, chacune compagnie composée de cinquante hommes, qui feraient ensemble le nombre de vingt-cinq mille cinquante hommes, non compris les officiers[1].

Par cet état il fut ordonné que, dans la généralité de Paris, il en serait levé deux régiments, de quinze compagnies chacun, qui faisaient, tant en sergents qu'en soldats, le nombre de quinze cents hommes. Le roi nomma, pour commander un de ces régiments, le sieur du Pas[2], ancien officier, qui avait eu l'honneur de servir Sa Majesté en qualité de lieutenant de ses gardes du corps, et le sieur de Lignières, qui avait aussi du service, pour commander l'autre. Il fut ordonné à ces soldats, dans le temps qu'ils resteraient dans les paroisses, deux sous par jour, six jours d'avance, qui se payaient par les habitants et se levaient au sol la livre de la taille, en la forme ordonnée pour l'ustensile de la cavalerie[3]. Il fut fait plusieurs règlements, tant pour la nomination que pour la discipline de ces troupes[4].

En l'année 1695, au mois de janvier, le roi ordonna la réforme d'un de ces régiments de milices, qui fut celui du sieur de la Coste, qui avait succédé au sieur du Pas, après son décès[5]. L'autre a subsisté jusqu'à la fin de la guerre, qu'il a pareillement été réformé à la fin de la campagne de l'année 1697, et les soldats renvoyés dans les paroisses, avec privilège d'exemption de taille pendant deux années pour ceux qui se marieraient[6].

---

[1] Ces milices devaient être « toujours en état de marcher où Sa Majesté le jugerait à propos pour la sûreté de ses places, tant frontières que maritimes. » Chaque paroisse imposée à moins de 4,000 ⁱ fournissait un homme; à moins de 6,000 ⁱ, deux hommes, etc. Les paroisses les plus faibles étaient exemptées, mais seulement dans la proportion d'une sur trois. Le choix des miliciens devait d'abord se faire par les mêmes procédés que l'élection des collecteurs; mais on recourut ensuite au tirage au sort, préconisé par Vauban. Ils servaient deux ans chacun. Les capitaines et colonels devaient avoir servi dans les armées du roi.

[2] Louis du Pas, qui avait quitté les gardes du corps en 1677, étant déjà fort âgé.

[3] Voyez, à l'Appendice, un rapport de l'intendant de Paris sur les dépenses faites pour la milice en 1689, et une lettre de 1707 sur le même sujet.

[4] Ces règlements figurent dans les recueils d'ordonnances militaires du temps, et une partie a été réimprimée dans le tome XX du *Recueil des anciennes lois françaises*, d'Isambert. On trouvera aussi un assez grand nombre de pièces sur les milices, leur levée, leur équipement, leur entretien, leur subsistance, etc., dans le tome I⁰ʳ de la *Correspondance des contrôleurs généraux*.

[5] La moitié de toutes les milices du royaume avait été également réformée, pour rendre moins difficile le recrutement de l'infanterie.

[6] Par déclaration du 1ᵉʳ décembre 1697, il fut dit que tous les soldats qui, ayant servi pendant la dernière campagne, se trouveraient congédiés et retourneraient dans leur pays, ne seraient pas imposés au-dessus de 5 sols pendant deux ans, s'ils étaient déjà mariés, et pendant quatre, s'ils se mariaient avant l'expiration du délai. Ils étaient également dispensés de la collecte et exceptés de tout recours en solidité, c'est-à-dire en contribution solidaire de tous les habitants de la paroisse. Par une autre déclaration du 1ᵉʳ février 1698, les officiers réformés qui n'avaient plus les lettres d'état pour se protéger contre leurs créanciers pendant le cours de chaque campagne, eurent une surséance de trois ans à la vente par justice de leurs biens immeubles. Enfin, par une troisième déclaration, leur taxe de capitation, pour les trois derniers mois que devait durer cet impôt, fut réduite d'un tiers.

TITRE V.

DES POUDRES ET SALPÊTRES.

L'usage de la poudre est si universel et si nécessaire, qu'on a estimé à propos, non-seulement d'observer la consommation qui s'en fait dans le royaume, mais encore d'entrer dans le détail de la fabrique des matières différentes qui la composent [1].

On ne peut fixer à une quantité certaine la fabrique des salpêtres dans le royaume, parce qu'elle dépend du besoin qu'on en a. Avant l'année 1690 [2], il ne s'en fabriquait qu'environ quinze cents milliers; la dernière guerre étant survenue, ceux qui se trouvèrent chargés du bail de cette fourniture eurent ordre de l'augmenter, et elle le fut considérablement dès le commencement du bail précédent, qui commença au 1er janvier 1691 [3], parce qu'ayant plu au roi d'en faire les conditions meilleures, elles mirent le traitant en état d'y faire travailler avec plus de dépense; en sorte que, dans quelques années, il en a fourni jusqu'à la quantité de quatre millions cinq cent mille livres; et la fourniture, année commune, s'est trouvée monter, depuis le commencement de son bail, à trois millions trois à quatre cent mille livres.

Lorsqu'on n'a besoin que d'une quantité médiocre de salpêtre, on ne travaille que sur des terres qui produisent facilement, et la dépense n'en est pas si considérable; mais quand il faut travailler des terres qui produisent peu, les frais en sont plus grands, parce qu'ils s'appliquent sur un moindre produit.

Les magasins du roi étant remplis présentement, Sa Majesté a réduit la fourniture courante, et le traitant, par conséquent, a réduit la fabrique des salpêtres, en sorte qu'elle se trouve présentement sur le pied d'environ deux millions quatre cent mille livres. Sur

---

[1] Le rédacteur du Mémoire se sert pour cet article des *Mémoires d'artillerie* de Surirey de Saint-Remy, commissaire provincial de l'artillerie, publiés en 1697, t. II, p. 91-120.

[2] On trouvera à l'Appendice le texte du premier bail de la ferme des poudres et salpêtres, passé le 31 décembre 1664, au profit de François Berthelot, qui devint commissaire général de l'artillerie, secrétaire des commandements de la Dauphine et conseiller du roi en ses conseils d'État et finances. En 1685, Claude Durier, bourgeois de Paris, se rendit titulaire du monopole; mais, trois ans plus tard, Berthelot se fit de nouveau subroger en son lieu et place. L'historique de cette ferme et de la fabrication des poudres et salpêtres a été fait, en 1811, par MM. Bottée et Riffault, dans la préface de leur *Traité de l'art de fabriquer la poudre à canon*. Voir aussi, pour la dernière partie du règne de Louis XIV, quatre cartons du Contrôle général des finances, G⁷ 1296-1299.

[3] Dès le premier traité de Berthelot, de 1671 à 1678, un nommé Montaigu avait démontré, dans plusieurs mémoires ou factums imprimés, que la ferme eût dû rapporter à l'État plus de deux millions, davantage même en temps de paix. On remplaça Berthelot, le 26 août 1690, par une compagnie composée de son fils Berthelot de Pléneuf, des fermiers généraux Luillier, Le Normand, Le Gendre, et ayant pour titulaire Louis-François de Grandchamp, qui s'engagea, pour neuf ans, à fournir deux millions deux cent mille livres, qui lui seraient payées à raison de 5 sols la livre pour le premier million, de 9 sols pour les cinq cents milliers suivants, de 10 sols pour cinq cents autres milliers, de 11 sols pour les deux cents derniers milliers, et de 12 sols pour tout ce qui dépasserait

cette quantité, la consommation du public est d'environ cinq cent mille livres.

On préfère à présent de prendre pour les magasins du roi du salpêtre au lieu de poudre, parce que, n'y ayant pas de consommation, le salpêtre se conserve mieux; et comme il n'est pas susceptible des mêmes accidents du feu que la poudre, tous les magasins sont bons pour le resserrer, et, aussitôt qu'on aura besoin de poudre, il y sera facilement converti. Avant la dernière guerre, on n'eût pas cru que le royaume eût pu fournir autant de salpêtre, ni pouvoir se passer d'en tirer des étrangers; mais il a été reconnu par une heureuse expérience qu'il peut remplir à cet égard tous les besoins de l'État, telle consommation qu'il s'en puisse faire, parce qu'il n'est question que d'en augmenter la dépense, et comme elle se fait au dedans du royaume, ce sont les sujets du roi qui en profitent.

Il n'est pas permis de fabriquer du salpêtre sans la permission de M. le grand maître de l'artillerie[1]. Au commencement du bail, M. le grand maître délivre une commission générale à une des cautions du bail et plusieurs commissions particulières de salpêtriers, les noms en blanc, pour y être remplis par le commissaire général, lequel a inspection sur eux et pouvoir de les révoquer, lorsque ceux qui en sont pourvus en abusent ou fournissent de mauvais salpêtre.

Le prix de la poudre de chasse avait été fixé par une déclaration du roi du 30 novembre 1677, à 24 sols la livre, savoir : 20 sols pour le traitant, et 4 sols de bénéfice pour les marchands et particuliers revendeurs. Depuis, par une déclaration du 1er octobre 1699[2], le roi a permis au traitant de la vendre 22 sols la livre, et aux marchands et revendeurs, 26 sols; a fixé le prix du plomb à tirer à 5 sols la livre, sans que la vente de ces marchandises puisse être augmentée, à peine de concussion; dont Sa Majesté a fait bail le 10 novembre ensuivant, pour neuf années, à Jacques Deshayes, bourgeois de Paris, aux clauses et conditions y portées. Et depuis, Étienne Chaplet a été subrogé au bail fait audit Deshayes, par arrêt du Conseil du 22 décembre 1699[3]. Par une clause du bail, aucun marchand revendeur ne peut vendre de la poudre ou du plomb à tirer qu'en vertu d'une commission signée du traitant, parce qu'il a, par son bail, un privilège exclusif de les faire fabriquer et de les faire vendre.

COMPOSITION DE LA POUDRE.

Les matières dont la poudre est composée sont : le salpêtre, le soufre et le charbon. Il entre dans cette composition les trois quarts de salpêtre, et l'autre quart est partagé également entre le soufre et le charbon, en sorte que, pour faire cent livres de poudre, il faut :

En salpêtre................. 75 livres.
En soufre................... 12 1/2.
En charbon................. 12 1/2.
                              100

Le salpêtre se fabrique dans le royaume, ainsi qu'il sera observé ci-après. Le soufre se

---

[1] Le duc du Maine était grand maître depuis 1694.

[2] Cette déclaration est imprimée dans le Recueil des anciennes lois françaises, d'Isambert, t. XX, p. 344.

[3] Jacques des Hayes n'avait offert qu'une somme de 750,000ᵗᵗ comptant, et 12,000ᵗᵗ par chaque année de bail; Lacour, Des Chiens, Mailly du Breuil et Guéribourg, cautions de Chaplet, obtinrent la subrogation en offrant un million comptant et 100,000ᵗᵗ par an.

tire d'Italie par des marchands de Marseille qui en font leur principal commerce; il en vient rarement qui soit d'assez bonne qualité pour entrer dans la fabrique de la poudre, en sorte qu'on est obligé d'y donner un raffinage, dont la manière sera ci-après expliquée. Et la dernière matière est le charbon, qui se fait d'un bois propre à cet usage et qui s'appelle *bourdaine*[1].

FABRIQUE DU SALPÊTRE.

Le salpêtre se tire de terres de différentes qualités. A Paris, il se tire des vieux plâtras qui proviennent des démolitions des maisons. Toutes sortes de plâtras ne contiennent pas du salpêtre, mais seulement ceux qui ont été pourris par une humidité chaude. En Touraine, toutes les maisons sont bâties d'une pierre tendre appelée *tuf*, laquelle est usée en peu d'années et se trouve pleine de salpêtre en si grande quantité, que les salpêtriers trouvent leur compte à rétablir de neuf une maison, pour en enlever les vieux matériaux. C'est par cette raison que la Touraine est la province du royaume qui en fournit le plus[2]. Dans toutes les autres provinces, les terres dont on tire les salpêtres sont celles des bergeries, colombiers, celliers et autres lieux bas, humides et chauds.

Les terres et plâtras ayant été bien battus, pour donner à entendre comment on en peut tirer le salpêtre, il faut expliquer ce que c'est qu'un atelier de salpêtrier et de quoi il est composé.

Un atelier est composé de vingt-quatre cuviers, disposés en trois rangs, de huit chacun. Les cuviers sont posés sur des bancs qui sont élevés de deux pieds du rez-de-chaussée. Chaque cuvier est de la grandeur d'une demi-queue; ils sont percés par-dessous, à trois doigts du jalle, pour y mettre une pissotte de bois de la grosseur et de la longueur du petit doigt. On met aux deux côtés de la pissotte, en dedans des cuviers, deux petits billots de bois, de l'épaisseur d'un pouce, avec un rondeau de paille qui fait le tour du cuvier, pour soutenir un faux-fond ou couvercle de bois qui empêche que la cendre et la terre ne passent par le trou, et, par ce moyen, donner une libre facilité à l'eau de passer et tomber dans les recettes qui sont posées sous le cuvier, pour recevoir cette eau.

Les vingt-quatre cuviers étant ainsi disposés en trois rangs, on met dans chacun trois

---

[1] Voyez ci-après, p. 160 et 161, l'article relatif à la fabrication du charbon.

[2] Par suite, le nombre des salpêtriers, ou du moins des gens qui se faisaient commissionner pour jouir des priviléges attachés à ce titre, était devenu excessif en Touraine; voir une pièce indiquée dans la *Correspondance des contrôleurs généraux*, t. I, n° 504, note. Selon une lettre du 19 juin 1692 (*ibidem*, n° 1090), la généralité de Tours était arrivée à produire plus de six cents milliers de salpêtre par an, et ce chiffre augmenta encore, comme le prouve le tableau reproduit ci-après, p. 163. En Bourgogne, la multiplicité des commissions de salpêtriers n'avait pas moins d'inconvénients; l'intendant Ferrand écrivait le 19 mars 1696 (*ibidem*, n° 1519): «Les salpêtriers causent bien du désordre, par la liberté qu'ils ont d'entrer et de travailler dans toutes les maisons où ils croient trouver du salpêtre; ils en exemptent ceux qui leur donnent de l'argent, et dégradent considérablement les maisons dans lesquelles ils en font la recherche. Je tiens la main autant qu'il m'est possible à empêcher les abus et tenir ces ouvriers dans leur devoir; mais, comme le directeur n'en est pas responsable, que faire contre ces malheureux!» La plupart des gens commissionnés étaient des gens riches ou aisés, qui se faisaient ainsi exempter de la taille aux dépens des contribuables pauvres, sans exercer d'ailleurs.

boisseaux de cendres, et, dessus la cendre, on remplit les cuviers de la terre propre à faire le salpêtre, tant qu'ils en peuvent contenir, en faisant un bord de cette terre pour soutenir l'eau qu'on doit jeter par-dessus.

On suppose ici qu'on veuille faire un atelier neuf. Il faut faire passer sur les huit cuviers du premier rang seize demi-queues d'eau de puits ou de rivière. Quand cette eau est passée entièrement sur ces huit cuviers, on la fait repasser sur les huit cuviers du deuxième rang, et ensuite sur les huit du troisième. Cette eau n'étant pas encore assez forte pour faire la cuite, à cause que l'atelier est neuf, il faudra vider les huit cuviers du premier rang, et y mettre de la cendre et terre nouvelle, comme il a été dit ci-dessus, et faire repasser sur le premier rang toute l'eau qui a passé sur les vingt-quatre cuviers, dont il ne s'en trouve ordinairement qu'une demi-queue et demie, ou environ. Cette eau se nomme la *cuite*, qu'il faut mettre ensuite dans une chaudière, pour la faire bouillir pendant vingt-quatre heures ou environ, jusqu'à ce qu'on juge qu'elle soit bien cuite et propre à se congeler, pour former le salpêtre brut; ce qui se connaît en ce qu'elle se congèle aussitôt qu'on en met sur une assiette. Il est à remarquer que, dans la fabrique du salpêtre, il se forme aussi beaucoup de sel, qui provient des terres et cendres lessivées, lequel, comme le plus terrestre, se précipite au fond de la chaudière. Il faut avoir soin de le retirer avec une écumoire et de bien écumer la cuite avant de la tirer de la chaudière; après quoi, on tire toute la liqueur qui reste, avec un puisoir de cuivre, et on la met dans un recevoir de bois ou de cuivre, où on la laisse une demi-heure, afin que toute l'ordure et ce qui reste de sel aillent au fond. Puis, on ouvre le robinet du recevoir, qui doit être à quatre pouces au-dessus du fond, dont la liqueur coule dans des bassins, où on la laisse pendant quatre jours pour se congeler, et le salpêtre s'attache tout autour des bassins, de l'épaisseur de deux ou trois pouces. Il reste encore dans ces bassins, après la congélation du salpêtre, une liqueur qu'on appelle *eau mère*, qui est chargée de salpêtre. L'usage de cette eau qui est chargée de salpêtre est pour servir de levain à la fabrique du salpêtre. On en met un demi-seau sur chacun des huit cuviers, qu'on décharge tous les jours, et qu'on recharge de cendres et terre neuve, ainsi qu'il a été dit ci-devant pour faire la cuite, observant de ne plus faire passer que quatre demi-queues d'eau par jour sur les vingt-quatre cuviers, pour faire la cuite, dont il ne s'en retirera qu'une demi-queue et demie; et ainsi continuer tous les jours.

RAFFINAGE DU SALPÊTRE.

Pour raffiner le salpêtre brut, on en met deux mille livres dans une chaudière posée sur un fourneau, et on y jette par-dessus une demi-queue d'eau de pluie ou de rivière, pour le faire fondre. Quand il est fondu, le feu fait soulever une écume au-dessus, qu'il faut ôter avec une grande écumoire percée. Il faut avoir, toute prête, douze onces de colle d'Angleterre; la faire fondre dans un chaudron sur le feu avec dix pintes d'eau; ensuite mêler cette eau et la colle fondue, toute bouillante, avec quatre seaux d'eau froide, dans un grand bassin de cuivre, bien remuer, et jeter le tout dans la chaudière; puis, remuer encore avec une grande écumoire, jusqu'au fond, et après, lui laisser reprendre son bouillon. Alors il se fait une écume noire et épaisse par-dessus, qu'il faut ôter avec une écumoire jusqu'à ce qu'il n'en paraisse plus. Après quoi, on mettra de l'eau autant qu'il est nécessaire pour bien dégraisser et dessaler le salpêtre, ce qui peut aller en tout jusqu'à deux demi-queues d'eau sur deux mille livres de salpêtre brut, pour le mettre en deux cuites. Toute cette eau étant mise à trois ou quatre reprises, il se fait une écume blanche, qu'il faut toujours ôter; puis, il faut laisser bouillir la chaudière un moment, et aussitôt tirer le salpêtre avec un puisoir, et le mettre dans des bassins de cuivre, qui seront couverts de bois, avec des linges tout autour, afin qu'il n'y entre pas d'air. On le laisse quatre jours dans les bassins, pour se congeler; puis, l'on tire l'eau qui s'y trouve au milieu, et on met le salpêtre en égout sur des recettes, pendant douze heures; puis, on le bat et on le met dans les magasins.

Pour mettre le salpêtre de deux cuites en trois cuites, on en met une pareille quantité de deux mille livres dans une chaudière, et on observe la même chose qu'au raffinage ci-dessus, avec la différence seulement qu'on ne met que huit onces de colle d'Angleterre, au lieu de douze. Il y a des raffineurs qui se servent de sel ammoniaque, de blancs d'œufs, d'alun et de vinaigre, dans les raffinages de salpêtre; mais on a reconnu que l'eau et la colle sont très-propres pour dégraisser et dessaler le salpêtre.

Il reste beaucoup d'eaux des raffinages de salpêtre de deux et trois cuites, lesquelles sont chargées d'un cinquième de leur pesanteur de salpêtre. On les fait bouillir, et on le retire en salpêtre brut; il s'y trouve aussi beaucoup de sel qui provient des eaux de raffinage, particulièrement de celles du salpêtre brut en deux cuites, car il en reste peu dans les eaux de raffinage du salpêtre de trois cuites.

Pour mettre le salpêtre de trois cuites en roche (on suppose toujours qu'on en veut mettre deux mille livres à la fois), il faut mettre le salpêtre dans une chaudière de fer de fonte, et non de cuivre, car il brûlerait, faire bon feu dessous, et laisser fondre le salpêtre par lui-même, sans eau, n'étant que pour en ôter l'humidité. Après qu'il est fondu, il se fait au-dessus une croûte d'écume, qu'il faut ôter avec une pelle de fer; puis, tirer le salpêtre de la chaudière avec un puisoir, et le mettre dans des bassins de cuivre qui sont posés sur des recettes pleines d'eau froide. On le laisse ainsi pendant six heures, et après on le tire en pain des bassins, et on le laisse pendant trois jours pour refroidir; puis, on le casse avec un gros marteau de fer, pour l'enfoncer en tonnes de cinq cents livres chacune, pour envoyer dans les moulins à poudre.

Le salpêtre en roche ne contient aucune humidité, et cette façon est très-bonne pour le salpêtre destiné à être gardé longtemps en magasins.

Les deux raffinages et la refonte en roche emportent un tiers de salpêtre brut en pure perte, en sorte que cent livres de salpêtre brut ne produisent qu'environ soixante-six livres de salpêtre raffiné, en trois cuites et en roche.

RAFFINAGE DU SOUFRE.

Le soufre d'Italie, qui vient en pain ou en canon, se trouvant chargé de terres, graisses et ordures, se raffine en France dans une chaudière de fer coulé. On le fait fondre sans eau; quand il est tout à fait fondu, on y jette de l'huile de baleine, qui a la vertu d'élever sur la surface toute l'ordure et impureté, que l'on enlève avec une écumoire; et après que le soufre s'est ainsi bien purgé, on le remet dans de petits baquets de bois, où il reprend corps et se trouve d'un beau jaune, qui ne contient que le plus pur de cette matière.

CHARBON.

On a observé que ce charbon se fait de bois de bourdaine, qui se trouve dans les taillis;

il ne devient guère plus gros que le pouce, après quoi il meurt; d'où vient qu'il se nomme *mort-bois* [1].

Il doit être pelé avec beaucoup de soin, avant d'être brûlé, en sorte qu'il n'y reste aucune écorce. On le coupe par morceaux d'environ deux pieds, on les jette dans un fourneau, auquel on met le feu, et quand il est brûlé, on l'étouffe par défaut d'air; il serait pernicieux de l'éteindre avec de l'eau comme le charbon ordinaire.

Ce charbon ainsi fait se trouve extrêmement léger, et c'est en quoi consiste sa perfection. Quand il est au moulin, il faut encore le tamiser avec grand soin, tant pour le purger d'ordures et de poussière, qui feraient tort à la qualité de la poudre, que pour en ôter les petites pierres qui s'y pourraient trouver et qui donneraient occasion aux incendies, qui ne sont que trop communs dans la fabrique des poudres. On se sert aussi, du côté de Provence, du charbon de chènevotte, qui peut contribuer, par son extrême légèreté, à donner de la vivacité à la poudre; mais il est certain qu'elle est beaucoup plus sujette à contracter l'humidité, qui en altère la qualité.

FABRIQUE DE LA POUDRE.

Quand les trois matières de salpêtre, soufre et charbon ont été bien épurées et préparées ainsi qu'il a été ci-dessus expliqué, on les rassemble dans les moulins à poudre.

Les moulins à poudre sont construits sur le courant des rivières ou de forts ruisseaux, car il faut une force considérable pour les faire tourner. Chaque moulin est gouverné par un maître poudrier, un maître garçon, et le nombre d'ouvriers proportionné à la force du moulin, comme par exemple de huit pour vingt-quatre mortiers.

La composition se fait par le maître poudrier à proportion de la force des mortiers, en sorte qu'étant ordinairement de vingt livres chacun, on met dans les tinettes vingt livres de composition, savoir :

Salpêtre	15 livres.
Soufre	2 1/2
Charbon	2 1/2
Total	20

Et ainsi à proportion, si les mortiers contiennent plus ou moins. Cette composition se jette des tinettes dans les mortiers, et en même temps la dose nécessaire d'eau pour faire le liage des matières, par le moyen des pilons, qui, tombant sur les matières, les écrasent et les confondent l'une avec l'autre.

Il est difficile de déterminer précisément pendant combien de temps les matières doivent être battues dans les mortiers; cela dépend de la force de l'eau, car tel courant d'eau fait tomber plus de fois le pilon dans une heure sur les matières, qu'un autre en une heure et demie; mais, supposant un courant d'eau raisonnablement bon, les matières se trouvent

---

[1] Des ordonnances générales ou particulières à chaque province réglementaient l'exploitation exclusive de ce bois, soit dans les forêts royales, soit dans les bois des communautés et même des particuliers. Un arrêt du Conseil du 11 janvier 1689 le qualifie ainsi qu'il suit : «Les bois de prinne et de bourdaine sont bois réputés morts, tant par leur faible consistance, les plus forts dans le plus grand âge n'ayant au plus que deux pouces de tour, que parce qu'ils meurent effectivement quand les rejets et bourgeons des forêts commencent à s'élever. Et enfin c'est ce qu'il y a de plus léger entre toutes les espèces de bois...; mais aussi, par ces mêmes défauts, ils sont très-propres à faire d'excellentes poudres, par leur légèreté et leur peu de consistance.»

suffisamment battues en vingt heures, y compris le temps que la batterie repose pour les arrosages. Et comme le battage des pilons qui incorporent l'eau dans les matières vient à bout de la consommer, il la faut renouveler de temps en temps, et jusqu'à quatre fois, afin que les matières soient tellement confondues qu'elles ne puissent plus être distinguées séparément. Après quoi, ces matières, qui, étant jointes ensemble, s'appellent *pâte*, se tirent des mortiers et se portent dans un bâtiment du moulin appelé *grenoir*, où, par le moyen des cribles, qui sont des peaux de veau dans lesquelles on a percé plusieurs trous ronds au travers desquels on fait passer cette pâte, elle se forme en grains.

Le grain, ainsi formé, se porte dans des draps, que l'on étend sur des théâtres exposés au plus grand soleil, où le grain sèche jusqu'à ce qu'il n'y reste plus aucune humidité; après quoi, on tamise la poudre, c'est-à-dire qu'on fait passer ce qui s'y trouve de poussière au travers d'un tamis de crin assez serré pour que les grains de poudre n'y puissent passer, mais seulement la poussière. Le grain, ainsi nettoyé, se met dans des barils de différents volumes, selon l'usage auquel la poudre est destinée; car, pour les magasins de l'artillerie de terre, les barils doivent être capables de contenir deux cents livres de poudre, et l'on encaque chacun de ces barils dans un autre baril qu'on appelle *chape*; pour les magasins de marine ou pour la consommation du public, les barils doivent seulement contenir cent livres de poudre, et on ne se sert point de chape pour les barils de cent livres, mais seulement d'un sac de toile, dans lequel on met les cent livres de poudre, et le sac dans le baril. La raison de ces différences de barillages consiste en ce que les poudres qui se fournissent pour l'artillerie de terre sont resserrées ordinairement dans des souterrains humides, et il est nécessaire que leur enveloppe les garantisse de l'humidité, qui est la plus grande ennemie de la poudre. D'ailleurs ces poudres sont destinées à être voiturées, ou pour des siéges, ou pour des batailles, et partant sont portées sur des charrettes, dont l'ébranlement ne peut être soutenu que par des barils de bois épais, l'un dans l'autre. Au lieu que les poudres de la marine sont déposées dans des magasins plus secs, d'où ces barils ne sortent que pour entrer dans les soutes des vaisseaux, où ils ne souffrent pas ; et les poudres pour le public se consomment presque aussitôt qu'elles sont fabriquées, et n'ont pas besoin d'un barillage si fort.

La poudre étant donc fabriquée et embarillée comme il a été dit ci-dessus, il ne s'agit plus que de la faire voiturer des moulins dans les lieux où le roi en a ordonné la fourniture, et le traitant a soin de retirer ses décharges des gardes-magasins, visées des officiers et contrôleurs à ce préposés, sur lesquelles décharges le roi ordonne le payement du prix de la poudre stipulé par le bail.

DES POUDRES ET SALPÊTRES.

TABLE SUR LES FABRIQUES DES SALPÊTRES DU ROYAUME[1].

DÉPARTEMENTS où se fabrique le salpêtre.	QUANTITÉ qui s'en fait.	LIEUX des RAFFINERIES.	NOMBRE DES RAFFINERIES.	
			GRANDES.	PETITES.
Paris.......	630,000	Paris.	1	"
Orléans.....	36,000			
Saumur.....	250,000			
Tours.......	110,000			
Chinon......	200,000	Saumur.	1	"
Châtellerault.	90,000			
Bourges.....	15,000			
Bordeaux....	150,000	Bordeaux.	1	"
Bayonne.....	5,000			
Toulouse et Montauban.	150,000	Toulouse.	1	"
Montpellier..	90,000	Montpellier.	1	"
Perpignan...	60,000	Perpignan.	1	"
Marseille....	90,000	Marseille.	1	"
Avignon.....	40,000			
Lyon........	50,000	Lyon.	1	"
Grenoble....	6,000			
Besançon....	60,000	Besançon.	1	"
Dijon.......	15,000	Auxonne.	"	1
Belfort......	10,000	Brisach.	"	1
Brisach.....	50,000			
Metz........	10,000	Metz.	"	1
Verdun......	20,000	Verdun.	"	1
Charleville..	3,000	Charleville.	"	1
Châlons.....	12,000	Châlons.	"	1
La Fère.....	10,000	La Fère.	"	1
Amiens.....	6,000	Amiens.	"	1
Valenciennes et Douai..	25,000	Le salpêtre se fournit tout raffiné.	"	"
Rouen......	10,000	Rouen.	"	1
TOTAL.....	2,203,000			
Produit des raffineries	197,000			
TOTAL.....	2,400,000			

Nota que, dans les grandes raffineries, outre le raffinage des salpêtres, il s'y fait aussi du salpêtre brut; c'est ce qui produit l'article de 197,000 livres qui est ci-dessus.

TABLE SUR LES FABRIQUES DE POUDRE DU ROYAUME[2].

VILLES auprès desquelles il y a des moulins à poudre.	NOMBRE DES MORTIERS qui sont en chaque moulin.	QUANTITÉ DE POUDRE que chaque moulin peut fabriquer.
Essonnes.............	63	450 milliers.
Rouen...............	72	400
Brest................	48	300
Saint-Jean-d'Angely..	48	300
Limoges.............	48	250
Bordeaux............	48	200
Toulouse............	60	250
Montpellier..........	28	150
Perpignan...........	24	150
Marseille............	100	500
Toulon..............	24	150
Vienne..............	48	250
Auxonne............	48	250
Besançon............	20	120
Brisach..............	24	120
Colmar..............	48	200
Metz................	20	100
Verdun..............	40	200
Charleville..........	24	120
La Fère.............	24	120
Valenciennes........	48	250
Douai...............	72	350
Saint-Omer.........	48	250
23 établissements.	1,027	5,430 milliers.

[1] Comparez, dans le tome II, p. 103, des *Mémoires d'artillerie*, que nous avons indiqués comme ayant dû servir au rédacteur du Mémoire, le tableau de la quantité de salpêtre fournie par chaque département en 1689, 1690 et 1691, et, p. 115-116, un autre tableau des quantités de salpêtre fabriquées en chaque province, avec l'indication du lieu où se trouve chaque moulin à poudre.

[2] Comparez, dans le tome II des *Mémoires d'artillerie*, p. 114, un tableau des moulins à poudre, avec le nombre des pilons et les chiffres de fabrication.

GÉNÉRALITÉ DE PARIS.

ÉTAT DES SALPÊTRIERS QUI TRAVAILLENT ACTUELLEMENT À LA FABRIQUE DU SALPÊTRE DANS LA VILLE ET GÉNÉRALITÉ DE PARIS; DU NOMBRE D'ATELIERS QU'ILS ONT, ET DE LA QUANTITÉ DE SALPÊTRE QUE CHACUN LIVRE PAR AN À L'ARSENAL DE PARIS.

LIEUX de LEURS DEMEURES.	NOMS des SALPÊTRIERS.	NOMBRE des ATELIERS qu'ils ont.	QUANTITÉ DE SALPÊTRE qu'ils livrent par an.
		maîtres.	livres.
	Antoine de Vennes.	1	25,000
	Étienne Ferret....	1	21,000
	François Barrier...	2	36,000
	François Le Blanc.	1	22,000
	François Marchand.	1	14,000
	Guillaume Saffroy.	4	50,000
	Jean Poyer.......	2	80,000
	Jean Villeroy.....	1	15,000
	Jean Le Vicomte..	1	18,000
	Jacques Huel.....	1	18,000
	Jacques Denys....	1	20,000
	Jacques Rioux....	1	18,000
Paris.......	Louis Poguavant..	1	18,000
	Léonard Roquet...	1	14,000
	Léonard Doyart...	1	22,000
	Léonard Colly....	1	20,000
	Michel Boucault..	1	17,000
	Pierre Poguavant.	1	20,000
	Pierre Thomas....	2	27,000
	Pierre Roger.....	1	16,000
	Philippe Fortin...	1	23,000
	Louis Le Buffe ...	1	18,000
	Veuve Roger.....	1	19,000
	Veuve Hausy	1	17,000
	Veuve Le Pan....	1	22,000
	Veuve Colly.....	1	20,000
Saint-Denis......	Jacques Berger....	1	12,000
	Jean-Baptiste Paul.	1	12,000
A reporter.............		34	594,000

LIEUX de LEURS DEMEURES.	NOMS des SALPÊTRIERS.	NOMBRE des ATELIERS qu'ils ont.	QUANTITÉ DE SALPÊTRE qu'ils livrent par an.
		maîtres.	livres.
Report.................		34	594,000
Mantes........	Antoine Vitré.....	1	4,000
	Louis Capris.....	1	1,200
Lagny.........	Valentin Le Bel...	1	4,000
Pontoise.......	Nicolas Martin....	1	5,000
Meaux.........	Roch Laublet.....	1	2,000
Villeneuve-le-Roy.	Balthasar Félix...	1	1,200
Fontenay.......	Pierre de Lor.....	1	1,200
	Nicolas Sauvage...	1	1,200
Villiers-le-Bel....	Claude Sauvage...	1	1,200
	Nicolas Gorgeret..	1	1,000
Argenteuil......	Veuve Saunier....	1	1,000
Carrières-sur-Bois.	François Caffau...	1	1,000
	Pierre Caffau.....	1	1,000
Suresnes........	Philibert Gorgeret.	1	800
Nogent-sur-Marne.	Jean de Montmartre	1	800
Livry..........	Christophe Maldon.	1	800
Montreuil	Jérôme Oudart....	1	1,200
Dammartin......	Jean Loyson......	1	1,000
Tribardou et Condé.	Jacques Maupoix..	1	600
	Nicolas Mutel	1	600
Triel..........	Martin Wilmont...	1	600
Montjoy........	Bastien Le Roy....	1	600
	Pierre Mercier l'aîné.		800
Piepus.........	Pierre Mercier le jeune.	1	1,000
	Jean Le Comte ...	1	800
TOTAL............		59	628,000

TITRE VI.

DES LOGEMENTS DES GARDES DU ROI, DES ÉTAPES ET QUARTIERS D'HIVER.

LOGEMENTS DES GARDES DU ROI [1].

Il y a dix-sept brigades des gardes du corps du roi logées dans la généralité de Paris.

COMPAGNIE DE NOAILLES [2]: à Pontoise, deux brigades, l'une de soixante et une places, et l'autre de soixante-deux, compris le timbalier; à Beaumont et Chambly, une brigade de soixante et une places; à Mantes, une brigade de soixante et une places; à Meulan, une bri-

---

[1] Comparez l'État de la France de 1698, t. I, p. 395 et suiv.

[2] Capitaine : le maréchal duc de Noailles, ci-dessus, p. 66, note 4. Il avait remplacé son père en 1678.

gade de soixante et une places; à Poissy et Triel, une brigade de soixante et une places.

COMPAGNIE DE LORGE[1] : à Beauvais, trois brigades, dont deux de soixante et une places chacune, la troisième de soixante-deux places, compris le timbalier; à Senlis, deux brigades de soixante et une places chacune.

COMPAGNIE DE DURAS[2] : à Dreux, une brigade de soixante et une places.

COMPAGNIE DE VILLEROY[3] : à Compiègne, deux brigades, l'une de soixante et une places, et l'autre de soixante-deux, compris le timbalier; à Verberie et Creil, une brigade de soixante et une places; à Dammartin, une brigade de soixante et une places; à Pont-Sainte-Maxence, une brigade de soixante et une places.

Pendant le séjour du roi à Fontainebleau, la première compagnie des mousquetaires loge à Montereau, chez les bourgeois de la ville, et la seconde à Nemours.

A Melun, il y a ordinairement neuf compagnies de gardes françaises, qui sont logées de même, par billets, chez les bourgeois[4].

Il y a, dans la ville de Saint-Denis, une compagnie des gardes suisses du roi, et plusieurs autres aux environs de Paris[5].

DES LIEUX D'ÉTAPES.

Élection de Paris : Corbeil, Châtres, Louvres, Marly, Brie-Comte-Robert, Baillet, Attainville, Maffliers, Linas, Montlhéry, Poissy, Triel et Saint-Denis.

Élection de Senlis : Pont-Sainte-Maxence et Senlis.

Élection de Compiègne : Compiègne et Verberie.

---

[1] Capitaine : Guy de Durfort, duc de Quintin-Lorge, maréchal de France, gouverneur de Lorraine, chevalier des ordres, etc. (1630-1702). Il était en fonctions depuis 1676.

[2] Capitaine : Jacques-Henri de Durfort, duc de Duras, frère aîné du duc de Lorge, maréchal de France, gouverneur de Franche-Comté, chevalier des ordres, etc. (1626-1704). Il était en fonctions depuis 1671.

[3] Capitaine : François de Neufville, duc de Villeroy (1644-1730), lieutenant général, gouverneur de Lyon, chevalier des ordres, plus tard ministre d'État et gouverneur de Louis XV. Il avait remplacé le maréchal de Luxembourg, mort en 1695, comme capitaine de la quatrième compagnie.

[4] Voyez, dans l'État de la France, p. 499-505, la répartition des gardes françaises dans les faubourgs de Paris.

[5] Il s'agit ici du régiment des gardes suisses commandé par Stoppa et composé de douze compagnies. La compagnie des Cent-Suisses, pour la garde intérieure du Louvre, logeait à Paris même, dans les rues Montorgueil, Montmorency, Saint-Sauveur, du Bout-du-Monde, Tiquetonne, etc. (État de la France, t. I. p. 457 et 510.) — Un mémoire écrit en un temps où l'on parlait de caserner les gardes françaises et suisses, nous fait connaître les détails qui suivent sur les inconvénients du logement chez les particuliers : «Dans les bourgs et villages où logent les suisses, il ne se passe guère de nuit qu'il n'y arrive du désordre, car.... ils ne laissent pas de demeurer, après la retraite sonnée à sept heures du soir, dans les cabarets, et de se soûler malgré les cabaretiers. Au sortir de là, il ne faut pas que qui que ce soit se rencontre en leur chemin, en sorte que les habitants du lieu et les bourgeois de Paris qui y ont des maisons, les femmes et les enfants n'osent sortir le soir ou de nuit sans risquer leur vie. Ils volent autant qu'ils peuvent dans les maisons, jour et nuit; ils volent aux champs, l'hiver, les échalas des vignes pour se chauffer, et l'été, pois, fèves et raisins. On peut dire avec vérité que les vols qu'ils font dedans et dehors les lieux de leur département, et les lits, draps ou linceuls et ustensiles qu'ils usent, montent à près de la moitié de la taille; outre que la vue et la rencontre de ces gens-là est fort désagréable et dégoûtante aux bourgeois et personnes de qualité..... Les logements sont la chose du monde la plus odieuse et cruelle, car est-il supportable d'avoir chez soi, dans ses entrailles, parmi femmes et filles, des soldats insolents et hardis, qui s'y disent les maîtres de la part du roi, et qui croient pouvoir tout faire impunément?..» (Pap. du Contrôle général.)

GÉNÉRALITÉ DE PARIS.

Élection de Beauvais : Beauvais, Tillart, Longvillers, Saint-Germer et Songeons.
Élection de Pontoise : Pontoise.
Élection de Mantes : Mantes.
Élection de Montfort : Montfort et Houdan.
Élection de Dreux : Dreux.
Élection d'Étampes : Étampes.
Élection de Melun : Melun, Milly et la Ferté-Alais.
Élection de Nemours : Nemours, Courtenay, Chéroy et Pont-sur-Yonne.
Élection de Coulommiers : Coulommiers.
Élection de Rozoy : Rozoy, Chaumes, Jouy-le-Châtel et Nangis.
Élection de Meaux : Meaux, la Ferté-sous-Jouarre, Mitry, Claye, Jouy-sur-Morin, Dammartin et Rebais.
Élection de Provins : Provins.
Élection de Nogent : Nogent, Pont et Bray.
Élection de Montereau : Montereau.
Élection de Sens : Sens.
Élection de Joigny : Joigny.

Élection de Saint-Florentin : Saint-Florentin et Auxon.
Élection de Tonnerre. Il n'y a aucun lieu d'étape dans cette élection.
Élection de Vézelay : Vézelay.

QUARTIERS D'HIVER [1].

Outre les brigades des gardes du corps du roi, il a logé dans la généralité de Paris, en quartiers d'hiver, pendant la guerre, des régiments, savoir :

En 1692, la compagnie des grenadiers à cheval [2]; le régiment de cavalerie étranger de Monseigneur le Dauphin [3], treize compagnies; le régiment de cavalerie de Puyguyon [4], treize compagnies;

En 1693, la compagnie des grenadiers à cheval; huit compagnies et l'état-major du régiment du chevalier du Rozel [5]; le régiment des Cuirassiers du Roi [6], douze compagnies; quatre compagnies du régiment du Maine [7];

En 1694, quinze compagnies et les offi-

---

[1] Ici Boulainvilliers fait remarquer que le détail des logements et des quartiers d'hiver était assez inutile, puisqu'on n'y suivait aucune règle et qu'il se fixait arbitrairement chaque année. Ce que le Mémoire ne dit pas en cet endroit, mais qu'il laisse entendre ailleurs, et notamment ci-dessus, p. 150, c'est que le logement des troupes et le quartier d'hiver constituaient deux des plus lourdes et des plus insupportables surcharges qui accablassent les contribuables non privilégiés; on peut voir sur cette matière un certain nombre de pièces dans le tome Ier de la *Correspondance des contrôleurs généraux avec les intendants des provinces*.

[2] Les grenadiers à cheval, créés en décembre 1676, faisaient partie de la cavalerie de la maison militaire du roi, avec les quatre compagnies de gardes du corps, celle des gendarmes de la garde, celle des chevau-légers et les deux compagnies de mousquetaires. Les grenadiers, selon l'*État de la France* de 1698, tome II, p. 502, « formaient trois escadrons, mais si fort unis qu'on pouvait ne les regarder que comme un peloton. » Le commandant de cette compagnie était M. de Villemur, brigadier d'armée.

[3] Le régiment du Dauphin avait pour mestre de camp-lieutenant M. Phélypeaux d'Hervy, nommé en 1683.

[4] M. de Puyguyon, brigadier d'armée et chevalier de Saint-Louis, n'était que mestre de camp lieutenant de ce régiment, dont la propriété appartenait au duc de Bourgogne.

[5] Le chevalier du Rozel, brigadier et chevalier de Saint-Louis, ayant été appelé à commander une brigade dans le nouveau corps des Carabiniers du Roi, vendit au duc de Saint-Simon, le 11 novembre 1693, son régiment, qui avait appartenu auparavant au prince Paul de Lorraine. Voyez les *Mémoires de Saint-Simon*, t. I, p. 151.

[6] Les Cuirassiers du Roi étaient commandés depuis 1697 par le marquis de Bonneval, frère aîné de ce fameux comte de Bonneval qui plus tard passa au service de l'Empire et de la Porte.

[7] Le duc du Maine commandait ce régiment, ayant sous lui M. de Cheylladet, brigadier d'armée.

ciers-majors de la brigade du chevalier du Mesnil, du régiment Royal des Carabiniers[1], dix compagnies dudit régiment, et les officiers-majors de la brigade du chevalier du Rozel;

En 1695, le régiment Royal de Roussillon[2], douze compagnies; le régiment Royal de Dragons[3], douze compagnies;

En 1696, le régiment du Mestre de camp général de cavalerie[4], de douze compagnies; le régiment du Roi[5], douze compagnies.

QUARTIERS DES LOGEMENTS DE CAVALERIE, PAR ÉLECTION.

Paris. — Il n'y a ordinairement aucun logement de troupes en quartiers d'hiver dans l'élection de Paris; c'est un privilége dont elle jouit depuis longtemps.

Senlis. — A Saint-Leu, une compagnie.

Compiègne. — A Morienval, une demi-compagnie; à Jaux, une demi-compagnie.

Beauvais. — A Feuquière, une demi-compagnie; à Briot, une demi-compagnie; à Auneuil, Saint-Paul, Saint-Ouen-Therdonne, Bury, Angy, une demi-compagnie.

Pontoise. — A Auvers et à Sergy, une demi-compagnie.

Mantes. — A Limay, Vaux, Bonnières, une compagnie; à Longnes, Dammartin, Gargenville, une demi-compagnie.

Montfort. — A Steuil, une demi-compagnie.

Dreux. — A Beu, une demi-compagnie; à Saint-Lubin, idem.

Étampes. — A Étréchy, à Méréville, une demi-compagnie.

Melun. — A Yèbles et Guignes, une compagnie.

Nemours. — A Pont-sur-Yonne, une compagnie; à Chéroy, une demi-compagnie.

Meaux. — A Lizy, à Jouarre, une compagnie; à Rebais, une demi-compagnie; à Saint-Cyr, une compagnie; à Jouy-sur-Morin, une demi-compagnie.

(La ville de Meaux est le quartier ordinaire d'assemblée des gendarmes de la garde du roi.)

Rozoy. — A Faremoutiers, une compagnie; à Jouy-le-Châtel, une compagnie.

Coulommiers. — A Mouroux, une compagnie.

Provins. — A Lézinnes et Sognolles, une demi-compagnie.

Nogent. — A Pont-sur-Seine, une compagnie; à Bray-sur-Seine, une compagnie.

Montereau. — A Donnemarie, une compagnie. (Il y avait aussi une compagnie à Moret; on l'a délogée par ordre du roi, à cause des dégâts qu'elle faisait dans la forêt de Fontainebleau, pour la chasse et pour le bois.)

Sens. — A Villeneuve-le-Roy, une compagnie; à Villeneuve-la-Guyard, une compagnie.

Joigny. — A Saint-Julien-du-Saut, une

---

[1] Le régiment Royal des Carabiniers avait été formé, en 1693, des cent compagnies de carabiniers dispersées jusque-là dans chaque régiment de cavalerie. Le duc du Maine en avait été fait mestre de camp lieutenant, ayant sous lui cinq mestres de camp, qui commandaient chacun une brigade.

[2] Le régiment de Royal-Roussillon, où Saint-Simon avait débuté comme capitaine, en 1693, était commandé, depuis la bataille de Nerwinde, par le marquis de Praslin.

[3] Le Royal-Dragons était commandé par le comte de Nogent, brigadier d'armée.

[4] Le régiment Mestre de camp général, le second de l'arme de la cavalerie dans l'ordre d'ancienneté, était commandé par le comte de Rosens, lieutenant général, plus tard maréchal de France.

[5] Le régiment du Roi, distinct du régiment Royal, avait pour mestre de camp lieutenant le comte de Broglie, qui devint maréchal de France sous Louis XV.

demi-compagnie; à Vénisy et Chailley, une compagnie; à Grandchamp, une demi-compagnie; à Saint-Aubin, une demi-compagnie.

Saint-Florentin. — A Neufvy, une demi-compagnie; à Auxon, une demi-compagnie.

Tonnerre. — A Chablis, une compagnie.
Vézelay. — A Corbigny, une compagnie.

Tous ces lieux n'ont pas logé en même temps; ils ont logé par année ou pour un temps, suivant que le service des troupes ou la commodité des habitants le pouvait requérir [1].

---

[1] Voyez l'appendice *Étapes et logements des troupes*.

CHAPITRE III.

DE LA JUSTICE.

Toutes les justices des seigneurs sont émanées du roi, de même que les fiefs[1].

Justices et fiefs sont choses distinctes.

Fief est un héritage qu'on tient à foi et hommage d'un seigneur, à la charge de lui prêter serment de fidélité et de lui rendre certains services en paix et en guerre. L'origine des fiefs en France est du commencement de la seconde race, vers l'an 752, sous le règne du roi Pépin, lorsque le royaume fut purgé des Goths, Wisigoths, Vandales et autres nations barbares. Quelques-uns en ont attribué l'établissement aux Lombards, peuple d'Italie, à cause que les premiers auteurs qui ont rédigé par écrit les lois féodales ont été Milanais, nommés Girard Le Noir et Robert de Horto[2], du temps de l'empereur Frédéric Ier, qui régnait vers l'an 1160, et que ces lois ont été particulièrement en vigueur en Italie.

En France, les fiefs peuvent être considérés par rapport à trois temps. Dans les premiers, ils n'étaient que viagers, donnés à la personne seulement, sujets même à privation durant la vie des possesseurs, et ils s'appelaient *beneficia*[3]. C'étaient des bénéfices chargés d'un service actuel. Ensuite ils furent rendus héréditaires, pour être tenus et possédés par les donataires et leurs descendants, avec la clause de réversion faute d'hoirs. De là sont venus les prestations de foi et hommage, les droits et devoirs féodaux et seigneuriaux, pour servir d'indemnité aux seigneurs des droits de nomination qu'ils avaient auparavant à chaque mutation. Et enfin, sous la troisième race de nos rois, vers l'an 987, ils ont été rendus patrimoniaux et héréditaires, de même nature que les autres biens[4]. Hugues-Capet, à son avénement à la couronne, ayant distribué aux seigneurs du royaume des terres nobles, avec réserve de foi et hommage, à la charge de le servir et de le suivre à la guerre, il leur accorda aussi le droit de justice haute, moyenne et basse sur leurs hommes et sujets, et se réserva le droit de ressort, c'est-à-dire les appellations

---

[1] Ces considérations générales sur l'origine et la nature du système féodal ne sauraient être discutées ici ; nous nous bornerons à renvoyer aux ouvrages dont peut s'être inspiré le rédacteur du Mémoire, notamment aux *Recherches de la France*, d'Étienne Pasquier, et au *Traité des fiefs*, de Chantereau Le Fèvre, le premier ouvrage spécial sur cette matière, publié en 1662.

[2] *Gerardus Niger* et *Obertus de Oberto*, consuls de Milan, qui firent leur compilation des *Libri V de Feudis* vers la fin du XIIe siècle. Cujas en donna une édition commentée en 1584, et certaines opinions du rédacteur du Mémoire semblent avoir été empruntées directement aux deux Milanais, quoique Chantereau Le Fèvre les condamnât.

[3] Cette confusion des fiefs avec les bénéfices était énergiquement repoussée par Chantereau Le Fèvre, dans le *Traité des fiefs*, p. 10 ; mais Pasquier l'admettait volontiers, ainsi que l'avaient fait les Milanais du XIIe siècle.

[4] Pasquier, que le Mémoire suit très-exactement, ne fixe point cependant de date aussi précise, et dit que les fiefs sont devenus héréditaires entre Charles le Chauve et Hugues-Capet. (*Recherches de la France*, liv. II, chap. v.)

de leurs juges à ses officiers. Ces seigneurs haut justiciers avaient sous eux des moyens et bas justiciers, qui étaient leurs vassaux et hommes de guerre, tenus de les suivre comme seigneurs des fiefs, d'où sont venus les termes d'arrière-fiefs et arrière-vassaux, hommes liges et non liges. Ces seigneurs s'étaient réservé de même, ou à leurs officiers, les appellations des justices inférieures. Ce sont là les différentes manières dont les fiefs ont été tenus et possédés en France depuis l'établissement de la monarchie [1].

Les fiefs les plus qualifiés sont les duchés, comtés, marquisats et baronnies.

Les duchés et les comtés sont très-anciens; on peut dire qu'ils ont commencé avec la monarchie. Le premier établissement en est attribué aux Romains, sous l'empereur Adrien, qui régnait l'an 130. On rapporte de cet empereur qu'il choisit un nombre de sénateurs pour lui servir de conseillers, qui l'accompagnaient partout; il les appela *comites*, compagnons. Ses successeurs confièrent à ces conseillers d'État l'administration de la justice et la direction des finances, et, en temps de guerre, ils donnèrent aux plus expérimentés la conduite des troupes, et les nommèrent *duces*, «conducteurs ou capitaines.» Dans la décadence de l'Empire, qui fut le temps de l'établissement de la monarchie, les Français

---

[1] Boulainvilliers s'exprime comme il suit au sujet de cet article des fiefs : «Il est peu nécessaire de s'arrêter à ce que l'auteur dit de l'origine de ceux-ci, parce qu'il est évident qu'il n'a pas assez pénétré cette matière, puisque, les faisant commencer en 752, au règne de Pépin, il les divise encore en bénéfices et en hommages réversibles, et qu'il ajoute enfin que Hugues-Capet, en 987, fit une division générale des terres de l'État aux seigneurs du royaume, auxquels il en accorda la possession pareille à celle de tous les autres biens patrimoniaux. Ceux qui connaissent l'ancienne histoire de France et quelles ont été les diverses formes de son gouvernement, savent combien ce système est éloigné de la vérité, puisque les bénéfices ou possessions de terres à vie étaient non-seulement en usage sous la première race, mais qu'ils étaient le bien propre de la nation française, qu'elle avait acquis par le droit de la conquête de la Gaule. À l'égard de la division des terres attribuée à Hugues-Capet, c'est une fiction chimérique, puisqu'on sait avec pleine certitude, par les titres et l'histoire, que ceux qui possédaient alors de grandes terres les tenaient longtemps avant qu'il parvînt à la couronne. Il divise ensuite les fiefs qualifiés en duchés, comtés, marquisats et baronnies, dont il dit que les titres sont plus anciens que la monarchie, les faisant remonter au temps de l'empereur Adrien; il est vrai que les comtes étaient originairement les compagnons du prince, selon la force du mot *comites*, qu'ils devinrent ensuite ses conseillers, et qu'enfin on leur confia l'administration de la justice et la direction de la finance. Il ajoute de plus que l'on choisit parmi leur corps des conducteurs des troupes et les généraux des armées, auxquels on donna le nom de ducs. Tout cela est amassé avec si peu de discrétion et de connaissance du fait, qu'il ne mérite aucun examen; mais ce qu'il ajoute de la division des comtes en trois classes sous la première race a quelque peu plus d'ordre : la première était de ceux qui rendaient la justice; la seconde, de ceux qui étaient officiers des armées, et la troisième, de ceux qui jouissaient de ce titre par le droit de leur naissance et la parenté des rois. Il ajoute que chaque duc avait ordinairement douze comtes sous sa juridiction. De là, il passe à l'institution des pairies, et veut bien ne pas s'arrêter à l'opinion qui la rapporte à Charlemagne, parce qu'il a découvert que la Flandre n'a été érigée en comté que sous la fin du règne de Charles le Chauve, quarante-huit ans après sa mort; la Champagne en 950, par Louis d'Outremer, et la Normandie peu de temps auparavant, par Charles le Simple. Cela est véritablement digne de pitié, et il est étonnant que de tels historiens se hasardent de donner leurs mémoires aux grands princes, n'étant propres qu'à les tromper par leur ignorance, ou les induire en erreur par leurs lâches flatteries, qui, au mépris de la vérité, représentent les rois revêtus d'une autorité arbitraire jusque dans un temps où ils ne jouissaient pas même de celle qui leur appartient légitimement.»

conservèrent ces titres de dignités, pour s'accommoder à l'humeur des peuples, et, à l'imitation des Romains, ils créèrent des ducs, auxquels ils donnèrent le commandement des armées et le gouvernement des provinces; ils séparèrent leurs nouvelles conquêtes en duchés et comtés, suivant la distinction que les Romains en avaient faite.

On a remarqué trois sortes de comtes sous la première race de nos rois, dont les uns avaient l'administration de la justice, les autres la conduite des armées, et les troisièmes étaient honorés de ce titre à cause de leur naissance ou de leur mérite, sans avoir aucune charge. Chaque duc avait ordinairement sous lui douze comtes; il se trouve néanmoins des comtes, gouverneurs de provinces, qui s'appelaient indifféremment tantôt *ducs* et tantôt *comtes* [1].

Ces titres d'honneur étaient donnés par les rois, souvent à la nomination des peuples, mais toujours avec clause de n'en jouir qu'autant qu'il leur plairait, et à la réserve d'en disposer à leur volonté.

Quant à l'institution des douze anciennes pairies du royaume [2], ceux qui en ont traité [3] ne s'accordent pas : quelques-uns la font remonter jusqu'à Charlemagne, mais avec peu d'apparence, puisque dans ce temps-là plusieurs de ces terres n'étaient pas illustrées des dignités qu'on leur attribue, étant un fait certain que la Flandre ne fut érigée en comté que quarante-huit années après le décès de Charlemagne, sur la fin du règne de Charles le Chauve, en faveur de Baudouin Bras-de-Fer, qui avait enlevé Judith de France, sa fille, dite la Belle, veuve d'Édouard, roi d'Angleterre [4]. Quant aux comtés de Champagne et de Brie, le docte Pithou, dans son livre Ier [5], met, pour le premier comte héréditaire, Robert, comte de Champagne et Brie, environ l'an 950, sous le règne de Louis d'Outremer, et il observe que tous ceux qui l'avaient précédé n'étaient que simples gouverneurs [6]. A l'égard de la Normandie, elle ne fut érigée en duché que sous Charles III, dit le Simple, qui commença de régner l'an 900 [7]; et ainsi des autres, à la réserve de la Bourgogne, qui aurait pu avoir ce titre de pairie [8]. C'est pourquoi il y a plus de vraisemblance de s'arrêter au sentiment de Pasquier, qui attribue l'institution des pairs à Hugues-Capet, après la mort de Charles de Lorraine, son compéti-

---

[1] Sur l'origine des ducs, voir Pasquier, livre II, chapitre XIII, et sur celle des comtes, le même livre, chapitre XIV; sur la division de la France en comtés romains, voir la préface de la *Notitia Galliarum*, de H. de Valois, p. XI, et comparer Guérard, *Essai sur le système des divisions territoriales de la Gaule depuis l'âge romain jusqu'à la fin de la dynastie carlovingienne*, publié en 1832, p. 51-54.

[2] Sur l'origine des pairs, voir Pasquier, livre II, chapitres IX et X, et l'*Histoire de la Pairie*, du comte de Boulainvilliers.

[3] Favyn, du Tillet, du Chesne, Pithou, Pasquier, etc.

[4] Baudouin, qui mourut à Avesnes en 879, avait enlevé, en 862, Judith, veuve d'Ethelwolf, roi de Wessex, et il l'épousa en 862. C'est en 864 qu'il échangea son titre de grand forestier de Flandre contre celui de comte.

[5] Dans les *Mémoires des comtes de Champagne*, publiés en 1582.

[6] Les historiens comptent aujourd'hui que Robert de Vermandois avait eu deux prédécesseurs : Eudes et Robert II de France.

[7] Lisez : *898*. Le duché de Normandie fut créé vers 912, au profit de Rollon, chef des Normands qui venaient de traiter avec la France, après l'avoir si longtemps ravagée.

[8] Le duc de Bourgogne, à partir de 1363, fut qualifié de «premier pair et doyen des pairs de France.»

teur au royaume, pour récompenser et attacher davantage à son service ceux qui lui avaient été fidèles et qui avaient contribué le plus à sa nouvelle conquête[1].

Dans la suite des temps, ces grandes terres et seigneuries[2] ont été réunies à la couronne, et nos rois ont érigé des terres particulières en duchés avec le titre de pairie, et, à leur sacre et couronnement, ils se sont fait assister de ces nouveaux pairs, par représentation des anciens.

Les rois Charles IX et Henri III ont ordonné, par édits[3], qu'aucunes terres ne pourraient être érigées en duchés-pairies qu'elles n'eussent au moins, avec leurs annexes, 8,000 écus de revenu, et sous la charge expresse de réunion à la couronne faute d'hoirs mâles. Les autres fiefs titrés ont des règles de même : les marquisats doivent être composés de trois baronnies et six châtellenies unies et tenues du roi à un seul hommage; les comtés, de deux baronnies et trois châtellenies, ou une baronnie et six châtellenies unies et incorporées; les baronnies, de trois châtellenies unies ensemble. Les châtellenies doivent avoir moyenne et basse justice, avec droits et prééminences ès églises qui sont dans la terre[4].

On suivra dans ce chapitre le même ordre qu'on a tenu jusqu'à présent, de marquer dans chacune élection ce qui se trouve qui a rapport à ce titre. On commencera par les cours et justices de la ville de Paris; on rapportera ensuite les bailliages et siéges présidiaux, les prévôtés et autres justices royales; on parlera des coutumes qui les régissent et gouvernent, de leur ressort et des magistrats qui ont de la réputation et du talent; ensuite des élections, greniers à sel, maréchaussées; des maîtrises des eaux et forêts, des capitaineries royales des chasses. On observera les terres titrées, les duchés, comtés, marquisats et autres terres de grande mouvance, le nombre des fiefs à peu près qui en relèvent, les familles distinguées, enfin les justices des seigneurs, et le nombre des gentilshommes qui se trouvent dans chacune.

---

[1] *Recherches de la France*, liv. II, chap. x.
[2] Il y avait six pairies laïques : les duchés de Bourgogne, de Guyenne, de Normandie, et les comtés de Flandre, de Champagne et de Toulouse; et six pairs ecclésiastiques, d'origine plus récente : l'archevêque-duc de Reims, les évêques-ducs de Laon et de Langres, et les évêques-comtes de Beauvais, de Châlons et de Noyon.
[3] Voyez les édits de juillet 1566 et mars 1582, dans le *Recueil des anciennes lois françaises*, d'Isambert, t. XIV, p. 217 et 512.
[4] Voir la déclaration royale du 17 août 1579 et l'arrêt du Conseil privé du 10 mars 1578.

JUSTICES DE LA VILLE DE PARIS[1].

Il y a dans la ville de Paris un Parlement, le premier du royaume, une cour appelée le Grand Conseil, une Chambre des comptes, une Cour des aides, un Bureau des finances et une Chambre du domaine, appelée ci-devant Chambre du trésor, qui y est unie, une Cour des monnaies, une juridiction des Eaux et Forêts à la Table de marbre du Palais, la Connétablie et Maréchaussée de France, l'Amirauté, le Bailliage du Palais, le Châtelet, qui est la justice ordinaire de la ville, prévôté et vicomté de Paris, une Élection, un Grenier à sel, une juridiction de l'Hôtel-de-Ville, un siège de justice des Juges et Consuls, une juridiction de la Varenne du Louvre.

DU PARLEMENT.

Le parlement de Paris fut institué l'an 755[2].

---

[1] Comparez à cet article les chapitres correspondants du tome III de l'*État de la France* de 1698, p. 287 et suiv.

[2] Cette date varie selon les manuscrits; celui de Nivernois, que nous suivons d'ordinaire, donne même 577. Boulainvilliers, lisant sur son exemplaire la date de 777, part de cette erreur pour faire les observations qui suivent : «L'auteur dit d'abord, avec autant d'absurdité que de hardiesse, que le parlement fut institué l'an 777, par le roi Pépin, pour avoir soin de l'administration de la justice et connaître des affaires civiles et criminelles, par appel des juges ordinaires et en dernier ressort, entre particuliers, et que tous les pairs du royaume, tant ecclésiastiques que séculiers, assistaient aux jugements qui s'y rendaient; mais il n'a pas pris garde que le roi Pépin était mort dès l'an 768, dix ans avant la date qu'il donne à cette institution, et qu'il a reconnu ci-devant qu'il n'y avait aucuns pairs avant Charlemagne. Mais au reste, pourrait-on croire que l'auteur ait ignoré que les parlements ou assemblées de la nation sont aussi anciennes que la monarchie, et que ce n'est point l'institution des rois qui est le principe de leur autorité, quoiqu'il soit vrai que leur jalousie ait infiniment contribué à la restreindre? Dans le fait, je conçois qu'un auteur tel que celui-ci, engagé à parler de l'origine des parlements, aurait cru faire outrage au pouvoir absolu de la royauté de le rapporter au droit fondamental en vertu duquel le peuple a toujours partagé le gouvernement avec les princes; mais, dans ce cas, il devait s'arrêter au changement qui se fit sous le règne de Philippe le Bel, où le parlement, en tant que tribunal de justice, fut séparé de l'assemblée commune de la nation, qui prit alors et pour la première fois le nom d'États généraux. Or, ce parlement, qui avait été jusque-là une simple convocation de certains seigneurs ecclésiastiques et laïques, devint alors une cour fixe et sédentaire, à laquelle le même Philippe le Bel donna son propre palais pour habitation, l'an 1312, et la divisa en deux chambres : l'une, pour connaître des affaires les plus importantes ou de celles dont les circonstances n'étaient pas contestées, qui fut nommée Grand'Chambre, et l'autre, des Enquêtes, parce qu'elle avait droit d'informer et d'établir la vérité des faits sur lesquels il y avait à prononcer. On voit par la *Somme rurale* de Jean Boutillier, qui vivait en 1400, que la première chambre était composée de quatre présidents, dont l'un était nommé le premier, et de trente conseillers, moitié clercs et moitié laïques; et que les enquêtes étaient de quarante conseillers, dont il y avait vingt-quatre clercs et seize laïques. L'auteur dit que cette division de clercs et de laïques fut établie pour suivre l'ordre des anciens parlements, où les évêques et abbés avaient séance; mais on voit trop qu'il n'a jamais connu à quel droit et par quels motifs le clergé a été admis dans les parlements français. A l'égard des pairs, il dit avec une hardiesse qui excite l'indignation des plus modérés et qui découvre bien le fond du cœur et l'intention de tous les légistes en général, que la séance au parlement a été conservée en considération de leurs dignités, mais que le parlement n'est pas cour des Pairs par rapport à cette séance, qui n'est jamais qu'occasionnelle et particulière, mais bien parce que toutes les appellations des pairies y ressortissent directement, et qu'ainsi il est le juge naturel des pairs et de leurs pairies.»

par Pépin, pour avoir l'administration de la justice et connaître des affaires civiles et criminelles, par appel des juges ordinaires et en dernier ressort, entre particuliers. Tous les pairs du royaume, tant ecclésiastiques que séculiers, assistaient au jugement qu'il rendait. C'était une cour ambulante qui servait près de la personne du roi et le suivait dans ses voyages [1].

Elle fut rendue sédentaire à Paris par le roi Philippe le Bel, en l'année 1302, lequel établit le siége de cette auguste compagnie dans son palais et la divisa en deux chambres : l'une, pour connaître les affaires les plus importantes, qui fut appelée Grand'Chambre, et l'autre chambre fut nommée Enquêtes [2].

M. Jean Boutillier, conseiller, qui vivait du temps du roi Charles VI, par son testament du 16 septembre 1402, rapporté en sa *Somme rurale* [3], fait mention de ces deux chambres de la cour du parlement, et dit que la Grand'-Chambre était composée de quatre présidents, dont l'un était appelé le premier, et de trente conseillers, quinze clercs et quinze laïques ; et la chambre des Enquêtes, de quarante conseillers, vingt-quatre clercs et seize laïques. Il décrit la forme dont on en usait au jugement des procès et à faire les arrêts, qui est changée depuis. Cette distinction de conseillers clercs et laïques, dont les cours de parlement sont composées, procède de l'ancienne forme des parlements généraux, qui ne se tenaient qu'en certains temps, suivant qu'il était ordonné par le roi : les princes et les principaux seigneurs du royaume y étaient appelés, et y assistaient, pareillement les évêques, les abbés et les plus illustres gens de l'Église ; et les parlements particuliers ont été établis à l'instar des parlements généraux, et les représentent.

Dans ces anciens temps, le ressort du parlement s'étendait par tout le royaume, étant le seul ; mais depuis la création des autres parlements [4], on leur a donné à chacun un ressort convenable, et celui de Paris a été réservé sur les provinces de l'Île-de-France, la Beauce, la Sologne, le Berry, l'Auvergne, le Lyonnais, Forez et Beaujolais, le Nivernais, le Bourbonnais et le Mâconnais, le pays d'Aunis et Rochelois, l'Anjou, l'Angoumois, le Maine, le Perche, la Picardie, la Champagne, la Brie et la Touraine [5].

Toute la généralité de Paris est du ressort du parlement.

Le parlement de Paris est appelé la cour des

---

[1] Cet article est fait évidemment à l'aide des *Recherches de la France*, d'Étienne Pasquier, liv. II, chap. II et III; mais Pasquier n'avait pas osé préciser les dates, et s'était contenté de dire que la coutume de tenir un parlement annuel avait été introduite par les maires du palais et plus soigneusement observée par Pépin.

[2] Pasquier, p. 50. — Dans l'ordonnance de 1303 (*Ordonnances*, t. I, p. 366) pour la réformation du royaume, Philippe le Bel fit connaître son intention qu'il y eût deux parlements ou sessions par an, à Paris ; mais il ne faisait que confirmer ce qui existait déjà en fait, et l'on vit encore, en plusieurs circonstances, un certain nombre de conseillers se transporter auprès du roi, quelle que fût sa résidence, pour juger les affaires qui devaient se décider sous ses yeux. Voyez le livre de M. Boutaric, *La France sous Philippe le Bel*, p. 193.

[3] La *Somme rurale*, recueil d'arrêts rendus par le parlement à partir de 1370, fut imprimée dès le xv⁰ siècle, et réimprimée en 1598 et 1611. Le testament de l'auteur, qui n'était pas conseiller au parlement, comme le dit notre Mémoire, mais lieutenant du bailli de Tournai, est daté de 1395, et non de 1402, dans un exemplaire manuscrit très-précieux que possède la Bibliothèque Nationale. Ce n'est point dans ce testament, mais dans le tit. XXXIX du liv. II, que se trouve le passage cité sur le parlement.

[4] On comptait en tout douze parlements.

[5] Le Mémoire oublie le Poitou, l'Orléanais proprement dit, le Blaisois, le Vendômois et partie de la Marche.

JUSTICES DE LA VILLE DE PARIS. 175

Pairs, tant parce que tous les ducs et pairs sont du corps du parlement, où ils sont reçus et y prêtent serment, que parce que toutes les terres érigées en duchés et pairies, qui sont les premiers fiefs de la couronne et les plus hautes dignités de l'État, y ressortissent immédiatement.

Il est composé aujourd'hui d'un premier président, neuf présidents à mortier, quatorze autres présidents par commission, cent quatre-vingt-deux conseillers, et de plusieurs officiers, qui sont distribués en dix chambres, savoir: 1° la Grand'Chambre; 2° la Tournelle civile[1] (cette chambre a cessé d'être tenue depuis quelques années); 3° la Tournelle criminelle; 4° cinq chambres des Enquêtes, et 5° deux chambres des Requêtes du Palais.

La Grand'Chambre est composée de M. le premier président, de quatre présidents à mortier, et de trente conseillers, dont douze sont conseillers clercs. Les maîtres des requêtes, au nombre de quatre, ont séance et voix délibérative en la Grand'Chambre, et les conseillers d'honneur du parlement[2] ont aussi cette prérogative.

La Grand'Chambre connaît des appellations verbales qui sont portées au parlement des juges de son ressort, des matières du domaine, des droits de la couronne, des causes des ducs et pairs, et autres affaires d'importance dont elle a l'attribution. La Grand'Chambre du parlement de Paris connaît seule de la régale, qui est un droit de la couronne[3], privativement à tous les autres parlements de France, en conséquence de l'ordonnance du roi Louis XI du 19 juin 1464[4].

La Tournelle civile était composée d'un président à mortier, de seize conseillers de la Grand'Chambre et de quatre conseillers de chacune chambre des Enquêtes, qui servaient tour à tour pendant trois mois. Elle connaissait des appellations en matière civile jusqu'à la somme de 1,000^{lt}, ou de 50^{lt} de rente[5].

La Tournelle criminelle est composée de quatre présidents à mortier, de neuf conseillers laïques de la Grand'Chambre et de deux conseillers de chacune chambre des Enquêtes, qui y servent tour à tour pendant trois mois. Les conseillers de la Grand'Chambre y servent six mois. Elle connaît de toutes les appellations criminelles, excepté de celles des gentilshommes et autres personnes d'État qui doivent être jugées à la Grand'Chambre.

Les cinq chambres des Enquêtes sont composées chacune de deux présidents et de vingt-huit conseillers; et les deux chambres des

---

[1] La Tournelle est ainsi appelée, dit l'*État de la France*, t. III, p. 292 et 293, «parce qu'elle est composée de cinq présidents au mortier, de neuf conseillers laïques de la Grand'Chambre, qui y vont tour à tour de six mois en six mois, et de deux conseillers de chacune des chambres des Enquêtes, qui y vont aussi tour à tour de trois mois en trois mois.» D'autres étymologistes prétendaient que le nom de la Tournelle venait de ce qu'elle s'assemblait dans une tour du Palais devenue plus tard la buvette de la Grand'Chambre.

[2] Sur ces conseillers d'honneur, voir l'*État de la France*, t. III, p. 289 et 290.

[3] La régale était le droit en vertu duquel le roi de France jouissait du revenu des évêchés et archevêchés depuis l'ouverture de la vacance jusqu'à l'enregistrement du serment de fidélité du nouveau prélat à la Chambre des comptes de Paris. Le roi nommait aussi pendant ce temps à tous les bénéfices qui eussent été à la collation du titulaire, sauf les cures.

[4] Cette ordonnance est imprimée dans le recueil des *Ordonnances*, tome XVI, p. 217.

[5] Il fallait tous les ans une nouvelle commission pour faire fonctionner cette chambre; on ne la demanda plus à partir de 1697 ou 1698, et les affaires de la Tournelle civile firent retour depuis lors à la Grand'Chambre ou aux Enquêtes.

GÉNÉRALITÉ DE PARIS.

Requêtes, de deux présidents et de quinze conseillers.

Les Enquêtes connaissent des appellations des procès par écrit, pour juger si bien ou mal il a été appelé en la Cour.

Les deux chambres des Requêtes du Palais sont du corps du parlement; elles connaissent de toutes les causes personnelles, possessoires et mixtes[1] entre officiers commensaux de la maison du roi[2] ou autres qui ont droit de *committimus*.

Il y a encore les Requêtes de l'Hôtel, composées des maîtres des requêtes, qui ont pareille connaissance des causes des officiers privilégiés qui jouissent du droit de *committimus*; en sorte que ces officiers ont le choix de plaider aux Requêtes de l'Hôtel ou aux Requêtes du Palais.

Les charges des présidents des Enquêtes et des Requêtes ne sont que des commissions qui sont possédées par des conseillers, et lorsque le parlement est assemblé et qu'il marche en cérémonie, ils ont rang avec Messieurs de la Grand'Chambre, suivant un règlement du parlement du 1ᵉʳ septembre 1677, qui porte qu'aux assemblées et cérémonies publiques, les présidents des Enquêtes et des Requêtes marcheront avec les conseillers de la Grand'Chambre et seront seulement précédés par deux conseillers, dont l'un sera titulaire, et l'autre pourra être honoraire.

MESSIEURS PRÉSIDENTS [3].

1689. — Messire Achille de Harlay, comte de Beaumont, premier président, remplit cette place depuis dix ans, avec toute la capacité, l'application et l'intégrité qu'on peut désirer dans un premier magistrat[4]. Elle l'a été autrefois par ses ancêtres. Son bisaïeul, Achille de Harlay de Beaumont, était premier président du parlement sous le roi Henri le Grand.

Les neuf présidents à mortier sont :

1671. — Mʳᵉ Jean de Longueil, marquis de Maisons, auparavant maître des requêtes[5]; fils de Mʳᵉ René de Longueil, président à mortier, surintendant des finances.

1682. — Mʳᵉ Louis Molé, seigneur de Champlâtreux, auparavant conseiller au par-

---

[1] Par causes *possessoires* on entendait celles qui regardaient la possession, par causes *personnelles* celles qui regardaient l'état des personnes, et par causes *mixtes* celles où le possessoire et le pétitoire, le réel et le personnel étaient mêlés.

[2] Par ce terme de *commensaux* on ne désignait d'abord que les officiers du roi ayant bouche en cour; mais peu à peu on l'avait étendu à une foule d'officiers et de magistrats qui n'avaient en réalité aucune relation directe avec la cour.

[3] Les articles qui vont suivre sont textuellement tirés de l'*État de la France*.

[4] Le premier président de Harlay, dont Saint-Simon a fait un si cruel portrait au physique et au moral, sans contester cependant son savoir et l'autorité qu'il exerçait à juste titre sur le parlement, avait été conseiller et procureur général dans la même cour avant de remplacer, en 1689, le premier président Nicolas Potier de Novion. N'ayant pu parvenir à la dignité de chancelier, quoiqu'il en eût en plusieurs fois la promesse du roi, il donna sa démission en 1707, fut remplacé par le président Le Peletier, et mourut le 20 juillet 1712, à soixante-treize ans.

[5] Le président de Maisons avait été conseiller au parlement en 1644, président en survivance de son père en 1646, maître des requêtes en 1650, puis chancelier de la reine Marie-Thérèse, et était entré en possession de la présidence le 2 décembre 1672, et non en 1671, comme le dit le Mémoire. Il avait la charge de gouverneur et capitaine des chasses de Versailles et Saint-Germain. Il mourut le 10 avril 1705, âgé de quatre-vingts ans, et eut pour successeur son fils Claude de Longueil de Maisons, sieur de Poissy, déjà conseiller et pourvu de la survivance depuis le 8 décembre 1695.

lement[1]; fils de Mre Jean-Édouard Molé, président à mortier, et petit-fils de Mre Mathieu Molé, premier président et garde des sceaux de France, et arrière-petit-fils de Mre Édouard Molé, président à mortier.

1689. — Mre Louis Le Peletier, seigneur de Villeneuve-le-Roy, auparavant conseiller au parlement[2]; fils de Mre Claude Le Peletier, ministre d'État, auparavant président à mortier et contrôleur général des finances[3].

1689. — Mre Jean-Antoine de Mesmes, comte d'Avaux et de Neufchâtel[4], fils de Mre Jean-Jacques de Mesmes, président à mortier.

1689. — Mre Nicolas-Louis de Bailleul, marquis de Château-Gontier, fils de Mre Louis de Bailleul, président à mortier, et petit-fils de Mre Nicolas de Bailleul, président à mortier, surintendant des finances et chancelier de la reine[5].

1689. — Mre André Potier de Novion, auparavant maître des requêtes, petit-fils de Mre Nicolas Potier de Novion, premier président au parlement[6].

1691. — Mre Jean-Jacques Charron, marquis de Ménars, auparavant maître des requêtes, intendant de justice dans la généralité de Paris et surintendant général des maison, domaines et affaires de la feue reine[7].

---

[1] Le président Molé avait été pourvu de la survivance de son père le 30 janvier 1679; il mourut le 3 janvier 1709, à soixante-cinq ans.

[2] Louis Le Peletier, nommé par le crédit de Mme de Maintenon, ne fut qu'un très-médiocre président, et se sentit lui-même incapable d'exercer la première présidence, lorsque, en avril 1707, le roi l'appela à remplacer M. de Harlay. Aussi n'eut-il d'autre hâte que de se retirer aussitôt que son père fut mort, en 1712.

[3] Ce ministre, qui avait occupé le contrôle général des finances après Colbert, de 1683 à 1689, s'était démis en 1697 de toutes les charges que le roi l'avait forcé jusque-là de conserver, et il vivait retiré à Villeneuve, avec la seule pension de 20,000 livres qui lui fut donnée le 14 février 1698. Sa correspondance a été publiée dans le tome 1er de la *Correspondance des contrôleurs généraux*.

[4] Saint-Simon a fort maltraité ce magistrat, qui succéda à M. Le Peletier comme premier président, et qui, selon l'expression des *Mémoires*, t. IX, p. 169 à 171, «voulait à toute force être un homme de qualité et de cour.» Mais on sait que Saint-Simon professait une haine particulière pour tous les premiers présidents qu'il vit se succéder à la tête du parlement, et il ne faut accepter ses jugements sur leur compte qu'avec beaucoup de réserves.

[5] Nicolas de Bailleul, ou Le Bailleul, avait été chancelier de la reine mère Anne d'Autriche. Son fils Louis s'était retiré à Saint-Victor, où il mourut en 1701, universellement regretté. Le petit-fils mourut en 1714, «homme d'honneur et de vertu, dit Saint-Simon, d'ailleurs fort peu de chose.»

[6] Le président André Potier de Novion succéda à M. de Mesmes, en 1723, comme premier président, parce qu'il se trouvait le premier sur le tableau d'ancienneté et qu'il avait eu pour femme une Berthelot, tante de Mme de Prie, alors au pouvoir. Ce fut, dit Saint-Simon, «un fou succédant à un scélérat..... Il n'était ni injuste ni malhonnête homme, comme l'autre premier président de Novion, son grand-père, mais il ne savait rien de son métier que la basse procédure, en laquelle, à la vérité, il excellait comme le plus habile procureur. Mais, par delà cette ténébreuse science, il ne fallait rien attendre de lui. C'était un homme obscur, solitaire, sauvage, etc.....» (*Mémoires*, t. XIX, p. 217 et suiv.) Il dut donner sa démission au bout de quelques mois.

[7] M. de Ménars, frère de la femme de Colbert, lequel avait fait sa fortune, avait été successivement conseiller au parlement (1667), maître des requêtes (1674), surintendant de la reine Marie-Thérèse, intendant à Orléans (1674) et à Paris (1681), et avait quitté cette dernière place pour devenir président à mortier, le 12 janvier 1691. Il mourut en 1718, dans son beau château de Ménars, étant âgé de soixante-quinze ans. «C'était, dit Saint-Simon, une très-belle figure d'homme et un fort bon homme aussi, peu capable, mais plein d'honneur, de probité, d'équité, et modeste, prodige dans un président à mortier.» Le cardinal de Rohan acheta sa précieuse bibliothèque, qui était celle du célèbre M. de Thou, qui fut pour tous les deux un meuble de fort grande montre, mais de très-peu d'usage.» (*Mémoires*, t. XIV, p. 371.)

1693. — Mʳᵉ Alexandre-Adrien de Hanyvel, marquis de Crèvecœur, auparavant maître des requêtes [1].

1698. — Mʳᵉ Chrétien-François de Lamoignon, auparavant avocat général du parlement, laquelle charge il a exercée pendant vingt-cinq ans [2]. Il est fils de Mʳᵉ Guillaume de Lamoignon, premier président au parlement.

GENS DU ROI.

1691. — Mʳᵉ Henri-François Daguesseau, avocat général, auparavant avocat du roi au Châtelet [3].

1689. — Mʳᵉ Arnaud de la Briffe, procureur général, auparavant maître des requêtes et président au Grand Conseil [4].

1697. — Mʳᵉ Joseph-Omer Joly de Fleury, avocat général, auparavant lieutenant général des eaux et forêts [5].

Il y a dix-huit substituts du procureur général, quatre greffiers en chef civils, secrétaires du roi, servant par quartier; un greffier

---

[1] M. de Crèvecœur-Manneville avait été avocat du roi au Châtelet, secrétaire en survivance des commandements du duc d'Orléans et conseiller au Grand Conseil, avant de passer maître des requêtes, en 1687. Il mourut le 3 novembre 1701.

[2] Le président de Lamoignon, fils aîné d'un des plus illustres premiers présidents et frère de l'intendant Bâville, avait été successivement conseiller au parlement (1666), maître des requêtes (1670) et avocat général (1673). Pourvu en décembre 1689 de la survivance de la charge de président à mortier qu'exerçait M. de Nesmond, il ne voulut pas, lorsque celui-ci mourut, en 1693, quitter son poste d'avocat général, et vendit la charge de président à M. de Crèvecœur, qui était gendre du premier président de Harlay. Cependant, en 1698, une autre charge de président, celle de M. Talon, étant venue à vaquer, il alla demander la permission de l'acheter et obtint l'agrément du roi, malgré son refus de 1693. Saint-Simon (*Mémoires*, t. VII, p. 60) a dit de lui que « c'était un homme enivré de la cour, de la faveur du grand et brillant monde, qui se voulait mêler de tous les mariages et de tous les testaments, et à qui, comme à tout Lamoignon, il ne se fallait fier que de bonne sorte. » Mais tous ses contemporains ont porté sur son compte un jugement beaucoup plus favorable; le roi l'estimait très-hautement pour son désintéressement, son impartialité et son amour de la justice, et sa mémoire a été consacrée surtout par les hommes d'esprit et les gens de lettres qui l'entouraient toujours, soit à Paris, soit à Bâville. Élu en 1703 membre de l'Académie française, en remplacement de Perrault, il n'accepta point, sans qu'on sût la cause précise de ce refus; mais l'année suivante il entra comme honoraire à l'Académie des sciences, à laquelle le roi fit notifier son approbation en ces termes : « Messieurs, j'ai bien de la joie du choix que vous avez fait de M. le président de Lamoignon. Je m'assure que vous aurez du plaisir à l'entendre raisonner sur les matières que vous agiterez dans vos assemblées. » Il mourut en 1709. Au sujet de l'acquisition de sa charge de président à mortier, en 1698, Dangeau (*Journal*, t. VI, p. 307 et 309) explique que ces charges, fixées au prix de 500,000 livres depuis la dernière création, ne produisaient que 12,000 livres de rente, tandis que celle d'avocat général, fixée seulement à 350,000 livres, en rapportait 18,000 par an.

[3] C'est le célèbre chancelier. Fils d'un des intendants qui s'étaient le plus distingués sous Colbert, il était devenu avocat général à vingt-deux ans (1691), passa procureur général à la place de M. de la Briffe, en 1700, fut chancelier de France à quarante-huit ans, en 1717, donna sa démission lorsqu'il eut accompli sa quatre-vingt-deuxième année, en 1750, et mourut le 9 février 1751.

[4] M. de la Briffe avait commencé par être conseiller au Châtelet et au parlement, et s'était acquis, comme maître des requêtes, une brillante réputation, qu'il perdit en devenant procureur général à la place de M. de Harlay. Il mourut en septembre 1700, « d'une longue maladie du chagrin dans lequel il vécut dans cette charge des dégoûts et des brocards dont le premier président Harlay l'accabla. » (*Mémoires de Saint-Simon*, t. I, p. 139 et 140, et t. II, p. 345.)

[5] Cet avocat général mourut en 1704, et eut pour successeur son frère cadet Guillaume Joly de Fleury, qui occupa avec éclat, jusqu'en 1746, le poste de procureur général.

criminel, secrétaire du roi; quatre notaires secrétaires du roi à la cour de parlement; un premier et principal commis au greffe civil du parlement; un premier et principal commis pour le conseil de la Grand'Chambre, et des greffiers aux audiences et conseils des autres chambres [1].

Les habits de cérémonie de la cour de parlement sont : pour les présidents, le manteau d'écarlate, fourré d'hermine, et le mortier de velours noir. Le premier président porte deux galons d'or à son mortier, à la différence des autres présidents à mortier, qui n'en ont qu'un au haut du mortier. Les conseillers, avocats et procureurs généraux du parlement ont la robe d'écarlate et le chaperon rouge fourré d'hermine. Les greffiers en chef portent la robe rouge, avec l'épitoge. Le greffier criminel et les quatre secrétaires de la cour portent aussi la robe rouge, avec un bonnet d'or. Le premier huissier porte la robe rouge, avec un bonnet d'or.

Le premier président et les présidents à mortier sont conduits dans le Palais par les huissiers, la baguette en main, et quand ils sortent, les huissiers marchent devant jusque devant la Sainte-Chapelle.

Anciennement, tous les évêques de France avaient séance ordinaire et voix délibérative au parlement. L'archevêque de Paris a conservé cet honneur : il est conseiller-né du parlement. Ils prennent encore la qualité de conseillers du roi en ses conseils [2]. L'archevêché de Paris ayant été érigé en pairie, l'archevêque entre comme duc.

L'ouverture du parlement se fait le lendemain de la Saint-Martin, par une messe solennelle qui est célébrée par un évêque, dans la grande salle du Palais, qui est ornée pour cette cérémonie, où tous MM. les présidents et conseillers assistent en robe rouge.

Le parlement continue ses séances jusqu'au 8 septembre, jour de la Notre-Dame; et pendant les vacations, il se tient une chambre, qu'on appelle *des vacations*, qui connaît des causes qui requièrent célérité et des affaires criminelles [3].

DU GRAND CONSEIL [4].

Le Grand Conseil était, dans son origine, le seul conseil des rois où se traitaient les affaires les plus importantes de l'État; les grands officiers de la couronne et les chefs des cours supérieures prenaient par honneur la qualité de conseiller du roi en son Grand Conseil. Depuis, on a pris celle de conseiller du roi en ses conseils.

La juridiction du Grand Conseil s'étend par tout le royaume; sa compétence est de connaître des évocations, règlements de juges, nullités et contrariétés d'arrêts; de la conservation de la juridiction des présidiaux et des prévôts des maréchaux; des bénéfices consistoriaux, archevêchés, évêchés, abbayes, prieurés conventuels, et de tous autres bénéfices qui sont à la nomination, présentation et collation ou autre disposition du roi, à la réserve de la régale, dont la connaissance appartient à la Grand'Chambre du parlement. Il connaît aussi des droits qui appartiennent au roi sur

---

[1] *L'État de la France* donne le détail de tout le personnel du parlement, par dates de réception.

[2] Cette dernière phrase eût dû être placée avant la précédente. Le copiste a mal transcrit l'*État de la France*, auquel sont empruntés presque textuellement ces paragraphes sur le costume et le cérémonial.

[3] Les archives du parlement de Paris sont conservées aux Archives Nationales.

[4] Cet article est tiré de l'*État de la France*, année 1698, t. III, p. 64-66. Voir, aux Archives Nationales,

les églises cathédrales et collégiales [1]; des induits des cardinaux et autres prélats du royaume; de l'indult des officiers du parlement de Paris; des contraventions aux priviléges des secrétaires du roi; des appellations de la Prévôté de l'Hôtel, et de plusieurs évocations concernant les personnes, biens et priviléges des grands ordres du royaume, comme Cluny, Cîteaux, Prémontré, Grammont, la Trinité, le Saint-Esprit, Fontevrault, et de l'ordre de Saint-Jean-de-Jérusalem. Il connaît aussi des immunités et franchises des ecclésiastiques et de plusieurs évocations sur différentes matières, en vertu d'arrêts du Conseil qui lui en renvoient la connaissance.

Le roi Charles VIII, en 1497, fixa le nombre des conseillers au Grand Conseil à dix-sept et un procureur général; le roi Louis XII, en 1498, les augmenta jusqu'à vingt, et rendit cette compagnie semestre, laquelle a été, depuis, augmentée par les rois ses successeurs. Elle se trouve aujourd'hui composée, savoir : d'un premier président; huit présidents, quatre par semestre; cinquante-quatre conseillers, vingt-sept par semestre; deux avocats généraux, qui servent aussi par semestre; un procureur général, douze substituts, un greffier en chef, quatre secrétaires de la cour, qui ont été créés en 1635; deux greffiers principaux, commis, savoir : un pour l'audience, et l'autre pour la chambre du Conseil; un greffier garde-sacs, un greffier des présentations et affirmations, un premier huissier, vingt autres huissiers, et vingt-trois procureurs.

La charge de premier président et celles des autres présidents ont été créées en charges par édit du mois de février 1690. Avant ce temps-là, c'étaient des commissions qui étaient attribuées aux charges des maîtres des requêtes.

Le premier président et le procureur général servent toute l'année; le semestre des autres présidents et des avocats généraux commence en janvier et en juillet, et celui des conseillers en octobre et en avril.

MESSIEURS PRÉSIDENTS.

1697. — Mre François-Michel de Verthamon, premier président, auparavant maître des requêtes [2].

1690. — Mre Auguste-Macé Le Boulanger, sieur de Viarmes, auparavant maître des requêtes.

1690. — Mre Charles du Tillet, sieur de la Bussière, auparavant maître des requêtes.

1690. — Mre Antoine Joly de Blaisy, auparavant conseiller au parlement.

1690. — Mre Pierre Rouillé, sieur de Marbeuf, ambassadeur du roi en Portugal [3].

---

un recueil de mémoires divers sur le Grand Conseil, coté U 949, et les archives de cette cour, indiquées dans l'*Inventaire sommaire*, p. 289.

[1] Le copiste a sauté ici ce membre de phrase de l'*État de la France* : «à cause de son joyeux avénement à la couronne et du serment de fidélité des archevêques et évêques.»

[2] M. de Verthamon, conseiller au parlement en 1674, maître des requêtes en 1677, avait refusé plusieurs intendances, et avait hérité de la première présidence à la mort de son beau-père, Thierry Bignon. «Riche à millions, et plus avare, s'il se peut, que riche,» le mariage de sa fille unique avec un fils du duc d'Antin lui valut, selon Saint-Simon, le *râpé* de la charge de greffier des ordres du roi, en 1716. Il ne mourut que le 2 janvier 1738, âgé de quatre-vingt-quatre ans.

[3] Le président de Marbeuf (1657-1712) avait été successivement conseiller au Châtelet et lieutenant général des eaux et forêts, avant de passer au Grand Conseil. Il était ambassadeur en Portugal depuis le mois de mai 1697, obtint des lettres de président honoraire en 1702, revint de Lisbonne en 1703, pour aller remplir, l'année suivante, des fonctions diplomatiques à Bruxelles, auprès

1690. — Mʳᵉ Charles Pinon, auparavant conseiller au parlement.

1692. — Mʳᵉ Alexandre Tarteron, sieur de Moustiers[1], auparavant conseiller au parlement.

1694. — Mʳᵉ Antoine d'Aquin, sieur de Châteaurenard, secrétaire du cabinet du roi, conseiller honoraire au parlement, ci-devant intendant de justice à Moulins[2].

1699. — Mʳᵉ François Duret, auparavant conseiller au parlement.

GENS DU ROI.

1688. — Mʳᵉ Pierre-Antoine de Benoist de Saint-Port, avocat général, auparavant avocat du roi au Châtelet.

1694. — Mʳᵉ Antoine-Joseph Hennequin, sieur de Charmont, procureur général, auparavant conseiller au Grand Conseil[3].

1697. — Mʳᵉ Nicolas-Édouard-Philibert Ollier de Maison-Fontenailles, avocat général, auparavant conseiller au Grand Conseil[4].

Les habits de cérémonie du Grand Conseil sont : pour les présidents, la robe de velours noir, et pour les conseillers, les avocats et procureurs généraux, les greffiers et les secrétaires de la cour, la robe de satin noir.

DE LA CHAMBRE DES COMPTES[5].

Il paraît, par quelques registres de la Chambre des comptes, qu'elle fut établie sédentaire à Paris, en même temps que le parlement, sous le règne du roi Philippe le Bel, dans le commencement du xɪᴠᵉ siècle. Dans son premier établissement, elle était seule dans le royaume, et elle envoyait des commissaires dans les provinces éloignées, et même au pays de Languedoc, pour ouïr les comptes des comptables; ce qui a cessé par l'établissement d'une Chambre des comptes à Montpellier, qui fut fait en l'année 1320, et autres chambres en différentes provinces.

Elle n'était alors composée que de deux présidents, six maîtres des comptes et huit clercs. Des deux présidents, l'un était ordinairement clerc, archevêque ou évêque, et l'autre laïque; et des six maîtres, trois étaient clercs, et trois laïques.

---

de l'électeur de Bavière, et fut encore envoyé, en 1709, aux conférences de la Haye. C'était, selon Saint-Simon, un homme «fort sage, fort avisé et fort instruit.»

[1] Alias, Moutiers.

[2] Ce fils du premier médecin du roi qui avait été renvoyé en 1693 et remplacé par Fagon, occupa l'intendance de Moulins de 1688 à 1694. Quoique compris dans la disgrâce de son père, il persista à garder sa charge au Grand Conseil et celle de secrétaire ordinaire du cabinet, et ne se démit de cette dernière qu'en 1706. Voir l'addition de Saint-Simon au Journal de Dangeau, 19 mars 1706. Mort le 30 mars 1735.

[3] Ce procureur général, qui avait commencé par être page du roi et capitaine dans son régiment, quitta le Grand Conseil en 1701, et acheta une des charges de secrétaire du cabinet, «pour le plaisir de ne rien faire, d'aller à Versailles et de porter une brette.» Un peu plus tard, il fut envoyé comme ambassadeur à Venise; mais sa conduite y fut si maladroite qu'on dut le rappeler en 1704, et le roi, pour le consoler, lui donna, chez le duc de Bourgogne, une charge de secrétaire des commandements ayant «la plume.»

[4] M. Ollier, de la branche des seigneurs de Maison et Fontenailles ou Fontenelle, était petit-neveu de Jean-Jacques Ollier, fondateur du séminaire de Saint-Sulpice. Il mourut prématurément, à vingt-neuf ans, le 11 octobre 1702. Sa charge lui avait coûté 30,000 écus.

[5] Voir l'État de la France, année 1698, t. III, p. 321-339; comparer les Recherches de la France, d'Étienne Pasquier, liv. II, chap. ɪ, et le Traité de la Chambre des comptes, publié en 1647 sous le nom du praticien Claude de Beaune. Un autre Traité de la Chambre des comptes, rédigé par le commis au plumitif Jean de Loffroy, ne fut imprimé qu'après sa mort, en 1702. — Ce qui subsiste des archives de la Chambre est conservé aux Archives Nationales.

Nous avons une ordonnance du 6 janvier 1319 qui porte que, des huit clercs, deux devaient tenir les comptes, un le journal, pour enregistrer les affaires, et les cinq autres pour entendre au fait de l'examen des comptes. Depuis, Charles IV dit le Bel y ajouta encore deux maîtres. Charles VI, en l'année 1410, créa deux correcteurs des comptes, qui furent pris du nombre des maîtres, aux mêmes gages, honneurs et droits que les maîtres, et avaient séance au bureau. Louis XI établit un second bureau, créa un troisième président, et augmenta le nombre des maîtres; en sorte que, jusqu'au règne du roi François Ier, la Chambre des comptes n'était composée que de trois présidents, douze maîtres et seize clercs, lesquels furent depuis nommés auditeurs des comptes.

Le roi Henri II donna aux auditeurs la qualité de conseillers du roi, avec voix délibérative, et établit le service de la Chambre des comptes semestre.

Son ressort s'étend sur les généralités de Paris, Soissons, Amiens, Châlons, Orléans, Bourges, Moulins, Poitiers, Limoges, Riom, Lyon, Bordeaux, Montauban, la Rochelle et Tours[1].

La Chambre des comptes a toujours été en grande considération. Anciennement, les affaires les plus importantes de l'État et des finances y étaient délibérées, où assistaient les principaux officiers de la couronne et du parlement; les archevêques, évêques, princes et autres grands du royaume y avaient séance. Elle a eu l'honneur d'avoir Jacques de Bourbon, prince du sang, pour premier président, en l'an 1397. Plusieurs de nos rois l'ont honorée de leur présence. Philippe de Valois, pendant son voyage de Flandre, lui laissa son sceau en garde, avec pouvoir et autorité pour la distribution de ses grâces[2].

Il y a seize maîtres des comptes qui ont la pension de conseiller d'État de 1,500^{tt}, et qui ont droit de prendre la qualité de conseillers du roi en ses conseils.

La Chambre des comptes enregistre les serments de fidélité des archevêques, évêques, abbés et autres pourvus de bénéfices de fondations royales, et des chefs d'ordres qui sont sujets aux droits de régale, laquelle n'est fermée que du jour de cet enregistrement[3]. Les fruits de ces bénéfices, pendant la vacance, appartiennent au roi. Le roi saint Louis fit don à la Sainte-Chapelle de Paris des fruits de ces bénéfices vacants en régale, dans les commencements pour une année seulement, puis pour deux; ensuite cette jouissance se continua et devint perpétuelle sous les rois ses successeurs. Le roi l'a retirée, et la remet présentement aux archevêques, évêques et abbés aussitôt qu'ils ont prêté à Sa Majesté le serment de fidélité dont ils sont tenus, et, pour l'indemnité, le roi a uni à la Sainte-Chapelle l'abbaye de Saint-Nicaise de Reims, qui vaut environ 15,000^{tt} de rente.

La Chambre des comptes reçoit les foi et hommages des vassaux de Sa Majesté pour les terres titrées, principautés, duchés-pairies, marquisats, comtés et baronnies qu'ils possèdent. Elle a la garde des aveux et dénombrements de tous ceux de son ressort, même des foi et hommages des fiefs, terres et seigneuries qui sont reçus par les trésoriers de France. Elle enregistre les déclarations du roi, soit pour fait de guerre, soit pour traités

---

[1] Le Mémoire oublie les Flandres et l'Artois, anciennes dépendances de la Chambre des comptes de Lille, qui avait été supprimée après la conquête de 1667.

[2] Le texte des lettres de Philippe de Valois est dans Pasquier, *Recherches de la France*, p. 72.

[3] Voyez ci-dessus, p. 175 et note 3.

de paix, contrats de mariage des rois et des enfants de France, pour leurs apanages, et autres concernant les réunions et aliénations des domaines, les lettres de naturalité et amortissement, légitimations, dons, pensions, gratifications, les lettres d'érection de duchés-pairies, marquisats, comtés, baronnies, châtellenies, hautes justices; ensemble, les anoblissements, confirmations et réhabilitations de noblesse. Elle vérifie aussi les priviléges des provinces et des villes, les lettres portant permission d'établissement des foires et marchés, affranchissements, et autres. Elle connaît, examine et arrête les comptes du Trésor royal, ceux de la maison du roi, des maisons royales, et ceux de tous les officiers comptables de son ressort.

On ne peut se pourvoir en matière civile contre les jugements et arrêts de la Chambre des comptes que par révision en la même Chambre, ce qui a été jugé et arrêté par l'ordonnance de Moulins, en l'année 1566; et en matière criminelle, cette ordonnance porte que les gens des comptes sont compétents pour l'instruction des procès criminels jusqu'à la torture exclusivement, et que, dans ces cas, les avocats et procureurs généraux, tant de la cour de parlement que de la Chambre des comptes, s'assembleront pour, d'un commun accord et avis, prendre des conclusions, et que, les procès étant portés en la chambre du Conseil, où se jugent les révisions, ils y seront jugés par un président du parlement, cinq conseillers ou six au plus, un président de la Chambre des comptes, avec cinq maîtres ou six au plus, celui du parlement y présidant, avec un greffier du parlement et un greffier de la Chambre des comptes; et les arrêts sont datés de la chambre du Conseil lès la Chambre des comptes.

Elle est composée aujourd'hui de : un premier président, douze autres présidents, soixante-quatorze maîtres des comptes, trente-quatre correcteurs et soixante-dix-huit auditeurs, un avocat général et un procureur général du roi [1], quatre substituts de nouvelle création, dont il n'y en a qu'un de pourvu, un contrôleur général des restes, deux greffiers en chef, un greffier au plumitif et deux commis au greffe, un garde des livres par commission, un premier huissier, trente-deux autres huissiers, trente et un procureurs, trois receveurs et payeurs des gages, ancien, alternatif et triennal [2].

Tous ces officiers servent par semestre, qui commence en janvier et juillet, à la réserve du premier président et des gens du roi, qui sont toujours de service.

Les présidents, maîtres, correcteurs et auditeurs sont de robe longue, s'ils sont reçus sur la loi, ou de robe courte, s'ils n'y sont pas reçus; néanmoins ils portent tous la robe

---

[1] Cette charge de procureur général, dont le Mémoire n'indique pas le titulaire, était exercée depuis 1684 par Hilaire Rouillé du Coudray, conseiller au Grand Conseil, ancien intendant en Poitou et parent de M. de Pomponne. Le titulaire précédent, M. Girard de Villetaneuse, n'ayant pas voulu échanger sa charge contre une présidence, on l'avait tenu dans un exil rigoureux à Carentan, durant deux années, jusqu'à ce qu'il donnât sa démission. M. Rouillé du Coudray devint directeur des finances en 1701 et fut remplacé à la Chambre par M. de Fourqueux, qui ne paya la charge que 360,000 livres, bien que plusieurs autres concurrents en eussent offert davantage. M. Rouillé du Coudray est bien connu comme curieux et comme érudit ; il s'occupa beaucoup des documents historiques, et particulièrement de ceux que renfermait le Trésor des chartes. Mais ses contemporains l'estimaient peu à cause de son goût pour la débauche et de son ton bourru.

[2] Voyez la liste de ce personnel dans l'*État de la France*.

longue et le bonnet depuis l'entrée de la reine à Paris, en l'année 1660.

Le premier président et les trois anciens présidents de semestre demeurent toujours au grand bureau, et les trois derniers de semestre tiennent le deuxième bureau. Les maîtres servent dans les deux bureaux alternativement de mois en mois.

MESSIEURS PRÉSIDENTS.

1686. — Mre Jean-Aymard Nicolay, marquis de Goussainville, premier président[1]; il est le septième de sa maison qui sert le roi et l'État dans cette charge[2].

1684. — Mre Antoine-Michel Tambonneau, auparavant ambassadeur pour le roi en Suisse[3]; il est le cinquième président de sa maison, sans interruption[4].

1684. — Mre Toussaint Rose, secrétaire de la chambre et du cabinet du roi; il est l'un des quarante de l'Académie française[5].

1687. — Mre Claude-Jean-Baptiste Lambert, sieur de Thorigny, auparavant conseiller au parlement; il a succédé à son père dans cette charge.

1688. — Mre Charles-Bonaventure Rossignoi, auparavant conseiller au parlement[6].

1690. — Mre Anne-François de Paris, sieur de la Brosse, auparavant conseiller au parlement de Metz; il a succédé à son père dans cette charge[7].

1691. — Mre Louis-Charles Gilbert, auparavant conseiller au Grand Conseil[8].

1692. — Mre Gédéon du Metz, intendant et contrôleur général des meubles de la cou-

---

[1] Ce premier président, né en 1658, mort en 1737, avait d'abord servi dans une des compagnies de mousquetaires du roi et n'avait quitté l'armée qu'à la mort de son frère aîné, pour débuter à la Chambre comme avocat général, en 1680. Il se démit en 1734 de la première présidence, qui fut encore exercée par son fils et son petit-fils; ce dernier périt sur l'échafaud révolutionnaire, le 7 juillet 1794, trois ans après la suppression de la Chambre des comptes.

[2] Le premier de ces magistrats, Jean Nicolay, ancien chancelier de Louis XII au royaume de Naples et maître des requêtes, avait été élevé en 1506 à la première présidence. Puis étaient venus : Aymard Nicolay (1518), Antoine (1553), Jean II (1587), Antoine II (1624), Nicolas (1656). Voir le volume de *Pièces justificatives pour servir à l'histoire des premiers présidents de la Chambre des comptes de Paris* (1506-1791), que nous avons publié en 1873, sous les auspices de M. le marquis de Nicolay.

[3] Le président Tambonneau, nommé à la Chambre en 1684, avait été envoyé en Suisse la même année et en était revenu au commencement de 1689. Il mourut en 1719, âgé de près de quatre-vingt-dix ans. C'est lui qu'on nommait par dérision le «marquis Michaut.» Il est souvent parlé de sa mère dans les mémoires du temps.

[4] Michel Tambonneau, nommé président en 1554; Jean, en 1563; Michel II, en 1603; Jean II, en 1634.

[5] Ce président mourut fort âgé, le 5 janvier 1701. Voir l'addition de Saint-Simon au *Journal de Dangeau*, du 6 janvier 1701, et ses *Mémoires*, t. II, p. 422-427.

[6] Le père de ce président était un habile déchiffreur, employé longtemps par Louvois, qui fit obtenir au fils la charge de M. Dugué, quoiqu'elle fût convoitée par un de ses propres parents.

[7] Ce président resta en fonctions jusqu'en 1739, et mourut en 1741.

[8] Deux charges de président ayant été créées en 1691, elles avaient été achetées par Gilbert, fils d'un marchand de draps à l'enseigne des Rats, et par Brunet de Montforant, ancien rat de cave, frère d'un garde du Trésor. Comme les faiseurs d'épigrammes reprochaient à la Chambre de recevoir des gens d'une extraction douteuse ou d'une origine inférieure, on fit ce couplet :

> Le roi a fait deux présidents,
> Le roi a fait deux présidents,
> Jean Gilbert et Montforant.
> L'un jadis fut rat de ville,
> Et l'autre fut rat des champs.
> Il est président, le rat de ville;
> Il est président, le rat des champs.

JUSTICES DE LA VILLE DE PARIS.

ronne, auparavant trésorier des parties casuelles, et ensuite garde du Trésor royal[1].

1698. — Mre Louis-Denis Séguin, auparavant conseiller en la Cour des aides[2].

1699. — M^re [Bénigne][3] Le Ragois de Bretonvilliers, auparavant conseiller au parlement; il a succédé à son père[4].

1700. — Mre Michel Larcher, baron de Baye, auparavant maître des requêtes, intendant de justice en Champagne[5]; il a succédé à son père.

1700. — Mre André-Nicolas de Jassaud, auparavant conseiller en la première des Enquêtes du Palais[6].

Les habits de cérémonie de la Chambre des comptes sont, savoir:

Pour les présidents, la robe de velours noir;

Pour les maîtres des comptes, la robe de satin noir;

Pour les correcteurs des comptes, la robe de damas noir;

Pour les auditeurs des comptes, la robe de taffetas noir;

Pour l'avocat et le procureur général, la robe de satin noir;

Pour les greffiers, la robe de damas noir;

Et pour le premier huissier, la robe de taffetas noir.

Les enfants de France ont droit d'avoir une chambre des comptes dans une des villes de leur apanage, laquelle finit dans le cas de réversion de l'apanage à la couronne, faute d'hoir mâle. Le plus souvent les seigneurs apanagés font compter leurs trésoriers en la Chambre des comptes de Paris[7].

---

[1] Gédéon Berbier du Metz, premier commis au Contrôle général, avait rendu de grands services à Colbert par son goût pour les beaux-arts et ses relations avec les gens de lettres. Sa collaboration au règlement de l'Académie de peinture et à la création des Gobelins lui avait valu, en 1663, un titre de membre honoraire de l'Académie. C'est en 1674, alors que la commission de garde du Trésor royal fut dédoublée, qu'il fut pourvu de la charge alternative. En 1689, les commissions se transformant en offices vénaux et héréditaires, il céda sa charge à Nicolas de Frémont, beau-père du maréchal de Lorge; et comme il était licencié en droit civil et avocat depuis 1650, il obtint, quoique ancien comptable, la permission d'acheter un office de président des comptes. Il mourut le 10 septembre 1709.

[2] Le président Séguin resta en fonctions jusqu'en 1736.

[3] Le prénom est resté en blanc sur les manuscrits.

[4] Le président de Bretonvilliers, pourvu en survivance le 23 novembre 1699, n'était entré en fonctions qu'après la mort de son père, le 19 janvier 1700. Il mourut en 1709. L'hôtel que le père avait construit ou achevé de décorer dans l'île Notre-Dame était réputé des plus beaux de Paris.

[5] Michel Larcher, nommé à l'intendance de Rouen en 1690 et à celle de Châlons en 1692, avait été révoqué au mois d'octobre 1699, sur les plaintes de ses administrés. Il fut reçu président des comptes le 9 mars 1700, et mourut le 9 avril 1715.

[6] Le président de Jassaud, consacré d'abord à l'église, fut reçu à la Chambre des comptes le 26 mai 1700, en place de M. Durot de Chevry.

[7] De même que le parlement de Paris avait vu créer ou maintenir à son détriment onze autres cours, de même aussi la Chambre des comptes de Paris, tout en restant la Chambre par excellence, se trouvait réduite, comme ressort, à seize généralités. A mesure que la France monarchique absorbait les provinces restées si longtemps indépendantes, la politique avait forcé de conserver les chambres des comptes qui y existaient avant la réunion : celle d'Aix, comme depuis le XIIIe siècle; celle de Montpellier, que le Mémoire fait dater de 1320, mais dont l'organisation ne remontait qu'à 1522; celles de Grenoble et de Dijon, qui dataient aussi du XIVe siècle; celle de Nantes, créée par les ducs de Bretagne; celle de Blois, devenue sédentaire en 1401, etc. Celle de Rouen fut créée en 1580 et eut le même ressort que l'ancien Échiquier de Normandie; celle de Pau, créée par Henri II de Navarre, en 1527, fut maintenue sous Louis XIII et agrandie du ressort de

DE LA COUR DES AIDES[1].

Jusqu'au règne du roi Jean, il ne se trouve pas qu'il y ait eu des juges établis pour connaître des différends qui pouvaient naître au sujet des impositions faites sur les peuples; elles étaient momentanées, elles ne se faisaient qu'à l'occasion des besoins pressants de l'État, et elles cessaient à l'instant que ces nécessités publiques finissaient. Ce fut ce roi qui, ensuite d'une assemblée des États généraux du royaume[2], fit une ordonnance, datée du 28 décembre 1355[3], pour une levée fixe de droits sur le sel et d'autres droits d'aides sur les marchandises et denrées qui seraient vendues, à raison de huit deniers pour livre, qu'il ordonna être payés sans exception de personne, pour laquelle il établit des juges pour connaître des différends qui pourraient naître à l'occasion de ces impositions, les uns en première instance, et les autres en dernier ressort. Elle portait qu'il serait choisi dans chacun bailliage un élu de chacun des trois états, du clergé, de la noblesse et du tiers-état, et neuf généraux, qui auraient autorité sur tous ces juges, qui seraient aussi choisis et tirés des trois états, pour juger, par les élus, des matières d'aides en première instance, et, par les généraux, en dernier ressort, les appellations de ces premiers juges, dont les jugements vaudraient comme arrêts du parlement, sans qu'on en pût appeler. Voilà l'origine et le premier établissement des élus et de la Cour des aides.

Cette ordonnance fut donnée un an avant la prison du roi Jean; elle eut son exécution. Les élus de chacun ordre furent choisis dans chacun bailliage, et les neuf généraux furent pris de même des trois états, avec titre de surintendants. Ces neuf magistrats auxquels l'administration de la justice des aides fut commise en dernier ressort, furent, savoir: du corps du clergé, l'évêque de Dol, l'abbé de Bonneval et Pierre Dragant; du corps de la noblesse, le comte de Forez, le seigneur de Resnel et le seigneur de Loupes; et du tiers état, Humbert de Lyons, Jean de Saint-Benoît et Maurice d'Épernon.

Cet établissement fut confirmé dans une assemblée des États généraux du royaume qui fut convoquée l'année suivante, vers la Saint-

---

la Chambre de Nérac; celles de Bar, de Nancy et de Dôle furent maintenues après la conquête de la Lorraine et de la Franche-Comté, mais celle de Lille se fondit, en 1667, dans le ressort de la Chambre de Paris. Au XVIIIe siècle il existait douze chambres des comptes provinciales, dont quatre, celles de Languedoc, de Normandie, de Provence et de Bourgogne, possédaient en même temps la juridiction des aides et portaient le titre de cours. Quant aux chambres des princes apanagistes et des grands vassaux, Angers, le Mans, Moulins, Nevers, Penthièvre, Châteaudun, Laval, Alençon, la Fère, etc., elles avaient disparu les unes après les autres; la dernière, celle de Vendôme, fut supprimée en 1717, à la mort du duc Louis-Joseph. Voyez, sur ce sujet, les diverses éditions de l'État de la France, ou notre Notice préliminaire, en tête du recueil de Pièces justificatives que nous avons indiqué plus haut.

[1] Voyez l'État de la France, année 1698, t. III, p. 340 à 347. Ce n'est pas de cette publication que s'est servi le rédacteur du préambule historique qu'on va lire: il a dû plutôt employer les divers traités du XVIe ou du XVIIe siècle sur les cours souveraines, et, par exemple, le chapitre VII du livre II des Recherches de la France. Au commencement du XVIIIe siècle, un conseiller fort laborieux, nommé François-Baptiste Boulin, prépara une histoire de la Cour des aides, mais il ne la termina point, ou du moins il n'en est resté qu'une chronologie des officiers.

[2] Cette assemblée ne comprit que les représentants des trois états des pays de la Langue d'Oïl ou pays coutumiers qui étaient situés au nord de la Loire, y compris l'Auvergne.

[3] Recueil des Ordonnances des rois de France, t. III, p. 19.

André de l'année 1356[1], de l'autorité du Dauphin, duc de Normandie, à cause de la détention du roi Jean, son père, prisonnier en Angleterre.

Le roi, étant de retour en France en conséquence du traité conclu à Brétigny, le 24 octobre 1360[2], confirma par des lettres patentes qui furent enregistrées à la Cour des aides la juridiction des élus et des greneticrs en première instance, et celle des surintendants généraux établis à Paris, en dernier ressort et sans appel.

Le roi Charles V lui accorda aussi des lettres de confirmation[3]. Il avait dès ce temps-là, en cette cour, un procureur général et un greffier.

Il paraît, par des lettres patentes des années 1373 et 1374, qui se trouvent encore à présent dans les registres de cette cour[4], qu'elle n'enregistrait alors que les lettres concernant les impositions seulement.

Le roi Charles VI donna le pouvoir à cette cour de changer et réformer les règlements concernant les impositions, même d'en faire de nouveaux, si elle le trouvait nécessaire, et lui accorda la faculté de réformer elle-même ses jugements en cas de proposition d'erreur ou de requête civile, appelées néanmoins avec elle quatre ou six personnes du Conseil du roi. Elle avait dès lors la connaissance des matières criminelles jusqu'à la punition de mort, que les rois lui avaient attribuée, et, pour marque de cette autorité et de juridiction, elle a dans la cour du Palais un poteau avec carcan, proche l'escalier de la Sainte-Chapelle, où se font les exécutions à mort des comptables qui sont punis en vertu des arrêts de cette cour.

Pour donner à entendre de quelle manière la juridiction concernant les finances du royaume était administrée sous le règne du roi Charles VI, quoiqu'elle se trouve obscure et incertaine à cause des guerres civiles et des entreprises des princes du sang, pour en demeurer à ce qui est de fixe et de constant, il faut observer qu'il y avait alors quatre sortes d'officiers qui connaissaient des finances, savoir : les trésoriers de France, les généraux des finances, les généraux et les conseillers sur le fait de la justice des aides.

Les trésoriers de France, au nombre de deux ou de quatre, connaissaient du domaine de la couronne; ils en avaient la direction et l'administration; ils s'assemblaient au lieu où est le Bureau des finances[5].

Les quatre généraux des finances, les quatre généraux sur le fait de la justice, et les conseillers aussi sur le fait de la justice des aides, au nombre de trois, exercèrent d'abord leurs charges conjointement; ils furent, dans la suite, divisés, et cela paraît par l'ordonnance de Nancy, de l'année 1444[6].

Les quatre généraux des finances avaient

---

[1] Assemblée de Paris, octobre à novembre 1356, et ordonnance du mois de mars 1357, imprimée dans le recueil des *Ordonnances*, t. III, p. 121; voir le procès-verbal des remontrances des États, dans le recueil des *Anciennes lois françaises*, t. IV, p. 782-795.

[2] Le traité fut signé le 7 mai 1360.

[3] Édit du 13 novembre 1372, réservant au roi le pouvoir de commettre et destituer les généraux.

[4] Les archives de la Cour des aides ayant été presque entièrement détruites dans l'incendie du Palais, en 1776, on ne parvint à reconstituer, d'après d'anciennes transcriptions, que les séries du Conseil secret et les lettres patentes enregistrées, qui sont aujourd'hui conservées aux Archives Nationales, série Z¹¹.

[5] Voyez ci-après, p. 194.

[6] Lettres sur le fait et gouvernement des finances, du 10 février 1445, nouveau style. (*Ordonnances des rois de France*, t. XII, p. 414.)

188   GÉNÉRALITÉ DE PARIS.

leur chambre particulière dans le Palais, où le chancelier allait quelquefois, pour la direction et administration des finances, et où les généraux et conseillers sur le fait de la justice n'avaient point d'entrée. Ils rendaient la justice dans un autre lieu, au Palais, près la Chambre des comptes, où les généraux des finances avaient entrée et voix délibérative. Les généraux des finances ont été depuis unis aux trésoriers de France[1].

On ajouta aux officiers qui composaient la Cour des aides un président. Il paraît, par les registres de la Cour des aides, que, sous les rois Charles V et Charles VI, les présidents de cette cour furent : l'évêque d'Évreux[2], l'évêque de Chartres[3], les archevêques de Sens[4] et de Besançon[5], le prince d'Albret[6], cousin germain du roi, et le duc d'Orléans[7], frère du roi ; leurs lettres de provisions se trouvent dans ces registres, des années 1387, 1388, 1395, 1401 et 1402. L'évêque de Chartres[8] y présidait en 1407, et l'évêque de Troyes[9] en 1460[10].

Le roi Charles VII[11] régla le nombre des officiers de cette cour, par lettres patentes du 29 décembre 1470[12], à huit officiers, savoir : un président, qui était Louis Raguier, évêque de Troyes, quatre généraux, et trois conseillers sur le fait de la justice, avec un avocat général, nommé le Guay Viole[13], un procureur général et un greffier. Il transféra la Cour des aides, qui tenait alors, et de toute ancienneté, sa juridiction proche la Chambre des comptes, comme il est porté par lettres patentes du 29 juillet 1474[14], au lieu où elle est à présent, pour la commodité des avocats et des procureurs du parlement, qui plaidaient aussi en cette cour. Cet endroit s'appelait auparavant la *chambre de la Reine*[15]. Cette translation fut autorisée par une déclaration du dernier avril de l'an 1477[16].

Cet ordre de juridiction dura jusqu'au règne du roi François Ier, qui augmenta le nombre des officiers de cette cour. Il créa en 1522 un deuxième président, et alors Louis Picot de Dampierre, président en cette cour[17], prit la

---

[1] Voyez ci-après, p. 191.
[2] Philippe de Moulins, évêque d'Évreux, puis de Noyon, présida de 1382 à 1388.
[3] Jean de Montaigu, évêque de Chartres, de 1390 à 1406, fut fait premier président des comptes, et non des aides, en 1399, et devint chancelier de France en 1405.
[4] Guillaume de Dormans, évêque de Meaux, puis archevêque de Sens, présida de 1388 à 1404.
[5] Gérard d'Athies, abbé de Saint-Éloi de Noyon, puis archevêque de Besançon, présida conjointement avec l'archevêque de Sens, et jusqu'en 1392.
[6] Charles d'Albret, cousin par sa mère de Charles VI, fut établi président par ce prince, en 1401.
[7] Louis, duc d'Orléans, présida du 18 avril 1402 au 19 mai 1403 ; les deux oncles de Charles VI, Philippe de Bourgogne et Jean de Berry, remplirent aussi ces fonctions.
[8] Il semble que le Mémoire fasse erreur ici : c'est l'évêque de Limoges, Hugues de Maignac, qui réunit entre ses mains les deux charges de président, de 1407 à 1411.
[9] Louis Raguier, évêque de Troyes, présida une première fois en 1453, et une seconde fois de 1465 à 1483.
[10] Voyez, aux Archives Nationales, U 950, un traité manuscrit sur la Cour des aides, qui contient la chronologie des magistrats et officiers.
[11] Lisez : *Louis XI*.
[12] *Ordonnances*, t. XVII, p. 357.
[13] Lisez : *Aignan Viole*. Il exerça de 1440 à 1472.
[14] *Ordonnances*, t. XVIII, p. 82.
[15] Le texte dit : *les chambres de la Reine*, et indique que ces pièces occupaient l'espace situé entre la grand'-salle et la Sainte-Chapelle, au-dessus de la galerie aux Merciers.
[16] Cette déclaration est du 31 août, et non du dernier avril. (*Ordonnances*, t. XVIII, p. 281.)
[17] Ce président exerça de 1513 à 1545.

qualité de premier président. Il créa aussi un second avocat général en 1543, dont Pierre Séguier fut pourvu[1], et augmenta le nombre des conseillers.

Le roi Henri II créa une seconde chambre en la Cour des aides par édit du mois de mars 1551, en augmenta le pouvoir, et ordonna qu'elle aurait la correction et la punition des officiers de son corps qui auraient malversé dans les fonctions de leurs charges, pour leur faire et parfaire leur procès; qu'elle ferait les décrets des biens des comptables redevables au roi, l'ordre et la discussion de leurs biens, et la distribution du prix et des deniers en provenants.

Le roi voulut rendre cette compagnie semestre; l'édit en fut scellé, mais il fut révoqué à l'instant par la création de six nouveaux conseillers.

Le roi François II ordonna, par déclaration du 23 décembre 1559, qu'arrivant conflit de juridiction entre le parlement et la Cour des aides, les gens du roi de la Cour des aides conféreraient avec les gens du roi du parlement, pour les régler, et que, s'ils ne pouvaient pas s'accorder, un des présidents de la Cour des aides et deux conseillers iraient à la Grand'Chambre du parlement pour en conférer; et au cas qu'ils ne pussent pas convenir, le roi se réserva la connaissance de la matière, pour en décider et éviter, par ce moyen, les cassations respectives de leurs arrêts et les désordres qui n'avaient été que trop fréquents, chaque compagnie voulant maintenir sa juridiction avec autorité.

Lorsque, pour les conférences ou autres occasions, il est nécessaire que les deux cours du parlement et des aides s'assemblent, un président de la Cour des aides et deux conseillers descendent en la Grand'Chambre et y prennent leur place, savoir: le président, à la tête du banc qui est à la main droite en entrant, et après, les présidents du parlement; et les conseillers prennent place au bureau.

Le roi Louis XIII, en l'année 1635, créa la troisième chambre de la Cour des aides, et le roi glorieusement régnant a créé pendant la dernière guerre, dans cette cour, deux présidents, six conseillers et un troisième avocat général.

Le ressort de la Cour des aides est égal à celui du parlement, à la réserve de l'Auvergne, qui en fut démembrée en l'année 1551, par le roi Henri II, qui créa une cour des aides pour cette province, à Clermont-Ferrand. La Saintonge et les élections de Cognac, Saint-Jean-d'Angely et les Sables-d'Olonne, qui sont du parlement de Bordeaux, sont du ressort de la Cour des aides de Paris.

La Cour des aides connaît et juge en dernier ressort, tant en matière civile que criminelle, des appellations de tous procès et différends concernant les tailles, aides et gabelles, cinq grosses fermes, droits d'entrée et sortie, octrois des villes, et toutes autres impositions; de la noblesse, même du titre, quand les privilèges sont contestés; de l'entérinement des lettres de réhabilitation à cause des dérogeances à noblesse; de tous différends entre les fermiers des droits du roi, leurs associés et cautions, commis et intéressés; des saisies réelles et décrets des biens des comptables re-

---

[1] Il y a encore erreur ici, d'après le manuscrit des Archives Nationales U 950. Pierre Séguier, qui était avocat général depuis 1535, passa au parlement en 1543 et eut pour successeur le fameux Pierre de la Place. La seconde charge créée par l'édit de février 1543 (ancien style) fut donnée à Jacques Bermyer.

devables à Sa Majesté. Elle est seule dépositaire des états des officiers des maisons royales et juge de leurs priviléges. Les parlements et les cours des aides des provinces ne jugent pas les priviléges de ces officiers, et M. le Chancelier ne leur accorde leur *committimus* que sur les extraits qui leur en sont délivrés par le greffier de la Cour des aides.

Elle est à présent composée de : un premier président, sept autres présidents, quarante-six conseillers, trois avocats généraux, un procureur général, un greffier en chef, quatre secrétaires de la cour, un greffier criminel, un greffier des présentations, un greffier des décrets, et deux principaux commis pour servir aux audiences et expédier les arrêts rendus par rapport [1].

MESSIEURS PRÉSIDENTS [2].

1672. — Mre Nicolas Le Camus est premier président; il était auparavant procureur général en cette cour [3]. Il remplit cette place avec beaucoup de capacité et d'intégrité depuis vingt-sept ans.

1681. — Mre Paul Payen, président, auparavant conseiller en cette cour [4].

1688. — Mre Jean-Édouard de Poussemothe de l'Estoile, comte de Grasville, auparavant maître des comptes [5].

1691. — Mre Adam-Antoine de Chassepot de Beaumont, sieur d'Épinay, auparavant conseiller en cette cour [6].

1695. — Mre Jean Baudouin, auparavant conseiller [7].

1695. — Mre Michel Saulnier [8].

1696. — Mre Alexandre Le Noir, auparavant conseiller au parlement de Metz [9].

1699. — Mre Claude Boucher, auparavant conseiller en cette cour [10].

Les habits de cérémonie des présidents sont

---

[1] L'*État de la France* donne la liste de ce personnel.

[2] Cet article est tiré de l'*État de la France*, 1698, t. III, p. 341 et 342.

[3] Ce premier président exerçait depuis 1672 et mourut le 12 mars 1715, à quatre-vingt-dix ans. Il eut pour successeurs son fils et son arrière-petit-fils, après lesquels la première présidence passa à M. de Lamoignon-Blancmesnil, qui devint chancelier de France, et ensuite à son fils, l'illustre Malesherbes.

[4] Le président Payen était «homme d'esprit, de bonne compagnie, et qui était assez parmi le grand monde et les gens de la cour.» Le roi lui avait confié le gouvernement des abbayes du Grand Prieur. Il se tua en tombant dans les fossés du château de Rambouillet, le 24 décembre 1704. (*Journal de Dangeau*, t. X, p. 206, et *Mémoires de Saint-Simon*, t. IV, p. 200.)

[5] Le président de Grasville mourut le 11 mai 1725, à quatre-vingt-trois ans.

[6] Mort le 14 novembre 1704.

[7] Mort le 16 octobre 1712. L'*État de la France* lui donne à tort le prénom de *Nicolas*. Sa charge et la suivante avaient été créées en 1691 et étaient restées quatre ans sans se vendre. Elles valaient 150,000 ll.

[8] Ancien avocat, reçu président le 5 mars 1695, mort le 20 janvier 1713.

[9] Alexandre-Charles Le Noir, démissionnaire en 1719, mort le 28 avril 1728.

[10] Saint-Simon (*Mémoires*, t. XIII, p. 251) a raconté comment ce président quitta la Cour des aides pour une intendance, en 1717 : «Boucher, fils d'un secrétaire du chancelier Boucherat qui s'y était fort enrichi, était beau-frère de M. Le Blanc, dont la diverse fortune a depuis fait tant de bruit dans le monde : ils avaient épousé les deux sœurs. Le Blanc pointait fort auprès de M. le duc d'Orléans : il en obtint l'intendance d'Auvergne pour son beau-frère, qui était président en la Cour des aides. Rien de si plaisant que le scandale que les maîtres des requêtes en prirent, et que l'éclat qu'ils osèrent en faire. C'était le temps de tout prétendre et de tout oser : aussi firent-ils les hauts cris d'une place qui leur était dérobée, comme si, pour être intendant, il fallût être maître des requêtes, et qu'on n'en eût jamais fait que de leur corps. Ils députèrent au chancelier pour écouter et porter leurs plaintes au Régent. Tous deux se moquèrent d'eux, et tout le monde aussi.» Claude Boucher passa à l'intendance de Bordeaux en 1720, et ne mourut que le 5 août 1752.

de velours noir; ceux des conseillers, gens du roi et greffier en chef, d'écarlate.

Le rang de cette cour est après le parlement et la Chambre des comptes.

TRÉSORIERS DE FRANCE[1].

Le temps de l'institution des trésoriers de France n'est point connu. Il en est parlé dans nos plus anciennes ordonnances. Leurs fonctions et leur soin principal ont toujours été de veiller à la conservation du domaine de la couronne. Leur nombre a été fort différent, tantôt d'un seul, puis de deux, de quatre ou de six. En l'année 1310 il n'y en avait qu'un; il en fut créé un deuxième en 1311. En 1320 il y en avait quatre; en 1388, par ordonnance du 1er mars, il est dit qu'il y en avait trois, dont deux feraient leur chevauchée chaque année, pour voir en quel état était le domaine, y remédier, et en dresser leurs procès-verbaux, et le troisième demeurerait à Paris, pour ordonner des deniers qui seraient par-devant le changeur du Trésor. Ils furent réduits à deux par ordonnance du roi Charles VI, du 7 janvier 1400, qui supprima les trésoriers de France sur le fait de la justice, et ordonna que, s'il survenait quelque doute dans les affaires qui se traitaient en la chambre du Trésor, qui était le lieu de leur juridiction, les deux trésoriers de France pourraient avoir recours aux gens des chambres du parlement et des comptes, et appeler des conseillers de ces chambres pour les conseiller en ce qu'ils auraient à faire. Ce nombre a changé plusieurs fois, jusqu'en l'an 1450, qu'il fut fixé à quatre, par ordonnance du roi Charles VII, qui partagea le royaume en quatre départements, qui furent nommés: d'Outre-Seine-et-Yonne, de Langue-d'Oïl, de Langue-d'Oc et de Normandie, dans chacun desquels il fut établi un trésorier de France.

Cet ordre de finances a duré jusqu'en l'année 1542, que le roi François Ier, par édit du mois de décembre, établit seize recettes générales en seize villes principales du royaume, et créa à chacune un office de receveur général des finances.

En l'année 1551, le roi Henri II, par édit du mois de janvier, créa un trésorier de France en chacune recette générale, pour y résider, avec pouvoir et faculté aux anciens trésoriers de France de choisir pour leur résidence la ville qu'il leur plairait. Il les établit en corps, sous le titre de bureaux des finances.

En l'année 1571, par édit du mois d'octobre, le roi Charles IX créa un deuxième trésorier de France en chacune généralité. En 1576, le roi Henri III en créa un troisième, par édit du mois d'août, et, par un autre édit du mois de juillet 1577, il unit aux charges des trésoriers de France celles des deux généraux des finances, à cause de la connexité de leurs fonctions. En 1581, par édit du mois de janvier, il créa un sixième trésorier de France

---

[1] Le préambule historique de cet article n'est pas tiré de l'État de la France, quoiqu'il y ait là (1698, t. III, p. 353-363) un chapitre sur les Trésoriers de France, ni du Recueil général des titres concernant les fonctions, rangs, etc., des présidents-trésoriers de France, par S. Fournival, 1655 et 1672. Ce doit être l'œuvre personnelle du principal rédacteur du Mémoire, Pierre Rolland, qui fut lui-même trésorier de France au bureau de Paris, de 1680 à 1712. Il s'est probablement aidé, en certains endroits, du chapitre VIII du livre II des Recherches de la France. — Voir, sur cette juridiction, les documents indiqués dans l'Inventaire méthodique des Archives Nationales, col. 210, et le manuscrit du même dépôt coté U 992, qui est une Filiation chronologique des officiers du Bureau des finances, avec une introduction historique, par le premier président Denis (1787).

et un président en chacun bureau des finances. En 1586, par édit du mois de janvier, il créa encore deux trésoriers de France, et, par un autre édit du mois de juin de la même année, un second office de président.

Depuis ce temps-là leur nombre a été fort augmenté par différentes créations faites par les édits des mois d'août 1621, février 1626, avril 1627, mai 1633 et 1635, mars 1691 et 1693, et juin 1696.

En l'année 1626, le roi Louis XIII supprima l'office de grand voyer, qui avait été créé en l'année 1599, en faveur de M. le duc de Sully, surintendant des finances, et l'unit aux charges de trésoriers de France, chacun dans l'étendue de leur généralité, en considération de ce que les fonctions dépendantes de cette charge, qui consiste en la connaissance des chemins et voies publiques, leur avaient appartenu avant la création de la charge de grand voyer. Et en l'année 1627 il leur attribua la juridiction contentieuse du domaine en première instance, qui avait appartenu auparavant aux baillis et sénéchaux, en conséquence de l'édit de Crémieu de 1536, auxquels il fut fait défense d'en connaître à l'avenir.

Les trésoriers de France de Paris ont la juridiction de la voirie particulière, ou petite voirie, de Paris, qui leur a été attribuée en l'année 1635[1], après la suppression de l'office de voyer de Paris, dont était pourvu M. le comte d'Orval[2]; en sorte qu'en qualité de grand voyer et de voyer particulier de la ville, prévôté et vicomté de Paris, ils ont, dans Paris, la direction des rues et du pavé, des maisons et édifices, qu'on ne peut construire sur la voie publique sans avoir pris d'eux les permissions et alignements, et celle des grands chemins et des ponts et chaussées dans la généralité.

Ils avaient anciennement la direction et le soin des bâtiments du roi. Le sieur de Fourcy, trésorier de France, fit ériger en charge la commission de surintendant des bâtiments qu'il avait, dont il fut pourvu en titre. Il vendit celle de trésorier de France, et conserva l'autre[3]; par ce moyen, ces fonctions leur furent ôtées.

Le brevet de la taille, contenant la somme qu'il plaît au roi de faire lever dans la généralité, leur est envoyé tous les ans, aussi bien qu'à l'intendant, pour avoir leur avis sur la répartition qu'il en convient faire sur chacune élection; à l'effet de quoi, ils se partagent et se transportent dans tous les siéges d'élections de la généralité, pour s'informer et prendre connaissance de l'état des biens de la terre, de l'abondance, médiocrité ou stérilité qui se trouve dans chacune élection. Ensuite, ils travaillent à leurs avis, qu'ils ont l'honneur de donner au Conseil dans le même temps que l'intendant de la généralité donne le sien, après avoir pris, de sa part, toutes les connaissances nécessaires[4].

La distribution de la somme contenue au brevet de la taille ayant été arrêtée au Conseil,

---

[1] *Recueil des anciennes lois françaises*, t. XVI, p. 448.

[2] François de Béthune, comte, puis duc d'Orval, fils puîné du duc de Sully, était devenu après lui surintendant des bâtiments et grand voyer de France. Il mourut en 1678.

[3] Jean de Fourcy, trésorier de France de 1588 à 1606, transmit la surintendance à son fils Henri, qui était président à la Chambre des comptes, et qui mourut en août 1638.

[4] Nous reproduirons à l'Appendice, outre un tableau des attributions des trésoriers de France, l'avis des trésoriers du bureau de Paris sur le département des tailles de l'année 1685, et le département même arrêté par eux le 24 juillet 1684.

on expédie les commissions du roi pour en faire la levée et l'imposition sur chacune élection, qui sont scellées du grand sceau et adressantes à l'intendant, aux trésoriers de France et aux élus. Ces commissions sont envoyées aux bureaux des finances, sur lesquelles les trésoriers de France mettent leur attache, et les remettent ensuite à l'intendant.

Deux trésoriers de France ont commission du Conseil pour travailler avec l'intendant de la généralité au département des tailles et aux autres affaires concernant le service du roi dont les ordres lui sont adressés. Il y a aussi trois autres trésoriers employés par le Conseil à la direction particulière du pavé de Paris et des ponts et chaussées de la généralité, dont la direction générale appartient au corps des trésoriers de France.

Les états du roi des finances, du domaine et des bois sont envoyés tous les ans aux bureaux des finances, pour faire payer par les trésoriers de France aux officiers et autres personnes employées dans ces états leurs gages, pensions, fiefs et aumônes, augmentations de gages et autres parties qui y sont couchées, et pour tenir la main à l'entière exécution de ce qu'ils contiennent; et on ne se peut pourvoir qu'au Conseil contre ce qui est par eux ordonné en conséquence de ces états. Les trésoriers de France envoient ensuite aux receveurs généraux et aux receveurs particuliers des états de recouvrement, qui sont des extraits des états du roi, pour la recette et la dépense qu'ils ont à faire.

Il y a deux receveurs généraux et deux contrôleurs généraux des finances en la généralité de Paris, un receveur général et deux contrôleurs généraux du domaine.

Les officiers des élections, des greniers à sel, et tous les officiers comptables des recettes générales ou particulières, ou les commis à ces recettes, sont tenus de se faire recevoir et de prêter serment par-devant les trésoriers de France; et les officiers comptables, d'y compter par état au vrai, avant que de présenter leurs comptes à la Chambre des comptes.

Les trésoriers de France sont du corps des compagnies souveraines et jouissent des mêmes privilèges que la Chambre des comptes, où ils ont rang, séance et voix délibérative lorsqu'ils y vont pour affaires concernant le service du roi. Les trésoriers de France de Paris ont l'honneur d'avoir séance au parlement, en la Grand'Chambre, avec MM. les conseillers, lorsqu'ils y sont mandés ou qu'ils y vont pour les affaires de Sa Majesté ou du public. Aux audiences de la cour, ils ont séance sur le banc des baillis et sénéchaux et au-dessus d'eux.

Les trésoriers de France sont réputés officiers domestiques et commensaux de la maison du roi et jouissent des mêmes privilèges[1]; c'est pourquoi ils prêtent serment au roi entre les mains de M. le Chancelier, avant que d'être reçus à leurs charges.

Ils ordonnent des bâtiments et réparations du Palais et des autres cours et juridictions royales.

Le roi, par édit du mois de mars 1693, a supprimé les officiers de la Chambre du trésor et en a uni et incorporé la juridiction au corps des trésoriers de France de Paris; pour cet effet, il a été créé, par le même édit, une charge de second président, sept trésoriers de France, quatre charges de commissaires gé-

---

[1] Sur les commensaux du roi et leurs privilèges, voir un chapitre de l'*État de la France*. 1698, t. I, p. 647-659.

néraux de la voirie, vingt charges de procureurs, qui ont été unies au corps des procureurs du parlement, et deux de commissaires à l'apposition des scellés des aubaines et autres dont les biens appartiennent au roi, qui ont pareillement été unies aux charges des commissaires du Châtelet. Par cet édit, le service des présidents-trésoriers de France a été rendu semestre continuel, six mois au Bureau des finances, et six mois en la Chambre du trésor.

La compétence des deux chambres a été réglée, et il a été ordonné que l'enregistrement des lettres d'anoblissement, réhabilitation, légitimation et érection, pensions, et autres affaires de finances et voirie qui jusqu'alors avaient appartenu aux trésoriers de France, seraient jugées au Bureau des finances; et celles concernant le domaine, l'enregistrement et l'exécution des brevets et lettres de dons qui seraient accordés par le roi, ensemble celui des lettres de naturalité et légitimation, et autres affaires qui avaient été jusqu'alors de la connaissance de la Chambre du trésor, lui appartiendraient.

Le Bureau des finances est dans la cour du Palais, proche la chapelle Saint-Michel. La Chambre du domaine est dans la grande salle du Palais. Ces deux chambres sont composées de : un premier président, un second président, quatre autres présidents, vingt-neuf trésoriers de France, deux avocats du roi, deux procureurs du roi, un greffier en chef des deux chambres, deux greffiers au plumitif, quatre commissaires généraux de la voirie, un premier huissier en chacune chambre, neuf autres huissiers. Ces officiers sont partagés dans les deux chambres.

Les semestres des premier et second présidents commencent en janvier et juillet, et celui des autres présidents et trésoriers de France en avril et octobre. Les gens du roi sont fixés dans les chambres : un avocat et un procureur du roi dans chacune.

MESSIEURS PRÉSIDENTS.

1691. — Mre Nicolas Pinon, sieur de Villemain, premier président, auparavant trésorier de France[1].

1693. — Mre Jean Vigneron, président, auparavant lieutenant général de la Chambre du trésor[2].

1667. — Mre Charles Rabouyn.

1668. — Mre Joachim Béraud.

1669. — Mre Claude Fornier, sieur de Montaguy.

1675. — Mre Michel Frémin.

Ces quatre derniers sont présidents, comme plus anciens trésoriers de France[3].

On garde au Bureau des finances les états du roi des finances, du taillon, du domaine et des bois, qui y sont envoyés annuellement, et les états au vrai des comptables, et autres titres des finances qui y sont adressés pour être enregistrés; et en la Chambre du trésor, ceux qui concernent le domaine, comme le terrier de la ville, prévôté et vicomté de Paris, les reconnaissances des particuliers qui sont dans la censive du roi, et quantité d'autres titres concernant le domaine. C'est aux officiers de cette chambre qu'appartient la confection ou renouvellement du terrier[4].

---

[1] Nicolas Pinon mourut le 7 octobre 1724, âgé de quatre-vingts ans environ.

[2] Jean Vigneron avait été d'abord avocat du roi à l'ancien Châtelet.

[3] On trouvera la liste complète du personnel dans l'État de la France de 1698, t. III, p. 361-363.

[4] Voir l'Inventaire sommaire des Archives Nationales, col. 397-402.

COUR DES MONNAIES[1].

Il y avait trois généraux des monnaies dès la première race de nos rois, qu'on pouvait dire avoir été établis à l'imitation des trois magistrats, chez les Romains, qui étaient nommés *tres viri monetales*, qui avaient seuls la charge de faire battre et forger monnaies, dont il est souvent fait mention ès anciennes inscriptions. Ces généraux des monnaies furent faits sédentaires à Paris en même temps que le parlement, sous le règne de Philippe le Bel. Leur nombre fut depuis augmenté, et leurs charges furent unies à celles de la Chambre des comptes; elles en furent distraites en l'année 1358, et les généraux des monnaies furent mis au-dessus de la Chambre des comptes[2], où ils ont été jusqu'en l'année 1686, que le roi leur a donné, pour tenir leur juridiction, le grand pavillon de la cour Neuve du Palais.

Le roi Henri II, en l'année 1551, donna le titre de Cour des monnaies à leur chambre, et l'érigea en cour souveraine, par édit du mois de janvier.

On a souvent discouru pour savoir et découvrir quels peuples avaient été les inventeurs des monnaies, ou les Hébreux, les Égyptiens, les Perses, les Grecs, ou les Romains, sans pouvoir rapporter de preuves assurées qui puissent fonder cette décision. Ce qu'on en peut dire avec plus de vraisemblance sur ce qui s'en trouve est que, dans les premiers temps, les monnaies étaient rudes, sans forme et sans marque; que, par la suite, elles se polirent et se façonnèrent, et que, dans le temps des Romains, elles furent mises dans leur plus grande perfection. Ce qu'il y a de plus certain est que, dans tous les temps, le droit de faire forger et battre monnaie a été un droit de souveraineté.

La juridiction de la Cour des monnaies est de connaître en dernier ressort des mines, métaux et poids, de la fabrique des monnaies, du titre, cours et prix et de la police des espèces d'or et d'argent. Elle connaît des différends entre les officiers et les artisans qui y sont employés; elle reçoit les appellations des jugements rendus par les officiers des Chambres des monnaies et autres juges qui sont de sa dépendance[3].

Le service de cette cour est semestre. Elle est composée de : un premier président, huit autres présidents, trente-six conseillers, deux avocats généraux, un procureur général, deux substituts, un greffier en chef, un premier huissier et plusieurs autres huissiers, un prévôt général des monnaies et maréchaussées de France, lequel a séance après le dernier conseiller, lorsqu'il rapporte les procès qu'il a instruits. Il a plusieurs lieutenants et exempts dans sa compagnie, un procureur du roi, un assesseur, un greffier et quarante archers.

MESSIEURS PRÉSIDENTS.

1694. — M⁰ Jacques Hosdier, premier

---

[1] Cet article est tiré textuellement de l'*État de la France*, p. 347-353, sauf les passages où il est parlé des *viri monetales* et de l'origine des espèces monnayées. G. Constans avait fait paraître en 1658 un volumineux *Traité de la Cour des monnaies et de l'étendue de sa juridiction*.

[2] C'est-à-dire qu'on leur assigna pour siège une partie de l'étage supérieur de la Chambre des comptes, au-dessus de la fameuse « montée » de Fra Giocondo. Voyez notre *Notice préliminaire sur la Chambre des comptes de Paris*, p. XLIX et L.

[3] Les registres et papiers de la Cour des monnaies, depuis le XIIIᵉ siècle, sont conservés aux Archives Nationales. Voir l'*Inventaire sommaire*, col. 387-390.

président; il était auparavant conseiller en la Cour des aides[1].

1656. — Mre Louis Cousin; il est de l'Académie française[2].

1667. — Mre Jean-Baptiste Arnolet, sieur de Lochefontaine, vicomte de Pény, auparavant conseiller au parlement de Metz.

1675. — Mre Claude Hourlier, sieur de Méricourt, auparavant lieutenant particulier au Châtelet.

1682. — Mre René Pinterel, sieur des Biez.

1686. — Mre Nicolas Faudel, auparavant conseiller au parlement de Metz.

1687. — Mre Nicolas Le Vacher, auparavant avocat général en cette cour.

1694. — Mre Constant de Silvecane, auparavant conseiller au parlement de Tournai.

1698. — Mre Nicolas Foy, seigneur de Saint-Maurice, auparavant conseiller en cette cour.

Il y a deux présidents et plusieurs conseillers commissaires en titre, qui vont faire tous les ans les visites dans les provinces.

On garde soigneusement en cette cour les poids originaux de France, sur lesquels ceux de toutes les villes du royaume sont étalonnés. Tous les ans la cour commet un conseiller pour faire marquer en sa présence, sans frais, du poinçon du roi, qui est une fleur de lis, tous les poids du public.

Dans les cérémonies, cette cour a son rang après la Cour des aides.

Les présidents portent la robe de velours noir; les conseillers, les gens du roi et le greffier en chef, celle de satin noir, et le premier huissier, celle de taffetas noir. Le premier président est reconduit jusqu'au bas du grand escalier du pavillon de cette cour par les huissiers.

DES EAUX ET FORÊTS[3].

La juridiction des Eaux et Forêts, établie à la Table de marbre du Palais à Paris, est fort ancienne et d'une grande étendue. Son institution a été pour connaître des abus et malversations qui se commettent dans les bois et forêts appartenant au roi, aux communautés et aux particuliers; des entreprises sur les rivières, îles et îlots, et de tous procès pour raison des moulins et autres bâtiments sur les rivières, de la pêche, de la chasse, des droits de gruerie et tiers-et-danger, tant au civil qu'au criminel, entre toutes personnes, de quelque qualité et condition qu'elles soient. Son ressort s'étend plus loin que celui du parlement de Paris; car, outre les appellations des maîtrises et des justices particulières des seigneurs pour le fait des eaux et forêts qui sont dans l'étendue du ressort du parlement, elle reçoit encore celles des autres parlements où il n'y a point de table de marbre, comme de Grenoble, Bordeaux, Dijon, Aix, Pau et Metz. Elle a le droit de prévention sur les officiers des eaux et forêts des autres parlements. Les prin-

---

[1] Il mourut en 1715 et fut remplacé par son fils, qui était déjà président en la même cour, après avoir eu une charge de conseiller au Châtelet.

[2] Louis Cousin (1627-1707) avait été bachelier en théologie, puis avocat, avant de devenir président. Très-lettré, adonné surtout à l'étude des Pères et de l'histoire ecclésiastique, et ayant publié plusieurs traductions estimées, il fut reçu à l'Académie française le 15 juin 1697. Il légua sa bibliothèque, avec un fonds pour l'entretenir, à l'abbaye de Saint-Victor, et fonda six bourses ecclésiastiques au collége de Beauvais.

[3] Cet article est tiré de l'*État de la France*, t. III, p. 363-370. — Les registres et papiers de cette juridiction sont conservés aujourd'hui, comme ceux des autres cours et tribunaux de Paris, aux Archives Nationales. Voyez l'*Inventaire sommaire*, col. 393-398.

cipaux officiers des maîtrises et des capitaineries des chasses et de la louveterie y sont reçus. Les ducs et pairs y procèdent, par privilége à toutes autres chambres des eaux et forêts des autres parlements, encore que les choses contentieuses soient situées dans leur étendue; ils ne peuvent se pourvoir en la Grand'Chambre sur ces matières, les ordonnances en attribuant la connaissance à cette chambre privativement à tous autres juges, nonobstant le droit de *committimus* ou autres priviléges.

Cette juridiction est mixte de l'ordinaire et du souverain. Les appellations de l'ordinaire ressortissent au parlement. Elle juge en dernier ressort les procès des réformations, malversations, délits, dégradations et autres matières importantes, où M. le Premier Président[1] va présider, assisté de sept conseillers de la Grand'Chambre et de quatre des officiers de cette chambre. Les grands maîtres des eaux et forêts ont droit d'aller présider en cette juridiction à l'ordinaire, et les jugements qui s'y rendent en leur présence sont intitulés de leurs noms, en ces termes: «Les grands maîtres, chefs, enquêteurs et généraux réformateurs des eaux et forêts de France au siége général de la Table de marbre du Palais à Paris.» Ceux qui s'y rendent en dernier ressort sont intitulés: «Les juges ordonnés par le roi pour juger en dernier ressort et sans appel les procès des réformations des eaux et forêts de France au siége de la Table de marbre du Palais à Paris.»

Lorsqu'il n'y avait qu'un grand maître des eaux et forêts du royaume, il n'y avait qu'un lieutenant dans cette juridiction.

Le roi François Ier y établit des conseillers, et les rois Henri II et François II y déléguèrent des juges, suivant qu'il est contenu ès édits des mois de mars 1558 et 17 juillet 1559.

Cette juridiction est composée à présent de : un lieutenant général, un lieutenant particulier, six conseillers, un procureur général, un avocat général, deux greffiers, un premier huissier audiencier, deux autres huissiers.

Le lieutenant général est Mre René-Joseph de la Vaigne, auparavant conseiller au Châtelet.

Le procureur général est Mre Antoine-Thomas le Secq de Saint-Martin, auparavant avocat du roi en la Chambre du trésor[2].

La Chambre des eaux et forêts est dans la grande salle du Palais, proche le parquet des gens du roi du parlement.

Outre cette juridiction des Eaux et Forêts, il y a encore celle de la Maîtrise particulière des eaux et forêts de Paris, qui se tient dans la cour du Palais. Elle connaît des procès et différends concernant les rivières, la pêche et la chasse dans l'étendue de la prévôté et vicomté de Paris. L'appel de ses jugements est porté dans la Chambre des eaux et forêts de France.

Elle est composée de : un maître, un lieutenant, un procureur du roi, et autres officiers.

DE LA CONNÉTABLIE ET MARÉCHAUSSÉE DE FRANCE[2].

La juridiction de la Connétablie et Maréchaussée de France est la justice ordinaire de la guerre, unique et universelle dans toute

---

[1] Le premier président du parlement.
[2] Voyez la liste du personnel dans l'*État de la France*, et les noms des seize grands maîtres créés en février 1689.
[3] Un grand nombre de traités ou de recueils relatifs à cette juridiction avaient paru au XVIIe siècle, et, en dernier lieu, ceux de J. Pinson de la Martinière (1661) et de Saugrain (1697); mais l'article qu'on va lire est tiré de l'*État de la France*, t. III, p. 370-376.

l'étendue du royaume, qui est administrée par MM. les maréchaux de France. Les jugements qui s'y rendent sont intitulés : « Les connétable et maréchaux de France, à tous ceux, etc. »

L'appel de ses jugements va au parlement.

Elle connaît de la réception et fonctions des charges de tous les prévôts, généraux, provinciaux et particuliers, vice-baillis, vice-sénéchaux, lieutenants criminels de robe courte, chevalier du guet, leurs lieutenants, assesseurs, procureurs du roi, greffiers, commissaires et contrôleurs à faire les montres, trésoriers de la solde, receveurs et payeurs des compagnies, en quelque lieu du royaume qu'elles soient établies. Elle connaît aussi des fautes, abus et malversations commises par tous les officiers de guerre, de gendarmerie et des maréchaussées, et des procès et différends procédant de la vente des vivres et munitions, armes et chevaux, équipages de guerre, tant en demandant qu'en défendant, nonobstant toutes lettres de *committimus* et attribution du sceel du Châtelet [1].

Cette chambre a son entrée par la galerie des Prisonniers, en allant à la Tournelle.

Elle est composée de : un lieutenant général, un lieutenant particulier, un avocat et un procureur du roi, un greffier en chef, un premier huissier audiencier [2], un autre huissier.

Le lieutenant général est Mre Jacques Gaillard, sieur de Ville-Parisis, auparavant conseiller au Châtelet.

Les quatre officiers jouissent des priviléges des officiers commensaux de la maison du roi et ont droit de prendre la qualité d'écuyer, à cause de leur charge.

Le prévôt général de la connétablie et maréchaussée de France est Mre Binot [3]. Il a sous lui quatre lieutenants, un assesseur, un procureur du roi, un greffier, quatre exempts et quarante-huit archers, compris un trompette. Cette compagnie a un commissaire et un contrôleur à faire les montres. Ces officiers sont du corps de la gendarmerie; lorsqu'ils servent dans les armées, ils ont des gratifications extraordinaires par mois.

Il y a aussi une compagnie du prévôt général des monnaies et maréchaussées de France; le prévôt général est M. Augustin-Nicolas Langlois [4]. Cette compagnie est composée de plusieurs lieutenants et exempts, d'un greffier et de quarante archers.

Il y a encore une compagnie des connétable et maréchaux de France aux gouvernement et généralité de Paris et Île-de-France. Le prévôt général de cette compagnie est M. François de Francini, sieur de Grandmaison [5]. Il y a quatre lieutenants, un guidon, huit exempts et cent archers, distribués en sept brigades aux environs de Paris, pour la sûreté de la campagne. Trente-cinq de ces archers sont à cheval.

---

[1] Les registres de cette juridiction, depuis le xvie siècle, sont conservés aux Archives Nationales; voir l'*Inventaire sommaire*, col. 391-394.

[2] L'*État de la France* indique deux autres huissiers audienciers.

[3] Nicolas Binot, sieur de Toutteville, portait aussi les titres de grand prévôt et juge des camps et armées du roi. Il avait été pourvu en 1694.

[4] A.-N. Langlois, sieur du Frétoy, avait été pourvu en 1683.

[5] François de Francini, issu d'une famille originaire d'Italie, qui avait fourni nombre d'officiers à la cour de Louis XIII et à celle de Louis XIV, mourut le 30 avril 1720, à l'âge de soixante-six ans. Voyez l'article *Francini* dans le *Dictionnaire critique de biographie et d'histoire*, de Jal, p. 610-612.

JUSTICES DE LA VILLE DE PARIS.

DE L'AMIRAUTÉ DE FRANCE[1].

La juridiction de l'Amirauté de France était anciennement à la Table de marbre; elle se tient présentement dans la grande salle du Palais, au Bailliage.

Elle connaît de toutes les affaires qui concernent l'amirauté, débris des vaisseaux, naufrages et commerce de la mer, tant en première instance que par appel des différends des officiers des sièges particuliers de la marine qui sont établis à la Rochelle, Calais, Boulogne, Montreuil, Abbeville, Saint-Valery, Eu et autres lieux.

Elle est composée de : un lieutenant général, quatre conseillers, un avocat et un procureur du roi, un greffier, quatre huissiers audienciers et deux sergents.

Il y a encore d'autres sièges de l'amirauté à Rouen, Bordeaux, Dunkerque et autres lieux.

Le lieutenant général est M. Pantaléon Bruchié.

DU BAILLIAGE DU PALAIS[2].

Cette juridiction se tient dans la grande salle du Palais.

Elle connaît des différends qui surviennent dans les salles et cours du Palais, tant en matière civile et criminelle que de police.

Elle est composée de : un bailli, un lieutenant général, un procureur du roi, un greffier et un premier huissier.

Le bailli du Palais est Mre Claude Belot, auparavant maître des comptes[3]; le lieutenant général est Mre Claude-Charles Hourlier[4].

DU CHÂTELET[5].

La justice ordinaire de la ville, prévôté et vicomté de Paris est le Châtelet. Elle s'exerce sous le nom du prévôt de Paris[6].

Le prévôt de Paris est Mre Charles-Denis de Bullion, marquis de Gallardon[7]. Tous les jugements qui se rendent au Châtelet et tous les actes des notaires sont intitulés en son nom.

---

[1] Voir l'*État de la France*, t. III, p. 376-378. Les papiers de cette juridiction sont indiqués dans l'*Inventaire sommaire des Archives Nationales*, col. 393 et 394.

[2] Sur cette juridiction, créée en août 1523, voyez le P. du Breul, *Antiquités de Paris*, p. 201, et les notes du commis Florimond, aux Archives Nationales, K 1241, liasse n° 2, et les fonds indiqués dans l'*Inventaire sommaire des Archives Nationales*, col. 321.

[3] Claude Belot de Féreux, ancien correcteur des comptes, conseiller maître de 1670 à 1681, pourvu de la charge de bailli et concierge du Palais en 1678.

[4] Ancien lieutenant civil et criminel au Bailliage, pourvu de l'office de lieutenant général de l'enclos du Palais, le 4 octobre 1685. C'est à ce magistrat qu'avait été dédiée, en 1663, la première édition du *Dépit amoureux*. — Le Mémoire omet ici plusieurs juridictions secondaires, qui avaient aussi leur siège dans l'enclos du Palais, et sur lesquelles on trouvera des renseignements dans l'*État de la France*. Ce sont : la juridiction du Grand Panetier, chargée de régler les différends entre boulangers, et présidée, pour le grand panetier, par un lieutenant général et particulier, maire et garde de la grande paneterie de France; la juridiction de la Maçonnerie, celle de la Bazoche des clercs du Palais, et celle de la Marée.

[5] Cet article est tiré de l'*État de la France*, t. III, p. 380 et suivantes. — Le fonds des registres et papiers du Châtelet est conservé aux Archives Nationales; voir l'*Inventaire sommaire*, col. 307-319. Voir aussi des notes recueillies par Florimond, cartons K 1241 et 1247.

[6] Voir la description du ressort de la prévôté de Paris, dans Malingre, liv. IV, p. 140.

[7] Pourvu le 14 février 1685. Il avait 8,000ᴸ de gages et pensions. Saint-Simon a parlé assez longuement de ce personnage, fils d'un président à mortier. Après avoir «éprouvé à un siège qu'il n'était pas propre à la guerre,» il acheta, «en passant,» une charge de conseiller au parlement de Metz, puis celle de prévôt de Paris, «à l'ombre de laquelle il reprit l'épée, et parut ainsi dans le monde et à Versailles.» (*Mémoires*, t. II, p. 41 et 42.) Il était d'ailleurs aussi plat qu'était glorieuse sa femme, fille du conseiller d'État Rouillé et sœur de la duchesse

L'assemblée de la noblesse de la prévôté de Paris, pour l'arrière-ban, se fait en son hôtel et c'est lui qui a droit de la commander à l'armée.

Cette juridiction est composée de : un lieutenant général civil, un lieutenant général de police, un lieutenant criminel, deux lieutenants particuliers, cinquante-sept conseillers, dont un d'épée, créé en l'année 1691, quatre avocats du roi, un procureur du roi, huit substituts, un greffier en chef, plusieurs autres greffiers, un premier huissier audiencier, plusieurs autres huissiers audienciers, un juge-auditeur pour juger les affaires de 50 ᴸᵗ et au-dessous, un greffier, un premier huissier, deux autres huissiers audienciers des auditeurs, quarante-huit commissaires, cent treize notaires, deux cent trente-cinq procureurs, trois cent quatre-vingts huissiers à cheval, deux cent quarante huissiers à verge, cent vingt huissiers-priseurs.

1671. — Le lieutenant général civil est Mʳᵉ Jean Le Camus, seigneur de Beaumetz, maître des requêtes honoraire [1].

1697. — Le lieutenant général de police est Mʳᵉ Marc-René de Voyer de Paulmy d'Argenson, maître des requêtes, auparavant lieutenant général d'Angoulême [2].

1666. — Le lieutenant criminel, Mʳᵉ Jacques

---

de Richelieu. Après quelques traits de folie, on le relégua dans ses terres de Beauce, et il y mourut en 1721. Il s'était démis de la prévôté au profit d'un de ses fils cadets.

[1] Jean Le Camus, conseiller à la Cour des aides en 1656, maître des requêtes en 1667, intendant en Auvergne en 1669, avait eu la charge de lieutenant civil du prévôt de Paris en 1671, à la mort du frère de Mᵐᵉ de Brinvilliers, pour le prix de 300,000 ᴸᵗ, et avait obtenu, deux mois plus tard, des lettres de maître des requêtes honoraire. Sa parenté avec Colbert lui avait été très-utile en cette occasion, de même qu'elle le fut à son frère (ci-dessus, p. 190) pour parvenir à la première présidence de la Cour des aides ; mais Jean Le Camus justifia la confiance du ministre par son activité, son zèle, son intégrité, son intelligence, et il fut un de ceux qui concoururent le plus efficacement à la réformation des pratiques judiciaires. Toutefois ses empiétements sur les autres juridictions, ses démêlés avec les plus grands personnages, la sévérité extrême de certaines de ses sentences, lui attirèrent de fréquents désagréments, surtout dans ses dernières années, lorsque M. de Pontchartrain était chancelier. Il avait la confiance d'une grande quantité de personnes ou de familles ; Mᵐᵉ de Sévigné, entre autres, lui remit ses papiers les plus précieux. En revanche, Bussy, qui l'avait eu pour adversaire dans l'affaire Coligny, disait : «C'est l'homme du monde que je hais et que je méprise le plus.» Il mourut le 28 juillet 1710, à soixante-treize ans, et sa veuve lui fit faire, en 1719, un magnifique monument funéraire, conservé en partie aujourd'hui. «C'était, dit Saint-Simon, la plus belle représentation du magistrat, très-bon aussi et honnête homme, obligeant, et il avait beaucoup d'amis ; mais il était glorieux et on peut en rire et et qu'on en avait pitié.» (*Mémoires*, t. VIII, p. 105.)

[2] D'Argenson, né à Venise, le 4 novembre 1652, et pourvu en 1679 de la charge de lieutenant général au bailliage d'Angoulême, qu'avait eue son père, ne fut amené à Paris qu'en 1688, par l'intendant des finances Caumartin, qui lui fit épouser sa sœur, lui assura la confiance du contrôleur général Pontchartrain, leur parent, et le fit ainsi parvenir, d'abord à une charge de maître des requêtes (1694), puis à celle de lieutenant général de police, où il remplaça La Reynie. Celui-ci y avait été nommé à la création, en 1667, et était obligé de se retirer après trente ans de service, faute de s'entendre avec Pontchartrain et le parlement ; il reçut 150,000 ᴸᵗ de son successeur, qui eut un brevet de retenue de 100,000 ᴸᵗ. Dans un portrait célèbre, Saint-Simon, inspiré peut-être par les estampes satiriques du temps, a dépeint la figure de «juge d'enfers» de d'Argenson, mais loué son discernement exquis pour appesantir ou alléger ses coups, pour faire trembler jusqu'aux plus innocents, tout en inclinant assez volontiers à la douceur. Il conserva la lieutenance générale jusque sous la Régence, fut nommé, en 1718, président du Conseil des finances et garde des sceaux, à l'instigation de Saint-Simon, se démit en janvier 1720, reprit encore les sceaux au bout de quelques mois, jusqu'au retour du chancelier Daguesseau, fut alors nommé ministre d'État et inspecteur général de la police du royaume, et mourut le 8 mai 1721. La populace, lui imputant à tort les

JUSTICES DE LA VILLE DE PARIS.

Deffita, auparavant procureur du roi aux Requêtes de l'hôtel[1].

GENS DU ROI.

1674. — Mre Jacques Brochart, avocat du roi, auparavant procureur du roi au Bailliage du Palais.

1695. — Mre Jean-Jacques de Barrillon, avocat du roi[2].

1698. — Mre Joseph-Antoine Daguesseau[3], avocat du roi.

1698. — Mre Anne-Charles Goislard, avocat du roi[4].

1674. — Mre Claude Robert, procureur du roi, secrétaire honoraire de la cour du parlement[5].

Par édit du mois de février 1674, le roi avait créé un nouveau Châtelet[6], lequel a été réuni à l'ancien par édit du 7 septembre 1684, et les offices de lieutenants civil et criminel du nouveau Châtelet et celui du procureur du roi de l'ancien ont été supprimés.

Les habits de cérémonie des officiers du Châtelet sont : pour les chefs, la robe d'écarlate; pour les conseillers, la robe noire.

Avant l'année 1674, il y avait dans la ville de Paris plusieurs justices de seigneurs[7], lesquelles ont été supprimées par l'édit de créa-

---

désordres du Système, voulut déchirer son cadavre. Il avait fait passer la lieutenance générale de Paris à son fils cadet, qui fut plus tard ministre de la guerre. Une partie de ses papiers, ainsi que ceux de La Reynie, sont conservés à la Bibliothèque Nationale. Voir, sur son administration, *La Police sous Louis XIV*, de P. Clément, p. 330-400, et ses lettres publiées, à côté de celles de La Reynie, soit dans le tome II de la *Correspondance administrative*, soit dans le tome Ier de la *Correspondance des contrôleurs généraux*. — Sur la police en général et sur ses différentes juridictions à Paris, on doit surtout se reporter au *Traité de la police* de Nicolas Delamare, ou aux papiers de ce commissaire, qui sont conservés à la Bibliothèque Nationale. Nous indiquerons également, dans les manuscrits du Musée Britannique, fonds Additionnel, n° 20831, un très-curieux mémoire de 1753 sur l'organisation de la police et des services de l'hôtel de ville de Paris, leurs budgets, leurs attributions, etc.

[1] Ce magistrat mourut à Paris, dans la nuit du 27 au 28 novembre 1700.

[2] Jean-Jacques de Barrillon de Morangis, qui avait été nommé avocat du roi à dix-huit ans, vendit sa charge, en avril 1699, à Nicolas-Joseph Foucault de Magny, fils de l'intendant dont on a publié les *Mémoires*. Il devint alors conseiller au parlement, puis maître des requêtes, eut successivement les intendances de Roussillon et de Béarn, et mourut le 29 mai 1741.

[3] J.-A. Daguesseau de Valjouan, frère cadet du futur chancelier, fut plus tard conseiller au parlement, membre honoraire de l'Académie des sciences, et mourut le 15 avril 1744, à soixante-cinq ans. C'était « une espèce de philosophe voluptueux, de beaucoup d'esprit et de savoir, mais tout des plus singuliers. » Voyez l'anecdote bien connue qui est rapportée dans les *Mémoires de Saint-Simon*, t. XIII, p. 255 et 256.

[4] M. Goislard de Montsabert devint conseiller au parlement en 1701, fut conseiller au Conseil du dedans, sous la Régence, et mourut le 20 octobre 1733, âgé de cinquante-cinq ans. — Les charges d'avocat du roi au Châtelet, dont le Mémoire vient d'énumérer les titulaires, avaient été de tout temps occupées par des jeunes magistrats appelés à de hautes destinées; il suffira de citer, parmi les plus récents prédécesseurs de ceux qui sont nommés dans le Mémoire, Louis Le Peletier, fils du contrôleur général et plus tard premier président du parlement, Henri-François Daguesseau, plus tard chancelier, Chrétien de Lamoignon, qui devint président à mortier.

[5] La charge de procureur du roi, qui ne valait que 100,000 écus, fut fixée à 400,000{ll} en 1699. Claude Robert, qui avait commencé par être substitut, vendit à son petit-fils, en 1713, après quarante années d'exercice, et mourut le 24 juillet 1719, âgé de quatre-vingt-six ans.

[6] Ce nouveau Châtelet, établi d'abord dans la maison abbatiale de Saint-Germain-des-Prés, fut transféré ensuite, en octobre 1677, dans des bâtiments contigus à l'ancien Châtelet, sur la rive droite de la Seine.

[7] Voyez la liste de ces justices dans les *Antiquités de Paris*, du P. du Breul, p. 1036. Un arrêt du 14 août 1676 régla l'indemnité due à l'église de Paris pour la suppression de sa justice.

tion du nouveau Châtelet, et leurs juridictions ont été incorporées à la justice ordinaire du Châtelet.

Le lieutenant criminel de robe courte de la prévôté et vicomté de Paris est M. Henri Bachelier, sieur du Montcel. Il a dans sa compagnie quatre lieutenants, sept exempts et cent archers, qui sont aussi huissiers du Châtelet.

Le chevalier du guet est M. Augustin-Jean-Baptiste Chopin[1]. Sa compagnie est composée d'un capitaine, quatre lieutenants, un guidon, huit exempts, cinquante archers à cheval et un enseigne, huit sergents de commandement et cent hommes de pied[2], qui ont tous des provisions du roi, à la nomination du capitaine, deux greffiers-contrôleurs et un payeur des gages. Ces archers sont habillés de bleu, avec bandoulière semée d'étoiles d'argent et de fleurs de lis d'or, bordée d'un galon d'or et d'argent. Les huit sergents ont des justaucorps galonnés d'argent et les ceinturons de même, sans bandoulière.

Le parlement va tenir séance au Châtelet quatre fois l'année, savoir : le mardi de la Semaine Sainte, le vendredi de devant la Pentecôte, la veille de Saint-Simon et Saint-Jude, et la surveille de Noël.

DE L'ÉLECTION[3].

L'origine et l'institution des élus a été rapportée ci-devant, en parlant de la Cour des aides[4].

Leur juridiction consiste en l'assiette des tailles et au jugement des procès et différends qui naissent en conséquence et pour le fait des tailles, aides ou autres impositions et levées des deniers du roi, tant aux entrées de la ville de Paris que des cinq grosses fermes, à l'exception des domaines et droits domaniaux et droits de gabelles.

Elle est composée de : un président, un lieutenant, un assesseur, vingt conseillers-élus, un avocat et procureur du roi, un substitut, un greffier, un premier huissier, trois huissiers audienciers, huit huissiers des tailles, huit procureurs et deux receveurs des tailles.

Le président est M. Nicolas Aunillon, auparavant substitut du procureur général du Grand Conseil[5].

Le siège de l'élection est dans la cour du Palais.

DU GRENIER À SEL[6].

Cette juridiction est établie pour juger les contestations et différends qui naissent au sujet des gabelles, soit pour la distribution du sel, ou des droits appartenants à Sa Majesté. Elle est composée de : deux présidents, trois grenetiers, trois contrôleurs, deux lieutenants, deux avocats et deux procureurs du roi, trois greffiers, trois huissiers audienciers, six

---

[1] Petit-fils du fameux René Chopin. Il était pourvu depuis 1683, et avait 2,000 ll de pension, avec un brevet de retenue de 60,000 ll. Il mourut en 1733.

[2] En hiver, du 20 octobre au mois d'avril, on augmentait cette troupe de cent hommes de recrue. (*État de la France*.)

[3] Voyez l'*État de la France*, t. III, p. 389-391. Les papiers et registres de ce tribunal, depuis le XVIIe siècle, sont conservés aux Archives Nationales (*Inventaire sommaire*, col. 401 et 402). Voir aussi les Papiers Florimond, K 1242, 2e liasse.

[4] Voyez ci-dessus, p. 186.

[5] Nommé président le 30 mars 1694, en place du sieur de Cheuneviéres, il fut remplacé par son fils en 1714.

[6] Voyez l'*État de la France*, t. III, p. 392-394, l'*Inventaire sommaire des Archives Nationales*, col. 403 et 404, et les Papiers Florimond, K 1242, 2e liasse.

autres huissiers-sergents des gabelles, huit procureurs, trente mesureurs de sel, soixante porteurs, dix courtiers, et plusieurs autres menus officiers.

L'ancien président est M. Claude Moilleron [1].

Le magasin au grenier à sel et le siège de cette juridiction est proche la rivière, au bout du Pont-Neuf [2]. La vente et la distribution du sel au public se fait les lundis, mercredis et samedis.

La Chambre royale de l'Arsenal et celle des Poudres et artillerie sont dans l'enclos de l'Arsenal; les audiences de cette chambre se tiennent tous les lundis matin, et celles des Poudres et salpêtres, tous les samedis, de relevée [3].

DE LA VARENNE DU LOUVRE [4].

La justice de la Varenne du Louvre se tient dans une salle du palais des Tuileries. Cette juridiction connaît du fait des chasses dans les plaisirs du roi.

DE LA JURIDICTION DE L'HÔTEL-DE-VILLE [5].

Cette juridiction s'étend tant sur les rentes de la ville que sur la taxe des vivres et denrées qui arrivent à Paris par la rivière, comme blés et autres grains, vins, bois, charbon, foin, poissons, pommes, noix et autres denrées qui se débitent sur les ports et lieux de vente, et sur tous les différends qui naissent entre les voituriers par eau et les marchands. Elle est exercée par le prévôt des marchands, quatre échevins, vingt-six conseillers de ville, un procureur du roi et un greffier. Les appellations de ses jugements sont portées au parlement.

Il y a d'autres officiers pour le service de la maison de ville, qui sont : un receveur de la ville, seize quarteniers, soixante-quatre cinquanteniers et deux cent vingt-quatre dizeniers, et trois compagnies d'archers de cent hommes chacune.

Le prévôt des marchands est M. Claude Bosc, sieur d'Ivry-sur-Seine, procureur général en la Cour des aides [6].

Cette juridiction se tient à l'Hôtel-de-Ville.

DES JUGES-CONSULS [7].

La juridiction des juges-consuls fut établie à Paris par le roi Charles IX, en l'année 1563 [8]. Elle connaît de toutes les causes et procès concernant le commerce et faits de marchandise entre marchands, soit pour lettres de change, promesses, obligations, contrats ou traités de société pour marchandises, de quelque nature et qualité qu'elles soient, et encore entre les gens d'affaires et entre les notaires, pour payement de billets à volonté ou à temps.

---

[1] Pourvu en 1694, et remplacé en 1715 par François Gissey.

[2] Le dépôt fut transporté en 1705 dans deux jeux de paume de la rue Saint-Germain-l'Auxerrois.

[3] Ce paragraphe manque dans le manuscrit Nivernois. — Sur le bailliage de l'Arsenal, voir l'*Inventaire sommaire des Archives Nationales*, col. 405 et 406.

[4] Voir l'*Inventaire sommaire des Archives Nationales*, col. 405 et 406.

[5] Voir l'*État de la France*, t. III, p. 394 et 395, et l'*Inventaire sommaire des Archives Nationales*, col. 288.

[6] Claude Bosc, ancien conseiller au parlement, pourvu de la charge de procureur général en 1672, avait été continué pour la quatrième fois, en 1698, comme prévôt des marchands. Il fut fait conseiller d'État semestre en 1702, passa alors la charge de procureur général à son fils, et mourut le 15 mai 1715, âgé de soixante-quatorze ans.

[7] Tiré de l'*État de la France*, t. III, p. 366 et 367. Voyez les Papiers Florimond, K 1242, 2ᵉ liasse.

[8] Cet édit, du mois de novembre 1563, ne fut enregistré qu'après une vive résistance du parlement.

GÉNÉRALITÉ DE PARIS.

L'appellation de leurs jugements est portée au parlement lorsqu'il s'agit d'une somme au-dessus de 500 ⊥⊥; et pour celles qui sont de 500 ⊥⊥ et au-dessous, ils jugent nonobstant l'appel.

Cette juridiction est exercée par un juge, quatre consuls, un greffier et quatre huissiers. Le juge et les consuls se renouvellent tous les ans; ils se nomment par élection[1]. Le juge est choisi d'entre les anciens consuls, et les quatre consuls entre les marchands. Ils vont ensuite prêter serment au parlement. Le greffier est par eux choisi. Le greffe appartient au consulat, qui l'a acquis dès le commencement de l'établissement des justices des consuls. Les huissiers sont pourvus d'offices héréditaires, et ils sont seuls huissiers compétents pour signifier les sentences de cette juridiction rendues par défaut.

Le siège de cette justice est au cloître de Saint-Médéric, derrière l'église. Les marchands avaient encore un lieu où ils s'assemblaient, sous la salle Dauphine, dans la cour du Palais, pour conférer de leurs affaires, qu'on appelait communément la *Place des Marchands*. Cette place n'est plus fréquentée depuis environ quinze ans, parce qu'elle s'est trouvée trop incommode, à cause des embarras du Palais;

ce qui a fait que, les marchands ayant cessé de se trouver ensemble et de conférer sur l'état du commerce, les courtiers de change s'en sont rendus les maîtres, en prenant l'argent des particuliers pour leur compte, et le dispersant ensuite parmi les négociants à tel prix que bon leur semble. Ils ont fait des fortunes immenses dans ces prêts d'argent, au grand préjudice du commerce, en ayant augmenté ou diminué le prix comme il leur a plu, par la seule considération de leurs intérêts, ce qu'ils continuent de faire[2]. Le remède à ce désordre serait d'indiquer une place aux marchands, où ils se trouveraient pour être ensemble et conférer sur leurs affaires, comme il se pratique à Lyon[3], à Rouen, à Lille et en tant d'autres bonnes villes du royaume[4], et dans les principales villes des États étrangers, où se pourraient aussi trouver les gens d'affaires et tous ceux qui se mêlent des prêts d'argent; desquelles conférences et communications il résulterait un grand bien, utilité et avantage pour le commerce et pour le public. On avait autrefois proposé de joindre à la justice des consuls quelques maisons voisines pour servir de place; cette proposition n'a pas été suivie, quoiqu'elle fût fort approuvée des marchands[5].

---

[1] Le premier scrutin eut lieu le 1ᵉʳ février 1564. On a imprimé en 1755 un *Ordre chronologique des juges et consuls de la ville de Paris*, depuis leur origine.

[2] Voyez une pièce imprimée sous la date du 19 janvier 1662, avec le titre de : *Résultat fait par les juge et consuls de Paris*.

[3] Voir le *Recueil des lois, ordonnances et priviléges des foires de Lyon*, etc., imprimé en 1656.

[4] Parmi les autres villes il faut citer Toulouse, qui avait établi une Bourse à l'imitation de celle de Lyon, et Montpellier, qui voulut aussi en avoir une analogue, en 1691. — Voyez la *Correspondance des contrôleurs généraux*, t. I, n° 899.

[5] Cette situation dura jusqu'en 1724, que Louis XV, par arrêt du Conseil du 24 novembre, ordonna enfin l'établissement d'une Bourse au palais de Nevers, sur la rue Vivienne. Voir le *Dictionnaire géographique* d'Expilly, v° Paris, p. 424 et suiv. Cependant des tentatives avaient eu lieu, ou du moins des propositions avaient été faites quelques années auparavant, comme le prouve cette lettre adressée, le 8 décembre 1708, au contrôleur général Nicolas Desmaretz par le fermier général Le Bartz : «Monseigneur, j'ai entretenu le sieur Romez, banquier, sur l'établissement de la nouvelle Bourse que je propose à Votre Grandeur. Je me suis adressé plus volontiers à lui qu'à un autre, parce qu'il est de mes amis, qu'il a

Il y a à Paris six corps de marchands, qui sont : 1° les drapiers; 2° les épiciers et apothicaires, qui ne sont qu'un même corps; 3° les merciers, joailliers et quincailliers; 4° les pelletiers; 5° les bonnetiers; 6° les orfévres. Les libraires, les marchands de vins, les marchands de bois et les marchands de laines ont les mêmes avantages que les marchands des six corps pour parvenir au consulat[1].

Après avoir observé toutes les justices de la ville de Paris, on rapportera celles de la généralité, par ordre d'élections.

JUSTICES DE L'ÉLECTION DE PARIS.

Il y a dans l'élection de Paris trois justices royales, treize châtellenies et quatre cent soixante justices de seigneurs, qui ressortissent ou au Châtelet ou à la justice de la châtellenie, quelques-unes directement au parlement.

Les justices royales sont : la prévôté royale de Corbeil, une gruerie et capitainerie royale des chasses dans la même ville; à Brie, un bailliage royal.

Les châtellenies[2] sont : la châtellenie de Saint-Marcel, la châtellenie de Saint-Denis et Saint-Maur, celles de Gonesse, Montmorency, Argenteuil, Saint-Cloud, Villeneuve-Saint-Georges, Chelles, Lagny, Corbeil, Brie-Comte-Robert, Montlhéry et Poissy.

PRINCIPALES TERRES DE L'ÉLECTION DE PARIS QUI ONT DROIT DE JUSTICE.

Versailles et Glatigny, Saint-Germain, Bougival, Buc, Gometz-le-Châtel, Guyancourt, la Pissotte, la Celle-Saint-Cloud, le Port-au-Pecq, le Chesnoy, Rocquancourt, les Molières, Limours et Chaumusson, Marly-le-Roi, et trois fiefs à Mareuil-sous-Marly. Ces châteaux, terres et seigneuries appartiennent au roi.

été dans la plupart des bonnes villes de l'Europe, et qu'il fait un très-grand commerce de change, si bien qu'il a fourni cette année au sieur Bernard pour trois millions de lettres sur l'Espagne; jugez de là, Monseigneur, des autres négociations qu'il doit avoir faites pour ailleurs. Il m'a dit qu'il souhaiterait de tout son cœur qu'il y eût une Bourse à Paris, et qu'il était persuadé qu'elle deviendrait une des plus considérables de l'Europe, et qu'il est impossible sans cela qu'on puisse donner aucun mouvement à ce commerce ni à celui de l'argent, parce que les banquiers ne peuvent négocier ensemble que par le ministère des agents de change, desquels ils seront toujours trompés, ce qui donne lieu de croire aux étrangers que c'est leurs correspondants qui les trompent, et les rebute de négocier en cette ville; au lieu que, s'il y avait une Bourse, la bonne foi s'y établirait, les banquiers négocieraient directement les uns avec les autres, sans passer par les mains des agents de change, et on arrêterait à la fin de la Bourse le prix fixe du change sur chacune place, qu'on ferait imprimer pour que chacun en envoie à ses correspondants, comme il se pratique en Hollande, ce qui donnerait de l'émulation aux étrangers de négocier en France, en change et marchandises. Enfin, Monseigneur, il porte ses vues si loin, qu'il croit qu'on ne saurait rien faire de plus heureux pour l'État. Cela donnera à Votre Grandeur un nouveau mérite auprès des négociants du royaume, et de la jalousie aux étrangers, parce qu'à mesure que cette Bourse augmentera en négociations, les autres diminueront. J'ai l'honneur d'être, d'un très-profond respect, Monseigneur, votre très-humble et très-obéissant serviteur. Le Bartz.» (Arch. Nat., Papiers du Contrôle général, G⁷ 435.)

[1] Voyez l'*Inventaire sommaire des Archives*, col. 318 et 319, et les Papiers Florimond, carton K 1244, liasse n° 5.

[2] Juridictions de châtelains royaux, supérieures à celles des hautes justices.

Noisy-le-Sec, Pecqueuse et Grignon, à cause du comté de Limours, Toussus, Saint-Jacques et Saint-Christophe-de-Retz, Vaud'herland, Ville-d'Avray, Voisins et les hameaux, au roi.

Meudon et Fleury, Viroflay, Châville, Clamart, à Monseigneur [1].

Brie-Comte-Robert, engagement.

Moissy-Cramayel, à M. le président de Mesmes [2].

Champlâtreux, Lassy, Luzarches, à M. le président de Champlâtreux [3].

Chevreuse, duché [4], Maincourt, Mours, Puteaux, Rueil-en-Parisis, Saint-Denis-en-France [5], onze fiefs dans la ville de Saint-Denis, Saint-Lambert, Saint-Jean-de-Choisel, Saint-Aubin, à cause de Chevreuse, Saint-Forget, Senlisse, Colombes et Courbevoie en partie, aux dames de Saint-Cyr.

Bruyères-le-Châtel, marquisat, à M. Le Mairat [6], conseiller au parlement.

Châtres, à M. le marquis de la Lande [7], lieutenant général d'Orléanais.

Deuil et Ormesson, à M. le Duc [8].

Chilly, beau château [9], Longjumeau, Massy, à M. le marquis d'Effiat [10].

Conflans [11], marquisat, Éragny et Neuville, à M. le président de Ménars [12].

Croissy-en-Brie, Torcy, Collégien, à M. de Torcy [13], secrétaire d'État.

Évry-sur-Seine, à M. le marquis d'Antin [14].

---

[1] Le Grand Dauphin avait acquis ces terres et le beau château de Meudon des héritiers de Louvois, en 1694, pour remplacer la maison de Choisy, que lui avait léguée Mlle de Montpensier, et où le roi craignait qu'il ne se tînt trop souvent éloigné de la cour.

[2] Voyez ci-dessus, p. 177.

[3] Voyez ci-dessus, p. 176.

[4] En 1692, le roi fit l'échange, avec la maison de Luynes, du duché de Chevreuse contre celui de Montfort, comme on le verra ci-après, et il employa à cette acquisition trois cinquièmes de la rente de 50,000^{ll} qu'il avait assignée aux dames de Saint-Cyr; le reste de la rente continua à être payé par le Trésor royal jusqu'à ce qu'on trouvât un emploi. Le duché de Chevreuse, érigé d'abord pour la duchesse d'Étampes, puis pour les princes de Lorraine, avait été donné par la célèbre Marie de Chevreuse au fils issu de son premier mariage avec le connétable de Luynes.

[5] Voyez ci-dessus, p. 97.

[6] Jean-Louis L'Espinette Le Mairat, ancien conseiller au parlement, devenu maître des requêtes en 1700, mort le 30 décembre 1729. Il était marié à une fille du fermier général Baugier.

[7] Jean-Baptiste du Deffand, marquis de la Lande, lieutenant général des armées et gouverneur de Neuf-Brisach; mort en 1729, à soixante-dix-sept ans.

[8] Louis III de Bourbon-Condé, duc de Bourbon (1668-1710), petit-fils du grand Condé et marié à Mlle de Nantes, fille naturelle du roi. Il était grand maître de France en survivance, chevalier des ordres, etc.

[9] Voyez la description de ce château, construit par le maréchal d'Effiat, dans le dernier volume de Piganiol de la Force.

[10] Antoine Coiffier, dit Ruzé, marquis d'Effiat (1638-1719), chevalier des ordres, grand bailli de Montargis, etc. C'était un des familiers les plus décriés du duc d'Orléans, qui le fit plus tard entrer au Conseil de régence.

[11] Conflans-Sainte-Honorine.

[12] Voyez ci-dessus, p. 177. Le président de Ménars était devenu possesseur de ces terres par son mariage avec la fille de M. de la Grange, maître des comptes.

[13] Jean-Baptiste Colbert, marquis de Torcy, était le fils de M. de Croissy, le neveu du grand Colbert et le gendre de Pomponne. Il faisait les fonctions de secrétaire d'État des affaires étrangères depuis la mort de son père (1696), et avait en outre les charges de surintendant général des postes, de grand trésorier des ordres, etc. Né en 1665, il mourut en 1746.

[14] Louis-Antoine de Pardaillan de Gondrin de Montespan, marquis, puis duc d'Antin, fils de Mme de Montespan; mort en 1736, à soixante et onze ans. Il fut chevalier des ordres, lieutenant général, surintendant des arts et manufactures, etc.

Dampierre, à M. le duc de Chevreuse[1]; c'est un duché-pairie[2].

Montmorency ou duché d'Enghien[3], Épinay-lès-Saint-Denis, Moisselles, Montigny[4], Taverny, la Varenne-Saint-Maur, le Plessis-Bouchard, Sannois, Saint-Maur-hors-la-Varenne, beau château[5], Saint-Brice, Soisy-sous-Montmorency, Franconville, à Monseigneur le Prince.

Gonesse, à M. le cardinal d'Estrées[6] et à M. le duc d'Estrées[7].

Bouafle, à M. le cardinal d'Estrées.

La Queue-en-Brie, à M. le duc de Charost[8].

La Grange, marquisat, à M. Le Lièvre[9].

Le Blanc-Mesnil et le Bourget, aux héritiers de Mlle de Blanc-Mesnil[10].

L'Étang[11], à Mme la duchesse du Lude[12].

Livry-en-Launois, beau château[13], Sevran, à M. Sanguin, marquis de Livry[14], premier maître d'hôtel du roi.

Louvres, à M. Le Féron[15], conseiller au parlement.

Lésigny, beau château, à M. d'Armaillé[16], conseiller au parlement de Bretagne.

Marcoussis, à M. le marquis d'Entragues[17].

Poissy et Maisons[18], beau château près

---

[1] Voyez ci-dessus, p. 132.

[2] Dampierre avait été uni, avec Meudon, au duché de Chevreuse lorsque Charles de Lorraine, cardinal et archevêque de Reims, le fit ériger pour la seconde fois, en 1555, et ce prélat y avait construit le célèbre château remanié plus tard par Mansart. Lorsque le roi acheta Chevreuse par contrat du 22 janvier 1692, ce fut sur Dampierre qu'on reporta le titre du duché. Le duc de Chevreuse en avait fait «un lieu charmant, séduit par le goût et les secours de M. Colbert, qui lui manqua au milieu de l'entreprise.» (Mém. de Saint-Simon, t. IX, p. 382.)

[3] Le duché de Montmorency, érigé d'abord en 1551 pour le connétable, puis en 1633 pour les Bourbon-Condé, avait reçu en 1688 le nom de duché d'Enghien, qui, venu primitivement d'une baronnie située en Hainaut, avait été déjà transporté, par les Condé, sur la terre de Nogent-le-Rotrou, puis sur celle d'Issoudun.

[4] Montigny-lès-Cormeilles (Seine-et-Oise).

[5] Ce château, laissé imparfait par Catherine de Médicis et acquis des créanciers de cette reine par Charlotte de la Trémoille, princesse de Condé, fut achevé par les descendants de celle-ci, et augmenté plus tard de la belle maison du financier La Touanne.

[6] César d'Estrées (1628-1714), frère du duc, nommé évêque-duc de Laon en 1653 et cardinal en 1671, ambassadeur à Rome depuis 1680.

[7] Voyez ci-dessus, p. 123 et 124.

[8] Armand de Béthune, duc de Charost, ancien capitaine des gardes du corps, chevalier des ordres; mort en 1717. Il s'était démis de son duché-pairie en 1695.

[9] Armand-Joseph Le Lièvre, marquis de la Grange (c^{ne} Yerres) et de Fourille, fils d'un conseiller d'État qui

avait été intendant de la généralité de Paris en 1658 et 1659. Il mourut le 2 juillet 1727.

[10] Marie-Renée Potier de Blanc-Mesnil, dernière héritière de la branche de ce nom, morte sans alliance, le 16 janvier 1700, à vingt-deux ans.

[11] L'Étang-la-Ville, c^{on} Marly-le-Roi (Seine-et-Oise).

[12] Marguerite-Louise de Béthune-Sully, veuve en secondes noces de Henri de Daillon, duc du Lude, grand maître de l'artillerie. Elle avait été nommée dame d'honneur de la duchesse de Bourgogne en 1697, et mourut en 1726, à l'âge de quatre-vingt-trois ans.

[13] Ce château était célèbre dès le XVIIe siècle, et l'on désignait alors la localité sous le nom de *Livry-le-Châtel*. Chastillon en a gravé une vue dans sa *Topographie* (1610).

[14] Louis Sanguin, marquis de Livry par érection de février 1688, était mestre de camp de cavalerie, aide de camp du roi, capitaine des chasses de Livry et Bondy et gouverneur de Loches. Né en 1648, il mourut en 1723.

[15] Jérôme Le Féron, fils d'un des marchands de Paris. Il était conseiller à la première chambre des Enquêtes depuis 1671, et mourut en 1727, sous-doyen du parlement.

[16] François de la Forêt d'Armaillé, marié à la fille de l'intendant des finances Claude de Boylesve. Le château de Lésigny avait été embelli par le maréchal d'Ancre, puis par le connétable de Luynes.

[17] Léon d'Illiers, marquis d'Entragues, portait ce titre et possédait Marcoussis par suite d'une substitution aux Balzac qui datait de la fin du XVIe siècle.

[18] Ce château, un des plus beaux ouvrages de Mansart, avait été construit au milieu du XVIIe siècle, pour le surintendant de Maisons.

Poissy, Saint-James, Aigremont et Pierrelaye, à M. le président de Maisons[1].

Maule-sur-Mandre, à M. de la Vieuville[2], maître des requêtes.

Moussy-le-Neuf, à M. le marquis de Rhotelin[3].

La baronnie de Montjay[4] a de belles et grandes mouvances.

Thorigny et les Fourneaux, Vaires, à Mlle de Tresmes[5].

Montlhéry, engagement[6], à M. Phélypeaux[7], conseiller d'État, intendant de la généralité de Paris.

Palaiseau, Champlan, à M. d'Harville des Ursins, marquis de Palaiseau[8].

Pomponne, marquisat, à M. le marquis de Pomponne[9].

Saint-Gratien, à M. le maréchal de Catinat[10].

Saint-Cloud, duché-pairie, à M. l'archevêque de Paris[11].

Saint-Nom-la-Bretèche, à M. de Pomereu[12], conseiller d'État au Conseil royal.

Lévy-Saint-Nom, à M. le duc d'Uzès[13].

Saint-Yon, Boissy-sous-Saint-Yon, Saint-Sulpice et Torfou, à M. le président de Lamoignon[14].

---

[1] Voyez ci-dessus, p. 176.

[2] Joseph-Guillaume de la Vieuville, ancien conseiller au parlement, pourvu d'un office de maître des requêtes en 1687 et de la charge de secrétaire des commandements de la duchesse de Bourgogne en 1697, se titrait marquis de Maule. Il mourut le 21 août 1700, à cinquante-quatre ans.

[3] Philibert d'Orléans, marquis de Rothelin (1678-1715).

[4] Montjay-la-Tour, cne Villevaudé (Seine-et-Marne). Cette baronnie appartenait à la maison des ducs de Gesvres, et était, au temps du Mémoire, entre les mains de Mlle de Tresmes, qui suit.

[5] Anne-Madeleine Potier de Tresmes, qui était la sœur du duc de Gesvres, mourut le 26 octobre 1705, à quatre-vingts ans, et eut pour héritière sa nièce Mlle de Gesvres, qui mourut en 1740.

[6] C'est-à-dire que la terre avait été aliénée par le roi à titre d'engagement, avec faculté de rachat.

[7] Jean Phélypeaux, second fils du président de Pontchartrain et de Marie-Suzanne Talon, et frère cadet du secrétaire d'État, plus tard chancelier, de Pontchartrain, était né le 12 mars 1646. Il avait été conseiller au Grand Conseil (1676), puis maître des requêtes en 1686, occupait l'intendance de Paris depuis 1690, et avait été fait conseiller d'État semestre le 23 novembre 1693. Il devint conseiller ordinaire en mai 1705, se démit de l'intendance en 1709, et mourut le 19 août 1711. De son mariage (16 septembre 1683) avec une Beauharnais, fille du lieutenant général d'Orléans, il eut deux fils, dont l'un lui succéda comme engagiste de Montlhéry et en prit le titre de comte. Le domaine, qui rapportait environ 4,000{lt} de rente, avec des aumônes à acquitter, avait été payé 60,000{lt}. Voyez ci-après, au titre des Domaines.

[8] François de Harville, dit des Ursins, marquis de Palaiseau et de Trainel, gouverneur de Charleville et du Mont-Olympe, mort le 12 octobre 1701, à soixante et onze ans.

[9] Voyez ci-dessus, p. 125. Le marquisat de Pomponne avait été érigé en faveur du ministre de ce nom, mort en 1699.

[10] Nicolas Catinat (1637-1712), créé maréchal de France en 1693.

[11] Voyez ci-dessus, p. 17.

[12] Auguste-Robert de Pomereu fut successivement conseiller au Grand Conseil (1651), maître des requêtes (1656), président au Grand Conseil (1662), intendant en Bourbonnais et en Auvergne conjointement (1661 et 1663), puis en Berri et Bourbonnais (1664), trois fois prévôt des marchands de Paris (1676-1684), intendant en Bretagne (1689-1692), et enfin conseiller au Conseil royal des finances (1697). C'était un des principaux collaborateurs du Contrôle général. Il mourut le 7 octobre 1702, à soixante-douze ans, laissant un fils intendant en Champagne. Voir son éloge dans *Saint-Simon*, t. II, p. 221.

[13] Jean-Charles de Crussol, marquis d'Acier, devenu duc d'Uzès et colonel du régiment de Crussol par la mort de son frère aîné, en 1693. Il fut chevalier des ordres en 1724, et mourut en 1739.

[14] Voyez ci-dessus, p. 178.

Sceaux, beau château et beau parc[1], le Plessis-Raoul, Châtillon, Châtenay-lès-Bagneux, à M. le marquis de Seignelay[2].

Servon, à M. le comte de Servon[3], maréchal de camp des armées du roi.

Soisy-sur-Seine, Étioles, à M. le président de Bailleul[4].

Savigny-sur-Orge, Épinay-sur-Orge, Vitry et Châtillon, à M. le marquis de Vins[5].

Le Thillay, à M. de la Cour-des-Bois[6], maître des requêtes.

Vaugrigneux[7], Briis, séparé de Vaugrigneux, à M. de Lamoignon[8], conseiller d'État.

Villeneuve-le-Roy[9], Ablon, à M. le président Le Peletier[10].

Villepreux, à M. de Maulévrier[11].

Villemonble, à M. de Bretonvilliers[12], président à la Chambre des comptes.

Villecresne, à M. le marquis de Villequier[13].

Villemoisson, à M. le maréchal duc de Noailles[14].

Villaines[15], près Poissy, à M. le comte de Saulx-Tavannes[16].

---

[1] Colbert, ayant acheté cette terre du duc de Tresmes et ayant fait confirmer son titre de baronnie, y avait immédiatement construit un magnifique château, que le roi vint visiter en 1677 et 1683. Le marquis de Seignelay vendit Sceaux, en 1700, au duc du Maine, et ce fut dans ce même château qu'eut lieu, le 4 décembre 1700, la dernière entrevue de Louis XIV avec son petit-fils le duc d'Anjou, partant pour l'Espagne.

[2] Marie-Jean-Baptiste Colbert, marquis de Seignelay, fils du ministre et dernier mâle de cette branche, eut la charge de maître de la garde-robe du roi, le régiment de Champagne et un grade de brigadier. Il mourut prématurément en 1712, à l'âge de vingt-neuf ans.

[3] Le comté de Servon avait été érigé en 1681 pour Henri de Lionne, qui mourut en 1697, étant maréchal de camp et ayant quarante-huit années de service. Il eut pour héritier Jean, comte de Servon.

[4] Voyez ci-dessus, p. 177.

[5] Jean de Vins d'Agoult de Montauban, etc., ancien chevalier de Malte, lieutenant général des armées, capitaine-lieutenant de la 2ᵉ compagnie des mousquetaires; mort en 1732, à quatre-vingt-dix ans. Il était beau-frère du ministre Pomponne et dernier de sa maison.

[6] Louis Girard de la Cour-des-Bois, ancien conseiller au parlement, maître des requêtes depuis 1654; mort doyen de sa compagnie, le 14 avril 1718, à quatre-vingt-quinze ans. Il avait fait les fonctions d'intendant en Bourbonnais.

[7] Aujourd'hui Vaugrigneuse.

[8] Nicolas de Lamoignon, connu sous le nom de Bâville, quoique cette terre appartînt à son frère aîné le président, était le cinquième fils du premier président. Né le 16 avril 1648, avocat en 1666, bailli d'épée du comté de Limours en 1668, gouverneur du château de ce lieu, capitaine des chasses et gruyer en 1669, conseiller au parlement en 1670, maître des requêtes en 1673, intendant à Poitiers en 1682, il occupait l'intendance de Languedoc depuis 1685, et y resta trente-trois ans. Il était conseiller d'État ordinaire depuis le 19 février 1697. Mort le 17 mai 1724. — C'est en 1676 qu'il avait acquis la terre de Vaugrigneuse, et il l'avait fait unir, en mai 1677, à son comté de Launay-Courson. Le marquisat de la Motte, en Poitou, fut érigé en sa faveur au mois d'octobre 1700.

[9] Cᵒⁿ Longjumeau (Seine-et-Oise).

[10] Voyez ci-dessus, p. 177.

[11] François-Édouard Colbert, comte de Maulévrier, colonel du régiment de Navarre et brigadier d'infanterie; mort le 2 avril 1706, à trente et un ans. Il était neveu de Colbert et gendre du comte de Tessé. Son père et sa mère avaient vendu Villepreux, en 1685, au duc de Chevreuse, et celui-ci l'avait cédé au roi, qui l'échangea avec le prévôt de l'Île Francini (ci-dessus, p. 198) et l'érigea en comté en 1707.

[12] Voyez ci-dessus, p. 185.

[13] Louis d'Aumont (1667-1723), brigadier de cavalerie et premier gentilhomme de la chambre en survivance. Il hérita en 1704 de son père le duc d'Aumont, fut fait chevalier des ordres et alla en ambassade à Londres.

[14] Voyez ci-dessus, p. 66.

[15] Aujourd'hui Villennes.

[16] Henri, comte de Saulx-Tavannes, ancien mestre de camp du régiment d'Orléans. Villennes passa, vers ce temps, aux mains du greffier Nicolas Dongois.

GÉNÉRALITÉ DE PARIS.

Villeroy[1], duché-pairie érigé par le roi en 1661[2], par lettres patentes vérifiées au parlement le 15 décembre 1663, à M. le maréchal de Villeroy[3]; il est capitaine des chasses de la forêt de Sénart. Le duché de Villeroy est composé des paroisses et seigneuries de Mennecy, Fontenay-le-Vicomte, Écharcon, Ormoy, Vilabé et Monceaux, de l'élection de Paris; de celles de Ballancourt, Chevannes, Champceuil, Beauvais[4], Portes et Auvernaux, de l'élection de Melun, et de plusieurs autres fiefs qui y sont unis et incorporés. Il y a quarante terres, fiefs et seigneuries qui en relèvent. La vicomté de Corbeil est jointe, par engagement du roi, au duché.

Aulnay-lès-Bondy, à M. de Gourgue[5], maître des requêtes.

Bonneuil-en-France[6], à M. de Harlay[7], conseiller d'État.

Bussy-Saint-Martin, à M. le marquis de Roncherolles[8].

Chessy, à M. de Fourcy[9], conseiller d'État.

Fresnes-lès-Rungis, à M. le cardinal de Fürstenberg[10].

Coubert, à M. le comte de Schomberg[11] (un grand parc de quatre cents arpents[12]).

Grisy, à M. Pinon, premier président des trésoriers de France[13].

Maffliers, baronnie, à M. le président Le Boulanger[14] en partie, et aux enfants de M. le marquis de Novion[15].

La Grange-du-Milieu, de la paroisse d'Yerres, appartient à M. le premier président de la Cour des aides Le Camus[16].

---

[1] C^{ne} Mennecy (Seine-et-Oise).

[2] Lisez : 1651 (septembre).

[3] Nicolas IV de Neufville, duc de Villeroy, gouverneur de Louis XIV, chevalier des ordres, maréchal de France, gouverneur de Lyon, etc., mort en 1685. Son fils lui avait succédé; voyez ci-dessus, p. 165, note 3.

[4] C^{ne} Champceuil.

[5] Jean-François-Joseph de Gourgue, maître des requêtes depuis 1696, fils d'un intendant de Limoges et de Caen. Il mourut en 1734.

[6] Sur le Crould, c^{ne} Gonesse (Seine-et-Oise).

[7] Nicolas-Auguste de Harlay-Bonneuil, conseiller au parlement en 1672, maître des requêtes en 1675, intendant en Bourgogne de 1683 à 1688, conseiller d'État semestre en 1686, et ordinaire en 1700; mort le 1er avril 1704, à cinquante-sept ans. Louis XIV l'employa, comme plénipotentiaire, aux négociations de Francfort (1681) et de Ryswyk (1697). Il était gendre du chancelier Boucherat et eut un fils qui fut aussi intendant en Béarn, à Metz, en Alsace, et enfin à Paris (1728). Bonneuil leur venait de la maison de Thou.

[8] Pierre, marquis de Roncherolles, lieutenant général des armées, gouverneur de Landrecies, mort le 2 janvier 1700, à l'âge de soixante ans. La terre de Bussy appartenait à sa femme, Marie de Guibert.

[9] Henri de Fourcy, conseiller d'État et conseiller d'honneur au parlement, ancien prévôt des marchands; mort le 4 mars 1708, à quatre-vingt-deux ans. Il avait épousé une des filles du chancelier Boucherat. Chessy avait été érigé pour lui en comté, au mois de janvier 1672. Voir l'article de ce château dans Piganiol de la Force, *Description de la France* (1722), t. III, p. 117.

[10] Voyez ci-dessus, p. 16.

[11] Ménard, comte de Schomberg, fils du maréchal Frédéric-Armand, s'était retiré, comme celui-ci, à l'étranger, et Coubert était frappé de confiscation. Le financier Samuel Bernard l'acquit en 1719 et le fit ériger en comté en 1725.

[12] Voyez la description du château et du parc dans le *Supplément au Théâtre des antiquités* du P. Du Breul, p. 93. Le revenu était de 16,640^{tt}.

[13] Voyez ci-dessus, p. 194.

[14] Voyez ci-dessus, p. 180. Auguste-Macé Le Boulanger de Viarmes, baron de Maffliers, ancien conseiller au parlement et maître des requêtes, avait eu sa commission de président au Grand Conseil changée en office par la création de 1690. Il mourut le 16 août 1712, à quatre-vingt-un ans.

[15] André Potier, marquis de Novion, fils du premier président, maître des requêtes et président à mortier en survivance, était mort jeune, le 24 janvier 1677, laissant quatre enfants de Catherine-Anne Malon de Bercy.

[16] Voyez ci-dessus, p. 190. Ce paragraphe manque dans certains manuscrits.

Bouqueval[1], à M. de Saint-Laurent[2], maréchal de camp, colonel d'un régiment d'infanterie étranger.

Deuil, à M. de Châteauneuf[3], secrétaire d'État.

Montmagny, à M. de Malebranche[4], conseiller en la Grand'Chambre du parlement.

Villetaneuse, à M. [le duc de Brancas][5].

Jagny, Mareil-en-France, Villiers-le-Sec, Fontenay-lès-Louvres, à M. le duc de Gesvres[6].

Roissy[7], à M. le comte d'Avaux[8].

Goussainville, à M. Nicolay, premier président de la Chambre des comptes[9].

Les justices de Montmorency, Villeroy, Fontenay, Roissy et Goussainville relèvent immédiatement du parlement.

SENLIS.

Dans la ville de Senlis, il y a : un bailliage et siége présidial, une prévôté royale pour la ville et banlieue, une élection, un grenier à sel, une maréchaussée, une maîtrise particulière des eaux et forêts et une capitainerie royale des chasses.

La justice, dans Senlis, est rendue par les officiers du présidial ou de la prévôté, à la réserve des quartiers qui se trouvent dans le ressort des trois chapitres de Notre-Dame, de Saint-Rieul et de Saint-Frambourst[10], qui ont justices dans leurs maisons canoniales, et de trois maisons de la ville qui dépendent de Chantilly, à cause du fief de Tournebus.

Le bailliage et siége présidial de Senlis est régi par une coutume particulière, sous le titre de *coutume du bailliage de Senlis*, qui fut rédigée en l'année 1539[11]. Il comprend Compiègne et Pontoise. Il est composé de vingt-quatre officiers, compris les chefs, et de deux avocats et un procureur du roi[12].

Le sieur Daraine[13], lieutenant général et président du présidial, et le sieur de Souslemoutier[14], procureur du roi, ont de l'expérience, de la capacité et du bien.

---

[1] C^n Écouen (Seine-et-Oise).

[2] Jean-Baptiste de Ferrero, marquis de Saint-Laurent, colonel du régiment de Nice, était d'origine étrangère. Il devint lieutenant général en 1704, et mourut en 1728.

[3] Balthazar Phélypeaux, marquis de Châteauneuf, comte de Saint-Florentin, seigneur de la Vrillière, greffier des ordres du roi, entré en 1676 en fonctions de la charge de secrétaire d'État qu'avait eue son père; mort le 27 avril 1700, à soixante-deux ans.

[4] Nicolas de Malebranche, conseiller depuis 1659, frère du célèbre philosophe; mort le 10 décembre 1703.

[5] Le Mémoire a laissé en blanc le nom du seigneur. Villetaneuse avait été porté dans la maison de Brancas par Marie-Madeleine Girard, fille d'un procureur général de la Chambre des comptes, et passa aux mains de Louis de Brancas, duc de Villars (1663-1739), colonel d'infanterie, neveu du *Distrait*. Voyez les *Mémoires de Saint-Simon*, t. XIII, p. 121-123.

[6] Voyez ci-dessus, p. 121.

[7] C^n Gonesse (Seine-et-Oise).

[8] Jean-Antoine de Mesmes, comte d'Avaux, neveu du célèbre ambassadeur, fut employé lui-même comme diplomate à Venise, Nimègue, la Haye, Londres, Stockholm, Ryswyk, etc. Il mourut le 11 février 1709, à soixante-neuf ans.

[9] Voyez ci-dessus, p. 184. — Goussainville avait été érigé en marquisat au mois de mai 1645, pour l'aïeul du premier président Nicolay.

[10] Voyez ci-dessus, p. 93.

[11] On trouvera facilement toutes les coutumes, avec les procès-verbaux de rédaction et une table alphabétique des paroisses de chaque ressort, dans le *Nouveau coutumier général* de Bourdot de Richebourg. La coutume de Senlis fut rédigée par le maître des requêtes André Guillart et par le procureur général Nicole Thibaud.

[12] Sur le personnel de ce bailliage, voir les Papiers Florimond, K 1242, liasse n° 3.

[13] Gabriel-François Daraine fut pourvu en 1700 des charges de premier président du présidial, lieutenant général civil et criminel, prévôt forain, etc.

[14] René de Souslemoutier, pourvu en 1676.

A Beaumont, il y a un bailliage de comté; ce sont officiers royaux.

A Chambly, un lieutenant du bailli de Senlis et un prévôt royal.

A Creil, un autre lieutenant du bailli de Senlis et un grenier à sel.

Les appellations de ces lieutenants du bailli de Senlis ressortissent au parlement, et, dans les deux cas de l'édit[1], c'est-à-dire jusqu'à 250 ₶ ou 10 ₶ de rente définitivement, et 500 ₶ ou 20 ₶ de rente par provision, au présidial de Senlis.

A Pont-Sainte-Maxence, une prévôté royale et une seigneuriale.

A Pont-Point, une prévôté royale.

A Brenouille, un maire, juge royal.

Ces prévôtés, dans tous les cas, ressortissent au bailliage de Senlis.

PRINCIPALES TERRES.

Chantilly est situé à huit lieues de Paris, à deux lieues de Senlis; c'est une dépendance du duché d'Enghien, dont l'histoire sera rapportée ci-après[2].

Celle du duché de Verneuil[3], de même.

Précy appartient à M. de Luxembourg[4]; cette terre vaut 10,000 ₶ de rente.

Beaumont et Bornel, à Mme la maréchale de la Mothe[5]. Elles valent, savoir : Beaumont[6] 13,500 ₶, et Bornel 3,500 ₶.

Pont-Sainte-Maxence, à M. le duc de Saint-Simon[7], vaut 10,000 ₶.

Villers-Saint-Paul, à Mme la duchesse de Verneuil[8], vaut 3,000 ₶.

Raray, à M. le marquis de Raray[9], vaut 5,000 ₶.

Ermenonville, à   [10], en décret, vaut 11,000 ₶.

Il y a dans l'élection soixante-quatre justices de seigneurs, dont l'appel des jugements se porte au bailliage de Senlis.

Les seigneurs qui ont des terres dans cette élection sont attachés à la cour ou à la ville de Paris par les charges qu'ils y possèdent; ainsi il y en a peu qui fassent un séjour ordinaire sur les lieux. Il s'en trouve seulement, dans toute l'élection, quatre-vingt-douze.

COMPIÈGNE.

Il y a dans la ville de Compiègne : un lieutenant particulier du bailli de Senlis, cinq prévôtés royales, dont les appellations sont portées par-devant ce lieutenant, et l'appel de ses jugements va au parlement; une élection,

---

[1] L'édit de Henri II sur les présidiaux (janvier 1551).

[2] Au chapitre des Maisons royales.

[3] C^tes Pont-Sainte-Maxence.

[4] Charles-François-Frédéric de Montmorency-Luxembourg (1662-1726), fils aîné du maréchal, titré d'abord prince de Tingry, puis, en 1688, duc de Beaufort-Montmorency, et enfin devenu duc de Luxembourg par la mort de son père. Il était gouverneur de Normandie et maréchal de camp, passa lieutenant général en 1702 et fut fait chevalier des ordres à la promotion de 1724.

[5] Louise de Prie, veuve de Philippe de la Mothe-Houdancourt, maréchal de France. Elle avait été nommée gouvernante des enfants de France en 1664, et mourut le 6 janvier 1709, à quatre-vingt-cinq ans.

[6] Voyez ci-après le chapitre IV, titre 1, Domaines.

[7] On verra, au titre Domaines, que Pont-Sainte-Maxence avait appartenu au marquis de Saint-Simon, mais non au duc, son frère cadet, et était passé à M. d'Uzès.

[8] Charlotte Séguier (1623-1704), fille du chancelier et mariée : 1° en 1639, au duc de Sully; 2° en 1668, à Henri de Bourbon, légitimé de France, fils de Henri IV et titré duc de Verneuil, mort en 1682.

[9] Par lettres du mois de janvier 1654, Néry-en-Valois avait été érigé en marquisat de Raray pour Henry de Lancy, baron de Raray, et fut porté dans la maison de Nonant par sa petite-fille, dont le fils, François-Louis Le Conte de Nonant, marquis de Raray, mourut en 1736.

[10] La terre étant en adjudication, le Mémoire ne peut donner de nom du seigneur. Elle passa aux mains de Gédéon-François Lambert, gentilhomme ordinaire du roi.

JUSTICES DE L'ÉLECTION DE COMPIÈGNE. 213

un grenier à sel et deux maîtrises particulières des eaux et forêts, savoir : une royale, qui s'appelle la forêt de Cuise, composée d'un maître, un lieutenant, un procureur du roi, un garde-marteau, un greffier, douze gardes, deux huissiers audienciers et un garde des eaux et rivières; et une particulière, appelée la forêt de l'Aigle, qui fait partie de l'apanage de Son Altesse Royale Monsieur, qui a ses officiers établis à Compiègne[1].

La justice de la ville est partagée entre le roi et l'abbaye de Saint-Corneille, qui est unie aux religieuses du Val-de-Grâce de Paris, comme il a été observé ci-dessus[2]. La justice appartenant au roi est exercée par le lieutenant du bailli de Senlis, deux conseillers, un avocat et un procureur du roi, et par les cinq prévôts royaux, chacun dans leurs limites[3]. La justice appartenant aux religieuses du Val-de-Grâce est exercée par un prévôt qu'elles nomment, qui fait ses fonctions dans un quartier de la ville qui dépend de leur justice.

Ce bailliage est régi par la coutume de Senlis.

PRINCIPALES TERRES.

La seigneurie de Mouchy[4] a été érigée en duché-pairie par le roi, en l'année 1688, sous le nom d'Humières, en faveur de feu M. le maréchal duc d'Humières; pour composer le duché, on y a joint les terres de Braine, Baugy, Coudun, Vignemont, Villiers, Vandelicourt, Chelles et Morigny. Les mouvances de ce duché sont les terres et seigneuries d'Élincourt, Marigny, Janville, Bicaville, fiefs de Bertin, Jouy, Vez, Calfeux, Boutainvilliers, Rimberlieu, Lardé, Crucifix, Boubert, Saint-Fuscien, Cordelier, Clichy, Saint-Adrien, la Motte-d'Oysemont et Durel. Ce duché vaut 20,000 ₶ de rente; il appartient à présent à M. le duc d'Humières[5], gouverneur de Compiègne, brigadier des armées du roi, à cause de Mme son épouse, qui était fille de M. le maréchal duc d'Humières. Toutes ces terres sont dans la maison d'Humières d'ancienneté.

Clairoix et Longueil-sous-Thourotte appartiennent à M. le duc d'Aumont[6], à cause de Mme sa femme[7], qui était nièce et héritière de feu M. de la Mothe, archevêque d'Auch[8]. Elles valent 2,000 ₶ de rente.

La seigneurie de Jaux appartient à M. le marquis de Mirepoix[9], sous-lieutenant de la seconde compagnie des mousquetaires du roi. Elle vaut 2,000 ₶ de rente. Il est de la maison de Levis.

La terre de Saint-Sauveur appartient à M. le marquis de Vieuxpont[10], colonel d'un

---

[1] Il sera parlé de la maîtrise de Compiègne au titre des Forêts.
[2] Ci-dessus, p. 69.
[3] Sur le personnel de ce tribunal, voir les Papiers Florimond, K 1242, 3ᵉ liasse.
[4] On disait indifféremment Mouchy et Monchy. Voyez ci-dessus, p. 69.
[5] Voyez ci-dessus, p. 130.
[6] Louis-Marie-Victor, duc d'Aumont (1632-1704), ancien capitaine d'une des quatre compagnies de gardes du corps, chevalier des ordres, premier gentilhomme de la chambre, gouverneur du Boulonnais.
[7] Françoise-Angélique de la Mothe-Houdancourt, fille aînée du maréchal et seconde femme du duc d'Aumont.
[8] Henri de la Mothe-Houdancourt, frère cadet du maréchal, évêque de Rennes, puis archevêque d'Auch, et premier aumônier de la reine Anne d'Autriche, mort le 24 février 1684.
[9] Pierre-Charles de Levis, marquis de Mirepoix, maréchal de la Foi, sénéchal de Carcassonne, Béziers, Limoux et Pamiers, gouverneur des pays de Foix et de Donnezan. Il mourut le 10 juin 1762, laissant un fils qui devint maréchal de France en 1757.
[10] Guillaume-Alexandre, marquis de Vieuxpont, nommé colonel du régiment de Bourbon en 1690, à la place de son frère. Il parvint au grade de lieutenant général en

régiment d'infanterie. Elle vaut environ 1,000 ⁕ de rente. Il y a plus d'un siècle qu'elle est dans sa famille.

Les terres de Fayel et de Rucourt appartiennent à M. le comte de la Mothe[1], maréchal de camp des armées du roi. Elles valent 6,000 ⁕ de rente; elles lui sont échues par succession de feu M. l'archevêque d'Auch. Il est fils de M. le marquis de la Mothe-Houdancourt, gouverneur de Corbie, et neveu de feu M. le maréchal de la Mothe.

La terre du Meux appartient à M. de Rouville, lieutenant-colonel du régiment de la Reine. Elle vaut 2,000 ⁕. Il est fils de M. de Rouville, lieutenant général des armées du roi, gouverneur d'Ardres[2].

Dans la plus grande partie des paroisses de l'élection, les seigneurs ont droit de justice, qu'ils font exercer par leurs officiers, dont l'appel ressortit au siége de Compiègne. Aucune ne relève immédiatement du parlement.

Il n'y a que vingt-trois gentilshommes qui fassent leur résidence ordinaire dans l'élection.

BEAUVAIS.

Dans la ville de Beauvais, il y a: un siége présidial, une justice seigneuriale tenue en pairie, une élection, un grenier à sel, une maréchaussée.

Le présidial de Beauvais fut créé par le roi Henri III, en l'année 1580; il est composé, pour le ressort, des bailliages de Chaumont et Magny, distraits du ressort de Senlis; des prévôtés de Milly, Bulles et la Neuville-en-Hez, du ressort de Clermont; de la prévôté de Beauvaisis et Grandvilliers, en ce qui est dans l'étendue à cinq lieues à la ronde, du ressort d'Amiens, et du bailliage de Montdidier, du ressort de Laon; ce qui fait qu'il est régi par différentes coutumes: une partie est régie par la coutume de Senlis, et les autres par les coutumes de Clermont, Amiens et Montdidier.

Ce siége est composé de dix-huit officiers, compris les chefs[3]. La charge de lieutenant général vaut 25,000 ⁕.

Le sieur Vigneron[4], président au présidial et maire perpétuel de la ville, est homme intelligent, capable et bon juge. Il a une grosse famille et n'est pas riche.

Le sieur de Malinguehen[5], lieutenant général, fait sa charge avec honneur.

Le sieur Simon[6], conseiller au présidial, a travaillé sur la coutume de Senlis; il a donné au public un livre intitulé: *Introduction au droit ecclésiastique de France*, et une *Nouvelle bibliothèque historique et chronologique des principaux auteurs du droit civil, canonique et particulier de plusieurs États*.

1710, eut le gouvernement de Charlemont en 1712, et mourut le 13 février 1728, à soixante-quinze ans environ.

[1] Charles de la Mothe-Houdancourt, qui devint lieutenant général, gouverneur de Bergues-Saint-Winox et grand d'Espagne.

[2] Hercule-Louis Gougeul, marquis de Rouville, mort le 27 novembre 1677, à soixante-sept ans; père de François de Rouville, marquis du Meux, aussi gouverneur d'Ardres, et de Louis de Rouville, seigneur du Meux, page de la reine, puis capitaine dans son régiment de cavalerie.

[3] Voyez les Papiers Florimond, K 1242, 3ᵉ liasse.

[4] François Vigneron, sieur d'Huqueville, pourvu à la place de son père en 1675, et mort en 1714.

[5] Pierre de Malinguehen, pourvu en 1687, à la place de son père, et remplacé par son fils en 1706.

[6] Denis Simon, pourvu assesseur et lieutenant de robe courte en 1676. Outre les deux ouvrages cités ici et qui dataient de 1686 et 1692, cet auteur fit paraître, en 1706, un important *Supplément à l'histoire de Beauvais*, et laissa beaucoup de travaux en manuscrit. Il mourut très-vieux, en 1731.

JUSTICES DE L'ÉLECTION DE BEAUVAIS.

Le sieur Le Scellier[1], conseiller au présidial et élu, est homme de mérite, fort zélé et appliqué à exécuter les ordres qui lui sont envoyés pour le service du roi dans cette élection.

Tous les officiers en général sont attachés à remplir les devoirs de leurs charges.

La justice de la ville de Beauvais appartient à M. l'évêque et comte de Beauvais. Elle est exercée par un bailli, qui a sous lui trois lieutenants, un procureur fiscal, un avocat fiscal, un substitut, un greffier, huit sergents. Il a la police entière de la ville[2].

Il a aussi une juridiction pour les eaux et forêts dépendant de son évêché, composée de quatre officiers et de sergents.

Les appellations de ces deux juridictions sont portées au parlement.

PRINCIPALES TERRES.

Le comté de Beauvais et le vidamé de Gerberoy sont unis à l'évêché de Beauvais[3].

Le comté de Beauvais a dans sa mouvance trois cents fiefs et arrière-fiefs, et le vidamé de Gerberoy en a cent cinquante, en sorte que M. l'évêque de Beauvais a quatre cent cinquante fiefs mouvants de lui, dont il y en a plusieurs qui valent à ses vassaux depuis 4,000 ₶ de rente et au-dessus jusqu'à 9,000 ₶, dont les principaux sont, savoir : de l'évêché de Beauvais, Auneuil, qui vaut 9,000 ₶ de rente; Auteuil, comté, 5,000 ₶; Achy, 6,000 ₶; Savignies, marquisat, 5,000 ₶; du vidamé de Gerberoy, Fontaine-Lavaganne, 5,000 ₶; Campeaux, 4,000 ₶.

La terre et seigneurie de Cagny a été érigée en duché, sous le nom et en faveur de M. le maréchal duc de Boufflers[4], colonel du régiment des gardes françaises, par lettres patentes données à Fontainebleau au mois de septembre 1695. Ce duché comprend le tiers de la châtellenie de Milly. Il y a environ quarante fiefs qui relèvent du duché de Boufflers. Il vaut 20,000 ₶ de rente. Il relève immédiatement du parlement. Cette terre est dans la maison de M. le maréchal depuis plus de deux cent cinquante ans, avec la qualité de grand bailli de Beauvais, que ses ancêtres ont possédée depuis l'érection du bailliage.

Les deux autres tiers de la châtellenie de Milly appartiennent à M. le prince de Carignan[5], à cause du comté de Clermont; il y a trente fiefs qui en relèvent.

La baronnie de Mouchy-le-Châtel appartient à M. le maréchal duc de Noailles[6], premier capitaine des gardes du corps du roi. Elle vaut, avec ses dépendances, compris Tillart, 13,000 ₶ de rente. Soixante fiefs en relèvent, entre lesquels sont les seigneuries du bourg de Mouy, qui vaut 6,000 ₶ de rente, et Châteaurouge, qui vaut 3,000 ₶. Il y a aussi plusieurs fiefs qui relèvent de Tillart.

La châtellenie de Méru appartient à M. le prince de Conti[7]. Peu de fiefs en relèvent. Elle vaut 7,000 ₶ de rente.

---

[1] Jean Le Scellier, pourvu assesseur en 1670 et garde des sceaux du présidial en 1694.

[2] Voyez un mémoire de l'évêque sur sa juridiction en matière de manufactures, dans les Papiers du Contrôle général, G⁷ 442, 2 mars 1715.

[3] Voyez ci-dessus, p. 65 et 66.

[4] Voyez ci-dessus, p. 130, note 7.

[5] Emmanuel-Philibert-Amédée de Savoie, prince de Carignan (1630-1709), gouverneur et lieutenant général du comté d'Asti, en Piémont. Sa mère était une Bourbon-Soissons, à qui était passé l'engagement du comté de Clermont, comme on le verra ci-après, au titre des Domaines.

[6] Voyez ci-dessus, p. 66.

[7] François-Louis de Bourbon (1664-1709), titré d'abord prince de la Roche-sur-Yon, puis prince de Conti, était marié à sa cousine Marie-Thérèse de Bourbon-Condé.

Le comté d'Auteuil[1] appartient à M. de Combauld[2], qui est une ancienne noblesse. Il y a peu de fiefs qui en relèvent. Il vaut 5,000 ₶ de rente.

Le marquisat d'Auxy appartient à M. d'Hanvoille[3]. Il vaut 6,000 ₶ de rente.

La baronnie de Belloy, à M. le président de Crèvecœur de Mannevillette[4], vaut 3,000 ₶. Il possède encore la seigneurie de Lihus, érigée en comté sous le nom de Mannevillette, qui vaut aussi 3,000 ₶.

Le marquisat de Savignies appartient à M. le marquis du Biez[5], colonel d'un régiment d'infanterie; il est de la maison du maréchal du Biez[6] qui vivait du temps de François Ier. Cette famille est originaire du Boulonnais, où sont situées les terres qu'elle possède, entre autres celle du Biez. Il y a plusieurs années qu'elle est établie dans le Beauvaisis, dans la paroisse de Savignies, que le sieur du Biez a fait ériger en marquisat. Cette terre vaut 6,000 ₶ de rente.

Il y a cent gentilshommes qui font leur résidence ordinaire dans l'élection, entre lesquels sont : MM. Gouffier, seigneurs de Loueuse[7], où ils demeurent. Ils sont deux frères, de l'ancienne maison des Gouffiers. Ils ont encore quelques autres terres dans le voisinage; le tout vaut environ 5,000 ₶ de rente. Ils n'ont jamais servi. M. de Saint-Rimault de Bachivilliers[8], lieutenant général et gouverneur du fort de Barraux, en Dauphiné, porte le nom de Gaudechart, qui est ancien dans la province. Il est l'aîné de sa maison, qui est alliée à celle de Montchevreuil par sa mère[9]. M. d'Esseville[10], son cadet, est enseigne des gardes du corps du roi.

PONTOISE.

Dans la ville de Pontoise, il y a : un lieutenant particulier du bailli de Senlis, deux prévôtés royales, une élection, un grenier à sel, une maréchaussée et une officialité, dont l'appel se relève à Rome. Les appellations du lieutenant de Pontoise ressortissent au présidial de Senlis. L'un des prévôts, nommé le *prévôt-maire*, est juge des causes des habitants, et l'autre, nommé le *prévôt-en-garde*, connaît des causes de tous les forains de la châtellenie. Les appellations de ces deux justices ressortissent par-devant le lieutenant particulier de Pontoise[11].

---

[1] Auteuil-en-Valois.

[2] Charles de Combauld, chevalier de l'ordre du roi, mort le 30 avril 1712, à quatre-vingts ans. D'Hozier avait publié, sous Louis XIII, une généalogie de cette famille, faite probablement par Charles de Combauld, baron d'Auteuil (1588-1670), auteur d'une *Histoire des Ministres d'État* et d'un *Vrai Childebrand*.

[3] Adrien d'Hanvoille, marquis d'Auxy, mort à Beauvais, le 20 mars 1704, étant âgé de soixante-dix-huit ans.

[4] On écrivait aussi *Memmevillette*. Voyez ci-dessus, p. 178.

[5] Antoine-Oudart du Biez, maréchal de camp en 1718.

[6] Ce maréchal fut disgracié sous Henri II, à cause de la trahison de son gendre, Jacques de Coucy, seigneur de Vervins.

[7] Les deux frères s'appelaient Claude-François et François-Louis, ce dernier ancien page du roi. Leur branche était sortie de celle des marquis de Thoix, issus eux-mêmes de la branche de Bonnivet. Une autre branche, celle de Rouannez, éteinte en 1696, avait eu le titre ducal en 1566.

[8] Adolphe de Gaudechart, marquis de Bachivilliers (autrefois *Bachevillers*), mort en 1718.

[9] La mère du marquis de Bachivilliers était Marie de Mornay, sœur consanguine du marquis de Montchevreuil, le favori du roi et l'ami intime de Mme de Maintenon.

[10] Alexandre de Gaudechart, comte d'Esseville, devint lieutenant général, grand-croix de l'ordre de Saint-Louis, et mourut le 1er janvier 1730, à l'âge de soixante-quatorze ans.

[11] Voyez les noms et qualités des magistrats dans les Papiers Florimond, carton K 943, liasse n° 5.

JUSTICES DE L'ÉLECTION DE MANTES.

Le département du bailli de Senlis à Pontoise est régi par la coutume de Senlis en partie, et l'autre partie par la coutume locale du Vexin français.

PRINCIPALES TERRES.

Il y a deux marquisats : Méry et Sandricourt.

Méry[1] appartient à M. le marquis de Saint-Chamant[2], qui a été exempt des gardes du corps du roi. Cette terre vaut, avec ses dépendances, 12,000 ₶ de rente[3].

Sandricourt[4] appartient à M. le marquis de Saint-Simon[5]; il vaut 10,000 ₶ de rente.

Un comté : Ableiges, qui appartient à M. de Maupeou d'Ableiges[6], maître des requêtes, intendant de justice à Poitiers; il vaut 10,000 ₶ de rente.

Trois baronnies : l'Isle-Adam, Chars et Vauréal.

L'Isle-Adam, sur la rivière d'Oise, appartient à M. le prince de Conti[7], avec Fontenelles, Jouy-le-Comte, Livilliers et Valmondois. Ces terres valent ensemble 22,000 ₶ de rente.

Chars appartient à Mme la maréchale de Créquy[8]. Cette terre vaut 7,000 ₶ de rente. M. le marquis de Créquy[9] a dans cette élection, en fonds de terre, 20,000 ₶ de rente.

Vauréal appartient à M. Le Bel[10], fermier général du roi, et vaut 2,000 ₶ de rente.

M. le maréchal de Duras[11] a trois terres : Épiais, Grisy et Vallangoujard, qui valent ensemble 13,000 ₶ de rente.

Il y a dans l'élection, outre ces terres, qui ont leurs justices, quarante-sept autres justices que les seigneurs font exercer par leurs officiers, dont l'appel des jugements ressortit au bailliage de Pontoise. Aucune ne relève immédiatement du parlement.

Il n'y a que vingt-sept gentilshommes qui fassent leur résidence ordinaire dans l'élection.

MANTES.

Dans la ville de Mantes, il y a : un bailliage et siége présidial, une prévôté royale, une élection, un grenier à sel et une chambre à sel à la Roche-Guyon, en dépendant, et une maréchaussée.

---

[1] Méry-sur-Oise, possédé successivement par les d'Orgemont et les Saint-Chamant, puis par Samuel Bernard et les Molé.

[2] François de Saint-Chamant, marquis de Méry, reçu page du roi en 1672 et exempt en 1688, avait été chargé, en cette qualité, de conduire jusqu'à la frontière Louise d'Orléans, épouse du roi Charles II d'Espagne. Le marquisat de Méry avait été érigé en 1695.

[3] *Alias*, 15,000 ₶ de rente.

[4] Marquisat érigé en août 1652.

[5] Louis IV de Rouvroy Saint-Simon, marquis de Sandricourt (1639-1718), chef d'une des branches aînées de la maison dont les ducs de Saint-Simon ne représentaient que la branche cadette.

[6] Gilles de Maupeou, comte d'Ableiges, ancien conseiller au parlement, reçu maître des requêtes en 1683 et nommé intendant à Riom en 1691, à Poitiers en 1695,

fut envoyé à Moulins de 1702 à 1708, et mourut le 11 mai 1727. C'est en sa faveur que les terres d'Ableiges et de Villeneuve-Saint-Martin avaient été érigées en châtellenie (février 1671), puis en comté (décembre 1691).

[7] Voyez ci-dessus, p. 73, note 5. — Le prince avait pris goût à cette résidence lors de sa disgrâce de 1685; d'où vient que La Fontaine l'appelait « le dieu de l'Oise. »

[8] Catherine de Rougé du Plessis-Bellière, veuve de François, sire de Créquy, marquis de Marines, maréchal de France en 1668, mort en 1687. Elle mourut en 1713.

[9] François-Joseph, marquis de Créquy, fils de la précédente, né en 1662, était lieutenant général depuis 1696, et périt en 1702, au combat de Luzzara.

[10] Michel Le Bel de Couloure, ancien receveur des tailles à Paris et payeur des rentes, intéressé au bail des fermes générales de 1697.

[11] Voyez ci-dessus, p. 165.

Le bailliage et siége présidial est composé de dix-huit officiers[1], compris les chefs; la prévôté, d'un prévôt, un lieutenant, un procureur du roi et un greffier. Elle s'étend sur les paroisses de Mantes-la-Ville, Follainville, Porcheville, Limay, le Breuil et Senneville. Ce bailliage et celui de Meulan sont régis par une coutume particulière du comté de Mantes et Meulan, qui a été rédigée en l'année 1556[2].

A Meulan, il y a un bailliage royal qui ressortit au présidial de Mantes.

Ces deux bailliages sont du ressort du parlement de Paris.

Le sieur Bouret[3], lieutenant général au bailliage et siége présidial, est secrétaire du roi. Il est homme capable et appliqué à la charge et au service du roi, dont il prend soin dans cette élection. Il était auparavant président en l'élection, laquelle charge il a exercée pendant trente-six ans[4].

Le sieur Boudier, gentilhomme qui demeure à Mantes, fait profession des belles-lettres; il est savant dans l'antiquité. Il a composé l'*Histoire romaine par médailles*, desquelles il a acquis une grande connaissance; son livre n'est pas encore imprimé. Il travaille actuellement à plusieurs belles recherches[5].

PRINCIPALES TERRES.

Il y a quatre marquisats, qui sont: Rosny, Blaru, Rosay et Goupillières.

Rosny appartient à M. le duc de Sully[6]; il vaut 12,000ᵗᵗ de rente.

Blaru, à M. de Tilly, marquis de Blaru, qui a servi en qualité de capitaine de cavalerie; il est lieutenant de roi au gouvernement de l'Île-de-France[7]. Cette terre vaut 10,000ᵗᵗ de rente. M. le marquis de Blaru, son père, était gouverneur de Vernon; il lui a succédé dans ce gouvernement, qu'il a conservé jusqu'au temps qu'il a été vendu à M. de Bouville[8], intendant de la généralité d'Orléans.

Rosay appartient à M. Briçonnet, conseiller au parlement, fils du président de la troisième chambre des Enquêtes[9]. Cette terre vaut 5,000ᵗᵗ de rente.

---

[1] Voyez les noms et qualités des magistrats dans les Papiers Florimond, carton K 1243, 7ᵉ liasse.

[2] Coutume rédigée, en présence des trois états du comté, par Christophe de Thou, président au parlement, et par les conseillers Barthélemy Faye, Jacques Viole.

[3] Eustache Bouret, nommé en 1670 second président, puis pourvu, le 13 juin 1697, des offices de lieutenant général et commissaire-examinateur-enquêteur. Il fut remplacé par son fils en 1715. C'est de cette famille que sortit le fameux fermier général.

[4] Il faudrait sans doute lire: *vingt-six ans*; voyez la note précédente.

[5] René Boudier de la Jousselinière, né à Alençon en 1634, mais élevé et établi à Mantes, où il mourut en 1723, laissa une grande quantité de travaux sur des matières diverses, dont, entre autres, l'*Histoire par médailles* dont il est parlé ici, et une *Histoire romaine* qui fut livrée à l'impression en 1729. Voyez le *Parnasse français*, de Titon du Tillet, et le *Grand Dictionnaire* de Moréri.

[6] et [7] Voyez ci-dessus, p. 125, notes 2 et 5.

[8] Michel-André Jubert de Bouville (1645-1720), marquis de Bizy, près Vernon, reçu avocat général à la Cour des aides le 5 avril 1664, à l'âge de dix-huit ans et neuf mois, puis pourvu d'une charge de maître des requêtes en 1674, et nommé intendant à Limoges en 1676, à Moulins en 1678, à Alençon en 1683, à Limoges, pour la seconde fois, en 1689, et enfin à Orléans en 1694. Il était conseiller d'État semestre depuis 1696. Il avait épousé une nièce de Colbert, sœur de Nicolas Desmaretz, qui, disgracié depuis la mort de son oncle, ne rentra au Contrôle général qu'en 1703, pour devenir contrôleur général et ministre cinq ans plus tard. M. de Bouville resta en fonctions jusqu'en 1709, et fut nommé alors conseiller d'État ordinaire. Il doit être considéré comme l'un des intendants les plus laborieux et les mieux disposés à seconder les tentatives d'innovation et de progrès.

[9] François Briçonnet, seigneur de Millemont, marquis de Rosay, comte d'Auteuil, seigneur de Garancières, Vil-

Goupillières, à M. Le Cocq[1], conseiller au parlement, vaut 1,500 ª de rente.

La terre de Vigny est une baronnie, qui appartient à M. le prince de Rohan[2]; elle vaut 5,000 ª de rente.

Il y a soixante gentilshommes qui font leur résidence ordinaire dans l'élection, entre lesquels les plus qualifiés sont :

M. d'Abos, seigneur de Bineuville[3], qui est aide de camp de M. de Rubentel[4], son oncle. Il est d'une ancienne noblesse, distinguée par les services de ses ancêtres. Son cadet fut tué à Walcourt, à la tête d'une compagnie des gardes du roi; il était lieutenant[5].

M. de Saint-Simon[6], qui est aîné de la maison de Saint-Simon, est seigneur de Vaux; toutes ses terres sont saisies réellement. Il a un fils capitaine aux gardes; son aîné n'a pas servi. Il demeure à Vaux.

M. Giffart, seigneur d'Hanneucourt et de Gargenville[7], a commandé un régiment de cavalerie avec brevet de mestre de camp. Il a servi longtemps; il est âgé et s'est retiré. Son fils a peu de service.

M. de Senneterre de Brinon, colonel d'un régiment, est seigneur de Lainville[8]. M. le comte de Brinon, son père, a été lieutenant de roi au gouvernement de Lorraine et pays Messin[9]. Il est fort riche.

MM. de Sailly, seigneurs de la paroisse de ce nom, sont d'ancienne et bonne noblesse[10]. Ils ont tous servi en qualité de capitaine, de mestre de camp ou de lieutenant-colonel. Cette terre est depuis plusieurs siècles dans leur maison.

MM. de Vion[11], de Hallot[12], Frédet de Jumeauville et de la Rue de Bernapré[13] sont d'anciennes noblesses, dont les ancêtres ont

---

hers et Villarceaux, d'abord conseiller au Châtelet, puis président aux Enquêtes en 1663, céda sa charge à son fils, qui suit, et mourut honoraire, le 14 février 1715. Le fils, Guillaume Briçonnet, marquis de Rosay, avocat général au Grand Conseil, puis conseiller au parlement (1697), et enfin président, mourut le 31 janvier 1713.

[1] Jean-Baptiste Le Cocq de Corbeville, marquis de Goupillières, conseiller en 1691, maître des requêtes en 1701. La châtellenie de Goupillières avait été érigée en marquisat pour son père, aussi conseiller au parlement.

[2] Fils du prince de Soubise; voyez ci-dessus, p. 126, note 3. Il mourut le 26 janvier 1749, à quatre-vingts ans.

[3] Cette famille, de la généralité d'Alençon, avait été maintenue dans sa noblesse en 1667.

[4] Denis-Louis de Rubentel, marquis de Mondétour, lieutenant-colonel du régiment des gardes françaises, réputé un des meilleurs et des plus braves officiers de l'infanterie; mort en 1705, à soixante-dix-huit ans.

[5] Ou sous-lieutenant, selon l'*Abrégé chronologique de la Maison du roi*, par Le Pippre de Nœufville, t III, p. 279.

[6] Claude de Rouvroy-Saint-Simon (1626-1709), comte de Vaux-sur-Meulan, baron de Falvy-sur-Somme, que les pamphlets de la Régence prétendent avoir été écuyer du maréchal de Schulemberg. Son fils aîné, Nicolas, dit le comte de Saint-Simon, mourut en 1710, ayant fait une mésalliance fort mal accueillie par la branche ducale; le cadet, Eustache-Titus, dit le marquis de Saint-Simon (1654-1712), devint brigadier d'infanterie.

[7] Cette famille avait été maintenue dans sa noblesse le 13 août 1688.

[8] Henri de Senneterre ou Saint-Nectaire, comte de Brinon, ancien capitaine aux gardes, était colonel de dragons depuis 1692. Il passa brigadier en 1702, pour sa belle conduite au combat de Luzzara, devint lieutenant général en 1718, fut envoyé l'année suivante en ambassade à Londres, et eut l'ordre du Saint-Esprit en 1724.

[9] Jean-Charles de Senneterre, mort le 11 novembre 1696, à quatre-vingt-huit ans.

[10] Deux filles de cette maison avaient fait leurs preuves pour entrer à Saint-Cyr, en 1686 et 1690.

[11] Cette maison avait formé plusieurs branches, à Vaux, Tessancourt, Presles, Gaillon. L'érudit d'Hérouval était de la branche de Gaillon.

[12] Cette maison avait formé également plusieurs branches, dont la généalogie se trouve dans le *Dictionnaire de la Noblesse*, de La Chenaye des Bois.

[13] Jean de la Rue, seigneur de Bernapré, élection de Mantes, avait été maintenu dans sa noblesse en 1667.

28.

bien servi, desquelles familles il y en a plusieurs dans le service[1].

Il y a dans l'élection quatre-vingt-quatorze paroisses, dont la plus grande partie ont leurs justices particulières, qui sont exercées par les officiers des seigneurs laïques ou ecclésiastiques, dont les appellations des jugements ressortissent en différentes juridictions; quelques-unes sont portées au bailliage de Meulan, et de là à Mantes, de sorte que les sujets du roi sont obligés d'essuyer quatre degrés de juridiction avant que d'avoir un jugement assuré. Aucuns ne vont immédiatement au parlement.

MONTFORT.

Dans la ville de Montfort, il y a: un bailliage royal, un bailliage ducal, une élection, un grenier à sel, une maîtrise particulière des eaux et forêts et une maréchaussée[2].

Le bailliage et la justice royale, dans la ville et duché de Montfort, est exercée[3] au nom du roi par les officiers de Sa Majesté, et la justice ducale au nom de M. le duc de Chevreuse, par ses officiers. Les appellations de ces deux bailliages ressortissent au parlement.

En l'année 1465, le roi Louis XI accorda au duc de Bretagne, comte de Montfort[4], par lettres patentes du 11 octobre, qui furent registrées au parlement le 30 ensuivant[5], que les sujets de ce comté ressortiraient sans moyen en la cour de parlement de Paris.

Ce bailliage est régi par une coutume particulière, sous le nom de *coutume de Montfort*, qui fut rédigée en l'année 1556[6].

Cette seigneurie, qui avait anciennement titre de comté, a été érigée par le roi en duché, par lettres patentes du mois de février 1692, en considération de l'échange fait par le roi de ce comté avec M. le duc de Chevreuse, pour le duché de Chevreuse, par contrat du 1er février 1692[7], en conséquence duquel le roi, par édit du mois de février, a éteint et supprimé les officiers royaux du bailliage, de la prévôté, de la maîtrise des eaux et forêts et de la capitainerie des chasses de Montfort, ensemble les prévôtés de Houdan, Saint-Léger et autres justices royales inférieures, et a créé en cette ville un bailliage, composé d'un bailli de robe courte, d'un président, un lieutenant particulier civil et criminel, un avocat et procureur de Sa Majesté, et autres officiers, pour connaître des cas royaux seulement dans l'étendue du bailliage et comté; lesquels officiers doivent être pourvus par le roi, sur la nomination de M. le duc de Chevreuse, ses hoirs et ayants cause, sans que ces officiers royaux puissent prétendre connaissance des affaires ordinaires de police ou voirie, dont la juridic-

---

[1] Ce paragraphe a été transformé comme il suit, dans l'incorrecte impression de la *Généralité de Paris divisée en ses XXII élections* (par Chalibert-Dancosse, 1710): «MM. de Vion, de Hallot, Fredet, de Juin Camulle, sont de la race de Barnapré et d'ancienne noblesse.»

[2] Voyez, sur les magistrats de cette élection et sur l'histoire du comté de Montfort, les Papiers Florimond, K 1243, 7e liasse.

[3] *Sic*, dans les manuscrits et dans l'imprimé qu'on vient de citer.

[4] François II, duc de Bretagne, comte de Montfort, Richemont, Étampes et Vertus, père de la reine Anne, femme de Louis XII.

[5] Ces lettres sont imprimées dans les *Ordonnances*, t. XVI, p. 369.

[6] Cette coutume, comme celle de Mantes, avait été rédigée par le président de Thou et les conseillers Faye et Viole.

[7] Voyez ci-dessus, p. 132. La vérification de cet échange avait été l'objet de longues procédures de la part de la Chambre des comptes, qui força le duc de Chevreuse à payer une plus-value de 567,000 lt.

tion est réservée aux officiers qui seront institués et établis par M. le duc de Chevreuse.

Le duché vaut 30,000 ᴸᴸ de rente, compris Houdan, qui en fait partie; il relève immédiatement du parlement.

A Houdan, il y a une prévôté ducale, dont les appellations sont relevées à Montfort.

PRINCIPALES TERRES.

Il y a dans cette élection :

Le comté de Pontchartrain, qui a de grandes mouvances, Jouarre, Maurepas, Plaisir, Neauphle-le-Châtel, Élancourt, la Couarde, le Mousseau et Chavenay. Cette terre appartient à M. le Chancelier[1]; elle est d'ancienneté dans sa maison[2].

Le comté d'Auteuil appartient à M. le président Briçonnet[3]. Il vaut 4,000 ᴸᴸ de rente; il y a huit fiefs qui en relèvent.

Le marquisat de Neuville-Gambais appartient à M. de Nyert[4], premier valet de chambre du roi; il vaut 10,000 ᴸᴸ de rente.

Orgerus, châtellenie, appartient à M. le président de Maisons[5], dont dépendent Ormoy, Tacoignières et Flexanville; ces terres valent 10,000 ᴸᴸ de rente[6].

---

[1] Louis Phélypeaux de Pontchartrain, né à Paris le 29 mars 1643, conseiller au parlement le 11 février 1661, premier président du parlement de Bretagne le 16 juin 1677, intendant des finances le 25 avril 1687, contrôleur général le 20 septembre 1689, secrétaire d'État de la maison du roi et de la marine le 5 novembre 1690, chancelier de France le 5 septembre 1699, et commandeur-greffier des ordres du roi le 8 mai 1700. Il se démit de la dignité de chancelier le 2 juillet 1714, et mourut dans la retraite, le 22 décembre 1727. Sa correspondance a été publiée en partie dans le tome 1ᵉʳ de la *Correspondance des contrôleurs généraux* et dans le recueil édité par MM. Depping.

[2] Cette terre de Pontchartrain était en effet depuis plusieurs générations dans la branche des Phélypeaux dont sortait l'ancien contrôleur général, devenu chancelier en 1699. Il en avait la jouissance entière depuis 1674, et quoiqu'elle se trouvât absolument enclavée dans trois autres terres titrées, le duché de Chevreuse, le marquisat de Grignon et la baronnie de Maurepas, il l'avait fait ériger en comté, au mois d'août 1691, en y joignant la baronnie de Maurepas, qu'il venait d'acheter de M. de Chevreuse. Il l'agrandit considérablement, pour en faire un domaine substitué aux descendants de son fils le secrétaire d'État. Saint-Simon, ami intime du chancelier, a dit de son château de Pontchartrain : «Cette maison, à quatre lieues de Versailles, où il allait dès qu'il avait un jour ou deux, était ses délices. Il en fit une grande et riche terre et par aimable demeure, mais sa modestie, aidée de politique, l'empêcha de tomber dans aucun excès pour les promenades, et le fit rester pour la maison fort au-dessous du médiocre, tant les dépenses et le sort de Meudon et de Sceaux avaient fait d'impression sur lui.» (Addition au *Journal de Dangeau*, t. XV, p. 179.) Dans une lettre de La Bruyère, publiée par M. Ulysse Robert, le grand moraliste écrit, en 1695, à Jérôme de Pontchartrain, fils du chancelier : «Les beaux plants et les belles eaux que celles d'une maison que j'ai vue dans un vallon en deçà de la tour de Montfort; la belle, la noble simplicité qui règne jusqu'à présent dans ses bâtiments! Voudrait-on bien ne s'en point ennuyer! Il faut l'avouer nettement et sans détour : je suis fou de Pontchartrain, de ses tenants et aboutissants, circonstances et dépendances; si vous ne me faites entrer à Pontchartrain, je romps avec vous, Monseigneur, avec votre M. de la Loubère, avec les Jeux floraux, et, qui pis est, avec Mgʳ et Mᵐᵉ de Pontchartrain, avec tout ce qui naîtra de vous, avec leurs parrains et leurs marraines, avec leurs mères nourrices. C'est une maladie, c'est une fureur.»

[3] Voyez ci-dessus, p. 218, note 9.

[4] François-Louis de Nyert (1647-1719), fils du fameux chanteur qui avait été aussi premier valet de chambre du roi, et père du capitaine en survivance du château du Louvre dont il a été parlé ci-dessus (p. 124, note 5). Il était premier valet de chambre et gentilhomme ordinaire du roi, gouverneur de Limoges et bailli d'Amont en Franche-Comté. C'est en 1690 qu'il avait acquis le marquisat de Neuville, érigé pour le médecin Vallot en 1671, et il en avait fait changer le nom en celui de Gambais, par lettres de novembre 1691.

[5] Voyez ci-dessus, p. 176.

[6] Orgerus était estimé 312,000 ᴸᴸ en 1735.

Le Tremblay appartient à M. Le Clerc du Tremblay[1]; il vaut 10,000" de rente. Il y a un beau château.

La plupart des autres terres et seigneuries de l'élection, au nombre de trente-deux, dont les plus considérables sont: Bourdonnet, Richebourg, Grignon, Beynes et Cognet, ont leurs justices, qui sont exercées par les officiers des seigneurs. L'appel de leurs jugements est porté tant au bailliage ducal de Montfort qu'au Châtelet de Paris et autres juridictions.

Les appellations des bailliages de Pontchartrain et de Gambais relèvent immédiatement du parlement.

Hors la ville, à une des portes de Montfort, il y avait un beau château, bâti d'ancienneté, sur une butte, par un comte de Montfort nommé d'Asparas[2], pour l'entretien duquel il y avait un fonds dans l'état du domaine, de 300" par chacun an, dont M. le duc d'Épernon[3], dernier engagiste, était tenu, et avait soin d'y satisfaire. Le roi ayant retiré ce domaine[4], il n'a plus été fait fonds de ces charges, en sorte que les couvertures ont manqué et ont entraîné la ruine de tout le château, dont il ne reste que les murailles, qui sont en mauvais état.

Il y a soixante-dix-huit gentilshommes qui font leur résidence ordinaire dans l'élection.

DREUX.

Il y a dans la ville de Dreux: un bailliage royal, une élection, un grenier à sel, une maîtrise particulière des eaux et forêts, une maréchaussée et un lieutenant criminel de robe courte, une juridiction de manufactures, attribuée au corps de ville, qui s'étend à six ou sept lieues autour de Dreux, dans les paroisses où se fabriquent les étoffes.

Le bailliage royal de Dreux est composé d'un lieutenant général et criminel, un lieutenant particulier, un avocat et procureur du roi[5]. Il est régi par une coutume particulière, sous le nom de *coutume de Dreux*, qui fut rédigée en l'année 1508[6].

Les appellations de ce bailliage sont portées dans tous les cas au parlement; aucune autre justice de l'élection n'en relève immédiatement.

Le sieur de Rotrou[7], lieutenant général au bailliage, est un bon officier, capable et agissant, et s'acquitte avec beaucoup de zèle des

---

[1] Charles Le Clerc, marquis du Tremblay, seigneur de Saint-Remy, fils d'un maître des requêtes, petit-fils du gouverneur de la Bastille, et neveu du P. Joseph, fameux capucin. Il mourut sans postérité.

[2] Sic, pour *Lesparre* (André de Foix, comte de), en faveur de qui François 1er disposa du comté, lorsqu'il eut fait retour à la couronne après la mort de la reine Claude.

[3] Ce fut le petit-fils du duc d'Épernon qui vendit le domaine, en 1658, à Marie de Rohan, duchesse de Chevreuse. Le château était déjà entièrement ruiné, inhabitable et sans valeur. Voyez ci-après le titre des Domaines.

[4] Jusque-là le comté n'avait été aliéné par la couronne qu'à titre d'engagement révocable; l'aliénation devint complète et définitive lorsque Montfort fut compris dans l'échange de Chevreuse dont il a été parlé plus haut.

[5] Sur le personnel de ce bailliage, voyez les Papiers Florimond, K 1243, 7e liasse.

[6] Cette coutume fut rédigée par le «bon président» Thibaud Baillet et le conseiller Jean Le Lièvre.

[7] Eustache de Rotrou, nommé en 1682 procureur du roi, et pourvu des offices de président aux bailliage et comté, lieutenant civil, etc., en place de Charles Fernault, le 24 mars 1695. Il fut remplacé, en 1722, par Jean Jullienne. On trouve beaucoup de lettres écrites par lui, dans les Papiers du Contrôle général, intendance de Paris. Selon une inscription rapportée dans le *Grand Dictionnaire* de Moréri, la charge de lieutenant général était dans sa famille dès les temps de Charles IX. Le poëte Jean de Rotrou (1609-1650) avait eu la charge de lieutenant particulier.

JUSTICES DE L'ÉLECTION DE DREUX.

ordres qui lui sont adressés concernant le service du roi.

PRINCIPALES TERRES.

Il y a, dans cette élection, la principauté d'Anet, qui appartient à M. le duc de Vendôme[1], dont l'histoire sera rapportée ci-après[2].

Les autres terres titrées sont :

Le comté de Beu, qu'on estime être un ancien démembrement du comté de Dreux, les marquisats de Mézières et de Tréon, et la baronnie de Couvay.

Le comté de Beu appartient à M. le comte de Belesbat[3], du nom de Hurault de l'Hospital, descendant du chancelier de l'Hospital[4]. Cette terre vaut 12,000ᵗᵗ de rente. Il y a quatre terres et vingt fiefs qui en relèvent.

Le marquisat de Mézières, châtellenie, appartient à M. le comte de Marsin[5], maréchal des camps et armées du roi, comte du Saint-Empire, ci-devant commandant de la compagnie des gendarmes flamands. Cette terre vaut 6,000ᵗᵗ de rente. Il y a onze fiefs qui en relèvent.

Le marquisat de Tréon et la baronnie de Couvay[6], dans laquelle est enclavé le comté de Crécy, appartiennent à M. le comte de Crécy[7], qui a été ambassadeur plénipotentiaire du roi pour la paix de Ryswyk. Ces terres valent ensemble 12,000ᵗᵗ de rente. Il y a cinq[8] fiefs qui en relèvent.

Villemeux appartient à M. le marquis de la Salle[9], maître de la garde-robe du roi, chevalier de ses ordres. Il y a quelques autres

---

[1] Voyez ci-dessus, p. 122, note 5.

[2] Au chapitre des Maisons royales.

[3] Charles-Paul Hurault de l'Hospital, comte de Beu, seigneur de Belesbat, qui mourut sans alliance le 15 février 1706. Saint-Simon a fait de lui ce portrait : «C'était une manière d'éléphant pour la figure, une espèce de bœuf pour l'esprit, qui s'était accoutumé à se croire courtisan, à suivre le roi dans tous ses voyages de guerre et de frontière, et à n'en être pas plus avancé pour cela. Ses pères étaient de robe : il ne fut ni de robe ni d'épée, se fit assez moquer de lui, et ne laissait pas quelquefois de lâcher des brutalités assez plaisantes. Il avait fort accommodé le jardin de Belesbat, près de Fontainebleau, où les eaux et les bois sont admirables, et s'y était fort incommodé.» (*Mémoires*, t. IV, p. 395.) Ce que Saint-Simon ne dit pas, c'est que M. de Belesbat, digne héritier du chancelier Michel de l'Hospital et d'un autre de ses aïeux à qui est attribué l'*Excellent et libre discours sur l'état présent de la France* (1588), adressait à Louis XIV des mémoires aussi hardis que bien pensés sur la nécessité de sauver son royaume par le commerce et de soutenir le commerce par la liberté. On possède encore le manuscrit original de ces mémoires.

[4] Le chancelier Michel de l'Hospital, mort en 1573, n'avait laissé qu'une fille, mariée à Robert Hurault, seigneur de Belesbat, qui était maître des requêtes, comme le furent tous leurs descendants jusque sous Louis XIV.

[5] Ferdinand, comte de Marsin, qui devint maréchal de France en 1703 et mourut en 1706, vaincu sous les murs de Turin.

[6] Aujourd'hui Crécy-Couvé, dont le château fut embelli par Mᵐᵉ de Pompadour.

[7] Louis Verjus, comte de Crécy, fils d'un bailli de Joigny, avait débuté comme secrétaire du P. de Gondi, de l'Oratoire, puis de son fils, le cardinal de Retz. Placé par le cardinal d'Estrées auprès de la reine de Portugal, comme secrétaire des commandements, il remplit ensuite pour Louis XIV des missions diplomatiques en Angleterre, en Savoie, en Allemagne, occupa quelque temps une des charges de secrétaire du cabinet, épousa la fille du surintendant Ratabon, acheta Crécy, et devint enfin conseiller d'État, membre de l'Académie française, etc. Il mourut en 1709, à quatre-vingts ans, laissant une fortune estimée à plus d'un million, et fut inhumé en grande pompe à Crécy. (*Journal de Dangeau*, t. XIII, p. 73 et 74.)

[8] *Alias*, trois ou onze fiefs.

[9] Louis de Caillebot, marquis de la Salle et de Montpinson, baron de Renancourt, Villemeux et Prémont, etc., capitaine-sous-lieutenant des chevau-légers de la garde, colonel du régiment du Roi, devenu maître de la garde-robe en 1681, sur la démission de son

224 GÉNÉRALITÉ DE PARIS.

terres dans le voisinage de cette paroisse, qui valent ensemble 12,000ᶠᶠ de rente.

Aboudant, châtellenie, appartient à M. le marquis de Sourches[1], grand prévôt de l'hôtel. Elle vaut 1,800ᶠᶠ de rente. Il y a un beau château.

Garnay et Marmousse appartiennent à M. d'Éguillon, ci-devant exempt des gardes du corps du roi. Elles valent ensemble 6,000ᶠᶠ de rente.

Mᵐᵉ la présidente Talon[2] est dame du Boulay-Thierry, Boulay-Mivoye et Boulay-les-Deux-Églises, qui sont trois paroisses qui valent ensemble 10,000ᶠᶠ de rente.

Dans la plus grande partie des paroisses de l'élection, les seigneurs ont droit de justice, qu'ils font exercer par leurs officiers; l'appel de leurs jugements se porte aux bailliages de Dreux, Montfort, Chartres et autres juridictions.

Il y a soixante-huit gentilshommes qui font leur résidence ordinaire dans l'élection.

ÉTAMPES.

Dans la ville d'Étampes, il y a : un bailliage royal, une prévôté royale, une élection, un grenier à sel et une maréchaussée[3].

Le bailliage royal d'Étampes est régi par une coutume particulière, sous le nom de *coutume d'Étampes*, qui fut rédigée en l'année 1556[4].

Les appellations de ce bailliage sont portées au présidial de Chartres dans le cas de l'édit, et au-dessus au parlement.

Il n'y a que ce bailliage et la prévôté, dans cette élection, qui soient justices royales.

PRINCIPALES TERRES.

Le duché d'Étampes appartient à M. le duc de Vendôme[5]. Il vaut 10,000ᶠᶠ de rente. Il y a de grandes mouvances; quatre-vingts terres et seigneuries en relèvent, dont plusieurs sont fort considérables, entre autres :

Le comté de Méréville, qui appartient à M. Delpech[6], conseiller au parlement, par adjudication du 22 août 1698; il vaut 8,000ᶠᶠ de rente;

La Forêt-le-Roi, Pannecières, Fontenelles, Boissy-le-Sec, Pussay, Denonville, Pontville, Andonville, Hérouville[7], et autres;

---

père, bailli et gouverneur de Châteauneuf-en-Thimerais, et chevalier des ordres en 1688. Saint-Simon (*Mémoires*, t. IX, p. 369) a raconté les origines de ce personnage, petit-fils, dit-il, d'un sabotier de la forêt de Senonches, sur la lisière de laquelle il avait «un petit castel de cartes».

[1] Louis-François du Bouchet, marquis de Sourches, né en 1645, prévôt de l'hôtel et grand prévôt de France depuis 1677, conseiller d'État, anciennement colonel d'un régiment d'infanterie et major général dans les guerres de Hollande, gouverneur des provinces du Maine, de Laval et du Perche. Il mourut le 4 mars 1716. Il a laissé un journal manuscrit comprenant plus de trente années du règne de Louis XIV, et qui ne le cède en rien, comme valeur et comme importance, au journal de Dangeau; mais jusqu'ici le public n'en connaît qu'un fragment qui, se trouvant séparé de la collection, a été publié par M. Adhelm Bernier.

[2] Élisabeth Angélique Favier du Boulay, veuve depuis 1698 de Denis Talon, ancien avocat général, président à mortier. Elle était fille d'un maître des requêtes qui avait exercé les fonctions d'intendant à Alençon pendant vingt ans, et petite-fille d'un commissaire ordinaire des guerres.

[3] Sur le personnel du bailliage, voir les Papiers Florimond, K 243, 5ᵉ liasse. On trouvera dans les Papiers du Contrôle général, G⁷ 426, 5 janvier 1687, un mémoire contre le lieutenant général et le procureur du roi du présidial.

[4] Cette coutume fut rédigée par le président de Thou et le conseiller Viole.

[5] Sur l'engagement de ce duché, voir le titre des Domaines.

[6] Jean Delpech, qui s'intitulait seigneur vicomte et haut châtelain de Méréville (Mérinville), avait été reçu conseiller à la Grand'Chambre le 16 juin 1691, et mourut le 2 août 1737. Il était fils d'un fermier général.

[7] *Alias*, Errouville; nom douteux.

JUSTICES DE L'ÉLECTION D'ÉTAMPES.

Et en arrière-fiefs, à cause de Méréville seulement, quarante terres, fiefs et seigneuries, et un grand nombre d'autres à cause de ces terres, qui ont chacune leur mouvance.

La baronnie de Bouville et Farcheville appartient à M. Jappin de Farcheville[1]; elle vaut 8,000# de rente. Elle relève de la grosse tour du Louvre[2], à Paris; elle a dans sa mouvance vingt-deux fiefs, terres et seigneuries, dont plusieurs sont considérables.

Vignay[3] et Champmoteux appartiennent à MM. Hurault de l'Hospital père et fils[4]. Ces terres font leur principal bien; elles peuvent valoir 4,000# de rente.

Il y a dans cette élection vingt-huit justices seigneuriales, savoir: vingt et un bailliages et sept prévôtés, dont les appellations sont portées au bailliage d'Étampes, à l'exception de quelques-unes qui ressortissent au Châtelet de Paris, et d'autres qui relèvent, sans moyen[5], du parlement.

La justice de la prévôté d'Auvers[6], qui est une dignité du chapitre de Chartres, relève immédiatement du parlement.

La justice de la commanderie de Chanfour[7], de même.

La justice du marquisat de Vayres[8] est en contestation entre le bailli d'Étampes, qui prétend qu'elle relève de son bailliage, et le seigneur, au contraire, qu'elle relève du parlement; le seigneur a la possession.

Il y a une pareille contestation pour la justice de Bouville.

Il n'y a que cinquante-huit gentilshommes qui fassent leur résidence ordinaire dans l'élection.

MELUN.

Il y a dans la ville de Melun: un bailliage et siége présidial, une prévôté, une élection, un grenier à sel, une maréchaussée[9].

Le bailliage et siége présidial est régi par une coutume particulière, appelée la *coutume de Melun*, qui fut rédigée en l'an 1560[10].

---

[1] Charles Jappin.

[2] De même que dans les autres châteaux féodaux, où la tour principale, le donjon, était une marque du pouvoir seigneurial, la grosse tour construite au milieu du Louvre, par Philippe-Auguste, était le chef-lieu de la mouvance directe des grands vassaux du roi. François Ier la fit abattre en 1527, lorsque commença la construction d'un nouveau Louvre, mais des travaux assez récents en ont fait retrouver les substructions. « C'est devant le Louvre, dit un ancien historien de Paris, que les princes, les pairs et autres seigneurs venaient se prosterner et mettre bas leurs couronnes... C'est de la grosse tour que relevaient autrefois tous les grands fiefs et les grands vassaux du royaume; et quoique maintenant elle ne soit plus, c'est d'elle néanmoins qu'ils relèvent encore aujourd'hui; son plan et son nom subsistent toujours à leur égard; c'est à ce nom et à ce plan, qu'on peut appeler son ombre, que nos princes et nos ducs et pairs viennent rendre hommage.» (Sauval, *Histoire et recherche des antiquités de la ville de Paris*, t. II, p. 8 et 16.) De même le roi avait, dans d'autres ressorts, ses grosses tours de Chartres, Sens, Orléans, Provins, Moret, Troyes, etc.

[3] Vignay est célèbre pour avoir été le lieu de retraite du chancelier de l'Hospital, lorsque Catherine de Médicis l'eut fait disgracier; il y mourut le 13 mars 1573, et son corps fut inhumé à Champmoteux, autrefois Chamoteux.

[4] Cette branche des descendants du chancelier était cadette de celle de Belesbat (voyez ci-dessus, p. 223). Louis Hurault de l'Hospital, né en 1660, fut maintenu dans sa noblesse en 1701; il avait alors plusieurs fils en bas âge.

[5] C'est-à-dire immédiatement, sans autre juridiction intermédiaire.

[6] Ci-dessus, p. 50.

[7] Ferme dépendant de la commanderie de Saint-Jean-de-Latran; ci-dessus, p. 113.

[8] C^{ne} la Ferté-Alais (Seine-et-Oise).

[9] Voir les Papiers Florimond, K 1242, 5e liasse.

[10] C'est la coutume du bailliage de Melun qui fut rédigée en 1560 par le président de Thou et les conseillers

Il est composé de vingt-cinq officiers, compris les chefs. Le sieur Gault[1] en est lieutenant général. Il fait bien sa charge ; il a succédé à son père, qui l'a exercée avec intégrité pendant plusieurs années. Les appellations de ce bailliage sont portées au parlement.

Il n'y a aucune autre justice, dans l'élection, qui en relève immédiatement.

A Fontainebleau, il y a : une prévôté royale, une capitainerie des chasses et une maîtrise particulière des eaux et forêts.

A Milly, un bailliage royal.

A la Ferté-Alais, un bailliage royal.

Au Châtelet-en-Brie, une prévôté royale et un siége tenu par un lieutenant des chasses de la Brie.

PRINCIPALES TERRES.

La vicomté de Melun appartient à M. le comte de Vaux[2] ; elle vaut 4,500# de rente.

La terre et seigneurie de Vaux vaut 15,000# de rente. Il y a un fort beau château[3]. Il y a douze terres et seigneuries considérables qui en relèvent, entre autres : Courances, Réaux[4], Soisy et Dannemois, qui valent depuis 3 jusqu'à 8,000# de rente. Il est encore seigneur de Maincy, qui vaut 3,000# de rente.

Il n'y a dans l'élection aucune terre de grande mouvance.

M. le maréchal duc de Villeroy a plusieurs paroisses, dans l'élection de Melun, qui font partie du duché de Villeroy[5].

M. de Harlay[6], conseiller d'État, qui a été ambassadeur et plénipotentiaire du roi pour la paix à Ryswyk, est seigneur du comté de Cély, qui vaut 12,000# de rente.

M. le marquis de Lavardin[7] est seigneur de Vaux-à-Pénil[8], qui vaut 5,000# de rente.

M. de Brenne de Moutjay[9] est seigneur de Bombon et Bailly[10], qui valent 8,000# de rente.

M. le marquis de Sourdis[11] est seigneur de Courtry, qui vaut 5,000# de rente.

B. Faye et J. Viole. La coutume de Melun proprement dite avait été rédigée de 1497 à 1506, par le président Baillet et autres.

[1] Claude Gault, ancien président au présidial de Melun, fut pourvu en 1689 de l'office de lieutenant général, que son père avait tenu depuis 1635, et il y joignit en 1699 celui de lieutenant général de police. Il fut remplacé, en 1739, par Pierre de Lattaignant.

[2] Louis-Nicolas Foucquet, comte de Vaux, vicomte de Melun, mort en 1705. Il était fils aîné du surintendant et avait épousé une fille de Mme Guyon.

[3] Ce château avait été élevé et décoré par Nicolas Foucquet, vicomte de Melun et de Vaux, marquis de Belle-Isle, surintendant des finances, disgracié en 1661, mort dans la prison de Pignerol, en 1680. Il est probable que les splendeurs de Vaux et l'énormité des dépenses qui y avaient été faites ne furent pas étrangères à la condamnation que Louis XIV fit rendre contre le surintendant par la Chambre de justice. Vaux fut acquis en 1705 par le maréchal de Villars et porta le titre du duché qui venait d'être accordé au vainqueur de Hochstedt et au pacificateur des Cévennes. Voyez la description du château dans le dernier volume de Piganiol de la Force.

[4] C^ne Soisy-sur-École (Seine-et-Oise).

[5] Voyez ci-dessus, p. 210.

[6] Voyez ci-dessus, p. 210.

[7] Henri-Charles de Beaumanoir, marquis de Lavardin, chevalier des ordres, lieutenant général, ancien ambassadeur extraordinaire à Rome ; mort le 29 août 1701.

[8] Alias, Vaux-le-Pény ; aujourd'hui Vaux-le-Pénil, près Melun.

[9] Basile de Brenne de Moutjay fit ériger Bombon en comté au mois de mars 1699. Voir le Mercure de septembre 1746, p. 197.

[10] Bailly-Carrois, c^ne Mormant (Seine-et-Marne).

[11] René-Charles d'Escoubleau, marquis de Sourdis, mort en 1701, qu'il ne faut pas confondre avec M. de Sourdis, de la branche des marquis d'Alluyes, qui était, à la même époque, gouverneur de l'Orléanais et commandant en Guyenne.

M. le comte de la Chapelle[1] est seigneur de la Chapelle, qui vaut 7,000 ᶙ de rente.

M. de Verthamon[2], premier président du Grand Conseil, est seigneur de Bréau[3], qui vaut 3,000 ᶙ de rente.

Il y a quatre-vingt-dix-sept justices seigneuriales, dans cette élection, qui appartiennent aux seigneurs des lieux, qui les font exercer par leurs officiers, et l'appel de leurs jugements se porte ou à Melun ou au Châtelet de Paris.

Il y a soixante-cinq gentilshommes qui y font leur résidence ordinaire.

NEMOURS.

Il y a dans la ville de Nemours : un bailliage royal, une élection, un grenier à sel, une maîtrise particulière des eaux et forêts, une capitainerie royale des chasses et une maréchaussée[4].

La justice du bailliage de Nemours est exercée au nom du roi, de même que dans les cinq prévôtés royales qui y ressortissent. Ce bailliage fut établi bailliage royal par le roi François Iᵉʳ, en l'année 1524[5]. Il est régi et gouverné par la coutume de Lorris, qui comprend le bailliage et la prévôté de Montargis et autres lieux, laquelle fut rédigée en l'année 1531[6]. Lors de la rédaction de cette coutume comparurent les députés du bailliage et les échevins de la ville de Sens, qui s'opposèrent et prétendirent que le bailliage devait être régi par la coutume de Sens ; sur leurs oppositions, les commissaires du roi renvoyèrent les parties au parlement, sur lesquelles il n'a rien été statué depuis ce temps-là.

Les cinq prévôtés royales du bailliage de Nemours sont établies à Château-Landon, Pont-sur-Yonne, Chéroy, Lorrez et Vaux[7].

PRINCIPALES TERRES.

Nemours est un duché, dont l'histoire sera rapportée ci-après[8].

Il y a dans l'élection deux comtés : Beaumont et Courtenay ; une baronnie : Égreville, et trois marquisats : la Chapelle-la-Reine, Fay et Rumont.

Le comté de Beaumont appartient à M. de Harlay, premier président du parlement[9]. Il vaut 24,000 ᶙ de rente. Il a vingt-cinq fiefs dans sa mouvance. Il relève immédiatement du parlement.

Le comté de Courtenay[10] appartient à M. le

---

[1] Le comté de la Chapelle fut créé en janvier 1646, au profit de Gabriel Thiboust, seigneur des Aulnois, grand fauconnier de Monsieur, qui eut pour successeur Louis-Auguste Thiboust de Berry, comte de la Chapelle-Thiboust, aujourd'hui la Chapelle-Gauthier, cᵉⁿ Mormant. Celui-ci fut, comme son père, capitaine des chasses de Fontainebleau.

[2] Voyez ci-dessus, p. 180.

[3] Cᵒⁿ Mormant (Seine-et-Marne).

[4] Sur les magistrats du bailliage et autres, voir les Papiers Florimond, carton K 1242, 5ᵉ liasse.

[5] En faveur de sa mère Louise de Savoie, à qui il avait donné le duché.

[6] Cette coutume, dont la rédaction avait commencé sous Charles VIII, fut terminée par les conseillers Christophe Hennequin et Adrien du Drac, et publiée le 9 septembre 1531. Voyez le *Coutumier général* de Bourdot de Richebourg, t. III, p. 829.

[7] Vaux-sous-Coulombs (Seine-et-Marne).

[8] Aux titres des Domaines et des Maisons royales.

[9] Voyez ci-dessus, p. 176. En 1698, les paroisses de Beaumont, Desmont, Bromeilles, Barnonville, Auxy et Juranville avaient été distraites de l'élection de Nemours, pour les réunir aux élections de Montargis et Pithiviers, où se trouvaient les autres terres du premier président (Papiers du Contrôle général, G⁷ 429, 19 juin 1698). Ce comté avait été érigé par Henri IV, pour le célèbre premier président Achille de Harlay, mort en 1616.

[10] Chef-lieu de canton du département du Loiret, arr. Montargis.

228 GÉNÉRALITÉ DE PARIS.

duc de Caderousse[1], à cause de Mme de Rambures, son épouse. Il vaut 15,000^{tt} de rente. Il y a vingt-huit fiefs qui en relèvent.

La baronnie d'Égreville appartient à M. le marquis de Torcy[2], lieutenant des chevau-légers de la garde du roi, à cause de Mme de Vitry, son épouse. Elle vaut 14,000^{tt} de rente. Il y a trente-huit fiefs qui en relèvent.

Le marquisat de la Chapelle-la-Reine appartient à M. d'Argouges de Rannes[3], conseiller d'État. Il vaut 4,000^{tt} de rente.

Le marquisat de Fay appartient à Mme du Plessis-Bellière[4]. Il vaut 6,500^{tt} de rente.

Et le marquisat de Rumont appartient à M. de Montliart, gouverneur et bailli de Nemours, et capitaine des chasses du duché[5]. Il vaut 8,000^{tt} de rente.

La terre du Boulay appartient à M. du Boulay-Brûlart[6]. Il porte le nom de sa terre; il est de la maison de Brûlart, fort illustrée dans l'épée et dans la robe. M. du Boulay, son père, était surintendant de feu M. le duc d'Orléans. Il y a eu un chancelier de cette maison[7].

Il y a dans l'élection soixante-deux justices de seigneurs, qui sont exercées par leurs officiers, et dont les appellations ressortissent à Nemours, Melun, Sens et Montargis.

Il y a soixante gentilshommes qui font leur résidence ordinaire dans l'élection.

MEAUX.

Il y a dans la ville de Meaux : un bailliage et siége présidial, une prévôté royale, une

---

[1] Just-Joseph-François de Cadart de Tournon d'Ancezune, duc de Caderousse, au Comtat-Venaissin, marié en secondes noces à Marie-Renée, fille de Charles, marquis de Rambures et de Courtenay, qui hérita de son père, de son frère et de sa sœur, Mme de Polignac. Elle fut la dernière de sa maison, et mourut en avril 1710, à Courtenay, où elle était allée assister les malades atteints par une épidémie. (*Journal de Dangeau*, t. XIII, p. 143; *Mémoires de Saint-Simon*, t. VIII, p. 130 et 131.)

[2] Antoine-Philibert de Torcy, marquis de Torcy-la-Tour, avait épousé en 1680 Marie-Françoise-Élisabeth de l'Hospital, unique héritière du dernier duc de Vitry, et l'avait perdue le 18 novembre 1694. Nommé maréchal de camp en 1702, il vendit alors la sous-lieutenance (et non la lieutenance) des chevau-légers. Mort en 1721.

[3] Jean-Pierre d'Argouges, marquis de la Chapelle-la-Reine, seigneur de Rannes, Combreuil et Bonneuil, conseiller au parlement en 1676, maître des requêtes en 1684, conseiller d'État semestre en 1696, ordinaire en février 1709. Ayant épousé une fille du contrôleur général Claude Le Peletier, il fut chargé par ce ministre de faire deux tournées de réformation et d'inspection, en 1687 et 1688, dans la Normandie et la Champagne. Un de ses fils remplaça Jean Le Camus comme lieutenant civil de Paris. — La Chapelle-la-Reine, unie à la baronnie d'Achères, avait été érigée en marquisat en l'année 1680.

[4] Suzanne de Bruc de Montplaisir, veuve depuis un demi-siècle de Jacques de Rougé, marquis du Plessis-Bellière, lieutenant général, mourut le 26 mars 1705, à quatre-vingt-dix-sept ans, étant alors sourde et aveugle. On sait quelles avaient été ses relations avec le surintendant Foucquet et quel fut son dévouement après la disgrâce de 1661. «C'était, dit Saint-Simon, une des femmes de France qui, avec l'esprit et l'agrément, avait le plus de tête, le courage le plus mâle, le secret le plus profond, la fidélité la plus complète et l'amitié la plus persévérante. C'était le cœur et l'âme de M. Foucquet.» (Addition au *Journal de Dangeau*, 26 mars 1705, et *Mémoires de Saint-Simon*, t. IV, p. 250.)

[5] Voyez ci-dessus, p. 135.

[6] Nicolas Brûlart, seigneur du Boulay et d'Obsonville, chambellan et surintendant de Gaston, duc d'Orléans, et capitaine de son palais, était mort le 27 octobre 1659. Son fils, François Brûlart du Boulay, seigneur d'Obsonville, capitaine au régiment du duc d'Orléans, pourvu en survivance des charges possédées par son père, mourut sans alliance, laissant plusieurs sœurs. Ces seigneurs du Boulay étaient des cadets de la branche de Brûlart-Genlis.

[7] Nicolas Brûlart, marquis de Sillery, de la branche aînée, garde des sceaux en 1604, chancelier en 1607, mort en 1624.

JUSTICES DE L'ÉLECTION DE MEAUX.

élection, un grenier à sel et une maréchaussée[1].

Ce bailliage et présidial est régi par une coutume particulière, sous le titre de *coutume de Meaux*, qui fut rédigée en l'année 1509[2].

Il est composé de vingt-cinq officiers, compris les chefs. Le sieur Payen, lieutenant général au présidial, est homme capable et intelligent; il est en réputation d'être fort riche. Il y a dans ce présidial plusieurs officiers de mérite et de capacité; ils aiment le travail et rendent la justice avec intégrité[3].

Il y a à Crécy: un bailliage et une prévôté royale, une maîtrise particulière des eaux et forêts; et à Nanteuil, une prévôté royale.

PRINCIPALES TERRES.

Bouleurs,
Couilly,
Coupvray,
Lesches,
Saint-Martin-de-Voulangis;

Ces terres appartiennent à M. le prince de Guémené[4].

Jablènes,
Chalifert;

Ces terres appartiennent à M. de Fourcy, conseiller d'État[5].

Claye,
Fresnes,
Souilly;

Ces terres appartiennent à M. le duc de Nevers[6].

Compans et Saint-Mesmes appartiennent à M. de Harlay, conseiller d'État[7].

Gesvres-Duché[8],
Tresmes,
Congis,
Montigny,
Crouy,
Ocquerre,
Trocy,
Villers-les-Rigaults;

Ces terres appartiennent à M. le duc de Gesvres[9].

Dammartin[10],
Longperrier,
Montgé,
Saint-Soupplets,
Vinantes;

---

[1] Voyez les Papiers Florimond, K 1242, 4ᵉ liasse.

[2] Cette coutume fut rédigée par Thibaud Baillet, Adrien du Drac et Roger Barme.

[3] Selon une pièce du 27 mars 1686 (Papiers du Contrôle général, G⁷ 426), le présidial était alors composé de: Nicolas Payen, écuyer, seigneur de Vriguel, Montmort, Fercourt, etc., premier et ancien président et lieutenant général en la ville, bailliage et siège présidial; Philippe Barré, lieutenant criminel; Jean-Baptiste Terrier, assesseur civil, lieutenant particulier criminel et premier conseiller; François Le Peletier, Jean-Baptiste Muly, Martin Dalican, François Le Peletier jeune et Roland de Vernon, conseillers. — Hugues-Florent-Gabriel Payen fut créé lieutenant général d'épée de ce présidial en vertu de l'édit du mois d'octobre 1703.

[4] Voyez ci-dessus, p. 87.

[5] Voyez ci-dessus, p. 210.

[6] Philippe-Julien Mazarini-Mancini, neveu du cardinal Mazarin et devenu, en héritant de lui, duc de Nivernais et de Donziois; mort en 1707, à soixante-six ans. Capitaine d'une des deux compagnies de mousquetaires et colonel du régiment du Roi, il avait quitté service et charge «pour sa paresse et ses plaisirs». Voyez son portrait dans les *Mémoires de Saint-Simon*, t. V, p. 175-177.

[7] C'est le plénipotentiaire dont il a été déjà parlé plusieurs fois. Compans et Saint-Mesmes lui venaient de son mariage avec la fille du chancelier Boucherat.

[8] Gesvres avait été érigé en baronnie au mois de janvier 1597, puis en marquisat au mois de janvier 1616, pour le secrétaire d'État Louis Potier, et enfin en duché-pairie, avec le comté de Tresmes (érigé en 1608), en l'année 1643.

[9] Voyez ci-dessus, p. 122 et 128.

[10] Dammartin-en-Goële (Seine-et-Marne).

Ces terres appartiennent à Mˢʳ le Prince.

Le Ménil-Amelot et Mauregard[1] appartiennent à M. Amelot, président au parlement[2].

Le Plessis-Pomponne[3] appartient à Mᵐᵉ Voysin, veuve du conseiller d'État[4].

Le Plessis-Vicomte[5],
Oissery,
Silly[6],
Saint-Pathus;

Ces terres appartiennent à M. le marquis d'Alègre[7].

Lizy et Rademont appartiennent à Mᵐᵉ la marquise de la Trousse[8].

Mary, à M. le marquis de Renty[9].

Messy appartient à M. le marquis de Poigny[10].

Moussy-le-Vieil appartient à M. le marquis de Rothelin[11].

Nantouillet appartient à M. le marquis de Nantouillet[12].

Saint-Jean-les-Deux-Jumeaux,
Vaucourtois,
Villemareuil;

Ces terres appartiennent à Mᵐᵉ la princesse de Lillebonne[13].

Germigny-l'Évêque,

---

[1] Mauregard avait été érigé en marquisat, au mois d'août 1651, pour Jacques Amelot, premier président de la Cour des aides.

[2] Charles Amelot, marquis de Mauregard-Amelot (1644-1726), abbé d'Hermières, aumônier du roi, conseiller clerc au parlement en 1673, président à la 3ᵉ chambre des Enquêtes en 1687, avait renoncé à ses bénéfices pour se marier, en 1692; mais il n'eut point d'enfants, et sa branche finit avec lui.

[3] Le Plessis-aux-Bois, cⁿᵉ Claye (Seine-et-Marne).

[4] Marie Talon, fille du célèbre avocat général et seconde femme de Daniel Voysin, seigneur du Plessis-aux-Bois, d'Iverny, Cuisy, etc., ancien maître des requêtes et intendant en Auvergne, puis en Champagne, élu prévôt des marchands en 1662 et nommé conseiller d'État après quatre années d'exercice de ces fonctions. Il était mort en 1693; sa veuve vécut jusqu'en 1711.

[5] Alias, le Plessis, vicomté; aujourd'hui le Plessis-Belleville, cⁿᵉ Nantouil-le-Haudoin (Oise).

[6] Silly-le-Long, même canton.

[7] Yves, marquis d'Alègre, prince titulaire d'Orange, comte de Champoix, baron de Saint-Cirgues, Flagheac, etc., était maréchal de camp. Il devint par la suite lieutenant général des armées, gouverneur de Saint-Omer et lieutenant général au gouvernement du haut Languedoc; puis, sous le règne suivant, gouverneur de Metz et du pays Messin, maréchal de France, chevalier des ordres, etc. Mort en 1733, à quatre-vingt-neuf ans. Ce personnage, dit Saint-Simon, « était fort bête et ne s'en doutait pas ». (Mémoires, tome XIX, p. 106.) Oissery, Silly et les autres terres étaient venues dans sa famille par une alliance contractée, en 1513,

avec la fille de Jacques d'Estouteville, prévôt de Paris.

[8] Marguerite de la Fond, veuve de Philippe-Auguste Le Hardy, marquis de la Trousse, commandant des gendarmes-Dauphin, bien connu pour sa parenté avec Mᵐᵉ de Sévigné. Leur fille, la princesse de la Cisterne, voulut un peu plus tard réunir les deux belles terres de Lizy et de la Trousse en un marquisat. Voyez une lettre de Mᵐᵉ de Coulanges à Mᵐᵉ de Grignan, du 4 avril 1702.

[9] Jean-Jacques, marquis de Renty, lieutenant général des armées et au gouvernement de Franche-Comté. Il mourut en 1710. Comme son père, mort en odeur de sainteté, il s'était jeté de bonne heure dans une pieuse retraite. Saint-Simon (t. VIII, p. 46) le dit «très-brave, honnête et galant homme, d'un esprit médiocre et assez difficile, quoique très-bon homme, mais impétueux, médiocre à la guerre pour la capacité, mais honorable, et tout à fait désintéressé.»

[10] Charles d'Angennes, marquis de Poigny, dit le comte d'Angennes, fait colonel du régiment de Marine en 1700 et brigadier en 1708, tué à Malplaquet, en 1709. En lui finit sa branche, cadette de celle des marquis de Rambouillet.

[11] Alexandre d'Orléans, marquis de Rothelin, seigneur des deux Moussy, né en 1688, mort lieutenant général et gouverneur de Lorient, en 1764.

[12] Les derniers descendants d'Antoine du Prat, chancelier de François Iᵉʳ, qui eussent porté le titre de marquis de Nantouillet, étaient morts en 1681 et 1697; le représentant actuel de cette famille, en 1700, portait par suite d'une substitution le titre de comte de Barbançon. Voyez ci-après, p. 244.

[13] Anne de Lorraine (1639-1720), veuve depuis 1694

Étrépilly,
Villenoy;
Ces terres appartiennent à M. l'évêque de Meaux[1].

La ville de la Ferté-sous-Jouarre, sur la rivière du Grand-Morin, appartient à M. le comte de Roucy[2]. C'est un bailliage, d'où relèvent cinquante-trois fiefs, terres et seigneuries. Elle vaut 8,000ᵗᵗ de rente. Il est aussi seigneur de Chamigny.

La terre de Quincy appartient à M. Sevin, bailli de Meaux, qui a servi en qualité d'officier dans les mousquetaires du roi[3]. Il est d'une ancienne noblesse. Elle vaut 10,000ᵗᵗ de rente.

Il y a dans l'élection cent trente justices seigneuriales, qui sont exercées par les officiers des seigneurs; les appellations de leurs sentences ressortissent à Meaux, et quelques-unes à Paris.

Il y a dans l'élection de Meaux quatre-vingts gentilshommes qui y font leur résidence ordinaire, entre lesquels les plus qualifiés sont :

MM. de Gomer de Luzancy, qui ont toujours suivi le parti des armes. L'aîné, Pierre de Gomer de Luzancy, était lieutenant au régiment des gardes françaises; il fut tué à la bataille de Walcourt; son cadet est dans le service[4].

MM. de Vaudetar, marquis de Persan, sont d'une ancienne noblesse. Ils avaient épousé les sœurs des maréchaux de Vitry et de l'Hospital[5].

La maison des de Meaux est très-ancienne. Ils ont pour armes cinq couronnes d'épines, en mémoire de ce que le chef de leur maison, étant avec le roi saint Louis dans la Palestine, apporta par ses ordres en France la couronne d'épines de Notre-Seigneur, en l'année 1248, qui fut mise à la Sainte-Chapelle, à Paris. Ils sont deux frères de la branche aînée qui ont servi longtemps. Ils se sont retirés du service à cause de leurs incommodités et du peu de bien qu'ils ont[6].

---

de François-Marie de Lorraine, comte et prince de Lillebonne. Elle était fille du duc Charles IV et de la comtesse de Cantecroix.

[1] Voyez ci-dessus, p. 78.

[2] François de la Rochefoucauld, comte de Roye et de Roucy, lieutenant général, commandant de la gendarmerie de France, gouverneur de Bapaume, etc.; mort en 1721.

[3] Charles Sevin, marquis de Quincy, seigneur de Charny et Montpodefroy, sous-brigadier de la seconde compagnie des mousquetaires, capitaine de Meaux, grand bailli de la Brie, lieutenant général d'artillerie, et plus tard lieutenant de roi en Auvergne, appartenait à une famille parlementaire. Il mourut en 1738, ayant fait paraître en 1826 l'*Histoire militaire du règne de Louis le Grand*. Sa fille unique se maria à M. de Launay, gouverneur de la Bastille.

[4] Cette branche d'une ancienne famille de Picardie avait fourni plusieurs chevaliers à l'ordre de Malte et divers officiers au régiment des gardes françaises, dont deux furent tués à Ramillies, en 1706. Elle finit au milieu du xviiiᵉ siècle, en la personne d'un abbé de Lanvaux, chanoine de Notre-Dame.

[5] Henri de Vaudetar, baron de Persan, vidame de Meaux, lieutenant de la vénerie, capitaine des châteaux de Vincennes et de Fontainebleau, député de la noblesse de la prévôté de Paris aux États de 1614, joua un rôle assez important dans les premiers troubles de la régence de Marie de Médicis. Il avait épousé en 1607 Louise de l'Hospital de Vitry, sœur du duc de Vitry, maréchal de France, et de M. du Hallier, qui devint le maréchal de l'Hospital. De ce mariage naquirent les marquis de Persan et de Bournonville. Le premier, «ce terrible M. de Persan, élève de feu Mᵍʳ le Prince, qui remplissait de terreur les ennemis lorsqu'il allait en parti,» mourut en juillet 1690, ayant perdu son fils unique; le marquis de Bournonville avait fait un mauvais mariage, et ses enfants firent de même que lui. — Le rédacteur du Mémoire se trompe quand il dit que MM. de Persan «avaient épousé les sœurs des maréchaux de Vitry et de l'Hospital.» C'est seulement leur père qui avait épousé une sœur de ces deux maréchaux.

[6] Cet article se trouve reproduit dans le *Dictionnaire de la Noblesse*, de la Chenaye des Bois.

Les sieurs de la Barre, seigneurs de Martigny [1];

Les sieurs de Reilhac [2];

Le sieur Bernard, seigneur de Montebise [3];

Les sieurs Granger;

Ces familles sont d'ancienne noblesse dans l'élection.

ROZOY.

Dans la ville de Rozoy il y a une élection [4]. Il n'y a aucuns autres juges royaux. C'est une prévôté subalterne, qui appartient au chapitre de Notre-Dame de Paris.

Il y a procès pour savoir où les appellations doivent ressortir. Le bailli de Melun prétend que les appellations de cette prévôté doivent être portées au bailliage de Melun, et, aux assises, il appelle le prévôt de Rozoy. Le chapitre de Notre-Dame prétend au contraire que les appellations doivent ressortir par-devant le bailli du chapitre de l'église de Paris, qui est leur juge. Ils ont la possession.

Pour l'exercice de cette prévôté, il n'y a qu'un prévôt et un procureur fiscal.

Cette prévôté seigneuriale est régie par la coutume de Melun.

PRINCIPALES TERRES.

Rozoy appartient aux chanoines et chapitre de Notre-Dame de Paris, qui en sont seigneurs. Cette terre vaut 10,000 ♯ de rente.

Il n'y a aucunes justices, dans l'élection, qui relèvent immédiatement du parlement.

Il y a deux marquisats : Nangis et Fontenay.

Nangis appartient à M. le comte de Brichanteau [5], de la maison de Nangis, dont la noblesse est très-ancienne et distinguée par ses services. Il y a eu de cette maison trois colonels tués à la tête du régiment de Picardie [6]. Nangis est une grosse terre, qui a neuf paroisses de sa dépendance; elle a de grandes mouvances. Elle vaut 18,000 ♯ de rente.

Fontenay a été nouvellement érigé en marquisat, sous le nom de Fontenay-Trésigny,

---

[1] Voyez le *Dictionnaire de la Noblesse*, de la Chenaye des Bois, t. I, p. 749.

[2] Jean-Hyacinthe-Auguste de Reilhac, comte de Montmège, baron de Salagnac, était page de la grande écurie en 1698.

[3] *Alias*, Mondebise. Voyez le *Dictionnaire de la Noblesse*, t. II, p. 358.

[4] Voir les Papiers Florimond, K 1242, 4ᵉ liasse.

[5] Quoique nous devions trouver plus loin (p. 240) un comte de Brichanteau, c'est évidemment du marquis de Nangis qu'il s'agit ici. Louis-Armand de Brichanteau, né le 27 septembre 1682 et devenu marquis de Nangis et du Châtel par la mort de son père, en 1690, avait eu en même temps, quoique âgé à peine de huit ans, le commandement du régiment de Royal-Marine, et il l'échangea, le 15 janvier 1700, contre celui de Bourbonnais. Il devait devenir par la suite maréchal de France, chevalier des ordres, chevalier d'honneur de la reine, directeur général de l'infanterie française, etc. Saint-Simon, qui a longuement raconté la passion de ce jeune homme pour la duchesse de Bourgogne (*Mémoires*, t. IV, p. 170), fait de lui, en un autre endroit (t. XVI, p. 359), ce portrait curieux : «Nangis, avec une aimable figure dans sa jeunesse, le jargon du monde et des femmes, une famille qui faisait elle-même le grand monde, une valeur brillante et les propos d'officier, mais sans esprit et sans talent pour la guerre, une ambition de toutes les sortes, et de cette espèce de gloire sotte et envieuse qui se perd en bassesses pour arriver, a longtemps fait une figure flatteuse et singulière, par l'élévation de ses heureuses galanteries et par le grand vol des femmes, du courtisan, de l'officier. Ce groupe tout ensemble forma un nuage qui le porta longtemps avec éclat, mais qui, dissipé par l'âge et par les changements, laissa voir à plein le tuf et le squelette, etc...»

[6] Nous trouvons, en effet, trois Brichanteau-Nangis à la tête du régiment de Picardie, le père et les deux fils; mais ceux-ci seulement périrent en le commandant, l'un au siège de Gravelines, l'autre au siège de Bergues-Saint-Winox.

JUSTICES DE L'ÉLECTION DE ROZOY.

depuis l'acquisition qu'en a faite M. de Breteuil[1], conseiller d'État, intendant des finances, en l'année 1690. Il vaut 10,000 ll de rente. Il y a deux paroisses qui en dépendent : les Chapelles-Breteuil et Villebert. C'est un bailliage, qui ressortit au Châtelet de Paris.

Tournan appartient à M. le Premier[2]. C'est un domaine du roi, qui joint sa terre d'Armainvilliers, qui vaut 14,000 ll de rente, dont Tournan ne vaut que 1,500 ll. C'est une prévôté, dont les appellations sont portées au Châtelet.

Nesles appartient à M. Robert, ci-devant intendant d'armée, et depuis président à la Chambre des comptes[3]. Il y a dans cette paroisse son beau château de la Fortelle, qui a un grand et beau parc en terrasses et un beau canal. Cette terre vaut 13,000 ll de rente.

Les autres terres de l'élection sont d'un bon revenu ; elles n'ont rien de particulier.

Il y a soixante-quatre justices dans l'élection, dont Maisoncelles[4] ressortit au parlement ; quatre au Châtelet de Paris, qui sont : Faremoutiers, la Celle[5], Fontenay et Tournan ; les autres ressortissent dans différentes juridictions, à Melun, Provins, Crécy, Tournan et Coulommiers[6].

Les seigneurs y font exercer leurs justices par les officiers, et les appellations se portent ou à Melun ou au Châtelet de Paris.

Il y a dans l'élection vingt-sept gentilshommes qui y résident ordinairement.

---

[1] François Le Tonnelier de Breteuil, marquis de Fontenay-Trésigny, sire de Villebert, baron de Boitron, seigneur des Chapelles-Breteuil, etc., fils d'un conseiller d'État, avait été successivement conseiller au parlement (1661), maître des requêtes (1671), intendant en Picardie et Artois (1674) et en Flandre (1683), et enfin intendant de l'armée pendant la campagne de 1684, avant de devenir, la même année, intendant des finances. Il avait été fait conseiller d'État semestre en 1685, ordinaire en 1697. Son département, au Contrôle général des finances, comprenait la confection des états du roi, la correspondance avec les receveurs généraux, la centralisation des rapports sur l'état des recettes et le recouvrement des impositions, le service des étapes, les relations avec la Chambre des comptes et la Cour des aides. Sa charge d'intendant des finances fut supprimée en 1701, moyennant une indemnité de 150,000 ll, et il mourut le 10 mai 1705. Son corps fut inhumé à Fontenay. Comme intendant en Picardie, du temps de Colbert, il avait toujours fait preuve d'une grande rectitude d'esprit et de beaucoup d'activité ; son administration dans ce pays a été étudiée de nos jours, à l'aide de ses registres de correspondance, par M. de Boyer de Sainte-Suzanne, dans les *Intendants de la généralité d'Amiens*, p. 313-368.

[2] C'est-à-dire le premier écuyer de la petite écurie du roi, qui était Jacques-Louis, marquis de Beringhen (1651-1723), comte de Châteauneuf et du Plessis-Bertrand, seigneur d'Armainvilliers, chevalier des ordres, gouverneur des citadelles de Marseille, et plus tard, sous la Régence, directeur des ponts et chaussées. Il était très-aimé de Louis XIV, comme l'avait été d'ailleurs son père, titulaire de la même charge de premier écuyer pendant quarante ans (1645-1685). Le marquis de Beringhen mourut en 1723 ; on trouve son éloge dans les Mémoires de l'Académie des inscriptions et belles-lettres, qui le reçut comme membre honoraire en raison de sa grande connaissance des beaux-arts.

[3] Louis Robert, seigneur de la Fortelle, ancien intendant des armées du roi, reçu président à la Chambre des comptes en 1679. C'était un joueur effréné, et son type a été unanimement reconnu dans les *Caractères*, au chapitre des Biens de fortune (t. I, p. 269 et 505). Ayant perdu tout l'argent qu'il avait tiré de ses intendances, particulièrement de la Flandre et de la Hollande, où il avait agi en exécuteur impitoyable des ordres cruels de Louvois, il avait dû mettre en vente sa charge de président, pour s'acquitter (1690).

[4] Maisoncelles, près Crécy-en-Brie, c^on Coulommiers (Seine-et-Marne).

[5] La Celle-sur-Morin, autrefois la Celle-en-Brie, près Faremoutiers (Seine-et-Marne).

[6] Ce paragraphe et le dernier manquent dans le manuscrit Nivernois, dans l'imprimé de Chalibert-Dancesse, et dans presque toutes les copies.

COULOMMIERS.

Il y a dans la ville de Coulommiers une élection[1].

Il n'y a aucune justice royale dans l'élection, mais seulement deux bailliages, justices de seigneurs, à Coulommiers et à la Ferté-Gaucher.

La justice du bailliage et châtellenie de Coulommiers est rendue au nom de Mme la duchesse de Nemours, qui en est dame[2]. Ce bailliage est tenu du roi en pairie. Il est régi par une coutume prétendue locale du bailliage de Meaux[3]. Il ressortit de toute ancienneté, sans moyen, au parlement de Paris, et il s'étend sur toutes les paroisses de l'élection et sur quelques-unes de l'élection de Rozoy.

Mme la duchesse de Nemours a un bailli, un lieutenant et un procureur fiscal à Coulommiers.

On rapportera ci-après l'histoire de la châtellenie de Coulommiers[4].

PRINCIPALES TERRES.

La Ferté-Gaucher a titre de châtellenie. Elle appartient aux héritiers de Mme la chancelière Le Tellier[5], qui font exercer la justice par leurs officiers, et l'appel de leurs jugements est porté à Coulommiers. Cette terre vaut 12,000{lt} de rente.

Doue appartient à M. le marquis de Palaiseau[6]. Elle vaut 16,000{lt} de rente.

Boissy, à M. de Boissy de Caumartin[7], maître des requêtes. Elle vaut 10,000{lt} de rente.

Pierrelevée, à M. de Montebise[8]. Elle vaut 5,000{lt}.

Amillis, à M. de la Martellière[9], maître des requêtes. Elle vaut 7,000{lt} de rente.

Maupertuis, à M. de Maupertuis[10], commandant la première compagnie des mousquetaires du roi. Elle vaut 3,000{lt} de rente.

Pommeuse, à Mlle de Besmaus[11], vaut 5,000{lt} de rente.

Il y a trente autres justices de seigneurs qui ressortissent de même à Coulommiers.

Il n'y a que cinq gentilshommes qui fassent leur résidence ordinaire dans l'élection.

---

[1] Voir les Papiers Florimond, K 1242, 4e liasse.
[2] Voyez ci-après, p. 269, le titre des Domaines.
[3] Coutumes présentées en 1509 par les châtellenies de Meaux, Provins, Montereau, Tréfols, etc.
[4] Au chapitre des Maisons royales.
[5] Élisabeth Turpin, mariée en 1629 à Michel Le Tellier, qui devint chancelier de France en 1677; veuve en 1685, et morte le 18 novembre 1698. Elle avait pour héritiers son fils l'archevêque-duc de Reims, et ses petits-fils, les enfants du ministre Louvois et ceux de la duchesse d'Aumont.
[6] Voyez ci-dessus, p. 208.
[7] Louis-François Le Fèvre de Caumartin de Boissy, conseiller au Grand Conseil en 1686, maître des requêtes en 1694; mort en 1722. Il était frère consanguin de l'intendant des finances dont il a été parlé plus haut, p. 142.
[8] Voyez ci-dessus, p. 232.
[9] Jean-Baptiste de la Martellière (1671-1721), comte de Fay, seigneur d'Amillis, Agny, Passau et l'Hermitière, ancien conseiller au parlement, reçu maître des requêtes en 1694. Il descendait d'un avocat bien connu pour son plaidoyer de 1611 contre les Jésuites.
[10] Louis de Melun, dit le marquis de Maupertuis, était parvenu de degré en degré, au commandement des mousquetaires (1684); il avait en outre le grade de lieutenant général et plusieurs gouvernements. Il mourut en 1721. «C'était la vérité et l'honneur et la probité même, et c'est ce qui lui avait acquis la confiance du roi,» dit Saint-Simon, qui lui conteste seulement son nom de Melun (*Mémoires*, t. I, p. 4, et t. XVII, p. 237).
[11] François de Montlezun, marquis de Besmaus (1615-1697), gouverneur de la Bastille pendant quarante ans, avait laissé deux filles, mariées au comte de Saumery et au comte de Chabannes-Curton. Celle-ci était morte en mars 1695. Sur sa sœur, voir les *Mémoires de Saint-Simon*, t. VI, p. 389.

PROVINS[1].

Il y a dans la ville de Provins : un bailliage et siége présidial, une prévôté, une élection, un grenier à sel, une maréchaussée et une maîtrise particulière des eaux et forêts.

Le bailliage et siége présidial est régi et gouverné par une prétendue coutume locale du bailliage de Meaux, qui fut rédigée et publiée au mois d'octobre 1509. Ce bailliage fut distrait de celui de Meaux, dont il était dépendant, de même que celui de Montereau, par lettres patentes données à Rouen au mois d'avril 1544, registrées au parlement le 13 mai ensuivant.

La prévôté ordinaire de la ville fut unie au bailliage en conséquence de l'ordonnance d'Orléans, article 50.

Le bailliage est composé de vingt-deux officiers, compris les chefs; il est de la première création des présidiaux, qui fut faite en l'année 1551.

Les officiers du présidial sont bons juges[2]. Les deux charges de président et trois de conseiller sont vacantes aux parties casuelles depuis longtemps : les habitants ne sont pas riches; ils aiment mieux prendre de petites charges dans la maison du roi ou des princes, à cause des exemptions, que des offices de judicature.

PRINCIPALES TERRES.

Il y a dans l'élection : six marquisats, deux vicomtés, trois baronnies et soixante-trois justices de seigneurs.

Les marquisats sont : Montglas, Éverly, Chenoise, le Houssay, Champcenetz et Villiers.

Montglas appartient à M. le comte de Cheverny[3]. Il vaut 18,000 ᴸ de rente. Il n'y a que trois fiefs qui en relèvent.

Éverly, à Mme la duchesse de Vivonne[4]. Il vaut 15,000 ᴸ de rente. Ses mouvances sont considérables.

Chenoise, à M. de Castille, lieutenant de roi de la province de Brie[5]. Il vaut 12,000 ᴸ. Il y a deux fiefs qui en relèvent.

Le Houssay[6], à Mme de la Hoguette, veuve de M. de la Hoguette, lieutenant général des armées du roi[7]. Il vaut 12,000 ᴸ de rente. Il y a trois fiefs qui en relèvent.

Champcenetz, à M. de la Vienne, premier

---

[1] Voyez, à l'Appendice, le rapport du subdélégué de l'élection de Provins, articles 19 et 27.

[2] Sur le personnel de ce tribunal, voir les Papiers Florimond, K 1242, 4ᵉ liasse.

[3] Le marquisat de Montglas (alias, Monglat), ainsi que le comté de Cheverny, étaient passés, depuis plus d'un demi-siècle, dans une branche de la maison de Clermont-Gallerande, par l'alliance de Cécile-Élisabeth Hurault, petite-fille du chancelier de Cheverny, avec François-de-Paule de Clermont, marquis de Montglas (1620-1675), dont on a des mémoires intéressants sur la guerre de la France contre l'Autriche. Leur fils, Louis de Clermont, comte de Cheverny et marquis de Montglas, fut envoyé comme ambassadeur en Danemark et à Vienne et eut une des places de menin du Dauphin; puis, sous la Régence, il entra au Conseil des affaires étrangères, fut fait conseiller d'État d'épée et gouverneur du jeune duc de Chartres, et enfin mourut sans postérité, le 6 mai 1722, à soixante-dix-huit ans. Voyez son portrait dans les *Mémoires de Saint-Simon*, t. II, p. 252.

[4] Antoinette-Louise de Mesmes de Roissy, veuve depuis 1688 du maréchal de Vivonne; morte en 1709. Elle était héritière unique des marquis d'Éverly dont il a été parlé plus haut, p. 56. Voyez son portrait dans les *Mémoires de Saint-Simon*, t. VI, p. 268 et 269.

[5] Voyez ci-dessus, p. 126.

[6] Le Houssay, autrefois le Housset, c^{ne} Voulton.

[7] « Mme de la Hoguette, veuve d'un lieutenant général sous-lieutenant des mousquetaires, mort aux précédentes guerres du feu roi en Italie, qui était un fort galant

valet de chambre du roi[1]. Il vaut 10,000 ʰʰ de rente, avec la paroisse de Bezalles, qui y est jointe, et deux fiefs qui en relèvent.

Villiers, à M. de Morfontaine[2], mousquetaire du roi, vaut 3,000 ʰʰ de revenu. Il y a six fiefs qui en relèvent.

Les vicomtés sont : Provins et Sourdun.

La vicomté de Provins appartient à M. le commandeur d'Hautefeuille[3], en qualité de commandeur de la Croix-en-Brie. Elle a plusieurs censives dans la ville de Provins. Elle vaut 1,500 ʰʰ de rente.

La vicomté de Sourdun, à M. le comte de Montbron[4], lieutenant général des armées et gouverneur de Cambrai. Elle vaut 3,000 ʰʰ de rente. Deux fiefs en dépendent.

Les baronnies sont : le Plessis-aux-Tournelles, Rupéreux et Courchamps.

Le Plessis-aux-Tournelles appartient à M. de la Grange, conseiller au Grand Conseil[5]. Cette terre vaut 13,000 ʰʰ de rente. La mouvance en est considérable : il y a six paroisses annexées, et six fiefs qui en relèvent. Elle a été érigée en baronnie par le roi François Iᵉʳ, par lettres patentes du mois d'août 1544, registrées le 12 février ensuivant, en faveur de François Ollivier, chancelier[6], qui en était seigneur.

Rupéreux et les Marets appartiennent à M. des Marets, grand fauconnier de France[7]. Ces terres valent, avec leurs annexes, 8,000 ʰʰ de rente. Quatre fiefs en relèvent.

Courchamps, à M. Guillemin[8], seigneur

---

homme et très-estimé. Cette femme était fort riche, avare, dévote pharisaïque, toute merveilleuse, du plus prude maintien, et qui sentait la profession de ce métier de fort loin, avec de l'esprit et de la vertu, si elle eût bien voulu n'imposer pas tant au monde. Elle était très-peu de chose, et toutefois merveilleusement glorieuse.» (*Mémoires de Saint-Simon*, t. XVII, p. 40.) Mᵐᵉ de la Houguette s'appelait Marie Bonneau de Rubelles; elle mourut en 1720. Son mari avait péri glorieusement à la bataille de la Marsaille, en 1693. Elle tenait le marquisat du Houssay d'un de ses oncles, qui l'avait fait ériger sous Louis XIII.

[1] François Quentin de la Vienne, marquis de Champcenetz, mort au Louvre le 11 août 1710, dans sa soixante-dix-neuvième année. C'était un des serviteurs familiers de Louis XIV; voyez les *Mémoires de Saint-Simon*, t. I, p. 499.

[2] Sans doute Nicolas-Hector Hotman de Morfontaine, seigneur de Fontenay-en-Brie et de Maires, né en 1684, marié en 1708. Il avait hérité le marquisat de Villiers-Saint-Georges de son père, François Hotman, maître d'hôtel du roi, qui l'avait fait ériger en décembre 1673, et qui vivait encore en 1696. Ces Hotman descendaient d'un frère de l'auteur du *Franco-Gallia*.

[3] Le bailli d'Hautefeuille, grand prieur d'Aquitaine. Voyez ci-dessus, p. 107 et 117.

[4] François de Montberon, dit le comte de Montbron (1632-1708), ancien capitaine-lieutenant des mousquetaires, lieutenant général des armées et de la Flandre française, gouverneur de Cambrai, chevalier des ordres. «C'était un petit homme de mine chétive, d'esprit médiocre, mais tout tourné à faire, grand venteur, parleur impitoyable, toutefois point malhonnête homme, assez bon officier et brave, que le roi eût volontiers fait maréchal de France, s'il eût osé... Montbron portait en plein le nom et les armes de cette grande et ancienne maison, fort tombée depuis longtemps, et qui le laissa faire, parce qu'on fait là-dessus tout ce qu'on veut en France.» Son père «fit ériger son méchant petit fief de Sourdun en vicomté, sous le nom de Montbron, en 1654...» (*Mémoires de Saint-Simon*, t. V, p. 397 et 398.)

[5] Armand-Louis de la Grange-Trianon, ancien grand rapporteur en la Chancellerie, nommé conseiller au Grand Conseil en 1674.

[6] Nommé chancelier de France en 1545 et mort en 1560.

[7] François Dauvet, comte des Marets, baron de Boursault et de Rupéreux, avait hérité en 1688 de la charge de grand fauconnier, déjà possédée par son père et son aïeul ; il mourut en 1718, n'ayant que trente-sept ans. Voyez ci-dessus, p. 125.

[8] Jean Guillemin de Courchamps, ancien conseiller au parlement, reçu maître des requêtes en 1687. Son père, secrétaire du roi et fermier général, avait fait changer le nom de la paroisse d'Aulnay en celui de Courchamps.

JUSTICES DE L'ÉLECTION DE NOGENT.   237

de Courchamps, maître des requêtes, vaut 10,000ᵗᵗ. Le seigneur a acquis les fiefs qui en relèvent, qui sont réunis à la terre.

Les autres terres les plus considérables de l'élection sont :

Bazoches[1], qui appartient à M. de Guérapin de Vauréal, lieutenant de roi de la province de Champagne. Il a été capitaine aux gardes[2]. Vaut 5,000ᵗᵗ de rente.

Le Plessis-Mériot, à M. de Launac[3], maître des requêtes, vaut 7,000ᵗᵗ de rente.

Savins, à M. de Cuilant[4], d'une ancienne noblesse, vaut 3,500ᵗᵗ de rente.

Lizines et Sognolles, à M. le marquis d'Escot, lieutenant général de la province. Il est d'une ancienne maison très-noble. M. le marquis d'Escot, son père, est mort en Irlande, où il servait en qualité de lieutenant général des armées du roi ; il était mestre de camp du régiment d'Artois[5].

Lourps, à M. de Champagne, d'une ancienne noblesse[6].

Maisoncelles, à M. d'Asthis[7], qui a servi dans la gendarmerie.

Les justices des seigneurs sont exercées par leurs officiers. Les appellations de leurs jugements sont portées au bailliage et présidial de Provins. Aucunes ne relèvent immédiatement du parlement.

Il n'y a que trente-cinq gentilshommes qui fassent leur résidence ordinaire dans l'élection, entre lesquels les plus distingués sont :

François de Vieuxmaison, seigneur de Chanteclerc[8] ;

Jean du Rocheret de Miry, qui a servi dans les mousquetaires, et son frère Antoine du Rocheret, qui est commandant du deuxième bataillon du régiment de Languedoc ;

Augustin Nivert, seigneur de Grands-Pleurs[9], ci-devant capitaine des fusiliers de Tessé ;

Aguenin-le-Duc[10], sieur de l'Orme.

NOGENT.

Il y a dans la ville de Nogent : un bailliage royal, une élection, un grenier à sel et une maîtrise particulière des eaux et forêts.

Ce bailliage est composé de huit officiers, compris le bailli[11]. Il est régi par la coutume de Troyes, qui a été rédigée le 26 octobre de

---

[1] Bazoches-lès-Bray (Seine-et-Marne).

[2] Michel-Antoine Guérapin de Vauréal avait vendu sa compagnie en 1679, pour se retirer en Champagne.

[3] Anne de Ficubet, baron de Launac, ancien conseiller au parlement, reçu maître des requêtes en 1663, et mort en 1705, à soixante-treize ans.

[4] Louis-Alphonse, marquis de Cuilant, qui mourut le 19 juin 1700; frère du grand prieur de Champagne.

[5] A la mort du père, qui n'était que brigadier d'infanterie, un fils aîné eut la lieutenance générale de Brie et Champagne, ainsi que le régiment d'Artois ; mais il périt en 1692, dans une affaire de la campagne de Flandres, et un second fils, qui venait de débuter comme garde-marine, obtint la charge. Celui-ci même, mort très-jeune, en avril 1699, était remplacé, en 1700, par le marquis de Ségur (ci-dessus, p. 126). Le marquisat d'Escot, aujourd'hui Écot, était situé en Champagne, près d'Andelot.

[6] Charles de Champagne, qui fit recevoir un fils dans l'ordre de Malte en 1700.

[7] *Alias*, Dastis (Antoine), qui fit enregistrer ses armoiries en 1696.

[8] La veuve de Henri-Vincent de Vieuxmaison, qui avait été gentilhomme ordinaire de Louis XIII, mourut le 14 février 1713, à l'âge de cent ans passés, étant née le 27 septembre 1612. François de Vieuxmaison (*alias*, Viels-Maisons), seigneur de Chanteclerc et de Vimpelles, fit enregistrer ses armoiries en 1696.

[9] *Alias*, les Grands-Pleux, c^{te} Hermé.

[10] Charles Aguenin-le-Duc, sieur de l'Orme, dans la paroisse de Courtacon, baptisé le 24 avril 1633, fut maintenu dans sa noblesse par deux arrêts de 1664 et de 1700.

[11] Sur les magistrats de cette élection, voir les Papiers Florimond, K 1243, 6ᵉ liasse.

l'année 1509[1]. L'appel des jugements, au cas de l'édit, ressortit au présidial de Troyes, et au-dessus, au parlement.

A Pont, il y a un bailliage royal, qui, au cas de l'édit, ressortit au présidial de Troyes; au-dessus, au parlement.

PRINCIPALES TERRES.

Nogent est un domaine engagé à M. le marquis de Chavigny[2]. Il vaut 7,000ᵗᵗ de rente. Les terres, fiefs et seigneuries qui en relèvent sont :

Avant, qui vaut 4,000ᵗᵗ de rente;
Les Ormeaux, qui valent 1,000ᵗᵗ;
Quincy, qui vaut 1,200ᵗᵗ;
Ferreux, qui vaut 1,200ᵗᵗ;
Mâcon, qui fait partie du domaine de Nogent;
La prairie d'Athis[3], qui vaut 1,500ᵗᵗ;
La Chapelle-Godefroy, qui vaut 1,800ᵗᵗ;
Et autres moins considérables, jusqu'au nombre de dix-huit fiefs et arrière-fiefs.

Bray est une baronnie-pairie qui appartient à Mᵐᵉ la maréchale de Vivonne[4]. Elle vaut 8,000ᵗᵗ de rente. Il y a vingt-cinq terres et seigneuries qui en relèvent. Quant à la justice, elle relève immédiatement du parlement.

Pont est un domaine qui appartient par engagement à Mᵐᵉ de Chavigny[5], et vaut 10,000ᵗᵗ. Il y a vingt terres, fiefs et seigneuries qui en relèvent.

Crancey, baronnie, appartient à M. l'évêque de Troyes[6], et vaut 4,000ᵗᵗ de rente.

Les autres terres non titrées les plus considérables de l'élection sont :

Pailly, qui appartient à M. le duc de Choiseul[7], et vaut, avec le Plessis-Saint-Jean, 7,000ᵗᵗ de rente; et Villiers, 5,000ᵗᵗ;
La Mothe, à M. le maréchal de Noailles[8], 10,000ᵗᵗ;
Passy[9], à Mᵐᵉ de Passy, 6,000ᵗᵗ;
Avant, à M. de Paluau[10], 4,000ᵗᵗ;
Noyen, à Mᵐᵉ de Montchal[11], 5,000ᵗᵗ.

Il y a dans l'élection trente-cinq justices de seigneurs exercées par leurs officiers, dont les appellations sont portées en différentes juridictions, à Nogent, à Pont et à Bray.

---

[1] Cette coutume fut rédigée par le président Baillet et le conseiller François de Mervillier.

[2] Voyez ci-dessus, p. 142, note 1, et ci-après, au titre des Domaines, p. 272.

[3] Cᵒⁿ Villiers-sur-Seine (Seine-et-Marne).

[4] Voyez ci-dessus, p. 235.

[5] Élisabeth Bossuet, mariée en 1658 à Armand-Léon Bouthillier, comte de Chavigny. Veuve depuis 1684, elle mourut en 1717, à soixante-seize ans. Son troisième fils porta le titre de marquis de Pont.

[6] Denis-François Bouthillier de Chavigny, autre fils de la précédente, nommé évêque de Troyes et abbé d'Oignies, en 1697, sur la démission de son oncle, devint archevêque de Sens en 1716, et mourut en 1730. Peut-être, ici comme plus haut (p. 60 et 61; voyez les Corrections), s'agit-il de son oncle et prédécesseur, l'ancien évêque démissionnaire de Troyes, qui ne sortit de la retraite que pour prendre place, en 1715, au Conseil de régence (Mémoires de Saint-Simon, t. XII, p. 247 et 248).

[7] Auguste, duc de Choiseul, comte du Plessis-Praslin, chevalier des ordres, lieutenant général des armées. Ses actions de guerre l'avaient longtemps fait désigner, dans le public, pour le bâton de maréchal; mais il ne servait plus depuis 1693. Il mourut à Paris, le 12 avril 1705, âgé de soixante-huit ans.

[8] Voyez ci-dessus, p. 66.

[9] Cᵗᵉ Bray-sur-Seine, arr. Provins.

[10] Philippe, marquis de Clérembault, comte de Paluau, lieutenant général, fils aîné du maréchal de ce nom, périt à Hochstedt, le 13 août 1704. «De peur d'être tué, dit Saint-Simon (t. IV, p. 125), il alla se noyer dans le Danube; il espérait le passer à nage sur son cheval, avec son valet sur un autre, apparemment pour se faire ermite après : le valet passa, et lui y demeura.»

[11] Reine-Élisabeth Hénin, fille d'un secrétaire du roi, mariée le 9 septembre 1683 à Jean-Pierre de Montchal, seigneur de Noyen-sur-Seine et de Grisy, conseiller au parlement. Elle était veuve depuis le 7 septembre 1698. Sa fille et unique héritière épousa, en 1700, l'intendant Barentin.

JUSTICES DE L'ÉLECTION DE MONTEREAU.

Il n'y a que la seule justice de Bray dont les appellations soient portées immédiatement au parlement.

Il n'y a que trente gentilshommes qui fassent leur résidence ordinaire dans l'élection.

MONTEREAU.

Il y a dans la ville de Montereau : un bailliage royal, une élection, qui a été créée en chef en 1696 (auparavant c'était d'ancienneté une élection particulière [1]), et un grenier à sel.

Ce bailliage fut créé par le roi François Ier, par édit donné à Rouen, au mois d'avril 1544, qui fut registré au parlement le 13 mai ensuivant; il fut distrait de celui de Meaux. Il est régi par une coutume prétendue locale du bailliage de Meaux. Il ressortit, au cas de l'édit, au présidial de Provins, et, pour les autres, au parlement.

A Moret, il y a un bailliage royal, qui ressortit au présidial de Melun au cas de l'édit, et, pour les autres, au parlement. Il est régi par la coutume de Melun [2].

PRINCIPALES TERRES.

La terre et seigneurie de Marolles fut érigée en marquisat en l'année 1670, en faveur de M. de la Barde, lors ambassadeur en Suisse [3]. Elle appartient à M. de la Barde, son fils, président à la première chambre des Enquêtes [4]. Elle vaut 6,500 ᴸ de rente.

La baronnie de Dormelles appartient à M. de Caumartin, conseiller d'État, intendant des finances. Elle est jointe et proche le château de Saint-Ange [5]. Elle vaut 6,000 ᴸ de rente.

La baronnie de Donnemarie [6] appartient aux trésoriers de l'église Saint-Martin de Tours. Elle vaut 9,000 ᴸ de rente. Il y a plusieurs fiefs qui en relèvent.

La baronnie de Montigny appartient à M. Trudaine [7], maître des requêtes. Elle vaut 6,000 ᴸ de rente. Il y a plusieurs fiefs qui en relèvent.

---

[1] François Ier, en 1543, avait créé des élections particulières pour remplacer les commis qui étaient établis dans les localités distantes de plus de six lieues du siége de l'élection en chef; les plaintes des populations et les remontrances des intendants les firent définitivement supprimer en 1685, sauf quelques-unes, comme Joinville, Sainte-Menehould et Montereau, qui devinrent des élections en chef au mois de septembre 1696. Dans la généralité de Paris, les élections particulières de Chambly, Crécy et Bray, dont les intendants ne cessaient de se plaindre, disparurent moyennant remboursement des officiers par les élections qui les absorbèrent.

[2] Sur les magistrats de Montereau et de Moret, voir les Papiers Florimond, K 1242, 4e liasse.

[3] Jean de la Barde, ancien commis du secrétaire d'État Chavigny, fut plénipotentiaire à Munster, puis ambassadeur en Suisse, et mourut en juillet 1692. Il avait fait imprimer en 1671 une histoire latine de la Régence (1643-1652). Le marquisat de Marolles avait été érigé en sa faveur au mois de juin 1661.

[4] Denis de la Barde, docteur de Sorbonne et chanoine de l'église de Paris; mort en 1709.

[5] Voir ci-dessus, p. 142, note 5, le titre du Commerce.

[6] Donnemarie-en-Montois, arr. Provins (Seine-et-Marne).

[7] Charles Trudaine, conseiller au parlement en 1684, maître des requêtes en 1689, intendant à Lyon de 1704 à 1710, puis en Bourgogne de 1710 à 1711, nommé conseiller d'État semestre le 20 août 1711, élu prévôt des marchands de Paris en 1718. «C'était, dit Saint-Simon, un homme dur, exact, sans entregent et sans politesse, médiocrement éclairé, aussi peu politique, mais pétri d'honneur et de justice, et universellement reconnu pour tel. Il devait tout ce qu'il était au chancelier Voysin, mari de sa sœur.....» (*Mémoires*, t. XVIII, p. 104.) «Remercié» de la prévôté en 1720, à propos de la destruction des billets d'État, il mourut peu après, le 21 juillet 1721, à soixante-deux ans. Il avait obtenu, en septembre 1696, que sa baronnie de Montigny-Lencoupe relevât directement de la grosse tour du Louvre.

La terre de Gurcy appartient à M. le comte de Brichanteau[1]. Elle vaut 7,000 ᶠᵗ de rente.

La vicomté de Diant, en Gâtinais, appartient à M. Allegrin, vicomte de Diant[2]. C'est une grosse terre, qui a un beau château. Il y a cinq fiefs qui en relèvent. Elle vaut 8,000 ᶠᵗ de rente. Elle est depuis plusieurs siècles dans la maison des Allegrin, qui est d'une noblesse fort ancienne et fort illustrée. Il y a deux chanceliers de ce nom : Jacques Allegrin, en l'année 1140, sous les règnes des rois Louis VI, dit le Gros, et Louis VII, dit le Jeune, et Jean Allegrin, sous le règne du roi saint Louis[3]; des cardinaux, dont l'un en 1236, sous le pontificat de Grégoire IX[3]; des archevêques, des évêques, des secrétaires d'État et des grands chambellans. M. le vicomte de Diant n'a qu'un fils, qui est dans le service depuis douze ans. On a fait une remarque honorable à cette maison, que, dans tous les temps les plus difficiles, elle n'a jamais pris d'autre parti que celui du roi.

Il n'y a que huit gentilshommes qui fassent leur résidence ordinaire dans l'élection.

SENS.

Il y a dans la ville de Sens : un bailliage et siége présidial, une prévôté royale, une élection, un grenier à sel, une maréchaussée, une maîtrise particulière des eaux et forêts et une justice consulaire.

Ce bailliage et siége présidial est régi en partie par une coutume particulière, sous le titre de *coutume du bailliage de Sens*, laquelle fut rédigée en l'année 1555[5]; et l'autre partie, qui est du côté d'Occident, est régie par la coutume de Lorris, qui a été rédigée en l'année 1531[6]. Il est composé de vingt-six officiers, non compris les gens du roi[7]. Son ressort autrefois était fort considérable : c'était un des quatre grands bailliages de France[8]; mais il a été fort diminué par les démembrements qui en ont été faits pour former les présidiaux de Troyes, Langres, Châlons-en-Champagne,

---

[1] François de Brichanteau, dit le comte ou le marquis de Brichanteau, issu, comme les marquis de Nangis, de l'auteur des *Mémoires de Beauvais-Nangis*, était né en 1641, et mourut à Gurcy en 1719. Il avait servi, en qualité de capitaine et de major, dans un régiment de cavalerie. Son frère, le marquis de Nangis, l'avait substitué à ce marquisat, au cas où son fils (ci-dessus, p. 232) n'eût pas vécu.

[2] Louis Allegrin, mort en 1714, père d'autres Louis.

[3] On trouvera une filiation des Allegrin dans les *Généalogies des Maîtres des requêtes*, de Blanchard (1670), p. 216-223; mais cet auteur les fait descendre d'un prévôt de Saint-Denis qui vivait en 1345, et ne les rattache aucunement au chancelier *Algrinus*, qui vivait sous Louis le Gros, et qui était chanoine d'Étampes. Quant à l'autre chancelier de même nom qui aurait vécu sous saint Louis, c'est une confusion évidente avec le frère Guérin ou Garin, évêque de Senlis et chancelier sous Louis VIII et Louis IX, dont il a été parlé p. 92. Ces fables sont tirées d'une généalogie mensongère que Jean Haudicquer de Blancourt, le faussaire, venait de faire pour dame Madeleine Allegrin de la Fautrière, et qui se trouve aujourd'hui à la Bibliothèque Nationale.

[4] Jean Allegrin, d'Abbeville en Picardie, archevêque de Besançon, créé cardinal en 1227 et mort en 1237.

[5] La coutume du bailliage de Sens fut rédigée par Christophe de Thou, Barthélemy Faye et l'avocat du roi Gilles Bourdin.

[6] Sur cette coutume, voyez ci-dessus, p. 227.

[7] Sur ce personnel, voir les Papiers Florimond, K 1243, 6ᵉ liasse, où se trouve aussi une notice sur l'élection.

[8] C'étaient les bailliages de Vermandois, de Mâcon, de Saint-Pierre-le-Moutier et de Sens : on qualifiait leurs chefs de «baillis de France, baillis royaux, gardiens et conservateurs des droits de la couronne.» Le grand bailliage de Sens comprenait les territoires, plus tard bailliages, de Troyes, Melun et Auxerre, et s'étendait d'une part jusqu'à Gien, d'autre part jusqu'au duché de Lorraine, en embrassant le duché-pairie de Langres, le Bassigny et le duché de Bar-le-Duc.

JUSTICES DE L'ÉLECTION DE SENS.

Melun, Auxerre, Montargis et une partie de celui de Chaumont-en-Bassigny, et la pairie du marquisat de Seignelay[1].

La prévôté royale est composée d'un prévôt, deux lieutenants, trois conseillers et un procureur du roi, qui est la justice ordinaire de la ville, dont les appellations sont portées au présidial.

L'élection a été démembrée en l'année 1696 de près du tiers des paroisses de son ressort, pour en composer une en chef à Montereau, qui n'était auparavant qu'une élection particulière[2].

A Villeneuve-le-Roy, il y a un siége royal, composé d'un lieutenant du bailli de Sens et de six officiers, dont les appellations, au premier chef de l'édit, vont à Sens, et au-dessus, au parlement[3].

Le sieur Vezou[4] est président et lieutenant général du présidial de Sens : il est fils du sieur Vezou, qui était médecin du roi.

Les officiers du présidial et de l'élection font leurs charges avec honneur; ils n'ont pas de grands biens et vivent avec beaucoup d'économie.

PRINCIPALES TERRES.

Il n'y a de terres titrées dans l'élection que le comté de Vallery et le marquisat de Traînel.

Le comté de Vallery[5] relève du roi à cause de sa tour de Sens. Il appartient à Mgr le Prince. Il vaut 10,000^{tt} de rente. Ses mouvances sont : Chevry, Cornant, Barberey-Saint-Sulpice, la moitié de la Chapelle-sur-Oreuse, les fiefs d'Heurtebise et de Bapaume, en la paroisse de Dollot, et les deux fiefs de Vauvert. Les terres et seigneuries qui sont mouvantes de ce comté valent depuis 500^{tt} jusqu'à 2,500^{tt} de rente.

Le marquisat de Traînel appartient à M. le marquis de Palaiseau[6]; il vaut 4,500^{tt} de rente. Il relève du roi à cause de sa tour de Troyes. Ses mouvances sont : Villiers-Bonneux, Cercy, Courceaux et Gumery.

Les autres terres les plus considérables sont :

Champigny, qui appartient à M. de Bernard de Champigny, enseigne des gendarmes flamands[7]. Il vaut 12,000^{tt} de rente;

Trémont et Mâlay-le-Roi, à M. de Rogres de Lusignan[8], baron de Champignelles, premier cornette des chevau-légers de Mgr le duc de Bourgogne[9]. Ces terres valent 1,500^{tt} de rente. Il est encore seigneur de Champignelles, élection de Joigny[10]. Son aïeul était chevalier de l'ordre de Saint-Michel, colonel

---

[1] Colbert avait fait ériger cette terre de Seignelay, la plus ancienne baronnie du comté d'Auxerre, en marquisat (avril 1668), comme récompense de «tant de marques de capacité, d'affection, de fidélité et d'intégrité dans ses emplois les plus considérables.» Par ses soins le château avait été reconstruit, la terre restaurée et le pays doté de manufactures.

[2] Voyez ci-dessus, p. 239.

[3] Sur ce siége, voir les Papiers Florimond, K 1243, 6e liasse, et les renseignements recueillis dans le pays par l'abbé de Dangeau, ms. fr. 22618, fol. 210 et 211.

[4] François Vezou, pourvu en 1673 de l'office de lieutenant général, et remplacé par Jacques-Edme Vezou en 1714.

[5] Voyez ci-dessus, p. 48. On trouvera une ancienne description du château dans l'*Histoire du Gâtinais*, par dom Morin (1630), p. 585-588.

[6] Voyez ci-dessus, p. 208, note 8.

[7] Jacques de Bernard de Champigny, reçu guidon des gendarmes bourguignons en 1693 et enseigne des gendarmes flamands en 1698, démissionnaire en 1704; mort en 1751.

[8] Charles-Louis de Rogres, marquis de Champignelles, devint premier maître d'hôtel du duc de Berri en 1710, et mourut le 27 avril 1756, à quatre-vingt-un ans.

[9] Louis, duc de Bourgogne et dauphin de France, fils du Grand Dauphin et petit-fils de Louis XIV (1682-1712).

[10] Voyez ci-après, p. 243.

d'un régiment et gentilhomme ordinaire du roi Louis XIII [1].

Fleurigny, à M. de Fleurigny, page du roi [2], vaut 6,000 ↠ de rente.

Pouy, à M. Le Bascle d'Argenteuil, lieutenant-colonel d'un régiment de cavalerie [3], vaut 8,000 ↠ de rente.

Vertilly, à M. le chevalier de Harlus [4], major de la gendarmerie.

Ces quatre dernières familles ont donné à l'ordre de Malte plusieurs chevaliers qui se sont signalés par leur valeur et par leurs services.

Thorigny, à M. Lambert, président en la Chambre des comptes [5], vaut 8,000 ↠ de rente.

Chevry, aux héritiers de M. Duret, président en la Chambre des comptes [6], vaut 2,500 ↠.

Theil, Noé, Pont-sur-Vannes et Vaumort, à M. Caillet de Theil, conseiller au parlement [7]. Ces terres valent 6,500 ↠ de rente.

Il y a dans l'élection quatre-vingt-dix justices de seigneurs exercées par leurs officiers, dont les appellations sont portées au bailliage de Sens, à la réserve de celles de Traînel, qui vont à Troyes, et de celles de Villeneuve-la-Guyard, à Moret. Aucunes ne relèvent immédiatement du parlement.

Il y a soixante gentilshommes qui font leur résidence ordinaire dans l'élection.

JOIGNY.

Il y a dans la ville de Joigny : une élection, un grenier à sel, un bailliage seigneurial et une prévôté.

Le bailliage est régi par la coutume de Troyes, et les appellations de ses jugements sont portées au siége présidial de Montargis. Il est composé de trois officiers seulement, qui sont : un bailli, un lieutenant et un procureur fiscal [8].

Il y a une prévôté royale à Armeau.

Il n'y a aucune autre justice royale dans l'élection.

Le comté de Joigny est le premier comté de Champagne [9]. Il a pour principal manoir la ville de Joigny, dans laquelle il y a trois paroisses. Il a de grandes mouvances, qui sont : Aillant, Laduz, Armeau, Villevallier, Villecien, Bussy, Brion, la Ferté-Loupière, Précy, Migennes, Esnon, Prémartin, Guerchy, Neuilly, Chamvres, Paroy, Senan, la Mothe, l'Enfourchure, Montelon, Gastins (?), Cézy, Saint-Aubin-sur-Yonne, Champlay, les Vovos, Épineau, Sermoise et Mâlay-le-Roi ; dont plusieurs sont terres et seigneuries considérables, tant pour la noblesse que pour le revenu.

Ce comté appartient à Mme la duchesse de

---

[1] Charles de Regres, sire de Langléa, était devenu baron de Champignelles par sa femme, dont il eut vingt-deux enfants ; sur ce nombre, sept fils entrèrent dans l'ordre de Malte et moururent presque tous au service.

[2] Claude-Louis-Jacques Le Clerc, marquis de Fleurigny, page de la grande écurie. Voyez p. 116, note 9.

[3] François Le Bascle d'Argenteuil, comte d'Épineuil, lieutenant-colonel du régiment d'Esclainvilliers, «officier de distinction» (Saint-Simon, t. I, p. 253). Son fils unique, le marquis d'Argenteuil, devint, en 1716, lieutenant général de Champagne et Brie et gouverneur de Troyes.

[4] René de Harlus, marquis de Vertilly, ancien écuyer du roi, fait major général de la gendarmerie en 1693 et brigadier en 1696. Il devint maréchal de camp en 1704, se retira presque aveugle, et mourut en 1729.

[5] Voyez ci-dessus, p. 184.

[6] Charles-François Duret, seigneur de Chevry et de la Grange, conseiller au parlement, reçu président des comptes en 1637, à la place de son père, exerça jusqu'en 1699, et mourut en janvier 1700.

[7] François Caillet, sieur de Theil, conseiller à la 5ᵉ chambre des Enquêtes depuis 1671.

[8] Voyez les Papiers Florimond, K 1243, 6ᵉ liasse.

[9] Voyez ci-dessus, p. 144.

JUSTICES DE L'ÉLECTION DE JOIGNY.

Lesdiguières[1], qui l'a eu par succession de M. le duc de Retz, son père, auquel il avait été substitué par M. le cardinal de Gondi[2], son oncle, qui l'avait acquis par décret sur la succession de M. le marquis de Givry[3]. Ce comté vaut 50,000 lt de rente.

PRINCIPALES TERRES.

Cézy appartient à M. de Courtenay[4]; elle vaut, avec ses dépendances, 7,000 lt de rente.

Aillant, à Mme la duchesse de Lesdiguières; elle fait partie du comté.

Vénizy et Turny, à M. de Barbezières[5] et à M. de Chemerault[6]; ensemble 15,000 lt de rente.

Champignelles, à M. de Champignelles, vaut 8,000 lt de rente.

Champlay, Neuilly, Épineau, les Voves et Charmoy[7], à M. de Chamlay[8]. Ces terres valent ensemble 12,000 lt de rente.

Villevallier et Villecien, à M. de Baugy[9], 6,000 lt de rente[10].

---

[1] Paule-Françoise-Marguerite de Gondi, duchesse de Retz, marquise de la Garnache, comtesse de Joigny et de Sault, baronne de Mortagne, etc., veuve, depuis 1681, de François-Emmanuel de Bonne de Créquy, duc de Lesdiguières, ne mourut que le 21 janvier 1716, à soixante et un ans. Elle était fille de Pierre de Gondi, duc de Retz, général des galères, mort en 1676. Voyez le portrait de cette duchesse de Lesdiguières dans les *Mémoires de Saint-Simon* (t. XII, p. 415) : «C'était le reste de ces Gondi amenés en France par Catherine de Médicis, qui y avaient fait une si prodigieuse fortune et tant figuré; aussi laissa-t-elle des biens immenses. C'était de tous points une fée, qui, avec de l'esprit, ne voulait voir presque personne..... Sa maison, dont la porte était toujours ouverte, était aussi toujours fermée d'une grille, qui laissait voir un vrai palais de fée, tel que les dépeignent les romans, etc.....»

[2] Pierre, cardinal de Gondi, évêque de Paris, mort le 17 février 1616. Il avait donné en dot le comté de Joigny à son neveu Philippe-Emmanuel de Gondi, duc de Retz, général des galères, né en 1581 et mort à Joigny, le 29 juin 1662.

[3] Anne d'Anglure, marquis de Givry, tué au siège de Laon (1594).

[4] Louis-Charles, prince de Courtenay, comte de Cézy, né en 1640, mort en 1723. Son père était devenu, en 1655, par l'extinction de la branche de Courtenay-Bléneau, le seul chef de la descendance de Pierre de France, septième fils du roi Louis le Gros. Sans reconnaître officiellement cette origine, Louis XIV témoignait certains égards pour ceux qui y prétendaient.

[5] Charles-Louis, dit le marquis de Barbezières, était le fils légitimé de M. de Barbezières, qui décapité en Grève le 5 octobre 1657, et qui avait enlevé une fille du financier Macé de la Bazinière. Officier fort distingué, le marquis de Barbezières était parvenu au grade de lieutenant général en 1696, fut fait gouverneur de Saint-Quentin pendant la guerre de Succession, en récompense d'une longue détention que les Impériaux lui firent subir en 1703, et mourut au mois de septembre 1709.

[6] Jean-Noël de Barbezières, comte de Chemerault, cousin germain du précédent, était maréchal de camp. Il devint lieutenant général en 1702, gouverneur de Gravelines en 1708, et fut tué à la bataille de Malplaquet (1709). «Excellent officier général, fort dans le grand monde et honnête homme, quoique dans la liaison la plus intime de M. de Vendôme.» (*Saint-Simon*, t. VIII, p. 105.)

[7] Les mss. portent : *Chalmeau* ou *Charmeaux*.

[8] Jules-Louis Bolé, dit le marquis de Chamlay (aujourd'hui Champlay), né en 1650 et pourvu depuis 1670 de la charge de maréchal général des logis des armées du roi, qu'il exerça jusqu'à sa mort, 21 juin 1719, était grand-croix de l'ordre de Saint-Louis. Après avoir été un des plus utiles collaborateurs de Louvois, il le remplaçait en quelque sorte depuis que les affaires de la guerre se trouvaient aux mains de Barbezieux. «C'était, dit Saint-Simon, l'homme de confiance du roi de tout temps; il le méritait par sa capacité et son secret. Bon citoyen, et la modestie et la simplicité même, avec beaucoup d'honneur et de probité; d'ailleurs homme de fort peu, et qui ne s'en cachait pas.» (*Mémoires*, t. I, p. 102, t. XII, p. 36, t. XVI, p. 273.) Chamlay avait un beau château dans la paroisse de ce nom. Nous avons publié en 1877 une notice sur ce personnage, négligé jusqu'ici par les biographes.

[9] Louis-Henri de Baugy, chevalier, seigneur du Fay, de Villecien et de Villevallier, né en 1657, mort en 1720.

[10] *Alias*, 8,000 lt.

La Celle[1], Béon, Paroy[2], Saint-Aubin[3] et Villiers-sur-Tholon, à M. de Valgrand[4], conseiller au Grand Conseil, valent 20,000 ₶ de rente.

Précy, à M. de Nantouillet[5], vaut 15,000 ₶.

Guerchy, à M. de Guerchy[6], 9,000 ₶ de rente.

Malicorne, Saint-Martin-sur-Ouanne et les Aulnais, à M. d'Hautefeuille[7], colonel d'un régiment, valent 12,000 ₶.

M. le marquis de Seignelay[8] a huit terres dans cette élection, qui sont : Cheny, Bonnard, Ormoy, Migennes, Saint-Cydroine, la Malmaison, le Mont-Saint-Sulpice et Hauterive, qui valent ensemble 18,000 ₶ de rente[9].

Il y a quatre-vingt-quinze justices de seigneurs qui sont exercées par leurs officiers, entre lesquelles il y a dix-sept bailliages. Les appellations de ces justices sont portées en différents présidiaux, savoir : à Montargis, Troyes, Sens et Auxerre.

Il y a vingt-six gentilshommes qui font leur résidence ordinaire dans l'élection.

SAINT-FLORENTIN.

Il y a dans la ville de Saint-Florentin : un bailliage seigneurial, une élection et un grenier à sel[10].

La justice est rendue au nom du seigneur, qui est M. de Châteauneuf, secrétaire d'État[11].

Cette ville a titre de vicomté-pairie. Elle est d'un petit revenu ; elle ne vaut que 2,500 ₶ de rente. Ses mouvances sont grandes et considérables ; il y a six baronnies qui en relèvent,

---

[1] La Celle-Saint-Cyr.
[2] Paroy-sur-Tholon.
[3] Saint-Aubin-sur-Yonne.
[4] Pierre Gruyn, sieur de Valgrand, ancien conseiller au Châtelet, reçu au Grand Conseil en 1668, et mort doyen de sa compagnie, en 1728, à quatre-vingt-neuf ans.
[5] Ce doit être le comte de Barbançon, François II du Prat, marquis de Nantouillet, Varennes, Cany, etc., dont le père, d'abord chevalier de Nantouillet, et devenu comte de Barbançon en vertu de la substitution faite à son profit par un arrière-grand-oncle, avait été «l'homme du monde de la meilleure compagnie, qui avait le plus d'esprit, et dont le sel et le tour aisé des chansons les avait rendues célèbres.» (Addition de Saint-Simon au *Journal de Dangeau*, 3 août 1688; *Mémoires de Saint-Simon*, t. I, p. 245.) François II du Prat, qui possédait aussi la terre du Plessis-d'Alègre, près Meaux, et celle de Nantouillet (voyez ci-dessus, p. 230), fut plus tard grand veneur du Régent, colonel d'un régiment d'infanterie, brigadier des armées, et mourut le 15 décembre 1749, âgé de soixante-dix ans.
[6] Louis de Regnier, marquis de Guerchy, comte de Droy, vicomte de Fontenay, baron de la Guierche, fut lieutenant général des armées, gouverneur de Huningue, eut le collier du Saint-Esprit en 1739, et mourut à Guerchy, le 13 février 1748, âgé de quatre-vingt-cinq ans. Le marquisat de Nangis (ci-dessus, p. 232) lui revint en 1742, du chef de son aïeule paternelle. Il est parlé du château de Guerchy et de ses «antiquités» dans la correspondance de Mme de Sévigné.
[7] Gabriel-Étienne-Louis Texier, dit le marquis d'Hautefeuille, comte d'Hautefeuille, baron de Malicorne, seigneur de Charny, était mestre de camp du régiment de dragons de la Reine. Il devint mestre de camp général des dragons en 1703 et lieutenant général en 1718. Né en 1671, il mourut à l'abbaye de Saint-Victor, le 14 juin 1743. Il était neveu de l'ambassadeur de Malte (ci-dessus, p. 107 et 117), et fils d'une sœur utérine de Mlle de la Vallière.
[8] Voyez ci-dessus, p. 209 et 241.
[9] Sur la formation de ce marquisat (élection d'Auxerre, généralité de Bourgogne), dont Jean-Baptiste Colbert s'était occupé constamment et qu'il surveillait de très-près, voir sa correspondance avec le bailli Poursin et autres, dans le tome VII des *Lettres, instructions et mémoires de Colbert*, publiés par P. Clément.
[10] Sur les magistrats de ce ressort, voir les Papiers Florimond, K 1243, 6ᵉ liasse.
[11] Voyez ci-dessus, p. 211, note 3.

outre lesquelles il y a les terres de Cheu, Beine, Poinchy, la Chapelle[1], Percey, Jaulges, Vosnon, Coulon, et plus de trente fiefs.

Beugnon et Soumaintrain en relèvent pour la justice seulement.

Il y a dans l'élection dix bailliages seigneuriaux, dont quatre, avec titre de pairie, relèvent immédiatement du parlement, savoir :

Saint-Florentin, vicomté-pairie;

Ervy, baronnie-pairie;

Dannemoine, baronnie-pairie;

Séant-en-Othe[2], baronnie-pairie.

Les six autres bailliages, qui ont aussi titre de baronnie, sans pairie, relèvent de Saint-Florentin, tant pour la justice que pour la mouvance. Ce sont les bailliages de Coursan, Sautour-Neuvy, Champlost, Maligny, Sormery et le Petit-Sormery.

De la baronnie d'Ervy relèvent les terres d'Auxon, Montfey, Montigny, la Brossotte, le Mesnil-Saint-Georges, Courtaoult, Avray[3], Vanlay, Avreuil, Turgy, Lignières, Flogny, le Mousseau, et vingt-cinq fiefs.

Bernon et Trichey en relèvent pour la justice seulement.

La vicomté et pairie de Saint-Florentin et la baronnie et pairie d'Ervy appartiennent à M. de Châteauneuf, comme il a été observé ci-dessus[4]. Outre ces deux terres titrées, il possède encore les terres et seigneuries de Chessy, Mézières, Bernon, Vanlay, Avreuil, Mousseau, et Lignières en partie. Toutes ces terres valent ensemble environ 15,000ᵗᵗ de rente, sans les droits casuels.

La baronnie-pairie de Dannemoine appartient à Henri de Clermont, au chevalier son frère, capitaine de dragons, et à Mᵐᵉ de Flogny, leur sœur, par tiers[5]. Elle vaut environ 8,000ᵗᵗ de rente[6]. C'est le patrimoine et le seul bien de ces deux frères.

La baronnie-pairie de Séant-en-Othe appartient à M. de Bérulle, maître des requêtes[7]; elle vaut 3,000ᵗᵗ de rente.

La baronnie de Coursan vient d'être adjugée par décret à M. Thévenin[8], secrétaire du roi, sur la succession du sieur Alvarez[9]; elle vaut 2,500ᵗᵗ de rente.

La baronnie de Sautour-Neuvy appartient à M. le marquis de Fresnoy[10], à cause de dame Éléonore de Tusseau, son épouse, la-

---

[1] La Chapelle-Vaupelteigne.
[2] Aujourd'hui Bérulle, cᵒⁿ Aix-en-Othe (Aube).
[3] Aujourd'hui Davrey, cᵒⁿ Ervy (Aube).
[4] Saint-Florentin devint un comté pour le fils et le petit-fils de M. de Châteauneuf, bien connus dans l'histoire ministérielle sous les noms du marquis de la Vrillière et du comte de Saint-Florentin, duc de la Vrillière.
[5] Ces trois personnes appartenaient à la maison de Clermont-Tonnerre, branche des marquis de Cruzy. Charles-Henri, comte de Clermont, baron de Dannemoine, marié en 1686, mourut en 1712; Jean-Baptiste, aussi baron de Dannemoine, mourut mestre de camp d'infanterie, en 1728; Françoise-Virginie, leur sœur, avait épousé en 1674 Pierre-François de Boucher, baron de Flogny, comte de la Chapelle, Épineuil, Carisey, etc., qui était mort le 17 juin 1699.
[6] Alias, 800ᵗᵗ.
[7] Jacques de Bérulle (1650-1704), prieur de Saint-Romain-du-Puy, maître des requêtes depuis 1694.
[8] Jean Thévenin, d'une famille de finance, acquit aussi le marquisat de Tanlay, la baronnie de Thorey, et fut gouverneur de Saint-Denis, près Paris.
[9] Louis Alvarez, qui se titrait baron de Coursan, était un très-riche banquier, traitant et fournisseur, qui avait eu les charges de joaillier du roi et de trésorier des Cent-Suisses.
[10] Achille-Léonor, marquis de Fresnoy en Beauvaisis, seigneur de Neuilly, Courcelles, etc., maréchal de camp, marié en 1658 à Éléonore de Tusseau, baronne de Sautour, était mort en décembre 1675, laissant plusieurs fils; le titre de marquis était revenu en 1694 à Nicolas de Fresnoy, qui quitta alors l'ordre de Malte et l'abbaye de Saint-Taurin d'Évreux.

quelle avait épousé en premières noces M. de Beaujeu [1], lieutenant général des armées du roi. La maison de Tusseau est alliée avec celles des Essars et Gouffier, il y a plus de six cents ans [2]. La mère de M. le marquis de Fresnoy était première dame d'honneur de la reine Marie de Médicis. Il a deux fils dans le service; M. le grand prieur de Champagne est leur oncle [3]. Cette terre vaut 4,500 ₶ de rente.

La baronnie de Champlost vient d'être vendue à M. [4]; elle vaut 7,500 ₶.

La baronnie de Maligny appartient pour les trois quarts à M. le cardinal d'Arquien [5]; l'autre quart appartient à Mme la comtesse de Guitaud [6]. Elle vaut au total environ 7,000 ₶ de rente.

La baronnie de Sormery et du Petit-Sormery et les terres de Soumaintrain, Beugnon et Courtaoult appartiennent à dame Gabrielle de Tusseau, veuve du sieur marquis de Boudernault [7], sœur de ladite dame marquise de Fresnoy; elles valent 5,000 ₶ de rente.

La terre de Flogny, avec celle de la Chapelle, aux héritiers ou aux créanciers de M. Boucher, sieur de Flogny [8], valent ensemble 5,500 ₶ de rente.

Il n'y a dans l'élection aucune justice royale.

Il y a des justices des seigneurs dans toutes les paroisses, à la réserve de Chessy, qui est du bailliage d'Ervy, et de Racines, qui est du bailliage de Coursan.

Il y a plusieurs paroisses dans lesquelles il y a plusieurs justices; à Auxon, il y en a huit, et dans d'autres deux, trois et quatre.

Il n'y a que cinquante-cinq [9] gentilshommes qui fassent leur résidence ordinaire dans l'élection.

---

[1] Ce lieutenant général, qui s'était distingué dans les campagnes contre Condé, fut tué le 26 juillet 1654, auprès de Béthune. Il s'appelait Claude-Paul, comte de Beaujeu.

[2] La terre de Sautour avait été érigée en baronnie pour Gabrielle de Gouffier, veuve de Claude des Essars. Au lieu de 600 ans, que porte le ms., il faut probablement lire : 60 ans.

[3] Sur ce commandeur, voir ci-dessus, p. 109 et 115.

[4] Le nom de l'acquéreur est resté en blanc. C'était Jean Quentin, frère de François Quentin de la Vienne, dont il a été parlé plus haut (p. 236, note 1). Jean Quentin avait été, jusqu'en 1690, barbier-perruquier et valet de chambre du roi, puis était devenu premier valet de sa garde-robe. Avant d'avoir la baronnie de Champlost, il avait acheté la seigneurie de Villiers-sur-Orge, en 1689. C'était « un bon homme, qui se tenait obscurément dans son état, et qu'on ne voyait jamais qu'en fonctions auprès du roi; » mais Mme Quentin, « bien faite, polie, fort à sa place, douce, obligeante et sachant fort le monde, » joua un rôle plus important à la cour, comme première femme de la duchesse de Bourgogne. Voir les *Mémoires de Saint-Simon*, t. I, p. 499 et 500, et le *Dictionnaire critique*, de Jal, p. 1013 et 1014.

[5] Henri de la Grange, qui fut d'abord marquis d'Arquien, mestre de camp de cavalerie et capitaine des gardes suisses du duc d'Orléans. Depuis 1672, il s'était établi à la cour de Pologne, auprès de la reine Marie-Casimire, sa fille, et il venait de prendre les ordres sacrés lorsque Louis XIV lui envoya le cordon du Saint-Esprit (1er janvier 1694). Sa fille ne tarda pas à lui procurer le chapeau de cardinal, en 1695, et il se retira plus tard avec elle à Rome, où il mourut en 1707, âgé de près ou plus de cent ans.

[6] Élisabeth-Antoinette de Verthamon avait épousé, en 1669, Guillaume de Pechpeyrou-Cominges, comte de Guitaud et marquis d'Époisses par sa première femme, qui était une d'Arquien. M. de Guitaud, grand bailli d'Auxois, gouverneur de Châtillon-sur-Seine, chevalier des ordres, premier gentilhomme de la chambre de M. le Prince, était mort en 1685. Sa veuve était une femme d'esprit et de mérite, et elle tient une grande place dans la correspondance de Mme de Sévigné.

[7] Isaac de l'Abadie, seigneur de Boudernault (*alias*, Boudrenault et Bouderenault), c^ne Champlost. Sa veuve fut inhumée à Sautour, le 25 juin 1707.

[8] Voyez ci-dessus, p. 245, note 5.

[9] *Alias*, cinquante-sept.

TONNERRE.

Il y a dans la ville de Tonnerre : un bailliage seigneurial, un siége de gruerie seigneuriale[1], une élection, un grenier à sel et une maréchaussée[2].

La justice ordinaire, dans la ville de Tonnerre, est rendue au nom de Mme de Louvois, comtesse de Tonnerre[3]. Elle a un bailli et un lieutenant. Ce bailliage est régi par la coutume de Sens, et la gruerie est pareillement exercée en son nom par un juge-gruyer. Les appellations du juge ordinaire se portent au présidial de Sens, et celles du juge-gruyer à la Table de marbre du Palais, à Paris.

Il y a une prévôté royale à Chablis, composée de quatre officiers, dont les appellations sont portées à Villeneuve-le-Roy, par-devant le lieutenant particulier du bailli.

PRINCIPALES TERRES.

Le comté de Tonnerre appartient à Mme de Louvois.

Il y a deux vicomtés : Ligny et Quincy-le-Vicomte.

Ligny appartient aux héritiers de Mme de Marsan[4]; il avait été acquis par feu M. de Seignelay, ministre et secrétaire d'État, peu de temps avant sa mort, de la maison de Tavannes[5]. Cette terre vaut 6,000^{tt} de rente.

Quincy-le-Vicomte, à M. le comte de la Rivière[6], lieutenant de roi de la province de Bourgogne au département de Dijon. Cette vicomté vaut 4,000^{tt} de rente.

Il y a deux marquisats : Cruzy et Argenteuil.

Cruzy appartient à Mme de Louvois; il vaut 8,000^{tt}.

Argenteuil a été acquis par feu M. de Louvois, de M. le marquis d'Argenteuil[7]; il vaut 8,000^{tt} de rente.

---

[1] Juridiction subalterne chargée de veiller sur la conservation des bois et de condamner jusqu'à 12^{tt} d'amende.

[2] Voir les Papiers Florimond, K 1243, 6e liasse.

[3] Anne de Souvré-Courtenvaux, née en 1646, mariée en 1662 au ministre Louvois, veuve en 1691, morte en 1715. «Ce fut une perte fort grande pour sa famille, pour ses amis et pour les pauvres,» dit Saint-Simon (t. XII, p. 393). Elle léguait 20,000^{tt} aux pauvres de ses terres.

[4] La comtesse de Marsan, mariée en 1696 à Charles de Lorraine-Armagnac, comte de Marsan, s'appelait Catherine-Thérèse de Matignon, et était veuve en premières noces du ministre Seignelay. Elle mourut en couches, le 7 décembre 1699, à trente-neuf ans. Elle avait eu des enfants de ses deux mariages. «Femme altière, impérieuse, de peu d'esprit, et parfaitement gâtée par la place, la splendeur, l'autorité et l'étrange hauteur de Seignelay, son premier mari, et par le rang et la naissance du second..... elle ne fut regrettée de personne, ni des siens, que, par crédit, et après par rang, elle avait toujours traités avec beaucoup d'humeur et de hauteur, ni de son mari, qu'elle tenoit de court, et qui demeuroit riche usufruitier d'une partie de ses biens.» (Mémoires de Saint-Simon, tome II, p. 279.)

[5] Cette vente fut faite probablement par les héritiers du comte de Tavannes, lieutenant général et bailli de Dijon, mort en 1683, et l'auteur de mémoires sur les guerres de la Fronde, auxquelles il avait pris une part active comme premier gentilhomme du grand Condé. Le dernier fils de Seignelay, né en 1690, mort en 1695, porta le titre de comte de Ligny.

[6] Henri-François Bureau, comte de la Rivière (maison qu'on ne doit pas confondre avec celle de même surnom qui habitait le Nivernais), était lieutenant de roi dans le premier département de Bourgogne, composé des grands bailliages de Dijon, Châtillon et Bar-sur-Seine.

[7] C'est sans doute le comte d'Argenteuil dont il a été parlé ci-dessus (p. 242), ou son père. Il existait aussi en Bourgogne une autre branche de la maison Le Bascle, qui portait également les titres de comte et de marquis d'Argenteuil, ainsi que celui de baron de Chapelaine, et dont l'auteur, François Le Bascle, seigneur d'Arcy, Château-Chinon et Beauregard, premier gentilhomme de la chambre du comte de Soissons, avait passé pour l'un des plus braves gentilshommes de son temps.

Il y a à Ancy-le-Franc, paroisse distante de trois lieues de la ville de Tonnerre, un château magnifique[1], que feu M. de Louvois a pareillement acquis de la maison de Tonnerre. Le château a été bâti avec grande dépense par Antoine de Clermont, comte de Tonnerre[2]. On y voit, dans plusieurs salles et chambres, des peintures de Nicolo[3], fameux peintre qui a peint la galerie de Fontainebleau du temps de François Ier. M. de Louvois y a fait bâtir une avant-cour et a fait faire les jardins.

Les terres de Prusy, Ragny et Saint-Vinnemer appartiennent à M. de Châteauneuf[4], secrétaire d'État.

Merry-Sec appartient à M. le comte de Courson[5].

Les Riceys, connus par la quantité des vins qui y croissent, sont trois gros bourgs très-proches, qui appartiennent aux héritiers de M. Baron, conseiller au parlement[6].

Villiers-le-Bois appartient à M. le marquis de Ragny[7], de la maison de la Magdeleine-Ragny.

Il y a dans cette élection soixante-trois[8] paroisses qui appartiennent à gens de mainmorte, et cent vingt-sept justices de seigneurs qui sont exercées par leurs officiers, dont les appellations sont portées en différentes juridictions, à Sens, Auxerre et Villeneuve-le-Roy.

Il n'y a que trente-quatre gentilshommes qui fassent leur résidence ordinaire dans l'élection.

VÉZELAY.

Il y a dans la ville de Vézelay : un bailliage seigneurial, une élection, un grenier à sel et une maréchaussée[9].

La justice ordinaire de la ville est rendue au nom de M. Foucquet, évêque d'Agde, en qualité d'abbé du chapitre de la Madeleine de Vézelay[10]. Ce bailliage est régi par la coutume d'Auxerre, qui a été rédigée en l'année 1561[11].

---

[1] Voir le t. III de la *Description de la France*, de Piganiol, p. 385. Coulanges, se trouvant en 1694 à Ancy-le-Franc, écrivait à Mme de Sévigné : « La grandeur de la maison de Clermont est bien étalée dans tous les coins et les recoins d'Ancy-le-Franc, et je suis toujours à admirer qu'on puisse, sans mourir, voir sortir de sa maison tant de belles et magnifiques possessions. M. de Louvois, avec toute sa faveur, mérite qu'on rende à sa mémoire la justice qu'il a eue de n'entrer dans aucune terre qu'on ne lui ait, pour ainsi dire, jetée à la tête. Il n'y a aucun seigneur, grand ni petit, qui puisse lui reprocher la moindre contrainte, et cela peut passer pour un chef-d'œuvre dans le poste où il était. » Les diverses terres acquises avec Ancy formaient un ensemble si considérable que Coulanges les appelait les « États » de Mme de Louvois. (*Lettres de Sévigné*, t. X, p. 194-197.)

[2] Antoine de Clermont, troisième du nom et premier comte de Tonnerre, qui réunit entre ses mains toutes les terres de la famille, mourut vers 1578.

[3] Nicolo dell' Abbate, peintre italien, mort en 1571, auteur de plusieurs fresques célèbres en France, entre autres celle de la galerie d'Ulysse, à Fontainebleau.

[4] Voyez ci-dessus, p. 211, note 3, et p. 244.

[5] Pierre-Paul Coignet de la Thuillerie, comte de Courson, bailli et gouverneur du bailliage d'Auxerre, était petit-fils de Gaspard Coignet de la Thuillerie connu par ses ambassades en Italie, en Suède et en Hollande, et pour qui la baronnie de Courson, en Auxerrois, avait été érigée en comté (1650).

[6] Marguerite Bruneau était veuve, en 1696, d'André Baron, conseiller au parlement.

[7] Anne-Bernard de la Magdeleine, comte de Ragny, capitaine de cavalerie, portait aussi le titre de marquis, quoique ce marquisat, depuis longtemps passé aux Créquy-Lesdiguières, eût été revendu à un particulier.

[8] *Alias*, soixante-cinq.

[9] Voir les Papiers Florimond, K 1243, 4e liasse.

[10] Voyez ci-dessus, p. 102.

[11] Cette coutume fut rédigée par le président de Thou et le conseiller Viole, sur la demande exprimée, en 1558, par les habitants du comté.

JUSTICES DE L'ÉLECTION DE VÉZELAY.

Les appellations, dans tous les cas, sont portées au présidial d'Auxerre.

Il y a à Corbigny un bailliage seigneurial, et à Lormes un autre bailliage seigneurial. Ces deux bailliages ressortissent à Nevers.

A l'Isle, un autre bailliage seigneurial, qui ressortit à Troyes.

Il n'y a de terres considérables, dans l'élection, que Bazoches, qui appartient à M. de Vauban, lieutenant général des armées du roi[1]. Elle vaut 4,000 ᴸ de rente, non compris les bois, dont il y en a quinze cents arpents.

Il y a cinquante-quatre justices de seigneurs qui sont exercées par leurs officiers, dont les appellations sont portées en différentes justices royales. Il n'y en a aucunes qui relèvent immédiatement du parlement.

Il n'y a que quarante-huit gentilshommes qui fassent leur résidence ordinaire dans l'élection.

---

[1] Sébastien Le Prestre de Vauban, seigneur de Vauban, Bazoches, Pierre-Perthuis, Cervon, Pouilly, Épiry, la Chaume, etc., né à Saint-Léger-de-Foucherets le 15 mai 1633, et mort à Paris le 30 mars 1707. Lieutenant général des armées depuis 1688, gouverneur de Lille et commissaire général des fortifications, il ne devait devenir maréchal de France qu'en 1705. Nous reproduisons à l'Appendice son mémoire sur la *Navigation des rivières*, sa *Description de l'élection de Vézelay*, et une partie de son mémoire sur la *Culture des forêts*. En 1700, il venait d'achever le *Projet de dîme royale*, et il le présenta au roi dans le cours de la même année.

CHAPITRE IV.

DES FINANCES[1].

Les finances de la France procèdent de quatre sources principales, qui sont : le Domaine, les Aides, les Tailles et les Gabelles, dont les deniers sont portés au Trésor royal[2], d'où ils se distribuent dans toutes les parties du royaume, suivant leurs besoins.

Le Domaine est le patrimoine du roi, qui

---

[1] Le rédacteur de ce chapitre a dû s'aider du *Traité des aides, tailles et gabelles*, de L. Du Crot, 1636 et 1666.

[2] Le Mémoire n'avait pas à parler du Trésor royal ; voici ce qu'on dit l'*État de la France* de 1698 : «Le Trésor royal, ci-devant appelé l'Épargne, est en France ce qu'était autrefois à Rome l'*Ærarium populi*. Il est comme la mer, dans laquelle, de même que des ruisseaux et des rivières, se viennent rendre toutes les recettes, tant générales que particulières, des tailles, taillon, subsistance, et enfin de tout le revenu du roi ; et dans lequel aussi tous les trésoriers établis pour la distribution des deniers du roi viennent prendre les sommes dont ils ont besoin pour l'administration de leurs charges, comme pour la dépense des maisons royales, pour le payement de la gendarmerie, qui sont les trésoriers de l'ordinaire des guerres et les trésoriers de l'extraordinaire des guerres, les trésoriers de la marine, qui ont charge du payement de l'armée navale et de tous les vaisseaux que le roi met en mer, le trésorier général de l'artillerie, les trésoriers des fortifications, les payeurs des rentes de la maison de ville, les payeurs des officiers des cours souveraines, et plusieurs autres..... Les trésoriers de l'Épargne avaient 12,000 livres de gages, et 3 deniers pour livre de tout l'argent qu'ils maniaient, c'est-à-dire qu'il entrait et qu'il sortait de chez eux, et prenaient autant de fois ces 3 deniers que l'argent était rapporté et transporté de l'Épargne ; ce qui montait à une grande somme. Le roi, les ayant supprimés en avril 1664, fit exercer ces charges par commission, sous le titre de gardes de son Trésor royal ; et par édit du mois de février 1689, il a éteint et révoqué ces commissions, créant en leur place deux charges de gardes de son Trésor royal, avec qualité de conseillers en ses conseils, aux gages de 53,333ᴸ 6ˢ 8ᵈ, dont ils ne toucheront que trois quartiers, montant à 40,000ᴸ.» (*État de la France*, t. III, p. 419-421.) Outre les produits des tailles, aides, gabelles, capitations et autres impositions, le Trésor royal centralisait, selon l'*État de la France*, les recettes qui suivent : la foraine de Languedoc et de Provence, les cinq grosses fermes, le convoi de Bordeaux, la coutume de Bayonne, la ferme de Brouage, les crues d'Ingrande, la ferme de la rivière de Seine aux lieux des octrois, les 9ᴸ 18ˢ de Picardie, les anciens 10 sous de Paris, les nouveaux 10 sous de Paris, les 30 sous de Paris, le domaine de Languedoc, l'ancien et le nouveau domaine de Navarre, les domaines de la reine Marguerite, de Château-Regnault et de la reine mère, les fermes du fer, du papier, du contrôle des bureaux, des cendres gravelées et soudes, le surtaux de la douane de Lyon, le produit des ventes des bois et forêts des généralités de Paris, Soissons, Orléans, Tours, Châlons, Rouen, Caen et du Perche, une partie des recettes faites par le domaine de plusieurs généralités, le produit des parties casuelles, des francs-fiefs, etc. Outre les payements aux trésoriers indiqués plus haut, l'*État de la France* dit aussi que le garde du Trésor acquitte les dons et gratifications du roi, ou du moins donne des assignations et billets portant quittance sur les autres caisses. On trouvera également dans cette publication (t. I, p. 634 et suiv.) les noms de tous les trésoriers en charge. Quant au mécanisme des payements que faisait le Trésor royal et des ordonnancements préalables, voyez un mémoire du temps sur les registres du roi pour les finances, imprimé dans l'Appendice du tome Iᵉʳ de la *Correspondance des contrôleurs généraux*, p. 578-581. On aura aussi des détails intéressants sur l'orga-

DES FINANCES.

lui appartient à cause de sa couronne[1]. Il est aussi ancien que la monarchie, parce que, aussitôt son établissement, les Français assignèrent à leur prince des fonds et revenus suffisants pour satisfaire aux charges de l'État. Par succession de temps, il s'est accru et augmenté.

Le domaine est entendu et défini : celui qui est expressément consacré, uni et incorporé à la couronne, ou qui a été tenu et administré par les receveurs et officiers du roi pendant l'espace de dix ans, et est entré en ligne de compte[2].

Il consiste en propriété et fonds de terres et seigneuries, et en tous droits royaux, comme de régale, amortissements, francs-fiefs et nouveaux acquêts, anoblissements, ban et arrière-ban, aubaines, bâtardises, déshérences, confiscations, amendes, épaves, trésors et biens vacants; droits de dixième des mines, de pêche, de chasse, de tiers-et-danger, de débris sur mer et fleuves publics, atterrissements, accroissements, îles et îlots, dîmes inféodées, patronages, greffes, tabellionages, droits de sceau contrats, banalités, foires et marchés, minages, péages, barrages, travers; droits féodaux et seigneuriaux, comme hommages, censives, lods et ventes, quints, requints, reliefs, rachats, champarts, terriers, droits de poids et mesures; et plusieurs autres qui appartiennent ou peuvent être dus au roi à cause de son domaine[3].

Les aides ont été introduites avant les tailles[4]. Au commencement, elles étaient levées pour un temps seulement, par le consentement des États assemblés; elles n'étaient ordonnées que pour le fait de la guerre et la défense du royaume, selon que la nécessité des affaires le requérait. Quelques historiens ont attribué à Chilpéric, roi de la première race, d'avoir mis le premier des impôts sur le vin[5]; sous le règne du roi Charles VII, les aides furent rendues ordinaires et perpétuelles, et elles furent réglées au vingtième du prix du vin vendu en gros, et au huitième ou quatrième de celui vendu en détail, selon les pays et les autres charges dont ils étaient tenus.

Les Romains appelaient les aides *ærarium militare*. Leur usage était *pro stipendio militum*, pour la solde des gens de guerre. Elles consistaient à la vingtième partie des marchandises sujettes à ce droit.

Les empereurs romains avaient introduit

---

nisation de toutes les caisses royales, dans un mémoire de 1733, conservé aux Archives Nationales, KK 1005°.

[1] Comparez la *Nouvelle description de la France*, par Piganiol de la Force (1722), t. I, p. 433 et suiv.

[2] C'est-à-dire dont il a été rendu compte à la Chambre des comptes. Le Mémoire doit avoir emprunté sa définition à la traduction française, publiée en 1635, du traité *De domanio*, de René Chopin, liv. I, tit. II.

[3] Voyez ci-après, p. 255 et suivantes, l'état des domaines compris dans la généralité de Paris.

[4] Comparez Pasquier, *Recherches de la France*, liv. II, ch. VII.

[5] Il semble qu'il y ait une lacune dans cet historique; du moins Piganiol de la Force, qui s'est servi presque textuellement du Mémoire pour les chapitres correspondants de son premier volume de la *Nouvelle description de la France*, dit ceci (p. 436) : «Il y a des historiens qui assurent que Chilpéric fut le premier qui mit des impôts sur le vin ; et en effet, Grégoire de Tours rapporte, dans le V° livre de son *Histoire*, chapitre XXIX, que Chilpéric ordonna que ses sujets paieraient un quartaut de vin pour chaque arpent de vignes (le texte porte : *unam amphoram vini per aripennem*). Le roi Jean, vers l'an 1355, établit une imposition d'un sol pour livre sur le vin et autres boissons qui se vendent en gros et en détail, et sur toutes les autres denrées qui se transportent hors le royaume. Les aides devinrent ordinaires et perpétuelles, etc.»

plusieurs sortes de tributs sous divers titres et pour différentes causes, dont les historiens font foi, et dont les noms se trouvent dans les livres du code Théodosien et de Justinien, *census, vectigal, tributum, capitatio*, et une infinité d'autres qu'il serait inutile de rapporter ici. Il ne se trouve point d'états ou de républiques où le peuple n'ait été sujet à quelques tributs ou aides : les Hébreux, avant qu'ils eussent été soumis à l'obéissance des Romains, payaient au Temple un tribut; les rois de Perse en avaient ordonné qui étaient départis par provinces; à Athènes, quand le trésor public était épuisé, on en imposait d'extraordinaires pour les nécessités de la guerre, sur les citoyens et les étrangers qui y habitaient.

En France, le terme d'*aides* s'entend, dans sa propre signification, pour les droits sur le vin, soit pour la vente et transport, ou pour la consommation [1].

Les tailles n'ont commencé à être levées en France que vers l'année 1360, pour acquitter la rançon du roi Jean, qui était détenu prisonnier en Angleterre [2]. Grégoire de Tours observe, dans son *Histoire de France*, que, dans les commencements, elles furent accordées libéralement, pour un temps, par les roturiers qui n'allaient pas à la guerre [3]. Le roi Charles VII les rendit annuelles et ordinaires [4].

Les tailles sont réelles ou personnelles.

Les tailles réelles *sunt onera possessionum*, comme en Languedoc et en quelques autres provinces du royaume [5] qui sont demeurées plus longtemps sous la puissance des Romains et sont venues les dernières sous l'obéissance des rois de France. Ces tailles sont les plus anciennes, retenues de l'ancienne coutume selon laquelle ces pays payaient le tribut aux Romains. Plusieurs historiens ont observé que l'empereur Auguste avait ordonné que, dans la province Narbonnaise, le tribut serait réel, et que, dans les autres provinces des Gaules, il serait personnel, pour en tenir les peuples plus soumis

---

[1] Voyez ci-après, p. 275, le détail des aides.

[2] C'est en 1358 que Charles, dauphin et régent du royaume, obtint des aides pour racheter son père; en retour, il promit de n'imposer aucune taille. Par des ordonnances subséquentes, on voit que les tailles se levaient encore à titre temporaire, pour une destination spécialement désignée. Ce fut seulement en 1444 que Charles VII, comme le Mémoire va le dire, les rendit «annuelles et ordinaires.»

[3] Il s'agit d'amendes, et non de tailles, dans le passage auquel le Mémoire fait allusion ici (liv. V, ch. xxvii) : «Chilpericus rex de pauperibus et junioribus ecclesiæ vel basilicæ bannos jussit exigi, pro eo quod in exercitu non ambulassent.» Mais on trouve ailleurs (liv. IX, ch. xxx) une allusion évidente à quelque imposition qui présente de l'analogie avec la taille : «Chilpericus rex descriptores in Pictavos jussit abire... ut scilicet populus censum quem tempore patris reddiderat, facta ratione innovaturæ, reddere deberet...» Suivent des détails qui rappellent assez exactement les procédés de décharge, de côte d'office et de contribution proportionnelle, qui caractérisent la taille au xviie siècle.

[4] «La taille fut levée pour la première fois par saint Louis, à l'occasion de la croisade de l'an 1248; mais elle ne fut alors, de même que longtemps après, qu'une imposition extraordinaire. Elle prit sous Charles VI le nom qu'elle porte encore aujourd'hui, parce que les paysans, ne sachant pas écrire, marquaient sur une *taille* de bois ce qu'ils recevaient pour cette imposition. Elles furent rendues ordinaires et perpétuelles sous Charles VII, etc.» (Piganiol de la Force, *Nouvelle description de la France*, t. I, p. 438.) On sait que, jusqu'au xviie siècle, les collecteurs de certains pays se servaient encore de tailles en bois, comme le dit Piganiol, pour marquer les sommes dues et les sommes payées par chaque contribuable. Mais, selon Étienne Pasquier, cette imposition s'appelait *taille* parce qu'on la levait «par capitation et département, car le mot de *tailler* signifie entre nous *diviser*.»

[5] Le Dauphiné, la Provence, une partie de la Guyenne.

à son empire. Dans les pays où les héritages payent la taille, ils sont divisés en cadastres ou portions, dont les possesseurs de chacune sont tenus d'acquitter les taxes auxquelles ils sont sujets; lesquelles portions ou cadastres se renouvellent de temps en temps, et ordinairement tous les trente ans [1].

Les tailles personnelles sont plus rigoureuses [2] : elles sont imposées sur les personnes; c'est de cette manière qu'elles sont levées dans la généralité de Paris [3].

Sous le roi Louis XI, les tailles ont monté jusqu'à la somme de 4,700,000^{tt}; avant son règne, elles étaient beaucoup moindres. Elles diminuèrent sous le règne du roi Charles VIII : ce prince avait dessein de les réduire à [1,]200,000^{tt}; mais il fut prévenu de la mort avant de l'avoir mis à exécution. Elles augmentèrent sous le règne de François Ier [4].

Les gabelles ont été introduites en France vers l'année 1344, sous le règne du roi Phi-

---

[1] Les inconvénients de la taille réelle provenaient presque tous de la difficulté de refaire en temps voulu, c'est-à-dire fort souvent, les cadastres, compoix, affouagements et allivrements, et Colbert, quoique très-favorable en principe à ce mode de contribution, craignait encore plus la dépense de si longues et si dispendieuses opérations. Cette même crainte suspendait depuis un, deux ou trois siècles la révision de certains cadastres, et l'on peut voir quelles étaient les conséquences d'un tel état de choses dans la correspondance des intendants de Languedoc ou du Dauphiné. Dans cette dernière province, M. Bouchu obtint seulement en 1697 la permission qu'il sollicitait depuis dix ans, de procéder à une révision générale des feux; nous avons résumé les principaux incidents de ce travail dans le n° 1636 du tome Ier de la *Correspondance des contrôleurs généraux*. Il se termina sur les lieux en un an; mais les résultats n'en furent pas complètement établis avant 1706. En Provence, aussitôt après la paix de Ryswyk, l'intendant Lebret fit faire la révision ou réaffouagement en huit mois (mars-décembre 1698). — Ces questions se présenteront mieux à leur place dans les Mémoires des pays de taille réelle.

[2] Le maréchal Fabert, puis Colbert, avaient songé à étendre le système de taille réelle à tout le royaume, et Guy Patin écrivait à ce sujet, en 1664 : «On parle d'un grand projet pour faire la taille réelle, ou bien d'un autre par lequel on ôtera la taille et la gabelle, et chaque personne paiera tant par tête au roi, ce qui semble non-seulement injuste, mais aussi impossible, quoique cela se fasse en Turquie; mais, par la grâce de Dieu, la France ne sera jamais turque!» Ce fut seulement vers 1680 que l'intendant Henri Daguesseau, qui avait longtemps étudié la taille réelle en Guyenne et en Languedoc, décida Colbert à chercher un moyen d'obtenir partout une «régalement des tailles» comme dans les pays de droit écrit. Daguesseau et ses collègues Foucault, de Ris, d'Herbigny et Morant préparèrent un projet de «loi constante et générale;» mais l'exécution devint impossible par la mort de Colbert, et, du projet rédigé, on ne prit que deux titres pour les appliquer aux tailles réelles de Languedoc. Chamillart allait reprendre ce travail, quand éclata la guerre de 1701. — Sur les «sinistres effets de la taille arbitraire,» à l'époque même de la rédaction du Mémoire, voir le *Détail de la France*, de Boisguilbert (1695), et la *Dîme royale*, de Vauban (1700).

[3] Voyez ci-après, p. 278, et l'appendice *Impositions de la généralité de Paris*.

[4] Voici les chiffres généralement admis : sous Charles VII, environ deux millions, l'argent étant alors à 8^{tt} 14^s 8^d 1/12 le marc; sous Louis XI, cinq millions; sous Louis XII, quatre millions; sous François Ier, Henri II et Charles IX, neuf millions. Quand Henri IV monta sur le trône, les tailles, avec leurs crues et le taillon, créé en 1549, s'étaient élevées à près de trente-deux millions. En 1610, Sully était parvenu à les réduire à cinq millions; mais l'augmentation reprit à partir de 1614. En 1636, elles atteignaient trente-six millions; en 1644, quarante-quatre millions; en 1649, cinquante; en 1657, cinquante-trois. Colbert les rabaissa à partir de 1662; elles ne furent que de trente-trois à quarante et un millions jusqu'en 1679. En 1682, elles n'étaient plus qu'à trente-cinq millions, et le grand ministre comptait les ramener à vingt-cinq ; mais, lui mort, elles furent maintenues entre trente-quatre et trente-sept millions. Ce fut seulement après la paix de Ryswyk que le contrôleur général Pontchartrain put les faire descendre à trente-deux et trente millions (1698 et 1699). Voyez les tableaux publiés par Malet, Forbonnais, l'*Encyclopédie*, etc.

lippe V de Valois; « pour quoi, dit Monstrelet, Édouard, roi d'Angleterre, l'appelait l'*auteur de la loi salique*[1]. » Quelques auteurs ont cru que ce fut un juif qui en fut l'inventeur, et qu'elle fut ainsi appelée d'un mot hébreu qui signifie *gabelle*. Mézeray estime que ce fut un Italien[2]. Avant ce temps-là, le sel était en commerce comme les autres denrées.

Dans ces commencements, ce droit de gabelle consistait en quatre deniers pour livre de tout ce qui se vendait[3]; il s'est augmenté peu à peu, en sorte que, du temps de François Ier, le prix était de 24 ⁌ le minot.

Depuis ce temps-là, les nécessités de l'État l'ont fait monter jusqu'à 45 ⁌ le minot[4].

Cet impôt semble être très-politique, en ce qu'il se paye par tous les sujets du roi, ecclésiastiques, nobles, roturiers, et les plus riches en consomment davantage, et par conséquent contribuent plus que les autres à le faire valoir. Mais il faut prendre garde que l'excès du prix ne mette le commun du peuple hors d'état d'en pouvoir user, parce que c'est par cet endroit que vient la grande consommation[5].

Outre ces quatre sources des finances de

---

et les états de récapitulation des fonds que nous avons donnés dans l'Appendice du tome Ier de la *Correspondance des contrôleurs généraux*, pour les années 1683 à 1699.

[1] Ce dicton ne se trouve point dans Monstrelet, et l'on paraît n'en pas connaître exactement l'origine.

[2] « Cet impôt qui fait vendre si chèrement l'eau et le soleil, s'appelle *gabelle*, invention que sans doute les juifs lui donnèrent, ainsi que le montre le mot, venu de l'hébreu *gabal*, qui signifie : limitation de prix; si possible il n'est dérivé de *gabielle*, espèce de fortification (nous avons encore aujourd'hui des *gabions*), pour ce que le prétexte de levée de cet impôt était la fortification des frontières et l'entretien des gens de guerre... C'est pourquoi le roi Édouard, par un trait de raillerie, l'appelait « auteur de la loi salique; » lui, en revanche, appelait Édouard « marchand de laine. » (*Histoire de France*, par Mézeray, éd. de 1643, t. I, p. 802.) On voit qu'il n'est pas question d'un Italien; peut-être l'erreur du rédacteur du Mémoire vient-elle de ce que certains auteurs, tels que Bochart, assignaient au mot *gabelle* une origine italienne et punique; voir le *Dictionnaire étymologique* de Ménage. *Gabelle* étant primitivement synonyme d'imposition, quelle que fût la matière imposable, il est plus probable que ce mot vient de l'allemand *gabe*, « don », que de l'hébreu *Kabbal* ou *Kabbel*, ou de l'arabe *Kabala*.

[3] Piganiol de la Force (*Description de la France*, t. I, p. 436) ajoute que la gabelle du sel avait commencé dès 286 (il en est parlé dans une ordonnance de saint Louis de 1246); qu'elle fut de 2 deniers par minot sous Philippe V, de 4 deniers sous Philippe VI, de 6 deniers sous le roi Jean, de 8 deniers sous Charles V, et de 12 deniers sous Charles VII.

[4] On peut se reporter, pour l'historique des gabelles, à un recueil spécial formé par le commissaire Nicolas Delamare et conservé à la Bibliothèque Nationale (ms. fr. 21759), ou au traité de L. Du Crot, déjà indiqué.

[5] Le prix du sel changeant suivant les provinces et les circonscriptions de la gabelle (ci-après, p. 280), la consommation variait en sens inverse. À la fin de l'ancienne monarchie, Necker l'évaluait comme il suit : neuf livres et demie par tête, dans les pays de grande gabelle, où le prix s'élevait alors à 62⁌ environ le quintal; dix-huit livres dans les provinces rédimées ou franches, où le prix variait entre 2⁌ et 12⁌; vingt-cinq livres dans les pays de quart-bouillon, où le sel était très-mauvais. Il faut ajouter que, dans certaines provinces et à certaines époques de grande misère, la consommation du menu peuple devenait presque nulle. En 1690, un employé supérieur des fermes, faisant une tournée dans le Berry, rapportait que les paysans n'avaient que la moitié du temps de quoi acheter du sel au dépôt, ou bien étaient obligés de le prendre chez le regrattier, où le prix de détail augmentait de 50 p. o/o. Vers le même temps, un directeur des fermes disait à propos du Charolais et de l'Auxois : « Ces pays-là m'ont paru bien gueux. L'on n'y vend du sel qu'à force de prêts; les ventes y diminuent presque partout, et la misère y est si grande, qu'il y a des familles qui n'ont pas mangé de sel depuis plus de six mois. Ils se servent d'herbes et de racines amères pour mettre dans leurs soupes, qui équipollent le sel... » (*Correspondance des contrôleurs généraux*, t. I, n° 953, note.)

DES DOMAINES DU ROI.

l'État, il y en a encore plusieurs autres moins considérables, comme les Parties casuelles [1], le Domaine et barrage [2], les Traites foraines et douanes [3], la Capitation, que les nécessités de l'État obligèrent de lever pendant la dernière guerre [4].

TITRE PREMIER.

ÉTAT DES DOMAINES DU ROI DANS LA GÉNÉRALITÉ DE PARIS, DONT SA MAJESTÉ JOUIT, OU QUI SONT ENGAGÉS, DIVISÉS PAR ÉLECTIONS.

Le domaine de la couronne ne peut être aliéné qu'en deux cas seulement : l'un, pour apanage des fils puînés de la maison de France ; et l'autre, pour aliénation à deniers comp-

---

[1] Quoique condamnée, même par beaucoup d'administrateurs, à cause des procédés d'exaction, la gabelle était considérée par presque tous les économistes du règne de Louis XIV comme pouvant servir de base à une réforme générale du système d'impôts, pourvu que le commerce du sel fût libre. Vauban, en particulier, eût voulu ne conserver qu'un seul impôt de 20ˡ par minot de sel, «à cause de la juste proportion qui se trouve dans la consommation, étant bien certain que plus les gens sont à leur aise, plus ils en consomment, parce qu'ils font meilleure chère, au contraire des gens mal aisés, qui la font toujours mauvaise.» (*Corresp. des contrôleurs généraux*, t. 1ᵉʳ, p. 565.) — Voyez l'article des Gabelles, ci-après, p. 279.

[1] La recette des parties casuelles se composait non-seulement des finances des offices nouvellement créés ou dévolus au fisc par une cause quelconque, mais encore des droits que payaient chaque année les titulaires d'offices et de charges pour s'en garantir la propriété transmissible, ou de ceux qui s'acquittaient en guise de droits de mutation. Le produit de cet article, essentiellement variable suivant l'importance des créations d'offices nouveaux, s'était triplé et quadruplé sous le ministère de Pontchartrain; en 1699 il avait presque atteint le chiffre de douze millions.

[2] On comprenait sous ce nom une grande quantité de droits réunis, qui se percevaient à l'entrée de Paris, et dont l'origine et les titres étaient pour la plupart absolument perdus; l'énumération partielle s'en trouve dans la déclaration royale du 17 septembre 1692, restée en vigueur jusqu'à la fin de l'ancien régime. Sur cette déclaration, voir une lettre de M. de la Reynie, reproduite en partie dans le tome 1ᵉʳ de la *Correspondance des contrô-* leurs généraux, n° 1112. Étienne Richer avait été subrogé à la ferme du domaine et barrage, le 12 juin 1694, pour six ans, à raison de 350,000ˡ par an.

[3] Ce sont les droits levés sur l'entrée et la sortie des marchandises, soit aux frontières du royaume, soit à la délimitation des régions désignées sous les titres de *provinces des cinq grosses fermes* et de provinces réputées *étrangères*. Sous la dénomination de *cinq grosses fermes*, on comprenait : 1° les droits de sortie sur toutes denrées et marchandises; 2° les droits d'entrée des grosses denrées et marchandises; 3° les droits d'entrée des drogueries et épiceries; 4° les traites domaniales exigées de certaines marchandises; 5° le subside de 5 sols par muid de vin, spécial à certaines contrées. Durant les baux précédents, les produits avaient été, au dire des fermiers eux-mêmes :

	EN PAIX :	EN GUERRE :
Gabelles	24,861,361ˡ	24,744,967ˡ à cause d'une augmentation de 2 millions sur le prix du sel.
Grosses fermes et tabac	12,612,473	8,765,761ˡ
Aides	21,289,019	16,118,897
Domaines	6,342,041	5,667,038

En 1697, les nouveaux fermiers, associés sous le nom de Thomas Templier, accordèrent, pour le tout, 52 millions en temps de guerre, 55 en temps de paix (voyez plus loin, p. 281). Après la passation du bail, on fit la distraction de la ferme du tabac, qui fut adjugée à 1,500,000ˡ par an. Le droit de marque des chapeaux et le domaine d'Occident formèrent une ferme à part, ainsi que les postes; cette dernière ferme fut adjugée un peu plus tard, sur le pied de 2,800,000ˡ par an. Tout compris, le produit brut des fermes, en 1699, fut de 65,975,750ˡ.

[4] Sur la capitation, voyez ci-après, p. 283.

tants pour cause de guerre, après lettres patentes vérifiées aux parlements[1].

Dans le premier cas, il est réversible à la couronne par le décès de ces princes sans hoirs mâles : cette condition a été fort prudemment introduite en la troisième lignée de nos rois, pour empêcher la division et le démembrement de la couronne et du royaume qui s'était fait dans les deux premières, qui ont causé de si grands troubles dans l'État. La forme des apanages se trouve prescrite par l'ordonnance du roi Charles V du mois d'octobre 1374. Les apanages doivent au roi les fois et hommages-liges, c'est-à-dire d'entière, pleine et totale subjection, fidélité, et reconnaissance de leurs apanages, avec réserve à Sa Majesté du droit de ressort, de souveraineté, et de la garde des églises cathédrales et autres qui sont de fondation royale.

Et dans l'autre cas, il l'est toujours à la volonté du roi, en remboursant les engagistes, la faculté de rachat étant de droit perpétuel et inhérente à la qualité de domaine. Nous en avons des dispositions très-précises dans les ordonnances de 1401, 1539 et 1556[2].

Les Romains avaient une épargne qu'ils appelaient *sanctius ærarium*, qui était réservée pour la nécessité de la guerre : aussi nos rois en ont eu quelquefois; mais, ce trésor royal ayant été épuisé, il a fallu avoir recours aux aliénations du domaine.

Le prix du bail du domaine de la généralité de Paris est de 108,000^{tt}, y compris les 4 sols du contrôle des exploits[3].

Ce droit de contrôle des exploits fut établi en l'année 1669[4], à raison de 5 sols par exploit; il en a été aliéné un sol pendant la dernière guerre[5], et créé un autre, et ces deux sols ont été, depuis, réunis à la ferme générale, au mois d'avril 1698. Ils sont estimés, pour la généralité, non compris la ville de Paris, la somme de 25,000^{tt}.

Le domaine de la ville de Paris était autrefois considérable par les greffes, qui faisaient un gros revenu; ils ont été aliénés en différents temps, en sorte que le domaine est fort diminué, le roi ne s'étant réservé que les droits de lods et ventes[6] qui sont dans la directe[7], qui peuvent valoir, année commune, 15,000^{tt}[8].

---

[1] C'est le texte de l'article 1er de la grande ordonnance de Moulins pour la réunion du domaine (1566). — Sur cette question de l'aliénabilité, nous ne saurions mieux faire que de renvoyer à l'article Domaines de l'*Encyclopédie méthodique des finances*, de 1784, où la matière est traitée aussi amplement que savamment, tant au point de vue de l'histoire qu'à ceux de la jurisprudence, de la théorie et de la pratique.

[2] Voir le *De domanio*, de René Chopin, livre II, et les *Recherches pour montrer que plusieurs provinces et villes du royaume sont du domaine du roi*, à la suite des *Traités touchant les droits du roi*, de Pierre Dupuy (1655). L'ordonnance du 14 février 1401 (ancien style) était la première qui eût proclamé l'inaliénabilité du domaine.

[3] Depuis 1688, le prix du bail général des domaines était de 6,000,000^{tt}.

[4] Édit d'août 1669.

[5] Par édit de mars 1695, et sous prétexte que le produit du contrôle, comme celui des amendes, diminuait parce que les officiers chargés du recouvrement n'étaient pas assez intéressés à le faire exactement et se contentaient de jouir de leurs priviléges, il fut attribué aux contrôleurs 1 nouveau sol pour livre, et au receveur des amendes 2 sols pour livre. Au mois de février suivant, le contrôle des exploits fut étendu à la Bourgogne et aux pays conquis, Flandres, Artois, Sarre, Roussillon, Alsace, etc.

[6] Les lods et ventes étaient un droit de mutation dû au seigneur féodal censier, pour toute aliénation d'héritage situé dans sa mouvance.

[7] C'est-à-dire dans le ressort de sa seigneurie immédiate, qu'il s'agit de fiefs nobles ou d'héritages de roture.

[8] Colbert s'était occupé de faire solidement établir les droits du roi, comme seigneur direct, sur toutes les portions du territoire parisien qui dépendaient de sa mou-

Les fermiers généraux, dans la sous-ferme du domaine, se sont réservé les droits seigneuriaux de quints, requints, lods et ventes, rachats, et autres droits seigneuriaux procédant de la vente des terres titrées, comme duchés-pairies, comtés, et autres grandes terres relevant nûment de la tour du Louvre, le roi, par leur bail, leur ayant abandonné le tiers de ses droits casuels lorsqu'ils montent jusqu'à 6,000 ᴸ et au-dessus.

On a créé de nouveaux droits de domaine en l'année 1696, qui sont les petits sceaux et le contrôle des actes des notaires, dont on a composé une ferme particulière, laquelle n'est pas encore constante [1]. La régie de ces droits fera connaître si l'utilité de son produit pourra être compensée avec l'embarras qu'ils causent aux peuples.

ÉLECTION DE PARIS [2].

GONESSE.

Le domaine de Gonesse est divisé en domaine foncier et domaine de la seigneurie.

Le domaine foncier fut aliéné à M. le maréchal duc d'Estrées [3], en l'année 1645, moyennant 335,000 ᴸ. Il consiste en quatre moulins banaux et deux cent cinquante-deux arpents de terres labourables, et quelques champarts.

Le domaine de la seigneurie a été aliéné à M. le cardinal d'Estrées, le 24 juillet 1696, moyennant la somme de 192,000 ᴸ, qui a été réduite, par arrêt du Conseil, à 150,000 ᴸ, par gratification du roi. Il consiste en la justice, droits de cens, minage, et autres droits seigneuriaux, qui valent environ 8,000 ᴸ de rente [4].

---

vance. Le 28 décembre 1666, un premier arrêt du Conseil avait chargé la Chambre du trésor de «travailler incessamment à la confection d'un nouveau papier terrier et reconnaissance de toutes les terres et seigneuries, maisons et héritages, et autres biens et droits tenus et mouvants de S. M., tant en fiefs qu'en censives, à cause de son domaine de la ville, prévôté et vicomté de Paris, anciens ressorts et enclaves d'icelle, et aux bornes et limites des territoires et seigneuries voisines.» La guerre de 1672 ayant suspendu ce travail, un autre arrêt du 14 décembre 1700 chargea la Chambre du domaine, substituée à celle du trésor, de le reprendre, et les trésoriers de France (voyez ci-dessus, p. 194) firent exécuter le magnifique terrier en dix volumes conservé aujourd'hui aux Archives Nationales, Q¹ 1099¹⁻¹⁰. Sur cette opération, voir un carton des Papiers du Contrôle général, G⁷ 1318, et l'état des fiefs appartenant à des communautés ou à des particuliers, dans le carton G⁷ 425, 6 novembre 1683.

[1] La création du droit de petit scel remontait bien au mois de novembre 1696, mais celle du contrôle des actes des notaires était plus ancienne. C'est au mois de mars 1693 qu'avait été établi cet enregistrement, dont il fut fait une ferme sur le pied de 600,000 ᴸ pour les deux premières années, et de 900,000 ᴸ pour les quatre suivantes. En 1694, les notaires de Paris se firent dispenser du contrôle en prêtant un million au roi, dont l'intérêt leur fut payé à raison de 5 p. 0/0, sans compter une augmentation de 40 sols sur chaque vacation d'inventaire. Voir un mémoire fait vers 1717 et conservé à la Bibliothèque Nationale, ms. fr. 7726.

[2] Parmi les nombreux documents que possèdent les Archives Nationales, nous devons surtout signaler un *État en détail de la consistance du domaine de la généralité de Paris*, en deux volumes (P 1317 et 1318). Ce travail a été exécuté en 1776-1778, pour la Chambre des comptes. Le premier volume donne : 1° un répertoire alphabétique des fiefs mouvants du roi; 2° l'énumération des censives et directes du roi dans Paris et la généralité. La seconde partie (P 1318) est consacrée aux domaines «hors la main du roi», c'est-à-dire domaines aliénés à perpétuité, domaines donnés en apanage, domaines aliénés avec faculté de rachat perpétuel, et domaines engagés à temps ou à vie. Les sections des domaines aliénés sont disposées selon l'ordre alphabétique. On trouvera aussi dans une quatrième section de ce second volume le répertoire des fiefs mouvants de chaque domaine engagé.

[3] Voyez ci-dessus, p. 123, note dernière.

[4] Voir le registre P 1318, fol. 370, et un dossier dans les Papiers du Contrôle général, G⁷ 1318. Le domaine de la seigneurie de Gonesse passa à l'Hôtel-Dieu de Paris, puis rentra au domaine du roi et fit l'objet d'un échange avec M. de Machault.

BRIE-COMTE-ROBERT.

M. le président de Mesmes est engagiste du domaine de Brie, qui vaut 3,000ᵗᵗ de rente, outre huit cents arpents de bois qui en dépendent.

Il y a plusieurs grandes terres, fiefs et seigneuries qui relèvent du roi à cause du comté de Brie, dont les profits appartiennent à l'engagiste[1].

CORBEIL.

Le domaine de Corbeil[2] est engagé à M. le maréchal duc de Villeroy, qui en jouit par hérédité de ses ancêtres, au moyen de l'acquisition qui en fut faite en l'année 1585, par M. de Villeroy[3], secrétaire d'État, son bisaïeul, de la veuve et héritiers de Guy l'Arbaleste, vicomte de Melun[4], président en la Chambre des comptes de Paris, auquel il avait été vendu et aliéné par les commissaires du roi, en l'année 1552, sous le règne de Henri II[5].

MONTLHÉRY.

Le domaine de Montlhéry a été engagé à M. Phélypeaux, conseiller d'État, intendant de la généralité de Paris, par les commissaires du roi, par contrat du 18 juillet 1696, moyennant la somme de 60,000ᵗᵗ. Par le bail qui en a été fait en l'année 1687, il vaut environ 4,000ᵗᵗ de rente, sur quoi il y a des fiefs, aumônes et autres charges à acquitter[6].

AUVERS.

La terre d'Auvers[7] est dans la châtellenie de Chelles, et est un engagement très-ancien. Elle a été possédée dans les derniers temps par Mᴸˡᵉ de Tresmes[8], qui l'a vendue, il y a trente ans, à M. Guillard[9], conseiller au parlement, la somme de 50,000ᵗᵗ. Cette terre ne vaut pas plus de 600ᵗᵗ de revenu.

ÉLECTION DE SENLIS.

Le domaine de Senlis fut aliéné en l'année 1633, à M. d'Épernon[10], tuteur de ses enfants et de Diane, légitimée de France, par contrat et lettres patentes qui furent vérifiés en la cour de parlement. Ces lettres portent : « sans qu'il se puisse dire comte de Senlis. » Depuis, le roi est rentré dans ce domaine et en jouit; il est affermé, avec celui de Beauvais et Com-

---

[1] Voyez l'état et la consistance de ce domaine dans le registre P 1318, fol. 339 v° à 362.

[2] Voyez ci-dessus, p. 210.

[3] Nicolas III de Neufville de Villeroy, l'auteur des *Mémoires*, mort en 1617, après cinquante-six années de services continués sous quatre règnes successifs.

[4] Guy l'Arbaleste, seigneur de la Borde et vicomte de Melun, ancien maître et général des finances en Bretagne, président de 1554 à 1568.

[5] Ce domaine fut aliéné le 18 juillet 1553, selon le registre P 1318, fol. 365; la date de 1552 est donnée par les *Recherches* de Dupuy, p. 788. On trouvera un état des lieux du château de Corbeil et un devis de réparations dressé par le frère Romain, le 13 mars 1701, dans les Papiers du Contrôle général, G⁷ 431.

[6] Voyez ci-dessus, p. 208.

[7] *Sic*, ou Auvert, pour Vaires (alors Ver et Veres).

[8] Voyez ci-dessus, p. 208, note 5.

[9] Claude Guillard, ancien conseiller au parlement de Metz, reçu conseiller à la 5ᵉ chambre des Enquêtes, le 18 mai 1689.

[10] Bernard de Nogaret de la Valette et de Foix, duc d'Épernon, de Candalle, etc., chevalier des ordres du roi et de celui de la Jarretière, colonel général de l'infanterie française (1610), gouverneur de Guyenne et de Bourgogne, épousa : 1° en 1622, Gabrielle-Angélique (et non Diane, comme le dit le Mémoire), fille légitimée de Henri IV et de la marquise de Verneuil, laquelle mourut le 24 avril 1627, laissant un fils qui porta le titre de duc de Candalle, et une fille qui se retira aux Carmélites; 2° en 1634, la fille du marquis de Coislin. Il mourut en 1661.

piègne, par un même bail, la somme de 22,000⁺⁺ de rente. Par le bail précédent, qui a fini en l'année 1687, le domaine de Senlis était affermé seul 7,000⁺⁺.

BEAUMONT-SUR-OISE.

Beaumont-sur-Oise est un domaine engagé, dont jouit Mme la maréchale de la Mothe[1]. Il vaut 13,500⁺⁺ de rente. Il fut donné originairement par le roi François Ier au connétable de Montmorency[2], qui le vendit à Monsieur[3]; Monsieur, à M. de Marchaumont[4]; M. de Marchaumont le vendit à M. de Liancourt[5], qui le vendit à M. le maréchal de la Mothe[6].

On trouve dans les chartes du parlement qu'au mois de janvier 1411, le roi Charles VI réunit à son domaine les comtés de Valois et de Beaumont sur le duc d'Orléans, et celui de Clermont sur le duc de Bourbon; et dans l'exposé de ces lettres il est dit que c'est pour cause de rébellion et de désobéissance[7].

Chambly est un domaine qui fut donné par le roi Philippe le Bel à l'abbaye et religieuses du Moncel, avec la terre de Pont-Point, pour fondations et œuvres pieuses, en usufruit perpétuel[8].

Pont-Sainte-Maxence est un domaine qui fut engagé en 1613, par la reine Marguerite[9], au sieur de Villiers de Fécamp[10], moyennant 13,000⁺⁺. En 1620, il fut revendu à M. de Montataire[11], 19,000⁺⁺; en 1631, à M. le marquis de Saint-Simon[12]. Présentement M. le

---

[1] Voyez ci-dessus, p. 212, note 5.

[2] Ce domaine fut cédé par lettres patentes du 6 janvier 1526, à Anne de Montmorency, connétable de France, pour lui tenir lieu d'une somme de 40,000 écus que François Ier lui avait promise.

[3] François de France, duc d'Anjou et d'Alençon, frère de Charles IX, eut Beaumont dans l'apanage qui lui fut constitué en 1570; mais il paya 24,000 écus à la veuve du connétable.

[4] Pierre Clausse, seigneur de Marchaumont, Courances et Dannemois, conseiller du roi en son Conseil privé, secrétaire des finances de Charles IX, surintendant de la maison de Monsieur, fut substitué à ce dernier, le 2 décembre 1578, dans l'engagement de Beaumont.

[5] Roger du Plessis, sieur de Liancourt, premier gentilhomme de la chambre du roi Louis XIII, se porta adjudicataire le 8 février 1630, en remboursant 117,000⁺⁺ d'ancien engagement à Antoinette de Pons, marquise de Guiercheville, dame d'honneur de la reine mère, et en payant au roi un supplément de finance de 4,510⁺⁺.

[6] Philippe de la Mothe-Houdancourt, fait maréchal de France en 1642, mort en 1657. Sa veuve (ci-dessus, p. 212) vendit Beaumont au prince de Conti, en 1705.

[7] Les deux comtés, « forfaits, acquis et confisqués pour raison et occasion des très-grands et énormes crimes, délits, rébellions et désobéissances » de Charles d'Orléans et Jean de Bourbon, furent unis et incorporés au ressort du bailliage de Senlis par lettres du mois de janvier 1411, ancien style. (Trésor des chartes, carton J 160, pièce 63.)

[8] La charte de fondation du monastère du Moncel (ci-dessus, p. 95) est imprimée dans la *Gallia christiana*, tome X, preuves, col. 270.

[9] Marguerite de France (1552-1615), première femme de Henri IV.

[10] Louis de Villiers de Fécamp acquit ce domaine le 25 juin 1613. Un ancien château royal portant le nom de Fécamp était contigu au monastère du Moncel, dont il vient d'être parlé, et par conséquent fort voisin de Pont-Sainte-Maxence.

[11] Le domaine de Pont-Sainte-Maxence fut adjugé le 27 juillet 1620 à Jean de Madaillan, seigneur de Montataire, moyennant un supplément de finance de 1,100⁺⁺.

[12] Par contrat du 20 mars 1631, Charles de Rouvroy Saint-Simon, dit le marquis de Saint-Simon, déjà seigneur de la châtellenie de Pont-Sainte-Maxence, acquit le domaine des héritiers de M. de Montataire. Le marquis de Saint-Simon, frère aîné du premier duc de ce nom, fut maréchal de camp, chevalier des ordres, etc. Il mourut en 1690, sans laisser de postérité de Louise de Crussol d'Uzès, sa femme, qui était veuve en premières noces du marquis de Portes, et qui mourut en 1695, léguant toute sa fortune et celle de son mari à sa propre famille.

duc d'Uzès en jouit comme héritier de feu Mme de Saint-Simon[1].

Creil et le comté de Clermont furent engagés en 1569 au duc de Brunswick[2] de Lünebourg, moyennant 16,000 ₶ de rente. Depuis, ces domaines ont passé à la maison de Lorraine; présentement ils appartiennent à la maison de Soissons[3]. Le seul domaine de Creil est affermé 7,000 ₶ et quatre-vingt-dix setiers de blé.

Brenouille[4], en ce qui est du gros de la mairie, est un domaine qui fut engagé en l'année 1613, par la reine Marguerite, audit sieur de Villiers de Fécamp[5], qui le céda la même année au sieur Le Bel de la Boissière, moyennant 3,000 ₶; il appartient présentement au sieur Le Bel de la Boissière, son petit-fils[6].

ÉLECTION DE COMPIÈGNE.

Le domaine de Compiègne appartient au roi; il est affermé conjointement avec celui de Senlis, comme il a été observé ci-dessus[7].

Béthisy, avec Verberie, est un domaine engagé, en l'année 1615, au sieur de Lancy-Raray[8]. Le prix de la vente et les suppléments de finances qui ont été payés jusqu'en l'année 1625, montent à 32,000 ₶. Il vaut 1,500 ₶ de rente. Depuis l'engagement il est toujours demeuré dans sa maison[9].

ÉLECTION DE BEAUVAIS.

Il n'y a point d'autre domaine, dans l'élection de Beauvais, que la châtellenie de Milly, qui est dépendante et fait partie du comté de Clermont, qui fut engagé en l'année 1569 au duc de Brunswick, comme il a été observé ci-dessus, dans l'article de Senlis[10]. M. le comte de Soissons[11] en jouit présentement.

---

[1] Voyez ci-dessus, p. 212. On trouvera une description du domaine de Pont-Sainte-Maxence et des droits qui en dépendaient, dans le registre P 1318, f° 375 v° à 378. L'ensemble du revenu ne s'élevait qu'à 770 ₶, sur quoi une rente de 363 ₶ était due au domaine de Senlis. L'ancien château ne servait plus qu'à l'auditoire et aux prisons.

[2] Éric II, duc de Brunswick, marié en 1575 à Dorothée, fille du duc de Lorraine, dont il n'eut pas de postérité. Il laissa la propriété de l'engagement à son beau-frère Charles de Lorraine, et ce fut en 1615 que la comtesse de Soissons, Anne de Montafié, devint propriétaire.

[3] Voyez ci-contre, note 11, et plus haut, p. 215.

[4] Voir la description du domaine de Brenouille, dans le manuscrit P 1318, f° 358 v°.

[5] Ci-dessus, p. 259, note 10.

[6] Daniel Le Bel, dit le marquis de la Boissière, vendit la seigneurie et la mairie royale de Brenouille, avec plusieurs autres fiefs, par contrat du 19 mars 1714, à la comtesse de l'Aubespine de Verderonne. Son prédécesseur, Louis Le Bel, seigneur de la Boissière et de Brenouille, maréchal de camp, avait épousé une sœur du maréchal de la Mothe-Houdancourt. Ils étaient de la même famille que le fermier général Le Bel de Couloues, cité p. 217.

[7] Ci-dessus, p. 258. Sur certains droits qui furent démembrés du domaine de Compiègne en 1718 et 1719, voir le registre P 1318, f° 447.

[8] Nicolas de Lancy, seigneur et baron de Raray, trésorier général de la maison de Monsieur Gaston, mort en 1639. Son fils, Henri de Lancy, baron de Raray, seigneur de Néry, Favorolles, Vérines, etc., capitaine-lieutenant des gendarmes de Monsieur et gouverneur du fort de Brescou, se titrait châtelain héréditaire de Béthisy et de Verberie.

[9] Voyez ci-dessus, p. 70 et p. 212, note 9.

[10] Ci-contre, note 2, et plus haut, p. 215.

[11] Louis-Thomas de Savoie, comte de Soissons (1657-1702), ayant d'abord servi Louis XIV comme maréchal de camp, en avait reçu force bienfaits, puis était passé à l'étranger, en 1694, sous prétexte d'aller prendre du service chez les Vénitiens. Ses pensions avaient été supprimées par suite, et ses biens mis sous le séquestre, pour les revenus en être versés à la caisse de l'extraordinaire des guerres. Après avoir couru l'Europe pour chercher des services et du pain,» il finit par trouver emploi, comme général de l'artillerie, dans l'armée confédérée, grâce à son frère le prince Eugène; mais il fut tué dès le début de la guerre de Succession, au siège de Landau

ÉLECTION DE PONTOISE.

Le domaine de Pontoise[1] est engagé à M. le cardinal de Bouillon[2]. Cette aliénation fut faite en l'année 1579, au profit de M. de Neufville d'Alincourt[3], moyennant la somme de 40,000^{tt}. Il a passé ensuite à M. le cardinal de Joyeuse[4]; depuis, par acquisition de ses héritiers, à M. le cardinal de Richelieu[5], dont Mme la duchesse d'Aiguillon[6], sa nièce, hérita. Après elle, il a passé à Mme la duchesse d'Aiguillon[7], sa nièce, de laquelle M. le cardinal de Bouillon l'a acquis.

Il consiste au château[8], qui appartient au roi et fait partie de l'engagement; au droit de travers sur le pont de Pontoise et aux portes de la ville, qui est affermé 1,800^{tt}; en quelques rentes et redevances seigneuriales; au droit de présenter, aux charges de l'ordinaire, aux doyenné et canonicats de l'église collégiale de Saint-Mellon de Pontoise, qui est de fondation royale[9]; aux droits de censives et lods et ventes sur plusieurs maisons et héritages qui sont dans la directe du roi, qui peuvent monter par an à 120^{tt}; au droit de relief de quelques terres du Vexin qui relèvent du roi en plein fief à cause de son château de Pontoise, aux us et coutumes du Vexin-le-Français, qui est, à toute mutation, relief[10], lequel relief est le revenu d'une année; outre le casuel, comme épaves, confiscations, etc.

Le roi a réuni à son domaine le contrôle des exploits, celui des actes des notaires et les petits sceaux. Ces droits ne sont point affermés; ils sont régis par des commis préposés pour en faire la perception.

ÉLECTION DE MANTES ET MEULAN.

MANTES[11].

DOMAINES DONT LE ROI JOUIT.

Le contrôle des exploits, à raison de 4 sols, produit par chacun an 4,000^{tt}.

(1702). C'était «un homme de peu de génie, fort adonné à ses plaisirs, panier percé.....» (*Mémoires de Saint-Simon*, t. II, p. 24, et t. III, p. 301.)

[1] Voyez, aux Archives Nationales, carton Q³ 230-233, l'article du domaine de Pontoise dans un travail exécuté au XVIIIe siècle, d'après les documents que possédait la Chambre des comptes.

[2] Voyez ci-dessus, p. 72 et 73, et les *Additions et corrections*.

[3] Selon Piganiol de la Force, Charles de Neufville, baron d'Alincourt, fils du secrétaire d'État, n'acquit Pontoise que de seconde main, en 1593.

[4] Voyez ci-dessus, p. 73.

[5] C'est le 31 octobre 1626 que le cardinal de Richelieu acheta Pontoise de M. d'Alincourt, au prix de 44,650^{tt}.

[6] Marie-Madeleine de Vignerot du Pont-Courlay, dame d'atour de la reine Anne d'Autriche et veuve de M. de Combalet, créée duchesse d'Aiguillon en 1638, mourut en 1675, ayant testé au profit de sa nièce, qui suit.

[7] Marie-Thérèse de Vignerot du Pont-Courlay, demoiselle d'Agénois, sœur du marquis de Richelieu, devenue duchesse d'Aiguillon après sa tante, mourut, sans s'être mariée, en 1704. «L'une des plus extraordinaires personnes du monde : avec beaucoup d'esprit, elle fit un mélange de vanité et d'humilité, de grand monde et de retraite, et qui dura presque toute sa vie.» (*Mémoires de Saint-Simon*, t. IV, p. 201.) Elle céda l'engagement de Pontoise en 1684.

[8] On trouvera un rapport sur l'état du château de Pontoise, avec un projet de réparation, dans les Papiers du Contrôle général, G⁷ 428, 25 juillet 1693.

[9] Voyez ci-dessus, p. 71.

[10] Voyez l'article 2 de la coutume de Paris, et le commentaire de cet article dans le *Répertoire de jurisprudence*, de Guyot, t. XV, p. 30. — Le relief ou rachat représentait le retour momentané du fief entre les mains du seigneur dominant, comme il se pratiquait au temps des fiefs à vie (ci-dessus, p. 169), et sa réintégration, moyennant indemnité, entre les mains de l'héritier ou de l'ayant cause.

[11] Voyez le ms. Q³ 230, fol. 169-174, et le registre P 1318, fol. 448 et 449 v°.

Les droits seigneuriaux de menus cens, 40 ₶.
Le droit de clerc de l'eau[1], 700 ₶.
Le droit de pied fourché, 50 ₶.
La nage par eau, qui consiste en 75 sols à prendre sur chacun bateau chargé de sel qui monte par la rivière de Seine, 50 ₶.
La moitié du droit sur le poisson de mer, 100 ₶; l'autre moitié appartient à l'hôtel de ville.
Le droit de forage[2], 700 ₶.
Les amendes des justices, 200 ₶.
Les prisons, 30 ₶.
Le droit de passage en l'île de Limay et d'Armessan[3], 55 ₶.
Les pêcheurs de Mantes payent au roi 100 ₶.
Le roi a quatre arpents de prés dans l'île de Juziers, affermés 70 ₶; trente perches de prés en l'île d'Armessan, affermées 5 ₶;
Un étal à la boucherie, affermé 15 ₶;
Le droit d'étalage, 120 ₶;
Les loyers des fortifications, 270 ₶;
La justice de Jumeauville, 45 ₶;
La justice de Boinvilliers, 6 ₶;
La justice de Verneuil, avec une rente, 10 ₶ 5 s;
Place du four à ban de la rue du Vieux-Pilori, 10 ₶;
Rente sur deux maisons de Limay, 13 ₶.
Les avénages[4], savoir:
Sur la paroisse de Chérence, quatre-vingt-seize minots;

Chaussy, quarante-huit minots;
Saint-Martin-de-la-Garenne, quatre-vingt-deux minots;
Follainville, vingt-quatre minots;
Le Coudray, cinquante-deux minots;
Guernes, trente-six minots;
Issou, quarante-six minots;
Porcheville, quarante-huit minots;
Lainville, Montalet et Sailly, vingt-quatre minots;
Boissy, cent soixante minots;
Pour lesquels il y a procès au parlement entre les fermiers du domaine et la ville de Mantes.
Il y en a aussi un autre, entre les mêmes parties, pour raison:
Du droit de brunelage[5] de Limay, qui vaut 200 ₶;
Du droit de la pêche des arches du pont, qui vaut 300 ₶,
Et de la boîte[6] par terre, qui vaut 165 ₶.

DOMAINES DE MANTES ALIÉNÉS[7].

Le grand acquit, affermé 600 ₶; aliéné à Mme la marquise du Vignau[8] et à MM. de Clinchamp, moyennant 8,400 livres écus d'or.
La boîte par eau, affermée 380 ₶; aliénée à M. Le Peletier de la Houssaye[9] et à M. le marquis de Blaru, moyennant 10,000 ₶.
Le petit scel des contrats, qui valait 200 ₶

---

[1] *Alias*, clerc de l'eau ou clerc d'eau.
[2] Droit perçu sur le vin vendu en détail par les taverniers et hôteliers.
[3] *Alias*, Ormesson. — [4] Prestations en avoine.
[5] Droit sur les bateaux ou allèges appelés *brunnets*.
[6] Droit de péage ou travers payé par les bateaux sur la rivière, par les voitures sur la terre.
[7] Voyez le registre P 1318, fol. 438 v° et 448, et l'article de Mantes, dans le titre des Péages et travers.
[8] Marie Viole, veuve d'Alexandre de Boulene, marquis du Vignau, mort en 1693, lieutenant des gardes du corps et maréchal de camp.
[9] Nicolas Le Peletier, seigneur de la Houssaye et de Château-Poissy, conseiller au parlement en 1653, maître des requêtes en 1660, mort en 1674; ou l'un de ses fils: Félix Le Peletier de la Houssaye, conseiller au parlement en 1687, maître des requêtes en 1690, intendant à Soissons en 1694, à Montauban en 1698, en Alsace en 1699, qui devint conseiller d'État semestre en 1708 et ordinaire en 1719, contrôleur général des

avant la nouvelle attribution; aliéné à M. Le Fèvre[1], conseiller au parlement.

Les tabellionages de Mantes valent 1,000^{tt}. Ils ont été aliénés en 1578, moyennant 11,000^{tt}; revendus en 1618, la somme de 11,770^{tt}. Ils sont plusieurs propriétaires, qui ont payé de nouvelles finances de temps en temps.

Le greffe ancien du bailliage et présidial de Mantes, affermé 600^{tt}; aliéné à Mme la marquise de Chavigny[2].

Les greffes alternatif et triennal, affermés chacun, en l'année de leur exercice, 600^{tt}; aliénés à Mme la marquise de Soulangé(?), moyennant 10,000^{tt}.

Le greffe ancien de la prévôté de Mantes, affermé, en l'année d'exercice, 600^{tt}; aliéné à Pierre et à François Duclos.

La voiture depuis le Fossé-Goyart jusqu'à Poissy, et celle de Meulan à Mantes[3], aliénées en l'année dernière à M. le duc de la Roche-Guyon[4], moyennant 5,000^{tt}, sont affermées, la première 260^{tt}, et l'autre 66^{tt}.

Le motteau[5] de devant le village d'Évecquemont, aliéné à Mme Le Noir, moyennant 240^{tt}, vaut 18^{tt} de rente.

Mme la duchesse de Verneuil[6], en qualité d'héritière de M. le chancelier Séguier, son père, est engagiste du domaine de Mantes quant aux offices et bénéfices seulement, auxquels elle présente; elle a abandonné le domaine utile au roi, ayant prétendu que les charges excédaient le revenu[7].

MEULAN.

DOMAINES DONT LE ROI JOUIT.

Le cler de l'eau, affermé 700^{tt}.
Le pied fourché, 25^{tt}.
Le poisson de mer, 30^{tt}.
Le courtage, 100^{tt}.
Les amendes, 10^{tt}.
Une pièce de pré, 75^{tt}.
Le travers de Viguy, 200^{tt}.
Le travers du fort, 60^{tt}.
Les prisons et menues coutumes, 120^{tt}.
Les pêcheurs payent au roi 120^{tt}.
Les champarts d'Averne, 4^{tt} 10^s.
Rente sur les grands étangs de Meulan, 600^{tt}.
Un setier de blé sur le moulin des Mureaux, 10^{tt}.

DOMAINES DE MEULAN ALIÉNÉS[8].

Le grand acquit, affermé 8,000^{tt}; aliéné,

---

finances en 1720, et qui mourut le 10 septembre 1723; ou Claude-Henri Le Peletier de la Houssaye, seigneur de Saint-Laurent, fils cadet, marié en 1697 et capitaine aux gardes après avoir été d'église. Cette famille, toute différente de celle du contrôleur général Claude Le Peletier, était originaire de Meulan et d'extraction modeste; elle avait été, disait-on, anoblie en 1590, comme les Lesseville, ci-après, p. 264, note 2.

[1] Il y avait, en 1698, deux conseillers de ce nom: Gervais Le Fèvre d'Eaubonne, reçu à la 3e chambre des Enquêtes en 1674, et marié à une fille de M. de Pomereu; et François Le Fèvre de la Malmaison, reçu à la 2e chambre des Requêtes le 4 janvier 1690.

[2] Voyez ci-dessus, p. 238.

[3] Sur cette «voiture,» voir une pièce publiée dans la *Correspondance des contrôleurs généraux*, t. Ier, n° 1532.

[4] François VIII de la Rochefoucauld (1663-1728), titré duc de la Roche-Guyon en 1679, maréchal de camp, grand maître de la garde-robe et grand veneur en survivance du duc de la Rochefoucauld, son père.

[5] Île couverte d'oseraies.

[6] Voyez ci-dessus, p. 212, note 1.

[7] Le château de Mantes était en ruines; voir un devis de réparations du 15 septembre 1710, dans les Papiers du Contrôle général, G⁷ 437. On acheva de le détruire en 1721, pour employer les matériaux à la construction de casernes.

[8] Voir le registre P 1318, fol. 440, 441 et 449 v°. Une partie des droits énumérés ci-devant comme étant encore en la jouissance du roi, furent aliénés, en 1719,

moyennant 125,000 ℔, à M. Esprit d'Alard, sieur d'Esplan[1], avec le moulin banal, en 1625.

Le grand étang, affermé 600 ℔; aliéné moyennant 14,000 ℔.

Les quatre arches du grand pont, affermées 150 ℔.

Le mesurage des grains, affermé 400 ℔.

Le tabellionage, affermé 600 ℔.

Le petit scel des contrats, affermé 100 ℔; aliéné à M. de Lesseville[2], le 10 décembre 1644, moyennant 6,000 ℔, outre le prix des précédents engagements.

Les greffes ancien, alternatif et triennal appartiennent à la succession de M⁰ Jean Mériel; ils peuvent valoir 800 ℔.

ÉLECTION DE MONTFORT.

Le domaine de Montfort[3], en partie, fut engagé à M. le duc d'Épernou, par contrat du 11 septembre[4] 1587, moyennant la somme de 33,228 écus 28 s., à raison du denier douze. Depuis, Mme la duchesse de Chevreuse[5] fit acquisition de cette portion de domaine. A l'égard de l'autre qui était restée au roi, qui était la plus considérable, elle a été échangée par S. M. avec le duché de Chevreuse, en l'année 1692, comme il a été observé ci-dessus[6], et, par ce traité, le roi ne s'est réservé que les amendes du bailliage royal et de l'élection et le contrôle des exploits et actes des notaires, appelés le *petit domaine*. Ces droits ne sont point affermés; les fermiers du domaine en jouissent par leurs mains.

ÉLECTION DE DREUX.

Le domaine de Dreux appartient par engagement à Mme la duchesse de Nemours[7]. Il fut engagé, en l'année 1583, à Philippe Hurault de l'Hospital[8] et aux sieurs de Villequier, Marcel et Miron[9], moyennant la somme de

---

au profit de Jacques Durand, seigneur de Mézy, moyennant 14,775 ℔.

[1] Esprit Alard d'Esplan, ou des Plans, fils d'un notaire, d'un « je ne sais qui, » selon l'expression de Tallemant des Réaux, débuta par être soldat aux gardes, sous les auspices des frères de Luynes, ses compatriotes; puis il eut une compagnie, fut l'un des quatre confidents des projets tramés contre le maréchal d'Ancre, et reçut en récompense le titre de marquis de Grimaud, la charge de grand maréchal des logis, la compagnie des cent carabins du roi, les gouvernements de Meulan, de Peccais, de Villeneuve-lès-Avignon, etc. C'était un des duellistes les plus renommés de la cour de Louis XIII, et il périt dans un combat singulier, le 1er mai 1630.

[2] Nicolas Le Clerc de Lesseville, seigneur de Lesseville, Thun, Aincourt, Évecquemont et Maillebois, secrétaire du roi en 1590, auditeur des comptes en 1598, maître des comptes en 1602, conseiller d'État en 1646, mort doyen de la Chambre des comptes le 13 février 1657, à quatre-vingt-deux ans. Son père, pourvu d'une charge de secrétaire du roi en 1587, était mort en 1590. On connaît la légende d'après laquelle l'auteur de cette famille, riche tanneur de Meulan, ayant secouru Henri IV de son argent, après la bataille d'Ivry, aurait été anobli par ce roi. Comme dates tout au moins, cette légende manque de vraisemblance; néanmoins on a voulu, par suite, reconnaître les Lesseville dans les *Sannions* de La Bruyère (*Caractères*, t. I, p. 280 et 513-515).

[3] Voir Chopin, *De domanio*, liv. I, chap. VI, et les *Recherches* de Dupuy, p. 897.

[4] Lisez : 17 août.

[5] La célèbre Marie de Rohan-Montbazon, mariée en premières noces (1617) au connétable de Luynes, veuve en 1621, remariée peu après à Claude de Lorraine, duc de Chevreuse, grand chambellan de France, et morte le 13 août 1679. De son premier mariage était né Louis-Charles d'Albert, duc de Luynes, père du duc de Chevreuse et grand-père du duc de Montfort.

[6] Page 220.

[7] Marie d'Orléans-Longueville, héritière unique des biens de sa maison, avait été mariée, en 1657, à Henri II de Savoie, duc de Nemours; elle mourut en 1707, sans postérité. On a d'elle des mémoires curieux sur la Fronde. Voyez les *Mémoires de Saint-Simon*, t. I, p. 219, et t. V, p. 276, 279, etc.

[8] Ci-dessus, p. 223 et 225.

[9] Benoît Miron et Claude Marcel étaient intendants et contrôleurs généraux des finances; le second avait été

90,000ᵗᵗ, outre laquelle il y a eu de nouvelles finances.

Il y a dans les archives de l'Hôtel-Dieu de Dreux des lettres patentes du roi Louis VI, dit le Gros, de l'an 1132, par lesquelles ce prince exempte cet Hôtel-Dieu du droit de mouturage dans les moulins de son domaine de Dreux[1].

Ce domaine fut donné à titre d'apanage, par le roi Louis VII, surnommé le Pieux, à Robert, son frère puîné, en l'année 1137, dont les descendants en ont joui jusqu'en l'année 1377, que cette branche finit[2]. Il fut de nouveau aliéné en 1381, pour 4,000ᵗᵗ de rente qui avaient été assignées sur le Trésor à Marguerite de Bourbon, sœur de la reine, en faveur d'Arnaud-Amanieu d'Albret[3], lequel en a joui, et ses descendants, pendant l'espace de cent soixante-dix ans, jusqu'au règne de Henri II, qu'il fut réuni à la couronne par arrêt du parlement de Paris du 4 mars[4] 1551, moyennant 4,000ᵗᵗ de rente, prix principal de l'engagement, qui furent assignées ailleurs au duc de Nevers[5], qui en était alors possesseur. En l'année 1559, après la mort du roi Henri II, il fut donné à la reine Catherine de Médicis, pour partie de son douaire, laquelle en jouit jusqu'en l'année 1569, qu'il fut de nouveau donné, par accroissement d'apanage, par le roi Charles IX, à Monsieur François de Valois, duc d'Alençon, son frère. Ce prince étant décédé sans enfants, à Château-Thierry, en l'année 1583, ce domaine retourna encore à la couronne, et fut aliéné par le roi Henri III, comme il a été observé ci-dessus, en l'année 1583, dont l'aliénation subsiste encore en la personne de Mᵐᵉ la duchesse de Nemours.

Ce domaine consiste en la forêt de Dreux[6], qui contient quatre mille arpents de bois, en droits seigneuriaux, moulins, pressoirs et fours banaux, au greffe du bailliage et des eaux et forêts, en la nomination aux charges et aux bénéfices, et autres droits domaniaux, qui ont été engagés en différents temps aux auteurs de Mᵐᵉ de Nemours.

Ce domaine vaut 25,000ᵗᵗ de rente.

Dans la ville et l'élection, le roi ne jouit que du nouveau domaine, qui peut valoir 4,000ᵗᵗ de rente.

Il y a dans cette élection, à deux lieues de

---

prévôt des marchands en 1570, et jouissait d'une grande faveur auprès de Henri III. François d'O, seigneur de Fresnes et de Maillebois, marié à l'héritière de la maison de Villequier, était surintendant des finances depuis 1577, et fut fait par Henri IV gouverneur de Paris et de l'Île-de-France, après la soumission de la capitale (1594). Peut-être s'agit-il ici de son beau-père, René de Villequier, l'un des favoris de Henri III, premier gentilhomme de la chambre, aussi gouverneur de Paris.

[1] Sur cet Hôtel-Dieu, voyez ci-dessus, p. 99. — Un Recueil des chartes, droits et privilèges de la commune de Dreux avait été publié en 1644.

[2] Comparez Chopin, De domanio, livre I, titre III, par. 10; Dupuy, Du domaine du roi sur plusieurs villes, p. 816-818; l'Hist. généalog. de la maison royale de Dreux, par André du Chesne (1631), et voyez ci-dessus, p. 133.

[3] Le ms. porte: Armenion, au lieu d'Amanieu. Ce sire d'Albret épousa la fille du duc de Bourbon par contrat du 4 mai 1368. Jeanne de Bourbon, sœur de Marguerite, avait épousé en 1349 le dauphin Charles, qui monta sur le trône en 1364.

[4] La date de l'arrêt, dans Chopin, est du 4 mai 1551, ce doit être cependant le 4 mars 1551, ancien style, car il y avait eu, le 27 juin 1551, un arrêt en faveur du duc de Nevers, et c'est sur l'appel «par proposition d'erreur demeurée indécise» que le parlement rendit son jugement suprême.

[5] François de Clèves (1516-1566), marié en 1538 à Marguerite de Bourbon-Vendôme, et fait duc de Nevers en même temps.

[6] Voyez ci-après, au titre Forêts, l'article de Dreux.

Dreux, la terre et seigneurie de Beu, qui a titre de comté, qu'on prétend être un ancien démembrement du comté de Dreux[1], pour raison de quoi il y a instance au Conseil[2]. Elle appartient à M. de Belesbat[3]. Elle a droit de châtellenie, haute, moyenne et basse justice. Elle vaut 12,000ᵗᵗ de rente.

ÉLECTION D'ÉTAMPES.

Le domaine d'Étampes appartient au roi; M. le duc de Vendôme en jouit par engagement[4].

Ce duché fut engagé par le roi Henri III, par contrat du 8 juillet 1582, en faveur du mariage de Mᵐᵉ Marguerite de France, sa sœur, avec le roi de Navarre, avec le duché de Valois et les comtés de Senlis et de Clermont, pour faire partie du payement de 67,000ᵗᵗ de rente, rachetables en principal de 810,000ᵗᵗ; cette aliénation fut faite à faculté de rachat et réméré perpétuel[5]. En l'année 1598, la reine Marguerite fit donation du duché d'Étampes à Mᵐᵉ Gabrielle d'Estrées, duchesse de Beaufort, par contrat du 11 novembre, laquelle fut acceptée le 4 janvier ensuivant. Elle en jouit sa vie durant, et, après elle, il échut par succession à César Monsieur, duc de Vendôme, son fils naturel et du roi Henri IV. César, duc de Vendôme, le donna à M. le duc de Mercœur, son fils, en faveur de son mariage avec Mˡˡᵉ de Mancini, nièce de M. le cardinal Mazarin; duquel mariage est issu M. le duc de Vendôme, qui en jouit comme fils et héritier de M. le duc de Mercœur.

Le roi jouit, dans l'élection, du contrôle des exploits et des nouvelles amendes seulement, qui valent 3,000ᵗᵗ de rente. Les anciennes amendes sont de l'engagement. Quant au greffe des présentations et affirmations[6], il appartient à différents particuliers.

ÉLECTION DE MELUN.

Le domaine du comté de Melun[7] appartient au roi, qui en jouit par ses fermiers; il est affermé 32,000ᵗᵗ.

Il consiste en péages par eau et par terre, au greffe de la prévôté, garde-sacs et anciens droits de présentations, au contrôle des greffes, droits de lods et ventes, quints, requints, forage, mesurage et minage, moulins et fours banaux, droits de passage, îles, poids-le-roi, échoppes et boutiques, roulage de grains à Fontainebleau, avénages, censives, rentes, consignations d'amendes, tabellionage et contrôle des expéditions de notaires, à la réserve de ceux de Melun et de Donnemarie, qui ont été aliénés; au contrôle des exploits, amendes adjugées; coches par eau de Melun et Montereau, et ceux par terre de Melun à Paris. Le sceau des affirmations et le contrôle des dépens faisaient partie du domaine; ils en ont été démembrés.

Ce domaine a été anciennement aliéné, avec les domaines de Corbeil et de Dourdan, à l'amiral de Graville, moyennant 80,000ᵗᵗ, par lettres du roi Louis XII, du 17 mai 1513[8]; depuis, à M. de la Grange, pour le prix de 11,000ᵗᵗ de rente. Ensuite il a été possédé

---

[1] Voyez ci-dessus, p. 223.
[2] On trouve quelques pièces de l'année 1691, sur cette instance, dans les Papiers du Contrôle général, *Domaines*, G⁷ 1318.
[3] Ci-dessus, p. 223.
[4] Voyez ci-dessus, p. 223 et 224.
[5] Dupuy, p. 827.

[6] Droits perçus pour le dépôt des procès-verbaux, actes de procédure, productions, etc.
[7] Voir le registre P 1318, fol. 439 et 449.
[8] «Le roi Louis XIII engagea Melun, Dourdan et Corbeil à Louis de Graville, amiral de France, pour la somme de 80,000 livres; mais ledit amiral, par son codicille de l'an 1513, remit libéralement au roi, purement et

par M. Foucquet. En l'année 1666, il a été retiré au profit du roi, en vertu d'arrêt de la Chambre de justice[1].

ÉLECTION DE NEMOURS.

Le duché de Nemours a été donné par le roi à S. A. R. Monsieur, pour supplément d'apanage, en l'année 1672, comme il sera observé ci-après[2].

Le roi ne jouit à Nemours que du contrôle des exploits et actes d'affirmation, qui sont[3] régis par les fermiers. Ils peuvent produire par chacun an environ 3,000 ₶.

M. le marquis de Thurin[4] possède la terre de Dumée-Maréchal[5], qui était anciennement du domaine[6]. Cette seigneurie fut engagée, du temps du roi Philippe-Auguste, à Dumée[7], que l'histoire remarque avoir été le premier maréchal de France, dont elle a retenu le nom de Dumée-Maréchal. Après sa mort, elle fut réunie à la couronne; et depuis elle fut aliénée à Jacques de Savoie, duc de Nemours[8], et à Mme Anne d'Este, son épouse[9], qui en disposèrent au profit de Jacques Chesneau, écuyer, sieur de la Clairbaudière, par contrats des 5 mai 1570 et 29 mars 1572, moyennant la somme de 6,000 ₶; aux droits duquel sieur de la Clairbaudière est le sieur marquis de Thurin. Cette terre vaut 500 ₶ de rente.

Lorrex-le-Bocage[10] fut encore aliéné par ledit seigneur Jacques de Savoie au profit du sieur Jean Le Conte, seigneur de Voisinlieu[11], par contrat du 23 mars 1563, passé par-devant Mahcut et Godart, notaires au Châtelet, moyennant la somme de 5,250 ₶.

Flagy et Thoury-Férottes ont été aliénés

---

simplement, et sans restitution de deniers, lesdits domaines de Melun, Dourdan et Corbeil, à la charge qu'il plût à S. M. faire diminuer aux lieux les plus chargés de son royaume ladite somme de 80,000 ₶.» (Dupuy, *Du domaine du roi sur plusieurs villes*, p. 884.)

[1] À la suite de la condamnation de l'ancien surintendant. — Sur le château de Melun, voir un projet de démolition présenté par la ville et approuvé par l'intendant, dans les Papiers du Contrôle général, G⁷ 427, 19 juillet 1692.

[2] Au chapitre des Maisons royales, où se trouvera un long historique du duché de Nemours. — L'apanage de Monsieur, frère de Louis XIV, avait été primitivement constitué, par lettres du 1ᵉʳ juin 1661, sur le même pied que celui de Monsieur Gaston en juillet 1626. Il comprenait les duchés d'Orléans, de Valois, de Chartres et la seigneurie de Montargis, garantis pour un revenu de 100,000 ₶, sauf à le parfaire sur le produit des aides et gabelles de ces pays. Plus tard le chiffre fut doublé.

[3] *Sic*, dans les manuscrits.

[4] Philbert, dit le marquis de Thurin, seigneur de Bournel, fils d'un autre Philbert de Thurin, seigneur de Villeray, qui avait été maître des requêtes en 1617, puis président au Grand Conseil.

[5] *Sic*; aujourd'hui Metz-le-Maréchal, cne Dordives (Loiret). Voyez dom Morin, *Histoire du Gâtinais*, p. 389.

[6] Voyez Dupuy, p. 887.

[7] *Sic*. — Albéric Clément, seigneur du Metz, fils du gouverneur qui avait élevé Philippe-Auguste, passe pour avoir été le premier maréchal qui ait donné à sa charge une importance militaire. Il périt au siège de Saint-Jean-d'Acre, en 1191. Son frère, son neveu et son petit-neveu furent également maréchaux de France.

[8] Le père de ce prince, Philippe de Savoie, ayant quitté le service de Charles-Quint pour se joindre à son neveu François 1ᵉʳ, avait reçu le duché de Nemours en 1528, comme on le verra au chapitre des Maisons royales.

[9] Anne d'Este, veuve du duc de Guise, était fille de Renée de France, duchesse de Ferrare.

[10] Les mss. et l'imprimé de Chalibert-Dancosse portent: *Launay-le-Bocage*.

[11] Jean Le Conte, après avoir été simple sergent, avait rempli les fonctions de garde des livres à la Chambre des comptes (1521); à l'époque où il fit cette acquisition, il était intendant des finances, âgé de soixante-dix ans, et lassé du service qu'il avait fait sous cinq rois. (Dom Morin, *Histoire du Gâtinais*, p. 583.) Il mourut à l'âge de quatre-vingt-sept ans, le 3 avril 1581, et fut enterré dans une chapelle qu'il avait fondée à Saint-Merry de Paris.

par Henri de Savoie, duc de Nemours[1], au profit de Pierre Le Charron[2], trésorier de l'extraordinaire des guerres, par contrat du 3 avril 1618, passé devant Tronson et Robinot, notaires au Châtelet, moyennant la somme de 7,500 ♯.

ÉLECTION DE MEAUX.

Le domaine de l'élection de Meaux[3] consiste, savoir :

Aux droits de lods et ventes, cens, rentes et droits seigneuriaux;

Aux droits de moulage et cordage du bois;

Aux coches par eau de Meaux à Paris;

Aux droits de rivière, pêches, péages sur les ponts, bacs, îles et atterrissements;

Au droit de contrôle des exploits;

Au droit du poids-le-roi;

En 140 ♯ pour la garde de l'abbaye de Rebais;

En 200 ♯ pour la garde de l'abbaye de Jouarre;

En 35 sols pour la garde de Sainte-Céline;

En 200 ♯ pour la garde de l'abbaye de Lagny;

En 40 ♯ pour la garde de l'abbaye de Saint-Faron;

Aux droits de scel des actes des notaires;

Aux droits des présentations des procureurs;

Aux droits du contrôle des dépens;

Aux greffes des affirmations de voyages, ancien, alternatif et triennal, du bailliage et présidial de Meaux;

Aux droits de minage;

Aux droits de banage;

Aux droits d'étalage du grand marché;

Aux droits de visite des ports;

Aux droits du canal de Cornillon[4];

Au domaine et droits de Saint-Jean et Villemareuil, consistant aux lods et ventes, cens et rentes, et droits seigneuriaux, et en plusieurs fiefs, terres, fermes, prés, bois et étangs;

À la rivière de Morin, pêches, prés et marais d'Esbly[5];

En plusieurs étangs et prés,

Et deux cents arpents de bois.

De tous ces domaines, le roi ne jouit présentement que du contrôle des exploits et des autres nouveaux droits; tout le reste est engagé, ou la jouissance donnée à temps par le roi.

Le péage du pont de Trilport est une dépendance du domaine de Montceaux. Mme du Buisson[6] jouit par engagement de ce péage; il vaut environ 3,000 ♯ de rente. Le domaine de Montceaux sera rapporté ci-après, aux Maisons royales.

Le domaine de Crécy[7] fut engagé en l'année 1586, à M. Miron, conseiller d'État[8], qui le transporta à M. le duc de Vendôme; le roi le

---

[1] Petit-fils du duc Jacques; né en 1572, mort en 1632.

[2] Pierre Le Charron (1554-1624), ancien payeur de la gendarmerie, devenu trésorier provincial de l'extraordinaire en 1586 et trésorier général en 1589, suivit les armées de Henri IV pendant les campagnes qui précédèrent la réduction de Paris, et ne servit pas moins de cinquante ans. Il possédait dans le Gâtinais les terres de Dormelles et de Ville-Saint-Jacques.

[3] Voyez le registre P 1318, fol. 439, et les Papiers Florimond, K 1242.

[4] Il sera parlé de ce canal aux titres Ponts et Péages.

[5] Ce marais, de cent arpents environ, était compris dans l'engagement de Crécy, ci-dessous.

[6] Peut-être Jacqueline Guérout, veuve de Constantin Heudebert, sieur du Buisson, trésorier général des États de Normandie, chef du conseil du duc de Longueville, et mère de M. du Buisson, intendant des finances depuis 1690.

[7] Voir le détail dans le registre P 1318, fol. 366 et 367, et les Papiers Florimond, K 1242, 4° liasse.

[8] Sans doute Gabriel Miron, seigneur de Beauvoir, de Linières et du Tremblay, ancien lieutenant civil (1571), fils d'un médecin célèbre et père du prévôt des marchands François Miron.

retira en l'année 1618. En l'année 1640, il fut de nouveau aliéné au profit de M. César du Cambout, marquis de Coislin[1], moyennant la somme de 225,000^{tt}. C'est Mme la marquise de Laval qui en jouit actuellement.

ÉLECTION DE ROZOY.

Tournan est un domaine du roi engagé à M. le Premier[2]. Il vaut 1,500^{tt} de rente. Il est joint à la terre d'Armainvilliers, qui vaut 14,000^{tt} de rente, comme il a été observé ci-devant[3].

Le roi ne jouit, dans l'élection, que du contrôle des exploits et autres nouveaux droits, qui valent environ 3,000^{tt}.

ÉLECTION DE COULOMMIERS.

Le roi n'a aucun domaine en fonds dans l'élection de Coulommiers. S. M. jouit seulement du contrôle des exploits et autres nouveaux droits, qui valent 3,100^{tt} de rente.

Coulommiers[a] a été donné en échange, par le roi Louis XII, avec le comté de Beaufort, les châtellenies de Soulaines, Larzicourt, Saint-Florentin, Ervy-le-Châtel et Donnemarie,
à Gaston, comte de Foix et d'Étampes, roi de Navarre, qui fut tué à la bataille de Ravennes, le 11 avril 1512. En contre-échange, le roi de Navarre céda au roi les villes et seigneuries de Narbonne, Puységur, Cousy, Tuchan, Coursan[5], etc. Cet échange fut fait à Blois, au mois de novembre, l'an 1507. Depuis cette terre a passé dans la maison de Longueville, et est actuellement possédée par Mme la duchesse de Nemours. Elle vaut 12,000^{tt} de rente; elle est beaucoup plus considérable par ses mouvances et par son beau château[6] que par son revenu.

ÉLECTION DE PROVINS.

Le roi ne jouit que d'une partie du domaine de Provins[7]; l'autre partie est engagée : c'est M. le comte de Cheverny[8] qui en jouit.

Le domaine réservé consiste en cinq moulins, dont trois sont dans la ville de Provins, un à Séveille, paroisse de Sainte-Colombe, et l'autre dans la paroisse de Saint-Loup[9], qui sont affermés par an cinquante-deux muids de grain, deux tiers froment et un tiers orge et seigle[10]; aux amendes, confiscations, droits de

---

[1] Pierre-César du Cambout, marquis de Coislin, petit-neveu du cardinal de Richelieu, était lieutenant général et colonel général des Suisses et Grisons. Il mourut l'année suivante, le 10 juillet 1641, de blessures qu'il reçut au siége d'Aire. Sa veuve, Madeleine Séguier, devint marquise de Laval par un second mariage avec Guy, marquis de Laval-Montmorency, fils de Mme de Sablé. Elle ne mourut que le 31 août 1710, à quatre-vingt-douze ans. « Elle était, dit Saint-Simon, fille aînée du chancelier Séguier, sœur de la duchesse de Sully, puis de Verneuil, mère en premières noces des duc, cardinal et chevalier de Coislin, et en secondes noces de la maréchale de Rochefort. Elle avait beaucoup d'esprit, et méchante. Elle laissa un prodigieux bien à l'évêque de Metz, son petit-fils. » (Mémoires, t. VIII, p. 106.)

[2] Voyez ci-dessus, p. 233, note 2.

[3] Voyez ci-dessus, p. 233.

[4] Voyez Dupuy, *Du domaine du roi*, p. 905 et 911 ; le rédacteur du Mémoire s'est servi du premier de ces deux passages.

[5] Ces noms sont tous défigurés dans le Mémoire, de même que dans l'impression de Chalibert-Dancosse, où ils sont devenus : Signe, Crizy, Lochel, Corson, etc.

[6] Nous avons déjà eu l'occasion de dire qu'il serait parlé du château de Coulommiers à l'article des Maisons royales.

[7] Comparez, à l'Appendice, le rapport du subdélégué de Provins, art. 44. On s'est borné à abréger cet article.

[8] Voyez ci-dessus, p. 235, note 3.

[9] A Courton, c^{on} Saint-Loup-de-Naud.

[10] Voir un dossier aux archives du département de Seine-et-Marne, A 70.

contrôle des exploits et actes des notaires, et aux droits des sceaux des actes des juridictions, à la réserve de ceux du présidial.

Le moulin de Bassin, sis en la paroisse de Sourdun, doit par chacun an au domaine trois setiers de grain.

L'engagiste du domaine aliéné est chargé de payer par chacun an à la recette du domaine du roi 1,013 ᵗᵗ.

Les charges du domaine réservé montent par chacun an à quarante et un muids cinq setiers quatre boisseaux de grains, et, en argent, à 723 ᵗᵗ 7 s. 6 d., qui sont employés annuellement dans les états du roi, pour être payés à plusieurs particuliers et communautés.

Une partie de ce domaine fut aliénée en l'année 1549, à François de Lorraine, duc d'Aumale. En 1601, il fut vendu par ses héritiers à feu M. le marquis de Montglas[1]. Depuis ce temps jusqu'en l'année 1677, que M. de Cheverny en est devenu acquéreur, il a été revendu plusieurs fois par des commissaires du roi, et les différents engagistes ont payé à diverses fois des suppléments de finance.

Le domaine engagé consiste :
En cinq fours banaux,
Soixante arpents de prés,
Deux étangs dans la forêt de Sourdun;
En sept cent seize arpents de bois taillis dans les forêts de Sourdun, Jouy et buisson de Ferrières[2],

Et aux droits de quints et requints des terres nobles et fiefs qui relèvent de la grosse tour de Provins, dont plusieurs sont titrés, savoir[3] :
Le marquisat de Montglas,
Le marquisat d'Éverly,
Le marquisat de Chenoise,
Le marquisat de Villiers,
Le marquisat du Houssay,
Le marquisat de Champcenetz,
La baronnie de Courchamps,
La baronnie du Plessis-aux-Tournelles,
La baronnie de Rupéreux,
La vicomté de Sourdun,
Et soixante et onze autres fiefs;

Et aux droits de cens, lods et ventes des terres en roture sises en la censive du roi.

Les charges de ce domaine engagé sont, outre la redevance annuelle au domaine du roi, de payer les gages au bailli de Provins, aux officiers des eaux et forêts et autres portés par son engagement.

La haute, moyenne et basse justice de Courton[4], paroisse de Saint-Loup, a été vendue par les commissaires du roi, par contrat du 16 juin 1620, à Me Jean de la Mouche, pour M. le marquis de Vitry[5], 100 ᵗᵗ de nouvelle enchère, outre 500 ᵗᵗ de l'ancien engagement[6].

---

[1] Robert de Harlay, frère de M. de Sancy et premier maître d'hôtel de Henri IV, n'avait que le titre de baron de Montglas. Il mourut en 1607, et son héritière unique porta Montglas dans la maison de Clermont (ci-dessus, p. 235, note 3).

[2] Voyez ci-après le titre Forêts; le détail de ces bois est donné également dans le rapport du subdélégué de Provins.

[3] Voyez ci-dessus, au titre des justices, le détail de ces terres, p. 235 et 236.

[4] Alias, Courtous. — Voir le registre P 1318, f° 385.

[5] Nicolas de l'Hospital, marquis de Vitry, comte de Châteauvillain, seigneur de Coubert, capitaine des gardes du corps de Louis XIII, fut fait maréchal de France et chevalier des ordres en récompense de sa participation active à la mort du maréchal d'Ancre (1617). Il fut en outre lieutenant général de la Brie et gouverneur de la Provence. La régente Anne d'Autriche le fit duc et pair en 1644, et il mourut le 28 septembre 1645, à Nandy.

[6] Selon le registre P 1318, l'ancien engagement était de 650 ᵗᵗ.

M. de la Grange[1], conseiller au Grand Conseil, en jouit présentement, en conséquence de l'acquisition qu'il en a faite des héritiers de M. de Vitry, avec la terre du Plessis-aux-Tournelles.

La haute, moyenne et basse justice de Saint-Loup fut pareillement revendue par les mêmes commissaires du roi à M. le marquis de Vitry, moyennant la somme de 1,516 lt d'ancien engagement et 200 lt de nouvelle enchère. C'est M. de la Grange qui en jouit au même titre.

Le domaine de Courton et de Saint-Loup ne consiste qu'en simples cens.

Le domaine de Longueville, paroisse de Lourps, fut engagé dans le même temps, moyennant 500 lt, au profit du sieur de Champagne[2]. Son fils en jouit. Il consiste en la haute, moyenne et basse justice, avec quelques cens.

Le domaine de Blumay et Maulny, paroisse de Melz, qui consiste en haute, moyenne et basse justice, fut vendu en l'année 1660 à M. du Tillet, conseiller en la Grand'Chambre[3]; il a passé depuis à M. d'Ivry[4], secrétaire du roi.

La haute, moyenne et basse justice de Saint-Brice[5], avec quelques censives, fut vendue le 3 avril 1645 à M. du Housset[6], chancelier de S. A. R. Monsieur. Mme de la Hoguette en jouit en qualité de son héritière.

La haute, moyenne et basse justice de l'Échelle[7] fut vendue, en l'année 1574, 600 lt de nouvelle enchère, outre 900 lt de la première finance. M. du Housset l'avait acquise du premier engagiste; Mme de la Hoguette en jouit présentement.

Le roi avait 26 sols de cens sur la terre et seigneurie de Sourdun, qui ont été vendus au père de M. le comte de Montbron[8], gouverneur de Cambrai, avec la justice.

M. de Montbron a acquis du domaine le moulin de l'Étang, dans la paroisse de Sourdun, par contrat du 3 juillet 1659, moyennant la somme de 3,300 lt, et à la charge de payer par chacun an au domaine réservé de Provins trente boisseaux de mouture et 5 sols de cens.

Le moulin Besnard, domaine du roi sis en la paroisse de Lourps, a été revendu à M. de la Brosse-Cullant, qui en jouit.

Le moulin du Roi, sis en la paroisse de Rouilly, ensemble les domaines de Mortery et de Rouilly, avec les cens et mouvances, ont

---

[1] Ci-dessus, p. 236, note 5.

[2] Ci-dessus, p. 237. Gabriel-Jacques de Champagne était seigneur de la Borde, de Lourps et des Murs.

[3] Séraphin du Tillet, seigneur de Gouaix, reçu conseiller au parlement en 1661; et son père, Jean du Tillet, reçu aussi conseiller en 1623. Ils descendaient des célèbres greffiers du parlement.

[4] Jean d'Ivry, secrétaire du roi, avait épousé Marie-Charlotte du Tillet, sœur de Séraphin.

[5] Voir le registre P 138, fol. 378.

[6] Claude Mallier, seigneur du Housset ou Houssay, marquis de Trye-Château, baron de Lux, etc., était fils d'un intendant des finances. Il acheta une charge de secrétaire du roi en 1640, puis exerça les fonctions de trésorier des parties casuelles, fut fait intendant des finances en juin 1643, donna sa démission en 1650, devint chancelier de Monsieur en décembre 1670, et mourut à Paris le 7 septembre 1685. Il avait fait une énorme fortune aux parties casuelles, et fut même condamné, pour ce fait, en 1683, à restituer 1,700,000 lt; mais lui ou ses héritiers obtinrent remise gracieuse de cette sentence. D'ailleurs il avait eu une réputation de bon sens et de générosité, dont Scarron se portait garant. Il était grand amateur d'œuvres d'art et de curiosités. N'ayant pas eu d'enfants de son mariage avec une fille de M. Daguesseau, premier président du parlement de Guyenne, sa succession était revenue à sa nièce, Mme de la Hoguette, dont le Mémoire a déjà parlé ci-dessus, p. 235 et note 7.

[7] C^{ne} Villiers-Saint-Georges (Seine-et-Marne). — Voir le registre P 138, fol. 371.

[8] Ci-dessus, p. 236, note 4.

été vendus à M. le marquis de Chenoise. M. son fils en jouit.

Le four de Changy, dans la ville de Provins, a été vendu au sieur Bugnon; son fils en jouit.

ÉLECTION DE NOGENT.

Le domaine de Nogent[1] a été engagé, par contrat du 11 septembre 1630, à M. Bouthillier[2], lors surintendant des finances, moyennant la somme de 120,000ᵗᵗ. Il vaut 7,000ᵗᵗ de rente. M. le marquis de Chavigny[3], fils de M. de Chavigny, secrétaire d'État, et petit-fils de M. le Surintendant, en jouit à présent.

Il consiste :

Au château de Nogent, d'où relèvent dix-huit fiefs et arrière-fiefs, dont la plupart sont considérables[4];

Aux trois moulins banaux;

Aux droits de censives sur un quart des maisons de la ville;

Aux défauts et amendes du bailliage;

Aux greffes du bailliage et des eaux et forêts;

Au tabellionage;

Au péage,

Et à la moitié du minage, dont l'autre moitié appartient au chapitre de Saint-Étienne de Troyes;

En terres, bois, prés et accrues.

En la même année 1630, le domaine de Pont-sur-Seine[5] fut aliéné par échange, au profit dudit sieur Bouthillier, contre le comté de Château-Regnault[6]; il vaut 10,000ᵗᵗ de rente. C'est Mᵐᵉ de Chavigny, veuve de M. le marquis de Chavigny[7], aîné de sa maison, qui en jouit. Il y a un très-beau château, bâti par M. Bouthillier, avec de belles basses-cours, et un beau parc, borné au bout par la rivière.

Ce domaine consiste :

Au bois appelé le *Parc d'en haut;*

En terres, prés et rivière;

Au greffe et tabellionage de Pont,

Et au droit de mouvance sur vingt terres, fiefs et seigneuries.

ÉLECTION DE MONTEREAU.

Anciennement le domaine de Montereau[8] a été engagé à M. Le Charron[9]. Le roi y était rentré; Sa Majesté en a joui pendant trente ans,

---

[1] Voir le registre P 1318, fol. 375.

[2] Claude Bouthillier, conseiller au parlement, fut placé par Richelieu auprès de la reine Marie de Médicis, comme secrétaire de ses commandements, devint secrétaire d'État en 1628, surintendant des finances en 1632, et se retira dans son château de Pont-sur-Seine après la mort de Louis XIII. Il mourut le 13 mars 1652. Voyez ci-dessus, p. 62, note 1, et p. 238.

[3] Gaston-Jean-Baptiste Bouthillier, marquis de Chavigny. Voyez ci-dessus, p. 142, note 1, et p. 238.

[4] Voyez ci-dessus, p. 238, et ci-après, au titre *Péages.*

[5] Voyez ci-dessus, p. 238.

[6] Le comté de Château-Regnault était une ancienne principauté souveraine, sise en Champagne, sur les confins des pays de Liége et de Luxembourg, à deux lieues au-dessous de Charleville. Selon le dictionnaire de La Martinière, Louis XIII aurait acquis cette souveraineté, en 1629, de la princesse douairière de Conti, Louise-Marguerite de Lorraine, fille du duc de Guise, qui sans doute l'avait cédée à M. Bouthillier. Louis XIV fit raser le château en 1687.

[7] Voyez ci-dessus, p. 238, note 5.

[8] Voir le registre P 1318, fol. 374.

[9] Sans doute Antoine Le Charron (fils de Pierre Le Charron, qui est cité p. 268), baron de Dormelles, seigneur de Challeau-Saint-Ange et de Plaisance, près Vincennes, d'abord lieutenant des chevau-légers de Marie de Médicis, puis gentilhomme ordinaire du roi, nommé gouverneur de Montereau en 1630, gouverneur et lieutenant général perpétuel, irrévocable et seul commandant dans les terres d'Amérique en 1647, maréchal de camp en 1652. Il avait construit à Dormelles un très-beau château, dont le Mémoire aura occasion de parler. Il fut remplacé en mars 1659, dans le gouvernement de Montereau.

et il a été aliéné de nouveau, le 4 août 1696, au profit de Mme de Richebourg[1], moyennant la somme de 40,000^tt. Il vaut 3,000 de rente.

Moret est aussi un domaine qui avait été autrefois engagé à M. de Vardes; il a été revendu le 12 août 1696, et adjugé à M. de Caumartin, conseiller d'État, intendant des finances, moyennant la somme de 1,050^tt de nouvelle finance, et 64,084^tt 19^s d'ancienne[2].

ÉLECTION DE SENS.

Le domaine de Sens appartient au roi, et, par engagement, à Mgr le Prince; cette aliénation fut faite en l'année 1649, moyennant la somme de 31,000^tt. Il vaut 3,000^tt de rente, outre la réserve des profits casuels des fiefs et des offices de l'ordinaire seulement. Il consiste :

Au droit de minage;

Aux deux tiers des moulins du roi à Sens;

Aux droits de boîte et péage;

Censives et droits seigneuriaux sur quelques maisons de la ville et faubourgs de Sens, en laquelle il y a soixante-dix autres seigneurs censiers;

Aux droits annuels des offices,

Et aux amendes de l'ordinaire seulement.

En sorte que, dans la ville de Sens, le roi ne jouit que du nouveau domaine, qui consiste :

Au contrôle des exploits, affermé 2,336^tt;

Au contrôle des actes des notaires, qui vaut 2,450^tt,

Et aux amendes de l'extraordinaire, qui valent 10^tt;

Lesquels droits montent en tout à 4,796^tt.

Le roi jouit du domaine ancien et nouveau de Villeneuve-le-Roy, qui vaut 2,800^tt de rente. Il consiste aux moulins banaux, aux contrôles des exploits et actes des notaires.

Il y a dans l'élection plusieurs hautes justices qui sont tenues du domaine par engagement, savoir :

La haute, moyenne et basse justice de Dixmont, engagée à M. le prieur du Charnier-lès-Sens[3] et à M. de Saint-Mars[4];

La justice de la Grange-le-Bocage, engagée audit sieur prieur du Charnier;

La justice de Saint-Clément, qui fut engagée en l'année 1630 au sieur de Machy, lieutenant général au bailliage et siège présidial de Sens, et qui appartient à présent au sieur Marcellat[5], maire de Sens;

La justice de Paron, engagée au sieur Baron[6], seigneur dudit lieu;

La justice et domaine de Mâlay-le-Vicomte, engagée au sieur de Signy[7], moyennant 4,400^tt. Elle vaut 120^tt de rente. Mgr le Prince l'a retirée et en jouit.

La justice de Gisy, qui fut engagée au sieur

---

[1] Marie Feydeau de Brou était veuve, depuis 1671, de Charles Quentin de Richebourg, baron de Saint-Ange, maître des requêtes; elle mourut en 1718, âgée de quatre-vingt-trois ans. Sa fille, Marie-Jeanne Quentin de Richebourg, avait épousé en 1680 Louis-Urbain Le Fèvre de Caumartin, et lui avait porté en dot la terre de Saint-Ange. Voyez ci-dessus, p. 142 et 239, et le registre P 1318, fol. 5:8 v°.

[2] Voyez ci-dessus, p. 142, et le registre P 1318, fol. 374. Moret avait été engagé à Sully, en 1597, moyennant 54,000^tt, puis était passé à Sébastien Zamet, en 1603, avant de venir aux mains de Jacqueline de Bueil, mère du marquis de Vardes.

[3] Voyez ci-dessus, p. 47.

[4] Ci-dessus, p. 124, note 7, et p. 142.

[5] Savinien Marcellat, maire perpétuel et receveur des tailles de Sens.

[6] François Baron était seigneur de Paron par sa femme, Anne-Marie Frémin, fille d'un avocat au Conseil.

[7] Alias, Cligny.

Le Maitre[1], en l'année 1634, moyennant 300ʰ; elle a passé à M. Bouthillier, conseiller au parlement[2].

ÉLECTION DE JOIGNY.

Le roi n'a aucun domaine dans l'étendue de l'élection de Joigny, sinon les nouveaux droits, qui peuvent monter, savoir : le contrôle des exploits, à 4,000ʰ, et le contrôle des actes des notaires, à 8,000ʰ.

ÉLECTION DE SAINT-FLORENTIN.

Le roi n'a aucun domaine dans l'élection de Saint-Florentin, que le nouveau domaine. Anciennement Saint-Florentin, Ervy, Dannemoine et Séant appartenaient au roi; c'étaient des bailliages royaux, dont l'appel des jugements ressortissait au bailliage de Troyes. Mais, ces quatre terres ayant été données en échange par le roi, avec Coulommiers et autres, comme il sera observé ci-après[3], pour les comtés de Narbonne et de Foix, elles furent lors distraites de la juridiction et du bailliage de Troyes, et furent érigées en pairies mouvantes nûment du parlement de Paris.

ÉLECTION DE TONNERRE.

Il n'y a dans l'élection de Tonnerre aucun domaine que celui de la ville de Chablis, qui appartient à Mgr le Prince, par engagement, depuis l'année 1642, que les habitants de la ville l'achetèrent la somme de 4,027ʰ, dont leur fut passé contrat par les sieurs commissaires du roi; ils en firent déclaration au profit de Mgr le Prince.

Le roi ne jouit que du contrôle des exploits, actes des notaires, amendes, etc., qui sont régis par le fermier.

ÉLECTION DE VÉZELAY.

Il n'y a aucun domaine du roi dans l'élection de Vézelay.

Les aides d'Auxerre et de l'élection de Vézelay furent engagées à feu M. de Turenne, il y a environ cinquante ans, moyennant la somme de 300,000ʰ. Elles sont affermées 35,000ʰ par chacun ; la portion de l'élection de Vézelay peut valoir 8,000ʰ. M. le cardinal de Bouillon jouit de cette aliénation depuis la mort de M. de Turenne[4].

Le roi jouit seulement des nouveaux droits. Le contrôle des exploits est affermé, pour la ville et l'élection, 500ʰ; le droit des nouveaux cinq sols d'entrée et ceux de la première moitié des octrois sont affermés 1,200ʰ; le contrôle des actes des notaires vaut 1,900ʰ par an.

Les engagements du domaine sont cause que les fonds des finances ne se trouvent plus que par les tailles, les aides, les gabelles et autres subventions ordinaires, outre lesquelles la nécessité de l'État en produit souvent d'extraordinaires[5].

---

[1] Jean Le Maitre, seigneur de Gisy-les-Nobles et de la Bretesche.

[2] Jacques-Léon Bouthillier, marquis de Beaujeu, seigneur de Gisy, Argy, Michery, etc., était un des fils cadets d'Élisabeth Bossuet, marquise de Chavigny. Il mourut en 1712.

[3] Ci-dessus, p. 269, et ci-après, à l'article des châteaux de Nemours et de Coulommiers.

[4] Le cardinal de Bouillon était neveu et héritier du maréchal de Turenne, mort sans enfants, et ce fut lui qui lui fit élever le mausolée de Saint-Denis.

[5] Le Mémoire, pour plus d'une raison, ne pouvait entrer dans le détail de ce qu'on appelait les «affaires extraordinaires,» émissions de rentes, créations d'offices, aliénations de droits, augmentations de finances, taxes, etc. Ces ressources avaient été mises constamment en œuvre

TITRE II.

ÉTAT DES FINANCES DE LA GÉNÉRALITÉ DE PARIS PROCÉDANT DES AIDES, TAILLES ET GABELLES.

DES AIDES[1].

Il n'y a que quatre généralités dans le royaume dans lesquelles le droit de gros[2] a cours, qui sont : Paris, Champagne, Soissons et Picardie. Le surplus des pays sujets aux aides est exempt du droit de gros, à l'exception néanmoins de quelques villes qui y ont été assujetties, comme Rouen, Tours, Chartres, Issoudun et quelques autres; mais, quoique ces villes principales y soient sujettes, les paroisses voisines en sont exemptes.

Les droits d'aides, aux entrées de la ville de Paris et dans la généralité, ont beaucoup diminué depuis dix ans; on peut dire qu'ils n'ont pas été à la moitié de leur produit ordinaire, ce qui se justifie par les comptes que les fermiers en ont rendus au Conseil[3]. La raison de cette diminution procède de deux causes : l'une, des mauvaises récoltes qu'on a eues depuis cinq ou six années, et l'autre, de la diminution des peuples, jointe à la cherté des vivres.

On a rétabli, pendant la dernière guerre, les droits de jaugeage et courtage[4], et on a créé des charges de jaugeurs et courtiers, avec attribution de 10 sols par muid de vin vendu en gros.

Ces nouveaux droits, qui se lèvent avec les anciens, ont beaucoup chargé les vins, en sorte que cette partie, qui fait un revenu considérable de l'État, a besoin qu'on y fasse attention, pour la soulager, et exciter, par quelque diminution, les propriétaires des vignes à les faire cultiver et replanter celles qui ont été arrachées[5]; à quoi contribuerait

---

pendant la guerre, de 1688 à 1698; on en trouve le détail soit dans les *Recherches sur les finances*, de Forbonnois, soit dans les recueils spéciaux que possèdent en manuscrit un grand nombre de bibliothèques. Pendant le seul ministère de Pontchartrain, les affaires extraordinaires mises entre les mains des traitants, à qui elles rapportaient plus d'un cinquième de bénéfices, s'étaient élevées à 350,627,911¹, et les affaires faites directement, sans traités, à 552,000,000¹, non compris dans ces chiffres les émissions de rentes. Voir les tableaux de récapitulation des fonds que nous avons publiés à la fin du tome Ier de la *Correspondance des contrôleurs généraux*, d'après le ms. des Archives Nationales KK 355.

[1] Voir une notice de ce temps sur les différents droits d'aides, que nous donnons dans l'appendice *Impositions*, et le *Commentaire sur l'ordonnance des aides de 1680*, par Jacquin (1751).

[2] Voir le même appendice.

[3] Nous donnons dans le même appendice plusieurs états détaillés des entrées de Paris, qu'on pourra comparer avec le tableau que le Mémoire va présenter un peu plus bas, et quelques états comparatifs du produit des aides, en 1691 et 1692, dans chaque élection. Les sous-fermiers des aides obtinrent, le 26 juin 1697, une diminution de 2,123,000¹ sur leurs baux.

[4] Supprimés par arrêt du Conseil du 19 septembre 1679, mais rétablis définitivement par une déclaration du 10 octobre 1689, ces droits se percevaient dans tous les pays sujets au droit de gros, savoir : le droit de courtage, à chaque vente ou revente des boissons (10 sols par muid de vin, 30 sols par muid d'eau-de-vie, 6 sols par muid de bière, cidre ou poiré), et le droit de jauge (moitié du droit de courtage), à la première vente seulement. Nous donnons à l'Appendice un bordereau des droits de jauge et courtage perçus dans la généralité de Paris.

[5] Colbert (voir ses *Lettres*, t. IV, préface) n'admet-

beaucoup la suppression de ces nouvelles charges et droits y attachés[1].

Ces mauvaises récoltes des vins depuis plusieurs années ont produit un autre mal dans le royaume, par l'augmentation de la fabrique de la bière, qui a consommé une grande quantité de grains qui auraient pu servir à la subsistance des peuples et à la nourriture des bestiaux et volailles, qui ont fort diminué. Dans la seule ville de Paris, on a consommé à la fabrique de la bière, l'année dernière, 1699, la quantité de quatre-vingt mille setiers d'orge, et une grande quantité de blé pour faire la bière blanche. On a établi dans plusieurs endroits des fabriques de bière, où il n'y en avait jamais eu, en sorte que, la matière nécessaire pour faire cette boisson étant devenue rare par cette grande consommation, on a été obligé d'aller chercher du houblon jusque dans la Flandre espagnole, et d'y transporter des sommes d'argent considérables. Le remède à ce mal serait de faire défenses de brasser de la bière dans les lieux où on n'a pas accoutumé d'en faire, comme dans la généralité de Paris, où il ne s'en brassait pas, il y a vingt ans, pour 100,000ᴸᵗ de bière, parce qu'il y a peu d'endroits où il n'y ait des vignes; et en 1699 il en a été fait pour plus de 1,200,000ᴸᵗ. Et dans les lieux où il a coutume de s'en faire, il faudrait la charger de droits, pour en désaccoutumer les peuples[2].

---

bit pas que l'élévation exagérée des droits sur le transport et l'exportation des vins n'arrêtât la consommation; si bien que certaines régions, regorgeant de grains, ne pouvaient les échanger contre le produit des vignobles de leurs voisins. Hostile en principe à la culture des vignes, il poussa Louis XIV à les discréditer parmi ses sujets, même à en défendre la plantation; après lui, on alla jusqu'à faire arracher des plants. (*Correspondance des contrôleurs généraux*, t. I, n°ˢ 597, 1166, 1194, etc.) Consulté sur le projet de cette nature, à la suite de la disette de 1693, l'intendant de la Rochelle, M. Bégon, répondit à M. de Pontchartrain : « ...C'est une affaire qui a été tant de fois discutée, que je puis vous assurer que les remèdes qu'on pourrait apporter à ce mal (la transformation de terres à blé de l'île d'Oleron en vignes) seraient pires que le mal même, n'y ayant rien que les particuliers aiment tant que la liberté qu'ils ont eue jusques à présent de faire valoir leur bien de la manière qu'ils croient leur être plus utile. Il est vrai qu'on met en vignes des terres qui avaient accoutumé de produire du blé; mais, à même temps, la misère ou la vieillesse des vignes oblige de les remettre en terres, parce qu'ils ne sont pas en état de les rétablir; ainsi l'un va pour l'autre.» (*Correspondance*, n° 1384.)

[1] Sur les abus du système des aides, voir le chap. XII du *Détail de la France*, de Boisguilbert.

[2] Comme on le verra par le tableau des boissons de toute espèce entrées à Paris de 1691 à 1709, tableau que nous reproduisons dans l'appendice *Impositions*, la fabrication de la bière à Paris, du 1ᵉʳ octobre 1697 au 1ᵉʳ octobre 1698, s'était élevée à 75,148 muids; de 1698 à 1699, à 75,383 muids. Elle retomba à 28,232 muids, et remonta, en 1701, à 34,121 muids, mais descendit jusqu'à 11,768 muids en 1708. La famine de 1709 et les prescriptions de police prises à cette occasion empêchèrent les brasseurs de faire plus de 1,042 muids de 1709 à 1710; mais la fabrication revint dès 1711 à 30,000 muids. Sur le développement de l'usage de la bière en dehors des Flandres, voir plusieurs pièces de la *Correspondance des contrôleurs généraux*, t. I, n°ˢ 1231, 1787, etc. M. Larcher, intendant en Champagne, écrivait, le 16 novembre 1698, à propos d'une disette partielle qui menaçait certaines provinces : « J'ai déjà pris la liberté de vous proposer un moyen que je crois de plus en plus nécessaire, et qui est de défendre la fabrication des bières par un arrêt du Conseil, comme il plut au roi de le faire en l'année 1693, parce qu'il se consomme pour cette boisson une quantité fort considérable de blés et d'orges, qui seraient beaucoup plus utilement consommés en pain. C'est aussi ce que les peuples demandent avec instances, et il n'y a presque point de jours qu'on ne me presse de vous en faire la proposition... » Pendant la disette de 1693, on avait fait défenses, sous peine de 3,000ᴸᵗ d'amende, de brasser des bières blanches et doubles, de faire des

Les aides font partie du bail général des fermes[1]. Elles sont estimées, par évaluation au total de la ferme, la somme de 15,500,000 ⁺, compris les entrées et droits y joints[2].

Pour faire connaître l'état des aides de la généralité de Paris, voici un état de la récolte des vins dans l'étendue du plat pays[3] de l'élection de Paris, depuis l'année 1687 jusques et y compris l'année 1699, et un autre état des entrées des vins dans la ville de Paris pendant ces mêmes années. Ces deux états feront connaître quel peut avoir été le produit des autres élections à proportion de celle-ci[4].

RÉCOLTE DES VINS DANS L'ÉTENDUE DU PLAT PAYS DE L'ÉLECTION DE PARIS DEPUIS TREIZE ANS[5].

ANNÉES.	MUIDS.	
1687	199,542	
1688	262,590	Bail de Charrière.
1689	147,495	
1690	178,607	
1691	150,137	
1692	67,849	
1693	62,871	Bail de Poinleau.
1694	146,211	
1695	158,576	
1696	57,141	
1697	54,843	
1698	35,779	Bail de Templier.
1699	126,300	

---

eaux-de-vie de blé et de fabriquer de l'amidon. Quelques exceptions furent admises pour les Flandres et pour les provinces où le vin eût fait défaut dans le service des étapes, et les brasseurs de Paris obtinrent un délai pour employer les orges prêtes à fermenter qu'ils avaient en magasin. Selon l'*Encyclopédie méthodique* (t. I, p. 110), la fabrication de la bière dans toute la France, à la fin du règne de Louis XV, s'élevait de 66,000 à 72,000 muids. Les droits de contrôle, de visite, de jauge, de courtage, d'essai, de gros, etc. formaient alors un total de 9ˡ 13ˢ 6ᵈ par muid, plus les 10 sols pour livre.

[1] Voyez ci-dessus, p. 255, note 3.

[2] Colbert avait porté les aides de 4,500,000 ⁺ à 22,000,000 ⁺, en y comprenant, il est vrai, la marque des fers, le timbre, etc. Lorsqu'elles furent réunies définitivement aux gabelles, domaines et traites, en 1691, le produit était déjà tombé à 20,000,000 ⁺.

[3] La campagne, villages et bourgs, était appelée *plat pays* par opposition aux villes closes et places fortes, disent les dictionnaires du temps.

[4] Comparez les états que nous donnons dans l'appendice *Impositions*. L'édition de Chalibert-Dancosse, où ne figurent que le premier et le sixième paragraphe de cet article des Aides, remplace les tableaux par ces deux simples mentions : « Récolte des vins dans l'étendue du plat pays de l'élection de Paris, depuis les quatre dernières années : 695,341 muids, ou environ. — État des sous-fermes des aides de la généralité de Paris, dans ses vingt-deux élections, évaluées au total, pour les quatre dernières années, environ : 1,838,500 muids. »

[5] Après ces deux tableaux, dont le premier est reproduit très-incorrectement dans l'ouvrage de Boulainvilliers, cet auteur ajoute : « Par cette table, il paraît qu'année commune et proportionnelle, on recueille dans la généralité de Paris 125,211 (*nos chiffres donnent* : 125,995) muids de vin, tant bon que méchant, et que les entrées de Paris montaient l'année 1700 (car les droits sont fort augmentés depuis ce temps-là), le tout proportionnellement et année commune, à 204,777 ⁺. Il ne faut pas toutefois confondre cette estimation des entrées de la ville de Paris avec son véritable produit, qui fait aujourd'hui le plus clair revenu du roi, selon l'estime des personnes intelligentes dans ces matières; car les entrées, y compris les anciens et nouveaux droits sur les vins, les bestiaux, le poisson, les grains, foins, bois, légumes, beurres, fromages, draperies, soies, toiles, et généralement toutes sortes de marchandises et de commodités nécessaires à la vie, montent, année commune, à 22,000,000 ⁺, pour le moins : ce qui passerait en quelque sorte l'humaine croyance, si l'expérience qu'on fait en cette ville de l'extrême cherté de toutes choses, même de celles qui sont à non-valeur dans les provinces, ne ramenait l'esprit à la certitude que le produit de ces entrées est immense, et qu'il passe tout ce que nos pères et nous-mêmes en aurions autrefois jugé. »

GÉNÉRALITÉ DE PARIS.

ENTRÉE DES VINS DANS LA VILLE DE PARIS DEPUIS TREIZE ANS.

ANNÉES.	MUIDS.		ANNÉES.	MUIDS.	
1687	276,061		1694	214,109	
1688	318,617		1695	170,208	Bail de Pointeau.
1689	238,575	Bail de Charrière.	1696	170,914	(Suite).
1690	248,559		1697	169,917	
1691	216,101		1698	124,520	
1692	131,566	Bail de Pointeau.	1699 est esti-		Bail de Templier.
1693	139,960		mée	230,000	

ÉTAT DES SOUS-FERMES DES AIDES DE LA GÉNÉRALITÉ DE PARIS[1].

ÉLECTIONS.			ÉLECTIONS.		
Paris, non compris la ville	600,000ʰ		Pontoise	30,000ʰ	
Melun			Sens		
Rozoy		160,000	Montereau		
Provins			Saint-Florentin		251,000
Coulommiers			Tonnerre		
Senlis			Vézelay		
Compiègne			Étampes	30,000	
Beauvais, compris le département de Beaumont		246,000	Joigny	40,000	
			Mantes et Meulan		140,000
Meaux, compris le département de Crécy		160,000	Dreux et Montfort		

DES TAILLES.

La généralité de Paris porte de taille, la présente année 1700 (sic)[2], la somme de 3,165,832ʰ. Elle est composée de vingt-deux élections, entre lesquelles cette somme est départie suivant les commissions du roi, savoir :

ÉLECTIONS.	NOMBRE DE PAROISSES[3].	IMPOSITIONS[4].
Paris	438	1,126,796ʰ
Senlis	78	125,564
Compiègne	57	62,380
A reporter	573	1,314,740ʰ

---

[1] Cet état est établi fort inexactement dans les manuscrits, et dans l'ouvrage de Boulainvilliers il présente des fautes flagrantes. L'auteur fait en outre un faux calcul, et conclut ainsi : « Partant, le total des aides, dans la généralité de Paris, monte par an à 1,727,000ʰ » ; ce qui, comparé à la récolte, charge chaque muid de vin de près de 15ʰ de droit, non compris les attributions particulières. » Notre tableau donnant 1,573,000ʰ pour une moyenne de 125,995 muids par an, la proportion serait beaucoup plus faible : 12ʰ 10ˢ environ par muid.

[2] La plupart des manuscrits donnent pour 1700, ici et dans le tableau qui suit, les chiffres de l'année 1699. C'est une erreur, comme on le verra par le tableau des répartitions de 1688 à 1712, que nous donnons dans l'appendice *Impositions*.

[3] Ce tableau des paroisses offre quelques différences suivant les manuscrits, mais elles sont peu importantes. Le *Dictionnaire géographique* d'Expilly (t. V, p. 569) présente les chiffres suivants, en 1762 : Paris, 441, ou plutôt 442 paroisses (en 1689, une pièce que nous reproduisons à l'Appendice n'en compte que 436) ; Compiègne, 58 ; Beauvais, 162 ; Étampes, 47 ; Meaux, 140 ; Provins, 59 ; Montereau, 54 ; Joigny, 92 ; Tonnerre, 129 ; Vézelay, 55. Les autres chiffres étant absolument les mêmes qu'en 1700, le total d'Expilly ne donne que 19 paroisses de plus. Comparez le dénombrement de 1710 que nous reproduisons dans l'appendice *Population*.

[4] Un de nos manuscrits donne, à la place de l'imposition dont le détail va suivre, d'autres chiffres dont le

Report.....	573	1,314,740"
Beauvais.........	151	167,285
Pontoise.........	63	96,139
Mantes..........	94	131,450
Montfort........	59	58,647
Dreux...........	72	86,372
Étampes........	46	62,385
Melun..........	103	96,653
Nemours.......	118	94,544
Meaux..........	141	315,718
Rozoy...........	61	81,563
Coulommiers.....	34	64,930
Provins.........	58	72,242
Nogent.........	45	66,430
Montereau......	53	59,194
Sens............	99	88,705
Joigny..........	91	93,723
Saint-Florentin...	39	53,530
Tonnerre........	180	121,427
À reporter..	2030	3,125,677"

Report.....	2030	3,125,677"
Vézelay..........	54	40,155
Totaux....	2,084	3,165,832"

IMPOSITION DES TAILLES DE LA GÉNÉRALITÉ DEPUIS L'ANNÉE 1691 JUSQUES ET COMPRIS L'ANNÉE 1700[1].

ANNÉES.	TAILLES.
1691...................	3,791,265"
1692...................	3,897,830
1693...................	3,923,160
1694...................	3,979,987
1695...................	3,550,272
1696...................	3,189,030
1697...................	3,175,016
1698...................	3,126,052
1699...................	3,165,832
1700[2].................	3,165,832

DES GABELLES.

Le royaume est divisé, pour les gabelles, en pays de *grande gabelle*, de *petite gabelle* et *exempts de gabelle*.

On nomme les pays de *grande gabelle* à cause du grand prix qu'on y vend le sel, et d'autres de *petite gabelle*, parce que le prix en est moindre par les baux et par la vente aux peuples, et d'autres *exempts de gabelle*, à cause qu'elle n'y est pas établie. Cette exemption procède des conditions sous lesquelles ces provinces ont été réunies à la couronne.

Les provinces où le droit de grande gabelle a cours, suivant l'ordonnance des gabelles du mois de mai 1680, tant par vente volontaire que par imposition[3], sont les généralités de Paris, Soissons, Amiens, Châlons, Orléans, Tours, Bourges, Moulins, Rouen, Alençon, Dijon, Caen (pour les élections seulement de

---

total s'élève à 3,599,856"; ce sont très-probablement ceux de l'année 1702, transcrits à peu près par l'auteur de cette copie. Voir le tableau indiqué ci-dessus, note a.

[1] Pendant les mêmes années, le chiffre total de la taille des pays d'élections avait été : en 1691, 36,992,000"; en 1692, 36,840,000"; en 1693, 36,640,000"; en 1694, 36,437,000"; en 1695, 34,590,000"; en 1696 (le chiffre manque); en 1697, 32,017,000"; en 1698 (le chiffre manque); en 1699, 30,726,000"; en 1700, 30,727,000". (Archives Nationales, ms. KK 355.) La moyenne ordinaire de 36,000,000" ne reparut que pendant la guerre de Succession.

[2] Voyez la note 2 de la page précédente.

[3] « Le sel se distribue en deux façons, ou par impôt, ou volontairement. Ceux qui demeurent dans l'étendue des greniers d'impôt qui sont sur les frontières du royaume, et ceux qui sont proches du pays franc-salé (*sic*), d'où l'on peut apporter du sel, sont obligés de prendre tous les ans une certaine quantité de sel proportionnée à leur famille. Aux greniers volontaires, chacun prend ce qu'il lui plaît. Ainsi, vous voyez que la gabelle est *personnelle* aux greniers d'impôt, et *réelle* seulement aux greniers volontaires. » (*État de la France*, année 1698, t. III, p. 416 et 417.)

Caen et Bayeux; et dans les autres lieux de cette généralité, il se perçoit un droit appelé le *quart-bouillon*, sur le sel blanc fabriqué[1].

Les pays de petite gabelle sont les provinces de : Lyonnais, Provence, Dauphiné, Languedoc et Roussillon. Les droits de ces gabelles sont moindres que ceux des grandes, de plus de la moitié, suivant l'ordonnance de 1680.

Les pays exempts de gabelle sont : les généralités de Poitiers, la Rochelle, Limoges, l'Auvergne, toute la Guyenne, et la Bretagne.

Il y a encore les gabelles des trois évêchés de Metz, Toul et Verdun, et celles de la Franche-Comté.

Les prix de la vente du sel dans ces provinces sont tous différents suivant les lieux[2].

Il y a plusieurs villes maritimes, dans le royaume, qui sont sujettes aux droits de gabelles, où, sur les ports, pour la facilité et la commodité du commerce des poissons à saler, le sel se distribue au prix du marchand, qui est environ 6 ʰ par minot, au plus.

Le fermier général du bail courant[3] jouissait encore des gabelles de Lorraine. Le prix de son bail était de 23,500,000 ʰ pendant la guerre, et de 22,700,000 ʰ pendant la paix, parce qu'on devait retrancher pendant la paix l'augmentation mise sur le sel pendant la guerre dernière, d'un écu par minot dans les grandes gabelles et de 40 sols dans les petites, qui avait été ordonnée par déclarations des 22 février et 25 octobre 1689; mais on a estimé à propos de la continuer[4], et on a obligé le fermier d'en payer par augmentation 1,800,000 ʰ : en sorte que le prix de son bail, pour toutes les gabelles de France, est à présent de 24,500,000 ʰ; sur laquelle somme on lui tient compte de 900,000 ʰ pour les gabelles de Lorraine, qui ont été rendues au duc de Lorraine par la paix de Ryswyk[5].

---

[1] Le quart-bouillon était ainsi nommé parce qu'on le levait à raison du quart du prix de tout le sel qui se fabriquait par la cuisson dans des chaudières de plomb.

[2] Saint-Simon raconte, dans ses *Mémoires*, en 1718 (t. XIV, p. 303), comment il proposa au Régent une réforme capitale de la gabelle. «J'étais demeuré frappé, dit-il, de ce que le président de Maisons m'avait expliqué et montré sur la gabelle, de l'énormité de quatre-vingt mille hommes employés à sa perception, et des horreurs qui se pratiquent là-dessus aux dépens du peuple. Je l'étais encore de cette différence de provinces également sujettes du roi, dans une partie desquelles la gabelle est rigoureusement établie, tandis que le sel est franc dans les autres, dont le roi ne tire pas moins pourtant, et qui jouissent d'une liberté à cet égard qui fait regarder avec raison les autres comme étant dans la plus arbitraire servitude de tous ces fripons de gabeleurs, qui ne vivent et ne s'enrichissent que de leurs rapines. Je conçus donc le dessein d'ôter la gabelle, de rendre le sel libre et marchand, et, pour cela, de faire acheter par le roi, un tiers plus que leur valeur, le peu de salines qui se trouvent appartenir à des particuliers, etc.» Quoique le Régent eût accueilli très-volontiers cette idée, le conseiller d'État Fagon et les autres administrateurs des finances la firent rejeter.

[3] Bail de Thomas Templier, passé le 30 avril 1697 (ci-après, p. 281). «Il y a trois partis pour les gabelles, à savoir : celui de Lyonnais et Languedoc; celui de Dauphiné et Provence, et celui du reste de la France, appelé le *grand parti*.» (*État de la France*, t. III, p. 416.)

[4] Une déclaration du 1ᵉʳ juillet 1698 maintint cette surimposition jusqu'à ce qu'il en eût été autrement ordonné; elle ne fut supprimée que par une autre déclaration du 17 juillet 1714.

[5] Après l'article général des Gabelles, Boulainvilliers ajoute : «Les autres parties du bail général de France sont ce qu'on nomme les Cinq grosses fermes et le Tabac, qui sont évaluées en temps de guerre à 8,500,000 ʰ, et en temps de paix à 11,450,000 ʰ; sur quoi l'on peut dire que, par proportion à la part que la généralité de Paris paie de gabelles et des aides, elle paie le sixième des cinq grosses fermes et du tabac, c'est-à-dire : en temps de guerre, 1,416,000 ʰ, et en temps de paix, 1,900,000 ʰ.» Voyez ci-dessus, p. 255, note 3, et l'appendice *Impositions*, où nous donnons un tableau des recettes et dépenses des fermes pendant les derniers temps du ro-

DES GABELLES.

EXTRAIT DU PRIX DU BAIL GÉNÉRAL DES FERMES DE FRANCE FAIT À THOMAS TEMPLIER LE 30 AVRIL 1697, SAVOIR :

	EN GUERRE.	EN PAIX.
Toutes les gabelles de France[1]............	23,500,000 ᵗᵗ	22,700,000 ᵗᵗ
Grosses fermes et tabac...	8,500,000	11,450,000
Aides et entrées........	15,500,000	16,350,000
Domaines.............	4,500,000	4,500,000
Totaux.....	52,000,000	55,000,000

DES GABELLES DE LA GÉNÉRALITÉ.

Il y a dans la généralité de Paris vingt-cinq greniers à sel, qui sont fournis de sel de Brouage, que les fermiers généraux font venir par mer au Havre-de-Grâce et à Saint-Valery, où ils sont mis dans des magasins de dépôts, suivant les ordonnances des gabelles, d'où ils sont ensuite tirés pour la fourniture de ces greniers. Ils sont conduits dans chacun grenier par les rivières de Seine, Oise, Marne et Yonne, suivant leur proximité, et de là, par charrois, jusqu'aux lieux de leur destination[2].

Les gabelles font aussi partie du bail de la ferme générale; elles sont estimées, par évaluation au total, la somme de 24,500,000.

Le produit de la vente du sel dans la généralité a monté, pendant l'année 1698, compris le grenier à sel de Paris, à 4,238,840 ᵗᵗ, tant pour le prix fixé par l'ordonnance des gabelles, que pour les 3 ᵗᵗ d'augmentation sur chaque minot; sur laquelle somme, les frais de conduite, voiture et autres doivent être pris.

Le prix fixé par l'ordonnance des gabelles du mois de mai 1680, pour les greniers de la généralité de Paris, est, savoir :

40 ᵗᵗ le minot, pour les greniers de : Dreux, Mantes, Poissy, Pontoise et la Roche-Guyon;

41 ᵗᵗ pour les greniers de : Paris, Brie-Comte-Robert, Lagny, Meaux, Senlis, Creil, Compiègne, Beauvais, Montfort, Étampes, Melun, Montereau, Nemours, Sens, Joigny, Saint-Florentin, Vézelay, Provins et Nogent;

Et 42 ᵗᵗ pour le grenier de Tonnerre.

Outre le droit de 3 ᵗᵗ d'augmentation, il a été créé ou rétabli en chacun grenier des officiers des greniers à sel, avec attribution de 20 sols par minot de sel, dont les officiers pourvus de ces charges ou les traitants, pour celles qui n'ont point été vendues, jouissent. Il a encore été attribué aux officiers des greniers à sel et aux mesureurs du sel un droit de 13 sols 6 deniers par minot, qu'ils perçoivent actuellement sous le nom de *droits manuels*.

Ainsi, un minot de sel, en la présente année 1700, se vend au grenier de Paris 45 ᵗᵗ 13 ˢ 6 ᵈ, savoir : pour le prix fixé par l'ordonnance, 41 ᵗᵗ; pour les deux augmentations de 30 sols chacune, 3 ᵗᵗ; pour les droits attribués aux officiers, 1 ᵗᵗ; pour autres droits appelés *manuels*, auxdits officiers, 9 sols 6 deniers, et aux mesureurs, 4 sols; le tout, à 45 ᵗᵗ 13 ˢ 6 ᵈ.

Les fermiers généraux ont observé que l'augmentation de 3 ᵗᵗ mise en dernier lieu sur chaque minot de sel, au lieu d'en avoir augmenté le produit, l'a diminué, parce qu'ils prétendent que ces nouveaux droits en ont diminué la consommation, et que le commun

---

nistère de Colbert. C'est lors du renouvellement des baux de 1680 qu'on avait réuni en un seul corps, sous le titre de *ferme générale*, les gabelles, domaines, aides et entrées, traites, douanes et tabac.

[1] Voyez, dans le dernier paragraphe de la page précédente, la modification apportée à ces chiffres en 1698.
[2] Toute la suite du titre des Finances a été supprimée dans l'impression de Chalibert-Dancosse.

du peuple, qui ne peut avoir 11ᴫ 5ˢ pour un quart de minot, qui est la plus petite mesure qui se fournisse aux greniers, est en nécessité d'en acheter aux regrats [1], où le prix du sel est augmenté du demi-parisis, sans compter une infinité d'abus qu'il y a dans cette revente du sel en détail, tant par la difficulté de faire des mesures certaines, que pour la facilité de les altérer, et autres désordres infinis dans cette sous-ferme, auxquels il est difficile de remédier : en sorte que ceux qui s'y fournissent ordinairement sont souvent obligés de s'en passer, par l'impuissance où les met l'excès du prix qu'il s'y vend; et cette privation nuit beaucoup à leur santé.

Voici un état des vingt-cinq greniers de la généralité, avec le nombre des paroisses dont ils sont composés chacun, et de la consommation actuelle qui s'y fait [2] :

ÉTAT DES GRENIERS À SEL DE LA GÉNÉRALITÉ DE PARIS, LE NOMBRE DES PAROISSES DONT ILS SONT COMPOSÉS, ET LEUR CONSOMMATION.

GRENIERS À SEL. 25.	NOMBRE DES PAROISSES DONT ILS SONT COMPOSÉS.	CONSOMMATION.
Paris	»	760 muids.
(Dont il y en a environ 150 de privilége.)		
Lagny	100	55
Brie-Comte-Robert	28	24
Poissy	54	74
Senlis	84	45
Creil	57	33
Clermont	»	»
Compiègne	85	46 muids.
Beauvais	93	70
Pontoise	124	84
Mantes	202	64

(Compris la chambre à sel de la Roche-Guyon, qui dépend du grenier de Mantes. On y vend tous les mardis, au même prix qu'au grenier de Mantes.)

Montfort	120	60 muids.
Dreux	130	80
Étampes	152	100
Melun	160	83
Nemours	86	50
Meaux	242	100
Provins	94	60
Nogent	69	45

(Il se fait à Nogent un dépôt considérable de sel; il y en arrive tous les ans des bateaux chargés de cinq à six cents muids, pour la fourniture de treize greniers de Champagne et de Bourgogne. Il est conduit de Nogent, par charrois, aux lieux de sa destination.)

Montereau	70	59 muids.
Sens	92	71
Joigny	52	38
Saint-Florentin	35	24
Tonnerre	85	38
Vézelay	54	30

ÉTAT DE LA FERME DES REGRATS DES GRENIERS DE LA GÉNÉRALITÉ DE PARIS.

Paris	} 200,000ᴫ
Poissy	
Lagny	} 5,000
Brie-Comte-Robert	
Senlis	} 23,000
Creil	
Joigny	
Melun	
Nemours	
Montereau	

[1] Le terme de regrat s'appliquait à toute vente de détail, mais plus particulièrement à celle du sel à petites mesures, qui se faisait par un débitant muni d'un privilége exclusif et d'une commission de l'adjudicataire des gabelles.

[2] Comparez le tableau analogue que donne l'*Encyclopédie méthodique des finances*, t. II, p. 419 et 420; la vente y est distinguée en vente volontaire et vente d'impôt, mais le nombre des paroisses n'est pas indiqué. A cette époque, 1784, il y avait quatre greniers de plus; la consommation était augmentée presque partout, mais dans des proportions peu considérables, et, pour un certain nombre de greniers, elle avait légèrement diminué. — Le tableau donné par Boulainvilliers est plein d'inexactitudes ou de fautes d'impression. On remarquera que le Mémoire a laissé en blanc le chiffre de paroisses pour le grenier de Paris; le chiffre 100, donné par Boulainvilliers, est celui du grenier de Lagny.

Beauvais	} 16,000ᴸ	Mantes		4,000ᴸ
Pontoise		Provins	}	9,000
Compiègne	2,000	Sens		
Dreux	8,500	Tonnerre	}	4,000
Étampes	10,000	Vézelay		
Meaux	10,100	Saint-Florentin		1,200
Montfort	8,000			

DE LA CAPITATION.

Le roi, par déclaration du 18 janvier 1695 [1], pour subvenir aux frais de la dernière guerre, ordonna qu'il serait établi une capitation générale par feux ou familles, sur tous ses sujets sans exception, ecclésiastiques séculiers ou réguliers, nobles, militaires, ou autres, qui furent distribués en vingt-deux classes, pour n'avoir lieu qu'autant de temps que la guerre durerait; laquelle a eu son exécution.

Les sommes qu'elle a produites dans la généralité de Paris n'ont pas été aussi fortes à proportion que dans les autres généralités du royaume, parce que la plupart des terres nobles et seigneuries de la généralité appartiennent à des personnes qualifiées et de condition, tant de la cour que de la ville, qui payaient au rôle de la cour ou à celui de la ville de Paris, et qu'on ne pouvait être taxé que pour le titre le plus noble.

Cette imposition a commencé en l'année 1695; elle a continué en 1696, 1697, et, pour un quart seulement, en l'année 1698, qu'elle a fini [2].

Son produit [3] a été, dans la généralité, savoir :

1695	596,571ᴸ
1696	639,966
1697	627,586
1698, pour un quart	154,840

---

[1] Nous avons réimprimé le texte de cette déclaration et les tarifs des vingt-deux classes, ainsi que le projet particulier de capitation présenté par Vauban, en 1694, dans l'Appendice du tome Ier de la *Correspondance des contrôleurs généraux*, p. 561-574.

[2] Elle avait été supprimée, après la paix de Ryswyk, par une déclaration du 17 septembre 1697; mais elle fut rétablie dès le début de la guerre de Succession (mars 1701), pour subsister définitivement, avec un caractère d'impôt de répartition qu'elle n'avait pas eu en 1695.

[3] Comparez les chiffres que nous donnons dans l'appendice *Impositions*, et auxquels nous avons joint quelques documents inédits sur la levée de cet impôt dans sa première forme. «Il est certain, dit Boulainvilliers, que l'auteur ne comprend pas dans ses chiffres la capitation de la cour, c'est-à-dire des princes, ducs et grands officiers, ni de tous les commensaux de la maison du roi et des princes. Il y a bien apparence qu'il n'y comprend pas non plus les magistrats et officiers des cours souveraines, puisqu'il en excepte formellement la ville et banlieue de Paris : de sorte que la capitation dont il traite ici ne regarde que les classes inférieures de la campagne ou des autres villes de la généralité, comme il s'en explique lui-même.... On sait combien elle a été augmentée depuis ce temps; partant, il n'y a nulle difficulté de la prendre à présent sur le pied d'un million, sous les exceptions précédentes. — On peut, ajoute Boulainvilliers, recueillir de ce détail que le roi tire annuellement de la généralité de Paris, sans y comprendre les parties casuelles et autres revenus dont l'auteur n'a point fait d'estimation, et singulièrement la ville de Paris, si ce n'est par rapport aux entrées des vins crûs dans la généralité de Paris et à quelques parties de la capitation, environ treize millions et demi.»

TITRE III.

DE LA QUALITÉ DES TERRES DE CHACUNE ÉLECTION. — MONTAGNES OU PAYS UNIS, CLIMAT FROID, CHAUD OU TEMPÉRÉ. — ÉTAT DU LABOURAGE, DES PÂTURAGES ET DES MARAIS, ET FRUITS PRINCIPAUX QUI Y CROISSENT.

DE LA GÉNÉRALITÉ [1].

On peut dire, généralement parlant, qu'il y a peu de montagnes dans la généralité; il n'y a point de butte considérable [2]; la plus grande partie de son territoire est en pays uni et plain. Son climat est doux et tempéré.

Sa situation entre les 47° et 49° 1/2 degrés de latitude, et les 22° et 25° degrés de longitude [3], la met à couvert des chaleurs et des froids excessifs auxquels sont plus exposés les confins du royaume qui lui sont opposés.

A l'égard de la fertilité de la terre, il est vrai de dire que tout son territoire est utile à quelque chose : car, où il ne croît point de blé ou autres grains, il y vient du vin; où il n'y a ni blés ni vins, il y a des fruits, des pâturages, des bois, des forêts, des noyers. Enfin il n'y a point d'endroits qui ne produisent [4].

Elle se communique dans toutes ses parties par des rivières, comme presque toutes les provinces du royaume font entre elles; c'est pourquoi la reine Catherine de Médicis disait qu'il y avait plus de rivières navigables en France que dans tout le reste de l'Europe [5].

ÉLECTIONS.

PARIS.

L'élection de Paris est en pays plain et uni; il s'y trouve quelques montagnes et collines, dont les principales sont : celle de Montmartre, le Mont-Valérien, la montagne de Saint-Cloud, celle de Saint-Germain-en-Laye.

Sa situation est vers le 49° degré.

L'air de Paris et des environs est excellent et fort sain, quoiqu'il soit un peu grossier et que les pluies y soient fréquentes.

L'eau de la Seine a la réputation d'être la meilleure de tous les fleuves du monde [6].

---

[1] Voir les Papiers Florimond, K 1242, 1re liasse, et notre appendice *Agriculture*. Le dictionnaire d'Expilly reproduit ce titre III, abrégé par Boulainvilliers.

[2] *Alias* : « et encore ce peu n'est-il pas considérable. »

[3] Ici, comme au début du Mémoire (p. 1), les manuscrits portent : *le 23e degré de longitude*; mais, sur les cartes du temps, l'angle occidental de la généralité (élection de Dreux) est beaucoup plus proche du 22e degré que du 23e, calculé selon l'ancien système de Ptolémée.

[4] Cependant l'intendant d'Auvergne, en 1692, prétendait qu'il y avait moins de terres incultes dans son département que dans les régions voisines de Paris. (*Correspondance des contrôleurs généraux*, t. I, n° 1129.)

[5] Ces deux derniers paragraphes sont empruntés à la *Description de l'Europe*, par Davity (1625), p. 84.

[6] « L'air de Paris et des environs est un peu grossier, et cependant fort sain. La bonté des eaux de la Seine et des fontaines de Ilongis et d'Arcueil ne contribue pas peu à la santé des habitants. Celle de la Seine surtout est bonne dans les fièvres ardentes et dans les maladies d'obstruction. C'est aux eaux de Gonesse qu'on attribue l'excellence du pain qu'on fait dans ce bourg. Les eaux de la fontaine minérale de Passy sont très-salutaires pour les embarras du bas-ventre. M. du Clos en fit autrefois l'analyse, et trouva qu'elles contenaient peu de sel vitriolique, peu de particules de fer, et beaucoup de matières plâ-

Le territoire de l'élection de Paris est fort mêlé : du côté de la France, les terres y sont fortes et grasses, et produisent de bons blés-froment; des autres côtés, ou elles sont légères et sablonneuses, ou marécageuses, humides et arrosées de sources et fontaines. Ces différentes qualités font qu'elle produit de tout, de bons blés, des fruits de toutes sortes, des vins en quantité, des légumes et herbages en abondance, et, avec quelques soins [1], elle produit des figues, des grenades, des oranges et citrons, des simples et herbes médicinales, des fleurs de toutes sortes. Il n'y en a point d'incultes. Les jardiniers des environs de Paris ont l'industrie de conserver au plus fort des hivers des asperges, artichauts, laitues pommées, et choses semblables qui ne se trouvent ailleurs qu'en été.

Les terres du bon pays, vers la France, sont affermées 10, 12, 15, jusqu'à 20 ll l'arpent.

Il s'y recueille, dans la seule élection de Paris, année commune, la quantité de cent quarante mille [2] muids de vin, qui servent à la consommation des lieux, et le surplus se transporte en Picardie, en Flandre, en Artois, en Boulonnais, et même dans la Flandre espagnole.

Les fontaines de Rungis et d'Arcueil, distantes de deux à trois lieues de Paris, y sont conduites par des canaux et aqueducs, qui lui fournissent de bonnes eaux et décorent la ville par des fontaines publiques [3].

Il y a de bons pâturages et de belles prairies dans la plupart des paroisses de l'élection qui sont situées le long des rivières de la Seine, de la Marne et des autres petites rivières et ruisseaux qui y affluent. Les nourritures des bestiaux qui se font dans ces paroisses servent à la provision de Paris.

Il n'y a aucuns marais à dessécher; toutes les prairies sont bien entretenues et en valeur.

SENLIS.

L'élection de Senlis, du côté de Creil, Verneuil, Pont et Verberie, jusqu'à la rivière d'Oise, est un pays uni. Au delà de cette rivière, il y a la montagne de Liancourt, qui s'étend depuis Nogent jusqu'à Rieux et Brenouille. Les paroisses de Laigneville, Précy, Montataire, Boran et Champagne, jusqu'à l'Isle-Adam, sont en pays montueux.

Cette élection est à peu près à la même élévation que celle de Paris, un peu au-dessous; cependant le climat est plus froid et plus inégal, à cause des vents de mer qui viennent du côté d'Angleterre, et de la proximité des bois qui l'environnent.

---

treuses. Aujourd'hui, elles ne sont plus plâtreuses, et paraissent composées d'un esprit vitriolique et d'une matière terrestre qui renferme un sel acide, et qui est jointe à une poudre très-fine de rouillure de fer. (Lemery le fils.) C'est aux eaux de la petite rivière de Bièvre ou des Gobelins qu'on est redevable de ces belles écarlates qui sont admirées par tout le monde, etc. » (Piganiol, *Nouvelle description de la France*, 1722, t. II, p. 2 et 3.)

[1] Certains manuscrits et l'imprimé de Chalibert-Dancosse donnent cette singulière lecture : « ... herbages en abondance, avec quelques foins. Elles produisent des figues.... »

[2] Quoique le chiffre de 14,000 muids ait été donné, au lieu de celui de 140,000, par l'imprimé de Chalibert-Dancosse, puis par Piganiol, Boulainvilliers et par toutes les publications subséquentes, nous conservons le chiffre que portent les manuscrits. Il est évident qu'une production de 14,000 muids n'aurait pas suffi à la consommation de l'élection de Paris, loin de fournir à une exportation considérable. D'ailleurs le tableau qu'on a vu page 277 prouve que la moyenne de la récolte de l'élection dépassait 125,000 muids.

[3] Sur le service des eaux à Paris, voir le volume 87 des Papiers Delamare (Bibl. Nationale, ms. fr. 21631).

Toutes les terres labourables de l'élection sont en valeur, à l'exception de celles qui sont proches des forêts et des garennes, dont la culture est abandonnée à cause des bêtes fauves, du gibier et des lapins [1].

Les bonnes terres sont affermées 9 à 10 ₶ l'arpent; les médiocres, 5 à 6 ₶, et les moindres, 1, 2 et 3 ₶. Ce sont toutes terres à froment.

Les coteaux qui sont au delà de la rivière d'Oise, jusqu'aux montagnes, sont plantés en vignes. Il se recueille, année commune, dans cette élection, la quantité de quinze mille muids de vin, qui est d'une qualité fort médiocre; il se vend depuis 25 jusqu'à 30 ₶ le muid.

Dans les fonds et les vallées, et le long des coteaux de la rivière d'Oise, il y a des arbres à fruits; dans le reste de l'élection, fort peu.

Il y a peu de pâturages dans l'élection, et ce qu'il y en a est au delà de la rivière d'Oise, où il se nourrit des bestiaux en petite quantité; il s'y élève aussi quelques poulains.

Il y a, dans l'élection de Senlis, le marais de Sacy [2], qui contient environ deux mille arpents. Il appartient par moitié à M. de Béchameil [3] et au sieur Strada, gentilhomme qui demeure en Auvergne, à cause de sa femme, qui est fille de M{ᵐᵉ} Fabrice [4]. On a travaillé autrefois, avec beaucoup de dépense, à le dessécher, et on avait rendu le terrain labourable; mais les vapeurs humides qui s'élevaient de ces lieux marécageux gâtaient les grains qui y croissaient, ce qui a obligé de l'abandonner : en sorte que depuis ce temps-là il est demeuré inculte et inutile.

COMPIÈGNE.

L'élection de Compiègne est partie en pays uni, et partie en montagnes. Les pays de montagnes sont :

Élincourt [5], dont la montagne s'étend jusqu'au village de Chevincourt, qui en est voisin.

La montagne de Clairoix, autrement dite Galenon [6], commence au territoire de Coudun et finit à celui de Janville.

La montagne de Margny règne le long du lieu et s'étend jusqu'aux villages de Venette, Jaux, Armancourt, le Meux et Rivecourt, jusqu'au village de Longueil-Sainte-Marie.

La montagne de Montduette [7] a un quart de lieue de longueur; elle s'étend sur les paroisses de Jaux et Jonquières. Elle est plantée de bois taillis.

La montagne de Verberie s'étend jusqu'à Béthisy, Saint-Sauveur et Morienval.

Le reste de l'élection est en pays plain, planté la plus grande partie en forêts.

---

[1] Voir plusieurs placets de riverains de forêts et les lettres de l'intendant qui les accompagnent, dans les Papiers du Contrôle général, G⁷ 427, 26 juillet et 23 septembre 1692, et G⁷ 428, dernier août 1695.

[2] Sacy-le-Petit, près de Pont-Sainte-Maxence.

[3] Louis Béchameil, seigneur du marquisat de Nointel, ancien financier, avait été secrétaire du Conseil, et possédait depuis 1685 la charge de surintendant général des domaines, maison et finances de Monsieur. Il mourut le 4 mai 1703. (*Mém. de Saint-Simon*, t. III, p. 409 et 410.)

[4] Jean de Strada, seigneur de Sarlièvre et de Cournon, capitaine d'infanterie au régiment de Saulx, avait épousé, en 1671, Marie-Élisabeth Fabrice, fille de Frédéric-Othon Fabrice de Grossain, seigneur de Fontaine-le-Comte, maître d'hôtel du roi, et de Marthe de Menours. Ces Strada étaient originaires de Bohême et récemment naturalisés en France.

[5] Élincourt-Sainte-Marguerite.

[6] *Sic*, pour *Ganelon*, «montagne à la jonction des deux rivières d'Oise et d'Aronde. On voit encore sur cette montagne un fort ou ancien château, tout en ruines, que ceux du pays disent avoir été du temps de Charlemagne, et qu'il a servi de retraite ou d'asile au traître Ganelon, dont il est parlé dans nos anciens romans.» (Piganiol, *Description de la France*, t. III, p. 56.)

[7] *Alias*, Monduette.

L'élection de Compiègne est vers le 49ᵉ et 1/2 degré; le climat en est tempéré.

La forêt occupe vingt-neuf mille arpents de terrain[1]; le reste est en terres labourables et en vignes.

Les terres sont bien cultivées et labourées; cependant elles rapportent peu, et les blés sont médiocres, le terrain étant naturellement sec, n'y ayant pas de bestiaux suffisamment pour les fumer.

Les vins qui y croissent sont de petite qualité; il s'en recueille, année commune, douze mille muids.

Il y vient des chanvres en quelques endroits; ce sont les meilleures terres qui y sont employées.

Les bonnes terres labourables sont affermées 4ᴸ 10ˢ l'arpent; les médiocres, 3ᴸ, et les moindres, 2ᴸ.

Il y a peu de plants et arbres fruitiers dans l'élection, à peine pour fournir le pays de fruits.

Il n'y a de pâturages que pour la nourriture du peu de bestiaux qu'il y a.

Il n'y a aucuns marais à dessécher.

BEAUVAIS.

L'élection de Beauvais est en pays plain et uni, à la réserve du canton appelé le doyenné de Bray, qui comprend environ le tiers de l'élection, qui est rempli de hauts et bas, sans montagnes considérables, de même qu'une partie du doyenné de Mouchy, du côté de Paris.

Le climat est d'un demi-degré plus froid que celui de Paris; il est au 49ᵉ et 1/2 degré.

Toutes les terres de l'élection sont en valeur. Le labour en est difficile, parce qu'elles sont fortes : il faut quatre chevaux sur une charrue, dans la plus grande partie du pays. Elles sont d'un assez bon rapport; elles sont principalement occupées en blés, et produisent beaucoup de seigles, du méteil médiocrement, et peu de froment.

Les bonnes terres sont affermées 10ᴸ l'arpent; les médiocres, 6ᴸ, et les moindres, 1 à 2ᴸ.

Il y a des vignes dans trente-cinq paroisses, outre celles qui sont aux environs et dans la banlieue de Beauvais. Il s'y recueille, année commune, la quantité de quinze à seize mille muids de vin; il se vend ordinairement 30ᴸ le muid, est d'une qualité médiocre, et se consomme dans le pays.

Les paroisses qui sont arrosées par la petite rivière du Thérain, qui sont au nombre de quarante, produisent des foins en assez grande quantité.

Le côté de l'élection qui confine à la Normandie est planté d'arbres à fruits, pommiers et poiriers, en quantité, dont on fait du cidre; l'autre côté, qui regarde la Picardie, n'en a point. Il y a quelques fruits ordinaires.

Il y a des pâturages propres au gros bétail dans le pays de Bray, où il s'en nourrit beaucoup. On y fait du beurre et des fromages, qui se vendent au marché de Gournay, et de là se transportent à Paris. Il y a aussi, dans les autres paroisses de l'élection, des bestiaux qu'on met paître dans les marais communs, mais en moindre quantité, et le profit qu'on en retire n'est que pour la consommation des habitants. On fait des nourritures de moutons dans presque toutes les paroisses de l'élection;

---

[1] Voir ci-après le titre *Forêts*.

l'herbe qui y croît leur est bonne et les engraisse. Les moutons de Beauvais ont la réputation d'être excellents.

Il n'y a aucuns marais à dessécher.

PONTOISE.

L'élection de Pontoise est un pays mêlé de haut et bas. Il y a la montagne nommée le *Caillouet*, située entre les paroisses de Marines, Neuilly, le Heaulme et Bréançon, qui n'est que de bruyères.

Le climat est assez tempéré, un peu plus froid qu'à Paris.

L'élection est partagée de bonnes, médiocres et mauvaises terres, environ par tiers. Les bonnes terres sont affermées 10 à 12 ͭͭ l'arpent; les médiocres, 6 à 7 ͭͭ, et les mauvaises, 30 à 40 sols.

Les principaux fruits de la terre sont du blé froment, méteil, seigles, orges et avoines, et autres menus grains.

Il y croît aussi des vins dans trente-quatre paroisses, et il s'en recueille, année commune, quatre mille muids. Il se vend ordinairement 30 à 40 ͭͭ le muid; il est d'une qualité médiocre. Le commun se consomme sur les lieux; le meilleur se vend pour la Picardie et la Flandre.

Il y a des fruits dans plusieurs paroisses, des pommes et des poires, qu'on convertit en cidres, des noyers, et autres fruits de toutes sortes, un peu.

Il n'y a de pâturages que pour l'exploitation et engrais des terres. On ne fait point de commerce de bestiaux qui soit considérable.

Il n'y a aucuns marais à dessécher.

MANTES.

Le pays est mêlé de collines et de plaines: les collines sont plantées en vignes, fruits ou bois.

Le climat est assez tempéré, plus chaud que froid, à cause des plaines de sables, qui rendent hâtif et avancé tout ce qui y croît.

Il y a un quart des terres labourables de l'élection qui sont en friche, deux autres quarts mal cultivées, faute de chevaux et de bestiaux pour les labourer et engraisser, et l'autre quart est en bonne valeur. Ce mauvais état vient de deux causes : la première, de ce que depuis plusieurs années ce pays a été fort maltraité par les grêles et les gelées, qui ont ruiné tous les biens de la terre, ce qui a fait abandonner par impuissance la culture des terres; et l'autre, de ce que, pour le payement de la taille, on saisit les bestiaux, ce qui fait que la plupart des terres demeurent incultes [1].

Les bonnes terres sont affermées 8 ͭͭ l'arpent; les médiocres, 4 ͭͭ, et les moindres, 30 à 40 sols.

Le principal revenu de l'élection est en vignes, qui ont fort peu rapporté depuis cinq ans. Il s'y recueille, année commune, trente mille muids de vins; autrefois il s'en recueillait plus de cinquante mille muids. On a beaucoup arraché de vignes depuis la cessation du commerce, qui provient : premièrement, de ce que, en Normandie, on a planté beaucoup de vignes [2] et que le vin qui y croît n'est point sujet au droit de gros [3], qui est le sol pour livre du prix de la vente, et, outre ce, 16 sols d'augmentation par muid; secondement, de l'éta-

---

[1] Ces quatre dernières lignes ont été supprimées dans l'impression de Chalibert-Dancosse.

[2] A partir de cet endroit jusqu'au paragraphe de la récolte de blé, le texte a été encore supprimé dans l'impression de Chalibert-Dancosse.

[3] Voyez ci-dessus, p. 275.

blissement du droit de 7ᶠ par muid des vins qui se transportent de cette élection au delà des rivières d'Eure, Andelle et Iton, qu'on prétend avoir ruiné absolument le commerce des vins qui se faisait en Normandie et en Picardie.

La preuve qu'on en rapporte est qu'avant que ce droit fût établi, il se voiturait tous les ans aux foires de Rouen soixante mille muids de vin, qui s'y consommaient; et à présent il ne s'y en transporte pas dix mille, dont il en reste souvent la moitié : en sorte que le défaut de commerce tient les vins à si bas prix que les propriétaires des vignes, n'en retirant pas leurs frais, aiment autant les abandonner que de les faire cultiver. On prétend même que ce droit de 7ᶠ est fort préjudiciable aux fermes du roi, en ce que le produit ne va pas à la moitié de ce que produirait la consommation de ces vins en détail dans les provinces de Normandie et Picardie, si la sortie était libre et exempte de ce droit, ce qui serait fort aisé à connaître par expérience, en supprimant ce droit pour un temps, et faisant ensuite la comparaison du produit du détail dans ces provinces[1].

Ce droit ne se lève que depuis environ trente ans. On l'avait réduit à 3ᶠ 10ˢ quelques années avant la dernière guerre; il fut rétabli en entier au mois d'octobre 1689.

Le blé qui se recueille dans l'élection est du seigle et des avoines.

Il y a dans quelques paroisses des fruits à cidre et d'autres, pour l'usage et la consommation du pays seulement.

Il y a peu de pâturages; on ne nourrit de bestiaux que pour la fourniture du pays.

Il n'y a aucuns marais à dessécher.

MONTFORT.

Il y a dans cette élection la montagne d'Élancourt, qui est la plus considérable. Le pays uni est la plaine de Montfort et celle de Trappes; le reste du pays est haut et bas.

Elle est située à la même hauteur que celle de Paris. Le climat en est tempéré à peu près de même.

Il croît dans l'élection du blé-froment, de l'avoine et autres menus grains. Les deux tiers de l'élection sont en terres labourables, qui sont bien cultivées. Les bonnes sont affermées jusqu'à 8 et 9ᶠ l'arpent; les médiocres, depuis 3 jusqu'à 5ᶠ, et les moindres, 20 et 40 sols. L'autre tiers est en bois.

Dans quelques paroisses il y a des vignes, qui produisent, année commune, la quantité de six mille muids de vin; il est d'une qualité fort médiocre.

Il s'y recueille aussi des fruits, pommes et poires, dont on fait du cidre.

Il y a peu de pâturages et de nourriture de bestiaux, seulement pour la consommation du pays.

Il n'y a aucuns marais à dessécher.

DREUX.

Cette élection est en pays plain et uni, à la réserve de quelques collines qui sont aux environs de la ville de Dreux.

Le climat en est doux et tempéré.

Les terres de l'élection sont de différentes qualités : il y en a beaucoup plus de mauvaises que de bonnes. Le terrain, dans plu-

---

[1] Le Mémoire a déjà parlé des souffrances et de la décadence du pays Mantois (ci-dessus, p. 150); nous reproduisons, à l'Appendice, des documents inédits sur l'état de cette élection, entre lesquels une lettre de l'intendant Phélypeaux, du 13 décembre 1699, confirme officiellement ce que dit ici le Mémoire sur les effets du droit de gros. Le Mémoire de la généralité de Rouen proteste aussi contre les charges de cette nature.

sieurs paroisses, est de sable pierreux; depuis l'année 1694, il en est resté beaucoup en friche[1].

Les bonnes terres sont affermées communément 4 ♯ l'arpent; les médiocres, 3 ♯, et les mauvaises, 1 ♯.

Les fruits principaux de la terre sont les blés, vins et cidres; il s'y recueille, année commune, la quantité de huit mille muids de blé, six à sept mille poinçons de vin, jauge de Champagne, et sept à huit cents poinçons de cidre; des avoines et menus grains à proportion du blé. Ces denrées se consomment dans le pays.

Le vin est d'une qualité dure et propre à garder; il se vend ordinairement 25 à 30 ♯ le muid.

Il y croît aussi du chanvre dans plusieurs paroisses.

Il y a quantité d'arbres fruitiers, et le fruit est fort beau et d'un bon goût, parce que le terrain est sablonneux.

Il y a quantité de pâturages, et il s'y fait beaucoup de nourritures; il y a peu de paroisses qui n'en fassent commerce.

Il s'y élève aussi quelques chevaux; mais l'herbe ne leur est pas si propre qu'aux bestiaux, parce qu'elle est sûre et aigre.

Il n'y a aucuns marais à dessécher.

ÉTAMPES.

Le terrain de cette élection est mêlé de pays uni et de montagnes.

Le climat en est tempéré. Elle est située au 48° degré et 1/2.

Les terres sont la plupart terres légères et de sable; il n'y a point de paroisse où il n'y en ait en friche. Les bonnes terres, qui sont en petite quantité, sont affermées 4 ♯ 10 ˢ l'arpent; les médiocres, 3 ♯, et les moindres, 1 ♯ 10 ˢ. Il y en a beaucoup plus de mauvaises que de médiocres.

Il s'y recueille du blé froment, méteil, seigle, avoine et autres menus grains.

Il y a fort peu de vignes et fort peu de fruits, à peine pour la fourniture du pays.

Il s'y fait des nourritures de bestiaux dans les paroisses d'Itteville, Maisse et Bouray, qui ont des communues[2] propres à en faire quantité. Il s'en fait aussi quelques-unes à Étréchy, Auvers[3], Fontaine[4], Gironville-sous-Buno[5] et Boissy-la-Rivière. Dans les autres paroisses de l'élection il n'y a aucuns pâturages.

Il n'y a aucuns marais à dessécher.

MELUN.

L'élection de Melun est un pays uni et plain.

---

[1] Une disette prolongée, en 1693 et 1694, avait tellement épuisé presque toutes les campagnes, que beaucoup de laboureurs, faute de semences, durent abandonner leurs cultures. Voyez la *Correspondance des contrôleurs généraux*, t. I, années 1693-1694, *passim*, et le *Traité de la police*, de Nicolas Delamare, liv. V, p. 1038 à 1055. L'accroissement des terres incultes est signalé par Fénelon, dans le *Télémaque*, au chapitre de Salente (liv. XII), et il y propose des remèdes qui avaient été précisément essayés à la suite de la disette de 1693 : partager les terres vacantes entre les artisans inoccupés ou les maçons venus pour bâtir la ville, et appeler les peuples voisins au secours de ces agriculteurs improvisés, en garantissant à tous le produit de leur travail et une partie de la terre défrichée par eux; édicter, d'autre part, des taxes, des amendes ou même des peines plus rigoureuses contre les propriétaires qui délaissent leurs champs : « ce sont des soldats qui abandonnent leurs postes dans la guerre; » enfin, favoriser les mariages et la multiplication des enfants.

[2] Pâturages communaux.

[3] Auvers-Saint-Georges.

[4] Fontaine-la-Rivière.

[5] Le manuscrit porte : *Bunou*.

Le climat en est semblable à peu près à celui de Paris. Elle est située au-dessus de l'élection de Paris, vers le 48ᵉ degré.

Les terres sont de différentes qualités: celles du côté de la Brie et une partie du Gâtinais sont bonnes terres, franches, bien cultivées et labourées; celles de l'autre côté du Gâtinais, qui est pays de sable, sont de peu de valeur. Les bonnes sont affermées 6 ª l'arpent; les médiocres, 3 et 4 ª; les mauvaises; 20 et 40 sols.

Cette élection produit de bon blé-froment, seigle et avoine en quantité.

Il s'y recueille aussi des vins; année commune, trente mille muids. Il est d'une qualité médiocre. Il y a quelques fruits, qui ne se convertissent pas en cidres. Toute l'application roule sur la culture des terres.

Il s'y fait beaucoup de nourritures dans l'élection. Les forêts qui s'y trouvent fournissent de grands pâturages. Il y a quantité de prairies, marais, bruyères, dans lesquelles les paroisses voisines ont des usages et communes, qui ne suffisent pas pour les nourritures qu'ils font; ils mènent leurs bestiaux dans les forêts du roi, aux endroits qui sont propres, pour quoi ils payent une redevance annuelle aux fermiers du domaine.

Il n'y a aucuns marais à dessécher.

NEMOURS.

Cette élection est mêlée de pays uni et de montagnes, qui n'ont point d'autres noms que ceux des lieux où elles sont; elles sont la plupart pleines de roches [1].

Le climat est presque semblable à celui de Paris.

Il y a beaucoup de terres incultes, tant par leur stérilité naturelle que par défaut d'habitants dans plusieurs paroisses pour les cultiver. Il y en a très-peu de bonnes. Ce qu'il y en a sont affermées 3 à 4 ª l'arpent; les terres médiocres, 40 à 50 sols, et les moindres, 20 sols. Il y en a une grande partie de sables, qui sont abandonnées pour 5 sols de simple cens.

Elles produisent du seigle, de l'avoine, fort peu de froment, et d'autres grains en petite quantité.

Il s'y recueille aussi des vins dans plusieurs paroisses; année commune, environ trente-cinq mille muids [2]. Il y a beaucoup de vignes, qui appartiennent à des bourgeois de Paris, de Montargis et de Fontainebleau, qui font enlever les vins chez eux après les vendanges; le surplus se consomme dans le pays et aux environs. La qualité du vin est fort médiocre; il se vend ordinairement 20 ª le muid.

Il n'y a point de fruits à cidre dans l'élection; d'autres fruits à manger, il y en a assez suffisamment.

Il y a peu de pâturages; le pays étant maigre et sec, le bétail ne s'y élève pas en quantité; il tient du pays.

Il y a les marais de Corbeilles, Bourdeaux et Sceaux [3], de la contenance d'environ seize cents arpents, qui sont situés entre la ville de Nemours et celle de Montargis, à la distance de quatre à cinq lieues de l'une et de l'autre. Ces marais étaient couverts d'eaux en tout temps, faute d'écoulement, à cause de leur assiette plate, et elles se répandaient dans huit ou dix paroisses des environs, et rendaient presque tous les héritages incultes et les habitations malsaines. Le sieur Bertrand, exempt

---

[1] Chalibert-Dancosse imprime: «La plupart de l'élection sont en plaines et rochers.»

[2] La copie faite par Florimond (Archives Nationales, K 1242, 1ʳᵉ liasse) dit: «quelques vins,» et «trois mille cinq cents muids.»

[3] Bordeaux-les-Bouches et Sceaux, cᵒⁿ Ferrières (Loiret).

de la maréchaussée de Nemours[1], a entrepris de les dessécher; il a fait un traité avec les seigneurs propriétaires de ces marais, au mois de février 1697, par lequel les propriétaires lui ont abandonné la moitié des fonds des marais, à la charge d'en faire le desséchement à ses frais et dépens. En exécution de ce traité, il a fait travailler en 1697, 1698, et l'année dernière, avec tant de diligence, et a employé à ces travaux un si grand nombre d'ouvriers, que tous ces marais sont à présent sans eau[2] et en état d'être bien cultivés en terres labourables, en prairies et en pâtures grasses. Il s'est trouvé, dans ce travail, une infinité de sources d'eau vives et claires, qui soulevaient le terrain et le rendaient mouvant : il leur a donné leur écoulement par des rigoles, fossés et canaux, jusqu'à la rivière de Loing, qui reçoit ces décharges, en sorte que ce terrain est devenu ferme et solide. Il y avait un grand chemin qui aboutissait dans ces marais, appelé le *chemin de César*[3], qui était inaccessible depuis plus de deux cents ans; il a été rendu praticable et bon, et il est usité actuellement; dont toute la province en reçoit un grand avantage, et tous les particuliers une grande commodité. Ce desséchement avait été tenté ci-devant deux fois, la première en l'année 1656, par un nommé Montalais, et l'autre en 1682, par un Hollandais nommé Adrien Coorte; la difficulté de l'entreprise et l'incertitude du succès leur firent abandonner ce dessein, quoique sous des conditions plus avantageuses que celles qui ont été accordées audit sieur Bertrand[4].

Il y a deux autres petits marais proches de celui ci-dessus, nommés : le marais de Courtempierre, qui contient cent cinquante arpents, et le marais de Mignerette, qui en contient cent soixante; lesquels n'ont pas été desséchés en même temps, parce que les eaux qui les inondent n'ont pas la même pente, et qui ne le peuvent être que par un ouvrage particulier. L'exemple de ceux de Corbeilles, Bourdeaux et Sceaux pourra exciter les propriétaires ou à en faire la dépense ou à en traiter, les mêmes facilités s'y trouvant[5].

Il y en a encore un autre dans la paroisse de Larchant, de cette même élection, qui contient cinq cents arpents, que ledit sieur de Montalais et le sieur de Crenan[6], son associé, tentèrent de dessécher en ladite année 1656.

---

[1] Ce personnage est appelé, dans les Papiers du Contrôle général, Jacques Bertrand, conseiller à Nemours et receveur de Corbeilles. Dans l'Armorial de 1696, il se qualifie d'assesseur en la maréchaussée provinciale de Melun à Nemours.

[2] Les treize lignes qui suivent ont été supprimées dans l'impression de Chalibert-Dancosse.

[3] C'est la route de *Genabum à Agedincum*, de la carte de Peutinger, appelée sur la carte de Cassini : *Ancien chemin des Romains*. Les travaux de desséchement dont parle le Mémoire coupèrent cette voie antique en trois endroits et dispersèrent une partie des pierres dont elle était pavée.

[4] Par le contrat du 25 février 1656, le sieur de Montalais et le marquis de Crenan, associés, devaient avoir la propriété de quatre cinquièmes; Adrien Coorte, en 1682, ne réclamait que deux tiers. Sur cette entreprise, voir deux dossiers adressés par l'intendant de Paris, le 12 janvier 1699, et le 23 janvier 1709, dans les Papiers du Contrôle général, G⁷ 430 et 436.

[5] Les habitants des quatre paroisses de Sceaux, Bordeaux, Mignerette et Courtempierre se plaignirent que le desséchement des marais leur enlevât l'usage des ronches et roseaux qu'ils y coupaient pour différents emplois, et les privât également de moyens de communication pour envoyer leurs bestiaux paître dans quelques arpents de communs qu'ils y possédaient; mais, en 1699 et en 1709, leurs requêtes furent rejetées.

[6] Pierre de Perrien, marquis de Crenan en Bretagne, commandant de la compagnie de chevau-légers du maréchal de la Meilleraye, et plus tard grand échanson de France, était allié par sa femme, Anne de Bueil-Marans, aux Montalais, seigneurs de Chambellay en Anjou.

Ils y firent travailler; on fit des ouvertures de tranchées, fossés et canaux pour écouler les eaux dans la rivière de Loing : l'assiette des marais se trouva trop profonde, ou la dépense nécessaire au-dessus de leurs forces, ce qui leur fit abandonner l'ouvrage. Depuis ce temps-là il ne s'est trouvé personne qui ait voulu le continuer.

MEAUX.

Il n'y a point de montagnes dans l'élection de Meaux; c'est un pays uni, employé en terres labourables et en vignes.

Le climat est le même que celui de Paris, un peu plus froid.

Toutes les terres de l'élection sont en valeur : les laboureurs sont fort intelligents pour la culture des terres; ils y donnent tous leurs soins, et ils le font aussi utilement qu'on le peut désirer.

Elles produisent de bon blé-froment, des avoines et menus grains à proportion; il y a peu de seigle.

Dans trente paroisses il y a des vignes mêlées avec les terres à froment, dans lesquelles on recueille, année commune, la quantité de trente-six mille muids de vin. La qualité en est fort médiocre; ils sont durs et grossiers, et se vendent ordinairement 25 à 30 ll le muid.

Il y a des fruits dans quelques paroisses, qui se consomment à Meaux ou s'envoient à Paris.

Dans la partie de l'élection qui est du côté de Paris, on y fait des nourritures de moutons; dans celle de la Brie, on y nourrit du gros bétail, parce que dans la première le pays est plus sec, et que dans l'autre, qui est froide et humide, les moutons y périssent la seconde année par la pourriture.

Il n'y a aucuns marais à dessécher.

ROZOY.

Rozoy est en pays uni; il n'y a aucune montagne dans l'élection.

Le climat est tempéré, presque comme Paris.

C'est un bon pays à blé, qui en produit beaucoup. Les bonnes terres marnées sont affermées 6 ll l'arpent, moitié en blé, moitié en argent; les médiocres, 3 à 4 ll, et les moindres 2 ll.

Tout ce pays est occupé en labours, à la réserve de sept paroisses qui sont mêlées de vignes, savoir : Guérard, la Celle [1], Faremoutiers, Bernay, Chaumes, Courtomer et Courpalay; dans lesquelles il se recueille, année commune, la quantité de quatre mille muids de vin; il est d'une qualité fort grossière, et se consomme dans le pays.

Dans la paroisse de la Celle, il s'y fait quelques cidres et commerce de fruits; c'est la seule de l'élection.

Il n'y a pas de pâturages suffisamment pour les labours et engrais des terres; c'est pourquoi on se sert de marne. C'est une grande servitude, en ce qu'on est obligé de recommencer tous les trente ans; sinon les terres demeurent infructueuses. On observe que les grandes communautés dont les revenus sont bien administrés ne marnent jamais, parce qu'elles prétendent que la marne, plusieurs fois réitérée et répandue sur les terres, forme un tuf qui les rend, par succession de temps, de mauvaise qualité.

Il n'y aucuns marais à dessécher.

---

[1] La Celle-sur-Morin.

COULOMMIERS.

Le terroir de cette élection[1] est fort inégal : il n'y a presque aucune paroisse qui n'ait quelque montagne.

Quoique l'élection soit sous le même climat que Paris, les terres y sont plus froides, et les fruits y mûrissent plus tard; les moissons et les vendanges s'y font ordinairement vingt jours plus tard que dans celle de Paris.

Les terres labourables sont en bonne culture et valeur, à la réserve de quelques-unes dans les paroisses de Meilleray, le Vézier, Saint-Martin[2], Signy, Signets, Amillis et Dagny, qui sont de mauvaise qualité; dans les autres elles produisent de bon blé, froment et avoines, peu de seigle. Les bonnes terres sont affermées 6 à 7 ## l'arpent; les médiocres, 4 ##, et les moindres, 2 ##.

Il s'y recueille aussi des vins dans douze paroisses, qui peuvent monter, année commune, à la quantité de huit mille muids; pour en connaître la qualité il suffit d'observer que c'est pays de Brie. Il se vend ordinairement 20 à 24 ## le muid, et se consomme dans le pays.

Il y a aussi dans l'élection plusieurs étangs, les terres y étant propres, froides et humides, tenant l'eau; les poissons de ces étangs se mènent à Paris.

Il n'y a aucuns fruits à cidre; d'autres, il n'y en a que pour la consommation du pays.

Il ne s'y fait de nourritures de bestiaux que pour l'engrais des terres, qui même ne suffisent pas.

Il n'y a aucuns marais à dessécher.

PROVINS.

L'élection de Provins[3] est un pays uni; il y a seulement quelques montagnes proche de Provins.

Le climat est tempéré; c'est à peu près le même que celui de Paris.

Il y a bien la moitié des terres qui rapportent du blé-froment; le surplus sont terres à méteil et à seigle. Les bonnes terres sont affermées 5 à 6 ## l'arpent; les médiocres, 3 à 4 ##, et les moindres, 20 à 40 sols. Il y a eu, les années dernières, quelques terres qui sont demeurées incultes, à cause de la cherté des grains.

Il y croît du vin dans quinze ou seize paroisses de l'élection; il est gros et dur. Il s'en recueille, année commune, la quantité de cinq mille muids. Il se vend ordinairement depuis 20 ## jusqu'à 30 ## le muid, et se consomme dans le pays.

Il y a quelques noyers et arbres à fruits, pour la consommation du pays seulement.

Dans plusieurs paroisses des environs de la ville de Provins, on y cultive des rosiers, et on fait dans la ville la conserve de roses qui a de la réputation pour sa bonne qualité; autrefois il s'en façonnait davantage, parce que les étrangers la recherchaient.

---

[1] L'imprimé de Chalibert-Dancosse ne donne l'élection de Coulommiers que plus loin, entre Montereau et Sens, et son texte est tout différent. « L'élection de Coulommiers, dit-il, est une des meilleures élections de la généralité de Paris. Elle abonde en blés, en foins, en pâturages, en lin, en bois, en bestiaux, en vin, où l'on recueille, par année commune, environ quatre mille muids. Il se vend, pour l'ordinaire, 25 et 30 ##. Sa qualité est très-médiocre. Les terres sont très-fortes, ce qui fait qu'on laboure avec quatre, cinq et six chevaux. Les bonnes (sic) terres sont affermées, savoir : les bonnes, 7 et 8 ## l'arpent; les médiocres, 4 et 5 ##, et les moindres, 30 et 40 sols. Il n'y a aucuns marais à dessécher. »

[2] Saint-Martin-des-Champs, c^ne la Ferté-Gaucher.

[3] Voyez, à l'Appendice, le rapport du subdélégué de Provins, art. 3, 5, 6, 7, 10, 12 et 29.

Il y a peu de pâturages dans l'élection; il s'en trouve seulement dans quatre ou cinq paroisses voisines de la rivière de Seine.

Il n'y a aucuns marais à dessécher.

NOGENT.

La plus grande partie de l'élection est un pays uni : de belles prairies bordent la rivière de Seine sur une étendue d'environ dix lieues; dans l'autre partie il y a quelques montagnes qui ne sont pas considérables.

Le climat est doux et tempéré.

Le labourage des terres est bien fait; il n'y en a point d'incultes. Elles ne sont pas également bonnes: celles qui sont du côté de la Champagne sont maigres, et ne rapportent que du seigle; les autres sont bonnes, et produisent du froment. Les bonnes sont affermées 3 tt; les médiocres, 2 tt, et les mauvaises, 1 tt.

Les prairies font le principal revenu de l'élection. Elles sont de différentes qualités : il y en a qui valent jusqu'à 1,000 tt l'arpent, d'autres qui ne valent pas 100 tt; communément elles valent 3 à 400 tt. Elles s'afferment depuis 10 jusqu'à 25 tt l'arpent; elles rapportent depuis deux cents jusqu'à quatre cents bottes de foin, du poids de dix livres chacune. Les meilleures sont les bas prés, les moindres sont les hauts.

Il y a aussi quelques vignes en plusieurs paroisses, dans lesquelles on recueille, année commune, environ deux mille muids de vin, qui se consomment dans l'élection.

Il y a peu de toutes sortes de fruits, aucuns à convertir en cidre.

Aucuns marais à dessécher.

MONTEREAU.

Tout le terrain qui se trouve entre les rivières de Seine et Yonne est un pays uni. Dans le reste de l'élection il y a plusieurs montagnes : on en trouve une en arrivant à Montereau du côté de Paris, qui couvre la ville; du même côté, à l'orient, est la montagne de Tressy[1]; du côté du Gâtinais, vers Provins[2], il y a la montagne de Moret, celle de Train, celle de Saint-Ange, dans laquelle on a trouvé, depuis quelques années, quantité de marbre de couleur olivâtre[3].

Le climat est à peu près le même que Paris.

Cette élection est pays de blé, froment et seigle. Les terres du côté de la Brie sont la plupart terres à froment, d'un travail difficile, étant besoin de trois chevaux pour chacune charrue; il y en a quantité en friche. Celles du côté de la Champagne sont terres à seigle, sujettes aux inondations. Celles du Gâtinais sont environ un quart terres à froment, et le surplus terres à seigle. Elles sont toutes d'un rapport médiocre. Les bonnes terres sont affermées 5 tt l'arpent; les médiocres, 3 tt, et les moindres, 1 tt.

Il y a des vignes dans vingt paroisses; il s'y recueille, année commune, la quantité de quatre mille muids de vin. Il se vend ordinairement 20 à 25 tt le muid; il est d'une qualité fort médiocre, et se consomme dans le pays.

Dans la Brie, ès environs de Donnemarie, il y a beaucoup d'arbres fruitiers, pommiers, poiriers, et, dans le Gâtinais, quantité de noyers.

Le long des rivières de Seine et Yonne, il y a de bons pâturages; il s'y fait des nour-

---

[1] *Sic;* Tréchy, c^{ne} Saint-Germain-Laval.
[2] *Sic,* par erreur, pour Nemours ou Fontainebleau.
[3] Voyez l'article de Saint-Ange, dans les Maisons royales.

ritures de gros bestiaux, qui se consomment à Paris. Du côté de la Brie il n'y a que des moutons, lesquels étant engraissés, sont pour la fourniture de Paris.

Il n'y a aucuns marais à dessécher.

SENS.

Depuis Villeneuve-la-Guyard jusqu'à Sens, et de Sens à Villeneuve-le-Roy, le long de la rivière d'Yonne, est une belle plaine de douze lieues de longueur, assez fertile. Des deux côtés de cette plaine, au levant et au couchant, il s'élève plusieurs petites montagnes ou collines de mauvais terrain, qui ne produit qu'avec peine et avec le secours de la marne ou du fumier en quantité.

Le climat est assez tempéré le long des rivières d'Yonne et de Vannes; le Gâtinais est plus froid.

Les terres de l'élection sont bien labourées; il y en a fort peu en friche. La plupart sont terres à seigle, méteil et menus grains; fort peu de froment. Les meilleures sont affermées trois bichets de méteil à 35 sols, les médiocres deux[1], et les moindres un bichet seulement.

Il y a des vignes dans beaucoup de paroisses, qui produisent, année commune, la quantité de dix mille muids de vin. Il est d'une assez bonne qualité pour l'arrière-saison, et se vend ordinairement 30# le muid.

Il y a quantité de noyers entre les rivières d'Yonne et de Seine, dont le fruit est converti en huile, qui sert aux habitants de la campagne à faire du potage. Il y a peu de fruits dans l'élection; les paroisses du Gâtinais, qui sont au nombre de six seulement, en ont assez abondamment, et en fournissent aux pays qui en manquent.

Il s'y fait des nourritures de gros bétail dans les paroisses de Jaulnes et de Villenauxe, qui ont de bons pâturages; ces paroisses sont proches de Bray-sur-Seine, à six lieues de Sens. Il s'en fait aussi quelque peu le long de la rivière de Vannes. Dans les autres paroisses, et particulièrement en celles du pays montueux, on n'y fait que des nourritures de moutons; le pays étant fourni, le surplus est pour Paris.

Il n'y a aucuns marais à dessécher.

JOIGNY.

Le pays de l'élection de Joigny est mêlé de montagnes; la ville même de Joigny est située sur le penchant d'une colline. La plupart sont plantées en vignes et en bois. Vis-à-vis de la ville, au delà de la rivière, est la plaine d'Aillant[2], qui est renommée par sa fertilité et la bonté de ses pâturages.

Le climat en est assez tempéré.

Les fruits principaux que la terre produit sont : du blé-froment, méteil, seigle, orge et avoine. Les bonnes terres sont affermées 5# l'arpent; les médiocres, 3#, et les moindres, 1 ou 2#.

Il croît des vins dans plusieurs paroisses, qui montent, année commune, à la quantité de quarante mille muids. Il est d'une médiocre qualité, meilleur pour l'arrière-saison; il a le plus souvent un goût de terroir, et se vend ordinairement depuis 20 jusqu'à 40# le muid.

Il y croît peu de fruits dans l'élection; quelques noix, qui sont converties en huile pour la consommation du pays.

---

[1] Certaines copies et l'impression de Chalibert-Dancosse donnent cette lecture, qui semble inadmissible : «trois bichets de méteil *et* 35 sols; les médiocres, 2 *livres*.»

[2] Aillant-sur-Tholon.

Il y a des prairies et des pâturages le long de la rivière d'Yonne et de plusieurs ruisseaux qui s'y joignent; on y fait des nourritures de bestiaux, qui sont conduits à Paris après la fourniture du pays.

Il n'y a aucuns marais à dessécher.

SAINT-FLORENTIN.

Il y a dans l'élection une montagne assez considérable, qu'on nomme la forêt d'Othe, qui est presque toute plantée en bois; elle occupe dix-sept lieues de longueur, sur une lieue de largeur. Elle commence à deux lieues de Troyes et finit à Villeneuve-le-Roy; elle règne sur six paroisses de cette élection, qui sont : Auxon, Vosnon, Sormery, Séant, Béhours[1] et Champlost. Il y a plusieurs autres petites montagnes plantées en vignes.

Le climat est tempéré, à peu près comme à Paris, quoique l'élection soit d'un degré plus élevée; mais les montagnes rendent le pays plus froid.

Il peut y avoir, dans toute l'élection, cent vingt mille arpents de terrain, qui est occupé, savoir :

En terres labourables	70,000 arpents.
En vignes	10,000
En bois	6,000
En prés	10,000
En chènevières et jardins	12,000
Et le reste en terres vaines et vagues, maisons et chemins	12,000
TOTAL	120,000

Des terres labourables, un tiers produit du blé froment; les deux autres ne rapportent que du méteil, seigle, avoines, et autres menus grains. Les bonnes terres sont affermées communément 6 à 7^{lt} l'arpent; les médiocres, 3 à 4^{lt}, et les moindres, 30 à 40 sols. Tout est en valeur et cultivé.

Il n'y a presque point de paroisses où il n'y ait des vignes. Il se recueille, année commune, dans l'élection, dix mille muids de vins. Il y en a de différentes qualités : les meilleurs se transportent à Nogent et aux environs; ils se vendent ordinairement, dans le pays, depuis 15^{lt} jusqu'à 30^{lt} le muid.

La terre de l'élection est propre aux fruits : il y en a de toutes sortes, particulièrement des noyers. Depuis trente ans ils sont beaucoup diminués : on les arrache, pour en vendre le bois aux menuisiers et sabotiers et se chauffer des branchages, et on en replante peu. On pourrait faire défenses d'en abattre qu'ils ne fussent sur le retour, et, en ce cas, d'en replanter en abattant. Les noix sont converties en huile, et toute la campagne s'en nourrit et en fait du potage[2].

Il y a de bons pâturages le long de la rivière d'Armance; on y élève des poulains qui sont propres au labourage et à la culture des terres. Il y a peu de paroisses dans lesquelles on ne fasse des nourritures de bestiaux[3]; comme il n'y a dans l'élection aucun commerce, c'est l'unique emploi de la campagne. Le moyen de l'augmenter serait d'empêcher qu'ils ne pussent être saisis pour les deniers du roi, sinon par ceux qui les auraient donnés à cheptel ou prêté l'argent pour les acheter[4].

---

[1] Aujourd'hui Bœurs ou Beurs, c^{ne} Cerisiers (Yonne).
[2] Dans Chalibert-Dancosse, les cinq derniers mots sont remplacés par ceux-ci : « pour l'usage de la table. »
[3] Les six lignes suivantes ont été supprimées dans l'impression de Chalibert-Dancosse.

[4] Par ordonnance du 14 août 1696, la défense de saisir les bestiaux des laboureurs avait été renouvelée pour six ans, sous l'exception indiquée par le Mémoire, et sans préjudice du privilége des propriétaires des fermes et terres. Les contrôleurs généraux Le Peletier

Il n'y a aucuns marais à dessécher dans l'élection.

TONNERRE.

La plus grande partie de l'élection est en montagnes, qui sont plantées en vignes. La ville de Tonnerre est située à mi-côte.

Son climat est chaud; elle est située au 47° degré 1/2.

Les terres sont de différentes qualités : les deux tiers sont très-mauvaises, en coteaux et montagnes; l'autre tiers est en pays plain. Celles-là sont assez bonnes. Elles sont toutes cultivées, bonnes et mauvaises.

Le principal revenu de l'élection est en vins. Elle est partagée, pour les aides, en trois départements : Tonnerre, Auxerre et Chablis. Dans le département de Tonnerre, qui est composé de soixante-dix paroisses, il s'y recueille, année commune, trente mille muids de vin; dans celui d'Auxerre, qui est composé de vingt-sept paroisses, il s'en recueille quinze mille muids; et dans celui de Chablis, composé de vingt paroisses, il s'en recueille vingt mille muids.

Outre ces départements, il y a les trois bourgs des Riceys, qui sont de l'élection de Tonnerre, mais du département de Bar-sur-Seine pour les aides[1]. Tout le pays de ces trois bourgs est de vignoble. Il s'y recueille, année commune, la quantité de huit mille muids de vin.

Le prix des vins de l'élection est, pour les années communes et ordinaires, depuis 30 jusqu'à 45^{tt} le muid.

Il croît encore dans l'élection du blé-froment, du méteil, seigle, avoine, orge, et autres menus grains, suffisamment pour la subsistance du pays.

Il y a toutes sortes d'arbres à fruits, un peu, des noyers davantage; il y a quelques châtaigniers dans quatre paroisses de l'Auxerrois.

Il y a très-peu de pâturages dans l'élection; ils ne consistent qu'en quelques prairies qui sont le long de la rivière d'Armançon. Ils ne suffisent pas pour la nourriture des bestiaux nécessaires aux laboureurs pour l'exploitation de leurs terres; ils sont obligés d'en tirer des pays voisins.

Il y a les marais de Laignes, Nicey et Griselles[2], qui ne sont pas bien considérables; ils contiennent environ huit cents arpents, et appartiennent aux seigneurs de ces paroisses, qui en retireraient 6 à 7,000^{tt} de rente, s'ils étaient desséchés. Il y a eu un marché proposé, qui n'a pas été accepté.

VÉZELAY.

Presque toute l'élection de Vézelay[3] est pays de montagnes qui se succèdent les unes aux autres, qui rendent les villes d'un abord difficile, particulièrement celle de Vézelay, qui est sur la croupe d'une montagne.

Elle est située sous le 47° degré 1/4 de latitude. Ce pays est assez froid, à cause des montagnes du Morvan, qui sont couvertes de neiges les deux tiers de l'année.

Les terres labourables de cette élection sont distinguées en celles qu'on appelle du *bon pays*,

---

et Pontchartrain n'avaient fait, sur ce point, que suivre l'exemple donné par Colbert.

[1] Ces trois bourgs dépendaient par parties inégales des généralités de Paris, de Bourgogne et de Champagne.

[2] Ces trois paroisses appartiennent aujourd'hui au département de la Côte-d'Or, arrondissement de Châtillon-sur-Seine.

[3] Cet article est une reproduction abrégée des premières pages de la *Description de l'élection de Vézelay*, par Vauban, que nous donnons à l'Appendice, et qui était antérieure de plusieurs années au Mémoire.

et celles du Morvan. Celles du bon pays, qui ne sont appelées du *bon pays* que par rapport à celles du Morvan, qui sont très-mauvaises, font environ le tiers des terres de l'élection. Elles se labourent deux années de suite, et se reposent la troisième. Celles du Morvan font les deux autres tiers; elles ne se labourent que de six à sept années l'une. Dans le temps de leur repos, il y croît des fougères et genêts, où les bestiaux vont pâturer, et, le temps révolu du labour, on y met le feu, on les laboure et on les sème. Les terres du bon pays sont affermées 20, 30 à 40 sols l'arpent; celles du Morvan, moins que les plus mauvaises du bon pays. Les terres du bon pays produisent du froment, du méteil et de l'orge; celles du Morvan ne rapportent que du seigle et de l'avoine, et du blé noir, qu'on nomme *sarrasin*.

Le labourage se fait avec des bœufs, six, huit ou dix à la charrue, suivant que les terres sont plus ou moins fortes. Le terrain est pierreux et plein d'une espèce de pierre plate qu'on nomme *lave*, dont on se sert à couvrir les maisons. Cette pierre est fort dommageable dans les terres où elle se trouve, parce qu'étant échauffée par l'ardeur du soleil, elle brûle ou dessèche les racines des blés et les empêche de profiter.

Il y a environ quatre mille arpents de vignes dans l'élection, qui produisent, année commune, dix mille muids de vin. Ils se vendent depuis 20 jusqu'à 30 lt le muid. Ils sont d'une qualité propre à garder.

Il y a toutes sortes d'arbres fruitiers, pommiers, poiriers, noyers et autres; il en vient dans les bois une assez grande quantité, dont les fruits servent en partie à la nourriture des pauvres.

Il y a plus de la moitié des terres de cette élection qui sont très-propres pour la nourriture des bestiaux, à cause de la quantité des bois qu'il y a et des mauvaises terres qui ne produisent que des pâtures. On y en nourrit quantité, qu'on commerce dans les pays voisins. Il n'y vient pas fort, à cause du peu d'application et d'industrie des habitants.

On n'y manque pas de prés, dont les foins sont assez bons; on pourrait les augmenter beaucoup, avec un peu de dépense, en y faisant des tranchées et des arrosements.

Le Morvan est un pays assez propre pour y élever des chevaux; il y en a peu présentement, et ceux qui y viennent sont de mauvaise espèce et faibles, parce que les habitants, étant pauvres, n'ont pas de quoi acheter de bons étalons et font travailler leurs chevaux trop jeunes, n'ayant pas le moyen d'attendre qu'ils aient acquis leurs forces. Les chevaux du Morvan ne sont bons qu'au-dessus de sept ans [1].

---

[1] Ici l'imprimé de Chalibert-Dancosse ajoute : « C'était de ces cantons où l'on tirait autrefois la plus grande partie des chevaux pour la cavalerie. »

TITRE IV.

DES FORÊTS.

L'histoire nous apprend que les rois de la première et de la seconde race se sont peu appliqués au gouvernement des forêts, d'autant que, le royaume en étant fort rempli, ils n'en pouvaient tirer que peu d'utilité; c'est pourquoi ils n'y faisaient d'attention qu'à cause de la chasse, pour laquelle ils avaient établi des gardes ou *forestiers*, chargés seulement de la garde des bêtes et des garennes, sans juridiction, lesquels ne rendaient compte de leurs charges qu'aux grands veneurs ou aux commissaires généraux qui étaient envoyés tous les ans dans les provinces. Le soin des forêts n'a commencé que sous le règne de Philippe-Auguste, et a continué sous les rois Philippe III, Charles V et Charles VI, qui ont fait de belles ordonnances pour la conservation des bois et forêts de leur domaine, et ont établi des maîtres et autres officiers des eaux et forêts pour les faire exécuter.

Le roi François Ier, en ayant tiré de grands secours dans les nécessités pressantes de ses affaires, s'y attacha plus particulièrement qu'aucun de ses prédécesseurs : ce prince les regardait comme un riche et précieux trésor de l'État. On a remarqué que, sous son règne, les forêts ont été bien maintenues et conservées[1]. On peut dire que les grands soins qu'il a plu au roi d'y donner n'ont pas été suffisamment secondés par ceux qui en ont été chargés; les ventes extraordinaires des futaies, les défrichements des terres prétendues vaines et vagues, et les aliénations des fonds et superficie de notables parts et portions des forêts, les ont considérablement diminuées. Les forêts en futaie font un grand bien dans le royaume, qui ne peut être possédé que par le roi. Les fortunes des particuliers sont trop sujettes aux changements et à la vicissitude des temps pour les pouvoir conserver[2]; aussi voit-on que toutes les parts et portions considérables qu'ils en ont sont réduites en taillis.

---

[1] Les huit lignes suivantes ont été supprimées dans l'impression de Chalibert-Dancosse.

[2] Toute la suite de cet article préliminaire a été également supprimée dans l'impression de Chalibert-Dancosse. Il semble que les considérations qu'on va lire sur l'état misérable des ressources forestières aient été inspirées par Vauban; du moins on retrouve les mêmes idées, presque les mêmes phrases, dans son mémoire sur la *Culture des forêts*, qui fut probablement présenté au roi en 1701, et dont nous reproduisons une partie dans notre appendice *Forêts*. Déjà au XVIe siècle Bernard Palissy se plaignait du déboisement général de la France, en ces termes : «Quand je considère la valeur des plus moindres gîtes des arbres ou épines, je suis tout émerveillé de la grande ignorance des hommes, lesquels il semble qu'aujourd'hui ils ne s'étudient qu'à rompre, couper et déchirer les belles forêts que leurs prédécesseurs avaient si précieusement gardées. Je ne trouverai pas mauvais qu'ils coupassent les forêts, pourvu qu'ils en plantassent après quelque partie; mais ils ne se soucient aucunement du temps à venir, ne considérant point le grand dommage qu'ils font à leurs enfants à l'avenir... Je ne puis assez détester une telle chose, et ne la puis appeler faute, mais une malédiction et un malheur à toute la France, parce qu'après que tous les bois seront coupés, il faut que tous les arts cessent, et que les artisans s'en aillent paître l'herbe, comme fit Nabuchodonozor.» (*Œuvres de B. Palissy*, éd. 1844, p. 88 et 89.)

Deux choses se pratiquent communément aujourd'hui, qui sont contraires aux anciennes ordonnances des eaux et forêts, qui peuvent avoir contribué à mettre les forêts en l'état qu'elles sont et à épuiser celles dont les bois sont à distance d'être conduits à Paris.

La première, qui regarde toutes les forêts du royaume, est que, par ces ordonnances, et notamment par celle du mois d'août 1573, qui fut rendue après avoir eu l'avis du parlement, toutes les coupes des bois de haute futaie sont réglées à cent ans au moins; après lesquelles coupes il est ordonné que les lieux et endroits où elles auront été faites seront labourés et semés de gland, entourés de fossés et plantés de haies vives, à la diligence des marchands adjudicataires, avec injonction aux officiers d'y tenir la main et de ne laisser entrer dans ces bois ainsi labourés et semés aucun bétail qu'après vingt années, et de ne permettre d'en couper qu'ils n'aient atteint l'âge de cent ans au moins. La même ordonnance porte que tous les lieux èsquels ventes de futaies auraient été faites les trente années précédentes, seraient aussi labourés, semés, fossoyés et gardés. Cette ordonnance n'a aujourd'hui aucune exécution, car, après les coupes qui se font dans les forêts du Roi, les bois coupés repoussent plusieurs brins, qu'on laisse croître sans attention, ce qui ne produit pas d'aussi beaux bois, ni si forts, que serait un jeune arbre produit d'un gland choisi, bien planté, cultivé et entretenu. C'est la première raison pour laquelle les forêts ne sont pas si bien garnies qu'elles étaient anciennement.

L'autre observation a deux causes. La première vient de la construction des maisons des particuliers en pans de bois, qui est presque universelle dans Paris, ce qui cause une grande consommation. Autrefois les pans de bois n'étaient pas si ordinaires, par la crainte du feu; on a trouvé une pratique de les recouvrir de plâtre de l'épaisseur d'environ un pouce en dehors et en dedans, ce qui les garantit de cet accident et les rend très-commodes. Les propriétaires des maisons se portent d'autant plus avec facilité à bâtir de cette manière, qu'elle leur conserve plus de terrain et coûte un peu moins qu'un mur de moëllon. La deuxième cause est l'usage des plafonds recouverts de plâtre, qui s'est introduit depuis environ trente ou trente-cinq ans. Ces plafonds exigent des bois de brin de l'âge d'environ quarante ans, au lieu qu'auparavant on ne se servait pour les planchers que du bois de sciage, qui fournissait beaucoup davantage et durait plus du double. Il est certain que, si on levait ces deux causes de consommation, les bois et les forêts se repeupleraient, parce que les baliveaux de trois ou quatre âges, qui sont propres aux édifices de cette qualité, ne seraient plus recherchés : ce qui serait très-facile dans l'exécution, en renouvelant ces anciennes ordonnances, à l'égard de la première cause, pour ne couper les futaies qu'à l'âge de cent ans au moins, et labourer et semer les lieux après les avoir coupées; et pour la deuxième, enjoignant aux trésoriers de France qui donnent les alignements des maisons et accordent les permissions des pans de bois, qui sont des dépendances de la grande voirie, de n'en plus accorder que pour les maisons qui n'auraient que deux toises de profondeur et au-dessous. Après quoi, rien ne serait plus utile pour l'État que d'ordonner la réunion au domaine de toutes les parts et portions des bois, buissons et forêts qui en ont été aliénés depuis cette ordonnance de 1573, et d'acquérir au profit de Sa Majesté, autant que faire se pourrait, les parts et portions qui appartiennent aux particuliers dans les forêts des environs de Paris, lesquelles la plupart sont mal tenues et administrées et en mauvais état [1].

DES GRANDS MAÎTRES DES EAUX ET FORÊTS.

Il n'y avait anciennement qu'un office de grand maître, enquêteur et général réformateur des eaux et forêts du royaume de France, duquel le roi François Ier fit don à François d'Alègre [2], seigneur de Dudon (?) et de Précy, par lettres patentes du 10 janvier 1514. Cette charge a été unique jusqu'en l'année 1575, que le roi Henri III en créa six, lesquelles ont été depuis supprimées [3].

Il y a présentement, dans la généralité de Paris, deux grands maîtres des eaux et forêts, dont les offices font partie de seize qui furent créés par édit du mois de février 1689 [4], savoir : le département de Paris et de l'Île-de-France, qui est le premier, et le département du Valois, Senlis et Soissons, qui est le second [5].

---

[1] On voit que le Mémoire semble ne point tenir compte de la grande ordonnance rendue par Louis XIV, au mois d'août 1669, sur le fait des eaux et forêts, ni des mesures qui avaient précédé ou suivi cette ordonnance. M. Pierre Clément en a exposé les principaux résultats dans la préface du tome IV des *Lettres de Colbert*, p. II à LXVII, et dans l'*Histoire de Colbert et de son administration*, t. II, p. 66-84. L'un des premiers effets de cette réforme avait été de faire progresser constamment le revenu des forêts du roi à partir de 1661. De 168,778ᴸ, il était monté, en 1683, à 1,106,774ᴸ (revenu brut : 1,411,304ᴸ); sous le ministère de Claude Le Peletier, en 1689, il atteignit le chiffre de 1,593,497ᴸ. En 1699 il fut de 2,116,657ᴸ brut, et 1,519,435ᴸ net. Voir les tableaux du tome Ier de la *Correspondance des contrôleurs généraux*.

[2] François d'Alègre, comte de Joigny, vicomte de Beaumont-le-Roger et d'Arques, baron de Viteaux, seigneur de Précy, chambellan du roi, mort en 1525.

[3] «Depuis Étienne Bienfaite, qui était maître des eaux et forêts du roi en 1294, jusqu'au règne de Henri III, cette charge a été unique, et toujours remplie par des personnes des maisons les plus distinguées, comme de Montmorency, de Châtillon, d'Harcourt, d'Estouteville, de Levis, d'Alègre, etc. Henri III, par son édit de l'an 1575, la supprima, et créa six conseillers grands maîtres, enquêteurs et généraux réformateurs des eaux et forêts. Il y a eu depuis plusieurs augmentations et suppressions d'offices faites en différents temps.» (Piganiol, *Nouvelle description de la France*, 1722, t. Ier, p. 455.)

[4] Selon l'*État de la France* de 1698, t. III, p. 367, les seize grands maîtres étaient à cette époque : Paris et Île-de-France, M. de Bruillevert; Valois, Senlis, Soissons, Vermandois et Beauvaisis, M. Le Féron du Plessis; Picardie, Artois et Flandre, M. Colin, sieur de Liancourt; Hainaut, pays d'Entre-Sambre-et-Meuse et d'Outre-Meuse, M. ***; Champagne et Luxembourg, M. Jacques, sieur du Mont-Saint-Père; Lorraine et Barrois, M. Coulou; duché et comté de Bourgogne, Alsace et Bresse, M. Perrault; Lyonnais, Forez, Beaujolais, Auvergne, Dauphiné et Provence, M. Ribier, sieur de Villeneuve; Toulouse et Montpellier, M. Le Gras; Guyenne, Béarn, basse Navarre et Bigorre, M. ***; Poitou, Aunis, Angoumois, Limousin, Saintonge, Marche, Bourbonnais et Nivernais, M. Milon; Touraine, Anjou et Maine, M. Le Boultz; Bretagne, M. de la Pierre; Rouen, Vexin français, pays de Caux et Évreux, M. Savary; Caen, Alençon, Valognes, Bayeux et Bellême, M. Ferrand; Blois et Berri, M. Bégon. En outre, l'édit de 1689 avait confirmé dans leurs fonctions les deux grands maîtres de l'apanage de Monsieur à Orléans et à Montargis.

[5] Sur les forêts de ces deux départements, outre les documents conservés dans les archives départementales, voir ceux qui sont indiqués dans l'*Inventaire sommaire et tableau méthodique des Archives Nationales*, col. 207-208 et 393-398, et particulièrement les Papiers du Contrôle général, cartons G⁷ 1352-1356 et 1360-1361, où se trouvent un certain nombre de dossiers relatifs aux bois des communautés, des établissements religieux et des particuliers, aussi bien qu'aux forêts royales. Nous indiquerons en outre : 1° aux Archives Nationales, le volume E 3627, qui contient des états originaux de coupes et de chauffages dressés au temps de Colbert, entre 1672 et 1674; un mémoire de l'année 1670, sur la conservation et l'augmentation des bois, contenant les propositions des députés du commerce et l'analyse des réponses des intendants consultés par le contrôleur général, F¹⁰ 216; un traité détaillé sur la comptabilité des bois, M 806; 2° à la Bibliothèque

M. le marquis de Bruillevert[1], grand maître, a le département de Paris et de l'Île-de-France. Les gages attribués à cet office sont de 10,000#, 500# pour droit de chauffage, et 800# pour les appointements d'un secrétaire.

M. Le Féron[2], grand maître, a le second département, qui comprend le Valois, Senlis et Soissons. Les gages attribués à cette grande maîtrise sont de 8,000#, 400# pour le chauffage; et 800# pour les appointements du secrétaire.

Outre les gages, il a été attribué à ces officiers des droits de journées et vacations, par édit du mois d'août 1693, à raison de 30# par jour aux grands maîtres, et de 10# à leurs secrétaires[3].

DÉPARTEMENT DE PARIS
ET
DE L'ÎLE-DE-FRANCE.

Le département de Paris et de l'Île-de-France est composé des maîtrises particulières de :

Paris;

Saint-Germain-en-Laye, qui comprend les élections de Pontoise et Mantes;

Fontainebleau, qui comprend les élections de Melun et Montereau,

Et Montfort-l'Amaury. Cette maîtrise a été supprimée par lettres patentes, en conséquence de l'échange fait par le roi du duché de Montfort contre celui de Chevreuse; cette forêt appartient à présent à M. le duc de Chevreuse.

Dreux;

Crécy, qui comprend les élections de Meaux, Rozoy et Coulommiers;

Provins;

Nogent;

Sens, qui comprend les élections de Joigny, Saint-Florentin, Tonnerre et Vézelay;

Auxerre;

Sézanne;

Châteauneuf-en-Thimerais,

Et Dourdan.

Ces quatre maîtrises sont hors de la généralité de Paris. La maîtrise particulière de Dourdan s'étend sur la gruerie de Nemours, qui est de la généralité de Paris.

MAÎTRISE DE PARIS[4].

La maîtrise particulière des eaux et forêts

Nationale, ms. fr. 2303, un carnet des forêts du département de l'Île-de-France, dressé pour l'usage de Louis XIV, un peu avant l'année 1700; des tableaux des portions de bois ou des droits possédés par les gens de mainmorte, en 1772, dans les maîtrises de Compiègne, Crécy, Dreux, Fontainebleau, Senlis et Sens, ms. fr. 7867, fol. 47-55, 59-84, 208-228; deux volumes du fonds de Nicolas Delamare, où ce commissaire a réuni un grand nombre de pièces et d'imprimés sur le service des eaux et forêts, mss. fr. 21759 et 21760; 3° au Musée Britannique, le manuscrit du fonds Harléien n° 7179, qui contient une statistique très-détaillée des bois de la France, vers 1675, dont nous reproduisons à l'Appendice une partie relative aux bois de la maîtrise de Paris. Nous donnerons également quelques fragments du carnet de la Bibliothèque Nationale indiqué plus haut, des états de coupes, de chauffages et d'usages, tirés du ms. E 3627, et le mémoire de 1704.

[1] François Forget, vicomte de Bruillevert, chef du vol pour héron, capitaine et garde des aires de Bourgogne et de Bresse, chargé du soin de toutes les héronnières de France. Il fut remplacé, en 1704, dans la grande maîtrise de Paris, par M. de la Faluère.

[2] Jean-Baptiste Le Féron, seigneur du Plessis, maître des comptes. En 1683 le contrôleur général lui avait confié, conjointement avec son père, la réformation des eaux et forêts en Flandre, Artois, Hainaut et dans le pays d'Entre-Sambre-et-Meuse. Il mourut le 27 juin 1705, et fut remplacé par M. Payen.

[3] La finance de M. de Bruillevert s'élevait à 220,000#, celle de M. Le Féron à 188,000#.

[4] Le texte du Mémoire a été abrégé par Piganiol de la

de Paris[1] est composée de sept grueries, qui sont : la gruerie de Livry-Bondy; la gruerie de Brie-Comte-Robert; la gruerie de Sénart, établie à Corbeil; la gruerie de Seguigny, établie à Montlhéry; la gruerie de Limours; la gruerie du duché d'Étampes et comté de la Ferté-Alais, et la gruerie de Boulogne, outre la justice du bois de Vincennes.

GRUERIE DE LIVRY-BONDY.

De la gruerie de Livry-Bondy dépendent plusieurs buissons appartenant au roi, qui contiennent environ sept cents arpents de bois, en plusieurs triages. Anciennement on faisait tous les ans une vente ordinaire de quatorze arpents de futaie dans ces bois; ce qui paraît par une ordonnance du roi Charles IX, du 29 août 1573, qui règle les coupes des forêts du roi à l'âge de cent ans, et celle de cette forêt à quatorze arpents par chaque année : d'où on peut induire que le roi avait dans cette forêt quatorze cents arpents de futaie[2]. Depuis ce temps-là ces bois ont été usurpés et aliénés en diverses fois : en sorte qu'ils ne consistent présentement, pour la part du roi, qu'en la quantité de sept cents arpents de bois taillis, qui sont réglés en coupes ordinaires.

Les autres bois dépendants de cette gruerie appartiennent à différentes communautés et à des particuliers.

GRUERIE DE BRIE-COMTE-ROBERT.

De la gruerie de Brie-Comte-Robert dépendent trois buissons appelés le buisson du Parc, le buisson de l'Échelle et le buisson de Franqueuse[3].

Le buisson du Parc contient trois cent trois arpents neuf verges de bois taillis, mesure de roi (c'est cent verges pour arpent, vingt-deux pieds pour verge, et douze pouces pour pied). Il appartient au roi. M. le président de Mesmes en jouit de la moitié, en qualité d'engagiste du domaine de Brie[4].

Le buisson de l'Échelle contient trois cent quatre-vingt-trois arpents huit verges de bois taillis. Il fait partie du domaine de Brie. M. le président de Mesmes en jouit d'une partie; l'autre est possédée par différents particuliers.

Force, dans sa *Nouvelle description de la France*, éd. de 1753, tome Ier (Île-de-France), p. 12-22.

[1] En 1702 le personnel de la maîtrise de Paris était composé comme il suit :
Christophe d'Aulnoy d'Esgrizelle, maître particulier.
Jacques Guisin d'Orsigny, lieutenant.
Pierre Viard, procureur du roi.
Pierre Cotton, garde-marteau.
Jean-Baptiste Michelon, greffier.
Jacques Monier, receveur des amendes.
Jean Flamont, premier huissier audiencier.

SERGENTS-GARDES.

François Olivier, garde du bois de Boulogne.
Jacques Farcy, garde du bois de Boulogne.
Pierre Tricot, dit la Garenne, garde du bois de Bondy.
Julien Bénard, garde du bois de Bondy.
Jacques de Vitry, garde du bois de Bondy.
Jean Le Roy, garde de la forêt du Parc.
Pierre de Valette, garde de la forêt de l'Échelle.
Gabriel Fariette, garde-pêche.

(Papiers du Contrôle général, G7 1352.)

[2] «Dans la forêt de Livry et Bondy, contenant 1,171 arpents 72 perches, sera coupé 50 arpents de bois taillis, de vente ordinaire, par chacun an, à commencer en 1675; et sera piqué du gland dans 224 arpents de places vides.» (Arch. Nat., E 3627, fol. 15.)

[3] Ou plutôt Franqueux. — L'état des coupes cité dans la note précédente compte 367 arpents dans le premier buisson ou bois, 463 arpents 51 perches dans le second, et 103 arpents 67 perches dans le troisième.

[4] Ci-dessus, p. 258.

Le buisson de Franqueuse, qui est éloigné d'environ une lieue de la ville de Brie, contient quatre-vingt-quatorze arpents moins sept verges. Il a été aliéné, fonds, tréfonds et superficie, avec la justice, au profit du chapitre de la Sainte-Chapelle du Vivier-en-Brie, qui a été uni au chapitre de Vincennes, comme il a été observé ci-dessus[1].

Il y a de plus, dans l'étendue de cette gruerie, plusieurs bois qui appartiennent à différentes communautés ecclésiastiques et séculières et à divers particuliers, sur lesquels le roi n'a que le droit de gruerie, qui consiste en la justice, qui est exercée par ses officiers, et aux droits de chasse et de glandée, et aux fonds des routes dont ces bois sont traversés.

GRUERIE DE SÉNART.

De la gruerie de Sénart, établie en la ville de Corbeil, dépendent les forêts de Sénart, Rougeaux et Ozouer-la-Ferrière.

La forêt de Sénart contient cinq mille sept cent soixante-cinq arpents, tant taillis que pâturages, landes et bruyères;

La forêt de Rougeaux[2], deux mille neuf cent soixante arpents;

Et celle d'Ozouer-la-Ferrière contient environ..... arpents (on n'a pu savoir au juste la consistance, parce que les bois appartiennent à plusieurs communautés ecclésiastiques et séculières, et à différents particuliers laïques, tous lesquels ne reconnaissent plus la gruerie de Sénart).

Dans la forêt de Sénart, le roi avait la propriété de cent quarante-quatre arpents de bois, qui sont appelés les bois du Roi[3], qui furent engagés à feu M. le duc de Villeroy, par contrat du 21 octobre 1687, moyennant la somme de 3,700 écus 45 sols[4]. M. le maréchal de Villeroy en jouit aujourd'hui, auquel appartient encore, par engagement fait à ses prédécesseurs, le domaine du comté de Corbeil[5].

Plus, il appartient au roi, dans la forêt de Sénart, quinze arpents appelés les Uzelles, et quatorze autres arpents appelés la Tasse du Roi.

Les forêts de Rougeaux[6] et d'Ozouer-la-Ferrière appartiennent à différentes communautés et à des particuliers, sur lesquels le roi n'a que le droit de justice, de chasse et de glandée, avec la propriété des routes.

M. le maréchal de Villeroy est capitaine des chasses de la forêt de Sénart.

GRUERIE DE SEGUIGNY.

La gruerie de Seguigny[7] est établie en la ville de Montlhéry. Elle s'étend sur treize cent quatre-vingt-dix-sept arpents treize verges de bois, dans lesquels le roi n'en possède aucune partie; il n'y a que les routes seulement. Tous ces bois appartiennent à différentes commu-

---

[1] Ci-dessus, p. 29 et 80. — Cette page du Mémoire, depuis le commencement de la première colonne jusqu'à la troisième ligne de la gruerie de Seguigny, manque dans le ms. Nivernois, que nous suivons ordinairement, comme le plus correct.

[2] Voir un plan de cette forêt, dressé en 1750, aux archives du département de Seine-et-Marne, E 907.

[3] L'état des coupes de 1674 (Arch. Nat., E 3627, fol. 15 v°) dit : «Les bois de Sénart et Rougeaux, contenant 173 arpents, est (sic) engagé au sieur maréchal de Villeroy, à la réserve des routes, qui appartiennent au roi.» Le prieuré de Saint-Louis de Poissy possédait 580 arpents dans la forêt de Sénart.

[4] Alias, 4,700 écus.

[5] Ci-dessus, p. 258.

[6] La commanderie de Saint-Jean-de-l'Isle possédait 500 arpents dans la forêt de Rougeaux, et 200 arpents dans celle de Sénart; ci-dessus, p. 114.

[7] Alias, Seguigny. «Le bois de Seguigny. La contenance n'est point rapportée; le roi n'y possède que la justice et les routes.» (Arch. Nat., E 3627, fol. 15.) Le maréchal duc de Noailles avait la capitainerie des chasses.

nautés ecclésiastiques et séculières et à divers particuliers, sur lesquels le roi n'a que le droit de gruerie.

GRUERIE DE LIMOURS.

De la gruerie de Limours[1] dépendent plusieurs boqueteaux et buissons. Ceux qui sont situés aux environs de Limours contiennent cinq cent quatre arpents soixante-dix-huit verges.

Il y a de plus dans le parc quatre buissons, dont trois contiennent ensemble la quantité de cent trente-sept arpents trente-sept verges; desquels bois M. le président de Lamoignon a la jouissance en usufruit, qui lui a été continuée depuis le décès de M. le premier président de Lamoignon, son père, auquel cette jouissance avait été accordée par Mme la duchesse douairière d'Orléans, en considération des services qu'il lui avait rendus dans la tutelle qu'il avait eue de Mlles d'Orléans, ses filles[2]. Mme la duchesse douairière d'Orléans jouissait du comté de Limours par forme d'apanage ou de supplément de douaire.

Le quatrième buisson, assis dans ce parc, contient cent dix-huit arpents soixante et une verges.

Il y a de plus trente-six arpents de futaie, partagés en plusieurs allées, qui servent de décoration au château[3].

GRUERIE D'ÉTAMPES ET LA FERTÉ-ALAIS.

De la gruerie de la Ferté-Alais dépend seulement un buisson appelé Mourbois, qui contient cent quarante-neuf arpents vingt-neuf verges de bois taillis, dont jouit M. le duc de Vendôme, en qualité d'héritier de M. le duc de Vendôme, son père, qui l'était de Mme la duchesse de Beaufort, à laquelle le domaine du duché d'Étampes et du comté de la Ferté-Alais, dont ces bois dépendent, avait été

---

[1] Selon un dossier du 12 février 1707 (Papiers du Contrôle général, G⁷ 1354), la gruerie de Limours avait été détachée, en août 1669, de la maîtrise de Paris, et jointe à celle de Dourdan. L'état des coupes de 1674 (E 3627, fol. 21) donne l'énumération suivante de la gruerie de Limours : «Dans les buissons des Coutures et des Cormiers, contenant 88 arpents 31 perches; la garenne de Molières, 23 arpents 91 perches; le bois de Soligny, 77 arpents; le bois de Sainte-Catherine, 23 arpents 96 perches; le bois de Vaugondran, 42 arpents 56 perches; le bois de Graville, 69 arpents 27 perches; le bois de Friche ou de Courcouronnes, 6 arpents 33 perches; le bois de la Brosse, 80 arpents 72 perches, et le bois de Chanteraine, 100 arpents 33 perches, sera coupé 30 arpents de bois taillis, de vente ordinaire, par chacun an, au profit de l'engagiste, à commencer en 1675.» Selon un dossier du Contrôle général, G⁷ 1352 (14 juillet 1703), les bois du comté de Limours contenaient 470 arpents 1/2 et 22 perches, en neuf pièces séparées, et la coupe fut réglée à 30 arpents par an, par un arrêt du 30 septembre 1687.

[2] Il s'agit ici de Marguerite de Lorraine-Vaudémont, seconde femme de Gaston, duc d'Orléans, veuve en 1660, et morte le 3 avril 1672. Ses filles épousèrent, l'une le grand-duc de Toscane (1661), la seconde le duc de Guise (1667), la troisième le duc de Savoie (1663). Ce fut la grande Mademoiselle, fille du premier lit, qui désigna à sa belle-mère le premier président de Lamoignon pour diriger les affaires des trois princesses mineures, par préférence à M. de Villemontée, évêque de Saint-Malo.

[3] Ce château (voyez ci-dessus, p. 138), bâti par le trésorier Poncher, qui finit ses jours au gibet de Montfaucon, puis donné par François Ier à Mme d'Étampes, par Henri II à Diane de Poitiers, par Henri III à son favori Joyeuse, était passé alors aux mains du chancelier de Cheverny, du fils duquel Richelieu l'acquit en 1623, pour le prix de plus de 400,000 ll. Le cardinal y fit des embellissements considérables, sous la direction de Salomon de Caus, et n'y dépensa pas moins de 300,000 ll; mais, au bout de trois ans, en 1626, s'étant dégoûté de la situation du château dans un lieu bas, malsain et sans eaux courantes, il revendit Limours au roi Louis XIII, qui en fit don à son frère Gaston, duc d'Orléans.

donné par la reine Marguerite, laquelle en jouissait à titre d'engagement pour les deniers de sa dot[1].

GRUERIE DE BOULOGNE.

De la gruerie de Boulogne, anciennement appelée la forêt de Rouvray, dépend le bois de Boulogne, qui contient dix-neuf cent soixante-dix arpents et soixante verges, tant en bois planté que places vides ou remplies de bâtiments[2].

Les religieuses de Longchamps possédaient anciennement dans cette forêt deux cent dix-sept arpents soixante verges de bois, avec un droit d'usage et pâturage. Cette portion a été réunie au corps de la forêt par arrêt du Conseil du 18 mai 1670, et, pour indemnité de cette réunion, ensemble de leur droit d'usage et pâturage, il a été ordonné par un autre arrêt du Conseil du 29 avril 1689 qu'il leur serait fait fonds, annuellement, dans l'état du domaine, d'une somme de 2,400^{tt}, dont elles jouissent actuellement.

Ce bois est enfermé de murailles, dans lequel on y voit un ancien château, qui fut bâti à l'instar de celui de Madrid, par le roi François Ier.

M. Catelan[3] est gouverneur de ce château et capitaine des chasses de Boulogne.

BOIS DE VINCENNES.

Le bois de Vincennes est un parc dans lequel il y a seulement quelques buissons de peu de valeur, dont la conservation néanmoins est importante à cause du château[4]. Le parc contient quatorze cent soixante-sept arpents soixante-quinze verges, tant pleins que vides, le tout fermé d'un ancien mur.

Dans cet enclos, il y a quatre buissons, savoir :

Le premier, appelé le bois de la Boulaie, sis au coin du parc qui regarde la ville de Paris, contient vingt-cinq arpents quarante-sept perches, compris sept arpents enfermés de murs; le tout planté en futaie de chênes, mal peuplé.

Le deuxième, appelé le bois Brûlé, est proche la porte de Saint-Mandé, le long du mur du parc. Il contient sept arpents quatre-vingt-dix verges, plantés en futaie de chênes, mal venants à cause de l'ingratitude du fonds.

Le troisième buisson, appelé le grand Bois, est assis vers le milieu du parc, faisant face au château, et planté pour lui servir d'orne-

---

[1] Ci-dessus, p. 266.

[2] « Les bois de Rouvray, ou du parc de Boulogne, contenant 1,753 arpents, seront conservés pour servir de décoration et d'embellissement. » (E 3627, f. 15 v°.) Un plan dressé en mai 1666, et appartenant aujourd'hui aux Archives Nationales, N° Seine 157, donne la contenance exacte, qui était de 1,753 arpents 29 verges. Les Papiers du Contrôle général renferment plusieurs dossiers intéressants sur l'aménagement du bois : G⁷ 1353, 2 octobre 1706; G⁷ 1355, année 1713; G⁷ 1356, année 1715.

[3] Théophile Catelan, seigneur de Sablonnières en Brie, avait vendu à Henri Testu de Balincourt, baron du Boulloir, sa charge de capitaine des chasses de la varenne du Louvre et des Tuileries, pour acheter celle de capitaine des chasses, gouverneur et gruyer des château de Madrid, bois de Boulogne, pont de Saint-Cloud, plaine de Saint-Denis, et généralement de toutes les plaines environnant Paris à trois lieues à la ronde, dont il fut pourvu le 17 janvier 1698, en remplacement du baron de Beauvais, fils de la première femme de chambre d'Anne d'Autriche. Il fut aussi capitaine-concierge des Tuileries, et mourut le 24 juillet 1721, à soixante-dix-huit ans. Sur la capitainerie des chasses de Boulogne, voir l'*État de la France*, 1698, t. I, p. 326 et 327.

[4] « Le bois de Vincennes, contenant 1,467 arpents, sera conservé pour l'ornement et la décoration du château de Vincennes. » (État des coupes de 1674, E 3627, fol. 15 v°.) Le château a son article dans la dernière partie du Mémoire, qui est consacrée aux Maisons royales. Sur la capitainerie, voir l'*État de la France*, t. I, p. 350.

ment. Il contient quatre-vingt-huit arpents soixante-dix-sept verges, compris les routes et allées. Cette futaie est mêlée de chênes, charmes et ormes.

Le quatrième buisson est appelé le bois de Beauté; il est assis sur une colline qui regarde la rivière de Marne, enfermé dans un petit parc, qu'on appelle de même le parc de Beauté, qui contient cinquante-deux arpents. Ce buisson contient quatorze arpents trente verges, plantés en taillis de coudres, tilleuls et autres bois blancs.

Dans le grand parc, ce qui n'est planté en bois est en places vaines et vagues, avec quelques buissons d'épines blanches.

Dans ce parc est l'enclos des Minimes de Vincennes[1], qui contient quarante-sept arpents.

Outre ces bois, buissons et forêts, il y a plusieurs bois qui appartiennent à des communautés et à des particuliers, dans plusieurs paroisses de cette maîtrise.

MONTMORENCY-ENGHIEN.

La forêt de Montmorency, nouvellement appelée la forêt d'Enghien[2], appartient à Mgr le Prince; elle contient onze à douze mille arpents.

Il y a une gruerie, exercée par ses officiers.

MAÎTRISE DE SAINT-GERMAIN-EN-LAYE.

Cette maîtrise s'étend, tant sur les forêts et bois de la châtellenie de Saint-Germain-en-Laye, que sur ceux qui sont dans l'étendue de la châtellenie de Pontoise et des bailliages de Mantes et de Meulan.

CHÂTELLENIE DE SAINT-GERMAIN.

BOIS DU ROI[3].

La forêt de Laye, tant en futaie que baliveaux sur taillis, contient cinq mille cinq cent cinquante arpents trente et une perches trois quarts.

Le parc joignant le château contient trois cent cinquante arpents.

La forêt de Marly, de bois taillis, contient deux mille cent quarante et un arpents soixante-neuf perches un quart.

---

[1] Ci-dessus, p. 38.

[2] Voyez ci-dessus, p. 207, note 3. La substitution de nom avait été faite, en septembre 1689, du consentement du prince de Condé, pour que le fils aîné du maréchal de Luxembourg, qui n'avait que le duché de Beaufort, en Champagne, pût en changer le nom contre celui de Montmorency. La marquise de Sévigné écrivait à cette occasion : «Mme de Mecklembourg, la première, et moi ensuite, nous ne pouvons souffrir ce changement. C'est une fantaisie de son frère. Il faudra donc dire des cerises d'Enghien au lieu de cerises de Montmorency! une bonne nourrice de la vallée d'Enghien! Je ne m'y saurais accoutumer.» (Lettres de Mme de Sévigné, t. VIII, p. 313 et 314.) L'usage a fait droit en partie à cette réclamation.

[3] «Le parc de Saint-Germain, contenant 416 arpents 30 perches, sera conservé le plus longtemps qu'il se pourra, pour servir d'ornement et de promenade du château dudit Saint-Germain. — Dans la forêt de Laye, contenant 5,198 arpents 45 perches de bois, sera coupé, savoir : dans 3,418 arpents 45 perches de vieille futaie de chênes, 12 arpents de bois de vente ordinaire, par chacun an, à commencer en 1675; et dans 1,780 arpents 18 perches de bois taillis qui seront laissés pour croître en futaie, y sera coupé 9 arpents de bois par chacun an, à commencer en 1675. — Dans la forêt de Cruye (Marly), contenant 1,178 arpents 60 perches, sera coupé 12 arpents de bois de futaie, de vente ordinaire, par chacun an, à commencer en 1675.» (État des coupes de 1674, E 3627, fol. 16.) Sur le repeuplement de la forêt de Saint-Germain, voir deux dossiers de 1710 et du 13 janvier 1712, dans les Papiers du Contrôle général, G⁷ 1355, et, sur le pâturage, deux rapports de 1711, G⁷ 438. Le capitaine des chasses et maître des eaux et forêts de Saint-Germain était le marquis de Mornay-Montchevreuil, ancien gouverneur des ducs de Vermandois et du Maine. (État de la France, t. 1, p. 328.)

La garenne de Vésinet, en bois et remises, contient six cent quarante-huit arpents cinquante-six perches[1].

L'Arpent-le-Roi, dans la plaine du Poux, proche la forêt de Marly, contient, de bois taillis, sept arpents.

Tous ces bois appartiennent au roi. Ils sont essence de chênes, charmes, coudres, châtaigniers et autres bois.

BOIS DES PARTICULIERS.

Le bois de Poncy[2], joignant la forêt de Marly, appartient à M. le président de Maisons[3]; il contient cent soixante arpents.

Les Gats de Migneaux[4], à M. Cagnier[5]; quarante-quatre arpents.

La futaie d'Avignière appartient aux religieuses de Poissy[6]; elle contient dix-neuf arpents.

Plus, elles ont dans la paroisse de Saint-Nom[7] trois pièces de bois taillis qui contiennent seize arpents.

Le buisson des Alluets[8] contient huit cent trente-cinq arpents quatre-vingt-quatre perches de bois taillis, essence de tous bois, qui appartiennent, savoir :

	arpents.	perches.
Aux religieuses de Poissy	127	35
A l'abbaye de Joyenval[9], ordre de Prémontré, diocèse de Chartres	642	42
Aux religieux de Saint-Germain-des-Prés	37	96
Au prieuré de Notre-Dame d'Hennemont[10]	28	11
Total	835	84

Tous ces bois appartenaient ci-devant au roi.

Le bois de Fresne, joignant la forêt des Alluets, contient onze cent cinq arpents de bois taillis, de tous bois, qui appartiennent, savoir :

	arpents.
A M. le marquis d'Ecquevilly[11]	700
A M. le marquis d'O[12]	60
A M. le comte de Tonnerre[13]	80
À reporter	840

---

[1] « Le bois appelé la *garenne de Vésinet*, contenant 1,009 arpents 20 perches, sera conservé pour l'ornement du château de Saint-Germain. » (État de 1674, E 3627, fol. 16 v°.)

[2] Hameau de la commune de Poissy.

[3] Ci-dessus, p. 176, 208 et 221.

[4] C^ne Poissy.

[5] Pierre Cagnier était conseiller au grenier à sel de Poissy, en 1696.

[6] Ci-dessus, p. 36.

[7] Saint-Nom-la-Bretèche, c^ne Marly-le-Roi.

[8] « Dans la forêt des Alluets, contenant 848 arpents 55 perches, et les buissons de la Vallée-Pierreuse, Montonnière et la Cornière, 17 arpents 25 perches, sera coupé 43 arpents de bois taillis, de vente ordinaire, par chacun an, à commencer en 1675. » (État des coupes de 1674, E 3627, fol. 16.)

[9] Ci-dessus, p. 20.

[10] Ce prieuré n'a pas été cité au chapitre de l'Église.

[11] André Hennequin, marquis d'Ecquevilly, seigneur de Fresne, etc., avait succédé à son père comme capitaine général des toiles de chasse, tentes et pavillons du roi, et de l'équipage du sanglier. Il fut aussi lieutenant de la capitainerie des chasses de Saint-Germain. Mort le 27 décembre 1723, à quatre-vingts ans.

[12] Gabriel-Claude de Villers d'O, marquis de Franconville, gouverneur du comte de Toulouse et l'un des premiers gentilshommes de sa chambre, devint lieutenant général des armées navales et grand-croix de l'ordre de Saint-Louis. Il mourut le 17 mars 1728, à soixante-quatorze ans. Saint-Simon parle plusieurs fois de lui, en des termes peu favorables.

[13] François-Joseph de Clermont-Tonnerre (ci-dessus, p. 145), colonel du régiment d'Orléans et premier gentilhomme de la chambre de Monsieur, neveu de l'évêque de Noyon; mort le 30 octobre 1705, à cinquante ans. Voyez les *Mémoires de Saint-Simon*, t. I, p. 211, et t. IV, p. 320.

	arpents.
Report	840
A Mᵐᵉ la duchesse de Créquy¹	90
Et à plusieurs particuliers, en petites portions, la quantité de	175
TOTAL	1,105

Le bois de Morainvilliers contient, en taillis de tous bois, deux cent vingt-quatre arpents, dont il en appartient :

	arpents.
A M. le marquis de Montlouet²	100
A M. de Bullion³	60
Et à trois autres particuliers	64
TOTAL	224

Le bois des Flambertins, taillis, contient cent vingt-neuf arpents, qui appartiennent, savoir :

	arpents.
A M. de Bullion	100
Au seigneur de Crespières	10
Et à plusieurs particuliers	19
TOTAL	129

Le bois d'Abbecourt contient, de tous bois, deux cent trente et un arpents, qui appartiennent, savoir :

	arpents.
A l'abbaye d'Abbecourt⁴	121
A M. le marquis d'Orgeval⁵	75
Au curé d'Orgeval et à plusieurs particuliers.	35
TOTAL	231

Le bois de Rougemont, taillis, appartient au seigneur de Médan⁶ et à plusieurs particuliers; il contient cent vingt-six arpents.

Le bois de Beynes⁷ contient huit cents arpents; il appartient, savoir :

	arpents.
A M. le duc de Charost	650
Trois pièces, séparées d'un demi-quart de lieue, au terroir de Maule, appartenant à différents particuliers; elles contiennent, le tout ensemble	150
TOTAL	800

Le bois attenant à ceux de Beynes, à M. le président Briçonnet; quatre-vingts arpents.

Aux environs de Versailles, il appartient à la dame veuve Coignet⁸, en qualité de dame des Clayes, quatre-vingts arpents.

Les bois de Trappes contiennent treize cent quatre-vingt-huit arpents, qui appartiennent, savoir :

	arpents.
A l'abbaye royale de Saint-Cyr, baliveaux sur taillis	418
Au sieur Montaigny	100
A la commanderie de la Villedieu⁹	100
Aux dames du Port-Royal-des-Champs	360
A Mᵐᵉ de Montespan¹⁰	100
A Mᵐᵉ de Louvois	80
Et à plusieurs particuliers, pour différentes portions	230
TOTAL	1,388

---

¹ Armande de Saint-Gelais Lansac, veuve depuis 1687 de Charles III de Créquy, qui avait été fait duc-pair en 1653, puis lieutenant général, chevalier des ordres, etc. Elle mourut le 11 août 1709.

² Remy de Bullion, marquis de Montlouet, fils du premier écuyer de la grande écurie.

³ Henri-Charles, marquis de Saint-Amand, capitaine de cavalerie.

⁴ Abecourt, Apecourt ou Aubecourt, petite abbaye de l'ordre de Prémontré, dépendant du diocèse de Chartres et située sur la paroisse d'Orgeval, entre Poissy et Meulan. Le Mémoire n'en a pas parlé au chapitre de l'Église.

⁵ Geoffroy-Alexandre de Jarente, marquis d'Orgeval et baron de Lux, marié à la veuve du maréchal d'Estrades. Orgeval lui venait de sa mère, Marie Luillier, héritière d'un maître des requêtes qui avait fait les fonctions d'intendant dans l'Île-de-France et en Provence.

⁶ Les manuscrits portent : *Meudon* ou *Medan*.

⁷ Dans les manuscrits, *Besne* ou *Besnes*.

⁸ Julien Coignet était mort conseiller honoraire au parlement, en janvier 1696.

⁹ Ci-dessus, p. 115.

¹⁰ Françoise-Athénaïs de Rochechouart-Mortemart (1641-1707), mariée en 1663 à Louis-Henri de Par-

Le buisson de Bièvres appartient aux Mathurins de Paris[1]; il contient, de baliveaux sur taillis, quarante arpents.

Le buisson de Verrières, de bois taillis, contient dix-sept cent vingt-huit arpents, qui appartiennent, savoir :

	arpents.
A la mense conventuelle des religieux de Saint-Germain-des-Prés, en plusieurs pièces.	1,045
A Mme de Montespan.	200
A Mme de Savelle[2].	100
A Mme de la Corvée.	90
Aux religieuses de l'Abbaye-aux-Bois[3].	150
Et à plusieurs particuliers, pour différentes portions.	143
Total.	1,728

Les bois taillis d'Igny contiennent trois mille trois cent quatre-vingt-six arpents et demi, qui appartiennent, savoir :

	arpents.
A M. le marquis de Palaiseau.	200
A la dame d'Arbada[4].	200
A la commune d'Igny.	100
A reporter.	500

	arpents.
Report.	500
Aux Célestins de Paris, en deux pièces.	700
A M. le comte de Créquy[5].	90
A Mme de Montespan, dans le bois de Glatigny.	300
Plus, dans les bois de la Celle et des environs de Marly.	400
A M. de Longueil[6].	90
A la seigneurie de Vaucresson.	80
A M. le marquis de Villaines[7].	100
A M. Paris, conseiller[8].	80
A M. de Belesbat.	240
Au seigneur de Louveciennes[9].	100
A l'abbaye royale de Saint-Cyr, à cause de Saint-Denis.	275 ½
Et à plusieurs particuliers, pour portions inégales, la quantité de.	431
Total.	3,386 ½

Les bois qui sont sur Lhotie[10] contiennent mille vingt-deux arpents; ils appartiennent, savoir :

	arpents.
Au prieuré des Deux-Amants, proche le Pont-Saint-Pierre, uni au collége des Jésuites de Rouen.	72
A reporter.	72

---

daillan de Gondrin, marquis de Montespan, devenue la maîtresse du roi en 1667, nommée surintendante de la maison de la reine, et séparée judiciairement de son mari le 7 juillet 1674, s'était définitivement retirée de la cour en 1691.

[1] Ci-dessus, p. 37.

[2] *Alias*, Mme de Favelle. — Peut-être était-ce la veuve de M. de Savelle, envoyé du roi Charles II en France, mort à Paris le 16 octobre 1687.

[3] Ci-dessus, p. 27.

[4] *Alias*, Darbada?

[5] *Alias*, Crogny?

[6] Sans doute quelque membre de la famille des marquis de Maisons et de Poissy; peut-être Jean-Gilbert de Longueil, seigneur de Beauverger, qui était fils d'un conseiller au parlement, et qui fut maintenu dans sa noblesse en 1699.

[7] Peut-être Jacques de Gaignon, marquis de Villaines, qui était lieutenant des gardes du corps et brigadier des armées, et qui devint lieutenant général en 1710; mort en 1738.

[8] Nicolas de Paris, conseiller au parlement de Paris depuis 1684, était seigneur de Brancourt, Machault, Unchair, etc., en Champagne; il mourut le 13 mars 1714, à cinquante-cinq ans. Un autre conseiller du même nom, Pierre de Paris, reçu le 30 décembre 1678, mourut doyen, le 25 avril 1735, à quatre-vingt-quatre ans.

[9] Aujourd'hui Luciennes. — Cette seigneurie appartenait à Pierre Sopite, sieur de Louveciennes, gentilhomme ordinaire du roi, qui avait rempli les fonctions d'envoyé à Mantoue, et qui résidait en la même qualité à Gênes depuis l'année 1693. M. Phélypeaux, intendant à Paris, l'acheta en 1700, pour la céder au roi.

[10] *Alias*, la Lotie; aujourd'hui, sur certaines cartes, *Lhuotie*.

	arpents.
Report........	72
Au seigneur de Menucourt.............	80
A Mme de Suppoil..................	100
A M. de Saint-Simon, dans la terre de Vaux[1].	300
A M. de Verneuil..................	191
Et à plusieurs particuliers, pour différentes portions......................	279
Total........	1,022

CHÂTELLENIE DE PONTOISE.

PONTOISE.

Les bois de la châtellenie de Pontoise font partie et sont compris dans la maîtrise de Saint-Germain-en-Laye; on rapportera ici tous ceux qui sont tant dans la châtellenie que dans l'élection, pour suivre l'ordre qu'on s'est proposé de les mettre par élections.

BOIS DE LA CHÂTELLENIE.

Le buisson du Lay contient douze cents arpents; il appartient, en différentes parties, à M. le prince de Conti, au prieur du Lay[2], au seigneur de Nesles, et à l'hôtel-dieu de Pontoise.

A Auvers, l'abbaye de Saint-Denis en possède deux cents arpents;

A Ennery, M. Charpentier[3], cent arpents;

A Amblainville, le seigneur[4], cent arpents;

Dans plusieurs paroisses, l'abbaye de Maubuisson en possède trois cents arpents.

Il y a de plus quatre cent trois arpents dans différentes paroisses, qui appartiennent à des particuliers pour portions inégales.

AUTRES BOIS DANS L'ÉLECTION.

Les bois de Méry[5] s'étendent depuis la paroisse de Méry jusqu'à celle de Presles; ils contiennent quatre mille arpents. Ils appartiennent pour portions inégales à M. le prince de Conti, aux Feuillants, à cause de l'abbaye du Val, à l'Hôtel-Dieu de Pontoise, à M. le marquis de Verderonne[6], à M. le marquis de Saint-Chamant, et à plusieurs autres particuliers. Tous ces bois sont essence de chênes, châtaigniers, frênes et ormes.

BAILLIAGES DE MANTES ET MEULAN.

Les bois des bailliages de Mantes et Meulan font aussi partie et sont compris dans la maîtrise particulière de Saint-Germain-en-Laye.

BOIS DE LA DÉPENDANCE DE CES DEUX BAILLIAGES.

A Sailly, à M. de Sailly[7], cent cinquante arpents;

Au seigneur de Saint-Cyr[8], cent arpents;

A M. de la Morillière, cent arpents;

A M. le chevalier de Lorraine[9], cent quatre-vingt-dix-huit arpents;

---

[1] Le comte de Vaux; ci-dessus, p. 219.

[2] Ci-dessus, p. 73.

[3] Jacques-Thomas-François Charpentier, seigneur d'Ennery (le Mémoire écrit : *Annery*), Épiais, Livilliers, Vallangoujard, etc., était secrétaire du roi.

[4] Le marquis de Saint-Simon Sandricourt; ci-dessus, p. 217.

[5] Méry-sur-Oise (Seine-et-Oise); ci-dessus, p. 217.

[6] Charles de l'Aubespine, marquis de Verderonne, seigneur de Stors, ancien capitaine aux gardes, mourut le 11 avril 1706, à quatre-vingt-trois ans. Il avait épousé une fille du chancelier d'Aligre.

[7] Ci-dessus, p. 219.

[8] Saint-Cyr-en-Arthies, c^ne Magny (Seine-et-Oise).

[9] Philippe de Lorraine-Harcourt, né en 1643, chevalier des ordres du roi et maréchal de camp, l'un des favoris les plus décriés de Monsieur, qui lui avait donné les abbayes en commende de Saint-Jean-des-Vignes, Saint-Benoît-sur-Loire, Saint-Père, Tiron, etc. Il mourut le 8 décembre 1702.

DES FORÊTS. 313

A M. de la Chastre[1], quatre-vingts arpents.

A Bernay, à M. de Brinon[2], cent cinquante arpents; plus, à Lainville, deux cent cinquante arpents;

A M. de Vaquerville, deux cents arpents.

A Binenville, à M. de Binenville[3], cent arpents;

A Mme la duchesse de Créquy, soixante[4] arpents;

A M. de Gargenville[5], cent arpents;

Au seigneur de Guitrancourt, cent arpents.

A Fontenay-Saint-Père, à Mme de Tilleuse, cent arpents;

A M. de Grigny, cent trente arpents;

A Mme de Fresval[6], cent arpents.

Dans la forêt de Rosny, à l'évêché de Laon, trois cent cinquante-deux arpents;

Aux religieuses de Saint-Corentin[7], cent quarante-cinq arpents;

A M. le duc de Sully, dans la forêt de Rosny, mille trois cents arpents.

Au même, dans les bois de la Villeneuve-en-Chevrie, quatre-vingt-dix arpents.

Au même, à la Belle-Côte, cent quarante arpents.

Plus, à Bonnières, au lieu dit la Houzée, cent soixante-douze arpents.

A Mme la comtesse de Chamilly[8], à Apremont, près Bonnières, quatre cents arpents; plus, à Perdreauville, cent arpents;

A M. de Magnanville, cent quatre-vingts arpents;

A M. le marquis d'Heucourt[9], cent quarante arpents;

A M. le président Bouret, de Mantes, au Beuvron[10], cent arpents.

A M. de Soindres[11], audit lieu, cent arpents.

Il y a de plus treize cent soixante-douze arpents de bois dans les paroisses dépendantes de ces deux bailliages, qui appartiennent à plusieurs particuliers et communautés, par petites et différentes portions.

AUTRES BOIS DE L'ÉLECTION DE MANTES.

A Bréval, à M. le marquis de Thiange[12],

---

[1] Louis de la Chastre, comte de Nançay et marquis de la Chastre, était brigadier d'infanterie; il devint maréchal de camp en 1702, lieutenant général en 1704, et mourut le 12 septembre 1730, à soixante-neuf ans.

[2] Ci-dessus, p. 219.

[3] M. de Binenville, déjà cité ci-dessus, p. 219, était seigneur de Herville, Arbouville, Boinville, le Breuil, etc., et avait rempli les fonctions d'aide de camp des armées du roi de 1689 à 1695. Il mourut le 4 novembre 1700.

[4] Alias, 90 arpents.

[5] Ci-dessus, p. 219. L'imprimé de Chalibert-Daucosse porte : M. de Guerrainville.

[6] Alias, M. Presval ou Préval.

[7] Ci-dessus, p. 96.

[8] Catherine Poncet de la Rivière, fille d'un président au Grand Conseil, mariée en 1691 à François Bouton, comte de Chamilly (1663-1732), qui était un neveu du maréchal de ce nom et qui remplissait depuis 1698 les fonctions d'ambassadeur extraordinaire en Danemark. Brigadier d'infanterie depuis 1693, il fut plus tard lieutenant général. Voyez son portrait dans les *Mémoires de Saint-Simon*, t. III, p. 360, et t. XVIII, p. 439.

[9] Louis de Saint-Delis, marquis d'Heucourt, épousa en 1654 l'héritière de Josias Le Conte, seigneur d'Apremont.

[10] Sic, pour Beuvrons, sur la lisière de la forêt de Rosny, près Apremont.

[11] Claude-Arnould Poucher, ancien conseiller au Châtelet, puis conseiller au parlement, maître des requêtes depuis 1689. Il mourut à Soindres, en décembre 1724.

[12] Claude-Philibert de Damas, marquis de Thiange, qui devint lieutenant général et mourut le 4 janvier 1728, était, selon Saint-Simon, « de grande naissance, fort brave, avec de l'esprit et des lettres, beaucoup d'honneur et de probité, mais si particulier, si singulier, qu'il

douze cents arpents, dont deux cents arpents en futaie.

Il y a dans le reste de l'élection mille treize arpents qui appartiennent à différentes communautés et à plusieurs particuliers, par petites et inégales portions.

Le total des bois de la maîtrise de Saint-Germain-en-Laye, distraction faite de ceux qui sont dans l'élection, mais hors la châtellenie de Pontoise, et de ceux qui sont dans l'élection de Mantes, hors l'étendue des bailliages de Mantes et Meulan, monte à la quantité de trente mille cinq cent six arpents.

MAÎTRISE DE FONTAINEBLEAU.

La maîtrise de Fontainebleau comprend la forêt de Fontainebleau et les bois et forêts qui sont situés et assis au dedans des élections de Melun et Montereau.

Cette maîtrise fut érigée par le roi François 1er, par lettres patentes du mois d'août 1534. Avant ce temps-là la forêt de Fontainebleau faisait partie de la maîtrise de Brie et Champagne.

La forêt de Fontainebleau contient vingt-six mille quatre cent vingt-quatre arpents, tant pleins que vides[1]. Elle est plantée irrégulièrement : il s'y trouve de grands espaces vides, beaucoup de monts et de rochers, de vallons et de déserts, quelques-uns remplis de bruyères, genêts, genièvres, épines, et autre mauvaise nature de bois. Cette forêt est plantée de chênes et hêtres, en corps de futaie, demi et quart de futaie, et de jeunes revenus de vente, qui ont peu de suite en leurs qualité, âge et nature.

La figure de cette forêt est presque ronde, dont le château de Fontainebleau fait le centre, ayant environ quatre lieues de diamètre, traversées de plusieurs grands chemins et grandes routes, dont une tourne autour de la forêt, qui est appelée la route Ronde, qui est à une lieue de tous côtés du château. Depuis l'année 1679 il a été fait environ trois cent mille toises de long de nouvelles routes, pour le plaisir de la chasse, tant à travers les futaies que les rochers et plaines.

Cette forêt est divisée en huit gardes, qui sont nommées : la croix de Guise, la croix de Saint-Hérem, la croix de Souvré, la croix de Franchart, la croix du Grand-Veneur, la Belle-

---

vécut toujours à part et ne tira aucun parti de se trouver fils de la sœur de Mme de Montespan, et d'une sœur par elle-même si bien avec le roi et si grandement distinguée tant qu'elle a vécu.» (*Mémoires*, t. V, p. 376.) Le duc du Maine et Mme de Montespan lui avaient fait épouser en 1695 l'héritière de Bréval, Anne-Philiberte-Geneviève-Françoise de Harlay, fille du marquis de Bréval, lieutenant général, et ancienne fille d'honneur de Mademoiselle. Voir une lettre de cette dame et un dossier sur la forêt de Bréval, dans les Papiers du Contrôle général, G⁷ 1355, année 1713.

[1] «Dans la forêt de Bière (ancien nom d'une partie de la forêt de Fontainebleau), contenant 13,213 arpents, sera coupé 90 arpents de bois de futaie, de vente ordinaire, par chacun an, à commencer en 1675. — Dans le bois appelé le bois du Roi, contenant 180 arpents 58 perches, sera coupé 11 arpents de bois taillis, de vente ordinaire, par chacun an, au profit de l'engagiste, à commencer en 1675.» (État des coupes de 1674, E 3627, fol. 20 v°.) La *Nouvelle description de la France*, par Piganiol, indique une contenance de «32,285 arpents, tant pleins que vides,» sans autres détails. C'est aussi le chiffre que donne la *Description de Fontainebleau*, par l'abbé Guilbert (1731), en faisant observer qu'il y avait eu récemment des réunions considérables. Les Papiers du Contrôle général renferment un grand nombre de dossiers relatifs à cette forêt; nous n'en signalerons que deux, l'un sur la récolte de la bruyère par les pauvres (G⁷ 425, 5 décembre 1684), et l'autre sur l'exploitation du grès (G⁷ 1356, 6 novembre 1714).

Croix, la croix de Vitry et la croix d'Augers[1]; lesquelles ont chacune leur triage, où il y a des gardes préposés[2].

Il y a autour de la forêt de Fontainebleau plusieurs bois et buissons qui appartiennent à diverses communautés et à des particuliers, savoir :

Sur les reins[3] de la garde de la croix de Guise, il y a le bois Gautier, qui contient cent quarante-deux arpents qui appartiennent à l'abbaye de Saint-Germain-des-Prés, et environ cent arpents qui appartiennent à plusieurs particuliers.

Sur les reins de la garde de la croix de Saint-Hérem, il y a deux mille cinq cents arpents de bois, broussailles et bruyères, qui faisaient autrefois partie de la forêt, dont a été fait don aux religieux de la Trinité de Fontainebleau, établis dans le château par le roi saint Louis[4], et qui ont été, par eux, aliénés à divers particuliers, à cens et rentes.

ÉLECTION DE MELUN.

Les forêts et les bois de l'élection de Melun sont compris et font partie de la maîtrise particulière de Fontainebleau. Il y a plusieurs forêts dans cette élection, savoir :

Le buisson de Massouris, qui contient deux mille huit cents arpents; il appartient à différentes communautés et à des particuliers[5].

La forêt de Barbeaux, compris les boqueteaux, contient quatre mille arpents. Il en appartient mille arpents à l'abbaye de Barbeaux[6], dont quatre-vingts arpents en futaie; le reste est en taillis, qui appartient à plusieurs particuliers.

La forêt de Rougeaux appartient à plusieurs communautés et à différents particuliers; elle contient dix-huit cents arpents.

La forêt de Vitry, dépendante du château de Coubert, appartient à M. de Schonberg : elle contient, de bois taillis, six cent soixante-dix-huit arpents.

Les bois de Blandy[7] contiennent onze cents arpents; ils appartiennent, savoir : six cents arpents à Mme la duchesse de Nemours[8], et cinq cents arpents à M. le vicomte de la Borde[9].

Les usages d'Ozouer-le-Voulgis[10] contiennent quatre cent soixante arpents, dont trois cent soixante appartiennent aux habitants, et cent arpents aux Célestins de Marcoussis.

Les bois nommés Billebois[11] et Fay, près de Chailly, à deux lieues de Fontainebleau, appartiennent à divers particuliers; ils contiennent trois cents arpents.

Le buisson appelé Étrangleveau, proche de Melun, dépend de l'abbaye du Lys[12]; il contient cent arpents.

Proche de cette abbaye est le bois Bouil-

---

[1] *Sic*, pour d'Augas; on écrivait aussi : *Dogas*.

[2] Voir l'*État de la France*, 1698, t. I, p. 347, et les dossiers conservés aux archives du département de Seine-et-Marne, B 60-67.

[3] On appelait *reins*, selon Furetière, les «bords ou côtés d'une forêt.»

[4] Ci-dessus, p. 52.

[5] Archives du département de Seine-et-Marne, B 97-99.

[6] Ci-dessus, p. 51. — Selon un dossier du 29 juin 1704 (Papiers du Contrôle général, G⁷ 1353), l'abbaye de Barbeaux possédait environ 3,000 arpents de bois.

[7] C^{ne} le Châtelet-en-Brie (Seine-et-Marne).

[8] Ci-dessus, p. 234 et 269.

[9] François-Louis Arbaleste, vicomte de Melun, seigneur de la Borde-le-Vicomte et de Châtillon-sous-Bretignoust, mort à Châtillon, le 24 avril 1722, étant âgé de soixante-sept ans environ.

[10] Sur les bois communaux d'Ozouer-le-Voulgis, voir un dossier du 16 mars 1709, dans les Papiers du Contrôle général, G⁷ 1354.

[11] Ou plutôt *Billebauds*. Le Fay est un château de la commune de Chailly-en-Bière.

[12] Ci-dessus, p. 51.

40.

lante, qui en dépend; il contient quatre-vingt-dix arpents.

Le bois du Bréau, à une lieue de Melun, appartient au sieur Binet[1], officier du roi; il contient cent arpents.

Le bois de Notre-Dame, au même, contient deux cents arpents.

Le bois de Boissise-le-Roi, au seigneur, contient sept cents arpents.

Les bois des Fontaines, à M. de Pontcarré[2], contiennent trois cents arpents.

Au même, les bois du Chêne-Bécard; quatre cents arpents.

Les bois de Réau, au seigneur, contiennent cinq cents arpents.

Le bois de la Ferté-Alais, à M. de Vendôme[3], deux cents arpents.

Le parc dépendant de Milly[4], planté en forêt, au seigneur, contient quatre cent soixante arpents.

Le bois de Tourelles, à M. d'Argouges, contient six cent cinquante arpents.

Le bois de Courances, au seigneur, huit cents arpents.

Le bois taillis de Samoreau, dépendant de l'abbaye de Saint-Germain-des-Prés, contient deux cent quatre-vingt-quinze arpents.

Le bois de Grasville, à M. de Grasville, président de la Cour des aides[5], contient quatre cents arpents.

Les bois de Villeneuve-le-Comte, à différents particuliers, contiennent deux cent soixante-quinze arpents.

Les bois du Fresnoy, à M. de Sauvion[6], cent quatre-vingts arpents.

Le petit bois de Saint-Martin, de trente arpents, et la forêt des Grands-Bois, à une lieue de distance de Donnemarie, plantée en taillis, appartiennent au chapitre de Saint-Martin de Tours; ils contiennent quatre cent vingt-huit arpents.

Joignant ce bois de Saint-Martin, M. de Brichanteau en possède deux cents arpents.

La forêt de Saint-Germain-Laval, plantée en taillis, dépend de l'abbaye de Saint-Germain-des-Prés; elle contient neuf cents arpents.

Au surplus, dans toute l'élection de Melun, il peut y avoir environ la quantité de six mille cinq cents arpents de bois taillis, non compris les bois et forêts ci-dessus, qui appartiennent à différents particuliers.

Tous ces bois sont essence de chênes, hêtres et charmes.

ÉLECTION DE MONTEREAU.

Les bois de cette élection font partie et sont compris dans la maîtrise de Fontainebleau.

Du côté de la Brie, est la forêt de Saint-Germain[7], à deux lieues de Montereau au le-

---

[1] Philippe Binet, seigneur de Villiers-en-Bière et du Bréau (c^{ne} Villiers), secrétaire du roi.

[2] Nicolas-Pierre Camus, seigneur de Pontcarré, maître des requêtes depuis 1691, fut nommé premier président du parlement de Rouen en 1703, et mourut le 10 décembre 1734, à soixante-huit ans.

[3] Louis-Joseph, duc de Vendôme et de Mercœur, arrière-petit-fils de Henri IV. Il commanda une des armées de Louis XIV à partir de 1695, s'illustra en 1710 par la victoire de Villa-Viciosa, et mourut à Viñaroz, le 11 juin 1712. Voyez ci-dessus, p. 223, 224, 266 et

306. C'est à la Ferté-Alais qu'il se retira durant une disgrâce momentanée, en 1709.

[4] Milly-les-Granges (Seine-et-Marne).

[5] Le président de l'Estoile; ci-dessus, p. 190.

[6] Jean de Sauvion, secrétaire du roi, beau-frère et associé d'un trésorier général de l'extraordinaire des guerres, Charles Renouard de la Touanne, fit avec lui, en 1701, une énorme banqueroute, dont le roi voulut seul supporter les conséquences. (*Journ. de Dangeau*, t. VIII, p. 117 et 118.)

[7] Saint-Germain-Laval. C'est évidemment par erreur

vant, qui contient environ mille deux cents arpents de bois taillis, chênes pour la plupart, dont le quart a été mis en réserve par arrêt du Conseil de l'année 1696. Ces bois appartiennent à l'abbaye de Saint-Germain-des-Prés.

Les bois de la commanderie de Cottençon[1] sont contigus à ceux de l'abbaye de Saint-Germain; ils contiennent cinquante arpents.

La forêt de Saint-Martin-du-Tertre, plantée en taillis, dépend en partie du prieuré de Saint-Martin-du-Tertre[2], qui est à présent uni à l'évêché de Blois; le surplus appartient à des particuliers. Elle contient en tout quatre cents arpents.

Les bois de Valence[3] appartiennent à plusieurs particuliers; ils contiennent deux mille arpents.

Les bois de Boulin ou d'Eschou[4] dépendent de l'abbaye de Preuilly[5]; ils contiennent six cents arpents.

Les bois de Preuilly, paroisse d'Égligny, contiennent cinq cent cinquante arpents.

Du côté du Gâtinais, il y a la forêt de Cannes, et proche de cette forêt sont les bois de la Brosse et de la Bondue; ils appartiennent à plusieurs communautés et particuliers. Ils contiennent, le tout ensemble, environ trois cents arpents.

Les bois de Diant, de Dormelles et de Saint-Ange appartiennent à M. de Caumartin, conseiller d'État, intendant des finances[6]; ils contiennent quatre cents arpents.

Les bois de Valjouan appartiennent au seigneur[7]; ils contiennent cent cinquante[8] arpents.

Les bois de Marolles appartiennent au seigneur[9]; ils contiennent cent cinquante arpents.

Les bois de Montigny-Lencoupe contiennent neuf cents arpents, dont sept cents appartiennent à M. Trudaine, maître des requêtes, qui en est seigneur[10], et le surplus à divers particuliers.

Dans le plat pays, il n'y a que les bois de Motheux, qui appartiennent à différents particuliers; ils contiennent cinquante arpents.

Tous ces bois sont de chênes, mêlés de peu de hêtres.

MAÎTRISE DE MONTFORT.

La maîtrise de Montfort a été supprimée lors de l'échange que le roi a fait de ce duché avec celui de Chevreuse[11].

La forêt de Montfort contient onze mille quatre cent six arpents, savoir: en fonds de futaie, deux mille cinq cent huit arpents; en taillis, quatre mille sept cent cinquante-cinq arpents, et en bruyères, quatre mille cent quarante-trois. Elle appartient depuis l'année 1692 à M. le duc de Chevreuse[12].

Outre la forêt, il y a dans l'élection, en bois taillis, la quantité de quatre mille neuf cent vingt-cinq arpents, qui appartiennent, savoir:

Les bois de Marchautreuil[13], près Mont-

---

que cette forêt a déjà été citée plus haut, dans l'élection de Melun, ainsi que les bois de Villeneuve-le-Comte, Saint-Martin, etc.

[1] Ferme de Coutençon, dépendant de la commanderie de la Croix-en-Brie; ci-dessus, p. 117.

[2] Ce prieuré a été appelé à tort Saint-Germain-du-Tertre, ci-dessus, p. 57.

[3] Ou Valence, c^{ne} Montereau.

[4] Aujourd'hui Échouboulains.

[5] Ci-dessus, p. 57. — [6] Ci-dessus, p. 239.

[7] M. Daguesseau de Valjouan; ci-dessus, p. 281, note 3.

[8] Ahas, 80 arpents.

[9] Ci-dessus, p. 239.

[10] Ci-dessus, p. 239 et 245.

[11] Ci-dessus, p. 220.

[12] Voyez ci-dessus, p. 9, note 2.

[13] La Mare-Hautreuil, dans l'imprimé de Chalibert-Dancosse; lisez: la Mare-Chautreux.

fort, appartiennent au sieur Jourdan; ils contiennent vingt et un arpents.

Les bois de la Veute-aux-Moines, aux religieux de l'abbaye de Neauphle[1], contiennent soixante arpents.

Le bois le Fouilleux[2], dépendant de la Couarde, appartient à M. le Chancelier[3]; il contient cent quatre-vingts arpents.

Les bois de Neauphle et de Sainte-Apolline, au même; trois cents arpents.

Les bois de Plaisir, au même; sept cents arpents.

Les bois du Chêne-Rogueux, à M. Courtin[4], conseiller d'État; quatre-vingts arpents.

Les bois de la Malmaison, au sieur de Selve[5]; vingt arpents.

Les bois de Mareil[6], au sieur Boucher; cent arpents.

Les bois de Hollande, à la dame des Bréviaires[7]; deux cent dix-huit arpents.

Les bois de Villeport, attenant la forêt, au seigneur de Rochefort[8]; quatre cents arpents.

Les bois de Coignières, au sieur de Tagny; trois cents arpents.

Les bois de Millemont, à M. le président Briçonnet; deux cents arpents.

Les bois de Behoust, à Mlle de Bragelongne, dame dudit lieu; cent quatre-vingts arpents.

Les bois d'Orgerus, à M. le président de Maisons; deux cent trente-quatre arpents.

Les bois de Bazainville, à M. l'abbé Lecocq, seigneur temporel[9]; vingt arpents.

Les bois du parc de Neuville[10], à M. de Nyert; soixante-sept arpents.

Les bois des Nouvelles et de la Ferme-des-Bois, au même; vingt-huit arpents.

Le bois Boissart, entre Gros-Rouvres et Gambais, deux cent un arpents: audit sieur de Nyert, cent vingt arpents, et à MM. Malo[11], quatre-vingt-un arpents.

Les bois de la paroisse de Saint-Remy et de celle de Coignières dépendent de l'abbaye de Haute-Bruyère[12]; ils contiennent cent huit arpents.

---

[1] Ci-dessus, p. 96.

[2] Ou Foulleuse.

[3] M. de Pontchartrain; ci-dessus, p. 221.

[4] Honoré Courtin, seigneur de Chanteraine et des Mesnuls, avait rempli les fonctions de plénipotentiaire aux négociations de Munster et de la paix des Pyrénées, d'ambassadeur extraordinaire en Angleterre et en Hollande, d'intendant à Amiens, etc. Il était conseiller d'État ordinaire depuis 1673, mais avait demandé la permission de se retirer de la diplomatie «pour mettre un intervalle entre la vie et la mort.» Il refusa même, en 1697, de remplacer Pussort dans le Conseil des finances; cependant on parla de lui comme pouvant succéder au chancelier Boucherat. Mort doyen du Conseil d'État, le 27 décembre 1703, à soixante-dix-sept ans. Saint-Simon (t. I, p. 377 et 378) a fait son éloge et raconté un trait qui prouve sa rare intégrité comme intendant.

[5] Pierre de Selve, seigneur de la Brosse et de Girolles, qui mourut le 22 mai 1710; ou Jean-Baptiste de Selve, seigneur de Crosmières et de Villiers-le-Châtel, qui était procureur général à la Cour des monnaies; ou encore Pierre de Selve, lieutenant-colonel du régiment de Picardie, qui devint brigadier en 1704, maréchal de camp en 1710, pour sa belle défense de Saint-Venant, et qui mourut en 1721, âgé de plus de quatre-vingt-deux ans. — Quelques textes donnent: Sève, au lieu de Selve.

[6] Mareil-le-Guyon, près Montfort-l'Amaury.

[7] Arr. et c{on} Rambouillet.

[8] Arr. Rambouillet, c{on} Dourdan.

[9] Ci-dessus, p. 98. — Certains textes indiquent 200 arpents, au lieu de 20.

[10] Le marquisat de Neuville-Gambais; voyez ci-dessus, p. 221.

[11] Jacques Malo, comte de Séry, nommé substitut du procureur général au parlement de Paris le 1er juillet 1679, était devenu conseiller au Grand Conseil en 1691, et mourut le 31 mai 1711, à cinquante-deux ans. Son père était conseiller de Grand'Chambre.

[12] Ci-dessus, p. 98.

DES FORÊTS.

Les bois de Grandchamp, au sieur abbé Antoine, seigneur temporel[1]; cent arpents.

Le bois au Désert, sis au-dessus de Saint-Léger, au sieur Mathieu, de Chartres; vingt-deux arpents.

Le bois de Gambaiseul, au seigneur; trente-six arpents.

Le bois de Poigny, à M. le marquis de Poigny; quatre cent soixante-dix arpents.

Tous ces bois sont chênes et hêtres.

MAÎTRISE DE DREUX.

La forêt de Dreux contient quatre mille arpents, dont il en appartient au roi mille six cents arpents, qui sont en nature de futaie; le surplus, consistant en deux mille quatre cents arpents, sont bois taillis, qui appartiennent à Mme la duchesse de Nemours, engagiste du domaine de Dreux[2].

La forêt de Senonches contient huit mille arpents; elle appartient à Mgr le Prince.

Ces forêts sont chênes et hêtres.

Les bois d'Anet contiennent cinq cents arpents de bois taillis, et ceux de Boncourt, cent cinquante arpents; ils appartiennent à M. le duc de Vendôme.

Le bois du Boulay-Thierry, à Mme la présidente Talon; cent cinquante arpents.

Les bois de Boisset, à M. de Herse[3]; deux cents arpents.

Les bois de Bréchamps, deux cents arpents, et ceux de Chaudon, deux cents arpents; à Mme la comtesse de Nogent[4].

Le bois de Beu, à M. le comte de Belesbat; neuf cents arpents.

Le bois du Mesnil-Simon, à M. de Malebranche, conseiller au parlement; six cents arpents.

Le bois de Sorel[5], au seigneur; neuf cents arpents.

Les bois de Tréon, à M. le comte de Crécy; trois cents arpents.

Il y a dans plusieurs paroisses de l'élection d'autres buissons, qui appartiennent à des communautés et à différents particuliers, qu'il serait d'un trop long détail de rapporter ici; ils contiennent ensemble la quantité de cinq mille trois cent quatre-vingt-cinq arpents.

MAÎTRISE DE CRÉCY.

La ville de Crécy est de l'élection de Meaux.

La maîtrise de Crécy s'étend sur une partie

---

[1] Ci-dessus, p. 97.

[2] Ci-dessus, p. 223 et 264. Voir un dossier de 1708 dans les Papiers du Contrôle général, G⁷ 1354; les bois du domaine n'y sont évalués qu'à 3,651 arpents. L'état des coupes dressé en 1674 s'exprime ainsi : «Dans la forêt de Crotais (sic), contenant 3,665 arpents 44 perches, sera coupé, savoir : dans 1,656 arpents 19 perches, 16 arpents de bois de futaie, de vente ordinaire, par chacun an, à commencer en 1675; et dans 1,987 arpents 25 perches, 124 arpents de bois taillis, de vente ordinaire, par chacun an, au profit de l'engagiste, à commencer en 1675, à la réserve de 25 baliveaux anciens de chêne, si faire se peut, par chacun arpent, sinon de hêtre, et 25 de la coupe précédente. Dans le bois Guyon, contenant 55 arpents, sera coupé 3 arpents de bois taillis, de vente ordinaire, par chacun an, au profit de l'engagiste, à commencer en 1675.» (Archives Nationales, E 3627, fol. 22.)

[3] Michel Vialart, seigneur de Herse, près Houdan, reçu conseiller au parlement en 1673; mort le 12 octobre 1703.

[4] Diane-Charlotte de Caumont, sœur du duc de Lauzun, avait perdu en 1672 son mari, Armand de Bautru, comte de Nogent, maréchal de camp et maître de la garde-robe, tué au passage du Rhin. Elle conserva le grand deuil toute sa vie, et ne mourut que le 4 novembre 1720, à l'âge de quatre-vingt-huit ans (Mém. de Saint-Simon, t. XVII, p. 147, et t. XIX, p. 180). La fortune et le nom même de Lauzun furent portés par la fille de Mme de Nogent dans la maison de Biron.

[5] Voir un dossier du 1er février 1709, dans les Papiers du Contrôle général, G⁷ 1354.

de l'élection de Paris, sur les élections de Meaux, Rozoy et Coulommiers, qui sont de la généralité de Paris, et sur l'élection de Château-Thierry, qui est de la généralité de Soissons[1].

Les bois de cette maîtrise situés dans l'élection de Paris sont :

Le bois appelé la Grange-du-Bois, joignant l'abbaye de Saint-Pierre de Lagny, appartient à M. l'abbé de Noirmoutier, qui possède cette abbaye[2]; il contient trois cent seize arpents.

Plus, à lui, en la même qualité, dans le buisson de Maunil[3], deux cent trente arpents.

Dans le même buisson de Maunil, M. Jacquier[4], conseiller au parlement, en a quatre cents arpents.

ÉLECTION DE MEAUX.

Les bois et forêts de cette élection sont de la maîtrise de Crécy.

Ces bois sont :

La forêt de Crécy, qui contient cinq mille cent trente et un arpents, dont il en appartient au roi deux mille arpents, en nature de futaie[5]. Les autres trois mille cent trente et un arpents sont bois taillis, qui furent aliénés en l'année 1638, par des commissaires du roi, à M. le marquis de Coislin; ils appartiennent présentement à M{{me}} de Laval, sa veuve, à M. le cardinal et à M. le duc de Coislin, qui en jouissent par engagement[6].

Cette forêt est partagée en quatre gardes, séparées les unes des autres par quatre routes qui aboutissent à un carrefour où il y a une croix posée sur un piédestal de gresserie, qui est appelée la Belle-Croix.

Cette forêt est entourée de plusieurs bois, qui appartiennent à des communautés ecclésiastiques et à plusieurs particuliers, savoir :

Aux dames religieuses du Pont-aux-Dames[7], cinq cent soixante-quinze arpents;

Aux dames religieuses de Faremoutiers[8], deux cent quatre-vingt-cinq arpents; plus, en un autre canton appelé l'enclos de Fauvinet, quatre-vingts arpents;

Aux religieux de Saint-Denis-en-France, deux cent trente-sept arpents;

Au sieur Aymejean, bourgeois de Paris, quatre-vingts arpents.

Les autres bois de l'élection de Meaux sont les bois attenant le parc d'en bas du château de Montceaux[9], qui appartiennent, savoir :

A M. l'évêque de Meaux, à la Petite-Mesure, mille quatre cents arpents;

Au chapitre de Saint-Étienne de Meaux, cent vingt-neuf arpents;

A M. l'archevêque de Paris, à cause de la seigneurie d'Armentières, proche les bois de Meaux, quarante-quatre arpents;

---

[1] Les papiers de cette maîtrise sont conservés aux archives du département de Seine-et-Marne, B 724-736.

[2] Ci-dessus, p. 31.

[3] Alias, Maulny.

[4] François Jacquier de Vieuxmaisons, reçu conseiller à la première chambre des Requêtes le 18 juin 1681, et mort en 1727. Il était fils d'un fameux fournisseur des armées de Turenne.

[5] L'état des coupes de 1674 porte : «Dans la forêt de Crécy, contenant 5,190 arpents 25 perches, sera coupé, savoir : dans le fonds de futaie réservé au roi, 35 arpents de bois de demi-futaie, de vente ordinaire, par chacun an, à commencer en 1698, à la réserve de 40 baliveaux sur chaque arpent; et dans 3,000 arpents dont jouit l'engagiste, 200 arpents de bois taillis, de vente ordinaire, par chacun an, au profit dudit engagiste, à commencer en 1675.» (Archives Nationales, E 3627, fol. 23 v°.)

[6] Voyez ci-dessus, p. 268 et 269.

[7] Ci-dessus, p. 89.

[8] Ci-dessus, p. 89.

[9] Sur ce parc, voir un dossier du 6 janvier 1709, dans les Papiers du Contrôle général, G⁷ 1354.

Aux héritiers Aveline[1], joignant les bois de Meaux, quarante-cinq arpents;

Au prieuré de Notre-Dame de Grand-Champ[2], soixante-dix arpents dépendants du prieuré;

Au prieur de Rouget[3], quatre-vingt-quatre arpents dépendants du prieuré, qui est possédé par le père de Creil[4], religieux de Sainte-Geneviève de Paris;

Au prieur de Neuilly-Saint-Front[5], attenant les bois ci-dessus et ceux de Chivres, quarante-quatre arpents;

A M. l'évêque de Tournay, à cause de son abbaye de Rebais[6], en plusieurs pièces, la quantité de huit cents arpents;

Au prieur de la Madeleine de Chamigny, à cause de son prieuré[7], quarante-neuf arpents;

A M. le duc de Gesvres, audit lieu, cinquante-deux arpents;

Aux habitants de Vendrest et autres particuliers, deux mille arpents[8];

Au seigneur de la Ferté-sous-Jouarre[9], en plusieurs pièces de bois taillis, quatre-vingts arpents;

A l'abbaye de Jouarre, tant dans l'étendue de cette paroisse que proche les bois de Meaux, neuf cent cinquante arpents;

A Mme la duchesse de Nemours, attenant les bois de Nolongue, quatre cents arpents; plus, proche les bois de Saint-Faron et de Villemareuil, en plusieurs pièces, six cents arpents;

A Mme la princesse de Lillebonne, à cause de son château et seigneurie de Villemareuil[10], en plusieurs pièces, quatre cent huit arpents;

A M. l'abbé de Lorraine, à cause de l'abbaye de Saint-Faron[11], attenant les bois de Villemareuil, cent quatre-vingts arpents; plus, à cause de la seigneurie de Penchard, quatorze arpents;

Aux religieux de cette abbaye, trente arpents;

Aux religieux de Saint-Fiacre[12], proche les bois de Villemareuil, soixante arpents;

A M. l'abbé de Rouvroy[13], à cause de son abbaye de Chaage, dans Meaux, trente-huit arpents;

Au commandeur de la commanderie de Dieu-l'Amant[14], quarante-cinq arpents.

Outre ces bois, il y en a encore une grande quantité, divisés par petites portions de trente arpents et au-dessus, qui sont possédés par des communautés et particuliers, qu'on n'a pas estimé à propos devoir rapporter ici, pour éviter la prolixité.

Presque tous ces bois sont taillis, de nature de chênes et de hêtres.

ÉLECTION DE ROZOY.

Les bois et forêts qui sont dans cette élection sont de l'étendue et dépendance de la maîtrise de Crécy[15].

La forêt de Crécy s'étend en partie sur cette élection.

---

[1] *Alias*, Ameline.
[2] Ci-dessus, p. 83.
[3] C{ne} Sainte-Aulde (Seine-et-Marne). Ce prieuré n'a pas été mentionné dans l'état du diocèse de Meaux, p. 82-85.
[4] Peut-être Denis de Creil, fils d'un trésorier de France à Limoges et frère d'un maître des requêtes.
[5] Chef-lieu de canton de l'arrondissement de Château-Thierry (Aisne).
[6] Ci-dessus, p. 80 et 81.
[7] Ce prieuré n'a pas été cité au chapitre de l'Église.
[8] *Alias*, 200 arpents.
[9] Ci-dessus, p. 231.
[10] Ci-dessus, p. 230 et 268.
[11] Ci-dessus, p. 80.
[12] Ci-dessus, p. 83.
[13] Ci-dessus, p. 81.
[14] Dépendance de la commanderie de Choisy; ci-dessus, p. 119.
[15] Voir un plan de cette maîtrise aux archives de Seine-et-Marne. B 231.

La forêt de Jouy-l'Abbaye contient six mille arpents; elle s'étend sur l'élection de Rozoy et sur celle de Provins. Il y en a sur l'élection de Rozoy six cent soixante-sept arpents seulement; le surplus est sur l'élection de Provins.

Dans ces bois il y a un chemin qu'on appelle la Voie-aux-Moines, qui sépare ces deux élections.

Les possesseurs des bois de cette forêt seront rapportés ci-après[1], dans la maîtrise de Provins.

Les autres bois de cette élection sont situés et appartiennent, savoir :

A Maisoncelles, aux religieux de Saint-Denis-en-France, comme seigneurs de cette paroisse, six cent dix-sept arpents.

A Gastins, les bois de Thiboult[2] contiennent quatre cents arpents, dont trois cent soixante appartiennent à l'abbaye de Jouy, et quarante à M. de la Grandcour, gentilhomme demeurant sur les lieux.

A la Celle[3], partie en taillis, partie en futaie, à M. l'abbé de Lionne, en qualité de prieur de la Celle, deux cent vingt-cinq arpents.

A Hautefeuille, à M. de Maupertuis, cent cinquante arpents.

Le buisson de Malvoisine, bois taillis, appartient à plusieurs communautés et particuliers, savoir :

A l'abbaye de Faremoutiers, tant dans le buisson que dans les cantons de la Crosse et Hauteborne, huit cent cinquante arpents;

A M. Ollier, cent cinquante arpents;

A M. de Maupertuis, quarante arpents;

A M. de Chevry, cent trente-deux arpents;

Au sieur Bois-Poussin, cinquante arpents.

Les bois de Lumigny, tenant à la forêt de Crécy, appartiennent à Mlle de Besmaus[4], dame du lieu; ils contiennent mille cent soixante-seize arpents.

A Mortcerf, elle en possède, à cause de sa terre de la Malmaison, quatre cent quatre-vingt-dix-huit arpents; plus, à Guérard, quatre-vingt-dix, et à Pommeuse, vingt arpents.

Aux environs de Crécy, il y a des bois taillis sur l'élection de Rozoy, qui appartiennent, savoir :

A M. Desponty[5], payeur des rentes, trois cents arpents;

A M. Menjot, maître des requêtes[6], quatre-vingt-sept arpents;

Et à différents particuliers, en petites portions, environ trois cents arpents.

A Fontenay, M. de Breteuil, conseiller d'État, intendant des finances, en possède six cents arpents.

Les bois de Pavant, dans la paroisse de Marles, contiennent cinq cent douze arpents. Ils appartiennent, savoir :

A M. Robert[7], cent quatre-vingt-deux arpents;

---

[1] Page 324.

[2] Les cartes modernes portent : *Tibou*.

[3] La Celle-sur-Morin; ci-dessus, p. 89.

[4] Mlle de Besmaus n'était pas, comme une correction omise nous l'a fait dire ci-dessus, p. 234, note 11, l'une des filles du gouverneur de la Bastille, mais sa petite-fille. Marie-Geneviève de Montlezun de Besmaus, dame de Pommeuse et autres lieux, unique héritière issue de l'alliance du fils de M. de Besmaus avec une fille de M. de Villacerf, et « riche de plus d'un million de bien échu, » épousa, le 22 janvier 1707, Paul-Hippolyte de Beauvillier, duc de Saint-Aignan, mestre de camp de cavalerie, et mourut à Paris, le 15 octobre 1734, âgée de quarante-six ans. Voyez le *Journal de Dangeau*, avec une addition de Saint-Simon, t. XI, p. 266.

[5] Michel Desponty, seigneur du Plessis-Sainte-Avoye, receveur et payeur des rentes de l'hôtel de ville de Paris.

[6] Jean Menjot était maître des comptes, et non des requêtes. Il mourut le 6 mars 1720.

[7] Voyez ci-dessus, p. 233.

A M. le comte de Lannion[1], cent trente arpents;

A M. de Quincy, deux cents arpents.

A Courpalay, au seigneur, deux cents arpents.

Les bois de Nangis, au seigneur, contiennent quatre cents arpents.

Les bois de Fontenailles, à une lieue de Nangis, appartiennent à M. de Verthamon, premier président du Grand Conseil; ils contiennent quatre-vingts arpents.

Les bois de Pécy, à deux lieues de Rozoy, appartiennent, savoir :

Au seigneur, quatre-vingt-dix arpents;

Et à divers particuliers, cent trente-deux arpents.

Les religieux d'Hermière[2], aux environs de leur abbaye, possèdent, en plusieurs pièces, six cents arpents.

Les bois de Citry, situés entre Villeneuve-le-Comte et Bailly, appartiennent à M. le prince de Guémené, à M. Molé et à des particuliers; ils contiennent deux cent trente arpents.

ÉLECTION DE COULOMMIERS.

Les bois qui sont dans l'étendue de l'élection de Coulommiers sont pareillement de la maîtrise de Crécy; il n'y a aucune forêt, mais seulement quelques bois taillis, qui appartiennent aux seigneurs des paroisses.

Dans la paroisse de Maillard[3], les Chartreux de Paris en possèdent quatre cents arpents.

A Amillis, M. de la Martellière, maître des requêtes, quatre cents arpents.

A Boissy, M. de Boissy de Caumartin, maître des requêtes, trois cents arpents.

A Doue, M. le marquis de Palaiseau, neuf cents arpents.

A Chevru, les bois dépendent de la commanderie[4]; ils contiennent deux cents arpents.

A la Haute-Maison, la congrégation de l'Oratoire de Paris[5] en possède soixante-quinze arpents.

A Hondevilliers, les Célestins de Paris, quatre-vingts arpents.

Les bois de la Maison-Neuve dépendent de la commanderie[6], proche Coulommiers; ils contiennent cent soixante-trois arpents.

Le bois Botté en dépend, qui contient soixante-trois arpents.

A Saint-Martin-des-Champs et à la Ferté-Gaucher, aux seigneurs[7], deux cent cinquante arpents.

A Pierrelevée et à Signy-Signets, à M. de Montebise[8], quatre cents arpents.

A Aulnoy, au seigneur, cent cinquante arpents.

Presque tous ces bois sont de chênes, mêlés de peu de hêtres.

Il y en a de plus environ six cents arpents dispersés dans plusieurs paroisses de l'élection, qui appartiennent à différents particuliers, lesquels ne méritent pas d'être observés singulièrement.

---

[1] Pierre, sire et comte de Lannion, vicomte de Rennes, marquis d'Espinay, gouverneur des villes et châteaux de Saint-Malo, Vannes et Auray, brigadier de cavalerie depuis l'année 1688, devint lieutenant général en 1702, et mourut le 27 mai 1717, à soixante-seize ans. — Certains textes portent : Lamont.

[2] Ci-dessus, p. 89.

[3] Aujourd'hui les Maillards, c⁹⁹ Beautheil.

[4] Ci-dessus, p. 118.

[5] Ci-dessus, p. 37.

[6] Ci-dessus, p. 118.

[7] Ci-dessus, p. 234.

[8] Voir ci-dessus, p. 232 et 234. François Bernard, marquis de Montebise et de la Grange-Ménessier, seigneur de Pierrelevée, mestre de camp de cavalerie, mourut le 19 février 1707, à quatre-vingts ans.

MAÎTRISE DE PROVINS.

La maîtrise particulière de Provins s'étend sur l'élection de Provins et sur celle de Nogent[1].

Il y a dans l'étendue de cette maîtrise deux forêts : la forêt de Jouy et celle de Sourdun, et le buisson de Ferrières, qui joint la forêt de Sourdun[2].

La forêt de Jouy contient six mille arpents de bois. Il en appartient au roi dix-huit cents, desquels M. le comte de Cheverny jouit, à cause de son engagement[3], de deux cent vingt-cinq arpents, pour le taillis seulement.

Le surplus de cette forêt appartient, savoir :

A l'abbé et aux religieux de Jouy[4], mille arpents;

A M. de la Grange, conseiller au Grand Conseil, six cents arpents;

A M. le marquis de Chenoise, trois cents arpents;

A l'abbé et aux religieux de Saint-Jacques[5], deux cents arpents;

Aux religieuses Cordelières de Provins[6], cinq cents arpents;

Au sieur de Vigneau, cent cinquante arpents;

Au sieur de Villegagnon[7], cent cinquante arpents;

Et le surplus à plusieurs autres communautés et particuliers, pour de petites quantités, parts et portions.

La forêt de Sourdun contient trois mille dix arpents, dont il en appartient au roi mille vingt-six, desquels M. de Cheverny jouit, à cause de son engagement, de deux cent vingt-sept arpents, pour le taillis seulement.

Le surplus de cette forêt appartient à plusieurs communautés et particuliers, dont les principaux sont :

Le chapitre de Saint-Martin de Tours, qui en a quatre cent quarante arpents;

Les religieuses de Poissy, trois cent deux arpents;

L'Hôtel-Dieu, cent arpents;

Le prieur de la Fontaine-aux-Bois[8], soixante-deux arpents;

M. de Launac[9], cent trente-neuf arpents;

La communauté de Toury et des Chaises[10], quatre-vingts arpents.

---

[1] Les papiers de la maîtrise de Provins sont actuellement conservés aux archives du département de Seine-et-Marne, B 742-745.

[2] Voici quels sont les chiffres de la gruerie de Provins donnés par l'état des coupes de 1674 (Arch. Nationales, E 3627, f. 20 v°) : «Dans le buisson de Ferrières, contenant 270 arpents, engagé au sieur de Montglas; la forêt de Sourdun, 1,026 arpents 50 perches, y compris 759 arpents 28 perches réunis sur plusieurs particuliers; le bois des Bruyères et des Fourneaux, 41 arpents 32 perches, engagés audit sieur de Montglas; et la forêt de Jouy, 1,666 arpents 60 perches, dont il appartient au roi trois buissons engagés, savoir : la vente Bugnon, 63 arpents 60 perches; la vente du Brûlis, 66 arpents 12 perches, et la vente du bois Augé, 84 arpents 31 perches (les routes desdites forêts de Sourdun et de Jouy appartiennent au roi), sera coupé 100 arpents de bois taillis, de vente ordinaire, par chacun an, au profit de l'engagiste.» On trouvera dans les Papiers du Contrôle général, G⁷ 1352, un procès-verbal de visite des forêts de Sourdun et de Jouy, à la date du 17 novembre 1705. Le rapport du subdélégué de Provins, que nous donnons à l'Appendice, ne contient que deux lignes sur les forêts.

[3] Ci-dessus, p. 269.

[4] Ci-dessus, p. 55.

[5] L'abbaye Saint-Jacques de Provins; ci-dessus, p. 55.

[6] L'abbaye du Mont-Sainte-Catherine de Provins; ci-dessus, p. 55.

[7] Peut-être Nicolas Durant de Villegagnon, baron d'Esnon, vicomte de Prémartin; ci-après, p. 326.

[8] Ci-dessus, p. 55.

[9] L'imprimé de Chalibert-Dancosse porte : M. de Pieubet. Voyez ci-dessus, p. 237, note 3.

[10] C^ne Hermé (Seine-et-Marne).

D'autres communautés et particuliers propriétaires en possèdent de petites portions.

Le buisson de Ferrières contient sept cents arpents, dont il en appartient au roi deux cent vingt-quatre, desquels M. le comte de Cheverny, à cause de sondit engagement, jouit de deux cent quatorze arpents, pour le taillis seulement.

Le surplus de ce buisson appartient à différents particuliers.

La qualité de tous ces bois est essence de chênes, hêtres, et quelques bouleaux.

ÉLECTION DE NOGENT.

L'élection de Nogent n'est pas un pays de bois; ce qu'il y en a est de la maîtrise de Provins. Il n'y a aucune forêt, mais seulement quelques bois, qui appartiennent aux seigneurs des paroisses.

Le plus considérable est le bois du Parc de Pont, qui contient douze cents arpents.

Le bois de Romilly, quatre cents arpents.

Le bois de l'abbaye de Vauluisant, trois cents arpents [1].

Les bois du Parc-d'en-Bas de Nogent, deux cents arpents.

Ces bois sont essence de chênes et hêtres.

MAÎTRISE DE SENS.

La maîtrise des eaux et forêts de Sens a une grande étendue; elle comprend les élections de Sens, Joigny, Saint-Florentin, Tonnerre, et Vézelay en partie [2].

Il n'y a aucune forêt dans l'élection de Sens; les bois qui y sont sont, tous taillis, qui appartiennent aux seigneurs des paroisses, à des particuliers et à des communautés, savoir :

Dans la paroisse de Vallery, à Mgr le Prince, mille arpents;

A Villemanoche, à M. le comte de Saint-Mesmes [3], sept cents arpents;

A Noé, à M. de Theil, conseiller, trois cent cinquante arpents;

A Mâlay, à Mme de Barbisy, deux cents arpents;

A Passy, à M. de Passy [4], conseiller à Metz, cent soixante arpents;

A Thorigny, à M. le président Lambert, six cents arpents;

A Pouy, à M. le marquis d'Argenteuil, mille arpents;

A Cérilly et Rigny, à M. de Bérulle, maître des requêtes, six cents arpents;

A Lailly, à M. de Sainte-Foy, trois cents arpents;

A Fleurigny, à Mme de Fleurigny [5], trois cent cinquante arpents;

A Gisy, à M. de Bouthillier, conseiller au parlement, deux cents arpents;

A Bussy-le-Repos, à M. de Bussy, deux cents arpents;

---

[1] Selon un procès-verbal de visite et d'estimation du 25 novembre 1704 (Papiers du Contrôle général, G¹ 1352), l'abbaye de Vauluisant possédait à Courgenay quatre pièces de bois s'élevant en tout à 1,607 arpents.

[2] Une capitainerie des chasses avait été créée pour Colbert en 1668 et Seignelay en 1677, et supprimée en 1690.

[3] Anne-Alexandre de l'Hospital, comte de Saint-Mesmes, premier écuyer de Monsieur Gaston, puis de la duchesse de Toscane, et lieutenant général des armées du roi; mort le 4 décembre 1701, à soixante-dix-sept ans. C'est le père du fameux géomètre, auteur des *Infiniment petits*.

[4] Antoine Petit, fils d'un contrôleur général des finances, seigneur de Passy (canton de Sens), Sérilly et Élecourt, mourut doyen du parlement de Metz en 1704. François-Nicolas Petit, son fils, fut lieutenant général d'épée au bailliage de Sens.

[5] Claude-Catherine de Vallée, dame de Passy, était veuve, depuis 1696, de Claude-Jean-Baptiste Le Clerc, marquis de Fleurigny, baron de Sergines, seigneur de

A Vertron, paroisse de Montacher, à M. de Saint-Germain[1], trois cent cinquante arpents.

A Rosoy, du fief nommé Charbonnières dépendent deux cent cinquante arpents.

A Villechétive, au seigneur, sept cents arpents.

A Dixmont, aux héritiers de M. Le Boultz[2], conseiller, trois cent cinquante arpents.

A Fontaines, au seigneur, cent soixante arpents.

A Villiers-Louis, au sieur Couste[3], lieutenant de Sens, trois cents arpents.

Dans la même paroisse, à la veuve Lhermitte, cent arpents.

A Chigy, aux sieurs de Biencourt[4], cent vingt arpents.

BOIS DES COMMUNAUTÉS APPARTENANT AUX HABITANTS.

A Véron, trois cents arpents.
A Vaudeurs, quatre cents arpents.
A Rigny, trois cent cinquante arpents.
A Pouy, deux cents arpents.
A Villiers-Louis, cent arpents.
A Bagneaux, cent cinquante arpents.

A Cerisiers, deux cents arpents.
A Gisy, deux cents arpents.
A Noë, cent arpents.
A Molinons, cent arpents.
A Ville-Perrot, cent arpents.

ÉLECTION DE JOIGNY.

Il n'y a aucunes forêts dans l'élection de Joigny; ce sont tous bois taillis, qui appartiennent à des particuliers et à des communautés ecclésiastiques ou séculières, dont les principaux possesseurs sont:

A Brienon-l'Archevêque, à M. l'archevêque de Sens, trois mille cinq cents arpents;

A Turny, à M. de Chemerault, six mille arpents;

A Migennes, à Mme l'abbesse de Saint-Julien d'Auxerre[5], trois mille arpents;

A la Celle[6], à M. de Valgrand, deux mille arpents;

A Cézy, à M. de Courtenay, mille arpents;

A Esnon, à M. de Villegagnon[7], cinq cents arpents;

A Merry[8], au chapitre d'Auxerre, douze cents arpents;

Vallières, la Chapelle-sur-Oreuse, Villiers-sur-Seine, Ortil, Cornillon, etc., premier baron de la noblesse sénonaise et commandant de l'arrière-ban, frère du commandeur de Fleurigny (ci-dessus, p. 116), et père du marquis de Fleurigny (p. 242). Elle se remaria, le 30 juillet 1719, avec Claude-Hubert de Fleurigny, ancien chevalier de Malte.

[1] L'imprimé de Chalibert-Dancosse porte: *MM. de Saint-Germain*. — Armand-Jean de Saint-Germain, seigneur de Cavarde et de Vertron, ancien lieutenant aux gardes et maître d'hôtel de la reine Anne d'Autriche, vivait en 1676.

[2] François Le Boultz, conseiller au parlement, seigneur de Chaumot et d'Égriselles-le-Bocage, inhumé à Chaumot le 6 octobre 1698.

[3] André Couste ou Cousté, lieutenant particulier au bailliage et siège présidial, pourvu le 21 février 1689. Son père et son aïeul l'avaient précédé dans cette charge; son fils l'y remplaça en 1718.

[4] M. de Biencourt, seigneur de Potrincourt, testa à Chigy, le 25 février 1697; Jacques de Biencourt, seigneur de Potrincourt, marié dans la même paroisse le 11 avril 1695, y fut inhumé le 7 novembre 1700, et Pierre-Morlaix de Biencourt, capitaine au régiment de Bassigny, s'y maria le 26 juin 1714.

[5] L'abbaye de Saint-Julien était gouvernée, depuis le 15 août 1699, par Anne-Louise de la Magdeleine de Ragny, qui succédait à une sœur du marquis de Chamlay, et qui fut abbesse pendant trente-huit ans.

[6] La Celle-Saint-Cyr; ci-dessus, p. 244.

[7] Ci-dessus, p. 324, note 7.

[8] Merry-sur-Yonne, c^{ne} Coulange-sur-Yonne.

Aux Ormes, à M. de la Prée[1], cinq cents arpents;

A Prunoy, à M. de Crèvecœur[2], cinq cents arpents;

A Villecien, à M. de Baugy, cinq cents arpents;

A Saint-Aubin-sur-Yonne, à M. Doublet[3], cinq cents arpents;

A Looze, à M. de Looze[4], cinq cents arpents.

Les bois du comté de Joigny, à Mme la duchesse de Lesdiguières[5]; huit mille arpents.

BOIS DES COMMUNAUTÉS APPARTENANT AUX HABITANTS.

A Bussy, sept cents arpents.

A Migennes, trois cents arpents.

A Brion, cinq cents arpents.

A Bellechaume, trois cent cinquante arpents.

A Paroy-en-Othe, cent arpents.

A Avon[6], cent cinquante arpents.

A Arces, quatre cents arpents.

A Vénizy, quatre mille arpents.

A Turny, quinze cents arpents.

A Vergigny et Arbousseaux[7], quatre cents arpents.

A Évrolle[8], cent trente-trois arpents.

A Aillant, quatre cents arpents.

A la ville de Joigny, deux mille trois cents arpents.

ÉLECTION DE SAINT-FLORENTIN.

Les bois de cette élection sont pareillement de la maîtrise particulière de Sens. Il n'y a de forêt considérable que la forêt d'Othe[9], qui s'étend sur six paroisses seulement de cette élection, dans laquelle les seigneurs et habitants peuvent avoir trois mille cinq cents arpents de bois.

A Ervy, il y a un buisson qu'on appelle *le Parc*, qui contient six cent cinquante arpents de bois, dont six cents arpents appartiennent à M. de Châteauneuf, qui en est seigneur[10]; le surplus, à des particuliers.

Il y en a un autre à Maligny, qui contient six cent cinquante arpents; dont il en appartient quatre cent cinquante à M. le cardinal d'Arquien, cent cinquante à Mme la comtesse de Guitaud[11], et cinquante arpents aux habitants.

Il y en a quelques autres cantons, de peu de conséquence, dans plusieurs paroisses.

Tous les bois qui sont dans l'étendue de cette élection font environ la quantité de six mille arpents, tous taillis de chênes, mêlés de hêtres, charmes, frênes et marceaux[12]. Il s'en coupe par chacun an cinq ou six cents

---

[1] François de la Prée, seigneur de Bontin, Sommecaise et autres lieux.

[2] Charles-Martin de Crèvecœur, marquis dudit lieu, chevalier de l'ordre de Saint-Michel, maréchal de camp, seigneur de Prunoy, Pailly, etc., avait été inhumé à Prunoy, le 20 juillet 1683, à l'âge de soixante-dix ans. Son héritier s'appelait Louis-Gaston de Crèvecœur.

[3] Pierre Doublet, seigneur de Crouy et de Saint-Aubin, conseiller au parlement en 1690, maître des requêtes en 1711. C'est sur les surnoms de ce seigneur de Crouy et de son frère, Doublet de Persan, que le premier président de Harlay fit le mot rapporté deux fois par Saint-Simon (*Mémoires*, t. V, p. 170, et t. VIII, p. 206).

[4] Alexandre de Chassy était seigneur de Looze.

[5] Ci-dessus, p. 242 et 243.

[6] Avon-la-Pèze (Aube)?

[7] Sans doute Rebourceaux, c^{ne} Saint-Florentin.

[8] Aujourd'hui Avrolles.

[9] Ci-dessus, p. 297.

[10] Ci-dessus, p. 245.

[11] Ci-dessus, p. 246.

[12] On écrit aujourd'hui : *marsault* ou *marceau*; espèce de saule.

arpents, qui peuvent produire environ 12,000ᴴ aux propriétaires. Ils se consomment pour la plus grande partie dans le pays, et le surplus se convertit en charbon pour Paris.

ÉLECTION DE TONNERRE.

Les bois de cette élection sont de la dépendance de la maîtrise particulière de Sens.

Il n'y a dans l'élection que la forêt de Mosne[1], qui contient environ quatre mille arpents; elle appartient à Mme de Louvois, à cause de la terre de Cruzy, dont elle est dame[2].

Il y a quantité d'autres bois dans l'élection, qui sont tous bois taillis, qui se coupent depuis l'âge de dix à douze ans jusqu'à quinze et dix-huit ans.

Les principaux possesseurs sont, savoir :

Dans les paroisses d'Asnières[3], Aisy, Rougemont, Perrigny[4] et Cry, dont M. Languet[5] est seigneur, il y en a deux mille arpents.

A Bagneaux, à M. d'Hauterive, en futaie, mille arpents.

A Tonnerre, Argenteuil, Ancy-le-Franc, Griselles, Ravières et Nicey, à Mme de Louvois, six mille arpents.

A Cruzy, au seigneur, mille arpents.

A Quincy-le-Vicomte, à M. le comte de la Rivière, mille arpents.

Aux Riceys, au seigneur, neuf cents arpents.

A Molesme[6] et à Arthonnay, aux religieux, cinq cents arpents.

A Moulins, à M. le baron de Moulins[7], huit cents arpents.

A la Chapelle et Carisey, à Mme de Flogny, quatre cent cinquante arpents.

A Fulvy, à Mme Le Cosquino[8], quatre cents arpents.

A Rugny, au seigneur, cinq cents arpents.

A Poilly[9], au seigneur[10], six cents arpents.

A Appoigny, à M. l'évêque d'Auxerre, cinq cents arpents.

A Bouis[11], à M. Labbé (?), dix-huit cents arpents.

A Pothières et Noiron[12], aux religieux et abbé de Pothières[13], deux mille six cents arpents.

A Préhy, aux chanoines de Chablis[14], seigneurs, cinq cents arpents.

A Pontigny, à l'abbé et aux religieux[15], neuf cents arpents.

---

[1] Aujourd'hui Maulne, c^ne Cruzy.
[2] Ci-dessus, p. 247.
[3] Asnières-en-Montagne, c^ne Laignes (Côte-d'Or).
[4] Perrigny-sur-Armançon, c^on Ancy-le-Franc.
[5] Guillaume Languet-Robelin, comte de Rochefort, baron de Saffre, fils d'un procureur général au parlement de Bourgogne, et frère des deux Languet de Gergy qui se distinguèrent, l'un dans la diplomatie, l'autre dans l'Église, était conseiller au parlement de Bourgogne depuis 1686.
[6] C^ne Laignes (Côte-d'Or); ci-dessus, p. 100.
[7] Pierre-François Le Bascle, comte et baron de Moulins, seigneur d'Ancy-le-Serveux, Censy, Argentenay, etc., chevalier de Saint-Louis, lieutenant-colonel de dragons, inhumé à Moulins le 16 avril 1745. Il était de la même famille que les marquis d'Argenteuil.
[8] Les mss. portent à tort : Mme de Coquinot. Jeanne Carré avait épousé, le 12 juin 1663, Nicolas Le Cosquino, seigneur de Fulvy en partie et de Méreuil; elle fut inhumée à Ancy-le-Franc, le 8 juillet 1716.
[9] Poilly-sur-Serain, c^on Noyers.
[10] Cette seigneurie fut apportée en mariage à Jean-Louis de la Perrière, seigneur de Fresnes, chevalier de Saint-Louis et lieutenant-colonel, par Hippolyte Bourgeois, veuve d'Abraham Derval, qu'il épousa en 1702, et qui mourut en 1725.
[11] Aujourd'hui Bouix, c^ne Laignes (Côte-d'Or).
[12] Noiron-sur-Seine, c^on Châtillon-sur-Seine (Côte-d'Or).
[13] Voyez ci-dessus, p. 100.
[14] Ci-dessus, p. 99.
[15] Ci-dessus, p. 100 et 101.

Il y a dans cette élection la quantité de cinquante mille arpents de bois, dont il en appartient aux seigneurs et communautés ecclésiastiques onze mille trois cents arpents; aux seigneurs des paroisses et particuliers, vingt mille arpents, et aux communautés, qui sont leurs biens patrimoniaux, dix-huit mille sept cents arpents.

Presque tous ces bois sont chênes et hêtres, qui se flottent sur les rivières pour la provision de Paris.

ÉLECTION DE VÉZELAY.

Les bois de cette élection sont de la maîtrise de Sens en partie, et le surplus est des maîtrises d'Auxerre et de Nevers[1].

Il y en a beaucoup : on peut dire qu'ils couvrent presque la moitié de la superficie de la terre. On en compte la quantité d'environ trente-huit mille arpents. Ils appartiennent tant à des particuliers qu'à des communautés, qui s'en servent et y ont leur usage, et sont tous bois taillis, qui se coupent de vingt en vingt ans. Il n'y en a pas présentement, dans cette grande quantité, dix arpents en futaie; il y a soixante ans qu'il y en avait bien la moitié ou les deux tiers. Ce désordre provient de la négligence des officiers des eaux et forêts à tenir la main à l'exécution de l'ordonnance, et de l'entreprise des marchands, qui achètent des particuliers les coupes sur pied et abattent indifféremment les baliveaux anciens et modernes, n'en laissant que de l'âge des taillis et sans choix, parce que les suites ne les regardent pas, et qu'ils n'ont d'attention qu'à vider les ventes et consommer leur marché.

A l'égard des bois d'usages, qui sont en grand nombre dans l'élection, ils sont en mauvais état, parce que les paysans y coupent en tout temps à discrétion, et y laissent aller leurs bestiaux, qui achèvent de les ruiner.

Les bois de cette élection se conduisent en trains à Paris, par la rivière de l'Yonne; ils sont d'abord jetés sur les lieux à bois perdu, tant sur cette rivière que sur celles de Cure et de Cousin, et sur les ruisseaux qui y aboutissent[2]. On les amasse à Coulanges ou à Châtel-Censoir[3], à Vermenton et à Cravant, où on forme les trains, qui de là sont conduits à Paris[4].

MAÎTRISE DE DOURDAN.

De la maîtrise de Dourdan, qui est hors de la généralité, dépend la gruerie de Nemours, qui est de la généralité.

GRUERIE DE NEMOURS.

Les bois les plus considérables de cette gruerie sont :

Les Haies de Courtenay, qui bornent et environnent ce comté[5]. Ces bois appartiennent à M. le duc de Caderousse; ils contiennent environ seize cents arpents.

Le buisson de Sainte-Rose, qui contient deux mille arpents, appartient en partie aux dames de Villechasson[6], aux seigneurs et communautés des paroisses de Mérinville, Foucherolles, Bazoches[7], Domats, Savigny[8] et autres.

---

[1] Les détails qui vont suivre sont tirés presque textuellement de la *Description géographique de l'élection de Vézelay*, qui avait été rédigée par Vauban en janvier 1696, et que nous reproduisons à l'Appendice.

[2] Voir ci-dessus l'article des Rivières, p. 15.

[3] Le Mémoire porte : *Chastel-Sensoy*.

[4] Voir un rapport de l'année 1732, sur le flottage de ces bois, dans le portefeuille Lancelot 169, fol. 111-145, à la Bibliothèque Nationale.

[5] Ci-dessus, p. 227 et 228.

[6] Ci-dessus, p. 47.

[7] Ces trois paroisses font partie aujourd'hui du canton de Courtenay (Loiret).

[8] Ces deux paroisses sont du canton de Chéroy (Yonne).

Les bois d'Égreville[1] et le parc contiennent six cents arpents; ils appartiennent au seigneur, et une partie, de soixante arpents, à la communauté.

Les bois du Bignon[2] contiennent cent cinquante arpents; ils appartiennent au seigneur.

Les bois de Chaumot et Mardelin[3] contiennent quatre-vingts arpents; ils appartiennent aux seigneurs et à des particuliers.

Les bois de Piffonds contiennent trois cents arpents; ils appartiennent au seigneur.

Les bois et le parc du Boulay contiennent trois cents arpents; ils appartiennent au seigneur[4].

Les bois de Fay et Lavau contiennent quatre cents arpents; ils appartiennent par moitié à Mme du Plessis[5] et à M. Le Nain de Beaumont[6].

Les bois de Villiers, en la commanderie de Beauvais[7], contiennent cinq cents arpents; ils appartiennent, savoir : deux cents arpents au commandeur, et le reste à différents particuliers.

Les bois de Puiselet[8] contiennent trois cents arpents; ils appartiennent, savoir : cent cinquante à M. de Rumont[9], cent audit sieur Le Nain, et le reste à différents particuliers.

Les bois du parc de Villemaréchal contiennent deux cents arpents; ils appartiennent au seigneur[10].

Tous ces bois sont de chênes, charmes et hêtres.

DÉPARTEMENT DU VALOIS, SENLIS ET SOISSONS.

Le département du Valois, Senlis et Soissons est composé des maîtrises particulières de Senlis, Compiègne, Beaumont-sur-Oise, Clermont, qui comprend l'élection de Beauvais, Villers-Cotterets, Laigue, Chauny, Coucy, la Fère et Saint-Quentin, Laon et Château-Thierry[11].

---

[1] Ci-dessus, p. 228.
[2] C^ne Ferrières-en-Gâtinais (Loiret).
[3] Ferme sur la commune de Chaumot.
[4] Ci-dessus, p. 228.
[5] Mme du Plessis-Bellière; ci-dessus, p. 228.
[6] Claude Le Nain, seigneur de Beaumont et Lavau, fils d'un maître des requêtes et frère de l'historien Tillemont.
[7] Beauvais-en-Gâtinais; ci-dessus, p. 116.
[8] C^ne Saint-Pierre-lès-Nemours (Seine-et-Marne).
[9] Ci-dessus, p. 135 et 228. Pierre de Montléart, marquis de Rumont, lieutenant des gardes du corps de Monsieur, fit passer à son fils, en 1720, sa charge de gouverneur, grand bailli et capitaine des chasses des ville et duché de Nemours.
[10] François Le Charron (1637-1680), fils d'un intendant des finances mort en 1643, et petit-fils du trésorier Pierre Le Charron (ci-dessus, p. 268, note 2), n'avait laissé qu'une fille, qui avait épousé en 1694 Charles-Louis, comte de Rogres de Lusignan de Champignelles (ci-dessus, page 241, note 8), en lui apportant les seigneuries de Villemaréchal, Saint-Ange-le-Vieil et Villemer. De ce mariage vint une fille unique, qui épousa en 1712 Jean-Louis Le Bascle, marquis d'Argenteuil (ci-dessus, p. 242, note 3). Un frère aîné de François Le Charron, Michel Le Charron, dit M. de Villemaréchal (1648-1705), avait une réputation de savant linguiste et tenait chez lui des conférences littéraires, le jeudi. Voir son article nécrologique dans le *Mercure*, janvier 1705, p. 253.
[11] Ce département, dont le grand maître était M. Le Féron (ci-dessus, p. 303), donnait comme produits ordinaires pour le roi :

Compiègne	100,000^ll
Sans compter les bois de la Croix-Saint-Ouen, qui furent achetés de l'abbé de Pomponne.	
Senlis	25,000
Beaumont	néant.
Clermont	18,000
Chauny	6,000
La Fère	6,000
Laon	néant.

(Papiers du Contrôle général, G⁷ 1360.)

De toutes ces maîtrises, il n'y en a que trois de la généralité de Paris, qui sont : Senlis, Compiègne et Beaumont[1].

MAÎTRISE DE SENLIS.

La maîtrise particulière de Senlis contient beaucoup de bois. Le côté du Valois, qui fait environ un quart de l'élection, est en terres labourables; tout le reste est en forêts et bois[2].

Du côté de Paris, au midi, est la forêt de Chantilly, qui contient sept mille six cents arpents; elle appartient à Mgr le Prince[3].

Les bois de Chaalis et d'Ermenonville, six mille cinq cents arpents; ils appartiennent à l'abbé et religieux de Chaalis[4] et au seigneur d'Ermenonville[5].

Du côté de Compiègne, au septentrion, est la forêt d'Halatte, qui contient neuf mille arpents. Il en appartient au roi cinq mille cent quarante-six[6]; le surplus sont les bois de l'évêché, ceux du chapitre de Senlis, de l'abbaye de Royaumont, de Chaalis, de Saint-Vincent,

et autres communautés et particuliers. La moitié est en futaie et l'autre moitié en taillis.

Du côté de Creil, au couchant, sont les bois de la Pommeraye, qui contiennent mille trois cents arpents; ils sont engagés, avec le domaine de Creil, à M. le comte de Soissons[7].

Tirant vers le Valois, sont les bois de Cornon[8], qui contiennent cent vingt arpents.

Les bois des Ageux, deux cent trente-huit arpents, dont la moitié appartient au roi, et l'autre moitié aux religieux de Saint-Denis, par indivis. Ces bois sont situés proche Pont-Sainte-Maxence.

Les bois de Saint-Michel, au-dessus de Saint-Leu, contiennent deux cents arpents; ils appartiennent aux religieux de Saint-Leu[9].

Les bois de la Chapelle[10] et Survilliers, à M. le marquis de Cotentin[11], contiennent cent cinquante arpents.

Les bois près de Royaumont contiennent sept cent cinquante arpents; ils appartiennent à l'abbé et religieux de Royaumont[12].

---

[1] Voyez, à l'appendice Forêts, des extraits du carnet du roi que nous avons indiqué ci-dessus, p. 302, note 4, relatifs à ces trois maîtrises.

[2] Voir la belle carte dressée en 1709 par Delisle, et dédiée à Mgr Chamillart, évêque de Senlis.

[3] Ci-dessus, p. 212.

[4] Ci-dessus, p. 94.

[5] Ci-dessus, p. 212.

[6] «Dans la forêt d'Halatte, contenant 4,449 arpents 69 perches, sera laissé en fonds de futaie 2,000 arpents de bois, dans lesquels sera coupé 30 arpents de bois de vente ordinaire, par chacun an, à commencer en 1675. Et sera aussi laissé en fonds de taillis 1,863 arpents 16 perches, outre les places vides et les bois abroutis, dans lesquels il sera coupé 200 arpents de bois de vente ordinaire, par chacun an, à commencer en 1675. — Dans le bois des Grueries, réuni sur les sieurs Fruiriu et Dognon, contenant 1,153 arpents, sera coupé 18 arpents de bois taillis de vente ordinaire, par chacun an, à commencer en 1675. — Dans les bois de Pommeraye et des Haies, contenant 1,299 arpents 13 perches, engagés aux dames de Carignan et de Nemours, sera coupé 100 arpents de bois taillis, de vente ordinaire, par chacun an, au profit de l'engagiste, à commencer en 1675.» (Arch. Nationales, E 3627, fol. 16 v°.)

[7] Ci-dessus, p. 260.

[8] Aujourd'hui Corbonval, au nord de Monchy-Saint-Éloi.

[9] Ci-dessus, p. 94.

[10] La Chapelle-en-Serval, cne Senlis.

[11] Charles-César de Cotentin, marquis de Néry et de Cotentin, baron de Survilliers, seigneur de Tourville et Coutainville en Normandie, mestre de camp du régiment de Dauphin-cavalerie, se retira du service pour mauvaise santé, en 1706, et mourut le 14 février 1711. Il était le dernier représentant de la branche aînée de la famille à laquelle appartenait le maréchal de Tourville.

[12] Ci-dessus, p. 94.

GÉNÉRALITÉ DE PARIS.

Le bosquet de Montépilloy contient cent vingt arpents; ce sont châtaigniers.

Tous les bois de cette maîtrise sont chênes, hêtres et tilleuls.

MAÎTRISE DE COMPIÈGNE.

La forêt de Compiègne appartient au roi; elle contient environ vingt-neuf mille arpents[1].

Il n'y a aucune autre forêt dans l'élection; mais il y a plusieurs bois taillis, qui appartiennent à plusieurs communautés et à différents particuliers, savoir :

Les bois d'Ageux, situés proche Verberie, contiennent deux cent soixante et un arpents six perches. Ils appartiennent aux religieuses du Val-de-Grâce, à cause de l'abbaye de Saint-Corneille de Compiègne[2];

Les bois de Monchy contiennent deux cent quatre-vingts arpents;

Ceux de Calfeux, cent quatre-vingt-dix arpents;

Ceux d'Oysemont, cent quatre-vingts arpents;

Ceux de Janville, soixante arpents.

Les bois de ces quatre paroisses appartiennent à Mme la maréchale d'Humières[3].

Les bois de Chevincourt, dépendants de l'abbaye de Saint-Riquier[4], contiennent cent quatre-vingt-douze arpents.

---

[1] La description de cette forêt fut publiée sous le titre de : *État de la forêt de Cuise, dite de Compiègne*, avec une carte, et rééditée huit fois, de 1736 à 1763. M. de Louvois avait fait tracer un grand nombre de routes dans la forêt. Voir la correspondance de M. de Ménars avec Colbert, dans les Papiers du Contrôle général, G⁷ 425, année 1682. L'état des coupes de 1674 s'exprime ainsi sur Compiègne: «Dans la forêt de Cuise, contenant 24,012 arpents 42 perches, y compris 372 arpents de la garenne du Roi, et non compris 3,225 arpents 58 perches en prés, étangs, hameaux, maisons et terres labourables étant dans l'enclos de ladite forêt, et 730 arpents de la forêt de Saint-Pierre, dépendante de ladite forêt de Cuise, sera coupé 100 arpents de bois de futaie de vente ordinaire, par chacun an, à commencer en 1675. Dans 530 arpents de bois d'aunaie et bois blancs de ladite forêt, sera coupé 53 arpents de bois taillis, de vente ordinaire, par chacun an, à commencer en 1675; et dans 800 arpents de bois taillis ci-devant engagés aux sieurs duc d'Épernon et de Marillac, savoir : 325 arpents dans le triage de Berne, 160 arpents 25 perches dans la garde de la Volière, triage de la Haute-Queue, 235 arpents dans ladite garde, au triage de la Basse-Queue, et 80 arpents ou environ dans les bois Fretin, dépendant de la garde du Mont-Saint-Mard, Bois-Jouan et de l'Épinette, dépendant de la garde de la Croix, sera coupé 80 arpents de bois taillis, de vente ordinaire, par chacun an, à commencer en 1675.» (Arch. Nationales, E 3627, fol. 17.) Le grand maître Le Féron rend compte en ces termes, le 19 septembre 1702, de l'adjudication des coupes de la forêt de Compiègne: «..... Les ventes ordinaires (100 arpents de futaie) se montent à la somme de 107,243ᴸ 11 s. 9 d., non compris les charges en espèces, suivant les états arrêtés au Conseil, qui vont encore à près de 10,000ᴸ. Les 4,597 sommes et demie de bois chablis ont été vendues 14,702ᴸ, à raison de 3ᴸ 4 s. la somme. Ainsi, le produit de cette forêt porte, cette année, la somme de 121,955ᴸ 13 s. 9 d.; dont j'espère que le roi et vous, Monseigneur, serez contents, dans ce temps malheureux où tous les ports regorgent de bois, et sans aucune consommation. Nous avons sursis à l'année prochaine les ventes extraordinaires des réunions de Louis-le-Grand, triage de la Croix-Saint-Ouen, suivant les ordres du roi. Je me suis donné bien du mouvement pour rompre la cabale des marchands de Compiègne : j'avais pris le soin d'en faire venir de différents endroits, et je n'espérais presque pas pouvoir porter si loin cette vente...» (Papiers du Contrôle général, G⁷ 360.) Sur la capitainerie de Compiègne, voir l'*État de la France*, année 1698, t. I, p. 348.

[2] Ci-dessus, p. 69 et 213.

[3] Louise-Antoinette-Thérèse de la Chastre, dame du palais de la reine, veuve depuis 1694 du maréchal d'Humières (ci-dessus, p. 213). Elle mourut le 2 décembre 1723, à quatre-vingt-huit ans. Voir les *Mémoires de Saint-Simon*, t. I, p. 196, et t. XIX, p. 215.

[4] Célèbre abbaye située en Picardie, à 2 lieues d'Abbeville; ses revenus montaient à 50,000ᴸ environ.

Les bois d'Élincourt, mille arpents; ils appartiennent à M. Benoist, seigneur en partie de cette paroisse, et au prieur d'Élincourt[1].

Les bois de Francières appartiennent à la dame du lieu; ils contiennent cent arpents.

Les bois de Montmartin, au sieur du Fayel; quatre-vingt-dix arpents.

Les bois du Hazoy, attenant la forêt, appartiennent au sieur de la Loge; quatre-vingt-dix arpents.

Les bois de l'Isle, à Mme de Vieuxpont[2]; quatre-vingts arpents.

Les bois de Marquéglise, au seigneur; quatre-vingt-dix arpents.

Il y en a encore cent cinquante arpents, en différentes pièces, dans les paroisses d'Aguisy, Plaisance et Jonquières, qui appartiennent à différents particuliers.

Tous les bois de cette maîtrise sont chênes, hêtres, charmes, et quelques bois blancs.

MAÎTRISE DE BEAUMONT-SUR-OISE.

Les bois dépendants de la maîtrise de Beaumont sont:

La forêt de Carnelle, qui contient deux mille cent soixante-seize arpents et demi de bois taillis, dont il en appartient:

Au roi, mille cinq cent cinquante-huit arpents[3];

Aux religieuses de Longchamps[4], deux cent quarante-quatre arpents;

Aux religieux de l'abbaye de Saint-Denis, quarante-deux arpents;

A l'Hôtel-Dieu de Beaumont, quarante-deux arpents et demi;

A M. d'O, à cause de sa terre de Franconville[5], deux cent dix arpents,

Et aux seigneurs de Noisy[6], quatre-vingts arpents.

Cette forêt est mêlée de toutes sortes de bois, chênes, hêtres, et beaucoup de châtaigniers. La partie du roi est garnie d'un bon nombre de baliveaux, anciens et modernes; l'autre partie n'en a que des modernes.

Les bois de Belloy appartiennent aux seigneurs; ils contiennent deux cents arpents.

Les bois de Beaucarreau, à M. le président Le Boulanger, contiennent deux cents arpents.

Les bois de Viarmes, au même, deux cent soixante-huit arpents.

Les bois taillis de Fosseuse, distants d'une demi-lieue du buisson de Lay, appartiennent à Mme la maréchale de la Mothe; ils contiennent cinq cent quatre-vingt-trois arpents.

Les bois d'Anserville, à M. Ruau[7]; cent quatre-vingts arpents.

Les bois de Puiseux[8], à M. le marquis de Saint-Remy[9]; soixante-douze arpents.

---

[1] Ci-dessus, p. 70.
[2] Ci-dessus, p. 213, note 10. Le marquis de Vieuxpont se maria quatre fois: 1° avec Mlle Aubry; 2° avec Mlle des Marets, qu'il épousa en 1704; 3° en 1708, avec Mlle d'Argouges de Rannes; 4° avec Mlle de Beringhen.
[3] «Dans la forêt de Carnelle, contenant 1,558 arpents 18 perches, engagée au feu sieur maréchal de la Mothe, sera coupé 214 arpents de bois taillis, de vente ordinaire, par chacun an, au profit de l'engagiste, à commencer en 1675, attendu que toute ladite forêt est plantée de châtaigniers.» (Arch. Nationales, E 3627, fol. 17.)

[4] Ci-dessus, p. 32.
[5] Ci-dessus, p. 309.
[6] Noisy-sur-Oise, c^{on} Luzarches (Seine-et-Oise).
[7] Charles Ruau du Tronchet, secrétaire du roi, intéressé au bail des fermes générales de 1697.
[8] Puiseux-le-Hautberger, c^{on} Neuilly-en-Thelle (Oise).
[9] Michel de Conflans, marquis de Saint-Remy en Soissonnais et d'Ivry, comte de Songeons en Picardie, aîné de la maison de Brienne-Conflans, avait épousé Marguerite Daguesseau, dame de Puiseux. Il mourut en Picardie, au mois de janvier 1712, âgé de soixante-dix-neuf ans.

Les bois de Montchavert, à M. le duc de Coislin[1]; cent quatre-vingt-dix arpents.

Les bois de la terre de Dieudonné, à M. de Vandeuil[2], qui en est seigneur; quarante-cinq arpents.

Les bois Deauche[3], dépendants du marquisat de Fresnoy[4]; cent vingt-six arpents.

Tous ces bois sont taillis mêlés de chênes, charmes, hêtres et châtaigniers, garnis la plupart de baliveaux, avec quelques réserves.

Le total des bois de la maîtrise de Beaumont-sur-Oise est de quatre mille huit cent soixante-treize arpents et demi.

MAÎTRISE DE CLERMONT.

De la maîtrise particulière de Clermont, qui est hors de la généralité, dépendent les bois qui sont situés dans l'élection de Beauvais, qui est de la généralité de Paris.

ÉLECTION DE BEAUVAIS.

Le roi n'a aucune forêt ni bois dans l'étendue de cette élection; ce qu'il y en a appartient à M. l'évêque de Beauvais, à plusieurs particuliers et à diverses communautés, savoir :

Les bois du Parc, aux portes de Beauvais, appartiennent à M. l'évêque de Beauvais; ils contiennent mille deux cents arpents.

Ceux de Fecq, au même; neuf cents arpents[5].

Et sur plusieurs paroisses de l'élection, il en possède la quantité de mille deux cents arpents.

L'abbaye de Beaupré[6] en a une seule pièce de onze cents arpents;

Celle de Saint-Lucien, cinq cents arpents;
Celle de Saint-Germer, cinq cents arpents;
Celle de Froidmont, six cents arpents.

Ce sont là les principaux possesseurs.

Tous ces bois sont chargés de futaie de différentes natures, de chênes mêlés de charmes, ormes, frênes; en quelques endroits il se trouve du tremble et autres bois blancs.

Les deux tiers au moins des bois de l'élection appartiennent aux ecclésiastiques, et l'autre tiers aux seigneurs des paroisses.

ÉTAMPES.

Les bois qui sont situés dans l'élection d'Étampes sont du département d'Orléans. Il n'y a aucunes forêts dans l'élection.

Il y a environ trois mille deux cents arpents de bois taillis, sis en différentes paroisses, qui appartiennent aux seigneurs, à des communautés et à des particuliers. Ce sont bois de chênes.

---

[1] Armand du Cambout, duc de Coislin (1635-1702), lieutenant général et chevalier des ordres, fils de la marquise de Laval et frère du cardinal de Coislin, dont il a été déjà parlé. Sur son caractère singulier, et particulièrement sa civilité outrée, voir les *Mémoires de Saint-Simon*, t. III, p. 305-307.

[2] François de Clérembault, marquis de Vandeuil, lieutenant des gardes du corps, maréchal de camp et gouverneur de Pecçais, fut fait lieutenant général en 1702, et se retira l'année suivante. Il avait conduit le Dauphin à sa première campagne et commandé la maison militaire à l'armée de Flandre, en 1696; le roi l'estimait beaucoup. (*Journal de Dangeau*, tome XIV, p. 132.) Il mourut en 1712.

[3] *Sic.* C'est sans doute le bois indiqué sur la carte moderne sous le nom de bois de Cauches.

[4] Ci-dessus, p. 245 et 246.

[5] Le Parc était à une demi-lieue de Beauvais, sur la route conduisant à Gerberoy, et le bois de Fecq à une lieue de Beauvais et une lieue de Tillart. Voir un dossier du 21 avril 1705, dans les Papiers du Contrôle général G⁷ 1360.

[6] Sur cette abbaye et les trois suivantes, voir ci-dessus, p. 66 et 67.

TITRE V.

DES MANUFACTURES ET DU COMMERCE. — DES FOIRES ET MARCHÉS.

DES MANUFACTURES ET DU COMMERCE[1].

Les grands avantages qu'a apportés dans le royaume l'établissement des manufactures sont connus de tout le monde[2]. Avant l'année 1646, il ne se fabriquait en France que des draps d'une grosse et médiocre qualité, et tous les draps fins étaient tirés de Hollande, d'Angleterre et d'Espagne, au grand dommage de la chose publique, en ce que le profit qui revient de ces ouvrages n'était recueilli que par les étrangers, et que le transport des espèces d'or et d'argent qui se faisait par[3] les marchands à l'occasion de ce commerce, pour éviter les droits et profits de change, était très-fréquent[4]. En l'année 1646, le roi accorda pour vingt années, aux sieurs Cadeau, Binet et Marseille, des lettres patentes pour l'établissement d'une manufacture de draps de la qualité, façon et manière d'ouvrer qui se pratique au pays de Hollande, avec pouvoir et liberté d'établir une ou plusieurs fabriques en telle ville, lieu et endroit du royaume qu'ils aviseraient, avec défense à toutes personnes de faire de pareils draps pendant ce temps, à peine de confiscation. Par ces lettres, il a plu à Sa Majesté de leur accorder la noblesse, de contribuer de ses finances à cet établissement, et de donner plusieurs beaux priviléges, exemptions, franchises et immunités aux ouvriers étrangers et français qui seraient employés à ces ouvrages[5].

---

[1] Piganiol de la Force a reproduit cet article en abrégé, dans sa *Nouvelle description de la France*. Nous donnerons à l'Appendice une certaine quantité de documents inédits et de renseignements complémentaires sur l'état des manufactures de la généralité de Paris.

[2] Voir, dans le t. IV des *Mélanges historiques* de la collection des Documents inédits, le *Registre des délibérations de la Chambre du commerce* (1601), publié par J.-J. Champollion-Figeac, et, dans les *Lettres de Colbert*, publiées par P. Clément, la préface du t. II, première partie, p. CCLVII à CCLXXII.

[3] Chalibert-Dancosse imprime : « parmi les marchands. »

[4] Colbert parle en ces termes de l'ancienne prospérité de l'industrie des draps, dans un mémoire de 1663 sur les manufactures du royaume : « Avant l'année 1600, et même jusqu'en 1620 et plus avant, il ne se faisait aucune manufacture de draps en Angleterre ni en Hollande. Toutes les laines d'Espagne et d'Angleterre étaient apportées en France, pour y être filées et fabriquées, et servaient ensuite, non-seulement pour la consommation du dedans, mais même, avec les excellentes teintures d'écarlate, bleu et autres couleurs vives, servaient aux Marseillais, qui faisaient seuls le commerce de Levant, à l'échange des précieuses marchandises des Indes, qu'ils allaient prendre au Caire, et, après les avoir rapportées en France, les distribuaient par toute l'Allemagne. Les manufactures faisaient gagner une infinité de peuples, l'argent ne sortait point du royaume, les marchands rapportaient quantité de marchandises riches, par le moyen desquelles ils attiraient beaucoup d'argent au dedans. Cet état si florissant est à présent bien changé... » (*Lettres de Colbert*, t. II, première partie, p. CCLVII.)

[5] Voyez les priviléges de la ville de Sedan et de ses manufactures, dans le ms. de Nic. Delamare, fr. 21786, fol. 1-38. Savary a analysé les lettres accordées, en juillet 1646, à Nicolas Cadeau, Jean Binet et Yves de Marseille, dans le *Dictionnaire du commerce*, t. II, p. 632.

Cet établissement fut fait, en conséquence de ces lettres patentes, en la ville de Sedan; il a réussi et rempli l'espérance des entrepreneurs, et, les vingt années de privilège étant expirées, il s'est trouvé cinq ou six cents métiers établis à Sedan et aux environs, qui sont employés à cette manufacture[1].

À l'imitation de celle-ci, il en a été établi une autre, en l'année 1665, à Abbeville[2], par le sieur Van Robáis[3], hollandais, en conséquence des lettres patentes qu'il a plu au roi de lui accorder, avec un privilège exclusif pour vingt ans, qui lui ont été depuis continués, en 1685, pour quinze autres, et encore nouvellement pour dix autres années. Ces établissements ont eu un succès si heureux, que présentement il se tire fort peu de draps de Hollande et d'Angleterre pour France, ceux de ces manufactures se trouvant aussi beaux et d'aussi bonne qualité[4].

En l'année 1688, le sieur Glüg[5] et le sieur

---

[1] Selon le Mémoire de la généralité de Champagne, par M. Larcher, il n'y avait plus, en 1698, que 260 métiers à draps et 36 métiers à serges. Voyez, dans le tome Ier de la *Correspondance des contrôleurs généraux*, n° 1143, une instruction du 30 novembre 1692, pour l'inspecteur chargé d'examiner les abus signalés dans les manufactures de Sedan. Des statuts et règlements avaient été dressés pour ces manufactures, en août 1666, sous les auspices de Colbert.

[2] Colbert écrivait à Louis XIV en 1670 : «Les deux plus grandes et plus considérables manufactures que V. M. ait établies sont celles d'Abbeville pour les draps, et de Beauvais pour les tapisseries. L'une et l'autre ont quelque chose de grand et digne de la bonté que V. M. a pour ses peuples. Je sais bien qu'il est difficile, même impossible, qu'elle les visite; si néanmoins, en visitant les villes, ou sur son passage, elle pouvait y entrer, ce serait une manufactures d'Abbeville et de Beauvais et parlerai comme je croirai devoir le faire, et comme vous me le mandez.» (*Lettres de Colbert*, t. II, première partie, p. cclxxiii.)

[3] Joos Van Robais et ses deux fils Isaac et Joos, natifs de Middlebourg en Zélande, étaient venus s'installer en France en 1665, avec cinquante Hollandais. Colbert, qui le jugea «capable d'établir si fortement la manufacture de draps fins à Abbeville, qu'elle s'établirait ensuite dans le royaume et porterait encore un très-grand préjudice aux fabriques de Hollande et d'Angleterre, et un grand avantage aux sujets du roi,» lui fit obtenir, outre le privilège, un prêt de 80,000[livres], sans intérêts, qui fut réduit du quart au premier renouvellement du privilège. De plus, il lui procura, ainsi qu'à ses ouvriers, une tolérance particulière pour l'exercice de la religion protestante. Van Robais excellait surtout dans la teinture en noir. Voir les *Lettres de Colbert*, t. II, p. 669, 739 et 748, et t. VI, p. 96 et 97. Un placet de lui et de ses fils, daté de l'année 1692 (à cette époque, il se dit âgé de quatre-vingts ans), se trouve dans les Papiers du Contrôle général, G⁷ 1686.

[4] Selon le Mémoire de la généralité d'Amiens, par M. Bignon, il y avait en 1698, à Abbeville, 80 métiers battants, qui produisaient 32,000 aunes de draps, à 15ᴸ l'aune en moyenne. Le *Dictionnaire du commerce*, t. II, p. 633, dit qu'on en comptait plus de cent en 1708. Voyez l'un des rapports que nous donnons à l'Appendice.

[5] Jean Glüg, natif d'Amsterdam, avait obtenu, le 19 novembre 1667, un privilège de vingt années pour faire le blanchiment des étoffes de laine et pour les teindre en écarlate, rouge, cramoisi, pourpre, violet, bleu, noir, jaune, vert, etc., à la mode de son pays. S'étant établi sur la rivière des Gobelins, avec la protection de Colbert, il reçut des lettres de naturalité en novembre 1684, et se fit un monopole de la teinture en écarlate. Le contrôleur général Pontchartrain écrivait à M. de la Reynie le 9 mai 1692 : «Le nommé Le Tellier prétend avoir le secret de faire l'écarlate en perfection, dont il a fait des épreuves en présence des gardes et de plusieurs marchands drapiers de Paris, et des manufacturiers de Sedan. Il m'a présenté un placet par lequel il demande un privilège pour s'établir à Paris et y travailler à la teinture d'écarlate seulement. Comme il n'y a que le sieur Glüg qui fasse cette teinture à Paris, et qu'il serait peut-être bon pour le public qu'il ne fût pas seul, il me semble qu'il y aurait lieu d'accorder audit Le Tellier ce privilège...» (*Correspondance des contrôleurs généraux*, t. I, n° 1079.) — La date de 1688, que donne le Mémoire, n'est pas celle de la création de la teinturerie de Glüg, mais celle du renouvellement de son privilège, et l'on va voir dans la note suivante que la fabrique de draps de Jullienne ne fut fondée qu'en 1691. Le Mémoire fait donc une légère

DES MANUFACTURES ET DU COMMERCE. 337

Jullienne[1], son associé, ont établi une manufacture de draps aux Gobelins[2]. Il y a environ vingt métiers battants, qui sont employés à faire des draps blancs, qu'on fait teindre en couleur écarlate ou bleue; elle réussit en perfection[3].

Il se fabrique dans Paris quantité de belles étoffes, des brocards d'or, d'argent et de soie[4], des ferrandines et moires lissées ou façon d'Angleterre, des taffetas, et plusieurs autres sortes d'ouvrages et étoffes mêlées de soie et de laine, des galons d'or et d'argent, des rubans de toutes sortes, et des bas au métier et à l'aiguille[5].

Les fermiers généraux ont établi depuis quelques années au faubourg Saint-Antoine plusieurs sortes de manufactures : une de draps mêlés de castor, une autre de bas aussi mêlés de castor, qui n'ont pas réussi, et une autre de chapeaux de purs castors, qui a tout le succès qu'on en pouvait attendre[6]. On a remarqué plusieurs fois que le castor n'est pas assez doux et flexible pour être filé comme la laine et la soie.

---

erreur. C'est en cette année 1688 que fut publiée, par ordre de Louvois, une volumineuse *Instruction générale pour la teinture des laines et manufactures de laines de toutes couleurs, et pour la culture des drogues et ingrédients qu'on y emploie.*

[1] François de Jullienne, beau-frère et élève de Glüg, et Bernard de Granville obtinrent, le 11 novembre 1691, un privilége pour établir près des Gobelins une manufacture royale de draps fins, façon d'Espagne, d'Angleterre et de Hollande; ils comptaient y employer plus de deux mille ouvriers. Dès 1692, ils avaient quarante métiers battants, et des moulins à la campagne, pour dégraisser et fouler. Le privilége de cette manufacture, comme celui des Van Robais, fut renouvelé de vingt en vingt ans. (Papiers du Contrôle général, G⁷ 1686 et 1694.) Jullienne, qui obtint en 1709 d'être subrogé dans le privilége de Glüg, ne mourut que le 15 février 1733, âgé de soixante-dix-neuf ans.

[2] Le Mémoire a déjà parlé, page 7, des teintureries établies sur la rivière des Gobelins ou de Bièvre.

[3] Nous avons retrouvé des échantillons de draps écarlates, pourpres et violets, de la manufacture de Jullienne, joints à un placet de l'année 1722. (Papiers du Contrôle général, G⁷ 1706.)

[4] La fabrication de ces étoffes précieuses avait été établie à Paris en 1603, et réglée en 1666 et 1667.

[5] Sur la fabrication des bas à Paris et en Beauce, voir les rapports de l'inspecteur Camuset à Colbert (1667), qui ont été publiés par Depping, dans la *Correspondance administrative sous Louis XIV*, t. III, p. 808 et suiv., ainsi que les documents que nous indiquons à l'Appendice, sur la manufacture royale de bas de soie au métier, installée dans le château de Madrid, et sur un projet d'établissement de l'industrie des bas au métier dans la communauté des ermites du Mont-Valérien.

[6] Cette fabrication de chapeaux, très-considérable depuis plusieurs siècles, avait pris un nouveau développement depuis que le Canada fournissait les poils de castor à la compagnie du domaine d'Occident. Celle-ci en avait d'abord fait elle-même l'importation, puis avait cédé son monopole à une société qui voulait se réserver la fourniture aux fabricants parisiens. Cette société avait eu un privilége le 12 avril 1685, et, pour la protéger contre la fraude, on avait restreint l'entrée des peaux à quatre ports, puis élevé successivement le droit sur l'importation à 3 écus et même à 25ᴸ la livre pesant de poil. (Arrêts du 12 avril 1685, du 25 janvier 1687 et du 17 mars 1693.) En outre, un édit d'avril 1690 astreignit tous les fabricants de chapeaux à faire apposer sur leurs produits, moyennant un droit de visite, une marque réservée exclusivement aux chapeaux que les inspecteurs trouveraient fabriqués selon les règlements et les ordonnances; les chapeaux défectueux devaient être détruits. La ferme de cette marque, d'abord adjugée sur le pied de 200,000ᴸ pendant les deux premières années, et sur celui de 250,000ᴸ pendant quatre autres années, fut jointe dès 1692 à la ferme des aides, qui n'en put donner que 150,000ᴸ par an. L'industrie était en décadence, quoi que dise le Mémoire, à Paris comme partout ailleurs. Voyez la *Correspondance des contrôleurs généraux*, t. I, n°ˢ 1126 et 1505. Cette décadence étant surtout attribuée au mélange des matières prohibées, et notamment du poil de lapin, on imposa l'importation de ce poil à 10ᴸ la livre pesant, par arrêt du 16 octobre 1696. — Nous reproduirons à l'Appendice un important rapport de l'année 1692, sur le commerce des poils de castor et la fabrication des chapeaux.

Après avoir parlé des manufactures de la ville de Paris, on parcourra les élections, pour observer celles qu'il y a dans chacune.

ÉLECTION DE PARIS.

Il y a quinze ou vingt ans qu'il se faisait à Montmorency, Villiers-le-Bel et dans plusieurs paroisses des environs de Paris, quantité de dentelles d'or et d'argent, de soie et de fil, pour des marchands de Paris. Ce commerce, qui répandait de l'argent dans le pays, est fort diminué[1].

Il y a une manufacture de buffles à Corbeil, entretenue par le sieur Jabach, où l'on passe en chamois toutes sortes de peaux. Il y a seize ouvriers travaillant actuellement, savoir : six allemands, un flamand, et neuf français. Pendant la guerre il y en avait un plus grand nombre ; il en a congédié une partie, la plupart étrangers, qui sont retournés en leurs pays[2].

ÉLECTION DE SENLIS.

Les paroisses qui sont situées le long de la rivière d'Oise font commerce de bois pour Paris, et de quelque peu de grains à Pont-Sainte-Maxence et à Beaumont.

Dans la ville de Senlis, le seul commerce qu'il y a est de préparer et de laver les laines pour les manufactures de Beauvais. Autrefois il y avait une manufacture de draps assez considérable, qui s'est ruinée par le changement et altération qu'on y a fait en diminuant les fils, ce qui les a rendus de mauvaise qualité, il y a environ cinquante ans : en sorte qu'il ne s'y en fabrique aucuns présentement[3].

---

[1] En juin 1686, Jean Bourget et son associé, patronnés par le P. de la Chaise, avaient établi à Villiers-le-Bel, dans la maison d'un religionnaire fugitif, une manufacture de dentelles de fil, façon d'Angleterre et de Malines, où ils devaient surtout faire travailler et instruire les enfants des nouveaux convertis. Ils eurent, en commençant, vingt-cinq ouvrières nourries et quarante-trois externes, et Louvois leur fit obtenir, outre l'exemption de la taille, plusieurs gratifications du roi ; mais la guerre interrompit leur travail en 1690. Par lettres patentes du 10 octobre 1691, Dechars et ses sœurs obtinrent à leur tour un privilége pour faire fabriquer les dentelles de Malines dans le même bourg et dans le voisinage, à l'exclusion de toutes autres ouvrières que deux femmes, la veuve Cambry et Marie Mouet, qui y étaient autorisées par un arrêt du Conseil du 1er juin précédent. Malgré les termes de ce privilége, plusieurs des anciennes ouvrières inquiétèrent le nouvel établissement, en faveur duquel nous voyons intervenir, en 1699, M. Daguesseau, conseiller au Conseil royal des finances et directeur général du commerce et des manufactures. (Papiers du Contrôle général, G⁷ 427 et 430.) Un mercier de Paris, du nom de Mathieu Guyard, établit aussi une manufacture privilégiée de dentelles à Louvres ; vers 1710, il prit pour dessinateur Louis Mignan. (Ibidem, G⁷ 440, 23 mai 1713.) Voyez l'appendice *Manufactures*.

[2] Ces cinq dernières lignes sont supprimées dans le texte de Chalibert-Dancosse. — Évrard Jabach, banquier originaire de Cologne, mais établi à Paris, et réputé l'un des plus fameux curieux de l'époque, est bien connu pour ses constructions splendides et ses collections d'objets d'art, où une habile opération avait fait entrer partie des plus beaux tableaux de la galerie de Charles Iᵉʳ. Il passa, le 11 janvier 1686, avec Louvois, surintendant des arts et manufactures, un contrat qui lui assurait durant trente ans la continuation du privilége accordé en 1667 à Antoine de la Haye et ses associés, pour établir à Corbeil et partout ailleurs la fabrication des peaux de chamois, buffles, orignaux, bœufs, veaux, moutons, boucs, etc., qui servaient à faire les pourpoints ou *buffles* sans manches, à l'usage des gens de guerre. Un privilége fut donné en conséquence, au mois de janvier 1686. Cette fabrique passa ensuite aux mains de Marc Remigeaud-Montois. (Papiers du Contrôle général, G⁷ 438, 17 janvier 1711.)

[3] La *Description historique de la généralité de Paris*, publiée en 1777, par Desnos, donne les renseignements suivants sur les manufactures de l'élection de Senlis : «On recueille dans les environs de Senlis à peu près quinze mille muids de vin... A Beaumont-sur-Oise il y a une manufacture de savon et une de couvertures de molleton sur coton... A Creil... on tient un marché tous les vendredis, et une foire considérable le jour des Morts. Les

ÉLECTION DE COMPIÈGNE.

Il se fait dans la ville et dans l'élection de Compiègne un commerce assez considérable de bonneterie, et principalement de bas de laine, qui se débitent en Flandres, fort peu à Paris.

Le principal commerce est celui des bois provenant de la forêt de Compiègne, de la forêt de Laigue et des bois des particuliers, qui se voiturent à Paris par la rivière d'Oise[1].

Il y a un particulier, nommé le sieur Jacquin, qui a entrepris d'établir dans la paroisse de Margny, proche de Compiègne, une manufacture de draps, de camelots et de peluches; on ne sait pas encore quel en sera le succès. Il y emploie actuellement une vingtaine d'ouvriers[2].

ÉLECTION DE BEAUVAIS.

Il y a dans la ville et dans l'élection de Beauvais trois sortes de manufactures bien établies : une de tapisseries, dans la ville de Beauvais; une de serges et de draps, qui se fabriquent tant à la ville qu'à la campagne, et une de toiles, qui ne se font qu'à la campagne.

La manufacture de tapisseries fut établie dans la ville de Beauvais, par ordre du roi, en l'année 1664, dans une grande maison bâtie à cet effet[3]. Cet établissement fut, dans les premières années, fort considérable, par le grand nombre d'ouvriers qui y furent employés; les dernières guerres l'ont beaucoup diminué, n'y ayant plus qu'environ quatre-vingts ouvriers qui y travaillent[4]. Il s'y fait de fort beaux ouvrages, qui ont une qualité aussi bonne que les tapisseries de Flandres. Il s'y en travaille actuellement pour le roi de Suède, qui sont relevées d'or[5]. Ce qui contribue le plus à la bonne qualité de ces ouvrages, est que les teintures sont merveilleuses, les eaux du pays y étant très-propres. Cette entreprise aurait besoin d'être soutenue, et elle serait d'une très-grande utilité au pays et honorable pour le royaume, parce qu'elle étendrait son débit dans les pays étrangers : le moyen serait d'y rétablir un nombre d'apprentis et de les entretenir en partie pendant un certain temps. Le sieur Behagle, qui en est chargé présentement, y donne tous ses soins, et, pour y attacher davantage ses ouvriers et leur donner moyen de subsister plus commodément, sa fille fait

---

entrepreneurs de la manufacture des glaces de Saint-Gobain y ont établi un magasin de sable, qu'ils tirent des environs de Senlis pour leurs ouvrages... On fait à Aspremont un commerce de boutons; à Ereuis, à Neuilly-en-Thelle, on travaille beaucoup en ouvrages de poil de chèvre. Il y a des blanchisseries à Courteuil et à Saint-Léonard. On tient des marchés considérables pour le blé à Neuilly-en-Thelle, à Crécy et à Pont-Sainte-Maxence.»

[1] Selon un mémoire conservé dans les Papiers du Contrôle général, G⁷ 1360, on enlevait de la forêt de Laigue, chaque année, par l'Aisne et la petite Oise, deux millions passés de fagots et de cotrets, et jusqu'à deux mille cordes de bois.

[2] Voir, sur cette manufacture, le rapport de l'inspecteur au département de Beauvais que nous reproduisons à l'Appendice.

[3] Le privilége fut concédé, en août 1664, à Louis Hinart, tapissier de Paris, pour la fabrication de toutes sortes de tapisseries à verdures et à personnages, de haute et basse lisse. L'établissement reçut le titre de *Manufacture royale de tapisseries*, et le roi donna 30,000ˡᵗ pour l'acquisition des bâtiments, et autant pour l'approvisionnement en laines et en teintures. Voir le texte des lettres patentes, dans les *Lettres de Colbert*, t. II, Appendice, p. 786, ou dans les manuscrits Delamare, ms. fr. 21786, fol. 164.

[4] Aux termes du privilége, Hinart eût dû avoir cent ouvriers, tant français qu'étrangers, dès la première année, et en augmenter d'autant le nombre pendant chacune des six années suivantes. Le nombre des apprentis devait être de cinquante.

[5] Les Conquêtes de Gustave le Grand.

travailler leurs femmes et leurs enfants à une petite manufacture de dentelles dont elle a la conduite; elle y emploie jusqu'au nombre d'environ cent vingt ouvrières [1].

La manufacture de serges et de draps est ancienne dans le pays. Ils se fabriquent tant dans la ville qu'à la campagne; il s'en fait beaucoup à Mouy, à Crèvecœur, à Blicourt, à Glatigny, et dans plusieurs autres paroisses, qui occupent presque tous les habitants. Ces étoffes sont apportées de la campagne à Beauvais, où les marchands les achètent et les font teindre et apprêter, et ensuite les vendent sur les lieux à des marchands qui les viennent acheter, ou les envoient dans les provinces du royaume où elles se consomment, et dans les pays étrangers, particulièrement en Savoie et en Italie. Ce commerce est grand, et plusieurs marchands y sont employés. Les laines qui servent à ces sortes de marchandises, pour les étoffes communes, se tirent du pays même, de la Brie et des provinces voisines, et, pour les étoffes plus fines, on y mêle des laines d'Espagne, qui viennent par Rouen. Les teintures de Beauvais sont très-bonnes, comme il a été observé ci-dessus [2].

L'autre manufacture est celle de toiles, dont il se fait un très-grand commerce; elles se fabriquent dans le plat pays, des chanvres qui y croissent, qui servent à faire ces toiles communes et ordinaires. Les fines, que l'on qualifie de *demi-hollande*, se font à Bulles, à quatre lieues de Beauvais, où il croît du lin très-excellent, qui y est employé. Les ouvriers apportent ces toiles écrues à Beauvais, où les marchands les achètent et les font blanchir et apprêter. Il y a deux grandes et spacieuses blanchisseries et bueries, où ces marchandises sont apportées. Les marchands ne se contentent pas d'acheter les toiles qui se façonnent dans le pays; ils vont à Saint-Quentin et en Flandres en acheter, et les font venir à Beauvais, où elles sont blanchies et apprêtées. Les marchands les commercent ensuite de tous côtés, au dedans et au dehors du royaume, et ce commerce ne s'étend pas moins que celui des étoffes. Il peut y avoir environ deux cents marchands occupés à ces

---

[1] Les huit dernières lignes n'ont pas été reproduites dans l'impression de Chalibert-Dancosse. — Philippe Behagle, ancien ouvrier des Gobelins, après avoir successivement tenté de faire le commerce des tapisseries à Oudenarde et à Glatigny, était allé s'établir à Tournai et y avait acquis une charge de porte-coffre de la chancellerie, puis était venu à Beauvais, où Louvois l'avait fait subroger, le 10 mars 1684, au privilège de L. Hinart, à charge d'installer cent ouvriers avant la fin de l'année. Dès 1685, pour pourvoir aux dépenses de l'installation et faire à Lyon un dépôt qui devait entraver le débit des tapisseries de Bruxelles en Italie, il obtint la permission de s'associer des gentilshommes, sans qu'ils fussent censés déroger à la noblesse (11 août 1685). Néanmoins de nombreux placets prouvent, comme le dit le Mémoire, que la manufacture ne pouvait se soutenir sans des subsides fréquents (Papiers du Contrôle général, G⁷ 429, 433, 1686, etc.); et, en 1699, menacé, comme presque tous les autres entrepreneurs, de voir déserter ses ouvriers, Behagle fit rendre par M. de Pontchartrain un règlement (14 avril 1699) portant que les tapissiers ne pourraient quitter la manufacture sans avoir terminé la pièce commencée et sans prévenir l'entrepreneur un mois d'avance, avec défenses à toutes manufactures, royales ou autres, d'employer des ouvriers, français ou étrangers, qui ne fussent munis du consentement écrit de leur dernier maître ou d'un congé des juges des manufactures. Quelques années plus tard, la détresse de Behagle était arrivée à un tel point qu'il demanda la permission de mettre ses tapisseries en loterie pour payer ses créanciers et acheter des laines. Il mourut le 23 juillet 1705, et la manufacture fut remise, en 1710, aux mains des sieurs Filleul et Dause. (Papiers du Contrôle général, G⁷ 433, 10 juin 1705, et 1696, février 1711.)

[2] Sur ces industries, comme sur celle des toiles, voir à l'Appendice le rapport de l'inspecteur des manufactures

deux manufactures, qui font travailler un grand nombre d'ouvriers[1].

ÉLECTION DE PONTOISE.

Le commerce de denrées qui se fait dans l'élection est de blés et avoines, qui descendent de Picardie par la rivière d'Oise et se vendent sur le port de Pontoise pour Paris. Il y a encore un commerce de farines, qui s'amènent à Pontoise de plusieurs paroisses, pour être conduites à Paris.

Il n'y a aucunes manufactures dans la ville de Pontoise ni dans toute l'élection.

ÉLECTION DE MANTES.

On a observé ci-devant[2] que le principal revenu de l'élection est en vins; c'est aussi son principal commerce. Il se fait en Normandie et en Picardie, à Rouen par la rivière de Seine, et dans l'autre partie de la Normandie, vers Caen, et en Picardie, par charrois. Ce commerce est fort diminué; on a rapporté les causes ci-devant, auxquelles on peut ajouter la retraite des religionnaires, dont il y avait un grand nombre dans la province de Normandie[3].

Il se fait encore un petit commerce de cuirs, qui se façonnent à Mantes et à Meulan, outre quelque peu de grains qui se voiturent à Paris par la Seine, en remontant.

ÉLECTION DE MONTFORT.

Le commerce de cette élection consiste en blés, avoines, vins, cidres, fruits et bois provenant de la forêt, qui se fait à Versailles, à Paris et dans les villes prochaines de Montfort.

Il n'y a aucunes manufactures dans l'élection, sinon à Houdan, où il se fait des bas de laine.

ÉLECTION DE DREUX.

Pendant la paix, les blés et les vins qui croissent dans l'élection se transportent par la rivière d'Eure en la ville de Rouen, et de là en Hollande et en Angleterre. Ce commerce cesse dans le temps de la guerre.

Il y a dans la ville et élection de Dreux une manufacture de draps et de serges, dont les ouvriers sont répandus tant dans l'élection de Dreux que dans celles de Verneuil et de Chartres. Il peut y avoir trois mille personnes occupées à cette manufacture, tant à préparer les laines qu'à fabriquer les étoffes[4]. Ces draps sont propres à habiller les troupes aussi bien que les draps du Berri et les serges de Beauvais.

ÉLECTION D'ÉTAMPES.

Le principal commerce est en blés et en

---

au département de Beauvais (1708), et deux autres mémoires de l'année 1713 et de l'année 1725.

[1] La *Description historique* publiée en 1777, par Desnos, dit de l'élection de Beauvais : « On fait à Achy, à Saint-Maur et à Marseille des bas au métier; à Andeville, un commerce de tabletterie; à la Chapelle-aux-Pots et à Savignies, de la poterie; à Fontenay, des verres à lunettes; à Saint-Germain-la-Poterie, des tuiles; à Mouy, à Boufflers et à Rothois-Gaudechart, des serges; à Saint-Pierre-des-Champs et à Puiseux-en-Bray, des blondes. Auteuil est renommé par ses fruits. Il y a à Allonne des moulins à foulon pour le tan et le blé, et à Boufflers des moulins pour les draps. Les marchés les plus considérables qui se tiennent dans les bourgs et les villages de cette élection sont ceux de Méru, de Mouchy-le-Châtel, de Songeons, etc. »

[2] Ci-dessus, p. 288 et 289.

[3] Les quatre dernières lignes ont été supprimées dans l'impression de Chalibert-Dancosse.

[4] On trouvera un état des ouvriers drapants de la religion prétendue réformée dans les Papiers du Contrôle général, G⁷ 431, année 1700.

laines. Les blés se vendent à Paris et à Montlhéry; les laines se tirent de la Beauce et se vendent à des marchands d'Orléans, de Beauvais et d'autres endroits.

Il n'y a aucunes manufactures dans la ville d'Étampes ni dans l'élection.

ÉLECTION DE MELUN.

Tout le commerce qui se fait dans l'élection est en blés, farines, vins et fromages, qui se fait avec les marchands de Paris et des environs, par la rivière de Seine et par terre[1].

Il n'y a aucunes manufactures dans la ville ni dans l'élection.

ÉLECTION DE NEMOURS.

Le commerce de l'élection est en blés et avoines pour Paris[2].

Il n'y a aucunes manufactures dans l'élection[3].

ÉLECTION DE MEAUX.

Il s'y fait un grand commerce de blés pour Paris, l'élection en produisant beaucoup. Il y croît aussi des vins qui sont d'une qualité très-médiocre; ils se consomment la plus grande partie sur les lieux, par les gens de métier, les charretiers et les laboureurs.

Il n'y a aucunes manufactures dans la ville ni dans l'élection[4].

Les marchands de Picardie vont chez les laboureurs acheter les laines.

ÉLECTION DE ROZOY.

Le principal commerce de l'élection est le commerce de blés, que des blatiers[5] achètent dans les marchés de Rozoy, Chaumes, Tournan et autres lieux des environs, et les transportent, avec chevaux et harnais, au marché de Brie-Comte-Robert, où ils les revendent pour la fourniture de Paris.

Il s'y fait encore un petit commerce de laines, que des marchands de Rouen, Beauvais et Troyes viennent acheter, savoir : dans la ville de Rozoy, pour environ 30,000 ℔, et à Nangis, pour 100,000 ℔.

ÉLECTION DE COULOMMIERS.

Il croît beaucoup de blés dans cette élection, qui se transportent à Meaux, et de là à Paris[6].

Il y a à la Ferté-Gaucher une manufacture

---

[1] La *Description historique* de Desnos dit qu'on fait à Melun un pain admirable, dont la qualité n'a jamais pu être imitée.

[2] Sur ce commerce de blés, voir un dossier conservé aux archives du département de Seine-et-Marne, B 255.

[3] Voyez, à l'Appendice, le rapport de l'inspecteur des manufactures au département de Brie et Champagne, dans lequel étaient comprises les élections ou villes de Nemours, Meaux, la Ferté-Gaucher et la Ferté-sous-Jouarre, Provins, Montereau, Sens, Courtenay, Villeneuve-le-Roy, Joigny, Tonnerre et Villeneuve-l'Archevêque.

[4] Sous le ministère de Colbert, un Tournaisien avait commencé l'établissement à Meaux d'une manufacture de moquettes, et le nommé Pittan y avait aussi fondé une manufacture de damas de Flandre. A la Ferté-sous-Jouarre, les Lallemant avaient introduit l'industrie des bouracans. (Depping, *Correspondance administrative*, t. III, p. 851 à 859; Clément, *Lettres de Colbert*, t. II, deuxième partie, p. 560.) Enfin, l'entrepreneur de la manufacture de draps, crépons et camelots de Montmirail avait obtenu, en janvier 1693, la faculté d'établir une seconde manufacture dans la même ville de la Ferté. Mais le rapport de l'inspecteur, en 1708, ne signale que cinq maîtres drapiers, et aucun entrepreneur.

[5] Sur le commerce des blatiers, voir le *Traité de la police*, de Nicolas Delamare, livre V, titres II et suiv.

[6] Voyez ci-dessus, p. 294. — Michelin a publié, dans ses *Essais historiques et statistiques sur le département de Seine-et-Marne*, un tableau du prix des grains au marché de Coulommiers, de 1539 à 1786.

de serges entretenue par douze ou quinze ouvriers, qui ont des compagnons au nombre de quarante environ.

ÉLECTION DE PROVINS.

Le seul commerce de l'élection est en blés, qu'on conduit par charrois au Port-Montain, distant de deux lieues de Provins, où la Seine passe; là on les charge dans des bateaux pour Paris[1].

Autrefois il y a eu à Provins une manufacture de draps, qui s'est anéantie à cause des procès continuels que les marchands drapiers avaient avec les tisserands[2].

La communauté des tisserands est forte dans Provins : ils font des tiretaines qui se débitent dans toutes les villes voisines; elles sont d'une bonne qualité. Depuis deux ans quelques particuliers ont obtenu des lettres patentes pour rétablir la manufacture de draps; s'ils sont soutenus, ils pourront réussir, les laines du pays et les eaux y étant fort propres. Le moyen le plus assuré serait d'accorder aux ouvriers quelques priviléges et exemptions[3].

Il se fabrique aussi à Provins de gros bas de laine pour le menu peuple.

ÉLECTION DE NOGENT.

Il se fait à Nogent un grand commerce de foin pour Paris, les prairies qui sont le long de la rivière de Seine étant fort spacieuses et bonnes[4].

Il n'y a dans l'élection aucunes manufactures.

Il y a au port de Nogent[5], sur la rivière de Seine, un grand abord de toutes sortes de marchandises pour être conduites à Paris, particulièrement de celles qui viennent du côté de Troyes et du pays au-dessus, où il y a des forges de fer aux environs de Clairvaux. Il y a un coche ordinaire par eau établi pour la commodité du commerce de Nogent à Paris; il appartient à M. le président Le Boulanger[6], qui l'afferme 400 ₶.

ÉLECTION DE MONTEREAU.

Tout le commerce de l'élection est de blés, qui se conduisent à Paris; les denrées, dont la principale est de fromages de Brie, s'y mènent aussi.

Il n'y a dans l'élection qu'une seule manufacture de draps, établie à Dormelles depuis environ deux ans seulement. Il y a présentement deux cents ouvriers employés; il y a lieu d'espérer qu'elle réussira[7].

ÉLECTION DE SENS.

La ville de Sens est d'une situation très-propre à faire commerce, étant située sur la rivière d'Yonne et dans un beau pays; cepen-

---

[1] Sur le commerce des blés à Provins, de 1678 à 1680, voir les documents conservés aux archives du département de Seine-et-Marne, B 199 et suiv.
[2] Comparez l'article de Provins, ci-dessus, p. 141, et, à l'Appendice, le rapport du subdélégué, dont cet article est textuellement tiré.
[3] Voyez, à l'Appendice, le rapport de 1708.
[4] Ci-dessus, p. 295.
[5] Ci-dessus, p. 3.
[6] Ci-dessus, p. 180 et 210.

[7] Cette manufacture de draps, jointe à une teinturerie, avait été fondée dans le château de Dormelles (ci-dessus, p. 13 et 239) par l'intendant des finances Caumartin, seigneur de la baronnie, associé à des banquiers rouennais du nom de Vanderbulst. Un privilége avait été accordé le 3 juin 1697. Mais cette manufacture, considérée comme annexe de la draperie royale de Rouen, comptait parmi ses ouvriers beaucoup de religionnaires, qui durent la quitter en 1701. Le directeur ne resta à son poste que moyennant abjuration.

dant il n'y en a aucun, sinon quelques vins et avoines qui y croissent, qu'on transporte par la rivière à Paris[1].

Il y avait autrefois des moulins à papier sur la rivière de Vaunes, entre Sens et Mâlay, qui ont péri par la négligence ou pauvreté des propriétaires. Les eaux de cette petite rivière sont très-propres pour faire de bon papier et de bonnes teintures; les habitants du pays ne sont pas portés à rien entreprendre, et n'en profitent pas, faute de moyens et de courage[2].

En 1666, M. Colbert, par ordre du roi, établit à Sens une manufacture de points de France, qui subsistait par le secours des octrois de la ville[3]; elle a duré jusqu'en 1676, qu'elle a été supprimée, le fonds des octrois ayant été employé en partie au payement des ustensiles des garnisons[4].

ÉLECTION DE JOIGNY.

Le plus grand commerce de l'élection est de vins, de bois et de charbon, qui se voiturent à Paris par la rivière d'Yonne. On y mène aussi des blés, de l'avoine et du foin.

Il n'y a point de manufacture dans Joigny; il y a seulement huit ou dix ouvriers qui font de grosses serges, et environ autant à la campagne. Il y a plusieurs tisserands employés à faire des tiretaines, qui servent aux habitants du pays pour s'habiller[5].

ÉLECTION DE SAINT-FLORENTIN.

Il n'y a aucunes manufactures dans l'élection. Dans la paroisse d'Ervy, il y a quelques tisserands qui font des toiles et du treillis pour des marchands de Troyes. M. Colbert avait établi une manufacture de serges façon de Londres à Seignelay, qui est à trois lieues de Saint-Florentin; après sa mort, elle n'a pas subsisté, parce que les façons étaient trop chères[6].

Tout le commerce de l'élection est du blé, du vin, du charbon, des chanvres et quelques bestiaux, le tout pour Paris[7].

ÉLECTION DE TONNERRE.

Tout le commerce du pays est des vins qui y croissent, presque toutes les paroisses de l'élection étant plantées en vignes; ils se trans-

---

[1] Voyez le rapport de 1708, à l'Appendice. — «Il n'y a dans Sens aucun commerce, quoique la nature semble avoir placé cette ville dans la situation la plus avantageuse pour l'enrichir par ce moyen. Elle ne tire ses principaux revenus que des marais des environs et des droits que payent les vins de Bourgogne que l'on voiture sur sa rivière. Quelques citoyens zélés pour le bien public ont tenté à plusieurs reprises d'y établir des manufactures; aucune n'a réussi. On attribue ce manque de succès au défaut d'artisans et au grand nombre de gens de justice qui peuplent cette ville; seulement on fabrique beaucoup de bas de soie dans son hôpital général, et on y voit une filature de coton à l'anglaise, qui fut entreprise par les ordres de M. de Trudaine, intendant des finances.» (*Description historique de 1777*, p. 96.)

[2] «Faute d'émulation,» dit le texte de Chalibert-Dancosse.

[3] Voir la *Correspondance administrative*, t. III, p. 819.

Cette manufacture ne comptait pas moins de trois cents ouvrières en 1669.

[4] C'est-à-dire au payement des contributions en argent exigées au lieu de prestations en nature. (*Correspondance des contrôleurs généraux*, t. I, n°ˢ 37, 183, etc.)

[5] Voyez le rapport de 1708. Colbert avait essayé, en 1669, d'établir l'industrie des bas d'étame et de tricot à Joigny et à Villeneuve-le-Roy. (Depping, *Correspondance administrative*, t. III, p. 824.)

[6] Sur les manufactures de toiles, de tricots et de dentelles de Seignelay, Auxerre et Cravant, au temps de Colbert, voir la *Correspondance administrative*, t. III, p. 810, 817, 826, 880, etc., et les *Lettres de Colbert*, t. II, deuxième partie, p. 441, 497, 515, 541, 654, 680, 851. Partout l'impuissance ou l'insouciance des corps municipaux avait amené l'abandon de ces diverses industries au bout de quelques années.

[7] Voyez ci-dessus, p. 297.

DES FOIRES ET MARCHÉS.

portent par terre à Auxerre, qui est à sept lieues de Tonnerre, et de là, par la rivière d'Yonne et la Seine, à Paris[1]. Les Flamands viennent, après les vendanges, en faire leur provision, lorsqu'ils se trouvent bons.

Il n'y a aucune manufacture dans l'élection. Il y avait une verrerie de glaces à Lizines, qui avait été établie par M. de Louvois; depuis sa mort, elle a cessé.

ÉLECTION DE VÉZELAY.

Le plus grand commerce de l'élection est en bois flotté, qui se mène à Paris. Il s'en fait aussi un de bestiaux, assez considérable, que des marchands de différentes provinces viennent acheter aux foires du Morvan. Il ne croît de grains que pour la consommation du pays. À l'égard des vins, qui sont d'une qualité très-dure, il s'en vend quelque peu aux marchands de Paris, dans les années abondantes; il se consomme ordinairement dans le pays et dans le Nivernais.

Il n'y a aucunes manufactures dans l'élection. Il y a quelques chevaux dans le Morvan, qui sont de bon service à l'âge de sept ans; ils sont petits[2].

DES FOIRES ET MARCHÉS.

L'usage des foires et marchés est très-ancien. On en attribue la première institution aux Grecs. Ces assemblées de marchands de différentes nations ont été célèbres chez les Romains, suivant les témoignages de Pline et de Suétone. Elles s'appelaient *nundinæ*. La permission de tenir foire était accordée par le Sénat, et depuis on était obligé de l'obtenir du prince et empereur.

En France, il n'appartient qu'au roi d'accorder le droit de foires, suivant la disposition de l'ordonnance du roi Louis XII de l'an 1510, article 12, et la jurisprudence des arrêts du parlement. L'utilité des foires a été la cause des franchises, exemptions, immunités et privilèges que les rois ont accordés aux marchands qui y trafiquent, en considération du commerce qui s'y fait avec les étrangers, qui produit l'abondance dans les États. Les plus anciennes et renommées foires de la France sont celles de la Brie et Champagne[3]; les privilèges de ces foires ont été confirmés et augmentés par lettres patentes de Philippe de Valois, des 18 avril 1346 et 6 août 1349; du roi Jean, du 7 septembre 1353; de Charles VI, du mois d'août 1381; de Charles VII, du 17 janvier 1439, et autres postérieures. Le roi François Ier et Henri II, par ordonnances des mois de mars 1544 et novembre 1551, ont ordonné qu'aucunes lettres de répit, cession ou atermoiement n'auraient lieu contre les dettes ou obligations contractées en ces foires; elles portent défenses aux juges d'y avoir égard. Ces ordonnances sont reçues et font loi par tout le royaume.

Il y a encore les foires du Lendit et de Saint-Denis, qui sont très-anciennes[4].

---

[1] Voyez ci-dessus, p. 298.
[2] Voyez ci-dessus, p. 299, l'article des Produits des terres de cette élection.
[3] Il sera parlé de ces foires dans le Mémoire de la généralité de Champagne.
[4] Voir le ms. Delamare fr. 21782, fol. 173 et suiv.

La foire du Lendit est une concession du roi Philippe-Auguste aux religieux et abbé de Saint-Denis; elle commence le 12 du mois de juin et dure quinze jours. Anciennement elle se tenait dans la plaine de Saint-Denis, à la Croix-Penchée; présentement elle se tient dans la ville de Saint-Denis.

La foire de Saint-Denis est une concession du roi Dagobert; elle commence le 9 octobre et dure huit jours. Par l'édit du roi Charles IX de 1566, il est porté qu'il y a six cents ans et plus que les rois de France ont donné aux religieux et abbé du couvent de Saint-Denis-en-France ces deux foires et marchés.

Il y a grande différence entre *foires* et *marchés*. Les foires sont des assemblées générales et publiques, qui se tiennent en temps et lieux certains, où tous marchands peuvent librement se trouver, trafiquer et jouir des franchises et immunités qui y sont attribuées; et les marchés sont des lieux ordinaires pour exposer en vente les choses vénales d'une ville ou d'un bourg et des environs.

Nous avons les privilèges de la ville de Lyon et ceux de la foire de Beaucaire, qui ne doivent être ici rapportés, dans lesquelles le droit d'aubaine n'a point de lieu, par concession des rois, pour exciter les marchands étrangers à y venir avec confiance et sûreté.

FOIRES DE LA VILLE DE PARIS.

Il y a à Paris deux foires : celle de Saint-Germain et celle de Saint-Laurent[1].

Celle de Saint-Germain est une concession faite aux religieux, abbé et couvent de Saint-Germain[2]. Elle commence le lendemain de la Purification; elle dure quinze jours pour les marchands forains, et se continue par permission du roi jusqu'à la veille de la semaine sainte[3]. Cette prorogation est en faveur des valets de pied du roi, qui en retirent des marchands quelques gratifications.

Celle de Saint-Laurent est au profit de la communauté des prêtres missionnaires de Saint-Lazare[4]; elle commence le jour de Saint-Laurent, 10 août, et dure jusqu'au 8 septembre[5].

On rapportera par élections les villes et bourgs de la généralité où il y a des foires et marchés, et les jours qu'ils se tiennent[6].

ÉLECTION DE PARIS.

Il y a à Versailles une foire le jour de Saint-Mathias, 25 février.

Il y a à Sceaux un grand marché de bestiaux pour la fourniture de Paris, les lundis et jeudis de chaque semaine; il y est établi depuis environ vingt-cinq ans. Il se tenait au-

---

[1] Sur ces deux foires, voir les Papiers du commissaire Delamare, mss. fr. 21783 et 21784.

[2] Cette foire avait été instituée en 1482; mais l'ouverture n'en avait été fixée au 3 février que par un arrêt du parlement du 12 mars 1484.

[3] La foire de 1699 avait été prolongée jusqu'au 4 avril par une ordonnance royale du 16 février.

[4] Cette foire, que les religieux prétendaient avoir été concédée en 1176 par Philippe-Auguste, se tenait le long du chemin et de la rue du faubourg Saint-Laurent. Comme la foire Saint-Germain, celle de Saint-Laurent se prolongeait au delà du terme fixé par les ordonnances. On permettait aux marchands de tenir leurs boutiques jusqu'au 30 septembre. Par lettres patentes du 14 juillet 1705, l'ouverture en fut fixée au 24 juillet; elle fut même reportée par la suite, à partir de 1725, au 1er juillet.

[5] À partir de 1700, l'*Almanach royal* contient chaque année une liste des foires les plus considérables du royaume, qu'on peut comparer avec celle qu'a donnée Savary, dans le *Dictionnaire du commerce*. Le Mémoire oublie, dans la plupart des élections, un nombre considérable de foires et de marchés; nous citerons quelques-uns des noms qu'il a omis.

paravant en la ville de Poissy; il a été transféré à Sceaux pour une plus grande commodité des marchands, à cause de la proximité de Paris[1].

A Chelles, une foire le jour de la Madeleine, 22 juillet, et un marché tous les premiers mardis de chacun mois.

A Montfermeil, une foire le jour de Saint-Michel, 29 septembre, et un marché tous les jeudis.

A Lagny, deux foires les jours de Saint-André et de Saint-Blaise, le 30 novembre et le 3 février, par concession du roi Henri II, par lettres patentes du mois de février 1552, et trois marchés les lundis, mercredis et vendredis.

A Gonesse, il y a une foire le 3 février, et deux marchés de blés tous les lundis et vendredis.

A Luzarches, deux foires de bestiaux, le jour de Saint-Côme, 27 septembre, et le jour de Saint-Simon et Saint-Jude, 28 octobre.

A Louvres, une foire le jour de Sainte-Catherine, 25 novembre.

A Épinay, une foire le 30 avril et le 1er mai.

A la Grange-du-Milieu, une foire le . . . [2].

A Roissy [3], une foire le 2 novembre.

A Villeneuve-Saint-Georges, un marché tous les vendredis.

A Sucy-en-Brie, une foire de bestiaux le 14 septembre, et un marché tous les mardis de chacune semaine.

A Montmorency, un marché franc tous les mercredis.

A Brie, un marché tous les vendredis.

A Corbeil, un marché tous les vendredis.

A Yerres, une foire le 31 août.

A Mennecy, une foire le 9 octobre, jour de Saint-Denis [4].

---

[1] Le marché de bestiaux de Poissy existait de temps immémorial, concurremment avec ceux de Pontoise et Houdan; d'autre part, M. de Gesvres avait fait créer à Bourg-la-Reine, en 1610, deux foires et un marché du lundi, dont le duc de Tresmes obtint la translation sur le territoire de Sceaux, en mai 1667. Colbert, s'étant rendu adjudicataire de la terre de Sceaux par décret du 26 novembre 1670, fit exécuter la translation, régler les droits dus sur le bétail mis en vente, construire des bergeries, et enfin, en 1673, il obtint la création d'un second marché, le jeudi de chaque semaine. Les commodités d'installation et de proximité de Paris que les marchés de Sceaux offraient aux marchands forains et aux bouchers, malgré l'augmentation des droits sur la vente (portés à 2 sols 6 deniers par tête de bétail), firent dès lors abandonner le marché de Poissy. Mais, à la fin de l'année 1700, la communauté des bouchers de Paris obtint, par lettres patentes du 18 décembre 1700, la permission de racheter la propriété de l'établissement de Sceaux, avec ses dépendances et les droits sur la vente, et de transférer à Poissy le marché du jeudi, laissant à Sceaux celui du lundi et à Neufbourg celui qui s'y tenait déjà le mardi. Voir les recueils d'arrêts, lettres patentes, etc. relatifs à ces marchés, qui ont été publiés en 1723 et 1739.

[2] La date est restée en blanc dans le manuscrit. Cette foire, dont le premier président Le Camus, de la Cour des aides (ci-dessus, p. 210), avait obtenu la création en juin 1675, devait se tenir du 31 août au 3 septembre.

[3] C^{ne} Gonesse (Seine-et-Oise).

[4] Parmi les foires ou marchés que le Mémoire oublie d'indiquer dans l'élection de Paris, nous indiquerons Aulnay-lès-Bondy, où les lettres d'érection en marquisat, pour M. de Gourgue (p. 210), avaient créé quatre foires par an; Jablines, dépendance du comté de Chessy, où M. de Fourcy avait fait confirmer en novembre 1686 la foire déjà existante; Limours, que le cardinal de Richelieu avait doté de quatre foires et un marché (1625); Montgeron, où le seigneur du lieu, Guy Carré, avait fait créer en avril 1680 un marché hebdomadaire et deux foires par an; Sarcelles, où Roland de Neufbourg, premier maître d'hôtel de la reine Anne d'Autriche, créé marquis de Sarcelles, avait obtenu deux foires par an et un marché hebdomadaire; Bièvres-le-Châtel, où Pierre Le Tessier de Montarsy fit changer le marché du lundi au jeudi, en décembre 1699. La foire de Bezons était une des plus fameuses pour l'affluence des personnes masquées qui y venaient de Paris, le premier dimanche après la Saint-Fiacre. Il y avait encore trois foires à Meudon, une à Saint-Cloud, deux à

ÉLECTION DE SENLIS.

Il y a trois foires à Senlis pendant l'année[1] : une le samedi d'après la Notre-Dame de septembre, une autre les lundis et mardis d'après la Saint-Luc, et la dernière le samedi d'après la Saint-Martin, et un marché franc tous les derniers samedis de chaque mois. Ces foires et marchés n'ont aucun privilége ni franchise. Il y a de plus trois marchés ordinaires la semaine, pour les denrées.

A Beaumont il y a quatre foires : à la Saint-Laurent, à la Saint-André, à la Saint-Maur et à la mi-carême, et trois marchés ordinaires chaque semaine.

A Pont[2], trois marchés ordinaires par semaine.

A Creil, une foire le jour des Morts, et deux marchés ordinaires par semaine.

ÉLECTION DE COMPIÈGNE.

Il y a une foire à Compiègne la veille de Pâques-Fleuries[3], et trois marchés ordinaires la semaine.

ÉLECTION DE BEAUVAIS.

Il y a à Beauvais un marché franc les premiers samedis de chaque mois, et deux marchés ordinaires la semaine, les mercredis et samedis.

Il y a d'autres marchés ordinaires :

A Tillart, les lundis ;
A Cagny-Boufflers[4], les mercredis ;
A Songeons, les jeudis ;
A Méru, les vendredis ;
A Mouy et à Marseille, les samedis.

ÉLECTION DE PONTOISE.

Il y a deux foires à Pontoise : une le jour de la Saint-Martin, 11 novembre, et l'autre le jour de Saint-Gautier, le 4 mai ; et trois marchés ordinaires la semaine, les mardis, jeudis et samedis, dans lesquels il ne se vend presque que des grains[5].

Il y a un marché à Marines tous les mercredis, et un à l'Isle-Adam tous les vendredis[6].

ÉLECTION DE MANTES.

En la ville de Mantes il y a cinq foires par an, savoir : la foire de la Madeleine, le 22 juillet; la foire Saint-Leu Saint-Gilles, le 1er septembre; la foire de Sainte-Croix, le 14 septembre; la foire de Saint-Denis, le 3 octobre; la foire de Saint-André, qui se tient le mercredi suivant. Toutes ces foires ne sont pas considérables. Il y a trois marchés ordinaires par semaine, les lundis, mercredis et vendredis; le marché du mercredi est exempt de tous droits, notamment du droit de gros ou 20 deniers sur les vins qui y sont vendus en gros[7], et du droit de pied fourché.

A Dammartin il y a deux foires, les jours de Saint-Martin d'été et d'hiver, les 4 juillet et 11 novembre, et un marché ordinaire tous les jeudis de chaque semaine.

Sceaux, deux à Longjumeau, deux à Torcy, un marché et quatre foires à Savigny, une foire à l'abbaye de Jarcy, etc. Montlhéry avait un des plus importants marchés de grains pour l'approvisionnement de Paris.

[1] Ces trois foires avaient été créées par Henri III, en septembre 1573.

[2] Pont-Sainte-Maxence.

[3] Selon l'*Almanach*, cette foire commençait à la mi-carême et durait quinze jours.

[4] Le maréchal de Boufflers avait fait confirmer, en janvier 1697, les quatre foires qui existaient à Cagny, outre un marché hebdomadaire.

[5] Dans l'impression de Chalibert-Dancosse, les textes des élections de Beauvais et de Pontoise ont été confondus et intervertis.

[6] Parmi les marchés de cette élection que le Mémoire omet, nous citerons celui de Méry-sur-Oise, créé en même temps que Méry avait été érigé en marquisat pour François de Saint-Chamant (novembre 1699).

[7] Voyez ci-dessus, p. 288 et 289.

Aux Mureaux, il y a une foire le jour de Saint-Simon Saint-Jude, le 28 octobre.

En la ville de Meulan et au Fort il y a un marché ordinaire tous les lundis [1].

ÉLECTION DE MONTFORT.

Il y a à Montfort une foire le jour de Saint-Laurent, 10 août.

Une à Houdan le jour de Saint-Jacques, 25 juillet, et une à Neauphle-le-Château le jour de Saint-André, 30 novembre [2].

Il y a dans ces lieux-là des marchés ordinaires chaque semaine, savoir :

A Montfort, le jeudi ;
A Houdan, les mercredis et samedis ;
A Neauphle, le lundi,
Et à Orgerus, le mardi.

ÉLECTION DE DREUX.

En la ville de Dreux, il y a deux foires, le 1er septembre, jour de Saint-Gilles, et le 9 octobre, jour de Saint-Denis, et deux marchés ordinaires par semaine, les lundis et vendredis.

Il y a encore, dans la paroisse d'Auné-Couvé [3], une foire le lendemain de la Saint-Jean-Baptiste, le 25 juin.

ÉLECTION D'ÉTAMPES.

Il y a deux foires à Étampes, le 1er septembre, jour de Saint-Leu Saint-Gilles, et le 29 dudit mois, jour de Saint-Michel ; et trois marchés ordinaires dans l'élection :

A Étampes, les samedis ;
A Maisse, les lundis ;
Et à Méréville, les mardis.

Il y a une foire à Morigny le jeudi qui précède la Pentecôte.

Il y en a quatre à Méréville, qui se tiennent les jours de Saint-Lubin de carême et Saint-Lubin de septembre, de Saint-Nicolas du mois de mai et de Saint-Thomas, 21 décembre [4].

A Maisse il y en a trois : le 8 juin, le premier lundi d'après la Nativité de la Vierge, et le 25 novembre [5].

ÉLECTION DE MELUN.

Il y a deux foires à Melun, le jour de la Saint-Jean d'été et le jour de la Saint-Martin d'hiver ; deux marchés, les mercredis et samedis. Il y avait autrefois un marché franc ; ce privilége a cessé.

A Fontainebleau, deux foires, le lendemain de la Trinité et le 26 novembre.

A Blandy, une foire, le jour de la Saint-Mathieu.

A Milly, une, le jour de la Saint-Simon [6].

ÉLECTION DE NEMOURS.

Il y a deux foires à Nemours : les 20 janvier, jour de Saint-Sébastien, et 25 juin.

Il y a un marché tous les samedis.

---

[1] Claude Robert, procureur du roi au Châtelet (ci-dessus, p. 201), avait fait créer des foires et marchés à Septeuil le 29 décembre 1686.

[2] Il y avait quatre foires très-anciennes à Chevreuse.

[3] Aujourd'hui Aunay-sous-Crécy. Voyez ci-dessus, p. 223, note 6.

[4] L'Almanach royal indique les foires de Méréville aux 14 mars, 9 mai, 15 septembre et 21 décembre.

[5] A Villiers, près la Ferté-Alais, il y avait une foire le jour de la Saint-Laurent, que l'abbaye (ci-dessus, p. 50) avait fait confirmer en août 1677.

[6] A Saint-Germain-Laxis, le seigneur avait obtenu, en janvier 1678, la création de deux foires, qui devaient se tenir le 1er mai et le 14 septembre. A Fontainebleau il y avait, selon l'Almanach, une foire de trois jours, commençant le 26 novembre ; à Andrezel, deux foires très-anciennes, les jours de la Chandeleur et de Saint-Jean-Baptiste.

350 GÉNÉRALITÉ DE PARIS.

A Château-Landon il y a une foire le 21 décembre, jour de Saint-Thomas, et un marché tous les jeudis.

A Courtenay, deux foires : le 14 septembre, jour de Sainte-Croix, et le 30 novembre, jour de Saint-André.

A Chéroy il y a un marché tous les samedis.

A Égreville, trois foires : à la Saint-Martin d'été et d'hiver, et le jour de Saint-Paul; il y a aussi marché tous les jeudis[1].

A Bransle, deux foires, les jours de Saint-Loup et de Sainte-Croix.

A Ladon, deux foires, les jours de Saint-Antoine et de Saint-Barthélemy, et marché tous les mardis.

A Larchant, une foire le lendemain de l'Ascension.

A Beaumont, une foire le jour de Saint-André[2].

ÉLECTION DE MEAUX.

En la ville de Meaux il y a trois foires, dont il n'y a que celle de la Saint-Martin qui soit un peu considérable; un marché tous les premiers samedis des mois, qui avait autrefois une exemption du sol pour livre du vin qui s'y vendait en gros; on a cessé de jouir de cette exemption depuis environ vingt-cinq ans.

A Crécy, il y a une foire le jour de Saint-Michel, 29 septembre.

A Crouy, le jour de Saint-Mathieu, 21 septembre[3].

Il y a des marchés à Dammartin, à Lizy et à Rebais, où il se fait un grand commerce de blés, de même qu'à Meaux, où les marchands de Paris et les boulangers de Gonesse et des environs se fournissent[4].

---

[1] *Alias*, tous les lundis.

[2] Des lettres patentes du mois de novembre 1518 avaient concédé à la communauté de Saint-Valérien un marché hebdomadaire et deux foires par an; cet établissement avait été confirmé en juin 1645.

[3] Le chancelier Boucherat avait fait créer, en mai 1687, dans sa terre de Compans, un marché tous les mercredis et deux foires au 21 mai et au 21 novembre.

[4] En 1709, les habitants de Rebais demandèrent l'établissement d'un marché franc le premier mardi de chaque mois. Voici l'exposé de leur requête (Papiers du Contrôle général, G⁷ 436, 12 juillet 1709) : «Il y a à Rebais un marché ordinaire qui se tient tous les mardis de chaque semaine, et où il se débite une grande quantité de blé pour la provision de Paris. On prétend que, pour faciliter davantage cette provision, il serait très-important d'y établir un second marché, qui se tiendrait le samedi, ce qui serait conforme à celui qui se tient à Dammartin les lundis et jeudis de chaque semaine. Par l'établissement de ce nouveau marché, la ville de Paris recevrait un nouveau secours, en ce que les blés qui auraient été achetés au marché du mardi seraient conduits au port et chargés pendant les trois jours suivants, et ceux qui se débiteraient au marché du samedi seraient chargés les deux jours suivants. Les laboureurs et marchands seraient même excités, et apporteraient volontiers leurs blés à Rebais. Présentement qu'il n'y a que le marché de mardi, s'il arrive que le blé n'ait point été vendu, il faut attendre à la huitaine pour le débiter; mais, en mettant un second marché le samedi, il n'y aura que trois jours à attendre. Il faut observer qu'on ne demande ce second marché que pour les grains seulement. Au reste, on prétend que ce marché du samedi dans la ville de Rebais ne fera aucun préjudice aux marchés des autres lieux voisins; celui de Montmirail se tient le lundi, celui de Coulommiers le mercredi, celui de la Ferté-Gaucher le jeudi, ceux de la Ferté-sous-Jouarre et de Villeneuve le vendredi. Il est vrai qu'il y en a un le samedi au village de Doue, mais il ne s'y vend que des denrées, et point de grains. A l'égard du marché franc dont on demande l'établissement pour le premier mardi de chaque mois, à l'instar de celui qui a été accordé à Montmirail, il sera fort utile au public, en ce que les forains qui n'auraient pas débité leurs marchandises à Montmirail le lundi pourraient les porter et conduire à Rebais le lendemain; et si elles n'y étaient pas vendues, elles le pourraient encore être le lendemain mercredi, au marché franc de Coulommiers. On voit par l'expérience que ces sortes de

ÉLECTION DE ROZOY.

En la ville de Rozoy, deux foires : les jours de la Saint-Jean-Baptiste d'été et de Saint-Martin d'hiver. Il y a marché tous les samedis, où il se fait un grand commerce de blés et d'avoine. Le minage appartient au chapitre de Notre-Dame de Paris; il vaut environ 1,200 ll. Il fait partie de leur ferme [1].

A Nangis, une foire le jour de Saint-Martin-Bouillant, 4 juillet; un marché considérable de chevaux et de bestiaux tous les mercredis.

A Chaumes, trois foires : le 29 juin, jour de Saint-Pierre, le jour de Saint-Savinien, dans le mois d'octobre, et le mardi de la semaine sainte; un marché de blés tous les mardis.

A Tournan et à Faremoutiers, un marché de blés tous les lundis [2].

A Faremoutiers, une foire le lundi de la semaine sainte.

A Fontenay, deux foires : le 1er mai et le samedi précédant la Toussaint [3].

ÉLECTION DE COULOMMIERS.

Il y a une foire à Coulommiers le 9 octobre, jour de la Saint-Denis; un marché tous les mercredis.

A la Ferté-Gaucher, deux foires : le 18 octobre et le 1er mai; un marché tous les jeudis.

A Villeneuve [4], un marché tous les vendredis.

A Doue, un petit marché tous les samedis.

ÉLECTION DE PROVINS.

Il y a à Provins trois foires : la première commence le mardi qui précède l'Ascension, et dure quarante jours; la deuxième, le 14 septembre, et dure jusqu'à la Toussaint; la troisième, le jour de la Saint-Martin, et dure jusqu'au dernier décembre. Il y a un marché franc tous les samedis. Pendant tous ces temps-là on ne paye pour les marchandises qui se débitent à ces foires et marchés que le tiers des droits ordinaires. Ces foires sont peu fréquentées; le samedi franc l'est davantage. Le roi a confirmé le privilége de ces foires en l'année 1671 [5].

ÉLECTION DE NOGENT.

Il y a deux foires : le 10 août, jour de Saint-Laurent, et le 28 octobre, jour de Saint-Simon Saint-Jude; un marché deux fois la semaine, les mercredis et samedis.

A Pont [6], deux foires : les jours de Saint-Thomas et Saint-Barthélemy [7], et un marché tous les vendredis.

A Bray, une foire le 8 septembre, jour de la Nativité, et un marché tous les vendredis.

ÉLECTION DE MONTEREAU.

A Montereau il y a un marché tous les samedis; le troisième samedi d'après Pâques, un marché franc.

A Donnemarie, un marché tous les lundis, et une foire le jour de Saint-Laurent.

---

marchés francs pour les grains y attirent l'abondance; et comme le lieu de Rebais est un de ceux qui fournit le plus Paris, il y a lieu d'espérer que cette ville capitale en recevrait bientôt du soulagement. »

[1] Voyez ci-dessus, p. 232.

[2] A Tournan il y avait deux foires, créées en même temps que le marché, en 1669.

[3] Il y avait trois foires à Châtres et deux à Mormant.

[4] Villeneuve-sur-Bellot, c⁰⁰ Rebais.

[5] Cet article est transcrit littéralement du rapport du subdélégué, art. 43.

[6] Pont-sur-Seine.

[7] Le 24 août et le 29 décembre. Certaines copies du Mémoire portent : *trois foires*.

A Moret, un marché tous les vendredis, et deux foires : le 6 décembre, jour de Saint-Nicolas, et le vendredi saint.

A Voulx, il y a un marché tous les jeudis.

A Valence, deux foires : les jours de Saint-Jacques et Saint-Christophe, 25 juillet, et de Saint-Michel, 29 septembre.

A Flagy, une foire le mardi de la Pentecôte.

A Dormelles, le jour de Saint-Gervais.

A Férolles, le jour de Saint-Pierre.

ÉLECTION DE SENS.

Il y a une foire à Sens le 12 mars, jour de Saint-Grégoire [1].

A Villeneuve-le-Roy, trois foires : le 22 janvier, jour de Saint-Vincent ; le 3 août, jour de Saint-Étienne, et le 9 octobre, jour de Saint-Denis [2].

A Sens il y a un marché de bestiaux tous les lundis ; le marché ordinaire, les mercredis, vendredis et samedis.

A Villeneuve-le-Roy, un marché franc tous les vendredis ;

A Rigny-le-Ferron, tous les mardis ;

A Cerisiers, tous les jeudis ;

A Sergines, tous les mardis [3] ;

A Villeneuve-la-Guyard, les lundis ;

A Dixmont, les jeudis ;

A Traînel, les mardis [4].

ÉLECTION DE JOIGNY.

Il y a quatre foires l'année à Joigny : le 2 janvier, fête de Saint-Aspais ; le 10 août, fête de Saint-Laurent ; le 14 septembre, fête de la Sainte-Croix, et le 1er octobre, fête de Saint-Remy ; et deux marchés par semaine, les mercredis et samedis [5].

ÉLECTION DE SAINT-FLORENTIN.

Il y a deux foires à Saint-Florentin : le lendemain de la Saint-Simon, et le premier lundi de carême.

Il y en a quatre à Ervy,

Cinq à Neuvy,

Deux à Maligny,

Et deux à Séant-en-Othe.

Il y a deux marchés par semaine à Saint-Florentin, les lundis et jeudis,

Et deux à Ervy, les mercredis et samedis.

ÉLECTION DE TONNERRE.

En la ville de Tonnerre il y a cinq foires, qui se tiennent : le lendemain du jour des Cendres, le jeudi avant le dimanche des Rameaux, le lendemain de la fête Saint-Jean, 25 juin, le lendemain de Saint-Michel, 30 septembre, et le 12 novembre, lendemain de Saint-Martin.

Il y a deux marchés la semaine, les mercredis et samedis.

A Chablis, deux foires : le second jeudi de Carême et le dernier jour de l'an ; et un marché par semaine.

A Ancy-le-Franc, quatre foires, et un marché tous les jeudis.

---

[1] L'*Almanach* indique une foire au 17 octobre et une autre au 21 mars.

[2] A Villeneuve-l'Archevêque, deux foires avaient été créées en 1654, pour les jours de la Passion et de Saint-Jean-Baptiste.

[3] Outre son marché, Sergines avait obtenu sous François 1er, en 1544, une création de trois foires, et cette création avait été confirmée par Louis XIV, en 1643.

[4] Il y avait encore quatre foires à Villenauxe.

[5] A Neuilly (ci-dessus, p. 243), M. de Chamlay fit rétablir, en janvier 1699, un marché qui se tenait le lundi. A Champlost, des lettres patentes de 1664 avaient créé quatre foires annuelles et un marché hebdomadaire qui devait se tenir le mercredi.

A Appoigny, trois foires, et deux marchés la semaine.

A Arthonnay, deux foires; point de marché.

A Cruzy, trois foires, et un marché le lundi.

A Laignes, quatre foires, et un marché tous les mercredis.

A Ligny, quatre foires, et un marché tous les vendredis.

A Molesme, trois foires.

A Ravières, six foires, et un marché tous les mardis.

Aux trois Riceys, trois foires : une à Ricey-Haut, et un marché tous les jeudis; à Ricey-Hauterive et à Ricey-Bas, à chacun une foire.

ÉLECTION DE VÉZELAY.

Il y a à Vézelay cinq foires par an:

A l'Isle, quatre foires;

A Lormes, deux foires;

A Corbigny, six foires;

A Cervon, quatre foires;

A Saint-Martin[1], trois foires.

Le principal commerce qui se fait à ces foires est de bestiaux.

Il y a des marchés ordinaires toutes les semaines à Vézelay, Corbigny, Lormes et l'Isle.

TITRE VI.

DES PONTS ET CHAUSSÉES. — DES PÉAGES ET TRAVERS.

Il n'est point fait de fonds ordinaire dans l'état du roi pour l'entretènement des ponts de la généralité, parce que la dépense en est inégale; ils sont ordonnés à mesure que les réparations surviennent[2].

A l'égard des chaussées sur les grands chemins, elles sont comprises, pour l'entretènement, dans des baux particuliers pour chacune route, qui sont faits par les trésoriers de France au bureau des finances, lesquels veillent à ce que les réparations soient faites conformément aux baux, ordonnent des payements au fur et à mesure du travail, et en font la réception à la fin de chacune année. Le fonds de cette dépense est fait annuellement dans l'état des ponts et chaussées[3].

Voici un état par élections des ponts de

---

[1] Saint-Martin-du-Puits, c^{on} Lormes (Nièvre).

[2] Nous donnerons, dans l'appendice *Ponts et chaussées*, outre l'état au vrai des fonds de l'année 1700, quelques renseignements complémentaires sur l'organisation financière et administrative de ce service. On peut se reporter d'ailleurs au *Traité de la police*, de Nicolas Delamare (liv. VI, tit. XIII, ch. 2 et suiv., dans le tome IV), ou à l'étude de M. Vignon sur l'*Administration des voies publiques*, que nous avons déjà citée à propos des rivières et de la navigation. Les Archives Nationales possèdent une série de dossiers du XVIIIe siècle relatifs à divers ponts de Paris et de la généralité, cote F¹⁴ 189-195.

[3] Boulainvilliers fait cette observation : «A l'égard des ponts et chemins, l'auteur dit qu'il n'y a aucun fonds dans la généralité pour leur entretien, parce que la dépense en est inégale, mais que les réparations s'en font sur les ordres des trésoriers de France, qui veillent à cette police et y emploient quelques revenants-bons du domaine. L'on ne saurait toutefois dissimuler l'abus général qui se pratique à cet égard dans la généralité, et plus particulièrement aux environs de Paris, où toutes les voies qui conduisent aux nouveaux palais élevés par les financiers sont parfaitement pavées et entretenues, pendant que les grandes routes, comme celles de Paris à Rouen, à Beauvais ou à Amiens, sont impraticables la plus grande partie de l'année.»

pierre et de bois qu'il y a sur chacune rivière de la généralité, avec le nombre d'arches dont ils sont composés, et l'état où ils sont présentement. On observera ceux qui sont entretenus par le roi, par les seigneurs, ou par les villes et communautés.

On rapportera ensuite un autre état des péages et travers.

ÉTAT DES PONTS DE LA GÉNÉRALITÉ.

PONTS DE LA VILLE DE PARIS.

On a observé ci-devant[1] que la rivière de Seine sépare la ville de Paris en deux parties presque égales; elle forme, en y arrivant, une petite île nommée l'île Louviers, et au-dessous, deux autres îles appelées l'île de Notre-Dame et l'île du Palais. Ces deux parties de Paris divisées par la rivière et ces îles communiquent entre elles par douze ponts, dont dix sont construits de pierre de belle architecture, et deux de bois. On les rapportera suivant le cours de la rivière[2].

Ces ponts sont situés, savoir:

Le pont de bois de l'île Louviers est situé proche les Célestins. Il a été construit solidement, avec palées et bonne charpente, depuis trois ans seulement, par les prévôt des marchands et échevins de la ville de Paris. Avant ce temps-là, c'était un pont de bateaux. Il sert à la décharge des denrées et marchandises qui arrivent du pays d'en haut pour la provision de Paris; c'est le seul qui communique à cette île[3].

L'île de Notre-Dame[4] a trois ponts: le pont Marie et le pont de la Tournelle, qui sont de pierre, et un pont de bois qui communique de cette île à l'île du Palais, qui ne sert que pour les gens de pied[5]. L'île de Notre-Dame a été revêtue de pierres de taille, avec un parapet, et ces ponts ont été construits en conséquence du bail fait à Christophe Marie, le 19 avril 1614, par des commissaires du roi, par lequel il est porté qu'il sera donné à cette île trois cents toises de longueur, à prendre d'une pointe à l'autre, et quatre-vingt-treize de largeur, de dehors en dehors[6]. Les trésoriers de France n'ont eu la direction de ces ouvrages, qui ont duré plus de quinze ans à faire, au sujet des oppositions des chapitre

---

[1] A l'article des Rivières, p. 4.
[2] Voir le manuscrit Delamare fr. 21698.
[3] L'île Louviers ou d'Entragues, prise à bail judiciaire par la ville en 1671, ne contenait guère que des chantiers de bois, exploités par une compagnie à la tête de laquelle était le comte de Gramont. (*Correspondance des contrôleurs généraux*, t. I, n° 1869.) La ville fut substituée aux concessionnaires en 1700, à charge d'établir un port et un pont de bois. (Papiers du Contrôle général, G⁷ 442, 9 mars 1715.)
[4] Sur l'île Notre-Dame, aujourd'hui île Saint-Louis, et sur la construction du quartier qu'elle renferme et des ponts qui la rejoignent à la ville, voir le tome Ier du *Traité de la police*, 2e édition, p. 83 et 84.
[5] Ce pont de bois, dont la construction avait été longtemps entravée par le chapitre de Notre-Dame, ne put être commencé qu'en 1642. On le renouvela en 1718.
[6] Le premier contrat passé par les commissaires du roi avec Christophe Marie, entrepreneur général des ponts de France, le 19 avril 1614, comportait seulement la construction d'un pont de pierre sur le quai Saint-Paul, avec le revêtement de l'île et de ses quais. Les travaux commencèrent, mais ne furent pas terminés au temps convenu; Marie fut admis à se dédire, et ce fut sur de nouveaux plans que les commissaires conclurent un second marché avec Jean de la Grange, auquel les anciens entrepreneurs se firent subroger en 1627. Les travaux furent achevés en 1647.

et chanoines de Paris, qui étaient seigneurs censitaires de ce terrain. Le pont Marie fut emporté à moitié par les glaces et les grandes eaux, en l'année 1658; il fut rebâti quelques années après[1]. On n'a point bâti de maisons sur la partie du pont qui a été rétablie; celles qui étaient sur l'autre sont demeurées. Ce pont est composé de cinq arches, bien cintrées et en bon état; et celui de la Tournelle, de six arches, de même qualité.

L'île du Palais a sept ponts de pierre, outre le pont de bois qui lui est commun avec l'île de Notre-Dame.

Ces ponts sont :

Le pont Notre-Dame,

Le pont au Change,

Le Pont-Neuf,

Le pont Saint-Michel,

Le Petit-Pont,

Et les deux ponts de l'Hôtel-Dieu.

Le pont Notre-Dame fut bâti en l'année 1539, sous le règne du roi François I[er][2]. Il est composé de six arches de pierre. Il y a des maisons des deux côtés, dont une est occupée par une pompe qui élève l'eau de la rivière de Seine dans un réservoir et la distribue à plusieurs fontaines publiques dans Paris. Avant ce temps-là ce pont était construit de bois.

Le pont au Change fut commencé le 19 septembre 1639, en conséquence des lettres patentes du mois de mai précédent, qui furent données après l'incendie du pont de bois qui y était auparavant, sur lequel il y avait cent une forges[3]. Il a été achevé le 20 octobre 1646[4]. Il y a de même des maisons des deux côtés. Il est composé de sept arches, bien construites et en bon état.

Le Pont-Neuf fut commencé sous le règne de Henri III, en conséquence des lettres patentes du 16 mars 1578. Il fut achevé et mis dans sa perfection sous le règne du roi Henri le Grand. Il est situé à la pointe de l'île du Palais, qui forme une plate-forme ou terrain, qui a été revêtu d'architecture, sur lequel est élevée en bronze la figure équestre de ce prince. C'est le plus grand pont de Paris et le plus fréquenté. Il est composé de douze grandes arches, dont sept sont sur le grand courant de la rivière, au couchant, et cinq sur l'autre, au levant. Il y a un bâtiment élevé sur pilotis dans la rivière, à côté de la deuxième arche, qu'on appelle la Samaritaine, dans lequel il y a des logements propres et une pompe qui élève l'eau de la rivière de Seine, d'où elle est conduite au palais des Tuileries, pour l'ornement des jardins.

Le pont Saint-Michel est sur l'autre bras de la rivière, en remontant du Pont-Neuf. Il fut construit en l'année 1616. Il est composé de quatre arches, en bon état[5].

Le Petit-Pont est d'ancienne construction. Il est adossé contre le petit Châtelet, qui était, du temps de nos premiers rois, une des portes

---

[1] Voir le *Traité de la police*, tome IV, p. 365.

[2] Le premier pont Notre-Dame remontait à l'année 1412. Il s'écroula le 25 novembre 1499, et la reconstruction, commencée dès le 28 mars suivant, se termina, non en 1539, mais en 1507. Il portait de chaque côté dix-sept maisons, qui furent ornées d'une décoration symétrique lors de l'entrée de Marie-Thérèse (1660).

[3] Cinquante forges d'un côté et cinquante-quatre changes de l'autre. — [4] Lisez : 1647.

[5] Le pont Saint-Michel avait été construit en bois au XIVe siècle, et plusieurs fois emporté par les eaux ou les glaces. On le rebâtit en pierre, à la suite d'un dernier accident survenu le 30 janvier 1616. Il n'avait que trois arches, selon Piganiol de la Force, et portait trente-deux maisons d'appareil symétrique.

de Paris[1], et l'autre était le grand Châtelet, qu'on appelle aujourd'hui la porte de Paris. Dans ce temps-là la rivière de Seine faisait l'enceinte de Paris. Ce pont est bâti de maisons des deux côtés. Il est composé de trois arches qui sont en bon état[2].

Un peu au-dessus de ce pont il y en a deux autres, dont l'un est dans l'intérieur de l'Hôtel-Dieu, et l'autre au dehors, appelé le pont de l'Hôtel-Dieu, sur lequel il n'y a qu'un passage public pour les gens de pied, où on perçoit un péage au profit des pauvres[3]; le surplus de la largeur de ce pont est occupé par une salle de l'Hôtel-Dieu.

Ces deux ponts sont composés chacun de trois arches en bon état.

Le Pont-Royal a été bâti par les ordres du roi, en l'année 1686[4]. Il est digne de la magnificence royale de Sa Majesté. C'est un ouvrage d'une construction très-hardie; il n'est composé que de cinq arches, qui embrassent toute la rivière, dont les deux bras ont été réunis au-dessous du Pont-Neuf, qui a douze arches[5].

PONTS DISTINGUÉS PAR ÉLECTIONS.

ÉLECTION DE PARIS.

Au-dessus de Paris, sur la rivière de Seine, il n'y a que le pont de Corbeil, de Paris à Melun, qui est composé de neuf arches de pierre, en bon état.

Sur la rivière de Marne, il y a :

Le pont de Charenton, où se fait le confluent des deux rivières de la Seine et de la Marne. Ce pont est composé de dix arches de pierre et une de bois, toutes en bon état.

A Saint-Maur, un pont de pierre, composé de sept arches, dont quatre servent à la navigation, et trois sont occupées par des moulins et par la machine à élever l'eau de la rivière pour les jardins de Saint-Maur[5].

A Gournay il y avait anciennement un pont de bois, qui est tombé; les vestiges y restent encore. On passe la rivière au-dessus, dans un bac.

A Lagny, un pont de bois, de sept arches, en bon état.

---

[1] Ici, trois lignes intercalées dans le texte de Chalibert-Dancosse : « C'est au petit Châtelet où l'on payait le tribut à César du temps que les Romains possédaient Paris. »

[2] Le Petit-Pont avait été reconstruit pour la septième fois en 1409; il fut brûlé en 1718 et rebâti de pierre, sans maisons.

[3] C'est du tarif imposé aux piétons, par une ordonnance de l'année 1637, que ce pont prit son nom de pont au Double. L'autre, consacré exclusivement au service de l'Hôtel-Dieu, portait le nom de Saint-Charles.

[4] En 1632, on avait établi entre les Tuileries et le faubourg Saint-Germain un pont de bois nommé le Pont-Rouge; comme les autres, il fut plusieurs fois détruit par des accidents divers. En 1656, Laurent Tonti, l'inventeur des tontines et des rentes viagères, fit accepter un projet de pourvoir à la reconstruction de ce pont en pierre au moyen d'une loterie de 1,100,000 ᴸ; mais les lettres patentes données à cet effet, en décembre 1656, n'eurent pas d'exécution. Enfin, en 1684, un grand dégel ayant de nouveau emporté la charpente de bois, l'entrepreneur Gabriel et le frère Romain (voyez ci-après, p. 362, note 3) furent chargés de la construction d'un pont de pierre, qui fut fait en deux ans, et coûta près de 750,000 ᴸ. — En 1725 on présenta des projets pour unir par un pont de bateaux ou de bois la rue de Bourgogne à la chaussée du Cours-la-Reine. M. de Châteauneuf, alors prévôt des marchands, conclut avec les experts que « non-seulement un pont de bateaux, mais encore un pont de pierre serait très-nuisible à la navigation, » et qu'il n'y avait « d'autre parti à prendre que d'y construire un pont de bois, comme à Sèvres et ailleurs. » (Pap. du Contrôle général, G⁷ 444, 20 mars 1725, 7 avril, 17 mai, etc.)

[5] Ici le manuscrit Nivernois porte cette phrase, accompagnée d'un plan : « Voici la figure de la rivière de Seine passant dans Paris, et la situation des ponts qui servent à la communication de ses parties et de ses îles. »

[5] Il a été déjà parlé ci-dessus (p. 207) du château et des jardins que M. le Prince possédait à Saint-Maur.

Sur la rivière d'Essonnes :

A Esssonnes il y a un pont de pierre de deux arches, en bon état;

A Corbeil, où cette rivière se jette dans la Seine, un pont de pierre de deux arches, en bon état.

Sur la rivière d'Orge :

A Palaiseau [1], un pont de pierre de deux arches, en bon état; c'est le grand chemin d'Orléans par Montlhéry;

A Villebon, un pont de pierre de trois arches, en bon état;

Au Mont-d'Athis, un pont de pierre de deux arches, en bon état.

Sur la petite rivière de Bièvre, à Antony, un pont de pierre de deux arches, en bon état.

Un peu au deçà de ce pont, vis-à-vis le château de Berny, il y a un pont de pierre de deux arches, qui sert à l'écoulement des grandes eaux; il est en bon état.

Sur la rivière d'Yerres :

A Yerres, un pont de pierre, auquel il y a quelques réparations à faire;

A Villeneuve-Saint-Georges, un autre pont de pierre qui est en bon état.

A Ozouer-la-Ferrière, il y a un petit pont de pierre sur un ruisseau qui tombe dans la rivière d'Yerres, à Yerres.

Au-dessous de Paris, sur la rivière de Seine, il y a :

A Sèvres, un pont de bois composé de vingt et une arches, de bonne construction; il embrasse les deux bras de la rivière de Seine, qui forme une île en cet endroit [2].

A Saint-Cloud, un pont de pierre composé de quatorze arches, qui sont en bon état; il y a deux moulins sous ce pont.

A Neuilly, un pont de bois, composé de vingt et une arches, qui embrasse les deux bras de la rivière, qui forme une île en cet endroit [3]. Au bout du pont il y a une grande chaussée, avec cinq arches de pierre de distance en distance, pour l'écoulement des grandes eaux; le tout est en bon état.

A Chatou, un pont de bois, sur lequel on perçoit un péage, qui appartient au seigneur; il est tenu de l'entretien [4].

Au Pecq, un pont de bois qui est en bon état.

A Poissy, un pont de pierre composé de six arches, en bon état.

Le roi fait la dépense de l'entretien de tous ces ponts, à la réserve de ceux de Chatou et Neuilly.

ÉLECTION DE SENLIS.

Il y a dans l'étendue de cette élection trois ponts de pierre sur la rivière d'Oise [5] :

L'un à Pont-Sainte-Maxence, composé de six arches, en bon état;

Un autre à Creil, composé de sept arches, de même en bon état [6].

---

[1] Palaiseau et Villebon, qui suit, sont sur l'Yvette, affluent de l'Orge. Voyez ci-dessus, p. 7.

[2] Ce pont avait été construit en 1684.

[3] Le pont de Neuilly avait été construit par l'entrepreneur Christophe Marie et ses associés; Louis XIII en fit don pour trente ans à Mlle d'Hautefort, en novembre 1637, à charge de pourvoir à l'entretien. (*Traité de la police*, t. IV, p. 524.) Voir aussi les *Antiquités de Malingre*, liv. IV, p. 146, et les documents du xviiie siècle conservés aux Archives Nationales, F¹³ 193 et 194.

[4] Ce pont de bois ayant été construit en 1625 par la veuve et le fils de Paul Portail, conseiller au parlement, pour remplacer le bac dont ils étaient propriétaires, ils obtinrent d'y percevoir les mêmes droits que sur l'ancien bac. (Papiers du Contrôle général, G⁷ 1760.)

[5] Voir une instruction de Colbert à l'ingénieur Levau jeune, dans les *Lettres de Colbert*, t. IV, p. 417.

[6] Les ponts et les chaussées de Creil et de Pont-Sainte-Maxence avaient été réparés en 1664 et 1665, par les soins de Colbert (*Lettres de Colbert*, t. IV, p. 417).

Le roi est tenu aux réparations de ces deux ponts.

Et un autre à Beaumont[1], composé de dix arches, aussi en bon état, qui est entretenu par Mme la maréchale de la Mothe, en qualité de dame engagiste du domaine de ladite ville[2].

ÉLECTION DE COMPIÈGNE.

Il n'y a dans l'élection de Compiègne d'autre pont sur la rivière d'Oise que celui de la ville de Compiègne, qui est composé de six arches. Il a été réparé depuis peu; il est en bon état[3].

Sur la rivière d'Aronde il y a trois ponts de pierre :

Un à Clairoix, composé de deux arches, et plus bas un pont de bois appelé le pont des Courriers[4];

Un, d'une arche, au village de Coudun;

Un autre à Monchy, de deux arches.

Sur la rivière d'Autonne il y a quatre ponts, savoir :

Un pont de pierre près Verberie, en deux parties, de chacune une arche, qui est en mauvais état; la chaussée est ruinée;

Un pont de bois à Saint-Martin de Béthisy;

Un de même à Crouy;

Un pont de pierre ruiné à Gilocourt, impraticable depuis plusieurs années.

Tous ces ponts sont entretenus par le roi.

ÉLECTION DE BEAUVAIS.

Sur la petite rivière de Thérain, qui passe dans la ville et élection de Beauvais, il y a quinze ponts, dont treize de pierre, d'une ou deux arches, et deux de bois, de trois arches, qui sont tous entretenus aux dépens des seigneurs ou de la ville, à la réserve du pont de pierre de Mouy, dont le roi est tenu de l'entretènement. Tous ces ponts sont en bon état.

Ils sont situés, savoir :

Le premier, à la Chapelle-sous-Gerberoy, d'une arche de pierre;

Le deuxième, à Milly, d'une arche de pierre;

Le troisième, au bout du faubourg de Saint-Quentin de Beauvais, un pont de bois;

Le quatrième, sur un autre bras de la rivière, au bout de la chaussée de Saint-Just, d'une arche de pierre;

Les cinquième, sixième et septième autres petits ponts, sur la même chaussée, d'une arcade de pierre chacun;

Le huitième, un autre d'une arche de pierre, à la première fausse porte de la ville;

Les neuvième et dixième, deux autres d'une arche de pierre chacun, le long de la chaussée de Saint-Nicolas;

Le onzième, le pont Hermant, d'une grande arche de pierre;

Le douzième, un autre d'une arche de pierre, joignant la fausse porte;

Le treizième, le pont de Hermes, de deux arches de pierre;

Le quatorzième, le pont de Mouy, d'une grande arche, qui est belle;

Le quinzième, un pont de bois, de trois arches, à l'entrée de Mouy.

Outre tous ces ponts, il y en a dix-huit, d'une seule arche de pierre, dans la ville de Beauvais, qui sont tous en bon état[5].

---

[1] Chalibert-Dancosse a imprimé : *Beauvais*.
[2] Ci-dessus, p. 259.
[3] Voyez ce que dit la *Nouvelle description de la France*, par Piganiol de la Force, éd. de 1753, t. I, p. 354 et suiv., d'un autre pont que le roi Louis XV fit bâtir en 1730.
[4] *Alias*, le pont des Coursiers.
[5] On trouvera un mémoire sans date, mais adressé à

ÉLECTION DE PONTOISE.

Dans l'élection de Pontoise, il y a deux ponts de pierre sur la rivière d'Oise : le pont de Pontoise, et celui de l'Isle-Adam.

Le pont de Pontoise est composé de douze arches, compris l'espace où est le premier pont-levis, en entrant dans la ville. C'est le roi qui est tenu de l'entretien; il a toujours été compris dans l'état des ponts et chaussées.

Le pont de l'Isle-Adam est composé de dix arches, en trois ponts séparés par deux îles; l'hôtel de ville de Paris est chargé des réparations et entretènement de ce pont.

ÉLECTION DE MANTES.

Il y a à Mantes un pont de pierre sur la rivière de Seine, composé de trente-neuf arches, qui est en bon état, à la réserve du pavé, qui a besoin d'être réparé[1];

Un autre pont de pierre sur cette rivière, à Meulan, qui est séparé en deux parties par le fort; il est composé au total de vingt et une arches. Elles ne sont pas dans un état périlleux, mais il serait très-nécessaire de travailler à la plus grande partie, pour en éviter la ruine[2].

Il n'y a aucuns ponts de bois dans toute l'élection.

Sur la rivière de Mauldre il y a trois ponts :

Un à Aulnay,
Un à Nézel,
Et l'autre, appelé le Pont-Gallon, sous Épônes.

Sur la rivière de Vaucouleurs il y en a huit :

Un appelé le pont Baillet, sous Rosay;
Deux autres, le pont de Mantes-la-Ville, et le pont de la Folie;
Un, appelé le pont de Chanteraine[3];
Un autre, le pont de l'Archet;
Un autre, le pont Bouffard,
Et deux dans la ville de Mantes.

Tous ces ponts sont de pierre, composés d'une seule arche, excepté le pont de l'Archet, où il y en a quatre.

Le pont Bouffard, sur le bord de la rivière de Seine, est ruiné, ce qui incommode fort la navigation.

Tous ces ponts et les chaussées qui les accompagnent sont entretenus aux dépens du roi.

ÉLECTION DE MONTFORT.

Sur la petite rivière de Vègre il y a un pont de pierre de deux arches à Houdan, lequel a été nouvellement réparé des deniers d'octrois de la ville; il est à l'entrée par la porte de Paris. A la porte de Saint-Jean il y a aussi un pont de pierre d'une arche, sur un ruisseau nommé Obton.

Sur la rivière de Mauldre, dans le bourg de Maule, il y a deux ponts de pierre, dont l'un est composé de huit arches, sous l'une desquelles seulement la rivière passe; l'autre est composé de quatre arches, qui est le plus grand passage. Ces ponts sont en mauvais état; ils doivent être entretenus par le seigneur.

Au bout du pont de pierre de quatre arches

M. de Pontchartrain, sur les inondations annuelles dont souffrait la ville de Beauvais, et sur le droit de ponts et chaussées, avec un plan de la porte Saint-Jean, dans les Papiers du Contrôle général, G⁷ 430.

[1] Il existe quelques documents de la seconde moitié du XVIII⁸ siècle, sur le pont de Mantes, aux Archives Nationales, F¹⁴ 189.

[2] Cette dernière phrase a été supprimée par Chalibert-Dancosse.

[3] *Alias*, Chanterine ou Chanterre.

il y a une chaussée de vingt-cinq à trente toises, qui est mauvaise[1].

ÉLECTION DE DREUX.

Il y a cinq ponts dans cette élection qui sont tous sur la rivière d'Eure, savoir :

Un pont de pierre à Chérisy, composé d'onze arches bien cintrées, qui fut construit en l'année 1694, par les soins de M. Phélypeaux, intendant de la généralité de Paris, des revenants-bons des deniers d'octrois de la ville de Dreux;

Un petit pont de bois à Saint-James, pour les chevaux seulement, composé de quatre arches. En l'année 1686 il fut rétabli de neuf aux dépens du roi, lors des travaux de Maintenon[2]; depuis, il a été entretenu par les habitants.

Un autre pont de bois à Fermincourt, composé de six arches, où passent les harnais. La moitié de ce pont est bonne, ayant été rétablie par Mme la duchesse de Nemours[3], en 1694; l'autre moitié ne vaut rien[4].

Un autre pont de bois à Anet, qui est en mauvais état; M. le duc de Vendôme a dessein de le mettre en un autre endroit plus commode.

Un autre pont de bois à Sorel, qui fut construit de neuf en 1684, par le seigneur, composé de huit arches, sur lequel il y a un droit de traverse[5].

ÉLECTION D'ÉTAMPES.

Sur la rivière de Juisnes il y a deux ponts, savoir :

Le pont de bois de Vaux, à deux lieues au-dessous d'Étampes, qui est composé de trois arches. Il est en très-mauvais état. C'est le roi qui fait la dépense de l'entretènement; il serait nécessaire de le construire de pierre, parce que c'est un grand passage pour tous les bestiaux qui viennent du Limousin et du Berri au marché de Sceaux, et pour les vins du Gâtinais, pour la provision de Paris[6];

L'autre est le pont de pierre du Mesnil-Cornuel, qui est à quatre lieues au-dessous d'Étampes; il n'a qu'une arche de pierre, qui est en bon état. Il est compris dans l'état des entretènements des ouvrages des ponts et chaussées de la généralité.

Sur la rivière de Pithiviers, qui fait la séparation de l'élection d'Étampes d'avec celles de Nemours, Melun et Montereau[7], il y a trois ponts, savoir :

Le pont de Bunou[8], qui est à quatre lieues d'Étampes;

Le pont de Maisse,

Et le pont de Villiers.

Le pont de Bunou est de pierre, composé de trois arches; il est en bon état. M. de Reffuge, seigneur de Bunou[9], est tenu de l'entretènement.

---

[1] Les trois derniers mots ont été supprimés par Chalibert-Dancosse.

[2] Ce sont les travaux entrepris pour amener l'Eure à Versailles, et suspendus lorsque la guerre éclata.

[3] En qualité d'engagiste du domaine de Dreux; ci-dessus, p. 264.

[4] Cinq mots supprimés par Chalibert-Dancosse.

[5] Voyez plus loin, p. 368, la définition de ce terme.

[6] Sur les travaux dont la grande route d'Orléans à Paris, par Étampes, était l'objet, voir les *Lettres de Colbert*, t. IV, p. 417, 418 et 485, la *Correspondance des contrôleurs généraux*, t. I, n°s 284 et 717, et le *Traité de la police*, t. IV, p. 501. Entre autres prescriptions, les rouliers revenant de Paris devaient transporter du sable et des pavés pour l'entretien de la chaussée.

[7] Ce cours d'eau a été appelé la rivière d'Essonnes dans la première partie du Mémoire, p. 11. Il porte le nom d'Œuf lorsqu'il passe à Pithiviers, avant de se joindre à la Rimarde pour former la rivière d'Essonnes.

[8] Buno-Bonnevaux, c^ne Milly.

[9] Peut-être Henri de Reffuge, ancien capitaine aux gardes.

Le pont de Maisse, qui était de pierre, est tombé il y a déjà du temps; le public en souffre un grand préjudice. On prétend que M. le duc de Vendôme est tenu du rétablissement, à cause d'un droit de barrage qu'il y perçoit [1].

Le pont de Villiers [2], près la Ferté-Alais, est de pierre, à trois arches; il est en bon état. C'est le seigneur de Villiers qui est tenu de l'entretènement, à cause du péage qu'il y perçoit.

ÉLECTION DE MELUN.

Le grand chemin de Paris à Melun, par la plaine de Villeneuve-Saint-Georges, est impraticable une partie de l'année; il serait nécessaire d'y continuer les ouvrages de pavé qu'on y a faits.

Il serait aussi besoin de faire travailler sur le chemin de Corbeil à Melun, qui est très-mauvais.

Il y a deux ponts de pierre sur la Seine, à Melun, composés de huit arches chacun : l'un nommé le pont aux Moulins, et le pont au Fruit. Le pont aux Moulins est le plus grand passage; il n'est pas bien commode, à cause du peu d'ouverture et d'élévation des arches, ce qui oblige les bateaux chargés de foin pour la fourniture de Paris, venant du pays au-dessus, de le décharger en partie pour y pouvoir passer. Ils sont tous deux en bon état [3].

Il y a un autre pont de pierre à Saint-Liesne, qui est aussi en bon état;

Un autre à Samois, qui est tombé il y a quarante ans et n'a pas été rétabli depuis ce temps.

Tous ces ponts ont été construits et sont entretenus par le roi.

ÉLECTION DE NEMOURS.

Le pont de Nemours, sur la rivière de Loing, est composé de sept arches de pierre, dont l'une, depuis la naissance du cintre, est un couchis de bois; la maîtresse arche est en péril.

Il y a de plus trois ponts de pierre aux trois portes de la ville, qui ont chacun trois arches, qui sont en bon état, à la réserve de celui de la porte de la Joye, où il est survenu depuis peu quelques réparations [4].

Au-dessus de Nemours, sur cette rivière, il y a deux ponts de pierre : l'un à Dordives, à quatre lieues de distance de la ville, et l'autre à Souppes, à deux lieues, qui sont composés chacun de douze arches. Il y a de grandes réparations à l'un et à l'autre, ce qui fait qu'on n'y passe plus depuis un assez long temps [5].

A une lieue au-dessous de Nemours, sur la même rivière, il y a un pont de pierre à grès, de six arches, qui a besoin d'être réparé.

Sur la rivière d'Yonne, il y a un pont à Pont-sur-Yonne, qui est d'un grand passage; lequel est composé de six arches, dont quatre de pierre, d'ancienne construction, et deux de bois en cintre, d'une nouvelle invention par le sieur Bruand [6], depuis environ quinze

---

[1] Voyez ci-après, p. 374, l'article des Péages, élection d'Étampes.

[2] C⁽ⁿᵉ⁾ Cerny, près la Ferté-Alais.

[3] Le pont de Melun venait d'être restauré avec des matériaux provenant de la démolition du château (*Correspondance des contrôleurs généraux*, tome I⁽ᵉʳ⁾, n° 1096).

[4] Les trois dernières lignes ont été supprimées par Chalibert-Dancosse.

[5] Les trois dernières lignes ont encore été supprimées par Chalibert-Dancosse.

[6] Libéral Bruand, ingénieur, architecte du roi, constructeur de la Salpêtrière et de l'hôtel des Invalides, l'un des huit fondateurs de l'Académie d'architecture, mort en 1697, à plus de soixante-dix ans. Sur les inspections que lui confièrent Colbert et ses successeurs, voir les *Lettres de Colbert*, tome IV, p. 483, et la *Correspondance des*

ans. Cet ouvrage n'avait pas de solidité; le péril où elles étaient a obligé de les démolir. On travaille actuellement à les construire de pierre de même qualité que les anciennes [1].

Lorsqu'il survient des réparations à ces ponts, il en est fait fonds par le roi dans l'état des ponts et chaussées.

ÉLECTION DE MEAUX.

Dans la ville de Meaux il y a deux ponts sur la Marne [2].

Le premier, qui sépare la ville d'avec le Marché, est composé de huit arches, dont les deux premières du côté de la ville et la dernière du côté du Marché sont de bois; les cinq autres sont de pierre. Il y a beaucoup de réparations à y faire; le frère Romain [3] en a fait un devis [4].

L'autre pont est un pont de bois, où il y a trois moulins.

Il y a encore un pont à Meaux, sur le canal de Cornillon, à la porte du Marché, du côté de la Brie, qui est composé de trois arches, dont les piles seulement sont de pierre, et le dessus [5] est garni de poutres, avec un couchis de bois couvert de pavé.

Ce canal est pris d'une partie de la rivière, et ses eaux se rejoignent un peu au-dessous; il a été construit en l'année 1660, pour la commodité de la navigation [6].

Il y a huit autres ponts de pierre ou de bois dans la ville, soit aux portes ou sur le fossé.

Sur la même rivière de Marne, à une lieue au-dessus de Meaux, est le pont de Trilport, de vingt et une arches, construit entièrement de bois. Il est en bon état. Le propriétaire du péage est tenu de l'entretien [7].

Il y a deux autres ponts sur cette rivière :

L'un, à la Ferté-sous-Jouarre, du côté de la ville, d'une seule arche, qui était de bois, cintrée de la façon dudit sieur Bruand, qu'on a construit de pierre l'année dernière [8];

L'autre est entre le château et le faubourg, sur un autre bras de la rivière [9].

Sur la rivière du Grand Morin il y a, dans cette élection, quatre ponts, situés, savoir :

Un de pierre, à Jouy-sur-Morin, composé de quatre arches, qui est en bon état [10];

---

contrôleurs généraux, t. I, n° 347, note, 680 et 1096, note. Selon un de ses biographes, on devrait retrouver dans la bibliothèque ou les archives de la famille Le Peletier le procès-verbal d'une visite des ponts de la Seine, de l'Yonne, de l'Armançon, etc. qu'il fit en 1684. Il avait été remplacé, en 1691, par le frère Romain, ci-dessous, note 3.

[1] «Il a été construit de pierre de la même qualité.» (Chalibert-Dancosse.) Il est parlé de ce pont dans le livre de Vignon, t. I, p. 140 et 141.

[2] Voir une instruction de l'année 1665, pour la visite des ponts de Meaux, dans les Lettres de Colbert, t. IV, p. 420.

[3] François Romain, né à Gand en 1646, et entré au couvent des Dominicains de Maëstricht, s'étant distingué, en 1684, dans la construction du pont de cette ville, le roi Louis XIV l'avait fait venir à Paris pour diriger celle du pont Royal (ci-dessus, p. 356). Par arrêt du Conseil du 11 octobre 1691, il fut commis pour faire les visites, dresser les devis et les rapports pour la réception des ouvrages des ponts et chaussées, réparation des bâtiments dépendant des domaines de Sa Majesté, et autres ouvrages publics dans toute l'étendue de la généralité de Paris,» au lieu de L. Bruand, devenu infirme. Il mourut le 17 janvier 1735, et fut inhumé au Noviciat général.

[4] Cette dernière phrase manque dans le texte de Chalibert-Dancosse.

[5] Le dessous, dans Chalibert-Dancosse.

[6] et [7] Voyez ci-après, p. 375, l'article des Péages, élection de Meaux.

[8] «En l'année 1699,» dit Chalibert-Dancosse.

[9] Les ponts de la Ferté-sous-Jouarre avaient été emportés en 1684. On trouvera quelques documents aux Archives Nationales, F¹⁴ 189.

[10] Cinq mots supprimés par Chalibert-Dancosse.

Un autre, de bois, de deux arches, à Crécy, qui est mauvais;

A Esbly, un semblable de deux arches de bois;

Et l'autre, de six arches de pierre, au bourg de Couilly, qui est bon; il est entretenu par les propriétaires du péage[1].

Sur la rivière du Petit Morin il y a un pont de pierre à Condé, de trois arches qui sont en bon état[2].

Sur la rivière d'Ourcq, deux ponts de bois, à Lizy, en bon état[3].

Sur la petite rivière de Thérouanne, un pont de bois de deux arches, à Étrépilly.

Sur la petite rivière de Beuvronne, à Claye[4], un pont de pierre, d'une arche, et un autre pont de bois, de deux arches, entretenus par le propriétaire du péage.

ÉLECTION DE ROZOY.

Il y a sur la rivière d'Yerres un pont de pierre de cinq arches à Chaumes, qui est en bon état[5].

Un autre pont de pierre à Bernay, sur la même rivière, qui est rompu.

Sur le Grand Morin, à Guérard, un pont de pierre, dont quatre arches sont en mauvais état[6].

ÉLECTION DE COULOMMIERS.

Les grands chemins qui conduisent de Coulommiers à Meaux et à Provins sont très-mauvais; les abords de Coulommiers sont impraticables la moitié de l'année, à cause que les montagnes qui l'environnent sont d'un terrain de glaise dont on ne peut se tirer qu'avec peine.

Sur la rivière du Grand Morin il y a deux ponts de pierre dans l'étendue de cette élection, composés de sept arches, l'un à Pommeuse, et l'autre à Tresmes, qui est un hameau de cette paroisse. Ils sont entretenus aux dépens du roi. Il y a des réparations assez considérables à faire aux éperons de cinq arches de celui de Tresmes[7].

Il y a eu un autre pont à Sablonnières, qui est en ruines; il n'était pas d'une grande utilité, parce qu'ordinairement la rivière est guéable en cet endroit.

Il y a des ponts de bois à Coulommiers et à la Ferté-Gaucher, dont ces villes sont tenues de l'entretènement[8].

ÉLECTION DE PROVINS[9].

Le chemin de Provins à Bray est très-mauvais presque en tout temps; il serait bien nécessaire de le rendre praticable, parce qu'il sert au commerce de la Brie avec la Bourgogne.

La chaussée des Ormes à Bray est entièrement rompue, avec trois arches de pierre qui servent à l'écoulement des eaux; il y avait

---

[1] L'abbaye du Pont-aux-Dames; voyez ci-après, p. 375.

[2] Les cinq derniers mots ont été supprimés par Chalibert-Dancosse.

[3] Trois mots supprimés par Chalibert-Dancosse.

[4] Chalibert-Dancosse a imprimé : «Sur la petite rivière de Tereovanne, un pont de bois de deux arches à Esterpilly, sur la petite rivière de Brevonne; à Claye, un pont de pierre d'une arche.....»

[5] Cinq mots supprimés par Chalibert-Dancosse.

[6] Les sept derniers mots ont été supprimés par Chalibert-Dancosse.

[7] Cette dernière phrase a été supprimée par Chalibert-Dancosse.

[8] Ce paragraphe a été supprimé par Chalibert-Dancosse.

[9] Comparez le rapport du subdélégué de Provins; l'article 4a ne parle que très-sommairement des chemins de Provins à Paris et de Provins à Nogent, de Provins à Bray et des Ormes à Bray.

deux ponts de pierre sur la rivière de Voulzie, composés chacun de deux arches, l'un assez proche de Provins, l'autre à une lieue de distance, au village de Sainte-Colombe. Il y a une arche du premier pont qui est tombée depuis six ans; l'autre pont est détruit entièrement depuis plusieurs années. Ces ponts servaient au commerce de Paris, Nogent et Troyes.

Il y avait dans la paroisse de Saint-Loup[1] un pont de pierre d'une arche, qui servait à l'écoulement d'un ruisseau et des eaux pluviales descendant des montagnes, qui est rompu entièrement. Il servait de passage à toutes les voitures qui allaient de Brie en Bourgogne.

Celui de Grisy[2], de trois arches de pierre, est rompu. Il n'en reste qu'une arche.

Sur le Petit-Morin, proche le village d'Augers, il y avait un pont de pierre de trois arches, qui est rompu; il n'en reste que les piles. C'est un passage pour aller à Soissons, à Château-Thierry et à Montmirail.

Dans le village de Bazoches[3] il y avait un pont de pierre de trois arches sur la rivière appelée le Petit-Aubetin[4], qui est ruiné, à la réserve d'une arche, qui ne suffit pas pour le cours de cette rivière, en sorte que les eaux remontent et inondent le village. C'est le chemin de Provins à Coulommiers et à la Ferté.

Tous ces ponts ont été construits et ci-devant entretenus aux dépens du roi.

ÉLECTION DE NOGENT[5].

Pour arriver à Nogent du côté de Paris, il y a une chaussée en élévation au travers de la prairie, qui a treize cent vingt toises de longueur, sur laquelle il y a trente-cinq ponceaux de pierre, d'une arche chacun, pour l'écoulement et la communication des eaux dans les débordements; au bout de laquelle il y a un pont de pierre sur la Seine, composé de trois arches. Cette chaussée et le pont sont en bon état. La chaussée est comprise dans l'entretènement ordinaire de ce grand chemin de Paris en Champagne.

Il y a dans la ville de Nogent deux ponts de bois, avec des chaussées au bout, l'une de vingt-six pieds, et l'autre de dix-huit de long.

Hors la ville, sur un bras de la Seine, il y a un pont de pierre de cinq arches de pierre et un mur de cent toises de longueur, construit de pierre, qui soutient la chaussée.

A Marnay, au-dessus de Nogent, il y a en entrant un pont de bois, de trente pieds de long sur dix-huit de large. Dans ce bourg, un autre pont de deux arches de pierre, de quinze pieds de longueur chacune, sur douze de largeur. Ces ponts sont en bon état[6].

A Bray, au-dessous de Nogent, il y a un pont de bois, et ensuite un pont de pierre, sur la Seine[7]. Le pont de bois est soutenu par six files de pieux et deux masses, sur la longueur de trente-quatre toises quatre pieds. Il est pavé dessus. Celui de pierre est composé de quatre arches, sur vingt-huit toises de long; au bout duquel il y a un autre pont de bois de deux files de pieux, de cinq toises de long, et ensuite deux autres arches de pierre, de douze

---

[1] Saint-Loup-de-Naud.
[2] Grisy-sur-Seine, c⁰ⁿ Bray-sur-Seine.
[3] Bazoches-lès-Bray.
[4] Cette rivière a déjà été citée p. 75; le Mémoire écrit ici : *Daptin*, et plus haut : *Aubertin*.
[5] Sur les ponts et les chemins de l'élection de Nogent, voir les Papiers du Contrôle général, G⁷ 426, 5 août 1686.
[6] Phrase supprimée par Chalibert-Dancosse.
[7] Voir, dans les Papiers du Contrôle général, G⁷ 426, 17 juin 1686, un devis de réparation du pont de Bray-sur-Seine. Nous donnerons à l'Appendice le projet de répartition des dépenses.

toises de longueur, et au bout une chaussée qui a cent quarante-neuf toises quatre pieds de longueur, compris les ponts, et trois toises de largeur.

Sur la rivière d'Ardusson :

A la Chapelle-Godefroy il y a un pont de pierre ruiné;

A Saint-Aubin il y a un pont de pierre de deux arches, en bon état[1];

A Quincy, un pont de pierre ruiné;

A Ferreux, un pont de pierre ruiné.

Tous ces ponts ont été construits et s'entretiennent aux dépens du roi.

ÉLECTION DE MONTEREAU.

Les grands chemins des environs de Montereau sont en très-mauvais état. Ils ne sont pas compris dans l'entretènement ordinaire.

Il y a dans la ville quatre ponts de pierre, savoir : un sur la Seine, composé de six arches, en mauvais état[2]; un autre de trois arches, pour passer au faubourg Saint-Maurice, en bon état; un autre sur la rivière d'Yonne, de huit arches, en bon état; un autre de quatre arches, pour passer de la ville au faubourg de Gâtinais, en bon état[3].

Du côté du Gâtinais il y a une chaussée de quatre cents toises de long, qui a vingt-quatre arches de distance en distance.

Il y a à Moret, sur la rivière de Loing, un pont de pierre composé de cinq arches, qui fut rétabli l'année dernière.

Ces ponts et chaussées sont entretenus par le roi, à la réserve du pavé et parapets de ces ponts, qui s'entretiennent aux dépens des villes de Montereau et de Moret, chacune pour ce qui les regarde.

ÉLECTION DE SENS.

Les grands chemins qui sont sur la route de Sens, dans l'étendue de l'élection, sont en bon état[4].

Il y a à Sens deux grands ponts de pierre sur la rivière d'Yonne, dont un proche de la ville, qui est composé de six arches; les pilotis de la principale arche ont baissé d'environ un pied et demi, ce qui l'a fait baisser et a endommagé les piles et avant-becs. L'autre est composé de sept arches qui sont en bon état[5].

A Villeneuve-le-Roy, sur la même rivière d'Yonne, il y a pareillement deux grands ponts de pierre, dont l'un, attenant la ville, est composé de sept arches, où il est besoin d'y faire travailler à la troisième[6] et à la quatrième pile. L'autre a onze arches, dont il y a quatre avant-becs à raccommoder depuis le fond jusqu'au haut, et les parapets.

Le roi est tenu de l'entretènement de tous ces ponts, et pareillement de trois ponceaux de pierre sur la rivière de Vannes, au sortir de la ville du côté de la Bourgogne.

Il y a des ponts de bois sur ces rivières à Sens, à Villeneuve-le-Roy et dans les paroisses

---

[1] Trois mots supprimés par Chalibert-Dancosse.

[2] Voir, dans la *Correspondance des contrôleurs généraux*, t. I", n° 1834, un projet préparé par le frère Romain pour transformer une arche de ce pont en pont-levis ou en pont tournant, qui permit de laisser passer les bateaux chargés de foin. Le Mémoire a signalé le même inconvénient au pont de Melun, ci-dessus, p. 361.

[3] Les diverses indications «en mauvais état» ou «en bon état» ont été supprimées par Chalibert-Dancosse.

[4] Ce paragraphe a été supprimé par Chalibert-Dancosse.

[5] Les cinq derniers mots ont été supprimés par Chalibert-Dancosse. — Colbert avait fait faire des travaux, en 1665, sous l'inspection de Levau, au pont de Sens, comme à ceux de Montereau, Joigny, Seignelay et Auxerre. (*Lettres*, t. IV, p. 419.)

[6] La première arche, selon le texte de Chalibert-Dancosse.

de Mâlay-le-Vicomte, Pont-sur-Vannes, Molinons et Villeneuve-l'Archevêque, qui sont entretenus par les habitants des lieux.

ÉLECTION DE JOIGNY.

Les grands chemins de Joigny à Paris, jusqu'à Villeneuve-le-Roy, et ceux de Joigny à Auxerre sont fort mauvais pendant l'hiver, à cause de la qualité du terrain [1].

La chaussée qui conduit de Joigny dans la vallée d'Aillant est impraticable. Il y a huit arches, dont quatre de pierre, et les autres, de bois, sont entièrement rompues; cependant les voitures d'Auxerre à Paris ne peuvent passer que sur cette chaussée dans les grandes eaux.

Le pont de Joigny, sur la rivière d'Yonne, est en bon état. Il est composé de cinq arches de pierre et deux de bois. Ce pont est célèbre à cause de l'écu de Joigny, qui se paye par chacun muid de vin passant dessous et dessus, qui produit au roi un revenu de 50,000 écus [2]. C'est le seul pont qui soit sur cette rivière dans l'étendue de l'élection.

Il y a deux autres ponts sur la rivière d'Armançon :

Un à Brienon-l'Archevêque, composé de huit arches de pierre, dont il ne reste que trois; on travaille au rétablissement pour reconstruire en bois celles qui sont ruinées.

L'autre pont est à Cheny, composé de sept arches de pierre, en bon état [3].

Il y a encore un pont de cinq arches de pierre, en bon état, sur la rivière d'Ouanne, à Saint-Martin-sur-Ouanne.

Tous ces ponts sont entretenus par le roi.

ÉLECTION DE SAINT-FLORENTIN.

A la sortie de Saint-Florentin pour aller à Tonnerre, il s'est fait une cavée par des ravines, qui est presque impraticable, qui rend l'abord de cette ville très-difficile.

La chaussée d'Aurolles [4], du côté de Paris, est en très-mauvais état.

Celle de Saint-Florentin à Ervy, celle d'Ervy à Troyes, une autre qui conduit d'Ervy à Chessy, sont très-mauvaises. Il serait nécessaire, pour la communication de ces villes et leur commerce, même pour celui qui se fait à Paris, de faire des fonds en plusieurs années pour ces rétablissements.

Il n'y a que deux ponts dans cette élection, sur la rivière d'Armançon [5], qui sont à Saint-Florentin : l'un, composé de deux arches de gresserie [6], où il y a quelques réparations légères à y faire. L'autre, qui lui sert de décharge, composé de quatre arches, est en mauvais état; il a besoin d'être réparé promptement, pour éviter sa chute, qui causerait toute cessation de commerce par charrois à Saint-Florentin de ce côté-là, et les gens de la campagne n'y pourraient arriver qu'en bateau.

ÉLECTION DE TONNERRE.

Il y a une chaussée ancienne depuis Ligny

---

[1] Sur les chemins des élections de Joigny, Saint-Florentin, Tonnerre et Vézelay, voir les documents conservés aux archives du département de l'Yonne, C 62-65 et 197.

[2] Ce droit, établi en novembre 1640 pour décharger les élections d'Auxerre, Mâcon, Bar-sur-Seine, Vézelay, Tonnerre et Joigny du sol pour livre, avait été réglé à 40 sols par muid de vin, en juillet 1656.

[3] Les trois derniers mots ont été supprimés par Chalibert-Dancosse.

[4] Avrolles; ci-dessus, p. 327.

[5] Le manuscrit Nivernois porte, par erreur : *Armance*. C'est l'Armançon qui traverse Saint-Florentin peu après avoir reçu l'Armance.

[6] *Grifferie*, dans le texte de Chabbert-Dancosse.

jusqu'à Rougemont, qui sont à douze lieues de distance l'un de l'autre. C'est un chemin droit, pavé à l'antique, qui traverse le comté de Tonnerre; il se retrouve ensuite dans les bois de l'abbaye de Fontenay, et conduit en ligne droite à Sainte-Reine. On l'appelle communément dans le pays le *chemin de la reine Brunehaut*[1].

Il passe dans l'élection de Tonnerre trois rivières : l'Armançon, le Serain et la rivière de Laignes. Les ponts qu'il y a sur ces rivières sont, savoir :

Sur l'Armançon, au-dessus de la ville de Tonnerre :

A Aisy, un pont de pierre ruiné;

A Argentenay, un de même;

A Ancy-le-Franc, un pont de pierre de sept arches, en bon état[2];

A Lézinnes, un pont de pierre de huit grandes arches et deux petites, en bon état[3];

A Commissey, un pont de treize arches, dont deux entièrement rompues, au rétablissement desquelles on travaille actuellement[4];

A Ravières, un pont de pierre de treize arches, en ruine; ce pont est très-nécessaire pour le commerce des provinces de Champagne, Bourgogne, Nivernais et Morvan; c'est un grand passage;

A Rougemont, un pont de cinq grandes arches et trois petites, ruinées;

A Pacy[5], un pont de pierre, en bon état[6];

A Saint-Vinnemer, un pont de neuf arches, en mauvais état, prêt à tomber;

A Cry, un pont de douze arches défectueuses; on y travaille[7];

A Perrigny, un pont de cinq grandes arches et trois petites, en mauvais état.

Dans la ville de Tonnerre et ès environs, sur les trois bras de la rivière d'Armançon, il y a sept ponts en bon état.

Il n'y en a aucuns sur cette rivière au-dessous de Tonnerre, dans l'élection.

Sur la rivière de Serain, il y a à Chablis deux ponts de pierre de trois arches chacun : un dans la ville, en bon état; l'autre hors la ville, qui a besoin d'être réparé[8];

A Pontigny, un pont de trois arches, en bon état[9];

A Chichée, un pont de quatre arches, en mauvais état;

A Poilly[10], un pont de sept arches, de même.

Sur la rivière de Laignes, il y a :

Un pont de quatre arches à Griselles, qui est en mauvais état;

Un de même à Molesme.

Tous ces ponts sont entretenus par le roi.

Il y a dans les trois bourgs des Riceys plusieurs ponts sur cette petite rivière de Laignes qui sont entretenus par les habitants.

---

[1] Les cartes modernes indiquent un tronçon de cette voie de Saint-Florentin à Tonnerre.

[2] Ces trois mots ont été supprimés par Chalibert-Dancosse.

[3] Idem.

[4] Les deux dernières lignes ont été supprimées par Chalibert-Dancosse. — Sur la chute du pont de Commissey, en 1697, voir les Papiers du Contrôle général, G² 430, 28 novembre 1699.

[5] Pacy-sur-Armançon, c⁽ⁿ⁾ Ancy-le-Franc.

[6] Mention supprimée par Chalibert-Dancosse.

[7] Cette mention a été supprimée par Chalibert-Dancosse, ainsi que celle qui concerne le pont de Perrigny et ceux de Tonnerre.

[8] « Il y a à Chablis trois ponts, de trois arches chacun, savoir : deux dans la ville, l'autre hors la ville. » (Chalibert-Dancosse.)

[9] Cette mention et celles qui terminent les trois articles suivants ont été supprimées par Chalibert-Dancosse.

[10] Poilly-sur-Serain.

ÉLECTION DE VÉZELAY.

Il y avait anciennement dans cette élection quatre ponts sur la rivière d'Yonne, savoir :
A Saint-Didier [1],
A Monceaux [2],
A Marcy [3],
Et à Cropigny.

Ces quatre ponts sont entièrement ruinés depuis cinquante à soixante ans; il n'en reste que peu de vestiges, qui paraissent quand les eaux sont basses.

Les ponts de Saint-Didier et Monceaux avaient quatre arches chacun, bâties de pierre de taille, avec des parapets.

Celui de Marcy était d'une seule arche. Il a été rebâti depuis quelques années; il est retombé en ruines.

Celui de Cropigny était pareillement d'une seule arche de pierre; il servait principalement pour le passage d'un grand ruisseau qui est très-dangereux à passer l'hiver.

Outre ces ponts sur la rivière d'Yonne, il y avait un autre pont sur la rivière de Cure, à Saint-Père [4], composé de quatre arches de pierre, qui est entièrement ruiné. C'était un grand passage pour la communication [5] des provinces de Bourgogne, du Berri, du Nivernais et de la Champagne, ce qui oblige les voituriers de prendre un long détour pour chercher ailleurs un autre passage sur cette rivière, outre l'incommodité particulière qu'en reçoivent les habitants du pays qui ont leurs héritages au delà de cette rivière, laquelle ils ne peuvent passer qu'avec peine, étant profonde et rapide [6].

DES PÉAGES ET TRAVERS.

Péage ou *travers* est un droit qui se perçoit sur les denrées ou marchandises qui passent sur les rivières ou d'un pays en un autre, à la charge d'entretenir en bon état les ponts, passages, chaussées et levées par le seigneur à qui le droit appartient [7].

---

[1] (C.ⁿᵉ Tannay (Nièvre). Cette paroisse était de la généralité d'Orléans.

[2] Monceaux-le-Comte, cⁿᵉ Tannay (Nièvre).

[3] Paroisse de la généralité d'Orléans.

[4] Cⁿᵉ Vézelay, arr. Avallon (Yonne).

[5] *Consommation*, dans le texte de Chalibert-Daucosse, comme dans un des manuscrits que nous suivons.

[6] Au lieu d'analyser cet article des Ponts, Boulainvilliers se contente de dire : «A l'égard des ponts de toute la généralité, dont il fait le détail, ainsi que des péages et travers qui s'y lèvent, il m'a semblé que je pouvais les omettre dans cet extrait, en observant simplement que l'auteur compte 184 ponts de pierre et de bois, dont il en suppose un tiers en ruines, et les autres assez mal entretenus; qu'à l'égard des droits de péage et travers qui se lèvent dans la généralité, ils montent tous ensemble à la somme de 75,308 ⁶, non compris les bacs sur les grosses rivières. » Ces calculs ne sont pas exacts, car le Mémoire énumère environ 250 ponts, dont 50 à peu près en mauvais état, et le total des droits de péage qu'il indique est de plus de 78,000 ⁶, sans compter ceux dont il n'a pas connu le produit.

[7] Delamare avait réuni dans ses manuscrits un assez grand nombre de documents sur les péages. En tête du recueil se trouve cet avant-propos : «Il n'appartient qu'au roi de créer de nouveaux péages. Ainsi le voyons-nous dans les capitulaires, où tous les rois ont toujours supprimé tous les droits de péage établis sur les ponts et les passages qui n'étaient point établis d'ancienne mémoire... Le péage est nommé *pedagium* dans les anciennes chartes, et, sous ce nom de *pedagium*, étaient compris plusieurs espèces de droits, comme celui dit *telonium*, *rotaticum*, *pontaticum*, *pulveraticum*, etc. (Voir les Capitulaires.) — *Causes des péages*. Les péages furent établis dès que les lois

Les péages sont à charge aux peuples et embarrassants pour le commerce[1]. Voici un état de ceux de la généralité, par élections.

ÉLECTION DE PARIS.

A Corbeil il y a un péage sur la rivière de Seine, qui appartient à M. le maréchal de Villeroy; il fait partie de l'engagement du domaine de Corbeil. Il est afferné, conjointement avec le péage d'Essonnes, qui en fait aussi partie, et le péage par terre de Corbeil, la somme de 2,800ᵗᵗ.

A Gournay, un péage sur la rivière de Marne, qui appartient en partie au seigneur et à la maison de Sorbonne.

A Lagny, un péage sous le pont, qui ap-

---

furent données au peuple, afin que l'on sût quelles choses passaient d'un pays à un autre, que les seigneurs des lieux fussent avisés et en fussent servis et reconnus, et il fut ordonné que ce fût étroitement tenu et gardé, sans enfreindre. (*Somme rurale*, p. 405, 406 et 407, tit. LXVIII.) Deux sortes de péages : l'un royal, et l'autre seigneurial. Le royal est celui que le roi seul peut lever, à cause de sa souveraineté, comme de transporter marchandises ou autres choses hors du royaume, ou d'en amener et apporter des pays étrangers dans le royaume. Le péage seigneurial est celui qui appartient à quelque seigneur, soit le roi ou autre, à cause de sa seigneurie, pour le passage et travers que font par icelle, soit sur ponts ou par chemins, les marchands et autres menant et conduisant marchandises et autres choses sujettes audit droit. Cet impôt a été principalement institué pour entretenir les ponts, chemins et passages, et les tenir en sûreté pour les passants. Les péages ne sont point de l'invention des Français : les Grecs levaient cet impôt sur les peuples de leur domination; ils le nommaient dans leur langue τέλος. Après eux, les Romains l'ont établi, et même étendu; ils le nommaient *vectigal peregrinum* ou *portorium*. Auguste même ne comprit point, dans le retranchement qu'il fit des impôts dont le peuple était chargé, le péage sur les marchandises qui étaient voiturées sur les chemins; *tributa ordinaria instituit, alia in agros, alia in caput*. (Bergier, liv. Iᵉʳ, ch. xII, p. 36). Voir indispensablement l'ordonnance de Charles IX rendue aux états de Blois, pour en prendre ce qui regarde les chemins et les péages. Il paraît que de tous temps les droits de péage n'ont été levés par les seigneurs que pour être employés aux réparations publiques des chemins et des ponts. Cette conjecture se trouve prouvée en quelque manière par l'obligation où sont les seigneurs d'entretenir les chemins du produit de ce droit, et encore par les permissions que les rois ont accordées nombre de fois à des villes particulières de lever cette espèce de droit pour l'entretien du pavé des rues, pour l'embellissement de la ville, et pour entretenir les ponts. L'usage ancien voulait que, si un homme était volé en plein jour, depuis le lever du soleil jusqu'au coucher seulement, sur un grand chemin, celui qui y tenait le péage était obligé de dédommager la perte qui avait été faite, parce que les seigneurs étaient tenus de tenir les passages. Du Bouchet, à ce sujet, cite des arrêts du parlement qui ont autorisé cet usage, l'un de 1269, rendu contre le seigneur de Vernon, un autre de 1273, contre le comte de Bretagne; et en 1287, le comte d'Artois fut également condamné. (*Bibl. de droit français*, vº Péage.) Il cite encore un arrêt de 1295, par lequel il paraît que le roi fit rembourser le prix d'un vol qui avait été fait sur sa justice.» (Bibl. Nationale, ms. fr. 21691, fol. 63). — Les continuateurs de Delamare ont consacré aux péages quelques pages du tome IV du *Traité de la police*, p. 519-526.

[1] Ces deux lignes ont été supprimées par Chalibert-Dancesse. — Colbert avait tenté, dans les premières années de son ministère, de faire faire la vérification des titres sur lesquels les péages avaient été établis, et de supprimer tous ceux dont l'existence ne se trouverait pas justifiée par l'entretien de quelque voie de communication. Cette réforme n'avait donné que des résultats très-insuffisants. Mais, sous Louis XV, en 1724, une commission fut instituée pour le même objet, et ne cessa plus dès lors de fonctionner jusqu'en 1791, sous la direction supérieure du contrôleur général. Les dossiers de cette révision forment aujourd'hui, aux Archives Nationales, un fonds considérable, dont la description a été donnée dans l'*Inventaire sommaire et tableau méthodique des fonds*, col. 45-49, et où l'on retrouvera les titres de tous les péages ou travers énumérés ici par le Mémoire. On trouvera également la table alphabétique des arrêts du Conseil, sur avis du bureau des Péages, de 1726 à 1747, dans le manuscrit Delamare fr. 21691, fol. 191-243.

partient à Mlle de Tresmes, à cause de la baronnie de Montjay; il vaut 400^tt.

Un autre dessus le pont, qui appartient à M. l'abbé de Lagny; il vaut 30^tt [1].

A Bonneuil, un péage sur les chevaux qui remontent les bateaux sur la rivière de Marne; il appartient au seigneur.

A Saint-Denis, un péage aux religieux de l'abbaye de Saint-Denis [2].

A Conflans-Sainte-Honorine, un péage à M. le président de Ménars, qui en est seigneur.

A Maisons et Poissy, un péage, qui vaut 6,000^tt, à M. le président de Maisons; il se paye à Poissy [3].

A Chatou, un péage au seigneur, qui est chargé de l'entretien du pont [4].

A Montmorency, un péage à Monseigneur le Prince.

A Saint-Brice et à Sarcelles, un péage à M. de Braque [5], qui vaut 600^tt.

A Épinay, un péage par terre, à M. le duc de Brancas, qui vaut 1,200^tt, et un autre sur la rivière, sur chacun bateau chargé de sel, qui vaut 500^tt, par abonnement avec les fermiers généraux.

A Franconville, un péage à M. de Châteauneuf, secrétaire d'État, qui vaut 500^tt.

A Montlhéry, un péage à M. Phélypeaux, conseiller d'État, intendant de la généralité de Paris, en qualité d'engagiste du domaine.

A Saint-Leu [6], un péage à M. de la Noue, secrétaire du roi, qui vaut 100^tt.

ÉLECTION DE SENLIS.

Le receveur du domaine du roi perçoit un droit de travers à Senlis, qui consiste en un sol qui se paye pour chacune charrette, chargée et non chargée, et 2 deniers pour chaque bête à somme, chargée et non chargée, passants et repassants. Ce droit n'était perçu, il y a quelques années, que sur les voitures et bêtes chargées qui passaient par la ville, dont la charge n'était pas pour y être consommée; depuis environ douze ans, le fermier le perçoit également sur ce qui y passe et ce qui y demeure. Le produit de ce droit est de 950^tt par an.

La ville de Senlis perçoit aussi un droit de chaussée sur les charrettes et bêtes à somme, chargées et non chargées, passant et repassant, lequel est affermé 460^tt; et un autre droit de chargeage et déchargeage des vins qui se vendent sur le marché, qui est affermé 150^tt.

Les religieux de l'abbaye de Chaalis perçoivent aussi un droit de travers à Senlis, qui consiste en 4 deniers sur chacune charette.

---

[1] Alias, 300^tt.

[2] Les dames de Saint-Cyr, substituées aux droits de l'abbaye de Saint-Denis, avaient obtenu, le 12 décembre 1696, confirmation du droit de barrage qui se percevait à Saint-Denis, au Bourget et à Pantin, et en avaient fait refaire le tarif.

[3] Le pont de Poissy ayant été reconstruit aux frais du président de Maisons, en 1658, ce magistrat obtint, pour lui et ses successeurs, la perception de droits de péage et de passage. (Traité de la police, t. IV, p. 524.) Le chapitre de Notre-Dame de Poissy avait droit, depuis l'an 1061, à un dixième du revenu de ces droits. Voyez l'historique donné par Piganiol de la Force, dans la Nouvelle description de la France, éd. de 1753, t. I, p. 295 et 296. De plus, les habitants de Poissy avaient obtenu, le 19 février 1655, la permission de prendre un droit de hause sur les marchands forains. Voir le titre dans le ms. fr. 21691, fol. 143.

[4] Ci-dessus, p. 357.

[5] Christophe de Braque, dit le comte de Loches, seigneur d'Ozonville, Saint-Brice, la Motte et Châtauvert, exempt des gardes du corps du roi, né en 1664, mort en 1740.

[6] Saint-Leu-Taverny (Seine-et-Oise).

chargée et non chargée, et 2 deniers sur chacune bête à somme passant et repassant; le produit de ce droit est de 15 ℔ par an.

A Beaumont, Mᵐᵉ la maréchale de la Mothe, en qualité d'engagiste du domaine de cette ville, jouit d'un droit de péage et travers sur tout ce qui passe dessus et dessous le pont. Les gens qui passent à cheval dessus le pont payent 12 deniers, et les gens de pied 2. Ce péage est affermé 9,000 ℔ par an.

Mᵐᵉ la maréchale, en ladite qualité, jouit encore d'un autre droit de travers qui consiste en 10 sols sur chacun muid de vin entrant, sortant ou vendu en la ville de Beaumont, lequel est affermé 300 ℔.

A Pont-Sainte-Maxence, M. le duc d'Uzès, tant en qualité de seigneur engagiste de Pont-Sainte-Maxence que comme seigneur châtelain, jouit d'un péage sur la rivière d'Oise, lequel est affermé 600 ℔, et d'un droit de travers de Creil à Compiègne, lequel est affermé 30 ℔, et encore d'un autre sur le pont de Creil, affermé 280 ℔.

Les religieuses de l'abbaye du Moncel jouissent d'un droit de rouage sur tout le vin passant devant la porte de leur abbaye, qui consiste en 12 deniers pour muid. Il produit, année commune, 12 ℔.

Le prieur et les religieux de Saint-Leu[1] jouissent d'un péage sur la rivière d'Oise, à un endroit où il y avait autrefois un pont, lequel a été rompu il y a environ cinquante ans, qui consiste en droits sur les marchandises dont les bateaux sont chargés, suivant un tarif. Ce péage est affermé 1,800 ℔.

A Creil, Mesdames les princesses de Carignan et de Nemours, en qualité de dames engagistes du domaine de Creil, jouissent d'un droit de pontonage sur les habitants des villages voisins de ladite ville, lequel est réglé en argent ou en grains par chacun cheval de charrue. Ce droit est affermé 120 ℔ par chacun an.

Les mêmes dames jouissent d'un autre droit de travers sur les charrois et bêtes à somme, au bout de la chaussée de Pont, près Saint-Martin-Londeau[2], où il y a deux petits ponts qui servent à écouler les eaux; lequel est affermé 400 ℔.

M. de Bélabre[3], seigneur de Morfontaine[4], en cette qualité, a un droit de travers dans le village de la Chapelle[5], qui est affermé 90 ℔.

Il y a dans cette élection plusieurs autres droits de travers de peu de conséquence, qui appartiennent aux seigneurs des lieux où ils se perçoivent.

ÉLECTION DE COMPIÈGNE.

La ville de Compiègne jouit d'un droit de travers sur les marchandises qui y entrent, lequel est affermé 150 ℔[6].

Il y a dans l'élection plusieurs péages et travers par eau et par terre, savoir :

Dans la ville de Compiègne, un droit de

---

[1] Saint-Leu-d'Esserent (Oise); ci-dessus, p. 94.

[2] Ou Longueau, à 3 kilomètres 1/2 de l'Oise, près Pont-Sainte-Maxence.

[3] Gabriel Le Coigneux, marquis de Bélabre, seigneur de Montmélian et de Mortfontaine, frère du poète Bachaumont, avait été conseiller au Grand Conseil, puis maître des requêtes; mais n'ayant pu obtenir, en 1686, l'agrément du roi pour succéder au frère aîné qu'il venait de perdre et qui était président à mortier au parlement de Paris, il avait quitté la magistrature. Mort à Bélabre, en Poitou, le 15 mars 1709.

[4] Mortfontaine, cᵒⁿ Senlis.

[5] La Chapelle-en-Serval.

[6] Sur les travers de Compiègne, Choisy-au-Bac et Senlis, voir un arrêt de 16 janvier 1656, dans le ms. fr. 21692, fol. 145.

47.

travers appartenant au roi, qui se perçoit aux portes de la ville sur toutes les marchandises, chariots, charrettes et chevaux passants et repassants. Il fait partie du domaine. Il consiste en 12 deniers pour une charrette chargée, 6 deniers pour une charrette non chargée, 4 deniers pour un cheval chargé, et 1 denier pour bête à pied fourché.

Le roi jouit aussi à Compiègne, par ses fermiers, d'un droit de péage sur la rivière d'Oise.

Ces péages et travers sont affermés 750 lt.

Il y a encore un droit de travers à Compiègne, qui appartient à la succession de feu M. le maréchal d'Humières, en qualité de seigneur de Couduu, qui est affermé 250 lt, et un péage qui appartient à l'abbaye de Saint-Corneille.

A Janville, au-dessus de Compiègne, il y a un péage par eau et un travers par terre, qui appartient au seigneur. Il a abandonné depuis quelque temps celui-ci, pour n'être pas tenu de l'entretènement du grand chemin et de la chaussée. Il jouit de celui par eau.

Au bourg de Verberie, au-dessous de Compiègne, il se perçoit un péage sur la rivière, qui appartient à la succession de feu M. le marquis de Raray, en qualité de seigneur engagiste du lieu.

ÉLECTION DE BEAUVAIS.

Il n'y a point de péages ni de travers considérables dans l'élection.

La ville de Beauvais jouit d'un droit de travers appelé *Ponts et chaussées*, qui est affermé 240 lt [1].

Le travers de Milly appartient à M. le comte de Clermont [2], en qualité de seigneur engagiste du lieu, pour les deux tiers seulement; l'autre tiers appartient à M. le maréchal de Boufflers; il est affermé 20 lt par an.

Celui de Saint-Omer [3], de même valeur, appartient aux mêmes seigneurs.

Celui d'Oudeuil ou Pisseleu appartient à M. de la Grange, conseiller au Grand Conseil, qui en est seigneur; il est affermé 20 lt.

Celui de Saint-Martin-le-Neuf [4] appartient au sieur de Flambermont [5]; il est affermé 120 lt.

Celui du pont de Harmes [6] appartient aux religieuses de Variville [7]; il vaut 70 lt.

Celui de Bailleu est dépendant de la châtellenie de Bulles; il appartient à M. le comte de Clermont; il est affermé 30 lt [8].

Celui de Mouchy, à M. le maréchal de Noailles; il est affermé 20 lt.

ÉLECTION DE PONTOISE.

M. le cardinal de Bouillon, en qualité de seigneur engagiste de Pontoise, jouit d'un droit de péage sur le pont de Pontoise, qui consiste en droits à percevoir sur les charrettes et chevaux chargés passant et repassant sur ce pont [9]; il est affermé 2,000 lt.

M. le marquis de Saint-Chamant jouit de

---

[1] Voyez ci-dessus, p. 358, note 5.

[2] C'est-à-dire le prince de Carignan; voyez ci-dessus, p. 215 et 260. Ce ne fut que plus tard, lorsque ce prince eut vendu le comté de Clermont à la princesse d'Harcourt, que le duc de Bourbon reprit pour un de ses fils, en 1709, le titre de comte de Clermont, déjà porté par deux de ses frères.

[3] Saint-Omer-en-Chaussée (Oise).

[4] Saint-Martin-le-Nœud (Oise).

[5] Claude de Vacquerie, seigneur de Flambermont, lieutenant au régiment des gardes françaises.

[6] Écrit *Hermes*, plus haut, à l'article des Ponts, p. 358.

[7] Prieuré de filles; ci-dessus, p. 68.

[8] Le texte de Chalibert-Dancosse porte : 90 lt.

[9] Voir un dossier dans les papiers du Contrôle général, G⁷ 430, 10 février 1699.

deux péages sur la rivière d'Oise, qui se perçoivent, l'un vis-à-vis le château de Poix, et l'autre devant son château de Méry, sur les bateaux passant sur cette rivière. Ils sont affermés 1,100ʰ.

L'Hôtel-Dieu de Pontoise jouit d'un péage sur quelques denrées passant sur cette rivière, qui est affermé 300ʰ.

M. le prince de Conti jouit d'un péage à l'Isle-Adam, qui est affermé 150ʰ.

ÉLECTION DE MANTES.

Les péages de Mantes sont :

Le grand acquit, qui appartient à Mme la marquise du Vignau, à M. de Clinchamp et autres; il est affermé 600ʰ [1];

La boîte par eau, qui appartient à M. Amelot [2], à M. Le Peletier de la Houssaye et à M. le marquis de Blaru; elle est affermée 380ʰ.

L'acquit de Rosny, autrement le *masslier*, appartient à l'hôtel de ville de Mantes et aux seigneurs de Maffliers; il est affermé 700ʰ.

Le péage de M. d'Hannucourt est affermé 195ʰ.

Le péage des Célestins [3] est affermé 240ʰ.

Le péage de M. le comte de Broglio [4] est affermé 80ʰ.

Le péage de M. l'abbé de Saint-Denis est affermé 200ʰ.

A Meulan il n'y a qu'un péage, qui appartient à M. de la Chesnaye, gouverneur de Meulan. Il était affermé avant la guerre 8,000ʰ; il a beaucoup diminué [5].

ÉLECTION DE MONTFORT.

M. le duc de Chevreuse jouit d'un droit de travers à Montfort; il en jouit pareillement d'autres dans les villes de Houdan et dans les paroisses de Saint-Léger, Garancières et Elleville.

M. de Nyert, premier valet de chambre du roi, en a un dans l'étendue de la justice de Gambais, sur le chemin de la Queue à Houdan.

Ces droits de travers sont fort modiques et d'un petit revenu.

---

[1] Voyez ci-dessus, p. 262 et 263, l'article des Domaines de Mantes aliénés.

[2] Ce doit être Michel Amelot, marquis de Gournay et baron de Bruxelles, qui, après avoir été conseiller au parlement, maître des requêtes, puis ambassadeur à Venise, en Portugal et en Suisse, était revenu en France pour prendre rang au Conseil d'État et remplir les fonctions de directeur du commerce auprès du contrôleur général des finances (septembre 1699). Pendant la guerre de Succession, il alla en qualité d'ambassadeur extraordinaire à Madrid et dirigea durant quatre ans les finances espagnoles. Sous la Régence, il fut président du Bureau du commerce; mais il ne put entrer ni au Conseil des affaires étrangères, ni à celui des finances, où sa place était toute désignée. « M. le duc d'Orléans, dit Saint-Simon, le craignait par l'union avec laquelle il avait vécu avec la princesse des Ursins, en Espagne, où, sous le nom d'ambassadeur, il avait fait la fonction de premier ministre, y avait réparé les finances et les troupes, mis l'ordre partout, et avait en même temps gagné tous les cœurs. C'était, dans ces temps de désastres, le comble de la capacité... » (*Mémoires*, t. XII, p. 277 et 278.) Il mourut le 21 juin 1724, à l'âge de soixante-neuf ans et cinq mois.

[3] Les Célestins de Mantes; ci-dessus, p. 96.

[4] Victor-Maurice, comte de Broglia ou Broglio (aujourd'hui Broglie) et marquis de Brezolles, gouverneur d'Avesnes, lieutenant général depuis 1698, devint maréchal de France en 1724, et mourut au château de Buhy, le 4 août 1727, âgé de quatre-vingt-trois ans. Voir les *Mémoires de Saint-Simon*, t. V, p. 344. Le fils de ce comte de Broglio, qui en 1700 était déjà mestre de camp de cavalerie, devint, lui aussi, maréchal de France en 1734.

[5] La ferme des aides percevait au pont de Meulan un droit de 20 sols 3 deniers par cent de plâtre, et de 8ˢ 1ᵈ 6ᵈ par bateau chargé. Voyez l'*Encyclopédie méthodique* (Finances), t. III, p. 343.

ÉLECTION DE DREUX.

Les droits de travers par terre de la ville de Dreux se perçoivent sur toutes les marchandises et bestiaux qui y passent pour aller à Paris. Ils sont réglés par un tarif arrêté au bailliage de la ville le 5 mars 1598[1]; ils sont affermés 600ᴛᴛ.

M. le duc de Vendôme, à cause de sa principauté d'Anet, a plusieurs droits de travers dans l'élection de Dreux, savoir :

Un à Anet, qui est affermé 30ᴛᴛ;
Un à Broué, au hameau de Marolles, affermé 300ᴛᴛ;
Un dans la paroisse de Champagne[2], 100ᴛᴛ;
Un à la Chaussée[3], affermé 80ᴛᴛ;
Un à Rouvres, affermé 12ᴛᴛ.

M. le marquis de Thiange a un péage à Nantilly, à cause de son marquisat de Bréval, qui est affermé 100ᴛᴛ.

Mme de Sorel en a un à Sorel, affermé 300ᴛᴛ.

M. de Herse en a un à Saint-Lubin-de-la-Haye, qui est affermé 80ᴛᴛ.

ÉLECTION D'ÉTAMPES.

M. le duc de Vendôme, en qualité de seigneur engagiste du domaine d'Étampes, jouit d'un péage à Étampes, qui est affermé conjointement avec les autres droits du domaine; lequel, par évaluation, peut valoir 200ᴛᴛ.

La ville d'Étampes jouit par octroi d'un droit de barrage affermé 200ᴛᴛ[4].

Il y a un péage à Authon[5], élection de Dourdan, dépendant du domaine d'Étampes, lequel est affermé 36ᴛᴛ.

ÉLECTION DE MELUN.

Le roi jouit d'un péage à Melun, à cause du comté de Melun, lequel est affermé conjointement avec l'autre domaine, et peut valoir par an 7,000ᴛᴛ. Il se perçoit dans la ville de Melun.

Il y en a un au village de Ponthierry qui vaut environ 200ᴛᴛ.

M. le comte de Vaux, à cause de la vicomté de Melun, jouit aussi d'un droit de péage à Melun, qui est affermé 3,000ᴛᴛ.

Ces péages consistent en droits qui se perçoivent sur les denrées et marchandises passant dessus et dessous les ponts de Melun.

M. le comte de la Chapelle a un droit de travers par terre à la Chapelle-Gautier, qui est affermé 60ᴛᴛ, et un autre à Guignes, sur le grand chemin de Troyes à Paris, qui est affermé 100ᴛᴛ.

ÉLECTION DE NEMOURS.

Il y a un péage à Nemours, qui consiste en droits sur toutes les marchandises qui passent dessus et dessous les ponts. Il appartient par moitié à S. A. R. Monsieur, à cause du duché de Nemours; l'autre moitié appartient à Messieurs de Sainte-Croix d'Orléans[6] et à M. l'abbé de Barbeaux, à chacun pour un quart. Le total est affermé 2,600ᴛᴛ.

Le chapitre de Sainte-Croix d'Orléans jouit encore d'un autre péage en la paroisse de Dordives, lequel, pour la facilité de la navigation et la commodité des mariniers, se perçoit en la ville de Nemours. Il est affermé 700ᴛᴛ.

---

[1] Ou plutôt 1698.
[2] Cne Anet (Eure-et-Loire).
[3] La Chaussée-d'Ivry, cne Anet.
[4] La ferme des aides percevait un droit au pont d'Étampes. Voyez la *Correspondance des contrôleurs généraux*, t. I, n° 68.
[5] Authon-la-Plaine (Seine-et-Oise).
[6] Les chanoines de l'église cathédrale d'Orléans.

Il y a deux autres petits péages à Fontenay[1] et à Ferrières[2], affermés 30ʰ chacun.

ÉLECTION DE MEAUX.

Les bateaux chargés qui passent à Meaux par le canal de Cornillon[3] payent 12 sols par toise de chaque bateau chargé. Un bateau chaland paye 5ʰ, une toue ou flette 3ʰ, et, pour le remontage, on paye 20 sols pour chaque cheval. Ce péage appartient par tiers aux héritiers de M. de Pomponne, à M. de Chevru et aux héritiers de Mme la marquise de Vitry[4], qui sont aux droits du sieur Abel Bouty[5], qui en eut le don du roi lors de la construction de ce canal, pour le temps de soixante années, desquelles il reste encore environ vingt années, après lesquelles ce péage sera réversible au domaine. Il est affermé 8,500ʰ.

Le péage de Trilport, sur la Marne, consiste aux droits de 4 sols par charrette, 18 deniers par homme à cheval, 6 deniers par personne, passants et repassants. Il appartient par don du roi, pour trente années, à Mme du Buisson. Il dépend du domaine de Montceaux. Il vaut 2,700ʰ de rente.

Le péage du bourg de Couilly appartient à l'abbaye du Pont-aux-Dames.

Le péage de Lizy appartient à Mme la marquise de la Trousse.

Le péage de Tresmes, semblable à celui de Lizy, appartient au seigneur.

Le péage de Claye appartient à M. Anjorrant[6].

Le péage de la Ferté[7] appartient à M. le comte de Roye[8].

Il y a six bacs sur la rivière de Marne, qui sont établis à Mary[9], Lusancy, Isle[10], Trilbardou, Fay[11] et Tancron. Ils appartiennent aux seigneurs de ces paroisses.

ÉLECTION DE ROZOY.

A Tournan il y a un péage qui appartient à M. le Premier, en qualité d'engagiste du domaine de ce lieu. Il vaut 150ʰ.

A Ozouer-le-Voulgis il y en a un autre qui dépend du domaine de Tournan, qui est affermé 200ʰ.

A Nangis, un autre qui appartient à M. le marquis de Nangis, qui est affermé 100ʰ.

ÉLECTION DE COULOMMIERS.

Il n'y a dans l'élection que deux travers de peu de valeur, savoir:

Un qui se perçoit sur un pont au-dessus de Coulommiers, où les charrettes qui y passent payent un sol, qui est affermé 10ʰ; il appartient au seigneur de Coulommiers;

L'autre à la Ferté-Gaucher, qui consiste en pareil droit; il est affermé de même; il appartient au seigneur.

ÉLECTION DE PROVINS.

La ville de Provins a un droit de péage

---

[1] Fontenay-sur-Loing (Loiret).
[2] Ferrières-Gâtinais (Loiret). Ces deux paroisses appartenaient à la généralité d'Orléans.
[3] Ci-dessus, p. 362.
[4] Marie Brûlart du Boulay, morte le 7 avril 1699, étant veuve sans enfants de Nicolas-Louis de l'Hospital, marquis de Vitry, ambassadeur à Vienne et en Pologne.
[5] Le manuscrit Nivernois, correct d'ordinaire, porte: le sieur abbé de Bouty.
[6] Claude Anjorrant, reçu conseiller au parlement en 1687, appartenait à une famille de robe qui possédait Claye depuis deux siècles.
[7] La Ferté-sous-Jouarre.
[8] François de la Rochefoucauld de Roye, appelé le comte de Roucy, plus haut, p. 231.
[9] Concédé au marquis de la Trousse en septembre 1670.
[10] Isles-lès-Villenoy (Seine-et-Marne).
[11] Fay-le-Bac, cte Sammeron (Seine-et-Marne).

qui fait partie des deniers patrimoniaux de la ville[1]; il est affermé, année commune, 200^{tt}.

A Sancy[2], paroisse de l'élection, le comte de Cheverny a un péage qui est affermé 15^{tt}.

ÉLECTION DE NOGENT.

M. le marquis de Chavigny, en qualité de seigneur engagiste du domaine de Nogent, jouit à Nogent d'un droit de péage par eau et d'un travers par terre. Le péage consiste au droit de 15 sols qui se payent au meunier du moulin par chacun bateau ou train de bois qui passe par les pertuis des moulins de Nogent. Ce péage est affermé 40^{tt}.

Le travers par terre consiste au droit de 16 deniers qui se payent pour chacune charrette chargée passant par-dessus la chaussée de Nogent, 6 deniers pour les charrettes vides, et 2 deniers par cheval chargé. Ce péage est affermé 250^{tt}.

Il est à observer que ces droits de chaussée ne sont point employés aux réparations de la chaussée de Nogent. Elles se font aux dépens du roi.

A Pont, Mme de Pont[3] a un péage qui est affermé 60^{tt}.

Il y a à Bray un office établi de maître des ponts[4], dont jouit la veuve Melot, qui a un droit de 8 deniers pour chaque courbe de chevaux qui remontent les bateaux venant de Paris à vide.

Le seigneur de Bray a un droit de péage sur les bateaux et les trains de bois qui passent dessous le pont, et sur les charrettes et chevaux de somme qui passent sur les ponts et détroits[5], affermé 500^{tt}.

ÉLECTION DE MONTEREAU.

Il se perçoit un octroi à Montereau, qui consiste en 2 deniers sur chacun muid de vin passant sur les ponts de la ville, dont la première moitié appartient au roi; la seconde moitié, appartenant à la ville, est affermée 2,600^{tt} par chacun[6].

Il se perçoit dessus le pont un péage, dépendant du domaine, sur tous les bestiaux et harnais, lequel est affermé 300^{tt}.

A Moret, il y a un octroi d'un sol par muid de vin, dont la seconde moitié, appartenant à la ville[7], est affermée 2,700^{tt}.

Il y a pareillement un péage sur les bestiaux, affermé 150^{tt}.

Un à Varennes, sur les bestiaux passants et repassants, 150^{tt}.

Un à Marolles[8], de même, 30^{tt}.

Un de même à Montigny, affermé 12^{tt}.

ÉLECTION DE SENS.

Il se perçoit un péage à Sens sur toutes les marchandises qui passent par eau et sur le bétail qui passe par la ville, lequel appartient au roi, à M. l'archevêque et à Mme de Fran-

---

[1] Le rapport du subdélégué de Provins (voyez l'Appendice) ne parle que de ce seul péage à l'article 39, et pour dire qu'il est peu considérable, d'un denier par bête.

[2] C^{on} Villiers-Saint-Georges (Seine-et-Marne).

[3] Mme de Pont avait obtenu en 1696 un privilége pour établir un bac, les ponts ayant été rompus en 1652 afin de barrer le passage au duc de Lorraine. (Papiers du Contrôle général, G⁷ 429, 7 février 1696.)

[4] «Il y a à Bray un office établi de Mme de Pont, dont jouit, etc.» (Chalibert-Dancosse.)

[5] Les mots «et détroits» ont été omis dans le texte de Chalibert-Dancosse.

[6] Selon certains textes, c'est tout l'ensemble de l'octroi de Montereau qui produisait 2,600^{tt}, et non pas seulement la moitié appartenant à la ville.

[7] Même observation que pour l'octroi de Montereau.

[8] Marolles-sur-Seine; ci-dessus, p. 239.

cières. Il est affermé en commun 400ᴧ. Mᵍʳ le Prince, en qualité d'engagiste du domaine de Sens, jouit de la part du roi.

Il y en a un à Mâlay-le-Vicomte, qui est affermé 20ᴧ;

Un autre à Theil, 10ᴧ;

Un autre à Dollot, 5ᴧ.

ÉLECTION DE JOIGNY.

Dans la ville de Joigny, Mᵐᵉ la duchesse de Lesdiguières perçoit un péage sur les marchandises et denrées qui passent dessus et dessous le pont, qui est affermé 700ᴧ [1].

A Cézy, M. de Courtenay a un péage par eau, affermé 500ᴧ.

A Bassou, le seigneur a un droit de travers, affermé 60ᴧ.

A Aurolles[2], le seigneur en a un, affermé 80ᴧ;

A Saint-Martin-sur-Ouanne, un, affermé 30ᴧ;

A Champignelles, un autre, affermé 24ᴧ;

A la Mothe-aux-Aulnais, un autre, affermé 30ᴧ;

A Saint-Maurice-le-Vieil, un autre, affermé 20ᴧ;

A Cheny, un autre;

A Migennes, à Ormoy et à Hauterive, d'autres, affermés chacun 20ᴧ.

Tous ces droits de travers appartiennent aux seigneurs desdits lieux.

SAINT-FLORENTIN.

Il n'y a aucuns péages dans l'élection.

TONNERRE.

L'hôpital de Tonnerre jouit d'un droit de péage sur les bestiaux qui passent par la ville, qui peut produire 30ᴧ par an.

La ville jouit d'un droit de rouage[3], qui consiste en 10 deniers qui se payent par chacune charrette ou voiture passant par la ville; lequel est affermé 10ᴧ.

A Vezannes, il y a un droit de travers, affermé 10ᴧ;

Un à Pontigny, affermé 15ᴧ;

Un à Molesme, affermé 12ᴧ.

Ces droits appartiennent aux seigneurs des lieux.

VÉZELAY.

Il n'y a aucuns péages dans l'élection[4].

TITRE VII.
DES MINES, MÉTAUX ET AUTRES RICHESSES SOUTERRAINES.

Il y a aux environs de Paris et à quatre ou cinq lieues de distance de cette ville un grand nombre de carrières de plâtre, de pierre dure et de pierre tendre, pour la commodité des bâtiments. Il s'en trouve aussi plusieurs de pierres, dans la généralité, propres aux édifices publics[5]. Il n'y en a de plâtre qu'aux environs de Paris.

---

[1] Il a été parlé plus haut, p. 366, du droit que le roi percevait à ce même pont de Joigny, et qui donnait un produit si considérable.

[2] Aujourd'hui Avrolles.

[3] Droit qui se percevait sur le transport par charroi du vin vendu en gros, avant que la roue n'eût tourné.

[4] Le texte de Chalibert-Dancosse répète la même mention pour les élections de Meaux et de Nemours, dont ne parlent pas les copies manuscrites. — Un droit de courbe (25 s. par couple) sur les chevaux qui servaient à tirer les bateaux dans l'élection de Vézelay, avait été supprimé pour titres insuffisants, en 1682.

[5] En 1678, Colbert avait fait faire par les membres de l'Académie royale d'architecture une visite générale des

Les plus belles pierres qu'il y ait dans la généralité sont les pierres de Tonnerre.

Il n'y a aucunes mines, métaux ou autres richesses souterraines dans la généralité[1].

Depuis quelque temps, deux particuliers nommés Prévost et Choisy, demeurant en la paroisse d'Auneuil en Picardie, de l'élection de Beauvais, ont prétendu avoir découvert une mine d'or dans la terre d'Auneuil, sur ce qu'en fouillant la terre, ils ont trouvé différents lits de plusieurs sortes de terres, savoir : de l'argile, du tuf, et ensuite une terre noire qui reluit au soleil comme de l'or[2], qui est mêlée de quelques marcassites. Après avoir fouillé plus avant, ils ont trouvé un sable plus noir, et au-dessous une terre fort sèche, plus abondante en marcassites de couleur d'or. On n'a pas approfondi leur découverte[3].

Du temps que M. Colbert de Croissy[4] était intendant de la généralité de Paris, on donna

---

monuments de Paris et des carrières qui étaient en exploitation dans la généralité : Montparnasse, Vaugirard, Saint-Denis, Argenteuil, Trossy, Saint-Leu-d'Esserent, Pontoise, le Valarmé, Fescamp, Charenton, Meudon, Vitry, Montesson, Meulan, Tessancourt, Mantes, Vernon, Vernouuet, Saint-Cloud, Montrouge et Arcueil ; ainsi que de celles de la Normandie et du pays Chartrain. On a le procès-verbal de cette visite à la Bibliothèque Nationale, collection des Cinq-Cents de Colbert, vol. 262. Il a été publié en 1852, dans la *Revue de l'architecture*.

[1] Nous donnerons à l'Appendice deux extraits de la *Description historique de la généralité de Paris*, publiée en 1777, sur quelques exploitations de mines et d'eaux minérales. Le Mémoire lui-même parle ailleurs d'une carrière de marbre olivâtre trouvée sur le territoire de Saint-Ange (ci-dessus, p. 295, et ci-après, p. 396) ; c'est sans doute celle que le trésorier de France Frémin avait découverte dans les environs de Fontainebleau, et pour l'exploitation de laquelle il fit inventer des machines qui obtinrent un privilège le 17 août 1694. Plus anciennement, une autre carrière avait été ouverte sur le territoire d'Hanvoille (ci-dessus, p. 216), et, à cette occasion, le roi avait écrit au seigneur de ce marquisat la lettre suivante, contre-signée par Colbert et datée de Saint-Germain-en-Laye, le 26 novembre 1669 : «Mons' d'Hanvoille, ayant appris que vous avez fait ouvrir une carrière de marbre dans l'étendue de votre terre, et que vous en avez fait tirer et travailler plusieurs blocs pour servir aux ornements de votre maison, je vous écris cette lettre pour vous dire que je veux faire examiner si ce marbre est d'une qualité à pouvoir être employé dans mes bâtiments, et que, pour cet effet, j'envoie le sieur Turpin sur les lieux, auquel je désire que vous donniez toute instruction et les facilités qui lui seront nécessaires pour s'acquitter de l'ordre que je lui ai donné. A quoi me promettant que vous satisferez ponctuellement, je prie Dieu qu'il vous ait, Mons' d'Hanvoille, en sa sainte garde.» (Archives Nationales, O¹ 13, fol. 309.)

[2] «Ils trouvèrent différents lits de plusieurs sortes de terre, savoir : l'érigille du tiept, ensuite une terre noire, etc.» (Chalibert-Dancosse.)

[3] François Plé et Jean Prévost ayant signalé cette découverte au subdélégué de l'intendant, celui-ci leur ordonna de commencer les fouilles, et l'on en tira la charge d'un cheval, qui fut envoyée, en 1703, à M. Desmaretz, pour faire faire l'essai du prétendu minerai à la Monnaie de Paris. Mais, alors que les inventeurs étaient arrivés à trente pieds de profondeur et n'avaient plus, disaient-ils, que douze pieds pour parvenir au banc principal, l'eau envahit leur fosse. Atteints, en outre, par la maladie et n'ayant jusque-là touché d'autre indemnité que 25ᴸᵗ chacun, ils demandèrent un secours pour acheter une pompe qui leur permît de reprendre le travail ; l'intendant Phélypeaux, consulté par le contrôleur général Chamillart, ne fit accorder qu'un dédommagement pour le propriétaire du fonds, dont les arbres fruitiers avaient été endommagés. (Papiers du Contrôle général, G⁷ 432 et 433.)

[4] Charles Colbert, marquis de Croissy et de Torcy, seigneur de Coliégien, Piscop, etc., second frère puîné de Jean-Baptiste Colbert, fut successivement intendant d'armée, conseiller et président au parlement de Metz, maître des requêtes, intendant en Lorraine, à Tours, à Amiens, et enfin à Paris, en 1668. Il avait déjà, avant cette époque, rempli des missions diplomatiques à Vienne (1660), à Rome (1661), en Allemagne, pour la signature du traité de Clèves (1665), et, le 2 mai 1668, il alla signer à Aix-la-Chapelle le traité de paix avec l'Espagne, en qualité d'ambassadeur extraordinaire et ministre plénipotentiaire. Il passa le 25 août suivant, avec le titre

un avis que, dans une montagne assez longue et haute qui est entre les paroisses de la Ferté-au-Col[1] et Lusancy, élection de Meaux, il y avait une terre de glaise qui servait à fabriquer de la tuile, dans laquelle, principalement de celle qui était tirée du plus profond de la montagne, il s'y trouvait des petites pierres, de la grosseur d'un œuf, qui étaient rayées et mêlées de couleur jaune comme de l'or, que les habitants du pays estimaient être de l'or. Sur cet avis, on en fit tirer une quantité dont on fit l'épreuve à Paris. On prétend qu'on en tira véritablement de l'or, mais que la dépense excéda la valeur du produit.

Il y avait autrefois des moulins à forges à Theil[2], élection de Sens, où l'on prétend qu'il y a des mines de fer. On y voit encore un moulin appelé le moulin des Forges, qui appartient à M. le Grand Prieur[3]. On tient que ce travail a cessé depuis plus d'un siècle, faute de bois.

L'élection de Vézelay est un pays de montagnes, que les habitants estiment être pleines la plupart de mines de fer. Il est vrai que l'on en tirait autrefois, quand les bois (dont ce pays est couvert) ne se vendaient point; mais, depuis qu'on a trouvé l'invention du flottage[4], ces bois se débitent à Paris, et les mines ont été abandonnées. On a opinion dans ce pays qu'il y a des mines de cuivre, de plomb, et même d'argent, aux environs de Saint-Didier, dans des roches. On dit qu'un particulier, nommé Pierre Le Chat, habitant de Monceaux, qui est une paroisse de cette élection, en a tiré et en a fait l'expérience.

Anciennement, en l'année 1471, il fut donné avis au roi Louis XI qu'il y avait plusieurs mines d'or et d'argent et d'autres métaux dans le royaume, et principalement dans les provinces de Dauphiné, comtés de Valentinois et Diois, Roussillon, et dans les montagnes de Catalogne : ce qui donna lieu à l'ordonnance du mois de novembre 1471, donnée au Montil-les-Tours, qui fut registrée au parlement le 27 juillet ensuivant[5], par laquelle ce prince accorda de grands privilèges, franchises et exemptions à tous ceux qui travailleraient à la découverte des mines et métaux, et établit un maître général, gouverneur et visiteur des mines de France, à l'imitation des Romains, chez lesquels, du temps des empereurs, il y avait un intendant des métaux.

Ces soins furent continués par les rois Henri II, François II et Charles IX, lequel, en l'année 1565, accorda, pour neuf ans, à Étienne Lescot[6] les mêmes privilèges qu'avaient

---

d'ambassadeur, à Londres, où il resta jusqu'en 1674, sans quitter son titre d'intendant, auquel fut joint, en 1669, celui de conseiller d'État. De même, en 1675, il fut envoyé comme ambassadeur plénipotentiaire à Nimègue, et fut suppléé dans l'intendance, pendant cette absence, par M. Hotman. A son retour (août 1679), il quitta l'intendance pour une charge de président à mortier au parlement de Paris, et fut nommé, le 20 novembre suivant, secrétaire d'État des affaires étrangères, en remplacement de Pomponne. En novembre 1690, il succéda à son neveu Seignelay, comme grand trésorier des ordres du roi. Mort le 28 juillet 1696, à soixante-sept ans.

[1] La Ferté-sous-Jouarre. Il n'a pas été parlé de cette montagne dans la description de l'élection de Meaux, ci-dessus, p. 293.

[2] Chalibert-Dancosse a imprimé : *Creil*.

[3] Le frère cadet du duc de Vendôme; ci-dessus, p. 59, note 7.

[4] Ci-dessus, p. 15 et 329.

[5] *Ordonnances des rois de France*, tome XVII, p. 446.

[6] Étienne Lescot, capitaine de marine, inventeur de plusieurs procédés pour l'exploitation des mines, obtint son privilège le 10 mai 1562, et le fit renouveler le 20 juillet 1577. Il s'intitulait commissaire et surintendant de l'ouverture des mines et minières de France.

eus avant lui les sieurs Robert du Val[1] et de Saint-Julien[2], d'ouvrir toutes sortes de mines et minières, avec la remise du dixième appartenant à Sa Majesté sur toutes les matières métalliques. Les grandes dépenses qui furent faites à toutes ces recherches ne furent d'aucune utilité[3].

Les mines de France les plus abondantes et les plus sûres sont les blés, les vins, les sels, les chanvres, les toiles, le pastel et le safran qui y croissent[4] : ce sont ces productions de la terre qui, sortant du royaume, y attirent des étrangers les richesses qui y sont[5].

MAISONS ROYALES ET CHÂTEAUX[6].

VERSAILLES.

Le château de Versailles[7] est l'ouvrage du roi; c'est le séjour ordinaire de Sa Majesté : c'est en dire assez pour faire entendre que c'est l'édifice le plus beau, le plus grand et le plus magnifique qui soit au monde. Il comprend en effet tout ce que la nature et l'art ont de plus excellent, ce que les anciens et les modernes ont inventé et travaillé de plus parfait et de plus achevé, et tout ce qui mérite mieux l'admiration des hommes[8].

---

[1] Le Mémoire veut évidemment parler du découvreur du Canada, Jean-François de la Roque, seigneur de Roberval, qui obtint un privilége le 30 septembre 1548, et fit rétablir en sa faveur, le 1er octobre 1552, le titre de surintendant général et réformateur des mines de France. Sous Henri IV, qui donna une nouvelle impulsion aux travaux métallurgiques et concéda le privilége des mines du Midi à son valet de chambre Beringhen, la surintendance fut donnée d'abord au duc de Bellegarde, puis aux Ruzé de Beaulieu et d'Effiat.

[2] Claude Grippon de Guilhem, seigneur de Saint-Julien, succéda, en 1556, à Roberval, et eut à la fois le titre de surintendant et le privilége d'exploitation.

[3] Le Mémoire ne parle pas des travaux que Colbert avait fait mener activement, fructueusement même, sur divers points du royaume. Voir le tome IV de ses *Lettres* et la préface du même volume, p. CXXI à CXXXI, ainsi que les *Mémoires de Charles Perrault*, p. 155 et suivantes.

[4] Chalibert-Dancosse dit : «Le pastel, le safran, les bois, et plusieurs autres choses qui y croissent.»

[5] Colbert faisait plus de cas des mines, comme on peut le voir par les lettres publiées dans le tome IV de sa correspondance. Le 13 avril 1679, il écrivait à un intendant : «Je vous prie de vous appliquer à ce qui concerne les mines de la province du Dauphiné, n'y ayant rien assurément dans l'État qui soit d'une plus grande conséquence que la recherche de ces mines (de cuivre), parce que, s'il s'en pouvait trouver dans le royaume la quantité qui s'y consomme, il est certain que cela conserverait dans le royaume plus de 5 ou 6,000,000[l] qui en sortent pour tirer ces matières des pays étrangers.»

[6] Voir les Papiers Florimond, carton K 1242, et le chapitre de l'*État de la France* intitulé : «Officiers pour les logements et bâtiments des maisons royales.»

[7] Ci-dessus, p. 136.

[8] On sait que Colbert désapprouvait les travaux de Versailles et critiquait très-vivement l'ordonnance du palais. Deux mémoires de lui, sur ce sujet, ont été publiés (*Lettres de Colbert*, t. V, p. 266-270); il s'y exprime en termes très-libres : «Tout ce que l'on projette de faire (vers 1663 ou 1665) n'est que rapetasserie, qui ne sera jamais bien... Tout homme qui aura du goût de l'architecture, et à présent et à l'avenir, trouvera que ce château ressemblera à un petit homme qui aurait de grands bras, une grosse tête, c'est-à-dire un monstre en bâtiments... Il restera à prendre le parti, ou de ne rien faire qui vaille en conservant ce qui est fait, ou de ne rien faire que de petit en le rasant. En l'un et en l'autre, la mémoire éternelle qui restera du roi par ce bâtiment sera pitoyable... Oh! quelle pitié que le plus grand roi et le plus vertueux, de la véritable vertu qui fait les plus grands princes, fût mesuré à l'aune de Versailles!... Il

On n'entreprend point d'en faire ici la description, ni de parler de l'étendue, de la magnificence et de la diversité de ses jardins, enfermés dans un parc de treize lieues de circuit; de son orangerie, qui renferme une forêt d'orangers gros comme des chênes et les plantes les plus rares des pays les plus éloignés, qui sont resserrées[1] les hivers sous de superbes bâtiments et des voûtes plus élevées que les Thermes de Dioclétien; de l'abondance et de la beauté de ses eaux, lesquelles, suivant leur cours naturel, ou montées par industrie au plus haut d'une montagne très-élevée[2], se répandent en mille manières ou se perdent dans les airs par l'élévation et la force avec laquelle elles y sont portées.

Ce récit serait au-dessus[3] de cet ouvrage, qui n'est qu'un simple mémoire, et d'ailleurs ces beautés sont connues de toute la terre[4]. Il suffira de faire observer que cet auguste château est accompagné de trois autres maisons royales, Trianon, Marly[5] et Meudon[6], qui sont à une petite distance les unes des autres, lesquelles, chacune séparément, seraient capables de loger un grand prince avec toute sa cour.

M. Bontemps[7] est intendant des châteaux, parcs, terres et seigneuries de Versailles, Trianon et Marly[8].

VINCENNES.

Vincennes[9] tire son nom de la pureté de l'air, de sa situation qui rend la *vie saine*. Cette étymologie a plus de vraisemblance que celle qu'on fait venir de l'étendue de l'ancien parc, qui contenait environ deux mille arpents

---

serait à souhaiter que le bâtiment tombât quand le plaisir du roi sera satisfait...»

[1] «Réservées,» dans le texte de Chalibert-Dancosse.

[2] Allusion à la machine de Marly; voyez *l'État de la France*, année 1698, t. I, p. 361 et 362.

[3] «Au-dessus du dessin de cet ouvrage,» dans le texte de Chalibert-Dancosse.

[4] L'historiographe André Félibien, auteur de *Mémoires pour servir à l'histoire des maisons royales et bâtiments de France*, dont nous ne possédons qu'une partie, avait publié en 1674 une *Description sommaire du château de Versailles*, réimprimée en 1696 et 1703. Combes avait fait paraître aussi, en 1681, une *Explication historique de ce qu'il y a de plus remarquable dans la maison royale de Versailles et en celle de Monsieur à Saint-Cloud*. Piganiol de la Force publia, en 1701, sa *Nouvelle description des châteaux et parcs de Versailles et de Marly*, réimprimée souvent jusqu'en 1765.

[5] Voyez la description du château de Marly dans *l'État de la France*, ou dans les *Curiosités de Paris, Versailles, Marly, etc.*, que Saugrain fit paraître en 1716.

[6] Meudon (ci-dessus, p. 206, note 1) avait été acquis en 1694 pour le Dauphin. Voir les *Curiosités*, p. 377-378.

[7] Alexandre Bontemps (1626-1701), fils d'un chirurgien de Louis XIII, était, dit Saint-Simon, «le premier des quatre premiers valets de chambre du roi et gouverneur de Versailles et de Marly, dont il avait l'entière administration des maisons, des chasses et de quantité à sortes de dépenses... Outre les fonctions si intimes de ses deux emplois, c'était par lui que passaient tous les ordres et les messages secrets, les audiences ignorées, qu'il introduisait chez le roi, les lettres cachées au roi et du roi, et tout ce qui était mystère. C'était bien de quoi gâter un homme qui était connu pour être depuis cinquante ans dans cette intimité, et qui avait la cour à ses pieds, à commencer par les enfants du roi et les ministres les plus accrédités, et à continuer par les plus grands seigneurs. Jamais il ne sortit de son état, et, sans comparaison, moins que les plus petits garçons bleus, qui tous étaient sous ses ordres. Il ne fit jamais de mal à qui que ce soit, et se servit toujours de son crédit pour obliger...» (*Mémoires*, t. II, p. 428 et 429.) Bontemps avait l'intendance de Versailles depuis le 27 mai 1665.

[8] Ce paragraphe a été supprimé dans le texte de Chalibert-Dancosse. — Voir *l'État de la France*, 1698, t. I, p. 352 et 353.

[9] Voir *l'État de la France*, p. 349-351, et les *Curiosités* de Saugrain, p. 370-376.

ou vingt fois cent arpents, et de *Vingt-Cents*, par corruption *Vincennes*[1].

Anciennement ce bois était une dépendance du château royal de Beauté, qui était situé sur la Marne. Il y a encore dans ce parc un buisson de tilleuls, coudres et autres bois blancs, contenant quatorze à quinze arpents, plantés sur une colline qui regarde cette rivière, lequel est enfermé dans un petit parc qu'on appelle le buisson et le parc de Beauté[2].

Le roi Louis VII, en l'année 1164, fit entourer de fossés le bois de Vincennes, et, du côté de Paris, il y fit faire de petits logements pour lui servir au retour de la chasse. Ce prince fit bâtir assez proche de là un monastère, qu'il donna aux religieux de Grammont, qu'ils ont conservé jusqu'au règne de Henri III, qui leur donna le collége de Grammont à Paris, et mit à Vincennes, en leur place, les religieux Minimes, qui y sont depuis ce temps-là[3].

Le roi Philippe-Auguste, en l'année 1183, fit enfermer ce bois de murailles (c'est ce qu'on appelle aujourd'hui le Vieux Parc), et il le peupla de bêtes fauves que Henri, roi d'Angleterre, lui envoya.

Le roi saint Louis en fit augmenter les bâtiments et fit construire une grosse tour qui porte encore son nom.

Le roi Philippe de Valois, l'an 1337, fit commencer huit grosses tours, au milieu desquelles se trouvait la tour Saint-Louis. Depuis, on en a encore bâti deux autres du côté de Nogent.

Le roi Jean fit continuer l'ouvrage de ces tours jusqu'à leur demi-hauteur, les fit entourer d'un fossé profond, revêtu de pierres de taille, et fit fermer de murailles l'espace des tours de l'une à l'autre.

Le roi Charles V, son fils, acheva ces tours, et se logea dans celle qui est du côté de Paris, qui est la plus haute, qu'on appelle la tour du Donjon. Il fit bâtir aussi une Sainte-Chapelle dans le cloître où sont les chanoines[4].

Les rois François Ier et Henri II en ont fait depuis construire une autre, plus belle que l'ancienne, vis-à-vis le donjon.

Le roi a fait faire les deux grands corps de logis dans la cour du côté de Saint-Mandé, qu'on nomme la cour Royale, sous le ministère du cardinal Mazarin[5]. Le corps de logis qui est du côté de Paris est double, l'autre ne l'est pas.

M. le marquis de Bellefonds[6] est gouver-

---

[1] Valois disait aussi : « Vicenæ dictæ mihi videntur Latino nomine quod vicenis seu viginti stadiis abessent ab urbe Lutecia. » La forme latine de *Vicenæ boscus*, ou *Vicenarum nemus*, employée de tout temps, ne permet de donner aucune valeur à ces étymologies.

[2] et [3] Ci-dessus, p. 35 et 308.

[4] Ces six derniers mots manquent dans le manuscrit Nivernois comme dans l'imprimé de Chalibert-Dancosse.

[5] Mazarin, très-désireux de faire de Vincennes une résidence somptueuse, avait constitué, le 17 mai 1658, une commission qui devait, en expropriant beaucoup de particuliers, parvenir à faire la clôture du parc et créer, depuis le château jusqu'à la porte Saint-Antoine, un cours planté de quatre rangées d'arbres, avec des fossés revêtus de pierres de taille. Enfin, le premier architecte Le Vau fit des devis de réparation et d'embellissement du château, pour lesquels Colbert, alors intendant de Mazarin, traita avec les entrepreneurs Villedo, Doublet et Thoison; mais la mort du cardinal interrompit ces opérations. Voir, aux Archives Nationales, un dossier de la collection Rondonneau, AD[II]* XVI, carton 9 *bis*.

[6] Louis-Charles-Bernardin Gigault, marquis de Bellefonds, âgé à peine de quelques années, avait eu le gouvernement de Vincennes en 1692, à la mort de son père, tué à Steinkerque. Il mourut encore jeune, en 1710; gouvernement et capitainerie passèrent alors à son oncle, le marquis du Châtelet.

neur du parc et château de Vincennes et capitaine des chasses[1].

SAINT-GERMAIN-EN-LAYE.

Le château de Saint-Germain[2] est un des plus agréables séjours qui soit en France, tant par la beauté de ses appartements et de ses jardins, que par la forêt qui les joint, qui est percée de belles et larges routes, pleine de toutes sortes de bêtes fauves, qui en font un lieu charmant pour la chasse[3].

L'an 1370, le roi Charles V jeta les premiers fondements de ce château, lequel fut pris par les Anglais, sous le règne du roi Charles VI, dans le temps de la confusion où était le royaume par la maladie du roi.

Le roi Charles VII le retira d'un capitaine anglais qui le tenait, moyennant une somme d'argent.

Le roi Charles VIII[4] fit don à Jacques Coictier, son premier médecin, de la seigneurie de Saint-Germain-en-Laye et Triel, qui était anciennement appelée la *châtellenie de Poissy*, par lettres patentes données au Plessis, au mois de septembre 1482[5].

Le roi François Ier se plaisait fort à Saint-Germain, à cause de la chasse; il augmenta le château de nouveaux édifices et fit relever l'ancien bâtiment.

Le roi Henri IV fit bâtir le nouveau château sur la croupe de la montagne, plus proche de la rivière.

Le roi Louis XIII l'a embelli de plusieurs ornements, et le roi[6] l'a augmenté d'un grand corps de logis adossé contre l'ancien, de la même architecture et du même goût; et Sa Majesté a rendu les appartements de ce château magnifiques et commodes, a embelli ses jardins, et l'a rendu un des plus beaux séjours du monde[7].

On a remarqué que l'air de Saint-Germain est fort sain et que l'on y vit longtemps.

M. le marquis de Montchevreuil[8] est gouverneur de ce château et forêt de Saint-Germain et capitaine des chasses[9].

FONTAINEBLEAU.

Fontainebleau est une maison royale[10]. C'est un des plus anciens et des plus beaux lieux de plaisance de nos rois. On tient qu'il a été ainsi nommé à cause de ses belles eaux, qui y abondent de tous côtés[11].

---

[1] Voyez ci-dessus, p. 307 et 308. — Ces trois lignes ont été supprimées dans le texte de Chalibert-Dancosse.

[2] Voir ci-dessus, p. 136. On trouve la description de ce château dans les *Curiosités de Sangrain*, p. 385.

[3] Voyez ci-dessus, p. 308.

[4] Lisez : *Louis XI*.

[5] «Ce fut le 14 septembre 1482.» (Chalibert-Dancosse.)

[6] Louis XIV y était né le 5 septembre 1638.

[7] Le château de Saint-Germain, délaissé peu à peu, à mesure que les travaux de Versailles avançaient, fut abandonné à la cour du roi Jacques II en 1688.

[8] Henri de Mornay, marquis de Montchevreuil, ancien gouverneur du comte de Vermandois et du duc du Maine, gentilhomme de la chambre de ce dernier prince, avait eu le gouvernement et la capitainerie de Saint-Germain le 30 août 1685, à la mort du duc du Lude, pour lui et son fils aîné, avec une pension de 10,000[li]. Il mourut le 2 juin 1706, âgé de quatre-vingt-quatre ans. Saint-Simon (t. 1, p. 34 et 35) a fait son portrait et celui de Mme de Montchevreuil, et raconté comment, d'anciens amis et protecteurs de Mme de Maintenon, ils étaient devenus ses confidents intimes et ceux du roi lui-même.

[9] Ces trois lignes ont été supprimées dans le texte de Chalibert-Dancosse. — On trouvera le détail du personnel des châteaux vieux et neuf de Saint-Germain dans l'*État de la France*, 1698, t. 1, p. 328-336.

[10] Le P. Dan, de l'ordre des Trinitaires, avait publié, en 1642, le *Trésor des merveilles de la maison royale de Fontainebleau*. Voir aussi l'*État de la France*, 1698, t. 1, p. 336-348.

[11] Cette étymologie ne date que du XVIe siècle, et l'ap-

Ce château est situé en un lieu solitaire, environné de bois et de rochers qui tiennent quatre lieues de circuit[1]. Il est composé de quatre grandes et vastes cours, entourées de bâtiments de différente architecture, qui fournissent de spacieux et magnifiques logements au roi, à la maison royale et à toute la cour. On y voit plusieurs galeries bien peintes, dont une de la main du fameux Nicolo[2].

Le roi François Ier a beaucoup augmenté ses bâtiments. Les jardins, le grand canal et les fontaines y sont admirables.

Le roi Louis XIII a fait bâtir la chapelle, qui est belle, bien peinte et dorée. Sa Majesté y fit la cérémonie des chevaliers du Saint-Esprit en l'année 1633.

Ce château est dans la forêt de son nom, qu'on appelait anciennement la forêt de Bièvre[3]. Elle contient vingt-huit mille six cents arpents[4]. Elle est percée de belles et grandes routes bien plantées, et peuplée de bêtes fauves qui la rendent propre pour la chasse.

Le roi saint Louis l'appelait ses «déserts» et sa «solitude.»

Le roi a rendu les logements de Fontainebleau magnifiques et commodes, et a fort embelli le palais et les jardins.

Les princes et seigneurs ont leurs hôtels proche et aux environs, et plusieurs particuliers qui suivent la cour y ont de très-belles maisons.

Il y a dans le bourg deux belles églises : celle de la Trinité, ornée de peintures et ouvrages de Fréminet[5], et celle du bourg, qui est la Paroisse, qui a été bâtie par les ordres du roi Louis XIII.

M. le marquis de Saint-Hérem[6] est gouverneur de Fontainebleau et capitaine des chasses[7].

COMPIÈGNE.

Le château de Compiègne a été anciennement le séjour de nos rois, tant de la seconde que de la troisième race. L'empereur Charlemagne y faisait son séjour ordinaire. Sur la fin du IXe siècle, l'an 876[8], Charles le Chauve, après avoir fait rebâtir la ville de Compiègne, y fonda l'abbaye de Saint-Corneille[9], au même lieu où étaient le château et les jardins, lesquels ont conservé jusqu'à ce jour le nom de *clôture*[10] *de Charlemagne.* Il donna à cette abbaye

---

pellation latine de *Fons Bliaudi* était seule usitée dans les temps antérieurs.

[1] Ci-dessus, p. 314.

[2] Nicolo dell'Abbate; ci-dessus, p. 248, note 3. Chalibert-Dancosse imprime : «Nicolas Poussin.»

[3] *Sic*, pour Bière ou Bierre.

[4] Plus haut, au titre des Forêts, p. 314, le Mémoire n'avait compté que 26,424 arpents.

[5] Martin Fréminet (1567-1619), premier peintre et valet de chambre des rois Henri IV et Louis XIII. Selon l'*Histoire du Gâtinais*, de dom Morin, il commença à peindre l'église de la Trinité le 1er mai 1608.

[6] François-Gaspard de Montmorin, marquis de Saint-Hérem, avait eu la charge de grand louvetier avant d'acheter celle de gouverneur et capitaine des chasses de Fontainebleau. Il mourut à plus de quatre-vingts ans, en juillet 1701, dans ses terres d'Auvergne, et la charge passa à son fils, qui en avait déjà la survivance depuis 1677. Saint-Simon (*Mémoires*, t. III, p. 68 et 69) a raconté d'étranges histoires sur sa femme. Quant au marquis lui-même, «tout le monde l'aimait, dit-il, et M. de la Rochefoucauld reprocha au roi, en 1688, de ne l'avoir pas fait chevalier de l'ordre. Il était Montmorin, et le roi le croyait un pied-plat, parce qu'il était beau-frère de Courtin, conseiller d'État...»

[7] Ces deux lignes ont été supprimées par Chalibert-Dancosse.

[8] Le Mémoire a donné la date de 877, en décrivant la ville de Compiègne, ci-dessus, p. 129. Cf. Piganiol de la Force, *Nouvelle description de la France*, édition de 1753, t. I, p. 346 et suivantes.

[9] Ci-dessus, p. 69.

[10] *Alias*, cloître.

des terres au-dehors de la ville, depuis la porte de Pierrefonds jusqu'à une borne qu'on y voit encore, qui est proche du conflant des deux rivières d'Oise et Aisne. Ensuite il fit bâtir un autre château sur le bord de la rivière d'Oise, proche le faubourg appelé de Saint-Germain, dont les jardins étaient dans une petite île au delà de la rivière, laquelle on passait sur un pont de bois. Ce château a duré jusqu'au règne du roi saint Louis, que ce prince fonda, dans cette île qui servait de jardin au château, l'Hôtel-Dieu de Saint-Nicolas de Compiègne, où il est encore à présent[1], et donna le château aux religieux Jacobins, auxquels il fit bâtir un grand monastère et une belle église. Il reste encore quelques vestiges de ce château aux murailles de leur clôture[2]. Ensuite il fit bâtir un autre château, qui est celui qu'on y voit, duquel il ne reste en existence que la chapelle et la grande salle.

Le roi Louis XI l'augmenta et y fit construire l'appartement joignant la grande salle et la salle des Suisses.

Le roi François Ier fit faire la porte d'entrée du château, avec les petites tourelles qui sont aux côtés.

Le connétable de Montmorency[3] fit bâtir l'appartement qui joint la porte qu'on nomme encore *la Connétable*; les armes de cette maison sont en relief à la muraille.

Le roi a fait rebâtir toute la façade des bâtiments qui règnent le long de la terrasse, a fait faire les jardins en l'état qu'ils sont, a fait construire le grand escalier, le jeu de paume, et a décoré cette maison royale de tous les ornements qu'elle a[4].

MONTCEAUX[5].

Montceaux, à deux lieues de Meaux, est un beau château qui fut bâti originairement par la reine Catherine de Médicis, en l'année 1547, laquelle, d'une place toute champêtre, en fit de beaux jardins et une maison vraiment royale[6]. Ce château fut rebâti par le roi Henri IV, pour Mme Gabrielle d'Estrées, duchesse de Beaufort, en faveur de laquelle ce prince l'érigea en marquisat; elle en jouit durant sa vie. Après sa mort il fut réuni au domaine[7].

Il y a un grand et petit parc, auxquels les bois de Meaux, qui contiennent cinq cents arpents, sont joints[8].

C'est une capitainerie royale des chasses, dont M. le duc de Gesvres, gouverneur de Paris, est capitaine, ensemble de la varenne de Meaux et des plaines en dépendantes[9].

SAINT-LÉGER[10].

Le haras du roi à Saint-Léger est à onze lieues de Paris et à une de Montfort, dans la

---

[1] Ci-dessus, p. 71.
[2] *Alias*, cloître.
[3] Anne de Montmorency, grand maître de France, mort en 1567.
[4] Antoine Charpentier et Fleury de Frémicourt avaient publié deux descriptions historiques de Compiègne en 1647 et 1698.
[5] Chalibert-Dancosse écrit : *Mouceaux*; les manuscrits : *Monceaux*. Voyez ci-dessus, p. 85 et 268.
[6] Le Mémoire emprunte cette phrase à l'*État de la France*.

[7] Le roi fit visiter et réparer le château en 1665. Voyez les *Lettres de Colbert*, tome IV, p. 420.
[8] Ci-dessus, p. 320.
[9] Ces cinq dernières lignes ont été supprimées par Chalibert-Dancosse. On trouvera le détail du personnel du château et de la capitainerie dans l'*État de la France*, 1698, t. I, p. 363. Nous donnerons à l'Appendice la partie du Carnet du Roi (ms. fr. 2303) concernant le château de Compiègne et les autres maisons royales qui avaient existé aux environs.
[10] Saint-Léger-en-Yvelines (Seine-et-Oise).

forêt[1]. C'est le plus beau qu'il y ait dans le royaume. Le temps de son établissement n'est point certain par aucun registre du pays, mais on tient par tradition qu'il est aussi ancien que la forêt.

Il y a deux parcs à ce château, le parc d'en bas ou le Petit Parc, qui est au delà de Saint-Léger, proche Plancy, qu'on appelait autrefois la Vieille-Harasserie; il n'a qu'environ cinq arpents. C'est dans ce parc qu'on met les cavales, avec les poulains qu'elles nourrissent, pendant l'hiver.

L'autre parc, qui est le Grand Parc, a trois cent soixante-trois arpents, bien fermé de murailles. C'est où sont les cavales et les poulains pendant toute l'année, hors pendant l'hiver[2].

Il y a encore un autre lieu à Saint-Léger, qu'on nomme le Bastillon, dans lequel on met les poulains de l'âge de trois ou quatre ans.

Il y a ordinairement dans ce haras cent cavales et douze ou quinze étalons, qui donnent par année quarante poulains et autant de pouliches. Les chevaux de ce haras sont fort bons, mais il faut attendre qu'ils aient atteint l'âge de sept ans[3].

Henri III avait fait commencer à Saint-Léger un pavillon en forme de dôme, pour lui servir au retour de la chasse; il est demeuré imparfait et n'a pas été achevé.

Le château de Saint-Léger, depuis l'échange que le roi a fait avec M. le duc de Chevreuse, appartient à M. de Chevreuse[4]; cependant, par une convention particulière, et jusqu'à ce que le roi ait trouvé un autre lieu propre, le capitaine du haras y demeure, et les écuries et autres lieux sont occupés pour le service du haras[5].

SAINT-CLOUD.

Le château de Saint-Cloud est situé sur la rivière de Seine, à deux petites lieues au-dessous de Paris, à mi-côte d'une colline qui s'élève en pente douce. Il appartient à S. A. R. Monsieur; c'est son ouvrage, tant pour les bâtiments que pour les jardins[6].

Les bâtiments y sont d'une belle et noble architecture, et les appartements d'une grande richesse et d'une magnificence extraordinaire. On y voit une belle galerie peinte par l'illustre M. Mignard[7], ornée d'un grand nombre de tableaux excellents et de figures des plus habiles peintres et sculpteurs d'Italie. Il y a un grand cabinet rempli de mille choses précieuses et singulières, recherchées et ramassées avec un grand soin et une grande dépense, et arrangées avec beaucoup de propreté et de goût[8].

La plupart des appartements donnent sur

---

[1] Ci-dessus, p. 317 et 318.

[2] Ce paragraphe du Grand Parc a été omis dans le texte de Chalibert-Dancosse.

[3] Colbert s'était activement occupé de la réorganisation de ce haras, et il avait obtenu que le roi allât le visiter en 1682. (*Lettres de Colbert*, t. IV, p. 295.) La direction en était confiée à Alain de Garsault, écuyer du roi, dont on possède la correspondance avec Colbert. Garsault se tua en tombant de voiture, dans le trajet de Saint-Léger à Pontchartrain.

[4] Ci-dessus, p. 220.

[5] Les cinq dernières lignes ont été supprimées par Chalibert-Dancosse, de même que le paragraphe du Grand Parc.

[6] La dernière phrase a été supprimée dans l'impression de Chalibert-Dancosse, Monsieur étant mort à Saint-Cloud le 9 juin 1701.

[7] Mort en 1695.

[8] En 1681 et 1686, Laurent Morelet, aumônier de Monsieur, avait publié deux descriptions de la galerie de Saint-Cloud. Le prince fit préparer aussi une autre description en 1698, par Harcouët de Longueville, mais elle ne fut imprimée qu'en 1706. Voir aussi les *Curiosités de Paris, Saint-Cloud*, etc., par Saugrain (1716), p. 379-384.

les jardins, qui sont ordonnés, disposés et distribués avec beaucoup d'art, dans une situation la plus heureuse du monde. La rivière de Seine, le long des jardins bas, forme un large et beau canal, qui mouille les gazons d'une terrasse plantée en allée à perte de vue. Ces jardins bas sont ornés par des boulingrins[1], des perspectives, des cabinets, des bosquets, des salons, des bassins, des jets d'eau de hauteur surprenante, et surtout d'une cascade merveilleuse[2]. Les jardins hauts ont une beauté différente : ils sont encore plus spacieux que ceux d'en bas, quoique très-grands[3]. On trouve sur la hauteur de la montagne de grandes pièces d'eau, des eaux jaillissantes, distribuées en gerbes et en jets diversifiés en mille manières, une orangerie qui contient une forêt d'orangers, et une infinité d'autres beautés qui ne peuvent pas être rapportées ici en particulier.

Son Altesse Royale permet l'entrée de ses jardins à toutes personnes[4], en sorte que c'est un bien public et une promenade charmante, dont jouissent également les sujets du roi et les étrangers.

Le terrain sur lequel est assis ce beau château et qui sert aux jardins, auparavant que Son Altesse Royale l'eût acquis[5], était distribué en trois belles maisons particulières, dont l'une avait appartenu à M. Hervart, contrôleur général des finances[6], une à M. Fouquet[7], surintendant des finances, et l'autre à M. Monnerot[8].

CHANTILLY.

La terre de Chantilly a été possédée anciennement par Pierre d'Orgemont, chancelier de France sous le règne du roi Charles VI, vers l'an 1383[9]. Elle est demeurée dans sa maison jusqu'en l'année 1484, que Pierre d'Orgemont, son petit-fils[10], chambellan du roi Charles VIII, n'ayant point d'enfants, la donna à Guillaume, baron de Montmorency, son neveu à cause de Marguerite d'Orgemont, sa

---

[1] «Ces jardins bas sont ornés de quantité de marronniers et autres arbres de perspective...» (Chalibert-Dancosse.)

[2] Elle fut restaurée en 1699.

[3] Chalibert-Dancosse ajoute : «Leur élévation fait qu'on découvre plus de trois lieues à la ronde.»

[4] En marge d'un de nos manuscrits se trouve cette note: «Son fils ne le permet plus.»

[5] La première acquisition que fit Monsieur fut celle de la maison dite de Gondi, 8 octobre 1658.

[6] Barthélemy Hervart, d'origine allemande et naturalisé en France, fut d'abord intendant des finances, puis contrôleur général (novembre 1657) et conseiller d'État, et mourut au mois d'octobre 1676. Sa maison de Saint-Cloud était célèbre par un jet d'eau de quatre-vingt-dix pieds, le premier qu'on eût vu de cette hauteur. On disait qu'il s'était joué de l'eau avec plus d'artifice que les Romains n'avaient jamais fait à Tivoli ou à Frascati. Il avait dépensé plus d'un million à Saint-Cloud, mais n'osait l'avouer trop haut, et parlait même que de 100,000 écus, si bien qu'un jour le cardinal Mazarin le força d'accepter remboursement sur ce pied, et conclut ainsi à bon compte l'acquisition pour Monsieur. Chalibert-Dancosse dit même, dans son texte, que la maison ne fut payée que 150,000 ℔.

[7] Nicolas Fouquet, surintendant des finances; ci-dessus, p. 226, note 3. Son voisin Hervart avait été, avec Colbert, l'un de ses premiers accusateurs, en 1661.

[8] Pierre Monnerot, intéressé aux fermes, receveur général des finances, et enfin trésorier des parties casuelles, mourut au mois de février 1682. Il passait pour un des plus riches partisans, et se montrait des plus impitoyables dans les recouvrements dont il était chargé.

[9] Pierre d'Orgemont, seigneur de Méry-sur-Oise, premier président du parlement de Paris, fut élu chancelier de France le 20 novembre 1373, et remit les sceaux en octobre 1380. Il mourut à Paris, le 3 juin 1389. Il avait acquis Chantilly de Guy de Laval, seigneur d'Attichy.

[10] Pierre d'Orgemont mourut fort âgé, le 10 mai 1492. Il était arrière-petit-fils du chancelier.

sœur, qui avait épousé Jean II, baron de Montmorency[1]. Guillaume de Montmorency succéda à Jean, son père, à la baronnie de Montmorency, quoiqu'il ne fût que son troisième fils, le père ayant déshérité ses deux aînés, Jean et Louis de Montmorency, le premier pour avoir porté les armes contre le roi Louis XI, l'autre pour avoir épousé sa maîtresse[2]. Guillaume de Montmorency fut père d'Anne de Montmorency, connétable de France, en faveur duquel la baronnie de Montmorency fut érigée en duché-pairie par le roi Henri II, en l'année 1551.

Ces deux terres de Montmorency et de Chantilly sont demeurées dans la maison de Montmorency jusqu'en l'année 1633, que le roi Louis XIII, après l'extinction de cette maison par la mort de Henri de Montmorency[3], fit don à Mme la princesse de Condé[4], sa sœur, du duché de Montmorency, et Sa Majesté se réserva le château et la seigneurie de Chantilly, qu'elle a possédés jusqu'à sa mort. La reine mère du roi, pendant sa régence, les donna, sous le bon plaisir de Sa Majesté, jusqu'à sa majorité, à feu Mgr le Prince[5]. Depuis, pendant un intervalle de temps[6] le roi y est rentré, et en l'année 1661 Sa Majesté lui rendit pour en jouir en pleine propriété. En l'année 1675, le roi rétablit la capitainerie des chasses de la forêt d'Halatte[7], qui avait été supprimée en 1643, dont Mgr le Prince jouit[8].

Cette terre est très-considérable, tant par ses mouvances que par son beau, ancien et magnifique château, auquel on arrive par une avenue de deux lieues dans la forêt. Il est accompagné de grands et superbes jardins, dont la situation heureuse, les belles eaux, les bois bien plantés et une infinité de beautés de toutes manières dont ils sont ornés, y attirent les visites et l'admiration de tous les étrangers[9].

---

[1] Marguerite d'Orgemont avait épousé en premières noces Guillaume de Brouillard, seigneur de Badouville.

[2] Ces deux fils, s'étant établis en Flandre et en Artois, y formèrent la branche des seigneurs de Nivelles, comtes de Hornes, et celle des seigneurs de Fosseux.

[3] Henri II, duc de Montmorency, maréchal de France, fut décapité à Toulouse, le 30 octobre 1632, pour crime de lèse-majesté; il ne laissait pas d'enfants de Marie-Félice des Ursins, sa femme.

[4] Charlotte-Marguerite de Montmorency, mariée le 3 mars 1609 à Henri II de Bourbon, prince de Condé, et morte à Châtillon-sur-Loing, le 2 décembre 1650.

[5] Le grand Condé, mort en 1686.

[6] C'est-à-dire pendant les huit années que Condé passa à l'étranger, étant sous le coup d'une condamnation capitale pour crime de lèse-majesté.

[7] Sur cette forêt, voyez ci-dessus, p. 331.

[8] Ceci n'est pas exact. La capitainerie d'Halatte appartenait depuis 1630 au marquis de Saint-Simon (ci-dessus, p. 259), oncle de l'auteur des *Mémoires*, et celui-ci a raconté (t. I, p. 46) comment le prince de Condé «embla» cette capitainerie «en vrai Scapin,» en faisant croire au possesseur qu'elle devait être supprimée comme toutes les capitaineries des pays où la cour n'allait plus résider. Le marquis de Saint-Simon donna sa démission le 21 avril 1674, le prince de Condé fut pourvu le 30 novembre suivant, et la capitainerie «devint, dit Saint-Simon, une tyrannie entre les mains de M. le Prince, qui l'étendit encore tant qu'il put.» Son fils en hérita en 1686.

[9] Les fêtes données à Chantilly en 1671, 1673 et 1688 sont bien connues par les relations contemporaines. Mme de La Fayette écrivait à la marquise de Sévigné: «De tous les lieux que le soleil éclaire, il n'y en a point un pareil à celui-là.» La Bruyère, au chapitre des Ouvrages de l'esprit, parlant de la fête offerte en 1688 au Dauphin, et que Saint-Simon, La Fare, Mme de Caylus ont célébrée, la définissait en ces mots: «Cette fête si superbe, si galante, si longtemps soutenue, et où un seul a suffi pour le projet et pour la dépense.» A la même occasion, *le Mercure* avait publié *la Fête de Chantilly*, avec une description du château et des fontaines. Comparez Piganiol de la Force, *Nouvelle description de Paris et des environs*, éd. de 1742, t. VIII, p. 300-332.

C'est un membre du duché d'Enghien ou Montmorency. Cette terre vaut 14,000^{tt} de rente. Elle a de grandes mouvances; les terres et seigneuries qui en relèvent sont :
Balagny,
Brasseuse,
La châtellenie de Pont-Sainte-Maxence,
Beaurepaire,
Villeneuve-sous-Dammartin,
Marcuil,
Mauregard,
Le Plessis-du-Bois,
Tiverny.

Les fiefs sont : La Grande-Cour, à Montagny;
Montifaux, à Ève;
Tournedos, à Mauregard;
Villebon, à Sainte-Mesme;
Larcher, à Roissy;
Boutelier, au Meu;
Le Val, à Tiverny;
Les Ottemons[1], près Senlis;
Les Grandes-Dîmes, à Moussy;
Montlévêque;
Le fief Poignant;
Le fief Bellebarre, près Senlis,
Et le fief Fayel, à Creil.

NEMOURS[2].

Nemours a été érigé en duché par le roi Charles VI, en l'année 1404, en faveur de Charles III, roi de Navarre, surnommé le Noble, en considération d'un traité et contrat d'échange du 9 juin 1404, fait entre le roi et ce prince, par lequel le roi donna et délaissa au roi de Navarre, son cousin, 12,000^{tt} de rentes en héritages, pour le payement desquels il lui céda les fiefs et châteaux de Nemours, Nogent, Pont-sur-Seine, Saint-Florentin, Bray-sur-Seine, Coulommiers-en-Brie, Pont-sur-Yonne, Château-Landon, et autres terres mentionnées dans ce traité; lesquelles le roi érigea en duché sous le titre de duché de Nemours, pour être tenues et possédées par le roi de Navarre et ses successeurs en pairie et en tous droits et devoirs généralement quelconques, fors et excepté la foi et hommage, droits de souveraineté et cas royaux; et le roi de Navarre céda au roi Charles VI tous les droits qu'il pouvait avoir, tant du côté de son père que de sa mère, oncle et tante du roi Charles VI, au comté de Champagne et Brie, Évreux, Avranches, Pontaudemer, Breteuil, Anet, Mantes, Meulan, et autres lieux y mentionnés.

Par ce traité, il fut stipulé que le duché et pairie de Nemours serait tenu à une seule foi et hommage du roi, à tels et semblables priviléges et prérogatives que le comté d'Évreux. Le comté d'Évreux avait été donné en apanage, par le roi Philippe III, à Louis, son cinquième fils, qui était aïeul[3] du roi de Navarre.

Charles III, roi de Navarre, décéda le 8 septembre 1425, ne laissant que deux filles, Blanche et Béatrix[4]. Blanche épousa Jean de Castille, infant d'Aragon, et Béatrix fut mariée au comte de la Marche[5]. En la

---

[1] Sottemont, dans le faubourg Bellon.
[2] Cet article manque dans l'impression de Chalibert-Dancosse. Comparez Du Puy, dans le Traité des droits du roi, p. 908-913, l'Histoire du Gâtinais, par dom Morin, p. 301 et suiv., et un dossier des papiers Florimond, carton K 1242, n° 5.

[3] Lisez : bisaïeul.
[4] Une troisième fille, Isabelle, avait épousé, en 1419, Jean IV, comte d'Armagnac, frère de Bernard et oncle de Jacques, dont le Mémoire va parler un peu plus loin.
[5] Jacques II de Bourbon, comte de la Marche, marié en 1406.

même année 1425, après le décès du roi Charles VI, le roi Charles VII prétendit, et soutint par Mre Jacques Olivier, son avocat général au parlement, que, faute d'hoirs mâles de Charles III, roi de Navarre, le duché de Nemours devait être réuni à sa couronne; sur quoi, après de longues contestations, arrêt du parlement intervint, du 20 août 1440, qui en ordonna la réunion contre Bernard d'Armagnac, à cause d'Éléonore de Bourbon, sa femme, qui était fille de Béatrix de Navarre[1]. Cette réunion fut exécutée et dura jusqu'en l'année 1462, que le roi Louis XI donna en mariage Louise d'Anjou, sa nièce, à Jacques d'Armagnac, fils de Bernard d'Armagnac; et en faveur de ce mariage, Sa Majesté lui fit don du duché de Nemours.

Jacques d'Armagnac, oubliant bientôt les grâces qu'il avait reçues du roi, se ligua avec des princes ennemis de l'État. Sa Majesté lui pardonna; mais ayant continué ses mêmes pratiques, son procès lui fut fait et parfait en l'année 1466[2]. Il fut condamné à mort et exécuté, ses biens acquis et confisqués au roi.

Il laissa quatre enfants : Jean et Louis, Marguerite et Charlotte d'Armagnac, qui essayèrent de justifier auprès du roi la mémoire de leur père. En 1484, le roi Charles VIII leur rendit le duché de Nemours, dont ils jouirent jusqu'en l'année 1503, que Jean et Louis d'Armagnac étant décédés sans hoirs, ce duché fut de nouveau réuni à la couronne.

En 1507, le roi Louis XII le donna à Gaston de Foix, roi de Navarre, son neveu, fils de Jean, vicomte de Narbonne, et de Marie d'Orléans, par contrat du 21 mai 1507, en ayant distrait le comté de Beaufort et les châtellenies de Saint-Florentin, Ervy, Donnemarie et Coulommiers-en-Brie. Ce contrat porte nouvelle érection de cette terre en duché, si besoin est. Et par un autre contrat du 19 novembre ensuivant, il se fit un échange entre le roi Louis XII et Gaston, roi de Navarre, par lequel le roi rendit les terres et seigneuries qui avaient été distraites par le contrat du 21 mai précédent, et le roi de Navarre céda au roi la ville et vicomté de Narbonne, Puységur et autres terres et seigneuries y mentionnées, qui étaient frontières du royaume du côté du Roussillon[3].

En 1512, Gaston de Foix fut tué à la bataille de Ravennes, qui se donna le 11 avril. En 1517, le roi François Ier donna le duché de Nemours à Philiberte de Savoie, sa tante, qui était sœur de sa mère. Après la mort de cette princesse, il en fit don à la duchesse d'Angoulême, sa mère; ensuite, à Philippe de Savoie, comte de Genève, son oncle, par lettres patentes du 2 décembre 1528, en faveur de son mariage avec Charlotte d'Orléans, sœur du duc de Longueville, à faculté de rachat perpétuel de 100,000^ll.

---

[1] «En 1446, Bernard d'Armagnac intenta procès à Blanche, reine de Navarre, pour raison de l'assiette de 4,000^ll de rente et autres choses promises à Béatrix de Navarre, mère de sa femme, en obtint provision, par arrêt du 20 août 1446, sur le duché de Nemours; et, par autre arrêt du 13 août de l'année suivante, lui en fut fait assiette sur les terres de Château-Landon, Saint-Florentin, Bois de Divion, Ervy-le-Châtel, Dannemois, Nogent, Pont-sur-Seine, Beaufort, Soulaines, Larzicourt, Pont-sur-Yonne et Metz-le-Maréchal, avec leurs dépendances. Il fit mettre en criée la ville et châtellenie de Nemours, avec le titre de duché, les terres de Lorrez, Flagy, Vaux, Lizy-le-Châtel, Grès, Coulommiers et leurs dépendances...» (P. Anselme, *Histoire généalogique des pairs de France*, t. III, p. 427.)

[2] Lisez : 1477. — [3] Voyez ci-dessus, p. 269.

Le roi Henri II confirma ce don à Jacques de Savoie, son fils, par lettres du 5 octobre 1547, et depuis, François II et Charles IX, par lettres des 20 mars 1559 et 20 juin 1563.

En l'année 1644[1], le roi accorda à Charles-Amédée de Savoie, duc de Nemours, et à Élisabeth de Vendôme, son épouse, la continuation de la jouissance du duché de Nemours et du comté de Gisors, tant que la ligne masculine durerait, laquelle défaillant, le roi pourrait les retirer en rendant le prix de l'engagement, qui était de 100,000 ₶. Depuis ce temps-là jusqu'au mariage de Mlle de Nemours avec le roi de Portugal, en l'année 1666, le duché de Nemours est demeuré dans la maison de Savoie. Lors de ce mariage, le roi le retira, et Sa Majesté le donna, en l'année 1672, à S. A. R. Monsieur, pour supplément d'apanage.

Ce duché vaut 15,000 ₶ de rente, non compris les droits casuels des mouvances. Ces mouvances sont très-belles. Il y a cent neuf fiefs, terres et seigneuries qui en relèvent, dont plusieurs sont considérables, entre autres[2] :

Le comté de Beaumont, qui appartient à M. le Premier Président[3], qui vaut 24,000 ₶ de rente ;

La terre d'Augerville, à M. le marquis de Lanmary[4], 15,000 ₶ ;

Égreville, à M. le marquis de Torcy, 14,000 ₶ ;

Guercheville, à Mgr le Prince, 8,000 ₶ ;

Le Boulay, Ladon, Obsonville, chacune 3 à 4,000 ₶ de rente.

COULOMMIERS.

Par ce qui a été rapporté ci-dessus dans l'histoire du duché de Nemours, on a observé que, lors de l'érection de ce duché en l'année 1404, la châtellenie de Coulommiers y fut jointe, pour faire partie du duché, laquelle n'en fut distraite qu'en l'année 1507, par le roi Louis XII, lorsqu'il donna ce duché à Gaston de Foix, son neveu, roi de Navarre, qui fut tué à la bataille de Ravennes, en 1512[5]. Car, encore que ce prince Gaston ait joui jusqu'à sa mort de la terre et seigneurie de Coulommiers, c'était à titre particulier d'un contrat d'échange qu'il avait fait avec le roi cette même année 1507, contre Narbonne et les seigneuries de Puységur, Cousy, Tuchan, Coursan, Laversan et autres[6], et non comme faisant partie du duché : en sorte que, jusqu'en 1512, l'histoire de Coulommiers se trouve confondue et commune avec celle de Nemours, les seigneurs et ducs de Nemours ayant joui de la terre et seigneurie de Coulommiers, comme faisant partie du duché. C'est pourquoi, pour suivre ou pour commencer l'histoire de Coulommiers, il suffit de la prendre depuis la mort de Gaston de Foix, roi de Navarre.

Après la mort de ce prince, Germaine de Foix, sa sœur, reine d'Aragon[7], lui succéda à

---

[1] Lisez : 1643.
[2] Ces diverses terres ont déjà été énumérées ci-dessus, p. 227.
[3] M. de Harlay, premier président du parlement de Paris ; voyez ci-dessus, p. 176 et 227, et les *Additions et corrections*.
[4] Le Mémoire porte : *la Marie*. — Louis de Beaupoil de Saint-Aulaire, marquis de Lanmary, en Picardie, et de Chabannes, capitaine-lieutenant des gendarmes de la Reine et grand échanson de France, avait épousé en 1681 Marie Perrot, dame de la baronnie de Milly en Gâtinais, d'Augerville-la-Rivière, Rouvres, etc. Il mourut à Casal-Maggiore, en Italie, le 26 juillet 1702.
[5] Ce qui va suivre, jusqu'à la fin du paragraphe, manque dans le texte imprimé par Chalibert-Dancosse.
[6] Voyez ci-contre, p. 390.
[7] Elle avait épousé en premières noces, le 18 mars 1505, Ferdinand V, roi d'Aragon, et se remaria en 1519

la terre et seigneurie de Coulommiers. Elle mourut sans enfants, le 18 octobre 1538.

Odet de Foix[1], son cousin et de Gaston, lui succéda. Il eut trois enfants : deux fils[2], Gaston et Henri de Foix, et une fille, Claude de Foix. Les deux fils moururent sans hoirs. Claude de Foix, dame de Coulommiers, fut mariée à Guy, comte de Laval, seigneur de Lautrec, dont elle n'eut point d'enfants; elle épousa en secondes noces Charles de Luxembourg[3], dont elle eut Henri de Luxembourg, qui fut seigneur de Coulommiers.

Henri de Luxembourg mourut étant jeune, en l'année 1549[4]. Marie d'Albret[5], sa grand'tante, hérita de Coulommiers. Marie d'Albret épousa Charles de Clèves, son cousin germain; duquel mariage est issu François Ier, duc de Clèves, seigneur de Coulommiers[6].

François de Clèves eut Henriette de Clèves, laquelle fut mariée à Louis de Gonzague. De ce mariage il n'y eut qu'une fille, Catherine de Gonzague, laquelle fut mariée à Henri d'Orléans, premier duc de Longueville; lequel, par ce mariage, porta dans la maison de Longueville la terre et seigneurie de Coulommiers.

De Henri d'Orléans, premier duc de Longueville[7], et de Catherine de Gonzague, est issu Henri d'Orléans, deuxième duc de Longueville, fils unique, seigneur de Coulommiers, lequel fut marié deux fois. Il épousa en premières noces Louise de Bourbon, fille aînée de Charles de Bourbon, comte de Soissons, duquel mariage est issue Mme Marie d'Orléans, duchesse de Nemours. En secondes noces, il fut marié à Anne de Bourbon, fille de Henri de Bourbon, prince de Condé; duquel mariage sont issus deux fils : Jean-Louis-Charles d'Orléans, comte de Dunois, et Charles-Paris d'Orléans, comte de Saint-Paul. Jean-Louis-Charles d'Orléans a possédé Coulommiers après la mort de Henri d'Orléans, son père, et, ayant pris le parti de l'église, il le donna au comte de Saint-Paul, son frère; lequel ayant été tué en l'année 1672, après avoir passé le Rhin à la tête de l'armée du roi, par sa mort Coulommiers est retourné à son frère aîné, lequel étant décédé sans hoirs en l'année 1692[8], il appartient par droit suc-

---

avec Jean, marquis de Brandebourg, puis avec Ferdinand d'Aragon, duc de Calabre et prince de Tarente.

[1] Odet de Foix est plus connu sous le nom de Lautrec. C'est lui qui, en perdant la bataille de la Bicoque, causa la perte de tout le Milanais, et il périt de maladie peu de jours après avoir mis le siège devant Naples, le 15 août 1528. Paul Jove a écrit son éloge.

[2] Il eut trois fils, qui tous trois moururent jeunes.

[3] Charles, vicomte de Martigues, qui fut tué en 1553, au siège de Hesdin.

[4] Selon les généalogies de la maison de Luxembourg, le fils mourut immédiatement après sa naissance, en même temps que la mère (1545).

[5] Jean d'Albret, sire d'Orval, gouverneur de Champagne, mort en 1524, eut trois filles : Marie d'Albret, comtesse de Rethel, mariée en 1504 à Charles de Clèves, comte de Nevers; Charlotte, mariée à Odet de Foix-Lautrec, et Hélène, accordée à Louis de Clèves, comte d'Auxerre.

[6] C'est pour François de Clèves et sa femme, Marguerite de Bourbon-Vendôme, que Nevers fut érigé en duché-pairie par François Ier (1538). Ils eurent plusieurs fils, qui moururent tous sans alliance, et le duché de Nevers revint à leur fille Henriette, née en 1542, mariée en 1565, morte en 1601.

[7] Premier duc du nom de Henri.

[8] Ce dernier duc de Longueville, qui était prêtre depuis 1669, mourut, non en 1692, mais le 4 février 1694. «C'était, dit Saint-Simon, un homme d'esprit faible, qu'on envoya à Rome, que les Jésuites empaumèrent, et que le pape fit prêtre. Revenu en France, il devint de plus en plus égaré, en sorte qu'il fut renfermé dans l'abbaye de Saint-Georges, près de Rouen, pour le reste de sa vie, où il n'était vu de personne, et M. le Prince

cessif à Mme la duchesse de Nemours[1], sa sœur de père, laquelle le possède aujourd'hui à titre d'usufruitière seulement, à cause de la donation qu'elle a faite à Louis-Henri, légitimé de Bourbon, chevalier de Soissons, fils naturel de Louis de Bourbon, comte de Soissons. Il a épousé en l'année 1694 Angélique-Cunégonde de Montmorency-Luxembourg[2].

Le beau château de Coulommiers a été bâti par les soins de Catherine de Gonzague, femme de Henri d'Orléans, premier duc de Longueville. Il fut commencé en l'année 1613, du vivant de ce prince; lequel étant décédé en l'année 1615[3], sa veuve en fit continuer la construction jusqu'à sa mort, qui arriva en 1629. Henri, deuxième duc de Longueville, son fils, le fit continuer et le mit en l'état où il est. La chapelle et la basse-cour sont restées à faire, la dépense l'en ayant rebuté. Les architectes, pour engager Catherine de Gonzague dans cette entreprise, lui firent voir le plan de ce château en élévation, et lui promirent de l'exécuter et de lui rendre parfait pour 200,000 écus. Cette somme se trouva consommée par le premier compte de la dépense qu'on lui en rendit, le bâtiment n'étant qu'au premier cordon, ce qui lui fit verser des larmes. On tient qu'il a coûté deux millions de livres[4].

Cette terre vaut 16,000^tt de rente[5], sans y comprendre les droits casuels des mouvances; elle a soixante fiefs, terres et seigneuries qui en relèvent, dont les principales sont[6] :

La Ferté-Gaucher, qui vaut 12,000^tt de rente;
Doue, qui vaut 16,000^tt de rente;
Boissy, qui vaut 1,000^tt de rente;
Amillis[7], qui vaut 7,000^tt de rente;
Pierrelevée, Signy-Signets, Pommeuse, Guérard et Lumigny, de 4 à 5,000^tt de rente chacune.

ANET[8].

Anet est un gros bourg situé sur la rivière d'Eure, à trois lieues de la ville de Dreux. Cette principauté appartient à M. le duc de Vendôme. Le château et les appartements en sont magnifiques. Cette terre n'était autrefois

---

prit l'administration de ses biens.» (*Mémoires*, t. I, p. 176 et 177.) Ce fut son testament qui donna lieu à un fameux procès entre la duchesse de Nemours et le prince de Conti, pour la principauté de Neufchâtel.

[1] Voyez ci-dessus, p. 264.

[2] Sur ce personnage et son «étrange mariage,» voyez les *Mémoires de Saint-Simon*, t. I, p. 219-220. Mme de Nemours, en le mariant, lui fit une donation particulière de la terre de Coulommiers, et il quitta son titre de chevalier de Soissons pour celui de prince de Neufchâtel. Il mourut le 8 février 1703, laissant une fille, qui épousa en 1710 le duc de Luynes et porta Coulommiers dans cette maison.

[3] Henri Ier, duc de Longueville, ne mourut pas en 1615, mais le 29 avril 1595, tué d'une mousquetade, à son entrée dans la ville de Doullens.

[4] Une des beautés de cette résidence était la largeur des fossés de trente toises, alimentés par le Morin. La duchesse de Nemours se retira à Coulommiers pendant les années de disgrâce (1700-1704) que lui valut l'affaire de Neufchâtel. «Être souveraine d'une belle terre et sujette d'un grand roi, sont deux choses difficiles à accorder quand on se sent et qu'on veut faire ce qu'on est.» (*Mémoires de Saint-Simon*, t. II, p. 284 et 285, et t. IV, p. 55.) Le château fut démoli dans le courant du XVIIIe siècle, par les Luynes.

[5] Plus haut, à l'article des Domaines, le revenu n'a été porté que pour 12,000^tt.

[6] Les huit lignes qui suivent manquent dans le texte imprimé par Chalibert-Dancosse. — Comparez ci-dessus l'article des Justices, p. 234.

[7] Certains manuscrits portent, par erreur : *et Milly*.

[8] L'article de ce château manque dans l'impression de Chalibert-Dancosse.

qu'une simple châtellenie, qui fut donnée par le roi Charles VII à Pierre de Brezé, par lettres patentes du mois de décembre 1444, avec trois autres terres, Nogent-le-Roy, Bréval et Montchauvet, pour récompense des services qu'il lui avait rendus dans les guerres contre les Anglais, et de ceux de ses ancêtres.

Le titre de cette donation porte : « pour en jouir par lui, ses hoirs et ayants cause, en pleine propriété, avec réserve seulement de la foi et hommage, droits de ressort et de souveraineté, et d'une redevance annuelle d'une haquenée blanche ou 100 livres parisis en argent. » Cette disposition fort étendue fut restreinte, lors de la vérification de ces lettres au parlement, à Pierre de Brezé, donateur, et à ses héritiers seulement, à la charge de réversion au domaine faute d'hoirs.

Ces quatre terres étaient de l'ancien domaine de la couronne; elles avaient fait auparavant partie de l'apanage du comte d'Évreux, et avaient été réunies au domaine par confiscation sur Charles III[1], dit le Mauvais, roi de Navarre, son fils, pour avoir attenté à la personne de Charles V[2]. Jacques de Brezé, fils de Pierre de Brezé, succéda à son père à toutes ces terres; il épousa Charlotte de France, fille naturelle du roi Charles VII[3], de laquelle il eut trois fils et deux filles. Il se laissa prévenir de jalousie sur de mauvais rapports qui lui furent faits de sa femme, et se porta à un tel excès de passion et de fureur, qu'il trempa ses mains dans son sang[4], pour quoi son procès lui fut fait et parfait : il fut condamné en une amende de 100,000 écus d'or envers le roi, et à tenir prison jusqu'au payement de cette somme. Tous ses biens furent saisis, et, n'étant pas suffisants pour satisfaire à cette peine, le roi Louis XI voulut bien recevoir la prière qu'il lui fit de lui en faire un abandon général moyennant une pension légère pour sa subsistance.

Ce prince remit ensuite ces quatre terres à Louis de Brezé, son fils aîné, qui était son neveu, par lettres patentes du mois de mai 1481[5], pour en jouir aux mêmes droits portés par la première donation de l'année 1444, avec clause de substitution, faute d'hoirs, à ses deux frères et à leurs descendants, et, à faute d'hoirs d'eux, à ses nièces et à leurs descendants. Lors de la vérification de ces lettres au parlement, les mêmes modifications mises sur celles de 1444 y furent renouvelées. C'est en vertu de cette clause de substitution que M. le marquis de Thiange jouit, à cause de Mme de Harlay de Champvallon, son épouse, du marquisat de Bréval[6], à laquelle terre elle a été appelée après la mort de M. le marquis de Champvallon, son neveu, qui fut tué à la bataille de Neerwinden[7].

Louis de Brezé, comte de Maulévrier, fut gouverneur et grand sénéchal de Normandie. Il épousa[8], sous le règne de François Ier, Diane

---

[1] Lisez : *Charles II.*
[2] Avril à juillet 1378.
[3] Charles VII avait eu cette fille d'Agnès Sorel.
[4] Il la tua le 14 juin 1476.
[5] Jacques de Brezé, après la mort de Louis XI, se pourvut au parlement contre tout ce qui avait été fait par ce prince, et obtint arrêt en sa faveur. Il ne mourut que le 14 août 1494.
[6] Voyez ci-dessus, p. 313.
[7] Le manuscrit Nivernois porte *Senef*, au lieu de *Neerwinden*, confondant le marquis de Champvallon, frère de la marquise de Bréval, qui périt à Senef, en 1674, avec son fils, François de Harlay-Champvallon, dernier du nom, qui fut tué à Neerwinden (29 juillet 1693), à l'âge de vingt et un ans. Le marquisat de Bréval était entré dans cette branche de la maison de Harlay par l'alliance de Jacques de Harlay avec une fille de Françoise de Brezé et de Robert de la Marck, duc de Bouillon, maréchal de France (1582).
[8] Le 23 juillet 1531.

de Poitiers, fille de Jean de Poitiers, comte de Saint-Vallier. Diane de Poitiers étant demeurée veuve assez jeune, son esprit et sa beauté lui attirèrent l'estime et les bonnes grâces du roi Henri II. Ce prince la fit duchesse de Valentinois, et voulant la gratifier, il rétablit de neuf le château d'Anet, qu'il rendit un des plus magnifiques de son temps [1]. L'histoire remarque qu'il y passait la meilleure partie de l'année avec toute sa cour.

Louis de Brezé eut deux filles de son mariage avec Diane de Poitiers : Françoise et Louise de Brezé. Françoise fut mariée à Robert de la Marck, duc de Bouillon, et Louise à Claude de Lorraine, duc d'Aumale, à laquelle échut la principauté d'Anet. Le duc d'Aumale eut une fille, nommée Catherine, laquelle épousa le duc de Mercœur. Le duc de Mercœur eut de ce mariage une fille, nommée Françoise, laquelle fut mariée en 1609 à César Monsieur, duc de Vendôme, fils naturel du roi Henri IV, aïeul de M. le duc de Vendôme. C'est par ces degrés que la principauté d'Anet est tombée dans sa maison.

M. le duc de Vendôme a embelli ce château d'un beau salon, avec des appartements bas qui sont d'une grande magnificence.

Il y a quarante fiefs qui relèvent de cette principauté; elle vaut 36,000 ₶ de rente.

MONTMORENCY-DUCHÉ [2].

Le château de Montmorency, à trois lieues de Paris et une de Saint-Denis, est un ancien bâtiment qui fut construit par le propriétaire *Morentius*, qui commandait une colonie romaine. Pour y tenir ses troupes avec plus de discipline et de sûreté, il y fit bâtir un fort château, et comme cette ville se trouve située sur un mont élevé, il le fit nommer, de son nom, *Mont de Morence;* et, par corruption, il s'appelle *Montmorency* [3]. Il n'en reste à présent qu'une seule tour. C'était une des plus anciennes baronnies du royaume, tenue immédiatement de la couronne. Les seigneurs de Montmorency ont été des premiers barons chrétiens de France.

Le roi Henri II l'érigea en duché-pairie, au mois de juillet 1551, en faveur d'Anne de Montmorency, connétable de France, par lettres patentes qui furent registrées au parlement le 4 août ensuivant. Ces lettres commencent par ces mots : « Ayant égard que [4] la baronnie de Montmorency est la première baronnie de France. » Ce seigneur a son tombeau en marbre blanc dans l'église collégiale de Saint-Martin de ce lieu, qui fut fondée et bâtie par les barons de Montmorency [5].

Par les lettres d'érection de cette terre en duché, la seigneurie d'Écouen y avait été unie; elle en fut désunie par autres lettres patentes du mois de septembre ensuivant, sur les remontrances qui furent faites au roi qu'elle était mouvante en plein fief des religieux de Saint-Denis-en-France, auxquelles Sa Majesté eut égard, et ne voulut faire perdre leur tenure et devoir féodal à ces religieux; et d'ail-

---

[1] Philibert Delorme, Jean Goujon et Jean Cousin furent chargés de l'architecture et de la décoration.

[2] Cet article manque dans le texte imprimé par Chalibert-Dancosse.

[3] Sur les diverses étymologies du nom de Montmorency, voir l'*Histoire généalogique de la maison de Montmorency*, par André du Chesne, p. 9-11, la *Notitia Galliarum*, de Valois, p. 407, et l'*Histoire du diocèse de Paris*, par l'abbé Lebeuf, t. III, p. 372 et suivantes.

[4] « Ayant regard à ce que..... » Voir les Preuves de l'*Histoire de la maison de Montmorency*, p. 286.

[5] Voyez les Additions de Le Laboureur aux *Mémoires de Castelnau*, t. II, p. 548, et le *Mercure*, juillet 1740, p. 1542.

leurs on estima qu'il n'était pas convenable que cette terre, étant jointe au duché, fût tenue en foi d'autres que du roi. Ces motifs, qui furent représentés, donnèrent lieu à la désunion.

Après la mort de Henri de Montmorency, dernier duc de cette illustre maison, en l'année 1633[1], le roi Louis XIII donna ce duché, avec ses seigneuries et dépendances, à Mme la princesse de Condé, sa sœur. Il appartient aujourd'hui à Mgr le Prince[2].

Ce duché est d'une grande étendue et a de grandes mouvances. Il est composé de trente-six paroisses et douze hameaux; il y a cent soixante-douze fiefs qui en relèvent, dont plusieurs ont droit de justice haute, moyenne et basse, et sont considérables.

La baronnie de Maffliers en relève, qui vaut 10,000[tt] de rente[3].

VERNEUIL-DUCHÉ[4].

La terre de Verneuil[5] a été érigée en marquisat en faveur de Mme d'Entragues[6], par le roi Henri IV, et depuis en duché-pairie, par le roi, en l'année 1652, en faveur de M. Henri de Bourbon, prince légitimé de France, qui n'a point laissé d'enfants[7]. Les lettres d'érection n'ont été vérifiées au parlement que le 14 décembre 1663.

Ce duché vaut 12,000[tt] de rente. Il n'y a aucunes terres, fiefs ou seigneuries qui en relèvent.

SAINT-ANGE.

Le château de Saint-Ange[8], à deux lieues de Fontainebleau, fut bâti par le roi François Ier, pour la duchesse d'Étampes[9]. C'est un pays de montagnes, propre à la chasse. Il est plein de roches; on a découvert, depuis quelques années, qu'il y a des marbres dans la montagne et aux environs, de différentes couleurs; on en a tiré qui a été travaillé, qui s'est trouvé de couleur brune, semé de taches blanches, et d'autre couleur olivâtre[10].

---

[1] Voyez ci-dessus, p. 388, note 3.

[2] Le Mémoire a dit, p. 207 et 308, comment le nom de duché de Montmorency avait été remplacé par celui de duché d'Enghien.

[3] Voyez ci-dessus, p. 210.

[4] Cet article manque dans le texte imprimé par Chalibert-Dancosse.

[5] Ci-dessus, p. 212.

[6] Henriette de Balzac d'Entragues, marquise de Verneuil, dont Henri IV eut Henri de Bourbon, duc de Verneuil, qui suit.

[7] Le duc de Verneuil, né en 1601, mort en 1682, épousa en 1668 Charlotte Séguier, dont il a été parlé ci-dessus, p. 212. A sa mort, le château de Verneuil (voyez Piganiol de la Force, Nouvelle description de la France, éd. de 1753, t. I, p. 342 et 343) passa aux Bourbon-Condé.

[8] Paroisse de Villecerf (Seine-et-Marne), élection de Montereau. Cette localité porta d'abord le nom de «château neuf de Challeau» jusqu'en septembre 1627. La seigneurie appartenait alors à la famille Le Charron, dont le Mémoire a plusieurs fois parlé, et qui l'avait acquise des héritiers de la duchesse d'Étampes; mais depuis un demi-siècle les constructions étaient abandonnées et tombaient en ruines. François Le Charron, qui obtint la permission de remplacer le nom de Challeau par celui de sa seigneurie de Saint-Ange (Saint-Ange-le-Vieil, c[ne] Dormez-le-Bocage), releva le château, y joignit un parc clos de 400 arpents, et en fit une résidence magnifique; mais son fils, François II Le Charron, baron de Saint-Ange, premier maître d'hôtel de la reine Anne d'Autriche, s'étant ruiné, les créanciers firent saisir et vendre Saint-Ange, qui passa ainsi aux Caumartin.

[9] Ci-dessus, p. 134. — Voyez la description de ce château dans le Second livre des plus excellents bâtiments de France, de Du Cerceau (1576), p. 6, et dans le Voyage pittoresque des environs de Paris, par d'Argenville, p. 243. Une vue en est gravée dans la Topographie française de Cl. Chastillon, éditée en 1641 par Boisseau.

[10] Voyez ci-dessus, p. 295 et 378, note 1.

Ce château appartient présentement à M. de Caumartin, conseiller d'État, intendant des finances[1].

LA VERSINE[2].

Le château de la Versine[3] a été bâti par ordre du roi François Ier, pour Mme la comtesse de la Suze; il est construit de belles pierres. Il est situé sur la rivière d'Oise, à un quart de lieue au-dessous de Creil, et à deux lieues de la ville de Senlis. Il a passé en différentes mains : il était possédé en l'année 1636 par M. Regnard[4], qui le vendit à M. le marquis[5] de Saint-Simon[6]. Après sa mort, Mgr le Prince[7] l'a acquis de ses créanciers[8] et le possède présentement.

---

[1] Ci-dessus, p. 239. M. Quentin de Richebourg s'était rendu acquéreur de Saint-Ange sur la succession de M. Le Charron, en 1669, au prix de 117,500{l}. On a vu plus haut que l'héritière unique de M. de Richebourg porta Saint-Ange en mariage à M. de Caumartin, intendant des finances, qui y réunit les seigneuries de Chaltcau, Villemer, Villecerf, Montarlot, Ville-Saint-Jacques, Dormelles, et enfin le comté de Moret, domaine engagé. Caumartin, ami et protecteur de beaucoup de gens de lettres, reçut à Saint-Ange le jeune Voltaire, en 1715, et l'aida à préparer *la Henriade* et à réunir les matériaux du *Siècle de Louis XIV*. Une épître que Voltaire adressa à cette époque au grand prieur de Vendôme rappelle son séjour dans l'ancien château de la duchesse d'Étampes et les singularités de cette construction, où le toit communiquait de plain-pied avec la septième et dernière terrasse du parc contre lequel le château était adossé.

[2] Cet article manque dans le texte imprimé par Chalibert-Dancosse.

[3] C{ne} Saint-Maximin (Oise).

[4] Nicolas Regnard, secrétaire du roi, trésorier de France en la généralité de Paris.

[5] Le manuscrit Nivernois porte, par erreur : *le duc*.

[6] Voyez ci-dessus, p. 259.

[7] Certains manuscrits portent, par erreur : *M. le Premier* (le premier écuyer Beringhen).

[8] Cette vente fut faite le 1er avril 1694, à la requête des créanciers, qui avaient saisi la Versine.

APPENDICE.

I

NAVIGATION DES RIVIÈRES.

MÉMOIRE SUR LA NAVIGATION DES RIVIÈRES, PAR VAUBAN[1].

Quoiqu'il ait été parlé du commerce dans les mémoires précédents, il ne sera pas mal à propos d'en dire encore ici quelque chose : je n'en sais cependant pas assez pour en faire leçon, mais bien pour proposer ce qui le pourrait rendre plus aisé.

Il est certain que toutes les provinces de ce royaume ont besoin les unes des autres, parce que toutes abondent en certaines choses et manquent en d'autres; aucune d'elles n'ayant absolument tout son nécessaire, elle va ordinairement chez sa voisine ou dans les autres plus éloignées : par exemple, la Champagne abonde en vins, et manque souvent de blé, et la Picardie manque de vins et abonde en blé; il n'en faut pas davantage pour exciter un commerce considérable entre ces deux provinces. La Provence manque aussi de blé, mais elle abonde en vins, figues, huiles, olives, oranges, citrons, et en quantité d'autres denrées qui lui en attirent de toutes parts; de plus, elle a de bons ports de mer, où il se fait un grand commerce, qui répare ce défaut. Paris abonde en or, argent, et en toutes sortes de marchandises et de manufactures exquises qui manquent aux provinces des environs; elles y vont chercher leurs besoins, et y apportent blés, vins, fruits, foins, orges, avoines, bois et bestiaux, et une infinité d'autres denrées en si grande abondance, qu'elle en peut très-facilement nourrir les six à sept cent mille habitants dont elle est remplie. Il est ainsi de toutes les autres villes de province du royaume, ce qui leur produit un commerce intérieur très-considérable, qui facilite le mouvement de l'argent, fertilise les mauvais pays, les fait valoir, et fait que les uns et les autres peuvent s'entretenir et devenir meilleurs à proportion de ce que

---

[1] Le manuscrit original de ce mémoire fait partie du quatrième volume des *Oisivetés de M. de Vauban*, qui a appartenu au général Haxo. Il a été publié une première fois, en 1761, par Dupain-Triel, d'après une copie communiquée par Fourcroy, pour servir à sa carte de la navigation intérieure; une seconde fois en 1842, par le lieutenant-colonel Augoyat, dans le recueil qui porte le titre d'*Oisivetés de Vauban*, p. 89-139. Nous le reproduisons ici en entier, même pour les parties qui ne concernent pas la généralité de Paris : un fractionnement eût été impraticable; et il sera facile, lorsque les mémoires des autres généralités parleront de la navigation des rivières, de renvoyer à ce premier volume. — D'après un passage du chapitre de l'Alsace, la rédaction paraît être de 1698 ou 1699.

les consommations diminuent ou accroissent; ce qui n'est pas moins avantageux au roi qu'à ses peuples, parce que le fréquent mouvement de l'argent fait aussi bien ses affaires que les leurs. Il ne faut donc que trouver moyen de rendre ce mouvement plus vif dans toutes les parties du royaume, pour en augmenter considérablement les revenus, d'autant que ce ne sont pas les monceaux d'or et d'argent qui font les richesses du pays, mais le bon emploi qu'on en fait journellement, l'abondance des denrées et leur consommation, sans quoi rien ne profite.

Pour le faciliter, il y a deux moyens qui concourent à même fin tous deux : le premier est celui d'accommoder et bien entretenir tous les grands chemins, qui sont extraordinairement négligés; et le second, de procurer la navigation aux rivières qui en sont capables, en prolongeant celle de toutes les grandes vers leurs sources, autant que les eaux y pourront fournir, et en rendant navigables toutes celles qui ne le sont pas et qui peuvent le devenir par le travail des hommes. Ainsi, la navigation de Seine, qui ne commence qu'à Bray, Nogent et Pont-sur-Seine, pourrait très-bien remonter jusqu'à Châtillon, non en suivant toujours le cours de la rivière, qui manque de fond en beaucoup d'endroits, mais en faisant un canal à côté de son lit où il en serait besoin, avec des sas et écluses plus ou moins proportionnées suivant l'abondance des eaux, sur telle profondeur qu'on voudrait lui donner, car cela est arbitraire; moyennant quoi, la navigation du canal serait infaillible, beaucoup meilleure que celle de la rivière, et non sujette à naufrage, ni à aucun changement, parce qu'on ne prend et on ne met jamais que la quantité d'eau qu'on veut dans ces canaux, et si on peut leur faire porter d'aussi grands bateaux que ceux de la Seine, dans les endroits même où elle a le plus de profondeur. Il n'y a rien de plus praticable, et le roi peut même faire à très-bon marché, comme nous ferons voir ci-après : moyennant quoi la navigation de cette grande et belle rivière se trouverait prolongée vers sa source de plus de vingt lieues. Or, ce qui sera bon pour la Seine à cet égard, le sera sans doute pour toutes celles du royaume.

Voici comment cela se peut faire. Supposons l'ouverture d'un canal de 9 toises de large seulement à la superficie de l'eau, revenant à 6 par en bas, sur 6 de profondeur; ce canal digué, et la superficie de son eau élevée au rez de l'horizon, et même de 2 à 3 pieds de plus, si cela convient, ne contiendra pas plus de 6 toises cubes d'excavation par toise courante, qui, estimée à 24 sols la toise, feront 7^{lt} 4^s. Ajoutons-y 36 sols par toise cube pour la façon des talus, arrangement des digues et des conrois, le gain et les frais des entrepreneurs : la toise courante reviendra à 9^{lt}; posons 10^{lt}. Ce sera 100^{lt} pour 10 toises, 1,000^{lt} pour 100 toises, et 10,000^{lt} pour 1,000 toises; ce qui reviendra à 25,000^{lt} pour chaque lieue de 2,500 toises de long. Ajoutons-y jusqu'à 50,000 autres livres, à cause des roches et mauvais terrains qui peuvent se rencontrer, des sas et aqueducs de traverse, dédommagement des particuliers, etc.; ce sera 75,000^{lt} qu'il en pourra coûter pour chaque lieue. Mais, supposant derechef que cela peut aller jusqu'à 100,000^{lt} [1], je ne trouverais pas que la dépense en dût rebuter, vu qu'étant bien employée, ce serait un ouvrage fait pour toujours, dont les entretiens seraient de peu de dépense. Cependant il est vrai de dire que ces canaux seraient d'une utilité inconcevable aux pays par où ils passeraient, parce que leur navigation attirerait les denrées superflues de 5 ou 6 lieues de la droite, et d'autant de la gauche, et en faciliterait un bon débit; outre que cette même navigation serait in-

---

[1] Cette estimation est faible, comparée à la dépense qui a été faite du temps de Vauban pour la construction du canal du Midi. La dépense de ce canal montait, en 1700, à 16,279,508 francs, pour 240,984 mètres de longueur, depuis Toulouse jusqu'à l'étang de Thau; ce qui fait 329,260 francs par lieue de 2,500 toises. Remarquons toutefois que la plupart des navigations qui font l'objet de ce mémoire, sont d'un ordre inférieur au canal du Midi, et, par conséquent, coûteraient moins à établir, proportion gardée. (Note de l'éditeur Augoyat.)

comparablement meilleure que celle des rivières, en ce qu'on la pourrait monter et descendre également, et qu'on n'y perdrait jamais rien.

De plus, tous les lieux du voisinage, à cette distance, y apporteraient leurs vins, blé, eau-de-vie, fruits, bois, charbon, foin, paille, orge et avoine, qui sont toutes denrées de débit, dont la consommation est universelle; sans compter ce qui provient des grosses manufactures, dont l'usage et la consommation est encore universelle, et par conséquent de bon commerce en tout temps et en tout pays. Cependant la plupart demeurent sur les lieux de leur cru, parce qu'elles ne se peuvent transporter au loin sans grands frais[1]; telles sont les pailles, foins, orges, avoines et toutes sortes de légumes, même les blés, les bois en grume, carrés, de sciage et à brûler de toutes espèces, la pierre à bâtir, la chaux, la brique, la tuile et le charbon, et autres matériaux pesants et de grand volume, dès que la distance passe cinq à six lieues des endroits où on en a besoin, la voiture par charrois les renchérissant extrêmement; ce qui fait qu'il y a beaucoup de pays qui, quoique accommodés d'ailleurs, manquent de quantité de choses qui leur font besoin, étant la plupart très-mal bâtis et peu accommodés du nécessaire à la vie et à l'habit; au lieu que tout cela se mène facilement par eau et à peu de frais, parce qu'un bateau de raisonnable grandeur, en bonne eau, peut lui seul, avec six hommes et quatre chevaux, mener la charge que quatre cents chevaux et deux cents hommes auraient bien de la peine à mener par les charrois ordinaires.

Si donc, au moyen de la dîme royale ci-devant proposée[2], et une fois établie, les peuples se pouvaient refaire et remettre en état, comme ils feraient sans doute en peu de temps, la dépense de ces canaux se pourrait imposer sur tous les riverains, qui, pour en être plus à portée, seraient en état d'en profiter; ce qui pourrait s'étendre jusqu'à cinq bonnes lieues de part et d'autre d'un canal. Pour cet effet, je voudrais me servir de la proportion de ladite dîme pour en faire les levées de cette façon. Chaque lieue de rivière ou de canal pourrait avoir des lieues carrées de pays pour contribuer à ses façons: savoir, cinq d'un côté, et autant de l'autre; et, supposant que chaque lieue de longueur dudit canal dût coûter 100,000^{lt}, au lieu d'en faire la distribution égale, ce qui reviendrait à 10,000^{lt} par lieue carrée, je voudrais, attendu l'utilité plus grande pour ceux qui toucheraient à ses bords que pour ceux qui en seront plus éloignés, me servir de la proportion suivante, ou fort approchant: j'ôterais premièrement la dixième partie du total de la somme, équivalant au dixième pour la part du roi, parce que, faisant la levée de ses revenus sur les peuples par dîme et pouvant imposer jusqu'au dixième, quand il en sera besoin, il est juste qu'il porte sa part des frais qui peuvent contribuer à l'augmentation de ses revenus, à proportion de celui qui lui en reviendrait; il serait même très-juste qu'il usât de libéralité en cela, et qu'au lieu de 10,000^{lt} à quoi les deux vingtièmes se pourraient monter, il en payât jusqu'à 20.000^{lt}, en considération des levées extraordinaires à quoi ses peuples sont souvent obligés. Resterait, en ce cas, à faire état de 80,000^{lt}, qui divisées en vingt parts de 2,000^{lt} chacune, on en pourrait imposer six sur les deux lieues carrées attachées au canal, marquées A A à la figure ci-contre:

| E | D | C | B | A | CANAL | A | B | C | D | E |

cinq sur les deux attenantes des premières, marquées B B à la même figure; quatre sur les marquées C C, trois sur les marquées D D, deux sur les marquées E E; le tout faisant vingt, qui, es-

---

[1] Dans son mémoire sur le canal de Languedoc, Vauban disait, en 1691: «J'ai vu deux manquements de blé qui obligèrent d'en faire venir de Dantzick, qui est ordinairement fort mauvais, et même de Barbarie, pour des sommes considérables, qui ne devaient pas sortir du royaume, s'il y avait eu un canal et des rivières navigables, parce qu'il s'en serait trouvé suffisamment dans les provinces voisines ou plus éloignées. On pourrait proposer la même chose pour beaucoup d'autres endroits du royaume où la navigation de plusieurs rivières et ruisseaux conviendrait parfaitement.»

[2] Vauban venait de terminer la première rédaction de son *Projet de dîme royale*, qui était déjà communiquée aux ministres.

timées à 4,000ᴸ chacune, feraient la somme de 80,000ᴸ ci-devant. Sur ce pied, la première lieue carrée, bordant le canal d'un côté, porterait trois parts, équivalentes à 12,000ᴸ; la deuxième, deux parts et demie, équivalentes à 10,000ᴸ; la troisième, deux parts, équivalentes à 8,000ᴸ; la quatrième, une part et demie, équivalente à 6,000ᴸ; et la cinquième, une part, équivalente à 4,000ᴸ; le tout faisant 40,000ᴸ pour un côté, et autant pour l'autre; ce qui reviendrait encore aux 80,000ᴸ ci-dessus.

Au surplus, on pourrait donner plus d'étendue à cette imposition, car il est sûr que ces navigations tireraient de beaucoup plus loin; mais on propose celle-ci pour donner une idée des proportions qu'on y peut observer, pour lesquelles il faut toujours avoir de grands égards, afin de ne point surcharger les uns plus que les autres. Il est encore certain qu'en y procédant de la sorte, les impositions en seraient bien plus supportables, et qu'on pourrait les adoucir davantage. Supposé l'ouvrage distribué en six années de temps, ce serait 2,000ᴸ par an pour chacune des deux premières lieues carrées attachées au canal; 1,666ᴸ 13ˢ 4ᵈ pour chacune des secondes; 1,333ᴸ 13ˢ 4ᵈ pour chacune des troisièmes; 1,000ᴸ pour chacune des quatrièmes, et 666ᴸ 13ˢ 4ᵈ pour chacune des cinquièmes. Sur quoi il est à remarquer qu'il n'y faudrait se mettre la moitié de ces levées devant les mains avant que de commencer cet ouvrage, afin d'avoir de quoi ne le pas laisser languir. D'ailleurs, ces mêmes ouvrages pouvant être faits par les habitants de ces lieues carrées, il ne sortirait d'argent de leur pays que celui qui serait emporté par les ferronneries, charpenteries et maçonneries, que les ouvriers du pays pourraient encore gagner. On pourrait aussi faire ces divisions plus longues, en les remettant par exemple à huit ou dix années de temps, au lieu de six, empruntant même de l'argent à un intérêt raisonnable, sur lequel les communautés pourraient engager leur part des canaux jusqu'à parfait jugement : quoi fait et ces mêmes canaux achevés, il faudrait les affranchir entièrement de tous péages et impositions, et n'en mettre précisément que pour ce qui serait nécessaire à leur entretien et aux gages des éclusiers; encore vaudrait-il mieux que ces gages, entretiens et autres réparations fussent imposés à perpétuité sur les lieues carrées qui auraient fourni à leur construction, et que la navigation fût totalement libre : les denrées deviendraient à beaucoup meilleur marché, et le débit, par conséquent, plus grand et bien plus recherché. Le roi en profiterait considérablement, en ce que tous les biens voisins dudit canal augmenteraient de prix, et les dîmes à proportion, et cela grossirait considérablement ses revenus, parce que les terres deviendraient beaucoup mieux cultivées, et les biens augmenteraient d'un grand tiers. Pour se persuader de ces vérités, il n'y a qu'à examiner les pays traversés de rivières navigables : on verra qu'entre les héritages qui en sont près et ceux qui en sont éloignés (bien que de même rapport et fertilité), ceux du bord des rivières sont d'un prix bien au-dessus des éloignés; la même chose des maisons, prés, bois, vignes, et de tous les autres fonds de terre qui en sont proches. On voit aussi les villes, bourgs et villages bien plus fréquents le long des rivières navigables qu'ailleurs, ordinairement bien peuplés; les maisons bâties à chaux et à sable, couvertes de tuiles ou d'ardoises, avec des vitres; les pays voisins en bonne culture et tout autrement en valeur que ceux des lieux où il n'y a point de navigation, où tout est mal bâti, mal peuplé, mal logé, et les terres nonchalamment cultivées, parce que, le débit des denrées manquant, on n'en cultive que pour les besoins de la vie, tout au plus des pays plus voisins, et que, pour l'ordinaire, elles paient petitement les frais de la culture à leur maître. Or, ce que nous disons ici pour une navigation, se doit entendre pour toutes les autres dont ce royaume peut être traversé, au moyen desquelles on peut faire de la France le meilleur pays du monde, y joignant les arrosements des terres et les réparations des grands chemins. C'est donc en vue de procurer ces navigations par tout le royaume que nous indiquerons les rivières à qui on pourrait faire porter bateau, commençant par l'une de ses extrémités, en faisant le tour, et revenant par le même endroit.

LA SEINE.

La Seine et les rivières qu'elle reçoit arrosent bonne partie de la Normandie, l'Île-de-France, Bourgogne, Champagne, Brie, Picardie, la Beauce et le Gâtinais.

Cette belle et grande rivière, qui traverse les meilleures et les plus grandes villes du royaume, reçoit dans son lit plusieurs rivières navigables et quantité d'autres qui pourraient le devenir, que nous distinguerons suivant l'ordre de leur situation, et non selon leur force et dignité.

La première qui se jette dans la Seine et qu'on rencontre en la remontant, est la Rille, dont la navigation, étant aidée, pourrait se prolonger jusqu'à Beaumont-le-Roger. Je ne sais pas quel en pourrait être le commerce particulier; mais, par rapport au pays et à la proximité de la mer, il ne pourrait être que bon.

La seconde est l'Eure, qui pourrait être remontée jusqu'à Chartres par le moyen des écluses un peu mieux faites, plus fréquentes, et d'un canal à côté, dans les endroits où la rivière est faible, rapide ou escarpée.

La troisième est la rivière d'Andelle, qui fournit beaucoup de bois de chauffage à Paris, dont la navigation peut être remontée cinq à six lieues au-dessus de son embouchure.

La quatrième est l'Epte, qu'on peut rendre navigable jusqu'à Gisors.

La cinquième est l'Oise, belle et grande rivière, qui en reçoit quantité d'autres considérables, dont celle qui mérite de tenir le premier rang est l'Aisne, qui la joint à Compiègne et la grossit de moitié et plus. Celle-ci commence à porter bateau de son cru à Pontavert, et l'Oise à la Fère, mais non pas toujours, ni bien franchement. L'une et l'autre ont peu de profondeur avant leur jonction, et mériteraient d'être aidées de quelques sas. La navigation de l'Oise pourrait être prolongée jusqu'à Guise, même jusqu'à Étréaupont. On prétend qu'on la pourrait joindre à la Sambre et à la Somme, celle-ci par un canal près de la Fère, qui serait nourri par une rigole tirée de quatre ou cinq lieues plus haut: ce qui ferait un grand bien pour toutes sortes de commerce, même pour le militaire.

La navigation de l'Aisne peut être remontée par le moyen des écluses et des canaux jusqu'à Grandpré, même jusqu'à Sainte-Menehould: ce qui causerait le débit de bien des bois de toutes espèces qui sèchent sur pied dans tous ces pays-là, et dont on a grand besoin ailleurs, comme aussi de quantité de blés, foins et avoines, fers, verreries, et de plusieurs autres denrées, car elle passe par de très-bons pays. Cette rivière peut aussi se communiquer à la Meuse par la Bar, et la Meuse à la Moselle par le Vaux-de-l'Âne, entre Toul et Pagny-sur-Meuse. Ces communications de rivières près de leurs sources pourraient produire un commerce merveilleux, qui, outre les vins de Champagne, les eaux-de-vie, les blés, les avoines, dont il faciliterait l'évacuation en faveur des pays étrangers et de nos places, camps et armées, en temps de guerre, nous amènerait quantité de marbre, d'ardoises, du fer, des bois de charpente de toutes espèces, une infinité de sapins et de bois courbes pour la marine, des merrains de toutes sortes pour les tonneaux, et plusieurs autres marchandises qu'il ferait abonder à Paris et dans tous les lieux de son passage. Bien entendu qu'il faudrait accommoder la Moselle depuis Liverdun jusqu'à Épinal, ce qui serait aisé, y ayant peu de chose à faire, et la Meuse depuis Verdun jusqu'à Neufchâteau, en Lorraine, et y ajouter encore quelques réparations depuis Verdun jusqu'à Sedan et Mézières, cette rivière ayant été jusqu'ici fort négligée, à cause de la guerre et de ce qu'elle a presque toujours été mitoyenne entre les Espagnols et nous.

La rivière d'Aisne reçoit encore pour son compte particulier la Snippe, à qui on pourrait faire porter bateau jusqu'à Pontfaverger, et même au delà, si le pays en valait la peine.

La Vesle passe à Sillery, Reims, Fismes et Braisne, et par les meilleurs et plus grands vignobles du royaume. On peut aisément lui faire porter bateau depuis Sillery jusqu'à son embouchure dans l'Aisne; on peut dire de celle-ci que c'est une grande bonté à la ville de Reims de ce qu'elle ne porte pas encore.

La Lotenette (l'Automne) se jette à Verberie dans l'Oise; on pourrait lui faire porter bateau, en remontant vers sa source, jusqu'à Béthisy.

La Nonette, qui passe à Senlis et Chantilly, pourrait aussi être accommodée pour la navigation depuis son embouchure jusqu'audit Senlis; la Bresche jusqu'à Clermont en Beauvaisis, le Thérain jusqu'à Beauvais. Il y a encore quantité d'autres plus petites qu'on pourrait accommoder pour deux ou trois lieues.

Voilà à peu près toutes les branches de l'Oise qui peuvent être accommodées à la navigation.

La sixième branche considérable de la Seine est la Marne, qu'on peut dire l'une des nourrices de Paris, comme celle qui lui fournit pain et vin abondamment. Elle est belle et très-marchande. Elle commence à porter de médiocres bateaux à Saint-Dizier; mais elle n'est bien bonne qu'à Châlons. En aidant un peu de quelques écluses, elle serait bonne partout. On pourrait prolonger la navigation de celle-ci jusqu'à demi-lieue de Langres, ce qui ferait un bien infini à cette ville et au pays par où elle passe, qui est bon et n'a point de commerce.

Les branches de la Marne qu'on peut rendre navigables sont la rivière de Saulx jusqu'à Stainville, et celle d'Ornain jusqu'à Bar-le-Duc, par où on tirerait encore quantité de bois, de belles pierres à bâtir, de la chaux, beaucoup de bons vins et des eaux-de-vie.

Les autres sont le Rognon, qu'on pourrait remonter jusqu'à Montclair ou Andelot; la Blaise, jusqu'à Vassy et au delà; le petit Morin, jusqu'au bas de Montmirail; le Morin, jusqu'à Coulommiers, et même jusqu'à la Ferté-Gaucher; l'Ourcq, jusqu'à la Ferté-Milon.

Voilà quelles sont les branches principales de la Marne.

J'ai opinion qu'on pourrait la joindre aussi à la Meuse, par le moyen d'un grand étang entre deux, pour élever les eaux des petites rivières et servir de réservoir à cette communication.

Continuant à remonter la Seine, on trouve à gauche la petite rivière d'Yerres, qui tombe à Villeneuve-Saint-Georges, qui se peut rendre navigable jusqu'à Brie-Comte-Robert, supposé qu'elle en valût la peine; l'Yvette et l'Orge, jusqu'à Montlhéry; de l'autre côté, celle d'Essonnes jusqu'à Étampes.

Continuant à remonter la Seine, on trouve la rivière de Loing, qui passe à Moret, Nemours et Montargis, et tombe dans la Seine par son propre cours d'un côté, et dans la Loire de l'autre, par deux canaux, savoir : celui de Briare et celui d'Orléans, qui font une navigation très-considérable et d'un grand commerce de l'une à l'autre de ces deux grandes rivières.

A Montereau, l'Yonne se joint à la Seine et la grossit de moitié et plus. C'est encore une des mères nourrices de Paris, car c'est elle qui mène tous les vins de Bourgogne, les bois flottés du Morvan et beaucoup de blé et d'avoine. Elle porte bateau de son cru jusqu'à Cravant ; on pourrait pousser la navigation jusqu'à Clamecy, même jusqu'à Corbigny-lès-Saint-Léonard, par la petite rivière d'Anguison, où il y aurait beaucoup à profiter.

A gauche de l'Yonne, en sortant de Sens, on trouve la petite rivière de Vannes, qui se peut rendre navigable jusqu'à Villeneuve-l'Archevêque avec grande utilité.

Au-dessus de Joigny, on trouve l'Armançon, qui se peut rendre navigable jusqu'à Montbard et Moutiers-Saint-Jean, et, pour partie de l'année, jusqu'à Semur-en-Auxois.

Le Serain peut se rendre navigable jusqu'à Noyers pour autant de temps.

La Cure pourrait s'accommoder jusqu'à Vézelay assez facilement, et le Cousin, qui est une branche de la Cure, jusqu'à Avallon, avec beaucoup d'utilité pour ces pays, qui n'ont d'autre débit que celui des bois à flotter.

Continuant à remonter la Seine depuis Montereau jusqu'à Nogent et Pont-sur-Seine, qui est l'endroit où elle commence à porter bateau, on trouve la petite rivière de Voulzie, qui descend de Provins. Elle se peut rendre navigable depuis là jusqu'à son embouchure, avec grande utilité pour cette ville et les pays d'alentour.

Il y en a une autre qui descend de Villeneuve, qui peut être rendue navigable à trois ou quatre lieues.

Après suit la rivière d'Aube, qui peut être accommodée à la navigation depuis son embouchure dans la Seine jusqu'à Bar-sur-Aube.

Nous avons dit ailleurs que la Seine se peut très-bien rendre navigable jusqu'à Châtillon, au grand bien du pays et de tous les lieux par où elle passe. Voilà donc la Seine avec toutes ses branches grandes et petites, au nombre de trois fort considérables, qui sont l'Oise, la Marne et l'Yonne, et quatre autres moyennes, qui sont l'Eure, le Loing, l'Aisne et l'Aube, et trente autres moindres qui ne portent point bateau, mais qui se peuvent très-bien accommoder; de sorte que, de la Seine et des rivières qui se jettent dans son lit, on pourrait tirer les marchandises de tous les pays qu'elle arrose, par trente-sept rivières, tant grandes que petites, si elles étaient toutes navigables. Il y en a quantité d'autres moindres; mais on n'en peut faire l'état pour la navigation. Au surplus, le cours de cette rivière et de toutes celles qu'elle reçoit sont doux et de bonne navigation.

Reprenant le bord de la mer à Honfleur, et suivant la côte vers l'ouest, la première rivière qui se présente est la Touques, qui se peut accommoder jusqu'à Lisieux.

Suit après la Dives, dont la navigation peut être remontée jusqu'à Sainte-Barbe et au-dessus.

La rivière d'Orne porte de petits bâtiments de mer jusqu'à Caen, et se peut rendre navigable jusqu'à Argentan, peut-être jusqu'à Seez.

La Vire remonte de très-petits bâtiments jusqu'à Saint-Lô; on pourrait l'accommoder jusqu'au Pont-Farcy, peut-être jusqu'à Vire.

La Douve pourrait en remonter jusqu'à Saint-Sauveur-le-Vicomte; le Merderet jusqu'à Canguigny, et la Taute jusqu'à une ou deux lieues au-dessus de Carentan.

Toutes les petites rivières du Cotentin, depuis le cap de la Hougue jusqu'à Avranches, qui ont de quoi faire tourner un moulin, se pourraient accommoder à la navigation pour une, deux, trois, quatre ou cinq lieues avant dans les terres, avec grand profit, parce qu'elles faciliteraient la voiture de la tangue, dont ils se servent, au lieu de marne, pour accommoder les terres.

J'estime que la Sée, qui tombe à Avranches, pourrait prolonger sa navigation jusqu'à Brécey; que l'Ardée (Sélune) pourrait prolonger la sienne jusqu'à les Biards ou Saint-Hilaire.

BRETAGNE.

Le Couesnon pourrait devenir navigable jusqu'à Antrain, peut-être jusqu'à Fougères.

J'estime encore que la navigation de la Rance pourrait se prolonger jusqu'à Trévérien.

Que celle de Pontrieux pourrait se remonter jusqu'à Guingamp. Ce Pontrieux est un lieu propre à faire un bon port de mer, même pour les vaisseaux du premier et du deuxième rang.

Celle de Lanmeur, pour porter jusqu'à Lanmeur.

Celle de Morlaix, jusqu'à Morlaix.

Celle de Landerneau pourrait s'accommoder jusqu'à Landivisiau; mais je ne tiens pas qu'elle en vaille la peine.

Celle d'Aune, qui tombe à Landevennec, peut être remontée jusqu'à Carhaix.

Celle de Benaudet, jusqu'à Quimper.

L'Elle, jusqu'à Quimperlé, et peut-être jusqu'au Faouet.

Le Blavet, jusqu'à Pontivy.

La Vilaine est la plus grande rivière de Bretagne après la Loire; elle porte des barques depuis son embouchure jusqu'à Rennes. On pourrait la remonter, en l'accommodant, jusqu'à Châteaubourg ou Vitré.

Le Meu, qui se jette dans la Vilaine à Pont-Réan, pourrait porter des bateaux plats jusqu'à Montfort-la-Canne [1], et même plus haut, s'il était accommodé.

L'Oust pourrait se remonter jusqu'à Malestroit, et même jusqu'à Rohan, pays de bois qui accommoderait fort la marine de Brest.

Je ne sais si le Don, la Maidon, l'Erval, le Bonau et la Seiche, qui sont toutes branches de la Vilaine,

---

[1] Montfort-sur-Meu.

LA LOIRE.

Les pays arrosés de la Loire et de ses branches sont la Bretagne, la Touraine, l'Anjou, le Maine, le Perche, le Berry, l'Orléanais, le Nivernais, le Bourbonnais, le Poitou, la Marche, le Limousin, l'Auvergne, le Forez, le Lyonnais et le Velay.

La Loire est la plus grande rivière du royaume et qui a le plus de navigation, mais non la meilleure, parce que sa rapidité roule beaucoup de sable et y forme quantité de bancs, ce qui fait que, depuis Nantes en amont, elle ne porte que des bateaux légers et fort plats. Elle commence à en porter depuis Roanne jusqu'à son embouchure dans la mer, à cinq lieues de la Vilaine et à trente-cinq de la Rochelle. Elle a plus de cent cinquante lieues de navigation; on pourrait encore la remonter de douze ou quinze de plus. Elle traverse la France presque par le milieu et par les plus beaux pays du monde; elle est bordée de quantité de belles villes, telles que Nevers, Orléans, Blois, Amboise, Tours, Saumur et Nantes, sans compter grand nombre d'autres moindres, quantité de gros bourgs et une infinité de villages et de belles maisons. Elle reçoit dans son lit beaucoup d'autres rivières considérables, telles que l'Allier, qui pourrait lui disputer pour la quantité d'eau, la Creuse, le Cher, la Vienne, toutes grandes et belles rivières qui portent bateau et traversent de grands et excellents pays. Il y a outre cela la Garelinière, le Loir, la Sarthe et la Mayenne, qui tombent à Angers et s'y réunissent; les trois dernières portent bateau chacune en son particulier, et poussent leurs eaux dans la Loire deux lieues au-dessous d'Angers. Outre ce, il y a la Bourbince, qui vient de l'étang de Long-Pendu; l'Arconce, dont nous parlerons ci-après; l'Arroux, qui vient d'Autun; les canaux de Briare et d'Orléans; le Thouet, qui passe auprès de Saumur; la Sèvre Nantaise, et un autre plus bas, dont je ne trouve pas le nom[1], qui vient du duché de Retz et se joint à celle qui sort du lac de Grandlieu; et une infinité d'autres moindres, outre que les grandes branches reçoivent encore dans leur lit beaucoup d'autres moindres, assez considérables. Nous tâcherons d'indiquer toutes celles qui sont navigables ou qui le peuvent devenir, et jusqu'où, en remontant la Loire depuis son embouchure en amont.

La première branche qui se rencontre est la Boulogne, dont la navigation se peut remonter jusqu'à Saint-Aignan, et peut-être jusqu'à Saint-André-Treize-Voies.

La deuxième est la Sèvre Nantaise, qui peut être remontée jusqu'à Mortagne.

La troisième est l'Erdre, qui peut être rendue navigable cinq à six lieues plus haut que son embouchure.

La quatrième est le Layon, qui peut être remonté jusqu'à Thouarcé.

La cinquième est la rivière d'Angers, composée de trois autres considérables, et ces autres-là de plusieurs moindres. Les trois principales s'assemblent au-dessus de cette ville, savoir : la Mayenne, la Sarthe et le Loir. Je ne sais pas laquelle des trois porte le nom jusqu'à la Loire; mais toutes trois sont navigables et portent bateau assez loin. La Mayenne reçoit l'Oudon, dont la navigation pourrait être remontée jusqu'à Craon; celle de la Mayenne peut être beaucoup améliorée et prolongée jusqu'à Mayenne, et même jusqu'à Lassay, si le pays en valait la peine; la Sarthe jusqu'à Alençon, et l'Huisne, qui se jette dedans, jusqu'à Nogent-le-Rotrou. La navigation du Loir peut être fort bien remontée et prolongée jusqu'à Châteaudun.

Voilà les branches plus considérables de la rivière d'Angers, qui, toutes ensemble, en font cinq.

La sixième branche de la Loire, appelée le Bié (l'Authion), peut être remontée jusqu'à Beaufort et deux ou trois lieues plus haut, jusqu'à Longué.

La septième est le Thouet, qui peut être remonté

---

[1] Cette rivière s'appelle le Tenu. Celle qui sort du lac de Grandlieu est la Boulogne, dont Vauban parle plus bas. Le Tenu et la Boulogne forment l'Acheneau. (A.)

jusqu'à Thouars et davantage, si le pays en valait la peine.

La huitième branche est la Vienne, belle et grande rivière, composée de plusieurs autres considérables. La navigation de celle-ci pourrait être continuée jusqu'à Limoges. Elle reçoit dans son lit : 1° le Clain, qui peut devenir navigable jusqu'à Poitiers; 2° la Creuse, dont on peut pousser la navigation jusqu'à Argenton, et huit ou dix lieues au-dessus. Celle-ci reçoit la Gartempe, qui peut être rendue navigable jusqu'à Bellac, dans la Marche. La Gartempe en reçoit une autre, qui peut être accommodée jusqu'à Bélabre et la Trimouille, supposé, comme dessus, que le commerce du pays en valût la peine. Il y a encore une autre rivière à gauche de la Creuse qui peut être rendue navigable jusqu'à Martizay.

La neuvième branche considérable de la Loire est le Cher, autre belle et grande rivière, qui reçoit dans son lit : 1° assez près de son embouchure, l'Indre, assez belle rivière, dont la navigation peut être prolongée jusqu'à Châteauroux; 2° la Sauldre, dont la navigation peut être poussée jusqu'à Pierrefitte, peut-être jusqu'à Concressault ; 3° l'Evre, dont la navigation peut être poussée jusqu'à Bourges. Et quant au Cher, qui est la maîtresse branche, sa navigation peut être prolongée, belle et bonne, jusqu'à Montluçon.

La dixième branche de la Loire qui mérite quelque considération est le Beuvron, dont la navigation pourrait être accommodée jusqu'à Herbault.

La onzième est le Cosson, qui traverse le Blaisois, et qui peut être accommodée jusqu'à Chambord, et peut-être jusqu'à la Ferté-Aurain.

Les douzième et treizième sont les canaux de Briare et d'Orléans, qui tous deux portent des bateaux tels qu'on a voulu les faire porter.

La quatorzième branche de la Loire est l'Allier, rivière impétueuse et sujette à de grands débordements. Celle-ci traverse toute l'Auvergne, le Bourbonnais et partie du Nivernais. Elle pourrait être accommodée jusqu'à Brioude, et au delà, s'il en était besoin. Elle a pour rameaux, qui se peuvent aussi accommoder : 1° la Sioule, jusqu'à Ébreuil et Bouchet; 2° la Dore, jusqu'à Olliergues.

Il y a une petite rivière appelée Aron, qui se jette dans la Loire à Decize, qui se pourrait rendre navigable jusqu'à Crécy-la-Tour; une autre, appelée Laval (Bebre), qui se jette à droite, en remontant la Loire, et descend du haut Bourbonnais, qui se pourrait accommoder jusqu'à Saligny. Nous ne donnons pas ces deux dernières pour bien sûres.

La quinzième branche de la Loire est l'Arroux, qui se joint à la Bourbince. L'Arroux peut être rendu navigable jusqu'à Autun, et on tient que la Bourbince et la Dheune peuvent communiquer la Loire à la Saône par l'étang de Long-Pendu. On prétend encore qu'il serait possible de faire cette communication de la Loire à la Saône par l'Arconce et l'étang du Rousset.

Pour revenir à la Loire, elle commence à porter bateau à Roanne. Il est certain que, si elle était nettoyée et aidée de canaux et d'écluses, elle en pourrait porter jusque bien près de Puy-en-Velay.

Toute la navigation de la Loire peut donc s'étendre sur seize branches principales, compris le lit de cette rivière, et dix-huit moindres, faisant en tout trente-trois à trente-quatre rivières qui se peuvent accommoder à la navigation, parmi lesquelles j'estime que la Loire et la Saône se peuvent joindre, et qu'on pourrait venir à bout de communiquer le Cher à la Creuse vers Chénérailles, l'Allier avec le Cher quelque part vers Bourbon-l'Archambault et Montrond. Il y a aussi quelque apparence qu'on pourrait joindre la Vienne à la Charente vers Brigueil ou Confolens-sur-la-Vienne.

POITOU.

Suivant la côte vers le bas Poitou, on trouve une petite rivière[1] qui, descendant de Mareuil, se jette dans la mer à Saint-Benoît, vis-à-vis l'île de Ré. Elle pourrait être accommodée jusqu'à Mareuil.

---

[1] Le Lay.

SAINTONGE.

Suivant la même côte, on trouve la Sèvre Niortaise, qui se peut accommoder jusqu'à Niort. Je tiens que celle-ci pourrait être amenée par un canal au port de la Rochelle.

PAYS D'AUNIS.

Suivant toujours la même côte, on trouve la Charente, assez belle rivière qui traverse tout l'Angoumois, la Saintonge et partie du pays d'Aunis; sa navigation peut être remontée jusqu'à Ruffec et Civray, même jusqu'à Charroux. Celle-ci reçoit la Boutonne, qui pourrait être remontée jusqu'à Saint-Jean-d'Angely. Il y en a encore une plus haut qui pourrait être remontée jusqu'à la Rochefoucauld.

Passant plus outre, on trouve la Seudre, qui est plutôt une baie ou bras de mer qu'une rivière. Elle pourrait être communiquée à la Gironde entre Saujon et Talmont.

GUYENNE.

La Garonne et ses branches s'étendent sur une partie de la Saintonge, le Périgord, le Limousin, l'Auvergne, la Guyenne, le Quercy, le Rouergue, le Languedoc, la Gascogne, les comtés de Bigorre, de Conserans, de Comminges et de Foix.

La fameuse rivière de Gironde se fourche en deux branches au Bec-d'Ambez, savoir : la Garonne et la Dordogne, et va se jeter dans la mer près le Pas-des-Ânes, au Grau, entre Soulac et Royan, sur une largeur de trois grandes lieues et plus. Elle pousse son flux et reflux jusqu'à Langon d'une part, et de l'autre jusqu'à Libourne et au-dessus. Nous examinerons celles-ci suivant ses branches, comme les précédentes, commençant par la Dordogne, qui porte bateau jusqu'à Bergerac, et le pourrait porter, au moyen de canaux et écluses, jusqu'à assez près de la Chaise-Dieu, dans la haute Auvergne.

La première branche de la Dordogne, en remontant, est la Dronne, qui reçoit l'Isle à Coutras; la première de ces rivières, étant accommodée, pourrait porter bateau jusqu'à Aubeterre, et la seconde jusqu'à Périgneux.

La troisième branche de la Dordogne, qui est le Vézère, se pourrait accommoder jusqu'à Uzerches.

La quatrième, qui descend d'Aurillac, se pourrait remonter aux mêmes conditions jusqu'à la Roquebrou.

Voilà la Dordogne et ses branches, au nombre de cinq, sans compter plusieurs autres moindres.

La Garonne, que nous considérons ici comme la principale, prend naissance dans les Pyrénées, commence à porter bateau trois lieues au-dessus de Toulouse, reçoit le Tarn à Moissac et le Lot à Aiguillon, et plusieurs autres moindres, dont partie se peut accommoder à la navigation. Elle mêle ses eaux à la Dordogne au Bec-d'Ambez, où elle change de nom.

La première branche de la Garonne que nous estimons se pouvoir rendre navigable est le Ciron, qui se peut remonter jusqu'à Villandraut. La deuxième un peu considérable qu'on rencontre à droite en remontant la Garonne, est la Losse, qui paraît pouvoir être accommodée à la navigation jusqu'à Montesquiou. La troisième est la Bayse, qui peut être remontée jusqu'à Condom, Mazère et Mirande. La quatrième est le Gers, qui peut être accommodé jusqu'à Lectoure et Auch. La cinquième est l'Arrats, qui pourrait être remonté jusqu'à Montfort. La sixième est la Gimone, jusqu'à Saramon. La septième, de même côté, est la Save, qu'on pourrait remonter jusqu'à Lombes. La huitième branche à gauche du lit de la Garonne est le Dropt, petite rivière qui peut être remontée jusqu'à la Réole, Monségur et Duras.

La neuvième de même côté est le Lot, qui est assez grand, dont la navigation est soutenue jusqu'à Cahors, et pourrait être remontée jusqu'à Entraigues, sur la jonction du Lot et de la Truyère; peut-être même que la Truyère pourrait être remontée jusqu'à Chaudes-Aigues, et le Lot jusqu'à Mende. La rivière qui descend à Figeac pourrait être remontée jusque-là.

La dixième est le Tarn, belle et grande rivière qui a plusieurs branches. Je ne sais pas où il commence à porter bateau, mais je suis persuadé qu'on peut remonter sa navigation jusqu'à Millau, au moyen des sas, pertuis et canaux. La première branche du Tarn est l'Aveyron, qui, descendant de Rodez, passe à Villefranche-de-Rouergue, Saint-Antonin, et se joint au Tarn à Montauban. J'estime que sa navigation pourrait se prolonger jusqu'à Rodez. Le Viaur est une branche de l'Aveyron qui se joint à lui à la Guépie; elle pourrait être accommodée pour la navigation jusqu'à Saint-Just ou Pampelonne. La deuxième branche considérable du Tarn est l'Agout, qui passe à Castres et Lavaur, et qui pourrait se remonter jusqu'à Viviers, et peut-être jusqu'à Castres. Le Dadou, branche de l'Agout, peut être remonté jusqu'à Réalmont. Voilà en quoi consistent le Tarn et les rivières plus considérables qui se rendent dans son lit.

La onzième branche, à gauche de la Garonne, est le Lers (mort). Celle-ci se confond avec le canal de la Communication des mers, qui se jette dans la Garonne au-dessus de Toulouse et fait la onzième branche de cette grande rivière. Ce canal est une invention du ministère de M. Colbert, et l'une des plus belles choses qui se soient faites en France depuis l'établissement de la monarchie, et qui aurait été la plus belle de l'univers, si on lui eût donné toute la perfection qu'on aurait pu : ce qui se pouvait, si, au lieu de l'avoir terminé à Toulouse, on l'eût poussé d'une part jusqu'au-dessous de Cadillac, et embouché par choix de la Garonne en lieu où on eût pu trouver la profondeur de treize à quatorze pieds d'eau, et de l'autre part allongé jusque dans le port de Bouc, par les étangs de Thau, de Maguelonne et le Bourguidou, la petite Robine du Rhône, le grand Rhône et la Crau; lui donnant vingt toises de large à la superficie de l'eau, sur douze, treize à quatorze pieds de profondeur, avec des sas de vingt-deux toises de long sur cinq de large, et des écluses à portes de trente pieds d'ouverture, pour pouvoir y faire passer des bâtiments ronds de deux cents, deux cent cinquante à trois cents tonneaux, d'une mer à l'autre, sans rompre charge. Ce canal peut encore être mis en cet état, moyennant quoi ce serait la plus belle et la plus utile navigation du royaume en paix et en guerre.

La douzième branche de la Garonne, du côté gauche, est le Lers, et la treizième est l'Ariége, le premier traversant le diocèse de Mirepoix, et l'autre le pays de Foix et l'évêché de Pamiers. Le premier se pourrait rendre navigable jusqu'à Mirepoix, et la deuxième jusqu'à Foix.

Pour revenir à la Garonne, j'estime qu'on pourrait prolonger sa navigation jusqu'à Saint-Bertrand-de-Comminges, ou du moins jusqu'à la jonction de la Neste. Toutes les rivières capables de navigation qui se jettent dans la Garonne, y compris la grande, et toutes celles de la Dordogne, sont au nombre de dix-neuf, dont il faut ôter celle de Figeac, parce qu'elle est trop près du Tarn; et partant, reste à faire état de dix-huit rivières qui se rassemblent au lit de la Gironde, et se peuvent toutes rendre navigables, qui plus, qui moins loin, sans compter plusieurs autres plus petites, dont quelques-unes pourraient s'accommoder.

Reprenant après cela la côte de la mer, suivant et en tirant vers Bayonne, on rencontre le havre d'Arcachon, dans lequel se jette une petite rivière appelée Leyre, à qui on pourrait faire porter bateau jusqu'à Belin et au-dessus; mais je doute que le pays en valût la peine, car il est des plus mauvais.

Depuis là jusqu'à l'embouchure de l'Adour, il n'y a que de petits bras de mer, de peu de profondeur, qui s'avancent dans les sapinières des Landes, et beaucoup de lagunes et de laisses de la mer et des pluies, qu'on pourrait communiquer les unes aux autres, et les rendre par conséquent capables d'une navigation sûre de Bordeaux à Bayonne, au lieu que, par la mer, elle est fort dangereuse.

L'ADOUR.

Cette rivière arrose la basse Navarre, le Béarn, le pays des Basques, le comté de Bigorre et partie de la Gascogne. Elle prend sa source dans les Pyrénées, passe à Bagnères, à Tarbes, Maubourguet, Aire, Saint-Sever, Dax et Bayonne et plusieurs autres lieux moins considérables, et se jette dans la mer à une lieue et demie au-dessous de cette dernière. Je ne sais pas précisément où elle commence à porter bateau, mais seulement qu'on pourrait lui en faire porter jusqu'à Tarbes.

En remontant l'Adour depuis son embouchure, la première rivière qu'elle reçoit est la Nive, qui se pourrait remonter jusqu'à Saint-Jean-Pied-de-Port, si le commerce en valait la dépense; mais, comme elle passe par un très-mauvais pays et qu'elle est très-rapide, il y faudrait bien des sas, et je la tiens de peu de commerce, hors le bois qu'elle amène en trains, qui va à peu de chose. La deuxième est la rivière de Saint-Palais, qui se pourrait remonter jusqu'à Bidache et Gramont, si elle en valait la peine. La troisième et la quatrième sont les deux de Pau et d'Oloron, qui toutes deux se peuvent rendre navigables, l'une jusqu'à Pau et même jusqu'à Lourdes, et l'autre jusqu'à Oloron. Toutes deux ont assez d'eau, mais elles sont fort pierreuses et très-rapides. C'est pourquoi, supposé que le commerce en valût la dépense, il faudrait faire cette navigation par des canaux pris à côté et coupés de quantité de sas et de pertuis. La cinquième branche de l'Adour est la Midouze, qui passe à Mont-de-Marsan et à Tartas. Je crois que celle-ci se pourrait remonter jusqu'audit Mont-de-Marsan.

Ainsi l'Adour et toutes les rivières qui se joignent à lui et qui se peuvent accommoder à la navigation sont au nombre de six, dont il se peut que partie n'en vaudrait pas la peine; mais on a ici égard à la possibilité seulement.

ROUSSILLON, LANGUEDOC ET PROVENCE.

Passant de la mer Océane à la Méditerranée, à commencer depuis Collioure, en continuant la côte jusqu'à Antibes, la première rivière un peu raisonnable qu'on rencontre est celle de la Tet, qui passe à Perpignan et se peut rendre navigable par un canal, avec des sas, depuis cette ville jusqu'à Canet.

La deuxième est l'Aude, qui, prenant sa source dans les Pyrénées, traverse les diocèses d'Alet, de Carcassonne et de Narbonne. Elle ne porte que de fort petits bateaux, et malaisément, depuis Narbonne jusqu'à la Nouvelle, parce qu'elle est fort rapide et à peu de fond; mais elle a assez d'eau pour en pouvoir porter jusqu'à Carcassonne, même jusqu'à Limoux, en prenant des canaux à côté. Il est vrai que le canal de la Communication des mers, qui passe à demi-lieue de Carcassonne, peut suppléer en son défaut, en tirant une branche de cette ville, et qu'on peut aussi faire une communication de Narbonne au canal; celle-ci avait été proposée et approuvée il n'y a pas longtemps. Il faudrait, en ce cas, accommoder la robine de Narbonne à la Nouvelle, parce qu'elle n'est ni assez large ni assez profonde, et même le grau n'en vaut rien.

On peut aussi faire une navigation depuis l'étang de Sigean jusqu'à l'étang de Salces, passant par celui de la Palme, et depuis l'étang de Salces, par un canal, jusqu'à Saint-Laurent, même jusqu'à Rivesaltes, en se servant des eaux de l'Agly par un canal.

J'estime que la rivière d'Orb, qui passe à Béziers, se pourrait rendre navigable jusqu'à la Voulte, peut-être jusqu'à Saint-Pons; que celle de l'Hérault, qui passe à Pézénas et Agde, se pourrait rendre telle jusque près de Clermont-de-Lodève, peut-être jusqu'à Lodève même; la robine de Montpellier, jusqu'au bas de Montpellier; le Vidourle jusqu'à Sommières, et le Vistre jusqu'à Nîmes.

LE RHÔNE.

Arrose par lui ou ses branches les deux Bourgognes, le Dauphiné et la Provence, partie du Languedoc, le Lyonnais, Beaujolais, Vivarais, etc.

Le Rhône est l'une des quatre grandes rivières du royaume et la plus rapide de toutes, qui prend sa source dans les Alpes, au pied des monts de la Fourche et de Saint-Gothard, descend à Sion, passe à Martigny et Saint-Maurice, et, chemin faisant, ramasse quantité de ruisseaux et petites rivières dont il se grossit; après quoi il se jette, déjà gros, dans le lac de Genève, qu'il traverse de bout en bout, et en sort par Genève même; de là, il traverse partie du duché de Genevois, où il s'enfonce si fort dans les rochers, qu'on le perd presque de vue, et devient si étroit qu'un bon sauteur pourrait le franchir; puis, sortant de ces embarras, il se remonte tout entier, et, séparant la Bresse de la Savoie, il devient navigable vers Seyssel pour de très-médiocres bateaux; de là, continuant son cours, il reçoit l'Ain à Crémieu et la Saône à Lyon, qui le grossit de plus de moitié; de là, continuant son cours, il passe à Vienne, reçoit l'Isère à Cornas, passe à Valence, de là à Viviers, au Pont-Saint-Esprit et à Avignon, où il reçoit la Durance et le Gardon un peu au-dessous; après quoi il descend à Arles et se jette dans la mer par deux principales embouchures, qui se subdivisent en plusieurs graus changeants, dangereux et difficiles pour les barques.

En remontant le Rhône, la première branche qui se rencontre à sa droite est la Craponne, canal fait de main d'homme, qui ne sert qu'à des arrosements, mais qui se pourrait rendre navigable, si le commerce du pays en valait la peine.

La deuxième à gauche est le Gardon, qui se pourrait rendre navigable jusqu'à Anduze.

La troisième est la Durance, grande rivière qui voiture beaucoup d'eau, mais qui n'est navigable que pour quelques flottes de bois, parce qu'elle est très-impétueuse et désordonnée, dérangeant son lit à toutes les crues, sapant ses bords et gâtant beaucoup de pays. Avec tout cela, si celui qu'elle traverse en valait la peine, il ne serait pas impossible de la rendre navigable depuis Embrun en bas, en tirant un canal à côté, soutenu par quantité de sas et d'écluses; mais le commerce n'en vaudrait pas la dépense. Elle a pour branches : 1° le Verdon, qui se pourrait accommoder jusqu'à Castellane; 2° la Bléonne, qui descend de Digne; 3° la Buech, qui tombe de la gauche à Sisteron; 4° l'Ubaye, qui vient de Barcelonnette; et quelques autres qui ont assez d'eau, mais qui sont si rapides et traversent de si mauvais pays, que le profit qu'on tirerait de leur navigation n'en pourrait jamais valoir la dépense.

La quatrième branche du Rhône est l'Isère, assez grande et belle rivière, mais dont la navigation est dangereuse à cause des rochers. Elle descend de la Savoie, passe à Montmélian et près du fort Barraux, à Grenoble, à Romans et à plusieurs gros bourgs, avant de se jeter dans le Rhône. Elle commence à porter bateau dès Montmélian, et a pour branches principales le Drac, qui ne vaut rien, parce qu'il a trop de rapidité et charrie une infinité de cailloux, à joindre que le pays où il passe ne porte pas de quoi faire un commerce qui mérite la dépense de sa navigation. Elle a encore l'Arc, qui prend sa source au pied du mont Iseran et traverse toute la Maurienne. Celle-ci est trop rapide et passe par un mauvais pays, plein de pierres, qui n'est pas à nous.

La cinquième branche du Rhône est la Saône, belle et grande rivière, qui traverse un très-bon pays, gras, fertile, prend sa source au pied des montagnes des Vosges, près de Darney, bourg du duché de Lorraine, commence à porter bateau à Port-sur-Saône, passe à Gray, Auxonne, Saint-Jean-de-Losne, Verdun, Chalon, Tournus, Mâcon, Belleville, Villefranche et Lyon, où elle se joint au Rhône. Sa navigation pourrait être prolongée jusqu'à six lieues au-dessus de Port-sur-Saône, si elle était aidée. Elle a pour branches, en la remontant depuis Lyon :

1° le Doubs, qui traverse le comté de Bourgogne par sa longueur et passe à Besançon, Dôle et Baume-les-Nonnains, villes principales de cette province. Il se pourrait rendre très-navigable depuis la Saône jusqu'à Mandeure. Le Doubs a beaucoup d'eau et a pour branches : 1° la Loue, fort rapide, mais qu'on pourrait rendre navigable jusqu'à Quingey; 2° l'Allaine, qui, descendant de Grand-Villars et du comté de Férette, passe à Montbéliard, où tombe aussi la Savoureuse, qui descend de Belfort et se pourrait rendre navigable jusque-là.

La deuxième de la Saône est l'Oignon, qui se pourrait rendre navigable jusqu'à Montbozon, même jusqu'à l'abbaye de Lure.

La troisième est la Lanterne, qui la joint à Conflandey, une grande lieue au-dessus de Port-sur-Saône, dont la navigation pourrait être accommodée pour quatre ou cinq lieues au-dessus.

Au côté gauche de la Saône, du côté du Beaujolais, Mâconnais et Dijonnais, il y a quatre petites rivières, qui font autant de branches, qui ne sont pas à mépriser, savoir : 1° la Grosne, à qui on pourrait faire porter bateau jusqu'à Cluny ; 2° la Dheune, qui descend de l'étang de Long-Pendu d'un côté (et la Bourbince de l'autre), ce qui fait croire qu'on pourrait faire une communication par là de la Loire à la Saône; 3° l'Ouche, qui descend de Châteauneuf et Commarin, et passe à Dijon, qui pourrait facilement se rendre navigable jusqu'à son embouchure dans la Saône; 4° la Tille, qui vient du Val-de-Suzon, se pourrait remonter jusqu'à Beire. Toutes ces petites rivières se peuvent fort bien accommoder à la navigation.

Il y a encore une huitième branche de la Saône qui descend de Faucogney et passe à Luxeuil et Conflandey, appelée Angronne dans le comté de Bourgogne; elle pourrait se rendre navigable jusqu'à Luxeuil; et une neuvième, appelée la Seille, qui descend de Bletteraus, passe à Louhans, se jette dans la Saône au-dessous de Tournus, et qui peut-être remontée jusqu'à Louhans.

Ce sont toutes les branches de la Saône qui méritent d'être comptées pour pouvoir devenir navigables.

La sixième branche du Rhône est l'Ain, qui prend sa source dans les montagnes du comté de Bourgogne, vers Nozeroy, et traverse toute la Bresse. Il est rapide, en quelques endroits fort serré, mais qui n'empêcherait pas qu'on ne le pût très-bien rendre navigable jusque vers Château-Chalon.

Voilà à peu près toutes les rivières qui tombent dans le Rhône, au nombre de vingt et une, tant grandes que petites, qui se pourraient accommoder à la navigation.

Reprenant ensuite la côte de Provence depuis l'embouchure du Rhône, en tirant du couchant au levant, on trouve les étangs de Martigues, où tombe la petite rivière de l'Arc, qui descend d'Aix, et qui se pourrait rendre navigable pour des alléges jusque-là. Après quoi, je ne vois plus que la rivière d'Argens, dont la navigation se pourrait peut-être remonter jusqu'à Lorgues ou près de là. À l'égard du Var, quoique bonne partie passe sur les terres du roi, il est si fou et si gueux, que le profit qu'on en pourrait espérer n'égalerait pas la centième partie de la dépense qu'il y faudrait faire pour le rendre navigable.

Voilà le tour de la mer achevé. Venons présentement à la frontière de terre.

ALSACE.

La province d'Alsace comprend le Suntgaw, les bailliages de Bernkastel et de Germersheim, les dix villes impériales, la seigneurie de Strasbourg, le landgraviat d'Alsace et les terres de la noblesse immédiate.

Il est premièrement certain que, si on prenait soin de bien défricher la rivière d'Ill, il serait facile de lui faire porter bateau depuis Altkirch jusqu'à son embouchure dans le Rhin, au lieu qu'elle ne commence à en porter de fort petits que depuis une demi-lieue au-dessous de Colmar, en bas. Cette rivière est fort encombrée et absolument négligée.

Bien que le Rhin porte bateau dans toute l'Alsace, ils sont tous fort médiocres, et sa navigation, changeante et continuellement embarrassée d'arbres, est très-dangereuse. D'ailleurs, elle est mitoyenne entre nous et ceux qui pourraient devenir nos ennemis. C'est pourquoi il vaudrait mieux faire un canal à côté, coupé de sas et d'écluses, qui pourrait commencer à la sortie de l'avant-fossé de Huningue, et continuer jusqu'à Strasbourg, en l'aidant et entretenant par les bras collatéraux qui s'écartent du Rhin, qui, en beaucoup d'endroits, pourraient faire partie de son lit.

La Brusche, qui est déjà navigable jusqu'à Daschstein, pourrait se remonter jusqu'à Molsheim; la Sohr, depuis le Rhin jusqu'à Saverne; la Moder, jusqu'à Haguenau et Pfaffenhofen; le Surbach, jusqu'à Werth; la Lauter, jusqu'à Wissembourg, et la Queich, jusqu'à Landau [1].

---

[1] Ces rivières, très-petites, paraissent peu susceptibles d'être canalisées. Nous sommes surpris que Vauban ne fasse pas ici mention du canal de la Brusche et de celui de la Queich, qui ont été tous deux exécutés par ses soins : le premier en 1682, pour la construction de la citadelle de Strasbourg; le second en 1688, pour la construction de Landau. Le canal de la Brusche, qui a 20 kilomètres de longueur, servait encore il y a peu d'années à la navigation. Il offre sur la rive droite une position militaire avantageuse, que le maréchal de Coigny occupa fort à propos dans le mois d'octobre 1744. La Moder, qui passe à Haguenau, était navigable en 1687. Les mémoires de cette époque nous apprennent que les matériaux provenant de la démolition de Haguenau furent transportés par eau au fort Louis.

Outre ce que dessus, on peut tirer un canal de Strasbourg jusqu'à l'extrémité de la basse Alsace, en côtoyant le Rhin à demi-lieue ou une lieue près, chose qui servirait à la voiture des bois de la forêt d'Haguenau et Lauterbourg, porterait et rapporterait les besoins du pays, des places et des armées, en sûreté; il n'y aurait qu'à le déboucher et communiquer dans les grosses rivières traversantes, et le terminer dans la Queich à Germersheim.

De l'heure que j'écris ceci, il se fait un canal de navigation qui traverse l'Alsace depuis le Neuf-Brisach jusqu'à la Montagne, qui aura cinq bonnes lieues de longueur, passant par-dessus la rivière d'Ill, sans y entrer, qui doit servir au transport des matériaux nécessaires à la construction de cette place et au commerce du pays. On espère qu'il sera en navigation vers la fin de juillet 1699.

Le pays est si plat dans la plaine d'Alsace, et les eaux si abondantes, qu'on peut y entreprendre telle navigation qu'on voudra pour l'usage et l'utilité de ce pays, qui a besoin d'être mieux cultivé et plus soigné qu'il ne paraît l'avoir été jusqu'à présent.

LORRAINE, ÉVÊCHÉS ET PARTIE DU DUCHÉ DE BAR.

La Sarre se pourrait accommoder depuis son embouchure en Moselle jusqu'à Bouquenom, et même jusqu'à Sarrebourg.

La Bliese, branche de la Sarre, qui s'y jette près des Deux-Ponts, se pourrait aussi fort bien accommoder jusqu'aux Deux-Ponts; mais le pays par où elle passe n'est pas à nous.

La Seille, qui traverse partie de la Lorraine et de l'évêché de Metz, peut être rendue navigable depuis Metz jusqu'à Marsal, même jusqu'à Dieuze, avec grande utilité.

Le Chiers se peut rendre navigable depuis Longwy jusqu'à la Meuse.

La navigation de la Sambre se peut aussi prolonger de Maubeuge à Landrecies. On prétend même qu'elle se peut joindre à l'Oise.

FLANDRE, ARTOIS, HAINAUT, CAMBRÉSIS ET PAYS CONQUIS POUR LA DEUXIÈME FOIS [1].

La navigation de l'Escaut se peut remonter jusqu'à Cambrai par un canal. Ledit Escaut se peut communiquer par un canal de Tournai à Lille, à la Deule, et de là à la Lys. La Lys se peut communiquer à la rivière d'Aa par le Neufossé, en prenant de quoi nourrir le bassin supérieur à deux lieues au-dessus de la rivière d'Aa. La rivière d'Aa se peut communiquer: 1° à Dunkerque, par la Colme, faisant un bout de canal, avec un sas, à la porte de Bergues, pour faire une entrée indépendamment de la Colme dans le canal de Dunkerque; 2° à Gravelines, en rehaussant les bords de l'Aa et faisant un sas à Watten, après que l'écluse de Gravelines sera achevée, réglant les bords du chenal qui descend à la mer de fascinages, pour faciliter le courant des marées et y conserver de la profondeur; 3° à Calais, par le canal d'Hénin, en l'ouvrant jusqu'à la rivière d'Aa, l'élargissant et le soutenant après par un sas ou deux. On pourrait mettre jusqu'à sept, huit ou neuf pieds d'eau dans la communication de Lille à Dunkerque, en diguant la Lys et les autres rivières.

RÉSUMÉ.

Voilà à peu près le nombre des rivières de ce royaume qu'on peut rendre navigables, soit en prolongeant la navigation de celles qui le sont de leur fond, mais faibles, soit en rendant totalement navigables celles qui ne le sont point du tout, ou en faisant de nouveaux canaux à travers les pays, pour communiquer la navigation des rivières les unes aux autres.

Toutes ces rivières sont au nombre d'environ cent quatre-vingt-dix, tout compris, parmi lesquelles il s'en trouvera qui pourront devenir navigables pour toute l'année, d'autres pour dix mois, d'autres pour huit, d'autres pour six, et d'autres

---

alors en construction, au moyen de bateaux qui descendaient la Moder jusqu'à Drusenheim, et là entraient dans le Rhin. (A.)

[1] Tout ceci est une répétition de ce qui a été dit au commencement de ce chapitre, faite exprès à cause de l'importance de cette navigation, dont tout le bonheur de ce pays-ci dépend, et sans quoi même il est sûr qu'on le verra bientôt tomber. (Note de Vauban.)

pour quatre ou cinq, et enfin d'autres pour trois ou quatre seulement; ce qui ne laisserait pas d'être très-utile pour les pays où ces navigations seront praticables. Il est bien sûr que, si elles pouvaient avoir lieu, le royaume augmenterait considérablement ses revenus, et le débit de ses denrées deviendrait tout autre qu'il n'est, notamment si on affranchissait la navigation. On ne saurait donc disconvenir que cela ne fût bon et très-excellent; mais la question est de le mettre en exécution. C'est la difficulté qu'on peut objecter, et qui effectivement en serait une, si on s'y prenait tout à coup, et que dès à présent on voulût tout embrasser. Il est bien sûr même qu'on n'en viendrait pas à bout : les peuples sont trop pauvres, et le roi trop endetté. Mais si la dîme royale, telle qu'elle a été proposée par les mémoires précédents, pouvait avoir lieu, qu'elle fût une fois bien établie, les peuples soulagés et les dettes de l'État acquittées (chose qui arriverait dans peu), pour lors les pays se raccommoderaient, et ce qui paraît impossible deviendrait aisé. En s'y prenant peu à peu et avec ordre, pour peu que le roi s'y affectionnât et qu'il y mît du sien, on verrait bientôt la navigation des principales rivières s'accroître et se prolonger du côté des sources, et s'étendre après dans les principales branches, et de là passer dans les moindres, sitôt qu'on s'apercevrait des commodités que la navigation apporte, qui serait un puissant motif pour exciter ceux qui seraient à portée de se les procurer, qui ne manqueraient pas en même temps d'en rechercher les moyens et d'entrer dans tout ce qui leur paraîtrait possible pour s'attirer ces avantages : d'où s'ensuivrait le plus grand bien qui pût jamais arriver à ce royaume, par le débit aisé de ses denrées, qui en procurerait un accroissement considérable, et par conséquent augmentation de bien et de commodités et une très-grande facilité aux provinces de s'entre-secourir les unes les autres dans les chères années et dans les temps de guerre[1].

---

[1] On a fait observer avec raison que Vauban, ici comme ailleurs, n'a guère songé à rendre justice aux travaux ou aux projets de Colbert, sauf peut-être en ce qui concerne le canal du Languedoc (ci-dessus, p. 409). Et cependant le grand ministre s'était préoccupé tout particulièrement de la navigation des rivières, pensant, comme Vauban, que «rien n'est d'une plus grande utilité et n'apporte plus d'avantages aux peuples.» Son historien, feu M. Pierre Clément, a montré qu'il n'est presque aucune entreprise de canalisation qui n'ait été exécutée, commencée, projetée ou rêvée par Colbert et Louis XIV. (*Lettres de Colbert*, t. IV. CANAUX, préface, p. CXII-CXXI.)

II

ÉTABLISSEMENTS DE BIENFAISANCE ET DISTRIBUTIONS CHARITABLES.

RAPPORT AU CONTRÔLEUR GÉNÉRAL SUR L'HÔPITAL GÉNÉRAL DE PARIS[1].
15 août 1688.

Monseigneur,

Lorsque les directeurs de l'hôpital général eurent l'honneur de remercier Sa Majesté de l'aumône de 30,000 ᴸ qu'elle avait faite aux pauvres, elle m'ordonna de lui dresser un mémoire des moyens de soulager cet hôpital et de diminuer le nombre de ceux qui mendient dans Paris. Pour satisfaire à cet ordre, j'ai cru que je ne pouvais m'adresser à une personne plus favorable que vous, qui témoignez souvent être dans les dispositions de vouloir assister cet hôpital, ayant déjà contribué à l'agrandissement de l'église de la Pitié, où Mme Baudouin est supérieure. Nous espérons de votre bonté que vous lirez ce mémoire, et, si vous trouvez ces propositions dans l'ordre, que vous les appuierez vers Sa Majesté.

Je suis avec respect, Monseigneur, votre très-humble et très-obéissant serviteur.

PAJOT DE LA CHAPPELLE,
doyen de la direction dudit hôpital.

MOYENS DE CONSERVER L'HÔPITAL GÉNÉRAL DE PARIS ET DE L'EMPÊCHER DE TOMBER.

Il y en a quatre principaux. Le premier serait de faire connaître au roi l'état présent de cet hôpital, le grand nombre des pauvres de toutes espèces qui y sont, et les surcharges qui lui ont été données depuis son premier établissement, ce mot d'hôpital ayant fait croire qu'il devait suppléer à toutes les nécessités publiques.

Il faudrait représenter à Sa Majesté que quantité de pauvres des provinces viennent à Paris dans l'espérance de trouver de quoi soulager leur misère; que, pour en diminuer le nombre, il serait à propos de continuer l'établissement des hôpitaux généraux dans les principales villes du royaume, suivant la déclaration du roi de 1662, lettre de cachet circulaire de 1676, envoyée à tous les évêques et intendants de justice, et arrêt du Conseil d'en haut du mois de juin 1678, par lequel Sa Majesté aurait nommé six conseillers d'État, trois maîtres des requêtes et l'ancien directeur dudit hôpital général, avec ordre de s'assembler un jour de la semaine chez M. Pussort, pour travailler à procurer ces établissements, lequel rendait compte à Sa Majesté des difficultés qui s'y rencontraient.

Les hôpitaux généraux dans les provinces ne diminueront rien des droits de Sa Majesté, toutes les villes étant obligées de nourrir leurs pauvres, suivant le concile de Tours, l'ordonnance de Moulins, article 73, et celle de Henri III, du 22 mai 1586. Toutes les villes y sont assez disposées, et le P. Joron, jésuite, a procuré, en faisant la mission, l'établissement de plus de cent hôpitaux à la capucine, qui se soutiendraient si le roi les appuyait de son autorité.

Les états de Languedoc, au mois de janvier 1677,

---

[1] Papiers du Contrôle général, G⁷ 426.

résolurent d'établir un hôpital général dans une ou deux villes principales de chacun des vingt-deux diocèses de la province, dans lequel l'on devait recevoir tous les vrais pauvres du diocèse, et il fut arrêté que les paroisses de la campagne y enverraient leurs pauvres, en payant pour chacun d'eux 2 ou 3 sols par jour à l'hôpital, qui seraient ajoutés sur la taille de sa paroisse. M. Daguesseau, pour lors intendant de justice en Languedoc, en avait déjà dressé des lettres patentes, quand l'affaire fut sursise.

On pourrait faire de pareils établissements dans tous les pays d'états du royaume, et même dans les autres provinces. Feu M. Sevin, évêque de Cahors, avait fait dresser des lettres patentes pour en établir dans son diocèse; mais sa mort en empêcha l'exécution.

Faute de ces établissements, l'hôpital général de Paris est accablé par les pauvres des provinces, y en ayant présentement plus de seize cents, dont au moins cinq cents qui n'ont pas demeuré six ans à Paris; lesquels cinq cents, à 5 sols par jour, coûtent à l'hôpital 45,625 " par an.

Le second moyen serait d'établir deux maisons de police, l'une pour y renfermer les hommes valides, et l'autre pour les grandes filles et femmes; desquelles maisons MM. les magistrats, premier président, procureur général, prévôt des marchands, lieutenant de police, auraient la direction, disposant des hommes valides, fainéants et vagabonds, soit les employant aux travaux publics, suivant le règlement général de police fait en 1586, soit les enrôlant ou les envoyant dans les garnisons ou sur les vaisseaux pour servir de matelots, soit autrement, suivant que l'on trouverait à propos.

Et à l'égard des femmes valides fainéantes, scandaleuses, reprises de justice, d'une prostitution publique, ou qui en prostituent d'autres, elles seraient renfermées, les plus fâcheuses dans des cellules et appliquées à des ouvrages vils et pénibles, et les moins fortes et paisibles dans des dortoirs et ouvroirs, employées à des manufactures, leur donnant leur tâche et une gouvernante exacte et sévère pour les contenir et faire travailler.

Pour faire l'établissement de ces deux maisons de police, on pourrait prendre deux collèges où il n'y a point d'exercice, en transférant les boursiers desdits collèges, avec leur fondation, dans d'autres où il y a exercice, suivant le dessein qu'on eut, il y a douze ans, de réunir les collèges; les commissaires que Sa Majesté avait nommés pour cela en ont encore les procès-verbaux.

Comme ces deux maisons iront à la décharge des prisons et de la justice, l'on pourrait leur donner le pain des prisonniers et leur appliquer quelques amendes, outre que le travail des gens valides peut quasi faire leur entretien.

Le troisième moyen serait de décharger l'hôpital général des personnes qui ne sont point de son institution, mais qui sont de la fondation des anciens hôpitaux, suivant qu'il est porté par le règlement général de police fait à une assemblée de l'hôtel de ville, registré au parlement en 1586 :

1° Des malades du mal vénérien, qui sont exclus de l'hôpital général par l'article 6 du règlement, lesquels MM. du Grand Bureau ont eu la charité de faire panser suivant l'arrêté dudit règlement de 1586. Mais, le nombre de ces malades s'étant beaucoup augmenté, il y en a dans les maisons de l'hôpital plus de soixante-douze qui ne peuvent être admis au Grand Bureau, faute de place, demeurant sans être traités, leurs chairs tombant par morceaux de pourriture; pour à quoi remédier, il faudrait augmenter le bâtiment dans lequel MM. du Grand Bureau les font panser, ce qui pourrait coûter 15,000 à 16,000", moyennant quoi ils y seraient reçus.

2° Des fols et folles, lesquels, avant l'établissement de l'hôpital général, n'étaient reçus qu'en l'hôpital des Petites Maisons, où ils étaient nourris de l'aumône générale du Grand Bureau, suivant ledit règlement de police de 1586. Mais, le nombre de ces pauvres aliénés d'esprit s'étant augmenté, n'y ayant place suffisante pour tous, plusieurs couraient les rues, ce qui obligea les directeurs de l'hôpital général d'en recevoir quelques-uns, jusqu'à ce que le public y eût pourvu; et présentement, en 1688, il y en a plus de deux cents dans l'hôpital général. Il serait à souhaiter que l'hôpital fût du moins déchargé des fols et folles furieuses, et qu'il ne fût obligé qu'à recevoir les imbéciles d'esprit et moins fâcheuses, lesquels sont le plus grand nombre, n'y en ayant pas le quart de furieuses.

3° Des aveugles, lesquels, suivant l'article 9 du règlement du roi, ne devaient être reçus à l'hôpital général que jusqu'à ce qu'il y eût place pour les admettre aux Quinze-Vingts; et cependant, depuis trente-deux ans que l'hôpital est établi, quoiqu'il y ait vaqué plus de six cents places d'aveugle aux Quinze-Vingts, que les directeurs de cette maison ont remplies sans en avoir tiré un seul de ceux qui sont dans l'hôpital général de Paris, quoiqu'ils dussent être préférés à ceux des autres provinces qui y sont reçus, vu même que l'hôpital des Quinze-Vingts tire la plus grande partie de sa subsistance de Paris par les troncs, aumônes et quêtes journalières que ses aveugles font; et ainsi il y a justice de demander l'exécution de ce neuvième article de la déclaration de 1656.

Le quatrième moyen de soulager l'hôpital général serait que l'hôpital des Enfants-Trouvés, qui est un hôpital particulier, qui a sa recette et dépense séparées de l'hôpital général, eût du revenu ou des aumônes suffisantes pour sa subsistance, le nombre de ces enfants trouvés étant ordinairement de dix-huit cents, desquels il y en a eu nourrice à la campagne environ douze cents, et six cents à Paris, la dépense desquels se monte, année commune, à 150,000 ", sur quoi ils n'ont que 32,000 " de revenu fixe, qui n'est pas le quart de leur dépense. Les directeurs de l'hôpital général se trouvant chargés de leur administration, et ne pouvant voir périr et mourir de faim ces pauvres abandonnés, sont obligés de nourrir ceux qui sont à Paris, en ayant retiré trois cent cinquante dans les maisons de l'hôpital, et fournissant des vivres à deux cent cinquante qui sont près Notre-Dame et au faubourg Saint-Antoine : ce qui augmente la dépense de l'hôpital général, tous les ans, de 50,000 ".

Comme les seigneurs haut-justiciers sont obligés de temps immémorial de donner la subsistance nécessaire aux enfants trouvés, en conséquence des amendes, aubaines et confiscations qui leur sont attribuées, il serait de justice que tous les haut-justiciers, à trente lieues à la ronde, du diocèse de Paris et diocèses circonvoisins, fussent taxés comme ceux de Paris l'ont été, attendu que tous les enfants exposés sont apportés de tous côtés à Paris, les mères venant à Paris pour se mettre à couvert et se délivrer de leurs enfants facilement.

Cette taxe sur les haut-justiciers étant ordonnée, comme l'hôpital général est déjà chargé de leur administration, et qu'il y a été jusqu'ici obligé, et le sera à l'avenir, pour ne pas laisser périr ces enfants, de suppléer à leur subsistance, il serait à propos de réunir entièrement l'hôpital des Enfants-Trouvés à celui de l'hôpital général, n'étant pas juste que l'un fasse sa recette particulière, et que l'autre fasse sa dépense.

Il est bon encore de remarquer que l'hôpital général empêche en partie l'exposition des enfants trouvés, par la facilité qu'il a de recevoir sans examen toutes les nourrices qui se présentent avec leurs enfants, et les filles et femmes grosses qui viennent de toutes les villes et provinces se cacher à Paris et se délivrer de leurs enfants. Il y en passe tous les ans, dans la maison de l'hôpital, soit nourrices, soit filles ou femmes grosses, plus de douze cents; lesquelles, ayant accouché à l'Hôtel-Dieu, viennent ensuite avec leurs enfants à l'hôpital, pour les élever jusqu'à ce qu'ils soient sevrés, ou morts, ou placés, dont plusieurs restent à l'hôpital. Le principal motif de cette facilité de l'hôpital à les recevoir a été de sauver la vie à plusieurs enfants, que des mères dénaturées, pour mettre leur honneur à couvert et pour s'en délivrer, les étouffaient ou jetaient dans la rivière, comme l'on sait être arrivé plusieurs fois avant l'établissement de l'hôpital général.

RAPPORT SUR LA DISTRIBUTION DES CHARITÉS DU ROI DANS PARIS[1].

29 février 1708.

Entre plusieurs beaux établissements dont Paris est redevable à Mgr Colbert, celui du soulagement des pauvres n'est pas le moins important. Il faisait soigneusement distribuer chaque année à MM. les curés de cette ville qui ont des faubourgs dans leurs paroisses, la somme de 80,000 ll, à raison de 20,000 ll par chaque mois de décembre, janvier, février et mars, pour aider les pauvres à passer le mauvais temps de l'hiver. Et au printemps, il leur faisait donner de la soie, de la laine et autres marchandises de leurs métiers, pour les remonter et mettre en état de subsister de leur travail pendant le reste de l'année. Je n'ai pas connaissance que ce dernier secours ait été continué depuis sa mort. M. Le Fouyn était chargé du fonds des pauvres; M. Le Peletier mit en sa place M. de Rosset, et Mgr le Chancelier, étant contrôleur général, m'ordonna de succéder au sieur de Rosset, en 1695[2]. Les 80,000 ll ont été payées régulièrement jusqu'en l'année 1702; mais la guerre a interrompu plusieurs fois ce secours depuis six ans. La dernière ordonnance de 20,000 ll, expédiée pour cette dépense le 3 décembre 1707, est celle du parfait payement des 80,000 ll de l'hiver de 1706.

De ces 20,000 ll, M. de Nointel en a payé :

Le 30 décembre 1707	3,000 ll
Le 21 janvier 1708	5,000
Et le 28 dudit mois	1,500
Total	9,500
Il doit encore	10,500
Total général	20,000

Il n'a été expédié aucune ordonnance pour les hivers de 1707 et 1708.

La distribution des 80,000 ll se fait suivant un état dont ledit sieur de Rosset m'a remis copie, et n'a point changé depuis treize ans qu'elle m'a été confiée :

	Saint-Sulpice en reçoit	13,200 ll
	Saint-Laurent	12,000
	Saint-Eustache	6,160
	La Villeneuve	7,200
	Saint-Paul	6,600
	Saint-Nicolas-des-Champs	5,000
	La Ville-l'Évêque	4,600
La paroisse de	Saint-Hippolyte	4,000
	Saint-Martin	3,000
	Saint-Médard	7,200
	Saint-Jacques-du-Haut-Pas	2,600
	Saint-Étienne	4,400
	Saint-Benoît	400
	Saint-Nicolas-du-Chardonnet	350
	Saint-Roch	300
	Saint-Sauveur	2,630
À plusieurs particuliers		260
Total		80,000

Ces fonds sont employés par les ordres desdits sieurs curés, en distribution de pain, de potages, de chemises, habits et autres hardes, nourriture de malades, de femmes en couche, lait et farine des enfants, etc.

Lorsque les 80,000 ll sont payées, je présente le registre-journal des payements et les quittances desdits sieurs curés à Mgr le contrôleur général, et il met son approbation sur le registre.

CLAIRAMBAULT.

---

[1] Papiers du Contrôle général, G¹ 435. Ce mémoire est envoyé par Nicolas Clairambault, qui demande un secours pour les pauvres des faubourgs de Paris, dont il évalue le nombre à cent mille environ.

[2] Clairambault était secrétaire du roi et premier commis de Jérôme de Pontchartrain. Il mourut le 11 décembre 1740, âgé de quatre-vingt-sept ou huit ans, ayant fait le service des aumônes pendant trente ans.

ÉTABLISSEMENTS CHARITABLES.

ÉTAT DE LA QUALITÉ ET DU NOMBRE DES PAUVRES DE L'HÔPITAL GÉNÉRAL[1].

11 mai 1713.

MAISON DE LA PITIÉ.

Petits garçons depuis cinq ans jusqu'à huit, aux soins des gouvernantes.	152
Petits garçons à l'école, depuis six ans jusqu'à dix, employés au tricot.	210
Cardeurs et fileurs pour la manufacture royale, depuis dix ans jusqu'à quatorze.	242
Garçons pour les convois, depuis douze ans jusqu'à quinze.	230
Écrouellés, mal taillés, de divers âges, depuis dix ans et au-dessus, employés au tricot.	57
Officiers, maîtres d'école et autres.	38
Filles de service au magasin, à la cuisine, et quêteuses.	61
Officières et économe.	6
Ecclésiastiques.	8
TOTAL.	**994**

MAISON DE SAINT-LOUIS DE LA SALPÊTRIÈRE.

Enfants depuis	six mois jusqu'à deux ans.	122
	deux ans jusqu'à cinq.	153
	cinq ans jusqu'à huit.	340
	huit ans jusqu'à douze.	362
	douze ans jusqu'à quinze.	189
Femmes grosses.		55
Nourrices et leurs enfants.		94
Enfants scorbutiques, rougeolés, de divers âges, au-dessous de sept ans.		125
Filles brûlées, mal taillées, estropiées et contrefaites, de deux ans jusqu'à seize.		129
Filles teigneuses, écrouellées, des âges ci-dessus.		150
Folles violentes et innocentes.		300
Épileptiques de divers âges.		92
Paralytiques de divers âges.		268
Femmes en enfance d'une extrême vieillesse.		294
Vieilles femmes aveugles, de soixante-dix à soixante-seize ans.		176
Hommes et femmes mariés, aux Ménages, de soixante-dix à soixante-quinze ans.		260
Filles occupées à faire de la toile, treillis, tiretaines pour l'usage de l'hôpital.		100
Blanchisseuses de menu linge des maisons et de toutes les sacristies.		28
A reporter		**3,237**

Report.	3,237
Femmes de rivière, pour tout le linge des maisons.	47
Femmes par lettre de cachet, arrêt de la cour, sentence et ordinaire de justice.	295
Filles libertines à la correction, occupées à carder et filer de la laine.	260
Gueuses ordinaires et vagabondes.	355
Infirmes et convalescentes revenues de l'Hôtel-Dieu.	70
Apprentis, ouvriers de la basse-cour.	60
Gouvernantes et filles de service.	238
Économe, officiers, maîtres de boutiques.	40
Supérieures, officières.	31
Ecclésiastiques, compris M. le recteur.	11
TOTAL.	**4,634**

MAISON DE SAINT-JEAN DE BICÊTRE.

Vieillards paralytiques, depuis soixante-cinq ans jusqu'à quatre-vingt-dix.	486
Écrouellés, contrefaits, mal taillés et teigneux pris mendiant.	120
Insensés violents, imbéciles et innocents.	182
Épileptiques de divers âges.	40
Aveugles pris mendiant.	70
Hommes et femmes gâtés.	70
Gueux ordinaires et vagabonds retenus à la maison de force.	195
Personnes par ordre du roi et correctionnaires.	150
Économes et officiers.	64
Officiers.	4
Ecclésiastiques.	4
TOTAL.	**1,385**

MAISON DU SAINT-ESPRIT.

Orphelins et orphelines de Paris.	81
Officières commises au bâtiment et personnes de services.	14
Ecclésiastiques.	5
TOTAL.	**100**

MAISON DE SAINTE-MARTHE, DITE *Scipion*.

Économe, officiers et personnes de service pour la boulangerie et la boucherie.	90

---

[1] Cet état est envoyé au contrôleur général, le 12 juillet 1713, par M. Daguesseau, procureur général au parlement. (Papiers du Contrôle général. G¹ 440.)

420   APPENDICE.

Maison de la Couche	180
Maison de Saint-Antoine	180
Enfants-Rouges	90
Enfants trouvés, dont l'hôpital est chargé de leur nourriture et vêtement, laissés à la campagne chez leurs nourrices, au-dessus de trois ans	1,460

Le total de toutes les maisons de l'hôpital général monte à 9,083 personnes.

Il y a 250 personnes de moins qu'au précédent état, présenté au mois de février, parce que le nombre des pauvres est plus grand pendant l'hiver[1].

ENQUÊTE DE 1766, FAITE CONFORMÉMENT AUX ÉDITS D'AOÛT 1764 ET MAI 1765, SUR LES REVENUS ET CHARGES DES VILLES ET DES ÉTABLISSEMENTS DE BIENFAISANCE.

GÉNÉRALITÉ DE PARIS[2].

Bray-sur-Seine	Ville.
Brienon-l'Archevêque	Id.
Compiègne	Hôtel-Dieu Saint-Nicolas.
Coulommiers	Hôpital de la Charité.
Id.	Hôtel-Dieu.
Dreux	Id.
La Ferté-sous-Jouarre	Id.
Laignes	Ville.
Liguy-le-Châtel	Id.
Lormes	Id.
Meaux	Id.
Melun	Hôtel-Dieu Saint-Jacques.
Id.	Ville.
Meulan	Hôtel-Dieu.
Montlhéry	Id.
Nemours	Id.
Nogent-sur-Seine	Hôtel-Dieu et hôpital de la Charité.
Paris	Hôpital de la Charité.
Id.	Hôpital de la Charité des convalescents.
Paris	Hôpital des Incurables.
Id.	Hospitalières de la Miséricorde.
Id.	Hôpital des Hospitalières de la place Royale.
Id.	Hôpital Saint-Jacques.
Pontoise	Prieuré de Saint-Nicolas, Hôtel-Dieu.
Id.	Hôpital des pauvres renfermés.
Id.	Ville.
Provins	Id.
Id.	Hôpital général.
Rozoy	Ville.
Saint-Florentin	Id.
Id.	Hôtel-Dieu.
Senlis	Id.
Id.	Hôpital de Saint-Lazare.
Sens	Hôpital.
Id.	Hôtel-Dieu.
Id.	Orphelines du faubourg d'Youne.
Tonnerre	Hôpital de Notre-Dame-de-Fontenilles.

---

[1] Dans la lettre qui accompagne cet état, M. Daguesseau fait observer que, sur les 1,460 enfants trouvés, l'hôpital de ce nom doit en prendre à sa charge environ 500. — Selon un dossier relatif aux exemptions de droits d'entrée dont jouissait l'Hôtel-Dieu (Papiers du Contrôle général, G⁷ 440, 17 octobre 1713), la moyenne annuelle des personnes nourries par l'Hôpital général, malades, prêtres, religieuses, chirurgiens et domestiques, avait été de 2,362, et la consommation avait été de 345 bœufs, 7,175 moutons, 878 veaux.

[2] Nous ne donnons ici que la simple indication des dossiers qui se trouvent aux Archives nationales, carton M 676, et peuvent fournir des renseignements précis. Le Musée britannique possède (ms. additionnel 20832 et 20833) un mémoire très-intéressant de l'année 1754 sur les hôpitaux de Paris et les maisons de force du royaume, leur organisation, leurs ressources, leurs dépenses, etc.

III
POPULATION.

PROJET DE DÉNOMBREMENT DE PARIS [1].

Les avantages qu'on peut tirer d'une visite exacte et d'un dénombrement général des personnes et chevaux qui sont dans la ville et faubourgs de Paris, sont que :

Premièrement, on saura à peu près, et mieux que l'on n'a jamais fait, le nombre d'âmes qu'il y a dans cette grande étendue de pays.

Le nombre des hommes étant distingué de celui des femmes et des enfants, on pourra juger combien Paris et les faubourgs peuvent fournir de gens de guerre au besoin; combien il faut de blé par jour, à peu près, pour nourrir tout ce peuple;

Le nombre des chevaux de carrosse et de selle, d'où l'on pourra inférer combien on peut faire sortir au besoin de cavalerie et d'équipage d'artillerie;

Le nombre des maisons et celui des boutiques, avec les qualités des locataires et sous-locataires.

Et parce qu'il y a quantité de maisons à portes cochères, qui, pour cela, n'ont aucuns carrosses, cela se jugera par le nombre des chevaux qu'il y aura dans chacune et par la qualité de ceux qui y demeurent.

D'où l'on pourra encore inférer les facultés de chaque maison, afin que les taxes des boues et autres, s'il en convenait faire, fussent réglées selon les moyens d'un chacun, non pas selon la porte des logis, comme on a fait mal à propos jusqu'ici.

On trouvera encore quantité de particuliers sous-locataires fort accommodés, qui ne sont point compris dans les rôles des gardes, et qui peuvent beaucoup mieux contribuer aux taxes de la ville que les premiers locataires, ni même que les propriétaires desdites maisons, chez lesquels ils demeurent et occupent une partie du logis.

On saura à peu près le nombre des pauvres, tant dans les Hôtels-Dieu et maisons établies pour cela, que dans les logis où ils se retirent à coucher dans les faubourgs.

Bref, on saura dans quatre ou cinq jours, sans peine, sans désordre et sans erreur sensible, le nombre des maisons, des hommes, des femmes, des enfants et des chevaux qui sont dans cette grande ville et faubourgs, ce qui n'a jamais été su, et qu'on ne peut deviner que par de mauvaises conjectures, et dont on peut tirer au besoin de grandes utilités.

ORDONNANCE POUR LE DÉNOMBREMENT DE PARIS [2].

De par.....

Il est ordonné à M..., capitaine de la colonelle, etc... Monsieur, ou à son lieutenant et enseigne, d'aller en personne, avec une escouade bien choisie de sa compagnie et quelqu'un qui sache bien écrire et chiffrer, en toutes les maisons et

---

[1] Mémoire manuscrit, sans date, conservé dans le portefeuille de Lancelot n° 169, fol. 2 (Bibliothèque Nationale).
[2] Portefeuille Lancelot n° 169, fol. 8.

portes de ladite compagnie, s'informer des maîtres d'icelles, locataires, sous-locataires et portiers ou concierges, du nombre d'hommes, femmes et enfants, y compris les serviteurs et servantes qui sont présentement, ou, en cas d'absence, ordinairement, en chaque hôtel, maison, hôtellerie, couvent, collége, Hôtel-Dieu et communauté; comme aussi du nombre de chevaux de carrosse ou harnais ou de selle qui s'y trouveront; et écrire lesdits nombres, en chiffres ou autrement, dans les papiers qui vous sont, pour cet effet, envoyés. Marquer la qualité de ladite maison par un simple trait, si elle est bourgeoise; par une croix, s'il y a boutique, ou par deux, s'il y en a deux; et par une croix double, si elle est à porte cochère; remplissant les autres colonnes du nombre d'hommes, femmes, enfants et chevaux, chacun en son lieu après les noms desdits locataires, propriétaires ou tenant lesdites maisons. Et en celles où il y aura plusieurs familles, on mettra les noms et qualités de chaque sous-locataire, les uns dessous les autres, et ensuite, dans la même ligne, le nombre de personnes qu'ils ont, sans qu'il soit besoin d'écrire autre chose dans lesdits rôles que lesdits nombres, noms et qualités. Et lorsqu'ils seront remplis, et que la visite, qui se commencera le... et se fera sans discontinuation, aura été faite, chaque capitaine enverra sesdits rôles au greffe de l'hôtel de ville, arrêtés, sommés et signés de lui et de son lieutenant ou enseigne, afin de pourvoir sur iceux à la quantité des grains et autres choses nécessaires pour la subsistance de la ville.

DÉNOMBREMENT DE LA VILLE DE PARIS[1].

1684.

1ᵉʳ quartier.

Le quartier de l'Hôtel-de-Ville... contient cinquante-trois rues, dix-huit églises et couvents, sept hôtels, un hôpital, deux fontaines publiques, dix-neuf cent quinze maisons, sept mille six cent soixante habitants, sur le pied de quatre chefs de famille seulement par chacune maison, et est dirigé par dix-neuf officiers de police.

2ᵉ quartier.

Le quartier de la place Royale... contient soixante-sept rues, quinze églises et couvents, douze hôtels, trois fontaines publiques, dix-huit cent soixante-treize maisons, sept mille quatre cent quatre-vingt-douze habitants, et est dirigé par dix-neuf officiers de police.

3ᵉ quartier.

Le quartier du Marais... contient trente-six rues, huit églises et couvents, deux hôtels, trois fontaines publiques, onze cent trente maisons, quatre mille quatre cent cinquante-deux habitants, et est dirigé par dix-neuf officiers de police.

4ᵉ quartier.

Le quartier Saint-Martin... contient cinquante-deux rues, dix églises et couvents, un hôtel, un hôpital, les Consuls, trois fontaines publiques, dix-sept cent soixante-six maisons, sept mille soixante-quatre habitants, et est dirigé par dix-neuf officiers de police.

5ᵉ quartier.

Le quartier Saint-Denis... contient trente rues, sept églises et couvents, un hôtel, un hôpital, cinq fontaines publiques, quinze cent quarante-neuf maisons, six mille cent quatre-vingt-seize habitants, et est dirigé par dix-neuf officiers de police.

6ᵉ quartier.

Le quartier Saint-Innocent... contient trente-quatre rues, six églises, trois fontaines publiques, onze cent soixante-onze maisons, quatre mille six

---

[1] Extrait du livre de *Paris ancien et nouveau*, par Le Maire (édition de 1685), t. I, p. 9-15.

cent quatre-vingt-quatre habitants, et est dirigé par dix-huit officiers de police.

7ᵉ quartier.

Le quartier des Halles... contient trente-cinq rues, trois églises, deux fontaines publiques, les Halles et Boucheries, le Pilori, la cour des Miracles, un hôpital, l'hôtel de Bourgogne, douze cent quatre-vingt-neuf maisons, cinq mille cent cinquante-six habitants, et est dirigé par dix-huit officiers de police.

8ᵉ quartier.

Le quartier Saint-Eustache... contient vingt-huit rues, six églises et couvents, six hôtels, un palais, une fontaine publique, mille soixante-treize maisons, quatre mille cent cinquante-deux habitants, et est dirigé par dix-neuf officiers de police.

9ᵉ quartier.

Le quartier du Palais-Royal... contient trente rues, sept églises et couvents, six hôtels, a palais, deux fontaines publiques, douze cent dix-huit maisons, quatre mille huit cent soixante-douze habitants, et est dirigé par dix-neuf officiers de police.

10ᵉ quartier.

Le quartier du Louvre... contient quarante-huit rues, quatorze églises et couvents, quatre hôtels, le château du Louvre, le palais des Tuileries, la Monnaie du Roi, deux fontaines publiques, seize cent vingt-deux maisons, six mille quatre cent quatre-vingt-huit habitants, et est dirigé par dix-sept officiers de police.

11ᵉ quartier.

Le quartier Saint-Germain-des-Prés... contient quarante-quatre rues, quinze églises et couvents, trois hôtels, trois fontaines publiques, quinze cent soixante-onze maisons, six mille deux cent quatre-vingt-quatre habitants, et est dirigé par dix-sept officiers de police.

12ᵉ quartier.

Le quartier de Luxembourg... contient cinquante-neuf rues, un palais, un hôtel, sept colléges, quinze églises et couvents, la foire Saint-Germain, une fontaine publique, quatorze cent vingt-neuf maisons, cinq mille sept cent seize habitants, et est dirigé par dix-neuf officiers de police.

13ᵉ quartier.

Le quartier de Sorbonne... contient trente-deux rues, huit colléges, dix-huit églises, la maison de Sorbonne, quatre fontaines publiques, le château des Eaux, onze cent quatre-vingt-treize maisons, quatre mille sept cent soixante-douze habitants, et est dirigé par dix-neuf officiers de police.

14ᵉ quartier.

Le quartier Sainte-Geneviève... contient quarante-quatre rues, seize colléges, vingt-trois églises et couvents, cinq hôpitaux, trois fontaines publiques, dix-huit cent vingt-neuf maisons, sept mille trois cent seize habitants, et est dirigé par dix-huit officiers de police.

15ᵉ quartier.

Le quartier de l'Île-Notre-Dame... contient trente rues, cinq églises, six colléges, un hôpital, le Jardin royal des Plantes, deux fontaines publiques, les ponts Marie et de Pierre, douze cent une maisons, quatre mille huit cent quatre habitants, et est dirigé par dix-neuf officiers de police.

16ᵉ quartier.

Le quartier de la Cité... contient trente-trois rues, vingt églises, l'Hôtel-Dieu, trois fontaines publiques, les pompes du pont Notre-Dame et la Samaritaine, la cour et enclos du Palais, les ponts de Bois, de l'Hôtel-Dieu, de Notre-Dame, le Petit-Pont, le Pont-au-Change, de Saint-Michel et le Pont-Neuf, treize cent onze maisons, cinq mille deux cent quarante-quatre habitants, et est dirigé par dix-neuf officiers de police.

APPENDICE.

DÉNOMBREMENT PAR FEUX DES PAROISSES DE LA GÉNÉRALITÉ DE PARIS.
1709[1].

ÉLECTION DE PARIS.

Ablon	18
Achères	87
Aigremont	25
Amboile	38
Andilly et Margency	93
Andrezy et la Faye	251
Antony	128
Arcueil	135
Argenteuil	873
Asnières	85
Attainville	72
Athis-sur-Orge	56
Attilly	10
Aubervilliers	321
Aulnay-lès-Bondy	95
Auteuil	110
Avrainville	60
Bagneux	100
Bagnolet	122
Baillet	39
Balisy	24
Ballainvilliers	55
Bazemont	85
Beaubourg	14
Bellefontaine	47
Belloy	88
Bessancourt	178
Bethemont	38
Bezons	115
Bièvres-le-Châtel	98
Bobigny	31
Boissy-Saint-Léger	43
Boissy-Saint-Yon	152
Bondy	73
Bondoufle	33
Bonneuil-en-France	126
Bonneuil-sur-Marne	27
Bonafle	149
Bouffémont	46
Bougival	125
Bouqueval	25
Boussy-Saint-Antoine	80
Brevannes et Limeil	39
Brie-Comte-Robert	385
Brüs, séparé de Vaugrigneuse	137
Brunoy	78
Bruyères-le-Châtel	97
Bry-sur-Marne	59
Buc	68
Bures	51
Bussy-Saint-Georges	67
Bussy-Saint-Martin	18
Carrières-sous-les-Bois, avec le Ménil et l'Hôpital de Vaux	91
Cernay-la-Ville	49
Chaillot	220
Chamarande	72
Chambourcy	123
Champigny	154
Champlant	62
Champlâtreux, Épinay et Trianon	34
Champs-sur-Marne	68
Chantcloup	14
Chapet	46
Charenton-Saint-Maurice	115
Charonne	161
Châteaufort	45
Châtenay-en-France	34
Châtenay-lès-Bagneux	91
Châtillon	104
Chatou	152
Châtres	318
Chaumont	47
Chauvry	60
Chavenay	58
Chaville	35
Chelles	167
Chennevières-lès-Louvres	37
Chennevières-sur-Marne	78
Chessy	67
Chettainville	104
Chevilly	47
Chevreuse	300
Chovry	63
Chilly	59
Choisy-sur-Seine	64

[1] Extrait du *Nouveau dénombrement du royaume par généralités, élections, paroisses et feux*, édité pour la première fois, par Saugrain aîné, en 1709, et réédité en 1720, d'après les renseignements fournis par les intendants.

POPULATION.

Clamart	205
Clichy-en-Launois	29
Clichy-la-Garenne	145
Collégien	19
Combault	20
Combs-la-Ville	64
Conches	18
Conflans-Saint-Honorine	287
Corbeil	214
Cormeilles	264
Cossigny	21
Couberon	55
Coubert	81
Coudray	50
Courbevoie et Colombes	567
Courquetaine	25
Courtry	40
Coye	69
Crespières	158
Créteil	111
Croissy-en-Brie	36
Croissy, séparé de Chatou	34
Crosnes	52
Dampierre, comté	81
Dampmart	130
Davron	23
Deuil et Ormesson	144
Domont	102
Drancy et les Noues	31
Draveil et Champrosay	108
Dugny	61
Eaubonne	26
Écharcon	48
Écouen et Neuf-Moulin	230
Egly et Villouvette	62
Émerainville	37
Épiais-Tournedos	38
Épinay-lès-Saint-Denis	96
Épinay-Quincy	55
Épinay-sur-Orge	104
Éragny et Neuville	185
Ermenonville	56
Ermont et Cernay	103
Essonnes	134
Étiolles	35
Évry-en-Brie	115
Évry-sur-Seine	54
Ézanville	31
Ferrières	69
Ferrolles	37
Feucherolles	60
Fleury-Mérogis	16
Fontenay-lès-Bagneux	130
Fontenay-lès-Bois	214
Fontenay-lès-Briis	98
Fontenay-lès-Louvres	145
Fontenay-le-Vicomte	51
Forges	112
Fosses	36
Fourqueux	67
Francouville, marquisat	162
Frépillon	99
Fresnes-hors-Chapel	73
Fresnes-lès-Rungis	60
Gagny	70
Garches-lès-Saint-Cloud	77
Gargos-Gonesse	63
Gennevilliers	168
Gentilly	114
Gif et Courcelles	123
Gometz-la-Ville	51
Gometz-le-Châtel, dit Saint-Clair	50
Gonesse	398
Gournay	17
Goussainville	133
Gouvernes	59
Grégy	27
Grigny	56
Grisy et Suisnes	91
Groslay	164
Guermantes	87
Guibeville	12
Guyencourt	61
Herbeville-hors-Mareil	30
Herblay	247
Houilles	77
Igny	82
Issy	114
Ivry-sur-Seine	178
Jagny	57
Janvry	55
Jossigny	83
Jouy-en-Josas	99
Jouy-le-Moutier et Jouy-la-Fontaine	166
Juvisy	67
La Carrière-Saint-Denis	112
La Celle-lès-Bordes	124
La Celle-lès-Saint-Cloud	51
La Chapelle-Milon	34
La Chapelle-Saint-Denis	165
La Cour-Neuve	113
La Frette	60
Lagny	339
La Grange-le-Roi	1
La Norville	73
La Pissotte	273
La Queue-en-Brie	54
Lardy	104
Lassy	37
Launay-Courson	18

GÉNÉRALITÉS. — I. 54

APPENDICE.

La Varenne-Saint-Maur	17
La Villeneuve-Saint-Denis	33
La Villette-Saint-Lazare	141
Le Blanc-Mesnil	15
Le Bois-d'Arcy	34
Le Bourg-la-Reine	88
Le Bourget	59
Le Chesnay-Rocquencourt	129
Le Déluge	1
Le Ménil-Aubry	101
Le Ménilmontant	44
Le Ménil-Saint-Denis	101
Le Pin	73
Le Plessis-Bouchard	20
Le Plessis-Gassot	39
Le Plessis-Pâté et Charcoy	39
Le Plessis-Raoul	28
Le Plessis-sous-Luzarches	27
Le Pont-de-Charenton, Conflans et les Carrières	215
Le Port-au-Pecq	197
Le Pré-Saint-Gervais	76
Le Roule	75
Les Alluets-le-Roi	76
Les Lays	42
Les Loges	37
Les Molières	69
L'Étang-la-Ville	77
Les Troux-Montabé	37
Loudeville	56
Lézigny	20
L'Hay	63
Lieusaint et Villepesque	54
L'Île-Saint-Denis	101
Limours et Chaumusson	108
Linots	218
Lisses et Courcouronne	59
Lissy-en-Brie	31
Livry-en-Launois	75
Lognes	16
Longjumeau-hors-Balizy	330
Longpont	109
Louveciennes	124
Louvres	125
Luzarches	222
Maffliers	56
Magny-les-Hameaux	63
Maincourt	23
Maisons, près Charenton	99
Maisons, près Poissy	192
Mandres	45
Marcoussis	176
Mareil-en-France	77
Mareil-sous-Marly	90
Mareil-sur-Mauldre	67
Marly-la-Ville	118
Marly-le-Roy	312
Marnes	24
Marolles-en-Brie	24
Marolles-en-Hurepoix	51
Massy	126
Mauchamps	32
Maule-sur-Mandre	170
Médan	30
Mennecy	133
Menus (les) et Boulogne	306
Meudon et Fleury	305
Mignaux	26
Moissclles	43
Moissy-Cramayel	73
Mons	29
Monsoult	89
Montainville	98
Montesson	88
Montevrain	65
Montfermeil	111
Montgeron	81
Montjay, Villevaudée et Bordeaux	136
Montigny	37
Montlhéry	242
Montlignon	37
Montmagny	94
Montmartre et Clignancourt	293
Montmorency	247
Montreuil-hors-Viroflay	301
Montreuil-les-Bois	616
Montrouge	37
Montsoult	82
Morainvilliers	83
Morangis-Louans	85
Morsang-sur-Orge	51
Morsang-sur-Seine	18
Mours	20
Mousseaux	25
Moussy-le-Neuf	144
Nanterre	413
Neuilly-sur-Marne	407
Nogent-sur-Marne	193
Noiseau-sur-Amboile	32
Noisiel-sur-Marne	28
Noisy-le-Grand	127
Noisy-le-Sec	185
Nozay-la-Ville-du-Bois	96
Ollainville	83
Orangis et le Plessis	17
Orgeval	198
Orly	96
Ormoy	1
Ormoy et Ville-l'Abbé	101
Orsay-les-Hameaux	119
Ozouer-la-Ferrière	49

POPULATION.

Palaiseau	247
Pantin et la Villette-Saint-Denis	58
Paray	14
Passy	144
Pecqueuse	31
Perrigny	31
Pierrefitte	94
Pierrelaye	70
Piscop, Pons et le Luat	40
Poissy	406
Pomponne et la Madeleine	58
Pontault, Pontillaut et Berchères	44
Pontcarré	57
Pontrouville, dit Belleville	292
Presles	252
Puiseux	74
Puteaux	148
Rennemoulin	18
Rentilly	27
Ris et la Borde	46
Roissy-en-Brie	49
Roissy-en-France	149
Romainville	84
Rosny	92
Rueil	429
Rungis et Villeras	29
Saclay-Villeras	52
Saintry	32
Sannois	206
Sarcelles	234
Sarris	38
Sartrouville	295
Saulx	152
Savigny et Vaux	121
Sceaux	126
Senlisse	69
Senteny	38
Servon	26
Sevran	27
Sèvres	201
Soignolles	120
Soisy-sous-Montmorency	68
Soisy-sur-Seine	95
Stains	173
Sucy	149
Suresnes	299
Saint-Aubin	21
Saint-Brice	163
Saint-Cloud	320
Saint-Denis-du-Port	28
Saint-Denis-en-France	455
Saint-Forget	60
Saint-Germain (de Corbeil)	49
Saint-Germain-des-Noyers	1
Saint-Germain-en-Laye	1,620
Saint-Germain-lès-Châtres	63
Saint-Gratien	49
Saint-Jacques (de Corbeil)	65
Saint-Jacques, Saint-Christophe-de-Retz	6
Saint-Jean-de-Choisel	78
Saint-Jean-de-Leuville	38
Saint-Lambert	58
Saint-Leu-Taverny	228
Saint-Martin-au-Tartre	98
Saint-Maur-hors-la-Varenne	95
Saint-Michel-sur-Orge	92
Saint-Nom-de-la-Bretesche	106
Saint-Nom-de-Lévy	35
Saint-Ouen	133
Saint-Pierre et Saint-Philbert-de-Brétigny	92
Saint-Pierre et Saint-Léonard (de Corbeil)	116
Saint-Remy, Courbelin et la ferme de Saint-Paul-de-Vaunory	78
Saint-Sulpice-de-Favières	49
Saint-Thibault-des-Vignes	34
Saint-Vrain	100
Saint-Witz-sous-Montmélian	4
Saint-Yon	46
Sainte-Geneviève-des-Bois	22
Sainte-James	56
Taverny	220
Thiais	122
Tigery	49
Tillay	180
Torcy-en-Brie	133
Torfou	40
Torigny et les Fourneaux	139
Tour, dit Saint-Prix	105
Toussus	10
Tremblay	118
Triel	555
Ursines et Vélizy	18
Vaires	12
Valenton et l'Hôpital-Mesly	55
Vanves	182
Varennes et Jarcy	27
Vaucresson	51
Vaud'herland	43
Vaugirard	115
Vaugrigneuse, séparé de Briis	79
Vauhallan et Limours	45
Vaujours et Montauban	82
Vémars	95
Vernouillet	145
Verrières	134
Versailles et Glatigny	1,864
Vert-le-Grand	91
Vert-le-Petit	68
Vigny, Courcelles	6
Villaines-en-France	24

APPENDICE.

Villebon	116	Crouy	98
Villecresnes et Cerçay	60	Droiselles	34
Ville-d'Avray	56	Ducy	27
Villejuif	216	Ercuis	124
Villejust et Fretay	50	Ermenonville	108
Villemoisson	87	Ève	56
Villemomble	31	Fontaine	41
Villeneuve-aux-Ânes	16	Fresnoy-en-Thelle	96
Villeneuve-le-Roy	102	Gouvieux	260
Villeneuve-Saint-Georges	161	Iviliers	32
Villennes, près Poissy	88	La Chapelle	50
Villeparisis et Landrezy	80	La Morlaye	47
Villepinte	42	Le Lis	11
Villepreux et le Clos-Poulain	146	Mesnil-Saint-Denis	92
Villeron	60	Montagny	105
Villetaneuse	35	Montataire	189
Villiers-Adam	100	Montépilois	52
Villiers-la-Garenne	76	Mont-l'Évêque	79
Villiers-le-Bâcle	26	Montlognon	83
Villiers-le-Bel	328	Morancy	13
Villiers-le-Sec	38	Morangles	52
Villiers-sur-Marne	96	Morfontaine	76
Villiers-sur-Orge	20	Neuilly-en-Thelle	131
Viroflay	109	Noël-Saint-Remy	89
Viry et Châtillon	64	Nogent	93
Vitry-sur-Seine	246	Nointel	50
Voisins et les hameaux	33	Noisy	120
Wissous	159	Ognon	27
Yerres	99	Orry	65
		Othis	51

Total des paroisses de l'élection de Paris, sans y comprendre celles de la ville, 442. Total des feux, sans la ville de Paris, 47,685.

ÉLECTION DE SENLIS.

		Persan	40
		Plailly	159
		Pontarmé	79
Apremont	83	Pont-Point	149
Asnières	107	Pont-Sainte-Maxence	364
Aumont	43	Précy et Blaincourt	290
Baigny	17	Puiseux	138
Barbery	43	Raray	48
Baron	160	Rieux	68
Beaumont-sur-Oise	370	Ronquerolles	77
Belle-Église	50	Rully	109
Bernes	18	Senlis	684
Boran	136	Seugy	48
Borest	58	Survilliers	80
Bornel	114	Saint-Christophe	77
Brasseuse	41	Saint-Firmin	107
Bray	23	Saint-Léonard	78
Brenouille	139	Saint-Leu	213
Bruyères	53	Saint-Maximin	117
Chamant	68	Ver	104
Chambly	257	Verneuil	189
Champagne	121	Versigny	64
Courteuil	44	Viarmes	200
Creil	176	Villeneuve	38
		Villers-Saint-Frambourt	116

POPULATION.   429

Villers-Saint-Paul	77
Villers-sous-Saint-Leu	62

Total des paroisses, 78. Total des feux, 8,179.

ÉLECTION DE COMPIÈGNE.

Anncl	23
Antheuil	72
Armancourt	87
Baugy	59
Bienville	60
Bois-d'Ageux	15
Braisne	32
Canly	160
Chevincourt	146
Clairoix	128
Compiègne, paroisses { Saint-Antoine	435
Saint-Germain	203
Saint-Jacques	521
Saint-Pierre	277
Coudun	152
Élincourt	210
Fayel	51
Francières	89
Gilocourt	117
Humières, duché-pairie	148
Janville	42
Jaux	280
Jonquières	142
La Bréviaire	31
La Chelle	32
La Croix-Saint-Ouen	142
La maison d'Aguisy	1
La maison de Corbeaulieu	1
La maison de Normandie	1
La maison des Sept-Voies	1
La maison de Saint-Corneille	1
Le Meux	220
Longueil-Sainte-Marie	99
Longueil-sous-Thourotte	35
Marest	62
Margny	83
Mérigny	108
Marquéglise	66
Mélicocq	61
Montmartin	30
Morienval	196
Noël-Saint-Martin	21
Orrouy	120
Rhuis	22
Rivecourt	62
Rucourt	55
Saint-Germain-lès-Verberie	8
Saint-Martin-de-Béthisy	117
Saint-Pierre-de-Béthisy	147
Saint-Sauveur	140

Saint-Wast	40
Vandelincourt	64
Venette	144
Verberie	216
Vieux-Moulin	39
Vignemont	76
Villers-sous-Coudun	76

Total des paroisses, 58. Total des feux, 5,959.

ÉLECTION DE BEAUVAIS.

Abbecourt	83
Achy	157
Allonne	317
Andeville	91
Auchy	46
Auneuil	274
Auteuil	95
Bailleu	125
Balagny	99
Bazancourt	71
Beaupré	1
Beauvais, ville	2,900
Berneuil	120
Berthecourt	75
Blacourt	73
Blicourt	180
Bonnières	44
Boufflers	76
Bracheux	47
Bresles	285
Briot-Brombos	315
Buicourt	56
Bury-Angy	325
Campeaux	227
Canny	70
Cauvigny	125
Corbeilcerf	58
Coudray-Belle-Gueule (Le)	35
Coudray-Saint-Germer (Le)	101
Cuigy	125
Doudeauville	55
Ernemont-Boutavant	126
Escames	118
Espaubourg	50
Essuilles	140
Fay-Saint-Quentin	116
Feuquières	420
Fontaine-Lavaganne	104
Fontenay	84
Foulangue	39
Fouquenies	109
Fouquerolles	54
Frocourt	47
Gancourt	96
Gerberoy	78

Glatigny	105	Ons-en-Bray	161
Goincourt	70	Oudeuil	78
Grémévilliers	155	Pierrefitte	113
Guignecourt	89	Pisseleu	97
Hamel et Grez	207	Ponchon	87
Hannache	68	Puiseux-en-Bray	87
Hanvoile	139	Rainvillers	58
Heucourt	92	Rochy-Condé	62
Haussez	149	Rotangy	110
Haute-Épine	185	Rothois-Gaudechart	167
Hécourt	47	Roy-Boissy	64
Heilles	78	Sauqueuse	68
Héricourt	21	Savignies	149
Hermes	129	Senantes	245
Hétomesnil	138	Silly	78
Hodenc-en-Bray	108	Songeons	142
Hodenc-l'Évêque	48	Sully	68
Juvignies	179	Saint-Arnoul	135
La Boissière	107	Saint-Aubin	69
La Chapelle-aux-Pots	102	Saint-Deniscourt	57
La Chapelle-Saint-Pierre	38	Saint-Germain-la-Poterie	88
La Chapelle-sous-Gerberoy	61	Saint-Germer	192
La Grange-de-l'Hôtel-Dieu	1	Saint-Just-des-Marais	98
La Houssaye	68	Saint-Léger	42
La Landelle	75	Saint-Martin-le-Nœud	128
Lannoy	1	Saint-Maur	164
La Neuville-d'Aumont	33	Saint-Mennevieux	83
La Neuville-Messire-Garnier	75	Saint-Michel-d'Alescourt	1
La Neuville-sur-Oudeuil	196	Saint-Omer	100
Lardières	43	Saint-Ouen-Thierdonne	161
La Rouge-Maison	30	Saint-Paul	203
La Versine	153	Saint-Pierre-ès-Champs	157
Le Déluge	62	Saint-Quentin-des-Prés	27
Le Quesnoger	3	Saint-Samson	85
L'Hôpital-de-Morlaine	1	Saint-Sulpice	111
Lihus	250	Sainte-Geneviève	125
Litz et Wariville	63	Thérines	86
Longvillers-Boncourt	58	Tillart	50
Lormaison	65	Tillé	87
Loueuse et Beaulieu	112	Troissereux	124
Maisoncelle	65	Ully-Saint-Georges	190
Marissel	137	Vauroux	58
Marseille	154	Vellennes	73
Martincourt	44	Villembray	35
Méru	310	Villers-Saint-Barthélemy	170
Milly	208	Villers-Saint-Sépulcre	107
Monceaux-l'Abbaye	44	Villers-sur-Auchy	101
Montreuil-sous-Thérain	28	Villers-sur-Bounières	69
Morfontaine	49	Villers-Vermont	74
Morvillers	145	Vrocourt	32
Mouchy-le-Châtel	34	Wambez	40
Mouy	372	Warluis	95
Nivillers	40		
Notre-Dame-du-Thil	226		
Omécourt	148		

Total des paroisses, 162. Total des feux, 19,071.

POPULATION.

ÉLECTION DE PONTOISE.

Ableiges	42
Amblainville	152
Anserville	63
Arronville	85
Auvers	239
Berville	60
Boissy-Baillerie	85
Bréançon	70
Bréancourt	22
Butry	56
Cergy	209
Chars, baronnie	180
Chavençon	31
Commeny	68
Cormeilles	178
Courcelles	34
Courdimanche	61
Ennery	120
Épiais	113
Eschos	64
Fontenelles	7
Fosseuse	41
Frâncourt	75
Frouville	89
Gémicourt	41
Gerocourt	32
Gouzangrez	43
Grisy	81
Haravilliers	98
Hédouville	33
Hénonville	100
Hérouville	61
Jouy-le-Comte	114
Labbeville	73
La Villeneuve-le-Roy	68
La Villeneuve-Saint-Martin	22
Les Granges	1
Le Heaulme	30
Le Lay	1
Les Mézières	14
Le Perchay	56
Lieux	92
L'Isle-Adam, baronnie	58
Livilliers	42
Marines	189
Ménouville	21
Mériel	90
Méry, marquisat	81
Montgeroult	50
Moussy-Barjot	27
Nesles et Verville	126
Neuilly	52
Neuville-au-Bosc (Le)	143
Osny	73
Pontoise	636
Le faubourg Saint-Ouen-l'Aumône	237
Puiseux	39
Sagy	122
Santeuil	34
Stors	20
Vallangoujard	46
Valmondois	90
Ws	74

Total des paroisses, 63. Total des feux, 5,358.

ÉLECTION DE MANTES.

Andelu	34
Arnouville	111
Aubergenville	77
Aulnay	67
Avernes	108
Blaru, marquisat	113
Boinville	52
Boinvilliers	58
Boisemont	23
Boissy	116
Bonnières	168
Bréval	84
Brueil	58
Buchelay	90
Chauffour	43
Condécourt	60
Courgent	46
Dammartin	69
Elleville	72
Épônes	167
Évecquemont	61
Favrieux	28
Flacourt	29
Flins	106
Follainville	152
Fontenay-Mauvoisin	37
Fontenay-Saint-Père	138
Frémainville	71
Gadancourt	36
Gaillon	53
Gargenville	197
Gosaicourt	62
Goupillières	68
Gousonville	48
Grossey	53
Guerville	236
Guitrancourt	68
Hardricourt	47
Hargeville	37
Issou	113
Jambville	63
Jeufosse	59

Jouy	37		
Jumeauville	91	ÉLECTION DE MONTFORT-L'AMAURY.	
Juziers	174	Adainville	57
La Falaise	54	Auffargis	116
La Forêt de Civry	82	Autouil	120
Lainville	80	Autouillet	54
La Villeneuve	91	Bazainville	73
Le Breuil	60	Bazoches	141
Le Fort-de-Meulan	57	Béhoust	52
Les Mureaux	129	Beynes	179
Le Tertre-Saint-Denis	19	Boissy	74
Limay	285	Bourdonné	86
Lommoye	68	Bourg-Saint-Thomas	46
Longues	157	Coignières	51
Longuesse	35	Condé	54
Magnanville	17	Dammarie	20
Mantes	588	Élancourt	56
Mantes-la-Ville	215	Ficxanville	62
Ménerville	38	Fontenay-le-Fleury	69
Meucourt	38	Galluis	114
Meulan	175	Gambais	116
Mézières	289	Gambaiseul	12
Mézy	156	Garancières	33
Mondreville	54	Grandchamp	19
Montalet	32	Grosrouvres	133
Montchauvet	66	Houdan	321
Mulcent	20	Jouars-Pontchartrain, comté	185
Neauphlette	73	La Boissière	96
Nézel	88	Les Bréviaires	78
Oinville	126	Les Clayes	46
Orvilliers	71	Les Essars	89
Osmoy	34	Le Perray	49
Perdreauville	87	Le Tremblay	101
Porcheville	69	Marcq	48
Port-de-Villez	34	Mareil	41
Prunay-le-Temple	58	Maulette	31
Rosay, marquisat	111	Maurepas	49
Rosny, marquisat	161	Méré-Saint-Denis	132
Soilly	36	Méré-Saint-Magloire	31
Septeuil	184	Millemont	27
Seraincourt	101	Montigny	40
Soindres	54	Montfort-l'Amaury	455
Saint-Illiers	33	Neauphle-le-Château, bourg	536
Tessancourt	58	Neauphle-le-Vieil	100
Théméricourt	78	Noisy-Bailly	188
Tilly-Flins	106	Orgerus, châtellenie	136
Vaux	144	Plaisir	152
Verneuil	100	Poigny	55
Vert	80	Richebourg	79
Viguy, baronnie	190	Saulx-Marchais	68
Villette	71	Saint-Aubin	1
Villiers-le-Mahieu	47	Saint-Cyr	132
		Saint-Germain-de-la-Grange	34
Total des paroisses, 94. Total des feux, 8,566.		Saint-Léger	125
		Saint-Remy	83

POPULATION.

Tacoignières	46
Thionville	17
Thiverval	66
Thoiry	62
Trappes	117
Vicq	35

Total des paroisses, 59. Total des feux, 5,328.

ÉLECTION DE DREUX.

Abondant	58
Anet, principauté	241
Auffonville	27
Auné-Couvé	47
Berchères	77
Boissets	45
Boncourt	27
Boulay-Deux-Églises	80
Boulay-Mivoye	61
Boulay-Thierry	144
Boutigny	92
Bréchamps	50
Broué	117
Bu, comté	234
Champagne	30
Châtaincourt	80
Chaudon	154
Cherisy	38
Cherpont	68
Croisilles	65
Dampierre	54
Dreux	860
Faverolles	78
Garancières	50
Garnay	113
Germainville	80
Gilles	99
Gironville	100
Goussainville	90
Guainville	119
Havelu	18
La Chapelle	44
La Chaussée	61
La Framboisière	80
La Hauteville	34
Laons	90
La Saucelle	80
La Ville-l'Évêque	28
Les Épineraises	69
Les Pinthières	23
Le Tartre	9
Le Val	7
Marchefroy	61
Marchezais	19
Marville	47
Mesnil-Simon (Le)	88

Mézières	154
Mittainville	32
Montreuil	87
Moronval	58
Nantilly	29
Ouerre	90
Oulins	40
Prudemanche	21
Rosay-Prouais	116
Rouvres	31
Saulnières	16
Saussay	40
Senantes	50
Serazereux	76
Serville	33
Sorel	112
Saint-Lubin-des-Joncherets	275
Saint-Lubin-la-Haye	121
Saint-Projet	3
Torçay-Saint-Ange	53
Tréon	120
Vacheresses	45
Vernouillet	40
Vert	118
Vigny	26
Villemeux	223

Total des paroisses, 72. Total des feux, 6,223.

ÉLECTION D'ÉTAMPES.

Abbeville	68
Andonville	64
Arrancourt	22
Auvers	100
Bois-Herbin	16
Boissaux	115
Boissy-la-Rivière	57
Bouray	67
Cerny	219
Champigny	16
Champmoteux	54
Chauffour	34
Courdimanche	82
D'Huison	50
Étampes, paroisses — Notre-Dame	227
— Saint-Basile	247
— Saint-Gilles	114
— Saint-Martin	266
— Saint-Pierre	128
Estouches	30
Étréchy	125
Fontaines	33
Gironville-en-Beauce	118
Gironville-sous-Bunon	61
Itteville	100
La Forêt-Sainte-Croix	36

APPENDICE.

Le Ménil-Voisin	66	Erbonne		19
Maisse	149	Farcy		119
Marolles	45	Féricy		88
Méréville, comté	257	Fleury		100
Mespuits	41	Fontainebleau		1,064
Ormoy	76	Fontaine-le-Port		74
Orveau	36	Fouju		35
Pannecières	33	Guignoville		28
Prunay	29	Héricy		203
Puiselet	49	La Borde		27
Quincampoix	2	La Chapelle		130
Rainvilliers	27	La Commune		16
Saclas	125	La Ferté-Alais		144
Saint-Cyr	76	Le Châtelet		180
Saint-Germain	134	Le Méé		154
Valpuiseaux	73	Le Petit-Jard		25
Vaucelas	18	Les Écrennes		50
Vayres	41	Limoges et Fourches		32
Villeneuve-en-Beauce	114	Livry		45
Villeneuve-sur-Auvers	46	Machault		95

Total des paroisses, 47. Total des feux, 3,854.

ÉLECTION DE MELUN.

		Mocherin		33
Ailly-Milly	4	Maincy		141
Andrezel	67		Saint-Ambroise	109
Aubigny	18		Saint-Aspais	469
Auvernaux	26	Melun, paroisses	Saint-Barthélemy	38
Avon	158		Saint-Étienne	131
Ballancourt	113		Saint-Liesne	72
Beaune	67	Milly-en-Gâtinais		318
Blandy	148	Moigny		133
Bois-le-Roi	113	Moisenay		107
Boissette	33	Mondeville		73
Boissise-la-Bertrand	37	Montereau-sur-le-Jard		24
Boissise-le-Roi	45	Montigny		153
Bombon	105	Nainville		26
Bourron	109	Nandy		55
Boutigny	112	Noisy		103
Bréau	41	Oé		61
Cély	100	Oncy		41
Cesson	27	Ozouer-le-Voulgis		115
Chailly	199	Perthes		111
Champagne	79	Pouilly-le-Fort		66
Champeveil	104	Pringy		48
Champdeuil	30	Réau		72
Champeaux	76	Rubelles		88
Champigny	6	Samois		122
Chartrettes	66	Samoreau		61
Châtillon	17	Savigny		51
Chevannes	66	Sivry		44
Courances	95	Soisy-sur-École		80
Courtry	37	Solers		55
Crisenoy	32	Socy		12
Dannemois	88	Saint-Fargeau		183
Éprune	1	Saint-Germain-de-Laxis		21
		Saint-Germain-sur-École		27
		Saint-Jean-du-Jard		1

POPULATION.

Saint-Martin	41	Desmont	21
Saint-Méry	78	Domats	93
Saint-Ouen	63	Dordives	56
Saint-Port	68	Égreville	270
Saint-Sauveur	88	Ervauville	78
Thomery	186	Eschilleuses	150
Tousson	109	Fay et Lavau, marquisat	60
Valjouan	27	Fouchères	78
Vaux-à-Pénil	90	Foucherolles	22
Vernou et la Celle	160	Fromont	72
Vert-Saint-Denis	29	Fromonville	144
Videlles	109	Garentreville	25
Villars	1	Gaubertin	72
Villiers-Fortoiseau	12	Gironville	56
Voisenon	49	Glandelle et Bagneaux	21
Yèbles et Guignes	184	Golainville	40

Total des paroisses, 103. Total des feux, 9,838.

ÉLECTION DE NEMOURS.

		Gondreville	64
		Grès	100
		Guercheville	56
Achères	67	Ichy	50
Arville	49	Jacqueville	21
Aufferville	100	Jouy	71
Auxy	247	Juranville	146
Barville	115	La Belliole	87
Bazoches	98	La Chapelle, marquisat	118
Batilly	215	Ladon	160
Beaumont, comté	220	La Gerville	30
Beaune	448	La Madeleine	36
Boesses	165	Larchant	192
Boissy	62	La Selle	110
Bonneval	9	Le Bugnon	51
Bordeaux	87	Lixy	76
Bougligny	106	Lorcy	92
Bransles	84	Lorrez	131
Bromeilles	98	Louzouer	31
Bunou	83	Mainsoncelles	35
Burcy	43	Mérinville	39
Chaintreaux	141	Meun	78
Chantecoq	78	Mignerettes	72
Chapelon	85	Mondreville	82
Châtenoy	42	Moulon	105
Chaumot	90	Nanteau	47
Chenou	83	Nargy	113
Chéroy	159	Nemours	660
Chevannes	79	Néronville	20
Chevrainvilliers	61	Nonville	55
Chevry	86	Notre-Dame-de-Château-Landon	310
Chuelles	186	Obsonville	30
Corbeilles	174	Ormesson	18
Corquilleroy	128	Paley	71
Courtemaux	76	Pers	35
Courtempierre	60	Piffonds	152
Courtenay	328	Pont-sur-Yonne	296
Courtoin	24	Pouligny	96
Cudot	120	Préaux	41

55.

APPENDICE.

Préfontaine	57	Coulommes	67
Recloses	137	Coupvray	108
Rémauville	63	Couterroult	73
Rozoy	22	Crécy	180
Rumont, marquisat	30	Crégy	44
Savigny	53	Crépoil	40
Sceaux	100	Crouy	235
Souppes	147	Cuisy	33
Saint-Hilaire	140	Dammartin	349
Saint-Loup	130	Dhuisy	65
Saint-Loup-de-Gonois	30	Douy	56
Saint-Père	100	Esbly	76
Saint-Valérien	110	Étrépilly	94
Sainte-Croix	33	Forfry	39
Touraille	18	Fossemartin	26
Treilles	97	Fresnes	48
Treuzy	46	Fublaines	52
Ury	77	Germigny-l'Évêque	101
Vaux	40	Germiny-sous-Coulombs	78
Vernoy	66	Gesvres, duché	16
Villebéon	93	Gressy	7
Villemaréchal	131	Hervilliers et Brumoisel	14
Villeneuve-la-Dondagre	30	Isle et Armentières	70
Villiers	147	Islès-lès-Villenoy	42
Villevoques	36	Iverny	73
		Jablaines	31
Total des paroisses, 118. Total des feux, 11,225.		Jaignes	61
		Jouarre et Balioau	78
ÉLECTION DE MEAUX.		Jouy-sur-Morin	274
Annet	137	Jully	76
Bailly-Ramainvilliers	51	La Chapelle-sous-Crécy	209
Barcy	76	Lagny-le-Sec	99
Bellot	119	Le Ménil-Amelot	140
Boitron	55	Le Plessis-l'Évêque	43
Bouleurs	114	Le Plessis-Pomponne	39
Boutigny	107	Le Plessis-Vicomte	52
Brégy	140	Les Essarts-l'Évêque	22
Brumetz	39	Lesches	26
Bussières	52	Lizy	239
Carnetin	39	Longpérier	78
Chalifert	77	Lusancy	180
Chambry	143	Marchemoret	46
Chamigny	129	Marcilly	65
Changis	35	Marœuil	143
Charmentray	36	Marolles	57
Charny	97	Mary	69
Chauconin	50	Mauregard	57
Choisy-en-Brie, bourg, marquisat	216	Meaux	1,040
Choisy-le-Temple	1	Messy	127
Claye	130	Mitry	230
Compans	43	Montceaux	98
Condé-la-Ferté	610	Monthyon	141
Condé-Sainte-Libière	94	Montjay	104
Congis	102	Montry	85
Coubercel	68	Mory	26
Couilly	156		

POPULATION.

Moussy-le-Vieil	79	Villers-sur-Morin	139
Nanteuil	214	Vinantes	41
Nantouillet	68	Viney-Manœuvre	65
Neufchelles	75	Total des paroisses, 140. Total des feux, 14,087.	
Neufmoutiers	100		
Ocquerre	57	ÉLECTION DE ROZOY.	
Oissery	100	Aubepierre	45
Orly	74	Bailly-Carrois	42
Penchard	56	Bannost	81
Poincy et Beauval	21	Beauvoir et Argentières	77
Précy	46	Bernay	56
Puisieux	115	Châteaubleau	25
Quincy	369	Châtres	36
Rademont	19	Chaumes	208
Reuil	60	Closfontaine	43
Sacy	166	Courpalay et la Fermeté	130
Sameron	78	Courtomer	52
Saucy	31	Crèvecœur	24
Ségy	23	Dammartin	69
Septfors	24	Faremoutiers	74
Silly	147	Favières	90
Souilly	41	Fontenay-Trésigny, marquisat	139
Saint-Christophe-lès-Rebais	92	Gastins	88
Saint-Cyr	196	Grand-Puits	29
Saint-Denis-lès-Rebais	180	Grès	71
Saint-Fiacre	66	Guérard	260
Saint-Germain-lès-Pouilly	84	Hautefeuille	14
Saint-Gobert	1	Jouy-le-Châtel	153
Saint-Jean-de-Rebais	178	La Boissière	11
Saint-Jean-les-deux-Jumeaux	117	La Celle	137
Saint-Léger-lès-Rebais	46	La Chapelle-Iger	21
Saint-Marc	94	La Croix	129
Saint-Martin-de-Voulangis	111	Lady	36
Saint-Mesmes	69	La Grange-Bléneau	1
Saint-Nicolas-de-Rebais	54	La Houssaye	68
Saint-Pathus	57	La Madeleine	60
Saint-Soupplets	161	Le Plessis-feu-Aussoux	27
Sainte-Aulde	86	Les Chapelles-Breteuil	19
Tancrou	79	Liverdy	72
Thieux	71	Lumigny	64
Tresmes, duché-pairie	18	Maisoncelles	80
Trilbardou	100	Marles	70
Trilport	100	Mormant	94
Trocy	54	Mortcerf	80
Ussy	126	Nangis	254
Varoddes	260	Nesles	43
Vaucourtois	32	Neufmoutiers	52
Vendrest	160	Ormeaux	35
Vignely	10	Ozouer-le-Repos	47
Villemareuil	45	Pecqueux	16
Villeneuve-le-Comte	91	Pécy	97
Villeneuve-sous-Dammartin	78	Pezarches	20
Villenoy	80	Plancy	12
Villeroy, duché-pairie	70	Presles	54
Villers-les-Rigaults	24	Quiers	36

438 APPENDICE.

Rozoy	186
Rampillon	78
Saint-Just	25
Tigeaux	43
Touquin	118
Tournan	78
Vaudoy	72
Vernœuil	82
Vilbert	42
Villegagnon	34
Villeneuve-la-Hurée	22
Voinsles et le Breuil	48

Total des paroisses, 61. Total des feux, 4,218

ÉLECTION DE COULOMMIERS.

Amillis	101
Aulnoy	46
Beautheil	75
Boissy	118
Chailly	86
Chartronges	46
Chauffry	74
Chevru	72
Coulommiers	570
Dagny	28
Doue	161
Giremoutiers	32
Rondevilliers	32
La Ferté-Gaucher, ville, bailliage et châtellenie	320
La Haute-Maison	40
Leudon	37
Le Vézier	46
Magny-le-Hongre	48
Maupertuis	47
Meilleray	54
Mouroux	260
Pierrelevée	53
Pommeuse	156
Sablonnières	110
Saints	105
Signy-Signet	75
Saint-Augustin	174
Saint-Barthélemy	63
Saint-Germain	65
Saint-Martin-des-Champs	74
Saint-Ouen	28
Saint-Remy	105
Saint-Siméon	102
Villeneuve-sur-Bellot	164

Total des paroisses, 34. Total des feux, 3,573.

ÉLECTION DE PROVINS.

Augers	60
Bezoches	82
Beauchery	56
Bezalles	26
Boisdon	21
Cornieux	68
Chalautre	104
Chalmaison	75
Champcenetz	28
Champcouelle	17
Chenoise, marquisat	179
Courchamps	29
Courtacon	32
Coutevroult	68
Cucharmoy	56
Éverly, marquisat	79
Flaix	6
Fretoy	26
Gimbrois	11
Gouaix	125
Hermé	71
L'Échelle	74
Lécherolles	45
Les Marets	44
Lizines et Sognolles	144
Lourps	33
Maisoncelles	20
Melz	94
Mériot	81
Mortry	26
Montceaux	64
Montils	21
Provins, paroisses. { Saint-Ayoul	378
Sainte-Croix	159
Saint-Pierre	248
Saint-Quiriace	111
Poigny	25
Rouilly	44
Rupereux, marquisat	24
Sancy	65
Savins	161
Soisy	22
Sourdun, vicomté	150
Saint-Brice	60
Saint-Genest	7
Saint-Hilliers	94
Saint-Loup	120
Saint-Mars	42
Saint-Martin-des-Champs	30
Saint-Martin-du-Boschet	31
Saint-Sulpice	34
Sainte-Colombe	88
Vanvillé	27
Veronge	55
Vieux-Maisons	14
Villiers, marquisat	82
Voulton	22

POPULATION.

Vulaines.. 20
Total des paroisses, 59. Total des feux, 4,158.

ÉLECTION DE NOGENT-SUR-SEINE.

Avant... 96
Baby.. 30
Barbuise.. 106
Bazoches.. 109
Bouy.. 18
Bray, baronnie-pairie........................... 300
Compigny....................................... 47
Courgenay...................................... 138
Courlon, bourg................................. 254
Crancey, baronnie.............................. 51
Fay... 47
Ferreux... 55
Gélannes.. 74
Grisy... 30
La Chapelle..................................... 19
La Fosse.. 50
Les Ormes...................................... 83
Mâcon.. 111
Marnay... 94
Moisy.. 40
Montigny....................................... 72
Mousseaux...................................... 39
Nogent-sur-Seine, ville......................... 632
Noyen.. 74
Pailly.. 121
Paroy... 60
Pars.. 32
Passy... 21
Perrigny.. 28
Plessis-du-Metz................................. 63
Pont-sur-Seine, ville........................... 188
Quincey.. 52
Romilly.. 205
Serbonnes...................................... 94
Sigy.. 28
Saint-Aubin..................................... 96
Saint-Hilaire................................... 72
Saint-Jean...................................... 107
Saint-Martin.................................... 30
Saint-Sauveur.................................. 45
Villeneuve-ou-Châtelot......................... 43
Villiers.. 67
Villuis... 62
Vimpelles....................................... 83
Vinneuf.. 260

Total des paroisses, 45. Total des feux, 4,225.

ÉLECTION DE MONTEREAU.

Balloy.. 64
Barbey... 34
Blennes.. 121

Cannes... 70
Châtenay....................................... 135
Chaumont...................................... 93
Coutençon...................................... 18
Diant, vicomté................................. 67
Donnemarie, Cessoy, Mons, Meigneux et Tenisy.. 520
Dontilly et Bécherel............................ 108
Dormelles...................................... 31
Échouboulains.................................. 61
Écuelles.. 57
Égligny.. 76
Épizy.. 26
Esmans... 70
Flagy.. 118
Fontains....................................... 51
Fontenailles.................................... 82
Forges... 42
Gravon... 31
Gurcy et Chalautre-la-Reposte................... 69
La Brosse...................................... 64
La Chapelle-Rablais............................ 92
La Genevraye................................... 38
La Grande-Paroisse............................. 140
Landoy... 48
La Tombe....................................... 47
Luisetaines.................................... 40
Marolles, marquisat............................ 101
Misy... 118
Montarlot...................................... 25
Montereau et le Châtel-de-Naugis............... 352
Montigny-Lencoup.............................. 132
Montmachoux................................... 62
Moret, ville, et Saint-Mamert................... 314
Mousseaux..................................... 50
Noisy.. 41
Saint-Aignan................................... 60
Saint-Ange-le-Vieil............................. 28
Saint-Germain-Laval, Salins et Courcelles...... 145
Saint-Jean-Courbeton........................... 2
Saint-Maurice-lès-Montereau................... 60
Saint-Nicolas-lès-Montereau................... 121
Thoury-Férotics................................ 108
Valence.. 64
Varennes....................................... 37
Veneux et Nadon............................... 98
Villecerf....................................... 70
Villemert...................................... 13
Villeneuve-le-Comte............................ 42
Ville-Saint-Jacques............................ 96
Voulx.. 195

Total des paroisses, 54. Total des feux, 4,887.

ÉLECTION DE SENS.

Bagneaux...................................... 55
Brannay.. 69

APPENDICE.

Bussy-le-Repos	61
Cerilly	13
Cerisiers, bourg	181
Champigny, bourg	201
Chevry	67
Chigy	52
Cornant	53
Coulmiers	67
Coulours	87
Courceaux	85
Courceroy	38
Courmononcle	20
Courtois	37
Cuy	39
Dillo	14
Dixmont, bourg	143
Dollot	81
Égriselles	110
Étigny	35
Évry	37
Flacy	32
Fleurigny	89
Foissy	88
Fontaine-Fourche	113
Fontaine-la-Gaillarde	49
Fontenay-Bossery	15
Gisy	98
Granchette	7
Granges	85
Gron	135
Gumery	49
Jaulnes	50
La Chapelle-sur-Oreuse	88
Lailly	80
La Louptière	84
La Motte-Tilly	83
La Postolle	53
Le Plessis-Gâtebled	41
Les Bordes	105
Les Siéges	93
Maillot	59
Marsangis	115
Mâlay-le-Roi	28
Mâlay-le-Vicomte, bourg	57
Michery	210
Molinons	51
Montacher	108
Noailly, bourg	187
Noé	70
Paron	67
Passy	80
Pont-sur-Vannes	48
Pouy	80
Rigny-le-Ferron, bourg	154
Rousson	61

Rozoy	32
Saligny	56
Sens, ville et faubourgs	1,486
Sergines	270
Sognes	56
Soucy-Jouancy	103
Subligny	67
Saint-Clément	131
Saint-Denis	13
Saint-Martin-du-Tertre	108
Saint-Martin-sur-Oreuse	106
Saint-Maurice-aux-Riches-Hommes	160
Saint-Nicolas-lès-Villeneuve-le-Roy	137
Saint-Savinien-lès-Villeneuve-le-Roy	39
Theil	51
Thorigny, ville, comté	140
Traînel, bourg, marquisat	181
Vallery, comté	107
Vareilles	46
Vaudeurs, bourg	157
Vaumort	58
Vernoy	4
Véron	92
Vertilly	60
Villeblevin	181
Villebougis	46
Villechétive	26
Villefolle	83
Villegardin	36
Villemanoche	102
Villenauxe	77
Villenavotte	21
Villeneuve-la-Guyard, ville	273
Villeneuve-l'Archevêque, ville	298
Villeneuve-le-Roy, ville	410
Villeperrot	28
Villeroy	30
Villethierry	87
Villiers-Bonneux	41
Villiers-Louis	50
Voisines	133
Vulaines	34

Total des paroisses, 99. Total des feux, 9,931.

ÉLECTION DE JOIGNY.

Aillant	156
Arces	95
Armeau	85
Avrolles	109
Bassou	68
Bellechaume	102
Béon	64
Bleigny	25
Bonnard	29
Bouilly	54

POPULATION.

Branches	98
Brienon, ville	445
Brion	146
Bussy, bourg	189
Cézy, bourg	175
Chambeugle	25
Champcevrais	88
Champignelles	183
Champlay-Longueron	183
Champvallon, marquisat	59
Chamvres	69
Charmoy	78
Charny	106
Cheny	180
Chessy	201
Chevillon	57
Chichy	30
Dracy	86
Égleny	108
Épineau-les-Voues	81
Esnon et Vorvigny	93
Fleury, bourg	187
Fontenouilles	61
Grand-Champ	114
Guerchy	154
Hauterive	62
Joigny, paroisses { Saint-André	184
Saint-Jean	352
Saint-Thibaud	423
La Celle-Saint-Cyr, bourg	194
Laduz	47
La Ferté-Loupière	176
La Malmaison	20
La Villotte	38
Les Aulnais	19
Le Mont-Saint-Sulpice, bourg	199
Les Ormes	45
Looze	57
Louesme	41
Malicorne	82
Marchais-Beton	35
Mercy	19
Merry et Vaux	118
Migennes	90
Neuilly	214
Ormoy	136
Palteau	45
Paroy-en-Othe	112
Paroy-sur-Tholon	32
Perreux	90
Poilly	215
Précy	137
Preux-Saint-Romain	86
Prunoy	92
Senon et Vougrey	174
Sopeaux	130
Sommecaise	54
Saint-Aubin-Châteauneuf	179
Saint-Aubin-sur-Yonne	58
Saint-Cydroine	118
Saint-Denis-sur-Ouanne	45
Saint-Julien-du-Sault, ville	257
Saint-Loup-d'Ordon	67
Saint-Martin-d'Ordon	81
Saint-Martin-sur-Ocre	24
Saint-Martin-sur-Ouanne	150
Saint-Maurice-le-Vieil	123
Saint-Maurice-Thisouaille	59
Tannerre	139
Turny	248
Venizy-Chaillé	547
Vergigny et Arbouascau	152
Verlin	66
Villecien	107
Villefranche	101
Villemer	113
Villeneuve-au-Chemin	47
Villeneuve-les-Genêts	100
Villevallier	95
Villiers-Saint-Benoît	133
Villiers-sur-Tholon	145

Total des paroisses, 92. Total des feux, 11,444.

ÉLECTION DE SAINT-FLORENTIN.

Auxon, bourg	302
Avreuil	55
Beine	130
Bernon	75
Béru	47
Beugnon	58
Bœurs	128
Butteaux	88
Céant-en-Othe	96
Champlost	228
Chessy	172
Cheu	69
Coursan	60
Courtaoult	51
Dannemoine, baronnie	150
Ervy, ville, baronnie	265
Flogny	68
Germigny, ville	95
Jaulges	60
La Chapelle	47
Lasson	66
Lignières	140
Lignorelles	57
Maligny, bourg	178
Montfey	80
Montigny	50

APPENDICE.

Neuvy, bourg	269
Percey	87
Poinchy	35
Racines	101
Saint-Florentin, ville	416
Sormery, bourg	185
Soumaintrain	69
Trichey	48
Turgy	24
Vanlay	88
Venouse	87
Villy	24
Vosnon	121

Total des paroisses, 39. Total des feux, 4,320.

ÉLECTION DE TONNERRE.

Accolay	118
Aigremont	25
Aisy	75
Ancy-le-Franc, ville	225
Ancy-le-Serveux	68
Appoigny	258
Argentenay	33
Argenteuil, marquisat	169
Arthonnay	119
Asnières	79
Avigneau	89
Bagneux	96
Baon	39
Bazarnes	80
Beauvoir-Auxerrois	82
Beauvoir-Tonnerrois	40
Bernouil	41
Bessy	66
Bleigny	106
Bouis	62
Bragelogne	79
Cariscy	100
Chablis, ville, prévôté	495
Champs et Vaux	178
Channay	57
Channes	97
Charbuy	161
Charentenay	108
Charrey	44
Chassignolles	119
Chaserey	36
Cheney	60
Chéry	20
Chevannes	205
Chichée	123
Chichery	105
Chitry	55
Commissey	107
Coulan	77
Courgis, bourg	205
Coussegrey	137
Cruzy, ville, marquisat	187
Cry	88
Cuzy	67
Diges, bourg	244
Dyé	95
Épineuil	200
Escamps	97
Étourvy	114
Fontenay	66
Fulvy	64
Fyé	23
Gigny	85
Gland	55
Gommeville	77
Griscausec	5
Griselles	50
Gy-l'Évêque	180
Héry, bourg	226
Irancy	174
Jully	89
Junay	44
Jussy	81
La Chapelle-Poligny	134
La Chapelle-Senevoi	56
Laignes, bourg	269
Lézinnes	108
Lichères	66
Ligny, vicomté	272
Lindry	212
Marolles	97
Mélizey	145
Mercy	86
Merry-Sec	64
Molesme, ville	110
Molosme	166
Monéteau	41
Moulins	67
Nicey	128
Nitry	201
Noiron	42
Pacy	118
Parly	178
Perrigny	46
Pimelles	32
Poilly	99
Poutigny	59
Pothières	84
Pourrain, bourg	232
Prégilbert	43
Préhy	46
Prusy	22
Quincerot	56
Quincy-le-Vicomte, bourg	108

POPULATION.

Rameaux	10	Brassy	45
Ravières	178	Brosses	76
Ricey-Bas	92	Bussy	22
Ricey-Haut, bourg	162	Cervon, bourg	203
Ricey-Hauterive	97	Chalaux	50
Roffey	81	Charancy	84
Rougemont	65	Chitry	56
Rouvroy	54	Chores et Domecy	67
Rugny	117	Civry	54
Sacy	104	Dissangis	100
Sambourg	48	Empury	64
Senevoi	44	Flez-Cuzy	60
Soulangis	2	Fontenay	34
Stigny	101	Gacogne	52
Saint-Martin	85	Givry	69
Saint-Moré	54	Grenois	93
Saint-Vinnemer	118	Hubans	85
Sainte-Vertu	80	Joux	117
Tonnerre, ville, comté	995	Le Buisson	19
Thorey	65	L'Isle, bourg	165
Tissey	60	Lormes, bourg	154
Troncboy	54	Lucy-le-Bois	65
Trucy	55	Lucy-Lichères	131
Varennes	72	Marigny, bourg	186
Vertault	65	Massangis	95
Vezannes	45	Mhère	76
Vezinnes	89	Moissy-Molinons	33
Ville-Dieu	68	Monceaux-le-Comte	76
Villers-Patras	34	Montillot	92
Villiers-le-Bois	55	Neuffontaines	129
Villiers-Vineux	68	Nuars	59
Villon	127	Pougues	140
Vincelottes	76	Précy-le-Sec	152
Vireaux	97	Provency	42
Viviers	91	Ruages	82
Vix	36	Saisy	102
Total des paroisses, 129. Total des feux, 12,565.		Saint-André	86
		Saint-Léonard-de-Corbigny	382
ÉLECTION DE VÉZELAY.		Saint-Martin	124
Anthien	104	Saint-Père, bourg	234
Armes	41	Sainte-Colombe	86
Asnan	98	Teigny	56
Asnières	128	Vauclaix	55
Asquins	58	Vézelay, ville	251
Bazoches	104	Vignol	47
Blannay	48	Voutenay	69
Bonnesson	33	Total des paroisses, 55. Total des feux, 5,081.	

Total général des paroisses de la généralité de Paris : 2,103.

Total général des feux : 209,670 [1].

---

[1] Nous devons faire remarquer que presque toutes les additions de Saugrain sont inexactes, soit pour les paroisses, soit pour les feux.

56.

APPENDICE.

DÉNOMBREMENT DE LA GÉNÉRALITÉ DE PARIS.
1710[1].

Paris a 87 villes, 144 bourgs, et contient 931 lieues carrées; les 931 lieues carrées contiennent d'arpents 4,365,295 arpents 7 perches. Tailles, en 1709 : 311,278[2].

Capitation :		
la ville, etc.		1,980,000
la cour		980,000
la généralité		1,100,000
Total		4,060,000

ÉLECTIONS.	PAROISSES.	FEUX.	PERSONNES.
Paris	60	"	720,000
L'élection	439	59,401	237,604
Beauvais	61	17,608	70,432
Compiègne	58	3,408	18,632
Senlis	84	8,991	35,964
Meaux	141	18,492	73,968
A reporter	843	107,900	1,151,600

Report	843	107,900	1,151,600
Rozoy	61	4,810	19,240
Coulommiers	34	3,778	15,112
Provins	58	4,565	18,260
Montereau	63	5,270	21,080
Nogent-sur-Seine	44	4,715	18,860
Sens, archevêché	98	12,531	50,124
Joigny	91	12,177	48,708
Saint-Florentin	39	5,908	23,632
Tonnerre	129	11,987	47,948
Nemours	118	10,100	40,400
Melun	105	8,331	33,324
Étampes	48	4,308	17,232
Mantes	94	8,913	35,652
Montfort	59	6,096	24,384
Dreux	71	3,934	15,736
Pontoise	64	5,637	22,548
Vézelay	53	3,967	15,868
Totaux : 22	2,072	224,927	1,629,708

DÉNOMBREMENT DE LA GÉNÉRALITÉ DE PARIS.
1745[2].

Paris	1,060,000
Versailles	37,000
Saint-Germain-en-Laye et Marly	18,000
Saint-Denis	7,700
Meaux	11,100
Beauvais	9,100
Senlis	8,300
Fontainebleau	8,200
Compiègne	21,000
Pontoise	5,000
Étampes	5,400
Melun	6,400
Sens	8,500
Autres villes, bourgs et paroisses de la généralité	696,300
Total	1,892,000

NOMBRE DES GARÇONS DE L'ÂGE DE SEIZE À QUARANTE ANS, SUJETS À LA MILICE ET CAPABLES DE PORTER LES ARMES.

Paris	40,000
Versailles	820
Saint-Germain-en-Laye et Marly	360
Saint-Denis	140
Meaux	290
Senlis	210
Beauvais	220
Sens	210
Fontainebleau	190
Compiègne	430
Pontoise	100
Étampes	110
Melun	160
Autres villes, bourgs et paroisses	17,510
Total	60,710

---

[1] Ce tableau (Bibl. Nationale, ms. Delamare fr. 21751, fol. 7) semble provenir de Tuffereau, commis du Contrôle général.

[2] Mémoires de statistique conservés au Musée Britannique, ms. additionnel 8757, fol. 18-19. Dans l'un comme dans l'autre de ces documents, qui sont assez informes d'ailleurs, les totaux ne concordent pas avec les chiffres à additionner, qui eux-mêmes ne sont pas toujours exacts : l'élection de Beauvais, par exemple, avait de 150 à 160 paroisses, et non 61, comme le porte le manuscrit de Tuffereau.

OBSERVATIONS SUR LA POPULATION DE PARIS[1].
1763.

Le grand concours des étrangers qui se rendent perpétuellement dans Paris et qui en sortent successivement; les cours supérieures, composées d'un grand nombre de magistrats; le clergé séculier et régulier, qui est très-nombreux; les ouvriers de toutes les professions, et enfin le nombre considérable de domestiques, sont autant d'obstacles qui s'opposent à un dénombrement exact des habitants de la ville de Paris : on va cependant essayer d'en former un aussi vraisemblable qu'il est possible, et établir, d'une manière certaine, l'augmentation ou la diminution qui est arrivée dans la population de cette grande ville depuis 1709. On n'a pas pu remonter à une époque plus haute pour rassembler les états tenus par la police du nombre des naissances, mariages et morts de tous les mois de l'année, et dont on imprime le recueil tous les ans. On ne se bornera pas à ces deux objets; on rapportera différentes recherches qui ont été faites, tant sur le nombre des malades de l'Hôtel-Dieu, que sur leur mortalité, le nombre des maisons, des familles et des domestiques.

Depuis 1709 jusques et compris 1718, il y a eu à Paris ; 169,882 naissances, 41,186 mariages, 173,933 morts;

Et depuis 1752 jusques et compris 1761 : 192,213 naissances, 42,083 mariages, 192,251 morts.

On a compris dans les naissances et les morts des deux époques les naissances et morts de l'Hôtel-Dieu.

L'année commune des naissances, de 1709 à 1719, était de 16,988; laquelle, multipliée par 30, donnait 509,640 habitants.

L'année commune des naissances, de 1752 à 1762, a été de 19,221; laquelle, multipliée par 30, a donné 576,630 habitants.

Le nombre des habitants de la ville de Paris est supérieur, dans la seconde époque, de 67,000 : ce qui fait une augmentation de plus d'un huitième.

Le nombre proportionnel 30 paraîtra peut-être trop faible pour une ville aussi considérable que celle de Paris, surtout dans l'opinion où l'on est qu'elle contient plus de 700,000 âmes; mais l'on s'est assuré, par des expériences réitérées, que le nombre 28 est le plus approchant de la vérité pour les villes considérables, telles que Lyon et Lille, et particulièrement dans cette dernière ville, dont le dénombrement a été fait tête par tête, en 1740, et dont le résultat est entièrement conforme au nombre que produit l'année commune des naissances, multiplié par 28. Le nombre de 30, employé pour cette multiplication, fait une différence si considérable, qu'il n'est plus possible de croire qu'il puisse être trop faible. En effet, le dénombrement de Lille a porté le nombre des habitants à 51,243; la garnison était 7,000, les religieux et religieuses 2,785 : total, 61,028 habitants. L'année commune des naissances, de 1750 à 1760, s'est trouvée être de 2,237; laquelle, multipliée par 28, donne 62,636 habitants. Il est donc vraisemblable que le nombre 30 est le plus fort qui puisse être employé pour calculer les habitants de Paris sur l'année commune des naissances de cette grande ville.

Les mariages, de 1709 à 1719, ont produit, les uns dans les autres, 4 enfants $\frac{1}{7}$: 16 mariages ont produit 66 enfants. Les mariages, de 1752 à 1762, ont produit, les uns dans les autres, 4 enfants $\frac{1}{2}\frac{1}{16}$: 16 mariages ont produit 73 enfants.

Les mariages ont été par conséquent plus féconds dans la dernière époque que dans la première.

Depuis 1709 jusques et compris 1718, il est mort, année commune, 17,393 personnes, sur 509,640 habitants; ce qui fait un mort sur 29 ou

---

[1] Extrait du livre intitulé : *Recherches sur la population* (1766), par Messance, p. 175-185.

30 habitants. Depuis 1752 jusques et compris 1762, il est mort, année commune, 19,225 personnes, sur 576,630; ce qui fait un mort sur 30 habitants.

La mortalité a par conséquent été un peu moins considérable dans la dernière époque que dans la première.

La mortalité de 1709 a dû nécessairement contribuer à cette différence.

Depuis l'année 1709 jusques et compris 1718, l'année commune des morts est de 17,393. Il y a eu, en 1709, 29,288 morts. La mortalité de 1709 a excédé l'année commune de 11,895; ce qui revient à un peu plus des deux tiers de l'année commune.

Depuis 1752 jusques et compris 1761, l'année commune des morts est de 19,225. L'année la plus mortelle a été 1754, où il y a eu 21,724 morts, ce qui excède l'année commune de 2,499, ce qui revient à un peu plus du huitième de l'année commune.

Depuis 1752 jusques et compris 1761, il y a eu à Paris 97,972 naissances mâles et 94,241 naissances femelles. La proportion des mâles aux femelles est comme $26\frac{1}{4}$ à $25\frac{1}{4}$.

Dans le même espace de temps, il y a eu 102,863 morts mâles et 89,388 morts femelles.

La proportion des morts mâles aux femelles est comme $7\frac{1}{4}\frac{1}{4}\frac{1}{4}$ à $6\frac{1}{4}\frac{1}{4}\frac{1}{4}$.

Les naissances mâles sont supérieures aux naissances femelles d'environ un vingt-cinquième.

Les morts mâles sont supérieurs aux femelles d'environ un sixième.

D'où il semble résulter qu'il y a à Paris plus de mâles que de femelles; ce qui provient du grand nombre d'étrangers mâles qui viennent à Paris pour y exercer des professions et des métiers ou y être domestiques, indépendamment des officiers, tant civils que militaires, que Paris attire journellement de la province, et qui y augmentent le nombre des mâles dans une proportion supérieure à celui des femelles.

On a compté les naissances et les morts qu'il y a eu à Paris, mois par mois, depuis 1724 jusques et compris 1763: par cette recherche on est parvenu à la connaissance des mois les plus propres à la conception et de ceux où la mortalité est plus grande. On va en rapporter les résultats.

ORDRE DES MOIS, SUIVANT LA QUANTITÉ DES NAISSANCES, DEPUIS 1724 JUSQUES ET COMPRIS 1763.

Mois d'accouchements.	Mois de conception.
Mars.	Juillet.
Janvier.	Mai.
Février.	Juin.
Avril.	Août.
Mai.	Septembre.
Août.	Décembre.
Octobre.	Février.
Septembre.	Janvier.
Juillet.	Novembre.
Novembre.	Mars.
Décembre.	Avril.
Juin.	Octobre.

Les mois de juillet, de mai, de juin et d'août sont les plus propres à la conception.

Les mois de novembre, mars, avril et octobre sont ceux où les femmes conçoivent le moins.

ORDRE DES MOIS SUIVANT LEUR MORTALITÉ, DEPUIS 1724 JUSQUES ET COMPRIS 1763.

Mois.	Nombre des morts.
Mars	77,803
Avril	76,815
Mai	72,198
Janvier	69,166
Février	66,789
Décembre	60,926
Juin	58,272
Juillet	57,339
Octobre	54,897
Septembre	54,339
Novembre	54,029
Août	52,479

Durant les quarante années, il est mort, mois commun, 62,921.

Le mois de mars, le plus mortel, est au-dessus du commun de plus du cinquième.

Le mois d'août, le moins mortel, est au-dessous du commun d'un peu moins du sixième.

Le mois de décembre est celui qui approche le plus du mois commun.

Depuis 1726 jusques et compris 1744, il est mort à Paris 5,538 religieux et religieuses.

POPULATION.

Depuis 1745 jusques et compris 1763, il est mort à Paris 3,292 religieux et religieuses.

Le nombre des morts, dans les dix-neuf dernières années, est diminué de 2,246, preuve certaine que les communautés religieuses ne sont plus aussi nombreuses qu'elles l'étaient il y a quarante ans.

HÔTEL-DIEU DE LA VILLE DE PARIS.

ORDRE DES MOIS SUIVANT LE NOMBRE DES MALADES ENTRÉS À L'HÔTEL-DIEU DE PARIS, DEPUIS 1724 JUSQUES ET COMPRIS 1763, POUR CONNAÎTRE QUELS SONT LES MOIS OÙ IL Y A LE PLUS DE MALADIES.

Mois.	Nombre des malades entrés à l'Hôtel-Dieu.
Janvier	84,064
Décembre	78,427
Mars	77,872
Février	74,461
Avril	73,642
Novembre	72,449
Octobre	70,770
Mai	67,346
Septembre	66,823
Juillet	58,751
Juin	57,547
Août	55,901

Dans les quarante années, il y a eu, mois commun, 69,396 malades entrés à l'Hôtel-Dieu.

Le mois de janvier, où il y a le plus de maladies, est au-dessus du mois commun de plus d'un cinquième.

Le mois d'août, où il y a le moins de maladies, est au-dessous du mois commun d'environ un cinquième.

Le mois d'octobre est celui qui approche le plus du mois commun.

ORDRE DES MOIS SUIVANT LE NOMBRE DES MORTS DE L'HÔTEL-DIEU DE PARIS, DEPUIS 1724 JUSQUES ET COMPRIS 1763, POUR CONNAÎTRE QUELS SONT LES MOIS OÙ IL MEURT LE PLUS DE PERSONNES DANS CET HÔPITAL, SANS AVOIR ÉGARD AU NOMBRE DES MALADES.

Mois.	Nombre des morts.
Mars	21,292
Avril	20,369
Février	18,996
Janvier	18,825
Mai	17,616
Décembre	16,779
Novembre	13,993
Juin	13,508
Octobre	13,335
Septembre	11,547
Juillet	11,268
Août	10,477

Durant les quarante années, il est mort, mois commun, 15,668 personnes.

Le mois de mars, le plus mortel, est au-dessus du mois commun de plus d'un tiers.

Le mois d'août, le moins mortel, est au-dessous du mois commun d'un peu moins d'un tiers.

Le mois de décembre est celui qui approche le plus de la mortalité commune.

ORDRE DES MOIS SUIVANT LA PROPORTION QUI S'EST TROUVÉE EXISTER ENTRE LES MORTS ET LES MALADES DE L'HÔTEL-DIEU DE PARIS, DEPUIS 1724 JUSQUES ET COMPRIS 1763, POUR CONNAÎTRE QUELS SONT LES MOIS LES PLUS MORTELS PAR PROPORTION AU NOMBRE DES MALADES.

Mois.	Proportion des malades aux morts.	
Avril	sur 57 malades	16 morts.
Mars	58	16
Mai	61	16
Février	62	16
Juin	68	16
Janvier	70	16
Décembre	74	16
Novembre	82	16
Juillet	83	16
Octobre	84	16
Août	85	16
Septembre	91	16

La proportion moyenne est 16 morts sur 71 malades, ce qui est environ 2 sur 9.

Il résulte de ces différentes tables:

1° Que les mois les plus mortels sont avril, mars, mai et février;

2° Que les moins mortels sont juillet, octobre, août et septembre;

3° Que le mois de mars est celui où il y a le plus de maladies, et le mois d'août celui où il y en a le moins.

APPENDICE.

ÉTAT DU NOMBRE DES MAISONS DE LA VILLE DE PARIS ET DES FAMILLES QUI Y ÉTAIENT IMPOSÉES À LA CAPITATION EN 1755.

NOMS des quartiers.	NOMBRE des maisons existantes en 1755.	NOMBRE des familles imposées en 1755.
1. Saint-Martin	1,832	6,567
2. Saint-Denis	1,612	4,758
3. Saint-Eustache	1,102	2,311
4. Les Halles	1,197	2,743
5. Îles Notre-Dame	1,115	3,113
6. Saint-Marcel	1,828	5,187
7. Place Royale	1,108	2,583
8. Le Marais	939	2,188
9. Hôtel-de-Ville	1,485	4,546
10. Faubourg Saint-Antoine	1,480	5,568
11. Saint-Germain-des-Prés (première partie)	922	3,294
12. Saint-Germain-des-Prés (seconde partie)	993	2,372
13. Luxembourg	1,570	5,481
14. Sorbonne	1,155	3,835
15. Le Palais-Royal	1,205	4,657
16. Saints-Innocents	1,196	3,771
17. Louvre	1,502	4,817
18. La Cité	1,374	3,376
TOTAUX	23,565	71,114

Dans les 23,565 maisons, il y a 538 boutiques ou échoppes, et les gens de mainmorte ou hôpitaux sont propriétaires de 3,140 maisons et 103 boutiques ou échoppes.

On ne peut pas supposer que les familles renfermées dans la ville de Paris soient composées de plus de huit personnes, les unes dans les autres; ce nombre doit paraître même très-fort, si l'on fait attention à la quantité de pauvres familles qui habitent la capitale et qui n'ont pas de domestiques. Cependant, en multipliant les 71,114 familles imposées à la capitation en 1755 par le nombre 8, on trouve seulement 568,912 habitants, nombre inférieur à celui donné par l'année commune des naissances, multipliée par 30. Cette différence, qui n'est pas fort considérable, peut provenir de ce que toutes les familles ne sont peut-être pas imposées à la capitation; mais elle est assez grande pour faire présumer que le nombre proportionnel 30 est le plus fort qu'on puisse employer, et que la ville de Paris ne contient pas réellement 600,000 habitants.

En divisant les 576,630 habitants dont on croit la ville de Paris peuplée, par les 23,565 maisons, on trouve qu'elles contiennent, les unes dans les autres, 24 personnes $\frac{1}{7}$; deux maisons en renferment 49.

POPULATION.

RÉCAPITULATION GÉNÉRALE DES BAPTÊMES, MARIAGES, MORTUAIRES, ENFANTS TROUVÉS ET PROFESSIONS RELIGIEUSES DE LA VILLE ET FAUBOURGS DE PARIS PENDANT L'ANNÉE 1781[1].

MOIS.	BAPTÊMES.		MA-RIAGES.	MORTS.		ENFANTS TROUVÉS.		PROFESSIONS RELIGIEUSES.	
	GARÇONS.	FILLES.		HOMMES.	FEMMES.	GARÇONS.	FILLES.	HOMMES.	FILLES.
Janvier	926	846	468	965	794	263	262		
Février	881	823	952	823	725	246	246		
Mars	980	851	44	968	816	288	235		
Avril	864	840	270	993	857	242	248		
Mai	832	812	517	946	840	229	238		
Juin	748	755	400	770	653	211	206		
Juillet	809	813	438	749	644	197	214		
Août	849	829	379	851	709	221	204		
Septembre	858	843	373	929	756	187	216		
Octobre	873	790	448	936	828	239	236		
Novembre	856	809	58	897	821	216	264		
Décembre	921	824	105	925	804	260	240		
Totaux	10,397	9,835	4,970	10,752	9,247	2,799	2,809	148	39
Morts en religion pendant l'année				45	68				
Novices, pensionnaires et domestiques morts et enterrés dans toutes les maisons religieuses d'hommes pendant l'année				12					
Novices, pensionnaires et domestiques morts et enterrés dans toutes les maisons religieuses de filles pendant l'année					21				
Régnicoles religionnaires, morts et enterrés à Paris				1	6				
Étrangers religionnaires, morts et enterrés à Paris				8	10				
Totaux généraux	20,232		4,970	20,180		5,608*		187	

Partant, le nombre des baptêmes de la présente année 1781 excède celui des morts de 52.

Il y a eu en 1780 : 19,647 baptêmes, 5,143 mariages, 21,331 morts, 5,568 enfants trouvés, 99 professions religieuses.

Le nombre des baptêmes de la présente année 1781 est augmenté de celui de 1780 de 615, celui des mariages est diminué de 173, celui des morts est diminué de 1,151, celui des enfants trouvés est augmenté de 40, celui des professions religieuses est diminué de 12.

* Des 5,608 enfants trouvés et portés à la Couche pendant la présente année 1781, il en a été baptisé à la maison de la Couche 1,672, dont 826 garçons et 846 filles. Il en a été reçu des provinces, baptisés, 798. Partant, le nombre des enfants baptisés dans les paroisses et les hôpitaux de Paris, et qui se trouvent compris dans la récapitulation générale ci-dessus, est de 3,138.

[1] Extrait d'un des états imprimés que possèdent les Archives Nationales, collection Rondonneau, carton AD" XVI, 10, n° 171. Ces états donnent l'indication, par paroisse et par hôpital, du nombre des baptêmes (garçons ou filles), mariages et décès (hommes ou femmes) de chaque mois, la récapitulation des douze mois pour chaque paroisse et chaque hôpital, l'état des professions et morts en religion dans chaque communauté, et enfin la récapitulation générale, que nous reproduisons seule, en raison de l'étendue de ces tableaux. Un exemplaire de l'état de 1752, conservé dans les dossiers du Contrôle général (Arch. Nat., H 1459), est accompagné de ce projet de circulaire aux intendants: «Monsieur, on est dans l'usage, à Paris, de tenir, mois par mois et paroisses par paroisses, un état exact de tous les

CARACTÈRE DES PEUPLES DE LA GÉNÉRALITÉ DE PARIS[1]
VERS 1620.

MŒURS DES FRANÇAIS DE CE TEMPS.

Puisque nous avons entrepris de discourir des mœurs de toute la France, il sera fort à propos de parler de sa ville capitale, qui est Paris, demeure ordinaire de nos rois et abrégé de tout le royaume, de même que l'homme est celui du monde. Les Parisiens sont donc d'un assez doux naturel et ne se montrent pas si revêches que les habitants de plusieurs autres villes de France. Ils sont toutefois fort aisés à émouvoir, et un homme accort est capable d'en faire mutiner un millier. Ils sont extrêmement désireux d'argent, de sorte qu'il n'y a chose du monde qu'un Parisien n'entreprenne pour en avoir. Ceci soit dit, aussi bien que l'autre chef, pour le regard des personnes de basse condition.

On a vu les Parisiens autrefois assez niais, tellement qu'on leur donnait le nom de *badauds* par toute la France; mais ils sont aujourd'hui tellement déniaisés, qu'ils sont capables de piper même les autres. Ce n'est pas qu'il n'y ait beaucoup de personnes accoutumées à ne rien voir et ne rien faire, qui sont encore dignes de ce titre; mais ils n'ont pas sitôt mis le pied dans le monde, qu'ils sont beaucoup plus malaisés à leurrer que beaucoup d'autres. Il est vrai que j'estime que la défiance de toutes choses, qu'on leur recommande à tous propos, à cause d'une infinité d'affronteurs qu'on voit à Paris, est la plus grande finesse qu'ils aient.

Les femmes de toute sorte désirent d'y paraître et être beaucoup mieux vêtues que leur condition ne porte, à quelque prix que ce puisse être, et leurs maris, qui s'essaient, pour la plus grande partie, de leur complaire (d'autant que les femmes y gouvernent presque tout), emploient le vert et le sec pour satisfaire à leur désir. Mais les femmes sont louables, en ce que les plus belles mêmes, et les plus délicates et riches, ne dédaignent pas de visiter les hôpitaux, manier les malades tout ulcérés et fiévreux, et les nourrir et médicamenter.

Ce peuple est fort désireux d'apprendre ce qui se passe de nouveau de tous côtés, ainsi que César dit de nos ancêtres. Il aime fort toute sorte de passe-temps et se plaît à vivre en délices, y étant convié par l'objet ordinaire de ceux qui fréquentent la cour, qui n'ont pour la plupart aucun meilleur exercice que de jouer, rire et faire bonne chère.

Au reste, les Parisiens, qui faisaient jadis une

baptêmes, mariages et morts qu'il y a dans cette ville et dans les faubourgs. Je pense que cet établissement n'a été dans son principe qu'un objet de curiosité; mais il me semble qu'en l'introduisant dans les provinces du royaume, il pourrait en même temps en être d'utilité. Ce qui me fait croire, c'est qu'en comparant les états d'une année sur l'autre, on serait à portée, par la différence qui se trouverait dans le nombre des baptêmes, des mariages et des morts, de juger des facultés des habitants des paroisses, où la misère plus ou moins grande procure plus ou moins de maladies, et même d'enfants, ce qui mettrait en état d'apporter des secours où il serait jugé nécessaire. Ce sont ces deux objets réunis qui m'ont fait naître l'idée de faire tenir dans les provinces des états pareils à ceux qui se tiennent à Paris. Mais comme, à la vue d'un établissement de cette nature, le public, toujours inquiet, pourrait se persuader qu'il a pour objet une nouvelle imposition, et qu'il serait fâcheux que des vues qui en sont aussi éloignées fissent une pareille impression, il est important de faire faire ces états avec la plus grande précaution. Je voudrais même que vos subdélégués fussent attentifs à se faire rendre compte de la sensation que fera dans le public la connaissance qu'on en aura, et à détruire toute idée d'une imposition nouvelle, s'ils apprenaient que les vues se portassent sur cet objet. Peut-être même serait-il convenable que les ordres que vous donnerez à ce sujet à vos subdélégués ne paraissent pas émanés de ce pays-ci, et que vous leur inspirassiez que c'est un objet de curiosité de votre part. Au surplus, je ne puis mieux faire que de m'en rapporter sur cela à votre prudence. Lorsque vous aurez fait faire et rassembler les états particuliers, conformes aux modèles ci-joints, vous voudrez bien en faire dresser un état général dans le même esprit et me l'envoyer, et vous continuerez de même tous les mois.»

[1] Extrait des *États du monde*, par Davity (1625), p. 74 et 75.

POPULATION.

merveille de toutes les choses qui arrivaient de nouveau, ne s'étonnent guère plus d'aucune, tant ils sont accoutumés à en voir d'étranges. Ce peuple soupçonne ordinairement les étrangers qui y abordent, et, pour ce, chacun est sur ses gardes à ce que ses hôtes ne lui emportent ce qu'ils lui doivent. Il est vrai qu'il y a beaucoup d'exemples de ceux qui ont été déçus en usant de trop de courtoisie sans connaître les personnes à qui ils avaient affaire. Mais s'ils vous ont connu homme d'honneur, et que vous ayez été longuement en leur logis, vous en recevrez plus de plaisir que de personne du monde. Ils ont cette particularité qu'ils ne bougent point de leur logis la nuit, quelque bruit qu'ils oyent parmi la rue, et quoique quelqu'un crie qu'on le vole ou qu'on l'assassine : de sorte qu'une personne qui se trouve parmi des tireurs de manteaux ne doit espérer, après Dieu, qu'en ses mains ou bien en ses pieds. Et ce qui les retient au logis en cette sorte, c'est qu'ils ont souvent de fausses alarmes que quelques ivrognes leur donnent, ou bien des cris de quelques vagabonds qui se plaisent à mettre le monde en action, afin de s'en rire après, ou de quelques méchants qui font ce bruit à dessein, afin d'essayer de faire sortir et d'assassiner ceux qu'ils haïssent. Pour conclusion, le peuple de Paris est d'une assez douce humeur et fort maniable, et je crois qu'il passe en civilité tout l'autre peuple qui se voit au reste de la France[1].

Tout ce qui est autour de Paris est peu différent. Mais il faut que je dise encore cela, que les paysans sont aussi fiers qu'en lieu du monde, à cause du voisinage du parlement, et qu'on ne leur saurait dire un mot qui leur déplaise, qu'ils ne repartent aussitôt jusques à vous conjurer de leur mettre les mains dessus : ce que faisant, vous les faites assembler pour s'essayer de vous mettre en peine[2].

Ils ont encore cette coutume en tous les environs de Paris, qu'ils épuisent les passants tant qu'ils peuvent, et tireraient d'eux jusqu'au dernier denier, s'il leur était possible. De sorte que, de quelque côté qu'on aborde près de Paris, on trouve partout une cherté incroyable.

Les Chartrains sont amiables, courtois, communicatifs et doux à chacun, et vivent ordinairement ensemble en bonne paix, aiment les étrangers qui ont quelque bonne partie en eux, sont adonnés à la piété et fort affectionnés à la foi de leurs ancêtres; sont charitables, aumôniers et adonnés au trafic[3].

Les Beaucerons sont presque de même naturel que les Chartrains, et sont d'assez bonne pâte, adonnés au labourage et au trafic des blés. En

---

[1] Dans une autre édition du même ouvrage, complétement remanié et considérablement augmenté, sous le titre de *Description de l'Univers* (éd. de 1660), voici ce qu'on lit (t. III, p. 348) sur le caractère des Parisiens : «Le peuple de Paris est bon, dévot et religieux, plein d'industrie et fort adonné au travail, pour tirer profit de tout, avec un grand soin de gagner, possible avec avarice et trop d'amour pour l'argent, qu'il attire non-seulement de toutes les provinces de la France, mais aussi des nations étrangères, lesquelles y abordent de toutes parts. Les femmes y sont graves et retenues, les filles bien élevées et généralement agréables. Les hommes y aiment les lettres et les cultivent, avec une grande connaissance des affaires de justice et des finances. Le séjour de cette bonne ville, où toutes les occasions d'emploi pour les lettres et les finances se rencontrent, ne peut que les rendre capables d'y réussir par-dessus les habitants de tout le reste du royaume.» Comparez Sauval, *Recherches des antiquités de la ville de Paris*, t. I, p. 62.

[2] «Les habitants du Vexin, dit la *Description de l'Univers* (t. III, p. 363 et 364), sont de bonne et franche conversation.» Et plus loin (p. 365) le même ouvrage dit : «Le peuple (de Beauvaisis) est courageux et guerrier, comme anciennement, et, dans Beauvais, il y a des compagnies d'infanterie qui s'exercent à tirer de l'arc, de l'arbalète et de l'arquebuse. Le commun peuple y est assez beau, et les femmes agréables et ménagères. Elles y ont un privilége de s'habiller comme des princesses le jour de leurs noces, en considération de leur vertu et de la valeur qu'elles ont témoignée contre les Anglais.»

[3] «Les habitants (du pays Chartrain) trafiquent en blé, bétail, avoine, laines, serges et toiles. Le peuple de la campagne est pauvre; la noblesse même n'y est pas fort accommodée, quoique généreuse et se ressentant de l'ancienne valeur des Chartrains, jaloux de leur liberté, qu'ils ne perdirent jamais sans combattre. César disait d'eux qu'il ne lui obéissaient pas, mais à ses armes, de sorte qu'il les honora, pour leur courage, du titre d'amis et d'alliés du peuple romain.» (*Description de l'Univers*, t. III, p. 381.)

beaucoup de lieux, ils sont assez rusés, à cause des passants qui viennent de tous côtés en grand nombre. Les habitants de Châteaudun sont de bon esprit, aigus et subtils, et entendent à demi-mot ce qu'on leur dit, et ont aussi fort peu de langage. Toutefois ils parlent si bref qu'ils viennent quelquefois jusques à ne s'entr'écouter pas ou ne souffrir que ceux qui parlent à eux achèvent leur discours : ce qui est un vice naturel du pays.

Les citoyens de Blois tiennent de la bonté du terroir et de la douceur de l'air du pays, et sont courtois, doux, affables, accorts, subtils et spirituels au possible, ménagers et en action perpétuelle; sont adonnés au service de Dieu, aiment les étrangers, et vivent de bon accord entre eux. Enfin, tout ce pays a des habitants qui ne doivent rien en gentillesse à tout le reste de la France.

Les Vendômois ont l'esprit doux, gentil et adonné à tout ce qu'on voit de plus poli, et même né pour se rendre excellent en quelque chose, comme a fait Pierre de Ronsard, gentilhomme de ce pays, connu par toute l'Europe pour ses œuvres, qui l'ont rendu non-seulement l'honneur de sa patrie, mais encore l'ornement de toute la France.

Ceux d'Orléans et des environs sont assez polis et civilisés et ont un langage fort agréable; mais ils sont d'un naturel aigre et piquant, qui leur a fait donner ce nom de *Guépins*, tant rebattu. Ils sont pleins de courage et s'entre-soutiennent fort les uns les autres et sont adonnés au trafic, qu'ils exercent en beaucoup d'endroits.

Ceux d'autour de Sens ont bien témoigné jadis combien ils étaient remplis de courage, puisque ce furent les premiers qui se résolurent de passer avec Brenne en Italie. Le peuple y est assez bon, et moins rusé qu'en beaucoup d'autres lieux, et en ce pays on voit presque chacun assez affectionné à la religion. Et l'Auxerrois est de même, ayant des gens d'assez bonne trempe, mais courageux, mutins, et d'ailleurs affectionnés au trafic de leurs denrées.

Quant aux Champenois et Briois[1], bien que leurs voisins les blâment d'être trop arrêtés à leur opinion, et qu'on les appelle *têtus*, toutefois cette imperfection est couverte par un nombre infini de vertus qui les rendent louables, pour ce que la raison leur fait dompter cette chaleur naturelle, d'où procède ce vice qu'on leur impose. Ils sont accostables, prompts à faire plaisir, craignant Dieu, et ne sont sujets à se coiffer aisément de nouvelles opinions[2].

---

[1] «Le peuple de la Champagne et Brie y est bon, modéré et ménager. Ils sont grands chasseurs, adroits aux armes, et la noblesse y est bien nourrie. Le peuple du plat pays de Tonnerre y est doux et traitable, et n'est point raffiné comme celui des autres provinces voisines, à cause qu'il n'y a pas grand commerce hors des vins, et que, pour acquitter les charges et impositions, il est continuellement après le travail des champs. La noblesse ni le peuple n'y sont pas riches, parce que les meilleures terres appartiennent aux abbés et autres ecclésiastiques.» (*Description de l'Univers*, t. III, p. 414 et 420.)

[2] «La noblesse de la Brie est fort courtoise et le peuple facile, hors de la campagne, où il est plus rude; et partout il est soigneux et ménager.» (*Description*, t. III, p. 417.)

IV

MILICES ET MARÉCHAUSSÉE.

INSTRUCTION AUX COMMISSAIRES DES GUERRES POUR LEVER DEUX MILLE HOMMES DE PIED DANS LA GÉNÉRALITÉ DE PARIS[1].

Vers 1660.

Le Roi ayant résolu de faire lever, ainsi qu'ès années dernières, des gens de pied dans la ville de Paris et aux élections voisines, et y faire apporter toute la diligence et le bon ordre requis, Sa Majesté a choisi et ordonné les sieurs N., en la capacité, fidélité et expérience desquels elle se confie particulièrement, pour s'employer en l'élection de N., et selon qu'ils se départiront entre eux, à la levée de deux mille soldats, et leur a voulu donner le présent mémoire pour leur servir de pouvoir et d'instruction.

Lesdits sieurs commissaires auront à faire tout leur possible pour avoir volontairement ledit nombre d'hommes, et, à cet effet, feront publier l'ordonnance qui est mise en leurs mains, pour obliger les déserteurs, vagabonds, gens sans aveu et vocation, capables de porter les armes, à s'enrôler en ladite levée; faire en même temps battre la caisse en tous les lieux de ladite élection pour y enrôler tous ceux qui s'y présenteront, jusqu'audit nombre de deux mille.

Aller incessamment, et le plus diligemment qu'ils pourront, chacun dans les villes, bourgs et villages de ladite élection de son département, pour y arrêter les soldats qui voudront venir servir; leur donner tels rendez-vous qu'ils estimeront plus commodes et à propos dans ladite élection, pour y faire ladite levée, suivant les lettres de cachet de Sa Majesté qui sont mises en leurs mains à cet effet, les noms des lieux en blanc, qu'ils ne rempliront que de villes ou gros bourgs; leur ordonner un jour précis pour se trouver audit lieu d'assemblée, et procéder audit enrôlement en présence des officiers de la justice et principaux habitants des lieux, selon les formes prescrites par les ordonnances; mettre le double de leur rôle au greffe de la justice royale du lieu où ils feront lesdits enrôlements, et un autre au greffe de l'élection, pour y avoir recours en cas que ceux qui seront enrôlés quittent le service; faire payer à chaque soldat 18 ʰ, savoir : 12 ʰ dans le lieu d'assemblée et aussitôt qu'il sera enrôlé, pour lui donner moyen de s'armer d'une épée et de se mettre en état de partir; lui faire, en outre, payer 8 sols par jour, depuis son enrôlement jusqu'à son arrivée au rendez-vous de l'armée, Sa Majesté voulant qu'il ne lui soit fourni aucune chose par les habitants du lieu d'assemblée et de la route, si ce n'est en payant, à la réserve seulement de l'ustensile, consistant en lit, pot, écuelle et verre, et coter sur le rôle ce qu'ils auront fait payer à chaque soldat, tant pour sa levée que pour la subsistance.

Lorsqu'il y aura cent hommes ou peu plus de ladite levée assemblés, les faire marcher, et, par l'un desdits commissaires, les conduire au lieu où

---

[1] Archives Nationales, Secrétariat de la Maison du roi, registre O¹ 12, fol. 279 v°.

il leur sera ordonné et suivant la route qui leur sera envoyée.

Se faire assister, en ladite levée, des officiers de l'élection, et, lorsqu'ils y agiront hors du lieu de leur élection, les faire payer de leurs vacations à raison de 6 " par jour; et pareillement se faire assister des prévôt et officiers de la maréchaussée, tant en ladite levée que pour la conduite desdits soldats et empêcher que ceux qui seront enrôlés ne quittent le service, avec assurance auxdits prévôt et officiers de leur payement pour tout le temps qu'ils y vaqueront actuellement, en rapportant certificat desdits commissaires, conformément à l'ordonnance que Sa Majesté a fait expédier pour l'avancement de ladite levée.

Et en cas qu'ils ne puissent incontinent trouver des soldats de gré à gré, taxer les paroisses de ladite élection à ce qu'ils verront qu'elles pourront fournir d'hommes, sans les obliger à faire aucune dépense, ni à autre chose qu'à mettre les hommes que les échevins des villes ou les marguilliers ou collecteurs des paroisses nommeront ès leurs mains, au jour et au lieu qu'ils leur prescriront, sans que lesdits commissaires puissent commuer ladite levée à une certaine somme d'argent, pour quelque cause et sous quelque prétexte que ce soit, sur peine de concussion; y procédant conformément à ladite ordonnance, en conséquence de laquelle, et au bas des copies d'icelle, ils feront leur ordonnance particulière, portant le nombre d'hommes que lesdites paroisses auront à fournir, et le jour et le lieu auxquels ils auront à les envoyer; enjoignant Sa Majesté auxdits commissaires de garder ponctuellement ladite ordonnance.

Ne recevoir et enrôler en ladite levée aucuns soldats qui ne soient de force et d'âge de bien servir, et qui ne soient assez bien vêtus; ou, s'ils ne l'étaient, faire qu'ils emploient l'argent de ces 4 écus à s'habiller.

Faire armer lesdits soldats, les deux tiers de mousquets et l'autre tiers de piques, au lieu où les armes nécessaires seront envoyées par Sa Majesté pour cet effet.

Prendre soigneusement garde à ce que lesdits soldats, après avoir été enrôlés, ne s'évadent point, comme il est arrivé en pareilles levées, et, au cas que quelqu'un quitte sa troupe, le faire punir sur-le-champ exemplairement, selon la rigueur des ordonnances contre les déserteurs, le mettant à cette fin entre les mains du premier prévôt des maréchaux ou juges présidiaux des lieux, ou des plus prochains.

Et lorsque lesdits commissaires, ou l'un d'eux, aura conduit lesdits soldats jusqu'à une journée de l'armée où ils doivent servir, envoyer à l'intendant de la justice et finances en icelle, pour le prier de lui faire tenir l'ordre de ce qu'il aura à faire, savoir : en quel quartier il se devra rendre, et à quel corps il devra joindre lesdits soldats; desquels il donnera le rôle à celui qui commandera le corps, et retirera au bas d'icelui un certificat signé de lui, portant comme il les aura reçus; lequel ledit commissaire rapportera pour sa décharge.

Lesdits commissaires, avant toutes choses, auront à aller trouver le sieur N., gouverneur et lieutenant général pour Sa Majesté à N., pour recevoir ses ordres et être assistés de son autorité au fait de ladite levée; et ensuite s'adresser aux intendants de la justice, gouverneurs des villes, aux gentilshommes et seigneurs des paroisses, officiers des élections et du corps des villes, et tous autres qu'ils verront être à propos, pour se faire assister en tout ce qui concerne ladite levée; et, en cas de refus ou difficulté, en avertir Sa Majesté, pour y être pourvu ainsi qu'il appartiendra.

Et généralement, faire en toutes les choses susdites tout ce que lesdits commissaires verront nécessaire et à propos pour le bien et avancement du service de Sa Majesté; laquelle mande et ordonne aux gouverneurs et ses lieutenants, et à tous autres ses officiers et sujets qu'il appartiendra, de tenir la main et donner toute assistance auxdits commissaires pour l'exécution de la présente, selon qu'ils en seront par eux requis, à peine de répondre du retardement du service de Sa Majesté en leur propre et privé nom, et en outre, aux officiers, de privation de leurs charges, et aux autres de désobéissance.

MILICES.

MÉMOIRE SUR LES DÉPENSES DE LA MILICE, ENVOYÉ PAR M. DE MÉNARS, INTENDANT DE LA GÉNÉRALITÉ DE PARIS, AU CONTRÔLEUR GÉNÉRAL[1].

17 août 1689.

ÉTAT DE L'IMPOSITION FAITE EN L'ANNÉE 1689, DANS LA GÉNÉRALITÉ DE PARIS, POUR LA SUBSISTANCE DE LA MILICE, HABITS ET ARMES DES SOLDATS.

Il a été mis sur pied, par ordre du roi, deux régiments de milice, composés de quinze compagnies chacun, qui font en tout quinze cents hommes, non compris les officiers.

Il a été ordonné que l'on imposerait au sol la livre de la taille 2 sols par jour pour chacun homme; c'est, jusqu'au jour du départ, à raison de 3" par mois pour les quinze cents hommes, par mois 4,500", que les syndics de chacune paroisse ont levées, dont on les fait compter actuellement.

Il en a été payé trois mois ou environ aux soldats, jusqu'au jour de leur départ, montant à .... 13,500"

Plus, pour la solde des officiers des deux régiments, on a imposé 21,600" pour toute l'année 1689. Les collecteurs qui ont fait la levée doivent mettre cette somme entre les mains des receveurs des tailles. Il y aura beaucoup de revenant-bon, parce que les officiers n'ont été payés que de deux ou trois mois, plus ou moins, dont il faudra faire compter les receveurs des tailles à la fin

A reporter........ 13,500

Report.......... 13,500"
de cette année ou au commencement de la prochaine, ci................. 21,600

Plus, les syndics ont encore levé, au sol la livre de la taille, la somme nécessaire pour l'habit, chapeau, bas, souliers, linge, surtout, épée, baudrier, gibecière, fournitures et fusil du soldat. Cela a coûté pour chacun 90", par estimation, ce qui revient, pour quinze cents hommes, à 135,000

SOMME TOTALE de la dépense.... 170,100

Outre cette dépense, il s'en est fait d'autres, que l'on a empêchées autant que l'on a pu, lorsque l'on en a eu connaissance.

Dans la plupart des paroisses où il y avait beaucoup de garçons, les pères et mères se cotisaient à 3", plus ou moins, pour donner au garçon qui s'offrait de servir volontairement. Dans d'autres paroisses, où il y avait peu de garçons, les pères dont le fils pouvait être nommé donnaient 20, et jusqu'à 30 écus, à celui des garçons de la paroisse qui voulait bien servir en sa place.

Outre cette dépense, les syndics ont fait beaucoup de voyages pour l'achat des habits et armes, et pour rendre compte des différends qui sont survenus entre les habitants, pour raison de cette milice.

---

[1] Papiers du Contrôle général, G⁷ 426. Cf. les pièces diverses publiées dans le tome Ier de la *Correspondance des contrôleurs généraux*, sur la levée des milices de 1688 à 1697.

MÉMOIRE SUR LES DÉPENSES FAITES POUR LA LEVÉE DES MILICES DANS LES GÉNÉRALITÉS[1].

1689.

Il n'y a que dix de MM. les intendants qui aient encore écrit sur cela.

Les généralités dont on a pu connaître plus précisément la dépense sont :

Grenoble, pour un régiment de dix-huit compagnies, faisant neuf cents hommes................	63,472" 16"
Riom, pour un régiment de quinze compagnies, faisant sept cent cinquante hommes............................	75,000 00
Montauban, pour trois régiments de quinze compagnies chacun, faisant deux mille deux cent cinquante hommes.........	123,150 00
Châlons, pour deux régiments de dix-huit compagnies chacun, faisant dix-huit cents hommes....................	157,713 17
Orléans, pour un régiment de dix-huit compagnies, faisant neuf cents hommes.......	85,793 10
Alençon, pour un régiment de dix-huit compagnies, faisant neuf cents hommes.	76,030 00
Moulins, pour un régiment de dix-huit compagnies, faisant neuf cents hommes.	49,865 00
Soissons, pour un régiment de quinze compagnies, faisant sept cent cinquante hommes.........................	45,000 00

OBSERVATIONS.

Cette dépense n'est que pour les appointements des officiers, solde, subsistance, habillement et armement des soldats, et, quoique ces articles de dépense semblent devoir avoir été certains partout, quelques-uns de ces mémoires de MM. les intendants ne sont que par estimation.

Pour les faux frais, M. de la Berchère les estime à 30,000" pour sa généralité, et M. de Creil à 9,000" pour la sienne. Les autres disent qu'ils n'en peuvent encore parler certainement; mais il paraît que beaucoup de syndics et collecteurs ont profité de l'occasion d'appliquer beaucoup de ces frais à leur profit.

L'habillement et armement, dans quelques généralités, n'a coûté que 40, 42 à 43" par soldat; dans d'autres, cela a coûté jusqu'à 75", et cette variété de prix se trouve dans une même généralité, comme à Orléans, où partie des paroisses a payé à 40", partie à 75". Il y a grande apparence que les syndics de celles-ci ont fraudé.

Par le règlement du roi, il est dit que les appointements des officiers et la deuxième paye des sergents, qui devait être fournie singulièrement à chacun, à raison de 2 sols par jour, par la paroisse qui l'avait nommé, cesseraient du jour que le régiment serait assemblé et commencerait à marcher, et ne recommenceraient [que] du jour qu'ils y rentreraient, le Roi se réservant, pendant cet entre-temps, de faire payer ces troupes du fonds de l'extraordinaire des guerres.

Cependant ces levées pour la paye et solde ont été faites dans les généralités pour différents temps et sans aucune règle certaine, surtout pour la paye des officiers. Dans les unes, on a levé pour trois mois seulement; dans d'autres, pour cinq mois; dans d'autres, pour six; dans d'autres, pour dix; et dans quelques-unes, pour l'année entière; et cette inégalité se rencontre entre les paroisses de la généralité d'Orléans, comme pour les habillements et armements.

Il s'ensuit de là qu'il doit y avoir actuellement entre les mains des receveurs et collecteurs des tailles beaucoup de deniers revenant-bon, puisque les milices ont commencé à marcher, au plus tard, dans le commencement d'avril. Il est vrai, pour ce qui regarde les appointements des officiers et la seconde paye des sergents, que l'on a appris qu'il y avait eu depuis ordre du roi d'en faire la levée pour l'année entière, et le fonds en est destiné à

---

[1] Papiers du Contrôle général, G⁷ 1774.

MILICES.

l'extraordinaire des guerres, où les receveurs des tailles qui reçoivent ces deniers les doivent remettre.

Pour ce qui est de la solde des soldats, la levée en a été aussi depuis ordonnée pour six mois seulement, dont les trois premiers mois ont déjà été payés; les trois autres mois sont pour la fin de la campagne, quand les régiments seront retournés dans la province.

Mais cependant le fonds de ces trois mois demeure entre les mains des collecteurs, qui pourront le divertir, si on n'y donne ordre.

Il est à observer, pour la généralité de Moulins, que l'on y a levé la solde des troupes pour les douze mois entiers, ce qui monte à.... 32,850 "

Sur quoi, elles n'ont consommé, jusqu'au jour qu'elles se sont mises en marche, que........................ 7,300

Partant, reste entre les mains des collecteurs...................... 25,550

Il y a une voie naturelle de consommer ce restant; c'est que la dépense pour les habillements et armements monte à.. 39,757 "

L'imposition de cette somme n'est point encore faite, et, au lieu de la faire en entier, on peut y appliquer ces..... 25,550

Partant, restera seulement à imposer 14,207

LETTRE DU COMTE DE BEUVRON, LIEUTENANT GÉNÉRAL AU GOUVERNEMENT
DE LA BASSE NORMANDIE, AU CONTRÔLEUR GÉNÉRAL[1].

A Rouen, ce 1ᵉʳ février 1695.

Monsieur, je n'ai pu encore profiter du congé que vous avez eu la bonté de m'envoyer pour aller à la cour, y ayant toujours eu quelques affaires où je me suis jugé utile. J'ai depuis reçu des ordres du roi pour réformer la moitié des deux régiments de milices d'Herbouville et de Montenay, et d'en composer un le meilleur qu'il se pourra; à quoi je vais travailler moi-même, pour éviter les abus ou malversations qu'il pourrait y avoir, si je le laissais faire aux officiers, qui sont industrieux à trouver leur compte dans les congés ou réformes des soldats. J'écris à M. de Barbezieux touchant les violences et désordres qui se font pour lever des soldats pour recrues, et pour me faire autoriser de faire ce qu'il faut pour les réprimer. Je sais, Monsieur, l'impuissance des officiers et la disette qu'il y a de soldats par la mortalité qu'il y a eu ces deux dernières années : pour quoi je tolère tout ce qui se peut; mais il faut laisser la liberté du commerce et des marchés, et aux paysans et laboureurs et à toutes autres personnes, d'aller et venir, ce qu'ils n'ont pas; et à la fin, cela causerait un grand désordre et ferait sortir les paysans de la soumission et obéissance où ils sont, qui est telle qu'un seul homme se disant officier ou sergent prend tout ce qu'il veut dans les villages, sans qu'ils osent s'y opposer et viennent à moi aux plaintes; et je ne veux pas m'éloigner d'ici que je n'y aie apporté quelque ordre et fait changer cette manière par quelque exemple et châtiment; ce que j'aurais déjà fait en beaucoup d'endroits, sans la difficulté que je vois qu'il y a pour trouver des soldats, et le peu d'argent que les officiers ont, lesquels, au lieu d'en donner, en veulent tirer, pour rendre les gens qu'ils prennent par force non propres à servir. Je suis persuadé, Monsieur, que M. de Barbezieux y apportera bon ordre, puisqu'il en sera informé, et j'aurai l'honneur de vous faire savoir ce que je ferai là-dessus pour la liberté publique, et aussi de tout ce que j'apprendrai et que je croirai que vous devez savoir.

Je suis toujours, avec beaucoup de respect et d'attachement, Monsieur, votre très-humble et très-obéissant serviteur.

BEUVRON.

---

[1] Papiers du Contrôle général, G⁷ 495.

OBSERVATIONS SUR LES INCONVÉNIENTS DE LA MILICE[1].

16 janvier 1707.

Sire, Desperrières remontre très-humblement à Votre Majesté que, le jour de la Toussaint dernier, il eut l'honneur de parler à Votre Majesté de plusieurs petites affaires qui concernent la police, la taille et la misère du peuple, à quoi il s'attache, par votre ordre et par celui de M. l'intendant, le mieux qu'il lui est possible; et sur la fin, il remontra à Votre Majesté que la milice ruinait beaucoup les paroisses et ne faisait presque aucun profit à Votre Majesté, parce que les garçons que l'on prenait n'étaient nullement propres pour l'armée : ce sont des enfants, qui sont bien nourris tous les jours, bien couchés, et dorment les fêtes et dimanches à leur plaisir; et sitôt qu'ils sont à trente ou quarante lieues de leur pays, le chagrin les prend si fort, qu'ils ne font point de pas qu'à regret, et même souvent ils tombent malades avant que d'être à l'armée. Nous en avons ici dix ou douze qui ont fait les deux premières milices, qu'un d'iceux même a été officier, et présentement est maçon en limosinerie; il m'a dit plusieurs fois que, s'il fallait retourner à la milice, il aimerait mieux souffrir la mort. Cela obligea le suppliant de proposer à Votre Majesté de prendre de chaque paroisse, pour un soldat, 100ᴸ. Votre Majesté dit que cet expédient ne lui convenait pas : ce qui l'oblige de représenter à Votre Majesté que, dans trente ou quarante paroisses qu'il est chargé de faire tirer les garçons au billet, il en a déjà trouvé six où il n'y a aucun garçon que de l'âge de treize ou quatorze ans; et dans les autres, il y en a un tiers où il n'y a que trois ou quatre garçons qui soient propres à tirer, mais ils ont perdu leur père et font valoir avec leurs bras le bien de leurs père et mère, qui consiste la plupart en un quartier, quartier et demi, de vigne, quelques-uns demi-arpent ou trois quartiers de terre, en plusieurs petits morceaux, sur lesquels ils sèment un peu de blé, de filasse, de pois et de haricots. Ils ont une petite chaumière, contenant un espace et demi ou deux, où ils couchent et resserrent leurs blés et grains; ils font dans le coin de leur cour un petit appentis, aussi couvert de chaume, pour mettre une vache, quand ils ont le moyen d'en acheter. Ils ne tiennent ce peu d'héritage qu'à rente. Eux et leur mère sont à la taille. J'en ai trouvé qui sont imposés à 15, à 20, à 25, à 30 et à 36ᴸ. Pour payer la taille et les rentes, ils recueillent quelquefois trois ou quatre pièces de vin, qui suffisent à peine pour cela, et, pour vivre, le garçon va à la journée, quand il en trouve, et les filles filent; et quand la journée manque, ils façonnent leurs héritages.

Si Votre Majesté veut un peu entrer dans ce détail, je crois que, sans tirer à aucune conséquence, elle aimera mieux que l'on prenne 100ᴸ de chacune de ses paroisses, comme j'ai proposé en quittant Votre Majesté, qui me dit que je fisse le mieux que je pourrais. Il se trouverait par là 1,200 ou 1,500ᴸ, avec quoi on pourrait faire une compagnie, sans ruiner entièrement ces pauvres malheureuses veuves, dont les héritages sont en friche trois mois après le départ de leurs enfants, et se trouvent réduites à l'aumône deux ans après.

Et tout cela priera Dieu pour Votre Majesté; et moi je ferai le semblable, et vous irai remercier sitôt que la fièvre et la goutte m'auront quitté, et vous souhaiter une bonne et heureuse année à mon entrée dans ma quarante-huitième année de service[2].

---

[1] Papiers du Contrôle général. — Ce placet est adressé au roi par l'intermédiaire du contrôleur général Chamillart, et vient d'un subdélégué à l'intendance de Paris, Jean-Baptiste Bodin-Desperrières, qui exerçait les fonctions de procureur du roi, lieutenant de police et maire perpétuel à Montlhéry, où il fonda une église, et qui était en outre vaguemestre des équipages du roi. Mort vers le mois de mai 1712.

[2] A propos de la levée de vingt-cinq mille hommes qui se fit en 1705, Saint-Simon s'est exprimé ainsi : «Ce fut une

ÉTAT DE LA MARÉCHAUSSÉE DE LA GÉNÉRALITÉ DE PARIS[1].

PARIS.

Le prévôt de l'Île-de-France.
4 lieutenants.
1 guidon.
1 commissaire-examinateur.
1 procureur du roi.
1 greffier.
5 exempts.
1 premier archer.
1 trompette.
1 premier archer.
43 archers.
1 premier assesseur du prévôt.
1 commissaire à faire les montres.

1 lieutenant général de la connétablie.
1 contrôleur des montres.
1 lieutenant de robe courte.
2 lieutenants.
1 guidon.
1 greffier.
7 exempts.
1 premier archer.
49 archers.
1 premier assesseur du lieutenant criminel.
1 commissaire à faire les montres.
1 contrôleur des montres.

Un prévôt général des monnaies.
1 lieutenant.
3 exempts.

1 greffier.
34 archers.
6 archers du prévôt général des monnaies.
1 archer-trompette.

SENLIS.

Le prévôt.
1 lieutenant.
1 ancien assesseur.
1 procureur du roi.
1 greffier.
1 exempt.
16 archers.
1 premier assesseur et premier archer.
Le lieutenant criminel de robe courte de Beaumont-sur-Oise.
1 greffier.
4 archers.
1 commissaire et contrôleur à faire les montres.

COMPIÈGNE.

Le lieutenant de robe courte.
1 assesseur.
4 archers.
1 premier archer.

BEAUVAIS.

Le lieutenant de robe courte.
1 assesseur.
1 procureur du roi.
1 greffier.
6 archers.

---

grande ruine et une grande désolation dans les provinces. On berçait le roi de l'ardeur des peuples à y entrer; on lui en montrait quelques échantillons de deux, de quatre, de cinq, à Marly, en allant à la messe, gens bien troyés, et on lui faisait des contes de leur joie et de leur empressement. J'ai entendu cela plusieurs fois, et le roi les rendre après en s'applaudissant; tandis que moi, par mes terres et par tout ce qui s'en disait, je savais le désespoir que causait cette milice.

jusque-là que quantité se mutilaient eux-mêmes pour s'en exempter. Ils criaient et pleuraient qu'on les menait périr, et il était vrai qu'on les envoyait presque toutes en Italie, dont il n'en était jamais revenu un seul. Personne ne l'ignorait à la cour : on baissait les yeux en écoutant ces mensonges et la crédulité du roi, et après on s'en disait tout bas ce qu'on pensait d'une flatterie si ruineuse.» (*Mémoires*, t. IV, p. 324.)

[1] Papiers du Contrôle général, G¹ 1774.

1 premier assesseur et premier archer.

MANTES.

Le lieutenant de robe courte de Mantes.
1 greffier.
6 archers.

MONTFORT.

Le prévôt des maréchaux.
1 lieutenant.
1 procureur du roi.
1 greffier.
1 exempt.
12 archers.
1 premier archer.
1 commissaire à faire les montres.
1 contrôleur.

ÉTAMPES.

Le prévôt des maréchaux.
1 lieutenant.
1 assesseur.
1 procureur du roi.
1 greffier.
7 archers.
1 premier assesseur et premier archer.
1 commissaire à faire les montres.
1 contrôleur.

MELUN.

Le prévôt.
1 lieutenant.
1 autre lieutenant particulier, assesseur criminel.
1 autre assesseur.
1 procureur du roi.
1 greffier.
1 exempt.
16 archers.
1 commissaire à faire les montres.
1 contrôleur.

NEMOURS.

Un lieutenant du prévôt de Melun.
1 exempt.
7 archers.
1 assesseur.

1 premier archer.

MEAUX.

Le prévôt.
1 lieutenant.
1 assesseur.
1 procureur du roi.
1 greffier.
2 exempts.
11 archers.
1 premier archer.

PROVINS.

Le prévôt.
1 lieutenant.
1 ancien assesseur.
1 procureur du roi.
1 greffier.
9 archers.
1 premier assesseur et premier archer.

SENS.

Le prévôt.
1 lieutenant.
1 assesseur.
1 procureur du roi.
1 greffier.
11 archers.
Le chevalier du guet, premier lieutenant.
10 archers.
1 premier assesseur et premier archer.
1 commissaire à faire les montres.
1 contrôleur.

TONNERRE.

Le prévôt.
1 assesseur.
1 procureur du roi.
1 greffier.
5 archers.
1 premier assesseur et premier archer.
1 greffier.

VÉZELAY.

Le prévôt.
1 procureur du roi.

MILICES.

1 greffier.
3 archers.
1 premier assesseur et premier archer.

PONTOISE.

Le prévôt.

1 assesseur.
1 procureur du roi.
1 greffier.
1 exempt.
1 premier archer.
6 archers.

V

FERME DES POUDRES.

BAIL DE LA FERME DES POUDRES ET SALPÊTRES DE FRANCE[1].

31 décembre 1664.

Louis, par la grâce de Dieu roi de France et de Navarre, à tous ceux qui ces présentes lettres verront, salut. Le feu roi, notre très-honoré seigneur et père, connaissant la nécessité qu'il y avait d'avoir toujours en magasin la quantité de poudre à canon nécessaire pour la défense de l'État, sans être obligé, aux urgentes occasions, de recourir aux étrangers, qui, profitant du rencontre, survendent les poudres et tirent l'argent hors du royaume, aurait, par contrat du mois de mai 1634, traité avec M° François Sabathier pour la fourniture de deux cent cinquante milliers de salpêtres par chacun an, et de trois cents milliers d'extraordinaire pour la provision des places fortes et armées navales et de terre. Mais, comme ledit Sabathier aurait cherché de nouvelles inventions pour la fabrique des salpêtres, qui ne lui réussirent pas si avantageusement qu'il avait espéré, et que le temps de son marché se serait passé et expiré pendant les guerres, la fabrique de la poudre ayant été comme négligée, nous aurions été obligé de reprendre la voie des étrangers; dont ayant reconnu les inconvénients, et voulant établir en ce royaume autant de manufactures qu'il nous sera possible, non-seulement pour nous passer du dehors, mais encore pour donner à nos sujets le moyen de s'occuper au travail et gagner leur vie, nous aurions écouté diverses propositions qui nous auraient été faites, tant pour la fabrique des salpêtres que confection des poudres, manufacture autant dangereuse que nécessaire, et à la conduite de laquelle le soin et la prudence sont absolument requis. Et ayant reconnu que M° François Berthelot, qui, depuis quelques années, a travaillé, par nos ordres et ceux du grand maître de notre artillerie, à relever cette manufacture presque abattue, l'a soutenue par son propre crédit et invention, et mise en tel état qu'il nous aurait, jusqu'à présent, fourni la plus grande partie des poudres dont nous aurions eu besoin; comme nous ne cherchons qu'à exciter de plus en plus nos sujets au commerce et manufactures, et aider ceux qui s'y portent d'eux-mêmes, nous aurions volontiers écouté les offres et propositions qui nous ont été faites par ledit Berthelot, de continuer la fabrique desdits salpêtres et confection desdites poudres pendant le temps de neuf années, à commencer au premier jour de janvier 1665, en lui accordant les lettres et commissions sur ce nécessaires, et à la charge de nous fournir pendant chacune desdites neuf années les poudres dont nous aurions besoin pour la fourniture des magasins de nos places, à condition que nous en prendrions par chacun an le nombre de deux cents milliers, que ledit Berthelot s'obligera de nous livrer dans les villes de Paris, Amiens, Arras, la Fère, Dunkerque ou Gravelines, Sedan ou Mézières, Metz, Lyon, Brouage ou la Rochelle, Perpignan, Marseille ou Toulon, ladite poudre bonne, loyale et marchande, menue et grosse, grenée, encaquée et enchapée, propre pour mousquet et canon; ou salpêtre de trois cuites, sans sel ni graisse, à notre choix; et ce, à raison de 9 sols la livre de poudre ou salpêtre, montant pour lesdits deux cents milliers à la somme de 90,000 ₶, qui lui sera payée par avance, savoir : dans le courant du mois de janvier de chacune

---

[1] Archives Nationales, collection Rondonneau, AD^{III} IV, 16, n° 14.

année, 60,000 ⁱ, et le surplus au mois de juillet ensuivant, par les trésoriers généraux de l'artillerie, ès mains desquels le fonds en sera fait au premier jour dudit mois de janvier, en lui accordant les conditions portées par lesdites offres et propositions; lesquelles fait examiner en notre Conseil royal, et icelles trouvées avantageuses pour le bien de notre service, nous les aurions reçues et acceptées. A CES CAUSES, de l'avis de notredit Conseil, nous avons accordé et accordons audit Berthelot la fabrique desdits salpêtres et confection desdites poudres pendant lesdites neuf années, à commencer du premier jour de janvier 1665, et ordonné et ordonnons que, suivant ses offres, il fera les fournitures, tant desdites poudres et salpêtres ordinaires qu'extraordinaires, aux charges, clauses et conditions qui ensuivent :

Premièrement, que nous ferons délivrer audit Berthelot par notre très-cher cousin le duc Mazarini, grand maître de notre artillerie, la commission générale portant pouvoir d'établir dans l'étendue de notre bonne ville et élection de Paris et ès généralités d'Amiens, Soissons, Châlons, Tours, Lyon, pays d'Artois, évêchés de Metz, Toul et Verdun, duché de Bar et pays de Lorraine, à nous appartenants, des ateliers pour composer salpêtres et en amasser, avec défenses à tous autres, de quelque qualité et condition qu'ils soient et sous quelque prétexte que ce puisse être, de s'immiscer en l'amas, achat, confection, raffinage et vente desdits salpêtres, sur les peines contenues aux ordonnances; de faire saisir, arrêter et confisquer tous salpêtres sortant du royaume ou qui seront transportés dedans ou hors les pays ci-dessus exprimés, sans les congés dudit Berthelot, auquel nous permettons de faire passer et voiturer de province en autre tous salpêtres, soufres, charbons et bois propres pour la poudre; dont, à l'égard du payement des droits de douane, traite foraine et autres généralement quelconques, sera usé comme par le passé; comme aussi de se mettre en possession de tous les moulins et magasins propres à composer poudres, à nous appartenants, lesquels, pour cet effet, seront vus et visités, et dont sera dressé procès-verbal, et rendus par ledit Berthelot au même état qu'ils lui auront été baillés. Auquel Berthelot, ses commis et ouvriers, nous voulons et entendons qu'il soit donné logement dans le petit Arsenal de Paris, où sont les magasins à salpêtres, ainsi qu'il s'est pratiqué par le passé envers ceux qui ont eu la même commission. Pour faciliter l'exécution de laquelle, dans l'étendue des provinces de notre royaume, pays, terres et seigneuries de notre obéissance, nous ferons aussi délivrer audit Berthelot tous arrêts et expéditions nécessaires, avec injonction aux gouverneurs, maîtres des requêtes départis et autres d'y tenir la main.

2° Que nous prendrons tous les ans dudit Berthelot, pendant le temps desdites neuf années et par chacune d'icelles, à commencer au premier janvier 1665, le nombre de deux cents milliers de poudre; laquelle ledit Berthelot sera tenu de fournir et livrer dans les places ci-après spécifiées, bonne, loyale et marchande, menue et grosse, grenée, encaquée et enchapée, propre pour mousquet et canon; ou salpêtre de trois cuites, sans sel ni graisse, à notre choix; duquel choix ledit Berthelot sera averti au commencement de chacune année, et que ledit Berthelot sera tenu de rendre et livrer à ses frais et dépens dans les places et magasins qui ensuivent, savoir :

A Paris...................................	6 milliers.
Amiens..................................	10
Arras...................................	20
La Fère..................................	10
Dunkerque ou Gravelines.................	20
Sedan ou Mézières.......................	20
Metz....................................	20
Lyon....................................	30
Brouage ou la Rochelle...................	30
Perpignan...............................	10
Marseille ou Toulon......................	24
TOTAL...................................	200

3° Le payement desquels deux cents milliers de poudre ou salpêtres, montant, à raison de 9 sols pour livre, à la somme de 90,000 ⁱ, sera fait audit Berthelot par avance, savoir : dans le courant du mois de janvier de chacune année, 60,000 ⁱ, et le surplus au mois de juillet ensuivant, par les trésoriers généraux de l'artillerie, ès mains desquels le fonds en sera fait au premier jour dudit mois de janvier; et pour lequel payement ledit Berthelot donnera ses billets et reçus portant promesse de rapporter audit trésorier général de l'artillerie en exercice, dans le courant de l'année, les récépissés des gardes-magasins où les fournitures doivent être faites, dûment contrôlés par le contrôleur général de l'artillerie ou ses commis. Et à faute par ledit Berthelot de les rapporter dans ledit temps, il ne pourra toucher son fonds de l'année suivante qu'il n'y ait satisfait. Laquelle somme de 90,000 ᵗ, ainsi payée par avance, est pour aider aux grandes dépenses qu'il est obligé de faire pour l'amas desdits salpêtres, confection de poudres, construction et entretien des moulins et magasins, et établissements d'atelier.

4° Qu'il sera permis audit Berthelot, ses procureurs et commis, de faire bâtir à leurs frais et dépens les moulins et magasins dont ils auront besoin, aux lieux et sur les rivières et courants qu'ils trouveront propres à cet effet, en dédommageant les particuliers au dire de gens à ce connaissants; desquels moulins et magasins ledit Berthelot ne pourra être évincé qu'après l'actuel remboursement qui lui en sera fait par celui qui entrera dans l'exercice dudit recueil, confection de salpêtres et fournitures de poudres, qui sera obligé de lui payer comptant et de ses deniers la dépense qu'il aura faite pour la construction desdits moulins et magasins, avant que d'entrer en possession d'iceux, et ce, sur les procès-verbaux et marchés qui auront été faits par les officiers à ce commis.

5° Sera tenu ledit Berthelot d'entretenir et raccommoder à ses frais et dépens, pendant lesdites neuf années du présent marché, toutes lesdites poudres, lesquelles seront mises dans des magasins secs, exempts d'humidité et propres pour la conservation d'icelles; et après lesdites neuf années finies, ledit Berthelot en demeurera bien et valablement déchargé.

6° Comme aussi de convertir à ses frais et dépens en poudre de pareille qualité que celles qu'il est obligé de fournir, les salpêtres qui auront été par lui mis dans les places susdites; lesquels salpêtres lui seront délivrés au poids, pour être rendus en poudres en pareil poids et qualité. Et ne lui en pourra être délivré moins de soixante milliers à la fois, si tant s'en trouve dans le magasin où nous désirerons faire faire ladite conversion.

7° Sera pareillement tenu ledit Berthelot de fournir par chacune année, si bon nous semble, outre lesdits deux cents milliers ordinaires, autres deux cents milliers d'extraordinaire dans les mêmes places que lesdits deux cents milliers de l'ordinaire; de laquelle fourniture ledit Berthelot sera averti au premier jour de janvier de chaque année, et en sera payé au même prix de 9 sols la livre, et dans les mêmes temps.

8° Et arrivant qu'en exécution des présentes, ledit Berthelot ou ses commis, salpêtriers et poudriers, fussent troublés et inquiétés, nous nous en sommes, et à notre Conseil, réservé la connaissance, et icelle interdite à tous autres juges, juridictions et cours, renvoyant au bailli de l'artillerie ou son lieutenant les différends et contestations qui pourraient naître entre lesdits poudriers et salpêtriers et les autres particuliers, pour raison de l'amas des terres, cendres, transports, voitures et autres concernant le fait desdites poudres et salpêtres; défendant à tous juges généralement quelconques d'en prendre connaissance, et aux parties d'y faire aucunes poursuites, à peine de nullité, 3,000 ᵗ d'amende, et de tous dépens, dommages et intérêts, et de répondre du retardement de notre service en leur propre et privé nom.

Et pour l'entière exécution des présentes, fera ledit Berthelot les soumissions accoutumées ès mains du secrétaire de notre Conseil, et lui seront tous arrêts de notredit Conseil et autres expéditions délivrés; promettant en bonne foi et parole de roi avoir agréable le contenu de cesdites présentes, et d'icelles faire bien et dûment jouir ledit Berthelot pendant lesdites neuf années. Et à faute par lui de satisfaire au contenu d'icelles, il y sera contraint par toutes voies dues et raisonnables, comme pour nos propres deniers et affaires. Car tel est notre plaisir. En témoin de quoi nous avons fait mettre notre scel à cesdites présentes. Donné à Paris, le dernier jour de décembre, l'an de grâce 1664, et de notre règne le vingt-deuxième.

Par le roi, en son Conseil : BÉCHAMEIL.

VI

LOGEMENTS ET ÉTAPES DES TROUPES.

ORDONNANCE POUR LE LOGEMENT DES MOUSQUETAIRES DE LA GARDE DU ROI[1].

14 décembre 1661.

De par le roi.

Sa Majesté désirant tenir près d'elle et pendant le séjour qu'elle fera en sa bonne ville de Paris la compagnie des mousquetaires de sa garde, et, pour cette fin, ayant donné ordre au sieur de Froulay, grand maréchal des logis de sa maison, de marquer dans le faubourg Saint-Germain de ladite ville les rues les plus convenables pour y faire loger ladite compagnie, ainsi qu'il s'est pratiqué par le passé, Sa Majesté a ordonné et ordonne que les mousquetaires de ladite compagnie seront départis dans les rues dudit faubourg Saint-Germain choisies et désignées à cet effet par ledit sieur de Froulay, et qu'ils seront logés deux à deux dans les maisons situées èsdites rues, portées par les billets qui en seront délivrés par le maréchal des logis de ladite compagnie; dans lesquelles il sera fourni par les hôtes d'icelles une chambre à deux lits, l'un pour lesdits mousquetaires et l'autre pour leurs valets, avec place dans une écurie pour deux chevaux, savoir : un pour chacun desdits mousquetaires, sans qu'ils puissent prétendre plus de logement pour eux et leurs valets, et plus de place pour leurs chevaux, si ce n'est du gré et consentement de leurs hôtes et en payant. Et afin qu'il ne puisse y avoir d'abus audit logement, et que nul n'en soit exempt sans privilége particulier, Sa Majesté veut et entend que lesdits logements soient faits par l'officier qui sera pour ce député par ceux du corps commun de ladite ville, conjointement avec le maréchal des logis de ladite compagnie; auxquels elle ordonne de procéder audit logement avec justice et équité, et de les marquer et asseoir chez tous et chacuns les bourgeois et habitants desdites rues, à l'exception toutefois de ceux qui en doivent être exempts par privilége spécial, comme aussi des maisons situées entre les portes de Bucy et de Saint-Germain, étant du domaine de ladite ville, lesquelles maisons Sa Majesté a jugé à propos de faire jouir de cette exemption. Mande et ordonne Sa Majesté aux prévôt des marchands et échevins de ladite ville de Paris de tenir la main, en ce qui les concerne, à l'observation de la présente; laquelle elle veut être publiée et affichée partout où besoin sera, à ce qu'aucun n'en prétende cause d'ignorance.

Fait à Paris, le quatorzième jour de décembre 1661.

LOUIS.

Le Tellier.

---

[1] Imprimé. Archives Nationales, collection Rondonneau, AD⁺VI, 14, n° 102.

ORDONNANCE POUR LE LOGEMENT DES GARDES FRANÇAISES DANS LES FAUBOURGS DE PARIS[1].

18 octobre 1661.

De par le roi.

Sa Majesté ayant été informée des abus qui se commettent aux logements des compagnies du régiment de ses gardes françaises dans les faubourgs de sa bonne ville de Paris, où les capitaines et autres officiers desdites compagnies exemptent de leur autorité privée une partie des maisons qui y sont sujettes, et les propriétaires des autres affectent autant qu'ils peuvent de les faire occuper par des officiers qui prétendent d'en être exempts à cause de leurs charges, ce qui fait que les soldats de chaque compagnie, ne pouvant plus être tous commodément logés dans le quartier qui lui est ordonné, prennent de là prétexte pour aller loger ailleurs, où ne se trouvant pas sous la discipline de leurs officiers, s'adonnent et se laissent emporter à la débauche, d'où procèdent les vols et autres désordres qui arrivent de leur part dans ladite ville et faubourgs de Paris; et voulant en empêcher la continuation, Sa Majesté a ordonné et ordonne que les logements des officiers et soldats des compagnies dudit régiment de ses gardes françaises seront faits et distribués dans lesdits faubourgs par le maréchal des logis dudit régiment, et, pour chaque compagnie en particulier, dans toutes et chacunes les maisons du quartier qui lui est ordonné, à l'exception seulement de celles qui appartiennent aux officiers qui en doivent être exempts suivant les privilèges attribués à leurs charges, dans lesquelles lesdits officiers seront actuellement demeurants, et de celles qui appartiennent aux hôpitaux dans ladite ville et faubourgs, sans avoir égard aux autres exemptions, pour quoi que ce soit qu'elles aient été accordées, Sa Majesté les ayant, pour cette fin, révoquées et annulées, révoquant et annulant par la présente; entendant même que les maisons qui seront occupées par lesdits officiers privilégiés, et qui appartiendront à d'autres particuliers, demeurent sujettes audit logement, et que ceux qui les loueront auxdits officiers soient obligés, en leur en faisant les baux, de réserver en chaque maison une chambre convenablement meublée, comme il convient pour deux soldats, si ce n'est qu'ils aiment mieux louer une autre chambre, aussi meublée comme il convient pour deux soldats, dans le même quartier de la compagnie, laquelle ils indiqueront et fourniront audit maréchal des logis, pour y loger ceux qui, autrement, logeraient dans la maison qu'ils voudront exempter. Défend Sa Majesté aux officiers desdites compagnies d'exempter à l'avenir dudit logement aucune des maisons qui seront sujettes, en quelque manière et sous quelque prétexte que ce puisse être, à peine aux contrevenants d'interdiction de leurs charges; enjoignant audit maréchal des logis de visiter incessamment les logements des officiers et soldats desdites compagnies, après qu'il en aura fait l'établissement, et, s'il trouve qu'il y ait été apporté du changement de la part desdits officiers pour en exempter quelque maison, d'en donner avis au sieur duc de Gramont, pair et maréchal de France, colonel dudit régiment, pour être procédé contre eux selon la rigueur de la présente; à peine audit maréchal des logis d'en répondre en son propre et privé nom. Et afin de contenir en bonne discipline et police les soldats desdites compagnies, Sa Majesté veut et entend que les officiers d'icelles prennent leur logement et demeurent actuellement chacun dans le quartier de la compagnie qu'il commandera ou dont il sera, et que tous et chacuns les soldats de chaque compagnie soient logés dans le quartier qui lui est ordonné; et a défendu et défend très-expressément auxdits soldats d'aller, sous quelque prétexte que ce soit, loger ailleurs, même d'y

---

[1] Archives Nationales, registres du Secrétariat de la Maison du Roi, O¹ 12, fol. 496 v°.

prendre d'autres logements que ceux qui leur auront été distribués par ledit maréchal des logis; d'exiger aucune chose, soit en deniers ou autrement, de leurs hôtes et des autres habitants desdits faubourgs; d'aller par les rues, dans les places et ailleurs en ladite ville, en plus grand nombre que de trois ensemble, à l'exception des jours qu'ils seront de garde ou commandés pour le service de Sa Majesté, ni de se trouver dans ladite ville et hors des logis qu'ils auront dans lesdits faubourgs une heure après le soleil couché; le tout, à peine auxdits soldats de la vie. Mande et ordonne Sa Majesté au prévôt de Paris ou son lieutenant civil, bailli de Saint-Germain-des-Prés ou son lieutenant, et à tous autres officiers qu'il appartiendra, de tenir la main à l'observation de la présente, contraignant et faisant contraindre les habitants desdits faubourgs qui refuseront de contribuer au logement desdites compagnies, d'y satisfaire en conformité de la présente; laquelle Sa Majesté veut être publiée et affichée en tous les carrefours et autres lieux où besoin sera de ladite ville et faubourgs, à ce qu'aucun n'en prétende cause d'ignorance. Fait à Fontainebleau, le 13 octobre 1661.

FIXATION DU TAUX DES FOURNITURES À FAIRE AUX GARDES DU CORPS EN GARNISON A MELUN[1].

16 décembre 1669.

Aujourd'hui lundi, 16 décembre 1669, onze heures du matin, devant nous, Claude Gault, sieur de Cléris, conseiller du roi en ses conseils, lieutenant général au bailliage et présidial de Melun, en la chambre du Conseil du Châtelet dudit Melun, les officiers desdits sièges de ladite ville assemblés à la diligence des maire et échevins de ladite ville de Melun, en la manière accoutumée, pour régler le prix des vivres et denrées nécessaires pour la subsistance des deux brigades des gardes du corps de S. M. commandées par M. le marquis de Rochefort, de présent en garnison en cette ville, par ordre de Sadite Majesté, donné à Saint-Germain-en-Laye le 22 août dernier, et arrivées audit Melun le 3 septembre aussi dernier; oui l'avocat du roi, a été le prix et taux desdites vivres et denrées arrêté, avec M. Guérin, conseiller du roi, commissaire des guerres, départi par S. M. à la conduite et police de la compagnie des gardes du roi, ainsi qu'il en suit et qu'il a été convenu de gré à gré, savoir :

La livre de pain, entre bis et blanc, 9 deniers; et pour chacun garde deux livres, tant pour lui que pour son valet.

La livre de bœuf, mouton et porc non salé, 3 sols; et pour chacun garde deux livres par jour, 6 sols.

La pinte de vin, du cru du pays et mesure de Melun, sans que l'hôte soit obligé d'en fournir d'autre que celui qu'il aura, pourvu qu'il soit sain et droit, 2 sols 6 deniers; et livrera chopine pour chaque garde et valet par jour.

Pour les chevaux, deux bottes de foin à raison de 2 sols, la botte pesant de neuf à dix livres.

Le boisseau d'avoine (les vingt et un faisant le setier, et les deux boisseaux de Melun faisant les trois de Paris) à raison de 4 ll le setier, mesure de Melun.

La botte de paille, à pleins liens, 15 deniers, à la charge que les habitants ne seront tenus d'en fournir qu'une en deux jours.

Et ne pourront prétendre lesdits gardes autre chose desdits habitants que les quantités ci-dessus spécifiées.

Et sera néanmoins tenu chaque habitant de fournir à son garde une chandelle de huit à la livre, pour deux jours, tant pour faire panser leurs che-

---

[1] Pièce communiquée au Comité des Travaux historiques et des Sociétés savantes, par M. G. Leroy, archiviste de la ville de Melun, correspondant du ministère de l'instruction publique.

468 APPENDICE.

vaux que pour se coucher; et auront seulement un fagot la semaine pour sécher leur linge, et sera leur pot salé par l'hôte: sans pouvoir prétendre aucune autre chose de son hôte, de quelque manière que ce puisse être, si ce n'est de se chauffer à son feu.

Fait et arrêté le présent règlement en la chambre du Conseil, les jour et an que dessus.

De Brissac; C. Gault, Guénin, Dumondé, Guiard, Lefebvre, Guérin; Lefebvre, maire; Hadrot, échevin.

ORDONNANCE DU ROI POUR LE LOGEMENT DES CENT-SUISSES[1],

8 janvier 1674.

De par le roi.

Sa Majesté ayant été informée que le nombre des maisons des rues de Montmartre, Montorgueil, des Petits-Carreaux, Saint-Sauveur et Tiquetonne qui ont été jusqu'à présent sujettes au logement de la compagnie des Cent-Suisses de sa garde, excède le nombre nécessaire pour le logement des officiers et soldats de ladite compagnie; à quoi S. M. voulant pourvoir, elle a déclaré et déclare, veut et entend, que toutes les maisons desdits quartiers et rues de Montmartre, Montorgueil, des Petits-Carreaux, Saint-Sauveur et Tiquetonne sujettes aux logements de ladite compagnie soient divisées en autant de parties qu'il y aura le nombre de cent maisons, pour être ensuite le rôle du premier nombre de cent maisons mis par ledit prévôt des marchands ès mains du fourrier de ladite compagnie, et être par lui distribuées ainsi qu'il est accoutumé, et servir de logement à ladite compagnie pendant la présente année. Et l'année suivante, il sera donné par ledit prévôt des marchands un autre rôle de cent maisons suivantes; et ainsi successivement, jusqu'à ce que toutes les maisons desdits quartiers et rues aient servi auxdits logements.

Fait à Saint-Germain-en-Laye, le 8 janvier 1674.

ORDONNANCE DE LA VILLE CONCERNANT LA TAXE POUR LE LOGEMENT DES MOUSQUETAIRES[2].

6 novembre 1695.

A tous ceux qui ces présentes lettres verront, Claude Bose, chevalier, seigneur d'Ivry-sur-Seine, conseiller du roi en ses conseils et son procureur général en sa Cour des aides, prévôt des marchands, et les échevins de la ville de Paris, salut. Savoir faisons que, sur ce qui nous a été remontré par le procureur du roi et de la ville qu'il nous aurait été signifié, le 27 août dernier, de l'ordre du roi, par Boivin, huissier ordinaire de Sa Majesté en ses conseils, un arrêt de son Conseil d'État du 17 dudit mois, par lequel le roi, étant en son Conseil, aurait ordonné que ses lettres patentes du mois de janvier 1671[3], le rôle des maisons et rues du faubourg Saint-Germain sujettes au logement des mousquetaires à cheval de la première compagnie de sa garde, arrêté en conséquence de ses ordres le 17

---

[1] Archives Nationales, registres du Secrétariat de la Maison du Roi, O¹ 18, fol. 2 v°. Une ordonnance du 11 avril 1667 avait exempté du logement des gardes françaises et suisses toutes les rues de ce même quartier qui venaient d'être nouvellement construites sur l'emplacement des anciens fossés, rues Neuve-Saint-Eustache, Bourbon, Neuve-des-Filles-Dieu, des Fossés-Montmartre, etc.

[2] Imprimé. Archives Nationales, collection Rondonneau, AD¹ 568, n° 6.

[3] Un hôtel avait été construit à cette époque, entre la rue du Bac et la rue de Beaune, pour la première compagnie des mousquetaires, logées jusque-là dans les maisons du quartier Saint-Germain.

dudit mois, par le sieur de Froulay, lors grand maréchal des logis de sa maison, attaché sous le contre-scel desdites lettres, et les rôles des taxes par nous faits et arrêtés en vertu desdites lettres et rôles, seraient exécutés selon leur forme et teneur; ce faisant, que tous les propriétaires des maisons sises dans les rues des Fossés-de-Mazarin, Fossés-de-Nesle et de Saint-Michel, et autres rues dénommées audit rôle, seraient contraints au payement des sommes auxquelles ils avaient été et seraient taxés par lesdits rôles; et ce nonobstant oppositions ou appellations et autres empêchements quelconques, pour lesquels ne serait différé. Et comme il était dû plusieurs sommes par lesdits propriétaires des maisons sises dans lesdites rues des Fossés-de-Mazarin, Fossés-de-Nesle et de Saint-Michel, et autres rues dénommées audit rôle dudit jour 17 janvier 1671, et portées dans lesdits rôles par nous arrêtés en conséquence, requérait, attendu le refus que faisaient lesdits propriétaires desdites maisons de payer lesdites taxes, qu'il nous plût commettre l'un des huissiers de ladite ville pour exécuter nosdits rôles ordonnés par ledit arrêt du Conseil être exécutés contre lesdits propriétaires desdites maisons y dénommées, et leur faire payer les taxes y portées; et en cas qu'ils soient refusants de ce faire, procéder contre eux, par ledit huissier, par voies de contraintes, saisies, arrêts et autres voies ordinaires pour ce nécessaires, à la requête dudit procureur du roi et de la ville, poursuite et diligence de M° Pierre de Beyne, conseiller du roi, quartinier audit faubourg Saint-Germain, chargé du recouvrement desdites taxes faites sur lesdits propriétaires desdites maisons sujettes audit logement desdits mousquetaires, pour être lesdites sommes employées de nos ordres, par ledit M° Pierre de Beyne, à l'entretien et emmeublement de l'hôtel desdits mousquetaires, sis audit faubourg Saint-Germain, suivant leur destination. Nous, ayant égard auxdites remontrances et conclusions dudit procureur du roi et de la ville, et vu ledit arrêt du Conseil d'État dudit jour 17 août dernier, à nous signifié ledit jour 27 dudit mois, avons commis et commettons par ces présentes Nicolas Deschamps, huissier-commissaire de police de ladite ville, pour exécuter nosdits rôles, etc.

Ce fut fait et donné au bureau de la ville, le sixième jour de septembre 1695.

Signé : MITANTIER.

ARRÊT DU CONSEIL D'ÉTAT CONCERNANT LE REMBOURSEMENT DES ÉTAPES[1].
21 novembre 1666.

Le roi, voulant empêcher que ses troupes, tant d'infanterie que de cavalerie, fassent aucun désordre ès lieux où elles passeront et séjourneront, et qu'elles se contentent de ce qui leur sera fourni par forme d'étapes, suivant les règlements de Sa Majesté, par les maires, échevins, consuls, jurats et habitants des villes, sur les ordres des sieurs intendants et commissaires départis par Sa Majesté dans ses provinces, comme aussi pourvoir au remboursement des avances qui seront faites pour cet effet, Sa Majesté, étant en son Conseil, a ordonné et ordonne que lesdits maires, échevins, consuls, jurats et habitants des villes et lieux où lesdites troupes passeront ou séjourneront pour faire leurs assemblées, suivant les ordres de Sa Majesté, leur feront fournir les vivres nécessaires pour lesdites étapes, conformément aux règlements de Sa Majesté et à ce qui leur sera réglé et ordonné par lesdits sieurs intendants et commissaires départis. Voulant Sa Majesté que les avances qui seront faites pour raison de ce, soient remboursées suivant les états qui seront arrêtés par lesdits sieurs commissaires, sur les deniers que Sa Majesté destinera à cet effet, ou sur ce que lesdites villes et lieux qui feront lesdites avances de-

---

[1] Imprimé. Archives Nationales, collection Rondonneau, AD^VI, 10 bis, n° 2.

vront de leur taille, subsistance et autres impositions, tant du courant que des années 1663 et 1664, après que le surplus aura été payé au receveur des tailles; auquel effet, ils représenteront les états de leurs restes, dûment certifiés, auxdits sieurs commissaires départis, pour en ordonner ainsi qu'ils verront être à faire. Ordonne Sa Majesté que lesdits sieurs commissaires dresseront des états de la dépense desdites étapes, justifiée par les ordres de Sa Majesté, ceux desdits sieurs commissaires, et des acquits sur iceux, pour être fournis aux comptables qu'il appartiendra, ainsi qu'il sera ci-après ordonné par Sa Majesté. Par lesquels états il sera fait mention sur quels deniers ladite dépense aura été prise année par année, pour éviter confusion. Et où il se trouvera que partie du fonds de ses restes qui sera donnée en payement desdites étapes, appartienne auxdits receveurs ou soit destinée au payement des recettes générales et aux charges de leurs états, Sa Majesté y pourvoira, après que lesdits receveurs auront compté desdites années, ainsi que de raison. Et sera le présent arrêt exécuté nonobstant oppositions, appellations ou autres empêchements quelconques. Enjoint Sa Majesté auxdits sieurs commissaires départis et aux trésoriers de France, chacun en droit soi, d'y tenir la main.

Fait au Conseil d'État du roi, Sa Majesté y étant, tenu à Paris le vingt et unième jour de novembre 1665.

Le Tellier.

DÉPENSE DES ÉTAPES DE 1670 À 1675[1].

	1670.			1671.	1672.	1673.	1674.	1675.	TOTAUX.
Paris	29,286 ll	5 s	9 d	190,228 ll	224,207 ll	365,168 ll	620,537 ll	878,528 ll	2,307,966 ll
Soissons	98,686	0	0	223,411	462,402	534,662	1,025,841	1,289,504	3,634,504
Amiens	82,585	0	0	393,924	469,446	314,607	674,255	540,259	2,475,076
Châlons	63,506	0	0	554,967	925,532	851,914	1,462,611	1,735,898	5,594,228
Orléans	16,377	0	0	76,850	101,564	147,444	263,578	343,777	949,565
Tours	5,780	0	0	45,869	49,555	50,802	91,352	209,862	448,622
Bourges	3,745	0	0	16,477	29,647	37,851	66,503	106,717	260,938
Moulins	22,895	0	0	61,661	80,106	85,791	194,708	128,922	574,508
Riom	9,194	0	0	27,068	43,789	66,032	131,075	39,902	317,060
Poitiers	8,513	0	0	31,051	35,924	27,955	74,436	64,898	242,807
Limoges	2,984	0	0	44,117	58,870	68,653	91,187	71,789	336,900
Bordeaux	27,221	0	0	68,705	90,305	129,736	147,701	194,209	749,877
Montauban	34,907	0	0	72,994	67,997	119,573	248,022	261,268	804,761
Rouen	3,850	0	0	92,610	85,124	64,513	129,486	304,055	679,588
Caen	1,250	0	0	62,941	39,940	73,560	97,197	190,589	475,477
Alençon	3,263	0	0	42,381	43,674	54,351	51,347	144,998	340,014
Grenoble				20,000	»	»	»	»	
Metz	»			221,241	226,689	226,689	533,440	556,815	1,764,874

RÈGLEMENTS POUR LA FOURNITURE DES ÉTAPES AUX TROUPES[2].

1675 et 1687.

Par le règlement et ordonnance du roi du 1ᵉʳ novembre 1675, Sa Majesté a ordonné :

Que la ration pour la nourriture d'un cheval par jour, soit d'un garde de son corps, gendarme, mousquetaire, cheval-léger ou dragon, sera composée de vingt livres de foin et d'un boisseau d'a-

---

[1] Ce tableau est envoyé par Nicolas Desmaretz au contrôleur général, le 4 mai 1684. (Papiers du Contrôle général, G¹ 1802.)

[2] Imprimé. Archives Nationales, collection Rondonneau, AD⁹ˣⁱVI, 10 bis, n° 6.

voine, mesure de Paris, dont les vingt-quatre boisseaux font le setier de la même mesure de Paris.

Que le garde, gendarme ou chevau-léger des compagnies d'ordonnance et le mousquetaire aura pour sa personne deux pains de vingt-quatre onces chacun, cuit et rassis, entre bis et blanc, deux pintes de vin mesure de Paris et cru du lieu, ou deux pots de cidre ou bière, mesure du lieu, et deux livres et demie de chair de bœuf, veau ou mouton, au choix de l'étapier ou des habitants du lieu, et selon leur commodité; le capitaine des gendarmes prenant pour six gendarmes, le lieutenant pour quatre, l'enseigne et le guidon chacun pour trois, le maréchal des logis pour deux, le fourrier et chacun des autres petits officiers pour la moitié d'un gendarme, et ainsi les officiers des compagnies d'ordonnance et des mousquetaires, chacun pour la charge qu'il possède.

Qu'à l'égard de la cavalerie légère, le chevau-léger aura pour sa personne trente-six onces de pain, une pinte et demie de vin ou un pot et demi de cidre ou bière, et deux livres de viande, le tout de même que dessus; et pour les officiers, que le mestre de camp ou colonel d'un régiment de cavalerie prendra pour douze chevau-légers, savoir : pour six, en ladite qualité de mestre de camp ou de colonel, et six comme capitaine; le major pour dix, savoir : six comme capitaine, et quatre comme major; le capitaine pour six, le lieutenant pour quatre, l'aide-major pour quatre, le cornette pour trois, et le maréchal des logis pour deux.

Et pour l'état-major de la cavalerie, que le colonel de la cavalerie légère prendra pour douze chevaux, le mestre de camp pour neuf, le maréchal des logis de ladite cavalerie comme un lieutenant, les fourriers et menus officiers, chacun la moitié de ce qui est ordonné pour un chevau-léger, les archers comme les fourriers, l'aumônier et le chirurgien chacun une place, et le commissaire à la conduite comme un cornette.

Quant aux dragons, que chaque dragon aura l'étape pour un cheval et pour sa personne, vingt-quatre onces de pain, une livre et demie de viande et une pinte de vin ou un pot de cidre, comme dessus; le colonel d'un régiment de dragons prenant pour douze dragons, savoir : six comme colonel, et six comme capitaine; le capitaine pour six, le major pour six, le lieutenant pour quatre, l'aide-major pour quatre, le cornette pour trois; le commissaire provincial, six places de bouche et quatre rations de fourrages pour quatre chevaux; le commissaire extraordinaire, quatre places de bouche et deux rations de fourrages pour deux chevaux; pour cadet, deux places de bouche et demi-ration pour bidet; et le maréchal des logis pour deux.

Et pour l'infanterie, que chaque soldat aura vingt-quatre onces de pain de la qualité susdite, une pinte de vin, aussi mesure de Paris et cru du lieu, ou un pot de cidre ou bière, mesure et cru du lieu, une livre de chair de bœuf, veau ou mouton, toujours au choix de l'étapier ou des habitants du lieu, et selon leur commodité; le capitaine prenant pour six soldats, et, outre ce, quatre-vingts livres de foin et quatre boisseaux d'avoine, pour quatre chevaux; le lieutenant pour quatre soldats, et, outre ce, quarante livres de foin et deux boisseaux d'avoine, pour deux chevaux; le sous-lieutenant comme trois soldats, et, outre ce, quarante livres de foin et deux boisseaux d'avoine, pour deux chevaux; l'enseigne pour trois soldats, et, outre ce, quarante livres de foin et deux boisseaux d'avoine, pour deux chevaux; et le sergent comme deux soldats seulement.

Et pour l'état-major, que le colonel d'un régiment d'infanterie aura l'étape comme deux capitaines, le major comme un capitaine, l'aide-major comme un lieutenant, le maréchal des logis comme un enseigne, l'aumônier et le chirurgien chacun comme deux soldats, et, outre ce, chacun vingt livres de foin et un boisseau d'avoine, pour un cheval, à chacun d'eux; le prévôt pour un enseigne; le lieutenant du prévôt comme deux soldats, et, outre ce, vingt livres de foin et un boisseau d'avoine, pour un cheval; le greffier, les archers et l'exécuteur, chacun une place de bouche seulement, et le commissaire à la conduite comme un capitaine.

Sa Majesté entend que tout ce qui est marqué ci-dessus soit fourni aux présents et effectifs seulement, sans que les absents, ou qui que ce soit pour eux, puisse exiger aucune chose, et a défendu et défend très-expressément à tous chefs et officiers, gendarmes, mousquetaires, chevau-légers, dragons et soldats, de rien prendre chez leurs hôtes que le simple couvert, avec le lit et la place à leur feu et chandelle, ni de convertir aucune des choses susdites en argent, pour quelque cause et sous quelque prétexte que ce puisse être, à peine aux cavaliers et soldats de la vie, et aux officiers d'être cassés et privés de leurs charges; voulant Sa Majesté qu'ainsi qu'il est accoutumé, le major ou l'aide-major, ou celui qui en fera la fonction en chaque corps d'infanterie, soit tenu de prendre l'étape pour la distribuer aux officiers et soldats, et que les maréchaux des logis fassent le semblable pour la gendarmerie, la cavalerie légère et les dragons, chacun pour sa compagnie.

Sa Majesté a défendu et défend très-expressément auxdits maires, consuls, échevins, syndics ou marguilliers desdites villes et lieux d'étapes de donner logement et de fournir l'étape à aucun officier porteur d'une route de Sa Majesté, qui ne mènera pas au moins avec lui six cavaliers ou soldats de recrue, lorsque ladite route sera pour un plus grand nombre, sur peine d'être chargés en leurs propres et privés noms du payement de ladite étape.

Par le règlement du 15 octobre 1687, Sa Majesté a ordonné et ordonne :

Que dorénavant, à commencer au 1er jour de novembre prochain, au lieu de deux rations de fourrage qu'elle avait trouvé bon de faire donner aux gendarmes et d'une ration et demie aux cavaliers, pendant leur marche, il sera seulement fourni, dans les lieux d'étape où les troupes de gendarmerie et de cavalerie auront à passer, suivant les routes qui leur seront expédiées, une ration et demie de fourrage à chaque garde du corps de Sa Majesté, à chaque gendarme ou chevau-léger des compagnies d'ordonnance, à chaque mousquetaire à cheval de sa garde et à chaque grenadier de la compagnie des grenadiers à cheval, et une ration à chaque cavalier, par jour, et que la ration sera composée de vingt livres de foin et d'un boisseau d'avoine, mesure de Paris, dont les vingt-quatre boisseaux font le setier de la même mesure de Paris.

Que chaque lieutenant des compagnies des gardes du corps prendra pour six gardes, l'enseigne pour quatre, l'exempt pour deux, le major six places, l'aide-major quatre places, le trompette une place, le chirurgien demi-place, le maréchal demi-place, et le sellier demi-place; chaque capitaine de gendarmes ou chevau-légers des compagnies d'ordonnance, des mousquetaires et des grenadiers à cheval, pour six gendarmes; chaque lieutenant ou sous-lieutenant, pour quatre gendarmes; chaque enseigne, guidon ou cornette, pour trois gendarmes; chaque maréchal des logis, pour deux; les grenadiers à cheval prenant également, comme les sergents des grenadiers, brigadiers et sous-brigadiers, chacun une place; et que le fourrier et chacun des autres petits officiers desdites compagnies aura une ration de fourrage.

Par les arrêts du Conseil du 8 février 1687, ordonnance de M. l'intendant du 17 février 1687 et arrêt du Conseil du 18 décembre 1688, l'étapier général et les particuliers qui traiteront avec lui pour la fourniture des étapes seront exempts de payer aucuns droits d'aides, entrées et autres pour les vins, cidres, bières, farines, viandes, foins et avoines, et autres denrées qui seront employées à ladite fourniture, à la charge de souffrir la visite et d'en faire la déclaration aux bureaux établis pour la perception des droits; et jouiront, ensemble les boulangers et bouchers employés à la fourniture desdites étapes, de l'exemption des logements de gens de guerre.

BAIL DE LA FOURNITURE DES ÉTAPES DANS LA GÉNÉRALITÉ DE PARIS[1].

8 janvier 1684.

Vu par le roi, en son Conseil, les offres faites par Claude Raymond de se charger de la fourniture des étapes aux troupes de Sa Majesté, tant d'infanterie que cavalerie, gendarmerie et dragons, qui passeront et séjourneront dans les villes et lieux de la généralité de Paris pendant la présente année 1684, aux conditions suivantes, savoir : qu'il lui sera payé et remboursé par chacune ration de fantassin, 7 sols 3 deniers; pour celle de gendarme, garde du corps, chevau-léger et mousquetaire, 40 sols; pour celle de cavalier, 30 sols; et pour celle de dragon, 20 sols; et outre ledit prix, qu'il lui sera payé, ce qui a été fait à M° Nicolas Rouzé, chargé de la fourniture pendant l'année dernière 1683, les 3 deniers pour livre destinés à l'entretien des Invalides, sur lequel pied, les états et comptes de la fourniture desdites étapes seront arrêtés par le sieur intendant de justice, police et finances en ladite généralité; que, pour le remboursement de la fourniture qui sera par lui faite, il lui sera fourni des quittances du Trésor royal sur le receveur général des finances de Paris en exercice ladite année présente 1684, jusqu'à concurrence de la dépense qui sera faite, et qu'il lui sera avancé la somme de 30,000[ll], qui lui sera déduite sur le dernier état qui sera arrêté pour ladite année par ledit sieur intendant; comme aussi que les particuliers qui traiteront avec ledit Raymond de la fourniture desdites étapes, seront exempts de tous droits d'aides, entrées et autres pour les vins, cidres, bières, farines, viandes, foins et avoines, et autres denrées servant à la fourniture desdites étapes, et jouiront des privilèges et exemptions du logement actuel des gens de guerre et des subsistances et contributions pour iceux. Ouï le rapport du sieur Le Peletier, conseiller ordinaire au Conseil royal, contrôleur général des finances, le roi, en son Conseil, a accepté et accepte les offres faites par ledit Raymond; ordonne qu'il fera la fourniture des étapes aux troupes de Sa Majesté, tant d'infanterie que cavalerie, qui séjourneront et passeront dans les villes et lieux de ladite généralité de Paris pendant la présente année 1684, sur le pied du règlement du 1ᵉʳ novembre 1675 et autres rendus en conséquence de l'ordonnance de Sa Majesté... Ordonne en outre Sa Majesté que les particuliers qui traiteront avec ledit Raymond de la fourniture desdites étapes, seront exempts de tous droits d'aides, entrées et autres pour les vins, cidres, bières, foins, avoines, farines, viandes et autres denrées servant à la fourniture desdites étapes, et jouiront des privilèges et exemptions du logement actuel des gens de guerre et des subsistances et contributions pour iceux, à la charge de souffrir la visite et inventaire des vins et autres denrées, et d'en faire la déclaration aux bureaux établis pour la perception des droits; desquels sous-traitants des étapes ledit Raymond sera responsable, caution et coobligé; et pour exécution du présent résultat, il fournira bonne et suffisante caution, qui sera reçue au greffe du Conseil.

Fait au Conseil du roi tenu à Versailles le 8 janvier 1684[2].

---

[1] Papiers du Contrôle général, G⁷ 1802.
[2] En 1681 (Papiers du Contrôle général, G⁷ 425), le prix moyen des denrées était :

Pain, 24 onces (1 l. 1/2)........................	2 sols.
Viande, 1 livre...................................	3
Vin, 1 pinte.....................................	2
Foin, 20 livres...................................	6
Avoine, 1 boisseau...............................	5

Sur ce pied, les soumissionnaires offraient de prendre les étapes à 22 ou 24 sols pour le cavalier, et 9 sols pour le fantassin.

Le fantassin recevait...............	pain.... 24 onces.
	vin..... 1 pinte.
	viande.. 1 livre.
Le dragon........................	pain.... 24 onces.
	vin..... 1 pinte.

ARRÊT DU CONSEIL D'ÉTAT CONCERNANT LA FOURNITURE DES ÉTAPES[1].

11 juin 1686.

Le roi, voulant régler la forme et la manière en laquelle l'adjudication et la fourniture des étapes sera faite à l'avenir, et pourvoir à ce que le remboursement soit fait exactement aux étapiers et communautés qui auront fait la fourniture; ouï le rapport du sieur Le Peletier, conseiller ordinaire au Conseil royal, contrôleur général des finances; Sa Majesté, en son Conseil, a ordonné et ordonne que, dans le dernier novembre de chacune année, les sieurs intendants et commissaires départis dans les provinces et généralités du royaume enverront au sieur contrôleur général des finances des extraits des registres et certificats des officiers du prix des vins et denrées servant à la fourniture des étapes dans les lieux de routes et passages, s'il y a marché; sinon, des lieux de marché les plus voisins; et dans le mois de décembre suivant, ils feront publier dans les lieux de la route et passage des troupes et autres villes principales de leur département la fourniture des étapes pour l'année suivante, suivant les règlements de Sa Majesté; et ils en feront ensuite l'adjudication à ceux qui feront la condition de Sa Majesté meilleure, soit pour la généralité entière, ou par élection, avec condition expresse d'établir des sous-étapiers dans toutes les villes et lieux d'étapes, ou des magasins, et d'en fournir un état certifié; laquelle adjudication ils enverront au Conseil, pour être confirmée par un arrêt, au rapport dudit sieur contrôleur général, lequel arrêt sera lu et publié aux prônes des paroisses de tous les lieux de passage et affiché à la porte de l'église, afin que le prix qui sera payé par Sa Majesté pour chacune ration soit connu à un chacun. S'il arrivait que, dans aucuns lieux, les habitants soient obligés de fournir l'étape aux troupes qui passeront, faute par l'étapier général ou le sous-étapier d'être en état de faire la fourniture, ordonne Sa Majesté que les maires, échevins, consuls, syndics et habitants seront tenus de remettre, quinzaine après que la fourniture aura été faite, ès mains du receveur des tailles de l'élection dont lesdits lieux sont dépendants, les pièces justificatives de la fourniture par eux faite, pour être incessamment remises auxdits sieurs intendants et commissaires départis, qui feront rembourser comptant par l'étapier général la fourniture qui aura été faite par lesdits habitants, sur le pied du prix entier de la ration réglée par l'adjudication, avec les dommages et intérêts par eux soufferts, suivant et ainsi qu'ils seront réglés par lesdits sieurs intendants et commissaires départis. Duquel remboursement, en rapportant un certificat des maires, échevins et syndics, ou du curé de chacune paroisse, portant que le remboursement aura été fait actuellement, suivant et conformément à leurs ordonnances, il sera arrêté des états conjointement et avec ce qui aura été fourni par l'étapier général, de trois mois en trois mois, dont il sera envoyé une

Le dragon recevait	{ viande .. 1 l. 1/2. foin .... 20 livres. avoine .. 1 boisseau.
Le cavalier	{ pain .... 36 onces. vin .... 3 chopines. viande .. 2 livres. foin .... 30 livres. avoine .. 1 b. 1/2.
Le gendarme ou garde du corps	{ pain ... 24 onces. vin ..... 2 pintes.

Le gendarme ou garde du corps	{ viande .. 2 l. 1/2. foin .... 40 livres. avoine .. 2 boisseaux.

En 1686, les prix sont à peu près les mêmes; nous avons des états pour chaque élection, et leur réduction à un prix moyen. (Papiers du Contrôle général, G⁷ 426, 27 novembre 1686.)

[1] Imprimé. Archives Nationales, collection Rondonneau, AD¹¹ VI, 10 bis, n° 10.

LOGEMENTS ET ÉTAPES.

expédition au sieur secrétaire d'État ayant le département de la guerre, et une autre audit sieur contrôleur général des finances. Enjoint Sa Majesté auxdits sieurs intendants et commissaires départis de tenir la main à l'exécution du présent arrêt, qui sera affiché partout où besoin sera, à ce qu'aucun n'en ignore.

Fait au Conseil d'État du roi tenu à Versailles le onzième jour de juin 1686.

COQUILLE.

ORDONNANCE PORTANT RÈGLEMENT POUR LE LOGEMENT ET LA POLICE DES TROUPES PENDANT LE QUARTIER D'HIVER[1].

4 octobre 1692.

Les troupes de gendarmerie, de cavalerie et de dragons que Sa Majesté fera venir dans les provinces et généralités de son royaume, seront reçues, sur les ordres qu'elle leur fera expédier, dans les villes et bourgs qu'elle aura choisis pour leur logement, de manière qu'une compagnie ne sera logée qu'en un ou deux lieux au plus, afin que l'officier qui la commandera soit responsable à Sa Majesté des désordres ou exactions qui pourront être commis par les gendarmes, chevau-légers, cavaliers ou dragons de ladite compagnie, et des contraventions qui seront faites à ses ordres.

S'il se trouve dans lesdites villes et bourgs des maisons vides et des écuries suffisantes pour loger lesdites troupes, et s'il y a des entrepreneurs pour fournir dans lesdites maisons des lits garnis pour coucher les officiers, gendarmes, chevau-légers, cavaliers et dragons desdites troupes, ils soient obligés d'y prendre leur logement et de se contenter desdits lits et de la quantité de bois pour cuire leur manger, et de chandelle pour s'éclairer, qui sera réglée par l'intendant de la généralité, et, en son absence, par le commissaire ordonné à la police de la troupe, sans qu'ils puissent loger ailleurs, si ce n'est en payant.

Dans celles desdites villes et bourgs où il n'y aura point de maisons vides pour loger lesdites troupes, leurs logements seront distribués et les billets desdits logements signés par les maires, consuls et échevins, avec ledit commissaire ordonné à la police de la troupe, s'il y est présent; dans laquelle distribution tous les habitants du lieu seront compris, à la réserve seulement de ceux qui en doivent être exempts par les règlements de Sa Majesté, sur les peines portées par lesdits règlements contre les maires, échevins ou consuls qui y contreviendront.

Les officiers, gendarmes, chevau-légers, cavaliers et dragons desdites troupes ne seront à charge, dans lesdites villes et bourgs où ils seront logés chez les habitants, que pour le simple couvert, et qu'il ne leur sera fourni autre chose que le lit garni suivant le pouvoir de l'hôte, et place au feu et à la chandelle dudit hôte, sans que, sous ce prétexte ou autrement, ils puissent exiger quoi que ce soit, à peine de la vie aux gendarmes, chevau-légers, cavaliers ou dragons, et aux officiers d'être privés de leurs charges, Sa Majesté entendant que, moyennant la solde qui leur sera payée et le fourrage qui leur sera fourni, ils se pourvoient de toutes choses; et elle déclare encore que l'officier commandant la compagnie lui répondra de la conduite de tous ceux de ladite compagnie, et qu'il sera cassé pour avoir souffert qu'ils aient commis la moindre exaction ou désordre sans l'avoir fait cesser, comme s'il l'avait fait lui-même.

Ordonne Sa Majesté aux prévôts des maréchaux dans l'étendue de la juridiction desquels lesdites troupes se trouveront, de se transporter dans les lieux de leur logement, à la première réquisition qui leur sera faite par les habitants, pour informer des désordres qui s'y commettront, arrêter

---

Archives Nationales, *Recueil d'ordonnances et règlements concernant la guerre*, AD^{IX} VI, 22.

et constituer prisonniers ceux qui s'en trouveront coupables, même les officiers commandant les compagnies qu'ils connaîtront n'avoir point fait leur devoir pour faire cesser le désordre, et de rapporter à l'intendant de la province ou généralité les procédures qu'ils auront faites, pour être par lui passé outre au jugement du procès des coupables, suivant la rigueur des ordonnances et de la présente. Veut Sa Majesté que lesdits officiers commandant les compagnies soient obligés de prendre de telles mesures, pour empêcher les gendarmes, chevau-légers, cavaliers et dragons d'aller faire aucun tort à la campagne, qu'ils en puissent répondre à Sa Majesté, qui entend que tous les dommages que feront lesdits gendarmes, chevau-légers, cavaliers et dragons soient réparés sur la solde des officiers qui se seront trouvés commandant les compagnies dans les temps qu'ils auront été commis.

Comme Sa Majesté ne veut pas que ses troupes soient plus à charge aux lieux où elles seront logées qu'à ceux qui seront exempts de leur logement, elle ordonne que, par l'intendant en la généralité, il soit imposé sur toute la généralité, à la réserve desdits lieux où les troupes seront logées et des villes qui payeront l'ustensile de l'infanterie, un sol par jour pour chaque gendarme, chevau-léger, cavalier ou dragon, et, pour les officiers, à proportion, pendant les cent cinquante jours de quartier d'hiver, pour être ledit sol payé à l'entrepreneur de la fourniture des lits, bois et chandelles dans les lieux où la troupe sera logée dans les maisons vides; et dans les lieux où les habitants logeront les troupes, Sa Majesté entend que ledit sol soit payé auxdits habitants, pour les dédommager de la fourniture du lit et de la place au feu et à la chandelle de l'hôte.

Par les ordres de l'intendant, il sera fourni une ration de fourrage à chacun gendarme, chevau-léger, cavalier, dragon, trompette, timbalier, tambour ou hautbois effectif, ladite ration composée de quinze livres de foin et dix livres de paille, ou dix-huit livres de foin sans paille, au choix de ceux qui en feront la fourniture, et des deux tiers d'un boisseau d'avoine, mesure de Paris, dont les vingt-quatre boisseaux font le setier.

Il sera aussi fourni du fourrage et de l'avoine pour les chevaux des officiers, savoir : pour les officiers de chaque compagnie de cavalerie française ou étrangère, au capitaine, six rations; au lieutenant, quatre; au cornette, trois; au maréchal des logis, deux rations; chacun des deux lieutenants qui sont dans chaque compagnie de carabiniers en devant recevoir quatre rations, le sous-lieutenant qui est dans la compagnie colonelle du régiment du Colonel général de la cavalerie, quatre rations, et chacun des deux sous-lieutenants qui sont dans la compagnie colonelle du régiment de Fürstenberg, quatre rations.

Pour l'état-major de chaque régiment de cavalerie française : au mestre de camp, six rations; au lieutenant-colonel, quatre rations; au major, huit rations; à l'aide-major, quatre rations; à l'aumônier, une ration, et au chirurgien, une ration.

Moyennant le payement des appointements et soldes que les intendants feront faire par le trésorier par avance, de dix jours en dix jours, auxdites troupes, les officiers, gendarmes, chevau-légers, cavaliers, dragons et soldats seront obligés de payer de gré à gré et sans taux tous les vivres et autres choses qui leur seront fournis, et ne pourront rien exiger des habitants des lieux de leur logement, sinon le simple couvert chez leurs hôtes dans les lieux où ils seront logés chez les habitants, sans aucune fourniture de bois, chandelle ni autre chose quelconque en deniers ou en espèces, sous prétexte de menu ustensile ou autrement, à la réserve seulement du lit garni, place au feu et à la chandelle desdits hôtes, Sa Majesté leur défendant même de recevoir ce qui pourrait leur être offert volontairement, pour quelque raison et prétexte que ce puisse être, à peine aux chefs et officiers de concussion et d'être cassés et privés de leurs charges, et aux gendarmes, chevau-légers, cavaliers et dragons, de la vie; voulant Sa Majesté que, s'il arrive quelque contravention à ce qui est en cela de sa volonté, les habitants du lieu soient obligés de s'en plaindre sur-le-champ à l'officier, afin qu'il y soit remédié : à faute de quoi lesdits habitants ne seront plus écoutés sur la plainte qu'ils en feraient vingt-quatre heures après.

Le capitaine, le lieutenant ou le cornette de chaque compagnie y sera toujours présent pour la commander.

Aucun officier, gendarme, chevau-léger, cavalier ou dragon ne pourra changer de son autorité privée le logement qui lui aura été donné par les maire, échevins ou consuls du lieu; mais, en cas qu'il y ait besoin de changer, il le fera connaître à la communauté et prendra un nouveau billet pour son logement, duquel il sera tenu de se contenter, pourvu toutefois que, dans ledit logement, il y ait un hôte pour lui donner un lit et place à son feu et à sa chandelle, Sa Majesté défendant auxdits maires, échevins, consuls ou autres officiers des lieux de délivrer aucun billet de logement dans des maisons où les officiers, gendarmes, chevau-légers, cavaliers ou dragons ne pourront avoir un lit et place au feu et à la chandelle de l'hôte.

Défend Sa Majesté aux gens de guerre et aux habitants de faire ensemble aucunes compositions pour exempter du logement, sur peine aux officiers de concussion et d'être cassés et privés de leurs charges; aux gendarmes, chevau-légers, cavaliers et dragons, de la vie, et aux habitants, d'être punis exemplairement, comme ayant participé auxdites compositions.

Défend aussi Sa Majesté auxdits officiers, sur la même peine d'être cassés, de rien diminuer sur la ration de fourrage ordonnée pour la subsistance du cheval du gendarme, chevau-léger, cavalier ou dragon, soit pour le donner à leurs chevaux, ou pour le convertir en argent.

Et pour maintenir encore les gendarmes, chevau-légers, cavaliers et dragons qui seront logés dans les provinces et généralités dans la bonne discipline et police qu'ils doivent garder, empêcher tous désordres et faire que les habitants des lieux de leurs logements, ni de ceux des environs, n'en reçoivent aucune oppression et n'aient aucun sujet de s'en plaindre, Sa Majesté défend très-expressément aux commandants desdites troupes de souffrir que lesdits gendarmes, chevau-légers, cavaliers et dragons sortent de leurs quartiers, à moins que lesdits commandants n'en répondent, ni de porter aucunes armes à feu, soit dans leurs quartiers ou ailleurs où les commandants les enverront; lesquels commandants répondront civilement des vols, dommages et désordres qui seront commis par ceux étant sous leurs charges, Sa Majesté entendant qu'il y soit procédé extraordinairement par lesdits intendants ou leurs subdélégués, par saisie des places ordonnées auxdits officiers commandants, et, si elles ne suffisent, par saisie et vente de leurs biens; et à l'égard des gendarmes, chevau-légers, cavaliers et dragons qui seront trouvés à la campagne sans ordre par écrit de leur commandant, qu'ils soient arrêtés et châtiés exemplairement, à la diligence desdits intendants, des prévôts des maréchaux ou autres juges royaux, comme pour crime de vol et comme s'ils étaient pris en flagrant délit.

Veut Sa Majesté que les commissaires des guerres aillent et viennent incessamment dans les lieux qui leur auront été assignés pour département, afin de tenir la main avec la dernière exactitude à l'exécution de la présente ordonnance, et donner avis à Sa Majesté, et en même temps auxdits intendants, de tout ce qui s'y passera, Sa Majesté déclarant qu'elle les rendra responsables de toutes les contraventions qui se passeront dans leur département dont ils ne l'auront pas avertie.

Défend Sa Majesté aux officiers, cavaliers, dragons et soldats de ses troupes françaises et étrangères d'aller ou d'envoyer quérir du sel ès pays étrangers ou en celui de l'obéissance de Sa Majesté où la gabelle n'est point établie, ni d'en transporter, vendre ou débiter en quelque lieu et manière que ce soit et à quelque personne que ce puisse être, à peine aux chefs et commandants de répondre sur les payes à eux ordonnées et sur leurs biens des dommages faits à la ferme générale des gabelles par ceux étant sous leur charge, et aux cavaliers et dragons de punition corporelle suivant la rigueur des ordonnances contre les faux-sauniers.

Défend aussi Sa Majesté à tous ses sujets, de quelque qualité et condition qu'ils soient, de commettre le faux-saunage, ni d'assister et favoriser en quelque manière que ce soit les gens de guerre qui le commettront, sur les peines desdites ordonnances.

Défend en outre Sa Majesté auxdits gens de

guerre d'aller ni d'envoyer couper, abattre, ni dégrader, en quelque sorte et manière que ce soit, aucuns bois dans les forêts, buissons et bois de Sa Majesté, ni dans ceux des particuliers, soit engagistes de son domaine ou autres; de chasser dans lesdites forêts et bois, ni à la campagne, en quelque lieu que ce soit; de tirer avec fusils ou autres armes à feu sur les pigeons et sur les lapins, pêcher dans les étangs, ni prendre aucun poisson, à peine de punition corporelle. Et seront les coupables desdits crimes de vol, faux-saunage, dégradation de bois, ruine de chasse, dépeuplement de colombiers, garennes et étangs, circonstances et dépendances, punis par les prévôts des maréchaux, ou, à leur défaut, par les juges ordinaires des lieux, selon la rigueur des ordonnances, sans que lesdites gens de guerre puissent auxdits crimes alléguer aucune exception ni privilége, ni les juges y avoir égard.

LOUIS.
Le Tellier.

NOTE SUR LE LOGEMENT DES TROUPES DANS LES CASERNES.

Ce fut seulement l'ordonnance du 25 septembre 1719 qui fit droit à des réclamations si longtemps renouvelées, en ordonnant la construction de casernes dans les principaux lieux de passage, sous la direction du lieutenant général de Puységur.

Sa Majesté, dit cette ordonnance[1], toujours occupée à chercher les moyens de procurer du repos à ses peuples, a fait plusieurs règlements dans la vue de les soulager de toutes les charges des gens de guerre. Elle est parvenue à ôter les quartiers d'hiver des troupes dans le plat pays et la forme de l'imposition, qui était purement militaire et fort onéreuse; elle a supprimé les étapes, dépense grande, superflue, pleine de malversations, laquelle, loin d'avoir procuré un soulagement aux peuples, nécessitait l'habitation en commun de l'hôte avec le soldat, puisqu'il était obligé de lui fournir les ustensiles de ménage, de cuire les viandes, fournir le sel, poivre, vinaigre, sans ce qu'il exigerait au delà.

Pour suppléer à ces secours des hôtes, Sa Majesté a obligé ses troupes à porter avec elles leurs marmites, a augmenté leur solde en route, les fait camper l'été, et, pour l'hiver, elle a permis aux habitants de les mettre dans des maisons vides, en leur fournissant seulement le bois et la paille.

Mais, comme cela ne peut s'exécuter qu'en fort peu d'endroits, dans la plus grande partie ne se trouvant pas assez d'habitations vides, et même, dans celles où il y en a, ces maisons sont si mal disposées pour loger des troupes, l'achat ou le louage, joint à l'entretien, sont d'une dépense si grande, que ces charges ne peuvent être supportées que par des villes considérables : en sorte que les lieux pauvres demeurent toujours dans la souffrance, lesquels depuis longtemps supplient Sa Majesté de vouloir bien les soulager en faisant passer les troupes par ailleurs, ou que, si elle ne le juge pas à propos, de vouloir bien ordonner que l'on bâtisse des casernes, pour lesquelles ils contribueront suivant leurs moyens, en les faisant aider par ceux qui, comme eux, doivent supporter le logement personnel des gens de guerre; joint à ces raisons, Sa Majesté déjà persuadée de l'utilité des casernes par le soulagement que les peuples de Languedoc en reçoivent depuis qu'elles y sont établies, que la Provence et le Dauphiné, qui en sont proches, en ayant connu les avantages, ont obtenu la permission d'en faire bâtir à leurs frais, plusieurs villes en ont fait de même, et un plus grand nombre sollicite journellement la même grâce.

Quoique toutes les raisons ci-dessus soient plus que suffisantes pour déterminer Sa Majesté à faire bâtir des casernes, comme elle est encore persuadée que, tant qu'il n'y aura pas de lieux fixes dans les villes et bourgs, soit de passages ou de garnisons,

---

[1] Imprimé. Archives Nationales, collection Rondonneau, AD^{IV}, 2, n° 56.

pour y loger les troupes, jamais les peuples ne seront certains et assurés que les charges ci-dessus, dont ils sont aujourd'hui soulagés, ne puissent un jour revenir. C'est pourquoi Sa Majesté, voyant l'ordre se rétablir dans ses finances, qu'elle soutient la présente guerre et remet sur pied le même nombre de troupes qu'elle a trouvé à son avénement à la couronne, sans aucune nouvelle charge sur les peuples; et, par l'examen qu'elle a fait faire à quoi pourrait monter la dépense des casernes dans les généralités, elle a trouvé qu'on se réduisant à faire construire des bâtiments plus simples, mais aussi commodes et solides que ceux que l'on a bâtis jusqu'à aujourd'hui, que, s'aidant des voitures du pays pour le transport des matériaux, elle pourrait, de ses propres fonds provenant des généralités, sans aucune imposition nouvelle, fournir tout l'argent nécessaire pour un établissement aussi grand et aussi utile au repos des peuples....

La suite de l'ordonnance déterminait minutieusement les proportions et le mode de construction des casernes qui devaient être établies dans chaque généralité, sous forme de granges de trente-cinq toises de long sur quatorze de large, contenant à chaque extrémité un âtre de maçonnerie, autour duquel s'étageraient des gradins pour cent quatre-vingts hommes assis; le milieu du bâtiment partagé en trois sections capables de contenir trois cent vingt chevaux, avec des entresols pour le couchage des cavaliers; ces bâtiments pouvant suffire à un régiment de cavalerie de deux escadrons (trois cent vingt maîtres), ou à deux bataillons d'infanterie.

Dans les villes de séjour, où un régiment de cavalerie et un bataillon d'infanterie se trouvaient souvent réunis, outre la première grange, on dut élever, pour l'infanterie, deux pavillons entourés par une enceinte et divisés en neuf chambres chacun, chaque chambre ayant deux cheminées et dix-huit lits massifs en maçonnerie, et devant suffire pour le logement d'une demi-compagnie.

Le nombre des lieux désignés pour la couchée des troupes, dans la généralité de Paris, fut de trente-six, dont dix seulement durent avoir à la fois une grange du premier modèle et une caserne :

Claye............	2	Châtres............	2
Meaux............	2	Étampes..........	2
La Ferté-sous-Jouarre..	1	Milly.............	1
Louvres..........	1	Chéroy............	1
Senlis............	1	Brie-Comte-Robert....	1
Compiègne........	2	Rozoy............	1
Luzarches........	1	Provins...........	2
Pont-Sainte-Maxence...	1	Nogent-sur-Seine.....	1
Saint-Denis........	1	Chaumes..........	1
Beaumont.........	1	Dammartin........	1
Beauvais..........	2	Coulommiers......	1
Pontoise..........	1	Saint-Florentin.....	1
Mantes...........	2	Auxon............	1
Corbeil...........	1	Houdan...........	1
Melun............	2	Dreux............	2
Sens.............	2	Saint-Clair........	1
Joigny............	1	Montfort-l'Amaury...	1
Nemours..........	2		

Pour le transport des matériaux et pour la construction de chaque caserne, on désigna de quarante-cinq à quarante-sept paroisses groupées autour du point central.

Chaque bâtiment devait revenir à 30,000 ₶ environ.

En tout, le royaume devait être ainsi doté de 496 lieux de séjour, dont 123 ayant deux, ou même trois et quatre corps de casernes.

Dans les granges, le roi ne devait fournir, toute l'année, que de la paille, du bois et de la chandelle, de même que dans les pavillons, pendant l'été. Durant l'hiver, les troupes casernées dans ces pavillons auraient des lits suffisamment larges pour deux ou trois hommes, avec paillasse, matelas, traversin, draps et couverture.

La carte des routes et couchées fut remaniée de manière à ne pas laisser communément plus de cinq à six lieues (de 2,500 toises) entre les casernes.

Saint-Simon[1], qui fit opposition à ce projet dans le Conseil de régence, le compare à l'avis donné par un des *Fâcheux* (acte III, scène III) de mettre toutes les côtes en ports de mer. Il dit que le projet avait été proposé par Broglio l'aîné, sous le couvert de Puységur, et qu'il en coûta beaucoup aux villes et aux communautés avant que les personnes expérimentées eussent pu faire renoncer à une folie absurde et ruineuse, selon lui.

---

[1] *Mémoires*, t. XIV, p. 363 et 364.

VII

IMPOSITIONS ET FERMES EN GÉNÉRAL.

PRODUCTIONS ET IMPOSITIONS DE LA FRANCE SOUS HENRI IV[1].

Tout le terroir de France, de quelque sorte qu'il soit, est utile à quelque chose, et, aux lieux où le vin ne vient pas, il y a du blé, et, où le blé ne croît pas, il y a des châtaignes et des pâturages. Somme : il n'y a rien qui ne serve ; au lieu que, si nous considérons l'Italie, l'Apennin tient presque un quart de l'Italie, et tout ce qu'il occupe est, pour la plupart, âpre et de nul rapport ; et en Espagne il y a un grand pays plein de landes inutiles. Les montagnes d'Auvergne ont beaucoup de bonnes terres et beaucoup de lieux riches, pleins de fruits, abondants en bétail, et d'où l'on tire force chairs, beurres et fromages, de même que des montagnes de Vivarais, Velay, Gévaudan, des Cévennes, de Dauphiné, Forez et Provence. Le reste s'étend presque tout en spacieuses campagnes pleines de blés, ou bien à de petites collines bien fertiles et chargées, et des vallées couvertes d'herbe propre à la nourriture du bétail.

On dirait que l'abondance va partout à l'envi avec la diversité, et le profit avec la beauté des contrées. Et ce royaume a aussi cette particularité que toutes ses provinces peuvent aisément s'entrecommuniquer toutes leurs denrées et tous leurs fruits par le moyen d'un grand nombre de rivières navigables qu'on y trouve, vu qu'on compte seulement au pays d'Anjou quarante rivières grandes ou petites. C'est pourquoi la feue reine Catherine de Médicis disait qu'il y avait plus de rivières navigables en France qu'en tout le reste de l'Europe : en quoi elle ne s'éloignait guère de la vérité.

La fertilité du terroir et la commodité que les rivières donnent à la conduite des denrées est cause de la multitude et beauté des villes et places de France, dont la plupart sont assises sur leurs rivages. Et quoique la France ne manque pas de bons ports et en grand nombre, toutefois ses plus grandes villes ne sont sur le bord de la mer : ce qui montre que leur grandeur ne vient pas de dehors, mais comme domestique ; car les villes maritimes sont plus grandes que celles qui sont avant dans le pays, lorsqu'elles reçoivent plus de profit et de soutien de la mer que de la terre, ainsi que nous voyons en la ville de Gênes, Venise et Raguse. Mais aux lieux dont la grandeur ne dépend essentiellement que de la terre, les villes qui sont dans le pays sont plus grandes que les maritimes, comme nous pouvons apercevoir en la ville de Milan, aux autres places de Lombardie, comme aussi en Allemagne et Hongrie.

Et pour ce que tous les pays de France sont riches et la commodité des rivières est générale, de là vient qu'excepté Paris (dont la grandeur procède de la demeure des rois, du parlement et de l'Université, accompagnée du voisinage des rivières), toutes les villes et places de France sont, pour la plupart, de moyenne grandeur ou petites, mais belles, commodes et fort peuplées[2].

---

[1] Extrait des États de l'Europe, par Davity (1625), p. 84-86.

[2] Comparez ci-dessus, p. 399-402, le début du mémoire de Vauban sur la Navigation des rivières.

Bodin écrit qu'en un dénombrement qui fut fait au temps du roi Henri II, auquel toutefois la Bourgogne ne fut pas comprise, on compta 27,000 lieux peuplés qui avaient clocher. Or, de même que les villes de France sont favorisées de plusieurs rivières, aussi les châteaux et maisons des gentilshommes particuliers ont force étangs et lacs qui en sont proches; et quoiqu'il n'y ait pas en France des lacs égaux en grandeur à ceux d'Italie ou de Suisse, toutefois ceux que l'on y voit sont pleins de fort bon poisson, et suppléent le défaut de leur grandeur par la multitude.

On peut dire de même des bois, qui, n'étant pas de grande étendue, y sont en grand nombre; et c'était de là que les rois tiraient beaucoup de profit jadis, à cause du grand nombre des forêts de leur domaine, et les gentilshommes en tirent aujourd'hui force argent, vendant la coupe de leurs bois non-seulement pour brûler, mais encore pour bâtir.

Il y a, au reste, plusieurs choses qui attirent l'argent étranger en France, mais particulièrement le blé qu'on en tire pour l'Espagne et le Portugal, et quelquefois pour l'Italie, le sel que les nations voisines y prennent, principalement à Berre en Provence, à l'eccais en Languedoc, et à Brouage, où il semble que la vertu que le soleil a de transformer l'eau de mer en sel s'arrête, sans passer plus outre vers le nord. Il se trouve bien d'autre sel ailleurs, comme du sel de fontaine en Lorraine, et de fontaine et de mine en divers lieux de Pologne, d'Angleterre et d'Allemagne; mais tout ce sel ne vaut guère, non plus que celui de mine que l'on trouve en Suède.

Il y a encore le chanvre et la toile, dont l'importance est incroyable, et celui seul en peut juger qui sait la grande quantité que l'on en tire pour les flottes de Séville et de Lisbonne, et pour tant de voiles et de cordages qu'on fait du chanvre de France.

Il y a pareillement les vins qu'on y vient quérir d'Angleterre et des Pays-Bas, et d'où l'on tire tant d'argent toutes les années, que le calcul en serait long, si on le voulait entreprendre, tant ces étrangers prennent de vin de tous côtés en ce royaume.

Il faut ajouter à ce que dessus le pastel et safran, et autres choses de moindre importance, qui, étant toutes mises ensemble, font une assez grande somme pour enrichir un royaume. Et l'importance du fait est que les nations voisines ne se peuvent passer de toutes ces choses; et, quoiqu'il y ait quelquefois ou de fort étroites défenses de n'envoyer rien hors du royaume, toutefois on n'a laissé enfin de le faire avec permission, pour ce que le profit qui en vient est pour le moins de 15 et de 20 p. o/o; et, même du temps que la France avait guerre avec le roi d'Espagne, le trafic ne cessait pas avec les Espagnols, pour la nécessité qu'ils avaient de vivres et le gain qu'ils apportaient: tellement qu'il ne se faut pas étonner si, durant les guerres passées, non-seulement en Italie, mais dans le royaume, les soldats recevaient tout leur payement en réales, écus et doublons d'Espagne.

Quant au revenu des rois de France, outre le domaine, qui était presque tout engagé par le passé, et qui se rachète maintenant peu à peu, et sera dans peu d'années hors des mains de ceux qui le tiennent, ce qu'on tire de toutes les provinces monte à de fort grandes sommes.

Au temps que l'argent était plus rare qu'il n'est à présent, nos rois en recevaient moins, comme il était raisonnable. Louis XII ne tirait du royaume qu'environ un million et demi d'or annuellement. François 1er en tira jusques à trois millions; Henri II vint jusques à six, Charles IX jusques à sept; Henri III passa même dix millions. Louis XII laissa le royaume plein d'or et d'argent, et fut, à cette occasion, appelé *père du peuple*.

Le roi François 1er, quoiqu'il eût de fort grosses guerres et de grande dépense sur les bras, laissa toutefois 800,000 écus de son épargne. Mais Henri II laissa beaucoup de millions d'or de dettes à ses enfants; à raison de quoi, Charles IX et Henri III, ses fils, furent contraints de charger non-seulement le peuple, mais le clergé, de grosses impositions. Ce qui fait voir que l'on ne doit pas estimer les rois riches quand ils ont beaucoup de revenus, mais quand ils le savent bien manier, puisque le roi François 1er fit, avec moins de revenus, de plus grandes guerres et laissa de l'argent comptant à ses enfants, et au contraire Henri II n'eut pas de si grandes guerres et n'entretint pas ses armées si longtemps, et toutefois il laissa des dettes à ses fils et de la misère au royaume.

Quant à notre temps, l'on ne saurait faire le dénombrement de tout ce que le roi tire de ses tailles, de ses douanes, de ses parties casuelles, du clergé, et choses semblables, pour ce que les tailles ne sont pas toujours de même somme, ains sont imposées selon les occurrences; et combien que les ordinaires fussent assurées et marchassent toujours d'un même pas, toutefois les extraordinaires seraient toujours incertaines. Puis, le nombre des parties est si grand, et, en plusieurs choses, si secret, que la recherche en serait non-seulement ennuyeuse, mais imparfaite. Toutefois, pour satisfaire aux curieux, j'ai voulu faire voir à quoi se monte la taille ordinaire d'une année, afin qu'on juge du reste de ce que nos rois reçoivent de leur royaume toutes les années.

Extrait fait sur le brevet des tailles de l'année 1609, des sommes de deniers qui se sont levées durant icelle, pour l'ordinaire de la taille et crues y jointes, et pour les payements des officiers; le tout particulièrement en chacune des généralités ci-après nommées.

GÉNÉRALITÉ DE PARIS.

Pour la taille.................... 769,000ᶫ 00ˢ 00ᵈ
Pour le payement des gages des officiers......................... 147,000 00 00

SOISSONS.

Pour le principal de la taille...... 362,465 18 10
Pour les gages d'officiers.......... 3,624 18 10

CHÂLONS.

Pour le principal de la taille....... 473,000 00 00
Pour les gages des officiers........ 72,000 00 00

AMIENS.

Pour toute la taille................ 263,000 00 00
Pour les gages des officiers........ 36,000 00 00

ROUEN.

Pour toute la taille................ 1,072,000 00 00
Pour les gages des officiers........ 11,000 00 00

CAEN.

Pour toute la taille................ 688,280 00 00
Pour les gages des officiers........ 9,720 00 00

ORLÉANS.

Pour toute la taille............ 537,500ᶫ 00ˢ 00ᵈ
Pour les gages des officiers....... 70,500 00 00

TOURS.

Pour toute la taille............ 919,000 00 00
Pour les gages des officiers....... 102,000 00 00

BOURGES.

Pour toute la taille............ 360,740 00 00
Pour les gages des officiers....... 4,960 00 00

MOULINS.

Pour toute la taille............ 423,993 10 00
Pour les gages des officiers....... 66,406 10 00

POITIERS.

Pour toute la taille............ 670,000 00 00
Pour les gages des officiers....... 75,000 00 00

RIOM.

Pour toute la taille............ 666,000 00 00
Pour les gages des officiers....... 9,000 00 00

LYON.

Pour toute la taille............ 865,000 10 00
Pour les gages des officiers....... 45,000 00 00

BORDEAUX.

Pour toute la taille............ 623,036 07 00
Pour les gages des officiers....... 40,663 13 00

LANGUEDOC, TOULOUSE ET MONTPELLIER.

Pour tout ce qui s'y lève.......... 751,517 04 03

DAUPHINÉ.

Pour l'octroi ordinaire, compris le taillard... 20,160ᶫ
En outre, pour subvenir aux affaires dudit pays............................... 30,000
Pour le taillon..................... 27,513
        Total..................... 77,673

PROVENCE.

Ce qui se lève se monte à la somme de...... 86,463

BOURGOGNE ET BRESSE.

Le droit que le roi a monté à............... 168,250
Pour les gages des officiers............... 9,445

BRETAGNE.

Il y a d'imposé................. 380,460

LIMOGES.

Pour la taille et crues y jointes, la somme de............................... 670,000
Pour les gages des officiers........... 75,000

IMPOSITIONS DE LA FRANCE SOUS LOUIS XIII [1].

Il se voit, par l'état arrêté au Conseil le 27 août 1634, qu'il s'est levé ou dû lever, en l'année 1635, 28,202,711" 14ˢ 10ᵈ, à savoir :

Sur les quinze premières généralités de Paris, Soissons, Amiens, Châlons, Rouen, Caen, Orléans, Tours, Bourges, Moulins, Poitiers, Limoges, Riom, Lyon et Bordeaux, pour l'ordinaire des tailles, crues y jointes, taillon de la gendarmerie et solde des prévôts des maréchaux de France, 9,640,691" 5ˢ 3ᵈ;

Pour les droits aliénés aux particuliers sur lesdites tailles et crues extraordinaires des garnisons et sur toutes les sommes contenues aux rôles, suivant l'édit du mois de décembre 1633, 13,800,000";

Et pour les autres droits qui avaient accoutumé d'être levés pour aucuns acquéreurs et compris dans les commissions desdites tailles, outre et par-dessus lesdits 13,800,000", 344,405" 10ˢ.

Et quant au surplus de ladite somme de 28,202,711" 14ˢ 10ᵈ, montant 4,427,604" 19ˢ 7ᵈ, il est ordonné par ledit état qu'il sera imposé en la manière accoutumée sur les généralités de Toulouse, Montpellier, Provence, Dauphiné, Bourgogne, Bresse et Bretagne, le tout à proportion des sommes spécifiées en chacun chapitre desdites généralités (mis à la fin de ce traité), et, à cette fin, qu'il sera envoyé aux trésoriers généraux de France desdites quinze premières généralités un brevet, signé de la main du roi et contre-signé par l'un de ses secrétaires d'État et de ses commandements, contenant les sommes que chacune généralité doit porter, pour en faire leurs départements sur les élections et dépendances, à quoi il leur est enjoint de vaquer toutes affaires cessantes et postposées; et que, lesdits départements faits, ils les enverront incontinent audit Conseil de Sa Majesté, pour, sur iceux, être expédiées les commissions pour l'imposition desdites sommes.....

CIRCULAIRE DU CONTRÔLEUR GÉNÉRAL DES FINANCES AUX INTENDANTS [2].

12 mai 1684.

Le roi m'a commandé de vous écrire qu'il désire que vous fassiez une visite exacte dans votre département pendant le reste de ce mois et le prochain, pour ensuite rendre compte amplement à Sa Majesté des connaissances et des vues que vous aurez pour le bien de son service et l'avantage des peuples.

Sur le sujet des tailles, Sa Majesté désire que vous vous informiez exactement de la conduite et de l'application des receveurs généraux et de tous les receveurs particuliers des tailles; et, après avoir pris tout le soin qui dépendra de vous pour en être particulièrement instruit, vous en informerez Sa Majesté sans aucune réserve ni complaisance. Vous appliquerez aussi à connaître et à régler la conduite des élus, vous servant de leur ministère autant qu'il est utile et prenant toutes les meilleures mesures pour en prévenir les abus. Vous ajouterez à cela les vues que vous pourrez avoir pour faciliter la levée des tailles avec égalité et le moins de frais qu'il se pourra, observant surtout ce qui se pourrait faire de mieux pour prévenir les inconvénients des instances en surtaux. Et quand vous connaîtrez que la conduite des receveurs des tailles pourra empêcher le bien que le roi veut procurer à ses peuples, proposez librement les moyens pour y re-

---

[1] Extrait du *Traité des aides, tailles et gabelles*, par Du Crot (1636), p. 342-344.

[2] Bibliothèque Nationale, papiers de l'intendant Lebret, ms. fr. 8825, fol. 59. Cette circulaire est la première envoyée sur le sujet des tailles et de l'administration financière, par le contrôleur général Claude Le Peletier, successeur de Colbert.

médier et les sujets que vous croirez les plus capables de bien remplir les charges. Observez, s'il vous plaît, que Sa Majesté ne veut souffrir en façon quelconque qu'un même receveur général fasse les deux exercices, quand même il les ferait sous le nom de son confrère ou par voie indirecte. A l'égard des receveurs particuliers des tailles, si vous les connaissez très-appliqués et bien intentionnés, le roi pourra leur permettre de faire les deux exercices; mais, hors cela, il faut empêcher par toutes voies qu'un receveur des tailles, sous noms interposés, se rende maître d'une élection, pour abuser de l'exercice de sa charge.

A l'égard des fermes générales, le roi désire que vous marquiez sincèrement ce que vous avez reconnu de la conduite et du génie des fermiers généraux que vous avez vus dans votre département pendant les dernières années, distinguant ceux que vous estimez les plus propres à travailler dans les provinces et faire les visites.

Marquez aussi, sans aucuns égards, ce que vous connaissez des directeurs généraux qui sont dans votre département, même des commis qui y sont employés, et proposez ce que vous estimez qui pourrait être fait pour faire travailler ceux que vous croirez y être plus propres, et exclure les autres. S'il y a des directeurs et des commis qui fassent des dépenses indiscrètes et qui soient dans le jeu et dans la débauche, ne manquez pas d'en donner avis, afin que l'on y pourvoie.

Vous voyez, par ce que je vous écris, quelle est l'intention du roi et quelle est son application pour l'utilité de ses sujets; mais en même temps vous connaissez aussi quelle est la nécessité, pour son service, et pour le propre bien des peuples, de soutenir les affaires du roi dans votre département, de maintenir ceux qui sont employés à la levée des tailles ou d'autres droits, et d'entretenir la soumission et l'obéissance des contribuables. Sa Majesté attend de votre prudence que vous prendrez sur tout cela le juste tempérament qui est nécessaire pour le bien général de l'État.

Surtout Sa Majesté désire que vous vous appliquiez incessamment à examiner tout ce que vous estimerez plus utile pour rétablir la liberté, la sûreté et l'abondance du commerce dans votre département, et pour faciliter la culture des terres, les nourritures des bestiaux, et autres choses qui sont la commodité et la richesse de la campagne.

Pour les ouvrages publics, les grands chemins, les ponts et chaussées, et tout ce qui contribue à la facilité et à la commodité du commerce, le roi veut que vous lui proposiez tout ce que vous connaîtrez nécessaire pour l'utilité et l'avantage de la province où vous êtes.

S'il reste dans votre département quelques levées ou recouvrements à faire pour les affaires extraordinaires, prenez la peine d'en écrire exactement et de proposer ce que vous croirez de plus utile pour avancer et finir ces recouvrements, ou pour les faciliter, et prenez garde aux frais que font les commis et ceux qui sont chargés des recouvrements, en quoi souvent ils font consister leur gain, par des voies qui sont à charge aux peuples et dont le roi ne tire aucun avantage.

Le Peletier.

ÉTAT DU REVENU DU ROI [1].

Année 1692.

Les fermes générales des gabelles de France, cinq grosses fermes et droits y joints, tabac, gabelles de Lyonnais, gabelles de Provence et Dauphiné, gabelles de Languedoc et Roussillon, domaine d'Occident, de toutes les îles françaises de Canada et l'Amérique; deux millions d'augmentation sur les gabelles par chacun an, en 1689; les fermes générales des aides, domaines de France et droits y

---

[1] Papiers du Contrôle général, G⁷ 1127.

IMPOSITIONS ET FERMES.

joints; ancien et nouveau papier et parchemin timbré; les droits de jauge et courtage rétablis le 4 octobre 1689; le nouveau pied-fourché établi en 1690; les nouveaux droits sur les chapeaux, en 1690; le tout ensemble, conformément à la réunion des fermes générales du 11 septembre 1691, pour en payer pendant la guerre...... 61,000,000"

Et en temps de paix 63,000,000"

Les nouveaux droits établis sur le thé, café, chocolat, cacao, sorbet et vanille, le 22 janvier 1692, pour la première année............ 100,000

Et par chacune des 2ᵉ et 3ᵉ années, 220,000".

Et par chacune des 4ᵉ, 5ᵉ et 6ᵉ années, 420,000".

Les postes de France et les étrangères.................	2,900,000
Les ustensiles des gens de guerre	9,000,000
Les eaux et forêts...........	2,600,000
Les droits de fouage de la province de Bretagne............	528,000
Les parties casuelles, année commune...................	3,200,000
La recette générale des finances de Franche-Comté............	800,000
La recette générale des finances de Flandres.................	1,600,000
La recette générale des finances de Lorraine et pays y joints.....	1,423,990
Les poudres et salpêtres de France....................	200,000
Don gratuit du clergé de France.	2,400,000
Don gratuit de Provence......	800,000
Don gratuit de Bourgogne....	300,000
Don gratuit de Bretagne.....	1,500,000
Don gratuit de Languedoc....	3,000,000
Pour le canal, ils ont donné...	82,000
Don gratuit de Bigorre.......	10,000
Don gratuit de Navarre......	7,000
Don gratuit du comté de Foix..	7,000
Don gratuit de Béarn........	17,000
Don gratuit d'Artois.........	400,000
A reporter........	91,874,990

	Report...........	91,874,990"
	Don gratuit de Mons........	162,500
	Taillon et solde des pays d'états	373,764
Recettes générales des tailles de..........	Paris......	3,789,194
	Soissons...	889,240
	Amiens....	919,544
	Châlons....	1,541,689
	Orléans....	1,939,868
	Tours......	3,042,439
	Bourges....	634,684
	Moulins....	1,335,595
	Lyon......	1,295,086
	Riom......	2,574,013
	Poitiers....	2,177,735
	Limoges...	2,008,087
	Bordeaux...	3,276,291
	Montauban.	3,372,669
	Rouen.....	2,259,800
	Caen......	1,581,627
	Alençon...	1,440,439
	Grenoble...	1,362,147

SOMME TOTALE du contenu au présent état, ci........ 127,851,401

ÉTAT DU PRODUIT DES ENTRÉES DE PARIS ET ROUEN, ET DES FERMES QUE MM. LES INTÉRESSÉS FONT RÉGIR SOUS LE BAIL DE PIERRE POINTEAU.

Les aides et droits y joints du plat pays de Paris valent........	700,000"
Les droits de jauge et courtage..	1,800,000
Les aides et droits y joints de l'élection de Chartres..............	230,000
Le papier timbré de Paris et de la généralité.................	528,000
Le sol par livre de la vente des veaux dans Paris..............	120,000
Le grand droit de Picardie, qui consiste en 9" 18' pour muid de vin qui passe en Flandres et ailleurs..	51,000
Les droits de toutes les marchandises qui passent dessus et dessous le pont de Joigny..............	200,000
A reporter........	3,629,000

Report................	3,629,000"	Report..........	10,457,914"
Vins français passant debout au travers de Paris..............	5,996	Les cidres et poirés qui entrent et sont vendus en détail dans Paris...	4,578
Les entrées de la ville de Rouen	433,700	Le détail et droit de bouchon de tous les vendant-vin de la ville et faubourgs de Paris............	1,200,000
Vin français entré dans Paris, en bouteilles...................	7,337	L'ancien pied-fourché........	700,000
L'eau-de-vie qui entre dans Paris avec les droits de consommation...	200,000	Le nouveau pied-fourché établi en l'année 1690...............	500,000
Les vins de liqueur entrants et vendus en détail dans Paris......	100,000	Le doublement du marc d'or...	160,000
Le gros et entrée de tous les vins français qui arrivent à Paris, tant par eau que par terre..........	5,600,000	La première moitié des octrois réservée...................	40,000
Les droits des rivières sur les vins et autres marchandises..........	481,881	TOTAL desdites entrées de Paris, Rouen, et des fermes que lesdits sieurs intéressés font régir pendant le bail de Pointeau...............	13,062,492
A reporter........	10,457,914		

LETTRE DE M. DE BÂVILLE, INTENDANT EN LANGUEDOC, AU DUC DE NOAILLES, PRÉSIDENT DU CONSEIL DES FINANCES [1].

A Montpellier, 26 décembre 1715.

Je n'ai point fait, Monsieur, de projet sur une nouvelle manière d'asseoir les impositions; c'est une matière qui m'a paru toujours trop difficile et d'une dangereuse conséquence; j'ai seulement fort examiné autrefois le plan de M. le maréchal de Vauban, et, après y avoir fait plusieurs réflexions, j'avoue que j'ai été persuadé que ce serait un coup bien hardi de le mettre en œuvre. J'ai considéré que les peuples payent par habitude, qu'ils n'ont presque point de répugnance pour les anciennes impositions, et que ce qui se lève, par exemple, sous le nom de taille leur paraît toujours bien moins onéreux. Qu'on augmente cette taille considérablement, ils le souffrent sans impatience; mais si c'est un nouvel impôt, quoique beaucoup plus léger, ils ne peuvent le supporter. On avait fait une imposition du dixième particulière sur les terres, qu'on ne pouvait souffrir en cette province; ayant trouvé le moyen d'en faire un abonnement avec les états, et cet abonnement ayant été ainsi confondu avec les anciennes impositions, il ne s'y est plus trouvé de difficulté. Si, par cette raison, on suivait un nouveau plan, comme celui de M. de Vauban, ou quelque autre semblable, il serait très à craindre que les peuples n'en prissent que la moitié, c'est-à-dire de ne plus payer suivant les anciennes manières d'asseoir les impositions, et qu'à l'égard des nouvelles, ils ne fissent beaucoup de difficultés, ce qui jetterait les affaires dans une grande confusion. Il faudrait d'ailleurs que les sommes à recouvrer fussent bien moins considérables qu'elles ne sont, pour faire une pareille tentative, et il faudrait faire l'épreuve dans quelque canton avant de la rendre générale; mais elle ne réussira jamais, selon mon sens, tandis que les impositions seront aussi exorbitantes qu'elles le sont maintenant. Je crois donc

---

[1] Papiers du Contrôle général, G' 1127.

que ce que l'on pourrait faire maintenant, c'est de donner une grande application à empêcher les frais excessifs des recouvrements, en quoi il y a certainement beaucoup d'abus. La grande règle devrait être de ne faire des frais contre les peuples que quand ils sont en état de payer, dans de certains temps de l'année, après leurs différentes récoltes, après les foires qui se tiennent dans toutes les provinces, où l'on débite les laines, les bestiaux, les grains et autres denrées. Dans ce temps-là le receveur ne peut agir avec trop de vivacité, parce qu'effectivement les redevables ont de quoi payer; mais, dans tout le reste de l'année, où l'on sait qu'il n'y a aucun débit ni aucuns fonds entre les mains des particuliers, tous les frais qu'on fait contre eux sont inutiles, et ne font que les accabler, sans rien produire pour le roi. J'ai vu par expérience ce que j'ai l'honneur de vous dire, en Poitou: le receveur général avait alors un excellent commis et très-bien intentionné; il agissait sur ce principe, faisait très-bien ses recouvrements, et avec très-peu de frais, parce qu'il n'en faisait que quand il en fallait faire. Que les peuples payent sans contrainte, c'est une idée à laquelle on ne parviendra jamais; la question est de modérer cette contrainte, et de ne la faire que bien à propos. Il peut y avoir encore beaucoup d'abus sur l'excès des frais, qui devraient être, une fois pour toutes, bien réglés, sans qu'on souffrît que l'on en fît au delà de ce qui serait prescrit. Il y a si longtemps que je ne suis plus dans le pays de taille personnelle, que je ne puis bien vous dire maintenant les abus qui peuvent s'y commettre. Je vois que, dans le Languedoc, qui est pays de taille réelle, il y a de très-grands abus sur le recouvrement de la taille, que les frais coûtent des sommes excessives; les règles qui sont établies pour ce recouvrement sont très-défectueuses et ont besoin d'être corrigées. Je vais travailler à un projet qui regardera cette province, et pourra servir dans les autres où la taille est réelle. J'aurai l'honneur de vous l'envoyer quand il sera achevé; c'est une matière bien digne de votre application et des grands soins que vous prenez pour le soulagement des peuples. C'est la réponse que je dois à la lettre que vous m'avez fait l'honneur de m'écrire le 18 de ce mois.

Je suis avec respect, Monsieur, votre très-humble et très-obéissant serviteur.

BÂVILLE.

MÉMOIRE AU SUJET DES IMPOSITIONS DE LA TAILLE, DE LA CAPITATION ET DES FOURRAGES[1].

1726.

Une des plus considérables parties des revenus du roi provient de l'imposition qui se fait annuellement de la taille et des fourrages dans les vingt généralités de pays d'élection, de l'imposition ordinaire dans les pays conquis, et de la capitation qui s'impose aussi annuellement, tant dans les pays d'élection et pays conquis que dans les pays d'états, et sur divers corps et villes du royaume.

DE LA TAILLE DANS LES PAYS D'ÉLECTION.

La taille est une imposition personnelle qui se paye par tous les roturiers, eu égard aux facultés ordinaires et au revenu que peut produire l'industrie de chacun de ceux qui sont assujettis à cette imposition.

Originairement, ce n'était qu'une imposition extraordinaire, à laquelle on n'avait recours que dans les besoins pressants.

Charles VII a, le premier, rendu cette imposition ordinaire, et depuis on n'a pas cessé de la faire annuellement.

Sous le mot taille on entend aujourd'hui plusieurs impositions réunies; aussi dit-on ordinairement: tailles et crues y jointes.

---

[1] Papiers du Contrôle général, G⁷ 1297. Cf. l'État de la France de 1698, t. III, p. 409-417, sur la manière de lever la taille, le taillon, la subsistance, les droits des fermes et ceux d'aides et de gabelles.

APPENDICE.

Sous Charles VII (1423), il n'y avait d'autre imposition que celle qu'on appelait taille; elle n'était alors que de deux millions; elle a été augmentée depuis, selon les besoins de l'État. François Ier y ajouta une imposition sous le nom de *grande crue*; elle a été depuis incorporée avec la taille.

Henri II, en 1549, fit une autre imposition sous le nom de *taillon*, pour servir au payement des vivres et munitions des gens de guerre. Elle subsiste encore aujourd'hui sous le même nom, et elle est destinée au payement de la gendarmerie.

On y a ajouté depuis : 1° le dixième ou 2 sols pour livre, qui furent établis en 1705, et que l'on a laissé subsister sur le même pied qu'ils avaient été fixés en ladite année 1705 ; 2° la solde des officiers et archers des maréchaussées et les gages des trésoriers des mêmes maréchaussées, sur le pied que cette partie a été réglée en 1720. On y a toujours compris une somme pour la dépense des étapes, quoique le roi ne les fasse plus fournir aux troupes qui marchent dans le royaume, au moyen d'une augmentation de solde que Sa Majesté a accordée, en 1718, aux troupes qui sont en route. On y ajoute même la dépense des réparations des turcies et levées de la rivière de Loire, depuis la rivière d'Allier, près Moulins, jusqu'à Nantes, la dépense des réparations des ponts et chaussées dans tout le royaume, et celle des appointements des inspecteurs, ingénieurs, trésoriers et autres qui sont préposés à la manutention de cette partie, et plusieurs autres parties dont l'imposition est ordonnée par des arrêts du Conseil, pour être continuée pendant une ou plusieurs années. L'état de tout [ce] qui est employé dans les commissions est ci-joint.

Quoique l'imposition de la taille soit annuelle et ordinaire, cependant les sommes qu'on impose ne sont pas toujours les mêmes; c'est pourquoi on en arrête tous les ans un état au Conseil de Sa Majesté. Cet état se règle selon les besoins de l'État et les impositions qui sont ordonnées par des arrêts particuliers. Cet état s'appelle *brevet*. Il est divisé par généralités, et contient pour chaque généralité le détail des sommes que Sa Majesté a intention de faire imposer. Le même brevet ordonne l'imposition de plusieurs sommes sur quelques villes particulières, à titre de *subvention*; ces subventions sont des abonnements au moyen desquels ces villes payent toujours les mêmes sommes. Ce brevet est signé par le roi; il s'expédie tous les ans pour l'année suivante, et il s'en fait deux extraits pour chaque généralité, qui sont expédiés par le secrétaire d'État. Un de ces extraits est envoyé à chaque intendant, et l'autre aux officiers du bureau des finances de chaque généralité, afin que l'intendant et les trésoriers de France donnent leur avis sur l'état des paroisses de leur généralité, eu égard aux connaissances qu'ils prennent à ce sujet sur la répartition qui doit être faite de la somme totale imposée sur leur généralité à chacune des élections de la même généralité. L'envoi du brevet se fait ordinairement tous les ans dans les provinces au mois de juin, afin que les avis qu'on demande puissent être renvoyés au mois de juillet et au commencement d'août, au plus tard, et que l'imposition se puisse faire dans le mois de septembre suivant, parce que le mois d'octobre est le premier mois de l'année de la taille.

Lorsque MM. les intendants ont envoyé leurs avis sur l'état des récoltes et sur la répartition, on fait expédier des lettres patentes en forme de commission, pour imposer dans chaque élection les sommes portées par le brevet, et encore celles dont l'imposition a été ordonnée depuis l'arrêté du brevet par des arrêts particuliers. On expédie à cet effet une commission pour chaque élection; ces commissions sont adressées aux intendants et aux trésoriers de France, pour la généralité, et aux élus, dans chaque élection. Les trésoriers de France mettent leur attache pour l'imposition, et ensuite un d'eux se transporte avec l'intendant dans chaque élection pour faire la répartition sur chaque paroisse, conjointement avec les élus, de la somme portée par la commission. Lorsque cette répartition est faite, on en arrête les états, et l'intendant expédie un mandement pour faire faire l'imposition dans chaque paroisse. Ce mandement contient la somme qui doit être imposée dans la paroisse; il est adressé aux collecteurs, qui ensuite font entre eux la répartition de la même somme sur chacun des habitants de leur paroisse, dont ils dressent un rôle; lorsque ce rôle

IMPOSITIONS ET FERMES.

est fait, ils le doivent apporter à l'élection, où un des élus le calcule et le vérifie; et après que ce calcul et cette vérification sont faits, les collecteurs doivent exiger de chacun des contribuables le payement des sommes portées par leur rôle.

La taille doit être payée en quatre termes, à commencer du 1ᵉʳ octobre de chacune année, jusqu'au dernier septembre de l'année suivante, et chaque terme échoit à la fin d'un quartier. Ainsi le premier terme est échu au 1ᵉʳ janvier;

Le second au 1ᵉʳ avril;
Le troisième au 1ᵉʳ juillet,
Et le quatrième au 1ᵉʳ octobre.

Les collecteurs remettent les fonds de leur recouvrement aux receveurs des tailles.

De ces fonds, les receveurs des tailles en emploient une partie au payement des gages, rentes et autres charges assignées sur eux, et remettent le surplus entre les mains du receveur général.

Le receveur général emploie aussi une partie des fonds qui lui sont remis par les receveurs des tailles au payement des gages, rentes et charges assignées sur la recette générale, qu'on appelle *parties prenantes*, et, du surplus, il en remet une partie à divers trésoriers, comme à ceux de l'ordinaire des guerres, des maréchaussées, des ponts et chaussées, des turcies et levées, etc., et porte le restant au Trésor royal.

Pour régler les payements qui doivent être faits par les receveurs des tailles, tant au receveur général qu'aux parties prenantes, et par le receveur général, tant au Trésor royal qu'aux différents trésoriers et aux parties prenantes, on arrête tous les ans un état qu'on appelle *état du roi*. Il contient en recette et en dépense la totalité des fonds de la taille, et il règle ce qui doit être payé à un chacun sur la totalité de ce recouvrement.

A l'égard des fonds qui sont portés au Trésor royal, le roi en ordonne l'emploi ainsi qu'il le juge à propos, ou par des ordonnances particulières, ou par des états de distribution.

C'est là toute la gradation des opérations qui se font sur les fonds qui proviennent de l'imposition de la taille, dont le fondement est l'arrêté du brevet.

Celui pour 1727 est prêt d'être arrêté.

Celui arrêté pour 1726 montait à la somme de 45,583,877 ᵗᵗ. Les commissions pour la même année furent expédiées sur le pied du brevet, avec 17,988 ᵗᵗ d'augmentation, qui survinrent après l'arrêté du brevet ; mais, sur les représentations qui furent faites par MM. les intendants, de divers accidents arrivés dans les paroisses de leur généralité, par les grêles, les inondations et les autres orages qui avaient fait périr les récoltes, ou à cause des mortalités d'hommes ou de bestiaux arrivées dans quelques-unes, il a été accordé par des arrêts particuliers des diminutions pour ces paroisses, qui ont monté, pour les vingt généralités, à la somme de 2,913,294 ᵗᵗ; au moyen de quoi, le recouvrement de l'imposition de la taille pour 1726, qui avait été fixé par les commissions à 45,601,865 ᵗᵗ, et qui, avec la somme de 117,909 ᵗᵗ pour les subventions, devait monter à 45,719,774 ᵗᵗ, ne montera qu'à 42,806,480 ᵗᵗ, ci.............. 42,806,480 ᵗᵗ

A quoi il faut ajouter 100,000 ᵗᵗ qu'on a imposées depuis l'expédition des commissions, en exécution d'un arrêt du Conseil, pour le rétablissement de la ville de Sainte-Menehould, ci.................. 100,000

Total de l'imposition en 1726 : 42,906,480

Pour régler ce qui doit être compris dans le brevet pour l'imposition de 1727, on observe que les diminutions faites aux paroisses pour 1726 ne doivent avoir lieu que pour une année, et qu'elles ne doivent point continuer en 1727, s'il ne plaît à Sa Majesté de l'ordonner. Ainsi, il faut reprendre la même somme portée par le brevet de 1726, en retrancher les parties qui y étaient comprises et dont l'imposition ne doit point être continuée, et y ajouter celles dont l'imposition a été ordonnée pour l'année 1727, sauf à accorder des diminutions par arrêts, comme en 1726, aux généralités dans lesquelles il se trouvera des paroisses qui auront souffert par les accidents des saisons.

Le brevet pour 1726, non compris les subventions, montait à la somme de 45,583,877 ᵗᵗ.

Les sommes contenues au brevet dont l'imposition a fini avec l'année 1726, et qui doivent être retranchées du brevet qui sera expédié pour 1727, montent à la somme de 454,036 ʰ 6ˢ, savoir :

Pour le rétablissement de Châteaudun	200,000ᴸ 00ˢ 00ᵈ
Pour l'abonnement des droits sur les huiles	112,787 10 00
Pour les réparations et digues de l'île de Ré	29,700 00 00
Pour les réparations de l'église cathédrale de Montauban	11,365 19 4
Pour le loyer de l'auditoire des élus de Rouen	183 6 8
Pour le remboursement de l'Hôtel-Dieu de la Madeleine à Rouen	100,000 00 00
Total	454,036 16 00

Mais, en 1727, il doit être ajouté d'autres sommes au brevet, dont l'imposition a été ordonnée dans le courant de 1726, savoir :

Pour le second tiers du fonds destiné au rétablissement de Sainte-Menehould	100,000ᴸ 00ˢ 00ᵈ
Pour le logement du curé de Mornac, élection de Saintes	30 00 00
Pour l'entretien du chemin royal de Langoiran, généralité de Bordeaux	400 00 00
Pour la rétribution du vicaire de Villers, élection de Saint-Quentin, en Picardie	80 00 00
Pour le loyer de la maison presbytérale du Petit-Niort	55 00 00
Pour l'entretien de plusieurs maîtres et maîtresses d'école dans la généralité de la Rochelle	1,550 00 00
Pour la première moitié de la construction d'une digue au lieu appelé la Longue-Rive de Saint-Vaast, et pour la construction d'un pont appelé de Reville, généralité de Caen	65,150 00 00
Pour la nouvelle réparation à faire aux digues de l'île de Ré	22,675 00 00
Pour la construction d'un chemin de Lisieux à Caen	100,000 00 00
Pour la continuation de la construction de l'église cathédrale de Montauban	10,781 6 00
Pour un maître d'école dans l'élection de Gien, généralité d'Orléans	100 00 00
A reporter	300,821 6 00

Report	300,821ᴸ 6ˢ 00ᵈ
Pour un maître d'école dans la généralité de Tours	100 00 00
	300,921 6 00
Total des parties à retrancher du brevet arrêté pour 1726	454,036 16 00
Parties à ajouter au brevet de 1727	300,921 6 00
Ainsi, il faut retrancher au total du brevet qui sera réglé pour 1727	153,115 10 00
Le brevet de 1726 montait à	45,583,877 17 10
A retrancher	153,115 10 00
Ainsi, le brevet de 1727 doit monter à	45,430,762 7 10

IMPOSITION MILITAIRE DANS LES PAYS D'ÉLECTION.

L'imposition militaire est destinée à payer les dépenses des troupes pendant le quartier d'hiver, dont les principales sont : l'excédant du prix des fourrages qui sont fournis aux chevaux de la gendarmerie, cavalerie et dragons, au delà des 5 sols que le roi fait payer; le petit ustensile des officiers et soldats, et le logement des troupes. Cette imposition a commencé en 1718; on l'a faite cette même année et les suivantes, par un brevet qui s'arrête au Conseil, comme celui de la taille, et qui est signé par le roi, dans lequel sont comprises toutes les généralités des pays d'élection et la somme que chacune doit supporter. Ce brevet doit être expédié dans le même temps que celui de la taille.

Lorsque le brevet pour les fourrages est arrêté, on expédie autant d'arrêts qu'il y a de généralités, pour ordonner dans chacune l'imposition de la somme portée par le brevet. Ces arrêts sont adressés et envoyés à chacun de MM. les intendants, qui en font seuls la répartition par paroisse, au marc la livre de la taille, et le recouvrement s'en fait aussi de même que celui de la taille. Les deniers qui en proviennent passent par les mêmes mains et sont portés directement au Trésor royal, d'où le roi les fait distribuer sur des ordonnances ou états de distribution.

En 1722 et depuis, jusques et compris 1726, cette imposition a monté en total, pour les vingt généralités, à la somme de 5,097,112 ʰ 10ˢ 10ᵈ.

IMPOSITIONS ET FERMES.   491

n'y ayant point eu de raison qui ait obligé de l'augmenter.

Pour 1727, cette imposition montera à 8,550,367 ʰ 18ˢ 4ᵈ, à cause des sommes qui doivent être imposées, tant pour 1726 que pour 1727, pour la solde et l'habillement des soldats de milice qui ont été levés en exécution de l'ordonnance du roi du 25 février 1726, et pour les frais de recouvrement, savoir :

Pour l'habillement de trente-neuf mille hommes qui doivent être levés dans les pays d'élection, à raison de 45 ʰ par habit....................	1,755,000ʰ 00ˢ 00ᵈ
Pour la solde de cinq cent soixante sergents, à raison de 2 sols par jour, et de trente-sept mille quatre cent quarante soldats, à raison d'un sol par jour, pendant les huit derniers mois de 1726...................	486,720 00 00
Pour la même solde, à la même raison, pendant l'année entière 1727	730,080 00 00
Pour les 6 deniers pour livre pour les taxations du trésorier de l'extraordinaire des guerres et la retenue des Invalides..................	74,295 00 00
Total.........	3,046,095 00 00
Pour le sol pour livre pour les frais de recouvrement..............	152,304 15 00
Total.........	3,198,399 15 00
Ancienne imposition militaire......	5,097,112 10 10
Sol pour livre pour le recouvrement	254,855 12 6
Total à imposer en 1727......	8,550,367 18 4

IMPOSITIONS ORDINAIRES DANS LES PAYS CONQUIS.

On comprend sous le nom de *pays conquis* la Franche-Comté, l'Alsace, les Trois-Évêchés, la Flandre, le Hainaut et le Roussillon.

Les impositions s'appellent : en Franche-Comté, *imposition ordinaire*; en Alsace et dans les Trois-Évêchés, *subvention*; en Flandre et Hainaut, *aide*; et en Roussillon, *imposition ordinaire*.

Il y a lieu de croire qu'après la réunion de ces provinces au royaume, on a suivi pour les impositions ordinaires la même proportion que suivaient les souverains qui les possédaient auparavant.

À l'égard de la forme, il s'expédie annuellement des arrêts pour ordonner ces impositions; l'adresse en est faite à MM. les intendants, qui en font la répartition, et le recouvrement s'en fait ou par des collecteurs ou par des officiers municipaux, qui en remettent les fonds à des receveurs particuliers établis à cet effet, et ceux-ci les remettent à des receveurs généraux, qui les portent au Trésor royal, à l'exception de la partie qui doit être employée au payement des gages et autres charges, suivant les états du roi qu'on arrête tous les ans pour ce payement.

Les impositions pour les pays conquis, suivant les arrêts expédiés en 1726 et années précédentes, montent à la somme de 1,990,361 ʰ 12ˢ 9ᵈ, savoir :

En Franche-Comté.............	814,000ʰ 00ˢ 00ᵈ
En Alsace....................	368,850 00 00
Les Trois-Évêchés.............	324,609 00 00
En Flandre, au département de Lille, non compris le don gratuit des états de Lille et celui des états de Cambrai.................	312,553 18 01
Au département du Hainaut.....	117,864 4 11
Pour le Roussillon, il se fait une imposition ordinaire dans le comté de Foix, en vertu d'une commission du grand sceau, qui monte à.....	15,000 00 00
Et il se fait, outre cela, une imposition dans le Roussillon, dont le produit est destiné à payer les logements des officiers-majors des places, et autres frais qui se font dans le pays, à la décharge du roi. Cette partie varie tous les ans; l'imposition s'en fait suivant un ordre que M. l'intendant envoie. Celui qu'il a envoyé pour 1726 monte à......	37,484 6 9
Total.........	1,990,361 12 9

On compte imposer la même somme en 1727.

CAPITATION.

La capitation a été établie pour la première fois en 1695, pour subvenir aux frais de la guerre, et pour être éteinte après la paix. Elle finit au 1ᵉʳ avril 1698, après la paix de Ryswyk, faite en 1697.

La guerre ayant recommencé en 1701, cette imposition fut rétablie. Elle devait être supprimée après la paix; mais les besoins de l'État ont obligé de la continuer par une déclaration du roi du 9 juillet 1715, et elle subsiste encore.

Cette imposition est une taxe personnelle par tête, qui se paye par tous les sujets, sans aucune distinction de qualité ni de dignité; elle s'impose sur le pied d'un tarif arrêté en 1695, qui contient plusieurs classes pour distinguer les états et professions d'un chacun, et qui forme une taxe proportionnée à ces états et aux facultés.

Cette imposition se fait aujourd'hui, en exécution de la déclaration du roi de 1701, sur une simple lettre de M. le contrôleur général à MM. les intendants des provinces et aux chefs des compagnies supérieures de ces mêmes provinces, à M. le prévôt des marchands et à tous les autres chefs des compagnies de la ville de Paris.

Avant d'écrire ces lettres, M. le contrôleur général prend les ordres du roi pour arrêter un état d'évaluation de cette imposition dans chaque province, et il marque ensuite à MM. les intendants et autres d'imposer la somme portée par cet état; mais, comme cette imposition est sujette à plusieurs diminutions, à cause des décharges et modérations qu'on est obligé d'accorder à plusieurs personnes qui souvent sont imposées au delà de leurs facultés, ou qui meurent avant l'échéance des termes de payement, ce qui devient une véritable non-valeur, parce que cette imposition est purement personnelle par tête, on impose toujours une somme au delà de celle portée par la fixation, pour trouver un fonds suffisant pour les décharges, modérations et non-valeurs, et conserver toujours la somme portée par la fixation. Le recouvrement de cette imposition se fait comme celui de la taille, par les collecteurs, les receveurs des tailles et receveurs généraux, et le fonds s'en remet au Trésor royal directement. On impose outre cela 2 sols pour livre du principal de la capitation, à l'exception de quelques départements où les 2 sols pour livre n'ont point été établis, tels que sont la Flandre, l'Alsace et Metz, la Bourgogne, la Bretagne, le Languedoc, l'Artois, le Béarn, la basse Navarre, le Clermontois, le territoire de Dunkerque, et les clergés des diocèses des frontières.

Suivant l'état de fixation arrêté pour l'année 1726, la capitation monte, dans tout le royaume, à 29,060,838 ll 3ˢ 9ᵈ, compris les 2 sols pour livre, savoir:

Dans les vingt généralités des pays d'élection............	18,507,079ˡˡ 19ˢ 9ᵈ
Dans les pays conquis............	2,125,250 6 00
Dans les pays d'états............	4,332,769 00 00
Dans la ville de Paris, compris les compagnies supérieures, le rôle de la cour, de l'extraordinaire des guerres, de la marine, etc..	3,894,000 00 00
Et pour le clergé des diocèses des frontières............	201,138 18 00
TOTAL à imposer pour 1727..	29,060,838ˢ 3 9

RÉCAPITULATION DU MONTANT DES RECOUVREMENTS DONT IL EST FAIT MENTION DANS CE MÉMOIRE POUR 1727.

Taille dans les vingt généralités..	45,565,171ˡˡ 7ˢ 10ᵈ
Imposition militaire............	8,550,367 18 4
Capitation dans tout le royaume...	29,060,838 3 9
Imposition des pays conquis.....	1,990,361 12 9
TOTAL............	85,166,739 2 8

AIDES.

MÉMOIRE SUR LES DROITS D'AIDES[1].

Le droit d'aides, dans les anciennes chartes, est appelé *auxilium*[2]. Par ce mot, dans sa propre signification, on entend toutes sortes de subsides imposés sur les peuples pour assister les rois dans les besoins de l'État. Quelques auteurs prétendent que ce droit d'aide a été substitué à celui de la dîme que

---

[1] Ce mémoire a été fait vers 1710, par Tufferau, commis du Contrôle général. (Papiers du Contrôle général, G⁷ 1178.) Cf. un article sur les droits de douanes préparé par le commissaire Delamare, dans le ms. fr. 21764, fol. 24-27.

[2] Note de l'auteur: «Auxilium, vox forensis; gallice, aide, droits d'aides.» (Ducange, *Glossarium*.)

nos rois levaient sur tous les biens de leurs sujets, et qui ne se levait que dans les pressants besoins et les urgentes nécessités du royaume, comme fit Charles-Martel dans la guerre qu'il eut contre les Sarrasins, et Philippe-Auguste pour le recouvrement de la Terre-Sainte. Ce prince ordonna la levée de cette dîme sur tous les biens de ses sujets, tant ecclésiastiques que laïques, qu'on appela *dîme saladine*. La levée de cette dîme fut continuée sous le règne de Philippe le Bel et de ses successeurs, plus ou moins forte selon les occurrences et les besoins de l'État. Les ecclésiastiques et les autres sujets du roi, à l'exemple du clergé, se rédimèrent de ce droit de dîme, auquel il paraît que les ecclésiastiques étaient encore assujettis sous François Ier, car ils traitèrent avec ce prince et offrirent à lui payer, et aux rois ses successeurs, une somme par an, qui fut appelée *taxe pascaline*, espèce de décime ordinaire imposée légèrement sur tous les bénéfices à raison de leur revenu, ce que le roi agréa par ses lettres patentes de 1516; mais, comme ce droit doublait, et allait quelquefois jusqu'au quadruple de cette dîme ordinaire, le clergé trouva le moyen de le convertir, avec les amortissements et autres droits, en une autre espèce de redevance, par forme de constitution de 1,600,000^{ll} de rente, par un contrat solennel fait à Poissy, sous la minorité de Charles IX; et c'est ce qu'on appelle à présent *rentes sur le clergé*.

Sous le roi Jean, les États consentirent à une imposition du sol pour livre, établie et rendue ordinaire par l'offre et le consentement des peuples, non sur le revenu des particuliers, mais sur les denrées et marchandises qui seraient vendues, afin que la perception de ce droit fût plus favorable aux peuples, parce que ceux qui consument leur revenu dans leurs familles ne payaient rien, comme portent les ordonnances du même roi Jean des années 1355 et 1360, et que la levée s'en faisait par des gens que le peuple choisissait, qui étaient appelés *élus*, et les surintendants de ces levées, *généraux des aides*.

Et parce que ces droits d'aides n'étaient point domaniaux, mais réputés deniers extraordinaires, qui ne dépendaient point de la justice ordinaire, le roi Jean, par le même édit de 1355, établit la Cour des aides pour la direction et la conservation de ce vingtième du prix de la vente de toutes sortes de marchandises. Ces députés généraux juraient sur les saints évangiles qu'ils n'emploieraient ces deniers que pour l'usage de la guerre, nonobstant quelques mandements qu'ils en eussent du roi; et si quelqu'un entreprenait de les convertir en d'autres usages, il était permis à ces généraux de s'y opposer par voie de fait, et d'implorer, en cas de contrainte, l'aide et le secours des bonnes villes circonvoisines.

Les ordonnances du roi Jean furent exécutées sous les règnes de Charles V et VI; mais, [durant] les troubles qui survinrent sous Charles VI, la ville de Paris, et, à son exemple, plusieurs autres villes du royaume ne voulurent plus payer ce droit d'aides. Charles VII ayant chassé les Anglais et pacifié le royaume, dans une assemblée des États tenue à Paris en 1435, ce même droit du sol pour livre sur les marchandises et denrées fut rétabli de la même manière qu'il avait été établi sous le roi Jean, avec cette différence que Charles VII ayant établi la taille personnelle et ordinaire, le droit d'aides, qui se prenait indistinctement sur toutes les marchandises, ne se levait plus que sur les vins vendus en gros et en détail; à quoi on joignit les droits patrimoniaux qui se levaient sur les habitants des villes pour subvenir aux dépenses qu'elles étaient obligées de faire.

Ce subside, qui n'était au commencement que conditionnel et à temps, s'est tellement augmenté, qu'il n'y a rien à présent qui soit exempt de cet impôt.

Jusqu'en l'année 1604, les baux des aides se faisaient devant les élus ou autres officiers, par chaque généralité et chaque élection. Dès l'an 1553, ils commençaient au premier octobre; l'adjudication s'en faisait à chandelle éteinte, et nul n'était reçu à enchérir que par tiercement[1]. Mais les fraudes

---

[1] «Tiercement est ainsi appelé de ce que les enchères étaient reçues devant le tiers du temps de la ferme; le doublement commençait après le tiers de l'année, et les enchères du doublement doublaient un tiercement et en valaient deux. Henri II, par son édit de 1553, fixa cette forme de tiercer et doubler à un mois; mais à présent l'adjudication légitime-

qui se commettaient par ces officiers dans l'adjudication obligèrent le Conseil du roi d'en faire un bail général. Le premier que nous ayons est du 15 mai 1604, à Jean Moisset, pour dix ans, commençant au 1ᵉʳ octobre 1603, pour 500,000ᵗᵗ. En 1617, cette ferme générale des aides fut poussée jusqu'à 1,100,000ᵗᵗ d'une part et 1,500,000ᵗᵗ d'autre, compris les impôts et billots des évêchés de Rennes, Saint-Malo, Dol, Nantes et Lyon, qui avaient été aliénés, et qui furent dégagés en 1618.

Les droits d'aides n'ont cours que dans les généralités de Paris, Soissons, Amiens, Châlons, Orléans, Tours, Bourges, Moulins, Poitiers, la Rochelle, Lyon, quelque partie de la Bourgogne, Rouen, Caen et Alençon. (Ord. 1680.)

A présent elles sont à 22 millions.

Ces droits d'aides, comme ils se perçoivent aujourd'hui, doivent être considérés en deux manières, savoir : comme droits particuliers, comme ceux du pont de Joigny, de rivières et d'octrois; et comme droits généraux, comme ceux d'entrée, de gros, huitième, quatrième, annuel, augmentation, lesquels se lèvent dans les généralités avec une si grande différence, que la perception n'en peut être que préjudiciable au roi et au public.

Droit d'entrée du vin.

Ce droit est très-ancien : nous avons une charte de Louis le Gros, de l'an 1121, et le 14ᵉ de son règne, par laquelle il quitte aux Parisiens le droit de 60 sols par bateau qu'on prenait en vendange. Charles V, outre les 12 deniers pour livre sur toutes les marchandises, obtint encore des États le quatrième du vin vendu en broche à Paris, et 12 deniers pour queue de vin français entrant à Paris, et 24 sols de celui de Bourgogne, pour employer à la rançon du roi Jean, son père.

Depuis 1561 jusqu'en 1599, les droits d'entrée n'ont été qu'à 3ᵗᵗ 5ˢ, compris toutes les augmentations qui avaient été faites d'année en année. Ils ont toujours augmenté depuis ce temps-là. En 1658, le muid entrant dans Paris par terre payait 15ᵗᵗ 2ˢ 2ᵈ, et 18ᵗᵗ 2ˢ 9ᵈ par eau, à cause du droit de rivière, qui est de 3ᵗᵗ 0ˢ 7ᵈ, ce qui doit s'entendre des vins de France, car les vins de liqueur payaient davantage.

En 1708, les vins entrant par eau dans Paris, pour les marchands, payaient pour tous droits d'entrée, en quarante-deux articles, 29ᵗᵗ 13ˢ; par terre, en trente et un articles, 24ᵗᵗ 18ˢ 1ᵈ; pour les bourgeois, par eau, 31ᵗᵗ 3ˢ 3ᵈ, en trente-deux articles; par terre, 25ᵗᵗ 19ˢ 11ᵈ, compris 45 sols par muid pour les pauvres. L'eau-de-vie par eau, pour tous droits, en trente et un articles, 83ᵗᵗ 10ˢ 9ᵈ.

La plus forte année de l'entrée des vins dans Paris est celle de 1688, qui monta à 252,540 muids; celle de 1699 ne monta qu'à 230,000. Le vin recueilli dans la généralité de Paris pendant cette année montait à 921,000.

Gros.

Autrefois était le vingtième sur toutes les marchandises. Louis XI, par son édit du mois d'août 1465 et sa déclaration de 1462, supprima cette imposition du sol pour livre sur toutes les marchandises, à l'exception du vin, du bétail à pied fourché, des draps et de la bûche. Louis XII, en 1497, confirma les nobles dans l'exemption du vin de leur cru seulement, comme jouissent aujourd'hui les bourgeois de Paris. Ce droit, par la déclaration du 16 avril 1663, fut fixé à 40 sols pour muid, le sol pour livre d'augmentation et le parisis; le tout revenant à quelque 3ᵗᵗ quelques sols.

L'ancien droit de gros n'a lieu que dans les généralités de Paris, Soissons, Amiens et Châlons, ville et élection de Bar-sur-Seine, les élections de Montargis et de Mâcon, celle de Pithiviers pour les paroisses qui sont du diocèse de Sens, ville et faubourg, banlieue non taillable d'Orléans pour le vin vendu par les forains et par ceux qui s'y viennent établir avant que d'avoir acquis leur domicile, Chartres, Issoudun, Tours, Poitiers, Lyon et autres [1].

---

ment faite, personne n'est recevable à y mettre enchère.» (Note de l'auteur.)

[1] Ajoutez : Rouen et sa banlieue. L'*Encyclopédie méthodique* (*Finances*, 1785, t. II, p. 440-449) donne, à la suite de l'article Gros, une énumération alphabétique des localités exemptes, parmi lesquelles Dreux, Fontainebleau, Fontenay, la Pissotte,

Subvention.

Droit de 27 sols par muid, restreint aux lieux des ressorts des Cours des aides de Paris et de Rouen, établi par Louis XIII, par sa déclaration du 8 janvier 1641.

Pont de Joigny.

Ce droit fut établi pour décharger les élections d'Auxerre, Mâcon, Bar-sur-Seine, Vézelay, Tonnerre et Joigny du sol pour livre, par édit du mois de novembre 1640, lequel fut converti à la levée de 40 sols sur chacun muid de vin passant à Joigny, par la déclaration du 20 juillet 1656[1].

Droit de 45 sols de rivière.

Il est de 3 ^{lt} sur le vin, pour les péages qui se levaient sur la rivière de Seine et autres y affluentes, depuis leur source jusqu'à Rouen.

Droit de 3^{lt} et 45 sols par charroi.

Celui de 3^{lt} fut établi en 1594, pour l'entretien des troupes sur la frontière de Picardie et Bretagne, et celui de 45 sols, par une déclaration du 12 janvier 1633.

Droit de 9^{lt} 18^s pour tonneau et d'un sol pour pot.

Ce droit fut établi du temps de Henri IV, par ses lettres patentes du 21 juillet 16.., au lieu du sol pour livre accordé par l'assemblée de Rouen (1597) pour l'entrée des villes et des bourgs de la province de Picardie et Pays reconquis, avec le sol pour livre pour le vin vendu en détail.

Droit de huitième et quatrième.

Le premier de nos rois qui a imposé le droit du quatrième est Childéric, qui en a ordonné la levée sur la quatrième partie d'un tonneau. Il se lève à présent sur le vin qui se vend ou à pot ou à assiette. Du temps de Henri II, le huitième à pot était fixé à 12 sols parisis par muid; à assiette, à 16 sols. Depuis il a augmenté jusqu'à 5^{lt} 8^s à pot, et à 6^{lt} 15^s à assiette. Il y a des provinces où les aides ont cours, qui ne payent que le quatrième, d'autres le huitième, et d'autres où tous les deux ont cours.

Droit annuel.

Établi par Charles IX en 1551 et 1563, confirmé par Henri III et ses successeurs, pour avoir la permission de tenir cabaret, taverne et hôtellerie ordinaire; il est de 8^{lt} par an pour les villes, et 5^{lt} 10^s pour les autres lieux.

Ban-vin ou ban à vin.

Un droit de privilége accordé, ou par les coutumes, ou par les lettres du prince, à quelques seigneurs ou officiers de vendre en détail le vin de leur cru sans payer aucun droit de détail, sans pouvoir le transporter ni le céder à qui que ce soit, dans les temps marqués par les coutumes ou priviléges.

Eau-de-vie.

Elle ne payait d'entrée autrefois que 12^{lt} 11^s 3^d, non compris le sol et les 6 deniers pour livre. En 1686, pour tous droits, elle payait 56^{lt} 8^s; à présent, 83^{lt} 10^s 9^d.

Bière et cidre.

La bière, par l'édit du mois d'août 1697, pour tous droits, 35 sols; et le cidre et le poiré, 17^s 6^d.

Poisson de mer, etc.

Ce droit paye 24 deniers pour livre du prix de la vente.

Bétail à pied fourché.

Autrefois ce droit était de 3^{lt} 4^s pour bœuf, 32 sols pour vache, 7^s 6^d pour mouton; les pièces et morceaux à proportion. En 1690, 5^{lt} pour bœuf, 50 sols pour vache, 8 sols par mouton; outre lesquels droits se lèvent ceux du domaine et barrage.

Vincennes et Montreuil, Joigny, Pontoise et la partie de cette élection dépendant de la province de Normandie, Saint-Germain-en-Laye, Sens, Montereau et Villeneuve-le-Roi (élection de Sens), appartiennent à la généralité de Paris.

[1] Voir ci-dessus, p. 366, et l'*Encyclopédie méthodique* (*Finances*), t. III, p. 342.

Bois carrés et autres.

Ce droit était compris dans l'imposition du sol pour livre sur toutes les marchandises, en 1335. Il y a un tarif qui règle la perception de ce droit.

Marque sur le fer, acier et mines de fer.

Droit que Charles VI, par ses lettres du 30 mai 1413, ordonna être levé à son profit. Il est de 30 sols par quintal de fer, 18 sols pour quincaillerie, 20 sols pour l'acier, et 3ˢ 4ᵈ pour mine de fer.

Marque et contrôle du papier.

Droit établi par Louis XIII en juin 1633. Il était de 5, 6, 7, 8 et 9 sols par rame, suivant le poids du papier, et depuis six livres jusqu'à trente livres, et 3 sols par rame de papier bleu, gris, etc.; 1 sol au marqueur, et 1 sol pour rame d'entrée. Ce droit est bien augmenté depuis la création des offices : il y a un tarif des droits qui doivent être payés.

Papier marqué.

Ce droit sur le papier fut établi le 19 mars 1673; la grandeur du papier règle ce droit. Il est général par tout le royaume.

Les autres droits compris sous la ferme des aides sont : le barrage, pour l'entretien du pavé; le droit de seigneuriage ou marque de l'or et de l'argent, avec son doublement; les octrois des villes, le parisis des droits attribués aux officiers des cuirs, les droits sur les cendres, soudes et gravelées; ceux qui se lèvent sur les ponts de Meulan, sur la volaille, gibier, œufs, etc.; subsistance des villes, tarif de la ville d'Alençon, vingt-quatrième d'Angoulême, péage de Pont-sur-Yonne, impôts et billots de Bretagne, poids au Duc de la même province, droits sur le pastel, garance, canevas, etc., qui se perçoivent à Rouen.

ÉTAT DES SOUS-FERMES D'AIDES, AVEC TOUTES LES DIMINUTIONS, DU 1ᵉʳ MAI 1685 [1].

SOUS-FERMES D'AIDES ET DROITS Y JOINTS.	PRIX RESTANTS de toutes LES DIMINUTIONS.	PRENEURS ET CAUTIONS.
Mantes, Meulan, Dreux et Montfort-l'Amaury. Aides. 1ʳᵉ diminution, 10,000 ᵗ. 2ᵉ diminution, 20,000 ᵗ.	210,000 ᵗ. 21 août 1680.	Pierre Le Febvre, preneur. Cautions : MM. Bigodet et du Baret, de Turménies et du Plessis, Jameron et Bruchet, Vigan et Besnier, Esve et Chardon.
Melun, Rozoy, Provins et Coulommiers. Aides. Diminution, 18,000 ᵗ.	184,000 ᵗ. 22 août 1680.	Laurent Maguière, preneur. Cautions : MM. de Morlière et Bouillant, de Champeron et Boucher, La Barre et La Falize, du Mesnil et Jacquemin, Bourlon et Delaporte.
Élection de Meaux et le département de Crécy. Aides. Diminution, 16,000 ᵗ.	144,000 ᵗ. 22 août 1680.	Daniel Maugue, preneur. Cautions : MM. de Champeron, Delarré, Caboud, du May.
Contrôle des bières de Paris. Diminution en perte, 21,000 ᵗ.	20,000 ᵗ. 24 août 1680.	MM. les fermiers généraux font régir sur l'abandonnement des sieurs Gougeon et Chenlatte.
Plat pays de Paris. Aides. Diminution, 40,000 ᵗ.	688,000 ᵗ. 28 août 1680.	Antoine des Planches, preneur. Cautions : MM. Brunet de Vauxgé, Leugeois de Saint-Quentin, Caboud, Huby, Moulier, Charlot, Michon, de la Forest, Le Meignan, de Barberé, Chaponnel.

[1] Nous n'extrayons de cet état (Arch. Nationales, K 887, n° 23), qui embrasse tout l'ensemble du royaume, que les articles qui concernent la généralité de Paris.

IMPOSITIONS ET FERMES.

SOUS-FERMES D'AIDES ET DROITS Y JOINTS.	PRIX RESTANTS de toutes LES DIMINUTIONS.	PRENEURS ET CAUTIONS.
Le grand droit de Beauvais.	51,000 ll. 23 août 1680.	MM. les fermiers généraux font régir sur l'abandonnement de MM. Brunet de Vauxgé et Brunet de Bancy.
Cendres et gravelées, 20 sols p. o/o du plâtre de Conflans, et 2 écus par bateau passant sous le pont de Conflans.	16,500 ll. 29 août 1680.	Sébastien de Péronnette, preneur. Cautions : MM. Ludet, Charbot, Gosselin.
Senlis, Compiègne et Beauvais, compris la ville de Beaumont. Aides. 1re diminution, 16,000 ll. 2e diminution, 22,500 ll.	227,500 ll. 5 septembre 1680.	Thomas Magdelenat, preneur. Cautions : MM. Brunet de Vauxgé et Brunet de Bancy.
Volaille, gibier, œufs, beurre frais, fromage, cochons de lait, agneaux, chevreaux et le poisson d'eau douce, dans Paris seulement.	184,000 ll. 7 septembre 1680.	Nicolas Félix, preneur. Cautions : MM. Tessier et du Cerceau, Pollalion et Thomas, Rochon et André, Baquet l'aîné et Baquet le jeune, Haran et Brondeau, Regnoult et Gaultier.
Sol pour livre sur la vente des veaux, dans Paris seulement.	120,000 ll. 7 septembre 1680.	MM. les fermiers généraux font régir et payer les droits à l'entrée de la ville de Paris.
Étampes et Dourdan. Aides. 1re diminution, 5,000 ll. 2e diminution, 400 ll.	76,600 ll. 19 septembre 1680.	Pierre Bruslier, preneur. Cautions : MM. de Vaujours et Chardon, Brunet et Guyon de la Charme.
Sens, Nogent, Nemours, Saint-Florentin et Tonnerre. Aides. 1re diminution, 9,000 ll. 2e diminution, 21,000 ll.	252,000 ll. 28 août 1680.	François Notin, preneur. Cautions : MM. Dufour, Camart, Indret, Broned.
Bois ouvrés et à bâtir, de sciage, charronnage et autres bois. Diminution, 18,000 ll.	83,000 ll. 28 août 1680.	Pierre Le Febvre, preneur. Cautions : MM. Bruchet, du Barret, du Plessis, de la Cour, Besnier, Monnoury.
2 sols pour livre sur tout le poisson de mer, frais, sec et salé. Diminution, 6,000 ll.	218,000 ll. 28 août 1680.	Nicolas Rasmus, preneur. Cautions : MM. Bruchet, Langlois, Bigodet, Frémin, Josse.
La marque d'or et d'argent dans toutes les villes et bourgs du royaume de France. Diminution, 49,000 ll.	269,000 ll. 28 juin 1685.	Étienne Bidereau, preneur. Caution : René Moriveau, avocat en parlement. MM. les fermiers généraux font régir sous les noms desdits Bidereau et Moriveau.
La marque du papier aux moulins des généralités de Paris et de Tours.	900 ll. 7 octobre 1681.	Étienne Dallée, preneur. Caution : Louis Le Faucheur.
Élection de Joigny. Aides. Diminution, 12,000 ll.	48,000 ll. 20 septembre 1681.	Louis Fauque, preneur. Cautions : MM. Le Normant, Thoron, Maynon et Le Mercier.
Regrats du grenier à sel de Paris. 1re diminution, 8,000 ll. 2e diminution, 3,000 ll.	175,000 ll. 6 octobre 1681.	Nicolas Félix, preneur. Cautions : MM. Pollalion, Gaultier, du Cerceau, Thomas, Rochon, Tessier, Regnoult, Baquet l'aîné, Baquet le jeune, Châtellain, Maguer, Haran, André.
Regrats de la généralité de Paris. Diminution, 5,000 ll.	96,000 ll. 7 octobre 1681.	Christophe Thibaut, preneur. Cautions : MM. Pollard, Debouny, Charlet, de la Huberdière, de la Ferté, Le Meignan, de la Forest, Famin, de Gourville, de la Courbe, Merlat, Séjourné, de Barberé.

APPENDICE.

ÉTAT DES OCTROIS ET DENIERS PATRIMONIAUX DONT JOUISSENT LES VILLES DE LA GÉNÉRALITÉ DE PARIS [1].

A Paris, ce 22 février 1690.

Monsieur,

Je vous envoie l'état des villes de la généralité de Paris où il y a des hôtels de ville, des octrois et des deniers patrimoniaux; j'y ai ajouté les lieux particuliers des élections où il y a des octrois.

Je suis avec respect, Monsieur, votre très-humble et très-obéissant serviteur.

DE MÉNARS.

ÉLECTION DE MEAUX.

Meaux.
- Octrois, par an .... 4,800^{ll} 00^s
- Biens patrimoniaux 131 00

La Ferté-sous-Jouarre.
- Octrois 960 00

ÉLECTION DE COULOMMIERS.

Coulommiers.
- Octrois 970 00

La Ferté-Gaucher.
- Octrois 570 00

ÉLECTION DE ROZOY.

Rozoy.
- Octrois 700 00

Tournan.
- Octrois 400 00

Nangis.
- Octrois 300 00

ÉLECTION DE PROVINS.

Provins.
- Octrois 2,200 00
- Deniers patrimoniaux 852 00

ÉLECTION DE NOGENT.

Nogent.
- Deniers patrimoniaux 4,000 00

Bray.
- Octrois 1,230 00
- Biens patrimoniaux 580 00

Terres labourables et pâturages affermés 20,700^{ll} pour vingt-neuf années, moitié pour les réparations du pont, et l'autre moitié pour les créanciers de la ville, dont les dettes ne sont pas encore liquidées.

ÉLECTION DE SENS.

Sens.
- Octrois .... 8,500^{ll} 00^s
- Biens patrimoniaux 106 00

Villeneuve-l'Archevêque.
- Octrois 1,350 00

Villeneuve-le-Roy.
- Octrois 6,600 00

Montereau.
- Octrois 3,383 00

ÉLECTION DE JOIGNY.

Joigny.
- Octrois 1,960 00
- Biens patrimoniaux 2,500 00

ÉLECTION DE SAINT-FLORENTIN.

Saint-Florentin.
- Deniers patrimoniaux 64 00

ÉLECTION DE TONNERRE.

Tonnerre.
- Octrois 420 00
- Biens patrimoniaux 338 00

ÉLECTION DE VÉZELAY.

Vézelay.
- Octrois 120 00
- Biens patrimoniaux 800 00

ÉLECTION DE NEMOURS.

Nemours.
- Octrois 650 00

ÉLECTION DE MELUN.

Il n'y a à Melun ni octrois ni deniers patrimoniaux.

La ville de Moret.
- Octrois 3,334 00

ÉLECTION D'ÉTAMPES.

Étampes.
- Octrois 2,020 00
- Biens patrimoniaux 600 00

ÉLECTION DE MONTFORT.

Il n'y a dans la ville de Montfort ni octrois ni deniers patrimoniaux.

Houdan.
- Octrois 940 00

---

[1] Papiers du Contrôle général, G⁷ 427.

IMPOSITIONS ET FERMES.

ÉLECTION DE DREUX.
Dreux.
Octrois.................................. 2,810ʰ 00ᵈ
Deniers patrimoniaux................ 771 10
Autre octroi............................ 3,000 00

ÉLECTION DE MANTES.
Mantes.
Octrois.................................. 970 00
Biens patrimoniaux................... 4,150 00

ÉLECTION DE BEAUVAIS.
Beauvais.
Octrois.................................. 6,200ʰ 00ᵈ

ÉLECTION DE SENLIS.
Senlis.
Octrois.................................. 1,240 00
Biens patrimoniaux................... 766 10

ÉLECTION DE COMPIÈGNE.
Compiègne.
Octrois.................................. 3,920 00
Biens patrimoniaux................... 2,932 00

ÉTAT DE CE QUE PRODUISENT LES ENTRÉES DE PARIS ET ROUEN ET LES FERMES QUE MESSIEURS DES AIDES FONT RÉGIR EN L'ANNÉE 1692[1].

Les droits de jauge et courtage rétablis en 1689 ... 1,800,000ʰ
Les aides et droits y joints du plat pays de Paris ... 700,000
Les aides et droits y joints de l'élection de Chartres ... 230,000
Le papier et parchemin timbrés de Paris et de la généralité ... 528,000
Le sol pour livre de la vente des veaux dans Paris ... 120,000
Le grand droit de Picardie, qui consiste en 9ʰ 18ᵈ pour muid de vin qui passe en Flandre et autres pays ... 51,000
Les droits de toutes les marchandises qui passent dessus et dessous le pont de Joigny ... 200,000
Vin français passé debout au travers de Paris ... 5,996
Les entrées de la ville et faubourgs de Rouen et dépendances ... 433,307
Vin français entré dans Paris en bouteilles ... 7,337
L'eau-de-vie qui entre dans Paris, avec les droits de consommation ... 300,000
Les vins de liqueur entrant et vendus en détail dans Paris ... 100,000
Le gros et entrée des vins français qui arrivent à Paris, tant par eau que par terre ... 5,600,000
Les droits des rivières sur le vin et autres marchandises ... 441,884
Les cidres et poirés qui entrent et sont vendus en détail dans Paris ... 4,578
Le détail et droit de bouchon de tous les vendants-vin de la ville et faubourgs de Paris ... 1,200,000

Les droits de l'ancien pied fourché 700,000ʰ
Les droits du nouveau pied fourché, établi en l'année 1690 ... 500,000
Le doublement du marc d'or ... 160,000
La première moitié des octrois réservés ... 40,000

Total[2] des entrées de Paris et Rouen et des fermes que Messieurs des aides font régir, du bail de Mᵉ Pierre Pointeau ... 13,092,999

Messieurs les fermiers généraux sous-fermèrent des aides et droits y joints pour la somme de ... 12,615,750
Ils sous-fermèrent des domaines pour la somme de ... 6,223,400

Total des sous-fermes ... 18,839,150

Messieurs les fermiers généraux payent par an pour le prix du bail des aides et domaines, papier et parchemin timbrés, et droits joints auxdites aides ... 27,500,000

Somme totale des entrées de Paris et Rouen et des sous-fermes des aides et domaines, papier et parchemin timbrés, et autres droits ... 31,931,249

---

[1] Archives Nationales, K 887, n° 31.
[2] Ce total est faux, car l'addition donne réellement 13,122,099; mais il est probable que le commis chargé de copier l'état a mal lu ou mal transcrit l'une des sommes partielles, et que les totaux doivent être exacts. C'est pourquoi nous les maintenons.

ÉTAT DE LA FERME DES AIDES DE LA GÉNÉRALITÉ DE PARIS EN 1692 ET 1693[1].

SOUS-FERMES.	PRODUITS de 1691-1692.	PRODUITS de 1692-1693.
Meaux	221,327ʰ	111,081ʰ
Beauvais	125,058	87,334
Compiègne	85,219	50,662
Senlis	44,463	30,174
Beaumont	47,117	29,474
Totaux	523,754	308,725
Joigny	46,053	42,448
Étampes	36,762	34,147
Dourdan	30,404	20,147
Totaux	113,219	97,022

Le prix du bail étant de 112,000ʰ, et les frais de 27,000ʰ, la perte est de 41,978ʰ pour les fermiers, en 1693; sur quoi ils ont obtenu une surséance de 18,000ʰ.

SOUS-FERMES.	PRODUITS de 1691-1692.	PRODUITS de 1692-1693.
Melun	//	94,367ʰ
Rozoy	//	25,387
Provins	//	26,244
Coulommiers	//	21,941
Total		167,939

Le prix du bail étant de 173,800ʰ, et les frais montant à 50,500ʰ, la perte pour 1693 est de 55,858ʰ.

SOUS-FERMES.	PRODUITS de 1691-1692.	PRODUITS de 1692-1693.
Sens	73,293ʰ	48,636ʰ
Nemours	41,809	36,998
Montereau	27,895	26,802
Nogent	49,499	38,939
Tonnerre	63,962	49,609
Saint-Florentin	13,445	9,808
Vézelay	2,000	2,000
Totaux	279,903	212,852

Le prix du bail étant de 256,500ʰ, et les frais montant à 70,000ʰ, la perte a été pour 1691-1692 de 47,497ʰ, et pour 1692-1693 (le prix du bail étant plus élevé de 25,000ʰ), la perte est de 131,548ʰ.

BORDEREAUX DU COMPTE DES DROITS DE JAUGE ET COURTAGE DE LA GÉNÉRALITÉ DE PARIS[2].

Meaux	20,000ʰ	Sens	}	25,000ʰ
Mantes, Meulan, etc.	18,500	Nogent		
Senlis	} 22,000	Nemours		
Compiègne		Joigny		6,000
Beauvais		Auxerre	}	16,000
Étampes et Dourdan	4,000	Vézelay		
Melun	} 15,000			
Rozoy, etc.				

---

[1] Nous n'avons trouvé dans les Papiers du Contrôle général, G⁷ 1178, que des renseignements incomplets sur les pertes considérables que les fermiers avaient faites et qui forcèrent, comme le Mémoire l'a dit (p. 275), à leur accorder des diminutions. Nous résumons ces renseignements en forme de tableau.

[2] Papiers du Contrôle général, G⁷ 1146. — Voyez ci-dessus, p. 275.

IMPOSITIONS ET FERMES.

ÉTAT DES BOISSONS ENTRÉES A PARIS DE 1691 A 1711 [1].

PRODUIT NET DE MUIDS DE VIN, DÉDUCTION FAITE DES 2¼ ET REMISE, EAU-DE-VIE, VIN DE LIQUEUR, CIDRE, POIRÉS ET BIÈRES ENTRÉS À PARIS PAR CHACUNE ANNÉE DES BAUX CI-APRÈS, ET DU PIED COMMUN PAR ANNÉE D'ICEUX, TIRÉS A CÔTÉ, SAVOIR :

ANNÉES.	VIN PAR EAU et terre.	EAU-DE-VIE.	LIQUEUR.	CIDRE.	POIRÉ.	BIÈRES fabriquées à PARIS.
Pierre POINTEAU, qui a commencé le 1ᵉʳ octobre 1691.	muids.	muids.	muids.	muids.	muids.	Elles ont été sous-fermées pendant le bail de Pointeau.
1ʳᵉ année.......	212,343	7,497	198	656	19	
2ᵉ année.......	199,102	5,181	500	1,829	571	
3ᵉ année.......	136,305	4,763	273	254	61	
4ᵉ année.......	209,093	4,956	198	3,294	1,324	
5ᵉ année.......	167,261	6,084	555	210	60	
6ᵉ année, finie le dernier septembre 1697.	166,576	6,658	464	235	340	
TOTAUX........	1,020,680	35,139	2,188	6,378	2,375	
Par année commune........	170,113	5,856	364	1,063	395	
Thomas TEMPLIER, qui a commencé le 1ᵉʳ octobre 1697.						muids.
1ʳᵉ année.......	165,928	8,120	476	5,480	1,996	75,148
2ᵉ année.......	121,338	8,157	1,543	459	34	75,383
3ᵉ année.......	266,308	7,331	322	975	602	28,932
4ᵉ année.......	205,307	6,448	379	1,913	1,721	34,121
5ᵉ année.......	209,048	5,341	230	892	634	35,924
6ᵉ année, finie le dernier septembre 1703.	162,916	6,644	352	2,868	638	34,305
TOTAUX........	1,130,865	41,441	3,302	12,587	5,625	283,913
Par année commune........	188,480	6,906	550	2,097	937	47,168
Charles FERRAND, qui a commencé le 1ᵉʳ octobre 1703.						
1ʳᵉ année.......	245,646	7,010	281	952	936	23,352
2ᵉ année.......	208,667	5,610	284	2,903	1,812	19,647
3ᵉ année, finie le dernier septembre 1706.	198,999	5,982	252	1,668	2,691	17,225
TOTAUX........	653,312	18,602	817	5,523	5,439	60,224
Par année commune........	217,770	6,200	272	1,841	1,813	20,074

[1] Papiers du Contrôle général, G⁷ 1179. — Selon un autre état conservé dans le carton G⁷ 1182, il entra à Paris, du 1ᵉʳ octobre 1718 au 18 septembre 1719, 276,507 muids de vin, 5,914 muids d'eau-de-vie et 434 muids de liqueur; de 1719 à 1720, 398,608 muids de vin, 11,480 muids d'eau-de-vie et 1,016 muids de liqueur; de 1720 à 1721, 301,106 muids de vin, 6,892 muids d'eau de vie, 199 muids de liqueur. — On doit rappeler que la principale partie des vins destinés à l'approvisionnement des maisons religieuses et des hôpitaux entrait en franchise. La moyenne de cet article était, sous Colbert, de 6 à 7,000 muids par an. (Bibl. Nationale, *Mélanges Colbert*, ms. n° 249.)

ANNÉES.	VIN PAR EAU et terre.	EAU-DE-VIE.	LIQUEUR.	CIDRE.	POIRÉ.	BIÈRES fabriquées à PARIS.
Charles ISAMBERT, qui a commencé le 1ᵉʳ octobre 1706.	muids.	muids.	muids.	muids.	muids.	muids.
1ʳᵉ année............................	217,418	6,250	204	1,392	1,630	13,374
2ᵉ année............................	250,249	4,952	231	387	354	11,768
3ᵉ année, finie le dernier septembre 1709	164,786	4,412	353	655	937	6,068
TOTAUX............................	632,453	15,614	788	2,434	2,921	31,210
Par année commune..................	210,817	5,204	262	811	973	10,410
Régie dudit ISAMBERT, qui a commencé le 1ᵉʳ octobre 1709.						
1ʳᵉ année............................	71,897	4,283	150	726	750	1,042
7 premiers mois de l'année courante...	85,946	3,312	150	65	147	30,247
Les 5 derniers mois, par estimation...	24,054	1,338	10	35	23	30,000
TOTAUX............................	181,897	8,933	310	826	920	61,289
Par année commune..................	90,948	4,466	155	413	460	30,644

ENTRÉES DE PARIS[1].

1720-1721.

BORDEREAU DE RECETTE DES COMPTES DES ENTRÉES DE PARIS, DROITS DE RIVIÈRE, JAUGE ET COURTAGE ET AUTRES DROITS JOINTS AUX AIDES, RENDUS PAR LES RECEVEURS DES BUREAUX DÉPENDANT DE LA DIRECTION DE Mᵉ PANEAU, PENDANT LA PREMIÈRE ANNÉE DE RÉGIE DE Mᵉ CHARLES CORDIER, COMMENCÉE LE 1ᵉʳ OCTOBRE 1720 ET FINIE LE DERNIER SEPTEMBRE 1721.

Premièrement.

DROITS D'ENTRÉE SUR LE VIN ET AUTRES BOISSONS.

200,912ᵐ 0ᶜ 7ᵖ	Vin par eau, à 23ᵐ le muid, y compris 94ᵐ 1/2 5ᶜ à 20ᵐ.................	4,620,692ᵐ 11ˢ 10ᵈ
106,676 1 1	Vin par terre, à 20ᵐ le muid, dont 13ᵐ 1/4 8ˢ à 14ᵐ les 6, payés à Chaillot....	2,133,444 11 06
656 0 1 6	Vin entré à Chaillot, à 14ᵐ 15ˢ le muid...........................	9,219 09 03
14 3 5 5	Vin entré en bouteilles par eau, à 23ᵐ le muid........................	342 16 10
249 0 3 0	Vin entré en bouteilles par terre, à 20ᵐ le muid........................	4,981 13 03
451 3 5 0	Vendanges de Chaillot, à 6ᵐ....................................	2,711 06 08
160 2 5 0	Vendanges des faubourgs, à 20ᵐ...................................	3,212 15 06
155 1 0 0	Vendanges de l'abbaye Saint-Germain-des-Prés.......................	3,105 00 00
309,245 0 4 3	A reporter........................	6,777,710 04 10

---

[1] Papiers du Contrôle général, G⁷ 1482.

IMPOSITIONS ET FERMES. 503

				Report..................................		6,777,710ˡˡ 04ˢ 10ᵈ		
7,306ᵐ	1	1ˢ	9ᵖ	Eau-de-vie, à 50ˡˡ 8ˢ le muid............		365,236 15 00		
18	0	4	0	Eau-de-vie, à 43ˡˡ 13ˢ le muid...........		799 11 00		
90	0	2	7	Eau-de-vie en bouteilles, à 3ˢ 6ᵈ la pinte...		4,540 02 03		
7,414	1	8	1					
	″			Eau-de-vie rectifiée en futailles, à 100ˡˡ 16ˢ le muid...		″		
7	0	8	1	Eau-de-vie rectifiée en bouteilles, à 7 sols la pinte...		728 07 00		
312	2	2	5	Vin de liqueur en futailles et en bouteilles, à 42ˡˡ, compris 70ᵐ 1/4 3ˢ 4ᵖ, à 39ˡˡ.		12,918 19 07		
	″			Esprit de vin en futailles, à 151ˡˡ 4ˢ le muid............		″		
8	3	7	0	Esprit de vin en bouteilles, à 10ˢ 6ᵈ la pinte............		1,352 08 00		
792	2	2	7	Cidre en futailles et en bouteilles, à 4ˡˡ le muid.........		3,170 06 01		
0	3	0	0	Cidre en futailles à Chaillot, à 35 sols le muid..........		1 06 03		
793	1	2	7					
411	0	7	6	Poiré en futailles et en bouteilles, à 2ˡˡ...............		822 08 02		
11	3	0	0	Poiré en futailles à Chaillot........................		10 05 08		
422	3	7	6					
239	1	3	3	Verjus, à 2 sols le muid............................		23 17 03		
1,047	1	5	4	Vin gâté, tant par eau que par terre.................		382 11 08		
				BIÈRES.				
19,595	1/4	4	0	Droits sur la bière................................		71,114 16 07		
				TOTAL..................		7,241,802 19 04		

DROITS DE GROS ET AUGMENTATION.

savoir:

65	3	1	0		Gros bourgeois................	186ˡˡ 01ˢ 04ᵈ	
355	5	0	0	CHAILLOT........	Gros à assiette................	7,496 00 05	
93	2	2	0		Gros d'excédent...............	77 02 10	
97	1	8	0		Gros à pot....................	136 17 03	
ÉAU-DE-VIE.							
12	3/4	0	0		Gros du quartier de la Pologne...	85 08 11	
8	0	0	0	MAISONS DÉTACHÉES..	Gros de la Nouvelle-France.....	25 06 04	3,152 18 11
24	2	0	0		Gros de la Courtille............	94 01 03	
273	1	0	0	Gros de revente........................		776 01 10	
45	3	3	0	Gros du vin gâté.......................		45 16 02	
67	3	3	4	Gros de revente à Chaillot..............		230 10 01	
1	0	0	0	Gros du poiré à Chaillot................		0 12 06	

DROITS DE HUITIÈME ET ANNUELS.

	″			Huitième de Chaillot et des maisons détachées........	93,284 09 11	
281	0	0	0	Annuels des maisons détachées.....................	1,973 10 00	117,946 19 11
2,824	0	0	0	Annuels du vin commun...........................	22,592 00 00	
12	0	0	0	Annuels du vin de liqueur.........................	96 00 00	
				À reporter...............	7,362,901 18 02	

APPENDICE.

	Report..................................		7,362,901ᴸ 18ˢ 02ᵈ
5ᵐ 0ᵗ 0 0ᵗ Annuels du cidre................................	40ᴸ 00ˢ 00ᵈ		
1,146 0 0 0 Annuels de l'eau-de-vie............................	9,168 00 00		15,072 00 00
1,302 0 0 0 Annuels des vendants-bières.......................	5,208 00 00		
82 0 0 0 Annuels des brasseurs.............................	656 00 00		

ANCIEN DROIT SUR LE PIED FOURCHÉ.

savoir :

	Tiers du droit...................	106,215 13 04	466,573 16 04
	Droit entier...................	360,358 03 00	

DROITS DE REVENTE.

Bœufs............. 53,277ᴸ	Tiers dudit droit................	167 10 00	1,242 00 00
Vaches............ 13,933	Droit entier...................	1,074 10 00	
Veaux............ 120,553			
Moutons........... 406,890	DROITS D'AUGMENTATION.		
Porcs de barrière..... 2,129			
Porcs de nourriture... 525	Tiers du droit...................	78,430 09 04	307,122 11 04
Porcs de halle........ 15,264 3/4	Droit entier...................	228,692 02 00	
Porcs des marchés..... 8,452			
Chair morte......... 38,128ᴸ 8ᵈ	DROIT DOMANIAL.		
	Tiers du droit...................	1,857 12 06	8,151 15 03
	Droit entier...................	6,294 02 09	

2,046ᵐ 0 4ᵖ 4ᵖ	Grand droit de Picardie.........................	14,322 17 06
101,121 1/4 5 0	Droits du pont de Joigny.......................	271,763 17 04
22,478 1 4 0	Droits de rivière sur le vin.....................	67,420 01 07
7,782 0 2 2	Droits de rivière sur l'eau-de-vie................	52,528 15 00
»	Droits d'octrois d'aucunes villes.................	56,742 14 03
»	Jauge et courtage...........................	211,963 03 06
»	Jauge et courtage des élections d'Auxerre et Vézelay.	32,990 07 04
1,267 0 6 0	Subvention par doublement sur l'eau-de-vie.......	6,969 08 10
8 1/4 0 0	Subvention par doublement sur le vin............	22 05 06

DROITS SUR LES BATEAUX ET PLÂTRES.

	Bateaux..	3,641ᴸ 16ˢ 06ᵈ	3,827 12 04
»	Plâtres...	185 15 10	
»	Soudes, cendres et gravelées.....................		41,072 04 01
»	Quatre sols pour livre, déduction faite de 313ᴸ 19ˢ 9ᵈ... 1,748,607ᴸ 18ˢ 02ᵈ		1,755,205 19 08
»	Élections d'Auxerre et Vézelay...................	6,598 01 06	non compris 24,933 13ˢ 1 10
»	Amendes et confiscations.......................		13,997 11 09
»	Augmentations d'espèces.......................		148 09 10
»	Six deniers pour livre des crédits................		4,731 16 11

TOTAL (déduction faite de 1,383ᴸ 18ˢ 7ᵈ de rendez de porcs).. 10,694,771 06 06

IMPOSITIONS ET FERMES.

TAILLES.

IMPOSITIONS DE LA GÉNÉRALITÉ DE PARIS SOUS LOUIS XIII[1].

1635.

Sur la généralité de Paris (qui contient en soi vingt élections et dix-neuf cent soixante-dix paroisses) a été imposé 888,262 ᴸ 14ˢ 7ᵈ, savoir :

Pour le principal de la taille et crues y jointes.............................	579,601ᴸ 08ˢ 07ᵈ
Pour les réparations des ponts, chaussées et chemins, tant de ladite ville de Paris, que de ceux de l'étendue de ladite généralité...........................	15,598 00 00
Pour la crue des prévôts des sieurs maréchaux de France, y compris 1,500ᴸ pour la solde d'un exempt et six archers d'augmentation à la compagnie du lieutenant criminel de robe courte de la ville de Paris, suivant l'arrêt du Conseil du 18 août 1633; 9,375ᴸ, tant pour augmentation de gages au prévôt de l'Île-de-France, que pour la solde d'un lieutenant, d'un exempt, de vingt et un archers, et un trompette, aussi d'augmentation à sa compagnie, suivant les lettres patentes du Roi du mois d'août 1633, et arrêt du Conseil du........ et les 3 deniers pour livre attribués au receveur du taillon : la somme de.....	72,662 16 00
Pour le taillon de la gendarmerie.......	229,400 00 00
Revenant lesdites sommes à ladite première de............	888,262 04 07

Outre laquelle sera encore imposé et levé sur ladite généralité, en ladite année 1635, sans aucune diminution ni augmentation, sur les peines portées par les ordonnances, la somme de 1,395,829ᴸ 5ˢ, à savoir :

1,372,580ᴸ pour ce que ladite généralité doit porter des 12,300,000ᴸ, d'une part, et 1,500,000ᴸ d'autre, revenant à 13,800,000ᴸ, à quoi Sa Majesté, par son édit du mois de décembre 1633, a réglé et liquidé ce qui doit être imposé pour les droits aliénés aux particuliers sur lesdites tailles; et 23,249ᴸ, pour ce que ladite généralité doit aussi porter des 334,405ᴸ 10ˢ à quoi montent les droits qui avaient accoutumé être levés par aucuns acquéreurs, outre lesdits 13,800,000ᴸ; savoir :

Sur l'élection de Paris...............	387,591ᴸ 10ˢ
Sur celle de Senlis.................	65,073 00
Sur celle de Compiègne.............	25,627 00
Sur celle de Beauvais...............	81,232 00
Sur celle de Mantes................	56,799 05
Sur celle de Montfort...............	36,246 10
Sur celle de Dreux.................	54,715 10
Sur celle d'Étampes................	28,814 10
Sur celle de Melun.................	73,630 10
Sur celle de Nemours...............	58,467 00
Sur celle de Coulommiers............	25,260 00
Sur celle de Rozoy.................	39,044 10
Sur celle de Meaux.................	136,968 15
Sur celle de Provins................	29,931 15
Sur celle de Nogent................	88,340 00
Sur celle de Sens..................	48,073 00
Sur celle de Joigny................	68,681 00
Sur celle de Saint-Florentin..........	32,422 10
Sur celle de Tonnerre...............	53,562 00
Sur celle de Vézelay................	24,849 00

Revenant lesdites sommes à ladite première de 1,395,829ᴸ 5ˢ, laquelle sera employée à l'effet porté par les édits des mois de janvier et février derniers, ainsi qu'il sera par Sa Majesté ordonné. Ci................... 1,395,829ᴸ 5ˢ

Total de ce qui doit être imposé sur ladite généralité, à cause desdites tailles et droits aliénés sur icelles, en ladite année 1635 : 2,284,091ᴸ 9ˢ 7ᵈ.

---

[1] Extrait du *Traité des aides, tailles*, etc., par Du Crot, p. 414-418.

APPENDICE.

COTES D'OFFICE FAITES PAR L'INTENDANT DE LA GÉNÉRALITÉ DE PARIS, POUR LA TAILLE DE L'ANNÉE 1683 [1].

Paris, ce dernier novembre 1682.

Je vous envoie, suivant l'ordre que vous m'en avez donné, l'état des cotes d'office que j'ai faites. J'ai examiné, dans ma dernière visite, tous les rôles des tailles. Ceux qui ne portaient pas ce qu'ils devaient suivant leurs facultés et leur commerce, ont été taxés, les collecteurs des tailles qui s'étaient diminués, et les officiers qui possèdent deux charges, l'une desquelles les exempte de taille, ce que j'ai fait aux termes de la déclaration du roi du 13 novembre 1680. Ceux qui font valoir en plusieurs paroisses ont été taxés dans celle de leur domicile, et j'ai déchargé à proportion les paroisses où ils font valoir. Vous verrez, Monsieur, que, sans avoir aucun égard que celui du soulagement des plus pauvres, tous les officiers de justice et les fermiers des seigneurs qui ne portaient rien sont taxés. J'espère que le travail que j'ai fait facilitera le recouvrement et diminuera les frais ; ils sont diminués du tiers depuis deux ans. Je tâcherai de faire encore mieux cette année, et de vous donner, par l'application que j'ai au service, des marques de ma parfaite reconnaissance et du profond respect, etc.

MÉNARS.

ÉLECTION DE PARIS.

IVRY-SUR-SEINE.

Jean Crossy, fermier d'une ferme de l'archevêché de Paris et laboureur à deux charrues sur autrui, portera.................... 400ᵗ

PALAISEAU.

Jean Liévain, lieutenant de la justice, laboureur et hôtelier, tant pour ce qu'il fait valoir à Palaiseau que pour ce qu'il fait valoir dans la paroisse d'Iguy, portera.................... 500

VITRY.

Michel Richard, procureur fiscal, pour son bien et pour ce qu'il fait valoir.................... 350ᵗ

Gilles Chalouvrier, fermier de la seigneurie, à cause de son grand commerce et de ses facultés...... 700

ORLY.

Philippe Carron, fermier de la seigneurie du chapitre de Notre-Dame.................... 700

ATHIS.

Germain Bogne, laboureur à deux charrues, qui était collecteur l'année dernière, qui ne s'est coté qu'à 20ᵗ, quoiqu'il portât l'année précédente 150ᵗ, payera.................... 150

FRESNES-LÈS-RUNGIS.

Louis Parent, fermier de la seigneurie, portera.... 700

LA CHAPELLE-SAINT-DENIS.

Simon Le Faucheux, cabaretier, qui n'était qu'à 100ᵗ sur le rôle de 1682, portera, à cause de son grand commerce.................... 400

Braquet, lieutenant et chirurgien, qui, par ses cabales, n'est pas sur le rôle, portera.................... 60

VILLIERS-LE-BEL.

Jacques Tavernier, marchand de dentelles, pour son grand commerce.................... 400

SARCELLES.

Louis Ferret, marchand de dentelles, commis aux congés, pour son commerce.................... 350

Antoine Boursier, laboureur, taxé d'office à 400ᵗ en 1682, portera.................... 440

Nicolas Bethemont, receveur, qui ne payait que 70ᵗ, portera.................... 100

LE BOURGET.

Jacques Cotelle, collecteur, qui portait en 1681 60ᵗ, et s'est taxé lui-même en 1682 à 20 sols, portera 100

SAINT-CLOUD.

Jean Déon, officier de bouche de Monsieur, taxé pour sa dérogeance à.................... 100

---

[1] Papiers du Contrôle général, G⁷ 495.

IMPOSITIONS ET FERMES.

CHEVREUSE.

Louis Gourlier, marchand, qui n'était au rôle qu'à 75", portera .... 100"

CERNAY.

Les religieux des Vaux-de-Cernay, parce qu'ils font valoir deux charrues dans la paroisse de Cernay-la-Ville et deux autres dans la paroisse de Saint-Benoît, élection de Mantes, porteront 100

PONTAULT.

Le maire, faisant valoir trois charrues 200

CHELLES.

Claude Bonnesœulle, laboureur de trois charrues, qui n'était taxé qu'à 260" pour 5,500" de ferme qu'il exploitait, outre les charges, portera 500
François Regnard, procureur fiscal et laboureur de deux charrues et demie, qui ne portait que 330" sur le rôle de 1682, portera 450
Jacques Billard, laboureur d'une charrue et demie, qui ne portait que 4" sur le rôle de 1682, payera 100
Antoine Billard, praticien, qui ne porte que 10", payera 50

ESSONNES.

Eustache Picard, laboureur de deux voitures, hôte du Cygne, qui n'est cotisé qu'à 70", payera 200

PÉRIGNY.

François Moustier, receveur du seigneur, qui ne portait que 60", payera 120

CROSNES.

Nicolas Morin, receveur et laboureur de deux voitures, taxé à 90" en 1682, payera 140

BRIE-COMTE-ROBERT.

Nicolas Bourdin père, marchand épicier, faisant grand commerce, portera 600
Antoine Robelin, marchand de bois, de blé et échevin 350
Jean Cousin, marchand de blé, de bois et de toile, faisant un grand commerce et échevin 600
Jean Château, marchand de blé, de bois, de tuiles, de chaux, et laboureur à une voiture, portera 500
Pierre Roblain, marchand de blé et huissier, qui porte sur le rôle 40", portera 100
Étienne Bertot, procureur, qui ne paye que 22", payera 70
François Bouleu, greffier, huissier et marchand de blé, payera 100
M° Charles Lainé, bailli, qui n'est pas sur le rôle, payera 100
M° Tessier, procureur du roi et médecin, qui n'est pas sur le rôle, payera 10

SEVRAN.

Les prêtres de la Mission, parce qu'ils font valoir leurs terres à Saclay et Sevran, qui sont deux paroisses différentes .... 500"

ÉPIAIS.

Jean Guiard, pour deux charrues qu'il fait valoir en la paroisse d'Épiais, quoiqu'il ait son domicile dans l'élection de Meaux 200

BESSANCOURT.

Nicolas Verrier, pour deux charrues qu'il fait valoir de son propre à Frépillon, dont les fermiers payaient 150", et pour la recette des décimes, portera 300

PISCOP.

Le sieur de Braque, gentilhomme, pour ce qu'il fait valoir à Saint-Brice et à Piscop, qui sont deux paroisses différentes 150

SAINT-GRATIEN.

M° Jean Garrault, greffier de la prévôté, receveur de la terre, notaire et tabellion, commis au bureau des aides, qui ne payait que 56", payera 100

GENNEVILLIERS.

Denis Bulot, qui tient une ferme de 1,800" et ne payait que 114" en 1682, payera 200

ANDRÉSY.

Les fermiers et cautions du bail général des dîmes et autres biens et droits ci-devant affermés à Jean Desforges 500
Les fermiers et cautions des droits seigneuriaux et autres biens acquis par les sieurs du chapitre de Notre-Dame de Paris 300

CHÂTENAY.

Antoine d'Auxerre, collecteur, lequel s'est imposé en 1682 à 20 sols, et qui était taxé en 1681 à 44", portera 50
René d'Orléans, vigneron, collecteur, lequel s'est imposé en 1682 à 20 sols, et qui était taxé en 1681 à 70", payera 80
Jacques Ferrault, vigneron, aussi collecteur, lequel s'est imposé en 1682 à 20 sols, et qui était taxé en 1681 à 65", payera 70

ARGENTEUIL.

Claude Grimou le jeune, marchand, collecteur, taxé en 1681 à 108", lequel s'est imposé en 1682 à 13", portera 150
Pierre Bré, tonnelier, collecteur, taxé en 1681 à 86", et qui s'est imposé en 1682 à 11", portera 120

64.

Jacques Pionnier, vigneron, aussi collecteur, taxé en 1681 à 63 ll, et qui s'est imposé en 1682 à 10 ll, portera. 80ll
Pierre Drouet, carrier, collecteur, taxé en 1681 à 60 ll, et qui s'est imposé en 1682 à 10 ll, portera...... 60

TUILLAY.

Jean Bernier, hôtelier et charron, collecteur en 1682, qui portait en 1681 105 ll, et qui ne s'est coté, par le rôle de 1682, qu'à 20 ll, portera............. 150

PASSY.

Jérôme Hautan, laboureur et boucher, qui n'est sur le rôle qu'à 60 ll, portera....................... 150

LE BOURGET.

Eustache Pierre, laboureur, taxé d'office en 1682 à 240 ll, portera............................ 260

TREMBLAY.

Claude de la Mare, laboureur, payera............ 2,100

LOUVRES.

Claude Le Rouge, laboureur, payera............. 900
Jacques Bimont, procureur fiscal................ 230

MAELY-LA-VILLE.

Nicolas Malice....................... 550

MONTMORENCY.

François Genuit, procureur................... 100

FRANCONVILLE.

Guillaume Cailleux, hôtelier et laboureur........ 330

ERMONT ET CERNAY.

Louis Larcher, laboureur..................... 300

ARGENTEUIL.

François Brûlé, marchand.................... 550
Louis Thuillier, bailli....................... 200

COLOMBES.

L'Éguillier, cabaretier....................... 260

DAMPMART.

Louis Labour............................. 160

MARCOUSSIS.

Léon Pouillier............................ 660

LONGJUMEAU.

Marin Le Bigot............................ 260

MAROLLES-EN-HUREPOIX.

Louis Guillemain.......................... 350

MONTAINVILLE.

François Maugeant........................ 330ll

ÉLECTION DE NEMOURS.

LA VILLE DE NEMOURS.

Me Pierre Le Fèvre, avocat, qui n'était sur le rôle qu'à 6 deniers, portera........................ 30
Me Marin Berthelet, ci-devant lieutenant particulier au bailliage, qui ne portait sur le rôle que 5 sols, payera............................... 40
Mathurin Debonnaire, sergent, qui ne porte sur le rôle de 1682 que 6 deniers, portera............ 10
Me Thomas Roux, avocat du roi, qui ne portait que 6 deniers, payera........................ 30
Me Pierre Besout, procureur, qui n'est sur le rôle qu'à 2 ll, portera.......................... 10
Me François Berthier, procureur du roi, qui ne portait que 22 ll, portera........................ 60
Me Pierre Le Fèvre, lieutenant particulier, qui ne portait sur le rôle que 6 deniers, portera........ 40
Louis Gerbin, commis aux aides, que les collecteurs ont mis au nombre des exempts, quoiqu'il ait été compris au rôle des tailles avant d'être commis, portera............................... 10
Jacques Mathieu, commis aux aides, qui s'est marié à une fille dont le père était cotisé au rôle dans le temps qu'il n'était plus commis, et qui cependant était au nombre des exempts, portera.......... 30

LORREZ.

Simon de la Noue, collecteur, qui ne portait que 30 ll, faute par lui d'avoir mis dans le rôle le nombre des feux et des charrues, suivant notre ordonnance du 2 octobre 1681, portera..................... 60
Thomas Barbin, collecteur, qui ne portait que 12 ll, pour la même peine, portera................. 24
Mathurin Bry, collecteur, pour la même peine, qui portait 20 ll, portera....................... 40

SAINTE-CROIX.

Pierre Ménager, procureur à Château-Landon et fermier du prieuré de Néronville, qui ne portait que 10 ll sur le rôle, portera...................... 40

CHÂTENOY.

Jean Rousseau, collecteur, pour n'avoir pas mis dans le rôle le nombre des feux et des charrues, suivant notre ordonnance du 2 octobre 1681, qui portait au rôle 4 ll 10 s, portera..................... 10
Jean Tranchet, collecteur, pour la même peine, qui ne portait que 2 ll, portera................... 5

IMPOSITIONS ET FERMES.

LADON.

Germain Messier, marchand de blé et de bétail, qui était au rôle à 104ᵘ, portera.................. 200ᵘ

GONDREVILLE.

Pierre Simon, sergent, portera.................. 20

ÉLECTION DE SAINT-FLORENTIN.

MALIGNY.

Hélie Filleul, marchand de vin, qui ne portait au rôle des tailles que 45ᵘ, portera.................. 100

Didelet, chirurgien et procureur fiscal, qui n'était point sur le rôle, et sa sœur porteront solidairement.................. 40

Quatre-Hommes, bailli de Maligny, qui n'est point sur le rôle, portera.................. 30

DANNEMOINE.

Mᵉ Jean Colin, bailli, qui ne portait que 3ᵘ, portera 30

ÉLECTION DE VÉZELAY.

GRENOIS.

Hélie Voilot, marchand et fermier de la seigneurie d'Hubans et de Grenois, qui ne portait au rôle que 14ᵘ 10ˢ, portera.................. 70

LORMES.

La fille et les enfants majeurs de défunt Mᵉ Jean Macillier, marchand de bois, qui était taxé par nous d'office, l'année précédente, à 420ᵘ, porteront... 350

ÉLECTION DE PROVINS.

SAINT-PIERRE.

Jacques Huerne, lieutenant de la prévôté et fermier de l'abbaye de Saint-Jacques, qui n'est sur le rôle qu'à 6 deniers, payera.................. 50

Jean Boucher, marchand mercier, qui ne portait que 12ᵘ sur le rôle de 1682, portera.................. 30

Louis Serveron, sergent et faisant commerce, qui ne portait sur le rôle que 100 sols, portera.................. 20

Mᵉ Jean-Baptiste Truffé, premier président au bailliage et siége présidial de Provins, qui était sur le rôle marqué comme exempt, parce qu'il est lieutenant criminel de l'élection, suivant la déclaration du 23 octobre 1680, sera taxé, à la décharge des contribuables, à la somme de.................. 60

Lecocq, maître d'école, qui était sur le rôle au nombre des exempts, lequel est pauvre, portera.................. 3ᵘ

SAINT-QUIRIACE.

André Le Lorgne, marchand de chevaux et de bestiaux, qui ne porte sur le rôle que 28ᵘ, portera.. 50

Nicolas Moussier, marchand mercier, qui ne portait sur le rôle que 28ᵘ, portera.................. 50

Jean Le Lorgne, marchand de bois et de bestiaux, qui ne portait sur le rôle que 21ᵘ, portera...... 50

SAINTE-CROIX.

Charles Telot, archer et marchand de vin, qui ne portait que 10ᵘ, à cause de son trafic, portera... 20

Gabriel Le Fèvre, greffier du bailliage et siége présidial, qui ne portait que 15ᵘ sur le rôle, portera.. 50

Jacques Ruffier, marchand, qui ne porte que 27ᵘ, portera, à cause de son commerce.................. 60

SAINT-AYOUL.

Mᵉ Nicolas Langlois, procureur du roi, qui ne portait sur le rôle que 8ᵘ, portera.................. 50

Gaspard Guérin, médecin, qui ne porte que 12ᵘ, portera.................. 50

Mᵉ Nicolas Robinot, lieutenant criminel, qui n'était au rôle qu'à 5ᵘ, portera.................. 50

François Pointel, marchand de blé, qui ne porte sur le rôle que 20ᵘ, portera.................. 80

Étienne Barrier, marchand de blé, qui ne porte sur le rôle que 30ᵘ, portera.................. 60

ÉLECTION DE SENS.

LA LOUPTIÈRE.

Jean Poulain, procureur fiscal, qui ne portait que 5 sols sur le rôle de 1682, payera.................. 40

SAINT-MAURICE-AUX-RICHES-HOMMES.

Louis Courtois, procureur fiscal, qui ne portait que 4ᵘ 10ˢ, portera.................. 20

VILLEBLEVIN.

Étienne Hodeau, receveur dudit lieu, pour sa recette et son commerce.................. 250

ESMANS.

Jacques Crotté, laboureur pour lui et pour autrui, qui portait au rôle de 1682 169ᵘ 17ˢ, et qui a épousé la veuve Rivière, laquelle tient la recette d'Esmans, et qui payait 300ᵘ l'année 1682, payera 500

Guillaume Barbe, notaire et cabaretier, ayant deux charrues, dont l'une est à lui, avec quatre chevaux, qui ne porte que 5ᵘ, payera.................. 50

APPENDICE

DORMELLES.

Georges Boulon, receveur du lieu, qui ne portait que 5 sols en 1682, payera... 120"

ÉLECTION DE NOGENT.

LA VILLE DE NOGENT.

M⁰ Claude Le Fèvre, avocat, qui n'est sur le rôle qu'à 20 sols, payera... 10
M⁰ François Damas, greffier, qui n'est au rôle qu'à 5 sols, payera... 10
M⁰ Daniel Gilotte, grainctier, qui n'est sur le rôle qu'à 3", payera... 20
M⁰ Étienne Massey, avocat, qui était au rôle à 10", portera... 30
M⁰ Philbert L'Argentier, procureur, qui ne portait que 4" 9ˢ au rôle, portera... 50"
M⁰ Claude Moreau, avocat, qui était au rôle à 5 sols, portera... 30
M⁰ Jacques Doudeau, notaire, qui était sur le rôle à 22" 10ˢ, portera... 40
M⁰ Edme Desplats, avocat, qui était sur le rôle à 4" 10ˢ, portera... 30
M⁰ Pierre Desplats, avocat du roi, qui n'est sur le rôle qu'à 5", payera... 40
M⁰ Louis Cousin, lieutenant particulier, qui est sur le rôle qu'à 3" 7ˢ 6ᵈ, portera... 50
M⁰ Eustache Le Cour, procureur, qui ne porte au rôle que 5 sols, portera... 30
François Phippon, huissier au Châtelet, qui ne porte sur le rôle que 17", et qui cabale avec les collecteurs, portera... 100
Edme Begnot, sergent, qui est sur le rôle à 25", qui cabale avec les collecteurs, portera¹... 100

TRAITÉ POUR LE RECOUVREMENT DE LA TAILLE DE LA GÉNÉRALITÉ DE PARIS².

1684.

RÉSULTAT FAIT AU CONSEIL DU ROI POUR LE RECOUVREMENT DE LA PARTIE REVENANT AU TRÉSOR ROYAL DES IMPOSITIONS DE LA GÉNÉRALITÉ DE PARIS POUR L'ANNÉE PROCHAINE 1684.

PREMIÈREMENT.

Les impositions de la généralité de Paris seront, pour l'année 1684, suivant les commissions du roi expédiées pour ladite année, de la somme de... 4,000,987"
Sur quoi, déduit 15,000" de diminution accordée par arrêt du Conseil du   septembre 1683... 15,000

Reste... 3,985,987

DÉDUCTIONS.

L'imposition pour le taillon de la gendarmerie... 234,000"
L'imposition pour la solde des officiers des maréchaussées... 83,904
L'imposition pour les étapes des gens de guerre... 100,000
L'imposition pour le chauffage des élus de Paris... 1,000
L'imposition pour les taxations des officiers de l'élection de Paris, suivant les arrêts du Conseil des 10 décembre 1664 et 13 mai 1679... 792
L'imposition pour les loyers des bureaux des élections de Dreux, Nemours et Coulommiers... 450

A reporter... 420,146

Report... 420,146"

Quant aux impositions qui ont été faites en 1683, savoir : 280" sur la paroisse de Saint-Fiacre, élection de Meaux, suivant l'arrêt du Conseil du 3 août 1671, et 304" sur les communautés de Chauffry et Saint-Siméon, élection de Coulommiers, suivant autre arrêt du Conseil du 27 octobre 1674, n'en est ci faite aucune déduction, attendu que ces impositions cessent au dernier décembre prochain; partant, ci pour *advertatur* seulement.

Pour le troisième quartier des gages des trésoriers de France de Paris, gratification du second quartier des gages des élus de Paris, et la gratification des trésoriers de France qui travaillent au département des tailles... 55,146
Pour une seconde partie du Trésor royal de 40,000", qui sera continuée en l'état de 1684, pour être employée et payée ainsi qu'il sera ordonné par Sa Majesté... 40,000

A reporter... 515,292

---

¹ L'étendue de cette pièce ne nous permet pas de reproduire les vingt-cinq autres feuillets dont elle se compose.
² Papiers du Contrôle général, G⁷ 883.

Report....................	515,292ʰ
Pour une autre seconde partie dudit Trésor de 14,600ʰ, qui sera continuée audit état du roi 1684, pour être employée à partie des remboursements, ainsi qu'il sera ordonné par Sa Majesté....................	14,600
Pour une seconde partie du Trésor royal comme en l'état de 1683, procédant du rejet des gages et de diverses parties mentionnées audit état..	3,115
Pour les charges ordinaires des recettes particulières des élections, suivant l'état du roi de 1683....................	234,355
Pour les charges ordinaires de la recette générale, comme audit état du roi 1683, y compris l'augmentation de 360ʰ faite pour les postes, suivant et en conséquence de l'arrêt du Conseil du 30 mai 1682....................	179,173
Pour le fonds des ponts et chaussées et ouvrages publics de ladite généralité, ainsi qu'en 1683, payable ès mains du trésorier des ponts et chaussées, sur ses quittances, ès douze mois de ladite année 1684....................	100,978
Et pour l'entretènement des garnisons, appointements de gouverneurs, lieutenants généraux des provinces et du commissaire départi en ladite généralité, payable en douze mois 1684 également....................	118,600
Somme des déductions..........	1,166,108
Revient au Trésor royal.........	2,819,879
De laquelle somme déduit celle de 116,026ʰ pour la remise, à raison de 9 deniers pour livre, tant desdits 2,819,879ʰ que des 100,973ʰ pour les ponts et chaussées, 118,600ʰ pour l'entretènement des garnisons, appointements des gouverneurs et commissaire départi, et 54,600ʰ de secondes parties ci-dessus, l'une de 40,000ʰ et l'autre de 14,600ʰ : ci........	116,026
Revient de net au Trésor royal....	2,703,853

Le roi, voulant s'assurer du fonds qui lui doit revenir des impositions de la recette générale des finances en la généralité de Paris de l'année prochaine 1684, montant à la somme de 2,819,879ʰ, et la recevoir dans des termes certains, pour employer au payement des dépenses nécessaires pour la conservation de ses États pendant ladite année prochaine 1684, aurait mandé en son Conseil Mᵉ Jean de Sonning, receveur général des finances en ladite généralité de Paris, pour se charger du recouvrement de ladite somme, en déduisant celle de 116,026ʰ, à laquelle reviennent les remises ci-dessus mentionnées, à la charge par ledit sieur Sonning de payer le surplus, montant à la somme de 2,703,853ʰ, en la ville de Paris, ès mains du garde du Trésor royal, en quinze mois également, à commencer au 1ᵉʳ jour de décembre de la présente année 1683, à raison de 180,256ʰ 16ˢ par mois; à quoi ledit sieur Sonning sera contraint aux termes susdits, comme il est accoutumé pour les deniers et affaires de Sa Majesté. Et pour sûreté de son remboursement, Sa Majesté lui permettra de faire commettre telles personnes que bon lui semblera aux recettes particulières des tailles des élections de ladite généralité, sans être tenu d'aucun dédommagement envers les receveurs qui seront dépossédés et tous autres. Lequel remboursement sera fait audit sieur Sonning par les receveurs particuliers ou commis auxdites recettes, par préférence à toutes charges et autres natures d'impositions, des premiers deniers qu'ils recevront des contribuables, suivant les commissions et les départements des impositions de ladite année prochaine 1684, qui leur seront incessamment mis ès mains pour envoyer dans les paroisses.

Cependant ledit sieur Sonning fera les soumissions accoutumées au pied du présent résultat, pour l'exécution duquel toutes les expéditions nécessaires lui seront délivrées.

Aujourd'hui, 25 septembre 1683, est comparu au greffe du Conseil Mᵉ Jean Sonning, conseiller du roi, receveur général des finances de la généralité de Paris, et André-Nicolas Sonning, son fils; lesquels se sont soumis et obligés de satisfaire aux clauses et conditions du résultat ci-dessus et au payement des sommes y contenues, à peine d'y être contraints comme pour les propres deniers et affaires de Sa Majesté, comme aussi aux charges de ladite recette générale et autres deniers imposés dans ladite généralité de Paris pour l'année prochaine 1684; élisant pour cet effet son domicile en la maison où il est demeurant à Paris, sise rue Sainte-Croix-de-la-Bretonnerie, paroisse Saint-Jean.

Signé : De Sonning.
De Sonning.

NOUVEAU RÈGLEMENT SUR LE FAIT DES TAILLES DE LA GÉNÉRALITÉ DE PARIS, POUR L'ANNÉE 1684[1].

De par le roi.

Jean-Jacques Charron, chevalier, marquis de Ménars, conseiller du roi en ses conseils, maître des requêtes ordinaire de son hôtel, surintendant des finances, domaines et affaires de la reine, intendant de la généralité de Paris; et les président, lieutenant, assesseurs, élus, conseillers du roi ès ville, cité et élection de Paris, aux échevins, syndic, marguilliers, manants et habitants de la paroisse de   , salut. Par lettres patentes, signées, contrôlées et scellées, données à Fontainebleau le 14 août 1683, registrées au Bureau des finances le 20 septembre ensuivant, le roi nous a mandé d'imposer et faire lever, pour l'année prochaine 1684, sur les sujets de Sa Majesté contribuables aux tailles de cette élection, les sommes contenues en icelles, pour les causes y déclarées; desquelles sommes, par le département que nous en avons fait sur toutes les villes, bourgs et paroisses taillables de cette élection, nous vous avons taxés, pour votre part de la taille, taillon, solde et autres ordonnées être imposées par icelles, à la somme de   ; à laquelle les collecteurs de votre paroisse payeront ès mains de M⁰ Philippe Milieu, conseiller du roi, receveur des tailles en ladite élection, en exercice l'année prochaine 1684, en son bureau, sis à Paris, rue Neuve-Saint-Eustache, en quatre payements égaux : le premier au 1ᵉʳ décembre prochain, le second au dernier février, le troisième au dernier avril, et le quatrième au 1ᵉʳ octobre de l'année 1684. Et seront les collecteurs tenus de faire contrôler leurs quittances par M⁰   , conseiller du roi, contrôleur élu, en son hôtel, sis rue   .

Outre laquelle somme, il sera imposé 6 deniers pour livre d'icelle, attribués aux collecteurs, et qu'ils retiendront par leurs mains.

Vous mandons, la présente reçue, que vous ayez à la mettre ès mains des collecteurs, si aucuns ont été par vous nommés; sinon, vous enjoignons d'en nommer dans le dernier octobre, et d'en apporter les actes de nomination au greffe incessamment, à peine de 10ᴸ d'amende; à faute de quoi faire, il en sera nommé d'office dans le 8 novembre, suivant le règlement du 23 septembre 1681.

Et en cas que les collecteurs par vous nommés ou d'office prétendent avoir moyens valables de décharge, ils pourront se pourvoir par opposition en cette élection dans le 15 décembre, et, par appel des sentences rendues sur lesdites oppositions, en la Cour des aides; lequel appel ils seront tenus de faire juger définitivement dans le 15 janvier prochain; sinon, ils feront lesdites charges nonobstant oppositions ou appellations quelconques, et sans préjudice d'icelles pour raison de leurs dommages et intérêts.

Défendons auxdits collecteurs de prendre plus grande diminution pour eux ou pour leurs parents au degré de l'ordonnance, en leurs cotes, que celle (sic), si aucune y a en ladite paroisse, sous quelque prétexte que ce soit, s'il n'a été ainsi jugé contradictoirement; et en cas de contravention à ce que dessus, ils seront privés de ladite diminution, condamnés en l'amende, même par nous taxés d'office, l'année suivante, au double de ce qu'ils portaient l'année précédente de leur collecte, à la décharge de leurs paroisses.

Défendons aux collecteurs de l'année prochaine 1684 d'augmenter les collecteurs de l'année présente 1683 et les taxer à plus grandes sommes que celles auxquelles ils ont été imposés l'année 1682, sinon, en cas d'augmentation de taille dans votre paroisse, au sol la livre d'icelles, et aussi en cas d'augmentation de biens, commerce et tenures

---

[1] Imprimé. Archives Nationales, collection Roudonneau, AD 488, n° 3.

IMPOSITIONS ET FERMES.

depuis ladite année 1682, à peine d'en répondre en leurs propres et privés noms.

Mandons auxdits collecteurs, aussitôt que la présente commission leur aura été mise ès mains, qu'ils procèdent à la confection des rôles et fassent le réglement de ladite somme totale par une seule cote sur les habitants contribuables de votredite paroisse, le plus également que faire se pourra, excepté sur les gens d'église, nobles vivant noblement, officiers des cours supérieures, secrétaires du roi, officiers des sept offices de la maison du roi et commensaux des maisons royales servant actuellement par quartier ou semestre, qui reçoivent gages de 60 ll et sont employés ès états portés et registrés en la Cour des aides depuis la déclaration de Sa Majesté du 30 mai 1664, et ne font trafic ou acte dérogeant à leur privilége, lesquels auront fait publier aux prônes des messes paroissiales de leurs demeures le temps de leur départ pour servir leur quartier, et rapporteront certificats desdites publications, signés des juges des lieux, comme aussi certificat de leur service, publié comme dessus.

Ne seront pareillement taxés par lesdits rôles les vétérans et les veuves desdits officiers vétérans, pourvu néanmoins que tous lesdits officiers, lesdits vétérans ou veuves ne fassent aucun trafic, ne tiennent rien à loyer d'autrui, et qu'ils ne fassent valoir par leurs mains qu'une ferme qui n'excède l'exploitation de deux charrues à eux appartenantes.

Les officiers des chasses et plaisirs des maisons royales de Saint-Germain-en-Laye, Versailles, le bois de Boulogne, Varenne du Louvre, Livry, Bondy, et leurs veuves, rétablis en leurs priviléges par déclarations des mois de juin 1650, novembre 1655 et 1656, et arrêt de ladite cour du 16 mars 1669, ne seront aussi cotisés, sinon en cas de dérogeance, ou qu'ils demeurent hors l'étendue de leur capitainerie.

En conséquence de la déclaration du roi du 23 octobre 1680, vous imposerez au rôle des tailles de votre paroisse, suivant leurs biens et facultés, les habitants y demeurant qui sont pourvus d'office de judicature, ou autres ayant fonctions publiques et serment à justice, soit du roi ou des seigneurs particuliers, ayant des charges dans la maison de Sa Majesté, dans les maisons royales et des princes du sang, et autres officiers jouissant de l'exemption des tailles employés dans les états enregistrés à la Cour des aides, servant actuellement et payés de leurs gages, tant qu'ils seront pourvus conjointement des deux offices, nonobstant les priviléges de commensaux des maisons royales, dont ils seront déchus jusqu'à ce qu'ils aient fait leur option et qu'ils se soient démis des offices de judicature ou autres ayant fonctions publiques et serment à justice, et qu'un autre soit pourvu et exerce en leur place.

Mais seront imposés dans lesdits rôles les habitants des villes franches et abonnées lesquels feront valoir les héritages à eux ou d'autrui dans les autres paroisses, à la réserve des bourgeois de Paris, lesquels ne seront taxés s'ils ne tiennent ferme d'autrui et ne cultivent que l'exploitation d'une charrue de terres à eux appartenantes, en ce non compris les maisons et enclos que lesdits bourgeois pourront tenir d'autrui, sans, pour ce, déroger à leurs priviléges, si ce n'est qu'ils séjournent actuellement dans votre paroisse l'espace de plus de cinq mois de chacune année, quoiqu'ils tiennent des maisons dans ladite ville et payent les taxes des pauvres, lanternes, boues, et autres charges ordinaires de ladite ville.

Seront pareillement imposés ceux qui, demeurant dans une autre élection, font valoir des terres dans votre paroisse, soit que lesdites terres leur appartiennent, ou qu'ils les tiennent à ferme d'autrui; comme aussi les receveurs et amodiateurs généraux, soit qu'ils sous-ferment le tout ou partie de leurs fermes et recettes, pour le profit qu'ils font sur lesdites fermes, et ce, au principal manoir d'icelles fermes pour ceux qui demeureront ès paroisses taillables, et pour ceux qui demeureront ès villes franches fixées et abonnées, dans tous les lieux auxquels ils feront lesdites exploitations.

Comme pareillement vous imposerez les commis des adjudicataires des fermes du roi qui résident en votre paroisse, qui étaient domiciliés et cotisés avant leurs commissions, ou qui s'y sont depuis mariés et ont acquis des biens dans votredite paroisse ou en l'étendue de ladite élection.

Comme aussi seront imposés les ecclésiastiques, chevaliers de Malte et gentilshommes qui feront valoir une ferme excédant l'exploitation de quatre charrues dans une même paroisse, si mieux ils n'aiment donner le nom d'aucun de leurs domestiques, sur lequel ladite imposition sera faite, à la charge que les fruits de toute ladite ferme seront responsables de la somme à laquelle il aura été imposé.

Tous lesquels contribuables seront contraints au payement de leurs cotes nonobstant oppositions ou appellations quelconques, et sans préjudice d'icelles; et à l'égard des taxés d'office, ils ne pourront être reçus à se pourvoir qu'en rapportant quittance des quartiers échus, et pourront être augmentés par les collecteurs eu égard à leurs facultés, tenures et industries. Et pour en faciliter le payement, enjoignons à vosdits habitants d'indiquer aux huissiers des tailles porteurs des contraintes biens exploitables appartenant auxdits taxés d'office, et au receveur des tailles de faire ses diligences de quartier en quartier contre lesdits taxés d'office, à peine, par ledit receveur, d'en demeurer responsable en son propre et privé nom; et les reprises qu'il en fera seront rayées purement et simplement, sans espérance de rétablissement.

Auxquels collecteurs enjoignons d'imposer dans les rôles les particuliers de votre paroisse lesquels se sont fait pourvoir de charges d'archers de la ville de Paris, lesquels n'ont pas transféré leurs domiciles dans la ville de Paris, ou font commerce et trafic dans lesdites paroisses.

Jouiront de l'exemption des tailles les officiers des maréchaussées créés avant l'année 1635, savoir : les prévôts des sieurs maréchaux de France et leurs lieutenants, de l'exemption entière; les greffiers et exempts, de 30 lt, et les archers, de 100 sols, pourvu qu'ils servent actuellement et ne fassent aucun trafic ni autres actes dérogeant à leurs priviléges, suivant les édits des mois d'août 1666 et mars 1667.

Défendons à tous ecclésiastiques, gentilshommes, seigneurs des paroisses et autres, de quelque qualité et condition qu'ils soient, d'être présents, ni de s'entremettre en la confection des rôles des tailles, sous les peines portées par les ordonnances, arrêts et règlements.

Le rôle qui sera fait par vosdits collecteurs, sera écrit sur bon papier timbré, à peine de réfection d'icelui, d'écriture lisible, sans rature ni chiffres, et, à la fin de chaque page, les sommes seront arrêtées, et, à la fin du rôle, la somme totale; et contiendra ledit rôle les noms et surnoms des cotisés, leur qualité et condition, sans qu'ils puissent imposer sous le nom de détenteur exploitant, faisant valoir, ou héritier, le nombre des feux et des charrues que chacun fera valoir, si en propre, ou par autrui; le nom des seigneurs, privilégiés, ecclésiastiques, gentilshommes, officiers des maisons royales, et autres exempts; ce qu'ils exploitent par leurs mains; les fiefs et arrière-fiefs étant en icelle; le tout, à peine d'être privés des 6 deniers pour livre à eux accordés, et 20 lt d'amende.

Les collecteurs seront tenus de mettre ès mains du receveur en exercice copie de leur rôle sur du papier non timbré, rempli en la forme qu'il est dit ci-dessus, à peine de 20 lt d'amende.

Les collecteurs mettront dans l'article de leur cote leur qualité de collecteurs, et feront mention dans leur rôle des noms des habitants des autres paroisses qui tiennent des fermes et autres biens dans la leur, de la qualité et quantité des biens, afin que nous puissions diminuer d'autant leur paroisse en procédant au département, et taxer d'office à leur décharge les fermiers dans la paroisse où ils sont domiciliés, en cas qu'ils ne soient pas cotisés pour toutes leurs exploitations; le tout, à peine d'être privés des 6 deniers pour livre à eux accordés, et 20 lt d'amende.

Incontinent après le rôle fait et signé par lesdits collecteurs, il sera par eux apporté, avec le double d'icelui, entièrement conforme à la présente commission, pour être vérifié et calculé par le conseiller commissaire de ladite paroisse, et non d'autre, si ce n'est qu'il soit malade ou absent.

Défendons auxdits collecteurs de se servir de brouillards pour faire la levée de ce qui sera imposé; enjoint à eux d'écrire sur les rôles ce qu'ils recevront des contribuables, en leur présence, à peine de concussion.

Les collecteurs retiendront par leurs mains la présente commission lors et après la vérification du rôle.

Lesquels collecteurs sont dispensés de faire contrôler les exploits et procès-verbaux faits à leurs requêtes contre les contribuables, pour le payement de leurs cotes, conformément à la déclaration du roi du 21 mars 1671.

Et pour empêcher que lesdits collecteurs ne divertissent les deniers du roi, enjoignons aux syndics et marguilliers de les faire compter de mois en mois; et s'ils se trouvent redevables, ils seront tenus de porter ce dont ils seront redevables à la recette, et d'en représenter les quittances auxdits syndics et marguilliers ; le tout, à peine de demeurer, par lesdits syndics et marguilliers, responsables de la dissipation desdits deniers en leurs propres et privés noms.

Faisons défenses aux huissiers des tailles de délivrer les commissions à autres qu'aux syndics, marguilliers et collecteurs, et à tous autres de s'en charger; enjoignons aux marguilliers de remettre incessamment entre les mains des collecteurs qui auront été bien et valablement nommés, et aux huissiers d'en rapporter reçu signé de ceux à qui ils les auront délivrés, s'ils savent signer, ou la certification du curé ou notaire de la paroisse ; le tout, à peine de 30ʰ d'amende.

Les collecteurs seront tenus de procéder à la confection des rôles dans le quinzième jour de la réception de notre mandement, pour l'imposition de la taille, à peine de 20ʰ d'amende et d'être procédé extraordinairement contre ceux qui seront convaincus d'avoir reçu des présents, exigé ou composé pour diminuer les taux des contribuables, dont la preuve sera reçue par six témoins, même de faits différents.

Les habitants qui voudront déloger d'une paroisse pour aller demeurer dans une autre, seront tenus de faire publier à la messe paroissiale leur délogement, et de le faire signifier aux habitants et procureur-syndic de la paroisse qu'ils veulent quitter, avant le 1ᵉʳ octobre de l'année qui précédera leur délogement.

Seront tenus, dans le même temps, d'aller déclarer au greffe de l'élection de laquelle dépend la paroisse où ils voudront demeurer, la paroisse d'où ils sortent, la somme à laquelle ils étaient imposés, s'ils étaient laboureurs ou de quelque autre profession, combien de charrues ils faisaient valoir, à qui elles appartiennent, la paroisse en laquelle ils vont demeurer, la vacation qu'ils prétendent professer, combien de charrues ils feront valoir, et de qui ils les tiendront.

Les translations de domicile seront exécutées et jugées avec les habitants de la paroisse que les contribuables prétendent quitter avant le 1ᵉʳ janvier, à peine de nullité et d'être imposé en deux paroisses.

Ceux qui auront satisfait aux formes prescrites par le règlement du 23 septembre 1681 seront taxés pendant deux années en la paroisse qu'ils auront quittée; après lesquelles ils seront imposés dans la paroisse où ils auront transféré leur domicile, suivant leurs facultés et à la même somme qu'ils payaient dans la paroisse d'où ils sont sortis, s'ils y font valoir des fermes aussi considérables.

Si les contribuables continuent de faire valoir leurs héritages ou des fermes dans la paroisse d'où ils seront délogés, et qu'ils exploitent en même temps une ou plusieurs fermes dans la nouvelle paroisse, ils seront taxés dans l'une et dans l'autre, à proportion de la valeur de leurs exploitations, pendant tout le temps qu'ils les continueront, encore que les paroisses soient situées dans une même élection, ce qui aura aussi lieu lorsqu'elles seront de différentes élections.

Si, pour raison de la levée et perception du contenu èsdits rôles, circonstances et dépendances, il survient quelques contestations, tant civiles que criminelles, les parties seront tenues de se pourvoir en première instance en cette élection, sous les peines portées par les déclarations du roi, arrêts du Conseil, et notamment par la déclaration du 20 mars 1673.

Et à tout ce que dessus ne ferez faute.

De ce faire vous donnons pouvoir, en vertu de

celui à nous donné par lesdites lettres patentes. En témoin de ce, avons fait sceller ces présentes.

Ce fut fait et donné en ladite élection de Paris, le............... 1683[1].

DÉPARTEMENT DES TAILLES DE LA GÉNÉRALITÉ DE PARIS POUR L'ANNÉE 1685[2].

DÉPARTEMENT *fait par nous, conseillers du roi, présidents trésoriers de France, généraux des finances et grands voyers en la généralité de Paris, de la somme de 3,895,497" ordonnée par Sa Majesté être imposée et levée sur les contribuables aux tailles de ladite généralité pendant l'année prochaine 1685, savoir :*

Pour le principal de la taille, crues y jointes, gages, droits, taxations d'officiers, appointements de gouverneurs, lieutenants généraux, entretènement de leurs gardes, ponts et chaussées, et charges des recettes générale et particulières...........................	3,475,241"
Pour le taillon ordinaire de la gendarmerie....	234,000
Pour la solde des officiers des maréchaussées...	83,904
Pour les étapes des gens de guerre...........	100,000
Pour le chauffage des officiers de l'élection de Paris, suivant l'arrêt du Conseil du 23 novembre 1647 et lettres patentes du 14 novembre 1650..............................	1,000
Pour les taxations desdits officiers, suivant les arrêts du Conseil des 10 décembre 1664 et 13 mai 1679	792
Pour les loyers des bureaux des élections de Nemours, Dreux et Coulommiers...............	450
Pour partie de 510" ordonnés par arrêt du Conseil du 19 février 1684 être imposés et levés sur le général des habitants de la paroisse de Saint-Leu-Taverny, élection de Paris, en cinq années, à commencer en 1685, à raison de 110" pour ladite année et de 100" pour chacune des autres quatre années, au profit de M° Charles Manget, prêtre, curé dudit Saint-Leu, pour son remboursement des avances et frais par lui faits pour raison du rétablissement et réparation de la maison presbytérale de ladite paroisse, la somme de...........	110

Revenant lesdites sommes à celle ci-dessus de 3,895,497", de laquelle les élections de ladite généralité porteront pour leur part les sommes ci-après, savoir :

L'élection de Paris portera pour sa part dudit principal de la taille et crues y jointes et pour ledit taillon, solde et étapes des gens de guerre et autres impositions la somme de.................................	1,417,607"
Dont la paroisse du Port-au-Peeq portera la somme de 4,210",	
Et celle de Chatou la somme de 1,630".	
L'élection de Senlis portera pour sa part dudit principal de la taille et crues y jointes et autres impositions la somme de.................	157,100
Dont la ville portera la somme de 12,675".	
L'élection de Compiègne portera pour sa part dudit principal de la taille, crues y jointes et autres impositions la somme de..........	76.000
Dont la ville portera la somme de 15,000".	
L'élection de Beauvais portera pour sa part dudit principal de la taille, crues y jointes et autres impositions la somme de.................	211,600
Dont la ville portera la somme de 16,350".	
L'élection de Mantes portera pour sa part dudit principal de la taille, crues y jointes et autres impositions la somme de.................	191,100
Dont la ville portera la somme de 14,780",	
Celle de Meulan 7,000",	
Le Port de Meulan 1,450".	
L'élection de Montfort portera pour sa part dudit principal de la taille, crues y jointes et autres impositions la somme de.................	90,310
Dont la ville portera la somme de 5,290".	
L'élection de Dreux portera pour sa part dudit principal de la taille, crues y jointes et autres impositions la somme de.................	109,900
Dont la ville portera la somme de 16,400".	
L'élection d'Étampes portera pour sa part dudit principal de la taille, crues y jointes et autres impositions la somme de.................	78,650
A reporter............	2,332,267

---

[1] Comparez l'importante instruction de 1775, qui fut reproduite en 1787, dans l'*Encyclopédie méthodique (Finances)*, t. III, p. 652-664, comme l'exposé de la méthode la plus juste et la plus parfaite qu'on eût encore suivie en cette matière.

[2] Papiers du Contrôle général, G⁷ 425, à la date du 24 juillet 1685.

IMPOSITIONS ET FERMES.

Report........................	2,332,267 "
Dont la ville portera la somme de 17,420 ".	
L'élection de Melun portera pour sa part dudit principal de la taille, crues y jointes et autres impositions la somme de................	142,000
Dont la ville portera la somme de 9,650 ".	
L'élection de Nemours portera pour sa part dudit principal de la taille, crues y jointes et autres impositions la somme de................	113,500
Dont la ville portera 7,300 ".	
L'élection de Coulommiers portera pour sa part dudit principal de la taille, crues y jointes et autres impositions la somme de..........	88,200
Dont la ville portera la somme de 17,600 ".	
L'élection de Rozoy portera pour sa part dudit principal de la taille, crues y jointes et autres impositions la somme de................	93,520
Dont la ville portera la somme de 4,330 ".	
L'élection de Meaux portera pour sa part dudit principal de la taille, crues y jointes et autres impositions la somme de................	369,000
Dont la ville portera la somme de 16,650 "; Celle de la Ferté-sous-Jouarre, la somme de 6,780 ".	
L'élection de Provins portera pour sa part dudit principal de la taille, crues y jointes et autres impositions la somme de................	89,110
Dont la ville portera la somme de 17,000 ".	
L'élection de Nogent portera pour sa part dudit principal de la taille, crues y jointes et autres impositions la somme de................	88,700
Dont la ville portera la somme de 9,650 "; Celle de Bray, 7,200 ".	
L'élection de Sens portera pour sa part dudit principal de la taille, crues y jointes et autres impositions la somme de................	153,700
Dont la ville portera la somme de 15,200 "; Celle de Villeneuve-le-Roy, la somme de 6,770 ".	
L'élection de Joigny portera pour sa part dudit principal de la taille, crues y jointes et autres impositions la somme de................	131,400
Dont la ville portera la somme de 10,000 ".	
L'élection de Saint-Florentin portera pour sa part dudit principal de la taille, crues y jointes et autres impositions la somme de..........	70,900
Dont la ville portera la somme de 5,850 ".	
L'élection de Tonnerre portera pour sa part dudit principal de la taille, crues y jointes et autres impositions la somme de................	168,250
A reporter............	3,840,547

Report........................	3,840,547 "
Dont la ville portera la somme de 15,000 ".	
L'élection de Vézelay portera pour sa part dudit principal de la taille, crues y jointes et autres impositions la somme de................	54,950
Dont la ville portera la somme de 1,660 ".	
SOMME TOTALE desdites impositions....	3,895,497

Fait et arrêté au Bureau des finances, à Paris, le 24ᵉ jour de juillet 1684.

De Varoquier, Dufour, De la Barre, Scourvon, Rabouyn, Béraud, Dunoyé, Auget, Pasquier, De Bragelongne.

Par mesdits sieurs :
Le Droict.

OBSERVATIONS ET AVIS DES TRÉSORIERS DE FRANCE SUR LE DÉPARTEMENT DES TAILLES POUR L'ANNÉE 1685, APRÈS LEURS VISITES DANS CHACUNE ÉLECTION[1].

Imposition générale : 3,895,497 ".

Paris : 1,417,607 ", dont le Port-au-Pecq 4,210 ", et Chatou 1,630 ".

On a diminué cette élection de 37,400 ", le Pecq de 110 ", et Chatou, de 40 ".

Quelques vignes ont beaucoup souffert de la rigueur de l'hiver, particulièrement Argenteuil, qui ne recueillera pas de vin pour payer la taille. Le nombre des collecteurs prisonniers marque la misère de cette élection.

Senlis : 157,100 ", dont la ville 12,675 ".

On a diminué cette élection de 4,000 ", dont la ville de 325 ".

La stérilité est presque générale dans cette élection, et la récolte des grains n'ira qu'à un cinquième ou sixième de l'ordinaire; les chanvres, fèves, pois, féverolles, etc. ont été entièrement mangés par des chenilles noires, ce qu'on n'avait jamais vu. La ville a souffert du passage et du séjour des gens de guerre et de trois brigades et demie des gardes du roi. Quelques habitants qui ont déserté, dont les cotes se montent à 500 ou

---

[1] Cette pièce est jointe à la précédente.

600ˡˡ pour cette année, sont de nouvelles charges pour la ville.

Compiègne : 76,000ˡˡ, dont la ville 15,000ˡˡ.

On a diminué cette élection de 2,000ˡˡ en faveur du plat pays, et on a laissé la ville en état.

Cette élection a souffert la même stérilité que l'élection de Senlis, et le même fléau des chenilles.

Beauvais : 211,600ˡˡ, dont la ville 16,350ˡˡ.

On a diminué cette élection de 6,000ˡˡ en faveur du plat pays, et laissé la ville en état.

La récolte des grains pour les blés n'ira qu'à un quart de l'ordinaire, et, pour les mars, à une moitié. Il y a peu de vin, de foin et de fruits. Dans le bourg de Marseille, qui paye 1,383ˡˡ de taille, il y a eu cette année quatre-vingts maisons brûlées. La mortalité des bêtes à laine a été dans cette élection comme dans les autres. La ville est accablée du passage et du séjour des gens de guerre; elle a eu pour une semaine près de trois mille hommes.

Mantes et Meulan : 191,100ˡˡ, dont la ville 14,730ˡˡ, Meulan 7,000ˡˡ, le Fort de Meulan 1,450ˡˡ.

On a diminué cette élection de 4,900ˡˡ, dont la ville de 400ˡˡ, Meulan de 150ˡˡ, et le Fort de Meulan de 50ˡˡ.

Cette élection, à l'exception de quelques vignes dont le bois a été gelé cet hiver, laisse quelque espérance de récolte. La ville de Mantes est plus à plaindre: deux cent cinquante logements de passage, soixante-quatorze de séjour de gens de guerre depuis le 1ᵉʳ janvier, et un bataillon de Picardie qu'on y attend en garnison, l'accablent et font déserter nombre d'habitants.

Montfort : 90,310ˡˡ, dont la ville 5,220ˡˡ.

On a diminué cette élection de 2,590ˡˡ, dont la ville de 500ˡˡ.

La récolte des grains n'ira qu'à un sixième de l'ordinaire; le bois de la vigne a été gelé cet hiver. La ville n'a aucun commerce, a beaucoup d'exempts; quatre-vingts chefs de famille sont morts depuis deux mois. La ville d'Houdan est accablée de passage de gens de guerre.

Dreux : 109,900ˡˡ, dont la ville 16,400ˡˡ.

On a diminué cette élection de 3,100ˡˡ, dont la ville 600ˡˡ.

Les grains, foin et chanvres n'iront pas à la sixième partie de l'ordinaire; les vignes ont été gelées cet hiver, et il a fallu les couper par le pied; elles ne donneront point de fruits de trois années. La mortalité des bestiaux a été grande. La ville, à qui ces vignes appartiennent, en souffre considérablement, et de la diminution du commerce des draps et serges, causée par la mortalité ou désertion des ouvriers. Plusieurs habitants, dont les cotes étaient de 1,200ˡˡ, ont pris des charges chez le roi, ce qui est encore une nouvelle imposition pour la ville.

Étampes : 78,650ˡˡ, dont la ville 17,420ˡˡ.

On a diminué cette élection de 2,200ˡˡ en faveur du plat pays, et laissé la ville en état.

La récolte des grains de cette année, blé, avoine et chanvre, etc. n'est estimée qu'à un tiers de l'ordinaire. Cinq paroisses, qui sont : Bouray, Cerny, Champmoteux, Gironville-sous-Bunou et Maisse, dont l'imposition est de 12,360ˡˡ, ont été grêlées, les unes au quart, les autres à moitié. La ville a souffert des passages des gens de guerre et de quelques habitants qui ont déserté ou qui sont devenus privilégiés, dont les cotes sont de nouvelles charges pour la ville.

Melun : 142,000ˡˡ, dont la ville 9,650ˡˡ.

On a diminué cette élection de 3,650ˡˡ, dont la ville 250ˡˡ.

Cette élection a souffert comme les autres du grand hiver et de la sécheresse.

Nemours : 113,500ˡˡ, dont la ville 7,300ˡˡ.

On a diminué cette élection de 3,400ˡˡ, dont la ville 200ˡˡ.

Il y a dix-neuf paroisses, dont l'imposition est de 27,800ˡˡ, qui ont été totalement gelées, et six dont l'imposition est de 6,000ˡˡ, qui ont été grêlées.

Les vignes ont coulé en beaucoup d'endroits. Les hauts prés sont totalement perdus; mais les bas, qui sont en plus grand nombre, sont très-bons. Il y a encore huit paroisses dont le commerce n'est qu'en safran, ce qui leur produisait des sommes considérables, qui ont été totalement perdues par la gelée, sans aucune espérance pour l'avenir, le fond des terres étant ruiné.

Coulommiers : 88,200", dont la ville 17,600".

On a diminué cette élection de 2,300" en faveur du plat pays, et laissé la ville en état.

Cette élection, de trente-quatre paroisses dont elle est composée, en a dix où il ne se recueillera rien, et quatre où la récolte n'ira qu'à la moitié de l'ordinaire; les autres paroisses ont aussi souffert et du grand hiver, et des inondations qui ont séjourné sur les terres ensemencées, et des grêles.

Rozoy : 93,520", dont la ville 4,330".

On a diminué cette élection de 2,400", dont la ville 400".

Cette élection a souffert comme les autres du grand hiver et de la sécheresse; la récolte en sera médiocre, particulièrement en six paroisses, où l'on ne recueillera rien. L'état présent de la ville, qui porte 4,730", est à considérer. Deux habitants, qui payaient, l'un 600", l'autre 400", ont quitté. Le receveur de Rozoy, coté à 1,000", a été réduit à 150" par arrêt de la Cour des aides. De vingt à vingt-cinq marchands qui y demeuraient, il n'y en a plus que cinq ou six, et ce qui reste d'habitants est misérable.

Meaux : 369,000", dont la ville 16,550" et la Ferté-sous-Jouarre 6,780".

On a diminué cette élection de 10,000", dont la ville 500", la Ferté 150".

Cette élection a beaucoup souffert du grand hiver et de la sécheresse, particulièrement la meilleure partie de la Brie.

Provins : 89,110", dont la ville 17,000".

On a diminué cette élection de 2,300", dont la ville 50".

Il n'y a rien d'extraordinaire que le mal général causé par la sécheresse. Trois paroisses, qui sont Cucharmoy, Vulaines et Saint-Sulpice, ne rendront pas de quoi semer.

Nogent : 88,700", dont la ville 9,650", celle de Bray 7,200".

On a diminué cette élection de 2,300", dont la ville 350".

Les prairies, qui font la richesse de la ville et du plat pays de Nogent, ne rendront pas le dixième de l'ordinaire; les prairies de Bray ont été plus abondantes.

Sens : 153,700", dont la ville 15,200", celle de Villeneuve-le-Roy 6,770".

On a diminué cette élection de 5,000", dont la ville 300".

Les vignes ne rendront que le tiers de l'ordinaire, les prés le sixième, les avoines la moitié, les froments le dixième de l'ordinaire. Plusieurs paroisses, au nombre de sept, dont l'imposition est de 5,400", ont été grêlées aux deux tiers. Dans la paroisse de Virelouis (Villiers-Louis), il y a eu trois maisons brûlées; dans celle des Sièges, trente-deux maisons; dans celle de la Chapelle-aux-Veuves, treize maisons; dans celle de Traînel, dix maisons; dans celle de Pont-sur-Vaunes, trois maisons; dans celle de Villeneuve-l'Archevêque, cent quatorze maisons, qui ont été brûlées.

Joigny : 131,400", dont la ville 10,000".

On a diminué cette élection de 3,400", dont la ville 230".

La récolte des grains n'ira qu'à la moitié de l'ordinaire, les prés au quart, et les vignes aux deux tiers de l'ordinaire.

Saint-Florentin : 70,900", dont la ville 5,850".

On a diminué cette élection de 2,100", dont la ville 200".

On ne recueillera des blés que moitié de l'ordinaire, des avoines que les deux tiers, des foins que la huitième partie, des vins les deux tiers, et un quart des fruits. Les noyers, qui sont un revenu considérable, ont manqué; le bétail blanc est péri aux cinq parts des six, les autres bestiaux à la moitié. La paroisse de Neuvy, qui porte 5,600 ll, a perdu, depuis le 1er, cinquante-neuf chefs de famille; celle de Choisy, qui porte 4,000 ll, a eu le feu en quatre maisons de ses meilleurs habitants.

Tonnerre : 168,250 ll, dont la ville 15,000 ll.
On a diminué cette élection de 4,750 ll, dont la ville de 400 ll.
Cette élection ne recueillera que très-peu de blé, peu de foin; les chennevières ont aussi manqué, et les vignes, ayant été en partie gelées, ne produiront que la moitié de l'année passée dans l'élection, et le tiers seulement dans le finage de la ville de Tonnerre. Chablis ne recueillera que les deux tiers de vin, le quart de blé, le tiers des chennevières, et le dixième des prés. La paroisse de Coussegrey a été brûlée à moitié; celle d'Appoigny, qui porte 5,000 ll, n'aura ni moisson ni vendanges; celle de Sainte-Vertu a été gelée et grêlée; Blagny, Rouvroy, Évy, Nitry, Vezannes, Chéry, Monéteau, Escamps et Avigneau ont [été] grêlées.

De plus, il y a eu une grande mortalité dans toute l'étendue de cette élection.

Vézelay : 54,950 ll, dont la ville 1,660 ll.
On a diminué cette élection de 1.700 ll, dont la ville 100 ll.
Cette élection est d'une misère extrême, en ce qu'on ne recueillera pas des froments du grain pour les semences, et des autres grains la moitié de la récolte ordinaire. Les vignes ont été gelées en plusieurs paroisses, les prés n'ont rien rendu, et les bestiaux, dont le commerce est considérable dans le pays, ne se vendant point, périront faute de fourrage.

Il est à observer que les trésoriers de France donnent leurs avis, dans le présent département, sur le pied des commissions qui leur ont été envoyées l'année dernière, et non sur le pied de la diminution des 15,000 ll répandus depuis sur quelques élections de la généralité, portée par un arrêt du Conseil du mois de septembre dernier qui n'est point venu à leur connaissance, et qui ne leur a point été envoyé, contre l'usage ordinaire.

IMPOSITIONS ET FERMES.

RECOUVREMENTS ET FRAIS DE L'IMPOSITION DE LA GÉNÉRALITÉ DE PARIS. — 1684-1686[1].

ÉLECTIONS.	IMPOSITION de 1684.	RESTES de 1684.	FRAIS de 1684 jusqu'au 1er avril 1686.	IMPOSITION de 1685.	RECETTE de 1685 jusqu'au 1er avril 1686.	RESTES de 1685 jusqu'au 1er avril 1686.	FRAIS de 1685 jusqu'au 1er avril 1686.	IMPOSITION de 1686.	RECETTE de 1686 jusqu'au 1er avril 1686.	RESTES de 1686 jusqu'au 1er avril 1686.	FRAIS de 1686 jusqu'au 1er avril 1686.
Paris	1,652,928	13,650	10,586	1,326,057	1,234,428	92,158	10,568	1,266,831	235,000	1,031,831	2,300
Meaux	377,302	666	2,834	317,586	315,693	2,993	2,758	334,075	88,879	245,196	407
Joigny	133,465	956	1,591	122,356	114,663	7,933	1,646	116,100	28,512	87,588	335
Nantes	194,484	2,024	2,966	180,250	132,456	48,094	1,686	171,650	32,776	137,874	109
Saint-Florentin	72,327	—	—	65,431	65,431	—	—	62,100	—	—	—
Vézelay	56,161	Toutes payé.	360	51,108	49,292	1,813	330	48,124	9,269	38,855	44
Coulommiers	89,462	Idem.	1,509	82,319	67,137	15,282	518	78,600	12,608	65,992	190
Melun	145,581	3,220	599	132,695	110,150	22,345	260	125,380	23,980	101,830	Néant.
Tonnerre	171,938	400	2,012	155,218	140,774	16,544	2,003	144,100	41,221	102,879	390
Beauvais	216,125	5,227	1,428	196,112	137,217	58,895	1,367	186,200	28,904	157,296	210
Dreux	111,562	2,300	1,956	102,438	91,650	11,488	1,366	97,500	21,300	76,200	225
Rozoy	95,608	Toutes payé.	351	86,618	81,704	4,914	379	83,600	18,869	64,731	283
Provins	91,000	12	829	81,906	72,092	9,814	704	78,700	19,522	59,178	226
Nemours	115,363	Toutes payé.	63	107,388	100,326	5,026	635	101,250	23,643	77,557	48
Senlis	164,100	Idem.	1,817	147,000	140,086	6,916	1,010	150,000	34,972	115,028	283
Compiègne	72,000	150	980	70,943	53,961	16,982	581	67,700	14,708	52,992	87
Étampes	80,850	91	770	73,409	65,697	7,712	518	70,600	18,433	52,167	110
Nogent	91,000	Toutes payé.	600	83,072	75,937	7,135	317	78,000	17,219	60,781	59
Sens	158,700	1,355	1,234	141,863	126,552	15,311	1,018	132,000	42,000	98,000	135
Montfort	91,900	1,320	365	83,929	76,343	7,586	214	79,100	12,338	66,762	78
Totaux	3,985,083	30,018 à la réserve de St-Florentin.	38,913 à la réserve de St-Florentin.	3,607,318	3,215,650 à la réserve de St-Florentin.	325,437 à la réserve de St-Florentin.	27,053 à la réserve de St-Florentin.	3,465,080	725,153 à la réserve de St-Florentin.	2,674,807 à la réserve de St-Florentin.	5,393 à la réserve de St-Florentin.

[1] Ce tableau est envoyé le 28 avril 1686, par M. de Ménars. (Papiers du Contrôle général, G[7] 276.)

APPENDICE.

ÉTAT DE LA RECETTE DES TAILLES, RESTES, FRAIS ET EMPRISONNEMENTS DE 1686 ET 1687[1].

ÉLECTIONS.	IMPOSITIONS de 1686.	RESTES de 1686 jusqu'au mois de novembre 1687.	FRAIS de 1686 jusqu'au mois de novembre 1687.	EMPRISON-NEMENTS de 1686 jusqu'au mois de novembre 1687.	NOMS DES RECEVEURS de 1686.	IMPOSITIONS de 1687.	RECETTE de 1687 jusqu'au mois de novembre.	RESTES de 1687 jusqu'au mois de novembre.	FRAIS de 1687 jusqu'au mois de novembre.	EMPRISON-NEMENTS de 1687 jusqu'au mois de novembre.	NOMS DES RECEVEURS de 1687.
Paris........	1,066,200ˡˡ	14,220ˡˡ	19,488ˡˡ	529	Joseph Méfien.	1,273,767ˡˡ	837,128ˡˡ	436,628ˡˡ	5,069ˡˡ	189	René Havent.
Meaux........	234,700	Néant.	2,524	12	Marc Thenon.	334,500	186,449	148,051	394	14	Marc Thenon.
Senlis........	140,000	2,504	904	5	Hugues Bignault.	140,000	68,886	71,114	587	13	Hugues Bignault.
Compiègne.....	67,700	3,595	520	6	Denis Decressy.	67,700	38,680	39,020	247	Néant.	Jean Le Carron.
Beauvais......	186,200	12,291	1,610	12	Philippe Leulier.	186,200	73,245	112,955	930	1	Philippe Leulier.
Melun........	115,800	6,100	400	11	Pierre de Montault.	105,800	36,087	69,713	143	2	Pierre de Montault.
Etampes......	70,500	3,600	522	58	Dubois.	70,600	39,000	31,600	270	63	Dubois.
Nemours......	101,200	3,500	261	4	Gilles Colin.	101,700	49,220	52,480	233	3	Schaulier Benoît.
Sens.........	135,000	7,703	600	13	Charles Richard.	134,000	68,908	65,092	596	10	Denis Le Fèvre.
Joigny.......	116,100	848	7		Germain Thiérial.	114,000	56,846	57,154	666		Germain Thiérial.
Saint-Florentin.	62,100	1,049	1,798	18	Louis du Fou.	62,500	47,084	15,416	331	13	Edme du Fou de la Motte.
Tonnerre......	144,100	600	508	34	Michel Viart, commis.	144,100	79,894	67,206	677	1	Claude Boquet.
Vézelay......	48,124	651	1,719	24	Gabriel Antoine.	87,600	78,124	19,476	144	14	Gabriel Antoine.
Nogent.......	78,000	1,957	226	2	Claude de Hauterive.	79,000	55,874	23,126	286	Néant.	Claude de Hauterive.
Provins......	78,700	380	343	13	Joseph Le Fèvre.	78,700	38,797	39,903	106	2	Claude Cheverry, commis.
Rosoy........	83,100	Néant.	550	10	Cœur Petit, commis.	82,100	45,510	37,590	40	4	Antoine Foucault de Créci.
Coulommiers...	78,100	3,180	214	10	Valensol Le Carreau.	78,100	35,581	42,519	192	1	André Vuillet, commis.
Montfort......	79,100	1,173	577	41	Claude de Montanoer.	78,000	34,902	43,098	200	64	Michel Fourcault.
Dreux........	57,700	1,173	1,407	100	Charles Bagereau.	97,000	60,392	36,608	896	8	Charles Bagereau.
Mantes.......	171,650	2,160	2,160	22	Joseph Desbons.	170,000	100,932	69,068	690		Pierre de Trémollière.
TOTAUX......	3,460,874	57,065	28,188	941		3,466,357	1,988,505	1,477,852	12,849	386	

[1] Papiers du Contrôle général, G⁷ 426, 17 décembre 1687.

IMPOSITIONS ET FERMES.

DIVISION DES PAROISSES DES ÉLECTIONS DE LA GÉNÉRALITÉ DE PARIS EN CINQ CLASSES[1].

1689.

ÉLECTIONS.	PAROISSES AU-DESSOUS de 5,000ll.	PAROISSES DEPUIS 5,000ll. jusqu'à 10,000ll.	PAROISSES DEPUIS 10,000ll. jusqu'à 15,000ll.	PAROISSES DEPUIS 15,000ll. jusqu'à 20,000ll.	PAROISSES AU-DESSUS de 20,000ll.	NOMBRE DES PAROISSES de la généralité.
	1re classe.	2e classe.	3e classe.	4e classe.	5e classe.	
Paris..................	372	49	12	»	3	436
Meaux.................	128	12	Néant.	1	»	141
Rozoy.................	62	1	»	Néant.	»	63
Beauvais...............	158	1	»	1	»	160
Sens..................	128	1	1	»	»	125
Coulommiers...........	32	1	1	»	»	34
Vézelay................	53	1	»	»	»	54
Étampes...............	46	Néant.	»	»	»	46
Senlis.................	80	3	1	»	»	84
Compiègne.............	56	1	»	»	»	57
Joigny.................	90	1	»	»	»	91
Nogent................	49	2	»	»	»	51
Melun.................	113	2	1	»	»	116
Nantes................	93	3	1	»	»	97
Dreux.................	68	1	1	»	»	70
Provins................	56	2	»	»	»	58
Nemours...............	120	1	»	»	»	121
Saint-Florentin.........	37	1	»	»	»	38
Tonnerre..............	127	3	»	»	»	130
Montfort...............	58	Néant.	»	»	»	58
Totaux.............	1,970	86	18	3	3	2,080

LETTRE DE L'INTENDANT DE LA GÉNÉRALITÉ DE PARIS AU CONTRÔLEUR GÉNÉRAL DES FINANCES[2].

21 août 1690.

J'ai examiné la requête et les pièces des habitants de Crécy-en-Brie, que M. de Breteuil m'a envoyées par ordre du Conseil, par lesquelles ils demandent, ainsi qu'il a été fait pour la ville de Meaux, que le rôle des tailles de ce lieu soit fait, pour l'année 1691, par douze habitants, suivant les facultés d'un chacun, et que ce rôle soit suivi et exécuté les années suivantes par les collecteurs, sans que les cotes puissent être à l'avenir ni augmentées ni diminuées qu'au sol la livre de l'augmentation ou diminution de la taille.

Je trouve qu'il n'est pas juste de leur accorder ce qu'ils demandent. Il y a une différence considérable d'une ville comme Meaux à Crécy. Le nombre des paroisses et des habitants causait une jalousie qui donnait matière à beaucoup de procès, qui ont été éteints par l'arrêt que j'ai fait rendre. Mais, dans une petite ville comme Crécy, les douze habitants qui seraient collecteurs feraient la partie la plus considérable de la ville, et seraient les maîtres d'accabler les pauvres.

J'avoue que ce serait un grand bien, si l'on pouvait fixer dans une juste égalité ce que chacun doit

---

[1] Papiers du Contrôle général, G7 426, 15 novembre 1689. — [2] Papiers du Contrôle général, G7 427.

porter : j'y ai souvent fait réflexion; mais l'usage m'apprend que rien n'est plus difficile à exécuter, parce qu'il n'est pas aisé d'avoir une entière connaissance des biens et facultés des particuliers, et qu'il est rare que les cotisables demeurent longtemps avec le même bien ou les mêmes tenures : le moindre accident, la moindre maladie, le changement de quartier, de maison, de boutique, et beaucoup d'autres inconvénients changent la fortune des marchands et des artisans d'une ville, et les moindres disgrâces, celle des laboureurs et des habitants de la campagne.

Je crois qu'il est bon de ne rien changer à l'usage établi et pratiqué pour la confection des rôles.

Puisque les habitants de Crécy se plaignent que le rôle des tailles est mal fait, S. M. peut ordonner que le rôle de l'année prochaine 1691 sera fait en présence du sieur Macé, président en l'élection de Meaux, lequel se transportera sur les lieux, entendra tous les habitants, fera tout ce qui lui sera possible pour connaître les biens, les facultés et les tenures d'un chacun, les fera convenir de leurs cotes, ou les réglera sommairement. J'ai, par ce moyen, rétabli l'ordre dans plusieurs paroisses de l'élection de Paris; lorsqu'on est sûr de la probité et de l'exactitude de celui qu'on envoie, le succès est certain : le président Macé a ces deux qualités.

MÉNARS.

LETTRE DE L'INTENDANT DE LA GÉNÉRALITÉ DE PARIS AU CONTRÔLEUR GÉNÉRAL DES FINANCES[1].

A Paris, le 2 juillet 1697.

Vous savez que ce n'est pas mon ordinaire de vous faire des plaintes et de vous crier misère; au contraire, Monsieur, toutes les fois que je crois pouvoir apporter quelque remède par moi-même et donner quelque soulagement à ceux qui ont souffert, je le fais sans avoir recours aux bontés du roi. Depuis que j'ai l'honneur, Monsieur, de servir dans l'intendance, il n'y a point eu d'année où la grêle ait fait tant de désordre qu'elle en a fait dans le mois de mai et au commencement de juin; je vous puis dire, avec vérité, qu'il y a cent cinquante paroisses dans lesquelles on ne recueillera rien. Cette grêle commença dans l'élection de Joigny, où elle a fait un fort grand désordre; elle a passé sur un côté de l'élection de Tonnerre, et ensuite sur celle de Saint-Florentin, qui a été fort maltraitée. L'élection de Sens, celle de Nemours et celle de Montereau ont été extrêmement maltraitées; il y en a eu aussi considérablement dans l'élection d'Étampes, et quelque peu dans celle de Mantes : Andrezy, Conflans-Sainte-Honorine et quelques villages des environs en ont beaucoup souffert. Les habitants voulaient aller présenter leur placet au roi, pour lui demander non-seulement la diminution de la taille pour l'année prochaine, mais même la décharge entière de celle de cette année, disant qu'ils étaient hors d'état de la pouvoir payer; je les en ai empêchés, leur faisant espérer que je les soulagerais au département prochain, et que je pourrais rejeter sur les autres la diminution qu'ils pouvaient prétendre.

Mais, Monsieur, il en est arrivé bien autrement : je ne puis vous exprimer la désolation où l'inondation a jeté tous les pays où elle a passé. La justice et la bonté du roi en seraient touchées, si je lui en pouvais faire un portrait exact. J'aurai l'honneur de vous dire seulement en gros que les petites rivières qui passent dans un pays qu'on appelle le Morvan, du côté de Vézelay, se sont si fort débordées, qu'elles ont couvert toute la campagne. Comme le principal commerce de ce pays-là se fait en bois et charbon, les rivières ont emporté tout ce qu'il y en avait sur leurs bords, et je ne puis vous exprimer combien la perte en est considérable. On m'écrit de sur les lieux qu'il y en a eu plus de cent

---

[1] Papiers du Contrôle général, G⁷ 429.

mille cordes de perdues, sans compter le dégât des foins et des grains, qui est infiniment plus grand, et où il sera impossible de faire aucune récolte. Ces petites rivières, dans les lieux qui étaient plats, se sont extrêmement étendues, et la force de l'eau était si grande que la rivière d'Armançon a emporté tout à fait un pont de bois qui était à Brienon-l'Archevêque, qui n'a servi qu'à abattre aussi un pont de pierre, qui avait été fait par feu M. Colbert, à un petit village qu'on appelle Cheny, à deux lieues de Seignelay. Lorsqu'elle s'est jointe à la rivière d'Yonne, elle l'a augmentée si considérablement, qu'elle a inondé toutes les campagnes de Joigny, de Villeneuve-le-Roy, Sens, jusqu'à Montereau.

Le désordre causé par la rivière de Seine est, Monsieur, encore plus grand. Je ne vous parle point de ce qu'elle a fait à Troyes et aux environs; je laisse à M. l'intendant de Champagne à vous en rendre compte. Mais, Monsieur, à Romilly et Pont-sur-Seine, où elle commence d'entrer dans la généralité de Paris, elle s'est étendue dans la campagne jusqu'à une lieue de son bord, de chaque côté; toutes les prairies de Nogent sont inondées, sans aucune espérance de récolte, et les meules des vieux foins des années précédentes ont été tout à fait emportées, en sorte qu'il n'y restera pas une seule herbe. Cela a continué jusques ici dans cette même étendue qui est sous vos yeux; et, depuis Meulan jusqu'à Bonnières, proche Vernon, qui est le lieu où elle entre dans la généralité de Rouen, elle a fait le même désordre. Les petites rivières des environs de Provins y ont fait aussi beaucoup de mal.

Pour ce qui est des rivières d'Oise et de Marne, je n'en ai point encore eu de nouvelles, et j'espère que le mal n'y sera pas grand.

Je vous prie, Monsieur, d'avoir la bonté de représenter à Sa Majesté tous ces malheurs, et de vouloir bien obtenir d'elle quelque grâce pour les malheureux, car je vous puis dire avec vérité que quelque grandes que soient la bonté du roi et sa charité pour ses peuples, elle ne leur peut donner un soulagement proportionné à leur perte.

Je suis, avec respect, Monsieur, votre très-humble et très-obéissant serviteur.

PHÉLYPEAUX.

COMMISSION POUR L'IMPOSITION DES TAILLES DE L'ANNÉE 1698 DANS L'ÉLECTION DE MELUN.

Louis, etc. À notre amé et féal conseiller en nos conseils d'État et privé, commissaire par nous départi pour l'exécution de nos ordres en la généralité de Paris, le sieur Phélypeaux, à nos amés et féaux conseillers les présidents trésoriers généraux de France au bureau de nos finances établi à Paris, et à nos chers et bien amés les président, lieutenant et élus sur le fait de nos aides et tailles en l'élection de Melun, chacun en droit soi, SALUT. La guerre que nous soutenons depuis dix ans contre toute l'Europe nous ayant obligé d'exiger de nos sujets les fonds dont nous avons besoin pour subvenir à tant de dépenses infinies, nous nous sommes vu, à regret, dans la nécessité indispensable de ne pouvoir diminuer l'imposition des tailles; et, quoique nous n'ayons rien oublié de tout ce qui peut rendre ce fardeau moins pesant, le désir sincère que nous avons d'être en état de laisser agir plus librement la tendresse paternelle que nous avons pour eux nous a engagé à offrir à nos ennemis des conditions de paix plus avantageuses qu'ils ne pouvaient espérer, et nous n'avons point appréhendé de sacrifier nos propres intérêts pour avancer un bien si nécessaire et si désiré; mais, leur obstination étant plus forte que nos bonnes intentions, nous avons cru devoir tenter, cette année, de nouveaux efforts pour les forcer de concourir avec la même sincérité que nous au bonheur de

---

[1] Archives Nationales, registres du secrétaire d'État de la Maison du roi, O¹ 41, fol. 228.

l'Europe. Le succès a répondu jusqu'ici à nos desseins, et la prise d'Ath, de Barcelone et de Carthagène nous donne lieu d'espérer que nous verrons, dans peu, succéder au malheur d'une guerre longue et funeste les avantages d'une paix stable et sincère. Cependant, quelque attention que nous ayons pour faire en sorte que nos peuples commencent à en goûter les douceurs, nous sommes forcé de laisser encore, l'année prochaine, l'imposition des tailles sur le même pied qu'elles ont été levées cette année; mais ce que nous faisons à cet égard, dans un temps où l'aliénation que nous avons faite de nos propres fonds et de notre domaine ne nous permet pas de prendre sur nous-même toute l'augmentation des dépenses que nous sommes obligé de faire, doit être regardé comme un témoignage plus sensible de notre affection pour eux, que ne sera une diminution considérable dans les conjonctures plus heureuses. A ces causes, de l'avis de notre Conseil et de notre pleine puissance et autorité royale, nous vous mandons et ordonnons, par ces présentes signées de notre main, que vous ayez à imposer et faire lever, pour l'année prochaine, 1698, sur nos sujets contribuables aux tailles de l'élection de Melun, la somme de 95,653ᵘ, savoir : pour le principal de la taille et crues y jointes, 75,970ᵘ; pour le taillon de la gendarmerie, 10,000ᵘ; pour la solde des officiers de la maréchaussée, 6,083ᵘ; pour partie de la dépense nécessaire pour nos troupes, 3,600ᵘ; au département desquelles sommes, revenant ensemble à celle de 95,653ᵘ, que nous voulons être payée par les contribuables au payement d'icelles en quatre termes égaux, le premier au 1ᵉʳ décembre prochain, le second au dernier février, le troisième au dernier avril, et le quatrième au 1ᵉʳ octobre de ladite année prochaine 1698, et dont la ville de Melun portera 6,700ᵘ, il sera procédé par vous, dit sieur Phélypeaux, au bureau de ladite élection, avec les officiers d'icelle, sur lesquels votre voix prévaudra, le plus justement et également que faire se pourra, par un seul département sur les villes, bourgs et paroisses qui en dépendent, nonobstant les abonnements qu'elles pourraient avoir obtenus, lesquels nous avons révoqués et révoquons, ensemble sur les fermiers des seigneurs et autres principaux habitants des paroisses qui s'exemptent sans titre ou qui ne sont cotisés aux sommes qu'ils pourraient porter à proportion de leurs biens et facultés, lesquels vous, dit sieur Phélypeaux, taxerez d'office en procédant à l'assiette et imposition de la taille sur chaque paroisse; desquelles taxes d'office mention sera faite sur ladite assiette et département, ensemble au pied des commissions ou mandements particuliers qui seront expédiés pour l'imposition des paroisses de leurs demeures. Défendons de faire aucune taxe d'office en diminution de celles qui auront été faites par les rôles des trois années précédentes, et seront les cotes des particuliers compris dans les rôles recouvrées par les collecteurs, et par eux payées dans les termes ci-dessus, ès mains du receveur ou commis à la recette des tailles, à peine par les collecteurs d'y être contraints comme pour nos deniers. Plus, vous imposerez et ferez lever sur les contribuables de chacune paroisse 40 sols du droit de quittance attribué aux receveurs des tailles, pour leur être payés par les collecteurs suivant l'édit du mois d'octobre 1693, à raison de 10 sols pour le droit de quittance à délivrer par les receveurs des tailles aux collecteurs d'icelles, au nombre de quatre par an pour chacune paroisse, selon ledit édit. Plus, vous ferez imposer et lever sur les contribuables aux tailles de chaque paroisse 1 sol 2 deniers pour livre de toutes les sommes qui seront reçues par les collecteurs des tailles, lesquels en retiendront 6 deniers par leurs mains, pour leur droit de collecte; moyennant quoi, ils ne pourront prétendre aucune diminution de leur cote. Plus, vous imposerez 6 deniers pour cote de chacun contribuable pour le droit de signature et vérification des rôles des tailles attribué au lieutenant criminel commissaire vérificateur desdits rôles créé par édit du mois d'août 1693, pour être cedit droit payé suivant ledit édit. Demeureront exempts du contrôle les exploits, significations et autres actes faits à la requête des collecteurs des tailles contre les particuliers imposés dans lesdits rôles, pour le payement de leurs taxes seulement. Ordonnons à vous, dits trésoriers de France, d'expédier, sur ces présentes, votre attache, et d'envoyer le tout, huit jours après qu'elles vous auront été rendues, audit sieur Phélypeaux. Enjoignons à vous, dits élus, de procéder à la vérification des rôles de votre département aussitôt qu'ils seront présentés, et d'en remettre les doubles au greffe de l'élection, dans trois jours, à peine d'interdiction et de radiation de vos gages. Ne seront compris dans lesdits rôles les officiers de nos cours supérieures, nos conseillers secrétaires, les officiers de notre maison et ceux des autres maisons royales qui reçoivent gages de 60ᴸ au moins et sont employés dans les états registrés en notre Cour des aides depuis notre déclaration du 30 mai 1664, et qui auront satisfait aux autres conditions portées par nos derniers règlements, aussi registrés en notredite cour. Faute de quoi faire, ou en cas de dérogeance, ils seront imposés non-seulement pour leur dérogeance, mais aussi pour tous leurs autres biens. Comme aussi ne seront compris èsdits rôles les officiers de ladite élection, pourvu qu'ils ne commettent aucun acte dérogeant. Vous défendons de faire jouir d'aucuns priviléges ni exemptions les particuliers pourvus d'offices des maisons royales en vertu des certificats de dispense de service, si ce n'est pour cause de maladie dûment attestée par nos procureurs et par les médecins des lieux, les fermiers et sous-fermiers de nos droits, leurs commis ou préposés aux rôles des paroisses où ils sont résidants, s'ils y étaient domiciliés avant leurs commissions, ou s'ils y sont depuis mariés. Voulons que les officiers des maréchaussées créés avant l'année 1635 jouissent de l'exemption des tailles, savoir : les prévôts de nos cousins les maréchaux de France et leurs lieutenants, de l'exemption entière; les greffiers et exempts, de 30ᴸ, et les archers, de 5ᴸ, pourvu qu'ils servent actuellement. Faisons défense, tant à vous, dit sieur commissaire départi, pour ce qui concerne les taxes d'office par vous faites, qu'à vous, officiers de ladite élection, pour les cotes contenues aux rôles, de recevoir les oppositions de ceux qui se trouveront surtaxés, à peine de nullité de vos jugements. Défendons à vous, dits élus, de faire aucuns rejets; et pour être pourvu à ceux qui auront été ordonnés, voulons que notre déclaration du mois de mars 1667 soit exécutée, et, en conséquence, que les nobles ne puissent tenir qu'une ferme par leurs mains; et, s'ils en font valoir davantage par eux ou par leurs domestiques, ils seront cotisés dans les rôles, et les fruits de ces héritages affectés au payement de leurs cotes. Voulons pareillement que les translations de domiciles soient réglées et jugées conformément à notre déclaration du 28 août 1683; ordonnons que ceux des contribuables qui ne changeront point de domicile, et qui prendront des fermes et autres héritages en d'autres paroisses d'une même élection, ne soient imposés que dans la seule paroisse de leur domicile actuel, suivant leurs facultés et le gain qu'ils pourraient faire auxdites fermes, conformément à notre déclaration du 16 juin 1635 et à l'arrêt de notre Conseil du 25 janvier 1687. Défendons très-expressément à vous, dits élus, d'imposer ni souffrir qu'il soit imposé et levé, sur les contribuables de ladite élection autres ni plus grandes sommes que celles contenues en ces présentes, pendant ladite année 1698, à peine d'encourir la rigueur des ordonnances; et ce nonobstant quelconques nos lettres patentes et arrêts intervenus ou qui pourraient intervenir, portant dérogation à cesdites présentes, à quoi vous n'aurez aucun égard. Car, etc. Donné à Versailles le 1ᵉʳ jour de septembre, l'an de grâce 1697, et de notre règne le cinquante-cinquième.

ÉTAT DES DENIERS DES TAILLES REVENANT AU TRÉSOR ROYAL POUR L'ANNÉE 1698[1].

GÉNÉRALITÉS.	IMPOSITIONS DES TAILLES (1698) y compris les subventions, et déduit 747,000 et tant de livres de diminution par arrêtés.	CHARGES et REMISES.	DENIERS revenant AU ROI.	PAYEMENTS en QUINZE MOIS.
Paris	3,126,052ˡⁱ	1,657,510ˡⁱ	1,468,542ˡⁱ	97,903ˡⁱ
Soissons	784,401	460,666	323,735	21,582
Amiens	833,003	573,926	259,077	17,971
Châlons	1,328,755	839,558	489,197	32,613
Orléans	1,614,261	641,153	973,108	64,873
Tours	2,672,419	1,104,629	1,567,790	104,519
Bourges	597,070	336,148	260,922	17,394
Moulins	1,127,154	438,303	688,851	45,923
Lyon	1,147,577	459,390	688,187	45,879
Riom	2,097,612	647,772	1,449,840	96,656
Poitiers	1,711,175	633,040	1,078,135	71,875
Limoges	1,395,986	534,500	861,486	57,432
Bordeaux	2,015,668	757,576	1,258,092	83,872
La Rochelle	992,532	278,069	714,463	47,630
Montauban	2,512,750	752,029	1,760,721	117,381
Rouen	1,929,619	1,019,381	910,238	60,682
Caen	1,406,184	513,485	892,699	59,513
Alençon	1,278,256	413,368	864,888	57,659
Grenoble	1,215,576	809,408	406,168	27,077
TOTAUX	29,796,050	12,879,911	16,916,139	1,127,734

MONTANT GÉNÉRAL DES IMPOSITIONS DE LA GÉNÉRALITÉ DE PARIS POUR L'ANNÉE 1698-1699[2].

Tailles et impositions y jointes........ 3,114,655ˡⁱ 18ˢ 00ᵈ
Pour les 6 deniers pour livre pour le droit de collecte des collecteurs..... 77,866 07 10
Pour les 6 deniers pour cote attribués aux lieutenants criminels commissaires vérificateurs des rôles des tailles créés par édit du mois d'août 1693; ci, pour 225,000 cotes, par estimation...... 5,625 00 00
Plus, pour les 40 sols par paroisse attribués aux receveurs des tailles par édit du mois d'août 1693, pour droits de quittances; ci, pour 2,082 paroisses.. 4,164 00 00

A reporter........ 3,202,311 05 10

Report.......... 3,202,311ˡⁱ 05ˢ 10ᵈ
Plus, la somme de 403,075ˡⁱ 10ˢ à quoi monte la première moitié de la finance des offices de greffiers des rôles, tant anciens qu'alternatifs, de la généralité de Paris, qui avaient été levés, et supprimés par édit du mois d'août 1698. 403,075 10 00
Pour la réunion de partie des offices de gardes-scels aux hôtels de ville..... 9,955 00 00

TOTAL............ 3,615,341 15 10

[1] Papiers du Contrôle général, G¹ 1127. — [2] Papiers du Contrôle général, G¹ 1127.

RÉPARTITION

DES TAILLES DE LA GÉNÉRALITÉ DE PARIS,

DE L'ANNÉE 1688 À L'ANNÉE 1712.

APPENDICE.

RÉPARTITION DES TAILLES DE LA GÉNÉRALITÉ DE

ÉLECTIONS.	1688.	1689.	1690.	1691.	1692.	1693.	1694.	1695.	1696.	1697.	1698.	1699.
Paris.........	1,269,045[ll]	1,267,078[ll]	1,389,117[ll]	1,391,009[ll]	1,390,199[ll]	1,396,190[ll]	1,424,641[ll]	1,269,724[ll]	1,127,024[ll]	1,121,725[ll]	1,115,725[ll]	1,125,725[ll]
Senlis.........	140,329	140,629	154,529	154,619	148,619	150,019	150,564	135,564	125,564	125,564	125,564	125,564
Compiègne.....	67,096	68,590	75,790	75,844	75,800	76,715	76,880	69,880	63,880	63,880	63,880	62,880
Beauvais.......	185,700	187,500	206,500	204,620	196,390	198,886	199,285	181,285	165,285	165,285	165,285	167,285
Mantes.........	169,000	169,300	186,800	185,910	180,090	186,090	187,372	157,872	130,872	131,450	124,450	91,450
Montfort.......	77,800	78,100	85,600	85,361	85,420	85,420	87,375	78,375	61,375	59,647	58,547	58,647
Dreux.........	97,000	97,120	107,120	106,469	106,577	106,577	109,022	97,022	88,022	87,372	87,072	86,372
Étampes........	69,600	70,000	77,000	77,044	77,000	77,228	78,685	68,385	62,385	62,385	62,385	62,385
Melun..........	125,500	130,709	145,146	142,199	142,117	142,588	145,635	136,135	129,135	100,743	95,653	96,653
Nemours........	101,700	102,300	114,070	114,386	114,070	114,429	116,884	107,884	100,884	96,044	95,044	94,544
Coulommiers....	78,100	78,250	83,710	83,760	83,710	84,766	84,930	74,930	63,930	63,930	63,930	66,380
Rozay..........	83,500	84,800	92,638	92,982	92,878	94,055	95,743	88,743	81,743	80,568	80,563	84,113
Meaux..........	337,000	343,037	379,267	379,305	379,094	383,873	387,694	349,718	315,718	315,718	315,718	300,548
Provins.........	79,200	79,350	87,150	87,016	86,963	88,064	88,262	80,248	73,242	73,242	73,242	72,242
Nogent.........	79,500	80,750	90,250	90,364	90,250	90,537	92,442	81,442	75,932	67,930	50,932	65,432
Sens...........	134,900	135,296	145,442	142,171	142,088	142,549	145,585	130,085	117,085	92,705	87,705	88,705
Joigny.........	114,000	105,290	110,990	111,055	110,990	114,439	113,723	102,723	93,723	93,723	88,723	93,723
Saint-Florentin..	62,500	63,278	71,478	70,820	70,778	71,094	71,050	60,550	53,550	53,550	49,050	53,550
Tonnerre.......	144,100	143,407	137,860	138,072	137,990	138,442	141,407	129,407	119,407	119,407	119,407	121,407
Vézelay........	47,000	47,312	52,106	52,133	52,106	52,270	53,371	45,656	40,656	40,655	39,155	40,155
Pontoise[a].....	"	"	"	"	119,390	119,490	122,139	106,139	95,139	95,139	95,139	96,139
Montereau[b]....	"	"	"	"	"	"	"	"	"	60,404	57,194	59,194

[a] Créée par édit du mois de mars 1691.
[b] Créée par édit du mois de septembre 1696.

[1] Bibliothèque Nationale, ms. fr. 7724, fol. 12-22. Ce tableau est intitulé : «État des recettes faites par les receveurs des tailles de la généralité de Paris, des deniers des tailles et autres crues et impositions y jointes, suivant le dépouillement qui en a été fait tant en la Chambre des comptes de Paris que sur les états des finances, dans le bureau de M. Gilbert de Voisins.» Étant donc dressé d'après des états au vrai de recettes réelles, il présente quelques différences, peu considérables d'ailleurs, avec les chiffres que donne chaque année la commission dont le texte est transcrit dans les registres de la Maison du roi, de même qu'avec ceux du Mémoire (p. 278 et 279). Cf., pour l'année 1718, un tableau des tailles par généralités et par élections, dans le portefeuille Lancelot 176, fol. 149. On trouvera aussi dans les Papiers du Contrôle général, *Receveurs généraux*, G⁷ 1112, les bordereaux de la taille, de la capitation et du dixième de la généralité de Paris, pour les années 1711 à 1716. Le Mémoire de l'intendant Bignon, sur l'état de la généralité en 1724, qui sera reproduit à la fin de cet Appendice, fournira également des détails sur les impositions. Enfin nous devons signaler, sur les tailles de la généralité, une série considérable (46 registres et 173 liasses) de papiers provenant de l'élection de Paris, XVII° et XVIII° siècles (*Inventaire sommaire et tableau méthodique des fonds des Archives Nationales*, col. 401

IMPOSITIONS ET FERMES.   531

DE PARIS, DE L'ANNÉE 1688 À L'ANNÉE 1712[1].

1700.	1701.	1702.	1703.	1704.	1705.	1706.	1707.	1708.	1709.	1710.	1711.	1712.
1,215,804"	1,296,167"	1,280,787"	1,291,434"	1,305,065"	1,409,889"	1,218,158"	1,307,820"	1,340,220"	1,287,471"	1,190,209"	1,334,705"	1,346,205"
135,404	144,037	143,787	146,179	145,157	157,079	141,039	157,306	157,306	154,560	126,282	155,061	157,987
67,048	71,561	71,941	72,080	72,220	78,151	71,198	76,755	76,755	72,578	63,782	72,587	76,087
180,145	191,745	187,145	194,735	193,369	210,213	195,340	210,568	210,568	207,445	181,121	205,466	211,666
119,209	132,526	131,726	136,138	135,288	145,435	105,516	110,459	109,459	101,019	83,618	105,078	122,078
63,176	66,857	65,887	67,561	67,061	72,569	66,578	71,168	71,068	67,647	63,662	70,375	71,375
99,902	98,866	97,765	99,064	98,146	106,205	93,406	104,408	103,408	97,854	89,571	100,860	104,860
66,765	70,429	66,929	71,043	70,387	76,168	69,182	70,741	66,567	60,967	69,062	74,562	
104,583	111,135	110,635	112,627	112,497	125,045	112,632	117,874	115,874	108,895	99,164	111,682	118,142
101,784	108,165	104,665	109,596	109,785	121,987	119,648	116,705	115,705	110,699	98,351	109,487	113,987
69,500	70,252	69,052	70,268	69,709	74,937	69,027	74,607	74,107	69,507	63,950	71,927	74,427
88,903	94,873	93,411	95,201	94,589	102,864	97,028	104,272	102,572	100,597	91,030	101,015	104,015
340,891	364,426	360,117	366,727	364,118	394,032	348,722	362,249	357,249	344,393	321,234	361,392	365,922
78,441	83,353	82,953	84,958	68,922	91,318	82,507	90,208	88,203	84,132	77,864	87,090	90,090
71,456	75,715	75,315	76,546	75,977	82,216	76,435	76,420	73,920	65,776	58,599	72,968	74,208
96,035	103,159	102,019	103,373	103,335	114,821	99,978	105,613	103,513	92,856	80,950	92,840	96,840
101,443	107,800	106,800	108,327	108,298	117,192	106,777	108,817	107,817	98,746	83,054	95,110	95,110
57,606	60,502	60,102	61,086	60,411	64,942	58,855	60,246	57,846	49,565	45,712	50,620	54,620
131,351	139,556	139,056	141,486	141,402	153,449	143,851	148,508	148,208	143,231	114,263	131,163	139,563
43,198	46,507	45,197	45,988	45,784	49,544	46,148	49,876	48,576	46,970	41,520	46,789	47,789
103,957	110,550	109,950	111,787	110,841	119,944	107,447	118,431	116,931	110,688	104,194	117,444	120,444
64,374	68,504	68,104	69,313	68,993	76,064	70,733	73,157	72,157	67,175	60,743	70,697	74,197

et 402). — Suivant un travail manuscrit conservé aujourd'hui au Musée Britannique, ms. additional 20838, fol. 76, les impositions, taxes et contributions de tout genre de la ville de Paris, en 1755, s'élèvent à 61,429,200", alors que le royaume entier payait 418,523,400" (soit 1/6,81); mais d'ordinaire Paris ne supportait qu'un dixième de la somme totale. On trouve cependant la même proportion à peu près qu'en 1755, indiquée dans ce passage de l'*Encyclopédie méthodique des finances* (1785), v° GÉNÉRALITÉS : «Les impôts à la charge de cette grande ville s'élèvent aujourd'hui de 77 à 78 millions de livres, et forment ainsi entre la septième et la huitième partie des contributions du royaume. Tant de ressources sont l'effet des grandes richesses concentrées dans la capitale, séjour à la fois de la plus grande partie des rentiers, des hommes de finance, des ambassadeurs, des riches voyageurs, des grands propriétaires de terres et des personnes les plus favorisées des grâces de la cour. Il n'est pas indifférent de remarquer que le roi tire plus du revenu de sa capitale que les trois royaumes ensemble de Sardaigne, de Suède et de Danemark ne payent de tributs à leurs souverains. Les contributions de toute la généralité de Paris, où les chemins sont entretenus des fonds du Trésor royal, s'élèvent à environ 114,500,000". C'est 65" 5' par tête d'habitant.» Comparer les calculs de Necker, dans le tome Ier de l'*Administration des finances*, p. 216 et 217.

67.

PROJET D'ENQUÊTE ET DE DÉNOMBREMENT DES BIENS-FONDS[1].

Vers 1712.

Le dixième[2] qui se lève à présent dans le royaume serait un subside moins onéreux, plus aisé à lever et d'un plus grand rapport que la taille, si le dénombrement et l'estimation des biens était faite avec la justesse et la précision qu'elle se peut faire. Les moyens dont on se sert à présent sont bons pour le temps où il semble qu'on n'a pas voulu alarmer les peuples par une recherche trop scrupuleuse; mais si cette recherche se faisait de la manière qu'elle est proposée dans ce mémoire, toute exacte qu'elle est, les peuples, au lieu de s'alarmer, concourraient à la rendre encore plus. Les mémoires de tout le royaume dressés par MM. les intendants des provinces est un des meilleurs moyens que l'on puisse trouver; mais il y manque bien des choses : ils ne sont pas également justes, ni uniformes, ni assez détaillés. Il est vrai qu'il y en a quelques-uns, pour le général des provinces, qui ont toutes ces conditions; mais ce général ne donne point un détail des villes et des paroisses, absolument nécessaire pour bien connaître le fort et le faible des héritages et des biens des particuliers, avec une égalité fixe et proportionnée aux facultés d'un chacun. Pour parvenir à cette égalité, si l'on continue après la paix la levée du dixième, ce qu'on pourra faire en déchargeant les peuples d'une multitude d'impôts extrêmement à charge et qui ne vont qu'au profit de quelques particuliers, il faut ordonner à ceux qui ont présentement la direction de ce dixième, ou qui l'auront à l'avenir, de dresser des mémoires et des états, paroisse par paroisse, élection par élection, et généralité par généralité, des biens, tant meubles qu'immeubles, de tous les habitants du royaume. Pour cela, on y spécifiera l'étendue et la qualité de chaque paroisse, de chaque élection et de chaque généralité, le nombre des personnes et la distinction de leurs qualités et de leurs professions, le revenu de chaque paroisse, de qui elle relève, ce qu'elle contient de villages, hameaux, métairies, châteaux, fiefs, etc.; le nombre d'arpents en terres labourables, en vignes, prés, pâtis, bruyères, bois, étangs, ruisseaux, rivières navigables et autres, moulins à grains, à foulon et à papier; la valeur, l'étendue et la qualité des fiefs et de leurs possesseurs; le revenu en cens, dîmes et terrages, et toute autre nature des redevances; le nombre du bétail, chevaux, mulets, bœufs, vaches, moutons, porcs, etc.; l'état des manufactures établies ou qu'on pourrait y établir, leur valeur et celle du commerce qui se fait dans chaque paroisse et qui s'y peut faire; ce qui manque aux terres pour les faire valoir, les nourritures qui s'y peuvent faire, les défrichements et desséchements, et autres remarques qu'il faudra soigneusement faire. De tous lesquels états et mémoires sera fait un registre, paroisse par paroisse, pour être remis aux greffes des bureaux des finances et de chaque élection, et celui de la paroisse délivré au syndic, dans lequel sera spécifié le nom des maisons, feux, personnes et bestiaux, celui des arpents de terre avec leurs distinctions, avec une distance entre les noms pour y marquer les changements de fermiers et de métayers, qui arrivent ordinairement, lesquels ne se pourront faire qu'après avoir déclaré six mois devant au syndic de la paroisse vouloir changer de lieu et de paroisse, et en rapportant le certificat du curé et du syndic de celle où on est allé demeurer.

On dira peut-être que c'est un grand détail, dont l'exécution est impossible, Messieurs les intendants, avec une longue expérience et leurs lumières, n'ayant pu y parvenir : de quoi il ne faut pas s'étonner,

---

[1] Papiers du Contrôle général, G⁷ 1138.
[2] Impôt du dixième du revenu de tous les fonds et autres biens, établi par la déclaration royale du 14 octobre 1710, et supprimé en 1717, pour les fonds.

parce que le poids des affaires dont ils sont chargés ne leur a pas permis ni ne leur permet pas d'entrer dans un aussi grand détail comme pourra faire celui qui, comme j'ai dit, sera chargé de la direction du dixième, pourvu qu'on y emploie des personnes intelligentes, qui aient toutes les qualités nécessaires pour remplir un pareil emploi. Il faut non-seulement de l'expérience et une connaissance des terres et de l'état des provinces, mais une grande capacité et du jugement, surtout un grand fonds de probité et de désintéressement; voir tout par soi-même, si cela se peut, ou ne s'en rapporter qu'à des gens fidèles et expérimentés; savoir la géométrie, pour suppléer et pour se garantir de l'ignorance et des fraudes des arpenteurs.

Voilà ce que je crois le meilleur moyen de faire valoir le dixième denier, sans avoir recours à des déclarations forcées, bien souvent fausses, qui diminuent le profit, au lieu de l'augmenter.

ENQUÊTE SUR LA VALEUR DES BIENS-FONDS ET LA QUALITÉ DES PROPRIÉTAIRES[1].

1717.

ÉTAT de tous les fonds et héritages qui sont situés dans l'étendue de la paroisse d'Ailly-Milly, contenant en tout la quantité de sept cent dix arpents, l'arpent à cent perches et la perche à vingt et vingt-deux pieds, lesquels, réduits à la mesure de Paris, font la quantité de sept cent cinquante-six arpents, suivant la connaissance sommaire que nous, Ange Poisson de la Chabeaussière, commissaire, en avons prise, avec les personnes de Jacques Berger, Vincent Guillaume et Adrien Mavin, nommés et choisis à la pluralité des voix des habitants de ladite paroisse, suivant l'acte de la nomination qui en a été faite devant nous, le 22ᵉ jour de juin 1717, et avec lesquels nommés et choisis nous avons évalué le revenu annuel, tant des meilleurs, des médiocres et des moindres fonds de terres labourables, vignes, prés et bois, que des autres biens immeubles de ladite paroisse, sur le pied qu'ils peuvent être loués en deniers ou argent, par année commune; le présent état contenant aussi la quantité et qualité des bestiaux des taillables; le tout ainsi qu'il ensuit, savoir:

Le revenu annuel de l'arpent des meilleurs fonds de terres labourables évalué à la somme de............ 6ˡ
Celui de l'arpent des fonds médiocres, à la somme de   4
Et celui de l'arpent des moindres fonds, à la somme de.. 3ˡ
Le revenu de l'arpent des meilleures vignes, à la somme de................................. 8
Celui de l'arpent des médiocres vignes, à la somme de.................................... Néant.
Et celui de l'arpent des moindres vignes, à la somme de.................................... Néant.
(On n'a distingué les vignes qu'en une classe, à cause de leur petite quantité et de l'égalité du terrain.)
Le revenu de l'arpent des meilleurs prés, à la somme de....................................... 6
Celui de l'arpent des médiocres prés, à la somme de Néant.
Et celui de l'arpent des moindres prés, à la somme de Néant.
(On n'a pu distinguer la quantité des prés qu'en une classe, à cause de leur petite quantité.)
Le revenu de l'arpent des meilleurs bois, à la somme de.. 5
Celui de l'arpent des médiocres bois, à la somme de   4
Et celui de l'arpent des moindres bois, à la somme de... 3

Remettant à évaluer, avec les susdits habitants nommés dans la suite du présent état, le revenu de toutes les autres natures de biens, comme maisons, clos, moulins, et autres sortes d'immeubles d'une espèce singulière, qui ne peuvent être divisés par classes, et qui sont possédés ou exploités par des taillables.

---

[1] Archives Nationales, K 901, n° 1. — Cette enquête se rapporte à un essai infructueux que fit la Régence pour établir la taille proportionnelle d'après les principes des économistes. Par un arrêt du Conseil d'État du 19 décembre 1716, les intendants des pays de taille personnelle ou les commissaires subdélégués à ces intendants furent chargés de se transporter dans chaque paroisse, pour dresser, avec des experts choisis par les habitants, un état exact de tous les

APPENDICE.

CHAPITRE PREMIER.

Il n'y a dans cette paroisse aucunes terres vaines et vagues, comme landes, bruyères, etc.

Il n'y a point de communes servant aux pâturages et usages de la communauté.

Il n'y a ni fonds abandonnés ni domaines vacants.

Fonds et héritages possédés par les gentilshommes, ecclésiastiques et autres exempts, et exploités par eux jusqu'à concurrence de leur privilége.

	Arpents.	Perches.
M. Paul du Bois, prêtre et curé de la paroisse, possède, à cause de son bénéfice, et exploite par ses mains la quantité d'un quartier et demi de bonnes vignes, ci...		37
Plus, occupe, à cause de son bénéfice, une maison couverte de tuiles, de deux travées et demie, consistant en chauffoir, cuisine, salle, chambre, ci pour mémoire.		
La quantité d'un demi-quartier de jardin, ci pour mémoire.		

EXEMPTS DOMICILIÉS DANS LADITE PAROISSE.

M. de Brennes, chevalier de Malte, exempt, possède un hôtel couvert de tuiles, de cinq travées, consistant en chauffoir, salle, quatre chambres, écurie, ci pour mémoire.		
Le sieur de Ménestrelle, ancien capitaine des gardes, exempt, possède et exploite la quantité de cinquante arpents de médiocres bois taillis, ci...	50	
Le sieur Patron, prieur de Coutry, exempt, est fermier d'une dîme sur quatre-vingts arpents de terres labourables de la ferme des Granges, appartenant à sa cure, estimée de revenu annuel la somme de 200ˡ.		
À reporter.........	50	

CHAPITRE DEUXIÈME.

	Arpents.	Perches.
Report............	50	37

Revenu des fonds en terres labourables, vignes, prés et bois des trois classes, de bons, médiocres et moindres, ensemble des maisons, clos, moulins, étangs, et autres natures de biens immeubles d'une espèce singulière, le tout possédé et exploité dans ladite paroisse par les priviléfiés au delà de leur privilége, ou par les taillables demeurant tant dans la paroisse que hors d'icelle, avec l'état des bestiaux et chevaux de chaque taillable.

Jacques Berger, laboureur, possède et exploite par ses moins la quantité d'un demi-arpent de bonnes terres labourables, ci...	50	
Plus, exploite à ferme la quantité de quarante-quatre arpents de bonnes terres labourables, appartenant aux dames religieuses de l'Hôtel-Dieu de Saint-Nicolas de Melun, ci.	44	
La quantité de soixante-sept arpents de médiocres, ci........................	67	
La quantité de neuf arpents de moindres, ci........................	9	
La quantité de trois quartiers de médiocres vignes, ci........................		75
La quantité de quatre arpents de bons bois taillis, ci........................	4	
Plus, occupe une maison couverte de tuiles, de dix-sept travées, consistant en deux chauffoirs, fournil, cellier, chambre, deux granges, bergerie, écurie, étable, appartenant auxdites dames religieuses, qui peut louée la somme de 85ˡ.		
À reporter.........	175	60

---

biens-fonds et héritages quelconques, et des noms, profession, commerce et industrie de chaque contribuable. On prit la généralité de Paris pour théâtre de cet essai, et les commissaires y travaillèrent toute une année à grands frais; Saint-Simon dit qu'il fut dépensé 800,000ˡ. Les résultats de l'enquête forment un dossier considérable, comprenant vingt-deux paroisses de l'élection de Melun (Ailly-Milly, aujourd'hui Milly-les-Granges, Andrezel, le Bordo, Bréau, Champeaux, la Celle, la Chapelle, le Châtelet, Châtillon, la Commune, les Écrennes, Féricy, Fontaine-le-Port, Héricy, Machault, Moisenay, Sivry, Saint-Ouen, Valjouan, Vernou, Villars, Yèbles-Guignes) et conservé aujourd'hui aux Archives Nationales, K 907. Nous ne reproduisons qu'un seul des procès-verbaux, le premier, pour donner une idée des procédés employés par les commissaires. Le travail fut bientôt abandonné, parce qu'il parut qu'il serait indispensable de vérifier les déclarations faites aux commissaires, et que cette vérification eût entraîné à des dépenses immenses pour toiser les bâtiments, arpenter les terres, les répartir par classes et par valeur de production, etc. (Papiers du Contrôle général, G⁷ 1280). On se rejeta alors sur le système de Vauban, dont un essai fut fait dans la généralité de la Rochelle, sans aucun succès. Voyez les *Mémoires* de Saint-Simon, le *Journal de Dangeau* et le troisième mémoire de Boulainvilliers au Régent, sur *la Taille réelle et proportionnelle*.

IMPOSITIONS ET FERMES.

	Arpents.	Perches.
Report............	175	62

La quantité de quatre perches de jardin, qui peuvent être louées la somme de 12 sols.

Plus, exploite à ferme la quantité de vingt-quatre arpents et demi de bonnes terres labourables, appartenant à la cure d'Ailly-Milly, ci......................... 24 50

La quantité de quatorze arpents de médiocres, ci....................... 14

Plus, exploite à ferme la quantité de cinq arpents trois quartiers de médiocres terres labourables, appartenant à la fabrique de Saint-Germain-le-Milly, ci............. 5 75

Plus, ledit Jacques Berger est fermier d'une dîme sur vingt-quatre arpents de bonnes terres labourables, et de la même dîme de sa cour, appartenant à la cure, estimée de revenu annuel la somme de 40ᴸ.

Plus, a en propre neuf chevaux, huit vaches, six porcs, cent quatre-vingt-quinze bêtes à laine, tant brebis que moutons, deux ânes.

Vincent Guillaume, laboureur, exploite à ferme la quantité de cent cinquante-deux arpents de bonnes terres labourables, appartenant à M. le chevalier de Brennes, exempt, ci.. 152

La quantité de trois arpents de bons prés, ci........................... 3

La quantité de deux arpents d'arbres fruitiers, qui peuvent être loués la somme de 35 ᴸ.

La quantité de quatre arpents treize perches de bons bois taillis, ci........ 4 13

Plus, occupe une maison couverte de tuiles, de trente travées, consistant en deux chauffoirs, chambre, foulerie, écurie, étable, quatre granges, bergerie, montuserie, qui peut être louée la somme de 170 ᴸ.

Un colombier à pied, estimé de revenu annuel la somme de 60 ᴸ.

La quantité d'un arpent six perches de jardin, qui peut être loué la somme de 15 ᴸ.

Plus, exploite à ferme la quantité de trente-quatre arpents de moindres terres labourables, appartenant à la chapelle d'Ailly-Milly, ci........................... 34

La quantité d'un arpent d'arbres fruitiers, qui peut être loué la somme de 20 ᴸ.

Plus, ledit Vincent Guillaume est fermier de la menue dîme de sa cour, appartenant à la cure d'Ailly-Milly, estimée de revenu annuel la somme de 15 ᴸ.

| A reporter......... | 413 | 00 |

	Arpents.	Perches.
Report............	413	00

Plus, a en propre sept chevaux, onze vaches, un taureau, un âne, cent soixante bêtes à laine, tant brebis que moutons, six porcs.

Adrien Marin, laboureur, exploite à ferme la quantité de deux cent quatre arpents de bonnes terres labourables, appartenant au sieur de Ménestrelle, ancien capitaine aux gardes, exempt, ci 204

La quantité de cinquante-huit arpents de médiocres, ci 58

La quantité de trente-huit arpents de moindres, ci....................... 38

La quantité de trois arpents de bons prés, ci............................ 3

Plus, occupe une maison couverte de tuiles, de cinquante travées, consistant en trois chauffoirs, chambre, deux granges, deux bergeries, étable, écurie, qui peut être louée la somme de 250 ᴸ.

La quantité de trois quartiers de jardin, qui peut être loué la somme de 15 ᴸ.

Plus, a en propre dix chevaux, vingt-quatre vaches, un taureau, sept porcs, cent six bêtes à laine, tant brebis que moutons, deux ânes.

HABITANTS DOMICILIÉS HORS LA PAROISSE.

Louis Jardin, laboureur à Sivry, est fermier de la dîme d'Ailly-Milly, appartenant à MM. les chanoines de Notre-Dame de Montereau-faut-Yonne, affermée la somme de 365 ᴸ.

Le nommé Fleuriot, hôtelier à Melun, est fermier d'une dîme sur cent cinquante arpents de terres labourables de la ferme des Granges, affermée par an la somme de 300 ᴸ.

Claude Bardou, laboureur à Villars, exploite à ferme la quantité de quarante arpents de bonnes terres labourables, appartenant à Mᵉ le maréchal de Villars, ci.......... 40

| Total.................... | 755 | 00 |

ÉTAT des personnes, tant exemptes que taillables, demeurant dans cette paroisse, avec l'évaluation de l'industrie, travail ou commerce des taillables.

CHAPITRE PREMIER.

M. Paul du Bois, prêtre et curé de ladite paroisse, ci pour mémoire.

CHAPITRE DEUXIÈME.

TAILLABLES POUR L'INDUSTRIE.

Jacques Berger, laboureur, pour le profit de son commerce, évalué à la somme de 600ᵗˡ, ci......	600ᵗˡ
Vincent Guillaume, laboureur, pour le profit de son commerce, évalué à la somme de 800ᵗˡ, ci......	800
Louis Jardin, laboureur, pour le profit de son commerce, évalué à la somme de 200ᵗˡ, ci..........	200
Adrien Marin, laboureur, pour le profit de son commerce, évalué à la somme de 700ᵗˡ, ci..........	700
TOTAL.........	2,300

CHAPITRE TROISIÈME.

Taillables qui n'ont point de profession certaine ni d'industrie marquée, ou qui sont tombés dans quelques malheurs ou quelques infirmités considérables.

Néant.

RÉCAPITULATION.

Il y a dans ladite paroisse sept cent cinquante-six arpents, savoir :

Six cent quatre-vingt-dix arpents de terres labourables, ci............................	690ᵗ
Deux arpents de vignes, ci...................	2
Six arpents de prés, ci......................	6
Cinquante-huit arpents de bois taillis, ci........	58
TOTAL.................	756

Le curé possède, à cause de son bénéfice, quarante-quatre arpents de terres labourables, ci....... 44

La fabrique de ladite paroisse possède six arpents de terres labourables, ci..................... 6

Le titulaire de la chapelle de Notre-Dame possède, à cause de son bénéfice, trente-sept arpents de terres labourables, ci..................... 37

Les exempts demeurant hors ladite collecte possèdent cinq cent cinquante-trois arpents, savoir :

Quatre cent quatre-vingt-neuf arpents de terres labourables, ci.............	489	
Six arpents de prés, ci........	6	553
Cinquante-huit arpents de bois taillis, ci.	58	
TOTAL...................		640

Partant, les taillables domiciliés dans ladite paroisse possèdent cent seize arpents, savoir :

Cent quatorze arpents de terres labourables, ci................................	114	116
Deux arpents de vignes, ci............	2	
TOTAL PAREIL..............		756

L'industrie ou commerce monte à la somme de......................... 2,300ᵗˡ

La taille des habitants sans profession... Néant.

MÉMOIRE DES CONNAISSANCES PARTICULIÈRES POUR LA PAROISSE D'AILLY-MILLY.

ART. 1ᵉʳ. — La paroisse d'Ailly-Milly.

2. — Ladite paroisse est du diocèse de Sens.

3. — Ailly est de la juridiction de M. de Brennes, chevalier de Malte.

Milly est de la juridiction des dames religieuses de Saint-Nicolas de Melun.

Les Granges sont de la juridiction de Mme Dumay, veuve de M. de Ménestrelle, grand audiencier de France.

4. — La seigneurie est une simple seigneurie.

5. — M. le chevalier de Brennes est seigneur d'Ailly.

Les dames religieuses de Saint-Nicolas de Melun sont dames de Milly.

Mme Dumay, veuve de feu M. de Ménestrelle, grand audiencier de France, est dame des Granges.

6. — La situation de ladite paroisse est plaine et montagnes.

7. — Il y a sept cent cinquante-six arpents dans ladite paroisse.

8. — Les propriétés du territoire consistent en vignes, terres labourables, prés et bois taillis.

9. — Il y a cinq maisons dans ladite collecte.

10. — Il y a trois familles.

11. — Il n'y a aucun commerce dans ladite collecte.

12. — Le montant de l'imposition de la taille est de la somme de 883ᵗˡ.

Celui du dixième est de la somme de 322ᵗˡ.

Celui de la capitation est de la somme de 260ᵗˡ 14ˢ.

13. — Il y a une chapelle sous le titre de Notre-Dame, possédée par un séculier, dont le revenu annuel est de la somme de 400ᵗˡ.

14. — Il n'y a de prêtre que le curé, dont le revenu annuel de la cure peut monter à la somme de 700ᵗˡ.

15. — Il n'y a aucun ecclésiastique que le curé.

16. — Il n'y a aucun noble résidant dans ladite paroisse.

IMPOSITIONS ET FERMES. 537

17. — Il n'y a ni exempts ni privilégiés.

18. — Il y a trois taillables laboureurs.

19. — Il y a quarante-quatre arpents de terres labourables appartenant à la cure, dont le revenu annuel monte à la somme de 200";

La maison du curé;

La quantité de six arpents appartenant à la fabrique, dont le revenu annuel est de la somme de 24";

La quantité de trente-sept arpents de terres labourables appartenant à la chapelle Notre-Dame, dont le revenu annuel est de la somme de 100";

La quantité de quatre arpents de bon bois taillis appartenant aux dames religieuses de Saint-Nicolas de Melun, dont le revenu annuel est de la somme de 20";

Et une maison, évaluée la somme de 85" de revenu.

20. — Il y a cinq cent un arpents de terres labourables appartenant à la noblesse, dont le revenu annuel est de la somme de 2,483";

La quantité de six arpents de prés, dont le revenu annuel est de la somme de 36";

La quantité de quarante-quatre arpents de bois taillis, dont le revenu annuel est de la somme de 220";

Et deux maisons, évaluées à la somme de 420" de revenu.

21. — Il n'y a aucun arpent de terre, ni fonds appartenant aux privilégiés.

22. — Il y a cent quatorze arpents de terres labourables appartenant aux taillables, dont le revenu annuel est de la somme de 610".

23. — Il n'y a aucunes terres vaines et vagues, comme bruyères, etc.

24. — Il n'y a point de communes.

25. — Il n'y a point de fonds abandonnés, ni de terres incultes.

26. — Il n'y a point de bois appartenant aux taillables.

27. — Il y a deux arpents de vignes, dont le revenu annuel est évalué la somme de 16".

28. — Il n'y a point de prés appartenant aux taillables.

29. — Il n'y a aucun moulin.

30. — Il n'y a aucun étang.

31. — La communauté n'a aucuns revenus ni dettes[1].

---

[1] Des travaux de statistique analogues à cette opération de 1717 furent faits plus régulièrement à la fin du XVIII° siècle : on en trouve les résultats dans les archives de certains départements, notamment dans celles de Seine-et-Marne, qui possèdent des séries importantes sur la situation agricole et financière de l'élection de Melun (C 98 et suiv.), des élections de Montereau (C 157), de Nemours (C 158), de Provins (C 164-165) et de Rozoy (C 246-248). L'inventaire de ces archives donne, pour presque tous les articles, un sommaire ainsi conçu : «Tableau de la situation des paroisses de l'élection de Melun. Total des fonds cultivés, 138,306 arpents 70 perches; friches, 10,512 arpents. Exploitation : 92 moulins, 37 usines, 45 dîmes et champarts, 6,048 maisons en propre et 3,523 à loyer, donnant en revenus, savoir : moulins, 49,916"; usines, 4,459"; dîmes et champarts, 68,421"; cens, rentes et droits seigneuriaux, 18,437"; maisons en propre, 179,706"; à loyer, 147,288". Seigneuries : de Champeaux, au chapitre de Sens; de Courances, à M. de Nicolay; de Chevannes, au duc de Villeroy; de Fleury-en-Bière, à M. d'Argouges; de Fontainebleau, au roi; de la Ferté-Alais, au duc de Chartres; de Livry, à M. de la Ferronnays, etc. (C 100, registre de 53 feuillets, 1785.)» On trouvera dans les mêmes archives plusieurs liasses du XVII° siècle relatives à la statistique de l'impôt dans les élections de Nogent-sur-Seine (C 162), de Provins (C 170), etc. Les archives du département de l'Yonne possèdent aussi des statistiques, établies vers 1780, de l'élection de Joigny et de celle de Sens (C 68 et 72). Nous avons vu récemment passer en vente un mémoire original fait en 1754, par M. de Château, et donnant la description générale de l'élection de Nemours, de ses productions et de son commerce. Il indiquait, pour chaque paroisse, le nombre des habitants, le chiffre des impositions de plusieurs années successives, la nature des terres, le prix des grains, le revenu de l'arpent cultivé, le nombre des bestiaux et chevaux et des charrues, le nombre des contribuables, celui des exempts, les noms des seigneurs, etc. (Catalogue de la librairie veuve Renaux, novembre 1877, n° 266.)

538 APPENDICE.

STATISTIQUE DE L'ÉLECTION

NOMS DES OFFICES VACANTS ET REMPLIS et DATE DES PROVISIONS DES TITULAIRES.	PAROISSES DU RESSORT DE L'ÉLECTION.	NOMBRE DE FEUX qui sont DANS CHAQUE PAROISSE.	NOMBRE DES HABITANTS DE CHAQUE PAROISSE.	IMPOSITIONS de TOUTE NATURE EN CHAQUE PAROISSE.
Messieurs :	Aguisy, ferme, paroisse de Jonquières........	1	9	1,008ll 00° 0ᵈ
	Annel....................................	24	55	281 14 0
Lévêque, président ;	Autheuil..................................	95	192	4,370 12 6
Provisions du 20 juillet 1742.	Armancourt...............................	91	244	3.271 17 6
L'office de lieutenant vacant depuis douze à	Baugy....................................	75	160	1,811 12 6
quatorze ans.	Bienville..................................	64	147	1,883 17 6
	Bois-d'Ageux..............................	16	48	2,321 00 0
Messieurs :	Bruisne...................................	37	55	660 01 0
Boitel ;	Canly.....................................	174	446	3,744 15 0
Provisions du 14 mai 1753.	Chevincourt...............................	159	370	2,237 17 6
Quin ;	Clairoix...................................	140	389	4,287 10 0
Élus .. { Provisions du 30 novembre 1763.	Compiègne................................	1,450	4,960	19,145 10 0
Deux offices vacants depuis sept à	Corbeaulieu, ferme, paroisse de Compiègne...	1	8	663 08 0
huit ans, qui étaient possédés par				
MM. Crin et Ricard.	Coulun...................................	178	466	7,684 00 0
Demonchy, procureur du roi ;				
Provisions du 23 août 1761.	Élincourt..................................	214	499	7,986 17 6
Soucange de Norenil, greffier ;	Fayel.....................................	66	161	1,703 00 0
Provisions du 27 avril 1759.	Francières................................	95	238	3,286 05 0
	Gilocourt.................................	116	281	3,204 00 0
PROCUREURS POSTULANTS.	Janville...................................	57	153	692 11 0
MAÎTRES :	Jaux.....................................	317	790	7,470 07 6
Demouy ;	Jonquières................................	179	468	3,228 01 6
Provisions du 23 décembre 1743.	La Bréviaire..............................	27	76	180 17 0
Carbon ;	La Chelle.................................	66	8	1,573 12 0
Provisions du 15 mai 1752.	La Croix..................................	180	439	2,118 07 6
Cordongron ;	Le Meux..................................	255	683	6,196 00 0
Provisions du 17 août 1763.				
	A reporter...............................	4,657	10,754	89,966 00 6

[1] Le manuscrit de la Bibliothèque Nationale coté fr. 8128 contient les résultats d'une enquête de statistique fort importante faite en 1771-1772, sous la direction du procureur général du parlement de Paris. Parmi les onze tableaux (élections de Compiègne, Dreux, Joigny, Mantes, Melun, Montereau, Nemours, Provins, Saint-Florentin, Tonnerre et Vézelay) qui paraissent être les seuls parvenus en bon état au magistrat qui les demandait, nous avons choisi, pour le

IMPOSITIONS ET FERMES.

DE COMPIÈGNE. — 1771.

COMBIEN LA TAILLE PREND DE SOLS POUR LIVRE SUR LES REVENUS.	COMBIEN LA CAPITATION PREND DE SOLS POUR LIVRE SUR LES REVENUS.	BIENS ECCLÉSIASTIQUES SITUÉS EN CHAQUE PAROISSE.	REVENUS qu'ils PRODUISENT.	OBSERVATIONS.
3' 1ᵈ	3' 1ᵈ	A l'abbaye de Bruisse, 4 charrues......	2.900ll	La dépopulation est sensible depuis trente ans. Il y a moins de feux et d'habitants.
» 6	» 6			
3 3	3 3	1 ferme de 4 charrues à l'abbé d'Ourscamp..	3.696	
» 6	» 6	Dîme............	460	
» 5	» 5	60 mines de terre à l'abbaye de Monchy...	300	
» 1	» 1	Dîme à l'abbaye de Bruisse.............	320	
» 9	» 9	Val-de-Grâce...........	4.650	
» 6	» 6	Hôtel-Dieu de Compiègne, 170 mines.....	900	
» 6	» 6	Dîme de Saint-Corneille.............	1.580	
3 »	3 »	2 fermes et 1 moulin à l'abbaye de Saint-Riquier.................	2.400	
» 10	» 10	142 mines de terre et 2 moulins à la commanderie du Temple.............	3.200	
» 8	» 8	1 ferme de 4 charrues à l'hospice de Compiègne	2.500	
		Dîme de Saint-Amand............	560	
3 1	3 1	1 ferme à l'hospice de Compiègne.......	450	
		1 ferme au prieur d'Éttincourt........	1.180	
		1 ferme à l'abbaye de Royalieu.......	1.200	
3 1	3 1	2 fermes au prieuré.............	6.900	
» 10	» 10	Dîme............	160	
» 9 1/2	» 9 1/2	Prieuré, etc.............	1.500	
3 1	3 1	Dîme et fabrique...........	1.200	
» 7	» 7			
» 9 1/2	» 9 1/2	Abbaye de Saint-Faron-de-Meaux.......	600	
» »	» »	Dîme...........	500	
3 »	3 »	Dîme...........	700	
» 6	» 6	Hôtel-Dieu de Compiègne...........	980	
» »	» »	Hôtel-Dieu de Compiègne...........	1.000	
» 8	» 8	Abbaye Saint-Médard............	1.436	
» 7	» 7	Dîme...........	600	
Non compris les 20ˢ.		A reporter.............	40.996	

reproduire, celui de l'élection de Compiègne (fol. 42 et 43), qui passe pour le mieux fait. Le tableau de l'élection de Paris ne put probablement pas être dressé, comme l'explique la lettre du procureur du roi en l'élection qu'on trouvera ci-après, avec la réponse du procureur général. Le présent tableau porte la date du 2 janvier 1772, et est, comme les autres, certifié véritable par tous les officiers de l'élection; néanmoins les additions ne sont pas justes.

APPENDICE.

NOMS DES OFFICES VACANTS ET REMPLIS et DATE DES PROVISIONS DES TITULAIRES.	PAROISSES DU RESSORT DE L'ÉLECTION.	NOMBRE DE FEUX qui sont DANS CHAQUE PAROISSE.	NOMBRE DES HABITANTS DE CHAQUE PAROISSE.	IMPOSITIONS de TOUTE NATURE EN CHAQUE PAROISSE.
HUISSIERS :	Report...................	4,057	10,754	89,966ˡ 02ˢ 6ᵈ
	Longueil-Sainte-Marie...................	116	263	2,880 00 0
Loiseau ; Provisions du 18 janvier 1769.	Longueil-sous-Thourotte...................	51	111	1,258 10 0
	Marest...................	73	154	1,573 12 6
Mᵐ Le Caron, receveurs des tailles alternatifs ; Pourvus tous les deux le 29 mai 1752.	Margny...................	120	261	2,685 17 6
	Marigny...................	116	275	2,938 10 0
	Marquéglise...................	84	197	3,059 05 0
	Mélicocq...................	68	165	2,470 17 6
	Monchy-Humières...................	194	450	5,515 19 6
	Montmartin...................	26	76	1,613 02 6
	Morienval...................	199	467	7,401 07 8
	Noël-Saint-Martin...................	22	66	730 02 6
	Normandie, ferme ; paroisse de Bienville......	2	9	405 04 0
	Orrouy...................	146	287	2,473 17 6
	Rhuys...................	40	83	1,029 19 0
	Rivecourt...................	70	177	1,892 12 6
	Rocourt...................	69	148	1,873 07 6
	Saint-Corneille, ferme ; paroisse de Compiègne.	3	14	98 16 0
	Saint-Germain-lès-Compiègne...................	207	519	4,775 15 0
	Saint-Germain-lès-Verberie...................	14	32	350 15 6
	Saint-Martin-de-Béthisy...................	164	318	3,643 10 0
	Saint-Pierre-de-Béthisy...................	175	446	3,037 17 6
	Saint-Sauveur...................	163	376	2,553 17 6
	Saint-Wast...................	60	126	2,275 07 6
	Sept-Voies, ferme ; paroisse de Compiègne....	1	12	1,465 00 0
	Vandelincourt...................	89	178	1,818 04 3
	Venette...................	211	479	3,933 14 6
	Verberie...................	258	580	6,288 05 9
	Vieux-Moulin...................	68	150	513 07 6
	Vignemont...................	98	181	1,964 14 0
	Villers-sur-Coudun...................	115	286	2,550 15 6
	TOTAUX...................	7,059	17,480	164,886 08 2

IMPOSITIONS ET FERMES.

COMBIEN LA TAILLE rend de sols pour livre sur les revenus.	COMBIEN LA CAPITATION rend de sols pour livre sur les revenus.	BIENS ECCLÉSIASTIQUES SITUÉS EN CHAQUE PAROISSE.	REVENUS qu'ils PRODUISENT.	OBSERVATIONS.
2ˢ 0ᵈ	2ˢ 0ᵈ	Report....................	40.996ᶫ	
		Val-de-Grâce................	1,500	
2 8	2 8	Religieux de Sainte-Croix........	420	
		Évêque de Senlis.............	450	
2 4	2 4	Dîme.......................	600	
2 5	2 5	Hôtel-Dieu de Compiègne........	45	
		Abbaye de Chaillot............	198	
2 7	2 7	Abbaye de Monchy............	24	
2 5	2 5	Hôpital de Compiègne..........	300	
		Abbaye de Monchy............	200	
2 9	2 9	Saint-Amand.................	950	
		Prieuré de Choisy.............	1,260	
2 9	2 9	L'abbaye....................	1,500	
2 7	2 7	Prieuré de Froncières..........	165	
3 2	3 2	11 articles de biens ecclésiastiques...	9.980	
2 5	2 5			
2 2	2 2	Hôtel-Dieu de Compiègne........	770	
2 9	2 9	Religieux de Bourg-Fontaine.....	900	
		Dîme.......................	400	
2 10	2 10	Chapitre de Senlis.............	410	
2 9	2 9	Saint-Corneille................	1,200	
2 6	2 6			
1 0	1 0	Saint-Corneille................	190	
		Le collège...................	190	
3 0	3 0	7 articles de biens ecclésiastiques...	3.600	
2 8	2 8			
3 1	3 1	4 articles de biens ecclésiastiques...	3.403	
2 6	2 6	Prieuré Saint-Adrien...........	365	
		Saint-Crépin de Soissons........	180	
2 7	2 7	Dîme à 1ᵈ...................	1.100	
2 8	2 8	5 articles de biens ecclésiastiques...	2,890	
3 2	3 2	4 charrues à l'abbaye de Saint-Corneille....	4.030	
2 0	2 0	L'abbaye de Monchy...........	580	
		Dîme au curé.................	312	
2 7	2 7	4 articles de biens ecclésiastiques...	3.222	
2 11	2 11	8 articles de biens ecclésiastiques...	4.733	
2 4	2 4	Religieux de Saint-Pierre........	300	
2 4	2 4	L'abbaye de Monchy et autres.....	750	
2 6	2 6	Chapitre de Beauvais et autres.....	700	
Non compris les 20ᵉˢ.		Total.................	87.271	

542 APPENDICE.

ÉLECTION DE CO[MPIÈGNE]

TABLEAU DES DENRÉES DE PREMIÈRE NÉ[CESSITÉ]

DE LA MESURE DE BLÉ du poids de 70 livres.	DE LA LIVRE DE PAIN de 16 onces.	DE LA LIVRE DE VIANDE de 16 onces.	DE LA MESURE DE VIN contenant 24 setiers, faisant les 2/3 du muid de Paris.	DE LA MESURE DE BOIS contenant 8 pieds de long sur 5 pieds de haut et sur 3 pieds 1/2 de large.
Froment, 7ll 10s.	Mollet, 4s.	Bœuf de Poissy, mouton et veau, mêlés ensemble, 7s. 6d.	Depuis 55ll jusqu'à 75ll, vin des environs à deux lieues à la ronde.	Achat dans la forêt............ 25ll
Moison ou froment non épuré, 6ll 7s.	Blanc, 2s. 9d.			Voiture...................... 12
Métril, 5ll 11s.	Bis-blanc, 2s. 6d.	Bœuf et vache du pays, 6s.	Le cidre, 30ll.	Entrée....................... 1
Seigle, 4ll 10s.	Bis, 2s.	On est sur le point de mettre le bœuf de Poissy, mouton et veau, mêlés ensemble, à 8s, et la viande du pays à 6s. 6d.	La bière, 28ll.	Total............ 37
Orge, 3ll 5s.			Le tout, mesure susdite.	
Avoine, 3ll 2s.				
Ce qui revient, mesure de Paris de 12 boisseaux pour le setier, sur le pied de :				
25ll 14s. 3d pour le froment ;				
22ll 8s pour le moison ;				
19ll 11s 6d pour le métril ;				
15ll 13s pour le seigle ;				
10ll 11s pour l'orge ;				
8ll 4s pour l'avoine.				

Le présent tableau certifié véritable par nous, officiers de l'élection de Compiègne, soussignés. Ce 2 janvier 1772.

DERONCENY, LÉVÊQUE, SOUCANYE DE NOIREUIL, BOITEL, LE CARON DE MAZANCOURT, QUIN, LE CARON.

[1] Ms. fr. 8128, fol. 43.

IMPOSITIONS ET FERMES.

DE COMPIÈGNE.

DE NÉCESSITÉ, EN DÉCEMBRE 1771[1].

DE LA MAIN-D'ŒUVRE		MOIS DE NOURRICE.	À QUEL PRIX LE BLÉ doit-il être pour l'intérêt commun des laboureurs et des habitants?	MÊME QUESTION SUR LE VIN ET AUTRES BOISSONS.
EN ÉTÉ.	EN HIVER.			
Manœuvres à la ville... 20ˢ	15ˢ	Pour le peuple et les artisans, 8ℓℓ.	On estime que le froment, à la mesure susdite, pourrait être porté à 5ℓℓ, sur le pied de 17ℓℓ 3ˢ le setier de Paris;	On estime que le vin du pays, mesure susdite, pourrait être porté à 28ℓℓ la pièce;
À la campagne........ 16	10	Pour les bourgeois, 10 à 12ℓℓ.	Le moison à 4ℓℓ 10ˢ, sur le pied de 15ℓℓ 17ˢ 6ᵈ le setier de Paris;	Le cidre à 15ℓℓ;
Maîtres: maçon, charpentier, plâtrier, charron, etc., à la ville.. 35	24		Le méteil à 4ℓℓ, sur le pied de 14ℓℓ 2ˢ 3ᵈ le setier de Paris.	La bière à 16ℓℓ.
À la campagne........ 25	20			
Les compagnons desdits métiers, à la ville... 30	20			
À la campagne........ 25	18			
Les compagnons menuisiers, en tout temps, depuis 28ˢ jusqu'à 32ˢ.				

LETTRE DU PROCUREUR DU ROI DE L'ÉLECTION DE PARIS AU PROCUREUR GÉNÉRAL DU PARLEMENT[1].

À Paris, le 13 février 1772.

Monsieur,

M. Gissey m'ayant fait part de l'entretien qu'il a eu avec vous relativement aux deux tableaux que vous m'avez envoyés et auxquels je travaille actuellement, j'ai l'honneur de vous observer que ce travail, long, pénible et difficultueux, va me jeter dans le plus grand embarras, attendu l'étendue immense de l'élection de Paris, puisqu'elle est composée de 441 paroisses, et l'impuissance où je suis de faire passer aux syndics de toutes ces paroisses des lettres circulaires, la plus grande partie étant très-éloignée des grands chemins. Je vous supplie, à cet égard, de vouloir bien me donner des facilités pour avoir des renseignements relatifs à ce travail.

Dans le nombre des colonnes comprises au premier tableau, il y en a deux, entre autres, sur lesquelles je crains de ne pouvoir vous satisfaire comme je le désirerais, qui sont les 8ᵉ et 9ᵉ, concernant les biens des ecclésiastiques et leurs revenus. Aucun des rôles déposés au greffe de ma juridiction ne me donnera le moindre document à ce sujet.

Et dans le deuxième tableau, la 4ᵉ colonne, de la mesure de vin, qui varie à l'infini suivant les différents pays.

Au surplus, Monsieur, soyez persuadé, je vous prie, que je mettrai à ce travail toute l'activité et le zèle que vous m'inspirez, et que je m'efforcerai toujours à mériter de plus en plus votre confiance et vos bontés.

Comme il n'est pas possible que les 441 paroisses de l'élection de Paris tiennent dans les deux colonnes du premier tableau, vous voudrez bien donner des ordres de m'en faire passer encore plusieurs imprimés.

Je suis, avec respect,
Votre très-humble et très-obéissant serviteur.

FONTAINE.

RÉPONSE DU PROCUREUR GÉNÉRAL.

29 février 1772.

M. le Procureur, je conçois que votre élection, étant plus nombreuse que les autres, exige un travail plus long pour rassembler les faits dont la connaissance est nécessaire à la perfection des états que je vous ai envoyés; mais cette raison ne peut faire considérer votre élection au plus que comme quatre autres. Ainsi, le zèle et l'activité suffisent pour consommer aisément cette opération, d'autant que vous êtes aussi un plus grand nombre d'officiers que dans les autres. J'ai reçu de Compiègne des états admirablement faits : les officiers, les receveurs des tailles, le subdélégué même, se sont entrecommuniqué leurs lumières, et il en est sorti un travail qui ne laisse rien à désirer. La première chose à observer est de n'écrire aucune lettre circulaire aux syndics : l'expérience a convaincu que toute déclaration forcée est fausse. De tels avis inquiètent, excitent des murmures, des plaintes, des discours, des refus; ce n'est pas ainsi qu'on découvre la vérité. L'élection est divisée en départements; tout élu doit être instruit des facultés et des propriétés des différentes paroisses dont il est le vérificateur; il doit avoir des relations sur les lieux. Il y a dans chaque lieu des anciens qui connaissent parfaitement le local. Le rôle des tailles indique les contribuables; on sait aisément si l'im-

---

[1] Bibl. Nationale, ms. fr. 8128, fol. 289 et 240.

posé est propriétaire, fermier ou régisseur, et de qui il l'est; on connaît de même l'étendue de son exploitation, puisqu'elle est la règle de son imposition. La notoriété annonce quel est le décimateur. Les biens et les droits en mainmorte sont à découvert comme ceux des autres particuliers. Il ne faut donc qu'une volonté bien décidée pour réussir. Quant aux différentes mesures de vin, elles peuvent se réduire aisément aux trois prix communs, parce qu'on peut les rapporter à celle de Paris et indiquer à combien reviennent le muid et la pinte. Ces connaissances prises acquerront à votre élection une distinction dans ses fonctions et la mettront en état de procurer d'une manière bien plus exacte l'égalité et la proportion dans la répartition des impôts........

GABELLES.

DÉBIT DES GABELLES DE LA GÉNÉRALITÉ DE PARIS SOUS LOUIS XIII [1].

1620.

État de la valeur du droit des six sols trois deniers pour minot de sel attribué, en l'année 1620, à chacun des greffiers des greniers à sel des généralités dépendantes de la ferme générale des gabelles. Ladite valeur calculée sur les ventes qui par communes années se faisaient lors dans les greniers, et le pied sur lequel lesdits greffes furent publiés.

GÉNÉRALITÉ DE PARIS.

GRENIERS.	VENTE DU SEL.	REVENU.	PUBLICATION.
Paris.........	520ᵐ	7,800ˡ	78,000ˡ
Senlis.........	59	885	8,850
Creil..........	43	645	6,450
Compiègne....	70	1,050	10,500
Mantes........	84	1,260	12,600
Poissy.........	55	823	8,250
Montfort.......	104	1,560	15,006
À reporter..	935	14,023	139,656

GRENIERS.	VENTE DU SEL.	REVENU.	PUBLICATION.
Report....	935ˡ	14,023ᵐ	139,656ˡ
Étampes.......	150	2,250	22,500
Melun.........	116	1,740	17,400
Brie-Comte-Robert.........	22	330	3,300
Nemours.......	77	1,005	10,050
Dreux.........	125	1,875	18,750
Montereau.....	75	1,125	11,250
Lagny.........	60	900	9,000
Meaux.........	130	1,950	19,500
Pontoise.......	92	1,380	13,800
Beauvais.......	88	1,320	13,200
Sens...........	105	1,575	15,750
Joigny.........	89	1,335	13,350
Tonnerre......	56	840	8,400
Vézelay........	60	900	9,000
Provins........	72	1,080	10,800
SOMMES....	2,242	33,630	336,800 [2]

VENTES VOLONTAIRES FAITES DANS LES GRENIERS DE LA GÉNÉRALITÉ DE PARIS DE 1698 A 1700 [3].

Quartier				
d'octobre 1698............	628ᵐ	3ˢ	0ᵈ	2ᵗ
janvier 1699.............	445	5	1	1
avril....................	422	4	1	1
juillet..................	518	8	1	2
TOTAL..............	2,013	9	0	2

Quartier				
d'octobre 1699............	629ᵐ	6ˢ	1ᵈ	1ᵗ
janvier 1700.............	462	2	0	0
avril....................	423	4	3	3
juillet..................	534	4	0	3
TOTAL..............	2,049	5	1	3

---

[1] Extrait du *Traité des aides*, par Du Crot, p. 594 et 595.

[2] Ces additions ne sont pas exactes.

[3] Papiers du Contrôle général, G⁷ 1146.

APPENDICE.

PRODUIT ET DÉPENSES DES GABELLES, AIDES, CINQ GROSSES FERMES ET TABAC,
À COMMENCER LE 1ᵉʳ OCTOBRE 1681 JUSQU'AU DERNIER SEPTEMBRE 1684[1].

1°

PRODUIT DES GABELLES.

DÉSIGNATION.	1ʳᵉ ANNÉE.	2ᵉ ANNÉE.	3ᵉ ANNÉE.
SEL DÉLIVRÉ PAR IMPÔT[2].			
Pour 1,930 m 7 s 3 q ¼. 1,930 m 7 s 3 q. 1,930 m 7 s 3 q..	3,783,694ˡ 05ˢ 00ᵈ	3,783,507ˡ 15ˢ 00ᵈ	3,783,507ˡ 15ˢ 00ᵈ
SEL VENDU PAR EXTRAORDINAIRE.			
Pour 8,012 m 9 s 1 q. 8,114 m 3 s 0 q ¼. 7,963 m 0 s 2 q ¼.	15,235,085 05 00	15,440,580 15 03	15,056,353 08 00
9,943 4 3 2 ¼. 10,044 10 3 3 ¼. 9,893 8 1 1 ¼.	19,018,780 00 00	19,224,088 10 03	18,839,861 03 00
À cause des regrats en régie	33,307 08 03	45,831 12 06	26,516 05 00
Regrats sous-fermés	628,008 00 00	574,691 00 00	574,691 00 00
Sel délivré par privilége en franchise, à plusieurs prix...	76,512 00 09	74,098 12 11	65,172 13 06
Sel de morue délivré aux tanneurs et bouchers de Paris...	17,034 15 00	18,659 10 00	19,776 00 00
Quart-bouillon de Touques et Caen	106,661 11 05	106,350 09 09	139,495 15 06
Sel délivré sans ordre, déchets de masses et voitures	11,461 16 03	10,000 00 00	10,000 00 00
À cause des amendes et confiscations	11,220 07 07	(Est.) 6,000 00 00	6,000 00 00
Gabelles de Rethelois	76,112 19 08	76,107 09 03	76,107 09 07
Droits de 35 sols de Brouage	297,613 16 03	297,775 18 00	246,188 06 00
Salines et domaines de Lorraine	1,833,000 00 00	1,833,000 00 00	1,833,000 00 00
TOTAUX des produits des gabelles et droits y joints...	22,109,712 15 02	22,306,538 12 08	21,836,737 12 09

---

[1] Papiers du Contrôle général, G⁷ 142. — On dit généralement que la réunion des grandes fermes (gabelles, domaines, aides et entrées, traites et douanes), sous la dénomination de *ferme générale*, ne fut faite qu'en 1691. Ce n'est pas absolument exact. Colbert avait opéré cette réunion dès 1680, entre les mains de l'adjudicataire Jean Fauconnet, qui eut d'abord dans son bail les gabelles, aides et droits joints, cinq grosses fermes, douanes diverses et domaines; puis, en 1682, les gabelles de Lyonnais, Provence et Dauphiné; en 1683, celles de Languedoc et de Roussillon; en 1685, la ferme du domaine d'Occident.

Mais on fit de nouveau deux adjudications séparées au renouvellement des baux. Berthelot eut les gabelles et cinq grosses fermes pour trente-six millions, soit :

Gabelles	17,500,000ˡ
Grosses fermes	11,800,000
Gabelles { de Lyonnais	1,900,000
{ de Provence et Dauphiné	2,080,000
{ de Languedoc et Roussillon	2,500,000
Domaine d'Occident	500,000
TOTAL	36,000,000ˡ

Pierre Domergue fut le prête-nom de la société formée par Berthelot et composée de vingt fermiers.

Quant aux aides et domaines, une société de douze fermiers, formée par Delpech, receveur général des finances en Auvergne, et ayant pour prête-nom Christophe Charrière, bourgeois de Paris, donna vingt et un millions des aides, et six des domaines.

Christophe Charrière fit de très-mauvaises affaires, et finit par être poursuivi, emprisonné même à la requête de ses créanciers, dès que son bail eut pris fin. Le renouvellement des baux devait se faire en 1691 : Domergue et Charrière s'engagèrent, par acte du 11 septembre de cette année, à fusionner leurs deux régies sous le nom de Pierre Pointeau, pour six ans, et la ferme générale fut adjugée dans ces conditions le 25 du même mois. Cette fois l'union fut définitive.

Au renouvellement suivant, les mêmes quarante fermiers généraux, ayant pour prête-nom Thomas Templier, obtinrent un nouveau bail se faire (30 avril 1697), comme dédommagement des pertes que la guerre leur avait fait éprouver. On n'excepta de la ferme générale que la marque des chapeaux, les droits d'acquits, qui avaient été aliénés en 1694, le domaine d'Occident et le tabac.

[2] Les abréviations usitées pour indiquer les mesures de sel signifient : *muids, setiers, minots, quartiers*.

IMPOSITIONS ET FERMES.

DÉPENSE DES GABELLES.

DÉSIGNATION.	TOTAUX.
Gages et droits d'officiers des greniers....................................	599,477ʰ 00ˢ 00ᵈ
Loyers de greniers, bureaux, dépôts et entrepôts..........................	102,060 05 03
Appointements de commis généraux et particuliers........................	326,064 10 00
Appointements de brigades...	926,452 13 08
Sel de capture, emprisonnement de faux-sauniers, nourriture, gîtes et geôlage.....	44,423 07 01
Vacations et salaires d'officiers des greniers...............................	40,883 00 04
Vacations des officiers subdélégués aux contrôles de Bretagne................	51,122 06 00
Frais ordinaires et extraordinaires, achats de sel, de salpêtres, et manufactures.....	245,505 15 00
Suppléments accordés aux commis à cause des bons de masse et augmentation de vente.	10,433 09 08
Salaires des collecteurs d'impôts...	92,669 15 00
Frais faits sur les amendes et restitutions de droits de gabelles...............	3,878 08 06
Droits de péages, emmagasinages, etc.....................................	9,729 07 10
Reprises passées, parties à rétablir et non-valeurs par estimation.............	70,000 00 00
Frais de fournissements de la ferme générale des gabelles, suivant un état particulier..	1,687,653 06 08
Frais des gabelles de Rethelois, suivant la carte............................	4,378 14 00
Frais du quart-bouillon de Caen, suivant la carte...........................	63,463 14 04
Frais de la ferme des 35 sols de Brouage, suivant un état particulier...........	34,372 07 02
TOTAL de la dépense des gabelles...........................	4,317,988 00 06

2°

PRODUIT DES AIDES.

DÉSIGNATION.	1ʳᵉ ANNÉE.	2ᵉ ANNÉE.	3ᵉ ANNÉE.
Droits d'entrées par eau et par terre..................	4,765,089ʰ 14ˢ 08ᵈ	4,991,172ʰ 12ˢ 01ᵈ	4,784,433ʰ 11ˢ 00ᵈ
Droits de gros et augmentation......................	517,407 03 06	504,532 07 08	494,524 01 11
Droits de huitième et annuel........................	1,263,320 05 11	1,230,381 00 04	1,227,359 16 04
Droits de pied-fourché..............................	638,221 14 03	631,519 17 06	614,409 14 09
Première moitié des octrois.........................	34,253 15 04	42,442 06 02	33,900 00 00
Droits de rivière sur l'eau-de-vie et le vin.............	30,795 09 08	32,630 07 10	35,720 02 11
Droits de 35 sols du pont de Joigny..................	187,772 05 04	152,858 15 03	236,474 01 08
Droits de 3ˡ et 45 sols de Beauvais...................	37,946 11 09	31,291 04 09	37,999 04 11
Revenant-bon sur le logement et malversations........	3,823 03 09	3,211 15 03	3,661 00 00
Des courtiers et jaugeurs de Paris...................	3,000 00 00	3,000 00 00	3,000 00 00
Papier et parchemin timbrés........................	565,692 06 09	590,926 11 08	573,322 01 05
Grandes entrées et octrois de Normandie.............	493,971 11 10	568,891 17 01	531,933 14 08
Droits de marc d'or................................	167,347 07 11	158,621 07 00	165,974 03 08
Droits du poisson de mer, frais, sec et salé............	″	89,642 13 06	84,504 00 00
Sous-baux des aides................................	13,533,496 02 00	13,577,996 02 00	13,548,824 15 04
Indemnités accordées par le roi.....................	300,000 00 00	300,000 00 00	300,000 00 00
Indemnité payée par Boulet et Fauconnet pour Orléans...	40,000 00 00	″	″
TOTAUX des produits des aides...........	22,612,067 12 08	23,027,109 18 01	22,672,300 08 11

DÉPENSE DES AIDES.

DÉSIGNATION.	TOTAUX.
Appointements de commis à la régie de Paris et des environs................	239,651ˡ 06ˢ 00ᵈ
Loyers de bureaux, réparations et autres frais ordinaires et extraordinaires.........	53,518 00 10
Payements faits aux privilégiés qui n'avaient consumé l'entrée du vin accordée par les états du roi...	26,505 13 06
Pour les gages des bouchers et charcutiers privilégiés suivant la cour............	8,550 00 00
Payements faits aux sous-fermiers du plat pays à cause de la moitié du produit du huitième des maisons détachées............	6,145 19 03
Payements faits à plusieurs officiers des gardes françaises et suisses............	7,738 00 00
A cause des papiers et parchemins timbrés............	75,738 05 00
Frais de régie du pont de Joigny et octrois des remises............	16,810 18 03
Remise accordée aux commis au recouvrement du huitième............	18,000 00 00
Frais payés pour amendes et confiscations............	603 17 03
Pour reprises allouées aux comptes des aides de Paris............	126,427 13 08
Autres reprises à cause du gros, pont de Joigny, et pour les droits de rivières............	12,802 08 09
Et pour les frais de régie de Rouen, octrois de Dieppe et du Havre, suivant la carte de Rouen......	47,120 10 02
Total de la dépense des aides............	638,612 12 06

3ᵉ

PRODUIT DES CINQ GROSSES FERMES.

DÉSIGNATION.	1ʳᵉ ANNÉE.	2ᵉ ANNÉE.	3ᵉ ANNÉE.
Pour les droits des cinq grosses fermes...............	12,066,657ˡ 17ˢ 01ᵈ	12,620,636ˡ 14ˢ 06ᵈ	11,385,089ˡ 19ˢ 03ᵈ
Domaniale de Marseille..................	13,000 00 00	13,000 00 00	13,000 00 00
Dentelles de Flandre..................	50,500 00 00	50,500 00 00	50,500 00 00
Sol pour pot de vin de Calais..................	17,000 00 00	17,000 00 00	17,000 00 00
Contrôle du papier de Paris et Tours..................	600 00 00	600 00 00	600 00 00
Indemnités pour les passe-ports..................	150,000 00 00	200,000 00 00	"
Totaux des produits des cinq grosses fermes (non compris les passe-ports de la troisième année)...	12,297,757 17 01	12,901,736 14 06	11,466,189 19 03

DÉPENSE DES CINQ GROSSES FERMES.

DÉSIGNATION.	TOTAUX.
Deniers restitués par ordre de la compagnie............	4,270ˡ 13ˢ 00ᵈ
Appointements des juges des traites, gages et vacations d'officiers............	16,905 06 10
Gratifications annuelles et étrennes à plusieurs officiers............	3,432 00 00
Loyers de bureaux, de marque des vins, frais ordinaires et extraordinaires, amendes, confiscations et reprises............	140,312 12 01
Appointements de commis généraux et particuliers............	620,770 05 04
Appointements de brigades............	291,431 06 00
Total de la dépense des cinq grosses fermes............	1,077,122 03 03

IMPOSITIONS ET FERMES.

4°

PRODUIT DU TABAC.			
DÉSIGNATION.	1re ANNÉE.	2e ANNÉE.	3e ANNÉE.
Produit de la vente des tabacs....................	1,179,058ᴸ 10ˢ 10ᵈ	1,204,414ᴸ 10ˢ 00ᵈ	1,265,200ᴸ 06ˢ 00ᵈ
Valeur des tabacs restants au 1ᵉʳ octobre 1682......	322,055 18 06	339,416 07 04	453,199 07 02
Plus-values des tabacs ès mains des marchands........	55,831 16 05	58,583 10 00	82,101 13 00
Produits des amendes et confiscations...............	10,166 18 06	9,096 15 08	10,859 00 00
Sous-ferme de Bretagne............................	180,000 00 00	180,000 00 00	180,000 00 00
Sous-ferme du pays Messin..........................	4,275 00 00	5,925 00 00	6,000 00 00
Totaux du produit de la ferme du tabac..........	1,744,388 04 03	1,797,436 02 07	1,997,360 06 02

DÉPENSE DU TABAC.	
DÉSIGNATION.	TOTAUX.
Pour achat de tabacs de Boutet et pour meubles...................	487,307ᴸ 09ˢ 04ᵈ
Pour achat de tabacs par les commis............................	339,918 03 10
Appointements des commis.....................................	76,684 10 10
Frais de plusieurs natures.....................................	92,336 02 01
Total de la dépense du tabac.............	996,246 06 01

5°

DOMAINES DEPUIS LE 1ᵉʳ JANVIER 1682 JUSQU'AU DERNIER DÉCEMBRE 1684.			
PRODUIT DES DOMAINES.	1re ANNÉE.	2e ANNÉE.	3e ANNÉE.
Produit des sous-baux des domaines.................	6,068,577ᴸ 10ˢ 00ᵈ	6,068,577ᴸ 00ˢ 10ᵈ	6,068,577ᴸ 10ˢ 00ᵈ
Les amendes de police de Paris, distraites des domaines et barrage pour 13,000ᴸ............................	12,000 00 00	10,000 00 00	10,000 00 00
Trois quarts du produit du greffe en chef civil du parlement...	69,387 05 03	73,774 01 03	63,000 00 00
Demi-produit du greffe criminel....................	4,484 07 00	4,337 05 07	4,200 00 00
Les amendes du parlement, Cour des aides, Grand Conseil, Requêtes de l'hôtel et Conseils du Roi..............	67,311 15 00	67,311 15 00	67,311 15 00
Ports et havres de Bretagne........................	60,092 01 04	59,167 16 07	58,000 00 00
Droits de lods et ventes............................	18,429 03 00	18,984 15 05	23,981 17 10
Droits d'Entre Sambre et Meuse, casuels et revenants-bons de bureaux......................................	46,578 00 00	28,381 17 00	33,170 10 10
Droits du comté de Chiny...........................	69,913 07 04	69,775 01 08	69,000 00 00
Totaux du produit des domaines.............	6,416,773 08 11	6,401,310 02 06	6,397,241 13 08

DOMAINES DEPUIS LE 1ᵉʳ JANVIER 1682 JUSQU'AU DERNIER DÉCEMBRE 1684.

DÉPENSE DES DOMAINES.	TOTAUX.
Appointements de commis généraux et particuliers, frais ordinaires et extraordinaires............	29,574ˡ 19ˢ 02ᵈ
Pour frais du comté de Chiny...	21,147 15 06
Pour frais des ports et havres de Bretagne...	7,570 07 10
Total des dépenses du domaine.................................	58,298 02 06

6°

PRODUIT DES FERMES GÉNÉRALES DE 1681 À 1684.

RÉCAPITULATION DE RECETTE.	1ʳᵉ ANNÉE.	2ᵉ ANNÉE.	3ᵉ ANNÉE.
Gabelles et droits y joints........................	22,109,712ˡ 15ˢ 02ᵈ	22,306,533ˡ 12ˢ 08ᵈ	21,836,787ˡ 12ˢ 09ᵈ
Aides et droits y joints..........................	22,612,067 12 08	23,027,109 18 01	22,672,800 08 11
Cinq grosses fermes, et non compris les passe-ports de la troisième année................	12,297,757 17 01	12,901,786 14 06	11,466,189 19 03
Tabac..	1,744,388 04 03	1,797,136 02 07	1,997,360 06 02
Domaines......................................	6,416,773 08 11	6,401,310 02 06	6,397,241 13 08
Totaux du produit des fermes unies............	65,180,699 18 01	66,433,826 10 04	64,369,830 00 09
Pour les intérêts des sommes avancées au roi.........	287,500 00 00	300,000 00 00	300,000 00 00
Indemnités accordées par le roi pour les sels de gratification et aumônes...............	62,591 05 00	62,591 05 00	62,591 05 00
Autre indemnité accordée par le roi sur les aides, compris les maisons religieuses............	225,625 10 04	225,625 10 04	225,625 10 04
Recette extraordinaire, suivant le compte du sieur Palerne.	2,646 09 00	"	"
Gratification à cause de la Caisse des emprunts........	50,000 00 00	"	"
Totaux de la recette........................	65,809,063 02 05	67,022,043 05 08	64,958,046 11 01

CAPITATION.

CIRCULAIRE DU CONTRÔLEUR GÉNÉRAL AUX INTENDANTS, SUR L'ÉTABLISSEMENT PROPOSÉ D'UNE CAPITATION [1].

A Versailles, le 31 octobre 1694.

Monsieur,

Entre plusieurs expédients que l'on a imaginés pour fournir aux dépenses de la guerre, l'on a proposé au roi de faire une capitation générale sur tous ses sujets, que l'on prétend devoir produire des secours très-considérables. Comme cette forme de levée est nouvelle en France, et qu'elle peut avoir ses avantages et ses contredits, S. M. m'a commandé de vous donner part de cette proposition, afin que vous puissiez l'examiner par rapport à l'état de votre département, et me mander ensuite le jugement que vous en ferez et ce que vous croyez que cette capitation pourrait produire.

Pour vous mettre en état d'en pouvoir mieux juger, je dois vous dire que les vues de ceux qui font cette proposition seraient de rendre la capitation générale, en sorte que nul n'en fût exempt, pas même les valets et servantes, hors les pauvres réduits à la mendicité, les enfants à la mamelle et les ecclésiastiques, que le roi ne juge pas à propos d'y assujettir. On prétend que la plus forte taxe des personnes de la plus haute qualité et les plus riches ne serait que de 1,000 ₶, et la plus basse de 10 sols, qui est le salaire ordinaire d'un journalier. Vous pouvez, là-dessus, faire l'estimation du produit de votre département, tirant les éclaircissements qui vous seront nécessaires des receveurs des tailles, des curés, des magistrats des villes et des autres personnes que vous croirez mieux instruites du détail, tant des villes que du plat pays.

Comme l'on a fort examiné toutes les raisons qui peuvent faire agréer ou rejeter cette proposition, je vais vous en expliquer les plus considérables. Il est certain que la voie de la capitation n'est point usitée dans le royaume; mais elle l'est dans beaucoup d'États voisins, et récemment l'Empereur l'a mise en usage dans ses États héréditaires. La rendant générale, comme on le propose, elle comprendrait même les nobles, qui, dans les pays de taille personnelle, peuvent prétendre de n'être point sujets à cette espèce d'imposition. Mais, outre qu'en la rendant générale, on peut dire qu'elle ne serait à charge à personne, si le produit en était aussi considérable qu'on l'espère, cela pourrait faire cesser dans la suite une infinité d'autres affaires extraordinaires qui tombent directement ou indirectement à la charge de la noblesse. On y trouverait encore cet avantage qu'au lieu qu'une partie du produit des affaires extraordinaires tourne au profit des traitants, qui, outre cela, font une infinité de frais et de vexations dans le recouvrement, celui de la capitation se ferait sans frais, par le moyen des receveurs généraux et des receveurs des tailles, et que tout le produit en tomberait au profit du roi. On présume même que tous les sujets de S. M. ont pour son service et pour le bien de l'État, qu'ils se porteraient volontairement à y contribuer en cette occasion.

Si vous avez quelque dénombrement de votre département, vous me ferez plaisir de me l'envoyer. Si vous n'en avez point, donnez-vous la peine de le faire, et appliquez-vous à le perfectionner autant que vous le pourrez, par les lumières que vous tirerez des curés et des autres personnes qui auront

---

[1] Bib. Nationale, Papiers Lebret, ms. fr. 8852, fol. 83 et 84.

plus de connaissance du détail. Pour le faire exactement, il faudrait marquer, dans le dénombrement des paroisses des villes, bourgs et villages, le nombre de maisons dont chacune est composée, le nombre de chefs de famille, de femmes, d'enfants non mariés, de valets, de servantes et de pauvres mendiants. Vous pourriez ensuite faire des extraits de ces dénombrements, suivant le modèle que je vous envoie, que vous réduiriez en table, et, par ce moyen, vous pourriez faire une estimation, sinon parfaitement juste, du moins qui approcherait de la vérité, et que vous pourriez aisément rectifier en venant à l'application, en cas que le roi approuvât la capitation.

Bien que S. M. en excepte les ecclésiastiques, ne laissez pas, s'il vous plaît, de les comprendre dans le dénombrement que vous ferez, afin que S. M. puisse connaître à peu près la portée de la grâce qu'elle leur fait. Donnez-moi, s'il vous plaît, de vos nouvelles là-dessus le plus tôt que vous pourrez. Je suis, etc.

PONTCHARTRAIN.

CIRCULAIRE DE L'INTENDANT DE LA GÉNÉRALITÉ DE PARIS AUX CURÉS DE SON DÉPARTEMENT [1].

Paris, le 26 novembre 1694.

Vous savez, Monsieur, que les revenus du roi ne sont pas suffisants pour soutenir et continuer une aussi grande guerre que celle qu'il a depuis six ans contre tant d'ennemis, et dont, jusques à présent, il a toujours été victorieux, soit par les batailles qu'il a remportées, soit par les places considérables qu'il a prises. Cela l'a obligé à faire plusieurs affaires extraordinaires pour en soutenir la dépense. On lui en a proposé une, qui est la capitation, et de faire une imposition sur tous ses sujets, de quelque qualité et condition qu'ils fussent, à l'exception seulement de ceux qui mendient leur vie ou qui sont dans une extrême pauvreté. Cette imposition, quoique très-modique eu égard à la qualité des personnes sur qui elle sera faite, ne laissera pas de produire un fonds considérable, qui mettra le roi en état de n'être pas obligé, pendant la guerre, de faire d'autres affaires, comme on a fait depuis quelques années; et il est juste aussi que ceux qui, par leur qualité ou par leur distinction, n'ont point contribué jusques à présent, contribuent dans la suite. Le roi, qui veut savoir ce que peut produire cette affaire, m'a ordonné de m'instruire très-exactement du détail de toutes les paroisses de la généralité de Paris. Je crois ne pouvoir mieux m'adresser qu'à vous, Monsieur, pour savoir en quoi consiste la vôtre. Je joins ici un mémoire de tous les éclaircissements qui me sont nécessaires, et je ne doute pas que, comme un bon sujet, vous n'apportiez tous les soins et toute l'exactitude nécessaires pour mettre la réponse juste au bas de chaque colonne. L'intention du roi, comme je viens de vous le dire, est que ces taxes soient fort modiques : les moindres seront de 10 sols, et les autres plus fortes à proportion, suivant les facultés des seigneurs, des lieux ou des gentilshommes, et il n'y aura aucun bon sujet qui ne se porte volontiers au payement de ces sommes, lorsqu'il verra qu'il s'agit du service du roi, du bien de l'État, et que toutes les personnes de la première qualité et de la cour y seront comprises comme les autres. Je vous prie de vouloir travailler avec toute la diligence possible à cette affaire et de me renvoyer dans huitaine ce mémoire apostillé, afin que je puisse en rendre compte, et que le roi se détermine s'il juge à propos de faire cette capitation ou non. Il ne vous faut pas plus de temps pour donner les éclaircissements d'une paroisse dont vous avez une connaissance parfaite. Je suis, etc.

La gazette ajoute au texte les informations suivantes : « Le projet de dénombrement joint à cette lettre contient

---

[1] Extrait de la *Gazette d'Amsterdam*, année 1695, p. 5. La Bibliothèque Nationale possède un exemplaire imprimé et signé de l'intendant.

les colonnes suivantes : 1° noms des paroisses, des villes, bourgs et villages; 2° ecclésiastiques séculiers ou réguliers, combien vaut ce qu'ils y possèdent; 3° gentilshommes domiciliés, non domiciliés; 4° nombre des feux ou maisons; 5° chefs de famille; 6° fermiers, laboureurs et meuniers; 7° femmes et veuves; 8° fils non mariés et enfants mâles au-dessus de dix ans; 9° filles non mariées au-dessus de dix ans; 10° valets et servantes; 11° pauvres mendiants; 12° ce que paye la paroisse de taille; 13° combien il y a de cotes dans les rôles au-dessous de 6 ll, et à combien elles montent; 14° ce que valent les dîmes, et à qui elles appartiennent; 15° combien il y a d'exempts de taille dans la paroisse; 16° combien vaut de revenu ce qu'ils y possèdent. L'édit qui a été résolu pour cette nouvelle taxe doit paraître au premier jour, par lequel on réglera la manière de l'imposition. Cette affaire est présentement le grand sujet des entretiens du public. »

ORDONNANCE DE MESSIEURS LES PRÉVÔT DES MARCHANDS ET ÉCHEVINS DE LA VILLE DE PARIS POUR LA CAPITATION DE L'ANNÉE 1696[1].

À tous ceux qui ces présentes lettres verront, Claude Bosc, chevalier, seigneur d'Ivry-sur-Seine, conseiller du roi en ses conseils et son procureur général en sa Cour des aides, prévôt des marchands, et les échevins de la ville de Paris, SALUT.

Savoir faisons, que vu au Bureau de la ville l'arrêt du Conseil d'État du roi du 7 février présent mois, pour la capitation qui doit être payée la présente année, et ouï le procureur du roi et de la ville en ses conclusions, avons ordonné qu'il sera incessamment, par nous, nommé et préposé tel nombre de bourgeois et personnes capables qu'il conviendra, pour travailler à la confection des rôles des bourgeois et habitants demeurant en cette ville et faubourgs qui doivent payer la capitation de présente année 1696, lesquels préposés seront tenus de prendre des déclarations exactes des propriétaires, principaux locataires ou sous-locataires des maisons sises dans l'étendue des dixaines ou quartiers qui leur seront distribués, contenant les noms et qualités de ceux qui y demeureront actuellement, et de leurs commis ou secrétaires, et du nombre de leurs clercs, pensionnaires, garçons ou filles de boutiques, apprentis, valets, servantes et autres domestiques mariés ou non mariés, les noms des femmes séparées, et généralement de toutes sortes de personnes logeant dans lesdites maisons, du nombre des enfants qui ont père et mère, de ceux qui sont sans père ou mère, ou n'ont ni père ni mère, et des enfants qui, ayant père et mère, sont officiers, marchands, artisans, ou ayant des commissions et emplois. Lesquelles déclarations lesdits propriétaires ou locataires seront tenus de faire à la première réquisition, à peine de 10 ll d'amende, et de les certifier par écrit véritables lors de ladite visite. Et à l'égard de ceux qui ne sauront pas écrire ni signer, en sera fait mention par lodit préposé dans son rôle, et de l'affirmation que chacun d'eux aura faite que leur déclaration est véritable, après les avoir interpellés de le faire.

Défendons auxdits propriétaires ou locataires de changer ou déguiser dans lesdites déclarations leurs noms et qualités, ou des particuliers qui demeurent dans lesdites maisons, et d'en omettre aucuns, à peine d'être responsables en leurs propres et privés noms de leur taxe.

Enjoignons auxdits préposés à la confection desdits rôles et à la recette de ladite capitation de nous présenter au Bureau de la ville, aussitôt ladite visite faite, leursdits rôles, d'eux signés et certifiés véritables, pour procéder par nous à la taxe de ladite capitation sur iceux, conformément aux tarifs, arrêts et règlements du Conseil; lesquels

---

[1] Imprimé. Bib. Nationale, Papiers du commissaire Delamare, ms. fr. 21752, fol. 56. Voir les autres pièces du même manuscrit, fol. 48-100, relatives à la capitation.

rôles seront signés de nous, et déposés au greffe de la ville, dont sera délivré une expédition par le greffier auxdits préposés pour en faire le recouvrement.

Pourront les préposés se transporter dans les maisons des bourgeois et habitants pour recevoir d'eux les sommes pour lesquelles ils se trouveront employés dans les rôles de capitation, qu'ils seront tenus de payer à la première réquisition, savoir : le tout ou moitié dans le mois de mars prochain, et l'autre moitié dans le mois de juin suivant, conformément à l'arrêt du Conseil du 11 juin 1695, et aux peines y portées.

Permettons néanmoins auxdits préposés, pour leur commodité, et pour faciliter ladite recette, de tenir bureaux ouverts en leurs maisons certains jours de la semaine et heures marquées, qu'il seront tenus de faire savoir par affiches apposées dans l'étendue de leurs quartiers ou dixaines, à ce qu'aucun n'en puisse ignorer.

Aucuns particuliers ne pourront refuser ou différer de payer leur capitation auxdits préposés, sous quelque prétexte que ce soit, en leur faisant apparoir de notre commission.

Seront tenus les pères et mères, ayant la garde noble ou bourgeoise de leurs enfants, tuteurs et curateurs, maîtres et maîtresses, de payer la capitation de leursdits enfants et domestiques, sauf à eux à la retenir sur leurs revenus ou gages.

Seront lesdits rôles exécutés par provision selon leur forme et teneur, sans espérance d'aucune diminution ou modération; pour raison de quoi les particuliers se pourvoiront ainsi qu'il est ordonné par la déclaration de S. M. du 18 janvier 1695 et arrêts du Conseil rendus en conséquence.

Enjoignons auxdits propriétaires ou locataires d'avertir lesdits préposés dans leur quartier des changements de logements et d'absence des autres locataires qui pourront arriver, et leur faisons défenses de laisser sortir et enlever desdites maisons aucuns meubles, qu'il ne leur soit apparu de la quittance du payement de leur capitation, à peine d'en répondre en leurs noms.

Faisons pareillement défenses à toutes personnes de refuser l'entrée de leurs maisons, ni de troubler et empêcher lesdits préposés dans le fait et exercice de leurs commissions et recouvrement des taxes de la capitation, à peine d'être procédé contre eux extraordinairement, sur les simples procès-verbaux desdits préposés, d'eux signés et certifiés véritables, auxquels foi sera ajoutée.

Seront tenus lesdits préposés de se faire représenter, lors de leurs visites ou du payement qui leur sera fait de ladite capitation pour l'année présente, les quittances du payement fait par lesdits bourgeois et habitants de leur capitation de l'année dernière, ce que lesdits bourgeois et habitants seront tenus de faire, à peine de 10 ^{li} d'amende; et en cas que lesdits particuliers n'aient point été compris dans les rôles, ou n'aient point payé les sommes auxquelles ils étaient taxés, il en sera fait par ledit préposé un état particulier qui sera remis entre nos mains.

Et sera le présent jugement affiché, tant en l'hôtel de ville, que partout ailleurs où besoin sera, à ce qu'aucuns n'en prétendent cause d'ignorance. Fait au Bureau de la ville, le dix-huitième jour de février mil six cent quatre-vingt-seize.

IMPOSITIONS ET FERMES.

PRODUIT DE LA PREMIÈRE CAPITATION DANS LA GÉNÉRALITÉ DE PARIS[1].

ANNÉE 1695[2].
Généralité de Paris.

Noblesse 111,157ˡ 10ˢ 00ᵈ
Taillables 485,834 00 00

TOTAL 596,991 10 00

Ville de Paris.

Recette des seize quarteniers 635,353 16 01
Recette des compagnies et communautés .. 291,758 11 06

TOTAL 927,112 07 07
Frais et dépenses à déduire 25,019 19 04

NET 902,092 08 03

ANNÉE 1696.
Généralité de Paris.

Noblesse 106,897 00 00
Taillables 533,069 00 00

TOTAL 639,966 00 00

Cour 463,640ˡ 00ˢ 00ᵈ
Huissiers du Conseil 1,200 00 00
Maisons royales 310,846 00 00
Versailles 20,192 10 00

TOTAL 795,878 10 00

ANNÉE 1697.
Généralité de Paris.

Noblesse 98,195 00 00
Taillables 529,300 10 00

TOTAL 627,495 10 00

Cour 438,340 00 00
Maisons royales 303,690 00 00
Versailles 13,804 00 00

TOTAL 755,834 00 00

PREMIER TRIMESTRE DE L'ANNÉE 1698.
Généralité de Paris.

Noblesse 23,302 10 00
Taillables 130,462 05 00

TOTAL 153,764 15 00

LETTRES DE L'INTENDANT DE LA GÉNÉRALITÉ DE PARIS AU CONTRÔLEUR GÉNÉRAL[3].

Paris, 17 décembre 1701.

Monsieur,

Vous m'avez fait l'honneur de m'envoyer, par votre lettre du 6ᵉ de ce mois, les ordres pour la capitation de l'année prochaine. Permettez-moi de vous représenter, Monsieur, que, dans les dernières années de la capitation, la généralité de Paris n'a fourni de net au Trésor royal que la somme de cinq cent et quelques mille livres; cependant, l'année passée, vous fixâtes la généralité à 900,000ˡ de net. Si vous vous en ressouvenez, Monsieur, je vous représentai pour lors que vous chargiez la généralité de Paris plus qu'aucune autre à proportion; mais je vous assurai en même temps que je ferais de mon mieux, et que, si je pouvais même, j'augmenterais cette somme. Je l'ai fait mal à propos peut-être, si c'est cela qui m'a attiré l'augmentation que vous me demandez aujourd'hui, à moins que, par une bonté toute particulière, vous ne vouliez me distinguer des

---

[1] Nous résumons dans ce tableau les renseignements incomplets que fournit le carton des Papiers du Contrôle général coté G⁷ 1182.

[2] Les rôles du royaume entier s'élevèrent pour cette année à 26,666,781ˡ 8ˢ 6ᵈ; le produit net fut de 22,712,980ˡ 8ˢ 2ᵈ.
[3] Papiers du Contrôle général, G⁷ 434.

autres intendants en me donnant 100,000ˡⁱ d'augmentation, pendant que vous n'en avez donné à presque aucun autre. Trouvez bon que je vous dise, Monsieur, que je l'ai poussée cette année tout le plus loin qu'il m'a été possible, et que je ne puis l'augmenter de 100,000ˡⁱ sans ruiner une infinité de gens. Il m'est impossible d'imposer un sol de plus sur la noblesse ni sur les officiers, et tout tomberait sur les taillables, qui sont déjà assez chargés d'ailleurs. Ainsi, Monsieur, sans me fixer ma somme, je vous prie de me laisser faire; j'irai tout au plus juste et le plus proche que je pourrai de ce que vous souhaitez, et, s'il y manque quelque chose, vous serez au moins sûr d'être récompensé par ce que vous aurez d'excédent de cette année, et j'espère que vous ne serez pas mécontent de moi; mais j'ai peur que la somme ne soit trop forte par rapport aux charges de la généralité. Pour ce qui est, Monsieur, des gentilshommes qui ont travaillé avec moi l'année passée à l'imposition de la noblesse, je ne crois pas qu'il y ait rien à changer, et nous ferons notre travail ensemble, si vous le trouvez bon, cette année comme l'année passée. Je suis, etc.

Phélypeaux.

RÉPONSE DU CONTRÔLEUR GÉNÉRAL.

Vous avez eu plus de part que moi à l'augmentation de cette année sur la capitation de la généralité de Paris, et je vous avouerai de bonne foi que le souvenir de l'année dernière m'a déterminé à y ajouter les 100,000ˡⁱ dont vous vous plaignez. Comme il n'y a point d'autre raison, et que c'est votre bonne volonté qui vous a attiré cette distinction, je vous prie de vous servir de cette même bonne volonté pour la porter tout au plus loin que vous pourrez.

Paris, 4 septembre 1702.

Monsieur, pour répondre à la lettre que vous m'avez fait l'honneur de m'écrire il y a deux jours, au sujet du rôle de la capitation, pour n'en faire qu'un conjointement avec celui de la taille, j'aurai l'honneur de vous dire, Monsieur, qu'il m'y paraît de grands inconvénients, et que je crois qu'il est plus à propos de continuer cette imposition comme je l'ai faite jusques à présent, par un rôle particulier. La capitation doit être faite sur toutes les personnes, sans en excepter aucune; c'est l'esprit de la déclaration, et que j'ai toujours suivi jusques à présent. La capitation se doit payer en deux termes égaux, au lieu que la taille se paye en douze mois. Si on ne fait qu'un rôle, et qu'on la joigne avec la taille, comment y comprendre les exempts, privilégiés et domestiques qui ne sont point à la taille? Il faudrait, sur ce pied-là, que les collecteurs réglassent la capitation d'un chacun, ce qui donnerait lieu à plusieurs vengeances et animosités, comme la taille. Ces collecteurs ne pourraient pas faire les diminutions nécessaires par rapport aux laboureurs qui quittent leurs fermes, et quelquefois en reprennent ou n'en reprennent pas d'autres. On dit, Monsieur, qu'il y a des intendants qui envoient l'imposition sur un village, que les collecteurs mettent comme il leur plaît. Je conviens que cela est beaucoup plus commode et moins embarrassant pour les intendants, car, au lieu de faire tous les ans deux mille deux ou trois cents rôles, comme je les fais, je n'aurais qu'à faire une simple répartition sur les villages; mais cela me paraît impraticable, dans ce pays ici particulièrement, et contraire à la déclaration. D'ailleurs je crois qu'ils font cette imposition par des rôles particuliers, en conséquence des mandements qu'ils expédient; car, comme j'ai eu l'honneur de vous dire, il me serait impossible de faire justice aux particuliers, soit sur les diminutions qu'ils peuvent prétendre, soit sur les doubles emplois, qui sont très-fréquents. L'imposition de l'ustensile se fait en marge des rôles, parce qu'elle est due par les taillables; mais il n'en est pas de même de la capitation, qui est due par toute sorte de personnes. Enfin, Monsieur, quoique cela me fût infiniment plus commode, je le crois impraticable, tant par les raisons que je viens d'avoir l'honneur de vous dire, que parce que, dans quinze jours, il y aura une partie de la taille imposée dans cette généralité, et que les états de la capitation ne sont pas encore commencés. Permettez-moi de vous répéter, Monsieur, que, si je suis mon usage, la capitation en sera plus promptement payée par les

IMPOSITIONS ET FERMES.

soins que j'en prends, et je crois que cela ne vous est pas indifférent. Ainsi, Monsieur, quelque peine que cela me donne, je vous demande permission de suivre mon usage, auquel il n'y a eu jusques à présent aucun inconvénient. Je suis, etc.

PHÉLYPEAUX.

PRODUIT DE LA SECONDE CAPITATION DANS LA GÉNÉRALITÉ DE PARIS[1].

ANNÉES 1701-1708.

ANNÉES.	PAYEMENTS AU TRÉSOR ROYAL.	DÉBETS.	TOTAUX.	ANNÉES.	PAYEMENTS AU TRÉSOR ROYAL.	DÉBETS.	TOTAUX.
1701[2]...	951,410ᴸ 00ˢ 00ᵈ	11.856ᴸ 02ˢ 06ᵈ	963,266ᴸ 02ˢ 06ᵈ	1705...	1.089,064ᴸ 07ˢ 07ᵈ	6,519ᴸ 19ˢ 07ᵈ	1,095,584ᴸ 07ˢ 02ᵈ
1702...	972,860 00 00	18,442 12 08	991,302 12 08	1706...	1,071,517 10 01	20,093 12 00	1,091,611 02 01
1703...	981,344 14 09	21,173 09 02	1,002,518 03 11	1707...	1,081,470 06 09	14,776 05 01	1,096,246 11 10
1704...	985,437 01 03	21,401 02 11	1,006,838 04 02	1708...	1,073,862 09 04	9,802 17 02	1,083,665 06 06

[1] Papiers du Contrôle général, G⁷ 1133.

[2] D'après les documents que contient un autre carton de la même série, G⁷ 1132, la généralité devait produire en 1701, selon les états de répartition, 1,067,672ᴸ 10ˢ; elle donna 1,068,551ᴸ, savoir : la noblesse, 123,076ᴸ 10ˢ, et les taillables 945,474ᴸ 10ˢ. Les taxations, non-valeurs, etc. formèrent un total de 105,287ᴸ 17ˢ 6ᵈ, lequel déduit, il revint net 63,263ᴸ 2ˢ 6ᵈ de plus que le chiffre de 900,000ᴸ auquel la généralité avait été taxée. En 1703, sur un total général, pour tout le royaume, de 30,308,000ᴸ, la généralité de Paris devait fournir 1,000,000ᴸ, et la ville, la cour et les compagnies, 1,800,000ᴸ. La capitation de la cour seule devait donner 1,298,069ᴸ 10ˢ, savoir :

Cour.................................... 683,775ᴸ 00ˢ
Conseil et grande chancellerie............. 205,720ᴸ 00ˢ
Maison du roi............................. 327,630 00
Bâtiments................................. 19,067 10
Maison { de la duchesse de Bourgogne....... 18,309 00
        { du duc d'Orléans.................. 27,916 00
        { de Madame........................ 11,808 00
        { de la duchesse d'Orléans.......... 3,842 00

On trouvera dans un des portefeuilles de Lancelot, n° 174, fol. 228, à la Bibliothèque Nationale, un tableau de la recette de la capitation de la ville de Paris en 1717, donnant, pour chacun des seize quartiers, les noms des receveurs, la distribution des quartiers, le nombre des dizaines, celui des maisons, la recette, le produit des 2 sols pour livre et les totaux. Le total général est de 873,873ᴸ 15ˢ 9ᵈ.

VIII

AGRICULTURE.

RICHESSES ET PRODUCTIONS DE LA FRANCE ET DES ENVIRONS DE PARIS SOUS LOUIS XIII [1].

Ce ne serait jamais fait de vouloir éplucher par le menu les richesses de la France, pour ce qu'il n'y a presque petit coin de pays où l'on ne trouve du bien à foison. C'est pourquoi j'en quitterai les moindres particularités, pour parler seulement des pays où cette richesse est plus considérable et d'où l'argent peut arriver à la France. Je commencerai donc par Paris, et vous dirai que cette ville attire à soi la meilleure partie de l'argent de France, et que, si l'on veut faire compte des seigneurs qui s'y tiennent ordinairement, des officiers du parlement, qui sont pleins de biens, des avocats et procureurs, qui ont pour la plupart leurs maisons pleines de la substance d'un million de personnes, de ceux de la Chambre des comptes, dont les maîtres sont plus riches que beaucoup de seigneurs de France qu'on estime bien rentés, de même que beaucoup de présidents et conseillers et avocats, des trésoriers et receveurs généraux, intendants des finances, même des bourgeois et marchands de Paris, on trouvera qu'il y a peu ou point de villes au monde qui l'égalent en richesses; car non-seulement l'argent de toute la France y vient pour divers sujets, mais encore beaucoup de celui d'Italie, d'Espagne, d'Angleterre, d'Allemagne, et presque de toute l'Europe.

Il y a de la vaisselle d'argent en grande quantité, et je crois plus qu'en tout le reste de la France, force argent monnayé et beaucoup de marchandises; tellement que Paris seul, pris tout entier, serait capable d'entretenir une bonne armée.

Et quant au pays d'autour de Paris, il ne peut être que fort riche, à cause de l'argent qu'il tire des denrées que ses habitants y vont vendre.

L'écarlate qu'on fait à Paris va par toute l'Europe, même en Asie, vu qu'on en porte bien souvent jusqu'en la Chine, est cette étoffe admirée d'un chacun, si bien qu'elle est de grand revenu à ceux qui la font (sic).

C'est presque tout ce qu'on porte de la ville de Paris aux provinces étrangères, hormis les nippes du Palais, qui sont, sur le lieu, un peu chères, mais qui augmentent leur valeur et sont beaucoup estimées tant plus elles sont éloignées du lieu où elles sont faites.

Je n'aurais aussi jamais fait, si je voulais vous faire le dénombrement des richesses qui sont en la seule abbaye de Saint-Denis, qui sont presque sans prix et sans nombre.

Les Chartrains font un grand gain au trafic des blés, tant froment que seigles, qu'ils vendent de tous côtés, de même que la Beauce et la Sologne. Mais je ne veux pas faire état de ce profit, puisqu'il ne vient pas de ces provinces.

Les vins d'Orléans attirent non-seulement les marchands de France, mais encore ceux d'Angleterre et d'autres pays, à s'en aller charger, et ce qui favorise les Orléanais pour ce trafic, de même

---

[1] Extrait des *États de l'Europe*, par Davily (1625), p. 81-82 et 64-65.

que beaucoup d'autres provinces, c'est la rivière de Loire, qui fait qu'on transporte aisément beaucoup de choses dedans et dehors le royaume. Outre ce, Orléans doit être riche, pour le grand nombre d'Allemands et de Flamands qui y viennent faire leur demeure, tant pour y étudier que pour apprendre la langue française, à cause que ceux d'Orléans ont la réputation d'avoir aussi bon langage que gens de France.

Le terroir de Beauvais a une petite ville nommée Bulde (sic), près de laquelle viennent les plus fins lins qui se peuvent voir : et pour cette cause, les Flamands et Hennuyers s'y acheminent pour y trafiquer et acheter ces lins, dont ils font les belles toiles qu'ils portent vendre après presque par tout le monde, tant par mer que par terre. Il se trouve encore en ce terroir de la terre propre à faire de la vaisselle aussi singulière que celle qui vient de Venise, et l'on la porte aussi hors du royaume.

Mais ce qui est le plus important pour la richesse de ce pays, c'est le grand trafic des serges et des étames, qu'on transporte non-seulement par la France, mais en Allemagne, en Espagne et en Italie, voir même jusques en Grèce et en Turquie.

De même que la France a diverses provinces, aussi ses provinces ont diverses qualités, que je m'essayerai de comprendre en aussi peu de paroles qu'il me sera possible. Premièrement, le terroir d'autour de Paris est extrêmement plaisant et fertile, et ne manque ni de blés, ni de vins, ni de laitage, foins, fruits et herbages, ni d'eaux, qu'on y voit de tous côtés ; et c'est ce qui rend Paris accommodé, même jusqu'à la merveille. On y voit entre autres le ruisseau de Gentilly, qui est aussi nommé la rivière des Gobelins, plus propre que toutes les autres rivières de France à teindre l'écarlate. Vous avez aussi à Montmartre, près de Paris, et autres lieux voisins, grande quantité de plâtre, duquel on se sert à Paris pour toutes sortes de bâtiments, et c'est ce qui facilite le moyen de bâtir en cette grande ville.

Le terroir d'autour de Chartres abonde en toute sorte de blés, en vins et en fruits : est arrosé d'une petite rivière nommée Dœuvre (sic), qui passe dans la ville.

La Beauce est une des plus fertiles contrées de l'Europe en froments, de sorte que ni la Sicile ni l'Angleterre n'égalent aucunement la fertilité de ce pays, qui est un des principaux greniers et nourriciers de Paris. Il n'y a en toute cette contrée un seul fleuve qui y puisse avoir son cours en bas, étant tout uni, sans que vous y voyiez un lieu guère plus haut que l'autre : et toute la Beauce étant sans eaux, il faut que les habitants du pays tirent leur eau des lacs ou mares et des puits, qui sèchent en été.

La Sologne est un pays sablonneux, et où il y croît force seigle. Le terroir d'autour de Blois abonde en blés, vins, fruits et autres commodités qui servent à la vie humaine, et a force bois taillis et de haute futaie, force rivières, ruisseaux, étangs et fontaines d'eau vive ; en quoi il surpasse la Beauce. Il se trouve entre Orchèze (Orchaise) et Blois de la terre sigillée.

Le pays d'alentour d'Orléans est aussi fertile qu'aucun des autres en tout ce qu'ils ont plus de singulier et plus rare. Il y a du plaisir, soit qu'on s'amuse à pêcher, soit à voler, ou à la chasse, vu que le poisson, les oiseaux et le gibier y foisonnent ; mais, sur tout, le terroir d'Orléans est renommé pour les excellents vins, tant blancs que clairets, qui y croissent, et qu'on vient quérir non-seulement de Paris, mais bien souvent même d'Angleterre.

Le pays de Gâtinais est peu fertile, sablonneux en beaucoup d'endroits, et de peu d'apport, néanmoins assez agréable pour ses forêts et ses rivières.

Le terroir de Sens est si plantureux, qu'il n'y a chose qui puisse servir à la vie humaine dont il n'abonde. Il y a grande quantité de blés et vins, qui sont délicats au possible. La chair y est à vil prix ; les laitages, laines et autres commodités à souhait. Il y a du poisson en abondance, et l'huile de noix autant ou plus qu'en aucun autre pays de France, vu que tout le pays est couvert de noyers, principalement la Champagne, qui est entre les rivières d'Yonne et de Seine, depuis Montereau-où-faut-Yonne jusques à Sens ; et deçà la rivière d'Yonne, vers le Gâtinais, on voit de beaux coteaux tous couverts de vignes.

Le pays d'alentour d'Auxerre n'est pas moins revenant pour son vignoble, où il vient du vin en telle abondance, qu'il en fournit à Paris la plus grande partie de l'année.

La Champagne est un pays plat, fertile et propre au labourage; toutefois, en quelques endroits, la terre y est fort légère et rapporte peu à ses maîtres.

Quant à la Brie, quoiqu'elle soit pleine de bois, c'est un assez bon pays, ayant le ciel serein, l'air doux et tempéré, et de bonnes et grandes rivières; bref, il n'y manque aucune chose de celles qui sont nécessaires à la vie humaine, vu qu'il y a du vin, du blé, du bétail, des fruits, des bois, du gibier, de la chasse et du poisson en abondance.

LETTRE DE L'INTENDANT DE LA GÉNÉRALITÉ DE PARIS SUR L'ÉTAT DE L'ÉLECTION DE MANTES[1].

A Paris, le 18 décembre 1699.

Monsieur, vous m'avez ordonné, par votre lettre du 18ᵉ du mois passé, de vous rendre compte de l'état de l'élection de Mantes, sur ce que M. l'évêque de Chartres vous assure qu'il y a un grand nombre de pauvres dans cette élection, qui souffrent beaucoup par la nécessité et faute de trouver du travail pour gagner leur vie; et sur cela, Monsieur, il vous propose l'établissement d'ateliers publics[2]. J'aurai l'honneur de vous dire, Monsieur, qu'il y a vingt ou trente ans que cette élection était fort bonne. Depuis l'année 1667 jusques en l'année 1680, elle a toujours porté de taille 200,000ᴸ, peu plus ou peu moins. Depuis ce temps-là, Monsieur, on a augmenté un droit, qui originairement n'était que de 2ᴸ 5ˢ, jusqu'à 7ᴸ. Ce droit se perçoit sur chacun muid de vin transporté par charroi des vignobles situés dans les huit lieues des rivières de Seine, Eure, etc. L'établissement de ce droit, à ce qu'on dit, a commencé la ruine de tout le vignoble de cette élection, en empêchant le transport des vins qui se faisait tant en Normandie qu'en Picardie; et si vous ordonniez, Monsieur, à quelqu'un d'examiner le produit de ce droit et le peu d'avantage que le roi en retire, par ce qu'il cause de perte, d'un autre côté, par la cessation du commerce, peut-être trouveriez-vous à propos de le supprimer. J'en ai parlé aux fermiers du roi, qui conviennent que la suppression de ce droit ne ferait presque aucun préjudice aux droits du roi. L'établissement de ce droit a commencé à ruiner, à ce qu'on croit, cette élection, en sorte que, depuis ce temps-là, elle a diminué visiblement; depuis que j'ai l'honneur d'être intendant, je l'ai presque toujours diminuée à la taille, et, au lieu de 200,000ᴸ qu'elle portait autrefois, elle n'en porte cette année que 119,000ᴸ, et est encore fort chargée. Il est vrai que, comme ce pays est fort rempli de vignes, et qu'elles ont beaucoup souffert depuis quelques années, il est devenu fort malheureux. Il y eut même en 1698 une grêle si considérable, que, depuis ce temps-là, les vignes n'ont rien produit, comme vous l'avez pu voir, Monsieur, par le procès-verbal que j'en ai dressé, sur lequel vous avez réglé l'indemnité des sous-fermiers des aides. Dans cette année, le roi eut la bonté de leur faire de grandes grâces : il leur diminua 20,000ᴸ sur la taille qu'ils devaient de reste de l'année 1698, et 40,000ᴸ sur celle de 1699. Mais, comme la plupart des habitants étaient absolument hors d'état de pouvoir rien payer, cela ne les a pas empêchés

---

[1] Papiers du Contrôle général, G¹ 430. Voyez le Mémoire ci-dessus, p. 288, 289 et 841.

[2] Les deux lettres de l'évêque de Chartres (Paul Godet des Marais) sont datées de Saint-Cyr, le 2 novembre et le 28 décembre. «Permettez-moi, dit-il, de vous recommander les intérêts des pauvres gens de Mantes, qui sont dans l'accablement de la dernière grêle. M. Troil, un des confesseurs de Saint-Cyr, qui a eu la charité de les visiter, vous dira, Monsieur, que, si vous donnez quelques fonds pour les faire travailler à quelque ouvrage utile au public, vous leur redonnerez la vie.» A ces lettres devait être joint un mémoire du lieutenant général de Mantes, M. Bouret (ci-dessus, p. 218); mais cette pièce ne s'est pas retrouvée dans la correspondance de cette intendance.

AGRICULTURE.

de quitter leurs maisons, les abattre pour en vendre les matériaux, et de quitter le pays pour aller chercher leur vie ou à travailler ailleurs : en sorte que cela a causé une grande diminution de peuple dans ce pays, ce qui ne se peut rétablir qu'en plusieurs années.

Pour ce qui est, Monsieur, des ateliers publics, je crois cela excellent pour faire subsister une infinité de pauvres des lieux. Ceux qui y furent établis l'année dernière, par ordre du roi, firent un bien fort considérable et contribuèrent à retenir beaucoup de peuple dans leur pays, par la subsistance qu'ils trouvaient en travaillant. Je joins ici, Monsieur, un mémoire de ceux qu'on y pourrait établir dans les lieux les plus malheureux, et la conduite qu'on y peut tenir : en sorte que je puis vous assurer que l'ouvrage sera utile pour le public et fort avantageux pour ceux qui y travailleront. Si le roi trouve, Monsieur, que la somme à quoi se monte ce mémoire soit trop forte, et qu'il ne veuille en donner qu'une partie, je prendrai soin de la faire si bien distribuer, qu'elle donnera toujours beaucoup de soulagement dans le pays. Je vous prie, Monsieur, si le roi ordonne quelque chose, d'avoir la bonté de me renvoyer ce mémoire. Je suis, etc.

PHÉLYPEAUX.

MÉMOIRE CONTENANT LA MANIÈRE DONT ON CONDUIRA LES TRAVAUX QU'IL CONVIENT DE FAIRE POUR RÉPARER QUELQUES-UNS DES GRANDS CHEMINS QUI SONT AUX ENVIRONS DE MANTES.

On pourrait établir dans le même temps quatre ateliers, savoir : un à Rosny, un à Vert, un depuis Magnanville jusqu'à Favrieux, et le dernier depuis Mantes jusqu'à Mézières.

En celui de Rosny, on emploiera les pauvres gens de la même paroisse et ceux des paroisses de Jouy, de Buchelay et de Gassicourt.

En celui de Vert, on recevra les habitants de Vert, de Mantes-la-Ville et du Breuil.

En celui depuis Magnanville jusqu'à Favrieux, on occupera les habitants de Magnanville, de Soindres, de Fontenay-Mauvoisin et de Favrieux.

En celui depuis Mantes jusqu'à Mézières, on emploiera les pauvres gens de Mantes, de Senneville, de Guerville et de Mézières.

Toutes ces paroisses ont été entièrement grêlées l'année dernière et sont dans une extrême pauvreté, les vignes n'ayant rien produit la présente année, et la plus grande partie ne donnant presque point d'espérance pour la récolte à venir, ce qui cause une notable désertion.

En chaque atelier, on mettra un piqueur ou hâteur sur trente travailleurs, c'est-à-dire que, s'il y a, par exemple, six-vingts travailleurs, il y aura quatre piqueurs. On mettra encore en chaque atelier un homme qui fera exécuter le dessein des travaux, qui tiendra un état des travailleurs et les payera chaque jour.

Il y aura sur tous ces ateliers un directeur, lequel ordonnera les travaux qu'il conviendra faire, les visitera tous les jours à cheval et contrôlera l'état des travailleurs.

On payera aux hommes de journées, qui apporteront et feront réparer leurs outils, 8 sols par jour ; aux femmes, 6 sols ; aux jeunes garçons, 5 sols ; pour un petit cheval ou pour une bête asine qui portera les cailloutages ou autres matières, et pour le conducteur, 8 sols par jour pour tout ; à chacun des piqueurs, 15 sols par jour ; à chacun de ceux qui feront exécuter le dessein des travaux, qui tiendront un état des travailleurs et qui feront le payement, 30 sols par jour ; à celui qui donnera le plan des travaux, qui visitera tous les jours les ateliers et contrôlera l'état des travailleurs, 4 ll par jour, compris le louage et nourriture de son cheval.

Les réparations de tous ces chemins sont d'une extrême utilité au public. La plupart de ceux que l'on propose sont si mauvais, qu'on y voit tous les jours des voitures, des chevaux et des bœufs embourbés, et souvent même il y en a qui y périssent. Dans le mémoire que l'on a envoyé à Monsieur l'intendant, on a marqué tous les endroits où les réparations sont les plus pressantes, et le nombre de toises en longueur qu'ils contiennent.

On a aussi expliqué la manière de faire ces réparations suivant le besoin et la commodité des lieux.

On a expliqué encore ce que les ouvrages les plus pressants pourront coûter. On est assuré qu'il se présentera plus de deux mille personnes; mais comme apparemment les fonds seront bornés, il ne faudra employer que les plus nécessiteux.

Il y aurait encore beaucoup d'autres endroits à réparer que ceux que l'on propose, où l'on pourrait employer les pauvres gens de beaucoup d'autres paroisses de vignobles, qui souffrent extrêmement par la cherté des grains; mais il faudrait pour cela des fonds convenables.

C'est en la manière ci-dessus que l'on conduisit les travaux faits pendant le dernier hiver. Monsieur l'intendant, qui prit la peine de les visiter, témoigna en être très-satisfait. Le lieutenant général de Mantes, qui en prit le soin, est encore dans la même disposition. Il visita les travaux de deux jours en deux jours.

On aurait bien fait si on les avait commencés dès le mois d'octobre, ou du moins au commencement de novembre, parce que la saison a été très-propre, et que plusieurs qui n'ont pas de pain n'auraient pas quitté le pays, comme ils ont fait.

LETTRES DE BOISGUILBERT AU CONTRÔLEUR GÉNÉRAL CHAMILLART,
ET MÉMOIRES SUR L'ÉTAT DES VIGNES DES ÉLECTIONS DE MANTES ET VERNON [1].

1691 et 1704.

De Rouen, ce 3 mai 1691.

Monseigneur,

Le zèle que j'ai pour le service du roi et la grandeur de votre ministère ne me permet point d'étouffer les lumières que j'ai acquises par quinze années de forte application au commerce et au labourage, auxquels seul je suis redevable de toute ma fortune; mon père et ma mère, encore vivants et d'une famille considérable d'ici, ne m'ayant avancé de rien, quoiqu'ils eussent fait mon cadet conseiller au parlement, ce qui n'a point empêché que, sans rien faire ni de dérogeant à ma naissance ni à la qualité d'honnête homme, je ne me sois fait lieutenant général de Rouen, qui passe pour la seconde charge de la province. Comme cela n'a pu être, Monseigneur, sans entrer dans un très-grand détail de toute sorte de commerce, et par conséquent des finances du roi, qui y sont inséparablement attachées, cela m'a fait remarquer que Sa Majesté peut tirer présentement un très-grand secours de ses peuples, si, quittant la création des charges, dont on ne saurait plus trouver le débit, au moins dans cette province, sur quoi je vous puis parler, Monseigneur, avec expérience, puisque, pour ma part, j'en ai levé de nouvelle création pour plus de 100,000[livres], que j'ai revendues à divers particuliers, et n'ai cessé que depuis que j'ai vu que personne n'en voulait plus, dans la crainte que leur grand nombre et leur nouveauté ne leur attirât le sort des anciennes. Ce moyen, Monseigneur, serait de proposer aux peuples le rachat de certains impôts dont Sa Majesté n'ayant jamais rien tiré, ou très-peu de chose, leur création n'a pas laissé de causer un tort surprenant; car, comme de cette sorte les désordres cesseraient, la cause étant ôtée, et que ce qui a ruiné la province, qui est diminuée de plus de la moitié depuis trente ans, tant dans son commerce que dans les revenus de toute sorte de fonds d'héritage, ce n'est point ce qui se paye au roi, mais seulement la cessation de la consommation par la ruine de la liberté des chemins, en sorte qu'on est obligé de jeter les denrées dans les cantons où elles croissent, pendant qu'à dix ou douze lieues de là elles valent un prix exorbitant.

---

[1] Ces pièces sont tirées de la correspondance inédite de Boisguilbert, qui a fait l'objet d'un mémoire présenté à l'Académie des sciences morales et politiques, pour le concours de 1865.

les peuples se porteraient avec plaisir à donner deux pistoles, à une fois payer, quand, à même temps, cela leur en formerait trois de revenu annuel, comme j'ose dire, Monseigneur, que cela arriverait incontestablement, puisque ce qu'il y a de moins de revenu dans la province qu'il n'y avait il y a trente ans, n'est tourné au profit de personne, et n'est pas non plus anéanti, mais seulement suspendu par les causes que je viens de me donner l'honneur de vous représenter. Les deux mémoires que je prends la hardiesse de vous envoyer seront, s'il vous plaît, une preuve de cette vérité, si vous voulez bien, Monseigneur, jeter les yeux dessus et souffrir, au cas que vous y trouviez quelque difficulté, que je me donne l'honneur de vous en aller éclaircir ou en écrire à Monsieur l'intendant, afin que j'en confère avec lui. J'ose même vous dire que j'en voudrais bien garantir le succès de tout ce que j'ai vaillant, surtout Sa Majesté dans l'un et dans [1]......... a le bonheur de vous.....
..... de cette même espèce je veux dire......
.... produiraient de l'argent comptant à Sa Majesté de l'augmentation des revenus des particuliers, et par conséquent de ceux du roi, qui y sont attachés, et du soulagement au peuple, qui n'est point misérable parce qu'il paye au roi, mais par la ruine du commerce et la diminution du produit des fonds, qui met les propriétaires hors d'état de consommer et de faire gagner la vie au peuple. Je vous demande très-humblement pardon de ma liberté et la permission de me dire, avec un très-profond respect, Monseigneur, votre très-humble et très-obéissant serviteur.

BOISGUILLEBERT,
lieutenant général de Rouen.

MÉMOIRE SUR LES AIDES.

Il y a un canton en Normandie, autour des rivières de Seine et d'Ure (Eure), presque tout composé de vignobles, dont les revenus sont à la sixième partie de ce qu'ils étaient il y a trente ans, en sorte qu'il faut qu'il y ait plus de deux millions de diminution par an, tant dans son commerce que dans le produit ordinaire des fonds, et la voix universelle est que c'est un impôt qu'on appelle le *grand droit*, qui a causé cet effet. Ce sont 7 livres tant de sols qu'il faut payer pour chaque muid de vin qui passe les rivières de Seine et d'Ure pour aller dans les cantons maritimes. Comme le pays de vignoble est naturellement misérable, après que les vignerons ont sué sang et eau et ont emprunté de tous côtés pour parvenir à une récolte de vin, ils se voient entièrement ruinés par la nécessité de payer ce droit, lequel, par le temps qu'il faut perdre aux bureaux pour faire mesurer les futailles et voir si les déclarations sont véritables, revient à plus de 10 ll. Ceux qui venaient quérir leurs vins des cantons de la mer, en leur apportant souvent des avoines ou des morues (marchandises très-communes dans le pays de la mer, et très-rares dans le vignoble), ont cessé entièrement : en sorte que voici un fait que l'on maintient véritable, qui est qu'un particulier vigneron ayant acheté des futailles à crédit et à condition de les payer à la récolte, il voulut quitter le vin et la futaille ensemble pour le payement, ce que ne voulut le marchand de futailles, bien qu'à dix ou douze lieues de là, le vin vaille 15 sols la mesure, c'est-à-dire plus de 120 ll le muid. On a arraché et arrache tous les jours la plupart des vignes, pour laisser les terres en friches.

Cependant ce droit ne rapporte pas au roi, dans les plus fortes années, plus de 40 ou 50,000 ll, lequel droit n'est point du compris du dernier bail des fermes, aurait été ôté par un arrêt de la Cour des aides [2], et n'a été remis que par un arrêt du Conseil sur requête expositive qui ne faisoit tort à personne, ce qui est entièrement contre vérité, dont on ne veut point d'autres marques que la ville de Vernon, qui payait aisément, avant le droit, trois fois plus de taille qu'elle ne paye présentement, est entièrement ruinée.

Le remède est aisé et apporterait au roi des sommes considérables, qui est que Sa Majesté le

---

[1] La partie supérieure de la page a été détruite par l'humidité. — [2] *Sic*, dans le manuscrit.

révoquât tout à fait, comme non compris dans les fermes, pour ce que chaque arpent de vigne de la généralité de Rouen payerait deux pistoles, savoir : une pistole présentement, et une pistole à la récolte.

Il faudrait aussi y comprendre l'extension de Mantes, qui se trouve dans cette même espèce.

Il n'y a personne qui ne le payât avec plaisir, puisque, outre qu'on en serait remboursé dès cette année, on verrait son revenu rétabli, qui était entièrement aboli.

Outre que cela irait environ à 800,000^{lt} présentement, et que cela ferait plaisir au peuple, les 30 ou 40,000^{lt} qui venaient de cet impôt pourraient être rejetées sur les tailles, tant de ces cantons que des élections voisines, à qui la cessation de ce droit apporterait une très-grande utilité, puisqu'un pays ne vend jamais ses denrées qu'il n'achète celles des autres, et elles ne demeurent jamais dans un pays qu'elles ne demeurent dans l'autre ; outre que les tailles, avant ce droit, étaient infiniment plus fortes, et les choses, étant changées par la suppression, reprendraient aisément leur cours ; il se trouvera aussi des personnes qui feront des avances sur ces sortes de fonds [1].

Ce 17 juillet (1704).

Monseigneur,

Ayant à vous traiter dans celle-ci des liqueurs, je prendrai la hardiesse de vous dire qu'il s'en faudra beaucoup que les choses se passent aussi tranquillement qu'à l'égard des grains, dans lesquels, quelque effroyables qu'aient été les effets de la méprise, on n'en pouvait guère accuser qu'un peu trop de présomption ou de témérité d'avoir supposé pouvoir emporter un art par spéculation et atteindre la connaissance des intérêts d'une denrée, quoique impénétrable qu'à une très-longue pratique uniquement ; ce qui est si certain, qu'en Angleterre, où les laboureurs ont part au gouvernement, on donne de l'argent en pure perte à ceux qui causent la sortie des blés du royaume, c'est-à-dire qu'il en coûte en ce pays pour pratiquer une chose dont le contraire est observé en France de volonté délibérée. Ainsi, il faut absolument qu'il y ait une erreur grossière dans l'une ou l'autre des deux conduites si opposées, et les auteurs ne peuvent pas être également héros. Cependant, Monseigneur, on peut assurer que les méprises à cet égard ne sont que des roses, en comparaison de ce qui s'est fait envers les liqueurs depuis quarante ans, puisqu'on peut soutenir que cette seconde manne primitive des hommes, et dont la nature a si bien partagé la France, a éprouvé des horreurs contraires à l'usage de toutes les nations du monde, à l'humanité la plus naturelle et au sens le plus commun. Je dis plus, Monseigneur, je maintiens que tous les fléaux de Dieu, savoir : la peste, la guerre et la famine, dans leur plus grande colère, n'ont jamais causé tant de désolation dans une contrée que les manières pratiquées à cet égard depuis 1660 ont fait à cet égard dans la plupart des provinces du royaume, ce qui a rejailli par contre-coup sur toutes les autres, ainsi que sur tous les genres de biens, qui ont une liaison si fort nécessaire et mutuelle, que les dispositions, quelles qu'elles soient, de l'un deviennent aussitôt communes et générales à toutes les professions. Car enfin, Monseigneur, ces fléaux de Dieu, quelque grands qu'ils soient, n'arrivent ordinairement que par la colère du ciel, ils n'avaient qu'une courte durée, après laquelle un pays désolé redevenait souvent plus florissant que jamais. La guerre même, quoique tenant le premier rang parmi ces fléaux, n'est pas généralement incompatible avec le commerce et le labourage ; les contributions payées régulièrement permettent de faire tranquillement le ménage des champs ; les passe-

---

[1] Peu de temps après l'envoi de ce mémoire, un trésorier de France de la généralité de Paris, le sieur Bulteau, fut chargé d'aller conférer avec les officiers de l'élection de Mantes sur l'état des biens de la terre, afin de préparer l'avis annuel sur la taille. Quoique le trésorier eût donné avis de son arrivée, deux élus seulement se rendirent à sa convocation, avec le procureur du roi, et ils évitèrent même de donner aucune information. Un arrêt du Conseil d'État fut aussitôt rendu (24 juillet 1691) pour forcer le président et un élu à venir renseigner eux-mêmes le bureau des finances de Paris.

ports et les sauvegardes suppléaient au reste. Il n'en va pas de même des traitants : en plusieurs contrées, ils ne laissent rien à moissonner après eux, et, si les premiers ont fait cette faute, ceux qui les ont suivis se sont bien gardés d'y tomber; et il faut bien que cela soit, puisque les officiers de ces armées désolantes se sont beaucoup plus enrichis que toutes les guerres, quelles qu'elles soient, n'ont jamais pu faire les généraux les plus intéressés et les plus décriés. Je n'exagère point, Monseigneur, et ce qui s'est passé publiquement à l'égard de plusieurs contrées est si fort au delà de ce qu'on peut s'imaginer, que le portrait n'en saurait jamais égaler l'original. Dans la seule paroisse de Ménilles, près Vernon, il y croissait et se vendait autrefois pour 50,000 écus de vin, avec profit; et cela ne va pas présentement à 10,000 ^{tt}, qui ne sont pas les frais de l'excroissance. Et cette désolation n'est point bâtarde, mais une production très-naturelle et légitime des causes qui lui ont donné naissance; car enfin, Monseigneur, persuadez-vous que des greffes publics font foi de procès intentés pour le payement de futailles données à crédit avant la vendange, à condition de payer après la vente; à quoi le vigneron n'ayant pu satisfaire faute d'acheteurs, il offrit les pièces au marchand pleines de vin, en pure perte et sans aucun retour, ce que l'autre ne voulut pas accepter, par les mêmes raisons qui lui faisaient offrir un si déplorable marché, bien qu'à dix-huit ou vingt lieues de l'endroit où cette malheureuse scène se passait, le vin se vendît vingt fois davantage que le prix auquel on le laissait, savoir : moins que le prix de la futaille; ce qui était bien l'intention des traitants, pour avoir carte double par ce moyen, c'est-à-dire : le vin pour rien au pays où il croît, et la faculté de le faire vendre en détail pour leur compte un prix exorbitant dans les contrées de transport, mettant ordre d'ailleurs que qui que ce soit qu'eux n'y en puisse ni voiturer ni trafiquer, par les embarras de chemins et exigences de déclarations aux bureaux, où les commis étant juges et parties, les difficultés en sont insurmontables : ce qui a réduit cette consommation à la dixième partie de ce qu'elle était autrefois. Comme c'est à peu près la même chose partout ailleurs, jugez, s'il vous plaît, Monseigneur, si jamais guerre déclarée a produit de pareils effets, et si c'est à juste titre que l'on catéchise les auteurs de pareilles manières qui seraient désavouées par les gens les plus dépravés, bien loin d'en attendre des louanges, quoique les choses ne soient pas aujourd'hui dans cette atrocité. Ce n'est pas qu'il y ait rien de changé, mais c'est que le mal a si fort exténué le sujet, que la violence n'en paraît pas dans toute son étendue. ce qui se rengrège tous les jours; et, quoique cette conduite ne soit pas générale dans toute la France, on peut assurer qu'elle participe également au malheur des quatre généralités de Rouen, Amiens, Caen et Alençon, où il semble que le désordre a comme établi son trône et son empire, puisque, outre que les droits d'entrées y sont effroyables, celui de quatrième, uniquement pratiqué dans ces généralités, forme avec ces entrées un tout qui approche beaucoup plus, et par ses suites et par la simple vue, de la confiscation que d'un tribut, sans que le roi tire la millième partie du tort que cela fait à son royaume, ces désolations de contrées devenant solidaires à toutes les provinces par la liaison nécessaire que tous les pays. ainsi que toutes les denrées, ont les unes avec les autres, surtout le désordre se passant, en cette occasion de quatrième, dans les contrées maritimes. qui forment la clef du commerce; et si l'on voit les liqueurs à 6 deniers la pinte, ou plutôt à rien. le long de la Loire et au delà, bien que ces lieux n'aient singulièrement presque nuls impôts, l'on en doit raisonner comme l'on ferait d'un fleuve de long cours arrêté dans son embouchure : non-seulement il couvrirait les campagnes voisines de sa sortie, mais même l'inondation remonterait jusqu'à sa source, pour peu qu'elle durât, tout comme, au moment que la digue qui arrête son cours serait détruite, les champs se trouveraient aussitôt dégagés. C'est ce que vous pouvez faire, Monseigneur. en un moment, à l'égard des liqueurs de toute la France, par une très-petite attention dans ces quatre généralités, sans qu'il soit nécessaire de faire nul dédommagement aux traitants ni en congédier aucun, quoique le royaume leur soit redevable de sa ruine et à leurs protecteurs, lesquels, sans intérêts personnels, par la seule qualité d'hommes, auraient été plus sensibles aux horreurs qui subsistent, et dont je viens d'avoir l'honneur de vous parler. Ainsi, si vous consultez ces messieurs, ils aimeront mieux que tout le royaume périsse, que de laisser apercevoir par une expérience contradictoire ce que leur habileté coûte au roi et au peuple. Vous pouvez donc, en un instant, tripler cette consommation, c'est-à-dire mettre l'argent à cet égard trois fois plus en route qu'il n'était. Comme il ne peut faire un pas sans que le roi en ait sa part, ainsi que vous connûtes la dernière fois que j'eus le bien de vous saluer, tout comme c'est peine perdue de le vouloir tirer par force du repos où la mort de son maître, qui est la consommation, le réduit par violence, voilà, Monseigneur, les mesures qu'il faut prendre pour avoir les 400 millions pour le peuple, par où il faut commencer, afin d'avoir les 80 millions au profit du roi. Il ne veut recevoir de l'argent qu'à dessein de procurer des denrées à ceux à qui il le donne, et les peuples ne le peuvent payer que par la vente de ces mêmes denrées. Cependant leur destruction a formé tout le héroïsme de Messieurs vos prédécesseurs et de ceux qu'ils ont élevés. Je crois que vous aspirez à une gloire d'un autre genre. Ma première lettre traitera de cette solidité d'intérêts, dont je n'ai dit qu'un mot en passant. Comme elle se trouve également entre tous les hommes, les contrées et les denrées, le bien ou le mal singulier devient aussitôt général, bien que cette doctrine soit si fort ignorée depuis quarante ans, que personne n'a point de plus clair revenu que la destruction de son semblable : en quoi les traitants tiennent extrêmement le haut bout, et au delà de ce que vous pouvez penser. Comme c'est par une violence continuelle, il ne vous faut qu'un moment pour l'arrêter et tout rétablir.

Je suis, avec un très-profond respect, Monseigneur, votre très-humble et très-obéissant serviteur.

BOISGUILLEBERT.

Monseigneur.

Ce 20 novembre 1704.

Je me donne l'honneur de vous envoyer la vue figurée de l'élection de Mantes à l'égard des vignes et des vins. Quoique l'abandon des premières ne soit que d'environ de la moitié, comme l'on a négligé la culture de ce qui reste, le produit sur le tout est diminué au moins sur quinze parts quatorze, ainsi que vous verrez par la comparaison de l'octroi en 1661 et le prix qu'il est aujourd'hui, ce qui est une balance infaillible et immanquable. Si la meilleure situation de l'univers a souffert le sort des terroirs les plus stériles, par l'abandon des fonds du plus grand rapport, ce n'est point l'effet du hasard ou d'une cause surnaturelle; c'est une suite certaine de la conduite que l'on a gardée à leur égard. Je prendrai la hardiesse de vous en envoyer une feuille en précis, dans le mois prochain, que je crois qui doit être rendue publique pour faire voir la grande obligation que la France vous aura de changer des manières qui ont surpassé toute sorte de désolation, et vous délivrer à même temps des obstacles ou des objections intéressées qui sont les seules difficultés que vous pourrez rencontrer, mais qui ne doivent pas peser un grain, mises en comparaison du grand bien que vous procurerez. Tout consiste quant à présent, Monseigneur, à ce que le fait soit rendu constant : combien il peut y avoir de vignes en France subsistantes; combien d'arrachées; ce que la Normandie, sur laquelle vous aurez trois millions d'aides à remplacer, fournit de cidres, année commune (je crois vous pouvoir fournir celui-là), et enfin le prix à peu près que chaque cru est vendu, y ayant des vins vendus 400 [lt] le muid, et d'autres 20 [lt]. De plus, les endroits où les aides sont effroyables, n'auront pas de peine à recevoir un changement qui ne pourra être qu'avantageux; mais il n'en sera pas tout à fait de même de ceux qui ne les connaissant point, quoiqu'ils souffrent un pareil déchet dans le débit de cette denrée, causé par l'anéantissement des vignobles limitrophes où ce droit a presque tout ravagé, y ayant une solidité d'intérêts dans les mêmes marchandises qui fait que le bien et le mal que souffre une partie devient aussitôt commun à tout le genre, tout comme au corps humain, où la désolation d'un membre fait périr tous les autres, si on n'y remédie. Cette doctrine très-véritable, quoique très-ignorée, doit être rendue publique, afin que ces contrées prétendues privilégiées par l'exemption des aides ne regardent pas comme une querelle d'Allemand la contribution que vous leur demanderez pour le rachat d'un droit qui les anéantit, quoique par contre-coup. Par exemple, Monseigneur, la Bourgogne, qui ne connaît aucun de ces droits, ne serait pas contrainte de donner son vin à un sol la même mesure qui se vend 24 sols au Havre, si les pays où elle se décharge de l'excédant de sa consommation n'y étaient point plus sujets qu'elle; de manière qu'elle est plus intéressée que ces contrées mêmes à l'adoucissement de ces droits. C'est une attention et une économie dans le partage qui dépend entièrement du fait. C'est un lieutenant général de Mantes[1] que je connais depuis vingt ans, et avec qui j'ai très-grande habitude, qui m'a fait tenir le mémoire que je me donne l'honneur de vous envoyer. Il est très-versé dans le détail, et j'ose vous dire, Monseigneur, que tout le succès de ce très-grand bien que vous procurerez à la France, et qui vous immortalisera dans les siècles à venir, dépend du service que vous rendront les personnes de ce genre qui travailleront par une pratique perfectionnée depuis un très-long temps. Je regarderai comme la plus grande grâce que Dieu et vous me puissiez jamais faire, de me confier une généralité. Outre les aides, dont à moins de quatre mois je saurai tout le détail, c'est-à-dire combien il y aurait de ceps de vignes et d'arbres par noms et surnoms, je suis assuré que je ferais sauter l'incertitude ou l'injustice de la taille, ainsi que les horreurs de la collecte, le tout coûtant trois fois plus que la taille à un pays, et cela en y établissant une jurisprudence certaine, qui pourrait servir de modèle à tout le royaume sur votre compte et non sur le mien, puisque, quand j'aurais la mauvaise foi de m'attribuer l'honneur de votre première vue, on ne me croirait pas, et l'économie de la contribution des arts et métiers a été entièrement attribuée à M. Larcher.

Il y a douze ans, quoiqu'il n'y eût eu aucune part, la commission même m'en ayant été donnée singulièrement par arrêt du Conseil. Je ne cherche point aucune gloire particulière; je serai trop récompensé dans le service que j'aurai l'honneur de vous rendre, et au public, de la quote-part que je pourrai prendre dans un rétablissement général qui vous rendra assurément le premier homme que la monarchie ait jamais porté, puisque, l'ayant trouvée dans la dernière désolation, vous l'aurez rendue très-florissante. Je suis rempli de tous les défauts du monde, Monseigneur, mais je me suis attaché à un genre de mérite qui est de réussir dans toutes mes entreprises, sacrifiant tout, à la religion près, pour l'exécution de ce que j'ai une fois projeté. Il ne tiendra qu'à vous, s'il vous plaît, d'en faire expérience à mes périls et risques, puisque je ne vous demande point de rien déranger sur la foi de mes vues, ou plutôt pour l'exécution des vôtres? Il y a plus de trente ans que je m'y prépare par la pratique de tous les détails et la connaissance de toutes les contrées du royaume, et il faudrait que mon esprit fût bien grossier, si je n'avais quelque avantage sur ceux que la première sortie de Paris met en possession du gouvernement des provinces. Je crois que j'achèterais de tout mon bien cette grâce de vous, et que la ruine de ma famille me serait moins sensible que le plaisir que j'aurais d'avoir contribué au rétablissement public, croyant d'ailleurs pouvoir compter sur la promesse que vous avez eu la bonté de me faire que vous me mettriez dans un canton où je me pourrais immortaliser. La gloire sera pour vous, et le travail pour moi.

Je suis, avec un très-profond respect, Monseigneur, votre très-humble et très-obéissant serviteur.

BOISGUILLEBERT.

En marge est écrit, de la main du contrôleur général: «Qu'il se donne bien de garde de rien donner au public sur l'état des aides, et ce qu'il y aurait à faire pour rétablir le désordre du passé sur cette matière.»

---

[1] M. Bourot; voyez ci-dessus, p. 218.

ÉTAT par estimation du produit des aides et droits y joints des généralités ci-après :

GÉNÉRALITÉ DE CHÂLONS.

Élection
- de Châlons.................... 100,000"
- de Sainte-Menehould............ 20,000
- de Reims...................... 250,000
- d'Épernay..................... 120,000
- de Sézanne.................... 40,000
- de Vitry...................... 70,000
- de Joinville.................. 45,000
- de Bar-sur-Aube............... 52,000
- de Langres.................... 55,000
- de Chaumont................... 33,000
- de Rethel..................... 60,000
- de Troyes..................... 155,000

GÉNÉRALITÉ D'AMIENS.

Élection
- d'Amiens...................... 220,000
- de Péronne.................... 72,000
- de Saint-Quentin.............. 90,000
- de Montdidier................. 100,000
- d'Abbeville................... 200,000
- de Doullens et Boulonnois..... 60,000

GÉNÉRALITÉ D'ORLÉANS.

Élection
- d'Orléans..................... 225,000
- de Chartres................... 150,000
- de Montargis.................. 48,000
- de Châteaudun................. 60,000
- de Blois...................... 38,000
- de Dourdan.................... 20,000
- de Vendôme.................... 30,000
- de Beaugency.................. 30,000
- de Romorantin................. 25,000
- de Clamecy.................... 32,000
- de Gien....................... 52,000

GÉNÉRALITÉ DE POITIERS.

Élection
- de Poitiers................... 165,000
- de Châtellerault.............. 18,000
- de Fontenay................... 72,000
- de Niort...................... 50,000

Élection
- de Saint-Maixent.............. 30,000"
- des Sables-d'Olonne........... 42,000
- de Thouars.................... 40,000
- de Mauléon.................... 30,000

GÉNÉRALITÉ DE LA ROCHELLE.

Élection
- de la Rochelle................ 140,000
- de Saintes.................... 120,000
- de Cognac..................... 32,000
- de Saint-Jean-d'Angely........ 44,000

GÉNÉRALITÉ DE LIMOGES.

Angoulême......................... 72,000
Élection de Bourganeuf............ 5,000

MÉMOIRE SUR L'ÉTAT DES VIGNES DE L'ÉLECTION DE MANTES ET DES ENVIRONS.

On estime que, depuis trente années, le vignoble de l'élection de Mantes, qui était en ce temps-là composé de plus de quinze mille arpents, est réduit à la moitié au plus, dont il y a le tiers qui manque de la culture et des engrais nécessaires.

Il y a plusieurs causes de cette décadence. Les principales sont : la cessation ou l'extrême diminution du commerce et transport des vins aux pays étrangers et dans les provinces de Normandie et de Picardie; les droits excessifs qui se perçoivent surtout aux entrées des villes de ces deux provinces, et ceux de la vente en détail; le droit de 7" par muid sur les vins qui passent les rivières de Seine, Eure, Andelle et Iton, pour être transportés par charrois dans les provinces de Normandie et de Picardie; et encore la diminution et l'extrême pauvreté des peuples. De là vient que les vins périssent sur le chantier où ils ont été entonnés, pendant que l'on fait souvent vingt et trente lieues dans la Normandie et dans la Picardie, surtout dans les basses parties de ces provinces, sans y trouver une bouteille de vin [1].

---

[1] Boisguilbert dit, dans le *Détail de la France* (éd. Daire, p. 200) : «Depuis qu'on a mis le droit de 7" par muid sur les vins de toute espèce qui passeraient les rivières d'Eure, Seine, Andelle et Iton, pour aller aux provinces de Normandie et Picardie, où il n'en croît point, cet établissement, qui n'est (à ce que porte la tradition), depuis trente ans, qu'un principe d'intérêt particulier, comme de faire valoir quelques cantons de la Champagne, en mettant la Picardie dans l'obligation de ne se fournir de vins que dans cette province, coûte, depuis ce temps-là, plus de 15 millions par an aux provinces de Picardie, Normandie et Île-de-France; et, à l'égard du roi, pour 80,000" que cela lui porte, qu'on est bien assuré qu'il ne voudrait pas avoir à ce prix, quand même son intérêt ne se rencontrerait pas contraire, on a été

AGRICULTURE.

Le 12 avril 1687, il fut rendu au Conseil un arrêt, par lequel ce droit de 7 " fut modéré à 3 " 10' jusqu'au dernier jour de septembre suivant; mais, ce temps expiré, ce droit resta sur le pied de 7 " comme auparavant[1].

On avait de tous côtés exposé au Conseil que la diminution ou la suppression de ce droit augmenterait notablement le transport des vins dans ces provinces; mais comment voulait-on que, depuis le 12 avril jusqu'au dernier de septembre (saison à laquelle on ne transporte point de vins), on trouvât ce transport si fort augmenté, puisqu'il est évident qu'il faut au moins des années entières pour rétablir un commerce ruiné et pour donner moyen aux marchands et aux vendants-vins de reprendre leurs habitudes et la confiance en leurs correspondants?

Cependant on est persuadé que ce droit de 7 ", qui ne produit pas plus de 40,000 " au roi, a fait diminuer les revenus de Sa Majesté, dans les élections enfermées dans ces rivières, de plus de 300,000 " par an, en tailles, aides, sel et autres droits, et a, outre cela, diminué le tiers du revenu desdites élections. Ne sera-t-on jamais persuadé que ce ne sont pas les gros droits qui font les grosses fermes, mais que c'est le grand débit des denrées et des marchandises?

Les octrois de la ville de Mantes se perçoivent uniquement sur les vins qui y passent par eau. Ils produisaient, il y a quarante ans, 6,000 à 7,000 ", et ils ont été récemment adjugés à 420 ". Quelle prodigieuse diminution! On peut juger de là du malheureux état où l'élection de Mantes est réduite.

Ce 2 décembre 1704.

Monseigneur,

Il me paraissait, par celle que vous m'avez fait l'honneur de m'écrire du 24 du passé, que vous m'aviez remis en quelque manière la faute que j'avais faite en laissant monter une feuille sur les blés, ce qui n'est pas l'exposer au public, puisque j'avais retiré tous les exemplaires, en petit nombre, pour vous les envoyer, s'il se rencontrait de votre goût de faire revenir le Conseil du roi de sa surprise sur cet article, qui coûte constamment à la France plus que ce que le roi ne peut jamais lever. Cependant vous prenez la peine de me reparler encore de cette faute, par votre lettre du 29; sur quoi je me référerai à ma précédente, qui est que cela ne m'arrivera de ma vie, et que, quelque amour-propre qui règne parmi ceux qui écrivent, je vous sacrifierai les prétendus applaudissements que je pourrais attendre du public de mes ouvrages. Si je n'avais pas déjà été dans ces dispositions, les louanges que les examinateurs donnèrent à tout le livre dont cette feuille n'est qu'un précis, m'auraient fait succomber à la tentation, en ne cachant pas fort soigneusement le manuscrit. Vous n'en avez, Monseigneur, que la première partie, qui fait voir invinciblement que, plus le blé est à bon marché, plus le pauvre est misérable, ainsi que le riche; la seconde montre avec la même certitude que, si la sortie du royaume n'est libre en tout temps, les horreurs des stérilités sont immanquables, quand les récoltes ne sont pas abondantes. J'appelle à ma garantie la Hollande, l'Angleterre et M. de Sully. Je me donnerai l'honneur de vous

---

dans l'obligation de diminuer les tailles de 150,000 " sur la seule élection de Mantes; et ce qui en reste de payé avec bien plus de difficulté que n'était le total autrefois, sans qu'on puisse en citer d'autres raisons que la naissance de ce droit. En effet, depuis ce temps, les vignes sont venues en non-valeur, et ç'a été un très-bon ménage, en quantité d'endroits, de les arracher, puisqu'après avoir fait les frais de la culture et de la récolte, et que les vignerons s'étaient endettés pour ce sujet, on avait le malheur de voir gâter le vin dans les caves, sans en pouvoir trouver le débit.»

[1] Un premier arrêt du 19 février 1685 avait réduit de moitié le droit de 7 ", réglé par les ordonnances du mois de juin 1680, «non-seulement, était-il dit, à cause de la faiblesse et moindre valeur des vins, mais aussi parce qu'ils sont chargés, aux entrées des villes et de la plupart des bourgs des provinces de Picardie et de Normandie, d'autres droits considérables.» Malgré l'opposition des fermiers des aides, qui prétendaient que la réduction des droits n'avait pas fait enlever une pièce de plus, on en décida la prorogation jusqu'au 1er octobre 1689; mais M. Chamillart, qui était alors intendant de la généralité de Rouen, ne put obtenir le renouvellement de cette faveur, qu'il considérait comme nécessaire au commerce. (Papiers du Contrôle général, G¹ 493, 9 octobre 1689.)

l'envoyer, après que vous aurez reçu le mémoire de l'argent. Vous me marquez encore, Monseigneur, que je parle mal des personnes qui ne l'ont pas mérité; permettez-moi, s'il vous plaît, de vous représenter que je ne nomme personne, mais ne fais la guerre qu'aux méprises, ne croyant pas non plus que, lorsque vous vîntes, en 1685, en Normandie, à ce qu'il me semble, avec MM. les autres commissaires du Conseil, que le sujet de votre voyage fût pour faire le panégyrique des manières établies depuis 1660 (au moins les billets circulaires ne portaient rien d'approchant), non plus que les propriétaires des vignobles de l'élection de Mantes, dont le déchet va, sur seize parts, à quinze, ainsi que le dernier mémoire que j'ai pris la hardiesse de vous envoyer justifie, soient très-disposés à requérir que la couronne civique soit décernée aux auteurs de pareilles dispositions. Je m'en réfère entièrement, Monseigneur, à ce que vous en pensez et à ce que vous avez dessein de faire sur les aides; sur quoi je vous offre mes très-humbles services, tant pour ramasser les pièces qui doivent former le bâtiment, que pour l'exécution, que je prendrai toujours à mes périls et risques dans une généralité, ainsi que la libération de l'incertitude, injustice et ruine de collecte des tailles, qui coûte au peuple trois fois plus que le corps de cet impôt, de notoriété publique. Comme le tout ne peut avoir lieu que pour l'année qui vient, puisque la taille et la capitation sont assises, si vous ne voyez pas une assurance certaine de gagner ce temps, le mal n'est pas sans remède, quelque ridicules que vous paraissent mes propositions, et je veux bien être garant du succès, à la perte de tout ce que j'ai vaillant, sans que l'expérience ou le déconcertement qui pourrait s'en ensuivre coûte quoi que ce soit au royaume. Si vous trouvez à propos que j'en communique avec M. Desmaretz, prenez la peine de me le mander; je me donnerai l'honneur de lui écrire sur ce compte, ne m'ayant point fait celui d'une réponse à ma dernière, non plus qu'à une précédente, ou au moins je ne l'ai pas reçue. Il est très-habile et a tout l'esprit du monde; mais je pense que, s'il avait su ce qu'il a appris dans sa retraite, on pourrait dire des vignes et des liqueurs ce que Virgile marque de la ville de Troie, si on s'était aperçu de la tromperie de ce cheval fatal qui la fit périr :

Trojaque nunc stares, Priamique arx alta maneres.

Vous êtes, Monseigneur, dans une situation très-propre à rétablir la France, n'ayant aucune part aux causes de son désordre; mais, même dans un âge très-peu avancé, vous découvrîtes *primo intuitu* où était le mal, savoir : les aides et la mauvaise économie des tailles; mais il s'en faut beaucoup que cela vous soit commun avec tout le monde, et il n'y a personne, si fort purgé d'amour-propre, qui prenne plaisir d'entendre dire que, pour faire une chose accomplie, il faut prendre le contre-pied de ce qu'il a pensé jusqu'ici. C'est pourtant là de quoi il s'agit aujourd'hui, et c'est de cette manière que, si les besoins de l'État ne vous font pas le crédit d'une année qui est nécessaire pour le rétablissement des aides, qui, étant votre ouvrage, redonnera plus de deux cents millions de rente à la France, on peut imiter la médecine, qui use d'adoucissements jusqu'à une parfaite guérison. Je prendrai la hardiesse de vous en envoyer le modèle, aux mêmes conditions marquées tant de fois. Quant à la force de mes expressions, dont vous me paraissez, Monseigneur, faire une reprise, elles sont beaucoup moins fortes que celles qui se trouvent dans plusieurs livres imprimés avec privilége, notamment les mémoires de M. de Sully, Mézeray, et même Saint-Évremond. Toute ma doctrine n'a et n'aura jamais qu'un mot : SAVOIR DONNER AU PEUPLE, ET IL VOUS DONNERA; mais je mets en fait que, depuis quarante ans, toutes demandes que l'on lui a faites portaient avec elles l'enlèvement de dix fois plus de biens qu'il n'était nécessaire pour satisfaire à ce que le roi exigeait. Cette maxime est encore certaine : les peuples ne peuvent rien payer que par la vente de leurs denrées, et l'on n'exige de l'argent d'eux que pour recouvrer des denrées. Cependant toutes sortes de choses sont présentement du fumier, dont il est impossible qu'ils puissent satisfaire, et l'argent, étant seul en valeur, n'est rare que par cette raison, outre que c'est à lui à faire tout le

AGRICULTURE.

commerce, au lieu qu'autrefois il n'en faisait pas la trentième partie, comme il est aisé de vérifier; le crédit, qui est entièrement perdu, les billets, les contrats, et la parole même faisaient les vingt-neuf autres.

Je suis, avec un très-profond respect, Monseigneur, votre très-humble et très-obéissant serviteur.

BOISGUILLEBERT.

MÉMOIRE SUR LES AIDES.

Quoique ce qu'on appelle *aides* en France y soit très-ancien, et que ce droit ait subsisté longtemps, non-seulement sans altérer l'opulence de cet État, mais même en lui laissant contracter une hausse et un redoublement de richesse, tant dans les revenus du prince que de ses sujets, qui ne sont point deux choses séparées, tous les trente à quarante ans, à remonter deux siècles au-dessus de 1660, on peut dire toutefois que, depuis ce temps, le malentendu ou le déconcertement qui est arrivé dans cet impôt malgré les bonnes intentions de Messieurs les Ministres, a changé tout à fait les choses de face, et qu'au lieu d'un surcroît de facultés comme dans les époques précédentes, chaque année a renchéri de misère sur les supérieures, en étant arrivé comme dans les aliments les plus salutaires et les plus naturels, lesquels, pris avec modération, servent au soutien de la vie, pendant que l'excès cause infailliblement la mort des sujets qui n'observent aucune mesure. En un mot, la peste, la guerre et la famine, ou tous les fléaux de Dieu dans la plus grande colère du ciel, et les conquérants les plus barbares n'ont jamais produit dans leurs ravages la vingtième partie des maux que ce tribut a opéré encore une fois dans le royaume, dont il n'a fait qu'enfricher des terroirs les plus précieux en plusieurs contrées, en ôtant toute espérance de rétablissement: en quoi il renchérit sur les autres destructions, n'y ayant point d'endroit où il se boive tant d'eau qu'au lieu où il croît plus de liqueurs, dans lequel il s'en perd davantage que l'on n'en consomme ailleurs. Quoique l'on convienne que le peuple ne peut payer rien que par la vente des denrées nécessaires à la vie, et que l'on ne veut avoir de l'argent, dont tout le monde est si fort altéré, que pour se procurer les mêmes besoins, on a néanmoins agi comme si on avait été fortement persuadé du contraire, ainsi que l'on va voir par ce détail.

I.

Il n'y a point d'autre richesse sur la terre que les fruits qu'elle donne, dont le degré plus ou moins formé toute son opulence ou sa misère; et un prince pareillement n'a point d'autre moyen de subsister, ni lui ni les siens, que la part que lui font ses sujets de ce qu'ils recueillent sur le terroir. Si ce n'est pas immédiatement denrée par denrée, l'argent, qui n'a été inventé que pour la commodité du commerce, et hors duquel il n'a pas plus de vertu que des pierres, ne produit que le même effet, puisqu'on sujet, en le donnant à son prince, ne le lui livre que comme une obligation de bailler à celui là ce prince remettra ce gage la pareille quantité qui a été stipulée, ou de ses fruits encrus, ou d'une partie de son travail.

I.

Quand Dieu parla des fruits de la terre, lorsqu'il en mit l'homme en possession, il les baptisa du nom de richesse, et c'est se révolter contre cette décision d'en former du fumier, comme l'on fait tous les jours. L'or et l'argent, qui n'ont été appelés, après plusieurs siècles que l'on s'en était passé, seulement comme troupes auxiliaires et pour mettre une espèce d'économie de gages et de balance dans le labyrinthe d'achats, de ventes et de reventes d'une infinité de denrées que la corruption du cœur a inventées et multiplie tous les jours, les érigeants en espèces de nécessité, est devenu le tyran ou plutôt l'idole de ces mêmes denrées, contraignant les sujets que l'avarice dévore à les lui offrir à tous moments en sacrifice, et ne recevant presque point d'autre encens que la fumée qui sort de l'incendie des fruits les plus précieux et des plus beaux présents de la nature, qui suffiraient à faire subsister une infinité d'hommes, et qui périssent tous les jours manque de secours.

II.

Cependant la surprise doit être effroyable de voir en France vivre publiquement, tranquillement, plus de dix mille hommes qui n'ont point d'autre fonction ni d'autres richesses que de détruire continuellement les liqueurs, soit dans leur excroissance ou dans leur consommation : que toute l'autorité du roi et

II.

Quand on passe par une contrée de vignes arrachées, autrefois vendues 4,000 écus l'arpent dans leur valeur, et que l'on voit des quantités de liqueurs reposées dans des celliers, sans que l'on en puisse trouver le prix de la futaille vide, comme il est arrivé une infinité de fois; et puis qu'à dix lieues de là, la puissance de la justice et des magistrats ne soit employée qu'à les faire jouir avec tranquillité d'un droit si effroyable, et que la moindre contradiction de la part des propriétaires qui souffrent cette désolation passe aussitôt pour une rébellion manifeste, punissable par les plus grandes peines.

III.

A ce désordre, on en ajoute un autre encore, pour le moins aussi effroyable, qui est de maintenir que c'est l'intérêt du roi que l'on poursuit, et que l'on ne peut faire valoir ces revenus qu'en anéantissant les terres de son royaume et les biens de ses sujets.

IV.

De ces faits, qui sont constants, il s'ensuit une conséquence, laquelle, quoique très-certaine, est comme le soleil que l'on ne saurait envisager fixement sans être aussitôt obligé de fermer les yeux, savoir : qu'en France, au contraire de tous les pays du monde, où l'on ne connaît point d'autre revenu, ni pour les princes, ni pour les peuples, que la vente des denrées et fruits qui s'excroissent par un travail continuel des habitants, c'est, dis-je, en ce royaume tout le contraire, et le monarque, depuis quarante ans, n'a

on marche plusieurs journées sans rencontrer une bouteille de vin, et que l'on demande les raisons de cette bizarre et monstrueuse disposition, on ne manque pas de répondre que c'est l'ouvrage des fermiers du roi, qui ne peuvent faire valoir ses revenus que de cette sorte, c'est-à-dire en faisant plus de désolation que des troupes ennemies vivant à discrétion.

III.

Comme pareillement, quand on demande pourquoi on a contraint le propriétaire d'arracher une vigne, on peut répondre naturellement que ç'a été pour augmenter les revenus du roi, puisque cette vexation se couvre de ce prétexte, tout comme on peut dire aussi naturellement que l'on ruine les vins et les vignobles afin que le roi reçoive de quoi donner à ses troupes et à ceux qu'il paye et entretient des sommes pour acheter du vin, et qu'il faut que ses sujets boivent de l'eau, afin que ceux qu'il stipendie puissent se procurer des liqueurs.

IV.

L'argent n'étant que l'esclave de la consommation, c'est donner le congé à ses fonctions que de détruire ce qui le met en marche; ainsi, si on le voit moins, c'est qu'il a moins à faire.

point de produit plus certain, au moins à ce qu'on veut persuader à Messieurs ses ministres, que la destruction de ces mêmes fruits, dont le degré de désolation augmentant tous les jours, il semble qu'il serait avantageux d'arrêter le mal, tout délai étant dommageable.

V.

Mais, pour montrer que tout ceci n'est point un mécompte qui soit l'effet du hasard, mais une suite très-naturelle et très-nécessaire de la manière dont les fermes des aides sont administrées, il faut un peu descendre dans le détail et poser d'abord pour fondement que, sitôt qu'un sous-fermier ou autre s'est rendu adjudicataire d'une élection, il y établit d'abord cinquante ou soixante commis ou receveurs, plus ou moins selon les endroits, pour percevoir des droits excédant en plusieurs lieux quatre fois la valeur celui de la denrée; qu'il n'y a aucun d'eux qui regarde ces appointements comme son principal objet, mais tous n'ont en vue que d'empêcher que le moins de gens qu'il sera possible aient des liqueurs en cave, que l'on n'en fasse aucun commerce ni transport par les chemins, et, pour cela, d'avoir à chaque pas des gens postés pour voir si le cérémonial nécessaire avant que de voiturer des liqueurs a été exactement observé; de quoi étant juges et parties, et ayant à discuter le tout, de lui-même très-obscur et très-mystérieux, avec des gens qui ne savent ni lire ni écrire, la confiscation du total s'en ensuit fort naturellement, qui se partage au sol la livre entre toutes les parties, sans

V.

C'est de cette sorte et par cette manœuvre que le vin de Bourgogne, qui se donne le plus souvent, et même dans la conjoncture présente, 15 deniers la mesure, est détaillé dans le Havre 24 sols en la même quantité, quoique, le transport s'en pouvant faire par eau, la proportion d'un sol peut suffire pour les frais de la voiture : en sorte que, quoique les denrées qui viennent de la Chine et du Japon en France n'augmentent que des trois quarts du prix qu'elles coûtent sur les lieux, les liqueurs, dans ce royaume, haussent de seize ou dix-huit parts sur une, de province à autre, ce qui réduisant la consommation à la dixième partie de ce qu'elle pourrait être naturellement et de ce qu'elle était même avant ces méprises, on ne doit pas s'étonner que, de causes si violentes, on en voit des effets si surprenants, et que l'on arrache les vignes et qu'on laisse périr les liqueurs excrues dans une contrée, pendant que les peuples des endroits limitrophes et des lieux mêmes ne boivent que de l'eau à ordinaire règle, y en ayant plus de trois cent mille arpents, de valeur de plus de deux mille autrefois, arrachés par cette cause, la fortune des auteurs de si grands désordres, quelque monstrueuse qu'elle soit, ainsi que le pré-

préjudice de la conséquence qui est bien leur intention, savoir : que, par l'impossibilité du transport, on ait des liqueurs pour rien aux endroits où elles excroissent, afin de les acheter à ce prix pour les refaire vendre à dix lieues de là une somme exorbitante en détail pour leur profit particulier, les cabaretiers leur rendant compte de clerc à maître en beaucoup d'endroits ; et cela s'appelle faire valoir les revenus du roi.

VI.

Cette désolation de liqueurs ne s'en est pas tenue à cette simple denrée ; mais, comme elles ont toutes, et surtout celles qui servent au maintien de la vie, une liaison et un intérêt solidaire et réciproque, ainsi qu'il se trouve entre les membres du corps humain, dont la désolation d'un seul attire souvent celle de tout le sujet, cette destruction de liqueurs a fait le même ravage presque dans toutes les autres productions de la terre. Comme, par un effet de la Providence, chaque pays en a de singulières et de municipales, qui seules suffiraient pour lui faire jouir de toutes par le change qu'il en faisait avec les contrées voisines qui se trouvaient semblablement partagées d'autres denrées à elles particulières, en sorte que ce commerce les faisait tout posséder autant qu'il était nécessaire, sans périr par l'abondance d'une chose pendant qu'elles étaient tout à fait privées d'une autre, cette destruction de liqueurs a tout à fait ruiné cette perfection et a jeté chaque province dans la nécessité de périr également par l'abondance d'une chose et par la disette entière d'une autre.

tendu produit du roi, n'allant point à la vingtième partie du tort et de la perte que le tout cause au royaume.

VI.

Un pays doit trafiquer avec un pays comme un marchand avec un marchand. Or, si un particulier exigeait, avant que l'on pût enlever sa vente, qu'il fallût parler à huit ou dix facteurs, tous séparés de domicile, et qui n'y seraient le plus souvent point, ne passerait-il pas pour un insensé, et ne se ruinerait-il pas en bannissant toutes ses pratiques ; et après sa désolation faudrait-il consulter un oracle pour en savoir la cause, et ne traiterait-on pas même de fou quiconque mettrait cette destruction sur un autre compte que sur celui de cette conduite? Cependant tous ces rôles-là se jouent aujourd'hui impunément à l'égard des liqueurs, tant à l'égard de leur désolation que des raisons que l'on en allègue et des remèdes que l'on y peut apporter.

Ce 28 décembre 1704.

Monseigneur,

Je me donne l'honneur de vous envoyer l'histoire de la décadence des vignes de Vernon ; elle est d'un sieur Le Moyne-Bellisle, président au grenier à sel, qui a beaucoup d'esprit, du bien, et fait les affaires de M. de Bouville. Tous ceux que j'ai mis en besogne pour les exciter à travailler, je leur ai promis de vous les nommer ; n'ayant point d'autre payement à leur faire, je m'acquitte de ma parole, ou plutôt de la justice qui est due, quoique presque nullement pratiquée, dont j'ai fait expérience en ma personne. Quoique cet écrit soit mal peint, je le regarde comme une déposition de témoin qui doit faire foi ; ainsi je ne l'ai point fait copier, outre que je ne pense pas qu'il vous apprenne rien de nouveau que vous n'ayez vous-même, Monseigneur, vu sur les lieux : de sorte que, comme les choses ne sauraient être plus déplorées, vous ne pouvez vous méprendre en apportant du changement. Je ne l'avais point conçu, depuis plus de trente ans que je travaille, devoir être fait d'abord en toute son intégrité par une suppression entière des aides, quoique l'avantage qui en reviendrait au roi et au peuple fût assurément plus considérable que par la rétention d'une partie de la cause des désordres. Cependant, dans les très-grandes maladies, les médecins ne donnent point d'abord de fortes médecines, de peur que la personne indisposée n'en pût souffrir la violence ; un léger adoucissement dans les aides, faisant un fort grand bien, ne soulèverait pas une infinité de gens considérables, lesquels, sans être partisans, ne laissent pas de tirer du produit de ce malheureux impôt. Un pape que je crois être Nicolas IV, ayant trouvé ridicule un tribunal en forme de chambre des comptes où l'on rapportait toute la dépense des Cordeliers, jusqu'à leurs pitance et habits, comme Sa Sainteté en ayant le domaine et eux le simple usage, sans nulle propriété, mit son autorité et son caractère en compromis, et lui au hasard d'être déposé ; au lieu, Monseigneur, que l'expérience du grand bien qu'il reviendrait par la diminution des droits exorbitants, vous ferait gagner du terrain et de la confiance pour achever ce que vous auriez si heureusement commencé. Mais ce n'est pas, quant à présent, ce qu'il y a de plus provisoire; j'ose vous dire, avec tous les peuples, que vous avez besoin dans le moment de secours qui ne se fassent point attendre, et c'est ce que je maintiens que j'ai fait par mes quatre feuilles précédentes, y compris la première imprimée, quoique non publique, qui sont un précis de toute votre doctrine, et par conséquent une garantie certaine; mais la cinquième, que j'aurai l'honneur de vous envoyer pour le premier jour de l'an, en vous le souhaitant heureux, en sera la plénitude. Je table sur 80 millions de hausse au roi par un travail de trois heures, non-seulement sans exécution, mais en faisant plaisir au peuple. Je ne crains point d'être traité de visionnaire, parce que d'abord, en tirant l'épée, je jette le fourreau et soutiens qu'il n'y a que les gens du même échantillon de ceux qui ont fait arracher les vignes pour enrichir le roi et causé les famines de 1693 et 1694, qui me puissent contredire. Or, comme une pareille nation ne fait aucune foi, je suis hors de peur. Mais il y a bien plus, Monseigneur : comme il s'agit des intérêts du public, il est juge souverain en cette partie; ce qu'il acceptera ou refusera est une décision certaine de succès. Permettez-moi de rendre mes écrits publics, et vous verrez l'applaudissement que j'en recevrai, du plus grand nombre j'entends, car, pour ceux qui vivent de la destruction d'autrui, je renonce à les persuader. Si je suis ridicule, il sera aisé de le faire voir; mais c'est ce que qui que ce soit n'oserait entreprendre, et vous n'aurez point la peine de leur interdire l'impression d'aucun de leurs ouvrages pour la défense de manières qui font horreur à Dieu et aux hommes. Le cruel de ces 80 millions, et je conçois dans toute son étendue, est qu'il faut faire entendre au roi que le prince le plus mal servi dans la perception des tributs qui ait jamais été sur la terre, que Louis le Grand, comme ses peuples, sous le meilleur prince de l'univers, ont été les plus malheureux. C'est par la cessation de cet état violent que vous les pouvez enrichir en trois heures. Cela ne se peut faire sans fracas du côté de la cour; mais comparez, s'il vous plaît, la gloire qui vous en viendra avec les suites des dernières extrémités dont la France est menacée, si elle ne peut subvenir aux besoins nécessaires, comme cela paraît naturellement impossible tant que l'on ne [se] servira, pour y subvenir, que des mêmes moyens qui l'ont rendue misérable. Je conçois encore, Monseigneur, que mon ministère semble revêtir l'insulte que je fais à des gens applaudis d'un surcroît de honte qui semble porter leur patience à bout, en ce que, passant et chez eux et chez autrui pour gens d'une extrême sagesse, moi qui ai une réputation fort équivoque, comme tous mes semblables, ose lever la crête contre eux et leur faire la leur d'une manière si insultante. Mais un mot, s'il vous plaît, de réflexion : la sagesse ne consiste pas dans un extérieur bien composé, des paroles concertées et une représentation éclatante dans tout ce qui paraît au dehors; si, sous cette couverture, il y règne des passions, surtout corporelles, une ignorance grossière et un manque de réussite dans toutes les affaires d'importance, il s'en ensuivra de tout point : *pulchra facies, sed non cerebrum habet*. Je veux bien être jugé à ce niveau-là, car, par la grâce de Dieu, dans toute ma vie, il y a nulle action de jeunesse, n'étant redevable, après le ciel, de ma fortune qu'à mon travail. Vous avez eu la bonté de me marquer que vous me confieriez un canton, ce que je souhaite plus que de vivre, pour le rétablissement de la France; mais, si vous consultez les sages à la mode, vous [ne] me mettriez pas dans un village; et moi, je maintiens qu'à moins que vous n'envoyiez au plus habile d'entre eux les morceaux tout taillés, qu'aucun ne réussira dans la répartition des tailles, qui est ce qu'il y a de plus provisoire. La simple promesse de ce que vous avez envie de faire pour les peuples produira sur-le-champ un très-grand bien; or, ce sera une marque certaine de vos intentions, de me mettre dans un canton. Si cela se pouvait acheter à prix d'argent, je vous en importunerais point. C'est cette espérance qui fait que désormais je ne chercherai pas d'autre applaudissement que le vôtre, quoique tous mes semblables aient toujours succombé à cette tentation, qui est plus vive que la passion même des richesses.

Je suis, avec un très-profond respect, Monseigneur, votre très-humble et très-obéissant serviteur.

BOISGUILLEBERT.

MÉMOIRE DES RAISONS POUR LESQUELLES LES VIGNES SONT SI FORT À CHARGE DE NOTRE TEMPS.

Autrefois les vignes étaient d'un grand profit, parce que, n'y ayant point ou peu d'impôts sur les vins, le débit s'en faisait plus facilement et plus abondamment, tant en gros qu'en détail.

Mais, depuis que l'on a pris à tâche de les surcharger d'une infinité de droits qui excèdent de beaucoup leur valeur, il est arrivé que le profit que tiraient les propriétaires ou les fermiers des vignes a passé à ceux qui ont fait le recouvrement de ces droits excessifs : de sorte que, ces derniers s'étant enrichis de la ruine des premiers, on ne doit pas s'étonner s'il y a aujourd'hui si peu de vignes dans les endroits où il y en avait beaucoup autrefois.

Ce ruineux abandonnement des vignes ne s'est pas fait tout d'un coup, et l'on ne s'est pas aperçu d'abord du préjudice qu'il a causé, car les particuliers qui arrachaient les vignes trouvaient de quoi se dédommager dans les premières années par la fertilité des fonds, lesquels, étant engraissés de longue main, donnaient tous les ans une quantité prodigieuse de bons grains sur un ou deux labours, ce qui était d'autant plus agréable dans les vignobles qu'il n'y a presque point de terre labourable.

La suite a fait assez connaître que cet agrément a coûté cher pour le peu de temps qu'il a duré. Les engrais de ces fonds étant épuisés, et les propriétaires n'ayant ni le moyen ni le dessein de les remettre en vignes, ils sont restés en friche ou n'ont pu donner des grains médiocres ou mauvais que de quatre années l'une.

Le nombre des vignes étant considérablement diminué et le produit des fonds presque anéanti, les gens qui y trouvaient auparavant leur subsistance, soit en les cultivant, soit en les faisant cultiver, ont été bientôt réduits à une extrême pauvreté, ce qui a obligé de diminuer les tailles des vignobles de manière que tel village se trouvera avoir payé 2,000 ⁣ᴸ de taille, qui n'en paye pas plus de 600 ⁣ᴸ ; au lieu que, si l'on eût diminué les impôts du vin, on aurait moins perdu, et l'on aurait guéri le mal dans sa source, qui paraît présentement incurable. En effet, si l'on considère ce qui s'est passé à cet égard depuis l'année 1677, qui fut fort abondante en vin, on verra qu'il est impossible de tenter aucun rétablissement qu'en ôtant la meilleure partie des impôts, et entre autres celui qu'on appelle le *grand droit*. Premièrement, en ladite année 1677, les marchands qui avaient acheté une grande quantité de vin, l'ayant fait porter suivant l'usage ordinaire à la foire de Saint-Romain de Rouen, voyant qu'ils n'en avaient point le débit, voulurent l'abandonner tout enfûté et tout charrié aux fermiers des aides, pour se libérer des droits qu'ils leur demandaient ; mais ils ne purent obtenir leur décharge desdits droits sur ce pied-là : il fallut perdre le vin à la meilleure partie, et payer lesdits droits.

Ce malheur a été cause que, depuis ce temps-là, les marchands d'échalas et de futailles, qui achetaient le vin de ceux à qui ils le vendaient, n'ont plus voulu l'acheter, et se sont contentés de le prendre pour le porter en foire, et leur tenir compte de ce qui leur en revenait de bon, les droits payés et les frais de leur voyage et séjour ; et ainsi les plus gros marchands, à l'envi l'un de l'autre, s'étant bien trouvés de cet expédient, par lequel ils ne risquaient rien, sont devenus, en quelque façon, les facteurs des vignerons, qui ont été obligés de s'en rapporter en tout à leur bonne foi. Depuis ladite année 1677 jusqu'en 1692, le vin ayant presque toujours été à vil prix, chacun s'est fait un mérite d'arracher ses vignes, et, quoiqu'il n'en soit pas resté la moitié de ce qu'il y en avait, le vin n'en a pas été mieux vendu, et les vignes sont aussi diminuées de prix : tellement qu'un arpent de vignes qui valait, par exemple, aux environs de Vernon, en certains cantons, comme à Saint-Pierre-de-Longueville, jusqu'à 1,000 ⁣ᴸ, ne vaut plus que 500 ⁣ᴸ au plus, et, à Pressagny-l'Orgueilleux, jusqu'à 800 ⁣ᴸ, n'en vaut pas plus de 300 ; encore n'est-ce pas en argent comptant, mais à rente sur de pauvres vignerons que la nécessité de leur emploi attache nécessairement à la culture de ces sortes d'héritages. Ce qui vient d'être dit de la manière dont les marchands en usent à l'égard des vignerons dans les foires, ayant rebuté ceux-ci de ce genre de commerce, où ils risquent de perdre, sans espérance de rien gagner, quelques-uns d'entre eux se sont avisés de garder leur vin sur le chantier jusqu'à ce qu'il se présentât occasion de le vendre à quelques communautés, ou des particuliers qui en viennent quelquefois acheter sur les lieux. Mais, cette occasion étant rare et convenant à peu de personnes, il arrive que les vignerons qui restent ainsi chargés de leur vin, ne le pouvant vendre en gros et voulant éviter les droits du détail, le débitent à musse-pot, en fraude desdits droits, ce qui les expose souvent à des procès dont les frais et les amendes les ruinent entièrement.

D'ailleurs, que peuvent faire ces pauvres gens? Ils doivent de tous côtés; ils ne peuvent autrement s'acquitter que par la vente de leur vin à quelque prix que ce soit. Quant aux bourgeois qui faisaient autrefois valoir le plus de vignes qu'ils pouvaient, ils s'en sont défaits tout à fait, et n'en veulent plus entendre parler. La raison est qu'un arpent de vignes demande qu'on y avance, avant que d'en rien retirer, 40^{tt} pour le façonner, 24^{tt} pour le fumer et autant pour l'échalader, ce qui fait 88^{tt}, outre les frais de vendanges, qui vont bien à 12^{tt}. C'est donc une avance de 100^{tt} par arpent, où il ne vient par année commune que six muids de vin au plus, qu'il faut revêtir de six futailles, à 4^{tt} chaque, valant 24^{tt}. Ainsi, ce sont 124^{tt} qu'il faut débourser, et souvent le vin ne va qu'à 20^{tt}, et quelquefois à beaucoup moins : ce qui fait que l'on est ordinairement en retour, et que presque jamais on ne retire le fermage avec les avances.

Cette fâcheuse destinée des vignes a fait que la plupart des terres qui y étaient propres aux environs des villes ont été employées pour faire des jardins où les particuliers ne trouvent aucun autre avantage que le plaisir de les cultiver et de s'y promener; et, préférant le délectable à l'utile, ils restent dans une inaction très-préjudiciable au corps de l'État dont ils sont les membres.

IX
FORÊTS ET BOIS.

BORDEREAU DE L'ÉTAT DES CHAUFFAGES DU DÉPARTEMENT DE L'ÎLE-DE-FRANCE, BRIE, PERCHE, PICARDIE, PAYS RECONQUIS ET BLAISOIS[1].

NOMS DES MAÎTRISES.	CHAUFFAGES portés par l'état du roi.			CHAUFFAGES dont M. de Saumery a fait des délivrances jusqu'à présent.		
	CORDES de bois en espèce converties en argent par l'ordonnance de 1669.	ÉVALUATION en argent desdits chauffages.	CORDES de bois conservées en espèce par ladite ordonnance.	CORDES de bois en espèce converties en argent.	ÉVALUATION en argent desdits chauffages.	CORDES de bois délivrées en espèce.
Paris	50 cordes.	400ll 00ᵟ 0ᵈ	12 arpents de bois taillis.	50 cordes.	400ll	12 arpents de bois taillis.
Saint-Germain-en-Laye	118 cordes et 3,000 fagots.	1.652 10 0	8 arpents de bois taillis.	126 cordes et 3,000 fagots.	1,820	8 arpents de bois taillis.
Senlis	"	"	2 arpents de haute futaie.	"	"	2 arpents de haute futaie.
Compiègne	335 cordes.	9,195 00 0	80 cordes de bois.	338 cordes et 2,000 fagots.	7,404	699 cordes et 2,000 fagots.
"	615 sommes.	"	1,360 sommes et 2,000 fagots.	"	"	"
Fontainebleau	230 cordes.	2,000 00 0	155 cordes.	248 cordes.	2,224	235 cordes.
Montfort	50 cordes.	225 00 0	255 cordes.	50 cordes.	260	265 cordes.
Dourdan	"	"	"	"	"	"
Clermont	118 cordes.	708 00 0	144 cordes.	282 cordes.	1,692	"
Coucy	"	"	"	"	"	"
Chauny	"	"	"	"	"	"
Dreux	50 cordes.	300 00 0	"	75 cordes.	450	"
Sézanne	"	"	12 cordes.	50 cordes.	250	"
Crécy	85 cordes.	510 00 0	120 cordes.	75 cordes.	450	130 cordes.
Bellême	"	"	136 cordes.	"	"	136 cordes.
Mortagne	85 cordes.	204 00 0	95 cordes.	60 cordes.	168	50 cordes.
Boulogne	"	5,300 00 0	"	"	5.586	"
Abbeville	"	"	"	"	"	"
Calais	"	"	"	"	"	"
Hesdin	"	860 00 0	"	"	"	"
Blois	424 cordes, 1 rottée de bois.	1,738 06 8	115 cordes 1/2 1/3.	371 cordes et 1,000 fagots.	1,825	307 cordes et 500 fagots.
Totaux	1,545 cordes, 1 rottée de bois, 615 sommes, 3,000 fagots.	23,092ll 16ˢ 8ᵈ	20 arpents de bois taillis, 2 arpents de haute futaie, 1,080 cordes de bois 1/2 1/3, 1,360 sommes de bois, 2,000 fagots.	1,927 cordes, 5,000 fagots.	22,518	20 arpents de bois taillis, 2 arpents de haute futaie, 1,822 cordes de bois, 2,500 fagots.

[1] Archives Nationales, E 3627, fol. 231. Le même volume renferme, au folio 272, un état des chauffages tels qu'ils étaient estimés et délivrés avant l'ordonnance de 1669.

APPENDICE.

ÉTAT DES CHAUFFAGES ET AUTRES DROITS QUE LE ROI, EN SON CONSEIL, VEUT ET ORDONNE ÊTRE DÉLIVRÉS EN ESPÈCE ET EN ARGENT EN L'ANNÉE PROCHAINE 1674 ET LES SUIVANTES, AUX USAGERS SUR LES FORÊTS DU DÉPARTEMENT DE L'ÎLE-DE-FRANCE, BRIE, PERCHE, PICARDIE, PAYS RECONQUIS ET BLAISOIS, ET CE CONFORMÉMENT À L'ORDONNANCE SUR LE FAIT DES EAUX ET FORÊTS DU MOIS D'AOÛT 1669[1].

1674.

ÎLE-DE-FRANCE.

MAÎTRISE DE PARIS.

Bois de Bouldgne.

Les religieuses de Notre-Dame de Longchamps jouiront de 12 arpents de bois taillis par chacun an, pour leur chauffage, et des droits de pâturage pour quarante vaches et leurs suivants d'un an, et panage pour quarante porcs; lesquels droits seront sursis pendant dix ans, à commencer en l'année 1666, à cause de la ruine dudit bois, ci 12 arpents de bois taillis.

Les habitants des Menus, autrement appelé Boulogne, demeurant ès quarante-huit maisons usagères dudit lieu, pâturage pour deux bêtes aumailles et leurs suivants d'un an, pour chacune maison; lequel droit sera suspendu pour dix ans, à commencer de l'année 1666.

GRUERIE DE MONTLHÉRY.

Forêt de Seguigny.

Le roi n'y possède que les routes et la justice.
Les habitants des paroisses de Grigny, Viry, Morsang, Villemoisson, du Perray, Sainte-Geneviève-des-Bois, Saint-Michel-de-Long-Pont, demeurant ès anciennes maisons usagères, pâturage pour deux bêtes aumailles et leurs suivants d'un an, pour chacun ménage.

GRUERIE DE BRIE-COMTE-ROBERT.

Au seigneur de la Grange-Grisy, la somme de 400", pour cinquante cordes de bois usager, à raison de 8" la corde, ci 400".

Somme totale : 400" pour 50 cordes de bois, 12 arpents de bois taillis en espèce.

MAÎTRISE DE SAINT-GERMAIN-EN-LAYE.

Forêt de Laye.

Au gouverneur et capitaine de Saint-Germain, la somme de 900", pour soixante cordes de bois d'officier, à raison de 15" la corde, suivant l'arrêt du Conseil du.................. 1672, ci 900".

Au seigneur de Maisons, la somme de 562" 10', pour cinquante cordes de bois usager, à raison de 11" 5' la corde, et pâturage pour les bestiaux de sa maison de Maisons, conformément à l'arrêt du Conseil du 12 mai 1663, ci 562" 10'.

Aux pères Capucins de Poissy, la somme de 190" par aumône, savoir : 90" pour huit cordes de bois, à raison de 11" 5' la corde, et celle de 100" à laquelle ont été évalués trois milliers de fagots, suivant l'arrêt du Conseil du.......... 1672, ci 190".

Les prieure et religieuses de Saint-Louis de Poissy jouiront de 8 arpents de bois taillis en espèce, en une pièce, à prendre par chacun an dans les forêts de Laye et Cruye pour leur chauffage audit prieuré, suivant l'arrêt du Conseil du 13 juin 1672; pâturage pour vingt vaches, et panage pour quarante porcs seulement, tant pour ledit prieuré que pour la ferme de la Grange-le-Roy, ci 8 arpents de bois taillis.

---

[1] Archives Nationales, E 3627, fol. 233.

FORÊTS ET BOIS.   579

Le prieur d'Annemont[1], pâturage pour douze vaches et panage pour vingt et un porcs.

Les abbé et religieux d'Apecourt[2], panage pour cinquante porcs.

Les habitants du bourg de Saint-Germain, pâturage pour deux bêtes aumailles avec leur suite d'un an, pour chacune maison usagère, avec panage, au temps de paisson, de la quantité de porcs qui leur appartiendra de leur nourriture.

Les habitants de Chambourcy demeurant ès quatre-vingt-onze maisons usagères, pâturage pour les bœufs, vaches et veaux de leur nourri, en payant les redevances accoutumées.

Les habitants d'Achères, pâturage pour les bêtes aumailles et chevalines de leur nourri.

Les habitants du Mesnil et de Carrières-sous-le-Bois, pâturage pour les bêtes aumailles et chevalines de leur nourri.

Somme : 1,652ᴸ 10ˢ pour 118 cordes de bois et 3,000 fagots; 8 arpents de bois taillis en espèce.

MAÎTRISE DE SENLIS.
Forêt d'Halatte.

Le sieur duc de Verneuil jouira de 2 arpents de bois de haute futaie, en une seule pièce, pour son chauffage par chacun an, suivant l'arrêt du Conseil du .... 1670, ci 2 arpents de bois de haute futaie.

Les habitants de Saint-Christophe et Fleurines, pâturage pour deux bêtes aumailles et leurs suivants d'un an, pour chacun feu usager.

Les habitants de Chamant et Balagny, pâturage pour deux bêtes aumailles et leurs suivants d'un an, pour chacun feu usager, dans les bois de l'évêché de Senlis et dans les bois distraits par le partage des grueries.

Les habitants de Pont-Point, Pont et Verneuil, pâturage pour deux bêtes aumailles et leurs suivants d'un an, pour chacun feu usager, dans les Bâtis, Halatte et Vigny, en payant les redevances accoutumées.

Les habitants de la paroisse Saint-Rieul de Senlis et faubourgs de Villevert, pâturage pour deux bêtes aumailles et leurs suivants d'un an, pour chacun feu usager, en la part du roi distraite des bois de l'évêché de Senlis, prieuré de Saint-Maurice et abbaye de Saint-Vincent.

Les habitants de Villers-Saint-Frambourg, pâturage pour deux bêtes aumailles et leurs suivants d'un an, pour chacun feu usager, dans le bois de Saint-Frambourg.

Les habitants de la paroisse d'Aumont, pâturage pour deux bêtes aumailles et leurs suivants d'un an, pour chacun feu usager, dans la forêt d'Halatte.

Les habitants de Rully et Chamicy, pâturage dans ladite forêt pour deux bêtes aumailles et leurs suivants d'un an, pour chacun feu usager, en payant les redevances ordinaires.

Les abbesse et religieuses du Montcel-lès-Pont, panage dans ladite forêt pour cent porcs, suivant la possibilité de la glandée.

Le seigneur d'Ognon, pâturage dans ladite forêt pour vingt bêtes aumailles, et panage pour vingt porcs.

Les habitants du Plessis-Pommeraye, pâturage dans ladite forêt pour deux bêtes aumailles et deux chevalines, et panage pour deux porcs et leurs suivants d'un an, pour chacun feu usager, en payant les redevances ordinaires.

Les habitants des Haies-de-Saint-Maximin, pâturage dans ladite forêt pour deux bêtes aumailles et deux bêtes chevalines, pour chacun feu usager, en satisfaisant par eux aux charges ordinaires.

Nombre : 2 arpents de bois de haute futaie en espèce.

MAÎTRISE DE COMPIÈGNE.
Forêt de Cuise.

A M. le Chancelier, la somme de 3,000ᴸ, pour cent cordes de bois d'officier, rendues dans sa maison, à raison de 30ᴸ la corde, ci 3,000ᴸ.

A M. le Premier Président, la somme de 3,000ᴸ,

---

[1] Hennemont. Voyez ci-dessus, p. 309.
[2] Abbecourt.

pour cent cordes de bois d'officier, rendues dans sa maison, ci 3,000 ll.

A M. le maréchal d'Humières, la somme de 500 ll, pour cinquante cordes de bois usager, savoir : vingt-cinq cordes comme capitaine des chasses de ladite forêt, et vingt-cinq cordes comme gouverneur de la ville et château de Compiègne, à raison de 10 ll la corde, ci 500 ll.

Les abbé et religieux de Saint-Corneille de Compiègne jouiront de 320 sommes de bois usager, en espèce, y compris la quantité de 20 sommes de bois pour leur fermier de Venette, et de pâturage et panage suivant l'arrêt de 1549, ci 320 sommes.

Les abbesse et religieuses de Morienval jouiront de 250 sommes de bois usager en espèce, pour leur chauffage, ci 250 sommes.

A l'Hôtel-Dieu de Compiègne, la somme de 600 ll, pour 200 sommes de bois usager, à raison de 3 ll la somme, et pâturage et panage suivant l'arrêt de 1549, ci 600 ll.

A l'hôpital de Saint-Jean-le-Petit, uni à l'hôpital général de Compiègne, la somme de 105 ll, pour 35 sommes de bois usager, à ladite raison, ci 105 ll.

L'abbesse et religieuses de Saint-Jean-aux-Bois, transférées à Royaulieu, jouiront de 250 sommes de bois usager en espèce, et pâturage et panage suivant l'arrêt du 28 septembre 1549, ci 250 sommes de bois.

A l'hôpital de Verberie, la somme de 240 ll, pour 80 sommes de bois usager, à raison de 3 ll la somme, et pâturage et panage conformément audit arrêt de 1549, ci 240 ll.

L'abbesse et les religieuses de Saint-Jean-des-Vignes, dite Sainte-Périne de la Villette, jouiront de 100 sommes de bois usager en espèce, pour tous droits, ci 100 sommes de bois.

Les abbesse et religieuses de Maubuisson jouiront de 50 cordes de bois usager en espèce pour leur chauffage, par provision et jusqu'à ce que la forêt d'Halatte soit en état de porter ledit chauffage, ci 50 cordes de bois.

Au seigneur de Saintines, la somme de 300 ll pour 100 sommes de bois usager, à raison de 5 ll la somme, et panage porté par l'arrêt du 18 janvier 1549, ci 300 ll.

Au seigneur de Néry, la somme de 90 ll, pour 30 sommes de bois usager, à ladite raison, et panage pour cinquante porcs de son nourri, ci 90 ll.

Les Célestins de Saint-Pierre-au-Mont de Chastres jouiront de 200 sommes de bois usager et de 2,000 fagots en espèce, et des pâturage et panage suivant les arrêts des 29 août 1549 et 1563, ci 200 sommes de bois et 2,000 fagots.

Aux abbé et religieux de Saint-Médard de Soissons, la somme de 600 ll, pour 60 cordes de bois pour leur chauffage, suivant l'arrêt du Conseil du .... 1670, comme leur ayant été donnée à cause de l'échange par eux fait avec le roi de la forêt de Saint-Pierre-de-Rotonde, ci 600 ll.

Le prieur de Pierrefonds jouira de 30 cordes de bois usager en espèce, à prendre sur les ventes du bois des Moines, appartenant au roi, et panage pour les porcs de son nourri seulement, ci 30 cordes.

Aux religieuses hospitalières de Pierrefonds, la somme de 90 ll, pour 30 sommes de bois usager, à raison de 3 ll la somme, et pâturage et panage suivant l'arrêt du 17 février 1549, ci 90 ll.

Au seigneur du Grand-Outreval, la somme de 120 ll pour 40 sommes de bois usager, à ladite raison, pâturage et panage suivant l'arrêt du 20 janvier 1549, ci 120 ll.

Les prieur et religieux de Royaulieu, transférés à Saint-Jean-aux-Bois, jouiront de 150 sommes de bois usager en espèce, pour leur chauffage, et pâturage et panage suivant les arrêts du 21 novembre 1549 et 1563, ci 150 sommes.

Le prieur de Saint-Nicolas-de-Courson jouira de 40 sommes de bois usager en espèce, pour son chauffage, et des pâturage et panage suivant l'arrêt du 13 septembre 1549, ci 40 sommes.

Les prieur et religieux de Notre-Dame-de-la-Joie jouiront de 50 sommes de bois usager en espèce, pour leur chauffage, et des pâturage et panage suivant l'arrêt du 29 novembre 1549, ci 50 sommes de bois.

Au sieur de Gournay-sur-Aronde, la somme de 250 ll, pour 25 cordes de bois usager, à raison de 10 ll la corde, jusqu'à ce que la forêt de Remy soit capable de les porter, ci 250 ll.

Au seigneur du fief du Hazoy, la somme de

300ᴸ, pour 100 sommes de bois usager, à ladite raison, et pâturage et panage suivant l'arrêt du .... 1638 et 1673, ci 300ᴸ.

Les habitants de la ville et faubourg de Compiègne, pâturage et panage conformément à leurs titres et au règlement de ladite forêt de l'année 1563.

Les Jésuites du collége de Compiègne, pâturage pour les bêtes aumailles et panage pour les porcs de leur nourri.

Les habitants de Saint-Germain-lès-Compiègne demeurant ès anciennes maisons usagères, pâturage suivant l'arrêt du 7 décembre 1549.

Les habitants de la Croix-Saint-Oyen demeurant ès anciennes maisons usagères, pâturage et panage suivant l'arrêt de 1549 et partage de 1586.

Les habitants de Verberie demeurant ès anciennes maisons usagères, pâturage pour deux bêtes aumailles et leurs suivants de deux ans, et de leurs bêtes chevalines, pour chacun fen usager, conformément à l'arrêt du 14 mars 1549, en payant les redevances accoutumées.

Les habitants de Saintines mouvant du fief de Néry seulement et demeurant dans les anciennes maisons usagères, pâturage pour leurs bêtes aumailles, suivant le jugement du 15 juillet 1547.

Les habitants de Néry demeurant dans le fief de Néry seulement, pâturage pour leurs bêtes aumailles, suivant l'arrêt du 22 avril 1564.

Les habitants de Béthisy demeurant ès anciennes maisons usagères, pâturage pour leurs bêtes aumailles, conformément aux lettres patentes et arrêt de 1576, en payant leurs redevances accoutumées.

Les habitants de Géroménil, pâturage pour leurs bêtes aumailles, suivant l'arrêt de 1549, en payant les redevances ordinaires.

Les habitants de Morienval et Palenne, demeurant ès anciennes maisons usagères, pâturage pour deux bêtes aumailles et leurs suivants sous deux ans, pour chacun ménage, dans le tiers du triage appelé la Garenne-du-Roi, qui leur sera marqué par le grand maître.

Le propriétaire de la maison de Beaurampont (Vaudrampont), pâturage et panage conformément à ses titres et arrêt de 1563.

Les Chartreux de Bourgfontaine, à cause de leur maison de Beauvau, panage suivant les arrêts des 2 septembre 1549 et 20 septembre 1603.

Les habitants du bourg de Pierrefonds demeurant dans les maisons usagères, pâturage suivant l'arrêt du 20 janvier 1549, en payant les redevances ordinaires.

Les habitants de Chelles demeurant dans les maisons usagères, pâturage dans les triages portés par l'arrêt du 22 février 1549, lequel droit surseoira jusqu'à ce que les ventes du triage de la Queue-Saint-Étienne soient déclarées défensables, en payant les redevances ordinaires.

Les habitants du Breuil-Trosly et Couloisy demeurant dans les maisons usagères, pâturage pour leurs bêtes aumailles, conformément à l'arrêt du 29 octobre 1549, lequel pâturage surseoira jusqu'à ce que les ventes de la garde du Mont-Saint-Mard soient déclarées défensables, en payant les redevances ordinaires.

Les religieuses de l'abbaye du Monteel, panage pour les porcs de leur nourri, conformément à l'arrêt du 26 octobre 1549.

Somme : 9,195ᴸ pour 335 cordes de bois et 615 sommes de bois; 80 cordes de bois, 1,360 sommes de bois et 2,000 fagots en espèce.

MAÎTRISE DE FONTAINEBLEAU.

Forêt de Bière.

Au capitaine-gouverneur du château et bourg de Fontainebleau et capitaine des chasses, la somme de 500ᴸ, pour cinquante cordes de bois d'officier, pour son chauffage, à raison de 10ᴸ la corde, ci 500ᴸ.

Au capitaine, concierge, garde-clefs et intendant des bâtiments dudit château de Fontainebleau, la somme de 600ᴸ, pour soixante cordes de bois d'officier, pour son chauffage, à ladite raison, ci 600ᴸ.

Le garde des orangeries du roi jouira de 10 cordes de bois d'officier, en espèce, pour employer au fait de sa charge, suivant l'arrêt du Conseil du .... 1671, ci 10 cordes de bois.

Les ministre et religieux de la Trinité de Fontainebleau jouiront de 25 cordes de bois usager en espèce, pour leur chauffage, ci 25 cordes.

Les abbesse et religieuses de Notre-Dame-de-la-Joie-lès-Nemours jouiront de 30 cordes de bois usager en espèce, pour leur chauffage, ci 30 cordes.

Les abbesse et religieuses de l'abbaye de Notre-Dame-de-la-Saussaie jouiront de 25 cordes de bois usager en espèce, pour leur chauffage, ci 25 cordes.

Les abbesse et religieuses de Notre-Dame-du-Lys jouiront de 40 cordes de bois usager en espèce, pour leur chauffage, ci 40 cordes de bois.

Les abbesse et religieuses de Villiers jouiront de 25 cordes de bois usager en espèce, pour leur chauffage, ci 25 cordes de bois.

Au seigneur de Courances, la somme de 225ˡ, pour 30 cordes de bois usager, pour son chauffage, à raison de 7ˡ 10ˢ la corde, ci 225ˡ.

Au seigneur de Fleury, la somme de 375ˡ, pour 50 cordes de bois usager, pour son chauffage, à ladite raison, ci 375ˡ.

Au seigneur de Montigny, la somme de 150ˡ, pour 20 cordes de bois usager, pour son chauffage, à ladite raison, ci 150ˡ.

Aux religieux Carmes de Melun, la somme de 45ˡ, pour 6 cordes de bois usager, par aumône, pour leur chauffage, à ladite raison, ci 45ˡ.

Aux religieux Capucins de Melun, la somme de 52ˡ 10ˢ, pour 7 cordes de bois usager, par aumône, pour leur chauffage, à ladite raison, ci 52ˡ 10ˢ.

Aux religieux Récollets de ladite ville de Melun, la somme de 52ˡ 10ˢ, pour 7 cordes de bois usager, pour leur chauffage, par aumône, à ladite raison, ci 52ˡ 10ˢ.

Les habitants de la paroisse de Saint-Ambroise de Melun demeurant dans les anciennes maisons usagères du Petit-Clos et faubourg des Carmes, au nombre de quatre-vingt-onze, pâturage pour trois bêtes aumailles pour chacune desdites maisons.

Les habitants du bourg de Fontainebleau demeurant dans les deux cent quarante maisons usagères déclarées au jugement de la réformation; ceux de la paroisse d'Avon et hameaux en dépendant, demeurant ès quatre-vingt-quatorze maisons usagères; ceux de la paroisse de Samois, demeurant ès cent quatre-vingt-quatre maisons usagères, et ceux de la paroisse de Bois-le-Roi, Brolles et hameaux en dépendant, demeurant dans les deux cent trente-huit maisons usagères, pâturage pour trois vaches, avec leurs veaux au-dessous d'un an, pour chacune maison, et un taureau pour chacune desdites paroisses, et panage pour six porcs de leur nourri, aussi pour chacune maison, en payant les redevances ordinaires, conformément au jugement du 13 août 1528.

Les habitants de Thomery et hameaux en dépendant, au nombre de cent cinquante-trois maisons, pâturage pour trois vaches, avec leurs veaux au-dessous d'un an, et panage pour quatre porcs, pour chacun feu, en payant les redevances accoutumées, suivant le jugement du 16 janvier 1528.

Les habitants de Veneux et Nadon ou Sablons, dépendant de la paroisse de Moret, au nombre de cinquante-quatre maisons, pâturage pour trois bêtes aumailles et leurs suivants d'un an, et panage de trois porcs, pour chacune desdites maisons, en payant les redevances ordinaires, suivant l'arrêt du 19 décembre 1615.

Les habitants de Montigny, au nombre de quatre-vingt-quatorze maisons, et Bourron, au nombre de cent vingt-sept, pâturage pour trois vaches et leur suite d'un an, pour chacune desdites maisons, en payant les redevances ordinaires, suivant l'arrêt du 14 mai 1610.

Les habitants de la paroisse de Grès et hameaux en dépendant, au nombre de quatre-vingt-dix maisons, pâturage pour trois vaches, avec leurs veaux sous un an, pour chacune maison, en payant les redevances ordinaires, suivant le jugement du 24 avril 1539.

Les habitants de la paroisse de Villiers-sous-Grès demeurant dans les six-vingts maisons usagères, pâturage pour trois vaches, avec leurs veaux d'un an, pour chacune maison, en payant les redevances ordinaires, suivant le jugement du 23 décembre 1547.

Les habitants de la paroisse de Recloses et hameaux en dépendant, au nombre de cent trente-deux maisons usagères, pâturage pour deux bêtes aumailles, avec leurs veaux au-dessous d'un an, pour chacune maison, en payant les redevances ordinaires, suivant le jugement du 18 novembre 1547.

Les habitants de la paroisse d'Ury et hameaux en dépendant, au nombre de quinze maisons usagères, pâturage pour deux bêtes aumailles, avec leurs veaux d'un an, pour chacune maison, en payant les redevances ordinaires, suivant le jugement du 21 octobre 1547.

Les habitants de la paroisse d'Achères et hameaux en dépendant, au nombre de cent cinquante-sept maisons usagères, pâturage pour deux bêtes aumailles et leur suite d'un an, pour chacune maison, en payant les redevances ordinaires, suivant les jugements des 11 février 1534 et 12 mai 1632.

Les habitants de la paroisse d'Arbonne, pâturage pour deux bêtes aumailles et leurs suivants d'un an, pour chacune maison usagère, conformément au règlement de la réformation du 15 octobre 1663.

Les habitants de la paroisse de Villiers, pâturage pour deux bêtes aumailles et leurs suivants d'un an, pour chacune maison usagère, conformément au règlement de la réformation du 15 octobre 1663.

Les habitants de la paroisse de Saint-Martin et hameaux en dépendant, au nombre de cent huit maisons usagères, pâturage pour trois vaches et leurs suivants d'un an, pour chacune desdites maisons, suivant le jugement du 2 mars 1628, en payant les redevances ordinaires.

Les habitants de la paroisse de Chailly et hameaux en dépendant, au nombre de cent quarante-six maisons usagères, pâturage pour trois vaches et leurs suivants d'un an, panage pour trois porcs et leurs suivants d'un an, pour chacune maison, en payant les redevances ordinaires.

Somme : 2.000 ^{lt} pour 230 cordes de bois; 155 cordes de bois en espèce.

MAÎTRISE DE MONTFORT-L'AMAURY.
Forêt de Montfort.

Les abbé et religieux de Neauphle-le-Vieil jouiront de 50 cordes de bois usager en espèce, pour leur chauffage en ladite abbaye, ci 50 cordes de bois.

Les abbé et religieux de Grandchamps jouiront de 25 cordes de bois usager en espèce, pour leur chauffage, pâturage pour leurs bêtes aumailles et panage pour leurs porcs, pour la provision de ladite abbaye, ci 25 cordes.

Les abbesse et religieuses de Haute-Bruyère jouiront de 80 cordes de bois usager en espèce, pour leur chauffage, pâturage pour vingt vaches d'un an et leurs suivants, ci 80 cordes.

Les abbesse et religieuses de Saint-Cyr jouiront de 40 cordes de bois usager en espèce, pour leur chauffage, ci 40 cordes.

Les abbesse et religieuses de Saint-Corentin jouiront de 40 cordes de bois usager en espèce, pour leur chauffage, ci 40 cordes.

Le prieur de Saint-Laurent jouira de 20 cordes de bois usager en espèce, pour son chauffage audit prieuré, ci 20 cordes.

A l'Hôtel-Dieu de Montfort-l'Amaury, dit Saint-Avoye, la somme de 45 ^{lt}, pour 10 cordes de bois usager, par aumône, à raison de 4 ^{lt} 10 ^{s} la corde, ci 45 ^{lt}.

Au seigneur de la Boissière, la somme de 54 ^{lt}, pour 12 cordes de bois usager, à ladite raison, et pâturage pour douze bêtes aumailles, ci 54 ^{lt}.

Au seigneur de la Noue, la somme de 27 ^{lt}, pour 6 cordes de bois usager, à ladite raison, et pâturage pour douze bêtes aumailles, ci 27 ^{lt}.

Au seigneur de la Mornière, la somme de 27 ^{lt}, pour 6 cordes de bois usager, à ladite raison, ci 27 ^{lt}.

Au seigneur de la Maudreuse, la somme de 27 ^{lt}, pour 6 cordes de bois, à ladite raison, ci 27 ^{lt}.

Au seigneur du Mas-Chambellan, la somme de 45 ^{lt}, pour 10 cordes de bois usager, à ladite raison, et pâturage pour douze bêtes aumailles, ci 45 ^{lt}.

Les habitants de la ville de Montfort demeurant dans les maisons tenues en censive du roi, pâturage pour deux bêtes aumailles et leurs suivants sous deux ans, pour chacune maison, dans la plaine Bizet et non ailleurs, et panage pour leurs porcs en ladite forêt, en payant les redevances ordinaires.

Les habitants de Saint-Léger, pâturage pour leurs bêtes aumailles et leurs suivants sous deux ans, pour chacune maison usagère, dans les bruyères de Saint-Léger et non ailleurs, et panage pour leurs porcs en ladite forêt, en payant les redevances ordinaires.

Les habitants de Gros-Rouvres et des Mesnuls, pâturage pour deux vaches et leurs suivants de deux ans, pour chacune maison usagère, dans les autres plaines et bruyères de ladite forêt, en payant les redevances ordinaires, et panage pour leurs porcs.

Les religieux de Port-Royal, à cause de leur ferme du petit Port-Royal, dit Pauras, pâturage pour vingt bêtes aumailles et leurs suivants d'un an, dans les plaines et bruyères de ladite forêt.

Somme : 225 ʰ pour 50 cordes de bois; 255 cordes de bois en espèce.

MAÎTRISE DE DOURDAN.
Forêts de Louye et Saint-Arnoul.

Le seigneur de Sainte-Mesme-Denizy, pâturage pour vingt bêtes aumailles et leurs suivants d'un an, porcs et leurs suivants d'un an, dans le buisson de Bonchamps, à cause de ses terres de Rouillon et de Sainte-Mesme.

Les habitants desdits lieux de Sainte-Mesme-Denizy et Rouillon, pâturage pour deux bêtes aumailles et panage pour deux porcs, pour chacune maison usagère, dans ledit buisson de Bonchamps[1].

BRIE.

MAÎTRISE DE DREUX.
Forêt de Crotois.

Au seigneur du Fay-d'Abondant, la somme de 180 ʰ, pour 30 cordes de bois usager, pour son chauffage, à raison de 6 ʰ la corde, pâturage pour vingt bêtes aumailles et panage pour vingt porcs, ci 180 ʰ.

Au seigneur du Boulay-Thierry, la somme de 120 ʰ, pour vingt cordes de bois usager, pour son chauffage, à ladite raison, ci 120 ʰ.

Le seigneur de Sorel, pâturage pour vingt bêtes aumailles.

Le prieur de Fermincourt, pâturage pour vingt bêtes et leurs suivants d'un an, et panage pour quarante porcs.

Somme : 300 ʰ pour 50 cordes de bois.

GRUERIE DE CHÂTEAUNEUF-EN-THIMERAIS.
Forêt de Châteauneuf.

Les habitants de Chappe, Saint-Maixme et Saint-Sauveur, pâturage pour deux bêtes aumailles et leurs suivants d'un an, pour chacun ménage usager.

Les seigneurs de Loinville et Tresneau, pâturage chacun pour six bêtes aumailles et leurs suivants d'un an.

MAÎTRISE DE SÉZANNE.
Forêt de la Traconne.

Les abbesse et religieuses de l'abbaye Notre-Dame de Bricot, transférée au faubourg de Sézanne, jouiront de 10 cordes de bois usager en espèce, pour leur chauffage, ci 10 cordes de bois.

Nombre : 10 cordes de bois en espèce.

MAÎTRISE DE CRÉCY.
Forêt de Crécy.

Les abbesse et religieuses de Faremoutiers jouiront de 60 cordes de bois usager en espèce, pour leur chauffage, ci 60 cordes.

Les abbesse et religieuses du Pont-aux-Dames jouiront de 60 cordes de bois usager en espèce, pour leur chauffage, ci 60 cordes.

Aux religieux hospitaliers de la Trinité du Mont-de-Piété, la somme de 60 ʰ pour 10 cordes de bois usager, par aumône, à raison de 6 ʰ la corde, ci 60 ʰ.

Au seigneur de Coupvray, la somme de 150 ʰ, pour 25 cordes de bois usager, pour son chauffage, à ladite raison, moyennant quoi le receveur et les

---

[1] Ici, nous laissons de côté les maîtrises de Clermont en Beauvaisis, Coucy et Chauny.

habitants de la terre de Voulangis ne jouiront d'aucun usage. ci 150 ₶.

Au seigneur de la Borde, la somme de 90 ₶, pour 15 cordes de bois usager, à ladite raison, pour son chauffage en sa maison de Saint-Martin, ci 90 ₶.

Au seigneur de Fresnes, la somme de 120 ₶, pour 20 cordes de bois usager, à ladite raison, ci 120 ₶.

Au seigneur de Rézy, la somme de 90 ₶, pour 15 cordes de bois usager, à ladite raison, ci 90 ₶.

Les habitants de Crécy, Villeneuve-le-Comte, Crèvecœur, Mortcerf, Voulangis et des hameaux de Moulangis et Lutain, pâturage pour deux bêtes aumailles et leurs suivants sous deux ans, et panage pour deux porcs, pour chacune maison usagère.

Le seigneur d'Aigrefin et des Trois-Maisons et les habitants desdites Trois-Maisons, pâturage pour deux bêtes aumailles et leurs suivants sous deux ans, et panage pour deux porcs, pour chacune maison usagère.

Le seigneur du Plessis-Saint-Avoye, pâturage pour vingt bêtes aumailles et panage pour vingt porcs.

Les seigneur et habitants de Dammartin, droit de faire pâturer leurs bestiaux sur les bordages des étangs de Binelle et de les faire boire dans lesdits étangs, comme aussi de pêcher dans le ru dudit Binelle, et ledit sieur de Dammartin, pâturage et panage ainsi qu'auroit pu faire Jean Moreau, habitant de Mortcerf.

Somme : 500 ₶ pour 85 cordes de bois ; 120 cordes de bois en espèce[1].

---

[1] Un autre état, classé dans le même volume, fol. 255-260, donne l'état du chauffage délivré en argent, pour l'année 1673, à chacun des officiers des maîtrises particulières et grueries, savoir : dans la maîtrise de Paris, un maître particulier, un lieutenant, un procureur du roi, un garde-marteau, un greffier et trois sergents-gardes, 1,808 ₶, à raison de 18 ₶ la corde; dans la gruerie de Brie-Comte-Robert, un gruyer, un substitut du procureur du roi, un greffier et trois sergents-gardes, 504 ₶; dans la maîtrise de Saint-Germain, un maître particulier, un lieutenant, un procureur du roi, un garde-marteau, un greffier, quatre sergents-gardes à cheval et six à pied, 1,650 ₶; dans la maîtrise de Senlis, un maître particulier, un lieutenant, un procureur du roi, un garde-marteau, un greffier et six sergents-gardes, 1,410 ₶; dans la maîtrise de Compiègne, un grand maître des eaux et forêts, un lieutenant général au siège de la Table de marbre, un procureur général audit siège, un receveur général des bois en exercice, les officiers dudit siège, le maître particulier, lieutenant, procureur du roi, garde-marteau et greffier de la maîtrise, et douze sergents-gardes, 4,245 ₶; dans la maîtrise de Fontainebleau, les maître particulier, lieutenant, procureur du roi, garde-marteau et greffier, et dix sergents-gardes, 1,100 ₶; dans la maîtrise de Dourdan, aucun chauffage, les forêts ayant été délaissées au duc d'Orléans, par l'arrêt du 15 février 1672; dans la maîtrise de Montfort, un maître particulier, un lieutenant, un procureur du roi, un garde-marteau, un greffier et six sergents-gardes, 564 ₶; dans la maîtrise de Crécy, le même personnel d'officiers et quatre sergents-gardes, 860 ₶; dans la maîtrise de Dreux, le même nombre d'officiers et de gardes, 688 ₶.

APPENDICE.

ÉTAT DES FORÊTS DE LA

NOMS DES COMMISSAIRES qui ont fait la réformation de chacune maîtrise.	NOMS DES MAÎTRISES.	NOMS DES FORÊTS.	NOMBRE D'ARPENTS.	SITUATION, QUALITÉ DU TERRAIN et lieux du débit.	QUALITÉ, NATURE, ESSENCE et âge du bois.	COUPES RÉGLÉES PAR LES ÉTATS arrêtés au Conseil le 25 septembre 1675.
M. Barrillon, maître des requêtes et commissaire départi dans la généralité de Paris. La réformation des forêts de ladite maîtrise est comprise dans un volume contenant 467 feuillets écrits, arrêté le 1ᵉʳ mai 1666, et signé..... Les procès-verbaux de visite, mesurage, arpentage et bornage desdites forêts, ensemble les cartes, au nombre de douze, en vélin, et les avis pour le règlement des coupes et la police, et les jugements rendus dans ladite réformation, sont contenus dans ce volume. Le tout a été enregistré au greffe de cette maîtrise, suivant l'acte du 27 avril 1675, signé : Vitry, greffier.	Paris............	Livry et Bondy......	1,171 arp. 72 p.	A deux lieues de Paris; en bon terrain. Débit dans les villages voisins.	Planté, savoir : 947 arp. 72 p. en taillis de chênes de bonne nature, de l'âge depuis deux jusques à quinze ans; Et 224 arpents en places vides.	Vente ordinaire : 50 arpents de bois taillis, à commencer en 1675. Sera piqué du gland dans lesdits 224 arpents.
	Gruerie de Montlhéry.	Bois de Seguigny. (La contenance n'en est point marquée.)		Le roi n'y possède que la justice et les routes...............		
	Gruerie de Brie-Comte-Robert.	Bois du Parc.......	367 arpents.	A un quart de lieue de Brie-Comte-Robert; en bon fonds. Débit à Brie-Comte-Robert.	Bien planté de taillis de chênes et bois blancs de plusieurs âges.	25 arpents de bois taillis, à commencer en 1675.
		Bois de l'Échelle....	468 arp. 61 p.	A une lieue de Brie-Comte-Robert; en bon fonds.	Planté idem........	31 arpents de bois taillis, à commencer en 1675.
		Buisson de Franqueux, aliéné aux chanoines de la Sainte-Chapelle de Paris.	100 arp. 67 p.	Idem..............	Idem..............	Par arrêté du Conseil du ... 1676, il est ordonné que le sieur de Bullion, marquis de Ferracques, engagiste du domaine de Brie-Comte-Robert, jouira par chacun an de la coupe de 50 arpents de bois taillis dans lesdits bois du Parc et de l'Échelle, à savoir : de 25 arpents dans chacun desdits bois.
	Gruerie de Corbeil.	Bois de Sénart et de Rougeaux, engagés à M. le maréchal de Villeroy, à la réserve des routes, qui appartiennent au roi.	173 arpents.	A une lieue de Corbeil.	Plantés en taillis de chênes.	
	Gruerie de Boulogne.	Bois de Rouvray ou parc de Boulogne.	1,758 arpents.	A une demi-lieue de Paris, sur le bord de la rivière de Seine; en fonds sec et ingrat, entouré de murs.	Planté en taillis de chênes, avec plusieurs baliveaux de même nature, assez malvenants à cause de l'ingratitude du fonds.	Sera conservé pour servir de décoration et d'embellissement.
	Gruerie de Vincennes.	Bois de Vincennes...	1,467 arpents.	A une lieue de Paris, proche la rivière de Seine; en fonds assez ingrat, entouré de murs.	138 arpents plantés en vieux bois de chênes sur le retour; 1,329 arpents en places vides.	Sera conservé idem. Les états des coupes ont été enregistrés au greffe de cette maîtrise, suivant l'acte du 27 avril 1675, signé : Vitry, greffier.
		Total des bois de la maîtrise de Paris.	5,498 arp. 90 p.			

¹ Ce tableau est extrait d'un manuscrit du Musée Britannique (fonds Harleian, n° 7179) qui contient la description raisonnée de toutes les forêts du royaume; atlas de 94 feuilles très-larges, auxquelles devaient être jointes des cartes. Les dimensions de ces tableaux ne nous ont pas permis d'en reproduire ici autre chose que ce qui a trait à la maîtrise de Paris. Ce serait

FORÊTS ET BOIS.

MAÎTRISE DE PARIS. 1675.

OFFICIERS de chaque maîtrise.	GAGES employés dans les états des bois.	CHAUFFAGES DES OFFICIERS en cordes de bois.	ÉVALUATION EN ARGENT desdits chauffages suivant l'état arrêté au Conseil le 16 décembre 1673.	NOMS DES USAGERS compris dans l'état arrêté au Conseil le 2 décembre 1673.	CHAUFFAGES EN CORDES de bois.	ÉVALUATION EN ARGENT desdits chauffages.	CHAUFFAGES EN CORDES de bois en espèce.	PÂTURAGE.	PANAGE.	CHAUFFAGES EN L'AOÛTE en espèce et en arpents de bois.
Le maître particulier.	400ll	25 cordes.	450ll, à 18ll							
Le lieutenant.	100	15	270							
Le procureur du roi.	200	10	180							
Le garde-marteau.	300	10	180							
Le greffier.	50	10	180							
Trois gardes.	300 à 100	6 à 2 chacun.	108 à 36 chac.							
Totaux.	1.350ll	76 cordes.	1.358ll							
				Les habitants des paroisses de Grigny, Viry, Morsang, Villemoisson, du Perray, Sainte-Geneviève-des-Bois et Saint-Michel-de-Longpont.	»	»	»	Pâturage.		
Le gruyer.	200ll	10 cordes.	180ll à 18ll	Le seigneur de la Grange-Grisy.	50 cordes.	400ll, à 8ll				
Le substitut du procureur du roi.	100	6	108							
Le greffier.	25	6	108							
Trois gardes.	300	6	108							
Totaux.	625ll	28 cordes.	504ll							
				Les religieuses de Notre-Dame-de-Longchamps.	»	»	»	Pâturage.	Panage.	12 arpents de bois taillis.
				Les habitants des Menus ou autrement appelé Boulogne.	«	»	»	Pâturage.		
L'état des chauffages des officiers a été enregistré au greffe de cette maîtrise, suivant l'acte du 27 avril 1675, signé : Vitry, greffier.				L'état des usagers a été enregistré au greffe de cette maîtrise suivant l'acte du 27 avril 1675, signé : Vitry, greffier.						
				Totaux.	50 cordes.	400ll, à 8ll	»			12 arpents taillis.

d'ailleurs faire double emploi, en beaucoup de points, avec l'état des chauffages de la même époque que nous venons de tirer du manuscrit des Archives Nationales coté E 3627.

EXTRAITS DU CARNET DU ROI POUR LES FORÊTS[1].

Vers 1693.

MAÎTRISE DE COMPIÈGNE.

La forêt de Compiègne contient 24,412 arpents 42 perches, non compris 3,225 arpents en prés, étangs, hameaux, maisons et terres labourables, qui sont dans l'enclos de ladite forêt.

Elle est située à un quart de lieue de la ville de Compiègne et quinze à seize lieues de Paris, bordée des rivières d'Oise et d'Aisne.

Les trois quarts en bon fonds, propre à porter des bois de futaie, et l'autre quart en fonds maigre et sec en partie, et l'autre partie en fonds humide. Débit en cotrets, bois de corde et d'ouvrages pour Paris. Et pour les deux tiers plantée de futaie de hêtres la plupart, et de chênes, et l'autre tiers en vieille futaie de chêne et places vides, dans une partie desquelles il y a plusieurs vieux chênes et aunois.

VENTE ORDINAIRE.

100 arpents de futaie.
53 arpents de taillis d'aunais et bois blanc.

USAGERS.

M. le Chancelier, 100 cordes à 30 ll. la corde, ci 3,000 ll.

M. le Premier Président, 100 cordes, idem, 3,000 ll.

M. le maréchal d'Humières, comme gouverneur de Compiègne et capitaine des chasses, 50 cordes à 10 ll. la corde, ci 500 ll.

Les abbesse et religieuses de Morienval, 250 sommes.

L'Hôtel-Dieu de Compiègne, 200 sommes, avec pâturage et panage.

Les abbé et religieux de Saint-Corneille de Compiègne, 320 sommes, idem.

Les abbesse et religieuses de Saint-Jean-aux-Bois, 250 sommes, idem.

L'hôpital de Saint-Jean-le-Petit, 35 sommes, 105 ll.

L'hôpital de Verberie, 80 sommes, pâturage et panage, 240 ll.

Les abbesse et religieuses de Saint-Jean-des-Vignes, 100 sommes.

Les abbesse et religieuses de Maubuisson, 50 cordes.

Le seigneur de Saintines, 100 sommes, 300 ll., avec panage.

Le seigneur de Néry, 30 sommes, 90 ll.

Les Célestins de Saint-Pierre-au-Mont de Chastres, 200 sommes, 2,000 de fagots.

Les abbé et religieux de Saint-Médard de Soissons, 60 cordes.

Le prieur de Pierrefonds, 30 cordes, avec panage.

Les religieuses hospitalières de Pierrefonds, 30 sommes, idem, 90 ll.

Le seigneur du Grand-Outreval, 40 sommes, pâturage, idem, 120 ll.

Le prieur de Saint-Nicolas de Courson, 40 sommes, pâturage, idem.

Les prieur et religieux de Royaulieu, 150 sommes, pâturage, idem.

Les prieur et religieux de la Joie, 50 sommes, pâturage, idem.

Le seigneur de Gournay-sur-Aronde, 25 cordes, 250 ll.

Le seigneur du fief du Hazoy, 100 sommes, pâturage, idem, 300 ll.

Les pauvres de l'Hôtel-Dieu de Pontoise, 40 cordes.

Les religieux Capucins de Compiègne, 12 cordes, 1,000 fagots.

---

[1] Bibliothèque Nationale, ms. fr. 2303, fol. 3-8, 8-12, 12-14; voyez ci-dessus, p. 302, note 4. Ce manuscrit a été fait pour Louis XIV et provient de la bibliothèque du château de Versailles. On verra qu'il donne presque constamment un simple résumé de l'état des chauffages de 1674 fourni par le volume des Archives Nationales (ci-dessus, p. 579-581).

Les habitants de la ville et faubourgs de Compiègne, les Jésuites dudit lieu, les habitants de la Croix-Saint-Oyen, et le propriétaire de la maison de Beaudrampont (Vaudrampont), pâturage et panage.

Les habitants de Saint-Germain-lès-Compiègne, de Verberie, de Saintines, mouvant du fief de Néry seulement, de Béthisy, de Géroménil, de Morienval, Palenne, Pierrefonds, Chelles, Breuil-Trosly et Couloisy, pâturage.

Les Chartreux de Bourgfontaine, à cause de leurs maisons de Beauvau, et les religieuses de l'abbaye du Moncel, panage.

Les habitants de la ville de Compiègne, par arrêt du 15 avril 1676, jouiront du droit de chauffage, en bois mort gisant seulement.

MAÎTRISE DE SENLIS.

La forêt d'Halatte contient 4,449 arpents 69 perches, située à une lieue de Senlis, du côté du septentrion de la rivière d'Oise, par laquelle le débit s'en fait à Paris.

Elle est plantée, savoir: 2,225 arpents de futaie de chêne et de recru de futaie, depuis un jusqu'à cent cinquante ans ou environ, et 2,224 arpents 69 perches de taillis de chêne et autres bois, depuis un jusqu'à dix-huit ans, bien venants et de bonne nature, avec plusieurs baliveaux.

Les bois des Grueries, réunis sur le sieur Frarin, contiennent 1,153 arpents, joignant et entrant dans la forêt d'Halatte, plantés en taillis de chênes et hêtres de bonne nature, avec plusieurs baliveaux modernes et de l'âge du taillis.

Les bois des Ageux contiennent 238 arpents, indivis entre le roi et l'abbaye de Saint-Denis-en-France, en fonds médiocre, planté de taillis, avec quelques baliveaux de la dernière coupe.

VENTE ORDINAIRE RÉGLÉE PAR LE ROI EN 1673.

200 arpents de futaies.
200 arpents dans les taillis d'Halatte.
78 arpents dans les taillis des Grueries.

GRUERIE DE CREIL.

Les bois de la Pommeraye et des Haies, engagés aux dames princesses de Carignan et de Nemours, contiennent 1,299 arpents 13 perches, tenant à la forêt d'Halatte du côté de Chantilly, à un quart de lieue de la rivière d'Oise, en bon fonds; débit à Paris. Ces bois sont plantés en taillis de chêne et hêtre de très-bonne nature, avec plusieurs baliveaux modernes et de l'âge des taillis.

VENTE ORDINAIRE.

100 arpents de taillis.

Total des bois de ladite maîtrise: 6,901 arpents 82 perches.

USAGERS DE LA FORÊT D'HALATTE.

M. le duc de Verneuil, 2 arpents de bois de futaie, par chacun an, pour son chauffage.

Les habitants de Saint-Christophe, de Fleurines, de Chamant, et ceux de Balagny, de Pont-Point et Verneuil, de la paroisse de Saint-Rieul de Senlis et faubourgs de Villevert, de Villers-Saint-Frambourg, d'Aumont, de Rully, de Chamicy et des Haies-Saint-Maximin, jouiront du pâturage.

Les abbesse et religieuses du Moncel-lès-Pont jouiront du droit de panage pour dix porcs.

Le seigneur d'Ognon, pâturage et panage.

Les habitants du Plessis-Pommeraye, idem.

Les habitants du village Saint-Frambourg, pâturage.

MAÎTRISE DE BEAUMONT-SUR-OISE,

ENGAGÉE À MADAME LA MARÉCHALE DE LA MOTHE.

La forêt de Carnelle, contenant 1,558 arpents 18 perches, est située à demi-lieue de la ville de Beaumont et de la rivière d'Oise, en bon fonds; débit à Paris; bien planté de châtaigniers, et quelques chênes et mort-bois; très-peu d'anciens baliveaux, mais beaucoup de modernes et de l'âge des dernières coupes.

Le terrain de cette forêt est fort inégal: la montagne, bon; le larris, médiocre, et les vallons de nulle valeur.

L'engagiste coupe de sept ans en sept ans, et doit réserver vingt-cinq baliveaux de l'âge, outre les anciens et modernes.

VENTE ORDINAIRE.

214 arpents de taillis, au profit de l'engagiste.

BREF ÉTAT DES BOIS DU ROI[1].

Vers 1700.

GRANDES MAÎTRISES ET MAÎTRISES PARTICULIÈRES.

PREMIER DÉPARTEMENT.
Paris et Île-de-France.

	Arpents.
M. le vicomte de Bruillevert, grand maître. — 12 maîtrises particulières.	204,175

DEUXIÈME DÉPARTEMENT.
Soissons, Valois et Senlis.

M. Le Féron du Plessis, grand maître. — 11 maîtrises particulières.	46,172

TROISIÈME DÉPARTEMENT.
Picardie, Artois et Flandres.

M. Colin de Liancourt, grand maître. — 13 maîtrises particulières.	29,273

QUATRIÈME DÉPARTEMENT.
Hainaut et pays d'entre Sambre-et-Meuse.

M. Chevalier, grand maître. — 6 juridictions.	27,033

CINQUIÈME DÉPARTEMENT.
Champagne, Chiny et Luxembourg.

M. Jacques de Mons père, grand maître. — 10 maîtrises particulières.	151,868

SIXIÈME DÉPARTEMENT.
Pays Messin, Lorraine et Barrois.

M. Coulon, grand maître. — 14 maîtrises particulières.	345,438

SEPTIÈME DÉPARTEMENT.
Bourgogne, duché et comté, Bresse, Bugey et Alsace.

M. Perrault, grand maître. — 5 maîtrises particulières au duché.	50,786
Il n'y en a point d'établie dans le comté, ni en Bresse.	167,601

HUITIÈME DÉPARTEMENT.
Lyonnais, Forez, Beaujolais, Auvergne, Dauphiné et Provence.

M. Ribier de Villeneuve, grand maître. — 6 maîtrises particulières.	20,000
A reporter	1,042,346

NEUVIÈME DÉPARTEMENT.
Languedoc et Toulouse.

	Arpents.
Report	1,042,346
M. Le Gras. — 6 maîtrises particulières.	95,690

DIXIÈME DÉPARTEMENT.
Guyenne.

M. Morant, grand maître. — 6 maîtrises particulières.	132,256

ONZIÈME DÉPARTEMENT.
Poitou, Aunis, Angoumois, Limousin, Saintes, la Marche, Bourbonnais et Nivernais.

M. Milon, grand maître. — 10 maîtrises particulières.	110,085

DOUZIÈME DÉPARTEMENT.
Touraine, Anjou et le Maine.

M. Le Boultz, grand maître. — 6 maîtrises particulières.	50,594

TREIZIÈME DÉPARTEMENT.
Bretagne.

M. de la Pierre, grand maître. — 7 maîtrises particulières.	34,398

QUATORZIÈME DÉPARTEMENT.
Rouen et le Vexin français.

M. Savary, grand maître. — 9 maîtrises particulières.	101,921

QUINZIÈME DÉPARTEMENT.
Caen et Alençon.

M. Ferrand, grand maître. — 9 maîtrises particulières.	92,453

SEIZIÈME DÉPARTEMENT.
Blois et Berry.

M. de Saumery, grand maître. — 6 maîtrises particulières.	41,079
TOTAL	1,700,822

---

[1] Bibliothèque Nationale, portefeuille Lancelot 167, fol. 150.

FORÊTS ET BOIS.

PRODUIT DES VENTES DES BOIS DU ROI[1].

1698-1701.

GÉNÉRALITÉS.	1698.	1699.	1700.	1701.
Paris	347,309ⁿ	464,769ⁿ	387,900ⁿ	464,675ⁿ
Soissons	38,999	49,190	55,701	79,946
Amiens	90,558	105,415	112,977	111,506
Rouen	328,404	354,718	376,679	415,389
Alençon	143,017	192,944	212,150	256,204
Caen	77,386	83,806	92,899	110,961
Tours	42,976	52,407	62,939	74,358
Bourges	5,318	5,794	7,729	9,071
Blois	44,869	34,334	34,559	47,121
Poitiers	29,605	58,132	45,639	76,919
Limoges	8,498	9,575	11,195	12,370
Moulins	16,303	21,637	26,136	24,452
Châlons	50,527	51,350	54,435	57,990
Pays Messin	29,963	30,929	24,794	30,232
Bourgogne, duché	70,990	72,963	80,328	81,511
Toulouse	47,461	59,043	67,801	74,876
Montpellier	200	200	249	216
Montauban	20,707	23,346	28,123	30,085
Bordeaux	"	"	"	"
Bretagne	44,236	47,964	51,687	58,828
Flandres-Hainaut	385,783	448,657	411,194	410,709
Lorraine	13,901	12,176	4,810	3,831
Alsace	27,178	"	44,207	21,929
Comté de Bourgogne	"	"	31,794	56,553
Totaux	1,863,713	2,116,649	2,245,132	2,469,895
Total des quatre années ci-dessus			8,695,389ⁿ	
Année commune : 2,173,847ⁿ				

[1] Papiers du Contrôle général, G⁷ 1365. Un bordereau général des ventes de bois, de 1662 à 1696, a été publié dans le tome IV des *Lettres de Colbert*, p. 607 et 608. On trouvera dans les portefeuilles Lancelot (n° 150, fol. 84 et suiv.) une table des ventes de bois de l'Île-de-France, de la Brie, etc., pendant les années 1669-1675, indiquant dans chaque maîtrise : 1° les noms des forêts ou cantons ; 2° le prix des ventes ; 3° les termes de payement ; 4° les noms et qualités des officiers ; 5° le montant du chauffage en nature ; 6° l'évaluation de ce même chauffage en argent. Cent ans plus tard, en 1772, le procureur général Joly de Fleury fit faire une enquête fort importante pour établir quels étaient les bois et droits d'usage possédés par les gens de mainmorte. Les tableaux qu'il adressa, pour cet effet, au procureur du roi de chaque maîtrise, indiquaient : 1° le nom du possesseur de mainmorte ; 2° le nom de la paroisse où étaient situés les bois ; 3° la quantité de bois possédée ; 4° le nombre des pièces de bois et l'étendue de chacune ; 5° la date des procès-verbaux et plans qui déterminaient la contenance, 6° les portions réservées ; 7° les coupes ; 8° le prix commun de l'arpent de futaie ou de taillis ; 9° les observations sur l'état des bois, leur âge, etc. Le ms. de la Bibliothèque Nationale fr. 7867 renferme les tableaux dressés à Compiègne (fol. 47-55), à Crécy (fol. 59-67), à Dreux (fol. 68-73), à Fontainebleau (fol. 74-84), à Senlis (fol. 208-212) et à Sens (fol. 213-228). Ce dernier est le plus complet et le mieux préparé.

PRODUIT DES BOIS DU ROI DANS CHAQUE MAÎTRISE DE LA GÉNÉRALITÉ DE PARIS[1].

1697-1701.

PARIS.

1697	28,912ˡⁱ
1698	13,633
1699	19,508
1700	13,782
1701	16,546
TOTAL	92,381

Année commune : 18,476ˡⁱ 4ˢ.

SAINT-GERMAIN.

1697	27,909
1698	52,787
1699	41,049
1700	80,326
1701	35,910
TOTAL	237,981

Année commune : 47,596ˡⁱ 4ˢ.

CRÉCY.

1697	37,335
1698	26,895
1699	17,850
1700	30,056
1701	20,832
TOTAL	132,968

Année commune : 26,593ˡⁱ 12ˢ.

SÉZANNE.

1697	6,693
1698	6,676
1699	8,400
1700	11,025
1701	12,715
TOTAL	45,509

Année commune : 9,105ˡⁱ 12ˢ.

DREUX.

1697	5,376
1698	6,048
1699	6,804
A reporter	18,228

Report	18,228ˡⁱ
1700	5,880
1701	7,392
TOTAL	31,500

Année commune : 6,300ˡⁱ.

CHÂTEAUNEUF-EN-THIMERAIS.

1697	11,361
1698	8,820
1699	9,660
1700	10,584
1701	10,899
TOTAL	51,324

Année commune : 10,265ˡⁱ 12ˢ.

DOURDAN.

1697	2,520
1698	3,465
1699	7,560
1700	5,670
1701	3,465
TOTAL	22,680

Année commune : 4,536ˡⁱ.

FONTAINEBLEAU[2].

1697	34,739
1698	14,525
1699	24,848
1700	11,648
1701	18,578
TOTAL	104,338

Année commune : 20,867ˡⁱ 12ˢ.

PROVINS.

1697	4,960
1698	5,777
1699	5,543
1700	4,953
1701	10,651
TOTAL	40,884

Année commune : 8,176ˡⁱ 16ˢ.

---

[1] Papiers du Contrôle général, G⁷ 1365. Cf. le portefeuille Lancelot 167, fol. 153.
[2] «Point de ventes ordinaires.»

FORÊTS ET BOIS.

SENLIS.			BEAUMONT.	
1697	28,549ʰ	1697		13,310ʰ
1698	52,303	1698		6,300
1699	73,508	1699		16,800
1700	50,213	1700		7,665
1701	68,972	1701		4,955
Total	273,545	Total		49,010

Année commune : 54,709 ʰ.   Année commune : 9,802 ʰ.

COMPIÈGNE.			CLERMONT.	
1697	120,014	1697		20,893
1698	151,128	1698		19,094
1699	173,237	1699		26,348
1700	156,044	1700		25,664
1701	213,778	1701		36,356
Total	814,201	Total		128,355

Année commune : 162,840 ʰ 4ᵈ.   Année commune : 25,671 ʰ.

ÉTAT GÉNÉRAL DES GRANDES MAÎTRISES DE LA GÉNÉRALITÉ DE PARIS ET DES GAGES, CHAUFFAGES, JOURNÉES ET VACATIONS [1].

Vers 1700.

DÉPARTEMENT DE L'ÎLE-DE-FRANCE.

M. de la Faluère, grand maître.

RECEVEURS GÉNÉRAUX.

MM. Le Pelletier de Saint-Gervais,
de Biberon de Cormery.

MAÎTRES PARTICULIERS.

Noms.	Gages.	Chauffage.	Journées.	Totaux.
Paris. — Le sieur d'Aulnoy d'Esgrizelles	400ʰ	450ʰ	182ʰ 10ᵈ	1,032ʰ 10ᵈ
Saint-Germain. — M. le marquis de Montchevreuil	1,200	375	610 00	2,185 00
Fontainebleau. — M. le marquis de Saint-Hérem	1,200	250	321 00	1,771 00
Dreux. — Pierre Frère de l'Isle	400	200	102 12	702 12
Sézanne. — Claude-Jacques Regnant	400	250	240 00	890 00
Crécy. — Dominique de Richemont	400	250	139 04	789 04
Dourdan. — Nota. Ce domaine a été donné en augmentation d'apanage à M. le duc d'Orléans, et c'est lui qui acquitte les gages et les chauffages des officiers de cette maîtrise, où ils sont en même nombre que dans les autres maîtrises.				
Châteauneuf-en-Thimerais. — Toussaint de l'Épine	400	150	269 00	819 00
Provins. — Jean Guillemin de Courchamps	400	150	"	550 00
Montfort-l'Amaury. — Nota. La maîtrise a été supprimée par l'échange fait par le roi avec M. le duc de Chevreuse.				
Sens. — Le roi ne possède aucuns biens dans l'étendue de cette maîtrise, et les officiers sont seulement employés dans l'état au chapitre des nouvelles augmentations de gages attribuées aux officiers des eaux et forêts, conjointement avec ceux de la maîtrise de Fontainebleau.				

[1] Papiers du Contrôle général, G⁷ 1365.

GÉNÉRALITÉS. — I.

DÉPARTEMENT DE VALOIS, SENLIS, SOISSONS.

M. Le Féron du Plessis, grand maître.

RECEVEURS GÉNÉRAUX.

Pour les bois de la généralité de Paris....... { MM. Le Pelletier de Saint-Gervais, Biberon.
Pour les bois de la généralité de Soissons...... Le Marchand.

MAÎTRES PARTICULIERS.

Noms.	Gages.	Chauffage.	Journées.	Totaux.
Senlis. — François de Séroux de Commodelle....................	400"	375"	491"00'	1,266"00'
Compiègne. — Nicolas Guillebert........................	800	375	764 10	1,939 10
Beaumont-sur-Oise. — NOTA. La forêt de Carnelle, dépendante de cette maîtrise, contenant 1,558 arpents 18 perches, a été engagée à feu M. le maréchal de la Mothe, et par conséquent il ne s'y fait point de ventes au profit du roi ; c'est Mme la maréchale de la Mothe qui acquitte les charges de cette maîtrise, dans laquelle il y a pareil nombre d'officiers.				
Villers-Cotterets. — Ce domaine a été donné en augmentation d'apanage à M. le duc d'Orléans, à condition d'acquitter les charges. Il y a dans cette maîtrise même nombre d'officiers que dans les autres.				
Laigue. — Ce domaine est pareillement donné à M. le duc d'Orléans.				
Clermont-en-Beauvaisis. — Louis Havart de Popincourt..................	400	300	157 16	857 16
Laon. — Ce domaine est engagé à M. le duc de Choiseul.				
Chauny. — Louis Garde.................................	400	125	133 10	658 10
Coucy. — M. le duc d'Orléans jouit de ce domaine, suivant l'arrêt du mois de mars 1693.				
La Fère. — Il n'est pas nommé.......................	550	300	61 00	911 00

TRAITÉ DE LA CULTURE DES FORÊTS, PAR VAUBAN[1].

1701.

Il y a longtemps qu'on se plaint que les futaies se ruinent, qu'elles s'anéantissent partout, que dans peu elles seront réduites en taillis, et qu'incessamment nous manquerons de bois à bâtir : l'expérience de ceux qui font travailler chez eux ne vérifie que trop la justice de cette plainte, par la difficulté où ils sont de trouver des bois, et, pour peu qu'on veuille se donner la peine d'examiner de près l'état des forêts, tant du roi que des particuliers, on s'apercevra bientôt du désordre où elles sont. On verra que toutes les futaies qui se sont trouvées de quelque débit ont été coupées ; que les particuliers se sont défaits de tout ce qu'ils avaient de meilleur à cet égard : ce qui est parvenu à un tel excès, qu'on ne trouve plus de bois à bâtir qu'avec beaucoup de peine et en l'achetant bien cher, dans les lieux mêmes qui en étaient couverts il n'y a pas soixante ans. On verra que ce mal s'accroît tous les jours de plus en plus par la coupe continuelle du peu qu'il en reste sur pied, en sorte que, si bientôt on n'y remédie, on sera obligé de chercher les bois à bâtir hors du royaume. Les

---

[1] Ce mémoire, tiré du quatrième volume des manuscrits de Vauban, a été publié par Augoyat, dans les *Oisivetés de Vauban*, t. II, p. 59-63 et 71-81. L'éditeur a fait remarquer que le château de Bazoches, habitation de Vauban, était adossé à des forêts, et que le maréchal se trouvait à même d'y faire toutes ses observations.

FORÊTS ET BOIS.

réflexions que j'ai eu lieu de faire sur ce défaut, pendant tant d'allées et venues que j'ai faites dans la plupart des provinces du royaume depuis trente-cinq à quarante ans, jointes aux plaintes que j'en ai entendu faire de tous côtés, ne me l'ayant que trop fait connaître, m'ont fait penser en même temps aux moyens d'y remédier, et c'est ce qui a donné lieu à cet écrit, pour lequel je ne me suis proposé d'autre but que d'attirer les réflexions du roi sur ces manquements, et d'en proposer après les remèdes, persuadé que, si ce que je dirai en vaut la peine, Sa Majesté en fera bon usage; sinon, en cas que je me sois trompé, les fautes que j'y ferai ne pourront préjudicier à personne, et je serai le seul qui en aurai la tête rompue.

Il est certain que la France manque presque partout de bois à bâtir, ou que du moins il y est devenu fort rare et le devient tous les jours de plus en plus. Je connais des pays où il y avait plusieurs milliers d'arpents de futaie, où à peine en trouverait-on dix présentement; tout s'est vendu, coupé et débité, notamment ceux des particuliers, qui se trouvent presque tous réduits en taillis, en quoi ils trouvent beaucoup mieux leur compte que dans les futaies, dont les coupes se font trop attendre. Le principal profit qu'on en tirait autrefois se réduisait aux glandées, au chauffage, au nécessaire, à l'entretien des bâtiments et à quelque quantité choisie par-ci par-là, que les seigneurs vendaient à ceux qui faisaient bâtir. On en employait aussi partie à faire des bois de sciage, du merrain à cuves et à futailles, des lattes et des échalas pour les vignes, etc. Mais comme cela s'est fait avec beaucoup d'indiscrétion et de négligence, tous les meilleurs arbres ont été débités peu à peu, et il s'est fait de grands vides dans les forêts, qui, n'étant point replantées ni gardées des bestiaux, ne se sont point repeuplées de nouveaux bois, de sorte qu'à force d'y toujours prendre et de n'y rien mettre, il n'y est demeuré que de mauvais arbres propres à faire du chauffage, qui ont été à la fin vendus, coupés et enlevés comme les autres; et, pour conclusion, on y a fait place nette, en sorte qu'il n'est plus question de futaie présentement dans les lieux qui en étaient autrefois couverts. Il faut ajouter à cela que la grande quantité de vaisseaux et de galères et autres ouvrages de marine qu'on a bâtis et qu'on continue à bâtir depuis quarante et cinquante ans en çà, les fortifications de tant de nouvelles places, et tant de beaux bâtiments civils construits pendant ce règne, en ont fait une prodigieuse dissipation, notamment de ceux qui sont à portée des ports de mer, de la frontière et des rivières : ce qui est allé si loin que, dans de grands pays à demi couverts de futaies il y a cinquante ou soixante ans, il n'y en a presque plus, et on n'a guère moins de peine à trouver des bois à bâtir présentement dans ces pays-là qu'à Paris. D'ailleurs il s'est fait beaucoup de défrichements, et il y a bien des provinces dans le royaume qui en manquent, comme la Beauce, la Saintonge, la Picardie, la Champagne, et beaucoup d'autres où ils ont été anéantis ou diminués à l'excès il y a longtemps, parce qu'on n'a pas tenu la main à les économiser selon les besoins des pays. J'ose bien dire que ce défaut est un des plus considérables de ce royaume, et pourrait devenir si grand, qu'on ne pourrait plus le réparer qu'après en avoir souffert de longues et très-dures incommodités. Il est du moins certain que les bâtiments civils, les fortifications et la marine s'en trouveraient fort mal, si on n'y prend garde de plus près qu'on n'a fait. Tout cela demande de sérieuses et profondes réflexions; car les bois, de quelque manière qu'on les considère, sont d'un usage universel, dont on ne se peut passer.

CULTURE DES NOUVELLES FORÊTS ET ENTRETIEN DES VIEILLES.

Il me paraît donc nécessaire de faire valoir les ordonnances des eaux et forêts avec plus d'exactitude qu'on n'a fait, même de les amplifier et étendre davantage, y ajoutant toutes les explications nécessaires et la conduite à tenir pour conserver et augmenter les forêts, ce qui ne se peut qu'en choisissant mieux les baliveaux qu'on ne fait, en laissant exactement sur pied les anciens et les modernes spécifiés par l'ordonnance, sans les abattre, comme la plupart des particuliers font dans les coupes qui s'entretiennent; sinon, encore mieux, corriger le..... article de l'ordonnance, et, en supprimant totalement les baliveaux, réserver la douze ou la quinzième partie de tous les bois en futaie, choisis dans les meilleurs fonds par les maîtres des eaux et forêts, avec défense d'y toucher que dans les cas spécifiés par l'ordonnance qui en sera faite et de ne plus défricher sans permission expresse, et avoir soin d'ailleurs de faire planter de nouvelles forêts. Pour cet effet, mon avis serait de choisir des terres médiocres et mal employées, même de celles qu'on appelle vagues et vaines, qui sont de peu de rapport ou abandonnées, au plus près des rivières et ports de mer qu'elles se pourront trouver; plus les fonds en seront bons, meilleurs ils seront, remarquant que ceux qui sont propres pour les bois ne le sont, pour l'ordinaire, pas tant pour les blés, et que, dans les pays raisonnablement peuplés, il n'y a que les plus mauvaises terres qui en sont occupées[1].

....

QUE LES PLANTIS DES NOUVELLES FORÊTS SONT DES ENTREPRISES DE ROIS.

Le temps qu'il faudrait attendre ces coupes serait trop long pour que les particuliers s'en pussent aisément accommoder. Leurs vues ne s'étendant pas à quatre, à cinq générations au delà de la leur, et leurs commodités ne leur fournissant pas les moyens de pouvoir faire de telles avances pour de pareilles entreprises, je conclus de là que les plantis de ces nouvelles forêts sont l'ouvrage de rois, de princes aisés, du public et des grandes communautés monacales et bien rentées; ils ne peuvent être entrepris que par eux, tant à raison de l'impuissance et du peu de vue des particuliers, que par la considération de la marine, fortifications et bâtiments publics, auxquels ils ont intérêt.

VICES DES FORÊTS SAUVAGES ET BONNES QUALITÉS DES NOUVELLES FORÊTS.

Il est vrai aussi de dire que ces forêts plantées et cultivées de la sorte seront bien d'un autre mérite que les sauvages qui viennent au hasard, sans semer et sans règle, et subsistent sans soins, qui sont presque toujours sales et à demi étouffées de broussailles et de mauvais bois revenus sur souches, dont les arbres, entachés du vice des racines, souvent rabougries et à demi pourries, participent toujours de leurs mauvaises qualités, et ne produisent rien qui vaille; ils n'ont pas d'ailleurs le temps de vieillir, et se couronnent à moitié de leur âge, ce qui marque la pourriture en dedans, ou du moins une très-mauvaise disposition, qui se continue dans les bois mis en œuvre et trompe la plupart de ceux qui les y mettent, qui, après les avoir employés bien sains en apparence, sont tout étonnés de les voir gâtés peu de temps après. Ce sont d'ailleurs des bois à demi ruinés, clairs ou non repeuplés, où les gros arbres, étant comme abandonnés à leur conduite, se tourmentent et se gâtent par croître en pommiers, ou par les vents qui les tordent et roulent, et se font de très-mauvaise qualité; au lieu que les forêts, telles que nous nous les proposons, étant semées de glands ou plantées de bois de brin triés et choisis, bien défrichées de pierres, d'épines et de mauvais bois, n'en produiront que de très-bonne qualité et bien sains. Il n'y aura point de vides dans les forêts qui ne soient incessamment remplis; tous les arbres en seront de belle venue, parce qu'on ne conservera que ceux-là, et que les jeunes chêneaux, pressés les uns contre les autres dans leur adolescence, se défendront bien contre les vents et s'élèveront hauts et droits, en belles tiges non tortues ni roulées, le cœur bien sain et non pourri, ce qui produira des bois d'une qualité durable et excellente; et, pour conclusion, un arpent de telles forêts fournira plus de bons arbres que dix des forêts sauvages, telles que ce royaume les produit quand on n'y apporte pas d'autre soin que celui de les garder.

RÉPARATIONS DES VIEILLES FORÊTS.

Bien que les particuliers ne puissent pas se donner tant de soin ni soutenir d'aussi grandes

---

[1] Nous supprimons ici ce qui a trait aux opérations techniques de reboisement et de plantation.

dépenses que celles qui seraient nécessaires à la culture de ces forêts, il y en a beaucoup qui ont de grandes pièces de bois dont ils pourraient élever du moins la douze ou quinzième partie en futaie, en y observant les ordonnances à la rigueur et faisant nettoyer et décharger leurs bois avec plus de soin, sinon choisir tous les baliveaux des taillis de chêne entre les plus beaux brins[1], en laisser une plus grande quantité qu'on ne fait, pour suppléer au défaut de ceux que les vents abattent, et ne les pas tous couper dans les ventes suivantes, ou du moins n'en couper que la quantité permise par l'ordonnance dans les ventes prochaines, qui est ce que la plupart ne font pas : on coupe le plus souvent tout, et on ne laisse que de nouveaux baliveaux, choisis au gré des ouvriers et du marchand, et, par conséquent, mal; de sorte que les taillis demeurent toujours taillis, et ne redeviennent jamais futaies, ce qui est un grand défaut et qui fait, en partie, la disette des bois où on se trouve aujourd'hui, car, bien que les futaies revenues sur souches ne soient pas comparables à celles qui seraient plantées de brin, elles ne laissent pas d'être utiles et de bon emploi.

LES RAISONS QUI PEUVENT INDUIRE LES PARTICULIERS À LA CULTURE DES FORÊTS.

Quoiqu'il ait été dit ci-devant qu'il n'appartient qu'aux rois, aux grands seigneurs et aux communautés religieuses bien rentées de planter des forêts, il se trouve assez de gens qui ont de mauvaises terres de peu de rapport qu'ils pourraient employer en bois, en les préparant, semant et entretenant bien, attendu que, la première dépense faite, le surplus ne consistant qu'à des entretiens, n'irait pas à grand'chose et demanderait plus de soin que de dépense; cependant il en reviendrait par les suites un bien inestimable, qui, en conservant son fonds, porterait un intérêt continu et sans perte, qui ne serait exposé qu'à la négligence et au mauvais ménage de ses maîtres. Ce serait un bien présent et un fonds de terre certain, très-noble, qui se trouverait à point nommé sous la main pour subvenir aux grandes nécessités des familles, mais dont il faudrait laisser la jouissance à qui elle appartient, et ne pas, sous prétexte que la marine en a besoin, empêcher les propriétaires d'en disposer dans leurs pressants besoins, pourvu que le public n'en souffrît pas, car rien n'est plus dur aux hommes que de ne pouvoir jouir du leur sans permission, quand, de droit naturel, ils ne sont pas obligés à la demander. Je dis cela comme une raison qui empêchera plusieurs de se donner toute l'application qu'ils pourraient pour cela, et d'y faire la dépense.

Il est cependant vrai de dire que cette raison, quelque juste et bien fondée qu'elle puisse être, le doit céder aux besoins de l'État; mais l'affaire est de les bien connaître et de n'apporter à la jouissance des particuliers d'empêchement que bien à propos; car, quand une famille est tombée dans quelque cas qui pourrait la perdre sans le secours de ces bois, il ne serait pas juste d'empêcher qu'elle ne puisse y avoir recours.

Il y a encore un autre cas très-dommageable, qui est quand les bois se couronnent; car, si on continue d'en empêcher les coupes, il est certain que sitôt après les bois ne seront plus propres qu'à brûler, ce qui ne peut arriver qu'à la très-grande perte des propriétaires, qui ne retirent pas le quart de ce qu'ils auraient tiré de leur futaie, si on leur avait permis de les couper en bon âge.

Il y a encore une raison très-forte, qui est la longue attente et la nécessité où ne sont que trop souvent réduites les bonnes maisons du royaume, qui sont la plupart endettées et hors d'état de pouvoir faire les dépenses nécessaires au soutien de leur condition, loin d'en faire de celles qui paraîtraient superflues à plusieurs. Cependant, si quelqu'une se trouve en état de profiter de cet avis, il n'a qu'à imiter ce qui est proposé pour les nouvelles forêts : l'entreprise ne fût-elle que de cent arpents, elle ne laisserait pas que d'être très honorable ; il est certain que ce serait l'un des meilleurs biens que

---

[1] Il vaut beaucoup mieux laisser la quinzième partie des bois de chaque propriétaire en futaie. (*Note de l'auteur.*)

l'on puisse acquérir, qui ne périrait jamais, et qui, dès les quinze premières années, commencerait à payer son maître, ce qui augmenterait toujours avec l'âge.

COMPARAISON DES REVENUS DES TAILLIS AVEC CEUX DES FUTAIES.

L'opinion de la plupart de ceux qui ont des bois en Bourgogne, dans le Morvan et le Nivernais, est que les taillis rendent beaucoup plus que la futaie et ne se font point tant attendre. Voici comme ils comptent :

Tous les vingt ans, on coupe les bois taillis, dont la coupe se débite en bois de moule, tels qu'on les voit sur les ports à Paris, et se vend, pour l'ordinaire, 45 à 50" l'arpent, pris et débité sur les lieux aux frais du marchand ; nous poserons donc, pour le prix de la première coupe d'un arpent........................... 50"

Supposons cette somme bien employée, et qu'elle porte intérêt au denier vingt ; le fonds et les intérêts produiront 100" vingt ans après la première coupe, qui, ajouté au prix de la seconde coupe, 50", fera.......................... 150"

Supposé, après cela, les 150" mises à intérêt pour autres vingt années, le fonds et les intérêts, joints ensemble, produiront 300", auxquelles ajoutant le prix de la troisième coupe, viendra.. 350"

Supposons ce fonds employé comme les ci-dessus, et le prix du bois, au bout de vingt années suivantes, viendra, pour le fonds, les intérêts et le prix de la quatrième coupe ..... 750"

Si on continue à employer ce même fonds utilement, il produira, les vingt années d'après, 1,500", auxquelles ajoutant 50" pour le prix de la cinquième coupe, viendra........ 1,550"

Supposons encore le fonds aussi bien employé que les précédents ; la production sera de 3,100" ; à quoi ajoutant 50", prix de la sixième coupe, viendra, en vingt années de temps ..... 3,150"

Voilà ce que les six coupes de bois taillis produiront en cent vingt ans, supposant le provenu des ventes autant bien employé qu'il le puisse être.

Voyons maintenant ce que produira la futaie, et supposons que les deux décharges qui se doivent faire les trente-cinq premières années ne vaudront que l'une des coupes du taillis ; ce sera 50", qui, mis à intérêt comme les précédentes, produira, en trente années de temps, avec le principal, 125" ; auxquelles ajoutant le produit de la troisième décharge, que nous estimons coupe et demie ordinaire, savoir : 75", fera 200" ; qui, mis derechef à intérêt comme ci-dessus jusqu'à la quatrième décharge, qui se fera à cent ans, viendra 500". Joignons-y le prix de la dernière décharge, que nous estimons à deux coupes communes : viendra 100", qui, ajouté aux 500" ci-dessus, fera 600" ; auxquelles ajoutant pour 200" de glandées pendant tout ce long espace, le tout fera, en cent vingt années de temps, 800".

Si on suppose cet arpent contenir deux cent cinquante pieds d'arbres, qui est le moins qu'un bois de cette étendue, bien planté, puisse contenir, et que chaque pied d'arbre soit vendu 15", l'un portant l'autre, sa coupe entière produira 3,750" ; qui, ajouté aux 800" ci-dessus, fera la somme de 4,550".

Les deux productions, savoir :

La futaie................... 4,550" en 120 ans.
Et le taillis................. 3,150

Différence........... 1,400

qui est ce que la futaie doit plus rendre que le taillis en cent vingt années de temps. Mais, quand on n'estimerait la futaie qu'à deux cents pieds d'arbres et chaque pied d'arbre à 12", elle surpasserait encore le taillis de 50" ; à quoi il faut ajouter :

1° Que, si la futaie était réduite en coupe continue et réglée sur le pied de cent vingt années de temps, la valeur des coupes augmenterait toujours de plus en plus à mesure que le bois vieillirait, parce que les arbres grossiraient davantage et seraient, par conséquent, plus capables de fournir au débit énoncé ;

2° Que les glandées fourniraient plus en cent vingt années de temps qu'elles n'ont été ici estimées, quand la forêt aurait pris toute sa croissance ;

3° Que ce n'est que dans le Morvan et partie du Nivernais que l'arpent de bois taillis vaut 50". Dans la plupart des pays qui n'ont pas leur décharge à Paris, il vaut beaucoup moins ; mais la futaie bien ménagée vaudra toujours son prix par tout pays.

REVENU ANNUEL D'UN ARPENT.

Pour supputer le revenu annuel d'un arpent de futaie, il n'y a qu'à, derechef, l'estimer, en le supposant de deux cents pieds d'arbres de cent cinquante ans de coupe, qui est le commun âge que nous leur attribuons, estimés à 12ᴸ pièce, fera 2,400ᴸ; auxquelles ajoutant 360ᴸ pour les glandées, viendra 2,760ᴸ, que nous diviserons en deux cent quarante ans, car c'est ainsi qu'il faut compter tout le temps de la crue et de la coupe : viendra 11ᴸ 8ˢ 4ᵈ. Ôtons-en le tiers, pour contenter ceux qui veulent tout prendre au pis-aller; ce sera encore 7ᴸ 10ˢ et plus, qui, à peu près, est ce que le meilleur arpent de terre à blé peut produire de revenu, par commune année, dans mon pays.

RÉFLEXION.

Faisons encore une petite réflexion. La longue attente de ces futaies, qui, jusqu'à la fin de la quatrième génération, donnent peu de revenu, fera que très-peu de gens se mettront en goût de planter des forêts, quoique le meilleur bien de tous, parce que, si peu de gens sont en état de faire des dépenses telles qu'il les faudrait faire pour cela, il s'en trouvera encore moins de capables de se mettre en peine de l'avenir, ni du bien public, non plus que de leur postérité jusqu'à la troisième, quatrième et cinquième génération, pour se priver volontairement, je ne dis pas du nécessaire, mais de leur superflu, pour l'employer à de telles dépenses, qui ne leur produiraient que peu de chose de leur vivant, et qui ne leur donneraient jamais le plaisir de les voir dans leur maturité. Mais, supposé qu'il s'en rencontre quelqu'un (cela n'est pas assez éloigné du bon sens pour que personne ne puisse donner dans une telle pensée), je suppose donc que ce quelqu'un qui aura pris résolution de planter un bois à dessein d'en faire une futaie jusqu'à la fin de ses jours, se conduisant comme il est ci-devant proposé, le fils de cet homme, après sa mort, aura-t-il le même goût que son père pour en prendre autant de soin? Et, supposé qu'il le fasse, le petit-fils de cet homme le fera-t-il et persistera-t-il dans le même dessein? Supposé encore que oui, l'arrière-petit-fils aura-t-il assez de respect pour la mémoire de son père et de ses aïeux, pour suivre la même destination et ne toucher à ce bois que dans les conditions requises? Il faut avouer que cela est bien hasardeux, et que, si on s'en rapporte à eux, la pauvre forêt sera en grand danger. Il arrive trop d'affaires dans les familles en cent vingt années de temps, pour qu'elles puissent subsister toujours au même état, et, quand quelqu'un s'en sauverait, tant d'autres tomberaient dans ce défaut, que le public ne pourrait éviter, sans une espèce de miracle, d'être frustré de son attente. Je ne suis donc pas d'avis de s'en rapporter à la discrétion des propriétaires, bien que ceux qui les planteront les substituent aux aînés de leurs maisons, comme un préciput, à la charge d'observer tous les soins de leur culture et l'ordre des coupes, telles qu'elles sont réglées par l'ordonnance, sans jamais laisser perdre la qualité de futaie à ce bois. Cette substitution perpétuelle est autorisée par le roi, afin que cela soit sacré et qu'on n'y touche que suivant l'ordre prescrit par la même ordonnance, à peine d'en perdre le fonds et la superficie. Ce moyen donnerait lieu à des pères un peu bien dans leurs affaires d'acquérir de grands biens à leurs aînés à bon marché, en rendant un bon service à l'État, puisqu'il n'y aurait qu'à faire acquisition de quantité de mauvaises terres, la plupart vides et mal employées, pour y planter des bois.

Pour revenir présentement à ce qui regarde le roi et le public, j'estime que, si Sa Majesté tenait la main à ce que les officiers des eaux et forêts fissent bien leur devoir sur l'observation des ordonnances, que les seigneurs de sa cour et autres gentilshommes aisés de ce royaume fissent de leur mieux pour remplir de bois les lieux vagues de leurs terres, et qu'on obligeât les communautés de religieux et religieuses riches et bien rentées d'en faire autant, qu'il se ferait quantité de nouvelles forêts, incomparablement plus belles et meilleures que celles qui existent présentement. Et si le roi, de sa part, faisait planter au plus près des côtes, ports de mer et grandes rivières de ce royaume cent ou six vingt mille arpents de bois, divisés en différentes forêts, y observant tous les entretiens et la culture énoncée ci-devant, cela suffirait pour l'augmentation des bois nécessaires; à quoi il faudrait ajouter les réparations des vieilles forêts, dont plusieurs, pour ne pas dire toutes, faute d'entretien et pour avoir été extrêmement négligées, sont minées et dans un pitoyable état.

Fait à Fontainebleau, le 14 octobre 1701.

MÉMOIRE CONCERNANT LA CONSERVATION ET L'AUGMENTATION DES BOIS[1].

1702.

La disette des bois dont plusieurs provinces souffrent déjà, et qui peut devenir plus grande et plus générale, ayant fait penser aux moyens de conserver ceux qui sont encore en nature et de repeupler les forêts qui appartiennent au roi, aux communautés ecclésiastiques et laïques et aux particuliers, il fut ordonné aux députés du commerce d'examiner cette matière et de donner leurs réflexions par écrit, afin qu'on en pût tirer les lumières que la connaissance qu'ils ont de différents pays pouvait fournir. Et, comme le mémoire qu'ils adressèrent contenait des expédients dont il fallait approfondir la possibilité et l'utilité, le roi désira qu'il fût envoyé à MM. les intendants, afin que, sur les informations que chacun d'eux prendrait dans sa généralité, on jugeât de ce qui serait praticable en des endroits et impraticable dans d'autres, tant par la différence des terrains que par les facultés ou la pauvreté des peuples.

MOYENS PROPOSÉS PAR LES DÉPUTÉS.

Ces moyens se réduisent à trois points :

Le premier, de faire faire dans les provinces, et surtout dans les lieux voisins des rivières, des énumérations des landes et terres incultes et communes, d'en marquer une certaine quantité pour le pâturage des bestiaux des paroisses, et d'accorder le surplus en propriété perpétuelle aux particuliers qui voudront les afféager à la charge de les semer en bois, avec obligation à leurs descendants de ne les couper que quand ils seront parvenus à un âge convenable.

Ces terres vagues et incultes, qui appartiennent au roi, aux communautés, aux seigneurs des paroisses ou à leurs vassaux, sont inutiles la plus grande partie, et peut-être chargées de rentes. On pourrait assujettir ceux qui se chargeraient de les semer à la place des propriétaires, quand ceux-ci refuseraient de s'y engager, d'amortir ces rentes à certain denier qu'on réglerait, parce que, comme plusieurs gens aisés aimeraient mieux les éteindre, on se livrerait plus volontiers à faire cette dépense, si on avait la liberté de se libérer; et, par là, les propriétaires de ces terres pourraient être portés eux-mêmes à les faire semer, pour ne les pas voir tomber en d'autres mains.

Le second moyen tend à diminuer le droit qui se prend sur le charbon qui vient d'Angleterre, et de révoquer les privilèges qui peuvent avoir été accordés pour l'exploitation des mines de cette sorte de charbon qui sont en Anjou, en Auvergne et ailleurs. Ceux à qui Sa Majesté en a accordé le don n'en font tirer qu'à proportion du débit qu'ils en prévoient, et le vendent presque aussi cher que celui des pays étrangers : la cherté de ce charbon de terre produit une grande consommation de bois dans les forges, les affineries, et dans le travail des ouvriers en fer.

Le troisième moyen, qui a pour objet principal la conservation du bois de charpente et du merrain, c'est d'en faire venir de Canada, mettant la compagnie de l'Acadie sur un pied à ne pas tant fatiguer les habitants qui s'y établissent, afin d'encourager par là ceux qui voudraient aller peupler

---

[1] Archives Nationales, F¹² 246.

FORÊTS ET BOIS.

cette colonie. On pourrait aussi envoyer des charpentiers pour en exploiter les bois, que l'on transporterait en France à d'autant meilleur marché que les navires qui vont en Canada reviennent à vide, et que l'assurance du chargement pour le retour ferait envisager un avantage à ceux qui y porteraient de la marchandise, qui, joint à une diminution du fret, en opérerait un débit plus prompt et serait un appas pour attirer les négociants à un plus gros commerce de ce côté-là.

SENTIMENTS DE MM. LES INTENDANTS SUR LES EXPÉDIENTS PROPOSÉS PAR LES DÉPUTÉS DU COMMERCE.

L'expédient de semer en bois ou de piquer de gland a été goûté presque par tous les intendants; mais, quoiqu'ils reconnaissent qu'il serait praticable dans leurs généralités, ils croient tous qu'il sera très-difficile d'engager les particuliers à en faire la dépense, qui serait considérable, par le défrichement de ces terres incultes, par les façons qu'il leur faudrait donner avant que de les semer, par les fossés dont il faudrait les clore, et par les gardes qu'il conviendrait y établir.

Cet obstacle leur paraît d'autant plus grand que le fruit de cette dépense est trop éloigné; mais aussi les priviléges que quelques-uns de ces intendants trouvent à propos que l'on attache à cette nouvelle culture seraient une charge perpétuelle, et qui ne serait pas assez légère pour n'y pas faire attention.

Quant aux places vagues qui se trouvent dans les forêts du roi, la plupart d'entre eux estiment que Sa Majesté devrait les faire planter à ses dépens; cependant ils conviennent qu'il faudrait attendre une profonde paix.

Pour les communautés ecclésiastiques, dont les biens ne passent point en des mains étrangères, et à qui les avantages futurs ne doivent pas être moins chers que les présents, on pourrait, sans leur faire aucun tort, les obliger à semer en bois non-seulement les terres incultes, mais même celles qu'elles ont défrichées, surtout celles qui sont situées près des rivières navigables ou de la mer, pour réparer la consommation que la facilité du transport y a causée.

M. Ronjault[1] va plus loin et croit qu'on devrait obliger les communautés laïques à semer de bois leurs communaux, après en avoir marqué ce qui serait nécessaire pour le pâturage des bestiaux, et qu'il n'y aurait point d'inconvénient de les y faire travailler par corvées. Si toutefois on trouvait trop dur d'imposer aux communautés de piquer de gland les terres incultes qui leur appartiennent, on pourrait les donner en propriété à des particuliers à un cens modique, comme abandonnées par les communautés qui ne voudraient pas s'en charger, et accorder à ces particuliers de les tenir noblement[2], avec les autres priviléges dont il a été parlé; savoir : l'exemption des tailles, de logement de gens de guerre et de la collecte.

M. de Bernage et M. Bégon[3], qui ont porté leurs vues au delà de l'expédient de semer les terres vagues, seraient d'avis que Sa Majesté dérogeât à l'ordonnance de 1669 en ce qui concerne la réserve des baliveaux, qu'ils trouvent plus nuisible qu'avantageuse. Ils disent que l'expérience a fait connaître que les arbres qui sont au large croissent en branches, et non en hauteur; qu'ainsi ils ne sont guère propres pour les bâtiments; qu'ils étouffent le bois naissant; qu'outre cela il en périt quantité par le vent, qui les renverse, les trouvant sans soutien, et que, bien loin que le gland qui en tombe repeuple les taillis qui ont été coupés près de ces baliveaux, il y prend moins qu'aux autres endroits, et c'est par là que sont causées les clairières et places vides; que le roi souffre un préjudice considérable de cette réserve, sans laquelle les bois se vendraient beaucoup plus cher, parce que, outre la perte de seize des plus beaux arbres, les marchands sont chargés de leur conservation pendant l'exploitation des bois, et, par ces considérations, poussent les ventes moins hautes; qu'on pourrait remplacer ces arbres en

---

[1] Intendant à Bourges. — [2] L'on trouverait plus aisément des particuliers qui les prendraient à nouveau cens qu'en fief, à cause de la taxe des francs-fiefs. (*Note du mémoire.*) — [3] Intendants à Poitiers et à la Rochelle.

augmentant les réserves de futaie d'un quart dans les bois du roi et d'un tiers dans ceux des gens de mainmorte; qu'il serait bon de laisser la liberté de couper les bois réservés dès qu'ils seraient venus à leur perfection, sur la permission des grands maîtres, qui s'accorderait sans frais; que, dès que les arbres ont cent ans, ils dépérissent, et ni le public ni les particuliers n'en peuvent profiter, au lieu que, s'ils entraient dans le commerce, ils produiraient le bien auquel ils sont destinés.

Si l'on s'attache à l'expédient de semer, M. de Saint-Contest[1] marque qu'on pourrait, par un arrêt, ordonner que, si les terres incultes sont du domaine du roi, elles seront données à des particuliers à un cens très-modique à condition de les semer dans un certain temps; si elles appartiennent à des particuliers, on pourrait également ordonner qu'ils seraient tenus de les semer, à peine d'être déchus de la propriété; qu'il a été aliéné des terres vagues dans les forêts et aux environs, en vertu des édits de 1567, 1571 et 1601, et que, sous le nom de terres vagues, il en a été aliéné de cultivées et qui étaient auparavant chargées de bois; que le roi pourrait y rentrer sans qu'il en coûtât beaucoup, et que d'ailleurs, par une réformation, on trouverait peut-être que la jouissance abondante éteindrait le principal.

GÉNÉRALITÉS OÙ IL Y A DES TERRES VAGUES ET INCULTES.

Il y en a une grande abondance du côté de Metz, qui ne sont remplies que d'épines, de ronces et de broussailles; dans la généralité d'Alençon, 11,000 à 12,000 arpents, mais peu propres à porter de la futaie; beaucoup dans celle de Caen, en assez bon fonds; plus de 10,000 arpents dans la maîtrise de Vierzon, généralité de Bourges; plus de la dixième partie de la Sologne, qui est un vaste pays entre la Loire et le Cher.

Dans le Béarn, la Navarre, le bas des montagnes est couvert de fougères; on pourrait en remettre les terres en bois.

Les landes d'entre Bordeaux et Bayonne sont immenses, mais ne peuvent produire que des pins.

Il y a peu de terres vagues en Poitou, la plupart dans des marais.

Ce qui s'en trouve dans les autres généralités, qui n'est pas considérable, est entièrement nécessaire au pacage des bestiaux, dont la rareté n'est pas moins grande que celle du bois.

Plusieurs de Messieurs les intendants proposent, comme un moyen très-aisé, de renouveler les anciennes ordonnances qui obligent les propriétaires des héritages qui aboutissent aux grands chemins d'y planter sur les bords des chênes, des ormes et des hêtres, en laissant une distance convenable d'un arbre à l'autre. On ne peut cependant guère planter de chênes qu'en Normandie. L'on peut mettre des ormes partout ailleurs; mais il faudrait observer que les chemins eussent vingt-quatre pieds de largeur au moins, parce que, quand ils sont étroits, l'ombre des arbres les empêche de sécher, et leur égout les rend impraticables plus de la moitié de l'année.

Enfin, les difficultés que Messieurs les intendants trouvent à parvenir à l'augmentation de l'espèce par la plantation, réduisent leurs sentiments à ce qui peut en procurer la conservation, c'est-à-dire à une plus exacte observation de l'ordonnance de 1669, qui se trouve si mal exécutée en la plupart de leurs départements, qu'on ne saurait ni trop réveiller la vigilance des officiers des eaux et forêts, ni être trop retenu à donner des permissions de couper;

De diminuer le nombre des forges, des verreries, des affineries de sucre, qui se multiplient tous les jours, et de n'en permettre l'établissement que dans les bois les plus éloignés des rivières, en un mot dans les lieux où le bois ne peut être facilement exploité;

D'étendre l'usage des mottes, des tourbes et du charbon de terre dans tous les pays où il n'est pas

---

[1] Intendant à Metz.

connu, et de décharger ces denrées des droits qu'elles payent, ou de les rendre du moins si légers que le profit qu'on trouverait à s'en servir y excitât les peuples.

Ils croient aussi que, les poêles consommant moins que les cheminées, pouvant même être chauffés par des mottes, des tourbes et du charbon, il serait bon de les rendre communs; on pourrait commencer d'en mettre dans les corps de garde des places de guerre, et, pour encourager les maîtres des forges à en fabriquer, en permettre le transport par tout le royaume sans payer aucuns droits.

Ceux qui entrent dans la proposition de faire venir des bois de l'Amérique, du Danemark et du (*sic*) Norwége, disent, outre les raisons qu'on a déjà rapportées, que la perte du droit d'entrée dont il faudrait les affranchir pourrait être réparée par les droits de sortie que l'on prendrait sur les marchandises que les négociants feraient passer en ces pays-là, et que, quand même elle n'indemniserait pas entièrement du droit d'entrée, ce ne devrait pas être un obstacle, parce que les avantages d'avoir du bois de mâture, de charpente et du merrain récompenseraient d'autant plus largement la privation des droits d'entrée de ces bois, qu'il vient si peu de marchandises de ces côtés-là que ces droits méritent peu d'attention.

Messieurs les intendants proposent des moyens plus particuliers pour le ménagement des bois, qui en produiraient infailliblement la conservation :

1° De ne jamais permettre qu'on défrichât le sol des coupes;

2° D'obliger ceux à qui on accorde de couper, de piquer de gland les places où les coupes ont été faites. Et comme on a reconnu que le grand défaut des taillis provient de ce qu'ils sont plantés d'arbrisseaux qui n'ont qu'un pouce de grosseur, tortus, bossus et noueux, Sa Majesté pourrait ordonner que les habitants de chaque communauté prendraient, dans les endroits de leurs communaux qui se trouveraient les mieux exposés, deux, trois ou quatre arpents de terrain, selon la grandeur des bois qu'ils auraient à repeupler, lesquels ils feraient labourer et clore, pour les semer dans la belle saison de gland, de la châtaigne, de la faîne et des noix, pour y pouvoir prendre des plançons de bonne nature pour fournir aux complants;

3° De laisser la liberté de couper les bois entièrement sur le retour et dépérissants, parce qu'en les coupant quand il leur reste de la sève, il peut en recroître une grande partie, au lieu que, quand ils sont trop vieux, séchés ou pourris, il n'y a plus de ressource à espérer;

4° D'ordonner aux particuliers de planter beaucoup de saules, de peupliers et autres bois blancs, parce qu'on peut s'en servir pour le chauffage, pour les échalas et pour relier des tonneaux, où l'on enserre beaucoup de marchandise pour la transporter. Ils rapportent qu'il était autrefois défendu d'employer le chêne en échalas.

Que, pour profiter des bois qui se trouvent trop éloignés des villes, ou dont les chemins par terre sont impraticables, on obligeât les communautés et les particuliers qui en sont voisins de rendre navigables ou flottables les rivières ou gros ruisseaux dont le lit est embarrassé; de le faire même aux dépens de Sa Majesté, quand les forêts qui lui appartiennent se trouvent hors du commerce, et que l'utilité qui en pourrait revenir serait beaucoup plus grande que la dépense qu'il y faudrait faire.

M. Le Gendre[1] expose là-dessus que la forêt de Grézigne, qui contient près de douze mille arpents de belle futaie, essence de chêne, et qui appartient au roi, n'est d'aucun usage, par son éloignement du Tarn, qui passe à Montauban, et qu'en rendant navigable ou flottable la rivière d'Aveyron, qui se jette dans le Tarn et qui n'est éloignée de cette forêt que d'une lieue, on pourrait y vendre au profit du roi pour plus de 30,000 ᴸ de bois par an; qu'il n'y aurait guère qu'à nettoyer le cours de l'Aveyron pendant une lieue seulement, ce qui ne coûterait pas plus de 60,000 ᴸ.

M. de la Houssaye[2] fait une proposition à peu

---

[1] Intendant à Montauban. — [2] Intendant en Alsace.

près semblable, pour profiter de l'abondance des bois qui se trouvent dans les montagnes qui séparent l'Alsace de la Lorraine, et dit que, pour les avoir plus à la main, il faudrait faire des canaux et de nouvelles distributions des eaux des ruisseaux dont cette province est arrosée.

Par tout ce qui vient d'être expliqué, il paraît certain que l'expédient de semer en bois les terres vagues et communes produirait l'augmentation des bois; mais les difficultés de l'exécution, tant en ce qui concerne les forêts du roi que les bois de ses sujets, doivent faire attendre un meilleur temps, n'étant pas moralement possible d'assujettir les peuples à une dépense qu'ils ne sont pas en état de porter. Ainsi, ce n'est seulement que par le soin que l'on peut prendre de la conservation des bois, qu'on peut en prévenir la disette.

X

MANUFACTURES.

PRIVILÉGES INDUSTRIELS CONCÉDÉS DE 1660 À 1700, POUR L'ÉTENDUE DE LA GÉNÉRALITÉ DE PARIS[1].

Vers 1660. — Privilége accordé à Abraham et Jean Kuffeler, natifs de..., pour établir partout ailleurs que sur la rivière des Gobelins des teintureries d'écarlate en cochenille, «dont il ne s'est jamais vu de pareille en ce royaume, ni ailleurs dans la chrétienté, tant pour sa bonté que pour sa beauté; la trempant dans le vinaigre et jus de citron, elle n'en reçoit point de défectuosité, bien que toutes les autres écarlates se gâtent.» (Archives Nationales, O¹ 11, fol. 546 v°.)

21 avril 1664. — Lettres patentes accordées à Claude Révérend, portant un privilége de cinquante années pour fabriquer et contrefaire, dans la manufacture de Saint-Cloud, la porcelaine et la faïence façon des Indes, avec défense à toutes autres personnes de faire pareil établissement à trente lieues à la ronde[2]. (Papiers du Contrôle général, G⁷ 429, année 1698.)

Octobre 1665. — Lettres patentes portant éta-

---

[1] Ce relevé, nécessairement incomplet, est fait en grande partie d'après les registres du Secrétariat de la Maison du roi, qui expédiait les priviléges de tout genre (Archives Nationales, série O¹), ou d'après les lettres patentes, soit imprimées, soit manuscrites, qui se trouvent dans divers fonds.

[2] L'exploitation de cette manufacture fut confiée au faïencier Pierre Chicanneau, dont la veuve, remariée à Henri Trou, officier de la maison de Monsieur, racheta la manufacture et le privilége de Révérend, lorsqu'il mourut. La cession fut conclue le 30 octobre 1682, moyennant 14,000ᴸ. Mais les enfants de Chicanneau, quoique associés au privilége de leur beau-père, ayant continué séparément les travaux de leur père et trouvé un secret pour fabriquer une porcelaine exactement semblable à celle de la Chine, adressèrent, vers 1698, au contrôleur général Pontchartrain un placet qui se termine en ces termes : «Quand les Chicanneau pourraient convenir avec le sieur Trou, leur beau-père, pour avoir part pour toujours à son privilége, il ne pourrait pas leur servir, parce que ce privilége n'est que pour fabriquer et contrefaire la porcelaine et la faïence à la façon des Indes, ce qui est contraire à l'objet que les Chicanneau se proposent, qui est de persuader à toute l'Europe, comme il est vrai, que la porcelaine qu'ils font n'est point contrefaite à la façon de celle des Indes, mais que c'est réellement la même matière porcelaine et la même manière de travailler qu'à la Chine. C'est pourquoi, le privilége qu'ils demandent n'étant point contraire à celui du sieur Trou, qui consent qu'il en soit accordé un aux suppliants, ils espèrent que Sa Grandeur le leur accordera tel qu'ils l'ont demandé par leurs précédents mémoires.» On leur refusa un privilége exclusif de cinquante ans pour fabriquer la porcelaine dans tout le royaume, parce que ce privilége avait déjà été donné à Louis Poterat de Saint-Étienne, fondateur de la manufacture de Rouen; mais ils obtinrent la permission de faire la faïence, sans exclusion, l'exemption de toute visite des jurés émailleurs et faïenciers, celle de toute imposition pour leur manufacture et ses dépendances, à charge de payer 100ᴸ par an aux collecteurs de Saint-Cloud, etc. Ce fut dans ces conditions que le successeur de Pontchartrain, Chamillart, fit donner, le 16 mai 1702, à Barbe Coudray, veuve de Pierre Chicanneau, et à ses enfants, Jean, Jean-Baptiste, Pierre et Geneviève Chicanneau, un nouveau privilége de dix ans, pour continuer l'exploitation de la manufacture de Saint-Cloud. (Archives Nationales, G⁷ 429 et 1686, et O¹ 46, fol. 63.) Voyez ci-après le rapport sur l'état des manufactures en 1750. — Saint-Cloud avait eu aussi, mais pendant très-peu de temps, une manufacture de poteries flamandes, fondée en

blissement d'une manufacture royale de glaces à Paris, pour la fabrication des glaces à miroir façon de Murano, vitres, lustres, vases, verres, etc., avec privilége de vingt ans, pour Nicolas du Noyer. (Imprimé. Archives Nationales, collection Rondonneau.)

3 octobre 1665. — Privilége accordé à perpétuité à Jean Mullot, sieur de Bessancourt, pour établir proche Paris une fabrique et blanchisserie de toutes sortes de toiles et passements, et tenir un bureau à Paris, avec jouissance du droit de *committimus*, exemption de la taille, sauvegarde, etc.[1] (Bibliothèque Nationale, mss. Delamare, fr. 21788, fol. 55-58.)

18 août 1670. — Statuts et règlements pour les manufactures de draperie et de sergeterie de Beauvais et pour les teintureries de ladite ville, bailliage et siége présidial dudit Beauvais, dressés par les maire et pairs de cette ville, «après diverses conférences faites avec les plus intelligents, tant drapiers que sergers et autres bons bourgeois.» Suivis d'une lettre de Colbert, en date du 2 septembre 1670. (Imprimé. Collection Rondonneau.)

Février 1672. — Manufacture de bas de soie du château de Madrid, fondée en 1665, avec privilége royal, par Jean Hindret. Pour relever cette industrie et piquer d'émulation les ouvriers, le roi érige en maîtrise et communauté le métier et manufacture des bas, canons, camisoles et autres ouvrages de soie qui se font au métier[2]. (O¹ 16, fol. 53 v°; impr. dans le *Recueil des règlements des manufactures et fabriques*, 1730, tome IV, p. 7-10.)

20 mars 1673. — Privilége pour Daniel le Beuf, sieur du Rocher, pour débiter des oreillers d'une nouvelle invention, à faire de la dentelle. (O¹ 17, fol. 52.)

31 mai 1673. — Privilége exclusif concédé Jean Quentin, perruquier ordinaire du roi, pour faire des perruques au métier d'une façon nouvelle, et même les perfectionner. (O¹ 17, fol. 95 v°.)

1686, par le Hollandais Jean Gembon, elle fut incendiée en 1688.

[1] Longtemps encore les raffinés se servirent des blanchisseries de Hollande, comme cette comtesse de Fürstenberg dont parle Saint-Simon (t. II, p. 313). La nouvelle blanchisserie fut établie à Garges, près Saint-Denis, sur le Crould, et prit le nom de *Buric royale*. (Voir les autres pièces réunies par Delamare.) Plus tard, une blanchisserie de fil à la façon de Hollande fut établie à Antony, par le hollandais Van Belle, et reçut du roi des secours considérables. (Papiers du Contrôle général, G⁷ 1686, 8 novembre 1701; 1687, 4 février 1702; 1691 et 1692, mars à avril 1708, et 1695, 7 avril 1710. Voir aussi un rapport de 1701 au Conseil du commerce, dans le ms. de la Biblioth. Nationale fr. 8038, fol. 55-56.)

[2] Sur l'établissement de cette manufacture dans le bois de Boulogne, voir la *Correspondance administrative*, publiée par Depping, t. III, p. 788, et un dossier recueilli par Nicolas Delauare, ms. fr. 21787, fol. 126-140. Le 26 octobre 1680, un arrêt du Conseil d'État fut rendu, à la requête du corps des bonnetiers de Paris, interdisant aux maîtres ouvriers en bas de soie au métier de travailler en laine et autres filoges, «ce qui tendait à détruire non-seulement la fabrication des bas de soie au métier, dont l'établissement a coûté tant de soins et de dépenses, mais encore toutes les manufactures de bas de laine au tricot, qui font subsister en France plus de trente mille personnes, qui seraient à la mendicité, si lesdits ouvriers continuaient leurs entreprises.» — 12 janvier 1684. Arrêt révoquant celui du 26 octobre 1680, «l'expérience ayant fait connaître que le moyen le plus assuré d'étendre dans le royaume la manufacture des ouvrages au métier et d'augmenter la fabrique et commerce desdits ouvrages est d'assurer auxdits maîtres ouvriers la liberté de travailler, aux termes de leurs établissements, à toutes sortes d'ouvrages de soie, fil, laine et coton qui peuvent être faits au métier.» Un exemplaire de ces deux pièces et des statuts de 1672 est joint à une lettre de M. de Bezons, intendant à Orléans, se plaignant que la permission donnée aux ouvriers en bas au métier ait fait cesser le commerce de bas de soie tricotés qui se faisait à Dourdan. M. de la Reynie répond : «On ne travaille à Dourdan qu'au tricot; il n'y a dans ce lieu qu'un seul métier à l'aiguille. Les bas au tricot et au métier n'ont rien de commun, les uns étant gros, et les autres fins. La manufacture des bas au métier fait un progrès considérable en France, et elle ne saurait faire de préjudice qu'aux Anglais.» (Papiers du Contrôle général, G⁷ 417, 18 juillet 1684.) Sur cette industrie des tricots, voir une instruction de Colbert à l'inspecteur Camuset, du 1ᵉʳ juin 1682, dans les *Lettres de Colbert*, t. II, 2ᵉ partie, p. 852.

17 août 1675. — Privilége pour N. le Vasseur, marchand de Paris, pour fabriquer et débiter des étoffes de soie à l'épreuve de la balle. (O¹ 19, fol. 215.)

18 mars 1681. — Privilége accordé au sieur de Chavagnac pour établir en tel lieu qu'il lui plaira une manufacture d'acier, moyennant qu'il payera au roi 60,000 ᴸ par chaque million de livres d'acier débitées, et 100,000 ᴸ par an à M. le duc d'Orléans, sans que d'ailleurs le concessionnaire puisse empêcher les autres fabrications d'acier, ni l'introduction des aciers anglais et hongrois. (O¹ 25, fol. 304.)

4 août 1681. — Continuation de permission à Philibert et Bonaventure Ferrière, frères, marchands papetiers, de fabriquer le papier à la marque des trois annelets. (O¹ 25, fol. 218.)

30 septembre 1682. — Privilége à vie pour André Haustonnet, maître gantier-parfumeur de Paris, pour faire et débiter tous vêtements d'hommes et de femmes, bas, culottes, buffles, chemisettes, caleçons, jupons, vestes, etc., fabriqués avec les peaux et cuirs qu'il prépare plus souples que le drap et propres à recevoir toutes les couleurs. (O¹ 26, fol. 417.)

9 janvier 1683. — Arrêt du Conseil portant permission au sieur Corrozet, neveu et associé de Jean Hindret, du château de Madrid, d'établir vingt métiers à ouvrages de soie, nonobstant la déclaration de février 1672. (Imprimé. Archives Nationales, F¹² 790ᵗᵉʳ, *Recueil des statuts et règlements des bonnetiers de Paris*.)

31 décembre 1683. — «Par nos lettres patentes en forme de privilége, du mois d'octobre 1665, nous aurions ordonné l'établissement d'une nouvelle manufacture de glaces à miroirs pareilles à celles qui se font à Venise, et, à cette fin, nous aurions accordé la permission et le privilége de cet établissement au nom de Nicolas du Noyer. Mais, ayant été informé que, depuis deux ou trois ans, ceux qui pouvaient soutenir cette manufacture étant décédés, ces ouvrages, qui sont d'une dépense et d'une application extraordinaires, pourraient manquer, s'il n'y était promptement pourvu, et qu'il importe de ne pas laisser tomber une manufacture de cette qualité, qui fait subsister un nombre infini de pauvres ouvriers qui y sont employés, et laquelle est d'une grande commodité pour le public, cette considération nous a fait recevoir la proposition et l'offre qui nous a été faite par le sieur Pierre de Bagneux de continuer, à ses frais et dépens, la fabrication des mêmes ouvrages à miroirs et autres...» Privilége pour fabriquer, tant au faubourg Saint-Antoine qu'à Cherbourg, pendant trente ans, les glaces, miroirs, etc., avec défense à tous autres de fabriquer les glaces à miroirs ou d'en faire venir de Venise, etc.[1] (O¹ 27, fol. 381 v°.)

---

[1] On trouve dans le ms. fr. 1/294 (fol. 266 et 267), à la date du mois de mars 1705, cette note sur l'établissement de l'industrie des glaces en France et sur l'union des deux manufactures de Paris et de Tourlaville, près Cherbourg : «Feu M. Colbert, désirant établir une manufacture de glaces pour interrompre le grand commerce que les Vénitiens faisaient en France de ces sortes d'ouvrages, donna un privilége à une compagnie qui fit venir des ouvriers de Venise, qui formèrent un établissement dans le faubourg Saint-Antoine[a]. Mais, soit que ces ouvriers vénitiens ne voulussent pas communiquer leur secret dans ce royaume, ou qu'ils ne trouvassent point les mêmes dispositions pour l'exercer comme chez eux, ils ne réussirent point, et on fut obligé, après beaucoup de dépense, de les renvoyer. Feu M. Chamillart[b], sachant que M. Colbert avait cette entreprise fort à cœur, et connaissant le sieur de Nehon, qui avait formé un établissement de verrerie dans la forêt de Brix, près Cherbourg, en 1666[c], dans laquelle il avait, à force d'épreuves,

---

[a] Voyez plus haut le privilége d'octobre 1665, pour Nicolas du Noyer, et le *Dictionnaire du commerce*, par Savary, t. I, col. 231 et suiv.
[b] Guy Chamillart, père du contrôleur général. Il fut intendant à Caen de 1666 à 1676.
[c] Cette fabrique avait été fondée avec un privilége obtenu par le maréchal de Villeroy.

13 janvier 1684. — Privilége pour Philippe et Simon Maréchal, marchands de Calais, pour établir à Paris une fabrique de savon noir liquide, façon de Hollande. (O¹ 28, fol. 27.)

13 mars 1684. — Confirmation du traité pour le rétablissement de la manufacture de tapisseries de Beauvais, accordée par M. de Louvois à Philippe Behagle, et portant jouissance pendant trente ans du privilége accordé, en août 1664, à Louis Hinart, à charge d'avoir installé au moins cent ouvriers dans le délai de huit mois. (O¹ 28, fol. 91.)

26 mai 1685. — Privilége pour la fabrication par le charbon de terre, dans les fours de Meudon, de la chaux destinée aux travaux des bâtiments du roi, avec défense aux chaufourniers, à vingt lieues à la ronde, de faire cuire par le même procédé, sauf pour les besoins de l'aqueduc de Maintenon. (Imprimé. Collection Rondonneau.)

11 août 1685. — Permission à Philippe Behagle, entrepreneur de la manufacture de tapisseries de Beauvais, de s'associer des gentilshommes, sans que ceux-ci dérogent à la noblesse[1]. (O¹ 29, fol. 396.)

11 janvier 1686. — Privilége pour Éverard Jabach, marchand de Paris, pour reprendre la fabrication des peaux de chamois, buffles, etc. dans la manufacture de Corbeil, concédée en 1667 à Antoine de la Haye; à charge de payer au roi, pour raison de la concession et de l'abandon des bâtiments déjà construits, une valeur de 22,000 ᴸ en buffles, à raison de 36 ᴸ la pièce, avec décharge de l'emploi des 35,000 ᴸ que le roi a avancées pour la construction des moulins et machines. (O¹ 30, fol. 78 v°.)

25 septembre 1688. — Privilége pour Bernard Perrot, écuyer, maître de la verrerie d'Orléans, pour couler le cristal en tables, lui donner toutes

trouvé le secret des glaces et du premier verre blanc qui aient paru en France, en donna avis à M. Colbert, et, sur ses ordres, lui envoya les épreuves du sieur de Nehou. Ce ministre en fut si content, qu'en même temps il lui donna ordre de former un établissement pour faire des glaces dans le lieu du royaume qu'il jugeroit le plus propre; mais le sieur de Nehou n'étant point en état de faire cette dépense, à cause de celle qu'il avait faite aux épreuves et à la recherche de ses secrets, M. Colbert lui donna pour cet effet cette première compagnie, qui avait intérêt dans icelle[a]. Le sieur de Nehou forma un établissement, qu'il conduisit avec tant de succès, pendant dix années qu'il vécut depuis, qu'il surpassa en grandeur et en beauté les glaces de Venise : ce qui interrompit entièrement le grand commerce que cette nation faisoit auparavant de ces sortes d'ouvrages dans le royaume, au préjudice de l'État[b]. Depuis la mort du sieur de Nehou, les sieurs de Bonval et de Nehou, ses neveux, par lui instruits dans les secrets de cet art, ont conduit jusqu'en 1702 cet établissement avec succès et porté les ouvrages dans leur perfection. Ils ont, outre cela, établi et perfectionné la manufacture des grandes glaces coulées. Ils en présentèrent quatre à Sa Majesté, à Versailles, en 1691, qui les honora de son ap-

probation, en présence de MM. de Villacerf, Bontemps et Mansart, et de quelques-uns des intéressés de la compagnie susdite, qui déclarèrent à Sa Majesté que c'était aux sieurs de Bonval et de Nehou qu'ils avaient l'entière obligation de la réussite et perfection desdits ouvrages. En 1702, cette compagnie, croyant avoir découvert le secret des sieurs de Bonval et de Nehou et se pouvoir passer d'eux par le secours des ouvriers qui étaient instruits, les a expulsés : de sorte qu'ils ont été obligés de se pourvoir au Conseil pour en demander justice, et qu'il leur fût permis de jouir de vingt années qui restaient encore de leur privilége. Et l'affaire étoit en ces termes au mois de mars 1705.»

[1] En 1698, Philippe Behagle fils sollicitait une permission d'établir à Lille une manufacture de tapisseries. (Papiers du Contrôle général, G⁷ 1686, 29 juillet 1698.) — En 1711, Jean Baert, tapissier d'Oudenarde, naturalisé depuis 1674, et qui avait habité Tournay jusqu'à la prise de cette ville par les ennemis, obtint un privilége de trente ans, pareil à celui de la manufacture de Beauvais, pour établir une manufacture de tapisseries au bourg de Torcy, en Brie. (Papiers du Contrôle général, Commerce, G⁷ 1696, à la date du 4 août 1711.)

---

[a] Cette réunion se fit en 1688, et par suite Nehou renonça à la fabrication des verres blancs pour faire la coulée des glaces, qu'on polissait ensuite à la manufacture de la rue de Reuilly, dans le faubourg Saint-Antoine.

[b] Voir un mémoire sur la fabrication des glaces, adressé par du Noyer à Colbert, en 1666 (Correspondance administrative, t. III, p. 796-798).

MANUFACTURES.

les couleurs, rendre les pièces creuses à la façon des camaïeux, y représenter des portraits, inscriptions ou figures, en faire des bas-reliefs, corniches, moulures, etc.[1] (O¹ 32, fol. 252 v°.)

14 décembre 1688. — Privilége de trente ans pour l'établissement de la manufacture royale des Grandes glaces, avec pouvoir de s'associer des gentilshommes sans déroger à la noblesse, et interdiction, même à l'entrepreneur Pierre de Bagneux, de contrefaire les ouvrages réservés à cette nouvelle manufacture. «Notre cher et bien amé Abraham Thevart, bourgeois de notre bonne ville de Paris, nous a représenté que, depuis plusieurs années, il se serait appliqué à rechercher les secrets et moyens de faire des glaces d'une beauté et grandeur extraordinaire, bandes, bordures de miroirs, chambranles, moulures de profil, composés, figurés et unis, et autres ornements de relief, et qu'après plusieurs épreuves il en aurait enfin découvert le secret, en sorte que, par le moyen des machines qu'il a inventées, il pourrait faire fabriquer des glaces de 60 à 80 pouces de hauteur et au-dessus, sur 35 à 40 et plus de largeur, comme aussi toutes sortes de corniches, chambranles, moulures de profil, composés de plusieurs membres d'architecture figurés et autres ornements de relief, et donner lesdits ouvrages au public et les fournir pour l'établissement et décoration de nos maisons royales, si nous voulons lui accorder pendant trente années le privilége de faire seul, à l'exclusion de tous autres, ces sortes d'ouvrages[2]....» (Papiers du Contrôle général, G⁷ 1686, années 1693 et 1699.)

Avril 1690. — Édit portant règlement pour la fabrication des chapeaux. Cette fabrication, dit l'édit, était déjà très-considérable depuis plusieurs siècles, et elle est encore devenue plus importante depuis que le Canada fournit les peaux de castor. C'est pour conserver à ses produits la qualité supérieure si appréciée des étrangers, qu'il a paru nécessaire d'assujettir tous les fabricants à faire apposer une marque sur les chapeaux fabriqués selon les règlements et ordonnances. Les chapeaux défectueux seront, au contraire, brûlés et détruits. Ceux qui viennent de l'étranger recevront une marque particulière et acquitteront un droit de visite et de marque quadruple. Les manufactures seront assujetties à la surveillance des inspecteurs; le droit de marque sera acquitté à raison de 10 sols par chapeau[3]. (O¹ 34, fol. 95 v°.)

---

[1] La compagnie des Glaces paya une pension de 650ˡ à Perrot pour qu'il ne fabriquât point de moulures de miroir, et son privilége se trouve révoqué, comme tous les autres, en 1702.

[2] On a vu qu'il existait déjà une autre compagnie, que du Noyer avait fondée en 1665, dite des Petites glaces, qui s'était annexé, trois ans plus tard, la fabrique dirigée auprès de Cherbourg, par Nehou (voyez ci-dessus, p. 605-608), et dont le privilége avait été renouvelé, pour trente ans, en décembre 1683, au profit de Bagneux. Pour éviter les inconvénients de la concurrence entre deux manufactures royales, un arrêt du mois d'octobre 1691 régla exactement les dimensions des grandes et des petites glaces, les unes coulées sur table, les autres soufflées. L'année suivante, la manufacture des Grandes glaces, protégée par M. Bossuet, intendant de la généralité de Soissons, s'installa au milieu de la forêt de Saint-Gobain, dans les ruines d'un ancien château rasé depuis fort longtemps, et elle obtint, en février 1693, des priviléges analogues à ceux dont Colbert avait fait investir du Noyer en 1665. Mais, en 1695, les deux sociétés se réunirent en une seule, sous le nom de François Plastrier, avec un nouveau privilége de trente ans, et devinrent la manufacture royale de Saint-Gobain. (Papiers du Contrôle général, G⁷ 216, 1686 et 1687.) Plastrier n'ayant point réussi, son privilége fut transféré, en octobre 1702, à Antoine d'Agincourt. — En juillet 1712, un ancien ouvrier de la manufacture des Grandes glaces, Claude Pinot, associé à un marchand faïencier de Paris, Alexandre Legrand, obtint un privilége pour établir au village d'Ozouer-la-Ferrière une fabrique de bouteilles et carafons à la mode d'Angleterre, et de cloches de verre pour l'usage des jardiniers. Cette fabrique fut transférée à Villeneuve-Saint-Georges en 1783. (Papiers du Contrôle général, G⁷ 439, 4 octobre 1712, et 1697, 19 juillet 1712; Papiers Florimond, K 1244, n° 5, fol. 30.)

[3] La création d'une marque des chapeaux avait été proposée à la fin de l'année 1688, par un donneur d'avis, le sieur Duport, commissaire de l'artillerie, qui s'exprimait en ces termes: «Duport, bourgeois de Paris, remontre très-humblement à Votre Majesté que, dans la manufacture des chapeaux, il s'y commet des abus journellement, ce qui porte

25 juillet 1691. — Règlement qui réduit les attributions de la charge de surintendant des bâtiments, vacante par la mort de M. de Louvois, tout en lui conservant intégralement ses appointements et pensions. Le roi se réserve les ordres à donner pour tout ce qui concerne la Bibliothèque royale, l'imprimerie du Louvre, les ouvrages d'argenterie et les meubles, les deux académies des Sciences et des Inscriptions, dont tous les fonds seront réglés sur la signature du secrétaire d'État de la Maison. La direction et l'inspection des manufactures sont attribuées au contrôleur général des finances [1]. —
Le 28 juillet, la surintendance des bâtiments est donnée à M. Colbert de Villacerf, qui est remplacé, comme inspecteur général des bâtiments, par Jules Hardouin-Mansart. (O¹ 35, fol. 216 et 217 v°.)

19 octobre 1691. — Privilége pour Pierre de Chars et ses sœurs pour établir à Villiers-le-Bel une manufacture de dentelles de fil façon de Malines, et avoir à Paris un magasin de vente. «Depuis deux ans, ils se sont appliqués à instruire, dans la paroisse de Villiers-le-Bel et lieux circonvoisins, près de deux cents ouvrières à la fabrication des den-

un grand préjudice au public; et, pour les empêcher, Votre Majesté n'a qu'à établir des bureaux où l'on apportera les chapeaux, tant ceux qui se fabriquent dans les villes où lesdits bureaux seront établis, que ceux qui y seront apportés du dehors, et commettre quatre maîtres chapeliers, qui les visiteront, pour connaître leur bonté et y mettre la marque; et ceux qui se trouveront défectueux seront confisqués au profit de ceux qu'il plaira à Votre Majesté; et pour tout droit de visite et marque, Votre Majesté y pourra mettre seulement 40 sols par douzaine de chapeaux. Par ce moyen, Votre Majesté remettra la chapellerie en très-bon état, et au sujet des compagnons et maîtres chapeliers qui se plaignent de ce que les garnisseurs gagnent la moitié sur eux, à cause qu'ils en font le débit, et les sujets de Votre Majesté en seront mieux servis. Il se pourra trouver des fermiers qui en donneront tous les ans 300,000 ⁰ pour Paris seulement, et, si Votre Majesté l'établit pour tout son royaume, la ferme lui pourra rendre au moins deux millions. Ledit Duport, suppliant, ne demande pour son droit d'avis que la part qu'il plaira à Votre Majesté lui accorder, et sera toujours obligé de faire ses vœux et prières pour la santé et prospérité de Votre Majesté.» Duport n'eut que 3,500 ⁰ de gratification. Les chapeliers prétendirent que la marque nuirait à leur fabrication, et surtout à l'exportation. Les échevins de Marseille ayant envoyé une protestation dans ce sens, le contrôleur général répondit à l'intendant Lebret, le 16 juin 1690 : «il faut que ces échevins ne se soient pas donné la peine d'examiner cet édit, puisqu'il porte expressément que tous les chapeaux qui seront envoyés dans les pays étrangers ne paieront point le droit de marque : ce que l'on a fait en faveur du commerce, que le roi sait être très-important, et que Sa Majesté veut favoriser par toutes sortes de moyens. A l'égard de la marque, ils n'a pas jugé qu'elle pût intéresser le commerce des chapeaux qui passent dans les pays étrangers, et les chapeliers de Paris, en envoient beaucoup plus en Espagne et dans les autres pays étrangers que ceux de Marseille, en sont eux-mêmes convenus et ont souhaité que l'on apposât une marque de feu. Si néanmoins vous jugez que cette marque adhérente pût apporter quelque préjudice à ce commerce, vous pouvez, de concert avec les commis des traitants et les chapeliers, choisir telle autre marque que vous trouverez à propos, par exemple un plomb ou un cachet pendant à un fil, ainsi qu'il se pratique pour les dentelles étrangères, lequel peut être facilement ôté à la sortie ou lors du débit à l'étranger.» (Bibliothèque Nationale, ms. fr. 8837, fol. 29.) Dans la suite, M. Lebret parvint à faire racheter par les chapeliers provençaux le droit de marque qu'ils considéraient comme si gênant; mais ce ne fut «qu'après avoir essuyé pendant quelque temps le désagrément des visites presque continuelles des commis dans leurs boutiques et dans leurs magasins.» (Correspondance des contrôleurs généraux, t. I, n° 967.) — «Il a été observé, dit Forbonnais, que la ferme de la marque des chapeaux en avait fait absolument tomber la fabrique; mais il faut ajouter que cette idée de marque était la suite d'un règlement de manufacture, renouvelé depuis en 1699 et en 1700. Il défendait tout mélange de vigogne avec le castor : secret admirable pour avoir des chapeaux mols et incapables de résister à la moindre humidité. On poussa même la manie jusqu'à ordonner qu'il n'en serait fait que de deux qualités, et, en 1701, on fut fort surpris de recevoir des chapeaux d'Angleterre, au lieu d'y en envoyer de grandes quantités, comme autrefois.» (Forbonnais, Recherches et considérations sur les finances, t. II, p. 54.) Voir ci-après, p. 614. — Au mois de novembre 1699, on mit à la Bastille un marchand de Paris, nommé Bailly, qui se proposait d'aller fabriquer des chapeaux à Turin. (O¹ 43, fol. 361 v°.)

[1] Pontchartrain ne prit pas le titre de surintendant des arts et manufactures, mais fut simplement chargé «du soin des manufactures des draps et autres étoffes qui se fabriquent dans le royaume, et de faire exécuter les règlements dressés pour la fabrique et teinture desdites étoffes.» Nous avons publié, dans l'Appendice du tome I⁰ʳ de la Correspondance des contrôleurs généraux, p. 558-561, les instructions qu'il donna, dans le mois de décembre 1691, aux commis inspecteurs des manufactures. Ces instructions furent renouvelées en 1692 et 1694.

MANUFACTURES.

telles de fil. » Interdiction à toutes autres ouvrières de pratiquer la même industrie, sauf la veuve Cambry et Marie-Charlotte Mouet, à qui un arrêt du Conseil du 1ᵉʳ juin précédent a permis d'établir pareille manufacture. (O¹ 35, fol. 272 v°.)

10 novembre 1692. — Arrêt pour la répression des fraudes commises par les tireurs d'or de Paris et de Lyon, la plupart débitant pour fil d'or ou de l'*argent à la mode* filé sur soie aurore et coloré ensuite au moyen d'un parfum ou fumage, d'autres donnant par le même moyen à leurs produits la couleur et l'éclat des plus beaux ouvrages dorés, sans y employer la moitié ni même le quart de l'or qui devrait y être mis, d'autres encore fumant la soie pour lui enlever l'odeur qui permettrait de reconnaître la fraude. Défense d'employer aucun parfum ni fumage, en quelque manière que ce soit, ou d'introduire dans les galons, dentelles, passements, etc. aucune laine, trait ou fil parfumés ou fumés. (Imprimé. Collection Rondonneau.)

11 novembre 1691. — Privilége de vingt ans accordé à Bernard de Granville et François de Jullienne, pour établir au faubourg Saint-Marceau, à Paris, une fabrique de draps fins, façons d'Espagne, de Hollande, d'Angleterre ou de France, avec le titre de *Manufacture royale de Paris*. (O¹ 35, fol. 283.)

Janvier 1693. — Transfert à Gilbert Paignon, drapier de Paris, du privilége accordé en juillet 1684 à Jean Remacle et ses associés, pour établir à Montmirail des manufactures de draps façon de Hollande et d'Angleterre, de crêpons de Zurich et de camelots façon de Hollande et de Bruxelles, avec faculté d'établir une seconde fabrique à la Ferté-sous-Jouarre [1]. (O¹ 37, fol. 2 v°.)

26 avril 1693. — Privilége à André Dalesme pour construire des fours et fourneaux ne perdant point la chaleur, consommant moins de combustible, et applicables aux chaudières, fours, fours à plâtre, etc. (O¹ 37, fol. 96 v°.)

29 juin 1693. — Privilége accordé à M. le maréchal duc de Noailles pour établir les machines inventées par Jacques Houey, applicables à tous les marteaux-foulons de papeteries, fouleries, tanneries, fabriques de fer-blanc, etc., ainsi qu'au sciage des arbres sans le secours du vent ni de l'eau, à l'élévation de l'eau des rivières, aux desséchements, aux moulins, au transport des fardeaux, etc.[2] (O¹ 37, fol. 131 v°.)

19 janvier 1694. — Privilége de vingt ans accordé à François Coustain, sieur de Beaumont pour fabriquer un acier supérieur à celui de l'étranger et le débiter à 8 sols la livre (dont un sol pour le roi) dans un Magasin royal d'aciers[3]. (O¹ 38, fol. 10 v°.)

17 août 1694. — Privilége pour le sieur Frémin, trésorier de France en la généralité de Paris, pour faire fabriquer et débiter des machines propres à travailler les marbres et pierres dures[4]. (O¹ 38, fol. 222.)

7 avril 1696. — Privilége accordé à Gaspard Garron et ses associés pour la préparation des maroquins façon du Levant et des veaux façon

---

[1] Les premiers concessionnaires, forcés de se retirer à l'étranger pour cause de religion, avaient traité dès le 30 avril 1686 avec G. Paignon, et la manufacture, honorée d'une visite du roi en 1687, prospérait depuis plusieurs années; mais l'entrepreneur avait négligé de faire enregistrer ses lettres de privilége, et il dut par conséquent obtenir, en 1693, des lettres de surannation.

[2] Une de ces machines fut établie sur la colline de Montmartre, pour battre le plâtre; elle fonctionnait en 1698.

L'inventeur était un ancien commissaire des guerres, nommé de la Tremblais.

[3] Selon la teneur de ce privilége, la France ne fabriquait jusque-là que de l'acier de mauvais aloi, et tirait tout son acier, au prix de 18 sols la livre, de l'Allemagne ou des autres pays étrangers. Voyez ci-dessus, p. 607, le privilége du 18 mars 1681.

[4] Voyez ci-dessus, p. 295 et 396.

d'Angleterre[1]. (Papiers du Contrôle général, G⁷ 1686.)

3 juin 1697. — Privilége de dix-huit ans accordé à M. de Caumartin, intendant des finances, pour établir dans sa terre de Dormelles une manufacture de draperies de laines de toutes les longueurs et largeurs prescrites par les règlements de 1669, ainsi qu'une teinturerie, et pour construire sur le ruisseau de Dormelles et sur les rivières de Seine et d'Yonne, aux environs de Montereau, des moulins à fouler; avec défense à tous autres de faire aucun établissement analogue à cinq lieues à la ronde. (O¹ 41, fol. 85.)

18 juin 1697. — Privilége pour Jean Audry, marchand à Paris, pour imprimer, à l'aide d'une machine de son invention, les étoffes d'or, d'argent et de soie en façon de damas de Gênes, à bon marché. (O¹ 41, fol. 99.)

20 novembre 1699. — Privilége de trente années, pour le sieur de Launoy de Bourmont, pour fabriquer des cristaux et verres en gravure, ciselure et relief, figures massives, bustes, bas-reliefs, par les procédés des ouvriers qu'il fera venir en France[2]. (O¹ 43, fol. 471 v°, et collection Rondonneau.)

19 juillet 1700. — Privilége accordé à la comtesse de Bouvron pour établir à Paris ou ailleurs des manufactures pour la préparation des peaux de toute nature. (O¹ 44, fol. 311 v°.)

17 août 1700. — Privilége accordé à François Balay pour établir à Paris ou ailleurs des manufactures pour la préparation d'une gomme vernissée susceptible de recevoir toutes les couleurs et applicable sur tous ouvrages de bois, toile ou étoffe. (O¹ 44, fol. 357.)

30 novembre 1700. — Permission au sieur Noël-Antoine Mérou d'établir à Gournay une manufacture de serges façon d'Aumale, Mouy, Blicourt, Crèvecœur, et autres petites étoffes, et une manufacture de couvertures de laine façon d'Angleterre, fines et communes.

14 décembre 1700. — Lettres patentes portant permission audit Mérou de transférer dans le bourg de Boufflers sa manufacture de Gournay, et approuvant son association avec les sieurs Michel et Garnier[3]. (O¹ 44, fol. 605.)

---

[1] L'établissement fondé à Paris réussit si rapidement, que le concessionnaire obtint, dès 1698, un autre privilége pour Lyon et le Lyonnais ; on lui refusa la clause d'exclusion, sous prétexte qu'il prospérait à Paris sans l'avoir.

[2] Ces lettres patentes ne furent enregistrées que le 5 septembre 1708, après procès et transaction avec la manufacture royale des Glaces et avec la verrerie de Chaillot, cette dernière établie par Louis Gouffé (privilége du 1ᵉʳ octobre 1706), pour la fabrication de toutes sortes de cristaux et d'émaux en même matière que celle qui servait à faire les perles fausses. Pendant les années que la procédure avait fait perdre à Bourmont, les ouvriers attirés par lui des pays étrangers y étaient retournés, et il ne put les faire revenir que moyennant des avances considérables. Sa première résidence fut dans le faubourg Saint-Antoine. Voir les Papiers du Contrôle général, Commerce, G⁷ 1696, 19 septembre 1711, et 1705, 16 avril 1725.

[3] Par arrêt du 16 novembre 1706, la manufacture de Boufflers obtint don et remise du prêt de 10,000 ⁱ qui lui avait été fait par le roi. Par un autre arrêt du 14 novembre suivant, Mérou fit approuver son association avec les sieurs Marlot et Baraguay, en place des précédents. Cette manufacture ayant fabriqué avec grand succès, outre les serges façon de Londres, diverses étoffes nouvelles nommées sempiternes, anacostes, écarlatilles, et autres à la façon d'Angleterre, et ne comptant pas moins de cinquante-cinq métiers, Mérou obtint en 1710 le renouvellement de son privilége pour vingt ans, avec un secours de 2,000 ⁱ, payable chaque année par les fermiers généraux, et permission de prendre tels associés qu'il lui plairait, sans les exposer à la dérogeance. (Papiers du Contrôle général, G⁷ 437, 25 avril 1710. On trouvera aussi un rapport de 1750 dans les Papiers du Commerce, F¹² 651.

MÉMOIRE DU SIEUR MARTIN, INSPECTEUR DES MANUFACTURES, SUR LA FABRICATION DES CHAPEAUX DE CASTOR[1].

1692.

Mémoire pour faire voir l'importance de l'affaire des castors, fait en présence des plus experts marchands chapeliers et facturiers de Paris.

Le castor gras, à 10ᴸ la livre en cuir, comme il vaut à présent, revient, en poil, à 36ᴸ la livre, ci.......... 36ᴸ
Le castor sec, à 5ᴸ la livre en cuir, revient, en poil, à 17ᴸ la livre, ci............................ 17
Le vigogne revient à environ 8ᴸ la livre, ci........ 8
Le poil de lapin vaut environ 6ᴸ la livre, ci....... 6

Pour faire un bon castor des plus forts, il faut environ 8 onces de poil de castor gras, qui, à raison du susdit prix de 36ᴸ la livre, revient à 43 sols l'once, ci... 8 onces, ci 18ᴸ 00ˢ
et de castor sec en poil 4 onces, au susdit prix de 17ᴸ la livre, revient à 22ˢ 6ᵈ l'once, ci.............. 4   4 10

                    Totaux........ 12   22 10

Façon et teinture d'un castor: 5ᴸ.

Pour faire un demi-castor, on unit 9 onces poil de vigogne ou lapin, qui revient à 15 sols l'once, ci 9 onces, ci 6ᴸ16ˢ
et de castor gras, environ 2 ou 3 onces, à 45 sols, ci....................... 3   6 15

                    Totaux........ 12   13 10

Façon et teinture: 5ᴸ.

Pour faire un chapeau de vigogne, il faut 4 onces de vigogne, à 10 sols l'once, ci............... 4 onces, ci 2ᴸ
et de poil de lapin, 8 onces, à 7ˢ 6ᵈ l'once, ci.......................... 8   3

                    Totaux........ 12   5

Façon et teinture: 3ᴸ.

L'on voit, par le détail ci-dessus spécifié, le prix des poils de castor, vigognes et lapins, qu'il faut, pour faire un bon castor, 12 onces de poil de castor, et que le fond d'un castor revient à 22ᴸ 10ˢ chacun; l'on voit aussi qu'à un demi-castor on n'y met au plus que 3 onces de poil de castor, qui monte à 6ᴸ 15ˢ seulement, et l'on voit qu'un chapeau de vigogne se peut donner à 10 ou 11ᴸ: de sorte qu'abolissant tous les demi-castors, comme les statuts, règlements et arrêts l'ordonnent, à peine d'être brûlés et 2,000ᴸ d'amende, tous les honnêtes gens et les étrangers donneraient sur les castors sans nulle difficulté.

Lesdits marchands chapeliers assurent qu'il se vend ou se débite dans Paris, par an, du moins, quatre-vingt ou cent mille chapeaux de castor. Il est à remarquer qu'à présent on peut compter qu'en total on ne met auxdits castors ou demi-castors, l'un portant l'autre, qu'au plus 3 onces de pur castor: de sorte que, par exemple, quatre-vingt mille castors d'à présent, à 3 onces, revenant à 6ᴸ 15ˢ par chapeau, montent à 540,000ᴸ. et que quatre-vingt mille bons castors de 12 onces, revenant à 22ᴸ 10ˢ par chapeau, montent à 1,800,000ᴸ.

Cette grande différence prouve évidemment l'importance de l'affaire.

Les marchands sont persuadés que, si ce négoce revenait dans sa perfection, il se débiterait dans Paris plus de cent mille purs castors, et que cette manufacture deviendrait une des plus considérables du royaume, comme elle l'était autrefois. Pour y parvenir, il faut séparer le commerce des poils, comme l'arrêt projeté le demande, et que ce soit les soins des commis du fermier, avec ceux de quatre experts marchands chapeliers, choisis par Sa Majesté et affidés auxdits fermiers: sans quoi nul espoir d'y pouvoir remédier.

Dès que les poils sont mêlés dans l'ouvrage, il est

---

[1] Papiers du Contrôle général, G⁷ 1312, 1ᵉʳ juillet 1692. Voyez ci-dessus, p. 609 et 610.

comme impossible de les pouvoir distinguer, et cette difficulté a perdu jusqu'ici ce négoce, et le perdra, si on n'y apporte le remède projeté par ledit arrêt. Les ouvriers ont perdu jusqu'ici cette manufacture par la tolérance des fraudes entre eux-mêmes, ce qui n'arriverait plus dès que les fermiers y tiendront la main sévèrement, avec les soins desdits experts.

Lesdits marchands chapeliers disent que les Anglais et Hollandais font, à présent, passer leur castor par Genève, où les négociants de Lyon les font passer pour l'étranger, pour Cadix et ailleurs, pour les Îles : ce qui cesserait, s'ils trouvaient ici des vrais castors sans fraude, comme aussi ce qui entre par le dedans du royaume.

Ils disent encore que, de Marseille, on envoie à Paris incessamment des chapeaux qu'ils appellent demi-castors, où il n'y en a presque point, mais seulement le fin vigogne et poil de lapin fin, le tout marchandise d'Espagne, qu'ils baillent à un prix tout à fait bas, parce qu'ils ont ces sortes de marchandises de la première main et à très-bon prix, comme étrangère.

Il est certain qu'il n'y a rien de plus sûr que ce qui est contenu au présent mémoire, et que les castors qui se gâtent dans les magasins deviendraient par là une des plus précieuses marchandises du royaume[1].

Lesdits marchands disent qu'il serait encore très-bon que la marque des chapeaux de Paris restât entre les mains des commis du fermier, pour avoir encore une plus grande vue et sûreté en ses mains. S'il y a quelques autres difficultés sur le présent mémoire, on y répondra.

Il y aura de très-grands avantages pour cette ferme, moyennant cet arrêt sur les poils des castors, les temps des payements et les sûretés[2].

RÉFLEXIONS DES DÉPUTÉS DU COMMERCE SUR LA FABRICATION DES CHAPEAUX[3].

20 mai 1701.

Cette manufacture était considérable dans Rouen, Caudebec, plusieurs bourgs et villages du pays de Caux, Provence et autres provinces. Il sortait du port de Rouen une très-grande quantité de chapeaux toute l'année, principalement aux foires de Chandeleur et de Pentecôte, pour l'Angleterre, l'Écosse, l'Irlande, la Suède, le Danemark et la Pologne. Les femmes, les filles gagnaient leur vie à

---

[1] Voyez, dans le tome I de la *Correspondance des contrôleurs généraux*, n° 1505, une lettre du fermier général Germain.

[2] La ferme, qui avait un approvisionnement de plus de 1,500,000 lt de castors, sans débouchés, fit renouveler, par un arrêt du 12 décembre 1693, les prescriptions relatives à la fabrication des chapeaux : défense de faire du demi-castor, comme en produisaient Paris, et surtout Lyon, Rouen, etc.; ordre aux inspecteurs de reprendre le cours de leurs visites, et aux marchands de vendre, dans un délai de six mois, tout ce qu'ils pouvaient avoir en magasin de produits de ce genre. Jusqu'en 1699, il ne fut permis d'employer que le pur castor et la pure laine; mais un règlement du 10 août 1700 autorisa, moyennant certaines précautions, le mélange de poils de lapin, de chameau et autres, sauf le poil de lièvre. Savary, dans son *Dictionnaire du Commerce* (1723, tome I, col. 588), donne les détails qui suivent sur un autre emploi du poil de castor, auquel le Mémoire a fait allusion : «Outre les chapeaux et les fourrures, à quoi l'on emploie ordinairement le castor, on tenta, en 1699, d'en faire d'autres marchandises; et, en effet, on en fabriqua des draps, des flanelles, des bas, etc., dans lesquels il entrait partie poil de castor, et partie laine de Ségovie. Cette manufacture, qui fut établie à Paris, au faubourg Saint-Antoine, réussit d'abord assez bien, et, suivant le génie français, la nouveauté donna quelque vogue aux étoffes et aux bas de castor; mais la mode en passa tout à coup, parce que l'expérience fit connaître que l'usage en était très-mauvais, et qu'outre qu'elles se déchargeaient trop de teintures quand elles avaient été mouillées, elles devenaient sèches et dures comme du feutre. Aussi il n'y a pas d'apparence qu'on ose jamais en hasarder une nouvelle manufacture, et l'on peut pronostiquer qu'à l'avenir l'usage du castor se réduira, comme autrefois, aux chapeaux et aux fourrures.»

[3] Archives Nationales, Papiers du Commerce, F¹² 553. Cette pièce est accompagnée de divers mémoires, états et rapports sur le produit du droit de marque.

éplucher les laines, les poils, à gommer les chapeaux et à broder les bords; beaucoup d'artisans y trouvaient leur subsistance.

Depuis qu'on a chargé le poil de lapin de 10ᵗ de la livre, au lieu de 6 deniers, celui de chameau de 20 pour cent, et de 50 sols du cent qu'il payait comme les noix de Galles qui servent à la teinture (sic), cette manufacture a commencé à diminuer considérablement.

Enfin, 42 sols de droit imposés à cause des lanternes de Rouen, au lieu de 12 sols, sur le bois de campêche qui sert encore à les teindre, le droit de marque, les servitudes des commis et la nécessité où ils ont mis les maîtres chapeliers de ne fouler que deux chapeaux au lieu de trois, ont totalement aboli cette manufacture.

On introduisait nos chapeaux en Angleterre, dans le Portugal et autres pays, où ils sont défendus présentement; on ne peut plus les y introduire, à cause de cette marque qui justifie qu'ils sont de la fabrique de France. Les religionnaires dispersés dans le Nord y ont établi des fouleries dans différentes villes où les matières ne sont point surchargées de droits.

La ville de Marseille fournissait pour des sommes considérables de chapeaux pour l'Italie, Allemagne, Suisse, Espagne, Portugal, etc.; et présentement cette manufacture est tombée, tant à cause des surcharges des matières que du droit de marque. Il en est sorti quantité d'ouvriers qui ont été chercher du travail chez les étrangers. Il n'en reste plus qu'un petit nombre, qu'on retient avec peine, dans l'espérance d'une prompte suppression de ces droits. Il en est de même dans toutes les autres provinces du royaume.

C'est pourquoi, si le Conseil n'a pas la bonté de supprimer ce droit de marque en attendant la diminution des droits d'entrée extraordinaires sur ces matières, on ne pourra pas rappeler les ouvriers à cette manufacture, qui demeure perdue pour la Normandie, la Provence et les autres provinces où l'on foule des chapeaux.

MÉMOIRE CONCERNANT LES FABRIQUES DE DENTELLES DE FIL ET DE SOIE[1].

1691.

Comme l'expérience journalière fait voir combien l'établissement des manufactures et fabriques de dentelles de fil et de soie est utile au public, qui trouve à présent dans le royaume, à juste prix, toutes ces sortes d'ouvrages qu'on était obligé d'acheter autrefois fort chèrement des étrangers, et avantageux aux particuliers, à qui ces manufactures fournissent le moyen de gagner leur vie; et que, pour rendre cet établissement plus glorieux à la France et pour en retirer tout le fruit qu'on en attend, il est nécessaire de les soutenir, de les augmenter et de les perfectionner, il est de l'utilité publique de remédier de bonne heure aux désordres qui se glissent parmi les fabricants et de réprimer la licence de plusieurs d'entre eux, qui, au lieu de s'appliquer à l'envi les uns des autres et d'employer tout leur esprit et leur industrie à inventer de nouveaux dessins et des modèles plus parfaits et plus délicats de ces sortes d'ouvrages, pour s'accréditer et contenter le public, ont l'injustice de profiter sans peine et sans frais de l'invention, du travail et de la dépense des autres, en copiant et contrefaisant leurs patrons et leurs dessins les plus exquis et les plus achevés, d'abord qu'ils paraissent, lorsqu'ils les voient applaudis et recherchés par les personnes de bon goût pour leur finesse et la délicatesse du travail. Cet injuste procédé cause une perte et un préjudice très-considérable aux fabricants qui ont inventé et mis au jour, avec de grandes dépenses, ces nouveaux dessins, empêchant que leurs ouvrages les plus parfaits ne soient vendus leur juste valeur, ce qui

---

[1] Archives Nationales, Papiers du Commerce. F¹² 553.

détruit et fait tomber les manufactures, et qui en causera infailliblement la ruine entière dans la suite, en donnant lieu à ceux qui les établissent et qui les soutiennent de les abandonner, se voyant frustrés du fruit de leur travail et de leurs dépenses. Pour obvier à cet inconvénient et pour empêcher les suites fâcheuses de ce désordre, il conviendrait faire de très-expresses défenses, généralement à tous les fabricants, de continuer à se faire cette infidélité et cette injustice les uns aux autres, de se prendre et copier leurs patrons et leurs dessins, à peine contre les contrevenants de confiscation des ouvrages contrefaits au profit des pauvres de la paroisse dans laquelle ils auraient été fabriqués et saisis [1].

RAPPORTS SUR LA FABRICATION DES BAS DE LAINE [2].

ÉTAT DE LA QUANTITÉ DE BAS DE LAINE ENTRÉS EN FRANCE DE 1675 À 1680.

ANNÉES.	CINQ GROSSES FERMES.		CONVOI DE BORDEAUX.	
	douzaines.	paires.	douzaines.	paires.
1675	7,351		1,896	
1676	7,035	9	6,110	6
1677	11,440		7,599	
1678	10,541		7,496	
1679	13,703		20,137	
1680	10,577		20,140	

Monseigneur observera trois choses :

1° Qu'autrefois il en est entré jusqu'à 40,000 douzaines;

2° Que l'on porte plus de bas de laine à présent que par le passé, car l'on portait des bas de drap et de serge;

3° Que ce qui entre par Bordeaux est destiné la plus grande partie pour Espagne, Portugal et les Indes, en sorte que ce qui entre par les cinq grosses fermes est négocié dans le royaume, et, pour les pays étrangers, par voie de Lyon.

ÉTAT DES ÉTABLISSEMENTS DE LA MANUFACTURE DES BAS DE LAINE AU TRICOT QUI SONT À PRÉSENT ENTRETENUS PAR LE SIEUR CAMUSET.

ISSOUDUN.

Commencé en 1668. Il y a au moins trois cents ouvriers, outre ceux des lieux aux environs, qui fabriquent des bas........................ 300

CHÂTEAUNEUF.

Commencé en 1680. Il y a trois cents ouvriers, outre ceux de Dun-le-Roi et de Saint-Amand, qui fabriquent tous bas de laine de Berry d'un bon usage........................ 300

SENS.

Commencé en 1668. Il y a trois cent cinquante ouvriers, qui y fabriquent des bas de laine, gros et fins........................ 350

MONTARGIS.

Commencé en 1669. Il y a deux cents ouvriers, fabriquant tous bas fins........................ 200

A reporter.............. 1,150

---

[1] «Les dentelles d'or et d'argent, tant fin que faux, se fabriquent presque toutes à Paris, à Lyon et en quelques endroits des environs de ces deux grandes villes. Celles de soie, les plus fines, se font à Fontenay, à Puisoux, à Morgas (Maurogard?) et à Louvres-en-Parisis. Pour ce qui est des communes et grossières, elles se manufacturent quasi toutes à Saint-Denis-en-France, à Montmorency, à Villiers-le-Bel, à Sarcelles, à Écouen, à Saint-Brice, à Groslay, à Gisors, à Saint-Pierre-ès-Champs, à Étrépagny, à Douxménil, et en quelques autres lieux voisins de ces petites villes, bourgs et villages. C'est particulièrement à Louvres-en-Parisis où se manufacturent la plupart des hautes dentelles de soie noire destinées pour les écharpes de femme.» (Savary, *Dictionnaire du Commerce*, tome 1, col. 1677.)

[2] Papiers du Contrôle général, G⁷ 551. Ces trois pièces sont envoyées à Colbert, le 5 novembre 1681, par l'inspecteur des manufactures Camuset.

MANUFACTURES.

SAINT-AIGNAN.

	ouvriers.
Report....................	1,150
Commencé en 1678. Il y a cent trente ouvriers, fabriquant tous bas fins....................	130

CHEVREUSE.

Commencé en 1669. Il y a soixante ouvriers, fabriquant des bas fins....................	60
Total....................	1,340

ÉTAT DES ÉTABLISSEMENTS FAITS PAR LE SIEUR CAMUSET POUR LA MANUFACTURE DES BAS DE LAINE AU TRICOT, DONT L'ENTRETÈNEMENT A ÉTÉ LAISSÉ AU PUBLIC.

HÔPITAL GÉNÉRAL.

ouvriers.

Il a fait l'établissement en 1665, et l'a entretenu jusques en 1679, que les marchands de Paris en ont pris soin. Il y a toujours eu jusqu'à sept ou huit cents ouvriers, et présentement il n'y en a qu'environ quatre cents, à cause de la sortie des pauvres depuis deux ans en çà.................... 800

BEAUCE.

Il s'y est transporté en 1667, pour y apporter seulement la perfection, attendu que les bas que l'on y faisait étaient de médiocre qualité et bonté, ne valant que depuis 10 sols jusqu'à 20 sols; et ceux que l'on fait présentement valant depuis 3ᵘ jusqu'à 5ᵘ. Il y a environ vingt mille ouvriers, et soixante à quatre-vingts paroisses............ 20,000

PICARDIE.

Il y a cinquante-quatre paroisses depuis Amiens jusqu'à Beauvais, où il y a environ dix mille ouvriers qui travaillent. Il y a été en 1666, pour y apporter la perfection, comme dessus.................... 10,000

BOURGES.

Il a fait l'établissement en 1667, et il l'a laissé en 1678 au public. Il y a environ cinq cents ouvriers. 500

CHÂTEAUROUX ET DUN-LE-ROI.

Il a commencé l'établissement en 1669, et l'a laissé en 1675. Il y a environ trois cents ouvriers..... 300

A reporter............... 31,600

LA CHÂTRE ET SAINT-AMAND.

	ouvriers.
Report....................	31,600
Il a fait l'établissement en 1669, et l'a laissé en 1676. Il y a environ deux cent cinquante ouvriers....	250

MOULINS.

Idem en 1671, et l'a laissé en 1676. Il y a deux cents ouvriers.................... 200

LA CHARITÉ.

Idem en 1670. Laissé en 1675. Il y a cent vingt ouvriers.................... 120

GIEN.

Idem en 1670, et laissé en 1674. Il y a deux cent soixante ouvriers.................... 260

SEIGNELAY.

Il a fait l'établissement en 1668, et laissé en 1680. Deux cents ouvriers.................... 200

JOIGNY.

Idem en 1671, et laissé en 1678. Cent ouvriers.... 100

AUXERRE.

En 1668. Laissé en 1680. Trois cents ouvriers[1]... 300

REIMS.

En 1672. Laissé en 1678. Trois cents ouvriers.... 300

LA FÈRE.

En 1668. Laissé en 1672. Cent ouvriers.......... 100

PROVINS.

Commencé l'établissement en 1672. Laissé en 1676. Il y a deux cent cinquante ouvriers.......... 250

ÉTAMPES.

En 1671. Laissé en 1675. Cent vingt ouvriers.... 120

CLERMONT ET BLESLE EN AUVERGNE.

En 1670. Laissé en 1675. Trois cents ouvriers.... 300

Total.................... 34,100

---

[1] Selon un autre état analogue, la fabrication de Sens employait trois cent cinquante ouvriers.

APPENDICE.

LETTRE DE M. DE LA REYNIE, LIEUTENANT GÉNÉRAL DE POLICE, À M. DE LOUVOIS, SUR UNE DEMANDE EN AUTORISATION DE MANUFACTURE FAITE PAR LES ERMITES DU MONT-VALÉRIEN [1].

4 décembre 1689.

Je vous renvoie, Monsieur, le mémoire des ermites du Mont-Valérien [2], qui ne paraît pas être fait avec toute la simplicité convenable à leur état, car ils supposent, pour avoir lieu de se plaindre, ce qui n'a jamais été, et ils se plaignent comme s'ils avaient souffert quelque violence dans leurs ermitages. Le tout consiste cependant en la plainte qu'ont faite les jurés des maîtres ouvriers en bas au métier, de ce que quelques personnes qui n'avaient pas droit de travailler, pour éluder les règles prescrites par les statuts, avaient établi des métiers dans les ermitages du Mont-Valérien, d'où l'on portait les ouvrages à Paris, où ils étaient mis en commerce, tels qu'ils pussent être et sans aucune visite : ce qui étant en effet contre l'ordre, j'en fis donner avis aux ermites par un de leurs amis, afin qu'ils fissent cesser les plaintes que l'on faisait contre eux. C'est tout ce qui a été fait à leur égard.

1° Ces bonnes gens sont à louer de s'appliquer au travail, comme ils le disent; mais il ne s'ensuit pas qu'ils puissent faire préjudice à un corps de communauté et à des maîtres ouvriers, qui ont seul droit de travailler d'un tel métier.

2° Cette liberté est contre l'ordre et le bien du commerce, en ce que ceux qui travaillent de ce métier sont obligés de faire une certaine quantité de bas de soie; il leur est défendu de fabriquer des bas au métier de grosse laine; les marchandises fabriquées sont encore sujettes à la visite, et il y a plusieurs autres règles à observer, desquelles les ermites se prétendent dispensés.

3° Un tel abus est d'une conséquence infinie; car, sur ce même pied, on mettra des métiers en d'autres lieux particuliers, dans des monastères et communautés, et il n'y a rien qui soit plus contraire à l'ordre public.

4° Avec une telle liberté, les ermites du Mont-Valérien ne seront plus ermites, mais bien des marchands travestis en ermites; on ira et viendra au Mont-Valérien, et on négociera avec eux pour la fabrique et pour achat de leur marchandise; et il sera difficile, avec cela, que le Mont-Valérien soit une solitude et un lieu de retraite.

5° Le Mont-Valérien sera un lieu et un entrepôt assuré et commode pour y mettre des bas d'Angleterre entrés en fraude, qui passeront néanmoins pour être de la manufacture des bons ermites.

6° Les ermites peuvent travailler à tout ce à quoi on travaille à la campagne en pleine liberté; il y a une infinité de choses à quoi ils peuvent s'occuper et gagner leur vie, sans établir au Mont-Valérien des métiers qui coûtent 400ᴸ la pièce, et dont le prix fait assez voir que d'autres gens leur prêtent ces métiers, pour se servir de la faveur de leur prétendue retraite.

7° Si ces ermites sont en trop grand nombre pour avoir besoin de tels moyens pour subsister, ils se doivent réduire; et peut-être, pour d'autres raisons considérables, ne convient-il pas de multiplier ces hommes en cet endroit-là.

8° La manufacture des bas de soie et de laine au métier réussit parfaitement. Le commerce qui

---

[1] Papiers du Contrôle général, G' 427, pièce jointe au dossier du 8 avril 1692. — A deux reprises différentes, les religieux du Mont-Valérien essayèrent d'obtenir l'autorisation du roi pour établir dans leurs ermitages une manufacture de bas au métier, la première fois en 1689, quand M. de Louvois était encore surintendant des arts et manufactures, et la seconde fois lorsque M. de Pontchartrain occupait ce poste. L'une et l'autre requête furent repoussées, sur l'avis de M. de la Reynie. Nous donnons la lettre que celui-ci écrivit à M. de Louvois.

[2] C'étaient des prêtres de la congrégation du Calvaire, qui s'y étaient établis en 1673, à l'imitation de la maison fondée par Louis XIII en Béarn (août 1633), et ils avaient obtenu leur confirmation en juillet 1681.

s'en fait s'augmente tous les jours; ce métier, protégé comme il est, fait un progrès considérable, et il deviendra sans doute l'un des plus considérables et des plus utiles qui aient été établis depuis longtemps dans le royaume; mais, pour cela, il est important d'en maintenir la discipline.

LETTRE DE M. DE LA REYNIE, LIEUTENANT GÉNÉRAL DE POLICE, AU CONTRÔLEUR GÉNÉRAL, SUR LA FABRICATION DES CHANDELLES À PARIS[1].

2 avril 1698.

Le privilége et la permission de faire des chandelles de suif en façon de bougies de cire ont été plusieurs fois demandés, et toujours refusés. Un valet de chambre de Monsieur obtint, en 1669, des lettres pour faire de cette sorte de chandelle, à condition que ce serait sans exclusion et que la vente en serait faite par un maître chandelier; et cette entreprise n'eut aucun succès. Les nommés Brès frères, qui demandent un arrêt pour établir une manufacture de chandelles au faubourg Saint-Antoine, n'ont besoin d'aucun titre pour cela, et ce titre serait d'un notable préjudice au public, et plus encore si tout ce qu'ils demandent leur était accordé, car on renverserait par ce moyen l'ordre de la police en un point important, qui est d'ailleurs difficile à maintenir. Ce point consiste à la taxe de la chandelle, qui se fait annuellement, et à tenir pour cet effet le prix des suifs à un prix raisonnable, sans permettre de les vendre qu'ils ne soient fondus, et sur des échantillons portés à la Halle; à quoi les bouchers et les chandeliers sont continuellement opposés, et appliqués à chercher des prétextes pour éviter la taxe de la chandelle et pour la faire augmenter de prix. On a laissé la liberté, sans tirer à conséquence, à l'ouvrier qui est au faubourg Saint-Antoine, de fabriquer de la chandelle au moule, et, s'il peut tirer des matières de la campagne telles qu'elles lui sont nécessaires, il en a la liberté; mais il ne peut être permis pour cela à lui ni aux bouchers d'enfreindre les règlements de police, sous le prétexte spécieux de faire de la chandelle plus blanche, car le public reçoit bien moins d'avantages de cette sorte de chandelle, qui n'est pas autrement d'un bon usage, qu'il ne souffrirait de préjudice par l'interruption des règlements; et, s'il y avait un arrêt qui autorisât la prétention de ceux qui le demandent, il est certain que les chandeliers, sous le prétexte de faire de la chandelle plus blanche ou de qualités différentes les unes des autres, se tireraient de la règle étroite où ils sont assujettis de ne pouvoir vendre aucune sorte de chandelle au-dessus du prix de la taxe.

---

[1] Papiers du Contrôle général, G⁷ 428. Voyez le *Dictionnaire du commerce* de Savary, v° CHANDELLE.

APPENDICE.

ÉTAT DES MANUFACTURES DE TOILES ET ÉTOFFES DE LA GÉNÉRALITÉ DE PARIS, AVEC LE NOMBRE DES MAÎTRES ET GARDES PRÉPOSÉS DANS CHAQUE VILLE POUR MARQUER ET VISITER LESDITES MARCHANDISES [1].

1703.

NOMS DES VILLES.	QUALITÉS ET ESPÈCES de MARCHANDISES.	NOMBRE DE PIÈCES qui se marquent et se débitent dans chaque ville.	NOMBRE DES MAÎTRES et gardes.	PRODUIT DES 2 SOLS par pièce.	ÉVALUATION AU DENIER 10.
Beauvais.........	Draps et ratines............. Serges fines................ Espagnolettes.............. Toiles.....................	13,000 12,000 16,000 22,000 } 63,000	4	6,300ᴵᴵ	63,000ᴵᴵ
Mouy............	Revêches et serges de Mouy.... Toiles.....................	12,000 3,000 } 15,000	3	1,500	15,000
Mantes..........	Petites étoffes.............. Toiles.....................	2,000 600 } 2,600	3	260	2,600
Étampes.........	Draps et serges .... Droguets .... Toiles.....................	3,000 600 500 } 4,100	3	410	4,100
Provins..........	Draps..................... Serges et droguets........... Toiles.....................	1,000 3,000 300 } 4,300	3	430	4,300
Sens.............	Draps..................... Serges et autres petites étoffes.. Toiles.....................	5,000 5,000 6,000 } 16,000	4	1,600	16,000
Senlis...........	Draps et serges............. Droguets et étamines........ Toiles.....................	6,000 10,000 9,000 } 25,000	4	2,500	25,000
Meaux...........	Draps et serges............. Petites étoffes.............. Toiles.....................	5,000 6,000 4,000 } 15,000	4	1,500	15,000
Moret............	Draps..................... Serges et toiles.............	1,200 600 } 1,800	3	180	1,800
Dreux............	Draps..................... Serges..................... Toiles.....................	1,200 1,400 500 } 3,000	3	300	3,000
Tonnerre.........	Petites étoffes.............. Toiles.....................	600 500 } 1,100	3	11	1,100
Vézelay..........	Petites étoffes.............. Toiles.....................	500 300 } 800	2	80	800
Pontoise..........	Draps et serges............. Toiles.....................	1,200 900 } 2,100	4	210	2,100
Nogent-sur-Seine..	Draps et serges............. Toiles.....................	800 300 } 1,100	2	110	1,100
TOTAUX........		154,900	45	15,490	154,900

[1] Ce tableau est fourni en août 1703, à l'occasion d'un projet de création de visiteurs et marqueurs des étoffes. (Papiers du Contrôle général, G¹ 1688.)

MANUFACTURES.

LETTRE DE L'ANCIEN ENTREPRENEUR DE LA MANUFACTURE DE TAPISSERIES DE BEAUVAIS
AU CONTROLEUR GÉNÉRAL, ET REQUÊTE AU ROI[1].

Du Petit-Châtelet, ce 29 mars 1708.

Pardonnez, s'il vous plaît, Monseigneur, à l'état d'un souffrant qui prend la liberté de réitérer ses prières à Votre Grandeur pour lui remontrer très-humblement que je suis, avec un de mes amis qui a souscrit pour moi, toujours arrêté au petit Châtelet dès le 19 décembre dernier, à la requête d'un créancier supposé, homme inconnu, qui m'a attiré par cette détention les recommandations de tous ceux avec qui j'ai des affaires, qui, non contents des nantissements qu'ils ont à moi de valeur de six fois au delà de ce que je dois, n'ont pas laissé de faire vendre depuis huit jours tous mes meubles et les ont fait adjuger pour la huitième partie de leur valeur, n'ayant d'autres raisons à me dire sinon qu'ils étaient las de voir le peu de succès de mes sollicitations pour mon rétablissement. C'est ce qui m'oblige, Monseigneur, à vous demander par grâce une personne pour prendre connaissance de mes affaires, persuadé que, quand Votre Grandeur sera informée des persécutions que l'on continue de me faire, elle ne permettra pas que je périsse après tous mes travaux. Je suis encore en état, sous l'honneur de votre protection, de donner des preuves de mes talents, et M. Chamillart m'avait assuré que le roi avait ordonné mon rétablissement; il m'a même fait donner un ordre pour aller reprendre possession; mais un commis, dont la cause est cachée, m'en a toujours éludé le succès, et il n'a pas été de mon pouvoir d'y parvenir. Si Votre Grandeur avait la bonté de prendre lecture du placet ci-joint, elle connaîtrait qu'il n'y a eu que ma dépossession, sitôt que j'ai eu perdu M. Colbert, qui m'ait jeté dans les embarras où je me trouve, n'ayant été remboursé que de 50,000 ll, sur plus de 260,000 ll dont j'ai justifié des états. Cette vérité a tellement été connue au Conseil royal et à feu M. de Seignelay, qui m'avait promis que, sitôt que j'aurais exécuté la tapisserie de ses armes que j'ai parachevée depuis son décès, il me remettrait en place et me ferait fournir des fonds pour me soutenir et m'indemniser des pertes que j'ai souffertes. J'espère, Monseigneur, que vous aurez compassion de mes malheurs et de l'état où se trouve mon épouse, femme à plaindre en ce qu'elle descend des plus nobles familles du royaume, parente de M. Amelot, ambassadeur en Espagne, laquelle se trouve réduite sur le carreau, et que, m'honorant de votre protection, je pourrai recouvrer la vie et l'honneur, en sacrifiant le reste de mes jours et ma pauvre famille à prier le Seigneur pour votre conservation, prospérité et santé. Ce seront toujours les véritables sentiments de celui qui est, d'un très-profond respect, Monseigneur, votre très-humble et très-obéissant serviteur.

HINART.

AU ROI.

Sire,

Jean-Baptiste Hinart, entrepreneur des manufactures royales de tapisseries de haute et basse lisse établies à Beauvais, remontre très-humblement à Votre Majesté que Louis Hinart, son père, eut l'honneur d'être choisi en l'année 1664, par feu M. Colbert, surintendant des arts et manufactures du royaume, pour cet établissement et pour l'exécution de l'édit du mois d'août de la même année.

Il se fit un plaisir de sacrifier à la gloire de l'État non-seulement les parfaites connaissances qu'il avait pour la fabrique de ces ouvrages et pour leur commerce, mais encore d'y employer tout le bien qu'il avait acquis, pourvu qu'en représentant avec éclat sur ces riches tableaux les actions héroïques de Votre Majesté, il pût, par son indus-

---

[1] Papiers du Contrôle général, G⁷ 1691. La requête au roi est imprimée.

trie, contribuer à faire passer à la postérité les grands événements de son règne merveilleux.

Il entreprit, conduisit et perfectionna cette manufacture avec autant de zèle que de succès; il réunit dans ses ateliers les plus habiles ouvriers du monde, et, soutenu de l'agrément et de la protection royale de Votre Majesté, il surpassa tout ce qui s'était fait jusqu'alors dans la Flandre et dans l'Angleterre.

Henri IV, de triomphante mémoire, avait commencé cet établissement; Louis le Juste, d'heureuse mémoire, l'avait affermi; mais sa perfection était réservée à Votre Majesté. C'est elle qui, enchérissant sur les bienfaits des rois ses prédécesseurs, a excité les maîtres les plus entendus, redoublé par des pensions l'ardeur des étrangers, entretenu les naturels par des appointements, et excité l'émulation des uns et des autres.

Le suppliant, fils dudit Hinart, qui a secondé son père depuis le commencement de l'établissement, entra pour sa part dans les vues, dans les desseins et dans la société de son père; instruit par ses lumières, joignit aux talents d'un habile maître les soins d'un élève affectionné, et, tous deux agissant d'un zèle égal pour la gloire et pour le service de Votre Majesté, le concert du père et du fils donna une nouvelle force à ce travail. Mais son père, étant devenu fort avancé en âge, son état ne lui permettant plus de continuer ses soins, céda, sous le bon plaisir de Votre Majesté, audit Jean-Baptiste Hinart, son fils et son associé, ledit établissement.

Cette grâce redoubla son zèle : il fit de nouveaux efforts pour s'en montrer digne, et il travailla assidûment et longtemps, sans néanmoins oser importuner Votre Majesté pour lui demander ce que Henri IV avait accordé aux premiers ouvriers qui formèrent cet établissement.

Il s'appliqua désintéressément à rendre plus habiles ses ouvriers et apprentis; il choisit les meilleurs peintres pour inventer des dessins qui s'élevassent au-dessus de ce qu'on avait vu, et fit exécuter des ouvrages qui, quoique très-proches de la dernière perfection, ne servaient qu'à l'exciter à en produire de plus parfaits et à répondre par les merveilleux aux actions surprenantes que Votre Majesté permettait à son art de représenter.

Il ne porta pas les choses à cette excellence sans des dépenses prodigieuses : il emprunta, pour faire subsister ses ouvriers; il engagea son patrimoine, pour ne point être arrêté au milieu d'une course si glorieuse, et il aima mieux s'exposer à succomber sous le poids de l'entreprise, que de se reprocher le défaut du succès par le manque de fournir le nécessaire à plus de six cents ouvriers qui étaient actuellement employés à fabriquer pour entretenir cent vingt-cinq métiers qu'il avait travaillants.

Le mérite de son travail ne fut pas inconnu à Votre Majesté : le ministre préposé pour la direction générale des manufactures lui en rendit un témoignage si avantageux, que Votre Majesté, passant exprès à Beauvais, en 1671, voulut bien honorer de sa présence les ateliers de cette manufacture. Elle se fit un plaisir d'y voir l'application des ouvriers et leur émulation à tracer avec l'or, l'argent, les soies et les laines les glorieux événements de son règne. La bonté de Votre Majesté descendit jusqu'à leur permettre de copier sur la nature, pendant un demi-jour, les traits héroïques de son visage auguste, et elle témoigna une entière satisfaction de leurs travaux.

Le suppliant eut lui-même l'honneur de rendre compte à Votre Majesté de tous les détails de cet art, et admira avec quelle justesse et pénétration elle voulait bien y descendre. Elle lui donna ordre de l'en entretenir encore et le même soir et le lendemain, et enfin, contente de l'état auquel elle trouva cette manufacture, après avoir répandu ses libéralités sur les ouvriers, elle fit espérer des récompenses à ceux qui se distingueraient, promit sa protection royale aux entrepreneurs; et, pour laisser un monument public de son agrément, Votre Majesté acheta plusieurs tentures de tapisseries de cette manufacture, pour être mises au rang des meubles de sa couronne.

Le suppliant, qui n'avait pour but que la gloire du service, sans intérêt, aurait pu prendre cette conjoncture favorable pour obtenir de Votre Majesté les lettres de noblesse que Henri IV avait accordées à Comant et à La Planche, et Louis XIII à Simon Lourdet, avant qu'ils eussent ébauché leurs établissements; mais il ne cherchait d'autres avantages que celui de s'acquitter de son devoir à la satisfaction de Votre Majesté. Flatté de ce succès, il pouvait, Sire, espérer que l'édit irrévocable qui l'avait établi dans cette manufacture, et pour l'exécution duquel il avait fait tant de dépenses, serait du moins inviolable pour les trente années que Votre Majesté avait accordées, et qui ne finissaient qu'à la fin de 1694. Cependant, M. Colbert, dont le suppliant avait l'honneur d'être appuyé, étant décédé en 1683, et sa charge de surintendant des arts et manufactures ayant passé à M. de Louvois, ce ministre crut devoir apporter du changement à ce que son prédécesseur avait établi, et, au mois de mai 1684, avant la vingtième année de sa jouissance, le suppliant fut dépossédé et obligé de quitter sa place à un ouvrier étranger et à un maître brasseur, son associé, inconnus, entre les mains desquels cette manufacture est dépérie.

Les pertes que le suppliant a faites par cette dépossession ne se peuvent exprimer. De chef de plus de six cents ouvriers, il se vit privé en un jour du fruit de vingt années de travaux, dépouillé de ses métiers, chargé de dettes, et obligé de chercher un nouvel établissement. Du débris de ses ateliers et des restes de ses métiers, il forma une petite compagnie de ses élèves qui ont bien voulu le suivre. Il a, dans cette disgrâce, exécuté par une espèce de miracle des ouvrages qui font le principal ornement des appartements de plusieurs personnes du premier rang. Ce succès heureux lui fit confier l'exécution des Conquêtes du grand Gustave, roi de Suède, et des attributs de la Marine pour M. le grand amiral de France, pour lesquels il fut fait des dessins qui furent l'admiration de toutes les personnes de bon goût; mais les ennemis du suppliant et les étrangers qui occupent présentement sa manufacture de Beauvais, prévoyant que ces deux ouvrages allaient faire connaître à toute l'Europe la portée de son génie et la beauté de son travail, suscitèrent, par une basse jalousie, quelques-uns de ses créanciers, qui le firent arrêter dans le temps qu'il avait dressé ses métiers et qu'il était sur le point d'exécuter une si magnifique entreprise.

Ainsi, sa détention ôta la confiance que l'on avait en lui, et comme sa captivité le mettait hors d'état de conduire deux si rares sujets, ses ennemis, profitant de son malheur, s'emparèrent de ses dessins et de ses ouvriers, pour achever ce qu'il avait si heureusement commencé.

Au milieu de ses infortunes, il a continué dans son même zèle, et n'a point perdu l'espérance de son rétablissement, fondée sur la justice inviolable de Votre Majesté et sur la connaissance parfaite qu'elle a des avantages que produirait à ses peuples le succès de cette manufacture, abîmée dans les mains qui l'ont gouvernée depuis l'expulsion du suppliant, et à laquelle il pourrait, par de nouveaux soins, rendre bientôt son lustre et sa splendeur.

Il supplie, Sire, Votre Majesté de lui accorder ce rétablissement dans un temps de paix si favorable à la gloire et à la perfection des arts et des manufactures, et de vouloir bien, par sa bonté, confier de nouveau à l'industrie et au zèle du suppliant un succès pour lequel il sacrifiera non-seulement les travaux du reste de sa vie, mais encore ceux des plus habiles ouvriers.

Il proposera, Sire, pour cet effet, un mémoire particulier qui contiendra le détail de ce nouvel établissement. Celui de 1664 pour trente ans étant expiré, il fera voir qu'il est avantageux à l'État et glorieux au règne de Votre Majesté. Cette manufacture aura tous les avantages de celle qui est finie; elle fournira de nouveau des apprentis, qui deviendront d'excellents maîtres, capables d'exécuter toutes sortes d'ouvrages, tant pour le service de Votre Majesté que pour tout le public; elle conservera dans le royaume des richesses qui passent chez les étrangers; elle formera un corps de personnes dévouées à l'instruction du peuple, et pour occuper un grand nombre de ces enfants que la nature et la fortune semblent avoir maltraités de concert, et qui, quoique nés illégitimement et livrés au public par ceux qui leur ont donné le jour, n'en sont pas moins propres à se perfectionner dans ce qui dépend du génie et de l'industrie, lorsqu'on les choisira parmi ceux qui feront voir les plus heureuses dispositions à réussir. Et il continuera ses vœux et ses prières pour la santé et prospérité de Votre Majesté.

MÉMOIRE FOURNI PAR HENRI NOETTE, INSPECTEUR DES MANUFACTURES AU DÉPARTEMENT DE BEAUVAIS, EN EXÉCUTION DE L'ORDRE DE M₉ʳ DESMARETZ DU 11 SEPTEMBRE 1708 [1].

Pour satisfaire à cet ordre, j'ai cru devoir commencer par entrer dans le détail de toutes les fabriques et villes de commerce de ce département, en rendant compte de chacune en particulier, pour faire voir le progrès des unes et la diminution des autres, l'inexécution qu'il peut y avoir aux règlements, et ce qu'il convient de faire pour y remédier; et ensuite je parlerai des abus en général, et aussi des remèdes que l'on y peut apporter.

Les villes et lieux de fabrique du département de Beauvais sont : Beauvais, Mouy, Boufflers, Hanvoille, Glatigny, Compiègne, Méru, Merlou (Mello), Senlis, Pontoise, Beaumont, Clermont et Pont-Sainte-Maxence. Il y a encore Saint-Germain et Poissy, qui semblent devoir être de ce département, où il n'y a aucun inspecteur, et où par conséquent il n'y a point de visite; mais, comme ces deux villes ne sont pas comprises dans ma commission, je n'ai pas cru, jusqu'à présent, y pouvoir aller sans ordre.

BEAUVAIS.

Il y a dans cette ville deux sortes de fabricants, savoir : les drapiers drapants et les sergers, que l'on distingue en *grand* et *petit corps*, outre lesquels il y a encore les peigneurs, tisserands, lanneurs et tondeurs; et il faut être de l'un de ces quatre états pour pouvoir faire draper. Les sergers, qui font un cinquième état (car les drapiers sont confondus dans les quatre autres), peuvent aussi entrer dans le corps de la draperie en le faisant signifier; mais, comme les laines qu'ils emploient sont inférieures à celles des drapiers, et que l'on suppose qu'il leur faut quelque temps pour les consommer ou s'en défaire, ils sont un mois à chômer avant que de pouvoir draper : c'est une loi entre eux; au lieu que les drapiers, qui ont la même faculté d'entrer dans le petit corps, peuvent faire travailler du métier de serger aussitôt qu'ils l'ont déclaré, ne pouvant avoir que de bonnes laines du corps dont ils sortent; et cette facilité est très-avantageuse aux uns et aux autres, parce que, quand l'un des deux métiers ne va pas bien, ils se jettent dans l'autre.

Le corps de la draperie de Beauvais est considérablement diminué depuis quinze ans, plusieurs ayant pris le parti de se retirer dans celui des sergers, où il y a plus de débit en temps de guerre qu'en temps de paix : de sorte que, de soixante-dix qu'ils étaient alors, il n'y en a plus que trente-trois, dont il y a un tiers de malaisés. Cette diminution vient de la rareté des laines d'Espagne qu'ils doivent employer dans leurs ratines, et du peu de consommation de ces étoffes-là, qui sont trop chères pour la campagne ruinée et n'ont pas assez d'éclat pour les villes, où le luxe fait que les femmes qui n'ont pas le moyen d'avoir de la soie s'habillent d'étamine et de camelot, préférant l'apparence de ces petites marchandises à la durée de celles des drapiers.

Ces fabricants ont des statuts de l'année 1667, qui, outre la visite ordinaire au retour du foulon, ordonnent que les ratines seront apportées au bureau pour examiner le travail du tisserand; mais ces statuts, qui sont aussi pour les sergers, ne parlant point de la qualité des laines qu'ils devaient employer par rapport aux différentes sortes d'étoffes, il a été fait un règlement qui les désigne, par acte d'assemblée du 18 août 1670, approuvé par une lettre de feu M₉ʳ Colbert, du 2 septembre de la même année.

Les drapiers ont à présent quatre-vingt-dix métiers battants, qui peuvent fabriquer trois mille quatre à cinq cents pièces par an. Ils font des ratines larges de cinq quarts, des finettes, des façon d'Es-

---

[1] Bibl. Nationale, ms. fr. 8037 (provenant des Papiers du Contrôle général), fol. 281.

pagne ou fines-sortes, des deux-envers ou façon de Saint-Lô, des entre-fines, des moyennes, et des étamets ou bures, d'une aune chacune. C'est par cette dernière étoffe que la draperie de Beauvais a commencé il y a plus de mille ans. Ils font encore des serges fines ou façon de Londres de deux tiers, des façon de Tricot de demi-aune demi-quart, et des revêches de trois quarts.

Les ratines larges et façon d'Espagne sont à peu près de même prix, parce que la force de celles-ci tient lieu de la largeur de celles-là. Elles valent depuis 100 sols jusqu'à 6 ^{lt} 10^s l'aune, selon le cours des laines. Les finettes vont de 4^{lt} à 100 sols. Ces trois sortes d'étoffes se font des plus fines laines de France pour la chaîne, et de laines d'Espagne, comme Castille et Alborazin, prime et seconde, pour la trame. Les plus curieux y emploient des primes ou secondes Ségovie. Les deux-envers et serges fines se fabriquent avec les laines ci-dessus, ou des plus fines de France. Les premières valent depuis 4^{lt} jusqu'à 5 ^{lt} 10^s l'aune, et les secondes sont de 50 à 55 sols; les entre-fines, aussi de laines de France, depuis 3 ^{lt} 5^s jusqu'à 4 ^{lt}, et les moyennes, de laines de pays, de 55 à 60 sols; les façon de Tricot, de 35 à 40 sols, et les revêches de 28 à 30 sols. Ces deux étoffes se font pareillement de laines de pays.

Les étoffes ci-dessus se consomment à Paris et dans les villes circonvoisines, et ne se transportent pas à plus de trente lieues à la ronde de leur fabrique, à l'exception des ratines moyennes, qui se débitent en Picardie et s'envoient du côté d'Amiens et de Lille, et dans les Pays-Bas. Ce commerce est considérablement diminué depuis que les ennemis ont fait des courses jusque dans l'Artois.

Outre ces étoffes-là, les drapiers fabriquent encore des espagnolettes à demi-aune demi-quart, des sommières de même largeur et de demi-aune, des flanelles ou bayettes de sept quarts et de trois quartiers de large, et des sempiternes aussi de trois quarts; mais ces marchandises ne sont pas comprises dans leurs statuts, parce qu'elles ont été introduites depuis à Beauvais, et il y a eu sur cela des règlements particuliers. Les espagnolettes et les flanelles ou bayettes se font, quelques-unes avec des laines d'Espagne, et les autres de fines laines de France. Le prix des premières est de 42 à 55 sols l'aune, et les secondes valent, savoir : les larges, depuis 50 jusqu'à 60 sols, et les étroites, de 24 à 28 sols. Les sempiternes et les sommières se fabriquent aussi avec des laines de France. Celles-là sont de 25 à 28 sols l'aune, et celles-ci de 24 à 26 sols; les larges et les étroites, de 18 à 22 sols.

Il ne se consomme presque pas de bayettes dans le royaume, si ce n'est pour mettre dans les robes de chambre. Elles s'envoient presque toutes, de même que les sempiternes, en Espagne et dans les Indes et îles de Saint-Domingue. À l'égard des espagnolettes et des sommières, il s'en débite quelque peu dans le pays, et la plus grande partie à Paris et dans les villes circonvoisines.

Voilà toutes les sortes d'étoffes qui se fabriquent par les drapiers drapants de Beauvais, parmi lesquelles il y en a qui sont aussi communes aux sergers, dont on parlera ci-après. Il ne reste plus que quelques observations à faire sur les matières qui s'emploient dans la draperie.

Quoique ces matières ne soient autre chose que de la laine, puisqu'elles proviennent toutes du mouton, elles sont néanmoins de différentes qualités. Il y a d'abord la mère laine, qui vient de la toison; le peignon, qui sort de cette laine lorsqu'on la peignant ou en tire le teint dont on fabrique les chaînes, et le pli, provenant de dessus les peaux des bêtes tuées pour la boucherie. On choisit la plus haute laine pour peigner, et la basse se façonne dans la carde pour faire la trame.

On entend par les bonnes laines de France celles du Berri, de la Sologne et de la Brie, qui sont de bons climats pour les troupeaux; et par les laines de pays, celles qu'on tire de Senlis, Pontoise, Meulan et des environs, ou que l'on apporte vendre à Beauvais en toison ou lavées.

Dans les ratines larges, façon d'Espagne et finettes, il ne s'emploie que de pures laines d'Espagne ou des plus fines de France pour la trame, comme il est dit ci-dessus; mais, dans les entre-fines et moyennes serges, façon de Tricot et revêches, on y mêle du peignon et du pli, qui foule plus promptement et donne du corps à l'étoffe. Les drapiers mettent aussi du peignon dans la plupart des sommières et sempiternes, ce qu'ils ne devraient pas faire, parce que cette matière est pour ainsi dire l'excrément de la laine, où il y a toujours de la paille qui s'attache au poil du mouton dans la bergerie; et comme ces deux sortes d'étoffes, particulièrement les sempiternes, passent presque toutes en teinture, quelque diligence que l'ouvrier apporte à épincer l'étoffe, il y reste souvent ce qu'on appelle du rasain, c'est-à-dire de petits pontils, qui font un mauvais effet. Les marchandises teintes demandent beaucoup de propreté.

Quoique, suivant les statuts de Beauvais de l'année 1667, les ratines, façon d'Espagne, doivent avoir quatre-vingt-dix portées, l'usage était néanmoins, lorsque je suis venu en cette ville, de n'y en mettre que quatre-vingt-quatre, comme aux autres ratines d'une aune; et comme ces façon d'Espagne se trouvaient souvent étroites, sur une remontrance que j'ai faite il y a trois ans dans l'assemblée de commerce qui a coutume de se tenir au commencement de chaque année, il a été ordonné que l'on y en mettrait quatre-vingt-six, sauf à les augmenter dans la suite, s'il en était besoin. J'ai trouvé de la difficulté à obtenir cette augmentation, les drapiers ayant représenté que cela enchérissait les étoffes, qu'ils ne vendraient pas davantage; cependant, comme leur qualité demande de la force, ce nombre ne suffit pas pour résister au foulon, et il est nécessaire de les mettre à quatre-vingt-huit portées.

A l'égard des ratines larges, suivant l'article vii des règlements généraux de 1669, elles doivent avoir une aune et un tiers; mais il y a plus de vingt ans qu'on ne les fait qu'à cinq quarts, à l'instar de la ville de Rouen, où on ne leur donne que cette largeur, quoique cette ville-là soit aussi comprise dans le même article. Il y a dans Beauvais cent quinze sergers, sans compter les compagnons, qui sont en plus grand nombre et font une communauté séparée. Ces fabricants, qui composent le petit corps, sont augmentés depuis quelques années d'un bon quart, parce que, comme il est dit dans l'article des drapiers, leur métier va mieux en temps de guerre qu'en temps de paix.

Ils font concurremment avec le grand corps des serges fines ou façon de Londres, des sommières, des sempiternes et des revêches; ils fabriquent aussi, seuls et à l'exclusion des drapiers, des serges façon de Mouy, qui font le plus fort de leur commerce. Ils ont trois cent cinquante métiers battants, qui peuvent fournir tous les ans dix mille pièces de marchandises. Leurs sempiternes sont pareilles à celles du grand corps et s'envoient de même en Espagne et dans les Indes et îles de Saint-Domingue. Les serges fines, sommières et revêches se consomment dans le pays et à trente lieues à la ronde; la plus grande partie des revêches servent pour les manufactures de papier. Pour ce qui est des serges façon de Mouy, les plus fortes, qui sont d'un très-bon service, se débitent pour la campagne, dans les villes circonvoisines et aux foires de Saint-Denis et Paris. Les autres s'enlèvent pour les fournitures des troupes, et c'est ce qui fait que ces fabricants travaillent davantage en temps de guerre.

La plupart des laines dont ils se servent sont du pays; ils peuvent même en avoir d'inférieures à celles du grand corps, à cause de leurs serges et revêches. Outre l'usage qu'ils ont aussi du pli et du peignon, ils emploient encore de l'agnelain, qui couvre et donne un œil de blancheur à leurs étoffes, et qui cependant est interdit aux drapiers, parce qu'ils pourraient en mettre dans leurs ratines, à quoi l'agnelain n'est pas propre.

A l'égard de la largeur des serges façon de Mouy, l'article xi des règlements généraux de 1669, concernant aussi les serges de Tricot, Méru, Merlon et autres lieux, porte qu'elles auront deux tiers; il y a néanmoins longtemps qu'on ne les fait qu'à demi-aune demi-quart. L'usage est dès le vivant de feu M. de Louvois. Les marchands et fabricants de différents endroits lui ayant représenté qu'en les permettant à cette dernière largeur, elles seraient plus foulées et de meilleure qualité, le sieur Merveilhaud, qui était lors inspecteur général, écrivit par ordre de ce ministre une lettre qui se trouve registrée à Mouy, portant que les ouvriers pourront fabriquer ces sortes de serges à demi-aune demi-quart, mais qu'il ne sera rendu sur cela aucun arrêt; et depuis cet usage a été suivi.

Au reste, la fabrique de Beauvais peut être regardée comme une des plus considérables du royaume, en ce qu'elle fait subsister un très-grand nombre d'ouvriers, tant à la ville que dans les villages circonvoisins, où on file les chaînes et trames; mais, depuis la rareté de laines étrangères, les drapiers drapants se sont un peu relâchés dans la quantité de leurs marchandises, mêlant quelquefois des laines de France avec des laines d'Espagne, où celles-ci devraient être pures. D'ailleurs la misère fait que chacun veut du fort, pour durer plus longtemps, et que les façonniers, pour avoir du débit, font surfouler leurs étoffes, de manière qu'il s'en trouve d'étroites. Il y a un bureau où elles doivent passer pour la visite; mais je n'y suis pas toujours, étant obligé de faire mes tournées dans ce département, et, en mon absence, les jurés négligent leurs fonctions ou appréhendent qu'en exerçant leurs confrères, on ne les exerce à leur tour, lorsqu'ils seront hors de charge. Cependant un seul jour suffit pour marquer plusieurs pièces en contravention. Ce qu'il y a de certain, c'est qu'il ne se passe guère de semaine que je ne fasse quelque saisie, et que les gardes jurés n'en font presque jamais pendant que je suis dehors. C'est ce qui m'a obligé de requérir l'ordonnance que le juge de police a rendue le 2 mai dernier en forme de règlement, et dont j'ai envoyé une expédition en cour, portant, entre autres choses, que les fabricants seront tenus d'envoyer leurs étoffes au bureau de visite à mesure qu'elles seront prêtes, sans en pouvoir garder chez eux qu'elles ne soient marquées, et que les empreintes seront regravées tous les ans, le jour de l'élection des gardes jurés, pour reconnaître ceux qui en auront fait mauvais usage et les faire condamner en telle amende qu'il appartiendra.

Ces jurés sont au nombre de six, savoir : quatre drapiers et deux sergers, et font conjointement la visite en leur bureau, qui se tient tous les jours, depuis neuf heures du matin jusqu'à dix, et, l'après-midi, depuis deux jusqu'à trois. Il doit y avoir toujours deux drapiers jurés et un serger chaque semaine, et ce nombre est suffisant, s'ils veulent bien s'acquitter de leur devoir. Ils ont néanmoins des registres séparés, où chacun écrit les marchandises de son métier, mais au hasard et après la marque faite, disant, sur les plaintes que j'en ai faites, que, s'ils écrivaient à mesure, cela les détournerait de leurs fonctions; et c'est ce qui fait que, par les états que j'envoie tous les six mois, je me règle plutôt sur le nombre des métiers battants, pour rendre compte de celui des pièces, qu'à leurs registres.

Si la ville de Beauvais est considérable par sa fabrique, elle ne l'est pas moins par son commerce forain. Il y a dans cette ville soixante-dix-huit à quatre-vingts marchands, que l'on appelle *marchands en teint*, et qui ne sont point statués; ils peuvent faire trafic de laines, d'étoffes et de toiles, et il y en a qui les font tous trois. Le plus fort est celui des serges d'Aumale, de Crèvecœur et de Mouy. La plupart des serges de Crèvecœur s'envoient du côté de Lyon, pour l'Italie et Genève; celles d'Aumale et de Mouy se débitent, partie pour les troupes, et l'autre partie aux foires de Saint-Denis et de Saint-Germain, pour la consommation de Paris et des villes circonvoisines.

La communauté des marchands de Beauvais a quatre gardes, savoir : deux grands et deux petits. Ce sont ordinairement ceux-là qui se trouvent au bureau forain pour la visite des étoffes; ceux-ci ne se mêlent guère que des affaires de leur corps.

Ce bureau se tient tous les jours, et presque à toute heure, quoiqu'il y en ait de réglées, à cause des gens de la campagne qui viennent vendre leurs marchandises, et à qui on fait beaucoup de plaisir de les expédier sur-le-champ, parce que, aussitôt qu'ils ont vendu, ils peuvent s'en retourner, au lieu que, si on les différait, ils seraient obligés de rester et de coucher dans la ville, où ils feraient de la dépense qui emporterait leur profit. Mais, d'un autre côté, il y a un inconvénient en ce que, le garde ne voulant pas quelquefois se rendre au bureau pour une pièce ou deux, il envoie sa clef au marqueur, qui ne s'embarrasse pas de la qualité ni de la largeur de la marchandise. Les gardes tenaient ci-devant exactement registre de toutes les étoffes qui venaient en leur bureau; mais, depuis trois ans, ils n'en tiennent plus, et en voici le sujet. Le roi ayant jugé à propos, par sa déclaration du mois de décembre 1704, de supprimer les charges d'inspecteurs généraux des manufactures créées par édit du mois d'octobre de la même année, moyennant 1,200,000 ", Beauvais a été taxé, pour sa part, à 20,000 " et les 2 sols pour livre. Les marchands avaient d'abord résolu, dans une assemblée, de lever sur eux cette somme, pour ne point laisser établir le droit qui leur était attribué par la déclaration pour les indemniser de cette somme; mais, les plus forts n'ayant pas voulu payer plus que les médiocres, ils ont proposé d'affermer ce droit, et, pour le faire cesser plus tôt, ils ont joint le sol pour pièce que les gardes doivent percevoir suivant les règlements généraux, et qui fait un gros produit, à la charge par les fermiers de me payer, en l'acquit des marchands, la portion de mes appointements portée par la répartition de M. l'intendant. Deux de ces marchands ont traité de ces deux droits pour cinq ans et neuf mois, à commencer du 12 mai 1705, et ont fourni pour leur communauté la somme ci-dessus de 22,000 ", y compris les 2 sols pour livre. Cependant les gardes, qui ne reçoivent plus le sol pour pièce dont ils se sont dessaisis, n'écrivent plus aussi celles qui viennent au bureau. Ces deux marchands en tiennent néanmoins un registre très-exact, pour connaître leur produit, et j'ai cru devoir rendre compte de ceci, pour savoir si ce registre peut tenir lieu de celui des gardes. Au reste, il se marque en ce bureau plus de vingt mille pièces par an.

Il y a dans Beauvais quatre teinturiers du grand teint, et six du petit teint, tous employés, les eaux d'une petite rivière appelée le Thérain, qui passe en plusieurs canaux en cette ville, étant très-bonnes pour les teintures. Les apprêts y sont aussi très-beaux, les presseurs s'étant perfectionnés depuis que les sempiternes y sont introduites.

Il est dit, par l'article IV des règlements généraux de 1669 concernant les teintures, que, pour en établir la perfection, il sera teint douze morceaux d'étoffes des principales couleurs, lesquels seront mis au bureau des marchands drapiers, pour servir de fonds d'échantillon de la bonne teinture dans la vérification des fausses ou véritables. Cependant, soit que cet article n'ait point eu d'exécution dans le temps, ou que les morceaux se soient pourris, car il y a près de quarante ans que ces règlements sont rendus, je n'en ai point trouvé quand je suis venu à Beauvais, et lorsque j'en ai parlé aux marchands et aux teinturiers, ils m'ont répondu que cela était bon, comme il est dit par ce même article dans l'établissement de la teinture; mais, à présent que les teinturiers sont devenus habiles en cet art, et que, pour le peu que l'on ait de connaissance, on distingue à la vue une bonne d'avec une fausse teinture, cette dépense, qui ne laisserait pas que d'aller loin, est inutile. En effet, les teinturiers de cette ville, où on apporte teindre des villes circonvoisines, et même de Paris, savent parfaitement le métier; ce qu'il y a seulement à l'égard de ceux du bon teint, c'est qu'ils devraient renouveler plus souvent leurs cuves, parce que, y ayant travaillé trois à quatre fois et le pastel ayant perdu sa force, il ne reste plus que l'indigo, qui, tout seul, est une fausse teinture.

Suivant l'article XXXVIII des mêmes règlements, les maîtres drapiers doivent commettre un d'entre eux pour aller tous les jours de travail en visite chez les teinturiers du bon teint, avec cinq marques, pour marquer les différentes sortes de guèdes servant de fonds ou de pied aux étoffes, soit pour passer en engarance ou pour noir, et pour le gaude et cramoisi; et chaque maître teinturier doit aussi avoir une enclume, où sera gravé son nom et surnom; mais on ne voit pas non plus que cet article ait eu d'exécution, soit que les marchands n'y aient pas voulu donner leur temps, ou que les teinturiers y aient trouvé trop d'embarras.

Depuis ces règlements, les teinturiers du petit teint ont introduit dans leurs teintures le sandal pour le musc, café et canelle, et le bois jaune pour les couleurs olivâtres, que l'on brunit ensuite suivant l'échantillon, avec un bain composé de galle, sumac et couperose. Ils se trouvent bien de ces deux sortes de bois, et il est à présumer qu'ils ne sont point mauvais, puisque les teinturiers du bon teint, qui sont toujours parties contraires, ne s'y opposent pas.

Les teinturiers du petit teint se servent aussi

d'alun, et comme cet ingrédient fait partie de ceux qui sont compris dans l'article v et destinés pour la bonne teinture, les teinturiers du bon teint ont voulu plusieurs fois leur empêcher d'en user; mais le juge de police de Beauvais, ayant été informé qu'il leur était nécessaire pour aviver les étoffes, et que les teinturiers du petit teint de Paris, Rouen et autres villes s'en servaient sans aucun trouble, il leur en a permis l'usage.

Je crois devoir donner avis ici d'un abus qui se commet par ces teinturiers au sujet des gris de more; ils font depuis quelques années de ces couleurs tellement foncées, qu'elles passent pour noires, et les marchands, qui les commandent exprès, les vendent pour telles, quoiqu'elles n'aient pas le pied de guède, mais seulement un fond de galle ou couperose, ou tout au plus de racines. Cependant ce prétendu noir roussit au service, et le public y est trompé. Sur une saisie que j'ai faite, le 20 décembre 1707, de trois serges larges de Mouy dans ce même cas, et dont j'ai rendu compte alors à M⁵ Chamillart, on a demandé l'avis à quelques-uns des gardes drapiers de Paris, qui ont dit que leurs teinturiers du bon teint ne s'attachaient qu'aux draperies, et que, pour les serges et autres étoffes de pareille qualité, ils en abandonnaient la teinture à ceux du petit teint, sans aucun examen. Ainsi cette affaire est demeurée là, et les teinturiers du petit teint de Beauvais continuent toujours. Quand on veut les inquiéter sur la couleur en question, ils la déclarent gris de more, et les marchands, qui sont d'intelligence avec eux, la vendent pour noire qui doit être guèdée, et il est bon d'y apporter une sérieuse attention.

On prétend que ces teinturiers font aussi des violets de faux teint qui se débitent dans les foires et marchés de la campagne, et il faut que ce soit nuitamment, ne les ayant jamais surpris. Ils ne s'en sont pas néanmoins fort éloignés, lorsque je leur en ai parlé, en m'assurant qu'il s'en faisait beaucoup à Paris et Lyon, où il est important de le défendre; et en effet il semble que ce sont les premières villes du royaume qui doivent faire la loi aux autres.

MOUY.

Il y a dans la fabrique de Mouy cinquante maîtres sergers, et au moins deux cents métiers battants, qui peuvent fournir huit mille pièces par an. Cette fabrique est très-ancienne et très-bonne : la rivière qui passe dans ce lieu-là, où il y a cinq foulons, est la même que celle de Beauvais; mais comme elle est plus battue, les eaux en sont plus douces et rendent la marchandise plus soyeuse.

Il ne se fait que des serges dans Mouy. La plupart des laines dont les fabricants se servent sont de Senlis et de la Brie. Ils emploient aussi de l'agnelain; mais, dans les pièces où ils mêlent cette matière, ils sont obligés d'y mettre un liteau bleu, pour les distinguer. Une partie de ces serges se consomme pour la fourniture des troupes, et l'autre se débite pour Paris, Rouen et les foires de Saint-Denis. Le prix est depuis 25 sols jusqu'à 32 sols l'aune, suivant le cours des laines.

Les sergers de Mouy ont des statuts particuliers, de l'année 1666. Il n'y a qu'un article, concernant la longueur de leurs étoffes, qui doivent contenir vingt et une à vingt-deux aunes, à l'exécution duquel on a de la peine à réduire les foulons. Cet article porte qu'ils mettront au bout de chaque pièce, en la retirant du vaisseau, un plomb où d'un côté sera le nom et de l'autre l'aunage juste; mais souvent ils n'en mettent pas, ou marquent cet aunage au hasard, de sorte que, de dix jugements que je ferai rendre dans cette fabrique, il y en aura toujours sept ou huit qui regarderont ce cas-là.

A l'égard de la largeur de ces étoffes, quoiqu'il soit porté par les règlements généraux qu'elles auront deux tiers, elles n'ont néanmoins que demi-aune demi-quart, suivant la permission de feu M. de Louvois dont il est parlé dans l'article des serges de Beauvais.

Il se fait aussi à Mouy des serges largeur de trois quarts, mais en petite quantité.

On comprend dans cette fabrique : Angy, Mérard et Bury et Balaguy, qui sont aux environs et de peu de conséquence, n'y ayant que huit à dix métiers dans ces quatre lieux, qui dépendent de la marque de Mouy. Il y a quatre gardes, dont il en sort deux tous les ans, en la place desquels on en nomme deux nouveaux; mais ils ne tiennent pas, et n'ont jamais tenu de registres du nombre des pièces. Outre ce que j'en ai marqué par mes mémoires, il y a plusieurs années, j'en ai fait en différentes fois mes remontrances à M. l'intendant; mais ils ont représenté et fait dire par M. Milon, maître des requêtes et intendant de Son Altesse Mᵍʳ le prince de Conti, de qui relève Mouy, qu'ils ne savaient pas la plupart ni lire ni écrire : de manière que je n'ai, jusqu'à présent, pu parvenir à les mettre en règle à cet égard.

BOUFFLERS.

La manufacture royale de Boufflers, qui est dans une situation très-avantageuse, tant pour les eaux que pour la proximité des ouvriers qui travaillent au lanifice, a été établie il y a cinq ans, pour la fabrique des serges façon de Londres. Elle était avant ce temps-là à Gournay; mais les entrepreneurs de cette manufacture, qui sont à présent au nombre de quatre, voyant que le commerce de ces serges était de peu de conséquence, n'ayant plus tant de cours que par le passé, se sont mis depuis deux ans à faire des sempiternes, où ils se sont perfectionnés, et de petites étoffes appelées *écarlatilles*, à l'instar d'Angleterre. Ils ne laissent pas d'avoir encore quelques métiers à serge, et, outre cela, ils font des pinchinas façon d'Amboise.

Il y a dans cette manufacture quarante métiers battants, qui peuvent fabriquer tous les ans seize cents pièces d'étoffes. Ces entrepreneurs emploient dans leurs façon de Londres, écarlatilles et pinchinas des laines de Berri, et dans leurs sempiternes des laines de la Brie, avec de fins agnelains. Les façon de Londres et pinchinas sont pour la consommation de Paris, et les écarlatilles et tout ce qu'ils peuvent faire de sempiternes sont destinées pour la compagnie de l'Île de Saint-Domingue, à qui les entrepreneurs les livrent toutes teintes et apprêtées.

On ne tient pas d'autres registres, dans cette manufacture, que ceux dont le directeur se sert pour transcrire toutes les chaînes qu'il fournit aux ouvriers, les pièces qui reviennent du foulon, et celles qu'il envoie aux apprêts à Beauvais; mais il y a une marque, où sont, d'un côté, les armes de M. le maréchal de Boufflers, et, de l'autre, le nom de la fabrique, outre laquelle il y a une empreinte particulière pour les sempiternes. Au reste, cet établissement est très-avantageux pour le pays, où il fait subsister plus de quatre cents personnes, tant dedans que dehors la manufacture.

HANVOILLE ET GLATIGNY.

J'ai cru devoir joindre ces deux fabriques, et qu'il était inutile d'en parler séparément, étant contiguës, de même force et de même espèce. Il y a dans ces deux villages cinquante fabricants et cent cinq métiers battants, qui peuvent fournir chaque année deux mille pièces de serges. C'est la seule qualité d'étoffe qui se fait en cet endroit-là. Ces sortes de serges, dont il s'en fait de grises et de blanches, sont très-grossières, la trame n'en étant que de peignon, que les façonniers vont prendre à Grandvilliers, ou viennent acheter à Beauvais. Elles valent depuis 22 jusqu'à 28 sols l'aune, et s'apportent toutes vendre en cette ville, où on leur donne un apprêt de tonture, et quelquefois une eau de teinture aux grises, pour les déguiser en forme de pinchinas, et leur consommation se fait en Picardie. Il y en a néanmoins beaucoup, à l'égard des blanches, que les marchands passent pour celles de Beauvais dans des fournitures de troupes, et c'est un grand abus, auquel il est difficile de remédier, car, de rompre ces fabriques qui sont établies sur ce pied-là, ce serait ôter le pain de la main à des ouvriers qui sont déjà très-pauvres ; et d'ailleurs il est bon qu'il y ait de l'étoffe à tout prix pour toutes les conditions. Il n'y a donc en cela que la bonne foi du marchand, qui ne doit pas passer une marchandise inférieure pour une de meilleure qualité.

Il y a deux gardes en chacun de ces deux villages; mais ils n'ont point d'autre fonction que celle de la visite sur les métiers, parce que leur marque est au bureau forain de Beauvais, et exercée par les gardes marchands de cette ville. Ce qui a donné lieu à cela, c'est que les fabricants d'Hanvoille et Glatigny viennent la plupart fouler aux environs de

Beauvais, où ils vendent leurs serges, et dont ils sont éloignés de quatre lieues; et s'ils étaient obligés de retourner chez eux pour le plomb, ils auraient trop de peines, de sorte qu'ils ont requis eux-mêmes, il y a environ dix-huit ans, que leur marque fût en dépôt au bureau de cette ville, où les gardes marchands visitent les étoffes, et où se paye le sol pour pièce, qui est confondu dans la perception du droit forain.

COMPIÈGNE.

Il n'y a point de fabrique dans cette ville; mais il y a une manufacture royale de draperie à une portée de fusil, appartenant au sieur Jacquin, où il y a trois métiers, un à drap et deux à peluches, qui ne travaillent que faiblement, et qui ne peuvent guère produire que quatre-vingts pièces par an. Ce manufacturier est habile homme; mais il ne peut donner autant qu'il serait à souhaiter ses soins à sa manufacture, parce qu'il a un magasin et un commerce à Paris, qui l'y retient. D'ailleurs il paraît qu'il aurait besoin de quelque secours. Il fait venir les étoffes qui en proviennent chez lui, où il les débite.

Il y a dans Compiègne huit marchands drapiers, mais point de bureau, et, par conséquent, point de visite; cependant il y a deux gardes, mais qui ne font d'autre fonction que celle d'agir, lorsqu'il arrive quelque affaire dans leur communauté. Il peut s'y débiter tous les ans trois cents pièces, tant pour la ville que pour les villages circonvoisins, et cela ne mérite guère la dépense d'un bureau; mais on pourrait se servir de la maison d'un des gardes, où les étoffes pourraient être examinées en arrivant; ou du moins ils devraient aller de temps en temps en visite chez leurs confrères.

MÉRU.

La fabrique de Méru, qui est de même qualité que celle de Mouy, était autrefois assez forte; mais comme il n'y a qu'un ruisseau, et que les façonniers étaient obligés d'aller fouler à trois lieues, cette fabrique s'est insensiblement détruite : de sorte qu'il n'y a plus que deux métiers battants, qui ne font par an qu'environ soixante pièces de serges, qui se vendent en détail dans le lieu. Ainsi cette petite ville n'est plus considérable que par le marché qui se tient tous les vendredis, et où il se vend beaucoup de bestiaux.

Il y a six marchands qui font la draperie et mercerie, l'un desquels est garde et a la marque chez lui, dont il se sert pour les étoffes de fabrique, n'y ayant pas de bureau. A l'égard des foraines, il ne les contrôle pas. Les marchands ne peuvent guère débiter que cent ou cent vingt pièces d'étoffes par an, parce que, passé le jour du marché, leur commerce est peu de chose.

MERLOU.

On peut dire la même chose de Merlou que de Méru. Il y avait par le passé bon nombre de métiers, et à présent il n'y en a plus qu'un, qui ne fabrique, au plus, que vingt-cinq pièces de serges par an. Cette fabrique n'est qu'à une bonne lieue de celle de Mouy, et c'est apparemment la proximité de celle-ci qui a détruit celle-là.

Il n'y a que deux marchands, qui ont tour à tour la marque, qui ne sert que pour les étoffes du lieu, car, pour les foraines, ils ne les marquent pas, et il ne s'en débite guère que dix-huit à vingt pièces par an.

SENLIS.

Il n'y a dans cette ville que trois marchands drapiers, qui font un commerce assez fort; ils vendent bien, à eux, trois cent cinquante ou quatre cents pièces d'étoffes par an, tant draperie que mercerie. L'un d'eux a la qualité de garde, mais il n'en fait les fonctions que pour les affaires communes, ne marquant ni ne registrant les marchandises foraines qui entrent dans cette ville-là.

PONTOISE.

De six marchands qui se trouvent dans Pontoise, il y en a deux qui débitent beaucoup de draperie, ayant chacun un magasin à Montmorency, où ils se rendent tous les jours de marché; les quatre autres ne vendent presque que de petites étoffes et de la mercerie. Le commerce de ces six marchands peut aller au moins à huit cents pièces par an. J'ai tâché plusieurs fois de faire élire deux gardes d'entre eux; mais les drapiers prétendent être distingués des merciers, et ceux-ci n'y consentent pas. Je n'ai pu parvenir à cette élection; ainsi il n'y a ni marque ni registre dans Pontoise.

BEAUMONT.

Le commerce de draperie de Beaumont est peu de chose, et ne peut aller au plus qu'à deux cents pièces par an, n'y ayant qu'un marchand, une veuve et deux filles, et quelques petits merciers; et comme il n'y a que ce marchand-là qui puisse exercer la charge de garde, il n'a pas voulu l'accepter.

CLERMONT.

Il y a dans cette ville trois marchands drapiers, dont un fait la fonction de garde et a la marque chez lui, pour y marquer les étoffes de ses confrères, lorsqu'il en est requis, ce qu'il fait gratis; mais il ne tient point de registre. Le commerce de ces marchands peut aller à deux cent cinquante pièces par an.

PONT-SAINTE-MAXENCE.

Dans cette ville, qui est la dernière de mon département, il n'y a que deux marchands qui font la draperie et la mercerie, et dont le commerce peut monter à cinquante ou soixante pièces de toutes sortes d'étoffes. Il n'y a ni garde ni registre dans ce lieu-là.

ÉTAT DES VILLES ET FABRIQUES SUR LESQUELLES SE LÈVENT MES APPOINTEMENTS.

Beauvais...	Bureau forain......... 800ʰ		
	Drapiers drapants...... 370	1,520ʰ	
	Sergers............... 350		
Mouy..................................			200
Boufflers..............................			100
Bauvoile et Glatigny...................			50
Compiègne.............................			20
Méru..................................			15
Senlis.................................			25
Pontoise...............................			25
Beaumont.............................			20
Clermont..............................			15
Pont-Sainte-Maxence...................			10
TOTAL...................			2,000

Comme Beauvais est le lieu le plus considérable de mon département, je touche par quartier les sommes que les communautés me doivent donner. Les gardes marchands, ou ceux qui ont traité de leur droit, me payent sur le produit du sol pour pièce du bureau forain, qui va beaucoup au delà de ce que je reçois; mais les drapiers et les sergers joignent ce qu'ils me doivent payer avec les autres frais et dettes de leur corps, et lèvent le tout sur leurs métiers, parce que les jurés marquent gratis, aimant mieux ne pas profiter de l'excédant du sol pour pièce que de le payer étant hors de charge; et, la répartition se faisant ainsi par rapport au nombre des métiers, chacun ne paye qu'à proportion qu'il travaille. Néanmoins, comme la draperie est diminuée, on pourrait jeter une partie de la somme sur les sergers, qui font beaucoup plus de marchandises.

A l'égard des autres villes et fabriques, parmi lesquelles il y en a de petite conséquence, je ne reçois que par année.

J'ai une répartition générale de M. l'intendant de Paris, contenant les lieux et les sommes ci-dessus; lui ayant demandé, il y a plusieurs années, des ordonnances particulières, il me fit l'honneur de me dire qu'il suffisait que je lui remisse mes procès-verbaux de visite, et, depuis ce temps-là, je ne me sers que de la répartition générale, à moins qu'il ne se trouve quelque difficulté entre les marchands ou fabricants, ce qui est rare. Alors M. l'intendant a la bonté de me donner une ordonnance particulière. Cependant jusqu'à présent je n'ai point encore agi par voie de saisie, et j'ai toujours été payé.

OBSERVATIONS GÉNÉRALES.

Il est remarqué dans ce mémoire, touchant la draperie de Beauvais, que les fabricants se sont un peu relâchés en quelques articles, et que la rareté des laines étrangères et le peu de consommation de leurs étoffes y a beaucoup contribué; mais on peut dire que ce relâchement est presque universel dans toutes les manufactures du royaume. La plupart des draps et serges n'ont plus la même qualité qu'autrefois; les autres marchandises.

comme étamines et camelots, dont on fait un gros débit, ont presque toutes ce qu'on appelle des *montres*, les premières aunes étant meilleures que le reste de la pièce. Dans les teintures, on affaiblit les couleurs, en épargnant les ingrédients, et on trouve une difficulté extrême à faire exécuter les règlements.

Quand les inspecteurs font leurs visites, dès qu'ils arrivent dans les fabriques, les premiers façonniers courent avertir les autres, afin qu'ils se précautionnent, et, s'il y a quelque métier en contravention, on le démonte aussitôt. Les gardes jurés sont toujours à portée de les tenir en règle; mais ils ne s'en mettent pas beaucoup en peine. Ils croient que le serment qu'ils ont fait de bien s'acquitter du devoir de leur charge n'est qu'une cérémonie, et ils sont, sur cela, dans une grande sécurité. Il se persuadent même beaucoup faire, lorsqu'on apporte une pièce de mauvaise laine ou étroite en leur bureau, de la renvoyer sans la marquer; et ce n'est pas arrêter le vice, mais le perpétuer. Une des principales causes de tous ces désordres est la misère des peuples. On veut des étoffes à vil prix, parce qu'on n'a pas le moyen d'avoir du bon, et le fabricant se trouve, en quelque manière, obligé de dégénérer pour avoir du débit. D'ailleurs, la plupart des marchands, qui ne s'embarrassent guère du bien des manufactures, s'accommodent de tout, en sorte que la marchandise la plus commune est la première vendue, et ils appellent *se sauver* en vendant une étoffe inférieure à une de meilleure qualité, comme il est marqué, par exemple, dans l'article des serges d'Hanvoille, que l'on mêle avec celles de Beauvais, pour la fourniture des troupes.

Pour remédier à tous ces relâchements, il est nécessaire que les inspecteurs redoublent leurs soins et leur application; qu'il y ait toujours en chaque bureau un imprimé, tant des règlements généraux que des statuts particuliers, parce que c'est la leçon des gardes et la loi des fabricants de distribuer un exemplaire de ces statuts particuliers à chacun des maîtres, afin qu'ils ne puissent ignorer de ce qui y est contenu, et de les faire réimprimer, s'il est besoin; de faire regraver les marques tous les ans, le jour de l'élection des gardes, afin de les faire condamner en l'amende pour les étoffes défectueuses marquées de leur temps. Il y a d'anciens arrêts sur cela; mais il est bon d'en renouveler l'exécution par des ordres sur les lieux : c'est un des meilleurs moyens pour tenir les fabriques en règle. Le marchand doit aussi être condamné pour la marchandise qu'il a achetée en contravention; mais, quand il ne l'a pas vue, et que c'est un envoi, il semble que l'on peut lui donner recours sur le commissionnaire. Cet article regarde les étoffes foraines, car, quand la saisie est faite dans le lieu de fabrique, on est à portée de faire condamner les gardes et le marchand, si le cas y échet. Cependant, comme, sur ce pied-là, la charge des gardes jurés ne laisserait pas d'être onéreuse, il serait bon de leur donner quelque avantage pour leur en faire supporter les soins avec moins de peine, comme les exempter de collecte dans le temps de leur exercice, qui ne pourrait être de plus de deux ans, pendant lequel ils ne pourraient être augmentés à la taille, ni l'année d'après qu'ils seraient sortis de charge, parce qu'en faisant leur devoir, il est presque impossible qu'ils ne s'attirent des ennemis; et, par ces grâces-là, ce serait le moyen d'avoir les plus honnêtes gens du lieu pour gardes.

Au reste, pour toutes les autres mesures que l'on peut prendre par rapport aux différentes fabriques et aux incidents qui peuvent arriver, c'est aux inspecteurs à en donner avis dans le temps, et de travailler avec attachement au bien des manufactures de leur département.

COPIE DE LA LETTRE ÉCRITE

PAR LE SIEUR NOETTE, INSPECTEUR DES MANUFACTURES
À BEAUVAIS, À Mgr DESMARETZ, LE 6 OCTOBRE 1708.

Monseigneur,

J'ai reçu, le 22 du mois passé, la lettre que Votre Grandeur a eu la bonté de me faire écrire le 11 du même mois, par laquelle elle m'ordonne de lui rendre compte de l'état des manufactures de ce département. J'en ai dressé le mémoire ci-joint le plus exactement qu'il m'a été possible et autant

RAPPORT DU SIEUR BAROLET, INSPECTEUR DES MANUFACTURES EN CHAMPAGNE ET BRIE [1].

1708.

PROVINS.

Dans cette petite ville, il y a quatre maîtres drapiers, qui ont chacun un métier pour faire des demi-draps de demi-aune de large, qu'ils appellent *focquetins*. Ils en font, par an, cent cinquante pièces, qu'ils vendent, dans le pays, 28 à 30 sols l'aune. Ils ont un juré pour visiter et marquer les étoffes; ils n'ont point de bureau ni de statuts.

Il y a vingt-deux maîtres tissiers dans ladite ville, qui fabriquent des boges fil et laine, qu'ils appellent *tiretaines*. Il n'y en a que douze entre eux qui travaillent pour leur compte : ils occupent les autres. Ils ont vingt-cinq métiers et font quatre à cinq cents pièces de ces tiretaines, de cinquante aunes chacune, à 20 et 22 sols l'aune, qu'ils débitent dans le pays et dans toutes les petites villes de la Brie et d'alentour. Ils en vendent aussi à Troyes. Ils emploient des laines et fils du pays, et travaillent tous dans le même nombre de fils et de portées. Ils ont deux maîtres jurés qui visitent et marquent leurs étoffes, qui sont fort bonnes et bien fabriquées; ils ont des statuts plus anciens que les règlements de 1669, qu'ils suivent, n'y ayant rien à changer pour ce qui les concerne. La maison de l'ancien juré leur sert de bureau. Cette manufacture a plus augmenté pendant la guerre que diminué, car ces sortes d'étoffes, qui sont à bon marché, sont recherchées présentement par les paysans, étant plus de débit que celles qui sont toute laine.

Il y a encore dans ladite ville cinq marchands qui vendent de la draperie, qu'ils achètent aux foires de Saint-Germain, de Saint-Denis et de Troyes. Ils ont entre eux un garde, qui visite et marque leurs étoffes, lorsqu'elles ne se trouvent pas marquées du second plomb de vu. Ils n'ont point de bureau. Leur commerce n'est point considérable : ils ne vendent qu'en détail, pour la ville et les petits lieux aux environs.

Les marchands et les fabricants me payent tous les ans 45 ll pour mes appointements.

LA FERTÉ-GAUCHER.

La Ferté-Gaucher est un bourg où il y a vingt-quatre maîtres drapiers, qui fabriquent des serges croisées gris mêlé, d'une aune de large et de trois quarts. Ils travaillaient ci-devant, suivant leurs statuts, en trois quarts un huitième et quelque chose de plus, et vendaient leurs serges pour une aune de large. Ils étaient si forts dans cette habitude, qu'il n'y a pas eu moyen de les y obliger, quoique j'eusse fait, dans les commencements, plusieurs saisies et dressé des procès-verbaux de leurs raisons. Ils exposaient que cette augmentation les ruinerait, que le prix de leurs serges était fixé, et que, s'ils étaient obligés de les augmenter de 8 à 10 sols par aune, ils ne les pourraient pas vendre. Comme cette largeur de sept huitièmes est défendue par les règlements généraux des manufactures, je leur proposai de les faire de trois quarts et d'une aune; que, s'il s'en trouvait à l'avenir de

---

[1] Bibl. Nationale, ms. fr. 8037, fol. 316. Nous n'extrayons de ce rapport que les articles relatifs aux parties du département de Champagne et Brie qui étaient de la généralité de Paris.

sept huitièmes, elles seraient saisies et confisquées. Ils acceptèrent le parti, que M^{sr} le contrôleur général approuva dans le temps. Ils en fabriquent plus de trois quarts que d'une aune. Ils en ont dix-huit métiers, et six en large. Ils font tous les ans cinq à six cents pièces, qu'ils vendent sur les lieux et dans toutes les petites villes aux environs, depuis 3^{tt} 5^s jusqu'à 4^{tt} l'aune. Pour les larges, ils emploient les laines du pays, qui sont bonnes, et que les maîtres drapiers teignent pour les couleurs dont ils ont besoin. Il y a deux maîtres jurés qui visitent et marquent leurs étoffes; ils avaient ci-devant un bureau, qui est abandonné depuis que le nombre des maîtres et métiers est diminué, car ils étaient, dans le temps de la paix, plus de quarante maîtres.

Il y a encore Villeneuve, qui est un petit village qui dépend de la jurande dudit lieu. Ils ont quatre maîtres, qui fabriquent de pareilles serges. L'un d'entre eux est sous-juré, pour visiter et marquer lesdites étoffes; ils en font soixante à quatre-vingts pièces par an, qu'ils vendent pareillement sur les lieux, et emploient des laines du pays. Ils me payent 40^{tt} tous les ans pour mes appointements.

LA FERTÉ-SOUS-JOUARRE.

Il y a dans cette petite ville cinq maîtres drapiers, avec autant de métiers, pour fabriquer des serges d'une aune et de deux tiers de large. Ils en font cent cinquante pièces par an, qu'ils débitent sur les lieux; ils emploient des laines du pays. Ils vendent 3^{tt} 10^s à 3^{tt} 15^s l'aune les larges, dont ils font un plus grand nombre que des étroites, qui valent 36 à 38 sols. Ils ont un maître juré pour visiter et marquer lesdites étoffes dans sa maison, qui sert de bureau; il visite aussi celles des marchands. Ils sont trois qui vendent de la draperie en détail, qu'ils tirent de Paris, Troyes et Reims. Ils n'ont point de statuts et se conforment aux règlements de 1669. Ils étaient ci-devant plus grand nombre de fabricants, et me payent 15^{tt} par an.

MEAUX.

Il n'y a point dans cette ville de fabricants, mais seulement six marchands, qui vendent de la draperie, qu'ils tirent des foires de Saint-Denis de Saint-Germain, de Troyes et de Reims, et des serges du pays, des fabriques circonvoisines. Ils font aussi commerce de laines du pays. Ils ont un garde entre eux, pour visiter et marquer leurs marchandises, qui se consomment sur les lieux et aux environs. Ils n'ont point de bureau. La plus grande partie des étoffes qu'ils vendent sont marquées d'un second plomb de l'une des villes d'où ils les tirent. Leur commerce n'est pas assez considérable pour les obliger d'avoir un bureau, qui leur serait trop à charge; il en est de même dans les autres petites villes de Brie. Ils me payent tous les ans 20^{tt} pour mes appointements.

MONTEREAU.

Il y a seulement dans cette petite ville cinq marchands, qui vendent de la draperie et qui font commerce de laines du pays. Ils tirent leurs marchandises de Paris et de Troyes. Ils ont un garde pour visiter les étoffes, qu'ils débitent sur les lieux et aux environs. Ils n'ont point de bureau, et me payent tous les ans 10^{tt} pour mes appointements.

NEMOURS.

Il y a dans cette petite ville quatre fabricants, qui travaillent en petites serges drapées d'une demi-aune. Ils ont trois métiers; ils en fabriquent par an soixante à quatre-vingts pièces, qu'ils débitent sur les lieux à 28 ou 30 sols. Ils font encore des couvertures; ils en ont deux métiers, et ont un juré pour visiter et marquer les étoffes, avec celles des marchands. Il y en a trois, qui vendent de la draperie, qu'ils tirent de Paris et de Troyes. Ils me payent tous les ans 8^{tt}.

COURTENAY.

Il y a dans cette ville dix maîtres drapiers et six métiers pour fabriquer des demi-draps d'une demi-aune de large, qu'on appelle *serges de Courtenay*. Ils font aussi quelques pièces de drap d'une aune. Ils étaient-ci-devant en plus grand nombre de maîtres et de métiers; il ne se fabrique pas présentement cent cinquante pièces de ces sortes d'étoffes, qu'ils débitent sur les lieux et aux marchands de la ville de Sens. Ils les vendent 27 à 28 sols l'aune. Ils emploient des laines du pays, et ont deux maîtres jurés pour visiter et marquer lesdites étoffes. Ils se conforment aux règlements de 1669, et n'ont point de statuts ni de bureau. Ils me payent tous les ans 10ᵗ, suivant l'ordonnance de M. l'intendant.

SENS.

Il y avait ci-devant, dans ladite ville, plus de vingt maîtres drapiers, avec autant de métiers en drap d'une aune de large, serges façon de Londres et serges drapées de deux tiers. Il n'y en a plus présentement que cinq, et trois métiers en draps et serges, qui en fabriquent tous les ans cinquante à soixante pièces. Ils ont des statuts plus anciens que les règlements; ils suivent les derniers règlements. Ils ont un maître juré pour visiter et marquer lesdites étoffes dans sa maison, qui sert de bureau.

Il y a encore un bourg qu'on appelle Traînel, où il y a deux maîtres drapiers, qui fabriquent également pareillement des draps et serges en aussi grand nombre que ceux de Sens; ils dépendent des premiers, qui ont soin d'y faire de temps en temps des visites. Ils emploient des laines du pays et vendent leur draperie sur les lieux et aux environs, savoir : les draps 3ᵗ 10ˢ et 3ᵗ 15ˢ l'aune. Leur registre est fort mal tenu, comme en beaucoup d'autres endroits, par les raisons que j'ai dites ci-devant.

Il y a dans ladite ville sept marchands qui vendent de toutes sortes de draperies en détail, qu'ils achètent aux foires de Troyes, Saint-Germain et Saint-Denis. Leur commerce n'est pas considérable. La plus grande partie des marchandises qu'ils débitent dans cette ville et aux environs, sont marquées de deux plombs dans les foires où ils les achètent, et celles qui ne le sont pas, sont visitées et marquées par le maître et garde de la communauté, dans sa maison, qui sert de bureau. Ils en avoient ci-devant un à l'hôtel de ville; mais, depuis qu'on a attribué aux juges de police la juridiction des manufactures, les maires et échevins leur ont ôté. Ils en ont fait de même en plusieurs autres villes. Il arrive souvent que les gardes ont la facilité, étant chargés de la marque, de visiter et marquer dans les boutiques et magasins des marchands les draperies qui leur arrivent, plutôt que de leur faire déballer dans leurs maisons, qui servent de bureau dans les lieux où il n'y en a point d'établi. Si cette visite se faisoit exactement, il n'y auroit pas un grand inconvénient dans les endroits où le commerce n'est pas considérable, d'autant plus que les étoffes qu'ils débitent sont tirées des villes principales, où les marchandises sont vues, visitées et marquées conformément aux règlements de 1669. Les marchands et fabricants de Sens, avec ceux de Traînel, me payent 30ᵗ par an.

VILLENEUVE-LE-ROY.

Il y a dans cette petite ville deux fabricants, et autant de métiers. Il y en avait un plus grand nombre ci-devant. Ils fabriquent, par an, environ trente pièces de draps et serges façon de Londres, comme ceux de Sens. Ils ont une marque pour marquer leurs étoffes. Ils emploient des laines du pays et débitent leurs marchandises dans ladite ville. Il y a quatre marchands qui vendent en détail de la draperie, qu'ils tirent des marchands de Troyes. Ils me payent 10ᵗ par an, suivant l'ordonnance de M. l'intendant.

JOIGNY.

Il y a dans cette ville cinq maîtres drapiers, qui ont autant de métiers en drap d'une aune de large; ils en fabriquent, par an, cent pièces au plus, qu'ils débitent sur les lieux, et quelquefois au marché de Troyes. Ils les vendent 3ᵗ 10ˢ, jusqu'à 4ᵗ. Ils emploient des laines du pays. Ils ont un maître juré pour visiter et marquer; ils n'ont point de statuts, et se conforment aux règlements de 1669. Il y a encore deux maîtres tisserands, qui fabriquent des boges et droguets, fil et laine, d'une demi-aune de large, qu'ils vendent aussi sur les lieux, à 16 et 18 sols l'aune. Ils en font plus de cent pièces et emploient des laines du pays. Il y a cinq marchands qui vendent en détail de la draperie dans ladite ville et aux environs, qu'ils tirent de Troyes et d'Orléans. Il y a un maître garde pour visiter lesdites étoffes et marquer d'un plomb de vu celles qui ne le sont pas. Ils n'ont point de bureau, et me payent tous les ans 12^{lt}.

TONNERRE.

Il n'y a point de fabricants, mais seulement six marchands, qui vendent de la draperie qu'ils tirent de Paris et Troyes. Il y a un maître garde pour les visiter et marquer, conformément aux règlements; ils n'ont point de bureau, et me payent 24^{lt} tous les ans, suivant l'ordonnance de M. l'intendant.

VILLENEUVE-L'ARCHEVÊQUE.

Il y a dans ce bourg six maîtres drapiers, avec autant de métiers; ils étaient plus de vingt il y a dix ans. Ils fabriquent des draps d'une aune de large, gris mêlé, qu'ils vendent 3^{lt} 5^s et 3^{lt} 10^s l'aune sur les lieux et aux marchands de Troyes. Ils emploient des laines du pays; ils en font cent cinquante pièces tous les ans. Ils ont deux maîtres jurés pour visiter sur les métiers et marquer leurs étoffes; ils n'ont point de bureau ni de statuts, et observent les règlements de 1669.

Il y avait ci-devant, à Rigny-le-Ferron, qui est un village éloigné d'une lieue dudit Villeneuve, plusieurs maîtres drapiers qui fabriquaient des pinchinas d'une aune de large, de bonne qualité, qu'ils vendaient aux marchands de Troyes; présentement il n'y en a plus qu'un, qui fabrique des draps comme ceux de Villeneuve, qu'ils vendent au pays en détail. Ceux de Villeneuve me payent 8^{lt} par an, et ceux de Rigny 10^{lt}, suivant l'ordonnance de M. l'intendant, qu'ils ne me payent plus.

Le nombre des fabricants, dans ces cantons de la généralité de Paris en Bourgogne, est diminué de plus des trois quarts depuis vingt ans, par le peu de consommation. D'ailleurs il y a dans tout ce pays-là, qui est bon, plusieurs marchands savoyards, qui sont des coureurs, et qui portent toutes sortes de draperies dans les foires et marchés; la plupart n'ont point de domicile et ne payent ni taille ni capitation. Ils ont cependant tout le profit du commerce, et ont ruiné presque tous les marchands domiciliés du pays, qui portaient les charges de l'État de même que les fabricants. C'est un grand abus d'avoir souffert dans le royaume ces sortes de marchands, qui portent tous les ans dans leur pays tout l'argent comptant qu'ils gagnent; et, s'il arrive qu'ils ne soient pas assez heureux pour profiter dans leur commerce, ils font banqueroute aux marchands des grandes villes. Ainsi, de manière ou d'autre, ils sortent toujours du royaume avec beaucoup d'argent, par le grand nombre qu'ils sont. Ces gens-là ne font aucune dépense, achètent dans les grandes villes tout le rebut des marchandises; ils sont bien aises de trouver des étoffes défectueuses, pour en avoir meilleur marché, et pour les débiter de même à ceux qui ne les connaissent pas. Ils ont cette facilité, que les marchands domiciliés n'ont pas, d'introduire dans le commerce non-seulement des étoffes défectueuses, mais encore des marchandises prohibées, parce qu'ils ne sont sujets à aucune visite. Ils font des dépôts de leurs marchandises dans les villages, et les portent dans les châteaux aux environs, et ne vendent que comptant, au lieu que les marchands des petites villes et ceux des grandes qui font le détail sont obligés de faire crédit, sans quoi ils ne vendraient pas. C'est ce qui les ruine et les met hors d'état de pouvoir continuer leur commerce, pendant que les étrangers se substituent aux dépens des sujets du roi. Il serait aisé d'y remédier, donnant pouvoir aux marchands et fabricants des villes et bourgs du royaume où ils portent leurs marchandises pour les y vendre pendant les foires et marchés, d'exiger une somme par an au profit des communautés, soit marchands ou fabricants, de ceux qui ne pourraient pas justifier qu'ils payent taille et capitation en quelque lieu aux environs, car il ne serait pas juste que les communautés, qui, outre les charges ordinaires, en payent d'extraordinaires pour leur commerce, dont le profit et l'avantage est entièrement à ces marchands savoyards, payassent encore pour eux, lorsque la plupart des habitants sont obligés de renoncer au métier de fabricants et au commerce, n'étant plus en état de le soutenir. Si cet ordre était bien établi, on ne verrait pas un si grand nombre de ces coureurs, qui ruinent les bons fabricants et marchands, en introduisant dans le commerce toutes les étoffes défectueuses et de contrebande. Ce serait le moyen de rétablir dans les petites villes la fabrique et le commerce; les sujets du roi en profiteraient, et on bannirait des étrangers qui viennent dans le royaume sans un sol, et qui ne le quittent qu'après en avoir sorti des sommes considérables.

OBSERVATIONS SUR LA FABRICATION DES TOILES À BEAUVAIS ET ABBEVILLE[1].

Janvier 1713.

Le sieur Lucien Danse a la plus belle blanchisserie pour les toiles qui soit en cette ville. On n'y blanchit que les toiles qu'il a fait fabriquer pour son compte, tant dans la ville que dans les environs. Cette fabrique consiste principalement en deux sortes de toiles, qui sont les demi-Hollande et les linons, dont il fait une grande distribution, tant dans le royaume qu'au dehors, et particulièrement en Espagne et dans l'Amérique espagnole.

Nous avons remarqué que ses linons étaient d'une grande finesse, et qu'il ne serait pas impossible de les substituer à l'usage des mousselines, qui font sortir du royaume de très-grandes sommes, car elles sont toutes apportées des Indes orientales, où elles ne sont achetées qu'en argent, ce commerce-là ne se faisant point en permutation.

Le sieur Lucien Danse est très-capable d'augmenter cette manufacture, parce que c'est un négociant fort entendu, qu'il passe pour être riche, et que d'ailleurs il a plusieurs fils qu'il destine tous au commerce. C'est par les mains de semblables gens que les manufactures peuvent être non-seulement entretenues, mais encore augmentées.

C'est dans cette vue que nous lui proposâmes l'établissement d'une blanchisserie de fil qui réussirait bien plus facilement à Beauvais qu'à Antony, non-seulement parce qu'on est là plus à portée de tirer avec moins de dépense les fils écrus de l'Artois et de la Flandre française, mais encore parce que la main d'homme, le lait et les cendres sont à beaucoup meilleur marché à Beauvais qu'à Paris; et enfin, le sieur Danse est homme très-intelligent, et qui a toutes les qualités nécessaires pour une semblable entreprise. On pourrait donc, à la paix, lui faire cette proposition, et l'y engager par quelques avantages particuliers.

Nous nous disposâmes à visiter la manufacture des tapisseries de la même ville, pensant qu'elle fût encore entre les mains du sieur Danse, frère aîné de celui dont nous venons de faire mention; mais nous apprîmes qu'il avait abandonné cette entreprise à un autre particulier, qui n'est pas aussi riche à beaucoup près que le sieur Danse l'aîné. Nous demandâmes à ce dernier pourquoi il n'avait pas continué cette entreprise; il nous répondit que, n'ayant point d'enfants et sa femme étant plus jeune que lui, elle et ses héritiers auraient appréhendé que ses biens, se trouvant employés dans la manufacture, ne pussent être liquidés après sa mort qu'avec une très-grande perte.

Nous avions pourtant destiné une demi-journée pour aller visiter cette manufacture de tapisseries; mais nous avons été obligés de remettre la chose à notre retour, parce que nous apprîmes le soir que M. le duc d'Aumont était encore à Boulogne, où il attendait M. l'ambassadeur d'Angleterre. Nous partîmes pour Abbeville dès le lendemain, de grand matin, et nous y arrivâmes le soir suivant, pensant en repartir le lendemain; mais, comme il avait

---

[1] Papiers du Contrôle général des finances, G¹ 1697, registre, fol. 334. Comparez un très-important rapport de 1786, conservé aux Archives Nationales, H 1439.

paru quelque parti ennemi sur le chemin de Montreuil, on nous conseilla de demander une escorte à M. le Commandant. Nous nous servîmes des lettres que M. de Bernage nous avait données pour cela, et il fallut envoyer un exprès à M. le commandant de Montreuil pour faire rencontrer l'escorte de sa garnison à moitié chemin avec celle d'Abbeville; ainsi, nous fûmes forcés malgré nous de rester une journée dans cette dernière ville, et, pour l'employer utilement, nous résolûmes d'y visiter les manufactures.

OBSERVATIONS SUR TROIS MANUFACTURES PRIVILÉGIÉES D'ABBEVILLE.

La première et la plus considérable est celle du sieur Van Robais, où l'on fabrique des draps fins mêlés à la façon d'Angleterre. C'est une des plus belles manufactures en ce genre qui soient dans le royaume. Il a fait construire au bout de la ville une nouvelle maison, qui est superbe, dans laquelle il prétend renfermer cent métiers battants et tous les ouvriers qui doivent concourir à l'entretien de ces cent métiers, dont partie étaient ci-devant dans son ancienne maison, et le reste répandu chez différents ouvriers de la ville. Il y a présentement environ cinquante métiers dans cette nouvelle maison, lesquels nous avons examinés, avec tous les autres ouvrages de cette dépendance, qui sont infinis, y ayant des femmes qui trient et choisissent la laine avant que de la porter à la teinture, car, pour les draps de couleurs différentes, il faut que les laines en soient teintes avant que de les employer. Au sortir de la teinture, on les fait sécher, et on les brousse ensuite, qui est une première façon qui se fait avec d'assez grandes cardes; elles sont ensuite cardées avec de plus petites cardes, desquelles on les enlève en petits rouleaux, pour être graissés et filés avec de l'huile. C'est avec ces fils de laine de plusieurs couleurs que se composent les chaînes et les trames que les drapiers drapants emploient sur leurs métiers.

Avant que de passer à un autre travail de ces draps, il faut dire, à la louange de M. Van Robais, que c'est à lui à qui on doit la finesse et la propreté du filage en laine des femmes d'Abbeville et de Beauvais, car il avait attiré des Hollandaises dès les premiers temps de l'établissement de sa manufacture, à l'imitation desquelles les femmes du pays se sont formées : en sorte que nulle part en France on ne file la laine aussi proprement et aussi finement que dans ces deux villes.

Ces laines filées, teintes en différentes couleurs, sont remises aux drapiers drapants, qui les mettent en chaîne sur les métiers et les traitent ensuite avec la navette. Il y a à chaque métier deux ouvriers qui donnent aux draps un peu plus de deux aunes, pour être réduits à une aune et un quart.

Après que ces draps ont été fabriqués pour les drapiers drapants à la longueur de vingt-et-une à vingt-deux aunes, ils sont remis à des femmes qui les font passer sur un rouleau attaché au plancher, autour duquel elles tirent ce drap du haut en bas, en le mettant entre le jour de la fenêtre et elles, pour en ôter, avec des pinces de fer et de petits couteaux pointus, les nœuds et les corps étrangers qui se trouvent parfois dans la laine, et pour rapprocher les fils que ces nœuds et ces corps étrangers ont empêchés d'être régulièrement tissus.

Cette façon faite, on porte les draps au foulon, qui est posé sur une pile couverte, à la manière de Hollande, et on s'y sert d'une terre grasse que M. Van Robais fait venir du même pays, pour dégraisser les draps.

Après la façon du foulon, on remet encore ces draps entre les mains d'ouvriers, pour remédier aux fautes que le foulon a découvertes et aux petits dommages que la façon du foulon y cause quelquefois. On attache ensuite ces draps aux rames, qui sont des piliers plantés debout en des champs voisins de la manufacture, dans lesquels piliers on glisse des châssis pour y attacher les draps par les lisières et par des chevilles que l'on passe dans des trous du châssis inférieur, qui répondent à d'autres trous du pilier. On réduit ainsi le drap à la largeur convenable, et, après avoir attaché la tête et la queue à de pareils châssis, on en tire un des deux bouts à la longueur qu'on veut donner à la pièce de drap, et on ne se sert, chez M. Van Robais, de cette rame que pour redresser le drap et le fixer dans une largeur partout égale; et c'est la raison pour laquelle la longueur n'en peut être jamais certaine; aussi est-il arrêté par les règlements qu'un drap sera toujours d'une certaine largeur, et on en laisse aux ouvriers la longueur arbitraire, à une aune près sur vingt.

De la rame, on porte ces draps aux tondeurs, qui nous ont paru travailler fort proprement, avec des forces d'Angleterre, quoiqu'il y ait néanmoins un excellent ouvrier à Orléans, qui n'a que fort peu d'emploi. Ces draps sont ensuite pliés et mis dans les presses, qui sont fort belles, car les écrous en sont de métal. Nous avons remarqué seulement qu'on se sert de grands cartons pour mettre entre les plis, au lieu que nous avons ouï dire que les Anglois se servent de vélins; aussi le conducteur de la manufacture nous a-t-il dit que M. Van Robais était résolu d'aller en Angleterre après la paix et au retour de son voyage de Paris, où il était pour lors.

Nous sommes ensuite allés visiter les chaudières pour les teintures, et nous avons remarqué qu'elles n'étaient que d'une grandeur et d'une hauteur médiocres, car, quand elles sont grandes comme la plupart des teinturiers les ont, on les remplit de trop de matières ou d'étoffes, et il est difficile qu'elles y soient également teintes comme dans les médiocres cuves, où l'ouvrier peut donner une égale attention à tout ce qui est contenu dans un vase d'une capacité médiocre.

On nous a assuré que chaque métier battant de ces draps occupait quarante personnes, tant jeunes garçons que filles, hommes et femmes faits, sans compter les contre-maîtres qui sont dans chaque salle d'ouvriers différents, et sans les commis du magasin employés à la réception des draps qui partent de la main des ouvriers et à la distribution de ces mêmes draps tant au dedans qu'au dehors du royaume; en sorte que ces cent métiers doivent entretenir environ quatre mille hommes, qui concourent tous à la fabrication de deux mille cinq cents ou deux mille six cents pièces de draps de vingt-et-une aunes à vingt-deux aunes chacune, pendant le cours de chaque année.

MANUFACTURE DE MOCADES OU MOUQUETTES À LA FAÇON DE CELLES DE FLANDRE.

La seconde manufacture privilégiée est entre les mains du sieur..., qui fabrique des mouquettes à l'imitation de celles de Flandre et qui sont beaucoup plus garnies et plus couvertes. Elles sont composées de fils de lin et de chanvre mêlés avec de la laine. Il n'y a à chaque métier qu'un ouvrier battant, et un jeune homme qui lui sert à tirer les fils, ce qui forme les divers desseins sur lesquels on veut fabriquer les différentes sortes de cette étoffe.

Les métiers battants sont au nombre de cinquante, dont chacun fait ordinairement une pièce de onze à douze aunes par semaine, ce qui se monte à deux mille cinq cents pièces ou environ par an, et forme par conséquent une très-belle et très-bonne manufacture, qu'il convient non-seulement de conserver, mais d'augmenter, s'il est possible, car les membres de la maison de cet homme occupés par ces ouvriers ne sont point assez étendus, et il mériterait qu'on lui fît construire quelque bâtiment, partie aux dépens du roi et de la communauté.

MANUFACTURE DE PELUCHES.

La troisième manufacture privilégiée de cette ville est entre les mains de la veuve Ricouard, pour la fabrique des peluches. Nous y en avons trouvé de fort belles, qui sont faites de laine et de fils de chèvre seulement; mais elles ne sont pas parfaites. Nous croyons néanmoins que les défauts en sont aisés à corriger, et que, si on nous permet, à notre retour, de faire venir à Abbeville l'inspecteur d'Amiens, nous lui montrerons les moyens d'y remédier. Le principal commis de M. Van Robais, qui nous accompagna dans cette manufacture, nous dit, à propos de nos observations sur cette sorte d'étoffes, qu'elles se fabriquaient à Amiens et Saint-Quentin avec beaucoup de défectuosités, et que les ouvriers les faisaient de différentes largeurs, à quoi il fallait mettre ordre incessamment par un règlement, qu'il savait que l'inspecteur sollicitait depuis longtemps.

Cela nous donna lieu de demander à la veuve Ricouard s'il était convenable de permettre de faire ces peluches avec du fil et du coton; elle nous répondit que le coton y serait d'un très-mauvais usage, qu'il ne fallait point en permettre le mélange absolument, et que le fil y serait plus supportable, mais que cela ferait ressembler ces étoffes plutôt à des mouquettes qu'à des véritables peluches, et qu'enfin elle estimait qu'il n'y fallait y mêler ni coton ni fil.

On nous fit voir dans le magasin de cette veuve Ricouard deux sortes d'étoffes qu'elle fait fabriquer sans privilége, c'est-à-dire des barracans tout laines et des serges façon de Londres.

Les barracans ont un grain comme s'ils avaient quelque mélange de fil de chèvre, et ils sont travaillés fort serré et d'une manière très-égale. Elle en fait faire de gris, de rouges et de bleus, dont elle fait une fort grande distribution.

Les serges façon de Londres sont aussi belles que celles d'Angleterre, et le filage en est même plus fin; elles sont bien croisées et parfaitement fabriquées, et c'est le filage que les femmes d'Abbeville doivent aux Hollandaises de M. Van Robais.

Nous avons observé une chose fort singulière à l'égard de cette veuve Ricouard. Les deux manufactures qu'elle fabrique en concurrence avec les autres ouvriers d'Abbeville sont beaucoup plus parfaites que celle des peluches, qu'elle fabrique seule avec privilége; elle mérite néanmoins d'être favorisée, car elle est très-entendue et fort appliquée à sa manufacture.

Les visites que nous fîmes dans ces trois manufactures nous occupèrent depuis la pointe du jour jusqu'à la nuit, n'ayant fait qu'un fort léger repas à midi, afin de profiter du temps qu'il fallait à notre exprès pour revenir de Montreuil, et nous comptions d'aller visiter à la lumière quelques-uns des métiers que M. Van Robais a dans la ville et quelques barracans; mais on vint nous avertir que notre exprès arrivait de Montreuil, et qu'il fallait aller chez M. le commandant, afin qu'il fît donner ses ordres ce soir-là même pour notre escorte du lendemain, et d'autant que cet exprès nous confirma que M. le duc d'Aumont était encore à Boulogne.

AUTRE MÉMOIRE SUR LES MANUFACTURES DE BEAUVAIS ET D'ABBEVILLE.

La manufacture des tapisseries de Beauvais avait été remise sans doute au sieur Danse à des conditions avantageuses pour lui, dont il aura joui pour la plus grande partie sans que le dessein qu'on eut, en la lui remettant, de voir fleurir cette fabrique entre les mains d'un homme riche, ait été rempli, car il s'en faut beaucoup que celui qui s'en est chargé depuis soit aussi fort que le sieur Danse. Si, à notre retour, on veut nous donner quelque ordre là-dessus, nous l'exécuterons ponctuellement.

La vue qui m'est venue d'établir à Beauvais une blanchisserie pour les fils écrus, par la connaissance que j'ai des forces et de l'intelligence du sieur Lucien Danse le cadet, ne doit point être négligée. C'est un profit que les Hollandais font sur une matière du royaume, qu'ils retordent et blanchissent chez eux, pour nous la renvoyer ensuite, quoique nous ayons des eaux plus propres pour cela qu'ils n'en ont. Outre le profit de ces deux façons, qui demeurerait aux sujets du roi, on gagnerait encore le port de l'Artois jusqu'en Hollande et le retour de la Hollande jusqu'à Beauvais, aussi bien que la commission du Hollandais que nos marchands emploient à l'exécution de ces deux façons.

Je ne répète point ici les avantages que cette blanchisserie établie à Beauvais peut avoir sur celle d'Antony près de Paris, c'est-à-dire non-seulement le meilleur marché de la main d'homme, du lait et des cendres, mais encore la certitude où l'on sera que, quand personne n'enverrait des fils à blanchir à cette nouvelle manufacture, le sieur Danse est capable par lui-même de la fournir de cette matière première pour son propre compte et de faire la distribution des fils blanchis par l'étendue de son commerce.

OBSERVATIONS SUR LES TROIS MANUFACTURES PRIVILÉGIÉES D'ABBEVILLE.

J'ai été étonné de l'excessive dépense à laquelle le sieur Van Robais s'est engagé en bâtissant une maison et un jardin aussi superbes que celui qu'il a entrepris pour placer sa manufacture à un des bouts de la ville d'Abbeville. C'est grand dommage même qu'on ne lui ait point donné un architecte habile pour conduire ce grand édifice, car son corps de logis principal, qui est celui qui doit servir à son habitation, et qui fait le point de vue dès l'entrée de sa première cour, s'est affaissé dans toute son étendue, ayant manqué par les fondements. D'ailleurs, l'appartement du rez-de-chaussée étant presque au niveau du terrain de la grande cour et n'ayant pas assez d'élévation jusqu'au plancher, en rendra tous les membres obscurs, qui devaient néanmoins être les plus clairs, parce que c'est là qu'il doit placer ses magasins et ses bureaux; et ce défaut est d'autant plus sensible que les appartements des deux ailes de cette première cour, dans lesquels sont renfermés ses métiers battants, n'ont point ce même défaut, car ils ont cinq ou six marches d'élévation au-dessus de la cour, pendant que le corps de logis principal n'en aura qu'une : en sorte que le cordon qui règne à la hauteur de l'appui des fenêtres de ces trois appartements ne se trouve plus sur la même ligne.

Quelque superbe que soit tout cet édifice, j'ai eu quelque regret de voir sortir du commerce du sieur Van Robais une somme aussi considérable que lui a dû coûter ce magnifique bâtiment, et il m'est venu même un soupçon sur cette grande dépense et sur celle que fait journellement ledit sieur Van Robais, car il a six chevaux de carrosse et autant de main; il est fort bien meublé et vit très-commodément, ayant toujours quelque compagnie chez lui; il reçoit presque tous les passants de considération, sans parler des négociants avec lesquels il est en correspondance pour la distribution de ses draps, qu'il loge aussi presque tous chez lui. Peut-être ce soupçon est-il mal fondé, mais voici quelle est ma crainte. Il est exempt des droits d'entrée pour les laines étrangères, qui sont les seules qu'il emploie dans sa manufacture. Ne pourrait-il point en distribuer dans le royaume? Ce serait un examen et un contrôle très-facile à faire, et sur lequel il serait bon d'être éclairci une fois pour toutes. Il y a un inspecteur à Amiens, qui ne vient à Abbeville que tous les trois mois, bien plutôt pour y recevoir son droit que pour y examiner les défauts des manufactures.

J'ai une autre crainte sur le chapitre du sieur Van Robais : c'est que, s'il venait à mourir, n'ayant point d'enfant mâle, les deux neveux qu'il a, et qui sont fort jeunes, pourraient bien suivre leur mère en Hollande, car ils ne sont point catholiques, non plus que le sieur Van Robais et une grande fille unique qu'il a près de lui, et fort prête à marier. Je ne crois pas néanmoins qu'il faille lui faire aucune violence pour sa conversion; mais on pourrait commencer par le porter à marier sa fille à un catholique.

Au surplus, je ne crois pas qu'il y ait une si belle manufacture en Europe, et il convient de la maintenir par tous les moyens imaginables, et surtout dans l'occasion présente de traiter avec les Anglais, dont il a imité les draps en sorte que je crois ceux d'Abbeville supérieurs aux leurs; et il ne faut pas douter que le désir qu'ont les Français d'user de toutes les manufactures étrangères ne les porte à faire venir, à la paix, de ceux d'Angleterre, ce qui ferait un grand dommage à ceux du sieur Van Robais, si l'on n'a pas quelque attention aux droits que l'on peut imposer sur ceux des Anglais.

Pour les deux autres manufactures, je n'ai rien à ajouter à ce qui en est porté par le mémoire commun, si ce n'est que l'inspecteur des manufactures d'Amiens ne fait pas son devoir par rapport à la fabrique des peluches de la veuve Ricouard, lesquelles, quoique belles, ne laissent pas d'avoir quelques défauts, qu'il est très-aisé de corriger; et si Monseigneur souhaite, à notre retour, nous donner ses ordres, aussi bien qu'à l'inspecteur, nous y remédierons facilement; mais il ne faut pas retarder d'un moment la publication des règlements que l'on a projetés au Conseil de commerce pour les peluches de Picardie. Le dossier est entre les mains de M. de Boissy, qui en est rapporteur, et il n'y manque rien pour la décision, car il est accompagné des procès-verbaux de MM. les intendants et des avis des négociants de Paris, de Lyon et de Tours.

MANUFACTURES.

INSTRUCTION DU CONTRÔLEUR GÉNÉRAL DES FINANCES AUX INSPECTEURS DES MANUFACTURES [1].

De Chantilly, le 19 juillet 1724.

Il est nécessaire que vous m'informiez, dans tout le courant du mois prochain au plus tard, et plus tôt, s'il est possible, par un mémoire très-circonstancié, de tout ce qui concerne les manufactures dont l'inspection vous a été commise, et particulièrement des choses qui suivent :

Du nombre de ces manufactures, des lieux où elles sont situées, depuis quand ou en vertu de quelles lettres patentes, arrêts ou autres titres ces manufactures sont établies; desquels titres vous m'enverrez des copies collationnées, même des statuts par lesquels chacune d'elles se gouverne.

Vous m'informerez pareillement du nombre de métiers ou d'ouvriers dont chaque manufacture est composée, tant dans le chef-lieu où elle est établie, que dans les villages ou hameaux qui y sont relatifs; et vous marquerez le nombre d'ouvriers qui y sont employés, tant hommes que femmes, le genre de travail de chacune de ces manufactures, c'est-à-dire quelles sortes d'étoffes s'y fabriquent, les largeurs qu'elles doivent avoir suivant les règlements, celles qu'elles ont aujourd'hui, en cas qu'on s'en soit relâché, le poids que doit avoir, suivant les mêmes règlements, chaque sorte d'étoffe de soie ou de laine, soit qu'elles se vendent à l'aune dans les manufactures ou à la pièce d'un aunage toujours fixe, et quel poids elles ont aujourd'hui dans l'un et l'autre de ces cas; de chacune desquelles étoffes vous joindrez un échantillon en marge de l'article qui en parlera dans votre mémoire, avec le nom et le prix actuel de chaque sorte, quelle est la plus ordinaire destination ou commerce de ces étoffes, tant pour le dedans que pour le dehors du royaume.

A ce premier mémoire, vous en joindrez un autre séparé, qui contiendra la quantité de chaque sorte d'étoffe qui aura été fabriquée dans chaque manufacture pendant l'année 1723.

Ne perdez aucun temps pour me donner les éclaircissements que je vous demande sur toutes ces choses, auxquelles vous ajouterez toutes les observations et les réflexions que votre expérience sur cette matière vous aura fait faire. Et vous continuerez dans la suite à m'informer régulièrement, à la fin de chaque mois, et plus souvent même, si quelque cas particulier l'exige, de ce que vous estimerez pouvoir contribuer au plus grand avantage du commerce par l'augmentation, le soutien et la bonne administration de ces manufactures.

Pour ne pas confondre les matières, et que je sois toujours informé de ce qui se passe en chaque manufacture séparément, vous observerez dorénavant de m'écrire autant de différentes lettres particulières qu'il s'agira de différentes manufactures, et vous marquerez en tête de chacune de vos lettres ou procès-verbaux ce mot : *Commerce*, et la généralité dans laquelle sera située la manufacture dont il s'agira [2].

DODUN.

---

[1] Papiers du Contrôle général, G¹ 32. — [2] Comparez les instructions données par Pontchartrain en 1691, et publiées dans le tome I⁰ʳ de la *Correspondance des contrôleurs généraux*, p. 558-560.

APPENDICE.

DÉPARTEMENT

ÉTAT DES MANUFACTURES DE DRAPS ET AUTRES

LIEUX DE FABRIQUE.	NOMS DES ÉTOFFES.	MATIÈRES QUI S'EMPLOIENT DANS LA FABRICATION des étoffes.	PRIX COMMUN DES MATIÈRES.
Beauvais............	Ratines larges............	Laine de France pour chaîne............	De 22 à 24 sols la livre............
		Laine d'Espagne pour trame............	De 2ᶦˡ à 2ᶦˡ 15ˢ.
	Serges d'Espagne............	Laine de France pour chaîne............	De 22 à 24 sols............
		Laine d'Espagne pour trame............	Le 2ᶦˡ à 2ᶦˡ 15ˢ.
	Ratines finettes............	Laine de France pour chaîne............	De 20 à 24 sols............
		Laine d'Espagne pour trame............	De 2ᶦˡ à 2ᶦˡ 15ˢ.
	Serges à deux envers............	Laine de France pour chaîne et trame............	De 22 à 24 sols............
	Ratines entre-fines............	Idem............	Idem............
	Ratines communes............	Idem............	Idem............
	Serges façon de Londres............	Laine de France pour chaîne............	Idem............
		Laine d'Espagne pour trame............	De 2 à 2ᶦˡ 15ˢ.
	Flanelles............	Laine de France pour chaîne et trame............	De 22 à 24 sols............
	Espagnolettes............	Laine de France pour chaîne............	Idem............
		Laine d'Espagne pour trame............	De 2 à 2ᶦˡ 15ˢ.
	Sommières............	Laine de France pour chaîne et trame............	De 22 à 24 sols............
	Pinchinas............	Idem............	De 26 à 28 sols, à cause de la teinture............
	Serges............	Laine de France pour chaîne............	De 22 à 24 sols............
		Laine de France pour trame............	De 17 à 20 sols............
	Revêches............	Laine de France pour chaîne............	De 22 à 24 sols............
		Laine de France pour trame............	De 14 à 16 sols............
	Serges façon de Londres............	Laine de France pour chaîne............	De 27 à 28 sols............
Bouillers............	Sempiternes............	Laine de France pour trame............	De 65 à 70 sols............
		Laine de France pour chaîne et trame............	De 27 à 28 sols............
	Frocs............	Laine de France et agnelain............	De 24 à 26 sols............
	Serges............	Idem............	Idem............
Meuy............	Serges............	Idem............	De 22 à 24 sols............
Hanvoille et Glatigny............	Serges grises et blanches............	Laine de France pour chaîne............	Idem............
		Peignon pour trame............	De 10 à 16 sols............
TOTAUX............			

COMPARAISON DU PREMIER SEMESTRE DE 1724 AVEC LE DERNIER SEMESTRE DE LA MÊME ANNÉE.

SEMESTRES.	MÉTIERS BATTANTS.	MÉTIERS SANS TRAVAIL.	NOMBRE DES FABRICANTS.	NOMBRE DES PIÈCES FABRIQUÉES.
Premier semestre de 1724............	944	221	462	18,931
Dernier semestre de 1724............	818	356	454	15,883
Différences............	126	135	8	3,048

MANUFACTURES.

DE BEAUVAIS.

ÉTOFFES POUR LES SIX DERNIERS MOIS DE 1724.

LONGUEUR ET LARGEUR DES ÉTOFFES.	PRIX DES ÉTOFFES.	MÉTIERS BATTANTS EN CHAQUE ESPÈCE d'étoffes.	MÉTIERS BAS.	NOMBRE DES FABRICANTS.	PIÈCES D'ÉTOFFES FABRIQUÉES.
De 15 à 16 aunes, de 5/4 de large......	De 4ll 10s à 9ll l'aune......	9			180
De 14 à 15 aunes, une aune de large......	De 4ll 7ll 10s......	6			120
De 15 à 16 aunes, une aune de large......	De 3ll 10s à 7ll......	10	42	48 drapiers.	198
De 14 à 15 aunes, une aune de large......	Idem......	2			40
Idem......	De 3ll 10s à 4ll......	11			220
Idem......	De 3ll à 3ll 10s......	17			340
De 20 à 21 aunes, de 2/3 de large......	De 3ll 10s à 4ll 5s......	6			120
De 23 à 25 aunes, aune 1/2 et 3/4 de large...	De 3ll à 3ll 5s; de 20 à 26 sols...	30			645
De 21 à 23 aunes, de 5/8 de large......	De 2ll 10s à 3ll 5s......	15			310
De 23 à 25 aunes, de 5/8 et 1/2 aune......	De 24 à 34 sols; de 21 à 24 sols...	12	159	239 sergers.	2,440
De 20 à 21 aunes, de 5/8 de large......	De 2ll 15s à 3ll 5s......	5			95
De 19 à 21 aunes, de 5/8 de large......	De 2 à 3ll......	159			3,180
De 21 à 23 aunes, de 5/8 de large......	De 18 à 36 sols......	117			2,450
De 21 à 22 aunes, de 2/3 de large......	De 80ll la pièce en blanc......	6			75
De 19 à 20 aunes, de 3/4 de large......	De 40ll la pièce en blanc......	6	68	1 entrepreneur.	110
De 25 à 26 aunes, de 7/8 de large......	De 3ll l'aune......	2			85
De 20 à 21 aunes, de 5/8 de large......	De 40ll la pièce en blanc......	15			340
De 20 à 21 aunes, de 3/4 et 5/8 de large....	De 2ll 12s à 2ll 15s; de 38 à 45 sols...	198	22	106 sergers.	3,750
De 21 à 22 aunes, de 5,8 de large......	De 34 à 38 sols; de 30 à 34 sols...	80	65	65 sergers.	1,235
		818	356	464 fabricants.	15,883

COMPARAISON DU DERNIER SEMESTRE DE 1723 AVEC LE DERNIER SEMESTRE DE 1724.

SEMESTRES.	MÉTIERS BATTANTS.	MÉTIERS SANS TRAVAIL.	NOMBRE DES FABRICANTS.	NOMBRE DES PIÈCES FABRIQUÉES.
Dernier semestre de 1723......	1,029	136	467	21,180
Dernier semestre de 1724......	818	356	454	15,883
Différences......	211	220	13	5,229

MÉMOIRE CONCERNANT L'ÉTAT DES MANUFACTURES DU DÉPARTEMENT DE BEAUVAIS, POUR LES SIX DERNIERS MOIS DE 1724[1].

1725.

On croit qu'il n'est pas nécessaire de représenter que le commerce de Beauvais et des lieux circonvoisins est notablement diminué. C'est un mal général qui s'est répandu depuis quelque temps sur toutes les fabriques du royaume; néanmoins, comme on est obligé, chaque semestre, de rendre compte des manufactures, on a tâché d'y satisfaire en marquant, par l'état joint à ce mémoire, le nombre des métiers battants et des pièces d'étoffes qui ont été fabriquées dans le département de Beauvais pendant les six derniers mois de 1724.

Il s'est trouvé, dans ces six mois-là, huit cent dix-huit métiers travaillants, qui ont produit 15,883 pièces. Dans le premier semestre, il y en avait neuf cent quarante-quatre, qui en ont fait 18,931 : de sorte que c'est une diminution, d'un semestre à l'autre, de cent vingt-six métiers et de 3,048 pièces d'étoffes, comme il est porté par le petit état de comparaison.

Il est vrai que le temps de la moisson a pu contribuer à cette diminution, parce qu'alors il y a plusieurs ouvriers occupés à la récolte; mais on voit, depuis le commencement de la présente année 1725, que les fabricants mettent de jour en jour des métiers bas, et que celui qui en avait quatre montés, n'en a plus que deux ou trois, par le défaut de vente et de consommation. Ainsi, il est à présumer que l'état prochain sera encore moins fort.

Il y a eu, en certains temps, des changements et des révolutions dans le commerce, qui n'a pas laissé de se remettre après. En 1722 et 1723, la hauteur de l'argent a porté les étrangers à faire de grosses levées de marchandises en France, ce qui les a fait monter à un prix exorbitant; les deux dernières diminutions des espèces les ont fait baisser, les unes d'un quart, d'autres d'un tiers, et d'autres près de moitié de ce qu'elles valaient il y a deux ans. Les façonniers en ont souffert et en souffrent encore, particulièrement ceux qui se trouvent avoir des provisions de matières chères. Cependant c'était, pour ainsi dire, un mal nécessaire, car, si, avant cela, les marchands et les manufacturiers faisaient des gains considérables, d'un autre côté, le public avait beaucoup de peine à subsister, à cause de la cherté extraordinaire des vivres et des vêtements, dont naturellement on ne peut se passer; mais, comme les denrées diminuent peu à peu, aussi bien que les laines, qui se sont vendues, le dernier jour de marché à Beauvais, 18 deniers à 2 sols moins par livre que ce qui est porté par l'état dont il s'agit, et qu'elles pourront encore baisser à mesure que l'on approchera des mois de mai et de juin, qui est le temps où se fait la tonte des moutons, il y a lieu d'espérer que les choses se remettront dans la suite dans une situation convenable.

---

[1] Ce mémoire est, avec l'état qui précède, adressé au contrôleur général Dodun, le 20 janvier 1725. (Papiers du Contrôle général, G⁷ 1705.)

MANUFACTURES.

ÉTAT DES MANUFACTURES DE L'ÉLECTION DE DREUX[1].

1735.

Il se fait dans cette élection de Dreux plusieurs sortes d'étoffes, savoir : des étamets, des serges grises à poil, qui ont une aune de large, compris les lisières, et vingt-deux aunes de long après être foulées. Les étamets ont sur le métier quarante-huit portées, de trente-quatre fils la portée, et sont vendus à la pièce depuis 115" jusqu'à 125 et 130" les vingt-deux aunes. Les serges grises à poil ont sur le métier quarante-six à quarante-huit portées, de trente-quatre fils la portée; se vendent à la pièce, depuis 130 jusqu'à 140" les vingt-deux aunes.

Il se fait des serges drapées sur étaim, de blanches et de plusieurs couleurs mêlées, teintes en laine. Ils (sic) ont sur le métier trente-quatre à trente-cinq portées, de trente-quatre fils la portée, pour avoir, après être foulées, demi-aune de large et quarante à quarante-cinq aunes de long, qu'ils vendent à l'aune, savoir : les blanches depuis 42 jusqu'à 44 sols; les couleurs mêlées, teintes en laine, se vendent depuis 56, 58 sols, jusqu'à 3".

L'on y fait aussi des serges ou demi-étamets nommés doublures, blanches, trame sur trame, de fortes et de simples. Les fortes ont sur le métier vingt-trois portées, sans les lisières, de trente-quatre fils la portée; les simples ont sur le métier vingt portées, de trente-quatre fils la portée, pour avoir le tout, après être foulées, demi-aune de large et trente-cinq, trente-huit, quarante et quarante-cinq aunes de long; lesquelles étoffes sont vendues à l'aune, savoir : les fortes depuis 38, 40, jusqu'à 42 sols; les simples se vendent depuis 28 jusqu'à 32 sols.

L'on y fait aussi, depuis quelque temps, des serges blanches façon de Mouy, qui ont sur le métier trente portées, de trente-quatre fils la portée, pour avoir, après être foulées, demi-aune quart de large et vingt-deux et vingt-quatre aunes de long, qu'ils vendent à l'aune depuis 50 à 52 sols.

SAINT-LUBIN-DES-JONCHERETS ET SES DÉPENDANCES.

On fait à Saint-Lubin-des-Joncherets des draps blancs, qui ont sur le métier quarante-quatre portées, de trente-quatre fils la portée, pour avoir, après être foulés, une aune et un seize de large, compris les lisières, et trente-deux aunes de long; lesquels draps sont vendus à Paris, à la pièce de trente-deux aunes, depuis 165 jusqu'à 172".

Il se fait audit Saint-Lubin-des-Joncherets des serges drapées sur étaim, de blanches et de plusieurs couleurs, teintes en laine; mêmes portées, nombre de fils, longueur et largeur, et même prix que ci-dessus, ainsi que les serges trémières ou demi-étamels, nommés doublures, qui sont en vingt-quatre portées, sans les lis. de trente-quatre fils la portée, pour avoir, après être foulées, demi-aune de large et trente-cinq à quarante aunes de long, qu'ils vendent à l'aune depuis 38, 40 à 45 sols.

Par la visite que nous avons faite en ladite paroisse et ses dépendances, qui est la Ferretie et la Poterie, le 20 novembre 1735, nous avons trouvé dix-huit maîtres, deux grands métiers battants, douze petits métiers aussi battants, et trois sans travail.

La laine que l'on emploie dans tous ces lieux de fabrique est du pays et de Normandie, qui se vend, savoir : celle des serges drapées sur étaim se vend depuis 21 jusqu'à 23 sols la livre en poil; celle qu'ils emploient pour faire les serges blanches

---

[1] Cet état est adressé au contrôleur général, le 28 janvier 1736, par le sieur Guy Desbais, inspecteur des manufactures du département d'Orléans, dont l'élection de Dreux faisait partie. (Arch. Nationales, F¹² 649.) Le même dossier renferme trois procès-verbaux de visites faites par le même inspecteur en 1726, 1727 et 1729.

ou demi-étamets, nommées doublures fortes, se vend depuis 20 à 21 sols la livre en poil; et celle qu'ils emploient pour faire les serges blanches simples, nommées doublures, se vendent depuis 15 jusqu'à 17 sols la livre en poil. La laine d'agnelin, qui sert à couvrir les serges trémières, demi-étamets ou doublures, se vend 20 à 21 sols la livre en poil.

Commençant nos visites le 17 novembre 1735, accompagné du sieur Jacques Guérin, juré de la communauté des sergers-drapiers des paroisses et villages dépendant de la ville de Dreux, nous avons trouvé en la paroisse du Tremblay-le-Vicomte douze fabricants, qui ont chacun un petit métier, et deux sans travail; ils font des serges trémières fortes.

Il se fait des serges blanches trame sur trame, nommées doublures ou demi-étamets, de simples et de fortes; les fortes ont sur le métier vingt-trois portées, de trente-quatre fils la portée, et les simples ont sur le métier vingt portées de trente-quatre fils, pour avoir le tout trente-cinq à trente-huit aunes de long et demi-aune de large. Il se fait aussi des étamets blancs en quarante-huit portées, de trente-quatre de large, compris les lisières, et vingt-deux aunes de long. Nous avons trouvé par la visite quinze maîtres, quatorze métiers battants, y compris deux grands métiers, et trois sans travail.

Il se fait en la paroisse de Piseux des serges blanches, trame sur trame, ou demi-étamets, fortes, ayant les mêmes portées et nombre de fils que ci-dessus. Par la visite, nous avons trouvé quinze fabricants, quatorze petits métiers, et trois sans travail.

Ils travaillent en la paroisse du Boulay-Thierry en serges trémières fortes ou demi-étamets, même qualité qu'à Piseux. Ils font aussi des serges blanches façon de Mouy, qui ont sur le métier trente portées, de trente-quatre fils la portée, pour avoir, après être foulées, demi-aune demi-quart de large et vingt-deux à vingt-quatre aunes de long. Par la visite, nous avons trouvé seize maîtres, quinze petits métiers battants, et un sans travail.

L'on fait à Gironville et ses dépendances des serges trémières fortes ou demi-étamets, et quelques métiers montés de serges façon de Mouy; le tout même qualité qu'au Boulay-Thierry. Par la visite, nous avons trouvé trente-deux maîtres, vingt-neuf petits métiers battants, et cinq sans travail.

L'on fait à Écublé et Bilieux des serges trémières ou demi-étamets, nommées doublures, de fortes et de simples; mêmes portées, nombre de fils, largeur et longueur que ci-dessus. Par la visite, nous avons trouvé vingt-neuf maîtres, qui ont chacun un petit métier battant, et trois sans travail.

L'on fait à la Touche et Villette des étamets blancs d'une aune de large, compris les lisières, et vingt-deux aunes de long, étant foulés. Il s'y fait aussi des serges trémières blanches ou demi-étamets, nommées doublures fortes, même qualité que ci-dessus. Par la visite que nous avons faite, nous avons trouvé deux grands métiers battants, deux petits métiers aussi battants, et un sans travail, et cinq fabricants.

A Saint-Sauveur et Marville-les-Bois, l'on fait des serges trémières blanches ou doublures, de fortes et de simples, en mêmes portées, nombre de fils, largeur et longueur que ci-dessus. Par la visite, nous avons trouvé vingt-trois maîtres, vingt-deux petits métiers battants, et douze sans travail.

A Maillebois et Saint-Léonard, l'on fait des serges blanches nommées doublures, presque toutes simples; ils ont sur les métiers vingt à vingt et une portées, de trente-quatre fils la portée, pour avoir la même longueur et largeur que ci-dessus. Par la visite, nous avons trouvé vingt-quatre maîtres, vingt-cinq petits métiers battants, et six sans travail.

A Mondétour et le Boulay-des-Deux-Églises, l'on fait des serges blanches nommées doublures, même qualité que celles que l'on fait à Maillebois, tant pour les portées, nombre de fils, que pour la largeur et longueur. Par la visite, nous avons trouvé huit maîtres, sept petits métiers battants, et un sans travail.

A Blévy et Chennevières, ils font des serges trémières blanches, nommées doublures, même qualité que celles de Maillebois, étant presque toutes simples. Nous avons trouvé, après la visite, treize maîtres, douze petits métiers battants, et quatre sans travail.

Il se fait en la paroisse de Laons des serges drapées sur étaim, de blanches et de plusieurs couleurs mêlées, teintes en laine; ils ont sur le métier trente-quatre à trente-cinq portées, de trente-quatre fils la portée, pour avoir, après être foulées, demi-aune de large et quarante à quarante-cinq aunes de long. Par la visite, nous avons trouvé vingt-deux maîtres, vingt-trois petits métiers battants, et quatre sans travail.

Il se fait à Dampierre-sur-Avre, le Plessis et Mainterne, des serges drapées sur étaim, pareille qualité qu'à Laons, tant pour les portées et le nombre de fils que pour la largeur et longueur. Par la visite, nous avons trouvé en ces trois lieux de fabrique neuf fabricants, qui ont chacun un petit métier battant, et trois sans travail.

Le 21 novembre 1735, étant en la ville de Dreux, jour des halles et bureau pour les étoffes qui sont apportées par les foulonniers aux fabricants de la dépendance des manufactures de ladite ville, nous étant fait accompagner des sieurs Pierre Ménestrel et Martin Canyé, gardes des marchands de draps de ladite ville, où nous aurait présenté par les foulonniers environ soixante pièces d'étoffes en petits lés, tant en serges drapées sur étaim que serges façon de Mouy, que des serges trémières blanches ou demi-étamets ou doublures, que nous avons visitées avec lesdits gardes, que nous avons trouvées de la largeur de demi-aune, à la réserve de deux pièces qui étaient étroites en quelques plis de la pièce, moins large d'un demi-pouce. D'ailleurs, lesdites pièces étaient bonnes; ce qui a causé cette étroitesse est que lesdits endroits ont été plus foulés que les autres, ou que la trame qui couvre la chaîne était filée plus fine que les autres, n'étant pas filées toutes d'une même main. Elles ont été marquées du plomb de fabrique.

Le mardi 22 novembre 1735, étant assisté desdits gardes-marchands ci-dessus nommés, nous serions fait représenter par le sieur Nicolas de Billy, concierge du bureau et halles des manufactures de la dépendance de Dreux, le registre des pièces d'étoffes qui sont entrées audit bureau depuis le 2 mai jusqu'à la fin d'octobre 1735. Nous avons trouvé qu'il avait été marqué pendant les six mois la quantité de 2,168 pièces de petits lés et 110 pièces de grands lés; font en tout : 2,278 pièces. Nous avons reconnu que le dernier semestre est plus fort que le premier semestre de l'année 1735 de la quantité de 352 pièces de petits lés et de 55 pièces de grands lés; font en tout : 427 pièces de plus que le précédent semestre. Il y en aurait bien davantage, si les fabricants qui sont de la dépendance de Dreux ne portaient pas leurs étoffes au bureau de Chartres, sans prendre le plomb de Dreux, ce qui est contraire à l'arrêt du Conseil rendu le 23 août 1729, qui marque le district de ladite manufacture d'avec celle de Chartres; et par ledit district, les paroisses y mentionnées pour Chartres (*sic*), il n'y a aucune fabrique ni métiers à faire des étoffes.

....

Voilà, Monseigneur, ce que j'ai pu remarquer dans ce qui concerne la manufacture de Dreux. Si je puis apprendre autre chose, j'aurai l'honneur d'en informer Votre Grandeur.

G. DESHAIS.

ÉTAT DES MANUFACTURES ET DES PRODUITS DES TERRES DANS LA GÉNÉRALITÉ DE PARIS[1].

1745 et 1750.

ÉLECTION DE PARIS.

Ville de Paris.

Sa description est ici inutile, puisqu'on la trouve dans plusieurs imprimés. Elle est siége d'un archevêché, d'un parlement, de plusieurs autres cours souveraines, de nombre de cours royales et seigneuriales, la résidence de la principale noblesse du royaume, à cause de la proximité de la cour, et l'affluence des étrangers, qui, avec ses établissements ecclésiastiques, militaires et des finances, de commerce et manufactures, y font circuler journellement le tiers des espèces du royaume, qui se répandent de même dans les provinces d'où cette ville tire les marchandises et denrées dont elle a besoin pour la nourriture et l'habillement de ses citoyens innombrables. Elle est l'entrepôt du commerce des provinces méridionales de la France avec celles septentrionales, et de celles orientales avec celles occidentales.

Il y a plusieurs manufactures, qui sont :

Celle des Gobelins, où on fait les plus belles tapisseries du monde, en soie, or et argent, qui sont commandées par les plus grands seigneurs de France et des pays étrangers. Les teintures des écarlates des Gobelins sont les plus belles du monde. On compte que cette manufacture occupe journellement, le fort portant le faible, à cause des ouvriers extraordinaires, six à sept cents personnes.

Une manufacture de galons d'or et d'argent, en plusieurs fabriques, où plus de douze cents personnes sont occupées.

Une manufacture d'étoffes d'or et d'argent, en plusieurs fabriques, qui occupent quinze cents personnes ou environ.

Une manufacture de petites étoffes de soie de différentes sortes, mêlées un peu d'or et d'argent, occupe tous les jours cinq cents personnes.

Quatre manufactures des tapisseries de laines, une à personnages, une de verdures, une à oiseaux, et une de points d'Hongrie, où plus de deux mille personnes sont employées.

Plus, une manufacture des tapisseries de toiles nommées damas de Caux, et une autre de fil où sont collées des laines hachées, représentant des fleurs ou autres choses. Ces deux dernières manufactures occupent sept cent cinquante personnes.

Une manufacture de bas de soie, des plus beaux et meilleurs du royaume, en nombre de fabriques, où plus de trois mille personnes sont employées.

Les fabriques de bas de laine, de fil et de coton y occupent plus de quinze cents personnes, avec les autres ouvrages de bonneterie.

Les fabriques des chapeaux de différentes sortes, quatre mille deux cents personnes.

La manufacture des glaces, qui se tirent près Saint-Quentin, en Picardie, et qui sont amenées à Paris pour y être polies, occupe journellement près de trois cents personnes.

Les fabriques des rubans de soie et de soie, or et argent, beaux et bien frappés, occupent environ cinq cents personnes.

Une petite manufacture des draps et autres étoffes de laine de moyenne qualité, six cents personnes.

Une manufacture de petites étoffes de soie et fil, nommées étoffes de Paris, sont très-jolies à bon compte, mais de peu de durée, dont grand nombre de petites bourgeoises s'habillent ; quatre cents personnes y sont employées.

Une manufacture de gazes et crêpes y occupe neuf cents personnes.

---

[1] Extrait de l'enquête faite à la demande du contrôleur général Orry; Musée Britannique, ms. additionnel 8757, fol. 8-21 et 294-297. Voyez ci-dessus, p. 444, note 2.

MANUFACTURES.

La manufacture de tabac, deux mille personnes.

Les autres fabriques, qui y sont de peu de conséquence, six mille personnes.

On ne fait à Paris que peu de toiles, de moyenne qualité.

Les tanneries et corroieries y sont de peu de conséquence, les bouchers vendant les peaux des bœufs, des moutons et des veaux à Rouen, où les tanneries sont considérables ; et là , étant apprêtées , elles sont achetées par les marchands de Paris.

Les sciences attirent encore beaucoup de monde à Paris, ainsi que son université.

L'orfévrerie, l'horlogerie, la peinture, la sculpture, la médecine, la chirurgie et les autres arts et métiers y sont considérables, et occupent journellement environ quatorze mille cinq cents personnes.

Pour ce qui regarde la ville de Paris, on a oublié, entre autres choses, les galons et les modes, objet qui occupe plus de vingt mille ouvriers de tout sexe. La valeur en est immense, puisque les gens qui s'habillent bien dans le royaume veulent toujours or surdoré de Paris. C'est celui qui a dans les grandes villes étrangères ; celui de Lyon est inférieur. On a oublié aussi la tabletterie et les broderies, autre objet immense.

Ville de Versailles.

Le séjour ordinaire du roi y fait subsister ses habitants.

Saint-Germain-en-Laye.

Ville royale. Il y a un grand nombre de cordonniers et perruquiers, qui travaillent pour les marchands des villes de Paris et de Versailles, et la grande route de Paris à Rouen, qui la traverse, est ce qui y jette le plus d'argent.

Il y a à Saint-Germain des manufactures de bas de fil, qu'on débite considérablement dans l'intérieur et dans les colonies.

Marly.

Château royal entre Versailles et Saint-Germain-en-Laye.

Ville de Saint-Denis.

Située à deux lieues de Paris, sur la rivière de Seine. Il y a une célèbre abbaye royale de Saint-Benoît, où est la sépulture ordinaire des rois.

Il y a une manufacture des dentelles et réseaux d'or et d'argent, dont le commerce se fait à Paris, où plus de cinq cents personnes sont occupées.

Le reste des habitants sont presque tous gens de bouche et cabaretiers.

ÉLECTION DE PONTOISE.
Ville de Pontoise.

Sur la rivière d'Oise, à sept lieues de Paris, et sur une des routes de Paris à Rouen. Elle est assez commerçante avec Paris et Rouen, et est un petit entrepôt de commerce de ces deux villes. Il n'y a point de manufacture, mais seulement quelques fabriques de bonneteries et chapeaux, de peu de conséquence.

ÉLECTION DE SENLIS.
Ville de Senlis.

Cette ville, capitale de l'élection de ce nom, n'a point non plus de manufactures ; il y a d'assez bonnes fabriques de laines et chapeaux. Celles des toiles de différentes qualités y sont bonnes et en réputation, ainsi que les tanneries.

ÉLECTION DE MEAUX.
Ville de Meaux.

Siége d'évêché, capitale de la Brie, située à dix lieues de Paris, sur la rivière de Marne et sur la grande route de Paris en Allemagne. Les fabriques de toiles, de bas de laine et de chapeaux y sont opulentes, ainsi que les tanneries, les corroieries et les moulins à vent.

ÉLECTION DE BEAUVAIS.
Ville de Beauvais.

Siége d'évêché, à seize lieues de Paris, sur la grande route de Flandre.

Il y a une manufacture de tapisseries de soie et de soie, or et argent, qui imitent celles des Gobelins de Paris, où cent vingt personnes sont employées ordinairement.

Il y a des fabriques d'ouvrages de bonnetiers et de chapeaux, de clous et de dentelles de fil. Les corroieries et tanneries y sont bonnes. On y fait, et aux environs, beaucoup de toiles. Le commerce extérieur de toutes ces marchandises se fait à Paris.

On prépare à cette ville beaucoup de laines, dont le commerce se fait à Amiens.

ÉLECTION DE SENS.
Ville de Sens.

Il n'y a point de manufactures, mais des fabriques de grosses serges, que les marchands de Paris enlèvent.

On y fait un bon commerce de blés, d'avoine et de vins à Paris. On y fait, et aux environs, des toiles d'une assez bonne qualité, dont le commerce se fait à Dijon et à Orléans. On y prépare des laines, dont le commerce se fait à Troyes. Il y a quelques tanneries de peu de conséquence.

Elle est siége d'archevêché, assise sur la rivière d'Yonne, qui rend son commerce assez fleurissant, et est l'entrepôt de Paris et Dijon.

On fait à Sens des ouvrages de bois, dont le commerce se fait à Paris.

Ville de Fontainebleau.

Château royal, où le roi va ordinairement passer deux mois de l'année, dans l'arrière-saison. Elle est située au milieu d'une forêt, par le grand chemin de Paris à Lyon.

ÉLECTION DE COMPIÈGNE.
Ville de Compiègne.

Château royal. Elle est assise sur la rivière d'Oise. Il n'y a point de manufactures érigées, mais des bonnes fabriques de serges, de laines, de bas de laine, autres ouvrages de bonneterie, et de chapeaux. On y fait beaucoup de toiles, et aux environs. On y fait aussi des grosses étoffes de laine. Le principal commerce de ces marchandises se fait dans le pays et à Paris.

On y fait un grand commerce de blés, qui se conduisent à Paris par la rivière d'Oise.

ÉLECTION D'ÉTAMPES.
Ville d'Étampes.

Son grand passage de Paris à Orléans la fait subsister. On y pêche les plus belles écrevisses du royaume, qu'on porte à Paris.

ÉLECTION DE DREUX.
Ville de Dreux.

Elle n'a point des rivières navigables; cependant elle fait un joli commerce avec les villes voisines, de marchandises qu'elle tire de Paris, de Rouen et de Chartres. Il y a dans cette ville quelques fabriques de serges, dont le commerce se fait dans le pays; on y fait aussi, et aux environs, beaucoup de toiles de moyenne qualité, dont le principal commerce se fait à Paris.

ÉLECTION DE MONTFORT.
Ville de Montfort.

Il n'y a, dans la ville de Montfort-l'Amaury, aucune manufacture, ni même de fabriques de considération. On y élève beaucoup de vaches. On y fait quantité de beurre et fromage, dont le commerce se fait à Paris.

ÉLECTION DE MANTES.
Ville de Mantes.

Elle est assise sur la rivière de Seine, à dix lieues de Paris et au-dessous, et est l'entrepôt du commerce par cette rivière de Paris à Rouen. On y fait, ainsi que dans toute l'élection, assez de grosses toiles, dont le commerce se fait à Paris.

Les autres élections de la généralité, qui sont Coulommiers, Rozoy, Nogent-sur-Seine, Provins, Joigny, Saint-Florentin, Tonnerre, Vézelay, Nemours et Montereau, n'ont point de manufactures, non plus que leurs villes principales, de même nom; mais elles font toutes un grand commerce de vins, de blés et autres graines, de beurres et fromages à Paris. Celles de Joigny, Saint-Florentin et Vézelay font un commerce considérable à Paris.

On ne fait que peu de toiles dans ces élections.

MANUFACTURES.

Il y a quelques petites fabriques de bas de laine et chapeaux.

On a fait à Provins beaucoup de conserves, dont le principal débit se fait à Paris et à Troyes.

ÉLECTION DE MELUN.
Ville de Melun.

Elle est assise sur le bord de la Seine, à neuf lieues de Paris, ce qui lui procure un grand commerce. Il y a des fabriques de serges et des grosses étoffes de laines, de bas de laines, autres ouvrages de bonneterie, et des chapeaux, dont le commerce extérieur se fait à Paris.

On y fait assez de toiles, qui n'ont de consommation que dans le pays. On y prépare beaucoup de laines, dont le commerce se fait à Paris et à Troyes.

La généralité de Paris contient les provinces de l'Île-de-France, le Beauvaisis, qui fait partie de la Picardie, la Brie, partie de la Beauce, partie du Gâtinais, et partie de la Champagne.

Toutes ces provinces, en général, sont abondantes en blés, seigles et froments, en grains et graines, en légumes, en foins et en fruits. Il y a beaucoup de bois et de carrières de pierres de différentes sortes; trois belles verreries, qui seules fournissent la ville de Paris, avec l'aide de celle de la haute Normandie.

Il y a aussi dans la généralité, et à deux lieues de distance de Paris, neuf manufactures de porcelaines et faïences, savoir [1] :

Une à Saint-Cloud, pour la faïence; et une au faubourg Saint-Honoré. Elles sont sous le même entrepreneur, et ne font qu'une manufacture.

Une au faubourg Saint-Antoine, qui réussit parfaitement bien;

Une à Chantilly, qui est bientôt tombée;

Une à Sceaux, qui commence à se ruiner;

Une à Vincennes, qui a la réputation de faire les plus beaux ouvrages de porcelaines de la France;

Une à Villeroy, qui a été célèbre dès le commencement, et qui est actuellement très-médiocre;

Une près Versailles;

Et deux autres, qu'on compte présentement pour rien, une près Écouen, et à Villeneuve-Saint-Georges.

Toutes ces manufactures de porcelaines occupent plus de trois mille personnes.

Il y a beaucoup de vaches et moutons dans la généralité de Paris; on n'y élève que peu de bons chevaux, et point de bœufs. La volaille y est en abondance, ainsi que les gibiers, nonobstant les chasses fréquentes du roi, des princes du sang et des principaux seigneurs de la cour.

ÉTAT DE L'ARGENTERIE QU'IL PEUT Y AVOIR
ACTUELLEMENT DANS LA GÉNÉRALITÉ DE PARIS,
À L'EXCEPTION
DE CE QUI EST PRESCRIT PAR LES ORDRES.

Il est absolument impossible de donner au juste, et à beaucoup près, l'état de la vaisselle d'argent et autres ouvrages d'orfévrerie appartenant aux particuliers de la ville de Paris.

On sait en général qu'il y en a beaucoup. Les Parisiens aiment la vaisselle d'argent, et en font des amas, pour la plupart qui sont en gain de fortune, au lieu de s'acquérir des rentes, comme font les peuples des provinces, etc. Enfin, pour donner une idée de la vaisselle d'argent qu'il peut y avoir dans la ville de Paris, de concert avec M. le contrôleur général des finances, j'ai fait venir les jurés orfévres, qui m'ont demandé huit jours pour combiner à vue de pays l'argenterie contenue dans la ville, faubourgs, banlieue de Paris. Au bout de ce temps, ils m'ont assuré au moins 150 millions : j'en retranche 50 millions pour les per-

---

[1] Elles sont antérieures à 1745, et ont été renouvelées depuis cette année-là. C'est pourquoi elles font un double emploi dans ces mémoires. Voyez leur description abrégée au Supplément, à la fin du troisième volume. (*Note du manuscrit.*) Voir ci-contre, p. 654.

sonnes exemptées de cette recherche; reste 100 millions, appartenant aux gens de justice et de finances, aux orfèvres, horlogers, bourgeois, marchands, artisans, et autres en général.... 100,000,000 #

A Versailles................	300,000
A Saint-Germain-en-Laye et Marly......................	80,000
A Saint-Denis.............	120,000
A Meaux..................	110,000
A Senlis..................	70,000
A Beauvais................	200,000
A Sens....................	110,000
A Fontainebleau...........	260,000
A Compiègne..............	340,000
A Pontoise................	50,000
A Étampes................	180,000
A Provins.................	40,000
A Melun..................	100,000
A Nemours................	40,000
A Nogent-sur-Seine........	60,000
A Dreux..................	70,000
A Montereau..............	50,000
A Montfort-l'Amaury......	30,000
A Mantes.................	80,000
A Coulommiers............	20,000
A Rozoy..................	30,000
A Vézelay................	30,000
A Joigny.................	50,000
A Saint-Florentin.........	40,000
A Tonnerre...............	60,000

A noter que ci-dessus ne sont que les villes principales et chefs d'élection.

Et dans les autres villes, bourgs et paroisses de la généralité..... 1,340,000

TOTAL.......... 103,840,000

A remarquer, dans cette généralité ainsi que dans les autres, que la moitié de la vaisselle d'argent se trouve dans les hôtelleries, cabarets, auberges et gens de bouche.

SUPPLÉMENT AUX MÉMOIRES CI-DEVANT, À CAUSE DES NOUVELLES MANUFACTURES ÉTABLIES DANS PLUSIEURS VILLES DU ROYAUME DEPUIS L'ANNÉE 1745.

GÉNÉRALITÉ DE PARIS.
Ville de Paris.

Une manufacture des porcelaines et faïences, établie au faubourg Saint-Antoine, où on fait des beaux ouvrages, laquelle réussit très-bien, laquelle occupe journellement près de trois cents personnes.

Au même faubourg, une autre manufacture d'espèces de faïences et terres blanches, qui réussit aussi fort bien, où deux cent cinquante personnes sont occupées.

Une manufacture de petits damas, beaux et bons, qui ont un grand débit, laquelle occupe près de trois cents personnes, tant à la fabrique qu'à la préparation des soies.

Une manufacture d'étoffes de soie, satins et taffetas de Paris, qui n'occupe actuellement que deux cents personnes, à cause de la rareté des soies. Ils ont été, dans le commencement, d'un grand débit, étant à bon compte; mais ils sont de peu de durée.

La manufacture des velours, établie avant l'année 1745, mais qui a obtenu de nouvelles lettres patentes en 1748, laquelle a une bonne réussite et un grand débit de ses velours. Elle occupe journellement deux cent vingt personnes. Le roi, en 1749, a transplanté la moitié de cette fabrique à Tours, dont il est fait mention à l'article de ladite ville de Tours.

Une manufacture de calmandes fines, moyennes et grosses, qui sont d'un grand débit, où seulement cent vingt personnes sont occupées.

Une de ratines et peluches, de médiocre qualité, divisée en plusieurs fabriques et différents faubourgs, laquelle occupe près de six cents personnes.

Une de droguets et serges de soie, laquelle occupe cent quarante personnes.

Une de cuirs dorés et argentés, établie au faubourg Saint-Antoine. Ils sont aussi beaux que ceux de Venise, et sont recherchés par les seigneurs de la première considération, et les personnes riches. Deux cents personnes y sont employées.

MANUFACTURES DES PORCELAINES ÉTABLIES ANTÉRIEUREMENT À L'ANNÉE 1745, ET RENOUVELÉES PAR LETTRES PATENTES DU ROI DEPUIS CETTE ANNÉE-LÀ.

1° Une à Chantilly, à neuf lieues de Paris, qui a été florissante dans le commencement, et qui est bientôt tombée. Il n'y a plus que quelques ouvriers, et l'entrepreneur est absolument ruiné.

2° Une à Sceaux, à deux lieues de Paris, qui était très-florissante pendant la guerre dernière. Elle commence à se ruiner par la réussite de celles du faubourg Saint-Antoine et de Vincennes[1].

3° Une à Vincennes, qui fait actuellement les plus beaux ouvrages du monde, et qui sont très-estimés des connaisseurs. Il y a grande apparence qu'elle fera des grands progrès, puisque, outre que le roi et les principaux seigneurs de la cour se fournissent des porcelaines de Vincennes et du faubourg Saint-Antoine, on en envoie dans plusieurs cours de l'Europe[2].

4° Une, de Villeroy, qui se soutient un peu dans sa médiocrité.

5° Une près Versailles, qui est de peu de considération, ne faisant que peu de porcelaines, son plus fort travail étant en faïences.

6° Une à Villeneuve-Saint-Georges, où on ne fait aussi que des faïences, et peu de porcelaines.

7° Et une auprès d'Écouen, qui est de peu de conséquence, où on ne fait aussi que peu de porcelaines, et beaucoup de grosses faïences.

Toutes ces manufactures de faïences et porcelaines, qui occupaient, en l'année 1745, environ trois mille personnes, en occupent actuellement quatre mille six cents[3].

---

[1] Une manufacture de faïence *japonnée* s'établit à Sceaux en 1749; elle fabriquait spécialement des vases en forme de choux et des brocs ornés d'imitations d'œufs durs coupés en tranches. (Lebeuf, *Histoire du diocèse de Paris*, tome IX, p. 382.)

[2] Sur cette manufacture, qui était dirigée par M. de Fulvy, frère du contrôleur général Orry, et qui ne datait que de quelques années (1741), voir les *Mémoires du duc de Luynes*, tome IX, p. 329-330.

[3] Il y avait eu une manufacture de faïences à Cœuilly-sur-Marne (c°° Champigny), établie dans les premiers temps du règne de Louis XV, par Gilles-René de Laage, seigneur de Cœuilly, capitaine de vaisseau. (Papiers du Contrôle général, G¹ 1706, dossier de 1723.) — On remarquera que ce mémoire ne parle pas d'une des plus célèbres fabriques de faïence et de porcelaine, celle que Claude Révérend avait fondée en 1664 à Saint-Cloud, et où les fils de son successeur Pierre Chicanneau avaient pris un privilège nouveau, en 1702 (voyez plus haut, p. 605), pour fabriquer une porcelaine de pâte exactement semblable à celle de la Chine.

XI

MARCHÉS DE PARIS.

DÉNOMBREMENT DE LA POPULATION DE PARIS ET ÉTAT DE SA CONSOMMATION ANNUELLE[1].

1637.

La ville et faubourgs de Paris peut contenir vingt mille trois ou quatre cents maisons.

Le nombre des habitants peut être de quatre cent douze à quinze mille.

Entre lesquels habitants, il y a sept communautés, que l'on appelle communément les sept corps des marchands, qui sont : les marchands drapiers, épiciers, apothicaires, marchands merciers grossiers joailliers, qui ne sont qu'un corps, les pelletiers, les bonnetiers, les orfèvres et les marchands de vin, qui font ensemble 2,752 maîtres.

Lesquels sept corps ont aussi des garçons ou compagnons travaillant sous eux, qui peuvent être au nombre de 1,000.

Outre lesquels sept corps des marchands, il y a encore cent cinq communautés des arts et métiers, qui peuvent être au nombre de 10,772 maîtres.

Lesquels maîtres des arts et métiers ont pareillement des compagnons, qui pourront se trouver au nombre de 38,000 compagnons, tous au-dessus de l'âge de vingt ans.

Ils ont aussi des apprentis, qui peuvent être au nombre de 5,600.

De plus, outre lesdits marchands, artisans, compagnons et apprentis, il y a encore grand nombre d'autres hommes, entre autres des charretiers et voituriers par terre, au nombre de plus de 600;

Des valets charretiers, plus de 1,200;

Des crocheteurs et portefaix sur les ports, places publiques, en l'Université et par toute la ville, au nombre de plus de 1,500;

Des tireurs de bois flotté, au nombre de 300;

Des porteurs d'eau, au nombre de 400, outre plus grand nombre, le surplus de ceux qui s'emploient en cet exercice étant des femmes.

Revenant tout ce nombre d'hommes, tant marchands, maîtres, artisans, compagnons, apprentis, que autres susnommés, au nombre de 66,672.

NOMBRE D'HOMMES CAPABLES DE PORTER LES ARMES.

Duquel nombre pourrait être facilement tiré 46,000, tous hommes d'âge viril, forts et robustes, capables de porter les armes et de bien faire, si leur courage correspond à leurs forces.

Se trouvera encore plusieurs autres hommes comme valets de chambre, cochers, palefreniers et laquais des personnes de condition habitants de cette ville, avec des clercs, des officiers, tant de la justice que des finances, habitants de cette ville, au nombre de plus de 10,000 hommes capables de porter les armes.

Tout le nombre d'hommes que l'on pourrait tirer des conditions susdéclarées se trouverait pouvoir revenir à 56,000 hommes ou plus.

---

[1] Bibl. Nationale, ms. Joly de Fleury, 1428, fol. 1-4. Cette pièce a été publiée, d'après une copie fautive et incomplète, par Tessier, dans l'*Encyclopédie méthodique*, *Agriculture* (1791), t. III, v° CONSOMMATION DE PARIS, p. 480-482.

MARCHÉS DE PARIS.

ARMES.

Pour armer lequel nombre pourrait à peine se trouver chez les bourgeois des armes à beaucoup près de ce qu'il en conviendrait.

Mais est à noter que, chez les nommés Poignart et Begnicourt, quincailliers de Paris, se trouverait des armes en assez bonne quantité, lesquelles il conviendrait acheter, et, si elles ne suffisent, donner ordre d'en recouvrer des marchands forains à suffisance, soit aux dépens du roi ou du public;

Ou, subordinément, faire que les colonels et capitaines des quartiers de ladite ville fournissent à ceux qui seront choisis dans leursdits quartiers, pour porter les armes en la campagne, qui leur seront nécessaires.

QUANTITÉ DE BLÉ QUI EST NÉCESSAIRE.

Pour la nourriture de tout ce peuple de la ville et faubourgs de Paris et des forains qui y abordent journellement de toutes parts, a accoutumé d'être consommé par chacun an environ 84,000 muids de blé, qui est 1,600 par chacune semaine, et 230 muids par jour, savoir :

En blé qui arrive tant sur les ports, par la rivière, de divers lieux de Picardie, de Brie et Champagne, et ès places et marchés publics, des pays appelés de la France, de Mulcian, de la Beauce et du Vexin-le-Normand, par charrois, qui se débite èsdits lieux, et places aux environs, 450 muids par chacune semaine, partie aux boulangers de petit pain, qui en façonnent de trois sortes : le plus blanc, appelé *de chapitre*, du poids de 10 onces; du pain appelé *de chalis*, de douze onces, et du pain appelé *pain bourgeois*, du poids d'une livre de seize onces, pour le prix de 12 deniers pièce, lequel poids s'augmente ou diminue proportionnément au prix des blés, sans augmenter ni diminuer le prix ; lesquels boulangers font aussi d'autres pains de diverses et autres façons, selon qu'ils leur sont commandés par les bourgeois; et sont tenus lesdits boulangers marquer leurs pains de leurs marques particulières, à peine de l'amende, étant iceux boulangers de petit pain, seuls de leur profession, tenus sous la rigueur

GÉNÉRALITÉS. — I.

des ordonnances de la police, en laquelle police, qui se tient toutes les semaines, lesdits boulangers et autres qui travaillent pour le public sont responsables de leurs actions. Se tient encore de quinzaine en quinzaine une assemblée de bourgeois notables des seize quartiers de Paris, pour diriger ce qui se trouve être utile au bien public, singulièrement pour le taux des denrées et poids du pain, diminution ou augmentation d'icelui proportionnément au prix du blé.

L'autre partie desquels 450 muids de blé débité en chacune semaine est distribué aux boulangers de gros pain, tant de la ville que faubourgs, qui le prennent pour la plupart à crédit des marchands ; et ne sont iceux boulangers de gros pain astreints à aucun poids, ni sujets à la police, faisant leur pain de tels poids, qualité et blancheur que bon leur semble, et le débitant à discrétion, tant ès marchés qu'à leurs ouvroirs.

Autre partie desquels 1,600 muids de blé arrive ès marchés et y est apporté en pain cuit par les boulangers de Gonesse, Pontoise, Saint-Denis, Poissy, Argenteuil, Corbeil, Charenton et autres lieux des environs de Paris, qui peut revenir par chacune semaine à 800 muids de blé ou environ, que lesdits boulangers vont acheter à huit et à dix lieues de Paris, comme à Dammartin, Senlis, Pontoise, Montlhéry, Châteaufort, Chevreuse et autres lieux.

Et le surplus desquels 1,600 muids, montant à 350 muids, est consommé par les familles religieuses et communautés de ladite ville, qui ont lesdits blés de leur revenu, ou en font faire les achats hors des marchés de Paris.

NOMBRE DES MARCHANDS DE BLÉ EN GROS.

Est à noter qu'en toute la ville de Paris il n'y a au plus que vingt personnes faisant trafic et marchandise de blé, lesquels n'ont les facultés, hors l'un d'iceux, de pouvoir faire achat pour plus de 20 ou 28,000 ll de blé à une seule fois : de sorte qu'ils ne font leurs achats qu'au fur et à mesure qu'ils font le débit de leurs marchandises.

Et ainsi se peut dire qu'en cas de nécessité, il ne se pourrait espérer desdits marchands aucuns secours, n'ayant aucuns magasins de réserve; et de fait, à présent, ils n'ont fait achat tous ensemble que de la quantité de 3,200 muids de blé.

POUR LES CHAIRS.

Se consomme environ 900 bœufs par chacune semaine, qui reviendraient, pour l'année (le carême distrait), à 40,000 bœufs ou environ, compris les vaches qui se débitent aux faubourgs.

8,000 moutons par semaine, qui reviendraient, pour pareil temps que dessus, à 368,000 moutons; lesquels bœufs et moutons s'achètent par les bouchers de Paris tous les vendredis matin, au marché de Poissy, où ils s'amènent des provinces de Normandie, Poitou, Limousin, Bourbonnais, Champagne et Berry; et ce qui reste non vendu audit marché de Poissy est renvoyé vendre les lundis au Bourg-la-Reine, et le mardi aux bourgs et marchés qui se tiennent; et ne se fait aucune nourriture desdits bestiaux à Paris, sinon par les bouchers, pour les tuer et débiter de jour à autre pendant chacune semaine.

Se consomme aussi, depuis la fête de Pâques jusques à la Pentecôte, 3,000 veaux par semaine, et, depuis ladite fête de Pâques jusqu'au carême exclus, 1,200 par semaine; ce qui revient, pour ledit temps, à 67,800 veaux par an; outre le temps de carême, pendant lequel, par contravention à l'ordonnance, se consomme très-grande quantité de veaux et moutons, ce qui cause la cherté des bestiaux à la Pâque, lesquels veaux s'amènent au marché de Paris des lieux de Méru, du Vexin, de Beauce et autres lieux des environs de Paris.

Pareillement se consomment 25,000 porcs par chacun an, qui se tuent pour la plupart depuis la Saint-Remy jusques au carême, et s'achètent, partie dans le marché de Paris, et autres parties sont achetés par les charcutiers ès lieux de Châlons, Troyes, Meaux et autres lieux, qu'ils font voiturer pour la plupart et arriver à Paris par la rivière.

SALINES.

Arrivent pareillement, par chacun an, en diverses saisons, les salines, savoir :

Molues en pile, 611,721 poignées, qui sont 2 molues pour poignée.

Molues en baril, 500 barils, chacun baril contenant 25 à 30 molues.

Molues en demi-tonnes, 1,786 demi-tonnes, chacune demi-tonne contenant un cent et demi de molues sèches; 322 demi-tonnes qui ne se consomment point à Paris, et se portent aux champs, au pays d'amont la rivière.

Molues et nelz, qui sont tripes de molues, 96 poinçons.

Maquereaux salés, 52 lots, contenant chacun lot 12 barils, et trois cents et demi maquereaux au baril.

Hareng blanc, 1,689 lots, 12 barils au lot, et onze à douze cents au baril.

Hareng saur, 105 bouceaux, 2,886 barils, et 22,200 harengs au bouceau, et un millier au baril.

Saumons, 150 lots, 8 hambourgs, contenant le hambourg 48 saumons, le lot 12 barils, et chacun baril 60 saumons.

Stockfixes, 1,130 balles, qui se portent en Allemagne.

Sèches, 6 tonnes.

Marsouins, 4 quartauts.

VIN.

Se consomme aussi 240,000 muids de vin.

SEL.

600 muids, qui se débitent aux greniers du roi.

BOIS.

Se consomment semblablement 300,000 voies de bois, de tout bois à brûler, savoir : le tiers en fagots et cotrets, et les deux autres tiers en bois neuf et flotté, sans en ce comprendre environ 20,000 voies qui viennent du cru des particuliers bourgeois.

CHARBON.

Dix-huit mille muids de charbon.

De toutes lesquelles choses ci-dessus ne se fait aucun magasin public en ladite ville; mais bien se fait quelque provision, par aucuns bourgeois aisés, de vin, bois, charbon et sel.

Et, pour ce, semble qu'il serait à propos, suivant les ordonnances, de faire quelques magasins de victuailles les plus nécessaires pour la nécessité pendant trois mois.

CHEVAUX.

Plus, se trouve en la ville et faubourgs de Paris 10,000 chevaux ou environ, tant chevaux de carrosse, de harnais, que de selle, outre les chevaux des forains qui viennent à Paris avec peu de séjour.

FOIN.

Pour la nourriture desquels chevaux se consomme par an, en ladite ville, 8 à 9 millions de bottes de foin.

AVOINE.

Et 15,000 muids ou environ d'avoine, outre 4 à 5,000 muids qui arrivent pour les particuliers.

Est à noter que Paris s'entretient sans aucune provision, ains simplement par le ministère des marchands, ou plutôt regrattiers, qui vont acheter quantité de marchandises et denrées, qu'ils viennent débiter, pour, du prix du débit, en aller acheter d'autres, sans aucune provision telle qu'ils en puissent assurer qu'ils puissent fournir la ville de Paris pendant quinzaine seulement, excepté en ce qui concerne le bois, vin, quelque foin, avoine et salines, desquels les marchands sont fournis, sel qui est dans le grenier, et des beurres que les marchands ont dans leurs magasins. Et néanmoins, en cas de nécessité, on pourrait, en quinze jours ou trois semaines, faire venir la plupart des vivres ci-dessus des environs, vingt à trente lieues à la ronde, y employant par ordre public tous les chevaux et harnais desquels le dénombrement a été fait ci-dessus, pour faire venir lesdites provisions, même faire amener tous les bestiaux des lieux circonvoisins, desquels la perquisition se ferait, soit de blés ou autres denrées, par les juges des lieux ou par personnes commis à ce faire en chaque bailliage et juridiction, particulièrement en ce qui concerne les blés, desquels on pourrait faire grande provision en peu de jours, en envoyant, par commandement du roi, des échevins amont et aval la rivière, qui ont communication à Paris, qui se serviraient de tous les bestiaux et foncets qui se trouveraient à cet effet sur les lieux, ainsi qu'il fut pratiqué ès années 1539 et 1568.

Et est à considérer, en cas de nécessité, que les communautés de Paris et les bourgeois, qui sont au nombre de plus de 6,000, qui ont des maisons dans l'étendue de vingt lieues à la ronde, font quelques provisions, qui pourraient servir au public, étant entrées en la ville.

Le présent mémoire a été fait par le commandement de Mgr le cardinal de Richelieu, par les commissaires ci-dessous nommés, en l'année 1637, après s'être informés, pour cet effet, des marchands de bétail, salines, mesureurs de grains et charbon, marchands de bois, vin et foin.

Signé : Fizeau, Gaigny, Le Laboureur et Lévacher l'aîné, commissaires au Châtelet de Paris.

ÉTAT DES MARCHÉS DE BLÉS QUI SE TIENNENT DANS LES ENVIRONS DE PARIS[1].

1686.

Le marché de Nanteuil-le-Haudouin, dans le gouvernement de l'Île-de-France, à dix lieues de Paris, fournit chaque jour de marché 50 muids de blé.

---

[1] Papiers du commissaire Delamare, ms. fr. 21640, fol. 12-14, et 55 v°. Cette pièce doit venir des papiers du lieutenant général de police La Reynie. On peut comparer un état semblable de l'année 1738, qui a été publié, comme la pièce précédente, par Tessier, dans l'*Encyclopédie méthodique*, *Agriculture*, t. III, p. 483 et 484.

APPENDICE.

Le marché de Meaux, gouvernement de Champagne, à dix lieues de Paris, sur la rivière de Marne, fournit 100 muids de blé.

Le marché de la Ferté-Gaucher, gouvernement de Champagne, à seize lieues de Paris, fournit 100 muids de blé.

Le marché de la Ferté-sous-Jouarre, gouvernement de Champagne, à quatorze lieues de Paris, sur la Marne, fournit 100 muids de blé.

Le marché de Château-Thierry, gouvernement de Champagne, sur la Marne, à dix-neuf lieues de Paris, fournit 5 muids de blé.

Le marché de Coulommiers-en-Brie, gouvernement de Champagne, à douze lieues de Paris, fournit 50 muids de blé.

Le marché de Rebais-en-Brie, gouvernement de Champagne, à quinze lieues de Paris, fournit 100 muids de blé.

Le marché de Melun, en Gâtinais, gouvernement de l'Île-de-France, sur la rivière de Seine, à dix lieues de Paris, fournit 100 muids de blé.

Le marché de Montereau-faut-Yonne, en Brie, gouvernement de Champagne, à seize lieues de Paris, fournit 100 muids de blé.

Le marché de Provins, en Brie, gouvernement de Champagne, à dix-huit lieues de Paris, fournit 50 muids de blé.

Le marché d'Étampes, en Beauce, pays Chartrain, à douze lieues de Paris, fournit 120 muids de blé [1].

Le marché de Dourdan, en Hurepoix, gouvernement de l'Île-de-France, à onze lieues de Paris, fournit 150 muids de blé.

Le marché de Pont-sur-Yonne, dans le Gâtinais, gouvernement de l'Île-de-France, à vingt lieues de Paris, fournit 25 muids de blé.

Le marché de Nogent-le-Roi, en Beauce, pays Chartrain, à quinze lieues de Paris, fournit 4 muids de blé.

Le marché de Houdan, ville du Mantoan, gouvernement de l'Île-de-France, à treize lieues de Paris, fournit 120 muids de blé.

Le marché de Mantes, gouvernement de l'Île-de-France, à douze lieues de Paris, sur la rivière de Seine, fournit 110 muids de blé.

Le marché de Montfort-l'Amaury, du Mantoan, gouvernement de l'Île-de-France, à onze lieues de Paris, fournit 80 muids de blé.

Le marché de Rambouillet, en Beauce, pays Chartrain, à onze lieues de Paris, fournit 50 muids de blé.

Le marché de Magny, du Vexin français, gouvernement de l'Île-de-France, à quatorze lieues de Paris, fournit 25 muids de blé.

Le marché d'Épernon-en-Beauce, du pays Chartrain, à treize lieues de Paris, fournit   muids de blé.

Le marché de Marines, dans le Vexin français, gouvernement de l'Île-de-France, à dix lieues de Paris, fournit 20 muids de blé.

Le marché de Chaumont, en Vexin français, gouvernement de l'Île-de-France, à quatorze lieues de Paris, fournit 36 muids de blé.

Les marchés de Picardie :

Le marché de Beaumont, gouvernement de l'Île-de-France, sur la rivière d'Oise, à huit lieues de Paris, fournit 30 muids de blé.

Le marché de Senlis, en Valois, gouvernement de l'Île-de-France, à dix lieues de Paris, fournit 40 muids de blé.

Le marché de Crépy-en-Valois, gouvernement de l'Île-de-France, à   lieues de Paris, fournit   muids de blé.

Le marché de Pont-Sainte-Maxence, en Beauvaisis, sur la rivière d'Oise, gouvernement de l'Île-de-France, à douze lieues de Paris, fournit 52 muids de blé.

Le marché de Clermont-en-Beauvaisis, gouverne-

---

[1] «Il y a environ soixante et dix ans que cette ville (d'Étampes) était de beaucoup plus marchande qu'elle n'est aujourd'hui. Sa petite rivière était pour lors navigable par le moyen de plusieurs écluses, et il y avoit toujours, en ce temps-là, à Étampes, trente ou quarante bateaux, de dix muids de blé chacun, qui arrivaient ensuite au port de la Tournelle, à Paris; mais, les écluses ayant été rompues, les marchands de Beauce amènent leurs blés par terre à Paris, et s'arrêtent à Montlhéry.» (Piganiol, *Nouvelle description de la France*, éd. de 1753, t. I, p. 188.)

ment de l'Île-de-France, à quatorze lieues de Paris, fournit 40 muids de blé.

Le marché de Saint-Arnoult, en Hurepoix, gouvernement de l'Île-de-France, à onze lieues de Paris, fournit.....

Le marché de Chartres, en Beauce ou pays Chartrain, à dix-sept lieues de Paris, fournit.....

Le marché de Gallardon, pays Chartrain, à treize lieues de Paris, fournit.....

Le marché des Ognoins (?)... à quatorze lieues de Paris, fournit.....

Le marché de Boissy,..... à neuf lieues de Paris, fournit.....

N. B. — Dans quelques-uns de ces marchés qui sont situés sur les rivières de Marne, Seine, Yonne et rivière d'Oise, les marchands de grains y font des achats, aussi bien que les boulangers de Paris.

RAPPORT DE M. DE LA REYNIE, LIEUTENANT GÉNÉRAL DE POLICE, SUR LE MARCHÉ DE BLÉS DE MONTLHÉRY[1].

13 juillet 1695.

Extrait des ordonnances des rois touchant la police générale du royaume sur le fait des grains, et la défense, en particulier, d'en acheter dans l'étendue de huit lieues de Paris, avec les règlements généraux sur cette matière[2].

ORDONNANCES.

(François Ier, octobre 1531, art. 8; Charles IX, février 1567; Henri III, novembre 1577; Louis XIII, janvier 1629.) Les marchands ne pourront faire achats ni arrhements de blés à deux lieues des villes où ils habitent et à huit lieues de Paris, sans empêcher qu'ils soient amenés aux marchés, à peine de confiscation et d'amende.

RÈGLEMENTS.

(22 février 1590; 8 janvier 1622.) Ordonnance de police du Châtelet. Défense d'acheter des grains dans l'étendue des huit lieues de Paris.

(Assemblée générale de police au Châtelet, où l'un des échevins assista pour l'hôtel de ville, 26 juillet 1630.) *Idem*, et fut proposé d'étendre la défense à douze lieues de Paris.

(Arrêt du parlement du 23 novembre 1630.) Défenses à toutes personnes d'acheter des grains dans l'étendue de huit lieues aux environs de Paris.

(Arrêt du parlement du 25 février 1634.) Défenses aux boulangers d'acheter des grains dans les huit lieues de Paris.

(Novembre 1625.) M. le cardinal de Richelieu, en qualité d'engagiste du domaine et château de Limours, situé au delà de sept lieues de Paris, obtint des lettres patentes pour l'établissement d'un marché à Limours.

(27 août 1630.) Sous prétexte de cet établissement, les boulangers de Paris ayant acheté des blés à ce marché, défenses leur furent faites d'y faire aucuns achats de grains, par sentence du Châtelet.

(25 février 1634.) Les boulangers en ayant appelé, feu Monsieur, duc d'Orléans, engagiste pour lors du domaine de Limours, s'étant rendu partie intervenante, arrêt contradictoire, sans avoir égard à l'intervention; la sentence fut confirmée.

(1er juillet 1643.) À la fin, le crédit de Monsieur l'emporta, et, en 1643, il lui fut accordé de nouvelles lettres patentes, par lesquelles il fut permis aux boulangers de Paris d'acheter des grains au marché de Limours, nonobstant l'arrêt du parle-

---

[1] Papiers du Contrôle général, G⁷ 428.
[2] Voir des mémoires sur les défenses d'acheter des blés à Brie-Comte-Robert, dans les mss. Joly de Fleury, vol. 1429, fol. 266-270.

ment du 25 février 1634 et tous autres règlements ou ordonnances de police. Le motif exprimé par les lettres patentes est que le bourg de Limours est à l'extrémité des huit lieues de Paris.

(7 septembre 1644.) Les difficultés de l'enregistrement furent néanmoins si grandes que, pour l'obtenir, feu Monsieur, duc d'Orléans, employa tout son crédit, quatorze mois de sollicitations, outre plusieurs ordres réitérés ; et l'arrêt d'enregistrement porte que ces lettres ne pourront tirer à conséquence pour les autres marchés qui sont dans l'étendue des huit lieues.

(9 décembre 1672.) Les boulangers, brasseurs, etc. de Paris ayant été, dans la suite, acheter des grains en divers marchés du dedans des huit lieues, sous prétexte du marché de Limours, et détourné par ce moyen les grains et farines qu'on avait accoutumé d'apporter dans les marchés de Paris, il fut publié une ordonnance de police du Châtelet, qui renouvelle les défenses aux boulangers, brasseurs, meuniers et pâtissiers de Paris de faire aucuns achats de grains dans l'étendue des huit lieues, à l'exception du marché de Limours, et à la charge de rapporter des certificats du mesureur du marché de Limours de la quantité des grains et farines qui seraient achetés dans ce marché.

(8 mai 1680.) Arrêt contradictoire du parlement, qui confirme et renouvelle cette même disposition des ordonnances et des règlements.

(13 mai 1683.) Autre arrêt du parlement. *Idem.*

(30 novembre 1686.) Arrêt du Conseil, par lequel, sur des principes tout contraires à ce qu'on demande aujourd'hui au Conseil, il n'a pas été seulement défendu aux boulangers de Paris d'acheter des blés dans l'étendue des huit lieues de Paris, mais il leur a été défendu expressément, par cet arrêt, d'en acheter à la campagne, à quelque distance de Paris que ce puisse être, et interdit d'en pouvoir prendre et acheter ailleurs que sur les ports et marchés de Paris : ce qui a établi un ordre public et nouveau, qu'on a cru exorbitant, et qui a produit de nouveaux et grands inconvénients, dont Sa Majesté a entendu parler plusieurs fois.

Observations sur la requête présentée au roi à la fin du mois de juin de l'année 1695, aux noms des laboureurs, propriétaires et fermiers des terres et moulins du comté de Montlhéry, des habitants de la ville de Montlhéry, et de plusieurs particuliers de la Beauce et autres lieux.

Les ordonnances touchant la prohibition aux marchands et aux boulangers de Paris de faire aucuns achats de grains dans l'étendue de huit lieues de la ville ont été faites pour être également exécutées en temps d'abondance et de disette, et la plus grande partie des règlements qui en ont ordonné l'exécution ont été faits dans des temps où il y avait beaucoup de grains, et qu'ils étaient à bon marché.

Les principes sur lesquels ces ordonnances ont été faites sont si certains, et l'expérience de tous les temps a tellement fait connaître l'importance et la nécessité d'observer ces ordonnances, pour faire subsister avec quelque commodité les habitants de la capitale du royaume et pour maintenir la tranquillité parmi le peuple nombreux qui s'y trouve assemblé, qu'on a souvent proposé d'étendre la prohibition des huit lieues jusques à dix et à douze lieues; mais il n'a jamais été pensé ni proposé jusques ici, quelque abondance de grains qu'il y ait eu dans le royaume, de se dispenser d'exécuter les ordonnances faites précisément pour Paris, et d'en remettre l'exécution aux temps de disette et de cherté, où l'on ne peut, sans s'exposer à d'extrêmes périls, se mettre en devoir de commencer à établir l'ordre public et faire observer dans ces temps difficiles les règles qui ont été négligées ou abandonnées auparavant.

Je n'ai rendu aucune ordonnance, depuis 1672, touchant ce point particulier de la police, et il n'y a rien de mon fait qui ait pu servir de prétexte et donner lieu d'embarrasser cette matière, à l'égard de la prohibition des huit lieues. J'ai tenu la main, comme je l'ai pu, à l'exécution des ordonnances et des règlements depuis le mois de juillet de l'année dernière, et, lorsque les boulangers de Paris, réduits à la règle, se sont encore mis de nouveau en état de faire augmenter le prix des grains, qu'ils ont été de concert pour cet effet dans les marchés de Gonesse, de Dammartin et de Brie, et qu'ils y ont enchéri le blé de 7" et de 8" le setier en un seul jour de marché, ils en ont été corrigés et muletés comme ils le devaient être, et le blé s'est toujours, après cela, remis et maintenu à son juste prix.

C'est de cette application à l'exécution des ordonnances et des règlements dont on se plaint cependant par la requête, et de ce que, par ce moyen, les boulangers de Paris ont cessé, depuis les fêtes de Pâques, de venir acheter des blés au marché de Montlhéry : ce qui fait, à ce qu'on prétend, un tel préjudice aux fermiers, laboureurs, meuniers, hôteliers, mercenaires et habitants de la ville et comté de Montlhéry, qu'ils sont dans une impuissance visible de payer leurs maîtres et leurs autres dettes, ni même les sommes auxquelles ils ont été taxés aux rôles des tailles et de la capitation, qu'ils ne seront point en état de payer, si on ne leur donne le moyen de gagner de quoi subvenir à tous leurs besoins par le rétablissement du marché de Montlhéry : ce qu'on dit être d'autant plus juste que ceux qui présentent la requête assurent qu'ils ont appris que les défenses n'ont été faites aux boulangers de Paris d'acheter des grains dans les marchés qui sont au dedans de l'étendue des huit lieues, qu'afin de les obliger de faire leurs achats dans les marchés de Paris et pour obliger les fermiers et les laboureurs d'amener leurs grains aux halles de Paris, privativement et à l'exclusion du marché de Montlhéry et de tous les autres marchés qui sont dans l'étendue des huit lieues.

Ils ont raison, et ils sont parfaitement bien informés sur ce point, car c'est précisément le motif des ordonnances et des règlements ; mais ils se trompent en ce qu'ils prétendent que c'est privativement au marché de Montlhéry et autres marchés qui sont dans l'étendue des huit lieues. Les ordonnances et les règlements n'en ont fait aucune mention ; leur disposition est toute sage, et on n'a jamais pensé qu'on dût ôter la liberté, par exemple, aux laboureurs ou fermiers de la plaine de Saint-Denis de porter et de vendre leurs grains, s'ils le jugent à propos, au marché de Saint-Denis, non plus qu'à ceux du comté de Montlhéry, et ainsi de tous les autres marchés ; et, lorsqu'on demande le rétablissement du marché de Montlhéry, ceux qui le demandent ne s'entendent pas eux-mêmes, parce que ce marché est tel qu'il a été établi : il n'a été ordonné quoi que ce soit à l'égard de ce marché, et ce rétablissement prétendu ne signifie rien, à moins qu'on n'entende par là que la ville de Paris doit abandonner sa police particulière et le soin de ses propres marchés, pour rendre plus considérable le marché de Montlhéry.

Il serait inutile de rapporter, et plus encore de s'engager dans la discussion des raisons infinies qui ont donné lieu aux ordonnances et aux règlements dont on demande l'abrogation, et d'entreprendre de justifier les lois qui constituent le droit public à cet égard, à ceux qui ont dressé et présenté la requête, car il paraît qu'ils n'en ont aucune notion ; on ne laissera pas cependant de répondre en général à ces nouveaux politiques que les laboureurs, les fermiers et les meuniers ne composent pas le corps de l'État, ni la plus grande partie ; qu'il y a des vignerons, des artisans, des ouvriers, des gens de journée, et des contrées entières où il y a peu de terres labourables, et le reste ; que les grains d'où se tire le pain sont l'aliment commun, et qu'il sera toujours du bien général de tous qu'il y ait abondance de grains dans le royaume, et qu'ils y soient en tous les temps à bon marché. La réflexion contraire, qui a particulièrement égard à ceux dont le revenu consiste en blés, aux laboureurs et aux meuniers, même à certaines contrées, est tout à fait inutile.

D'ailleurs, il a fallu penser et pourvoir à la subsistance des habitants des villes, aussi bien qu'à celle des habitants de la campagne, et si ceux-ci fournissent aux autres les grains qui leur sont nécessaires pour vivre, ils tirent à leur tour réciproquement des habitants des villes ce qui leur est nécessaire pour subsister à la campagne.

Surtout, il a fallu pourvoir nécessairement à la subsistance de ce grand corps de citoyens de Paris ; et pour cela on a jugé qu'on devait premièrement y établir des ordonnances et des règles de police sur le fait des grains, pour y être observées par les marchands et par les boulangers de Paris; et la raison du bien public a voulu que le plan de ces ordonnances ait été dressé plus par rapport aux habitants de la capitale du royaume, qu'aux habitants de la ville et du comté de Montlhéry.

Il a été nécessaire, en second lieu, d'établir des marchés de grains dans les villes, dans les grandes villes principalement, plus nécessaire encore à Paris qu'en aucune autre ville; et l'établissement de ces marchés publics aurait été inutile, si on n'avait en même temps pourvu aux moyens d'y faire amener des grains. Tout le monde peut entendre quel serait l'inconvénient si le bourgeois ou l'artisan de Paris, qui a besoin d'une mine de blé, d'un boisseau de farine ou de plus grande quantité, n'en trouvait point du tout à la Halle et dans le marché public, et s'il lui fallait nécessairement passer par la seconde main, par le marchand de grains ou par le boulanger, et l'acheter à tel prix qu'ils jugeraient à propos de le vendre.

La défense faite par les ordonnances aux marchands et aux boulangers de Paris d'acheter des grains dans l'étendue des huit lieues produit seule le bon effet d'obliger ceux qui recueillent des grains dans cette étendue de les amener dans le lieu même de la consommation, pour en avoir un plus prompt débit. Les halles de Paris sont remplies par ce moyen, et cette abondance, qui rend la subsistance des habitants commode, tient en même temps les grains à un juste prix, parce que la quantité des grains qui est tirée et amenée à Paris de cette seule étendue des huit lieues fait un juste contre-poids et une balance qui empêche le concert et le monopole des marchands et des boulangers.

Il serait aisé de faire connaître que les habitants de la campagne, et que ceux mêmes qui recueillent des grains dans l'étendue des huit lieues, ont intérêt que ces sages règlements soient exactement gardés à Paris, et qu'il leur en revient à leur tour des avantages considérables, si on n'était parfaitement bien informé que ce sont les marchands et les boulangers de Paris qui ont fait présenter la requête sur laquelle ces observations sont faites, et qui, mécontents de voir depuis dix mois que les grains et le pain sont à un juste prix à Paris, et de ce qu'une seule année abondante que Dieu a donnée à la France, avec quelque application à l'exécution des ordonnances, y a réduit le prix du blé de 54 ʰ à 12 ʰ le setier, demandent maintenant, sous le nom des laboureurs, fermiers, meuniers, propriétaires et habitants du comté de Montlhéry et autres, le moyen et la liberté de faire enchérir les grains, en les dispensant de l'exécution des ordonnances et des règlements.

On abuse pour cela de la faveur du recouvrement des tailles et de la capitation; et, quand on propose un tel moyen pour se mettre en état de les payer, ce qu'il a d'odieux retombe sur ces impositions. Tout le peuple est assujetti au payement de la taille, et généralement tous les sujets sont compris dans la capitation; ce ne sont donc pas les seuls laboureurs, les fermiers et les meuniers qui payent la taille et auxquels il faut avoir égard seulement, car, sans rappeler l'expérience de l'année dernière, où la cherté des grains fit cesser le commerce et ruina tout le crédit, on ne peut douter que les tributs ne se payent bien plus facilement lorsque le peuple est en état de vivre et de subsister dans son travail commodément.

Les laboureurs, les fermiers, les meuniers et les propriétaires des terres du comté de Montlhéry ont intérêt sans doute d'obtenir ce qu'ils demandent, parce que l'augmentation du prix des grains augmentera à proportion le revenu de leurs fermes et de leurs moulins; les laboureurs feront un plus grand profit à vendre leurs blés chez eux 20 à 25 et 30 ʰ le setier, nonobstant l'abondance, qu'à le vendre, comme ils font, à cause de cette même abondance, en observant les règles, 10 et 12 ʰ seulement; les marchands et les boulangers y trouveront encore mieux leur compte; mais ce n'est pas à cet intérêt particulier qu'on doit uniquement penser. Il s'agit de voir s'il est de l'intérêt du service du roi et de celui du public que les ordonnances soient gardées, ou s'il est plus avantageux d'accorder la liberté telle qu'on la demande, et qui doit nécessairement produire l'augmentation du prix des grains.

Ce qui peut être accordé à cet égard aux habitants, aux propriétaires des terres, aux laboureurs, fermiers et meuniers du comté de Montlhéry, doit être accordé par les mêmes raisons à tous les marchés, à tous les laboureurs, fermiers et meuniers qui se trouveront dans toute l'étendue des huit lieues, et introduire partout le même désordre.

Il n'y a pas encore un an qu'on s'est trouvé dans des extrémités fâcheuses, plus par défaut d'ordre que par une véritable disette, et on n'en doit pas, ce semble, perdre si tôt le souvenir, ni se lasser de voir tout le peuple porter tranquillement les grandes charges qu'il porte pendant qu'il a du pain à bon marché.

On n'a devant soi qu'une seule année d'abondance : la récolte de cette année n'est pas encore en sûreté, et il peut arriver la même disgrâce qui arriva à la veille de la moisson de 1693. Il n'y a rien de plus opposé au service du roi et au bien public que la proposition qu'on fait à cet égard, et, quand elle serait précédée de dix années consécutives d'abondance, cette proposition serait toujours inique.

La France profite par d'autres moyens de la fertilité de son terroir, et, par la liberté de la seule traite des grains et des autres fruits, lorsqu'il est raisonnable de la permettre, l'État, en se déchargeant du superflu, tire l'argent des autres États voisins, à qui ce secours est presque toujours nécessaire.

Je finirai ces observations par une réflexion que j'ai déjà faite plusieurs fois depuis quelques années. La cherté ou le bon marché des grains, à Paris, est d'une plus grande conséquence qu'on ne le peut dire, et l'exemple de ce qu'on y fait, soit bon ou mauvais, sur cette matière, n'est pas indifférent. Quelque abondance de grains qu'il y ait, si l'on diminue, par quelque moyen que ce soit, la quantité de grains qui doit y venir, l'augmentation du prix s'ensuit aussitôt, et de Paris cette augmentation passe dans toute la campagne voisine, et, en rétrogradant, elle se répand dans les provinces. Rien ne s'étend d'aussi loin et ne se communique plus promptement que l'espérance du gain par la cherté des grains. La disette seule n'a pas donné lieu à la calamité dernière; il y aurait eu assez de matières, si l'ordre n'avait pas manqué. Mais, sans s'arrêter à ce dernier exemple, plusieurs calamités semblables des siècles précédents ont été causées par le même défaut, et non par la stérilité et par de véritables disettes.

De tous côtés on proposait au roi, il y a quelques mois, de faire de nouvelles ordonnances pour prévenir de pareils inconvénients, et on propose maintenant d'abroger celles qui sont déjà faites, pour vivre en liberté, sans garder aucun ordre; et on expose pour cela, par la requête présentée à cet effet, que, si on continue d'observer ces mêmes ordonnances, on fera infailliblement enchérir le blé à Paris; que les terres ne seront plus cultivées à l'avenir, et, sur le tout, que l'on contrevient aux ordonnances et aux arrêts. Il n'est pas nécessaire de répondre à d'aussi bonnes raisons; mais il doit être observé que de telles requêtes, ainsi signées par un nombre considérable de personnes, portées et communiquées en divers lieux, sont d'une très-pernicieuse conséquence. Cette requête est non-seulement présentée et signée au nom des habitants de la ville et du comté de Montlhéry, mais encore au nom de plusieurs particuliers de la Beauce et d'autres lieux y amenant des blés. On remplit toute une contrée de plusieurs projets et de discours mal entendus; on essaie de les faire passer dans tous les autres endroits qui sont dans le même cas, et on indispose par ce moyen beaucoup de gens qui sont déjà que trop portés par leurs intérêts particuliers à profiter sur le public. Mais, sans préjudice de l'intention de l'officier de Montlhéry qui s'est indiscrètement engagé dans ce mauvais procédé, je ne puis me dispenser de dire que la tête n'en est pas assez bonne ni assez forte pour le croire et pour lui permettre d'agir comme il fait sur une matière aussi importante, et dont la direction entre ses mains ne saurait jamais produire que de très-méchants effets [1].

---

[1] Voici quelles étaient en temps ordinaire les prescriptions de police, selon les termes de la déclaration du 30 août 1699, portant règlement pour le trafic des blés dans le royaume : 1° défense de faire le commerce de blé sans avoir

APPROVISIONNEMENT DE BOIS POUR LA VILLE DE PARIS[1].

1714.

Les commissaires nommés par le roi pour examiner les moyens de rétablir l'abondance de bois à Paris ont reconnu qu'en 1663 on se trouva à peu près dans une disette pareille à celle qu'on éprouve aujourd'hui. Le prévôt des marchands et les échevins se pourvurent au parlement, et, sur leurs remontrances, il fut rendu un arrêt contenant les dispositions suivantes :

1° Confirmation des anciens règlements, et, en conséquence, injonction aux marchands de bois de tenir la ville fournie de ladite marchandise, et de faire à cet effet voiturer les bois coupés et abattus, à peine de prison et de confiscation;

2° Défense de vendre le bois à un prix plus fort que celui porté par les règlements, sous les peines y contenues ;

3° Ordonné que les bois saisis seraient amenés à la diligence commune des saisissants et parties saisies, ou de l'un d'eux au refus de l'autre, sauf les prétentions respectives sur le prix en provenant ;

4° Que les bois mis dans les maisons de la ville et faubourgs de Paris, dans la ville de Saint-Denis et autres villages circonvoisins, au delà de ce qui est nécessaire pour la provision ordinaire de chaque maison, seront voiturés sur les ports aux frais de la chose, à la diligence du procureur du roi de la ville, en vertu des ordonnances qui seront rendues par les prévôt des marchands et échevins, sur les procès-verbaux des officiers qu'ils commettront à cet effet, sans aucune autre formalité ni figure de procès ;

5° Défenses à tous autres qu'aux marchands de bois d'aller au-devant des bois et de faire des marchés particuliers pour amener des bois de chauffage, à peine de confiscation et d'amende arbitraire ;

6° Injonction aux voituriers de voiturer les bois au prix ordinaire et accoutumé depuis un an, et, en cas d'excès, tenus de restituer l'excédant.

MM. les commissaires trouvent qu'après les décharges et modérations de droits que Sa Majesté vient d'accorder, on pourrait mettre en usage une partie de ce qui a été ordonné par l'arrêt du parlement de 1663.

Leur avis est d'envoyer six officiers de la ville, qui feront venir à Paris tous les bois et charbons qui se trouveront sur les ports et dans les parcs et chantiers séparés appartenant à des marchands de Paris qui différent de les faire venir, et chargeront les marchands ou voituriers qui se présenteront de les amener aux frais de la marchandise, dont ils régleront le prix sur le pied de la valeur et des marchés faits pendant le mois de mars de l'année 1713, sans avoir égard aux marchés faits à plus haut prix, qui demeureront nuls et de nul effet.

Auront pareillement l'autorité les commissaires

---

obtenu une autorisation des juges ordinaires et de la police, avoir prêté serment et fait enregistrer la déclaration, sans préjudice des usages particuliers à Paris ou aux grandes villes; 2° défense aux laboureurs, gentilshommes, officiers royaux, seigneuriaux ou municipaux, receveurs et fermiers des droits royaux, commis ou employés des finances, de s'immiscer directement ou indirectement dans le trafic des grains; 3° défense de faire des sociétés pour le commerce des grains sans en avoir passé par écrit un acte enregistré dans le délai d'un mois; 4° défense d'amarrer les grains ou de les acheter avant la récolte, à peine de nullité, d'incapacité commerciale et d'amende de 3,000 ''; 5° dispense de la déclaration préalable pour les négociants qui font venir habituellement des grains de l'étranger ou qui ont permission d'en exporter dans les temps d'abondance.

[1] Papiers du Contrôle général, G⁷ 441, 28 août 1714. — Selon le prévôt Turgot, dont le duc de Luynes cite les calculs dans ses *Mémoires* (t. III, p. 78), Paris consommait 200,000 voies de bois par an, en 1690, et ce chiffre s'était élevé à 460,000 en 1788.

de faire tirer des ventes, aux frais de la marchandise, les bois et charbons que les marchands négligent d'en faire enlever, pour les amener sur les ports.

Ils feront aussi voiturer à Paris tous les bois coupés et les charbons qui se trouveront dans les ventes ou sur les ports, ou dans les parcs et chantiers appartenant aux marchands adjudicataires, aux marchands forains et aux propriétaires, et ils en fixeront le prix suivant les marchés faits au mois de mars 1713, laissant seulement au propriétaire sa consommation du bois et du charbon de son cru; et ce, nonobstant toutes adjudications ou marchés, qui demeureront nuls et de nul effet.

Et à l'égard des bois achetés par les marchands et adjudicataires qui n'auront pas fait exploiter dans les temps portés par les adjudications et marchés, pourront lesdits commissaires se faire représenter dans les marchés et adjudications et commettre pour l'exploitation des bois, façon et cuisson des charbons, ceux qui se présenteront à cet effet, en donnant bonne et suffisante caution et avec soumission de les faire voiturer et amener à Paris dans un temps qui sera fixé par les commissaires.

Ils feront partir et régleront par provision le prix des charrois et des voitures par eau, sans forme ni figure de procès.

Régleront les commissaires le payement des courbes de chevaux nécessaires pour tirer les bateaux de bois et de charbon.

Enjoint aux marchands et voituriers d'exécuter ce qui sera réglé par les commissaires, à peine de prison et de 3,000" d'amende, qui demeurera encourue à la première contravention.

Ce qui sera réglé par les commissaires sera exécuté nonobstant oppositions ou appellations quelconques et sans préjudice d'icelles, pour lesquelles ne sera différé.

Sera l'appel de ce qui aura été réglé par les commissaires porté au bureau de la ville.

Enjoint à tous juges de tenir la main à l'exécution des ordres, règlements et ordonnances desdits commissaires, et aux prévôts des maréchaux de prêter main-forte pour leur exécution [1].

LETTRE DE M. ROUILLÉ DU COUDRAY,
CONSEILLER AU CONSEIL ROYAL, À M. LE COUSTURIER,
PREMIER COMMIS DU CONTRÔLE GÉNÉRAL.

17 août 1714.

Je vous envoie deux articles de l'ordonnance faite pour la ville et un arrêt du parlement du 13 juillet 1663, qui semblent faits exprès pour le cas dans lequel nous nous trouvons. Le premier expédient qui nous est venu en pensée, et le plus naturel, a été de diminuer les droits qui se prennent sur les bois entrants à Paris. Nous avons un arrêt pour ceux qui viennent par terre, et nous en allons voir un pour les autres; mais ces arrêts ne peuvent opérer qu'autant que la décharge dont les marchands profiteront les mettra en état d'en amener et de les vendre au prix de la fixation. Cette décharge, aux termes du second arrêt, sera de 3" tant de sols; ils n'en peuvent faire aucun usage quand ils achètent le bois des marchands forains 24" la corde, au lieu de 16, 19 et 20", qui était le prix courant il n'y a pas six mois. Ce marchand forain se rejette sur les frais de l'exploitation et sur le prix des voitures. Voici une démonstration du contraire. Une bourgeoise de Paris avait acheté dans le village de Draveil six cordes de bois à 22", il y a huit jours, du receveur de M"" l'abbesse de Poissy, dame de cette paroisse, dont les bois sont dans la forêt de Sénart. Depuis huit jours, ce marchand lui a dit qu'il ne lui en livrerait pas davantage, parce qu'il venait de livrer tous les bois de sa coupe à M""" de Louvois, à 24"; au sa maison de Choisy, d'où il y a apparence qu'elle les fera venir à Paris. Ce même receveur donnait ces mêmes bois, il y a trois mois, à 18"| et il les livrait à prendre dans la forêt; il avait payé en ce temps-là ses bûcherons, et il ne voiture pas. Il n'a donc aucun prétexte pour en augmenter le prix;

---

[1] Ce projet fut approuvé par le parlement le 28 août 1714.

mais il profite de la crainte qu'a eue Mme de Louvois de manquer de bois à Paris. Par cet exemple, l'on peut raisonner sur une pareille augmentation à 24^lt survenue dans les bois de Limours, dont Rousseau, qui a une maison en ces quartiers-là, me parlait hier. Je crois qu'il est temps de mettre à exécution ces ordonnances et cet arrêt. Il me paraît que M. Desmaretz s'éloigne autant qu'il peut d'ordonner des choses nouvelles; mais l'on ne fera ici que ce qui s'est déjà fait. Cette fonction regarde les officiers de la ville; ils la peuvent remplir sans autre pouvoir que celui que leur donne leur charge. Il est vrai qu'en même temps qu'ils exerceront cette police, il est nécessaire de l'exercer sur les lieux qui sont éloignés des rivières, et c'est ce qui regarde naturellement M. l'intendant de Paris; comme il est frère de M. le prévôt des marchands, il leur serait plus aisé de se concerter en appliquant leur expérience et leurs lumières, qui sont assez connues du public. Comme vous travaillez demain matin avec M. Desmaretz, j'ai cru qu'il était bon que vous eussiez ces pièces et ces avis, qui vous détermineront sans doute à lui en rendre compte.

Je suis, Monsieur, entièrement à vous.

ROUILLÉ DU COUDRAY.

MÉMOIRE DE LA CONSOMMATION DU PAIN À PARIS[1].

1721.

L'on compte à Paris 800,000 personnes, et, par un mémoire qui fut fait en 1630, par l'ordre de M. le cardinal de Richelieu, après avoir consulté les économes des hôpitaux et les entrepreneurs des vivres des armées, l'on estimait que chaque habitant consommait en pain 3 setiers de blé par an : ce qui monte à 2,400,000 setiers, ou 200,000 muids.

Les 3 setiers font 12 minots; le minot, converti en bon pain, en donne 45 livres, selon les essais qui ont été faits de temps en temps, en la présence des officiers de la police. Ainsi, les 12 minots produisent 540 livres de pain : ce qui est par jour environ 1 livre 1/2 pour chaque personne.

Il est vrai que, dans ce nombre d'habitants, on y comprend les enfants au-dessous de l'âge de neuf ans et toutes les personnes qui font bon ordinaire, dont chacun ne consomme pas plus d'une livre de pain par jour. Mais on y comprend aussi les jeunes gens, les domestiques, les artisans et les gens de métier, qui mangent au delà de la livre et demie, les manœuvres et les pauvres, qui ne se nourrissent ordinairement que de pain et en mangent jusques à 3 livres par jour. Toutes ces personnes sont en grand nombre et composent plus des deux tiers des habitants de Paris ; ainsi, l'on peut raisonnablement réduire chaque personne à 1 livre 1/2 par jour.

Cela posé, 800,000 personnes consomment par an 200,000 muids de blé, à raison de 3 setiers chacune, le setier produisant, comme dessus, 180 livres de pain, et le minot 45 livres.

Pour l'année entière ou cinquante-deux semaines[2], 2,400,000 setiers.	2,400,000	0^m	0^b
Par semaine, 46,153 setiers 3 minots 1 boisseau..................	46,153	3	1
Et par jour, 6,593 setiers 1 minot et un demi-boisseau...........	6,593	1	1/2

---

[1] Bibl. Nationale, mss. Joly de Fleury, vol. 1428, fol. 5-6. En tête de la minute de ce mémoire (même vol., fol. 13) est écrit : «Le 4 d'octobre, envoyé à M. le procureur général et à M. de Baudry.» C'est, selon toute probabilité, une pièce venant du commissaire Delamare, comme celle qu'on trouvera à la suite, sur les marchés, et elle est aussi de 1721, quoique Tessier l'ait datée de 1738, dans l'*Encyclopédie (Agriculture)*, t. III, p. 482 et 483.

[2] L'on ne calcule pas par mois, parce qu'il y aurait de l'erreur, car on ne compte communément que quatre semaines dans le mois; ainsi, les douze mois ne feraient que quarante-huit semaines par an, au lieu qu'il est composé de cinquante-deux. Il paraît donc plus précis de faire le calcul par semaine, d'autant mieux que les boulangers suivent les semaines, et non les mois. (*Note du mémoire.*)

BOULANGERS QUI FOURNISSENT CETTE QUANTITÉ DE PAIN.

Il y a, dans la ville et faubourgs de Paris, 489 maîtres boulangers, suivant la liste, savoir :

		boulangers.
Dans la ville............................		196
Au faubourg...	Saint-Germain............	54
	Saint-Jacques.............	15
	Saint-Marceau.............	20
	Saint-Victor..............	1
	Saint-Honoré.............	27
	du Temple................	18
	Saint-Laurent............	69
	Saint-Denis..............	36
	Saint-Antoine............	4
Les veuves.............................		50
TOTAL......................		489

L'on compte 252 boulangers du faubourg Saint-Antoine et autres lieux prétendus privilégiés, ci............ 252
Seize privilégiés suivant la cour.............. 16

TOTAL...................... 268

Et l'on estime qu'il y a 850 boulangers forains qui apportent le pain aux marchés les mercredis et samedis.

RÉCAPITULATION DES BOULANGERS QUI TRAVAILLENT POUR LES PROVISIONS DE PAIN DE PARIS.

Ville et faubourgs......................	489
Privilégiés.............................	268
Forains...............................	850
TOTAL......................	1,607

Ces boulangers sont divisés en trois classes : les plus forts cuisent le pain de 4 muids; les médiocres, 2 muids, et les plus faibles 1 muid ou 6 setiers : en sorte que l'on réduit, par estimation du fort au faible, la vente de chaque boulanger par semaine à 2 muids.

Ainsi, la consommation de 1,607 boulangers par semaine monte à 3,214 muids, ci... 3,214^m

L'année, où les 52 semaines qui la composent, monte à 167,128 muids, ci........ 167,128^m

Laquelle quantité de 167,128 muids déduite sur celle de 200,000 muids que les 800,000 habitants de Paris consomment suivant l'estimation ci-dessus de trois setiers chacun par an, il est resté 32,872 muids à consommer. Mais la consommation se trouve dans le nombre considérable des abbayes, des communautés, colléges, maisons de religieux et religieuses, des hôpitaux, et même des particuliers qui font travailler leur pain dans leurs maisons.

LISTE DES MARCHÉS QUI SE TIENNENT TOUTES LES SEMAINES DANS LA VILLE DE PARIS[1].

1721.

La halle au Blé, où sont exposés en vente les blés et autres grains et les farines qui y sont amenées par les laboureurs et les marchands forains de l'Île-de-France, de la Brie, du Hurepoix et du Vexin.

Les places y sont distinguées, pour chaque sorte de grains, tant par rapport à leur qualité qu'aux pays d'où ils sont amenés.

Dans cette même halle, il y a quarante étaux, que les charcutiers de Paris sont obligés de garnir

---

[1] Bibl. Nationale, mss. Joly de Fleury, vol. 1428, fol. 15-18. — En tête est cette note : «Le 29 d'octobre 1721, envoyé copie à M. le procureur général; 5 de novembre, envoyé le même mémoire avec des réponses aux apostilles de M. le procureur général, contenant les jours, les heures marquées pour la vente de chaque espèce de marchandises. Voir le mémoire sur cela ci-joint.» Cet état a été dressé par le commissaire Nicolas Delamare, comme on le verra par un passage où l'auteur annonce qu'il compte traiter l'historique de tous les marchés après le Commerce et les Arts et métiers, dans son tome V (du *Traité de la Police*), qui n'a jamais paru. Voyez d'ailleurs la minute de sa lettre d'envoi, et celle de la réponse du procureur général Joly de Fleury (même vol., fol. 18 et 19).

de lard et chair de porc salée, les mercredis et samedis de chaque semaine;

Une autre place destinée à ce même usage pour les charcutiers forains;

Une autre place pour dix-huit chandeliers, savoir: seize maîtres de Paris et deux privilégiés suivant la cour. Ces dix-huit chandeliers sont obligés de garnir leurs places, le samedi de chaque semaine, d'un nombre suffisant de chandelles, pour être vendues au public; ce sont les jurés de la communauté qui font cette distribution des maîtres à tour de rôle.

Plusieurs femmes y vendent du beurre salé et des fromages.

Plusieurs autres femmes y vendent des fruits tous les jours de la semaine.

Toutes ces femmes qui font le commerce de fruits, beurre ou fromage, ne doivent pas étaler les mercredis et samedis, étant obligées de laisser les places libres pour les grains.

Une autre place, dans cette même halle, pour lesdits marchands forains de fruits et de fromage de Brie, qui sont obligés de se retirer à huit heures en été et à neuf heures en hiver, pour faire place aux grains.

Dans cette même halle est enclavée la halle aux Chanvres, où l'on vend les mercredis et samedis le lin, les filasses et les cordes de tille, c'est-à-dire cordes à puits; les bourgeois qui veulent acheter de ces sortes de marchandises sont préférés aux filassiers et aux cordiers.

La halle que l'on nomme la Grande, où est le Pilori. L'on y vend en premier les œufs et le beurre frais qui y sont emmenés par les marchands forains, et c'est là où se fait le lotissement de ces espèces de marchandises entre les maîtres et maîtresses de la communauté des fruitiers-orangers.

Il se vend aussi dans cette halle les pois, les fèves et autres légumes qui y sont emmenés par les marchands forains, les mercredis et samedis de chaque semaine.

C'est aussi dans cette halle que se tient le marché au pain, par un fort grand nombre de boulangers, dont j'ai donné l'état par un autre mémoire.

Il y a une place dans cette même halle que l'on nomme le Parquet de la Marée, où le débit de cette marchandise se fait en gros par les chasse-marées.

Plusieurs places y sont aussi marquées, où des femmes vendent en détail les salines dans des baquets où elles font leur trempe pour les dessaler.

Au même endroit, une autre halle ou lieu couvert, où il y a plusieurs étaux où des femmes vendent en détail la marée.

Dans cette même halle, une maison ou halle fermée, que l'on nomme fief d'Albie[1], où les marchands de salines de Paris et les forains ont leurs places distinguées et y vendent les morues et, en barils, les harengs et saumons salés. La clef de cette maison ou halle aux Salines est gardée par le garde de la halle en titre d'office. Il doit l'ouvrir les mardis et mercredis de chaque semaine, à cinq heures du matin depuis Pâques jusqu'au 1ᵉʳ octobre, et à six heures depuis le 1ᵉʳ octobre jusqu'à Pâques; et, dans l'une et dans l'autre des saisons, il ne la ferme qu'à midi, et l'ouvre l'après-dînée depuis deux heures jusqu'à cinq. S'il arrive une fête l'un de ces jours, on l'ouvre le lendemain ou le premier jour suivant qui se trouve libre. On l'ouvre aussi tous les samedis de l'année, depuis deux heures de relevée jusqu'à six : à l'effet de quoi on sonne la cloche en l'ouvrant et en la fermant. Pendant le carême, et quinze jours auparavant, la vente des salines peut être faite tous les jours.

Au bout de la rue de la Cossonnerie, il y a une halle pour la vente du poisson d'eau douce, dans laquelle il y a plusieurs boutiques pour les marchands de Paris et les forains; mais, jusqu'à présent, il a été impossible de les obliger tous à s'y retirer, la plupart continuant leurs anciennes habitudes d'exposer leur poisson en vente dans cette rue.

---

[1] Ou *Haliebique*.

Dans ce même quartier des Halles, nous avons encore la halle aux Draps,
La halle aux Toiles,
Et la halle aux Cuirs.
Le marché au Poiré, depuis la pointe de Saint-Eustache, par la rue de la Lingerie, jusqu'à la rue de la Ferronnerie; les herbes potagères et les légumes verts qui y sont exposés en vente par les jardiniers de Paris et des faubourgs.

AUTRES MARCHÉS.

Le vieux cimetière Saint-Jean, où l'on vend du pain, la marée, le poisson, les fruits, légumes et autres denrées.

M. le procureur général a demandé, sur cet article, si l'on entend, par *marée et poisson*, tant le poisson d'eau douce que le poisson de mer frais et salé et ce qu'on appelle *salines*. On lui a répondu que oui. On lui a répondu de même pour le marché de Saint-Paul.

Devant la maison professe des Jésuites, il y a marché au pain.
Au coin de Saint-Paul, marché pour la marée, le poisson et autres vivres.
La halle du faubourg Saint-Antoine, pour le poisson, légumes et autres denrées.

Il a demandé si l'on n'y vend point la marée et les salines; on a répondu que l'on y vend l'un et l'autre.

Sur le quai des Ormes, la place aux Veaux, tous les vendredis matin.
Au Marais du Temple, rue de Bretagne, entre la rue de Beauce et celle de Berry, pour le pain, la marée, le poisson et les légumes.

M. le procureur général a demandé si l'on ne vend point de salines dans ce marché; on lui a répondu que l'on y vend un peu de l'un et de l'autre.

Devant la porte du Temple, pour les salines et légumes.

Il a demandé si l'on ne vend point dans ce marché de poisson d'eau douce et de marée; on lui a répondu que non.

Rue Saint-Martin, au coin de la rue Grenetat, pour la marée et les salines.

Ne vend-on point dans ce marché de poisson d'eau douce? On lui a répondu que oui.

La halle au Vin, sur le quai, hors la porte de la Tournelle.

Il a demandé si l'on ne vend pas tous les jours; on a répondu que oui.

Rue de Loureine, quelque peu de marée, les salines, les légumes.

M. le procureur général a demandé si l'on n'y vend point de poisson d'eau douce; on a répondu que l'on en vend.

La place Maubert, pour le pain, la marée, le poisson, les légumes et autres denrées.

Il a demandé si l'on n'y vend point de salines; on a répondu que oui.

Le quai Saint-Michel ou Marché-Neuf, dans la Cité, pour le pain, le poisson, la marée, les légumes et autres denrées.

Il a demandé si l'on y vend des salines; on a répondu que oui.

Un petit marché Île Notre-Dame, au carrefour des rues Saint-Louis et des Deux-Ponts, quelques salines et légumes.

Il a demandé si l'on n'y vend point de marée ni de poisson d'eau douce; on a répondu que non.

La porte Saint-Jacques, pour la marée, le poisson et les légumes.

Il a demandé si l'on n'y vend point des salines; on a répondu que oui.

La porte Saint-Michel, pour le pain.
Le quai des Augustins, pour le pain, les volailles et gibier.

On a demandé quels jours la volaille se vend; on a répondu : les mercredis et samedis pour les forains, et les regrattiers tous les jours.

Le marché du faubourg Saint-Germain, rue et devant l'abbaye, pour le pain, la marée, le poisson, les légumes et autres denrées.

On a demandé si l'on n'y vend point de salines; on a répondu que oui

La porte de Paris devant le Grand Châtelet, pour le poisson d'eau douce des pêcheurs de Paris, quelque peu de marée et des légumes.

On a demandé si l'on n'y vend point de salines; on a répondu que oui.

Rue Pierre-aux-Poissons, entre le Châtelet et la Grande Boucherie, se vendent les tripes et autres abatis des bestiaux de la boucherie.

On a demandé quels jours; on a répondu : tous les jours, hors les vendredis et samedis.

Quai de la Mégisserie, les arbres et les fleurs.

On a demandé quels jours; on a répondu : les mercredis.

Au bout du Pont-au-Change et le Châtelet, on vend des pigeons et des oiseaux tous les dimanches, qui est un abus que l'on n'a pas jusqu'à présent aboli.

Devant le Palais-Royal, le pain.

Rue Saint-Nicaise, le pain.

Proche les Quinze-Vingts et devant les Bâtons royaux, quelques poissons et légumes.

On a demandé si l'on n'y vend point de poisson et de marée; on a répondu que l'on y vend un peu de l'un et de l'autre.

Le marché aux Chevaux, hors le faubourg Saint-Victor.

Le marché aux Porcs, près le marché aux Chevaux, les mercredis et samedis, comme le marché aux Chevaux.

Les ports au Blé, au Vin, au Foin, à l'Avoine, au Bois et au Charbon, à la Grève pour le pays d'amont, et à Saint-Nicolas-du-Louvre pour le pays d'aval.

On a demandé si l'on y vend tous les jours; on a répondu que oui.

A l'égard des époques de ces marchés, des occasions qui les ont fait établir en ces différents lieux, de la distinction de ceux qui appartiennent au roi ou au public, ou qui ont été concédés, j'en traiterai dans mon cinquième tome, à la fin du Commerce et des Arts et métiers.

A côté de cet article, M. le procureur général a dit que l'on compte les jours de tous ces marchés les mercredis et samedis, et tous les jours maigres,

pour ceux où l'on vend du poisson d'eau douce, de la marée et des salines; mais il remarque que cela est indistinctement vrai de tous les marchés ci-dessus, et il demande s'il n'y a point d'exception. On lui a répondu qu'il n'y en a aucune.

Les foires peuvent être aussi mises au nombre des marchés, avec cette différence que les temps et les saisons de leurs ouvertures et de leur durée sont fixés par les règlements.

Il y en a trois principales, qui partagent l'année en pareil nombre, de quatre mois en quatre mois. Ces époques servent aux négociants pour le payement des marchandises qu'ils y achètent, dont ils font leurs billets de change payables de foire en foire.

L'une de ces foires se tient à Paris, au faubourg Saint-Germain-des-Prés;

Les deux autres à Saint-Denis.

Celle de Saint-Germain est ouverte le lendemain de la Chandeleur, 3 de février, par M. le lieutenant général de police. Son premier établissement n'était que pour quinze jours, et ce temps limité est encore observé aujourd'hui pour la liberté du grand commerce et ce que l'on nomme *foire franche*, tous les marchands forains ayant la liberté, pendant ces jours-là, d'y exposer leurs marchandises en vente, ce qui consiste ordinairement en draps et autres étoffes de laine, et en filasses de lin et de chanvre.

Ces quinze jours-là passés, il n'y reste plus que les marchands de Paris, dans les boutiques dont les rues ou halle couverte sont remplies. Le commerce consiste principalement en orfévrerie, peintures, tabletteries, faïences et confitures. Mais, depuis quelques années, plusieurs cafés et marchands de liqueurs s'y sont établis : en sorte que, cela joint aux marionnettes et autres jeux et curiosités qui en occupent une partie des places, aux danseurs de corde et saltimbanques qui s'établissent aux environs, cette foire est plutôt un lieu de divertissement que de commerce.

Il s'y est encore introduit un autre abus bien plus dangereux. Autrefois, l'on jouait aux dés, dans la boutique des orfévres, des joailliers et bijoutiers, quelques pièces de leurs marchandises.

Mais l'usage s'est introduit qu'à présent l'on y joue de l'argent contre de l'argent : en sorte que ces boutiques sont autant d'académies de jeu, où il se commet toutes les filouteries, les querelles, les blasphèmes et les autres désordres qu'un pareil exercice attire ordinairement, outre les pertes qui ruinent les familles.

C'est encore un lieu d'intempérance dans le temps du carême, les marchands de liqueurs y exposent en vente, dans leurs boutiques, des collations de thon, d'anchois, et souvent de biscuits aux œufs et autres vivres. Il y en a même plusieurs qui y préparent des repas entiers, où se servent des viandes défendues.

Cette foire, qui ne devrait, par son établissement, durer que quinze jours, est prorogée tous les ans, sur la remontrance des marchands, par un arrêt du Conseil, dont le terme ne finissait que le samedi du dimanche des Rameaux, et qui a été abrégé de huit jours et finit à présent le samedi du dimanche de la Passion, dont nous sommes redevables à la piété de Son Éminence M. le cardinal de Noailles.

La foire qu'on nomme du Lendit se tient dans la ville de Saint-Denis. L'ouverture s'en fait par le lieutenant criminel du Châtelet de Paris, suivant un ancien règlement d'entre ce magistrat et le lieutenant civil, avant la création du lieutenant général de police.

Cette foire est ordinairement fort remplie de marchands forains d'étoffes de laine et d'étoffes de soie, qu'ils vendent en gros aux marchands de Paris. Les officiers du Châtelet y vont faire la police. Elle ouvre le 10 de juin.

La troisième de ces foires se tient aussi à Saint-Denis; l'ouverture s'en fait le 8 d'octobre. L'on y vend les mêmes marchandises d'étoffes qu'en celles du Lendit.

Outre ces trois principales foires, qui servent d'époque aux billets des marchands, comme il vient d'être observé, il se tient encore à Paris la foire que l'on nomme de Saint-Laurent, dont l'ouverture se faisait autrefois le 9 d'août, veille de la fête de ce saint, et, depuis quelques années, a été avancée et s'ouvre dès le 24 juillet.

La foire aux Lards, dans le parvis et la rue Neuve-Notre-Dame, qui ne dure qu'un jour, où les marchands forains ont la liberté de vendre leurs lards et viandes de porc salées. Elle se tenait autrefois le jeudi de la Semaine sainte, et, depuis 1674, elle a été transférée au mardi de la même semaine [1].

ÉLEVAGE ET COMMERCE DES ANIMAUX DE BOUCHERIE [2].

1722.

LETTRE DE L'INTENDANT DE LA GÉNÉRALITÉ DE PARIS AU CONTRÔLEUR GÉNÉRAL.

Paris, ce 14 octobre 1722.

Pour me mettre en état de satisfaire à la lettre que vous m'avez fait l'honneur de m'écrire le 5 septembre dernier au sujet de ce qu'on s'est aperçu qu'il entrait à Paris, pour les boucheries, beaucoup plus de vaches que les années précédentes, j'ai écrit à mes subdélégués de la généralité de Paris de consulter sur cela les gens qui entendent le mieux le ménage de la campagne pour les bestiaux; ils m'ont tous fait réponse, et, sur leurs lettres, j'ai fait un extrait, que j'ai l'honneur de joindre ici.

Le commerce de bestiaux ne se fait guère, dans

---

[1] Il y avait encore deux autres foires, mais moins importantes : 1° celle de Saint-Ovide, qui avait commencé à se tenir en 1665, du 14 août au 11 septembre, devant le couvent des Capucines de la rue Saint-Honoré, à l'instigation des religieux, et qui ne prit du développement que beaucoup plus tard, alors qu'elle fut transférée à la place Louis XV (ordonnance du 13 août 1771); 2° la foire Saint-Clair, qui se tenait le 18 juillet, le long de la rue Saint-Victor, et durait huit jours.

[2] Papiers du Contrôle général, G⁷ 443.

ce département, que dans les élections voisines de la Picardie et de la Normandie; encore n'est-il considérable que dans celles de Pontoise et de Beauvais, où l'on fait des engrais de gros bétail.

Dans tous ces lieux, on n'a point d'inquiétude d'y voir diminuer l'espèce des vaches; il y en a même à présent autant qu'il y en ait jamais eu, et l'on y a une grande attention de n'engraisser que celles qui sont hors d'état de porter, soit à cause de leur âge, soit à cause de quelque vice.

L'on demeure d'accord presque partout que les bœufs sont rares, et, pour en procurer l'abondance, l'on propose deux moyens : l'un, de défendre aux gros laboureurs et fermiers de tuer les veaux mâles; l'autre, de faciliter l'entrée des bœufs étrangers. Toute cette matière me paraît, Monsieur, avoir beaucoup d'enchaînements, tant avec l'économie de la campagne, qui est différente suivant les différents cantons, qu'avec le cours de nos monnaies dans le commerce.

Je suis, avec beaucoup de respect, Monsieur, votre très-humble et très-obéissant serviteur.

BIGNON.

ÉCLAIRCISSEMENTS SUR CE QUE L'ON A OBSERVÉ QU'IL ENTRAIT À PARIS, POUR LES BOUCHERIES, BEAUCOUP PLUS DE VACHES QUE LES ANNÉES PRÉCÉDENTES, EN SEPTEMBRE 1722.

Senlis. — Il ne se fait point dans ce pays de commerce de bestiaux, et l'on y en engraisse très-peu.

Compiègne. — L'on n'engraisse dans ce pays que de vieilles vaches; les bœufs y viennent du dehors. Autrefois, on tenait la main, à la police, à ce que les bouchers ne tuassent point de jeunes vaches, et l'on s'en trouvait bien. Cela a été un peu négligé.

Beauvais. — Il y a un grand nombre de vaches dans ce pays, où l'on n'engraisse que celles qui ont dix à douze ans, quelquefois de six ou huit, quand elles n'ont plus de lait, parce qu'elles seraient à charge.

L'on croit que l'abatis des vaches est devenu plus fort qu'à l'ordinaire dans les grosses villes, par la cherté des peaux de vaches, qui valent 210" et 215" la douzaine, au lieu qu'il y a deux ans, elles ne valaient que 120" ou 130", et qu'elles sont plus chères à proportion que celles de bœuf.

La traite des bœufs des pays étrangers et des cuirs d'Angleterre serait très-utile.

Lorsque les armées étaient en Flandre, pendant la guerre, il s'y consommait beaucoup de vaches grasses; aujourd'hui, l'on n'en trouve un débit avantageux qu'à Paris.

Pontoise. — Il y a dans ces cantons un grand nombre de marchands de vaches, et ce qui est cause qu'on mène beaucoup de ce bétail à Paris est que les herbagers sont obligés par leurs baux de faire consommer leurs herbages, sans les pouvoir laisser croître. D'un autre côté, les prix excessifs des bœufs ont mis ces herbagers dans la nécessité de faire consommer leurs herbages par des vaches, qui consomment plus à proportion que les bœufs. Il n'est cependant pas à propos de changer cet usage, même à l'égard des jeunes vaches, qui, en ayant beaucoup de vicieuses ou qui ne gardent point leurs veaux, ainsi elles ne sont bonnes qu'à engraisser.

Il y a présentement dans la campagne un plus grand nombre de vaches qu'il n'y en a jamais eu; mais on se donne bien de garde d'engraisser celles qui peuvent porter, à cause des grands profits qu'on y trouve.

La rareté des bœufs vient : 1° de la grande consommation des veaux, que l'on trouve à vendre avantageusement; 2° de ce que la traite des bœufs chez l'étranger ne se fait plus qu'argent comptant et sur le pied du cours qu'ont nos espèces chez eux.

Mantes. — Ce n'est pas un pays d'engrais.

Montfort. — Il y a, dans toutes les paroisses de cette élection, des herbages suffisants. L'on pense qu'il faudrait défendre aux gros laboureurs et fermiers de consommer ni de vendre que les veaux mâles, mais non pas aux ouvriers et autres qui n'ont qu'une vache ou deux.

MARCHÉS DE PARIS.

Dreux. — L'élection de Dreux est un pays de pâturages pour les vaches, et il en est abondamment garni; on n'y en a pas plus engraissé cette année qu'à l'ordinaire. Ce n'est que dans le temps de la recette des foins, des grains et des vendanges que l'on mène un plus grand nombre de vaches à Poissy.

Melun. — Les vaches sont rares et chères en ce pays; on se garde bien d'engraisser celles qui peuvent porter, ou de conserver celles qui sont vieilles.

Coulommiers. — Ce n'est pas un pays de pâturages.

Rozoy. — Ce n'est pas un pays de pâturages.

Meaux. — *Idem.*

Provins. — L'on a de la peine à y trouver des veaux pour la boucherie, ce qui vient de ce qu'on tue des vaches en état de porter : ce qu'il serait à propos de défendre. L'on croit aussi qu'il faudrait défendre de saisir des génisses pour quelque cause que ce fût.

Sens. — L'on n'engraisse les vaches que quand elles sont hors d'état de porter.

Joigny. — Il ne se fait point de commerce de bestiaux dans cette élection.

Saint-Florentin. — *Idem.*

Tonnerre. — *Idem.*

Vézelay. — Les vaches y sont très-communes et le prix en est fort diminué, aussi bien que dans le Morvan.

Montereau. — Ce n'est pas un pays de pâturages.

XII
PONTS ET CHAUSSÉES.

ABRÉGÉ DES FONCTIONS DES TRÉSORIERS GÉNÉRAUX DE FRANCE ET GRANDS VOYERS EN LA GÉNÉRALITÉ DE PARIS[1].

1684.

TRÉSORIERS DE FRANCE.

Ils ont inspection sur tous les domaines, ils les visitent sans frais, et ils pourvoient aux réparations qui surviennent :

1° Aux châteaux de Limours, Corbeil, Compiègne, Montlhéry, Montfort, etc.;
2° Aux moulins de Melun, Provins, Villeneuve-le-Roy, Crécy, Gonesse;
3° Aux auditoires de Mantes, Saint-Germain-en-Laye, Sens, du Châtelet;
4° Aux geôles de Gournay, Sens, Melun;
5° Aux halles au Blé, aux Poissons, aux Draps, etc.;
6° Aux boucheries de Gloriette, etc.;
7° Aux quais du Long-du-Cours, de Chaillot, de Gesvres, de Conflans, de Malaquais;
8° Aux égouts des rues de Seine, de Montmartre;
9° Aux retranchements de terre à l'encoignure du jardin des Tuileries, sur le chemin de Chartres à Limours, etc.;
10° A tous les ponts de la généralité;
11° Aux chaussées et pavés, et celles de la généralité.

Cela leur a été attribué par les édits des mois de septembre 1443, 20 octobre 1508, septembre 1551, janvier 1561, août 1621, février 1626, octobre 1631, mai 1633, mai 1635.

Ils ont la juridiction contentieuse sur toutes les matières du domaine, comme elle leur est attribuée par les édits des mois d'avril 1627 et mai 1635. Ils sont juges de toutes les contestations qui naissent entre les assignés dans les états du domaine, soit pour raison des fiefs et aumônes, soit pour raison des gages, soit pour des rentes et redevances, soit pour des pensions.

Cela est ainsi ordonné par les états des domaines en conséquence desdits édits, et par arrêt du Conseil du 14 octobre 1660, qui ordonne aux officiers employés dans les états des recettes générales des finances, recettes particulières des tailles et taillon, domaines et autres natures de deniers dont l'on a accoutumé de compter par états au bureau des finances, de se pourvoir par-devant lesdits trésoriers de France pour le payement des sommes laissées en fonds pour les gages, droits et autres charges, à peine, etc.

Ils enregistrent toutes les lettres de don des biens d'un aubain, d'un bâtard; celles de confiscation et de déshérence; celles de naturalité, de légitimation, d'amortissements et de concessions d'octrois.

Suivant les édits et l'ancien usage, ils ordonnaient seuls des payements des frais de justice nécessaires à faire pour la nourriture des prisonniers et pour les procès criminels poursuivis par les procureurs du roi. C'est sur le fondement de cette ancienne possession qu'ils font les marchés du pain des prisonniers nourris aux dépens du roi, et qu'ils

---

[1] Papiers du Contrôle général, G⁷ 405, 24 juillet 1684.

en font payer les boulangers par les fermiers du domaine. Cela paraît par les comptes rendus à la Chambre par les receveurs du domaine.

Ils avaient connaissance sur les îles et îlots, atterrissements et autres natures de domaines. Ces anciens édits en font foi. Leurs registres sont pleins de réunions faites de ces domaines.

C'est à eux d'établir des bacs et de fixer les droits par des tarifs; de faire réparer par les propriétaires et engagistes des péages les chemins qui sont dans l'étendue de leur juridiction, ainsi qu'il est ordonné par la déclaration du mois de janvier 1663.

Tous les comptes des domaines sont vérifiés par-devant eux, suivant leur ancienne attribution, confirmée par l'arrêt du Conseil du 13 février 1669 et par l'édit servant de règlement pour la Chambre des comptes, du mois d'août de la même année.

Dans les commissions pour les ventes des bois de haute futaie, ils ont souvent été nommés avec les officiers des eaux et forêts. Cela est ainsi expliqué dans les *Instructions de finances* de M. Gelée.

L'état des bois leur est annuellement envoyé, et l'exécution leur en est commise, et le receveur général des bois leur présente ses états de recette et dépense pour le vérifier, suivant l'ordonnance du mois de janvier 1629, article 349.

GÉNÉRAUX DES FINANCES.

Ils sont préposés pour avoir soin des tailles. Tous les édits faits sur l'établissement de leurs charges le prouvent.

Ils font les états au vrai de la recette et dépense des deniers de la taille sur ceux qui leur sont envoyés du Conseil, tant pour ce qui doit être payé à la recette générale, que de ce qui doit être payé pour les gages des officiers. C'est une possession qui dure depuis deux cents ans.

C'est en conséquence de cette attribution que tous les officiers qui reçoivent des gages par les mains des receveurs ou généraux ou particuliers des tailles, sont tenus de se pourvoir par-devant eux et de prendre attaches; à défaut de quoi les receveurs ne doivent payer, comme le portent lesdits états et ledit arrêt du Conseil du 14 octobre 1660 cité ci-devant.

S'il arrive des contestations pour le payement desdits gages, quelles qu'elles soient, ils en sont les juges, comme étant seuls les juges desdits états dans lesquels lesdits gages sont employés. C'est la disposition dudit arrêt du 14 octobre 1660.

Sur le fondement de cette compétence, la liquidation des remboursements à faire aux élus supprimés par l'édit du mois d'août 1661 leur fut commise par les arrêts du Conseil des 23 mars, 1ᵉʳ juin et 20 juillet 1662, 8 et 11 octobre 1663, aussi bien que les remboursements à faire aux créanciers des rentes provinciales assignées sur les recettes particulières des tailles et à tous ceux qui jouissaient de quelques droits ou augmentations de gages sur lesdites recettes, suivant les arrêts du Conseil des 10 mars et 9 juin 1663 et du 25 octobre 1666.

Les commissions pour informer et donner ensuite avis au roi des grêles et fâcheux accidents qui peuvent retarder le recouvrement des deniers du roi leur ont été adressées. Cela paraît par leurs registres et par des lettres d'affranchissement qui sont jointes aux comptes des receveurs des tailles.

Ils ont fait la liquidation des dettes des communautés. Leurs registres en fournissent des exemples aussi fameux que persuasifs.

Ils doivent faire les étapes et logements des gens de guerre. Et si, à l'occasion de ces logements et de ces étapes, il naît des contestations, ils en sont les juges, comme porte l'arrêt du Conseil du 28 septembre 1648.

C'est comme généraux des finances que le roi Henri III ordonna qu'ils feraient tous les baux des octrois, par ses édits des mois d'octobre 1581 et janvier 1586, et que toutes les lettres de concessions et de continuation que Sa Majesté a accordées aux villes de la généralité de Paris leur ont été envoyées, pour veiller à leur emploi, et que, par des arrêts du Conseil des 6 novembre 1658, 9 avril et 10 décembre 1660, 22 juillet 1673 et 17 mars 1674, Sadite Majesté les a maintenus dans cette fonction de faire tous ces baux, contre les entreprises de quelques officiers qui se voulaient arroger cette fonction.

Tous les officiers des élections, ceux des greniers

à sel et ceux de la Chambre du trésor, auxquels ils donnent la loi, sont reçus par-devant eux. Sans remonter aux anciens édits des années 1542 et 1552, qui expliquent la dépendance de ces officiers sous les généraux des finances, les provisions journalières qui leur sont expédiées pour l'exercice de ces charges, prouvent ce droit et cet usage.

Les officiers des maréchaussées, les lieutenants criminels de robe courte et leurs officiers prennent d'eux des attaches pour être payés de leurs gages, comme il est ordonné par les édits des mois de novembre 1554, mars 1586 et novembre 1595.

Il ne se fait point de levée extraordinaire que les lettres ne leur en soient adressées pour les exécuter, suivant l'ordonnance de 1566 et celle du mois de janvier 1629, article 409.

Ils enregistrent les baux des fermes du roi, suivant l'ordonnance du mois de juillet 1681.

Ils font les scellés des biens des comptables.

Lors de leurs chevauchées, ils sont en droit de connaître de tout ce qui regarde le service du roi, soit à l'égard de la conduite des officiers, soit à l'égard des fermiers, pour en informer le Conseil, non-seulement parce qu'il ne peut y avoir dans l'État trop de gens appliqués au bien du service, mais encore parce que c'est un de leurs principaux emplois.

GRANDS VOYERS.

Ils ont soin de tous les chemins, pour les rendre libres et sûrs, larges et commodes au commerce;
Qu'ils ne soient encombrés;
Qu'ils ne soient étrécis, pris ou enfermés.
Ils donnent seuls les alignements des rues,
Les permissions de barrer les rues,
Les permissions pour les travaux des maréchaux.
Pour poser des balcons,
Des étais,
Des auvents cintrés.
Ils ont la juridiction contentieuse de la voirie.

CIRCULAIRES DU CONTRÔLEUR GÉNÉRAL DES FINANCES AUX INTENDANTS,
SUR LES TRAVAUX PUBLICS [1].

1684.

A Paris, le 26 mai 1684.

Je vois, par les mémoires que j'ai trouvés parmi les papiers de M. Colbert [2], qu'il n'y a jamais eu de règle certaine touchant la forme du payement des réparations qui se font aux édifices dépendants du domaine, et que quelquefois ces dépenses ont été payées sur les ordres de MM. les intendants, d'autres fois sur des billets particuliers de M. Colbert, adressant aux fermiers des domaines. Comme il est bon qu'il y ait un ordre fixe et certain, je vais vous expliquer les intentions du roi là-dessus.

Il se fait de trois sortes d'ouvrages publics dans les généralités du royaume.

Les unes se font uniquement pour l'utilité du pays,

---

[1] Ces pièces n'ont pas été publiées par Vignon, dans l'Appendice de son premier volume sur les *Voies publiques*. Nous les tirons des Papiers Lebret (intendance de Dauphiné), Bibl. Nationale, ins. fr. 8825, fol. 63, 69 et 130. Cf. *Lettres de Colbert*, t. IV, p. 443, 454, 533, 553-586.

[2] Les principes établis par Colbert en matière de ponts et chaussées sont exposés dans cette circulaire qu'il adressait, le 9 mai 1680, aux intendants des pays d'élections : «Le roi m'ordonne de vous expliquer ses intentions sur le sujet des ouvrages publics, pour lesquels Sa Majesté fera tous les ans des fonds à proportion de leur importance et de la nécessité que les peuples en auront pour la facilité de leur commerce. Sa Majesté veut donc que vous observiez avec soin en quoi consiste le plus grand commerce de l'étendue de votre généralité et en quels lieux il se fait, soit qu'il y ait de grandes foires, soit qu'il y ait un grand peuple qui consomme beaucoup, comme dans la ville capitale. Vous observerez aussi, à l'égard des provinces qui ont communication aux villes maritimes et aux ports de mer, que les chemins qui y conduisent doivent toujours être mis au nombre des principaux chemins, parce que c'est toujours le lieu d'un grand transport et d'une grande consommation. Il faut, de plus, considérer la grande route des provinces à Paris comme la principale et la plus importante, à cause de la communication continuelle que toutes les provinces ont avec la capitale du royaume, et que c'est presque le centre

aux dépens des peuples, et par des impositions qui se font en vertu des lettres d'octroi ou des arrêts du Conseil. Je ne vois pas qu'il y ait aucun changement à faire à l'égard de ceux-là; il faut seulement veiller à la solidité des ouvrages et à l'utilité de l'emploi des deniers.

La seconde espèce d'ouvrages publics est de ceux qui se font pour le rétablissement et l'entretien des grands chemins, en suite de l'état des ponts et chaussées que le roi arrête tous les ans dans son Conseil, et dont on vous envoie des extraits. Je vous ai marqué les intentions du roi à cet égard par ma lettre du 29 avril dernier, en vous adressant l'extrait de celui de cette année.

La dernière espèce comprend les réparations qui se font aux édifices dépendants du domaine, et dont la dépense se doit prendre sur le revenu des domaines; c'est particulièrement de ceux-là dont il s'agit.

Lorsque ces réparations sont négligées et ne se font pas dans le temps que les édifices en ont besoin, cela en cause quelquefois la ruine, ou du moins il en coûte beaucoup plus pour leur rétablissement. C'est pourquoi il importe de faire faire tous les ans la visite de ces sortes d'édifices, de faire dresser des procès-verbaux exacts de l'état où ils sont, et de faire faire des devis estimatifs des réparations qui sont nécessaires. Vous jugez bien aussi qu'il importe que ces devis soient dressés par des architectes, ingénieurs ou experts capables et fidèles; c'est pourquoi, quand les ouvrages sont considérables, et que vous ne croyez pas avoir dans votre département d'experts assez capables pour y avoir l'œil, il sera nécessaire que vous preniez la peine de m'en donner avis, afin que, sur le compte que j'en rendrai au roi, S. M. puisse y pourvoir et vous en envoyer.

En m'adressant les procès-verbaux de visite, les devis des réparations à faire, et votre avis sur celles que vous jugerez nécessaires, je vous ferai savoir les intentions du roi. Lorsque vous aurez fait faire l'adjudication des ouvrages, vous prendrez la peine

---

de toute consommation. Après avoir bien considéré vous-même, dans les voyages que vous faites, tous ces différents chemins, Sa Majesté veut que vous fassiez choix de celui qui est le plus utile et le plus avantageux aux peuples, et que vous fassiez faire un devis exact de tous les ouvrages qui seront à faire pour le mettre en bon état, en sorte que les peuples en reçoivent du soulagement et de la commodité. Sa Majesté voulant que vous en entrepreniez la réparation en deux, trois ou quatre années, à proportion de la dépense qu'il y aura à faire, laquelle elle réglera après avoir reçu l'état que vous lui en enverrez. Et après avoir parfaitement rétabli ce principal chemin, vous en pourrez entreprendre un autre, Sa Majesté estimant beaucoup plus avantageux pour ses peuples de rétablir parfaitement les grands chemins selon leur importance, l'un après l'autre, que de continuer à faire quantité de petites dépenses de côté et d'autre, qui ne font pas l'effet qu'elle désire : ce qui n'empêchera pas toutefois que, dans la même année dans laquelle on rétablira parfaitement un desdits grands chemins, on ne rétablisse quelques petits ouvrages dans les autres, en cas qu'il y en ait qui soient absolument nécessaires. Mais le principal soin auquel Sa Majesté désire que vous vous appliquiez, est de faire bien entretenir les chemins réparés depuis dix-sept ou vingt ans, et que vous en fassiez avec de bons entrepreneurs des marchés, dont vous m'enverrez copie, et que vous les fassiez visiter tous les ans deux fois, l'une au mois de mars ou d'avril, et l'autre au mois d'octobre. Cette lettre doit s'il vous plaît vous servir de règle pour tous les ouvrages publics pendant qu'il plaira à Dieu nous continuer la paix.» (*Lettres de Colbert*, publiées par P. Clément, t. IV, p. 498-499.) — Sous le ministère de Sully, le budget annuel des ponts et chaussées avait été porté d'abord à 600,000 ll, puis à 3,600,000 ll (en 1608); mais, dans l'intervalle qui s'écoula entre la mort de Henri IV et le ministère de Colbert, le service fut absolument abandonné, et ce n'est que peu à peu que le contrôleur général put consacrer quelques fonds à « rétablir tous les chemins et rendre toutes les rivières navigables.» De 22,000 ll, l'état annuel des ponts et chaussées s'éleva jusqu'à 774,000 ll, en 1670, sans comprendre dans ce chiffre les travaux du canal de Languedoc. En moyenne, Colbert y consacra de 250,000 ll à 300,000 ll. Son successeur, Claude Le Peletier, pendant les années de paix qui précédèrent la guerre de 1688-1697, fit monter les chiffres jusqu'à 1,200,000 ll; mais Pontchartrain put à peine maintenir sur ce chapitre une somme de 80,000 ll ou 100,000 ll, et ce fut seulement après la paix de Ryswyk que les ponts et chaussées furent portés de nouveau pour 500,000 ll. Voyez les tableaux comparatifs des dépenses que nous avons imprimés à la fin du tome Ier de la *Correspondance des contrôleurs généraux*, p. 598 et 599. Vignon, dans ses *Études historiques sur l'administration des voies publiques en France*, t. I, p. 132 et 145, et Appendice, p. 331-384, a donné le détail des sommes ainsi employées sous les trois ministères de Colbert, Le Peletier et Pontchartrain.

de m'en adresser les procès-verbaux, et je ferai savoir aux fermiers du domaine que le roi trouve bon qu'ils payent les ouvriers sur les ordres que vous leur donnerez. Vous observerez, s'il vous plaît, de ne faire jamais de parfait payement que l'ouvrage ne soit entièrement achevé et reçu, et que vous ne m'ayez adressé les procès-verbaux de réception.

Vous tiendrez, s'il vous plaît, un registre exact des ordonnances que vous donnerez sur le fermier des domaines, et vous aurez soin de m'en envoyer de six mois en six mois des états, signés et certifiés de vous, sur lesquels le roi fera arrêter un état en forme en son Conseil, qui sera délivré au fermier du domaine, en rendant les billets que vous lui aurez donnés.

Il peut y avoir quelquefois de menues réparations très-pressantes, par exemple à des prisons ou à des moulins et écluses. Comme la diligence est nécessaire dans ces cas-là, le roi trouve bon que vous en fassiez payer la dépense par le fermier du domaine, lorsqu'elle n'ira qu'à 100" ou 150" ou environ. Mais il sera nécessaire que vous preniez la peine de m'en donner avis, en même temps que vous teniez la main à ce que ces réparations se fassent bien et solidement, et que vous ayez soin de rectifier les choses dans la suite, en les revêtissant des formalités nécessaires.

Le roi trouve bon que, lorsque vous ne pourrez pas vaquer vous-même à la visite des réparations qu'il y aura à faire aux édifices dépendants du domaine, vous y employiez, pour votre soulagement, le même trésorier de France qui sera employé dans votre département pour les ouvrages des ponts et chaussées. Vous tiendrez, s'il vous plaît, la main à ce qu'il y apporte toute l'application nécessaire.

LE PELETIER.

A Paris, le 9 juin 1684.

J'ai donné ordre au sieur Brochet, qui a acquis les charges de trésoriers généraux des ponts et chaussées dont était pourvu le sieur Moufle, de remettre en diligence dans chacune généralité le tiers du fonds fait par l'état du roi des ponts et chaussées pour les dépenses de cette année. Vous en ferez faire le payement, si vous le jugez à propos, par avance aux entrepreneurs, pour leur donner moyen de faire amas de matériaux et de commencer les ouvrages, et vous tiendrez, s'il vous plaît, la main qu'ils travaillent sans discontinuation pendant la belle saison; et, comme il y a lieu de croire que les ouvrages pourront être à moitié faits vers la fin du mois prochain, je ferai remettre dans ce temps-là le second tiers du fonds: vous le pourrez faire payer aux entrepreneurs, moyennant quoi ils seront obligés d'achever leurs ouvrages; et, après la réception, ils recevront le dernier tiers et parfait payement. C'est la règle que le roi veut être observée à l'avenir dans les ouvrages publics; je vous prie de la faire connaître à ceux qui se présenteront lorsque vous ferez les adjudications, ne doutant point que cette exactitude que vous apporterez à leur faire faire les payements, ne les invite à faire des rabais considérables sur les ouvrages.

LE PELETIER.

A Fontainebleau, le 19 octobre 1684.

Comme je suis persuadé que vous travaillez aux départements et que cela vous donne occasion de parcourir toute votre généralité, je me presse de vous faire savoir ce que le roi m'a commandé de vous écrire quand S. M. est arrivée ici, par la bonté qu'elle a pour ses peuples et par les connaissances qu'elle a prises par elle-même dans son voyage de Chambord. Pour cela, le roi m'a commandé de vous bien expliquer que, s'il y avait dedans votre département, et principalement dans les cantons où vous connaissez le besoin plus pressant, des ouvrages publics à faire, comme des ouvertures et constructions de grands chemins par remuement de terre, ou communication de quelques rivières par des excavations, dont les entreprises puissent être commencées et exécutées en un temps proportionné, vous les proposiez au plus tôt, afin que S. M. puisse donner ses ordres et faire ouvrir quelques ateliers publics dans ces lieux-là, et dans lesquels les hommes, les femmes et les jeunes gens puissent travailler et gagner de quoi vivre, S. M. estimant que le véritable soulagement des peuples consiste à leur faire éviter la fainéantise en leur faisant gagner leur vie par un travail raisonnable. Vous ferez sur cela, Monsieur, toutes les réflexions convenables au lieu où vous êtes; je ne puis prévenir le détail de ce qui se peut faire en chaque généralité, et, comme la saison presse, le roi veut être en état de déterminer au plus tôt les endroits où il peut faire ouvrir ces ateliers, pour procurer aux pauvres gens ce soulagement dans la rigueur de l'hiver. S'il y avait des ouvrages commencés par des particuliers qui en auraient eu le don, et qui pussent être utiles et commodes, le roi ne laisserait pas d'y faire travailler pour son compte, et les choses s'accommoderaient avec les entrepreneurs par votre avis. En même temps que le roi donne une application toute particulière aux vues et réflexions que S. M. veut bien faire pour le soulagement des peuples, elle m'ordonne de vous faire savoir, sur toutes choses, qu'il faut maintenir la soumission et l'exactitude établie dans les payements, pour empêcher que les contribuables ne se relâchent. C'est à vous, Monsieur, à donner les avis de ce que vous connaîtrez par votre application particulière, et, s'il y a quelque ménagement à apporter, il le faudra faire avec tant de prudence et de secret, que les peuples mêmes ne s'en apercevront quasi pas. Vous avez à conduire sur les lieux les receveurs des tailles, les collecteurs, les commis et les directeurs généraux des fermes, et, sur les avis que vous m'en donnerez, je conduirai ici, par les ordres du roi, les receveurs et les fermiers généraux.

LE PELETIER.

NOTE SUR LE SERVICE DES TRAVAUX PUBLICS.

Un trésorier de France dans chaque généralité et trois ou quatre dans la généralité de Paris étaient spécialement commis pour la surveillance des voies et des travaux publics. En 1684, dans la généralité de Paris,

c'étaient MM. de Linières, Fornier de Montagny, Fremin et de Bragelongne, qui recevaient chacun de ce fait une allocation de 1,200 ll ou de 2,000 ll. Trois architectes étaient chargés d'examiner tous les plans et devis envoyés des provinces et d'avoir l'œil aux ouvrages de Paris. Pour ce service, Félibien recevait 1,500 ll, Bruand 2,400 ll, et Bullet, chargé de faire les plans et devis, touchait 1,800 ll. Deux inspecteurs, Piquet et Marcilly-Dieulamant, étaient chargés, l'un du pavé de Paris, l'autre des ponts et autres ouvrages publics.

En dehors des états du roi, une grande quantité d'ouvrages d'intérêt plus ou moins spécial étaient entrepris par les provinces et les administrations locales, ou mis à leur compte. On verra de nombreux cas de ce genre dans la *Correspondance des contrôleurs généraux*, t. I, n°ˢ 297, 308, 680, 737, 920, etc., ou dans la préface du tome IV des *Lettres de Colbert*, pages CII à CXII. En d'autres occasions, on créait des péages pour l'entretien des chemins, comme le dit M. de Bouville, intendant à Orléans, dans ce rapport de l'année 1698[1]:

«....Le fonds nécessaire pour l'entretien du chemin afin d'en éviter le dépérissement est aussi facile à trouver; il n'y a qu'à suivre ce qui a été établi et qui se pratique encore aujourd'hui pour une partie du grand chemin d'Orléans à Paris et pour les pavés qu'on nomme les *petites chaussées*. Il faudrait établir des péages sur ce chemin, savoir: entre Orléans et Chartres, à Allaines et à Allonnes, et on ferait payer 6 deniers par chaque cheval chargé ou attelé; et, comme ce chemin joint le grand chemin de Paris à la Croix-Brique, où il se perçoit un péage de 5 deniers par cheval, de même qu'à Cercottes, et enfin à la porte de la ville d'Orléans, on pourrait augmenter ces trois péages d'un denier par cheval seulement, parce que, si on y établissait le même droit qu'à Allonnes, on y payerait 11 deniers par cheval qui viendrait sur ce chemin, ce qui serait trop fort. Et, en joignant ces péages aux revenus de la ville d'Orléans, de même qu'elle jouit de tous les autres établis sur tous les chemins aux environs de ladite ville jusqu'à Augerville, sur le grand chemin de Paris, on la pourrait charger de l'entretien de celui-là, comme elle est tenue de tous les autres. Voilà les vues qui me sont venues pour donner la dernière perfection à cet ouvrage.»

De cette organisation, il résultait que tous les travaux à la charge du roi étaient à peu près délaissés, et que les travaux à la charge des villes et des provinces ne pro-

---

[1] Papiers du Contrôle général, G¹ 419, 7 mars 1698.

faisaient guère mieux des allocations qui y étaient destinées.

A propos de la misère de l'année 1709, Saint-Simon a parlé de l'imposition qui se faisait tous les ans dans chaque généralité, pour les grands chemins.

« Les finances, dit-il, se les sont appropriées avec franchise, sans leur faire changer de nom. La plupart des ponts sont rompus par tout le royaume, et les plus grands chemins étaient devenus impraticables. Le commerce, qui en souffre infiniment, a réveillé. L'Escalopier, intendant de Champagne, imagina de les faire accommoder par corvées, sans même donner du pain. On l'a imité partout, et il en a été fait conseiller d'État. Le (sic) monopole des employés à ces ouvrages les a enrichis, le peuple en est mort de faim et de misère à tas ; à la fin, la chose n'a plus été soutenable et a été abandonnée, et les chemins aussi. Mais l'imposition pour les faire et les entretenir n'en a pas moins subsisté pendant ces corvées et depuis, et pas moins touchée, comme une branche des revenus du roi [1]. »

Quand la Régence amena dans les Conseils un certain nombre de hauts personnages frappés de la nécessité des réformes, Saint-Simon, qui était de ceux-là, fit part au duc d'Orléans de ses observations et de ses idées au sujet des ponts et chaussées.

« Je lui parlai, dit-il [2], de l'affreux état où on avait laissé tomber les chemins par tout le royaume, tandis que chaque généralité payait de si grosses sommes pour leurs réparations et entretien, et que, si on employait quelque chose, il en demeurait la moitié dans la poche des entrepreneurs, qui faisaient encore de très-mauvais ouvrages, et qui ne duraient rien ; que cet article était de la dernière importance pour le commerce intérieur du royaume, qu'il interceptait totalement en beaucoup d'endroits, faute de ponts et de chaussées, qui manquaient sans nombre et qui obligeaient à faire de longs détours : ce qui, joint au nombre doublé et triplé de chevaux pour traîner les voitures dans les chemins rompus, où elles s'embourbaient et se cassaient continuellement, causait une triple dépense, qui, sans compter la peine et le travail, dégoûtait les moins malaisés et passait les forces de tous les autres ; que la Flandre espagnole nous conquise, l'Alsace, la Lorraine, la Franche-Comté, le Languedoc, lui donnaient un exemple qu'il fallait suivre et qui méritait qu'il entrât dans la comparaison de l'aisance et du profit qu'y trouvaient ces provinces, pour leurs commerces de toutes les sortes, avec le dommage qu'éprouvait tout le reste du royaume ; que, pour y parvenir, il était aisé de répandre en pleine paix les troupes par le royaume et de se servir d'elles pour la réparation des chemins ; qu'elles y trouveraient un bien-être qui ne coûterait pas le demi-quart de ce qu'il s'y dépenserait par tout autre moyen ; que les officiers y veilleraient à un travail assidu, continuel, et toutefois réparti de façon à ne pas trop fatiguer les troupes ; que les ingénieurs qu'on emploierait à visiter ces travaux et les officiers qui en seraient les témoins tiendraient de court les entrepreneurs sur la bonté de l'ouvrage et la solidité, de même que sur les gains illicites des gens du métier qui y seraient employés, et sur les friponneries des secrétaires et des domestiques des intendants, et souvent des intendants eux-mêmes, leurs négligences, leurs préférences ; et qu'en quatre ans, et pour fort peu de chose, qui encore tournerait au profit des troupes, les chemins se trouveraient beaux, bons et durables.

« À l'égard des ponts, qu'il n'était pas difficile d'avoir un état de ceux qui étaient à refaire ou à réparer ; destiner ce qu'on pourrait pour le faire peu à peu, commençant par les plus nécessaires, et choisir les ingénieurs le plus en réputation d'honneur et d'intelligence en ouvrages, pour se trouver présents avec autorité aux adjudications qui en seraient faites par les intendants, et tenir de près les entrepreneurs sur la bonté, la solidité et la diligence des ouvrages qu'ils auraient entrepris ; mais qu'à tout cela il fallait suite et fermeté, et se résoudre à des châtiments éclatants à quiconque les mériterait, sans qu'aucune considération les en pût garantir ; que c'est à l'impunité, qui a porté l'audace au comble, qu'il faut prendre des voleries immenses qui appauvrissent le roi, ruinent le peuple, causent mille sortes de désordres partout, et enrichissent ceux qui les font, et beaucoup tête levée, assurés qu'ils sont qu'il n'en sera autre chose par la protection qu'ils ont, et souvent pécuniaire, ou même par leur propre considération et de ce qu'ils sont eux-mêmes ; et si, une fois en vingt ans, il arrive quelque excès si poussé qu'il ne soit pas possible de n'en pas faire quelque sorte de justice, jamais elle n'a été plus loin que de déposséder le coupable de l'emploi dont il a abusé, qui peu après se raccroche à un autre, au pis aller demeure oisif et jouit de ses larcins, sans être recherché de rien de tout ce qu'il a commis.

---

[1] *Mémoires*, t. VI, p. 316. — [2] *Mémoires*, t. XI, p. 344-347.

«Cette méthode à l'égard des chemins ôterait de soi-même un autre abus, qui est multiplié à l'infini, qui est que, sur une somme destinée et touchée effectivement pour tel ou tel chemin, l'homme de crédit qui s'en trouve à quelque distance, un intendant des finances, un fermier général, un trésorier de toute espèce, suprêmement les ministres, détournent ce fonds en partie, quelquefois en total, pour leur faire des chemins, des pavés, des chaussées, des ponts, qui ne conduisent qu'à leurs maisons de campagne et dans leurs terres : moyennant quoi il ne se parle plus de la première et utile destination pour le public, et l'intendant qui y a connivé y trouve une protection sûre, qui le fait regarder avec distinction par les maîtres de son avancement. Je comptai (sic) à ce propos à M. le duc d'Orléans que c'était ainsi que les puissants de ce temps-ci, c'est-à-dire de la plume et de la robe, car il n'y en [a] plus d'autres, avaient embelli leurs parcs et leurs jardins de pièces d'eau revêtues, de canaux, de conduits d'eaux, de terrasses qui avaient coûté infiniment, et dont ils n'avaient déboursé que quelques pistoles; et que le roi, parlant à Mme de la Vrillière, dans son carrosse, où était Mme la duchesse de Berry et Mme de Saint-Simon, allant à la chasse de Châteauneuf, où elle avait été de Fontainebleau, elle lui en avait vanté la terrasse, qui est en effet d'une rare beauté sur la Loire : « Je le crois bien, répondit sèchement le roi ; c'est à mes dépens qu'elle a été faite, et sur les fonds des ponts et chaussées de ces pays-là, pendant bien des années. » J'ajoutai que, si l'image d'un secrétaire d'État, car cette charge n'est pas autre chose, avait osé faire ce trait sans qu'il en ait rien été, que n'auront pas fait tous les autres secrétaires d'État et gens en place considérables dans la robe, dans la plume, et, en sous-ordre, les financiers et les petits tyranneaux que j'ai nommés, dans les provinces? Tout cela fut fort goûté et approuvé, et il me parut que M. le duc d'Orléans était résolu à cette exécution.»

RAPPORT DE L'INTENDANT DE LA GÉNÉRALITÉ DE PARIS SUR L'IMPOSITION À FAIRE POUR LES TRAVAUX DU PONT DE BRAY-SUR-SEINE[1].

1686.

Vu par nous, Jean-Jacques Charron, chevalier, marquis de Ménars, conseiller du roi en ses conseils, maître des requêtes ordinaire de son hôtel, surintendant des finances, domaines et affaires de la feue reine, intendant de la généralité de Paris, le plan fait pour le rétablissement du pont de Bray-sur-Seine et le devis desdits ouvrages à faire, dressé par le sieur Bruand, architecte des bâtiments du roi, le 16 du présent mois de mai, par lequel il paraît qu'il estime lesdits ouvrages la somme de 25,400"#, et les offres faites au bureau des finances de Paris de faire ces ouvrages à 23,500"#; ensemble, la proposition faite au Conseil de S. M. pour fournir ladite somme de 23,500"#, savoir : pour la ville de Bray, qui retirera une utilité considérable du rétablissement de ce pont, 10,350"# provenant de l'aliénation de leurs communes faite en exécution d'arrêt du Conseil; par la ville de Nogent, la somme de 1,500"#, qui sera imposée sur le général des habitants, attendu qu'il est juste qu'elle contribue à ce pont, puisque la ville de Bray a contribué autrefois au rétablissement de la chaussée de Nogent; par la paroisse de Bazoches, de l'élection de Nogent, la somme de 1,500"#, étant considérablement intéressée au rétablissement de ce pont, attendu les moulins banaux où elle ne peut aller sans le secours de ce pont, joint à cela que cette paroisse a des communes considérables qui sont aux portes de Bray, du revenu desquelles ils pourront payer cette somme; et sur les autres paroisses de l'élection de Nogent, 1,000"#; par la ville et l'élection de Provins, 1,400"#, parce qu'elles reçoivent aussi de grands avantages; et par la ville et l'élection de Sens, 1,750"#, le rétablissement de ce pont devant être aussi très-utile à cette élection : toutes lesquelles sommes font ensemble celle de 17,500"#. Et, comme il faut encore 6,000"# pour parfaire lesdits 23,500"#,

---

[1] Papiers du Contrôle général, G⁷ 426.

S. M. sera très-humblement suppliée de leur accorder. Tout considéré, nous sommes d'avis, sous le bon plaisir du roi, que ladite somme de 23,500ʰ, nécessaire pour le rétablissement dudit pont de Bray, soit fournie ainsi qu'il ensuit, savoir : 6,000ʰ que S. M. sera très-humblement suppliée d'accorder; 10,350ʰ par les habitants de la ville de Bray, provenant du revenu de leurs communes aliénées; 1,500ʰ par les habitants de Bazoches, aussi provenant de leurs communes : lesquelles trois sommes font ensemble celle de 17,850ʰ. Et, à l'égard des 5,650ʰ restant, qu'ils seront imposés, savoir : 2,500ʰ sur le général des habitants de la ville et de l'élection de Nogent-sur-Seine, dont la ville portera 1,500ʰ, et les autres paroisses de l'élection 1,000ʰ, à l'exception de celles de Bray et de Bazoches; 1,400ʰ sur le général des habitants de la ville et l'élection de Provins, et 1,750ʰ sur le général des habitants de la ville et élection de Sens; le tout conjointement avec les deniers de la taille de l'année 1687 et au sol la livre d'icelle, dont il sera fait mention dans les commissions des tailles ; pour ladite somme de 5,650ʰ imposée et celle de 17,850ʰ ci-dessus exprimée être mises entre les mains du trésorier des ponts et chaussées, lequel s'en chargera pour les employer aux ouvrages mentionnés audit devis, suivant les ordres qui lui en seront donnés à la manière accoutumée.

Fait à Paris, ce 14 juin 1686.

De Ménars.

Et depuis, vu les offres faites de faire lesdits ouvrages du pont de Bray pour la somme de 23,000ʰ, qui est 500ʰ de moins, et l'adjudication faite en conséquence à ladite somme de 23,000ʰ, nous estimons que les 500ʰ de bon doivent être diminués, savoir : 400ʰ sur la ville et élection de Provins, laquelle ne portera plus que 1,000ʰ au lieu de 1,400ʰ; et sur la ville et élection de Sens, la somme de 100ʰ, laquelle ne portera plus que 1,650ʰ, au lieu de 1,750ʰ. Et au surplus, nous persistons en notre avis.

Fait à Paris, ce 1ᵉʳ juillet 1686.

De Ménars.

DÉPENSE DES PONTS ET CHAUSSÉES DANS LA GÉNÉRALITÉ DE PARIS[1].

Année 1700.

OUVRAGES POUR LESQUELS IL EST FAIT FONDS DANS L'ÉTAT DES PONTS ET CHAUSSÉES.

Entretènements, en dix parties	65,900ʰ 00' 00"
Parfaits payements d'ouvrages ordonnés en 1695, 1696, 1697, 1698 et 1699	12,033 15 00
Augmentations d'ouvrages ordonnés en 1698 et 1699, en deux parties	467 10 00
Ouvrages faits en 1699, en quatre parties	2,487 10 00
Total	80,878 15 00

NOUVEAUX OUVRAGES.

Pour continuer les ouvrages de pavé neuf de caillou sur le grand chemin de Paris en Allemagne par Meaux, en deçà et au delà de Bondy, dépendant de l'élection de Paris, la somme de	6,000ʰ 00' 00"
Pour la continuation de ceux ordonnés en 1697 sur ledit chemin, à la sortie de Claye, dépendant de l'élection de Meaux, la somme de 2,000ʰ, outre 5,000ʰ de fonds fait à compte de 8,575ʰ, ci	2,000 00 00
Et pour les ouvrages de pavé neuf de grès ou de caillou les plus pressés à faire au delà des bois de Claye, sur ledit chemin, la somme de	3,000 00 00
A reporter	11,000 00 00

[1] Extrait des registres des fonds des Ponts et Chaussées de France, donnés par Mᵐᵉ de Coraucez à la bibliothèque de l'École des Ponts et Chaussées, mss. 261, fol. 121 v° à 131. — Les articles partiels ne concordent pas exactement avec les additions totales, et plusieurs doivent avoir été omis; une somme est restée en blanc (p. 687, 2ᵉ colonne).

PONTS ET CHAUSSÉES.

Report..........	11,000" 00' 00ᵈ
Pour continuer les ouvrages de pavé neuf de grès entre Claye et Villeroy........	500 00 00
Pour continuer les ouvrages de pavé neuf de pierre les plus pressés dans le village du Pré-Saint-Gervais, allant au Port-à-l'Anglais, au-dessus de Paris.........	500 00 00
Pour 50 toises courantes de pavé, sur 12 pieds de large, faisant 100 toises carrées, à faire en un mauvais endroit arrivant à Livry-le-Château, la somme de 500", à compte de 700", à quoi la dépense en est estimée, à raison de 7" la toise, ci......................	500 00 00
Pour continuer les ouvrages de pavé neuf de caillou sur l'ancien chemin de Paris à Meaux, par les Petits-Ponts, Aunay et Compans, la somme de.............	1,000 00 00
Pour continuer les ouvrages de pavé neuf de grès sur le grand chemin de Paris à Soissons et Lorraine, la somme de 18,000", savoir : 15,000" pour ceux qui sont à faire entre Roissy et Dammartin, et 3,000" pour ceux au delà, le long des bois de Bouvres, ci................	18,000 00 00
Pour continuer les ouvrages de pavé neuf de grès sur le chemin de Paris à Bonneuil	1,000 00 00
Pour continuer ceux du grand chemin de Flandres, la somme de 22,512" 10', savoir: 20,000" pour ceux au delà de Bouvres, 1,500" pour ceux dans la forêt de Pont-Sainte-Maxence, et 1,012" 10' pour la réparation des arches d'une chaussée à la sortie de ladite ville du côté de Flandres, ci....................	22,512 10 00
Pour faire deux arches de maçonnerie au lieu de deux travées de bois qui sont tombées, appelées le pont Saint-Claude, à la sortie de Compiègne, à l'abord de la chaussée de Venette, et en rétablir plusieurs ponceaux, la somme de 1,000", à compte de 4,022", ci...............	1,000 00 00
Pour continuer les ouvrages de pavé neuf de grès entre Écouen et Luzarches, qui est le grand chemin de Paris à Chantilly et Amiens, et de Versailles à Compiègne	8,000 00 00
Pour continuer la réparation du chemin entre Creil et Clermont, par Monchy et Liancourt, sur ladite route d'Amiens...	1,000 00 00
Pour continuer les ouvrages de pavé entre Poncelles et Moisselles, sur la route de Picardie par Beaumont et Beauvais....	4,000 00 00
Pour continuer les réparations les plus pressées du chemin de Beauvais à Cagny...	
A reporter.......	69,012 10 00

Report..........	69,012" 10' 00ᵈ
sées du chemin de Beauvais à Cagny...	1,000 00 00
Pour continuer la réparation de la chaussée de la reine Brunehaut à la sortie de Beauvais du côté de Clermont............	1,000 00 00
Pour rétablir un ponceau de maçonnerie au-dessus des ponts de l'Isle-Adam, servant au tirage des bateaux de la rivière d'Oise, la somme de 1,080", ci......	1,080 00 00
Et pour rétablir un autre de maçonnerie et de charpente au-dessus de Pontoise, du côté de l'Isle-Adam, servant aussi au tirage des bateaux................	1,067 00 00
Pour continuer les ouvrages de pavé neuf de grès sur le grand chemin de Paris à Rouen par Pontoise...............	6,000 00 00
Pour continuer la réparation de la chaussée de Conflans-Sainte-Honorine et des ponceaux de dessous.................	1,000 00 00
Pour continuer les ouvrages de pavé neuf de grès sur le chemin de Paris à Saint-Ouen........................	1,000 00 00
Pour continuer les ouvrages de pavé les plus pressés sur le grand chemin de Paris en Normandie, entre Triel et Meulan, la somme de.....................	2,000 00 00
Pour les ouvrages pressés à faire pour le rétablissement de la chaussée du bourg de Maule, qui est de 158 toises de long et pavée de douze arches, sur le grand chemin de Normandie et sur celui de Picardie à Orléans, la somme de 1,000", à compte de 8,043" 15' à quoi la dépense en est évaluée, ci.............	1,000 00 00
Pour les réparations à faire le long du quai de Chaillot, consistant à rétablir les voûtes de deux escaliers et en supprimer un vis-à-vis du jardin des Bons-Hommes, la somme de.....................	327 00 00
Pour continuer les ouvrages de pavé neuf sur le grand chemin de Paris en Normandie et Bretagne, entre les haies du Chesnay et Rocquencourt, qui est aussi celui de Saint-Cloud à Marly.........	1,000 00 00
Pour remanier à bout le pavé de la rue de Saint-Cloud qui conduit à la paroisse, en la longueur de 164 toises, sur 3 toises et pied de large, faisant 519 toises 1/2 carrées, la somme de................	1,038 15 00
Pour continuer les ouvrages de pavé neuf sur le chemin de Versailles à la Celle, pour le passage de Mgr le Dauphin allant à la chasse dans la forêt de Sénart.....	2,000 00 00
A reporter.......	88,525 05 04

APPENDICE.

Report..........	88,525ᴸ 03ˢ 04ᵈ

Pour continuer ceux du grand chemin de Paris en Bretagne, dans le pavé de Versailles, par Bailly, Noisy, la Tuilerie et la Bretêche 3,000 00 00

Pour continuer les ouvrages de pavé neuf de grès dans le bois des Molières, sur le grand chemin de Bretagne, passant dans la grande avenue de Pontchartrain jusqu'au pavé à l'entrée de Neauphle-le-Château, en la longueur de 530 toises, la somme de 6,000ᴸ, à compte de 11,093ᴸ 14ˢ, ci 6,000 00 00

Pour faire une chaussée de pavé de 290 toises de long, avec un ponceau dessous, au bas de la montagne des Oliviers, sur la grande route de Bretagne, passant par Neauphle et Houdan, la somme de 4,000ᴸ, à compte de 13,311ᴸ 5ˢ, à raison de 10,954ᴸ 10ˢ pour la chaussée et de 2,356ᴸ 15ˢ pour le ponceau, ci 4,000 00 00

Pour les ouvrages de pavé à faire et 190 toises de long de rigoles entre l'église de Jouarre et la ferme de Chambort, près le pont de Mareil, entre Montfort et Houdan, la somme de 1,200ᴸ, à compte de 2,507ᴸ, ci 1,200 00 00

Pour continuer les ouvrages de pavé neuf commencés l'année dernière sur le chemin de Montfort-l'Amaury, vis-à-vis le hameau de Villeneuve, ensemble pour l'élévation des terres sous le chemin, le remboursement de celles qu'il convient prendre pour ledit chemin, le rétablissement d'un ponceau et 154 toises courantes de rigoles, la somme de 2,000ᴸ, à compte de 4,400ᴸ 6ˢ, ci 2,000 00 00

Pour 356 toises courantes de pavé, sur 12 pieds de large, à faire avec trois ponceaux, remplir plusieurs mares et faire 600 toises de long de fossés sur le chemin d'Houdan à Sceaux, la somme de 2,000ᴸ, à compte de 5,677ᴸ, ci 2,000 00 00

Et pour continuer les ouvrages de pavé neuf de grès au lieu dit le Bœuf couronné, sur ladite route de Bretagne à Houdan, la somme de 4,500ᴸ, ainsi qu'en 1698 et 1699, ci 4,500 00 00

Pour la continuation des ouvrages de pavé les plus pressés à faire à une autre chaussée à la descente de Port-Royal, sur le chemin de Dampierre, la somme de 1,000 00 00

Pour continuer les ouvrages de pavé les

A reporter........	112,225 03 04

Report..........	112,225ᴸ 03ˢ 04ᵈ

plus pressés sur le chemin le long du village des Menus, près de Versailles... 1,000 00 00

Pour la continuation des ouvrages de pavé sur le grand chemin de Versailles par Trappes, allant de la grande avenue de Versailles à la porte du Parc-aux-Cerfs, le long du Petit-Montreuil, servant au passage des provisions pour Versailles, la somme de 2,000 00 00

Pour achever les ouvrages de pavé neuf de caillou ordonnés l'année dernière entre le Plessis-Piquet et Sceaux, sur le chemin de Fontainebleau, la somme de 1,000ᴸ, pour, avec 2,000ᴸ dont il a été fait fonds dans l'état du roi, faire 3,000ᴸ, à quoi la dépense ou a été estimée, ci 1,000 00 00

Pour la continuation des ouvrages de pavé aux avenues de Montlhéry, la somme de 1,000ᴸ, pour, avec 2,000ᴸ dont il a été fait fonds dans les états de 1698 et 1699 également, faire 3,000ᴸ, à compte de 3,750ᴸ à quoi la dépense en est estimée, ci 1,000 00 00

Pour continuer les ouvrages de pavé de caillou sur le grand chemin de Bretagne par Maintenon, entre Trappes et le Perray........................... 3,000 00 00

Pour continuer ceux de grès sur le chemin de Versailles à Choisy, entre les villages de la Rue et de Chevilly............ 1,000 00 00

Pour continuer ceux de la plaine de Longboyau au village de Wissous.......... 600 00 00

Pour continuer ceux du village de Morangis ou Louans, près de Chilly............ 1,000 00 00

Pour 40 toises de pavé à faire dans un trou sur le chemin de Chartres, en deçà de Palaiseau........................ 1,000 00 00

Pour continuer les ouvrages de pavé neuf de caillou près de Bonnelles, sur ledit chemin de Chartres.................. 500 00 00

Pour continuer les ouvrages de pavé de caillou sur le chemin de Paris à Dourdan par Bâville....................... 1,000 00 00

Pour continuer ceux du chemin de la Ferté-Alais en deçà du Mesnil-Voisin......... 800 00 00

Pour continuer ceux qui ont été faits les années précédentes aux avenues de Beaumont-en-Gâtinais, la somme de........ 2,000 00 00

Pour réparer un mauvais endroit au village de Vitry, sur le chemin de Paris à Choisy 400 00 00

Pour continuer la réparation de la chaussée au-dessus de Juvisy, joignant celle du

A reporter........	128,525 03 04

PONTS ET CHAUSSÉES. 687

Report.......... 128,525ᴸ 03ˢ 04ᵈ

grand chemin de Fontainebleau, et qui va jusque dans le village de Viry.......... 500 00 00
Pour réparer une ancienne chaussée près de Soisy-sous-Étioles, servant au tirage des bateaux le long de la Seine, et qui est aussi le chemin de Paris à Corbeil... 500 00 00
Pour continuer les ouvrages de pavé neuf de grès les plus pressés au-dessus de Ponthierry, sur le chemin de Paris à Fontainebleau.......... 1,000 00 00
Pour les ouvrages de pavé les plus pressés à faire dans le village de Fleury, sur le chemin de Fontainebleau à Étampes.... 1,000 00 00
Pour la réparation de l'arche de Châtillon, sur la rivière d'Orge, au-dessus de Juvisy, servant au tirage des bateaux de la rivière de Seine..........
Pour réparer un mauvais endroit entre le bac d'Ablon et Montgeron, qui est le passage de Mᵍʳ le Dauphin allant à la chasse dans la forêt de Sénart.......... 450 00 00
Pour les réparations de charpenterie et maçonnerie à faire au pont de Charenton, contenues au devis du 14 décembre dernier.......... 1,392 00 00*
Pour continuer les ouvrages de pavé neuf de grès sur le chemin de Paris à Fontainebleau et Lyon, dans la plaine entre Charenton et Villeneuve-Saint-Georges.. 3,000 00 00
Pour la construction d'un ponceau avec une chaussée sur le chemin de Melun à Chaumes, vis-à-vis le village de Mainey, sur le ruisseau d'Ancœil.......... 1,000 00 00
Pour le rétablissement des côtes de Saint-Martin-de-Béthisy, sur le chemin de Verberie à Crépy.......... 50 00 00
Pour continuer les ouvrages de pavé neuf entre Créteil et Boissy, sur le chemin de Champagne et Bourgogne par Brie-Comte-Robert et Provins.......... 2,000 00 00
Pour continuer ceux commencés l'année dernière sur ladite route de Brie, vis-à-vis la justice de Solers.......... 2,000 00 00
Pour continuer les ouvrages de pavé neuf de grès à la sortie du faubourg Saint-Antoine, le long de l'arc de triomphe, sur le chemin de Vincennes.......... 2,000 00 00

A reporter....... 143,417 03 04

Report.......... 143,417ᴸ 03ˢ 04ᵈ

Pour continuer ceux qui ont été commencés à la sortie du parc de Vincennes, sur le chemin de Saint-Maur.......... 3,000 00 00
Pour les réparations à faire au grand pont de Saint-Maur, la somme de..........
Pour la continuation des ouvrages de pavé neuf de caillou sur le chemin de Brie en Champagne, par Ozouer et Tournan, la somme de 2,600ᴸ, savoir : 600ᴸ pour ceux d'au-dessus de Champigny, et 2,000ᴸ pour ceux vers Ozouer, du côté de Tournan et Armainvilliers, ci.......... 2,600 00 00
Et pour ceux dudit chemin par Fontenay, dans l'élection de Rozoy, la somme de 1,000ᴸ, outre 2,500ᴸ de fonds fait les années dernières à compte de 7,733ᴸ, ci 1,000 00 00
Pour caillouter de 42 toises sur 15 pieds de large le pavé de caillou à l'entrée du village de Villiers, sur le chemin de Brie par Croissy, la somme de 630ᴸ, à raison de 6ˢ la toise, ci.......... 630 00 00
Pour les ouvrages de pavé neuf de caillou les plus pressés à faire sur le grand chemin de Brie par Lagny, la somme de 4,430ᴸ, savoir : 600ᴸ pour allonger de 10 toises le pavé en sortant du parc de Vincennes, et de 30 toises la chaussée allant à Plaisance, faisant 200 toises carrées ; 2,000ᴸ pour ceux commencés au bas de la montagne de Plaisance, en la longueur de 250 toises, faisant 625 toises carrées, à compte de 3,750ᴸ ; et 1,830ᴸ pour allonger de 86 toises la chaussée en deçà du bois de Neuilly et de 34 toises celle qui est au delà, faisant, sur 15 pieds de large, 305 toises carrées ; le tout à raison de 6ˢ la toise carrée, ci.......... 4,430 00 00
Pour les ouvrages de pavé les plus pressés sur le chemin de Brie à Montfermeil par Montguichet.......... 3,000 00 00
Pour continuer les ouvrages de pavé neuf les plus pressés sur le chemin de Paris à Coubron, la somme de 1,500ᴸ, sans plus à l'avenir, ci.......... 1,500 00 00
Pour la continuation des ouvrages commencés l'année dernière entre Ville-Évrard et le bac de Gournay, sur ladite route de

A reporter....... 159,577 03 04

* L'adjudication a été faite à 1,250ᴸ, en sorte qu'il revient bon du fonds 142ᴸ, qui ont été destinés à de nouvelles dégradations survenues à ce pont, par état du septembre 1700, en l'article de 248ᴸ 10ˢ. (Note du compte.)

Report..........	159,577ᴸ 03ˢ 04ᵈ
Brie par Lagny....................	1,500 00 00
Pour la continuation des ouvrages de pavé neuf de caillou sur le chemin de Brie, entre Chelles et Pomponne..........	1,000 00 00
Pour continuer la réparation d'une ancienne chaussée de pavé dans la montagne de Monhauon-en-Brie, la somme de......	500 00 00
Pour les réparations à faire au pont de Lagny, sur la Marne, la somme de 4,500ᴸ, à compte de 2,814ᴸ 8ˢ, ci..........	1,500 00 00
Pour 52 toises courantes de pavé sur 15 pieds de large, faisant 130 toises carrées, à faire sur ladite route de Brie, au bout du pavé de Chéry, le long du cimetière, la somme de 780ᴸ, à raison de 6ᴸ la toise carrée, ci....................	780 00 00
Pour la continuation des ouvrages de pavé ordonnés l'année dernière à la sortie de Saint-Germain-en-Laye par la porte de Pontoise, du côté des Loges, la somme de 2,000ᴸ, pour, avec pareille somme dont il a été fait fonds dans l'état du 26 mai dernier, faire 4,000ᴸ, à compte de 9,147ᴸ, ci....................	2,000 00 00
Pour continuer les ouvrages de pavé les plus pressés sur le grand chemin de Troyes en Champagne, la somme de 7,000ᴸ, savoir: 1,000ᴸ pour ceux ordonnés en 1698 à la sortie de Provins, outre 2,500ᴸ de fonds fait à compte de 7,700ᴸ; pareille somme de 1,000ᴸ pour ceux de la montagne de Sourdun jusqu'à la chaussée de Nogent-sur-Seine, ordonnés en 1697, outre 4,000ᴸ de fonds fait à compte de 6,080ᴸ; pareille somme de 1,000ᴸ pour ceux ordonnés l'année dernière à la sortie du faubourg de Jérusalem de ladite ville de Nogent, outre 1,000ᴸ de fonds fait à compte de 3,165ᴸ, et 4,000ᴸ pour ceux des abords de la Bretèche et autres lieux, ci..........	7,000 00 00
Pour les ouvrages de pavé à faire sur le grand chemin de Paris à Lyon par Fontainebleau, à la sortie de Dordives, dépendant de l'élection de Nemours, on la longueur de 300 toises sur 15 pieds de large, la somme de 1,500ᴸ, à compte de 3,750ᴸ, à quoi la dépense en est estimée, à raison de 5ᴸ la toise, y compris les hausses de terre, ci..................	1,500 00 00
Pour les ouvrages de pavé de grès les plus pressés à faire sur le grand chemin de Pa-	
A reporter........	175,357 03 04

Report........	175,357ᴸ 03ˢ 04ᵈ
ris à Orléans, dans les sables entre Étréchy et Étampes, revenant à 2,500 toises carrées, la somme de 2,000ᴸ, à compte de 15,000ᴸ, à quoi ils reviendront, à raison de 6ᴸ la toise carrée, ci........	2,000 00 00
Pour les réparations du pont de Vaux sur la rivière de Juisnes, et le chemin d'Étréchy, dans le Gâtinais, servant au passage des grains pour les marchés de Châtres et de Montlhéry, la somme de........	500 00 00
Pour continuer les réparations les plus pressées des ponts et de la chaussée de Dordnelles, près de Saint-Ange, la somme de..............................	1,500 00 00
Pour continuer celles de la chaussée du Pillier, la somme de 1,000ᴸ, outre 1,800ᴸ de fonds fait en 1698 et 1,000ᴸ l'année dernière, ci..........................	1,000 00 00
Pour les ouvrages de pavé les plus pressés à faire pour allonger la chaussée de Genouilly, près de Crisenoy, la somme de..	1,000 00 00
Pour continuer ceux du grand chemin de Bourgogne et de Brie au haut de la montagne de Montereau, dans le village de Cannes, entre Villeneuve-la-Guyart et Sens, à la Chapelle, Champigny, et dans le village de Villemanoche, près de Pont-sur-Yonne, la somme de 2,000ᴸ; et pareille somme pour faire une chaussée de pavé dans un fond, à un quart de lieue de Sens, sur la même route, ci.......	4,000 00 00
Pour les réparations à faire aux ponts de ladite ville de Sens, la somme de 1,200ᴸ, à compte de 1,827ᴸ à quoi la dépense en est estimée, ci..................	1,200 00 00
Pour celles du pont de Joigny, la somme de 1,000ᴸ, à compte de 3,016ᴸ, ci........	1,000 00 00
Pour le rétablissement de deux ponceaux entre Sens et Bray-sur-Seine, servant au passage des vins pour la Brie, la somme de 1,500ᴸ, à compte de 1,812ᴸ à quoi la dépense en est estimée, laquelle somme ne sera néanmoins employée qu'après que Sa Majesté aura été informée depuis quel temps ces ponts sont ruinés et s'ils sont à sa charge, ci.....	1,500 00 00
Pour la réparation d'une arche de maçonnerie sur une ravine au-dessus du pont de Chaunlay, qui est le passage des diligences de Lyon, la somme de 530ᴸ, ci..	530 00 00
Et pour la réparation du pont de Chichée, sur la rivière de Serain, près de Chablis,	
A reporter........	189,587 03 04

PONTS ET CHAUSÉEES.

Report............ 189,587ᴸ 03ˢ 04ᵈ
et le grand chemin d'Auxerre à Tonnerre............................ 5,000 00 00

Total [1]............ 192,661 08 04

Somme [2] de la généralité de Paris : 273,550ᴸ 3ˢ 4ᵈ.

ARRÊT SUR LA REQUÊTE DE M. L'ÉVÊQUE DE MEAUX.

Du 24 juillet 1700.

Pour ordonner l'exécution de celui du 2 juillet 1697, et, en conséquence, que la somme de 8,500ᴸ, à laquelle les ouvrages à faire pour conserver le marche-pied de la rivière de Marne sous Germigny, contenus au nouveau devis du frère Romain du 24 octobre ensuivant, ont été adjugés, sera payée sur les deniers provenant de la vente des bois de l'évêché de Meaux, nonobstant la destination en rentes sur l'hôtel de ville, ainsi qu'il avait été ordonné par ledit arrêt pour lesdits ouvrages, qui n'avaient été estimés par le premier devis qu'à 5,857ᴸ 10ˢ.

OUVRAGES ET AUTRES DÉPENSES POUR LESQUELLES IL EST FAIT FONDS PAR ORDONNANCES AU TRÉSOR ROYAL.

Du 13 avril 1700.

A Louis Regnouf, maître paveur, la somme de 39,274ᴸ 18ˢ, pour les ouvrages de pavé par lui faits l'année dernière près l'éperon du jardin du château de Marly, savoir : 6,809ᴸ 5ˢ 6ᵈ pour ceux qui avaient été faits au mois de février, pour le changement du grand chemin de Versailles à Saint-Germain et le nouveau chemin qui avait été fait le long de l'aqueduc de la Machine, suivant l'ordonnance du sieur Fornier de Montagny, trésorier de France au bureau des finances de la généralité de Paris, du 11 dudit mois, le toisé et l'estimation faite en conséquence par le frère Romain, le 22 août; et 33,465ᴸ 12ˢ 6ᵈ pour ceux qui avaient été faits au mois de septembre pour le rétablissement et élargissement des chaussées du chemin de Versailles et de celles allant au village de Marly, des deux côtés du nouvel abreuvoir, dont le pavé avait été arraché, et la patte-d'oie au-devant; revenant à la quantité de 4,832 toises carrées, dont il y en a : 803 toises 1/2 provenant du pavé du nouveau chemin allant audit aqueduc, qui a été aussi arraché; 1,500 toises de pavé relevé et reposé, et 2,513 toises 1/2 de pavé neuf; et pour quelques autres bouts de chaussées, suivant l'ordonnance dudit sieur de Montagny, du 22 dudit mois, le toisé et l'estimation en sa présence par ledit frère Romain, le 11 décembre, à raison de 10ˢ 10ᵈ la toise carrée de pavé neuf, 3ˢ celle de vieux pavé arraché, transporté et reposé, et 40ˢ celle de pavé relevé et reposé seulement, conformément à ladite ordonnance, ci.... 39,274ᴸ 18ˢ

Du 15 juin 1700.

A M. François Mulot, maître général des œuvres de pavé des bâtiments de Sa Majesté, ponts et chaussées de France, la somme de 400ᴸ, que Sa Majesté lui a accordée par gratification, en considération des visites, toisés et réceptions qu'il a faits des ouvrages de rétablissement et entretènement du pavé de la ville de Paris et des chaussées des avenues d'icelle, pendant l'année dernière 1699... 400ᴸ
Au sieur Lafébure, garde de la prévôté de l'hôtel, la somme de 300ᴸ, pour vacations à la conduite d'aucuns ouvrages publics de ladite généralité pendant 1699................................. 300
Au sieur Pulou, commis à la visite du pavé de ladite ville de Paris et des chaussées des avenues d'icelle, la somme de 400ᴸ, pour appointements en ladite qualité pendant 1699, ci........... 400

Somme............ 1,100

Du 22 juin 1700.

Pour les ouvrages de pavé neuf de grès à faire pour joindre le pavé du faubourg Saint-Antoine à celui de Piepus, en la longueur de 136 toises sur 15 pieds de large, revenant à 340 toises carrées, la somme de 1,700ᴸ, pour moitié de 3,400ᴸ à quoi la dépense en est estimée, à raison de 10ˢ la toise carrée, l'autre moitié étant remise à l'année prochaine, ci................................. 1,700ᴸ 00ˢ
Pour de pareils ouvrages à faire pour continuer en la longueur de 180 toises sur 15 pieds de large, faisant 450 toises carrées, le pavé au delà de la barrière des Incurables, qui est le chemin de Meudon et celui des gardes françaises et suisses pour aller monter la garde à Versailles et aller en revue dans la plaine de Grenelle, la somme de 4,500ᴸ, à raison de 10ˢ la toise carrée, ci......... 4,500 00
Pour de pareils ouvrages de pavé neuf de grès à faire à la Salpêtrière, en trois pièces, l'une depuis la chaussée qui aboutit devant l'église, à venir à la porte de l'hôpital, la deuxième depuis ladite porte de l'hôpital jusqu'au petit pont, et la troisième du petit pont à la berge de la rivière, sur 3 toises de large, et

A reporter.......... 6,200 00

[1] L'addition donne : 190,587ᴸ 3ˢ 4ᵈ. — [2] L'addition donne : 270,465ᴸ 18ˢ 4ᵈ.

GÉNÉRALITÉS. — I.

APPENDICE.

Report............	6,200" 00'	Report............	12,242" 14'

11 toises de haut de ladite berge à l'eau, sur 14 toises de large, faisant 784 toises carrées, pour la décharge et voiture des provisions dudit hôpital général, la somme de 3,000", à compte de 7,870", à raison de 10" la toise carrée, ci...................... 3,000 00

Pour une chaussée de pavé à faire en la longueur de 50 toises sur 2 de large, revenant à 102 toises carrées, à la sortie du château d'Issy allant à la paroisse, la somme de 969", à raison de 9" la toise, ci............. 969 00

Pour la construction de quatre ponceaux et autres ouvrages près de Chevreuse, la somme de 2,078" 14', savoir : 1,278" 10' pour deux ponceaux sur le chemin de Rochefort, au bas du moulin banal des dames de Saint-Cyr, l'un de 6 pieds d'ouverture sur la rivière d'Yvette, et l'autre de 8 pieds, sur la rivière morte, avec des murs en aile, le remplissage de terre entre lesdits ponceaux et aux avenues, et 50 toises de long de pavé sur les ponceaux et aux avenues; 640" pour deux autres ponceaux de 3 pieds 1/2 d'ouverture chacun, l'un sur la rigole du chemin de Milon, et l'autre sur la même rigole sur le chemin de Rodon, avec le pavé, et 155" 4' pour deux rigoles, l'une au-dessus dudit pont de la rivière morte, de 124 toises de long, et l'autre au-dessous, de 70 toises, revenant à 194 toises, à raison de 16' la toise, suivant le devis et l'adjudication faite en conséquence, ci.................. 2,078 14

Pour les ouvrages de maçonnerie, terre et pavé faits l'année dernière sur le grand chemin de Montfort-l'Amaury, vis-à-vis le château de la Garde, la somme de 1,585" 14' (*omission dans le ms.*) pour les ouvrages de terre par lui faits l'année dernière, savoir : 285" pour les terres qu'il a transportées pour accoter et rehausser le pavé du nouveau chemin de Versailles au bas de Viroflay, aux endroits où le terrain s'est trouvé trop bas, revenant à la quantité de 114 toises cubes, à raison de 50' la toise; et 337" 15' pour celles qu'il a transportées pour accoter le pavé de la chaussée près du bois des Moulins, sur le grand chemin de Bretagne passant dans la grande avenue de Pontchartrain, revenant à la quantité de 96 toises 1/2 cubes, à raison

A reporter.......... 12,242 14

de 8" 10' la toise, ci................. 622 15

Au sieur Lefébure, garde de la prévôté de l'hôtel, la somme de 69" 12' pour son remboursement de pareille somme qu'il a payée à différents particuliers qui ont travaillé ou qui ont été employés à faire travailler à la réparation des chemins à l'occasion du voyage que le roi a fait de Versailles à Fontainebleau au mois de septembre, et du retour de Sa Majesté au mois d'octobre, à raison de 29" 16' pour le voyage et de 39" 16' pour le retour, suivant et conformément à l'état arrêté par le sieur Fornier de Moutagny, trésorier de France au bureau des finances de la généralité de Paris, le 26 octobre, ci... 69 12

Audit sieur Lefébure, la somme de 840" pour les voyages extraordinaires qu'il a faits [tant] pour l'avancement des ouvrages publics des environs de Paris que des ouvrages de pavé aux environs de Marly, pendant les six derniers mois de l'année dernière 1699, revenant à cent quarante journées, à raison de 6" chacune, ci.......................... 840 00

Au frère Romain, jacobin, ayant la conduite et inspection des ouvrages des ponts et chaussées, bâtiments dépendants des domaines de Sa Majesté, et autres ouvrages publics de la généralité de Paris, la somme de 1,200" pour ses appointements en ladite qualité pendant les six derniers mois de l'année dernière et le quartier de janvier, février et mars de la présente année, y compris sa pension au couvent des Jacobins du faubourg Saint-Germain, les gages de son garçon et autres frais, ci......................... 1,200 00

Total [1].............. 16,560 15

Du 14 septembre 1700.

Pour les ouvrages de pavé restant à faire sur le chemin de Saint-Cloud à Versailles, entre Vaucresson et la montagne de Picardie, en la longueur de 878 toises sur 16 pieds de large, revenant à 932 toises 1/2 carrées, pour lequel il a été fait fonds de 8,000" par arrêts du Conseil des 15 décembre et 22 juin ensuivants, la somme de 6,000", à compte de 10,257" 10' à quoi la dépense en est estimée, à raison de 11" la toise carrée, suivant le bail, ci 6,000" 00'

Pour rétablir les dégradations causées par les eaux de décharge du réservoir du Parc-aux-

A reporter.......... 6,000 00

---

[1] L'addition ne donne que 14,975" 1', à cause de l'omission d'un article de 1,586" 14'.

PONTS ET CHAUSSÉES.

Report............	6,000ᴸ 00ˢ
Cerfs de Versailles à la chaussée qui descend de la porte dudit parc, dont elles ont emporté les terres, et au chemin ensuite venant gagner la grande avenue, qui a été fort creusé, la somme de 367ᴸ 15ˢ, suivant le devis, ci	367 15
Pour la réparation des nouvelles dégradations survenues au pont de Charenton, la somme de 248ᴸ 10ˢ, pour, avec 142ᴸ restant du fonds de 1,392ᴸ qui a été fait dans l'état des ponts et chaussées de l'année présente, faire 390ᴸ 10ˢ, à quoi la dépense en est estimée, ci...	248 10
Pour la réparation des nouvelles dégradations survenues aussi au pont de Lagny, consistant à mettre deux poutres à côté de la seconde poutre du côté d'amont de la septième arche, qui est cassée, pour ne point rompre le passage, la somme de 500ᴸ, par estimation, ci	500 00
Pour rétablir le mur de quai de la ville de Nogent-sur-Seine, avec pilotis, en la longueur de 6 toises au-dessus de la chapelle de la Belle-Dame, lequel soutient la chaussée et pavé du grand chemin de Paris, remettre quelques planches au fil de pieux au-dessous de ladite chapelle, du côté du grand pont, et faire un fil de pieux de 12 pieds à la descente de l'abreuvoir, pour soutenir le pavé, la somme de 1,324ᴸ 10ˢ, à quoi la dépense en est estimée, suivant le devis du 22 juin 1699, y compris 27ᴸ pour le rétablissement de la dépense, tant en terre qu'en pavé, pour une brèche qui s'était faite à ladite chaussée, qui a été bouchée, ci	1,324 10
Pour les ouvrages faits par augmentation au pont sur la Marne de la Ferté-sous-Jouarre, la somme de 2,000ᴸ, dont Sa Majesté a résolu de faire fonds, à compte de 4,361ᴸ 10ˢ à quoi la dépense en est évaluée suivant le rapport du frère Romain du 21 février dernier, le surplus, montant à 2,361ᴸ 10ˢ, devant être imposé l'année prochaine 1701 sur les élections de Meaux, Coulommiers et Rozoy, suivant et conformément à l'arrêt du Conseil du 6 juillet dernier; laquelle dite somme de 2,000ᴸ sera payée, savoir: 750ᴸ, sur pareille somme dont il avait été fait fonds par l'état du 18 septembre 1696, pour redresser et affermir les arches de bout dudit pont, qui n'ont été employée, attendu que, ce pont ne pouvant subsister, Sa Majesté y a pourvu par la construction d'une arche de pierre, suivant l'arrêt du Conseil du 30 septembre 1698; et 1,250ᴸ	
À reporter...........	8,440 15

Report............	8,440ᴸ 15ˢ
sur les fonds faits par le présent état, ci...	1,250 00
Pour les réparations à faire à différents ponceaux de ladite ville de la Ferté-sous-Jouarre, savoir: au pont de bois de la poterne, au pont Robert, en sortant de la ville, sur le grand chemin de Château-Thierry, et à deux ponceaux le long de la rivière de Marne, entre Saint-Jean-les-Deux-Jumeaux et le bac de Fay, la somme de 577ᴸ, à quoi la dépense en est estimée suivant le devis du 22 août 1699, déduction faite de 96ᴸ pour le pont de l'Espérance, que Sa Majesté n'a pas jugé être à sa charge, ci.......................	577 00
Pour les réparations à faire aux murs, culées et voûtes du pont d'Yerres, servant au passage de Mᵍʳ le Dauphin allant à la chasse dans la forêt de Sénart, la somme de......	919 00
Pour les réparations à faire aux culées et voûtes du pont sur la rivière des Gobelins, au-dessus de la barrière Saint-Bernard, au bord de la rivière de Seine, la somme de........	610 00
Pour 60 toises de pavé de grès, sur 15 pieds de large, revenant à 150 toises carrées, à faire à la cavée descendant à Pont-Sainte-Maxence, sur le grand chemin de Flandres, la somme de 1,350ᴸ, à raison de 9ᴸ la toise carrée, y compris 300ᴸ pour un chemin provisionnel fait dans ladite cavée, pour remplir les excavations causées par les pluies du mois de juin, ci...........................	1,350 00
Pour faire deux fils de pieux et un massif de maçonnerie à un pont le long de la rivière de Seine, vis-à-vis le pont de Marly, la somme de 830ᴸ, à quoi l'adjudication a été faite par ledit sieur de Montagny, ci.............	830 00
Pour faire une chaussée de pavé de grès à la porte du parc de Boulogne, en la longueur de 22 toises, savoir: 10 toises en dedans ledit parc, et 12 toises en dehors, sur 15 pieds de large, revenant à 55 toises carrées, et une de sable et de cailloux de vignes ensuite, en la longueur de 92 toises, la somme de 1,378ᴸ, à quoi la dépense en reviendra suivant l'adjudication faite par ledit sieur de Montagny, le 16 août dernier, à raison de 20ᴸ la toise carrée de celle de pavé, et de 9ᴸ la toise courante de celle de cailloux, ci	1,378 00
Au frère Romain, jacobin, ayant la conduite et inspection des ouvrages des ponts et chaussées, bâtiments dépendants des domaines de Sa Majesté, et autres ouvrages publics de ladite généralité, la somme de 400ᴸ pour ses	
À reporter...........	15,354 15

692 APPENDICE.

Report............ 15,354ᴸ 15ˢ
appointements en ladite qualité pendant le quartier d'avril, mai et juin de la présente année, y compris sa pension au couvent des Jacobins du faubourg Saint-Germain, les gages de son garçon et autres frais, ci..... 400 00
Au sieur Lefébure, garde de la prévôté de l'hôtel, la somme de 720ᴸ, savoir : 660ᴸ pour les ouvrages extraordinaires par lui faits pour l'avancement des ouvrages publics des environs de Paris pendant les six premiers mois de la présente année, revenant à cent dix journées, à raison de 6ᴸ chacune, et 60ᴸ pour son remboursement de pareille somme qu'il a payée aux différents particuliers qui ont travaillé à la réparation des chemins à l'occasion du voyage de Mᵍʳ le Dauphin de Versailles à Saint-Maur et de Saint-Maur au Bois-Notre-Dame, proche Grosbois, au mois de juillet dernier, suivant l'état arrêté par ledit sieur de Montigny, ci... 720 00

TOTAL.............. 16,474 15

Du 21 septembre 1700.

Pour les ouvrages de pavé restant à faire sur le chemin de Paris à Versailles, revenant à la quantité de 1,686 toises courantes, savoir : 578 toises depuis le bout de la chaussée finissant au droit de la maison de Bel-Air jusqu'à la chaussée dans la plaine, et 508 toises depuis ladite chaussée jusqu'à celle qui commence au droit de Billancourt, faisant, sur 3 toises de large, 3,258 toises carrées, la somme de 15,475ᴸ 10ˢ, dont le roi a résolu de faire fonds cette année, pour moitié de 30,951ᴸ à quoi la dépense desdits pavés est estimée, à raison de 9ᴸ 10ˢ la toise, ci........................ 15,475ᴸ 10ˢ

OUVRAGES POUR LESQUELS IL EST FAIT FONDS PAR IMPOSITION.

Pour partie de la dépense des ouvrages à faire pour rétablir le pont de Pont-sur-Yonne, de trois arches de pierre, montant par estimation à 35,174ᴸ, la somme de 23,449ᴸ 6ˢ 8ᵈ, suivant la recette libellée, ci..... 23,449ᴸ 06ˢ 08ᵈ
Pour la réparation et entretien des chemins de traverse de la généralité de Paris, la somme de 6,000ᴸ, suivant la recette libellée, ci.................... 6,000 00 00

ORDONNANCE POUR SUPPLÉMENT DE L'ENTRETIEN DU PAVÉ DE PARIS.

Du 6 juillet 1700.

Il est ordonné au garde de mon Trésor royal, Mᵉ Jean de Turmenyes, de payer comptant au receveur du barrage et payeur de l'entretènement du pavé de ma bonne ville, faubourgs et banlieue de Paris, Mᵉ Pierre Broutin de Montigny, la somme de 49,358ᴸ 6ˢ 6ᵈ, que je lui ai ordonnée pour employer au fait de sa charge; même d'icelle délivrer 40,000ᴸ aux entrepreneurs dudit pavé, pour, avec 80,000ᴸ employées dans l'état de ma ferme générale des aides et entrées expédié pour la présente année, suivant le bail qui leur en a été fait par arrêt du Conseil du 21 décembre 1694; 3,000ᴸ pour les gages dudit de Montigny, des offices de receveurs du barrage et payeurs de l'entretènement du pavé de madite ville, faubourgs et banlieue de Paris, ancien, alternatif et triennal, pour la présente année, sur le pied de 1,000ᴸ attribuées à chacun d'iceux pour deux quartiers de 2,000ᴸ, par édit du mois de juin 1695; 3,000ᴸ pour les taxations dudit de Montigny desdites 120,000ᴸ, à raison de 6 deniers pour livre, conformément audit édit; 1,258ᴸ 6ˢ 6ᵈ pour les gages de Mᵉ François de Lorne, des offices de contrôleurs dudit barrage et entretènement du pavé de madite ville, faubourgs et banlieue de Paris, ancien, alternatif et triennal, pour la présente année, sur le pied de 500ᴸ attribuées par ledit édit à chacun d'iceux pour deux quartiers de 1,000ᴸ, savoir : 500ᴸ pour ledit office de contrôleur ancien, dont ledit de Lorne a été pourvu et auquel il a été reçu en la Chambre des comptes le 17 septembre 1699, 491ᴸ 13ˢ 6ᵈ pour celui de contrôleur alternatif à commencer du 7 janvier, jour de sa réception, et 266ᴸ 13ˢ pour celui de contrôleur triennal, à commencer le 19 juin, jour de sa réception en ladite Chambre audit office; 1,500ᴸ pour les taxations dudit de Lorne desdites 120,000ᴸ, à raison de 3 deniers pour livre, conformément audit édit, ayant été payé des gages et taxations dudit office de contrôleur ancien pour l'année dernière, à compter du 4 août, jour de sa quittance de finance, par Mᵉ Thomas Templier, fermier général des fermes unies, suivant l'arrêt du Conseil du 12 janvier dernier; et 600ᴸ pour les épices et vacations du compte que ledit sieur de Montigny rendra en la Chambre des comptes de Paris dudit maniement, aussi conformément audit édit. Fait, etc.

XIII

MINES ET EAUX MINÉRALES.

ÉTAT DES EAUX MINÉRALES ET MINES DE LA GÉNÉRALITÉ DE PARIS[1].

1763.

Les eaux d'Auteuil ont été longtemps négligées; cependant on trouve que, dès le XIIIe siècle, on se servait de cette fontaine pour désigner un canton de ce village. Ce ne fut qu'au commencement du siècle dernier que l'on commença à faire usage de ses propriétés et à empêcher qu'elles ne se perdissent dans les terres. M. Hubert, habile médecin, est un des premiers écrivains qui se sont appliqués à les faire connaître. Son ouvrage parut en 1628.

Les eaux de Passy ont beaucoup de réputation. On en a fait l'analyse, et elle n'a servi qu'à diviser les médecins dans une infinité d'opinions. En 1667, M. Duclos, de l'Académie des sciences, y aperçut un sable fort fin, et il prit ce sable pour un nitreux dont les eaux se chargent dans les carrières voisines. M. Lemery le fils y a vu, après lui, une matière qui renferme un sel acide, une poudre de rouillure de fer et un esprit vitriolique. Les uns les ont jugées propres à calmer les intempéries chaudes des viscères, les autres leur ont attribué d'autres effets. On se contente d'observer que les carriers de Passy trouvaient autrefois beaucoup de pyrites, dont les apothicaires de Paris composaient une espèce de vitriol qui guérissait les fièvres intermittentes. On a imprimé en 1723 un traité de ces eaux, dans lequel M. Moulin de Marguery, médecin, dit avoir découvert, à l'endroit le plus profond de la colline de Passy, cinq couches de terres différentes, qui doivent porter à croire qu'il y a dans cet endroit une mine de fer, du salpêtre et du soufre. On distingue dans Passy les anciennes eaux et les nouvelles; l'abbé Le Ragois a fait la découverte de celles-ci dans un fonds qui lui appartenait, et il est parvenu à connaître leur propriété en faisant des expériences sur l'eau du puits de la maison. On a pratiqué pour ces eaux des canaux par lesquels elles vont se rendre dans la Seine, en sortant du réservoir. Il y a, dans le jardin où elles sont, un bois, des galeries, des terrasses et des promenades agréables pour ceux qui les viennent boire. On peut voir l'examen de ces eaux dans les Mémoires de l'Académie des sciences, à l'an 1726.

Du côté de Saint-Denis, à l'ouest de Clignancourt, est une fontaine dont l'eau paraît avoir servi aux bains que quelque Gaulois-Romain avait pratiqués dans sa maison de campagne. On y fit une fouille en 1738, et on y trouva la grille et les fourneaux dont les anciens se servaient, avec quelques fragments d'inscriptions.

Le Marchais offre une singularité dont la recherche pourrait occuper quelque physicien; voici ce qu'en dit le savant M. Le Bœuf, dans son *Histoire de la banlieue ecclésiastique de Paris*: «Le Marchais

---

[1] Extrait de la *Description historique de la généralité de Paris*, publiée en tête de l'*Atlas portatif* de Desnos (1763, 1777 et 1788), p. XVIII-XXIII. Voyez ci-dessus, p. 284, note 6.

est un fief enclavé dans la terre de Groslay; il est cependant situé sur la paroisse de Deuil, quoiqu'il soit fort voisin du village de Groslay. Il est au milieu des vignes, dans un petit enfoncement. C'est un carré d'environ un demi-arpent d'étendue, entouré de saules et rempli d'eau. Il devient quelquefois à sec et reste ainsi plusieurs années, après quoi il se remplit en une nuit par-dessous la terre. On tient à Deuil et à Groslay que ce fut dans cette pièce d'eau que les paysans jetèrent le corps de saint Eugène, lorsqu'il eut souffert le martyre.»

On sait que les eaux d'Arcueil forment des incrustations pierreuses en forme de fourreaux autour de tous les objets qu'on leur présente. Que l'on y jette des morceaux de bois, du verre, des fruits, etc., en très-peu de temps l'eau y pratique une enveloppe pierreuse, et l'objet n'est point pétrifié.

L'eau du village de Senlisse paraît minérale. Elle est vive et limpide. Lorsqu'on la boit en sortant de la fontaine, elle porte dans la bouche une extrême fraîcheur. Les aliments n'y cuisent qu'avec peine; elle donne des tranchées à ceux qui commencent à en faire usage. Sa propriété est de faire tomber les dents sans causer la moindre douleur; on conjecture qu'elle pourrait passer sur cet endroit sur une mine de mercure, qui lui fait opérer ce phénomène singulier. Probablement, elle borne sa malignité à cet effet désagréable; mais la nature l'a compensé par d'autres avantages précieux: cette eau est très-saine; ceux qui en boivent sont vigoureux et robustes; elle perd son action sur les dents lorsqu'on la fait bouillir. Peut-être aussi l'ébullition lui enlève-t-elle ses autres propriétés, par l'évaporation des parties mercurielles [1].

Voici une fontaine qui n'est point minérale et qui a des avantages plus relatifs à nos besoins, quoiqu'ils lui soient contestés: c'est celle des Puisarts. Elle est sous une voûte, auprès du village de Goussainville, du côté de Louvres. M. Petit, médecin, a célébré la bonté de ses eaux dans un poëme de quatre cents vers, qui a pour titre: *Fons Gossinvillæ, seu Gonessiades Nymphæ.* Il appelle la «Nymphe des puisarts,» *Puisartia Nympha*, et il lui adresse ainsi la parole:

Salve, formosum numen Puisartidis undæ.

Il veut que l'univers soit rempli de la célébrité de son nom;

..... Alma tuum terra audiat undique nomen.

Selon lui, les boulangers de Gonesse ne doivent qu'à cette eau la bonté de leur pain. «Serrarius, dit-il dans sa préface, nous assure, en son *Théâtre de l'agriculture*, que les boulangers, interrogés publiquement sur ce point, répondirent unanimement qu'ils ne connaissaient point d'autre cause de ce goût exquis que l'on trouve dans leur pain: *Pistores Gonissæ... publice interrogatos, communi sententia respondisse ejus bonitatem aquarum quibus uterentur ingenio esse adscribendam.*» M. de Mautour a mis en vers français ce poëme de M. Petit. Voilà bien des panégyristes! Le malheur est que les boulangers de Gonesse ne se servent point de cette eau de la fontaine des Puisarts; mais ce n'est peut-être dans eux qu'une négligence blâmable. Ils y ont puisé pour accréditer la bonté de leur pain, et, leur commerce établi, ils la négligent.

La fontaine de la Hacquinière a de même trouvé des écrivains qui se sont efforcés de la tirer de l'obscurité en publiant ses merveilles. En 1621, on examina, dans une thèse de médecine, la qualité de cette eau, et on conclut qu'elle avait une vertu médicinale qui différait de celles des eaux de Forges et de Spa. Un an auparavant, un médecin avait pris à tâche de la décrier, pour vanter celle de Segray, proche Pluviers; c'est le temps auquel elle fut découverte. Un auteur prit en main sa défense et prétendit faire connaître les miraculeux effets qu'elle opérait sur les malades: elle rendait la vue aux aveugles, elle cassait la pierre dans la vessie, elle dissipait l'enflure des jambes, elle guérissait de la fièvre, du tremblement des membres. Eh! quels miracles n'opérait-elle pas? Le pain que l'on y trempait se chargeait de la teinture du vitriol, la

---

[1] Cf. Piganiol de la Force, *Nouvelle description de la France*, t. I, p. 11 et 12.

noix de galle y prenait la couleur du sang, les grenouilles ne pouvaient pas y séjourner, et, par une singularité unique, on ne pouvait la conserver hors de sa source qu'en suspendant en l'air le vase qui la renfermait.

Les eaux du village de Rocquencourt n'ont encore paru jusqu'ici renfermer aucune malignité nuisible; cependant les académiciens nommés pour en faire la visite, en 1683, jugèrent qu'elle n'était point propre à boire. Ils y aperçurent des concrétions, et, après avoir apporté dans cet examen toutes les lumières de la physique, ils découvrirent que ce vice pouvait provenir des matières hétérogènes que l'eau charrie avec elle, en passant sur l'aqueduc qui la porte à Versailles.

Auprès du jardin de l'abbaye du Val-Notre-Dame, est une fontaine dont l'eau a une couleur rousse et un goût amer. Aux uns, elle paraît salée; aux autres, ferrugineuse. On n'en a point encore assez fait l'analyse pour prononcer sur ses propriétés.

On pourrait porter plus loin cet examen des eaux minérales que l'on trouve dans la généralité de Paris; mais je terminerai cet article par quelques remarques sur la rivière d'Yerres. Cette rivière reçoit une infinité de fontaines qui s'y jettent, ou dont la source est au fond de son lit; et, tandis que la Seine et la Marne sont entièrement couvertes d'une glace épaisse, ses eaux ne se ressentent point de l'effet du froid. Il est rare qu'elle déborde, et ses débordements ne se font jamais avec ceux des autres rivières. Depuis sa source jusqu'à l'endroit où elle se jette dans l'Yonne, il y a plusieurs endroits dans lesquels elle se perd sous le sable. On trouve dans les titres de l'abbaye de Chaumes qu'elle est aucunes fois bien dix ans sans courir et le moulin sans tourner, et, quand il échet que la rivière court, elle ne dure point l'espace de trois mois. Il serait à souhaiter que quelque curieux prît la peine d'examiner ces phénomènes. Un de nos poètes, l'abbé Maumonnet, a chanté ses agréments [1].

Le nombre des mines de cette généralité pourrait se compter par celui des fontaines minérales qui s'y trouvent. On sait que ces eaux n'acquièrent quelque propriété que par le mélange d'une matière étrangère, dont elles se chargent en l'abreuvant, et qu'elles charrient dans leur cours. Ainsi, les eaux ferrugineuses décèlent dans le sein de la terre une mine de fer, dont elles ont détaché des paillettes insensibles et extrêmement divisées; d'autres annoncent une mine d'or, d'argent ou de mercure, qui se trouvent sur leur passage. C'est aux connaisseurs à en juger par le goût ou par leur décomposition. Il est aisé de voir qu'Auteuil, Passy, Senlisse, la Hacquinière, Rocquencourt, l'abbaye du Val-Notre-Dame, cachent des mines, dont l'exploitation pourrait être utile à nos besoins, si nous n'en avions pas un assez grand nombre d'autres dans le royaume.

Le village de Saint-Laurent, auprès d'Anet, a une mine de fer, que l'on fabrique à la forge du village de Sorel.

Le village de Genainville a une mine d'argent, que l'on a ouverte, mais que l'affluence des eaux a fait abandonner.

Les marcassites indiquent, comme les eaux, l'existence des mines. Elles-mêmes ne sont que la semence ou la première matière du métal. Ainsi, celles que nous donnent quelques villages des environs de Pontoise, et qui ne sont que du fer imparfait dans lequel on aperçoit des parcelles d'or et d'argent, semblent nous inviter à la découverte des métaux que renferment ces terres.

Le village de Grisy et celui de Bazemont recèlent de même d'autres richesses. Dans celui-ci, c'est un

---

[1] Quelques autres sources d'eaux minérales étaient encore connues au XVIIIe siècle, comme : Abbecourt (ci-dessus, p. 310, note 4), où des eaux ferrugineuses, analogues à celles de Forges, avaient été découvertes en 1708, par M. Ferragus, médecin de l'abbaye de Poissy (Nouvelle description de la France, par Piganiol de la Force, éd. 1753, t. I, p. 6-10); Sucy-en-Brie, Antilly (diocèse de Meaux), Provins et Véron, près Sens, dont la description est donnée par Piganiol, t. III, Champagne, p. 32-38. Le Mémoire de la généralité de Paris a indiqué encore (ci-dessus, p. 86) une fontaine pétrifiante dans le couvent des Carmes déchaussés de Crégy.

charbon de terre comme celui que l'on voit à l'Isle-Adam; dans celui-là, c'est un sable verdâtre, avec des marcassites de cuivre.

Le moellon jaune et noir que l'on trouve dans les environs de Lagny, et qui, étant concassé, répand une odeur de soufre, ne peut avoir reçu cette odeur que de la mine de soufre même qui est sous l'endroit d'où on le tire [1].

CARRIÈRES [2].

Meudon a des carrières qui fournissent à Paris ces belles pierres qu'on appelle *pierres à polir* et à *layer*. C'est de là que l'on a tiré celles qui forment la cimaise du grand fronton de la façade du Louvre. Elles ont chacune cinquante-quatre pieds de long, sur huit de large, et dix-huit pouces d'épaisseur.

En 1685, on construisit, sur son territoire, auprès de la Seine, plusieurs fours où l'on faisait de la chaux pour les bâtiments du roi dans ses maisons royales.

Dans le vallon de l'abbaye de Notre-Dame-du-Val, on a ouvert, du côté du nord, des carrières qui sont fort abondantes; elles furent données à cette abbaye en 1156.

Il y a auprès de Buzenval des montagnes dont on tire de la craie, que l'on jette dans l'eau, et dont on forme des rouleaux en façon de blanc d'Espagne, et une briquerie sur le grand chemin.

Chaillot et Chantilly donnent une terre d'argile: celle de Chaillot ne peut guère servir qu'à faire des tuiles; celle de Chantilly est beaucoup plus belle et d'une utilité plus étendue.

---

[1] On trouvera encore quelques renseignements sur divers autres minerais trouvés de côté ou d'autre, dans l'ouvrage de Gobet intitulé : *les Anciens minéralogistes du royaume de France* (1779), t. II, p. 808-812. — [2] Extrait de la même *Description*, p. xxxiii.

XIV
MAISONS ROYALES.

MAISONS ROYALES QUI ONT ÉTÉ BÂTIES DANS LE DÉPARTEMENT DE COMPIÈGNE DEPUIS LE COMMENCEMENT DE LA MONARCHIE[1].

Vers 1693.

COMPIÈGNE.

Il y a eu trois maisons royales à Compiègne.

Dans la première était située l'abbaye de Notre-Dame, chapelle royale de ce palais, fondée vers l'an 800, par Charles le Chauve, roi de France et empereur, pour cent chanoines. C'est à présent l'abbaye de Saint-Corneil, où Louis VII mit des religieux bénédictins vers l'an 1150. Et Votre Majesté y a établi la réforme au commencement de son règne.

La seconde maison royale bâtie à Compiègne était située le long de la rivière d'Oise, près le pont. Le roi saint Louis la donna aux Jacobins et à l'Hôtel-Dieu, et y fonda ces deux maisons religieuses.

Et la troisième, saint Louis fit bâtir, environ l'an 1230, le château de Compiègne où il est à présent. Charles V a fait construire la chapelle; Louis XIII, de glorieuse mémoire, et la reine mère de Votre Majesté l'ont fait rétablir dans l'état où il est à présent.

Les historiens remarquent que Compiègne a toujours été une demeure ordinaire des rois de la première, seconde et troisième race, à cause de sa situation, des forêts voisines et du plaisir de la chasse.

Clotaire y mourut dans son palais, l'an 564.

Charlemagne y fit faire un verger, qui s'appelle encore aujourd'hui le *Clos de Charlemagne*.

Vers l'an 800, Charles le Chauve fit rebâtir et agrandir la ville, parce que, dit l'histoire, Louis le Débonnaire et Charlemagne s'y étaient extrêmement plu.

Tous les rois ont honoré souvent cette ville de leurs présences, y ont tenu des états généraux, des parlements, des conciles, des assemblées de leurs ordres, y ont reçu des ambassades solennelles; quelques-uns y ont été couronnés, y ont marié les princes leurs enfants et ont élevé leurs sépultures dans l'église Notre-Dame, dite Saint-Corneil, au pied du sanctuaire que Charles le Chauve y a apporté d'Aix-la-Chapelle.

Votre Majesté a fait plusieurs séjours dans cette ville dans sa jeunesse; elle y vint rétablir sa santé après sa maladie de Calais, elle y reçut la reine de Suède, et il s'est passé peu d'années qu'elle n'ait eu l'honneur de posséder Votre Majesté.

VILLENEUVE-SAINT-GERMAIN[2].

Le château de Villeneuve-Saint-Germain, près Compiègne, fut bâti entre la forêt de Cuise et la ville de Compiègne, sur les bords de la rivière

---

[1] Cette énumération est jointe à la description des forêts du département de Compiègne, dans le carnet du roi venant de Versailles et conservé aujourd'hui à la Bibliothèque Nationale, ms. fr. 2303, fol. 51-57. Voyez ci-dessus, p. 588.

[2] Château appartenant à la généralité de Soissons et proche de cette ville.

d'Oise, par Adélaïde, veuve du roi Louis le Gros, l'an 1153, du consentement de Louis VII, son fils. Elle fonda dans ce palais l'abbaye de Sainte-Périne. Cette maison royale a été détruite pendant les guerres des Anglais. Les historiens la nomment *Villa nova Sancti Germani* ou *Adelhaidis villa seu palatium*.

ROYAULIEU.

Le château de Royaulieu, près Compiègne, appelé par les anciens auteurs *Nova villa in bosco juxta Compendium*, était situé dans la forêt de Cuise. Philippe le Bel y fonda un prieuré en l'honneur de saint Louis, son aïeul, l'an 1300, au mois de juin. Il lui donna le nom de prieuré de Royaulieu et y mit des chanoines réguliers de Saint-Augustin du Val-des-Écoliers. Charles V, ayant fait rétablir le château de Compiègne vers 1370, laissa entièrement cette maison royale aux prieur et religieux de Royaulieu, qui, depuis, l'ont échangée avec les religieuses de Saint-Jean, avec permission du roi.

LES DEUX CHÂTEAUX DE CUISE, PRÈS DE COMPIÈGNE [1].

On trouve dans l'histoire qu'il y a eu deux châteaux ou maisons royales de ce nom situés en deux différents endroits.

Le premier était situé où est à présent le village de Cuise, entre Compiègne et Soissons. Les rois de la première race l'avaient fait bâtir; la reine Frédégonde y gardait ses trésors. Il y a encore quelques anciens vestiges de ce palais, qui était très-mal situé entre deux montagnes. Il a donné le nom à la forêt de Cuise.

Le second château de Cuise était situé au milieu de la forêt de Compiègne. La reine Adélaïde le donna pour y établir une abbaye de religieuses bénédictines. Louis VII en fut le fondateur vers l'an 1160, et cette abbaye fut dédiée à saint Jean. Ces religieuses ont été transférées à Royaulieu, avec la permission du roi Louis XIII.

LE CHÂTEAU DE CHOISY, PRÈS DE COMPIÈGNE [2].

Le château était situé dans un lieu fort agréable, entre les rivières d'Aisne et d'Oise, joignant les forêts de Cuise et de Laigue. Les rois de la première race s'y plaisaient extrêmement. Clotaire, vers l'an 565, y fonda une abbaye dédiée à saint Étienne. Clovis III, roi de France, y fut inhumé l'an 683, aussi bien que Childebert, l'an 710, et Clotaire IV, l'an 719. Berthe, mère de Charlemagne, y finit ses jours, à ce que l'histoire remarque.

VENETTE.

Le château de Venette, près de Compiègne.

Charles le Chauve fonda dans cette maison royale une chapelle, l'an 887; elle fut rasée pendant les guerres des Anglais.

TROSLY-AUX-BOIS [3].

Le château de Trosly était situé entre Compiègne et Soissons, sur les bords de la rivière d'Aisne et de la forêt de Compiègne. Il n'y reste aucun vestige de cette maison royale. Le roi Lothaire y tint un parlement l'an 955. Il s'y est tenu quatre conciles nationaux, suivant le Père Sirmond, en 509, 921, 924 et 927.

BÉTHISY.

Le château de Béthisy est situé sur la rivière d'Automne, entre Verberie et la forêt de Compiègne. Il fut bâti par le roi Robert et la reine Constance, sa femme, vers l'an 1000. Le roi Jean s'y plaisait beaucoup et y a fait de longs séjours. Il reste encore des tours et des vestiges considérables de cette maison royale.

VERBERIE.

Le château de Verberie a été bâti par les rois de la première race. Pépin et Charlemagne y ont fait de longs séjours, aussi bien que Charles le Chauve, qui y a fait plusieurs fondations. Charlemagne y tint

---

[1] Cuise était de la généralité de Soissons, élection de Crépy.
[2] Cet article et ceux qui suivent se retrouvent presque textuellement dans la *Nouvelle description de la France*, par Piganiol de la Force, édition de 1753, t. I, p. 364 et suivantes.
[3] Trosly-Breuil, de la généralité de Soissons, élection de Soissons.

un parlement vers l'an 800. Édilvuf (sic), roi d'Angleterre, revenant de Rome, y épousa Judic, fille du roi Charles, au mois de juillet, l'an 17 de son règne. Plusieurs conciles se sont tenus dans cette maison royale, qui fut détruite et brûlée par les Normands, l'an 900.

PIERREFONDS[1].

Le château de Pierrefonds, situé sur le bord de la forêt de Compiègne, du côté du Valois, était une forteresse des plus considérables du royaume. Philippe-Auguste, l'an 1183, donna aux religieuses de Saint-Jean la dîme du pain et du vin qui se consommerait dans son château de Pierrefonds quand il y serait. Il fut rasé par le commandement de Henri IV, vers l'an 1592, après la prise du sieur de Rieux, maréchal de la Ligue et gouverneur de la place, qui fut pendu à Compiègne.

SAINT-LÉGER[2].

Le château de Saint-Léger, dans la forêt de Laigue, près la rivière d'Aisne. Le roi Robert fonda dans ce palais une abbaye en l'honneur de saint Léger, que le roi Philippe Ier aumôna, l'an 1083, aux abbé et religieux de Grand-Selve. Louis VII se plaisait en cette maison royale, dont on ne voit plus aucun vestige.

MONTMACQ[3].

Le château de Montmacq, sis entre Compiègne et Noyon, sur les bords de la rivière d'Oise. Childebert y tint les états généraux l'an 16 de son règne, vers l'an 550.

Voilà, Sire, les maisons royales qui ont été bâties à Compiègne et aux environs. Les historiens de France remarquent que tous les rois ont aimé ce pays à cause de sa belle situation, de son bon air, des forêts, des rivières et du plaisir de la chasse. Les habitants comptent pour leur plus grand bonheur l'honneur de posséder quelquefois Votre Majesté.

---

[1] De la généralité de Soissons, élection de Crépy.
[2] Saint-Léger-aux-Bois, généralité et élection de Soissons.
[3] Écrit : *Montmacques*; généralité et élection de Soissons.

XV

RAPPORTS ET MÉMOIRES SUR L'ÉTAT DE LA GÉNÉRALITÉ DE PARIS.

RAPPORTS DE L'INTENDANT DE LA GÉNÉRALITÉ DE PARIS SUR L'ÉTAT DES ÉLECTIONS[1].

1684.

VISITE DE L'ÉLECTION DE MONTFORT.

Du 27 juin 1684.

Cette élection est composée de cinquante-huit paroisses, lesquelles dépendent du diocèse de Chartres.

Son principal revenu consiste en terres labourables; une partie de celles des environs de la forêt sont en friche, parce qu'elles sont sablonneuses, et qu'elles seraient de très-peu de rapport aux propriétaires. Il se recueille environ six mille muids de vin, année commune.

Il n'y a point de rivières que l'on puisse rendre navigables.

Il ne se fait aucun commerce dans la ville de Montfort; elle n'est remplie que d'officiers de justice et de gens de journée.

Il se fait à Houdan un commerce assez considérable de blés, d'avoine, de bestiaux et laines. Ils voiturent leurs laines à Dreux, où il y a des manufactures de draps et serges. Houdan est un grand passage de gens de guerre.

Les vignes sont assez belles dans l'élection, et, si la sécheresse ne continue pas, l'on peut espérer une demi-année.

Les froments sont fort beaux aux environs de Houdan; il y en aura peu dans les autres endroits de l'élection; ils ont été gelés d'hiver. Les seigles sont très-beaux. S'il vient un peu de pluie, il y aura assez d'avoine et d'autres menus grains, et il

---

[1] Papiers du Contrôle général, G⁷ 425. Nous reproduisons les rapports d'une seule année, comprenant les seize élections visitées en 1684 par M. de Ménars. Des autres années représentées dans les Papiers du Contrôle général, il ne reste que quelques rapports beaucoup moins nombreux et moins étendus, ou même seulement les lettres qui accompagnaient les rapports. Dans une lettre du 21 juillet 1682, l'intendant explique lui-même au contrôleur général de quelle manière il faisait ses tournées annuelles et préparait son compte rendu: «Je profiterai, dit-il au contrôleur général Le Peletier, de l'avis que vous m'avez fait la grâce de me donner par votre lettre du 17 de ce mois, et je serai plus longtemps dans chaque élection; cependant je vous supplie de me permettre de vous dire que je ne suis parti de celles que j'ai visitées qu'après avoir pris par moi-même toutes les connaissances possibles de tout ce qui regarde le service du roi et le soulagement de ses sujets. Je vous envoie beaucoup de matière, parce que je travaille jour et nuit; lorsque je suis arrivé dans un lieu principal, je visite les prisons, j'examine les registres de la geôle, ceux de la recette et des frais des receveurs et les minutes des élections. Je mande les collecteurs de cinq ou six paroisses. J'écoute les plaintes, lorsqu'il y en a contre ceux qui sont chargés des recouvrements. Je les fais venir, j'entends leurs raisons; quand ils ont tort, je les reprends en particulier. S'il y a du crime, j'en fais des procès-verbaux que je vous envoie; s'il y a des plaintes contre les officiers de justice, je les approfondis avec eux, j'entre en tout ce qui peut faciliter les recouvrements et diminuer les frais. Comme c'est effectivement un fort grand travail, je fais sur les lieux seulement les minutes de mes mémoires, et, lorsque je suis de retour, je les rédige pour vous être envoyés. Voilà quelle est ma conduite; je n'ai point en cela d'autres vues que le service de Sa Majesté et votre satisfaction; ordonnez-moi d'ajouter ce qu'il vous plaira, et je vous obéirai avec la même soumission avec laquelle je serai toute ma vie votre très-humble et très-obéissant serviteur.»

y a très-peu de foin. Il n'y a point de paroisses grêlées dans l'élection, et il n'y est arrivé aucun autre accident.

La défense de saisir et vendre les bestiaux en a augmenté le nombre; l'on ne les saisit point, ni pour dettes particulières, ni pour la taille.

Le roi n'a point d'ouvrages publics à entretenir dans cette élection.

Le château de Saint-Léger, qui avait été bâti par Henri III, est tombé et démoli. M. de Garsault, capitaine du haras, loge dans une maison que le roi a achetée du sieur de Saint-Léger, qui était capitaine des chasses et maître des eaux et forêts; cette maison est en bon état.

Les édifices dépendants du domaine du roi, engagé à M. le duc de Chevreuse, sont les prisons et un vieux château ruiné, dont la couverture est presque toute tombée.

Il y a à Houdan une vieille tour inhabitée, laquelle est du domaine du roi engagé à M. le duc de Chevreuse.

La ville de Montfort n'a aucun droit ni revenus patrimoniaux. Lorsqu'on est obligé de faire quelques réparations, de soutenir des procès ou de faire d'autres dépenses nécessaires, les habitants y contribuent volontairement, sans qu'il se fasse de rôle. Les portes de la ville sont rompues; les murailles ont été réparées : les échevins prétendent rétablir leurs portes. Les fermiers ont voulu faire payer le gros-manquant; les échevins s'y sont opposés. Ils plaident à la Cour des aides; ce procès n'est pas encore jugé, par la négligence des sous-fermiers, qui ont des divisions entre eux. Le maire l'a intenté sans ma permission; je lui en ai fait une sévère réprimande, et il m'a promis qu'à l'avenir il n'entreprendra plus aucun procès sans mon consentement, conformément à la déclaration du mois d'avril 1683.

Les octrois de la ville de Houdan sont affermés 900", année commune; les échevins prétendent qu'elle est en état d'être exempte de la confection des inventaires et du gros-manquant. Je vais en faire la visite.

Il n'y a point de plaintes des commis des aides, ni des autres fermes de l'élection; ils font peu de frais.

Le minot de sel se vend 41"; le receveur du grenier à sel en prête pour 4 à 5,000" par an, et ne fait point de frais. L'on ne m'a fait aucune plainte contre lui, ni contre les regrattiers. Il n'y a qu'un seul grenier dans l'élection.

En 1681, il a été vendu soixante-trois muids huit setiers trois minots deux quartiers de sel, faisant 125,239" 10'; en 1682, soixante-deux muids sept setiers trois minots trois quartiers, valant 123,317" 15'; en 1683, soixante-six muids trois setiers un minot, valant 130,421".

Je me suis informé s'il y avait eu quelques duels; il n'y en a point eu depuis plus de vingt ans.

J'ai trouvé dans les prisons :

Charles Hulines, collecteur des tailles de la paroisse de Garancières de l'année dernière, emprisonné pour 758" 15', dont il n'avait rien payé depuis son emprisonnement. Je lui ai proposé de donner 200" avant l'août, savoir : 100" dans quinzaine, et 100" comptant, ce qu'il a fait, et je l'ai fait sortir de prison, du consentement du receveur.

Louis Moreau, cabaretier de la paroisse de Beynes, emprisonné le 13 de ce mois, à la requête du fermier des aides, pour 42" 10'. Le fermier lui a avancé les 4 sols par jour pour ses aliments.

Nicolas Butor, de la paroisse de Villiers-le-Mahieu, élection de Montfort, emprisonné le 16 juin. Il a été ci-devant condamné au fouet, à la fleur de lis et au bannissement, par sentence du bailli de Septeuil, confirmée par arrêt qui a été exécuté, pour avoir volé des poules et des rideaux d'un carrosse. Depuis ce temps-là, il a été accusé d'avoir volé, la nuit, une cavale et une vache : pour raison de quoi le juge d'Elleville lui fait son procès, qui est prêt à juger. Le pain du roi lui est fourni.

Pierre Haran, marchand de porcs de la paroisse d'Ambeville, élection de Falaise, généralité d'Alençon, accusé d'avoir volé 16" à son hôtesse à Houdan, laquelle, sur une simple requête non signée d'un procureur, l'a fait emprisonner; et, comme elle n'a point eu de preuve du vol dont elle l'accusait, elle a voulu le faire sortir, ce qu'il a refusé jusqu'à ce qu'on lui eût donné un acte au greffe, par lequel on le reconnaisse pour homme de bien et d'honneur, et qu'on lui ait payé ses dommages et intérêts. Pour les liquider dans la justice ordinaire, l'on se préparait à faire une procédure, qui aurait ruiné le prisonnier et sa partie; j'ai ordonné que les porcs saisis lui seraient rendus, qu'on lui donnerait 88ᴸ pour ses dommages, intérêts, réparations et frais de procédure. J'ai dit au greffier de lui donner un acte tel qu'il le demande. Je lui ai fait rendre l'argent qu'il avait sur lui lorsqu'il a été arrêté. La partie qui l'avait fait emprisonner et lui sont tous deux également contents de mon jugement.

Le geôlier ne laisse plus vaguer les prisonniers, et l'on n'en fait aucun pour la taille que dans le lieu principal de l'élection, suivant l'ordre que j'en ai donné. Il laisse la liberté aux collecteurs d'envoyer quérir leur nourriture, et ne prend pour les gîtes et geôlages que 3 sols par jour.

Je n'ai point eu de plaintes des huissiers. J'ai chargé le procureur du roi d'examiner de près leur conduite et de m'en rendre compte.

L'on ne voit point de fausse monnaie.

Les étapes de l'année 1683 ont été remboursées en ma présence, par les receveurs généraux, sur le même pied que S. M. leur accorde pour chacune ration. Je les ai obligés de faire le remboursement sur ce pied, faute par eux d'avoir établi des magasins et fait fournir l'étape en espèces. Il y a un étapier dans la ville de Houdan.

Les inspecteurs que j'ai sur la conduite des élus m'ont assuré que, depuis que je leur ai défendu de recevoir des présents, ils n'en ont plus reçu; ils en recevaient auparavant de tous les collecteurs et des contribuables. Je leur ai dit que, s'ils y retombent, je les ferai interdire. Cet abus est un de ceux qu'il faut le plus sévèrement réprimer, parce que les élus déchargent de la collecte ceux qui leur donnent, et qu'ils obligent les collecteurs de modérer les taux de ceux dont ils ont reçu des présents; et ainsi la taille n'est plus également distribuée, et ceux qui devraient passer à la collecte en sont exempts.

Les receveurs des tailles sont rentrés dans leur devoir depuis que je les ai menacés de commettre à leurs charges. Ils faisaient des frais excessifs et plus de six-vingts emprisonnements par an; ils n'en ont fait que vingt et un en 1683, et qu'un seul en 1684. Les frais pour le recouvrement de 1683 montent à 273ᴸ, et, pour celui de 1684 jusqu'à ce jour, à 162ᴸ, qui n'est pas la dixième partie de ce qu'ils en faisaient les années précédentes. L'on m'a dit qu'ils ont plusieurs fermiers, et qu'ils font nourrir des bestiaux par des gens qu'ils soulagent à la taille; j'en fais faire un état, afin de les taxer tous d'office au prochain département. Je suis aussi averti qu'ils reçoivent des présents : je leur ai dit fortement de n'en plus recevoir; ils me l'ont promis. J'ai des personnes fidèles qui veilleront à leur conduite et qui m'en rendront compte.

Il y a eu cinquante et un collecteurs nommés d'office en 1683, et huit de déchargés; en 1684, quarante-sept nominations de collecteurs d'office, et seize déchargés. La plus grande partie des collecteurs font leurs rôles dans les mois de novembre et décembre; quelques-uns ne les font qu'à la fin de janvier. L'on m'a assuré que les collecteurs ne prennent pas de présents. Les contribuables les font boire quelquefois; j'ai dit aux officiers d'empêcher et de punir ce désordre, et au procureur du roi d'y tenir la main.

Les commissions des tailles sont portées dans les paroisses dans le temps des règlements, par les huissiers, lesquels n'exigent rien pour cela des contribuables.

Tous les contribuables sont compris dans les rôles. Je les ai tous examinés : il n'y a point de trop imposé. Il y a plusieurs ratures dans les rôles de 1684; je les ai examinés, et les raisons pour lesquelles elles ont été faites : elles ne sont d'aucune conséquence, et les élus ont vérifié les rôles en cet état, pour éviter aux collecteurs la dépense de les refaire. Je leur ai dit de ne les plus ménager sur cela, et d'observer exactement ce qui est porté par ma commission.

Le nombre des exempts, des charrues et celui des feux n'est pas marqué dans les rôles de huit paroisses; les élus m'ont promis d'être plus exacts.

La somme totale et la date de la vérification est au bas de chaque rôle.

Dans mes visites précédentes, j'ai trouvé plusieurs de ces abus : ce qui m'a donné lieu d'examiner avec soin les rôles et de donner une ordonnance pour obliger les collecteurs et les officiers de n'y plus retomber.

Il n'y a point de gentilshommes qui se mêlent du détail de la taille, ni qui fassent faire les rôles. Les officiers de l'élection et les receveurs n'entrent point dans le détail de la taille. Les collecteurs ont une entière liberté d'imposer les contribuables à telle somme qu'il leur plaît, et de faire faire leurs rôles par telles personnes que bon leur semble.

J'ai ordonné aux officiers de l'élection de faire leurs chevauchées et de m'en rapporter leurs procès-verbaux avant l'imposition de 1685, à peine d'être privés de leurs gages, conformément aux ordonnances.

J'ai pris des mémoires de plusieurs personnes des taxes d'office ; j'aurai le temps d'examiner si elles sont justes avant le département.

VISITE DE L'ÉLECTION DE DREUX.

Du 28 juin 1684.

Les soixante-dix paroisses qui composent l'élection de Dreux sont du diocèse de Chartres. Elle porte de taille 111,642 ^{lt}.

Le bailliage a peu d'étendue : du côté de Paris, il s'étend jusqu'à Houdan, qui est à trois lieues de Dreux ; du côté de Chartres, ses limites sont les villages de Vigny et Marville, distants de deux lieues de Dreux ; du côté de Verneuil, il a quatre lieues, et, du côté d'Anet, il a deux lieues de distance.

Le principal revenu de l'élection consiste en terres labourables : les deux tiers qui sont du côté de Paris, jusqu'à la rivière d'Eure, sont bonnes ; l'autre tiers, qui est au delà de la rivière, sont légères ou pierreuses.

Le pays est mêlé de prairies, de vignoble et de bois ; les environs de la ville de Dreux et six autres paroisses de l'élection sont plantés en vignes.

Il se recueille, année commune, huit mille muids de vin ; les trois quarts se consomment dans l'élection, et il s'en enlève environ deux mille muids par an, que l'on transporte par charrois dans la province de Normandie. L'on paye un droit de 7 ^{lt} par muid au passage de la rivière d'Iton.

La rivière d'Eure commence d'être navigable à la paroisse de Nogent, qui est à l'entrée de l'élection ; elle passe par la paroisse de Chérizy, qui est à une lieue de la ville de Dreux, et elle porte bateau jusqu'auprès du Pont-de-l'Arche, où elle tombe dans la rivière de Seine. L'on pourrait rendre navigable la petite rivière de Blaise, qui tourne autour de la ville de Dreux, jusqu'au hameau de Fermaincourt, paroisse de Chérizy, où elle tombe dans la rivière d'Eure ; ce travail ne serait pas fort considérable. Cette rivière a autrefois porté bateau, et il y a encore des écluses de distance en distance. Par la concession qui a été faite en 1453, par Alain d'Albret, comte de Dreux, de bâtir des moulins sur la rivière, les propriétaires sont obligés d'entretenir les écluses pour la commodité de la navigation.

Tous les lundis, il y a dans la ville un marché considérable de chevaux, de vaches, de porcs et de moutons.

Plus de cinq cents personnes travaillent aux bas au tricot pour onze marchands de la ville.

Il y a une manufacture de draps établie à Dreux ; il s'est vendu jusqu'à cinq mille pièces, tant de grand que de petit lé, en 1682 ; en 1683 et 1684, cinq à six mille pièces par chacun an, dont il y en a un tiers de grand lé et les deux autres tiers de petit lé. Plus de quinze cents personnes sont employées à cette manufacture, tant dans la ville que dans l'élection.

L'année sera assez bonne pour les mars, et il n'y aura pas le tiers de la récolte ordinaire des froments et des seigles. Il y aura beaucoup de foins, parce que les prés sont bas, et qu'en détournant la rivière, on leur donne de l'eau fort facilement. Une partie des vignes sont gelées d'hiver, et l'on trouve présentement des vers qui, joints à la sécheresse, font tomber les grappes.

Le froment s'est vendu, les deux derniers marchés du mois de mai, 48 et 49 sols le minot de Dreux, dont cinq minots trois quarts font le setier de Paris ; le métcil, 38 et 39 sols ; l'orge, 26 et 27 sols ; l'avoine, 13 et 14 sols ; le muid de vin, 25 ^{lt} 6^{s} 8^{d}.

Les deux derniers marchés de ce mois, le minot de froment s'est vendu 50 et 54 sols; le méteil, 43 et 44 sols; l'orge, 28 et 29 sols; l'avoine, 14 sols.

Le nombre des vaches est augmenté; celui des moutons est considérablement diminué par une maladie qu'on appelle *pourriture*, dont la plus grande partie sont morts. L'on ne saisit point les bestiaux pour la taille, ni pour dettes particulières.

Le roi n'entretient pas les ouvrages publics. Mme la princesse de Carignan et Mme de Nemours, engagistes du domaine de Dreux, sont obligées par l'engagement d'entretenir le château et les prisons. La couverture du château est bien entretenue; il n'y a ni fenêtres ni vitres. Les prisons ne sont point sûres. Sur l'avis que j'en ai fait donner, l'on a commencé d'y travailler; j'ai fait faire un devis de ce qui reste à faire. Depuis deux ans, il s'est sauvé sept prisonniers.

Le domaine est afferme, par le bail du 14 décembre 1680, 20,600 ^{tt}, et par le bail précédent, 22,500 ^{tt}.

Les fermiers du domaine du roi non engagé ne jouissent que du contrôle des exploits, du greffe des affirmations, du sceau des sentences et contrats et des amendes. Leur commis prend 10 sols par exploit de saisie pour le contrôle, quoiqu'il ne lui soit attribué que 5 sols par l'édit des contrôles. Il se fonde sur ce que, lorsque l'on saisit, l'on établit un gardien, et que, le gardien étant nommé dans l'exploit de saisie, cela tient lieu de deux actes, quoique effectivement il n'y en ait qu'un.

Il y a deux sortes d'octrois à Dreux : l'un appelé *cloquet*, qui se prend sur le vin vendu en détail, et qui est le douzième du prix de la vente, dont la moitié appartient au roi et l'autre à la ville. Cet octroi est fort ancien; il a été accordé pour l'entretien des murs et du pavé. La moitié appartenant à la ville est affermée 2,500 ^{tt}. Le nouvel octroi se prend sur tout ce qui entre dans la ville, soit marchandises ou bestiaux; il a été accordé pour l'acquittement des dettes; il est affermé 3,350 ^{tt} pour la moitié de la ville. J'en fais rendre compte aux maire et échevins depuis dix ans; s'ils ne rapportent pas de bons emplois de cet argent, ce qui reviendra à la ville sera employé à réparer les murailles et les pavés, qui sont fort mal entretenus.

Les dettes sont entièrement acquittées.

La ville a encore 800 ^{tt} de revenu, sur quoi elle fait 550 ^{tt} de rente à M. de Belesbat, seigneur de Beu, pour un moulin qu'elle a acquis à cette charge.

Le gros n'a point eu lieu jusqu'à présent dans l'étendue de l'élection de Dreux : le fermier prétend le recevoir, les habitants soutiennent qu'ils en sont exempts; il y a pour cela procès au Conseil, qui doit être jugé au premier jour.

Le sieur Lemaire, directeur des aides, fait peu de frais pour le recouvrement, et ne fait aucuns emprisonnements. Il n'est ni joueur ni débauché. Les commis ambulants, contrôleurs, commis aux portes et buralistes ne font rien que par ses ordres. Il n'y a aucune plainte contre eux. Il n'y a pas d'autres greniers à sel dans l'élection que celui de Dreux; il s'est vendu en 1682 quatre-vingt-deux muids onze setiers deux minots deux quartiers de sel, valant 159,300 ^{tt}; en 1683, quatre-vingt-trois muids sept setiers un minot, faisant 160,520 ^{tt}; et en 1684 à commencer depuis le 1er octobre 1683 jusqu'au 28 de ce mois, soixante-deux muids onze setiers un minot trois quartiers, valant 122,870 ^{tt}.

Le minot de sel se vend 40 ^{tt}. Le sieur Maillard, commis du grenier, en a prêté pour 13,000 ^{tt} depuis le 1er octobre dernier jusqu'à ce jour; il prend 10 sols de chacun exploit qu'il fait donner à ceux à qui il a prêté du sel, y compris 5 sols pour le contrôle.

J'ai visité les prisons, où j'ai trouvé :

Le nommé Georges Hérouard, de la paroisse de la Boissière, élection d'Évreux, généralité de Rouen, emprisonné le 25 juin 1680, à la requête de M. le comte de Broglio, en vertu d'une sentence des consuls de Rouen, faute de payement de 704 ^{tt}. Les aliments lui sont fournis.

Robert Lefébure, de la ville de Dreux, emprisonné le 22 décembre dernier, élargi vingt-deux jours après, réintégré le 24 mai 1684, à la requête de Toussaint Le Prince, cessionnaire de François Ruaux, en vertu d'arrêt, faute de payement de 687 ^{tt} pour dépens adjugés par arrêt du parlement. La partie lui fournit les aliments.

ÉTAT DES ÉLECTIONS.

Jean Boscheron, de la paroisse de Vert, élection de Dreux, emprisonné le 23 de ce mois, faute de payement de 30ᴸ de provision alimentaire. Il était emprisonné pour avoir donné quelques coups de bâton à son neveu, dont il n'a été que légèrement blessé. Il a soixante-quatorze ans; je l'ai fait sortir de prison.

Il est fort difficile d'avoir des geôliers qui fassent bien leur devoir. Dans mes précédentes visites, il y a eu successivement deux ivrognes incapables de cette fonction, que j'ai fait changer. Celui qui est à leur place a beaucoup de dureté pour les prisonniers et ne leur laisse pas la liberté d'envoyer quérir leur nourriture au dehors; je lui ai fait une sévère réprimande, et j'ai chargé le procureur du roi de visiter souvent les prisons, et de m'informer de tout ce qu'il trouvera, dans la conduite du geôlier, contraire aux règlements. S'il ne se corrige, je le punirai.

Je me suis exactement informé s'il y a eu des duels : il y a plus de vingt-cinq ans qu'il n'y en a eu; ceux qui en ont été accusés sont morts.

Il y avait à Beu des procureurs et un greffier de la religion prétendue réformée; je leur ai ordonné, il y a deux ans, de se défaire de leurs charges, ce qu'ils ont exécuté.

Dans les recettes, l'on ne voit que très-rarement de la fausse monnaie.

Comme il y a peu de passages de gens de guerre dans la ville de Dreux, le receveur général n'y a point établi d'étapier. Il n'a pas encore remboursé ce qu'il doit de 1683; je lui ai ordonné de le faire sur le même pied que S. M. lui accorde.

Les officiers de l'élection prennent 3ᴸ des jugements de surtaux, quoique, par les règlements, il leur soit ordonné de juger les surtaux sommairement, à l'audience, et sans frais. Ces officiers sont fort ignorants, et n'ont pas des principes certains, ni aucune jurisprudence uniforme; ils donnent sur la même question des jugements différents. J'ai trouvé dans les rôles plusieurs ratures. Il y a plus d'ignorance et de négligence dans leur fait que de malice. Je leur ai dit de ne plus prendre les 3ᴸ des jugements en surtaux, de lire les règlements, d'être plus exacts et plus fermes sur les principes, de ne

vérifier aucun rôle lorsqu'il y aura des ratures, et d'avoir plus d'application à faire leurs charges. Ils m'ont promis de profiter de mes remontrances.

Je leur ai dit de faire leurs chevauchées, à peine de radiation de leurs gages, conformément aux règlements, et de m'en rapporter leurs procès-verbaux lorsque je ferai les départements.

Il y a [eu] quatre décharges de collecteurs en 1683, et cinq en 1684. Il ne paraît pas qu'il y ait aucune faveur; les officiers n'ont point de bien dans ces paroisses.

Les officiers ne jugent pas les translations de domicile avant la confection des rôles, ce qui met les collecteurs dans l'incertitude s'ils doivent comprendre ou non ceux qui ont fait publier leur délogement, et cela produit plusieurs procès, qui ne s'intenteraient pas, si les translations étaient jugées avant la confection des rôles, suivant les règlements de 1673 et de 1683; et tous ces procès causent des rejets dans les paroisses, qui ruinent les collecteurs, lesquels sont obligés de payer par provision. J'en mettrai un article dans l'ordonnance pour la nomination des collecteurs, par lequel je leur ordonnerai, conformément au règlement de 1673, de comprendre dans leur rôle tous ceux qui n'auront pas fait juger leur translation de domicile avant le 1ᵉʳ janvier, ainsi qu'ils sont obligés, à peine de nullité et d'être imposés en deux paroisses.

Les collecteurs, après avoir reçu les commissions, sont quelquefois deux et trois mois sans faire leur rôle, et, pendant ce temps-là, ils boivent avec les contribuables, les menacent et en prennent de l'argent. J'ai fait ce que j'ai pu pour réprimer cet abus, en ordonnant que les collecteurs feront leurs rôles quinzaine après qu'ils ont reçu la commission, à peine de 20ᴸ d'amende; comme elle n'est que comminatoire, plusieurs n'y ont pas satisfait; je serai obligé d'en faire quelque exemple.

Le greffier prend 5 sols pour l'enregistrement des translations de domicile, et, par le règlement de 1673, il ne doit prendre que 2 sols.

Le sieur Bagereau, receveur des tailles, fait beaucoup d'emprisonnements. Le règlement de 1664 oblige les receveurs de faire taxer leurs frais dans le mois; cependant Bagereau est deux et trois mois sans faire taxer ses frais; afin de m'en ôter la connaissance. Ce receveur n'est point ici; il fait ordinairement sa demeure à Paris, et il a ici un commis fort ignorant. Il a les deux charges; il veut en mettre une sous le nom de ce commis, qui est son beau-frère. Comme sa conduite ne me paraît pas fort bonne et que j'ai reçu plainte des frais excessifs qu'il fait, j'ai envoyé dans toutes les paroisses de l'élection, pour examiner s'il reçoit des présents et si l'état qu'il m'a donné est véritable.

Le sieur Dufresnoy, commis à la recette des tailles, ne reçoit pas de présents; il fait moins de frais que son confrère.

Il n'y a point d'abus dans la réception des commissions; les huissiers les délivrent sans frais aux collecteurs, et ils ne les obligent point de se servir d'eux pour faire leur rôle.

Il y a des trop imposés en quatre rôles : le premier, de la paroisse de Croisilles, de 13ᴸ; le second, dans la paroisse de Garnay, de 28ᴸ; le troisième, dans la paroisse de Torsay-Saint-Ange, de 13ᴸ 10ˢ; le quatrième, de Garancières, de 28ᴸ 4ˢ. Celui de Croisilles est vérifié par l'élu Mareschal, qui est mort, et les trois autres par l'élu Collet; j'ai déjà informé contre cet élu, pour avoir fait des ratures dans un rôle, avoir voulu obliger les collecteurs de la paroisse de Neauphlette de diminuer des particuliers, et pour avoir retenu leur rôle trois mois sans le vérifier. Pendant quatre jours que j'ai été à Dreux, je l'ai envoyé chercher plusieurs fois; j'avais intention de lui reprocher fortement sa mauvaise conduite, et de voir s'il y avait espérance qu'il en eût une meilleure à l'avenir : je ne l'ai pu voir, et c'est une récidive. Je crois que, pour l'exemple, il serait juste de l'interdire, de mettre les causes de son interdiction, et d'enregistrer cet arrêt dans toutes les élections.

La minute du rôle de la paroisse de Châtaincourt n'est ni signée ni paraphée. Le nombre des feux, des charrues et des exempts sont dans les rôles, la somme totale est au bas, et la date de la vérification.

Le sieur des Cures est accusé d'entrer dans le détail de la taille, et de quelques violences; je veillerai à sa conduite, et, s'il y a des preuves, j'en informerai. Les autres gentilshommes ne s'en mêlent en aucune manière. Les collecteurs ont une entière liberté de faire leurs rôles par celui qu'ils veulent choisir; les officiers n'ont aucune autorité sur les collecteurs pour faire décharger leurs parents et leurs fermiers.

J'ai pris un état des commis buralistes et de tous les commis des fermes du roi, et j'ai examiné ce qu'ils portaient de taille les quatre dernières années avant leur commission, et ceux qui sont augmentés en biens, afin de les taxer d'office au prochain département.

VISITE DE L'ÉLECTION DE MANTES.

Du 1ᵉʳ juillet 1684.

L'élection de Mantes est composée de quatre-vingt-dix-huit paroisses. Elle porte de taille, en 1684, 194,484 ᴸ. Soixante-six de ces paroisses sont de l'évêché de Chartres, trente de l'archevêché de Rouen, et deux d'Évreux.

Le présidial de Mantes est d'une très-petite étendue; il n'est composé que de soixante paroisses, et il n'a en première instance que les hameaux de la Brosse et Boisrobert, dépendants des paroisses de Guerville et du Breuil, qui ne sont que de douze feux. Il y a un président, un lieutenant général civil et un criminel, un lieutenant particulier, un assesseur et neuf conseillers. Les charges de conseillers ne se vendent que 1,000 ᴸ.

Il y a deux justices royales dans l'élection : celle de Neauphle-le-Château et celle de Meulan.

Le tiers de l'élection est en terres labourables, et les deux tiers en vignes. L'on y recueille quarante mille muids de vin, année commune. Il s'en consomme dans l'élection environ vingt mille muids; une partie du surplus est portée à Rouen par la Seine, et l'autre partie à Paris. Auparavant l'imposition des 7 ᴸ qui a été mise sur chaque muid de vin qui se transporte au delà des rivières d'Eure, Andelle et Iton, les vins se voituraient par terre en Picardie par Beauvais, et en basse Normandie par Évreux; et les charrois picards et normands apportaient les blés à Mantes et aux environs, et se chargeaient de vin. Cet impôt de 7 ᴸ n'était en 1663

que de 45 sols; il fut augmenté cette année de 3 ",
et, par l'ordonnance des aides de 1680, il est fixé à
7 " par muid, mesure de Paris.

Dans la ville de Mantes, il y a une tannerie
assez considérable; c'est le seul commerce qui s'y
fait.

L'année passée, il y eut trente et un mille muids
de vin; s'il vient un peu de pluie, il y en aura plus
cette année.

Les seigles sont assez beaux. Il y a fort peu de
terre qui porte du pur froment; l'on n'espère pas
plus de la sixième partie du blé méteil qu'il y eut
l'année passée; avec un peu de pluie, il y aura
assez de menus grains. Il n'y a point eu de paroisses grêlées.

L'on a été obligé de donner la liberté aux receveurs de saisir les vaches des collecteurs, parce
qu'ils ne payent la taille que par ce seul moyen; les
collecteurs ont la même liberté à l'égard des cotisables, avec cette distinction qu'ils ne se font payer
aucuns frais pour ces saisies, et que, lorsqu'on
saisit les vaches des collecteurs, ils payent la saisie
au receveur. Dans l'un et l'autre cas, les bestiaux
saisis pour la taille se vendent rarement.

Le pont de Mantes est en bon état. J'ai visité
celui de Meulan; l'on y travaille. L'adjudication a
été faite du vivant de M. Colbert, sur le devis du
sieur Bruand. Les échevins, qui sont les légitimes
contradicteurs, se plaignent de ce qu'ils ont demandé plusieurs fois le devis au sieur Petit, entrepreneur, et qu'ils n'ont pu en obtenir la communication, quoique l'ouvrage soit fort avancé. Les ponts-
levis étaient entièrement ruinés; un homme passant
dessus tomba, il y a trois semaines, dans la rivière,
et se tua. Il y a une réparation à faire à une pile,
qu'un des ouvriers de l'entrepreneur m'a dit n'être
pas dans le devis. Les eaux sont fort basses; cette
pile, qui est la première du grand pont, est toute
dégradée; cet ouvrage est de peu de dépense, et je
crois qu'il est nécessaire qu'il soit fait avant l'hiver,
pour en éviter une plus grande. Sans l'ordre que
j'en ai reçu, je n'aurais pas visité ce pont. Cette
inspection et celle des ponts et chaussées de pavé a
été donnée à M. de Linières, trésorier de France,
qui en rendait compte immédiatement à feu M. Col-

bert; M. de Croissy ni moi n'en avons eu aucune
connaissance. Sur le pont et à la descente qui va
au chemin de Paris, il y a environ vingt toises de
pavé à relever en différents endroits; j'en ai pris
un mémoire.

Du village de Juziers à Meulan, il y a une demi-
lieue de chaussée de pavé, qui est en assez bon
état. De Meulan à Triel, il y avait autrefois une
chaussée d'une lieue d'étendue, qui est entièrement
ruinée.

Le domaine de Mantes était engagé à M. le
chancelier Séguier; il l'a abandonné en 1660. Les
charges excédaient le revenu; il a conservé seulement, par l'acte d'abandon, la nomination aux
offices de l'ordinaire et aux bénéfices. Le prix de
l'engagement était de 22,000 ". Le château est en
fort méchant état; il coûterait environ 6,000 "
pour le réparer. L'écurie est assez bien entretenue;
l'on y met des chevaux d'une brigade des gardes
du corps qui est ordinairement en garnison à
Mantes.

Les villes et bourgs fermés de cette élection qui
payent entrée sont : Mantes, Meulan, Neauphle-le-
Château et Neauphle-le-Vieil. Tous ces lieux sont
sujets aux inventaires, aux récolements d'iceux et
au payement du gros-manquant, parce que leurs
portes et leurs murailles ne sont pas en état, à l'exception de la ville de Mantes, où les récolements
ne se font pas et les droits des vins manquants ne
se payent pas, quoique les murailles ne soient pas
en bon état et que les portes ne soient pas fermées.
Les habitants ont fait un traité avec le fermier, lequel porte qu'ils payeront 50 sols pour les droits
d'entrée, gros et augmentation de chacun muid de
vin vendu en gros, à condition que le fermier ne
pourra faire les récolements ni prétendre les droits
des vins manquants des inventaires. Ce qui a donné
lieu à ce traité est un privilège de franc-marché
que les habitants ont, le mercredi de chacune semaine, de vendre leur vin sans payer le gros.

Les octrois ont été accordés pour paver la ville
et le pont, et entretenir les fontaines. Le droit consiste en 4ˢ 6ᵈ sur chacun muid de vin passant,
chargeant et déchargeant dans le détroit de l'acquit
et péage de Mantes, qui s'étend une lieue au-des-

sus et au-dessous du pont, duquel le roi a joint la moitié aux aides; l'autre moitié, appartenant à la ville, est affermée 1,150 ¹¹.

Les deniers patrimoniaux sont affermés 3,900 ¹¹. La ville doit 2,000 ¹¹, qu'elle paye à ses créanciers sur les deniers patrimoniaux. Le fermier du domaine prétend que la plus grande partie des fermes de la ville qui composent ce patrimoine doivent être unies au domaine du roi, comme ayant été usurpées : pour raison de quoi il y a un procès au Conseil, qui est prêt à juger au rapport de M. de la Briffe.

Les pavés de la ville et du pont sont fort mal entretenus, et les fontaines ne vont plus, parce que les tuyaux sont crevés et que les sources sont altérées. Je leur ferai rendre compte de leurs deniers d'octroi, et, s'il y a du fonds, on rétablira leurs pavés et leurs fontaines.

L'on paye dans toute l'étendue de l'élection les droits d'aides argent comptant; ainsi, les commis ne font des frais que contre les cabaretiers, pour le détail. Ces frais sont fort peu considérables; ils ne montent pas à plus de 100 ¹¹ par an.

Le minot de sel se vend 40 ¹¹. Le sieur Langlois, receveur du grenier, prête environ pour 24,000 ¹¹ de sel par an; il fait avertir, par des billets qu'il fait publier aux prônes, que ceux qui doivent du sel viennent payer, et il ne fait aucuns frais.

Il y a, dans l'élection, le grenier à sel de Mantes et la chambre de la Rocheguyon. Il se vend soixante-dix muids de sel par an dans ces deux greniers, qui font 134,400 ¹¹.

Il n'y a point eu d'autres duels que celui de deux gardes du corps, qui se battirent il y a dix-huit mois. Leur procès a été instruit et jugé par le lieutenant criminel de Mantes, et par appel au parlement de Paris.

J'ai visité les prisons, où j'ai trouvé :

Nicolas Doulay, collecteur des tailles de la paroisse de Frémainville, emprisonné le 18 juin dernier pour 1,062 ¹¹ restant des quartiers échus de l'année présente. Il a payé 100 ¹¹ au receveur depuis son emprisonnement. J'ai ordonné qu'en payant le quart de la somme pour laquelle il est prisonnier, ou donnant caution de la payer dans quinzaine, il aura issue des prisons.

Nicolas Meslier, collecteur de la paroisse de Mézy, emprisonné le 11 juin dernier pour 1,200 ¹¹ de reste de la taille de 1683. J'ai ordonné qu'il sera élargi en payant 100 ¹¹, qui font, avec 200 ¹¹ qu'il a payés depuis son emprisonnement, le quart de la cause de sa détention.

Lié Hiérosme, collecteur de la paroisse de Vaux, emprisonné pour 500 ¹¹ de reste de 1683. Il a payé 43 ¹¹ comptant, et s'est obligé de payer 100 ¹¹ avant l'août; je l'ai fait sortir, du consentement du receveur.

Pierre Léger, collecteur de la paroisse de Vaux de l'année présente, emprisonné le 18 juin dernier pour 2,062 ¹¹. Il a payé 102 ¹¹ depuis sa détention; j'ai ordonné qu'en payant 100 ¹¹ comptant et donnant caution de payer 300 ¹¹ dans quinzaine, il sortirait : ce qu'il a exécuté, et en même temps est sorti.

Pierre Lot, natif de Pézénas, et Pierre Brouassin, natif de Montlouis, ont été arrêtés de l'ordonnance du lieutenant criminel de robe courte, le 21 juin, comme déserteurs.

Raulin Boulant, cabaretier à Elleville, emprisonné le 21 juin en vertu d'arrêt du parlement, faute d'avoir représenté des bestiaux saisis dont il était gardien. Les aliments lui sont fournis.

Étienne de Challemaison, habitant de Meulan, emprisonné le même jour en vertu de deux arrêts du parlement. Les aliments lui sont fournis.

Le geôlier prenait 20 sols pour la nourriture, gîte et geôlage des collecteurs. Il ne doit prendre que 2 sols pour le gîte et geôlage; je lui ai défendu de prendre plus de 10 sols pour la nourriture, et j'ai dit au président de l'élection de tenir la main que mon ordre soit exécuté.

L'on ne voit point de fausse monnaie dans les recettes. L'étape est fournie en espèce; il n'y a pas de plaintes contre l'étapier.

Les officiers de l'élection feront leurs chevauchées, et m'en rapporteront leurs procès-verbaux lorsque je ferai les départements.

J'ai dit aux officiers de juger les surtaux à l'audience; ils m'ont promis de le faire à l'avenir. Il n'y en a eu qu'un cette année.

Ces officiers prennent 12ˢ 6ᵈ pour le calcul et le

sceau du rôle, savoir : 5 sols pour le sceau, et 7ˢ 6ᵈ pour le calcul. Il prétendent jouir de ce droit par attribution d'un édit et en vertu d'une quittance de finance qu'ils n'ont pu me faire voir. Je leur ai dit de me rapporter ces deux titres avant le département, autrement de ne plus percevoir ce droit.

Les rôles sont dans l'ordre : le nombre des feux, des charrues et des exempts y est exactement marqué; le total est à la fin, de la main de l'officier; il n'y a point de trop imposé ni de ratures, que dans un rôle vérifié par le lieutenant de l'élection. Il était trop fort de 7 ˡ; il les a distribués 3 ˡ à l'un et 4 ˡ à l'autre. Il ne me paraît pas qu'il y ait aucune affectation; l'officier n'a pas de biens dans cette paroisse. Les collecteurs de 1683 et de 1684 ne se sont pas diminués; ils ont pris autant de taille qu'ils en portaient l'année d'auparavant leur collecte.

Il y a eu en 1683 dix décharges de collecteurs nommés d'office, et vingt-deux en 1684.

Les collecteurs n'observent pas, ce qui est porté par la commission, de faire leur rôle au plus tard dans quinzaine après qu'ils l'ont reçue; ils la gardent deux et trois mois sans faire le rôle. Il y a une peine de 20 ˡ d'amende, qui n'est que comminatoire. J'ai dit aux officiers de la faire payer en deux paroisses seulement, pour l'exemple.

Les officiers jugent les translations de domicile avant la confection des rôles ; et, lorsque les contribuables ont différé ou négligé de les faire juger conformément au règlement de 1683, ils continuent de payer la taille dans la paroisse de laquelle ils ont fait signifier et publier qu'ils délogeaient, et dans celle où ils sont entrés.

Le sieur Trépagne, receveur des tailles de 1683, a été attaqué d'une apoplexie; il est difficile qu'il puisse faire sa charge, et ses registres sont en fort mauvais état. Il a fait quarante emprisonnements et pour 1,841 ˡ de frais. Le sieur Desbois, receveur de 1684, a fait quatorze emprisonnements et pour 576 ˡ de frais. Je leur ai dit de se servir des billets dont j'ai envoyé des modèles imprimés à tous les receveurs; ils ne coûtent rien aux collecteurs, et font autant d'effet que si on leur envoyait des huissiers. Depuis trois ans, les frais sont diminués de plus de moitié dans la généralité de Paris; on peut en faire encore moins. Je soupçonne les receveurs qui n'ont pas profité de mes avis de donner des gages à des huissiers et de prendre pour eux tous les frais. Je crois que c'est l'unique secret des receveurs qui ne sont pas gens de bien; mais ce secret est punissable : je ferai tout ce que je pourrai pour en avoir preuve. Je m'attacherai à celui de la généralité qui, à proportion de sa recette, fait le plus de frais. Je remarque que les receveurs qui ne profitent pas des frais ne font des prisonniers que pour l'exemple, afin que les autres collecteurs, appréhendant un pareil traitement, s'efforcent de payer. Ils ont soin que le geôlier ne laisse pas vaguer les prisonniers, et qu'on ne leur donne que la nourriture que je leur ai réglée, qui est une livre de viande, vingt onces de pain et une pinte de vin; au lieu que les receveurs qui ont des huissiers à leurs gages, et qui profitent des frais, donnent la liberté aux collecteurs de se promener dans la ville où ils sont en prison, et ils souffrent que les collecteurs fassent un cabaret de la chambre du geôlier, où ils passent les jours entiers à s'enivrer : de sorte que, ne regardant pas la prison comme une peine, ils ne s'efforcent pas d'avancer les recouvrements, et se trouvent ruinés à la fin de leur collecte. La conduite des geôliers ayant beaucoup de rapport avec celle des receveurs, pour diminuer les frais, il faut veiller avec un soin et une application continuelle sur la conduite de l'un et de l'autre, et l'on doit être persuadé que les geôliers qui n'observent pas les ordres qu'on leur donne, sont souvent de concert avec le receveur.

Le procureur du roi de l'élection est soupçonné de prendre de l'argent des accusés de malversations, parce qu'il ne fait point les poursuites nécessaires pour la punition des coupables. J'ai dit au président de veiller à sa conduite et de me donner des mémoires, et, s'il se peut, des preuves contre lui. J'en ai parlé à quelques personnes, qui disent qu'il y a plus de paresse en son fait que de crime. Le public en juge autrement, et l'on l'accuse de concussion. Il est certain que les procès criminels ne sont pas jugés, et que, les collecteurs qui font des malversations n'étant pas punis, les autres sont plus entreprenants. Ils exigent des contribuables et font ce qu'ils n'auraient osé faire, s'il y avait des exemples. J'ai dit à cet officier que, s'il n'était plus vif et plus vigilant pour la punition des crimes, il n'était pas propre à la fonction de sa charge, et que je serais obligé de lui dire de s'en défaire. Le contrôleur des exploits a pris jusqu'à douze contrôles pour un même exploit donné à plusieurs habitants pour le même fait, à la requête du receveur des tailles : ce qui est contraire à l'édit des contrôles.

J'ai pris des mémoires pour les taxes d'office; je les approfondirai avant les départements.

Il n'y a pas de plainte que les gentilshommes fassent faire les rôles, ni qu'ils forcent les collecteurs à diminuer leurs fermiers.

J'ai examiné si les fermiers des officiers et des receveurs portent ce qu'ils doivent de taille à proportion de leur bien. Les collecteurs n'ont pas d'égard à leurs recommandations.

Les collecteurs n'ont pas la liberté de faire faire leurs rôles par qui bon leur semble, les huissiers des tailles les contraignant de se servir d'eux. Cet abus, que j'ai trouvé dans cette élection, m'obligera d'en mettre un article dans la commission, par lequel il sera fait défenses aux huissiers de faire les rôles directement ni indirectement, à peine d'interdiction et de 100 lt d'amende.

J'ai pris un mémoire des commis des fermes du roi, pour savoir ce qu'ils portaient de taille les quatre dernières années, et s'ils sont augmentés en biens, afin de les taxer d'office, s'il y a de la justice.

J'ai dit aux officiers et aux receveurs de ne pas recevoir des présents, et je leur ai dit si fortement, que j'espère qu'ils en profiteront.

VISITE DE L'ÉLECTION DE BEAUVAIS.

Du 7 juillet 1684.

Cette élection est composée de cent soixante paroisses. Elle porte, l'année présente, 216,125 lt de taille. La seule paroisse de Monceaux-l'Abbaye est du diocèse d'Amiens; toutes les autres sont de l'évêché de Beauvais.

Il y a cent paroisses qui vont en première instance au bailliage de Beauvais, et deux cent cinquante autres qui vont par appel au présidial. Dans ce bailliage, il n'y a de justices royales qu'une partie des prévôtés de Grandvilliers et d'Angy; et, dans le ressort du présidial, les justices royales sont les bailliages de Montdidier, Chaumont et Magny, en Vexin français, les prévôtés de Milly, Bulles et la Neuville-en-Hez, qui sont du bailliage de Clermont-en-Beauvaisis.

La plus grande partie du revenu est en terres labourables; trente paroisses sont en prairies, et quarante en vignoble. Il se recueille, année commune, trente-cinq mille muids de vin, qui se consomme dans le pays, à l'exception de sept à huit cents muids qui se transportent par charroi en Normandie ou Picardie.

Il n'y a pas de rivière navigable. L'on prétend que la petite rivière du Thérain pourrait porter bateau en l'élargissant; ce travail coûterait beaucoup, et ne serait pas d'une grande utilité. La rivière du Thérain, qui passe autour de la ville, tombe dans la rivière d'Oise à Montataire, qui est à sept lieues de Beauvais.

Le commerce principal est de serge, de ratine et de revêche. Il y a quatre-vingt-deux maîtres drapiers, cent vingt-sept sergers, et plus de vingt mille personnes employées à cette manufacture. Il se fait, par an, six mille trois cent soixante-dix pièces de ratine, d'une aune de large et de trente-deux aunes de long, et dix-huit mille pièces de serges. Depuis deux ans, le corps des sergers est augmenté de vingt-cinq métiers.

Les blés sont assez beaux, dans les vallées seulement; sur les hauteurs, il y en aura très-peu. Le tiers de l'élection est en vallée. La dernière pluie a rétabli les mars; il y en aura plus de demi-année.

La mine de froment, mesure de Beauvais, dont les quatre mines trois quarts et demi font le setier de Paris, s'est vendue, les deux derniers marchés du mois de juin dernier, 63 et 65 sols. La mine d'avoine, mesure de Beauvais, dont les six mines un quart font le setier de Paris, s'est vendue, les deux derniers marchés du mois de juin, 30 et 33 sols. Les deux premiers marchés du mois de juillet, la mine de blé froment s'est vendue 66 sols, et la mine d'avoine a valu 34 sols le premier marché, et, le second, 29 sols. Les dernières pluies ont causé cette diminution.

En plusieurs cantons, les vignes ont été gelées d'hiver; il y aura peu de vin.

L'année passée était abondante en foin; il y en aura la moitié moins.

Il n'y a point eu de grêle.

Dans la paroisse de Marseille, il y a eu soixante-six maisons brûlées, seize dans celle de Tillart, et trois dans celle de Marissel.

Les bestiaux ne sont pas diminués en nombre; ils ne sont pas si gras que l'année passée, à cause de la grande sécheresse.

Il se fait un fort grand commerce de vaches, de moutons et de porcs, particulièrement le jour du franc marché, qui se tient le premier samedi de chaque mois.

Le receveur saisit les bestiaux, il ne les fait pas vendre; l'on ne les saisit pas pour dette particulière.

Le roi n'entretient aucuns ouvrages publics dans l'étendue de l'élection. Tous les abords de la ville sont en très-méchant état. Le principal est celui de Paris : je l'ai visité; je vous en mande mon avis par une lettre particulière.

Le roi n'a aucun domaine dans l'étendue de l'élection.

Il n'y a que la ville de Beauvais qui paye entrée; les inventaires ni les récolements ne s'y font pas, parce que le fermier a reconnu qu'il n'était pas possible de faire entrer du vin ni des vendanges en fraude.

Les anciens octrois ont été accordés par Charles VII, en 1436; ils consistent à l'appetissement de pinte ou godet, qui est affermé 3,125 ll pour la moitié, et à 4 deniers pour livre de tout ce qui entre et se vend dans Beauvais, hors le bois et les vivres. Les habitants sont exempts de ce droit, qui est affermé, pour la moitié de la ville, 780 ll.

En 1637, Louis XIII leur accorda, pour payer les dettes et les charges de la ville, de prendre un droit sur le bois, vin, cidre, bestiaux, laine, serge, toile, huile, fer, savon et cire; cet octroi est affermé, pour la moitié de la ville, 8,125 ll. Par la même concession de 1637, la ville jouit de la moitié de 20 sols par minot de sel qui se consomme dans la ville, et qui produit 400 ll pour sa part. Ces deux octrois subsistent, quoique toutes les dettes soient acquittées.

Leurs deniers patrimoniaux sont le droit de chaussée ou de travers, qui est d'un double par cheval entrant dans la ville (il est affermé 800 ll), et 200 ll de rente constituée sur le sieur Domecour, procédant de remboursement fait de rente sur l'hôtel de ville de Paris.

Comme cet octroi de 1637 ne suffisait pas pour acquitter les dettes, Sa Majesté, au 1er octobre 1672, en a accordé un plus considérable sur les mêmes marchandises, montant la première année à 30,300 ll, et les autres années à 25,000 ll. La ville en a joui en entier jusqu'au 1er avril 1681, que cet octroi a été éteint et supprimé, leurs dettes étant acquittées.

La ville jouit encore présentement, en tout, de 13,430 ll de revenu.

J'ai examiné par le détail les charges de la ville; elles ont été réglées, par l'arrêt du Conseil du 31 décembre 1672, à 7,532 ll 2s. Le 17 mars 1674, les échevins ont obtenu un second arrêt, par lequel il leur a été accordé, pour dépense extraordinaire, 1,500 ll par an, à prendre sur l'octroi de 25,000 ll et sur leurs autres octrois. Je crois que l'on peut diminuer, sur la somme de 7,532 ll accordée par l'arrêt du 31 décembre 1672, la somme de 800 ll sur l'entretien des pavés, maçonnerie, charpenterie, etc. Ils auront encore 2,600 ll pour cette dépense. L'on peut aussi diminuer, sur neuf articles de dépenses qu'ils ne sont plus obligés de faire, 555 ll, savoir : 30 ll pour rafraîchir la poudre et raccommoder les canons, 5 ll pour qui vin des canonniers, 20 ll pour celui qui sonne la retraite, 10 ll pour le bois du jour des Rameaux, 10 ll pour l'avocat de la communauté, 30 ll au maître des forteresses, 150 ll au receveur des octrois pour droits de nouvelle recette, et 300 ll au clergé de la ville pour son indemnité de droit de levée; faisant, avec les 800 ll ci-dessus, celle de 1,355 ll, laquelle déduite sur celle de 7,532 ll, il ne faut plus faire fonds à la ville, pour sa dépense ordinaire, que de la somme de 6,177 ll d'une part, et de 200 ll d'autre, pour l'indemnité accordée au clergé.

Pour composer cette somme, on laissera à la ville la moitié du godet, qui est affermée 3,125ᵗ au fermier des aides; mais, comme il se sert de ses commis pour la perception de ce droit, s'il était affermé à d'autres, il ne vaudrait pas plus de 2,527ᵗ, ci..................... 2,527ᵗ
Les droits des ponts et chaussées.... 800
Les rentes.................... 200
Les droits de 20 sols sur le sel, en entier 800
15 sols par millier de fer, 15 sols par cent de savon.................. 400
3ᵗ 15ˢ pour cent de cire.......... 150
Parce que l'on décharge toutes les marchandises des droits sur les draps et sur la laine, les marchands drapiers drapants et de laine donneront 20,000ᵗ, ci...... 1,000
Les marchands en tein et ceux de toile donneront 10,000ᵗ, ci.............. 500

TOTAL.................. 6,377

Comme, par mon avis, l'on supprime les 4 deniers pour livre, les droits sur les laines et sur les serges, etc., dont le roi jouissait de la moitié, il faut, pour indemniser le fermier, lui faire un fonds de la somme de 15,260ᵗ, à quoi la ville a reconnu que monte son produit, et, pour composer cette somme, il jouira : des 15 sols en entier pour muid de vin, valant, année commune. . 7,398ᵗ
En entier, des 15 sols par muid de cidre, évalué année commune........ 1,592
En entier, des 15 sols par corde de bois à brûler, évalué............. 1,292
En entier, de 10 sols par cent de fagots et fatrouilles, évalué........... 2,000
En entier, de 12 sols par baril d'huile de navette et 36 sols par pipe d'huile de poisson, et 15 sols par cent d'huile d'olive, évalué.................. 1,200
En entier, du pied fourché, qui est de 15 sols pour bœuf, 7ˢ 6ᵈ pour vache et 1ˢ 6ᵈ pour chaque mouton et veau..... 1,107
45 sols par cent de morues, 15 sols par baril de hareng et de morue, évalué 671

TOTAL.................. 15,260

Le sieur Desbaudières, sous-fermier, vient à Beauvais dans le temps des vendanges, pour que les entrées se reçoivent avec exactitude et sans plainte, dans le temps des inventaires, afin qu'ils soient faits exactement et avec fidélité, et dans la saison que les bourgeois vendent leur vin en détail, qui est pendant les mois de juin, juillet et août, pour empêcher qu'ils ne vendent en fraude. Il est fort exact à se faire payer les droits; cependant il passe pour homme de bien, et il n'y a aucune plainte contre lui. Son commis, nommé Pitois, vit dans l'ordre et fait très-peu de frais.

Le fermier du domaine ne jouit que du contrôle des exploits, des amendes et des échanges; il n'y a pas de plainte de son commis.

Le receveur du grenier à sel en vend, année commune, soixante-dix-sept muids, à 41ᵗ le minot, faisant : 151,536ᵗ. Il en prête, année commune, pour 28,000ᵗ, et il ne fait aucuns frais pour s'en faire payer. Il n'y a qu'un grenier à sel dans l'élection.

Les regrattiers ne commettent pas d'abus.

Il n'y a aucun abus dans la réception des commissions des tailles.

Il y a eu cent soixante-sept sentences de surtaux en 1683, et cent une en 1684. Comme ce grand nombre de procès en surtaux est causé par le retardement que les collecteurs de la ville apportent à la confection de leur rôle, qui ne se fait ordinairement qu'au mois de juin, étant de l'usage que les collecteurs se pourvoient à l'élection pour se faire décharger, et par appel à la Cour des aides, ce qui retarde les recouvrements, j'ai cru, pour remédier à cet abus, qu'il était nécessaire de faire une échelle. J'y fais travailler sur les contrats de mariage, et, si vous le trouvez bon, je commencerai à la faire exécuter pour 1685.

Il y a eu quatre-vingt-douze décharges de collecteurs en 1683, et quatre-vingts en l'année présente.

Je me suis informé avec soin si les gentilshommes se mêlent du détail de la taille; ils n'y entrent en aucune manière, et n'ont aucun crédit sur les collecteurs.

Je n'ai pas reçu de plainte que les officiers de l'élection gardent les rôles et qu'ils obligent les collecteurs à soulager leurs fermiers ou leurs parents. Ils ont une liberté entière d'imposer les contribuables à quelle somme il leur plaît, et de faire faire leur rôle par celui qu'ils veulent choisir.

J'ai pris un mémoire exact du bien que les officiers ont dans l'élection, du nom de la paroisse où il est situé, des noms de leurs fermiers, de ce qu'ils font valoir et de ce qu'ils payent de taille, afin de les taxer d'office, s'ils ne portent pas ce qu'ils doivent porter à proportion des autres.

J'ai pris un état des translations de domicile et un mémoire des commis des fermes qui sont du pays, afin d'examiner s'ils portent autant de taille qu'ils portaient les quatre dernières années avant leur commission.

Le sieur Lhuillier, receveur des tailles, a les deux charges. C'est un bon homme, qui ménage son élection et qui fait le moins de frais qu'il lui est possible.

Le receveur ni les officiers ne prennent pas de présents des collecteurs et des contribuables.

L'élu particulier de Chambly, nommé Pol, prend des épices de tous les surtaux qu'il juge. Chambly est moitié de l'élection de Beauvais et moitié de l'élection de Senlis: il y a vingt paroisses dans l'une et vingt paroisses dans l'autre. Les rôles se vérifient dans les élections générales. Je crois que ce serait procurer un soulagement aux sujets du roi de supprimer cette élection particulière, en obligeant les officiers de Beauvais et de Senlis de rembourser cet élu.

L'hôpital général a 14,000 ʰ de rente.

Il y a trois cents pauvres renfermés, et huit cents familles auxquelles on donne du pain toutes les semaines, et trente enfants en nourrice. L'Hôtel-Dieu a 12,000 ʰ de rente; il y a ordinairement quarante ou cinquante pauvres. Lorsqu'il y a des garnisons, l'on y met les soldats malades.

Il n'y a dans l'élection ni officiers ni commis de la religion prétendue réformée.

L'on ne voit point de fausse monnaie dans les recettes, ni de pièces étrangères.

L'étape est fournie en espèce à Beauvais. Je n'ai pas reçu de plaintes contre l'étapier.

VISITE DES PRISONS.

J'ai trouvé dans les prisons:

Julien Bléré, collecteur de la paroisse de Méru de l'année 1683, emprisonné le 5 janvier dernier pour 5,350 ʰ de reste. Il a payé 500 ʰ depuis sa détention, 200 ʰ comptant et 300 ʰ qu'il a promis payer dans quinzaine: au moyen de quoi, je l'ai élargi, du consentement du receveur.

Maurice Malherbe, collecteur de la paroisse de Bonnières de l'année 1682, emprisonné le 5 avril dernier pour 200 ʰ qu'il doit de reste. Il n'a rien payé depuis sa détention.

Artus Le Page, de la paroisse de Montreuil, élection de Beauvais, arrêté le 12 juin 1684, à la requête de Pierre Motte, marchand de Beauvais, en vertu d'un arrêt, pour 330 ʰ de dépens. Les 4 sols lui sont fournis.

Christophle et Philippe de Santil, de Houdan, élection de Mantes, emprisonnés le dernier mai 1684, à la requête du procureur fiscal de la justice de Tillart, appartenant à M. le duc de Noailles. Ils sont accusés de l'incendie arrivé dans le village de Tillart, dont il y a seize maisons brûlées. Le bailli de Tillart instruit leur procès. Les aliments leur sont fournis.

Pierre Trébuquier, Louis Auger et Louis Maillet, de la paroisse de Choqueuse-Saint-Lucien, emprisonnés le 20 juin dernier, pour un délit dans le bois de l'abbaye Saint-Lucien, appartenant à M. l'évêque de Meaux. Le bailli de Saint-Lucien instruit leur procès et les jugera au premier jour.

Jean Pellotier, de la paroisse de Roy-Boissy, élection de Beauvais, emprisonné le 1ᵉʳ janvier 1684, accusé d'avoir assassiné son frère. Il a été mis à la question et n'a rien avoué, et il a été condamné au bannissement et en 100 ʰ d'amende, pour laquelle il tient prison.

Joachim Alespée, du village d'Auneuil, élection de Beauvais, emprisonné le 5 juin dernier, en vertu de décret du prévôt des maréchaux, pour avoir volé 9 écus à son voisin. Sa compétence est jugée, son procès le sera incessamment.

Philippe Le Gentil, du faubourg de Beauvais, emprisonné le 25 juin, accusé d'avoir voulu mettre le feu à une botte de paille dans sa propre maison, menaçant de brûler un soldat qui le maltraitait. Il a été puni de quinze jours de prison; je l'ai fait sortir.

VISITE DE L'ÉLECTION DE COMPIÈGNE.

Du 13 juillet 1684.

L'élection de Compiègne est de cinquante-trois paroisses, qui portent 78,000 ᴸ de taille. Seize sont de l'évêché de Soissons, et trente-sept du diocèse de Beauvais.

Cinq prévôtés vont par appel au bailliage: le prévôt de la ville; le prévôt forain, dont la justice s'étend à deux lieues aux environs de la ville; le prévôt de l'exemption, qui connaît des affaires qui regardent les ecclésiastiques, les gentilshommes et les roturiers qui sont dans l'étendue de sept paroisses dépendantes de sa justice. Le prévôt de Margny a trois paroisses dans sa dépendance, et le prévôt de Thourotte en a dix. Il y a un lieutenant du bailli de Senlis à Compiègne, un lieutenant particulier assesseur, un conseiller, un procureur du roi et un avocat du roi. Ces trois derniers officiers ont leurs fonctions dans toutes les prévôtés et au bailliage. Le ressort du bailliage s'étend à trois lieues aux environs de la ville.

Le principal revenu de l'élection consiste en terres labourables. Il y a des vignes dans treize paroisses, qui produisent de très-méchant vin. Il y en eut dix-huit mille muids l'année passée; il y en a quinze mille muids année commune. Les deux tiers se vendent en gros. Il s'en transporte environ deux mille muids pour les élections voisines; le surplus se consomme dans le pays.

Deux rivières passent dans cette élection et y portent bateau: celle d'Aisne tombe dans l'Oise, au village de Clairoix, à une lieue de Compiègne.

Quinze marchands de la ville emploient sept à huit cent personnes à la manufacture des bas. Le commerce des toiles y est assez considérable.

Vingt-cinq paroisses de cette élection ont eu leurs blés gelés; ils ne recueilleront pas pour semer. Je les soulagerai considérablement au département. Les blés des autres paroisses sont assez beaux. Il n'y aura qu'un quart moins de blé que l'année passée, qui était abondante. Il y aura beaucoup de menus grains. Il y a longtemps que l'on n'a vu une si grande quantité de chenilles; elles ne se sont jetées que sur les pois et les fèves, qu'elles ont entièrement perdus. Il y aura un quart moins de vin et de foin que l'année passée.

La mine de froment, mesure de Compiègne, dont les trois mines un quart font le setier de Paris, s'est vendue, les deux derniers marchés du mois de juin dernier, 5 ᴸ. La mine d'avoine, dont les quatre mines font le setier de Paris, s'est vendue 40 sols. Les deux derniers marchés de ce mois, la mine de froment s'est vendue 4 ᴸ 15 ˢ, et la mine d'avoine 43 sols.

Il n'y a point eu de grêle ni d'incendie.

Les bestiaux sont au même état que l'année passée; on ne les saisit ni pour la taille, ni pour dette particulière.

J'ai visité les prisons et le lieu où l'on rend la justice. Il y a quelques réparations à faire pour la sûreté des prisonniers et à la couverture de la chambre de l'audience. J'en ai fait faire un devis.

Les revenus patrimoniaux de la ville de Compiègne ont été accordés par Philippe V, suivant les lettres de concession de l'année 1319, en échange des prévôtés de la ville de Compiègne, Margny et Géroménil, qui appartenaient à la ville. Ils montent à la somme de 2,932 ᴸ 1 ˢ 10 ᵈ, suivant les derniers baux, savoir:

Les droits de cens et surcens qui se prennent sur les maisons de la ville et faubourgs de Compiègne	350ᴸ 00ˢ 00ᵈ
Le droit de mesurage des grains, consistant en la quatrième partie d'une mine à prendre sur chacun muid de grains qui se vendent dans la ville	99 15 00
Le droit de forage des vins, consistant en quatre pots pour muid vendu en gros	800 00 00
Le droit de 5 deniers à prendre sur chacun panier de marée qui se vend au marché, et 3 deniers sur chacun autre panier passant par la ville	170 00 00
Le greffe de Margny	173 00 00
Le droit de pesage, consistant en 2 sols pour cent pesant des marchandises qui se pèsent aux balances de la ville	132 00 00
A reporter	1,724 15 00

ÉTAT DES ÉLECTIONS.

Report..........	1,724ˡ 15ˢ 00ᵈ
Le droit de chaussée, consistant en 2 deniers sur chaque charrette qui sort à vide de la ville, 1 sol sur chaque muid de vin sortant de la ville par charroi, et 1 denier pour chaque bête à pied fourché sortant de la ville....................	165 00 00
Le droit de travers par eau, consistant en 3ˢ 4ᵈ sur chacun muid de vin passant dessous les ponts de Compiègne.......	30 00 00
Le droit des amendes de la prévôté de Margny......................	24 00 00
Le droit de 2 deniers pour place de chacun marchand forain étalant au marché....	80 00 00
Le droit de courtage et aunage, consistant en 5 sols sur chaque pièce de toile vendue par les marchands forains............	540 6 10
Les prés de la ville...................	362 00 00
TOTAL du revenu patrimonial...	2,932 1 10
Les octrois de la ville consistent en 15 sols sur chaque muid de vin entrant dans la ville et faubourgs de Compiègne. Ils ont été accordés par Louis XIII, suivant la concession du 11 juin 1640, pour la réparation des ponts-levis, entretènement des pavés, guérites, corps de garde et de l'hôtel de ville, et sont affermés suivant les derniers baux..............	3,920 00 00
TOTAL des revenus patrimoniaux et des octrois................	6,852 1 10

Le gros-manquant des inventaires ne se perçoit pas dans Compiègne; la ville est bien fermée.

Il n'y a point dans l'élection d'autre ville ni bourg fermés qui prétendent cette exemption.

Le sieur Perry, commis à la recette des aides, a une bonne conduite; il fait peu de frais, et il a soin que ses commis vivent dans l'ordre.

Il n'y a point de plainte du nommé Michateau, fermier du domaine; il n'a pas de commis, et fait lui-même sa recette.

Le sieur Lévêque, receveur du grenier à sel, en prête pour 4,000ˡ; il ne fait point de frais et ne prend pas de présents. Il vend par an soixante muids de sel, valant 118,080ˡ, dans le grenier de Compiègne, qui est le seul de l'élection.

Il n'y a pas eu de duel.

Il y a un étapier contre lequel il n'y a pas de plaintes.

La conduite des élus est assez bonne. Les collecteurs ont une entière liberté de faire les rôles. Ils sont bien vérifiés; le nombre des feux et des charrues y est compris, il n'y a ni ratures, ni trop imposé. Ils ont profité en cela de ce que je leur ai dit l'année passée; mais ils ont fait à la marge du rôle trois réimpositions ordonnées par leurs sentences: l'une de 29ˡ, l'autre de 92ˡ, et la troisième de 39ˡ. Ils m'ont promis de n'en plus faire à l'avenir sans ma participation, conformément aux ordres du roi.

Tous les collecteurs des tailles de l'année 1683 ont fait leur fonction, et pas un seul ne s'est pourvu pour se faire décharger.

Il n'y en a eu que deux déchargés en 1684.

Les collecteurs ont fait les rôles aussitôt après avoir reçu la commission.

J'ai pris un état des translations de domicile, un état des commis des fermes, et d'autres mémoires pour taxer d'office ceux qui ne sont pas imposés aux sommes qu'ils doivent porter.

Les gentilshommes, les officiers de l'élection et les receveurs des tailles ne se mêlent point du détail de la ville.

Denis de Crouy et Le Caron, receveurs des tailles, font peu de frais; j'ai paraphé leurs registres: ils sont en bon ordre. Ni eux ni les officiers de l'élection ne reçoivent point de présents.

VISITE DES PRISONS.

Laurent Auger, habitant de Compiègne, collecteur des amendes de la forêt, emprisonné le 1ᵉʳ avril dernier, pour malversations dans sa charge et faute d'avoir rendu compte; le pain du roi lui est fourni.

François Chevrier, de la paroisse d'Armancourt, emprisonné le 15 juin dernier, accusé d'avoir débauché une fille. Le prévôt forain de Compiègne lui instruit son procès. Le pain du roi lui est fourni.

Denis Stupe, de la paroisse de Coudun, élection de Compiègne, emprisonné le 4 mai dernier, de l'ordonnance du bailli du marquisat de Monchy, comme prisons empruntées, pour avoir débauché une fille; le pain du roi lui est fourni.

Jean Charpentier, de la paroisse de Jaux, élection de Compiègne, emprisonné le 26 juin dernier, pour vol de bestiaux ; le prévôt forain lui instruit son procès.

Madeleine Le Clerc, de la paroisse de Rethondes, élection et généralité de Soissons, emprisonnée le 1ᵉʳ juillet 1684, de l'ordonnance du prévôt forain, pour avoir battu et excédé une autre femme.

Le geôlier observe les règlements; il n'y a aucune plainte contre lui.

VISITE DE L'ÉLECTION DE SENLIS.

Du 15 juillet 1684.

L'élection de Senlis est composée de quatre-vingt-onze paroisses. Il y en a cinquante de l'évêché de Beauvais, et quarante et une du diocèse de Senlis. Elle porte cette année 161,100 ⁱⁱ.

Les châtellenies de Compiègne, Creil, Chambly et Pontoise sont du présidial de Senlis. Le bailliage a cent quarante paroisses. Il y a deux présidents, un lieutenant général civil, un criminel, un lieutenant particulier, un assesseur et dix conseillers, un procureur et deux avocats du roi, un substitut. La dernière charge de conseiller a été vendue 2,500 ⁱⁱ.

Les environs de la ville, dans laquelle il y a huit paroisses, sont terres légères et prairies. Il y a soixante paroisses de terres à froment et méteil, douze de vignoble, et onze de pays de bruyère et de sable ingrat, où l'on nourrit des bestiaux.

Il se recueille dans l'élection, année commune, huit mille muids de vin, lequel se consomme sur les lieux. Il ne s'en transporte point dans les élections voisines, ni à Paris.

Le commerce de blés est le plus considérable de l'élection. Ils se transportent, par charroi et sur des chevaux de somme, à Dammartin et à Gonesse.

La rivière d'Oise passe à Pont-Sainte-Maxence, qui est à deux lieues de Senlis; la petite rivière d'Auncte (sic) passe à Chantilly, et ne porte point bateau.

Il n'y a aucune manufacture à Senlis; à Pont, quatre marchands font travailler cent personnes aux bas au tricot.

Quinze paroisses ne recueilleront pas de blé pour semer, huit autres n'auront qu'un tiers de la récolte de l'année passée; les autres auront assez de blé. J'ai pris les noms de toutes et l'état auquel elles sont, pour leur faire justice dans la distribution de la taille.

Il y aura plus d'avoine et d'orge que l'année passée, peu de foin, et le tiers du vin. Les chenilles ont mangé entièrement les fèves, les pois et les chanvres; l'on n'en a jamais vu une si grande quantité. C'est un grand bonheur et une grâce particulière de Dieu qu'elles n'aient pas attaqué les blés, les avoines et les orges. En un jour de temps, une pièce de quatre arpents de fèves, dans la paroisse de Creil, a été entièrement mangée. Ces chenilles n'ont duré que huit jours. Il y a trois semaines qu'elles sont toutes crevées; elles n'ont pas touché à un seul épi de blé, pas même à ceux qui se sont rencontrés dans les pièces de pois et de fèves qu'elles ont perdues.

Il n'y a eu ni grêle ni incendie.

Le nombre des bestiaux n'est pas diminué : comme il y aura peu de fourrage, il est à craindre qu'il ne diminue. On n'en nourrit ordinairement dans cette élection que pour fumer les terres, et il ne s'en fait aucun commerce. On les saisit pour la taille, on ne les vend jamais. Ils ne sont pas saisis pour dette particulière, qu'aux termes de la déclaration.

Le fermier des aides fait les inventaires et les récolements dans les villes de Senlis, Chambly, Pont et Beaumont, les murailles n'étant pas en état que les vins ne puissent entrer en fraude.

Le seul octroi est la moitié de la courte pinte, qui est le vingt-quatrième des vins vendus en détail; cette moitié est affermée 1,240 ⁱⁱ. Le bail finit cette année : j'en ferai l'adjudication. Il a été accordé en 1691 par Louis XIII, pour subvenir aux charges et frais ordinaires de la ville.

Les deniers patrimoniaux sont affermés, en plusieurs parties, à 766 ⁱⁱ 10ˢ, savoir : le droit de chaussée et travers, 341 ⁱⁱ; le corps de garde, ravelins et les casernes, 99 ⁱⁱ; une carrière dans le fossé, 50 ⁸; le droit de pêche dans la rivière, 40 ⁸; une rente de 18 ⁸ à prendre sur plusieurs particuliers; une portion de marécage donné à rente foncière, moyennant 18 ⁸ 10°; le droit de perçage, forage, chargeage et déchargeage des vins qui se vendent en la ville, 200 ⁸. Les marais servant de pâturage aux bestiaux de la ville et faubourgs ne sont pas affermés. Ces droits patrimoniaux appartiennent à la ville de tout temps, et elle a été confirmée dans cette possession par lettres de concessions de Philippe le Bel, quatrième du nom, en 1307, et de Charles VI, du mois d'août 1416.

Il y a deux greniers dans cette élection. Le sieur Racine est commis à la recette du grenier à sel de Senlis; il n'est ni joueur ni débauché. Le sieur du Rais est commis à la recette du grenier à sel de Creil; il a une bonne conduite.

Le sieur du Rhin, commis à la recette des aides, vit dans l'ordre; il ne fait aucuns frais, ni les commis qui travaillent sous lui.

Le sieur Martine, fermier du domaine, pour des sommes de 20 et 30 sols, donne des assignations au Trésor et fait beaucoup de frais. Il n'est pas ici; son frère, que j'ai envoyé querir, est demeuré d'accord de faire donner ces assignations. Je lui ai dit de se pourvoir devant les juges des lieux, lorsqu'il s'agit de sommes modiques. Il est accusé de composer avec ceux qui ont des exécutoires, et de ne les pas payer qu'on ne lui fasse des remises. Les officiers du présidial se plaignent que, pour avoir la moitié de ce qui leur est accordé sur les états pour les menues nécessités de la Chambre, ils ont été obligés de lui donner quittance de l'autre moitié, montant à 100 ⁸. Sur toutes ces plaintes, j'informe contre ce fermier.

Le minot de sel se vend dans le grenier à sel de Senlis 41 ⁸. Le receveur en vend, année commune, quarante-neuf muids, valant 96,432 ⁸. Il en prête pour 18,000 ⁸ par an, et ne fait point de frais. Le receveur du grenier à sel de Creil vend trente-six muids de sel, année commune, à 41 ⁸ le minot, valant 70,848 ⁸. Il en prête environ pour 3,000 ⁸ par an, et ne fait aucuns frais.

Il n'y a point eu de duels.

On ne voit pas de fausse monnaie.

Les étapes sont fournies en espèces. L'étapier demande une augmentation pour le pain, qui est augmenté d'un tiers, et pour l'avoine, qui l'est d'un quart. Cette plainte est commune à tous les étapiers. Je les ai exhortés à continuer, les assurant que, si cela est juste, S. M. y pourvoira.

Le lieutenant de l'élection et le procureur du roi sont intelligents et gens de bien; les autres officiers sont moins habiles. Leur conduite est assez bonne. Je n'ai rien trouvé à redire dans les rôles que j'ai examinés, ni dans leurs sentences. Ils n'obligent pas les collecteurs de diminuer leurs fermiers et leurs parents; ils jugent les surtaux à l'audience et sans frais, et ne retardent pas la vérification des rôles.

Le sieur Rigault a les deux charges de receveur; il est toujours à Paris. Il a ici un commis nommé Laurent, peu habile; il a un seul huissier, qui est le maître de la recette, et qui fait beaucoup de frais. Le receveur passe pour honnête homme; mais il ne convient pas au service qu'un receveur ne soit pas sur les lieux et qu'il abandonne son recouvrement à la bonne foi d'un huissier. Je crois qu'il faut l'obliger de résider et de vendre une de ses charges.

Je n'ai point encore visité d'élection qui paye si bien, et où l'on ait fait tant de frais.

Le fermier du domaine demandait au greffier un état des paroisses qui n'avaient pas nommé des collecteurs dans le 1ᵉʳ novembre, pour les contraindre au payement de l'amende de 20 ⁸ portée par la commission. J'ai fait défenses au greffier de délivrer cet état, et au fermier de demander cette amende aux syndics, parce qu'elle n'est que comminatoire. Cet abus commençait à se glisser dans la généralité de Paris; j'en ai toujours empêché la suite, sur l'ordre que j'en ai reçu de S. M.

Il y a eu soixante-deux collecteurs déchargés en 1683, et il n'y en a que deux en 1684.

Les élus se sont corrigés, sur la remontrance sévère que je leur fis l'année passée de ne pas souffrir que l'on nomme plus de collecteurs dans les paroisses qu'il en est nécessaire. Ils observaient d'en faire nommer jusqu'à huit, lesquels se pourvoyaient à l'élection pour être déchargés, et cela formait une instance. Cet abus est réformé.

718   APPENDICE.

Aussitôt que j'ai fait les départements et que les collecteurs sont nommés, ils font les rôles. L'information que j'ai fait faire contre quelques collecteurs qui avaient pris de l'argent des contribuables, et qui retardaient la confection des rôles, a produit ce bon effet. Pour introduire ce même usage dans les autres élections, il faut nécessairement quelque exemple de sévérité; les paysans ne se gouvernent que par la crainte. Lorsque les collecteurs font les rôles de bonne heure, ils n'exigent ni présents ni repas au cabaret; ils font la distribution de la taille avec beaucoup plus d'égalité.

Il y a eu soixante et une instances en surtaux jugées en 1683, et trente en 1684.

Les rôles sont dans l'ordre; les collecteurs y ont mis le nombre des feux, des exempts et des charrues, et il n'y a aucune rature, ni trop imposé. Tous les contribuables y sont compris; la somme totale est au bas, avec la date de la vérification, de la main de l'élu qui l'a vérifié.

J'ai pris des mémoires des taxes d'office.

Les gentilshommes, ni les officiers ne se mêlent pas du détail de la taille, et ne font pas faire les rôles; les collecteurs se servent de celui qu'ils veulent choisir. J'ai pris un état des translations de domicile et de ce que chaque particulier qui a changé portait de taille. Si les translations sont frauduleuses, je les taxerai d'office.

J'ai un état de tous les commis; il n'y en a qu'un seul dans l'élection qui soit habitant d'une paroisse avant sa commission.

Dans cette élection, il y a trois ponts sur la rivière d'Oise : à Creil, à Pont-Sainte-Maxence et à Beaumont. Mme la maréchale de la Mothe, engagiste du domaine de Beaumont, est chargée d'entretenir le pont; elle y a fait travailler depuis peu, et il est en bon état. J'ai vu celui de Creil : il n'y a rien à faire. Pour celui de Pont-Sainte-Maxence, dans la visite que j'en ai faite, j'ai remarqué qu'il est nécessaire de faire incessamment réparer la muraille qui soutient la chaussée de la culée et la dernière demi-arche; les eaux ont fait tomber cette muraille dans la largeur de quinze pieds sur douze pieds de hauteur. Je l'ai fait étayer, au dernier voyage du roi, pour la sûreté du passage de S. M. Cette réparation, qui n'est pas considérable, pourrait s'augmenter, si l'on n'y remédie promptement. Il faut aussi travailler à trois avant-becs des arches de ce pont, et y remettre quelques pierres que les glaces ont emportées.

J'ai fait faire un devis des réparations à faire aux prisons et au château, où l'on rend la justice.

VISITE DES PRISONS.

Le geôlier observe les règlements.

Dans la visite que j'ai faite des prisons, je n'y ai trouvé qu'une mère et une fille de quinze ans, accusées d'avoir débauché un garçon de vingt-cinq ans. Le présidial les a jugées et les a fait sortir de prison.

Il y a deux ans que La Ruelle, procureur du présidial, échevin et bailli de Saint-Nicolas, en cette dernière qualité, a informé contre un valet du prieur-cloistral de l'abbaye, accusé d'avoir volé son maître, lequel, n'ayant pas voulu le faire pendre, le fit sortir de prison. Ce valet s'est marié à Orléans; il a volé, depuis deux mois, 3,600^{lt} à un teinturier. Sa femme est venue à Senlis, pour avoir une grosse du premier procès. La Ruelle, juge de Saint-Nicolas, a défendu au greffier de la délivrer, et a exigé de cette femme 44^{lt} pour donner son consentement. J'ai fait rendre cette somme, n'étant pas due par la femme du teinturier, qui n'était pas partie dans le premier procès, et j'ai fait seulement payer au greffier 12^{lt} pour l'expédition qu'il en a faite. Ce procureur La Ruelle est un homme d'une très-méchante réputation.

VISITE DE L'ÉLECTION DE COULOMMIERS.
(Analyse.)
Du 20 juillet 1684 [1].

Imposition de 1684	89,464^{lt} 00^s
Reçu	43,467 00
Reste	45,996 12
Frais	528 11

Trente-quatre paroisses forment cette élection.

---

[1] Il ne reste que l'analyse de ce rapport; l'original a disparu. On a un rapport de 1686 sur la même élection.

ÉTAT DES ÉLECTIONS. 719

Il se recueille onze mille muids de vin, année commune, dont il s'en transporte quatre mille, et le reste s'y consomme.

Le seul commerce est le blé, que l'on porte à la Ferté-sous-Jouarre; il n'y en aura pas la moitié de ce qu'il y avait l'année passée.

Il y aura abondance d'avoine et d'orge, et assez de vin.

Deux paroisses ont été grêlées au quart.

Les deux derniers marchés, le boisseau du blé froment s'est vendu 29 sols, et le boisseau d'avoine 7 sols; et en juin, l'un s'est vendu 1" 10°, et l'autre 9 sols.

La ville de Coulommiers est bien fermée; l'on n'y fait point les inventaires, mais on les fait dans toutes les autres paroisses.

Le seul octroi de cette ville est la courte pinte, qui consiste au douzième du prix des vins; il est affermé 650".

Les officiers de l'élection font leur devoir.

Le nommé Camus, receveur des tailles, refuse de recevoir des collecteurs des petites sommes, même jusqu'à 150", quoique, par l'arrêt de 1637, il soit obligé de tout recevoir.

Le nommé Bourrée, qui a l'autre charge de receveur, est toujours à Paris, et vient trois ou quatre fois l'année faire un tour en cette élection. Il laisse ses quittances en blanc à la fille du feu receveur, à qui appartient la charge. M. de Ménars a demandé à cette fille le registre; elle lui a dit ne l'avoir pas, et que Bourrée l'avait enfermé. Elle reçoit sur des feuilles volantes, ce qui est contraire au règlement de 1600. Elle n'a point le registre des frais. Ce receveur fait mettre (contre l'ordre que M. de Ménars lui a donné) des prisonniers à la Ferté et à Rebais.

Il croit qu'il est nécessaire de mettre un autre receveur à sa place.

Tous les rôles se font quinzaine après la réception des commissions, à l'exception de celui de Coulommiers, qui ne se fait qu'à Pâques. Pour réprimer cet abus, M. de Ménars a chargé le président de l'élection de l'avertir si les collecteurs ne font pas leurs rôles dans le temps prescrit, afin de les punir très-sévèrement.

L'huissier ne prend rien lorsqu'il donne les commissions aux syndics; mais les syndics ne les donnent pas aux collecteurs, qu'ils ne leur aient promis de les diminuer, ou leurs parents. M. de Ménars, pour remédier à cet abus, a dit aux officiers de condamner à de fortes amendes les syndics appelés devant eux par les collecteurs, pour leur rendre les commissions, les bienvenus et les diminutions.

Il y a eu sept instances en surtaux jugées en 1683, et six en 1684.

Les gentilshommes ne se mêlent point des tailles.

Les collecteurs font faire par qui ils veulent leurs rôles.

M. de Ménars a pris un état des translations de domiciles.

Les fermiers des aides ont donné des commissions de buvalistes dans vingt paroisses, et vendent les commissions, ces particuliers trouvant moyen de se faire taxer à une somme modique l'année précédente leur commission.

Pour remédier à cet abus, en cas qu'il arrive, M. de Ménars les taxera d'office à la plus haute somme qu'ils portaient quatre ans avant leur commission.

Il a aussi dit aux élus de ne plus souffrir cet abus.

VISITE DE L'ÉLECTION DE PROVINS.

(Analyse.)

Du 30 juillet 1684 [1].

En 1683	l'imposition était de	91,410"
	la recette de	87,776
	le reste de	3,634
	les frais de	1,021
Sentences en surtaux		15
En 1684	l'imposition était de	91,002"00° 00ᵈ
	la recette de	44,938 11 10
	le reste de	46,063 08 02
	les frais de	473 00 00
Sentences en surtaux		9

---

[1] Il ne reste que l'analyse de ce rapport. On en a un autre de l'année 1686.

Cette élection est composée de cinquante-huit paroisses.

Le principal revenu consiste en terres labourables. Dans trente paroisses, il y aura moitié du blé de l'année passée, et, dans les vingt-huit autres, à peine tirera-t-on de quoi ensemencer.

Le boisseau de blé froment, qui s'est vendu en juin 25 sols, est augmenté d'un sol.

Celui d'avoine, qui s'est vendu en juin 8ˢ 6ᵈ, est aussi augmenté de 6 deniers.

Il n'y a aussi guère de foins.

Il y aura dans cette élection autant de vin que l'année passée. Il s'y recueille huit mille pièces de méchant vin, qui se consomme sur les lieux.

Il y a onze ans que le sieur du Buisson obtint des lettres pour rendre navigables deux petites rivières qui passent au travers de cette ville, qui, depuis, ont porté des bateaux chargés de douze muids de blé, que l'on déchargeait lorsqu'ils étaient arrivés dans la Seine; mais les écluses de bois, mal construites, qui soutenaient les eaux, ont été emportées par les débordements, qui sont fréquents. Depuis le port, qui est à moitié comblé, jusqu'à l'embouchure, il y a dix moulins à blé, à foulon et à tan, qui tourneraient presque toujours quand cette rivière était navigable.

On prenait sur cette rivière 60 sols par chaque muid de blé, et des autres marchandises à proportion. Il serait nécessaire de construire seize écluses et de faire une chaussée de deux lieues.

Quarante métiers sont employés à la manufacture des tiretaines et des droguets. C'est la seule qu'il y a. Autrefois, il y en avait une de draps; mais les maîtres ont cessé de travailler et renoncé à la communauté, à cause de ses dettes fort considérables. La ville est fort propre à cette manufacture, et il serait nécessaire, pour la rétablir, d'ériger une nouvelle jurande qui ne fût pas chargée des dettes de la première. Les dettes sont payées par ceux qui y sont obligés personnellement. M. de Ménars croit qu'il faudrait unir les sergers avec les drapiers, et, par les lettres de jurande qu'il propose, n'en faire qu'un même corps.

Il n'y a plus que vingt tanneurs dans cette ville; autrefois, il y en avait plus de cent.

Les trois quarts des bêtes blanches sont mortes dans cette élection et dans toute la Brie.

L'ancien domaine réservé au roi ne consiste qu'en cinq moulins, qui sont affermés cinquante et un muids six setiers et sont chargés de quarante-trois muids de redevance annuelle. S. M. est chargée des réparations, qui ont monté, depuis un an, à 3,400ˡ. Ainsi, M. de Ménars estime qu'il serait à propos de faire un bail de ces moulins à la charge des entretenir, ou, pour le mieux, de les vendre, et de charger les acquéreurs d'acquitter les charges.

M. l'abbé de Saint-Jacques, par une pure libéralité, s'est obligé, pendant sa vie, de fournir les deux tiers des sommes employées par les maire et échevins pour l'utilité de cette ville, dont il a aussi fait rétablir les fontaines.

Cette ville de Provins paye le gros-manquant, parce qu'elle n'est pas fermée; il n'y a point de bourgs fermés dans l'élection.

Le seul octroi est la courte pinte, affermée 2,200ˡ. Les deniers patrimoniaux sont de 400ˡ.

Il se vend dans cette élection pour 118,080ˡ de sel. Le minot vaut 41ˡ. Le débit se fait sans frais.

Les élus faisaient quantité de procès-verbaux du mauvais état des biens de la terre, et s'en faisaient payer chèrement; M. de Ménars y a remédié en leur défendant d'en faire, si ce n'est pour quelque malheur particulier.

Il n'y a aucun abus dans la levée des tailles.

Les élus ont mieux fait leur devoir cette année que par le passé.

M. de Ménars a pris un état des translations de domiciles, et un des commis des fermes, pour taxer d'office ceux qui le doivent être.

VISITE DE L'ÉLECTION DE NOGENT.

Du 2 août 1684[1].

Il y a cinquante et une paroisses dans l'élection de Nogent, desquelles il y en a trente de l'arche-

---

[1] On a un autre rapport de l'année 1686.

vêché de Sens, et vingt et une de l'évêché de Troyes. Elles payent 91,000 ʰ de taille.

La justice est royale; elle est engagée, avec le domaine, à M. le marquis de Chavigny. Il nomme au roi les officiers, qui sont : un bailli, un lieutenant général, un particulier, un assesseur, un procureur, un avocat du roi et un substitut. L'appel des jugements rendus par le bailli va au présidial de Troyes.

Le domaine n'est pas affermé; M. le marquis de Chavigny en jouit par ses mains. Il vaut 6 à 7,000 ʰ de rente.

Quatorze paroisses sur la Seine et sept sur de petits ruisseaux ont leur principal revenu en prairies, et les trente autres en terres labourables, bois, vignes et pâtures.

Il se recueille, dans vingt-sept paroisses où il y a des vignes, six mille neuf cents muids de vin, lesquels se consomment sur les lieux. Il s'en transporte environ quatre cents muids dans les élections de Provins et de Troyes.

Il se fait un grand commerce de blé, d'avoine et d'autres grains qui viennent de Champagne. Il y a dans la ville beaucoup de greniers. C'est aussi de Nogent que les foins se transportent à Paris, par la Seine.

Dans les prés bas, il y a autant de foin que l'année passée; il y en a très-peu dans les prés hauts, à cause de la grande sécheresse. Il y a dans l'élection les deux tiers de prés bas. Seize paroisses auront autant de blé que l'année passée, et quatorze en auront le tiers; les avoines, les orges et les autres menus grains sont en très-bon état. Il n'y a point eu de grêle ni d'autres accidents.

Le boisseau de blé froment, mesure de Nogent, qui fait deux boisseaux mesure de Paris, s'est vendu, le 17 juin 1684, 37 sols, et 40 sols le 24 dudit mois.

Le boisseau d'avoine, mesure de Nogent, qui est le même que celui de Paris, s'est vendu 12 sols.

Le premier marché du mois de juillet, le boisseau de froment s'est vendu 38 sols, et 35 sols le dernier marché; le boisseau d'avoine, 12 sols.

Les bêtes blanches sont considérablement diminuées cet hiver; les autres bestiaux sont au même état. On ne les saisit ni pour la taille, ni pour dette particulière.

J'ai visité le pont sur la Seine; les glaces ont emporté quelques pierres à la seconde pile à gauche en entrant dans la ville. Je crois qu'il est nécessaire d'y travailler incessamment; j'en ai fait faire un devis, et de quelques réparations à faire aux parapets; cela est estimé 60 ʰ. Sur la chaussée qui va à Paris, vis-à-vis des Capucins, il y a vingt et une toises de pavé à relever et une muraille à faire pour soutenir et élargir en cet endroit le chemin, qui est fort étroit; les carrosses et les charrois n'y peuvent passer sans danger de tomber dans la rivière. J'en ai fait faire un devis.

J'ai aussi visité le pont de Bernière, à un quart de lieue de la ville; c'est la route par où les troupes passent et par où l'on voiture les sels pour les greniers de Champagne. J'ai fait faire en ma présence un devis des réparations de ce pont.

Le gros-manquant des inventaires se paye à Nogent, Pont-sur-Seine, Villeneuve-au-Châtelot, Bray, Vimpelles et Courgenay, parce que tous ces lieux qui payent les entrées ne sont pas fermés.

La ville n'a point de deniers d'octroi. Son patrimoine est de deux cent cinquante arpents de prés, affermés par-devant les officiers du bailliage de Nogent, le 14 juillet 1680, à 4,000 ʰ, pour six ans. Cette somme s'emploie à payer 1,507 ʰ de rente que la ville doit, à la réparation des pavés, murailles et portes, pour le prédicateur, et à plusieurs autres charges.

Les octrois de Bray consistent à la moitié de la courte pinte, affermée 1,000 ʰ, suivant le dernier bail fait le 25 mars dernier, par l'élu de l'élection particulière. Les échevins n'ont pas présenté leurs lettres de concession : je les y ferai contraindre.

Les deniers patrimoniaux sont de 580 ʰ de revenu.

J'ai visité le pont de Bray, qui est en très-méchant état : les deux tiers sont de bois, sans garde-fous; les charrois et même les gens à cheval n'y passent pas sans courre risque de tomber dans la rivière. J'ai fait faire en ma présence un devis pour les rétablir. Les dernières glaces ont emporté une partie des deux piles du pont de pierre; si l'on n'y travaille promptement, il y a lieu de craindre que les eaux n'emportent cet hiver deux arches qui restent.

Le sieur Perrin, receveur du grenier à sel, est homme de bien; il vit dans l'ordre.

Il se vend quarante et un muids de sel, année commune, à 41ᴵᴵ le minot, valant 80,688ᴵᴵ. Le receveur en prête environ pour 10,000ᴵᴵ par an; il fait très-peu de frais pour s'en faire payer.

Il n'y a point eu de duels.

On ne voit point de fausse monnaie.

L'étape est fournie en bonnes espèces.

J'ai ordonné aux officiers et aux receveurs de ne plus recevoir de présent; ils me l'ont promis d'une manière à me faire croire qu'ils tiendront leur parole. S'ils ne le font pas, j'en serai averti, et ils seront punis.

Les années précédentes, les élus retardaient la vérification des rôles et forçaient les collecteurs à diminuer leurs parents, leurs fermiers et ceux qui leur étaient recommandés. Je suis venu à bout de réprimer cet abus. Cette année, les rôles ont été vérifiés aussitôt qu'ils leur ont été présentés, et ils n'ont fait aucune sollicitation aux collecteurs, qui ont eu une liberté tout entière.

Les élus jugent les surtaux à l'audience et sans frais. J'ai examiné à fond leur conduite; je n'ai pas sujet présentement de m'en plaindre.

Il y a un élu à Bray, un lieutenant, un procureur du roi et un greffier. Ce sera un grand soulagement pour les sujets de S. M. de réunir toutes les élections particulières aux élections en chef. Les officiers de Nogent ont signé une soumission par laquelle ils s'obligent de rembourser les officiers de cette élection particulière.

Jacques de Moncron, sieur de la Bleterie, a une des charges de receveur des tailles; il a acheté et exerce la charge de lieutenant général de Provins. Le sieur Laurenceau d'Hauterive a l'autre charge. Ils font tous deux peu de frais, et je n'ai eu aucune plainte de leur conduite.

Les rôles ont été faits de bonne heure, excepté celui de Bray, qui n'a été fait que le 26 avril, et celui de Marnay le 15 mai; je punirai ces collecteurs.

Il n'y a point de ratures ni de trop imposés dans les rôles; la somme totale, le nombre des feux et des charrues et la vérification sont à la fin de chacun.

Il y a eu sept collecteurs déchargés, tant de ceux nommés d'office que par les habitants, en 1683, savoir : cinq d'office, et deux par les habitants. En 1684, il y en a eu quatre nommés d'office, lesquels ont été déchargés, et deux nommés par les habitants, qui ont été aussi déchargés.

Il n'y a pas eu d'abus dans la réception des commissions. Les collecteurs choisissent celui qui leur plaît pour faire leurs rôles. J'ai pris un mémoire des taxes d'office et un des commis des fermes.

VISITE DES PRISONS.

Nicolas Alais, transféré des prisons de la Conciergerie en celles de Nogent, le 30 juillet dernier, en exécution d'un arrêt de la Cour des aides, par lequel il est condamné en 10ᴵᴵ d'amende et à être attaché deux heures au carcan, pour avoir dérobé du sel dans la dernière descente. L'arrêt sera exécuté samedi prochain.

Étiennette Rivière, servante de Michel Barat, marchand demeurant à Nogent, emprisonnée le 10 juillet dernier, pour avoir pris des obligations à son maître et les avoir données au débiteur.

François de Saint-Privé, sieur de Richebourg, emprisonné le 2 juin dernier, à la requête du sieur de Fontaine-d'Ain, son beau-père. Il est accusé d'avoir enlevé sa cousine germaine et de l'avoir épousée, il y a dix ans. Son procès est instruit; il sera jugé au premier jour.

VISITE DE L'ÉLECTION DE SENS.

Du 9 août 1684[1].

Les cent vingt-cinq paroisses qui composent l'élection, portent cette année 158,700ᴵᴵ. Elles sont toutes du diocèse de Sens.

Le ressort du présidial est de cent soixante-six paroisses.

---

[1] Pareil rapport existe à la date du 23 juin 1682 (G⁷ 425); un rapport moins considérable, à la date du 3 juin 1681.

Le lieutenant général a réuni à sa charge les deux offices de président. Il y a un lieutenant criminel, un particulier, dix-huit conseillers, un procureur, un substitut et deux avocats du roi. La dernière charge de conseiller a été vendue, il y a six ans, 4,000ᴸ. Il y a un prévôt juge ordinaire, un lieutenant civil, un criminel, trois conseillers, un procureur du roi à la prévôté.

Le tiers de l'élection est en vignoble, et les deux tiers en terres labourables et en bois.

La rivière d'Yonne passe le long des murailles de la ville; elle porte à Paris les vins de cette élection. La rivière de Vannes ne porte pas bateau; elle passe à Villeneuve-l'Archevêque; elle tombe dans l'Yonne à cent pas au-dessus de la ville.

Le plus grand commerce est celui de l'avoine et des menus grains, qui se portent à Paris.

Il y aura la moitié du blé, la moitié du vin et le tiers du foin de l'année passée, beaucoup d'avoine et d'autres grains. Huit paroisses ont été grêlées, quatre entièrement et quatre à moitié. Il y a eu des incendies dans six paroisses; la ville de Villeneuve-l'Archevêque et la paroisse des Siéges ont fait une perte beaucoup plus considérable que les autres.

Le boisseau de blé froment, mesure de Sens, dont les quatorze font le setier de Paris, s'est vendu les deux derniers marchés de juillet 20 sols, et 6ˢ 9ᵈ le boisseau d'avoine, mesure de Sens, dont les vingt-six font le setier de Paris.

Les deux derniers marchés du mois d'août, le boisseau de blé froment s'est vendu 20 sols, et le boisseau d'avoine 6 sols.

Je ne rends pas compte de ce qui regarde les aides, parce que, le jour et l'heure que j'avais donnés au commis à la recette pour travailler, le sieur Gamard, frère d'un des sous-fermiers, m'est venu dire que ce commis venait de partir pour aller à la campagne, et qu'il écrivait à Paris au sieur Gamard, son frère, pour savoir ce qu'il avait à faire. Ainsi, n'ayant vu ni registre ni commis, je n'ai aucune connaissance de cette matière, laquelle est de très-grande conséquence dans cette élection.

L'hiver dernier a fait périr la plus grande partie des bêtes blanches; les autres bestiaux sont en bon état. On observe exactement l'ordonnance qui défend de les saisir.

Les prisons sont en bon état, à la réserve d'une muraille, qui a été recrépie depuis peu. L'entrepreneur a ôté des terres et a découvert les fondements; cette muraille est fendue depuis le haut jusqu'en bas. Les officiers du présidial ont fait rétablir de leur argent le palais où se rend la justice; les couvertures sont entretenues aux dépens du roi, moyennant 50ᴸ par an.

La chaussée de pavé est en bon état. J'ai visité les ponts de la ville de Sens et l'aqueduc qui conduit l'eau dans les rues. Les réparations que j'ai remarquées les plus nécessaires et les plus pressées sont aux trois piles et avant-becs qui soutiennent les deux grandes arches, lesquels avant-becs sont baissés de deux pieds sur le devant, étant dégradés de plusieurs assises de pierre de taille dans le fond de l'eau. Je les ai fait sonder en ma présence. La retombée de la pile de la dernière arche du côté du faubourg d'Yonne, qui fait un quai le long du cimetière de l'église de Saint-Maurice, et qui soutient une des encoignures de cette église, est dégradée en vingt toises de long et surplombée de six pouces. La pile et avant-bec qui porte les quatrième et cinquième arches du petit pont est fort endommagée sous œuvre; il est nécessaire d'y mettre six assises de pierre de taille. J'ai fait faire des devis de toutes les réparations des ponts et aqueduc. Comme la plupart des dégradations sont dans l'eau, la dépense des batardeaux sera considérable; cependant je ne doute pas que l'on ne fasse faire ces ouvrages à beaucoup meilleur marché que l'estimation des devis.

Il n'y a pas d'autres ouvrages publics.

Les octrois de Sens consistent en 2ˢ 6ᵈ à prendre sur chacun muid de vin passant sous les ponts, et en la moitié de la courte pinte. Ils sont affermés par le dernier bail du 18 décembre 1677, qui en a été fait par-devant M. Hotman pour neuf ans, la somme de 6,500ᴸ pour la première année, et 7,100ᴸ pour les huit suivantes. Ces deux octrois ont été accordés, savoir : moitié pour payer les dettes de la ville, et l'autre moitié pour l'entretènement et réparation des portes, ponts, pavés, murailles, fossés et autres charges, dépenses et affaires nécessaires de cette ville, suivant qu'il paraît par les lettres patentes du 26 mai 1667, portant confirmation de l'octroi de 2° 6ᵈ, et par un arrêt du Conseil du 22 décembre 1640, qui énonce les lettres de l'octroi de courte pinte, des 20 et 29 août 1637.

Les échevins n'ont pu me représenter les anciennes lettres de ces deux octrois; ils m'ont dit qu'elles étaient à la Chambre des comptes.

Le patrimoine de la ville est de 106ˡˡ de revenu. Il consiste en 16ˡˡ de rente sur la maison appelée la Bastille, 15ˡˡ du loyer des corps de garde, et 75ˡˡ d'un droit de maille à prendre sur chacun pain blanc, lequel droit sert à payer les gages de celui qui a soin de l'horloge.

Le sieur Langault est commis du grenier à sel de Sens, il y a quinze ans; c'est un honnête homme et de très-bonnes mœurs.

Le sieur Le Bossu est commis au grenier à sel de Montereau; il passe pour homme de bien et de bonne conduite.

Il se vend au grenier à sel de Sens soixante-dix muids de sel par an, faisant 137,760ˡˡ, à 41ˡˡ le minot. Le commis en la recette en prête pour 17 ou 18,000ˡˡ par an; il ne fait pas pour plus de 40ˡˡ de frais.

Il se vend au grenier à sel de Montereau cinquante-six muids de sel, année commune, faisant 110,208ˡˡ, à 41ˡˡ le minot. Le commis en prête pour 10,000ˡˡ par an; il va lui-même dans les paroisses avertir les redevables de payer; il ne fait pas de frais.

Il n'y a point eu de duels.

On ne voit pas de fausse monnaie.

L'étape est fournie en espèce; il restait quelques billets aux habitants des années 1674 et 1675, que j'ai fait payer.

J'ai averti les officiers de l'élection de faire leurs chevauchées avec application, afin qu'ils puissent me rendre compte de ce qu'ils auront trouvé dans chaque paroisse. J'ai examiné à fond leur conduite; ils vivent dans l'ordre.

Le Fèvre, receveur de 1683, a fait pour 1,564ˡˡ 19ˢ de frais. Richard, receveur de 1684, a fait pour 593ˡˡ 15ˢ de frais.

J'ai ordonné au receveur de l'année prochaine de m'avertir des collecteurs qui retarderont la confection de leurs rôles, pour les punir et en faire des exemples.

Il n'y a pas eu d'abus dans la réception des commissions. On a jugé à l'élection quatre instances de surtaux en 1683, et deux en 1684.

En 1683, deux solidités jugées; il n'y en a point eu en 1684.

En 1683, il y a eu douze collecteurs déchargés, savoir: six nommés d'office, et six par les habitants. En 1684, cinq collecteurs déchargés, savoir: deux nommés d'office, et trois par les habitants.

Je n'ai pas eu de plainte que les gentilshommes se mêlent du détail de la taille.

Les rôles des tailles sont dans l'ordre.

Buaston est receveur général des aides de l'élection. Bourdais est receveur de la ville.

L'on m'a fait beaucoup de plaintes des frais et des compositions qu'eux et les autres commis font pour le gros-manquant; j'ai dit au président de l'élection d'en prendre connaissance et de m'en rendre compte. L'on m'a averti que ces commis, lorsqu'ils font les inventaires, exigent des sommes des particuliers, les menaçant, s'ils ne donnent ce qu'ils leur demandent, qu'ils dresseront des procès-verbaux et qu'ils les feront condamner en supposant qu'ils ont caché une partie de leur vin, et que les particuliers aiment mieux payer cette somme que de soutenir un procès qui leur coûterait davantage que ce qui est exigé par ces commis. J'ai dit aux officiers d'examiner si ces plaintes sont véritables, et, en ce cas, d'en informer.

VISITE DES PRISONS.

François Le Lorrain, écuyer, sieur d'Aubigny, emprisonné le 19 avril dernier, en vertu d'un arrêt du parlement. Le lieutenant criminel instruit son procès; il est en état, et il sera transféré au premier jour à la Conciergerie. Il est accusé, en désarmant un paysan qui chassait sur sa terre, de lui avoir donné quelques coups, dont il a été légèrement blessé. Il avait accusé sa femme de l'avoir empoisonné; elle a été renvoyée de l'accusation par sentence du présidial de Sens, et, pour se venger de son mari, elle recherche sa vie.

Noël Tourneux, de la paroisse de Saint-Benoît-sur-Vannes, élection de Troyes, emprisonné le 5 juin dernier, à la requête du sieur de Vulaines, gentilhomme, pour 200 ʰ de ferme. Les aliments lui sont fournis.

Pierre Mourcellot, meunier, de la paroisse d'Ancy-le-Franc, élection de Tonnerre, emprisonné le 11 février dernier, à la requête du sieur Bodeau, receveur de Pacy, pour 1,700 ʰ. On lui fournit les aliments.

VISITE DE L'ÉLECTION DE JOIGNY.

Du 13 août 1684 [1].

Il y a quatre-vingt-douze paroisses dans cette élection, lesquelles sont toutes du diocèse de Sens. Elles portent 133,459 ʰ de taille.

Trois bailliages et trente-sept prévôtés composent le ressort du bailliage de Joigny et s'étendent dans vingt paroisses. L'appel des jugements du bailli et du prévôt, juge ordinaire de Joigny, va à Montargis.

La terre de Joigny est à Mᵐᵉ la duchesse de Lesdiguières; elle vaut 51,000 ʰ de rente, dont il y a 42,000 ʰ en bois et 9,000 ʰ en ferme, terre, prés, rentes et moulins, sans y comprendre les droits de quint et requint.

Les deux tiers de l'élection sont en vignoble; l'autre tiers est en prés, terre labourable et en bois. Le vin, le bois et l'avoine se transportent à Paris par la rivière d'Yonne : c'est en quoi consiste le principal commerce.

Il se recueille, année commune, trente-six mille muids de vin; il s'en consomme dans l'élection seize mille, et vingt mille qui se vendent en gros aux marchands de Paris.

La rivière d'Armançon tombe dans celle d'Yonne, dans la paroisse de Cheny, à deux lieues de Joigny. Elle ne porte pas bateau; mais l'on y jette à flot des bois de la forêt de Mosne (Maulne), et ceux qui sont dans l'élection de Tonnerre, dont on fait des trains à Brienon-l'Archevêque, qui viennent dans la rivière d'Yonne, et de là à Paris.

Il y aura la moitié du vin et des foins de l'année passée, peu de froment, plus d'avoine et d'orge, et beaucoup de seigle.

Je n'ai pas eu de plainte de grêle ni d'incendie.

Le boisseau de blé froment, mesure de Joigny, dont les huit font le setier de Paris, s'est vendu, les deux derniers marchés du mois de juillet dernier, 37 sols; le boisseau d'avoine, mesure de Joigny, dont les quatorze font le setier de Paris, s'est vendu 9ˢ 6ᵈ. Les deux derniers marchés du mois d'août, le boisseau de froment s'est vendu 37ˢ 6ᵈ, et le boisseau d'avoine 9ˢ 6ᵈ.

Les deux tiers des bêtes blanches sont mortes cet hiver; les autres bestiaux sont au même état qu'ils étaient l'année passée. On ne les saisit pas.

Le roi n'entretient aucuns ouvrages publics dans l'élection. Le grand pont sur la rivière d'Yonne, dont les deux tiers sont de pierre, et l'autre tiers de bois, est entretenu par les maire et échevins de la ville sur les deniers d'octroi. Il est en bon état.

Les restes du gros-manquant jusqu'au 1ᵉʳ octobre 1683 montent à 2,414 ʰ 1ˢ 1ᵈ, suivant l'état certifié par le receveur des aides.

Les octrois de Joigny consistent en 12 deniers sur chacun muid de vin qui passe dessous les ponts, et en 10 deniers sur chacun muid qui passe dessus les ponts. La moitié de ces droits appartenant à la ville a été doublée pour six ans, par arrêt du Conseil, pour être les deniers employés à la réfection du grand pont de Joigny. L'adjudication de ces octrois a été faite, au mois d'octobre 1678, à la somme de 3,000 ʰ, par-devant le sieur Garsemant, subdélégué de M. de Croissy. La ville jouit aussi de la moitié de la courte pinte, affermée 475 ʰ, suivant le dernier bail qui en a été fait le 1ᵉʳ octobre 1680, par-devant M. Belin, trésorier de France. Ces octrois ont été accordés pour les réparations des ponts, chaussées, portes, murailles, et pour payer les charges ordinaires. Les échevins

---

[1] Pareil rapport existe à la date du 27 juin 1682 (G¹ 425); un autre, moins considérable, à la date du 6 juin 1681.

n'ont pu me représenter leurs titres, les ayant produits au Conseil dans les affaires de la communauté.

Le patrimoine de cette ville consiste en trois mille arpents de bois taillis, bruyères et pâturages, desquels, par arrêt du Conseil servant de règlement, de l'année 1669, il est ordonné qu'il en sera coupé par chacun an six-vingts arpents pour le chauffage de la communauté, et qu'il en sera aussi vendu cinquante arpents par chacun an, valant, suivant la dernière adjudication qui en a été faite par-devant moi, la somme de 2,500ᵗ, pour les deniers provenant desdits bois être employés à l'acquit des dettes et aux charges ordinaires de la ville.

Les octrois de Brienon-l'Archevêque consistent en la moitié de la courte pinte, affermée 75ᵗ par an, suivant la dernière adjudication du mois de septembre 1682, faite par-devant le sieur Gautier, lieutenant de l'élection de Joigny. Les échevins n'ont pu me représenter les lettres de concession; ils m'ont dit que cet octroi leur a été accordé pour la réparation de leurs murailles, portes, ponts et pavés de la ville. Leur patrimoine est de 30ᵗ de revenu, provenant des fossés; l'adjudication s'en fait par-devant le bailli.

Le sieur de Bourrienne, receveur du grenier à sel de Joigny, vend, année commune, quarante muids de sel, valant 78,720ᵗ, à 41ᵗ le minot. Il en prête pour 55,000ᵗ par an. Je n'ai point eu de plaintes des frais qu'il fait pour le recouvrement.

On ne voit pas de fausse monnaie.

Il n'y a point de duel.

L'étape est fournie en bonnes espèces.

Les élus ne retardent plus la vérification des rôles. Ils ne jugent pas les surtaux à l'audience conformément aux règlements. Ils m'ont dit pour excuse que la Cour des aides avait appointé un surtaux de 8ᵗ qu'ils avaient jugé à l'élection à l'audience, et que le greffier de cette cour leur avait dit qu'ils en pouvaient user de même. Je leur ai répondu que l'exemple de la Cour des aides ne les devait pas obliger de rien faire contraire aux règlements, qui étaient la seule règle qu'ils devaient suivre; que, s'ils y manquaient à l'avenir, je les punirais sévèrement.

Le sieur Thiériat a les deux charges de receveur. Les années précédentes, il faisait beaucoup de frais et d'emprisonnements; il est plus modéré.

J'ai dit aux officiers que Sa Majesté ne veut pas qu'ils reçoivent de présents. Si le receveur ou les élus en reçoivent à l'avenir, j'en serai averti.

Dix paroisses n'avaient pas fait leurs rôles au mois de février; c'est un très-grand abus. Pour y remédier cette année, j'ai dit au receveur de m'avertir des collecteurs qui retardent la confection des rôles; j'en ferai un exemple, qui sera très-utile et qui avancera les recouvrements.

Il est de très-grande conséquence que les collecteurs soient nommés de bonne heure; le reste dépendra de la vigilance des receveurs, lesquels ont intérêt de m'avertir du retardement que les collecteurs apporteront à faire leurs rôles.

Quelques syndics, à qui les huissiers ont remis les rôles des tailles, les ont gardés et ne les ont pas délivrés aux collecteurs. Sur la plainte qu'ils en ont faite, les syndics ont été condamnés en tous les dommages et intérêts des collecteurs.

Pour soulager les plus pauvres, j'ai pris des mémoires des taxes d'office, afin qu'elles se fassent avec une pleine et entière connaissance. J'entendrai ceux que l'on propose de taxer, lorsque je viendrai pour faire les départements.

Les gentilshommes ne se mêlent pas, ni de la nomination des collecteurs, ni de la confection des rôles.

Les huissiers des tailles obligent les collecteurs de venir à eux pour faire les rôles; c'est un très-grand abus, parce que, les huissiers étant craints, les collecteurs n'osent leur résister, et qu'étant les maîtres des rôles, ils en abusent et oppriment qui bon leur semble. J'ai dit au receveur de tenir la main que cela ne soit plus à l'avenir, et au procureur du roi de m'en avertir; je le reconnaîtrai bien moi-même, en confrontant les rôles avec l'écriture de ces huissiers. Si je trouve, l'année qui vient, qu'ils n'aient pas observé mes ordres et qu'ils aient fait quelque rôle, je les condamnerai à une très-forte amende.

J'ai pris un mémoire des buralistes taillables dans les paroisses, pour les taxer d'office à la somme la plus forte qu'ils portaient quatre ans avant leur commission, et j'ai pour cela examiné les rôles de ces quatre années.

Le Mercier, receveur des aides, passe pour homme de bien; je n'ai pas reçu de plainte de sa conduite. L'on dit qu'il compose et qu'il s'accommode avec ceux qui sont trouvés en fraude; personne ne s'en plaint.

Il y a eu sept décharges de collecteurs en 1683, et six en 1684;

Cinq sentences de solidité jugées en 1683, et six en 1684;

Cinq instances en surtaux jugées en 1683, et une en 1684.

Les rôles sont dans l'ordre.

VISITE DES PRISONS.

Fiacre Levrat, habitant de la paroisse d'Aillant, emprisonné le 14 mars dernier, pour deux provisions d'aliments contre lui décernées par le prévôt de ce lieu, pour violences et voies de fait par lui commises à la personne de Jacques Cochart, habitant de la paroisse d'Aillant.

VISITE DE L'ÉLECTION DE SAINT-FLORENTIN.

Du 16 août 1684 [1].

Cette élection est composée de trente-huit paroisses, lesquelles portent 72,357 ll de taille. Vingt et une sont de l'archevêché de Sens, deux de l'évêché d'Auxerre, et quinze de l'évêché de Langres.

Le bailliage est composé de vingt et une paroisses. La terre et vicomté de Saint-Florentin appartient à M. de Châteauneuf. Il y a un bailli, un lieutenant et un procureur fiscal.

Les biens de l'élection consistent en blé, vin, prés et chanvres.

Il se recueille, année commune, dix mille cinq cents muids de vin; il s'en consomme environ sept mille muids sur les lieux, et trois mille cinq cents muids dont partie se transporte dans les élections de Nogent et Provins, et le surplus à Paris, par la rivière d'Yonne, qui est à quatre lieues de Saint-Florentin.

La rivière d'Armançon passe à deux cents pas de la ville, et la rivière d'Armance sert de fossé au faubourg. Elles ne portent pas bateau; l'on y jette du bois à bois perdu, que l'on arrête à Brienon-l'Archevêque, à deux lieues de Saint-Florentin, pour le mettre en train et le conduire à Paris.

Il se fait un commerce considérable d'avoine et de chanvre, que l'on mène à Paris par l'Yonne.

Les vignes sont assez belles. La récolte des blés a été de la moitié de l'année passée, l'avoine et les autres menus grains aux deux tiers, et le foin à la sixième partie.

Le boisseau de blé froment, mesure comble de Saint-Florentin, dont les sept boisseaux font le setier mesure de Paris, s'est vendu, les deux derniers marchés du mois de juillet dernier, 37 sols.

Le boisseau d'avoine, mesure comble, dont les treize font le setier de Paris, s'est vendu 15 sols.

Les deux derniers marchés de ce mois, le boisseau de froment s'est vendu 37 sols, et le boisseau d'avoine 13 sols.

Les deux tiers des bêtes blanches sont mortes, et la moitié des vaches.

Il vient des bêtes blanches d'Auvergne et de Limousin, que l'on achète 4 ll la couple, pour remplacer ce qui a été perdu.

On ne saisit pas les bestiaux.

Il n'y a point eu de grêle.

Il n'y a point d'ouvrages publics entretenus aux dépens du roi.

Les principaux officiers étaient brouillés, et cela partageait cette petite ville. J'ai écouté leurs plaintes respectives, j'ai accommodé tous leurs différends, je leur ai ordonné de bien vivre ensemble, et je les ai fait embrasser.

Par une quête volontaire qui s'est faite en ma présence par le curé, il a entre les mains un fonds suffisant pour rétablir l'horloge, qui n'allait pas depuis huit mois.

---

[1] Pareil rapport existe à la date du 30 juin 1682, dans le carton du Contrôle général G⁷ 425.

La ville de Saint-Florentin n'a aucuns octrois; elle jouit seulement, par ancien usage et sans titres, d'un droit de 2ˢ 6ᵈ pour l'étalonnage des mesures, affermé 22ᵗ; du droit de places que les marchands forains occupent au marché, affermé 16ᵗ; et de 26ᵗ du loyer des corps de garde.

Il n'y a pas d'autres greniers à sel dans l'élection que celui de Saint-Florentin; il s'y vend vingt-cinq muids de sel par an, valant 49,200ᵗ, à 41ᵗ le minot. Le sieur Desruaux, commis à la recette, en prête pour 15,000ᵗ par an; il donne trois mois de terme aux particuliers à qui il fait ces prêts, lequel temps expiré, il fait contraindre par les voies ordinaires ceux qui sont en demeure de payer.

Il n'y a pas eu de duel.

On ne voit pas de fausse monnaie.

J'ai fait battre le tambour pour publier que ceux à qui il est dû des billets d'étape aient à les rapporter. J'en ai fait faire des états année par année. J'avais observé le même ordre dans mes visites précédentes: je croyais que tout était remboursé; cependant quelques particuliers avaient négligé de rapporter leurs billets, ou étaient absents. J'ai condamné par corps ceux qui ont touché cet argent à le rembourser incessamment.

En 1683, il n'y a pas eu de surtaux jugés; en 1684, il y en a eu deux. Les officiers de l'élection ne les ont pas jugés à l'audience; l'un est de 25ᵗ, réduit à 14ᵗ, et l'autre de 60ᵗ, réduit à 30ᵗ. Ils ont pris 12ᵗ d'épice pour chacun surtaux, ce qui est contraire au règlement. Je leur ai dit que je les condamnerais à une forte amende et à la restitution du quadruple, si cela leur arrive à l'avenir.

Les officiers prennent 4ᵗ d'épice pour chaque translation de domicile.

J'ai dit aux officiers de faire leurs chevauchées, et de ne plus recevoir de présents. Les collecteurs et les élus en recevaient; je leur ai dit que, si cela continuait, j'en serais averti, et que je leur ferais leur procès; et effectivement, j'ai chargé des gens de bien de me faire savoir quelle sera sur cela leur conduite.

Les sieurs de Feu frères, receveurs des tailles, contre l'ordre que je leur ai donné de ne mettre pas de prisonniers ailleurs que dans la ville de Saint-Florentin, en ont mis à Chablis, qui est de l'élection de Tonnerre. Je leur ait dit que, si cela arrive après les en avoir avertis plusieurs fois, je serai obligé de proposer de commettre à leur charge et de les condamner à l'amende.

Il y a une imposition de 25 sols dans tous les rôles, pour le droit de la commission; les collecteurs imposent aussi la somme à laquelle monte le papier timbré de leur rôle. Le lieutenant prétendait avoir ce droit de 25 sols par attribution; il est mort: ainsi ce droit ne se recevra plus, et, lorsqu'il y aura un officier pourvu, l'on lui fera rapporter ses titres. Le papier timbré ne sera plus compris dans les rôles; les collecteurs prendront cette dépense sur les 6 deniers pour livre qui leur sont accordés.

Il n'y a eu aucune solidité jugée, ni décharge de collecteurs nommés d'office, en 1683 et 1684.

Les collecteurs de treize paroisses se sont diminués de leurs cotes; j'en ai fait un mémoire pour les taxer d'office. Il n'y a aucuns abus dans la réception des commissions.

Il y a des ratures dans trois rôles vérifiés par l'élu d'Arces; elles ne sont pas de conséquence. Cet officier a diminué quelques sols en trois ou quatre endroits, parce que, dans l'un, il y avait un trop imposé de 40 sols, et, dans les deux autres, de 15 sols et de 10 sols. Ainsi, à cet égard, il n'y a rien à dire à sa conduite.

La somme totale, la vérification, le nombre des feux et des charrues est à la fin de chaque rôle; il n'y a pas de trop imposé.

Le rôle de la ville de Saint-Florentin de la présente année n'a été vérifié qu'au mois de mars. Ce désordre vient de ce que les deux receveurs, qui sont frères, sont parents des plus riches de la ville, et ont voulu forcer les collecteurs et les intimider pour diminuer leurs parents. J'ai reçu la plainte qu'un des collecteurs de la ville m'en a faite; j'ai ordonné au président de l'élection de faire trouver les témoins contre ces receveurs. Lorsque je ferai les départements, je les entendrai, et, s'il y a preuve, j'en rendrai compte à Sa Majesté.

J'ai pris des mémoires des taxes d'office qui sont à faire: les principales sont dans la ville, où les

ÉTAT DES ÉLECTIONS.

parents des receveurs ne portent pas ce qu'ils doivent suivant leurs facultés : ce qui est à l'oppression et à la charge des plus pauvres.

Je ferai des collecteurs en procédant aux départements, et je tiendrai la main qu'ils fassent leur rôle de bonne heure.

J'ai pris un mémoire des noms des commis buralistes et des commis au contrôle des exploits; je les taxerai d'office à la plus forte somme qu'ils portaient quatre ans avant leur commission.

Je n'ai pas eu de plaintes que les gentilshommes se mêlent du détail de la taille.

Les receveurs des tailles font faire les rôles, savoir : Jean-Louis du Feu, par le nommé Galimar, son parent, dans son année d'exercice, et Esme du Feu, par le beau-frère de l'huissier des tailles : en sorte que les collecteurs, peur de déplaire aux receveurs, n'ont pas la liberté de faire faire leurs rôles par celui qu'ils voudraient choisir.

Comme j'ai trouvé que les receveurs ne sont pas dans l'ordre, j'ai chargé les officiers de s'informer, dans toutes les paroisses de l'élection, de leur conduite, et je leur ai donné une copie des états des frais qu'ils m'ont certifiés véritables, pour examiner s'ils le sont. Ils entendront aussi les collecteurs sur les présents qu'on m'a assuré qu'ils ont reçus, et m'en donneront des mémoires exacts, afin que je leur fasse leur procès, si je trouve que ce qu'ils ont fait le mérite.

J'ai pris un mémoire de ce qui est dû de reste du gros-manquant des années précédentes jusqu'au 1ᵉʳ octobre 1683, certifié du receveur des aides, que j'ai examiné sur ses registres. Il monte à 1,270ᵈ 6ˢ 10ᵈ.

Il n'y a aucun prisonnier dans les prisons de Saint-Florentin.

VISITE DE L'ÉLECTION DE VÉZELAY.
Du 22 août 1684 [1].

Il y a dans cette élection cinquante-quatre paroisses, lesquelles portent de taille 56,164ᵈ. Quarante-huit sont du diocèse d'Autun, quatre de celui de Nevers, et deux de Langres; le hameau d'Enfer est alternativement de la paroisse de Mhère, du diocèse d'Autun, et de la paroisse de Montigny, du diocèse de Nevers.

Trois paroisses composent le bailliage de Vézelay; l'appel des jugements du bailli va au présidial d'Auxerre. La justice appartient à M. l'évêque d'Agde, comme abbé de Vézelay. Les officiers sont : un bailli, un lieutenant et un procureur fiscal.

Il y a trente-quatre paroisses de vignoble et de blé, et vingt qui n'ont que des terres légères à seigle, avoine et bois, dans lesquelles on nourrit des bestiaux, et dont les habitants gagnent leur vie à travailler au bois et à le faire flotter.

Il se recueille neuf mille muids de vin année commune. Le tiers se transporte par charroi au port de Cravant, à six lieues de Vézelay, et de là, par la rivière d'Yonne, à Paris. Les deux autres tiers se consomment sur les lieux.

Les aides de l'élection de Vézelay sont engagés à M. le cardinal de Bouillon; le gros n'y a pas cours.

La rivière de Chore (Cure) passe à un quart de lieue de la ville de Vézelay et dans huit paroisses de l'élection. Le bois du Morvan se jette sur de petits ruisseaux et tombe dans la rivière de Chore, qui perd son nom à Cravant, où l'on tire le bois pour en faire des trains et le conduire par la rivière d'Yonne à Paris.

Le bois et le vin font tout le commerce de l'élection.

La récolte des vins sera très-bonne; il y a eu très-peu de blé, de foin et de menus grains. Les paroisses de Blannay, Montillot et Précy-le-Sec ont été grêlées à moitié.

Le boisseau de blé froment, mesure de Vézelay, dont les sept font le setier de Paris, s'est vendu, les deux derniers marchés du mois de juillet dernier, 30 sols. Le boisseau d'avoine, dont les neuf font le setier de Paris, 9 sols.

Les deux derniers marchés du présent mois, le

---

[1] Pareil rapport existe à la date du 6 juillet 1682, dans le carton du Contrôle général G¹ 425.

boisseau de froment s'est vendu 32 sols, et le boisseau d'avoine 9 sols. Les bestiaux sont considérablement augmentés; il y en a un fort grand nombre.

Les habitants des paroisses du Morvan ne façonnent les terres que tous les six ans, pendant lequel temps leurs terres produisent beaucoup d'herbes, qui servent à la nourriture de leurs bestiaux. Il s'en fait un commerce pour Paris, Troyes et Tonnerre. On ne les saisit point, ni pour la taille, ni pour dette particulière.

Il n'y a aucuns ouvrages publics, et le roi n'a aucun domaine dans cette élection.

L'octroi de la ville de Vézelay, qui est la moitié de la courte pinte, est affermé 120^{lt}, suivant la dernière adjudication faite par les élus. Les lettres de concession sont du 4 août 1637, confirmées par arrêt du Conseil du 27 février 1677. Les échevins n'ont pu me représenter leurs titres; ils les ont produits dans un procès qu'ils ont au Conseil.

Les revenus patrimoniaux sont de 848 arpents de bois, qui peuvent valoir 800^{lt} de rente, et 2 arpents de prés, affermés 30^{lt}.

La ville de Lormes jouit aussi de la moitié de la courte pinte, affermée 330^{lt}.

L'octroi de la ville de Corbigny est de 320^{lt}.

Les officiers de l'élection font, tous les ans, les adjudications de ces octrois, et ont pris cette année pour Vézelay 42^{lt}, pour Lormes 55^{lt} et pour Corbigny 48^{lt}, ce qui est un très-grand abus, se faisant un revenu de ce qui est accordé à ces villes pour l'entretien de leurs ponts, pavé, portes et murailles. Je leur ai fait défenses, conformément à l'arrêt du Conseil du 11 janvier 1683, de faire à l'avenir ces adjudications. Si Sa Majesté le trouve bon, j'ordonnerai qu'ils restitueront les sommes qu'ils ont prises, lesquelles seront remises entre les mains des administrateurs des hôpitaux ou Hôtels-Dieu de ces villes, pour être employées à la nourriture des pauvres malades, et que nouvelle publication et affiche sera faite des octrois, pour être par moi adjugés en procédant au prochain département.

Les communautés de Montillot, Asquins, Asnières, Lormes, Saint-Martin-du-Puits et Givry ont des bois d'usage, savoir: Montillot, deux cents arpents; Asquins, quatre cents; Asnières, trois cents; Lormes, quatre cents; Saint-Martin-du-Puits, cent cinquante, et Givry, deux cents arpents. Le syndic de la communauté d'Asquins, en vertu du pouvoir des habitants, a vendu devant le juge-gruyer de Vézelay deux cent dix arpents, moyennant 10^{lt} l'arpent. Le même syndic en a vendu par-devant un notaire quatre-vingt-quatre arpents à 10^{lt}, à dix ans de traite. Ces bois valent 25 et 30^{lt} l'arpent; c'est un vol et un brigandage manifeste que le syndic et quelques particuliers de Vézelay ont fait. J'ai ordonné que, sans avoir égard à ces adjudications, nouvelles publications seront faites des bois d'Asquins, et que les enchères seront reçues par un officier que j'ai commis, pour être par moi l'adjudication faite dans un mois, au plus offrant, après avoir allumé trois feux. Cette pauvre communauté a un pont sur la rivière de Chore, qui a été emporté par les glaces et les grandes eaux. Il est absolument nécessaire, et sert non-seulement pour labourer leurs terres et voiturer leurs vendanges, mais de communication et de passage du Berry, du Nivernais et de l'Auxerrois. Le fonds qui proviendra de la vente de ces bois servira à le rétablir.

Michel Barré, commis au grenier à sel, a une bonne conduite. Il se vend dans le grenier trente et un muids de sel, valant 61,008^{lt}, à 41^{lt} le minot. Il en prête pour 40,000^{lt} par an; il m'a certifié qu'il ne fait que pour 150^{lt} de frais. Je n'en ai reçu aucune plainte.

Il n'y a point eu de duels.

On ne voit pas de fausse monnaie.

J'ai fait rembourser les anciennes étapes. Il n'a passé aucunes troupes dans l'élection depuis trois ans.

Les officiers partiront incessamment pour faire leurs chevauchées. Ils ne prennent rien des procès-verbaux de grêle ou d'incendie. Ils jugent les surtaux à l'audience.

Tous les rôles sont en bon état; le total de l'imposition, le nombre des feux et des charrues sont à la fin de chacun rôle. Ils ont été vérifiés de bonne heure.

ÉTAT DES ÉLECTIONS.

Il y a vingt-cinq ratures dans le rôle de Sainte-Colombe, vérifié par l'élu Gouriay. Cet officier est marchand de bois. C'est le seul abus que j'ai trouvé; je le taxerai d'office.

Gabriel Anthoine a les deux charges de receveur; c'est un vieil officier, qui exerce ces charges depuis trente-cinq ans. Il ménage l'élection et fait peu de frais. Il ne fait pas de prisonniers, et, lorsqu'il y a des collecteurs qui sont en demeure de payer, il les envoie prendre et leur donne la ville pour prison. Il le fait à bonne intention et par charité, parce que la prison de l'abbaye de Vézelay, qui est la seule qu'il y ait dans la ville, est très-humide et malsaine, et les prisonniers ne peuvent y demeurer huit jours sans être malades. Je lui ai dit de choisir une maison de la ville pour servir de prison pour les collecteurs, mais de se donner bien de garde de leur donner la ville pour prison, rien n'étant plus contraire aux règlements, et étant d'un très-dangereux exemple, par ce que j'ai remarqué, et j'ai corrigé quelques receveurs qui en usaient ainsi, lesquels ne faisaient ces sortes d'emprisonnements que pour multiplier les frais, sans que cela servît en aucune manière à avancer les recouvrements. Le sieur Anthoine fera ce que je lui ai ordonné.

Les officiers de l'élection et le receveur recevaient des présents. Je leur ai expliqué l'intention de Sa Majesté; ils m'ont promis de l'exécuter et de n'en plus prendre à l'avenir. S'ils manquent à leur parole, j'en serai informé.

Il n'y a pas eu de surtaux jugés en 1683; il y en a eu un en 1684.

J'ai fait des mémoires des taxes d'office.

Les gentilshommes ne se mêlent pas de la taille; les collecteurs ont la liberté toute entière de faire leurs rôles et de les faire écrire par qui bon leur semble.

Il y a eu en 1683 deux translations de domicile, et deux en 1684.

Je n'ai trouvé aucuns prisonniers dans les prisons de Vézelay.

VISITE DE L'ÉLECTION DE NEMOURS.

Du 27 août 1684 [1].

Cent vingt et une paroisses forment l'élection de Nemours. Elles sont toutes de l'archevêché de Sens, et payent 115,363 ″ de taille.

Le bailliage de Nemours est composé des châtellenies royales de Grès, Château-Landon, Chéroy, Pont-sur-Yonne et Voulx, et de soixante-six justices en quarante-quatre autres paroisses. L'appel du bailli de Nemours va à Melun aux cas présidiaux. Il y a un président, un lieutenant général civil criminel et commissaire enquêteur, un particulier, un assesseur civil et criminel, trois conseillers, dont il y en a un honoraire, un avocat et un procureur du roi. La prévôté a été réunie au bailliage.

La dernière charge de conseiller a été vendue 1,000 écus.

Les deux tiers de l'élection sont en terre labourable, l'autre est en vigne, prés et bois.

Dans quatre-vingt-quinze paroisses dans lesquelles il y a des vignes, il se recueille vingt-six mille muids de vin; les deux tiers se consomment dans l'élection, l'autre tiers se transporte à Versailles et à Paris, la plus grande partie par charroi, et le reste par la rivière de Loing, qui passe dans les fossés de Nemours et tombe dans la Seine à Saint-Mammès, à un quart de lieue au delà de Moret.

Suivant le certificat du commis des aides, il est dû de reste du gros-manquant 2,297 ″ 4ˢ 7ᵈ.

Il se fait un commerce d'avoine que l'on voiture à Paris, et quelques marchands achètent des laines, qu'ils font laver et blanchir, et qu'ils vendent à Orléans et à Romorantin.

Les tanneurs font un commerce de cuirs.

Les blés ont été gelés d'hiver dans dix-neuf paroisses. Les laboureurs, voyant qu'il n'y avait rien à espérer, y ont semé de l'orge et de l'avoine, et ce travail leur a réussi. Les bas prés sont fort bons. Il y aura la moitié du vin de l'année passée.

Six paroisses sont grêlées au tiers.

---

[1] Pareil rapport existe à la date du 20 juin 1682, dans le carton du Contrôle général G⁷ 425.

APPENDICE.

Le minot de froment, mesure de Nemours, dont les sept font le setier de Paris, s'est vendu, les deux derniers marchés du mois de juillet, 42 sols. Le minot d'avoine, mesure de Nemours, dont les treize font le setier de Paris, s'est vendu 13 sols.

Les deux derniers marchés du mois d'août, le minot de blé froment s'est vendu 45 sols, et le minot d'avoine 13 sols.

Les bêtes blanches sont diminuées de moitié; les vaches et les autres bestiaux sont au même état. Les receveurs des tailles saisissent les bestiaux pour la taille; ils ne les font pas vendre. Ils ne sont pas saisis pour dette particulière.

Le pont est bâti sur d'anciennes ruines; il est fort solide. Les parapets sont démolis : j'en ai fait faire un devis par le nommé Pagel, maçon; cet ouvrage est estimé 640 ll. .

Le domaine est de l'apanage de Monsieur.

L'octroi de la ville de Nemours, qui est la moitié de la courte pinte, est affermé 600 ll, par bail fait par les officiers de l'élection le 1ᵉʳ janvier 1684.

Il n'y a aucuns revenus patrimoniaux.

L'octroi de Courtenay est affermé 130 ll par an. Les officiers de l'élection prennent, pour faire l'adjudication, 100 ll pour deux ans. Le président de l'élection m'a dit que cet octroi vaut 600 ll, et que les échevins s'en sont rendus adjudicataires à vil prix, pour en profiter. J'ai fait publier cet octroi, et j'en ferai l'adjudication en faisant les départements.

Le sieur Colin est receveur du grenier à sel; il vend cinquante-cinq muids de sel, année commune, qui valent 108,240 ll, à 41 ll le minot, et il en prête pour 24,000 ll. Il fait pour 100 ou 120 ll de frais pour s'en faire payer. Il est homme d'honneur et de probité.

Il n'y a qu'un grenier à sel.

Il n'y a point eu de duels.

Dans les recettes, on ne voit pas de fausse monnaie.

Les étapes des années précédentes ont été remboursées; elles sont fournies aux troupes en bonnes espèces, suivant le traité fait avec le receveur général.

Les officiers ont commencé leurs chevauchées; ils continueront, et elles seront achevées avant le département. Ils ne retardent pas la vérification des rôles. Ils n'ont pas jugé de surtaux cette année; ceux des années précédentes ont été jugés à l'audience. Ils ne prennent rien des procès-verbaux de grêle et d'incendie.

Les rôles sont dans l'ordre; il n'y a pas de trop imposé.

Benoît, receveur de 1683, est homme de bien. Il a fait, pour son recouvrement, 1,084 ll 18ˢ de frais.

Gilles Colin, receveur de 1684, a une bonne conduite. Il a fait, pour la moitié de son recouvrement, 355 ll de frais. Il se sert de billets dont j'ai envoyé des modèles aux receveurs, par lesquels les collecteurs sont avertis de venir à la recette, et que, s'ils manquent à payer, on enverra des huissiers les prendre prisonniers. La crainte leur fait apporter de l'argent, et il évite ainsi de faire des frais. J'ai remarqué que les receveurs qui n'ont pas une bonne intention, qui composent avec leurs huissiers, leur donnent une certaine somme par an, et qui prennent pour eux le reste des frais, n'ont tous dit que ces billets n'avancent pas les recouvrements et qu'ils ne peuvent être payés s'ils ne font des saisies, des ventes et des emprisonnements. La conduite de ces receveurs m'étant fort suspecte, je l'examine à fond, et j'envoie dans toutes les paroisses pour savoir s'ils reçoivent des présents et de quelle manière ils en usent avec les collecteurs.

Il n'y a point eu de collecteurs déchargés en 1683 et en 1684.

Les rôles ont été faits de bonne heure, excepté celui de la ville, lequel n'a été vérifié que le 4 janvier; c'est un mal général dans toutes les villes. Pour y remédier, je nommerai des collecteurs en faisant les départements. J'ai dit au procureur du roi de veiller à la conduite des collecteurs, de s'informer avec soin s'ils exigent de l'argent ou des repas des contribuables, et de m'en rendre compte. Cet officier est appliqué à son devoir.

Les huissiers des tailles ne prennent rien pour porter mon ordonnance pour la nomination des collecteurs et la commission des tailles.

Il n'y a pas d'abus dans la réception des commissions ; les syndics et marguilliers les donnent aux collecteurs aussitôt qu'ils les ont reçues.

Il n'y a point eu de solidités jugées.

Je ferai des taxes d'office en grande connaissance de cause.

Les gentilshommes ne se mêlent pas du détail de la taille et ne font pas faire les rôles.

Les collecteurs font faire les rôles par ceux qu'ils veulent choisir.

Il n'y a personne dans les prisons.

Le geôlier avait cent cinq ans ; il est mort depuis six mois. Sa veuve, qui est encore geôlière, a quatre-vingt-treize ans. Elle a un valet et une servante.

Les règlements sont observés.

VISITE DE L'ÉLECTION DE MELUN.

Du 2 septembre 1684 [1].

Du nombre de cent seize paroisses qui forment l'élection de Melun, il y en a cinq de l'archevêché de Paris, qui sont : Andrezelles, Champeaux, Fouju, la Chapelle et Saint-Méry, et cent onze du diocèse de Sens. L'élection porte de taille 145,581 ᴸ.

Il y a cent cinquante paroisses dans le bailliage, outre lesquelles les siéges de Nemours et de Moret viennent à Melun par appel aux cas présidiaux, à la réserve de la châtellenie de Château-Landon, qui a été distraite du présidial de Melun, et qui a été donnée au présidial de Montargis, lorsqu'il a été érigé.

Il y a deux présidents, un lieutenant général, un lieutenant criminel, un particulier, un assesseur, huit conseillers, un conseiller honoraire, deux avocats, un procureur du roi et un substitut.

La dernière charge de conseiller a été vendue, il y a six ans, 1,000 écus.

Il y a un prévôt juge ordinaire, deux lieutenants, un civil et un criminel.

Les deux tiers de l'élection sont en terre labourable, et l'autre tiers en vignes. Il s'y recueille, année commune, vingt-huit mille cinq cents muids de vin ; vingt mille muids se consomment sur les lieux, et le reste se transporte par eau à Paris, ou par charroi dans les élections de Rozoy et de Coulommiers.

Le receveur des aides m'a dit que ses registres étaient à Paris, et qu'il ne pouvait me donner que dans huit jours l'état des restes du gros-manquant.

Le seul commerce est celui du blé, qui se porte à Paris.

La rivière de Loing tombe dans la Seine à Saint-Mammès, proche Moret, et la Seine passe dans la ville de Melun.

La récolte du vin sera de la moitié d'une bonne année. Il y a le tiers du blé, les deux tiers du seigle et la moitié des menus grains.

Il n'y a eu ni grêle ni incendie.

Le boisseau de blé froment, mesure de Melun, dont les dix font le setier de Paris, s'est vendu, les deux derniers marchés du mois de juillet, 3ᴸ 6ᵈ. Le boisseau d'avoine, mesure de Melun, dont les dix-sept font le setier de Paris, s'est vendu 9ˢ 3ᵈ.

Les deux derniers marchés du mois d'août, le boisseau de blé froment s'est vendu 38ˢ 9ᵈ, et le boisseau d'avoine 10 sols.

Le pays n'est pas propre aux bestiaux, parce qu'il n'y a point de prairies.

Dans toutes les fermes il y a des bêtes blanches ; le tiers est mort cet hiver. On ne les saisit ni pour la taille, ni pour dette particulière.

J'ai visité le pont de Melun ; j'ai fait faire le devis des réparations nécessaires, par les nommés Joyeux, maçon, et du Four, charpentier. Ils estiment que les réparations à faire aux avant-becs de la seconde, la troisième, la quatrième, cinquième et sixième piles du Pont-au-Fruit, et, sur le Pont-aux-Moulins, à l'avant-bec de la seconde arche du côté de Saint-Ambroise, à l'arche proche les moulins et à la maîtresse arche, montent à 2,920 ᴸ. Ces réparations sont pressées.

Les deux moulins qui sont sur un petit ruisseau

---

[1] Pareils rapports existent à la date du 30 mai 1681 et à celle du 12 juillet 1682, dans le carton G⁷ 495.

appelé le ru d'Anqueil, appartiennent au roi. Ils sont en bon état.

La maison où est le four banal de la paroisse de Saint-Aspais est bien couverte; la halle de la Grande-Boucherie et les prisons sont bien entretenues.

La charpente d'un pavillon du Châtelet, où l'on rend la justice, menace ruine; j'en ai fait faire un devis par le nommé du Four, charpentier. Il estime cette dépense 870 ₶.

La ville de Melun n'a pas d'octrois ni de deniers patrimoniaux.

Denis Joubert est commis au grenier à sel; il est de bonnes mœurs et il fait peu de frais. Il vend quatre-vingt-cinq muids de sel année commune, qui valent 167,280 ₶. Il prête pour 36,000 ₶ de sel par an.

Il n'y a pas de plaintes des regrattiers.

Il n'y a qu'un grenier dans l'élection.

Il n'y a pas eu de duels.

On ne distribue pas de fausse monnaie.

L'étape est fournie en espèces. J'ai eu quelque plainte contre l'étapier; je l'ai condamné à l'amende, que j'ai fait donner aux pauvres malades.

Les officiers de l'élection ont commencé leurs chevauchées; je leur ai laissé un mémoire de ce que je désire savoir dans chaque paroisse, pour faire la distribution de la taille avec une justice exacte. Je les ai avertis, et les receveurs, de ne plus recevoir de présents et de vérifier les rôles aussitôt qu'ils leur sont présentés. J'ai eu plainte qu'ils sollicitaient les collecteurs de la ville de soulager leurs parents, leurs amis et leurs fermiers; je n'en ai pas eu de preuve. J'ai chargé le lieutenant général de Melun, le procureur du roi de l'élection et le receveur des tailles, tous séparément, de veiller sur leur conduite, et de m'en rendre compte. Je ferai avertir les collecteurs qui seront nommés, s'ils sont fatigués des sollicitations des élus, de me le mander, et, s'ils retardent la vérification des rôles, de leur faire une sommation et de me l'envoyer, afin de faire interdire le premier officier qui tombera dans cette faute. Ils ont jugé six surtaux par appointé en 1683 et cinq en 1684, et ont pris depuis 9 jusqu'à 18 ₶ d'épices; et quinze instances de translations de domicile en 1683, pour lesquelles ils ont pris la même somme de 9 ₶ jusqu'à 18 ₶, sans comprendre le tiers pour le procureur du roi et les droits du greffier. Je leur ai dit que, si cela arrive à l'avenir, je les condamnerai à la restitution du quadruple et à l'amende. Ils m'ont promis d'exécuter les règlements et de juger les surtaux et les translations à l'audience et sans frais; s'ils y manquent, ils seront punis pour tout le passé, et je ferai faire un état de tout ce qu'ils ont appointé depuis dix ans qu'ils devaient juger à l'audience, et je leur ferai rendre.

Les rôles sont dans l'ordre; la somme totale, la date de la vérification, le nombre des feux et des charrues est à la fin.

Il y a quelques ratures dans six rôles; elles ne sont d'aucune conséquence. Il n'y a point de trop imposé.

Le rôle de la paroisse de Saint-Ambroise de Melun n'a été vérifié que le 30 avril 1684 (je punirai les collecteurs), celui de la paroisse de Saint-Aspais le 13, et celui de Saint-Étienne le 16 février. Tous les autres rôles ont été vérifiés de bonne heure.

Les élus ne prennent rien des procès-verbaux de grêle et d'incendie, lorsqu'ils sont requis par les habitants de se transporter dans leurs paroisses.

Pierre de Montault a les deux charges de receveur; il a fait, pour son recouvrement de 1683, 359 ₶ 10 s, et, pour la moitié du recouvrement de 1684, 180 ₶ 15 s de frais. C'est un fort honnête homme, qui ménage l'élection; son beau-frère est un ecclésiastique, qui lui aide à faire sa recette. Il est fort charitable, et il serait à désirer que toutes les élections fussent en d'aussi bonnes mains.

La facilité que les plus riches ont de se pourvoir et d'obtenir des modérations, est un des plus grands abus : les pauvres, qui n'ont ni argent ni protecteurs, ne se pourvoient pas en surtaux, quelque surcharge qu'on leur donne, parce qu'ils n'en ont pas la force, et les riches s'y pourvoient, quoiqu'ils ne portent pas ce qu'ils devraient porter suivant leurs facultés, les syndics ne défendant pas les intérêts de leurs paroisses. Les officiers nomment d'office des experts; le plus souvent, celui qui se pourvoit les indique, et, parce que c'est sur leur rapport que les surtaux sont jugés, ceux qui se pourvoient sont sûrs d'obtenir toujours ce qu'ils demandent. Le remède à cet abus est d'obliger les syndics d'être présents et de nommer des experts, à peine de 50 ll d'amende, et que, faute par eux d'en nommer, le procureur du roi, pour l'intérêt de la communauté, sera tenu de le faire; mais, comme ce remède n'est pas sûr, parce que les procureurs du roi peuvent être négligents ou intéressés, je crois qu'il doit être de notre soin et de notre application de nous faire représenter toutes les instances en surtaux, et d'examiner avec des gens de bien et désintéressés si ceux qui se sont pourvus avaient raison; et lorsque, par cabale, par faveur, par présent ou par autre considération, ils auront été diminués injustement, mon sentiment est que l'intendant les doit taxer d'office. Quelques exemples qu'il fera dans chaque élection se répandant dans les paroisses, les riches ne se pourvoiraient pas en surtaux avec tant de facilité, et il n'y aurait que ceux qui, par vengeance ou par la malice des collecteurs, sont trop chargés, auxquels on doit laisser ce moyen d'obtenir la justice qui leur est due. C'est pourquoi l'intendant ne peut examiner avec trop d'application et d'exactitude les surtaux, et ceux qu'il consultera doivent être éclairés et sans aucune passion, car cette matière est très-délicate, parce qu'on ne sait pas le secret des familles, et que celui qui passe pour être riche, souvent ne l'est pas.

Il n'y a point d'abus dans la réception des commissions.

Mes mémoires sont faits pour les taxes d'office.

Les gentilshommes n'entrent pas dans le détail de la taille.

Quelques officiers de l'élection obligent les collecteurs de faire faire leurs rôles par des personnes qu'ils leur proposent, et, lorsqu'ils se sont servis de la liberté qu'ils ont de le faire écrire par celui qu'ils ont choisi, l'élu fait mille chicanes sur l'encre, le papier, l'écriture et la distance des lignes. J'ai dit aux officiers de l'élection qu'ils seront punis très-sévèrement s'ils retombent dans cette faute et s'ils forcent les collecteurs de se servir de ceux qu'ils leur proposent. Cet abus est d'une très-grande conséquence, et doit être réprimé, parce que, les collecteurs étant gens grossiers et qui ne savent pas lire, lorsque les élus sont les maîtres de celui qui écrit le rôle, ils le sont de tous les taux des contribuables, et ils les augmentent et les diminuent comme il leur plaît.

Les prisons sont en bon état; il n'y a point de prisonniers.

VISITE DE L'ÉLECTION D'ÉTAMPES.

Du 5 septembre 1684.

Il y a quarante-six paroisses dans l'élection d'Étampes, lesquelles sont de l'archevêché de Sens. Elles payent 80,850 ll de taille.

La prévôté d'Étampes est composée de la ville, de six autres paroisses aux environs et de seize hameaux. La prévôté et quarante paroisses vont par appel au bailliage.

Il y a un lieutenant général civil et criminel, un lieutenant particulier, un assesseur, un conseiller, un avocat, un procureur du roi et un substitut; un prévôt juge ordinaire, un lieutenant, un assesseur et un conseiller. Les mêmes gens du roi qui servent au bailliage servent à la prévôté.

Les deux tiers de l'élection sont en terres labourables, l'autre tiers en vignes, prés et bois. Il se recueille, année commune, six mille trois cents muids de vin, qui se consomment sur les lieux. Il est dû de reste du gros-manquant, des années précédentes jusqu'au 1er octobre 1683, 463 ll 13s 1d, suivant l'état certifié par le sieur de Beaujour, fermier des aides de cette élection.

Les blés se transportent par charroi à Montlhéry et à Paris.

La rivière d'Étampes était navigable il y a vingt ans; elle le serait encore avec très-peu de dépense. Les vins et les blés qui arrivaient à Étampes par cette rivière tombaient à Corbeil dans la Seine; le peu d'utilité qu'en retiraient les marchands, par la peine qu'il y avait à charger et décharger, leur a fait abandonner cette navigation, et ils ont trouvé qu'il leur était plus commode et plus facile de se servir du pavé d'Étampes à Paris, lequel est bien entretenu.

Dans les vallées, il y aura la moitié du blé de l'année passée, et, sur les hauteurs, il n'y a du blé que pour semer. À tout prendre, la récolte est au tiers; il y a les trois quarts d'orge et d'avoine, presque autant de vin que l'année passée, et la moitié du foin.

Le boisseau de blé froment, mesure d'Étampes, dont les quinze font le setier de Paris, s'est vendu 20 sols les deux derniers marchés du mois d'août; le boisseau d'avoine, mesure d'Étampes, dont les vingt-neuf font le setier de Paris, s'est vendu 6 sols. Le premier marché du mois de septembre, le boisseau de blé froment s'est vendu 20ˢ 6ᵈ, et le boisseau d'avoine 6 sols.

Les bestiaux sont au même état que l'année passée. Il y a ordinairement dans l'élection fort peu de bêtes blanches.

Les terres sont bien labourées et très-bien disposées à recevoir la semence. Il n'y a pas de mottes, et les laboureurs commencent à espérer que l'année prochaine sera bonne et abondante.

M. le duc de Vendôme jouit du domaine; il est affermé 7,250 ᵗ, toutes charges payées, sans y comprendre les profits de fief au-dessus de 100 ᵗ.

Le roi n'entretient aucuns ouvrages publics dans l'élection, que le pavé jusqu'à Étréchy, qui est à deux lieues d'Étampes. En sortant de la ville, proche les Capucins, il y aurait cinquante toises de longueur de pavé à faire pour joindre celui qui est fait; pendant l'hiver, il s'amasse des eaux en cet endroit, et le chemin y est très-difficile. On ne s'en aperçoit pas présentement.

À la Croix-de-Vernaze, entre Saint-Lazare et les Capucins, il y a douze toises de pavé à relever.

À la porte d'Étréchy, du côté d'Étampes, entre la chapelle Saint-Nicolas et le moulin de Pierre-Broce, il y a huit toises de longueur de pavé à relever, et, en sortant d'Étréchy, du côté de Paris, huit autres toises. Il est nécessaire de travailler incessamment à ces trois derniers articles, si Sa Majesté passe dans la ville d'Étampes.

Le gros-manquant ne se paye pas dans la ville; les murailles et les portes sont en bon état. Les autres bourgs fermés, qui sont : Saint-Père, Méréville, Étréchy et Maisse, payent le gros-manquant.

La ville d'Étampes jouit de 2,620 ᵗ de revenu, savoir : 2,020 ᵗ pour la moitié de la courte pinte, suivant le bail fait par les officiers de l'élection le 6 mars 1683, 200 ᵗ pour le droit de barrage, et 400 ᵗ pour le loyer de l'hôtel de ville, affermé aux intéressés aux gabelles pour le grenier à sel.

Les échevins m'ont rapporté un arrêt du Conseil du 17 mars 1637, qui confirme la concession qui leur a été faite par Jean, roi de Navarre, comte de Foix et d'Étampes, le 26 juillet 1490, par lequel il paraît que cet octroi doit être employé aux réparations des ponts, portes, murs, chaussées, pavé et autres dépenses de la ville.

Le sieur Gilles Le Bel, receveur du grenier à sel, est fort honnête homme; il n'y a aucune plainte de sa conduite. Il se vend dans ce grenier, qui est le seul de l'élection, cent trois muids de sel, année commune, à 41 ᵗ le minot, qui valent 202,704 ᵗ. Il prête pour 70,000 ᵗ de sel par an, et il ne fait, pour le recouvrement de cette somme, que 300 ᵗ de frais. Les regrattiers ne sont accusés d'aucuns abus.

Il n'y a point eu de duels.

On ne voit point de fausse monnaie dans les recettes.

L'étape est fournie en espèces; on ne s'en plaint pas. J'ai fait rembourser les anciens billets d'étape.

Les officiers vont faire leurs chevauchées; ils observeront de s'informer de tout ce qui est contenu dans le mémoire que je leur ai donné, et, lorsque je ferai les départements, ils m'éclairciront de tout ce que je désire savoir dans chaque paroisse, afin de faire la distribution de la taille avec justice.

Nicolas du Bois a les deux charges de receveur des tailles. Il a fait 713 ᵗ de frais pour le recouvrement de 1683, et, pour la moitié de 1684, 447 ᵗ 17ˢ. Je l'ai averti, et les officiers de l'élection, de ne plus recevoir de présents; ils m'ont tous juré qu'ils n'en reçoivent pas. Je le crois, parce que, d'ailleurs, ils vivent dans l'ordre.

Les rôles ont été vérifiés de bonne heure; il n'y a point de trop imposé, ni de rature. Le nombre des exempts, des feux, des charrues, la somme totale et la date de vérification est à la fin. La seule chose que j'ai trouvée à redire à la conduite des élus, est d'avoir jugé par appointé cinq instances en surtaux en 1683, sept en 1684, et six translations de domicile. Je leur ai dit que, par les règlements, ils devaient les juger à l'audience; ils m'ont promis de le faire à l'avenir. Il n'y a point eu de solidités jugées, ni de collecteurs déchargés, en 1683 et 1684.

Il ne se commet aucuns abus dans la réception des commissions.

Il y aura peu de taxes d'office à faire dans l'élection. Les collecteurs ont une entière liberté de faire faire leur rôle par celui qu'ils veulent choisir; les officiers ne fatiguent les collecteurs d'aucune sollicitation.

Les gentilshommes n'entrent pas en connaissance du détail de la taille et ne se mêlent point de la nomination des collecteurs, ni de la confection des rôles.

VISITE DES PRISONS.

Françoise Martin, veuve de Jean Renard, cabaretière de la ville d'Étampes, emprisonnée le 12 juin dernier, à la requête du fermier des aides, pour 34 ^{lt} de droit de détail.

Anne Renard, fille, demeurant à Villeneuve-sur-Auvers, emprisonnée le 12 août dernier, en vertu d'un décret décerné par le prévôt d'Étampes. Elle est convaincue d'avoir fait un enfant avec le mari de sa mère, qui a été condamné aux galères, et elle au fouet et au bannissement.

XVI

DESCRIPTION GÉOGRAPHIQUE DE L'ÉLECTION DE VÉZELAY, CONTENANT SES REVENUS, SA QUALITÉ,
LES MOEURS DE SES HABITANTS, LEUR PAUVRETÉ ET RICHESSE,
LA FERTILITÉ DU PAYS ET CE QUE L'ON POURRAIT Y FAIRE POUR EN CORRIGER LA STÉRILITÉ
ET PROCURER L'AUGMENTATION DES PEUPLES ET L'ACCROISSEMENT DES BESTIAUX,
PAR M. DE VAUBAN.

Janvier 1696 [1].

L'élection de Vézelay est de la province de Nivernais, de l'évêché d'Autun, de la généralité et ressort de Paris, et la ville de Vézelay du gouvernement de Champagne. Elle est bornée au nord par l'élection de Tonnerre, à l'est par le duché de Bourgogne, à l'ouest par les élections de Nevers et de Clamecy, et au sud par celle de Châtel-Chinon.

Elle a quelque neuf, dix à onze lieues de longueur, sur quatre à cinq de largeur, et en tout quarante lieues carrées, de vingt-cinq au degré, en ce compris les parties séparées de son continent.

Son composé est d'autant plus bizarre que, toute petite qu'elle est, elle contient plusieurs enclavements des élections voisines, dans lesquelles elle en a aussi de fort écartés, sans qu'on en puisse rendre raison, si ce n'est que, quand on l'a formée, il se peut que les seigneurs de ces lieux hors œuvre ont eu des raisons pour désirer que leurs terres fussent de cette élection, à cause du ressort de Paris; mais on est à même temps tombé dans l'inconvénient de rendre les exploitations qui se font pour cause de la levée des tailles beaucoup plus à charge, à cause des paroisses éloignées du siége de l'élection (*défaut qui a besoin d'être corrigé, aussi bien que tous ceux qui lui ressembleront ailleurs*).

Partie de ses paroisses sont situées en Morvan, partie sont mélangées de Morvan et de *bon pays*, et les autres entièrement dans le *bon pays*, qui ne l'est que par rapport au Morvan, qui est très-mauvais. Celui-ci est considérablement plus bossillé et élevé que le bon pays, bien que l'un et l'autre le soient beaucoup.

C'est un terroir áreneux et pierreux, en partie couvert de bois, genêts, ronces, fougères et autres méchantes épines, où on ne laboure les terres que de six à sept ans l'un; encore ne rapportent-elles que du seigle, de l'avoine et du blé noir, pour environ la moitié de l'année de leurs habitants, qui, sans la nourriture du bétail, le flottage et la coupe des bois, auraient beaucoup de peine à subsister.

Dans les paroisses mélangées, il y croît un peu de froment et de vin, et, quand les années sont bonnes, on y en recueille assez pour la nourriture des peuples, mais non pour en commercer.

---

[1] Ce mémoire a été publié par le lieutenant-colonel Augoyat, dans les *Oisivetés de M. de Vauban*, p. 201 et suivantes; mais, plus anciennement, en 1846, il avait été reproduit en partie et utilisé par François de Neufchâteau, dans son *Mémoire sur le plan que l'on pourrait suivre pour parvenir à tracer le tableau des besoins et des ressources de l'agriculture française*. Depuis la publication de M. Augoyat, il a été encore réimprimé dans l'*Annuaire du département de l'Yonne*, année 1846. Nous l'avons collationné sur la mise au net originale, dans le ms. de la Bibliothèque Nationale fr. 9167, n° 9. Ce texte offre des différences, en certains endroits, avec celui de M. Augoyat; nous les signalerons quand il y aura lieu. Plusieurs passages sont en *moulé* dans le manuscrit; nous les reproduirons en *italique*.

Dans celles du bon pays, les terres sont fortes et spongieuses, chères et difficiles à labourer. Celles qui le sont moins sont pierreuses et pleines de *lave*; c'est une espèce de pierres plates dont on couvre les maisons, qui est fort dommageable dans les terres où elles se trouvent, soit quand elles paraissent à découvert sur la superficie de la terre, ou quand elles sont couvertes de trois, quatre, cinq à six pouces d'épais, parce que les rayons du soleil, venant à pénétrer le peu de terre qui les couvre, échauffent tellement la pierre, qu'elle brûle la racine des blés qui se trouvent au-dessus, et les empêche de profiter [1].

Le labourage des terres se fait avec des bœufs, de six, huit et dix à la charrue, selon que les terres sont plus ou moins fortes. Leur rapport ne va guère, par commune année, à plus de trois et demi pour un, les semences payées, quelquefois plus, quelquefois moins.

Le pays est partout bossillé, comme nous avons déjà dit, mais plus en Morvan qu'ailleurs. Les hauts, où sont les plaines, sont spacieux, secs, pierreux et peu fertiles. Les fonds le sont davantage, mais ils sont petits et étroits. Les rampes participent de l'un et de l'autre, selon qu'elles sont plus ou moins raides, et bien ou mal cultivées.

Le pays est fort entrecoupé de fontaines, ruisseaux et rivières, mais tous petits, comme étant près de leurs sources.

Les deux rivières d'Yonne et de Cure, qui sont les plus grosses, peuvent être considérées comme les nourrices du pays, à cause du flottage des bois. On pourrait même les rendre navigables, l'une jusqu'à Corbigny et l'autre jusqu'à Vézelay: ce qui serait très-utile au pays. Les petites rivières de Cuzon, de Brangeame, d'Anguisson [2], du Goulot, d'Armance, sont de quelque considération pour le flottage des bois.

Il y a encore plusieurs autres ruisseaux moindres que ceux-là, qui font tourner des moulins et servent aussi au flottage des bois, quand les eaux sont grosses, à l'aide des étangs qu'on a faits dessus. On en pourrait faire de grands arrosements, qui augmenteraient de beaucoup la fertilité des terres et l'abondance des fourrages, qui est très-médiocre en ce pays-là, de même que celles des bestiaux, qui y croissent petits et si faibles qu'on est obligé de tirer les bêtes de labour d'ailleurs, ceux du pays n'ayant pas assez de force. Les vaches mêmes y sont petites, et six ne fournissent pas tant de lait qu'une de Flandre; encore est-il de bien moindre qualité.

Il y vient très-peu de chevaux, et ceux qu'on y trouve sont de mauvaise qualité et propres à peu de chose, parce qu'on ne se donne pas la peine ni aucune application pour en avoir de bons, les paysans étant trop pauvres pour pouvoir attendre un cheval quatre ou cinq ans; à deux il s'en défont, et à trois on les fait travailler, même couvrir: ce qui est cause que très-rarement il s'y en trouve de bons [3].

La brebiale y profite peu, parce qu'elle n'est point soignée, ni gardée en troupeaux par des bergers intelligents, chacun ayant soin des siennes comme il l'entend; elles sont toutes mal établies, toujours à demi dépouillées de leur laine par les épines des lieux où elles vont paître, sans qu'on apporte aucun soin ni industrie pour les mieux entretenir.

Bien qu'il y ait quantité de bourriques dans le pays, on n'y fait pas un seul mulet, soit faute d'industrie de la part des habitants, ou parce qu'ils viendraient trop petits.

Pour des porcs, on en élève comme ailleurs dans les métairies et chez les particuliers, mais non tant que du passé, parce qu'il n'y a plus ni glands, ni faînes, ni châtaignes dans le pays, où il y en avait anciennement beaucoup.

Il y aurait assez de gibier et de venaison, si les loups et les renards, dont le pays est plein, ne les

---

[1] Voyez le Mémoire, ci-dessus, p. 299. — [2] Le Mémoire (ci-dessus, p. 15) nomme ces cours d'eau: *Queuson, Anguison* et *Brajanne*. — [3] Voyez le Mémoire, ci-dessus, p. 299.

diminuaient considérablement, aussi bien que les paysans, qui sont presque tous chasseurs, directement ou indirectement.

Les mêmes loups font encore un tort considérable aux bestiaux, dont ils blessent, tuent et mangent une grande quantité tous les ans, sans qu'il soit guère possible d'y remédier, à cause de la grande étendue des bois dont le pays est presque à demi couvert.

Nous distinguerons ces bois en trois espèces, savoir : en bois taillis, bois de futaie et bois d'usage. Il y a soixante à soixante-dix ans que la moitié ou les deux tiers des bois étaient en futaie; présentement il n'y a plus que des bois taillis, où les ordonnances sont fort mal observées. Les marchands qui achètent les coupes sur pied, abattent indifféremment les baliveaux anciens et modernes, et n'en laissent que de l'âge du taillis et sans choix, parce qu'ils se soucient peu de ce que cela deviendra après que les ventes seront vidées et leurs marchés consommés. Il n'y a plus de futaie présentement, et c'est une chose assez étrange que, dans l'étendue de cinquante-quatre paroisses où il y a plus de trente-sept mille arpents de bois, il ne s'y en soit trouvé que huit.

Les bois d'usage, dont il y a quantité en ce pays-là, sont absolument gâtés, parce que les paysans y coupent en tout temps à discrétion, sans aucun égard, et, qui plus est, y laissent aller les bestiaux, qui achèvent de les ruiner. Il arrive donc, par les inobservations des ordonnances, que, dans un pays naturellement couvert de bois, on n'y en trouve plus de propre à bâtir, ce qui est en partie cause qu'on ne rétablit pas les maisons qui tombent, ou qu'on le fait mal; car il est vrai de dire que les bois à bâtir n'y sont guère moins rares qu'à Paris.

On ne sait ce que c'est que *gruerie, grairie, tiers-et-danger* dans cette élection.

Le pays en général est mauvais, bien qu'il y ait de toutes choses un peu. L'air y est bon et sain, les eaux partout bonnes à boire, mais meilleures et plus abondantes en Morvan qu'au *bon pays*. Les hommes y viennent grands et assez bien faits, et assez bons hommes de guerre, quand ils sont une fois dépaysés; mais les terres y sont très-mal cultivées, les habitants lâches et paresseux jusqu'à ne se pas donner la peine d'ôter une pierre de leurs héritages, dans lesquels la plupart laissent gagner les ronces et méchants arbustes. Ils sont d'ailleurs sans industrie, arts, ni manufacture aucune, qui puissent remplir les vides de leur vie, et gagner quelque chose pour les aider à subsister : ce qui provient apparemment de la mauvaise nourriture qu'ils prennent, car tout ce qui s'appelle *bas peuple* ne vit que de pain d'orge et d'avoine mêlées, dont ils n'ôtent pas même le son, ce qui fait qu'il y a tel pain qu'on peut lever par les pailles d'avoine dont il est mêlé. Ils se nourrissent encore de mauvais fruit, la plupart sauvages, et de quelque peu d'herbes potagères de leurs jardins, cuites à l'eau, avec un peu d'huile de noix ou de navette, le plus souvent sans ou avec très-peu de sel. Il n'y a que les plus aisés qui mangent du pain de seigle mêlé d'orge et de froment.

Les vins y sont médiocres et ont presque tous un goût de terroir qui les rend désagréables. Le commun du peuple en boit rarement, ne mange pas trois fois de la viande en un an, et use peu de sel; ce qui se prouve par le débit qui s'en fait, car, si douze personnes du commun peuvent ou doivent consommer un minot de sel par an pour le pot et la salière seulement, vingt-deux mille cinq cents personnes qu'il y a dans cette élection en devraient consommer à proportion dix-huit cent soixante et quinze, au lieu de quoi il n'en consomment pas quinze cents, ce qui se prouve par les extraits du grenier à sel. Il ne faut donc pas s'étonner si des peuples si mal nourris ont si peu de force. A quoi il faut ajouter que ce qu'ils souffrent de la nudité y contribue beaucoup, les trois quarts n'étant vêtus, hiver et été, que de toile à demi pourrie et déchirée, et chaussés de sabots, dans lesquels ils ont le pied nu toute l'année. Que si quelqu'un d'eux a des souliers, il ne les met que les jours de fêtes et dimanches. L'extrême pauvreté où ils sont réduits (*car ils ne possèdent pas un pouce de terre*) retombe par contre-coup sur les bourgeois des villes et de la campagne qui sont un peu aisés, et sur la noblesse et le clergé, parce que, prenant leurs terres à bail de métairie, il faut que le maître qui veut avoir un nouveau métayer commence par le dégager et payer ses dettes, garnir sa métairie de bestiaux, et le nourrir, lui et sa famille, une année d'avance à ses dépens; et, comme ce métayer n'a pour l'ordinaire pas de bien qui puisse répondre de sa conduite, il fait ce qu'il lui plaît et se met souvent peu en peine qui payera ses dettes : ce qui est très-incommode pour tous ceux qui ont des fonds de terre, qui ne reçoivent jamais la juste valeur de leur revenu, et essuient souvent de grandes pertes par les fréquentes banqueroutes de ces gens-là.

Le pauvre peuple y est encore accablé d'une autre façon par les prêts de blés et d'argent que les aisés leur font dans leurs besoins, au moyen desquels ils exercent une grosse usure sur eux, sous le nom de présents qu'ils se font donner après les termes de leur créance échus, pour éviter la contrainte, lequel terme n'étant allongé que de trois ou quatre mois, il faut un autre présent au bout de ce temps-là, ou essuyer le sergent, qui ne manque pas de faire maison nette. *Beaucoup d'autres vexations de ces pauvres gens demeurent au bout de ma plume, pour n'offenser personne.*

Comme on ne peut guère pousser la misère plus loin, elle ne manque pas aussi de produire les effets qui lui sont ordinaires, qui sont : premièrement, de rendre les peuples faibles et mal sains, spécialement les enfants, dont il en meurt beaucoup par défaut de bonne nourriture; secondement, les hommes fainéants et découragés, comme gens persuadés que, du fruit de leur travail, il n'y aura que la moindre et plus mauvaise partie qui tourne à leur profit; troisièmement, menteurs, larrons, gens de mauvaise foi, toujours prêts à jurer faux, pourvu qu'on les paye, et à s'enivrer sitôt qu'ils peuvent avoir de quoi. Voilà le caractère du bas peuple, qui, cependant, des huit parties fait la septième (*remarques qui méritent considération*).

L'autre partie, qui est la moyenne, vit comme elle peut de son industrie ou de ses rentes, toujours accablée de procès entre eux, ou contre la basse, qui est le menu peuple, ou contre la haute, qui sont les ecclésiastiques et les nobles, soit en demandant ou en défendant, n'y ayant pas de pays dans le royaume où on ait plus d'inclination à plaider que dans celui-là, jusque-là qu'il s'y en trouve assez qui, manquant d'affaires pour eux, se chargent volontairement, mais non gratuitement, de celles des autres, pour exercer leur savoir-faire.

Au surplus, il y a dans cette élection deux cent cinq personnes ecclésiastiques, savoir : soixante-dix-neuf curés, vicaires ou prêtres séculiers, cinquante-sept religieux de différents ordres, et soixante-neuf religieuses, savoir :

L'abbaye et chapitre de Vézelay, consistant à l'abbé et quatorze chanoines, y compris le doyen, l'archidiacre et le chantre. Cette abbaye valait autrefois 15 à 18,000 ⁿ de rente à l'abbé, et aujourd'hui 6 à 7,000 ⁿ, y compris les bois.

L'abbaye de Cure, consistante à l'abbé et un prêtre gagé pour y dire la messe, peut valoir 1,200 à 1,300 ⁿ.

L'abbaye de Corbigny-lès-Saint-Léonard, consistante à l'abbé et sept religieux bénédictins réformés, peut valoir 8 à 9,000 ⁿ de rente à l'abbé, tout compris.

Il y a un petit chapitre à l'Isle-sous-Montréal, composé de trois chanoines réguliers, qui peuvent avoir 8 à 900 ⁿ de rente.

Il y en a un à Cervon, composé de l'abbé du lieu, du curé et de six chanoines ou semi-prébendés, qui ont environ 3,000 à 4,000 ⁿ de rente, dont 600 à 700 pour l'abbé.

Il y a encore trois ou quatre petits prieurés dans l'élection, de 100 à 150 ⁿ de rente chacun, qui sont de la nomination des abbés de Corbigny et Vézelay, et de quelques seigneurs particuliers.

Il y a de plus un couvent de Cordeliers à Vézelay, composé de six religieux, qui sont pauvres et ne vivent que d'aumônes et de la desserte de quelques paroisses de la campagne;

Un couvent de Capucins à Corbigny, composé de huit religieux;

Les Chartreux du Val-Saint-Georges, qui sont au nombre de huit religieux, et ont quelque 9,000 à 10,000 ⁿ de revenu;

L'abbaye du Réconfort, composée de l'abbesse et de vingt-deux religieuses, qui ont pour tout revenu 4,000 à 5,000 ll de rente;

Les Ursulines de Corbigny, au nombre de vingt religieuses, très-médiocrement accommodées, ayant de revenu quelque 3,000 ll de rente;

Les Ursulines de Lormes, au nombre de huit religieuses et deux servantes, qui ont pour tout revenu 800 ll de rente;

Les Ursulines de Vézelay, consistant en quatorze religieuses et deux servantes, ont quelque 2,500 à 3,000 ll de rente.

Voilà en quoi consistent tous les ecclésiastiques de l'élection.

Il y a quarante-huit familles de nobles dans ladite élection, parmi lesquelles il y en a trois ou quatre qui se soutiennent; tout le reste est pauvre et très-malaisé, ayant la plupart de leur bien en décret.

Il y en a fort peu de titrées;

Vingt-deux d'exemptes par acquisition de charges, tant vieilles que nouvelles;

Deux cent cinquante-sept de gens aisés, c'est-à-dire de ceux qui sont entre l'artisan et le plus accommodé bourgeois;

Quarante-deux de nouveaux convertis, qui peuvent faire quelque cent quatre-vingts personnes de tous âges et de tous sexes;

Quatre-vingt-douze de judicatures, exerçant les justices subalternes du pays, qui sont tous baillis, lieutenants, procureurs, greffiers, notaires et sergents;

Cinquante-cinq de négociants, qui font commerce de bois, de bestiaux et de quelques merceries. Le reste est peu de choses.

Quatre cent quarante et une familles de mendiants, qui font près de deux mille personnes, c'est-à-dire la onzième partie du tout. Le surplus du bas peuple est si pauvre que, s'ils ne sont pas encore réduits à la mendicité, ils en sont fort près.

Cinq cent onze[1] maisons en ruine et inhabitables, et deux cent quarante-huit vides, dans lesquelles il ne loge personne : le tout faisant sept cent cinquante-neuf[2], qui est environ la septième partie du tout (*marque évidente de la diminution du peuple*).

Il y a de plus quarante-quatre mille soixante-quatorze[3] arpents de terre labourable dans cette élection, dont cinq mille sept cent soixante-quinze[4] en friche ou désertes, ce qui en fait à peu près la septième partie, et quatre mille cent vingt-et-un[5] arpents de vignes, dont sept cent cinquante-quatre en friche, qui font la cinquième[6] partie et un peu plus. Cela, joint à l'abandon et ruine des maisons et à ce que les terres en nature sont très-mal cultivées, *marque évidemment le dépérissement du peuple*.

Sur vingt-deux mille cinq cents[7] personnes de tous âges et de tous sexes qui se trouvent dans cette élection, il y a trois cent sept[8] femmes plus que d'hommes, cent trente-trois filles à marier plus que de garçons[9]; mais, en récompense, quatre cent dix-huit[10] petits garçons plus que de petites filles, et cent quatre-vingt-huit[11] valets plus que de servantes : ce qui prouve d'un côté la dissipation des hommes, et de l'autre que le pays produit naturellement plus de garçons que de filles. Cela se trouve peu dans les autres provinces du royaume, où il naît ordinairement plus de filles que de garçons; la froideur du pays pourrait bien en être cause.

Voilà une véritable et sincère description de ce petit et mauvais pays, faite après une très-exacte recherche, fondée non sur des simples estimations,

---

[1] *Quatre cent quatre-vingt-onze*, dans le texte Augoyate.
[2] *Trente-neuf.*
[3] *Quarante-quatre mille quatre cent cinquante-six.*
[4] *Cinq mille neuf cent cinquante-sept.*
[5] *Quatre mille quatre cent vingt-huit.*
[6] *La sixième partie.*
[7] *Vingt-deux mille quatre cent huit.*
[8] *Quatre cent sept.*
[9] *Les filles au-dessus de douze ans, les garçons au-dessus de quatorze.* (Note du Mémoire.)
[10] *Quatre cent vingt-quatre.*
[11] *Cent quatre-vingt-seize.*

presque toujours fautives, mais sur un bon dénombrement en forme et bien rectifié. Au surplus, ce pays serait très-capable d'une grande amélioration, si, au lieu de toutes les différentes levées de deniers qui se font pour le compte du roi par des voies arbitraires, qui ont donné lieu à toutes les vexations et voleries qui s'y font depuis si longtemps, on faisait :

I

Une recherche exacte du revenu des fonds de terre et de bestiaux en nature, et de l'industrie, des arts et métiers qui s'y professent; qu'on réglât ensuite les impositions sur le vingtième des revenus, sans autre égard que celui d'imposer légalement sur tous les biens apparents d'un chacun, exempts de frais et de violence.

II

Si on trouvait moyen d'abréger les procès par imposer quelque rude châtiment, tant à ceux qui jugent mal, par corruption ou négligence, qu'à ceux qui plaident de mauvaise foi et par obstination.

III

Si le roi, bien persuadé que la grandeur de ses pareils se mesure par le nombre des sujets, commettait d'habiles intendants, gens de bien, pour avoir soin d'économiser les pays et les mettre en valeur, tant par l'amélioration de la culture des terres et augmentation de bestiaux, que pour y introduire des arts et manufactures propres au pays.

IV

Si on tenait de plus près la main à l'observation des ordonnances touchant la coupe des bois.

V

Si on rendait les rivières d'Yonne et de Cure navigables aussi loin qu'elles pourraient être nécessaires au pays.

VI

Si on y faisait faire quantité d'arrosements qui pourraient augmenter la fertilité des terres et l'abondance des fourrages presque de moitié, et à même temps le nombre des bestiaux à proportion, ce qui produirait trois profits considérables : 1° par de plus grandes ventes de bestiaux ; 2° par le laitage, qui contribue beaucoup à la nourriture des peuples, spécialement des enfants; 3° par les fumiers, qui augmenteraient de beaucoup la fertilité des terres.

VII

Et, pour ne pas demeurer en si beau chemin, ne pourrait-on pas ajouter : si on réduisait toutes les mesures de l'élection, et même celles de tout le royaume, à une seule de chaque différente espèce, avec les subdivisions nécessaires, sans égard aux mauvaises objections qu'on pourrait faire en faveur du commerce, qui sont toutes fausses et ne favorisent que les fripons.

VIII

Si on réduisait toutes les différentes coutumes en une, qui fût universelle et la seule dont il fût permis de se servir.

IX

Si, Dieu donnant la paix à ce royaume, Sa Majesté faisait sa principale application d'acquitter les dettes de l'État et de l'affranchir de toutes les charges extraordinaires dont il est accablé à l'occasion de la guerre présente et passée, sans autre distraction que du payement des gens de guerre entretenus et des charges et dépenses absolument nécessaires.

X

Si le roi établissait une chambre de commerce et de manufacture, composée de quatre ou cinq vieux conseillers d'État et d'autant de maîtres des requêtes, qui eussent leurs correspondances bien établies par toutes les villes commerçables de ce royaume, et dont la seule application fût de diriger ledit commerce, l'accroître, le protéger et maintenir, recevant sur cela les avis des plus forts négociants, et entretenant de bonnes correspondances avec ceux des pays étrangers.

XI

Si Sa Majesté, achetant toutes les salines du royaume, gardait seulement les nécessaires, les faisant environner de remparts et de fossés pour la sûreté, et y établissant des garnisons et magasins, pour de là distribuer le sel aux étrangers et à tout le royaume, à un prix bien au-dessous de celui d'à présent, supprimant toutes les exemptions des pays de franc-salés, sous des prétextes raisonnables, et le rendant commun à toute la France, qui, sans être écrasée de son poids, le porterait aisément, et ferait l'une des meilleures parties du revenu du roi.

XII

Si le roi, ennuyé des abus qui se commettent dans la levée des tailles, des aides et des gabelles, et dans toutes les autres sortes d'impôts qui composent ses revenus, de tant d'affaires extraordinaires qui abîment l'État, de tant de traitants qui, non contents de le piller par mille voies indirectes, exercent encore sur lui-même une usure insupportable et se remplissent de biens à regorger, par de mauvaises voies, tandis que le pauvre peuple périt sous l'accablement du faix.

XIII

Si Sa Majesté, pénétrée enfin de la souffrance de ses sujets, prenait une bonne fois résolution d'y mettre fin et d'améliorer leur condition, en rendant l'imposition de ses revenus légale et proportionnée aux forces de chacun, c'est-à-dire en imposant sur tous les fonds de terre par rapport à leur revenu, sur les arts et métiers par rapport à leur gain, sur les villes par rapport au louage des maisons, sur le bétail par rapport à son revenu, sur le vin des cabarets, les tabacs, les eaux-de-vie, le thé, le café, le chocolat, le papier timbré, et sur le sel, qu'il faudrait mettre à un plus bas prix et le rendre marchand; plus, sur les douanes, qu'il faudrait aussi ôter de dedans du royaume, les reléguer sur la frontière et les beaucoup modérer; sur les bois, les eaux, les vieux domaines; sur les gages et pensions d'un chacun; et enfin sur tout ce qui porte revenu et fait profit, sans exception de bien ni de personne; le tout précédé d'une très-exacte et fidèle recherche et de toutes les connaissances nécessaires, fixant lesdites impositions sur le pied du vingtième des revenus de toutes espèces. Cela, une fois établi, produirait un revenu immense, qui serait peu à charge à l'État par rapport à ce qu'il en souffre à présent, ni au-dessus des forces de personne, puisque tout serait proportionnellement imposé; il n'y aurait plus ou très-peu de frais, ni de pillerie dans les levées; le peuple se maintiendrait plus aisément, et, quand, dans les extrêmes besoins, on serait obligé de payer deux, trois, voire quatre vingtièmes, ils seraient incomparablement moins foulés que de tout ce qu'ils souffrent à présent, notamment s'il n'était plus question de tailles ni de gabelles, ni d'aides, ni d'affaires extraordinaires, ni par conséquent de contraintes, ni de vexations, ni d'aucune autre nouveauté affligeante. Chacun pourrait jouir en paix de ce qui lui appartient, sans inquiétude.

XIV

Et pour conclusion, si toutes ces pensées pouvaient exciter la curiosité de Sa Majesté à en faire l'expérience, ne fût-ce que pour voir comme cela réussirait, il n'y aurait qu'à les mettre en pratique dans cette élection ou dans telle autre des plus petites du royaume qu'on voudra choisir. Après quoi, si les peuples s'en trouvent bien, tous les voisins demanderont le même traitement, et il ne faut pas douter que, fort peu de temps après, tout le royaume ne fît la même demande.

Il y aurait encore quantité d'autres choses à établir, et d'autres à corriger, pour le soulagement des peuples et l'économie du royaume, qui rendraient ce pays et tous ceux où elles seraient pratiquées abondants, fertiles et bientôt peuplés; car les peuples pour lors, étant mieux nourris qu'ils ne le sont, deviendraient beaucoup plus faciles à marier, plus forts et plus capables de faire des enfants et de les élever, et, beaucoup moins paresseux : d'où s'ensuivrait un grand accroissement de monde et de biens; et comme ils auraient moins de terres à cultiver, ils les cultiveraient toutes et les cultiveraient bien.

Au surplus, cette recherche n'a pas été faite par aucun sentiment d'intérêt particulier, mais seulement pour donner une légère idée de ce qui se pourrait faire de mieux dans cette élection, et conséquemment dans toutes les autres de la généralité, même dans tous les pays qui composent ce grand royaume, où le bonheur et l'augmentation des peuples suivraient de près un si juste établissement; les revenus du roi en augmenteraient considérablement, sans que jamais il s'y trouvât de non-valeur. Cinquante mille fripons, sans compter leurs croupiers, qui pillent impunément le royaume et qui profanent incessamment son nom par le mauvais usage qu'ils en font, seraient réduits à gagner leur vie et à payer comme les autres. Sa domination deviendrait douce et désirable pour tous les peuples voisins, et les siens, sortant de l'état pauvre et souffreteux où ils sont, pour entrer dans un plein de bonheur et de félicité, s'accroîtraient à vue d'œil et augmenteraient à même temps sa puissance par le nombre prodigieux d'hommes propres à la guerre, aux arts, aux sciences, à la marchandise et à la culture des terres, que la France produirait. Tous béniraient son nom, tous prieraient pour la conservation d'une si chère tête, et tous redoubleraient leurs prières pour lui et rendraient de continuelles actions de grâces à Dieu de leur avoir donné UN SI BON, SI GRAND ET SI SAGE ROI.

(Voir ci-contre le tableau de dénombrement de l'élection[1].)

QUALITÉS PARTICULIÈRES DU TERROIR
DE CHAQUE PAROISSE DE L'ÉLECTION DE VÉZELAY[2].

Vézelay. — Pays rude, sec et pierreux, qui ne rapporte que du vin très-médiocre et peu de blé.

Anthien. — Bon vignoble et assez de bon blé.

Armes. — Pays demi-inculte, qui n'a d'autre commerce que le flottage des bois; assez bon fonds dans les vallées, mais étroit.

Asnan. — Il y a du blé et du vin assez pour les habitants, et pour en faire un assez bon commerce.

Asnières. — Pays sec et aride, mauvais, et sans autre commerce qu'un peu de bois.

Asquins. — Un peu moins mauvais que le ci-dessus (Vézelay).

Bazoches. — Très-médiocre, qui n'a de blé et de vin que pour nourrir les habitants, sans aucun commerce.

Blannay. — Encore plus mauvais et sans commerce.

Bonnesson. — Pays médiocre, qui porte le nécessaire à ses habitants, et rien plus.

Brassy. — Bon Morvan, pays à seigle et à avoine, qui commerce de bois et bétail.

Bussy-la-Pesle. — Bon; rapporte suffisamment pour la subsistance de ses habitants et pour faire un médiocre commerce de blé.

Brosses. — Pays aride et pierreux, où les peuples sont malheureux et sans commerce.

Cervon. — Pays mêlé de bon et de mauvais, où il croît du blé pour la nourriture des habitants, qui font d'ailleurs commerce en bois et en bestiaux.

Chalaux. — Morvan, où il ne croît que du seigle, de l'avoine et du blé noir; mais on y fait quelque commerce de bois et de bestiaux.

Chavancy. — Terrain pierreux et bossu, qui ne porte de blé et de vin que pour la subsistance de ses habitants. Chalvron, qui en fait partie, est assez bon.

Chitry. — Bon; produit du blé et du vin pour ses

---

[1] Ce tableau n'a pas été reproduit dans la publication de M. Augoyat.

[2] Nous rectifions régulièrement l'orthographe des noms de lieux et rétablissons l'ordre alphabétique.

habitants, qui gagnent quelque chose au flottage des bois.

Chore et Domecy. — Pays mêlé de bon et de mauvais, qui produit assez de blé pour nourrir les habitants, qui gagnent quelque chose au flottage des bois.

Civry. — Assez bon terroir, qui produit du blé et du vin pour ses habitants, qui en font aussi un commerce considérable.

Corbigny-lès-Saint-Léonard. — Bon; produit du blé et du vin en abondance, et fait un assez bon commerce de bois et de bestiaux.

Cusy et Flez. — Produit du blé et du vin pour la subsistance de ses habitants; mais ils n'ont point d'autre commerce que le flottage des bois.

Dissangis. — Assez bon terroir, qui produit du blé et du vin pour ses habitants, qui en font aussi un commerce considérable.

Empury. — Pays de Morvan, qui ne porte que du seigle et de l'avoine, et subsiste par la nourriture des bestiaux et un peu de bois.

Fontenay. — Pays sec et pierreux, qui produit du blé et du vin pour nourrir ses habitants, et pour en faire quelque petit commerce.

Gacogne. — Morvan, où il ne croît que du seigle et de l'avoine, et n'a autre commerce que la nourriture des bestiaux et quelque coupe de bois.

Givry. — Produit du blé et du vin pour les habitants, et pour en faire un bon commerce.

Grenois. — Produit du blé et du vin pour la nourriture de ses habitants, et pour en faire un petit commerce [et] de quelques bois.

Hubans. — Mêmes qualités de pays que celui ci-dessus.

Joux. — Bon; fertile en blé et en vin, dont on fait un bon commerce.

Le Buisson. — Pays de blé et de vin, qui en fait tout le commerce.

L'Isle-sous-Montréal. — Bon pays, où croît du blé et du vin pour nourrir les habitants, et pour en faire un très-bon commerce.

Lormes. — Morvan très-ingrat, qui produit un peu de seigle et d'avoine, a beaucoup de bois et d'étangs, et nourrit assez de bestiaux.

Lucy-le-Bois. — Bon pays; produit du blé et du vin assez bon, et en fait un commerce assez considérable.

Lucy-Lichères. — Terroir médiocrement bon, mais grand flottage de bois, à quoi les habitants gagnent beaucoup.

Marigny. — Morvan très-ingrat; produit du seigle et de l'avoine en petite quantité, nourrit des bestiaux et gagne quelque chose sur le bois.

Massangis. — Pays mêlé de bon et de mauvais, qui produit du blé et du vin pour les habitants, qui en font quelque commerce.

Mhère. — Morvan, qui produit du seigle et de l'avoine, et fait un assez bon commerce de bois et de bestiaux.

Moissy-Molinons. — Bon pays à blé, médiocrement bon pour le vin, et a peu de bois.

Monceaux-le-Comte. — Mêmes qualités de pays que le ci-dessus.

Montillot. — Sec et pierreux; quelques bonnes vallées; ne rapporte que ce qu'il faut pour la nourriture de ses habitants, et n'a pas de commerce.

Neuffontaines. — Très-médiocre, qui ne produit de blé et de vin que pour nourrir ses habitants.

Nuars. — Mauvais pays, qui à peine nourrit ses habitants, qui sont tous obligés de mendier.

Pierre-Pertuis. — Médiocre; produit assez de blé. Il y a quelque peu de bois et de bestiaux.

Pougues. — Pays de vignoble, où le vin est bon, et où s'en fait un commerce considérable avec les Morvandeaux.

Précy-le-Sec. — Produit du blé et du vin en abondance, et s'y en fait un commerce considérable.

Provency. — Pays de blé assez bon, et qui en fait tout le commerce.

Ruages. — Bon pays; peu de bois, et quelques pacages pour tout commerce.

Saint-André. — Morvan; pays à seigle et à avoine, qui a beaucoup de commerce de bois et de bestiaux.

Saint-Martin. — Morvan mauvais, qui ne produit que du seigle et de l'avoine, et n'a point d'autre commerce que celui des bois et des bestiaux.

Saint-Père. — Terroir mêlé, qui produit du blé et du vin pour la subsistance de ses habitants, et n'a pas grand commerce.

Sainte-Colombe. — Bon pays à blé et prairies; un peu de vignes, peu de bois; son commerce consiste tout en grains.

Saisy. — Vignoble médiocrement fertile; porte un peu de blé; les vins lui valent quelque chose.

Teigny. — Mauvais pays, qui à peine peut produire de quoi nourrir ses habitants.

Vauclaix. — Bon Morvan; terre à seigle et avoine, où les peuples ne subsistent que par un petit commerce de bois et de bestiaux.

Vignol. — Pays de vignoble, qui rapporte du vin assez commun et du blé. Le commerce consiste dans ses vins.

Voutenay. — Pays sec et aride, où il ne croît de blé que pour la subsistance de ses habitants, qui gagnent quelque chose au flottage des bois.

Le pays, en général, est rude, bossillé et mal cultivé, sa fertilité au-dessous de la médiocrité, et, sans les bois et quelques bestiaux, il n'y aurait que peu ou point de commerce.

XVII

RAPPORT DU SUBDÉLÉGUÉ DE L'ÉLECTION DE PROVINS À L'INTENDANT [1].

2 mai 1698.

ARTICLE PREMIER. *Rivières navigables ou propres à rendre telles; autres rivières.*

Il n'y a aucune rivière navigable dans l'élection; il y a seulement trois villages qui sont sur le bord de la rivière de Seine. Dans la ville de Provins, il y passe deux petites rivières, qui, au sortir de la ville, se joignent ensemble et vont se rendre dans la Seine au-dessous de Bray, à quatre lieues de Provins. Un particulier, depuis vingt-cinq ans, a prétendu leur faire porter bateau, et, faute de n'avoir pas fait les choses nécessaires, il n'a pas réussi, quoique deux bateaux de blés, chargés au port de Provins, soient descendus par ce nouveau canal dans la Seine, et de là à Paris. Il y a suffisamment de l'eau; en faisant la dépense nécessaire, cette entreprise peut très-bien réussir : ce qui serait très-avantageux pour Paris, et ce qui rendrait Provins plus marchand.

ART. 2. *Canaux à creuser pour la communication des rivières, ou en joindre quelqu'une.*

Il n'y en a aucun, si ce n'est la rivière de Provins dont il est parlé ci-dessus.

ART. 3. *Montagnes, pays unis.*

Le pays est uni, n'y ayant que de petites montagnes proche Provins.

ART. 4. *Forêts; quelle sorte de bois.*

Deux forêts, Sourdun et Jouy, qui produisent particulièrement des chênes, charmes et boulains.

ART. 5. *Fruits principaux de la terre.*

Blé froment, méteil, seigle et avoine.

ART. 6. *Climat froid, chaud ou tempéré.*

Tempéré de même qu'à Paris.

ART. 7. *Pâturages, nourritures de bestiaux.*

Peu considérables, sinon en quatre ou cinq villages proche de la rivière de Seine.

ART. 8. *Mines, métaux et autres richesses souterraines.*

Néant.

ART. 9. *Salpêtre.*

Néant.

ART. 10. *Plantes, arbres fruitiers.*

Il y a dans quinze ou seize paroisses de l'élection des vignes, dont le vin est fort gros. Il y a aussi quelques noyers et autres arbres fruitiers, particulièrement en quelques paroisses. Aux environs de Provins, on cultive des rosiers, dont on fait les conserves qui ont beaucoup de réputation dans le royaume par leur bonne qualité; autrefois, on en cultivait davantage, parce que les étrangers les recherchaient.

ART. 11. *Commerce de denrées; avec qui ils voisinent, et par où.*

Le seul commerce est en blés, que l'on mène par charrois de Provins au Port-Montain, à deux lieues de Provins, où la Seine passe. Là, on les charge dans des bateaux pour Paris.

ART. 12. *Marais à dessécher.*

La ville basse de Provins, qui est la partie la plus considérable, est présentement un marais, par les eaux qui y surviennent tous les jours. Les deux petites rivières qui y passent n'ayant pas assez de

---

[1] Extrait des *Essais historiques*, etc., *sur le département de Seine-et-Marne*, par Michelin, p. 2054-2068. Comme nous l'avons indiqué à diverses reprises, ce rapport a servi à la rédaction du Mémoire de la généralité de Paris.

vidanges, les fossés de la ville étant entièrement remplis et même plus élevés que la ville, elle est exposée aux inondations, et, si on ne les cure bientôt, elle périra infailliblement.

ART. 13. *Hommes; leur naturel vif ou pesant, laborieux ou paresseux, leurs inclinations, leurs coutumes.*

Les hommes sont d'un naturel doux, paisible, se portent à leur travail ordinaire, sont modérés dans leurs inclinations et dans leur manière d'agir.

ART. 14. *Nombre des villes.*
Il n'y a que la ville de Provins.

ART. 15. *Nombre d'hommes à peu près en chacune.*

La ville de Provins est composée de quatre paroisses :

Saint-Ayoul	340 hommes.
Sainte-Croix	227
Saint-Pierre	91
Saint-Quiriace	113
TOTAL	771

ART. 16. *Nombre des villes et des hameaux; total des paroisses et des âmes de chacune.*

Il y a cinquante-neuf paroisses; hameaux, soixante-dix.

ART. 17. *Nombre des âmes de l'élection en l'année 1697.*

PAROISSES.	NOMBRE DES ÂMES.
Saint-Ayoul	1,236
Sainte-Croix	942
Saint-Pierre	346
Saint-Quiriace	469
Augers	165
Baroches	293
Beauchery	124
Bezalles	72
Boisdon	64
Corneux	193
Chalautre	287
Chalmaison	182
Champcenetz	104
Champcouelle	66
Chenoise	535
A reporter	5,078
Report	5,078
Courchamps	106
Courtacon	99
Coutevroult et Vieil-Champagne (deux paroisses)	190
Cucharmoy	218
Éverly	212
Flaix	83
Fretoy	46
Gimbrois	32
Gouaix	369
Hermé	198
L'Échelle	240
Lescherolles	85
Les Marets	193
Lizines et Sognolles	414
Lourps	100
Maisoncelles	73
Melz	266
Mériot	251
Montceaux	195
Montils et Pierreles	52
Mortery	84
Poigny	56
Rouilly	145
Rupéreux	72
Soncy	177
Savins	427
Soisy	85
Sourdun	479
Saint-Brice	171
Saint-Genest	29
Saint-Hilliers	248
Saint-Loup	333
Saint-Mars	125
Saint-Martin-des-Champs	96
Saint-Martin-du-Boschet	58
Saint-Sulpice	78
Sainte-Colombe	237
Vanvillé	79
Vérouge	216
Vieux-Maisons	36
Villiers	238
Voulton	79
Vulaines	77
TOTAL	11,992

En cet état sont compris les gentilshommes, les seigneurs de paroisses, les hommes, les femmes, les veufs, les enfants au-dessus de dix ans, les valets, les servantes, les apprentifs et compagnons.

752 APPENDICE.

On y a aussi compris les officiers de judicature et autres privilégiés, comme aussi les chanoines et les curés.

Il n'y a que les communautés régulières, de l'un et de l'autre sexe, que l'on n'y a pas comprises.

Total des âmes, 11,992.

ART. 18. *En chaque : évêché, université, parlement, chambre des comptes, cour des aides, trésoriers de France, présidial, élection, grenier à sel.*

Il n'y a que la ville de Provins, dans l'élection, dans laquelle il y a bailliage, présidial, prévôté, élection, maréchaussée, maîtrise des eaux et forêts et grenier à sel.

ART. 19. *Justices des seigneurs ; duchés, terres de grandes mouvances ; nombre des fiefs en relevant.*

Il y a soixante-trois justices.

Il y a six marquisats, savoir :

Montglas, qui appartient à M. le comte de Cheverny, dont il n'y a que trois petits fiefs qui en relèvent, ayant joint à son marquisat quatre paroisses. La mouvance en est considérable.

Éverly, à Mme la duchesse de Vivonne, dont la mouvance est considérable par son étendue et ses annexes. Les fiefs qui en relevaient, elle les possède.

Chenoise, à M. de Castille, dont la mouvance est considérable par son étendue et par ses annexes de trois paroisses. Il y a deux fiefs qui en relèvent.

Le Houssay, à Mme de la Hoguette ; la mouvance est grande, par cinq paroisses qui y sont annexées ; trois fiefs en relèvent.

Champcenetz, à M. Quentin de la Vienne, premier valet de chambre du roi, auquel sont annexées trois paroisses. Il y a deux fiefs qui en relèvent ; la mouvance est considérable.

Villiers, à M. le marquis de Morfontaine, mousquetaire du roi. Six fiefs en relèvent. Sa mouvance n'est pas considérable, n'ayant que la paroisse et quelques hameaux dépendants.

Il y a deux vicomtés, savoir :

La vicomté de Provins appartient à M. d'Hautefeuille, comme commandeur de la Croix-en-Brie, et plusieurs censives dans la ville de Provins.

La vicomté de Sourdun, à M. de Montbron, lieutenant général des armées du roi et gouverneur de Cambray. La mouvance n'est pas considérable ; deux petits fiefs en relèvent.

Il y a trois baronnies, savoir :

La baronnie du Plessis-aux-Tournelles appartient à M. de la Grange, conseiller au Grand Conseil. La mouvance est considérable, ayant sept paroisses annexées ; six fiefs en relèvent.

Rupéreux et les Marets, à M. le marquis des Marets, grand fauconnier de France. La mouvance est considérable ; quatre petits fiefs en relèvent.

Courchamps, à M. Guillemin, seigneur de Courchamps, maître des requêtes. La mouvance est assez considérable ; des fiefs en relèvent ; le seigneur de Courchamps les a acquis.

Comme ces terres ne sont pas titrées, il est fait mention des possesseurs à l'article 27.

ART. 20. *Bénéfices ; revenu de l'évêché, des abbayes, des prieurés, des doyennés, commendataires, chapitres, dignités, chanoines et bas-chœur.*

Il n'y a point d'évêché.

L'abbaye de Saint-Jacques de Provins, possédée par M. d'Aligre : 7,500 ^{tt}.

L'abbaye de Notre-Dame-de-Jouy, possédée par M. Le Peletier, évêque d'Angers : 14,000 ^{tt}.

L'abbaye du Mont-Sainte-Catherine de Provins (Cordelières) : 2,000 ^{tt}.

L'abbaye du Mont-Notre-Dame de Provins (Bernardines) : 3,000 ^{tt}.

PRIEURÉS SIMPLES.

	de Sainte-Croix de Provins	500 ^{tt}
	de Saint-Ayoul de Provins	1,400
	de Champcouelle	1,100
	de Montceaux	1,200
	de Saint-Barthélemy	1,000
	de Voulton	4,400
	de Beaulieu	1,200
Le prieuré	des Chaises	1,000
	du Jarriel	400
	du Meiz-la-Madeleine	1,500
	de Saint-Loup-de-Naud	2,000
	de la Fontaine-aux-Bois	3,000
	de Chalautre-la-Petite	1,600
	de Saint-Hubert-aux-Marets	100
	de Soisy	1,000

A Provins, il y a trois églises collégiales, savoir: Saint-Quiriace, Notre-Dame-du-Val et Saint-Nicolas.

A Saint-Quiriace, il y a quatre dignités, savoir: un doyen, un prévôt, un chantre, un trésorier, et vingt canonicats, qui ont chacun de revenu, pour leurs dignités, 400 #; outre leurs dignités, ils ont aussi de revenu chacun 400 # : ce qui revient à 800 # à chaque dignité. Les canonicats valent par an 400 #. Il y a six grands vicaires pourvus du roi; ils ont chacun de revenu 100 #. Outre ce, il y a vingt-deux chapelains, dont les revenus sont différents : quelques-uns ont jusqu'à 100 # de revenu, d'autres beaucoup moins, et d'autres ont seulement leur assistance, qui peut aller à 15 # de revenu.

A Notre-Dame-du-Val, il y a trois dignités : un doyen, un prévôt et un chantre, dix-neuf canonicats, trois vicaires amovibles, et vingt-sept chapelains. Le doyen, le prévôt et le chantre ont de revenu chacun 400 #, et ils sont aussi chanoines, et ont chacun de revenu 800 #. Les canonicats valent par an 400 #. Les vicaires ont 100 #. Le revenu des chapelains est différent, comme à Saint-Quiriace.

A Saint-Nicolas, un doyen, neuf chanoines et dix chapelains. Le doyen a de revenu 110 #, les chanoines ont chacun 100 #; le revenu des chapelains est modique.

Saint-Blaise, chapelle royale, où il y a cinq chapelains, dont le revenu est de 45 # pour chacun.

Art. 21. *Fondations des châteaux.*

La cure d'Éverly a été fondée par feu M. de Fossé[1], ci-devant marquis d'Éverly; le seigneur y nomme.

Dans le château de Gouaix, il y a une chapelle à la nomination du seigneur; elle a 250 # de revenu.

Dans l'église de Villiers-Saint-Georges, il y a une chapelle [dédiée] à saint Jacques, fondée par les seigneurs, dont la nomination appartient au seigneur; elle a de revenu, charges faites, 75 #.

Dans le hameau de la Maison-Courouge (*sic*), paroisse de Coutevroult, il y a une chapelle fondée depuis six ans par un nommé Antoine Hérard, dont les héritiers ont la nomination; elle a de revenu 150 #, à la charge de dire une messe fêtes et dimanches.

Art. 22. *Revenus des cures.*

Saint-Ayoul de Provins	750 #
Sainte-Croix de Provins	550
Saint-Pierre de Provins	700
Saint-Quiriace de Provins	400
Augers	500
Baroches	550
Beauchery	400
Beaulles	300
Boisdon	300
Cerneux	900
Chalautre	550
Chalmaison	700
Champcenest	700
Champcouelle	450
Chenoise	700
Courchamps	1,200
Courtacon	450
Coutevroult	700
Cucharmoy	500
Éverly	850
Fluis	500
Frétoy	750
Gimbrois	750
Gouaix	450
Hermé	1,000
L'Echelle	900
Lescherolles	400
Les Marets	300
Lizines	900
Lourps	500
Maisoncelles	650
Mels	500
Mériot	550
Montceaux	500
Montils-Pierrelez	800
Mortery	700
Poigny	500
Rouilly	400
Rupéreux	350
Saint-Brice	600
Saint-Genoist	350

---

[1] Lisez : *des Fossés*.

Saint-Hilliers	600 ll
Saint-Loup	500
Saint-Mars	800
Saint-Martin-des-Champs	550
Saint-Martin-du-Boschet	300
Saint-Sulpice	700
Sainte-Colombe	600
Sancy	700
Savins	600
Soisy	300
Sourdun	1,400
Vanvillé	650
Vérouge	400
Vieux-Champagne	850
Vieux-Maisons	350
Villiers	1,000
Voulton	550
Vulaines	600

Art. 23. *Revenu des monastères.*

De Saint-Jacques de Provins, chanoines réguliers, au nombre de quinze religieux	4,500 ll
De Notre-Dame de Jouy, bernardins, au nombre de quatorze religieux	7,500
De Saint-Ayoul de Provins, bénédictins, au nombre de sept religieux	2,000
Du collége des pères de l'Oratoire, au nombre de sept pères	2,800
De l'Hôtel-Dieu de Provins, au nombre de cinq religieux et sept religieuses qui gouvernent les pauvres	8,000
Des Jacobins, au nombre de quatorze	850
Des Cordeliers, au nombre de huit	600
Des Minimes d'Aulnoy, au nombre de quatre religieux	1,200
Des ermites de Chenoise, autrement dit la Merci, trois religieux	800
Des religieuses Bénédictines de Provins, au nombre de quarante-sept religieuses	4,000
Des religieuses de la congrégation de Notre-Dame à Provins, au nombre de cinquante-sept religieuses	8,500
Capucins, au nombre de dix religieux	Néant.

Art. 24. *Gens d'église; leur réputation de science et de vertu, leur crédit.*

Parmi les ecclésiastiques, il y en a qui ont de la science et du mérite, entre autres M. d'Aligre, abbé de Saint-Jacques, dont la piété et la charité extraordinaire pour les pauvres du pays sont connues de chacun, ce qui le rend très-recommandable.

Art. 25. *Combien environ d'ecclésiastiques, de religieux et de religieuses.*

Ecclésiastiques : cent vingt-six; curés, cinquante-neuf; religieux, soixante-dix; religieuses, cent soixante-quatre.

Art. 26. *Nombre des seigneurs et des gentilshommes.*

Quarante-huit seigneurs, dont la plus grande partie ne réside pas dans leur paroisse.

Quinze gentilshommes résidants.

Art. 27. *Familles distinguées; leurs noms, terres de leur nom, terres qu'ils possèdent depuis plusieurs siècles, honneurs qu'ils ont eus à la cour ou en leur pays; capacité et mérite de chacun des fiefs; leurs biens.*

M. de Cheverny, marquis de Montglas, bailli et gouverneur de Provins, est d'une famille ancienne et très-noble. M. son père était chevalier des ordres du roi, et lui est menin de Monseigneur. Le marquisat de Montglas est depuis longtemps en sa famille; il vaut, avec ses annexes considérables, 18,000 ll de revenu.

M. le comte des Marets est grand fauconnier de France. Sa famille est ancienne; les terres des Marets, de Rupéreux et de Gondelot sont depuis longtemps dans leur famille; elles valent, avec leur annexe, 8,000 ll de revenu.

M. de Castille, marquis de Chenoise, lieutenant de roi de la province de Brie, est d'ancienne famille; il possède ces terres de père en fils. M. son père l'a fait ériger en marquisat. Il y a beaucoup d'annexes. Vaut 12,000 ll de revenu.

M.me la duchesse de Vivonne, marquise d'Éverly, est d'une famille de son chef fort considérable, et aussi celle de M. de Vivonne, duc et maréchal de France, général des galères et gouverneur de Champagne et Brie, son mari. Ce marquisat, avec ses dépendances, vaut 15,000 ll; il est depuis longtemps en sa famille.

M. Hotman de Morfontaine, marquis de Villiers, est d'une maison ancienne. Ce marquisat a été érigé depuis trente ans; M. son père l'a acquis un peu auparavant. Il vaut de revenu 3,000 ll; les dépendances ne sont pas considérables. M. de Morfontaine est mousquetaire du roi.

M. de la Vienne, marquis de Champcenetz, est

RAPPORT SUR L'ÉLECTION DE PROVINS.   755

premier valet de chambre du roi depuis trente ans; il a acquis de M. de la Salle cette terre avec ses dépendances. M. de la Vienne y a joint la paroisse de Bezalles. Vaut, avec ses annexes, 10,000 ᴸ de revenu.

M. Guillemin, maître des requêtes, est seigneur de la baronnie de Courchamps, appelée ci-devant Aulnay. M. son père, qui était secrétaire du roi, acquit, il y a environ trente ans, cette terre, et obtint des lettres du roi pour changer le nom d'Aulnay en Courchamps. Il a fait des acquisitions de terres depuis, en sorte que cette terre, avec ses annexes, vaut 10,000 ᴸ de rente.

M. de la Grange, seigneur baron du Plessis-aux-Tournelles, est conseiller au Grand Conseil; d'ancienne famille. Il est en possession de cette terre depuis huit ans. Elle appartenait à M. le marquis de Vitry; ses annexes sont considérables. Vaut 13,000 ᴸ de revenu.

M. de Guérapin du (sic) Vauréal, seigneur de Bazoches, à cause de Mᵐᵉ sa femme, était ci-devant capitaine aux gardes, et présentement lieutenant de roi en Champagne. Il est de très-bonne famille. La terre n'a pas d'étendue considérable. Vaut 5,000 ᴸ de revenu.

Mᵐᵉ de la Hoguette, marquise du Houssay, épouse de M. de la Hoguette, lieutenant général des armées du roi, a eu cette terre par le décès de M. du Housset, son oncle, qui l'a fait ériger en marquisat il y a environ quatre-vingts ans, après avoir acquis plusieurs terres et fiefs qu'il y a joints. Vaut 12,000 ᴸ de revenu.

M. de Fieubet de Launac, seigneur du Plessis-Mériot, est maître des requêtes; possède cette terre comme héritier de M. son père, qui était trésorier de l'Épargne. Sa famille est considérable. La terre vaut de rente 7,000 ᴸ.

M. d'Ivry, seigneur de Gouaix, est secrétaire du roi; a acquis la terre de Gouaix et ses dépendances depuis quinze ans. Elle appartenait aux héritiers de M. du Tillet, conseiller de la Grand'Chambre. Les mouvances ne sont pas considérables. Vaut 5,000 ᴸ de revenu.

M. de Mascarany, seigneur d'Hermé, est marquis de Paroy; il a acquis des héritiers de M. Gobelin cette terre depuis cinq ans. Elle vaut 4,000 ᴸ de revenu.

M. de Cullant, seigneur de Savins. Sa famille est ancienne dans le pays. Il jouit de père en fils de cette terre, qui vaut 3,500 ᴸ de revenu.

M. de Mirabeau, seigneur de Beauchery, ci-devant capitaine aux gardes, d'ancienne famille, a acquis cette terre depuis dix ans. Elle vaut 2,000 ᴸ de revenu.

M. du Tillet de Montramé, fils de M. du Tillet, maître des requêtes; famille de robe ancienne. La terre vaut, avec ses annexes, 3,500 ᴸ.

M. du Tillet, seigneur de Chalmaison, fils de M. du Tillet, maître des requêtes, a acquis cette terre depuis vingt ans. Vaut de revenu 2,500 ᴸ.

M. du Roux, seigneur de Tachy, ancienne famille, jouit de cette terre de père en fils. Vaut de revenu 3,000 ᴸ.

M. de Gentils, seigneur de Vieux-Champagne et de Couteyrouit en partie, a eu, par succession, cette terre depuis vingt-cinq ans. Sa famille n'est pas fort connue dans le pays. Elle vaut de revenu 3,000 ᴸ.

Il y a quelques autres parties de terres dans l'élection, dont le revenu n'est pas considérable.

Art. 28. *Magistrats des villes; leur réputation, leur talent, leur crédit, leurs biens.*

Honnêtes gens, bons juges; peu de biens. Leur crédit n'est pas considérable, par le peu d'emploi qu'ils ont. Les charges ne sont point recherchées, quoique d'un prix fort modique. Il y a au présidial les deux charges de président, une d'avocat du roi et trois de conseillers, depuis longtemps vacantes par décès. Les particuliers qui ont du bien achètent des petites charges dans les maisons royales pour s'exempter quoiqu'ils ne fassent aucun service.

Art. 29. *État des terres et du labourage.*

Il y a plus de moitié de terres à froment; le surplus de la moitié est à seigle. Il y a eu, ces années passées, des terres demeurées sans culture, à cause de la cherté des grains.

Art. 30. *Manufactures; nombre d'ouvriers, leur*

subsistance ; où se forment-ils? Sortent-ils du royaume? Où vont-ils? Nombre d'ouvriers qui sortent, comparé à celui des ouvriers qui demeurent ; cause de leur sortie, cause du défaut d'ouvrages.

Anciennement, il y avait une manufacture de draps à Provins, qui a été détruite par des procès entre les marchands drapiers et les tisserands. Depuis un an, quelques particuliers ont obtenu des lettres patentes pour la rétablir. Si ces nouveaux ouvriers sont soutenus, ils pourront réussir; le lainage, l'eau et la terre y sont très-propres.

Il y a une communauté de tisserands, qui est forte; ils font des tiretaines, qu'ils débitent dans toutes les villes voisines pour leur bonne qualité.

On fait à Provins de gros bas; le menu peuple s'attache au tricot.

Les ouvrages que l'on y fait sont si peu considérables que peu d'ouvriers étrangers y viennent.

ART. 31. *Ports; entrées ou détail.*

Il n'y a point de ports. On payait aux entrées de Provins pour le vin, pour le pied fourché, pour le poisson de mer, frais et salé, et pour le bois à brûler ou à bâtir; lesquels droits sont joints aux aides.

ART. 32. *Abords d'étrangers ; commodité ou incommodité de leur commerce. Qu'est-ce qui les gêne? Qu'est-ce qui pourrait faciliter ou augmenter leur négoce? Tâcher de supputer pour comparer le total de l'ancien produit, où les droits étaient moindres et où les travaux venaient davantage, avec le total du nouveau produit, où les travaux viennent moins.*

Le commerce est si peu considérable, qu'il n'y vient plus d'étrangers; il y en avait en grand nombre dans le temps des foires de Provins, accordées par les comtes de Champagne, et que l'on a transférées à Lyon. Le moyen de rétablir les manufactures serait d'accorder un temps aux ouvriers l'exemption des tailles; cela donnerait lieu d'en faire venir pour y travailler.

ART. 33. *Nombre des matelots et des marchands.*

Il n'y point de matelots ni de gros marchands; il y a trois ou quatre personnes qui commercent en blé.

ART. 34. *Nombre des étrangers qui y sont habitués.*

Aucun.

ART. 35. *Consulter les anciens registres, pour voir si le peuple a été autrefois plus nombreux.*

Provins a été autrefois si considérable, qu'on y a compté jusqu'à dix-sept cents métiers à draps, ainsi qu'il paraît par d'anciens manuscrits; et aujourd'hui il n'y a pas huit cents à neuf cents feux dans toute la ville.

ART. 36. *Causes de la diminution.*

La proximité de Paris, où vont tous les ouvriers, le malheur des temps, et la suppression de quelques priviléges des foires.

ART. 37. *S'il y a eu des huguenots; combien il en est sorti, combien il en est demeuré.*

Il n'y a point eu de huguenots dans la ville; dans toute l'élection, que la dame de Flaix, deux demoiselles de Flaix et la demoiselle de Champguyon, leur cousine. La dame de Flaix a aussi deux domestiques huguenots. M. de Flaix et son fils sont sortis du royaume depuis cinq ans.

ART. 38. *Douanes.*

Néant.

ART. 39. *Péages.*

Peu considérable; il n'est que d'un denier pour bête.

ART. 40. *Gabelles de chaque lieu.*

Il y a à Provins un grenier à sel de vente volontaire.

ART. 41. *Étapes, logements ordinaires et quartier d'hiver.*

L'étape est fournie à Provins aux troupes qui y passent, par un particulier préposé. Les logements sont assez ordinaires; même on y a eu des troupes ci-devant en quartier d'hiver.

ART. 42. *État des grands chemins; ponts entiers, ponts rompus, de bois ou de pierres.*

Le chemin de Provins à Paris et de Provins à Nogent est, en quelques endroits, fort mauvais, et impraticable pendant l'hiver.

Le chemin de Provins à Bray est impraticable presque en tout temps; cependant il est de conséquence de le rétablir, parce qu'il faut de nécessité y passer, servant au commerce de la Brie avec la Bourgogne.

La chaussée des Ormes à Bray est entièrement rompue, avec trois arches de pierres, par lesquelles les eaux s'écoulent depuis Jutigny jusqu'à Provins. En faisant trois petites arches en pierres et en relevant les fossés, le chemin serait bon, en faisant mettre des pierres dessus, que l'on trouve en quantité proche le chemin.

Art. 43. *Foires et marchés.*

Il y a un marché franc tous les samedis de l'année; en outre, trois foires : la première commence le mardi précédant l'Ascension, qui dure quarante jours; la deuxième, le 14 septembre, qui dure jusqu'au jour de la Toussaint : la troisième, au jour de Saint-Martin, jusqu'au dernier décembre. Ces jours-là, on ne paye que le tiers des droits, ordonnance conformément aux priviléges, pour les marchandises qui s'y débitent. Ces foires sont peu fréquentées, mais seulement le samedi, qui est le jour du marché ordinaire. Le roi a confirmé les priviléges de ces foires en 1671.

Art. 44. *Domaines dont le roi jouit ou qui sont engagés; le temps de l'engagement, le prix et les mutations y survenues.*

Le roi a engagé une partie du domaine de Provins, dont jouit à présent M. le comte de Cheverny.

Le domaine du roi réservé consiste en cinq moulins, dont trois sont enclos dans la ville de Provins, un à Séveille, paroisse de Sainte-Colombe, et l'autre à Courton, paroisse de Saint-Loup, affermés par an à cinquante-deux muids de grains, deux tiers froment et un tiers de seigle et orge.

Appartiennent audit domaine trois setiers de grain par an, à prendre sur le moulin du (*sic*) Bassin, sis en la paroisse de Sourdun.

Plus, l'engagiste du domaine aliéné est chargé de payer par chacun an au domaine réservé 1,013 ".

Le receveur du domaine réservé jouit des amendes, des confiscations, des droits de commune, des exploits, des actes des notaires et des droits du scel des actes de juridictions, à la réserve du sceau des actes du présidial.

Charges dudit domaine par an : quarante et un muids cinq setiers quatre boisseaux de grains; en argent, 723 " 7' qui se payent à des particuliers, suivant les états du roi.

Le domaine engagé, dont jouit à présent M. le comte de Cheverny, a, en 1549, été engagé à François de Lorraine, duc d'Aumale, moyennant 11,350 " et les 2 sols pour livre, et, outre ce, de payer par an au domaine réservé, pour les charges, 1,013 ".

En 1601, Mme de Nemours, comme héritière dudit François de Lorraine, vendit le domaine à M. le marquis de Montglas et à Mme sa femme, par acte passé par-devant Cuvillier et Jolly, notaires au Châtelet de Paris.

En 1621, ledit domaine fut revendu à M. de l'Hospital, marquis de Vitry, 2,000 " et les 2 sols pour livre au par-dessus des premiers engagements et charges.

En 1626, il a été revendu à Mme de Montglas, par les commissaires du roi, 39,500 " et les 2 sols pour livre, outre les 1,013 " de charges et les finances des premiers engagements : ce qui monte en tout à 49,836 ".

En 1639, ledit domaine fut revendu au sieur Fiévet, agent des affaires de M. de Montglas, 1,900 " outre les premiers engagements et charges.

En 1645, M. de Montglas a payé pour ledit domaine une taxe de 8,000 ".

En 1656, ledit sieur de Montglas a payé, pour être confirmé en la jouissance dudit domaine, 1,500 ".

Le 15 septembre 1677, le domaine de Provins, saisi réellement sur le curateur créé à la succession vacante dudit sieur de Montglas, fut adjugé aux requêtes à M. Bullion, marquis de Fervacques, et à M. Bullion, son frère, moyennant 14,000 ".

En 1677, M. de Cheverny fait assigner MM. Bullion en retrait lignager aux requêtes du Palais. Par sentence du 26 novembre 1677, il a été ordonné que ledit domaine, avec ses dépendances, lui demeurerait et appartiendrait par droit de retrait lignager, en remboursant le prix et les loyaux coûts : ce qui a été fait suivant qu'il est porté par ladite sentence.

M. de Cheverny, comme engagiste, jouit des droits de quints et requints des terres nobles et fiefs, qui relèvent de la grosse tour de Provins, et des cens, droits des lods et ventes des terres en roture en la censive du roi.

Dudit domaine relèvent soixante-seize fiefs, dont il y en a d'érigés en marquisats, baronnies et vicomtés. Il y a aussi des fiefs considérables.

Dudit domaine dépendent :

Cinq fours banaux, six dans la ville de Provins, amodiés ordinairement à 220 ᵗˡ ;

Soixante arpents de prés ou marais sis sur la rivière de Voulzie, entre les villages de Sourdun et Saint-Brice, amodiés à 500 ᵗˡ ;

Deux étangs dans la forêt de Sourdun, dont on rend 220 ᵗˡ ;

Six cents arpents de bois taillis dans les forêts de Jouy, Sourdun et buisson de Ferrières, à 22 ᵗˡ l'arpent par an, à 1,400 ᵗˡ ;

Plus, en la forêt de Jouy, 225 ᵗˡ ;

En la forêt de Sourdun, 277 ᵗˡ ;

En la forêt buisson de Ferrière, 214 ᵗˡ ;

Les boucheries de Provins, dont on rend par an 185 ᵗˡ ;

Les terres de Buisseaux, dont on rend par an 19 ᵗˡ.

Le moulin à foulon doit de rente 10 ᵗˡ.

Le moulin Saint-Léonard doit de rente 2 ᵗˡ.

Le moulin des Forges doit de rente 6 ᵗˡ.

Le chantre de Saint-Quiriace, à cause du fief des petites écoles, doit de rente 3 ᵗˡ.

La maison du Châlet-Prévôt, au Châlet (?), doit de rente 2 ᵗˡ.

Le fief de Biamont, à Chalautre-la-Grande, affermé 19 ᵗˡ.

Le greffe de Saint-Loup ; on ne reçoit rien présentement : néant.

Les cens et rentes montent par an à 8 ᵗˡ.

Il est aussi tenu de la nourriture des enfants trouvés.

CHARGES.

L'engagiste paye par an au domaine : 1,013 ᵗˡ ;
Au bailli de Provins, pour ses gages, 366 ᵗˡ ;
Au prévôt de Provins, pour gages, 15 ᵗˡ ;
Au procureur du roi, 12 ᵗˡ ;
Au sieur Legivre, avocat du roi, 5 ᵗˡ ;
Au geôlier des prisons, néant ;
Aux officiers des eaux et forêts, néant ;
Pour assister à l'adjudication et récolement des bois, néant ;
Aux gardes des forêts de Sourdun, Jouy et buisson de Ferrières, néant.

AUTRES ENGAGEMENTS DU DOMAINE DE PROVINS.

La haute, moyenne et basse justice de Courton, paroisse Saint-Loup, a été vendue par les commissaires députés par le roi, le 16 juin 1620, à M⁰ Jean de la Mouche, pour M. le marquis de Vitry, moyennant 110 ᵗˡ de nouvelle enchère, outre 500 ᵗˡ de l'ancien engagement et les 2 sols pour livre. M. de la Grange, conseiller au Grand Conseil, en jouit présentement par l'acquisition qu'il en a faite des héritiers de M. de Vitry avec la terre du Plessis-aux-Tournelles.

La haute, moyenne et basse justice de Saint-Loup a été vendue par les mêmes commissaires, le 16 juin 1620, à M. de Vitry, moyennant 200 ᵗˡ et les 2 sols pour livre de nouvelle enchère outre et au par-dessus de 1,516 ᵗˡ d'autres engagements. M. de la Grange a acquis ce domaine, avec le Plessis-aux-Tournelles, des héritiers de M. le marquis de Vitry.

Les domaines de Courton et de Saint-Loup ne consistent qu'en simple cens.

Le domaine du hameau de Longueville, paroisse de Lourps, a été engagé en même temps, par contrat passé par-devant Bastonneau, notaire au Châtelet de Paris, à Claude Legoux, moyennant 500 ᵗˡ. M. de Champagne en a joui longtemps, et depuis le sieur de Champagne, son fils, en jouit. Consiste ledit domaine en la haute, moyenne et basse justice, avec quelques cens.

Le domaine de Blunay et Maulny, paroisse de Melz, consiste en haute, moyenne et basse justice ; a été vendu à M. du Tillet, conseiller en la Grand'-Chambre, en 1660. M. d'Ivry, secrétaire du roi, a acquis ce domaine, avec la terre de Gouaix, des héritiers de M. du Tillet.

Le domaine de Saint-Brice, consistant en la haute, moyenne et basse justice et censive, à la réserve du greffe, qui est joint au greffe de la prévôté de Provins, a été vendu à M. du Housset, chancelier de M. le duc d'Orléans, le 3 avril 1645, sur la première vente qui avait été faite dudit jugement, par contrat passé par-devant Bastonneau et Maupeou, notaires à Paris, le 19 janvier 1643. C'est à présent Mme de la Hoguette qui en jouit, comme héritière.

Le domaine de l'Échelle, consistant en haute, moyenne et basse justice et censive, a été revendu par les commissaires, le 28 novembre 1573, à Nicolas de Patras, seigneur de Marcilly, moyennant 600^{lt} de nouvelle enchère outre 900^{lt} de la première vente qui en fut faite à M. Nicolas Janvier. M. du Housset jouissait de ce domaine par l'acquisition générale qu'il en avait faite des héritiers. Mme de la Hoguette en jouit présentement.

Le roi avait droit de 26 sols de cens sur la terre et seigneurie de Sourdun, qui a été vendue à M. de Montbron, père de M. de Montbron, gouverneur de Cambray, avec la justice; et le moulin de l'Étang, paroisse de Sourdun, a été engagé à M. le comte de Montbron, par acte du 3 juillet 1659, moyennant la somme de 3,300^{lt}, et [à charge] de payer par an au domaine réservé de Provins trente boisseaux de mouture et 5 sols de cens.

Le moulin Besnard, domaine du roi, sis en la commune de Lourps, a été revendu à M. de la Brosse-Cullant. M. de Cullant, son fils, le possède présentement.

Le moulin du Roi, situé en la paroisse de Rouilly, du domaine, vendu à M. de Chenoise le père. M. le marquis de Chenoise, son fils, le possède présentement.

Les domaines des paroisses de Mortery et de Rouilly, avec les cens et mouvances, ont été vendus à M. de Chenoise père. M. le marquis de Chenoise en jouit.

Le four de Changy, dans la ville de Provins, a été vendu, il y a longtemps, au sieur Bugnon. C'est le sieur Bugnon-Dosseur qui le possède, comme héritier de son père.

XVIII

MÉMOIRE DE M. BIGNON, INTENDANT DE LA GÉNÉRALITÉ DE PARIS, SUR L'ÉTAT DE CETTE GÉNÉRALITÉ[1].

1724.

La tournée que M. Bignon a faite pour le département des tailles de 1724, et les connaissances de quinze années depuis lesquelles il est chargé de l'exécution des ordres du roi dans ce département, le mettent en état de répondre aux différents articles de la lettre de M. le Contrôleur général.

RÉPARTITION DE LA TAILLE DE 1724.

La répartition de la taille de 1724 s'est faite suivant les commissions du Conseil, qui montaient en tout à la somme de...... 4,852,531^{tt} 13^s 01^d

On y a joint deux impositions, l'une des 2 sols pour livre du droit de nouvel acquêt dû par les communautés d'habitants en faveur de l'ordre de Saint-Louis, en exécution de l'arrêt du Conseil du 21 novembre 1721, montant à................. 9,132 00 00

L'autre, pour la part de cette généralité de l'imposition pour le rétablissement de la ville de Châteaudun, suivant l'arrêt du Conseil du 6 septembre 1723, montant à.................... 19,560 00 00

Ce qui fait en tout...... 4,881,223 13 01

Et, comme le département de 1723 n'était que de 4,783,506^{tt}, celui de 1724 s'est trouvé plus fort de 97,717^{tt} 13^s 1^d.

Cette augmentation a été répartie, au marc la livre et à raison de 6 deniers pour livre, sur toutes les paroisses.

Il a plu au roi d'accorder, sur la taille de 1724, par arrêt du Conseil du 11 octobre 1723, une diminution de 300,000^{tt}, et une autre de 6,000^{tt} en faveur de Gonesse, par arrêt du 7 décembre 1723, ci............... 306,000^{tt} 00^s 00^d

En sorte que l'imposition effective de cette année se trouve réduite à......... 4,575,223 13 01

Cette diminution de 300,000 livres n'a point été répartie au sol la livre; on l'a distribuée, suivant les intentions de Sa Majesté, aux paroisses qui avaient le plus besoin de soulagement, et cette distribution s'est faite par M. Bignon, en même temps qu'il a arrêté les départements et sur les connaissances qu'il a prises sur les lieux de l'état des élections; et l'on espère qu'au moyen de ces arrangements, le recouvrement se fera avec toute la facilité que les temps pourront permettre.

Outre cette somme de 4,575,223^{tt} 13^s 1^d, l'on

---

[1] Ce rapport est envoyé au contrôleur général, en réponse à une lettre du 15 janvier 1724. (Papiers du Contrôle général, G^7 1900.)

a encore imposé celle de 148,194 " pour deux années, 1723 et 1724, des gages des syndics et des taxations des greffiers des rôles. Cette imposition s'est faite en exécution de l'arrêt du Conseil du 7 février 1723 et sur le pied du denier cinquante de la finance de ces offices, réglée par des rôles arrêtés au Conseil le 15 septembre 1722, ces gages et taxations n'ayant point été imposés en 1723.

RESTES DES IMPOSITIONS ANTÉRIEURES À 1724.

L'on joint à ce mémoire un état distingué par élections et par nature d'impositions de ce qui était dû de reste, au 1ᵉʳ novembre 1723, des impositions des années 1720, 1721, 1722 et 1723, et l'on y a distingué ce qui regarde la capitation de la noblesse. Ces restes, pour 1720 et 1721, sont peu considérables ; ils le sont davantage pour 1722. A l'égard de ceux de 1723, qui montent, suivant cet état, à 4,408,070 ", ils seront acquittés à peu près dans le courant de 1724. L'on n'a point compris dans cet état les impositions de l'année courante, qui ne faisait presque que commencer au 1ᵉʳ novembre 1723.

Il est bon d'observer que, depuis le 1ᵉʳ novembre jusqu'au dernier décembre, il a été reçu, sur tous ces restes, une somme de 1,365,391 ", ce qui fait un cinquième du montant de ces restes.

L'accélération des recouvrements dépend surtout de la confection des rôles ; ceux des années précédentes avaient été retardés par l'incertitude qu'il y avait dans la nomination des collecteurs, qui, étant tous nommés d'office, ne se résolvaient à accepter cette charge qu'après avoir fait toutes les tentatives pour s'en exempter ; mais, au moyen de la déclaration du roi du 9 août 1723, qui a pourvu d'une autre manière à la nomination des collecteurs, ils ont moins à délibérer sur l'acceptation et travaillent plus promptement à leurs rôles ; et d'ailleurs les receveurs des tailles sont en état de les presser de le faire. Ces receveurs, de leur côté, apportent l'attention qu'ils doivent à avancer leurs recouvrements ; l'on peut juger du progrès qu'ils y font par ce qui a été observé ci-dessus de l'état des restes au 1ᵉʳ novembre dernier.

CONDUITE DES RECEVEURS DES TAILLES.

A l'égard de la fidélité de ces receveurs dans les remises et l'emploi des fonds qu'ils reçoivent, il est difficile qu'ils s'en écartent, par l'exactitude à laquelle la tenue des journaux les assujettit et par les comptes qu'ils en rendent fréquemment au Conseil et aux personnes préposées pour veiller sur leur conduite. L'article des frais, qui a souvent excité des plaintes contre eux, dans des temps où les recouvrements étaient plus difficiles, est arrangé comme le reste ; ces frais sont modiques et ne sont à charge aux collecteurs que quand ils sont multipliés sans nécessité. On réprimerait sur cela l'avidité des receveurs ou des huissiers aussitôt que l'on s'en apercevrait.

EMPLOYÉS QUI PEUVENT ÊTRE À LA SURCHARGE DES PAROISSES PAR LEURS EXEMPTIONS.

Il y a, dans un grand nombre de paroisses de cette généralité, des buralistes commis par les directeurs des aides pour délivrer des congés lors des enlèvements des vins. Ces buralistes, qui sont des habitants taillables des mêmes paroisses, n'y jouissent d'autre exemption que de celle de la collecte.

A l'égard des villes et gros bourgs où il y a des employés des aides ou de la régie des droits rétablis, lorsqu'ils sont dans le cas de payer la taille, ils sont taxés d'office, sans pouvoir être augmentés par les collecteurs. Il serait à propos qu'un même employé fût chargé des différents emplois qu'il est capable de faire, afin que le nombre de cette espèce de privilégiés n'augmentât pas, et qu'il y eût plus de sujets pour la collecte et le logement, dont ceux-ci sont exempts.

CULTURE DES TERRES.

Les terres labourables de cette généralité ont été ensemencées à l'ordinaire dans la dernière saison des semailles, et l'on se dispose à mettre, au printemps prochain, les mêmes grains dans celles qui y sont destinées. Il ne reste à désirer sur cela que des temps propres à faire pousser, à mûrir et à moissonner les grains,

PRIX DES BLÉS.

Le prix des blés se soutient cher dans les marchés, moins par la disette des grains que par la rareté des fourrages, qui est extraordinaire cette année-ci. Le muid de blé, mesure de Paris, qui ne devrait valoir qu'environ 15 ", se vend 25 " à 26 " depuis sept à huit mois. Il pourra diminuer de peu de chose entre ci et la récolte, si l'on peut espérer de la faire avantageuse. On prétend qu'une autre cause de cette cherté est le prix des espèces et l'attente où l'on est qu'elles diminueront ; ce qui fait qu'on ne porte des grains au marché que suivant le besoin qu'on a d'argent.

PONTS ET CHAUSSÉES.

L'on ne dira rien ici des ponts et chaussées ni des chemins, l'intendant de Paris n'y ayant point d'inspection ; c'est le Conseil qui y pourvoit directement.

MARÉCHAUSSÉES.

Les maréchaussées veillent à la sûreté des grands chemins et de la campagne. Il s'y commet peu de désordres dont ils ne recherchent les auteurs. Leur vigilance est excitée par ceux qui ont inspection sur leur conduite. Ils satisfont aux escortes qui leur sont demandées pour les voitures des deniers royaux. Il serait seulement à souhaiter que les délais qu'on apporte à leur payer leurs gages, dont il leur est dû environ trois quartiers, ne servissent point d'excuse à la négligence de quelques-uns d'entre eux.

JUGEMENT DES PROCÈS CRIMINELS.

Il n'est point revenu que les lieutenants criminels diffèrent l'instruction des procès des accusés qui [sont] dans leurs prisons, et l'on peut se reposer de cette partie sur l'attention que M. le procureur général du parlement apporte à leur faire remplir leur devoir.

ÉTAT DES PRISONS.

La plupart des prisons de cette généralité ont besoin de réparations ; l'on pourvoit aux plus pressées, et l'on diffère les autres, pour ne pas s'engager dans des dépenses qui ne laisseraient d'être considérables, soit sur le domaine du roi, soit sur les engagistes.

HARAS.

Il n'y a que huit ou neuf ans que les haras sont établis dans la généralité de Paris, et ils y réussissent assez bien. Il y a actuellement cent cinquante gardes-étalons, qui sont cotés d'office suivant leurs facultés, et ils ne jouissent d'autre avantage, à cet égard, que de ne pouvoir être augmentés par les collecteurs, à qui ils ne doivent point être abandonnés, dans la crainte qu'ils ne se vengeassent sur eux de la contrainte qu'ils sont quelquefois obligés d'employer pour que les particuliers qui ont des cavales les mènent à l'étalon.

PÉPINIÈRES.

L'on n'a point encore pris les dernières mesures pour la plantation des pépinières ; on y travaillera incessamment.

OCTROIS ET PATRIMONIAUX.

L'on apporte une attention suivie à l'emploi des deniers d'octroi et des patrimoniaux des villes. Les dépenses ordinaires sont réglées par des arrêts du Conseil rendus en 1695 et en 1696, et l'on s'y conforme. À l'égard des dépenses extraordinaires, qui sont presque toujours pour des réparations publiques et pressantes, on n'en fait point qui n'aient été consenties par des délibérations des villes et approuvées par l'intendant, qui a soin que les ouvrages soient bien faits. L'on sait que les comptes des octrois se rendent à la Chambre des comptes par les receveurs des tailles, qui en sont chargés. Pour ce qui est des patrimoniaux, l'on en rend compte par-devant l'intendant.

CASERNES.

L'établissement des casernes, en vertu de l'ordonnance du roi du 25 septembre 1719, avait été commencé dans presque tous les lieux où il avait été ordonné, mais il n'a pas été continué, et, comme il paraît que l'intention de Sa Majesté n'est pas d'exécuter ce projet, l'on a permis aux propriétaires des emplacements qu'on y avait destinés, de les reprendre. L'on a vendu les matériaux qui avaient été rassemblés, pour payer des marchands qui avaient fait des fournitures pour raison de ce et d'autres créanciers légitimes et pressés. Il y en a encore d'autres à qui il est dû, et qu'on ne peut faire payer, faute de fonds.

XIX

MÉMOIRES SUR L'ÉTAT DES POPULATIONS, DE LEUR COMMERCE ET DE LEUR INDUSTRIE.

MÉMOIRES SUR LA MISÈRE DE PARIS[1].
1684.

A Paris, ce 31 mars 1684.

A Monseigneur le Lieutenant de police.

L'honneur que j'ai d'avoir pris naissance dans la capitale de ce royaume, joint à la charité chrétienne tant recommandée de Dieu dans les saintes Écritures, m'oblige à prendre part à la misère affreuse qui afflige la plus grande partie des habitants de cette grande ville. Je vous dirai donc que plus de quatre mille familles de marchands et artisans de plusieurs arts et métiers, particulièrement ceux du négoce et métier de la soie, sont réduits à la misère et engagés de toutes parts, n'ayant pas le moyen de faire subsister leurs familles, ni de satisfaire à leurs créanciers, qui, voulant être payés, les obligeront à tout abandonner et à faire éclater la misère qu'ils cachent depuis assez longtemps, à moins que le roi ou son Conseil n'aient la charité de remédier à ces désordres : ce qu'ils ne peuvent faire tant qu'ils ne connaîtront pas le mal. La cause donc qui a rendu misérable la plus grande partie des habitants de cette grande ville, aussi bien que du reste du royaume, est le défaut de commerce aux marchands, et le manque de travail aux ouvriers, qui, depuis plusieurs années n'ayant pas gagné leur vie, se sont engagés après avoir consommé ce qu'ils pouvaient avoir à eux. Mais, comme le médecin ne guérira jamais son malade tant qu'il ignorera la cause de sa maladie, il est juste de vous instruire de celle qui afflige présentement les peuples, afin que vous ayez la charité de leur procurer quelque soulagement.

Je vous dirai donc que la défense de commerce que l'Angleterre a faite avec nous, la guerre continuelle avec l'Espagne et l'Allemagne, et enfin le deuil de la mort subite et imprévue de notre bonne reine ont tellement ruiné le commerce et ôté le travail aux ouvriers, qu'ils sont réduits à la dernière extrémité. Ne croyez pas que ceci soit une supposition, ni qu'il parte de quelque esprit chagrin ou mélancolique : ayez assez de charité pour les peuples de vous informer en quel état sont leurs affaires; mandez chez vous les gardes des six corps des marchands, et les jurés de chaque communauté en particulier; informez-vous d'eux en quel état sont les affaires de leurs corps, et vous verrez que je ne vous fais ici qu'une faible peinture de leur misère. Vous êtes le juge politique de cette grande ville, non-seulement pour y faire vivre les peuples sous les bonnes ordonnances que vous y avez établies, mais encore pour vous instruire de leurs nécessités et besoins, afin d'en informer le roi et de leur procurer quelque soulagement. Et souvenez-vous du dire du sage Solon, que «vous n'êtes pas

---

[1] Bibl. Nationale, Papiers de la Reynie, ms. fr. 21778, fol. 142-147. Selon une note du lieutenant général de police, ce mémoire lui fut envoyé le 19 avril 1684, sous enveloppe cachetée, et il le transmit aussitôt au contrôleur général.

le conseiller du prince pour adhérer à ses volontés, mais pour lui dire la *vérité*, le bien conseiller et lui remontrer les nécessités de ses peuples et ce qu'il faut qu'il fasse pour leur soulagement. » C'est ce que les peuples de cette grande ville vous prient de faire pour eux à leur roi, qui ne peut connaître la nécessité dans laquelle ils sont que par le rapport que lui en font les magistrats qui les gouvernent. Je puis vous assurer que le mal est pressant et qu'il n'y a point de temps à perdre; il éclatera bientôt, et deviendra sans remède, si dans peu l'on n'y met ordre. Il y va de l'intérêt du roi, aussi bien que de celui du peuple, et vous êtes trop bon politique pour ignorer les suites fâcheuses que la misère cause dans un État. Vous savez qu'elle y fait de méchants sujets, qu'elle y rend le gouvernement odieux, et les peuples, chagrins de se voir dans la misère, perdent le respect, l'amour et la fidélité qu'ils doivent avoir pour ceux qui les gouvernent. Cela les oblige encore à déserter leur pays, comme ils ont fait depuis deux ans, étant sorti de Paris seul plus de trente mille ouvriers, sans ce qu'il en est sorti des autres villes du royaume, lesquels, s'étant allés établir en Italie, Allemagne, Angleterre et Hollande, y ont porté aux étrangers les secrets de tous les métiers et manufactures de France. Vous devez connaître par là l'importance qu'il y a d'empêcher de telles désertions des peuples, qui sont si préjudiciables à l'État qu'elles en détruisent entièrement la force; et puisque, au dire du plus sage de tous les rois, la puissance du prince consiste dans le nombre et dans la richesse de son peuple, il est donc de l'intérêt du roi d'empêcher qu'il ne déserte son royaume et de lui procurer en même temps le moyen d'y subsister commodément, afin de tirer de lui le secours dont il a besoin contre ses ennemis. Il ne peut le faire qu'en rétablissant le commerce, qui est entièrement ruiné. Vous savez que c'est l'âme des royaumes, ce qui les fait subsister et qui y attire les richesses, puisqu'un État sans commerce est ordinairement suivi de peu de richesses; vous en avez des exemples chez vos voisins les Anglais et les Hollandais, qui ne sont devenus si puissants que par le grand commerce que leurs souverains leur ont facilité. Il y va encore de l'intérêt du roi, puisque, son royaume étant sans commerce, ses droits d'entrée et de sortie lui seront notablement diminués, aussi bien que ses autres droits sur le vin et autres denrées que ses peuples consomment, lesquels diminueront entièrement, tant parce que les peuples, étant misérables, ne pourront pas les consommer, que parce que ceux qui sont sortis les consommeront ailleurs et payeront aux étrangers ennemis du roi les droits qu'ils auraient payés à leur légitime prince. Enfin, je puis vous assurer que l'Angleterre seule consommait toutes les années pour plus de cinq millions des manufactures de France, l'Allemagne pour huit, l'Espagne et les Indes pour dix, la Flandre et la Hollande pour quatre à cinq. Enfin, le tout ensemble ôte aux Français le commerce de vingt-huit à trente millions de manufactures, qui sortaient toutes les années hors du royaume, et qui faisaient subsister tout ce grand peuple qui y habite, aussi bien que ceux qui le gouvernent. Et je puis vous assurer que le seul moyen que les étrangers ont trouvé pour diminuer la force de ce grand État a été celui de lui interdire le commerce, ne pouvant par autre moyen surmonter la valeur et générosité de ce peuple belliqueux, qui a toujours triomphé de ses ennemis quand il a été commandé par un prince aussi généreux que celui qui le gouverne. Enfin, la France pourrait encore triompher et parer le coup que ses ennemis lui ont voulu donner en interdisant le commerce avec elle; elle pourrait, dis-je, subsister par elle-même et leur faire connaître sa puissance, si les droits et subsides que l'on lève sur les peuples en étaient un peu diminués et plus utilement employés au service du roi, aussi bien qu'à celui de son État; si, dis-je, les partisans ou gens d'affaires qui renferment les deux cents millions qu'ils ont volés aux peuples sous prétexte de lever les droits du roi, lui avaient restitué ce qu'ils lui ont volé, et que le roi, ayant dans ses coffres de quoi soutenir l'éclat de sa grandeur et les dépenses qu'il est obligé de faire contre ses ennemis, diminuât sur les peuples les subsides extraordinaires dont ils sont surchargés; leur faciliterait par là les moyens de rétablir leurs affaires et de se passer du commerce de leurs ennemis. Si tous les droits qui se lèvent sur les peuples se levaient au profit du roi et par commission, comme ils se lèvent en quelqu'autre royaume, le roi aurait un quart plus de revenu qu'il n'a pas, et pourrait soulager son peuple d'un autre quart, y ayant toujours la moitié des droits qui se lèvent sur les peuples pour les fermiers, sous-fermiers ou leurs commis : ce qui est facile à connaître par les grands biens que les uns et les autres possèdent, étant certain qu'il n'y a point de fermiers généraux qui, au bout des neuf années de la ferme, ne mettent de reste plus de deux millions. Enfin, si, de tous les grands biens que les partisans renferment, il y en avait la moitié dans les coffres du roi et l'autre moitié répandue chez les peuples, l'un et l'autre, faisant de la dépense, se feraient subsister plus commodément : l'argent, faisant une circulation dans tout le royaume, y ferait subsister les peuples, et l'on ne verrait plus les gens de qualité engagés de toutes parts comme ils sont, et qui, pressés de leurs créanciers, sont réduits à abandonner leurs biens, qui sont le plus souvent adjugés aux partisans ou gens de justice pour la moitié de ce qu'ils valent. L'on ne verrait pas le marchand manquer de commerce comme il fait, et qui, réduit à la misère, ne trouve son profit que dans les banqueroutes qu'il est obligé de faire journellement, quoiqu'elle soit quelquefois frauduleuse. L'on ne verrait pas, dis-je, le pauvre paysan surchargé de taille comme il est, réduit à la dernière misère, et passer, comme il fait, toute sa vie avec un habit de toile et une paire de sabots, ne pouvant avoir les choses qui lui sont nécessaires, cependant que mille partisans ou commis renferment tous les biens du royaume et regorgent de toute part le sang du pauvre peuple.

Voilà, Monsieur, en quel état sont les affaires des peuples ; et si on est surpris de voir que le roi et son Conseil, qui s'appliquent avec tant de soin et de justice aux affaires du dehors, prennent si peu connaissance de celles du dedans, qui ne lui sont pas moins nécessaires que les autres, et même plus, puisqu'il ne peut réussir dans celles du dehors qu'en conservant celles du dedans. Voilà, Monsieur, en quel état sont les choses ; voilà l'état des affaires des peuples, et leur misère paraît toute claire. Vous la connaîtrez encore mieux, si vous voulez vous donner la peine de vous en informer, et vous verrez que la compassion seule, jointe au désir de travailler au soulagement de mon prochain et de ma patrie, m'ont engagé de vous écrire ces lignes pour vous informer de leur misère. Voilà enfin les avis et les conseils que je donnerais au roi mon souverain, si j'avais comme vous l'honneur d'approcher de sa personne et d'être son conseiller.

Je prie le souverain du ciel et de la terre qu'il inspire au roi et à son Conseil les sentiments de gouverner les peuples avec un esprit de douceur, et qu'à l'exemple du plus sage de tous les rois, il puisse dire comme lui : «Seigneur, donne-moi l'esprit de discernement, afin que je puisse juger ton peuple et connaître ce qui lui est utile.» Enfin, souvenez-vous des paroles de l'Apôtre, que les souverains, aussi bien que les conseillers, paraîtront un jour, et peut-être bientôt, devant Celui qui, n'ayant acception de personne, leur demandera un compte exact de leur administration, et leur rendra à chacun selon leurs œuvres.

Copie du mémoire qui m'a été adressé avec un autre plus grand mémoire, le 19 avril 1684, envoyé à M. le Contrôleur général avec ma dépêche dudit jour.

Le roi et son Conseil ne rétabliront jamais les affaires des peuples en l'état qu'elles doivent être, que par les moyens ici proposés, savoir :

En imposant la taille réelle sur tous les biens du royaume, sans exception, l'on pourrait, ce faisant, augmenter la taille et soulager, ce faisant, les pauvres paysans, qui sont accablés de toutes parts et presque hors d'état de pouvoir la payer plus longtemps, étant certain que toutes les campagnes sont désolées par là. Il n'y a pas la moitié des biens du royaume qui payent la taille : les nobles, qui en possèdent la plus grande partie, n'en payent point ; les bourgeois de plusieurs villes du royaume, et qui possèdent une partie des biens de la campagne, en sont exempts par le droit de bourgeoisie ; d'autres s'en exemptent par les offices, et d'autres par faveurs ;

il n'y a que le misérable qui la paye, et le nombre augmente toutes les années de quatre dans chaque village, étant certain que les quatre personnes nommées dans chaque paroisse pour lever les tailles sont ruinées au bout de l'année de leur collecte, tant par les frais que les receveurs leur font, que par les mortes-payes qu'ils ont, de quoi ils sont responsables. Voyez combien il y a de villages en France et combien de misérables se font toutes les années par la collecte. L'on remédierait à ces désordres en imposant la taille sur tous ceux qui possèdent le bien à proportion du bien qu'il possède, et chacun, la payant, en payerait peu, et les pauvres en seraient soulagés, et le roi la pourrait augmenter.

Il faut encore rétablir, comme j'ai dit, le commerce, qui est entièrement perdu. Il faut, pour cela, laisser au peuple un peu plus d'argent qu'il n'a, afin qu'il puisse faire valoir le commerce par la dépense qu'il pourrait faire. Les peuples de France sont laborieux, et, par leur grand travail, ils remplissent le royaume de quantité d'ouvrages, lesquels ils ne peuvent pas consommer. Il faut donc leur en faciliter le débit en les négociant avec l'étranger, ou leur laisser le moyen de les consommer chez eux, ce qu'ils ne peuvent faire tant qu'ils seront misérables comme ils sont. Il faut encore empêcher les abus qui se commettent dans le négoce et rétablir la bonne foi, qui ne se trouve plus que rarement chez les négociants français, particulièrement à Paris, que les négociants étrangers, aussi bien que les autres du royaume, ne regardent plus que comme une retraite de banqueroutiers, par la grande facilité que les négociants de cette grande ville ont à la faire, étant certain qu'il n'y a presque point de jours qu'il ne manque quelqu'un, soit par lettres de répit, qu'ils obtiennent trop facilement, ou abandonnement de biens, après qu'ils ont mis à couvert tout le meilleur, ou en demandant du temps afin de donner ordre à leurs affaires, pour s'en aller tout à fait, comme ils font, ou bien par banqueroute ouverte, où ils ne payent rien du tout. Voilà en quel état sont les affaires du commerce à Paris : ce qui a tellement perdu le crédit des marchands de cette ville, que les marchands étrangers, et ceux même des autres villes du royaume, ne veulent plus avoir de commerce avec eux, et même les bonnes bourses de Paris, qui faisaient encore un peu valoir le commerce, se sont retirées et ont fermé leurs bourses, ne trouvant plus de sûreté. Enfin, l'on peut dire que le commerce est entièrement perdu à Paris, si l'on ne donne un meilleur ordre que celui qui y est.

Il est vrai que la nécessité est en partie la cause de tous ces désordres. Mais il s'y rencontre aussi bien de la mauvaise foi, laquelle l'on devrait punir sévèrement, et ne point laisser de banqueroutiers sans punition, quel qu'il soit, mais surtout ceux qui la font frauduleusement, la justice étant pour eux trop indulgente; et de plus elle ruine et consomme en frais les pauvres créanciers, quand ils veulent poursuivre leur banqueroutier, lequel ils sont contraints de laisser sans punition, étant obligés de s'accommoder avec lui aux conditions qu'il lui plaît de leur prescrire; et ainsi les banqueroutiers de mauvaise foi volent impunément leurs créanciers sous prétexte d'accommodement et sans crainte de punition. Il faut, si l'on veut rétablir la sûreté du commerce et arrêter le cours et la licence que les négociants de mauvaise foi se donnent de faire journellement banqueroute, les punir sévèrement, et ce, sans en coûter aux pauvres parties, qui le plus souvent n'ont pas moyen de les faire. Il faut faire pour cela quelque ordonnance et leur imposer quelque peine, ou bien renouveler les anciennes et les faire observer ; il faut aussi mettre un intendant de commerce d'une probité et fidélité exemplaire, qui, tous les six mois, fasse au roi ou à son Conseil un fidèle rapport de l'état du commerce de son royaume, et qui, par intérêt, ne favorise pas les banqueroutiers frauduleux, comme a fait le sieur de Bellinzani. Il faut encore faire rendre compte aux partisans de tous les grands biens qu'ils ont volés au roi et à son peuple, afin que le roi, ayant de quoi soutenir la dépense qu'il est obligé de faire, puisse diminuer sur ses peuples les impôts dont ils sont surchargés. J'ai, par la grâce de Dieu, trouvé les moyens d'augmenter les revenus du roi de vingt millions par année, et ce en soulageant son peuple de vingt autres millions, ce que je ferais voir clairement, si j'avais l'honneur d'être connu.

APPENDICE.

MÉMOIRE SUR LE RÉTABLISSEMENT DU COMMERCE PRÉSENTÉ PAR LES NÉGOCIANTS DE PARIS[1].

1685.

Comme il paraît que, dans ce grand événement du repos que le roi vient encore une fois de redonner à l'Europe par la trêve, après avoir, par de si longs travaux et par tant de victoires, triomphalement élargi et assuré les dehors de son État, Sa Majesté veut porter ses soins à rétablir la félicité du dedans par le soulagement de ses peuples et par le rétablissement du commerce, qui en est un des premiers et des principaux, et que, pour cela, par le département de ses ordres, elle a fait connaître aux principales villes de son royaume que sa volonté était qu'elles envoyassent des mémoires qui continssent leurs sentiments sur les causes les plus apparentes de la décadence du commerce et sur les moyens plus probables pour le relever, les négociants de sa bonne ville de Paris, oubliant déjà leurs pertes passées aux douces espérances de remède que Sa Majesté veut bien y apporter par sa main puissante et paternelle, obéissant à ses ordres, présentent en toute humilité le présent mémoire, qui contient leurs pensées très-sincères sur les sujets qu'on leur fait l'honneur de leur proposer.

Comme leur profession consiste uniquement à bien faire, et qu'on n'attend point d'eux le bien-dire, où ils ne sont pas élevés, ils s'attachent aussi uniquement qu'aux vérités dites le plus sincèrement, selon la mesure de leur connaissance, qui leur paraît en ce rencontre le respect le plus pur qu'ils puissent rendre aux ordres de Sa Majesté et les devoirs les plus fidèles qu'ils puissent rendre au roi et à leur patrie.

Et comme il n'est point de travaux ni de dangers pour ceux qu'ils ne se sentent également obligés et portés à supporter pour essayer de répondre aux glorieuses intentions de Sa Majesté, ils se flattent que la ville royale où ils ont l'honneur d'habiter peut y concourir par l'avantage qu'elle a d'être à la tête de la principale rivière et par l'honneur qu'elle a de recevoir les premières et principales influences et les plus puissants esprits que Sa Majesté départ à son État, par le moyen desquels elle peut se distribuer et s'unir avec les autres villes du royaume, et conspirer ensemble à étendre le commerce du royaume dans toute l'étendue des mers, sous les heureux auspices et sous la puissante protection de Sa Majesté, pour la gloire de son règne auguste et pour l'honneur de la nation.

AVANTAGES DU ROYAUME.

On leur fait l'honneur de leur demander d'où procède la décadence du commerce et tant d'infortunes parmi ceux qui font une profession qui a tant enrichi les États voisins, et dans un royaume qui a sur eux tous de si grands avantages, une situation heureuse qui regarde sur toutes les mers, un ciel si tempéré, un solage abondant en tant de choses nécessaires à tous les autres, en marchandises domaniales que les autres n'ont point ou dont ils [ont] peu, et dont ils ne peuvent se passer, des manufactures sans nombre d'une semblable nécessité, des peuples industrieux et laborieux, bons navigateurs, frugaux, patients, doux, communicables, dociles et susceptibles de toute bonne discipline.

CAUSES DE LA DÉCADENCE DU COMMERCE.

Ils répondent, selon leur fidélité, que, dans les temps passés, au lieu de cultiver tous ces avantages et de les rapporter à la gloire et à l'utilité commune du royaume, on les a oubliés ou négligés, et souvent tournés à des utilités particulières, par la défection de ceux qui se sont trouvés commis à l'inspection et au ménagement de ces choses-là, qui,

---

[1] Bibl. Nationale, Papiers Joly de Fleury, vol. 2510 (ms. La Reynie n° 13), fol. 3-15.

par des pensions et engagements illicites, étouffaient la voix des bons, n'appuyaient que celle des oppresseurs libéraux, et qui ne donnaient sur le tout que des informations intéressées et corrompues.

NÉGOCIANTS DOIVENT ÊTRE CONSIDÉRÉS.

Notre nation française, sensible plus que toute autre à l'émulation d'ambition et d'honneur, se porte naturellement le plus et s'empresse de parvenir aux professions qui remplent (sic) le mieux les susdites passions qui lui sont naturelles. Celle de négociant, comme la plus étendue, la plus utile et la plus innocente, tenait ci-devant chez elle, comme elle tient encore ailleurs, un des premiers rangs dans le tiers état. On la voyait remplie par les meilleures familles de cet ordre-là, lesquelles donnaient des filles dans les familles les plus qualifiées, lesquelles, en leur portant des mariages qui, servant de rafraîchissement et de réparation à ces familles illustres, ne les exposaient point aux malédictions qui, depuis cela, y sont entrées avec les filles tirées de professions d'oppression qui y ont porté avec elles les iniquités de leurs pères; et leurs fils se perpétuaient dans le commerce, avec du bien, de l'éducation et de l'expérience, trois qualités essentiellement nécessaires à cette profession.

VEXATIONS DES BUREAUX. — RETRAITE DES NÉGOCIANTS HORS DU ROYAUME,
ET DE LA CAMPAGNE DANS LES VILLES.

Mais, depuis que, par la multiplicité de tant de sortes de bureaux, on a vu s'épancher dans les provinces un nombre infini de commis, qui, dévoués à la rapacité de leurs maîtres, ont exercé sur les navigateurs, sur le commerce et sur les plus honorables négociants des duretés, des vexations et des indignités insupportables, alors les enfants, méprisant eux-mêmes la profession avilie de leurs pères, n'ont plus cherché qu'à s'en tirer et à se jeter, comme en refuge, dans les offices, ou à passer dans d'autres états; et la retraite de la plus grande partie des bonnes familles et maisons de commerce ne s'est plus remplacée que par une quantité de jeunesse tirée ou de la campagne, qui fuyaient en refuge dans les villes, ou par des enfants d'artisans qui cherchaient à s'élever, qui, tous, n'ayant ni les forces, ni l'éducation, ni l'expérience, et rarement la probité, qui y sont essentielles, n'ont fait qu'en accroître la décadence et l'avilissement, dont on demande la cause, que voilà, et de laquelle il se résume qu'à mesure que les bonnes maisons de commerce ont déserté dans les villes, les bonnes maisons de la campagne qui avaient la force et l'expérience nécessaires pour y faire la culture, les manufactures et les pacages, se sont jetées dans le commerce des villes, pour se tirer de la désolation de la campagne, dans laquelle ils n'ont laissé que des misérables impuissants pour y faire les ménages nécessaires.

SOULAGEMENT DE LA CAMPAGNE.

Nous croyons sincèrement et respectueusement que le premier et le plus provisoire de tous les remèdes est celui où nous voyons déjà que Sa Majesté porte paternellement sa main sacrée et salutaire en soulageant la campagne, et on se flatte, dans les villes, de l'espoir consolant que, si ce remède peut aller jusques à remettre les habitants du plat pays en l'état où ils ont été ci-devant, lorsqu'après avoir mis à couvert les biens de l'été, ils venaient dans les villes se pourvoir honnêtement des choses les plus nécessaires pour passer un peu plus doucement l'hiver, qu'en ce cas ce sera un remède.

On supplie néanmoins de pouvoir dire en toute humilité que ce remède, qui adoucirait le mal de beaucoup, n'irait pas jusques à sa curation, si on ne règle de telle sorte les impositions de la campagne pour l'avenir et la manière de les percevoir, que chacun puisse connaître d'une manière fixe et certaine pour combien il en sera tenu annuellement. Mais, si cela était une fois rendu certain, on estime qu'alors un grand nombre de familles inutiles et incommodées dans les villes, où elles ne vivent que comme en refuge et par la crainte d'être enveloppées dans les désolations de la campagne, s'y rejetteraient et y remettraient la culture, les nourritures et les manufactures qui s'y faisaient ci-devant, et que cela avancerait beaucoup la guérison. Mais, pour la rendre entière et la porter jusque dans le commerce, il faut examiner quelles sont ses obstructions au dedans et au dehors, qui l'ont découragé et rendu léthargique, et on connaîtra facilement, par cet examen, les moyens infaillibles pour lui redonner le courage, l'action et le profit.

ÉCONOMIE ET MÉNAGEMENT DU TEMPS ET DES FRAIS, MOYENS AVEC LESQUELS LES NATIONS SE DISPUTENT LE COMMERCE.

Il n'y a personne qui ne sache et qui ne convienne pour maxime constante que l'économie et l'extrême ménagement du temps et des frais sont les moyens essentiels et naturels par lesquels les nations se disputent le commerce; c'est à proportion de ce que chacune en a plus ou moins l'art et le raffinement que celle qui l'a le plus gagne l'avantage sur l'autre. Cela n'est pas moins trivial que de dire que la boutique où on donne les choses à meilleur marché prévaut en concours et mouvement.

Que l'on allègue quelle nation on voudra, la nation française n'a défailli en rien de ce qui a dépendu de ses peuples pour leur disputer le ménagement, soit par se passer à peu delà pour la nourriture ou pour les salaires, soit enfin par la promptitude et par l'assiduité du travail. Mais que peut leur servir leur application et leur économie personnelle et particulière, si elle n'est pas secondée et appuyée de l'économie publique? Et c'est de cette économie publique, qui a si fort défailli au commerce de France, que les négociants supplient très-humblement Sa Majesté de vouloir avoir la bonté de se faire informer.

MAL ET REMÈDE SUR LES RIVIÈRES.

Le temps des négociants, la diligence et le prix des voitures se trouvent gâtés, sur les rivières, par la multitude de droits et de petits bureaux qui arrêtent et retardent les bateaux par des vexations continuelles, et souvent par des procès sur les moindres choses, d'autant plus fâcheux qu'il n'en revient rien aux coffres du roi, et que la plupart de ces bureaux sont ou sans titres valables, ou durement exercés par des gens qui ont financé peu de chose en comparaison de ce qu'ils ont exigé et reçu. Il serait à souhaiter qu'il plût à Sa Majesté de faire rapporter les titres de tous ces prétendus droits et de pourvoir à la suppression.

MAL ET REMÈDE SUR LES ROULAGES ET VOITURES DE TERRE.

Les voitures et roulages par terre sont portés à des prix excessifs et à des retardements et manières vexantes et incommodes au delà de ce que l'on peut dire, par des attributions fâcheuses surprises par les messageries, coches et carrosses, sur des exposés étranges, par le moyen desquelles attributions, dans lesquelles ils ont fait passer des exclusions sans nombre, interrompant la liberté publique, ils empêchent le concours des laboureurs des provinces, lesquels, après avoir fait leurs labours plus pressants, accouraient dans les foires et dans les villes, cherchant des voitures, qu'ils faisaient avec grande diligence et à petit prix, ne cherchant qu'à gagner simplement la vie d'eux et de leurs chevaux dans les intervalles susdits de leurs labours; et cette économie des laboureurs coopérait à celle du commerce.

Il serait à souhaiter qu'il plût à Sa Majesté de vouloir rétablir ces aide et concours mutuel de diligence et de ménage entre ses sujets, par le rétablissement de cette liberté si nécessaire pour faire circuler et communiquer d'une part en l'autre mille choses de petite valeur et de grand'utilité, qui croupissent trop en un lieu et défaillent en d'autres, lorsque la liberté de ce mouvement défaut, ne pouvant pas être réparé par ces autres voitures, accaparées et trop chères, pour mille choses dont le mouvement fait besoin dans le commerce et dans le public, qui sont de trop petite valeur pour les supporter.

COMMERCE D'ESPAGNE.

Le commerce d'Espagne étant le plus important de tous, non-seulement par la quantité prodigieuse qu'elle consomme et qu'elle tire tant pour elle que pour ses vastes Indes, mais, plus que tout, par ces retours liquides d'or et d'argent dont elle n'est que la voiturière et la distributrice aux nations, lesquelles deviennent plus ou moins riches comparativement entre elles par le plus ou moins de part qu'elles tirent annuellement de ces trésors-là, qui se partagent entre elles à proportion du plus ou du moins qu'elles ont fourni de leurs marchandises domaniales ou de leurs manufactures.

Celles qui sont le plus nos émules ont si bien connu à quel point l'avantage de ce partage est important, que, pour nous le disputer et se l'acquérir contre nous par toutes sortes d'économies, elles ne lèvent aucun droit de sortie sur les denrées et manufactures de leurs pays, ou y en mettent de si petits qu'ils ne servent que de reconnaissance. S'il plaisait à Sa Majesté avoir les mêmes égards, le relâchement qu'elle ferait se trouverait d'un riche secours au commerce et à l'État, par l'abondance des retours d'argent et par une plus grande issue de ses denrées, et par la diminution des avantages de nos émules.

Ce n'est pas assez d'attirer dans l'État l'abondance des matières et celle des espèces, si on ne ménage les moyens pour les y conserver, ou pour y rappeler celles qui s'en sont écartées.

MOYEN POUR EMPÊCHER L'ENLÈVEMENT DE L'OR ET POUR FAIRE REVENIR CELUI QUI EST ÉLOIGNÉ.

Les guerres dernières ayant beaucoup écarté l'or par les fréquentes et grandes voitures qui s'en sont faites au dehors, par les voyages du roi et de la cour sur les frontières, et par un butinement d'envois que des particuliers trouvent occasion d'en faire dans les États voisins, où il est à plus haut prix qu'il n'est en France, qui continue à donner lieu à l'enlèvement, à tel point qu'on n'en voit plus du tout, il serait à souhaiter qu'il plût au roi porter les louis d'or et les pistoles d'Espagne à 12 francs et donner aux bons réaux d'Espagne un cours libre à 60 sols. Ce moyen, non-seulement ramènerait nos espèces d'or qui ont été transportées et empêcherait qu'on n'en transportât plus, mais donnerait une grande vente à nos denrées et attirerait dans ce royaume les matières et les espèces qui viennent des Indes, et qui, naturellement, se portent et s'arrêtent le plus là où elles trouvent le plus de valeur.

A ce sujet, il est encore à propos de dire combien nos émules, et notamment l'Angleterre, ont soigneusement étudié tout ce qui pouvait servir d'attrait à l'apport chez eux des matières des Indes espagnoles. Le roi de la Grande-Bretagne fait faire gratis dans ses Monnaies la conversion et fabrication des matières, régissant toujours ses Monnaies lui-même, sans jamais vouloir les bailler à ferme. Aussi a-t-on vu qu'il n'y a point eu d'État au monde où l'espèce ait autant abondé, et où elle ait été conservée si pure contre l'altération.

Il serait à souhaiter qu'il plût au roi de se faire informer de l'importance de ce moyen, et de vouloir l'appliquer en l'administration de ses Monnaies.

CONTRE LES COURSES DES FLIBUSTIERS DE SAINT-DOMINGUE.

D'autant que la sûreté des mers est ce qui enhardit le commerce et les négociants, et que les aventuriers français habitants dans l'île de Saint-Domingue, sous le nom de *boucaniers* et *flibustiers*, troublent cette sûreté par des déprédations qui, sous ombre d'être faites sur les Espagnols, tombent toujours, en la meilleure partie, sur les sujets de Sa Majesté, soit directement, comme cela arrive, soit indirectement, en ce que les Espagnols qui tiennent lesdits effets de sujets de Sa Majesté croient devoir jeter dessus le mal qui leur est fait par lesdits Français, et ne manquent point de dire que ce sont leursdits effets qui ont été pris.

Il serait à souhaiter que, pour remédier à ce mal et rétablir la sûreté d'un commerce qui nous est si important et si précieux, il plût à Sa Majesté de faire cesser les courses desdits flibustiers et tourner l'activité de ces gens-là, comme elle était ci-devant, dans la culture des tabacs de Saint-Domingue, qui était d'une si grande réputation et d'une si grande consommation dans tous les États d'Europe et dans ceux de Levant et d'Afrique, et formait un commerce florissant en France, avant que la ferme du tabac vînt tarir ces riches cultures et ce beau commerce.

CONTRE LA FERME DU TABAC.

A l'égard de cette ferme du tabac, il suffirait de se ressouvenir de la personne qui en inspira les conseils et l'invention pour d'abord présumer qu'il n'est pas inutile d'examiner dans quelles vues, dans quel temps et par quelles personnes elle fut inspirée, quelles en ont été les suites fâcheuses, et quel remède il y aurait à y appliquer.

La vue de celui qui opéra cette installation fut

de s'assurer, comme on a su, des pensions qu'il avait dessus; les instigateurs, et qui en furent les premiers fermiers, étaient actuellement demeurants chez lui, avec lesquels il avait encore un sous-intérêt, et qui furent encore, incontinent après, les instigateurs et les collègues de l'affaire des pièces de 4 sols, deux affaires (d'entre celles qui ont été enfantées chez lui) qui ont tant causé de préjudices à l'État et au commerce.

Pour revenir à cette ferme du tabac et aux suites fâcheuses qu'elle a causées, sans parler des malheurs que la dure manière de cette installation causa dans les provinces de Bretagne et Guyenne, par les contretemps des installateurs, et aller seulement à ceux que cela a causés dans le commerce et dans la navigation de France, on sait assez la peine qu'avaient eue nos plantations de tabac de Saint-Domingue à combattre la vogue et la réputation des plantations anglaises de Virginie. Par une longue suite de temps et de peines, les nôtres avaient enfin gagné le dessus; on ne pouvait assez en apporter en France, ni la France assez en fournir et envoyer dans les États et royaumes du Nord, lesquels ne voulaient plus que de celui-là. Ce concours accourageait nos plantateurs, et l'augmentation de leur culture fournissait puissamment de matières à élargir notre navigation et notre commerce, qui s'était encore puissamment accru par l'acquisition que quelques-uns de nos négociants avaient faite, à force de temps, de travaux et de dépenses, du secret de surmonter les Hollandais dans la fabrication du tabac pressé en brique, qu'on appelle ordinairement *tabac matiné*, avec tel avantage que l'on ne voulait plus en aucun lieu que de celui de nosdites fabriques, qui convertissaient en cela les tabacs en feuille du cru et culture de Clairac en Guyenne, que les Hollandais enlevaient avant cela pour employer dans les leurs.

Mais cette ferme étant survenue par les voies susdites de conspiration et d'intérêt particulier, elle a porté la main de stérilité et de désolation sur tout cela, et a tari tous ces avantages publics. On l'a vu par les effets: nos plantateurs, ou une grande partie d'eux, ont quitté la culture du tabac et ont été décharger leur chagrin sur le commerce par des courses et déprédations à la mer, dont on a parlé ci-dessus; notre navigation en a diminué d'autant, et par ce qu'elle allait querir dans nos plantations diminuées, et par ce qu'elle portait dans les pays étrangers où notredit commerce de cette marchandise a cessé; nos susdites fabriques ont été forcées de quitter les beaux établissements qu'elles avaient faits; la désolation des nôtres a été la restauration de celles d'Hollande, que l'industrie des nôtres avait atterrées.

On rétablirait toutes ces choses s'il plaisait à Sa Majesté de rétablir la liberté de ce commerce par la suppression de cette ferme, qui l'a exclue; on aura moins de peine, si on compare le peu de revenu qu'elle donne contre les maux qu'elle fait, au nombre desquels on peut compter la diminution des droits d'entrée et de sortie que cela a causée à Sa Majesté, qui se trouverait beaucoup plus qu'indemnisée du revenu de ladite ferme par la plus grande quantité de tabac qui payerait les entrées et sorties de France. D'ailleurs, la joie que causerait au commerce la suppression de cette ferme nouvelle, qui y a tant apporté de chagrins et de diminution, ne se trouverait point diminuée quand bien il plairait à Sa Majesté, pour accorder ce bien-là, charger de quelque augmentation de droit nouveau l'ancien droit d'entrée du royaume sur cette denrée, pour autant qu'il s'en consommerait dans le royaume, pourvu qu'il plût à Sa Majesté, pour favoriser et donner moyen aux envois dans les pays étrangers, ordonner que le droit d'entrée serait restitué de celui que l'on enverrait hors le royaume.

INDES ORIENTALES.

La navigation française dans les Indes orientales serait tout ensemble glorieuse et utile à notre nation et profitable à son commerce, si, au lieu d'une imitation copiée des nations qui y négocient, on était entré dans un vrai discernement des choses où notre intérêt est extrêmement différent du leur, et où il a besoin d'une conduite tout opposée à la leur. Par exemple, il était de leur intérêt, à eux qui n'ont point de toiles ni une quantité prodigieuse que nous avons de petites étoffes, droguets, étamines de laine et de soie, d'en aller querir dans lesdites Indes orientales, soit pour se faire un commerce au dedans et au dehors de ces choses qu'ils n'ont point, soit enfin par émulation de nation, pour combattre ce que nous en avons. Mais il faut examiner si l'exemple de ce qu'ils font dans ces vues-là doit nous porter, nous, à aller querir dans les Indes, avec notre argent liquide et comptant, des toiles et des petites étoffes de fabrique indienne, pour détruire au dedans et au dehors ce grand nombre que nous en avons de nos fabriques propres, et si, au contraire, il ne seroit pas utile à l'État, non-seulement de s'abstenir d'y en aller querir, mais encore d'empêcher qu'on ne nous en apportât. Ces nations-là, dans les temps qu'ils ont commencé ce commerce, ont jugé qu'il leur convenait de le faire par une compagnie générale ; et, dans l'état présent, où la plupart de leurs négociants, mécontents de cette administration générale, marquent un désir extrême d'y pouvoir envoyer des cargaisons et navires particuliers, et veulent tout hasarder pour le faire par des voies de participations et sociétés particulières, c'est pour nous une grande question si la France ne feroit pas mieux de prendre pour elle ce modèle-là, par le moyen duquel ces nations-là, que l'on gehenne possible trop chez elles dans cette liberté de négocier qu'ils désirent, se participeroient secrètement avec nous dans des sociétés particulières, dans lesquelles versant leurs bourses et leur expérience, nous aurions en France l'honneur et l'utilité de voir partir et rentrer chez nous nombre de navires et équipages français sur partie du fonds, de l'industrie et du risque des étrangers, qui n'y seroient que pour telles sommes et autant de temps que cela s'accorderait avec nos intérêts.

PAVILLON FRANÇAIS CONNU AUTREFOIS DANS LE LEVANT.

Le pavillon français, qui, dans les temps passés, avoit la gloire d'être le seul connu, le seul souffert dans le Levant, auroit l'honneur de se montrer nombreux dans l'Orient sous la protection du roi, qui le rendroit redoutable et le feroit désirer des nations. Mais, comme ces matières sont autant délicates, à cause de l'émulation étrangère, qu'elles sont importantes, il seroit à souhaiter que tout cela pût s'examiner secrètement et entre personnes choisies et commises, d'une discrétion connue, et qui ne fussent pas trop intéressées dans des préjugés contraires à ces propositions-là.

CONTRE LES CONGÉS QUI PROHIBENT LE COÏNTÉRESSEMENT AVEC LES ÉTRANGERS DANS NOS VAISSEAUX.

A ce sujet de participations et coïntéressements de nos négociants avec des négociants étrangers dans nos navires, cargaisons et équipages français, il est fort important de réfléchir sur la pratique introduite depuis quelque temps par M. le secrétaire général de la marine et ses subdélégués, qui ne délivrent point de congés pour les voyages de long cours que les propriétaires n'aient affirmé et fait soumission, sous peine de confiscation, qu'aucun étranger n'a intérêt ni participation dans lesdits navires ni dans leurs chargements. Les négociants, qui ne peuvent pas concevoir la raison de cette pratique, estiment devoir représenter qu'elle n'est pas seulement contraire à l'esprit naturel et universel du commerce, qui veut de la communication et de la participation, mais qu'elle l'est aussi nommément et particulièrement à l'intérêt de notre nation française, laquelle, par la déchéance et découragement de son commerce, n'étant pas encore dans le nombre et l'étendue de navigation où il faut travailler pour la mettre, et les négociants et habitants des ports de mer, un peu découragés et affaiblis des pertes passées, n'ayant pas maintenant toute la hardiesse ni tout le fonds nécessaires pour les entreprises, a besoin de s'appuyer de la participation et du concours de bourse et communication d'expérience et de desseins desdits amis et correspondants étrangers ; et on croit avoir fait voir, dans l'article des Indes orientales, combien il peut être utile et honorable à notre nation d'attirer les étrangers à se mettre sous la bannière française, notamment jusques à ce que notre navigation marchande se soit fortifiée et soit parvenue au point où on la souhaite et où on peut espérer de la voir, si une fois on la sauve de la stérilité qu'apporte avec soi l'esprit et le régime des bureaux et gens de parti.

ENTREPÔT ET PORTS FRANCS ET TRANSIT.

Les entrepôts et transits qu'il avait plu au Roi de donner à plusieurs ports et villes du royaume étaient encore des moyens merveilleux pour, tout ensemble, alentir et diminuer imperceptiblement la navigation et les mouvements de nos émules, et pour augmenter et accroître la navigation et les voitures de ce royaume, qui, se trouvant comme un point centrique au milieu de tous les autres, leur fait comme une nécessité d'y passer et repasser, et nous laissait ces grands moyens d'en tirer des avantages considérables. Mais les fermiers et gens de bureaux, sacrifiant toujours les plus précieux intérêts du public au moindre de leurs intérêts particuliers, ont rendu les bonnes et salutaires intentions de Sa Majesté inutiles en cela, en éludant lesdits transits et entrepôts.

Il serait à souhaiter qu'il plût à Sa Majesté les rétablir et assurer de telle sorte que, les étrangers y prenant une fois confiance, nous puissions les voir abonder dans nos ports francs et passer à travers le royaume, pour s'épargner le circuit des mers; car alors, et à mesure que nous recevrions d'eux les profits de leurs épanchements et passages, leur navigation diminuerait d'autant qu'elle en emploierait à ces circuits pour passer d'une mer à l'autre, et cela même, en opérant ces deux grands avantages pour nous, serait deux autant grands désavantages pour eux.

PRÉSENT D'ÉMULATION AUX MAÎTRES DES NAVIRES.

Comme les vaisseaux marchands sont les premières écoles pratiques où se préparent et se forment ceux que l'on met ensuite sur les navires du roi, et qu'il est fort nécessaire, pour l'honneur et l'avantage de notre nation, que les maîtres qui commandent ces vaisseaux marchands à la vue des autres nations, soient gens de cœur et capables de bien régir et bien discipliner leurs équipages, et de bien et vigoureusement se défendre dans les occasions, ces gens, si utiles à l'État et tant exposés aux dangers, cesseront d'être tirés de la lie du peuple et le seront des bonnes familles et gens d'éducation et propres à instituer les autres, dès lors qu'il plaira à Sa Majesté les relever des avilissements et des avanies continuelles qui leur sont faites par les gens de bureaux, et qu'au lieu de ces manières d'agir dures et farouches qui ne peuvent être subies que par de vils misérables, impropres au commerce, il plaira à Sa Majesté, pour une émulation d'honneur, charger les fermiers et bureaux de faire à chacun maître de navire qui y viendra faire sa décharge un présent d'un ou deux pour cent du montant des droits de son chargement. C'est la conduite qu'on a imposée aux fermiers des douanes d'Angleterre, et qui servirait à faire connaître l'honnêteté et la douceur avec laquelle Sa Majesté veut qu'on les traite et qu'on les accourage.

MANIÈRE D'AGIR DES FERMIERS ET GENS DE BUREAUX ENVERS LES NÉGOCIANTS.

Et à l'égard de la manière d'agir de la part des fermiers et commis envers les négociants, ces derniers supplient très-humblement Sa Majesté d'y vouloir pourvoir selon sa prudence, et de les délivrer des vexations et avilissements qu'ils en reçoivent. Il n'est aucun ordre de gens auxquels on n'entende dire d'en avoir reçu des vexations d'une superbe sans pareille, qui détournent les enfants de vouloir plus penser à la profession avilie de leur père, pour ne vouloir plus songer qu'à s'affranchir d'une dépendance qui leur paraît insupportable et qui les en jette hors.

ENFANTS D'HÔPITAUX DANS LES NAVIRES MARCHANDS.

L'intérêt de l'État et celui du commerce étant d'accroître la navigation et le commerce, et entre autres le nombre des matelots, il serait à souhaiter qu'il plût à Sa Majesté de charger les sièges des amirautés de n'expédier aucuns congés aux maîtres de navires français qu'ils n'eussent à bord un ou plusieurs enfants des hôpitaux, ou enfants trouvés, d'un âge et d'une disposition propre pour apprendre la pratique de la mer, avec soumission de les traiter humainement et de leur enseigner diligemment, et de rendre compte de leurs personnes. Cela rendrait par la suite le royaume abondant en habiles matelots et gens de marine.

ÉTAT DES POPULATIONS ET DU COMMERCE.

SOULAGEMENT POUR LA PÊCHE.

La pêche du poisson ayant été la première et une des principales sources de ce grand accroissement de navigation et de richesses des Hollandais, l'Angleterre s'aperçut de bonne heure que, pour en empêcher une trop grande progression chez ces gens-là, il fallait la favoriser et appuyer chez elle : c'est une émulation et un balancement louable, et sur lequel chacun État, pour soi, doit être attentif et jaloux.

La France a, dans les côtes de Normandie et de Picardie, des matelots incomparables pour la pêche, qui non-seulement est une école dure et hardie pour faire les meilleurs matelots, mais encore pour faire un commerce et transport considérable de poisson salé dans les pays étrangers qui n'en ont point, et pour en donner l'abondance et le bon marché dans toutes les provinces du royaume, pourvu qu'il plaise à Sa Majesté, à l'imitation des nations susdites, de décharger le poisson frais, sec et salé, provenant de la pêche de ses sujets, des grands droits qu'il paye, et de les réduire à une modicité proportionnée à leur peu de valeur et en un seul droit, et de permettre aux négociants des autres villes du royaume de pouvoir, dans les ports et mers, faire faire la pêche et les pâquages et salages avec les mêmes avantages dont jouissent les sujets des villes maritimes, afin que ces villes-là, qui ne font pas ces choses avec assez d'étendue et avec assez de forces et de capital, soient excitées et aidées par les autres sujets du roi, et qu'eux tous, concourant de cœur, de bourse et d'action à ce bien commun et important, participent aussi à mêmes avantages, sous la bénéficence et protection du roi, leur prince commun.

Les derniers temps et les précédentes guerres ont donné moyen à plusieurs particuliers, dans l'État, de surprendre des priviléges pour pouvoir apporter ou transporter certaines sortes de marchandises à l'exclusion des autres sujets, sous des prétextes spécieusement supposés, extrêmement décourageants et contraires au commerce et aux intérêts et droits du roi, comme, entre autres, l'apport du séné de Levant et des peaux de castor et autres pelleteries de Canada. Il serait aisé de faire voir sensiblement combien ces priviléges particuliers, qui renferment toujours un mystère d'intérêt propre, sont pernicieux et ruineux au bien commun, et combien la nation anglaise s'en est prévalue à son avantage et à notre préjudice.

CONTRE LA FERME DU SÉNÉ.

Car, à l'égard particulier du séné, on a vu que, depuis qu'il a été ainsi accaparé, il ne s'en est plus vendu en France que pour la France même, qui, avant cela, en fournissait et envoyait dans les pays étrangers.

CONTRE CELLE DU CASTOR DE CANADA.

Et à l'égard des peaux de castor, on a vu quels découragements et quelles vexations cela a causés dans la fabrique et distribution des chapeaux. On sait notoirement que les fabricateurs anglais les ont dans Londres au-dessous de 100 sols la livre, pendant que les nôtres les payent 10 francs la livre, qui est le double prix. Cette différence du prix dans les matières a donné aux fabricateurs anglais le grand avantage de fournir aux Espagnols, à notre exclusion, tout ce nombre immense de leurs chapeaux de castor qu'avant cela nos fabricateurs avaient accoutumé de fournir pour l'Espagne et pour les Indes espagnoles, et conséquemment attiré en Angleterre ce grand profit et ces grands retours d'argent que nous eussions eus sans cela, si nous eussions été en état, comme nous l'eussions dû être, de bailler nos chapeaux à aussi bon marché que les Anglais.

Ces préjudices se répareront et ces découragements se guériront, s'il plaît à Sa Majesté de révoquer, en faveur du commerce, ces priviléges exclusifs qui les ont causés.

NAVIRES ESPAGNOLS, PORTUGAIS ET ITALIENS EXEMPTS DU DROIT DE 50 SOLS POUR TONNEAU.

Comme il vient peu ou point de navires espagnols, portugais et italiens dans les ports de France, et qu'au contraire il va beaucoup de navires français dans les ports de ces nations-là, qui ne seraient pas fâchées qu'on leur fournît un pré-

texte d'imposer sur les nôtres le droit de l'écu pour tonneau, qu'on ne pourrait pas récupérer sur les leurs, on supplie très-humblement qu'il plaise au roi de faire, s'il lui plaît, ordonner à ceux qui perçoivent ledit droit dans les ports de son royaume, qu'ils se gardent bien de l'exiger sur les navires de ces nations-là ou autres qui ne l'exigent pas des nôtres dans leurs ports.

CONTRE LES DÉSAVANTAGES QUE NOUS ONT IMPOSÉS LES ANGLAIS EN LA PROHIBITION DE LA PLUPART DE NOS MANUFACTURES.

Dans les temps passés, que la France, trop occupée des soins de la guerre, n'en pouvait pas donner d'assez grands à son commerce, l'Angleterre, en profitant de ces conjonctures-là, a fait des règlements qui, en sapant et ruinant le nôtre, ont porté le leur dans cette prospérité formidable où on le voit aujourd'hui ; et quand on a voulu leur parler de faire avec nous des traités de commerce qui rectifiassent, par une liberté égale et mutuelle, toutes ces exclusions qu'ils avaient mises sur nos denrées et sur nos vaisseaux, dont il sera parlé ci-dessous, pour reculer, ils ont toujours objecté l'autorité de leurs parlements, qui ne souffriraient point que l'on traitât d'égal sur le commerce avec la France. Mais, comme Dieu a donné maintenant à la France le repos et une conjoncture propre à songer à son commerce et à le mettre au moins sur des règles d'équité et d'égalité avec les nations, on a estimé qu'il était de la fidélité des négociants d'en charger ce mémoire et d'y mentionner au moins les choses principales où celle-là a abusé de nous, posant pour première considération que la France a laissé aux Anglais et à leurs navires la liberté entière d'apporter dans nos ports toutes sortes de marchandises, sans exclusion ni exception d'aucune, tant de leur cru et de leurs manufactures propres que du cru ou des manufactures des autres. Cependant, par un contre-pied insupportable, ils ont exclu nos vaisseaux français de pouvoir porter dans aucun port d'Angleterre et de leurs dominations aucune marchandise que ce puisse être, soit du cru, soit de la manufacture d'aucune autre nation que ce soit : en sorte que voilà de leur part, contre nous, une prohibition et exclusion générale, au lieu d'une franchise et liberté générale que la France laisse à leurs peuples et à leurs navires. Mais il y a plus et pis que cela, puisque, outre cette prohibition générale qu'ils mettent sur nos vaisseaux, ils prohibent et défendent encore l'entrée chez eux à la plupart de nos manufactures, sur peine de confiscation, et, entre autres, sur celles dont voici les noms :

Toute notre chapellerie, tant fine que commune, qui est si considérable ;

Toute notre quincaillerie, qui est composée de milliers de sortes, et qui est de si grande étendue dans plusieurs provinces du royaume ;

Toute notre peignerie, dont il y a de si grandes fabriques ;

Toute notre draperie, droguetterie, et toutes sortes de nos manufactures de laine, dont nous avons si grand nombre et de tant de sortes ;

Toute notre rubannerie, soie, laine, or et argent, si considérable ;

Toutes nos menuiseries, cabinets et meubles, de quelque sorte que ce soit ;

Toutes nos faïenceries, verreries et émailleries, et glaces à miroirs ;

Tout ce que nous avons sous le nom général de mercerie, qui comprend des milliers de manufactures particulières ;

Tous nos points de France et tous nos ouvrages de fil ;

Toutes nos broderies, nos dentelles d'or, d'argent, de soie et de fil, et infinité d'autres choses.

Il serait donc à souhaiter, comme chose importante, qu'il plût à Sa majesté, pour l'utilité et pour l'honneur de la nation et commerce de France, procurer à ses sujets et à leurs vaisseaux la même liberté en Angleterre que les Anglais ont en France aux égards susdits et autres.

SOULAGEMENT SUR LES MANUFACTURES DE PAPIER.

La manufacture des papiers, dont la matière est naturellement en France, étant si convenable et si considérable, par les grandes fabriques qui s'en sont établies dans les provinces de Normandie, Auvergne et Angoumois, elles seraient en état de

ÉTAT DES POPULATIONS ET DU COMMERCE.

s'épancher au dehors dans les pays étrangers, et d'en faire un commerce d'une étendue et d'une richesse admirable dans les pays étrangers, et notamment dans l'Espagne et dans les Indes espagnoles, et même d'en bannir les autres papiers qui s'y portent des fabriques de Venise et de Gênes, et d'en rapporter en France des sommes immenses d'argent comptant, s'il plaisait au Roi en réduire les droits à une grande modicité et tout en un seul, tant ceux qui se lèvent sur les fabricants et aux entrées des villes, que ceux qui se lèvent aux sorties du royaume : sans quoi les fabriques de France, ne pouvant l'établir à si bas prix dans lesdits pays étrangers que l'y établissent les fabriques de Venise et de Gênes, resteront exclues d'en pouvoir faire le commerce et la distribution et envoi au dehors, qui est une chose qui mérite tant plus de réflexion que, par le grand nombre qu'il en sortirait, Sa Majesté serait récompensée au quadruple de ce qu'elle aurait la bonté de relâcher sur les droits du papier.

TOUCHANT LES VINS.

Les vins qui se recueillent dans les vignobles situés le long des rives de la Seine, depuis Poissy en bas, et le long de la rivière d'Eure, qui se rendent à Rouen aux quatre foires qui s'y tiennent l'année, avaient de coutume d'en être enlevés avec empressement et à bon prix par les étrangers, et notamment pour les Pays-Bas, et ont cessé de l'être, depuis que, par un accroissement continuel des droits, tant sur les lieux et le long desdites rivières et aux entrées de Rouen et sortie du royaume, le prix en est devenu si excessif pour lesdits étrangers, que, quand même le vigneron les donnerait pour rien, les seuls droits et frais les rendraient encore trop chers pour pouvoir les débiter aux étrangers. Cela cause un double mal extrêmement à charge au pays : l'un, que lesdits vins y restent sans issue; l'autre, que les peuples, étant contraints de les consommer, laissent et abandonnent sans usage et sans consommation les poirés et cidres, qui y sont en si grand nombre, et qui, si lesdits vins sortaient, serviraient d'un breuvage si convenable et si naturel à ladite province, qui, de sesdits vins, ferait un revenu considérable à l'État et un remplacement plus qu'égal à ce que Sa Majesté relâcherait de ses droits pour opérer ce bien commun qui se trouverait par ce moyen.

POUR FAIRE BAISSER LES BLÉS.

Les blés et autres grains étant montés à des prix excessifs, où le peuple ne peut pas subvenir, et qu'il serait aisé de secourir, il serait à souhaiter qu'il plût à Sa Majesté, pour soulager cette disette, qui tombe tout sur les pauvres, de déclarer francs et exempts du droit des 50 sols pour tonneau tous les navires qui viendraient dans les ports du royaume chargés desdits grains, jusques à la fin de juillet prochain 1685. C'est le même moyen de charité dont Sa Majesté se servit si utilement pour son peuple lors de la disette de 1662, et par lequel elle remit si admirablement l'abondance. Ce remède est provisoire avant que le Nord se ferme par les glaces.

POUR FAIRE CESSER LES VEXATIONS QUE LES COMMIS DU PAPIER MARQUÉ FONT AUX NÉGOCIANTS.

L'intention de Sa Majesté, lors de l'établissement du papier marqué, a été que les négociants et marchands, dans leurs affaires du commerce, fussent exempts de l'usage de ce papier-là; et, en effet, ils ont joui au mieux qu'ils ont pu de l'effet de cette bonté du roi. Mais, comme cette exemption n'a point été accompagnée de déclaration expresse, et qu'elle n'a subsisté que par l'inspection et appui des ministres de Sa Majesté, cela fait que sans cesse elle est querellée dans les provinces par les fermiers, par des arrêts qu'ils surprennent au Conseil sans parties, contre lesquels lesdits négociants sont obligés de venir défendre, pendant que, sur le fondement desdits arrêts surpris, leurs commis viennent, avec des manières terribles, les vexer jusque dans leurs comptoirs et cabinets et lieux plus secrets de leur commerce, sous prétexte de voir si leurs livres sont marqués de la marque de leurs bureaux, choisissant pour cela les heures de leurs expéditions de courriers, en sorte que, par cela et par la susdite obligation de défendre auxdits arrêts qu'ils surprennent, les négociants se trouvent interrompus et tirés de cette assiduité et tranquillité tant nécessaire au commerce.

Il serait à souhaiter qu'il plût à Sa Majesté, pour mettre fin à ces vexations et faire jouir le commerce et les négociants de cette exemption dont il lui a plu de les gratifier, leur accorder une déclaration qui servît de frein et de loi auxdits commis, pour laisser le repos au commerce.

TOUCHANT LES SUCRES BRUTS ET LES RAFFINERIES DE FRANCE, PAR OPPOSITION AUX RAFFINERIES DES HOLLANDAIS.

Les moyens si puissants et si louables par lesquels Sa Majesté a ramené dans son État les sucres bruts de nos plantations françaises, que les Hollandais y allaient enlever, y portant en payement leurs denrées propres, et qu'ils avaient l'adresse de nous revendre après qu'ils les avaient portés chez eux et travaillés dans leurs raffineries, ces moyens, dis-je, si heureux, par le succès desquels il s'était établi, des débris de celles d'Amsterdam, plus de vingt belles et grandes raffineries de sucre, auraient eu leur succès tout entier, par l'épanchement que lesdites raffineries en auraient fait au dehors dans les États du Nord où elle a son commerce, dans lesquels, à cet égard, ils auraient surmonté, ou au moins balancé celui des Hollandais, si, au lieu de l'appui dont lesdites raffineries de Rouen avaient besoin pour cela, elles ne s'étaient pas, au contraire, trouvées découragées et empêchées, non-seulement par l'augmentation des droits d'entrée desdites matières et sucres bruts, qui leur est un mal commun avec les autres villes où les traites foraines ont cours, en ce que ces droits communs, qui est auxdites sucreries et raffineries de France une surcharge que celles d'Hollande n'ont pas chez eux, empêchent nosdites raffineries de France en général de pouvoir établir leurs sucres raffinés à autant bon marché dans les pays étrangers comme les Hollandais y établissent les leurs; mais celles de Rouen ont encore de surcroît particulier, que les autres villes du royaume n'ont pas, et qui aggrave à ladite ville de Rouen l'impossibilité susdite où elles sont en commun de ne pouvoir contrebalancer celles d'Hollande, c'est que les sucres bruts qui viennent à Rouen s'y trouvent d'abondant chargés d'un droit de 5o sols sur chacun cent pesant, qui font plus de quinze pour cent au delà et par-dessus ce que payent les autres villes du royaume. Ce droit de 5o sols pour cent de surcroît, outre l'aggravation qu'il fait, est d'autant plus chagrinant auxdites raffineries de Rouen, qu'il n'en vient rien au profit de Sa Majesté et que le concours de surcharge qu'il fait auxdites raffineries de Rouen, avec les autres droits d'entrée par trop disproportionnés à ce que ces matières peuvent porter pour subsister en concurrence avec les raffineries étrangères, a tellement désolé celles de Rouen, que, de ces vingt florissantes qu'il y en avait ci-devant, il n'en reste plus maintenant que sept, qui ne peuvent plus tenir coup, si elles ne sont pas secondées.

A cet effet, Sa Majesté est très-humblement suppliée de vouloir bien avoir la bonté, s'il lui plaît, de vouloir se faire rapporter les titres desdits 5o sols pour cent de sucres entrants dans la ville de Rouen, et d'accorder la diminution du droit d'entrée d'iceux dans le royaume. Cette diminution se trouvera abondamment réparée, non-seulement par le bien commun que cela fera au commerce, mais aussi, aux droits d'entrée et de sortie, par la plus grande consommation que cela en fera faire, tant au dedans qu'au dehors du royaume.

TOUCHANT NOS RAFFINERIES DE SUCRES.

On a parlé ci-dessus du bénéfice considérable que le roi a procuré à la navigation et au commerce de France en supprimant aux étrangers la débite des denrées qu'ils portaient dans les îles françaises de l'Amérique et l'enlèvement qu'ils en faisaient des sucres bruts, qui donnaient occupation et chargement à un grand nombre de leurs navires et fournissaient de matières nécessaires leurs raffineries de sucres en Hollande, par le moyen desquelles elles ruinaient les nôtres et réduisaient le royaume à tirer d'eux les sucres raffinés qui s'y consommaient. Si on eût suivi cet avantage et tout ce qui pouvait l'accroître, il est certain qu'on eût donné à notre navigation et à notre commerce un accroissement admirable et le plus beau champ qu'on pouvait désirer pour s'élargir et dans l'un et dans l'autre, puisqu'on avait trouvé le secret de tarir les matières aux sucreries des Hollandais et de faire déserter leurs ouvriers, qui venaient chercher de l'emploi en France dans les nôtres.

ADRESSE DES HOLLANDAIS POUR ÉLUDER LES AVANTAGES QUE NOS SUCRERIES AVAIENT PRIS SUR LES LEURS, ET QU'ILS ONT REMPLÉTÉS SUR LES NÔTRES.

Ce coup était trop important aux Hollandais; leur adresse y trouva du remède par le canal et par les conseils que donna celui qu'on a dit ci-dessus, à qui était commise l'inspection du commerce desdites îles françaises. Deux choses furent faites, dans l'examen desquelles il sera facile de trouver le préjudice terrible qu'en reçoivent et notre navigation et notre commerce, notamment celui de nos raffineries, mais encore le remède et le relief qui a sauvé celles d'Hollande et les a remises dans l'état où elles sont, par nous-mêmes, de ruiner les nôtres, s'il n'y est pourvu.

La première de ces deux choses est l'habitude qu'on a inspirée à nosdites îles de ne se pas contenter de la culture chez elles des sucres que la France, leur patrie, leur fait la grâce d'aller prendre dans leurs plantations mêmes et de leur payer d'avance par les blés, les farines, les vins, les eaux-de-vie, les chairs et poisson salé, toiles, étoffes et habits, et autres commodités qu'elle leur porte continuellement pour leur subsistance, et qui occupent plus de trois cents navires ou voyages par an à les leur porter (*omission dans le ms.*), se mettent à présent à vouloir eux-mêmes raffiner leursdits sucres bruts et à nous les vouloir bailler tous raffinés.

Dans la quantité des préjudices que cela attirerait, il n'en faut seulement examiner que deux principaux, qui regardent premièrement l'intérêt propre desdites îles, et ensuite celui du roi et de l'État.

Le leur propre s'y perdrait visiblement, et ils travailleraient à leur ruine propre, en ce que ce grand nombre de navires occupés à leur porter les choses susdites de leur subsistance, ne trouvant plus ces matières brutes et grossières qui leur fournissent de pleins chargements, et par elles d'un fret et salaire qui fait l'objet principal du voyage, cesseraient d'y aller et laisseraient ces gens, à l'autre bout du monde, exposés à la disette et au manque de toutes choses; à l'intérêt du Roi, en ce que ses droits d'entrée souffriraient une notable diminution, si, en place de six livres de brut, on n'apportait plus qu'une livre de raffiné; à l'État, en ce que cela réduirait comme à rien notre navigation de long cours, qui provoque à bâtir des vaisseaux et qui sert de pépinière à faire tant de bons matelots et bons navigateurs, et en ce que ces matières donnent du travail à tant d'ouvriers en France. Voilà ce qui résulterait notamment de cette première chose dont on a inspiré l'habitude à nos îles, et qui ne peut avoir procédé que de l'instigation adroite de ceux qui sont nos émules en ces choses.

Mais la seconde chose qui a été inspirée de faire, et qui a opéré, en même temps et en même proportion, le relèvement des sucreries hollandaises et la ruine des nôtres, c'est dans la liberté qu'on a donnée en particulier aux villes de Nantes et de Dunkerque de porter directement en Hollande les sucres bruts de nosdites îles et plantations, francs des droits que nos raffineries supportent, et par la liberté qu'on nous a ôtée de porter en Lorraine et en Alsace les sucres de nos raffineries propres. Il ne faut que contempler trivialement que, par cette liberté de leur porter de nos matières brutes, et avec moins de charges et de droits, nous fournissons à leursdites raffineries les matières nécessaires et sans lesquelles elles ne peuvent travailler, et le moyen même de pouvoir établir le sucre par eux raffiné à meilleur marché que nous ne pouvons établir les nôtres, et, par cet empêchement de pouvoir porter les sucres travaillés dans nos raffineries en Lorraine et en Alsace, on conserve auxdits Hollandais et à leurs raffineries deux grandes provinces des propres dominations du roi pour y porter et débiter les sucres de leur travail commodément et avantageusement, par les rivières de la Meuse et du Rhin, qui vont de chez eux dans ces deux grandes provinces du roi. Toutes ces choses si contraires au véritable bien de l'État et du commerce se trouveront encore plus importantes, si, pour y remédier, Sa Majesté a la bonté de donner des commissaires par-devant lesquels on puisse examiner circonstanciellement et à fond les grands bénéfices que l'État peut tirer de ses colonies de l'Amérique, si on prend les vues du commerce, dans lequel il faut poser pour maxime indubitable que l'économie et la liberté du mouvement en sont les nourrices, comme la surcharge et la contrainte en sont le tombeau ; étant certain que, pourvu qu'on s'attache à ces maximes-là, on élargira et enrichira cette profession du commerce, qui est celle qui enrichit les États ; et ces maximes-là serviront toujours de pierre de touche certaine pour se garantir des fausses vues qu'avait données celui qui écoutait plus volontiers un étranger, détaché exprès pour le ménager, qu'un bon Français, qui ne lui parlait que du vrai intérêt de l'État et du commerce.

ARRÊTS DE SURSÉANCE ET HOMOLOGATIONS DE BANQUEROUTES.

Cet endroit ramène naturellement le souvenir fâcheux de tant de familles remplies d'honneur et de fidélité, désolées par les banqueroutes, et qui voient devant leurs yeux leurs ravisseurs, riches et insolents, braver la misère où ils les ont mis, et cela à l'abri de tant d'arrêts de surséance et d'homologation qui n'ont été faciles à obtenir qu'à ceux notamment qui, frauduleusement, se retirant les mains les plus pleines, ont eu moins de peine à sacrifier de moindres portions pour se mettre en état de jouir impunément du reste. Ce mal, d'autant plus important à arrêter qu'il décourage les bons et enhardit les méchants, par la facilité qu'ils ont à contraindre leurs bons créanciers, mérite bien d'être considéré attentivement, si on veut en repurger le commerce et en réduire les professeurs à plus de retenue et plus de circonspection à ces égards-là. Mais cette matière est trop ample pour espérer de pouvoir la traiter à suffisance dans ce mémoire qui les abrège.

TOUCHANT LES CIRERIES OU BLANCHIRIES DES CIRES.

Outre ce que les cires payent d'entrée dans les différents ports du royaume où les traites foraines ont cours, elles payent encore d'entrée de ville à Rouen, de surcroît particulier à ladite ville, 5o sols pour cent pesant. C'est encore matière qui oblige à faire mêmes ou semblables réflexions que celles sur les raffineries de sucres. Les Hollandais et Hambourgeois, qui avaient longtemps conservé à eux l'adresse d'enarrher et attirer chez eux tout ce qu'il venait de cires brutes ou jaunes, tant de Moscovie que d'Afrique, les blanchissaient et raffinaient chez eux, et les envoyaient vendre à des prix excessifs en France, où ils en trouvaient une grande et riche débite, par ce qui s'en consomme dans le service des églises et des grandes maisons.

La France, qui s'aperçut de cela, pour s'en rédimer et pour en profiter comme eux, établit chez elle, et notamment à Rouen, des blanchiries, qu'on y appelle ordinairement *cireries*. L'avantage de sa situation, la disposition de son air se trouvèrent si favorables au succès, qu'il s'en fit dès établissements en bien des lieux du royaume, et, dans Rouen seul, il s'en fit cinq fort considérables. Elles fournissent le royaume, et seraient capables de balancer celles desdits Hollandais dans les pays étrangers, et notamment dans ces grands envois qu'ils en font en Espagne et dans les vastes Indes espagnoles, qui en consomment incomparablement plus, et dont ils retirent plusieurs millions d'écus en argent comptant et espèces chaque année, si les droits d'entrée, et encore plus ceux de sortie, étaient mis dans une modicité qui laissât aux fabriques et cireries de France le moyen de pouvoir les établir en Espagne au prix que les y donnent les Hollandais, qui n'ont pas ces surcharges. La ville de Rouen, par l'habitude ancienne du commerce qu'elle a eu en Espagne, et parce qu'elle seule dans le royaume reçoit des cires brutes de Moscovie et de Barbarie, pouvait puissamment, et mieux que toutes les autres, procurer à l'État et à elle l'avantage de disputer aux Hollandais, ou du moins de partager avec eux ce commerce des cires en Espagne et aux Indes espagnoles, qui rapporte des retours si riches de bonnes espèces ; mais, outre les raisons d'empêchements susdites, qui lui sont communs à cet égard avec les autres villes du royaume, elle a encore de surcroît et de surcharge, et empêchement qui lui est particulier, les susdits 50 sols pour cent pesant de cires brutes entrant dans ladite ville, de même nature que les 50 sols sur cent de sucre dont on a parlé ci-dessus, c'est-à-dire simple droit de ville, duquel il ne vient rien à Sa Majesté, et lequel surcroît néanmoins concourt encore à empêcher le grand bien que le roi, l'État et les particuliers recevraient de ces beaux établissements, s'ils étaient secondés.

A cet effet, il serait à souhaiter qu'il plût à Sa Majesté de faire rapporter les titres de ceux qui perçoivent ledit droit, et d'en accorder la suppression, avec une modification sur les droits d'entrée desdites cires dans le royaume, et de vouloir déclarer franches et exemptes de droit de sortie toute celle qui se chargerait pour l'Espagne, en faveur des retours d'argent qu'elle attirerait.

LE POIDS DE VICOMTÉ-DE-ROUEN.

Le poids qu'on appelle *poids de Vicomté-de-Rouen* est d'une vexation et d'une interruption extraordinaire, non-seulement par l'exorbitance des droits et rétributions qu'on exige, mais encore par le temps qu'il fait perdre aux marchands et à leurs commis, qui sont quelquefois deux jours entiers pour attendre le tour à y faire peser les marchandises qu'ils vendent, et cette grande perte de temps sert encore d'excuse et de prétexte à attrouper leurs commis les uns avec les autres dans ce lieu public où on les fait attendre, et les emmeute à la débauche et au dérèglement, au lieu de l'assiduité vertueuse où le commerce a besoin qu'on élève ces jeunes gens, qui doivent, dans la suite, le faire à leur tour et l'enseigner à d'autres. Ces droits de poids, qui jettent de grands frais sur les marchandises et qui causent de grandes pertes de temps à ces jeunes disciples du commerce, sont tant moins supportables qu'il n'en revient rien au roi. Sa Majesté ferait, à tous ces égards-là, un soulagement très-grand au commerce de ladite ville de Rouen et à tant de gens qui y ressortissent, s'il lui plaisait de faire pourvoir à la suppression des droits de poids, qui se perçoivent sur de vieux titres pour lesquels on a peu financé aux coffres du roi; on pourrait même les laisser, pourvu qu'il plût à Sa Majesté, à l'instar du poids public qu'on appelle à Paris *poids du Roi*, laisser libre aux négociants de n'y aller que lorsqu'il y a discord pour raison du poids entre le vendeur et l'acheteur, et non point lorsque les parties conviennent bien de leur poids propre entre elles.

MÉMOIRE DES COMMISSAIRES DU ROI SUR LA MISÈRE DES PEUPLES ET LES MOYENS D'Y REMÉDIER[1].

1687.

On a marqué, dans les mémoires qu'on a donnés sur les gabelles et les aides de la généralité d'Orléans et du pays du Maine, les abus que l'on a reconnus dans ces deux fermes; on a aussi marqué les moyens par lesquels on a cru qu'on pourrait y pourvoir, soit en réglant la régie, soit en retranchant même quelques-uns des droits qui ont paru les plus onéreux, et dont le recouvrement était sujet à plus de frais et d'embarras. Mais, après avoir examiné le plus exactement que l'on a pu, sur les lieux, l'état des provinces qu'on a visitées par ordre du roi, on a cru être obligé d'ajouter, par ce mé-

---

[1] Ce mémoire se trouve parmi des documents d'administration intérieure, au Dépôt des affaires étrangères, *France*, vol. 251, fol. 231-239. Il doit émaner des deux commissaires qui avaient été chargés de faire une enquête sur l'état des fermes dans la généralité d'Orléans et les quatre élections de la généralité de Tours qui composaient le Maine : c'étaient le conseiller d'État Henri Daguesseau, père du chancelier, et le maître des requêtes Antoine-François-de-Paule Le Fèvre d'Ormesson. On a leurs rapports sur les fermes. De retour à Paris, le 28 octobre 1687, ils «représentèrent le véritable état où étaient les provinces,» dit Dangeau, et le roi, ayant consacré une après-dînée entière à les entendre, leur ordonna de lui remettre leurs idées par écrit. Telle paraît être l'origine du présent mémoire.

moire particulier, que l'on y a trouvé un mal général beaucoup plus considérable que tous ceux qui peuvent s'être glissés dans la licence des droits de Sa Majesté, et qu'il a besoin d'autres remèdes que de ceux qui ont été proposés dans ces mémoires.

Ce mal est la pauvreté des peuples. On s'est plaint, dans tous les temps, de la nécessité publique : ainsi, nous avons regardé comme suspects les discours vagues et généraux qu'on nous a faits sur cette matière ; mais nous n'avons pu n'en être pas convaincus par tous les faits particuliers que nous avons observés, et que nous rapporterons ici à certains chefs principaux.

Une des marques les plus certaines de l'abondance d'un pays est la multiplication des peuples, comme, au contraire, leur diminution est une preuve constante de sa disette. Or, nous avons vérifié que presque partout le nombre des familles a diminué considérablement, sans compter celles qui sont sorties à cause de la religion. Que sont-elles donc devenues ? La misère les a dissipées ; elles sont allées demander l'aumône, et ont péri ensuite dans les hôpitaux ou ailleurs.

On ne voit presque plus, dans les petites villes et à la campagne, de jeux ni de divertissements ; tout y languit, tout y est triste, parce que la joie et le plaisir ne se trouvent que dans l'abondance, et à peine a[-t-]on le nécessaire. On marquera ici, sur cela, un exemple particulier qu'on a vu à Laval. Il y avait autrefois dans cette ville-là cinq jeux de paume, dont un seul était affermé 1,350 ʰ : il n'y a plus présentement que celui-là, qui est affermé 5o écus.

Dans les petites villes, où l'on donnait en mariage à des filles d'un certain étage 20,000 ʰ par exemple en argent, on leur donne à peine la moitié maintenant, et on la donne en métairies, vignes et autres terres de peu de rapport, et au delà de leur valeur : d'où vient que, pour exprimer des terres de cette qualité, on les appelle, par une manière de parler qui a tourné en proverbe, des *terres à gendre*.

Les maisons qui sont tombées en ruine dans les villes et les villages ne se relèvent point, par l'impuissance de ceux à qui elles appartiennent, et nous en avons vu beaucoup de détruites et abandonnées de cette manière.

Le nombre des cabarets diminue dans le plat pays, hors les lieux de passage, et il n'y en a présentement qu'un ou deux où il y en avait autrefois quatre et cinq ; et ce qui est de considérable, est que chacun de ces quatre et cinq gagnait plus que ceux qui restent.

Il n'y a plus guère de paysans qui aient du bien en propre, ce qui est un grand mal ; car, lorsqu'un paysan est propriétaire du fonds, il en vit à son aise, et il le cultive et fait valoir beaucoup mieux que celui d'autrui.

Un autre mal très-fâcheux est qu'il n'y a presque plus de laboureurs aisés. Autrefois, ils étaient montés et fournis de tout ce qui était nécessaire pour l'exploitation des fermes ; ils avaient des bestiaux pour le labour et pour l'engrais, ils avaient nombre de valets, ils pouvaient garder le blé qu'ils recueillaient, et le vendaient dans la saison. Aujourd'hui, il n'y a plus que de pauvres métayers qui n'ont rien ; il faut que les maîtres leur fournissent les bestiaux, qu'ils leur avancent de quoi se nourrir, qu'ils payent leurs tailles, et qu'ils prennent en payement toute leur portion de la récolte, laquelle même, quelquefois, ne suffit pas. Ainsi, les métayers ne gagnent jamais rien ; ils sortent aussi gueux des métairies qu'ils y sont entrés. A peine peuvent-ils entretenir un valet. Les terres, n'étant pas si bien cultivées, ne rapportent pas tant ; une maladie, une grêle et mille autres accidents qui arrivent à ces pauvres gens, les mettent à l'aumône. Les maîtres, de leur côté, ne sont guère mieux, parce que ces frais, ces avances, les dépérissements des bestiaux, dont ces métayers n'ont pas le même soin que s'ils étaient à eux, consomment presque tout ce qu'ils tirent de leurs métairies, sans compter les pertes qui leur arrivent par la friponnerie de ces misérables, qui, quelquefois, vendent les bestiaux et en mangent le prix. Cela fait qu'un homme qui avait autrefois deux ou trois *bordes*, *borderies* ou *closeries* (c'est ainsi qu'on appelle de petites métairies), dont chacune était bien entretenue et cultivée, en laisse tomber une ou deux, et se contente d'en conserver une, à laquelle il unit toutes les terres qui composaient les autres. Voilà en quoi consiste toute l'économie présente des biens de la campagne, qui mérite de grandes réflexions, puisque c'est l'agriculture qui doit être un des principaux fondements de la subsistance et de la richesse des peuples.

Dans les petites villes où l'on tuait des bœufs pour la nourriture des habitants, on ne tue plus que de la vache, et généralement la consommation des bestiaux y a beaucoup diminué.

Cette diminution est encore plus grande à la campagne, où les paysans vivent de pain fait avec du blé noir; d'autres, qui n'ont pas même du blé noir, vivent de racines de fougère bouillies avec de la farine d'orge ou d'avoine et du sel.

Aussi les bestiaux ont extrêmement diminué de prix et ne se vendent pas aux foires dans une aussi grande quantité qu'il serait à désirer, les paysans qui y mènent des bestiaux étant souvent obligés de les ramener sans avoir trouvé marchand. Il en est de même des laines, dont le prix a diminué de près de moitié.

Mais où l'on connaît mieux que partout ailleurs la misère des paysans, c'est dans leurs maisons, où l'on voit une misère extrême. On les trouve couchés sur la paille; point d'habits que ceux qu'ils portent, qui sont fort méchants; point de meubles, point de provisions pour la vie; enfin, tout y marque la nécessité.

En effet, on n'y trouve guère plus de quoi asseoir des exécutions, et c'est une des raisons qui rendent les sous-fermiers et les commis plus réglés, parce qu'ils voient bien que, s'ils faisaient des frais aux peuples, et s'ils ne les ménageaient pas, ils les mettraient hors d'état de payer, et n'en tireraient rien.

Il y a beaucoup moins d'écoliers dans les colléges qu'il n'y en avait autrefois, parce qu'il y a beaucoup moins de gens qui aient de quoi faire étudier leurs enfants, et on s'en aperçoit, dans les grands diocèses, où on commence d'avoir de la peine à trouver des prêtres.

Les manufactures, qui portaient beaucoup d'argent dans les lieux où elles étaient établies et faisaient vivre un grand nombre de gens, ont diminué considérablement en prix et en débit, en sorte que, de ceux qui y travaillaient, les uns sont à la mendicité, les autres ont peine à subsister.

Enfin, on voit dans tous les ordres et dans tous les états une diminution sensible et une chute presque universelle, qui a besoin d'un prompt remède; car, outre que, s'il arrivait des affaires extraordinaires, les peuples ne seraient plus en état de fournir les secours nécessaires, il est fort à craindre que, même sans aucune nouvelle surcharge, les choses ne tombent dans un point d'où il sera très-difficile de les relever, soit pour ce qui regarde les droits du roi, soit pour ce qui regarde le bien des peuples, qui sont deux objets qu'on doit envisager comme étant inséparables.

Nous nous sommes néanmoins fait une objection à nous-mêmes, qui est que les fermes ne diminuent point, et que les droits n'en ont jamais été mieux payés, ni plus doucement qu'ils sont à présent. Comment donc se peut-il faire que les peuples soient si misérables? Il faut avouer que cette raison nous a tenus longtemps en suspens, et nous a fait douter de la vérité de tout ce que nous voyions, de tout ce que nous entendions. Mais, après y avoir bien réfléchi, nous avons trouvé dans la levée des droits du roi la preuve de cette même nécessité, et, si les fermes se sont maintenues depuis plusieurs années, ce n'a pas été par les vrais moyens qui les devraient soutenir, c'est-à-dire par l'abondance et par l'augmentation du commerce, mais par des extensions de droits, par des recherches plus exactes, et par d'autres appuis semblables, qui ont été autant de nouvelles charges pour les peuples. Cela s'éclaircira par les exemples: il n'y a pour cela qu'à parcourir tous les droits des fermes, et, pour commencer par celle des gabelles, il est constant que le débit des sels a diminué depuis longtemps, presque d'année en année, dans les greniers de vente volontaire. Les fermiers des gabelles, qui s'en sont aperçus, ont redoublé leur diligence et leur application à faire valoir la ferme, à empêcher les fraudes et à diminuer les frais de la régie. De là viennent les règlements qui ont été faits pour empêcher l'entrée des sels de Bretagne dans le pays du Maine, les soins qu'on a pris de rechercher et de punir les faux-sauniers, les diminutions d'appointements des commis, les retranchements des gratifications en sel, les assignations en devoir de gabelle, et autres choses semblables, qui devaient naturellement produire des augmentations; mais, au lieu de cela, les ventes ont diminué, et il est clair que la diminution en aurait été encore plus grande, si on n'eût paré par ces expédients à une partie du mal.

Mais cela paraîtra encore mieux dans les droits des aides, où, pour suppléer au défaut du produit des anciens cinq sols qui se percevaient seulement aux entrées des villes et faubourgs, on a ajouté les vins recueillis dans les hameaux et écarts, qu'on a assujettis aux mêmes droits.

Les droits de gros et augmentation, qui se percevaient seulement sur les vins vendus dans les lieux qui y étaient sujets, ont été bonifiés par l'établissement du même droit sur les vins amenés des lieux exempts, outre le gros-manquant, qui a beaucoup contribué à faire valoir cette nature de droit.

Les droits de huitième et de subvention ou de détail ont été augmentés par l'exactitude des exercices et par les excédants de jauge, qui ont été levés universellement, et dont le produit a été considérable.

La diminution du droit annuel, qui venait de la diminution du nombre des cabaretiers, a été remplacée par l'extension qu'on a faite du même droit aux fermiers des vignes et à ceux qui revendent des vins achetés ou pris en payement.

Les parisis, douze et six deniers sur les cuirs sont encore nouveaux, et doivent être considérés comme une augmentation à la ferme des aides, et, quoiqu'il y ait quelques-uns de ces droits dont l'origine, quant à la création, soit ancienne, néanmoins il est certain que l'établissement en est nouveau dans la généralité d'Orléans et le pays du Maine, et qu'il n'y a été fait presque, pour tous les droits dont on vient de parler, que depuis l'ordonnance de 1680, faiblement dans les premières années, comme il arrive ordinairement dans tous les nouveaux établissements ; et ensuite l'exactitude dans ces levées a toujours fait quelque progrès, et

en fera encore apparemment davantage dans le cours de la ferme où nous entrons, par le raffinement et la subtilité des sous-fermiers, qui enchérissent presque toujours sur ceux qui les ont précédés.

Voilà de quelle manière les fermes se sont soutenues ; mais il s'en doit tirer deux conclusions : l'une, que c'est avoir effectivement diminué en elles-mêmes que de s'être soutenues de cette manière. Si elles étaient demeurées au même état, l'argument qu'on en tirerait contre tout ce qu'on a dit de la nécessité des peuples serait presque sans réplique ; mais les extensions qu'on a faites marquent que le fond manquait et qu'il a eu besoin d'appui : c'était un édifice qui menaçait ruine, et qu'il a fallu soutenir par des étais. En effet, si on remettait les droits du roi sur le pied où ils étaient avant les deux derniers baux, on y verrait sans doute une diminution qui surprendrait. L'autre conclusion est que ces manières de soutenir les fermes ont été à charge aux peuples, et que, si on continuait de les soutenir par de semblables moyens à l'avenir, ils seraient enfin capables d'épuiser les provinces et de détruire par conséquent les fermes.

On est bien persuadé qu'il ne sera pas aisé aux fermiers de faire à l'avenir de nouveaux établissements par la voie de déclarations ou d'arrêts du Conseil, et que la porte en sera fermée ; mais ce qu'ils ne pourront pas en obtenir par cet endroit, ils tenteront de le faire par des interprétations de l'ordonnance ou des déclarations ou des arrêts déjà intervenus. C'est pourquoi on croit être obligé de remarquer, en passant, qu'un des moyens des plus utiles pour le soulagement des peuples, c'est que M. le contrôleur général ait agréable de charger MM. les intendants de tenir une grande correspondance avec les officiers des élections et les obliger de les avertir de toutes les difficultés non expressément décidées par l'ordonnance qui se présenteront, afin que ces messieurs en informent M. le contrôleur général, qui pourra, par sa prudence et par ses lumières, arrêter ces nouvelles introductions dans leur naissance, ou donner une forme et une règle convenable au service du roi et au bien des peuples.

Mais, pour revenir à ce qui peut être de la nécessité des peuples, il est certain, par tout ce qui en a été remarqué, qu'elle est grande, et telle que tout ce qu'il y a d'argent dans les provinces s'emploie presque entièrement à payer les droits du roi. C'est uniquement à quoi l'on travaille; c'est ce qui tient le premier rang, et qui emporte la préférence sur le prix des fermes, sur les dettes particulières, sur ce qui est même nécessaire pour la vie, par une justice volontaire que chacun se rend à soi-même, et par le profond respect qu'on a pour tout ce qui porte le nom de Sa Majesté. Il ne reste presque plus d'argent pour les particuliers : de là vient la difficulté du débit et du commerce, la peine que les seigneurs ont à tirer le revenu de leurs terres, surtout dans les pays éloignés.

Il n'est pas difficile de connaître les causes de cette pauvreté et de cette disette d'argent. Les levées extraordinaires et les recouvrements forcés, quoique nécessaires pour le bien de l'État dans les temps où ils ont été faits, n'ont pas laissé de ruiner ou d'incommoder ceux qui s'y sont trouvés sujets, et avec eux beaucoup d'autres. Les grands et fréquents passages des gens de guerre nécessaires pour l'exécution des desseins de Sa Majesté et pour la conservation de la discipline parmi les troupes n'ont pu se faire, quelque ordre qu'on y ait apporté, sans qu'il en ait coûté beaucoup aux habitants. Tout ce qui se tire des provinces, ou par les receveurs et les fermiers, ou pour le payement des impositions et des droits du roi, ou par les seigneurs ou gentilshommes, ou par les abbés et autres qui vivent à la cour, à l'armée, à Paris, et dont le retour ou la refusion ne s'en fait pas à proportion dans les provinces, les épuise. La multiplication de la chicane, les mangeries des petits officiers et ministres de justice, et les frais qu'on est obligé de faire pour la soutenir ou la demander, ont aussi contribué à la ruine de bien des gens. Enfin, le défaut de consommation et de commerce, qui a été en quelque sorte le premier effet de la nécessité des peuples, la reproduit à son tour et l'augmente. Voilà à peu près quelles en sont les causes générales les plus apparentes, et que tout le monde voit.

Il n'est pas non plus difficile de connaître les

remèdes. Il y en a deux essentiels et nécessaires : l'un, de soulager les peuples; l'autre, de rétablir la consommation et le commerce. On sait qu'il n'y a pas grande finesse à imaginer ces deux moyens, et il n'y a personne qui ne le connaisse : mais c'est cela même qui en fait voir la bonté et la nécessité, car il n'y a point de marque plus assurée pour discerner la vérité d'une chose, que lorsque tous les hommes en conviennent.

Il serait à souhaiter qu'on pût trouver des expédients pour rétablir les peuples sans diminuer les impositions et les droits des fermes; mais c'est une chose impossible, parce que, quels que soient ces expédients, ils seront inutiles tant que les peuples ne seront pas en état de les embrasser, et on ne peut les mettre en cet état sans leur laisser de l'argent avec lequel ils puissent acheter, négocier, exercer leur industrie. Il est vrai que le roi a accordé des diminutions considérables sur les tailles; mais, dans l'épuisement où sont les peuples, ils ont plus de peine à payer ce qu'ils payent maintenant, qu'ils n'en avaient à payer ce qu'ils payaient autrefois. L'État est un corps affaibli, à qui de petits efforts coûtent plus que ne lui coûtaient de plus grands, lorsqu'il avait toute sa vigueur : il est donc nécessaire de le ménager et de commencer par réparer ses forces. Mais cela ne suffit pas; il faut encore rétablir la consommation et le commerce. Les soulagements y feront quelque chose; la suppression ou diminution de certains droits y peut encore beaucoup contribuer. On a ramassé tout ce qu'on a appris sur cela dans les provinces qu'on a visitées; mais il est difficile de prévoir à coup sûr les autres moyens qui y peuvent conduire. Ils dépendent d'une connaissance supérieure et plus étendue, qui, s'appliquant continuellement et également à toutes les parties de l'État, étudie tous les jours ce qui convient à chacune et ce qui est capable d'y remettre l'abondance. C'est là le seul et véritable endroit par où on puisse soutenir les fermes d'une manière solide et durable. Tous les autres expédients sont faux et trompeurs, et ne feront qu'empirer le mal, au lieu de le guérir. Il en coûtera quelque chose dans les commencements ; mais cette perte se réparera avec usure dans les suites; et si, la consommation et le commerce une fois rétablis, le roi, qui a fait tant d'autres grandes choses beaucoup plus difficiles, aura la satisfaction de voir tous les jours augmenter le bonheur de ses peuples et le revenu de ses fermes dans la même proportion, et, avec l'un et l'autre, la force de son État, aussi bien que sa gloire et sa puissance.

La justice est devenue, par la quantité de formes dont on l'a revêtue et par l'avidité des procureurs, sergents et autres petits officiers, un des plus dangereux fléaux des peuples. Elle a été principalement établie parmi les hommes pour soutenir les pauvres, les faibles et les opprimés; mais aujourd'hui elle n'est plus faite pour eux : elle ne sert qu'à achever de les ruiner, et ils le sont avant qu'ils aient pu mettre leur procès en état dans un premier ou second degré de juridiction. Cela nous a paru par la foule des plaintes que nous avons reçues, qui ont été, sans comparaison, beaucoup plus nombreuses sur cette matière que sur la levée des droits du roi; et, pour une plainte qui nous a été faite contre des commis, il y en a eu cent pour le fait de la justice, qui procédaient pour la plupart de l'impuissance de l'obtenir par les voies ordinaires. On n'avait ni le temps ni la mission pour y entrer, et tout ce que l'on a pu connaître sur cela a été que c'est un des endroits par où les peuples souffrent le plus, et qui a le plus besoin de réformation. Il n'y a guère de partie dans l'État qui mérite davantage l'application du roi, et Sa Majesté ne saurait donner ses soins à une matière plus importante, et qui soit plus capable d'attirer sur sa personne la bénédiction de Dieu et des hommes.

On craint de passer pour visionnaire en proposant de faire bâtir des casernes pour le logement des troupes. Ce n'est pas que l'on puisse disconvenir de l'utilité de cette proposition, car, quelques règlements que le roi fasse sur cela et quelque soin que prennent ceux à qui ils sont adressés d'y tenir la main, il n'y a point de passages de gens de guerre qui ne soient extrêmement à charge et ne coûtent beaucoup plus aux peuples que ce qu'ils tirent des étapes, et il n'y a point de moyen de les en délivrer que celui-là; mais l'exécution en paraît impossible. On dit néanmoins qu'il y a des casernes construites pour le même usage dans les villes de Flandres, et, si cela est, pourquoi ne pourrait-on pas faire la même chose en France? D'ailleurs, on la pourrait réduire à certains lieux où les passages sont plus fréquents et les habitants moins en état de les soutenir; la dépense en pourrait être régalée en plusieurs années, sans appauvrir les provinces qui y contribueraient, parce que l'argent y demeurerait, et, si Sa Majesté avait agréable d'y entrer pour une partie, ce serait un moyen d'y en faire retourner. Il se trouverait même en beaucoup de lieux des facilités pour l'exécution, en se servant de places ou de bâtiments inutiles. En tout cas, on pourrait en faire un état en quelques endroits, qui reviendrait à peu, et qui donnerait lieu de juger de la possibilité dans les autres avec plus de certitude.

ADDITIONS ET CORRECTIONS.

MÉMOIRE.

Page 3, article des rivières. On trouvera les mémoires et pièces qui suivent, concernant les rivières de la généralité de Paris, dans le ms. de Nicolas Delamare coté fr. 21689 :

Fol. 8-11. Jonction de l'Oise à la Meuse.
Fol. 12. Projets du duc d'Orléans pour la navigation de l'Aisne.
Fol. 25. Lettres patentes de l'année 1528 pour la navigation de l'Ourcq.
Fol. 28. Levée d'un droit affecté aux travaux de l'Eure (1528).
Fol. 41. Arrêt du 14 novembre 1626, pour travaux à faire sur le Loing et autres cours d'eau pouvant servir à flotter les bois de la forêt d'Orléans.
Fol. 42. Septembre 1638. Concession du canal de Briare.
Fol. 56-75. Tarifs du même canal (1642).
Fol. 80. Privilége du sieur de Polligny, marchand, pour la navigation de la Marne (1643).
Fol. 82. Projet pour la navigation de l'Oise (1645).
Fol. 83. Permission au sieur de Forax, gentilhomme ordinaire de la chambre, de faire mettre des bateaux sur l'Ourcq (1646).
Fol. 85-94. Projets de canal autour de Paris (1646).
Fol. 96. Privilége accordé à Hector Boutheroue et ses associés pour la navigation des rivières de Marne, Blaise, etc.; imprimé (1655).
Fol. 98. Privilége au duc de Guise pour la navigation de l'Oise (1662).
Fol. 109. Pouvoir au maréchal d'Albret pour rendre les rivières de Cure et de Cousin navigables (1663).
Fol. 119. Mémoire sur la rivière des Gobelins (1678).
Fol. 130. Permission à M. le duc d'Orléans de construire un canal de jonction de la Loire au Loing, sous Montargis (1679).

On trouvera aussi des mémoires importants sur les travaux de la Seine et de l'Aube et sur le flottage des bois du Morvan dans le ms. Lancelot 174, fol. 66-68, 75-110 et 111-145; plusieurs pièces sur la navigation des rivières de Seine, Serain, Yonne, Morin, etc., au temps de François Ier, dans le carton des Archives Nationales coté K 954.

Page 3, 2e colonne, ligne 21. La localité d'*Arques* où le Mémoire dit que l'Aube prend sa source, à 3 lieues de Chaumont-en-Bassigny, doit être *Arc-en-Barrois*, qui ne se trouve pas sur l'Aube, mais sur l'Aujon, lequel va se confondre avec cette rivière à Clairvaux. Le *Mémoire de la généralité de Champagne* est plus exact quand il dit que l'Aube prend sa source à Auberive.

Page 3, note 3. Hector Boutheroue obtint en second lieu, en novembre 1676, une permission de rendre navigables et flottables les rivières de Seine, de Marne et d'Aube, avec leurs affluents, aux mêmes conditions qu'on lui avait faites en 1655 pour les rivières de Champagne. (Arch. Nationales, O^1 20, fol. 377 v° à 381.) On trouve dans le même registre de la Maison du roi, fol. 257, un édit d'août 1676, pour l'établissement d'un canal allant du pont de Saint-Maur, sur la Marne, à la porte Saint-Antoine, et se déchargeant dans la Seine, d'après les plans de Pierre Hannecart, natif d'Ath, en Flandre, et surintendant de la rivière de Tenre (Dendre).

Page 4, 2e colonne, ligne 2. Au lieu de : *Morvand*, lisez : *Morvan*.

Page 7, 2e colonne, ligne 9. La rivière appelée *Remarde* ou *Renarde* dans nos manuscrits est plus communément nommée *Rimarde*.

Page 7, note 3. Il avait été question, sous Colbert, d'amener à Versailles une partie des eaux de la rivière de Bièvre. Voir les *Mémoires de Charles Perrault*, p. 154.

Page 7, note 4. Par «teintures des Gobelins» on entendait, non pas seulement celles qui se faisaient dans la manufacture royale elle-même et pour l'usage des ateliers de tapisseries, mais, comme le dit Savary (*Dictionnaire du Commerce*, t. II, p. 250), «toutes les teintures du grand et bon teint, et particulièrement ces belles écartures qui se font dans les fabriques et les ateliers de teinturiers établis à Paris dans le faubourg Saint-Marcel, sur les bords de la petite rivière de Bièvre. » Le Mémoire mentionne, au titre des Manufactures (p. 336-337), l'origine d'une de ces teintureries. Voir aussi, à l'Appendice, p. 650, un rapport de 1750 sur les manufactures de Paris.

Page 11, 1re colonne, lignes 6 et 7. Au lieu de : *Choisy, Malesherbes*, lisez : *Choisy-Malesherbes*, ou *Soisy-Malesherbes*, paroisse de l'élection de Pithiviers, généralité d'Orléans. — Ligne 26. Au lieu de : *Mérinville (Mérenville*, ancienne forme, dans le ms.), lisez : *Méréville*.

Page 13, note 1. On trouvera des documents sur le canal de Provins aux archives du département de Seine-et-Marne, B 770-775, et aux archives de Provins, H 1.

Page 14, 1re colonne, ligne 17. Au lieu de : *Grand-champs*, lisez : *Grand-Champ*.

Page 14. Supprimez la note 5. L'Ocre prend sa source sur la commune de Merry-la-Vallée et va se jeter dans le Tholon. Le ruisseau de Saint-Vrain part aussi du même territoire, mais va se jeter dans l'Yonne à Césy.

Page 15, note 6. Selon le duc de Luynes, qui parle à deux reprises (*Mémoires*, tomes III, p. 278, et IX, p. 311) du canal établi par M. de la Tournelle, ce fut Vauban qui en conseilla le creusement pour servir au transport des bois d'une terre voisine d'Autun, et le revenu de cette terre fut ainsi porté de 5,000 # à 52,000 #.

Page 16, note 2, ligne 4. A la liste des départements qui représentent aujourd'hui la généralité de Paris, ajoutez celui de la Côte-d'Or (partie de l'arrondissement de Châtillon-sur-Seine). D'autre part, plusieurs paroisses de l'élection de Beauvais, telles que Hausseaz, font aujourd'hui partie du département de la Seine-Inférieure, arrondissement de Neufchâtel-en-Bray.

Page 30, note 5. L'union de la mense de Saint-Denis à la maison de Saint-Cyr avait été ordonnée par un brevet royal du 2 mai 1686. Voyez p. 97.

Page 34, 2e colonne, ligne 15. Le Mémoire s'est trompé en attribuant le prieuré du Bois-Saint-Père au « sieur abbé de Losseville. » Celui-ci possédait la seigneurie de Saint-Prix; mais le titulaire du prieuré était, depuis l'année 1691, Jacques de la Noue-Bouët, chanoine régulier de Saint-Victor et prédicateur ordinaire du roi. Il fut remplacé, en 1708, par l'abbé de Lattaignant.

Page 34, note 3. François Cottin était docteur en théologie du collège de Navarre, abbé de Clairfay et chapelain du château de Marly.

Page 34, note 4, ligne 2. Au lieu de : *Briis-sous-Forges*, lisez : *Bruis-sous-Forges*.

Page 35, note 8. Saint-Simon dit de l'abbé de Dangeau : « Il n'avait qu'une abbaye et un joli prieuré à Gournay-sur-Marne, qui lui faisait une très-agréable maison de campagne à la porte de Paris; aussi bon homme et aussi fade que son frère. » (*Mémoires*, éd. de 1873, t. XIX, p. 90.)

Page 35, note 12, dernières lignes. On a récemment contesté que l'abbé J.-J. Boileau fût l'auteur du *Problème*.

Page 36, note 7. Saint-Simon a raconté, dans un long article (*Mémoires*, t. V, p. 130-133), les difficultés de l'installation de Mme de Chaulnes, les rigueurs exercées contre les religieuses qui s'y étaient opposées, et les ruses singulières auxquelles Mme de Chaulnes, «plus abbesse, plus glorieuse, plus impertinente que toutes les abbesses ensemble, » eut recours pour en imposer à son petit troupeau. Mme de Mailly, sœur de l'archevêque d'Arles, eut ensuite cette maison par un moyen que raconte le même Saint-Simon : on profita de ce que les religieuses ne pouvaient suffire à la réparation de leur église, brûlée en partie par le tonnerre (voyez à la page 137), et le roi ne consentit à s'en charger qu'à condition qu'elles lui céderaient pour toujours le droit d'élection dont elles jouissaient à peu près depuis le Concordat, et que le prieuré serait transformé en abbaye par le pape, qui en donnerait la collation au roi.

Page 39, 1re colonne, dernier paragraphe. Les quatre lignes sur les Cordeliers de Noisy se retrouvent textuellement dans l'*État de la France*, 1698, t. Ier, p. 361.

Page 40, note 2. Les *Mémoires du duc de Luynes* (t. VIII, p. 176-178) contiennent un abrégé historique sur les *Enfants-Trouvés*. Ils disent que le nombre des enfants était monté, en 1700, de 312 à 1,738, et qu'en 1744, il était de 3,034.

Page 43, note 4. Au lieu de : *vient du J. Tillet*, lisez : *vient de J. du Tillet*.

Page 47, 2e colonne, ligne 18, et page 58, 1re colonne, ligne 4. L'abbé de Monts est peut-être le titulaire du prieuré de ce nom dépendant de Saint-Pierre de Melun et placé sous l'invocation de Saint-Sébastien, dans la paroisse de Soignolles, élection de Paris.

Page 52, 1re colonne, ligne 26, et 2e colonne, ligne 19. Sur les Mathurins et la Charité de Fontainebleau, voir l'*État de la France*, 1698, t. Ier, p. 339 et 344.

Page 52, 2e colonne, lignes 22-25. C'est Mme de Montespan qui avait fondé, en 1690, cette institution dite des Filles bleues et dirigée par des sœurs grises; voir les détails donnés dans les *Mémoires du duc de Luynes*, t. XI, p. 283. Mais la maison de charité existait depuis 1644, et, en 1655, la reine mère avait fait donner un logement pour les femmes malades, qui y trouvaient les

ADDITIONS ET CORRECTIONS.

soins de trois sœurs de la Charité. En 1695, on unit à cet établissement les maladreries de Bailly et Bourron, et il fut confirmé par lettres patentes, en février 1696.

Page 55, note 1. On trouvera encore un éloge de l'abbé de Saint-Jacques dans le premier *Voyage littéraire de deux bénédictins* (1708), p. 76 et 77.

Page 57, 2ᵉ colonne, seconde avant-dernière ligne. Au lieu de : *Saint-Germain-du-Tertre*, nom donné par un manuscrit fautif, et que nous eussions dû corriger d'après un texte meilleur, lisez, comme à la page 307 : *Saint-Martin-du-Tertre*.

Page 58, note 6. Mᵐᵉ de Beuvron, prieure de Moret, s'étant trouvée en hostilité avec ses religieuses, l'archevêque de Sens, sur les instances du cardinal de Noailles, la décida à quitter la maison en novembre 1701. Voir une lettre de Mᵐᵉ de Maintenon, son amie et protectrice, dans la *Correspondance générale* publiée par Lavallée, t. IV, p. 457.

Page 58, note 7. Dès l'année 1638, le marquis de Vardes, mari de Jacqueline de Bueil, avait donné une place pour bâtir le prieuré de Moret. Selon les lettres de confirmation données en octobre 1688, les religieuses possédaient alors, outre quelques héritages, 1,600 ʰ de rentes foncières et 600 ʰ de rentes viagères.

Page 59, 2ᵉ colonne, ligne 12. On écrit maintenant : *Vieux-Poux*.

Page 60, note 3. L'abbaye de Sellières et les prieurés de Pont n'étaient pas possédés, en 1700, par l'évêque de Troyes en fonctions, mais par son oncle et prédécesseur, François Bouthillier de Chavigny, celui qu'on rappela en 1715 pour faire partie du Conseil de Régence (*Mémoires de Saint-Simon*, t. XII, p. 246), et qui ne mourut qu'en 1731, âgé de quatre-vingt-dix ans.

Page 62, note 1. Au lieu de : *Bragelonne*, lisez : *Bragelongne*.

Page 62, note 5. Au lieu de : nᵒ 2, lisez : *note 2*.

Page 67, note 1. M. de Luynes (*Mémoires*, t. XIII, p. 208) dit que l'abbaye de Saint-Germer, marquée sur l'*Almanach* à 12,000 ʰ, vaut 15 ou 18,000 ʰ. — Note 16. Le prieuré simple de Saint-Maxien avait été uni en avril 1688 au séminaire de Beauvais, que M. de Forbin, depuis 1679, avait confié aux prêtres de la Mission.

Page 68, note 2. Au lieu de : *p. 17, note 33*, lisez : *p. 33, note 16.* — Note 7. Le rapport auquel cette note renvoie (Appendice, p. 710 et suiv.) est du 7 juillet et se trouve joint à une lettre d'envoi du 8 juillet.

Page 72, 1ʳᵉ colonne, ligne 1. Selon le duc de Luynes (*Mémoires*, t. IX, p. 286), Saint-Martin valait, non pas 7,000 ʰ, mais 11,000 ʰ. Mᵐᵉ de Sévigné, Dangeau et Saint-Simon racontent comment le cardinal de Bouillon transforma une partie de cette maison en «un bien héréditaire et patrimonial.» Les jardins qu'il y fit faire avaient une grande réputation de beauté.

Page 72, 2ᵉ colonne, dernière ligne. Le prieuré de l'Isle-Adam était à la collation de Saint-Martin-des-Champs. En 1707, le prince de Conti acquit par échange, de l'évêque de Senlis, la maison prieurale, la chapelle et le jardin; par suite, le prieuré fut transféré dans le bourg même, et sa chapelle dans l'église paroissiale.

Page 83, note 2, ligne 2. Au lieu de : *Seine-et-Oise*, lisez : *Seine-et-Marne*.

Page 84, 2ᵉ colonne, ligne 7. Les biographies de l'académicien Simon de la Loubère disent qu'une brouille avec le Père Tachard, jésuite, étant en mission à Siam, fit manquer la mitre épiscopale à son frère, et que celui-ci vivait encore en 1732, à Montesquieu-Volvestre.

Page 86, note 8. Supprimez la note et remplacez-la par celle-ci : «Claude de Bragelongne, femme de Jean Amaury, trésorier de France à Paris, mourut en 1692.» — Note 10. Mᵐᵉ de Champlain s'appelait Hélène Boullé et avait épousé son mari en décembre 1610. Sur la fondation de son couvent d'Ursulines, voir l'*Histoire du diocèse de Meaux*, par D. Toussaint du Plessis, et l'acte d'autorisation épiscopale publié, en 1875, par M. Étienne Charavay, dans la *Revue des Documents historiques*. Mᵐᵉ de Champlain mourut le 20 décembre 1654.

Page 94, note 13. Le chanoine du Four, du chapitre de Notre-Dame, est un personnage absolument distinct du prieur de Saint-Leu-sur-Oise.

Page 96, 1ʳᵉ colonne, ligne 19. Au lieu de : *Chauffour*, lisez : *Chaufour*.

Page 100, 1ʳᵉ colonne, ligne 18. Au lieu de : *Molesmes*, lisez : *Molesme* (Côte-d'Or).

Page 102, note 5. Au lieu de : *Aissy*, lisez : *Aisy*.

Pages 102-103, article de l'abbaye de Vézelay. Selon les Bénédictins (*Voyage littéraire* de 1708, p. 53), l'abbaye, ruinée depuis sa sécularisation, était réduite à un chapitre de dix chanoines, ayant pour tout revenu, y compris la mense, 22,000 ʰ, et beaucoup de charges.

Page 104, article du REVENU DES CURES DE LA GÉNÉRALITÉ. Le revenu de chaque évêché, abbaye, chapitre, etc. n'est indiqué dans le Mémoire qu'en chiffres ronds, probablement inexacts. Nous croyons donc utile de donner ici quelques chiffres d'une époque plus récente, mais plus précis, et qui semblent avoir un caractère officiel, étant extraits d'un *État général des revenus du clergé* dressé en 1755, par les économes (Musée britannique, ms. Addit. 22277).

ADDITIONS ET CORRECTIONS.

BÉNÉFICES.	REVENUS.	CHARGES ORDINAIRES.	DÉCIMES.	NET.
DIOCÈSE DE PARIS.				
Archevêché........	162,000ʰ	10,039ʰ	7,422ʰ	144,538ʰ
Saint-Germain-des-Prés...	155,000	27,444	10,822	117,082
Hérivaux..........	5,125	»	»	5,125
Hermière..........	2,730	100	»	2,630
Hyvernaux.........	1,809	»	290	1,519
Lagny.............	12,500	1,405	»	11,095
Livry............. {	3,125	70	429	2,626
{	5,479	826	741	3,912
La Roche..........	815	»	50	765
Saint-Victor.......	37,000	1,432	4,123 / 1,049	30,397
Sainte-Catherine...	9,699	650	1,566	7,483
Longjumeau.......	1,596	»	250	1,346
Argenteuil.........	5,000	»	»	5,000
Sainte-Chapelle du Bois-de-Vincennes.	1,824	»	»	1,824
Chapelle Saint-Ouen.	1,000	60	140	800
DIOCÈSE DE SENS.				
Archevêché¹.......	44,985	6,465	3,756	37,468
Barbeaux..........	14,629	245	1,830	12,553
Cercanceaux.......	3,997	1,240	706	2,050
Château-Landon....	2,000	»	»	2,000
Chaumes...........	7,020	250	1,002	5,667
Sainte-Colombe....	6,150	»	»	6,150
Dito..............	1,200	»	»	1,200
Escholtis..........	8,915	1,565	902	6,451
Ferrières..........	6,311	»	»	5,311
Fontainejean.......	1,700	»	»	1,700
Saint-Jacques de Provins	8,927	1,050	1,351	6,525
Jard..............	3,400	»	»	3,400
Jouy..............	14,500	404	1,756	12,339
Moriguy...........	7,549	140	1,480	5,929
Saint-Paul-sur-Vannes {	662	»	»	662
{	949	»	»	949
Preuilly...........	13,001	»	»	13,001
Vauluisant.........	17,000	2,550	3,748	10,901
Enfourchure.......	3,702	683	535	2,483
Vieux-Poux........	2,240	120	478	1,641
Saint-Blaise du Grand-Puits	353	»	77	276
Audrey............	1,800	100	307	1,393
Auxon.............	1,000	109	120	770
Buisson...........	1,000	5	309	686
Saint-Loup-de-Naud.	3,958	355	498	2,905

¹ Non compris Saint-Martin, diocèse de Cambrai, affermé 11,900ll.

BÉNÉFICES.	REVENUS.	CHARGES ORDINAIRES.	DÉCIMES.	NET.
DIOCÈSE DE BEAUVAIS.				
Évêché............	53,164ʰ	charges inconnues.		53,164ʰ
Beaupré..........	11,000	1,811	2,834	6,354
Breteuil...........	24,727	2,744	2,806	19,176
Froidmont.........	33,574	2,120	4,245	27,207
Saint-Germer......	29,057	1,718	3,867	23,472
Saint-Just........	12,891	250	1,876	10,764
Launoy...........	8,985	517	1,440	7,027
Saint-Lucien......	29,134	1,792	4,157	23,184
Saint-Quentin.....	12,000	»	2,181	9,818
Royaumont........	18,950	1,400	2,471	15,078
Saint-Symphorien..	4,710	312	1,036	3,361
PONTOISE.				
Saint-Martin.......	13,500	378	2,082	11,040
DIOCÈSE DE MEAUX.				
Évêché............	23,305	1,031	2,081	20,192
	33,197	3,086	2,079	28,031
Chaage............	6,730	»	1,300	5,430
Saint-Faron.......	33,368	3,376	3,862	26,130
	27,627	3,000	4,350	19,677
Rebais............	36,016	13,294	3,398	19,323
Coutrecoult.......	1,790	16	261	1,512
Chambre-Fontaine.	5,890	382	1,189	4,318
DIOCÈSE DE SENLIS.				
Évêché............	32,500	»	1,328	31,176
	4,666	601	674	3,391
Saint-Vincent.....	6,500	»	1,960	4,540
La Victoire.......	24,668	450	1,779	22,436
Saint-Maurice.....	4,198	587	610	3,000
	4,666	601	674	3,391

Page 112, note 5. La commanderie de Launay servait de maison de campagne au grand prieur, et ce fut là que Bussy-Rabutin enferma Mᵐᵉ de Miramion.

Page 113, 2ᵉ colonne, dernière ligne. Au lieu de : *Saint-Quentin Péronne*, lisez : *Saint-Quentin, Péronne*.

Page 119, 1ʳᵉ colonne, ligne 4, et page 168, 1ʳᵉ colonne, ligne 1. Lisez : *Vénizy*.

Page 125, 1ʳᵉ colonne, ligne 3. Le gouvernement de l'Île-de-France rapportait 26 ou 27,000ʰ. — Ligne 17 et note 3. Au lieu de : *Marests*, lisez : *Marets*, comme plus loin, p. 236.

ADDITIONS ET CORRECTIONS.

Page 125, 2ᵉ col., ligne 3. Le gouvernement de Champagne et Brie rapportait, selon le duc de Luynes, 70,000 ₶.

Page 130, note 6, ligne 2. Supprimez la virgule entre *femmes* et *en souvenir*.

Page 131, note 1. Selon les celtistes modernes, *briva* signifie *pont*, et *briga* montagne.

Page 132, fin de la 2ᵉ colonne. La légende du séjour des Druides à Dreux se trouve dans l'*Histoire universelle* de Belleforest, fol. 173.

Page 133, 1ʳᵉ colonne, ligne 33. On écrit aujourd'hui : *Crotoy*.

Page 134, 2ᵉ colonne, ligne 25. Au lieu de : *Saint-Aspais*, lisez : *Saint-Aspais*.

Page 135, 2ᵉ colonne, ligne 1, et page 228, 1ʳᵉ colonne, ligne 15. Au lieu de : *Montliart*, lisez : *Montléart*, et voyez plus loin, p. 330, note 9. Pierre de Montléart avait été pourvu le 2 août 1686 des charges de bailli, gouverneur et capitaine des chasses de Nemours.

Page 137, note 3. Le dommage causé par le tonnerre à l'église de Poissy dépassait 500,000 ₶, selon le *Journal de Dangeau*, t. V, p. 244-245. On eut recours plus tard à une loterie pour pourvoir aux réparations.

Page 143, 1ʳᵉ colonne. Le rédacteur du Mémoire a dû se servir ici, pour Seus, Brennus, etc., de l'*Histoire du Gâtinais*, par Dom Morin, p. 598-602. Il confond le Brennus qui prit Rome l'an 390 avant Jésus-Christ, avec celui qui ravagea la Macédoine et la Grèce en l'an 278, et périt ensuite dans la Phocide, allant piller le temple de Delphes. D'ailleurs, on sait que ce nom de Brennus, *brenn*, était commun à tous les chefs gaulois.

Page 146, note 3. M. Paul Meyer a publié récemment, dans la *Romania*, t. VII, p. 104-106, un article sur certaine tradition qui se conserve jusque dans le xviiᵉ siècle, et suivant laquelle la France du moyen âge n'aurait pas compté moins de dix-sept cent mille clochers.

Page 151, note 3. Nous reproduisons ici le fragment du mémoire de 1665 que nous avions promis de donner dans l'appendice *Population*. Cette pièce est intitulée : *Plan ou projet de la conduite que le roi peut et doit tenir pour la réformation générale de la justice*, et Colbert y a marqué les points les plus importants en ces termes : « Faciliter les mariages et rendre plus difficiles les vœux de religion. — Examiner soigneusement toutes les raisons pour et contre cette proposition. — Rechercher tout ce qui a été fait dans la république romaine et dans tous les États bien policés sur le même sujet. — Et après avoir bien examiné toutes les raisons, lesdits sieurs formeront leurs avis. — S'ils estiment cette proposition bonne, il faut en examiner les moyens suivants : expédier une déclaration pour mettre à la taille tous les garçons à l'âge de vingt ans; exempter de taille jusqu'à vingt-trois ans tous ceux qui se marieront à vingt ans et au-dessous; exempter de taille tous les cotisés qui auront dix enfants vivants. — Outre ces moyens, ces Messieurs en pourront encore trouver d'autres pour faciliter les mariages et faire souhaiter à tous les sujets du roi d'avoir beaucoup d'enfants. — Examiner ce qui se pourra faire à l'égard des gentilshommes. — Pour rendre les vœux de religion plus difficiles, remettre l'âge des vœux à vingt-cinq ans, s'il se peut. — Examiner tout ce qui s'est fait par le passé sur cette matière dans toute l'Église; s'il est nécessaire de recourir ou non à l'autorité du pape, ou si celle du roi suffit; et voir sur ce sujet tout ce qui s'est passé dans le royaume depuis cinq ou six cents ans. — Examiner tout ce qui se peut faire pour réduire les dots de toutes les religieuses qui sont excessives. — Examiner si tous les couvents de filles ont pouvoir de prendre des pensionnaires en bas âge et avant l'année de la probation, pour défendre à tous ceux qui n'ont pas ce pouvoir et le restreindre le plus qu'il se pourra à l'égard des autres. — Mais, comme l'envie de mettre des filles en religion vient des pères, faute de pouvoir donner des dots convenables à leurs filles, il faut examiner soigneusement tous les moyens que l'on pourra pratiquer pour régler les dots des filles en sorte que les pères y puissent satisfaire, quelque nombre qu'ils en aient; étant certain qu'il n'y a que la comparaison des dots des unes aux autres qui produise ce mauvais effet, et que, si l'on peut parvenir à établir une règle générale, tout le monde s'y conformera sans peine. » (*Lettres de Colbert*, publiées par P. Clément, t. VI, p. 13; cf. les lettres 15, 19 et 73 du tome II, 1ʳᵉ partie.) Ce mémoire fut suivi, un an plus tard, de l'édit de novembre 1666, qui accorda l'exemption de la collecte et des autres charges publiques aux pères de dix enfants vivants, celle des tailles aux pères de douze enfants, et de l'édit de décembre de la même année, prohibant l'accroissement des communautés religieuses. Mais la première de ces lois, celle que Forbonnais (*Recherches et considérations sur les finances de France*, t. Iᵉʳ, p. 391 et 394) considérait comme « un des plus beaux monuments de l'administration de Colbert, quoique susceptible de recevoir quelque perfection dans son exécution, » fut révoquée le 13 janvier 1683.

Page 151, note 5, ligne 11. Au lieu de : *Chaplon*, lisez : *Chapelon*. — *Palaise* doit être *Paley*.

Page 152, 2ᵉ colonne, élection de Dreux. On trouve dans un registre des Archives Nationales coté TT 445, p. 115, le relevé très-bref de treize noms de religion-

792   ADDITIONS ET CORRECTIONS.

naires fugitifs de cette élection, avec l'indication des biens confisqués sur eux.

Page 153, note 8. Une des demoiselles Luillier fut ensuite transférée au château de Saumur et y devint folle. Voir Depping, *Correspondance administrative du règne de Louis XIV*, t. IV, p. 511.

Page 154, 1re colonne, ligne 8. Sur la conversion des demoiselles de Brannay, voir les *Mémoires de Foucault*, p. 271, et un ordre du 1er juin 1695, dans les registres de la Maison du roi.

Page 155, commencement de la note 6. Les milices furent supprimées au mois d'octobre 1697.

Page 156, note 2, dernière ligne. Rétablissez un trait d'union entre *1296* et *1299*.

Page 157, 2e colonne, ligne 11. Le bail passé le 10 novembre 1699, pour six ans, était sur le pied d'un million comptant et 48,000^{lt} par an. La ferme des poudres et menu plomb fut jointe, le 22 novembre suivant, à celle du contrôle des actes, des petits sceaux, etc.

Page 164, 2e colonne, ligne 31. Au lieu de : *Montyon*, lisez : *Monthyon*.

Page 167, 2e colonne, 1re ligne, et pages 223, 266, 319. Au lieu de : *Beu*, l'orthographe moderne est : *Bu*. — Ligne 20. Au lieu de : *Lézinnes*, lisez : *Lézines*. — Note 4, ligne 3. Au lieu de : *Rosens*, lisez : *Rosen*.

Page 168, 1re colonne, ligne 5. Au lieu de : *Neufvy*, lisez : *Neuvy*.

Page 175, 1re colonne, ligne 22. Au lieu de : *les maîtres de requêtes au nombre de quatre*, l'imprimé de Chalibert-Dancosse porte le chiffre : *90*, et il donne une répartition toute différente des présidents et conseillers.

Page 175, 2e colonne, ligne 10. Au lieu de : *seize conseillers de la Grand'Chambre*, l'État de la France de 1698, t. III, p. 292, dit : *quatre conseillers*. — Ligne 17. Au lieu de : *quatre présidents à mortier*, il dit : *cinq*.

Page 178, note 2. Le président de Lamoignon, qui était né en 1644, mourut en 1709.

Page 192, 1re colonne, 3e paragraphe. Sur la réunion des attributions de la voirie à celle des trésoriers de France, voir une lettre de M. de la Reynie, publiée dans le tome Ier de la *Correspondance des contrôleurs généraux*, n° 1540.

Page 196, 1re colonne, ligne 11. René Pinterel avait été nommé président de la Cour des monnaies en 1681, et non en 1682, comme le dit le Mémoire. — Ligne 17. Au lieu de : *Tournai*, lisez : *Tournay*.

Page 202, 1re colonne, ligne 11. Au lieu de : *Chopin*, lisez : *Choppin*. L'erreur vient de ce que les deux *p* n'ont qu'une seule panse pour deux hastes, dans la signature de René Choppin.

Page 204, note 5. Nous avons encore retrouvé dans les Papiers du Contrôle général, G⁷ 1694, une autre lettre de Le Bartz, datée du 20 avril 1709 et ainsi conçue : « Monseigneur, je me rendis hier chez M. Daguesseau, où M. de Nointel et M. d'Argenson se trouvèrent ; on y lut le mémoire que j'ai eu l'honneur de présenter à Votre Grandeur pour l'établissement d'une bourse en cette ville, et il fut approuvé. On me demanda si j'avais une compagnie pour acheter l'hôtel de Soissons ; je répondis que, comme c'était une dépense sans retour, qu'elle ne pouvait regarder que le roi ou la ville. On me dit que l'un ni l'autre n'était pas en état de la faire, que le temps était difficile, et que c'était une affaire bonne à établir en temps de paix; et cela finit par là. Si ces Messieurs, sans entrer dans le détail du mérite de cet établissement, avaient seulement pris la peine de faire attention qu'elles soient, elles touchent peu, si on ne les possède entièrement dans son esprit. Pour moi, Monseigneur, qui connais le mérite de celle-ci, je suis persuadé que Votre Grandeur ne peut rien faire de plus heureux pour rompre le cours à l'usure, rendre les négociations de l'argent, du change, et généralement toutes sortes d'entreprises de commerce de mer et de terre, aisées; et on peut se flatter que dans peu cette place sera une des meilleures de toute l'Europe: les banquiers en sont tous persuadés et le désirent fortement. Si ces Messieurs avaient porté leur pensée jusqu'à ce point, ils n'auraient pas manqué d'expédients pour faciliter cet établissement, et de prendre plus tôt le parti de louer l'hôtel de Soissons pour neuf ans, en attendant que la Providence eût pourvu aux moyens de l'acheter. Dans un an, on en aurait connu l'utilité, et on n'aurait pas manqué de moyens pour l'acquérir. Les sieurs Bernard et Nicolas l'ont affermé pour 19,500^{lt} par an ; c'est fort peu de chose pour le roi, et je suis persuadé qu'on permettant à des petits marchands d'avoir boutiques dans différents endroits qui n'incommoderont pas, que l'on retirera cette somme. Si j'avais cet établissement à faire, je me flatte d'y pouvoir réussir..... »

Page 205, 2e colonne, 4e ligne en remontant. Au lieu de : *Rocquancourt*, lisez : *Rocquencourt*.

ADDITIONS ET CORRECTIONS.

Page 207, note 3, ligne 3. Au lieu de : *1688*, lisez : *1689*.

Page 207, note 14. L'érection du marquisat de Livry fut faite en *décembre 1688*, et non en *février*.

Page 208, 1re colonne, ligne 5. Au lieu de : *Rhotelin*, lisez : *Rothelin*, et remplacez la note 3 par la note 11 de la page 230.

Page 208, note 2. Le marquisat de Maule fut érigé pour M. de la Vieuville en septembre 1699. — Note 7. Selon Dangeau (*Journal*, t. XIII, p. 6), le gouvernement de Montlhéry ne valait que 800 ª.

Page 209, 1re colonne, ligne 8. Au lieu de : *Vitry*, il faut sans doute lire : *Viry*.

Page 212, note 10, ligne 2. Au lieu de : *donner de nom du seigneur*, lisez : *donner un nom de seigneur*.

Page 213, 2e colonne, ligne 2. Au lieu de : *Braine*, lisez : *Braisne*.

Page 215, 1re colonne, ligne 1. Jean Le Scellier était subdélégué de l'intendant à Beauvais, et ce fut lui qui fournit au géographe de l'Isle les éléments de la carte du diocèse de Beauvais publiée en 1710. Voyez p. 63, note 4.

Page 216, note 8. Les terres de Martincourt, la Salle, Libus, Thoix, Hanvoile, Glatigny, etc. avaient été réunies en marquisat au mois d'octobre 1687.

Page 218, note 8. «Bouville, beau-frère de Desmaretz, avait acquis à la porte de Vernon un petit lieu appelé Bizy, en belle vue, qu'il avait bâti et accommodé en bourgeois qu'il était, et dont Belle-Isle, depuis son échange,..... a fait une habitation digne en tout d'un fils de France.» (*Mémoires de Saint-Simon*, t. VII, p. 61-62.)

Page 223. Remplacez la note 1, sur le duc de Vendôme, par la note 3 de la page 316. — Note 3. M. de Belesbat obtint, le 30 septembre 1685, des lettres de surannation de l'érection du comté de Beu.

Page 227, note 1. Le comte de la Chapelle mourut le 16 mars 1706, à soixante-dix-sept ans, et fut enterré dans l'église de la Chapelle-Gauthier. — Note 9. Corrigez la note ainsi qu'il suit : «Par arrêt du 24 juin 1698, les paroisses de Beaumont, Saint-Loup, Batilly, Barville et Gaubertin, dépendant de l'élection de Montargis (généralité d'Orléans), et celles d'Échilleuse et de Boesses, dépendant de l'élection de Pithiviers, furent réunies à l'élection de Nemours. Par contre, on enleva à l'élection de Montargis les paroisses d'Ondreville et de Grangermont pour les incorporer à l'élection de Pithiviers, et à l'élection de Nemours les paroisses de Villemoutiers, Saint-Maurice-le-Fessart, Pannes, Mignères et Girolles, pour les réunir à l'élection de Montargis.»

Page 229, 1re colonne, dernière ligne. Au lieu de : *Jablènes*, lisez : *Jablines*.

Page 231, note 3, ligne 7. Au lieu de : *1826*, lisez : *1726*.

Page 234, note 11. Remplacez cette note par celle qui se trouve plus loin, p. 322, note 4.

Page 239, note 5. Un accident d'impression a fait disparaître la conjonction *et* entre note 5 et *le titre du Commerce*.

Page 240, note 2. Au lieu de : *père d'autres Louis*, lisez : *père d'autre Louis*.

Page 241, note 4. François Vezou fut pourvu le 3 juin 1679 de la charge de médecin ordinaire du roi au château de la Bastille, en survivance de son père.

Page 244, note 5, lignes 11-12. Au lieu de : *Plessis-d'Alégré*, lisez : *Plessis-d'Alègre*.

Page 246, fin de la note 5. Le cardinal d'Arquien, selon l'épitaphe placée sur son tombeau, à Rome, mourut âgé de cent cinq ans et onze jours.

Page 251, note 2, ligne 4. Au lieu de : *Chopin*, lisez : *Choppin*. — Note 3. Les Archives Nationales possèdent de magnifiques traités du XVIIIe siècle sur le domaine et ses dépendances, considérés au point de vue de l'administration et de la juridiction. Ces manuscrits sont cotés P 2652 à 2658.

Page 253, 2e colonne. Le Mémoire fait sans doute allusion à ce passage des *Mémoires de Commynes*, liv. VI, ch. VI (édition de Mlle Dupont, t. II, p. 225; cf. le même volume, p. 143 et 144) : «Le roi Charles septième levait, à l'heure de son trépas, 1,800,000 francs, en toutes choses, sur son royaume....; et à l'heure du trépas de notre maître (Louis XI), il levait 4,700,000 francs...... Quand Charles VIII monta sur le trône, les États généraux ne lui accordèrent que 1,200,000 ª, et, dit encore Commynes (p. 587), ce prince «mit son imagination de ranger ses finances de sorte qu'il ne levât sur son peuple que 1,200,000 francs (et par forme de taille), outre son domaine..... Ce eût été un grand soulagement pour le peuple, qui paye aujourd'hui plus de deux millions et demi de francs de taille.»

Page 257, note 2. L'*État en détail du domaine de la généralité de Paris* avait été dressé par la Chambre des comptes dès l'année 1730; l'exemplaire original se trouve aux Archives Nationales, P 948-950, et de plus il y en a trois autres exemplaires, qui sont datés de l'année 1733, P 997-998, de l'année 1738, P 1186, et de l'année 1743, P 1225.

Page 267, note 1. Un arrêt du 5 mars 1689 avait permis aux Capucins de Melun de prendre dans les ruines du château les matériaux nécessaires pour la construction de seize piliers dans leur cloître.

Page 268, note 6. On trouve dans les archives du département de Seine-et-Marne (*Inventaire*, série A, p. 9) une déclaration au terrier de la seigneurie du Sceau, rendue en 1680 par Anne Charpentier, veuve de Claude Gorjon, procureur du roi à Doullens, et mère de Gabriel Gorjon, sieur du Buisson et des Fourneaux. Est-ce la dame du Buisson dont il est question ici et plus loin, p. 375?

Page 272, 2ᵉ colonne, ligne 11. Voir la description du château de Pont, «une des plus belles maisons de France,» dans les *Mémoires de Mademoiselle*, édition Chéruel, t. Iᵉʳ, p. 174.

Page 274, note 5. Racine, dans une de ses *Notes historiques* (*Œuvres*, t. V, p. 115), dit que les affaires extraordinaires fournirent 470,000,000ᵗᵗ de l'année 1689 au 10 octobre 1693.

Page 276, 2ᵉ colonne, ligne 4. En 1727, Nemeitz (*Séjour de Paris*, p. 474) écrit que la bière des Gobelins est la moins corrompue, mais que généralement les brasseurs, faute de houblon, se servent d'herbes amères, ou même de fiel de bœuf.

Page 279. Après l'article *Tailles*, Boulainvilliers fait cette addition : «L'auteur manque en ce lieu d'observer que le taillon, l'ustensile et les autres droits qui se lèvent sur le peuple dans les temps de guerre portent une augmentation si considérable au corps de la taille, qu'elle va, comme il arrive souvent, aux trois quarts de la première imposition et passe toujours la moitié; ainsi, selon son calcul, la taille de la généralité de Paris peut être estimée, année commune, pendant la guerre, à 5 millions.» — Le Mémoire n'a parlé ni du taillon, ni de la subsistance. «Le taillon, dit l'*État de la France* (année 1698, t. III, p. 413), fut établi par le roi Henri II, l'an 1549, pour augmenter la solde des gens de guerre. Ce droit se paye par les mêmes personnes que la taille et avec les mêmes contraintes, et monte environ au tiers de la taille. — La subsistance est un autre droit qu'on a commencé à lever depuis quelques années. Elle est ainsi nommée pour faire subsister les soldats dans leurs quartiers d'hiver, moyennant quoi on a été quelque temps exempt du logement de la gendarmerie durant l'hiver. Ce droit se paye aussi comme la taille et le taillon.» — En 1703, le taillon de la ville de Paris s'élevait à 41,975ᵗᵗ. La subsistance n'avait existé que pendant trois ans, de 1695 à 1697, et avait été supprimée dès la cessation des hostilités. D'ailleurs, le produit de cette imposition n'allait pas plus au Trésor royal que celui des ustensiles ou fourrages destinés à l'entretien des troupes en quartiers d'hiver; il entrait directement dans la caisse de l'Extraordinaire des guerres.

Page 282, 2ᵉ colonne, article de la *Ferme des regrats*. Selon une pièce publiée dans les *Lettres de Colbert*, t. II, 1ʳᵉ partie, p. 388, le débit au regrat dans Paris, en 1679, s'élevait à six cents muids par an.

Page 311, 1ʳᵉ colonne, avant-dernière ligne. Au lieu de : *dIgny*, lisez : *d'Igny*. — Note 10. L'orthographe officielle est actuellement : *l'Autil*.

Page 313, 2ᵉ colonne, ligne 10. La terre de Magnanville appartenait à une branche de la famille Briçonnet, représentée par Jean-Baptiste Briçonnet de Magnanville, mort sans enfants le 25 décembre 1698, étant conseiller de Grand'Chambre, et par son frère aîné le président Briçonnet, ci-dessus, p. 218, note 9.

Page 316, note 4. Au lieu de : *Milly-les-Granges*, lisez : *Milly*, arr. *Étampes* (Seine-et-Oise).

Page 319, 2ᵉ colonne, ligne 3. Au lieu de : *Boisset*, lisez : *Boissets*.

Page 322, 1ʳᵉ colonne, ligne 20. La terre de la Grand'-Cour était possédée par François de Beaufort, écuyer, seigneur de la Grand'Cour, de Baugency, etc., premier et ancien conseiller, lieutenant particulier, assesseur criminel et lieutenant particulier civil et criminel au bailliage et présidial de Provins, en 1693. (Archives du département de Seine-et-Marne, B 694.)

Page 322, note 4, ligne antépénultième. Au lieu de : *mourut à Paris*, lisez : *mourut à Rome*.

Page 336, note 3, dernière ligne. Au lieu de : *1686*, lisez : *1685*.

Page 337, fin de la 2ᵉ colonne. Le P. Léonard, bibliothécaire du couvent des Petits-Pères, dit, dans ses *Mémoires historiques*, en novembre 1697 : «Des maltôtiers, dont messieurs Le Juge et Orry, etc., se sont associés depuis deux mois environ, et ont entrepris la manufacture des chapeaux de castor, etc., qu'ils ont établie dans le faubourg Saint-Antoine, à Paris, où ils font travailler, et vendent ces chapeaux aux maîtres chapeliers, qui sont obligés de les donner pour 14ᵗᵗ. Les chapeliers disent qu'ils ne valent rien. Les bons castors valaient auparavant 24 et 25ᵗᵗ.» (Arch. Nationales, M 757). — Note 4. Selon le *Dictionnaire du Commerce*, de Savary, t. I, p. 839, la fabrication des draps d'or et d'argent avait été établie à Saint-Maur par le lyonnais Charlier, que Colbert et Louvois avaient protégé et soutenu; mais elle était tombée, d'abord par l'effet des guerres de Louis XIV, puis par la mort de Charlier.

Page 338, note 1, ligne 10. Les lettres patentes accordées à la manufacture des Dechars ne portent pas la

ADDITIONS ET CORRECTIONS.

date du 10 octobre 1691, mais celle du 19, comme on le verra dans l'Appendice, p. 610. — Ligne 15. Au lieu de : *Mouot*, lisez : *Monet*.

Page 340, note 1. On accorda aussi à l'entrepreneur Filleul la permission de faire une loterie, vers 1715.

Page 341, note 3. La *Description historique de la généralité de Paris* (Desnos, 1777, p. 10) dit ce qui suit des produits de l'élection de Mantes : «Sur une montagne à côté de la ville, est une maison de Célestins, que Charles V y fonda en mémoire d'un seigneur de Bacqueville qui y est inhumé. On vante beaucoup la bonté de leurs vins, qui l'emportent aisément sur tous ceux des environs. On estime de même les pois qui viennent aux environs du faubourg de Limay et les navets d'Aubergenville. On fait à Mantes un grand commerce de cuirs. On a établi dans cette ville une manufacture de velours de coton, montée de trente-cinq métiers.»

Page 345, 1re colonne, ligne 7. Au lieu de : *Lizines*, lisez : *Lézinnes*. La manufacture établie pour Louvois, en 1683, par la compagnie dite des Petites glaces, de Pierre de Bagneux, cessa de travailler en 1695.

Page 347, note 1, ligne 16. Ce fut sur un avis de la dame de la Selle, nourrice du duc d'Anjou, que Colbert organisa le marché aux bestiaux de Sceaux; mais il dut user presque de contrainte pour y faire venir les marchands habitués à Poissy. (Voir une lettre de l'année 1674, dans les *Lettres de Colbert*, t. VII, p. 76-77.) «Deux jours après sa mort, dit Racine dans ses *Fragments et notes historiques*, les bouchers de Paris et les marchands forains avaient abandonné Sceaux et allaient à Poissy : lettres de cachet, puis arrêt du Conseil, pour les obliger de retourner à Sceaux.» En effet, Seignelay se fit délivrer à cet effet un arrêt du Conseil en date du 12 septembre 1683. (Arch. Nationales, O¹ 27, fol. 266.)

Page 367, 1re colonne, ligne 19. Au lieu de : *Lizines*, lisez : *Lézinnes*.

Page 370, 1re colonne. Le Mémoire ne parle pas du péage du Pecq, qui, selon les *Mémoires du duc de Luynes*, t. XI, p. 216, rapportait de 6 à 7,000^{ll}.

Page 378, note 3. Ajoutez à l'indication des documents, dernière ligne : « G⁷ 1404, 27 septembre 1703, où se trouve un procès-verbal des travaux.»

Page 386, note 3. M. de Garsault tomba de voiture en 1699, et ne mourut que huit mois après cette chute. (*Mémoires de Saint-Simon*, t. II, p. 201, et *Journal de Dangeau*, t. VII, p. 213.) Il jouissait des revenus du domaine de Saint-Léger.

Page 389, 1re colonne, ligne 20. Au lieu de : *le Meu*, lisez : *le Meux*.

APPENDICE.

Page 405, 2e colonne, avant-dernière ligne. Le texte donné par Dupain-Triel porte, au lieu de : *le Don, la Maidon, l'Erval, le Bouau et la Seiche*, ces noms : *le Don, le Cheré, le Mein et le Bruc*. Le Don, affluent de la Vilaine, passe à Moisdon-la-Rivière, et le bourg de Derval se trouve entre le Don et le Cher ou Chère.

Page 444, 1re colonne, ligne 4. Le manuscrit porte bien : 311,278^{ll}; mais c'est évidemment une erreur. Voir les budgets donnés p. 530-531.

Page 468, note 2. À la fin de l'année 1691, les habitants de Paris, pour se délivrer des exactions des gardes françaises et suisses, offrirent une contribution proportionnelle à la valeur des maisons et à la charge du logement, pour que le roi pût faire construire un nombre suffisant de casernes, avec des meubles et ustensiles nécessaires. Les plans furent préparés et approuvés par le roi, et leur exécution immédiate ordonnée par arrêt du 14 janvier 1692. Toutes les maisons, sauf les établissements religieux, devaient porter cette contribution, en laissant les anciennes impositions subsister pour l'entretien des casernes et pour l'ustensile; mais les sommes fournies ainsi furent dissipées en pure perte : pendant plusieurs années, on se borna à renouveler les défenses les plus sévères aux soldats, et ce ne fut qu'en 1700 qu'on commença la construction des casernes. C'est aux projets de 1692 que fait allusion la lettre suivante, adressée, le 28 mars 1692, au contrôleur général, par le munitionnaire Berthelot (Papiers du Contrôle général, G⁷ 1826) :

M. de Clairambault vous rendant compte, Monseigneur, des cent garçons de quatorze à seize ans levés à Bicêtre, je ne vous en dirai qu'un mot. Ils ont été hier, l'après-midi, mis au Bourg-la-Reine sur six charrettes, sous les soins, pour les vivres, d'un commis honnête homme; doivent arriver demain à Orléans, en partir dimanche après le service, dans un bateau loué par M. de la Boiche; les directeurs de Tours et Angers avertis, et demain le commis des vivres à Nantes le sera.

Ces garçons, après avoir mis les habits que le roi leur a fait donner, et qu'ils ont été décrassés, se sont trouvés bien faits et fort contents de marcher : en sorte qu'il y a lieu d'espérer, Monseigneur, que vous en serez content, et que vous porterez le roi d'en ordonner de temps en temps des levées.

Comme directeur de l'hôpital et commissaire des vivres de marine, je ne vous dirai que cela, et que la chose sera suivie jusqu'à Brest; après quoi j'ai une pensée à vous expliquer, qui me paraît solide, y trouvant toutes choses à souhait :

Dieu, le soulagement d'un chacun s'y rencontrant;

La gloire du roi, en ce que S. M. préférera les vivants, qui font à ce jour son service, aux morts pour le service (ce sont les invalides); et par là S. M. serait infiniment mieux servie ;

Le soulagement du peuple, en ce qu'on ne lèverait que 1,200,000 ₶ au lieu de 2,400,000 ₶, pour construire les sept casernes ;

Nota que ceux qui se présentent pour entreprendre assurent que chaque caserne, suivant les devis, coûtera 500,000 ₶ : ce serait 3,500,000 ₶.

Et votre soulagement, Monseigneur, en ce que, desdits 1,200,000 ₶, le roi pourrait s'en appliquer un million pour les plus pressants besoins de son État, et les 200,000 ₶ restants seraient destinés pour les ajustements indispensables.

La pensée serait de loger dans l'hôtel des Invalides, composé d'une grande cour qui se trouve au milieu de quatre autres grandes cours, les régiments des gardes françaises et suisses, où les officiers et soldats seront bien logés, à portée de Versailles, sous l'autorité d'un seul gouverneur et sous les yeux et la discipline des deux colonels français et suisse, ce qui ne se trouverait point dans les sept casernes, toutes séparées et éloignées l'une de l'autre.

Les invalides, les loger dans le château de Bicêtre, très-belle maison, grande cour avec péristyle haut et bas, qui conduisent tout à couvert à une grande église contenant plus de quatre mille hommes; ladite maison dans une situation admirable, sur une éminence; très-bon air, grands jardins potagers et fruitiers, beaux plants pour la promenade sans sortir de la maison, laquelle a été construite de l'ordre du roi et du ministère de feu M⁹ʳ le cardinal de Richelieu, lequel, touché de compassion de voir les soldats devenus invalides dans le service demander l'aumône dans Paris, porta Louis XIII, d'heureuse mémoire, à la construction dudit château, dans lequel est à remarquer aussi qu'il y arrive naturellement beaucoup d'eau de fontaine excellente à boire.

Les pauvres du château de Bicêtre, les loger dans la maison de la Salpêtrière, ce qui se peut aisément en achevant le dessein commencé, dont le fonds, pour la dépense, serait pris sur lesdits 200,000 ₶. Par là, l'hôpital général jouirait de plus de 20,000 ₶ de rente par an, au moyen que, de deux cuisines, on n'en ferait plus qu'une, et que l'on retrancherait grand nombre d'officiers.

Nota. M. le Premier Président serait dans la joie de son côté, étant très-visible qu'il n'aime rien tant que d'avoir à soutenir les hôpitaux.

Le soulagement du peuple et le vôtre, Monseigneur, en ce que l'on modérerait, sous le bon plaisir du roi, la levée de 2,400,000 ₶ à la moitié, dont S. M. disposerait d'un million, et les 200,000 ₶ restants destinés pour les bâtiments et ajustements à faire.

A un autre qu'à vous, Monseigneur, j'aurais fait un mémoire rempli de mille avantages résultants de cette pensée; mais, comme on ne peut pas dire deux mots devant vous que vous ne pénétriez sur-le-champ la pensée de celui qui parle, j'ai cru qu'en voilà bien assez pour un premier mémoire.

Après mon remerciement très-humble, Monseigneur, d'avoir bien voulu le lire, il me resta une grâce à obtenir de vous, qui est que, si cette pensée se trouve de votre goût, il n'y ait que le roi seul, et en personne, qui en ait connaissance; puis m'en faire, s'il vous plaît, Monseigneur, le gardien, n'y ayant (à ce moment que vous le lisez) que Dieu, vous et moi qui ont part à la chose, et personne directement ni indirectement.

BERTHELOT.

Page 470, note 1, 1ʳᵉ ligne. Au lieu de : *Desmaresiz*, lisez : *Desmaretz*.

Page 486. Intercalez à cet endroit la pièce suivante, qui est tirée des Papiers du Contrôle général, G⁷ 430, 27 novembre 1699 :

ADDITIONS ET CORRECTIONS.

ÉTAT DES IMPOSITIONS FAITES SUR CHACUNE DES VILLES ET ÉLECTIONS DE LA GÉNÉRALITÉ DE PARIS POUR L'ANNÉE 1700.

ÉLECTION DE PARIS.

Taille et crue................................	942,952"
Taillon.....................................	108,265
Solde des maréchaussées.....................	41,775
Étapes.....................................	35,000
Chauffage des officiers de l'élection..........	1,000
Taxations des élus..........................	792
Pour la part de ladite élection du rétablissement des ponts de Pont-sur-Yonne et de Creil, suivant les arrêts du Conseil des 5 et 19 mai 1699.	11,600
Pour sa part de l'entretien des chemins de traverse de ladite généralité, suivant l'arrêt du Conseil du 16 juin 1699.................	6,000
Pour sa part des deniers à imposer, suivant l'arrêt du Conseil du 12 août 1699, pour le remboursement et amortissement des offices de voyers experts priseurs et arpenteurs de la création de 1690, 1696 et 1697, levés et non levés..................................	67,700
Sur les habitants de Roissy, 695", pour partie de 10,170" à imposer en quatorze années, dont 1700 sera la 12ᵉ, au profit de Mᵉ Denis Béchet, suivant l'arrêt du Conseil du 8 février 1687; ci.................................	695
Sur ceux de Brunoy, 60" annuellement, pour le loyer de la maison curiale, jusques au rétablissement du presbytère, suivant l'arrêt du Conseil du 28 juin 1695; ci...................	60
Et sur le général des habitants de la paroisse de Périgny, ensemble sur les exempts et non exempts, 60", pour le loyer de la maison qui servira de presbytère, en attendant son rétablissement, en conséquence de l'arrêt du Conseil du 22 août 1690; ci.................	60
	1,215,899

ÉLECTION DE SENLIS.

Taille......................................	105,926"
Taillon.....................................	9,600
Solde des maréchaussées.....................	7,338
Étapes.....................................	3,700
Pour sa part du rétablissement des ponts de Pont-sur-Yonne et de Creil...............	1,300
Pour sa part du remboursement des offices de voyers experts priseurs et arpenteurs.......	7,540
	135,404

ÉLECTION DE COMPIÈGNE.

Taille......................................	53,519"
Taillon.....................................	5,200
Solde des maréchaussées.....................	2,261
Étapes.....................................	1,900
Pour sa part du rétablissement des ponts de Pont-sur-Yonne et de Creil...............	640
Pour sa part du remboursement desdits offices de voyers experts priseurs et arpenteurs....	3,548
	67,068

ÉLECTION DE BEAUVAIS.

Taille......................................	148,198"
Taillon.....................................	12,400
Solde des maréchaussées.....................	2,887
Étapes.....................................	5,000
Pour sa part du rétablissement des ponts de Pont-sur-Yonne et de Creil...............	1,750
Pour sa part du remboursement desdits offices de voyers experts priseurs et arpenteurs....	9,930
Et sur les habitants de Lihus, 440", pour le premier quart de 1,760" restant de plus grande somme par eux due à l'hôpital général de Beauvais, suivant l'arrêt du Conseil du 23 juin 1699; ci............................	440
	180,585

ÉLECTION DE MANTES.

Taille......................................	93,138"
Taillon.....................................	12,400
Solde des maréchaussées.....................	1,212
Étapes.....................................	4,700
Pour sa part du rétablissement des ponts de Pont-sur-Yonne et de Creil...............	1,140
Pour sa part du remboursement desdits offices de voyers experts priseurs et arpenteurs....	6,619
	119,209

ÉLECTION DE MONTFORT.

Taille......................................	45,770"
Taillon.....................................	6,400
Solde des maréchaussées.....................	4,677
Étapes.....................................	2,100
Pour sa part du rétablissement des ponts de Pont-sur-Yonne et de Creil...............	600
Pour sa part du remboursement desdits offices de voyers experts priseurs et arpenteurs....	3,629
	63,176

ADDITIONS ET CORRECTIONS.

ÉLECTION DE DREUX.

Taille..	76,472ʰ
Taillon.......................................	7,500
Étapes..	2,700
Pour le loyer du bureau des officiers de l'élection..	200
Pour sa part du rétablissement desdits ponts de Pont-sur-Yonne et de Creil................	900
Pour sa part du remboursement desdits offices de voyers experts priseurs et arpenteurs....	5,130
	92,902

ÉLECTION D'ÉTAMPES.

Taille..	53,207ʰ
Taillon.......................................	3,500
Solde des maréchaussées.......................	3,778
Étapes..	1,900
Pour sa part du rétablissement des ponts de Pont-sur-Yonne et de Creil...................	640
Pour sa part du remboursement desdits offices de voyers experts priseurs et arpenteurs....	3,740
	66,765

ÉLECTION DE MELUN.

Taille..	77,970ʰ
Taillon.......................................	10,000
Solde des maréchaussées.......................	6,083
Étapes..	3,600
Pour sa part du rétablissement desdits ponts de Pont-sur-Yonne et de Creil................	1,000
Pour sa part du remboursement desdits offices de voyers experts priseurs et arpenteurs....	5,930
	104,583

ÉLECTION DE NEMOURS.

Taille..	82,816ʰ
Taillon.......................................	7,400
Solde des maréchaussées.......................	1,828
Étapes..	2,900
Pour le loyer du bureau des officiers de l'élection..	100
Pour sa part du rétablissement desdits ponts de Pont-sur-Yonne et de Creil................	980
Pour sa part du remboursement desdits offices de voyers experts priseurs et arpenteurs....	5,760
	101,784

ÉLECTION DE COULOMMIERS.

Taille..	56,680ʰ
Taillon.......................................	6,000
Étapes..	2,100
Pour le loyer du bureau des officiers de l'élection..	150
Pour sa part du rétablissement desdits ponts de Pont-sur-Yonne et de Creil................	660
Pour sa part du remboursement desdits offices de voyers experts priseurs et arpenteurs....	3,910
	69,500

ÉLECTION DE ROZOY.

Taille..	73,413ʰ
Taillon.......................................	6,500
Étapes..	2,300
Pour le loyer du bureau des officiers de l'élection..	150
Pour sa part du rétablissement desdits ponts de Pont-sur-Yonne et de Creil................	840
Pour sa part du remboursement des offices de voyers experts priseurs et arpenteurs.....	5,000
	88,203

ÉLECTION DE MEAUX.

Taille..	277,072ʰ
Taillon.......................................	27,600
Solde des maréchaussées.......................	4,346
Étapes..	9,700
Pour sa part du rétablissement desdits ponts de Pont-sur-Yonne et de Creil................	3,250
Pour sa part du remboursement desdits offices de voyers experts priseurs et arpenteurs....	18,923
	340,891

ÉLECTION DE PROVINS.

Taille..	60,902ʰ
Taillon.......................................	6,900
Solde des maréchaussées.......................	3,240
Étapes..	2,200
Pour sa part du rétablissement desdits ponts de Pont-sur-Yonne et de Creil................	750
Pour sa part du remboursement des offices de voyers experts priseurs et arpenteurs.....	4,449
	78,441

ADDITIONS ET CORRECTIONS.

ÉLECTION DE NOGENT.

Taille	58,380ᴸ
Taillon	6,300
Étapes	2,300
Pour sa part du rétablissement desdits ponts de Pont-sur-Yonne et de Creil	680
Pour sa part du remboursement desdits offices de voyers experts priseurs et arpenteurs	3,870
	71,480

ÉLECTION DE SENS.

Taille	70,318ᴸ
Taillon	9,700
Solde des maréchaussées	6,087
Étapes	3,600
Pour sa part du rétablissement desdits ponts de Pont-sur-Yonne et de Creil	920
Pour sa part du remboursement desdits offices de voyers experts priseurs et arpenteurs	5,410
	96,035

ÉLECTION DE JOIGNY.

Taille	84,323ᴸ
Taillon	7,600
Étapes	2,800
Pour sa part du rétablissement desdits ponts de Pont-sur-Yonne et de Creil	970
Pour sa part du remboursement desdits offices de voyers experts priseurs et arpenteurs	5,750
	101,443

ÉLECTION DE SAINT-FLORENTIN.

Taille	47,550ᴸ
Taillon	4,500
Étapes	1,800
Pour sa part du rétablissement desdits ponts de Pont-sur-Yonne et de Creil	550
Pour sa part du remboursement desdits offices de voyers experts priseurs et arpenteurs	3,206
	57,606

ÉLECTION DE TONNERRE.

Taille	107,178ᴸ
Taillon	9,900
Solde des maréchaussées	2,049
Étapes	3,500
Pour sa part du rétablissement desdits ponts de Pont-sur-Yonne et de Creil	1,250
Pour sa part du remboursement desdits offices de voyers experts priseurs et arpenteurs	7,474
	131,351

ÉLECTION DE VÉZELAY.

Taille	33,186ᴸ
Taillon	4,100
Solde des maréchaussées	1,769
Étapes	1,300
Pour sa part du rétablissement desdits ponts de Pont-sur-Yonne et de Creil	410
Pour sa part du remboursement desdits offices de voyers experts priseurs et arpenteurs	2,428
	43,193

ÉLECTION DE PONTOISE.

Taille	85,439ᴸ
Taillon	8,700
Étapes	3,000
Pour sa part du rétablissement desdits ponts de Pont-sur-Yonne et de Creil	1,000
Pour sa part du remboursement desdits offices de voyers experts priseurs et arpenteurs	5,818
	103,957

ÉLECTION DE MONTEREAU.

Taille	52,894ᴸ
Taillon	5,400
Étapes	1,900
Pour sa part du rétablissement desdits ponts de Pont-sur-Yonne et de Creil	600
Pour sa part du remboursement desdits offices de voyers experts priseurs et arpenteurs	3,580
	64,374

Somme totale des impositions de la généralité de Paris: trois millions trois cent quatre-vingt-treize mille huit cent quarante-neuf livres; ci........ 3,393,849ᴸ

Fait et extrait des départements des tailles par nous, Jean Phélypeaux, chevalier, conseiller du roi en son Conseil d'État, intendant de la généralité de Paris, le 27ᵉ jour de novembre 1699.

Phélypeaux.

Page 510, note 2. Le traité que nous avons reproduit se trouve joint, comme pièce justificative, à l'état du roi pour la généralité de Paris arrêté le 13 juin 1684.

Page 534, 1ʳᵉ colonne, ligne 22, et pages 535 et 536. Au lieu de : *Brennes*, lisez : *Brenne*.

Page 534, 2ᵉ colonne, avant-dernière ligne. Rétablissez le mot *être*, tombé pendant le tirage.

Page 540, 2ᵉ colonne du tableau. Au lieu de : *Vandelincourt*, lisez : *Vandelicourt*.

Page 545. Dans le tableau des ventes volontaires de sel faites de 1698 à 1700, la seconde colonne de chiffres eût dû être suivie de l'indication *ˢ*, signifiant *setiers*, et nom de l'indication *ᵠ* (*quartiers*). Voyez la note 2 de la page 546. — Au tableau du débit des gabelles en 1620, tiré du *Traité des aides*, l'erreur signalée dans les additions de la troisième colonne doit venir de ce que la multiplication par 10 du chiffre de chaque débit, adoptée comme base du taux de publication, a été faite inexactement pour trois localités : Pouy, Montfort et Dreux.

Page 584, 1ʳᵉ colonne, titre de la Brie. Au lieu de : *Crotois*, lisez : *Crotoy*.

Page 600, note. La minute du rapport de 1702 sur la conservation des bois se trouve dans le carton des *Papiers du Commerce* coté F¹² 647, avec le mémoire des députés au Conseil du commerce qui avait motivé l'enquête.

Page 605, note 2, ligne 38. Le privilége pour dix ans fut renouvelé en 1713, le 24 février et le 23 mai, au profit des cinq mêmes impétrants.

Page 607, note 1. Le 24 juillet 1700, les intéressés en la manufacture des Glaces obtinrent du contrôleur général Chamillart des lettres de recommandation à MM. d'Huxelles et de la Houssaye, l'un commandant, l'autre intendant en Alsace, pour deux de leurs associés, Montois et La Pomeraie, qui allaient, sur l'ordre du roi, établir une manufacture de glaces à miroir et de verres à vitre dans l'endroit du pays d'Haguenau le plus convenable comme situation et comme voisinage des bois et des rivières navigables. Une proposition d'une compagnie étrangère avait été écartée. (Papiers du Contrôle général, G⁷ 1686.)

Page 608, sous-note ᵃ. Sur l'établissement de la manufacture de la rue de Reuilly, voir les Papiers du Contrôle général, G⁷ 431, 14 mars 1701.

Page 609, note 1. Il est question des produits de la verrerie d'Orléans dans la relation du *Voyage des ambassadeurs de Siam*, publiée en 1686, 3ᵉ partie, p. 80-83. — Bernard Perrot et Marie Clouet, sa femme, étant morts sans enfants, Jean Perrot, écuyer, sieur de Limont, et Jacques Jourdan, qui étaient parents des défunts et qui avaient créé au Fay-aux-Loges, dans le duché d'Orléans, une verrerie dont les produits «égalaient en bonté et qualité les porcelaines,» obtinrent, par lettres patentes du 5 juillet 1710, la confirmation de l'établissement du Fay et son union à la manufacture que Bernard Perrot avait établie à Orléans même, pour fabriquer pendant vingt-neuf ans «toutes sortes d'ouvrages de cristal, verres de fougères, verres fins et communs, teints et d'émail, et autres sortes d'ouvrages vitrifiés, en telles figures, façons et manières et grandeurs qu'il conviendrait pour la commodité du public;» avec défense à tous les autres d'en faire aucune fabrication ni trafic dans l'étendue du duché, et sous une réserve conforme à l'arrêt du 10 mars 1696, rendu contre Bernard Perrot, en ce qui était des glaces et moulures. (Papiers du Contrôle général, G⁷ 1694, 6 décembre 1709.)

Page 609, note 2. Aux documents indiqués dans la fin de cette note, ajoutez une lettre du lieutenant civil Le Camus au contrôleur général, G⁷ 431, 5 août 1702.

Page 612, note 3. La manufacture de serges Londres de Gournay avait été dirigée, antérieurement à Mérou, par les frères André, Jean et François Michel, drapiers-sergers de Beauvais, qui traitèrent, en 1687, avec les fermiers des aides et domaines, pour entretenir cette manufacture moyennant une avance de 16,600ᴸ, que la ferme prêtait sans intérêt, et un secours annuel de 2,500ᴸ pendant six ans. Mais, au renouvellement des fermes en 1691, les adjudicataires ne donnèrent plus rien. (Archives Nationales, F¹² 670.)

Page 613. Nous avons retrouvé, trop tard pour l'insérer dans l'Appendice, un état général des manufactures dressé en 1693, par ordre de Pontchartrain, et classé aujourd'hui dans le carton des Papiers du Contrôle général coté G⁷ 1685. Nous en extrayons les renseignements qui touchent la généralité de Paris; voyez le tableau ci-contre.

ADDITIONS ET CORRECTIONS.

ÉTAT DES MANUFACTURES DE LA GÉNÉRALITÉ DE PARIS.

1693.

LIEUX où il y a DES MANUFACTURES.	QUALITÉS DES MANUFACTURES.	QUANTITÉ QUI S'EN FAIT.	MAÎTRES ET MÉTIERS.	LIEUX DE DÉBIT DE 1693.
Joigny............	Draps d'une aune de large. Droguets de demi-aune, des laines du pays, qui sont grossières.	50 à 60 pièces.	3 maîtres facturiers. 3 foulons.	
Sens..............	Draps d'une aune de large et droguets fil et laine, des laines du pays.	100 pièces.	11 maîtres facturiers, 1 foulon. Plusieurs marchands qui vendent toutes sortes de draperies.	Une foire au commencement du carême.
Villeneuve-l'Archevêque.	Draps d'une aune de large.	100 pièces.	12 maîtres facturiers, 2 foulons.	La plus grande partie aux marchands de Troyes.
Poigny............	Draps d'une aune de large.	110 à 120 pièces.	9 maîtres facturiers.	La plus grande partie aux marchands de Troyes.
Ancy-le-Franc.....	Il y avait, du vivant de feu M. de Louvois, une fabrique assez considérable dans ce lieu, qui lui appartenait, laquelle est cessée depuis sa mort. Il y a encore 14 à 15 milliers de laine d'Auxois dans le château; on y faisait des draps d'une aune de large. Il y avait une pareille fabrique à Chassignelles; il s'y fait présentement des serges croisées qui sont très-bonnes, et qui se vendent aux marchands de Troyes. M. de Louvois avait fait bâtir un très-beau foulon pour ces fabriques; le foulonnier est très-habile homme; les eaux y sont bonnes, mais la terre n'est pas propre pour le foulage. Ce moulin est présentement presque inutile.			
La Ferté-Gaucher...	Serges drapées façon de Berry, d'une aune de large.	100 pièces.	12 maîtres facturiers.	
La Ferté-sous-Jouarre	Serges drapées d'une aune de large. Le sieur Paignon a obtenu, au commencement de cette année 1693, un privilége pour y établir une manufacture de draps pareille à celle de Montmirail.	80 pièces.	8 maîtres facturiers.	
Provins...........	Tiretaines.	150 pièces.		
Coulommiers.......	Il n'y a plus de fabrique.			
Meaux............	Point de fabrique.			

DÉPARTEMENT DE BEAUVAIS.

Ce département est en partie de la généralité de Paris et en partie de celle d'Amiens.

MM. PHÉLYPEAUX ET CHAUVELIN, INTENDANTS. — LE SIEUR CHRESTIEN, INSPECTEUR.

Beauvais..........	Ratines larges de 5/4. Ratines finettes d'une aune. Ratines fortes d'une aune, dont les chaînes sont de laines de France, et la trame de moyennes laines d'Espagne. Ratines communes. Étamets ou bures. Serges à deux envers, de laines de France.	Il se fait dans le grand corps de la draperie 13,000 pièces d'étoffes. Il se fait dans le petit corps de la draperie 15,000 pièces d'étoffes.	Il y a dans Beauvais deux corps de drapiers : les uns, appelés du grand corps, qui font les belles étoffes, comme ratines, serges à poil, espagnolettes, sommières et flanelles; les autres, appelés du petit corps, qui font des revêches et des serges ordinaires; 70 maîtres du grand corps.	Le commerce des étoffes qui se font à Beauvais et dans les lieux de fabrique voisins, se fait par les marchands de Beauvais, qui les envoient dans toutes les villes du royaume. La plus grande vente s'en fait aux foires de Saint-Denis et de Saint-Germain, à Paris. Les marchands de Beauvais achètent les serges de Cré-

LIEUX où il y a DES MANUFACTURES.	QUALITÉS DES MANUFACTURES.	QUANTITÉ QUI S'EN FAIT.	MAÎTRES ET MÉTIERS.	LIEUX DE DÉBIT DE 1692.
Beauvais (suite).....	Serges à poil d'une aune, la chaîne de laines de France, et la trame de laines d'Espagne. Serges fines, laines d'Angleterre, 2/3 de large. Serges façon de Tricot, bonnes laines de France, 2/3 de large. Espagnolettes 2/3 de large, laines fines de France en chaîne, et laines d'Espagne en trame. Sommières de demi-aune, et demi-aune demi-quart de large, laines fines de France. Revêches façon d'Angleterre, 3/4 de large, laines de France. Flanelles façon d'Angleterre, une aune 3/4 de large, et de moitié moins, laines de France. Serges communes de demi-aune demi-quart de large, laines du pays. Revêches communes de 5/4 ou 2/3 de large, laines du pays. Belle manufacture de tapisseries du sieur Behagle, établie de privilége. Bonneterie dans quelques villes voisines. Il se fait aussi, dans quelques villages aux environs de Beauvais, des dentelles de fil blanc et des dentelles de soie noire, et des guipures.		112 maîtres du petit corps. 498 métiers. Les maîtres du grand corps emploient 115,000 livres de laines d'Espagne, 2,000 livres de laines d'Angleterre, 160,000 livres de laines de France. Les maîtres du petit corps emploient 185,000 livres de laines communes du pays. 4 teinturiers en grand et bon teint. 6 teinturiers ou petit teint.	vocœur en écru, les font fouler, teindre et apprêter, et les envoient aussi, avec les étoffes qui se fabriquent à Beauvais, dans toutes les villes du royaume. Ce qu'il y a à remarquer à cet égard est que ces serges sont visitées et marquées, et ne le sont plus à Beauvais ni ailleurs après qu'elles sont appréciées, en sorte qu'elles s'envoient partout sans plomb de vu ni de fabrique, ce qui est contraire aux règlements. Il y a eu grande contestation sur cela entre l'inspecteur des manufactures et les marchands de Beauvais; mais, M. le président de Manneville s'en étant mêlé à la sollicitation des marchands, l'affaire est demeurée indécise.
Mouy.............	Serges appelées de Mouy, de demi-aune demi-quart, et de 2/3 de large, des laines de Senlis, Meaux et des environs. Serges à lisières bleues, des mêmes laines, mêlées avec celles d'agnelins.	9,000 pièces.	70 maîtres, 200 métiers.	Aux foires de Paris et de Saint-Denis, à Rouen, Amiens, Beauvais, et partout le royaume.
Méru.............	Mêmes serges, des mêmes laines.	Environ 200 pièces.	5 métiers.	Se vendent avec les serges de Mouy.
Tricot et ses dépendances, qui sont : Courcelles, Méry, Vaux et Frétoy, Tronquoy, Boilot, Assainvillers, Orvillers, Coivrel, Balluin, Biermont et Fleuron,	Serges fortes et serges tirées à poil, de 2/3 de large, des laines de France, de Brie et des environs. Il y a plusieurs villages aux environs où il se fait de pareilles étoffes.	6,500 pièces.	145 maîtres. 190 métiers.	Ces serges se vendent pour les troupes et sont très-bonnes pour faire des culottes aux soldats.
Hanvoile et Glatigny,	Serges grossières de demi-aune demi-quart et deux tiers de large, de toutes sortes de grosses laines.	2,500 pièces.	75 maîtres, 100 métiers.	Ces serges ne sont propres que pour des gens de la campagne. Elles s'achètent par les marchands de Beauvais et de Rouen.

ADDITIONS ET CORRECTIONS.

LIEUX où il y a DES MANUFACTURES.	QUALITÉS DES MANUFACTURES.	QUANTITÉ QUI S'EN FAIT.	MAÎTRES ET MÉTIERS.	LIEUX DE DÉBIT DE 1692.
Crèvecœur, Blicourt, Luchy, Pisseleu.	Serges fines de demi-aune, et de demi-aune demi-quart de large, de bonnes laines de France. Serges pour doubler les habits, de même largeur, de bonnes laines du pays. Il y a un bureau établi dans chacun de ces lieux pour la visite et marque des étoffes qui s'y fabriquent.	22,000 pièces. Il s'en est fait jusqu'à 27,000 pièces.	470 métiers.	Ces serges s'envoient partout le royaume et dans les pays étrangers. Elles s'achètent dans le marché de Crèvecœur, ou êtra, par les marchands de Beauvais, qui les font apprêter et les envoient ensuite dans toutes les villes du royaume.
Senlis............	Serges grossières de 2/3 du large, des laines du pays.	150 pièces.	4 métiers.	Sur les lieux.

Il s'emploie dans ce département 744.800 livres de laines de France et 115.000 livres de laines d'Espagne.
Il se fabrique dans ce département 68,350 pièces d'étoffes.
Il y a 27 moulins à foulon.
Il y a de belles blancheries à Beauvais, où il se blanchit par an 28,000 à 30.000 pièces de toiles pour les marchands de Saint-Quentin, Paris, Beauvais et autres villes.
Il se fait dans le Beauvaisis beaucoup de toiles fines appelées demi-hollandes, dont le commis n'a point fait de mention.
Le sieur Charvin, ci-devant commis, avait proposé un projet de règlement pour les fabriques de toiles de ce département, lequel projet fut envoyé à M. Chauvelin; mais la révocation de ce commis a empêché la suite de sa proposition.

| Dreux et ses dépendances. | Fabrique de draps, serges fortes, étamets forts, d'une aune de large; serges façon de Londres et demi-étamets appelés doublures. Il s'y marque d'étoffes foraines, serges de Palaise, droguets, tiretaines et frocs: | 4,000 à 5,000 pièces. 1,200 pièces. | Un procès-verbal du 5 février 1692 porte 282 métiers. Un autre du 17 janvier 1693 porte 280 métiers, et un autre du 3 juillet 1693 porte 276 métiers. | Les draps de Dreux et les demi-étamets appelés doublures s'emploient pour l'habillement des troupes. |

Page 621. Une autre lettre de l'entrepreneur Hinart se trouve encore dans les Papiers du Contrôle général, G⁷ 1687, année 1707. Elle est ainsi conçue:

Monseigneur,

L'accident qui m'est arrivé d'être tombé descendant les degrés du Pont-Neuf, il y a aujourd'hui quinze jours, m'oblige, Monseigneur, à prendre la liberté de me servir de cette voie pour vous réitérer mes très-humbles prières concernant le don et le privilége que je demande au roi pour rétablir en général la manufacture des tapisseries à Beauvais, laquelle est d'une très-grosse conséquence pour l'État, d'autant que le roi ne possède plus à présent aucune ville en Flandre où se fabrique de ces sortes d'ouvrages, et qu'en m'accordant ce don et privilége, je décharge en général Sa Majesté des grosses sommes qu'elle serait tenue pour le rétablissement et son entretien. J'ai mis ès mains de M. de Bercy, il y a plus de six mois, tous les mémoires concernant l'une et l'autre affaire, lesquelles, m'étant accordées, feront subsister plus de dix mille personnes, et empêchera par ce moyen la sortie de l'argent hors du royaume. Feu M. Colbert en connaissait les conséquences, et le roi, ayant honoré de sa visite ses grands travaux pendant toute une après-midi, s'en trouva si content, qu'il me promit sa protection royale. Mes ouvrages se sont fait distinguer en tous lieux, et l'on peut encore voir, par celle que j'ai faite pour M. de Seignelay, jusqu'où j'ai porté cette fabrique; mais la perte pour moi de ces deux ministres me jeta bientôt dans des transes et des pertes considérables, car M. de Louvois ne tarda guère à me faire ressentir sa puissance et son autorité. Il me déposséda après vingt années d'établissement, et après avoir consommé ma jeunesse et avoir risqué cent fois ma vie dans les pays étrangers, où feu M. Colbert m'envoyait pour engager les ouvriers à passer en France, me faisait espérer un destin plus heureux que celui où je me trouve. C'est ce qui m'oblige d'avoir recours à Votre Grandeur pour pouvoir rentrer en place, et vous faire connaître que je me trouve encore assez de force pour remettre cette manufacture abîmée aussi brillante qu'elle a été. M. Chamillart me l'a promise, il y a plus de deux ans; M. Phélypeaux, intendant, pourra vous assurer que ce n'est plus qu'une ombre d'établissement, et, si vous me permettez de vous en dire la cause, vous verrez qu'il y a des gens qui profitent des deniers que le roi a donnés, sans songer aux avantages que l'État et le public en doivent tirer. C'est donc à votre seule protection, Monseigneur, que j'ai recours, afin qu'après avoir tant travaillé, je puisse encore, sous vos ordres, faire connaître mes capacités. C'est la grâce que vous demande celui qui est et sera toujours, d'un très-profond respect, Monseigneur,

Votre très-humble et très-obéissant serviteur.

HINART.

Page 630, 1re colonne. Selon un rapport de l'année 1750 (Archives Nationales, F¹² 651), la manufacture de Boufflers comptait alors quarante-six métiers et dix-sept grands, faisant les bayettes. Quarante villages étaient occupés au filage. La production annuelle était de douze cents pièces, valant 138,000 ^{ll}. Une teinturerie royale établie à Beauvais servait d'annexe à la manufacture.

Page 638, 2e colonne du mémoire de janvier 1713, 1re ligne. Au lieu de : *laiet*, que porte le manuscrit, il faut lire sans doute : *lait*, comme on l'a imprimé trois pages plus loin.

Page 644, 3e colonne du tableau, ligne 24. Au lieu de : *agnelain*, lisez : *agnelin*.

Page 656, 1re colonne, ligne 8. Les épiciers et les apothicaires ne faisaient qu'un seul et même corps. Le septième corps, celui des marchands de vin, créé par Henri III, en 1585, ne fut jamais reconnu par les autres corps, ce qui fait qu'on n'en comptait que six. Voyez le Mémoire, page 205.

Page 663, 1re colonne, ligne 5. Au lieu de : *muletés*, lisez : *mulctés*.

Page 682, 1re colonne, ligne 3. Au lieu de : *l'année 1769*, lisez : *l'année 1709*.

Page 690, note. Au lieu de : *omission d'un article de 1,586^{ll} 14^l*, lisez : *omission d'un article de 1,585^{ll} 14^l*.

Page 742, note 1. Au lieu de : *Augoyate*, lisez : *Augoyat*.

TABLE ALPHABÉTIQUE

DU MÉMOIRE DE LA GÉNÉRALITÉ DE PARIS.

Le signe (c) renvoie aux Corrections.

A

Abbaye-aux-Bois (Monastère de l'), 27, 311.
Abbayes, 26, 27, 30-33, 45-47, 49-51, 53-55, 57, 59, 60, 66, 67, 69, 71, 72, 75, 77, 80-82, 84, 89, 93-97, 100-103. — Voyez Monastères.
Abbecourt, 310.
Abbeville, él. d'Étampes, 50, 116.
Abbeville, en Picardie, 199, 336.
Abélard (Pierre), 45, 60.
Ableiges (M. de Maupeou d'), 217.
Ablon, 7, 209.
Abondant, 224.
Abos de Binenville (M. d'), 219, 313.
Académie française (L'), 184, 196.
Achy, 215.
Acquit (Droit de grand), 262, 263.
Acre, en Palestine, 106.
Acy-en-Mulcien, 78.
Adélaïs, reine de France, 32.
Adon, moine, 81.
Adrien VI, pape, 107.
Adrien, empereur, 170.
Ærarium militare, 251.
Ærarium sanctius, 256.
Affirmations (Greffe des), 266, 268.

Agde (L'évêque d'), 248.
Agendicum, 140.
Agoux (Bois des), 331, 332.
Agoult (L'abbé d'), 34.
Agriculture (État de l'), 284-299.
Aguenin-le-Duc (Charles), sieur de l'Orme, 237.
Aguisy, 333.
Aides (Cour des), 173, 185-191, 196, 202, 203, 210.
Aides (Droits d'), 186, 202, 250, 251, 259, 274, 275, 281.
Aides (Ferme des), 277, 278.
Aigle (Forêt de l'), 213.
Aignan (L'abbé), 34.
Aigremont, 208.
Aigremont (Odolric d'), 101.
Aiguillon (Les duchesses d'), 261.
Aillant-sur-Tholon, 242, 243, 296, 327, 366.
Ailly, 52.
Aisne, rivière, 5, 385.
Aisy-sur-Armançon, 102, 328, 367.
Aix (Archevêché d'), 122.
Aix (Parlement d'), 196.
Alain, rivière, 14.
Albi (L'archevêque d'), 44, 94.
Albigeois (Les), 132.

Albret (Arnaud-Amanieu d'), 265.
Albret (Le maréchal d'), 15.
Albret (Le prince d'), 188.
Albret (Marie d'), 392.
Alègre (François d'), 302.
Alègre (Le marquis d'), 230.
Alençon (Généralité d'), 279.
Alençon (Fr. de Valois, duc d'), 265.
Alexandre III, pape, 64.
Aligre (L'abbé d'), 55.
Alincourt (M. de Neufville d'), 261.
Allegrins (La maison des), 240.
Allemagne (L'), 223.
Allemagne (Langue d'), 107.
Alleré, 115.
Alluets (Buisson des), 309.
Alpes (Les), 120, 143.
Altin (Saint), 42.
Alvarez (Louis), 245.
Amaury, comte de Montfort, 132.
Amaury (Mme), 86 (c).
Amblainville, 73, 312.
Amblainvilliers, 7.
Ameline (Claude), 21.
Ameline. — Voyez Aveline.
Amelot (Charles), 230.
Amelot (Michel), 373.

TABLE ALPHABÉTIQUE DU MÉMOIRE

Amendes (Recette des), 262, 264, 266, 269, 272-274.
Amiens (Élection d'), 8, 115.
Amiens (Généralité d'), 16, 163, 214, 279.
Amiens (Ville d'), 55.
Amillis, 88, 234, 294, 323, 393.
Amiral de l'ordre de Malte, 107.
Amirauté de France, 173, 199.
Amortissement de terres, 110, 111.
Ancœur (Le ru d'), ruisseau, 11.
Ancy-le-Franc, 14, 248, 328, 352, 367.
Ancy-le-Serveux, 101.
Andelle, rivière, 289.
Andelot (Fr. de Coligny d'), 133.
Andonville, 224.
Andresy (Le marquis d'), 72.
Anet, 9, 10, 99, 133, 223, 319, 360, 374, 389, 393-395.
Angéric, seigneur bourguignon, 74.
Angers (Évêques d'), 55, 61.
Angleterre et Anglais, 38, 72, 89, 107, 130, 131, 135-137, 141, 144, 145, 152, 159, 160, 171, 187, 252, 285, 335-337, 341, 383, 394.
Angoulême, 200.
Angoulême (Louise de Savoie, duchesse d'), 390.
Angoumois (L'), 174.
Anguison, rivière, 15.
Angy, 167.
Anjorrant (M.), 375.
Anjou (Province d'), 6, 174.
Anjou (Louise d'), 390.
Annate (Droit d'), 44, 113.
Anne d'Autriche, 83, 388.
Anne de Bretagne, 184.
Annet-sur-Marne, 84.
Annonciades (Religieuses), 38, 39, 49, 96.
Anqueil, ruisseau, 11.
Anségise, archevêque de Sens, 43.
Anserville (Bois d'), 333.
Antin (Le marquis d'), 206.
Antoine (L'abbé), 97, 319.
Antony, 7, 357.
Apostolicité des Gaules, 17, 18, 42, 63, 72, 91.

Appoigny, 100, 328, 353.
Apremont, él. de Mantes, 313.
Aquin (Antoine d'), 181.
Aquitaine (Grand prieuré d'), 108, 109, 117.
Aquitaine (Province d'), 107.
Aragon (Langue d'), 107, 108.
Aragon (Jean de Castille, infant d'), 389.
Aragon (Germaine de Foix, reine d'), 391.
Arbada (Mme d'), 311.
Arbaleste (Guy l'), vicomte de Melun, 258.
Arbousseaux, 327.
Arbouze (Françoise de Vény d'), 44.
Arces, 327.
Arc-en-Barrois. — Voyez Arques.
Archers de la connétablie et de la prévôté, 198, 202.
Archet (Pont de l'), 359.
Arcueil, 7, 285.
Ardres, 214.
Ardusson, rivière, 13, 60, 365.
Argenson (L'abbé d'), 24.
Argenson (Marc-René de Voyer de Paulmy d'), 200.
Argent (Mines d'), 379.
Argentenay, 367.
Argenteuil, él. de Paris, 4, 34, 38, 39, 60, 164, 205, 328.
Argenteuil, él. de Tonnerre, 154, 247.
Argenteuil (Fr. Le Bascle d'), 242, 325.
Argentières, él. de Rozoy, 12.
Argouges de Raunes (M. d'), 228, 316.
Armagnac (Les comtes d'), 80, 390.
Armaillé (M. d'), 207.
Armainvilliers, 233, 269.
Armance, rivière, 14, 297.
Armançon, rivière, 14, 145, 298, 366, 367.
Armancourt, 286.
Armeau, 242.
Armée. — Voyez Gouvernement militaire.
Armentières, él. de Meaux, 320.

Armes, él. de Vézelay, 104.
Armesson (Île d'), 262.
Armonville, 116.
Arnolet (J.-B.), 196.
Arnouville, 8.
Aronde, rivière, 8, 358.
Arpent-le-Roi (Bois de l'), 309.
Arques, source de l'Aube, 3 (c).
Arquien (Le cardinal d'), 246, 327.
Arrest (Mme d'), abbesse, 69.
Arsenal (Chambre royale de l'), 203.
Arthonnay, 326, 353.
Artois (Charles d'), comte d'Eu, 121.
Artois (Pays d'), 285.
Artois (Régiment d'), 125.
Arundel (Le comte d'), 130.
Asnières-en-Montagne, 328.
Asparas (Le comte d'), 222.
Asquins, 15.
Assomption (Religieuses de l'), 37.
Asthis (M. d'), 237.
Athènes, 133, 252.
Athies (Gérard d'), 188.
Athis, él. de Nogent, 238.
Athis, él. de Paris, 113. — Voyez Mont-Athis.
Attainville, 165.
Atully, 37.
Aubaine (Droit d'), 194, 251, 346.
Aube, rivière, 3.
Aubergenville, 9.
Aubervilliers, 37.
Aubetin, rivière, 75, 364.
Aubigny ou Aubigné (L'abbé d'), 94.
Aubusson (Le grand maître d'), 107.
Auch (Archevêques d'), 62, 67, 213, 214.
Aufferville, 116.
Augers, 364.
Augers ou Augas (Croix d'), 315.
Augerville, 391.
Auguste, empereur, 120, 252.
Augustines (Religieuses), 37, 54, 71, 73, 81, 88, 97, 98.
Augustins (Religieux), 37, 38, 46, 50, 51, 54-56, 58, 67, 81, 83, 84, 87, 88, 93, 94, 102.
Aulnais (Les), él. de Joigny, 244.
Aulnay, él. de Mantes, 9, 359.

Aulnay-lès-Bondy, 8, 35, 210.
Aulnoy, él. de Coulommiers, 323.
Aulnoy-les-Minimes, 57.
Aumale (Les ducs d'), 128, 270, 395.
Aumont (Pierre III, sire d'), 74.
Aumont (Le maréchal d'), 138.
Aumont (Le duc et la duchesse d'), 213.
Aunay-sous-Crécy, 349.
Auné-Couvé. — Voyez Aunay-sous-Crécy.
Auneuil, 67, 167, 215, 378.
Auneuil (Ch.-Fr. Barjot d'), 94.
Aunillon (Nicolas), 202.
Aunis (Pays d'), 174.
Aurelles. — Voyez Avrolles.
Auteuil, él. de Beauvais, 215, 216.
Auteuil, él. de Montfort, 221.
Authaire (Saint), 80, 82.
Authon-la-Plaine, 374.
Autil (L'). — Voyez Lhotie.

Autonne, rivière, 8, 358.
Autriche (L'archiduc d'), 128.
Autriche (Anne d'), 83, 388.
Autriche (Marguerite d'), 128.
Autruy, 11.
Autun (Diocèse d'), 16, 102.
Auvergne (Langue d'), 107, 208.
Auvergne (Province d'), 174, 189, 280.
Auvergne (Le vicomte d'). — Voyez Turenne.
Auvernaux, 114, 210.
Auvers. — Voyez Vaires.
Auvers-Saint-Georges, 50, 225, 290.
Auvers-sur-Oise, 167, 312.
Auxence, rivière, 13.
Auxerre (Maîtrise d'), 303, 329.
Auxerre (Présidial d'), 241, 244, 248, 249.
Auxerre (Ville et diocèse d'), 4, 45, 59, 62, 99, 101, 136, 143, 248, 274, 298, 326, 328, 345, 366.
Auxon, 62, 166, 168, 245, 246, 297.
Auxonne, 163.
Auxy, él. de Beauvais, 216.
Avallon, 15.
Avant-lès-Marcilly, 61, 238.
Avaux (Le comte d'), 211. — Voyez Mesmes.
Ave-Maria (Religieuses de l'), 38.
Aveline (Les héritiers), 321.
Avénage (Droit d'), 262, 266.
Avernes, 263.
Avignères (Futaie d'), 309.
Avignon, 75, 163.
Avon, 52, 327.
Avranches, 389.
Avray, 245.
Avre, rivière, 10.
Avreuil, 245.
Avrolles, 327, 366, 377.
Aymejean (Le sieur), 320.

B

Babylone, 132.
Bachaumont (Étang de), 9.
Bachelier (Henri), 202.
Bachivilliers (M. de), 216.
Bagneaux, 326, 328.
Bagneux, 113.
Baillet, 165.
Baillet (Pont), 359.
Bailleu, 372.
Bailleul (MM. de), 177, 209.
Bailliage du Palais, 173, 199.
Bailliages royaux et seigneuriaux, 199, 205, 211-218, 220, 222, 224-229, 231, 233-240, 242, 244, 245, 247, 249.
Bailly, 226, 328.
Bais, rivière. — Voyez Bé.
Balagny, 389.
Balisis, 112.
Ballancourt, 114, 210.
Ban et arrière-ban (Levée du), 133, 200, 251.
Banage (Droit de), 268.

Bapaume, 124, 241.
Bar-sur-Seine, 3, 15, 298.
Baraud (L'abbé), 103.
Barbeaux, 51, 315, 374.
Barberey-Saint-Sulpice, 241.
Barberières (M. de), 243.
Barberieux (L'abbé de), 60.
Barbier (L'abbé), 90.
Barbisy (Mᵐᵉ de), 325.
Barbonne, 119.
Barde (MM. de la), 21, 239.
Barnabites (Religieux), 37, 50.
Baron (A.), 248.
Baron (Fr.), 273.
Barraux (Le fort de), 216.
Barre du chapitre de Notre-Dame de Paris (La), 23.
Barre (MM. de la), 232.
Barrier (François), 164.
Barrillon (Jean-Jacques), 201.
Barrin de la Gallissonnière (L'abbé de), 73.

Bas (Fabrication des), 337, 339, 341, 343.
Basilysse (Sainte), 38.
Basses-Loges (Les), 52.
Bassin (Moulin de), 270.
Bassou, 377.
Bastille (La), 124, 131.
Bastillon (Le), 386.
Bâtiments du roi, 192. — Voyez Châteaux.
Baudelu, 114.
Baudoin Bras-de-Fer, 171.
Baudrand (L'abbé), 99.
Bauffet (G. de), évêque, 19.
Baugy, 213.
Baugy (Louis-Henri de), 243, 327.
Bausset (M. de), 108.
Bavière (L'électeur palatin de), 72.
Bavière (Isabelle de), 138.
Bâville. — Voyez Lamoignon.
Bay (Le baron de), 185.
Bayers (Le commandeur de), 113.
Bayeux (Élection de), 280.

TABLE ALPHABÉTIQUE DU MÉMOIRE

Bayonne, 163.
Bazainville, 98, 318.
Bazoches, él. de Nemours, 329.
Bazoches, él. de Vézelay, 249.
Bazoches-lès-Bray, 237, 364.
Bé, rivière, 116.
Beau (M. Le), 114.
Beaucaire (Foire de), 346.
Beaucarreau, 333.
Beauce (Pays de), 132, 134, 174, 342.
Beaudoin (Jean), 190.
Beaufort (Comté de), 269, 390.
Beaufort (La duchesse de). — Voyez Estrées (Gabrielle d').
Beaujeu (Cl.-P., comte de), 246.
Beaujeu (M.-G. du Mesnil-Simon de), abbesse, 47.
Beaujolais (Province de), 120, 174.
Beaulieu, él. de Paris, 33.
Beaulieu, él. de Provins, 56.
Beaumarchais (L.-M. Bouhier de), 38.
Beaumetz, 200.
Beaumont (Mathieu de), 129.
Beaumont (Le commandeur de), 115.
Beaumont (Adam-Antoine de Chassepot de), 190.
Beaumont (Cl. Le Nain de), 330.
Beaumont-en-Gâtinais, 227 (c), 350, 391.
Beaumont-sur-Oise, 5, 127, 129, 147, 164, 212, 259, 330, 331, 333, 334, 338, 348, 358, 371.
Beaupré, él. de Saint-Florentin, 62.
Beaupré, él. de Beauvais, 67.
Beaupré (Le marquis de Choiseul de), 126.
Beaurepaire, él. de Senlis, 389.
Beauté (Bois et château de), 308, 382.
Beauvais (Comté de), 63, 215.
Beauvais (Diocèse de), 16, 57, 63, 65-69, 74, 94, 95, 105, 215, 334.
Beauvais (Élection de), 1, 8, 16, 115, 125, 152, 166, 167, 214-216, 260, 278, 279, 281-283, 287, 288, 330, 334, 339, 348, 358, 372, 378.

Beauvais (Ville de), 8, 64-68, 115, 127, 130, 131, 147, 148, 165-167, 210, 214, 215, 258, 281-283, 334, 338-342, 348, 358, 372.
Beauvais-en-Gâtinais, 116, 330.
Beauvaisins (Les), 130.
Beauvaisis (Pays de), 125, 130, 214, 216.
Béchameil (Louis), 286.
Bécherelles, 13.
Becoiseau, 85.
Bedfort (Le duc de), 138.
Bègue de Majainville (L'abbé Le), 99.
Behagle (Philippe), 339.
Béhours. — Voyez Beurs.
Behoust (Bois de), 318.
Beine, 245.
Bel (Valentin Le), 164.
Bel de Couleurs (M. Le), 217.
Bel de la Boissière (MM. Le), 260.
Bélabre (M. de), 371.
Belesbat (Le comte de), 223, 266, 311, 319.
Belesbat (Mme de), abbesse, 103.
Belfort, 163.
Belges (Les), 4, 130.
Bellay (Le cardinal du), 19, 123.
Bellay-en-Theile, 114.
Belle-Côte (La), 313.
Belle-Croix (La), 314, 315, 320.
Belle-Église, 152.
Bellebarre (Fief de), 389.
Bellechasse (Prieuré de), 27, 37.
Bellechaume, 327.
Bellefonds (Le marquis de), 382.
Bellefonds (Mme de), abbesse, 32.
Belleville, près Paris, 39.
Belleville, él. de Troyes, 119.
Bellièvre (Pomponne II de), 40.
Belloy, él. de Beauvais, 216, 333.
Belot (Claude), 199.
Belsia (Pays de), 134.
Bénédictines (Religieuses), 47, 49, 57, 58, 60, 67, 69, 72, 81, 85, 89, 95, 96, 98, 102, 103.
Bénédictins (Religieux), 37, 46, 47, 49-51, 55-57, 59, 60, 62, 66,

67, 69-71, 73, 80, 82-85, 88, 89, 94-96, 100, 103.
Beneficia (Les), 169.
Benoist (M.), 333.
Benoist de Saint-Port (M. de), 180.
Béon, 49, 59, 244.
Béraud (Joachim), 194.
Bercé, 102.
Bercenay-en-Othe, 119.
Berchère (M. de la), 94.
Berchères, él. de Dreux, 9.
Berger (Jacques), 164.
Beringhen (Le marquis de), 233, 269, 375.
Beringhen (Mme de), abbesse, 89.
Bernard (Saint), 45, 60, 101, 145.
Bernard de Champigny (M. de), 241.
Bernard de Montebise (M.), 232.
Bernardines (Religieuses), 39, 50, 70, 72.
Bernardins (Religieux), 51, 55, 59, 101.
Bernay, él. de Mantes, 313.
Bernay, él. de Rozoy, 90, 293, 363.
Bernes, 115.
Bernières, él. de Nogent, 13.
Bernon, 245.
Berny, él. de Paris, 7, 357.
Berre (M. de Collongue de), 108.
Berry (Province de), 174, 341, 360, 368.
Bertaucourt, 118.
Bertin (Fief de), 213.
Bertrand (Jacques), 291, 292.
Bérulle (M. de), 245, 325.
Berval (Le), 8.
Besançon, 58, 66, 163, 188.
Besmaus (Mlle de), 234 (c), 322.
Besnard (Moulin), 271.
Bessy, él. de Tonnerre, 102.
Bestiaux (Élevage et commerce des), 285-299, 344-347, 350, 351, 353, 360, 374, 376, 377.
Béthancourt, 8.
Béthisy, 8, 260, 286, 358.
Béthisy-Saint-Pierre, 70.
Beu, 167 (c), 223, 266, 319.
Beugnon, 245, 246.
Beurons, 313.

Beurre (Commerce du), 287.
Beurs, 154, 297.
Beuvron (Mme de), abbesse, 58.
Beuvron. — Voyez Beurons.
Beuvronne, rivière, 363.
Beynes, 9, 222, 310.
Bez, ruisseau, 12.
Bèze (Th. de), 76, 137, 145, 146.
Bezons (M. de), archevêque, 102.
Bicêtre, 41.
Biencourt (MM. de), 326.
Bienville, 213.
Bière (Fabrication de la), 276.
Bière (Forêt de), 384.
Bièvre, rivière, 7, 357.
Bièvres, 311.
Biez (Le sieur des). — Voyez Pinterel des Biez.
Biez (Le marquis du), 216.
Bignon (Bois du), 330.
Billebots (Bois), 315.
Billettes (Religieux), 28, 37.
Binenville (M. d'Abos de), 219, 313.
Binet (Philippe), 316.
Binet (Le sieur), 335.
Binot (Nicolas), 198.
Blaise, rivière, 10, 132.
Blaisy (Antoine Joly de), 180.
Blanc (François Le), 164.
Blanc-Mesnil (Le), 207.
Blanchard (L'abbé), 53.
Blanche de Castille, 72, 131, 136.
Blanche de Navarre, 389.
Blanchissage des toiles, 340.
Blandy, 11, 51, 315, 349.
Blannay, 15.
Blaru, 4, 218.
Blaru (Le marquis de), 125, 218, 373.
Blatiers (Commerce des), 342.
Blennes, 13.
Blicourt, 340.
Blois (Diocèse, ville et comté de), 20, 57, 121, 140, 269, 317.
Blumay, 271.
Bodin (Jean), 146.
Bœurs. — Voyez Beurs.
Boileau (L'abbé), 35, 62.
Boinvilliers, 262.

Bois (Commerce du), 9, 15, 338, 339, 341, 344, 345, 379. — Voyez Forêts.
Bois (Le commandeur du), 118.
Bois-Arlault, 56.
Bois-le-Roi, 152.
Bois-Poussin (Le sieur), 322.
Bois-Saint-Père (Le), 34 (c).
Boisgarnier (M. de), 90.
Boissart (Bois), 318.
Boissets, él. de Dreux, 319 (c).
Boissise-le-Roi, 316.
Boissy, él. de Coulommiers, 323.
Boissy, él. de Mantes, 262.
Boissy-le-Châtel, 88, 234.
Boissy-le-Sec, 224.
Boissy-sous-Saint-Yon, 208.
Boisveau (M. de), 124.
Boîte (Droit de), 262, 273, 378.
Bologne, en Italie, 44.
Bombon, 226.
Boncourt, 9, 319.
Bondue (Bois de la), 317.
Bondy, 111.
Bonguéret-le-Blanc (L'abbé de), 21, 34.
Boniface VIII, pape, 136.
Bonnaire (M. de), 86.
Bonnard, 15, 244.
Bonneterie (Commerce de la), 339.
Bonneuil-en-France, 8, 210, 370.
Bonneval (L'abbé de), 186.
Bonnières, 167, 313.
Bonshommes (Religieux), 35. — Voyez Minimes.
Bontemps (Alexandre), 381.
Boran, 95, 285.
Borde (Le vicomte de la), 315.
Borde-le-Vicomte (La), 43.
Bordeaux (L'archevêque de), 102.
Bordeaux (Ville et généralité de), 163, 182, 189, 196, 199.
Bordeaux-les-Rouches, 291, 292.
Bornel, 94, 212.
Bosc (Claude), 203.
Bossuet (J.-B.), évêque, 66, 77, 84, 87, 95.
Botté (Bois), 323.
Bouafle, 207.

Boubert (Fief de), 213.
Boucault (Michel), 164.
Boucher (Claude), 190.
Boucher de Flogny (M.), 246.
Bouchet (Le), él. d'Étampes, 11.
Bouchu (L'abbé), 101.
Bouchu (J.), 101.
Bouccquy, 70.
Boudernault (Isaac de l'Abadie, marquis de), 246.
Boudier (Le sieur), 218.
Bouffard (Pont), 359.
Boufflers (Le maréchal de), 130, 215, 372.
Bougival, 205.
Bouillante (Bois), 315, 316.
Bouillon (Godefroy de), 106.
Bouillon (R. de la Marck, duc de), 395.
Bouillon (Le cardinal de), 72, 73, 131, 261, 274, 372.
Bouis ou Bouix, 328.
Boulaie (Bois de la), près Vincennes, 307.
Boulainvilliers (La maison de), 80.
Boulanger (Le président Le), 180, 210, 333, 343, 348.
Boulay (Le), él. de Nemours, 228, 330.
Boulay-Brûlart (M. du). — Voyez Brûlart.
Boulay-les-Deux-Églises (Le), 224.
Boulay-les-Troux, 114.
Boulay-Mivoye (Le), 224.
Boulay-Thierry (Le), 224, 319.
Boulaye (La), él. de Rozoy, 117.
Bouleurs, 229.
Boulin (Bois de), 317.
Boulogne (Bois de), 304, 307.
Boulogne-sur-Mer, 199.
Boulonnais (Pays), 216, 285.
Boultz (Le sieur Le), 326.
Bouqueval, él. de Paris, 211.
Bouqueval, él. de Senlis, 94.
Bouray, 290.
Bourbon (La maison de), 145. — Voyez Condé.
Bourbon (Anne de), 392.
Bourbon (Ch. de), comte de Soissons, 392.

TABLE ALPHABÉTIQUE DU MÉMOIRE

Bourbon (Ch., cardinal de), 43, 64.
Bourbon (Charles de), prince de la Roche-sur-Yon, 123.
Bourbon (Éléonore de), 390.
Bourbon (Jacques de), 182.
Bourbon (Jean, duc de), 259.
Bourbon (Louise de), 392.
Bourbon (Marguerite de), reine de Navarre, 265.
Bourbonnais (Pays de), 174.
Bourdaine (Charbon de), 158.
Bourdeaux. — Voyez Bordeaux-les-Bouches.
Bourdonnet, 222.
Bouret (Le président), 218, 313.
Bourg-la-Reine, 113.
Bourges (Généralité de), 163, 182, 279.
Bourget (Le), 207.
Bourgogne (Duché de), 144, 171.
Bourgogne (Province de), 1, 3, 120, 125, 126, 145, 146, 247, 363-365, 367, 368.
Bourgogne (La maison de), 145.
Bourgogne (Charles le Téméraire, duc de), 130.
Bourgogne (Jean-sans-Peur, duc de), 135, 138, 142.
Bourgogne (Le duc de), petit-fils de Louis XIV, 241.
Bourgueil (L'abbé de), 60.
Bourses de commerce, 204.
Boutauvilliers, 213.
Boutelier (Fief), 389.
Bouthillier (MM.), 272, 274, 325.
Bouthillier (Mme), 62.
Bouthillier (Élisabeth de), abbesse, 32.
Boutigny, 117.
Boutillier (Jean), 174.
Bouty (Le sieur), 375.
Bouville, 225.
Bouville (M. de), 218.
Bouvines (Bataille de), 92, 94.
Bragelongne (Mlle de), 318.
Braisne, 8, 213 (c).
Brajanne, rivière, 15.
Brancas (Le duc de), 211, 370.
Brannay (MM. de), 154.
Bransles, 116, 350.

Braque (M. de), 370.
Brasseuse, 389.
Bray, él. de Beauvais, 68, 287.
Bray-sur-Seine, 13, 60-62, 126, 142, 147, 166, 167, 238, 239, 290, 351, 363, 364, 376, 389.
Bréançon, 288.
Bréau (Le), 227, 316.
Bréchamps (Bois de), 319.
Brèche, rivière, 8.
Brécourt (Les dames de), 152.
Brenne (La maison de), 143.
Brenne de Montjay (M. de), 226.
Brennus, 143 (c).
Brenouille, 152, 212, 260, 285.
Bresle (Porte de), 130.
Brest, 163.
Bretagne (Les ducs de), 133, 134, 220.
Bretagne (Province de), 6, 120, 217, 280.
Bretagne d'Avaugour (Mme de), abbesse, 33.
Breteuil, en Picardie, 389.
Breteuil (M. de), 233, 322.
Brétigny (Traité de), 187.
Bretonvilliers (M. de), 122, 185, 209.
Breuil (Le), él. de Mantes, 218.
Breuil (Le), él. de Meaux, 83.
Bréval, 313, 374, 394.
Bréviaires (Mme des), 318.
Brezé (La maison de), 394, 395.
Brianville (L'abbé de), 101.
Briare (Canal de), 2, 5, 6, 150.
Brichanteau (Le comte de), 232, 240, 316.
Briçonnet (G.), évêque, 76.
Briçonnet (Le président), 218, 221, 310, 318.
Brie (Archidiaconé de), 77.
Brie (Comté de), 57, 140, 171, 258.
Brie (Pays de), 84, 111, 120, 121, 125, 126, 134, 139-142, 148, 174, 205, 226, 235, 291, 293-296, 304, 314, 316, 340, 343, 345, 362, 363.
Brie-Comte-Robert, 38, 39, 42, 126, 165, 205, 206, 258, 281, 282, 304, 305, 342, 347, 364.

Briegensis saltus, 80, 125.
Brienon-l'Archevêque, 14, 58, 326, 366.
Briffe (Arnaud de la), 178.
Briis-sous-Forges, 34 (c), 209.
Brinon (Le comte de), 219, 313.
Brion, él. de Joigny, 242, 327.
Briostel. — Voyez Lannoy.
Briot, 167.
Brioude, en Auvergne, 67.
Briquemault (Le marquis de), 15.
Brisach, 163.
Brissac (Le maréchal de), 123.
Briva, 131.
Brocarts (Fabrication des), 337.
Brochart (Jacques), 201.
Broglio (Le comte de), 373.
Brosse (Jean de), 134.
Brosse (L'abbé de), 66.
Brosse (La), él. de Montereau, 184, 317.
Brosse (La), él. de Paris, 114.
Brosse-Gullant (M. de la), 271.
Brossotte (La), 245.
Brou, él. de Paris, 38.
Brouage, 281.
Broué, 374.
Bruand (Libéral), 361, 362.
Bruchié (Pantaléon), 199.
Bruillevert (Le vicomte de), 303.
Brûlart du Boulay (M.), 228.
Brûlé (Le bois), à Vincennes, 307.
Brumelage (Droit de), 262.
Brunehaut (Chemin de la reine), 367.
Brunswick de Lünebourg (Le duc de), 260.
Bruyères-le-Châtel, 34, 206.
Bu. — Voyez Beu.
Buc, 205.
Buffles et cuirs (Manufactures de), 338, 341.
Bufle (Louis Le), 164.
Bugnon (Le sieur), 272.
Buhottière (La), 90.
Buisson (Mme du), 268 (c), 375.
Buisson-Goyer (Le), 116.
Bulles, 8, 214, 340, 372.
Bullion (MM. de), 199, 310.

Buno-Bonneveaux, 360.
Bunou. — Voyez Buno-Bonneveaux.
Bureau des finances de Paris, 173, 187, 194, 353. — Voyez Trésoriers de France.
Bury, 167.
Bussière (La). — Voyez Tillet (Du).
Bussy, él. de Joigny, 242, 327.
Bussy-le-Repos, 325.
Bussy-Saint-Georges, 36.
Bussy-Saint-Martin, 210.
Buttcaux, 119.
Buzenval (N. Choart de), évêque, 64, 69.
Byzance, 129.

C

Cabinet du Roi (Le), 141.
Cadastres des terres et biens, 253.
Cadeau (Nicolas), 335.
Caderousse (Le duc de), 228, 329.
Caen (Généralité de), 279, 280, 341.
Caffau (François et Pierre), 164.
Cagnier (Pierre), 309.
Cagny-Boufflers, 215, 348.
Caillouet (Le), 288.
Calais, en Picardie, 199.
Calfoux, 213, 332.
Calvaire (Religieuses du), 38.
Calvin (Jean), 44, 139.
Camaldules (Religieuses), 39.
Cambout (Du). — Voyez Coislin.
Cambrai (Ville de), 236, 271.
Cambrai (Place de), à Paris, 113.
Camelots (Manufacture de), 339.
Campeaux, él. de Beauvais, 215.
Camus (L'abbé Le), 102.
Camus (Jean Le), 200.
Camus (Nicolas Le), 190, 210.
Canada (Colonie du), 41.
Canaux et canalisation des rivières, 2, 5, 6, 11-13, 150, 268, 362, 375.
Candie (Île de), 107.
Cannes, él. de Montereau, 58, 317.
Capitaineries des chasses ou de châteaux, 124, 138, 197, 205, 210, 220, 226-228, 305, 383-386, 388.
Capitation (Impôt de la), 252, 255, 283.
Capris (Louis), 164.
Capucines (Religieuses), 37.
Capucins (Religieux), 37, 39, 49, 51, 52, 57, 59, 61, 63, 68, 73, 95, 96, 98, 99, 103.
Carabiniers (Régiment royal des), 167.
Caractère des peuples, 148-150.

Carcé (Le sieur de), 89.
Carignan (Le prince de), 215, 372.
Carignan (La princesse de), 371.
Carisey, 328.
Carlopolis, 129.
Carmélites (Religieuses), 38, 39, 49, 71, 73.
Carmes (Religieux), 37, 39, 52, 86, 94.
Carnelle (Forêt de), 333.
Carrières de pierres, 295, 377, 378, 396.
Carrières-sur-Bois, 164.
Cortes de diocèses, 91.
Castille (Langue de), 107.
Castille (M. de), 235. — Voyez Chenoise (Le marquis de).
Castors (Draps, bas et chapeaux de), 337.
Castres (L'évêque de), 67.
Casuels (Droits), 257.
Catalogne (Pays de), 379.
Catelan (Théophile), 307.
Catherine de Médicis, reine de France, 137, 265, 284, 385.
Catholiques (Nouvelles), 37.
Catinat (Le maréchal), 208.
Catinaux (L'abbé de), 90.
Catulle (Voie de), 135.
Caumartin (M. de), 142, 239, 273, 317, 397.
Caumartin de Boissy (M. de), 284, 323.
Célestin V, pape, 75.
Célestins (Religieux), 28, 37, 48, 70, 96, 136, 311, 323, 354, 373.
Celle-Saint-Cloud (La), 205, 311.
Celle-Saint-Cyr (La), 244, 326.
Celle-sur-Morin (La), 89, 233, 293, 322.
Celtes (Les), 4.

Cély, 226.
Censives (Droits de), 257, 261, 262, 266, 268, 270-273.
Census (Impôt du), 252.
Cercanceaux, 53.
Cercy, 241.
Cérilly, 325.
Cerisiers, él. de Sens, 326, 352.
Cernay, él. de Paris, 114.
Cervon, 103, 353.
César (Jules-), 120, 130, 132, 134, 140, 143, 292.
Cézy, 242, 243, 326, 377.
Chaage (Abbaye de), 79, 81, 83, 321.
Chaulis, 94, 331, 370.
Chabannes (Les comtes de), 79, 80.
Chablis, 15, 99, 145, 147, 168, 247, 274, 298, 328, 352, 367.
Chailley, 168.
Chaillot, 39.
Chailly, él. de Melun, 315.
Chaise (L'abbé de la), 48.
Chaises (Les), él. de Provins, 324.
Chalandos, 153.
Chalautre-la-Petite, 56.
Chalifert, 229.
Chalon-sur-Saône (Diocèse de), 100, 101.
Châlons (Généralité de), 5, 163, 240, 279.
Châlons (La maison de), 145.
Châlon-la-Reine, 116.
Chalouette, rivière, 11.
Chalucet (M. de), évêque, 32.
Chamberjot, 54.
Chamblay, 259.
Chambly, 94, 129, 147, 164, 212.
Chambre de la Reine (La), au Palais, 188.
Chambre des comptes de Paris, 153.

173, 181-185, 188, 191, 193, 195, 209, 211, 233, 242, 258.
Chambre du domaine, 173, 194.
Chambre-Fontaine, 81.
Chambres à sel, 217, 282.
Chamigny, 231, 321.
Chamillart (M.), évêque, 72.
Chamilly (La comtesse de), 313.
Chamlay (Le marquis de), 243. — Voyez Champlay.
Chamoreau (La dame de), 153.
Champagne (Comté et comtes de), 31, 57, 101, 140, 144, 171, 242, 389.
Champagne (Généralité, province et gouvernement de), 1, 3, 5, 59, 81, 111, 115, 120, 121, 125, 126, 139, 141-143, 145, 146, 148, 174, 185, 237, 275, 345, 364, 367, 368.
Champagne (Grand prieuré de), 108, 109, 246.
Champagne (Jauge de), 290.
Champagne, él. de Dreux, 116.
Champagne, él. de Senlis, 285, 374.
Champagne (MM. de), 237, 271.
Champarts (Droits de), 251, 257, 263.
Champcenetz, 235, 270.
Champcouelle, 56.
Champeneil, 210.
Champeaux (Doyenné de), 30, 30, 51.
Champfleury, él. de Rozoy, 117.
Champguyon, en Champagne, 118.
Champguyon (Mlle de), 153.
Champignelles, 243, 377. — Voyez Rogres.
Champigny, él. de Sens, 241.
Champigny (L'abbé Bochart de), 26.
Champigny (Morigny-), 50.
Champlain (M. et Mme de), 86 (c).
Champlan, 208.
Champlâtreux, 176, 206. — Voyez Molé.
Champlay, 242, 243.
Champlost, 245, 246, 297.
Champmoteux, 225.
Champvallon (Le marquis de), 394.
Chanvres, 242.

Chancelier de France (Le), 193. — Voyez Pontchartrain.
Chancellerie (Droits de), 110.
Change (Pont-au-), 355.
Changy, 272.
Chanteclerc, él. de Provins, 237.
Chanteloup, él. de Paris, 41.
Chanteraine (Pont de), 359.
Chantilly, 8, 211, 212, 331, 387-389.
Chanu, 115.
Chanvres (Culture et commerce des), 287, 290, 297, 340, 344, 380.
Chaource, 14.
Chapeaux (Fabrication des), 337.
Chapelier (L'abbé Claude), 28, 58.
Chapelle (La), él. de Tonnerre, 328.
Chapelle (Le comte de la), 227, 374.
Chapelle-en-Serval (La), 331, 371.
Chapelle-Gauthier (La), 11, 227, 374.
Chapelle-Godefroy (La), 238, 365.
Chapelle-la-Reine (La), 53, 228.
Chapelle-Saint-Loup (La), 48.
Chapelle-sous-Gerberoy (La), 358.
Chapelle-sur-Oreuse (La), 241.
Chapelle-Vaupelteigue (La), 245.
Chapelles (Fondations de), 22, 24, 26, 29, 30, 36, 37, 39, 46, 48, 50, 52-54, 56, 57, 61, 63, 68, 70, 77, 79, 85, 87, 88, 90, 99, 103, 112, 113.
Chapelles-Breteuil (Les), 233.
Chapelier (L'abbé Le), 21.
Chapitres d'églises, 21-30, 45, 46, 49, 51, 54, 57-59, 65, 66, 69, 71, 78-80, 88, 89, 93, 95, 96, 98-100, 102, 103.
Chaplet (Étienne), 157.
Charbou de bois (Fabrication et commerce du), 160, 161.
Charbonnières (Fief de), 326.
Charenton-le-Pont, 5, 126, 151, 356.
Chargeage (Droit de), 370.
Charité (La), él. de Tonnerre, 101.
Charité (Frères et sœurs de la), 52, 95, 98. — Voyez Grises (Sœurs).

Charité-sur-Loire (La), 82.
Charlemagne, empereur, 18, 171, 384.
Charles II le Chauve, roi de France, 43, 129, 136, 139, 145, 171, 384.
Charles III le Simple, 171.
Charles IV le Bel, 134, 182.
Charles V le Sage, 19, 29, 79, 80, 96, 127, 130, 131, 187, 188, 256, 300, 382, 383, 394.
Charles VI, 29, 111, 138, 144, 174, 182, 187, 188, 191, 259, 300, 345, 383, 387, 389, 390.
Charles VII, 111, 131, 134, 135, 137, 188, 191, 251, 252, 345, 383, 390, 394.
Charles VIII, 128, 180, 253, 383, 387, 390.
Charles IX, 29, 110, 111, 133, 137, 139, 148, 172, 191, 203, 265, 304, 346, 379, 380, 391.
Charles, dauphin de France, 142.
Charles Ier, duc de Lorraine, 171, 172.
Charles d'Évreux, 134.
Charles le Mauvais, roi de Navarre, 95, 131, 394.
Charles III, roi de Navarre, 389, 390.
Charles-Quint, empereur, 107.
Charleville, en Champagne, 27, 163.
Charleville. — Voyez Carlopolis.
Charlotte de France, 394.
Charmont (A.-J. Hennequin de), 181.
Charmoy ou Charmeaux, 243.
Charnier-lès-Sens (Le), 47, 273.
Charny, él. de Meaux, 112.
Charost (Le duc de), 307, 310.
Charpentier (M.), 312.
Charrière (Christophe), 277, 278.
Charron. — Voyez Ménars (M. de).
Charron (MM. Le), 268, 272.
Chars, 74, 217.
Chartres (Bailliage de), 224.
Chartres (Diocèse de), 16, 17, 20, 36, 45, 50, 73, 95, 97, 98, 188, 225, 309.
Chartres (Élection de), 341.

DE LA GÉNÉRALITÉ DE PARIS.

Chartres (Ville de), 10, 50, 150, 225, 275.
Chartres (La maison de), 140.
Chartres (Mathieu de), 319.
Chartreux (Religieux), 33, 37, 50, 59, 68, 103, 323.
Chasse-Midi (Prieuré de). — Voyez Cherche-Midi.
Chasses, 197, 203, 226, 305, 383, 384. — Voyez Capitaineries.
Chastelier (M.), 53.
Chastre (Le marquis de la), 313.
Chat (Pierre Le), 379.
Château-Chinon, 4.
Château-Gontier (Le marquis de). — Voyez Bailleul.
Château-Landon, 53, 227, 350, 389.
Château-Regnault, 272.
Château-Thierry, 265, 320, 330, 364.
Châteaufort, él. de Paris, 20, 36.
Châteauneuf (M. de), 211, 244, 245, 248, 327, 370.
Châteauneuf-en-Thimerais, 303.
Châteaurenard (M. de). — Voyez Aquin.
Châteaurouge, él. de Beauvais, 215.
Châteaux (Maisons royales et), 57, 78, 85, 124, 127, 135, 136, 268, 307, 320, 380-397.
Châtel-Censoir, 329.
Châtelet de Paris (Le), 173, 181, 194, 196-199, 201, 202, 222, 225, 227, 233, 267, 268, 355, 356.
Châtelet-en-Brie (Le), 226.
Châtellenies, 205, 221, 223, 224, 234, 266, 372.
Châtellerault, 163.
Châtenay-lès-Bagneux, 209.
Châtillon (La maison de), 145.
Châtillon (Le cardinal de), 64.
Châtillon (Viry), 209.
Châtillon-sur-Loing, 123.
Châtillon-sur-Seine, 7, 62, 113.
Chatou, 357, 370.
Châtres, 7, 113, 165, 206.
Chauffry, 153.
Chaufour, 96 (c), 113, 225.
Chaulnes (Mme de), abbesse, 36, 137.

Chaumes, 12, 89, 90, 166, 293, 342, 351, 363.
Chaumont-en-Bassigny, 3, 126, 241.
Chaumont-en-Vexin, 9, 70, 71, 115, 214.
Chaumot, 330.
Chaumusson, 205.
Chauny, 5, 330.
Chaussée (Droit de), 370, 372, 376.
Chaussée-d'Ivry (La), 374.
Chaussy, 262.
Chavenay, 221.
Chavigny (M. de), évêque, 60 (c), 238.
Chavigny (Le marquis de), 142, 238, 272, 376.
Chavigny (La marquise de), 238, 263, 272.
Châville, 206.
Chef-de-Bries, 34.
Chelles, él. de Compiègne, 213.
Chelles, él. de Paris, 20, 32, 41, 205, 258, 347.
Chemerault (Le comte de), 243, 326.
Chenay (Temple du), 116.
Chêne-Bécard (Bois du), 316.
Chêne-Rogneux (Bois du), 318.
Chenoise, 56, 235, 270.
Chenoise (Le marquis de), 126, 272, 324.
Cheny, 244, 366, 377.
Chepoix, 115.
Cheptel (Fermes à), 297.
Cherche-Midi (Prieuré du), 27.
Chérence, 262.
Chérisy, 10, 99, 360.
Chéroy, 166, 167, 227, 350.
Chesnaye (M. de la), 131, 373.
Chesneau (Jacques), 267.
Chesnoy (Le), él. de Paris, 205.
Chessy, 210, 245, 246, 366.
Cheu, 245.
Chevaliers de Saint-Jean-de-Jérusalem (Ordre des), 106, 108, 109. — Voyez Malte (Ordre de).
Chevannes, 102, 210.
Chevaux (Élevage et commerce des), 286, 290, 297, 299, 345, 352, 386.

Cheverny (Le comte de), 235, 269, 270, 324, 325.
Chevincourt, 286, 332.
Chevreuse, 7, 34, 58, 206, 264, 303, 317.
Chevreuse (Le duc de), 132, 207, 220, 221, 303, 317, 373, 386.
Chevreuse (La duchesse de), 264.
Chevru, 87, 118, 323.
Chevru (M. de), 375.
Chevry, 47, 241, 242.
Chevry (M. de), 322.
Chichy, 102, 367.
Chigy, 326.
Childebert Ier, roi de France, 58.
Chilly, 206.
Chilpéric, roi de France, 251.
Chinon, 163.
Chivres, 321.
Choiseul (Le seigneur de), 101.
Choiseul (Le duc de), 238.
Choiseul (L'abbé de), 61.
Choisy (Le sieur), 378.
Choisy-le-Temple, 112.
Choisy-Malesherbes, 11 (c).
Choppin (M.), 202 (c).
Chypre (Royaume de), 106.
Cicéron (L'orateur), 143.
Cidre (Fabrication et commerce du), 287-291, 298-295, 341.
Cintray (Le commandeur de), 113.
Cisterciennes (Religieuses), 53, 55, 61, 69, 82.
Cisterciens (Religieux), 53, 57, 60, 67, 94, 100.
Cîteaux (Ordre de), 47, 93, 100, 101, 180. — Voyez Cisterciennes et Cisterciens.
Citry (Bois de), 323.
Clairbaudière (Le sieur de la). — Voyez Chesneau.
Clairefontaine, él. de Dourdan, 7.
Clairoix, 5, 8, 115, 213, 286, 358.
Clairvaux, 93, 100, 101, 145, 343.
Clamart, 206.
Clamecy, 4.
Claudius, empereur, 133.
Claye, 76, 87, 90, 112, 139, 166, 229, 363, 375.

Clayes (Les), 310.
Clément I", pape, 18.
Clément VII, pape, 44.
Clément VIII, pape, 44.
Clément (Pierre), évêque, 72.
Cléopâtre, reine, 144.
Cler-de-l'eau (Droit de), 262, 263.
Clerc du Tremblay (M. Le), 222.
Clermont (Comté de), 215, 259, 260, 266.
Clermont (Le comte de). — Voyez Carignan (Le prince de).
Clermont-en-Beauvaisis, 8, 214, 282, 330, 334.
Clermont-Ferrand, 92, 189.
Clermont-Néelle (Simon de), 64.
Clermont-Tonnerre (La maison de), 67, 145, 245, 248, 309.
Cléry (Ruisseau de), 12.
Clèves (La maison de), 392.
Clichy (Fief de), 213.
Clichy-en-Launoy, 211.
Clignancourt, 32.
Cligny, 273.
Climat de chaque élection, 284-299.
Clinchamp (MM. de), 262, 373.
Clovis, roi de France, 130.
Cluny (Ordre de), 47, 56, 58, 59, 72, 82-84, 93, 180.
Coches par eau et par terre, 263, 266, 268, 343.
Cocq (M. Le), 219.
Coeffy (L'abbé), 53.
Cognac, 189.
Cognet, él. de Montfort, 222.
Coictier (Jacques), 383.
Coignet (M""), 310.
Coignet de la Thuillerie (M.). — Voyez Coursou (Le comte de).
Coislin (Le cardinal de), 27, 28, 34, 36, 320.
Coislin (Le duc de), 320, 334.
Coislin (Le marquis de), 269, 320.
Colbert (J.-B.), 344.
Colbert (J.-N.), archevêque, 56.
Colbert de Croissy (Ch.), 378.
Colbert de Croissy (Ch.-J.), évêque, 67.
Coligny (Odet de), cardinal de Châtillon, 64.

Coligny (L'amiral de), 123, 133, 139.
Colinance, 85.
Collèges, 19, 21, 23, 37, 45, 48, 51, 57, 70, 73, 75, 81, 87, 93, 382.
Collégiales (Églises). — Voyez Chapitres.
Collégien, 206.
Collongue (Le commandeur de), 108.
Colly (Léonard), 164.
Colmar, 163.
Colombes, 206.
Combauld (M. de), 216.
Commanderies de Malte, 106-119.
Commentaires de César (Les), 130, 132, 143.
Commerce et industrie, 203-205, 335-353.
Commissey, 367.
Committimus (Droit de), 22, 29, 110, 176, 190, 197, 198.
Communes, biens communaux, 290.
Commynes (Philippe de), 130.
Compans, 229.
Compiègne (Élection de), 8, 16, 69, 125, 152, 165, 167, 259, 260, 278, 281-283, 286, 287, 330-333, 339, 348, 358, 371, 372.
Compiègne (Ville de), 5, 37, 65, 69-71, 105, 115, 127, 129, 130, 147, 148, 165, 211-214, 339, 384, 385.
Comptes (Chambre des). — Voyez Chambre.
Comte (Jean Le), 164.
Comtés anciens, 65, 134, 138-141, 144, 170, 171.
Conception (Religieuses de la), 37.
Conches, él. de Paris, 35, 36.
Conches, en Normandie, 88.
Conciles tenus dans la généralité, 43, 45, 69, 77, 93, 103.
Concordat de 1516, 44.
Condé (Les princes de), 45, 48, 72, 79, 80, 100, 133, 206, 207, 230, 241, 273, 274, 308, 319, 325, 331, 370, 377, 388, 391, 392, 397.
Condé (Charlotte-Marguerite de Montmorency, princesse de), 388.

Condé-Saint-Libière, 12, 164, 363.
Condom (L'évêque de), 67.
Conflans-l'Archevêque, 5, 39.
Conflans-Sainte-Honorine, 5, 34. 206, 370.
Congis (Le marquis de), 124, 229.
Congrégation (Religieuses de la), 57, 59, 71, 88.
Connétablie de France, 173, 197.
Conseil du roi, 136, 141, 187, 208.
Constantin le Grand, empereur, 129.
Constantinople, 129.
Cousins (Juges-), 173, 203, 204, 240.
Conte (J. Le), 267.
Conti (Le prince de), 215, 217, 312, 373.
Conti (La princesse de), 73.
Contrôle des actes des notaires (Droits de), 257, 261, 264, 270, 273, 274.
Contrôle des dépens (Droits de), 266, 268.
Contrôle des exploits (Droits de), 256, 264, 266-270, 273, 274.
Contrôleurs généraux des finances et du domaine, 193.
Coorte (Adrien), 292.
Coquet (Le P.), 90.
Corbeil, 4, 11, 30, 36, 39, 113, 114, 127, 135, 138, 147, 165, 205, 210, 258, 266, 304, 305, 338, 347, 356, 357, 361, 369.
Corbeil (Doyenné du Vieux-), 20.
Corbeil (P. de), archevêque, 89.
Corbeilles, 291, 292.
Corbigny, 4, 103, 104, 146, 147, 168, 249, 353.
Corbonval (Bois de), 331.
Cordage du bois (Droit de), 268.
Cordelier, él. de Compiègne, 213.
Cordelières (Religieuses), 27, 37, 38, 55, 95, 141, 324.
Cordeliers (Religieux), 37, 39, 49, 50, 57, 68, 70, 73, 86, 94, 96, 98, 99, 103, 145, 213.
Cormier (Le), él. de Paris, 35.
Cornant, 241.
Cornillon (Canal de), 268, 362, 375.

Cornon (Bois de), 331.
Cornouilliers, él. de Pontoise, 73.
Cosquino (Mme Le), 328.
Cossé-Brissac (Guyonne-Marguerite de), abbesse, 32.
Coste (M. de la), 155.
Cotentin (Le marquis de), 331.
Cottençon. — Voyez Coutençon.
Cottin (François), 34 (c).
Couarde (La), 221, 318.
Coubert, 210, 315.
Coucy (Maîtrise de), 330.
Coudray (Le), él. de Paris, 68.
Coudray (Le), él. de Mantes, 262.
Coudun, 8, 213, 286, 358, 372.
Cougues (Hugues), 111.
Couilly, 229, 363, 375.
Coulan, 102.
Coulanges-sur-Yonne, 329.
Coulombs, 98.
Coulommiers (Élection de), 12, 16, 87, 105, 118, 147, 153, 166, 167, 233, 234, 269, 274, 278, 279, 294, 303, 320, 323, 342, 351, 363, 375.
Coulommiers (Ville de), 12, 78, 87, 88, 90, 118, 126, 139, 141, 147, 149, 269, 351, 363, 364, 375, 389-393.
Coulon, 245.
Coulours, 118, 119.
Coupvray, 87, 229.
Cour-des-Bois (M. de la), 209.
Cour-Notre-Dame (La), 47.
Courances, 11, 226, 316.
Courbeton, 58.
Courbevoie, 38, 206.
Courceaux, 241.
Courcelles-le-Roi, 11.
Courchamps, él. de Provins, 56, 236, 270.
Courchamps (M. de), 236, 237.
Courcouronnes, 36.
Courgenay, 60.
Courméry, 117.
Courpalay, 89, 293, 323.
Courriers (Pont des), 358.
Coursan, él. de Saint-Florentin, 245, 246.

Coursan, en Narbonnais, 269, 391.
Courson, él. de Compiègne, 70.
Courson (Le comte de), 248.
Courson. — Voyez Lamoignon.
Courtage (Droit de), 263, 275.
Courtaoult, 245, 246.
Courtebonne (L'abbé de), 89.
Courtempierre, 292.
Courtenay, 53, 112, 135, 147, 166, 227, 329, 350.
Courtenay (L'abbé de), 59.
Courtenay (La maison de), 145.
Courtenay (Le prince de), 243, 326, 377.
Courtiers (Charges de), 275.
Courtin (M.), 318.
Courtomer, 12, 293.
Courton, 270, 271.
Courtry, 226.
Courvée (Mme de la), 311.
Courville, 10.
Cousin (Louis), 196.
Cousin, rivière, 15, 329.
Couste (André), 326.
Cousy, 269, 391.
Coutençon, 117, 317.
Coutevroult, 56, 84.
Coutume (Droit de), 110.
Coutumes locales, 211, 213, 214, 217, 218, 220, 222, 224, 225, 227, 229, 232, 234, 235, 237, 239, 240, 242, 247, 248.
Couvay, 223.
Crancey, 238.
Cravant, 4, 329.
Crécy-en-Brie, 12, 78, 80, 84, 85, 87, 140, 147, 229, 233, 268, 278, 303, 319-323, 350, 363.
Crécy (Le comte de), 223, 319.
Crégy, 86.
Creil, 5, 8, 129, 147, 165, 212, 260, 281, 282, 285, 331, 348, 357, 371, 389, 397.
Creil (Le Père de), 321.
Crémieu, 192.
Crenan (Le marquis de), 292.
Crenan (Mme de), abbesse, 47.
Crépin (Saint) et saint Crépinien, 91.

Crépy-en-Valois, 129.
Créquy (La duchesse de), 310, 313.
Créquy (La maréchale de), 217.
Créquy (Le marquis de), 217.
Créquy (Le comte de), 311.
Crespières, 310.
Cressonnière (Ferme de la), 116.
Créteil, 126.
Crèvecœur, él. de Beauvais, 340.
Crèvecœur (Le marquis de), 327.
Crèvecœur de Manneville (Le président de), 178, 216.
Crisenon, 102.
Croisades (Prédication des), 103, 145.
Croissy (L'abbé de). — Voyez Coeffy.
Croissy (M. de). — Voyez Colbert.
Croissy-en-Brie, 206.
Croix (Filles de la), 39, 61.
Croix-en-Brie, 117, 236.
Croix-Penchée (La), 346.
Croix-Saint-Ouen (La), 70.
Cropigny, 368.
Crosnier (Hugues), 6.
Crosse (Canton de la), 322.
Croto, druide, 133.
Crotoy (Forêt du), 133 (c).
Crould, rivière, 7.
Crouy-sur-l'Automne, 358.
Crouy-sur-Ourcq, 12, 117, 229, 350.
Crucifix (Fief de), 213.
Cruzy, 247, 328, 353.
Cry, 328, 367.
Cuchot (Moulin), 119.
Cuirs (Commerce des), 338, 341.
Cuise (Forêt de), 213.
Cuivre (Mines de), 379.
Cullant (MM.), 108, 237.
Cure, rivière, 15, 329, 368.
Cure (Abbaye de), 15, 103.
Curée (La), él. de Nemours, 114.
Cures et curés, 20, 25, 29, 30, 34, 37-39, 41, 51, 53, 65, 73, 80, 87-89, 91, 98, 100, 104, 110, 113.
Cusy, 154.
Cuzon, rivière, 15.

D

Dadon, chancelier, 80, 82.
Dagny, 294.
Dagobert, roi de France, 135, 346.
Dagomau (Saint), 92.
Daguesseau (MM.), 103, 178, 201.
Daimbert, archevêque, 43.
Dammarie-les-Lys, 51.
Dammartin, 77, 78-80, 84, 86, 87, 90, 164-167, 229, 348, 350.
Dampierre, él. de Paris, 207.
Dampierre (Le président de), 188.
Dangeau (L'abbé de), 35.
Dannemoine, 14, 245, 274.
Dannemois, 226.
Daraine (Le sieur), 211.
Darbada. — Voyez Arbada (d').
Darbon (L'abbé), 35.
Dauphin (Le), fils du roi Jean, 187.
Dauphin (Le grand), 206. — Voyez Monseigneur.
Dauphin (Régiment du), 166.
Dauphine (Salle), à Paris, 204.
Dauphiné (Province de), 6, 120, 216, 280, 379.
Deauche (Bois), 334.
Débris sur mer et fleuves publics (Droits de), 251.
Décimes (Droits de), 110.
Decius, empereur, 18.
Deffita (M.), 201.
Delpech (M.), 224.
Déluge (Le), él. de Paris, 113.
Denis (Saint), évêque, 17, 18, 32, 63, 74, 91, 135.
Denise (L'abbé), 47.
Denonville, 224.
Dentelles (Fabrication de), 338, 340, 344.
Denys (Jacques), 164.
Désert (Bois-au-), 319.
Deserte (L'abbé), 89.
Deshayes (Jacques), 157.
Desmaretz (J.), évêque, 62.

Desponty (Michel), 322.
Deuil, 34, 206, 211.
Deux-Amants (Les), 311.
Diane, légitimée de France, 258.
Diant, 240, 317.
Dieu-l'Amant, 112, 321.
Dieudonné, él. de Senlis, 334.
Difrois, évêque, 18.
Dijon (Ville et généralité de), 3, 163, 196, 247, 279.
Dilo, 47.
Dîme (Droit de), 110, 112.
Dinan, 48.
Dioclétien, empereur, 381.
Diois (Comté de), 379.
Directe (Droit de), 256, 261.
Dixmont, 273, 326, 352.
Doctrine chrétienne (Pères de la), 37.
Dol (L'évêque de), 72, 186.
Dollot, 241, 377.
Domaine (Chambre du), 173, 194.
Domaine (Petit), 264.
Domaine et barrage (Droits de), 255.
Domaines du roi et droits domaniaux, 131, 134, 202, 222, 233, 238, 250, 251, 255, 274, 281, 304-309, 314, 319, 320, 324, 325, 331-333, 358, 360, 361, 369, 370-377, 380-387.
Domats, 329.
Domecy, 15, 103.
Dominicaines (Religieuses), 37.
Dominicains (Religieux), 136.
Domont, 34.
Donnemarie, 58, 142, 147, 167, 239, 266, 269, 295, 316, 351, 390.
Dorange (M.), 124.
Dordives, 361, 374.
Dormans (Guillaume de), 188.
Dormans (Jean de), évêque, 64.
Dormelles, 13, 239, 317, 343, 352.
Douai, 115, 163.

Doublet (Le Père), 136.
Doublet (Pierre), 327.
Douchy, 14.
Doue, 234, 323, 351, 393.
Dourdan, 7, 266, 303, 329, 374.
Doyart (Léonard), 164.
Dracy, 14.
Dragant (Pierre), 186.
Dragons (Régiment royal de), 167.
Draps (Manufactures de), 13, 141, 335-341, 343, 346.
Dreux (Élection de), 10, 16, 98, 99, 105, 115, 125, 152, 165-167, 222-224, 264-266, 278, 279, 281-283, 289, 303, 319, 341, 349, 360, 374, 393.
Dreux (Ville de), 10, 98, 99, 116, 127, 132, 133, 147, 149, 265, 341, 349, 360, 373, 374, 393.
Dreux (Joachim), 59.
Dreux (Philippe de), évêque, 64.
Dron (L'abbé), 90.
Drubec (L'abbé de), 51.
Druides (Les), 132, 133.
Druis, roi des Gaules, 132.
Duchés et pairies, 140, 170-172, 179, 197, 206, 207, 210, 212, 213, 215, 220, 221, 224, 227, 257.
Duchesne (L'abbé), 101.
Duclos (Pierre et François), 263.
Dudon (Le seigneur de), 302.
Duguy, 8.
Dumée-Maréchal. — Voyez Metz-le-Maréchal.
Dunkerque, 199.
Dunois (Le comte de), 392.
Dupré (L'abbé), 62, 100.
Duras (Le maréchal de), 165, 217.
Duret, 213.
Duret (Les présidents), 181, 242.
Duretin, rivière, 13, 117.
Dyé, 102.

E

Eaussence. — Voyez Auxence.
Eaux et fontaines, 86, 131, 284, 285, 292, 354-356, 381, 383, 384, 387, 388.
Eaux et forêts, 173, 178, 196, 197, 215, 302. — Voyez Forêts.
Eboriacum, 75.
Écarlate (Teintures en), 7 (c), 337.
Écharcon, 210.
Échelle (L'), él. de Provins, 271, 304.
Échouboulains (Bois d'), 317.
École, rivière, 11.
Écoles publiques, 23, 87.
Écot. — Voyez Escot.
Écouen, 395.
Ecquevilly (Le marquis d'), 309.
Écu de Joigny (Droit de l'), 366.
Édouard, roi d'Angleterre, 254.
Effiat (Le marquis d'), 206.
Égligny, 317.
Église. — Voyez État ecclésiastique.
Egmont (Le comte d'), 131.
Égreville, 227, 228, 330, 350, 391.
Éguillon (M. d'), 224.
Égypte (L'), 106, 195.
Élancourt, 9, 221, 289.
Élection (Siéges d'), 202, 211, 214, 216, 217, 220, 222, 224, 225, 227, 229, 232, 234, 235, 237, 239-242, 244, 247, 248.
Élections particulières, 239, 241.
Éléonore, reine, 145.
Éleuthère (Saint), 18, 135.
Élincourt, 70, 213, 286, 333.
Elleville, 373.
Élus (Juridiction des), 186.
Émerainville, 36.
Enfants-Rouges (Hôpital des), 41.
Enfants-Trouvés (Hôpital des), 40, 41.
Enfourchure (L'), 47, 242.
Enghien (Duché d'), 207 (c), 212, 308, 389.

Ennery, 312.
Enquêtes (Chambres des), 174-176, 185.
Entragues (Le marquis d'), 207.
Entrée (Droits d'), 274, 275, 277, 278.
Épernon, 98.
Épernon (Maurice d'), 186.
Épernon (Le duc d'), 222, 258, 264.
Épiais-en-Rhus, 217.
Épinay (Le sieur d'), 190.
Épinay-lès-Saint-Denis, 207, 347, 370.
Épinay-sur-Orge, 12, 209.
Épineau, 242, 243.
Epitome de Florus, 143.
Épônes, 359.
Epte, rivière, 10.
Éragny, 206.
Ercuis, 94.
Ermenonville, 212, 331.
Ermont, 114.
Ervy, 14, 147, 245, 246, 274, 327, 344, 352, 366.
Ervy-le-Châtel, 269, 390.
Esbly, 12, 268, 363.
Escharlis, 59.
Eschou. — Voyez Échouboulains.
Escluseaulx (Le commandeur d'), 109, 118.
Escorailles (L'abbé d'), 67.
Escot (Le marquis d'), 237.
Esnon, 242, 326.
Espagne (Royaume d'), 134, 335, 340.
Esplan (Esprit d'Alard d'), 264.
Essars (La maison des), 246.
Esseville (M. d'), 216.
Essonnes, 11, 36, 112, 113, 163, 357, 369.
Essonnes (Rivière d'), 11, 357.
Estoile (M. de l'). — Voyez Poussemothe.
Estrées (Le cardinal d'), 207, 257.

Estrées (Les comtes et ducs d'), 123-125, 141, 207, 257.
Estrées (Gabrielle d'), 266.
Étalage (Droit d'), 268.
Étampes (Élection d'), 11, 16, 49, 116, 122, 125, 133, 134, 152, 167, 224, 225, 266, 278, 279, 281-283, 290, 304, 306, 334, 341, 342, 349, 360, 361, 374.
Étampes (Rivière d'), 138.
Étampes (Ville d'), 11, 45, 49-51, 105, 113, 116, 127, 134, 147, 149, 150, 341, 342, 349, 360, 374.
Étampes (La duchesse d'), 134.
Étang (Moulin de l'), 271.
Étang-la-Ville (L'), 207.
Étangs divers, 8-13, 15, 118, 294.
Étapes (Lieux d'), 165, 166.
Étaples (Jacques Lefèvre d'), 76.
État ecclésiastique, 2, 16-105.
États généraux, 120, 186.
Éthelwolf, roi d'Angleterre, 171.
Étioles, 209.
Étoffes (Fabrication des), 7, 337-341, 343, 344.
Étrangleveau (Buisson), 315.
Étréchy, 50, 167.
Étrépilly, 78, 281, 363.
Eu, 121, 199.
Eudes de Blois, 63.
Eugène III, pape, 103, 145.
Eure, rivière, 9, 10, 289, 341, 360, 393.
Europe (L'), 141.
Ève, 389.
Évecquemont, 96, 263.
Éverly, 56, 235, 270.
Évreux, 16, 44, 58, 95, 115, 188, 389.
Évreux (Les comtes d'), 131, 134, 394.
Évrolle, 327. — Voyez Avrolles.
Évry-sur-Seine, 37, 206.
Ézanville, 8.

F

Fabrezan (M. de), 108.
Fabrice de Grossain (Mme), 286.
Fabry. — Voyez Étaples (Lefèvre d').
Farcheville, 50, 225.
Fare (Sainte), 74.
Farel (Guillaume), 76.
Faremoutiers, 74, 78, 89, 167, 233, 293, 320, 322, 351.
Fargeville, 117.
Farines (Commerce des), 341, 342.
Faron (Saint), 74, 75, 83, 139.
Faudel (Nicolas), 196.
Fauvinet (Enclos de), 320.
Favelle (Mme de), 25.
Favier (L'abbé), 67.
Favières, él. de Rozoy, 89.
Fay, él. de Nemours, 227, 228, 330.
Fay (Bois de), 315.
Fay-le-Bac, 375.
Fayel (Fief), 389.
Fayel, él. de Compiègne, 214.
Fayet (Le sieur du), 333.
Fécamp. — Voyez Villiers.
Fecq (Bois de), 334.
Félix (Balthasar), 164.
Fer (Fabrication du), 343, 379.
Fère (La), 5, 163, 330.
Fermages (Taux des), 286-291, 293-297, 299.
Ferme-des-Bois (La), 318.
Fermes du roi, 277, 281.
Fermincourt, 10, 360.
Féron (M. Le), 207, 303.
Férottes, 352.
Ferrandines (Étoffes), 337.
Ferret (Étienne), 164.
Ferreux, 238, 365.
Ferrières, él. de Paris, 36.
Ferrières (Buisson de), 270, 324, 325.
Ferté-Alais (La), 11, 135, 147, 166, 226, 304, 306, 316, 361, 379.
Ferté-au-Col (La), 379. —. Voyez Ferté-sous-Jouarre (La).
Ferté-Gaucher (La), 12, 78, 88, 118, 126, 141, 147, 234, 323, 342, 351, 363, 364, 375, 393.
Ferté-Loupière (La), 242.
Ferté-Milon (La), 12.
Ferté-sous-Jouarre (La), 5, 12, 77, 78, 140, 147, 166, 231, 321, 362, 375, 379.
Ferté-sur-Grosne (La), 100.
Fescennius, préfet romain, 18.
Feuillantines (Religieuses), 38.
Feuillants (Religieux), 37, 39, 72, 312.
Feuillée (M. de la), 100.
Feuquière, 167.
Fèvre (M. Le), 263.
Fiefs et bénéfices, 169, 170.
Fieubet. — Voyez Launac.
Filles-Bleues (Religieuses), 38, 39.
Filles-Dieu (Religieuses), 37.
Filloli (Pierre), évêque, 122.
Finances du royaume, 3, 186-189, 250, 275-283.
Finances (Généraux des), 187, 188.
— Voyez Bureau des finances.
Flacy, él. de Sens, 48.
Flagy, 267, 352.
Flaix (MM. de), 153, 154.
Flamands (Les), 143, 345.
Flambermont (M. de), 372.
Flambertins (Bois des), 310.
Flandres (Les), 171, 285, 288, 339, 340.
Fleurigny, 48.
Fleurigny (MM. de), 116, 242.
Fleurigny (Mme de), 345.
Fleury, près Meudon, 206.
Fleury (M. Joly de), 178.
Flexanville, 221.
Flogny, 63, 245, 246.
Flogny (Mme de), 245.
Florus, auteur, 143.
Flottage des bois, 9, 15, 329, 339, 344, 345, 376, 379.
Foin (Commerce du), 343, 344, 361.

Foires et marchés, 31, 335, 345-353.
Foix (Comté de), 274.
Foix (La maison de), 391, 392.
Foix (Gaston de), 134, 269, 390-392.
Folie (Pont de la), 359.
Follainville, 218, 262.
Folleville, 7.
Fondations religieuses ou concessions des rois et princes, 18, 19, 22, 23, 25-27, 29, 30-33, 36, 40, 46-50, 52, 53, 56, 70-73, 79, 80, 85, 92-94, 96-99, 102.
Fontaine-aux-Bois (La), 55, 324.
Fontaine-la-Rivière, 290.
Fontaine-Lavaganne, 245.
Fontaine-les-Nonnains, 85.
Fontaine-Pépin (La), 12.
Fontainebleau, 45, 52(c), 134, 135, 137, 147, 165, 167, 215, 226, 248, 292, 303, 314, 315, 349, 383, 384.
Fontaines (Bois de), 316, 326.
Fontenailles, 323.
Fontenay, él. de Rozoy, 322, 351.
Fontenay, él. de Tonnerre, 145, 367.
Fontenay-le-Vicomte, 210.
Fontenay-lès-Louvres, 211.
Fontenay-Saint-Père, 213.
Fontenay-sur-Loing, 375.
Fontenay-Trésigny ou Fontenay-en-Brie, 92, 126, 164, 232, 283.
Fontenelles, 217, 224.
Fontevrault (Ordre de), 37, 68, 85, 98, 180.
Fontvannes, 13.
Forage (Droit de), 262, 266.
Forestiers (Gardes), 300.
Forêt-le-Roi (La), 224.
Forêts et bois, 70, 77, 114, 167, 265, 270, 286, 287, 291, 300-334, 338, 341, 381-388.
Forez (Pays de), 120, 174.
Forez (Le comte de), 186.

DE LA GÉNÉRALITÉ DE PARIS.

Forges (Établissements de), 343, 355, 379.
Forges (Moulin des), él. de Sens, 379.
Forges-les-Bains, 33.
Fornier de Montagny (Claude), 194.
Fort-de-Meulan (Le), 131, 349.
Fortelle (La), él. de Rozoy, 233.
Fortia (M. de), 88.
Fortin (Philippe), 164.
Fossés (M. des), 56.
Fosseuse, 333.
Foucault (Anne), abbesse, 33.
Foucherolles, 329.
Foucquet (L.), évêque, 102, 248.
Foucquet (Nicolas), 267, 387. — Voyez Vaux.
Fouilleux (Bois le), 318.
Four (L'abbé du), 94 (c).
Fourcy (L'abbé de), 35, 68.
Fourcy (Henri de), 210, 229.
Fourcy (Jean de), 192.
Fourneaux (Les), él. de Paris, 208.
Fours banaux, 262, 265, 270, 272.
Foy (Nicolas), 196.
Franc-salé (Droit de), 22.
Français (Les), 130, 131, 143, 144.
France (Archidiaconé de), 77.

France (Doyenné de), 78.
France (Langue de), 107, 108.
France (La maison de), 133, 185, 552.
France (Pays de), 10.
France (Grand prieuré de), 108, 109, 111, 112.
Franchart (Croix de), 314.
Franche-Comté (Pays de), 280.
Franchevault, 62.
Francières, 70, 333.
Francini (François de), 198.
Franciscaines (Religieuses), 68.
Franclieu (M. de), 153.
François Ier, roi de France, 1, 19, 44, 46, 98, 102, 111, 120, 122, 134, 139, 182, 188, 191, 197, 216, 227, 236, 239, 248, 253, 259, 300, 302, 307, 314, 345, 355, 382-385, 390, 394, 397.
François II, roi, 189, 197, 379, 391.
François II, duc de Bretagne, 184.
Franconville, 207, 333, 370.
Francs-fiefs (Droit de), 251.
Franqueuse (Buisson de), 304, 305.
Frédéric Ier, empereur, 169.
Frémin (Michel), 194.

Fréminet (Martin), 384.
Frémont (L'abbé de), 73.
Fresne (Bois de), 309.
Fresnes, él. de Meaux, 229.
Fresnes-lès-Rungis, 210.
Fresnières (Le commandeur de), 109, 118.
Fresnoy, él. de Beauvais, 245, 246, 334.
Fresnoy (Le marquis et la marquise de), 245, 246.
Fresnoy (Le commandeur de), 115.
Fresnoy (Le), él. de Coulommiers, 118.
Fresnoy (Bois du), 316.
Fresseval (Mme de), 313.
Froidmont, él. de Beauvais, 67, 334.
Fromages (Commerce des), 287, 342, 343.
Fruit (Pont-au-), 361.
Fruits (Culture et commerce des), 285-291, 293-299, 341.
Fublaines, 86.
Fulvy, 328.
Fürstenberg (Le cardinal de), 26, 51, 210.
Fursy, gentilhomme écossais, 30.
Fusain, rivière, 12.

G

Gabelles (Droits et ferme des), 202, 250, 253, 254, 279, 281.
Gagny, 35.
Gaguin (Robert), 83.
Gaillard (Jacques), 198.
Gaillonnet, 96.
Galenon. — Voyez Ganelon.
Gallardon (Le marquis de), 199.
Gallicher (MM.), 26.
Galons (Manufactures de), 337.
Galvesse (Pays de), 78.
Gambais, 222, 318, 373.
Gambaiseul, 319.
Gandelu, 78.
Gandicourt, 115.
Ganelon (Mont), 286.
Gap (L'évêque de), 35.

Garancières, 9, 373.
Garde des abbayes (Droit de), 268.
Garde gardienne (Droit de), 93, 110.
Garde-sacs (Droits de), 266.
Gardes du corps du roi, 164-168.
Garennes à lapins, 286.
Gargenville, 167, 219, 313.
Garin, évêque et chancelier, 92.
Garnay, 224.
Garonne, fleuve, 120.
Gassicourt, 95, 96.
Gastins, 90, 242, 322.
Gâtinais (Pays de), 45, 134, 142, 240, 291, 295, 296, 317, 360, 365.
Gats de Migneaux (Les), 309.
Gaudechart (La maison de), 216.

Gaules (Les), 43, 120, 121, 132, 133, 143, 252.
Gaulois (les), 130, 143, 144.
Gault (M.), 226.
Gautier (Bois), 315.
Gaza, en Palestine, 132.
Géboin, archevêque, 43.
Gendre (L'abbé Le), 90.
Généralités du royaume, 1, 191.
Généraux des aides, 186.
Généraux des finances, 187-188.
Généraux des monnaies, 195.
Genève (Le comte de). — Voyez Savoie (Philippe de).
Genlis (Le chevalier de), 118.
Génovéfains. — Voyez Augustins (Religieux).

103.

TABLE ALPHABÉTIQUE DU MÉMOIRE

Genouilly, 116.
Gentilly, 7, 41, 113.
Gentilshommes résidant dans les élections (État des), 212, 214, 216, 217, 219, 222, 224, 225, 227, 228, 231, 233, 234, 237, 239, 240, 242, 244, 246, 248, 249.
Gérard (Le bienheureux), 106.
Gerberoy, 65, 66, 130, 215.
Gercy. — Voyez Jarcy.
Germain (Saint), 136.
Germanie (Primat de), 43.
Germigny-l'Évêque, 78, 230.
Gerville. — Voyez Lagerville.
Gessé (L'abbé de), 61.
Gesvres (Le duc de), 121, 122, 128, 211, 229, 321, 385.
Gesvres-le-Duc, 12, 117, 229.
Gibier nuisible aux terres, 286.
Gien (La maison de), 145.
Gif, 7, 32.
Giffart (M.), 219.
Gilbert (Saint), 75.
Gilbert, évêque, 28.
Gilbert (Le président), 184.
Gilocourt, 358.
Girard le Noir, 169.
Gironville-sous-Buno, 290.
Gisors (Comté de), 391.
Gisy, 273, 325, 326.
Givry (Le marquis de), 243.
Glaces (Industrie des), 345.
Glandée (Droit de), 305.
Glatigny, 205, 311, 340.
Glüg (Jean), 336.
Gobelins (Rivière des), 7 (c).
Gobelins (Manufacture des), 7, 337.
Gobert (Le commandeur), 116.
Godard (M^e), 267.
Goislard (M.), 201.
Gomer de Luzancy (MM. de), 231.
Gometz-le-Châtel, 33, 205.
Gondebaud, évêque, 74.
Goudi (MM. de), 17, 19, 30, 243.
Gonesse, 8, 39, 205, 207, 257, 347, 350.
Gonzague (Louis de), 392.
Gonzague (Catherine de), duchesse de Longueville, 392, 393.

Gorgeret (MM.), 164.
Gorillon (Le commandeur de), 115.
Gossart. — Voyez Gobert.
Goths (Les), 169.
Gouaix, 56.
Gouffier (MM.), 216, 246.
Goupillières, 218, 219.
Gourgue (M. de), 210.
Gournay-sur-Marne, 5, 35, 287, 356, 369.
Goussainville, 8, 211.
Gouvernement militaire (État du), 2, 120-127.
Gouverneurs des provinces, villes ou châteaux, 120-128, 130-133, 135, 138, 140-142, 307, 382-385.
Gouvieux, 8.
Grains (Commerce des), 10, 11, 13, 134, 338, 340-343, 345, 347-350, 380.
Grammont (Ordre de), 48, 56, 59, 68, 84, 180, 382.
Grand'chambre du parlement (La), 174, 175, 179, 189, 193, 197.
Grand-Champ, él. de Joigny, 14 (c), 168.
Grand-Champ, él. de Meaux, 83.
Grand-Champ, él. de Montfort, 97, 319.
Grand Conseil (Le), 111, 173, 178-181, 184, 202, 227, 236, 323, 324, 372.
Grand prieur (M. le). — Voyez Vendôme (Philippe de).
Grand-Veneur (Croix du), 314.
Grandcour (L'abbé de la), 89, 90.
Grandcour (M. de la), 322.
Grande-Cour (Fief de la), 389.
Grandes-Dîmes (Les), 389.
Grandmaison (Fr. de Francini de), 198.
Grandpré (Le comte de), 126.
Grandpuits, 90.
Grands-Bois (Forêt des), 316.
Grands maîtres des eaux et forêts, 302, 303.
Grands-Pleurs, 237.
Grands prieurs de l'ordre de Malte, 108, 109.

Grandvilliers, 214.
Grange (Le marquis de la), 207.
Grange (A.-L. de la), 236, 266, 271, 324, 372.
Grange-Batelière (La), 20.
Grange-du-Bois (La), 320.
Grange-du-Milieu (La), 210, 347.
Grange-le-Bocage (La), 273.
Grange-Trianon (Les abbés de la), 33, 53, 68.
Granger (Les sieurs), 232.
Grasville (Le président de), 190, 316.
Graville (L'amiral de), 266.
Grèce (La), 133, 143, 195, 345.
Greffes (Produits des), 256, 263, 264, 266, 272.
Grégoire VII, pape, 43.
Grégoire IX, pape, 240.
Grégoire XV, pape, 17.
Grégoire de Tours, 18, 131, 252.
Grenadiers de la garde du roi, 166.
Greniers à sel, dépôts et juridictions, 211-214, 216, 217, 220, 222, 224, 225, 227, 229, 235, 237, 239, 240, 242, 244, 247, 248, 281, 282.
Grenoble, 163, 196.
Grès, 117.
Grieu (L'abbé de), 35.
Grignon, él. de Montfort, 222.
Grignon, él. de Paris, 206.
Grigny (M. de), 313.
Griselles, 298, 328, 367.
Grises (Sœurs), 41, 42, 52, 87, 99.
Grisy-les-Plâtres, 217.
Grisy-Suines, 210.
Gron, él. de Sens, 48.
Gros (Droit de), 275, 288, 289, 348.
Gros-Rouvres, 318.
Grosbois-Villeparisis, 35, 112.
Grueries, 205, 247, 303-307, 329, 330.
Grumesnil, 8.
Guay-Viole (Le). — Voyez Viole.
Guémené (Le prince de), 87, 229, 323.
Guérapin de Vauréal (M. de), 237.
Guérard, él. de Rozoy, 293, 322, 363, 393.

Guercheville, 391.
Guerchy, 242, 244.
Guerchy (Le marquis de), 244.
Guermantes, 36.
Guernes, 262.
Guignes, 114, 167, 374.
Guillard (Claude), 258.

Guillaume IV, duc de Normandie, 127.
Guillaume d'Auvergne, évêque, 19.
Guillemin de Courchamps (Jean), 236.
Guipéreux, 7.
Guise, en Picardie, 5.
Guise (Le duc de), 133.
Guise (Croix de), 314, 315.

Guitaud (La comtesse de), 246, 327.
Guitrancourt (M. de), 313.
Gumery, 241.
Gurcy, 240.
Guy, archevêque, 43.
Guyancourt, 205.
Guyenne (Province de), 120, 280.

H

Halatte (Forêt d'), 331, 388.
Hallot (M. de), 219.
Hambye, 50.
Hamel de Bréval (Le), 96.
Hanneucourt, 96, 219.
Hanneucourt (M. d'), 373.
Hansy (La veuve), 164.
Hanvoille (Le marquis d'), 216.
Hanyvel (M. de), 178. — Voyez Mannevillotte.
Haras de Saint-Léger, 385, 386.
Harlay (Les premiers présidents de), 176, 227, 391.
Harlay-Bonneuil (M. de), 210, 226, 229.
Harlay-Cély (L'abbé de), 34.
Harlay-Champvallon (François de), archevêque, 17, 19.
Harlay-Champvallon (Mmes de), 27, 47, 394.
Harlus (Le chevalier de), 242.
Harmes, 358, 372.
Harville des Ursins (M. de), 208, 234, 241, 311.
Haut-du-Roi (Moulin du), 114.
Haute-Bruyère, 9, 98, 318.
Haute-Maison (La), 323.
Hauteborne (Canton de), 322.
Hautefeuille, 322.
Hautefeuille (Le bailli d'), 107, 108, 117, 236.
Hautefeuille (Le marquis d'), 244.
Hauterive, él. de Juigny, 244, 377.
Hauterive (M. d'), 328.
Havre-de-Grâce (Le), 4, 281.
Haye (Forêt de la), 7.
Hayettes (Jean des), 34.
Hazaray, rivière, 8.

Hazoy (Bois du), 333.
Heaulme (Le), 288.
Hébreux (Les), 195, 252.
Heilly (Mlle d'), 134.
Héloïse, abbesse, 60.
Hennemont (Notre-Dame-d'), 309.
Hennequin de Charmont (MM.), 61, 181.
Henri II, roi de France, 29, 111, 140, 146, 182, 189, 191, 195, 197, 258, 265, 345, 347, 379, 382, 388, 391, 395.
Henri III, 29, 111, 129, 141, 172, 191, 214, 265, 266, 352, 355, 382, 386.
Henri IV, 29, 44, 92, 111, 128, 131, 133, 138, 140, 153, 176, 266, 355, 383, 385, 395.
Henri II, roi d'Angleterre, 382.
Henri VIII, roi d'Angleterre, 19.
Henri de France, évêque, 64.
Héraclius II (Saint), archevêque, 43, 46.
Hérard (Antoine), 56.
Herbert, comte de Senlis, 127.
Herbert de Vermandois, 30.
Hérivaux, 30.
Hermant (Pont), 358.
Hermé, 56.
Hermes, 358. — Voyez Harmes.
Hermière, 89, 323.
Hérouville (?), 224.
Herse (M. de), 319, 374.
Hervart (Barthélemy), 387.
Hervé (Charles-Bénigne), évêque, 35.
Heucourt (Le marquis d'), 313.
Heurtebise, 241.

Hildegaire, évêque, 139.
Hilduin, abbé, 17.
Hincmar, archevêque, 43, 74.
Hoguette (Mme de la), 235, 271.
Hoguette (Hardouin Fortin de la), archevêque, 43, 89.
Hollande (La), 152, 153, 335, 336, 341.
Hollande (Bois de), 318.
Hollande (Toiles de demi-), 340.
Hondevilliers, 323.
Honfleur, 4.
Honorius III, pape, 75.
Hôpital (Ferme de l'), él. de Coulommiers, 118.
Hôpital (Ferme de l'), él. d'Étampes, 116.
Hôpital-des-Loges (L'), 113.
Hôpitaux, 20, 39-41, 49, 50, 52, 57, 58, 62, 63, 68, 70, 73, 86, 88, 91, 93, 95, 96, 98, 99, 102, 104, 115. — Voyez Hôtels-Dieu.
Horto (Robert de), 169.
Hosdier (Jacques), 195-196.
Hospital (Louis de Vitry de l'), 140.
Hospital (Le maréchal de l'), 231.
Hospital (MM. Hurault de l'), 223, 225, 264.
Hospitalières (Religieuses), 38.
Hospitaliers de Saint-Jean de Jérusalem, 106. — Voyez Malte (Ordre de).
Hôtel-de-Ville (Juridiction de l'), à Paris, 173, 203.
Hôtels-Dieu, 20, 23, 28, 39, 41, 42, 50-53, 57, 68, 73, 86, 87, 95, 96, 99, 104, 130, 194, 265, 324, 355, 356, 373, 385.

Houdan, 9, 98, 116, 132, 147, 152, 166, 220, 321, 341, 349, 359, 373.
Hourlier (Claude), 196.
Hourlier (Claude-Charles), 199.
Houssay (Le), él. de Provins, 235, 270.
Houssaye (Robert de la), 92.
Houssaye (M. Le Peletier de la). — Voyez Le Peletier.
Housset (M. du), 271.
Houzée (La), 313.
Huet (Jacques), 164.
Hugues, fils du roi Robert, 129.
Hugues-Capet, 140, 169, 171.
Huile (Fabrication de l'), 296, 297.
Humières (Le maréchal d'), 213, 372.
Humières (La maréchale d'), 332.
Humières (Le duc d'), 130.
Humières (Mme d'), abbesse, 69.
Hurepoix (Pays de), 138.
Husson (La maison de), 145.
Hyvernaux (Notre-Dame d'), 30.

I

Iège, rivière, 14.
Igny, 7, 311.
Ildeburge. — Voyez Ingeburge.
Île-de-France (Pays et gouvernement de l'), 77, 120-138, 141, 147, 174, 218, 302, 303.
Impositions, 49, 110, 186, 202, 275-283. — Voyez Capitation, Taille, etc.
Incurables (Hôpital des), 41.
Ingeburge, reine, 113, 138.
Innocent XII, pape, 20.
Instruction publique, 41, 57, 61, 87, 97. — Voyez Colléges, Écoles, Séminaires.
Intendants des généralités, 177, 181, 185, 192.
Invalides (Hôtel des), 124.
Isabelle de France, 32, 130.
Isis (La déesse), 134.
Isle (L'), él. de Compiègne, 333.
Isle-Adam (L'), 72, 73, 114, 217, 285, 348, 359, 373.
Isle-Adam (Ansel de l'Isle, seigneur de l'), 72.
Isle-Adam (Philippe de Villiers de l'), 107.
Isle-Dieu (L'), 114.
Isle-sous-Montréal (L'), 103, 146, 147, 249, 353.
Isles-lès-Villeuoy, 375.
Issoire (La tombe), 113.
Issou, 262.
Issoudun, 275.
Issy, 32, 62.
Isuard. — Voyez Usuard.
Italie (L'), 107, 143, 158, 169, 340, 386.
Iton, rivière, 289.
Itteville, 290.
Ivry (Jean d'), 271.
Ivry-la-Bataille, 9, 10, 131.
Ivry-le-Temple, 115.
Ivry-sur-Seine, 203.

J

Jabach (Le sieur), 338.
Jablines, 229 (c).
Jacobins (Religieux), 37, 39, 48, 57, 68, 70, 385.
Jacquier (M.), 320.
Jacquin (Le sieur), 339.
Jagny, 211.
Janson (Le cardinal de), 57, 65, 68.
Janville, 213, 286, 332, 372.
Jarcy, 33.
Jard (Le), 51.
Jardins maraîchers, 285.
Jardy, 34.
Jassaud (Le président de), 185.
Jaugeage (Droit de), 275.
Jaulges, 63, 245.
Jaulnes, 296.
Jaux, 70, 167, 213, 286.
Javon (Le commandeur de), 108.
Jay (Charles Le), 30.
Jean, duc de Bourgogne, 142.
Jean VIII, pape, 43.
Jean le Bon, roi de France, 22, 186, 187, 252, 345, 382.
Jeanne de France, reine de Navarre, 95.
Jérusalem, 106, 111.
Jésuites (Maisons de), 37, 48, 70, 73.
Joigny (Élection de), 14, 16, 58, 59, 105, 144, 147, 154, 167, 241, 242, 274, 278, 279, 281, 282, 296, 308, 325, 326, 344, 352, 366, 377.
Joigny (Ville de), 4, 14, 126, 139, 144, 166, 296, 327, 344, 352, 366, 377.
Joigny (Droit de l'écu de), 366.
Joly (L'abbé), 21.
Jonquières, 286, 333.
Joran (Forêt de), 81.
Josaphat (Abbaye de), 73.
Jotrum, 75.
Jouarre, 75, 78, 81, 82, 167, 221, 268, 321.
Jourdain (Le sieur), 55.
Jourdan (Le sieur), 318.
Jouy, él. de Compiègne, 213.
Jouy-en-Josas, 34.
Jouy-l'Abbaye, 82.
Jouy-le-Châtel, 12, 90, 166, 167, 270.
Jouy-le-Comte, 114, 217.
Jouy-sur-Morin, 12, 118, 166, 167, 362.
Jouy-sur-Orge, 7.

Joyenval, 20, 309.
Joyeuse (Le cardinal de), 73, 261.
Judith de France, 171.
Juges-consuls (Juridiction des), 173, 203, 204, 240.
Juilly, 81.
Juisnes, 11.
Juisnes (Rivière de), 11, 134, 138, 360.
Jullienne (François de), 337.
Jumeauville, 262.
Jumeauville (M. Frédet de), 219.
Junca (M. du), 124.
Justices et juridictions, 2, 19, 20, 23, 24, 46, 78, 79, 110, 169-249.
Justinien (Code de), 252.
Juziers, 262.

L

Labbé (M.), 328.
Labourage (État du), 284-299.
Ladon, 350.
Laduz, 242.
Lady, 90.
Lagerville, 116.
Lagneville, 285.
Lagny, 5, 20, 30, 31, 41, 127, 135, 137, 138, 147, 164, 205, 268, 281, 282, 320, 347, 356, 369, 370.
Lagny-le-Sec, 117.
Laignes, 15, 298, 353, 367.
Laigneville, 114.
Laigue (Forêt de), 330, 339.
Lailly, 325.
Laines (Production et commerce des), 137, 338, 340, 343.
Lainville, 219, 262, 313.
Lamas (MM.), 154.
Lambert (L'abbé), 33, 36.
Lambert (Le président), 184, 242, 325.
Lamoignon (Le premier président de), 178.
Lamoignon (Le président de), 178, 208, 306.
Lamoignon-Báville (Nicolas de), 209.
Lamoignon-Courson (G.-U. de), 138.
Lancy-Raray (M. de), 260. — Voyez Raray.
Laude (Le marquis de la), 206.
Landelle (La), 115.
Langlois (Augustin-Nicolas), 198.
Langres (Diocèse de), 16, 62, 99, 101, 102.
Langres (Ville de), 5, 126, 240.
Langue d'oc (La) et la langue d'oïl, 191.
Langues ou nations de l'ordre de Malte, 107.
Languet (Guillaume), 328.
Lanmary (Le marquis de), 391.
Lannion (Le comte de), 323.
Lannoy-Briostel, 67.
Laon (Diocèse et ville de), 214, 313, 330.
Larchant, 292, 350.
Larcher (Fief), 389.
Larcher (L'abbé), 100.
Larcher (Le président), 185.
Lardé (Fief), 213.
Larzicourt, 269.
Latiniacum, 137.
Latium (Le), 189.
Laubier (Roch), 164.
Launac (M. de), 237, 324.
Launay, él. de Dreux, 116.
Launay, él. de Paris, 112.
Launay (L'abbé de), 30.
Lautrec (M. de), 392.
Laval, él. de Paris, 36.
Laval (Guy, comte de). — Voyez Lautrec.
Laval (La marquise de), 269, 320.
Lavardin (Le marquis de), 226.
Lavau (Bois de), 330.
Lave, pierre, 299.
Laversan, 391.
Lavocat (L'abbé), 99.
Lay (Le), 73, 312, 333.
Laye Forêt de), 308.
Lecat (L'abbé), 61.
Leclerc (Jean), 76.
Lecoq (L'abbé), 98, 318.
Lefèvre de la Malmaison (Mme), abbesse, 27.
Lefèvre de Laubrière (L'abbé), 82.
Legras (L'abbé), 94.
Lelierre (Mme), abbesse, 32.
Lemoine (Le cardinal), 75.
Lendit (Foire du), 345, 346.
Léon X, pape, 44.
Lesches, él. de Meaux, 229.
Lescot (Étienne), 379.
Lesdiguières (La duchesse de), 243, 327, 377.
Lésigny, 207.
Lesseville (MM. de), 34, 264.
Leudon, 87.
Lévain (Saint), 92.
Levant (Pays du), 106.
Lévêque (M.), 82.
Levis (La maison de), 213.
Lévy-Saint-Nom, 206.
Lézinnes, 101, 345 (c), 367 (c).
Lhautie. — Voyez Lhotie.
Lhermitte (La veuve), 326.
Lhotie (Bois de), 311, (c).
Liancourt, 8, 285.
Liancourt (M. de), 259.
Lieutenants de roi et lieutenants généraux (État des), 121-127.
Lièvre (M. Le), marquis de la Grange, 207.
Lignières, él. de Saint-Florentin, 345.
Lignières (M. de), 155.
Ligny, él. de Tonnerre, 247, 353, 366.
Ligny (Jean de), évêque, 77.
Ligue (La), 128, 131, 140.
Lihus, 216.
Lille, en Flandre, 204.
Lillebonne (La princesse de), 230, 321.
Limaçon (Porte de), 130.
Limay, 167, 218, 262.
Limisso, en Chypre, 106.

Limoges (Ville et généralité de), 163, 182, 280.
Limours, 33, 38, 138, 205, 206, 304, 306.
Limousin (Pays de), 360.
Lin (Culture du), 340.
Linas, 30, 114, 165.
Lionne (A. de), évêque, 84, 89.
Lionne (L'abbé de), 28, 84, 94, 322.
Livilliers, 217.
Livry, él. de Melun, 52.
Livry (Le marquis de). — Voyez Sanguin.
Livry-en-Launois, 31, 164, 207, 304.
Lizines, 167 (e), 237.
Lizy, 12, 76, 167, 230, 350, 363, 375.
Lochefontaine (Le sieur de). — Voyez Arnolet.
Lods et ventes (Droits de), 251, 256, 257, 261, 266, 268, 270.
Loge (Le sieur de la), 333.
Logement et étapes des troupes, 164-168.
Loing, rivière, 5, 6, 11, 13, 14, 117, 135, 292, 298, 361, 365.
Loire, fleuve, 2, 5, 6, 120.
Lombard (Pierre), évêque, 19.
Lombards (Les), 169.
Londres, en Angleterre, 344.
Longaunay de Franqueville (Mme de), abbesse, 27.
Longchamps, près Paris, 32, 307, 333.
Longjumeau, 35, 112, 113, 206.
Longnes, 167.
Longni, 10.
Longperrier, 229.
Longpont, él. de Paris, 36.
Longueil (MM. de), 176, 311. — Voyez Maisons.
Longueil-Maisons (Mme de), 33.
Longueil-Sainte-Marie, 286.
Longueil-sous-Tourottes, 213.

Longuerue (L'abbé de), 51.
Longueville, él. de Provins, 271.
Longueville (La maison de), 131, 269, 390, 392, 393.
Longvillers, 166.
Looze, 327.
Looze (M. de), 327.
Loppin (L'abbé), 100.
Lor (Pierre de), 164.
Lorge (Le maréchal de), 165.
Lormes, 104, 146, 147, 249, 353.
Lorraine (Pays de), 219.
Lorraine (La maison de), 260, 280.
Lorraine (L'abbé de), 80, 94, 321.
Lorraine (Le chevalier de), 312.
Lorraine (Le duc de), 280.
Lorrez-le-Bocage, 53, 227, 267.
Lorris, 227, 240.
Lorthon (P. de), 85.
Lothaire, empereur, 145.
Loubère (L'abbé de la), 84.
Louette, rivière, 11.
Loueuse, 216.
Louis Ier le Débonnaire, roi de France, 17, 126, 137, 145.
Louis II le Bègue, 69.
Louis III le Germanique, 145.
Louis IV d'Outremer, 171.
Louis V le Fainéant, 69.
Louis VI le Gros, 32, 43, 94, 99, 133, 138, 240, 265.
Louis VII le Jeune, 22, 45, 103, 110, 145, 240, 265, 382.
Louis IX, 72, 73, 92, 129, 131, 132, 136, 182, 231, 240, 315, 382, 384, 385.
Louis XI, 23, 30, 72, 79, 83, 111, 121, 130, 134, 175, 182, 188, 220, 253, 379, 385, 388, 390, 394.
Louis XII, 22, 84, 121, 134, 180, 266, 269, 345, 390, 391.
Louis XIII, 17, 29, 84, 92, 111, 189, 192, 242, 354, 383, 384, 388.

Louis XIV, 122, 124, 126, 154, 155, 157, 193, 202, 210, 213, 353, 356-363, 365, 366, 370, 372, 376, 377, 380, 382-385, 388, 391.
Louis, dauphin de France. — Voyez Monseigneur.
Louis, cinquième fils de Philippe III, 389.
Loup, évêque, 136.
Louppes, 186.
Lourcine (Rue de), 113.
Lourps, 237, 271.
Louveciennes, 311.
Louviers ou Louvières, 114.
Louviers, en Normandie, 10.
Louviers (L'Île), à Paris, 354.
Louvois (L'abbé de), 60.
Louvois (Le marquis de), 14, 145, 247, 248, 345.
Louvois (Mme de), 247, 310, 328.
Louvre (Palais du), 124, 173, 203, 225, 257.
Louvres-en-Parisis, 8, 165, 207, 347.
Loyson (Jean), 164.
Lucien (Saint), 63, 91.
Lude (La duchesse du), 207.
Luillier (La maison), 153.
Lunigny, 153, 322, 393.
Lunain, rivière, 12.
Lusancy, 375, 379.
Lusignan (Jean de), 106.
Lusignan. — Voyez Rogres.
Luther (Martin), 76.
Luxembourg (Le duc de), 212.
Luxembourg (La maison de), 392.
Luynes (Mme de), abbesse, 36.
Luzarches, 30, 38, 347.
Lyon (Ville et généralité de), 6, 43, 59, 108, 144, 163, 174, 182, 204, 280, 346.
Lyons (Humbert de), 186.
Lyons (Jean des), 91, 93.
Lys (Le), 51, 315.

M

Mablon (Christophe), 164.
Machy (Le sieur de), 273.
Mâcon, él. de Nogent, 238.
Mâconnais (Pays de), 174.
Madeleine (Sainte), 106.
Madeleine (Foires de la), 347, 348.
Madeleine (Maisons religieuses de la), 38, 39, 47, 59, 90, 98, 102, 248.
Madrid (Château de), 307.
Mafflier (Droit de), 373.
Maffliers, 68, 165, 210, 373.
Magdelaine-de-l'Ortie (La), 90.
Magdeleine de Ragny (La maison de la), 248.
Magnanville (M. de), 313 (c).
Magny-en-Vexin, 71, 114, 214.
Magny-Saint-Loup, 117.
Mahout (Le sieur), 267.
Mahomet, prophète, 107.
Muignac (Aymery de), évêque, 19.
Mail (Château du), 112.
Maillard ou les Maillards, 323.
Maincourt, 206.
Maincy, 11, 226.
Maine (Pays du), 174.
Maine (Régiment du), 166.
Maintenon, 10, 360.
Mairat (M. Le), 206.
Maison-Fontenailles (M. de), 181.
Maison-Neuve, él. de Coulommiers, 118, 323.
Maison-Rouge (La), él. de Coulommiers, 118.
Maisoncelles, 233, 237, 322.
Maisons (Le président de), 176, 208, 221, 309, 318, 370.
Maisons royales et châteaux, 88, 94, 260, 261, 268, 269, 380-397.
Maisons-sur-Seine, 4, 207, 370.
Maisse, 50, 290, 349, 360, 361.
Maître (Jean Le), 274.
Maîtres des requêtes, 176, 180.
Maîtrises des eaux et forêts, 196, 197, 211, 213, 220, 222, 226,

227, 229, 235, 237, 240, 303-334.
Maladeries, 20, 41, 49, 51, 58, 62, 87, 104.
Mâlay-le-Roi, 241, 242, 325, 344.
Mâlay-le-Vicomte, 273, 366.
Malcau (L'abbé), 50.
Malebranche (M. de), 211, 319.
Malesherbes, 11 (c).
Malicorne, 244.
Maligny, 245, 246, 327, 352.
Malingueben (Le sieur de), 214.
Malmaison (La), 118, 244, 318, 322.
Malnoue, él. de Paris, 33.
Malnoue-les-Moines, 85.
Malo (MM. de), 318.
Malte (Île de), 107, 109.
Malte (Ordre de), 106-119, 138, 180, 242.
Malvoisine (Buisson de), 322.
Mancini (Laure), duchesse de Mercœur, 266.
Mannehoult. — Voyez Manou.
Mannevillette, 216.
Manosque (Bailliage de), 108.
Manou, 116.
Mantes (Élection de), 9, 95, 105, 115, 125, 147, 150, 152, 166, 167, 217, 218, 220, 261, 263, 278, 279, 281-283, 288, 289, 303, 308, 312-314, 341, 348, 359, 373.
Mantes (Ville de), 4, 95, 96, 125, 127, 131, 132, 147, 148, 152, 164, 262, 263, 313, 314, 341, 348, 359, 373, 389.
Mantes-la-Ville, 9, 218.
Manuels (Droits), 281.
Manufactures (Juridiction de), 222.
Manufactures et commerce, 335-345.
Marais (Dessèchement des), 285-299.
Marbeuf (M. de), 180.
Marbres (Exploitations de), 295, 378, 396.
Marc-Aurèle, empereur, 18.

Marca (Pierre de), archevêque, 19.
Marcellat (Savinien), 273.
Marchand (François), 164.
Marchands (Corps des), 204, 205.
Marchaumont (M. de), 259.
Marchautreuil. — Voyez Mare-Chantreux (La).
Marche (Le comte et la comtesse de la), 389, 390.
Marchés. — Voyez Foires et marchés.
Marcilly-sur-Seine, 3.
Marck (Robert de la). — Voyez Bouillon (Le duc de).
Marcoussis, 33, 113, 207, 315.
Marcy, 368.
Mardelin, 330.
Mardilly, 12.
Mare-Chantreux (La), 317.
Maréchaussées (Corps et siéges de), 173, 197, 198, 214, 216, 217, 220, 222, 224, 225, 227, 229, 235, 240, 247, 248.
Maréchaux de France, 267.
Mareil-en-France, 211.
Mareil-la-Guyon, 318.
Mareil-sur-Mauldre, 9.
Marets (Les), 236.
Marets (Le comte des), 125 (c), 236.
Mareuil (Fief de), 389.
Mareuil (N. de), 109.
Mareuil-sous-Marly, 205.
Mareuil-sur-Ourcq, 12.
Margny, 286, 339.
Marguah, en Asie, 106.
Marguerite de France, 259, 260, 266, 307.
Marie de Médicis, 92, 246.
Marie (Christophe), 354.
Marie (Pont), 354, 355.
Marie-Thérèse, reine, 84.
Marigny, él. de Compiègne, 213.
Marigny-le-Châtel, 13.
Marines, 73, 288, 348.
Marivault (Le marquis de), 72.
Marles, él. de Rozoy, 322.

Marlorat (Augustin), 137.
Marly (Château et bourg de), 34, 39, 205, 308, 311, 381.
Marly-la-Ville, 165.
Marmiesse (L'abbé de), 101.
Marmousse, 224.
Marmoutiers, 82, 84.
Marnay, 61, 364.
Marne, rivière, 2, 4, 5, 12, 78, 120, 125, 126, 137, 139, 281, 285, 308, 356, 362, 369, 370, 375, 382.
Marne pour amender les terres, 293, 296.
Marnoue. — Voyez Malnoue.
Marolles, él. de Dreux, 35.
Marolles-en-Brie, 35.
Marolles-sur-Seine, 239, 317, 376.
Marquéglise, 333.
Mars (Hôtel royal de). — Voyez Invalides.
Marsan (Mme de), 247.
Marseille, él. de Beauvais, 348.
Marseille, en Provence, 120, 163.
Marseille (Le sieur), 335.
Marsin (Le comte de), 223.
Martellière (M. de la), 234, 323.
Martigny, 232.
Martigues, 106.
Martin (Nicolas), 164.
Martinozzi. — Voyez Conti (La princesse de).
Martinvast (Le commandeur de), 115.
Martyr (Pierre), 137.
Mary, 230, 375.
Mas (L'abbé du), 36.
Massouris, 315.
Massy, 206.
Matha (Jean de), 83.
Mathieu (Le sieur), 319.
Mathurins (Religieux), 37, 38, 50, 52, 70, 73, 85, 181, 311.
Maubuisson, 72, 312.
Mauldre, rivière, 9, 359.
Maule-sur-Mandre, 9, 208, 310, 359.
Maulévrier (L'abbé de), 82.
Maulévrier (Le comte de), 209, 391, 392.

Maulnes (Forêt de), 328.
Maulny, 117, 271.
Maunil (Buisson de), 320.
Maupeou (Auguste de), évêque, 67.
Maupeou. — Voyez Ableiges.
Maupertuis, él. de Coulommiers, 234.
Maupertuis (M. de), 234, 322.
Maupoix (Jacques), 164.
Mauregard, él. de Meaux, 84, 230.
Mauregard, él. de Senlis, 389.
Maurepas, 9, 221.
Mayenne (Le duc de), 131.
Mazarin (Le cardinal), 40, 266, 382.
Mazarin (Collège), 21.
Meaux (Diocèse de), 16, 17, 20, 44, 45, 63, 66, 74-91, 95, 105, 231.
Meaux (Élection de), 12, 117, 147, 153, 166, 167, 228, 229, 231, 268, 278, 279, 281-283, 293, 303, 319, 320, 342, 350, 362, 363, 375, 379.
Meaux (Ville de), 5, 75-87, 105, 112, 117, 126, 139, 140, 147, 149, 164, 166, 167, 228, 229, 231, 234, 235, 239, 268, 293, 320, 321, 342, 350, 362, 363, 375, 385.
Meaux (La maison de), 231.
Médan, 310.
Médicis. — Voyez Catherine et Marie de Médicis.
Méditerranée (Mer), 6, 107.
Médovée, évêque, 74.
Meillcray, 87, 294.
Meilleraye (Mme de la), 51.
Melcianus pagus, 78.
Meldicus ager, 78.
Méliand (V.-A.), évêque, 35.
Melodunum, 134.
Melot (La veuve), 376.
Melphe (Ville de), 106.
Melun (Élection de), 6, 11, 16, 51, 147, 152, 166, 167, 210, 278, 279, 281, 282, 290, 303, 315, 342, 349, 360, 361, 374.
Melun (Ville de), 4, 11, 45, 51, 52, 87, 105, 114, 125, 127,

134, 135, 138, 143, 147, 149, 165, 166, 225-228, 231, 233, 239, 241, 258, 266, 316, 342, 349, 356, 361, 374.
Melun (La maison de), 43.
Melz-la-Magdelaine (Le), 56, 271.
Melz-sur-Seine, 117.
Ménars (Le président de), 177, 206, 370.
Ménil-Amelot (Le), 230.
Menjot (Jean), 322.
Mennecy, 36, 114, 210, 347.
Menucourt (Le seigneur de), 312.
Menus cens (Droits de), 262.
Merci (Ordre de la), 37, 56.
Mercier (Pierre), 164.
Mercœur (Le duc et les duchesses de), 266, 395.
Mercure (Le dieu), 133.
Méré (M. de), 53.
Méré-Saint-Magloire, 97.
Méréville, 11 (c), 50, 167, 224, 225, 349.
Méricourt (Le sieur de), 196.
Mériel (Jean), 264.
Mérinville, 11 (c), 329.
Merry-Sec, 248.
Merry-sur-Yonne, 326.
Méru, 215, 348.
Merville. — Voyez Méréville.
Méry-sur-Oise, 217, 312, 373.
Mesly, 112.
Mesmes (L'abbé de), 34.
Mesmes (Les présidents de), 177, 206, 258, 304.
Mesnil (Le chevalier du), 167.
Mesnil-Cornuel (Le), 360.
Mesnil-Saint-Georges (Le), 245.
Mesnil-Saint-Loup (Le), 119.
Mesnil-Simon (Le), 319.
Mesnuls (Les), 9.
Messelant, 115.
Messin (Pays), 219.
Messy, 230.
Mesurage (Droit de), 264, 266.
Metz (Ville et évêché de), 163, 184, 190, 196, 280, 325.
Metz (Le président du), 184, 185.
Metz-le-Maréchal, 267.

Meudon, 4, 39, 123, 206, 381.
Meulan, 4, 71, 96, 127, 131, 147, 164, 218, 220, 263, 264, 308, 312, 341, 349, 359, 373, 389.
Meunier (Nicolas), général des Trinitaires, 85.
Meux (Le), 214, 286, 389 (c).
Mézeray (François-Eudes de), 254.
Mézières, él. de Saint-Florentin, 245.
Mézières, él. de Tonnerre, 101.
Mézières-en-Drouais, 223.
Migennes, 242, 244, 326, 327, 377.
Mignard (Pierre), 386.
Migneaux (Les Gats de), 309.
Mignerette, 292.
Milices (État des), 154, 155.
Millemont, 9, 318.
Milly, él. de Beauvais, 8, 67, 214, 215, 260, 358, 372.
Milly, él. de Melun, 11, 51, 135, 147, 166, 226, 316 (c), 349.
Milly-les-Granges, 52.
Milon, comte de Tonnerre, 100.
Milon (L.), évêque, 67.
Minage (Droit de), 257, 268, 272, 273, 351.
Mines et carrières, 377-380.
Minimes (Religieux), 37, 38, 57, 68, 70, 87, 102, 308, 382.
Mirepoix (Le marquis de), 213.
Miron (M.), 268.
Miry, 237.
Mission (Pères de la), 37, 39, 52.
Mitry, 87, 112, 139, 166.
Moilleron (Claude), 203.
Moires (Fabrication des), 337.
Moisenay, 52.
Moisselles, 8, 207.
Moissy-Cramayel, 37, 206.
Moisy-le-Temple, 117.
Molé (L'abbé), 30, 81, 94.
Molé (MM.), 176, 177, 323.
Molesme, 62, 100 (c), 328, 353, 367, 377.
Molières (Les), 205.
Molinons, 14, 326, 366.
Monastères et maisons religieuses,
37-39, 48-50, 52, 54, 57-59, 61, 63, 68, 70, 71, 73, 85, 86, 88, 91, 94-96, 98, 99, 101-103.
Monceau, él. de Meaux, 117.
Monceaux, él. de Paris, 210.
Monceaux-le-Comte, 368, 379.
Monchy-Humières, 8, 69, 71, 213, 332, 358.
Monduette, montagne, 286.
Monetales (Tres viri), 195.
Monnaies (Cour des), 173, 195.
Monnaies (Prévôt général des), 198.
Monnerot (Pierre), 387.
Monseigneur, dauphin de France, 39, 206.
Monsieur, frère de Charles IX, 259.
Monsieur, duc d'Orléans, frère de Louis XIV, 6, 128, 213, 267, 374, 386, 387, 391.
Monstrelet (Enguerrand de), 254.
Mont-d'Athis (Le), 357. — Voyez Athis.
Mont-des-Faucilles (Le), 5.
Mont-Saint-Martin (Le), en Picardie, 45.
Mont-Saint-Sulpice (Le), 244.
Mont-Valérien (Le), 39, 284.
Montacher, 326.
Montagnes et collines de la généralité, 3, 5, 284-298, 363, 379.
Montagny, 389.
Montagny (Le sieur de), 194.
Montaigny (Le sieur), 310.
Montaigu (Hôpital de), 117.
Montainville, 9.
Montalais (M. de), 292.
Montalet, 96, 262.
Montargis, 5, 6, 11, 29, 227, 228, 241, 242, 244, 291.
Montataire, 9, 94, 114, 285.
Montataire (M. de), 259.
Montauban, 163, 182.
Montbéon, 48.
Montbron (Le comte de), 236, 271.
Montceaux, él. de Meaux, 78, 85, 140, 268, 320, 375, 385.
Montceaux-lès-Provins, 56.
Montcel (Le), 95, 259, 371.
Montcel (Le sieur du), 202.

Montchal (Mme de), 238.
Montchauvet, 394.
Montchavert (Bois de), 334.
Montchevreuil (L'abbé de), 67.
Montchevreuil (MM. de), 216, 383.
Montchevreuil (Mme de), 27, 81.
Montdidier, en Picardie, 214.
Montebise (M. de), 232, 234, 323.
Montéjart. — Voyez Montessart.
Montelon, 242.
Montépilloy (Bosquet de), 332.
Montereau (Élection de), 6, 13, 16, 57, 147, 154, 166, 167, 235, 239, 241, 278, 279, 281, 282, 295, 303, 314, 316, 343, 351, 360, 365, 376.
Montereau (Ville de), 4, 57, 58, 105, 126, 139, 142, 147, 149, 165, 166, 266, 272, 295, 351, 365, 376.
Montespan (La marquise de), 310, 311.
Montessart, 112.
Montfermeil, 35, 347.
Montfey, 63, 245.
Montfort (Forêt de), 9, 303, 317, 318.
Montfort (François de Bretagne, comte de), 220.
Montfort (Le duc de Chevreuse-), 132.
Montfort-l'Amaury (Comté de), 264.
Montfort-l'Amaury (Élection de), 9, 16, 96, 105, 125, 127, 147, 149, 152, 166, 167, 220-222, 224, 264, 278, 279, 281-283, 289, 341, 349, 359, 360, 375.
Montfort-l'Amaury (Ville de), 96, 98, 105, 132, 220, 349, 373, 385.
Montfort-l'Amaury (Les comtes de), 132.
Montgé, 229.
Montglas, 235, 270.
Montglas (Le marquis de), 270.
Monthyon, 84, 112, 164 (c).
Montierlicu, 62.
Montiers, él. de Clermont, 8.
Montifaux, 389.

104.

TABLE ALPHABÉTIQUE DU MÉMOIRE

Montigny, él. de Montereau, 376.
Montigny, él. de Saint-Florentin, 245.
Montigny-l'Allier, 84, 117, 229.
Montigny-Lencoupe, 239, 317.
Montigny-lès-Cormeilles, 207.
Montil-les-Tours (Le), 379.
Montirault ou Montivault, 62.
Montjay-la-Tour, 35, 208, 370.
Montléart (M. de), 135 (c), 228, 330.
Montleu, 62.
Montlévêque, 389.
Montlhéry, 20, 36, 165, 205, 208, 258, 304, 305, 357, 370.
Montlouet (MM. de), 96, 310.
Montmagny, 211.
Montmartin, 8, 333.
Montmartre, 32, 284.
Montmartre (Jean de), 164.
Montmirail, 12, 364.
Montmorel (L'abbé de), 67.
Montmorency, 20, 30, 38, 111, 112, 205, 207, 211, 308, 338, 347, 370, 388, 389, 395-397.
Montmorency (La maison de), 80, 385, 387, 388, 395.
Montmorency (Alice de), 132.
Montmorency (Anne de), 133, 259, 385, 388, 395.
Montmorency (François de), 123.
Montmorency-Damville (Henri de), 38.
Montmorency de la Rochepot (François de), 123.
Montmorency-Luxembourg (A.-C. de), 393.
Montpellier, en Languedoc, 67, 131, 163, 164, 181.
Montreuil, él. de Paris (?), 164.
Montreuil-sur-Mer, 199.

Montrouge, près Paris, 113.
Monts (L'abbé de), 47 (c), 58.
Morainvilliers, 310.
Morangles, 94.
Morée (La), 108, 113.
Morentius, propréteur, 395.
Moressart, 85.
Moret, 13, 58, 139, 142, 147, 167, 239, 242, 273, 295, 352, 365, 376.
Morfontaine (M. de), 236, 371.
Morienval, 69, 167, 286.
Morigny, 49, 213, 349.
Morillière (M. de la), 312.
Morimont-en-Bassigny, 100, 101.
Morin, rivière, 12, 75, 231, 268, 362-364.
Morlaine, 115.
Mormant, 114.
Mornay-Montchevreuil.—Voyez Montchevreuil.
Morsang, 7.
Mort-bois (Emploi du), 160, 161.
Mortcerf, 89, 153, 322.
Mortery, 271.
Morvan (Pays du), 4 (c), 150, 298, 299, 345, 367.
Mosne (Forêt de). — Voyez Maulnes.
Mosny. — Voyez Maulny.
Mothe (La), él. de Joigny, 242.
Mothe (La), él. de Nogent, 238.
Mothe-aux-Aulnais (La), 377.
Mothe-Houdancourt (Le maréchal et la maréchale de la), 212, 214, 259, 333, 358, 371.
Mothe-Houdancourt (M. de la), archevêque, 213, 214.
Mothe-Houdancourt (Le comte de la), 214.

Mothe-Houdancourt (Le marquis de la), 214.
Motheux (Bois de), 317.
Motte-d'Oysemont (La), 213.
Motte-Tilly (La), 48.
Motteau d'Évecquemont (Le), 263.
Mouche (Jean de la), 270.
Mouchy-le-Châtel, 66, 215, 287, 372.
Moufle (La), 116.
Moulage des bois (Droit de), 268.
Moulineux, 11.
Moulins, él. de Tonnerre, 328.
Moulins (Généralité et ville de), 4, 181-183, 279.
Moulins divers, à blé, à foulon, à poudre, etc., 8-15, 112, 114-119, 161, 257, 263-266, 268-273, 344, 356, 357, 376, 379.
Moulins banaux, 257, 265, 272, 273.
Moulins (Philippe de), 188.
Moulins (Pont-aux-), 361.
Mourbois, 306.
Mouroux, 167.
Mours, 206.
Mousseau (Le), 221, 245.
Moussy-le-Neuf, 34, 208.
Moussy-le-Vieil, 230.
Moustiers (Le sieur de), 181.
Moutiers (Étangs de), 11.
Moutons (Élevage des), 287, 288, 293, 296.
Mouturage (Droit de), 265.
Mouy, 215, 340, 348, 358.
Muette (La), él. de Melun, 13.
Mulcien (Pays), 78. — Voyez *Melcianus pagus*.
Mureaux (Les), 263, 349.
Mutel (Nicolas), 164.

N

Nage-par-eau (Droit de), 262.
Nain (Claude Le), 330. — Voyez Beaumont.
Nancy, 187.
Nangis, 11, 94, 117, 126, 141, 147, 166, 232, 323, 351, 375.

Nangis (Le marquis de), 375. — Voyez Brichanteau.
Nanterre, 38.
Nantes (Édit de), 151, 152.
Nanteuil-le-Haudouin, 8, 84, 229.
Nantilly, 374.

Nantouillet, él. de Meaux, 44.
Nantouillet (Les marquis de), 230, 244.
Naples (Royaume de), 106.
Narbonnaise (La), 120, 252.
Narbonne (Le duc de), 132.

Narbonne (Ville et comté de), 269, 274, 391.
Narbonne (Le vicomte de), 390.
Natalibus (Pierre de), 42.
Navailles (Mme de), abbesse, 33.
Navarre (Collège de), 19.
Navarre (Les rois de), 131, 141, 266, 269, 389-391, 394.
Navigation. — Voyez Rivières.
Neauphle-le-Châtel, 221, 349.
Neauphle-le-Vieux, 9, 96, 98, 318.
Neerwinden (Bataille de), 394.
Nemours (Duché de), 135, 227, 267, 389-391.
Nemours (Élection de), 5, 11, 13, 16, 52, 116, 147, 153, 166, 167, 228, 279, 281, 282, 291, 303, 342, 349, 360-362, 374, 375.
Nemours (Ville de), 53, 105, 116, 117, 125, 127, 135, 147, 149, 165, 166, 227, 228, 291, 329, 349, 361, 374, 389.
Nemours (Les ducs de), 267, 268, 391.
Nemours (Anne d'Este, duchesse de), 267.
Nemours (Marie d'Orléans, duchesse de), 234, 264, 265, 269, 315, 319, 321, 360, 371, 392, 393.
Nemours (Mlle de), reine de Portugal, 391.
Nemours (Guillaume de), évêque, 75.
Néron, empereur, 144.
Néronville, 53.
Nesles, él. de Rozoy, 89, 117, 233.
Nesles (Le seigneur de), 312.
Neufchâtel, en Picardie, 8.
Neufchelles, 12.
Neuilly, él. de Joigny, 242, 243.

Neuilly, él. de Paris, 357.
Neuilly, él. de Pontoise, 288.
Neuilly-en-Thelle, 114.
Neuilly-Saint-Front, 321.
Neufville, él. de Pontoise, 206.
Neuville-en-Hez (La), 214.
Neuville-Gambais, 221, 318.
Neuvy, 63, 168 (c), 352.
Nevers, 45, 143, 249, 329.
Nevers (La maison de), 145.
Nevers (Le duc de), 229.
Nézel, 9, 359.
Nicey, 298, 328.
Nicolay (Le président), 184, 211.
Nicolo dell'Abbate, 248.
Nithard, historien, 126.
Nivelle (L'abbé), 100.
Nivernais (Pays de), 1, 114, 145, 146, 174, 345, 367, 368.
Nivert (Augustin), 237.
Noailles (Le bailli de), 114.
Noailles (Le cardinal de), 18, 19.
Noailles (Le maréchal de), 66, 164, 209, 215, 238, 372.
Noblet (L'abbé), 50.
Noé, él. de Sens, 242, 325, 326.
Noëfort (Saint-Nicolas-de-), 85.
Nogent, él. de Paris, 113.
Nogent (La comtesse de), 319.
Nogent-le-Roi, 10, 394.
Nogent-les-Vierges, 8, 94.
Nogent-sur-Marne, 164, 382.
Nogent-sur-Seine (Élection de), 3, 13, 16, 59, 105, 147, 149, 154, 166, 167, 237, 238, 272, 279, 281, 282, 285, 295, 303, 344, 325, 343, 351, 364, 365, 376.
Nogent-sur-Seine (Ville de), 3, 60-62, 126, 139, 142, 147, 154,

166, 237, 238, 272, 297, 343, 351, 364, 376, 389.
Noir (M. Le), 190.
Noir (Mme Le), 263.
Noirmoutier (L'abbé de), 31, 320.
Noiron-sur-Seine, 328.
Noisemont, 118.
Noisy-le-Roi, 39, 98.
Noisy-le-Sec, 206.
Noisy-sur-École, 11, 54.
Noisy-sur-Oise, 333.
Nolongue (Bois de), 321.
Nonette, rivière, 8.
Norbert (Saint), 60.
Normandie (Province de), 1, 4, 10, 120, 127, 171, 187, 191, 288, 289, 341, 391.
Normant (L'abbé Le), 58.
Notaires. — Voyez Contrôle des actes.
Notre-Dame (Bois de), 316.
Notre-Dame (Les *Filles* de), 25.
Notre-Dame-de-Grand-Champ, prieuré, 321.
Notre-Dame-de-la-Consolation. — Voyez Cherche-Midi.
Notre-Dame-de-Liesse, 38.
Notre-Dame. — Voyez Hennemont, Pommeraye.
Nouët (L'abbé), 50.
Nouveaux convertis, 64, 104, 151-154.
Nouvelles (Bois des), 318.
Novales (Droit de), 110.
Novion (Le marquis de), 210.
Novion (Les présidents de), 177.
Noyen, 238.
Noyers (Culture des), 288, 294-299.
Noyon, 65, 113.
Nundinæ (Foires des), 345.
Nyert (MM. de), 124, 221, 318, 373.

O

O (Le commandeur d'), 117.
O (Le marquis d'), 309, 333.
Obton, ruisseau, 359.
Océane (Mer), 120.
Ocquerre, 229.
Ocre, rivière, 14 (c).

Octrois (Droits d'), 274, 344, 359, 360, 374, 376.
Odon de Bourgogne, 100.
Officialité (Tribunaux d'), 20, 23, 216.
Oise, rivière, 2, 4, 5, 8, 9, 69, 131,

217, 281, 286, 338, 339, 341, 357, 358, 371-373, 385, 397.
Oissery, 78, 80, 85, 230.
Olier de Nointel (Le commandeur), 115.
Olivier (Jacques), 390.

Ollier (M.), 322.
Ollivier (Le chancelier), 236.
Omécourt, 8.
Or (Mines d'), 378, 379.
Oradour (Mme d'), 36.
Orangis, 112.
Oratoriens (Religieux), 37, 57, 73, 81, 84, 85, 98, 323.
Orge, rivière, 7, 357.
Orgemont (Le chancelier d'), 138, 387.
Orgemont (Marguerite d'), 387, 388.
Orgerus, 9, 221, 318, 349.
Orgeval, él. de Paris, 310.
Orgeval (Le marquis d'), 310.
Orient (L'), 132.
Oriflamme de France (L'), 74.
Origny, 5.
Orléans (Canal d'), 2, 5, 6.
Orléans (Évêché d'), 17, 20, 45.
Orléans (Forêt d'), 5, 11.
Orléans (Généralité et gouvernement d'), 1, 6, 16, 116, 120, 133,
163, 182, 206, 218, 279, 334.
Orléans (Ville d'), 134, 150, 235, 342, 357, 374.
Orléans (Charles, duc d'), 22, 129.
Orléans (Charlotte d'), 390.
Orléans (Gaston, duc d'), 128, 228.
Orléans (Louis, duc d'), 188.
Orléans (Marie d'), vicomtesse de Narbonne, 390.
Orléans (Philippe, duc d'). — Voyez Monsieur.
Orléans (Mmes d'), 306.
Orléans-Rothelin. — Voyez Rothelin.
Orme (L'), él. de Provins, 237.
Ormeaux (Les), 238.
Ormes (Les), él. de Joigny, 327.
Ormes (Les), él. de Provins, 363.
Ormesson (L'abbé d'), 65, 67.
Ormesson (Île d').—Voyez Armesson.
Ormont, 81.
Ormoy, él. de Joigny, 244, 377.
Ormoy, él. de Montfort, 221.
Ormoy, él. de Paris, 210.
Orrouy, 8.
Orsay, 33.
Ortie (La Magdelaine-de-l'), 90.
Orval (L'abbé d'), 100.
Orval (Le comte d'), 192.
Orval (Mme d'), abbesse, 32.
Orvanne. — Voyez Ravanne.
Orvilliers (Le commandeur d'), 117.
Orvin, rivière, 13.
Othe (Forêt d'), 297, 327.
Othon, empereur, 4, 94.
Otrante, 132.
Ottemons (Fief des), 389.
Ouanne, rivière, 14, 366.
Oudart (Jérôme), 164.
Oudeuil, 372.
Ourcq, rivière, 12, 78, 363.
Ourscamp, 5.
Outre-Seine-et-Yonne (Département d'), 1, 191.
Oysemont (Bois d'), 332.
Ozouer-la-Ferrière, 12, 305, 357.
Ozouer-le-Voulgis, 114, 315, 375.

P

Pacy-sur-Armançon, 367.
Pacy-sur-Eure, 10.
Pailly, 238.
Pain (Fabrication du), 8.
Pairie (Justices tenues en), 64, 65, 171, 172, 179, 210, 211, 214, 234, 238, 244, 245, 274.
Pajot (L'abbé), 34.
Pajot (La Mère), 55.
Palaiseau, 30, 33, 208, 357.
Palaiseau (Le marquis de). — Voyez Ursins (Harville des).
Palatine (La princesse Louise-), 72.
Palestine (La), 106, 231.
Pan (La veuve Le), 164.
Pannecières, 224.
Papier (Fabrication du), 344.
Pâques-Fleuries (Fête de), 348.
Paraclet (Le), 13, 60, 85.
Parc (Bois du), 304, 325, 327, 334.
Paris (L'abbé de), 87.
Paris (Le président de), 184.
Paris (Nicolas de), 311.
Paris (Archevêché et diocèse de), 16-42, 45, 71, 77, 88-90, 97, 98, 105, 123, 179, 208, 320.
Paris (Élection de), 7, 16, 147, 150, 151, 163, 165, 167, 173, 205-211, 257, 277, 278, 284, 285, 301-304, 308-312, 320, 338, 353, 354, 356, 369, 370, 378.
Paris (Généralité de), 1, 5, 6, 10, 16, 111, 116, 121, 125, 138, 146-148, 151, 155, 163, 166, 198, 208, 253, 255, 256, 258, 275, 278, 279, 281-284, 302, 303, 320, 338, 353, 354, 369, 370, 378.
Paris (Maîtrise particulière des eaux et forêts de), 197.
Paris (Ville de), 1-6, 22, 26, 28, 38, 41, 114, 120, 121, 123, 127, 131, 132, 134-143, 148, 150, 158, 164, 193, 195, 204, 205,
212, 225, 231, 291, 328, 337-347, 350, 355, 357, 359-361, 364, 366, 374, 376, 377, 379, 382, 385, 386, 395. — Chapitres, 18, 21-26, 232, 351, 355. — Climat, 284. — Consommations, 276, 278. — Construction des maisons, 301. — Domaine, 256. — Eaux et fontaines, 285, 355. — Églises et établissements ecclésiastiques et religieux, 22, 24-28, 31, 32, 37, 38, 41, 48, 69, 92, 93, 194, 204, 208, 213, 311, 321, 323. — Fermes et droits, 275, 281-283. — Foires, 345-346. — Hôpitaux, 25, 39-42. — Juridictions et gouvernement, 23, 79, 92, 121-124, 129, 178, 192, 199-202, 302. — Voyez Bureau des finances, Chambre des comptes, Châtelet. — Manufactures, 7, 337. — Ordre de Malte, 111, 113. — Palais

et parlement, 110, 111, 121, 122, 128, 134, 140, 173-180, 182, 187, 189, 193-199, 201, 202, 204, 210, 211, 214, 218-220, 224, 227, 241, 242, 354, 355.— Place-aux-Marchands, 204.— Ponts, 354-356. — Université et écoles, 18, 23, 37, 64, 75, 76.
Paris (Le Petit-), él. de Rozoy, 90.
Parlement de Paris, 173-179. — Voyez Paris.
Parme (Le duc de), 138.
Paron, 48, 273.
Paroy-en-Othe, 327.
Paroy-sur-Tholon, 242, 244.
Pas (Le sieur du), 155.
Pasquier (Étienne), 171.
Passage (Droit de), 110, 111, 262.
Passy, él. de Nogent, 238.
Passy (M. de), 325.
Passy (Mme de), 238.
Pastel (Culture du), 380.
Pâturages et prairies, 4, 285-299.
Pau, 196.
Paul (Saint), 17.
Paul (Jean-Baptiste), 164.
Paul III, pape, 102.
Paul V, pape, 92.
Pauvres (Police des), 39-41. — Voyez Hôpitaux.
Pavant, 322.
Payen (Le président), 190.
Payen (Nicolas), 229.
Péages et travers, 110, 111, 266, 268, 272, 273, 353, 356, 357, 361-363, 368-377.
Pêche (Droit de), 262, 264, 266, 268.
Pecq. — Voyez Port-au-Pecq (Le).
Pecqueuse, 206.
Pécy, 90, 323.
Pélage, hérésiarque, 136.
Pèlerinages, 30, 83, 84.
Peletier (Claude Le), 177.
Peletier (Le président Le), 177, 209.
Peletier (Michel Le), évêque, 55.
Peletier de la Houssaye (M. Le), 373.
Peluches (Manufacture de), 339.
Penchard, 321.

Pénitents (Religieux), 38, 49.
Pentemont, 27.
Pény (Le vicomte de). — Voyez Arnolet (J.-B.).
Pépin (Les deux), fils et petit-fils de Louis le Débonnaire, 145.
Pépin le Bref, 169, 174.
Péraud (Hugues Cougues ou de), 111.
Percey, 245.
Perche (Pays du), 1, 10, 174.
Percheron (L'abbé), 98.
Perdreauville, 313.
Péréfixe (H. de), archevêque, 19.
Péronne, 113.
Perpignan, 163.
Perrigny, él. de Tonnerre, 328, 367.
Perron (Le cardinal du), 44.
Perrot (L'abbé), 100.
Persan (Les marquis de). — Voyez Vaudetar.
Perses (Les), 195.
Petit (L'abbé Claude), 100.
Petit (L'abbé Gabriel), 58, 62.
Petit (L'abbé Jean), 100.
Petit-Tiron (Le), 96.
Petite-Mesure (La), 320.
Petite-Villedieu (La), 114.
Petites-Maisons (Les), 41.
Petitpied (L'abbé), 21.
Phélypeaux (Jean), intendant de la généralité de Paris, 208, 258, 360, 370.
Philiotti (Pierre). — Voyez Filloli.
Philippe Ier, roi, 71, 92, 100, 129.
Philippe-Auguste, 22, 43, 64, 92, 93, 111, 128, 138, 145, 267, 300, 346, 382.
Philippe III, 300, 389.
Philippe IV le Bel, 72, 75, 111, 136, 137, 140, 174, 181, 195, 259.
Philippe VI de Valois, 129, 137, 182, 254, 345, 382.
Philippe de France, fils de Louis VI, 19.
Philippeville, 27.
Piat (Saint), 91.
Picardie (Pays de), 1, 5, 120, 123, 125, 134, 174, 275, 285, 288, 289, 341, 378.

Picpus (Religieuses de), 38.
Picpus (Religieux de), 37-39, 52, 54, 164.
Pied fourché (Droit de), 262, 263, 348.
Pierre (Saint), apôtre, 42.
Pierre-Pertuis, 15.
Pierrefonds, 385.
Pierrelaye, 208.
Pierrelevée, 234, 323, 393.
Piffonds (Bois de), 330.
Pincourt. — Voyez Popincourt.
Pinon (Le président Charles), 181.
Pinon (Nicolas), 194, 210.
Pinterel (René), sieur des Biez, 196.
Piquelliers (Bois des), 116.
Pirot (L'abbé), 21, 89.
Pisseleu, él. de Beauvais, 372.
Pisseleu (Anne de), 134.
Pissiacum, 136. — Voyez Poissy.
Pissotte (La), 205.
Pithiviers, 11.
Pithiviers (Rivière de), 360.
Place-aux-Marchands (La), à Paris, 204.
Plaisance, 333.
Plaisir, él. de Montfort, 221, 318.
Plancy, 386.
Plâtre (Fabrication du), 377.
Plessis-aux-Tournelles (Le), 236, 270, 271.
Plessis-Bellière (Mme du), 228, 330.
Plessis-Bouchard (Pierre), 207.
Plessis-du-Bois (Le), 389.
Plessis-lès-Tours (Le), 383.
Plessis-Mériot (Le), 237.
Plessis-Mornay (Philippe du), 45.
Plessis-Piquet (Le), 39.
Plessis-Pomponne (Le), 230.
Plessis-Raoul (Le), 39, 209.
Plessis-Saint-Jean (Le), 238.
Plessis-Vicomte (Le), 230.
Pline, historien, 143, 345.
Plomb (Mines de), 379.
Pluvault (Mme de), abbesse, 69.
Pluviers. — Voyez Pithiviers.
Pognavant (Les sieurs), 164.
Poids étalons de France, 196.
Poids-le-Roi (Droit de), 266, 268.

TABLE ALPHABÉTIQUE DU MÉMOIRE

Poignant (Fief), 389.
Poigny, 319.
Poigny (Le marquis de), 230, 319.
Poilly-sur-Serain, 328, 367.
Poilly-sur-Tholon, 59.
Poinchy, 245.
Poinçon du roi, 196.
Pointeau (Pierre), 277, 278.
Poissy, 4, 36, 127, 135-137, 147, 165, 205, 207-209, 281, 282, 309, 324, 347, 357, 370, 383.
Poitiers (Généralité de), 182, 280.
Poitiers (Ville de), 217.
Poitiers (Diane de), 394, 395.
Poitiers (Jean de). — Voyez Saint-Vallier.
Poitou (Pays de), 6.
Poix-sur-Oise, 373.
Police (Juridiction de la), 199, 202, 203, 215, 220.
Poligny (?), 63.
Polizy, 15.
Pologne (Le roi de). — Voyez Henri III.
Pomereu (M. de), 208.
Pommeraye (Bois de la), 331.
Pommeraye (Notre-Dame-de-la), 47.
Pommeuse, 234, 322, 363, 393.
Pompes publiques. — Voyez Eaux et fontaines.
Pomponne, él. de Paris, 35, 36, 38, 208.
Pomponne (L'abbé de), 70.
Pomponne (Le marquis de), 125, 208, 375.
Poncy, 309.
Pondron, 8.
Pont (Mme de), 376. — Voyez Bouthillier, Chavigny.
Pont-Audemer, 389.
Pont-aux-Dames (Le), 12, 82, 320, 375.
Pont-de-l'Arche, 10.
Pont-Gallon (Le), 359.
Pont-Point, 212, 259.
Pont-Saint-Pierre (Le), 311.
Pont-Sainte-Maxence, 5, 92, 94, 129, 147, 148, 165, 212, 259, 285, 331, 338, 348, 357, 371, 389.

Pont-sur-Seine, 61, 62, 142, 147, 166, 167, 238, 272, 351, 376, 389.
Pont-sur-Vannes, 242, 366.
Pont-sur-Yonne, 4, 135, 147, 166, 167, 227, 361, 389.
Pontcarré (M. de), 316.
Pontchartrain, 9, 221, 222.
Pontchartrain (Le chancelier de), 221, 318.
Pontgouin, 10.
Ponthierry, 11, 374.
Ponthion, 43.
Pontiblond, 8.
Pontigny, 15, 60, 100, 101, 328, 367, 377.
Pontloup, 58.
Pontoise (Élection de), 9, 16, 42, 70, 71, 125, 152, 164, 166, 167, 216, 217, 261, 278, 279, 282, 283, 288, 303, 314, 341, 348, 359, 372, 373.
Pontoise (Ville de), 5, 37, 71-74, 90, 105, 127, 131, 147, 148, 211, 216, 217, 261, 281, 308, 312, 314, 341, 348, 359, 372, 373.
Ponts et chaussées (Droit des), 370, 372, 376.
Ponts et chaussées (État des), 192, 193, 353-368.
Pontville, 58.
Popelin (Le), 49.
Popincourt, 38.
Population de la généralité de Paris, 146-148, 150-154.
Porcheville, 218, 268.
Port-au-Pecq (Le), 205, 357.
Port-Montain (Le), 343.
Port-Morand, 5.
Port-Royal-des-Champs, 27, 33, 310.
Portes, él. de Melun, 210.
Portugal (Le roi et la reine de), 391.
Posthume, empereur, 144.
Potentien (Saint), 42.
Pothières, 100, 328.
Poudres et salpêtres (Fabrication et ferme des), 156-164, 203.
Poussemie (Le sieur), 86.

Poussemothe (Le président de), 190.
Potux (Le), 309.
Pouy, 14, 242, 325, 326.
Poyer (Jean), 164.
Praslin (Le marquis de), 126.
Prat (Le cardinal du), 44.
Précy, él. de Joigny, 242, 244.
Précy (Le seigneur de). — Voyez Alègre (Fr. d').
Précy-sur-Oise, 212, 285.
Prée (Fr. de la), 327.
Préhy, 328.
Prémartin, 242.
Premier (M. le). — Voyez Beringhen (Le marquis de).
Prémontrés (Religieux), 37, 47, 70, 81, 89, 93, 180, 309.
Présentations (Droits de), 266, 268.
Présidents-trésoriers. — Voyez Trésoriers de France.
Présidiaux, 211, 212, 214, 216, 217, 225, 228, 229, 235, 239-242, 244, 249.
Pressoir-Saint-Jacques (Le), 114.
Pressoirs banaux, 265.
Preuilly, 57, 317.
Prévost (Le sieur), 378.
Prévôt-maire et prévôt en garde, 216.
Prévôté de l'hôtel (La), 180.
Prévôté de Paris (La), 199, 200.
Prévôtés royales et seigneuriales, 205, 211-214, 216-218, 220, 221, 224-229, 232, 233, 235, 240-242, 247.
Prévôts généraux de la connétablie et maréchaussée, des monnaies, etc., 198.
Prieur (M. le grand). — Voyez Vendôme (Philippe de).
Prieurés (État des), 27, 28, 33-36, 47, 48, 50, 52, 53, 55-59, 61, 62, 65, 67, 68, 70, 72, 82-85, 87-89, 90, 94, 96, 98, 99, 102, 103.
Primatie des Gaules, 43, 44.
Prince (M. le). — Voyez Condé.
Pringy, 52.
Prioux (Le sieur), 90.
Protestants et nouveaux convertis, 44,

DE LA GÉNÉRALITÉ DE PARIS.

64, 75-77, 104, 147, 150-154, 341.
Provence (Langue de), 107, 108.
Provence (Pays de), 6, 106, 120, 280.
Provins (Élection de), 13, 16, 54-57, 153, 166, 167, 233, 235, 278, 279, 282, 283, 294, 322, 325, 343, 351, 363, 364, 375, 376.

Provins (Ville de), 13, 37, 45, 54-57, 105, 117, 126, 139-141, 143, 147, 149, 166, 236, 237, 239, 269, 271, 272, 281-283, 294, 295, 303, 324, 325, 351, 363, 364, 375, 376.
Provinum, 140.
Prunay, 115.
Prunoy, 327.
Prusy, 248.

Ptolémée, géographe, 139.
Pucelle (L'abbé), 103.
Puiseaux, 114.
Puiselet (Bois de), 330.
Puiseux-le-Hautborger, 333.
Pussay, 224.
Puteaux, 206.
Puyguyon (Régiment de), 166.
Puységur, 269, 390, 391.
Pyrénées (Les), 120.

Q

Quart-bouillon (Droit de), 280.
Quartiers d'hiver des troupes, 164, 166-167.
Quentin (Jean), 246.
Quesnoy (Le sieur du), 89.

Queue-en-Brie (La), 207, 373.
Queuzon, rivière. — Voyez Cuzon.
Quincey, 60.
Quincy, él. de Nogent, 238, 365.
Quincy (M. de), 323.

Quincy-le-Vicomte, 101, 247, 328.
Quincy-Ségy, 231.
Quints et requints (Droits de), 251, 257, 266, 270.

R

Rabouyn (Charles), 194.
Racine (Mme Agnès), abbesse, 33.
Racines, 246.
Rademont, 230.
Radolium, 82.
Radon, frère d'Adon, 82.
Ragny, 248.
Ragny (Le marquis de), 248.
Raguier (Louis), évêque, 188.
Raincy (Le), 35.
Rambures (Mme de), 228.
Rampillon, 12, 117.
Ranchien, 118.
Raray (La maison de), 70, 212, 372.
Rarcy, 84, 85.
Ravanne, 13.
Ravenel (Mme de), prieure, 90.
Ravennes (Bataille de), 134, 269, 390, 391.
Ravières, 328, 353.
Réal (M. d'Éguillon de), 152.
Réau (Bois de), 316.
Réaux, él. de Melun, 226.
Rebais, 75, 80, 166, 167, 268, 321, 350.

Receveurs généraux des finances et du domaine, 191, 193.
Récollets (Religieux), 37, 39, 52, 54, 58, 96, 136.
Récollettes (Religieuses), 38.
Réconfort (Le), 103.
Reffuge (M. de), 360.
Régale (Droit de), 175, 182, 251.
Regnard (Nicolas), 397.
Regrats (Ferme des), 282, 283.
Reilhac (MM. de), 232.
Reims, 43, 81, 126, 128, 182.
Relief (Droit de), 261.
Religieux et religieuses. — Voyez Monastères.
Religionnaires. — Voyez Protestants.
Remarde, rivière, 7 (e).
Renardière (La), él. de Verneuil, 116.
Renaudie (Le commandeur de la), 108.
Rentes sur la ville, 203.
Renty (Le marquis de), 230.
Requêtes de l'hôtel, 176, 201.
Requêtes du Palais, 175, 176.
Resbac, torrent, 80, 81.
Resnel (Le seigneur de), 186.

Retz (Le cardinal de). — Voyez Gondi.
Retz (Le duc de), 243.
Reuil, él. de Meaux, 75, 82.
Réveillon, ruisseau, 12.
Rhin, fleuve, 120, 392.
Rhodes (Île et ville de), 106, 107.
Rhodes (Le chevalier de), 140.
Rhône, fleuve, 120.
Riceys (Les), 15, 248, 298, 328, 353, 367.
Richard, duc de Bretagne, 134.
Richard Cœur-de-Lion, 145.
Richebourg, él. de Montfort, 222.
Richebourg (Mme de), 273.
Richelieu (Le cardinal de), 100, 261.
Richelieu (Mme de), abbesse, 85.
Rieul (Saint), 91, 92.
Rieux, él. de Senlis, 285.
Rigny, él. de Coulommiers, 118.
Rigny-le-Ferron, 325, 326, 352.
Rimarde. — Voyez Remarde.
Rimberlieu, 213.
Riom, 182.
Riotterio (M. de la), 135.
Rioux (Jacques), 164.
Ris, 112.

Rivecourt, 70, 286.
Rivière (Le comte de la), 247, 328.
Rivières et cours d'eau, 2-15, 284, 354-377.
Roanne, 6.
Robais (Joos Van), 336.
Robert, comte de Dreux, 126, 133.
Robert, frère de Louis VII, 265.
Robert (Claude), 201.
Robert (Le président), 233, 392.
Robert le Pieux, roi de France, 49, 63, 129, 132, 144.
Roberval (J.-Fr. de la Roque, seigneur de), 380.
Robinot (M^e), 268.
Roccaful (Dom Raymond de Perellos de), 108.
Roche (La), él. de Paris, 32.
Roche (L'abbé Michel de la), 21.
Roche-Guyon (La), 217, 281, 282.
Roche-Guyon (Le duc de la). — Voyez Rochefoucauld (Le duc de la).
Roche-sur-Yon (Le prince de la), 123.
Rochefort (M. de), 318.
Rochefoucauld (Antoine de la), seigneur de Barbezieux, 122.
Rochefoucauld (François VIII de la), duc de la Roche-Guyon, 263.
Rochefoucauld (L'abbé Alexandre de la), 100.
Rochefoucauld (L'abbé Henri de la), 47.
Rochefoucauld (Le cardinal de la), 92, 101.
Rochefoucauld (Mme de la), abbesse, 60.
Rochelle (La), 174, 182, 199, 280.
Rochepot (M. de la). — Voyez Montmorency (François de).
Rocheret (MM. du), 237.
Roches (Les), él. de Paris, 7, 14.
Rocquencourt, 205 (c).
Roffey, 102.
Roger, évêque, 63.

Roger (Le sieur), 62.
Roger (La veuve), 164.
Roger (Pierre), 164.
Rogres de Lusignan de Champignelles (M. de), 241-243.
Rohan (Le duc de), 142.
Rohan (Le prince de), 219.
Roi (Moulin du), 271.
Roi (Bois du), 305, 308.
Roiblay, 52.
Roinville, 7.
Roissy-en-France, 35, 211, 347, 389.
Romain (Le frère), 362.
Romains (Les), 120, 128, 133, 140, 143, 151, 170, 171, 195, 218, 251, 252, 256, 345, 379.
Romainval (Mme de), abbesse, 102.
Rome, 19, 107, 132, 139, 143, 216.
Romilly-sur-Seine, 3, 60, 61, 325.
Roncherolles (Le marquis de), 210.
Ronquerolles, él. de Senlis, 94.
Roquet (Léonard), 164.
Rosay, 9, 96, 218, 359.
Rose (Le président), 184.
Roses (Fabrication de la conserve des), 294.
Roslin (M.), 59.
Rosne, rivière, 8.
Rosnel (Le), 73.
Rosny, 96, 218, 313, 373.
Rosoy (Bois de), 326.
Rossignol (Le président), 184.
Rostaing (La maison de), 22.
Rothelin (Le marquis de), 208 (c), 230.
Rotrou (M. de), 222.
Rouage (Droit de), 371, 377.
Roucy (Le comte de), 231.
Rouen (Généralité de), 16, 279.
Rouen (Ville de), 4, 16, 56, 70, 90, 95, 114, 144, 163, 199, 204, 239, 275, 289, 311, 340-342.
Rougeaux (Forêt de), 114, 305, 315.

Rougemont, él. de Tonnerre, 328, 367.
Rougemont (Bois de), 310.
Rouget, 321.
Rouget (L'abbé), 46, 70.
Rouillé (Pierre), 180.
Rouilliard (Sébastien), 135.
Rouilly, 271.
Roulage des grains (Droit de), 266.
Roussillon (Pays de), 280, 379, 390.
Roussillon (Gérard de), 102.
Roussillon (Régiment Royal-), 167.
Rouville (MM. de), 214.
Rouvray (Bois de), 307.
Rouvres, él. de Dreux, 9, 99, 374.
Rouvres-en-Multien, 84.
Rouvroy (L'abbé de), 81, 321.
Roy (Bastien Le), 164.
Royalieu, 69.
Royaumont, 94, 331.
Roye, en Picardie, 113.
Roye (Le comte de), 375.
Rozel (Le chevalier du), 166.
Rozières (Bois des), 117.
Rozoy (Élection de), 12, 16, 42, 88, 117, 147, 153, 166, 167, 233, 269, 278, 279, 293, 303, 320-323, 342, 351, 363, 375.
Rozoy (Ville de), 12, 88, 91, 105, 126, 139, 141, 147, 149, 166, 232, 323, 342, 351.
Ruau du Tronchot (M.), 333.
Rubans (Manufacture de), 337.
Rubelles, él. de Paris, 114.
Rubentel (M. de), 219.
Rucourt, 214.
Rue de Bernapré (M. de la), 219.
Rueil-en-Parisis, 39, 206.
Rugny, 328.
Rumont, 227, 228, 330.
Rumont (Le marquis de). — Voyez Montléart (M. de).
Rungis (Fontaine de), 285.
Rupéreux, 236, 270.
Rustique (Saint), 18, 135.
Ryswyk (Paix de), 151, 223, 226, 280.

S

Saacy, 5.
Sables-d'Olonne (Les), 189.
Sablonnière (La), él. de Meaux, 117.
Sablonnières, él. de Coulommiers, 87, 363.
Saclay, 113.
Sacy-le-Petit, 286.
Saffray (Guillaume), 164.
Safran (Culture du), 380.
Sage (L'abbé Le), 49.
Seillant (L'abbé de), 93.
Sailly, él. de Mantes, 262.
Sailly (MM. de), 219, 312.
Saint-Adrien (Fief de), 213.
Saint-Agnan, él. de Sens, 48.
Saint-Agnan, él. de Tonnerre, 102.
Saint-André (Le maréchal de), 133.
Saint-André (La maréchale de), 48.
Saint-Ange, él. de Montereau, 239, 295, 317, 396, 397.
Saint-Antoine (Religieux de), 37.
Saint-Antoine-de-la Miséricorde (Religieuses de), 38.
Saint-Antoine-des-Champs (Abbaye de), 27.
Saint-Aspais (Église et fête de), 134 (c), 352.
Saint-Aubin, él. de Nogent, 13, 365.
Saint-Aubin, él. de Paris, 114, 206.
Saint-Aubin-sur-Yonne, 168, 242, 244, 327.
Saint-Barthélemy-de-Dam ou du-Buisson, 56.
Saint-Benoît (Jean de), 186.
Saint-Benoît-le-Bientourné (Chapitre de), 25.
Saint-Blaise, él. de Mantes, 96.
Saint-Blaise (Foire), 347.
Saint-Brice, él. de Paris, 207, 370.
Saint-Brice, él. de Provins, 271.
Saint-Brieuc, 43.
Saint-Chamant (Le marquis de), 217, 312, 372.
Saint-Christophe-de-Retz, 206.
Saint-Christophe-en-Halatte, 94.

Saint-Clément, él. de Sens, 273.
Saint-Cloud, 4, 17, 30, 39, 42, 205, 208, 284, 357, 386, 387.
Saint-Côme, él. de Mantes, 96.
Saint-Côme (Foire), 347.
Saint-Corentin (Abbaye de), 96, 313.
Saint-Corneille (Abbaye de), 69, 213, 332, 372, 384.
Saint-Cydroine, 59, 244.
Saint-Cyr, él. de Montfort, 34, 97, 98', 206, 310, 311.
Saint-Cyr-en-Arthies, 312.
Saint-Cyr-sur-Morin, 167.
Saint-Denis-de-l'Estrée, 34.
Saint-Denis-en-France, 8, 18, 30, 32, 39, 41, 60, 97, 114, 127, 128, 135, 136, 147, 164, 165, 205, 206, 312, 320, 322, 331, 333, 345, 346, 370, 373, 395.
Saint-Deniscourt, 8.
Saint-Didier, él. de Vézelay, 368, 379.
Saint-Denin, 58.
Saint-Éloi, él. de Paris, 7.
Saint-Esprit (Ordre du), 180, 384.
Saint-Eutrope, él. de Paris, 7.
Saint-Faron (Abbaye de), 77, 80, 82, 268, 321.
Saint-Fiacre, 75, 83, 112, 321.
Saint-Florentin (Élection de), 14, 16, 62, 63, 147, 154, 166, 168, 244-246, 274, 278, 279, 281-283, 297, 303, 325, 327, 344, 352, 366, 377.
Saint-Florentin (Ville de), 14, 62, 63, 105, 126, 139, 144, 147, 149, 166, 244, 245, 269, 281, 344, 352, 366, 389, 390.
Saint-Forget, 206.
Saint-Framboust (Chapitre de), 93, 211.
Saint-Fuscien, 213.
Saint-Germain (M. de), 326.
Saint-Germain (Foire), 346.
Saint-Germain-des-Prés (Abbaye de), 19, 30, 309, 311, 315-317, 346.

Saint-Germain-du-Tertre-lès-Montereau, 57 (e).
Saint-Germain-en-Laye, 4, 34, 39, 127, 135, 136, 147, 205, 284, 303, 308, 312, 314, 383.
Saint-Germain-Laval, 316.
Saint-Germain-Laxis, 11.
Saint-Germain-sur-École, 11.
Saint-Germer, él. de Beauvais, 66, 166, 334.
Saint-Gildas-de-Ruis, 60.
Saint-Gilles (Grand prieuré de), 108.
Saint-Gratien, él. de Paris, 208.
Saint-Hérem (Mme de), abbesse, 53.
Saint-Hérem (Croix de), 314, 315.
Saint-Hilaire, él. de Nogent, 61.
Saint-Hilaire-lès-Andrésis, 53.
Saint-Hubert-des-Marets, 56.
Saint-Jacques-de-Retz, 206.
Saint-James, él. de Dreux, 360.
Saint-James, él. de Paris, 208.
Saint-James, él. de Tonnerre, 99.
Saint-Jean, él. de Meaux, 268.
Saint-Jean-d'Angely, 163, 189.
Saint-Jean-de-Choisel, 206.
Saint-Jean-de-Jérusalem (Hospitaliers de), 106, 109, 110, 180. — Voyez Malte (Ordre de).
Saint-Jean-de-Latran (Commanderie de), 108, 113.
Saint-Jean-de-l'Isle, 108, 113, 138.
Saint-Jean-du-Vivier, 68.
Saint-Jean-les-Deux-Jumeaux, 230.
Saint-Jean-lès-Sens, 46.
Saint-Joseph (Communauté de), 73.
Saint-Julien, él. de Mantes, 96.
Saint-Julien (M. de), 380.
Saint-Julien-du-Sault, 59, 167.
Saint-Just, él. de Beauvais, 358.
Saint-Just, él. de Rozoy, 90.
Saint-Lambert, él. de Paris, 114, 206.
Saint-Laurent, él. de Mantes, 96.
Saint-Laurent, él. de Sens, 119.

105.

TABLE ALPHABÉTIQUE DU MEMOIRE

Saint-Laurent (Le marquis de), 211.
Saint-Laurent (Foires de), 346, 348, 349, 351, 352.
Saint-Lazare (Communauté et foire de), 346.
Saint-Léger-en-Yveline, 220, 319, 373, 385, 386.
Saint-Leu-d'Esserent, 94, 167, 331, 371.
Saint-Leu-Taverny, 370.
Saint-Liesne, 11, 361.
Saint-Louis (Maison de), 37.
Saint-Louis (Ordre de), 124, 125.
Saint-Loup-de-Naud, 56, 269-271, 364.
Saint-Lubin, él. de Dreux, 167.
Saint-Lubin-de-la-Haye, 374.
Saint-Lucien (Abbaye de), 66, 334.
Saint-Lupien. — Voyez Somme-Fontaine.
Saint-Mammès, 6, 58.
Saint-Mandé, 35, 307, 382.
Saint-Marcel (Châtellenie de), él. de Paris, 205.
Saint-Mars (M. de), 124, 142, 273.
Saint-Martin, él. d'Étampes, 116.
Saint-Martin, él. de Montes, 96.
Saint-Martin, él. de Melun, 316.
Saint-Martin, él. de Tonnerre, 100.
Saint-Martin (M. de), 197.
Saint-Martin-aux-Bois, 66.
Saint-Martin-des-Champs, 22, 28, 84, 85, 294, 323.
Saint-Martin-de-Voulangis, 229.
Saint-Martin-d'Ordon, 154.
Saint-Martin-du-Puits, 353.
Saint-Martin-du-Tertre, 57 (c), 317.
Saint-Martin-la-Garenne, 262.
Saint-Martin-Londeau, 371.
Saint-Martin-le-Nœud, 372.
Saint-Martin-sur-Ouanne, 14, 244, 366, 377.
Saint-Maur-des-Fossés, 5, 21, 29, 205, 356.
Saint-Maur-hors-la-Varenne, 207.
Saint-Maurice (Le seigneur de). — Voyez Foy (Nicolas).
Saint-Maurice-le-Vieil, 377.
Saint-Maxian, 67.

Saint-Mesmes, 229, 389.
Saint-Mesmes (Le comte de), 325.
Saint-Michel, él. de Senlis, 331.
Saint-Michel, él. de Tonnerre, 100.
Saint-Michel (Ordre de), 241.
Saint-Michel-sur-Orge, 7.
Saint-Nicolas (Chaussée de), 358.
Saint-Nicolas-d'Acy, 94.
Saint-Nicolas-de-Noëfort, 85.
Saint-Nicolas-le-Petit, 70.
Saint-Nom-la-Bretèche, 208, 309.
Saint-Omer, él. de Flandre, 163.
Saint-Omer-en-Chaussée, 372.
Saint-Ouen, él. de Paris, 35.
Saint-Ouen-Therdonne, 167.
Saint-Pantaléon (Commanderie de), 115.
Saint-Paterne, 94.
Saint-Pathus, 230.
Saint-Paul, él. de Beauvais, 67, 167.
Saint-Paul (Le comte de). — Voyez Saint-Pol.
Saint-Paul-lès-Sens, 47.
Saint-Père, él. de Vézelay, 15, 104.
Saint-Philibert, él. de Sens, 48.
Saint-Pierre-au-Mont-de-Chastres, 70.
Saint-Pierre-le-Vif-lès-Sens, 46.
Saint-Pol (Le comte de), 122, 392.
Saint-Port (M. de), 181.
Saint-Prix, él. de Paris, 34, 114.
Saint-Quentin, en Picardie, 113 (c), 330, 340.
Saint-Quentin, él. de Beauvais, 67.
Saint-Quentin-de-Feuillage, 61.
Saint-Remy, él. de Montfort, 318.
Saint-Remy (Le marquis de), 333.
Saint-Remy-lès-Sens, 46.
Saint-Riquier, en Picardie, 332.
Saint-Sauveur, él. de Compiègne, 213, 286.
Saint-Seine, 3.
Saint-Siméon, 153.
Saint-Simon (Le duc de), 128, 212.
Saint-Simon (Le marquis de), 212, 259, 397.
Saint-Simon (La marquise de), 260.
Saint-Simon (Le comte et le marquis de), 219.

Saint-Simon Sandricourt (Le marquis de), 217, 312.
Saint-Soupplets, 229.
Saint-Symphorien, él. de Beauvais, 67.
Saint-Thibaud-des-Vignes, 35.
Saint-Vaast, él. de Compiègne, 8.
Saint-Valérien, él. de Nemours, 13.
Saint-Valery-sur-Somme, 199, 281.
Saint-Vallier (Le comte de), 395.
Saint-Vinnemer, 102, 248, 367.
Saint-Vrain, 14, 36.
Saint-Yon, él. de Paris, 36, 208.
Sainte-Apolline, él. de Montfort, 318.
Sainte-Brigitte (Ermites de), 95.
Sainte-Céline (Prieuré de), 82, 268.
Sainte-Chapelle (La), à Paris, 179, 182, 187, 231.
Sainte-Chapelle du Vivier-en-Brie (La), 29, 305.
Sainte-Colombe, él. de Provins, 269, 364.
Sainte-Colombe, él. de Sens, 47.
Sainte-Foix (M. de), 325.
Sainte-Foy, él. de Coulommiers, 87.
Sainte-Mesme, 7.
Sainte-Périne, 32, 33.
Sainte-Reine, 367.
Sainte-Rose (Buisson de), 329.
Sainte-Vertu, 102.
Saintonge (Pays de), 189.
Satique (La loi), 254.
Salle (M. de la), évêque, 81.
Salle (Le marquis de la), 223.
Salle (Le sieur de la), 142.
Salpêtres (Fabrication des), 156-164.
Salpêtrière (La), 40, 41.
Saluces (Le marquis de), 122.
Samaritaine (Fontaine de la), 355.
Samois, 361.
Samoreau (Bois de), 316.
Sancerre (Comté de), 63.
Sanctin (Saint), 74.
Sandricourt, 217.
Sanguin (Le cardinal), dit de Meudon, 123.
Sanguin (Denis), évêque, 31, 92.
Sanguin (Louis), marquis de Livry, 207.
Sannois, 207.

Santeny-en-Brie, 112.
Sarcelles, 8, 114, 370.
Sarrasin (Culture du blé), 299.
Sarrasins (Les), 106, 132, 145.
Satory, 7.
Saturnin (Saint), 18.
Saucelle (Temple de la) ou d'Olivet, 116.
Saulnier (Michel), 190.
Saulx-Tavannes (Le comte de), 209.
Saulx-les-Chartreux, 33.
Saumur, 163.
Saunier (La veuve), 164.
Saussay (Le), él. de Melun, 114.
Saussaye (La), él. de Paris, 33.
Sausseron, rivière, 9.
Sautour-Neuvy, 63, 245.
Sauvage (Les sieurs), 164.
Sauvion (Jean de), 316.
Savelle (Mme de), 311.
Savignies, 215, 216.
Savigny, él. de Nemours, 329.
Savigny-le-Temple, 114.
Savigny-sur-Orge, 209.
Savinien (Saint), 42.
Savius, 237.
Savoie (Duché de), 106, 120, 340.
Savoie (La maison de), 390, 391.
Savoie (Amé IV de), 106.
Savoie (Louise de), duchesse d'Angoulême, 46, 134.
Scaliger, poète, 143.
Sceaux, él. de Paris, 209, 346, 347, 360.
Sceaux-en-Gâtinais, 291, 292.
Scel (Droit de petit), 257, 261, 262, 264.
Scel des actes (Droit du), 268, 269, 270.
Scellier (Jean Le), 215.
Schonberg (Le comte de), 210, 315.
Scipion (Maison), 41.
Séant-en-Othe, 245, 274, 297, 352.
Secq de Saint-Martin (M. Le), 197.
Secqueval, 96.
Sedan (Ville de), 336.
Segrès, 90.
Séguier (Dominique), évêque, 77, 87.
Séguier (Pierre), 189.
Séguier (Le chancelier), 263.

Seguigny (Forêt de), 304, 305.
Séguin (Louis-Denis), 185.
Séguin (René), 124.
Ségur (Le marquis de), 126.
Seignelay, 241, 344.
Seignelay (Le marquis de), 209, 244, 247.
Seigneuriaux (Droits), 251, 257, 262, 266.
Seine, fleuve, 2-6, 9, 13, 15, 95, 120, 125, 126, 131, 134, 136, 138, 142, 281, 284, 285, 295, 296, 341-343, 345, 354-357, 359, 361, 364, 365, 369, 386, 387.
Sel (Commerce et impôt du), 9, 10, 22, 202, 203, 279-283, 370, 380.
Sellières, 60.
Selve (M. de), 318.
Séminaires, 49, 58, 87.
Semur-en-Auxois, 14.
Senan, 242.
Sénart (Forêt et prieuré de), 35, 114, 210, 304, 305.
Senlis (Diocèse de), 16, 91-95, 105, 331.
Senlis (Élection de), 8, 91, 125, 147, 152, 165, 167, 211, 258, 278, 285, 286, 302, 330, 331, 338, 348, 357, 358, 370, 371.
Senlis (Ville de), 8, 16, 65, 77, 93-95, 105, 115, 125, 127-129, 147, 148, 152, 165, 211-214, 216, 217, 259, 260, 266, 281, 282, 302, 330, 331, 338, 348, 370, 389, 397.
Senneterre de Brinon (M. de), 219.
Senneville, 218.
Senogaglia, 143.
Sénonais (Les), 143.
Senonches, 319.
Sens (Diocèse de), 16, 42-63, 88-90, 105, 326.
Sens (Élection de), 13, 16, 45-49, 118, 119, 147, 149, 154, 166, 167, 278, 279, 296, 303, 325, 327, 329, 343, 344, 352, 365, 366, 376, 377, 379.
Sens (Ville de), 4, 13, 16, 17, 37,

42-49, 51, 60, 87, 105, 112, 119, 126, 139, 140, 142-144, 147, 149, 166, 188, 227, 228, 240-242, 244, 247, 248, 273, 281-283, 303, 325-327, 329, 343, 344, 352, 365, 376, 377.
Septeuil, 9, 96, 167.
Sequigny. — Voyez Seguigny.
Séraphin de Paris (Le P.), 39.
Sergents du guet, 202.
Serges (Manufactures de), 339, 340, 341, 344.
Sergines, 48, 352.
Sergy, 167.
Sermaise, 7.
Sermoise, 243.
Servon, 209.
Servon (Le comte de), 209.
Sève (Mme de), prieure, 73.
Séveille (Moulin de), 269.
Sévère, empereur, 144.
Sevin (M.), 231.
Sevran, 207.
Sèvres, 357.
Sézanne-en-Brie, 12, 118, 303.
Sicile (La), 107.
Sienne, en Italie, 143.
Signy (Denis de), 273.
Signy-Siguets, 294, 323, 393.
Silly-le-Long, 230.
Silvecane (Le président de), 196.
Silvie (Denis de), 70.
Simon (Le sieur), 214.
Singaglia. — Voyez Senogaglia.
Sixte, 47.
Soguelles, 167, 237.
Soindres (M. de), 213.
Soissonnais (Pays), 125, 130.
Soissons (Généralité de), 8, 16, 78, 182, 275, 279, 320, 330.
Soissons (Ville de), 69, 70, 77, 87, 88, 302, 330, 364.
Soissons (La maison de), 260.
Soissons (Le chevalier de), 393.
Soissons (Les comtes de), 260, 331, 392, 393.
Soisy, él. de Provins, 56.
Soisy-sous-Montmorency, 207.

Soisy-sur-École, 226.
Soisy-sur-Seine, 209.
Soliman II, sultan, 107.
Sologne (Pays de), 174.
Sommecaise, 59.
Sommereux, 115.
Somme rurale (La), 174.
Songeons, 166, 348.
Sorbon (Robert de), 19.
Sorbonne (La), 19, 369.
Sorel, 319, 360, 374.
Sorel (Mme de), 374.
Sormery, 245, 246, 297.
Sottement. — Voyez Ottemons (Les).
Soubise (Le prince de), 126.
Soubise (Mme de), abbesse, 82.

Soufre (Préparation du), 157, 158, 160.
Souilly, 229.
Soulaines, 269.
Soulangé (?) (La marquise de), 263.
Souligny, 13.
Soumaintrain, 245, 246.
Souppes, 53, 361.
Sourches (Le marquis de), 224.
Sourdis (Le marquis de), 226.
Sourdun, 236, 270, 324.
Souslemoutier (Le sieur de), 211.
Souvré (Croix de), 314.
Sporte, fille du comte de Senlis, 127.
Spuis, 5.
Stains, 8.

Steuil. — Voyez Septeuil.
Strabon, géographe, 130.
Strada (M. de), 286.
Sucy-en-Brie, 347.
Suède (La), 339.
Suétone, historien, 133, 345.
Suger (L'abbé), 135.
Suisse (Le), 184, 239.
Suisses (Gardes), 139.
Sully (Les ducs de), 125, 132, 192, 218, 313.
Sulpice-Sévère, historien, 18.
Suppoil (Mme de), 312.
Suresnes, 34, 164.
Survilliers, 331.
Suze (La comtesse de la), 397.

T

Tabellionage (Droit de), 263, 264, 266, 272.
Table de marbre du Palais (La), à Paris, 173, 196, 197, 199, 247.
Tacoignières, 221.
Taffetas (Manufacture de), 337.
Taffoureau (Ch.-N.), évêque, 46.
Tagny (Le sieur de), 318.
Tailles (Imposition des), 192, 193, 202, 250-253, 278, 279.
Tallard (Le vicomte de). — Voyez Clermont-Tonnerre (La maison de).
Talon (Mme), 224, 319.
Tambouneau (Le président), 184.
Tancarville (M. de), 22.
Tancrou, 375.
Tanneries, 9.
Tapisseries, 7, 338, 339.
Tarteron (Le président), 181.
Tassy (H.-Fr. de), évêque, 101.
Tavannes (La maison de), 247.
Taverny, 34, 207.
Teintureries, 7, 337, 339, 340, 344.
Tellier (Mme Le), 234.
Tellier (Le). — Voyez Louvois.
Temple (Ferme du), él. de Rozoy, 116.
Temple (Moulin du), él. d'Étampes, 117.

Temple de Jérusalem (Le), 92, 252.
Temples protestants, 104, 151-153.
Templier (Thomas), 277, 278, 280, 281.
Templiers (Ordre des), 92, 109, 128.
— Voyez Commanderies.
Temporalité (Juridiction de), 20, 23.
Terre-Sainte (La), 106, 132, 145.
Terres (Produits des). — Voyez Agriculture, Fruits, Grains, etc.
Terres (Qualité des), 284-299.
Terrier (Papier), 194.
Tessé (Régiment de), 237.
Testu (L'abbé Jacques), 28.
Testu de Mauroy (L'abbé Jean), 84.
Theil, 242, 377, 379.
Theil (M. Ceillet de), 242, 325.
Théodebert, roi, 74.
Théodosien (Code), 252.
Thérain, rivière, 8, 130, 287, 358.
Thermes de Dioclétien (Les), 381.
Thérouanne (Rivière de), 363.
Theuville, 9.
Thévenin (M.), 245.
Thiange (Le marquis de), 313, 374, 394.
Thibaud le Jeune, comte de Champagne, 31, 101.
Thiboult (Bois de), 322.

Thieux, 112.
Thillay (Le), 8, 209.
Thoiry, 98.
Tholen, ruisseau, 14.
Thomas (Pierre), 164.
Thorigny, él. de Paris, 208, 325.
Thorigny, él. de Sens, 242, 325.
Thorigny (Le sieur de). — Voyez Lambert (Le président).
Thorigny (Mme de), abbesse, 50.
Thou (L'abbé de), 61.
Thoury-Férottes, 267.
Thurin (Le marquis de), 267.
Tiercelieux, 88.
Tiers-et-danger (Droit de), 251.
Tigeaux, 12.
Tigery, 114.
Tillart, 166, 215, 348.
Tillet (Le président du), 180.
Tillet (S. du), 271.
Tilleuse (Mme de), 313.
Tilly (M. de). — Voyez Blaru (Le marquis de).
Tiretaines (Fabrication des), 343, 344.
Tisserands (Industrie des), 343.
Tiverny, 389.
Toiles (Fabrication des), 340, 344, 380.

Tombe-Isorée (La), 113.
Tonnerre (Élection de), 14, 16, 99-102, 147, 154, 166, 168, 274, 278, 279, 298, 303, 325, 328, 344, 352, 366, 367, 377, 378.
Tonnerre (Ville de), 14, 99, 102, 105, 126, 139, 144, 147, 149, 166, 247, 248, 281-283, 298, 328, 345, 352, 367, 377.
Tonnerre (Anne de). — Voyez Clermont-Tonnerre.
Tonnerre (Les comtes de), 99.
Torcy-en-Brie, 36, 38.
Torcy (Le marquis de), 206, 228, 391.
Torfou, 208.
Toscane (La), 143.
Toul, 280.
Toulon, 32, 47, 163.
Toulouse, 108, 163, 204.
Tour-d'Auvergne (Le cardinal de la), 84.
Tour-d'Auvergne (Le vicomte de la). — Voyez Turenne.
Touraine (Pays de), 6, 158, 174.
Tourelles (Bois de), 316.
Tournan, 12, 90, 233, 269, 342, 351, 375.
Tournay, 8, 196, 321.
Tournebus, 211.
Tournedos, 389.
Tournelles civile et criminelle, 175.
Tours, 100, 163, 239, 275, 279, 316, 324.

Tourville (Mme de), abbesse, 27.
Toury, 324.
Toussus, 206.
Trace (La), él. de Paris, 112.
Train (Montagne de), 295.
Trafnel, 13, 46-48, 241, 242, 352.
Traites foraines et douanes (Droits de), 255.
Trappes, 114, 289, 310.
Travers (Droits de), 261, 263, 360, 368, 370-377.
Tré (Le commandeur du), 108.
Tréchy, 295.
Treillis (Fabrication des toiles), 344.
Tremblay (Le), él. de Montfort, 222.
Tremblay (Le), él. de Paris, 8.
Trémont, 241.
Trémoille-Royan (Mme de la), abbesse, 82.
Tréon, 223, 319.
Tresmes, 239, 363, 375.
Tresmes (Mlle de), 208, 258, 369.
Trésor (Chambre du), 173, 194, 197.
Trésor royal (Le), 183, 185-191, 250.
Trésoriers de France, 187, 188, 191-194, 210, 353, 354.
Tressan (L'abbé de), 62.
Tressy. — Voyez Tréchy.
Trianon (Palais de), 381.
Tributum (Imposition du), 252.
Trichey, 245.

Triel, 4, 164, 165, 383.
Trilbardou, 84, 164, 375.
Trilport, 268, 362, 375.
Trinitaires (Religieux). — Voyez Mathurins.
Triumvirs (Les), 133.
Trocy, 229.
Tronson (M^e), 268.
Troupes (Passage et logement des), 141, 150, 164-168.
Trousse (La marquise de la), 230, 375.
Troyes (Diocèse de), 45, 59, 60, 62, 78, 136, 238.
Troyes (Ville de), 60, 61, 126, 188, 237, 240-242, 244, 249, 272, 274, 297, 342-344, 364, 366, 374.
Troyes (Les comtes de), 139.
Troyes (L'évêque de), 60 (c), 238.
Trucy, 102.
Trudaine (M.), 239, 317.
Tuchan, 269, 391.
Tuileries (Palais des), 202, 355.
Tunis (Royaume de), 107.
Turcopolier (Le), 108.
Turenne (Le vicomte de), 122.
Turenne (Le maréchal de), 274.
Turgy, 245.
Turny, 119, 243, 326, 327.
Tusseau (La maison de), 245.
Tusseau (Éléonore de). — Voyez Fresnoy (La marquise de).

U

Université de Paris, 23, 64, 75.
Urbain II, pape, 100.
Urbin (Duché d'), 143.
Ursins (M. des). — Voyez Harville.
Ursion, évêque et chancelier, 92.

Ursulines (Religieuses), 38, 39, 49, 52, 68, 73, 86, 96, 102, 104.
Usiles (Les). — Voyez Uzelles (Les).
Ustensiles des garnisons, 344.

Usuard, historien, 42.
Uzelles (Les), 305.
Uzès (Le duc d'), 208, 260, 371.
Uzès (Mme d'), abbesse, 32.

V

Vacher (Nicolas Le), 196.
Vadicasses (Les), 78.
Vaigne (M. de la), 197.

Vaillant (L'abbé), 94.
Vaires ou Auvers, 208, 258.
Val (Le), él. de Pontoise, 312.

Val (Le), fief de Chantilly, 389.
Val (Robert du). — Voyez Roberval.
Val-de-Grâce (Religieuses du), 332.

Val-des-Choux (Le), 62.
Val-Profonde, 59.
Val-Saint-Georges (Le), 103.
Val-Saint-Germain (Le), 7.
Valence, él. de Montereau, 317, 352.
Valenciennes, en Flandre, 163.
Valentinois (Comté de), 379.
Valentinois (La duchesse de). — Voyez Poitiers (Diane de).
Valgrand (M. de), 244, 326.
Valguyon, 96.
Valjouan, 317.
Vallangoujard, 217.
Vallée (La), él. de Troyes, 119.
Vallery, 48, 241, 325.
Valmondois, 73, 217.
Valois (Pays et duché de), 78, 127, 128, 259, 266, 302, 330, 331.
Valois (Le bienheureux Félix de), 83.
Valois. — Voyez Philippe VI et Henri III.
Vandales (Les), 169.
Vandelicourt, 213.
Vandeuil (Le marquis de), 334.
Vanlay, 245.
Vannes, rivière, 13, 143, 144, 296, 344, 365.
Vanrobais. — Voyez Robais (Van).
Vaquerville (M. de), 313.
Vardes (Le marquis de), 142, 273.
Vareilles, 48.
Varenne du Louvre (La), 173.
Varenne-Saint-Maur (La), 207.
Varennes, él. de Meaux, 84.
Varennes, él. de Montereau, 376.
Variville. — Voyez Wariville.
Vauban (M. de), 249.
Vauboyen, 7.
Vaucouleurs (Rivière de), 9, 359.
Vaucourtois, 230.
Vaudetar (MM. de), 231.
Vaudoeurs (Bois de), 326.
Vaud'berland, 8, 206.
Vaudoy, 12, 56, 90.
Vaudremont (M. de), 109.
Vaugrigneux, 209.
Vauluisant, 14, 60, 325.
Vaumion, 114.
Vaumort, 242.

Vauprevoir, 104.
Vauréal, 217.
Vauréal (M. de Guérapin de), 237.
Vaussin (L'abbé), 100.
Vauvert, 241.
Vaux, él. d'Étampes, 360.
Vaux (L.-N. Foucquet, comte de), 226, 374.
Vaux-à-Pénil, 226.
Vaux-le-Vicomte, 11, 226.
Vaux-sous-Coulombs, 227.
Vaux-sur-Meulan, 167, 219.
Vaux-de-Cernay (Les), 31.
Vayres, 225.
Vectigal (Imposition du), 252.
Vègre, rivière, 9, 132, 359.
Vendôme (Ch. de Bourbon, duc de), 122.
Vendôme (César, duc de), 266, 268, 395.
Vendôme (Louis-Joseph, duc de), 223 (c), 224, 266, 306, 316, 319, 360, 361, 374, 393, 395.
Vendôme (Philippe de), grand prieur de France, 59, 108, 111, 379.
Vendôme (Élisabeth de), 391.
Vendôme (Françoise de Mercœur, duchesse de), 395.
Vendrest, 321.
Venette, 286.
Vénizy, 59, 63, 119 (c), 168, 243, 327.
Vennes (Antoine de), 164.
Venouse, 62.
Vente-aux-Moines (Bois de la), 318.
Verberie, 5, 8, 70, 165, 260, 286, 332, 358, 372.
Verdaille (Mme de), prieure, 27.
Verderonne (Le marquis de), 312.
Verdier (L'abbé du), 103.
Verdun (Ville et évêché de), 67, 163, 280.
Vergigny, 327.
Vergy (Les comtes de), 100.
Vermandois (Hugues de), dit Félix de Valois, 83.
Vermandois (La maison de), 140.
Vermenton, 15, 329.
Vernelle, 35.

Verneuil, él. de Dreux, 341.
Verneuil, él. de Mantes, 262.
Verneuil, él. de Senlis, 94, 152, 212, 285.
Verneuil (La duchesse de), 212, 263.
Verneuil (M. de), 312.
Verneuil-sur-Avre, 116.
Vernon, 218.
Véron, él. de Sens, 49, 326.
Verreries (Fabriques de), 345.
Verrières-le-Buisson, 311.
Versailles, 34, 39, 46, 127, 135, 136, 147, 205, 310, 341, 346, 380, 381.
Versine (La), 397.
Vert, 9, 116.
Verthamon (Le président de), 180, 227, 323.
Vertilly, 242.
Vertron, 326.
Vésine, ruisseau, 12.
Vésinet (Le), 309.
Vexin (Pays), 125, 131, 217, 261.
Vez, 213.
Vezannes, 377.
Vézelay (Élection de), 1, 4, 15, 16, 102, 147, 154, 166, 168, 274, 278, 279, 298, 303, 325, 329, 345, 353, 368, 377, 379.
Vézelay (Ville de), 15, 102-105, 126, 139, 145-147, 150, 166, 248, 281-283, 298, 353.
Vézier (Le), 87, 294.
Vezou (MM.), 241.
Viarmes, 333.
Viarmes (Le sieur de). — Voyez Boulanger (Le président Le).
Vic (Le sieur de), 128.
Vicomte (Jean Le), 164.
Victoire (La), él. de Senlis, 92, 93.
Victor IV, antipape, 64.
Vidamé (Fief de), 65, 215.
Vieille-Harasserie (La), 386.
Vienne, en Dauphiné, 109, 163.
Vienne (M. de la), 235, 236.
Vieupou, 59 (c).
Vieuville (Le duc de la), 81.
Vieuville (J.-G. de la), 208.
Vieuville (Mmes de la), abbesses, 81.

DE LA GÉNÉRALITÉ DE PARIS.

Vieux-Poux. — Voyez Vieupou.
Vieuxmaison (François de), 237.
Vieuxpont (M. de), évêque, 86.
Vieuxpont (Le marquis de), 213.
Vieuxpont (La marquise de), 333.
Viffort, 118.
Vignau (La marquise de), 262, 373.
Vignay, 225.
Vigneau, 90.
Vigneau (Le sieur du), 324.
Vignemont, 70, 213.
Vigneron (François), 214.
Vigneron (Jean), 194.
Vignes (État des). — Voyez Vins.
Vignolles (Le sieur de), 47.
Vigny, 219, 263.
Vilbert, 114.
Villabé, 210.
Villacerf (L'abbé de), 70, 97.
Villaines, él. de Paris, 209.
Villaines (Le marquis de), 311.
Ville-d'Avray, 206.
Ville-Parisis (Le sieur de), 198.
Ville-Perrot, 326.
Villebert, 233. — Voyez Vilbert.
Villebon, 7, 357, 389.
Villebougis, 48.
Villechasson, 47, 329.
Villechavan, 48.
Villechétive, 326.
Villecien, 242, 243, 327.
Villeconin, 113.
Villecresne, 209.
Villedieu-en-Drouais (La), 115, 116, 310.
Villedieu-le-Feuillet, 116.
Villefranche, él. de Joigny, 59.
Villegagnon (M. de), 324, 326.
Villemain (Le sieur de). — Voyez Pinon (Nicolas).
Villemanoche, 325.
Villemaréchal, 330.
Villemareuil, 230, 268, 321.
Villemeux, 99, 223.
Villemoisson, 7, 209.
Villemonble, 209.
Villemoutiers, 53.
Villenauxe, 118, 296.
Villeneuve-en-Chevrie, 313.

Villeneuve-la-Guyard, 167, 242, 296, 352.
Villeneuve-l'Archevêque, 366.
Villeneuve-le-Comte, 316, 323.
Villeneuve-le-Roy-sur-Yonne, 4, 49, 59, 115, 139, 144, 147, 164, 167, 177, 209, 241, 247, 248, 273, 296, 297, 352, 365, 366.
Villeneuve-Saint-Georges, 12, 112, 205, 347, 357, 361.
Villeneuve-sous-Dammartin, 389.
Villeneuve-sur-Bellot, 87, 351.
Villenoy, 231.
Villepinte, 8.
Villeport, 318.
Villepreux, 34, 209.
Villequier (MM. de), 209, 264.
Villeroy, 36, 114, 210, 211.
Villeroy (MM. de), 165, 210, 226, 258, 305, 369.
Villeroy (Jean), 164.
Villers-Cotterets, 8, 330.
Villers-les-Rigaults, 229.
Villers-Saint-Paul, 8, 212.
Villers-Saint-Sépulcre, 67.
Villetaneuse, 211.
Villetertre (La), 9.
Villette-aux-Aulnes (La), 86.
Villevallier, 242, 243.
Villiers, él. de Compiègne, 213.
Villiers, él. d'Étampes, 360, 361.
Villiers, él. de Nemours, 330.
Villiers, él. de Nogent, 238.
Villiers (L'abbé de), 99.
Villiers (Le seigneur de), 361.
Villiers-Adam. — Voyez Isle-Adam (L').
Villiers-aux-Nonnains, 50.
Villiers-Bonneux, 241.
Villiers de Fécamp (Louis de), 259, 260.
Villiers-en-Beauce, 50.
Villiers-le-Bel, 114, 151, 164, 338.
Villiers-le-Bois, 248.
Villiers-le-Sec, 211.
Villiers-Louis, 326.
Villiers-Saint-Georges, 56, 235, 236, 270.

Villiers-sous-Grès, 53.
Villiers-sous-Lizy, 12.
Villiers-sur-Seine, 13.
Villiers-sur-Tholon, 244.
Villotte (La), 14.
Vinantes, 112, 229.
Vincennes, 29, 35, 38, 80, 304, 305, 307, 308, 381, 383.
Vineuil, 112.
Vins (Le marquis de), 125, 209.
Vins et vignes, 145, 150, 248, 275, 278, 285-291, 299, 340-342-344, 345, 348, 349, 360, 366, 371, 376, 380.
Viole (Aignan), 188.
Vion (M. de), 219.
Viosne, rivière, 9.
Viroflay, 206.
Viry, 209 (c).
Visbius, historien, 17.
Visite des ports (Droit du), 268.
Viterbe, en Italie, 107.
Vitré (Antoine), 164.
Vitry, él. de Melun, 315.
Vitry, él. de Nemours, 52.
Vitry, él. de Paris. — Voyez Viry.
Vitry (Le maréchal de), 231.
Vitry (Le duc de), 38, 270, 271.
Vitry (Mme de), 228, 375.
Vitry (Croix de), 315.
Vitry-le-François, 5, 126.
Vivier-en-Brie (Le), 29, 80.
Vivonne (La maréchale de), 235, 238.
Vivonne (M. de), 142.
Voie-aux-Moines (La), 322.
Voies antiques, 292, 366, 367.
Voirie (Juridiction de la), 192, 220.
Voisinieu (Le seigneur de). — Voyez Conte (Jean Le).
Voisins, él. de Paris, 206.
Voiture (Droit de), 263.
Vosnon, 242, 245, 297.
Voulton, 55.
Voulx, 352.
Voulzie, rivière, 13, 140, 364.
Voves (Les), 242, 243.
Voysin (Mme), 230.
Vrin. — Voyez Saint-Vrain.

W

Walcourt, 219, 231.
Wariville, 68, 372.

Wignacourt (MM. de), 117.
Wisigoths (Les), 169.

Wlimont (Martin), 164.

Y

Yèbles, 52, 167.
Yerres, 32, 39, 210, 347, 357.
Yerres (Rivière d'), 12, 357, 363.

Yonne, rivière, 2, 4, 13, 15, 142-144, 281, 295-297, 309, 343-345, 361, 365, 366, 368.

Yvette, rivière, 7, 12.
Yvette (Prieuré d'), 33.

SOMMAIRES

DU MÉMOIRE DE LA GÉNÉRALITÉ DE PARIS.

	Pages.
PRÉAMBULE	1
RIVIÈRES	3
PETITES RIVIÈRES	6
Élection de Paris	7
—— de Senlis	8
—— de Compiègne	"
—— de Beauvais	"
—— de Pontoise	9
—— de Mantes	"
—— de Montfort	"
—— de Dreux	10
—— d'Étampes	11

	Pages.
Élection de Melun	11
—— de Nemours	"
—— de Meaux	12
—— de Rozoy	"
—— de Coulommiers	"
—— de Provins	13
—— de Nogent	"
—— de Montereau	"
—— de Sens	"
—— de Joigny	14
—— de Saint-Florentin	"
—— de Tonnerre	"
—— de Vézelay	15

CHAPITRE I.

DE L'ÉTAT DE L'ÉGLISE DANS LA GÉNÉRALITÉ DE PARIS	16
DIOCÈSE DE PARIS	17
Archevêché de Paris	"
Chapitres de la ville de Paris	21
Abbayes d'hommes de la ville et banlieue de Paris	26
Abbayes de filles	27
Prieurés dans la ville de Paris	28
Bénéfices du diocèse.	
Chapitres	"
Abbayes d'hommes	30
—— de filles	32
Prieurés d'hommes	33
—— de filles	36

Fondations de chapelles dans les châteaux	36
Pères jésuites	"
—— de l'Oratoire de Jésus	37
Monastères. — Religieux dans Paris	"
Religieuses dans Paris	"
Religieux du diocèse	38
Religieuses du diocèse	39
Hôpitaux dans Paris	"
Hôpitaux dans le diocèse	41
DIOCÈSE DE SENS	42
Archevêché de Sens	"
Élection de Sens.	
Chapitres	45
Priviléges de l'église de Sens	46

SOMMAIRES DU MÉMOIRE

	Pages.
Abbayes d'hommes	46
—— de filles	47
Prieurés	»
Fondations de chapelles dans les châteaux	48
Pères jésuites	»
Monastères. — Religieux	»
Religieuses	49
Hôpitaux	»

Élection d'Étampes.
Chapitres	»
Abbayes d'hommes	»
—— de filles	50
Prieurés	»
Fondations de chapelles dans les châteaux	»
Monastères. — Religieux	»
Religieuses	»
Hôpitaux	»

Élection de Melun.
Chapitres	51
Abbayes d'hommes	»
—— de filles	»
Prieurés	52
Fondations de chapelles dans les châteaux	»
Monastères. — Religieux	»
Religieuses	»
Hôpitaux	»

Élection de Nemours.
Abbayes d'hommes	53
—— de filles	»
Prieurés	»
Fondations de chapelles dans les châteaux	»
Monastères. — Religieux	54
Religieuses	»

Élection de Provins.
Chapitres	»
Abbayes d'hommes	»
—— de filles	55
Prieurés	»
Fondations de chapelles dans les châteaux	56
Pères de l'Oratoire	57
Monastères. — Religieux	»
Religieuses	»
Hôpitaux	»

	Pages.
Élection de Montereau.	
Chapitres	57
Abbayes	»
Prieurés d'hommes	»
—— de filles	58
Monastères. — Religieux	»
Hôpitaux	»

Élection de Joigny.
Chapitres	»
Abbayes	59
Prieurés	»
Monastères. — Religieux	»
Religieuses	»

Élection de Nogent.
Chapitres	»
Abbayes d'hommes	60
—— de filles	»
Prieurés	61
Fondations de chapelles dans les châteaux	»
Monastères. — Religieux	»
Religieuses	»
Hôpitaux	62

Élection de Saint-Florentin.
Prieurés	»
Fondations de chapelles dans les châteaux	63
Monastères	»
Hôpitaux	»

DIOCÈSE DE BEAUVAIS ... »

Évêché de Beauvais.
Élection de Beauvais	65
Chapitres	»
Abbayes d'hommes	66
—— de filles	67
Prieurés d'hommes	»
—— de filles	68
Fondations de chapelles dans les châteaux	»
Monastères. — Religieux	»
Religieuses	»
Hôpitaux	»

Élection de Compiègne.
Chapitres	69
Abbayes d'hommes	»
—— de filles	»
Prieurés	70

DE LA GÉNÉRALITÉ DE PARIS.

	Pages.
Pères jésuites	70
Monastères. — Religieux	"
Religieuses	71
Hôpitaux	"
Élection de Pontoise.	
Chapitres	"
Abbayes d'hommes	"
——— de filles	72
Prieurés d'hommes	"
——— de filles	73
Pères jésuites	"
Monastères. — Religieux	"
Religieuses	"
Hôpitaux	"
DIOCÈSE DE MEAUX	74
Évêché de Meaux	"
Chapitres	78
Priviléges de l'église de Meaux	79
Election de Meaux.	
Abbayes d'hommes	80
——— de filles	81
Prieurés d'hommes	82
——— de filles	85
Fondations de chapelles dans les châteaux	"
Monastères. — Religieux	"
Religieuses	86
Hôpitaux	"
Élection de Coulommiers.	
Fondations de chapelles dans les châteaux	88
Monastères. — Religieux	"
Religieuses	"
Hôpitaux	"
Élection de Rozoy.	
Chapitres	"
Abbayes d'hommes	89
——— de filles	"
Prieurés d'hommes	"
——— de filles	90
Fondations de chapelles dans les châteaux	"
Monastères	91
Hôpitaux	"
DIOCÈSE DE SENLIS	"
Évêché de Senlis	"

	Pages.
Chapitres	93
Abbayes	"
Prieurés	94
Monastères. — Religieux	"
Religieuses	95
Hôpitaux	"
ÉLECTIONS QUI NE SONT POINT COMPRISES DANS LES DIOCÈSES CI-DESSUS	"
Élection de Mantes.	
Chapitres	"
Abbayes	"
Prieurés	96
Monastères. — Religieux	"
Religieuses	"
Hôpitaux	"
Élection de Montfort.	
Chapitres	"
Abbayes d'hommes	"
——— de filles	97
Prieurés d'hommes	98
——— de filles	"
Monastères. — Religieux	"
Religieuses	"
Hôpitaux	"
Élection de Dreux.	
Chapitres	99
Abbayes	"
Prieurés	"
Fondations de chapelles dans les châteaux	"
Monastères. — Religieux	"
Religieuses	"
Hôpitaux	"
Election de Tonnerre.	
Chapitres	"
Abbayes d'hommes	100
——— de filles	102
Prieurés	"
Monastères. — Religieux	"
Religieuses	"
Hôpitaux	"
Élection de Vézelay.	
Chapitres et abbayes d'hommes	"
Abbayes de filles	103
Prieurés et chapelles	"
Monastères. — Religieux	"
Religieuses	104

	Pages.		Pages.
Hôpitaux	104	Élection de Paris	111
Revenu des curés de la généralité	"	— de Beauvais	115
Nombre des ecclésiastiques, religieux et religieuses de la généralité	105	— de Mantes	"
		— de Dreux	"
		— d'Étampes	116
DE L'ORDRE DE MALTE	107	— de Nemours	"
Noms de MM. les grands prieurs et receveurs de l'ordre en France	108	— de Meaux	117
		— de Rozoy	"
État de l'ordre de Malte dans la généralité de Paris	111	— de Coulommiers	118
		— de Sens	"

CHAPITRE II.

	Pages.		Pages.
DU GOUVERNEMENT MILITAIRE	120	Nogent-sur-Seine	142
		Montereau-faut-Yonne	"
TITRE I. — Des gouverneurs, lieutenants généraux et lieutenants de roi de ces gouvernements, et leur étendue	121	Moret	"
		Sens	"
		Villeneuve-le-Roy	144
TITRE II. — Du nombre des villes, paroisses et hameaux de la généralité qui sont sous ces gouvernements	127	Joigny	"
		Saint-Florentin	"
		Tonnerre	"
Gouvernement de l'Île-de-France.		Chablis	145
Senlis	"	Vézelay	"
Compiègne	129	TITRE III. — Du nombre d'hommes dans les villes, et le total des peuples. — Leur naturel et inclination au travail. — Si le peuple a été autrefois plus nombreux. — Les causes de la diminution. — Du nombre des huguenots sortis et restés.	
Beauvais	130		
Pontoise	131		
Mantes et Meulan	"		
Montfort	132		
Dreux	"		
Étampes	133	Article 1. — Du nombre d'hommes dans les villes, et le total des peuples	147
Melun	134		
Nemours	135		
Villes des environs de Paris.		Article 2. — Du naturel et inclination des peuples au travail	148
Saint-Denis	"	Paris	"
Versailles	136	Senlis	"
Saint-Germain-en-Laye	"	Pont-Sainte-Maxence	"
Poissy	"	Compiègne	"
Lagny	137	Beauvais	"
Corbeil	138	Pontoise	"
Gouvernement de Champagne et Brie	139	Mantes	"
Meaux	"	Montfort	149
Provins	140	Dreux	"
Rozoy	141	Meaux	"
Coulommiers	"	Étampes	"

DE LA GÉNÉRALITÉ DE PARIS.

	Pages.		Pages.
Melun................	149	Élection de Mantes.......	152
Nemours.............	"	—— de Montfort........	"
Coulommiers..........	"	—— de Dreux..........	"
Rozoy................	"	—— d'Étampes.........	"
Provins...............	"	—— de Melun..........	"
Nogent...............	"	—— de Nemours........	153
Montereau............	"	—— de Meaux..........	"
Sens.................	"	—— de Rozoy..........	"
Joigny...............	"	—— de Coulommiers.....	"
Saint-Florentin........	"	—— de Provins.........	"
Tonnerre.............	"	—— de Nogent.........	154
Vézelay..............	150	—— de Montereau......	"
Article 3. — Si le peuple a été autrefois plus nombreux; les causes de la diminution......	"	—— de Sens...........	"
		—— de Joigny.........	"
Article 4. — Du nombre des huguenots sortis et restés.........	151	—— de Saint-Florentin...	"
		—— de Tonnerre.......	"
Élection de Paris........	"	—— de Vézelay........	"
—— de Senlis..........	152	TITRE IV. — DES MILICES.............	"
—— de Compiègne......	"	TITRE V. — DES POUDRES ET SALPÊTRES......	156
—— de Beauvais........	"	TITRE VI. — DES LOGEMENTS DES GARDES DU ROI, DES ÉTAPES ET QUARTIERS D'HIVER.........	164
—— de Pontoise........	"		

CHAPITRE III.

DE LA JUSTICE.....................	169	Élection de Senlis........	211
JUSTICES DE LA VILLE DE PARIS..........	173	—— de Compiègne......	212
Parlement.............	"	—— de Beauvais........	214
Grand Conseil..................	179	—— de Pontoise........	216
Chambre des comptes.............	181	—— de Mantes.........	217
Cour des aides...............	186	—— de Montfort........	220
Trésoriers de France...........	191	—— de Dreux..........	222
Cour des monnaies.............	195	—— d'Étampes.........	224
Eaux et forêts................	196	—— de Melun..........	225
Connétablie et maréchaussée de France.	197	—— de Nemours........	227
Amirauté de France............	199	—— de Meaux..........	228
Bailliage du Palais..............	"	—— de Rozoy..........	232
Châtelet................	"	—— de Coulommiers.....	234
Élection...............	202	—— de Provins.........	235
Grenier à sel................	"	—— de Nogent.........	237
Varenne du Louvre...........	203	—— de Montereau......	239
Juridiction de l'hôtel de ville.........	"	—— de Sens...........	240
Juges-consuls................	"	—— de Joigny.........	242
JUSTICES DE L'ÉLECTION DE PARIS........	205	—— de Saint-Florentin...	244
Principales terres de l'élection de Paris qui ont droit de justice..........	"	—— de Tonnerre.......	247
		—— de Vézelay........	248

CHAPITRE IV.

	Pages.
DES FINANCES	250

Titre I. — État des domaines du roi dans la généralité de Paris, dont Sa Majesté jouit, ou qui sont engagés, divisés par élections... 255

Élection de Paris	257
—— de Senlis	258
—— de Compiègne	260
—— de Beauvais	"
—— de Pontoise	261
—— de Mantes et Meulan	"
—— de Montfort	264
—— de Dreux	"
—— d'Étampes	266
—— de Melun	"
—— de Nemours	267
—— de Meaux	268
—— de Rozoy	269
—— de Coulommiers	"
—— de Provins	"
—— de Nogent	272
—— de Montereau	"
—— de Sens	273
—— de Joigny	274
—— de Saint-Florentin	"
—— de Tonnerre	"
—— de Vézelay	"

Titre II. — État des finances de la généralité de Paris procédant des aides, tailles et gabelles.

Aides	275
Tailles	278
Gabelles	279
Capitation	283

Titre III. — De la qualité des terres de chacune élection. — Montagnes ou pays unis, climat froid, chaud ou tempéré. — État du labourage, des pâturages et des marais, et fruits principaux qui y croissent.

De la généralité	284
Élection de Paris	"
—— de Senlis	285
—— de Compiègne	286

	Pages.
Élection de Beauvais	287
—— de Pontoise	288
—— de Mantes	"
—— de Montfort	289
—— de Dreux	"
—— d'Étampes	290
—— de Melun	"
—— de Nemours	291
—— de Meaux	293
—— de Rozoy	"
—— de Coulommiers	294
—— de Provins	"
—— de Nogent	295
—— de Montereau	"
—— de Sens	296
—— de Joigny	"
—— de Saint-Florentin	297
—— de Tonnerre	298
—— de Vézelay	"

Titre IV. — Des Forêts ... 300

Des grands maîtres des eaux et forêts	302
Département de Paris et de l'Île-de-France	303
Maîtrise de Paris	"
—— de Saint-Germain-en-Laye	308
—— de Fontainebleau	314
—— de Montfort	317
—— de Dreux	319
—— de Crécy	"
—— de Provins	324
—— de Sens	325
Maîtrise de Dourdan	329
Département du Valois, Senlis et Soissons	330
Maîtrise de Senlis	331
—— de Compiègne	332
—— de Beaumont-sur-Oise	333
—— de Clermont	334
Élection d'Étampes	"

Titre V. — Des manufactures et du commerce. — Des foires et marchés.

Des manufactures et du commerce	335
Élection de Paris	338

DE LA GÉNÉRALITÉ DE PARIS.

	Pages.
Élection de Senlis	338
—— de Compiègne	339
—— de Beauvais	"
—— de Pontoise	341
—— de Mantes	"
—— de Montfort	"
—— de Dreux	"
—— d'Étampes	"
—— de Melun	342
—— de Nemours	"
—— de Meaux	"
—— de Rozoy	"
—— de Coulommiers	"
—— de Provins	343
—— de Nogent	"
—— de Montereau	"
—— de Sens	"
—— de Joigny	344
—— de Saint-Florentin	"
—— de Tonnerre	"
—— de Vézelay	345
DES FOIRES ET MARCHÉS	"
Foires de la ville de Paris	346
Élection de Paris	"
—— de Senlis	348
—— de Compiègne	"
—— de Beauvais	"
—— de Pontoise	"
—— de Mantes	"
—— de Montfort	349
—— de Dreux	"
—— d'Étampes	"
—— de Melun	"
—— de Nemours	"
—— de Meaux	350
—— de Rozoy	351
—— de Provins	"
—— de Nogent	"
—— de Montereau	"
—— de Sens	352
—— de Joigny	"
—— de Saint-Florentin	"
—— de Tonnerre	"
—— de Vézelay	353
TITRE VI. — DES PONTS ET CHAUSSÉES. — DES PÉAGES ET TRAVERS	"

	Pages.
ÉTAT DES PONTS DE LA GÉNÉRALITÉ.	
Ponts de la ville de Paris	354
Élection de Paris	356
—— de Senlis	357
—— de Compiègne	358
—— de Beauvais	"
—— de Pontoise	359
—— de Mantes	"
—— de Montfort	"
—— de Dreux	360
—— d'Étampes	"
—— de Melun	361
—— de Nemours	"
—— de Meaux	362
—— de Rozoy	363
—— de Coulommiers	"
—— de Provins	"
—— de Nogent	364
—— de Montereau	365
—— de Sens	"
—— de Joigny	366
—— de Saint-Florentin	"
—— de Tonnerre	"
—— de Vézelay	368
DES PÉAGES ET TRAVERS	"
Élection de Paris	369
—— de Senlis	370
—— de Compiègne	371
—— de Beauvais	372
—— de Pontoise	"
—— de Mantes	373
—— de Montfort	"
—— de Dreux	374
—— d'Étampes	"
—— de Melun	"
—— de Nemours	"
—— de Meaux	375
—— de Rozoy	"
—— de Coulommiers	"
—— de Provins	"
—— de Nogent	376
—— de Montereau	"
—— de Sens	"
—— de Joigny	377
—— de Saint-Florentin	"
—— de Tonnerre	"
—— de Vézelay	"

GÉNÉRALITÉS. — 1.

SOMMAIRES DU MÉMOIRE

TITRE VII. — DES MINES, MÉTAUX ET AUTRES RICHESSES SOUTERRAINES 377

MAISONS ROYALES ET CHÂTEAUX.

	Pages.
Versailles	380
Vincennes	381
Saint-Germain-en-Laye	383
Fontainebleau	"
Compiègne	384
Montceaux	385
Saint-Léger	385
Saint-Cloud	386
Chantilly	387
Nemours	389
Coulommiers	391
Anet	393
Montmorency-duché	395
Verneuil-duché	396
Saint-Auge	"
La Versine	397

SOMMAIRES DE L'APPENDICE.

I. — RIVIÈRES.

Mémoire sur la navigation des rivières, par VAUBAN 399

II. — ÉTABLISSEMENTS DE BIENFAISANCE ET DISTRIBUTIONS CHARITABLES.

Rapport au contrôleur général sur l'hôpital général de Paris. 15 août 1688 415
Rapport sur la distribution des charités du roi dans Paris. 29 février 1708 418
État de la qualité et du nombre des pauvres de l'hôpital général. 11 mai 1713 419
Enquête de 1766, faite conformément aux édits d'août 1764 et mai 1765, sur les revenus et charges des villes et des établissements de bienfaisance 420

III. — POPULATION.

Projet de dénombrement de Paris 421
Ordonnance pour le dénombrement de Paris . "
Dénombrement de la ville de Paris. 1684 ... 422
Dénombrement par feux des paroisses de la généralité de Paris. 1709 424
Dénombrement de la généralité de Paris. 1710 444
Dénombrement de la généralité de Paris. 1745 .... "
Observations sur la population de Paris. 1763. 445
Récapitulation générale des baptêmes, mariages, mortuaires, enfants trouvés et professions religieuses de la ville et faubourgs de Paris, pendant l'année 1781 449
Caractères des peuples de la généralité de Paris. Vers 1620 450

IV. — MILICES ET MARÉCHAUSSÉE.

Instruction aux commissaires des guerres pour lever deux mille hommes de pied dans la généralité de Paris. Vers 1660 453
Mémoire sur les dépenses de la milice, envoyé par M. de Ménars, intendant de la généralité de Paris, au contrôleur général. 17 août 1689 455
Mémoire sur les dépenses faites pour la levée des milices dans les généralités. 1689 456
Lettre du comte de Beuvron, lieutenant général au gouvernement de la basse Normandie, au contrôleur général. 1ᵉʳ février 1695 457
Observations sur les inconvénients de la milice. 16 janvier 1707 458
État de la maréchaussée de la généralité de Paris 459

V. — FERME DES POUDRES.

Bail de la ferme des poudres et salpêtres de France. 31 décembre 1664 462

VI. — LOGEMENTS ET ÉTAPES DES TROUPES.

Ordonnance pour le logement des mousque-

taires de la garde du roi. 14 décembre 1661 465
Ordonnance pour le logement des gardes françaises. 13 octobre 1661 466
Fixation du taux des fournitures à faire aux gardes du corps en garnison à Melun. 16 décembre 1669 467
Ordonnance du roi pour le logement des Cent-Suisses. 8 janvier 1674 468
Ordonnance de la ville concernant la taxe pour le logement des mousquetaires. 6 novembre 1695 468
Arrêt du Conseil d'État concernant le remboursement des étapes. 21 novembre 1665. 469
Dépense des étapes, de 1670 à 1675 470
Règlements pour la fourniture des étapes aux troupes. 1675 et 1687 .... "
Bail de la fourniture des étapes dans la généralité de Paris. 8 janvier 1684 473
Arrêt du Conseil d'État concernant la fourniture des étapes. 11 juin 1686 474
Ordonnance portant règlement pour le logement et la police des troupes pendant le quartier d'hiver. 4 octobre 1692 475
Note sur le logement des troupes dans les casernes................................ 478

VII. — IMPOSITIONS ET FERMES EN GÉNÉRAL.

Productions et impositions de la France sous Henri IV...................... 480
Impositions de la France sous Louis XIII... 483
Circulaire du contrôleur général des finances aux intendants. 12 mai 1684 .... "
État du revenu du roi. Année 1692 484
Lettre de M. de Bâville, intendant en Languedoc, au duc de Noailles, président du Conseil des finances. 26 décembre 1715 .. 486
Mémoire au sujet des impositions de la taille, de la capitation et des fourrages. 1726 ... 487

AIDES.

Mémoire sur les droits d'aides............ 492
État des sous-fermes d'aides, avec toutes les diminutions, du 1er mai 1685........... 496
État des octrois et deniers patrimoniaux dont jouissent les villes de la généralité de Paris. 1690 498

État de ce que produisent les entrées de Paris et Rouen et les fermes que Messieurs des aides font régir en l'année 1692 499
État de la ferme des aides de la généralité de Paris, en 1692 et 1693 500
Bordereaux du compte des droits de jauge et courtage de la généralité de Paris........ "
État des boissons entrées à Paris de 1691 à 1711 501
Entrées de Paris. 1720-1721 502

TAILLES.

Impositions de la généralité de Paris sous Louis XIII. 1635 505
Cotes d'office faites par l'intendant de la généralité de Paris, pour la taille de l'année 1683 506
Traité pour le recouvrement de la taille de la généralité de Paris. 1684 510
Nouveau règlement sur le fait des tailles de la généralité de Paris, pour l'année 1684 ... 512
Département des tailles de la généralité de Paris, pour l'année 1685 516
Observations et avis des trésoriers de France sur le département des tailles, pour l'année 1685 517
Recouvrements et frais de l'imposition de la généralité de Paris. 1684-1686 521
État de la recette des tailles, restes, frais et emprisonnements, de 1686 et 1687..... 522
Division des paroisses des élections de la généralité de Paris en cinq classes. 1689 ... 523
Lettre de l'intendant de la généralité de Paris au contrôleur général des finances. 21 août 1690 .... "
Lettre de l'intendant de la généralité de Paris au contrôleur général des finances. 2 juillet 1697 524
Commission pour l'imposition des tailles de l'année 1698 dans l'élection de Melun... 525
État des deniers des tailles revenant au Trésor royal pour l'année 1698 528
Montant général des impositions de la généralité de Paris, pour l'année 1698-1699.. "
Répartition des tailles de la généralité de Paris, de l'année 1688 à l'année 1712... 529
Projet d'enquête et de dénombrement des biens-fonds. Vers 1712 532

Enquête sur la valeur des biens-fonds et la qualité des propriétaires. 1717.......... 533
Statistique de l'élection de Compiègne et tableau des denrées. 1771.............. 538
Lettre du procureur du roi de l'élection de Paris au procureur général du parlement. 13 février 1772.................... 544

GABELLES.

Débit des gabelles de la généralité de Paris sous Louis XIII. 1620.............. 545
Ventes volontaires faites dans les greniers de la généralité de Paris, de 1698 à 1700.. »
Produit et dépenses des gabelles, aides, cinq grosses fermes et tabac, de 1681 à 1684. 546

CAPITATION.

Circulaire du contrôleur général aux intendants, sur l'établissement proposé d'une capitation. 31 octobre 1694............ 551
Circulaire de l'intendant de la généralité de Paris aux curés de son département. 26 novembre 1694...................... 552
Ordonnance de MM. les prévôt des marchands et échevins de la ville de Paris, pour la capitation de l'année 1696............ 553
Produit de la première capitation dans la généralité de Paris. 1695................ 555
Lettres de l'intendant de la généralité de Paris au contrôleur général. 17 décembre 1701 et 4 septembre 1702............ »
Produit de la seconde capitation dans la généralité de Paris. 1701-1708........... 557

VIII. — AGRICULTURE.

Richesses et productions de la France et des environs de Paris sous Louis XIII....... 558
Lettre de l'intendant de la généralité de Paris sur l'état de l'élection de Mantes. 13 décembre 1699...................... 560
Lettres de Boisguilbert aux contrôleurs généraux Pontchartrain et Chamillart, et mémoires sur l'état des vignes des élections de Mantes et Vernon. 1691 et 1704....... 562

IX. — FORÊTS ET BOIS.

Bordereau de l'état des chauffages du département de l'Île-de-France, Brie, Perche, Picardie, Pays reconquis et Blaisois...... 577
État des chauffages et autres droits que le roi, en son Conseil, veut et ordonne être délivrés en espèce et en argent, en l'année prochaine 1674 et les suivantes, aux usagers sur les forêts du département de l'Île-de-France, Brie, Perche, Picardie, Pays reconquis et Blaisois................. 578
État des forêts de la maîtrise de Paris. 1675. 586
Extraits du carnet du roi pour les forêts. Vers 1693........................... 588
Bref état des bois du roi. Vers 1700....... 590
Produit des ventes des bois du roi. 1698-1701............................. 591
Produit des bois du roi dans chaque maîtrise de la généralité de Paris. 1697-1701.... 592
État général des grandes maîtrises de la généralité de Paris et des gages, chauffages, journées et vacations. Vers 1700........ 593
Traité de la culture des forêts, par VAUBAN. 1701............................. 594
Mémoire concernant la conservation et l'augmentation des bois. 1702............. 600

X. — MANUFACTURES.

Priviléges industriels concédés de 1660 à 1700............................. 605
Mémoire du sieur Martin, inspecteur des manufactures, sur la fabrication des chapeaux de castor. 1692................... 613
Réflexions des députés du commerce sur la fabrication des chapeaux. 20 mai 1701... 614
Mémoire concernant les fabriques de dentelles de fil et de soie. 1691.............. 615
Rapports sur la fabrication des bas de laine. 1681............................ 616
Lettre de M. de la Reynie, lieutenant général de police, à M. de Louvois, sur une demande en autorisation de manufacture faite par les ermites du Mont-Valérien. 4 décembre 1689...................... 618
Lettre de M. de la Reynie, lieutenant général de police, au contrôleur général, sur la fabrication des chandelles à Paris. 2 avril 1693........................... 619
État des manufactures de toiles et étoffes de

DE LA GÉNÉRALITÉ DE PARIS.

la généralité de Paris, avec le nombre des maîtres et gardes préposés dans chaque ville pour marquer et visiter lesdites marchandises. 1703 620
Lettre de l'ancien entrepreneur de la manufacture de tapisseries de Beauvais au contrôleur général, et requête au roi. 29 mars 1708 621
Mémoire fourni par Henri Noette, inspecteur des manufactures au département de Beauvais, en exécution de l'ordre de Mᵍʳ Desmarets du 11 septembre 1708 624
Rapport du sieur Barolet, inspecteur des manufactures en Champagne et Brie. 1708.. 634
Observations sur la fabrication des toiles à Beauvais et Abbeville. Janvier 1713...... 638
Instruction du contrôleur général des finances aux inspecteurs des manufactures. 19 juillet 1724 643
Département de Beauvais. État des manufactures de draps et autres étoffes, pour les six derniers mois de 1724 644
Mémoire concernant l'état des manufactures du département de Beauvais, pour les six derniers mois de 1724 646
État des manufactures de l'élection de Dreux. 1735 647
État des manufactures et des produits des terres dans la généralité de Paris. 1745 et 1750 650

XI. — Marchés de Paris.

Dénombrement de la population de Paris et état de sa consommation annuelle. 1637.. 656
État des marchés de blés qui se tiennent dans les environs de Paris. 1686 659
Rapport de M. de la Reynie, lieutenant général de police, sur le marché de blés de Montlhéry. 13 juillet 1695 661
Approvisionnement de bois pour la ville de Paris. 1714 666
Mémoire de la consommation du pain à Paris. 1721 668
Liste des marchés qui se tiennent toutes les semaines dans la ville de Paris. 1721...... 669
Élevage et commerce des animaux de boucherie. 1722 673

XII. — Ponts et chaussées.

Abrégé des fonctions des trésoriers généraux de France et grands voyers de la généralité de Paris. 1684 676
Circulaire du contrôleur général des finances aux intendants, sur les travaux publics. 1684 678
Note sur le service des travaux publics...... 681
Rapport de l'intendant de la généralité de Paris sur l'imposition à faire pour les travaux du pont de Bray-sur-Seine. 1686... 683
Dépense des ponts et chaussées dans la généralité de Paris. Année 1700 684

XIII. — Mines et eaux minérales.

État des eaux minérales et mines de la généralité de Paris. 1763 693

XIV. — Maisons royales.

Maisons royales qui ont été bâties dans le département de Compiègne depuis le commencement de la monarchie. Vers 1693.. 697

XV. — Rapports et mémoires sur l'état de la généralité de Paris.

Rapports de l'intendant de la généralité de Paris sur l'état des élections. 1684.
Élection de Montfort 700
—— de Dreux 703
—— de Mantes 706
—— de Beauvais 710
—— de Compiègne 714
—— de Senlis 716
—— de Coulommiers 718
—— de Provins 719
—— de Nogent 720
—— de Sens 722
—— de Joigny 725
—— de Saint-Florentin 727
—— de Vézelay 729
—— de Nemours 731
—— de Melun 733
—— d'Étampes 735

	Pages.		Pages.
XVI. — Description de l'élection de Vézelay, par Vauban. Janvier 1696	738	XIX. — Mémoires sur l'état des populations, de leur commerce et de leur industrie.	
XVII. — Rapport du subdélégué de l'élection de Provins à l'intendant. 2 mai 1698	750	Mémoires sur la misère de Paris. 1684	764
		Mémoire sur le rétablissement du commerce, présenté par les négociants de Paris. 1685	768
XVIII. — Mémoire de M. Bignon, intendant de la généralité de Paris, sur l'état de cette généralité. 1724	760	Mémoire des commissaires du roi sur la misère des peuples et les moyens d'y remédier. 1687	781

ADDITIONS ET CORRECTIONS 787

TABLE ALPHABÉTIQUE DU MÉMOIRE DE LA GÉNÉRALITÉ DE PARIS 805

SOMMAIRES DU MÉMOIRE DE LA GÉNÉRALITÉ DE PARIS 843

FIN DU TOME PREMIER.

www.ingramcontent.com/pod-product-compliance
Lightning Source LLC
Chambersburg PA
CBHW071225300426
44116CB00008B/915